ORDONNANCES DES ROIS DE FRANCE

DE LA TROISIÈME RACE,

RECUEILLIES PAR ORDRE CHRONOLOGIQUE.

HUITIÈME VOLUME,

CONTENANT LES ORDONNANCES DE CHARLES VI, données depuis le commencement de l'année 1395, jusqu'à la fin de l'année 1403.

Par M.r SECOUSSE Ancien Avocat au Parlement, & Pensionnaire de l'Académie Royale des Inscriptions & Belles Lettres.

A PARIS,
DE L'IMPRIMERIE ROYALE.

M. DCCL.

PRÉFACE.

CONFORMÉMENT à la méthode que j'ai ſuivie dans les Préfaces des Volumes précédens, je vais rendre compte de quelques faits qui ont rapport à des Ordonnances imprimées dans celui-ci. De ces faits, les uns ſont tirés des Hiſtoriens qui découvrent quelquefois les motifs qui ont déterminé à promulguer des Loix, les autres ne ſont connus que par ces Loix mêmes, ou par d'autres Monumens publics, & ne ſe trouvent point dans les Hiſtoriens, ſoit anciens, ſoit modernes. On ne pourroit, ſans injuſtice, reprocher aux Modernes leur ſilence ſur des événemens, dont la mémoire ne s'eſt conſervée que dans des Pièces qui n'étoient pas encore publiées lorſqu'ils travailloient à leurs Hiſtoires : mais n'ont-ils pas quelquefois négligé de faire uſage de quelques Monumens dont l'impreſſion avoit précédé celle de leurs Ouvrages ?

§. I.

Mémoire hiſtorique & critique ſur les Révolutions arrivées dans l'adminiſtration du Gouvernement de la France, depuis 1392 juſqu'en 1403.

J'ai dit dans la * Préface du ſeptième Volume de ce Recueil, qu'en 1380, Charles VI fut déclaré majeur, quoiqu'il n'eût point encore quatorze ans; & que ſa jeuneſſe ne lui permettant pas de ſoûtenir le poids du Gouvernement, il y avoit apparence qu'il s'en étoit repoſé ſur le Duc de Bourgogne ſon Oncle; qu'en 1388, Charles VI, qui avoit alors vingt ans, commença à gouverner par lui-même; qu'en 1392, une maladie affreuſe qui attaqua également ſon eſprit & ſon corps, l'ayant rendu incapable d'application, le Duc de Bourgogne reprit les rênes du Gouvernement qu'il conſerva juſqu'au temps auquel le Duc d'Orléans qui étoit devenu majeur en 1396, forma le deſſein de l'en dépouiller, ou du moins de le partager avec lui.

* page 1.

Je vais entrer dans le détail de ces révolutions qui preſque toutes arrivèrent pendant les années dans le cours deſquelles furent données les Ordonnances qui ſont imprimées dans ce Volume.

Lorſqu'en 1388, Charles VI commença à regner par lui-même *(a)*,

NOTE.

(a) Voy. Hiſt. de Juvenal des Urſins, p. 69 & 90 de l'Hiſtoire de Charles VI. par Godefroy. Voy. auſſi l'Hiſt. de ce Prince par le Moine de S.t Denys, p. 161 & 216, & Froiſſart, Liv. 4, p. 11 & 14.

L'Auteur des Chroniques de S.t Denys, Liv. 3, fol. 57, v.° col. 1, dit que le Roy *choiſit le Seigneur de Laguerneys pour eſtre en ſa compaignie, & près de ſa perſonne, le Seigneur de Noviant.* Comme il copie ici Juvenal des

[a] Voy. sur lui, l'Hist. de Charles VI. par Godefroy, p. 563.
[b] Voy. sur lui, l'Hist. Généal. de la Maison de Fr. t. 8, p. 342.

il donna toute sa confiance au Connétable de Clisson, à Bureau de [a] la Riviere, & à [b] Jean le Mercier, Seigneur de Noviant. Celui-ci *étoit*, dit Juvenal des Ursins, *sage & prudent, & de grande discrétion*; & il partagea l'administration des Finances avec (b) Montagu, fils d'un Secrétaire du Roy. Les Ducs de Berry & de Bourgogne se retirèrent de la Cour, fort mécontens.

Lorsque Charles VI tomba en démence en 1392, les Ducs de Berry & de Bourgogne se mirent à la tête du Gouvernement; & non contens de dépouiller les Ministres du Roy de l'autorité qu'il leur avoit confiée, ils résolurent de les perdre. Clisson qui se retira en Bretagne, fut privé de la charge de Connétable de France : Montagu s'évada de Paris : la Riviere & le Mercier furent mis en prison, & le bruit se répandit qu'ils seroient condamnés au dernier supplice; mais un bannissement à une certaine distance de la Cour, & la perte de la plus grande partie de leurs biens, furent les seules peines qu'on leur infligea (c).

Le Duc d'Orléans, Frère unique de Charles VI. voyoit avec jalousie toute l'autorité entre les mains des Ducs de Berry & de Bourgogne, ses Oncles, qui, sous le prétexte de sa jeunesse, ne lui donnoient aucune part dans le Gouvernement : mais dès qu'il fut devenu majeur en 1396, il entra dans le Conseil du Roy. Le Duc d'Orléans, dit Froissart [c], sous cette année, *n'elongnoit pas pour ce le Roy son Frère, ne la Court : car moult y avoit de besongnes du Royaume de France pour les Consaux où il estoit appellé.*

[c] Liv. 4. p. 464.

C'est en 1401 qu'on trouve dans les Historiens les premières traces de la haine implacable qui s'excita entre les Ducs d'Orléans & de Bourgogne; & peu de temps après, dit Monstrelet [d], sous cette année, *sourdit grant dissension entre icelluy Duc d'Orleans & son Oncle le Duc de Bourgogne.* On peut présumer que la rivalité par rapport au Gouvernement, en fut l'origine.

[d] fol. 7. R.°

L'année 1402 & la suivante, fournissent plusieurs exemples de ces révolutions fréquentes & subites qui arrivèrent dans le Gouvernement sous le règne de Charles VI, & que j'ai annoncées dans la Préface [e] du sixième Volume de ce Recueil.

[e] p. vij.

Ursins, *Laguernays* est apparemment un nom corrompu, & il faut corriger *La Riviere*. Cet Auteur dit au fol. 64, v.° col. 2, que Clisson, Riviere & Noviant, étoient nommés les *Gouverneurs*.

(b) Il se nommoit Jean. Il joua un grand rôle dans la suite du règne de Charles VI, & il eut la tête tranchée le 17 d'Octobre 1409. Voy. sur lui l'Hist. Généal. de la M. de Fr. t. 8, p. 344.

(c) J'ai tiré ce qui regarde la disgrace de ces Ministres, de Juvenal des Ursins, p. 91 & suiv. de l'Hist. de Charles VI, par Godefroy, bon Historien, & qui avoit épousé la niéce de le Mercier. Le Moine de S.t Denys, p. 216 & suiv. & Froissart, Liv. 4, p. 156. & suiv. 213 & suiv. aussi contemporains, sont assez conformes à ce qu'il en dit. Cependant l'Auteur de l'Hist. Généal. de la Maison de France, qui ne cite point de garant, mais qui paroît avoir travaillé sur des Pieces, avance que le Mercier fut banni hors du Royaume. Le Mercier, dit-il, t. 8, p. 342 & suiv. fut mis à la Bastille le 25 de Septembre 1392, son procès fait & ses biens confisqués, qui lui furent enfin restitués par appointement rendu à S.t Germain-en-Laye le 30 de Janvier 1393, à condition de vuider le Royaume dans la Mi-Carême suivante, avec défense d'y revenir sans permission, privé de toutes Charges & Offices : ce qui lui fut prononcé le lendemain, & le Vicomte de Melun commis pour le mettre en liberté.

En 1402 Charles VI étant en bonne santé, dit Juvenal des Urſins[a], il ordonna qu'en ſon abſence le Duc d'Orléans auroit l'adminiſtration du Royaume. Ce mot, *abſence*, étoit le terme dont on ſe ſervoit pour marquer le temps pendant lequel le Roy malade de corps & d'eſprit, étoit hors d'état de s'appliquer aux affaires. Charles VI étant retombé quelque temps après, le Duc d'Orléans prit les rênes du Gouvernement, & le premier uſage qu'il fit de ſon autorité, fut de faire lever ſur le Peuple une *groſſe Taille*, à laquelle les Gens d'Egliſe furent aſſujétis. Elle excita de grands murmures, & les Ducs de Berry, de Bourgogne & de Bourbon firent publier que ce nouvel Impôt n'avoit pas été établi de leur *conſentement, & qu'ils en étoient deſplaiſans*. Charles VI ayant recouvré ſa ſanté qui étoit ſujette à de fréquentes variations, le Duc d'Orléans fit publier que le Roy l'avoit *ordonné Lieutenant & Gouverneur du Royaume en ſon abſence, & qu'encore vouloit-il qu'il le fût* : mais les Ducs de Berry, de Bourgogne & de Bourbon, & pluſieurs *notables Gens*, ayant repréſenté à Charles VI que le Duc d'Orléans étoit encore trop jeune pour ſoûtenir le poids du Gouvernement, & qu'il avoit *meilleur meſtier de Gouverneur que de gouverner*, le Roy lui ôta l'adminiſtration des affaires, & la remit entièrement entre les mains du Duc de Bourgogne. Le Duc d'Orléans ſe retira fort mécontent dans le Luxembourg.

Le Moine de Saint-Denys eſt entré dans un plus grand détail ſur cette révolution arrivée dans le Gouvernement : il en fixe les époques, & il éclaircit un fait ſingulier dont Juvenal des Urſins n'avoit pas donné une idée aſſez préciſe.

Le Duc d'Orléans, dit cet Hiſtorien[b], profitant de l'abſence du Duc de Bourgogne, qui étoit allé en Flandres vers le mois d'Avril, engagea le Roy à remettre à lui ſeul la conduite & le Gouvernement de ſon Royaume, quand il ſeroit hors d'état d'y vaquer en perſonne, & de lui donner un pouvoir abſolu, qui s'étendoit juſqu'au droit d'inſtituer & de deſtituer tous les Officiers, & d'ordonner à ſa volonté des Charges, des Finances & des revenus de la Couronne. Dès que le Duc d'Orléans fut revêtu de cette autorité, il en abuſa, en faiſant publier un Edit qui portoit que tous les Sujets, ſans nulle exception, feroient un prêt au Roy.

Le Samedi après la Pentecôte, il fit publier au Châtelet de Paris un autre Edit qui ordonnoit la levée d'une Impoſition générale. On oſa y inſérer, contre la vérité, qu'il avoit paſſé au Conſeil en préſence & du conſentement des Ducs de Berry & de Bourgogne. Le Duc de Berry qui étoit à la Cour, ſe plaignit hautement de cette fauſſeté : le Duc de Bourgogne en témoigna ſon indignation à ſon retour de Flandres, & même avant que d'en partir, il adreſſa au Prévôt de Paris des Lettres qui devoient être lûes publiquement au Châtelet. Il y déclaroit qu'il étoit faux qu'il eût donné ſon conſentement à la nouvelle Impoſition qu'il regardoit comme *inſuportable*, & qu'il étoit dans l'intention d'envoyer une ſemblable déclaration au Parlement.

[a] *p. 147.*

[b] *p. 447 & ſuiv.*

Cette espèce de Manifeste fit beaucoup de bruit dans Paris où l'on attendoit le retour du Duc de Bourgogne : mais il ne voulut point y rentrer qu'il n'eût eu des nouvelles de la convalescence du Roy qui étoit alors malade. [a] Sa santé se rétablit vers le commencement de Juin, & le Duc de Bourgogne se mit alors en route pour revenir à Paris. Le Duc d'Orléans qui prévit que son retour pourroit avoir des suites fâcheuses pour lui, tâcha de les prévenir en faisant publier un Edit qui portoit que le Roy, à la prière de la Reine sa Femme, de la Reine d'Angleterre sa Fille, & du Duc d'Orléans, abolissoit les Impôts nouvellement établis.

[a] p. 447 & 450.

[b] Charles VI qui étoit en bonne santé lorsque le Duc de Bourgogne revint à la Cour, commençoit à s'apercevoir que ceux qui composoient son Conseil, n'avoient pas approuvé qu'il eût confié toute son autorité à un Prince que la jeunesse & les défauts qui l'accompagnent ordinairement, rendoient peu capable du Gouvernement du Royaume ; & sentant d'ailleurs que l'impression de foiblesse que laissoient dans son esprit & dans son corps, des accidens qui se renouvelloient souvent, le mettoit hors d'état d'en prendre le soin, il prit le parti d'assembler un Conseil, pour y faire, par l'avis de ceux qu'il y appella, le choix de la personne sur qui il s'en reposeroit. Ce Conseil se tint le premier de Juillet, & les Ducs d'Orléans & de Bourgogne, sur qui seuls le choix pouvoit tomber, n'y assistèrent pas. On y parla avec liberté : on y balança le caractère & les talens des deux Princes ; & après avoir rendu justice au mérite de l'un & de l'autre, l'on conclut que l'âge du Duc de Bourgogne, & sa longue expérience dans les affaires, devoient déterminer en sa faveur. Charles VI sentit la faute qu'il avoit faite, en confiant à un jeune Prince l'administration des affaires. Pour la réparer, il s'en déchargea entièrement sur le Duc de Bourgogne ; & il fit expédier à cet effet des Lettres qui le lendemain furent enregistrées au Parlement. Charles VI retomba malade vers le milieu du mois de Juillet.

[b] Ibid. p. 451.

Les Finances avoient été épuisées sous le ministère du Frère du Roy. Le Duc de Bourgogne n'osa pas pour les rétablir, avoir recours à de nouveaux Impôts ; & comme le désordre regnoit dans toutes les parties du Gouvernement, il se servit du prétexte du bien public, pour tirer de l'argent de ceux qui avoient été les auteurs de ces désordres, & qui en avoient profité.

Il nomma des Commissaires qu'il tira du Corps du Parlement, & qui devoient se transporter dans toutes les Villes murées du Royaume, pour faire des informations sur les Contrats usuraires & frauduleux qui avoient été passés, & principalement sur les Aliénations qui s'étoient faites avec lézion d'outre moitié du juste prix. Ces Commissaires avoient le pouvoir de condamner les Acquereurs à des amendes arbitraires. Cette commission dont l'objet parut équitable, fut exécutée par-tout le Royaume jusqu'au premier de Janvier. La sédition qu'elle excita dans la Ville de Reims, la fit supprimer. Les habitans menacèrent les Commissaires de les massacrer, & les chassèrent de leur Ville. Pour justifier cette violence, ils publioient que ces nouvelles exactions qui montoient à plus de cent mille écus, se faisoient à l'insçu du Roy : qu'elles ne tournoient pas au soulagement du Peuple, & qu'elles ne servoient qu'à enrichir ceux qui gouvernoient. Ces plaintes n'étoient que trop bien fondées, & on en faisoit de semblables dans tout le Royaume. Charles VI en fut touché, & ayant reconnu que le produit de cette espèce d'Impôt déguisé, n'entroit pas dans ses coffres, il révoqua cette Commission.

On trouvera dans [a] ce Volume les Lettres par lesquelles elle fut établie pour la Ville de Paris. Il en fut sans doute expédié de semblables pour les autres Villes du Royaume ; mais je n'ai pû les recouvrer. La plûpart existent peut-être encore dans les Dépôts publics de ces Villes, où elles sont ensévelies dans l'oubli, avec un grand nombre d'autres qui sont de nature à entrer dans ce Recueil, & qui donneroient des éclaircissemens sur notre Histoire. Quoi qu'il en soit, les Lettres qui regardent la Ville de Paris, sont du 24 de Mars 1402, avant Pâques. Elles servent à rectifier une inexactitude qui se trouve dans ce qu'en a dit le Moine de Saint-Denys. Selon cet Historien, tous les Commissaires furent tirés du Corps du Parlement. Cependant entre les six qui furent nommés pour la Ville de Paris, il n'y en a que deux qui fussent Membres du Parlement. Ces six Commissaires étoient Henry de Marle, Président au Parlement ; Beaugieux [b] d'Ailly, Sire de Piquigny, & Vidame d'Amiens ; Guillaume le Bouteillers, Hector de Chartres, Chevaliers & Chambellans du Roy ; Jehan Davi, Docteur en Loyx, Maître des Requêtes de l'Hôtel du Roy ; & Jehan du Drac, Général sur le fait de la Justice des Finances des Aides du Royaume. Ces Commissaires ont tous le titre de Conseillers du Roy.

[a] *Voy. ci-dessous, p. 574.*

[b] *Ib. note (b).*

Il est à remarquer que le Duc d'Orléans assista au Conseil dans lequel furent données les Lettres qui établirent cette Commission. *Par le Roy*, est-il dit à la fin de ces Lettres, conformément à la formule qui étoit en usage dans ce temps, *à la relation de son Grand-Conseil, où Mess. les Ducs de Berry, de Bourgongne & d'Orléans, & plusieurs autres dudit Conseil estiez*. Le nom du Duc d'Orléans ne se trouve point à la fin des Lettres imprimées dans ce Volume, & données précédemment à celles-ci depuis le premier de Juillet 1402, jour auquel Charles VI ôta à ce Prince le Gouvernement du Royaume.

Les Lettres par lesquelles fut révoquée la Commission établie pour la Ville de Paris, sont du 28 de Janvier 1403 ; & elles sont dans ce Volume [c]. Le Duc d'Orléans n'assista point au Conseil dans lequel elles furent données.

[c] *p. 626.*

Il y a encore dans ce huitième Volume, plusieurs autres Lettres qui confirment & qui fixent par des dates sûres, ce que les Historiens ont rapporté des révolutions arrivées dans le Gouvernement pendant l'année 1402. Elles rectifient quelques fautes qui leur sont échappées, & suppléent à ce qu'ils n'ont pas dit.

L'administration des Finances provenantes des Aides ordonnées pour la

Guerre, étoit un des objets le plus important du Gouvernement. Charles VI par ses [a] Lettres du 8 d'Octobre 1401 avoit, de l'avis des Ducs de Berry, d'Orléans & de Bourbon, nommé Charles d'Elebret, (d'Albret) pour présider aux Généraux-Conseillers sur le fait des [b] Aides.

[a] *Voy. ci-dessous, p. 408.*
[b] *Ibid. p. 494.*

Par des Lettres du 18 d'Avril 1402, il nomma le Duc d'Orléans son Frère, pour présider sur le fait des Aides, *outre & par-dessus* les Généraux-Conseillers. Charles d'Albret ne fut pas entièrement privé de l'autorité qui lui avoit été donnée : elle fut seulement subordonnée à celle du Duc d'Orléans : car Charles VI adressa des [c] Lettres du 27 d'Avril 1402, au *Duc d'Orléans, souverain Gouverneur de toutes les Finances venans des Aides ordonnées & à ordonner pour le fait de la Guerre, à Charles Sire de Lebret, & aux autres Généraux sur ledit fait ;* & le 19 de Mai suivant, le Duc d'Orléans, le Seigneur de Lebret & les autres Généraux-Conseillers, donnerent un [d] Mandement pour les faire exécuter.

[c] *Ibid. p. 498.*
[d] *Ibid. p. 499.*

Le Duc d'Orléans ne jouit pas long-temps de la Présidence sur le fait des Aides : car dans des [e] Lettres du 24 de Juin suivant, Charles VI, après avoir dit qu'il l'avoit donnée au Duc d'Orléans, déclare qu'il l'accorde au Duc de Bourgogne. Cette date du 24 de Juin, me paroît prouver que le Moine de Saint-Denys s'est trompé lorsqu'il a dit que ce fut dans un Conseil tenu le premier de Juillet, que Charles VI prit la résolution de retirer l'administration des affaires des mains de son Frère, pour la confier à son Oncle. La Présidence sur le fait des Aides, ôtée au Duc d'Orléans par les mêmes Lettres par lesquelles elle fut donnée à son rival, fut sans doute la suite & l'exécution de cette résolution, & n'a pas pû la précéder.

[e] *Ibid. p. 518.*

Je n'ai point trouvé de Lettres qui marquent le temps pendant lequel ce Prince en fut seul revêtu : mais il y a preuve que le 6 de Mars suivant, il la partageoit avec les Ducs de Berry & d'Orléans : car il y a un [f] Mandement daté de ce jour, qui commence ainsi : *De par les Ducs de Berry, de Bourgogne & d'Orléans, souverains Gouverneurs de toutes les Finances venans des Aides ordonnées & à ordonner pour le fait de la Guerre.*

[f] *Ibid. p. 573. Voy. l'Errata sur cette page.*

Il n'y avoit pas alors long-temps qu'ils étoient chargés de cette administration qui leur fut ôtée deux mois après la date de ce Mandement. Je tire la preuve de ces deux faits, des [g] Lettres de Charles VI, du 19 de Mai 1403. Après y avoir dit que *n'aguerres* il avoit commis aux Ducs de Berry, de Bourgogne & d'Orléans, le Gouvernement des Finances provenantes des Aides, il ajoûte : *Et toutes voyes, pource que tousjours avons besoing de leur conseil en noz grans faiz & besoignes qui chascun jour Nous surviennent, dont principalement les chargeons, & esquels Nous les occupons continuellement ; Nous tant de nostre vouloir comme du leur, & à leur Requeste, les ayons deschargiez dudit Gouvernement.*

[g] *Ibid. p. 588.*

Charles VI dit ensuite, qu'étant nécessaire de pourvoir à ce Gouvernement, il a ordonné qu'en présence de ses Oncles, de son Frère & de ceux de son Conseil, s'assemblassent plusieurs personnes notables *tant de nostredit Sang & de nostre Grand Conseil, comme autres noz Officiers de nostre Parlement, de nostre Chambre des Comptes, Tresoriers & autres en ce cognoissans,*

cognoissans, pour nommer ceux qu'ils jugeroient les plus capables de remplir les places de Généraux-Conseillers sur le fait des Aides; que le choix de l'assemblée est tombé sur les trois personnes nommées dans ces Lettres, auxquelles il a joint de son propre mouvement, Thiebault de Mezeray.

On ne trouve dans Juvenal des Ursins, dans le Moine de Saint-Denys, ni dans Monstrelet, aucune trace des derniers faits que je viens de rapporter, & que j'ai tirés de Lettres imprimées dans ce Volume, & qui n'avoient pas encore été publiées. Ils ont même gardé le silence sur plusieurs Ordonnances rendues au commencement de l'année 1403, qui donnèrent une face nouvelle au Gouvernement. Elles se trouvent aussi dans ce Volume, & je vais en rendre compte.

Charles VI, dans les bons intervalles que lui laissoit quelquefois le fond d'une maladie qui ne finit qu'avec sa vie, sentoit qu'il ne pouvoit pas espérer que sa santé se rétablît jusqu'au point de pouvoir toûjours gouverner par lui-même. Il reconnoissoit qu'on abusoit souvent de sa foiblesse pour lui faire donner des ordres, dont il se répentoit lorsqu'il étoit à portée d'en sentir les inconvéniens, que la haine, excitée par la rivalité entre son Frère & ses Oncles, & les efforts continuels qu'ils faisoient pour s'arracher successivement la direction des affaires, jetoient le désordre dans toutes les parties du Gouvernement. Pour y remédier, il forma, soit par lui-même, soit par les conseils de quelque Ministre fidèle & impartial, le plan d'une administration qui auroit assûré le repos & le bonheur de la France, si elle avoit pû être stable & permanente. Dans ce plan, il se réserva à lui seul le pouvoir suprême, lorsqu'il seroit en état de l'exercer, & en cas *d'absence*, [a] (j'ai déjà dit dans quel sens il faut entendre ce mot) sans se dépouiller de ce pouvoir, il en partagea l'exercice également entre son Frère & ses Oncles, & tempéra l'autorité qu'il leur confia, par celle qu'il donna à la Reine son Epouse qu'il nomma chef de l'administration, aux Princes du Sang, aux premiers Officiers de la Couronne, & aux Membres de son Conseil. Cette nouvelle forme de Gouvernement fut établie par les [b] Lettres du 26 d'Avril 1403. Charles VI y dit, que considérant *qu'il pourroit advenir aucunes fois par les grans occupations qui* lui *sourviennent & peuvent sourvenir, ou pour son absence, il ne pourroit estre pourveu aux grans affaires qui pouroient sourvenir en son dit Royaume, sitost comme besoing seroit*, il ordonne que *lorsqu'il* sera *absent* ou *tellement occupé qu'il ne pourra vacquier ne entendre à l'expédition des grans besoignes* de lui & de son Royaume, la Reine, & avec elle ses Oncles & Frère, les Princes du Sang, appelés le Connétable Charles d'Albret, le Chancelier de France, & ceux du Conseil, *telz & en tel nombre comme il sera expédient, vacquent & entendent* pour lui *& en son nom à l'expédition desdites besoingnes..... & y preignent telz appointemens & conclusions qu'il sera advisé* à la pluralité *des voix,.....: voulans que ce qui sera ainsi fait par eux, ait force & vigueur comme se par* lui *étoit fait*, & comme se il y étoit en sa personne, *sans ce que toutes-voyes que aucuns appointemens prins sur lesdiz grans faiz, soient mis à exécution, sans le* lui *faire premièrement savoir & sans* son *vouloir & consentement, & que*

[a] *Voy. ci-dessus, p. v.*

[b] *Ibid. p. 577.*

lesdiz appointemens soient passez par ses Lettres séellées de son *grand Séel: Toutevoyes,* ajoûte Charles VI, *quand Nous serons presens & pourrons & vouldrons à ce vacquier & entendre, Nous voulons que aucune chose ne soit faicte par les dessusdiz, touchans lesdiz grans faiz & besoingnes de Nous & de nostre dit Royaume, sans nostre presence; mais en ordonnerons à nostre plaisir.*

[a] *Ibid. p. 579.* Charles VI par d'autres [a] Lettres, données le même jour 26 d'Avril, ordonne que la Reine son Epouse, les Ducs de Berry, de Bourgogne, d'Orléans & de Bourbon, les autres Princes du Sang & les Gens de son Conseil, feront en sa présence serment de lui être bons, vrais & loyaux Sujets & obéissans envers tous & contre tous qui pourroient vivre & mourir, comme à leur droit souverain & naturel Seigneur, tant comme il vivra, & de reconnoître après lui pour leur Roy & souverain Seigneur, son Fils aîné le Duc de Guyenne, Dauphin de Viennois, ou celui qui sera son Fils aîné lorsqu'il mourra. Charles VI ordonne encore par ces Lettres, que tous les Prélats, Comtes, Barons, Chevaliers, Ecuyers, Bourgeois des bonnes Villes, & autres *Gens d'Etat* du Royaume, feront les mêmes sermens entre les mains du Connétable & du Chancelier de
[b] *Ibid. p. 580. note (b).* France. [b] Le 11 de Mai suivant, les Membres du Grand Conseil & ceux du Parlement, les Avocats & Procureurs, prêtèrent le serment ordonné par ces Lettres.

Ces précautions, prises pour affermir les Sujets dans l'obéissance qu'ils devoient au Roy, & pour assurer la Couronne à son Fils aîné, peuvent faire présumer qu'il se tramoit alors en France des intrigues très-dangereuses, que des personnes puissantes y étoient entrées, & que même la constitution de l'Etat étoit ébranlée : mais faute de Monumens, ces mystères sont ensévelis dans un oubli dont, suivant les apparences, ils ne sortiront jamais.

Charles VI étoit né libéral, & la foiblesse de son esprit l'avoit rendu prodigue. Il faisoit des dons immenses en argent & en terres du Domaine.
[c] *Voy. ci-dessous, p. 484.* Il avoit révoqué ceux-ci par ses [c] Lettres du dernier de Février 1401 : mais comme il n'avoit pas la force de résister à *l'importunité* de ceux qui lui en
[d] *Ibid. p. 586.* demandoient de nouveaux, par ses [d] Lettres du 15 de Mai 1403, il donna à la Reine le pouvoir de s'opposer aux dons qu'il feroit des terres du Domaine.

Dans le même temps que Charles VI établissoit la forme du Gouvernement qu'il jugeoit la plus propre à maintenir pendant sa vie, la paix dans l'Etat & dans la Famille Royale, il prit des mesures pour empêcher qu'elle ne fût troublée après sa mort, si elle arrivoit avant que son Fils aîné fût majeur.

[e] *Voy. la Préface du 6.e Vol. de ce Rec. p. ix. & suiv.* [e] Charles V, par une Loi générale & perpétuelle, avoit fixé la majorité des Rois de France, à quatorze ans, & il avoit ordonné que pendant leur minorité, le Royaume seroit gouverné par un Régent. Le Duc d'Anjou le fut pendant celle de Charles VI, & suivant l'ancien usage, il fut revêtu de toute l'autorité Royale, & son nom fut mis à la tête des Lettres Royaux, à

la place de celui du Roy. Charles VI, qui par ses [a] Lettres du mois de Novembre 1392, avoit confirmé l'Ordonnance de Charles V, sur la majorité des Rois de France, y dérogea par rapport à son Fils aîné, par ses [b] Lettres du mois d'avril 1403. Charles VI, après avoir dit que *considérans que sitost qu'il plaist à Dieu envoier sur terre au Roy qui est pour le temps, Hoir masle premier nez, droit de nature le baille héritier du Royaume, & sitost que son Pere est alé de vie à trespassement, supposé que ledit premier né soit mendre d'ans, en quelque minorité qu'il soit, il est & doit estre réputé pour Roy, & doit estre ledit Royaume gouverné par lui & en son nom par les plus prouchains de son Sang, & par les sages Hommes de son Conseil:* ordonne que son Fils aîné, ou celui qui le sera lors de son décès, *en quelque minorité & en quelque petit âge qu'il soit, use plainement du droit* qui lui sera acquis par la mort de son Père, soit sans aucun délai appelé Roy de France, succède au Royaume, & soit couronné Roy au plûtôt, & use de tous droits de Roy, sans qu'aucun autre, tant soit proche du Sang Royal, entreprenne le Bail, Régence ou Gouvernement du Royaume, & sans qu'il puisse lui être donné aucun empêchement, sous ombre de Régence ou Gouvernement: Voulans que si après son décès, son Fils est moindre d'ans, & *en quelque minorité qu'il soit*, la Reine, appelés avec Elle les Ducs de Berry, de Bourgogne, d'Orléans & de Bourbon, les autres Princes du Sang & les Gens qui composeront le Conseil au jour de son décès, gouverne au nom du Roy tous les faits du Royaume, en son nom, & comme Roy; & lui obéissent la Reine, les Princes du Sang, & les Gens du Conseil, *& non à autre quelconque*, & lui fassent obéir par tous ses Sujets comme à leur Roy & Seigneur; & que toutes les conclusions & déliberations sur les affaires du Gouvernement, soient faites à la pluralité des voix.

[a] Septième Vol. des Ordonnances, p. 517.

[b] Voy. ci-dessous, p. 581.

Il pourvut par ses mêmes Lettres *à la garde, nourrisement & gouvernement* de son Fils aîné & de ses autres Enfans pendant leur minorité, & il en chargea la Reine, & en cas qu'elle mourût, ou qu'elle ne pût y vacquer, ses Oncles, son Frère, les autres Princes du Sang, le Connétable, le Chancelier & les Gens du Conseil.

Les mesures que prit Charles VI pour établir l'ordre & le repos dans le Royaume, n'eurent pas le succès qu'il s'en étoit promis, & elles redoublèrent l'animosité de son Frère contre le Duc de Bourgogne à qui elles étoient avantageuses, & qui peut-être en étoit l'auteur.

Le Duc d'Orléans ne put voir sans jalousie, qu'on lui associât ce Prince dans le Gouvernement, à la tête duquel il avoit été seul pendant quelque temps, & que dans le cas d'une minorité, le Duc de Bourgogne fût destiné à partager avec lui l'autorité qu'il croyoit ne devoir appartenir qu'à lui seul, ou du moins, ne pouvoir lui être disputée que par la Reine. Les liens par lesquels dans le même temps Charles VI s'unit étroitement avec la Maison de Bourgogne, mirent le comble à la fureur du Duc d'Orléans. Les faits que je vais rapporter, fourniront un nouvel exemple de l'instabilité de l'esprit de Charles VI & de ses variations continuelles & journalières.

[a] Voy. un peu plus bas.

Il avoit promis, on ignore en quel [a] temps, de marier le Dauphin avec la Fille née ou à naître du Duc d'Orléans. *(d)* Ce Prince n'avoit point de Fille en 1403. Le 5 de Mai de cette année, Charles VI & le Duc de Bourgogne firent dresser un *(e)* Contrat de Mariage entre le Dauphin Louis, & Marguerite Fille de Jean Comte de Nevers, Fils aîné de ce Duc; & un autre Contrat entre Philippe Fils aîné de ce Comte, & Michelle Fille de Charles VI. Le même jour fut passé une promesse de Mariage entre Jean Duc de Touraine second Fils de Charles VI, & celle des Filles du Comte de Nevers que le Roy & la Maison de Bourgogne jugeroient à propos de choisir. Si le Duc d'Orléans ne put empêcher la célébration de ces Mariages, il y mit du moins des obstacles qui la retardèrent.

Le 7 de Mai, deux jours après que ces Contrats eurent été passés, il obtint de Charles VI des *(f)* Lettres, dont voici la substance. Charles VI, après avoir dit que par des Lettres patentes antérieures, il avoit accordé au Duc d'Orléans que le Dauphin seroit marié avec sa Fille née ou à naître dans certain temps, & que depuis il a *traitté aucuns mariages de plusieurs* de ses *Enfans* avec autres, & qu'il se souvient *que du temps de son jeune aage* il avoit fait par le conseil de ceux *qui lors étoient entour* lui, *certains (g) Testamentz, Codicilles & autres Ordennances entre vifs, par lesquelles aucuns pourroient presumer estre derogué aux droictz, prérogatives & honneurs qui y appartiennent, & ou temps avenir pourroient & devroient appartenir de droict & raison commune, coustume & usage de nostre Royaume, ou autrement, à nostre Frère*, il ajoûte que voulans garder à son Frère tous les droiz qui lui competent & appartiennent & devront competer & appartenir de droict & raison comme de usage & de coustume, & oster toute maniere de suspicion ou prescription que l'en pourroit avoir pour les Testamens, Codicilles, Ordennances & Mariages dessusdits, il déclare que son intention est que son Frère soit & demeure entièrement en tous ses droits auxquels par Testament, Codicille, ou autre Ordennance faite entre vifs,

(d) Voy. l'Hist. Généal. de la Maison de Fr. T. 1, p. 205 & suiv. Voici ce qu'on y lit à l'article des Enfans du D. d'Orléans. *N.... d'Orléans, Fille née au Château de Coucy en 1401, eut pour Parrain le Duc de Gueldres.*

La date de sa mort n'est point rapportée; & il y a apparence qu'elle mourut peu de temps après sa naissance.

(e) Les deux Contrats de Mariage sont dans le Reg. du Trés. des Chartres, cotté 158, Pièces 199 & 201, & sont imprimées aux pages 601 & 602 de l'Hist. de Charles VI, par Godefroy. La Promesse de Mariage est dans le même Reg. Pièce 200; & je ne sache point qu'elle ait été imprimée.

(f) Ces Lettres, & celles dont je rendrai compte ensuite, sont imprimées à la p. 201 du Traité de la Majorité des Rois de France, par Dupuy. Il ne marque point d'où il les a tirées. Ceux qui travaillent sur notre Histoire, connoissent les obligations qu'ils ont à ce Savant. Il a rempli de Pièces qui la concernent, plus de huit cens Volumes, qui sont présentement dans la Bibliothèque de M.r Joly de Fleury ancien Procureur Général au Parlement, & il en a fait imprimer un assez grand nombre: mais j'ai déjà été obligé de remarquer plus d'une fois, qu'elles n'ont pas été copiées avec assez d'exactitude. L'une des Pièces dont je vais rendre compte, est certainement tronquée dans un endroit sur lequel je ferai une note, & il y a lieu de croire qu'il s'est glissé plusieurs autres fautes dans l'une & dans l'autre de ces deux copies.

(g) Ces Pièces ne se sont pas conservées, ou du moins, je ne les connois pas. Puisque Charles VI avoit fait ce Testament & cette Ordonnance étant en *jeune aage*, ce ne sont pas les Lettres du mois d'Avril 1403, par lesquelles il régla la forme du Gouvernement qu'il vouloit être observée pendant la Minorité de son Fils aîné; car en 1403 Charles VI avoit trente-cinq ans. Voy. cependant ci-dessous, p. xiij, note *(i)*.

Traictiez de Mariages fais ou à faire, ne soit aucunement derogué ou préjudicié ; ordonnans que ilz lui soient & demeurent entiers, sans aucunement estre bleciez ne empirez, nonobstant aucun consentement par lui autrefois donné en son préjudice, luy non ayant telle cognoissance de ses droictz, comme il a de présent, (h) *& pour doubte d'encourir nostre indignacion; les Mariages n'a gaires traictiez de noz Enfans avecques autres, & quelxconques autres choses qui pourroient prejudicier ou deroguer aux droictz, honneurs & prerogatives de nostredict Frère.*

Le Duc de Bourgogne dépouillé par ces Lettres de l'autorité que le Roy lui avoit confiée, & de toutes les graces dont il venoit de le combler, ne paroissoit plus être un rival à craindre pour le Duc d'Orléans : mais le triomphe de ce Prince fut très-court; & quatre jours après, Charles VI révoqua les Lettres qu'il lui avoit accordées, par celles du 11 de Mai, dans lesquelles les premières sont inserées. Charles VI dit dans ses Lettres du 11 de Mai, que voulant pourvoir au Gouvernement de son Royaume & à la sûreté de la Reine sa Compagne, de son Fils aîné & de ses autres Enfans, afin qu'après sa mort ils puissent demeurer en paix, tranquillité & sûreté, il a fait des (i) Ordonnances *tant de son Testament* comme autres, qui furent alors rédigées par écrit dans des Lettres scellées du grand Sceau; qu'il les a depuis revûes plusieurs fois, & qu'elles lui ont paru bonnes & profitables pour la Reine, leurs Enfans, ses Sujets & son Royaume ; que cependant s'étant *avisé* que par des dispositions contenues dans des Lettres accordées depuis peu au Duc d'Orléans son Frère, parce qu'il ne se ressouvenoit point alors de ces anciennes Ordonnances, il y est ou pourroit être dérogé, il déclare que se ressouvenant bien de ces anciennes Ordonnances & des motifs qui l'ont déterminé à les faire, il révoque, casse & annulle les Lettres qu'il a accordées depuis peu au Duc d'Orléans.

Il n'est pas parlé dans ces Lettres du 11 de mai, des Mariages accordés entre les Enfans de Charles VI, & ceux du Comte de Nevers : mais ces alliances furent tacitement confirmées par la révocation des Lettres accordées au Duc d'Orléans. Cependant la célébration de ces Mariages fut différée : je n'ai pû en découvrir la raison. [a] Le Dauphin ne fut marié que le 31 d'Août 1404, & Philippe de Bourgogne qu'au mois de Juin 1409. La promesse

[a] *Hist. Généal. de la Maison de Fr. T. I. page 113 & 241.*

(h) Cet endroit est certainement tronqué ; & dans la suite de la phrase, il manque le Verbe qui devroit régir ces mots : *Les Mariages n'a gaires traictiez, &c.* & ce Verbe devoit être *révoqués*, ou quelqu'autre Verbe semblable.

(i) Il paroît certain que ces mots désignent les Lettres du mois d'Avril précédent, & que ce sont les mêmes que le Duc d'Orléans fit révoquer par celles du 7 de Mai suivant. Comment donc a-t-on pû dire dans ces dernières que les Lettres que Charles VI révoquoit, avoient été données lorsqu'il étoit encore jeune d'âge. [Voy. ci-dessus, p. xij, note (g).] On pourroit conjecturer que Charles VI étant encore jeune, avoit fait un Testament qui contenoit des dispositions qu'il renouvella par les Lettres du mois d'Avril 1403 ; & que dans celles du 7 de Mai suivant, le Duc d'Orléans qui fut le maître de les faire rédiger comme il le jugeoit à propos, affecta d'y faire confondre les nouvelles Lettres du mois d'Avril avec le Testament anciennement fait par le Roy son Frère, afin qu'on pût dire en général que ces Actes avoient été faits pendant que Charles VI étoit jeune. *Testamentz, Codicilles & autres Ordennances entre vifs*, portent les Lettres du 7 de Mai.

de Mariage entre Jean Duc de Touraine & une des Filles du Duc de Nevers, n'eut point d'exécution.

Telle étoit la fermentation continuelle de la Cour de Charles VI. Les Ducs d'Orléans & de Bourgogne s'arrachoient successivement l'autorité. Celui qui s'en étoit emparé, n'en jouissoit qu'avec inquiétude, parce qu'à chaque instant il étoit en danger de la perdre. Les deux Princes toûjours occupés à se nuire, fiers de leur faveur, ou irrités par celle de leur rival, nourrissoient réciproquement dans leur cœur, une haine furieuse & implacable qu'ils transmirent à leurs Enfans. Les tragiques événemens qui pensèrent renverser la constitution de l'Etat, en furent les suites funestes. J'en rendrai compte dans les Préfaces des Volumes suivans.

En 1401 Charles VI avoit rendu la Charge de Lieutenant du Roy dans le Languedoc, au Duc de Berry, par ses Lettres du 9 de Mai. Elles portent qu'il avoit déjà été deux fois pourvû du Gouvernement de cettre Province[a], & je me suis engagé à rendre compte dans cette Préface, des raisons qui avoient déterminé Charles VI à lui en ôter le Gouvernement. [b]Le Roy Jean son Père le lui avoit donné au mois de Mai 1356; mais il n'alla dans cette Province qu'en 1357, par ordre de Charles V, alors Régent du Royaume, qui par ses Lettres du 14 de Décembre de cette année, le nomma Lieutenant du Roy & le sien dans le Languedoc. Il posséda ce [c] Gouvernement jusqu'au mois de Janvier 1360, & il eut pour successeur le Connétable de [d]Fiennes.

Charles V vers le commencement de son règne, fit le Duc d'Anjou l'aîné de ses Frères, Lieutenant dans le Languedoc. Ce Duc conserva ce Gouvernement jusque vers le mois de Mai 1380.

Charles V, quelque temps avant sa mort, se crut obligé de le lui ôter, & il le donna au Comte de [e]Foix qui ne le posséda pas long-temps; car Charles V étant mort le 16 de Septembre de cette année, & Charles VI ayant été déclaré Majeur le 4 de Novembre suivant, quoiqu'il n'eût pas encore quatorze ans, il se détermina par des raisons dont j'ai rendu compte dans la [f]Préface du sixième Volume de ce Recueil, à nommer le Duc de Berry son Lieutenant dans le Languedoc, par ses Lettres du 19 de Novembre 1380. Il lui donna un pouvoir très-ample, & l'on pourroit même dire exorbitant. Il en abusa, ou du moins, sous son nom, ceux sur qui il se reposa du soin du Gouvernement de cettre Province, y commirent les injustices & les violences les plus affreuses, & réduisirent les habitans presque à la mendicité, par les Impôts dont ils les accablèrent. Froissart[g] a fait une description fort touchante des malheurs auxquels le Languedoc fut en proie pendant les neuf années que dura le Gouvernement du Duc de Berry.

En 1389 Charles VI ayant résolu d'aller à Avignon, les habitans du Languedoc profitèrent de l'occasion d'un voyage qui devoit conduire le Roy vers la frontière de leur Province, pour lui faire connoître l'état affreux auquel elle étoit réduite, & pour le supplier d'y apporter du remède par sa présence. Ils envoyèrent à Paris des Députés qui obtinrent de lui

[a] *Voy. ci-dessous la note (b). de la p. 435.*

[b] *Hist. du Languedoc par D. Vaissette, t. 4, p. 286, 293.*

[c] *Ibid. p. 309 & 310.*

[d] *Ibid. p. 327.*

[e] *Ibid. p. 373.*

[f] *p. xvj.*

[g] *L. IV, p. 15.*

une audience secrète, dans laquelle, le genou en terre & la larme à l'œil, [a] dit le Moine de Saint-Denys, ils lui représentèrent *l'état misérable* du Languedoc *sous l'autorité pesante du Duc de Berry; & après lui avoir fait voir qu'il n'y avoit point d'exaction imaginable qu'ils ne souffrissent de sa part; ou sous son nom, par la cruauté insatiable de ses Ministres, ils lui témoignèrent enfin qu'ils parloient pour le misérable reste d'un grand peuple que la seule affection de demeurer ses sujets, obligeoit encore à cette dernière tentative, auparavant que de suivre l'exemple de plus de quarante mille personnes du pays qui s'étoient retirées en Arragon où ils se vantoient d'avoir trouvé une véritable patrie. Le Roy fut fort touché de leur malheur, & pour mieux vacquer à tous les soins qu'il leur promit de prendre pour leur soulagement, il refusa toutes les offres que le Duc de Berry lui fit & par Lettres & par Envoyés, de l'accompagner en son voyage, & il lui ordonna de demeurer chez luy, de crainte que sa présence n'empêchât les plaintes des peuples, & ne donnât protection à ceux qui abusoient de son autorité pour les tyranniser.* Il renvoya les Députés du Languedoc avec toute sorte de satisfaction. [b] Il partit peu de temps après pour Avignon, d'où il se rendit vers le Languedoc. Il parcourut cette Province, donnant par-tout des marques de sa bonté, de son amour pour son peuple, & de sa sensibilité aux maux sous le poids desquels il gemissoit depuis long-temps. Il donna ses ordres pour y remédier : il fit faire des informations contre ceux qui en avoient été les auteurs, & il les fit punir par des peines proportionnées aux crimes dont ils furent trouvés coupables. [c] Betisac natif de Béſiers, Secrétaire & Trésorier du Duc de Berry, & son principal Ministre dans le Languedoc, fut condamné au dernier supplice, & ce Prince fut [d] dépouillé de la Lieutenance du Roy dans cette Province. Elle respira pendant neuf ans: mais en 1401, le Duc de Berry abusant de la foiblesse de Charles VI, & de l'autorité qu'elle lui donnoit dans le Gouvernement, se fit nommer pour la troisième fois, Lieutenant de Roy dans le Languedoc qui fut ainsi livré de nouveau à l'avarice de ce Duc, dit un [e] Historien moderne.

[a] *p. 176.*

[b] *Hist. du Languedoc par D. Vaissette, T. IV. p. 393 & suiv.*

[c] *Ibid. p. 178. Hist de Charles VI, par Juvenal des Ursins, p. 77. Froissart, Liv. IV, p. 25.*

[d] *Hist. du Languedoc par D. Vaissette, T. IV, p. 399.*

[e] *Ibid. p. 416.*

§. II.

ÉTATS GÉNÉRAUX ET PARTICULIERS.

États généraux tenus à Bourges en 1317.

Dans des [f] Lettres de Charles VI, du mois d'Octobre 1401, sont vidimées [g] celles de Philippe le Long du 7 d'Avril 1317. Celles-ci indiquent une assemblée d'Etats généraux, qui ne se trouve pas dans la chronologie de ces Etats, dressée par Savaron.

Lorsque les Rois avoient résolu de convoquer une assemblée des Etats généraux, ils le faisoient savoir par des Lettres particulières à ceux qui devoient y assister, & ils en écrivoient aux bonnes Villes du Royaume, afin qu'ils choisissent des Députés qui les représentassent. [h] Celles que

[f] *Voy. ci-dessous, p. 473.*

[g] *Elles avoient déjà été imprimées à la p. 644 du premier Vol. de ce Rec. Voy. ci-dessous, page 474, note (b).*

[h] *Hist. du Languedoc par D.*

Vaissette, T. IV, Pr. p. 154, col. 2.

Philippe le Long écrivit à cet effet aux habitans d'Alby, se sont conservées. Elles sont datées du Jeudi avant la Chandeleur 1316. *Comme Nous entendons* (y dit ce Prince) *à ordonner sur le fait des Monnoyes & sur plusieurs autres besoingnes qui tochent Nous, l'Estat du Reaume de France, le commun profit & le bon estat des bonnes Villes & de tous nos Subgez, ... esquels besoingnes Nous voulons avoir votre conseilh.... Nos vous mandons que vous envoyés vers Nous à Bourges à cestes prochaines Pasques Flories,* [le 27 de Mars] *persones suffisciens & sages à qui Nous puissons avoir conseilh & qui apportent avec eux suffisciant pooir de vous, par quoy ce qui sera fait avec eux & avec les autres bonnes Villes, soit ferme & estable, por le profit commun sus lesdites besoingnes, & sur les autres tochant le commun profit du Reaume.* En conséquence de ces Lettres, les Consuls & les Habitans d'Alby, nommèrent un Député pour en leur nom comparoître à Bourges au jour nommé, devant le Roy, si il étoit nécessaire, [a] pour donner son avis, s'il en étoit besoin, & entendre les intentions du Roy sur les points contenus dans les Lettres qu'il leur avoit écrites.

[a] Consulendumque, si opus fuerit, *& audiendum deliberationem D. nostri Regis.*

Cette assemblée des Etats généraux ne fut pas longue : elle commença le 27 de Mars 1316, à la fin de l'année; & le 7 d'Avril suivant, au commencement de 1317, Philippe le Long adressa aux Sénéchaux & aux autres Justiciers du Royaume, des Lettres qui portent qu'ayant mandé depuis peu à Bourges les Procureurs de quelques-unes des bonnes Villes & lieux notables du Royaume, & spécialement du Languedoc, pour déliberer sur le bon état du Royaume & des Habitans, ces Procureurs l'ont supplié de confirmer les Villes de son Royaume, dans l'usage & dans la liberté des Privilèges, Coûtumes & Franchises dont elles avoient joui du temps de Saint Louis, & qu'il leur a accordé leur demande. Philippe le Long ordonne ensuite à ses Justiciers de conserver la Ville de Narbonne dans ses anciens Privilèges.

Les deux Lettres dont je viens de rendre compte, sont les seules que je connoisse qui aient rapport à l'assemblée des Etats tenue à Bourges en 1317. De ce qu'il n'y est fait mention que des Députés des bonnes Villes, il ne faut pas conclurre que le corps du Clergé & celui de la Noblesse n'y assistèrent pas. On ne peut douter qu'elle ne fût composée des trois Ordres du Royaume, & on en trouvera la preuve dans ce que j'ai dit à la page xx de la Préface du troisième Volume de ce Recueil, sur la forme des différentes Lettres que les Rois faisoient expédier en conséquence des assemblées des Etats généraux.

Etats particuliers du Dauphiné en 1395.

Le 28 de Mars 1395, Charles VI donna des [b] Lettres qui portent que le Mariage qui a été contracté depuis peu entre sa Fille Ysabelle & le Roy d'Angleterre, l'ayant engagé dans des dépenses très-considérables auxquelles il ne peut subvenir sans le secours de ses Sujets, il envoye dans le Dauphiné Jacques de Montmaur Gouverneur de cette Province, & Jean

[b] *Voy. ci-dessous, p. 67.*

Jean Dudrac Conseiller au Parlement, afin que conjointement avec les Gens de son Conseil dans ce pays, ils fassent assembler les Gens d'Eglise, les Nobles & les autres personnes de la Province, *en tel nombre* qu'ils jugeront être expédient, afin de les requerir d'accorder une Aide *suffisante pour supporter partie des charges & dépenses dessusdites.* Je ne connois aucun Monument qui indique ce qui se fit dans le Dauphiné, en exécution de ces Lettres.

Je n'ai rien à ajoûter par rapport aux Etats des Comtés d'Artois, de Boulenois & de Saint-Paul, à ce qu'on en trouvera dans la Table des Matières, au mot *Artois*.

§. III.

MONNOIES.

On trouvera à la suite de cette Préface, une Table des Monnoies dressée sur le plan de celles qui sont dans les Volumes précédens. Elles ont toutes été faites par la même personne qui a donné un nouveau degré de perfection à cette dernière.

Toutes les fois qu'il enrichit ce Recueil par son travail, je me fais un devoir de lui renouveller les témoignages de ma vive reconnoissance.

On peut remarquer dans cette Table, que pendant les révolutions fréquentes qui arrivèrent dans l'administration du Gouvernement de la France en 1401 & dans les années suivantes, le prix de l'Argent ne varia pas; & que celui de l'Or n'augmenta que de cinq sols.

On a placé à la suite de cette Table un Mandement sur les Monnoies, qui n'avoit pû être imprimé à son rang, & duquel la personne qui l'a dressée, avoit fait usage sur une copie qu'il en avoit.

§. IV.

Schisme de l'Eglise.

Il y a dans ce Volume plusieurs Lettres qui concernent le Schisme qui affligea l'Eglise à la fin du quatorzième siècle & au commencement du quinzième; & il y en a quelques-unes qui n'avoient pas encore été imprimées. Dans des notes sur ces Lettres, j'ai renvoyé à la Préface. Mon intention n'a point été de m'y engager dans le détail de cette affaire qui est d'une très-vaste étendue, & qui d'ailleurs est connue par les Ouvrages d'un grand nombre d'Auteurs. S'il leur est échappé quelques faits compris dans les Lettres imprimées pour la première fois dans ce huitième Volume, j'en ai rendu un compte exact dans la Table des Matières, au mot *Schisme*. Mon dessein a donc été uniquement d'indiquer ici les principaux événemens du Schisme, & d'en fixer les dates, afin que ceux qui liront dans ce Volume les Pièces qui y sont relatives, & qui ne pourroient les entendre ſans avoir ces faits & ces dates préſentes à l'eſprit, ne ſoient pas obligés à les aller chercher dans d'autres Livres.

Gregoire XI étant mort à Rome le 25 de Mars 1378, le 8 d'Avril ſuivant, les Cardinaux élurent Barthélemi Prigani Archevêque de Bari, dans le Royaume de Naples. Il prit le nom d'Urbain VI.

La plus grande partie des Cardinaux qui l'avoient élû, s'étant retirés à Agnagnie, y élurent pour Pape le 21 de Septembre ſuivant, Robert de Genêve, qui prit le nom de Clément VII. La France le reconnut pour Pape légitime.

Urbain VI. mourut le 15 d'Octobre 1389: le lendemain 16, fut élû Pierre Tomacelli, qui prit le nom de Boniface IX.

Clément VII étant mort à Avignon le 16 de Septembre 1394, le 28 de ce mois, Pierre de la Lune fut élû, & prit le nom de Benoît XIII. La France le reconnut auſſi pour vrai Pape.

Charles VI par ſes Lettres du 27 de Juillet 1398, ordonna la ſouſtraction de ſon Royaume à l'obédience de Benoît XIII, ſous laquelle il le remit par celles du 30 de Mai 1403.

TABLE

CONTENANT ANNÉE PAR ANNÉE

LES PRIX

DU MARC D'OR ET D'ARGENT

EN ŒUVRE ET EN BILLON;

Le nom des Eſpèces, leur loi, leur poids & taille, & leur valeur:

SOUS LE REGNE DE CHARLES VI.

Depuis l'année 1395, juſques & compris l'année 1403.

Page.	ANNEES, MOIS ET DATES des MANDEMENS.	NOMS des ESPÈCES.	TITRE des Espèces d'Or.	TITRE DES ESPÈCES d'Argent fin & d'Argent-le-Roy. Fin.	Le-Roy.	REMEDE DE LOI sur l'Or & l'Argent. Or.	Arg.	POIDS des ESPÈCES d'Or, d'Argent & de Billon.	REMEDE de Poids sur l'Or, l'Argent & le Billon.	Nombre de Pièces au Marc.	VALEUR des Espèces d'Or, d'Argent & de Billon.	PIED de la Monnoie.	VALEUR DES MARCS D'OR, D'ARGENT & de BILLON monnoyez. Or.	Argent.	PRIX DU MARC D'OR aux Monnoies. Fine.	Valeur.	PRIX du Marc d'Argent-le-Roy aux Monnoies. Fine.	Valeur.	OBSERVATIONS.
			Karats 32.	den. grains fr.	den. grains fr.	32.	grains.	den. grains fract.	den. grains fract.		s. d. fract.		liv. sols den. fract.	liv. sols den.	Karats 32	liv. sols den.	den. grains	liv. sols den.	
31.	1395. Janvier... 12.	Deniers Parisis. . . .	. . . .	1. $14.\frac{1}{7}$	1. 16.	. . . .	2.	1. $1.\frac{1}{5}$	. . . . .	180.	. . . . $1.\frac{1}{7}$	27.	. . . .	. . . 18. 9.	. . . .	. . . .	1. 16.	6. 2. 6.	
116.	1396. Décemb. 7.	Deniers Parisis. . . .	. . . .	1. $14.\frac{1}{7}$	1. 16.	. . . .	2.	1. $1.\frac{1}{5}$	. . . . .	180.	. . . . $1.\frac{1}{4}$	27.	. . . .	. . . 18. 9.	. . . .	. . . .	1. 16.	6. 2. 6.	
128.	Avril. . . .	Blancs Deniers. . . .	. . . .	5. $6.\frac{1}{2}$	5. 12.	. . . .	2.	2. $14.\frac{8}{37}$	. . . . .	$74\frac{1}{3}$	. . . 10.	27.	. . . .	3. 1. 10.	. . . .	. . . .	5. 12.	6. 8. 6.	Ordonnance des Généraux des Monnoies, du 3 Avril 1396.
157.	1397. Nov. . . . 25.	Deniers Parisis. . . .	. . . .	1. $14.\frac{1}{7}$	1. 16.	. . . .	2.	1. $1.\frac{1}{5}$	. . . . .	180.	. . . . $1.\frac{1}{4}$	27.	. . . .	. . . 18. 9.	. . . .	. . . .	1. 16.	6. 2. 6.	Ordonnance des Généraux des Monnoies du 27 Novembre 1399.
357.	1399. Nov. . . . 15.	Blancs Deniers. . . .	. . . .	5. $6.\frac{1}{2}$	5. 12.	. . . .	2.	2. $14.\frac{2}{31}$	. . . . .	$74\frac{1}{3}$	. . . 10.	27.	. . . .	3. 1. 10.	. . . .	. . . .	.0. . .	6. 8. . .	
461.	1401. Juillet... 19.	Deniers Parisis. . . .	. . . .	1. $14.\frac{1}{7}$	1. 16.	. . . .	2.	1. $1.\frac{1}{5}$	. . . . .	180.	. . . . $1.\frac{1}{4}$	27.	. . . .	. . . 18. 9.	. . . .	. . . .	1. 16.	6. 4. . .	
	(a) Décemb. 19.	Ecus à la Couronne. . .	24.	. . . . . .	. . . . . .	8.	. . . .	3. $2.\frac{10}{31}$	. . . . .	62.	1. 2. 6.	. . . .	69. 15. . .	. . . .	24.	67. 15. . .	. . . . . .	. . . . . .	
xxij. après cette Table.	(b) 1403. Juil. 10.	Ecus à la Couronne. . .	24.	. . . . . .	. . . . . .	8.	. . . .	3. $2.\frac{11}{31}$	. . . . .	62.	1. 2. 6.	. . . .	69. 13. . .	. . . .	24.	68.	. . . . . .	. . . . . .	Ordonnance des Généraux des Monnoies, du 11 Juillet 1403.

NOTE.

(a) La personne qui a dressé cette Table, a trouvé dans ses Recueils une Note de ce Mandement du 19 de Décembre 1401. il ne l'a point, & il n'est point dans le registre E de la Cour des Monnoies de Paris.

(b) Le Mandement du Roy est imprimé après cette Table. Voy. la Préface, p. xvij. §. III. Monnoies.

CHARLES VI.
à Paris, le 10 de Juillet 1403.

(a) Mandement qui fixe le prix de l'Or.

CHARLES par la grace de Dieu Roy de France. A nos amez & féaulx les Generaulx-Maistres de noz Monnoyes: Salut & dilection. Comme dès le moys de Décembre, l'an mil IIII.^{c} & ung, *Jehan Trotet* Maistre-Particulier de nostre Monnoye de Paris, ait prins de vous ladicte Monnoye jusques à trois ans après ensuivans, & promis faire faire & ouvrer dedans ledit temps la somme de dix-huit cens marcs d'or; laquele somme il a acomplie, parce qu'il a donné à plusieurs marchans frequentans ladicte Monnoye, v. sols tournois d'aventaige oultre & par-dessus le prix de LXVII. livres XV sols tournois, qui est le pris ordinaire & que l'en a acoustumé de donner en marc d'or en deniers; lequel avantaige de V. sols tournois, ledit Maistre-Particulier reffuse à présent donner ausdits Changeurs & Marchans qui s'en sont complaincts & doluz à vous, si comme l'en dit, & par ce [a] pourroit demourer ladicte Monnoye en chomage, se pourveu n'y est de remede. Si vous mandons que pour [b] eschever ledit chomaige, vous faictes donner & payer ausdits Changeurs & Marchans iceulx V. sols tournois pour marc d'or en deniers, oultre & par-dessus ledit pris de LXVII. livres XV. sols tournois; [c] parmi ce toutes voës que ledit Maistre-Particulier sera tenu faire ouvrer en ladicte Monnoye dedans la fin desdits trois ans, la somme de mil marcs d'or, comprins [d] ens les marcs d'or qu'il a ouvrez depuis l'acomplissement de ladicte somme de XVIII.^{c} marcs d'or, ou nous payer tel prouffilt que nous y pourrions avoir, se deffault y estoit; & par rapportant ces persentes ou *Vidimus* d'icelles, nous voulons & mandons iceulx V. sols tournois d'aventaige pour chacun marc qu'il a ouvré & ouvrera dedans ledit temps, soient alloüez es Comptes dudit Maistre-Particulier, sans aucune difficulté, par noz amez & féaulx Gens de noz Comptes *à Paris,* & vous; nonobstant Ordonnances, Mandemens ou deffenses à ce contraires. Donné *à Paris*, le Xe jour de Juillet, l'an de grace mil IIII.^{c} & trois, & de notre regne le XXIIIe Ainsi signé. Par le Roy, à la relacion du Conseil. CHALIGAULT.

a *On pourroit cesser d'y travailler.*

b *éviter.*

c *moiennant.*

d *dedans.*

NOTE.

(a) Registre *E* de la Cour des Monnoies de Paris, *fol.*° 7. vingt 4. *recto* [144.]

Avant ces Lettres, il y a : *Lectre de cinq solz tournois d'aventaige.*

TABLE ALPHABETIQUE

es Espèces comprises dans la Table précédente; avec l'indication des années dans lesquelles ces Espèces ont eu cours; & celle des pages de ce Volume où il est fait mention de ces Espèces.

ORDONNANCES
DES ROIS DE FRANCE
DE LA TROISIÉME RACE.

CHARLES VI.

(*) *MCCCLXXXXV.*

* Cette année, suivant le Glossaire de *Du Cange*, au mot, *Annus*, a commencé le 11. d'Avril, & a fini le premier d'Avril suivant.

(a) Confirmation des Priviléges accordez par Henry Comte de Troyes, au Prieuré du Saint Sépulchre.

CHARLES VI. à Paris, en Avril 1395.

KAROLUS, &c. Notum fieri volumus universis presentibus & futuris, Nos infrascriptas vidisse Litteras; formam que sequitur, continentes.

EGO Henricus Trecensis Comes Palatinus, *presentibus & futuris. Notum fieri volo me (b) salvamentum & advocacionem quam super homines de* Capella Galonis *habebam, Ecclesie* Sancti Sepulchri Caniblerienssis, *(c) quietam imperpetuum clamasse: illud eciam adiciens, quòd ego vel heredes mei, ab hominibus suprascriptis, quandiu in*

NOTES.

(a) Trésor des Chartres, Regisltre 147. Pièce 230.

Monsieur *Levesque de la Ravaliere*, de l'Académie des Belles Lettres, qui travaille à une histoire des *Comtes de Champagne*, m'a fait le plaisir de me communiquer les éclaircissemens suivans, sur les lieux dont il est fait mention dans ces Lettres, & sur quelques-uns des articles qui y sont contenus.

Vers la fin du dixième siécle, ou au commencement de l'onzième, *Saint Aderald* ou *Aderaud*, fils de *Valon*, & Archidiacre de *Troyes*, fonda, après être revenu de la Terre sainte, le Prieuré du *Saint Sépulchre*, Ordre de *Cluny*. Il lui donna le lieu qui se nomme encore aujourd'hui *la Chapelle-Valon*, ou *les Petites-Chapelles*, & qui est situé auprès du *Saint Sépulchre*, au bord de la *Seine*. Il lui donna encore un Alleu dans le village de *Lantilles*.

Le fond sur lequel *Saint Aderald* bâtit son Prieuré, situé sur le bord de la *Seine*, se nommoit autrefois *Sambleriæ*; mais *Camusat* dans une note marginale qui est au *folio* 351. du Livre intitulé: *Promptuarium Antiquitatum Tricassinæ Diœcesis*, dit que le nom de *Sambleriæ* a disparu, & qu'on lui a substitué celui de *Saint Sépulchre*. Ce lieu n'est plus aujourd'hui un village, mais un hameau dépendant de la *Terre de Villacerf*, située à quatre lieues de *Troyes*.

On peut conclurre de la note de *Camusat*, que le nom *Caniblerienssis* qui est écrit dans le Regisltre, avec un point sur le premier *i*, est corrompu, & qu'il faut corriger *Samblerienssis*.

(b) Salvamentum.] Suivant le Glossaire de *Du Cange*, à ce mot, il signifie, & le droit de protection qu'un Seigneur a sur un lieu, & la redevance que lui doivent à ce sujet les habitans de ce lieu.

Advocatio signifie *Avouerie*. Voyez sur ce droit la Note *(c)* de la page 143. du 5.ᵉ Vol. de ce Rec.

(c) Quietam.] On lit dans le Glossaire de *Du Cange*, que *quietus* signifie libre, déchargé, quitte. On pourroit conclurre de cet endroit & de celui qui le suit, que le *Comte de Troyes*, par des Lettres antérieures à celles-ci, avoit renoncé en faveur du Prieuré du *Saint Sépulchre*, aux droits de protection & d'avouerie qu'il avoit sur les habitans de *la Chapelle-Valon*; mais que dans la suite il restreignit cette grace, en déclarant qu'il ne les exerceroit que du consentement du Prieur.

CHARLES VI. à Paris, en Avril 1395.

prefata Villa manserint, nullam advocacionem neque salvamentum, nisi de assensu Prioris & Capituli predicte Ecclesie Sancti Sepulchri, *de cetero accipiamus. Quicumque eciam apud prescriptam* Capellam Galonis, *per annum & diem moram fecerit in Justicia & Dominio Monachorum sepescripte Ecclesie, in alterius Dominio non poterit* [a] *ramenere, inter* Sequanam *&* [b] Albam. *Votereà, Libertatem quam* [c] *Hospites ejusdem Ecclesie, manentes super Alodium* Beati Aderaudi, *apud* Lintellas, *temporibus predecessorum meorum habuerunt, eisdem hospitibus concedo & confirmo; videlicet, quòd in nulla Villarum mearum,* [d] *Talonium persolvere tenebuntur, nisi sint mercatores ementes & revendentes. Si verò aliquis in Terra mea, ab eis Tolonium exigeret, (d) sive aliquis in Villa jam dicte* Capelle Galonis, *salvamentum & advocacionem habere vellet, vel homines qui in eadem Villa per annum & diem* [e] *morari fuerint in Dominio & Justicia predictorum Monachorum, in suo vellet habere Dominio, inter* Sequanam *&* Albam, *auxilium meum, ne hoc fieret sepedictis Monachis, pro posse meo impenderem. Et ne hoc aliquâ temporum vetustate mutari vel infringi posset, scripto commendari, & Sigilli mei impressione confirmari precepi. Hujus rei testes sunt,* Aucherius, *Prior ejusdem Ecclesie;* Willelmus, *Monachus de* Bella-villa; Mauritius *&* Danubertus, *famuli predicti Prioris;* Herbertus, *Major;* Ansellus de Triangulo; Petrus Bristaudus, *&* Droco *frater ejus;* Gaufridus Marescallus. *Factum est hoc anno Incarnati Verbi, millesimo centesimo quinquagesimo quinto. Data apud* Trecas, *per manum* Willelmi *Cancellarii mei.*

[a] corr. remanere.
[b] l'Aube.
[c] Hôtes. *Voy.* la Table des Mat. des Vol. de ce Rec. au mot, *Hôtes.*
[d] *Il y a plus bas* Tolonium, *& c'est ainsi qu'il faut lire :* un Impôt sur les marchandises.
[e] *corr.* morati.

Quas quidem Litteras suprascriptas, omniaque & singula in eisdem contenta, rata & grata habentes, eas & ea volumus, laudamus, approbamus, & tenore Presencium, quathenùs homines seu habitatores de Capella Galonis, [f] *ejusdem debitè usi sunt, de gracia speciali & auctoritate Regia confirmamus: mandantes* Baillivo Trecensi, *ceterisque Justiciariis nostris, & eorum cuilibet, prout ad eum pertinuerit, seu Locatenentibus eorumdem, quatenùs predictos homines seu habitatores, nostris presentibus graciâ & confirmacione uti & gaudere pacificè faciant & permittant. Quod ut firmum & stabile perpetuò perseveret, nostrum presentibus Litteris jussimus apponi Sigillum: nostro in aliis, & alieno in omnibus jure salvo.* Datum *Paris.* mense Aprilis, anno Domini millesimo trecentesimo nonagesimo quinto; Regnique nostri, quinto decimo.

[f] eisdem.

Per Regem, ad relacionem Consilii. FRERON.

NOTE.

(d) Sive aliquis.] Voici le sens qu'on peut donner à cet article qui n'est pas facile à entendre. Je crois que le mot *aliquis*, désigne ici un Seigneur. Ainsi cet article peut signifier, que si un Seigneur vouloit exiger les droits de garde & d'avouerie sur les habitans de *la Chapelle-Valon*, ou s'il vouloit forcer à revenir demeurer sur sa Terre, ceux qui auroient demeuré pendant un an & un jour dans ce lieu, le Comte accordera sa protection aux Religieux, pour faire observer les Priviléges qu'il leur a donnez.

CHARLES VI. à Paris, le 14. de Mai 1395.

(a) Ordonnance sur la nouvelle Aide accordée par les trois Etats des Comtés d'Artois, de Boulonois & de Saint-Pol.

CHARLES, &c. Savoir faisons à tous présens & avenir, que comme noz bien amez les Bourgois & habitans des bonnes Villes fermées & plats païs des *Comtez d'Artois*, de *Boulenois* & de *Saint-Pol*, & des Villes enclavées en icelles, pour le grant desir, affeccion & voulenté que ilz ont à Nous & au bien publique de nostre Royaume, & pour aidier à susporter les grans frais, charges, missions & despens que de jour en jour Nous convient faire & soustenir pour le fait de noz guerres, Nous aient nouvellement ottroyé d'un commun assentement, que pour un an tant seulement, commençant le premier jour de Mars derrenierement passé, tele & semblable Aide comme en l'année précédente ilz avoient fait & paié; laquelle Aide les Bourgois

NOTE.

(a) Trésor des Chartres, Registre 147. Pièce IIe LVII. [257.]

& habitans dessus diz paieront à IIII. termes; c'est assavoir, de trois mois en trois mois, à commencier le premier terme & paiement, en la fin de ce présent mois de May prochain venant; le second, en la fin du mois d'Aoust; le tiers, en la fin du mois de Novembre, & le quart & dernier paiement, en la fin de Février après ensuivant:

CHARLES VI. à Paris, le 14. de Mai 1395.

Nous considerans, &c. *(b)*

Et pour ce que ce soit ferme chose & estable à toûjours, Nous avons fait mectre nostre Séel à ces Lettres : sauf en autres choses nostre droit, & l'autrui en toutes. *Donné à* Paris, *le XIIII.*[e] *jour de May, l'an de grace mil CCC. IIII.*[xx] *& XV. & de nostre regne le XV.*

Autresfois ainsi signée. Par le Roy en son Conseil, où estoient Mons. le *Duc de Berry, (c)* Vous, le Sire d'*Omont,* & plusieurs autres. MAULONE. Et rescriptes de ceste datte, par vostre commandement. FRERON; & renouvellée de ceste date, par vostre commandement. R. LE FEVRE.

Une autre Chartre semblable, & signée en la maniere qui s'ensuyt. Par le Roy à la relacion du Conseil estant en la Chambre des Aides de la guerre, & signée. J. GEHE. au mois de Juing, l'an dessusdit.

NOTES.

(b) La suite de ces Lettres est conforme à celle des Lettres du 22. de Mai 1384. qui sont à la page 75. du 7.e Volume de ce Rec. à la différence qu'au lieu de ces mots: *depuis ledit premier jour dudit moys de Juing,* qui sont à la ligne 39. de la page 76. il y a ceux-ci: *depuis ledit premier jour dudit mois de Mars.*

(c) Vous . . . . vostre commandement.] Le Chancelier de France. Voy. le 5.e Vol. de ce Rec. p. 653. Note *(c)*.

CHARLES VI. à Paris, le 20. de Mai 1395.

(a) Lettres qui portent que les comptes du Domaine & des Aides pourront être jugez & clos, sans qu'un Trésorier ou un des Conseillers généraux sur le fait des Aides, y soit présent; mais que les états des débets de ces comptes leur seront communiquez lorsqu'ils le demanderont.

CHARLES par la grace de Dieu Roy de France. A noz amez & féaulx Gens de noz Comptes à *Paris:* Salut & dilection. Comme en noz Ordonnances faites à *Vernon,* en l'an mil trois cens quatre-vingt & huit, soit contenu entre autres choses, [a] que aucuns comptes du fait de nostre Domaine, & semblablement de noz Aydes ayant cours pour le fait de la guerre, ne soient cloz, si ce n'est en la présence de l'un de nos Trésoriers, en tant que touche nostredit Domaine; & de l'un des Générauls, en tant que touche lesdits Aydes; & il soit ainsi que pour l'absence desdits Trésoriers [b] Générauls, plusieurs comptes, tant ordinaires comme extraordinaires, soient demourez à clorre & affiner, ja soit ce que par plusieurs fois noz Vicomtes, Receveurs & Grenetiers, pour attendre lesdits Trésoriers & Générauls, ayent longuement attendu & demouré à *Paris,* à noz frais & despens; laquelle chose est en nostre grant dommage & préjudice, & aussi d'iceulx Vicomtes, Receveurs & Grenetiers : Nous consideré ce que dit est, pour certaines justes causes & raisonnables qui à ce Nous ont meu & meuvent, voulons & vous mandons, que doresenavant tous les comptes de nosdits Officiers, tant ordinaires comme extraordinaires, qui par vous seront veuz collationnez & examinez deuement & souffisament, vous cloez & affinez aussi bien en l'absence desdits Trésoriers & générauls, ou aucuns d'iceulx, comme en leur présence; pourveu que les fins, restes & conclusions desdits comptes leur soient monstrez toutes & quantes foiz qu'il les voudront & requerront à veoir; non contrestant noz Ordenances devant dittes, & quelconques autres à ce contraires. *Donné à* Paris, *le vingtiéme jour de May, l'an de grace mil trois cens quatre-vingt & quinze; & de nostre*

[a] *Voy. l'art. 17. de cette Ordonnance; à la page 241. du 7.*[e] *Vol. de ce Rec.*

[b] supp. *&:*

NOTE.

(a) Ces Lettres qui étoient au *folio 16.* du Mémorial *F.* de la Chambre des Comptes de *Paris,* ont été tirées du Recueil cité dans la Note *(b)* de la page 26. du 7.[e] Vol. de ce Rec.

Regne, le quinzième. Et estoient ainsi signées. Par le Roy, le Maistre des Arbalestriers, Messieurs *Guillaume Desbordes, & Jehannot d'Estouteville,* présens, NEAUVILLE.

Collation est faite aux Lettres originaulz dessus transcriptes. H. GUINGANT.

CHARLES VI. en Juin 1395.

(a) Ordonnance sur la nouvelle Aide accordée par les trois Etats des Comtés d'Artois, de Boulonois & de Saint-Pol.

NOTE.

(a) Voyez ci-dessus, page 3.

CHARLES VI. à Paris, en Juin 1395.

(b) Lettres qui portent qu'attendu les cession & transport faits à la Reine par le Roy, de Montargis, de Courtenay & de Chantecoq, les Terres appartenantes à l'Abbaye de Ferrieres, en Gâtinois, qui ressortissoient devant les Juges de ces lieux, ressortiront devant le Bailli de Cépoy, au Siége de cette Ville.

CHARLES, &c. Savoir faisons à tous présens & avenir, que oye l'umble supplicacion de noz bien amez les Religieux, Abbé & Convent de l'Eglise de *Ferrieres,* en *Gastinois,* ou Diocèse de *Sens,* contenant que comme ilz soient de fondacion Royal, & eulx & leurs devanciers aient esté & soient de tout temps depuis la fondacion de leur dicte Eglise, tant en chief comme en membres, avecques leurs Gens, Officiers, familliez, leurs subgiez & justicables, Villes, maisons, manoirs, Juridiccions, droiz, [a] hommes & femmes de corps, & tous leurs biens, en & soubz nostre proteccion & sauvegarde espécial, de noz prédécesseurs Roys de France, & de Nous, & aient tousjours esté justiciez sans aucun moyen en tous cas de Ressort & Souveraineté, par les Bailliz, Officiers & Juges Royaux; & à Nous aussi appartiengne & doye appartenir, & non à autres, la garde des Eglises de fondacion Royal de nostre Royaume, espécialement de ladicte Eglise; & pour ce que nouvellement Nous avons baillié, cédé & transporté à nostre très-chiere & très-amée Compaigne la Roine, la Ville, Chastel & Chastellenie de *Montargis,* avecques les Terres de *Courtenay* & de *Chantecoq,* & que pardevant ses Juges, Gens ou Officiers, les diz supplians en chief & en membres, leurs Gens, Officiers, familliers, leurs subgiez & justicables, Villes, maisons, manoirs, Juridicions, droiz, hommes & femmes de corps, & de tous leurs biens, ne sont tenuz de ressortir en quelque maniere que ce soit, mais en sont & doivent estre exemps, & demourer nuement & sans aucun moyen, soubz nostre Ressort & Souveraineté, & justiciez en tous cas par noz Bailliz, Officiers & subgés, & de ce ont Chartres & Priviléges de noz Prédécesseurs; yceulx Religieux Nous ont requis & supplié que Nous vueillons pourveoir & ordonner de lieu & de Juge pour Ressort, en tant qu'il touche leurs Terres & Justices, [b] Hostes & subgiez, dont ilz souloient ressortir ausdiz lieux de *Montargis, Courtenay* & *Chantecoq,* quant ilz estoient en nostre main: Nous inclinans à leur supplicacion, considérans les choses dessus dictes, & que le Siége de *Cepoy* [c] est le plus propre, aisié & convenable qu'ilz puissent avoir pour leurs dictes Terres & Justices, avons ordonné & ordonnons par ces Présentes, que doresenavant yceulx Religieux, avecques leurs Gens, Officiers, familliers, subgiez & justicables, Villes, maisons, manoirs, Justices, Juridicions, droiz, hommes & femmes de corps, dessus diz, & leurs successeurs, en tant qu'il touche leurs dictes Terres & Juridicions, estans soubz ycelles Terres & Chastellenies de *Montargis, Courtenay* & *Chantecoq,* ressortiront sanz aucun moyen pardevant nostre Bailli de *Cépoy,* & des Ressors & Exempcions d'*Orliens* & de *Montargis,* ou son Lieutenant, audit Siége de *Cépoy;* lequel Bailli ou son dit Lieutenant, présent & avenir, Nous leurs avons député & députons à Juge de Ressort, quant à ce. Si donnons en mandement

a *espèce de Serfs.*

b *Voy. les Tabl. des Mat. des Vol. de ce Rec. au mot,* Hôtes.

c *en Gâtinois.*

NOTE

(b) Trésor des Chartres, Registre 147. Pièce IIIe XXXVIII. [338.]

par ces Présentes, audit Bailli qui à présent est & pour le temps avenir sera, ou à son Lieutenant, en comettant, [a] se mestiers est, que de toutes les Causes & cas touchans les diz Religieux & leurs subgiez, à cause de leurs dictes Terres & Justices, Hostes, subgez, hommes, femmes de corps & soubmanans, en demandant & en défendant, en cas de Ressort & Souveraineté, reprins pardevers lui, quant aux Causes & procès qui desja seroient encommenciez, tous procès faiz & encommenciez pardevant noz Bailli & Juge, qui avant les diz transpors ainsi faiz à nostre dicte Compaigne, estoient aus diz lieux de *Montargis, Courtenay* & *Chantecoq*, il cognoisse à sondit Siége de [b] *Sépoy*, & facent sur ce bon & brief acomplissement de Justice; & aus Bailliz, Prevostz, Juges & Officiers de nostre dicte Compaigne la Royne, & à tous autres, présens & avenir, interdisons & défendons toute Juridicion & congnoissance sur les diz Religieux & leurs hommes, Hostes & subgiez dessus diz, & ne voulons qu'ilz s'en entremettent dores enavant en aucune maniere. Et pour ce que ce soit ferme chose & estable à tousjours, Nous avons fait mectre nostre Séel à ces présentes Lettres: sauf en autres choses nostre droit, & l'autrui en toutes. *Donné à* Paris, *ou mois de Juing, l'an de grace mil CCC. IIII.*[xx] *& quinze; & de nostre Regne, le quinziesme.*

Par le Roy, à la relacion du Conseil. FRERON.

CHARLES VI. à Paris, en Juin 1395.

a besoin.

b Cépoy.

CHARLES VI. à Paris, en Juin 1395.

(a) Lettres qui portent qu'attendu les cession & transport faits par le Roy, à la Reine, de la Ville de Montargis, les Terres de Guerenes & de la Neuville, appartenantes à l'Abbaye de Ferrieres, en Gâtinois, qui ressortissoient au Bailliage de Montargis, ressortiront à celui de Cépoi, au Siége de cette Ville.

CHARLES, &c. Savoir faisons à tous présens & avenir, que oye la supplicacion de noz bien amez les Religieux, Abbé & Convent de l'Eglise de *Ferrieres*, en *Gastinoiz*, ou Diocèse de *Sens*, contenant que comme ilz soient de fondacion Royal, & eulx & leurs devanciers aient esté & soient de tout temps depuis la fondacion de leur dicte Eglise, tant en chief comme en membres, avec leurs Gens, Officiers, familiers, leurs subgiez & justicables, Villes, maisons, manoirs, droiz, [c] hommes & femmes de corps, & touz leurs biens, [d] & soubz la proteccion & sauvegarde espécial de noz prédécesseurs Roys de France & de Nous, & aient tousiours esté justiciez sanz aucun moyen, en touz cas de Ressort & Souveraineté, par les Bailliz, Officiers & Juges Royaulx; & à Nous aussi appartiengne & doye appartenir, & non à autres, la garde des Eglises de fondacion Royal, de nostre Royaume, espécialement de ladicte Eglise; & pour ce que nouvellement Nous avons baillié, cédé & transporté à nostre très-chiere & très-amée Compaigne la Royne, la Ville, Chastel & *Chastellenie* de *Montargis*, avec les Terres de *Courtenay* & de *Chantecoq*, & que pardevant ses Gens & Officiers, les diz supplians, en chief & en membres, leurs gens, Officiers, familiers, leurs subgiez & justicables, Villes, maisons, manoirs, Juridicions, droiz, hommes & femmes de corps, & touz leurs biens, ne sont tenuz de ressortir en quelque maniere que ce soit, mais en sont & doivent estre exemps, & demourer nuement & sans aucun moyen, soubz nostre Ressort & Souveraineté, & justiciez en touz cas par noz Bailliz, Officiers & Juges, & de ce ont Chartres & Previléges de noz Prédécesseurs; iceulx Religieux Nous ont requis & supplié, que Nous leur veillons pourveoir & ordener de lieu & Juge pour Ressort, en tant qu'il touche leurs Terres & Justice de [e] *Geurenes* & de *La Neuville*, qui durant le temps que ladicte Terre & *Chastellenie* de *Montargis* a esté en nostre main, ont tousjours eu leur Ressort en nostre Auditoire de *Montargis*, depuis le transport fait à nostre très-chier & très-amé Frere Loys de France, de la Duchié d'*Orleans*; ouquel temps iceulx Religieux ressortissoient en nostre Auditoire de [f] *Yure-le-Chastel* qui est ou *Bailliage d'Orleans*: car en tant

c espèce de Serfs.

d supp. en comme dans les Lettres précédentes.

e Il y a plus bas Guerennes.

f corr. *Yevre-le-Châtel, sur lequel Voy. le 7.*[e] *Vol. de ce Rec. p. 571. Note (b).*

NOTE.

(a) Trésor des Chartres, Registre 147. Pièce 328.

CHARLES VI.
à Paris, en Juin 1395.

qu'il touche le chief de leur dicte Eglise, ilz ressortissent pardevant le *Bailli de Sens*, au Siége & Auditoire de *Chasteau-Landun:* Nous inclinans à leur supplicacion, considérans les choses dessus dictes, & que le Siége de *Cépoy*[a], est le plus propre, [b] assié & convenable qu'ilz puissent avoir pour leurs dictes Terres & Justice de [c] *Guerenes*, [d] de *La Neuville*, avons ordené & ordenons par ces Présentes, que doresénavant iceulx Religieux, avecques leurs Gens, Officiers, familiez, subgiez & justicables, Villes, maisons, manoirs, Juridiccions, droiz, hommes & femmes de corps, dessus diz, leurs successeurs, en tant qu'il touche leurs dictes Terres & Juridicion [e] & *Guerenes* & de *La Neuville*, ressortiront sanz aucun moyen pardevant nostre *Bailli* de *Cépoy*, & des Ressors & Exempcions d'*Orleans* & de *Montargis*, ou son Lieutenant, audit Siége de *Cépoy;* lequel Bailli ou son Lieutenant, présent & avenir, Nous leur avons député & députons à Juge quant à ce. Si donnons en mandement par ces Présentes, audit Bailli qui à présent est, & pour le temps avenir sera, ou [f] son Lieutenant, en commettant se [g] mestier est, que de toutes les Causes & cas touchans les diz Religieux & leurs subgiez, à cause de leurs dictes Terres & Justice de *Guerenes* & de *La Neuville*, en cas de Ressort & Souveraineté, reprins pardevers lui touz procès faiz & encommanciez pardevant noz Bailli & Juges, qui avant les diz transpors, ainsi que dit est, faiz à nostredit Frere & à nostre dicte Compaigne, estoient à *Orleans* & à *Montargis*, il congnoisse à sondit Siége de *Cépoy*, & face sur ce bon & brief acomplissement de Justice; & aux *Bailli, Prevost*, Juges & Officiers de nostredit Frere, de nostre dicte Compaigne la Royne, & à touz autres, présens & avenir, interdisons & défendons toute Juridicion & cognoissance sur les diz Religieux & leurs subgiez dessus diz, & ne voulons qu'ils [h] s'entremettent dorésénavant en aucune maniere. Et pour ce que ce soit ferme chose & estable à tousiours, Nous avons fait mectre nostre Séel à ces présentes Lettres: sauf en autres choses nostre droit, & l'autrui en toutes. *Donné à* Paris, *ou mois de Juing, l'an de grace mil CCC. IIII.xx & quinze; & le quinziesme de nostre Regne.*

Par le Roy, à la relacion du Conseil. P. VIVIEN.

a *en Gâtinois.*
b corr. *aisié: commode.*
c *Voy. la page précédente, note marginale* e.
d supp. *&.*
e *de.*
f *à.*
g *besoin.*
h *s'en entremettent.*

CHARLES VI.
à Paris, le 5. de Juillet 1395.

(a) Priviléges accordez à l'Evêque, au Chapitre, & aux habitans de la Ville de Saint-Malo.

CHARLES, &c. Savoir faisons à tous présens & avenir, que Nous considérans les grans fraiz, [i] charles & despenses que noz bien amez l'Evesque, Chappitre, & les Bourgois & habitans de la Cité de [k] *Sainct-Maalou*, laquelle est assise sur la mer, & en frontieres de nostre Royaume, & où il a Port de mer, ont souffert & soustenu ou temps passé, pour le fait & occasion des guerres où ilz se sont pourtez de tous temps bien & loyaument envers Nous & noz prédécesseurs Roys de France; pour lequel fait des guerres, ilz ont esté & sont moult amendriz de leurs chevances; considérans aussi que les Evesque, Chapitre, Bourgois & habitans dessus diz, desquelx & de ladicte Cité, [l] la Souveraineté, Seignorie & Ressors Nous appartient, ont esté de touz temps & sont encores en nostre proteccion & sauvegarde; attendans semblablement la bonne amour & affeccion que ont porté toujours à noz diz Prédécesseurs & à Nous, les diz Evesque, Chappitre, Bourgois & habitans, & encores Nous portent continuelment; Nous, afin que icelle Cité soit plus peupliée & habitée, & que les

i *charges.* P.
k *Saint-Malo, là & plus bas.* P.
l *Souveraineté, Souveraine Seigneurie & Ressors.* P.

NOTES.

(a) Trésor des Chartres, Registre 148. Pièce 57.

Ces Lettres sont aussi au *folio* 105. *verso* du Registre du Parlement, coté, *Volume unique du Roy Charles VIII. H.* vidimées dans celles de *Charles VIII.* du mois d'Octobre 1488. Ces Lettres avoient été déja imprimées dans la même forme, & apparemment d'après ce Registre du Parlement, mais peu correctement, dans le Livre intitulé, *Recueil des Edits, des Déclarations, &c. en faveur de la Ville de Saint-Malo,* 1732. in-4.° Dans le Recueil, comme dans le Registre du Parlement, ces Lettres sont datées du 5. de Juillet 1395.

CHARLES VI. à Paris, le 5. de Juillet 1395.

Marchans ſoient plus voulentifs & enclins de y venir & fréquenter le Port d'icelle, & y amener leurs denrées & marchandiſes, à noſtre amé & féal Conſeiller l'Eveſque, & à noz bien amez le Chappitre, & les Bourgois & habitans de ladicte Ville de *Sainct-Maalou*, qui ſont à préſent, pour eulx & leurs ſucceſſeurs, en la Cité deſſus dicte, de noſtre certaine ſcience & grace eſpécial, & par grant & meure délibéracion de noſtre Conſeil, avons octroyé & octroyons par ces Préſentes, pour Nous & noz ſucceſſeurs Roys de France, les choſes qui s'enſuyent: c'eſt aſſavoir, que ilz ſoient & ſeront tenuz & gardez doreſénavant à tousjours par nos ſucceſſeurs Roys de France, par touz noz Juſticiers & Officiers, & de noſtre Royaume, quelx qu'ilz ſoient, préſens & avenir, en touz leurs droiz, Privilléges, Immunitez, Libertez, Juriſdicions, [a] Couſtumes & franchiſes, uſaiges, dont ilz ont joy & uſé deuement ou temps paſſé, & qu'ilz en joïſſent & uſent doreſénavant deuement & paiſiblement; leſquelx droiz, Privilléges, [b] Libertez, Immunitez, Libertez, Juriſdicions, Couſtumes, uſaiges & franchiſes, deſquelx ilz ont joy & uſé deuement, comme dit eſt, Nous leur avons confermé & confermons, & les voulons avoir pour ſpécifiez à plain & declairiez en ces Préſentes; & en oultre, que iceulx Eveſque, Chappitre, Bourgois & habitans, & leurs ſucceſſeurs, ſoient, ſont & ſeront à tousjours en la proteccion & ſauvegarde de Nous & de noz ſucceſſeurs Roys de France, ainſi comme ilz ont eſté ou temps paſſé, en laquelle Nous les avons priz & retenuz, prenons & retenons de rechief par ces Préſentes à la conſervacion de leur droit; & auſſi que les diz Eveſque & Chappitre, qui ſont Seigneurs [c] demanieers ſanz moyen, de la Cité de *Saint-Malo* deſſus dicte, aient doreſénavant en ladicte Cité, leurs Juges, Juriſdicions, Juſticiers & Officiers, ainſi comme ilz les y ont euz ou temps paſſé, ſoubz noz [d] Soubveraintè & Reſſort deſſus dis; deſquelx Juges, Juſticiers & Officiers, l'en appellera à Nous ou à noſtre Court, ſanz ce que ilz ſoient en ce empeſchiez par Nous, noz Succeſſeurs, ou noz Juſticiers & Officiers, ou temps avenir, en quelque maniere que ce ſoit; avecques ce, que les Eveſque & Chappitre, Bourgois & habitans deſſus diz, leurs ſucceſſeurs & chacun d'eulx, ſoient, ſont & ſeront tenuz doreſénavant à tousjours perpétuelment, francs & paiſibles de paier toutes Impoſicions, Gabelles, Fouaiges, Tailles, Quartages, Treſiêmes, & touz autres Aides quelconques, qui ont & auront cours en noſtre Royaume, comment qu'ilz puiſſent ou pourront eſtre nommez, de toutes les denrées quelles quelles ſoient qui ſeront par eulx vendues ou achetées en la Cité & Port de *Saint-Maalou* deſſus diz, ſanz ce que eulx ou leurs diz ſucceſſeurs, ſoient, puiſſent ou doient eſtre contrains à en paier aucune choſe doreſénavant, par quelque perſonne, ne par quelque maniere que ce ſoit; & auſſi que touz Marchans eſtrangiers, de quelque nacion que ilz ſoient, des païs touteſvoies qui ſont & ſeront bienveillans à Nous, à noz ſucceſſeurs & à noſtre Royaume, qui vendront en ladicte Ville de *Saint-Malou*, & au Port d'icelle, par mer ou par terre, avecques leurs familes, biens & marchandiſes, ſoient, ſont & ſeront en noſtre proteccion & ſauvegarde, en laquelle Nous les [e] prins & receu, prenons & recevons par ces Lettres; & que iceulx Marchans eſtrangiers ſoient tenuz auſſi francs & paiſibles à tousjours, de paier Impoſicions, Gabelles, ne [f] aucuns des Aides deſſus diz aians cours en noſtredit Royaume, ores ou pour le temps avenir, des denrées qu'ilz vendront ou [g] marcheteront ès Cité, Port & Territoire deſſus diz; excepté touteſvoyes des Aides impoſez & à impoſer en ladicte Ville par noſtre octroy, pour la réparacion, fortificacion, garde & tuicion, & pour les autres néceſſitez d'icelles. Si donnons en mandement par ces meſmes Lettres, à touz noz Juſticiers & Officiers, de quelque auctorité que ilz uſent, préſens & avenir, ou à leurs Lieuxtenans, & à chacun d'eulx, ſi comme à lui appartendra, que les Eveſque, Chapitre, Bourgois & habitans de *Saint-Malou* deſſus diz, qui ores ſont ou leurs ſucceſſeurs ou temps avenir, facent, ſueffrent & laiſſent joïr & uſer paiſiblement de ce préſent privilége, & de noz grace & octroy cy-deſſus déclairiez, & contre la teneur d'iceulz ne les moleſtent, traveillent ne empeſchent, ne facent ou ſueffrent moleſter, traveiller ne empeſcher en aucune maniere; maiz tout ce qui ſeroit faict au contraire, rappellent & révoquent incontinent, [h] & le mectent ou facent mectre & ramener ſans

a *Coûtumes, uſages & franchiſes:* P.

b *ce mot n'eſt pas dans* P.

c *demaniers.* P. *demaniers.*

d *Souveraineté.* P.

e *avons prins.* P.

f *aucune.* P.

g *achetteront.* P.

h *& le mectent & ramenent ou facent mectre, &c.* P.

CHARLES VI. à Paris, le 5. de Juillet 1395.

délay au premier estat & deu, sanz quelque autre mandement attendre. *(b)* Et afin que ce soit ferme chose & estable à tousjours-mais, Nous avons fait mectre nostre Séel à ces Présentes: sauf en autres choses nostre droit, & l'autrui en toutes. *Donné à* Paris, *ou mois de Juillet, l'an de grace mil CCC. IIII.*xx *& quinze; & de nostre Regne, le quinziesme.*

Par le Roy, en son Conseil, où Monf. le *Duc de Bourbon*, le Sire *De Lebret*, a Vous, le Patriarche, Mess. *Guillaume Des Bordes*, le Sire d'*Omont*, Mess. *Hervé Le Coh*, & plusieurs autres, estoient. J. DE SANCTIS.

a *le Chancelier de France. Voy. le 5.e Vol. de ce Rec.* pag. 653. Note *(c)*.

NOTE.

(b) Et afin, &c. Voici comme ces Lettres finissent dans le Registre du Parlement. *Et afin que les choses dessus dictes, & chacunes d'icelles, soient fermes, valables & estables à tousjours, Nous avons fait mectre à ces Lettres nostre Séel: sauf en autres choses nostre droit, & l'autruy en toutes. Donné à* Paris, *le cinquiesme jour de Juillet, l'an de grace mil CCC. quatre-vings & quinze, & de nostre Regne le quinziesme.*

Ainsi signé sur le replis desdictes Lectres. Par le Roy en son Conseil, où Monf. le Duc de Bourbonn. *le Sire d'*Elebret, *Vous, le* Patriarche d'Alexandrie, *Messire* Guillaume Des Bordes, *le Sire* d'Omont, *Messire* Hervé le Coch, *& plusieurs autres, estoient.* J. DE SANCTIS. *Et aussi estoit écrit sur ledict reply*, Visa. Contentor. FRERON.

Registrata in Camera Compotorum Parisius, *in libro Cartarum, folio LXVII. & expedita ibidem sine financia, de consensu Thesaurariorum, XVII. die Julii, millesimo CCC.*mo *octuagesimo XV.*mo b RIECH.

b *Il y a dans le Reg. une marque d'abréviation sur ce nom.*

CHARLES VI à Paris, le 28. d'Août 1395.

(c) Lettres par lesquelles le Roy institue trois Généraux des Finances, & règle leurs fonctions & le pouvoir & l'autorité qu'il leur donne.

CHARLES par la grace de Dieu Roy de France *(d)* & de Navarre. A tous ceux qui ces présentes Lettres verront: Salut. Comme naigaires Nous ayons deschargé noz amez & féaux Conseillers *Jean Le Flament* & *Jacques Hemon*, du fait & du gouvernement qu'ils avoient avec nostre amé & féal Conseiller *(e)* l'*Archevesque de Bezançon*, de toutes les Finances des Aydes de nos guerres; & pour ce, soit besoing & nécessité de y donner & commettre autres avec luy: sçavoir faisons que Nous confians à plain des grand sens, loyautez & bonnes diligences de nos amez & féaux Conseillers *Philippes Des Essars*, Maistre de nostre Hostel, & *Jean Chanteprime*, Trésorier de nos guerres, iceux ensemble avec nostredit Conseiller l'*Archevesque de Bezançon*, avons ordonné & commis, & par ces Présentes ordonnons & commettons nos Généraux Conseillers sur le fait desdites Aydes & c d'iceux, & généralement de toutes les Finances qui en d istront, tant de debtes & arrérages des années & temps passé, depuis l'an quatre-vingt-deux dernierement passé, & des exploicts & Amendes qui y sont escheues & escherront, comme du temps présent & advenir; leur avons baillé & par ces Présentes baillons seuls & pour le tout, & aux deux d'iceux, la charge & administration & gouvernement, sans ce que nos Gens des Comptes & Tréforiers, nos Généraux Conseillers sur le fait de la Justice, ne autres quelconques, pour quelconque authorité ou commission qu'ils ayent, se puissent ou doivent entremettre de faire lever, payer ou distribuer aucune chose pour quelconque cause ou raison que ce soit; ausquels *Archevesque, Philippes Des Essars & Jean Chanteprime*, nos trois Généraux dessus nommez, & aux deux d'iceux, Nous avons donné & donnons plain pouvoir, authorité & mandement espécial, de gouverner & maintenir le fait desdites Aydes, & les circonstances & dépendances d'iceux, tant sur la Justice

c Il faut appar. suppléer *les circonstances & dépendances*, comme il y a plus bas.
d *sortiront: proviendront.*

NOTES.

(c) Recueil des Titres concernant les Tréforiers de France, par *Fournival*, p. 65. Il y a à la marge: *au Registre F. de la Chambre des Comptes de* Paris, *folio* 21.

(d) Et de Navarre.] Ces mots n'étoient certainement point dans le Registre d'où *Fournival* a tiré ces Lettres. Charles VI. n'a jamais pris & n'a jamais pu prendre le titre de Roy de Navarre.

(e) L'Archevesque de Bezançon.] Il se nommoit *Girard d'Athies.* Voy. *Gall. Christ.* 2.e *Edit. Tom.* 2. *p.* 131. *n.°* 79.

comme

CHARLES VI. à Paris, le 28. d'Août 1395.

cómme autrement, au mieux qu'ils pourront, selon ce que contenu est ez Instructions & Ordonnances sur ce faites. Et pour ce que sur plusieurs poincts & articles contenus en icelles, aucuns pourroient faire aucunes doubtes pour les divers entendements, obscuritez & malices qu'ils y pourroient commettre, & qui y pourroient survenir, Nous voulons que nosdits Généraux, par l'advis & délibération de trois, ou deux des gens de nostre Grand Conseil, ou de plus grand nombre, si bon leur semble, les voient & visitent, & icelles corrigent, augmentent, croissent, diminuent ou eslargissent, & leur donne tel & si vray entendement comme ils verront qu'il sera à faire pour le proffict & augmentation desdites Aydes; & tout ce qui sera par eux sur ce faict, soit tenu & gardé sans enfraindre en aucune maniere. Voulons aussi, & à nosdits Généraux Conseillers avons donné & donnons pouvoir, authorité & mandement espécial [a] d'allée & chevaucher ensemble, & chacun par soy, voir & visiter l'estat & gouvernement desdites Aydes, par touts les lieux, Villes & Diocèses, où bon leur semblera, & toutesfois qu'il leur plaira; & aussi de y commettre & envoyer tant & tels Commissaires & Visiteurs comme ils verront que besoing & nécessité sera; en faisant laquelle visitation, nosdits Conseillers & chacun d'eux, estants hors de *Paris*, pourront faire payer voyages, messageries & autres frais & missions raisonnables; & de bailler leurs Lettres, lesquelles Nous voulons estre vallables comme si elles estoient faictes par eux trois, ou deux, comme dict est; de ordonner, commettre & establir touts Esleus, Receveurs, Grennetiers, Controolleurs, Sergents, Commissaires & autres Officiers; les destituer & démettre de leurs Offices, se ils ne leur semblent estre proffitables, & mettre autres en leurs lieux; de voir & visiter toutesfois qu'il leur plaira, les états du Receveur Général, des Trésoriers des guerres, & de touts autres qui se seront entremits de faire recepte du faict desdites Aydes, tant à cause de leurs Offices, comme autrement; & à ce les contraindre & faire contraindre par toutes voyes & manieres deues & raisonnables; de diminuer ou croitre le nombre desdits Officiers, par-tout où bon leur semblera; & toutesfois qu'il escherra aucuns desdits Offices vacans par mort, privation & autrement, nosdits trois Généraux, ou deux d'iceux, & non autres, y ordonneront & commettront autres de par Nous, sans ce que nos Généraux sur le fait de la Justice, ou autres [b] s'entremettent en aucune maniere; de faire recevoir par nostre main, toutes Fermes qui ne leur sembleront estre suffisamment bien baillées; de faire venir [c] ens, tous les deniers desdites Aydes; & pour ce, faire & faire faire toutes manieres de contraintes & exécutions qui y seront nécessaires de faire; apporter touts iceux deniers à *Paris* pardevers le Receveur général, ou autre part où besoing & nécessité sera & bon leur semblera; de expédier & vérifier toutes Lettres & Mandements, tant de debtes, gaiges, pensions & voyages, comme de dons, & autres quelconques; & touts les deniers d'iceux Aydes, faire payer & distribuer par ledit Receveur général, ou par autres, sans ce que nosdits Généraux sur le faict de la Justice, ne autres quelconques, s'en puissent entremettre, comme dessus est dict; de taxer & ordonner ausdits Visiteurs, Esleus, Receveurs, Grennetiers, & autres Commissaires, gaiges, voyages & sallaires raisonnables; de donner termes, respits & délais à ceux qui aucune chose Nous debvront du faict desdites Aydes, & des dépendances; de commander & faire signer par chacun de nos Notaires à ce députez; c'est assavoir par Maistre *Dreus Porcher, Jean Gehe, Hugues Bonsoulas* & *Nicaise Bougis*, toutes choses touchant le faict desdites Aydes, & par nos autres Notaires ordonnez en la Chambre d'iceux Aydes, en ce qui touche le faict de la Justice, toutes Lettres & Mandements soubz nostre grant Séel, ou soubz leurs Signez, & Lettres closes soubz le Séel de nostre secret, tant & telles comme il leur plaira: Voulons aussi & ordonnons que nosdits Conseillers, semblablement comme ont nos Généraux sur le fait de la Justice, ayent la punition & correction de touts lesdits Esleuz, Receveurs, Grennetiers, Controolleurs, Sergens, Commissaires, Officiers & autres quelconques, de cas touchant le faict desdictes Aydes, & des circonstances & dépendances d'iceux, sans ce que aucuns Juges, soient les Gens de nostre Parlement, Réformateurs, des Requestes de nostre Palais à *Paris*, ou autres quelconques, se ce ne sont nos Généraux

a corr. *d'aller*.

b *s'en entremettent.*

c *dans les coffres du Roy.*

CHARLES VI. à Paris, le 28. d'Août 1395.

Conseillers sur le fait de la Justice, s'en entremettent, ne entreprennent aucune connoissance; mais expressément leur deffendons que par voyes directes ou obliques n'en connoissent; & se aucuns d'eux s'efforçoient d'en connoitre, & de donner pour ce aucuns Jugemens ou Sentences à l'encontre de nos dicts Officiers ou Commis sur ledict faict, Nous, tout ce qu'ils feront doresenavant, réputons pour nul, & dès maintenant comme pour lors, le mettant du tout au néant: aussi se aucuns des Juges ou Officiers des païs tant nostres comme autres, ou autres personnes, faisoient ou entreprenoient au contraire, voulons que nosdits Généraux les en puissent punir, & traire d'eux Amende tels comme ils verront qu'il appartiendra: voulons aussi & ordonnons que tous gaiges, sallaires & despens de nosdits Notaires, Esleuz, Receveurs, Grenetiers, Controolleurs, Clercs, Procureurs, Visiteurs, & autres Commissaires quelconques, taxez ou à taxer, pour les choses touchant le faict desdites Aydes, & les circonstances & dépendances d'iceux, & touts respits, dilations, compositions faictes ou à faire, & toutes Lettres & Mandements faits par leur commandement, ou par les deux d'iceux, vaillent, tiennent & aient leur plain pouvoir & effect, & soient passées en nostre Chambre des Comptes à *Paris,* & par-tout ailleurs où il appartiendra, comme si en nostre propre personne les avions faits, commandez & ordonnez, sans ce que par les Gens de nostredict Parlement, de nostre Chambre des Comptes, Réformateurs, Commissaires, ou autres Juges ou Officiers quelconques, présens & advenir, aucune chose puisse estre faicte ou dicte au contraire, en quelque maniere que ce soit; laquelle chose se faicte estoit, Nous dès maintenant comme pour lors, réputons pour nul, & la mettons au néant: & aussi avons ordonné & voulons que nosdits Gens des Comptes ne passent ez comptes d'aucuns Receveurs ou Grennetiers, aucunes descharges dudit Receveur général, ne aussi audit Receveur général, aucunes Lettres, se en chacunes d'icelles, ne sont les trois seings de nosdits Conseillers, ou les deux d'iceux; & outre, qu'aucuns comptes ne soient clos en nostre dite Chambre, sans la présence & consentement de nosdits Conseillers, des deux, ou au moings de l'un d'iceux; & avec ce, que tout ce qui par nosdits Conseillers ou les deux d'iceux, sera dit, ordonné, sentencié, jugé & appointé, vaille, tienne tout ainsi comme ce qui est fait & jugé par Arrest de nostredit Parlement, sans ce que aucunement en puisse estre appellé ne réclamé, soit en nostredit Parlement, ne devant quelques autres Juges ou Commissaires; & supposé que par inadvertance ou autrement, aucune chose se fust mal à poinct faicte par eux, Nous voulons que premierement *(f)* sur cette foy, ce qui mal à poinct auroit esté fait, soit par nosdits Conseillers, & non par autres, appellez avec eux aucuns de nostre Conseil, jusques au nombre de six, cinq, quatre, trois, ou deux au moins, corrigé & réparé, si comme il leur semblera estre à faire de raison. Si donnons en mandement par ces Présentes, à nosdits Gens de nostredit Parlement, & de nostredite Chambre des Comptes, à tous Réformateurs, Commissaires, & à tous nos autres Officiers & Juges quelconques, présens & avenir, & chacun d'eux, que tout ce qui par nosdits Généraux Conseillers desquels Nous avons aujourd'hui receu le Serment accoustumé estre fait en tel cas, ou les deux d'iceux, en la maniere que dit est, sera fait, ordonné & jugé, & sententié, ils tiennent & fassent tenir ferme & estable, sans enfraindre, ou venir, ou attenter aucune chose au contraire, en toutes choses touchant lesdites Aydes, & les circonstances & dépendances d'iceux; & à eux, & à chacun d'eux, & à leurs Commis & députez sur ce, obeissent & entendent diligemment; & aussi, & à nosdits Gens de nos Comptes, que tous gaiges, salaires, & despens de Notaires, Esleus, Receveurs, Clercs, Officiers, Commis, ou autre, qui par nosdits Généraux Conseillers seront taxez, & ordonnez, & deniers payez par leur commandement & ordonnance, ils allouent ez comptes de tous ceux à qui il appartiendra, sans contredit, ou difficulté aucune; & toutes les choses dessusdites, & chacune d'icelles, gardent, tiennent, accomplissent sans enfraindre, ores ne au temps avenir, en aucune maniere,

NOTE.

(f) Sur cette foy.] Il faut apparemment corriger, *sur ce fait foy;* & je crois avoir vû cette phrase dans quelques autres Lettres semblables.

nonobſtant us, ſtile & Ordonnance faictes ou à faire, & Lettres quelconques données & à donner au contraire; & voulons que au *Vidimus* ou tranſcript de ces Préſentes, fait ſoubs le Séel de noſtre Chaſtelet de *Paris*, collationné en la Chambre deſdites Aydes, foy ſoit adjouſtée comme à l'original. En teſmoing de ce, Nous avons fait mettre noſtre Séel à ces Préſentes. *Donné à* Paris, *le vingt-huitieſme jour d'Aouſt, l'an de grace 1395. & de noſtre regne le quinzieſme.* Ainſi ſigné. Par le Roy, en ſon Conſeil; les *Ducs* de *Bourgongne*, d'*Orléans* & de *Bourbon*, [a] Vous, les *Eveſques de Bayeux* & *de Noyon*, le Sire *de Le Bret*, le Maiſtre des Arbaleſtriers, le *Vicomte d'Acy*, Meſſire *Guillaume Des Bordes*, & pluſieurs autres, préſens. P. [b] MANHAT.

CHARLES VI. à Paris, le 28. d'Août 1395.

[a] *le Chancelier de France. Voy. le 5.e Vol. de ce Rec. pag.* 653. Note *(c).*

[b] *corr.* MANHAC: *comme dans pluſieurs autres Lettres de ce tems.*

(a) Confirmation d'une Tranſaction paſſée entre Bertrand de Pierre, Seigneur de la Baronnie d'Yarle & Seigneur de Sumene, & les habitans de ce dernier lieu.

CHARLES VI. à Paris, en Août 1395.

SOMMAIRES.

(1. 2. 4. 6.) Les habitans de Sumene éliront tous les ans, ſans le concours de leur Seigneur & de ſes Officiers, deux Syndics & quatre Conſeillers. Ils prêteront Serment entre les mains du Viguier d'Yarle, s'il ſe trouve alors à Sumene, & s'il n'y eſt pas, dans celles du Bailli de cette Ville; ſi ces deux Officiers refuſent de recevoir leur Serment, après la ſommation qui leur en aura été faite, les nouveaux Syndics & Conſeillers le prêteront entre les mains de ceux qui ſortiront de charge. Les Syndics & les Conſeillers pourront aſſembler les habitans, pour traiter des affaires communes de la Ville, & lever des Tailles lorſqu'elles l'exigeront, & nommer des perſonnes pour en faire la recette.

(2) Les Syndics & les Conſeillers pourront, ſans le concours de leur Seigneur & de ſes Officiers, nommer les Agens des affaires communes de la Ville.

(3) Les Syndics qui ſortiront de charge, rendront compte aux Syndics & aux Conſeillers qui entreront, qui leur donneront les décharges ſuffiſantes.

(4) Si les nouveaux Syndics & Conſeillers créez, refuſent d'accepter ces charges, le Seigneur ou ſes Officiers les contraindront à les accepter.

(5) Les Syndics pourront faire des emprunts pour les néceſſités communes de la Ville, & y obliger les biens qui lui appartiennent.

(7) Les Syndics & les Conſeillers auront inſpection ſur les meſures, & pourront les comparer avec les étalons; & lorſqu'ils auront fait cette comparaiſon, ils les préſenteront au Bailli de Sumene, lequel pourra en faire une nouvelle, pour laquelle il pourra exiger cinq Sols.

(8) Dans les affaires civiles, les Juges du Seigneur ne pourront faire comparoître en Jugement les habitans de Sumene, que dans cette Ville.

(9) Dans les affaires criminelles, les habitans ne pourront pas auſſi être jugez hors de leur Ville, lorſque la peine qu'ils auront encourue, n'ira pas juſqu'au banniſſement. Lorſque les Officiers du Seigneur auront fait une Information contre un habitant, ils la préſenteront au Bailli de Sumene, qui déclarera au bas, ſi le cas y échoit, qu'il juge que le prévenu doit être condamné au banniſſement, ou à une peine plus forte; & dans ce cas, le prévenu ne pourra être transféré hors de la Ville, que le Bailli ou les Officiers du Seigneur n'ayent communiqué l'Information aux Syndics qui prêteront Serment de ne point révéler ce qui y eſt contenu. Lorſque le prévenu refuſera de comparoître en Juſtice, ou que y comparoiſſant, il refuſera de donner caution de ſe repréſenter au jour marqué, & de payer ce à quoy il pourra être condamné, les Officiers du Seigneur pourront le transférer hors de la Ville. Il pourra l'être auſſi, s'il y a lieu de craindre qu'il ne puiſſe pas y être gardé avec ſûreté.

(10) En reconnoiſſance des Priviléges accordez à ces habitans, ils payeront ſur le champ, quatre-vingt Francs d'Or à leur Seigneur.

KAROLUS Dei graciâ Francorum Rex. Notum facimus univerſis tam preſentibus quàm futuris, Nos Litteras ſeu inſtrumentum Sentencie arbitralis infraſcriptum vidiſſe; formam que ſequitur, continentes.

IN Dei nomine, Amen. Anno Incarnacionis ejuſdem milleſimo trecenteſimo nonageſimo quarto, & quartâ die menſis Septembris, Illuſtriſſimo Principe Domino Karolo Dei graciâ Francorum Rege regnante, Noverint univerſi preſentes pariter & futuri, quòd cum verteretur queſtionis materia, diſcordie, jurgii & rancoris inter Gaucellum Filioli,

NOTE.

(a) Tréſor des Chartres, Regiſtre 148. Pièce IIII.xx III. [83.]

CHARLES VI. à Paris, en Août 1395.

Petrum Beraudi, Guillelmum Faye, [a] Petro de Campobladeto, Guillelmum Borassii, Bernardum Vabri, Guillelmum Fontesii, Raymundum Colhonhac, Johannem Squriolis, Franciscum de Bruco, Johannem Colhagerii, Johannem Borzedas, Petrum de Leta, Petrum Portaleni, Raymundum Richardi, Bertrandum Guilhalmandi, Johannem Costa, Petrum de Maderiis, *&* Raymundum Petri de Astuzano, *Ville & Parrochie Beate Marie de* Sumena, *nomine suo proprio, & nomine & vice omnium aliorum hominum Ville & Parrochie predicte de* Sumena, *& Universitatis ejusdem, absencium, agentes, ex una parte; & nobilem & potentem virum (b)* Bertrandum Petri, Dominum Barroniarum Agantici, Petre-Fortis, Castriarum, *& Terre & Baronie* Arisdii, *defendentem, ex parte altera; in & super eo, videlicet, ex eo & pro eo, quia dicti homines nomine dicte Universitatis, dicebant & asserebant se habere, & habere debere Scindicos perpetuales & Consiliarios de habitatoribus dicte Ville & Parrochie de* Sumena; *Qui* [b] *Sondici & Consiliarii quolibet anno per homines Universitatis predicte, seu majorem partem ejusdem, eligi & creari debent quolibet anno & annis singulis per infinitum: quare petebant à dicto* Domino Arisdii, *eis dari & concedi perpetuò & (c) instrumentum, Scindicos & Consiliarios perpetuales, qui potestatem habeant se congregandi pro negociis & causis dicte Ville & Universitatis ejusdem, &* [c] *aliam potestatem habeant,* [d] *qui Scindici communiter habere debent & habere consueverunt.*

Item. *Dicebant & asserebant predicti homines, nominibus quibus supra, se & dictam Universitatem de* Sumena, *esse in possessione & saisina pacifica & quieta* [e] *& franquesiam & Libertatem ac Immunitatem capiendi & (d) adrehurandi pro omnimoda eorum voluntate, & absque licencia & requisicione dicti Domini & Curialiorum suorum, omnes & quascumque mensuras bladi, vini, salis & olei, & omnia pondera; & hoc per decem, viginti, triginta, quadraginta annos & ultra, & per tantum tempus, quod memoria hominum in contrarium non existit; quas quidem mensuras, dicebant dictum* Dominum Arisdii, *seu ejus Curiales, de novo & de facto cepisse, ipsos homines & Universitatem predictam de sua* [f] *possione expoliando, & dictas franquesias & Libertates* [g] *infrangendo indebitè & de facto; salvâ tamen reverenciâ & honore dicti* Domini Arisdii, *& Curialium suorum: quare petebant à dicto* Domino Arisdii, *dictas mensuras eisdem reddi & restitui, & ipsos in dicta sua possessione reintegrari, & dictas franquesias confirmari, laudari & approbari.*

Item. *Dicebant & asserebant prenominati homines, nominibus quibus supra, quòd dictus* Dominus Arisdii *non tenetur neque debet de jure & equitate, aliquos homines neque mulieres dicte Universitatis, pro aliquali causa civili vel criminali, extrahere, citare neque vexare extra locum seu Villam de* Sumena, *sed ibidem tantùm ad judicium evocari; maximè cum dicta Villa de* Sumena *sit insignior aliis Villis & locis dicte Terre & Baronie* Arisdii, *& in dicta Villa dictus Dominus tenet & habet Bajullum, Notarios & Servientes, & nonnullos alios Officiarios ibidem continuè commorantes; & ideò petebant à dicto Domino, & eumdem humiliter requirebant, supplicando, quatinùs eisdem hominibus det & concedat dictam Libertatem, cum de jure & equitate predicta procedant; dicto verò nobili* Bertrando Petri, *Domino Baroniarum predictarum, in contrarium dicente & asserente; & primo, ad petita per dictos homines super facto Scindicorum & Consilliariorum, dicebat ipsos homines non debere habere Scindicos nec Consiliarios, cum non sit usitatum in dicta Villa.*

[a] Petrum.
[b] Scindici.
[c] illam.
[d] quam.
[e] cet endroit paroît aussi corrompu, mais le sens est clair.
[f] possessione.
[g] infringendo.

NOTES.

(b) Bertrandum Petri.] C'est le Révérend Père *Vaissette,* Bénédictin, qui m'a fait le plaisir de me communiquer la Note qui suit.

Bertrand de Pierre, Seigneur des Baronnies de *Ganges,* de *Pierrefons,* de *Castries,* & d'*Yarle,* & Seigneur de *Sumene.*

Ganges, Pierrefons & Castries, sont du Diocèse de *Montpellier.* La Baronnie d'*Yarle* s'étend dans ceux d'*Alais* & de *Lodève;* & *Sumene* qui étoit autrefois du Diocèse de *Nîmes,* est présentement de celui d'*Alais.*

(c) Instrumentum.] Il y a dans le Registre *instrm.* avec une marque d'abréviation. Cet endroit paroît corrompu ou tronqué. Le sens doit être que ces habitans demandent un acte par lequel il leur soit permis d'élire des Syndics & Conseillers, &c.

(d) Adrehurandi.] Réformer les mesures. Voy. la Note *(l)* de la page 69. du 7.e Vol. de ce Rec.

CHARLES VI. à Paris, en Août 1395.

Quantùm verò ad petita super facto dictarum mensurarum & ponderum, dicebat & asserebat ipsos homines nec Universitatem predictam, minimè esse [a] *ne fuisse in possessione capiendi nec adrechurandi dictas mensuras & pondera, ac esse consonum,* [b] *cum talia pertineant & pertinere debeant eidem Domino* [c] *de suis Curialibus, & non alteri: quare ad predicta supra per dictos homines petita, dicebat se minimè teneri: ad alia verò requisita & supplicata eidem per dictos homines, dicebat se fore paratum dictis hominibus super predictis facere quod fuerit de equitate consonum. Tandem dicte Partes; videlicet, predicti homines Universitatis predicte Ville & Parrochie de* Sumena, *pro se & suis successoribus, & pro aliis hominibus dicte Universitatis, absentibus, & dictus Dominus dictarum Baroniarum, pro se & suis successoribus, in & super dictis questionibus, peticionibus, litibus,* [d] *rancurii & demandis quas una Pars contra alteram habebat, faciebat, habere seu facere poterat super predictis & omnibus singulis dependentibus seu* [e] *emergentibus ex eisdem, & eis connexis, compromiserunt* [f] *gratis* [g] *amicabiliter, inter se* [h] *& venerabilem virum Magistrum* Durantum de Tremalis, *Bacallarium in Legibus, & Gubernatorem dictarum Baroniarum, pro dicto Domino, & in discretum virum* Petrum Fillioli, *dicte Ville de* Sumena, *tanquam in arbitros, arbitratores seu amicabiles compositores, per dictas Partes communiter & concorditer electos; dantes & concedentes dicte Partes, nominibus quibus supra, dictis arbitris, arbitratoribus seu amicabilibus compositoribus, plenam & liberam potestatem, auctoritatem, ac speciale & generale mandatum supra dictas questiones, petitiones, controversias & demandas Parcium predictarum, audire, diffinire, declarare, pronunciare & terminare, Partibus presentibus vel absentibus, seu unâ presente & alterâ absente, citatis dictis Partibus vel non citatis, seu unâ citatâ & alterâ non citatâ, jure ordine servato vel penitùs pretermisso, stando vel sedendo, in quocumque loco, & quocumque die eciam si feriata vel non feriata jam existat, dandoque de jure unius Partis, alteri Parti, pro eorum plenaria & omnimoda voluntate; promittentes dicte Partes, nominibus quibus supra, sibi ad invicem, venire ad* [i] *dien & dies, locum & loca eisdem vel earum alteri, per dictos arbitros, arbitratores seu amicabiles compositores assignandos & assignanda, & cognicionem, diffinicionem, declaracionem, determinacionem & pronunciacionem, Sentenciam & preceptum dictorum arbitrûm seu amicabilium compositorum, per eosdem super predictis arbitrandis, diffiniendis, cognoscendis, pronunciandis, determinandis,* [k] *ordinendis, declarendis, & faciendis, tenere, servare & inviolabiliter custodire, laudare, emologare, ratifficare, approbare & conservare ad ipsorum Dominorum arbitrûm, arbitratorum seu amicabilium compositorum, omnimodam voluntatem & simplicem requisicionem: & voluerunt dicte Partes, nominibus quibus suprà, quòd presens compromissum, & contenta in eodem, duret & durare possit & valeat hinc ad diem Dominicam proximò futuram; (e) dicte Partes, quibus supra nominibus, se non fecisse aliquid nec dixisse in preterito, nichilque dicere seu facere in futurum, quominùs predicta omnia & singula in se minorem obtineant perpetuam roboris firmitatem; renunciantes inde super premissis omnibus, scienter & expressè, omni accioni & decepcioni, proclamacioni, appellacioni, & arbitrio boni viri, & Juri dicenti compromissum non debere fieri, cum religione Juramenti, & omni alii Juri Canonico & Civili, usui, racioni, & consuetudini, auxilio & beneficio quo vel quibus contra predicta vel aliquid predictorum, venire seu facere possent, seu se juvare in aliquo seu tueri; & hec omnia universa & singula supradicta, sic tenere, servare, custodire, attendere & complere, & in nullo contrafacere, dicere vel venire, nec venire facere, de jure vel de facto, aliquâ racione sive causâ, promiserunt dicte Partes, nominibus quibus supra, sibi ad invicem, per solemnem & validam stipulacionem, & sub obligacione & ypotheca omnium bonorum suorum & dicte Universitatis, presencium & futurorum. Et ut premissa omnia majoris firmitatis presidio fulgeantur, juraverunt ad Sancta Dei Euvangelia ab ipsis Partibus & qualibet earundem, corporaliter gratis tacta, sub utriusque juris renunciacione ad hec necessaria, pariter & cauthela; de quibus*

a nec.

b il paroît qu'il manque là quelques mots, ou du moins il faut corriger *quòd*, au lieu de *cum*.

c app. & suis.

d rancuris.

e mot douteux.

f ce mot qui est plusieurs fois répété dans ces Lettres, y signifie, *de plein gré*.

g supp. &.

h il faut peut-être corr. in.

i diem.

k ordinandis, declarandis.

NOTE.

(e) Il y a dans le Registre *Preneiates* avec une marque d'abréviation. Il faut peut-être lire *prenunciantes* ou *pronunciantes*.

CHARLES VI. à Paris, en Août 1395.

omnibus, Partes predicte & queque earum, nominibus quibus supra, pecierunt sibi & cuique earum, fieri publicum instrumentum & publica instrumenta, per me Notarium subscriptum. Acta fuerunt hec Sumenc, *in hospicio* Guillelmi Bertrandi. *(f) Testes presentes fuerunt nobiles* Martinus de Barrio, *Domicellus;* Petrus Cambonis *Parrochie Sancti Andree de* Magecolis; Astorgius Picoti, *de* Marologio; Petrus Cazanova, *habitator Mansi de* Mercorio, *Parrochie Sancti Juliani de* Nani; *& ego* Bernardus Guiraudi, [a] *Clicus, Notarius publicus regius* [b] *supracriptus.*

Consequenter eadem die comparuerunt Partes predicte, nominibus quibus supra, & queque earum, coram dictis Dominis arbitris, arbitratoribus seu amicabilibus compositoribus, & cum instancia eosdem requisierunt ut dictas questiones, rancuras, lites, peticiones, controversias & demandas quas habent inter se, diffiniant, declarent, [c] *pronunciant, determinant, juxtà potestatem eis super attributam per Partes predictas; & incontinenti, dicti Domini arbitri, arbitratores seu amicabiles compositores, auditâ requisicione Parcium predictarum, processerunt ad declaracionem & diffinicionem, determinacionem, pronunciacionem & arbitracionem predictarum questionum, in hunc modum.*

Ad hoc, nos Durantus de Tremalis, *Baccallarius in Legibus, &* Petrus Filioli, *predicti arbitri, arbitratores seu amicabiles compositores, per dictas Partes amicabiliter, concorditer & communiter electi, visis, auditis, & diligenter examinatis dictis questionibus, peticionibus, litibus, controversiis, rancuris & demandis, quas una parcium faciebat seu facere poterat contra alteram, & omnibus & singulis dependentibus seu emergentibus & eis connexis; visis eciam instrumentis, probacionibus, racionibus & documentis predictis, & factis ac eciam dictis per utramque Parcium predictarum, volentes earumdem Parcium parcere laboribus & expensis, habitoque super premissis peritorum & proborum virorum diligenti consilio, & tractatu cum Partibus antedictis, pro bono pacis & concordie,* [d] *presentita intencione ipsarum Parcium, & quasi de voluntate & consensu earumdem, dicimus,* [e] *diffimus, declaramus, arbitramus, & arbitrando pronunciamus, precipimus & statuimus & ordinamus sub obligacione & Juramento in dicto compromisso contentis, in hunc modum.*

(1) Ita, videlicet, quòd dictus Dominus Arisdii, *pro se & suis successoribus, det, donet & concedat perpetuò hominibus predictis, presentibus, stipulantibus & solempniter recipientibus pro se & suis successoribus, & aliis hominibus absentibus dicte Universitatis, Ville & Parrochie de* Sumena, *& singularibus ejusdem, & eorum perpetuò successoribus, tam presentibus quàm futuris; videlicet, duo Scindicos & quatuor* [f] *Consiliario perpetuos de habitatoribus dicte Ville & Parrochie de* Sumena; *qui dicti duo Scindici & quatuor Consiliarii, seu eorum* [g] *officium, annis singulis perpetuò &* [h] *infinitum eligantur in festo omnium Sanctorum, vel circa, ante vel post, per homines dicte Universitatis, seu majorem & saniorem partem ejusdem, qui pro tunc presentes fuerunt in dicta vocacione; quorum officium non duret nisi per unum annum continuum; qua electione facta per dictos homines Universitatis* [i] *predicti, seu majorem partem ejusdem, dictorum duorum Scindicorum, & quatuor Consiliariorum, dicti duo Scindici & quatuor Consiliarii sic electi, jurent & jurare teneantur in manibus Vicarii dicte Terre & Baronie* Arisdii, *pro dicto* Domino Arisdii, *si contingeret ipsum esse in dicta Villa; & si ipsum contingeret non esse in dicta Villa, in manibus* Bajuli de Sumena, *vel ejus Locumtenentis, pro dicto* Domino Arisdii, *quòd benè & fideliter se habebunt in dicto Officio, & quòd nichil facient seu procurabunt contra dictum* Dominum Arisdii *& suos, indebitè seu injustè; qui Scindici cum consilio dictorum quatuor Consiliariorum per dictam Universitatem seu majorem partem ejusdem, annis singulis, ut est dictum, eligendorum, potestatem habeant se ad invicem congregandi cum hominibus cum quibus eis videbitur faciendum, pro negociis & causis dicte Universitatis* [k] *pertractendis, expressandis & procurandis in locis debitis & honestis dicte Ville seu Parrochie de* Sumena,

[a] Clericus.
[b] Il semble qu'il devroit y avoir *subscriptus*.
[c] pronuncient, determinent.
[d] pressentita.
[e] diffinimus.
[f] Consiliarios.
[g] cet endroit paroît corrompu ou tronqué.
[h] in infinitum, *là & plus bas*.
[i] predicte.
[k] pertractandis.

NOTE.

(f) Testes, &c.] Les noms de ces témoins sont répetez vers la fin de ces Lettres, & il y a quelques différences.

CHARLES VI.
à Paris, en Août 1395.

& hoc totiens quociens opus erit & necesse seu opportunum eis videbitur faciendum, cum quibus possint habere suum consilium, & hoc impunè, & absque licencia & requisicione dicti Domini Arisdii *& suorum, & aliam omnimodam habeant potestatem tam in Tailliis indicendis &* [a] *levendis, & aliis negociis & causis dicte Ville & Parrochie de* Sumena, *& Universitatis ejusdem, prosequendis &* [b] *tractendis, tam in agendo quàm in defendendo,* [c] *que Scindici habere communiter in* Lingua Occitana *consueverunt; & sic annis singulis perpetuò & infinitum, predicti duo Scindici & quatuor Consiliarii per dictam Universitatem seu majorem partem ejusdem, eligantur, absque tamen licencia & presencia dicti* Domini Arisdii *& Curialium suorum, & hoc impunè; & si contingeret dictos Vicarium & Bajulum, aut alterum ipsorum, vel eorum Locatenensium, nolle recipere dictum juramentum à dictis duobus Scindicis & quatuor Consiliariis, quòd dicti Scindici & Consiliarii sic, ut premittitur, electi, jurare possint, teneantur & debeant in manibus Scindicorum tunc proximè preteritorum, requisito priùs legitimè per duos dies; scilicet, quâlibet die, uno semel dicto Vicario seu Bajulo, seu Locatenentibus suis; & sic successivè & singulis annis facere possint, & ipso Juramento prestito, dicti Scindici & Consiliarii uti Officio suo predicto.*

a levandis.
b tractandis.
c il faut peut-être corr. quam.

(2) Item. *Quòd dicti Consiliarii per dictos Scindicos & alios dicte Universitatis electi, jurent & jurare teneantur in manibus quibus supra, venire ad diem & dies, locum & loca, prout eis mandabitur vel dicetur per dictos Scindicos seu alterum eorumdem, aut deputatum seu deputandum ab eisdem in hoc, tociens quociens opus fuerit & necesse pro negociis Universitatis predicte, & benè & fideliter dictos Scindicos consulere ad honorem, commodum & utilitatem dicte Universitatis, in hiis que scient & poterunt, omni dolo, odio, rancore & malâ voluntate exclusis, & eciam que secreta erunt, secreta tenere, & nemini cui revelare, non debent pandere nec revelare per se nec per alium* [d] *interpositam, aut per signum aliquod, in dampnum, prejudicium seu dedecus dictorum Scindicorum ac Universitatis predicte, & singularium ejusdem; & quòd dicti Scindici sic, ut premittitur, eligendi sive electi, cum consilio dictorum Consiliariorum suorum, possint & valeant suâ propriâ auctoritate, & absque licencia dicti* Domini Arisdii, *& Curialium suorum,* [e] *sustituere & constituere actores suos, procuratores & negociorum suorum gestores & dicte Universitatis, & hoc totiens quociens opus fuerit & necesse, cum omni alia solempnitate in talibus fieri consueta, pro negociis & causis dictam Universitatem tangentibus.*

d interpositum.
e substituere.

(3) Item. *Quòd finito anno Scindicatûs predicti, & post creationem modernorum Scindicorum & Consiliariorum suorum, Scindici pro tunc proximè lapsi, infrà mensem à tempore eorum finiti Officii, Scindicis modernis & eorum Consiliariis vel deputatis ab eis, reddant & reddere teneantur compotum & plenariam racionem de gestis rectis gubernatis, administratis, levatis & perceptis in Officio dicti Scindicatûs, de bonis dicte Universitatis, & reliqua restituant seu faciantque facere tenentur & debent, omni dilacione seclusa; & quòd dicti Scindici moderni sive pro tunc de novo creati, unâ cum consilio Consiliariorum suorum, dictis compotis à dictis Scindicis transactis sive antiquis, auditis & diligenter examinatis, dictos Scindicos pro tunc transactos quittare, absolvere teneantur & debeant de omni administracione per ipsos facta in dicto Officio Scindicatûs predicti; si tamen eis videatur faciendum.*

(4) Item. *Quòd dicti Scindici & quatuor Consiliarii, anno quolibet, in die Festi omnium Sanctorum, vel aliâ die quâ expediens videbitur, eligantur, termino supradicto, in dicta Villa de* Sumena, *congregatâ ad hoc & presente dictâ Universitate, vel saltim majore & saniore parte ejusdem, eorum* [f] *que presentes fuerunt; quâ electione factâ, predicti Scindici & quatuor Consiliarii electi, debeant & teneantur dictum Officium ad unum annum totum assumere & in se suscipere. Si verò dicti Scindici & Consiliarii, seu* [g] *aliter eorumdem, dictum Officium renuerent seu recusarent recipere, quòd dictus* Dominus Arisdii, *& sui, ac Curiales seu Officiarii sui, teneantur & debeant ipsos & eorum quemlibet compellere & compelli facere ad suscipiendum dictum Officium*

f qui.
g corr. alter.

CHARLES VI. à Paris, en Août 1395.

Scindicatûs predicti, (g) sportulis, & aliis salariis dictis Curialibus dandis seu petentibus, nonobstantibus quibuscumque & omnind cessantibus.

(5) Item. *Quòd dicti Scindici, nomine dicte Universitatis, possint & valeant recipere mutuum seu mutua, unum vel plura, pro necessitatibus Universitatis predicte, tam in pecunia quàm aliis rebus quibuscumque, prout necesse fuerit, & recipere poterunt minori dampno quo fieri poterit, dicte Universitatis; & à personis & creditoribus quibuscumque sibi mutuare volentibus, & pro ipsis [a] murtris reddendis, solvendis & restituendis, loco & termino sibi presigendis & assignandis, cum omni restitucione dampnorum, interesse, & expensarum quarumcumque que exinde occasione eorumdem sequi contingeret, se & dictam Universitatem, & singulares ejusdem, & eorum bona, propter ea (h) obligandum & ypotecandum creditoribus & personis quibuscumque, viribus [b] singulorum Curiarum Ecclesiasticarum & Secularium ubilibet constitutarum, cum instrumento seu instrumentis publicis, clausulis & renunciacionibus ad hec necessariis & opportunis.*

(6) Item. *Quòd dicti Scindici, pro oneribus dicte Universitatis, justis & racionabilibus, persolvendis & prosequendis, habito consilio, & consensu si casus exegerit, Consiliariorum suorum, aut duarum parcium eorumdem, possint & valeant Taillium & Talia, unum vel plura, dictis hominibus & habitatoribus dicte Ville & Parrochie de* Sumena, *& aliis eciam quibuscumque qui in eorum Tailliis contribuere tenentur & sunt consueti de jure seu consuetudine pro quibuscumque causis, & ipsa Taillia petendum, exhigendum & demandandum, petique, exhigi & levari faciendum, & ad ea levandum & exhigendum, levatorem seu levatores, si [c] expeditus fuerit, [d] petendum & eligendum, & quictanciam seu [e] quictancia solutoribus dandum & concedendum; & quod dicti Scindici possint & valeant per se vel alios ad hoc specialiter [f] deputandos seu [g] eligendum, audire compotum seu compota & racionem à levatoribus ipsorum Tailliorum & mutuorum predictorum; & ipsis compotis auditis, dictos levatores & eorum bona, de administratis & levatis, si eis expediens videatur & fieri debeat, justè & legitimè quictandum perpetuò & absolvendum, cum pacto de ulteriùs non petendo.*

(7) Item. *Dicimus, diffinimus, declaramus, determinamus, arbitramus, & arbitrando pronunciamus, precipimus, statuimus & ordinamus sub obligacione & juramento in dicto compromisso contentis, quòd dicti Scindici, vocatis dictis Consiliariis suis, & cum consilio ipsorum, eorum propriâ auctoritate & impunè possint & valeant accipere & capere omnes mensuras parvas & magnas bladi, salis & castenearum, tantùm dicte Ville & Parrochie de* Sumena, *& ipsas mensuras recognoscere, (i) alialare & adrechurare, quociens opus fuerit & eis videbitur faciendum; quibus recognitis, alialatis & adrechuratis, dicti Sindici teneantur & debeant ipsas mensuras ostendere & monstrare Bajulo dicti* Domini Arisdii, *de* Sumena, *vel ejus Locumtenenti, pro dictis mensuris iterato, si velit, recognoscendis; pro qua [h] reconicione, dictus Dominus Bajulus habere potest & debet, si velit, quinque Solidos Turonenses, prout est consuetum; & quòd de dictis mensuris salis, bladi & castenearum, dictus Dominus nec sui in perpetuùm successores, nec Curiales sui dicte terre* Arisdii, *se aliquo modo intromittant; sed dicte Universitati & suis, nunc & imperpetuùm [i] franchesiam remaneat, prout est consuetum, nisi modo & forma supradictis in precedenti capitulo.*

[a] mutuis.
[b] singularum.
[c] expediens.
[d] ce mot paroît corrompu; *& il faut peut-être lire* deputandum.
[e] quittancias.
[f] deputand. *Reg.*
[g] eligendos.
[h] recognicione.
[i] franchesia.

NOTES.

(g) *Sportulis.*] Cet endroit n'est pas clair, & je ne sçais ce que peuvent signifier ici ces mots, *seu petentibus.* Voici le sens que je crois qu'on pourroit lui donner. Les Officiers du Seigneur obligeront par des poursuites judiciaires, ceux qui ont été élus Syndics & Conseillers, à accepter ces charges; mais ces poursuites se feront sans frais, & sans aucune rétribution pour les Officiers du Seigneur. *Sportula* signifie les épices qu'on donne aux Juges. Voy. la Note (ll) de la page 666. du 7.e Vol. de ce Rec.

(h) *Obligandum.*] Il sembleroit qu'il faudroit corriger *obligare & ypotecare;* mais cependant il n'y a point de faute, car cette construction irrégulière se trouve très-souvent répétée dans l'article suivant.

(i) *Alialare.*] Je crois que ce verbe qui ne se trouve point dans le Glossaire de *Du Cange*, est une métaphore prise des Monnoies, & signifie *allayer:* c'est-à-dire, rendre la mesure conforme à l'étalon, de la même manière qu'une Monnoie est allayée à celle qui est au titre prescrit par la Loi.

(8) Item.

CHARLES VI.
à Paris, en Août 1395.

(8) Item. *Dicimus, diffinimus, declaramus, determinamus, arbitramus, & arbitrando pronunciamus, precipimus, statuimus & ordinamus, sub obligacione & juramento in dicto compromisso contentis, quòd dictus* Dominus Arisdii, *nec sui imperpetuùm successores, nec eorum Officiarii, minimè teneantur neque debeant, possint neque valeant aliquem seu aliquos homines seu mulieres dicte Ville seu Parrochie de* Sumena, *& Universitatis predicte, nec habitantes in eisdem, pro aliqua causa trahere extra locum seu Villam de* Sumena; *sed ibidem infra dictam Villam de* Sumena *tantùm, ad* [a] *Judicion evocari in dictis Causis civilibus;*

(9) Item. *Quòd nec pro Causa criminali importante minorem penam relegacionis* [b] *excluse, nisi modo & forma inferiùs descriptis; videlicet, quòd in casu quo informacio per Curiam seu Curiales dicte Ville de* Sumena, *seu dicte Terre & Baronnie* Arisdii, *pro dicto* Domino Arisdii, *erit facta contra aliquem seu aliquos dicte Ville seu Parrochie de* Sumena, *quòd monstretur Judici ipsius Terre, qui Judex ipsam Informacionem signare habeat, si signanda sit, ita quòd in signo ipsius Judicis seu ejus (k) subscripcione,*[c] *perventus seu perventi in dictis Informacione seu Informacionibus, puniri debeat penâ relegacionis, vel* [d] *majoris; quâ signatâ, antequam perventus possit nec valeat per dictos Curiales extrahi de dicta Villa, si habitantes ejusdem Ville seu Parrochie fuerint; (l) casu quo per dictos Scindicos requiratur, ipse Bajulus vel ejus Locumtenens, aut alter de Curialibus dicti* Domini Arisdii, *dictis Scindicis vel alteri eorumdem, monstrare teneantur dictam subscripcionem vel signum dicti Judicis, Juramento habito priùs à dictis Scindicis,* [e] *per dictum Bajulum, aut alios Curiales dicti* Domini Arisdii, *quòd dictam subscripcionem nemini revelabunt. Casu verò quo perventus vel perventi* [f] *respondere recusaverint, vel ab ipso seu ipsis Informacioni seu Informacionibus responso, cauciones legitimas de se* [g] *represententdo diebus & horis per Curiam assignandis, & judicatum solvi dare seu prestare refutaverint, isto casu seu casibus, de dicta Villa & Parrochia perventus seu perventi per dictos Curiales extrahi possint, ut hactenùs est fieri consuetum; nisi in dicta Villa perventus seu perventi teneri,* [h] *custodire tutè non possent, propter metum seu periculum Gencium armorum, aut inimicorum Regis seu Patrie, aut aliàs; quo casu, dictus Dominus & ejus Officiarii perventum seu perventos extrahi possint* [i] *Villâ, prout hactenùs est fieri consuetum; & aliàs &* [k] *aliter, non.*

(10) Item. *Dicimus, diffinimus, declaramus, determinamus, arbitramus & arbitrando pronunciamus, precipimus, statuimus & ordinamus, sub obligacione & Juramento in dicto compromisso contentis, quòd prenominati homines dicte Ville de* Sumena, *& nomine Universitatis predicte, in recompensacionem omnium predictorum, dent, donent,* [l] *solvent, dare & solvere teneantur dicto* Domino Arisdii, *presenti & solempniter stipulanti, semel tantùm quatuor viginti Francos Auri boni, fini, & legitimi ponderis, & Cugni Francie, eidem* Domino Arisdii, *per dictos homines integrè solvendos & satisfaciendos die presenti & incontinenti, ad ipsius* Domini Arisdii *primam & simplicem requisicionem.*

(11) Item. *Dicimus, diffinimus, declaramus, determinamus, arbitramus, & arbitrando pronunciamus, precipimus, statuimus & ordinamus, sub obligacione & Juramento in dicto compromisso contentis, quòd cum predictis omnibus universis & singulis sit pax &* [m] *suus amor & dileccio inter Partes predictas & successores earumdem, racione & occasione omnium & singulorum premissorum, & omnium & singulorum dependencium seu emergensium ex eisdem, & eorum connexis; & nichilominùs, quòd quelibet Parcium predictarum, nominibus quibus suprà; dictam diffinicionem, arbitracionem, determinacionem, ordinacionem & preceptum, & omnia alia universa & singula suprascripta prenominata & (m) racitata, pro se & suis successoribus laudent,* [n] *approbant, emologent,*

a Judicium.

b *Il faut peut-être corr.* exclusivè.

c *Il faut corr. là & dans tout le reste de cet article,* preventus.

d majori.

e per, *doit signifier ici, entre les mains.*

f ayent refusé de se présenter en Justice.

g representando.

h custodiri.

i *supp.* è.

k al. *Reg.*

l solvant.

m *Il faut peut-être corr.* sincerus.

n approbent . . . confirment.

NOTES.

(k) *Subscripcione.*] Il falloit appar. que le Juge en signant cette Information, marquât comme par forme de préjugé, qu'il lui paroissoit que le prévenu avoit encouru la peine du bannissement, ou quelqu'autre plus forte.

(l) *Casu quo.*] C'est-à-dire, *& qu'en vertu de cette qualité d'habitant, les Syndics demandent qu'il ne soit point transféré hors de la Ville, &c.*

(m) *Racitata.*] Ce mot est corrompu, & il paroît que le Copiste a eu de la peine à le lire sur l'original : car d'abord il avoit écrit *rogata* qu'il a barré. Il faut apparemment corriger, *recitata*.

CHARLES VI. à Paris, en Août 1395.

ratificent & confirmant, ita & prout superiùs dictum, diffinitum, declaratum, arbitratum, pronunciatum, ordinatum, determinatum, preceptum extitit & expressum. Et ibidem incontinenti, Partes predicte; scilicet, homines prenominati dicte Universitatis, pro se & suis perpetuò successoribus, & vice & nomine omnium aliorum hominum dicte Ville & Parrochie de Sumena, *& Universitatis predicte, absencium, & eorum perpetuò successorum, ex una parte; & dictus Nobilis* Bertrandus Petri, *Dominus Baroniarum predictarum* Agantici, Petre-Fortis, Castriarum *& Terre & Baronnie* Arisdii *predicte, pro se & suis successoribus & heredibus quibuscumque, tam presentibus quàm futuris, ex parte altera, bonâ fide & bono animo, omnique dolo & fraude cessantibus penitùs & exclusis, cum testimonio hujus veri & publici instrumenti firmiter nunc & imperpetuùm valituri, & nunquam revocaturi, omnia universa & singula supradicta, prout superiùs per dictos Dominos arbitros, arbitratores seu amicabiles compositores, dicta, diffinita, determinata, arbitrata, pronunciata, ordinata, precepta, statuta, declarata, scriptaque sunt & expressa, & in eorum presencia recitata de puncto ad punctum, & per modum & formam superiùs comprehensos, annotatos & declaratos, vivâ voce, gratis, & ex certa sciencia laudaverunt, approbaverunt, ratifficaverunt, emologaverunt pariter & confirmaverunt, & ea omnia universa & singula, rata, grata & firma nunc & semper habuerunt & habere voluerunt, & sibi ad invicem & vicissim una Pars alteri promisit, & ibidem prenominati homines dicte Universitatis, nominibus quibus supra, dictos quatuor viginti Francos Auri dicto Nobili* Domino Arisdii *presenti & solemniter stipulanti, realiter in presencia dictorum Dominorum compromissariorum, mei Notarii & testium subscriptorum, reali numeracione interveniente, solverunt, tradiderunt, satisfecerunt & deliberaverunt, qui dictus Nobilis* Bertrandus Petri, *Dominus predictus, pro se & suis successoribus, ibidem presens, confessus fuit, & in veritate ex certa sciencia recognovit hominibus predictis Universitatis predicte, presentibus, stipulantibus & recipientibus solempniter, pro se & suis, & aliis hominibus Universitatis predicte Ville & Parrochie de* Sumena, *se à dictis hominibus stipulantibus ut supra, habuisse integrè, & realiter recepisse in bona peccunia numerata, reali numeracione interveniente; videlicet, dictos quatuor* [a] *vingiti Francos Auri boni, fini, & legitimi ponderis, & Cugni Francie, de quibus se tenuit à dictis hominibus & Universitate predicta, pro benè contento & benè* [b] *paccato, & in quibus non habitis, non traditis & realiter non receptis, errori* [c] *carculi & spei future numeracionis penitùs, & ex certa sua sciencia renunciavit; de quibus dictis quatuor viginti Francis Auri, dictos homines Universitatis predicte, & dictam Universitatem & suos, & eorum bona, quictavit, liberavit penitùs & imperpetuùm, & absolvit,* [d] *quitios & quitia clamavit nunc & semper, & pactum validum & solempne, reale & personale, dictis hominibus stipulantibus ut supra, fecit, & ulteriùs dictos quatuor viginti Francos Auri, à dictis hominibus & Universitate predicta, & suis, nec in bonis ipsorum ulteriùs non petendo, & de non movendo* [e] *deimceps aliquem questionem sive causam; promittentes dicte Partes, nominibus quibus supra, se non fecisse aliquid nec dixisse in preterito, nichilque dicere seu facere in futurum, quominùs predicta omnia & singula in se minorem obtineant perpetuam roboris firmitatem; renunciantes inde Partes predicte, & queque earum, nominibus quibus supra, super predictis omnibus & singulis, scienter & expressè, juris & facti ignorancie, & omni excepcioni & decepcioni, restitucioni in integrum, & per pactum expressum, peticioni & oblacioni libelli* [f] *transcripto hujus veri & publici instrumenti, fori ac crucis privilegio, & generaliter omni alii Juri Canonico & Civili, usui, racioni & consuetudini, auxilio & beneficio, quo vel quibus contra predicta vel aliquod predictorum venire seu facere possent, aut se in aliquo juvare, defendere seu tueri; & ita predicta omnia & singula, Partes predicte & queque earum, nominibus quibus supra, constanter esse vera dixerunt, voluerunt & asseruerunt, & ea omnia & singula sic tenere, servare, custodire, attendere & complere, & in nullo contrafacere, dicere vel venire, nec venire facere per se vel alium seu alios, de jure vel de facto, aliquâ racione sive causâ, per solempnem & validam stipulacionem, & sub obligacione & ypotheca; scilicet, prenominati homines dicte Universitatis, omnium bonorum, rerum & jurium suorum,*

[a] viginti.

[b] payé. *Voy.* le Glossaire de *Du Cange*, au mot, *Pacare*.

[c] *fort.* calculi.

[d] quittos & quitta.

[e] deinceps.

[f] *il faut peut-être corr.* transcripti.

& aliorum hominum dicte Universitatis de Sumena, *presencium & futurorum; & dictus* Dominus Arisdii, *omnium bonorum, rerum & jurium suorum, presencium & futurorum, promiserunt dicte Partes sibi ad invicem & vicissim, una alteri.*

CHARLES VI. à Paris, en Août 1395.

Et ut premissa omnia majoris [a] *presideo firmitatis fulgeantur, juraverunt Partes predicte, nominibus quibus supra, ad Sancta Dei Euvangelia ab ipsis Partibus & quâlibet earum corporaliter gratis tacta, sub utriusque juris renunciacione ad hec necessaria, pariter & cautela. De quibus omnibus universis & singulis, utraque Pars voluit & peciit sibi fieri, & cuique earum, publicum instrumentum & publica instrumenta, tot & quanta erunt sibi necessaria, per me Notarium supra & infrascriptum. Acta fuerunt hec omnia & recitata à paraffo circa, in dicta Villa de* Sumena, *ut supra;* [b] *testibus ad hec specialiter vocatis & rogatis prenominatis,* [c] *Nobilis* Martino de Barrio, *filio Nobilis Domini* Adhemarii de Barrio, *Militis, Domini de* Barrio; Petro Cambonis, *habitatore* mansi *de* Mercorio, *Parrochie Sancti Juliani de* Nani, *& me supradicto* Bernardo Guiraudi, *Clerico, Notario publico prefati Domini nostri Francorum Regis, qui de predictis omnibus & singulis, requisitus & rogatus, hec omnia in notam sumpsi & scripsi, & inde fieri hoc instrumentum publicum in istis tribus pellibus sive peciis pergameni simul injunctis, & cum filo canapi sutis; quarum prima pellis incipit in ultima sui linea à principio computando;* eos seu alterum; *& finit in eadem:* dictos Scindicos. *Secunda pellis incipit in prima sui linea à principio* [d] *computanda* [e] Consule. *Et finit in eadem:* Et nemini. *Tercia verò & ultima pellis incipit in secunda sui linea à principio computando:* numerata. *Et finit in eadem:* pro bene; *signoque meo signatum in fidem & testimonium omnium universorum & singulorum premissorum.*

a presidio.

b Voy. ci-dessus, p. 14. Note (f).

c Nobili.

d computando qui est ci-dessus & ci-dessous.

e Il y a une marque d'abréviation sur ce mot qui paroît corrompu.

Suite des Lettres de Charles VI.

Quas quidem Litteras seu instrumentum Sentencie suprascriptum, ac omnia & singula in eis contenta, ratas & gratas, seu rata & grata habentes, eas & ea, in quantùm ritè & justè late fuerunt, & in rem judicatam transierunt, volumus, laudamus, approbamus, & tenore presencium de gracia speciali auctoritateque nostrâ Regiâ confirmamus: mandantes Senescallo Bellicadri *&* Nemausi, *ceterisque Justiciariis nostris, presentibus & futuris, vel eorum Locatenentibus, ac ipsorum cuilibet, prout ad eum pertinuerit, Scindicos, Consiliarios & habitatores de* Sumena, *in prescriptis Litteris seu instrumento aut sentencia nominatos, nostrâ presenti graciâ & confirmacione uti pacificè & gaudere faciant & permittant, nil in contrarium fieri permittendo. Quod ut firmum & stabile perpetuò perseveret in futurum, nostrum presentibus Litteris jussimus apponi Sigillum: nostro & alieno in omnibus jure salvo.* Datum *Parisius,* mense Augusti, anno Domini millesimo trecentesimo nonagesimo quinto; & Regni nostri, decimo quinto.

Per Regem, ad relacionem Consilii. FRERON.

CHARLES VI. à Paris, en Septembre 1395.

(a) Lettres qui portent que la Terre de Bourray en Gâtinois, appartenante à l'Abbaye de Saint Victor, à Paris, ressortira devant le Prevôt de Paris; & que les Terres de Bucy-le-Roy, de Chastillon & de Charreau, situées dans le même pays & appartenantes à cette Abbaye, ressortiront devant le Bailli de Montargis, au Siége de cette Ville.

CHARLES par la grace de Dieu Roy de France, sçavoir faisons à touz présens & avenir, que oye la supplicacion de noz bien amez les Religieux, Abbé & Couvent de l'Eglise de Saint Victor lez *Paris,* Contenant que comme ilz soient de fondacion Royal, soient & aient esté eulx & leurs devanciers, de tout temps depuis la fondacion de leurdicte Eglise, tant en chief comme en membres, avecques leurs gens, Officiers, familliers, leurs subgiez & justicables, Villes & maisons, Juridicions,

NOTE.

(a) Trésor des Chartres, Registre 148. Pièce IX.^{xx}IX. [189.]

CHARLES VI. à Paris, en Septembre 1395.

drois, [a] hommes & femmes de corps, & de touz leurs biens, en & sous la proteccion & sauvegarde espécial de noz prédécesseurs Roys de France, & de Nous, & aient tousjours esté justiciez sans aucun moyen, en touz cas de Ressort & Souverainetté, par les Bailliz, Officiers & Juges [b], & de ce ont Chartres & Priviléges de [c] nous Prédécesseurs, yceulx Religieux Nous ont requis & supplié que Nous leur vueillons proveoir & ordener de lieu & de Juge pour Ressort, en tant comme il touche leurs Terre & Justice de *Bourray* en *Gastinois,* près de la [d] *Force-Alès,* & de *Bucy-le-Roy,* & *Chastillon* près de *Puisseaux,* en *Gastinois,* avec le moulin de *Charreau,* & appertenances d'iceulx, qui durant le temps que ledit *Duchié* d'*Orléans* a esté en nostre main, ont tousjours eu leur Ressort en nostre Auditoire de [e] *Yanville* en *Beaussé,* en tant comme touche *Bussy-le-Roy,* & en tant comme touche les diz *Chastillon, Charreau* & appartenances, en nostre Auditoire d'*Yevre-le-Chastel,* qui sont ou *Bailliage* d'*Orléans;* car en tant qui touche le chief de leur dicte Eglise, Juridicion, Terres & Hostelz de *Bourray,* ilz ressortissent pardevant nostre *Prevost de Paris;* Nous inclinans à leur supplicacion, considérans les choses dessus dictes, & que le Siége de *Montargiz* [f] de *Cepoy,* est le plus propre, aisié & convenable qu'ilz puissent avoir pour leurs dictes Terres & Justice de *Bucy-le-Roy,* de *Chasteillon, Charreau,* & appartenances d'iceulx, avons ordenné & ordonnons par ces Présentes, que doresénavant yceulx Religieux, avecques leurs gens, Officiers, familliers, subgiez & Justicables, Villes, maisons, manoirs, Juridicions, droiz, hommes & femmes de corps dessus diz, & leurs successeurs, en tant qu'il touche lesdictes Terres & Juridicion de *Bucy-le-Roy,* de *Chasteillon* & *Charreau,* ressortiront sanz aucun moyen pardevant nostre *Bailly* de *Montargiz,* de *Cepoy,* & des Ressors & Exempcions, ou son Lieutenant audit Siége de *Montargis* de *Cepoy;* lequel Bailli ou son Lieutenant, présent & avenir, Nous leur avons députté & députtons à Juge quant à ce; [g] à cause de leur Juridicion, Terres & Hostelz de *Borray,* ilz ressortiront pardevant nostre *Prevost de Paris,* où ilz ont accoustumé, jusques à ce que par Nous en soit autrement ordenné. Si donnons en mandement par ces Présentes, au *Prevost de Paris,* ou à son Lieutenant, qui à présent est & sera, en commettant, se [h] mestier est, que de toutes les Causes & cas touchans les diz Religieux & leurs subgiez, à cause de leurs dictes Terres & Justice de *Bourray,* il connoisse & détermine à sondit Siége de *Paris;* & audit *Bailli* de *Montargis* & de *Cepoy,* que de toutes les Causes & cas touchant les diz Religieux & leurs subgiez, à cause de leurs dictes Terres & Justice de *Bucy-le-Roy, Chasteillon, Charreau,* & appartenances d'iceulx, en cas de Ressort & de Souverainetté, reprins pardevers eulx ou leurs Lieuxtenants, touz procès faiz & encommenciez pardevant noz Baillis & Juges qui estoient à *Orléans* devant ledit transport fait à nostredit Frere, il congnoisse à sondit Siége de *Montargiz* & de *Cepoy,* & face sur ce bon & brief accomplissement de Justice, & aux Bailliz, Prevost, Juges & Officiers de nostredit frere, & à touz autres, présens & avenir, interdisons & deffendons par ces Présentes, toute Juridicion & cohercion sur les diz Religieux & leurs subgiez dessus diz, & ne voulons [i] qui s'en entremettent doresavant en aucune maniere. Et pour ce que ce soit ferme chose & estable à tousjours, Nous avons fait mectre nostre Séel à ces présentes Lettres: sauf en autres choses nostre droit, & l'autruy en toutes. *Donné à* Paris, *ou mois de Septembre, l'an de grace mil trois cens quatre-vins & quinze; & de nostre Regne, le seiziesme.*

Par le Roy, à la relacion du Conseil. P. VIVIEN.

[a] *espèce de Serfs.*
[b] *Il semble qu'il manque là le mot,* Royaux.
[c] *nos.*
[d] *ce lieu est plus communément nommé la Ferte-Aleps.*
[e] *Yenville.*
[f] *supp.* &, *là & plus bas, comme il y a vers la fin de ces Lettres.*
[g] *il semble qu'il manque là quelques mots; peut-être seulement la conjonction* &.
[h] *besoin.*
[i] *qu'ils.*

CHARLES VI. à Paris, en Septembre 1395.

(a) *Lettres qui aboliſſent les Appeaux volages dans les Villes de Marginal & de Serches en Laonnois.*

CHARLES, &c. Sçavoir faiſons à tous préſens & avenir, que comme les habitans de la Ville de *Marginal* en *Laonnoys,* diſant à cauſe des Appeaulx que l'en dit volages, eulx avoir eu & ſouſtenu, ſouſtenir & avoir de jour en jour grans griefs, moleſtes, travaulx & dommages, Nous aient ſupplié que Nous voulſiſſiens oſter du tout & abatre en ladicte Ville, les diz Appeaulx, en Nous offrant pour eulx & leurs ſucceſſeurs habitans de ladicte Ville, à tousjours-mais, donner, faire & paier pour chacun feu de chef d'Oſtel d'icelle Ville, deux Sols Pariſis chacun an, au jour de la Saint Martin d'iver, ou cas qu'il Nous plaira oſter & abatre du tout perpétuelment les diz Appeaulx volaiges; Nous inclinans à ladicte ſupplicacion, avons oſté & abatu, & par la teneur de ces Préſentes, de noſtre auctorité Royal, plaine puiſſance & grace eſpécial, oſtons & abatons du tout à tousjours-mais les diz Appeaulx volaiges en ladicte Ville, quant aus habitans d'icelle tant ſeulement, & yceulx habitans pour eulx & pour leurs ſucceſſeurs, exemptons, affranchiſſons d'iceulx Appeaulx volages à perpétuité, parmi & ſoubz les condicions qui enſuivent: c'eſt aſſavoir, que tous les diz habitans & leurs ſucceſſeurs, excepté les perſonnes qui n'eſtoient pas ſubgectes aus diz Appeaulx, feront tenuz pour chacun chef de feu d'Oſtel de ladicte Ville, paier le jour de la Saint Martin d'iver, chacun an, deux Solz Pariſis, à *Laon,* au Receveur de *Vermendoiz,* pour Nouz & noz diz Succeſſeurs, ou à celui ou ceulx qui par Nous ou par yceulx noz Succeſſeurs, ſera ou ſeront députez à ce recevoir, ſanz ce que ceſt octroy leur tourne à aucune autre ſervitute; & comptera ledit Receveur ou député, chacun an, ou fera compter les feux de ladicte Ville, entre la Saint Remy & Touſſains, ſanz fraiz & miſſions des diz habitans, comme l'en a accouſtumé à faire des autres affranchis des diz Appeaulx; & s'il y avoit aucuns des diz habitans qui feuſſent non paiables, les bien-paiables les [a] furniront & feront bons, par maniere que Nous & noz diz Succeſſeurs aurons entierement les diz deux Solz Pariſis pour chacun chef de feu d'Oſtel de ladicte Ville, ainſi que dit eſt; & s'il avenoit que aucuns des ſoubmanans de ladicte Ville, alaſſent demourer hors d'icelle Ville, en lieu ſubgez aus diz Appeaulx volages, ilz ne joyront mie de ceſte franchiſe, tant comme il demourront en yceulx lieux ſubgez aus diz Appeaulx; & pourront les diz habitans & leurs ſucceſſeurs, & chacun d'eulx, appeller & uſer ſi comme devant des Appeaulx volages de plait & querele contre leur Seigneur, Mayeur, & tous autres Juſticiers quelconques de ladicte Ville, & des appartenances d'icelle, en tant comme ilz ſont & ſeront leurs Seigneurs & Juſticiers, ſe ſemblable franchiſe ne leur eſtoit octroyée ores ou ou temps avenir, de Nous ou de noz diz ſucceſſeurs; & auſſi ſe les diz habitans & leurs ſucceſſeurs, appelloient aucuns autres ſubgez à yceulz Appeaulx volages, qui n'euſſent ſemblable franchiſe, les appellans ſeront tenuz de pourſuivre leurs Appeaulx; & ou cas que perſonnes étranges appelleront le Majeur & les Eſchevins de ladicte Ville, pour cauſe quelconques qui touchent les diz habitans ou aucun d'eulx, les diz Majeur & Eſchevins ne ſeront tenuz en ce cas de venir ne obeir aus diz Appeaulx volages: & n'eſt pas notre entente que s'il y a aucuns Clers habitans de ladicte Ville, qui aient perſonnes Layes demourans en leurs Hoſtelz, que leſdictes perſonnes Layes puiſſent ne doyent joïr ne uſer de ceſte franchiſe, ſe ilz ne paient les diz deux Solz Pariſis, comme les autres habitans devant diz; & touteſvoies, voulons Nous les appellacions de deffaut de droit & de faux ou mauvaiz jugemens, de plait & querelcs, eſtre réſervez à Nous & à noz diz ſucceſſeurs, enſemble les adjournemens & tous autres cas à Nous appartenans pour cauſe de noſtre Souveraineté, en autres faiz & en autres Cauſes, eſquelles les diz habitans ſeront tenus de venir & obéir ſi comme ilz faiſoient paravant ce préſent octroy.

[a] corr. *fourniront.*

NOTE.

(a) Tréſor des Chartres, Regiſtre 148. Pièces XII.[xx] XIII. & XII.[xx] XIIII. [253. & 254.]

CHARLES VI.
à Paris, en Septembre 1395.

Et afin que ce soit ferme & estable chose à tousjours-maiz, Nous avons fait mettre nostre Séel à ces présentes Lettres: sauf en autres choses nostre droit, & l'autrui en toutes. *Donné à* Paris, *ou mois de Septembre, l'an de grace mil CCC. IIII.*[xx] *& quinze; & de nostre Regne le XVI.*

Par le Roy, à la relacion de son grant Conseil, estant en la Chambre des Comptes, où [a] *Vous, l'Evesque de Noyon,* Mess. *Almaury d'Orgemont,* Maistre *Oudart de Moulins,* Maistre *Jehan Auchier, Jehan d'Estouteville,* grant quantité des Seigneurs de ladicte Chambre, des Trésoriers, & autres, estiez. P. MANHAC.

a *Le Chancelier de France. Voy. le 5.e Vol. de ce Rec. p. 653. Note (c).*

Semblable Chartre pour les habitans des Villes & Paroisses de *Serches* en *Laonnoys,* & pareillement signée comme dessus.

CHARLES VI.
à Paris, le 15. d'Octobre 1395.

(a) Confirmation des Lettres de Jacques Roy d'Arragon, & Seigneur de Montpellier, qui portent que nul ne pourra exercer la Médecine dans cette Ville, s'il n'a été examiné & licencié dans la Faculté de Médecine qui y est établie.

KAROLUS, &c. Notum facimus univesis presentibus & futuris, Nos vidisse quasdam Litteras, formam que sequitur, continentes.

Noverint universi quòd Nos Jacobus *Dei gracia* Rex [b] Aragonie, Majorice *&* Valencie, Comes Barchinonis *&* Urgilli, *& Dominus* Montispessulani, *considerantes memoriter & pensantes, cum quanta* [c] *solitudine & cautela, Progenitores nostri Domini* Montispessulani, *de statuendo, conservando & ampliando medicinali stuaio, nunc longè latèque, juvante feliciter manu Dei, per vastam mundi solitudinem, extensis fructuosis propaginibus dilatato, efficaciter curaverunt, tam eorum exemplo commendabili, quàm evidenti utilitate reipublice inducimur, ut illorum audaciam reprimamus, qui presumunt ibidem sine examinacione & licencia praticare, per quod non solum nomen & fama ejusdem studii denigratur, sed & multa incumbunt mortis pericula, & rerum dispendia inferuntur; & ideò per nos & nostros successores futuros Dominos* Montispessulani, *prohibemus imperpetuùm &* [d] *districtè omnibus utriusque sexûs, Christianis & Judeis, ne quis in Villa* Montispessulani, *& totâ ejus dominacione, audeat in Facultate Medicine, aliquod officium praticandi exercere, nisi priùs ibi examinatus & licenciatus fuerit. Quòd si fortè aliquid presumpserit attemptare,* [e] *tenendi locum nostrum, & aliis Bajulis nostris, presentibus & futuris, districtè precipimus & mandamus, ut ad* [f] *simplam requisicionem Cancellarii ipsius studii, seu vices ejus gerentis, in personis & rebus puniant taliter hujusmodi transgressores, quòd in pena unius, aliorum temeritas à similibus arceatur. Predictam itaque graciam & concessionem, ad preces fidelis nostri Magistri* Bernardi Caltadelli, *duximus concedendam: salvo tamen quòd pro hujusmodi gracia & concessione, Nobis vel nostris successoribus non generetur nec generari possit prejudicium aliquod in Juridictione scilicet & dominacione nostra.* Datum in *Montepessulano,* XIII.° Kalendas Augusti, anno Domini millesimo ducentesimo LXX.° secundo.

b Aragon. Maïorc. Valen. Barch. *Reg.*
c solicitudine.
d districtè.
e tenendis *ou peut-être* tenentibus.
f suivant le Glossaire de *Du Cange* au mot *simplus,* il s'est dit pour *simplex.*

Suite des Lettres de Charles VI.

Quas quidem Litteras, ratas & gratas habentes, omnia & singula in eisdem contenta, laudamus, ratifficamus & approbamus, ac eciam de nostra gracia speciali, in quantùm debitè usi fuerunt, confirmamus. Mandantes Senescallo Bellicadri, *Gubernatorique &* Bajulo Montispessulani, *nec non ceteris Justiciariis nostris, vel eorum Locatenentibus, presentibus & futuris, & eorum cuilibet, prout ad eum pertinuerit, quatenùs Prefatos Cancellarium & Magistros in predicta Facultate* [g] *& Medicine dicti generalis studii, nostrâ presenti graciâ & confirmacione uti & gaudere faciant & permittant, nil in contrarium fieri permittentes. Quod ut firmum & stabile perseveret in futurum, nostrum presentibus Litteris duximus apponi Sigillum: salvo in aliis jure nostro, & in*

g *on pourroit corriger* Facultate Medicine & dicti.

NOTE.

(a) Trésor des Chartres, Registre 149. Pièce VI.[xx] X. [130.]

omnibus quolibet alieno. Datum *Parisius,* die XV.ª Octobris, anno Domini millesimo CCC.° nonagesimo quinto; & Regni nostri, decimo sexto.

In Requestis per [a] *Vos ex precepto Regis expeditis, ubi* Patriarcha Alexandrinus, Episcopi Bajocensis *&* Noviomensis, *& plures alii, erant presentes.* VIVIEN.

Collacio facta est cum originalibus Litteris suprascriptis.

a Le Chancelier de France. Voy. le 5.ᵉ Vol. de ce Rec. pag. 653. Note (c).

CHARLES VI. à Paris, en Novembre 1395.

(a) Confirmation des Lettres de Jean Sans-terre, Roy d'Angleterre, qui portent que les Bourgeois de Breteuil jouiront en achetant & en vendant, des Priviléges accordez aux Bourgeois de Verneuil.

KAROLUS, *&c. Notum fieri volumus universis presentibus & futuris, Nos infrascriptas vidisse Litteras; formam que sequitur, continentes.*

(b) JOHANNES *Dei graciâ* Rex Anglie, *Dominus* Hibernie, Dux Normanie [b] Acquitanie, Comes Andegavie, *Archiepiscopis, Episcopis,* [c] *Abbatis, Comitibus, Baronibus, Justiciariis, Vicecomitibus, prepositis & omnibus Baillivis &* [d] *fidelibus suis: Salutem. Noveritis Nos concessisse dilectis & fidelibus nostris Burgensibus nostris de* [e] Bretholio, *propter magnam jacturam quam incurrerint propter servicium nostrum, ut emant & vendant per totam Terram nostram, per easdem Libertates quas Burgenses nostri de* [f] Vernolio *habent. Testibus* E. Elien. S. Bathon. *Episcopis,* Willermo Comite Arundell. R. Comite Leicestr. Sahero de Event. Willermo *filio* Rad. Senescalli Roman. *Datum per manum* H. Cantuariensis Archiepiscopi, *Cancellarii nostri, apud* Vernolium, *XXIIII.° die Julii; Regni nostri anno primo.*

b supp. &.
c Abbatibus.
d vassaux.
e Breteuil dans la Normandie. Voy. le 5.ᵉ Vol. de ce Rec. pag. 489. Note (e).
f Verneuil dans la Normandie. Voy. le 5.ᵉ Vol. de ce Rec. pag. 488. Note (b).

Quas quidem Litteras suprascriptas, omniaque & singula in eisdem contenta, quathenùs Burgenses predicti de Bretolio, *eisdem debitè usi sunt, ratas & gratas, seu rata & grata habentes, eas & ea volumus, laudamus, approbamus, & tenore Presencium de speciali gracia confirmamus. Quod ut firmum & stabile perpetuò perseveret, nostrum presentibus Litteris jussimus apponi Sigillum: nostro in aliis, & alieno in omnibus jure salvo.* Datum *Parisius,* mense Novembris, anno Domini millesimo CCC.ᵐᵒ nonagesimo quinto; Regnique nostri, sexto decimo.

Per Regem, ad relacionem Consilii. FRERON. Collacio fit.

NOTES.

(a) Trésor des Chartres, Registre 148. Pièce XIIII.ˣˣII [282.]

(b) Johannes.] Jean surnommé *Sans-terre,* succéda en 1199. à *Richard I. Roy d'Angleterre,* son frère. Voyez l'histoire d'Angleterre par *Rapin Toyras,* Tom. 2. pp. 273. & 277.

CHARLES VI. à Paris, en Novembre 1395. LOUIS VIII. à Breteuil, en 1223.

(c) Confirmation des Lettres qui portent que les habitans de Breteuil seront exempts d'Impôts dans de certains lieux.

KAROLUS, *&c. Notum fieri volumus universis presentibus & futuris, Nos inclite recordacionis Ludovici Francorum Regis predecessoris nostri, vidisse Litteras; formam que sequitur, continentes.*

IN *nomine Sancte & individue Trinitatis. Amen. Ludovicus Dei graciâ Francorum Rex. Noverint universi presentes pariter & futuri, quòd Nos volumus & concedimus quòd Burgenses nostri residentes apud* [g] Britolium, *liberi & immunes sint ab omni Passagio & Theloneo, per totam* Normanniam, Pictaviam, Andegaviam, [h] Cemanniam, *que pertinent ad Nos, preterquàm in* Comitatu [i] Ebroicensi, *& in* [k] Vulcassino Normanno, *& apud* [l] Paciacum *&* Vernonem, *& in Terra que fuit* Hugonis de

g Breteuil. Voy. ci-dessus, note marginale e.
h Cenomaniam.
i Evreux.
k Vexin Normand.
l Passy. Voy. le 5.ᵉ Vol de ce Rec. p. 489. note marginale b.

NOTE.

(c) Trésor des Chartres, Registre 148. Pièce XIIII.ˣˣI. [281.]

CHARLES VI. à Paris, en Novembre 1395.

[a] Gornaco. *Quod ut perpetuum robur obtineat, presentem paginam Sigilli nostri auctoritate Regii nominis karactere inferiùs annotato, salvo jure nostro, confirmamus.* Actum *Britolii,* anno Incarnati Verbi millesimo ducentesimo vicesimo tercio; Regni verò nostri, anno primo: *Astantibus in Palacio nostro, quorum nomina supposita* [b] *& signa. Dapifero nullo. Signum* Roberti, Buticularii. *Signum* Bartholomei, Camerarii. *Signum* Mathei, Conestabularii. *Datum per manum* Garini Silvanectensis Episcopi, *Cancellarii.*

a Gournay. Voy. le 5.e Vol. de ce Rec. pag. 489. Note (d).

b supp. sunt.

Quas quidem Litteras suprascriptas, omniaque & singula in eisdem contenta, quatenùs Burgenses predicti de Bretolio, *eisdem debitè usi sunt, ratas & gratas, seu rata & grata habentes, eas & ea volumus, laudamus, approbamus, & tenore Presencium de speciali gracia confirmamus. Quod ut firmum & stabile perpetuò perseveret, nostrum presentibus Litteris jussimus apponi Sigillum;* [c] *nostrum in aliis & alieno in omnibus jure salvo.* Datum *Parisius,* mense Novembris, anno Domini millesimo ccc.mo nonagesimo quinto; & Regni nostri, sexto decimo.

c corr. nostro.

Per Regem, ad relacionem Consilii. FRERON. Collacio fit.

CHARLES VI. à Paris, en Novembre 1395. PHILIPPE IV. dit le Bel, à Paris, en Février 1286. & le 29. de Janvier 1293.

(a) Confirmation des Lettres qui portent que les habitans de la Ville de Breteuil, éliront tous les ans deux personnes qui la gouverneront, & qui pourront appeller au Conseil, ceux de ces habitans qu'ils jugeront à propos.

KAROLUS, &c. Notum fieri volumus universis presentibus & futuris, Nos inclite recordacionis Philippi quondam Francorum Regis, predecessoris nostri, vidisse Litteras; formam que sequitur, continentes.

PHILIPPUS Dei graciâ Francorum Rex. Notum facimus universis tam presentibus quàm futuris, quòd Nos hominibus Ville [d] Britolii *concedimus, quòd ipsi & dicta Villa* Britolii, *perpetuò regantur & gubernentur per duos probos homines ejusdem Ville, quorum potestas duret per annum, innovandos anno quolibet, & communiter eligendos ab ipsis hominibus, qui predictos Villam & homines, eorum negocia, Tallias, expensas & functiones communes, & quecumque ad ipsius Ville regimen & curam necessaria, per suum ad hoc Juramentum astricti, procurent fideliter, provideant & gubernent: salvo tamen in omnibus jure nostro, & jure quolibet alieno. Quod ut firmum & stabile permaneat in futurum, presentes Litteras Sigillo nostro fecimus communiri.* Actum *Parisius,* anno Domini millesimo ducentesimo octogesimo sexto, mense Februarii.

d Breteuil. Voy. la page précédente, note marginale g.

Item. *Alias vidimus Litteras, tenoris subsequentis.*

PHILIPPUS Dei graciâ Francorum Rex. Notum facimus universis tam presentibus quàm futuris, quòd cum Nos concesserimus hominibus Ville Britolii, *quòd ipsi & dicta Villa perpetuò regantur & gubernentur per duos probos homines ejusdem Ville, innovandos anno quolibet, & ab ipsis hominibus communiter eligendos, Nos ad supplicacionem dictorum hominum, in predicta concessione adjungentes, volumus, & eisdem hominibus & Ville concedimus, quòd per unum Servientem juratum in manu* Baillivi *nostri* [e] Vernolii, *per dictos duos homines electos institutum, sepedicti duo homines quos pro Consilio dicte Ville* Britolii *voluerint, quando & quociens sibi & dicte Ville expediens viderint, mandari faciant ac etiam invitari. Si verò hominum mandatorum & invitatorum ad consilium per Servientem predictum, inobedientes nonnulli fuerint, duodecim denarios tantùm pro inobediencie emenda, de quolibet inobedienti, levari per Servientem predictum volumus, & Ville pro ipsius negociis applicari. Verùm, si qui dictorum inobediencium, in solucione dictorum duodecim denariorum pro emenda, rebelles extiterint,*

e Verneuil. Voy. la page précéd. note marginale f.

NOTE.

(a) Trésor des Chartres, Registre 148. Pièce XIIII.xxIII. [283.]

eosdem

eosdem per Baillivum *nostrum* Vernolii, *qui pro tempore fuerit, ad solucionem dictorum duodecim Denariorum compelli volumus & mandamus: salvo in omnibus jure nostro, & jure quolibet alieno. Quod ut ratum & stabile permaneat in futurum, presentes Litteras Sigilli nostri fecimus appensione muniri.* Actum *Parisius, (b)* die Jovis ante Festum Purificationis Beate Marie Virginis, anno Incarnacionis Dominice millesimo cc.^mo^ nonagesimo tercio, mense Januarii. CHARLES VI. à Paris, en Novembre 1395.

Quas quidem Litteras suprascriptas, omnia & singula in eis contenta, quathenùs dicti homines Britolii *eisdem debitè usi sunt, ratas & gratas, seu rata & grata habentes, eas & ea volumus, laudamus, approbamus, & tenore presencium de speciali gracia confirmamus. Quod ut firmum & stabile perpetuò perseveret, nostrum presentibus Litteris jussimus apponi Sigillum: nostro in aliis, & alieno in omnibus jure salvo.* Datum *Parisius,* mense Novembris, anno Domini millesimo trecentesimo nonagesimo quinto; & Regni nostri, sexto decimo. Suite des Lettres de Charles VI.

Per Regem, ad relacionem Consilii. FRERON. Collatio fit.

NOTE.

(b) Die Jovis.] Cette date tombe au 29. de Janvier. Voy. les Tables qui sont à la page 511. du premier Volume du Glossaire de *Du Cange.*

(a) Lettres qui portent que le Bailli de Vermandois sera Gardien du Chapitre de Saint-Quentin, qui, dans les procès qu'il aura, pourra à ses dépens, demander la jonction du Procureur du Roy. CHARLES VI. à Paris, en Novembre 1395.

KAROLUS Dei graciâ Francorum Rex. Non indignè credimus magnificencie Regalis attolli preconiis, si Sacrosanctas Dei Ecclesias, & personas Deo famulantes in eis, [a] *gratis muniamus, & à malignorum quorumlibet eis adversancium insultibus* [b] *perservemus; & licet ad universas, Progenitorum nostrorum more, benignè geramus devocionis affectum, illas tamen quas ex Progenitorum nostrorum fundatas largitate cognoscimus, singulari pre ceteris prosequimur prerogativâ favoris. Nos igitur attendentes venerabilem Ecclesiam* Sancti Quintini *in* Viromendia, *per ipsos Progenitores nostros* [c] *fundatum esse magnificè, ipsamque tam in capite quàm in membris, cum omnibus personis & bonis ejusdem Ecclesie, in Regia speciali Gardia existere, per certa Privilegia ab antiquo, quodque non solum jus Patronatûs ejusdem, verùm eciam omnium Prebendarum collacio ad Nos in solidum, pleno jure Regio dignoscitur pertinere, ut Decanus & Capitulum ejusdem, ceterequè persone Deo inhibi servientes, eò devociùs summo Creatori debita valeant exhibere servitutis obsequia, quò, semotis quorumlibet turbacionum anfractibus, quieciùs senciant sub nostro proteccionis presidio confoveri, volumus, & auctoritate presencium jubemus quòd dicti Decanus & Capitulum, Canonicique singulares, ac alie persone dicte Ecclesie, cum omnibus bonis & familiis suis, per* Baillivum Viromendensem, *ab omnibus injuriis, violenciis,* [d] *magnifestis oppressionibus, vi armorum, Laicorum potentia, & quibuscumque indebitis novitatibus* [e] *defendatur, in suisque juribus, franchisiis & Libertatibus, justisque possessionibus & saisinis, per eumdem Baillivum quem eis Gardiatorem specialem & defensorem concedimus, manuteneantur viriliter, & sollicitè teneantur. Nolumus tamen, eciam immò specialiter inhibemus, ne cause quelibet hereditatem, jura, possessiones & negocia, & omnia bona Ecclesie predicte tangentes, in Judicium sine Procuratoris Regalis patrocinio, si ipsum, cum eorum expensis & sumptibus, habere voluerint, deducantur. Damus itaque predicto Baillivo moderno, & qui pro tempore fuerit,* [f] *Presentibus in mandatis, quatinùs eosdem Decanum & Capitulum, personasque singulares ejusdem Ecclesie, sicut premittitur, manutenens &* [g] *defendans, eisdem, quociens opus fuerit, & ipsum requisierint, super hoc certum*

a gratiis. b preservemus. c fundatam. d manifestis. e defendantur. f *app.* par ces Présentes. g defendens.

NOTE.

(a) Trésor des Chartres, Registre 148. Pièce XII.^xx^ XIX. [259.]

Servientem & Gardiatorem deputet, ad premissa; ipsisque & eorum singulis, à quibuscumque personis, si requisierint, faciat juxta Patrie consuetudinem, legitimum [a] *Assecuramentum prestari. Quod ut ratum & stabile permaneat in futurum, nostrum presentibus Litteris fecimus apponi Sigillum.* Datum *Paris.* mense Novembris, anno Domini millesimo CCC.° nonagesimo quinto; & Regni nostri, decimo sexto.

Per Regem, ad relacionem Consilii. J. BERTAUT.

[a] Voy. les Tabl. des Mat. des Vol. de ce Rec. au mot *Assûrement.*

CHARLES VI. à Paris, en Décembre 1395.

(a) Lettres qui abolissent les Appeaux frivoles dans les Terres appartenantes au Chapitre de Soissons, situées dans les Bailliages de Vermandois & de Senlis.

CHARLES, &c. Savoir faisons à tous présens & avenir, Nous avoir receu l'umble supplicacion de noz bien amez [b] Prevost, Doyen & Chapitre de l'Eglise de *Soissons,* contenant que comme à cause de leur ditte Eglise, ilz aient plusieurs Villes & lieux ès *Bailliages* de *Vermendois* & de *Senliz,* avec toute Justice & Seignorie, haute, moyenne & basse, seulz & pour le tout, lesquelles ilz ont accoustumé de long temps de garder & faire garder & gouverner, & encore font chacun jour, par leurs Bailliz, Prevoz, Gens & Officiers; & que de jour en jour plusieurs tant leurs subgiez comme autres, des Sentences, Jugemens ou Appointemens faiz, donnez & prononcez par les diz Chapitre ou leurs Officiers gardans & exerçans leurs Juridicions; & qui pis est, aucunes foiz, sans aucun *(b)* appointement judiciaire, &c.

[b] supp. *les.*

Pourquoy Nous ces choses considerées, & après grant & meure délibéracion eue sur ce avec les Gens de nostre Conseil, avons ordonné & ordonnons de nostre plaine puissance, grace espécial & auctorité Royal, par ces Présentes, que quiconques doresénavant, des Justices & Juridiccions temporeles, Bailliz, Prevoz, Soubz-prevoz, Gens, Officiers & Justiciers des diz de Chapitre de *Soissons,* en leurs dictes Justices & Juridiccions temporelles, appelleront à Nous ou à noz diz *Bailliz* de *Vermendoiz* & de *Senliz,* ou à leurs Lieuxtenans, en leurs Assises ou autres, de quelconques Causes, en cas que ce soit, seront tenuz de renoncier à leur Appeaulx dedens les huit jours ensuivants après ce qu'ilz auront appellé, ou de faire diligence de prendre & exécuter leur Adjournement sur leur dit Appel, dedens temps deu pour l'Assise prouchainement ensuivante après leur dit Appel; & ou cas que ainsi ne le feront, ilz seront tenuz de paier pour ce, la somme de soixante Solz Parisis d'Amende aus diz de Chapitre de qui ils auront appellé; lesquelz aussi pourront exécuter leur Sentence ou Jugié, procéder & aler avant contre telz appellans, comme de raison sera, nonobstant leurs Appeaulx dessus diz; & ou cas que les diz appellans poursuiront leurs diz Appeaulx dedens temps deu, en l'Assise prouchainement ensuivante, & qu'il sera dit bien jugié & mal appellé, ou mal jugié & bien appellé, que cependant le stile & usage en tel caz introduiz, soient tenuz & gardez. Si donnons en mandement par ces Présentes, aus diz *Bailliz* de *Vermendois* & de *Senliz,* aux Prevosts des diz Bailliages, & à tous noz autres Justiciers & Officiers, ou à leurs Lieuxtenans, qui à présent sont & pour le temps avenir seront, & à chacun d'eulx, si comme à lui appartendra, que nostre présente Ordonnance tiengnent, gardent & accomplissent, ou facent tenir, garder & accomplir doresénavant à tousjours, de point en point, selon sa fourme & teneur, sans aucunement enfraindre; & les diz de Chapitre, leurs successeurs, Gens & Officiers gardans & exerçans leurs Juridicions temporelles, en facent, sueffrent & laissent joïr & user paisiblement & perpétuelment; nonobstant usage, stile, Coustume de païs, ou commune observance & Ordonnances quelconques à ce contraires. Et affin que ce soit ferme & estable à tousjours, Nous avons fait mettre nostre Séel à

NOTES.

(a) Trésor des Chartres, Registre 148. Pièce 312.

(b) Appointement judiciaire, &c.] On a cru devoir retrancher une partie de ces Lettres, pour les raisons expliquées dans la Note *(b)* de la page 189. du 7.e Vol. de ce Recueil.

ces Préentes: sauf en autres choses nostre droit, & l'autrui en toutes. *Donné à* Paris, *ou mois de Décembre, l'an de grace mil CCC. IIII.xx & quinze; & de nostre Regne, le XVI.e*

Es Requestes par [a] Vous tenues, present le Conseil, ouquel estoient les *Evesques* de *Bayeux*, de *Noyon*, de *Chartres* & d'*Arras*, le *Visconte de Melun*, & autres du Conseil, présens. FRERON.

[a] *Le Chancelier de France. Voy. le 5.e Vol. de ce Rec.* pag. 653. Note *(c)*.

CHARLES VI. à Paris, en Décembre 1395.

(a) Confirmation d'un Acte concernant la Ville d'Agde, dans lequel il est fait mention de la manière dont les Consuls de cette Ville étoient élus.

KAROLUS Dei graciâ Francorum Rex. Notum facimus universis presentibus pariter & futuris, Nos infrascriptas vidisse Litteras; formam que sequitur, continentes.

Per hoc presens publicum instrumentum, cunctis presentibus fiat liquidum & manifestum, & futurorum posteritas non ignoret sequtura, quòd anno ab Incarnacione Domini millesimo trecentesimo nonagesimo quinto, die vicesimâ sextâ mensis Septembris, Serenissimo Principe Domino Karolo Dei graciâ Rege Francorum regnante, constituti personaliter ante presenciam Nobilis viri Domini Lanseloti de Roya, *Militis, Magistri Forestarum & Aquarum regiarum* Lingue Occitane, *in Villa* Agathense *existentis,* Petrus Baudurelli, Raymundus de Aqua, *aliter* Vitalis, Poncius Dels Ayres, *&* Stephanus Offeti, *Consules loci & Universitatis de* Agathe, *prout de eorum Consulatu constat per quoddam primâ facie publicum instrumentum hujus tenoris.*

IN nomine [b] *Amen. Anno Incarnacionis ejusdem millesimo trecentesimo nonagesimo quarto, & die secundâ mensis Februarii, que fuit Festum Purificacionis Beate Marie Virginis; videlicet, circa solis occasum ipsius diei, illustrissimo Principe Domino Karolo Dei graciâ Rege Francorum regnante, & Reverendo in Christo patre Domino* [c] Hugone *miseracione divinâ* Agathense Episcopo, *presidente, Noverint universi & singuli, quòd in Villa de* Agathe, *& in Domo Episcopali Ville predicte existentes & personaliter constituti, coram venerabili & discreto viro Magistro* Johanne de Augeriis, *Bacalario in Decretis, regente Vicariam temporalem de* Agathe, *prout de ejusdem Domini Regentis Regentia constat quibusdam patentibus Litteris in papiro scriptis, à dicto Domino* Agathense Episcopo *emanatis, Sigilloque suo parvo* [d] *in pede predicte Regencie, ut prima facie apparet, sigillatis; quarumquidem Litterarum Regencie predicte, tenor talis est.*

[b] *le Copiste a appar. oublié un* &c. *après ces mots.*

[c] Hugue de Montruc. *Voy. Gall. Christ. 2. Edit. T. 6. col.* 691. n.° XLVIII.

[d] au pied, au bas, à la fin.

HUGO *miseracione divinâ* Episcopus, *ac* Comes *&* Viceecomes Agathensis.

NOTES.

(a) Trésor des Chartres, Regiſtre 149. Pièce LXXVIII. [78.]

L'Acte concernant la Ville d'*Agde*, confirmé par Charles VI. est très-curieux; mais il n'est point de nature à trouver place dans ce Recueil. Les Consuls d'*Agde* y représentent au Maître des Eaux & Forêts, que le lit de la rivière de l'*Eraud* ou de l'*Errault*, qui baigne les murs de cette Ville, est très-incommode pour la navigation, & que l'embouchûre de cette Rivière dans la mer, est dangereuse pour les bâtimens à qui l'on veut faire remonter l'*Eraud*. Ils lui demandent permission de faire changer le lit de cette Rivière, & de faire travailler à l'embouchûre, pour la rendre plus commode. Le Maître des Eaux & Forêts leur accorde leur Requête.

Au commencement de cet Acte est transcrit celui de l'Election des Consuls qui y sont Parties. Cette Election avoit donné lieu à des contestations qui y sont expliquées au long, & qui apprennent de quelle manière on procédoit à l'élection des Consuls d'*Agde*. C'est la raison qui a déterminé à faire imprimer la première partie de l'Acte passé entre le Maître des Eaux & Forêts & les Consuls, & à en supprimer la suite, parce qu'elle est purement historique.

Les noms des personnes dont il est fait mention plus d'une fois dans cet Acte, n'y sont pas toûjours écrits de la même manière.

Agde Ville du *bas Languedoc*, est située sur l'*Eraud*, proche de la mer, à une demi-lieue de l'embouchûre de cette Rivière, dans une presqu'Isle formée par l'*Eraud* & *le Lez*, joignant le *Canal de Languedoc*. Voy. le Diction. universel de la France, au mot, *Agde*.

CHARLES VI.
à Paris, en Décembre 1395.

Universis & singulis presentes Litteras inspecturis pathesiat, quòd nos attendentes de presenti Vicariam nostram temporalem Vicario carere per mortem Nobilis Petri de Podio, *Condomini loci de* Cognacio, *volentes, prout decet, subditis dicte nostre Vicarie quòd (b) justicia satisfiat; idcircò confidentes, nec immeritò, de industria, legalitate ac pericia discreti viri Magistri* Johannis de Augeriis, *in Decretis Bacalarii, ipsum Regentem Vicariam nostram predictam facimus, & per presentes creamus, tandiù quandiù nostre placuerit voluntati, vel de Vicario in dicta nostra Vicaria providerimus, dantes eidem Regenti, plenam & liberalem potestatem audiendi, diffiniendi & determinandi omnes Causas tam civiles quàm criminales, & omnia alia universa & singula faciendi, que ad dictum Regencie Officium pertinent & incumbunt: mandantes insuper subditis nostris, (c) non subditos in juris subsidium requirentes, ut dicto Regenti nostro pareant, obediant & efficaciter intendant, tanquam nobis.* Datum in Castro nostro de *Nasignano*, sub nostro parvo Sigillo, die vicesimâ octavâ mensis Augusti, anno Domini millesimo CCC.^mo^ nonagesimo quarto. [a] P. ARGIMONDI.

Videlicet, discreti viri Magister Stephanus Surigerii, *Jurisperitus;* Raymundus Cosseti, *Consules de Civitate, &* Petrus Mercaderii *Conconsul de Burgo Ville predicte, dixerunt ibidem & asseruerunt, & coram dicto Domino* [b] *Regnante, proposuerunt quòd cum ipsi sint & faciant majorem partem Consulum dicte Ville de* Agathe, *ipsique Consules in fine eorum regiminis Consulatûs esse & fuisse, & ideò nominasse octo probos viros, tam de Civitate quàm de Burgo Ville predicte, ad finem ut de dictis octo probis viris, prefatus Dominus* Agathensis Episcopus, *seu ejus Curiales, quatuor in Consules Ville predicte pro anno proximo futuro sequenti eligeret, crearet, confirmaret & reciperet, & hoc* [c] *justa formam, continenciam & tenorem compositionis acthenus facte & inhite inter Reverendum in Christo patrem Dominum (d)* Petrum *bone memorie* Episcopum Agathensem *condam, ex parte una, & Consules seu Universitatem Ville antedicte, ex parte altera; quorumquidem octo proborum virorum sic per ipsos Consules nominatorum, ibidem prenominati Consules, nomina & cognomina, dicto Domino Regenti nominaverunt, tradiderunt & presentaverunt, prout in quadam papiri Cedula descripta continetur; quequidem nomina & cognomina subsequuntur:* [d] *de* Cieutat, Peyre Ferran, Jacure Suriginer, Peyre Peiralh, [e] Posset Ayres [f] *jone;* [g] *de* Borc, Bernat Mercadier, Johannet Arruffat, Stephcosset, Raymon Valadier; *quibus quidem nominibus & cognominibus dictorum proborum virorum, sic per dictos Consules dicto Domino Regenti nominatis, presentatis &* [h] *traditis, (e) prefati Consules, prefatus Consul ipsum Dominum Regentem humiliter requisivit, ut in Consules Ville de* Agathe, *prenominatus Dominus Regens, pro anno proximo sequenti & futuro, predictos duos per*

a Je crois que c'est la signature du Secrétaire de l'Evêque, ou de quelqu'autre Officier.

b *corr.* Regente.

c juxta.

d de la Cité.

e *Il est nommé plus bas* Poncyus de Ayres.

f Junior.

g du Bourg.

h cet endroit paroît tronqué.

NOTES.

(b) Justicia.] Justic. Reg. Cet endroit paroît corrompu ou tronqué. Le sens doit être, que l'Evêque veut nommer une personne pour rendre la justice à ses Sujets.

(c) Non subditos.] L'Evêque requiert ceux qui ne sont point ses Sujets, de favoriser l'exécution des Sentences de ce Juge.

(d) Petrum.] On ne peut pas fixer dans quel tems a été fait cet accord, parce qu'il y a eu cinq Evêques d'*Agde*, qui ont porté le nom de Pierre. Le dernier siégeoit vers 1343. Voy. *Gall. Christ. 2.e Edit. Tom. 6. col. 689. n.º XLV.*

(e) Prefati Consules.] Il paroît qu'il y a ici une lacune, & qu'elle est même très-considérable; mais il est aisé de suppléer par la suite de la pièce, du moins une partie de ce qui manque. Il y avoit à *Agde* quatre Consuls, dont deux devoient être Bourgeois de la Cité, & les deux autres Bourgeois du Bourg. Tous les ans, lorsque les Consuls étoient prêts de sortir de Charge, ils présentoient à l'Evêque ou à ses Officiers, huit personnes, Bourgeois de la Cité & du Bourg, & l'Evêque en choisissoit quatre pour être Consuls. En 1394. les deux Consuls de la Cité, & un des Consuls du Bourg, présentérent à l'Evêque huit Bourgeois de la Cité & du Bourg. L'autre Consul du Bourg présenta en son particulier deux autres Bourgeois; & après plusieurs contestations, l'Officier de l'Evêque nomma pour Consuls, deux de ceux qui avoient été présentez par les trois anciens Consuls, & les deux qui avoient été présentez par l'autre Consul. L'endroit qui manque ici, est celui où il étoit dit que le quatrième Consul avoit fait sa présentation; & les raisons sur lesquelles il se fondoit pour se séparer de ses Confrères, y étoient sans doute marquées, avec les réponses qu'ils lui faisoient. Il n'est pas possible de deviner ces raisons & ces réponses.

CHARLES VI. à Paris, en Décembre 1395.

ipsum nominatos & presentatos, ac in Scripto traditos, eligeret, crearet, reciperet & confirmaret, & hoc juxta formam, continenciam & tenorem Composicionis predicte; à quaquidem Composicione, prenominatus Consul dissedere quovismodo non intendit, quinymò in eadem stare & perseverare vult & intendit, prout ibidem dixit; de quibus dictus Consul ibidem presens, [a] *nomina quo supra, petivit & requisivit sibi fieri publicum instrumentum per me Notarium infrasciptum:* [b] *quiquidem nominacioni & presentacioni dictorum duorum proborum virorum, per dictum Consulem factis, prenominati* [c] *Magistro* Stephano Suriguerii, Raymundo Cosseti *&* Petrus Mercaderii, *Consules predicti, non consencierunt, in quantum eis prejudicare posset; & tunc dictus Dominus Regens dixit, & dictis Magistro* Sthephano Suriguerii, Raymundo Cosseti *&* Petro Mercaderii, *Consulibus predictis de* Agathe, *respondit quod cum dictus Magister* Stephanus *&* Raymundus Cosseti *&* Petrus Mercaderii, *in nominacione & presentacione predictis, dixerunt quòd ipsi nolebant deviare à Composicione super hoc facta inter dictum Dominum* Agathensem Episcopum, *& dictam Universitatem de* Agathe, *sed in eadem permanere, & secundùm Composicionem predictam, Consules antiqui tenentur eligere duodecim probos viros, tam de Civitate quàm de Burgo, de quibus dictus* Agathensis Episcopus *consuevit recipere & confirmare sex, & postmodum fuit ordinatum per Dominum nostrum Regem Francie, de voluntate Baronum & Prelatorum in eorum terra, quòd Consules Villarum & locorum diminuerentur, usque ad numerum certum; fueritque expost ordinatum per Dominum* Agathensem Episcopum *& ejus Officiarios, sequendo mandatum Regium, quod non essent à cetero nisi quatuor Consules in Civitate & Burgo* Agathense; *& quod in fine eorum regiminis, ipsi quatuor Consules haberent eligere & nominare octo probos viros, tam de Civitate quàm de Burgo, adeò ut dictus Dominus* Agathensis Episcopus, *seu ejus Curiales, de illis probis electis valeant atque possint, prout est consuetum, recipere & confirmare quatuor, & hoc juxta Composicionem & ordinacionem predictas: ideò, in quantum dicte presentacio & nominacio facte per dictos Magistrum* Stephanum Suriguerii, Raymundum Cosseti *&* Petrum Mercaderii, *deviare possent à contentis in Composicione & ordinacione predictis, eidem presentacioni & nominacioni non consenciebat, ut dixit, nec consensit in quantum posset prejudicare dicto Domino* Agathensi Episcopo *ac juri suo, ymò habuit & habere voluit dicto casu easdem pro non admissas; & nichilominùs protestatus fuit contra dictos Magistrum* Stephanum Suriguerii, Raymundum Cosseti *&* Petrum Mercaderii, *& eorum quemlibet, de pena in dicta Composicione contenta; quibusquidem protestacionibus, dicti Magister* Stephanus Suriguerii, Raymundus Cosseti *&* Petrus Mercaderii, [d] *Consul predicti non consencierunt, in quantum eis prejudicare posset, & presentaverunt & requisierunt, ut supra; & nichilominùs, dictus Dominus Regens eisdem respondit, ac contra ipsos protestatus fuit & aliter egit prout supra, dicens deinde atque respondens prefatus Dominus Regens, prenominato* Imbrato Amdrani *Consuli predicto; videlicet, quòd dictis presentacioni & nominacioni suis per ipsum* Imbertum Andrani, *tanquam Conconsulem de dictis* Petro Baudinelli *&* Raymundo de Aqua, *seniore, supra factis, consenciebat, ut dixit, atque consenciit, ac ipsas recipiebat, ut dixit, atque recepit, in quantum tamen facte fuissent juxta Composicionem & ordinacionem predictas, & alias & aliter, non, prout dixit; & nichilominus predicta omnia facta fuerunt, prout supra. De quibus omnibus & singulis supradictis, dictus Dominus Regens, nomine quo supra, peciit sibi fieri publicum instrumentum per me Notarium infrascriptum. Acta fuerunt hec* Agathe, *& in Domo Episcopali Ville predicte, in presencia & testimonio Domini* Guillelmi Sicardi, *Presbiteri de* Marciliano; *Magistrorum* Johannis Juliani; Poncii Berelle, *Notariorum;* Christophori Faye, *Clerici;* Raymundi Sancti Tiberii, *&* Guillelmi Grazemene, *de* Agathe, *& mei* Raymundi de Aqua, *publici dicti Domini* Agathensis Episcopi, *in tota ejus Terra & Diocesi, Notarii infrascripti; consequenter verò, anno regnante & presidente quibus supra, & die terciâ mensis Februarii, noverint universi & singuli, quòd in Villa predicta de* Agathe, *& in Domo Episcopali antedicta, existens & personaliter constitutus; videlicet, dictus Magister* Johannes de Augeriis, *regens Vicariam temporalem de* Agathe, *&* [e] *Commissarium super hoc per dictum Dominum* Agathensem Episcopum

[a] nomine.
[b] quiḥusquidem.
[c] *corr.* Magistri Stephanus..... Raymundus.
[d] Consules.
[e] Commissarius.

CHARLES VI. à Paris, en Décembre 1395.

specialiter ad infrascripta deputatus, prout de commissione & potestate predictis constat instrumento [a] *inde notam recepto per me Notarium infrascriptum, sub anno & die supradictis, vice & nomine ejusdem Domini* Agathensis Episcopi, *à Villa de* Agathe *ex tunc absentis, de dictis probis viris per ipsos quatuor Consules superiùs nominatos & presentatos, quatuor, tam de Civitate quàm de Burgo, in Consules Ville predicte de* Agathe, *pro anno proximè futuro & sequenti; videlicet, de Civitate,* Poncium * Areys, *juniorem;* Raymundum de Aqua, *seniorem; & de Burgo,* Petrum Baudurelli, *&* Stephanum Offeti, *coram ipso Domino Regente & Commissario, de ipsius Domini Regentis & Commissarii mandato super premissis & deppendenciis ex eisdem, per* Stephanum Brucheti *&* Arnaudum Bigne, *Servientes de* Agathe, *citatos & vocatos, prout premissa dicti Servientes ibidem presentes retulerunt, ipsos personaliter citasse, & in ipsius Domini Regentis & Commissarii personaliter & presencialiter constitutos elegit, recepit, creavit & confirmavit juxta Composicionis supradicte seriem, continenciam & tenorem; & ibidem incontinenti, prenominati* Poncius de Ayres, *junior,* Raymundus de Aqua, *senior,* Petrus Baudurelli *&* Stephanus Offeti, *ibidem presentes, in Consules, modo superiùs specifficato, per dictum Dominum Regentem & Commissarium electi, recepti, creati & noviter confirmati, & coram predicto Domino Regente & Commissario personaliter constituti, hujusmodi Consulatûs ac ejusdem officium, flexis genibus in se gratis suscipientes & acceptantes in forma acthenùs consueta, & in dicta Composicione expressata, & juxta ipsius Composicionis formam, continenciam & tenorem juraverunt ibidem ad Sancta quatuor Dei Euvangelia, ab ipsis & eorum quolibet corporaliter gratis tacta, & hoc coram dicto Domino Regente & Commissario, ac in ejus manibus, hujusmodi Juramentum, nomine & vice ipsius* Agathensis *Episcopi, ut premittitur, à dicta Villa de* Agathe *absentis, recipiente; videlicet, quòd ipsi erunt boni & fideles eidem Domino* Agathensi *Episcopo, & sue* Agathensis *Ecclesie, vitam & personam ipsius pro suis viribus, si opus esset, salvabunt, & jura dicte Ecclesie suo posse conservabunt & deffendent, & quòd in officio dicti Consulatûs, benè & fideliter se habebunt, Universitatis negocia ac utilia procurando, & inutilia pro viribus evitando; quodquidem Juramentum prefatus Dominus Regens & Commissarius, nomine & vice ipsius* Agathensis Episcopi, *à prenominatis* Poncio de Areys, Raymundo de Aqua, Petro Baudurelli *&* Stephano Offeti, *Consulibus noviter pro anno proximè futuro & veniente, electis, creatis, receptis & confirmatis, recepit, & ipsos Consules ad premissa admisit secundùm formam & tenorem Composicionis supradicte, & prout in eadem continetur; de quibus omnibus & singulis supradictis, dictus Dominus Regens & Commissarius mandavit & prenominati Consules ibidem presentes pecierunt & requisierunt dictis partibus, quibus supra nominibus, fieri unum vel plura publica instrumenta per me Notarium infrascriptum. Acta fuerunt hec* Agathe, *& in Domo Episcopali supradicta, in presencia & testimonio discretorum virorum Magistrorum* Johannis de Moreto, Johannis Juliani, *Notariorum, Domini* Guillelmi Sicardi, *presbiteri* [b] *habitantis de* Agathe, *&* Guillelmi Matfredi, *loci de* Marciliano, *& mei Domini* Raymundi de Aqua *publici auctoritate dicti Domini* Agathensis Episcopi, *in tota ejus Terra & Diocesi Notarii, qui de predictis requisitus, hoc presens instrumentum in notam recepi, scripsi, signoque meo consueto signavi in testimonium omnium premissorum.* R. [c] DEQUA.

a in notam.

* Il est nommé plus haut Ayres.

b Il y a dans le Regist. hit. avec deux marques d'abréviation.

c corr. DE AQUA.

Ipsi inquam Consules, nomine eorum proprio, singularum & tocius Universitatis dicti loci de Agathe, *eidem Domino Magistro Forestarum & Aquarum asseruerunt & verbo proposuerunt, quod in ripparia sive flumine* [d] Erautis [e] *labentis circa menia Civitatis & loci de* Agathe, *loci insignioris aliorum locorum Vicarie* Bitterris, *demptâ Civitate* Bitterris, *per quam semper & antiquitùs, plures navigantes per mare, tam regnicole Regni Francie, Regnorum* Aragonie, Provincie, [f] Janue, *& aliorum diversorum locorum Christianitatis, assueverunt cum diversis fustis marinis, & aliis diversi generis, quamplurimas merces, res, bona, victualia, & alia mercimonia, per flumen* [g] *predictam* Eraudi, *ascendendo apud dictum locum de* Agathe, *adportare & aducere, & fuerint assueti; & deinde, à dicto loco de* Agathe, *in diversis locis Vicarie* Bitterris, *& alibi, in* Lingua

d l'Eraud. Voy. ci-dessus, p. 27. Note (a).

e labent. Reg.

f Génes.

g predictum.

Occitana, *magnum commodum Domino noſtro Regi, navigantibus & Reipublice afferentes; & a pauco tempore citra, &c.*

Quas quidem Litteras ſupraſcriptas, ac omnia & ſingula in eis contenta, ſi & in quantùm ritè & juſtè acta fuerunt, & in rem tranſierunt judicatam, rata habentes & grata, eas & ea volumus, ratifficamus, laudamus & approbamus, tenoreque preſencium, de noſtris auctoritate Regia & gracia ſpeciali confirmamus: mandantes inſuper Seneſcallo Carcaſſone, *Magiſtris Aquarum & Foreſtarum noſtrarum* Lingue Occitane, *ceteriſque Juſticiariis & Officiariis noſtris in dicta* Lingua Occitana, *preſentibus pariter & futuris, vel Locatenentibus eorumdem, quatenùs Univerſitatem & ſingulares Ville* Agathenſis, *in dictis Litteris nominatos, & omnes alios, tam preſentes quàm futuros, quorum intererit aut poterit in futurum intereſſe, dictis graciâ & confirmacione noſtris uti & gaudere pacificè faciant & permittant; facta ſecùs in contrarium, ſique ſint, ad ſtatum priſtinum & debitum reducentes ſeu reduci facientes indilatè. Quod ut firmum & ſtabile permaneat nunc & ſemper perpetuis temporibus in futurum, noſtrum preſentibus Litteris juſſimus apponi Sigillum: noſtro & alieno in omnibus jure ſalvo.* Datum *Pariſ.* menſe Decembris, anno Domini milleſimo CCC.° nonageſimo quinto; & Regni noſtri, ſexto decimo. *Per Regem, ad relacionem Conſilii.* MERCIER.

Collacio facta eſt cum Litteris originalibus.

CHARLES VI. à Paris, en Décembre 1395.

(a) Mandement qui porte qu'Arnoulet Bracque, quoique Changeur, pourra être reçu Maître-Particulier de la Monnoie d'Or de Paris.

CHARLES VI. à Paris, le 11. de Janvier 1395.

CHARLES par la grace de Dieu Roy de France. A noz amez & féaulx les Généraulx-Maiſtres de noz Monnoyes: Salut & dilection. Il eſt venu à notre congnoiſſance que *Arnoulet Bracque* Changeur ſur le Pont de Paris, vous a offert prandre & encherir noſtre Monnoye d'Or de *Paris,* [a] parmy ce qu'il peuſt faire & exercer fait de Change; toutesvoës ſoubz umbre de certaine Ordonnance pieça faicte & introduicte, ſi comme l'en dit, à la faveur des Marchans & Changeurs fréquentans noz Monnoyes, pour cauſe du prouffilt qu'ilz prenoient à cauſe des grans ouvraiges que l'en faiſoit lors en noſdictes Monnoyes, vous reffuſez recevoir l'enchére dudit *Arnoullet;* en quoy Nous pourrions avoir grant dommaige, s'il n'y étoit pourveu. Pourquoy Nous actandu ce que dit eſt, & le petit ouvraige qui eſt à préſent en noſdictes Monnoyes, vous mandons que l'enchiere dudit *Arnoulet,* & d'autres perſonnes qui vouldront encherir tant noſtre dicte Monnoye de *Paris,* comme les autres Monnoyes de noſtre Royaume, vous recevez tout ainſi & par la maniere que vous verrez qu'il apartiendra à faire pour noſtre prouffilt; nonobſtant Ordonnances, Mandemens ou deffenſes à ce contraires. *Donné à* Paris, *le XIe jour de Janvier, l'an mil III.^c IIII.^{xx} & quinze; & de noſtre Regne, le XVIe* Par le Roy, à la relacion du Conſeil. J. BERTAULT.

[a] moyennant.

NOTE.

(a) Regiſtre *E.* de la Cour des Monnoies de *Paris, fol.°* 6 vingt 9. *verſo.* [129.]

Avant ces Lettres, il y a: *Mandement du Roy pour tenir Change à ung Maiſtre-Particulier.*

(b) Mandement pour faire fabriquer de petits Deniers Pariſis, & pour fixer le prix de l'Argent.

CHARLES VI. à Paris, le 12. de Janvier 1395.

CHARLES par la grace de Dieu Roy de France. A noz amez & féaulx les Généraulx-Maiſtres de noz Monnoyes: Salut & dilection. Pour ce que Nous avons entendu que à préſent il eſt très-grant néceſſité & deffault entre noſtre peuple

NOTE.

(b) Regiſtre *E.* de la Cour des Monnoyes de *Paris, folio* 6 vingt 10. *recto.* [130.]

Avant ces Lettres, il y a: *Mandement pour ouvrer III.^c Marcs d'Argent, pour l'Aumoſne du Roy.*

CHARLES VI. à Paris, le 12. de Janvier 1395.

a *a cent quatre-vingt pièces au Marc.*

de petite Monnoye noire, tant pour faire Aumosne comme autrement, Nous avons ordonné que en nostre Monnoye de *Paris,* soient faictz, ouvrez & monnoyez jusques à la somme de III.^c Marcs d'Argent pour faire Petiz Deniers Parisis, sur la forme & aussi de la Loy & poix de ceulx qui courent à présent pour ung Denier Parisis la Piece, à ung Denier seize grains de Loy, Argent-le-Roy, & [a] de XV. Sols de poix au Marc de *Paris,* pour délivrer à nostre Aumosnier, & non à autre, pour convertir en nostre Aumosne. Si vous mandons que ladicte somme de III.^c Marcs d'Argent ou environ, vous faites ouvrer & monnoyer à une fois ou à plusieurs, par la maniere que dit est; en donnant aux Changeurs & Marchans pour chacun Marc d'Argent monnoyé à ladicte Loy, VI. Livres II. Sols VI. Deniers Tournois; & par rapportant ces Présentes & recongnoissance sur ce, Nous mandons à nos amez & féaulx Gens de noz Comptes à *Paris,* qu'ilz passent & allouent ledit pris ès comptes de celui ou de ceulx à qui il apartiendra; nonobstant quelzconques Ordonnances, Mandemens ou deffenses à ce contraires. *Donné à* Paris, *le XII.^c jour de Janvier, l'an de grace mil III.^c IIII.^{xx} & quinze; & de nostre Regne, le XVIe* Par le Roy, à la relacion du Conseil. J. BERTAULT.

CHARLES VI. à Paris, le 15. de Janvier 1395.

(a) Lettres qui ordonnent aux Sénéchaux du Languedoc, de faire payer aux Juifs qui y demeurent, ce qui leur est dû, avant que ceux-ci soient obligez de sortir du Royaume, en exécution des ordres du Roy.

CHARLES par la grace de Dieu Roy de France. Aux Sénéchaux de *Toulouse, Carcassonne* & *Beaucaire,* ou à leurs Lieuxtenans: Salut. Comme ja piéça pour certaines causes que à ce Nous meurent, Nous eussions ordonné tous les Juifs & Juifves, avec leurs biens & debtes, partir, vuidier hors de nostre Royaume; & pour ce faire, & aussi pour lever & cueillir [b] leurs debtes, leur eussions donné certain temps dedens lequel, pour la briefté d'iceluy, ils n'ont peu cueillir ne lever toutes leurs dittes debtes, & par ainsy ne pourroient contenter ni satisfaire plusieurs leurs créanciers ausquels ils sont tenus & obligiés en plusieurs & grosses sommes de deniers, tant à Nous, à nostre très-chier & amé Cousin *Philipe de Bar* auquel est deue la somme de dix mille Francs, à prendre sur les debtes deues aux dis Juifs en notre pays de *Languedoc,* comme à plusieurs autres créanciers, se ils n'avoient nostre congié & licence de lever & cueillir icelles leurs debtes. Pour quoy Nous desirans l'avancement du payement de laditte somme deue, comme dit est, à nostredit Cousin, à iceulx Juifs, à la requeste & pour contemplation de nostredit Cousin, avons donné & octroyé, donnons & octroyons de [c] gré spécial par ces Présentes, congié & licence qu'ils puissent faire lever & cueillir leurs dessus dittes dettes, & aussi vendre & aliener leurs biens, terres, maisons, possessions & héritaiges, s'aucuns en ont en nostredit pays de *Languedoc,* & en prendre & avoir tel prouffit comme ils en pourront avoir pour une fois; sauf & réservé le droit des Seigneurs soubs qui lesdittes terres, héritaiges & possessions seront situés & assises; & pour icelles debtes plus seurement lever & cueillir, & pour administrer droit & raison aux Parties, se débat ou contredit y chiée, à la requeste de nostre dit Cousin & d'iceulx Juifs, avons commis & ordenné vous dis Sénéchaux, chacun en sa Sénéchaucie, ou vos Lieuxtenens, & vous mandons & comettons par ces Présentes, & à chacun de vous, en sa Sénéschaucie, que toutes les debtes que par tesmoings, instruments, confession de Partie, ou autres loyaux enseignemens, vous apparront estre deues aux dis Juifs en nostre pays de *Languedoc,* tantost & sans délay leur faites payer, ou à leur certain commandement, en faisant contraindre à ce les debteurs par toutes voyes deues & raisonnables, & ainsi qu'il est

b *ce qui leur est dû.*

c peut-être *grace.*

NOTE.

(a) Ces Lettres ont été envoyées de *Montpellier* avec cette Indication : *Sénéchaussée de* Toulouse *en général, Arm. C. 5.e liasse des titres ramassez, n.º 4. fol.^o 49. & 50.*

accoustumé

accoustumé à faire en tel cas; & en cas d'opposition, nostre main [a] suisisemment garnie des sommes contenues ez Lettres obligatoires faites soubs Sceaulx Royaulx, faites adjourner les opposans pardevant vous, chascun en vostre Siege, à certain & compétant jour, ou à certains & compétans jours, pour dire les causes de leur opposition, procéder & aller avant en oultre, comme il appartiendra, en faisant aux Parties, icelles oyes en leurs raisons, sommierement & de plain, bon & brief droit: car ainsi le volons Nous être fait, nonobstant quelsconques [b] de gré de Nous empétrées ou à empétrer par lesdis debteurs, sur le respit & dilation de leurs dittes debtes payer à quelsconques leurs créanciers, & auxquelles ils auront renoncié par foy & Serement, & desquels foy & Serement ils n'auront eu dispensation de leurs Prélas; & en oultre, vous mandons & commettons, & à chacun de vous, en sadittе Séneschaucie, que ez Villes & lieux notables d'icelle, & où il appartiendra & [c] mestier sera, faites publier & crier de par Nous à voix de trompe, ou autrement, que se aucuns de quelque estat ou condition qu'ils soyent, ont, détyennent, recellent ou occupent aucuns des biens, Lettres obligatoires, ou autres choses appartenans aux dis Juifs, que dedens certain terme, les apportent ou envoyent devers vous, pour rendre & restituer aux dis Juifs, ou [d] à ler certain commandement, & sur certaines & grosses peines à Nous appliquer, & lesquelles Nous voulons estre déclarées contre tous ceulx qui feront le contraire, & levées à nostre prouffit; & aussi voulons que tous les Tabellions & Notaires publiques qui auront receu pour lesdis Juifs, Lettres & obligations, vous & chascun de vous, en vostre ditte Séneschaucie, [e] puissé contraindre ainsi qu'il appartiendra par raison, à [f] grosser lesdittes Lettres, & mette en forme deue, ou cas que icelles debtes ne seront de cel temps par quoy de raison elles devroient estre expirées, ou que les Parties en auroient bonnement satisfais & contentés les dis Juifs; & se aucuns de nos Officiers, Receveurs, ou autres, avoient aucuns de leurs biens saisis, vendus ou arrestés, & aucunnes de leurs debtes fait exécutter soubs umbre d'aucuns [g] Fouayges, Tailles, ou autres debtes deues à Nous, ou à aucuns autres, vous & chascun de vous, les puissiés contraindre ou faire contraindre à rendre bon & loyal compte [h] davant vous, aux dis Juifs, ou à ceulx qui de part eulx seront sur ce commis & ordennés, en administrant aux Parties bon & brief accomplissement de Justice; & ou cas que vous ou aucuns de vous, ne pourriés bonnement vacquer & entendre aux choses dessus dittes, leurs circomstances & dépendances, Nous voulons & vous mandons, que vous & chascun de vous, se mestier est, en vostre Séneschaucie, comettés bonnes & souffisans personnes, sur toutes & chacunnes les choses dessus dittes, leurs circomstances & dépendances: mandons & commandons à tous nos [i] tres Justiciers & Officiers & subgies, que à chacun de vous en sa Seneschaucie, & à [k] vous commis & députés sur ce, obéissent & entendent diligentmant, & donnent conseil, confort & ayde, se mestier est, & requis en sont: ces Présentes après un an non valables. *Donné à* Paris, *le XV.e jour de Janvier, l'an de grace mil CCC. IIII.xx XV. & de nostre Regne le XVI.e*

CHARLES VI. à Paris, le 15. de Janvier 1395.

[a] *suffisamment.*

[b] *cet endroit paroît corrompu.*

[c] *besoin.*

[d] app. *à leur.*

[e] *puissiez.*

[f] *grossoier: mettre en grosse . . . . & mettre en forme.*

[g] *Impositions par Feux.*

[h] *devant.*

[i] app. *autres.*

[k] app. *vos.*

CHARLES VI. à Paris, en Janvier 1395.

(a) Confirmation en faveur des Hôtes des lieux nommez *de Buzeio & de Foresto*, des Priviléges qui leur avoient été accordez à l'*instar* de ceux dont jouissoient les Hôtes qui habitoient dans le Marché-neuf d'Etampes.

KAROLUS, &c. Notum fieri volumus universis presentibus & futuris, Nos inclite recordacionis Ludovici quondam Francorum Regis, predecessoris nostri, vidisse Litteras; formam que sequitur, continentes.

NOTE.

(a) Trésor des Chartres, Registre 149. Pièce XXIV. [24.]

Les Lettres confirmées par Charles VI. paroissent corrompues, & sont certainement tronquées: car il y manque la fin qui contenoit la date; en sorte qu'on ne peut sçavoir quel est le Roy Louis qui les a données. Il y a grande apparence que c'est *Louis VI.* qui accorda plusieurs Priviléges aux habitans d'*Etampes*, comme on peut le voir dans l'histoire de cette Ville par le *P. Fleureau.* Voy. page suivante Note *(d)*.

CHARLES VI.
à Paris, en Janvier 1395.

In Christi nomine. Ludovicus Dei gracia Francorum Rex. Omnibus fidelibus tam futuris quàm presentibus, notum fieri volumus quòd concessimus & confirmavimus ut omnes qui apud Stampas *in (b) Foro novo mansuras acceperunt vel accepturi sunt ab imminenti die Pentecostes in antea, nullius (c) calumpnie respondeant, neque pro aliquo Preposito quod masuris suis in causam veniant. Illam verò (d) paccionem quam* Stampensibus *concessimus, illam eandem* [a] *Hospitibus de (e)* Buzcio *& de* Foresto *confirmamvius.*

a Hôtes. *Voy. les Tabl. des Mat. des Vol. de ce Rec. à ce mot.*

Quas quidem Litteras prescriptas, omniaque & singula in eisdem contenta, quathenùs Hospites de Buxeio *& de* Foresto, *eisdem & contentis in ipsis, debitè usi sunt, ratas & gratas habentes, eas volumus, laudamus, approbamus, & tenore presencium de speciali gracia confirmamus. Quod ut firmum & stabile perpetuò perseveret, nostrum presentibus Litteris jussimus apponi Sigillum: nostro in reliquis, & alieno in omnibus jure salvo.* Datum *Paris.* mense Januarii, anno Domini millesimo trecentesimo nonagesimo quinto; Regnique nostri, sexto decimo.

Per Regem, ad relacionem Consilii. FRERON.

NOTES.

(b) Foro novo.] Il paroît par la page 94. de l'histoire d'*Etampes* par le P. *Fleureau*, que ce Marché-neuf se nomme présentement le Marché de Saint Gilles.

(c) Calumpnie.] Suivant le Glossaire de *Du Cange*, au mot *Calumpnia* 1. il signifie un procès. Cet endroit paroît corrompu. Je crois qu'il peut signifier que les habitans de ce Marché, ne pourront être ajournez que devant le *Prevôt* d'*Etampes*.

(d) Paccionem.] Le privilége dont il est parlé ici, est peut-être celui que *Louis VI.* donna en 1123. aux Hôtes qui viendroient s'établir dans le Marché-neuf d'*Etampes*, & que le *P. Fleureau* a fait imprimer à la page 95. de son histoire. Ces mots *paccionem illam*, ne se rapportent peut-être aussi qu'au Privilége qui les précèdent dans les Lettres confirmées par Charles VI.

(e) Buzeio.] Le *P. Fleureau* a donné *ibid.* p. 31. un dénombrement de tous les lieux qui dépendent du *Bailliage* d'*Etampes*; on y trouve p. 41. *la Forêt-le-Roy*, lieu qui releve du Château d'*Etampes*. C'est peut-être le *Foresto* dont il est parlé ici. Il n'y a dans ce dénombrement aucun lieu dont le nom approche de celui de *Buzeium* ou *Buxeium*.

CHARLES VI.
à Paris, en Janvier 1395.

(f) Confirmation des Priviléges accordez aux habitans du lieu nommé *Sonchalo.*

Karolus, &c. Notum fieri volumus universis presentibus & futuris, Nos inclite recordacionis Ludovici quondam Francorum Regis, predecessoris nostri, vidisse Litteras; formam que sequitur, continentes.

In nomine Sancte & individue Trinitatis. Amen.

Ludovicus Dei gracia Francorum Rex. Notum fieri volumus tam futuris quàm presentibus, quòd Excambium quoddam factum fuit inter (g) Adelam Reginam, *& Canonicos* [b] *Sancti Aniani* Aurelianensis; *ita quòd Regina à predictis Canonicis impetravit Villam que vocatur (h)* Sonchalo; *Regina verò hominibus in Villa* Sonchalo

b S. Aignan.

NOTES.

(f) Trésor des Thartres, Registre 149. Pièce XXXVIII. [38.]

(g) Adelam Reginam.] *Adelaïs* fille de *Humbert II. Comte de Maurienne* & de *Savoye*, femme de *Louis le Gros*, & mere de *Louis le Jeune* qui a donné ces Lettres. Elle épousa en secondes nôces *Mathieu I. de Montmorency*, & elle mourut en 1154. Voy. l'hist. Généalog. de la Maison de France, T. 1. p. 75.

(h) Sonchalo.] *Hubert* a fait imprimer à la page 83. des Preuves du livre intitulé: *Antiquités historiques de l'Eglise de Saint Aignan d'Orléans*, des Lettres de la Reine *Adelaïs*, datées de l'an 1174. dans lesquelles il est fait mention de l'échange qu'*Adelaïs* fit avec le Chapitre de Saint Aignan, du lieu nommé *Sunchalo in pago Stempensi*. A la suite de ces Lettres, se trouvent celles de *Louis le Gros*, datées aussi de l'an 1174. par lesquelles il confirme l'échange de *Sunchalo in pago Stampensi*, fait par *Adela* sa femme.

Les dates de ces deux Lettres sont certainement fausses: car *Louis le Gros* mourut en 1137. & *Adelaïs* en 1154. comme on l'a dit

CHARLES VI.
à Paris, en Janvier 1395.

manentibus & imposterùm mansuris, nisi homines ejus vel nostri fuerint [a] *de corpore, concessit Libertatem & (i) Consuetudines* Loriaci; *hoc tamen excepto quòd singulis annis quinque Solidos singuli eorum pro* [b] *masura sua persolvent; exceptis eciam forefactis* [c] *mesleiarum. Nos autem Libertatem ipsam benignè concessimus, eâ condicione quòd nullatheriùs liceat Regine in prefata Villa* Sonchalo, *(k) retinere liberum, servum vel ancillam, vel hominem aliquem de Dominio nostro, & de Dominio successorum nostrorum Regum Francie. Quod ut perpetuum obtineat vigorem, scripto commendari, & Sigilli nostri auctoritate precepimus confirmari.* Actum *Paris.* anno Incarnati Verbi millesimo centesimo LXX. quinto: *Astantibus in Palacio nostro, quorum nomina supposita sunt & signa. Signum* Comitis Theobaldi *Dapiferi nostri. Signum* Mathei *Camerarii. Signum* Guidonis *Buticularii. Signum* Radulphi *Constabularii. Vacante Cancellaria.*

[a] hommes de corps: espèce de Serfs.
[b] maison.
[c] querelles.

Quas quidem Litteras prescriptas, omniaque & singula in eisdem contenta, ratas & gratas seu rata & grata habentes, eas & ea volumus, laudamus, approbamus, & tenore Presencium, quatheniùs homines Ville Sonchalo *eisdem & contentis in ipsis usi sunt, de speciali gracia confirmamus. Quod ut perpetuùm & stabile perpetuò perseveret, nostrum Presentibus jussimus apponi Sigillum: nostro in reliquis, & alieno in omnibus jure salvo.* Datum *Paris.* mense Januarii, anno Domini millesimo CCC.° nonagesimo quinto; & Regni nostri, sexto decimo.

Per Regem, ad relacionem Consilii. FRERON.

NOTES.

dans la Note *(g)*; & *Du Chesne*, à la page 104. de l'histoire Généalogique de la *Maison de Montmorency*, dit aussi que cette Reine mourut en 1174.

A l'égard de *Sonchalo*, dans le dénombrement des lieux dépendans du *Bailliage d'Etampes*, que le *P. Fleureau* a inséré dans l'histoire de cette Ville, on trouve à la page 42. *Challou Saint Mard*, & à la page 46. *Chaillou la Reine.* Il y a grande apparence que ce dernier lieu est celui dont il est parlé dans ces Lettres.

(i) Consuetudines Loriaci.] Les Coûtumes de *Lorris en Gâtinois.* Voy. sur ces Coûtumes le 4.e Vol. de ce Rec. p. 73. & Note *(a)*.

(k) Retinere liberum.] C'est-à-dire, de mettre en possession de la liberté, les serfs & les serves du Roy, en leur permettant de demeurer dans *Sonchalo*.

CHARLES VI.
à Paris, en Janvier 1395.
PHILIPPE Comte de Valois Régent le Royaume, à Paris, en Mars 1327.
PHILIPPE de Valois, à Paris, en Mars 1330.

(a) Confirmation des Priviléges accordez aux habitans de Lautrec.

SOMMAIRES.

(1) Amauri, Pierre & Isarn, & les autres Vicomtes de Lautrec, ont accordé aux habitans de ce lieu, le privilége d'élire des Consuls & des Conseillers, & de s'assembler pour cette élection & pour leurs affaires communes, sans la permission & en l'absence des Vicomtes.

NOTES.

(a) Trésor des Chartres, Registre 149. Pièce LI. [51.]

Pour bien entendre cette Pièce, il faut connoître la généalogie des anciens Vicomtes de *Lautrec.* On en trouve une Table fort exacte à la page 531. du 4.e Volume de l'Histoire du *Languedoc*, par *D. Vaissette.*

Il résulte de cette Table, de ce qu'on lit à la page 20. de cette histoire, & de différens endroits de cette Pièce, que *Bertrand I.* & *Sicard VI.* frères qui vivoient vers le milieu du 13.e siécle, possédoient par indivis la Vicomté de *Lautrec.*

Bertrand I. eut un fils nommé *Sicard VII.* & celui-ci eut pour fils *Bertrand III.* à qui en 1287. il donna la moitié de la Vicomté de *Lautrec*, qui lui appartenoit.

Sicard VI. eut quatre enfans, *Pierre*, mort en 1267. *Isarn*, mort vers 1275. *Bertrand II.* qui vivoit encore en 1290. & *Almaric* qui en 1301. étoit mort.

Sicard VII. & son fils *Bertrand III.* furent propriétaires de la moitié de la Vicomté de *Lautrec.* L'autre moitié appartenoit aux quatre enfans de *Sicard VI.* qui possédoient chacun un quart de cette moitié.

Il est dit dans l'article premier de cette Pièce, que *Almaric, Pierre & Isarn*, & les autres Vicomtes de *Lautrec*, accordèrent le Consulat aux habitans de ce lieu. Cette concession doit avoir précédé l'année 1267. puisque ce fut celle de la mort de *Pierre.*

Le 17. d'Avril 1273. *Sicard VII.* & *Isarn* & *Almaric* ses Cousins Germains, accordèrent des Priviléges aux habitans de *Lautrec.* L'acte de cette concession est inséré dans cette Pièce.

(2. 23.) Un criminel ne pourra point être appliqué à la Question, qu'en la présence de quatre Consuls, ou de deux Syndics, s'il n'y a point de Consuls, & sans le consentement de ces Consuls ou de ces Syndics.

Il fut réglé dans la suite, qu'il n'y auroit que deux Consuls qui assisteroient aux Questions.

(3. 24.) Ceux qui seront en prison à Lautrec, par l'ordonnance de la Cour de Justice, ne pourront être transférez dans les autres prisons des Vicomtes.

Il fut réglé dans la suite, que ceux qui auroient été mis en prison à Lautrec, pour des crimes qu'ils auroient commis dans ce lieu ou dans son territoire, ne pourroient être transférez dans d'autres prisons, si ce n'étoit dans les cas de Ressort & de Souveraineté.

(4) Les Gens d'Eglise qui seront arrêtez par l'ordonnance de la Cour, seront remis à l'Evêque, pour ne pas donner lieu à l'Interdit Ecclésiastique.

(5) Les Vicomtes ont donné aux Consuls qui sortiront de Charge, le privilége de nommer pour leur succéder, les personnes qu'ils jugeront à propos, & même des Nobles; & ils ont promis de confirmer les nouveaux Consuls, lorsqu'ils leur seront présentez par ceux qui les auront élus.

(6) Les habitans de Lautrec auront les mêmes Priviléges que ceux dont jouissent ceux d'Albi.

L'intention des Vicomtes n'est point de déroger en aucune manière aux anciens Priviléges des habitans de Lautrec, qu'ils confirment même de nouveau.

(7. 8. 9.) Les Consuls, & s'il n'y en a point, les Syndics, auront la connoissance de tout ce qui regarde les faux poids & les fausses mesures; des rues de Lautrec, & des chemins qui sont dans son territoire. Ils auront l'inspection sur les Bouchers, & ils connoîtront des comptes que ceux-ci doivent rendre des viandes qu'ils sont chargez de vendre, sous la condition d'en rendre compte.

(10) Les Vicomtes de Lautrec, à l'exception de Bertrand, aux droits duquel est le Roy, ont fait une donation entre vifs aux habitans de ce lieu, de tout le droit qu'ils avoient sur le Fort *de Lautrec & sur les autres* Fort *qui font partie de cette Vicomté, à l'exception de ceux qui appartenoient à Bertrand en particulier. En conséquence de cette donation, les Consuls ou les Syndics ont le droit de nommer les* Forestiers, *de les déposséder, & de connoître de leur conduite dans l'exercice de leurs Charges.*

(11. 25.) Pierre & Isarn Vicomtes de Lautrec, ont donné aux habitans la permission de

NOTE.

Il y est dit dans l'article 10. que les *dessusdits* Vicomtes de *Lautrec*, à l'exception de *Bertrand III*, ont fait une donation entre vifs, aux habitans de ce lieu, de tous les droits qu'ils avoient sur les Forts de *Lautrec*, & de son territoire. Ces droits ne sont point expliquez dans l'article, & il n'est pas possible de fixer en quoi ils consistoient; mais il est certain que ces Vicomtes conservèrent la justice dans *Lautrec*: car dans l'article 13. des Lettres des Réformateurs, insérées dans cette Pièce, & qui sont du 5. de Novembre 1327. il est parlé des Baillis des Vicomtes de *Lautrec*. Il y est aussi fait mention des droits qui appartenoient à ceux-ci.

On vient de voir que *Bertrand [III.]* n'eut point de part à cette donation: il en faut conclurre qu'elle n'a point été faite avant l'année 1287. puisque ce fut dans cette année que son père lui donna sa part dans la Vicomté de *Lautrec*. Cette donation ne peut pas être postérieure à l'année 1305. puisque, comme on va le dire un peu plus bas, le 25. de Janvier de cette année *Bertrand [III.]* céda à *Philippe-le-Bel*, la moitié de la Vicomté de *Lautrec*.

Les Vicomtes de *Lautrec* qui firent cette donation, étoient ou les enfans de *Sicard VI.* dont *Amauri* qui survécut tous ses freres, n'étoit plus en vie en 1301. ou les enfans de ceux-ci.

En 1305. *Philippe-le-Bel* acquit par un échange fait avec *Bertrand [III.]* à qui il donna le Comté de *Carmain* ou *Carraman*, la moitié de la Vicomté de *Lautrec*. Voici l'extrait de ces Lettres d'échange, tel qu'il est dans l'inventaire du Trésor des Chartres, Layette, *Lautrec n.° 2*. « Echange fait avec le Roy & *Bertrand Vicomte de Lautrec*, fils & héritier de « *Sicard* Vicomte dudit lieu, par lequel ledit « Vicomte baille au Roy, tout le droit qu'il « a ou peut avoir au Château, Ville, Comté « & Baronnie de *Lautrec*, appartenances & dé- « pendances, justice, ... « & le Village de *Saint Jullian de Molaires*, « de *Ganubrio*, & plusieurs autres Villages qui « dépendent de ladite Baronnie de *Lautrec*, & « la moitié par indivis de plusieurs Villages y « dénommez, que tient & possède ledit Vi- « comte *in Villa, & capite seu fortalitio Castri* « *de Lautreco, & locis aliis supradictis & alibi* « *ubique infra Vicecomitatum & Baroniam Castri* « *de Lautreco, &c.* »

Cet extrait se trouve à peu près dans les mêmes termes, dans le Traité des droits du Roy, par *Dupuy*, p. 860.

Dans l'histoire du *Languedoc*, p. 134. cet échange est daté du 25. de Janvier 1305.

A l'égard des autres portions de la Vicomté de *Lautrec*, elles passèrent aux descendans des enfans de *Sicard VI.* qui les ont aliénées en différens tems. On trouve, par exemple, dans la Table généalogique des Vicomtes de *Lautrec*, citée ci-dessus, qu'en 1670. une de ces portions fut vendue au Marquis d'*Ambres*.

Cette Pièce est défigurée par un nombre infini de fautes de Copistes, & il paroît même que le texte est tronqué en plus d'un endroit. On a corrigé la plus grande partie de ces endroits défectueux; mais on ne peut pas s'assûrer de les avoir corrigé tous.

Il y a dans cette Pièce plusieurs noms de personnes répétez, qui ne sont pas toûjours écrits de la même manière.

CHARLES VI. à Paris, en Janvier 1395.

bâtir des maisons communes, une Halle & une Boucherie; & ils ont consenti que les Proclamations publiques se fissent en leur nom & en celui des Consuls.

Il fut réglé dans la suite, qu'on ne feroit point mention des Vicomtes & des Consuls, dans les Proclamations qui se feroient au nom du Roy, & qui le regarderoient seul.

(12) Le Vicomté de Lautrec jouira, conformément aux concessions qui lui ont été faites par les Vicomtes, du droit de faire un corps, & d'avoir un Consulat & un Conseil.

(13) On élira tous les ans six Consuls ou plus, dont la moitié sera de la Ville de Lautrec, & l'autre moitié des Forts qui en dépendent. Les Nobles, s'ils y consentent, pourront être Consuls. Tous les habitans, sans distinction, pourront être élus Consuls. Ceux qui sortiront de Charge, ne pourront être élus Consuls, que trois ans après. On ne pourra donner sa voix pour le Consulat, à son père, à son beau-père, à son fils, à son gendre, ni à son frère. Le Consulat relevera du Roy. Il sera sous la Sauvegarde Royale, & le Sénéchal de Carcassonne lui nommera un Gardien. Les nouveaux Consuls, quatre jours après leur élection, prêteront Serment entre les mains du Bailli Royal de Lautrec, & dans celles d'un des Baillis du Vicomte, de défendre les droits du Roy, des Vicomtes & du Consulat; & ils pourront défendre ces derniers, même contre les Officiers du Roy & des Vicomtes. Ces quatre jours passez, les nouveaux Consuls entreront en fonction, après avoir prêté Serment entre les mains de ceux auxquels ils ont succédé.

On conviendra avec les Nobles, de la part pour laquelle ils contribueront dans les dépenses communes.

(14) Les habitans de Lautrec payeront la moitié des sommes qui seront levées pour les dépenses communes, & ceux des Forts payeront l'autre moitié. Chaque habitant contribuera au Sol la Livre, à proportion de ses biens. L'Imposition & la recette de ces deniers, se feront par les Consuls. Tous ceux qui auront des terres dans le Territoire de Lautrec, contribueront à ces Impositions.

Les Consuls pourront s'obliger au nom du corps des habitans, à payer au Roy des Impôts, ou à lui faire des dons, & engager même à cet effet, les biens communs des habitans: mais ils ne pourront payer de Subside, ni faire des dons à nulle autre personne, même à ceux qui seroient Seigneurs de Lautrec, sans le consentement des habitans.

(15) Les Consuls pourront acheter une maison commune, ou une place pour en bâtir une, dans les terreins qu'ils tiennent du Roy, en Fief, en Censive, ou en Franc-Alleu, soit médiatement ou immédiatement.

(16) Les Consuls pourront acheter des terres dans les Fiefs appartenans à l'Église, ou dans ceux qui en relèvent, & acquerir les droits que celle de Notre-Dame de Montgauzi lève dans le Marché de Lautrec & qui n'excédent point la somme de cinquante Sols.

(17) Les Consuls pourront avoir un Messager, dont les fonctions se borneront à avertir les Consuls, les Conseillers & les habitans de se trouver aux assemblées; & la Cour de Lautrec nommera, à la requisition des Consuls, des Sergens pour faire les exploits nécessaires dans les affaires communes du corps des habitans.

(18) Les Sergens se contenteront des salaires fixez par les Ordonnances Royaux, ou par les Réglemens du Sénéchal de Carcassonne. Les Sergens & les Forestiers donneront, en présence des Consuls, des cautions pour la sûreté des dommages & intérêts auxquels ils pourront être condamnez par rapport à leurs fonctions; & ces cautionnemens seront inscrits dans les Registres du Consulat.

(19) Le Juge de Lautrec pourra, à la requisition des Consuls, interdire l'administration de leurs biens, à ceux qui les gouverneront mal & les dissiperont, & leur nommer un Curateur.

(20) On pourra changer les chemins qui partent de Lautrec pour aller en différens endroits [qui sont nommez,] si ce changement se peut faire sans porter préjudice au Roy ou à quelque autre personne.

(21) S'il est prouvé qu'avant que le Consulat de Lautrec eût été mis dans la main du Roy, le lieu nommé Moleyres étoit du district du Consulat, quoique depuis il en ait été séparé, il y sera réuni.

(22) Les habitans de Lautrec, en reconnoissance des Priviléges qui leur sont accordez au nom du Roy, s'engagent à lui payer trois mille livres.

KAROLUS, &c. Notum facimus universis presentibus & futuris, Nos quasdam Litteras infrascriptas vidisse; formam que sequitur, continentes.

CUM JUSTINIANUS Serenissimus Imperator, in remediis evigilans subjectorum, perinde duxerit statuendum, ut id quod communiter omnibus prodest, utilitati rei sue private preferri debet, & hoc est quòd dicit vulgare proverbium, communis [a] valitas est preferenda private; idcircò, nos Isarnus & Almaricus fratres, filii quondam Domini Sicardi Vicecomitis Lautricensis, & nos Sicardus Vicecomes Lautricensis, attendentes quòd (b) Libertatibus, si eas subjectis nostris concesserimus, [b] condicionem eorum [c] meliorem [d] utrique faciemus, licet utilitati nostre rei private in pluribus detrahamus: volentes

a corr. utilitas.

b condicoe. avec une marque d'abréviation. Reg.

c melior. avec une marque d'abréviation. Reg.

d fort. utique.

NOTE.

(b) Libertatibus.] Libertat. Reg. avec une marque d'abréviation. Cet endroit paroît corrompu; & peut-être est-il tronqué, mais le sens est clair.

CHARLES VI.

à Paris, en Janvier 1395.

tamen communem eorum utilitatem, private utilitati nostre anteponere, ut debemus, & in transquillitate ipsorum subjectorum nostrorum, quos habere locupletes nostra dignoscitur interesse, nobis quiescere propriam (b)   . Idcircò, (c) viâ regiâ incedentes, per nos & successores nostros, concedimus & donamus vobis Poncio de Prato-veteri, *& vobis* Arnaudo Pilosii, *& vobis* Gauberto de Solonnaco, *& vobis Magistro* Arnaudo Ameli, *& vobis* Liarerieco, *& vobis* Petro *(d)* Isamo de Massaco, *& vobis* Raimondo de Vale, *& vobis* Petro Debilita, *& vobis* Petro Aillols, *& vobis* Philippo de Solonnaco, *& vobis* Petro Dominici, *& vobis* J. Bertheloti Aide, *& vobis* Guillelmo de Caubocello, *& vobis* [a] Raimondo Guillelmo Calcellarii, *& vobis* Petro de Rotobaudra, *socero suo, & vobis* Petro Medici, *& vobis* Guillelmo de Carnis, *& vobis* Guillelmo Draconis, *& vobis* Petro Turegabilla, *& vobis* Petro Godailli, *& vobis* Sicardo de Podio, *& vobis* Petro de Paulinhio, *& vobis* Guillelmo de Barte, *& vobis* Isamo de Banolhio, *& vobis* Sicardo Amelli, *& vobis* Poncio Sabaterii, *& vobis* Bartholomeo de Solonnaco, *& vobis* [b] Johannis de Solonnaco, *& vobis* Raimondo de Banuhac, *& vobis* Aurando de Arragone, *& vobis* Sicardo de Berla, *& vobis* Guilaberto de Cruce, *& vobis* Petro Postica, *& vobis* Gunaudo Salmerii, *& vobis* Bernardo de Domazeciis, *& vobis* Bernardo Petro de Podio, *& vobis* de Corbaino, *& vobis* Raimondo Peyroneti, *& vobis* Sicardo de Moillas Junchas, *& vobis* Guillelmo Sabaud, *& vobis* Sicardo de Raucabaudra, *& vobis* Petro de Rocabaudra, *fratri suo, & vobis* Oluco de Tholosano, *& vobis* Arnaudo de Cambertro, *& vobis* Oluco de Portate, *& vobis* Poncio Medici, *& vobis* Petro de Tholosano, *& vobis* Petro Annulico, *& vobis* Guillelmo de Mailhoigas, *& vobis* Sicardo Rogerii, *& vobis* Raimondo Albi, *& vobis* Guillelmo Robehi, *& vobis* Guillelmo Cabriolli, *& vobis* Bernardo de Bagnas, *& vobis* Remundo Fabri, *& vobis* Berengario Cultellarii, *& vobis* Ermengando Siguerii, *& vobis* Amelico de Solonnaco, *habitantibus Castri de* Lautrico, *& per vos, Universitati omnium habitancium in ipso Castro* Lautrici, *& in toto* Lautriguesio *& pertinenciis, & singulis ipsius Universitatis, Immunitatem, Libertatem, franquesiam omnium Collectarum* [c] *(e) Questarum, tam ordinariarum quàm extraordinariarum, & omnium (f) adempramentorum, sive de fidejussoribus pro nobis à vobis faciendis, sive de paleis vel fenis, vel guallinis, vel pulis, vel aliis rebus vestris vobis à nobis dandis, sive (g) jornalibus boariis, asinariis vel similibus, nobis à vobis faciendis, & sarcinatis lignorum nobis à vobis deferendis, & generaliter de omnibus exactionibus sive ordinariis sive extraordinariis, per quas subjecti possent à suis Dominis onerari, quocumque nomine censeantur, Immunitatem, Libertatem & franquesiam perpetuam vobis predicto* Poncio de [d] Patro veteri, *&* Arnaudo Pillosii, *&* Gauberto de Solonnaco *& (h)* Baierie, *& aliis prenominatis, & per vos, toti Universitati predicte & singulis ejusdem Universitatis, generaliter condonantes, vos ipsos & per vos, ipsam Universitatem & singulos Universitatis predicte, de suprascriptis* [e] *honoribus omnibus, & aliis que possent exprimi, profitemur liberos & immunes, ita quod nos non possimus aliqua de predictis expressis, vel que exprimi possent, à vobis vel dicta Universitate, vel à singulis de dicta Universitate, petere vel exhigere, nec vos teneamini facere sive dare; & si fortè contingeret nos petere vel exhigere à vobis vel Universitate predicta, vel à quocumque de ipsa Universitate, aliqua de prescriptis, id non possit nobis jus aliquod acquirere vel inducere, vel*

a Rndo, là & plus bas avec une marque d'abréviation, Reg.

b *il faut appar. corr.* Johanni.

c *supp.* &c.

d *corr.* Prato *comme ci-dessus.*

e redevances seigneuriales.

NOTES.

(b) Il y a dans le Regist. *pteremus* avec une marque d'abréviation sur le *p*. Je ne sçais ce que peut signifier ce mot.

(c) Via Regia incedentes, &c.] Ces mots peuvent signifier, marchant sur les traces des Rois, & imitant les marques de bonté & de munificence qu'ils donnent à leurs sujets; & il faut peut-être corriger, *pro nobis & successoribus nostris.*

(d) Ysamo.] Il faut peut-être corriger *Ysarno*. Ce nom est plus commun, & se trouve plusieurs fois répété dans cette Pièce.

(e) Questarum.] Questa, suivant le Glossaire de *Du Cange,* signifie un Impôt.

(f) Ademprarmentorum.] Ademprarmentum, suivant le Glossaire de *Du Cange,* signifie une redevance dûe à un Seigneur.

(g) Jornalibus.] Suivant le Glossaire de *Du Cange,* au mot, *Jornale,* il signifie une corvée d'un jour.

(h) Baierie.] Ce nom ne se trouve point dans l'énumération des habitans, qui est faite ci-dessus.

CHARLES VI.
à Paris, en Janvier 1395.

vobis vel dicte Univerſitati, vel alicui de ipſa, prejudicium generare; predictâ Immunitate, Libertate, & franqueſiâ ſemper remanentibus in plenaria firmitate, & diminucionem aliquo caſu recipere non valentibus. Volumus eciam quòd in alienacionibus rerum veſtrarum, & in Teſtamentis faciendis, & in ſucceſſionibus ex Teſtamento vel ab inteſtato, libertatem & facultatem quam Jura Scripta concedere dignoſcuntur, [a] *habeatis liberam vos predicti Univerſitas ſupradicta, & ſinguli de ipſa Univerſitate, ſine diminucione &* [b] *impedimentum per nos vel per alium inferendo. Volumus eciam quòd liceat vobis & Univerſitati predicte, & ſingulis de eadem, uti paſturalibus, nemoribus, lignis, glandibus,* [c] *cuſſinis, & aliis paſtibus porcorum,* [d] *animalium, noſtris, ſeu in toto* Lautriguefio *ſitis, ſicut vobis & dicte Univerſitati, & cuilibet de eadem, licuit ab antiquo. Retinuimus tamen nobis & noſtris ſucceſſoribus, terrarum (i) merita, ſive porciones fructuum ex terris, nobis* [e] *debitis,* [f] *& (k) Senſſibus, & alia ſervicia que nobis debentur pro (l) proceſſionibus ſive rebus, ſeu racione proceſſionum ſive rerum que à nobis tenentur, in quibus per preſcripta noluimus nobis vel noſtris ſucceſſoribus generari* [g]. *Retinemus eciam nobis &* [h] *veſtris ſucceſſoribus, in vobis & dicta Univerſitate, & ſingulis de eadem, Juridicionem &* [i] *merum & mixtum imperium, (m) firmancias & ſportulas, ſive (n) decimas quantitatum ſive extimacionum litium, & ſacramentum fidelitatis, & debitam honorem & reverenciam, prout hactenùs dignoſcuntur habuiſſe; ſalvo quòd nullum de dicta Univerſitate, captum tenebimus, vel detineri ab aliquo faciemus, quouſque de crimine ſit confeſſus vel convictus, dum poſſit & vellit nobis & Bajulis noſtris, fidejuſſorem dare de perſona repreſentenda; niſi fortè pro crimine foret captus, pro quo* [k] *moti debeat tradi, vel ſuſtinere emutilacionem* [l] *membrarum, ſecundùm uſus vel legitimas ſancxiones: ſalvo eciam quòd juxta uſum antiquum, vos predicti* Poncius de Prato-veteri, *&* Arnaldus Piloſi, *&* Gaſbertus de Solonnaco *&* Bareria, *& alii ſupra nominati, & ceteri de dicta Univerſitate, debitores veſtros & ſuos poſſitis, &* [m] *poſſit liberè, auctoritate propriâ* [n] *pignorare, & uſque ad ſatisfactionem pignora retinere; pro qua pignoracione & pignorum retencione uſque ad ſatisfactionem, aliquam de dicta Univerſitate culpam* [o] *videre non volumus contraxiſſe; exceptis tamen pannis lectorum, & veſtibus hominum & mulierum, & animalibus aratoriis, & aratris, & rebus pertinentibus ad culturam, in quibus debitores nolumus pignorari. Retinemus eciam nobis & noſtris ſucceſſoribus, quòd ſi fortè ab aliquo vel aliquibus caperemur propter guerram, vel* [p] *transfectaremus, vel ſorores vel filias noſtras maritaremus, vel milites novi efficeremur, omnes vel quilibet veſtrûm, in quolibet caſu predictorum, vos,* [q] *de dicta Univerſitas, & ſinguli de dicta Univerſitate, in expenſis & coſtamentis nobis & cuilibet noſtrûm & ſucceſſorum noſtrorum, competens auxilium faceretis, juxta bonum arbitrium, bonamque taxacionem majoris partis ipſius Univerſitatis, ad que, juxta bonum arbitrium bonamque taxacionem, quiſque de ipſa Univerſitate, conferre teneatur ſecundùm cujuſque proprias* [r] *facultatis. Ne autem* [ſ] *tipo conjuracionis olim facte à dicta Univerſitate & ſingulis de eadem, veſtra* [t] *liberalitas remaneat diminuta,* [u] *ſet plena poſſit in omnibus reperiri, de ipſa conjuracione, & de omnibus ex ea vel ejus occaſione ſubſequtis, vos dictos* Poncium de Prato-veteri, *&* Arnaudum Piloſii, *&* Gonbertum de Solonnaco *&* Barreriam, *& alios ſupraſcriptos, & per vos,*

a habeat. liber. *Reg. avec des marques d'abréviations.*

b *corr.* impedimento.

c je n'ai rien trouvé ſur ce mot.

d *il faut peut-être ſuppléer* & aliorum.

e *corr.* debitas.

f *fort.* & ex ſenſibus.

g *ſupp.* prejudicium.

h *corr.* noſtris.

i Voy. la Note (z) de la page 44. du 5.e Vol. de ce Rec.

k *corr.* morti.

l *corr.* membrorum.

m poſſint.

n prendre des gages.

o *corr.* videri.

p ſi nous nous embarquions pour une expédition d'outre-mer.

q ce mot eſt inutile. Cette même formule ſe trouve un peu plus bas.

r facultates.

ſ *ce mot doit ſignifier ici,* prétexte, occaſion.

t *ſuivant le Gloſſ. de* Du Cange, *au mot* liberalitas, *il eſt ſynonyme de* Libertas.

u *corr.* ſed.

NOTES.

(i) Merita.] Suivant le Gloſſaire de *Du Cange,* au mot, *meritum,* il ſignifie le produit, les fruits de la terre.

(k) Senſſibus.] Suivant ce même Gloſſ. au mot *ſenſus,* il a été pris quelquefois pour *Cenſus.*

(l) Proceſſionibus.] Ce mot ne ſe trouve point dans le Gloſſaire de *Du Cange,* dans le ſens qu'il devroit avoir ici. Il faut peut-être corriger *poſſeſſionibus .... poſſeſſionum.*

(m) Firmancias.] Suivant le Gloſſaire de *Du Cange,* au mot *firmanciæ,* col. 516. il ſignifie quelquefois une Amende, & en général toutes ſortes de redevances. Il pourroit être pris ici dans le premier ſens: cependant peut-être eſt-il ici ſynonyme de *ſportula,* qui ſignifie les épices données aux Juges. Voyez la Note *(ll)* de la page 666. du ſeptième Volume de ce Recueil.

(n) Decimas ..... litium.] L'Amende à laquelle eſt condamné celui qui perd ſon procès. Il paroît par cet endroit, qu'à *Lautrec,* c'étoit le dixiéme en Argent, lorſqu'il s'agiſſoit d'une ſomme pécuniaire, ou le dixiéme de l'eſtimation des biens meubles ou immeubles. Voyez le Gloſſaire de *Du Cange,* aux mots *Decima litium.*

CHARLES VI. à Paris, en Janvier 1395.

ipsam Universitatem & singulos de ipsa Universitate, liberamus, [a] *asolvimus & quittamus, & pactum de non petendo aliquid occasione predicta, & de non vocando in judicium, & de non condempnando, & de non exigendo aliquid,* [b] *faciamus de presenti* Poncio de [c] Pato-veteri, & Arnaudo Pilosii, & Gonberto de Solonnaco & Barerie, & *omnibus & singulis suprascriptis, & per vos, dicte Universitati & singulis de dicta Universitate, prout meliùs ad vestri & dicte* [d] *Universitati & singulorum de dicta Universitate, quomodo dici potest; & nos* Poncius de Prato-veteri & *(o)* Baroria, & Arnaudus Pilosii, & Gaubertus de Solonnaco, & *nos omnes suprascripti, recipientes* [e] *dicta Universitate & singulis de ipsa Universitate,* [f] *dicta Libertates & Immunitates & absoluciones predictas, cum retencionibus supra factis, ipsis Libertatibus & Immunitatibus & absolucionibus, vobis Dominis Vicecomitibus suprascriptis, gracias plurimas referentes, ne ingrati de tanto beneficio (p)* , *vobis ipsis Dominis Vicecomitibus, pro nobis & dicta Universitate, & singulis de ipsa Universitate, pro dicto beneficio à vobis nobis impenso, mille Libras Turonenses offerimus & damus, quas vobis solvimus de presente; & nos Vicecomites predicti recognoscimus vobis predictis* Poncio de Prato-veteri & Arnaudo Pilosii & Barrerie, & *vobis omnibus suprascriptis, nos à vobis & dicta Universitate, dictas mille Libras habuisse & numerando recepisse, renunciantes excepcioni pecunie non numerate, & pecunie non recepte; de quibus mille Libris, nos contentos per omnia reputantes, facimus vobis, & per vos, dicte Universitati, pactum de ipsis mille Libris ulteriùs non petendis. Prescriptas autem Libertates & Immunitates, liberaciones & absoluciones & paciones per omnia, ut sunt scripte, nec non omnes Libertates vestras antiquas, vestrosque bonos usus, nos iidem Vicecomites servare; & contra in aliquo non venire, promittimus vobis sepedictis* Poncio de Prato-veteri & Arnauldo Pilosii & Barerie, *vobis & omnibus suprascriptis* [g] *Universitati predicte, pro vobis & Universitate solempniter stipulantibus, & inde vobis & Universitati obligamus nos & successores nostros, & omnia bona nostra, profitentes quòd per nos nichil est dictum, dicetur vel fiet quominùs suprascripta omnia & singula plena* [h] *gaudeat firmitate; ymò spontè renunciamus omni juri generali, speciali, omnique privilegio indulto & indulgendo, omni eciam beneficio quocumque nomine censeatur, quo contra predicta vel aliqua vel aliquid de ipsis, possemus in aliquo nos tueri, deffendere, vel* [i] *jurare; de quo beneficio non utendo, vobis dictis* Poncio de Prato-veteri, & Arnaudo Pilosii & Barrerie, & *vobis omnibus suprasciptis & per vos, dicte Universitati predicte, pactum facimus speciale. Et ego* Sicardus *Vicecomes predictus, dico & confiteor per Deum, quòd etatem legitimam jam complevi, ut michi videtur, & major XXV. annorum certissimo sum effectus, quòd omnia & singula nos predicti Vicecomites servare & tenere* [k], *ut supra dictum est, & in aliquo non contravenire, Sacrosanctis Euvangeliis nostris propriis manibus tactis, juramus, & sit notum & manifestum quòd ego* Bernardus de Rocabaudra, *Notarius infrascriptus,* [l] *retinui de voluntate dictorum Dominorum Vicecomitum & aliorum prenominatorum, quòd ego possem facere & dictare presens instrumentum cum dictamine sapientis vel sapiencium, & facere (q) Romanis verbis vel eciam in Latino, & reddere instrumenta cuilibet de dicta Universitate, cum per aliquem vel per aliquos essem requisitus. Actum fuit hoc apud* Lautricum, *in presencia & testimonio Domini* Guillelmi Moneti, *Militis;* Petri Vasconis, *Capellani;* Petri de Villanelha, *Capellani;* Petri Equispati, *Domicelli;* Raolini, *Domicelli;* Guillermi [m] Duertus; Raimondi Baudier; Bernardi Savadini; Guillelmi Gravas; Poncii de Rochafera; Bernardi

[a] absolvimus.
[b] facimus.
[c] *corr.* Prato.
[d] Universitatis.
[e] *il faut peut-être supp.* pro.
[f] *corr.* dictas.
[g] *corr.* Universitatis.
[h] *corr.* gaudeant.
[i] juvare.
[k] cet endroit paroît tronqué.
[l] ce mot est peut-être corrompu.
[m] Il y a dans le Reg. une marque d'abréviation après la lettre *D.*

NOTES.

(o) Baroria.] Ce nom est écrit différemment dans les autres endroits. Il paroît résulter de celui-ci, que *Barreria* étoit un homme différent de celui nommé *de Solonnaco,* quoique par tout ailleurs dans la Pièce, ces deux noms se suivent & soient joints ensemble. Je crois cependant que c'est la même personne qui avoit deux noms.

(p) Il y a dans le Registre *libeamur,* avec une marque d'abréviation sur l'*e.* Ce mot est corrompu. Il devroit y avoir, *reputemur, censeamur,* ou quelqu'autre mot semblable.

(q) Romanis verbis.] C'est-à-dire, dans l'ancien langage françois, que l'on nommoit *Romans.* Voy. le Glossaire de *Du Cange,* au mot *Romanus,* col. 1488. & 1489.

Aussería

Aussería de Albia. *Et ego* Robertus de Roquabaudra, *Notarius publicus de* Lautrico, *hanc cartam* [a] *scripci & signavi XV.º Kal. Maii, anno Domini M.º CC.mo LXX.mo tercio.*

CHARLES VI. à Paris, en Janvier 1395.

[b] PHILIPPUS *Dei gracia Francorum Rex. Notum facimus universis presentibus & futuris, Nos infrascriptas* [c] *Litteras; formam que sequitur, continentes.*

[d] PHILIPPUS Valesii & [e] Angavensis Comes, *Francie & Navarre regna (r) Regens. Notum facimus universis presentibus & futuris, Nos infrascriptas vidisse Litteras, formam que sequitur, continentes.*

Universis presens instrumentum inspecturis. Notum fiat quòd cum homines de Lautrico *& (s) Fortiarum extra* Lautricum *in* Lautrigesio, *per gentes regias* Senescallie Carcassone, *& eciam per Dominos (t)* Petrum Galernami, *Canonicum* Aurelianensem, *Clericum; &* Radulphum Choloti, *Militem, &* [f] *Consiliarium Domini nostri Francorum & Navarre Regis, ad Partes* Senescalliarum Tholose, *&* Carcassone, *pro reformacione patrie, à Magestate Regia deputatos,* [g] *impeti, & ad jus per modum inquisicionis advocati dicerentur super eo videlicet, quòd dicebatur ipsos locorum predictorum homines, cum corpus, Universitatem, seu Consulatum aut jus Consulatûs, se non habere dicerentur, Consulatûs* [h] *officio & Libertatibus quibusdam quas se habere asserebant, licet non haberent, & dicebatur pretextu Consulatûs & Universitatis, temerariè usos fuisse, eciam post prohibicionem ex parte Regia eis factam, in Domini nostri Regis prejudicium & contemptum, dictorum locorum hominibus, ut dicebatur, in contrarium asserentibus & dicentibus, quòd si appareat ipsos Consulatûs officio & Libertatibus aliquibus, nomine Universitatis, corpus facientibus, usos fuisse, hoc fuit, & facere potuerunt licitè & jure suo, ex concessionibus ab olim eis factis per Dominos Vicecomites* [i] Latrici *&* Lautrigesii, [k] *in eisdem, post inhibicionem eis ex parte Regia* [l] *eis factam, minimè usos esse.*

(1) Dicebant enim ipsi homines, quòd ab olim Nobiles Almarricus, Petrus *&* Ysarnus, *& alii* Vicecomites Lautricenses, *eisdem hominibus & Universitati de* Lautrico *&* Lautrigesio, *concesserant quòd imperpetuùm, à tempore dicte concessionis citra, & in futurum, in Castro de* Lautrico *predicto, & pro toto* Lautrigesio, *essent Consules, & Consiliarii eorum, & quòd ipsa Universitas, seu major pars ejusdem Universitatis, posset* [m] *eorum nominare, creare, & offerre, quandocumque,* [n] *quoscumque & quecumque vellent, prout dicte Universitati, seu majori parti ejusdem, videretur expedire; & quòd major pars dicte Universitatis se posset congregare ubicumque & quandocumque & quoscienscumque vellet, ad predicta & alia omnia sua negocia* [o] *tractenda & facienda, voce preconis & aliter, dictis Vicecomitibus presentibus vel absentibus, & sine eorum licencia impunè, eorum abcenciâ non obstante.*

(2) Item. *Quòd in omni* [p] *Questione & confessione in posterùm habenda à quocumque,* [q] *tormenta vel aliter, super inquisicione seu* [r] *pervencione vel denunciacione, & in omni inquesta contra quemcumque in futurum cujuscumque* [s] *crimitis publici seu privati, ordinariè seu extraordinariè in posterùm faciendis, ad Juridicionem* [t] *suam & merum & mixtum imperium Castri de* Lautrico *&* Lautriguesio *pertinentibus, seu* [u] *à eorum examen spectantibus, & in omni litiscontestacione premissorum, quatuor ex Consulibus* Lautrici, *vel duo ex Sindicis, qui pro tempore, quicumque & quandocumque extiterint,*

a scripsi.
b Lettres de Philippe de Valois Roy de France.
c supp. vidisse.
d Lettres de Philippe de Valois Régent du Royaume.
e corr. Andegavensis.
f Consiliar. *Reg.*
g Il faut peut-être corriger impetiti.
h Il faut supp. usos fuisse.
i Lautrici.
k corr. & eisdem.
l ce mot est inutile.
m corr. eos.
n corr. quemcumque.
o tractanda.
p question donnée à un criminel.
q Il faut supp. per, *qui est plus bas, p. 47. art. 23.*
r corr. prevencione.
s corr. criminis.
t ce mot paroît inutile.
u corr. ad.

NOTES.

(r) Regens.] Philippe de Valois fut Régent du Royaume depuis la mort de Charles le Bel, jusqu'au tems auquel la Nation déclara que la Couronne lui appartenoit.

(s) Fortiarum.] Suivant le Glossaire de *Du Cange,* au mot *Fortia* 3. il signifie un Fort, une Forteresse. Il paroît par la suite de cette Pièce, qu'il y avoit aux environs de *Lautrec,* plusieurs Forts qui en dépendoient. Ils sont nommez dans un endroit, en françois, *For.* Voy. p. 43. art. 10.

(t) Petrum Galernami, &c.] Dom *Vaissette* a eu occasion de parler deux fois de ces Réformateurs, dans le Tome 4. de son histoire du *Languedoc.* Il dit p. 204. qu'en 1227. Charles le Bel envoya dans les *Sénéchaussées de Toulouse & de Carcassonne,* en qualité de Réformateurs, *Pierre de Galvan* Chantre d'*Orléans,* & *Raoul* de *Châlot,* Chevalier. A la page 205. il nomme ce dernier, *Raymond de Châlon.*

CHARLES VI.
à Paris, en Janvier 1395.

nisi Consules in dicto Castro essent, possent & deberent interesse seu presentes esse, & quòd aliter, nisi ipsis presentibus & expressè concencientibus, nullus torqueri valleret nec deberet, nec haberi questio seu confessio de eadem occasione criminis alicujus, seu alia quacumque, nec aliter supponi questionibus, tortoribus seu tormentis.

(3) Item. *Quòd nullus in futurum per Curiam de* Lautrico *captus vel capiendus* [a] *abstraharetur de carceribus de* Lautrico, *nec abstrahi* [b] *debent, detinendus in aliis carceribus Vicecomitum predictorum.*

a corr. abstraheretur.
b corr. debeat.

(4) Item. *Quòd casus frequenter contigebant, quòd Clerici per Curiam de* Lautrico *capti, detinebantur, ex quo Universitas de* Lautrico *incommodum* [c] *Interdicti, & aliter, quàm plurimum senciebat non minimum & gravamen, & dicte Universitati intereat,* [d] *si non fieri; concesserunt dicte Universitati predicti Vicecomites, ut dicebant homines predicti, nullum Clericum imposterùm captum per dictam Curiam detineri;* [e] *sic si contingentem casus capiendi, voluerunt, concesserunt, promiserunt & mandaverunt ipsum incontinenti Curie Episcopali remitti seu restitui.*

c interdit ecclésiastique.
d corr. sic.
e corr. sed si contingerint casus, &c.

(5) (u) Item. *Dicebant ipsi homines prenominatos Vicecomites concessisse eisdem, quoscumque de* Lautrico *seu* Lautriguesio, *Nobiles, & alios sibi, quocumque tempore & quosciensciumque, per Universitatem predictam seu majorem partem ejusdem, pro Consulibus offerendos, cum casus mutandi antiquos Consules contigeret, absque omni exempcione, contradiccione & impedimento, incontinenti ipsis oblatis, approbare & eciam confirmare; & tempore dicte mutacionis, quòd antiqui Consules seu major pars ipsorum, possent & potestatem liberam haberent alios novos Consules creandi, eligendi, & offerendi, & ipsos novos per antiquos eligendos, promisisse sine aliqua dilacione & contradicione, quociensciumque & quandocumque electi & creati fuissent per dictos antiquos Consules, seu majorem partem ipsorum, confirmare & approbare, omni impedimento amoto.*

(6) Item. *Quòd Consules de* Lautrico, *qui pro tempore essent, haberent predicta, inclusivè universas Libertates liberalitatesque, jus & potestatem omnem in Castro de* Lautrico *& toto* Lautriguesio, *& ipsis gaudeant perpetuò, quas* [f] *habebent Consules* Albie, *& quibus gaudebant Consules Civitatis* Albiensis, *nichil diminuentes ipsi Vicecomites per predicta in Libertatibus aliis, Usibus & Privilegiis olim concessis Universitati predicte, per predecessores eorum Dominos de* Lautrico; *ymò ea expressè & singula approbarunt, amologarunt & confirmarunt, ac eciam de novo concesserunt & donaverunt: nolentes propter perverssum usum seu contrarium actum, predictis Libertatibus, Privilegiis* [g] *usibus, acthenùs in Castro de* Lautrico *seu* Lautriguesio *usitatum, si in contrarium actum fuerit, in aliquo derogare, nec aliquod prejudicium generari: volentes quòd predicta generalis concessio Libertatum quas habebant Consules* Albie, *ut est dictum, tantum valeret & operaretur, ac si omnes sigillatim & expressè in sue concessionis inde confectis instrumentis, forent scripte ac eciam expressate, & quòd non tantum dicta generalia clausula seu concessio ad casus expressos referatur, sed ad omnes alios qui ad comodum dicte Universitatis referri & intelligi, seu dici possent ore alicujus sapientis.*

f habebant.
g supp. &.

(7) Item. *Quòd Consules, seu Sindici, si tamen Consules non extarent, haberent cognicionem, examinacionem, determinacionem, diffinicionem & punicionem illorum qui falsis mensuris & ponderibus uterentur, & penarum sibi applicacionem;*

(8) Item, *Vicorum, viarum & itinerum in dicto Castro, & extra, per totum* Lautiguesium;

(9) Item, *Carnificum vendencium carnes morbozas, seu alias indebitas, & falsi computi per carnifices seu aliquem ex eis,* [h] *redendi carnium per ipsos seu eorum aliquem, ad computum, ut debebat fieri, vendendarum.*

h reddendi.

(10) (x) Item. *Dicebant* [i] *idem homines prescriptos Vicecomites, Domino*

i corr. iidem.

NOTES.

(u) Item.] Le commencement de cet article n'est pas clair; mais je crois que le sens est, qu'on pourra nommer pour Consuls, même des personnes Nobles, & que le Vicomte sera obligé de confirmer l'élection qui aura été faite.

(x) Item, &c.] Outre les corrections qu'on a été obligé de faire dans le texte de cet article, il y a encore quelques endroits qui paroissent en avoir besoin; mais le sens est assez clair.

Bertrando *Vicecomite, in cujus locum Dominus Rex est in* Lautrico *&* Lautriguesio, *excepto, dicte Universitati concessisse & dedisse totum jus quod habebant seu habere poterant vel debebant* [a] el For Lautrici *&* Lautriguesii, *& omne jus sibi competens seu competiturum, occasione dicti* For, *excepto* For *de* Montezano, *& eciam excepto* For *locorum de (y)* Moleytes, *de* Sancto Juliano de Podio, *& de* Ganubrio, *aliorumque locorum seu partis terre dicti* Vicecomitatûs Lautrici *&* Lautriguesii, *que ad dictum* Bertrandum *pertinebant, in cujus locum Dominus Rex est, ut est dictum, cum (z) potestate quòd dicta Universitas seu Consules tenerent & possiderent predictum* For *quòd ipsi Vicecomites, dicto Domino* Bertrando *excepto, habebant in* Lautrico *&* Lautriguesio, *locis predictis exceptis, perpetuò pacificè & quietè; & quòd eadem Universitas sive iidem Consules vel Sindici, auctoritate suâ propriâ possent ponere & removere, racione dicti* For, [b] *& ad illud* For, *recipiendum & levandum, (aa) Foresterios in* Lautrico *&* Lautriguesio, *locis predictis exceptis, quoscumque, quandocumque & quocumque vellent, ipsosque punire & corrigere, & ab eisdem & eorum quolibet Juramentum seu Juramenta recipere, ac eciam cognoscere, diffinire & punire (bb) super premissis & in premissis, ac (cc) supradicta; & quòd eamdem potestatem dicta Universitas seu ejus Consules aut Sindici, in dicto* For *& Foresteriis, racione tamen dicti* For, *exceptis exceptatis, haberent, prout ipsi (dd) Nobiles habebant vel habere poterant seu debebant, (ee) omne jus eis & successoribus suis competens seu competiturum in predictis, & eorum* [c] *quolibet, & occasione eorum, in dictam Universitatem, titulo donacionis, transtulerunt, pure ac simplicis & irrevocabilis, inter vivos.*

(11) Item. *Quòd dicti* Petrus *&* Ysarnus *Vicecomites dederunt & concesserunt dicte Universitati, plenam & liberam potestatem, (ff) dommos & (gg) Pilas communes & (hh) marcellum faciendi, quocumque in* Lautrico *vellent; & quòd in omnibus & singulis preconizacionibus de cetero perpetuò in futurum faciendis in dicto Castro de*

CHARLES VI.
à Paris, en Janvier 1395.

a Voy. ci-dessus, p. 41. Note (f).

b Je ne sçais ce que peut signifier cette phrase dont les mots sont peut-être corrompus.

c app. quodlibet.

NOTES.

(y) Moleytes.] On a vû ci-dessus, pag. 36. Note, que *Bertrand Vicomte de Lautrec* avoit cédé à Philippe-le Bel, la partie qui lui appartenoit dans cette Vicomté, & la totalité des lieux nommez *Saint-Julien de Molayres & de Ganubrio*, & autres lieux dépendans de cette Vicomté, qui appartenoient à lui seul.

Ce sont les lieux qui sont ici nommez; mais ces Lettres servent à corriger une faute qui est dans l'inventaire du Trésor des Chartres, & dans le Traité des Droits du Roy, par *Dupuy.* Dans ces deux ouvrages, on ne fait qu'un lieu de *Saint-Julien de Molayres;* & il paroît par ces Lettres, que c'étoient deux lieux différens, dont l'un y est nommé *de Moleytes*, & l'autre, *Sanctus Julianus de Podio.* Il y a à la page 61. du Livre intitulé: *Traicté du Comté de Castres*, &c. par *Desos*, dans lequel Comté est située la Vicomté de *Lautrec*, un dénombrement des lieux dépendans de cette Vicomté. On y trouve *Sainct-Julien du Py;* mais il n'y a aucuns noms modernes qui approchent de ceux *de Montesano* & *de Ganubrio.* On y trouve aussi *Montlairez:* c'est peut-être le lieu nommé *de Moleytes* ou *de Molayres.*

(z) Potestate.] Suivant le Glossaire de *Du Cange*, au mot *Potestas*, col. 705. il a quelquefois signifié, droits, priviléges, &c. Ce sens convient parfaitement ici.

(aa) Foresterios.] Il n'y a dans le Registre que *Forestios*, avec une marque d'abréviation. Suivant le Glossaire de *Du Cange, Forestarius* signifie l'Officier qui est chargé de la garde d'une forêt. On trouve dans la suite de cette Pièce, p. 46. art. 18. *tam Servientes quàm Forestarii.*

(bb) Super premissis, &c.] On pourroit conclurre de ces mots, qu'il y avoit dans cet article des clauses auxquelles ils se rapportoient, & qui ont été passées par la négligence du Copiste.

(cc) Il y a dans le Registre *tanten.* avec une marque d'abréviation sur l'*n* finale. Je ne puis déchiffrer ce mot, ni par conséquent entendre cette phrase.

(dd) Nobiles.] Suivant le Glossaire de *Du Cange*, au mot *Nobilis*, il a quelquefois signifié, le Seigneur d'un lieu. Ainsi *Nobiles* peut désigner ici, les Vicomtes de *Lautrec.* On lit ci-dessus, p. 41. art. 1. *Nobiles Almaricus, Petrus & Ysarnus, & alii Vicecomites Lautricenses.*

(ee) Omne jus.] En suppléant ici *qui* avant *omne jus*, la phrase sera claire.

(ff) Dommos.] Il y a dans le Regist. *domos* avec une marque d'abréviation sur le premier *o.* Il faut sans doute corriger *domos.*

(gg) Pilas.] Des piliers. Ce mot peut désigner ici un lieu couvert soûtenu par des piliers, tels qu'il y en a souvent dans les Halles. Voy. le Glossaire de *Du Cange*, au mot *Pila* 2.

(hh) Marcellum.] Suivant le Glossaire de *Du Cange*, ce mot est synonyme de *Macellum*, Boucherie.

CHARLES VI. à Paris, en Janvier 1395.

Lautrico, & Lautriguesio, & in omnibus [a] preceptis faciendis per preconem de Lautrico, cum tuba vel aliter, expressè, cum dixerit ex parte dictorum Vicecomitum, dicat & preconizet & precipiat [b] item preco, ex parte Consulum de Lautrico & Lautrigesio;

Prout predicta omnia dicebant dicti homines continery in publicis instrumentis inde factis: Quare, si ipsi de Lautrico & Lautrigesio, *predictis Consulatu & aliis superiùs expressis sibi per dictos Vicecomites, ut asserebant, concessis, usi fuerunt usque ad tempus inhibicionis ex parte Regia eis facte, non erant propter hoc, ut dicebant, inquietandi, molestandi, seu ad jus vel inquestam trahendi pro premissis; precipuè, cum post inhibicionem predictam, predictis nullathenùs usos esse dicerentur.* [c] *Tandam die presenti que fuit quinta dies mensis Novembris, anno ab Incarnatione Domini M.° CCC.° XXVII.° venientibus apud* Tholosam & [d] *existantibus magistris* Petro de Deo, Petro de Podio, *hominum de* Lautrico, & Guillelmo Fabri & Michaele Blanchi, *hominum Fortiarum de* Lautriguesio, *Procuratoribus, de quorum procuracione & illorum quorum sunt Procuratores, constat per instrumenta publica, quorum tenores inferiùs designantur, coram Dominis reformatoribus supradictis, in domo Regia dicti loci, in qua dictus* Senescallus Tholose *morari consuevit; & dicta procuracionis instrumenta, apud eosdem Dominos (ii) dimittentibus alterato hinc inde super premissis & eciam infrascriptis, ipsi comparentes Procuratores pro se & nomine Procuratorio illorum quorum Procuratores sunt, de* Lautrico, *de* Lautriguesio, *majorem partem hominum & incolarum terre* Lautrici & Lautriguesii, *ut dicebatur, continencium, nolentes, sicut asserebant, super hiis ulteriùs cum dictis Dominis Reformatoribus seu Gentibus Regiis disceptare seu litigare, sed pociùs requirentes agi graciosè cum eisdem, supplicaverunt humiliter dicti Procuratores, quibus supra nominibus, Dominos predictos, se de & super predictis & infrascriptis omnibus, ad Composicionem graciosam admitti, & eis & hominibus de* Lautrici & Lautriguesii, *pacem dare super eisdem,*

(12) Et ad fines quòd ipsi de Lautrico & Lautriguesio, *Corpus & Universitatem ex nunc & deinceps per* [e] *impetrata habeant, & Consulatum, jusque Consulatûs ac consilium, cum Libertatibus & franchisiis supra & infrascriptis, & prout per dictos Vicecomites pleniùs fuerat eis concessum, cum subsequentibus* [f] *adjugendum, habere possint & perpetuò successivis temporibus tenere, absque occasione vendendi, vel extra manum suam ponendi, seu prestandi aliter financiam aliqualem.*

(13) Item. *Videlicet, quòd* [g] *sit ex nunc per impetratum sex vel plures Consules in* Lautrico & *Fortiis* Lautriguesii, *quorum medietas sit de* Lautrico, & *alia medietas de Fortiis* Lautriguesii *predictis, condicione adjecta, quòd ad dictum Consulatum possint admittere Nobiles* Lautrici & Lautriguesii, *si voluerint, & cum ipsis Nobilibus (kk) de tota vel quanta in contribucione acquisicionis hujusmodi, & Tailliis & Collectis jam factis & faciendis, cum eisdem convenire; & alii sint Consules de* Lautrico & [h] Lautriguesio *Fortiis, seu eligantur, prout inter se & illi de* Lautrico & *aliis de predictis Fortiis duxerunt concordandum: sint tamen Consules annuales, & mutentur de anno in annum in Festo beati Remigii; nec admittantur ad Consulatum* [i] *alique jure prohibiti; sed quòd & (ll) minores & mediocres sicut & majores, prout eligi contigerit, ad ipsum Consulatum & Consulatûs consilia, recipiantur & admittantur, nisi aliter jure vel consuetudine reprobentur; & postquam uno anno quis Consul fuerit, nisi post* [k] *triannium subsequens, in* [l] *Consule eligatur; nec pater possit eligere filium seu fratrem aut generum, vel* [m] *aliter è* [n] *converso; & quòd Consulatus teneatur à Domino nostro Rege,*

[a] Ordonnnaces des Juges.
[b] corr. idem.
[c] tandem.
[d] existentibus.
[e] Cette expression singulière est répétée plus d'une fois dans cette Pièce.
[f] corr. adjunegndis.
[g] corr. sint.
[h] corr. Lautriguesii.
[i] corr. aliqui.
[k] corr. triennium.
[l] corr. Consulem.
[m] al. *Reg.*
[n] converso.

NOTES.

(ii) Dimittentibus alterato.] Ces mots, s'ils ne sont pas corrompus, doivent signifier, *présentant de part & d'autre.*

(kk) De tota vel quanta.] C'est-à-dire, à ce que je crois, que les habitans conviendront avec les Nobles, de la somme qu'il sera nécessaire de lever pour les frais de l'*acquisition* des nouveaux Privilèges qu'on leur accorde, & de la quotité que chacun d'eux en devra payer.

(ll) Minores, &c.] C'est-à-dire ceux qui ont le moins de bien, ceux qui ont une fortune médiocre, & les plus riches. On pourroit aussi entendre par cet endroit, la distinction des états & des conditions.

CHARLES VI.

à Paris, en Janvier 1395.

cum suis Libertatibus & juribus; sitque Consulatus cum suis juribus, Libertatibus & ministris, ex nunc & per imperpetuùm, sub & in speciali Gardia & protectione Domini nostri Regis, & ut in speciali Gardia, existant in suis juribus, & ab injuriis & violenciis [a] *defendentur, & quocienscumque Consules duxerint requirendum, eis Gardiator specialis vel ad tempus vel imperpetuùm, per* Senescallum Carcassone *concedatur, tamen sumptibus & expensis Consulatûs; & quòd jurent Consules in sui* [b] *nova dacione, in manibus* Bajuli *Regii de* Lautrico, *& unius Bajulorum Vicecomitum, vel* Bajuli *Regii, si alter nollet vel non posset interesse, intra quatuor dies postquam electi & presentati fuerint, se esse fideles Domino nostro Regi & Vicecomitibus* Lautrici *&* Lautriguesii, *ipsorumque Domini nostri Regis & Vicecomitum jura & deveria, & eciam jura & deveria Consulatûs & Universitatis seu Universitatum* Lautrici *&* [c] *Forerarum predictarum* Lautriguesii, *deffensare pro posse, &* [d] *incommodo evitare, ubique & in omnibus in dicto Consulatûs officio fideliter se habere; ita tamen, quòd si ad* [e] *repellandas injurias, si contingeret per Vicecomites vel per Officiales seu Curiales* Lautrici *&* Lautriguesii, *irrogari seu inferri, agendo vel deffendendo, se opponerent, nullathenùs eis ad infidelitatem* [f] *perjurum ascribatur; & quòd dicti Bajuli infra dictos quatuor dies, seu alter eorum, ut est dictum, dictorum novorum Consulum Juramentum habeant recipere, & ipsos Consules, non tamen jure vel Consuetudine reprobatos, approbare, vel quòd lapsis ipsis quatuor diebus, dicti novi electi Consules suo Consulatûs utentur officio, prestito ab eis in suorum predecessorum manibus Juramento predicto.*

(14) Item. *Quòd Tallie &* [g] *Collete communes pro presentibus obtinendis exsolvantur mediocriter; videlicet, per illos de* Lautrico, *cum suis pertinenciis, medietas, & per illos de Fortiis* Lautriguesii *predictis, cum suis pertinenciis, residua medietas, hinc inde pro solito &* [h] *Libera taxande secundùm bonorum cujuslibet facultates: alie verò Tallie pro aliis actibus seu negociis subcequende & indicende, communiter & per illos de* Lautrico *& per illos eciam de Fortiis predictis, servando cursum pro Solido & Libra, secundùm bonorum quorumlibet habitancium in* Lautrico *&* Lautriguesio *facultates, taxabuntur, tailliabuntur, & levabuntur per Consules & deputandos ab eis, hinc inde, nisi aliud inter se duxerint ordinandum; & omnes dictorum locorum* [i] *subditos & habitatores* [k] *aliosque infra districtum locorum predictorum, predia seu possessiones habentes, privilegiisque, franquesiis & Libertatibus dicti Consulatûs, ac concessione seu acquisicione presencium gaudentes seu gaudere volentes aut potentes, & quorum predia sive possessiones ad munera realia, Tailliasque & Collectas dictorum locorum, tailliare seu contribuere hactenùs consueverunt in predictis Tailliis & Collectis, per modum predictum solvere & contribuere tenebuntur, si & prout de jure aut consuetudine fuerit faciendum. Consules eciam* [l] *subdicti, in* [m] *subcidiis & aliter, dare, subvenire, & dona & subcidia promittere, per graciam aut per deverium, poterunt Domino nostro Regi, & pro hiis, jura Consulatûs & Universitatum predictarum, pro voluntatis beneplacito, obligare: nulli autem alii quantocumque Domino* Lautrici *vel* Lautriguesii, *seu alicuicumque, dare seu subcidium vel donum promittere* [n] *potuerunt Consules predicti,* [o] *expresso consensu Universitatis seu Universitatum locorum ipsorum, seu majoris partis eorumdem; & si contrarium fecerint, non in dampnum Universitatum, sed in dampnum illorum qui contraria premissis fecerint, penitùs redundet, absque onere Universitatum ipsarum, seu singulorum de eisdem.*

(15) Item. *Quòd possint dicti Consules, ad commodum dictarum Universitatum, emere & acquirere ad tempus & in perpetuùm, domum communem, seu plateam pro ipsa domo* [p] *construendi, in Feodis seu Retrofeodis, Censivis vel Allodialibus, que à Domino nostro Rege mediatè vel immediatè tenentur; & ipsam domum pro Consulatu, in qua ipsi Consules eorumque Consiliarii, & ipse Universitates se congregare, & sua negocia peragere & tractare* [q] *valeat, per imperpetuùm tenere possint constructam: salvo jure illius à quo talia duxerint acquirenda, & eciam illius à quo supradicta in* [r] *emphiteosim tenerentur.*

(16) Item. *Quòd possint acquirere, & acquisita tenere, in seu de Feudis Ecclesie,*

[a] defendantur.

[b] lors de leur création.

[c] *corr.* Fortiarum.

[d] *corr.* incommoda.

[e] *corr.* repellendas.

[f] *corr.* perjuram *ou* perjurii adscribatur.

[g] *corr.* Collecte.

[h] *Il faut app. corr.* pro Solido & Libra, *comme il y a un peu plus bas.*

[i] *corr.* subditi.

[k] *corr.* aliique.

[l] *Il faut app. corr.* supradicti. *m* subsidiis, *& plus bas.*

[n] *corr.* poterunt.

[o] *supp.* sine.

[p] *corr.* construendas.

[q] *corr.* valeant.

[r] *corr.* Emphiteosim.

CHARLES VI.

à Paris, en Janvier 1395.

a Impôts, droits.
b corr. summam.
c quinquaginta Solidorum Turonensium.
d Il faut peut-être supp. ab.
e corr. Curia.

à Rectore Ecclesie Beate Marie (mm) de Montelauzino, *& suis consortibus, jus* [a] *Leude quam recipiunt in platea mercati & in die fori, quod* [b] *summa* [c] *L. S. Tourn. non excedit.*

(17) Item. *Quòd ipsi Consules habeant in suo Consulatu, & suis expensis, unum nuncium specialem, si habere voluerint, pro ipsis eorumque Consiliariis & aliis de Universitatibus* [d] *ipsis mandandis seu congregandis; non tamen quòd ad alia habeat potestatem; sed pro Talliis, Questis & Collectis, juribus & deveriis Consulatûs exigendis,* [e] *Curie de* Lautrico, *ad simplicem Consulum seu alterius eorum requisicionem, eorumque sumptibus, concedet compulsores, unum vel plures Servientes qui debitis suis salariis habeant contentari.*

(18) Item. *Quòd Servientes de* Lautrico, *in execucionibus faciendis, salariis debitis secundùm ordinaciones Regias, aut auctoritate Regiâ, seu per* Senescallum Carcassone *factas, contententur; & si ultra exigerint, quòd debitè per Curiam de* Lautrico *puniantur; & quòd tam ipsi Servientes quàm Forestarii dent cauciones ad (nn) dedampnificandum subditos, in & de suis execucionibus faciendis, & pignoribus pro ipsis execucionibus per eos capiendis, salvis faciendis & reddendis; in dictisque caucionibus recipiendis seu dandis, alter de Consulibus evocetur, ut perinde, si* [f] *sufficientem tantum fuerit, scire possit; & hujusmodi cauciones in Consulatu* [g] *regerentur predicte.*

f Il faut peut-être corr. sufficienter cautum.
g Il faut peut-être corr. registrentur
h peut-être faut-il corriger aliquando.

(19) Item. *Quòd Judex* Lautrici, *si & prout* [h] *à quando certificatus aut requisitus per Consules aut duos ex ipsis, fuerit, bonorum suorum dissapidatoribus & malè (oo) utentibus, administracionem interdicat, & de Curatore provideat, si & prout de jure fuerit faciendum.*

(20) (pp) Item. *Quòd itinera, unum videlicet dictum de* Cautagina, *per quod itur de Castris versùs* Gailliacum & Insulam Albigesii, *& aliud dictum de* Petragorico, *per quod itur de Castris versùs* [i] Regale montem, *& aliud per quod itur de Castris versùs* Vivium, *prout facit transitum propè* [k] Fugeridam Villam, Veterem murum & Serviarium, [l] *& aliud quod est, prout facit transitum subtus* Cucum, *mutentur, si & prout absque Domini Regis & alterius cujuslibet prejudicio fieri possit, & salvis Domino Regi & alterius cujuslibet Leudis & deveriis consuetis; & tam per* Lautricum, *quàm per alia loca* Lautrici & Lautriguesii, *viatores cum rebus* [m] *mercimonialibus leudabilibus, aliter, transitum faciant, prout ipsi Consules seu deputati ab eis ordinandum duxerint, absque Domini Regis & alterius prejudicio, ut est dictum.*

i fort. Regalem montem.
k Fugidam, *avec une marque d'abréviation sur le* g. *Reg.*
l cet endroit paroît tronqué.
m Je crois que cela signifie, les marchandises qui doivent payer des droits.

(21) Item. *Quòd si reperiatur per Informacionem summariè faciendam, quòd ab antiquo locus de* Moleyres, *& usque ad tempus quo manus Regia fuerat apposita in*

NOTES.

(mm) De Montelauzino.] D. *Vaissette* Bénédictin, m'a appris que cette Eglise se nomme *Notre-Dame de Montgauzi*, près de *Lautrec*, dans le Diocèse de *Castres*, & que c'est un lieu de dévotion.

(nn) Dedampnificandum.] Suivant le Glossaire de *Du Cange*, à ce mot, il signifie dédommager.

(oo) Il n'y a dans le Registre que *suasba* avec une marque d'abréviation sur le *b*. Il faut peut-être corriger, *suis bonis* ou *suâ substantiâ*.

(pp) Item.] Voici ce que j'ai pu découvrir sur les noms modernes des lieux dont il est fait mention dans cet article.

Gailliacum. Gaillac, de l'Evêché d'*Albi*. Voy. le T. 5. de ce Recueil, p. 211. & Note *(c)*.

Insulam Albigesii. L'Isle d'Albigeois. Voy. *ibid.* T. 4. p. 23. & Note *(dd)*.

Petragorico. Il n'y a dans le Registre que *Petragoco* avec une marque d'abréviation sur *co*. Je ne sçais cependant s'il faut lire *Petragorico*, & s'il s'agit ici du *Périgord*: car pour aller de *Lautrec* en *Périgord*, il faut traverser le *Quercy*.

Regalis mons. Réalmont, de la Viguerie d'*Albigeois* & de la Sénéchaussée de *Carcassonne*. Voy. *ibid.* T. 6. p. 266. & note marginale *g*.

A l'égard de *Veterem murum* & de *Serviarium*, on trouve dans le dénombrement cité ci dessus, p. 43. Note *(y)*. *Vieilmur* & *Serviez*; mais il n'y a dans ce dénombrement aucuns noms qui approchent de *Vivium* & de *Fugeridam Villam*.

Pour *Cucum*, on pourroit aussi lire *Tutum*; mais on s'est déterminé pour la première leçon, parce qu'on trouve *Cuq* dans ce dénombrement.

Consulatu predicto fuerit de districtu [a] Tailliis & Collectis, Consulum predictorum, [b] quamquam licet ex nunc [c] forsam de Molayrezio per se & non cum illis de Lautrico seu Lautriguesio, sua negocia in omnibus fecerint vel aliter fuerint separati, ex nunc & deinceps per imperpetuum, ad districtum in Tailliis & Collectis & aliter, Universitatum Lautrici & Lautrigesii reducantur & permaneant, sicut hactenùs fuerat consuetum; salvo jure Domini nostri Regis.

(22) Et ut premissa omnia, & alia [d] aliàs per dictos Vicecomites ipsis de Lautrico & Lautriguesio concessa, si & prout per instrumenta concessionum per Vicecomites ad quos Dominium de Lautrico pertinebat, factarum, poterit apparere, & aliter non, & eciam alia in ipsis instrumentis non expressa, omnia superiùs contenta, & cum ipsis Dominis Reformatoribus, cum [e] subcequendis modificacionibus & retencionibus, acordata eisdem Procuratoribus quibus supra nominibus, & omnibus de Lautrico & Lautriguesio, presentibus & futuris, & ipsorum locorum Universitatibus, singulorumque de eisdem, per imperpetuùm concedantur liberaliùs & admittantur, & auctoritate Regiâ confirmentur, eademque tenere possint perpetuò absque occasione vendendi seu extra manum suam ponendi, aut aliam prestandi financiam aliqualem, & in pace super hiis perpetuò dimittantur, ut est dictum, obtulerunt dicti Procuratores quibus supra nominibus, & eciam nomine Universitatum predictarum, & singulorum de eisdem, tria millia Librarum Turonensium bonorum, [f] dandas & solvendas Domino nostro Regi seu ejus (qq) Clavario in Albigesio; videlicet, in Lautrico, in Festo proximè venturo Penthecostes, quingentas Libras Turonenses, & de anno in annum, in eodem Festo, quingentas Libras Turonenses, tamdiu & donec de dictis tribus milibus Turonensibus, eisdem Domino nostro aut ejus Clavario supradicto, fuerit plenariè & integrè satisfactum; obligantes se pro premissis, se & illos quorum Procuratores sunt, & omnia bona sua, & aliorum omnium bona Universitatum [g] predictorum, sub omni renunciacione juris & pariter & cautela; [h] instanter instancia qua potuerunt, & supplicantes dictis Dominis Reformatoribus, quatenùs predicta eisdem concedere, & ut per Regiam Magestatem confirmaretur, facere dignarentur.

Quiquidem Domini Reformatores, attentis hinc inde altercacionibus habitis, & premissis omnibus pleniùs intellectis, deliberatoque super hiis cum fidelibus & [i] Juratis Domini nostri Regis, attendentes in predictis Consulatu & Liberratibus, que in instrumentis de quibus liquebit, contineri dicuntur, aliàs à Vicecomitibus Dominis de Lautrico & Lautriguesio, eciam antequam Dominus Rex esset in ipso Vicecomitatu, in loco Domini Bertrandi Vicecomitis predicti, [k] concessum, expressum habuisse; attento eciam quòd predicta [l] parum aut modicum fructum Domino Regi ad quem dicti Vicecomitatus medietas pertinet, ex causa Domini Bertrandi predicti, [m] offerebant.

(23) [n] Modificato articulo superiùs scripto, ubi dicitur, quòd in omni questione & confessione in posterùm habenda à quocumque, per tormenta vel aliter, &c. quod quatuor ex Consulibus Lautrici essent presentes, &c. & ut in ipso articulo continetur; quòd duo ex Consulibus ipsis, vel duo ex Sindicis, possint & debeant interesse, & aliàs, prout in dicto articulo continetur.

(24) Item. [o] Modificato alio articulo continente quòd nullus in futurum per Curiam de Lautrico captus vel capiendus, abstraharetur, &c. superadditur quòd nullus in futurum per Curiam de Lautrico pro criminibus seu excessibus in Lautrico & Lautriguesio commissis vel committendis, captus vel capiendus, abstrahatur de carceribus de Lautrico, nec abstrahi debeat detinendus in aliis carceribus, &c. nisi in casibus Ressorti aut aliter, ad Dominum Regem seu superioritatem suam pertinentibus.

(25) Item. [p] Super addito in articulo concesso per Dominos Vicecomites, ut fertur, de preconizacionibus & preceptis faciente mencionem, retento quòd Dominus noster

CHARLES VI. à Paris, en Janvier 1395.

[a] Il faut supp. in qui est plus bas dans un endroit semblable.
[b] q. Reg.
[c] corr. forsan.
& supp. habitatores.
[d] al. Reg.
[e] subsequendis.
[f] corr. danda & solvenda.
[g] corr. predictarum.
[h] corr. instantes.
[i] des Officiers qui ont prêté Serment au Roy.
[k] cet endroit paroît corrompu.
[l] corr. parvum.
[m] corr. afferebant.
[n] c'est l'article second.
[o] c'est l'article. 3.
[p] Voy. ci-dessus l'art. 11.

NOTE.

(qq) Clavario.] Il est fait mention plus d'une fois dans les Ordonnances, des Clavaires, qui étoient des Officiers Municipaux; mais je ne me souviens point d'avoir jamais vû ce nom pour désigner un Officier Royal. Il paroît par cet article que ce Clavaire étoit un Receveur du Roy. Voy. les Tables des Mat. des Vol. de ce Rec. au mot Clavaire.

CHARLES VI. à Paris, en Janvier 1395.

Rex precepta & preconizaciones per se & gentes suas, in casibus ad ipsum Dominum Regem & superioritatem suam insolidum pertinentibus, fieri faciet in locis predictis, sine Vicecomitum & Consulum nominacione.

a supp. &. Alia superiùs dicta [a] expressa omnia, predictis Procuratoribus nomine Universitatum predictarum recipientibus, & michi Notario infrascripto tanquam persone publice, nomine Universitatum predictarum, & illorum omnium quorum interesse poterit, mediante oblacione trium milium Librarum, predicta concesserunt per imperpetuùm, eo modo quo supplicata sunt, ab eisdem possidenda; retenta super hiis voluntate Domini nostri Regis, & retentis Domino Regi (rr) bannis (ss) sive For partis seu quam habet in Vicecomitatu Lautrici & Lautriguesii, & in locis de Sancto Juliano de Podio, de Molayresio de [b] Ganubuo, aliorumque locorum terre Lautriguesii, pertinencium ad eundem; & eciam in dictos Consules eorumque Consiliarios & ministros, omni cognicione, correccione & punicione, cum (tt) incursibus eorundem, & in casibus in quibus à dictorum Consulum cognicione seu gravamine vel actibus, contigerit (uu) Ressorto quocumque; & in omnibus casibus, superioritate retentâ: salvo eciam jure Regio in omnibus, ac eciam alieno.

b Ganubrio, *comme plus haut.*

Instrumentorum verò procuracionum dictorum Lautrici & Lautriguesii Procuratorum de quibus supra facta est mencio, unum incipit in secunda linea, quinta decima mensis Septembris, & sunt in eadem [c] in receptum manu Magistri Petri de Deo Notarii de Lautrico, die quintâ decimâ mensis Septembris, anno Domini M.° CCC.° vicesimo septimo: Aliud verò incipit in secunda linea, Bajulum Regium de Lautrico, & sunt in [d] eodem Carcassone, quod receptum fuit manu Magistri Bertrandi Cultellerii Notarii de Lautrico, die XX.ª Septembris, anno M.° CCC.° XXVII.°

c Il faut app. corr. quod receptum fuit, *comme il y a plus bas.*

d corr. eadem *qui est un peu plus haut.*

Acta fuerunt hec Tholose, in Hospicio Regio, ubi Senescallus Tholose morari consuevit, sextâ die Novembris, anno Domini M.° CCC.° vicesimo septimo, Regnante Domino Karolo Rege Francorum & Navarre, in presencia & testimonio discreti viri Magistri Remundi Foulquaudi, Procuratoris Regii Senescallie Carcassone; Magistri Jacobi de Pradali, Notarii de Lautrico; Petri Cotardi; Petri de Plexino, Domicellorum; Bernardi Belengarii Servientis Biterris, & plurium aliorum tunc ibidem [e] existancium; & Magistri Bernardi de Monte-contivo, publici auctoritate Regiâ Notarii, qui requisitus per dictos Procuratores, hoc instrumentum recepit vice cujus & nomine, ego Petrus de Nebaucio, Clericus Carcassone, eundem [f] scripxi. Et ego Bernardus de Monte-contivo, Notarius predictus, factâ collacione de premissis, ibi me subscripsi, & presens instrumentum signavi.

e existentium.

f scripsi.

Et ad majorem omnium premissorum firmitatem habendam, nos Reformatores predicti, Sigilla nostra huic presenti instrumento apponi fecimus & appendi.

Suite des Lettres de Philippe de Valois, Régent du Royaume.

Nos autem premissa omnia & singula in suprascriptis Litteris contenta, rata habentes & grata, [g] eas volumus, laudamus, approbamus, & tenore Presencium, auctoritate nostrâ confirmamus: nostro in aliis, & alieno in omnibus jure salvo. Quod ut firmum & stabile permaneat in futurum, Sigillum nostrum quo ante dictorum Regnorum susceptum regimen utebamur, presentibus Litteris duximus apponendum. Datum Parisius, anno Domini millesimo CCC.mo XXVII.° mense Marcii.

g corr. ea.

Suite des Lettres de Philippe de Valois, Roy de France.

Nos autem premissa omnia & singula, prout superiùs sunt expressa, rata habentes & grata, ea volumus, laudamus, approbamus, & auctoritate nostrâ Regiâ, tenore Presecium confirmamus: nostro in aliis, & alieno in omnibus jure salvo. Quod ut firmum

NOTES.

(rr) Bannis.] Ce sont sans doute les Proclamations dont il est parlé plus haut dans les articles 11. & 25.

(ss) Sive for partis, &c.] J'avoue que je n'entends point cet endroit. J'entrevois seulement qu'on réserve au Roy la part qui lui appartenoit dans le lieu de *Lautrec*, & dans les autres lieux nommez plus bas.

(tt) Incursibus.] Suivant le Glossaire de *Du Cange*, au mot *incurrimentum, incursus* signifie quelquefois une Amende à laquelle des délinquans sont condamnez.

(uu) Ressorto quocumque.] Cet endroit est tronqué. Il s'y agit sans doute des Appels des Sentences des Consuls, portez devant le Juge Royal auquel leur Jurisdiction ressortissoit.

& stabile

& stabile permaneat in futurum, Sigillum nostrum presentibus Litteris duximus apponendum. Datum *Parif.* anno Domini millesimo CCC.° XXX.° mense Martii. *Reddatur* [a] *Camere. Per Cameram Computorum.* P. [b] Jul. *Rescripta propter mutacionem Sigilli. Facta est collacio.*

a La Chambre des Comptes.

b Il y a une marque d'abréviation sur ce nom.

Suite des Lettres de Charles VI.

Quas quidem Litteras suprascriptas, & omnia & singula in eisdem contenta, si & in quantum [c] *juxtè & ritè facta fuerant & concessa, ac eisdem debitè usi sunt, debitè & utuntur, rata & grata habentes, eas & ea volumus, laudamus, approbamus, ratifficamus, ac omnia tenore presencium, de nostri gracia speciali, auctoritateque Regiâ confirmamus: Dantes* [d] *tenores presencium in mandatis* Senescallo Carcassone, *ceterisque Justiciariis & Officiariis nostris, presentibus & futuris, vel eorum Locatenentibus, aut eorum cuilibet, prout ad eum pertinuerit, quatenus Consules & habitantes* Lautrici *&* Lautriguesii, *in eisdem Litteris nominati, nostrâ presenti confirmacione uti & gaudere pacificè faciant & permittant; nil in contrarium fieri* [e] *permittantes; quinymo, in contrarium facta, si que sint, ad statum pristinum reducant aut reduci faciant indilatè. Quod ut firmum & stabile imperpetuùm perseveret, presentibus Litteris nostrum fecimus apponi Sigillum: Salvo in aliis jure nostro, & in omnibus quolibet alieno.* Datum *Parif.* anno Domini millesimo CCC.° nonagesimo quinto, mense Januarii; & regni nostri decimo sexto.

c justè.

d tenore.

e permittentes.

Per Regem, ad relacionem Consilii. MERCIER.

Collacio facta est cum originali. MERCIER.

(a) Confirmation des Privilèges accordez par le Comte de Pardiac, au nom de Charles V. aux habitans de Montfaucon.

CHARLES VI. à Paris, en Janvier 1395.

CHARLES V. à Paris, le 2. Juin 1369.

SOMMAIRES.

(1) Les habitans de Montfaucon seront exempts de la Jurisdiction de la ville de Rabastens qui est présentement rebelle au Roy, & ne seront plus obligez d'y aller faire le guet, & de contribuer aux Tailles qui s'y lèvent.

(2) Ces habitans payeront au Roy & au Coseigneur de Montfaucon, une redevance annuelle de huit deniers pour chaque place d'une certaine étendue, qu'ils possèderont. Ils payeront aussi des droits de [lods &] ventes, & d'autres droits semblables, lorsqu'ils aliéneront ou qu'ils hypothèqueront ces places.

(3) Ces habitans payeront aussi aux Seigneurs, une redevance annuelle de dix deniers pour chaque arpent; & plus ou moins, à proportion du terrein qu'ils possèderont.

(4) Les Consuls de Montfaucon assisteront avec le Bailli, aux jugemens des procès criminels.

(5) Les Requêtes seront présentées au Bailli, en présence des Consuls. Si ces Requêtes regardent des dettes, & que ces dettes n'excèdent point ce qui est dû au Juge pour les Requêtes qu'on lui présente, il y fera droit sans rien exiger & sans procédure par écrit. Ces droits dûs au Juge n'excéderont point douze deniers, ainsi que cela se pratique dans les autres lieux sujets au Roy. Si le débiteur paye ce qu'il doit, dans l'espace de quatorze jours, il payera seulement un denier de droits; & le Greffier sera tenu de biffer la requête présentée contre lui.

(6) Si un habitant qui possède une certaine étendue de terrein, paye une redevance moindre que celle à laquelle ce terrein devroit être sujet, son terrein ne sera point confisqué: il sera seulement tenu de payer une redevance proportionnée à son étendue.

(7) Les lieux particuliers nommez dans l'article, continueront d'être sujets aux redevances dont ils ont été anciennement chargez.

(8) Les habitans ne pourront être sujets à d'autres redevances, qu'à celles qui sont marquées ci-dessus; & ils ne pourront être obligez qu'à payer chacun dans leur particulier, celles dont les terres qu'ils possèdent, sont chargées.

(9) Les redevances dûes aux Seigneurs seront levées par leurs Officiers, & non par les Consuls.

(10) Les habitans ne pourront être soûmis à d'autre Jurisdiction qu'à celle de Montfaucon, par rapport aux Contrats qu'ils y auront passez; à moins que dans ces Contrats ils ne se soient soûmis à une autre Jurisdiction.

(11) Si un étranger vient s'établir dans Montfaucon, & qu'il y ait demeuré un an & un jour, on lui donnera la même protection qu'aux anciens habitans.

(12) Les habitans continueront d'avoir les mêmes usages dans les eaux, dans les pâturages & dans les bois.

NOTE.

(a) Trésor des Chartres, Registre 149. P. XIIII.^xx^XVI. (296.)

CHARLES VI. à Paris, en Janvier 1395.

(13) On ne pourra saisir & vendre pour cause de dettes, les outils & les instrumens avec lesquels les habitans gagnent leur vie, s'ils ont d'autres effets suffisans pour acquitter ce qu'ils doivent.

(14) Les habitans pourront améliorer les terreins qu'ils possèdent, sauf les droits dûs aux Seigneurs.

(15) Les habitans ne seront obligez de suivre leurs Seigneurs dans les expéditions militaires, que de la manière dont le font les autres sujets du Roy demeurans dans les lieux voisins de Montfaucon.

(16) Les habitans ne pourront être mis en prison, s'ils offrent caution de se représenter en Justice; à moins qu'ils ne soient prévenus de crime.

(17) Si un homme marié est trouvé dans un lieu suspect avec une femme mariée, nud ou à demi-déshabillé, ils auront le choix, ou de courir nuds par la ville, ou de payer une Amende de soixante Sols.

(18) Tous les ans les Consuls qui devront sortir de Charge, présenteront au Bailli six personnes, entre lesquelles il en choisira trois pour être Consuls. Les anciens Consuls resteront en place jusqu'à ce que le Bailli ait fait choix des nouveaux.

(19) Ceux qui auront blessé quelqu'un, payeront une Amende de trente Sols, à moins que la blessure ne soit considérable ou mortelle.

(20) Les habitans de Montfaucon ne payeront dans toute l'étendue du Royaume, qu'un denier, par rapport aux Requêtes qu'on présentera contr'eux, & au défaut qu'on obtiendra contr'eux.

(21) Les Seigneurs ne pourront mettre dans les pâturages de Montfaucon, que les animaux qui leur appartiendront.

(22) Les habitans à qui par autorité de Justice, on aura fait défense de faire usage de leurs biens, pourront s'en servir s'ils présentent au Bailli une caution de comparoître en Jugement. Si le Bailli refuse de la recevoir, les habitans ne seront point obligez d'avoir égard à la défense.

(23) Le Coseigneur de Montfaucon, ni aucun des habitans, ne pourront prendre à ferme le Bailliage de ce lieu, ni être associé avec le Fermier.

(24) Chaque habitant pourra avoir un four, en payant six deniers au Roy tous les ans.

(25) Les habitans ne seront obligez d'obéir qu'aux Sergens qui auront été établis dans cette Charge, par les Seigneurs.

(26) Les Seigneurs ne pourront prendre les biens des habitans, que dans les cas de nécessité, & qu'après une estimation préalable.

(27) Les habitans pourront faire étudier leurs enfans, & les marier à qui, & où ils le jugeront à propos.

(28) Le Bailli & les Consuls pourront faire réparer les chemins, & même en faire construire de nouveaux. Ils pourront lever des Tailles sur les habitans, pour la clôture de la ville, & pour les autres dépenses communes.

(29) Lorsque le Bailli de Montfaucon entrera en Charge, & dans la suite, tous les ans il jurera de bien remplir les devoirs de son Office, & de ne point recevoir de présens ni de services par rapport aux fonctions de sa Charge.

KAROLUS, &c. Notum facimus universis tam presentibus quàm futuris, Nos Litteras deffuncti carissimi Patrui nostri, [a] Duci Andegavie, *tunc Locumtenentis nostri in* Partibus Occitanis, *ac* [b] Ducatus Acquitanie, *cui Deus indulgeat, vidisse: quarum Litterarum tenor talis est.*

a Ducis.
b Ducatu.

LUDOVICUS Regis quondam Francorum Filius, Domini mei Regis Germanus, ejusque Locumtenens in Partibus Occitanis, Dux Andegavensis *&* Turonensis, *ac* Comes Cenomanensis. *Notum facimus universis tam presentibus quàm futuris, quòd visis per nos Litteris quarum tenor sequitur in hec verba.*

ARNALDUS Guillermi *Dei gracia (b)* Comes Pardiaci, *Dominusque Baroniarum* [c] Viran. *&* Orban. *ac de* Flamarenx. *Domini nostri Francie Regis Consiliarius, commissusque & deputatus super quibusdam* [d], *per eundem Dominum nostrum Regem, prout in ipsius Domini nostri Regis patentibus Litteris, ejus magno Sigillo & Contra-sigillo, cera crocea, in cauda duplici impendenti sigillatis: quarum tenor de verbo ad verbum sequitur, & est talis.*

c Il y a des marques d'abréviation sur la fin de ce nom & des deux suivans.
d Il faut peut-être suppléer *negotiis*.

CHARLES par la grace de Dieu Roy de France. A tous ceulx qui ces Lettres

NOTE.

(b) Comes Pardiaci.] Arnaud Gailhem de Montlezun, IV. du nom, *Comte de Pardiac*, qui mourut le 16. d'Août 1369. Voy. *l'hist. généal. de la Maison de France*, T. 2. p. 628. On n'y trouve point dans l'article de ce Comte, ni dans ceux de ses ancêtres, les noms modernes des Baronies dont il est dit dans cette Pièce qu'il étoit Seigneur. Il n'est pas non plus fait mention de ces Baronies dans la Généalogie des Comtes de *Pardiac*, qui est à la page 502. du Livre intitulé: *Notitia utriusque Vasconiæ, ab Oihenarto*. Il y est dit pag. 503. qu'*Arnaud IV.* mourut le 17. des Kalendes de Septembre 1377.

CHARLES VI.

à Paris, en Janvier 1395.

verront: Salut. Savoir faisons que comme le [a] *Prince de Gales, Duc de Guienne,* se soit efforcié, & encore s'efforce par lui & par ses gens, Officiers & subgiez, de Nous faire guerre, & à aucuns Nobles & Communes des bonnes villes de la *Duchié de Guienne,* en laquelle avons toute Souveraineté, qui ont appelé à Nous comme à leur Seigneur souverain, de plusieurs griefs que ledit Prince leur a fait; lesquelx sont en notre Sauvegarde especial, & proteccion & subjeccion, à cause de leurs diz Appeaulx, en soy monstrant rebelle & desobéissant à Nous; & plusieurs gens d'Eglise, Nobles & Communez des bonnez villes dudit Duchié, qui pas ne sçevent le droit que Nous avons en laditte Souveraineté, aient tenu & tiennent son parti encontre Nous & noz subgiez; Nous confians à plain du senz, loyauté & diligence de nostre amé & féal Chevallier & Conseillier le *Conte de Perdiac,* à icellui avons donné & donnons povoir, auctorité & mandement espécial, de monstrer aux gens d'Eglise, Nobles & Communes dudit Duchié, le droit que avons en laditte Souveraineté, & le tort & l'injustice que ledit Prince a envers Nous, & que le Roy d'*Angleterre* y a eu en ce & en autres choses ou temps passé, & nostre droit, raison & justice en ce; & de parler & traitier avec eulx de venir & demourer en nostre obéissance, & tenir notre parti, & de leur octroyer pour ce des graces, privilèges, libertés & franchises tant & telles comme bon leur samblera, & de leur promettre que [b] parmi ce, Nous ne noz successeurs Roys ne les mettrons jamais hors de noz mains, ne séparerons de la Couronne de France, & que perpétuelment y demouront, & de faire en ces choses & en leur dépendences, tout ce que nous ferions se Nous y étions presens en nostre personne; & Nous promettons loyaument en bonne foy & en parole de Roy, que tout ce que par notre dit Conseillier sera monstré, octroyé, dit, fait & promis ès choses dessus dittes, Nous aurons agréable, & le confermerons par noz Lettres quant requis en serons. En tesmoing de ce, Nous avons fait mettre nostre Seel à ces Lettres. *Donné à* Paris, *le 11.e jour de Juing, l'an de grace mil CCC LX nuef; & de notre regne le VI.me* Par le Roy. YVO.

a *Voy. le 5.e Vol. de ce Rec. p.* 190. Note *(a).*

b *moyennant ce.*

Suite des Lettres du Comte de Pardiac.

Plenius continetur, universis tam presentibus quàm futuris, presentes Litteras inspecturis: Salutem. Sincere fidelitatis affectus, quem ad prefatum Dominum nostrum Regem & Regnum suum, Nobilis Bernardus de Senclava, *Dominus in parte, Universitasque ac Consules & habitatores loci de (c)* Montefalcone *infra* Comitatus Bigorre *limites situati, hactenus gesserunt, & adhuc gerunt eciam incessanter, meritò nos inducit ut suis nobis in hac parte porrectis supplicacionibus, quantùm possumus, favorabiliter annuamus. Ex tenore [c] siquidam eorumdem Nobilis* Bernardi, *Universitatisque ac Consulum & habitatorum dicti loci de* Montefalcone, *nobis oblate supplicacionis, collegimus quòd ipsi quamplurima dampna, oppressiones & gravamina occasione guerrarum sustinuerunt, & quòd nos prefati Domini nostri Regis nomine, Previllegia, Consuetudines, franchesias & Libertates infrascriptas, eisdem dare & concedere dignaremur. Nos itaque considerantes quòd ipsi tanquam boni, veri & fideles prefatum Dominum nostrum Francorum Regem in suum recognoscentes naturalem & superiorem Dominum, se in ipsius Domini nostri Regis obediencia liberè & voluntariè reddiderunt, premissorum consideracione, ac eciam ex pluribus aliis justis & legitimis causis nos ad hoc inducentibus, prefatis Nobili* Bernardo de Senclava, *Universitatique ac Consulibus & habitatoribus, omnibusque & singulis ejusdem loci de* Montefalcone, *& pertinenciarum ejusdem, presentibus & futuris, cujuscumque status, sexûs aut condicionis existant, vigore & auctoritate potestatis nobis per prefatum Dominum nostrum Regem, in suis suprascriptis Litteris quomodolibet [d] attribure, Privilegia, Consuetudines, Libertates & franchesias infrascriptas, & sub limitacionibus subscriptis, dedimus & concessimus, damusque & concedimus de nostra certa sciencia ac speciali gracia, per presentes: Dictus [e] enin locus de* Montefalcone, *ipsiusque Jurisdiccio & pertinencie*

c siquidem, *là & plus bas.*

d attribute.

e enim.

NOTE.

(c) Montefalcone.] C'est apparemment *Montfaucon* dans la *Gascogne,* du Diocèse de *Tarbes* & de la Recette de *Bigorre.* Voyez *le Dictionn. universel de la France,* col. 683.

CHARLES VI. à Paris, en Janvier 1395.

confruntantur & limittantur à parte anteriori, cum nostro Comitatu Pardiaci; *& à parte superiori, cum loco de (d)* Barbaren. *& à parte posteriori cum loco de* [a] Sitola *& de* Geusato; *& à parte inferiori, cum locis de* Salva-terra *& de* Bordinio.

Privilegia verò, Consuetudines, franchesie & Libertates de quibus supra fit mencio, per [b] *ordinen subsequntur.*

(1) Primo. *Quòd dicti Nobilis* Bernardus, *Dominus in parte, Universitasque ac Consules & habitatores omnes & singuli loci de* Montefalcone *predicti, honorisque Juridiccionis & pertinenciarum ejusdem, presentes pariter & futuri, ab omnibus Juridicione, Tailliagiis, Guetis & vigilacioibus, & à quibuscumque aliis servitutibus in quibus, & que facere, quibusque contribuere Ville seu loco de* [c] Rabastenx *de* Bigorra, *rebelli & inobedienti dicto Domino nostro Regi, ante presentem concessionem tenebantur seu teneri poterant quoquomodò,* [d] *exnimie imperpetuùm exempti sint, quictique penitùs & immunes, & quòd ville seu loco de* Rabastenx *predicto, aut alicui servienti seu Officiario ipsius ville seu loci de* Rabastenx, *obedire de cetero minimè teneantur.*

(2) Item. *Quòd omnes (e) vicini & habitatores dicti loci de* Montefalcone, *qui nunc sunt vel pro tempore* [e] *fuerunt, habentes vel habituri plateas infra dictum locum; quequidam platee habeant decem (f) rasas de amplitudine & longitudine,* [f] *à loco ubi platea erit situata, usque ad clausuram ejusdem loci;* [g] *& solvent pro qualibet platea dicto Domino nostro Regi & ejus (g) Pariario, anno quolibet in Festo omnium Sanctorum, octo Denarios Turonenses, monete tunc currentis; & similiter (h) vendas & impignoraturas quando dicte platee seu earum altera, de uno in alium transferuntur.*

(3) Item. *Quòd quelibet persona tenens terram in dicto loco & pertinenciis suis, solvet Domino, anno quolibet, in Festo omnium Sanctorum, pro quolibet arpento, decem Denarios Tholosanos, monete in dicto Festo currentis, vel prorata, secundùm magis & minùs.*

(4) Item. *Quòd ex nunc imperpetuùm Consules dicti loci qui nunc sunt & erunt pro tempore, sint assistentes* Bajulo *ipsius loci, in omnibus & singulis Causis criminalibus in eodem loco, & infra* [h] *voluntationes prescriptas, pendentibus & emergentibus, quoquomodo.*

(5) Item. *Quòd si aliquis de habitatoribus loci predicti, velit (i) clamorem facere contra alium, dictum clamorem coram* Bajulo, *Consulibus dicti loci presentibus, & eidem* Bajulo *assistentibus, facere teneatur; & si forsan debitum non excedat* [i] *legem seu clamorem, quòd illo casu, absque clamore & scriptura, fiat & reddatur cuilibet jus suum; & si debitum legem seu clamorem excedat, quòd recipiantur duntaxat duodecim Denarii Tholosani pro clamore, prout in aliis locis & Villis dicti Domini nostri Regis, est recipi consuetum; & si infra quatuordecim dies, debitor solvat debitum suo creditori, quod solvendo unum Denarium Turonensem duntaxat,* [k] *Notarius Curie* [l] *scripturam clamoris cancellare teneatur.*

a nom douteux.
b ordinem.
c Rabastens *dans le* Bigorre.
d *fort.* ex nunc.
e fuerint.
f Je n'entends point cet endroit qui est peut-être tronqué.
g ce mot est inutile.
h Ce mot paroît corrompu, ou du moins je ne l'entends point.
i le droit dû au Juge.
k le Greffier.
l l'original de la Requête.

NOTES.

(d) *Barbaren.*] Dans les Cartes que j'ai consultées on ne trouve ni *Montfaucon*, ni les autres lieux dont il est fait mention ici; si ce n'est *Sauveterre.*

(e) *Vicini.*] Suivant le Glossaire de *Du Cange*, au mot *Vicinus*, col. 1577. il signifie quelquefois un habitant d'une ville, un Citoyen.

(f) *Rasas.*] Dans le Glossaire de *Du Cange*, au mot *Rascia* 1. qui est apparemment synonyme de *Rasa*, & qui signifie une mesure de terre, il n'est point dit quelle étoit son étendue.

(g) *Pariario.*] Ce mot suivant le Glossaire de *Du Cange*, au mot *Par.* col. 148. signifie celui qui possède une partie d'un héritage. Ce mot peut donc désigner ici *Bertrand de Sanclava* qui étoit Coseigneur de *Montfaucon*, & qui en partageoit la Seigneurie avec le Roy.

(h) *Vendas & impignoraturas.*] *Venda*, Lods & Ventes. Voy le Gloss. de *Du Cange*, au mot *Venda* 2. col. 1464.

Impignoratura, sur lequel je n'ai rien trouvé, doit signifier un droit Seigneurial que l'on payoit lorsque l'on créoit une hypothèque sur un bien: car anciennement ceux en faveur de qui ces hypothèques étoient créées, devenoient en quelque sorte propriétaires des héritages qu'on leur hypothéquoit.

(i) *Clamorem.*] Requête présentée en Justice contre un débiteur. Il est prouvé par plusieurs endroits de ce Recueil, qu'il étoit dû un droit au Juge, quand une plainte ou une Requête lui étoit présentée.

CHARLES VI. à Paris, en Janvier 1395.

(6) Item. *Quòd si Dominus noster Rex predictus, aut Pariarius, vellent mensurare terras dictorum habitatorum, & reperiebatur aliquod incrementum ultra (i) feudum solvi consuetum, quòd possessor illius seu excessus feudi, & quòd ex causa predicti*[a], *illud feudum in toto nec in parte non cadat aliqualiter in commissum; sed possessor solvendo duntaxat pro illo incremento seu excessivo feudo, pro rata, habendo respectum ad illud deverium quod pro eodem feudo fiebat & debebatur, quictus sit, dicto feudo &* [b] *incremente semper penes possessorem ipsius feudi, penitus remanente.*

(7) Item. *Quòd* [c] *tenimanta seu territoria* [d] *vacata las* [e] Eudo *&* Neviaduras, *de* Lactigua *& de* Calastropat, *sint quicta & immunia, solvendo servicia propter ipsa fieri consueta; videlicet, propter illa vocata* Laeudomeviadura *de* Lactigua, *cum & pro decem Solidis (k)* Morl. *& propter illa vocata de* Calastropat, *cum & pro uno obolo* Mobl. *solvendo anno quolibet in Festo omnium Sanctorum; & quòd Dominus seu dictorum Domini tenimentorum, recipiant pro quatuor* Morlan. *septem Denarios Turonenses, in & de moneta in dicto Festo omnium Sanctorum currente, prout hactenus recipere consueverunt.*

(8) Item. *Quòd dictus Dominus noster Rex, & ejus Pariarius, nequeant compellere unum habitatorem dicti loci & pertinenciarum suarum, pro* [f] *alio occasione serviciorum per ipsos habitatores Domino fieri consuetorum; sed quòd quilibet ipsorum, solvendo partem seu porcionem sibi contingentem, quittus remaneat &* [g] *immunus.*

(9) Item. *Quòd Consules dicti loci, feuda nec alia servicia Dominorum colligere seu levare minimè teneantur; sed quòd ipsi Domini seu eorum Officiarii, ipsa colligant & levent, seu colligi prout eis placuerit, faciant & levari.*

(10) Item. *Quòd pretextu seu occasione contractuum in dicto loco & ejus pertinenciis factorum & faciendorum, aliquis vicinus extra dictum locum non trahatur, nec ad judicium evocetur, nisi tamen ad hoc fuerit specialiter obligatus.*

(11) Item. *Quòd si aliquis homo extraneus seu aliunde oriundus velit venire & habitare in dicto loco seu ejus pertinenciis, quòd ex quo ibidem per unum annum & diem moram traxerit, ex tunc ab omni vi & violencia, sicuti unus de aliis antiquis vicinis, custodiatur & eciam* [h] *defandatur.*

(12) Item. *Quòd omnes habitators dicti loci & pertinenciarum suarum, nunc & in futurum habeant sua (l) explectamenta pro se ipsis & suis animalibus in aquis, herbis & nemoribus, prout hactenùs soliti sunt habere.*

(13) Item. *Quòd aliquis vel aliqui de habitatoribus dicti loci & pertinenciarum suarum, pro aliquo seu aliquibus debitis nullathenùs pignorentur, nec fiat execucio in*

a *supp.* incrementi.

b incremento.

c *corr.* tenementa, *la & plus bas.*

d vocata.

e quelques-uns de ces noms sont écrits différemment un peu plus bas.

f alia.

g immunis.

h defendatur.

NOTES.

(i) *Feudum.*] Le sens de cet article est clair, & il n'y a de difficulté que sur un mot qui y est répété plusieurs fois, sans qu'on puisse s'assurer de la véritable manière dont on doit le lire: car on pourroit presqu'également lire *scudum, fendum, seudum,* & peut-être même *feudum.* Ce mot se trouve encore répété dans quelques-uns des articles suivans & dans le 14.e *Feudum* est la leçon la plus vraisemblable. Comme je n'ai rien trouvé sur les autres mots, je me suis déterminé pour ce dernier, sans assurer néanmoins que ce soit la véritable leçon. Il s'agit présentement de l'expliquer.

Le mot *feudum* a différentes significations. M.r *Brussel* dans son Traité de l'*Usage des fiefs,* T. 1. Liv. 1. chap. 1. §. 1. pag. 2. a très-bien prouvé que *feudum* a également signifié la mouvance & le corps même du fief. Si on lit *feudum* dans notre article, ce mot y aura encore deux autres significations. *Montfaucon* étoit un corps de fief, duquel relevoient des terres tenues en roture & chargées d'un cens. Je conjecture que dans cet article, le mot *feudum* signifie & ces terres en roture qui composoient le corps du fief, & le cens auquel elles étoient sujettes. *Feudum* a quelquefois signifié le service du fief, comme on le voit dans le Glossaire de *Du Cange,* au mot *Feudum,* col. 463.

(k) *Morl.*] Il y a plus bas dans cet article *Morlan,* & dans un autre endroit *Mobl.* avec des marques d'abréviation sur ces trois mots. Ils signifient apparemment la même monnoie, sur laquelle on ne trouve rien dans le Catalogue des Monnoies des Seigneurs, qui est dans le Glossaire de *Du Cange,* au mot *Moneta,* col. 981. & suiv.

(l) *Explectamentum.*] Ce mot qu'on n'a point trouvé dans le Glossaire de *Du Cange,* dans le sens qu'il doit avoir ici, y signifie, le droit d'usage. On trouve dans le style du Parlement, chap. 13. Partie 14. *Exploict de couper bois en la forest d'autruy.*

CHARLES VI.
à Paris, en Janvier 1395.

a *app.* bona.
b *corr.* Domini *ou* Dominorum.
c suivre leurs Seigneurs dans les expéditions militaires.

& super eorum (m) benavesis cum quibus lucrantur panem suum, dum tamen alia [a] *dona habeant in & super quibus execucio fieri possit.*

(14) Item. *Quòd quilibet habitator dicti loci & pertinenciarum ejusdem, terras & possessiones suas meliorare valeat; jure* [b] *Dominus earumdem in feudo solito semper salvo.*

(15) Item. *Quòd dicti habitatores presentes & futuri,* [c] *sequi Dominos, nisi prout habitatores aliorum locorum dicti Domini nostri Regis circumvicinorum, (n) facere consueverunt, minimè teneantur.*

(16) Item. *Quòd aliquis de habitatoribus dicti loci & pertinenciarum suarum, presentibus & futuris, pro casu aliquo de cetero non capiatur; dum tamen valeat & se offerat ydoneam tradere caucionem; nisi excessus sive crimen commissum tale fuerit propter quod captus meritò debeat detineri.*

(17) Item. *Quòd si aliquis vir uxoratus reperiatur in dicto loco aut ejus pertinenciis, cum muliere conjugata, (o) baugis astractis, aut nudus cum nuda, in loco tamen suspecto, quod dicti vir & mulier sic reperti, spoliati penitùs & nudati currant per villam, aut currere teneantur, aut solvant sexaginta Solidos Tholosanos* [d] *Dominus dicti loci; opcione tamen & electione dictis viro & mulieri super hoc penitùs reservatâ.*

d Dominis.

(18) Item. *Quòd anno quolibet, in Festo Nativitatis Domini, mutentur & renoventur Consules dicti loci; ita quòd illi qui noviter deserent Consulatum, sex alios probos viros eligent, quorum quidam sex proborum virorum sic electorum, Bajulus dicti loci tres sufficienciores accipiet in Consules & creabit: & si* [e] *forcem dicta creatio* [f] *recordaretur qualicumque causâ, quod illo casu, immediati Consules regant, & potestatem regendi habeant Consulatum, quousque alii fuerint electi noviter & creati.*

e forsan.
f retardaretur.

(19) Item. *Quòd si aliquis vir vel mulier vulneret alium seu aliam, quod de & super hoc fiat informacio per* Bajulum, *Consulibus dicti loci eidem Bajulo assistentibus; & si vulnus non sit (p) otradiosum aut mortale, quod ille vel illa qui dictum vulnus fecerit, sit quictus solvendo triginta Solidos Tholosanos, vel minus, si dicto Bajulo & Consulibus videatur.*

(20) Item. *Quòd habitatores dicti loci & pertinenciarum ejusdem, sexus utriusque, presentes & futuri, pro contumacia & clamore, in toto regno Francie, in terra que nunc est & erit pro tempore obediencie dicti Domini nostri Regis, nisi unum Denarium Turonensem solvere de cetero minimè teneantur.*

(21) Item. *Quòd dictus Dominus noster Rex, nec ejus Pariarius, non valeat introducere seu introduci facere pro herbagiis seu pascuis, in dicto loco seu ejus pertinenciis, aliqua animalia, nisi essent sua* [g] *prompta; sed quòd eadem herbagia & pascua, erga dictos habitatores, franca, libera & quitta* [h] *remaneat, prout solitum fuit temporibus* [i] *retractis.*

g *app.* propria.
h *corr.* remaneant.
i retroactis.

(22) Item. *Quòd si (q) bannum in bonis alicujus habitatoris dicti loci & pertinenciarum suarum apponetur, quod ille vel illa in cujus bonis dictum bannum fuerit appositum, cum presentacione de stando juri ad cognicionem Domini seu Dominorum dicti loci, & super hoc prestitâ ydoneâ caucione, possit uti suâ re in qua dictum bannum fuerit appositum; quamquidem presentacionem & caucionem,* Bajulus *dicti loci super*

NOTES.

(m) Benavesis.] Ce mot sur lequel je n'ai rien trouvé, paroît s'expliquer par l'article même, & semble signifier, des instrumens d'un art ou d'un métier.

(n) Il y a dans le Registre, *holim* avec une marque d'abréviation sur les deux premières lettres. Je ne puis déchiffrer ce mot: Je crois cependant qu'il faut lire *olim* qui fait ici un bon sens.

(o) Baugis.] Ce mot est très-douteux, parce que les deux premières lettres sont maculées, & l'on ne voit clairement que *ugis* on *ugis*. On s'est déterminé pour *baugis*, parce que ce mot peut faire ici un sens. On trouve dans le Glossaire de *Du Cange, Bauga, armilla, circulus.* Ce mot peut aussi avoir signifié une ceinture.

(p) Otradiosum.] Je n'ai rien trouvé sur ce mot. Il doit signifier ici une blessure considérable, outrageuse, disent nos anciens auteurs.

(q) Bannum.] Ce mot doit signifier ici une défense faite à quelqu'un par autorité de Justice, de faire usage de son bien; comme de couper les bois qui lui appartiennent, &c.

Cette défense pouvoit être suivie d'un signe, par exemple, un pennonceau *apposé* sur le bien.

hoc debite requisitus, recipere teneatur; & eo casu quo idem Bajulus *dictam presentacionem & caucionem recipere nollet, quòd modo premisso factâ dictâ presentacione, eadem re in qua dictum bannum fuerit appositum, uti valeat & gaudere,* [a] *incurremento & gagio ac pena non intervenientibus quibuscumque.*

(23) Item. *Quòd Pariarius aut aliquis habitator dicti loci & pertinenciarum suarum non possint arrendare aut (r) attensam seu firmam recipere (s) Bajulam dicti loci, nec habere partem in arrendacione ejusdem.*

(24) Item. *Quòd quilibet habitator dicti loci & pertinenciarum ejusdem, possit habere & tenere suum proprium furnum; solvendo tamen propter hoc dicto Domino nostro Regi, anno quolibet, in Festo omnium Sanctorum, sex Denarios Turonenses.*

(25) Item. *Quòd aliquis de habitatoribus dicti loci & pertinenciarum suarum, alicui nuncio, nisi priùs per Dominos dicti loci, pro Officiario presentatus & serviens per eosdem constitutus fuerit, obedire minimè teneatur.*

(26) Item. *Quòd prefatus Dominus noster Rex, & ejus Pariarius, non possint capere de bonis* [b] *alicuivis vicini dicti loci, absque ejus voluntate; nisi tamen causa necessitatis, & factâ primitùs extimacione legitimâ de eisdem.*

(27) Item. *Quòd quilibet habitator dicti loci & pertinenciarum suarum, sexus utriusque, possit liberè ubicumque voluerit & sibi placuerit, liberos suos conjungare, & ad litterarum scienciam facere erudiri.*

(28) Item. *Quòd* Bajulus *& Consules dicti loci, possint reparare & reparari facere, & si necesse fuerit, de novo construere & construi facere* [c] *graves passus, & tam occasione premissorum & pro clausura dicti loci, quàm pro aliis omnibus incunbentibus supportandis, super quibuscumque habitatoribus ejusdem loci & pertinenciarum suarum, Taillias indicere & imponere tociens quociens expediens fuerit, ac eciam opportunum.*

(29) Item. *Quòd* Bajulus *dicti loci de* Montefalcone *anno quolibet* [d] *in suo novo adventu seu sua nova creacione, jurabit & jurare tenebitur in presencia Consulum dicti loci, quod suum Officium fideliter faciet* [e] *exercebit, & quod donum nec servicia aliqua pro suo Officio* [f] *ne racione sui Officii, non accipiet, & quod pro posse suo, unicuique jus suum reddet, & bonos usus & consuetudines dicti loci, scriptas & non scriptas, approbatas, custodiet & defendet; jure dicti Domini nostri Regis & Pariarii sui, in omnibus semper salvo.*

Quocirca nos Comes predictus, vigore & auctoritate predictis, omnibus & singulis Justiciariis & Officiariis Regiis, qui nunc sunt & pro tempore fuerint, seu eorum Locatenentibus, mandamus quatinùs prefatos Nobilem Bernardum de Sanclava, *Universitatemque & Consules & habitatores, omnesque & singulos dicti loci de* Montefalcone, *& pertinenciarum suarum, presentes & futuros, hac presenti graciâ & concessione uti & gaudere pacificè permittant; impedimento, molestacione seu perturbacione cessantibus quibuscumque: promittentes bonâ fide, vigore & auctoritate supradictis, prefatis* [g] *Nobilis* Bernardo, *Universitatique ac Consulibus & habitatoribus, omnibusque & singulis dicti loci de* Montefalcone, *& pertinenciarum ejusdem, quòd nos premissa omnia & singula per prefatum Dominum nostrum Regem faciemus, quociens per ipsos aut ex parte ipsorum, super hoc debitè requisiti fuerimus, confirmari: dicti Domini nostri Regis in aliis jure salvo, & in omnibus quolibet alieno. In quorum omnium & singulorum testimonium, nostrum presentibus Litteris fecimus apponi Sigillum.* Datum & actum *(t) Marciani,* XXVIII.ª die Septembris, anno Domini millesimo CCC.° sexagesimo nono.

Nos attendentes dilectionem fervidam & fidei perfectissime puritatem, quas prenominati Bernardus de Sanclava, *Universitasque & Consules ac habitatores, nec non*

Suite des Lettres du Duc d'Anjou.

a Amende. Voy. le Gloss. de *Du Cange*, au mot *incurrimentum*.

b alicujusvis.

c ces mots signifient sans doute ici, de mauvais pas, de mauvais chemins.

d *je crois qu'il faut supp.* &.

e *supp.* &.

f *corr.* nec.

g *corr.* Nobili.

NOTES.

(r) Attensam.] Je crois qu'il faut corriger, *ad censam.* On trouve dans le Glossaire de *Du Cange*, au mot *Census*, col. 489. *dare ad censam*, donner à cense, à ferme.

(s) Bajulam.] Bailliage, ce mot est ici synonyme de *Bajulia;* car suivant le Glossaire de *Du Cange*, au mot *Bajulus* 3. col. 935. ces deux mots ont également signifié, tutèle.

(t) Marciani.] *Marciac* dans le *bas Armagnac*, Diocèse d'*Aire*. Voy. *le Diction. univ. de la France*, à ce mot.

CHARLES VI. à Paris, en Janvier 1395.

omnes & singuli dicti loci de Montefalcone, *semper erga Dominum meum & Coronam Francie habuerunt & habent, suprascriptas Litteras, & omnia & singula in eis contenta, rata & grata habentes, ea volumus, laudamus, ratifficamus, approbamus, & de nostra certa sciencia & gracia speciali, & auctoritate Regiâ quâ fungimur in hac parte, tenore presencium confirmamus:* Senescallis Tholose & Bigorre, *ceterisque Justiciariis & Officiariis Regiis, modernis & futuris, vel eorum Locatenentibus, & eorum cuilibet* [a] *& ad eum pertinuerit, dantes per presentes in mandatis, quatinùs eosdem* Bernardum, *Universitatemque, Consules & habitatores, ac omnes &* [b] *singuli loci predicti de* Montefalcone, *nostris presentibus confirmacione pariter & graciâ uti pacificè faciant & gaudere, nec ipsos aut eorum aliquem contra tenorem earundem vexent,* [c] *inquietant ve molestant, nec vexari, inquietari aut molestari à quoquam permittant in corporibus sive bonis; sed quicquid in contrarium factum vel attemptatum fuerit, ad statum pristinum & debitum redducant seu redduci faciant indilatè. Quod ut firmum & stabile permaneat in futurum, nostrum secreti Sigillum in absencia magni, presentibus Litteris duximus apponendum: Salvo in aliis jure Regio, & in omnibus quolibet alieno.* Datum & actum in Tentis nostris ante *(u) Lourdam,* anno Domini M.° CCC.° septuagesimo III.° mense Junii.

a corr. ut.

b corr. singulos.

c inquietent ve molestent.

Suite des Letres de Charles VI.

Quas quidem Litteras suprascriptas, ac omnia & singula in eisdem contenta, ratas & gratas habentes, eas & ea volumus, laudamus, approbamus, ratifficamus, & de gracia speciali confirmamus, quatinùs [d] *in quantùm debitè usi sunt: dantes in mandatis* Senescallis Tholose & Bigorre, *ceterisque Justiciariis & Officiariis nostris, vel eorum Locatenentibus, presentibus & futuris, & cuilibet ipsorum, prout ad eum pertinuerit, quatenùs dictos Consules, habitantes & Universitatem dicti loci de* Montefalcone, *nostris presentibus graciâ & confirmacione uti & gaudere pacificè & quietè faciant & permittant secundùm seriem & tenorem ipsarum Litterarum, absque impedimento & contradiccione quibuscumque; sed quidquic in contrarium factum vel attemptatum fuerit, ad statum pristinum & debitum reducant seu reduci faciant indilatè. Quod ut firmum & stabile permaneat in futurum, nostrum hiis presentibus Litteris duximus apponi Sigillum: Salvo in aliis jure nostro, & in omnibus quolibet alieno.* Datum *Parisius,* mense Januarii, anno Domini M.° CCC.° nonagesimo quinto, & Regni nostri decimo sexto.

Per Regem, ad relacionem Consilii. MERCIER.

d *supp.* &.

NOTE.

(u) Lourdam.] On trouve dans le Dictionnaire universel de la France, deux lieux nommez, *Lourde,* l'un dans le Comté & dans le Diocèse de *Comenges,* & l'autre dans le Diocèse de *Tarbes.* Il y a apparence que c'est de ce dernier lieu dont il s'agit ici: car il est dit dans ce Dictionnaire qu'il y a un Château assez fort, situé sur un rocher.

CHARLES VI. à Paris, en Janvier 1395.

(a) Lettres qui abolissent les Appeaux frivoles dans les Terres & Justices appartenantes à l'Abbaye de Notre-Dame de Soissons, situées dans les Bailliages de Vermandois & de Senlis.

CHARLES, &c. Savoir faisons à tous présens & avenir, Nous avoir receue l'humble supplicacion des Religieuses Abbesse & Convent de Nostre-Dame de *Soissons,* contenant que comme à cause de leur dicte Eglise, elles aient plusieurs Villes & lieux ès *Bailliages de Vermendoiz* & de *Senliz,* avec toute Justice & Seignourie haulte, moienne & basse, seules & pour le tout, lesquelles elles ont accoustumé de garder & gouverner, & encores font chacun jour, par leurs Baillis, Prévoz, Gens & Officiers; & que de jour en jour, plusieurs tant leurs subgez comme autres, des Sentences, Jugemens ou appointemens faiz, donnez & prononciez par les Officiers d'icelles Religieuses, gardans & exerçans leurs Juridicions, & qui pis est, aucunefoiz,

NOTE.

(a) Trésor des Chartres, Registre 149. Pièce III.^{c} XIX. [319.]

sanz

sanz aucun appointement judiciaire, quant l'en les veult contraindre ou exécuter d'aucune chose, ou faire aucuns commandemens, appellent non pas une foiz tant seulement, mais tant qu'il leur plest, querans fuites & délais desraisonnables, pour fuir Justice, soubz umbre de ce qu'ilz dient & maintiennent que par usage ou coustume dont l'en use esdiz Bailliages & ou Ressort d'iceulz, ils peuvent appeller, &c. *(b)*

CHARLES VI. à Paris, en Janvier 1395.

Si donnons en mandement par ces Présentes, aus diz *Bailliz* de *Vermendoiz* & de *Senliz*, aus Prevosts des diz Bailliages, & à tous nos autres Justiciers & Officiers, ou à leurs Lieuxtenans, qui à présent sont ou pour le temps avenir seront, & à chacun d'eux, si comme à lui appartendra, que nostre présente Ordonnance tiengnent, gardent & accomplissent, ou facent tenir, garder & accomplir dorésenavant à tousjours, de point en point, selon sa fourme & teneur, sanz aucunement enfraindre, & lesdictes Religieuses, leurs successeurs, gens & Officiers gardans & exerçans leurs Juridicions temporelles, en facent, sueffrent & laissent joïr & user paisiblement & perpétuelment; nonobstant usage, stile, coustume de païs, ou commune observance, & Ordenances quelconques à ce contraires. Et afin que ce soit ferme & estable à tousjours, Nous avons fait mettre à ces Présentes nostre Séel; sauf en autres choses notre droit, & l'autrui en toutes. *Donné à* Paris, *ou mois de Janvier, l'an de grace mil CCC IIII.xx XV. & de notre regne, le XVI.e*

Par le Roy, à la relacion du Conseil. FRERON.

NOTE.

(b) Voy. dans la Note *(b)* de la page 189. du septième Volume de ce Recueil, les raisons qui ont déterminé à ne donner qu'en abrégé les Lettres qui regardent les Appeaux volages.

CHARLES VI. à Paris, le 25. de Février 1395.

(c) Lettres confirmatives d'une Ordonnance de Jacques de Montmaur, Gouverneur du Dauphiné, portant que dans cette Province tous les Contrats passez par les Juifs, seront reçus par le Notaire Nicoleti, ou par les Notaires qu'il commettra à cet effet.

CAROLUS Dei gracia Francorum Rex, Dalphinus Viennensis. Universis præsentes Litteras inspecturis: Salutem. Notum facimus Nos vidisse Litteras dilecti & fidelis Consiliarii & Cambellani nostri, Jacobi de Montemauro, *Militis, Gubernatoris nostri Dalphinatûs; formam quæ sequitur, continentes.*

(d) JACOBUS de Montemauro, *Cambellanus & Consiliarius Regius, Gubernator Dalphinatûs, Locumtenens illustris Principis Domini nostri Dalphini, (e) Vicarii Imperialis. Notum serie præsentium fieri volumus universis, ad nostrum nuper auditum pervenisse nonnullorum fide dignorum relatu, quod ad falsam sugestionem plurimorum Judeorum & Judearum in Dalphinatu habitantium, usurarum voraginem exercentium, plures simulati conficiuntur Contractus usuram damnatam sentientes, quos per ignaros quamplures Notarios recipere faciunt & procurant, minus idoneos approbantes, & magis idoneos reprobantes, ut eorum* [a] *refanda nequitia suum plenius ad ipsorum libitum sortiatur effectum, & ut bona Dalphinalium subjectorum plurimorum, etiam infinitorum,*

[a] *Il faut appar.* corr. nefanda.

NOTES.

(c) La Copie de ces Lettres qui sont dans le Dépôt de la Chambre des Comptes de *Grenoble*, a été envoyée avec cette Indication: *Caisse du Dauphiné.*

(d) Jacobus de Montemauro.] Jacques de Montmaur. Voy. p. 12. du premier Volume du Nobiliaire de *Dauphiné*, par *Chorier.*

(e) Vicarii Imperialis.] Charles IV. Empereur, *étant à* Paris, *établit par une Bulle d'or, du mois de Janvier 1378. Charles Dauphin fils aîné du Roy Charles V. son neveu, qui a depuis été Charles VI. Vicaire général de l'*Empire *dans le* Dauphiné de Viennois, *& les Diocèses de* Valence *& de Die; & par la même Bulle, il rendit le même Dauphin capable d'exercer le Vicariat, encore qu'il n'eût que dix ans.* C'est ainsi que s'exprime M.r *Salvaing,* dans son *Usage des fiefs,* Partie première, Chap. 1. p. m. 12. Voy. la suite de ce passage.

CHARLES VI. à Paris, le 25. de Février 1395.

per usurarum ipsarum pravitatem possint ab eis subtiliùs extorquere; circa quæ, Judaïca natio in tantum jam diu processit, quòd quamplures subjecti Dalphinales prædicti ferè indebitè [a] exhæredati, Census & alia Tributa præstari solita Dalphinali excellenciæ solvere nequeunt, nec aliàs rei publicæ subvenire; ob quam causam quamplurimi patriam deseruerunt Dalphinalem, & aliqui pro victu querendo hostiatim, exules facti sunt à Dalphinali patria antedicta. Nos itaque circa commodum & honorem dicti Domini nostri, gubernationem rei publicæ & populi regimen, prout etiam nostro [b] incombit Officio, cura vigili perpensantes, & indemnitati dictorum Dalphinalium subjectorum providere, ac fraudulenti maliciæ dictorum Judeorum obviare, sicut convenit, cupientes, de fidelitate, sciencia & probitate dilecti nostri Francisci Nicoleti, Dalphinalis Secretarii, publici auctoritate Imperiali Notarii, fidem indubiam obtinentes, eidem Francisco, & deputandis Notariis publicis sufficientibus & idoneis, & per nos approbandis *(f)* ab eodem, receptionem omnium & singulorum Contractuum & Instrumentorum factum Judeorum & Judearum omnium & singulorum, in Dalphinatu nunc degentium, & eciam deinceps ubicumque in Dalphinatu commoraturorum, quomodolibet tangentium & respicientium, vice & nomine Dalphinali, committimus per præsentes: inhibentes propterea universis & singulis Judeis præfatis & Judeabus, dictam Dalphinalem patriam habitantibus & habitaturis, & eorum cuilibet, sub pœna corporis & [c] averis, cæterisque Dalphinalibus subditis quibuslibet, cum dictis Judeis & Judeabus, vel aliquo ex eis, amodo in antea contrahere volentibus, quâvis occasione vel causâ, sub pœna quinquaginta Marcharum Argenti fini, per quemlibet secus facientem, & toties quoties secus fecerit, committenda, ne deinceps ad alium Notarium publicum seu autenticam personam, vel ad alios, quam ad dictum Franciscum seu Substitutum vel substituendum, substitutos vel deputatos ab eodem Francisco, pro dictis *(g)* Notis, Contractibus, Instrumentis seu Litteris autenticis recipiendis, recurrere seu recursum habere audeat quomodolibet vel præsumat: omnibus etiam Notariis publicis arte seu Officio Notariatûs ubique in Dalphinatu, quâvis auctoritate fungentibus, sub pœna privationis ab Officio Notariatûs predicto, ne aliquos Contractus, Instrumenta seu Litteras autenticas amodo in antea recipere, notare, aut aliàs de ipsis se intromittere, nisi à dicto Francisco licenciam super hoc haberet, & principaliter ad hoc esset ab eo deputatus, & per nos approbatus; quas pœnas, pro nunc prout ex tunc, si secus fieret, tenore præsentium declaramus [d]. Et ad finem quod præmissa per publicationem debitam ad vulgaris notitiam deducantur, universis & singulis Dalphinalibus Officialibus & Justiciariis qui super hoc fuerint requisiti, vel eorum Locatenentibus, tenore præsentium præcipimus & mandamus, quatenus per universa & singula loca in Dalphinatu ubilibet constituta, ad requisitionem dicti Francisci vel ejus mandati, præsentes Litteras & contenta in eisdem, publicari faciant voce Preconis, more & locis solitis, ac contenta in eis, singulis personis dictorum Judeorum & Judearum, seu alterius eorumdem, de quibus fuerint, ut prætangitur, requisiti, nottifficare habeant absque contradictione quacumque: præsentes [e] quipe Litteras in Cartulariis seu Registris Curiarum quarumcumque Dalphinalium, registrari ad instanciam cujus supra, jubemus, ne quis ignoranciam prætendere valeat de eisdem. Datum *Gratianopoli*, die quinta mensis Octobris, anno Domini millesimo tercentesimo nonagesimo quinto.

Quas quidem Litteras suprascriptas, ratas & gratas habentes, ipsas & contenta in ipsis, laudamus, approbamus, ratifficamus, & de gracia speciali tenore præsentium confirmamus. In cujus rei testimonium, nostrum præsentibus Litteris jussimus apponi Sigillum. Datum *Parisius*, die vigesima quinta Februarii, anno Domini millesimo tercentesimo nonagesimo quinto, & Regni nostri decimo sexto. *Per Regem Dalphinum, ad relationem Consilii.* [f] FERRON.

[a] ruinez.

[b] *corr.* incumbit, *là & plus bas.*

[c] *Il faut app. corr.* averii, *de leur avoir, de leurs biens.*

[d] *Il faut suppléer* incursas *qui se disoit dans ces tems-là, ou quelqu'autre mot semblable.*

[e] *corr.* quippe.

[f] *Il faut appar. corr.* FRERON. *Voy. la signature qui est à la page précéd. & à la fin de plusieurs autres Lettres.*

NOTES.

(f) Ab eodem] Cet endroit où il y a peut-être quelques mots de passez, doit signifier, que le Gouverneur approuvera les Notaires qui lui seront présentez par *Nicoleti.*

(g) Notis.] *Notæ* signifie quelquefois des Actes passez pardevant Notaires, qui de là sont nommez Garde-notes. Voy. le Glossaire de *Du Cange,* au mot *Nota* 3.

CHARLES VI. à Paris, le 17. de Mars 1395.

(a) Ordonnance sur la nouvelle Aide accordée par les trois Etats des Comtés d'Artois, de Boulenois & de Saint-Pol.

CHARLES, &c. Savoir faisons à tous présens & avenir, que comme noz bien amez les Bourgoiz & habitans des bonnes villes fermées & plat-païs des *Contez d'Artois*, de *Boulenois* & de *Saint-Pol*, & des villes enclavées en ycelles, pour le grant desir, affection & volonté que ilz ont à Nous & au bien publique de nostre Royaume, & pour aidier à supporter les grans fraiz, charges, missions & despens que de jour en jour Nous convient faire & soustenir pour le fait de noz guerres, Nous aient nouvelement octroyé d'un commun assentement, que pour un an tant seulement, commençant le premier jour de ce présent mois de Mars, tele & semblable Aide comme en l'année précédente ilz avoient fait & paié, laquelle Aide les Bourgoiz & habitans dessus diz paieront à quatre termes; c'est assavoir, de trois mois en trois mois, à commencier le premier terme & paiement, à la fin du mois de May [a] prouchainement venant, le second, en la fin du mois d'Aoust, le tiers en la fin du mois de Novembre, & le quart [b] deresnier paiement, à la fin de Février prouchainement après ensuivant.

a prouch. Reg. avec un abrégé. b supp. &.

Nous considerans, &c. *(b)*

Donné à Paris, le XVII.[e] jour de Mars, l'an de grace mil CCC IIII.[xx] & quinze; & de nostre regne le XVI.[e]

Autrefoiz ainsi signé par moy. Par le Roy en son Conseil, où estoient Monf. le *Duc de Berry*, *(c)* Vous, le Sire d'*Omont*, & plusieurs autres. MAULONE. Et rescriptes de cette datte, par votre commandement. FRERON. Et renouvellées de ceste date, par votre commandement. R. LE FEVRE.

NOTES.

(a) Trésor des Chartres, Registre 149. Pièce VI.[xx]VII. (127.)

(b) La suite de ces Lettres est conforme à celle des Lettres du 22. de Mai 1384. qui sont à la page 75. du septième Volume de ce Recueil, à la différence qu'au lieu de ces mots: *depuis ledit premier jour dudit mois de Juing*, qui sont à la ligne 39. de la page 76. il y a ceux-ci : *depuis le premier jour de ce présent mois de Mars.*

(c) Vous .... Votre Commandement.] Le Chancelier de France. Voy. le 5.e Vol. de ce Recueil, p. 653. Note *(c)*.

CHARLES VI. à Paris, le 21. de Mars 1395. PHILIPPE de Valois, à Retz [Dioc. de Chartres] en Mars 1345.

(d) Lettres confirmatives de celles de Philippe de Valois, qui portent que chaque pièce de bétail qui viendra des pays étrangers, pour paître dans le Gevaudan & sur les Montagnes voisines, ne payera plus à l'entrée & à la sortie du Royaume, deux deniers & une obole; mais seulement une obole, suivant l'ancien usage.

KAROLUS, &c. Notum facimus universis presentibus & futuris, Nos Litteras carissimi Domini & Proavi nostri Philippi Francorum Regis, cujus anime Deus parcat; vidisse, formam que sequitur, continentes.

PHILIPPUS Dei gracia Francorum Rex. Notum facimus universis presentibus & futuris, quòd cùm olim regnantibus Predecessoribus nostris Francie Regibus, consuetum fuisset pro utilitate publica patrie [c] Gabellitani *& Marchiarum vicinarum, in quibus sunt montes herbis & pasturagiis pro fovendis & depascendis animalibus, habundantes, quòd de animalibus laniferis que* [d] *illud (e) extra Regnum nostrum ducebantur ad*

c Le Gevaudan. d corr. illuc.

NOTES.

(d) Trésor des Chartres, Registre 149. Pièce VI.[xx]XVI. [136.]

(e) Extra Regnum nostrum.] Ces bestiaux pouvoient étre amenez du *Dauphiné*, & peut-étre méme de la *Provence;* Provinces qui n'étoient point encore unies au Royaume de France.

CHARLES VI. à Paris, le 21. de Mars 1395.

depascendum, exigebatur ad utilitatem Regis Majestatis, pro quolibet animali in introitu vel exitu dicti Regni, unicus Obolus Turonensis; & hoc idem eciam, nostro tempore quandocumque fuerit observatum; deinde vero, suggerentibus Nobis aliquibus quod exinde major utilitas Nobis incombere poterat & debebat, ordinassemus ut deinceps duo Denarii cum Obolo Turonensi, pro quolibet dictorum animalium donarentur, & ex hoc, habitatores patrie Montanarum, & ceterorum predictorum locorum, precipuè Dominus de Tournello *frater* Guillelmi de Barrent, *Miles Ordinis* Sancti Johannis Jherosolimitani, *(f) Preceptor de* Valle Francisci, *plureſque ceterì Nobiles & innobiles, Religiosi & Ecclesiastice persone, Nobis pluries, & eciam carissimo Filio nostro* Duci Normannie, *tunc Locumten. nostro in dictis Partibus, comquerendo monstrassent, quòd propter excessivam exaccionem dictorum duorum Denariorum cum Obolo Turonensi, pro quolibet animali, forenses dicti Regni sua adducere, prout consueverant, animalia depascenda cessabant, in tantum quod de sex viginti milibus animalibus que solebant adduci, vix octo milia ducerentur; quod inhabitancium dicte patrie & Montanarum, qui de dictis animalibus comoda plurima reportabant, grave dampnum adeò redundabat, ut ipsi & tota patria ob hoc pauperes fierent, ut dicebant; supplicantes quòd hujusmodi novam Ordinacionem revocare, & antiquam reducere dignaremur. Nos autem, antequam eis aliquid concederemus, volentes scire cujusmodi commodum vel incomodum Nobis & ipsis contingere posset, exinde mandaverimus committendo* Senescallo Bellicadri, *ut de predictis se informaret, & Informacionem Nobis remitteret, ipseque ad hoc deputaverit nostrum tunc Procuratorem dicte Senescallie, qui vocatis evocandis, super predictis informacionem peregit diligentem: ipsâ tandem Nobis remissâ, & de mandato nostro, per dilectas & fideles gentes Requestarum nostri hospicii, diligenter visâ & consideratâ, constitit & constat ex contentis in ea,*[a] *per dictam novam Ordinacionem abolere, & antiquam consuetudinem observare, non solùm in nostrum cedet singulare commodum, sed eciam tocius patrie & habitantium predictorum, prout Gentes nostre predicte Nobis oretenus explicarunt. Quapropter Nos inclinantes supplicacioni prenominatorum, novam Ordinacionem predictam*[b] *obolentes, & antiquam consuetudinem volentes observare, concedimus & ordinamus auctoritate nostrâ Regiâ, ac speciali graciâ, ut de cetero quibuscumque personis de extra dictum Regnum, animalia sua lanifera mittere vel adducere liceat ad dictas Partes seu Montes, ad depascendum, ita quòd pro quolibet animali, Nobis & Successoribus nostris in introitu vel exitu dicti Regni, juxta dictam antiquam consuetudinem & observanciam, unus duntaxat Turonensis Obolus exsolvatur; & hanc graciam seu Ordinacionem nostram presentem, eciam si dampnosa Nobis existeret, dum tamen Reipublice sit utilis, sicut predicitur, teneri volumus & inviolabiliter observari: mandantes & precipientes* Senescallo Bellicadri, *universis Pedagiariis, (g) Redibenciariis, ac Custodibus Portuum seu Passagiorum, ceterisque Justiciariis Regni nostri, vel eorum Locatenentibus, presentibus & futuris, & eorum cuilibet, ut ad eum pertinuerit, quatenùs hanc Ordinacionem nostram teneant & observent, & ab omnibus quorum intererit, observari faciant cum effectu. Quod ut firmum & stabile permaneat in futurum, presentibus Litteris nostrum novum fecimus apponi Sigillum: nostro in aliis, & alieno in omnibus jure salvo.* Datum & actum apud *(h) Royam* prope *Sanctam-Geminam,* anno Domini millesimo CCC.° quadragesimo quinto, mense Marcii.

Nos autem Litteras suprascriptas, concessionem, Ordinacionem, ac omnia & singula

a *Il faut app. corr.* quòd.

b *corr.* abolentes.

NOTES.

(f) Preceptor de Valle Francisci.] Les Commandeurs de l'Ordre de S.[t] Jean de Jerusalem se nommoient autrefois *Præceptores.* Voyez le Glossaire de *Du Cange* à ce mot, col. 734.

A la page 300. du 2.[d] Volume du Martyrologe de l'Ordre de Malte, par de *Goussancourt,* on trouve la Commanderie de *Vaufranches,* dépendante du Grand Prieuré d'Auvergne. Il est assez vrai-semblable que c'est celle dont il s'agit ici.

(g) Redibenciariis.] Receveurs *Redibenciarum,* des Redevances.

(h) Royam. On pourroit aussi lire *Reyam.]* A la page 48. du Pouillé du Diocèse de *Chartres,* imprimé en 1738. ce lieu est nommé *Retz.* Je crois cependant l'avoir vû écrit *Raiz.* Il est situé en dehors des murs de la forêt de *Marly,* entre le lieu appellé *Sainte-Gemme,* & l'*Abbaye* de *Joyenval.*

in eis contenta, in quantum illi quos concessio & ordinacio supradictæ tangunt, ipsis debitè usi sunt, rata habentes & grata, ea volumus, laudamus, approbamus, ratiffica-mus, & auctoritate nostrâ Regiâ, de speciali gracia, tenore presencium confirmamus: mandantes Senescallo Bellicadri *&* Nemausi *Magistris & Custodibus Portuum & Passagiorum, Receptoribus Leudarum, Pedagiorum, & aliarum redibenciarum, ceterisque Justiciariis & Officiariis nostris & Regni nostri, presentibus & futuris, vel eorum Locatenentibus, & eorum cuilibet, ut ad eum pertinuerit, quatenùs concessionem & Ordinacionem predictas, juxta tenorem Litterarum preinsertarum, & nostre presentis confirmacionis, teneant & observent, & per omnes & ab omnibus nostris subditis quorum intererit, teneri & observari faciant cum effectu. Quod ut firmum & stabile permaneat in futurum, nostrum presentibus Litteris fecimus apponi Sigillum; nostro in aliis, & alieno in omnibus jure salvo.* Datum *Parisius,* die XXI.ª Marcii, anno Domini millesimo CCC.º nonagesimo quinto, & Regni nostri decimo sexto.

CHARLES VI. à Paris, le 21. de Mars 1395.

Per Regem, ad relacionem Consilii. J. DE SANCTIS.

Collacio facta est de presentibus, cum Litteris originalibus suprainsertis, per me.

J. DE SANCTIS.

CHARLES VI. à Paris, le 28. de Mars 1395.

(a) Ordonnance portant Règlement sur différentes matières, & établissement d'une Aide en forme de Taille, par rapport au mariage de la Fille du Roy, avec le Roy d'Angleterre.

SOMMAIRES.

(1) Les droits qui se lèvent au profit du Roy, sur le sel qui se vend dans tout le Royaume, seront diminuez du tiers.

(2) Le quatrième qui se lève sur le vin & sur les autres liqueurs qui se vendent en détail dans le Royaume, sera modéré au huitième.

(3) Les denrées sur lesquelles les droits d'Aide auront été payez une fois, ne seront plus sujettes à l'Imposition foraine, lorsqu'elles seront transportées d'une Province du Royaume, dans une autre; mais elles y seront sujettes, lorsqu'elles seront menées hors du Royaume; à moins que l'Imposition commune n'ait été levée sur ces denrées.

(4) Les Commissions données par le Roy, pour prendre des loups, seront révoquées; & ceux à qui elles avoient été données, n'en pourront plus tirer aucun profit.

(5) Les Sénéchaux, les Baillis & les autres Officiers du Roy, résideront continuellement dans les lieux où ils doivent exercer leurs Charges, sous peine d'en être privez; & ils ne seront payez de leurs gages, qu'à proportion du tems de leur résidence.

(6) Il ne se fera plus de guet dans le Royaume, si ce n'est dans les Places qui sont sur les frontières, & voisines de celles des ennemis, & dans celles qui sont auprès de la mer; & même les guets qui subsisteront, seront modérez, pour soulager le peuple.

(7) Les gages des Capitaines des bonnes Villes, des Eglises fortifiées, & des autres Forteresses, qui ne sont point situées sur les frontières & près de la mer, & qui se payoient par les habitans des bonnes Villes, ou de celles sur le territoire desquelles ces Forteresses étoient bâties, seront supprimez; à l'exception des gages des Capitaines des Villes capitales de pays, ou de celles qui sont situées sur les passages des Rivières; mais ces gages seront modérez à cent livres.

(8 & 9) Nulle personne, de quelqu'autorité qu'elle soit, ne pourra, sans l'ordre du Roy, faire assembler des Gens d'armes, des Archers ni des Arbalêtriers.

Les Gens d'armes, les Archers & les Arbalêtriers, ne porteront aucun dommage au peuple, & ne pourront prendre de lui, ni vivres ni aucunes autres choses, qu'en en payant sur le champ un prix raisonnable.

(10) Les Sergens seront réduits au nombre ancien, dans les lieux où ce nombre a été autrefois fixé; & dans les autres lieux les Sergens seront réduits à un nombre suffisant.

(11) Les débiteurs des Juifs seront quittes envers eux de tout ce qu'ils leur doivent, soit en principal, soit en intérêt.

(12) Les Veneurs & les Fauconniers, même ceux du Roy, ne pourront se loger que dans les Hôtelleries publiques; & ils ne pourront prendre de vivres pour eux, pour leurs valets, leurs chevaux,

NOTE.

(a) Livre rouge vieil du Châtelet de Paris, *folio* 6 vingt 7 *recto.* [127.]

Avant ces Lettres, il y a: *De la Taille ordenée pour le mariage de la Royne d'*Angleterre, *faisant mencion du quittier les debtes des Juifs; des Sergens, Baillifs; Imposicions & Aides, & plusieurs autres choses.*

Il a été envoyé de *Montpellier,* une autre copie de ces Lettres, avec cette Indication: *Sénéchaussée de* Nîmes *en général, Arm.* A. *Liasse 19. des Actes ramassez, N.º 4. fol.º 89.*

CHARLES VI. à Paris, le 28. de Mars 1395.

leurs chiens & leurs oiseaux, qu'en les payant sur le champ.

(13) Pour soulager le peuple, il sera fait incessamment un Règlement par rapport aux Prises qui se font pour les Hôtels du Roy, de la Reine, du Frère & des Oncles du Roy, & d'autres personnes; & par rapport aux Prévôtés & aux autres Offices de Justice, que l'on a accoûtumé de donner à ferme.

(14) Pour payer la Dot de la fille aînée du Roy, qui doit épouser le Roy d'Angleterre, & pour subvenir aux frais de ses noces, il sera, suivant l'ancien usage, levé pour une fois, une Aide en forme de Taille, qui sera imposée par les Elûs des Aides, & reçue par les Receveurs particuliers des Aides.

Cette Taille sera levée sur toute sorte de personnes, même sur les Officiers du Roy; & nul n'en sera exempt, si ce ne sont les Nobles extraits de noble lignée, qui ne feront point le commerce, qui n'auront point pris de fermes, & qui porteront les armes, ou qui les ayant portées, se trouveront hors d'état de servir, par leurs blessûres, par leurs infirmités ou par leur vieillesse. Les gens d'Eglise, les Bénéficiers & les pauvres mendians, seront aussi exempts de cette Taille.

CHARLES par la grace de Dieu Roy de France. A tous ceuls qui ces Lettres verront: Salut. Entre les cures & solicitudes que continuelment avons pour le gouvernement de nostre Royaume, nostre affeccion principal est & ce avons en mémoire de jour & de nuit, que nostre Peuple de nostredit Royaume puist vivre en paix & transquilité soubz Nous, qu'il soit gardé & gouverné en bonne Justice, & préservé & défendu de toutes violences, & que en tant que bonnement povons, il soit relevé des charges, oppressions & dommages que pour occasion des guerres il a souffert & soustenu ou temps passé; & pour ceste considéracion ayons eu depuis grant temps ença plusieurs Traictiez avec le Roy d'*Angleterre*, pour trouver voies & manieres de paix entre Nous & lui; & tant y a esté procédé que moyennant la grace de notre Seigneur duquel tous biens viennent, Traictié de mariage a esté parlé, fait, conclus & accordé entre ledit Roy d'*Angleterre* & nostre très-chiere & très-amée Fille ainsnée *Ysabel de France;* moyennant lequel mariage Nous esperons en Dieu que les guerres qui tant ont duré entre noz Prédécesseurs & Nous & ledit Roy d'*Angleterre* & les siens, & nostre Royaume & le sien, cesseront, & que bonne paix final s'en doie ensuir; pour espérance de laquelle, & pour venir à ladicte conclusion de paix, desja aient esté prinses, fermées & accordées entre Nous & ledit Roy d'*Angleterre,* Treves jusques à trente ans à venir; pendant lequel terme & plus briefment au plaisir de Dieu, ladicte conclusion de paix pourra entrevenir; & pour ce Nous considérans lesdictes Treves prinses & accordées comme dit est, qui sont grant significance de ladicte paix, & que nostredit Peuple peut bien estre [a] relevé de partie d'aucunes des charges qu'il a soustenu & soustient, savoir faisons que par grant & meure délibéracion & advis de noz très-chiers & très amez Oncles & Freres les *Ducs* de *Berry*, de *Bourgongne*, d'*Orleans* & de *Bourbon*, de plusieurs de nostre Sanc estans devers Nous, & de nostre Grant Conseil, au bien & relevement de nostredit peuple, avons ordonné & ordonnons par ces Présentes les choses qui s'ensuient.

(1) Premierement. Que le tiers [b] & prouffit que Nous prenons & avons accoustumé prendre du sel vendu en Gabelle en nostre Royaume [c] ou païz de *Languedoyl*, soit *(b)* rabbatu & dès maintenant le rabatons.

(2) Secondement. Que le Quatriesme du vin & des autres bruvaiges vendus à détail en nostre Royaume, soit ramené & le ramenons au VIII.e & commencera ladicte reduccion en *Languedoyl*, le premier jour de Février; & en *Languedoc*, le premier jour de Septembre [d] prouchainement venans, auxquelz termes les Fermes des Aides

a *soulagé.*

b *du droit.* 2.e Copie.

c *tant ou pays de Languedoyl comme ou pays de Languedoc.* 2.e Copie.

d *prouch.* Reg.

NOTE.

(b) Rabbatu.] *Abattre* signifie quelquefois *diminuer. Et comme nostredit Pueple requiert que nosdites Monnoïes soïent dès maintenant* abatues, *& menées à leur droit cours*, second Volume du Recueil des Ordonnances, p. 192.

Mais *abattre* signifie ordinairement *abolir* entièrement. *Nous avons aucunes Coustumes à Orliens qui n'estoient pas porfitables à la Ville .... & les* abatismes, *ibid.* premier Volume de ce Rec. p. 13. col. 2. *Toutes manieres de Prises & de emprims .... & les* abatons, *ibid.* troisième Volume, p. 230. art. 18. *Touz Freluz, Faages .... cesseront d'oresenavant & dès maintenant les rappellons &* abatonz *du tout,* ibid. p. 435. *Confraries ....* abattues, *ibid.* p. 583.

Je crois que *rabbatu* signifie ici *aboli & supprimé.*

à Paris, le 28. de Mars 1395.

pour la guerre se baillent esdiz Païs; *(c)* & de présent commençast, maiz lesdictes Fermes sont ja baillées jusques auxdiz termes, pourquoy bonnement ne se peut de présent autrement faire.

(3) *Tiercement.* Que l'Imposicion Foraine des denrées & marchandises qui auront une foiz esté venduës en nostredit Royaume, & dont *(d)* l'Imposition commune aura une foiz esté païée, cesse du tout, sitost que les termes auxquelz les Fermes de ladicte Imposition Foraine ont esté baillées, [a] faudront; & dès maintenant pour lors le ostons; toutes voïes ladicte Imposition Foraine se païera en la maniere acoustumée des denrées & marchandises qui seront menées hors de nostredit Royaume, dont ladicte Imposicion commune ne aura esté une foiz païée.

a écherront, finiront.

(4) *Quartement.* Que toutes Commissions données par Nous à quelques personnes que ce soit, pour prendre loups en nostredit Royaume, cessent; & voulons que ceulx qui les ont, n'en usent plus d'oresenavant, ne ne prennent aucun prouffit à cause ne soubz umbre d'icelles, lesquelles Nous révocons par ces Présentes.

(5) Après, que tous Seneschaulx, Baillifs & autres noz Officiers facent continuele residence sur leurs Offices; & se ilz ne le font, Nous y pourverrons d'autres; & que ilz ne prennent ne ne leur soïent païez aucuns gaiges pour tant de temps qu'ilz seront dehors de leurs diz Offices; & défendons à tous ceulx qui leur seront tenuz païer leurs diz gaiges, que autrement ne les païent, sur paine de recouvrer sur eulx ce qu'ilz leur auroient païé contre nostre présente Ordonnance.

(6) En outre, que tous Guès cessent par-tout nostredit Royaume, exepté ès Forteresces qui sont ès Frontieres d'icellui nostre Royaume, & près des Forteresces que tiennent noz ennemis, & [b] droictement sur la Mer & Pors de Mer; esquelles Nous ferons faire tele modéracion que nostredit Peuple n'en sera mie excessivement grevé.

b précisément.

(7) Aussi, que tous gaiges de Capitaines des bonnes Villes, Eglises fortes, & autres Forteresces de nostredit Royaume, qui ne sont assiz en Frontiere ou sur la Mer; lesquelz gaiges les habitans desdictes bonnes Villes & des autres Villes où lesdictes Eglises & Forteresces sont assises, ont acoustumé de païer, cessent du tout; exepté toutes voïes des [c] bonnes & notables Villes qui sont [d] Chiefs de Païs, & assises sur passages de Rivieres; les gaiges des Capitaines desquelles Nous ramenons dès maintenant à cent Livres pour chascune des grosses Villes dessus dictes.

c grosses. 2.e Cop. d Capitales.

(8) En oultre, que toutes Gens d'armes, Archiers & Arbalestriers, par quelque Mandement qu'ilz soïent assemblez en nostredit Royaume, soit de par Nous ou de par autre, ou autrement, ne prengnent sur notredit Peuple vivres ne autres choses quelconques, se non en païant promptement le pris raisonnable de ce que ilz y prendront, ne ne facent aucun grief, dommage ne oppression à nostre Peuple dessusdit.

(9) Et aussi défendons à tous noz subgiez de quelque auctorité qu'ilz soïent, sur paine d'encourir nostre indignacion, qu'ils ne facent assemblée de Gens d'armes, Archiers ne Arbalestriers en nostredit Royaume, sans avoir expresse licence de Nous; & se lesdictes Gens d'armes, Archiers ou Arbalestriers prennent vivres sans païer, & font telz dommages à nostredit Peuple comme ilz ont acoustumé, Nous voulons qu'il y soit resisté par voïe de fait, tant comme l'en pourra, ainsi comme autresfoiz l'avons ordonné; & mandons aux Seneschaulx & Baillifs de nostre Royaume, à qui autresfoiz en avons envoïé noz Lettres, que icelles exécutent diligemment toutefoiz que le cas escherra; & [e] oultre mandons & commettons à tous les Seneschaulx, Baillifs & Prevostz dessus diz, & à tous noz autres Justiciers, que se aucunes desdictes Gens

e oultre ce. 2.e Cop.

NOTES.

(c) Et de présent commençast.] Il paroît qu'il manque là quelques mots. Le Roy y disoit sans doute qu'il auroit souhaité que cette diminution commençât dès-à-présent.

(d) Imposition commune.] C'est-à-dire, à ce que je crois, les droits d'Aide qui se levoient sur les denrées qui se vendoient, & qui étoient différens de l'Imposition foraine qui se payoit lorsque ces denrées sortoient du Royaume, ou qu'elles étoient transportées de certaines Provinces dans d'autres.

CHARLES VI.
à Paris, le 28. de Mars 1395.

a *icelle.* 2.e Cop.

d'armes, Archiers ou Arbalestriers font aucunement contre nostre présente Ordonnance, que chascun de noz diz Justiciers se informent quelz biens meubles, terres & possessions & héritages ceulx qui trespasseront nostre Ordonnance dessus dicte, tiennent ou tendront en nostredit Royaume, & chascun d'iceulx Justiciers en sa Juridicion, les mettent incontinent en nostre main réalment & de fait, & par [a] icelles les facent gouverner & exploictier jusques à ce que punicion soit faicte de ceulx à qui seront les biens meubles, Terres, possessions & héritages dessus diz; & aussi que satiffacion soit faicte des dommages qu'ilz auront fais.

(10) Avecques ce, que noz Sergens qui sont en toutes les Seneschaucieez, Bailliages, Prevostez, & autres Juridicions de nostredit Royaume, soïent réduis & ramenez au nombre ancien, ès lieux où il en a certain nombre d'ancienneté; & ailleurs, à nombre compétent, sans charge ou grevance du Peuple; & dès maintenant les y réduisons & ramenons par ces Présentes; & voulons que noz Séneschaulx & Baillis chascun en sa Juridicion, eslise les plus souffisans des ditz Sergens, pour demourer esdiz Offices par la manière que dit est, & aux autres interdisent toute exercicion des Offices dessus diz, auxquelz aussi dès maintenant pour lors Nous le interdisons.

b *tant de principal comme d'intérêts.*

(11) Après, que toutes debtes deuës à Juifs, [b] tant de sort comme de usures, soïent quictiées aux debteurs, & dès maintenant les leur quictons; & avons ordonné & ordonnons que toutes exécucions faictes ou encommenciées à faire pour quelconques debtes duës aux diz Juifs par noz subgiez de nostredit Royaume, soubz quelconque obligacion que ce soit, & tous Procès fais contre iceulx debteurs pour occasion d'icelles debtes & des obligacions sur ce faictes, cessent du tout, & que tous emprisonnez pour occasion des debtes dessus dictes, soïent délivrez incontinent; & mandons & enjoingnons estroictement à tous noz autres Justiciers & Officiers de nostre Royaume, & à tous Commissaires sur ce députez, de quelque auctorité qu'ilz usent, que ainsi le facent sans aucun délay ou contradicion.

c *hebergeries : hôtelleries.*

(12) Semblablement, que tous Veneurs & Fauconniers à qui que ilz soïent & de qui qu'ilz se advoënt, soit de Nous ou d'autres, ne se logent d'oresenavant en aucun lieu ou plat Païs ne ailleurs, fors ès [c] herbegeries où l'en a acoustumé herberger pour l'argent; & que ilz ne prengnent aucune chose quele que elle soit pour le vivre d'eulx, de leurs varlès, chevaux, chiens & oiseaux ne autrement, sanz paier promptement ce qu'ilz prendront; & se ilz font le contraire, Nous voulons & mandons à tous les Justiciers & Officiers de nostre Royaume soubz quele Juridicion ilz seront trouvez, que ilz les contraignent à païer ce qu'ilz auront ainsi prins, & les punissent telement que ce soit exemple aux autres.

d *Voy. les Tabl. des Mat. des Vol. de ce Rec. au mot Prises.*

(13) Et quant aux [d] *Prinses* qui se font chascun jour en nostre Royaume pour les provisions des Hostelz de Nous, de nostre très-chiere & très-amée Compaigne la Royne, & de noz Oncles & Freres dessusdis, & d'autres; & aussi quant aux autres Prevostez & autres Offices où il a exercice de Justice, que l'en a acoustumé bailler à Ferme, pour ce que nostredit Peuple en est moult grevé, Nous y entendons pourveoir bien briefment de tel remede au relevement de nostre Peuple dessusdit, qu'il devera souffire.

e *Nous.* 2.e Cop.

f *négocier & exécuter.*

(14) Et pour ce que comme chascun peut considérer, pour ledit Traictié de mariage d'entre ledit Roy d'*Angleterre* & nostre Fille dessus dicte, [e] a convenu & convient faire très-grant despense, tant pour païer audit Roy d'*Angleterre* le Dot de nostre dicte Fille, qui est de grant somme de deniers; mesmement que Nous ne lui avons voulu bailler aucunes Terres, Villes ne Chasteaulx, comme pour plusieurs autres très grans frais, missions & despens, que tant pour [f] demener ledit Traictié, comme pour plusieurs autres grans besongnes touchans ce fait, Nous a convenu & convient faire neccessairement, lesquelles choses se montent & monteront à moult grant finance; à laquelle charge supporter il appartient, & est de droit & de raison, & ainsi a esté acoustumé autrefoiz en tel cas ou temps de noz Prédécesseurs, que nostredit Peuple Nous aide, auquel tel prouffit comme bien de paix, peut venir par

ledit

ledit Traictié de mariage; Nous par la délibéracion & advis de noz Oncle & Frere & autres dessus diz, avons ordonné & ordonnons un *(e)* Aide par maniere de Taille, la mendre toutes voïes que bonnement porrons, considéré la qualité dudit fait, & les grans charges que pour ce avons à soustenir, estre [a] sus, levé & cueilli pour une foiz en nostredit Royaume, & que icellui Aide soit cueilli & levé à deux termes; c'est assavoir, présentement [b] les deux pars, si que les deniers desdictes deux pars puissent estre cueilliz, levez, receuz & apportez pardevers le Receveur général par Nous à ce commiz, dedens la Feste de mi-aoust prouchainement venant; & le [c] residu, dedens la fin de Novembre prouchainement après ensuivant; à laquele Taille Nous voulons & ordonnons que toutes les personnes de quelque estat qu'ilz soient, contribuent, soïent noz diz Officiers & noz dis Oncles & Frere, & des autres de nostre Sang ou autres; exeptez Nobles extrais de noble lignée, non [d] marchandans ne tenans Fermes & Marchiez, mais fréquentans les armes, ou qui les ont fréquentées ou temps passé, & de présent sont en tel estat par bleceures, maladies ou grant aage, que plus ne les pevent frequenter; & aussi exceptez Gens d'Eglise, Bénéficiez & povres mendians; & voulons que tout le prouffit & émolument dudit Aide ou de ladicte Taille, soit converti ou païement dudit mariage, & des frais, missions & despens à ce nécessaires, & non ailleurs, par l'ordonnance de certains Preudommes que à ce avons ordonnez, sans ce que aucuns dons, graces ou rémissions en soïent fais ou faictes par Nous ne par autres, à quelque personne que ce soit, & de quelque auctorité que elle soit; & ou cas que par importunité de requerans ou autrement, aucuns noz Officiers ou autres, auroient sur ce obtenues de Nous aucunes Lettres de graces ou dons, Nous voulons qu'il n'y soit obei en aucune maniere; lequel Aide ou Taille sera miz sus par les Esleux sur le fait des Aides ès Citez, Diocèses & Païs de nostredit Royaume, qui par noz autres Lettres sont commis à ce faire; c'est assavoir, en chascune Recepte des diz Aides, sur tous les habitans ès [e] mettes d'icelle, selon l'Ordonnance dessus dicte, le plus égalment que faire se pourra selon les facultez d'un chascun, le fort portant le feible, & au moins de grief de chascun que faire se pourra; & sera cüeillie & levée par les Receveurs particuliers des diz Aides à ce déρutez & commis de par Nous; & afin que ladicte finance soit plus prestement levée, & que aucun débat ou empeschement n'y soit miz, considéré qu'il Nous est très-nécessaire pour le bien du fait, & pour la promesse que sur ce avons faicte, que tost les païemens en soïent faiz, Nous voulons & ordonnons que chascun qui refusera païer ce à quoy il aura esté imposé pour ledit Aide ou Taille, soit contraint à le païer comme pour noz propres debtes, sans ce qu'il soit receu pour ce à opposicion ou appellacion aucunes.

CHARLES VI. à Paris, le 28. de Mars 1395.

[a] *mis sus.* 2.e Cop.
[b] *app. les deux tiers.*
[c] *restant.*
[d] *commerçans.*
[e] *bornes.*

Si donnons en mandement par ces Présentes à noz amez & féaulx les Gens tenans & qui tendront nostre Parlement à *Paris*, & les Généraulx-Conseillers sur le fait des Aides ordonnez pour la guerre, tant à *Paris*, comme en nostredit Païs de *Languedoc*, aux Esleux sur ledit fait par tout nostredit Royaume, à tous noz Seneschaulx, Bailliz & Prevosts, & à tous noz autres Justiciers, & à chascun d'eulx, que ceste présente Ordonnance & les descharges dessus dictes, facent publier par-tout où il appartendra, &

NOTE.

(e) Aide.] Il y a dans le Chapitre 136. du premier Livre du *Songe du Vergier*, ouvrage composé sous le regne de Charles V. [édition Gothique, *in-4.°* Paris, Jean Petit, sans année & sans chiffre,] un passage très-remarquable sur les Aides, nommées *aux quatre cas*, qui se lèvent par les Seigneurs.

Et devons savoir qu'il y a plusieurs causes pour lesquelles ung Roy peut demander nouvelles Aides de ses subjectz. Premierement, pour la juste deffense du pays, comme il est escript. Secondement, se le Roy veult aler contre les Hérétiques, les Sarrasins ou autres ennemis de la foy; & s'il n'a de quoy il y peust aler de ses revenues ordinaires. Tiercement, quant le Roy est prins en juste guerre, quant à soy n'a de quoy il se puisse racheter ne paier sa rançon. Quartement, quant le Roy fait son Filz Chevalier, ou quant il marie sa Fille, *ou quant il achate nouvelle Terre: car toutes ces choses si regardent le prouffit de ses subjectz: car le Seigneur en devient plus puissant ou plus riche, ou pourra ou temps avenir plus supporter & aider ses subjectz; lesquelles choses doivent estre entendues, quant il a ainsy esté de long-temps acoustumé.*

CHARLES VI.
à Paris, le 28. de Mars 1395.

les tiennent & facent tenir & garder sans enfraindre en aucune maniere. En tesmoing de ce, Nous avons fait mettre à ces Lettres nostre Séel. *Donné à* Paris, *le XXVIII.e jour de Mars, l'an de grace mil CCC IIII.xx & quinze, & le XVI.e de notre Regne. (f)*

NOTE.

(f) Ces Lettres finissent ainsi dans la seconde Copie. *Par le Roy en son Conseil.* J. DE SANCTIS, & l'on y trouve ensuite la Pièce suivante.

CHARLES par la grace de Dieu Roy de France. Au *Seneschal* de *Beaucaire,* ou à son Lieutenant: Salut. Nous vous envoyons avecques ces Présentes, nos autres Lettres patentes contenant certaines Ordenances par Nous faites par la délibération de nostre Conseil, au bien & relevement de nostre peuple, si comme en [a] nous autres dittes Lettres verrés estre conteneu. Si vous mandons que tantost icelles veues, vous faites publier solemnelment nos dittes Ordenences, par tous les lieux notables de vostre Seneschaussie, & icelles tenir & garder sans enfreindre. *Donné à* Paris, *le XXVIII.e jour de Mars, l'an de grace mil CCC IIII.x & quinse, & le XVI.e de notre regne.* Par le Roy, en son Conseil. J. DE SANCTIS.

a *nos.*

Le Roy donna sur la Régie de cette Aide, les Lettres suivantes.

CHARLES VI.
à Paris, le 28. de Mars 1395.

(g) CHARLES par la grace de Dieu Roy de France. A tous ceux qui ces Lettres verront: Salut. Comme n'agueres par l'avis, Conseil & délibération de nos très-chers & très-amez Oncles & Frere, les *Ducs* de *Berry,* de *Bourgongne,* d'*Orléans* & de *Bourbon,* & de plusieurs autres de nostre Sang & de nostre grand Conseil, Traicté de mariage ait esté fait & accordé entre le *Roy* d'*Angleterre,* & nostre très-chere & très-amée Fille ainsnée *Ysabel de France;* moyennant lequel mariage, Nous esperons en nostre Seigneur, que bonne paix ensuive entre Nous & ledit *Roy* d'*Angleterre,* & nostre Royaume & le sien, en laquelle intention, affin que nostre peuple puisse estre relevé & mis hors de grandes tribulations qu'il a souffertes au temps passé, pour causes des guerres, Nous avons principaument consenty ledit mariage; pour cause duquel & des despendances d'iceluy, il Nous a convenu & convient nécessairement faire & soustenir très grandes charges, mises & despents, auxquelles supporter il est raison que nostredit peuple Nous aide: Et pour ce, par l'advis, Conseil & délibération des dessusdits, ayons ordonné un Ayde estre mits sus généralement par tout nostre Royaume, & en nostre païs du [b] *Dauphiné,* les deniers duquel Nous avons voulu & voulons estre apportez à *Paris,* & la repceus par un Recepveur général par Nous à ce commis, & que aucun d'iceux deniers ne soit converty ailleurs qu'au faict du payement dudit mariage & des appartenances & dépendences d'iceluy; pour lesquels deniers garder & gouverner, & faire distribuer au faict dessusdit, Nous voulons avoir personnes suffisans, & de qui Nous nous confions: Sçavoir faisons, que Nous considérants les grands services, loyautez, circonspection, diligence & providence que Nous sçavons estre en nos amez & féaux Conseillers *(h)* l'*Evesque* de *Noyon,* & *Amaulry* Sire d'*Orgemont,* pour quoy Nous avons d'eux entiere confiance; iceux *Evesque* & *Amaulry,* par l'advis & délibération dessudite, avons ordonné & commis, ordonnons & commettons par ces Présentes, Gouverneurs, Gardes & Conservateurs des deniers de l'Ayde dessusdict; & voulons que iceux deniers soient apportez par les Recepveurs qui les recepvront, sitost qu'ils seront repceus, pour la nécessité qu'il Nous est de ce faire le payement dudit mariage, selon la promesse que faite en avons, en nostre Palais à *Paris,* en la grosse tour de nostredit Palais, ou en autre lieu seur en nostredit Palais; & là repceus par nostre amé *Jean Duport,* commis de par Nous Recepveur général de tout l'Ayde dessusdit, & conservez & gouvernez par nosdits Conseillers; & que en la Chambre où lesdits deniers seront mits pour être gardez, comme dit est, seront faits coffres & autres choses nécessaires tant pour recepvoir lesdits deniers comme pour les garder, & que il y ait un coffre où tous iceux deniers seront mits, sitost qu'ils seront repceus par ledit Recepveur général, auquel coffre [c] aira trois clefs différentes l'une de l'autre, dont chacun de nosdits Conseillers aura & gardera une, & ledit Recepveur général, l'autre; auxquels nos Conseillers Nous avons donné & donnons par ces Présentes, pouvoir & authorité de donner toutesfois qu'ils verront que besoin sera, leurs Mandements aux Recepveurs & Esleuz sur le faict des Aydes pour la guerre, en chacune partie de nostre Royaume, auxquels Nous avons mandé par nos autres Lettres, qu'ils mettent sus, cueillent & levent ledit Aide, qu'ils le fassent cueillir & lever hastivement, affin que les deniers en soient apportez en nostredit Palais dedans les termes par Nous ordonnez & contenus en nos Lettres à eux pour ce addressantes, pour les convertir au faict dessusdit, & non ailleurs; de vérifier toutes nos Lettres que Nous ordonnerons estre faites pour la distribution des deniers dessusdits, sans lesquelles nos Lettres & la vérification de nosdits Conseillers, Nous voulons &

b *Voy. les Lettres qui suivent celles-ci.*

c *aura.*

NOTE.

(g) Recueil des Tréforiers de France, par *Fournival.* p. 69. Il y est dit à la marge, que ces Lettres ont été tirées du Reg. *F* de la Chambre des Comptes de *Paris,* fol.° 62.

(h) L'Evesque de Noyon.] Il se nommoit *Philippe de Moulins.* Voy. *Gal. Christ.* 1.re *Edit.* Tom. 3. p. 823. N.° 80.

CHARLES VI.
à Paris, le 28, de Mars 1395.

(a) *Lettres par lesquelles le Roy nomme deux Commissaires à qui il donne pouvoir d'assembler les trois Etats du Dauphiné, & de leur demander une Aide à cause du mariage de sa Fille avec le Roy d'Angleterre.*

CHARLES par la grace de Dieu Roy de France, Dalphin de Viennois. A tous ceux qui ces Lettres verront: Salut. Comme n'agueres, par l'avis, Conseil & délibération de nos très-chiers & très-amés Oncles & Frere, les *Ducs* de *Berry*, de *Bourgogne*, d'*Orléans* & de *Bourbon*, de plusieurs autres de notre Sang, & des Gens de notre grant Conseil, Nous ayons fait & accordé mariage entre notre très-chiere & très-amée Fille ainsnée *Ysabel de France*, & le *Roy* d'*Angleterre*, en esperant que par la grace de notre Seigneur, moyennant ledit mariage, se doye ensuir bonne paix entre Nous & ledit *Roy* d'*Angleterre*, & que les guerres qui si longuement ont duré entre Nous & lui, & nos Prédécesseurs & les siens, & les grands maux & inconvénients qui s'en sont ensuis, cessent du tout; en laquelle espérance de paix, ont été déja prises & accordées Treves entre Nous & ledit *Roy* d'*Angleterre*, jusques à trante ans avenir, qui est grand signifiance de la paix dessus dicte; pour cause duquel mariage & des dépendances d'iceluy, Nous a convenu nécessairement porter & soutenir très-grands charges, & Nous convient très-briefment payer moult grand somme de deniers, tant pour le Dot de notredite Fille, mêmement que Nous ne luy avons voulu bailler aucunes Terres, Villes ne Chateaux, comme pour plusieurs dépendances dudit fait, auxquelles charges soutenir, il est raison que nos sujets Nous aident, [a] auxquel puet venir bien de paix par ledit mariage, & de ce ne se doivent ou peuvent aucuns de

a auxquels.

NOTE.

(a) La Copie de ces Lettres qui sont dans le dépôt de la Chambre des Comptes de *Grenoble*, a été envoyée avec cette indication: *Caisse du Dauphiné.*

audit Recepveur général avons deffendu & deffendons, que aucune chose n'en baille ou distribue à quelque personne que ce soit, sur peine d'estre recouvré sur luy ce que autrement en auroit baillé; de taxer & ordonner gages & salaires, voyages & despens raisonnables, à tous ceux qui s'entremettront dudit faict; de donner aussi leurs Mandements audit Recepveur général; de bailler tout ce qu'ils verront & leur semblera estre convenable & nécessaire, tant pour les gages, salaires, voyages & despens dessusdits, comme pour les autres mises & despenses communes qui seront à faire pour ledit faict; de faire faire sur ce Lettres convenables par nos Secrétaires ou Notaires, lesquelles Nous voulons estre séellées sous nostre grand Séel, & par eux vérifiées, ou sous leurs seings, ainsi comme ils verront qu'il sera bon à faire; & généralement de faire toutes autres choses qu'ils verront estre appartenantes & convenables à l'abregement dudit faict, & au gouvernement, garde & conservation des deniers dessusdits: Mandons & commandons à tous nos Justiciers, Officiers & sujets, que à nosdits Conseillers, à leurs Lettres & Mandements, & à leurs Commis & Députez, obéyssent & entendent diligemment; auxquels nos Conseillers Nous deffendons que aucuns des deniers dudit Ayde, ils ne souffrent convertir ailleurs que audit payement dudit mariage & esdites dépendances d'iceluy; & semblablement deffendons expressément à nos amez & féaux Gens de nos Comptes à *Paris*, sur le Serment qu'ils ont à Nous, que pour quelconques Lettres ou Mandements donnez de Nous ou d'autres, pour avoir ou recepvoir aucuns deniers dudit Aide, addressants audit Recepveur général, ou à autres desdits Recepveurs Particuliers, ils n'allouent aucunement ès comptes desdits Recepveurs ou d'aucuns d'eux, ce qu'ils auroient baillé par vertu d'icelles Lettres ou Mandements, à quelque personne que ce soit, & de quelque authorité qu'il soit, se nosdites Lettres ne sont vérifiées par nosdits Conseillers, & excepté ce que pour cause des gages, salaires, voyages & autres despenses communes dont dessus est faite mention, nosdits Conseillers auront ordonné par leurs Lettres estre baillé à ceux qui s'entremettent dudit faict, & pour les dépendances d'icelui; mais tout ce que par nosdites Lettres vérifiées par nos Conseillers dessusdits, & aussi par les Lettres d'iceux Conseillers, lesdits Recepveurs ou aucuns d'eux, auroient baillé des deniers dessusdits, Nous voulons & mandons à nosdits Gens, qu'ils allouent ès comptes d'iceux Recepveurs, sans contredit. En tesmoin de ce, Nous avons fait mettre à ces Lettres nostre Séel. *Donné à Paris, le vingt-huitiesme jour de Mars, l'an de grace mil trois cens quatre-vingt quinze, & de notre Regne, le quinziesme.* Ainsi signé. Par le Roy, en son Conseil.

CHARLES VI. à Paris, le 28. de Mars 1395.

nos sujets raisonnablement excuser: Sçavoir faisons que Nous confians à plain des sens, loyauté, prudence & diligence de nos amés & féaux *Jaques de Montmaur*, notre Chevalier, Chambellan & Conseiller, & Gouverneur de notredit *Dalphiné*, & Maître *Jean Dudrac* notre Conseiller en notre Parlement, eux deux ensemble, & chacun par soy, avons ordonné & commis, ordonnons & commettons par ces Présentes, à eux traire & aller de par Nous en notre pays de notre *Dalphiné de Viennois*, pour signiffier aux Prélats, Clergié, Nobles & commun d'iceluy *Dalphiné*, ledit mariage, & leur exposer les choses dessusdites, auxquels & à chacun d'eux, Nous avons donné & donnons par ces Présentes, pouvoir, autorité & mandement espécial, appellés avec eux des Gens de notre Conseil dudit pays, de mander de par Nous, & faire assembler les Gens d'Eglise, Nobles & autres personnes de notredit *Dalphiné*, en tel lieu, à tel jour & à tel nombre comme ils verront estre expédient; de exposer à ladite assemblée, les choses dessusdites, en leur requerant de par Nous, par toutes les meilleurs voyes & manieres que ils pourront, qu'ils Nous fassent & accordent un Aide à estre levé sur les habitans dudit pays, tel qu'il Nous doye suffire pour supporter partie des charges & dépenses dessusdites, de accepter pour Nous & en notre nom ledit Ayde; & généralement de faire ez choses dessusdites & ez dépendances d'icelles, tout ce qu'ils verront estre expédient & nécessaire: Mandons & commandons expressément à tous nos Justiciers, Officiers & sujets, que à nosdits Conseillers & à chacun d'eux, & à leurs Commis & Députés, obeissent & entendent diligemment, & leur donnent conseil, confort & aide, se de par eux en sont requis. En témoin de ce, Nous avons fait mettre à ces Lettres notre Scel. *Donné à Paris, le vingt-huitiéme jour de Mars, l'an de grace mil trois cens quatre-vingt & quinze; & de notre regne le seiziéme.* Par le Roy Dauphin, en son Conseil, J. DE SANCTIS.

M. CCC. XCVI.

Suivant le Glossaire de *Du Cange*, au mot, *Annus*, cette Année a commencé le 2. d'Avril, & a fini le 21. d'Avril suivant.

CHARLES VI. à Paris, le 5. de Mai 1396.

(a) Lettres qui confirment en faveur de la ville de Montpellier, les Privilèges accordez par Philippe-le-Long, aux habitans du Languedoc.

KAROLUS Dei gracia Francorum Rex. Notum facimus universis presentibus pariter & futuris, Nobis pro parte Consulum & habitatorum Ville nostre de Montepessulano, *noviter expositum extitisse, quòd bone memorie Philippus quondam Francie & Navarre Rex, predecessor noster, suas dudum dedit & concessit Litteras super hac forma.*

(b) PHILIPPUS, *&c.*

Quodque Littere ipse, [a] *ipsum per Dominum Genitorem nostrum, cujus anima gaudeat cum Beatis, & nonnullos alios Predecessores nostros,* [b] *confirmare fuere,* [c] *itinerum ac amissionis pericula, presencialiter non* [d] *pourtate, ut asseritur: supplicando quatenùs Litteras hujusmodi, & contenta in eis, confirmare dignemur: Nos etenim easdem Litteras, ac omnia & singula in ipsis contenta, quatenùs sunt racionabilia, Consulesque & habitatores jam dicti, eisdem pacificè usi sunt, quodque presentes cum pretactis originalibus Litteris, de verbo ad verbum, factâ collacione diligenti, concordent, ratas & gratas habentes, eas laudamus, ratificamus, approbamus, nostrisque auctoritate Regiâ*

a *app.* per ipsum Dominum.
b confirmate.
c *Je crois qu'il faut supp.* propter.
d portate.

NOTES.

(a) Trésor des Chartres Registre 149. Pièce XI.^xx X. [230.]

(b) Philippus, &c.] Ces Lettres qui sont du 7. d'Avril 1316. sont imprimées à la page 644. du premier Volume de ce Recueil.

& speciali graciâ serie presencium confirmamus: Mandantes Senescallo Bellicadri *&* Nemausi, *ceterisque Justiciariis & Officiariis nostris, ac ipsorum Locatenentibus, presentibus & posteris, & ipsorum singulis, prout spectaverit ad eosdem, quatenùs Consules & habitatores prefatos, & eorum successores, presentes & futuros, Litteris preinsertis, factâ pridem collacione diligenti, ut dictum est, necnon contentis in eis, modo & formâ antedictis gaudere permittant & faciant pacificè (c) que; eosdem aut ipsorum aliquem, in contrarium inquietando nullatenùs vel faciendo aut paciendo modo quolibet, pro nunc seu imposterùm, molestari. Et ut hec perpetua soliditate* [a] *vellentur, Sigillum nostrum fecimus hiis apponi; nostro in reliquis, & alieno in omnibus jure salvo.* Datum *Parisius*, die quinta Maii, anno Domini millesimo CCC.° nonagesimo sexto; & Regni nostri, decimo sexto.

CHARLES VI. à Paris, le 5. de Mai 1396.

a corr. vallentur.

Per Regem, ad relacionem Consilii. P. MANHAC.

NOTE.

(c) Que.] Au lieu de ce mot qui ne signifie rien ici, il faut peut-être lire *& quietè*, suivant la formule ordinaire.

(a) Lettres qui portent que les Maîtres des Ports & Passages de la Sénéchaussée de Beaucaire, & les Officiers établis sous eux, qui auront arrêté des marchandises & autres effets, ne pourront les restituer aux propriétaires, & ne pourront différer le Jugement des procès pendans devant eux, sans appeller *le Contrôleur.*

CHARLES VI. à Paris, le 13. de Mai 1396.

CHARLES par la grace de Dieu Roy de France. Au *Séneschal* de *Beaucaire* & de *Nismes*, ou à son Lieutenant: Salut. Nous avons entendeu que le Maistre des Ports & Passages de laditte Séneschaussie, ses Lieuxtenants, les Gardes d'iceulx Ports & Passages, les Receveurs ou Fermiers de la [b] Reve, & autres droits, prouffis & [c] émolens que on lieve à nostre prouffit sur lesdits Pors, Passages & issues de nostre Royaume, leurs gens, familiers, serviteurs, Commis & autres, souventesfois prenent, empeschent & arrestent marchans & autres passans par lesdits Pors & Passages, tant par eaue comme par terre, & aussy leurs biens, denrées & marchandises, comme or, argent, vaisselle, draps de layne peinte, toiles, vesseaux, chars, cheveaux, & autres choses, & depuis les *(b)* retroient ou délivrent à leur plaisir & volonté, sans en faire aucune chose sçavoir au Controlleur de laditte Maistrise desdits Pors, lequel pour celle cause, n'en puet aucunement mention faire en son controlle; par quoy Nous y avons esté ou temps passé, & sommes chacun jour très grandement fraudés de nos droits [d] & de nous. En oultre, avons entendeu que en sa Court de laditte Maistrise desdits Pors & Passages, sont pendant plusieurs & grant quantité de Causes & procès contre diverses personnes, dont il y en y a grant partie qui y sont de longue main; & jasoit ce que selon les Instructions & Ordenences desdits Pors & Passages, l'en doye esdittes Causes & procès procéder sommairement & de plain, présent & appellé à ce ledit Controlleur; néanmoins par prolongations, dilations & dissimulations, plusuers desdittes Causes & procès se sont perdus & dépéris, perdent & dépérissent chacun jour, en notre très-grant domaige & préjudice: par quoy Nous voulans à ce pourvoir, vous mandons, & [e] se métier est, commettons que audit Maistre desdits Pors & Passages, ses Lieuxtenans ou Commis auxdittes gardes desdits Pors & Passages, Receveurs ou Fermiers de laditte Reve, & autres auxquels il appartiendra, vous faites expresse deffense de par Nous, sur certaines & grosses peines à Nous à y appliquer, que doresénavant ils ne retroyent ou délivrent [f] aucuns marchans ou autres

b *Voy. sur cette Imposition, les Tables des Mat. des Vol. de ce Rec. au mot, Reve.*

c *émolumens.*

d *Je ne sçais ce que peuvent signifier ces mots qui sont encore répétez plus bas: on pourroit corriger* devoirs.

e *besoin.*

f *Supp.* à.

NOTES.

(a) La Copie de ces Lettres a été envoyée de *Montpellier*, avec cette Indication: *Sénéchaussé de Nismes en général, Arm.* A. *Liasse 19. des Actes ramassez, N.° 4. fol. 104.*

(b) Retroient.] Ce mot qui est encore plus bas, est expliqué par le suivant, & signifie que les effets sont rendus & restituez.

CHARLES VI. à Paris, le 13. de Mai 1396.

personnes, leurs denrées, marchandises ou biens quelsconques, depuis qu'ils seront empeschiés ou arrestés sur lesdits Pors & Passaiges, pour cause de nos droits & de nous dessusdis, sans appeler à ce ledit Controleur, affin que de ce il face Registre ou controlle, ainsy que tenus y est à cause de son Office. En oultre, faites commandemant de par Nous, audit Maistre desdits Pors & Passayges, & à ses Lieuxtenans, que lesdittes Causes & procès pendans en ladite Court de laditte Maistrise, ils expédient & déterminent somierement & de plain, selon la forme & teneur des Instructions & Ordenences dessus dittes, en leur deffandant expressément, comme dessus, que de cy en avant, ils ne proroguent ou continuent aucunnes d'icelles Causes & procès meus ou à mouvoir, sans appeler ledit Controlleur; & se vous trouvés aucuns des dessusdis faisans le contraire, procédés à l'encontre d'eulx, nostre Procureur sur ce oy, à telle punition ou amande comme au cas appartiendra; & gardés que en ce n'ait aucun deffaut: de tout ce que fait en aurés, certiffiés souffisement nos amés & féaulx Gens de nos Comptes & Tréforiers. *Donné à* Paris, *le XIIIe jour de May, l'an de grace mil CCC. IIII.^xx & seize; & de notre Regne, le XVIe* Par le Conseil estant en la Chambre des Comptes, ouquel les Trésoriers estoient. *(c)* HUMGANT.

NOTE.

(c) Humgant.] Il faut apparemment corriger *H. Guingant*, nom d'un Secrétaire du Roy, qui se trouve souvent à la fin des Lettres imprimées dans le Volume précédent. *H. Guingant* se trouve aussi à la fin des Lettres du 2. de Septembre suivant, qui sont imprimées à leur rang, & dont la Copie a aussi été envoyée de *Montpellier*, & a été écrite par la même personne qui a copié ces Lettres du 13. de Mai.

CHARLES VI. à Paris, le 21. de Mai 1396.

(a) Lettres qui portent que nonobstant celles par lesquelles il est ordonné que ce qui est dû aux Juifs ne leur sera point payé, ils pourront se faire payer dans le Languedoc par leurs débiteurs, de la somme de dix mille Livres seulement, qui sera délivrée à Philippe de Bar.

CHARLES par la grace de Dieu Roy de France. Aux Sénefchaux de *Toulouse, Carcassonne* & de *Beaucaire,* ou à leurs Lieuxtenans: Salut. Nostre très-chier & amé Cousin *Philipes de Bar* Nous a fait exposer que jaçoit ce que par nos autres Lettres patentes, desquelles la teneur s'ensuit.

(b) CHARLES par la grace de Dieu Roy de France, &c.

Nous afin que nostredit Cousin feut plustost payé de la somme de dix mille Francs à luy deue, sur les debtes des Juifs & Juives qui [a] darrier demeuroient en nostre pays de *Languedoc,* eussions mandé & commis à vous & à chascun de vous en sa Sénéschaucie, de faire payer auxdis Juifs ou Juives, [b] ou à leur certain commandement, leurs dittes debtes, pour [c] iceulx tourner & convertir ou payement de laditte debte de nostredit Cousin; & que iceluy nostre Cousin, [d] pour cuidier estre payé de laditte somme, eust envoyé en nostredit pays de *Languedoc,* aucuns de ses Gens & Officiers, avec certains Juifs ordennés de par lesdis Juifs & Juives, pour faire cueillir & lever leurs dittes debtes, lesquels avoient encommancié se mettre sur ledit fait pour le payement de laditte somme de dix mille Frans deue à nostredit Cousin, comme dit est; néanmoins pour cause de certaines [e] Ordenances par Nous n'agueres faittes, lesquelles ont esté publiées en nostredit pays de *Languedoc,* & ezquelles entre [f] las autres

a *ci-devant.*

b *ou aux personnes qu'ils auroient chargez de recevoir ce qui leur étoit dû.*

c *icelles.*

d *dans l'espérance d'être payé.*

e *Voy. ci-dessus, p. 64. l'art. 11. des Lettres du 28. de Mars 1395.*

f *les.*

NOTES.

(a) Ces Lettres ont été envoyées de *Montpellier* avec cette Indication : *Sénéchaussée de* Toulouse *en général, Arm. C. 5.e Liasse des titres ramassez, N.º 4. fol. 49 & 50.*

(b) Charles, &c.] Ces Lettres qui sont du 15. de Janvier 1395. sont imprimées ci-dessus, p. 32. Elles portent que Philippe de Bar sera payé de dix mille Francs sur les sommes qui sont dûes aux Juifs.

CHARLES VI. à Paris, le 21. de Mai 1396.

choses, est contenu que toutes debtes auxdis Juifs & Juives, *(c)* tant à cause de son commerce de usures, avons quittées, & ordenné que toutes exéqutions faittes & encommanciées sur ce, cessent du tout, nostredit Cousin a esté & est empeschié ou payement de ladicte somme, en son très-grant grief, préjudice & dommaige; requerant par Nous à luy sur ce estre pourveu de remede convenable. Pourquoy Nous voulans nostredit Cousin estre payé & contenté de ladicte somme, de nostre certaine science & gré spécial, avons voleu & ordenné, & auxdis Juifs & Juives, à la requête de nostredit Cousin, octroyé, voulons, ordennons & octroyons par ces Présentes, que desdittes debtes à eulx deues en nostredit pays de *Languedoc* & [a] deuesque soit tant seulement, ils puissent faire cueillir & lever jusques à ladicte somme de dix mille Frans tant seulement, pour icelle tourner & convertir ou payement & acquit de nostredit Cousin, & non ailleurs, sans ce que pour cause des usures, aucune chose *(d)* soit sort, ne puet estre exigié ne levé sur les debteurs. Si vous mandons & à chascun de vous, en sa Séneschaucie, en commettant, si [b] mestier est, que de nos présens Ordennances & octroy, faites, souffriés & laissiés joïr & user plainement & paisiblement lesdis Juifs & Juives, ou leurs Procureurs & députtés sur ce, en entérinant & accomplissant de point en point nosdittes autres Lettres ci-dessus [c] trascriptes: Mandons & commandons à tous nos Justiciers, Officiers & subgiés, que à vous & à vos commis députés en ceste partie, obéïsseut & entendent diligentment: car ainsy le voulons & Nous plaist estre fait; nonobstant nosdittes Ordennances, ladicte quictance & remission faites desdittes debtes deues auxdis Juifs, & quelxconques autres Ordennances, Mandemens & deffences faites & à faire, & Lettres empétrées & à empétrer au contraire. *Donné à* Paris, *le XXI.e jour de May, l'an de grace mil CCC IIII.xx & seize; & de notre Regne le XVI.e*

Par le Roy, présens Messieurs les *Ducs* de *Bourgogne* & de *Bourbon*, Messire *Pierre de Navarre*, & autres. G. BARRAU.

a cet endroit paroît corrompu.

b besoin.

c transcriptes.

NOTES.

(c) Tant à cause.] Il paroît que cet endroit est corrompu. Il faut apparemment corriger, *tant à cause de leur commerce, que par rapport aux usures qu'ils ont exigées.*

(d) Soit sort.] Autre endroit corrompu. Je crois qu'il signifie qu'on ne pourra faire payer aux débiteurs des Juifs, que les sommes principales qu'ils avoient empruntées d'eux, & qu'ils seront quittes des usures que les Juifs avoient exigées.

CHARLES VI. à Paris, en Mai 1396.

(a) Confirmation des Lettres de Sauvegarde Royale, pour les Religieuses de l'Abbaye de Longchamp.

KAROLUS Dei gracia Francorum Rex. Notum facimus universis presentibus & futuris, Nos infrascriptas carissimi Domini & Genitoris nostri, vidisse Litteras; formam que sequitur, continentes.

(b) KAROLUS, &c.

Quas quidem Litteras superiùs insertas, ac omnia & singula in eisdem contenta, ratas habentes atque grata, eas & ea volumus, laudamus, approbamus, auctoritateque nostrâ Regiâ, quathenùs dicte Religiose eisdem debite use sunt, serie presencium confirmamus. Quocirca universis Justiciariis & Officiariis, subditisque nostri Regni, presentibus & futuris, vel eorum Locatenentibus, & cuilibet eorumdem insolidum, damus tenore presencium in mandatis, ut contra tenorem presencium, Abbatissam & Conventum in Litteris superiùs insertis [d] denominatas, non impediant, aut impediri in Capite seu in membris, in personis, familiis sive bonis quibuscumque, quoquomodo paciantur; ymò nostrâ presenti graciâ & confirmacione ipsas uti & gaudere pacificè faciant & quietè.

d denominat. Reg.

NOTES.

(a) Tresor des Chartres, Regist. 149. P. XIII.xx XIII. [273.]

(b) Karolus, &c.] Ces Lettres qui sont du mois de Juin 1364. se trouvent à la page 458. du *4.e Vol. de ce Rec.*

Quod ut firmum & stabile permaneat in futurum, Sigillum nostrum presentibus Litteris duximus apponendum : nostro in aliis, & alieno in omnibus jure salvo. Datum *Parisius,* mense Maii, anno Domini millesimo CCC.° nonagesimo sexto; & Regni nostri XVI.to

Per Regem, ad relacionem Consilii. Collacio fit. FRERON.

CHARLES VI. à Paris, en Mai 1396.

(a) Lettres qui confirment l'abolition des Appeaux frivoles dans la Prévôté de Laon.

(b) CHARLES, &c. Nostredit Seigneur (& Pere) . . . . . . par ces Lettres données dès le mois d'Avril mil CCCLXXII. . . . . . eust ordené & déclaré . . . . que dès lors en avant & à tousjours, tous & quelconques Appeaulx faiz, &c. . . . . Néantmoins elle n'a point esté tenue ne gardée, ne n'est encores à présent en nostre Court & Auditoire de nostre *Prévost* forain de *Laon,* pour ce que depuis laditte Ordenance, nostreditte Prévosté a esté & est continuelment gouvernée par [a] Prevoz Fermiers qui se changent, muent ou renouvellent de trois ans en trois ans, & pour cause de laditte mutation, renouvelement de ferme, ou négligence des Prévoz qui ont esté Fermiers de nostreditte Prévosté; & depuis laditte Ordenance, on a délaissié par inadvertance, à en prendre Lettres de nostredit Seigneur ou de nous, pour laditte Ordenance ou déclaration faire publier & faire mettre à exécution; qui est ou très-grant grief, dommage & préjudice de Nous & de la chose publique, si comme nostre amé *Despert de Maubresson,* Escuier, à présent nostre Prévost de laditte Prévosté, Nous a fait monstrer, en Nous requerant que sur ce lui vueillons donner noz Lettres de laditte Ordenance & déclaration: Nous considérées les choses dessus dittes, laditte Ordenance qui fut faite générale pour tous ceulz de la *Prévosté* de *Laon,* par la fourme & maniere qu'elle est dessus declarée, voulons estre valable, tenue & gardée sanz contredit, à tous ceulz qui appelleront du *Prévost* de *Laon,* audit *Bailli* de *Vermandoiz.* Si donnons en mandement par ces Présentes, au *Bailli* de *Vermandoiz,* au *Prévost* de *Laon,* & à tous noz autres Justiciers & Officiers, ou à leurs Lieuxtenants, qui ores sont & qui pour le temps avenir seront, & à chacun d'eulx, si comme à lui appartendra, que nostre présente Ordonnance & déclaracion tiennent, gardent & acomplissent, & facent tenir, garder & acomplir de point en point, selon sa fourme & teneur, de tous ceulz à qui il appartendra, sanz enfraindre & sanz innovations ou empeschemens quelconques; nonobstant usage, stile, coustume de païs, ou commune observance quelconque à ce contraire. Et pour ce que ce soit ferme chose & estable à tousjours, Nous avons fait mettre nostre Séel à ces Présentes: Sauf nostre droit en autres choses, & l'autrui en toutes. *Donné à* Paris, *l'an de grace mil CCC IIII.xx XVI. & de nostre regne, le XVI.e ou mois de Mai.*

Par le Roy, à la rélacion du Conseil. P. DE DISY.

Ad instar aliarum simili modo sigillatarum, & etiam multiplicatarum.

a *Voy. sur ces Prévôts, les Tabl. des Mat. des Vol. de ce Rec. aux mots Prévôts Fermiers.*

NOTES.

(a) Trésor des Chartres, Regist. 149. P. XV.xx V. (125.)

(b) Charles, &c.] On a supprimé le préambule & une partie de ces Lettres, pour la raison indiquée dans la Note *(b)* de la page 189. du 7.e *Vol. de ce Rec.*

(a) Lettres

CHARLES VI. à Paris, en Mai 1396.

(a) Lettres qui portent que les Juges de Montpellier seront obligez de donner une fois l'année à la Faculté de Médecine de cette Ville, le cadavre d'une personne condamnée au dernier supplice, pour faire des démonstrations d'Anatomie.

KAROLUS Dei graciâ Francorum Rex. Notum facimus universis tam presentibus quàm futuris, Nobis pro parte dilectorum nostrorum Cancellarii, Magistrorum, Licenciatorum, Bacallariorum & Scolarium in Studio generali medicine Ville nostre Montispessulani *studencium, expositum extitisse,* [a] *cum Gubernator, Bajulus aut alii Officiarii nostri dicte Ville* Montispessulani, *aut ejus Baronie vel (b) Rectorie, seu Locumtenentes eorum, consueverunt ab antiquo, singulis annis, unam personam condempnatam ad mortem vel ultimum supplicium, cujuscumque sexûs aut (c) legis existat, suspensam seu (d) submersam, aut aliter, precedente Judicio seu Sentenciâ, interfectam, eisdem exponentibus, pro* [b] *anothomia facienda, tradere & deliberare, si & dum super hoc fuerint requisiti; predictique Officiarii nostri, seu eorum aliqui, quandoque se hactenùs ad hoc faciendum, reddiderint & reddant difficiles, fuit pro parte dictorum exponencium Nobis humiliter supplicatum, quòd, attento quod dicta anothomia habet fieri & est necessaria pro salute* [c] *humanis generis, & ut dicta sciencia medicine efficaciùs experimentetur, sibi super hoc velimus providere de remedio oportuno. Nos igitur, habitâ consideracione ad premissa, attentoque quòd pre ceteris aliis Studiis universi orbis, in dicta* [d] *Ville* Montispessulani *fons originalis sciencie medicine reputatur, (e) Nos & Predecessores nostri ac alii Principes, pro salute humana, (f) à dicto studio, propter experienciam que potissimè in facto medicinali, res est magistra, magistros ad se trahunt; eisdem supplicantibus concessimus, & de gracia speciali concedimus per Presentes, ut Gubernator vel Bajulus, aut alii Officiarii nostri dictarum Ville, Baronie aut Rectorie* Montispessulani, *seu eorum Locatenentes, singulis annis semel tantùm teneantur tradere* [e] *una personam condempnatam ad mortem, cujuscumque sexûs aut legis existat, suspensam seu submersam, vel aliter, precedente sentenciâ seu Judicio, interfectam, ipsis supplicantibus pro anothomia hujusmodi facienda, ad simplicem requisicionem predictorum Cancellarii, Magistrorum, Licenciatorum, aut Procuratorum seu Sindicorum suorum, vel eorum Locatenencium, aut ipsorum alterius &* [f] *illicito, postquam talis persona requisita, suspensa vel submersa, aut aliter interfecta fuerit, prefati nostri Officiarii à patibulo, vel alio loco ubi posita fuerit, removeri faciant, & eis realiter tradere & deliberare, eorum tamen sumptibus & expensis: Mandantes Gubernatori, Bajulo & Judicibus Baronie & Rectorie* Montispessulani, *predictis, ceterisque Justiciariis* [g] *Officiariis nostris, presentibus & futuris, & eorum Locatenentibus, ac eorumdem cuilibet, prout ad hos pertinuerit, quatenùs dictos supplicantes*

a *Il faut appar. corr.* quòd.
b anathomia, *& plus bas.*
c humani.
d Villa.
e unam.
f *corr.* illicò.
g *supp.* &.

NOTES.

(a) Trésor des Chartres, Regist. 149. P. XII.xx X. [250.]

(b) *Rectorie.]* La Rectorie est la Justice qui appartenoit anciennement aux Evêques de *Montpellier,* lorsqu'ils étoient Seigneurs d'une partie de cette Ville. Philippe-le-Bel ayant acquis cette Seigneurie, la Rectorie a subsisté jusque dans le seizième siécle, séparée du Bailliage qui s'étendoit sur l'autre partie de *Montpellier.* Voy. l'hist. [civile] de cette Ville par d'*Egrefeuille,* p. 564.

(c) *Legis.]* Je crois qu'il faut entendre par ce mot, les Religions Chrétienne & Juive. Peut-être aussi le mot *Legis* désigne-t-il les deux Jurisdictions qui partageoient la Ville, parce qu'anciennement elle étoit divisée en deux parts, dont l'une appartenoit à l'Evêque, & l'autre à un Seigneur qui étoit son vassal. Du tems de Charles VI. ces deux parties appartenoient au Roy.

(d) *Submersam.]* Dans le tems de ces Lettres, & même quelque tems depuis, on noyoit quelquefois les criminels.

(e) Il y a là un mot qu'on n'a pu déchiffrer. On y voit un *v* suivi de deux jambages couverts d'une abréviation.

(f) *A dicto studio.]* Cette phrase paroît corrompue. On en entrevoit cependant le sens.

CHARLES VI. à Paris, en Mai 1396.

nostrâ presenti concessione & graciâ uti & gaudere faciant & permittant pacificè & quietè; ceterisque eorum privilegiis, si que circa hec habeant, in suo robore valituris. Quod ut firmum & stabile perpetuò perseveret, nostrum presentibus Litteris fecimus apponi Sigillum: Salvo in aliis jure nostro, & in omnibus quolibet alieno. Datum *Parisius,* mense Maii, anno Domini millesimo CCC.° nonagesimo sexto; & Regni nostri, decimo sexto.

In Requestis per [a] *Vos ex precepto Regis expeditis, ubi* Episcopi Bajocensis *&* Noviomensis, *Magister* Odardus de Molendinis, *& plures alii, erant presentes.* VIVIEN.

a *Le Chancelier de France. Voy. le 5.e Vol. de ce Rec. pag. 653. Note (c).*

CHARLES VI. à Paris, en Mai 1396.

(a) Privilèges accordez à la Ville de Gordon.

SOMMAIRES.

(1) Le Sénéchal de Cahors continuera de tenir ses Assises dans l'endroit où il a coûtume de le faire.

(2) Les habitans de Gordon ne pourront être obligez de comparoître en Jugement dans les affaires civiles & criminelles, que dans les Assises de ce lieu, à moins qu'ils ne dussent être jugez ailleurs en conséquence des engagemens par eux contractez, ou à cause des délits qu'ils auroient commis.

(3) Ces habitans seront conservez dans le droit ancien dont ils jouissent, de créer des Consuls, & d'avoir un Trésor, un Sceau, une Cloche commune, & dans toutes les autres prérogatives attachées aux Consulats.

(4 & 12) Si quelques-uns des habitans ont aliéné une partie de la Jurisdiction criminelle & des redevances Seigneuriales qui leur appartenoient, & que cette partie soit aliénée dans la suite par les nouveaux acquereurs, ils pourront la retirer en rembourfant le prix qui en a été payé à ceux-ci, ou en en payant la juste valeur, si cette seconde aliénation n'a point été faite à prix d'argent. Tous les dommages qu'ont souffert les habitans par rapport à ces aliénations par eux faites, seront réparez.

(5) Ces habitans pourront faire un Statut, lequel, en conservant l'ancien usage, portera que les étrangers ne pourront faire entrer de vin dans la Ville où l'on ne pourra amener que celui que les habitans recueilleront des vignes qui leur appartiendront, si ce n'est dans le cas où ils consentiroient que ce Statut ne fût point observé.

(6) Il ne pourra être donné d'ordre pour empêcher qu'on tire des grains de cette Ville; & les habitans pourront en faire sortir, pourvû qu'ils ne soient point vendus aux ennemis du Royaume, ou transportez dans des lieux prohibez.

(7) Lorsque les habitans seront débiteurs du Trésorier fiscal, ou de quelqu'autre personne, en ne pourra faire saisir leurs effets que par un seul Sergent, à moins que le débiteur ne fasse rébellion à Justice.

(8) Ceux qui viendront au Marché qui se tient le Jeudi dans cette Ville, ne pourront être arrêtez, & les denrées qu'ils apporteront au Marché, ne pourront être saisies, même pour ce qu'ils peuvent devoir au fisc, depuis l'heure de midi du Mercredi, jusqu'à pareille heure du Vendredi suivant.

(9) Les habitans qui contribueront aux Tailles & aux autres dépenses communes de la Ville, seront sous la Sauvegarde du Roy. Un habitant qui n'aura point de Sauvegarde Royale en son particulier, ne pourra point se prévaloir contre un autre habitant, de cette Sauvegarde générale.

(10) Lorsqu'un habitant aura acheté sans fraude, publiquement & dans la rue, une chose qui a été volée ou enlevée par force, il ne sera point obligé de la rendre à celui qui la réclamera comme lui appartenante, si celui-ci ne lui rend le prix qu'il en a payé.

(11) Les habitans pourront employer jusqu'à la valeur de deux cens Livres de rente ou en fondations, ou en autres œuvres pies, sans que les choses ainsi données par eux, soient sujettes aux droits d'Amortissement.

KAROLUS, &c. Notum facimus universis presentibus pariter & futuris, Nos Litteras inclite memorie carissimi Patrui nostri, dudum Locumtenentis nostri in Partibus Occitanis *&* Ducatu Acquitanie, *& post Regis* Jerusalem *&* [b] Cecilie, Ducis Andegavensis *&* Turonensis, *ac* Comitis Cenomanensis; *formam que sequitur, continentes.*

b Sicilie.

LUDOVICUS Regis quondam Francorum Filius, Domini nostri Regis Germanus, ejusque Locumtenens in tota Lingua Occitana, Dux Andegavensis *&* Turonensis, *ac* Comes Cenomanensis. *Universis tam presentibus quàm futuris: Salutem. Dignum atque racioni consonum inter singulos Principes justicie zelatores, consuevit arbitrari*

NOTE.

(a) Trésor des Chartres, Registre 151. Pièce IX.xx XVIII. [198.]

illorum[a] pro ceteris vota fidelia favorabiliter adimplere, quorum manus & animum ad augmentandum & reconsiliandum jura sibi pertinencia, totis viribus [b] senserit adjutrices; quodque gratuitum, sanctum & laudabile censetur illorum requestas subdictorum [c] exausdire, ipsosque Privilegiis, Libertatibus & [d] prorogativis decorare, quorum siquidem [e] merui seca fidelitas in regno stendo, quod est debitum, & jura Dominorum suorum substinendo extrinsecùs redditu [f] liberal. Cum igitur dilecti & fideles dicti Domini nostri atque nostri, Consules & habitatores loci seu Ville (b) de Gordonio, Senescallie Acturcensis, [g] dictum Dominum nostrum suum verum & superiorem Dominum in manibus nostris recognoverint, ac juramentum fidelitatis debitè prestaverint, prout hec boni & veri subdicti facere tenentur, Notum facimus quod Nos cum eisdem graciosè, prout nostra interest, agere volentes, & eisdem Consulibus & habitatoribus dicti loci de [h] Gorduno, Ressorti & pertinenciarum ejusdem, concessimus & concedimus de nostra certa sciencia & gracia speciali, & auctoritate Regiâ quâ fungimur in hac parte, pro se & suis imposterùm, Privilegia, Libertates & franchisias, ac omnia & singula inferiùs contenta & descripta, in modum qui sequitur.

CHARLES VI. à Paris, en Mai 1396.

a pre ceteris.
b senserint.
c exaudire.
d prerogativis.
e tout cet endroit est corrompu; mais le sens en est assez clair.
f Il y a une abréviation sur la fin de ce mot.
g Voy. le 5.e Vol. de ce Rec. pag. 190. Note (a).
h Gordonio.

(1) Primo. Eisdem Consulibus & habitatoribus dicti loci, Ressorti & pertinenciarum ejusdem, concessimus & concedimus per presentes, quòd Senescallus Caturcensis, qui nunc est & pro tempore fuerit, aut [i] alius pro ipso ad hoc potestatem habens & speciale mandatum, in loco ubi erat consuetum Assizias tenere, nomine dicti Domini nostri & Successorum suorum, ipsas Assizias teneat, & non alibi, adhuc & pro temporibus [k] afuturis.

i al. Reg.
k affuturis.

(2) Item. Concessimus & [l] condimus quibus supra, quòd nullus habitator de Gordonio, ad instanciam Procuratoris fiscalis, nec alterius cujuscumque persone, pro facto criminali vel civili, extra dictum Assiziagium de Gordonio extrahi possit; sed in dicto Assiziagio, super hiis quilibet conquerenti rei respondere habeat & teneatur, & de eodem in dicto Assiziagio jus tribuatur quamdiu ibi voluerit [m] jura parere, & non fuerit obligatus alibi racione contractûs vel [n] dilecti.

l concedimus.
m juri.
n delicti.

(3) Item. Attento quòd ipsi Consules sint & fuerint in longa possessione tali tempore cujus in contrarium memoria hominum non existit, Consulatum habendi, necnon Consules anno quolibet creandi; habeantque eciam & habere consueverint Archam, Sigillum, Campanam communem, & eciam consueverint plura alia facere que veri & justi Consules facere debent & possunt, eisdem concessimus & concedimus, & tenore presencium volumus quòd ex nunc & imperpetuùm, eorum antiqua possessio predicta pro bono, vero & justo titulo habeatur, & quòd de cetero, ab omnibus sine contradicione, absque eo quod astringi possint alium titulum vel possessionem demonstrare, approbetur.

(4) (c) Item. Dictis Consulibus & habitatoribus concessimus & concedimus, quòd si aliquis ex habitantibus partem in Vicariam dicti loci aliquid [o] dicta Vicaria alienabant quovismodo per Regem vel aliam personam, quòd ipsi dictam partem alienatam, si vendita sit, possint precio quo erat vendita; si verò aliter alienata, justo precio & competenti extimacionem [p], retinere.

o suppl. de.
p je crois qu'il faut suppléer solvendo.

(5) Item. Eisdem Consulibus & habitatoribus dicti loci, concessimus & concedimus liberam potestatem ac licenciam pleniorem ordinandi & [q] faciandi, dum & quando eis visum fuerit expediens, statuta, quòd nullus extraneus ponat vel afferat vina infra

q faciendi.

NOTES.

(b) De Gordonio ..... Acturcensis.] Gordon, Diocèse de Cahors. Voy. le Diction. univ. de la France à ce mot.

A l'égard de Acturcensis, il faut corr. Caturcensis qui se lit ci-dessous article 1.er

(c) Item.] Le commencement de cet article est certainement corrompu; mais il est aisé d'en entendre le sens littéral. Il n'est pas aussi facile d'expliquer ce que signifie pars Vicarie, qui avoit été aliénée. Il est encore parlé dans l'article 12. de l'aliénation de partis Vicarie & Leude. On trouve dans le Glossaire de Du Cange, au mot Vicarius, col. 1552. que Vicaria a quelquefois signifié une Jurisdiction criminelle. On pourroit donc supposer que quelques habitans de Gordon avoient vendu au Roy ou à d'autres personnes, une partie de la Jurisdiction criminelle qui leur appartenoit comme Seigneurs Justiciers, & une partie de leurs redevances Seigneuriales, leude. Je n'ai garde de donner cette interprétation comme le véritable sens de ces articles.

CHARLES VI. à Paris, en Mai 1396.

dictam Villam seu in dicto loco, (d) pro custodia, nec aliter, nisi solum ipsi Consules & habitatores dicti loci de suis propriis vineis quas extollunt seu extolli faciunt suis propriis sumptibus; presertim cùm de premissis ipsis, Consules & eorum predecessores sint & fuerint in possessione pacifica per [a] *tentum tempus quod hominis memoria in contrarium non extitit; volentes Statuta predicta per dictos Consules ordinanda & facienda, si & quando eisdem placuerit & videbitur faciendum, per quoscumque subditos Regis teneri & inviolabiliter observari; ita quòd per Litteras sub quacumque verborum forma impetratas vel impetrandas à dicto Domino nostro, Nobis vel ejus successoribus, minime possint revocari, nisi de dictorum Consulum consensu processerit & volontate.*

a tantum.

(6) Item. *Eisdem Consulibus & habitatoribus concessimus & concedimus, graciam nostram predictam amplianies, quòd de cetero minimè concedi valeat aliquod mandatum vel impetrari contra voluntatem dictorum Consulum, de non extrahendo blada, vina vel alia victualia extra locum de* Gordonio; *ymò de hoc speciale mandatum dicti Consules habeant & potestatem, prout eis juxta ubertatem temporum videbitur faciendum, dum tamen non transferant seu portent ad inimicos Regni vel loca prohibita.*

(7) Item. *Quòd si fortè contingeret in futurum, Consules seu habitatores dicti loci, teneri in aliquo, Thesaurario fiscali vel aliis quibusvis personis, eisdem quo supra nomine, concessimus & concedimus quòd pro execucione debiti, nisi* [b] *unius Serviens vel executor mittatur, nec nisi per unum saisina ponatur, nisi rebellio fieret, & si contrarium fieret, quòd nisi pro uno, salarium solvere quoquomodo teneantur.*

b unus.

(8) Item. *Ex* [c] *verberiori gracia, eisdem Consulibus & habitatoribus concessimus & concedimus quòd venientes ad Nundinas vel Mercatum dicte Ville, quod communiter tenetur apud* [d] Gordaniam *in die Jovis, non possint pro debitis fiscalibus seu aliis, ibidem arrestari, nec bona que causa vendendi defferent vel defferri facerent, eis capi vel arrestari ab hora meridiei Mercurii precedentis, usque ad Veneris sequentis* [e] *hora predicta.*

c uberiori.

d Gordonium.

e *corr.* horam predictam.

(9) Item. *Eisdem Consulibus, nomine quo supra, concessimus & concedimus quòd dictus locus de* Gordonio *cum suis pertinenciis, & habitatores omnes & singuli ejusdem, qui contribuerunt Tailliis, Collectis, cum omnibus bonis suis, sint & remaneant perpetuò in & sub Salva-gardia speciali Domini nostri Regis & successorum suorum; & quòd si dicti habitantes vel aliqui ex ipsis, se adinvicem offenderent in personis suis sive bonis, non reputentur Salvam-gardiam violasse, nec ad emendam Salve-gardie violate, teneantur; sed sit inter eos, sicut inter non habentes; nisi sit ad eorum requestam de Salva-gardia speciali eis provisum.*

(10) Item. *Eisdem Consulibus & habitatoribus, nomine predicto, de nostra gracia speciali predicta, concessimus & concedimus per presentes, quòd quicumque emens palam & bonâ fide & sine fraude, à transeunte vel ignoto, aut alio, in carreria publica, vel in platea dicti loci, rem furtivam vel vi allatam, aut alio vicio affectam, quòd talis emptor talem rem, si petatur ab eo cui jus petendi competeret, reddere non teneatur, nec ad hoc non compellatur, nisi priùs de precio & de impensis rei, satisfaciat eidem emptori.*

(11) Item. *Quòd ipsi Consules vel alii habitatores dicti loci, possint redditus & bona alia temporalia ponere & ordinare in Capellanis perpetuis, & quibuscumque aliis usibus, vel manibus mortuis, usque ad valorem seu summam* [f] *ducentorum Librarum Turonensium* [g] *Rendualium; ita quòd talia sic amortizata detinentes, extra suam manum ponere vel* [h] *per eos aliquam financiam solvere non cogantur.*

f *corr.* ducentarum.

g de revenu.

h *corr.* pro eis.

(12) Item. *Volumus & eisdem Consulibus & habitatoribus concessimus & concedimus per presentes, quòd omnia gravamina super* [i] *ompcione partis Vicarie & Leude de* Gordonio, *reparentur & reducantur ad statum* [k] *prestinum & debitum, eaque tenore presencium repparamus, & ad statum pristinum reducimus & reduci volumus & jubemus*

i empcione.

k pristinum.

NOTE.

(d) Pro custodia, &c.] Je n'entends point cet endroit qui signifie peut-être que les étrangers ne peuvent faire entrer de vin dans la Ville, ni pour l'y vendre, ni même pour l'y mettre en dépôt & comme en entrepôt.

CHARLES VI. à Paris, en Mai 1396.

liberè, dictosque Consules dictâ parte Vicarie & Leude, uti & gaudere, prout in antea uti solebant, tenore presencium, volentes & ordinantes.

Quocirca Senescallo Petragoricensi *&* Caturcensi, *ceterisque Justiciariis, Officiariis & subdictis Regis, presentibus & futuris, presencium tenore damus in mandatis, districtiùs injungentes, quatenùs predictos Consules & habitatores dicti loci de* Gordonio, *modernos & futuros, ex nunc & imposterùm, predictis nostris Privilegiis, Libertatibus, franchisiis & concessionibus supradictis, modo & formâ quibus supra annotantur seu specificantur, uti & gaudere pacificè & inconcussè, omnique impedimento cessante, faciant & permittant, nichil in contrarium attemptando, nec à quocumque attemptari, innovari aut aliter immutari faciendo seu permittendo, quia sic fieri volumus & jubemus, dicta Privilegia, Libertates, franchesias seu concessiones aut gracias, juxta ipsarum seriem & tenorem, robur inconcussibile ac eciam firmitatem habere cupientes. Quod ut firmum & stabile perpetuò perseveret, nostrum hiis Litteris presentibus fecimus apponi Sigillum: salvo in aliis jure Regio, & in omnibus quolibet alieno.* Actum & datum in dicto loco de *Gordonio,* anno Domini millesimo CCC.^mo^ septuagesimo, mense Augusti. *Per Dominum Ducem, in suo Consilio.* DE. MALAYN.

Suite des Lettres de Charles VI.

Quas quidem Litteras suprascriptas, dictis habitantibus de Gordonio, *ut prestitum est, concessas, ac omnia & singula in eis contenta, rata habentes & grata, eas & ea volumus, laudamus, ratifficamus & approbamus, tenoreque presencium de gracia speciali, sic & in quantum usi fuerunt huc usque, confirmamus: Mandantes earumdem serie presencium* Senescallo Petragoricensi, *ceterisque Justiciariis nostris, presentibus & futuris, aut eorum Locatenentibus, cuilibet, prout ad eum pertinuerit, quatenùs prefatos habitantes de* Gordonio, *dictis Privilegiis ac nostra confirmacione & gracia uti & gaudere pacificè faciant & permittant, juxta earum seriem & tenorem* [a] *in contrarium attemptari vel fieri quolibet* [b] *pacientur; sed si que facta in contrarium reperientur, ad statum pristinum & debitum reducant, aut reduci faciant indilatè. Quod ut firmum & stabile perpetuò perseveret, nostrum hiis presentibus Litteris fecimus apponi Sigillum: Salvo in aliis jure nostro, & in omnibus quolibet alieno.* Datum *Parisius,* mense Maii, anno Domini millesimo trecentesimo nonagesimo sexto; & Regni nostri, sexto decimo. VOISINES.

In Requestis per [c] *Vos expeditis de precepto Regis, in quibus erant* Episcopi Bajocensis *&* Noviomensis, *Magister* Odardus de Molinis, *& plures alii de magno Consilio.* N. DE VOISINES.

a *Il y a là un mot qu'on n'a pû déchiffrer. On pourroit lire* neminique; *mais il devroit y avoir* nihilque.

b paciantur.

c Le Chancelier de France. *Voy. le 5.e Vol. de ce Rec. pag.* 653. Note *(c)*.

CHARLES VI. à Paris, le 9. de Juin 1396.

(a) Lettres qui portent que les Maîtres, les Régens, les Ecoliers, & les Officiers de l'Université de Paris, qui sont exempts des Aides & autres Impositions, ne payeront point la Taille imposée à cause du mariage d'Ysabelle Fille du Roy, avec le Roy d'Angleterre.

CHARLES par la grace de Dieu Roy de France. A noz amez les Esleuz sur le fait des Aides ordonnez pour la guerre, ès Cité, Diocèse & *Viconté* de *Paris,* & à tous Commis & députez & à députer à cueillir, exploiter & recevoir la Taille n'aguere imposée en nostre Royaume, pour le mariage de nostre très-chiere & ainsnée Fille *Ysabeau Royne* d'*Engleterre:* Salut. Oye avons la supplicacion de nostre chere & amée Fille l'Université de *Paris,* contenant que combien que par vertu des privilèges à elle donnez & octroyez par Nous & nos prédécesseurs Roys de France, tous les vrais Estudians, les Bedeaux, Libraires, Enlumineurs, Parcheminiers, & autres serviteurs de ladicte Université, [d] sans fraude, aïent esté francs, quictes & exemps de

d *Ceux qui sont réellement & véritablement Escoliers, Bedeaux, &c.*

NOTE.

(a) Livre Rouge vieil du Châtelet de *Paris, folio* 6 vingt 8. *verso.* [128.]

Avant ces Lettres, il y a: *de l'Université, de non payer la Taille.*

CHARLES VI.
à Paris, le 9. de Juin 1396.

tous Aides, [a] Fouages, Impositions, IIII.[es] & autres Subsides quelconques aïans cours en nostredit Royaume, sans ce que ou temps passé eulx ou aucuns d'eulx en aïent païé ou esté contrains à en païer aucune chose; néantmoins vous ou aucun de vous, vous estes efforciez de contraindre ou faire contraindre aucuns des Maîtres, Régens, Estudians & Serviteurs de ladicte Université, à contribuer à ladicte Taille; & de fait avez prins ou fait prendre & lever par deffaut de païement leurs biens ou d'aucuns d'eulx, qui est contre la teneur des diz Privileges donnez & octroyez à nostre dicte Fille l'Université, & en son très-grant grief, préjudice & dommage, si comme elle dit, requerant sur ce nostre provision: Pourquoy, Nous ces choses considérées, vous mandons & à chacun de vous, si comme à lui appartendra, que ceulx qui souffisamment vous apparront estre vrays Estudians demourans continuelment à *Paris* pour cause de l'estude, & non [b] marchandans, les Bedeaux, Libraires, Enlumineurs, Parcheminiers, & autres vrays serviteurs de ladicte Université, sans fraude, & chascun d'eulx, vous tenez & faictes tenir quictes & paisibles de ladicte Taille, selon la forme & teneur des Ordonnances & Instrucions sur ce faictes, sans lez travailler ou molester en aucune maniere au contraire; [c] mez tout ce qui du leur ou d'aucun d'eulx, est ou seroit pour ce prins, détenu, levé ou arresté, mettez leur ou faictes tantost & sans délay mettre [d] au délivre; nonobstant quelconques Ordonnances, Mandemens ou deffenses à ce contraires. *Donné à* Paris, *le IX.*[e] *jour de Juin, l'an mil CCC IIII.*[xx] *& seize, & de nostre Regne le seizesme.* Ainsi signé. Par le Roy en son Conseil, ouquel Monf. le *Duc* de [e] *Bourdon*, le Sire *de le Bret*, [f] Vous, les Evesques de *Bayeux*, & de *Noyon*, & plusieurs autres estiez. J. BERTAUT.

Collacion faicte à l'Original qui fu rendu à *Maistre de Centireiz*, le Mardi IIII.[e] jour de Juillet, l'an mil CCC IIII.[xx] & seize.

a *Impositions par Feux.*

b *commerçans.*

c *mais.*

d *leur délivrez, rendez.*

e *Bourbon.*

f *Le Chancelier de France.* Voy. *le 5.*[e] *Vol. de ce Rec.* pag. 653. Note *(c)*.

CHARLES VI.
à Paris, le 10. de Juin 1396.

(a) Lettres de Sauvegarde Royale pour l'Eglise & le Chapitre de Verdun.

KAROLUS Dei gratia Francorum Rex. Universis presentes Litteras inspecturis: Salutem. Honor & reverentia summi Regis, hoc exigit, & nostrorum ad hoc inclita prædecessorum Francorum Regum exempla Nos excitant & hortantur ut personas Ecclesiasticas & loca divino cultui mancipata, præsertim illa quæ genitorum nostrorum munificentia devotâ largitate redditibus ampliavit & dotavit, speciali gratiâ prosequentes, sub alis defensionis Regiæ protegamus à malorum injuriis & inquietatione pravorum, [g] *quòd Deo debitæ servitutis obsequium, in pacis* [h] *tranquillate persolvere valeant, & eidem quietè pariter & devotè pro Nobis & suis benefactoribus, preces & hostias immolare. Hâc itaque consideratione permoti, laudabilibus eorumdem Prædecessorum nostrorum vestigiis inherentes, Ecclesiam* Virdunensem, *cujus redditus consistunt tam in Regno nostro quàm extra in variis locis situati, & quæ quidem Ecclesia per prædecessores nostros, bonis & redditibus extat* [i] *abundanter dotata pariter & ampliata, necnon Decanum & Capitulum, ac singulares Canonicos, Capellanos, Clericos & universos servitores ejusdem Ecclesiæ, una cum eorum familia, hominibus & subditis, tam in capite quàm in membris, terris, Villis, domibus, grangiis, pratis, pascuis, silvis, censibus, (b) trecensibus, juribus, Libertatibus & possessionibus, ac bonis suis tam patrimonialibus quàm Ecclesiasticis quibuscumque, & suorum subditorum, in nostra salva & speciali gardia, & protectione, ad suorum jurium conservacionem duntaxat, suscipimus per Præsentes; & eisdem Gardiatores deputamus* Baillivios *nostros* Victriacenses *&* Calmontenses, *ipsorum Locumtenentes & eorum quemlibet; quibus & eorum cuilibet, tenore præsentium committimus & mandamus quatenùs dictam Ecclesiam, dictosque Decanum & Capitulum, & singulares, & eorum familiam, homines & subditos supra nominatos,*

g *Il devroit y avoir* ut *au lieu de* quòd.

h tranquillitate.

i habundanter.

NOTES.

(a) Cette Pièce est imprimée à la page 29. des preuves de l'Histoire de *Verdun*, publiée en 1745.

(b) Trecensibus.] Trecensus, en françois *Trecens*, signifie le Cens auquel un héritage est sujet. Ce mot vient de *terræ census*. Voy. le Glossaire de *Du Cange*, au mot *Trecensus*.

in suis justis possessionibus, juribus, usibus, franchisiis & Libertatibus, in quibus ipsos esse, suosque prædecessores fuisse pacificè ab antiquo invenerint, manuteneant & conservent, ab omnibus injuriis, violenciis, gravaminibus & oppressionibus defendant, &c. In cujus rei testimonium, Sigillum nostrum Litteris præsentibus apponendum duximus. Datum *Parisiis,* decimâ Junii, anno Domini millesimo trecentesimo nonagesimo sexto.

CHARLES VI. à Paris, en Juin 1396.

(a) Confirmation des Privilèges accordez à l'Abbaye de Preuilly.

K*AROLUS, &c. Notum fieri volumus universis presentibus & futuris, Nos infrascriptas vidisse Litteras; formam que sequitur, continentes.*

(b) C*AROLUS, &c.*

Quas quidem Litteras prescriptas, omniaque & singula contenta in eisdem, quathenùs dicti Abbas & conventus Prulliacensis, *eisdem & contentis in ipsis, debitè ac pacificè sunt usi, ratas habentes atque gratas, eas volumus, laudamus, approbamus, & de gracia speciali, auctoritateque Regia, tenore presencium confirmamus: universis & singulis Justiciariis & Officiariis nostris, prout ad eorum quemlibet pertinuerit, precipiendo mandantes, Servientibus nostris committendo, quathenùs premissa omnia & singula, prout supra scripta sunt, adimpleant & diligenter exequantur, dum & quociens super hoc fuerint requisiti. Quod ut firmum & stabile perpetuò perseveret, nostrum presentibus Litteris jussimus apponi Sigillum: nostro in aliis, & alieno in omnibus jure salvo.* Datum *Parisius,* mense Junii, anno Domini millesimo CCC.° nonagesimo sexto; Regnique nostri XVI.°

Per Regem, ad relacionem Consilii. Collacio fit. FRERON.

NOTES.

(a) Trésor des Chartres, Registre 149. P. III.^c XVII. [317.]

(b) Carolus, &c.] Ces Lettres qui sont du mois de Juin 1364. font imprimées à la page 452. du quatrième Volume de ce Recueil.

CHARLES VI. à Senlis, le 28. de Juillet 1396.

(c) Lettres de Sauvegarde Royale pour la Ville de Verdun.

CHARLES, &c. Savoir faisons à tous présens & avenir, que de par noz biens amez les Gouverneurs, Conseil, Citoiens, Université & Communauté de la Cité de [a] *Verdum,* par certains leurs Procureurs & Messages à Nous n'agueres par eulz envoiez, Nous a esté exposé que d'ancienneté ilz ont esté en la proteccion & Sauvegarde d'aucuns noz prédécesseurs Roys de France, & encores desirent estre en la nostre, & Nous ont fait supplier par leurs diz Messages, que laditte Cité, les Bours, *(d)* Ban, Banlieue, les Citoiens, les habitans d'icelle, & leurs biens, voulsissions prendre en nostre proteccion & Sauvegarde; & pour ce, Nous eu sur ce aviz & délibéracion avec nostre Conseil, ces choses considérées, & autres raisons qui à ce Nous meuvent & induisent, & mesmement que ladicte Cité, les Bours, Ban, Banlieue, citoiens, habitans, Université & Communauté d'icelle, ont autrefoiz esté en la garde & proteccion de noz prédécesseurs Roys, ladicte Cité de *Verdun,* les Bours, Ban, Banlieue, Citoiens & habitans, l'Université & la Communauté d'icelle, & les biens d'iceux Citoiens & habitans, avons pris & miz, & par ces Présentes, de grace espécial prenons & mettons en nostre proteccion & Sauvegarde espécial, à la conservacion de leurs droiz, & sanz préjudice de Nous & des nostres, & les garderons

a *Verdun,* là & plus bas.

NOTES.

(c) Trésor des Chartres, Registre 150. Pièce IX.^{xx} XVI. (196.)

Ces Lettres ne se trouvent point dans les Preuves de l'histoire de *Verdun,* imprimée en 1745. Voy. p. préced. Note *(a).*

(d) Ban.] Suivant le Glossaire du Droit François, au mot *Ban,* p. 122. *Ban & Banlieue* sont des mots synonymes.

CHARLES VI. à Senlis, le 28. de Juillet 1396.

& deffendrons par noz Gens & Officiers, comme les subgiez de nostredit Royaume, à leurs fraiz & despens, contre & envers tous ceulx qui aucuns griefs leurs vouldroient faire; & leurs baillons & députons à Gardien, pour ladicte Cité, eulx & leurs biens garder, aidier & défendre, & pour ceste présente garde exécuter pour Nous & en nostre nom, nostre *Bailli de Vitry*, qui est & sera pour le temps; lequel Gardien fera Serment à Nous & aux diz Citoyens, de bien & loyaument exercer icelle Garde, aux frais des diz Citoiens, comme dit est; auquel Gardien présent & avenir, Nous mandons & commettons par ces Présentes, que ladicte Cité & les Citoiens & habitans d'icelle, & chacun d'eulx, il maintiengne & garde en leurs justes possessions, droiz, usages, coustumes, franchises & libertez esquelles il les trouvera estre, & leurs prédécesseurs avoir esté paisiblement d'ancienneté, & les garde & défende de toutes injures, griefs, violences, oppressions, de force d'armes, de puissance de lais, & de toutes autres inquiétacions & nouvelletez indeues, & que ceste présente Sauvegarde face publier, intimer & signifier ès lieux & aux personnes où il appartiendra, & dont il sera requis de par les diz Citoiens, & défende ou face défendre de par Nous, à touz noz subgiez [a] dont il sera requis, sur certaines & grans peines à appliquer à Nous, & requiere ou face requerir les autres qui ne sont ou [b] seront noz subgiez, dont aussi il sera requis de par les diz Citoiens, que à ladicte Cité, Bours, Ban, Banlieue, ne aux Citoiens & habitans d'icelle, ne à aucun d'eulx, ne à leurs biens & héritaiges, ne meffacent, ne facent ou présument meffaire, aucunement; & se aucuns de noz subgiez, ou autres non estans noz subgiez, avoient attempté aucune chose ou préjudice des diz Citoiens & habitans, ou d'aucuns d'eulx, & de nostre présente Sauvegarde, icellui Gardien contraigne ou face contraindre [c] moiennant Justice, noz diz subgiez à réparer les diz attemptas par eulx faiz & perpétrez, & ceulx qui ne seroient noz subgiez, requerre de par Nous, que à la réparacion des attemptaz qu'ils auroient faiz, procedent deuement; & se après la sommacion & requeste à eulx deuement faictes, ilz étoient sur ce négligens ou plus que de raison delaïans, icelui Gardien les contraigne à ce faire par toutes les meilleures voyes & manieres que faire se pourra bonnement, & à main armée, [d] se mestier est, se de par les diz Citoiens en est requis; & en oultre, face les diz Citoyens & habitans joïr & user de leurs debtes, droiz, biens, *(e)* chatelz, héritages & possessions, ainsi comme raison devra, & que à bon Gardien appartient; Et pour plus diligemment exécuter les choses dessus dittes, & pour ce aussi que dure chose seroit aus diz Citoiens & habitans, de venir pour chacun cas qui pourroit escheoir, devers ledit Gardien, Nous voulons & mandons à icellui Gardien, [e] qui leur députe un sien Lieutenant souffisant, nostre subgiet, pour demourer & faire résidence continuelle en ladicte Cité de *Verdun*, lequel toutes voyes ne soit point de ladicte Ville, auquel ilz pourront plus [f] ligierement avoir recours, se mestier est. Si donnons en mandement par ces Présentes, à touz noz Justiciers, Officiers & subgiez, présens & avenir, & à chacun d'eulx, si comme à lui appartendra, requerons tous autres, que audit Gardien ou à son Lieutenant & député, en exerçant ladite Sauvegarde & les choses qui regarderont & toucheront icelle, obéissent & entendent diligemment, & leur donne & baille conseil, faveur & aide, se mestier en ont, & de par eulx en sont requis: Pour raison de laquelle Garde, les diz Citoiens & habitans de ladicte Cité de *Verdum*, Nous seront tenus faire ce que s'ensuit; c'est assavoir, ilz envoyeront & paieront à leurs perilz & despens à *Vitry*, à nostre Receveur illec pour Nous, la somme de cinq cens Livres Tournois, Franc d'Or pour vint Solz Tournois, doresénavant chacun an, au terme de Pasques: le premier terme commençant audit terme de Pasques prochain venant; & aussi paieront chacun an audit terme, audit Gardien, pour lui, & pour son Lieutenant qui demoura en ladicte Cité de *Verdum*, la somme de II.[c] Livres Tournois, de la Monnoye dessus dicte; oultre lesquelz cinq cens Livres pour Nous, & II.[c] Livres pour ledit Gardien, Nous ne icellui Gardien ne pourrons ne devrons aucune autre chose demander aux diz Citoiens & habitans,

a *à l'occasion desquels.*
b *ne.*
c *par les voies de la Justice, ou lorsque la Justice la demandera.*
d *besoin.*
e *qu'il.*
f *facilement.*

NOTE.

(e) Chatelz.] Biens meubles. Voy. le Glossaire du *Droit françois*, au mot *Catel.*

à cause

à cause de la Garde dessus ditte; & aussi les diz Citoiens & habitans ne [a] recepteront, soustendront, aideront ne [b] hebergeront en ladite Cité ne en leur pouvoir ne ailleurs, sachanment, aucuns ennemis de Nous ne de nostre Royaume, ne aucuns qui y vendroient pour rober, piller ou dommagier noz subgiez, ou qui après les pilleries, roberies & dommages qu'ilz auroient faictes en nostredit Royaume, s'en retourneroient par icelle; & se ledit Gardien & les diz Citoiens, pour cause touchant ladite Garde, avoient à faire de gens d'armes, Nous leur en baillerions ou ferions bailler, [c] parmi gaiges compétens, à leurs despens, en tel nombre qu'il appartendra selon les cas qui escherront. Et que ce soit ferme chose & estable à tousjours, Nous avons fait mettre nostre Seel à ces Présentes: sauf en autres choses nostre droit, & l'autrui en toutes. *Donné à* Senliz, *le XXVIII.e jour de Juillet, l'an de grace mil CCC IIII.xx & seize; & le XVI.e de nostre regne.*

Par le Roy, en son Conseil où estoient Mess.rs les *Ducs* de *Bourgogne* & d'*Orléans,* [d] Vous, les *Evesques* de *Baieux,* de *Noyon,* & d'autres, le Maistre des Arbalestriers, Messire *Guillaume des Bordes,* & plusieurs autres. J. DE SANCTIS.

CHARLES VI. à Senlis, le 28. de Juillet 1396.

[a] *recevront.*
[b] *logeront.*
[c] *moyennant.*
[d] *Le Chancelier de France. Voy. le 5.e Vol. de ce Rec. pag. 653. Note (c).*

(a) Confirmation de plusieurs Lettres contenant des Priviléges accordez aux habitans de Fleurence.

CHARLES VI. à Paris, en Juillet 1396.
JEAN I. ou selon d'autres, JEAN II. à Paris, en Novembre 1350. & scellées le 12. d'Août 1351.

SOMMAIRES

Des Lettres du Comte d'Armagnac, du 20. de Juin 1358. qui sont ci-dessous, p. 86.

(1) La Ville de Fleurence ne pourra être séparée du Domaine des Comte d'Armagnac & de leurs fils aînés.

(2) Les habitans de cette Ville seront exempts pendant deux ans, d'Impôts & de Péages.

(3) [Après ces deux années,] ils ne payeront que les Impôts ordinaires, à moins qu'ils ne consentent à en payer d'autres.

(4) Les biens donnez pour la dotation des Chapelles fondées anciennement dans cette Ville, ne seront point sujets aux droits d'Amortissemens, mais les Chapelains payeront les Cens, les Redevances & les Impôts auxquels les autres habitans de cette Ville, sont assujétis. On ne pourra dans la suite fonder de nouvelles Chapelles, sans le consentement du Comte & au préjudice de ses droits.

(5) Les Consuls pourront avoir des Notaires jurés, qui seront cependant créez par le Comte, & ils pourront les instituer & les destituer à leur volonté.

Ils pourront établir de leur seule autorité, des Crieurs pour faire les Proclamations qui concerneront le Consulat & les affaires de la Communauté de la Ville.

(6) Les Consuls pourront assembler les habitans, pour délibérer sur les affaires communes de la Ville.

(7) Les Consuls, conjointement avec le Bailli, feront le procès à ceux qui ont commis des crimes dans la Ville, & même ailleurs, [s'ils sont arrêtez dans la Ville] à moins que ces derniers ne soient réclamez par les Juges dans le territoire desquels ils auront commis les crimes. Ils pourront aussi connoître des affaires civiles, si les Parties y consentent.

(8) Les Consuls recevront les revenus provenans des Boucheries, de la Maison commune, des fossés & des fortifications de la Ville, & des pâturages, lesquels ils pourront convertir en terres labourables.

(9) Les biens donnez à Bail emphytéotique, acquis par les habitans, par échange, pour cause de dot, par legs ou par donation, ne seront point sujets aux droits de [Lods &] ventes. Si ces habitans de leur propre autorité, se mettent en possession de ces biens, ces biens ne seront point confisquez, mais ces habitans seront condamnez à une Amende de six Livres.

(10) Ceux qui posséderont des biens dans cette Ville, seront obligez de contribuer comme les habitans, aux Tailles & aux Collectes qui s'y leveront.

(11) Si les habitans ajournez devant le Bailli, à la requête d'une Partie, à l'heure de Tierce, ne s'y présentent point, on ne pourra prendre de Défaut contr'eux, s'ils se présentent à l'heure de Vêpres.

(12) Dans les affaires qui doivent être jugées par le Bailli conjointement avec les Consuls, les Officiers du Comte ne pourront faire d'Information contre les habitans, que conjointement avec les Consuls. Ils ne pourront procéder à une enquête contr'eux, qu'après une Information préalablement faite, laquelle sera signée par l'Assesseur des Consuls; & en cas de négligence de sa part, par le Juge du Comte.

(13) Des biens de ceux qui seront condamnez à mort pour crime, les deux tiers, leurs dettes préalablement payées, appartiendront au Comte, & l'autre tiers à leurs héritiers.

NOTE.

(a) Trésor des Chartres, Registre 150. P. LXXVIII. (78.)

CHARLES VI.
à Paris, en Juillet 1396.

(14) Les habitans ne seront point obligez de payer de Subsides au Comte, pour ses guerres. Ils ne seront point aussi obligez de sortir en armes hors de la Ville, si ce n'est pour la défense des terres qu'il a dans la Gascogne; & dans ce cas, ils ne seront obligez de servir que deux jours.

(15) Le Comte ne pourra prendre les denrées ou les animaux appartenans aux habitans, s'ils ne sont exposez en vente. Si cependant le Comte est obligé de le faire en cas de nécessité, il ne pourra le faire que par les mains des Consuls, & en en payant le prix, à leur estimation.

Les gens du Comte ne pourront loger dans les maisons des particuliers, sans leur consentement ou sans celui des Consuls; & ils logeront dans les hôtelleries publiques. Si elles ne sont point assez grandes pour les loger, ils pourront se loger dans les maisons des particuliers, avec la permission des Consuls. Le Comte, sa femme, ses enfans, avec les Officiers nécessaires pour leur service, pourront cependant loger chez les particuliers.

(16) Le Comte ne pourra accorder des Lettres de grace à ceux qui ont occupé *la Ville, lorsqu'elle a été prise par les ennemis du Roy, & à ceux qui y ont commis des crimes jusqu'au jour de la date de ces Lettres. S'il leur accorde des Lettres de grace, le Bailli & les Consuls pourront, sans y avoir égard, leur faire leur procès.*

(17) On appellera des Sentences rendues par le Bailli & les Consuls de Fleurence, conjointement ou séparément, devant le Juge du Comté de Gaure; & l'appel des Sentences de ce Juge, sera porté devant le Sénéchal de Toulouse, ou devant le Juge des Appellations de cette Ville.

(18) Les Consuls pourront établir des Curateurs & des Gardes des édifices, &c. des chemins, & des métiers, & leur faire prêter Serment. Si les gens de métier commettent des malversations, les Consuls, conjointement avec le Bailli, les puniront. Les Consuls, sur le rapport de ces Gardes, jugeront les procès qui s'éleveront par rapport aux choses sur lesquelles ceux-ci ont inspection; & les Amendes qu'ils décerneront, seront partagées également entre le Comte, eux & les Gardes.

(19) Les Consuls, conjointement avec le Bailli, jugeront les procès qui s'éleveront par rapport aux poids & aux mesures qui seront marquées de la marque du Consulat. Les Amendes qui seront décernées à ce sujet, seront partagées dans la proportion réglée par l'article précédent.

(20) Des deux clefs de la Ville, le Comte en aura une, & les Consuls l'autre. Ils auront seuls la garde de celles des tours & des fortifications de la Ville. Ils seront chargez de faire réparer ces fortifications, & ils pourront en construire de nouvelles. Ils pourront affermer ou donner à Bail d'héritage, le terrein compris dans ces fortifications, & ils employeront le revenu qu'ils en tireront, pour l'utilité de la Ville.

(21) Les Consuls pourront instituer & destituer l'Administrateur de l'Hôpital de Saint Jacques de Fleurence, lui faire prêter Serment, & lui faire rendre compte. Ils mettront dans cet Hôpital, des Frères & des Sœurs pour le service des pauvres.

(22) Les Consuls pourront instituer & destituer des Messiers, des Officiers pour faire des ventes à l'encan, & des Courtiers: ils leur feront prêter Serment, & recevront les cautions des Officiers qui font les ventes, & celles des Courtiers.

Ils affermeront ces Offices, & ils employeront les revenus qui en proviendront, pour l'utilité publique.

(23) Les Consuls, conjointement avec le Bailli, veilleront sur les Lépreux, & auront le droit de les séparer des personnes qui ne sont point infectées de cette maladie.

(24) Les biens chargez d'un Cens ou d'une redevance emphytéotique, ne seront point confisquez, quoique les détempteurs de ces biens n'aient point payé ces Cens & ces redevances pendant trois ans & plus.

(25) La ville de Fleurence sera toûjours de la Jurisdiction & du Ressort du Sénéchal de Toulouse.

(26) Il y aura toûjours dans Fleurence un Bailli établi par le Comte. Ce Bailli recevra sans retard, les [Lods &] Ventes des biens donnez à Bail emphytéotique, qui seront vendus; & ces [Lods &] Ventes seront fixez à un Denier par Sol. Le Comte ne pourra exercer de retenue féodale, & le Bailli mettra sans retard l'acquereur en possession des biens qu'il aura achetez.

(27) Le Comte ni ses Officiers, ne pourront séquestrer, [interdire & enfermer] aucun habitant de la Ville, qu'à la requête de ses plus prochès parens. Les personnes interdites ne pourront se marier, & elles ne pourront être rétablies dans leur état, que du consentement de leurs parens.

(28) Le Comte fera réparer dans la Guienne, toutes les violences qui, hors le cas des formalités ordinaires de la Justice, auront été faites aux habitans de Fleurence, soit dans ses Terres, soit ailleurs, après avoir néanmoins fait faire préalablement des Informations pour constater ces violences.

(29) Si ceux qui ont fait quelque tort ou quelqu'injure aux habitans de cette Ville, soit par rapport à leurs personnes, soit par rapport à leurs biens situez dans les terres du Comte, refusent de se présenter en Justice à la requête de ceux qu'ils ont attaquez, il employera la force pour faire réparer ces torts & ces injures.

(30) Les Amendes & les confiscations décernées conjointement par le Bailli & les Consuls, qui n'excéderont point la somme de six Livres, appartiendront au Bailli. Celles qui seront plus fortes, appartiendront au Comte qui en cède le quart aux Consuls à qui son Receveur le délivrera. Les dettes de celui qui sera condamné à l'Amende, ou dont les biens seront confisquez, seront préalablement payées.

(31) Les Changeurs de la ville de Fleurence, pourront exercer le Change dans toutes les terres du Comte, sans payer de finance à ce sujet.

CHARLES VI.
à Paris, en Juillet 1396.

(32) *Le Comte ne pourra obliger les habitans à lui prêter du bled, du vin, &c.*

(33) *Le Comte accorde à ceux qui sont présentement Baillis & Consuls, & à ceux qui l'ont été, rémission de toutes les malversations qu'ils ont pu commettre dans leurs Charges, jusqu'au jour de la date de ces Présentes.*

(34) *Le Bailli & les Consuls pourront dans le tems de disette, défendre aux habitans de faire sortir des vivres & des denrées de la Ville. Les trois quarts des Amendes auxquelles seront condamnez ceux qui contreviendront à ces défenses, appartiendront au Seigneur dont le Receveur délivrera l'autre quart aux Consuls.*

(35) *Le Comte ne pourra mettre d'Impôts sur les marchandises. Il ne pourra exposer en vente les denrées qui lui appartiendront, en défendant aux habitans de vendre les leurs, si ce n'est du consentement des Consuls & des habitans.*

(36) *Les Fermes des Bailliages du Comté de Gaure, ne pourront être données qu'à des habitans de la ville de Fleurence, dans laquelle le prix de ces Fermes devra être payé.*

(37) *Les Consuls, conjointement avec le Bailli, pourront faire tous les ans des Statuts qui contiendront les Amendes auxquelles seront condamnez ceux qui y contreviendront. Ces Amendes seront partagées également, entre le Seigneur, les Consuls & le dénonciateur.*

Sommaires des Lettres du Comte d'Armagnac, du 30. de Juillet 1339. qui sont ci-dessous, p. 92.

(1) *Le Comte d'Armagnac n'établira point d'Impôts dans la ville de* Simpodium, *& ne pourra forcer les habitans à lui faire des prêts, que dans le cas où il établiroit les mêmes Impôts, & exigeroit les mêmes prêts dans les autres lieux du Comté de Gaure.*

(2) *Les habitans de ce lieu pourront faire passer leurs biens à qui il leur plaira, par toutes sortes de manières d'aliénation; ils ne pourront cependant aliéner leurs immeubles à des Églises, à des personnes Religieuses, & à des Chevaliers, que sauf les droits des Seigneurs dont ces biens seront mouvans.*

(3) *Ces habitans pourront marier leurs filles dans tous les lieux où il leur plaira, & à tous ceux qu'ils jugeront à propos, & faire promouvoir leurs fils aux Ordres de cléricature.*

(4) *Le Comte ne pourra faire arrêter ces habitans, ni faire saisir leurs biens, lorsque ceux-ci donneront caution de se représenter en Justice; si ce n'est pour meurtre, pour une plaie mortelle, ou pour quelques autres crimes énormes qui doivent être punis par la confiscation du corps ou des biens.*

(5) *Le Juge ou le Sénéchal & les Baillis du Comte, ne pourront, si ce n'est dans les affaires qui le regarderont, faire ajourner ces habitans dans une autre Jurisdiction que dans celle de ce lieu, pour des choses qui se sont passées dans l'étendue de cette Jurisdiction, ou par rapport à des biens qui y sont situez.*

(6) *Ces habitans ne pourront être ajournez hors de la Jurisdiction de leur Ville, par rapport aux délits qu'ils auront commis & aux contrats qu'ils auront faits, dans les terres du Comte, & par rapport à leur état de servitude; si ce n'est qu'ils soient trouvez dans les lieux où ils auroient commis ces délits & passez ces contrats, ou dans les terres qui leur auroient été données pour les cultiver, en qualité d'hôtes.*

(7) *Les habitans qui de jour entreront dans des héritages sans la permission de ceux à qui ils appartiennent, depuis la défense qui sera faite tous les ans d'y entrer pendant un certain tems, payeront une Amende; s'ils ne sont pas en état de la payer, les Juges régleront la peine qu'ils doivent subir. Ceux à qui appartiendront des animaux qui entreront dans ces héritages, payeront des Amendes différentes suivant l'espèce de ces animaux, & répareront le dommage qui y aura été fait. Ces Amendes appartiendront aux Consuls, qui les employeront pour l'utilité commune, comme pour la réparation des Ponts & des Chemins. Les étrangers qui, ignorant la défense faite d'entrer dans les héritages, y seront entrez, ne seront point condamnez à l'Amende; mais les Juges régleront la peine qu'ils auront méritée.*

(8) *Ceux qui dans les circonstances marquées dans l'article précédent, entreront de nuit dans des héritages qui ne leur appartiennent pas, & en emporteront des fruits dans des paniers, des sacs, &c. payeront une Amende de quarante Sols. S'ils n'emportent ces fruits que dans leurs mains, l'Amende ne sera que de quatre Sols. Dans les deux cas, ils répareront le dommage qu'ils auront fait.*

(9) *Les habitans qui se serviront de faux poids & de fausses mesures, seront condamnez à une Amende de six Livres.*

(10) *Les viandes qui ne seront point saines, vendues par des Bouchers, seront données aux pauvres; & ces Bouchers en rendront le prix à ceux qui les auroient achetées.*

(11) *Lorsqu'après la mort d'un habitant qui n'aura point fait de Testament, il ne se présentera point d'héritiers, le Bailli & les Consuls, après avoir fait inventaire de ses biens, les mettront en garde entre les mains de deux habitans honnêtes gens, qui les rendront aux héritiers qui se présenteront dans l'an & jour depuis la mort du défunt; mais après ce tems, ces biens appartiendront au Seigneur. On payera néanmoins les dettes du défunt, avant la fin de l'année.*

(12) *Les Testaments faits par les habitans, en présence de deux témoins dignes de foi, & sans autre formalité, seront exécutez, pourvû que les enfans du défunt ne soient point privez de leur légitime.*

(13) *Le Bailli & les Consuls régleront le gain que doivent faire les Boulangers; & tout le pain appartenant aux Boulangers qui en exigeront un plus fort, sera donné aux pauvres.*

CHARLES VI.
à Paris, en Juillet 1396.

(14) Les denrées qui servent à la nourriture, & qui seront apportées dans la Ville pour y être vendues, ne pourront sur peine d'Amende, l'être à des Regratiers, qu'elles n'aient été exposées en vente sur la place, lorsqu'il y aura eu un Règlement qui l'aura ainsi ordonné. Le prix des perdrix, des lièvres & des lapins, sera fixé par l'ordre du Comte.

(15) Les denrées qui servent à la nourriture, seront exemptes d'Impôts.

(16) Les denrées qui seront achetées ou vendues dans cette Ville par les habitans, pour leurs usages réciproques, seront aussi exemptes d'Impôts.

(17) Les Consuls jureront de défendre la personne & les biens du Comte, de bien s'acquitter de leur devoir, & de ne recevoir de présens & de services, *que ceux que les Loix permettent à ceux qui exercent des Offices, de recevoir.*

(18) La Communauté de la Ville, jurera de donner de bons conseils au Comte, quand il en demandera.

(19) Les Actes faits par les Notaires publics instituez par le Comte ou par son Sénéchal, auront la même force que les Actes publics.

(20) Si un habitant ne paye pas une dette quinze jours après qu'il aura reconnu en Justice qu'il y est obligé, il payera après avoir acquitté la dette, deux Sols pour la Demande qui en aura été faite contre lui; si après avoir contesté la dette, il est condamné à la payer, il payera cinq Sols à la Justice.

(21) Si quelqu'un dit des injures à un autre qui n'en porte point sa plainte en Justice, celui qui les a dites, ne sera pas condamné à l'Amende qu'il ne payera que quand il y aura eu une plainte, & il sera condamné envers la Partie offensée, suivant la nature des injures qu'il lui aura dites.

(22) Si quelqu'un tire son épée contre un autre, sans le frapper, il payera une Amende de quarante Sols. S'il le frappe, & qu'il lui tire du sang, l'Amende sera de soixante Sols. S'il lui mutile un membre, il sera puni suivant le droit. Dans ces deux cas, il sera condamné envers celui qu'il aura blessé.

(23) Lorsque les biens d'un habitant seront confisquez au profit du Comte, les dettes de cet habitant seront préalablement payées.

(24) Si un homme nud est trouvé avec une femme nue, ou habillé, ses chausses abattues, avec une femme habillée, ou que les portes fermées il ait été surpris seul avec une femme, par un Officier du Comte avec deux Consuls ou deux hommes de probité, ou par un plus grand nombre de personnes dignes de foi, cet adultère aura l'option de courir au travers de la Ville, ou de payer au Comte une Amende de dix Livres.

(25) Ceux qui se seront rendus cautions pour un autre, payeront pour lui, s'il n'est pas solvable.

(26) Ceux qui viendront s'établir dans la Ville, y seront libres comme les autres habitans, pourvû que leur liberté ne porte préjudice à personne.

(27) Les fours appartiendront au Comte Ceux qui y feront cuire leur pain, en donneront le vingtième pour le fournage; & moyennant ce droit, le fournier ira chercher le pain crud chez ceux à qui il appartient, & le leur reportera lorsqu'il sera cuit.

(28) Les Places continueront d'être chargées d'un Cens, & ceux qui ne le payeront pas au terme préfix, seront condamnez à l'Amende.

(29) Le Marché se tiendra dans la Ville, le Lundi, de quinzaine en quinzaine.

(30. 31. 32. 33. 34. 37. 38. 39.) Fixation des droits qui se payent au Comte par les étrangers, pour le bétail & les denrées qu'ils viennent vendre dans la Ville.

(35) Les habitans ne payeront point d'Impôts par rapport aux choses qu'ils acheteront pour leurs propres usages.

(36) Droit que payeront au Comte les étrangers qui élèveront dans le Marché des tentes sous lesquelles ils vendront des marchandises.

(40. 41.) Droits que payeront au Comte les étrangers qui feront sortir des denrées de la Ville.

(42) Celui qui sortira de la Ville ou du Marché, sans avoir acquitté les droits qu'il y devoit payer, sera condamné à l'Amende.

(43) Si quelqu'un en frappe un autre dans le Marché, il payera une Amende de dix Sols, & sera condamné envers celui qu'il aura frappé.

(44) Lorsqu'il y aura un procès pour la possession d'un bien, celui qui le perdra, payera pour les droits de Justice, deux Sols pour Livre du prix de ce bien; mais seulement après le jugement du procès.

(45) Les choses saisies sur un débiteur qui n'aura pas payé dans le délai de quinze jours qui lui aura été accordé, seront mises entre les mains du créancier, qui pourra les vendre quinze jours après; & celui-ci, après avoir retenu ce qui lui est dû, rendra le surplus du prix au débiteur.

(46) Le Bailli jurera en présence des Consuls, de bien s'acquitter de son devoir, de ne point recevoir de présens ni de services *& de conserver les Libertés & les Privilèges de la Ville.*

(47) Un habitant accusé d'un crime, ne sera point obligé d'accepter un duel pour s'en purger, & s'il le refuse, il ne sera point réputé coupable, mais son accusateur sera tenu de prouver ce crime, par des témoins ou par d'autres preuves.

(48) Les incendies & les autres maléfices cachez, seront punis suivant les usages du Comté de Gaure.

(49) Si quelqu'un en colère en frappe un autre du poing, de la main ou du pied, & qu'il y ait eu une plainte en Justice, il payera une Amende de cinq Sols. Si le coup est suivi d'effusion de sang, elle sera de vingt Sols. S'il frappe avec un bâton, une pierre, &c. qu'il n'y ait point de sang répandu, & qu'il y ait eu une plainte faite en Justice, l'Amende sera de vingt Sols; mais s'il y a effusion de sang, elle sera de soixante Sols. Si la blessure est considérable, l'Amende sera de six Livres. Dans tous ces cas, le délinquant sera condamné envers celui qu'il a attaqué.

(50) Les incendiaires seront punis à la volonté du Comte.

(51) Si un homme dit des injures aux Consuls exerçans leurs fonctions, il payera une Amende de vingt Sols; & si le Consul n'en peut pas donner de preuves, on l'en croira sur son Serment.

(52) Celui qui a forcé une femme, sera puni suivant les dispositions du Droit.

(53) Les homicides seront punis par les Juges, & leurs biens seront confisquez au profit du Comte, leurs dettes préalablement payées.

(54) Les habitans pourront prendre à Cens, ou recevoir par don, de quelque personne que ce soit, toutes sortes de biens, à l'exception des Fiefs francs militaires qu'ils ne pourront acquerir sans le consentement du Comte.

(55) Les poids & les mesures seront semblables à celles de Condom.

(56) On prendra aux moulins de cette Ville, la seizième partie du grain, pour le droit de mouture. Si le grain se perd par la faute du meûnier, il en rendra le prix à celui à qui il appartient.

(57) Celui qui a volé une chose qui vaut cinq Sols, ou au dessous, courra au travers de la Ville, avec la chose volée pendue à son col, & elle sera restituée à celui à qui elle appartient. Si la chose volée vaut plus de cinq Sols, le voleur sera flétri d'une marque pour la première fois, & pour la seconde fois, les Juges le puniront à leur volonté. Cette disposition n'aura point lieu pour le vol des fruits, à l'égard duquel on suivra les dispositions des articles 7 & 8.

(58) Celui qui ne se présentera point en Justice au jour de l'assignation qui lui aura été donnée, sera condamné à une Amende, & aux dépens envers sa Partie.

(59) Les Consuls seront créez tous les ans, le lendemain de la Fête de Noel. Si on n'en crée point ce jour-là, ceux qui sont en place, continueront leurs fonctions, jusqu'à ce que le Comte ou ses Officiers en aient institué d'autres, sur une liste de ceux qui sont capables de remplir cette Charge, qui sera présentée par les Consuls en place.

(60) Les Consuls seront chargez de faire réparer les Ponts & les Chemins.

(61) Le Bailli, conjointement avec les Consuls, punira ceux qui jetteront dans les rues, des choses puantes & nuisibles.

(62) Les deux Foires de cette Ville, continueront à s'y tenir, & chacune durêra deux jours. Fixation des droits que payeront ceux qui y apporteront des marchandises. Les habitans n'en payeront point pour celles qu'ils y acheteront pour leurs usages.

(63) Les habitans seront tenus envers le Comte, aux mêmes services militaires auxquels sont obligez les autres habitans du Comté de Gaure.

(64) Ceux qui ont des biens dans la Ville [sans y demeurer,] contribueront comme les habitans, aux Tailles qui seront levées par les Consuls pour les dépenses communes. Ceux qui n'auront pas soixante Livres de revenu, ne contribueront point à ces Tailles; si ce n'est lorsqu'il s'agira de la réparation des Ponts, des Chemins, des Fontaines, & des autres choses nécessaires. Ceux qui refuseront de payer leur quote-part, y seront contraints par le Bailli, à la requête des Consuls.

(65) On ne pourra saisir pour dettes d'un habitant, son lit ni celui de sa femme, ni les outils du métier avec lequel il gagne sa vie.

(66) Les Notaires qui auront fait de faux Actes, auront la main droite coupée. Les autres faussaires auront la main coupée, leurs biens seront confisquez, & ils seront bannis à perpétuité.

(67) Les biens d'une femme ne seront point confisquez pour les crimes de son mari.

K*AROLUS, &c. Notum facimus universis presentibus pariterque & futuris, Nos nonnullas Litteras incliti recordii carissimi Avi & Predecessoris nostri Regis Johannis, ac precari Patrui nostri Ludovici quondam* Ducis Andegavensis, Comitis Cenomanensis, *tunc Locumtenentis Regii in* Partibus Occitanis, *in cera viridi & pendulo* [a] *cericeo sigillatas, vidisse, necnon in certis Litteris, Johannis* Comitis *quondam* Armaniaci, *in cera viridi & pendulo sericeo sigillatis, insertas esse quasdam Litteras predicti Avi & Predecessoris nostri, & certas Litteras ejusdem* Comitis Armaniaci; *quarum tenores de verbo ad verbum consequenter inferiùs inscribuntur.*

[a] sericeo.

(b) J*OHANNES Dei gracia, &c.*

NOTE.

(b) Johannes, &c.] Ces Lettres qui sont du mois de Janvier 1350. sont imprimées dans le 4.e Vol. de ce Rec. p. 36. Le Registre 150. confirme les corrections qui ont été faites à la marge de ces Lettres, & fournit les variantes suivantes.

P. 37.	Lig. 7.	facimus tam	*corr.*	facimus *universis* tam.
	Lig. 17.	Excatius		*Eustacius.*
	Lig. 23.	Geraidus		*Geraldus.*
P. 38.	Lig. 7.	appencionem		*appesicionem.*
	Lig. 32.	& modo		*eo* modo.
P. 39.	Lig. 22.	Pamers	Il y a	*Pomer* avec un abrégé sur la fin du mot.
	Lig. 23.	vicesimo-septimo		*tricesimo* septimo. J'avois déja fait cette correction. Voy. à la fin du 6.e Vol. de ce Rec. les additions & les corrections pour la page 39. du 4.e Vol. de ce Rec.

CHARLES VI. à Paris, en Juillet 1396.

(c) *JOHANNES Dei gracia, &c.*

Item. *Litterarum insertarum in pretactis Litteris dicti quondam* Comitis Armaniaci, *tenores tales sunt.*

JOHANNES Dei gracia Francorum Rex. Universis presentibus & futuris. Dum attentè perpendimus, & in nostro mentis examine debitâ consideracione [a] *revolumus magnas oppressiones & injurias enormes, importabiliaque dampna & gravamina per inimicos nostros in capcione Ville* Florencie, *in* Senescallia Tholose, *dilectis & fidelibus Consulibus & habitatoribus Ville ejusdem, factas, ut fama testatur, & illatas, numquam credere possumus, nec est, ut Nobis videtur, verisimiliter presumendum, ipsos Consules & habitatores Ville hujusmodi, in capcione ejusdem, fraudem vel prodicionem commisisse. Notum igitur facimus universis, quòd Consulibus & habitatoribus ejusdem, timentibus ne futuris temporibus, ipsis forsan imputetur quòd per eorum culpam vel negligenciam, Villa ipsa fuerit intercepta, licet ex hoc, ut asserunt, fuerint & sint penitùs innocentes, & propter hoc Nobis humiliter supplicantes de gracioso super hoc remedio provideri, Nos eisdem pio compatientes affectu, omnem ignoranciam, simplicitatem,* [b] *inadvertanciam seu negligenciam, si forsan in premissis, per Consules & habitatores ipsos aut eorum aliquem, intervenit, omnemque penam criminalem & civilem, si quam vel quas propter hoc quomodolibet incurrerint, vel eos incurrisse dici potest in futurum, dum tamen prodicio, fraus vel dolus non intervenerit, ipsis & eorum cuilibet, auctoritate Regiâ, de nostre plenitudine potestatis, ex certa sciencia & gracia speciali remisimus atque quittavimus, & tenore presencium perpetuò remittimus & quittamus: Mandantes nostro Locumtenenti,* Senescalloque Tholose, *& omnibus aliis Senescallis, Capitaneis, Justiciariis & Officiariis quibuslibet Regni nostri, presentibus & futuris, ne ipsos de cetero, vel eorum aliquem, premissorum* [c], *contra formam & tenorem nostre presentis gracie, qualitercumque molestent aut molestari faciant vel permittant. Quod ut firmum & stabile permaneat in futurum, nostrum presentibus Litteris fecimus apponi Sigillum: nostro in aliis, & alieno in omnibus jure salvo.* Datum *Parisius*, anno Domini millesimo CCC.° quinquagesimo, mense Novembris.

Per Regem, ad relacionem Consilii, in quo eratis [d] *Vos & Dominus* Laudunensis [e]. BLANCHET. *Sigillata Sigillo Castelleti* Parisius, *in absencia Magni*, XII.ª die [f] Augustie, anno LI.° *auditâ relacione Domini* Episcopi Laudunensis.

a revolvimus.

b inadvertenciam.

c *Il paroît qu'il manque là le mot* occasione, *ou quelqu'autre semblable.*

d Le Chancelier de France. Voy. *le 5.ᵉ Vol. de ce Rec.* pag. 563. Note *(c)*.

e *suppl.* Episcopus.

f Augusti.

(d) *JOHANNES Dei gracia* Comes Armaniaci, Fezenciaci, Ruthene *&* Gaure Vicecomes*que* Leomanie *&* Altivillarum.

(1) Universis notum facimus per Presentes, quòd nos ad supplicacionem Consulum & Universitatis de (e) Florencia, *supplicancium sub manu nostra ac primogeniti nostri, perpetuò tueri, gubernari & defendi, dictis supplicantibus concessimus, & tenore Presencium concedimus auctoritate nostrâ, de nostre plenitudine potestatis & gracia speciali, quòd ipsi & successores sui, sub nostro & successorum nostrorum vel primogenitii nostri nobis universaliter successuri, perpetuò gubernentur, sintque & remaneant in perpetuùm in manibus & de Domanio nostro vel primogeniti nostri* [g] *noc, ut predictum est, universaliter successuri, nec in aliam seu alias personam seu personas, cujuscumque condicionis aut statûs existant, dicta Villa seu Juridicio vel Domanium, quam vel quod*

g *Il faut corr.* nobis.

NOTES.

(c) Johannes, &c.] Ces trois Lettres données au mois de Novembre 1350. & scellées, les premières le 7. d'Août 1351. les secondes, le 11. d'Août 1351. & les troisièmes, le 18. d'Août 1351. sont imprimées aux pages 94 & 95 du 4.ᵉ Vol. de ce Rec. sous la date du jour qu'elles ont été scellées.

Le Registre 150. confirme les corrections marginales qui ont été faites sur ces trois Lettres, & fournit les deux corrections suivantes.

P. 94. L. 18. personam . . . *corr.* personam *vel personas.*

L. 22. jurie . . . . *jure.*

(d) Johannes, &c.] Voy. sur ces titres du *Comte d'Armagnac*, la Note *(b)* de la page 101. du 3.ᵉ Vol. de ce Rec.

(e) Florencia.] Fleurence, Capitale du *Comté de Gaure*, dans le *Bas Armagnac*. Voy. la Note *(b)* de la page 37. du 4.ᵉ Vol. de ce Rec.

in ipsa aut pertinenciis suis habemus vel habere debemus, per nos vel successores nostros, in toto vel in parte, [a] transferri quâcumque causâ valeant, seu quomodolibet alienari seu transportari.

CHARLES VI.

à Paris, en Juillet 1396.

(2) Item. Concessimus dictis Consulibus & singularibus dicte Ville, & tenore Presencium concedimus, quòd omnes habitantes in dicta Villa, & imposterùm habitaturi, sint liberi & immunes à prestacione cujuscumque Pedagii sive Leude, per biennium, in tota terra nostra, adeo quòd dicto durante tempore, nil exigatur ab eisdem, nec per [b] quemquem ex Officialibus nostris, in Inquestam poni valeant, nec aliqualiter molestari occasione Pedagii sive Leude non solutorum.

(3) Item. Quòd omnes habitatores dicte Ville, qui nunc sunt aut imposterùm habitaturi, sint liberi, quieti & immunes à quibuscumque Subsidio, Imposicione, gabella, redibencia, (f) cabagio, exactione nobis impendendis, nisi duntaxat de ordinariis oneribus [c] pote serviciis, (g) clamoribus & emolumentis, de quibus est facta mencio supra, nec aliquid nobis dare teneantur, nisi de eorum processerit voluntate.

(4) Item. Concessimus ex tenore Presencium habitatoribus dicte Ville, [d] concedimus quòd Capellanie exactis temporibus institute & fundate in dicta Villa, de quibuscumque bonis fundate fuerint, perpetuò (h) teneantur absque alia [e] mortisacione, dum tamen Capellani dictarum Capellaniarum Census, (i) Oblias & Servicia & Collactas exsolvant perpetuò de possessionibus antedictis, ut ceteri habitatores Ville memorate: deinceps verò fundare non valeant in nostri prejudicium, nisi de nostra procederet gracia & voluntate speciali.

(5) Item. Concedimus pro nobis & successoribus nostris, dictis Consulibus & Universitati, quòd dicti Consules valeant habere suos Juratos Notarios proprios, per nos tamen vel successores nostros creatos, quos valeant instituere & destituere pro libito voluntatis; nec non habere Tubicinatores qui Preconisaciones ex parte Consulum faciant pro negociis tangentibus Consulatum, honorem, statum & commodum Universitatis predicte, absque auctoritate & licencia alicujus alterius superioris.

(6) Item. Concedimus per presentes, quòd dicti Consules omni tempore possint populum dicte Ville, & pertinenciarum ejusdem, convocare, congregare & congregaciones facere ad sonum Tube seu Campane vel aliter, impunè, pro commodo Universitatis predicte.

(7) Item. Concedimus tenore presencium, dictis Consulibus & Universitati, quòd dicti Consules qui nunc sunt & pro tempore fuerint, sint Judices unà cum Bajulo, in Causis criminalibus in dicta Villa & ejus pertinenciis emergentibus, (k) vel alibi, nisi requisiti existerent per illos [f] soli cujus Juridicione delinquerent, quòd delinquentes inibi remitterentur, necnon & Causarum civilium examinacionem & cognicionem habeant, dum tamen litigantes consenciant in eisdem, prout hactenùs est fieri consuetum.

(8) Item. Concessimus & tenore presencium concedimus, quòd dicti Consules emolumenta macellorum & Domus communis dicte Ville, & fossatorum seu vallorum ejusdem, & [g] padoenciarum dicte Ville, liberè percipiant & exigere valeant auctoritate propriâ, absque licencia alicujus; & de predictis padoenciis, (l) terram cultam vel incultam

a transferri.

b quemquam.

c utpote, là & plus bas.

d supp. &.

e amortisacione.

f ce mot est douteux; & à sa place, il devroit y avoir *in*; mais si on adopte cette correction, il faudra lire *quorum* au lieu de *cujus*.

g des pâturages. Voy. le Gloss. de *Du Cange*, au mot *Paduire*.

NOTES.

(f) *Cabagio.*] Je n'ai rien trouvé sur ce mot qui est peut-être synonyme de *Cavagium* qui, suivant le Glossaire de *Du Cange*, à ce mot, signifie une espèce de Capitation.

(g) *Clamoribus.*] Droits que l'on payoit aux Juges lorsqu'on leur présentoit des Requêtes. Voy. la Note (t) de la page 728. du 7.e Vol. de ce Rec.

(h) *Teneantur.*] Je crois qu'il manque là quelques mots; mais le sens est clair. Voy. le Sommaire.

(i) *Oblias . . . . . collactas.*] *Oblia* est une espèce de redevance seigneuriale, sur laquelle voyez le Gloss. de *Du Cange*, au mot *Oblata*. col. 1274.

Collactas est apparemment ici pour *Collectas*, qui signifie une imposition. Voy. *ibid.* au mot *Collecta* 1.

(k) *Vel alibi.*] C'est-à-dire, à ce que je crois, ceux qui seroient arrêtez dans cette Ville, pour des crimes commis hors de son territoire.

(l) *Terram cultam vel incultam.*] Cela peut signifier, que les habitans pourront convertir ces pâturages en terres labourables, que l'on a accoûtumé de laisser de tems en tems en jachère pour les faire reposer.

CHARLES VI. à Paris, en Juillet 1396.

facere valeant, & inibi blada seminare & recolligere liberè & pro libito eorum voluntatis, & commodo dicte Universitatis.

(9) Item. *Concedimus tenore presencium habitatoribus dicte Ville,* [a] *quòd ex permutacione rerum emphiteoticarum, seu in dotis dacione* [b] *extimatarum vel non extimatarum, vel ex legato vel ex donacione, res emphiteoticarie ad habitantes dicte Ville pervenerint, quòd habitantes in dicta Villa nullatenùs nobis Vendas solvere teneantur: verùm, si in predictis casibus, vel in quocumque casu alienacionis, aliquis ex dictis habitatoribus possessionem rei alienate adeptus extiterit corporalem propriâ auctoritate, ex hoc res emphiteoticaria nullatenùs cadat in* [c] *commissum, sed dumtaxat in sex Libris Turonensibus nobis applicandis, puniatur, prout hactenùs in similibus est fieri consuetum.*

a *Il faut peut-être corr.* quum.
b estimatarum.
c commise, confiscation féodale.

(10) Item. *Concedimus tenore presencium, quantùm de jure possumus & debemus, Consulibus & habitatoribus dicte Ville, quòd quilibet possessor bonorum in dicta Villa & ejus pertinenciis scituatorum, teneatur contribuere Tailliis & Collectis, sive reales sive personales existant,* [d] *ne pretextu alicujus privilegii impetrati vel impetrandi, valeat* [e] *excusare, ymò, ut quisque habitator dicte Ville, pro Solido & Libra conferre predictis Tailliis & Collectis teneatur.*

d nec.
e *supp.* se.

(11) Item. *Concedimus dictis Consulibus & habitatoribus Ville memorate, quòd habitatores dicte Ville & pertinenciarum ejusdem, coram Bajulo ad horam tercie adjornati (m) de Parte ad Partem, in contumacia aut defectu nullatenùs poni valeant, dum tamen hora vesperorum coram Bajulo presententur.*

(12) Item. *Concedimus dictis Consulibus & Universitati, quòd nullus ex Officialibus nostris, Informacionem facere valeat de Causis de quibus sunt Conjudices dicti Consules cum Bajulo, contra habitantes in dicto loco, nisi cum Consulibus antedictis; nec ad Inquestam procedere valeat, nisi Informacione legitimâ precedente, que presignata maneat per (n) Accessores Consulum predictorum, & eo negligente, per Judicem nostrum.*

(13) Item. *Concedimus dictis Consulibus & habitatoribus dicte Ville, quòd bona moriencium ad (o)   per Sentenciam, propter delictum, due partes nobis applicentur, terciâ parte penes venientem ab intestato in gradu parentele & successionis proximorum, derelictâ;* [f] *here alieno de universo deducto.*

f ere : ære, *là & plus bas,* p. 91.

(14) Item. *Concedimus tenore presencium, pro nobis & successoribus nostris, quòd pro guerris nostris, habitatores dicte Ville, nullum Subsidium nobis facere teneantur, nec extra dictam Villam exire compellantur cum armis nec aliter, nisi pro tuicione & defensione terre nostre* Vasconie; *& tunc, per duos dies dumtaxat servire teneantur.*

(15) Item. *Concedimus Consulibus & habitatoribus Ville memorate, quòd nos seu Gentes nostre, nulla bona (p) recipiemus mobilia, porc, vina, blada aut victualia, aut animalia, cujuscumque condicionis existant, nisi venalia publicè* [g] *exposite fuerint: aliàs, si in casu alio recipere vellemus, non* [h] *possumus nisi à manu Consulum dicte Ville, & tunc, solvendo justum precium ad cognicionem & extimacionem eorumdem, nisi in casu evidentis necessitatis, & tunc, solvendo justum precium ad extimacionem Consulum predictorum; nec in hospiciis habitatorum dicte Ville, Gentes nostre* [i] *albergabunt, nisi in* [k] *hospicibus seu hostalariis assuetis, sine licencia illius cujus erit hospicium, vel Consulum predictorum;* [l] *exeptis nobis, uxore nostra & liberis nostris propriis, cum nostris servitoribus pro regimine hospiciorum nostrorum necessariis, nisi in casu quo hostalaria non sufficerent; & tunc, de voluntate & Consilio Consulum predictorum.*

g exposita.
h possemus.
i logeront.
k *Il faut appar. corr.* hospiciis.
l exceptis.

NOTES.

(m) *De parte ad partem.*] Je crois que cela signifie, dans le cas d'un Ajournement fait à la requête d'une Partie adverse, & que la disposition de cet article n'auroit pas lieu, si l'Ajournement étoit donné par l'Ordonnance du Juge.

(n) *Accessores.*] *Accessor,* suivant le Gloss. de *Du Cange,* à ce mot, est synonyme d'*Assessor.* Il semble qu'il faudroit corriger ici *Accessorem;* car immédiatement après, on lit *eo negligente.*

(o) Il y a dans le Registre *lram* avec une marque d'abréviation sur les trois dernières lettres; ce qui signifie ordinairement *litteram:* mais ce mot ne fait ici aucun sens; & celui qu'on ne peut déchiffrer, doit signifier un supplice.

(p) *Recipiemus.*] Le Comte renonce par cet article, au droit de *Crédit,* sur lequel voyez *les Tables des Matières des Vol. de ce Rec.*

(16) Item.

CHARLES VI.
à Paris, en Juillet 1396.

(16) Item. *Concedimus Consulibus & habitatoribus dicte Ville, quòd illis qui dictam Villam occuparunt eo tempore quo per inimicos Domini nostri Francie Regis, extitit capta, seu aliis qui in dicta Villa seu ejus pertinenciis delinquerunt usque ad presentem diem, nullam graciam de commissis faciemus; & si contra faceremus, volumus quòd dicti Consules cum Bajulo, dictos delinquentes punire valeant, proinde ac si gracia per nos facta non esset eisdem.*

(17) Item. *Concedimus quòd ab interlocutoria seu diffinitiva Sententia,* [a] *à quibuscumque gravaminibus latis & illatis per Bajulum seu per Consules, conjunctim seu divisim, illicitò, per habitatores dicte Ville, vel per alios non habitantes in dicta Villa, in eadem tamen gravatos,* [b] *appellare valeant ad Judicem nostrum dicti Comitatûs; & & à dicto Judice, ad* Senescallum Tholose *Domini nostri Franc. Regis, vel Judicem Appellacionum* Tholose, *prout aliàs extitit fieri consuctum.*

(18) Item. *Concedimus quòd dicti Consules soli & in solidum, possint creare & constituere Curatores seu Gardiatores* [c] *operum, edificiorum, parietum, (q) aqueriarum, stillicidiorum, fossatorum dicte Ville, seu aliorum quorumcumque,* [d] *carreriarum, itinerum, viarum,* [e] *actuum, in dicta Villa & ejus pertinenciis, necnon Gardiatores pannorum textorum & (r) paratorum, & (s) tendarum carnificum seu macellariorum & piscatorum, candèlas & cereos & alia luminaria operancium, & aliorum opera mecanica exercencium; juramenta recipere ab eisdem quòd benè & fideliter se habebunt in Officio eorumdem, necnon & valeant dicti Consules penam imponere & statuere cum Bajulo, contra dictos operantes in eorum Officiis delinquentes; & quòd ipsi Consules ad relacionem dictorum Gardiatorum, valeant super litibus & controversiis emergentibus super predictis, cognoscere, corrigere, judicare & punire absque auctoritate & licencia alterius cujuscumque, prout hactenùs est fieri consuetum; & quòd ex penis habebitur, tercia pars nobis applicetur; tercia pars, Consulibus; tercia pars, Gardiatoribus supradictis.*

(19) Item. *Concedimus dictis Consulibus, quòd ipsi unacum Bajulo, habeant cognicionem, correccionem & punicionem quorumcumque ponderum, quarumcumque mensurarum & quarumcumque partitarum seu (t) cannarum; quequidem mensure partite & pondera signentur signo Consulatûs predicti, & quicquid à delinquentibus circa predicta exactum fuerit, tercia pars nobis applicetur; tercia pars, Consulibus; alia tercia pars, Gardiatoribus circa premissa à dictis Consulibus deputatis.*

(20) Item. *Concedimus dictis Consulibus, quòd ipsi habeant (u) mediam custodiam clavium portarum, aliâ mediâ penes Dominum remanente; & ipsi Consules habeant in solidum custodiam clavium* [f] *turcium & fortaliciarum dicte Ville, & quòd possint construere & reparare muros dicte Ville, (x) barbacanas, pontes, plateas vacuas, & alias fortalicias, & vallata & antevallata ejusdem, & de novo facere, & ipsa prout eis videbitur perpetuò vel ad tempus* [g] *arrendare, & redditus & proventus recipere, & in utilitatem convertere Universitatis predicte.*

(21) Item. *Concedimus dictis Consulibus, quòd Hospitali Beati Jacobi* Florencie, *valeant Administratorem constituere & destituere, dum videbitur eisdem; juramentumque*

a *suppl.* &.

b *Je crois qu'il faut corr.* appellari valeat.

c *ce mot signifie quelquefois des* bâtimens.

d rues.

e passages. Voy. le Gloss. de *Du Cange*, au mot *Actus* 3.

f turrium.

g donner à ferme ou à bail d'héritage.

NOTES.

(q) Aqueriarum.] Ce mot signifie apparemment un canal pour conduire des eaux. On trouve dans le Glossaire de *Du Cange*, *Aquarium* dans cette signification.

(r) Paratorum.] Suivant le Glossaire de *Du Cange*, ce mot signifie quelquefois Paraire, Pareur, *qui pannos parat*.

(s) Tendarum.] Dans le Glossaire de *Du Cange*, *Tenda* signifie une petite boutique ou échoppe élevée dans un marché. On ne peut décider s'il faut une virgule ou non après le mot *tendarum*, & si cet endroit signifie des Gardiens des échoppes de Bouchers & de Poissonniers, ou bien des personnes chargées d'avoir inspection sur les échoppes, sur les Bouchers & sur les Poissonniers.

(t) Cannarum.] La Canne est une mesure d'une aune & demie. Voy. le Glossaire de *Du Cange*, au mot *Canna*. 1.

(u) Mediam custodiam.] Cela signifie sans doute, qu'il y aura deux serrures aux portes de la Ville, & que les Officiers du Roy auront la clef d'une de ces serrures, & les Consuls, celle de l'autre.

(x) Barbacanas.] Suivant le Glossaire de *Du Cange*, à ce mot, il signifie une piece de fortification appliquée en dehors des murs d'une Ville.

CHARLES VI.
à Paris, en Juillet 1396.

ab eodem exigere, & racionem de administracione dictis Consulibus idem Administrator reddere teneatur; necnon Fratres & Sorores deputare in dicto Hospitali, ad servicium pauperibus impendendum.

(22) Item. *Concedimus dictis Consulibus, quòd ipsi habeant potestatem Gardiatores seu (y) Messegariores instituendi & ponendi, & ab eisdem Juramentum recipiendi; & si necesse fuerit, destituendi eosdem, quociensc umque visum fuerit Consulibus memoratis; necnon valeant (z) Incantatores publicos & Presonetas ad exponendum quascumque res venales, constituere, & juramentum & cauciones recipere ab eisdem; & dicta Officia arrendare, & emolumenta in utilitatem dicte Universitatis convertere, ita quòd dicta Officia per aliquos quam per Consules destinatos, nullatenùs [a] valeat exercere.*

a *corr.* valeant exerceri.

(23) Item. *Concedimus dictis Consulibus, quòd dicti Consules cum Bajulo, habeant jus cognoscendi & judicandi de personis infectis morbo lepre, & eas à sanis personis jus habeant separandi.*

(24) Item. *Concedimus dictis Consulibus & habitatoribus & [b] vicinis dicte Ville, quòd si in solucione serviciorum censûs, pensionis seu canonis, per triennium vel ultra esset cessatum, quòd ex hoc res censualis seu emphiteoticaria non cadat in commissum, nec occasione cessacionis, res nobis applicetur.*

b *ce mot signifie aussi quelquefois* habitans. *Voy. ci-dessus*, p. 52. Note *(e)*.

(25) Item. *Concedimus dictis Consulibus & habitatoribus Ville memorate, qui nunc sunt & pro tempore fuerunt, quòd dicta Villa semper sit & remaneat sub Juridiccione & ressorto* Senescallie Tholose, *Domini nostri Francorum Regis.*

(26) Item. *Concedimus tenore presencium, dictis Consulibus & habitatoribus dicte Ville, quòd in dicta Villa nos tenebimus Bajulum sufficientem & ydoneum, qui Partibus coram ipso venientibus, reddet justicie complementum, & vendiciones & empciones rerum emphiteoticarum laudabit, ita quòd ex Solido recipiat Denarium, absque prolongacione & mora quibuscumque; ita quòd res venditas nec retinebimus, nec dictus Bajulus retinebit pro precio, (aa) nec aliter, quo vendita extiterit, sed omni subterfugio & morâ rejectis, emptorem in possessionem rei empte ponere non differet, prout exactis temporibus extitit fieri consuetum.*

(27) Item. *Concedimus dictis Consulibus & habitatoribus dicte Ville, quòd nos seu Gentes nostre nullam personam dicte Ville & pertinenciarum ejusdem, non (bb) secrestabimus ac secrestare faciemus, cujuscumque condicionis, statûs, etatis aut sexûs existat, nisi ad requisicionem amicorum magis propinquiorum & ydoneorum persone secrestande; & si secrestata fuerit, pendente dicto secreto, in matrimonium non copulabitur, nec ejus status seu condicio mutabitur, nec à secreto relaxabitur absque voluntate amicorum persone secrestate.*

(28) Item. *Concedimus, pro nobis & successoribus nostris, Consulibus & habitatoribus Ville memorate, quòd si quis in* Ducatu Acquitanie, *par vel inferior nobis existens, habitatoribus dicte Ville, seu alicui ex eisdem, violenciam, vim seu oppressionem in terra nostra seu extra terram nostram, extra judicialiter, & non per modum exercicii Juridicionis, sed aliter, voluntariè, dictis habitatoribus seu alicui ex ipsis, intulerit, dum tamen per Informacionem debitam nobis constet de predictis, quòd nos ad requisicionem dictorum Consulum, contra violentum procedemus, ipsum capiendo, si in terra*

NOTES.

(y) Messegariores.] Ce mot qui est peut-être corrompu, signifie sans doute des Messiers.

(z) Incantatores .... Presonetas.] Suivant le Glossaire de *Du Cange,* au mot *Incantatores,* ce mot signifie des Officiers publics qui vendent à l'encan.

Presonetas, est sans doute ici pour *Proxenetas.* des Courtiers. On trouve *ibid. Proseneticus* dans ce sens.

(aa) Nec aliter.] Il y a dans le Reg. *n.e al.* Si on doit lire *nec aliter,* cela signifie que le Comte ne pourra exercer la retenue féodale, ni en remboursant en argent le prix de la chose vendue, ni en donnant à l'acquereur des choses semblables à celles qu'il a données pour servir de prix, par exemple des terres, dans le cas d'un échange.

(bb) Secrestabimus.] Ce mot n'est point dans le Gloss. de *Du Cange;* mais on y trouve *sequestrare* qui a le même sens, & qui signifie séquestrer une personne de la société, l'interdire & peut-être l'enfermer pour cause de démence, de dissipation ou de mauvaise conduite.

nostra eundem violentum reperiri contingat, vel (cc) marcando eundem, seu gentes ipsius, si gentes habeat; & aliter, prout justum fuerit, procedemus contra eundem, ad requisicionem Procuratoris nostri, aut Consulum seu habitatorum dicti loci.

(29) Item. *Concedimus Consulibus & habitatoribus dicte Ville, quòd si qui nostri subditi vel non subditi de presenti, injurientur habitatores dicte Ville, in eorum bonis mobilibus sive immobilibus sub Juridicione nostra situatis, ac personis & habitatoribus dicte Ville,* [a] *prompti se offerant stare juri coram nobis, injuriante (dd) premissa recipere recusante, quòd nos ad requisitionem Consulum predictorum, injurianti resistemus, & vim vi repellemus pro posse, juxta juris formam.*

(30) Item. *Concedimus pro nobis & successoribus nostris, dictis Consulibus qui nunc sunt & qui pro tempore fuerunt, quòd de omnibus penis & incursibus qui evenerint in dicta Villa & ejus pertinenciis, per imposicionem ac declaracionem Bajuli & Consulum conjunctim, ultra tamen sommam sex Librarum Turonensium, que dicto Bajulo applicentur, (ee) pro majori pena ipsius, dicte pene, incursus seu confiscaciones ad nos pertineant; & quartam partem dictorum incursuum ac confiscacionum, per manum Receptoris nostri, percipiant Consules memorati, quoniam quartam partem eis concedimus; here alieno de universo deducto.*

(31) Item. *Concedimus Consulibus & habitatoribus memoratis, quòd si qui Nummularii seu Campsores existant in Villa predicta, quòd predicti Campsores mensam nummulariam tenere valeant in tota terra nostra, absque financia & pena quibuscumque.*

(32) Item. *Concedimus Consulibus & habitatoribus dicte Ville, quòd bladum, vinum, aut alias quascumque res, ipsis invitis, non* [b] *mutuabimus nec (ff) trademus eisdem.*

(33) Item. *Concedimus dictis Consulibus & habitatoribus Ville memorate, quòd si qui ex dictis habitatoribus, nunc sint Bajulus seu Consules, seu exactis temporibus fuerint, & in eorum Officio delinquerint; usque in diem hodiernam, quòd ipsi sint quitti, liberi & immunes, adeo quòd* [c] *ad easdem nulla pena corporalis seu pecuniaria exigi valeat occasione delictorum ab eis commissorum; ymò, ipsis & eorum cuilibet, omnem penam tam civilem quàm criminalem, corporalem & pecuniariam, quas premissorum occasione incurrere potuerunt, remisimus & remittimus per presentes, de nostra certa sciencia & gracia speciali & plenitudine nostre potestatis.*

(34) Item. *Concedimus Consulibus & Universitati antedictis, quòd ipsi per se, unacum Bajulo, tempore necessitatis, absque licentia nostri & auctoritate, possint & valeant facere preconizaciones & inhibiciones ad tempus, quòd nullus habitator dicte Ville, nec aliquis alius, valeat victualia vel alias res mobiles extra dictam Villam portare, & dictas inhibiciones valeant relaxare cum Bajulo; & si que pene ab inobedientibus exacte fuerint, tres partes nobis applicentur, & quarta, Consulibus antedictis, recipienda per Consules antedictos, à manibus Receptoris nostri.*

(35) Item. *Concedimus dictis Consulibus & habitatoribus ejusdem Ville, quòd nos per nos aut per aliquos alios, aliquo tempore, non faciemus (gg) cotum in dicta Villa; nec res nostras mobiles venales exponemus, interdicendo ceteris gentibus dicte ville* [d] *nes res similes venderent in Villa predicta, nisi de dictorum Consulum & Universitatis dicte Ville, procederet voluntate.*

a *Je crois qu'il faut suppl.* si.

b mutuabimur.

c ab eisdem.

d corr. ne.

NOTES.

(cc) *Marcando.]* En le soûmettant à la saisie qui se fait par droit de Marque, sur laquelle voyez le Gloss. de *Du Cange*, au mot *Marcha*.

(dd) *Premissa recipere recusante.]* Je ne sçais quel peut être le sens de ces mots; car je ne crois pas qu'ils puissent signifier, celui qui a fait l'injure, refusant de se présenter en Justice, à la poursuite de celui qui l'a soufferte. Peut-être *recipere* signifie-t-il la même chose que *reparare*. On trouve dans la Loi 1. Cod. *de Administr. tut. recipere periculum* pour *cavere de periculo*, & le sens seroit ici que celui qui a fait l'injure prend sur soi & fait sa soûmission de la réparer.

(ee) *Pro majori pena, &c.]* Cet endroit me paroit corrompu, & est peut-être tronqué; mais le sens de l'article est clair.

(ff) *Trademus.]* Ce mot, s'il n'est pas corrompu, doit signifier que le Comte ne forcera point les habitans d'acheter de lui du bled, du vin, &c.

(gg) *Cotum.]* Suivant le Glossaire de *Du Cange*, à ce mot, il signifie un Impôt mis sur les marchandises.

CHARLES VI. à Paris, en Juillet 1396.

(36) Item. *Volumus & concedimus quòd firme Bajuliarum dicti Comitatûs,* (hh) *includantur perpeuò in dicta Villa* Florencie, *&* [a] *firmas & redditus earumdem, per Thesaurarium deinceps recipiantur & percipiantur in Villa antedicta.*

a firme.

(37) Item. *Concedimus Consulibus & Universitati antedictis, quòd dicti Consules unacum Bajulo, valeant facere Statuta annualia penalia, quorum dicti Consules habeant cognicionem; & quòd inde exactum fuerit, tercia pars nobis applicetur, & alia tercia, dictis Consulibus, & alia tercia pars,* (ii) *inventori.*

Que quidem Privilegia, Libertates, Consuetudines & usus, seu Statuta, dictis Consulibus & Universitati, ac habitatoribus dicte Ville nostre Florencie, *concessa & concessas, tam per Dominum nostrum Franc. Regem, seu Locumtenentem ejusdem, quàm per inclitum Principem Regem* Anglie, *exactis temporibus, quàm per nos noviter in nova adepcione possessionis dicte Ville, rata, grata, ratas & gratas habere volumus nunc & in futurum perpetuò, antiqua & antiquas Privilegia, Consuetudines & Libertates, usus ac Statuta confirmantes; & per nos concessa, concessimus & tenore presencium concedimus, & ea seu eas tenebimus pro nobis & successoribus nostris, absque revocacione,* [b] *instruccione & contradicione quibuscumque, & ita juramus super crucem & Librum missalem, manibus nostris corporaliter tactis, bona nostra omnia mobilia & immobilia, presencia & futura expresè pro premissis tenendis, ypothecamus & obligamus; & pro majori firmitate premissorum, Sigillum nostrum impendenti hic duximus apponendum & appendendum.* Actum & datum in Villa nostra *Florencie,* in Domo communi dicte Ville, die xx.[a] Junii, anno Domini millesimo CCC.° quinquagesimo octavo.

b on ne sçait ce que peut signifier ici ce mot. Il faut peut-être corr. *infraccione.*

De quibus omnibus & singulis, venerabiles & discreti viri Magister Bernardus Lari, *Bacalarius in Legibus,* Arnaudus *de* Palude, Johannes *de* Reula *&* Arnaudus *de* Argelerio, *Consules dicte Ville* Florencie, *pro se & nomine tocius Universitatis dicte Ville, requisierunt me Notarium infrascriptum, ut ex debito mei Officii,* [c] *eisdem retinerem publicum Instrumentum, quod feci anno & die quibus supra, in presencia & testimonio honorabilium virorum Dominorum* Petri Remundi *de* Rappistagno, *Domini de* Companhaco, *Senescalli* Agenensis, *Domini nostri Franc. Regis,* Orchi *de* Caumonte, Petri *de* Lavardato, *Domini de* Campania, Guillelmi Remundi *de* Sancta Marsa, Arnaudi Bernardi *de* Armaniaco, *Militum,* Petri *de* Monte Revello, *Legum Professoris,* Egidii [d], *Judicis Majoris* Tholose, Petri Bajuli, *in Legibus Licenciati, Magistrorum* Johannis Pascalis, Guillelmi *de* Rege, Guillelmi Remundi Sermenha, *Notariorum, & mei* Arnaudi *de* Burreto, *publici* Florencie *Notarii, cui constat de una conglutinatura in duabus pellibus pergameni cum* (kk) *aqua picis, una post aliam; conglutinatione facta, cum in una, propter verborum multitudinem, presens Instrumentum scribi ac inseri non posset; qui requisitus, hoc presens publicum Instrumentum de premissis retinui, scripsi, & Signo meo consueto signavi.*

c ce mot peut *signifier,* à la requête des habitans.

d Il y a apparence qu'il manque là un surnom.

Suite des Lettres de Charles VI.

Tenor verò Litterarum dicti precari Patrui nostri, sequitur in hunc modum.

LUDOVICUS *Regis quondam Francorum Filius, Domini nostri Germanus, ejusque Locumtenens in* Partibus Occitanis, Dux Andegavensis *&* Comes Cenomanensis. *Notum facimus universis tam presentibus quàm futuris, Nos Litteras patentes in pergameno scriptas, carissimi consanguinei nostri* Comitis Armaniaci, *olimque* Comitis Gaure, *Sigillo ejusdem in filis siricis impendenti, sigillatas,* [e] *formam que sequitur, continentes.*

e *supp.* vidisse.

JOHANNES *Dei gracia* Armaniaci, [f] Fevenziaci, Ruthene *&* Gaure Comes. *Universis presentes Litteras inspecturis: Salutem, & presentibus dare fidem. Quia racio*

f Fezenziaci *qui est plus haut.*

NOTES.

(hh) *Includantur.*] Cela peut signifier que les Fermes des Bailliages du Comté, ne pourront être données qu'à des personnes qui demeureront dans cette Ville.

(ii) *Inventori.*] Cela doit signifier ici un dénonciateur.

(kk) *Aqua picis.*] Je crois que cela signifie une espèce de colle faite avec de la poix délayée dans de l'eau.

CHARLES VI.

à Paris, en Juillet 1396.

suadet merentibus virtutum premia tribuere, & [a] per manus largifluas, nostri subjecti efficiantur nostris opportunitatibus imposterùm promptiores, ea propter Consulum & Universitatis Castri (ll) Simpodii, *dicti* Comitatus *de* Gaura, *supplicacionibus inclinati; attento quòd articulis & consuetudinibus infrascriptis, pro majori parte, usi fuisse dicebantur, quòdque eciam per Dominum* Regem Anglie *tunc* Ducem Acquitanie, [b] *medientibus ejus Litteris infrascriptis,* [c] *eis Sigillo in aperto & impendenti, ut prima facie videbatur, sigillatis, infrascripte consuetudines que Ville Florencie concesse per eumdem fuerant, ad dictos Consules & Universitates de* [d] Suopodio *voluerat, ex certa sciencia & deliberacione prehabita, dictis Consulibus, Universitati, habitatoribus & habitaturis, & eorum posteris & successoribus; pro nobis,* [e] *successoribus, successoribusque nostris, concessimus & tenore presencium* [f] *concessimus Consuetudines & Libertates infrascriptas, in evum per Nos successoresque ac Officiales nostros tenendas ac inviolabiliter observandas. Tenor dictarum Litterarum* Regis Anglie *tunc* Ducis Aquitanie, *talis est.*

a supp. ut.
b mediantibus.
c corr. ejus.
d Simpodio.
e ce mot paroît inutile.
f concedimus.

(mm) EDDOARDUS *Dei gracia Rex* Anglie, *Dominus* Hibernie & [g] Duc Aquitanie, Bajulo Simpodii: *Salutem. Mandamus vobis, firmiter injungentes, quatenùs habitatores* Sinpodii, *in Causarum & Judiciorum ordinacione & decisione, penis seu eciam gagiis, usus & consuetudines Bastite nove* Florencie *observent; servata tamen in omnibus assignacione reddituum, jurium & deveriorum, per Gentes illustris Regis Francie nobis factâ.* Datum apud *Condomium,* per manum Cancellarii nostri, Venerabilis Patris H. RUTHEN. & VELLEN. *Episcopi,* III.ª die mensis Madii, anno Regni nostri XVII.°

g Duz.

Suite des Lettres de Jean Comte d'Armagnac.

(1) Videlicet, quòd per nos seu successores nostros, non fiat in dicto loco (nn) albergata seu questa, nec recipiemus ibi mutuum, nisi nobis [h] *gratis mutuare voluerint habitantes, nisi generaliter in aliis locis nostris* Comitatus Gaure, *eadem faciamus.*

h volontairement.

(2) Item. *Quòd habitantes dicti loci & imposterùm habitaturi, possint vendere, dare & alienare omnia bona sua mobilia & immobilia, cui voluerint; excepto quòd immobilia non possint alienare Ecclesie, Religiosis personis, seu Militibus, nisi salvo jure Dominorum de quibus res in feodum tenebuntur.*

(3) Item. *Quòd habitatores dicti loci, possint filias suas liberè & ubi voluerint, maritare, & filios suos ad clericatûs Ordinem facere promoveri.*

(4) Item. *Quòd nos, vel Baillivi nostri qui pro tempore fuerint, non capiemus aliquem habitantem dicti loci, vel vim inferemus vel saizïemus bona sua, dum tamen voluerit & fidejubeat stare juri, nisi pro murtro vel morte hominis, plaga morrifera,*

NOTES.

(ll) Simpodii.] Voy. sur ce lieu, la Note *(f)* de la page 38. du 4.e Vol. de ce Rec.

Édouard Roy d'Angleterre & le Comte d'Armagnac avoient accordé aux habitans de ce lieu, les Priviléges qu'ils avoient octroyez auparavant à ceux de Fleurence. Les Chartres qu'ils avoient données à ceux-ci, étant apparemment perdues, on y suppléa en rapportant celles qui avoient été accordées aux habitans de *Simpodium.*

(mm) Eddoardus.] Il n'est pas possible de marquer quel est ce Roy d'Angleterre; car les trois Rois de ce nom qui ont régné de suite depuis 1272. jusqu'en 1377. ont tous les trois été plus de dix-sept ans sur le thrône. On ne peut pas non plus tirer d'éclaircissement du nom de l'*Evêque* de *Rhodez,* désigné par la lettre *H;* car dans la liste des Evêques de cette Ville, qui est dans le premier Volume de la nouvelle édition du *Gallia Christiana,* il n'y a point d'Evêque qui ait siégé pendant les Règnes de ces trois Édouard, dont le nom commence par une *H,* & duquel il soit dit qu'il ait été Evêque d'une autre Ville, & qu'il ait été Chancelier du Roy d'*Angleterre.*

Peut-être *Ruthen.* ne signifie-il point *Ruthenensis.* On trouve dans le Dictionnaire Géographique de *Maty, Ruthin,* Bourg de la Principauté de *Galles,* en *Angleterre:* mais il n'est pas dit que ce soit un Evêché.

Je n'ai rien pu trouver sur le lieu nommé *Vellen....*

(nn) Albergata.] Suivant le Glossaire de *Du Cange,* au mot *Alberga, Albergata* qui lui est synonyme, signifie le droit de gîte; mais on trouve *ibid.* que *Questa* signifie en général, un Impôt ou une redevance.

CHARLES VI. à Paris, en Juillet 1396.

vel alio crimine quo corpus suum vel bona sua nobis debeant esse [a] incursa, vel aliter facti enormitas id exposcat.

(5) Item. *Quòd ad [b] questionem seu clamorem alicujus, non [c] mandavit vel citavit Judex seu Senescallus noster vel Baillivi nostri, nisi pro facto nostro proprio seu querela, aliquem habitantem in dicto loco, extra (oo) honorem dicti loci, super hiis que facta fuerint in dicto loco & honore & pertinenciis dicti loci, & super possessionibus dicti loci & honore ejusdem.*

(6) Item. *Concedimus habitatoribus nunc in dicto loco* Simpodii *commorantibus, ne qui eorum, racione vel occasione delictorum commissorum, sive contractuum celebratorum in terra nostra, seu eciam racione statûs sive servitutis, (pp) vocentur, ad jus trahantur, vel aliter quolibet imperantur per nos seu nostros Judices, Bajulos seu Ministros nostros, dum tamen parati sint inibi stare juri; nisi invenirentur in locis in quibus delinquerunt vel eciam contraxerunt, sive in (qq) stagiis in quibus priùs morabantur, pro quibus erant homines ligii & questales.*

(7) Item. *Quòd si aliquis homo vel femina, de die intraverit ortos, vineas aut prata alterius, sine mandato aut voluntate illius cujus fuerit, postquam de mandato nostro quolibet anno defensum fuerit, solvat duos Solidos Turonenses Consulibus dicti loci, si habeat unde solvat: aliter, ad arbitrium nostri Judicis vel Baillivi puniatur; & [d] quolibet bestia grossa que ibi inventa fuerit, IIII.or [e] Turonenses Consulibus supradictis; pro Porco & Sue II. Turonenses, & pro Ove, Capra seu [f] Irço, vel quolibet alio peccore, solvat Dominus bestie, unum Turonensem: Si Anser vel alia avis consimilis fuerit, unum Turonensem; & nichilominùs Dominus cujus fuerit bestia vel avis, dampnum tenetur emendare. Denarios verò quos pro hujusmodi [g] emendes Consules habuerint, mittent in utilitatem dicti loci, [h] & potè in reparacione Poncium, itinerum & viarum. Alienigene transeuntes qui dictum defensum ignoraverint, penas non subeant antedictas; sed aliter, ad nostri Judicis vel Baillivi arbitrium, [i] puniatur.*

(8) Item. *Quicumque de nocte intraverit ortos, vineas aut prata alicujus, sine mandato & voluntate illius cujus fuerit, & cum [k] panerio vel [l] facco vel [m] capucio aut alio (rr) explecto, fructus extraxerit, nobis in XL Solidis Turonensibus sit [n] incursus, postquam de mandato nostro specialiter fuerit quolibet anno defensum; & si tamen [o] modò manibus, & sine aliquo explecto, extraxerit, pro justicia in IIII.or Solidis Turonensibus sit incursus, & dampnum insuper emendabit.*

(9) Item. *Quicumque in dicto loco [p] tenuert falsum pondus, falsam mensuram, falsam cannam vel (ss) alnam, nobis in sex Libris Turonensibus punietur, si super hoc legitimè convictus fuerit.*

(10) Item. *Carnifices qui carnes vendiderint in dicto loco, bonas carnes & sanas vendant; que si bone & sane non fuerint, carnes pauperibus erogentur; & illis qui emerint, precium refundatur.*

a confisquez.
b Requête ou plainte en Justice.
c *Il faut sans doute corr.* mandabit vel citabit.
d quelibet.
e *Il faut suppl.* Denarios, *qui est plus bas.*
f hirco.
g emendis.
h utpotè.
i puniantur.
k panier, *dans Du Cange.*
l *corr.* facco.
m capuchon, *dans Du Cange.*
n Amende.
o seulement.
p tenuerit.

NOTES.

(oo) *Honorem.] Territoire:* Jurisdiction. On trouve souvent dans ce Recueil, ce mot pris dans ce sens.

(pp) *Vocentur.]* Je crois qu'il manque là quelques mots, & que cet endroit signifie, conformément à ce qui est porté dans l'article précédent, que ces habitans ne pourront être assignez hors de la Jurisdiction de leur Ville.

(qq) *Stagiis.]* Dans les différentes interprétations de ce mot, qui se trouvent dans le Glossaire de *Du Cange*, il est dit qu'il signifie l'obligation qu'a un vassal de demeurer dans le Château de son Seigneur, pour le défendre; mais je crois que *stagium* a ici un autre sens, & qu'il signifie la demeure d'un *hôte* à qui un Seigneur a donné une maison & un terrein à cultiver, à condition de lui payer une certaine redevance annuelle. Ces *Hôtes* dont il est parlé dans ce Recueil, étoient des espèces de Serfs attachez à la Glébe & au terrein qui leur avoient été cédez. Les mots *racione statûs vel servitutis,* qui sont plus haut, me déterminent à ce sens; & peut-être qu'au lieu de *statûs*, il faudroit lire *stagii.* Suivant le Glossaire de *Du Cange, ligius* est celui qui dépend d'un Seigneur, soit à cause d'un fief, soit à raison de quelqu'autre subjection. *Questalis* est celui qui doit une redevance. Voy. ci-dessus, p. 93. Note (nn).

(rr) *Explecto.]* Ce mot signifie, suivant le Glossaire de *Du Cange*, col. 269. au mot *Expletum* 4. une espèce de Corbeille ou une autre chose propre à emporter des fruits.

(ss) *Alnam.]* Synonyme de *ulna*, aune, dans Du Cange.

CHARLES VI.
à Paris, en Juillet 1396.

(11) Item. *Si quis habitans in loco eodem, sine testamento moriatur, nec habeat liberos, nec appareant alii heredes qui sibi debeant succedere, Baillivus noster & Consules dicti loci, bona* [a] *defunti, descripta tamen, duobus probis hominibus dicti loci commendabunt ad custodiendum fideliter per unum annum & diem; & si infra eundem terminum, heres appareat qui debeat succedere, omnia bona predicta debent integraliter sibi reddi; alioquin bona mobilia nobis tradentur & eciam immobilia ad faciendum nostram omnimodam voluntatem; solutis tamen debitis dicti defunti, secundùm formam juris, si clara sint, non expectato fine anni.*

(12) Item. *Testamenta facta ab habitatoribus dicti loci, in presencia testium fide dignorum, valeant, licet non fuerint facta secundùm solemnitates legum; dum tamen liberi non fraudentur legitimâ porcione.*

(13) Item. *Pistor & pistorissa, vel quicumque alius faciens panem ad vendendum in dicto loco, lucretur in uno sextario frumenti, secundùm quod Consules de voluntate Baillivi, vel qui pro tempore fuerunt in dicto loco, ordinabunt; & si contra ordinacionem predictam, quicumque ampliùs lucratus fuerit, totus panis capiatur, & pauperibus erogetur.*

(14) Item. *Omnes res commestibiles, ex quo ad dictum locum fuerint apportate ad vendendum, non vendantur revenditoribus, donec priùs ad plateam fuerint apportate; dum tamen hoc priùs ex parte nostra defensum fuerit & clamatum;* [b] *alia verò vendantur impunè; & qui contra venerit, in* XII.cim *(11) Turonensibus condempnetur. Perdix verò, Lepus & Cuniculus vendantur ad precium quod in foro ex parte nostra fuerit proclamatum.*

(15) Item. *Quicumque res commestibiles ad dictum locum deportaverit, volatilia, silvestrem bestiam, poma, pira, & consimilia, non det Leudam.*

(16) Item. *Nullus habitans in dicto loco, det Leudam de re quam vendat vel emat in dicto loco ad usus proprios, die fori vel alio, in foro vel extra.*

(17) Item. *Sane Consules dicti loci jurabunt* [c] *se fideliter defendere, & servare corpora nostra & membra, & eciam jura nostra, & quòd Officium Consulatûs, quamdiu erunt in Officio, fideliter* [d] *exequuntur, nec munus nec servicium, racione Officii, ab aliquo* [e] *non capient per se vel per alium, nisi id quod jure est concessum cuilibet in Officio* [f] *existanti.*

(18) Item. [g] *Comitas dicti loci, in presencia Consulum,* [h] *juravit nobis vel* [i] *mandato nostro, bonum consilium & fidele exhibere pro posse suo, dum requisita fuerit.*

(19) Item. *Instrumena facta à publicis Notariis à nobis vel antecessoribus nostris creatis vel creandis, illam firmitatem habeant quam habent publica Instrumenta.*

(20) Item. *Omne debitum cognitum prima die litis, si clamor factus fuerit, nisi infra quindecim dies persolvatur, debitor nobis solvat, vel mandato nostro, duos Solidos Turonenses pro clamore, soluto primo debito principali. Si verò negetur debitum, qui victus fuerit, in quinque Solidis Turonensibus pro justicia puniatur.*

(21) Item. *Si quis aliqua verba contumeliosa vel grossa dixerit, nisi super hoc fiat* [k] *questio, nobis non tenetur ad emendam. Si verò fiat Questio, tenetur nobis in duobus Solidis Turonensibus, pro clamore, & emendet* [l] *injuria passa secundùm qualitatem delicti.*

(22) Item. *Si quis gladium abstraxerit contra aliquem, licet non percuciat, nobis in* XL. *Solidis Turonensibus condempnetur. Si verò percusserit ita quòd sanguis inde exeat, in sexaginta Solidis Turonensibus condempnetur, & emendet vulnerato. Si mutilacio membri intervenerit, puniatur secundùm jura; & nichilominùs satisfaciat vulnerato.*

(23) Item. *Si bona alicujus habitatoris dicti loci,* [m] *venerint in commissum, de bonis predictis, si sufficiat, creditori satisfiet, & nobis residuum applicetur.*

(24) Item. *Si quis in adulterio reprehensus fuerit, currat per locum, aut solvat*

[a] *a* defuncti, *là & plus bas.*

[b] *b* les autres marchandises.

[c] *c* ce mot paroît inutile.

[d] *d* exequentur.

[e] *e* cette négation paroît inutile.

[f] *f* existenti.

[g] *g Il faut sans doute corriger* Communitas.

[h] *h* fort. jurabit.

[i] *i* ce mot se trouve souvent dans ce Rec. pour signifier des Officiers.

[k] *k* Plainte en justice; procès.

[l] *l corr. injuriam* passo.

[m] *m* tombent en confiscation.

NOTE.

(11) Turonensibus.] On ne peut pas déterminer s'il faut suppléer ici & dans quelques articles suivans, *Solidis* ou *Denariis,* ou si dans ces Lettres ces deux mots sont synonymes.

CHARLES VI. à Paris, en Juillet 1396.

nobis vel mandato nostro, decem Libras Turonenses; & quod voluerit, opcionem habeat eligendi; ita tamen quòd capiatur nudus cum nuda, vel vestitus, braccis depositis, cum vestita, vel solus cum sola, hostiis clausis, per aliquem de Curia nostra, presentibus cum eo duobus Consulibus, vel aliis duobus probis hominibus, vel pluribus undecumque, qui sint fide digni.

(25) Item. *Si quis pro alio fidejusserit, si principalis debitor solvendo non fuerit, idem qui fidejussit, satisfaciat, si bona habeat unde solvat.*

(26) Item. *Quicumque in dicto loco venire voluerit, seu habitare & mansionem facere, sit liber sicut alii habitatores, si sine prejudicio fieri possit alterius.*

(27) Item. *Furna dicti loci erunt nostra, & quicumque ibi panem decoqui fecerit, vicesimum panem nobis pro furnagio dare teneatur, & furnerius portet & reportet panem coctum & crudum, ad domum cujuslibet, pro furnagio nostro.*

(28) Item. *Quòd (uu) plateas & aynalia sint in dicto loco, prout hactenùs esse consueverunt, & sub pensionibus consuetis, & si predicti census terminis statutis non solverentur, puniantur nobis illi qui non solverint, quilibet in duobus Solidis Turonensibus.*

(29) Item. *Mercatum fiet in dicto loco, singulis quindenis, ad diem lune.*

(30) Item. *De quolibet Bove vendito in foro ab extraneo, habebimus ab illo qui emerit, unum Turonensem.*

(31) Item. *De Porco, unum Turonensem.*

(32) Item. *De Asino, unum Turonensem.*

(33) Item. *De pelle Vulpis & [a] Loire, de qualibet, unum Turonensem: de una saumata [b] ollarum; de una (xx) frossa, unum Turonensem, de qualibet predictarum.*

(34) Item. *De una saumata feni apportata de foris, det pro Leuda duos Turonenses.*

(35) Item. *Homines dicti loci, sint liberi à dictis Leudis, de hiis que ad proprios usus emerint in loco vel foro.*

(36) Item. *Quicumque extraneus in die fori (yy) tentorum tenuerit quarumcumque mercium, dabit pro Leuda, unum Turonensem.*

(37) Item. *Una [c] salmata salis, det pro Leuda, unam (zz) palmatam salis & unum Turonensem; & hoc secundùm magis & minus. Pro [d] honore unius hominis, de sale, unum Obolum Turonensem.*

(38) Item. *De uno onere [e] ciphorum vitrorum, unum Turonensem, ab extraneo.*

(39) Item. *De uno onere scutellarum & [f] grissellorum, unum Turonensem.*

(40) Item. *Quicumque voluerit extraneus extrahere à dicto loco bladum, vinum vel sal, pro sarcinata bladi, dabit unum Turonensem; & pro sarcinata vini, & pro sarcinata salis, pro quolibet, unum Denarium Turonensem; & hoc secundum magis & minus.*

(41) Item. *De quolibet [g] semine ortorum, secundùm quod racionabile videbitur.*

(42) Item. *Si quis Leudam debens, à Villa vel à [h] fore exiens, Leudam non solverit, solvat IIII.or Solidos Turonenses pro emenda.*

(43) Item. *Si aliquis aliquem in foro percusserit, in decem Solidis Turonensibus nobis puniatur, & emendet injuriam passo, pro qualitate delicti.*

(44) Item. *Si quis de possessione litigaverit, det pro Libra, duos Solidos,*

a c'est appar. un loir, espèce de rat commun dans les Alpes.

b pots de terre.

c une Charge, dans Du Cange.

d corr. onere.

e verres à boire.

f Je n'ai rien trouvé sur ce mot.

g graine ou semence de légumes.

h foro.

NOTES.

(uu) *Plateas.*] Il faut corriger *Platee.* Je n'ai rien trouvé sur le mot *aynalia.* Un habile homme de mes amis, m'a proposé la conjecture suivante. Il croit que ce mot signifie des bassins, des réservoirs d'eau. Il se fonde sur ce qu'en la Loi 38. du titre *de actionibus empti*, Liv. 19. titre 1. on lit dans ce sens, *aenum lateribus circumstructum.* On trouve aussi dans la même signification *aenulum*, dans le Dictionnaire de *Rob. Etienne.*

(xx) *Frossa.*] Suivant le Glossaire de *Du Cange*, à ce mot, il signifie, du sarment de vigne, ou autre menu bois.

(yy) *Tentorum.*] Il faut peut-être corriger *tentorium*, qui signifie un tente sous laquelle on expose des marchandises en vente dans un marché.

(zz) *Palmatam.* Suivant le Glossaire de *Du Cange*, au mot *Palma* 3. *Palmata* signifie ce qui peut tenir de sel ou de grain dans la paume de la main.

(aaa) &

(*aaa*) *& clamorem, qui victus fuerit; & illam summam non teneantur solvere litigantes, usque in finem litis.*

(45) Item. *Si Bajulus*[a] *pignoret aliquem post quindecim dies assignatos debitori ad solvendum illi cujus erit debitum, per alios quindecim dies pignora*[b] *custodiat, quibus elapsis, vendat, si voluerit; & si precium pignori venditi*[c] *exedat debitum suum, residuum*[d] *habitum de dicto pignore, teneatur reddere debitori.*

(46) Item. *Bajulus dicti loci, in presencia Consulum, jurabit quòd suum Officium fideliter faciet, & munus aut servicium pro suo Officio sive racione Officii sui, non capiet, & unicuique jus suum pro posse suo reddet, & usus bonos, consuetudines dicti loci scriptas & approbatas per nos, salvo jure nostro, custodiet & defendet.*

(47) Item. *Quòd nullus habitans in dicto loco, de quocumque crimine accusatus vel appellatus fuerit, nisi velit, teneatur*[e] *purgare duello, vel defendere, vel cogatur ad duellum faciendum; & si refutaverit, non habeatur propter hoc pro convicto, sed appellans, si velit, probet crimen quod objiciet, per testes vel alias probaciones, juxta juris formam.*

(48) Item. *Si arsure vel alia maleficia occulta facta fuerint in dicto loco vel honore, vel pertinenciis dicti loci, emendam fieri faciemus super hiis, secundùm bona statuta & bonos usus approbatos in dicto* Comitatu Gaure.

(49) Item. *Quicumque alium percusserit vel*[f] *traxerit cum pugno, manu, palma vel pede, irato animo, si clamor factus fuerit, in quinque Solidis Turonensibus, pro justicia puniatur, & faciat emendam injuriam passo, secundùm racionem: si tamen effusio sanguinis intervenerit, in viginti Solidis Turonensibus, pro justicia puniatur percuciens; & si cum tegula, fusto, petra, sanguine*[g] *interveniente, si clamor factus fuerit, in viginti Solidis Turonensibus, percuciens puniatur; & si sanguis intervenerit, percuciens in sexaginta Solidis Turonensibus, pro justicia puniatur. Si tamen* (*bbb*) *plaga legalis facta fuerit, in sex Libris Turonensibus, pro justicia puniatur, &*[h] *emendat injuriam passo.*

(50) Item. *Qui incendium posuerit, dum tamen de hoc per legitimas probaciones constiterit, ad voluntatem nostram puniatur.*

(51) Item. *Quicumque verba contumeliosa dixerit alicui de Consulibus dicti loci, exercenti Officium Consulatûs, puniatur per nos vel Locum nostrum tenentem, in viginti Solidis Turonensibus; & credatur eidem Consuli per suum sacramentum, si aliam vel alias probaciones habere nequiverit.*

(52) Item. *Quicumque mulierem aliquam per vim cognoverit, dum tamen de hoc legitimè constiterit, secundùm juris ordinem puniatur.*

(53) Item. *Si quis aliquem interfecerit, & culpabilis de morte reperiatur, ita quòd homicida reputetur, per judicium Curie nostre puniatur, & bona ipsius nobis sint incursa; solutis tamen primò debitis suis.*

(54) Item. *Quòd habitantes in dicto loco, possint tenere & recipere ad censum vel in dono, à quacumque persona volente vendere vel*[i] *inpheodare, aut res suas immobiles dare; excepto* (*ccc*) *Feodo francali Militari quod emere vel recipere non possint, nisi de nostra vel successorum nostrorum processerit voluntate.*

(55) Item. *Pondera & mensure sint* (*ddd*) *ratta, sicut sunt in Villa Condomii.*

[a] fait une saisie.
[b] *Il faut suppl.* creditor.
[c] excedat.
[d] *hitum, avec une marque d'abréviation.* Reg.
[e] *corr.* se.
[f] pousser.
[g] *Il faut sans doute suppl.* non.
[h] emendet.
[i] infeodare.

NOTES.

(*aaa*) *Et clamorem.*] Je crois qu'il faut corriger *pro clamore*. On trouve souvent dans ce Recueil, que les Plaideurs payoient des droits aux Juges.

(*bbb*) *Plaga legalis.*] Ces mots signifient une playe d'une étendue considérable. Voy. le Glossaire de *Du Cange*, aux mots *Plaga legalis*.

(*ccc*) *Feodo francali Militari.*] On trouve dans le Glossaire de *Du Cange*, au mot *Feudum*, col. 443. plusieurs passages dans lesquels il est parlé de *Feudum francale*, & de *Feudum francale Militare;* il y est dit que ces mots signifient des Fiefs qui ne peuvent être possédez que par des Nobles, & non par des roturiers. On trouvera dans les Tables des Matières des 6. & 7.e Volumes de ce Rec. quelques exemples de Fiefs-francs que le Glossaire de *Du Cange* dit être la même chose que le *Feudum francale*.

(*ddd*) *Ratta.*] Ce mot est douteux; mais cet endroit signifie apparemment que les mesures & les poids seront semblables à ceux de *Condom*.

CHARLES VI. à Paris, en Juillet 1396.

(56) Item. *Molendina dicti loci, recipiant pro moltura sextam decimam partem bladi ibidem apportati ad molendum; & si bladum propter culpam molendinariorum amitteretur, ipsi teneantur ad restitucionem domino bladi.*

(57) Item. *Quicumque aliquod valens quinque Solidos Turonenses vel infra, de die vel de nocte furatus fuerit, currat per locum cum furto ad* [a] *colum suspenso, & restituat furtum cui furatus fuerit; excepto furto fructuum, de quibus fiat ut superiùs est expressum; & qui rem valentem ultra quinque Solidos Turonenses, fuerit furatus, primâ vice* [b] *signetur; & si signatus fuerit, per judicium Curie nostre, modo debito puniatur.*

a collum.

b soit flétri d'une marque.

(58) Item. *Deficiens ad diem sibi per Bajulum assignatam, in duobus Solidis nobis pro justicia puniatur; & nichilominùs parti adverse in expensis condempnetur.*

(59) Item. *Consules dicti loci creabuntur semel in anno; scilicet, in crastinum Nativitatis Domini; & si tunc instituti vel creati non fuerint, duret potestas Consulum qui immediatè fuerint, donec alii per nos vel mandatum nostrum, ibidem instituti fuerint; ita tamen quòd nomina Consulum instituendorum (eee) & ultra totidam, reddantur Curie in scriptis per Consules veteres, & Curia recipiat eos & confirmet quos magis ydoneos nobis & utilitati dicti loci, cognoverit expedire.*

(60) Item. *Consules qui pro tempore fuerint, habeant potestatem* [c] *Pontas, vias publicas, & mala passagia reparandi.*

c Pontes.

(61) Item. *Si quis verò in dicto loco jactaverit fetencia vel aliqua nocencia, per nostrum Bajulum, de consilio Consulum, puniatur.*

(62) Item. *Nundine sint in dicto loco, in terminis consuetis; scilicet, die Festi Simonis & Jude, & die Martis post Pascha, & duret* [d] *qualibet per duos dies duntaxat; & quilibet mercator extraneus habens (fff) trussellum vel plures trussellos in dictis Nundinis, pro introitu, exitu & Taulagio, vel pro Leuda, det octo Turonenses; & de* [e] *honere hominis, quicquid portet, duos Turonenses; & de rebus emptis ad usum* [f] *domum alicujus habitatoris dicti loci, nichil dabitur ab emptore pro Leuda.*

d quelibet.

e onere.

f domûs.

(63) Item. *Exercitum & cavalcatam ut in aliis locis nostris* Comitatus de Gaura, *retinemus.*

(64) Item. *Quicumque in dicto loco vel in pertinenciis ejusdem, habuerit possessiones vel redditus, racione illarum rerum, ipse & sui successores in expensis & in missionibus & Collectis que fient à Consulibus, propter utilitatem dicti loci, faciant & donent prout alii habitatores dicti loci, per Solidum & per Libram; videlicet, (ggg) à sexaginta Librarum Turonensium infra, prout visum fuerit Consulibus qui pro tempore fuerint; excepto quod in reparacione Poncium, itinerum, viarum & foncium, & aliorum necessariorum dicti loci, Consules faciant Taillias secundùm quod eis videbitur; & si fortè* [g] *alibi nolent in hiis factis Tailliis per Consules, eisdem obedire, per Bajulum nostrum, ad instanciam Consulum, pignorentur.*

g aliqui.

(65) Item. *Quod nulli habitanti in dicto loco* [h] *pignoretus lectus suus, nec uxoris sue, pro debito quod debeat, nec ferrementa sua cum quibus expensas suas lucrantur.*

h pignoretur.

(66) Item. *Si legitimè probaretur contra Notarios dicti loci, quòd falsa instrumenta fecissent, amitterent manus dextras; & si quis alius qui Notarius non esset, faceret instrumentum, amitteret manum, & bona sua sint incursa Domino; & sit relegatus perpetuò extra locum.*

(67) Item. *Propter maleficium viri, mulier non amittat bona sua.*

Has autem Libertates & Consuetudines, quantùm de jure possumus, ac omnia predicta & singula pro nobis & nostris heredibus & successoribus, approbantes imperpetuùm,

NOTES.

(eee) *Et ultra totidam.*] Il faut corr. *totidem;* mais je ne sçais ce que peuvent signifier ces mots.

(fff) *Trussellum.*] Ce mot est synonyme de *Trossellus* qui, suivant le Glossaire de *Du Cange,* signifie un trousseau, un paquet.

(ggg) *A sexaginta Librarum.*] Cet endroit n'est point clair. Il peut signifier que ceux qui n'auront pas soixante Livres de revenu, ne contribueront point à ces Tailles; si ce n'est dans les cas où il s'agira de réparer les Ponts, les chemins, &c.

earum testimonium, presentibus Sigillum nostrum duximus apponendum, & sine prejudicio juris alieni, & salvo in aliis jure nostro. Datum apud [b] *Auxium,* penultimâ die mensis Julii, anno Domini millesimo CCC.° tricesimo nono. *Per Dominum Comitem, in Consilio, ad relacionem Domini* Remundi *de* Montiliis, Bernardi *de* Castino, *Judicum:* JACOBUS D'ORBANDI.

CHARLES VI. à Paris, en Juillet 1396.

[a] in earum.

[b] Aux, *avec une marque d'abréviation.* Reg. *Auch.*

Suite des Lettres du Duc d'Anjou.

Nos autem omnia & singula in prescriptis Litteris contenta, rata & grata habentes, ea laudamus, approbamus, & tenore presencium confirmamus, ac de novo, si opus fuerit, concedimus modo & forma supradictis, de nostri certa sciencia, auctoritate Regia quâ fungimur in hac parte, & speciali gracia, per presentes. Mandantes Senescallis Tholose *&* Agennensi, *qui nunc sunt vel pro tempore fuerint, aut eorum Locatenentibus, ceterisque Justiciariis, Officiariis & subditis, & eorum cuilibet, prout ad eum pertinuerit, quatenùs predicta omnia & singula in prescriptis Litteris contenta, teneant & observent, & exequantur seu exequi faciant de puncto ad punctum, diligenter, nichil in contrarium faciendo, nec à quoquam fieri permittendo. Quod ut firmum & stabile perseveret in futurum, presentes Litteras Sigilli nostri munimine fecimus roborari; dicti Domini mei Regis in aliis, & alieno in omnibus jure salvo.* Actum & datum *Tholose,* anno Domini millesimo CCC.° sexagesimo nono, mense Madii.

Suite des Lettres de Charles VI.

Quas quidem Litteras, & [c] singulas earumdem, necnon Privilegia, franchisias, Libertates, ceteraque omnia & singula in eis contenta, si & in quantum Consules, habitatores & Universitates Florencie, Summipodii *&* [d] Salvitatis, *& reliqui Comitatus* Gaure, *in* Ducatu Acquitanie, *nominati in ipsis Literis, quos tangit, & eorum singuli, eisdem ritè, rectè ac debitè usi sunt & potiti, nos ratas & gratas, sive rata & grata habentes, eas & ea, ex nostre potestatis plenitudine, auctoritateque Regia & speciali gracia, laudamus, approbamus, ratifficamus & confirmamus, harum serie Litterarum, per quas dilectis & fidelibus Gentibus qui pro nunc tenent & imposterùm tenebunt nostra* Parisius *Parlamenta, Gentibusque Compotorum nostrorum, & Thesaurariis* Parisius, Senescallis *insuper* Tholose *&* Agennensi, *& ceteris Justiciariis nostris, aut eorum Locatenentibus, presentibus & futuris, & eorum cuilibet, prout ad eum pertinuerit, ad eumdem injungendo mandamus quatenùs Consules, habitatores, Universitates, & alios superiùs nominatos, eorumque successores, presentes & posteros, & singulos eorumdem, nostrâ presenti graciâ & confirmacione, necnon Privilegiis,* [e] *franchisii, Libertatibus & Immunitatibus supra tactis, sub forma, condicione & modo preinsertis, uti & gaudere pacificè perpetuis temporibus faciant, ac eciam paciantur, non* [f] *sinnendo eisdem, eorumve successoribus antedictis, impedimentum, contradicionem aut perturbacionem aliquas pro nunc vel in futurum, super hiis fieri aliqualiter vel inferri; quinymò, si que secùs acta fuerint aut repererint, ad statum pristinum & debitum reducant sive faciant indilatè reduci. Et ut hec stabilitate fruantur perpetuâ, has presentes fecimus nostri Sigilli appensione muniri: nostro in reliquis, & alieno in omnibus jure salvo.* Datum *Parisius,* mense Julii, anno Domini millesimo CCC.° nonagesimo sexto; Regni verò nostri, XVI.^{to}

[c] singula.

[d] Voy. la Note *(f)* de la p. 38. du 4.^e *Vol. de ce Rec.*

[e] franchisiis.

[f] sinendo.

Per Regem, ad sui magni relacionem Consilii, ubi [g] *Vos,* Episcopi*que* Bajocensis, Noviomensis *&* Attrebatensis, Dominus *de* Lebreto, Vicecomes Meleduni, *Dominus* Almaricus *de* Ordeomonte, *Magister* Odardus *de* Moulins, Johannes d'Estouteville, *ac nonnulli alii, eratis.* P. MANHAC.

[g] Le Chancelier de France. *Voy. le 5.e Vol. de ce Rec. pag.* 653. Note *(c).*

CHARLES VI. à Paris, en Juillet 1396.

(a) Confirmation des Lettres de Sauvegarde Royale pour l'Abbaye de la Chaise-Dieu.

KAROLUS, &c. Notum facimus universis presentibus & futuris, Nos infrascriptas carissimi Domini & genitoris nostri, cujus anima in pace quiescat, Litteras vidisse sub hiis verbis.

(b) KAROLUS, *&c.*

Quas quidem Litteras, & omnia & singula in eis contenta, rata & grata habentes, eas & ea laudamus, ratificamus, approbamus, & de speciali gracia & auctoritate Regia confirmamus per presentes; dantes in mandatis Senescallo Bellicadri, *necnon* Baillivo *de* [a] Sancti Petri Monasterio, *ceterisque Justiciariis nostris vel eorum Locatenentibus, presentibus & futuris, & cuilibet eorumdem, prout ad eum pertinuerit, quatenùs prefatos Religiosos nostris presentibus graciâ* [b] *confirmacione frui & gaudere pacificè faciant & permittant, nil in contrarium à quoquam permissuri. Quod ut firmum & stabile perpetuò perseveret in futurum, hiis presentibus jussimus apponi Sigillum: nostro in aliis & alieno in omnibus semper jure salvo.* Datum *Parisius,* anno Domini millesimo CCC.° nonagesimo sexto; Regni verò nostri, decimo sexto, mense Julii.

Per Regem, ad relacionem Consilii. SAVIGNY.

a S.t Pierre-le-Moustier.

b *suppl.* &c.

NOTES.

(a) Trésor des Chartres, Registre 150. P. IIII.xx XVI. (96.)

(b) Karolus, &c.] Ces Lettres qui sont du mois de Juin 1366. sont imprimées à la page 646. du 4.e Vol. de ce Rec. Le Registre 150. fournit les corrections suivantes & une addition.

P. 647. L. 16. & ponimus per presentes; & eisdem Senescallum Bellicadri *corr.* & ponimus per presentes, *nonobstante quod præfatum Monasterium Casæ-Dei, & plura ejus membra infra Ducatum carissimi Fratris & Patris [Patrui] nostri Johannis Ducis Bitturie & Alvernie, sint situata & inclavata,* & eisdem Senescallum.

L. 18. mandamus quatenùs . . . . mandamus *committendo* quatenùs.

L 21. repererint . . . . *reperierint.*

CHARLES VI. à Paris, le 5. d'Août 1396.

(c) Lettres qui portent que les Sergens des Eaux & Forêts ne pourront faire de saisies de bois, de charbon, &c. dans la Ville, Fauxbourgs & Banlieue de Bayeux, si ce n'est dans les cas marquez par ces Lettres.

CHARLES, &c. Sçavoir faisons à tous présens & avenir, à Nous avoir esté exposé de la partie de noz bien amez les Bourgoiz & habitans de la Ville, [c] Faourbours & Banlieue de *Bayeux,* que pour ce que noz Sergens-fiesvez & autres de noz Forests de *Bur-le-Roy,* en la *Vicomté* de *Bayeux,* de leur auctorité & autrement, venoient souvent & se boutoient de fait ès hostelz d'iceulx exposans, & illec cerchoient & queroient se il y avoit boiz à édifier, ou autres quelconques pour [d] ardoir, ou charbon, cendre ou tan, ou arbres nouvellement plantez; & quant ilz en trouvoient aucunne quantité esdiz hostelz, feust pour la [e] garnison desdits exposants, & même merrien employé en édifices d'un an ou de deux audevant de la venue de noz Sergenz dessus diz, ou autres arbres nouvellement plantez en leurs jardinages, se ledit bois n'estoit [f] apparement marquié ou scellé, & qu'il en apparust promptement à noz diz Sergens, yceulx noz Sergens vouloient contraindre iceulx exposans à enseigner & déclarer de quel marchant & en quel Forest lesdiz boiz, tan, charbon, cendres ou arbres, avoient esté prins & achetez, & pour ce les adjournoient ès plaiz desdictes

c *Fauxbourgs.*

d *brûler.*

e *provision.*

f *la marque étant en évidence.*

NOTE.

(c) Trésor des Chartres, Registre 150. Pièce IIII.xx X. (90.)

CHARLES VI.
à Paris, le 5. d'Août 1396.

Forests de *Bur-le-Roy*, ou autrement les travailloient, se ilz ne [a] finoient ou composoient à aucune somme de deniers, laquelle chose étoit moult griefve & dommagable ausdiz exposans, car ilz ne povoient pas estre mémoratifs de quelz marchans ilz avoient acheté ledit bois, tan, charbon, cendre & arbres, & [b] mesin; car ilz étoient employez en édifices, & lesdiz arbres plantez en leurs jardins, & en ce avoient esté moult grevez & dommagiez par nosdiz Sergens, à tort & contre raison: lesdiz exposans pour avoir remede & provision sur ce, s'estoient trais devers Nous, & ces choses à Nous exposées, avoient obtenu *(d)* noz Lettres en las de soie & cire verd, contenant que Nous voulions & octroyons que lesdiz exposans fussent tenuz paisibles de teles vexacions; & [c] puis que le bois ou charbon, tan, cendre & arbres qui seroient apportez & amenez en laditte Ville & Banlieue, pour leur usage & admenagement, seroient entrez en ladite Ville & Banlieue, lesdiz exposans ne aucuns d'eulx, aians ou amenans ledit bois, ne feussent par lesdiz Sergens mis en procès, adjournez ne molestez pour l'occasion dessus ditte; mais pour ce que noz dites Lettres n'avoient pas esté expédiées par nostre très-cher Cousin le *Vicomte* de *Meleun*, Souverain Maistre de nos Eaues & Forests, ne par noz amez & féaulx Gens de nos Comptes & Trésoriers à Paris, ainsi qu'il appartenoit, & que à l'entérinement d'icelles, n'avoient esté appellez les Maistres de noz Eaues & Forests, ne le Verdier desdictes Forestz de *Bur-le-Roy*, lesdictes Lettres ne sortirent pas leur plain effect; mais leur avoit esté fait empeschement ès choses contenues en ycelles, & pour ce se feussent derechef trais devers Nous, & eussent obtenu noz Lettres adreçans à nostredit Cousin, par lesquelles Nous lui mandions que il feist faire informacion sur le proufit ou dommage que Nous pourrions avoir en l'octroy & expédicion de noz Lettres devant dictes, & icelle Informacion [d] veu, procédast à l'expédicion d'icelles noz Lettres, en tout ou en partie, ainsi qu'il verroit estre bon à faire; lequel nostre Cousin ait par vertu de noz dictes Lettres, fait faire Informacion sur ce que dit est, par les Maistres de noz Eaues & Forests ou païs, ou l'un d'eulx, appellez à ce nostre *Viconte* de *Bayeux*, & nostre Procureur ou *Bailliage* de *Caen*, & ait esté ycelle Informacion rapportée devers nostredit Cousin à la fin dessus dicte, & pour plus meurement [e] dibérer sur ycelle, ait nostredit Cousin fait aporter ladicte Informacion en la Chambre de noz diz Comptes, & en ladicte Chambre ait esté veue ycelle Informacion, avec les advis de noz diz Viconte & Procureur sur ledit cas, [f] a bonne & meure délibéracion par nostredit Cousin & par noz amez & féaulx Gens de noz Comptes & Trésoriers, & sur ce aient esté interroguez de bouche noz amez & féaulx *Ector* de *Chartres*, Chevalier, l'un des Maistres de noz dictes Eaues & Forests, & *Raulet* d'*Auquetouville*, nostre Escuier d'Escuierie, & Verdier desdictes forests de *Bur-le Roy*, si comme disoient yceulx exposans, en Nous requerant que du contenu en noz dictes Lettres à eulx octroyées pour les causes & par la maniere dessus dicte, Nous les voulsissions faire joïr & user à plain, cessant tout empeschement, ou autrement à eulx pourveoir sur ce de grace & de remede convenables; Nous adecertes, pour considéracion de ces choses, desirans relever lesdiz exposans & autres noz subgiez, de griefs & vexations indues, par délibéracions & conseil de noz diz Cousin, Gens des Comptes & Trésoriers, avons ausdiz exposans octroyé & octroyons de grace especial, par ces Présentes, que doresenavant du merrien, bois, charbon, [g] tant, cendre, escorce de bois, & des arbres que ilz auront achetez & mis, descenduz & deschargiez en leurs Hostelz, pour la garnison de leurs maisons, pour leurs usaiges & nécessitez, pour édifier, planter, ou autrement pour leur proufit, ilz ne soient par noz diz Sergens cerchiez en leurs maisons, adjournez ne mis en procès, ou autrement travaillez indeuement, pourveu que ilz seront tenuz, se requis en sont, déclarer de quelz Marchans & de quelz Forests ilz auront eu les choses dessus dictes, se ce n'est que ilz afferment par Serment devant les diz

[a] finançoient.
[b] merrien.
[c] depuis que.
[d] veue.
[e] délibérer.
[f] avec.
[g] tan.

NOTE.

(d) Nos Lettres.] Ce sont sans doute celles du mois de Mars 1393. qui sont à la page 593 du 7.e Vol. de ce Recueil. Elles n'étoient adressées qu'au *Bailli* de *Caen*, au *Vicomte* de *Bayeux* & au Verdier du *Bur*.

CHARLES VI. à Paris, le 5. d'Août 1396.

Sergens, que ilz n'en ont pas mémoire, ouquel cas ledit Serement fait, ilz en feront tenuz paisibles; mais noz diz Sergens & autres Officiers à qui il appartendra, pourront de ce approucher & convenir les Marchans qui venduz les auront, se aucune fraude y estoit commise, & les en punir selon l'exigence des cas: sauf toutevoies & excepté que pour ce que la Parroisse de *(c) Gueron* & le Hamel de *Brinmille,* sont prouchains de noz dictes Forests, & ou chemin par où l'en vient desdictes Forests en ladicte Ville & Banlieue, les habitans desdictes Parroisses & Hamel, ne se pourront aidier & ne joïront aucunement de cest octroy, se ce n'est au regard du merrien qui aura esté employé en leurs édifices, & illec demouré par l'espasse de demi-an, & aussi au regart des arbres & plantes qui auront esté plantées, & qui desja seront reprises & reverdies, en leur courtils & jardins, esquelz deux cas seulement, & non ès autres, Nous voulons & leur octroyons que ilz joïssent & usent de nostre présente grace & octroy; & est assavoir, que pour ce que ès fourneaulz & rez à faire & cuire chaulx, l'en art & destruit grant quantité de buche en pou de heure, Nous réservons & exceptons de ceste grace, tous les diz fourneaux & rez à chaux, de ladicte Ville & Banlieue, & voulons que noz Sergens & Officiers desdictes Forests, y puissent faire tous exploiz licites & raisonnables, tout ainsi comme ilz faisoient & faire povoient avant nostre présent octroy. Si donnons en mandement à noz diz Cousin, Gens de nos Comptes & Trésoriers, aus Maistres de noz Eaues & Forestz, & à tous noz autres Officiers & subgez à qui ce pourra toucher & appartenir, ou à leurs Lieuxtenans, présens & avenir, & à chacun d'eulx, si comme à lui appartiendra, que ilz facent, sueffrent & laissent lesdiz exposans & chacun d'eulx, joïr & user paisiblement de nostre présente grace & octroy. Et pour ce que ce soit ferme chose & estable à tousjours, Nous avons fait mettre nostre scel à ces Présentes: sauf en autres choses nostre droit, & l'autruy en toutes. *Donné à* Paris, *le V.e jour d'Aoust, l'an de grace mil CCC IIII.xx seize; & de nostre Regne, le XVI.e*

Par le Roy, à la relacion du Conseil estant en la Chambre des Comptes, ouquel [a] Vous, les *Evesques* de *Bayeux,* de *Noyon* & d'*Arras,* le *Vicomte* de *Meleun,* Mess. *Guillaume Des Bordes,* Mess. *Almaurry* d'*Orgemont,* & plusieurs autres, estiez.

H. GUINGANT.

a *Le Chancelier de France. Voy. le 5.e Vol. de ce Rec.* pag. 653. Note *(c)*.

NOTE.

(c) Gueron.] On trouve dans le dénombrement de la France [Paris 1720. *in-4.°*] *Gueron* dans la Banlieue de *Bayeux;* & dans cette même Banlieue, le Hamel *d'Englesqueville.* C'est peut-être le lieu dont il est parlé dans ces Lettres: dans le Registre le nom de *Brinmille* est très-douteux, parce qu'il y a sept jambages sans point.

CHARLES VI. à Paris, en Août 1396.

PHILIPPE VI. dit de Valois, en Avril 1343. [le lieu n'y est pas.]

(a) Confirmation des Priviléges accordez aux Maîtres, Clerc & Ouvriers des Monnoies, & aux Monnoyers du Serment de France & de Toulouse.

CHARLES, &c. Savoir faisons à tous présens & avenir, Nous avoir veu les Lettres de feu nostre Besayeul le Roy Phelippe, contenant ceste forme.

PHELIPPE par la grace de Dieu Roy de France. A tous ceux qui ces présentes Lettres verront & orront: Salut. Saichent tuit cilz qui sont & qui avenir [b] sont, que comme pour les bons & aggréables services que les Ouvriers & Monnoyers du Serment de France & de *Thoulouse,* ont fait à noz très chiers Seigneurs & prédécesseurs Roys de France, que Dieux absoille, aient les diz Ouvriers dudit Serment de France & de *Thoulouse,* esté exemptez de toute Juridiccion de nostre Royaume, & de respondre devant aucun Juge quel que il soit, pour quelque cas que ce soit, se ce n'est devant les Maistres de noz Monnoies; excepté de trois cas tant seulement; c'est

b *seront.*

NOTE.

(a) Trésor des Chartres, Registre 150. P. IIII.xx XVII. (97)

assavoir, de murtre, de larrecin & de rapt; & avec ce, les diz Maistres [a] de noz diz Ouvriers & Monnoyers, frans, quittes & délivrés par-tout nostredit Royaume, de toutes Tailles, de toutes Coustumes, de touz Péages, Passages, [b] Censives, [c] Cinquantisme, Chauciéez, Ostz [d] Chevauchiéez, & généralment de toutes subjections, exactions & Impositions quelles que elles soient, ouvrans & non ouvrans, nonobstant priviléges donnez ou à donner, si comme Nous est apparu par certains Priviléges que eulx ont sur ce, de noz diz devanciers Roys de France, & espécialment de nostre très-cher Seigneur & Cousin le Roy *(b)* Charles que Dieux absoille, lequel considérans & regardans comme les diz Ouvriers & Monnoyers estoient ordenez pour le commun prouffit de tout le peuple; car sanz Monnoye, ne pourroit estre le monde bonnement gouvernez, ne faire droite [e] égaulté à chacun, de ce qui est sien; & aussi comme iceulx Ouvriers & Monnoyers sont si [f] altaint & obligiez à ce faire, que à nul autre mestier, office ne estat, ne se puent ordener, ains sont [g] cerfs à nos *(c)* Cheses faire, octroya & conferma à tousjours perpetuelment, aux diz Maistres de ses Monnoies, & aux dessus diz Ouvriers & Monnoyers dudit Serment, tous les Priviléges, Libertez & franchises cy-dessus diviséez, que sesdiz prédécesseurs Roys de France, leurs avoient donné & octroyé ou temps passé; & de nouvel, soient les Ouvriers du Serment de France & de *Thoulouse,* qui à présent sont, venus devers nous, en Nous suppliant que pour ce que plusieurs Péagiers, Collecteurs de Coustumes & de Travers, de Malestoultes, & Commissaires aucuns de par Nous députez, qui sur plusieurs autres choses leur ont fait & font de jour en jour plusieurs grans griefs, dommages, extorcions & molestes, contre les Priviléges dessus diz, & le vray entendement d'iceulx, & de nostredit Seigneur & Cousin qui riens ny retinst ne reserva pour lui ne pour autre, autrement que dessus est dit tant seulement, quant il leur octroya, & espécialment quant à ceux qui nul autre mestier ne scevent, & lesquelx *(d)* convient trouver leur vivre, se opposent aucune foiz à aucunes marchandises, de laquelle si aucuns dient qu'il doivent Coustume, Péages ou Travers, jasoit ce que par nostre très-cher Seigneur & Oncle le Roy Phelippe-le-Bel que Dieux absoille, & par Arrest de nostre Parlement, & par certaine Déclaracion faite en nostre Chambre des Comptes, en nostre temps, leur aient esté déclairées [h], si comme Nous avons veu par lesdictes Lettres & Arrests faiz sur ce, les Priviléges dessus diz leur voulsissions confermer selon la teneur d'iceulx Priviléges, Déclaracions & Arrest dessus diz: Pourquoy, eu regart aux choses dessus dictes, inclinans à leur supplicacion, & considérans la bonne obéissance en ce qu'ilz sont venuz à nostre mandement, & ont garni noz Monnoies, & les savons estre astrains & obligiez à ce, laquelle astrainccion & obligacion tourne & redonde au prouffit de tout le université du peuple, & de touz les habitans & rapairans en nostre Royaume, de quelque estat ou condicion qu'il soient; & aussi, pour ce que Nous avons veu par les Priviléges à eulx donnez de noz prédécesseurs Rois de France, tant de nostredit Oncle le Roy Phelippe-le-Bel, comme de nostredit Cousin le Roy Charles, & mesmement par la Déclaracion faite par nostredit Oncle sur lesdictes franchises & Libertez, & par Arrest donné en nostre Parlement pour eulx, & par les Lettres de déclaracion faicte en nostre Chambre des Comptes, iceulx non estre tenus à paier aucune coustume pour quelconque chose qu'il vendent ou achetent, ou facent vendre ou acheter par leurs femmes ou leur familles, soit en cas de marchandise ou autrement; Nous de nostre auctorité & povoir Royal, de certaine science & grace espécial, par la teneur de ces présentes Lettres, tous les Priviléges, franchises, Libertez & Déclaracion dessus dictes, aux Maistres & Clercs de nos Monnoyes, & à nos

CHARLES VI.
à Paris, en Août 1396.

[a] Il paroit par la suite qu'il faut corr. &c.

[b] Il est certain par la suite de ces Lettres, qu'il faut corr. *centisines*, *centiéme*.

[c] *cinquantiéme.*

[d] suppl. &c.

[e] *égalité.*

[f] app. *astreint.*

[g] *serfs.*

[h] *Il semble qu'il manque là quelques mots, qui sont aisez à suppléer par la suite de ces Lettres.*

NOTES.

(b) Charles.] Voy. à la page 807. du 1.er *Volume de ce Rec.* l'article 31. des Lettres de Charles-le-Bel, du 25. de Septembre 1327.

(c) Cheses.] Voy. au commencement du 6.e *Vol. de ce Rec.* p. 40. la Table alphabétique des Espèces, aux mots *Chaises d'Or, Deniers d'Or à la Chaire, & gros Royaux.*

(d) Convient.] Cet endroit paroît corrompu; mais il semble qu'il signifie que les Ouvriers des Monnoies, qui, pour gagner leur vie, feront quelque commerce, ne laisseront pas d'être exempts des Impôts.

CHARLES VI. à Paris, en Août 1396.

Ouvriers & Monnoyers d'icelles, du Serment de France & de *Thoulouse,* confermons, donnons & octroyons à tousjours mais perpétuelment, en la maniere que contenu est esdiz Priviléges, Déclaracions & Arrests dessus diz; c'est assavoir, que noz diz Ouvriers & Monnoyers du Serment de France & de *Thoulouse,* leur femmes [a] leurs familles, ne soient tenus de respondre d'aucun cas quelque qu'il soit, pardevant quelconque Juge que ce soit de nostre Royaume, se n'est devant les Maistres de noz Monnoyes; excepté de trois cas tant seulement, de murtre, de larrecin & de rapt; & les diz Maistres & Clerc, & noz diz Ouvriers & Monnoyers, leurs femmes & leurs familles, frans & quittes & délivrés par-tout nostre Royaume, de toutes Tailles, de toutes Coustumes & de touz Péages, Passages, soit par raison de marchandise ou autrement, Centismes, Cinquantismes, Chanciées, Subsides, Osts & Chevauchiées, & généralment de toutes Subvencions, Exactions, Malestoutes, Imposicions, & de toutes autres servitutes & nouvelletez, quelles que elles soient, & comment que elles soient nomméez ou appelléez, eulx & leurs biens & marchandises, ouvrans & non ouvrans, marchandans & non marchandans, nonobstant Privileges donnez ou à donner; & prenons de rechief, & mettons les diz Maistres & Clerc de noz Monnoies, leursdictes femmes & familles, leurs corps & leurs biens, & chacun d'eulx, en nostre sauve & espécial garde, & voulons & octroyons que contre celui ou ceulx qui grief, moleste, destoube ou aucun dommage leur feroit, ou à aucun d'eulx, sommerement & de plain, sanz ordre de plait ne figure de jugement, soit procédé, condempnez & contrains à rendre tous coux, despens & domages en quoy il seroient encouruz pour le fait des empeschemens, & amender à Nous & à partie, selon la qualité & quantité du meffait ou meffaiz; & mandons & commandons, & estroitement enjoignons à touz noz Séneschaulx, Bailliz, Prevostz, & à tous noz autres Justiciers & subgiez, que cil en [b] que [c] destroit, Juridicion ou Ressort, grief, moleste, destourbe ou dommage sera faiz au dessus diz ou à aucun d'eulx, sommerement & de plain facent rendre, adrecier & amender comme dessus est dit, tant à partie comme à Nous, & que à ce faire, li aucun d'eulx ne attende l'autre. Et pour ce qu'il est nostre entencion [d] que lesdictes franchises, Libertez, leurs drois [e] anciennes & usaiges, il soient maintenuz & gardez par-tout nostre Royaume, Nous enjoignons & estroitement commandons à touz noz Séneschaulx, Bailliz, Prevostz, & à touz noz autres Justiciers & subgiez de nostre Royaume, & à chacun d'eulx, que [f] il, lesdictes Libertez, Priviléges & franchises, tiennent & gardent, facent maintenir & garder par-tout nostredit Royaume, aux dessus diz Maistres & Clerc, & à noz diz Ouvriers & Monnoyers du Serment de France & de *Thoulouse,* à leurs dictes femmes & familles, & à chacun d'eulx, [g] pour la présentacion faite à eux ou à aucun d'eulx de la copie de cest présent original, soubz le Seel de nostre Chastellet de *Paris,* ou de noz autres Seaulz Royaulx autentiques, à laquelle copie Nous voulons & leur octroyons que plaine foy soit adjoustée, & exécution faite, si comme par ledit original mesmes. Et pour ce que ce soit ferme chose & estable à tousjours perpétuelment, Nous avons fait mettre nostre Seel à ces présentes Lettres. *Ce fut fait l'an de grace mil CCC quarente-trois, ou mois d'Avril.*

a suppl. &.
b quelque.
c district.
d corr. que en leurs.
e anciens.
f ils.
g corrigez par, comme il est plus bas.

Suite des Lettres de Charles VI.

Lesquelles Lettres dessus transcriptes, & leur contenu, Nous avons fermes & agréables, ycelles, si & quant les Ouvriers & Monnoyers du Serment de France [h] de *Thoulouse,* dont esdictes Lettres est faite mencion, & leurs prédécesseurs, & chacun d'eulx, en ont joy & usé deuement, justement & paisiblement, de nostre grace espécial, plaine puissance & auctorité Royal, louons, approuvons, ratiffions & confermons par la teneur de ces Présentes, par lesquelles donnons en mandement à noz amez & féaulx Gens tenans nostre présent Parlement, & qui tendront ceulx avenir, aux Gens de noz Comptes & Trésoriers, à *Paris,* aux Généraulx-Conseillers sur le fait des Aides ordennées pour la guerre en nostre pais de *Languedoc,* au *Sénéchal* de *Thoulouse,* & à touz noz autres Justiciers, Officiers & subgiez, ou à leurs Lieutenants, présens & avenir, & à chacun d'eulx, si comme à lui appartendra, que lesdiz Ouvriers & Monnoyers nommez esdictes Lettres, & leurs successeurs qui sont à présent

h &.

présent & feront pour le temps avenir, & à chacun d'eulx, facent, sueffrent & laissent joïr & user plainement & paisiblement de nostre présente grace & confirmacion, en la forme, maniere & condicion que dit est, sanz les traveiller, molester ou empescher, ne souffrir estre traveillez, molestez ou empeschiez ores ne ou tems avenir, aucunement au contraire; ainçois, se aucune chose estoit faite, attemptée ou innovée au contraire, la mettent & ramenent, ou facent incontinent mettre & ramener au premier estat & deu. Et afin que ce soit ferme chose & estable à tousjours mais, Nous avons fait mettre nostre Séel à ces Présentes: sauf en autres choses nostre droit, & l'autrui en toutes. *Donné à* Paris, *ou mois d'Aoust, l'an de grace mil CCC IIII.xx & XVI. & de nostre Regne, le seiziesme.*

Par le Roy, à la relacion du Conseil. P. MANHAC.

Collacion est faite aux Lettres originales dessus transcriptes.

CHARLES VI. à Paris, en Août 1396.

(a) Confirmation des Priviléges de la ville de Nîmes.

CHARLES VI. à Paris, en Août 1396.

KAROLUS, &c. Notum facimus universis presentibus & futuris, Nos Litteras inclite recordacionis Domini Genitoris nostri, cujus anima cum Beatis requiescat, vidisse, tenorem qui sequitur, continentes.

(b) KAROLUS, &c.

Quas quidem Litteras & contenta in eis, Nos ratas & gratas, rataque & grata habentes, eas & ea, quathenùs dicti Consules & Universitas eisdem & contentis in ipsis, debitè usi sunt, volumus, laudamus, ratificamus, & de nostris gracia speciali auctoritateque Regia, tenore presencium confirmamus, Senescallo Bellicadri *&* Nemausi, *ceterisque Justiciariis nostris, modernis & futuris, vel Locatenentibus eorumdem, & cuilibet ipsorum, prout ad eum pertinuerit, dantes harum serie in mandatis quathenùs Consules & universitatem Ville* Nemausi *pretactos, nostris presentibus graciâ & confirmacione uti & gaudere pacificè & absque quacumque contradicione permittant, omne impedimentum in contrarium appositum tollendo absque mora. Quod ut firmum & stabile permaneat in futurum, nostrum Litteris presentibus fecimus apponi Sigillum: nostro in aliis, & alieno in omnibus jure salvo.* Actum & datum *Parisius,* anno Domini millesimo CCC.° nonagesimo sexto, mense Augusti; Regni verò nostri, sexto decimo. *Per Regem, ad relacionem Consilii.* FRERON.

NOTES.

(a) Trésor des Chartres, Registre 150. P. IIII.xx XIII. (93.)

(b) Karolus, &c.] Ces Lettres qui sont du mois de Juin 1366. sont imprimées à la page 659. du quatrième Volume de ce Recueil.

(c) Confirmation des Lettres par lesquelles le Dauphin Jean accorde des Priviléges aux habitans du lieu nommé *Villa-nova de Coynau.*

CHARLES VI. à Paris, en Août 1396.

SOMMAIRES.

(1) Les habitans de Ville nove de Coynau, *seront exempts de toutes sortes d'Impôts.*

(2. 3.) Fixation des Amendes dans les cas de différentes sortes de mauvais traitemens & de blessures.

(4) Fixation de l'Amende à laquelle seront condamnez ceux qui se serviront de faux poids & de fausses mesures. L'Amende sera moins forte lorsqu'il s'agira des petites mesures de vin & d'huile.

(5) Les voleurs [& les receleurs] seront punis selon les Loix.

(6) Les gens mariez qui seront trouvez en adultére, seront condamnez à une Amende de trente Sols. Ceux qui ne seront point mariez, n'en payeront point. Le viol & l'inceste seront punis suivant les Loix.

NOTES.

(c) Trésor des Chartres, Registre 150. Pièce CXIII. (113.)

Ces Lettres sont défigurées par un très-grand nombre de fautes de Copiste.

CHARLES VI.
à Paris, en Août 1396.

(7) Amende à laquelle sera condamné celui qui aura fait une saisie de sa propre autorité.

(8) Amende que payeront ceux qui auront dit des injures.

(9) Le Dauphin se réserve dans ce lieu, la Justice & les Amendes, à l'exception de celles qui seront peu considérables; mais les Amendes qui se leveront dans les terres du Prieuré de Saint-Valier, & dans celles qui en relèvent, appartiendront au Prieur.

(10) Ces habitans doivent servir le Dauphin dans ses guerres, lorsqu'il les mandera. Ils serviront le premier jour à leurs dépens, le mois suivant, à ceux du Dauphin, & pendant tout le reste du tems que durera l'expédition, à leurs dépens.

(11) Les moulins & les droits qui se leveront dans le Marché, appartiendront au Dauphin.

(12) Ces habitans pourront sans payer aucuns Cens ou autres droits, faire paître leurs bestiaux dans les pâturages de leur territoire, appartenans au Dauphin, qui ne pourra y en faire paître.

(13) Les habitans de ce lieu & les étrangers qui y viendront demeurer, seront sous la protection & sous la Sauvegarde du Dauphin. Les étrangers qui viendront s'établir dans ce lieu, ne seront sous la protection du Dauphin, que lorsqu'ils auront prêté Serment de fidélité à lui & à la Ville. Il ne la leur accordera dans la Ville & ailleurs, que lorsqu'ils auront demeuré dans la Ville un an & un jour; & avant ce terme, il ne la leur accordera que dans la Ville.

(14) Dans les procès, ceux qui les perdront, payeront après le Jugement, pour les frais de Justice, douze Deniers pour Livre de la valeur ou de l'estimation des choses qui faisoient les objets des procès. Si les Parties s'accommodent avant le Jugement des procès, elles payeront chacune six Deniers. Lorsque ces procès ne seront point engagez, par exemple dans le cas d'une dette que le débiteur reconnoît, il ne sera payé que six Deniers.

(15) Ceux qui ne seront point en état de payer les Amendes auxquelles ils auront été condamnez, seront punis corporellement, ou autrement, à la volonté du Juge.

(16) Le Dauphin ne pourra prendre les herbes des prés & les bleds, pour nourrir les animaux qui lui appartiendront, ni cueillir les fruits des arbres & des vignes des habitans.

(17) Le Dauphin se réserve les droits qui se reçoivent au moulin pour les moutures, tels qu'on les paye à Beau-repaire.

(18) Les habitans de ce lieu, payeront les droits de fournage tels qu'ils se payent à Beau-repaire; mais le four & ses droits appartiendront au Prieur de Saint-Valier.

(19) Ces habitans seront exempts de Péage & d'autres droits semblables.

(20) Le Dauphin sera tenu de faire conduire en sûreté pendant trois jours & trois nuits, ceux qui quitteront ce lieu pour s'aller établir ailleurs.

(21) Si les habitans accusez de quelques délits, peuvent donner caution de se représenter en Justice, ils ne pourront être chassez de leur maison, ni arrêtez; & on ne pourra même saisir leurs habits, les garnitures de leurs lits, ni tout ce qui est nécessaire au labourage, si ce n'est dans le cas où ces délits mériteroient une punition corporelle.

(22) On se servira dans ce lieu, des poids & des mesures dont on se sert dans la Ville & dans le territoire d'Albon.

(23) Les habitans de ce lieu, auront le droit de pêcher avec toutes sortes d'instrumens, dans tout le territoire d'Albon.

(24) Ces habitans pourront dans le territoire de ce lieu, chasser à toutes sortes de bêtes, de toutes les manières qu'ils le jugeront à propos, en donnant au Dauphin un quartier de celles qu'ils auront prises. Ils ne pourront cependant chasser à la Perdrix & au Faisan, qu'avec des oiseaux; & ils ne pourront chasser dans des garennes qui appartiendront à des particuliers.

(25) Il ne sera payé aucuns droits ni par les vendeurs ni par les acheteurs, pour les marchandises que ces habitans feront entrer dans ce lieu.

(26) Ces habitans pourront élire tous les ans des Messiers qu'ils présenteront au Châtelain. Ils seront garans des malversations que ces Messiers pourront commettre.

(27. 29.) Fixation des salaires des Sergens.

(28) Fixation des droits qui seront payez pour les Plaintes & pour les Requêtes présentées en Justice.

(30) Lorsque les Châtelains de ce lieu entreront en Charge, ils jureront en présence de quelques Bourgeois, d'en conserver les Priviléges.

(31) Il ne sera levé aucun Impôt sur les prés que les habitans ont reçus du Prieur de Saint-Valier.

(32) Le Dauphin consent qu'il soit conduit dans ce lieu, des eaux qui serviront à faire aller les moulins, & à fournir d'autres commodités aux habitans.

(33) Les Testamens faits par les habitans, seront exécutez. S'ils n'en ont point fait & qu'ils décèdent sans enfans, leurs biens passeront à leurs plus prochains héritiers.

(34) Si dans les Priviléges contenus dans les Lettres du Dauphin, il y avoit quelque chose de douteux ou d'obscur, il consent qu'elle puisse être éclaircie dans l'espace d'un an, à compter du jour que ces Lettres seront scellées de son Sceau, & il promet de faire observer les points qui auront été éclaircis.

KAROLUS Dei gracia Francorum Rex, Dalphinus Viennensis. *Notum facimus universis presentibus & futuris, Nos vidisse Litteras quarum tenor talis est.*

In nomine Domini nostri Jesu Christi. Amen. Nos Johannes Dalphinus Viennensis, Alboni Comes, *Dominusque de* Turre, *serie presencium notum fieri volumus universis presentibus & futuris, quòd subjectorum nostrorum comodis* [a] *inientes, damus, cedimus & donamus pro nobis & nostris heredibus ac successoribus, universis & singulis hominibus nunc habitantibus & in futurum habitaturis (d)* Ville-nove de Coynau, *site & edificate in fundo & terris propriis Prioris & Prioratûs* Sancti Valerii, *qui in nostra protectione & Gardia est, & fuit temporibus retroactis, & contemplacione dilecti & fidelis nostri Consiliarii Domini* Petri de Sancto Georgio, *Prioris* Sancti Valerii, *infra Villam, terminos & [(e) quod est de jure & proprietate Prioratûs* Sancti Valerii, *]* [b] *territoria ejusdem Ville, plenas* [c] *liberas franchisias & immunitates, secundùm quod inferiùs continetur.*

CHARLES VI. à Paris, en Août 1396.

a inhiantes.

b *supp.* &.

c *fort.* Libertates.

(1) In primis, volumus & eisdem concedimus, quòd ipsi sint franchi, liberi & immunes ab omni Collecta, Taillia, (f) Complanta, (g) Vinteno, [d] *operamanu, (h) opera corvata, feno, palea, (i) Anguria, Peranguria & exactione qualibet que nobis dare, facere seu prestare nullathenùs* [e] *teneatur.*

d main-d'œuvre.

e teneantur.

(2) Item. *Quòd si aliquis nunc habitator vel in futurum dicte Ville, vel infra terminos ejusdem, cultellum, ensem vel alium gladium, contra aliquem de habitantibus dicte Ville vel terminorum ejusdem, causâ offendendi vel injuriandi, infra dictam Villam vel terminos ejusdem, elevaverit vel projesserit, & illum non percusserit, triginta Solidos bonorum Viennensium antiquorum, vel valorem eorumdem, solvat pro* [f] *banno. Si verò aliquis de dicta Villa, hoc fecerit contra extraneum, quindecim Solidos ejusdem Monete, pro banno, solvat. Si verò aliquis de dicta Villa, alterum de dicta Villa,* [g] *de ipsa percusserit, siquidem* [h] *valnus letale non fecerit, & membrum ex hoc abcisum vel inutile factum non fuerit, pro banno solvat sexaginta Solidos dicte Monete; de extraneo, triginta Solidos dicte Monete tantùm. Si verò membrum abscisum fuerit vel inutile factum fuerit, de illo de Villa, pro banno, solvat viginti Libras dicte Monete; de extraneo vero, decem Libras dicte Monete tantùm.* [i] *Se verò vulnus letale fecerit, secundùm Leges & jura puniatur.*

f Amende. Voy. le Gloss. de *Du Cange* au mot *Bannum* 2.

g de ipsa *paroissent inutiles.*

h vulnus.

i Si.

(3) Item. *Si aliquis habitator dicte Ville, vel infra terminos ejusdem, aliquem* [k] *des dictis habitantibus, de pugno vel palma percusserit, & inde sanguinem non effuderit, & formam non deformaverit, seu dentes non fregerit, vel aliud deterius non fecerit, dum tamen percussus non moriatur, solvat* [l] *percussiens, pro banno, de pugno, quinque Solidos dicte Monete; & de ictu pedis, quinque Solidos; & de palma, decem Solidos. Si verò sanguinem effuderit, solvat pro banno, triginta Solidos dicte Monete. Si verò percussus moriatur, puniatur secundùm Leges; & in omnibus & singulis supradictis, fiet passo emenda congrua.*

k *corr.* de.

l percutiens.

(4) Item. *Si aliquis habitator modernus vel futurus dicte Ville vel terminorum ejusdem, falsas mensuras vel falsa pondera infra dictam Villam & terminos ejusdem habere repertus fuerit; siquidem vini vel olei, cum venditur ad minutum, solvat pro*

NOTES.

(d) Ville-nove de Coynau.] Ce lieu ne se trouve point dans la liste des noms de lieux du *Dauphiné*, qui est à la tête de l'histoire de cette Province, par M.r *de Valbonnais;* mais à la page viij. col. 2. on trouve dans le *Comté de Vienne* & d'*Albon*, *Sanctus Valerinus*, *Saint-Valier.*

(e) Quod est.] Ce qui est entre deux crochets, se trouve après la date des Lettres du Dauphin, avec une marque de renvoi qui se retrouve à cet endroit du texte.

(f) Complanta.] Ce mot est sans doute synonyme de *Complainta:* & celui-ci suivant le Glossaire de *Du Cange*, à ce dernier mot, signifie un Impôt qu'on lève par force, & qui donne lieu à des Plaintes.

(g) Vinteno.] Ce mot qui est synonyme de *Vincena*, signifie suivant le Glossaire de *Du Cange*, au mot *Vintenum*, le droit de vingtième que payent des vassaux à un Seigneur, à condition qu'il entretiendra les murs de la Ville ou Village où ils habitent.

(h) Opera corvata.] Si le mot *opera* n'a pas été répété ici mal à propos, il semble qu'il faudroit corriger *opera* de *corvata*, qui pourroit signifier le travail nécessaire pour s'acquitter d'une corvée.

(i) Anguria, Peranguria.] Suivant le Gloss. de *Du Cange*, aux mots *Anguria* & *Perangaria;* ils signifient en général des espèces d'Impôts. *Anguria* signifie quelquefois l'obligation de fournir des chevaux & des charrettes.

CHARLES VI. à Paris, en Août 1396.

banno, septem Solidos dicte Monete; pro reliquis verò falsis mensuris & falsis ponderibus, triginta Solidos dicte Monete solvat, pro banno.

(5) Item. *Qui furta fecerit vel* [a] *retinuerit, puniatur secundùm Leges.*

(6) Item. *Si quis vel que de habitatoribus dicte Ville vel terminorum ejusdem, repertus vel reperta fuerit in adulterio, conjugatus cum conjugata, solvat quilibet triginta Solidos dicte Monete: non conjugati verò, nichil solvant. Pro (k) strupo verò vel incestu, secundùm Leges & jura puniatur.*

(7) Item. *Si quis alterum* [b] *pignoverit auctoritate propriâ, solvat pro banno, decem Solidos dicte Monete.*

(8) Item. *Si quis eorum alteri fecerit* [c] *injuriam de dicto, solvat pro banno, de dicta Moneta tres Solidos, si de hoc fuerit Curie querimonia deposita.*

(9) Item. *Retinemus pro nobis & nostris heredibus & successoribus universis, in hominibus, Villa & terminis predictis, omnimodam Juridiccionem, merum & mixtum imperium, cohercionem & (l) Justicias, exeptis (m) menutis bannis; & justiciis soli terrarum & possessionum que à Priore* Sancti Valerii *tenentur, (n) quia illa volumus quòd Prioratui & Prioribus, presenti & futuris,* Sancti Valerii, *perpetuis temporibus* [d] *debeat remanere.*

(10) *Retinemus eciam cavalcatam, & ut (o) inclientibus liberis; videlicet, primâ die, ad eorum expensas, & abinde inantea usque ad & per unum mensem subsequentem, ad expensas nostras; & lapso dicto mense, quandocumque steterint & fuerint in servicio cavalcacionum nostrarum, continuè residere debeant eorum expensis, & esse quociens mandati fuerint per nos seu per gentes nostras, nostro nomine & pro nobis.*

(11) Item. *Retinemus in dicta Villa & terminis ejusdem, molendina &* [e] *mercatum, seu forum quod in dicta Villa possumus facere.*

(12) *De* [f] *Pascayragiis dicte Ville & tocius ejus territorii & terminorum ejusdem, ubique, infra nostra (p) Daminicata territoria & districtus (q)* Alben. & Morasii, *sine omni prestacione* [g] *sensûs vel servitutis alicujus, uti possint habitatores dicte Ville & terminorum ejusdem, & uti liceat liberè & quietè ad opus suorum animalium, quandocumque. [(r) Habere non possimus, tenere vel mittere aliquas* [h] *Ovies, Capras, Boves vel Equos, Porcos, aut aliqua animalia, ad* [i] *depescendum ibidem in pratis vel pasqueriis dicte Ville vel terminorum ejusdem, nec possimus, nec debeamus* [k] *metere seu meti facere infra dictam Villam seu ejus terminos.]*

(13) Item. *Dictos homines nostros ibidem nunc habitantes, & qui in futurum habitabunt ibidem, & eciam alienos nunc & in futurum habitantes dicte Ville & terminorum*

a *app.* le receleur.

b pignoraverit, *a fait une saisie.*

c paroles injurieuses.

d debeant.

e c'est-à-dire app. les droits qui se lèvent dans le marché.

f pascages, pasturages.

g census.

h oves.

i depascendum.

k *Il faut peut-être corr.* mittere seu mitti.

NOTES.

(k) *Strupo.]* Il faut corriger *stupro*, on pourroit entendre ici par ce mot, le viol.

(l) *Justicias.]* Suivant le Glossaire de *Du Cange* au mot *Justicia*, col. 1648. il signifie quelquefois une Amende.

(m) *Menutis bannis.]* Il faut sans doute corriger *minutis;* & ces mots signifient les Amendes les plus légères, & les droits de Justice les moins forts. Voy. le Glossaire de *Du Cange* aux mots *Banna grossa & minuta*, col. 989.

(n) *Quia illa, &c.]* q. Reg. il semble qu'il faille ainsi corriger cette phrase, *quia volumus quòd illa Priori . . . . debeant remanere.*

(o) *Inclientibus.]* Il faut sans doute corriger *in clientibus*. Voy. sur le sens que doit avoir ici ce mot, la Note *(r)* de la page 727. du 7.e *Vol. de ce Rec.*

(p) *Daminicata.]* Il n'y a dans le Registre que *damta* avec une marque d'abréviation sur la lettre *m*. S'il faut lire *daminicata*, ce mot sera ici pour *dominicata*, & signifiera des terres qui appartiennent à un Seigneur. Voy. le Glossaire de *Du Cange* au mot *Dominicatus* (adj.) col. 1610. Dans nos vieux auteurs françois, au lieu de *Dom* qui vient de *Dominus*, on trouve souvent *Dam* ou *Damp*, & de là vient le nom de *Dammartin, Damnimartini. (Locus)*

(q) *Alben. & Morasii.]* On trouve à la page viij. col. 2. de la liste citée ci-dessus, p. précédente Note *(d)*, *Morasium*, *Moras*, dans le *Comté* de *Vienne*. & d'*Albon*; & *ibid.* dans le même Comté, *Castrum novum de Albenco*, *Château-neuf d'Albene.*

(r) *Habere, &c.]* Ce qui est entre deux crochets, est encore une des additions qui sont après la date des Lettres du *Dauphin*, avec une marque de renvoi, laquelle ne se trouve point dans le texte; mais il paroît qu'il n'y a point d'endroit où cette addition convienne mieux qu'à la fin de cet article 12. Peut-être y a-t-il quelques mots de passez au commencement de cette addition.

ejusdem ex quo tamen ipsi alieni nobis fidelitatem fecerint & [a] intraverint, & juramentum dicte Ville fecerint quod quilibet facere [b] teneatur; & postquam per unum annum & diem ibi moram fecerint, infra terminos & extra, ubicumque; & ante unum annum & diem, infra terminos predictos, ipsos, inquam, homines nostros & alienos, cum omnibus bonis & rebus suis, promittimus pro nobis, heredibus ac successoribus, defendere, manutenere & servare, ac eos & bona eorumdem in nostra gardia recipimus, & (s) Guidagio speciali, tanquam homines nostros (t) legios & fideles.

CHARLES VI. à Paris, en Août 1396.

a *Il faut app. corr.* juraverint.
b teneiur.

(14) Item. *Statuimus & ordinamus quòd de Causis que ibidem coram Curia nostra contingeret ventilari, pro expensis Curie, leventur duodecim [c] Denarios pro qualibet Libra quantitatis vel extimacionis rei petite, qui post litem contestatam solvantur à condempnato; & si Causa decisa fuerit [d] composicione, quilibet solvat medietatem. Ante verò litem contestatam, si Causa ulteriùs non procederet, vel de [e] dibitis vel aliis causis sine libello confessatis, sex [f] Denarios pro qualibet Libra quantitatis vel extimacionis rei petite [g] solvatur nobis.*

c Denarii, là & plus bas.
d accommodement.
e debitis.
f Denarii.
g solvantur.

(15) *Sane, si aliqui de predictis quos supra diximus, pro diversis [h] exessibus pecunialiter [i] condempnandis, reperirentur esse non solvendo, corporaliter vel aliter ad arbitrium Curie nostre [k] puniatur.*

h excessibus.
i condempnandi.
k puniantur.

(16) Item. *Statuimus & promittimus pro nobis & nostris successoribus, quòd nos, heredes & successores nostri, infra dictam Villam & ejus terminos, herbas dictorum pratorum, vel blada terrarum, ad opus aliquorum nostrorum animalium, nec fructus arborum seu vinearum suarum, [l] collegere seu colligi [m] facere, aliquâ racione vel causâ.*

l colligere.

(17) Item. *Retinemus pro nobis & successoribus nostris, in dicta Villa & terminis ejusdem, usagia molendinorum & (u) modutarum, quibus utuntur apud (x)* Bellum-Repayre.

m *Il faut sans doute suppl.* non, & *corr.* faciemus.

(18) Item. *Volumus & concedimus quòd habitatores dicte Ville & terminorum ejusdem, solvant & teneantur solvere usagia furni & [n] fornagis, prout utuntur in dicta Villa de* Bello Repayre; *ita tamen quòd furnum cum omni emolumento, sit perpetuò Priori* Sancti Valerii.

n fornagii.

(19) Item. *Statuimus & ordinamus quòd homines nunc & in futurum habitatores dicte Ville vel terminorum ejusdem, nobis vel nostris, Pedagium, (y) Ledium vel (z) Pontanagium alicubi in nostris Comitatibus, dare vel solvere nullathenùs teneantur.*

(20) Item. *Si contingeret aliquem de habitantibus dicti loci vel terminorum ejusdem, se vel sua transferre velle ad alia loca vel ad partes alias, nos ipsum cum bonis & rebus suis debemus per tres dies & per tres noctes, gardare, conducere & salvare.*

(21) Item. *Concedimus eisdem, quòd pro aliquo (aa) conductu vel [o] delito, dum ipsi de [p] una tota die parati fuerint secundùm eorum posse, satisdare [q] ydonei de stando juri coram nostra Curia, non possint nec debeant expelli de domibus eorumdem, nec eciam pignorari aliquâ de causa, raubis seu [r] graminentis lectorum suorum, nec de*

o delicto.
p cela peut signifier que ces habitans auront un jour entier pour chercher une caution.
q *Il faut peut-être corr.* ydonee.
r *Il faut sans doute corr.* garnimentis.

NOTES.

(s) Guidagium.] Ce mot est sans doute synonyme à *Guidaticum* qui, suivant le Glossaire de *Du Cange* à ce dernier mot, signifie protection, sauf-conduit. Voy. aussi la page 228. du 4.e *Vol. de ce Rec.*

(t) Legios.] Suivant le Glossaire de *Du Cange*, au mot *Legius*, il est synonyme de *Ligius*, & signifie celui qui est sujet d'un Seigneur, comme vassal ou autrement.

(u) Moduarum.] Il faut peut-être corriger *Modurarum. Modura*, suivant le Glossaire de *Du Cange*, au mot *Molta*, signifie ce que l'on paye au moulin, pour le droit de mouture ou de moulage

(x) Bellum-Repayre.] C'est apparemment le même lieu que *Castrum Belli-Riparii, Beaurepaire* dans le *Comté* de *Vienne* & d'*Albon*, qui se trouve à la page 8. col. 2. de la Table citée ci-dessus, p. 107. Note *(d)*.

(y) Ledium.] Ce mot est sans doute synonyme de *Ledia* qui, suivant le Glossaire de *Du Cange* à ce dernier mot, signifie quelquefois un Impôt.

(z) Pontanagium.] Il faut peut-être corriger *Pontonagium* qui, suivant le Glossaire de *Du Cange* à ce mot, col. 645. signifie les droits que l'on paye pour le passage sur certains ponts.

(aa) Conductu.] Il n'y a point dans le Glossaire de *Du Cange* à ce mot, de signification qui puisse convenir ici. Il faut peut-être corriger *crimine*.

CHARLES VI.
à Paris, en Août 1396.

bobus aratoribus, nec de aliquibus aisimentis [a] *aratra, nec de suis (bb) annatutis, nec eorum persone capi vel arrestari, nisi fortè tantùm esset* [b] *debitum quòd nos vel Curia nostra ipsum punire corporaliter deberemus.*

(22) Volumus eciam & statuimus, quòd commorantes nunc & in futurum in dicta Villa & infra terminos ejusdem Ville, uti possint & debeant in dicta Villa & terminis ejusdem, mensuris bladi & vini, [c] *uulna pannorum & pondere rerum venalium, minuto & grosso, quibus utuntur in Castro & Mandamento de* [d] Alboni.

(23) Item. *Concedimus eisdem, quòd ipsi piscari possint cum omnibus piscatorum aisimentis, absque omni contradicione nostra vel nostrorum, per totum mandamentum de* Albone, *& infra terminos dicte Ville.*

(24) Item. *Concedimus eisdem, quòd venari possint modis omnibus quibus voluerint, infra omnes terminos dicte Ville, ad omnia* [e] *setarum genera & avium, reddendo nobis & nostris, quarterium bestie capte, pro dominio nostro; intendentes de Apris, Cervibus, Capriolis,* [f] *exeptis Perdicibus & Fasanis quos non debent capere, nisi cum avibus; & excepto, si quis haberet propria cuniculorum* [g] *comercia, infra terminos dicte Ville, quòd in eis venari non debeant, nisi* [h] *quorum fuerint comercia supradicta.*

(25) Item. *Concedimus eisdem, quòd de aliquibus que ibidem* [i] *aducent vel per aliquos adduci faciant, vel apportari, & ibidem vendentur ad Mercatum, ne ipsi nec ementes* [k] *Gaidiam vel Gabellam, excogitatam vel excogitandam, nobis vel nostris dare, prestare vel solvere teneantur.*

(26) Item. *Volumus, statuimus & ordinamus, quòd ipsi singulis annis eligant unum* [l] *Banerium ydoneum, vel duos, & ipsum* [m] *presentem Castellano nostro dicti loci, qui pro tempore fuerit, qui eum vel eos recipiat & confirmet; & pro ipso bannerio, ipsum presentantes,* [n] *in suo officio exercendo delinqueret* [o] *teneantur.*

(27) Item. *Statuimus & ordinamus quòd (cc) Baderius seu Maynerius Curie dicti loci, qui pro tempore fuerit, non levet nec levare debeat de labore suo, de aliquo gagiamento quòd faciat infra dictam Villam, nec de citacione quam faciat infra dictam Villam, nisi duntaxat duos Denarios Viennenses* [p] *antiquorum, vel valorem eorumdem, & extra Villam, infra terminos, sex Denarios ejusdem Monete tantùm.*

(28) Item. *Statuimus & ordinamus, quòd de (dd)* Clains *que fient per ipsos vel contra ipsos, coram nostris Castellano & Officiali, non leventur nec levari debeant ab ipsis, nisi tantùm modo tres Solidos dicte Monete [(ee) quamcumque posset ascendere summa pro qua fieret dicta Clama.]*

(29) Item. *Statuimus & ordinamus quòd Bannerius dicti loci, qui pro tempore fuerit, non levet nec levare possit pro (ff) banno grossi animalis, nisi duos Denarios bone Monete, & tantùm pro banno menuti animalis, unum Denarium tantùm bone Monete.*

(30) Item. *Statuimus & ordinamus quòd singuli nostri Castellani dicti loci, quociens & quandocumque de novo* [q] *venient, jurent ad Sancta Dei Euvangelia, in presencia aliquorum Burgensium dicti loci, omnes Libertates, franchisias & immunitates & statuta ipsis concessas & concessa, & omnia & singula superiùs & inferiùs*

a *Il faut app. corr.* aratri.
b *Il faut sans doute corr.* delictum.
c *ce mot est sans doute pour* ulna.
d Albon. *Voy. ci-dessus*, p. 108. Note (q).
e ferarum.
f exceptis.
g ce mot qui est peut-être corrompu, doit signifier ici des garennes.
h *suppl.* hii.
i adducent.
k Impôt, *suivant le Gloss. de* Du Cange, *à ce mot.*
l Messier, *suivant* Du Cange *au mot* Bannum, *col.* 986.
m présentent.
n *suppl.* si.
o seront garans de ses malversations.
p *corr.* antiquos.
q lorsqu'ils entreront en Charge.

NOTES.

(bb) Annatutis.] Je n'ai rien trouvé sur ce mot qui d'ailleurs est douteux. Peut-être faut-il lire *armaturis.*

(cc) Baderius seu Maynerius.] Ce dernier mot, suivant le Glossaire de *Du Cange,* signifie un Sergent. *Baderius* lui est sans doute synonyme; & l'on trouve *ibid. Badellaria, Officium Apparitoris.*

(dd) Clains.] Suivant le Glossaire de *Du Cange* au mot *Clameum,* Clain est le mot françois qui répond au latin *Clamor* qui signifie une Plainte, une Requête présentée en Justice. *Clama* signifie aussi *Clain* suivant le même Glossaire, à ce mot latin.

(ee) Quamcumque.] Ce qui est entre deux crochets, est après la date des Lettres du Dauphin, avec une marque de renvoi qui ne se trouve point dans le texte; mais il me paroît certain qu'il auroit dû y être placé ici. Le mot *quamcumque* paroît corrompu, ou peut-être en manque-t-il quelques-uns. On pourroit corriger *ad* quamcumque *summam* posset ascendere summa, &c.

(ff) Banno grossi animalis.] Cela signifie apparemment, la saisie d'un animal qui est entré sur des terres, après le Ban ou la défense qui a été faite d'y entrer.

CHARLES VI.
à Paris, en Août 1396.

contenta eifdem, tenere, fervare & inviolabiliter teneri facere & fervare, & contra [a] *earum nunquam facere vel venire per fe vel per alium, nec alicui contrafacere vel venire volenti, prebere confilium vel affenfum.*

(31) Item. *Volumus quòd de pratis quas à Priore* Sancti Valerii *receperunt dicti homines habitatores dicte Ville, Officiales noftri nullum Fouagium vel exactionem cujufcumque, quefito colore, recipiant,* [b] *nec ad* [c] *compellere poffint ipforum pratorum detentorum.*

(32) Item. *Volumus, & concedimus habitatoribus dicte Ville vel terminorum ejufdem, fervare, manutenere & habere curfum aquarum de* Venzy, *& de* Aqua bella, *pro ducendo dictas aquas ad dictam Villam, ita quòd de dictis aquis in dicta Villa poffint eorum* [d] *neceffaria facere, & blada fua molere in molendino noftro dicte Ville.*

(33) Item. *Volumus & concedimus quòd bona & hereditas in dicta Villa, nunc & in futurum habitancium, qui fine liberis uno vel pluribus, ab inteftato decederent, ad ipforum fic decedencium proximiores devolvantur pacificè & quietè; & fi Teftamentum vel ordinacionem aliquam fecerint de bonis fuis, volumus illud & illam valere &* [e] *obfervare inviolabiliter & (gg) attendi; falvo tamen in omnibus jure noftro, Prioris & Prioratûs* Sancti Valerii, *& cujuflibet alterius.*

(34) Volumus, eciam & concedimus habitatoribus dicte Ville, quòd [f] *circa hujufmodi Libertates & franchifias & ftatuta aliqua, lapfu temporis inveniri poffent dubia & obfcura, feu que interpretacione vel declaracione indigerent, quòd hinc ad unum annum poftquam prefens Littera figillata fuerit Sigillo noftro, interpretari poffint & declarari, &* [g] *interpretacione & declaracione que infra dictum* [h] *opus* [i] *fiet fuper hiis, nos & heredes noftri & fucceffores, debeamus &* [k] *teneamus perpetuò fervare, & inviolabiliter facere obfervari.*

Que omnia univerfa & fingula, fingulariter in fingulis capitulis contenta, & omnia que inferiùs declarantur, promittimus pro nobis & fuccefforibus & heredibus noftris, per pactum folempne, ftipulacione & corporali noftro juramento vallatum, eifdem hominibus noftris dicte Ville, rata & firma perpetuò habere, tenere, ac inviolabiliter obfervare & facere obfervari, & nunquam per nos vel per alium, de jure vel de facto, contrafacere vel venire in toto vel in parte, nec alicui contrafacere vel venire volenti prebere vires, confilium, auxilium vel affenfum: volentes quòd fi quis fuo aufu temerario, contra Litteras, Libertates, franchifias & immunitates, Privilegia & Statuta, facto vel dicto, de jure vel de facto, in toto vel in parte, venire prefumpferit, quod Deus avertat, iram & indignacionem omnipotentis Dei, Beate Marie, Sanctorumque omnium, & noftram [l] *incurret; & nichilominus contra ipfum puniendum modo quo poterimus forciori, per nos & Officiarios noftros procedere debeamus.* Datum apud [m] *Moyxantum,* die XIIII.[a] menfis Julii, anno Domini millefimo CCC XII° *(hh)*
Datum ut fupra.

Suite des Lettres de Charles VI.

Quas quidem Litteras fuprafcriptas, ac omnia & fingula in eifdem contenta, gratas & ratas habentes, eas & ea volumus, laudamus, approbamus, ratifficamus, & de noftra fpeciali gracia, auctoritateque Regia confirmamus per prefentes, in quantum pacificè & debitè ufi funt & fuerunt: dantes tenore prefencium in mandatis Gubernatori noftro dicti Dalphinatûs, *ceterifque Jufticiariis & Officiariis noftris ipfius* Dalphinatûs, *vel eorum Locatenentibus, prefentibus & futuris, & ipforum cuilibet, prout ad eum pertinuerit, quatenùs homines & habitantes predicte* Ville-nove de Coynau, *noftrâ prefenti graciâ & confirmacione uti & gaudere pacificè faciant abfque impedimento & contradicione feu perturbacione quibufcumque. Et ut firmum & ftabile hoc permaneat in futurum, hiis prefentibus Litteris noftrum Dalphinale duximus apponi Sigillum: Salvo in aliis*

a ea *ou* eas.
b cet endroit eft corrompu & tronqué.
c compelle *avec une marque d'abréviation.*
d neceffar. *Reg.*
e obfervari.
f *Il faut fuppl.* fi.
g interpretationem & declaracionem.
h *corr.* tempus.
i fient.
k teneamur.
l incurrat.
m ce nom n'eft point dans la lifte citée ci-deffus, p. 107. Note *(d).*

NOTES.

(gg) Attendi.] Suivant le Gloffaire de *Du Cange,* au mot *attendere* 1. il eft quelquefois fynonyme de *obfervare.*

(hh) C'eft en cet endroit que font dans le Regiftre les trois additions qui ont été inférées en trois endroits différens du texte.

jure nostro, & in omnibus quolibet alieno. Datum *Parisius,* mense Augusti, anno Domini millesimo CCC.° nonagesimo sexto; Regni verò nostri, XVI.°

Per Regem, ad relacionem Consilii. N. DE VOISINES.

Collacio facta est cum Litteris originalibus infrascriptis per me. N. DE VOISINES.

CHARLES VI. à Paris, le 2. de Septembre 1396.

(a) Lettres par lesquelles sont révoquez les Commissaires sur le fait des Amortissemens & des Francs-Fiefs, & est ordonné qu'il y sera procédé dans la suite par les Receveurs & Procureurs du Roy.

CHARLES par la grace de Dieu Roy de France. A tous ceuls qui ces présentes Lettres verront: Salut. Savoir faisons que pour les très-grans clameurs & complaintes que plusieurs fois avons eues des griefs, dommages, vexacions, travaux, extorcions & exaccions indeues qui en nos pays tant de *Languedoyl* que de *Languedoc,* ont esté fais ès temps passés à noz subgiez d'iceulx pays, par les Commissaires sur lé fait des finances des nouveaulx acquests fais par Gens d'Eglise, & aussi des Fiez & choses nobles acquises par non-nobles; Nous par très-grant & meure délibéracion de nostre Conseil, avons rappellé & révoqué, & par ces présentes rappellons & révoquons tous Commissaires & Commissions sur ce ordonnez & depputez, données & octroïées en noz diz pays de *Languedoil* & de *Languedoc;* & voulons & ordenons par ces mesmes présentes, que selon la forme & teneur des Instruccions faictes sur le fait desdictes nouvelles acquisicions; lesquelles Instruccions Nous envoïerons soubz nostre Contre-seel à chascun de noz Baillifs & Seneschaux, Receveurs & Procureurs, & ycelles voulons estre escriptes de grosse lettre, & mises en tableaux en chascun Siege & [a] Audience de noz Bailliages & Seneschauciées, à ce que aucun n'en puisse avoir ygnorance; noz diz Receveurs & Procureurs ordinaires en chascun [b] Bailliage, y procedent & besongnent chascun bien & diligemment; & yceulx noz Receveur & Procureurs ordinaires commettons & establissons au fait dessusdit. Sy donnons en mandement à noz amés & féaulx Gens de noz Comptes & Trésoriers à *Paris,* à tous noz Baillifz & Séneschaux, ou à leurs Lieuxtenans, & à noz diz Receveurs & Procureurs ordinaires, & à chascun d'eulx en droit soy, que noz présentes Lettres & Ordenance facent publier par-tout où il appartendra, & ycelles tiengnent & gardent, & facent tenir & garder sans enfraindre comment que ce soit. En tesmoing de ce, Nous avons fait mettre nostre Seel à ces Lettres. *Donné à* Paris, *le secont jour de Septembre, l'an de grace mil CCC IIII.xx & XVI. & de nostre regne le XVI.e* Et estoit escript en la marge. Par le Roy, à la relacion du Grant Conseil estant en la Chambre des Comptes, ouquel [c] Vous, le *Sire de Giac,* l'Evesque de *Noyon,* Mess. *Almaurry* d'*Orgemont,* les Gens desdis Comptes & Trésoriers, & plusieurs autres esticz. H. DE GUINGUANT.

Multiplicata. Et au dos: Publiéez en Jugement & ès Auditoires du Chastellet de *Paris,* le Jeudi XVIII.e jour de Janvier, l'an mil CCC IIII.xx & XVI. FRESNES.

Ita est. FRESNES.

[a] *Auditoire.* 2.e Copie.
[b] *lieu.* 2.e Cop.
[c] *Le Chancelier de France. Voy. le 5.e Vol. de ce Rec. pag.* 653. Note *(c).*

NOTE.

(a) Livre Rouge vieil du Châtelet de *Paris, fol.°* 6 vingt 6 *verso.* [126.]

Avant ces Lettres, il y a: *Lettres révocatoires de toutes Commissions sur le fait des nouvelles acquisicions.*

Il a été envoyé de *Montpellier* une autre Copie de ces Lettres, avec cette Indication: *Sénéchaussée de* Toulouse *en général, Arm.* C. *5.e Liasse des titres ramassez, N.° 4. fol.° 67.*

(a) Lettres

CHARLES VI. à Paris, le 26. de Septembre 1396. & le 17. de Décembre 1392.

(a) *Lettres qui portent que les Appels interjettés des Jugemens rendus par les Juges du Duc de Bourgogne & de l'Evêque de Langres, Pairs de France, seront portez directement au Parlement.*

CHARLES par la grace de Dieu Roy de France. A nos amés & féaux Gens qui tendront nostre prochain & les autres Parlemens avenir: Salut & dilection. Nostre très-chier & très-amé Oncle le *Duc* de *Bourgongne, Comte* de *Flandres, d'Artois* & [a] de *Bourgogne,* Nous a fait exposer que quatre ans a ou environ, lui & (b) l'*Evesque* de *Langres,* obtindrent nos Lettres desquelles la teneur s'ensuit.

a *de la Franche-Comté.*

CHARLES par la grace de Dieu Roy de France. Au *Baillis* de *Sens* & d'*Aucerre,* ou à son Lieutenant: Salut. Nous avons receu la supplication de nostre très-chier & très-amé Oncle le *Duc* de *Bourgoingne, Comte* de *Flandres,* d'*Artois* & de *Bourgoigne,* & de nostre amé & féal Conseiller l'*Evesque* de *Langres,* contenant que comme ils soient Pers de France, & soit nostredit Oncle à cause de sondit Duchié, Doyen des Pers, à cause desquelles Parries, Noblesse, [b] prérogatives d icelles, lesdits supplians & leurs Officiers ressortissent & doivent ressortir directement, mesmement en Cause d'Appel, en nostre Court de Parlement, & non ailleurs; réservé les degrés des Ressorts appartenans à nostredit Oncle en sondit Duchié, tels que lui & ses prédécesseurs ont accoustumé d'avoir d'ancienneté, & tant par Ordonnances Royaux, comme par les stiles & usaiges anciens de nostredite Court, lesdiz supplians & chacun d'eux, doivent estre adjournés en nostredite Court, en cas d'Appel, quand les cas y escheent, par deux [c] pairs de Lettres Royaux, desquelles l'unes doivent estre adressans au Per duquel & de son Officier, l'Appel est fait, & les autres à l'Exécuteur d'icelles Lettres, pour les présenter; lesquelles Noblesse & prérogatives desdittes Parries, sont aussi l'honneur & prérogative de nostre ditte Court qui fut principallement fondée pour la cognoissance des Causes de nostre Procureur, touchant nostre Domaine, [d] des Pers de France, des Appellations; & il soit ainsy que aucuns Appellans, pour fuir & empescher Justice, ayent appellé desdits supplians & de leurs Officiers, tant à la Justice commune que ils ont à la Ville de *Chastillon-sur Seine,* comme des Officiers que un chascun d'iceux a séparément, & ont relevé leurs Adjournemens en Cause d'Appel, pardevant vous, & fait adjourner lesdiz supplians & leurs Officiers, par simples Commissions de vous, données comme s'ils n'eussent aucune prérogative de Parrie; & outre, quand les Procureurs desdits supplians ont requis lesdites Causes d'Appel, estre renvoyées en nostredite Court de Parlement, les Appellans & nostre Procureur de nostre Bailliage, l'ont contredit, & en ce mis plusieurs débas; & [e] ce telles Causes d'Appel estoient renvoyées en nostredite Court, & en icelle étoit dit & déclaré que les Appellans eussent mal appellés, ils voudroient maintenir qu'ils ne seroient tenus de payer à Nous, [f] (c) soixante Sols d'Amende, & autant au Per duquel ou de son

b *suppl.* &.

c *pai es.*

d *cet endroit paroît corrompu.*

e *si.*

f je crois qu'il faut suppl. *que.*

NOTES.

(a) La Copie de ces Lettres m'a été communiquée par un Ecclésiastique qui se faisoit nommer l'Abbé *Des Salles,* qui en avoit copié un grand nombre d'autres dans différens dépôts de *Bourgogne,* où il avoit eu entrée. Après sa mort ses Recueils ont été portez au Dépôt des affaires étrangères, au Louvre, & ensuite à la Bibliothèque du Roy. Il avoit copié ces Lettres de 1396. sur les Recueils manuscrits de *Férard* connu par un Recueil de Pièces concernant la *Bourgogne,* imprimé à *Paris* en 1664. *in fol.*

C'est à cet Abbé *Des Salles* qu'on est redevable d'un Recueil de Pièces sur l'Histoire de France & de *Bourgogne,* imprimé à *Paris,* en 1729. *in-4.°*

(b) *L'Evesque de Langres.*] Il se nommoit *Bernard* de la *Tour.* Il mourut le 16. de Janvier 1396. Voy. *l'Hist. Généal. de Maison de France,* T. 2. p. 216.

(c) *Soixante Sols d'Amende.*] J'avoue que je ne comprends pas pourquoy ceux qui contre la disposition des Ordonnances, portoient leur Appel au *Bailliage de Sens,* d'où ils étoient renvoyez au Parlement, ne vouloient payer que soixante Sols d'Amende, puisqu'ils auroient été condamnez à une Amende de soixante Livres, s'ils avoient porté directement leur Appel au Parlement.

CHARLES VI.

à Paris, le 26. de Septembre 1396. & le 17. de Décembre 1392.

Officier, ledit Appel feroit fait; combien que [a] ils relevoient leurs Adjournemens en Caufe d'Appel tout droit en noftredite Court de Parlement, ainfi qu'ils font tenus de faire, & ils defchcoient de leurs Appellations, ils l'amenderoient de foixante Livres; & auffi, [b] ce telles Appellations introduittes pardevant vous, eftoient renvoyées en noftredite Court, [c] en icelle eftoit dit qu'il fut mal jugié par l'Officier du Per duquel feroit appellé, indifféremment il l'amenderoit à Nous de foixante Livres, fi ne feroit pas égalité gardée, fy l'Appellant ne l'amendoit d'une telle Amende; & s'il eftoit fouffert que ceux qui appelleroient des Officiers defdis Suppliants en leurfdittes Terres, peuffent relever leurs Appellations pardevant vous, tous ceux qui par fraude voudroient fuir & délaier pour demeurer exempts, appelleroient des Juges & Officiers defdis fupplians, & releveroient leurs Appeaux pardevant vous, pour [d] efchever lefdites Amendes de foixante Livres, & pouroient mettre à chacune fois lefdis fupplians en grans involutions de procès; qui feroit en grand diminution des Nobleffes & prérogatives defdittes Parries qui tiennent de nous en fief, & de l'onneur de ladite Court, & en grand domaige & préjudice de Nous & d'eux, fi comme ils dient, fupplians par Nous leur eftre pourveu de remede convenable. Pourquoy Nous confidérans les chofes deffufdites, voulans garder les Nobleffes & prérogatives defdites Parries, & obvier aux fraudes & inconvéniens qui autrement s'en pouroient enfuir en plufieurs manieres, attendu que les Ordonnances Royaulx, ftils & ufaiges de noftredite Court, font tous notoires, vous deffendons eftroittement par ces préfentes, que doresnavant à [e] eux qui appelleront des Juges & Officiers defdits Supplians, ou d'aucuns d'eux, en leurfdittes Parries, ne donniez aucun Adjournement en Caufe d'Appel; [f] Nous voulons & ordonnons qu'ils foient nuls & de nulle valleur; & auffi mandons à nos amez & féaux les Gens tenans noftre Parlement, & qui tendront nos Parlemens à venir, que les Ajournemens que vous & vos fucceffeurs donrez aux Appellans deffufdis, déclairent eftre nuls & de nulle valeur, & facent lever les Amendes telles qu'il appartiendra, de ceux qui appellent des Pers de France, & déchéent de leurs Appellations; & à ce que aucun n'en puiffe prendre ignorance, vous mandons que ces préfentes faites publier en Jugement pardevant vous; & de la publication que faites en aurez, baillez vos Lettres aux Procureurs defdis Supplians, & les faites enregiftrer ès Regiftres de noftredite Court, pour en avoir mémoire ou temps avenir. *Donné à* Paris, *le 17.e jour de Décembre, l'an de grace 1392. & de noftre Regne le 13.e*

Lefquelles Lettres furent publiées par le *Bailly* de *Sens,* ou fon Lieutenant à *Sens;* & que ce nonobftans, aucuns fe pourroient efforcier d'appeller ou temps à venir, des Baillis, Juges & Officiers de noftredit Oncle, & relever leurs Appeaulx pardevant ledit *Bailly* de *Sens,* contre l'Ordonnance contenue en nofdites Lettres cy-deffus tranfcriptes; qui feroit en fon grand dommaige & préjudice, fe par Nous n'y eftoit pourveu. Pourquoy Nous confidéré ce que dit eft, qui voulons nos Lettres cy-deffus incorporées, fortir leur plain effet, vous mandons que nofdites Lettres avec ces préfentes, faites publier & enregiftrer ès Regiftres de noftredite Court, & faittes commandement audit *Bailly* de *Sens* ou à fon Lieutenant, que à nofdites Lettres & Ordonnances obéiffent fans y mettre aucun empefchement: car ainfi Nous plaift-il eftre fait, nonobftant Lettres fubreptices à ce contraires. *Donné à* Paris, *le 26.e jour de Septembre, l'an de grace 1396.* [g] *de noftre Regne le 17.e* Signé. Par le Roy, à la relation du Confeil. J. VERIER. Et fcellées du grant Sceau en cire jaune, à fimple queue de parchemin.

[a] corr. s'ils.
[b] corr. fi.
[c] fuppl. &.
[d] éviter.
[e] corr. ceux.
[f] Il femble qu'il manque là quelques mots.
[g] fuppl &.

CHARLES VI. à Paris, en Septembre 1396. JEAN I. ou selon d'autres JEAN II. à Londres, en Mars 1358.

(a) Confirmation des Priviléges de la Ville de Montpellier.

KAROLUS, &c. Notum fieri volumus universis presentibus & futuris, Nos carissimi Avi nostri, vidisse Litteras, formam subsequentem continentes.

JOHANNES Dei gracia Francorum Rex. [a] *Extimantes dignum & debitum, ut sicut fideles subditi ad regia obsequia promptos continuatâ fidelitate se exhibent, sic regia liberalitas erga eos cum effectu reciprocè se prebeat graciosam. Notum facimus universis presentibus & futuris, quòd cum dilecti & fideles subditi nostri, Consules & habitatores partis (b) noviter acquisite Ville nostre* Montispessulani, *per Magistrum* Poncium Blegerii, *Legum Doctorem, &* Stephanum Roserii, *burgenses dicte Ville, qui pro parte ipsorum Consulum & habitatorum, & aliarum Comunitatum Villarum* Senescallie Bellicadri, *ad Nos, cum nonnullis aliis dictarum Comunitatum nunciis venerunt in* Angliam, *visuri Nos & statum nostrum, & ipsum relaturi* [b] *Communitatis antedictis, & oblaturi Nobis ex parte ipsorum, ad opus liberacionis nostre, nedum bona sed & corpora, & nedum propria, sed uxorum & liberorum suorum, Nobis fecerint humiliter supplicari, ut cum Domini qui* [c] *retrolasis temporibus dicte partis fuerunt, ipsis Consulibus & habitatoribus certa Privilegia, Consuetudines, Libertates & Statuta concesserint seu confirmaverint, quibus ipsi hactenùs usi sunt pacificè & quietè, Nos Privilegia, Consuetudines & Libertates easdem confirmare vellemus. Nos igitur, consideracione habitâ ad premissa, volentes ipsos Consules & habitatores qui fidelitatem suam* [d] *continuatem erga Nos hactenùs nunc in nostra adversitate cum effectu demonstrant, prosequi favore gracioso, Privilegia, Consuetudines, Libertates & Statuta supradicta omnia, quibus dicti Consules & habitatores usi sunt hactenùs, & eo modo quo eis usi sunt, ut predicitur, & utuntur, confirmamus tenore presencium, de speciali gracia & auctoritate Regia, & volumus in suo robore permanere. Mandantes carissimo (c) Filio nostro* Comiti Pictavensis, *Locum nostrum tenenti in* Partibus Occitanis, *ac* Senescallo Bellicadri, *Gubernatorique &* Bajulo Montispessulani, *presentibus & futuris, vel eorum Locatenentibus, & eorum cuilibet, quatenùs dictos Consules & habitatores nostrâ presenti graciâ uti faciant & gaudere, non molestantes aut turbantes, seu molestari aut turbari permittentes eosdem à quoquam in contrarium quoquomodo. Quod ut firmum & stabile permaneat in futurum, nostrum presentibus Litteris fecimus apponi Sigillum: nostro in aliis, &* [e] *in alieno in omnibus jure salvo.* Datum *London.* anno Domini millesimo ccc.° quinquagesimo octavo, mense [f] Marsii.

[a] Existimantes.

[b] Communitatibus.

[c] retrolapsis.

[d] *Il faut peut-être corr.* continuatam: *Il y a plus haut*, fidelitate continuatâ.

[e] ce mot est inutile.

[f] Marcii.

Suite des Lettres de Charles VI.

Quas quidem Litteras suprascriptas, omniaque & singula in eis contenta, dictaque Privilegia, Consuetudines & Libertates, quathenùs racionabiles seu racionabilia existunt, & Consules ac habitatores memorati eisdem debitè & pacificè usi sunt, ratas & gratas habentes, sive rata atque grata, eas & ea volumus & laudamus, approbamus, & de gracia speciali tenore presencium confirmamus: Senescallo Bellicadri, *necnon Gubernatori &* Bajulo Montispessulani, *ceterisque Justiciariis nostris, & eorum cuilibet, prout ad eum pertinuerit, seu Locatenentibus eorumdem, precipiendo* [g] *mandentes quatenùs dictos Consules & habitatores, nostris presentibus graciâ & confirmacione uti & gaudere pacificè faciant & permittant, ipsos in contrarium nullathenùs* [h] *perturbendo, seu impediri à quoquam quomodolibet permittendo. Quod ut firmum &*

[g] mandantes.

[h] perturbando.

NOTES.

(a) Trésor des Chartres, Registre 150. Piéce VI.^{xx}IX. [129.]

(b) *Noviter acquisite.*] En 1349. *Jacques Roi de Majorque* vendit à Philippe de Valois, la part qui lui appartenoit dans la Ville de *Montpellier.* Voy. *Traité des Droits du Roy,* par *Du Puy,* p. 890.

(c) *Filio nostro.*] *Jean Comte* de *Poitiers,* & depuis *Duc* de *Berry,* troisiéme Fils du Roy Jean. Voy. *Hist. Généal. de la Maison de Fr.* T. 1. p. 106.

stabile perpetuò perseveret, nostrum presentibus Litteris jussimus apponi Sigillum: [a] *nostrum in aliis, & alieno in omnibus jure salvo.* Datum *Parisius,* mense Septembris, anno Domini M.° CCC.° nonagesimo sexto; Regnique nostri sexto decimo.

a nostro.

Per Regem, ad relacionem Consilii. FRERON.

CHARLES VI. à Paris, en Octobre 1396.

(a) Confirmation d'un Règlement fait pour les Bouchers de Carcassonne.

KAROLUS, &c. Notum fieri volumus universis presentibus & futuris, Nos carissimi Domini Genitoris nostri Litteras vidisse, formam que sequitur, continentes.

(b) KAROLUS, &c.

Quas quidem Litteras suprascriptas, omniaque & singula contenta in eisdem, quathenùs dicti Macellarii eisdem & contentis in ipsis usi sunt, ratas & gratas habentes seu rata atque grata, eas & ea volumus, laudamus, approbamus, ratifficamus, & tenore presencium de gracia speciali confirmamus. Quod ut firmum & stabile permaneat in futurum, presentibus Litteris nostrum fecimus apponi Sigillum: Salvo in aliis jure nostro, & in omnibus quolibet alieno. Datum *Parisius,* anno Domini millesimo CCC.° nonagesimo sexto; Regni autem nostri XVII.° mense Octobris.

Per Regem, ad relacionem Consilii. FRERON.

NOTES.

(a) Trésor des Chartres, Regiſtre 150. Pièce II.c XVIII. (218.)

(b) Karolus, &c.] Ces Lettres qui sont du mois d'Avril 1377. sont imprimées à la page 323. du sixième Vol. de ce Rec. Le Regiſtre 150. confirme les corrections faites en marge, & fournit les deux suivantes.

P. 324. Lig. dernière, Notar. . . . . *corr.* *aut alios.*
P. 325. Lig. 2. super Secanem. . . . . *supra Secanam.*

CHARLES VI. à Paris, le 7. de Décembre 1396.

(c) *Mandement qui ordonne qu'il sera fabriqué de petits Parisis dans la Monnoie de Paris, & qui fixe le prix de l'Argent.*

CHARLES par la grace de Dieu Roy de France. A noz amez & feaulx les Généraulx-Maistres de noz Monnoyes, à *Paris:* Salut & dilleccion. Pour ce que Nous avons entendu que à présent il est très-grant neccessité & deffault entre nostre peuple de petite Monnoye noire, tant pour faire Aumosne comme autrement, Nous avons ordonné que en nostre Monnoye de *Paris,* soient faictz, ouvrez & monnoyez jusques à la somme de III.c Marcs d'Argent, pour faire petiz Deniers Parisis, sur la forme & aussi de la Loy & poix de ceulx qui ont cours à présent pour ung Denier Parisis la piece, à ung Denier XVI. grains de Loy, & [b] de XV. Sols de poix au Marc de *Paris,* pour délivrer à nostre amé & féal Aumosnier, & non à autre, pour convertir en nostre Aumosne. Si vous mandons que ladicte somme de III.c Marcs d'Argent ou environ, vous faictez [c] ouvrez & monnoyez à une fois ou à plusieurs, par la maniere que dit est; en donnant aux Changeurs & Marchans, pour chacun Marc d'Argent monnoyé audit Aloy, six Livres deux Solz six Deniers Tournois; & par rapportant ces présentes & recongnoissance sur ce, Nous mandons à noz amez & féaulx Gens de noz Comptes à *Paris,* qu'ilz passent & allouent ledit pris ès comptes de celluy ou ceulx à qui il apartiendra; nonobstant Ordonnances, Mandemens ou deffenses au contraire. *Donné à* Paris, *le VII.e jour de Décembre, l'an de grace mil CCC. IIII.xx & seize; & le XVII.e de nostre Regne.* Par le Roy, l'*Evesque* d'*Auxerre,* présent. *(d)* DORIAN.

b de cent quatre-vingt Pièces au Marc.

c ouvrer & monnoyer.

NOTES.

(c) Regiſtre *E.* de la Cour des Monnoies de *Paris, fol.o* 6 vingt 11. *recto.* [131.]

(d) Dorian.] Il faut app. corr. *Derian* Secrétaire du Roy, dont le nom se trouve à la fin de plusieurs Lettres imprimées dans le 7.e Vol. de ce Recueil. Voy. *la Table des noms des personnes* au mot *Derian.*

CHARLES VI.
à Paris, le 10. de Janvier 1396.

(a) Lettres qui défendent la Chaſſe aux non-nobles, excepté à ceux qui ont privilége à cet effet, ou qui ſont dûement autoriſez; aux Gens d'Égliſe qui par leur naiſſance ou par quelqu'autre titre, ont droit de chaſſer, & aux Bourgeois qui vivent de leur bien. Il ſera néanmoins permis aux gens de la campagne d'avoir des chiens pour chaſſer les Porcs & les bêtes fauves de deſſus leurs terres; mais s'ils en prennent quelques-unes, ils ſeront obligez de les porter aux Seigneurs ou à leurs Juges.

CHARLES par la grace de Dieu Roy de France. A tous ceuls qui ces Lettres verront: Salut. Il eſt venu à noſtre congnoiſſance par le rapport de pluſieurs perſonnes dignes de foy, tant de noſtre Conſeil comme autres, que pluſieurs perſonnes non nobles, Laboureurs & autres, ſans ce que ils ſoïent à ce privilégiés, ne que ilz aïent adveu de perſonnes Nobles ou autres aïans Garennes ou priviléges, ont & tiennent devers eulx chiens,[a] fuirons, cordes, [b] laz, fillès, & autres engins à prendre groſſes bêtes rouges & noires, [c] Connins, Lievres, Perdrix, Faiſans & autres bêtes & oyſeaux, dont la chaſſe ne leur appartient ne doit appartenir; par quoy il eſt avenu & avient chaſcun jour que leſdits non nobles en faiſant ce que dit eſt, délaiſſent à faire leurs labourages ou marchandiſes, & commettent pluſieurs larrecins de groſſes beſtes & de Connins, de Perdris & de Faiſans, & d'autres beſtes & oyſeaulx, tant en noz Garennes comme en celles des Nobles & autres noz ſubgiez; dont il eſt avenu moult de foys que quant Nous & les Nobles de noſtredit Royaume, avons voulu aler en [d] déduit, l'en a trouvé en pluſieurs lieux peu ou néant de beſtes ou oyſeaux, & par ce le déduit de Nous & deſdis Nobles a eſté & eſt ſouventefois empeſchié; par quoy ſe remede n'y eſtoit mis, pluſieurs diſcencions, débas & deſcors ſe pourroient ſourdre & mouvoir entre noz ſubgiés Nobles & non nobles, & s'en enſuivroient pluſieurs autres inconvéniens; meſmement que leſdis non nobles en perſévérant en ce, ſont ſouvent empriſonnez, & pour ce [e] trais à grans Amendes; & *(b)* par les oiſeuſes qui ſievent en ce faiſant, deviennent larrons, murtriers, eſpicurs de chemins, & mainnent mauvaiſe vie, dont par ce eſt avenu & advient ſouvent que ils ont finé & finnent leurs vies par mort dure & honteuſe; qui eſt en grant confuſion de noſtre peuple, ou détriment de la choſe publique de noſtre Royaume, & ou grant dommage de Nous & de noz ſubgiez. Pourquoy Nous voulans à ce eſtre remédié, ſavoir faiſons que euë ſur ce grant & meure délibéracion en noſtre Grant Conſeil où eſtoient noz très-chiers & très-amés Oncles & Freres les *Ducs* de *Bourgongne*, d'*Orléans* & de *Bourbon*, & pluſieurs autres notables perſonnes de noſtredit Conſeil, avons ordené & ordenons par ces préſentes, que d'oreſénavant aucune perſonne non noble de noſtredit Royaume, ſe il n'eſt à ce privilégié, ou ſe il n'a adveu ou expreſſe Commiſſion à ce de par perſonne qui la lui puiſt ou doïe donner, ou s'il n'eſt perſonne d'Égliſe à [f] qui toutesſvoïes par raiſon de lignage ou autrement deuement ce doïe competter, ou s'il n'eſt Bourgois vivant de ſes poſſeſſions & rentes, ne ſe enhardiſſe de chaſſier ne tendre à beſtes groſſes ou menues ne à oyſeaux, en Garenne ne dehors, ne de avoir & tenir pour ce faire chiens, fuirons, cordes, laz, fillès ne autres harnois; & ou cas que aucun deſdis non nobles autre que ceuls deſſus déclеriez, ſera treuvé

a *furets.* Voy. *le 1.er Vol. de ce Rec* pag. 336. Note *(c)*.
b *lacs, lacets.*
c *Lapins.*
d *divertiſſement de la Chaſſe.*
e *tirez, condamnez.*
f *ſuppoſé qu'il ſoit Noble, ou qu'il ait quelqu'autre titre qui lui donne le droit de Chaſſe.*

NOTES.

(a) Livre Rouge vieil du Châtelet de *Paris, folio* 6 vingt 14. *recto.* [134.]
Avant ces Lettres, il y a: *De non chaſſer à Beſtes ſauvages & Oiſeaulx.*
Et plus bas: *Des Chaſſes.*
Il a été envoyé de *Montpellier* une autre Copie de ces Lettres, avec cette Indication: *Sénéchauſſée de* Nîmes *en général, Armoir.* A. *Liaſſe 19. des Actes ramaſſez, N.° 4. fol. 21 S.*

(b) Par les oiſeuſes qui ſievent.] Je ne ſçais ce que ces mots ſignifient. Peut-être ſont-ils corrompus: Le ſens pourroit être que *ces Braconniers paſſant leur vie à la Chaſſe, & n'étant plus accoûtumez au travail, deviennent voleurs, &c.*

CHARLES VI.
à Paris, le 10. de Janvier 1396.

aïant en sa maison chiens, fuirons, cordes, laz, fillès ou autres engins, ou tendant [a] aus bestes & oyseaux dessus divisez, Nous voulons & mandons que le Noble ou la Justice soubz qui il sera demourant ou soubz qui il chassera, les lui puisse oster de fait sans aucune répréhencion. Toutesvoïes ou temps que les Pores & autres bêtes sauvages vont aus champs pour mengier les blés, il Nous plaist bien que les Labou-reurs puissent tenir chiens pour garder leurs diz blez & chacier les bestes d'iceulx, sans ce que pour ce ilz doïent perdre iceulx chiens ne païer Amende; mais se en ce faisant, ilz prenoient aucune beste, ilz seront tenus la porter au Seigneur [b] ou la Justice à qui il appartendra; ou se [c] ce non, ilz [d] rétabliront ladicte beste, & payeront l'Amende. Sy donnons en mandement, & commettons se [e] mestier est, à nostre amé & féal Cousin & Conseillier, *Guillaume Visconte* de *Meleun*, Souverain Maistre & général Réformateur des Eaues & Forests par-tout nostredit Royaume, & à tous autres Maistres & Enquesteurs de noz Eaues & Forests dessus dictes, ou à leurs Lieuxtenans, & à chascun d'eulx, si comme à lui appartendra, que nostre présente Ordenance facent publier solennelment par tous lieux notables où ils verront qu'il sera expédient, & ycelle tenir & garder sans enfraindre en aucune maniere; & se ilz treuvent aucuns faisans le contraire ou contredisans à ce, ilz les contraignent à la tenir par Amendes, & par toutes voyes & manieres deues & raisonnables, ainsi comme ilz verront que de raison sera à faire. En tesmoing de ce, Nous avons fait mettre à ces Lettres nostre Seel. *Donné à* Paris, *le X.e jour de Janvier, l'an de grace mil CCC IIII.xx & seize, & le XVII.e de nostre Regne.* Par le Roy, en son Conseil. J. DE SANCTIS. Et au doz desdictes Lettres estoit escript ce qui s'ensuit: *Publicate fuerunt presentes Littere in Camera Parlamenti & ad (c) Fenestram, die V.a Februarii, anno Domini mille-simo [f] nonagesimo sexto.* J. WILLEQUIN.

Item. Publiées en Jugement & ès Auditoires du Chastellet de *Paris,* le Mardi VI.e jour de Février, l'an mil CCC IIII.xx & seize. FRESNES.

a suppl. *ces engins.*
b *ou à la Justice.* 2.e Copie.
c *s'ils ne le faisoient pas.*
d appar. *ils payeront le prix de la bête.*
e *besoin.*
f *ccc.o* 2.e Cop.

NOTE.

(c) Ad Fenestram.] C'est peut-être l'endroit que l'on appelle encore aujourd'hui la Fenestre, & où l'on distribue aux Procureurs & aux Parties, les Arrêts qui ont été expédiez.

CHARLES VI.
à Paris, le 19. de Janvier 1396.

(a) Lettres qui portent que lorsque des sommes de Deniers auront été allouées dans les comptes des Receveurs & Grenetiers, à la charge de rapporter des Mandemens & des quittances suffisantes qu'ils ne présentoient pas, ils seront obligez de rapporter ces Pièces en rendant leur compte suivant; faute de quoi ils seront tenus de rendre ces sommes de Deniers.

CHARLES par la grace de Dieu Roy de France. A tous ceuls qui ces présentes Lettres verront: Salut. Comme ès temps passez, aucuns nos Receveurs & Grenetiers ordinaires & extraordinaires, ayent [g] prins en la despense de leurs comptes, plusieurs sommes de deniers dont il n'avoient pas les originaulx Mandemens [h], Certifications & Quittances souffisans; mais pour ce que lesdites sommes estoient ordinaires & assez *(b)* payables, leur ayent esté allouées en leurs comptes, [i] parmi ce qu'il estoient chargez de rapporter lesdits Mandemens, Certifications ou Quittances, dont plusieurs d'iceuls ont esté & sont [k] remis & défaillans, parquoy ne peut estre bonnement sceu le vray estat desdits Receveurs & Grenetiers, & pevent avoir lesdites sommes de deniers ou aucunes d'icelles, retenu pardevers euls, & converties à leur singulier profit,

g Il faut peut-être corr. *comprins : compris.*
h *en vertu desquels ils avoient payez.*
i *moyennant.*
k *négligens.*

NOTES.

(a) Ces Lettres qui étoient au *folio* 40. du Mémorial *F.* de la Chambre des Comptes de *Paris*, ont été tirées du Recueil cité dans la Note *(b)* de la page 26. du septième Volume de ce Recueil.

(b) Assez payables.] C'est-à-dire, que ces sommes avoient été payées pour des dépenses ordinaires, & qu'il étoit nécessaire de faire.

ou préjudice de Nous & des perſonnes auſquelles icelles ſommes de deniers pevent eſtre ou ſont deues, qui pour ce ſeroient fraudez & deceuz, ſe pourveu n'y eſtoit: Sçavoir faiſons que Nous voulans à telz inconvéniens pourveoir, avons par délibération de noz amez & féauls Gens de noz Comptes & Tréſoriers à *Paris,* ordonné & ordonnons par ces Préſentes, que doreſénavant, ou cas que ſur les comptes d'aucuns de noſdits Receveurs & Grenetiers ordinaires & extraordinaires, quels qu'il ſoient, ſeront eſcriptes aucunes charges de Mandement, Certifications ou Quittances, en l'audicion d'iceuls comptes, & iceuls Receveurs & Grenetiers ne rapportent à leur prochain compte ſubſéquent iceuls Mandement, Certifications ou Quittances, on leur faſſe rendre oudit compte prochain ſubſéquent, les ſommes de deniers qu'il auront prinſes, dont leſdites charges ſeront eſcriptes oudit compte précédent, & que d'icelles il *(c)* ſoient abſolument chargiez en leur eſtat. Si donnons en mandement par ces meſmes Préſentes, à noſdites Gens des Comptes & Tréſoriers, & à tous autres à qui il appartiendra, que noſtre préſente Ordenance facent enregiſtrer en la Chambre de noſdiz Comptes, & icelle tiegnent & gardent, & facent tenir & garder ſans enfraindre comment que ce ſoit. En teſmoing de ce, Nous avons fait mettre noſtre Seel à ces Lettres. *Donné à* Paris, *le dix-neufiéme jour de Janvier, l'an de grace mil trois cent quatre-vingt & ſeize; & de noſtre Regne, le dix-ſeptiéme.* Ainſi ſignées. Par le Roy, à la relacion des Gens des Comptes & Tréſoriers. H. DE GUINGANT.

CHARLES VI. à Paris, le 19. de Janvier 1396.

NOTE.

(c) Soient . . . . chargiez en leur eſtat.] Je crois que cela ſignifie, que ces ſommes ſoient ajoûtées à celles dont ils ſe trouvent reliquataires par le compte quils rendent actuellement.

CHARLES VI. à Paris, le 19. de Janvier 1396.

(a) Lettres qui prolongent le terme pendant lequel le Maître-Particulier de la Monnoie de Paris s'étoit engagé de faire fabriquer ſeize cens Marcs d'Or.

CHARLES par la grace de Dieu Roy de France. A noz amez & feaulx Tréſoriers & les Généraulx-Maiſtres de noz Monnoyes à *Paris:* Salut & dilleccion. Oye la ſupplicacion de noſtre amé *Arnoulet Bracque,* contenant que le XX.ᵉ jour de Janvier, l'an mil III.ᶜ IIII.ˣˣ & quinze derrenier paſſé, il print de vous la Monnoye de noſtre Ville de *Paris,* & promiſt ou ſe fiſt fort de ouvrer ou faire ouvrer en ladicte Monnoye ſeize cens Marcs d'Or, depuis la première délivrance juſques à ung an enſuivant, & finiſſant le XX.ᵉ jour de ce préſent moys de Janvier; laquelle ſomme de XVI.ᶜ Marcs ledit *Arnoulet* [a] pour denier ou payement qu'il en ait voulu donner, n'a peu entierement faire ouvrer, pour ce que très-grant quantité d'Or a eſté ouvrée en ceſte année pour faire Veſſelle d'Or, tant pour Nous & noſtre très-chiere Fille la *Royne* d'*Angleterre,* comme pour pluſieurs autres; qui a eſté & eſt en très-grant retardement, deſtourbier & empeſchement de faire ledit ouvraige, & en ſon grant grief & dommaige, ſe ſur ce ne luy eſt par Nous pourveu de noſtre grace, ſi comme il dit, requerant humblement icelle. Nous pour conſidéracion de ce que dit eſt, à ycellui *Arnoulet* avons donné & octroyé, donnons & octroyons de certaine ſcience & grace eſpécial par ces préſentes, terme & reſpit de parfaire ledit ouvraige de XVI.ᶜ Marcs d'Or, juſques à ung moys prouchainement venant. Si voulons & vous mandons que de noſtre préſente grace & octroy, vous faſſiez & laiſſiez ledit *Arnoulet* uſer & joïr plainement & paiſiblement durant le terme deſſuſdit, ſans empeſchement ou contredict quelzconques; nonobſtans quelzconques Ordonnances, Mandemens ou deffenſes à ce contraires. *Donné à* Paris, *le XIX.ᵉ jour de Janvier, l'an de grace mil III.ᶜ IIII.ˣˣ & ſeize, & le XVI.ᵉ de noſtre Regne.* Par le Roy, en ſon Conſeil; ouquel [b] Vous, Meſſire *Amaury* d'*Orgemont,* & autres, eſtiez. J. BERTAULT.

Les Tréſoriers du Roy noſtre Sire, à *Paris.* Vous Généraulx-Maiſtres des Monnoyes

a *quelque prix qu'il ait voulu donner de l'Or.*

b *Le Chancelier de France.* Voy. *le 5.ᵉ Vol. de ce Rec.* pag. 653. Note *(c).*

NOTE

(a) Regiſtre *E.* de la Cour des Monnoies de *Paris, folio* 6 vingt 11 *verſo.* [131.]

dudit S. à *Paris:* Salut. En tant que en nous eſt, nous nous conſentons à l'expédicion & entérinement des Lettres Royaulx, auſquelles ces préſentes ſont ataichées ſoubz l'un de noz Signez, pour les cauſes & en la maniere dedans contenues. *Donné à* Paris, *le XX.e jour de Janvier, l'an mil III.c IIII.xx & ſeize.* P. PERIER.

CHARLES VI. à Paris, le 23. de Janvier 1396.

(a) Lettres qui portent que Pierre Vallée, l'un des Gardes de la Monnoie de Troyes, pourra pendant ſon abſence, faire exercer ſon Office par une autre perſonne.

CHARLES par la grace de Dieu Roy de France. A noz amez les Généraulx-Maiſtres de noz Monnoyes à *Paris:* Salut. Comme noz amez & féaulx Chevaliers & Chambellans, & de noſtre très-chier & très-amé Oncle le *Duc* de *Bourgoigne, (b)* le Sire de la *Tremoille,* le *Mareſchal* de *Bourgoigne, Regnier Pot* leur Frere, & autres leurs Nepveuz, Couſins & Parens, qui depuis certain temps ençà par noſtre licence & congé, s'eſtoient tranſportez en la compaignie de noſtre très-cher & très-amé Couſin le *Conte* de *Nevers,* ès parties de *Hongrie* & de *Turquie,* pour réſiſter à l'encontre des Meſcreans, à l'exaulſement de la foy, ſoïent à préſent détenuz priſonniers eſdictes parties de *Turquie,* ſi comme l'en dit, & pour pourſuir & pourchaſſer leur délivrance, noſtre très-chiere & amée Couſine *Marie* de *Sully* femme dudit Sire de la *Tremoille,* l'*Eveſque* de *Tournay,* Nepveu, & de noſtre amé & féal Eſcuïer *Pierre* de la *Tremoille,* Freres, & autres parens & amys deſdits Freres, eſtans par deça, ayent ordonné *Pierre Vallée* l'un des Gardes de noſtre Monnoie de *Troyes,* aller à *Veniſe,* & ailleurs ès parties deſſuſdictes, avec & en la compaignie de certaines autres perſonnes à ce ſemblablement ordonnées, Nous ces choſes conſidérées, audit *Vallée* avons octroyé & octroyons de grace eſpécial par ces préſentes, que par perſonne ydoine & ſouffiſant, & qui à ce ſoit approuvée par vous, ledit *Vallée* puiſſe faire exercer en ſon nom & à ſes perilz, durant ledit voyaige & juſques après ſon retour d'iceluy, ſon Office deſſuſdit. Si vous mandons que de noſtre préſente grace vous faictes, ſouffrez & laiſſez ledit *Vallée* joyr & uſer paiſiblement, ſans empeſchement quelzconques luy donner ou ſouffrir eſtre fait ou donné au contraire, ledit temps durant; nonobſtant Ordonnances, Mandemens ou deffenſes quelzconques à ce contraires. *Donné à* Paris, *le XXIII.e jour de Janvier, l'an de grace mil III.c IIII.xx & ſeize; & le XVII.e de noſtre Regne.* Par le Roy, à la relacion du Conſeil. P. DU PERIER.

NOTES.

(a) Regiſtre *E.* de la Cour des Monnoies de *Paris, folio* 6 vingt 12 *recto.* [132.]

(b) Le Sire de la Tremoille.] *Guy V.* qui fut fait priſonnier à la bataille que le *Turcs* gagnèrent à *Nicopolis* [dans la *Bulgarie*] le 16. de Septembre 1396. avoit épouſé *Marie* de *Sully.*

Guillaume de la *Tremouille* Seigneur de *Huſſon* ſon Frère, étoit Maréchal de *Bourgogne.*

Pierre de la *Tremouille* Baron de *Dours,* étoit Frère puîné de *Guy* & de *Guillaume.*

L'*Evêque de Tournay,* dont il eſt parlé plus bas, ſe nommoit *Louis* de la *Tremouille,* & étoit fils d'*Amé* de la *Tremouille* frère de *Guy IV.* Père de *Guy V.* Cet Evêque n'étoit donc pas neveu de *Guy V.* comme le diſent ces Lettres; mais ſon Couſin germain. Voy. l'*Hiſt. Généal. de la Maiſon de France,* T. 4. pp. 163. 179. 182. & 183.

A l'égard de *Regnier Pot,* il avoit épouſé *Jeanne* de *Sully,* de la même Maiſon que la femme de *Guy V.* de la *Tremouille,* mais ſa parente dans un degré fort éloigné. Voy. *ibid.* T. 2. pp. 859. & 863. *Regnier Pot* n'étoit donc pas véritablement frère de *Guy V.* de *Guillaume* & de *Pierre* de la *Tremouille;* il n'étoit pas même parent de ces deux derniers. Ces quatre Seigneurs étoient peut-être frères d'armes, eſpèce d'alliance militaire aſſez commune dans le tems auquel ils vivoient.

(a) Lettres

CHARLES VI.
à Paris, en Janvier 1396.

(a) Lettres qui confirment les Privilèges de la Comtesse de Flandre & d'Artois, & des Maire & Echevins de la Ville de Saint-Omer, par rapport aux Jugemens rendus par ces Maire & Echevins.

KAROLUS, &c. Notum facimus universis tam presentibus quàm futuris, Nos vidisse Litteras [a] Tristrandi de Bosco, *Militis, quondam Magistri Requestarum Hospicii nostri, &* Baillivi Ambianensis, *sub Sigillo dicte Baillivie sigillatas, sub tenore qui sequitur.*

a *Tristandi.*

A Tous ceulx qui ces présentes Lettres verront ou orront. *Tristan Dubos,* Chevalier Seigneur de *Raincheval,* Maistre des Requestes de l'Ostel du Roy nostre Sire, & *Bailli d'Amiens:* Salut. Savoir faisons nous avoir receu unes Lettres du Roy [b] nostre Sire, esquelles sont encorporées unes Lettres du Roy Charles nostre Seign. derrain trespassé, que Diex pardoint, faisant mencion de plusieurs droits, franchises & Libertez octroyées & confirmées aus Maire & Eschevins de la Ville de *Saint-Omer,* desquelles Lettres la teneur s'ensuit.

b *Charles VI.*

(b) KAROLUS, *&c.*

Et comme par le Procureur de Noble & [c] puissant Dame Madame la *Comtesse* de *Flandres* & d'*Artois,* & des Maire & Eschevins de la Ville de *Saint-Omer,* lesdictes Lettres nous aient esté offertes & présentées, en requerant que selon la teneur d'icelles, nous, des droitz, Noblesces, franchises & Libertez déclarées esdictes Lettres, selon la teneur d'icelles, les feissions & laississions joïr & user paisiblement, & défendre au *Prevost* de *Monstreul,* & à tous autres Sergens, Officiers & subgez dudit Bailliage, que contre la teneur d'icelles ne les empeschent en aucune maniere: Sachent tuit que sur iceles eu conseil & advis au Conseil & Procureur du Roy nostre Sire en ladicte Baill. considéré que à ce ledit Procureur n'a en riens voulu contredire, nous en icelles loant, en tant que en nous est, avons obei à plain as dictes Lettres, & du contenu en icelles ferons ce qu'il appartendra, sanz ou contraire d'icelles empescher ladicte Madame & les diz Maire & Eschevins; & pour ce, en ycelles enterinant, avons donné & donnons en mandement de par le Roy nostre Sire, audit *Prevost* de *Monstreul,* & à tous les Sergens, Officiers & subgez dudit Bailliage, que iceulx ladicte Madame, Maire & Eschevins, seuffrent & laissent joïr & user paisiblement du contenu esdictes Lettres, sanz iceulx molester ou empescher au contraire d'icelles en aucune maniere. En tesmoin de ce, Nous avons mis à ces Lettres, le Séel dudit Bailliage. *Faites & données à* Amiens, *le IIII.e jour de Juing, l'an mil CCC IIII.xx un.*

c *puissante.*

Quas quidem Litteras suprascriptas, omniaque & singula in eisdem contenta, si & in quantum ritè & justè facta sunt & fuerunt, ratas & gratas, rata & grata habentes, eas & ea, ad supplicacionem carissimi Patrui nostri Ducis Burgundie, Comitis*que* Artesii, *& dilectorum nostrorum Majoris & Scabinorum predicte Ville de* Sancto-Audomaro, *volumus, laudamus, justificamus, approbamus, & tenore presencium de gracia speciali confirmamus: dantes in mandatis* Baillivo Ambianensi, Preposito *de* Monsterolio, *ceterisque Justiciariis & Officiariis nostris, presentibus & futuris, vel eorum Locatenentibus, & eorum cuilibet, prout ad eum pertinuerit, quatinùs dictos exponentes & eorum quemlibet, prout ad eum pertinuerit, nostrâ presenti graciâ & confirmacione uti faciant & permittant pacificè, & gaudere absque impedimento quocumque. Quod ut firmum & stabile perpetuò permaneat, hiis presentibus Litteris*

NOTES.

(a) Trésor des Chartres, Regiftre 151. Pièce XXXVII. (37.)

(b) *Karolus, &c.]* Ces Lettres qui sont du mois de Décembre 1380. sont imprimées à la page 547. du sixième Volume de ce Recueil.

nostrum fecimus apponi Sigillum: Salvo in aliis jure nostro, & in omnibus quolibet alieno. Datum *Parisius,* mense Januarii, anno Domini millesimo CCC.° nonagesimo sexto; & Regni nostri XVII.°

Per Regem, ad relacionem Consilii.
Collacio facta est cum prescriptis Litteris. SALAUT.

CHARLES VI. à Paris, le 12. de Février 1396.

(a) *Lettres qui portent que dorénavant les Criminels condamnez à la mort, pourront être confessez avant que d'être conduits au supplice.*

CHARLES par la grace de Dieu Roy de France. Savoir faisons à tous présens & avenir, que comme pour ce que en aucunes parties de nostre Royaume, où l'en use & qui sont gouvernées par Coustumes, il a esté observé de si long temps qu'il n'est mémoire du contraire, que à ceulz qui ont esté condempnez pour leurs démérites à mourir, ne a point esté baillié ne administré le Sacrement de Confession [a] ainçois qu'ilz aïent esté exécutez; & que comme il semble à plusieurs, selon nostre Foy Crestienne & la Constitucion & Ordonnance de nostre Mere Sainte Eglise, ledit Sacrement de Confession ne doit estre [b] dénié ne empeschié à aucun qui le vueille requerir; & après ce que nos très-chiers & très-amez Oncles & Frere, les *Ducs* de *Berry,* de *Bourgongne,* d'*Orléans* & de *Bourbon,* plusieurs autres de nostre Sang, & aussi plusieurs grans [c] Clers & saiges hommes, tant de nostre Grant Conseil comme autres, Nous ont par plusieurs foiz moult [d] instaument supplié, admonesté & requis, que Nous voulsissons abolir ladicte observance, & ordener que d'oresénavant lesdis condempnez eussent ledit Sacrement de Confession avant leur mort; Nous pour procéder plus meurement sur ces choses, aïons fait assembler en nostre présence, noz Oncles, Frere, & autres de nostre Sang dessus diz, les Gens de nostre Grant Conseil, & plusieurs noz Conseillers de noz Cours de Parlement, de Chastellet, & autres, & après ce que ladicte [e] matere leur a esté [f] ouverte, aïons fait demander à chascun son advis sur l'abolicion desdictes Coustume & observance; & pour ce que par la plus grant & plus saine oppinion de tous, Nous a esté conseillé faire l'abolicion dessus dicte, Nous eue considéracion à ce, par la délibéracion de noz Oncles & Frere dessusdis, & de tout nostredit Conseil, en abolissant & anullant du tout & à tousjours les Coustume & observance dessus dictes, avons décerné & ordené, décernons & ordenons par ces présentes, pour Loy & Constitucion à durer perpétuelment en nostredit Royaume, que d'oresénavant à toutes personnes qui pour leurs démérites seront condempnées à mourir, soit offert par les Ministres de la Justice par laquelle ilz seront détenus & condempnez, & leur soit baillié & administré le Sacrement de Confession, selon l'Ordenance de nostre dicte Mere Sainte Eglise, après ce qu'ilz auront esté condempnez & examinez sur tous les cas dont ladicte Justice les vouldra examiner, & ainçois qu'ilz se partent du lieu où ilz seront détenuz, pour estre menez au lieu où ilz devront estre exécutez, & que à eulz confesser à Prestres, soïent induiz par

[a] *avant.*
[b] *deviée.* Reg. du Ch.
[c] *gens sçavans.*
[d] *instamment.* Reg. du Ch.
[e] *matière.* Reg. du Ch.
[f] *proposée.*

NOTE.

(a) Registre *A.* du Parlement de *Paris, fol.°* 7 vingt 4 *recto.* [144.]

Avant ces Lettres, il y a: *Ordinacio super Sacramento Confessionis dande & administrande condempnatis & judicatis ad mortem.*

Ces Lettres sont aussi dans le Livre Rouge vieil du Châtelet de *Paris, folio* 6.^xx 17 *recto.*

Elles avoient déja été imprimées sous la date du 2. de Février 1396. dans *Fontanon,* T. 1. p. 660. & sous la même date, à la page 663. col. 1. des observations latines qui sont à la fin du livre intitulé *Ritus Ecclesiæ* Laudunensis *redivivi, ab* Antonio Bellotte. *Parisiis.* 1662. *in-f.°*

L'Auteur fait ensuite des observations curieuses sur ces Lettres. Voy. aussi les Annales Ecclésiastiques de *Reinaldus,* T. 16. an. 1375. N.° 28.

Le Père *Felibien* a aussi fait imprimer cette Ordonnance à la page 254. col. 2. du 5.e Vol. de son histoire de *Paris.* Elle y est datée du 11. de Février.

Le Moine de Saint Denys, p. 361. dit que ce fut le *Seigneur* de *Craon* qui obtint cette Ordonnance de Charles VI.

lesdits Ministres de la Justice, ou cas qu'ilz seroient si esmeuz ou surprins de [a] tritresce, qu'ilz ne auroient congnoissance de la vouloir ou demander. Si donnons en mandement par ces présentes, à noz amez & féaulz Conseillers les Gens tenans & qui tendront nostre Parlement à *Paris*, au *Prevost* de *Paris*, & à tous noz autres [b] Justiciers & de nostre Royaume, présens & avenir, & à chascun d'eulz en droit soy, que noz présente Loy, Constitucion & Ordenance, tiengnent & facent tenir & garder sans enfraindre, & les facent enregistrer ès Registres de leurs Cours, & publier solennelment par tous les lieux notables de leurs Juridicions, espécialment où ladicte Coustume a eu lieu ou temps passé. Et afin que ce soit ferme chose & estable à tousjours, Nous avons fait mettre à ces Lettres nostre Séel. *Donné à* Paris, *le* XII.*e* *jour de Février, l'an de grace mil* CCC IIII.*xx* *&* XVI; *&* *le* XVII.*e* *de nostre Regne.*

CHARLES VI. à Paris, le 12. de Février 1396.

[a] *tristesse.* Reg. du Ch.

[b] *aux Juges Royaux, & à ceux des Seigneurs.*

Ainsi signé [c]. Par le Roy, en son Conseil. J. DE SANCTIS. [d] Collatio facta est.

[c] *en marge.* Reg. du Ch.

[d] *Visa: multiplicata.* Reg. du Ch.

(a) Lettres qui portent que le droit de Rève qui se lève sur les marchandises transportées hors du Royaume, ne sera point payé dans le lieu où elles seront chargées, mais dans celui par lequel elle sortiront du Royaume.

CHARLES VI. à Paris, le 26. de Février 1396.

CHARLES par la grace de Dieu Roy de France. Aux *Seneschaux* de *Beaucaire* & de *Carcassonne,* au *Bailli* de *Mascon,* & aux Maistres des Ports illeuc, ou à leurs Lieuxtenans: Salut. Comme d'ancienneté, & par Ordenences jadis faites sur le fait de la [e] Reve de quatre Deniers pour Livre, & nos autres drois anciens & de nostre Demaine, accoustumés estre pris & levez sur les denrées & marchandises traites & menées hors de nostre Royaume, soit accoustumé que les Marchans & autres conduisans lesdittes denrées & marchandises, payent & doyvent payer l'aquit de laditte Reve, & autres droits anciens, ez Pors & Passages par lesquels icelles danrées & marchandises sont traites, portées & menées hors de nostredit Royaume; & Nous ayons entendu que vous Maistre des Pors desdits *Bailliage* de *Mascon* & *Seneschaussie* de *Carcassonne,* & les Comis & Gardes ordennés de par vous, ou les Fermiers illec, vous étes esforcié & esforciés de jorn en jorn de cueillir ladite Reve & autres drois de & sur les marchandises & danrées prinses & chargées [f] dedens les termes d'iceulx *Bailliage* de *Mascon* & *Seneschaussie* de *Carcassonne,* qui depuis sont traites, portées & mises hors de nostredit Royaume, par les Pors, Passages & destrois de la *Seneschaussie* de *Beaucaire,* soubs umbre ou couleur de ce que vous prétendés lesdits Marchans ou conducteurs desdittes marchandises & denrées, estre tenus de payer ledit acquit sur le lieu où icelles denrées & marchandises sont prinses & chargées, en [g] enlegant aucune Instruction qui n'a pas esté gardée ne tenue d'ancienneté en ce cas; laquelle chose est & seroit contre la teneur desdittes Ordenences & observance ancienne, & pourroit redonder à nostre très-grant domage & du bien publique de la marchandise, & à la vexation & travail des marchans forains fréquentans nostre Royaume, se pourveu n'y étoit convenablement; Nous voulons sur ce estre remedié, & pour oster l'ambiguité & esclarcir en ceste partie, le vray texte desdittes Ordenences & Instruction, eue sur ce meure délibération de nostre Grant Conseil, avons ordenné & ordenons par la teneur de ces Présentes, que doresenavant ladite Reve & autres drois anciens à Nous appartenens, seront cueillis, levés & receus par les Commis à ce, sur lesdits Pors & Passages par lesquels lesdittes danrées & marchandises seront portées, traites & mises hors de nostredit Royaume, & non ailleurs, quelque part qu'elles ayent esté chargées dedens icelluy Royaume; & que pour obvier à toute fraude que sur ce se porroit comettre, lesdits Marchans ou conducteurs seront tenus de bailler cautions & pleges souffisans à [h] Nous Gens à ce ordennez, sur le lieu où lesdittes marchandises & denrées seront

[e] *Voy. les Tabl. des Mat. des Vol. de ce Rec.* au mot *Rève.*

[f] *dans l'étendue.*

[g] *alléguant.*

[h] *nos Gens.*

NOTE.

(a) Ces Lettres ont été envoyées de *Montpellier,* avec cette indication: *Sénéchaussée de Nîmes en général, Arm.* A. *Liasse* 19. *des Actes ramassez, N.º* 4. *folio* 177. *verso.*

CHARLES VI. à Paris, le 26. de Février 1396.

prinses & chargées dedens nostredit Royaume, de payer & acquitter au Port ou Pors là où ils les feront passer, le droit de laditte Reve, & autres dessus touchés & accoustumés; & que par reportant certification souffisante d'avoir payé ledit acquit, lesdits Marchans & plaiges demourront délivrés de laditte caution & [a] plaigieyre. Si vous mandons & extroitement enjoignons, & à chacun de vous, si comme à luy appartendra, en comettant, se [b] mestier est, que nostre présente Ordenence vous tenés & gardés, & icelle vous faites tenir & garder sans enfreindre; & se aucunne chose estoit faitte au contraire, si le remettés ou faites remettre sans délay à estat deu, en constreignant à ce tous ceulx qui pour ce seront à constraindre, par toutes voyes & manieres deues, & que vous verrés qu'il sera à faire de raison, & selon la forme & teneur desdittes Ordenences, autrement. *Donné à* Paris, *le XXVI.e jour de Février, l'an de grace M. CCC. IIII.xx & seize, & le XVII.e de notre Regne.* Par le Roy, à la relation du Conseil estant en la Chambre des Comptes. [c] UMGAUT.

a *plegerie.*
b *besoin.*
c *Il faut appar. corr.* GUINGANT. *Voy. ci-dessus, p.* 119.

CHARLES VI. à Paris, le 20. de Mars 1396.

(a) *Lettres par lesquelles il est défendu d'acheter l'Or & l'Argent, à un prix plus haut que celui qui en est payé à la Monnoie; & qui ordonnent que les Changeurs & les Orfévres de Paris porteront à la Monnoie de cette Ville, tout le Billon qu'ils auront; à l'exception de celui qui sera nécessaire pour faire des ouvrages à l'usage des Eglises, du Roy, de la Reine, des Princes du Sang, &c.*

CHARLES par la grace de Dieu, Roy de France. A noz amez & féaulx les Généraulx-Maistres de noz Monnoyes: Salut & dileccion. Comme par noz Ordonnances sur le fait de noz Monnoyes, soit ordonné & deffendu à tous, que nulz Changeurs, Orfevres, ne autres quelz qu'ilz soient, ne achatent Or, Argent ne Billon [d] à greigneur pris que Nous faisons donner en noz Monnoyes, sur la peine contenue en nosdictes Ordonnances; lesquelles n'agueres ont esté publiées en nostre Ville de *Paris* & ès autres bonnes Villes de nostre Royaume; & il soit venu à nostre congnoissance, & sommes deuement informez par aucuns de nostre Conseil, que plusieurs Changeurs, Orfévres & autres de nostre dicte Ville de *Paris*, vendent & achetent Or, Argent & Billon à greigneur pris que Nous ne donnons en nosdictes Monnoyes, soubz umbre de ce qu'ilz dient & maintiennent qu'il leur convient faire grant quantité de Vessellе d'Or & d'Argent, tant pour Nous comme pour ceulx de nostre Lignaige & autres; & pour celle cause est & demeure nostre Monnoye de *Paris* [e] en chomaige en nostre très-grant préjudice & dommaige & de la chose publique, & seroit ou temps avenir, se pourveu n'y estoit de remede convenable: Nous vous mandons & commectons que vous faictes deffense de par Nous, à tous lesdits Changeurs & Orfevres, que d'oresénavant ilz ne vendent ne achetent Or, Argent ne Billon à greigneur pris que Nous faisons donner en nosdictes Monnoyes, sur peine de perdre tout ledit Or, Argent & Billon, & de l'amender à nostre voulenté; & oultre, faictes jurer lesdits Changeurs pardevant vous, que tout le Billon d'Or & d'Argent qu'ilz ont & auront, ilz portent ou facent porter en nostre dicte Monnoye de *Paris*, sur la peine contenue esdictes Ordonnances; excepté toutesvoës l'Or & l'Argent qu'il conviendra ouvrer pour faire Joyaulx à faire Sainctuaires pour Dieu servir, & aussi pour Nous & nostre très-chiere & amée Compaigne la Royne, & pour ceulx de nostre Lignaige, dont vous serez avant tout euvre certiffiez deuement, ou pour autres personnes que vous verrez & serez acertenez estre pour le bien publicque. *Donné à* Paris, *le XX.e jour de Mars, l'an de grace mil III.c IIII.xx & seize; & de nostre Regne le XVII.e* Par le Roy, à la relacion de son Grant Conseil, ou [f] Vous, Messire *Almaury* d'*Orgemont*, & autres, estiez. P. MANHAC.

d *à plus haut prix.*
e *on cesse d'y travailler.*
f Le Chancelier de France. Voy. *le 5.e Vol. de ce Rec. pag.* 653. Note (c).

NOTE.

(a) Regiftre *E.* de la Cour des Monnoies de *Paris, folio* 6 vingt 12 *verso.* [132.]

Avant ces Lettres, il y a: *Lectres Royaulx touchant les Changeurs & Orfévres de* Paris.

CHARLES VI.
à Paris, en Mars 1396.

(a) Confirmation des Priviléges accordez aux habitans d'Andelot, par Thibaut Comte de Champagne.

SOMMAIRES.

(1) Les gens des Domaines du Comte de Champagne, & des Fiefs relevant immédiatement de lui, & qui seront possédez par des habitans d'Andelot, ne pourront y être reçus pour s'y établir. Tous les autres pourront y être reçus.

(2) L'habitant qui aura une maison dans ce lieu, payera au Comte une redevance annuelle de quatre Deniers. Les habitans ne pourront, sans la permission du Comte, aliéner à quelque titre que ce soit, leurs maisons aux Gens de main-morte, ni les donner à Cens, ni les charger d'autres redevances.

(3) Les habitans payeront au Comte une redevance annuelle de douze Deniers & d'un Chapon, moyennant laquelle ils seront exempts de Tailles & d'autres Impôts.

(4) Modération & fixation des Amendes & des droits de Justice.

(5) Amendes que payeront ceux qui auront donné des coups, ou qui auront fait des blessures. Elles seront plus fortes lorsque le délit aura été commis dans le marché.

(6) Les voleurs, les meurtriers, les ravisseurs, les incendiaires & les traîtres, seront punis à la volonté du Comte.

(7) Si deux personnes, après les gages de bataille donnez, s'accordent entr'elles, elles payeront l'une & l'autre une Amende de deux Sols six Deniers. Si elles s'accordent après les Sermens faits en pareil cas, elles payeront chacune une Amende de quinze Sols. Si le combat a été fait, le vaincu sera condamné à une Amende de cent Sols; mais si le duel a été fait par rapport à un vol, à un meurtre, à un rapt, à un homicide, à un incendie ou à une trahison, le vaincu sera puni à la volonté du Comte.

(8) Les fours & les moulins bannaux lui appartiendront.

(9) Les habitans seront obligez de servir dans les armées du Comte; mais du côté de la Champagne, il ne pourra pas les conduire plus loin que la Ferté-sur-Aube, Bar & Barbaciacum. *Du côté de la Bourgogne, de la Lorraine & de l'Allemagne, il pourra les conduire jusqu'où il jugera à propos, & les retenir dans son armée tant de tems qu'il lui plaira.*

(10) Les procès des habitans, ne pourront être jugez que dans leur Ville.

(11) Ils ne payeront point les droits de main-morte & de Formariage. Ils ne pourront être arrêtez prisonniers, s'ils donnent caution de se représenter en Justice.

(12) Les habitans pourront vendre les biens qu'ils ont dans la Ville, sans payer d'autres droits que ceux de ventes; & lorsqu'ils les auront acquittées, ils pourront s'en retirer, à moins qu'ils n'y aient commis quelques délits à l'occasion desquels ils y doivent être retenus.

(13) Les habitans établiront les Messiers.

(14) Les Maîtres des animaux qui seront entrez sur des terres qui ne leur appartiennent pas, répareront le dommage qui y aura été fait, & payeront une Amende différente suivant la nature de l'animal.

(15) Lorsque les nouveaux Prévosts entreront en Charge, ils jureront de conserver les Priviléges de la Ville.

(16) Les habitans ne pourront pas retenir dans leur Ville pour y demeurer, ceux qui demeurent dans le Château de Monteclair appartenant au Comte, si ce n'est par sa permission. Ces habitans, lorsqu'ils en seront requis par le Comte, viendront à ce Château de Monteclair, pour le garder; & s'ils y manquent, ils seront condamnez à l'Amende.

KAROLUS, &c. Notum facimus universis presentibus & futuris, Nos Litteras infrascriptas vidisse; formam que sequitur, continentes.

Nos Theobaldus *Dei gracia* Rex Navarre, Campanie, *&* Brie Comes[a] *Palentinus. Notum facimus universis presentibus & futuris, quòd Libertates & Consuetudines infrascriptas concessimus &* [b] *creantavimus tenendas & observandas firmiter, omnibus hiis qui manebunt in Villa nostra de (b)* Andeloto *sub* Monte Esclario;

a Palatinus.

b avons promis.

(1) In quaquidem Villa retineri ad manendum non poterunt homines Demaniorum nostrorum, nec homines feodorum nostrorum, que illi tenerent de nobis (c) in capite de

NOTES.

(a) Trésor des Chartres, Registre 151. Pièce VIII.^xx VII. (167.)

(b) *Andeloto.]* *Andelot.* Voy. le *6.e Vol. de ce Rec.* p. 629. Note *(a)*. J'y ai cité le Diction. universel de la France à ce mot. Il y est dit de plus, qu'*Andelot* est situé sur le ruisseau de *Rougnon* au dessous de *Monteclair.* C'est sans doute le *Mons Esclarius* dont il est parlé plus d'une fois dans ces Lettres où ce nom est écrit différemment.

(c) *In Capite.]* C'est-à-dire des fiefs possédez par ces habitans, & qui relèvent immédiatement du *Comte* de *Champagne.* Voyez le Glossaire de *Du Cange* aux mots *Feudum Capitale,* col. 438. J'avoue que je n'entends point ces mots qui suivent, *de sub quibus venirent.* Ils sont peut-être corrompus.

CHARLES VI.
à Paris, en Mars 1396.

sub quibus venirent; nec eciam homines [a] *custodiarum nostrarum in quibus habemus Taillias seu (d) Parisias nostras, nisi id fuerit de assensu & voluntate nostra. Omnes verò homines alios qui in Villam predictam venient ad morandum,* [b] *& ibidem per nos poterunt retineri sub hac libertate, & in hiis consuetudinibus retinebimus.*

(2) [c] *Uniusque manencium in eadem Villa, qui* [d] *masuram tenebit, reddet nobis pro masura, singulis annis in Festo* Sancti Remigii, *quatuor Denarios pro* [e] *costuma. Quelibet masura habebit viginti pedes in latitudine, & in longitudine, quinquaginta. De masuris autem, nec vendicione, nec dono, nec elemosina, nec quoquo alio modo poterit ulla poni (e) manu-mortua, nec censiva, seu quacumque alia consuetudine onerari, sine licencia nostra.*

(3) Unusquisque Burgensis ejusdem Ville, persolvet nobis singulis annis, ad Natale Domini, duodecim Denarios & unum Caponem, & per hoc quittus erit & absolutus ab omni Tailliâ & exactione.

(4) Forisfactum sexaginta Solidorum, per quinque Solidos emendabitur. Forisfactum quinque Solidorum, ad duodecim Denarios deveniet. (f) Planus Clamor per sex Denarios emendabitur.

(5) Si quis in Villa predicta fecerit [f] *mesleiam de qua sanguis exeat, quindecim Solidos persolvet pro sanguine. Quicumque percusserit iracundè alium* [g] *plano ictu, sine sanguine faciendo, persolvet quinque Solidos pro emenda. Si quis in die fori percussus fuerit, ita quòd sanguis de ipso exeat, percutiens solvet sexaginta Solidos pro emenda; & si quis percussus fuerit de armo moluto iracundè, percutiens erit in voluntate nostra.*

(6) Quicumque furtum, multrum, raptum, incendium sive prodicionem (g) commiserit, erit in voluntate nostra.

(7) Si qui vadia duelli dederint, & postea inter se composuerint, uterque solvet duos Solidos & dimidium pro emenda. Si (h) Maugra Sacramenta facta fuerint, & postea composuerint, uterque reddet quindecim Solidos. Si duellum factum fuerit, victus persolvet centum Solidos, nisi duellum sit de [h] *fulto,* [i] *multro, raptu, omicidio, incendio vel prodicione,* [k] *qua tunc esset victus in voluntate nostra.*

(8) Bannales furnos & molendina [l] *menualia, nobis retinuimus.*

(9) Homines dicte Ville, in exercitum nostrum & chevauchaiam Prepositi nostri & nostram ibunt; ita tamen quòd versùs Campaniam *non ducentur ultra* Firmitatem *super* [m] Alban, *nec ultra* Barrum, *nec ultra (i)* Barbaciacum, *sed versus* Burgondiam, [n] Lothoringiam & Alemaniam, *ibunt ubicumque voluerimus, & quandiu voluerimus morabuntur in exercitu nostro vel expedicione nostra.*

(10) De manentibus in eadem Villa, non trahetur aliquis pro Placito, extra Villam, sed respondebunt ibidem, si quis eos voluerit placitare.

a qui sont dans la garde du Comte.
b mot inutile.
c *Il faut appar. corr.* unusquisque.
d maison.
e redevance ordinaire.
f une querelle, une rixe, qui a causé une effusion de sang.
g Je n'ai rien trouvé sur cette expression. Elle peut signifier *un coup qui a porté & qui a atteint en plain.*
h furto.
i murtro.
k cet endroit paroît corrompu, mais le sens est clair.
l Je ne sçais ce que signifie ce mot qui est d'ailleurs douteux, parce qu'il y a au milieu quatre jambages sans point.
m Albam. *La Ferté-sur-Aube.*
n Lotharingiam.

NOTES.

(d) Parisias.] Je n'ai rien trouvé sur ce mot. Je crois qu'il faut corriger *Prisias*, Prises, droit Seigneurial en vertu duquel un Seigneur prend à crédit pour un certain tems, chez ses sujets, les denrées & les choses mobiliaires dont il a besoin. Voy. le Glossaire de *Du Cange* au mot *Prisia* 1. & les *Tables des Mat. des Vol. de ce Rec.* au mot *Prises*.

(e) Manu-mortua.] Il faut appar. suppl. *in* avant ces mots; & je crois que par ces mots *manu-mortua*, il faut entendre les Gens d'Eglise.

(f) Planus Clamor.] Ces mots qui sont dans le Glossaire de *Du Cange*, au mot *Clamor* 2. col. 656. n'y sont point expliquez, & on y trouve seulement deux passages dans lesquels ces mots sont inserez. Je crois qu'on peut tirer l'interprétation de ces mots du second de ces passages. *Et si fuerit*, y est-il dit, *Planus Clamor, videlicet usque ad Valentiam 3. Solidorum, &c.* Il me paroît que *Planus Clamor* est une Requête présentée en Justice dans une affaire peu importante, lorsque, par exemple, l'objet du procès n'est que de trois Sols, & qu'il doit être jugé sommairement & sans forme de procès: *summariè & de plano*, comme portent plusieurs Lettres imprimées dans ce Recueil. Le sens de notre article, est que dans le cas de *Planus Clamor*, le droit que l'on doit payer au Juge quand on lui présente une Requête, ne sera que de six Deniers.

(g) Il y a à cet endroit dans le Regist. un *p.* avec une marque d'abréviation & trois jambages sans point; mais il semble que ce mot ait été rayé.

(h) Maugra Sacramenta.] Dans les Duels, les Champions avant de commencer le combat, prétoient des Sermens. Voy. le Glossaire de *Du Cange*, au mot *Duellum* 3. col. 1671. Je n'ai rien trouvé sur le mot *Maugra*.

(i) Barbaciacum.] Je n'ai rien trouvé sur ce lieu. C'est peut-être *Braban* de l'Election de *Chaumont*, de laquelle dépend aussi *Andelot*.

(11) *Nullus ibi manencium, (k) mortuam-manum aut Formaritagium persolvet, nec aliquis ipsorum captus tenebitur, si voluerit dare sufficientes plegios veniendi ad jus.*

(12) *Quilibet ibi manencium, poterit* [a] *rex suas vendere sine (l) occasione; ita tamen quòd eas non vendet in* [b] *mortua-manu; &* [c] *redditis vendicionibus suis, recedere poterit à Villa predicta, si voluerit, nisi aliquid fecerit propter quod debeat retineri.*

(13) *Burgenses ejusdem Ville, suos ponent Mecerios & custodes vinearum.*

(14) *Si animalia capta fuerint in dampno alterius, redditur* [d] *dampto illi cui illatum fuerit. Talis persolvetur emenda, pro Equo, duo Denarii; pro Vaca, IIII; pro Asino, duo; pro Ove, unus; pro Porco, II Denarii* [e] *rendentur de emenda.*

(15) *Quociensecumque instituetur in eadem Villa, Prepositus, sive mutabitur, jurabit* [f] *ad consuetudines se bona fide firmiter servaturum.*

(16) *Nos verò omnes Libertates & Consuetudines suprascriptas, concedimus &* [g] *donamus omnibus* [h] *ominibus & mulieribus qui morantur, de cetero morabuntur, &* [i] *veniant ad morandum in Villam de* Andelou *supradictam; hoc salvo quod illi de* Andelou *supradicti, retinere non poterunt homines commorantes in Castro nostro de* Montesclero *supradicto, & eos qui ibidem de cetero morabuntur, & venient ad morandum, nisi hoc fieret de nostra licencia speciali; & quòd homines commorantes apud* Andelou *& ibidem moraturi de cetero, & venient ad morandum, tenebuntur quociens opus fuerit & super hoc à nobis aut ex parte nostra fuerint requisiti, accedere ad dictum Castrum nostrum de* Montesclere, *& ad ipsum Castrum nostrum custodiendum ibidem morari quamdiu fuerit opportunum; & si aliquis ipsorum contra premissa venire presumpserit, hoc nobis tenebitur emendare, & quod omnia (m)* *bonâ fide, & promittimus inviolabiliter observare perpetuò, & facere observari. In cujus rei testimonium & munimen, Sigillum nostrum presentibus duximus aponendum.* Datum apud *Monten-Esclere,* anno Domini millesimo CC.^mo^ LXVIIII.° die Lune post Festum Beate Marie Magdalene. Nota *Gaufredi de Montelétherico,* de mandato nostro.

Quibus Litteris visis, & auditâ super hoc supplicacione dilectorum nostrorum manencium & habitancium Ville de Andeleto *sub* Montesclario, *in preinsertis Litteris nominatorum, ipsas Litteras & omnia & singula contenta in eisdem, in quantum ritè, justè & debitè usi sunt, rata & grata habentes, laudamus, approbamus, ratifficamus, & de nostra speciali gracia, certa sciencia & auctoritate Regia confirmamus: Baillivo nostro* Calvis-montis, *necnon* Preposito *de* Andeleto, *ceterisque Justiciariis nostris, presentibus & futuris, & eorum cuilibet, ac Locatenentibus eorumdem, tenore presencium precipiendo mandantes ut omnia & singula predicta teneant inviolabiliter &* [k] *observant, faciantque ab omnibus ad quos pertinuerit, observari firmiter & tueri. Quod ut firmum & stabile permaneat in futurum, Sigillum nostrum presentibus Litteris duximus apponendum.* Datum *Parisius,* mense Marcii, anno Domini millesimo CCC.° nonagesimo sexto; & Regni nostri XVII.°

CHARLES VI.
à Paris, en Mars 1396.

[a] res.
[b] Je crois que par ces mots, il faut entendre les Gens d'Eglise.
[c] red. *Reg.*
[d] dampnum.
[e] reddentur.
[f] mot inutile.
[g] donamus.
[h] hominibus.
[i] venient.

Suite des Lettres de Charles VI.

[k] observent.

NOTES.

(k) Mortuam-manum aut Formaritagium.] Il y avoit autrefois en France, des espèces de Serfs qui ne pouvoient point disposer de leurs biens par donation ni par testament; & leurs biens mêmes, lorsqu'ils ne laissoient point d'enfans légitimes, revenoient à leur Seigneur. Ils ne pouvoient point aussi se marier hors du lieu de leur demeure. Ces sortes de servitudes avoient été quelquefois converties en des redevances en argent; & ce sont ces redevances dont les habitans d'*Andelot* sont déclarez exempts par cet article. Voy. le Glossaire de *Du Cange* au mot *Manus-mortua,* col. 483. & 484.

(l) Occasione.] Suivant le Glossaire de *Du Cange,* au mot *occasio,* il a quelquefois signifié un Impôt. Le sens de cet article est donc que les habitans pourront vendre leur bien sans payer d'autres droits que ceux de Lods & Ventes: car je crois que les mots *redditis vendicionibus suis* qui sont plus bas, désignent le payement des Lods & Ventes.

(m) Il y a là un mot tellement effacé, qu'il n'a pas été possible de le lire. Il paroît même qu'il y a dans cet endroit, quelque chose de corrompu dans le texte.

CHARLES VI. à Paris, en Mars 1396.

(a) Confirmation des Priviléges des habitans de Saint-André.

KAROLUS, &c. Notum facimus universis tam presentibus quàm futuris, Nos quasdam Patentes Litteras Regias vidisse; formam que sequitur, continentes.

(b) JOHANNES, &c.

Nos autem suprascriptas Litteras, omniaque & singula in eis contenta, quathenùs & in quantum habitatores prenominati hactenùs [a] *ex eis usi sunt & fuerunt, rata habentes & grata, ea volumus, laudamus, approbamus, ratifficamus, & tenore presencium de gracia speciali & auctoritate nostra Regia confirmamus. Quare damus in mandatis per presentes,* Seneſcallo Bellicadri, *ceterisque Commissariis, Justiciariis & Reformatoribus nostris, presentibus pariter & futuris, & eorum cuilibet, vel Locatenentibus eorumdem, quathenùs dictos habitatores Castri seu Ville* Sancti-Andree, *predicti, nostrâ presenti graciâ & confirmacione uti & gaudere pacificè & quietè deinceps perpetuis temporibus faciant & permittant, impedimentis quibuscumque cessantibus penitùs & amotis. Quod ut firmum & stabile permaneat in futurum, nostrum presentibus Litteris fecimus apponi Sigillum: nostro in aliis, & alieno in omnibus jure salvo.* Datum *Parisius,* anno Domini millesimo CCC.° nonagesimo sexto, mense Marcii; & Regni nostri decimo septimo.

Per Regem, ad relacionem Consilii. [b] PROJEHETE.

a mot inutile.

b ce nom est très-douteux.

NOTES.

(a) Trésor des Chartres, Registre 151. P. VII.^xx^ XVIII. (158.)

(b) Johannes, &c.] Ces Lettres qui sont du mois de Février 1362. sont imprimées à la page 610. du 3.e Vol. de ce Rec. mais dans ce Registre 151. le Copiste a passé le préambule des Lettres du Roy Jean, l'intitulation de celles de Philippe-le-Bel, & la confirmation du Roy Jean; en sorte que ces Lettres commencent ainsi. *Johannes Dei gracia Francorum Rex. Notum facimus universis tam presentibus quàm futuris, quòd Nos habitatoribus, &c.* Or ces mots, *Notum, &c.* sont le commencement des Lettres de Philippe-le-Bel.

Le Registre 151. confirme les corrections faites à la marge des Lettres de Philippe-le-Bel; & fournit les trois corrections suivantes.

P. 611. Lig. 19. per rata . . . . *corr.* *pro* rata.
Lig. 39. qualibet nundine . . . . *quelibet* nundine.
P. 612. Lig. 1. possit . . . . *possint.*

CHARLES VI. à Paris, le . . . de . . . . 1396. [avant le 3. d'Avril. Voy. page suivante Note *(f)*.]

(c) *Mandement qui porte qu'il sera alloué au Maître-Particulier de la Monnoie de Tournay, qui s'est engagé à fabriquer douze mille Marcs d'Argent, trois Sols six Deniers de crûe, au dessus du prix courant des matières d'Argent.*

CHARLES par la grace de Dieu Roy de France. A noz amez & féaulx les Généraulx-Maistres de noz Monnoyes: Salut & dillection. Pour l'avancement de l'ouvraige de nostre Monnoye de *Tournay,* & pour peupler le pays d'environ de noz bonnes Monnoyes que Nous faisons faire à présent, dont il est grant deffault, si comme Nous avons entendu, aucuns des Gens de nostre Conseil ont traictié & accordé avec *Arnoul Lennisy* Maistre-Particulier de ladicte Monnoye, par telle condicion qu'il a promis faire ouvrer en icelle Monnoye dedans ung an acomply après *(d)* l'enchere passée, la somme de douze mil Marcs d'Argent, ou Nous en payer

NOTES.

(c) Registre *E.* de la Cour des Monnoies de *Paris, folio* 6 vingt 13 *recto.* [133.]

(d) L'enchere passée.] A compter du jour qu'après plusieurs enchères reçues, la Ferme de cette Monnoie lui aura été adjugée.

le *(e)* rendaige seulement, ou cas que deffault y seroit; [a] parmy ce qu'il aura & luy sera compté pour chacun Marc dudit Argent, III. Sols VI. Deniers Tournois, oultre le pris de VI. Livres V. Sols que Nous donnons à présent aux Changeurs & marchans. Si vous mandons que de tous les Marcs d'Argent qu'il vous aparra avoir esté ouvrez en ladicte Monnoie par ledit *Arnoul,* & dedans ledit temps, vous lui comptez & alouez en ses comptes, lesdiz III. Sols VI. Deniers Tournois de creue, oultre & pardessus ledit pris de VI. Livres V. Sols: car ainsi Nous plaist-il estre fait; nonobstant Ordonnances, Mandemens & deffenses à ce contraires. *Donné à* Paris, *(f) le jour de l'an de grace mil III.*[c] *IIII.*[xx] *& seize; & de nostre Regne le XVII.*[e]

DERIEN.

CHARLES VI. à Paris, le ... de .... 1396. [avant le 3. d'Avril. Voy. la Note *(f)* de cette p. 129.]

a *moyennant.*

NOTES.

(e) Rendaige.] *Boizard* dans son Traité des Monnoies, p. 63. dit que *Rendage* est la même chose que *Seigneuriage;* & p. 55, il dit que *Seigneuriage* est le profit que fait sur les Monnoies, celui qui a le droit d'en faire battre. Le sens de cet endroit est que si le Maître-Particulier de la Monnoie ne fabrique pas le nombre de Marcs d'Argent qu'il s'étoit engagé de mettre en œuvre, il payera au Roy le profit qu'il lui seroit revenu, s'ils avoient été fabriquez.

(f) Le ....] Les dates du mois & du jour sont en blanc dans le Registre, mais les Lettres exécutoires données par les Généraulx-Maîtres des Monnoies sur ce Mandement, & qui le suivent dans le Registre, sont datées du III. d'Avril mil III.[e] IIII.[xx] & seize.

(a) Ordonnance sur la nouvelle Aide accordée par les trois Etats d'Artois, de Boulenois & de Saint-Pol.

CHARLES VI. à Paris, le 3. d'Avril 1396.

CHARLES, &c. Sçavoir faisons à tous présens & avenir, que comme nos bien amez les Bourgoiz & habitans des bonnes Villes fermées & plat-païs des *Contez d'Artoiz,* de *Boulenoiz* & de *Saint Pol,* & des Villes enclavées en icelles, pour le grant desir, affeccion & volonté que ilz ont à Nous, & au bien publique de nostre Royaume, & pour aidier à supporter les grans fraiz, charges, missions & despens que de jour en jour Nous convient faire & soustenir pour le fait de noz guerres, Nous aient nouvelement octroyé d'un commun assentement, que pour un an tant seulement, [b] commettant le premier jour de Mars derr. tele & semblable aide comme en l'année précédente ilz avoient fait & payée; laquelle aide lesdiz Bourgoiz & habitans paieront à quatre termes; c'est assavoir, de trois mois en trois mois, à commencier le premier terme & paiement, en la fin du mois de May prouch. venant; le second, en la fin du mois d'Aoust; le tiers, en la fin du mois de Novembre; & le quart & derrenier paiement, en la fin du mois de Février prouch. après ensuivant. *(b)* Nous considérans, &c. *Donné à* Paris, *le III.*[e] *jour d'Avril, l'an de grace mil CCC. IIII.*[xx] *& XVI; & le XVII.*[e] *de nostre regne.*

b *commençant.*

Autrefoiz ainsi par moy signées. Par le Roy, en son Conseil où estoient Monsr. le *Duc* de *Berry, (c)* Vous, le Sire d'*Omont,* & plusieurs autres. MAULONE. Et rescriptes de ceste date, par votre commandement. FRERON. Et renouvellées de ceste datte, par vostre commandement. Et renouvellées d'icelle datte par votre commandement. Et renovellée de ceste datte par vostre commandement. FEVRE.

NOTES.

(a) Trésor des Chartres, Registre 151. Pièce II.[c] II. (202.)

(b) Nous considérans, &c.] La suite de ces Lettres est conforme à celles du 22 de Mai 1384. qui sont à la page 75. du 7.[e] Vol. de ce Rec; à la différence qu'au lieu de ces mots: *depuis ledit premier jour dudit moys de Juing* qui sont à la ligne 39. de la page 76. il y a ceux-ci: *depuis ledit premier jour du mois de Mars.*

(c) Vous .... Votre.] Ces mots désignent le Chancelier de France. Voy. le *5.*[e] *Vol. de ce Rec.* p. 653. Note *(c).*

M. CCC. XCVII.

Suivant le Glossaire de *Du Cange*, au mot, *Annus*, cette Année a commencé le 22. d'Avril, & a fini le 6. d'Avril suivant.

CHARLES VI. à Paris, le 7. de Mai 1397.

(a) Ordonnance qui porte que celles qui ont été précédemment faites contre les Blasphémateurs, seront exécutées.

CHARLES par la grace de Dieu Roy de France. A tous ceulx qui ces présentes Lettres verront: Salut. Il est venu à nostre cognoissance que combien que par noz *(b)* Prédécesseurs Roys de France, ou aucuns d'eulx, ait ja pieça esté ordonné que tous ceulx qui meuz de mauvais courage & voulenté, & comme mescognoissans nostre & leur Créateur & ses [a] œvres, diroient *(c)* paroles injurieuses & blasphemes, de lui, de la Glorieuse Vierge Marie sa Benoite Mere, & de ses Sains & Saintes, & qui jureroient ou feroient le *(d)* vilain Serement, feussent mis pour la premiere foiz qu'il leur avendroit, [b] ou Pilory où ilz demourassent dès heure de Prime jusques à heure de Nonne, & que l'en leur peust getter à eulx boë ou autres ordures, fors pierres ou choses qui les peussent blecier, & après ce demourassent un mois entier en prison au pain & à l'eaue; à la seconde foiz, se par aventure il leur avenoit, que à eulx mis ou Pilory à jour de marchié ou [c] solennel, l'en fendist la levre dessus [d] à un Fer chaut, par maniere que les dens leur parussent; & à la tierce foiz, la levre dessoubz; & à la quarte foiz, tout le *(e)* Baulevre; & se par male eschéance il leur avenoit la quinte foiz, l'en leur coupast la Lengue [e] tout outre, si que dès lors en avant il ne peussent procéder à teles choses dire; & en oultre, que se aucuns [f] auoient dire ces mauvaises paroles, & ilz ne les venoient annoncer incontinent à Justice, que l'en peust lever & prendre de & sur eulx, Amende jusques à la somme de soixante Livres; & s'ilz ne la povoient païer pécuniaire, qu'ilz demourassent en prison au pain & à l'eaue, jusques à tant que en ladicte prison ilz eussent souffert pénitence équipollent à ladicte Amende; néantmoins nonobstant ce, plusieurs de nostre Royaume & autres conversans & habitans en icellui, non ayans Dieu devant leurs yeulx, mais de leur salut [g] po curans, ou non [h] mémoratis, dient les paroles & blasphemes dessus touchez & autres, despitent, renient, maugreent, & font plusieurs grans & abhominables Seremens, en grant irrévérence de Dieu, de la Benoite Vierge Marie, & des Sains & Saintes, en grant peril de leur salut, & d'encourir [i] le dampnement de leurs ames; lesquelles choses sont & doivent estre à Nous & à tous bons & vrays Catholiques, très-desplaisans & détestables; & pour tant Nous desirans de tout nostre cuer y estre pourveu, & à nostre povoir les

a *euvres*. R. C.
b *au*
c *auquel pour quelqu'occasion le peuple fut assemblé.*
d *avec.*
e *toute entière.*
f *oyoient*. M. *ouoient*. R. C. *entendoient.*
g *pou*. R. C. *peu.*
h *ou ne s'en ressouvenant pas, n'y faisant pas attention.*
i *la damnation.*

NOTES.

(a) Registre *A.* du Parlement de *Paris, fol.º* 7 vingt 4 *recto*. [144.]

Avant ces Lettres, il y a: *Ordinacio super punicione abnegancium Deum, & horribiliter jurantium.*

Ces Lettres se trouvent aussi dans le Livre Rouge vieil du Châtelet de *Paris, fol.º* 6.xx 19. *recto*.

Il a été envoyé de *Montpellier*, une copie de cette Ordonnance, avec cette Indication: *Sénéchaussée de* Nîmes *en général, Arm.* A. *Liasse* 19. *des Actes ramassés, N.º* 4. *folio* 234. *verso*. Dans cette Copie, on lit: *Si donnons en mandement à nos amés & féaulx les Gens tenans nostre présent Parlement à* Paris, *& qui tenront ceulx avenir. Au* Prévost *de* Paris, *au* Sénéchal *de* Beaucaire *& de* Nîmes, *& à tous nos autres Justiciers, &c.*

(b) Prédécesseurs.] Voy. à la page 99. du premier Volume de ce Recueil, l'Ordonnance de Saint Louis de 1268. ou de 1269. contre les Blasphémateurs; & à la page 282. du deuxième Volume, celles de Philippe de Valois du 22. de Février 1347. sur le même sujet.

(c) Il y a vers cet endroit à la marge du Registre: *De gravioribus blasphemiis Statutum.*

(d) Vilain Serement.] On trouve dans plusieurs Lettres de Rémission qui sont dans les Registres du Trésor des Chartres, quel étoit ce vilain serment; mais on se fait un scrupule de le rapporter ici, tant il est horrible.

(e) Baulevre.] C'est la lèvre d'en bas. On dit présentement *Balevre*. Voy. le Diction. de *Trevoux* à ce mot.

a fere cesser, *(f)* voulons, constituons & ordonnons par la teneur de ces présentes, & par meure délibéracion, que l'Ordennance cy-dessus exprimée, soit d'orésénavant par tout nostredit Royaume tenue, gardée, entérinée & acomplie vigueureusement & sans b déport, de point en point, & par la forme & maniere que dessus est declairé; *(g)* & aussi que tous ceulx qui desormais despiteront, renieront, maugreeront nostre Sauveur, sa très-digne Mere, & les Sains & Saintes devant diz, autrement que dessus est touché, ou d'eulx ou d'aucuns d'iceulx feront Seremens indeuz & non c loisibles, autres que le vilain Serement dessus exprimé, soïent corrigez & puniz par détencion de leurs personnes en Prison fermée, par tel & si long espace de temps comme les Juges en d qui Jurisdicion ce e avenra, f discerneront & verront estre expédient & à fere selon l'exigence du cas & la qualité des personnes; & que à ces paines & punicions soïent tous ceulx à qui ce touchera & pourra toucher, contrains vigueureusement & sans déport, par toutes voyes & manieres expédiens & convenables, & le contenu en ces présentes exéquté & acompli si bien si & diligemment, qu'il n'y puist intervenir delay ou defaut. Si donnons en mandement à noz amez & féaulx les Gens tenans nostre présent Parlement à *Paris,* & qui tendront ceulx avenir, au *Prevost* de *Paris,* & à tous noz autres Justiciers ou à leurs Lieuxtenans, qui sont à présent & seront pour le tems avenir, & à chacun d'eulx, que nostre présente Constitucion & Ordennance tiengnent, gardent, entérinent & acomplissent, & facent tenir, garder, entériner & acomplir de point en point sans enfraindre, & toutes faveurs & dépors cessans, en la mettant & faisant mettre si dilligemment & convenablement à exécucion & effect, que en leur coulpe ou négligence n'y ait g dilacion ou faute; car Nous nous en prendrions à eulx. Et afin que par tout nostredit Royaume ce soit notoire, & que aucun n'en puist prendre ignorance, facent nostre présente Constitucion & Ordennance crier & publier solennelement par tous les Lieux & Places où l'en a accoustumé fere Publicacions & Cris En tesmoing de ce, Nous avons fait mettre nostre Séel à ces Présentes. *Donné à* Paris, *le VII.e jour de May, l'an de grace mil CCC IIII.xx & XVII; & de nostre Regne le XVII.e* Ainsi signé. h Par le Roy, à la relacion de son Grant Conseil, ou Mess. les *Ducs* de *Bourgogne,* d'*Orléans* & de *Bourbonnois,* i Vous, & plusieurs autres estiez. P. MANHAC.

Publicate fuerunt presentes Littere in Camera Parlamenti, Magistris sedentibus pro Tribunali, die XVII.a Maii, anno Domini millesimo trecentesimo nonagesimo septimo. J. WILLEQUIN. Collatio facta est.

CHARLES VI. à Paris, le 7. de Mai 1397.

a *faire*, là & plus bas. *R. C.*
b *faveur.*
c *permis.*
d *en la Jurisdiction desquels.*
e *aviendra.*
f *reconnoîtront.*
g *délai.*
h *en marge.* R. C.
i *Le Chancelier de France. Voy le 5.e Vol. de ce Rec. pag.* 653. Note *(c).*

NOTES.

(f) Il y a vers cet endroit à la marge du Registre, les mots suivans, dont quelques-uns paroissent fautifs: *Hic confirmatur & Ordinacio de minus gravibus sequentibus.*

(g) Il y a vers cet endroit à la marge du Regist. *Hec usitatissima sunt presenti tempore* M.° CCCC XI.° *ubique in Regno, absque ulla punitione.*

(h) Après cette signature on lit dans le Registre du Châtelet: *Et au dos de ces dictes Lettres estoit escript ce qui s'ensuit: Publiées suffis. en l'Auditoire de céans & en plain Jugement ou Chastellet, le Mardi XV.e jour de May, l'an mil CCC IIII.xx & XVII.*

(a) Confirmation de la Sauvegarde Royale accordée au Chapitre de Dorat dans la Marche.

CHARLES VI. à Paris, le 13. de Mai 1397.

CHARLES V. au Bois de Vincennes, en Juin 1370.

KAROLUS, &c. Notum facimus universis presentibus & futuris, Nos Litteras inclite recordacionis Domini Genitoris nostri, cujus anima felicitate eternâ letetur, in cera viridi & pendulo sericeo sigillatas, vidisse, tenoris seu continencie subsequentis.

KAROLUS Dei gracia Francorum Rex. Regalem decet excellenciam, curam sollicitam adhibere ut regni sui subditi, & presertim persone ecclesiastice que die in diem ad Divinum vacant Officium, & Creatori Altissimo famulantur, suis temporibus pacis

NOTE.

(a) Trésor des Chartres, Registre 151. P. CC IIII.xx VI. (286.)

CHARLES VI.

à Paris, le 18. de Mai 1397.

transquillitate gaudeant, & à [a] *presuris & injuriis quibuslibet defendantur, ut eò libenciùs & devociùs circa Divina vacare valeant, quò habundanciùs & liberaliùs per Regalem potenciam senserint se adjutas. Notum igitur facimus universis presentibus & futuris, quòd Nos ad supplicacionem dilectorum nostrorum Abbatis secularis & Capituli Ecclesie collegiate (b)* Dauratensis, Lemovicensis *Diocesis, qui ab antiquo fuerint & sunt in proteccione nostra & Salva-gardia speciali, racione Corone nostre Francie, ipsos Abbatem & Capitulum, personasque singulares ipsius Ecclesie, una cum Officialibus, familiaribus, servitoribus, rebus, possessionibus &* [b] *hominibus de corpore, ac bonis & beneficiis suis universis, in Regno nostro existentibus, ad* [c] *suis juris conservacionem duntaxat, de speciali gracia, ex habundanti,* [d] *per presentes per quas* Senescallis Lemovicensi, Pictavensi *&* Petragoricensi, *vel eorum Locatenentibus, presentibus & futuris, & eorum cuilibet, prout ad eum pertinuerit, committimus & mandamus quatinùs unum vel plures Servientes nostros in Gardiatores eisdem supplicantibus deputent quociens casus exigerit & ab eis fuerint requisiti: quibus Gardiatoribus, & eorum cuilibet, committendo mandamus, ut dictos supplicantes, & singulares personas dicte Ecclesie, Officiarios, servitores, familiares, homines de corpore, res & bona, ac possessiones eorumdem, defendant ab omnibus injuriis, violenciis, oppressionibus, gravaminibus, molestiis, vi armorum, potencia laycorum, & aliis novitatibus indebitis quibuscunque, & in suis justis possessionibus, franchisiis, Libertatibus, immunitatibus, usibus, juribus & saisinis in quibus ipsos esse & eorum predecessores pacificè* [e] *fuise invenerint ab antiquo, ipsi Gardiatores, ac eorum* [f] *cuilibet, manuteneant & conservent, non permittendo eis singularibus personis ipsius Ecclesie, servitoribus & familiaribus predictis, in personis, bonis & possessionibus suis, aliquas fieri vel inferri injurias & indebitas novitates; quas, si factas esse vel fuisse invenerint in prejudicium ipsorum & nostre Salve-gardie supradicte, ad statum pristinum & debitum reducant sive reduci faciant, ac Nobis & Parti emendam condignam* [g] *proter hoc fieri & prestari, dictamque nostram Salvam-gardiam publicari ubi fuerit opportunum; & in Signum ejusdem,* [h] *Penuncellos nostros Regios in locis, domibus & bonis eorumdem, in terra que Jure Scripto regitur, situatis, apponi* [i] *faciatis, ne aliquis possit se de ignorancia excusare; inhibendo expressè ex parte nostra, omnibus illis de quibus fuerint requisiti, sub certis penis nobis applicandis, ne ejusdem Abbati & Capitulo, singularibus personis dicte Ecclesie, Officiariis, Procuratoribus, hominibus de corpore, rebus, bonis ac possessionibus suis universis, aliquid* [k] *commodolibet forefacere presumant; & si in casu novitatis, inter ipsos racione bonorum suorum, & alios, aliquod oriatur debatum, ipsum debatum & rem contenciosam ad manum nostram tanquam superiorem ponant, & factâ recredenciâ per Judicem competentem, illi cui de jure fuerit faciendâ, Partes debatum hujusmodi facientes, & eciam dicte nostre Salve-gardie infractores & contemptores, aut qui eisdem Gardiatoribus, vel eorum alicui Gardiatoris officium exercendo, injuriam fecerint vel offensam, aut qui eis inobedientes fuerint, adjornent ad certos & competentes dies coram dilectis & fidelibus nostris Gentibus que tunc nostrum tenebunt Parlamentum, coram quibus dicti Abbas & Capitulum (c) habent, & non coram quibuscunque aliis Judicibus secularibus, ut asserunt, litigare, super dictis debatis & opposicionibus & eorum dependenciis processuros prout fuerit racionis; de quo Adjornamento, & aliis que fecerint in premissis, dictas Gentes ad dictos dies, ipsi Gardiatores certificent competenter; universaque alia & singula que ad officium speciale Gardiatoris pertinent, debitè exequantur & compleant; ita tamen quòd de hiis que cause cognicionem exigunt, se nullatenùs intromittant: Dantes tenore presencium in mandatis omnibus & singulis Justiciariis & subditis Regni nostri, ut in premissis & ea tangentibus, prefatis Gardiatoribus* [l] *eorum cuilibet, pareant efficaciter & intendant. Que ut firma & stabilia perpetuò perseverent, Sigillum nostrum hiis presentibus mandavimus apponi: salvo in aliis jure nostro, & in omnibus*

[a] *corr.* pressuris.
[b] espèce de Serfs.
[c] *corr.* sui.
[d] *Il faut suppléer ici ces mots :* in Gardiam nostram suscipimus, *ou autres semblables.*
[e] fuisse.
[f] quilibet.
[g] *corr.* propter.
[h] Voy. les Tabl. des Mat. des Vol. de ce Rec. au mot *Pennonceaux.*
[i] faciant.
[k] *quomodolibet.*
[l] *supp.* &.

NOTES.

(b) *Dauratensis.*] *Dorat* dans la *Marche.* Voyez la Note (a) de la page 305. *du cinquième Volume de ce Recueil.*

(c) *Habent.*] Il faut suppléer *jus;* à moins que le mot *habent* ne signifie ici *debent.*

quolibet alieno. Datum in *Nemore Vincennarum,* anno Domini millesimo ccc.° sexagesimo decimo; & Regni nostri septimo, mense Junii.

CHARLES VI. à Paris, le 18. de Mai 1397. Suite des Lettres de Charles VI.

Quas quidem Litteras, ac omnia & singula in eis contenta, Nos ratas & gratas habentes, & in suis firmitate & valitudine permanere volentes, eas laudamus, approbamus, & auctoritate nostrâ Regiâ & speciali graciâ confirmamus harum serie Litterarum, per quas Senescallis Lemovicensi, Pictavensi & Petragoricensi, *ceterisque Justiciariis nostris & Regni nostri, aut eorum Locatenentibus, presentibus & futuris, & eorum cuilibet, prout pertinuerit ad eumdem, injungendo mandamus quatinùs Abbatem & Capitulum de quibus in prescriptis Litteris fit mencio, eorumque successores, presentes & posteros, nostrâ presenti confirmacione & graciâ, necnon omnibus & singulis in suprascriptis Litteris contentis, uti & gaudere pacificè perpetuis temporibus faciant ac eciam paciantur; non sinendo eisdem Abbati & Capitulo, dictisque eorum successoribus, impedimentum, contradicionem aut perturbacionem aliquas, pro nunc vel imposterùm, super hiis aliqualiter fieri vel inferri; quinymò, si que secus acta repererint, ad statum pristinum & debitum reducant sive faciant indilatè reduci. Et ut hec stabilitate fruantur perpetuâ, has presentes fecimus nostri Sigilli appensione muniri; nostro in aliis, & alieno in omnibus jure salvo.* Datum *Parisius,* XVIII.ª die Maii, anno Domini millesimo ccc.° nonagesimo septimo; Regni verò nostri XVII.^mo^

Per Regem, ad relacionem Consilii. J. BUDE.

CHARLES VI. à Paris, le 26. de Mai 1397.

(a) Lettres qui nomment un Commissaire pour faire observer les Ordonnances faites sur les Monnoies, & pour faire le procès à ceux qui y ont contrevenu.

CHARLES par la grace de Dieu Roy de France. A tous ceulx qui ces présentes Lettres verront : Salut. Savoir faisons que comme par bonne & meure délibéracion de nostre Conseil, & pour le très-grant & évident prouffilt de Nous & de nostre peuple, Nous eussions & ayons piéça fait certaines Ordonnances sur le fait de noz Monnoyes, & icelles fait publier par toutes les bonnes Villes & lieux notables de nostre Royaume, en mandant à noz Séneschaulx, Baillifz, Prevostz, & autres noz Officiers, que icelles feissent tenir & garder sans enfreindre; & mesmement en faisant commandement de par Nous, que nul ne feust si hardy de prandre, mectre ou allouer autres Monnoyes que celles ausquelles Nous avyons & avons donné cours; & il soit venu à nostre congnoissance que plusieurs Changeurs, porteurs de Billon, Merciers, Taverniers, Marchans & autres, ont porté & fait porter, & font chacun jour, hors de nostredit Royaume, & ailleurs que en nosdictes Monnoyes, grant quantité de Billon tant d'Or comme d'Argent, en esloignant & dellaissant noz Monnoyes ausquelles ilz sont tenuz de les porter selon nosdictes Ordonnances; & aussi prennent & mectent de jour en jour plusieurs Monnoyes deffendues qui ne sont pas de noz Coings, & les achetent ès pays [a] estranges, & les apportent en nostredit Royaume, & s'efforcent de les y mectre & allouer, en venant contre nosdictes Ordonnances, en transgressant icelles, & [b] en commectant les peines qui sur ce ont esté indictes & ordonnées, lesquelles choses sont de mauvais exemple, ou grant grief, préjudice & dommaige de Nous & de nostre Peuple, par la coulpe & négligence de noz Officiers & Commis; dont plusieurs grans inconvéniens se sont ensuiz & pourroient encores ensuir, se par Nous n'estoit sur ce pourveu. Nous voulans sur ce pourveoir de compétant remede, confians à plain du sens, loyaulté & bonne dilligence de nostre amé & féal *Benedic*

a *étrangers.*

b *en se mettant dans le cas de subir les peines.*

NOTE.

(a) Registre *E.* de la Cour des Monnoies de *Paris, folio* 6 vingt 13. *verso.* [133.]

Avant ces Lettres, il y a: *Commission faicte aux Généraulx-Maistres des Monnoyes, pour pugnir ceulx qui auront transgressé les Ordonnances sur ce faictes; & ordonnez pour y vaquer; c'est assavoir,* Benedic du Gal & Pierre Chappelu.

CHARLES VI. à Paris, le 26. de Mai 1397.

du Gal Général-Maistre de noz Monnoyes, iceluy avons fait, ordonné, commis & depputé, faisons, commectons & depputons par ces Présentes, Commissaire général sur le fait de noſdictes Monnoyes, par tout noſtredit Royaume; auquel Nous mandons & commectons qu'il enquiere dilligeamment par Informacion & autrement deuement, quelz perſonnes ont ou auront porté, conduict ou mené, fait ou feront porter, conduire ou mener Billon d'Or ou d'Argent hors de noſtredit Royaume, ou ailleurs que en noz plus prouchaines Monnoyes, & qui ont ou auront acheté, vendu, mis & alloué aucunes Monnoyes autres que celles de noz Coings, auſquelles Nous avons donné cours par noſdictes Ordonnances, & qui auront fait aucunes faulſes Monnoyes ou contrefaictes aux noſtres, & qui en auront eſté Marchans, ou aucunement faict, actempté ou allé contre noſdictes Ordonnances en aucune maniere; & toutes perſonnes tant noz Officiers comme autres, qu'il trouvera avoir eſté ou eſtre de ce coulpables ou tranſgreſſeurs, pugniſſe ſelon ce que le cas le requerra, & les contraigne ou face contraindre ſans aucune faveur ou depport, par prinſe & exploictacion de leurs biens, détencion & empriſonnement de leurs corps, ſe [a] meſtier eſt, à Nous pour ce faire Amendes convenables, ou les reçoive à [b] Compoſicions, & chacun d'eulx, ſelon la qualité & quantité de leurs meſſaictz, & ſelon leurs facultez, par la maniere qu'il verra eſtre bon à faire pour noſtre prouffilt; & tout ce qui par ledit *Benedic du Gal* ſera fait, ſentencié, jugé & compoſé, Nous aurons agreable ſans rappel. Pour mieulx & plus diligemment faire & acomplir tout ce que dit eſt, Nous voulons & ordonnons que iceluy *Benedic* preigne, ſe bon luy ſemble, adjoinct avec luy noſtre Procureur du lieu où il ſera, ou autre ſouffiſant perſonne tel qu'il verra bon à faire & expédient pour le fait deſſuſdit; & oultre qu'il puiſſe depputer & commettre Sergent ou Sergens de par Nous, ung ou pluſieurs, comme bon luy ſemblera & qu'il ſera neceſſité & expédient à faire pour ledit fait; & les Compoſicions, Amendes, forfaictures & confiſcacions, & tout le prouffilt à Nous appartenant & qui y eſcherront, face porter, bailler & délivrer ſans aucun delay; c'eſt aſſavoir, ledit Billon & Monnoyes deffendues par Nous, à noz plus prouchaines Monnoyes des lieux où les cas ſeront advenuz, pardevers les Gardes & Maiſtre-Particulier d'icelle Monnoye; & les Compoſicions, Amendes, forfaictures & confiſcacions, pardevers les Maiſtres-Particuliers de noſdictes Monnoyes, ou y commectre autre tel comme bon lui ſemblera, pour iceulx recevoir à noſtre prouffilt; auſquelz Maiſtres-Particuliers ou autres Receveurs ſur ce ordonnez, Nous mandons que pour les fraiz, ſallaires & miſſions qu'il conviendra faire pour ledit fait, ilz payent tout ce qui par ledit *Benedic du Gal* leur ſera mandé & ordonné; & par rapportant Lectres de Mandement dudit *Benedic*, & quictance ſur ce, tout ce que payé auront pour ladicte cauſe, Nous voulons & mandons eſtre alloué en leurs comptes & rabatu de leurs Receptes, ſans contredit aucun, par noſdictes Gens des Comptes; & ſe aucuns noz Officiers ou autres moleſtent ou travaillent indeuement les Ouvriers & Monnoyers de noſdictes Monnoyes, ou aucuns d'eulx, parquoy l'ouvraige deſdictes Monnoyes ſoit deſtourbé ou empeſché; [c] face leur commandement qu'ilz ceſſent; & voulons & Nous plaiſt que ledit *Benedic du Gal* en congnoiſſe ſommierement & de plain; & s'il en y a aucuns qui ſoient deſobeiſſans, ou empeſchent ledit *Benedic* ou ſes depputez en aucune maniere, ſoient noz Officiers ou autres, Nous voulons qu'il leur aſſigne ou face aſſigner jour certain & compétant pardevant iceulx noſdictes Gens des Comptes, pour reſpondre ſur ce à noſtre Procureur, & pour amender leſdictes deſobeiſſances; auſquelz Nous mandons & commectons par ces Préſentes, que oy noſtre Procureur & les Adjournez ſur ce, facent bon & brief acompliſſement de Juſtice. De faire tout ce que dit eſt, & toutes les autres choſes qui bonnes luy ſembleront touchant le fait de noſdictes Monnoyes, Nous donnons plain povoir, auctorité & mandement eſpécial audit *Benedic du Gal*: Mandons à tous les Juſticiers, Officiers & ſubgectz de noſtredit Royaume, & à chacun d'eulx, que à lui & à ſes Commis & depputez ès choſes deſſuſdictes, & en chacune d'icelles, obeiſſent & entendent, & facent obeyr & entendre chacun en ſa Juridicion, & leur donnent conſeil, confort & aide, toutesfois que meſtier en ſera & ilz en ſeront

[a] *beſoin.*

[b] *Voy. les Tabl. des Mat. des Vol. de ce Rec* au mot *Compoſition.*

[c] *leur facent commandement.*

requis. En tesmoing de ce, Nous avons fait mectre nostre Séel à ces présentes Lettres. *Donné à* Paris, *le XXVI.e jour de May, l'an de grace mil III.c IIII.xx & dix-sept; & de nostre Regne le XVII.e* Ainsi signé. Par le Roy, à la relacion du Grant Conseil. DERIAN. *(b)*

CHARLES VI. à Paris, le 26. de Mai 1397.

NOTE.

(b) Semblable Commission fut donnée à *Pierre Chappelu.* [Voy. les Lettres qui suivent dans cette Note.]

Le Roy par les Lettres suivantes qui sont aussi du 26. de May 1397. fixa les gages que *Chappelu* devoit avoir par rapport à cette Commission.

(c) CHARLES par la grace de Dieu Roy de France. A noz amez & féaulx Gens de noz Comptes à *Paris:* Salut & dileccion. Il est venu à nostre cognoissance que en plusieurs Parties de nostre Royaume, les Ordonnances faictes sur le fait de noz Monnoyes sont très-petitement tenues & gardées, qui est ou préjudice de Nous & de l'ouvraige de nosdictes Monnoyes; Nous par bonne & meure délibéracion de nostre Conseil voulans à ce pourveoir, avons ordonnez noz amez & féaulx les Généraulx-Maistres de nosdictes Monnoyes, pour aller visiter icelles, & aussi les Changeurs & Marchans de plusieurs bonnes Villes de nostredit Royaume, si comme par noz Lectres sur ce faictes peult plus plainement aparoir; pour laquelle visitacion faire en aucunes Parties de nostredit Royaume, avons ordonné nostre amé & féal *Pierre Chappelu* l'un desdits Généraulx-Maistres; auquel pour ses despens faire en allant, demourant & retournant, tant comme il vacquera en ladicte visitacion, Nous avons ordonné & tauxé, ordonnons & tauxons par ces Présentes, soixante Sols Tournois par jour, oultre & pardessus ses gaiges qu'il a & prent de Nous à cause de sondit Office; à iceulx prandre & avoir sur le prouffilt & émolument de nosdictes Monnoyes, & sur les [a] Exploictz d'icelles. Si vous mandons que de tant de jours comme ledit *Pierre Chappelu* vous affermera par Serment avoir esté & vacqué en ladicte visitacion, à une fois ou à plusieurs, vous luy allouez en ses comptes dudit voyaige ou voyaiges, ladicte somme de LX Sols Tournois par jour; & semblablement allouez ès comptes & rabatez de la Recepte de celuy ou ceulx à qui il apartiendra, tout ce qui par quictance dudit *Pierre* vous aparra avoir esté receu d'eulx pour ladicte cause, en rapportant lesdictes quictances seulement; nonobstant Ordonnances, Mandemens ou deffenses à ce contraires. *Donné à* Paris, *le XXVI.e jour de May, l'an de grace mil III.c IIII.xx & dix-sept; & de nostre Regne le XVII.e* Par le Roy, à la relacion du Grant Conseil. Ainsi signé. DERIAN.

[a] *actes judiciaires faits par rapport aux Monnoies.*

NOTE.

(c) Registre *E.* de la Cour des Monnoies de *Paris, folio 6 vingt 14. verso.* [134.]

Avant ces Letres, il y a: *Lectre de Transaction* [appar. taxation] *de voyaige, à soixante Sols Tournois pour jour.*

(a) Lettres confirmatives de l'Acte passé entre le Roy Dauphin de Viennois, & les habitans de Valence & de plusieurs autres lieux, par lequel le Roy, sous certaines conditions, les prend sous sa protection & sous sa Sauvegarde.

CHARLES VI. à Paris, en Juillet 1397.

SOMMAIRES.

(1 3) En reconnoissance de la protection & de la Sauvegarde Royale, que le Roy, comme Dauphin, accorde aux habitans de Valence, & des autres lieux nommez dans les Lettres, ils s'engagent à faire les dons que feront les autres habitans du Dauphiné, & à payer les Aides & les autres Impositions auxquelles ceux-ci seront sujets.

(2) Lorsque le Roy comme Dauphin, fera la guerre dans le Dauphiné, ou à une journée de distance de cette Province, & qu'il fera marcher les autres sujets du Dauphiné, ces habitans de Valence & des autres lieux, lui fourniront cent Sergens ou Cliens à pied, qui seront armez pour le servir pendant un mois chaque année, à leurs dépens; & si ce terme passé, le Roy a encore besoin de leur service, il leur donnera une solde comme il en donne aux autres habitans du Dauphiné.

(4) Le Roy conservera ces habitans de Valence, & des autres lieux, dans leurs Coûtumes, droits & Priviléges justes & raisonnables; aux dépens néanmoins de ces habitans.

(5) Le Roy accorde à ces habitans tous les

NOTE.

(a) La Copie de ces Lettres qui sont dans le dépôt de la Chambre des Comptes de *Grenoble*, a été envoyée avec cette Indication: *Gapian, folio* 116.

Ces Lettres sont aussi au Trésor des Chart. Regist. 152. P. 100.

CHARLES VI. à Paris, en Juillet 1397.

Privilèges concédez à ceux de la Ville de Grenoble, & ils en jouiront dans le Dauphiné, & dans toutes les Terres qu'il acquerra au delà du Rhône. Ces habitans payeront néanmoins les Péages ou Gabelles dûs au Roy; & ceux de ces habitans qui sont en leur particulier sous la Sauvegarde du Roy, continueront de payer les redevances qu'ils doivent par rapport à ces Sauvegardes.

(6) Les conventions précédentes ne pourront porter préjudice aux droits ni à la Jurisdiction de l'Evêque de Valence & de son Chapitre, ni aux droits ni à la supériorité de l'Empereur & du Pape.

L'Evêque & le Chapitre de Valence seront requis d'approuver & de confirmer ces conventions.

(7) Les habitans de Valence & des autres lieux, seront requis de ratiffier & d'approuver ces conventions.

CAROLUS Dei gracia Francorum Rex, Dalphinus Viennensis. Notum facimus universis præsentibus & futuris, quòd cum requestæ per Procuratores & Sindicos Universitatis & Civium Civitatis & Burgi Valenciæ, *tam Universitatis & Civium prædictorum, quàm Universitatum, Civium & habitantium Castrorum & locorum (b)* Castri novi Izaræ, Montis-veneris, Belli-montis, Montis-lagerii, Alaysii, Aurioli & Mirmandæ, *nominibus, nobis cum maxima instancia nuper factæ, ut Civitates, Castra, Universitates, Cives & habitantes prædictos, prædictas & prædicta, unacum Universitatum, Civium & habitantium prædictorum bonis, rebus & possessionibus, in speciali Salva-gardia, protectione & deffensione nostris recipere, eosque protegere, custodire & deffendere vellemus, sicut nostros subditos Dalphinales & patriam nostram* Dalphinalem, *mediantibus certis promissionibus & conditionibus inter dilectum & fidelem militem Cambellanum & Consiliarium nostrum* Jacobum *de* [a] Monte-mauro, *Gubernatorem nostri* Dalphinatûs, *ex una parte; & Procuratores & Sindicos prædictos, Universitatum, Civium & habitantium prædictorum nominibus, ex altera, tractatis, condescenderimus sub modis, formis, pactionibus & conditionibus contentis, speciffcatis & declaratis ad plenum in quodam publico Instrumento super hoc facto; cujus tenor dicitur esse talis.*

a Montmaur. Voy. cy-dessus, p. 57. Note (d).

IN nomine Domini: Amen. Anno Nativitatis ejusdem Domini, millesimo tercentesimo nonagesimo sexto, & die tertia mensis Octobris, notum sit cunctis præsentibus & futuris, tenore hujus publici documenti, quòd constituti in præsencia spectabilis & magnifici viri Domini Reginaldi de Corbeya, *Cancellarii Franciæ &* Dalphinatûs Viennensis, *& reverendorum in Christo Patrum & Dominorum Dominorum* Simonis de Cramaut *Patriarchæ (c)* Jerosolanæ *&* Carcassonæ, Philippi *de* Molinis, Noviomensis, *&* Nicolai *de* Bosco, Bayocensis, *Episcoporum, ac Dominorum* Almarici [b] *de* Ordeo-monte, *&* Petri Blancheti, *Consiliariorum & Requestarum Hospicii Regii Magistrorum, & Domini* Ægidii Coperii, *Militis, magnificus & potens vir Dominus* Jacobus *de* Monte-mauro, *Cambellanus & Consilliarius Regius, Gubernator* Dalphinatûs, *& Magister* Jacobus *de* Sancto-Germano, *Procurator & Advocatus Fiscalis*

b d'Orgemont.

NOTES.

(b) *Castri-novi Izaræ, &c.]* Les noms modernes de ce lieu & des suivans, se trouvent dans la Table des lieux du *Dauphiné,* que M. *de Valbonnais* a mise au commencement de l'histoire de cette Province.

Castrum-novum supra Isaram, Château-neuf d'Isere, p. viij. col. 2.

Castrum Montis-veneris, Montvendre, p. ix. col. 2.

Castrum Belli-montis, Beaumont, p. vij. col. 2.

Alaysii qui est écrit plus bas *Aleysii,* est sans doute *Alais,* nommé en latin, p. ix. col. 2. de cette Table, *Aleusia.*

Auriolum ou *Aureolum, Loriol,* p. ix. col. 2.

Castrum Mirmandæ. Mirmande. Ibid.

A l'égard de *Montis-lagerii* qui est nommé *Montis-largerii* dans le T. C. il y a grande apparence que c'est *Montleger,* nommé en latin à la page ix. col. 2. de la Table, *Montilium-lagerium.*

(c) *Jerosolanæ & Carcassonæ.]* Cet endroit est totalement corrompu. Il y a *Herosolimitani* dans T. C. & il y a plus bas *Patriarcha Jerosolimæ;* mais je n'ai point trouvé que *Cramaut* ait été Patriarche de *Jérusalem.* Il le fut d'*Alexandrie* en 1390. & c'est sans doute lui qui est désigné à la fin de la Pièce par ces mots; *Patriarcha Alexandriæ.* En 1391. il fut fait Administrateur de l'Evêché de *Carcassonne,* & en 1409. Archevêque de *Reims.* C'étoit un des plus grands hommes de son siècle. Voy. l'*Histoire généalog. de la Maison de France,* T. 2. p. 43.

Le Père *Bouges,* à la page 265. de son histoire de *Carcassonne,* le nomme de *Cremaud.*

generalis

generalis Dalphinatûs Viennensis *prædicti, nomine Serenissimi Principis Domini nostri Regis, Dalphini Viennensis, ex parte una; & Gerentonus Ebraudi, Burgensis, Magister* Joannes [a] Reboldi, Guillelmus Juvenis, *Notarii, &* Petrus *de* Mirmanda, *aliàs* Tortel, *Cives Civitatis* Valentinensis, *ac Procuratores & Sindici Civium & Universitatis prædictæ Civitatis, prout de eorum potestate fidem fecerunt quodam publico Instrumento sumpto & grossato atque signato, ut in eo legitur, manibus* Joannis *de* Turre Pini, *&* Joannis *de* Heremo, *Notariorum publicorum, sub anno Domini millesimo tercentesimo nonagesimo sexto, & die ultima mensis Julii; necnon nomine Civium* [b] *& habitantium & Universitatum Castrorum & locorum* Castri-novi Isaræ, Montis-veneris, Belli-montis, Montis-lagerii, Alaysii, Aurioli *&* Mirmandæ, *eis adhærere volentium, parte ex altera, obtulerunt dicto Domino Cancellario, vice* [c] *nomine Serenissimi Domini Caroli Dei gracia Francorum Regis, & Dalphini Viennensis antedicti, quemdam* [d] *Caternum papireum scriptum, continentem in se tractatum, certas Pactiones & conventiones & receptiones Salve-gardie, protectionis & deffensionis, subscripti tenoris; dicentes & asserentes Partes prædictæ, quorum supra nominibus, tractasse, convenisse, pepigisse & concordasse, prout in dicto Caterno legitur contineri; Regis Domini nostri Dalphini supradicti, & Civium Universitatis Civitatis* [e] Valentinensis *prædictæ, beneplacito reservato, hinc ad Festum Purificationis Beatæ Mariæ proximè declaratum, traddendo per Litteras confirmatorias & approbatorias pro parte Regis, Domini nostri Regis Dalphini prælibati, & pro parte dictorum Civium, Universitatum Civitatis, Castrorum & locorum prædictorum, per publicum seu publica Instrumenta, hinc & inde expediendas & tradendas infra Festum prædictum; aliàs, nisi Instrumenta approbationis & rattifficationis contentorum in dicto Caterno & in hoc præsenti publico Instrumento, tradantur & expediantur nomine dictarum Universitatum, parti dicti Domini Regis Dalphini, prout in ipso Caterno continetur, omnia in ipso Caterno & præsenti publico Instrumento contenta, nullius sint & reputentur momenti; & prædictis salvis, supranominati Procuratores & Sindici, nomine Civium Universitatis, Civitatis prædictæ* Valentinensis, *& etiam nomine Civium & Universitatum Castrorum & locorum prædictorum, eis adhærere volentium, convenerunt & promiserunt dictis Domino Gubernatori & Advocato & Procuratori Fiscali, stipulantibus & recipientibus, vice & nomine* Dalphinali, *attendere & observare omnia & singula in dicto Caterno & præsenti Instrumento contenta, juxta potestatem eis attributam, ac pro posse ipsorum, & ita ad Sancta Dei Evangelia eorum propriis manibus corporaliter gratis & sponte tacta, observare juraverunt, sub obligatione & ypotheca bonorum Universitatum Civitatis prædictæ.*

Sequitur tenor Caterni supradicti, in hæc verba.

CAROLUS *Dei gracia Francorum Rex, Dalphinus Viennensis, tenore præsentium notum fieri volumus universis, quòd* [f] Gerentonus Ebraudi, *Burgensis,* [g] *Magister* Joannes [h] Rebolli, Guillelmus Juvenis, Notarii, & Petrus *de* Mirmanda, *aliàs* Tortel, *Cives Civitatis* Valentinensis, *Procuratores & Sindici dictæ Civitatis* Valentinensis, *nomine Universitatis ejusdem, prout de eorum potestate constat Instrumento sumpto & grossato, ut in eo legitur, manibus* Joannis *de* Turre Pini, *&* Joannis *de* Heremo, *Notariorum publicorum, sub anno Domini millesimo tercentesimo nonagesimo sexto, & die ultima mensis Julii, ac nomine Castrorum* Castri novi Isaræ, Montis-veneris, Belli-montis, Montis-lagerii, [i] Aleysii, Aurioli *&* Mirmandæ, *& singularum personarum Civitatis & locorum prædictorum, nobis ut Dalphino, humiliter exponi & supplicari fecerunt, quòd propter guerras diversarum gentium ac* [k] *Societatum, & incursus prædonum, patriam* Valentinensem *diversimodè discurrentium, passæ fuerunt spacio septem annorum, & adhuc sustinent importabilia & irreparabilia damna, guerras, deprædationes, redemptiones, raptus mulierum, & gentium* [l] *accessiones, & alia discrimina & oppressiones, in tantum quòd quasi deductæ sunt ad egestatem, & nisi eis per nos celeriter de remedio opportuno succurratur, in futurum majora sustinebunt, prout eis evidenter apparet: Unde opportebit gentes Civitatis & Castrorum prædictorum, patriam*

CHARLES VI.
à Paris, en Juillet 1397.

a *Rebolli.* T. C. Il est nommé plus bas *Rebolli.*

b *& n'est pas dans* T. C.

c *suppl* &.

d quaternum, *là & plus bas,* T. C. *cahier.*

e Valencie, *là & dans la suite de cette Pièce.* T. C.

f Garentonus. T. C.

g Magistri. *T. C.*

h Voy. la note marg. *a* de cette page.

i Voy. ci-dessus, p. précéd. Note (*b*).

k les Compagnies, *sur lesquelles Voy. les Tabl. des Mat. des Vol. de ce Rec. au mot Compagnies.*

l occisiones. T. C.

CHARLES VI. à Paris, en Juillet 1397.

prædictam deserere, attento quod ab alio præter quàm à Nobis, remedium & succursum commodè non possunt nec sperant habere, quia dictis incursibus guerræ & discriminibus durantibus, per eorum (d) Episcopum & Comitem Valentinensem *&* Diensem, *modernum, & etiam per ipsius prædecessorem Episcopum, sicut eis expediebat, protecti* [a] *nec deffensi non fuerunt, nec etiam à Summo Pontifice, nec à Collegio Sacro Sanctæ Romanæ Ecclesiæ, quos Cives prædicti cum frequentibus instanciis & supplicationibus super hoc solenniter* [b] *requisiverant, ut dicunt, nec minùs durantibus prædictis anxietatibus requisivisse dicuntur Gubernatorem nostri* Dalphinatûs, Jacobum *de* Montemauro, *Cambellanum & Consilliarium nostrum, quatenùs dignaretur nomine nostro Dalphinali, personas, Cives, incolas & singulares personas Civitatis & Castrorum prædictorum, eorumque bona, res & possessiones recipere in speciali Salva-gardia, protectione & deffensione nostris, & eos protegere, custodire & deffendere, sicut nostros proprios subditos Dalphinales, & patriam nostram Dalphinalem, mediantibus oblationibus & promissionibus certis per eos factis prædicto nostro Gubernatori, quæ oblata dictus Gubernator noster minimè effectualiter acceptare voluit, licet eis succurrerit, & eis remedium quod meliùs potuit, adhibuerit, sed eos & ipsa oblata & requisita, ad Nos ut Dalphinum, remisit pro tractando & concluendo in ipso negocio concorditer Nobiscum seu nostro Consilio, prout meliùs fieri posset; propter quòd* Parisius *venerunt dicti Sindici & Procuratores ad Nos, & post plures prælocutiones, tractatus, deliberationes atque consultationes, Nos humiliter requisiverunt seu requiri fecerunt, ut ad dictam gardiam, protectionem, tuitionem, deffensionem & custodiam eos recipere vellemus, absque tamen præjudicio juris & Jurisdictionis dicti Episcopi, ejusque Ecclesiæ, & Summi Pontificis, ac alterius cujuscumque, sub pactis, modis & formis, obligationibus & aliis contentis in capitulis seu articulis infrascriptis, ne propter supradicta discrimina opporteat eos dictam patriam deserere, quia ulterius prædictas anxietates sustinere non possunt: quibus positis in deliberatione Consilii, consideratis omnibus in hac parte considerandis, ipsos & eorum posteros seu successores, ut Dalphinus, recepimus & capimus in nostra Salva-gardia speciali, protectione, tuitione, custodia & deffensione, sine præjudicio & derogatione juris & Jurisdictionis dicti Episcopi, Ecclesiæ suæ, & diminutione seu derogatione superioritatis & juris Summi Pontificis & Imperatoris, seu alterius cujuscumque, per modum concordatum inter Gentes nostras, nomine nostro, ex una parte, & dictos Procuratores & Sindicos, nomine dictarum Universitatum & singularum personarum Civitatis & locorum prædictorum, ex altera, subscriptorum.*

(1) Et primo. *Prædicti Procuratores & Sindici, nomine Universitatum & singularum personarum Civitatis, Castrorum & locorum prædictorum, promittunt & conveniunt Nobis ut Dalphino Viennensi, pro Nobis & Successoribus nostris, ab inde in antea, per se & successores suos dictarum Universitatum, ratione protectionis, tuitionis, custodiæ, deffensionis & gardiæ, prædictarum, gratis & spontè, dolo & fraude cessantibus quibuscumque, contribuere in Subsidiis, Donis,* [c] *Aydis &* [d] *Fogagiis quibuscumque concedendis & faciendis in* Dalphinatu, *& quæ fieri contingent in dicta patria* Dalphinali, *ab inde in antea per in perpetuùm, ex nunc prout ex tunc & ex tunc prout ex nunc, ipsa Dona, Subsidia, Aydas & Fogagia, dant, donant & concedunt, & solvere promittunt Nobis & Successoribus nostris, quemadmodùm Cives & habitatores Civitatum & locorum de* Gratianopoli, *de* Ebreduno *& de* Romanis [e] *facient, solvent & contribuent, & hactenùs facere consueverunt, secundùm ipsorum possibilitatem.*

(2) Item. *Promittunt & conveniunt Nobis & Successoribus nostris, per se & successores suos, ut supra, servire Nobis & Successoribus nostris,* [f] *[per se & successores*

a & deffensi. *T. C.*

b requisiverunt. *T. C.*

c Aides.

d Impositions par Feux.

e faciant. *T. C.*

f les mots qui sont entre deux crochets, ne sont point dans T. C.

NOTE.

(d) Episcopum & Comitem Valentinensem.] L'Empereur *Frédéric I.* par ses Lettres datées de *Besançon*, le 29. de Novembre 1157. donna aux Evêques de *Valence*, le *Comté* de cette Ville, & plusieurs autres droits & Priviléges dont on peut voir le détail à la page 282. de l'histoire de *Valence*, par M.r *De Catellan* qui en étoit Evêque.

Grégoire X. par sa Bulle du 25. de Septembre 1275. unit les Evêchés de *Valence* & de *Die*. Voy. *ibid.* p. 351.

suos, ut supra], *cum centum Servientibus seu Clientibus peditibus armatis, per unum mensem cujuslibet anni, eorum sumptibus & expensis, si contingat Nos vel Successores nostros, guerram habere in dicto* Dalphinatu *nostro, vel ultra ejus limites, per* [a] *unam dietam vel circa; dum tamen alii subditi Dalphinales mandentur etiam venire per Nos vel Officiarios nostros; & si Nos vel nostri Successores, post dictum mensem, dictos centum Clientes retinere voluerimus pro servicio nostro, hoc facere valeamus, & ipsi Nobis servire fideliter teneantur ad stipendia nostra, prout alii subditi nostri Dalphinales.*

CHARLES VI. à Paris, en Juillet 1397.

a une journée [d'éloignement.]

(3) Item. *Et Nos Rex* [b] *& Dalphinus prædictus, pro Nobis & Successoribus nostris, causantibus & mediantibus prædictis, convenimus & promittimus dictos Cives & incolas Civitatis & locorum prædictorum, & singulares personas, eorumque bona, prædia & possessiones per se, & ipsarum personarum & Civium successores, protegere, deffendere & custodire atque tueri, ipsosque recipimus in nostra speciali Salva-gardia, custodia, protectione & deffensione perpetuis, & ut tales, eos haberi, custodiri & deffendi & foveri volumus, præcipimus & mandamus per Gubernatorem nostrum, & per quoscumque Officiarios & subditos nostros, præsentes & futuros,* [c] *in perpetuum, sicut nostros subditos Dalphinales, à quorumcumque incursibus, oppressionibus, injuriis, gravaminibus & guerris indebitis.*

b ut. *T. C.*

c in imperpetuum. *T. C.*

(4) Item. *Promittimus & convenimus prædictos Cives & incolas, ac ipsorum successores, & eorum quemlibet, in eorum Libertatibus, juribus & Consuetudinibus, usibus & Privilegiis, justis & rationabilibus, pertinentibus ad Universitatem seu Universitates Civitatis & locorum prædictorum, contra quoscumque eos volentes indebitè vexare, opprimere, injuriari vel molestare, tam infra dictam patriam quàm extrà, confovere, manutenere vel juvare, eorum* [d] *cum sumptibus & expensis, quotiescumque per eos super hoc Nos seu Gubernator noster, fuerimus requisiti.*

d tamen. *T. C.*

(5) Item. *Predictis Civibus & incolis, & eorum posteris, damus & concedimus præsentium tenore, ex nostra certa & deliberata sciencia, gracia & bona voluntate, tales & consimiles Libertates & franchesias, quales habent & habere consueverunt Cives Civitatis* Gratianopolis, *quantùm Nos & Successores nostros concernere possunt, pro tempore presenti & futuro, in tota terra nostri* Dalphinatûs *& etiam in futurum ultra* Rodanum *acquirenda; excepto quod propter hoc non intendimus Pedagia seu Gabellas nostras eis remittere, vel ab eis eos* [e] *affranchiare, nec etiam pensiones Salvagardiarum specialium & singularum personarum Nobis usque ad diem præsentem, seu Officiariis nostris, solvi consuetarum, eis remittimus seu remittere intendimus; sed volumus quòd efficaciter* [f] *nostris pro Nobis solvantur quæcumque Gardiæ, prout hactenùs est fieri consuetum* [g].

e affranchire. *T. C.*

f Officiariis nostris. *T. C.*

g & conventum. *T. C.*

(6) Item. *Fuit etiam reservatum & retentum per Nos ac Procuratores & Sindicos supradictos, quorum supra nominibus, à principio, medio & in fine omnium & singulorum prædictorum, quòd omnia & singula supradicta facta sint & intelligantur perpetuò absque præjudicio, diminutione seu derogatione Juris & Jurisdictionis dicti* Episcopi Valentinensis *& Ecclesiæ suæ, & Juris & Superioritatis (e) Imperatoris & Summi Pontificis, seu alterius cujuscumque, & quòd prædicti Sindici teneantur notifficare dicto eorum Episcopo & Capitulo* Ecclesiæ Valentinensis *prædictæ, & ipsos requirere ut omnia & singula supradicta, pro utilitate & conservatione jurium & terræ prædictorum, approbare & confirmare velint & autorisare, si & in quantum ex parte ipsorum confirmatione & autoritate dictorum Episcopi & Capituli indigerent, seu ipsos prædicta concernere possent.*

(7) Item. *Quòd dicti Procuratores & Sindici, seu alter ipsorum, teneantur suo posse procurare omnia & singula supradicta rattifficari, emologari & efficaciter approbari facere per Cives, habitantes & incolas Civitatis, Castrorum & locorum supranominatorum, sub obligatione & ypotheca omnium & singulorum bonorum dictarum Universitatum & singularium personarum earumdem,* [h] *per se & eorum successores per*

h *Il semble qu'il faille corriger pro & mettre le régime à l'ablatif.*

NOTE.

(e) *Imperatoris.]* Comme le *Dauphiné* dépendoit anciennement de l'*Empire*, les Empereurs ont assez long-tems conservé sur cette Province, quelqu'ombre de Souveraineté qui ne produisoit néanmoins aucun effet réel.

CHARLES VI.

à Paris, en Juillet 1397.

publicum Instrumentum, nostro Gubernatori, seu in Camera nostrorum Dalphinalium Computorum apud Gratianopolim, *infra proximum Festum Purificationis Beatæ Mariæ tradendum.*

De quibus dictus [a] *Procurator & Advocatus Fiscalis, nomine Dalphinali, & prænominati Procuratores & Sindici, nomine Civium & Universitatum Civitatis & locorum prædictorum, petierunt, & dictus Dominus Cancellarius, cuilibet parti ipsorum, publicum Instrumentum seu publica Instrumenta fieri jussit & concessit per Nos* Joannem *de* [c] Morcsterelio *Secretarium Regium; &* Hugonem [b] Foresterii, *Secretarium Dalphinalem, Notarios publicos infrascriptos. Acta fuerunt hæc & publicata* Parisius, *in domo habitationis dicti Domini Cancellarii; videlicet, in Aula bassa in qua idem Dominus Cancellarius consuevit tenere Cancellariam; præsentibus testibus ad hæc vocatis & rogatis; videlicet, prænominatis reverendis in Christo Patribus & Dominis* Patriarcha [d] Jerosolimæ *&* Carcassonæ, Noviomensi *&* Bayocensi, *Episcopis, necnon honorabilibus Dominis* Almarico *de* Ordeo-monte, *&* Petro Blancheti, *Requestarum Hospicii Regis Magistris, ac Domino* Ægidio [e] Correrii, *Milite, & pluribus aliis fidedignis, & me* Hugone Foresterii *de* Senessayo, Bituricensis *Diocesis, Notario publico autoritate Imperiali constituto, & Domini nostri* Dalphini Viennensis *Secretario, qui in præmissis omnibus & singulis, dum sic, ut præmittitur, fiebant & agebantur, præsens personaliter, unacum prænominatis testibus, & dicto Magistro* Joanne *de* Morcsterelio *Connotario,* [f] *etiam Secretario Regio, interfui, & de ipsis ad requisitionem prædictarum partium, notam sumpsi cum dicto Magistro* Joanne *Connotario, à qua nota hoc præsens publicum Instrumentum alienâ manu grossatum, extractum, & in hanc publicam formam redactum, autoritate Dalphinali in talibus mihi concessâ, factâ priùs collatione diligenti de ipso Instrumento, cum dicta nota originali, quòd cum eadem, nihil addito nihilque remoto, concordare inveni, Signo meo consueto in principio præsentis meæ subscriptionis, propriâ manu meâ factæ signavi fideliter, & tradidi Procuratoribus & Sindicis Universitatis dictæ Civitatis* Valenciæ, *in robur & testimonium omnium & singulorum præmissorum. Ego autem* Joannes *de* Moresterelio *præpositus* [g] Insculensis, *Apostolicâ atque Regiâ autoritatibus Notarius, primusque ejusdem Domini nostri* Dalphini Viennensis *Secretarius, suprascriptis omnibus & singulis, dum, ut supra explicantur, fierent, interfui, & ad requestam partium, per suprascriptum Notarium, & me ut personam publicam, in hanc formam redacta fuerunt, & ob id Signum meum consuetum, nomenque huic Instrumento publico apposui in testimonium veritatis.*

Suite des Lettres de Charles VI.

Cumque, sicut in Instrumento prædicto cavetur, Universitates, Cives & habitantes Civitatis, Burgi, Castrorum & locorum prædictorum, infra Festum Purificationis Beatæ Mariæ ultimo præteritum, omnes & singulas Pactiones & conventiones per dictos Procuratores & Sindicos ipsorum, & cujuslibet ipsorum, Nobis factas, per Instrumenta publica rattifficare deberent, quòd quamquam infra dictum Festum, propter negocii gravitatem, fecisse minimè potuerunt, tamen, quàm citiùs postea potuerunt, facere procurarunt & fecerunt, Instrumentaque publica super hoc confecta, Nobis per eorum Procuratores & Sindicos, in forma [h] *publica destinaverunt, quæ fecimus in thesauro Litterarum nostrarum recondi; cumque etiam, Nos conventiones & promissiones Procuratoribus & Sindicis supradictis Universitatum, Civium & habitantium Civitatis, Burgi, Castrorum & locorum prædictorum, nominibus & pro ipsis factas, post receptionem dictorum Instrumentorum rattifficatorum, de quibus supra fit mentio, juxta formam Instrumenti, rattifficare, confirmare & approbare debeamus, Nos volentes præmissa complere, maturâ Consilii nostri super hoc deliberatione præhabitâ, omnia & singula, nomine nostro, Procuratoribus & Sindicis prædictis Universitatum, Civium & habitantium prædictorum nominibus* [i], *promissa & conventa, prout in Instrumento suprascripto, & in capitulis in ipso descriptis, pleniùs continetur, volumus, approbamus, emologamus, rattifficamus, & tenore præsentium confirmamus; ipsaque Nos pro Nobis & Successoribus nostris* Dalphinis Viennensibus, *promittimus tenere firmiter & inviolabiliter observare. Quod ut perpetuæ firmitatis robur obtineat, nostrum Dalphinale præsentibus Litteris fecimus*

a Avocatus & Procurator Fiscalis. *T. C.*

b Monsterolio, *là & plus bas. T. C.*

c Forestarii. *T. C.*

d Jherosolimitano. *T. C.*

e Coperii. *T. C. comme il est ci-dessus*, p. 136.

f &. *T. C.*

g Insulensis. *T. C.*

h debita. *T. C.*

i *Je crois qu'il faut suppl.* Procuratoriis.

apponi Sigillum: nostro in aliis, & alieno in omnibus jure salvo. Datum *Parisius*, mense Julii, anno Domini millesimo tercentesimo nonagesimo septimo; & Regni nostri decimo septimo. *Per Regem Dalphinum, ad relationem sui Magni Consilii in Camera Computorum* Parisius *existentis, in quo* [a] *Vos*, Patriarcha Alexandriæ, *Episcopi* Bayocensis *&* Noviomensis, *Dominus* Almaricus *de* Ordeo-monte, *Magistri* Joannes *de* Vicinis, Robertus Cordigerii, Petrus Blancheti, *& plures alii, eratis.* [b] C. MILERAS.

CHARLES VI. à Paris, en Juillet 1397.

a *Le Chancelier de France. Voy. le 5.e Vol. de ce Rec. pag.* 653. *Note (c).*

b G. MILLERAC. *T. C.*

(a) Confirmation des Lettres de Sauvegarde Royale pour l'Abbaye de Clugny.

CHARLES VI. à Paris, en Juillet 1397.

c *suppl.* Nos.

KAROLUS, *&c. Notum facimus universis presentibus & futuris,* [c] *Litteras inclite recordationis carissimi Progenitoris nostri vidisse, quarum tenor sequitur sub hiis verbis.*

(b) KAROLUS *Dei gracia Francorum Rex, &c.*

Quas quidem Litteras suprascriptas, omniaque & singula in eisdem contenta & narrata, rata habentes atque grata, eas & ea volumus, laudamus, rattifficamus, approbamus, & ex nostris auctoritate Regia & gracia speciali, tenore presencium confirmamus. Quod ut firmum & stabile perseveret in futurum, nostrum Litteris presentibus fecimus apponi Sigillum: nostro & alieno in omnibus jure salvo. Datum *Parisius*, anno Domini millesimo CCC.mo nonagesimo septimo; Regni verò nostri decimo septimo, mense Julii. *Per Regem, ad relacionem Consilii.* H. GUINGANT.

NOTES.

(a) Trésor des Chartres, Registre 152. Pièce XLV. [45.]

(b) Karolus, &c.] Ces Lettres qui sont du mois de Mai 1365. sont imprimées à la page 569. du quatrième Volume de ce Recueil.

Le Reg. 152. confirme les corrections faites aux marges des Lettres de Louis VI. dit le Gros, qui sont imprimées à la p. 545. du 5.e Vol. de ce Rec. & fournit les *variantes* & les corrections suivantes.

P. 545.	L. 19.	Les mots du texte qui se trouvent dans la Note *(c)* de la page 545. se lisent aussi dans ce Registre.		
	L. 24.	*Charlans*	*Corr.*	*Thaillaut.*
P. 546.	L. 1.	*Lehinio*		*Lehomo.*
	L. 5.	*Troando*		*Tronando.*
	L. 6.	*Nongeto*		*Nogento.*
		Gasticuria		*Gaticuria.*
P. 547.	L. 3.	*Lupertrato*		*Lupervaco.*
		Borbonio		*Borbonis.*
	L. 4.	*Marcigniaco*		*Martigniaco.*
	L. 5.	*Remiliaco*		*Rumilliaco.*
	L. 6.	*Doma*-Petra		*Donna*-Petra.
		Silviniaco		*Silvinnaco.*
		Ranis		*Rivis.*
	L. 7.	*Cicernii*		*Saturnii.* (fortasse Saturnini)
P. 548.	L. 3.	& *ipsi*		& *ipsis.*
	L. 5.	*tenemur*		*tenemus.*

(c) Règlement pour les Ouvriers qui font des Cardes dans la Ville de Rouen.

CHARLES VI. à Paris, le 30. & le 8. d'Août 1397.

CHARLES, &c. Savoir faisons à tous présens & avenir, Nous avoir veues les Lettres desquelles la teneur s'ensuit.

A Tous ceulz qui ces présentes Lettres verront. *Jehan* de la *Tuille*, *Bailli* de *Rouen* & de *Gisors*: Salut. Comme plusieurs des Gardes, Maistres & Ouvriers du mestier de Carderie & de faire Cardes en la Ville & Banlieue de *Rouen*, Nous eussent naguerres

NOTE.

(c) Trésor des Chartres, Registre 152. Pièce IIII.xx VII. (87.)

Il y a à la page 273. du sixième Volume de ce Recueil, des Lettres de Charles V. du mois de Juillet 1377. qui contiennent pour ces mêmes ouvriers, un règlement à peu près semblable, mais moins ample.

CHARLES VI.

à Paris, le 30. & le 8. d'Août 1397.

présentées les Lettres du Roy nostre Sire, & requis l'effet d'icelles; desquelles la teneur s'ensuit.

CHARLES par la grace de Dieu Roy de France. Au *Bailli* de *Rouen*, ou à son Lieutenant: Salut. De la partie des Maistres, Gardes & Ouvriers du mestier de Carderie & de faire Cardes en nostre Ville & *Bailliage* de *Rouen*, consors en cette partie, nous a esté exposé que de nouvel ilz ont advisié, & est neccessité au bien de leurdit mestier & de tout le commun d'icelui, & pour le proufit de Nous & de la chose publique, de leur faire & accorder Instruccion & Ordonnance sur le fait de leurdit métier, oultre & par dessus les Ordenances déclarées en noz autres Lettres que autresfois leur avons données & octroyées sur le fait de leurdit mestier de faire cardes, pour ce que ilz ont advisié que en leurdit mestier sont plusieurs ouvrages esquelz ont esté & sont faites contre verité & raison, faulsement & mauvaisement, plusieurs faussetez, fraudes, déceptions & malices, qui se font [a] ainçois de nuit que de jour, & y sont commises & perpétrées, & plus seroient se pourveu ne leur estoit de nostre remede, si comme ilz dient, en Nous requerant humblement que pour résister & obvier aus fraudes, malices, mauvaistiez & inconvénients dessus déclarez, & qui pourroient ensuir en leurdit mestier, & qui y sont faites de jour & de nuit, contre le bien de Nous & de la chose publique, & le proufit des bonnes gens dudit mestier, comme dit est, Nous leur vueillons octroyer l'Ordonnance qu'ils ont advisiée par la maniere qui ensuit.

a ce mot est apparemment mis ici pour *autant*.

(1) Premiérement. Que les ouvriers dudit mestier, ne puissent ou doient ouvrer dudit mestier en vieil *(d)* fust réparé, pour icelui revendre; mais mettront en leur assiete bon cuir & souffisant, & que les cardes rivetées du cuir de quoy laditte assiete sera; & qui fera le contraire, les cardes ainsi faites, seront [b] arses, afin que dores mais en avant, aucun n'en puisse estre deceu.

b *brûlées.*

(2) Item. Que nul Maistre dudit mestier, ne mettra vielz fil avec nuef, ne nuef avec vielz, mais fera bon ouvrage, juste & loyal; & qui sera trouvé faisant ou avoir fait le contraire, l'euvre sera arse, comme dessus.

(3) Item. Que chacun Ouvrier dudit mestier, face bon euvre, loyal & souffisant; & qui sera trouvé faisant ou avoir fait le contraire, les cardes seront arses, ou cas toutesvoies que l'en n'y pourroit ou peust *(e)* mettre amendement raisonnable, par le rapport desdictes Gardes.

(4) Item. Que nul Maistre dudit mestier ne puisse tenir que un apprentiz, lequel apprentiz sera tenuz servir six ans avant qu'il puisse [c] lever ledit mestier, & sera tenuz faire le Serement devant le Bailli ou son Lieutenant, en la présence des Gardes qui lors seront, avant qu'il puisse ou doie ouvrer dudit mestier; & qui fera le contraire, paiera à Nous d'Amende soixante Solz Tournois.

c *être reçu Maître.*

(5) Item. Que tous ceulx dudit mestier, qui bien & loyalment sauront faire cardes, les puissent faire, pourveu qu'ils aient esté apprentiz par le temps dessusdit, & fait leur service bien & deuement, & le Serement devant Justice, présens les Gardes dudit mestier.

(6) Item. Que nul Maistre dudit mestier, ne puisse tenir apprentiz, se il n'est [d] souffisant de le tenir continuelment à son pain & à son pot, ledit temps durant sanz aucune intervalle, se n'est par [e] essoyne ou nécessité de maladie, sur peine d'Amende arbitraire à volonté de Justice.

d *en état.*

e *excuse.*

(7) Item. Chacun qui lievera ledit mestier, paiera pour [f] hansse, comme Maistre, à Nous, quarante Sols Tournois; exceptez ceulx qui seront filz de Maistres, qui n'en payeront que vint Solz Tournois.

f *Voy. la Note (h) de la page 743. du 7.e Vol. de ce Rec.*

NOTES.

(d) Fust.] Voy. sur ce mot, & sur ceux *Assiete & rivetées*, qui sont plus bas, la Note *(b)* de la page 273. du sixième Volume de ce Recueil.

Voyez *ibid.* sur le mot *Fil* qui est dans l'article suivant.

(e) Mettre amendement.] En cas qu'on ne pût racommoder l'ouvrage mal fait, & le rendre bon & loyal.

CHARLES VI. à Paris, le 30. & le 8. d'Août 1397.

(8) *Item.* Que aucun Maistre dudit mestier, ne autre, ne puisse marquer son euvre (f) à une marque, ne faire faulse marque, ne [a] nul contrefaire; & qui sera trouvé faisant ou avoir fait le contraire, sera tenuz à Nous paier quarante Sols Tournois.

(9) *Item.* Que nul Maistre dudit mestier, ne puisse mettre en euvre aucun aprentiz, jusques à ce qu'il soit [b] quittes de son Maistre, & que il aura fait le service dessusdit; & qui sera trouvé faisant ou avoir fait le contraire, sera tenuz à nous paier quarante Solz Tournoiz d'Amende.

(10) *Item.* Que aucun dudit mestier ne puisse ouvrer d'icelui mestier, se n'est à la clarté du jour, ne à Feste festable, au Samedi après None, aus huit jours de Noel, aus huit jours de Pasques & de Penthecouste, ne autre vigille de Feste solempnelle; & qui sera trouvé faisant ou avoir fait le contraire, il sera tenuz à Nous payer quarante Solz d'Amende.

(11) *Item.* Que tous ceulx dudit mestier, qui bien & loyalment sauront faire cardes de tous poins, les puissent faire, & non autres; & que avant tout euvre, ilz facent un chief-d'euvre bon & souffisant, en la présence des Gardes qui pour le tems seront; & que ilz aient fait ledit service [c], & fait le Serement devant le Bailli ou son Lieutenant, en la présence desdictes Gardes, ainsi qu'il est de tout temps accoustumé.

(12) *Item.* Que aucun [d] Varlet étant en service, ne puisse faire ouvrer sa femme dudit mestier, jusques à ce qu'il soit Maistre; & s'il avenoit que il fust Maistre, & que depuis il alast de vie à trespassement, & sa femme se marioit à autre homme que dudit mestier, que dores mais en avant elle n'en peust ouvrer; & qui sera trouvé avoir fait le contraire, il l'amendera d'Amende arbitraire à la volonté de Justice.

(13) *Item.* Nul ouvrier dudit mestier ne pourra vendre ne marchander de vieilles cardes, se elles ne sont bonnes & souffisantes, & qu'ilz soient ryvetées de vieilz cuir semblable, sanz mettre nuef; & qui sera trouvé faisant ou avoir fait le contraire, lesdictes cardes seront arses au lieu ordené, ainsi comme tout le temps passé a esté accoustumé, le Samedi avant Noel, à la vielle tour ou marché.

(14) *Item.* Que nul dudit mestier, ne puisse avoir ne mettre en euvre nul apprentiz, ne aussi nul apprentiz estre Juré comme Maistre, ne autrement, se n'est en la présence des Gardes, & devant nostredit *Bailli* de *Rouen*, ou son Lieutenant, pour savoir la verité qu'ilz aient fait deuement le service dessusdit, & raisonnablement fait leur devoir, ainsi comme il est accoustumé oudit mestier.

(15) *Item.* Pour le bien & utilité de la chose publique, & avoir congnoissance des choses dessusdictes, seront esleuz par le conseil dudit mestier, quatre Preudomes bons & loyaux, au terme de Noel, lesquelz seront commis de par Nous, & Jurez devant nostredit Bailli ou son Lieutenant, qu'ilz feront tenir & garder les peines & articles dessus declariez, par la maniere que dit est, & qui rapporteront à toy Bailli ou ton Lieutenant, toutes les mauvaistiez & faulx ouvrages que ilz trouveront oudit mestier, afin d'avoir les Amendes dessus déclarés; & yront yceulx Gardes visiter de nuit & de jour, toutes & quantes foiz que il leur plaira, pour trouver la verité des choses dessus dictes; & seront yceulx Gardes [e] jurez par leurs Seremens de ce qu'ils rapporteront devant toy nostredit Bailly ou ton Lieutenant, des choses touchans ledit mestier & les articles dessus diz.

(16) *Item.* Que tout l'ouvrage qui par lesdiz Commis & Gardes sera trouvé estre faulx, & fait contre ceste présente Ordenance, sera ars, [f] ou traictié à Amende selon ceste présente Ordenance, ainsi comme ou temps passé il a esté ordené & acoustumé.

(17) *Item.* Que tous ceulx qui feront ou auront fait, ou [g] qu'ilz seront faisant le contraire de ceste présente Ordenance, seront contraints de Nous faire & paier les offences & Amendes dessus déclarées, par toy Bailly ou ton Lieutenant, ou le Commis à ce, par le rapport desdictes Gardes & Jurez, ainsi comme dessus est dit.

a *nulle.*

b *jusqu'à ce qu'il ait fini le tems de son apprentissage.*

c *d'apprentissage.*

d *compagnon.*

e *crus*, ainsi qu'il se lit dans l'article 15 des Lettres du *Bailli* de *Rouen.*

f *ou ceux qui auront fait le mauvais ouvrage condamnez à l'Amende.*

g *qui seront trouvez*, comme dans l'article 17 des Lettres du *Balli* de *Rouen.*

NOTE.

(f) *A une marque.*] Il devroit y avoir *qu'à une marque*, ainsi qu'il se lit à la page 274. du sixiéme Volume de ce Recueil, & ci-dessous à l'article 8. des Lettres du *Bailli* de *Rouen.*

CHARLES VI. à Paris, le 30. & le 8. d'Août 1397.

Tous lesquelz poinz & articles ont esté advisiez par lesdiz exposans, par grant & meure délibéracion de Conseil, pour obvier [a] aus fraudes & malices dudit mestier, & pour le cler & évident proufit de la chose publique, si comme ilz dient, en Nous humblement suppliant que sur ce soit par Nous pourveu de remede convenable. Pourquoy Nous ces choses considérées, qui desirons de tout nostre cuer le proufit de nostre peuple estre augmenté, & toutes bonnes Coustumes & Ordenances estre gardées, te mandons que appellez pardevant toy des gens dudit mestier, des plus notables & souffisantes, jusques à tel nombre comme bon te semblera, & que ce pourra & devra souffire, & autres qui pour ce seront à appeller, pourvoy ausdiz exposans sur les choses dessus dictes & chacune d'icelles, tout ainsi que tu trouveras estre bon & expédient à la chose publique, & tellement que lesdiz exposans n'aient cause d'en plus retourner pour ce plaintiz pardevers Nous: Car ainsi Nous plaist estre fait, & ausdiz exposans l'avons ottroyé & ottroyons de grace espécial par ces présentes. *Donné à* Paris, *le VIII.e jour d'Aoust, l'an de grace mil CCC IIII.xx & dix-sept; & de nostre regne le XVII.e* Ainsi signé. Par le Roy, à la relacion du Conseil. CHALIGANT.

a aux.

Suite des Lettres du Bailli de Rouen.

Par vertu desquelles Lettres dessus transcriptes, & pour icelles acomplir, nous eussions assigné journée ausdiz Gardes, Maistres & Ouvriers dudit mestier, à comparoir aujourdui devant nous, pour lesdittes Lettres veoir enteriner & acomplir, & faire selon raison. Savoir faisons que pardevant nous en la petite [b] Cohue du Chastel de *Rouen*, le Mardi XIIII.e jour d'Aoust, l'an de grace mil CCC IIII.xx & XVII, se comparurent personnellement *Clairot Thierry, Jean Dumesnil, Guillaume Massis* & *Robet* de *Londemaire*, Gardes & Maistres dudit mestier; *Guillaume* le *Cauchoiz, Jean Legouge, Gautier* de [c] *Sertigny, Jehan Oscurre, Robin Helluin, Guillaume* le *Roux, Jehan Lisse, Jean Asselin, Jean Oursel, Michel Morel, Jean Roenart, Rogier Desquenes, Thomas* de *Baucorne, Colin Petit-Roy; Jean* de *Rue, Pierre Eude,* [d] *Guillot* le *Cauchois, Michel Helluin, Arnoulet* le *Carbonier, Guillaume Lisse, Jourdain* le *Comte, Jehan* de la *Mare, Pierre* le *Beautre, Thomas* le *Conte, Jehan Besuquet* & *Guillaume Dupré*, tous Maistres & Ouvriers dudit mestier, demourans à *Rouen*, lesquelz tant pour eulx que pour tout le commun dudit mestier, Nous requirent de rechef l'effet & accomplissement desdictes Lettres; lesquelles Lettres nous feismes lire notoirement, & après ladicte Lecture diligemment entendue, nous par vertu desdictes Lettres, du consentement & à la requeste des Gardes, Maistres & Ouvriers dudit mestier, dessus nommez, & par l'advis, délibéracion & conseil de *Nicolas Leconte*, Procureur, *Thomas Poingnant*, Advocat & Conseiller du Roy nostre Sire, esdiz Bailliages, *Guillaume Blancbaston* nostre Lieutenant général, & de plusieurs autres sages & notables personnes, pour [e] eschever les faulsetez, fraudes, décepcions & malices que l'en y faisoit, & encores eust peu faire, & pour le proufit du Roy nostre Sire, du bien publique, & à l'honneur dudit mestier & des Maistres & Ouvriers d'icelui, avons pourveu & ordené au fait & gouvernement dudit mestier, en la fourme & maniere qui ensuit.

b Voy. la Note (d) de la page 274. du 6.e Vol. de ce Rec.

c nom douteux.

d Il y a une marque d'abréviation sur les deux ll.

e éviter.

(1) (g) Premiérement, &c.

(3) Item. Que chacun dudit mestier face bon euvre, loyal & souffisant; & qui sera trouvé faisant ou avoir fait le contraire, les cardes seront arses, ou cas toutesvoies que l'en y pourroit ou peust mettre amendement raisonnable, par le rapport des Gardes, ouquel cas que l'en y pourra mettre amendement, l'en y mettra ledit amendement convenable; & celui qui aura faictes ou marquées de son [f] saing lesdictes cardes, l'amendera à la volonté de Justice.

f seing, marque.

(8) Item. Que aucun Maistre dudit mestier, ne autre, ne puisse marquer son euvre qu'à une marque, ne faire fausse marque, ne contrefaire sa marque, sur peine

NOTE.

(g) Premièrement, &c.] Le *Bailli* de *Rouen* répéte ici dans les mêmes termes les articles contenus dans les Lettres de Charles VI; à l'exception de quelques-uns qui contiennent quelques changemens ou quelques additions. On a cru ne devoir faire ici imprimer que ces derniers.

de

de soixante Solz d'Amende, au Roy nostre Sire, & d'estre privé du mestier par an & par jour.

CHARLES VI. à Paris, le 30. & le 8. d'Août 1397.

(12) *Item.* Que aucun Varlet estant en service, ne pourra faire ouvrer sa femme dudit mestier, jusques à ce qu'il soit Maistre; & s'il avenoit que il fust Maistre, & que depuis il alast de vie à trespassement, & sa femme se marioit à autre homme que dudit mestier, [a] & que dores mais en avant, elle n'en pourra ouvrer; & qui sera trouvé avoir fait le contraire, il l'amendera d'Amende arbitraire à la volonté de Justice: sauf que se la femme estoit fille de Maistre, ou [b] eust acquis la franchise du mestier, en icelui cas, elle en pourra ouvrer.

a *conjonction inutile.*

b *appar. en se faisant recevoir Maîtresse.*

(13) *Item.* Que nul dudit mestier ne pourra vendre ne marchander de vielles cardes, se elles ne sont bonnes & souffisantes, & qu'ilz soient ryvetées de vielz cuir semblablement, sanz mettre nuef; & qui sera trouvé faisant ou avoir fait le contraire, lesdictes cardes seront arses au lieu ordonné, ainsi comme tout le temps passé a esté accoustumé, le [c] Venredi avant Noel, à la vielle Tour ou marchié.

c *Vendredy.*

(15) *Item.* Pour le bien & utilité de la chose publique, & avoir congnoissance des choses dessus dictes, seront esleus par le conseil dudit mestier, quatre Preud'hommes bons & loyaux, au terme de Noel, lesquelz seront commis de par le Roy, & jurez devant ledit Bailli ou son Lieutenant, qui feront tenir & garder les peines & articles dessus déclarées, par la maniere que dit est, & qui rapporteront audit Bailli ou son Lieutenant, toutes les mauvaistiez & faux ouvrages que ilz trouveront oudit mestier, afin d'avoir les Amendes dessus déclarées; & yront iceulx Gardes visiter de nuit & de jour, toutesfoiz & quantefoiz que il leur plaira, pour trouver la verité des choses dessus dictes, & seront creuz yceulx quatre Jurez, par leurs Seremens de ce qu'ilz rapporteront devant ledit Bailli ou son Lieutenant, des choses touchans ledit mestier, & les articles dessus diz.

(17) *Item.* Que tous ceulx qui feront ou auront fait, ou [d] qu'ilz seront trouvez faisant le contraire de ceste présente Ordenance, seront contrains de faire & paier au Roy nostre Sire, les offenses & Amendes dessus déclarées, par ledit *Bailli* de *Rouen* ou son Lieutenant, par le rapport des diz Gardes & Jurez, ainsi comme dessus est dit.

d *qui.*

Laquelle Ordenance ainsi par nous faite, comme dit est, les dessus nommez Gardes, Maistres & Ouvriers dudit mestier, pour eulx & pour tout le commun dudit mestier, promistrent & jurèrent tenir, garder & entériner sanz enfraindre. En tesmoin de ce, Nous avons mis à ces présentes Lettres, le Séel de la *Baillie* de *Rouen. Donné audit lieu de* Rouen, *l'an & le XIIII.e jour d'Aoust dessus diz.*

Lesquelles Lettres dessus transcriptes, & tout le contenu en icelles, Nous avons fermes, estables & aggréables, & ycelles louons, gréons, approuvons, ratiffions, & par ces présentes, de grace espécial confermons. Si donnons en mandement par ces présentes, au *Bailli* de *Rouen*, qui est à présent & sera pour le temps avenir, ou à son Lieutenant, que des Ordonnances dessus déclarées, & de nostre présente confirmacion, il face les Gardes, Maistres & Ouvriers du mestier de faire cardes de nostre Ville & *Bailliage* de *Rouen*, joïr & user paisiblement, & ycelles Ordonnances tenir & garder de point en point, sanz enfraindre en aucune maniere. Et pour ce que ce soit ferme chose & estable à touzjours, Nous avons fait mettre nostre Séel à ces présentes Lettres: sauf en autres choses nostre droit, & l'autrui en toutes. *Donné à* Paris, *le pénultiéme jour d'Aoust, l'an de grace mil CCC IIII.xx & dix sept; & de nostre regne le XVII.e*

Suitte des dernières Lettres de Charles VI.

Par le Roy, à la relacion du Conseil. CHALIGANT.

CHARLES VI.
à Paris, en Août 1397.

(a) Confirmation des Priviléges accordez à la Ville de Saint-Antonin en Rouergue.

KAROLUS, &c. Notum fieri volumus universis presentibus & futuris, Nos Litteras carissimi Domini Genitoris nostri vidisse; formam que sequitur, continentes.

(b) KAROLUS, *&c.*

Quas quidem Litteras suprascriptas, omniaque & singula in eis contenta, ratas & gratas habentes, sive rata atque grata, eas & ea volumus, laudamus, approbamus, ratifficamus, & tenore presencium, quathenùs dicti Consules & habitatores Sancti Anthonini *eisdem pacificè usi sunt, de gracia speciali confirmamus: Mandantes* Senescallo Ruthenensi, *ceterisque Justiciariis nostris, & eorum cuilibet, prout ad eum pertinuerit, seu Locatenentibus eorumdem, quatinùs Consules & habitatores predictos, nostris presentibus graciâ & confirmacione uti & gaudere pacificè faciant & permittant. Quod ut firmum & stabile perpetuò perseveret, nostrum hiis presentibus jussimus apponi Sigillum: nostro in aliis, & alieno in omnibus jure salvo.* Datum *Parisius,* mense Augusti, anno Domini millesimo CCC.^mo nonagesimo septimo; & Regni nostri, XVII.^mo

Per Regem, ad relacionem Consilii. FRERON.

NOTES.

(a) Trésor des Chartres, Registre 152. Pièce IX.^xx II. (182.)

(b) Karolus, &c.] Ces Lettres qui sont du mois d'Avril 1370. sont imprimées à la page 500. du sixième Volume de ce Recueil.

Le Registre 152. confirme la plus grande partie des corrections faites à la marge de ces Lettres, & fournit les *variantes* & les corrections suivantes.

P. 500.		Lig. 39.	les choses que . . *corr.*	les choses *dessus dictes* que.
P. 501.		Lig. 28.	obedire, eas	obedire, *&* eas.
		Lig. 30.	Bernardus Pailheroliis . .	Bernardus *de Prailhayroliis.*
P. 502.	Art. 3.	Lig. 33.	illeze servare	*ille se* servare. (corr. illas servare.)
P. 504.	Art. 11.	Lig. 4.	quicumque	*quandocumque.*
		Lig. 14.	per eosdem	*pro eodem.*
P. 505.	Art. 18.	Lig. 30.	& Art. 19. Lig. 43. & p. 506. Lig. 8. perdonamus.	*pardonamus.*
P. 506.	Art. 21.	Lig. 4.	Quod	*Quia.*

CHARLES VI.
à Paris, le 3. de Septembre 1397.

(c) Confirmation des Lettres de Sauvegarde Royale pour le Prieuré de Saint Lazare près Paris.

KAROLUS Dei gracia Francorum Rex. Universis presentes Litteras inspecturis: Salutem. Notum facimus quòd Nos ad supplicacionem dilectorum nostrorum Religiosorum Prioris, Fratrum & Sororum (d) Domûs Sancti Lazari propè Parisius, *in nostris proteccione & Salva-gardia speciali ab antiquo existencium, ipsos supplicantes & eorum Domum predictam, tam in capite quàm in membris, ex habundanti, una cum* [a] *familiaribus eorum, Officiariis, Servitoribus, Domesticis,* [b] *hominibus de corpore, si quos habent, ac bonis, possessionibus & rebus suis universis, ad suorum Jurium conservacionem dumtaxat, in dictis nostris proteccione & Salva-gardia speciali suscipimus & ponimus per presentes; ac* Petrum Vigant *&* Radulphum Nigri, *nostri*

a famil. *Reg.*
b espèce de Serfs.

NOTES.

(c) Livre Rouge vieil du Châtelet de *Paris, folio* 7 vingt 19. *recto.* [159.]

Avant ces Lettres, il y a: *Garde de Saint Ladre.*

(d) Domûs Sancti Lazari.] L'origine du Prieuré & Léproserie de Saint Lazare, n'est pas fort connue. Voyez ce qu'a pu recueillir à ce sujet, le *P. Felibien* dans son histoire de *Paris,* tom. 1. pp. 192. 193. En 1632. ce Prieuré fut uni à la Congrégation de la Mission. Voy. *ibid.* tom. 1. p. 1336.

CHARLES VI. à Paris, le 3. de Septembre 1397.

Parlamenti Hostiarios, necnon Johannem *de* Cassello *&* Johannem Hemon, *Hostiarios & Servientes Requestarum Palacii nostri* Par. Symonem Blanchardi, Jacobum Troncheti, Matheum Gorteri, Johannem Piedecerf, Johannem *de* Brayo *&* Guillermum Rogeti, *Servientes nostros, in Gardiatores deputamus speciales; quibus & eorum cuilibet committimus & mandamus, quatenùs dictos supplicantes in suis justis possessionibus, juribus, usibus, franchisiis, Libertatibus ac saisinis in quibus ipsos esse, suosque Predecessores fuisse pacificè ab antiquo invenerint, manuteneant & conservent, ipsosque ac eorum familiares, servitores & homines predictos ab omnibus injuriis, violenciis, gravaminibus, oppressionibus, vi armorum, potencia Laïcorum, ac inquietationibus* [a] *novitatis indebitis quibuscumque tueantur & defendant, & aliquas non paciantur eisdem fieri vel inferri injurias aut indebitas novitates; sed si quas esse vel fuisse* [b] *in presentis nostre Salve-gardie & dictorum supplicancium prejudicium repererint, ad statum pristinum & debitum faciant reduci, & Nobis ac Parti Emendam condignam propter hoc prestari;* [c] *Penuncellosque Regios in & super Domibus, Terris, locis, possessionibus & maneriis dictorum supplicancium quibuscunque, in casu tamen eminentis periculi, apponant seu apponi faciant, ne quis se possit de ignorancia excusare; dictamque Salvam-gardiam nostram in locis ubi expedierit & personis de quibus fuerint requisiti, publicent vel faciant solenniter publicari, inhibendo omnibus de quibus fuerint requisiti ex parte nostra, sub certis & magnis penis Nobis applicandis, ne dictis supplicantibus, eorum familiaribus, servitoribus & hominibus predictis aliqualiter forefacere presumant in corporibus nec in bonis. Si verò dicti supplicantes aut aliquis de suis familiaribus aut hominibus predictis,* [d] *Assecuramentum habere voluerit, illud eisdem per illum vel illos Judices ad quem vel ad quos pertinuerit, bonum & legitimum juxta Patrie Consuetudinem prestari faciant prout racionabiliter fuerit faciendum; & si super premissis aut aliquo eorundem, racione dictorum bonorum dictorum supplicancium, oriatur opposicio vel debatum, debato ipso & rebus contenciosis in casu novitatis dumtaxat, ad manum nostram tamquam superiorem positis, novitateque & impedimento primitùs amotis, ac locis* [e] *ressaisitis deablatis realiter & de facto, opponentes & debatum hujusmodi facientes, ac dicte Salve-gardie nostre infractores & contemptores, seu eciam qui eisdem Gardiatoribus aut eorum alteri Gardiatoris Officium exercendo, injuriam fecerint vel offensam, aut inobedientes fuerint vel rebelles, manentes in Villa &* Prepositura [f] Vicecomitatu Par. *coram dilectis & fidelibus Gentibus Requestarum Palacii nostri* Paris. *& ceteros coram Judicibus ad quos hujusmodi cognicio pertinebit, ad certam & competentem diem seu certos & competentes dies adjornent super hujusmodi opposicione seu opposicionibus, & aliis premissis & eorum circunstanciis & dependenciis processuros, & ulteriùs facturos quod fuerit racionis, dictas Gentes nostras & Judices super hoc certifficando competenter; quibus Gentibus in favorem dicte Domûs & pauperum ac infirmorum ejusdem, quoad manentes supradictos, mandamus committendo, & aliis Judicibus mandamus, ut inter Partes, ipsis auditis, exhibeant tam super principali quàm recredencia, celeris Justicie complementum; & generaliter faciant iidem Gardiatores & eorum quilibet, omnia & singula que ad Gardiatoris specialis Officium spectant & possunt quomodolibet pertinere, absque eo quod de hiis que cause cognicionem exigunt, se aliqualiter intromittant: Omnibus Justiciariis &* [g] *subdictis nostris mandantes, quatenùs dictis Gardiatoribus & eorum cuilibet, in premissis & ea tangentibus pareant efficaciter & intendant. Que sic fieri volumus & concedimus de speciali gracia per presentes. In cujus rei testimonium, Sigillum nostrum presentibus Litteris duximus apponendum.* Datum *Parisius,* tercia die Septembris, anno Domini millesimo CCC.° nonagesimo septimo; & Regni nostri XVII.° *Et au doz estoit escript ce qui s'ensuit:* Publiées en Jugement ou Siege & Auditoire des Requestes du Palays à *Paris,* le XXIX.ᵉ jour de Mars, l'an mil CCC IIII.ˣˣ & dix-sept. Ainsi signées. J. DE RIVE. Enregistrées ou Registre desdictes Requestes, ou Livre des Plaidoïeries [h] fenissant en Décembre l'an IIII.ˣˣ & seize. Publiées en Jugement ou Chastellet de *Paris,* le Mercredi XXII.ᵉ jour de May, l'an mil CCC IIII.ˣˣ & dix-huit. Ainsi signé. FRESNES.

Collation faicte à l'original rendu au Maistre & Prieur de [i] Saint-Ladre.

a & novitatibus.

b *suppl.* factas.

c Voy. les Tabl. des Mat. des Vol. de ce Rec. au mot *Pennonceaux.*

d Voy. les Tabl. des Mat. des Vol. de ce Rec. au mot *Assûrement.*

e deablatis ressaisitis.

f &.

g subditis.

h Il faut peut-être corriger *commençant.*

i *S.t Lazare.*

CHARLES VI. à Paris, le 5. de Septembre 1397.

(a) *Lettres par lesquelles le Roy nomme Raoul d'Auquetouville, Général des finances, à la place de Philippe des Essars, & règle les fonctions des Généraux des finances, & le pouvoir & l'autorité qu'il leur donne.*

CHARLES par la grace de Dieu Roy de France. A tous ceux qui ces présentes Lettres verront: Salut. Comme n'aguerres Nous considérans que nostre amé & féal Chevalier & Maistre de nostre Hostel, *Philippe Des Essars,* nostre Général-Conseillier sur le fait des Aides ordenez pour le fait de la guerre, Nous a servi longuement & loyaulment esdiz Offices, & dernierement oudit Office de Général-Conseillier sur ledit fait, en la Compagnie de noz amez & féaulz [a] l'*Arcevesque* de *Besançon* & *Jehan Chanteprime,* noz Généraulx-Conseilliers, & que par les grans [b] penes & labeurs qu'il a miz en notredit service, & le grand âge qu'il a, il ne pourroit doresénavant endurer le continuel travail & labeur que ycellui Office de Général requiert, Nous l'ayons deschargié d'icelui Office, & du fait & gouvernement qu'il avoit avec noz dessus diz Généraux-Conseilliers; & pour ce, soit nécessité & besoing de y ordener, establir & commettre autre avec les dessus diz; savoir faisons que Nous confians à plain des grans sens, loyaulté & bonne diligence de nostre amé & féal *Raoul* d'*Auquetouville* Escuier, ycelui *Raoul* avons fait, ordené, constitué & establi, & par la teneur de ces présentes, faisons, ordenons, constituons & establissons notre Général-Conseillier sur le fait des diz Aides, pour Nous servir en ycelui avec les dessus diz *Arcevesque* & *Jehan,* ou avec autres tels que Nous y commettrions & ordenerions, s'ils en estoient deschargiez; & d'iceulx, & généralement de toutes les finances qui en [c] ystront, tant des debtes & arrérages des années & temps passez depuis l'an quatre-vingtz-deux dernier passé, & de exploiz & amendes qui y sont escheuz & escherront, comme du temps présent & avenir; leur avons baillé, & par ces présentes baillons, seulx & pour le tout, & aux deuz d'iceulx, la charge, administration & gouvernement, sanz ce que noz Gens des Comptes & Tréforiers, noz Généraulx-Conseilliers sur le fait de la Justice, ne autres quelzconques, pour quelconque auttorité ou commission qu'ilz ayent, se puissent ou doient entremettre faire lever, payer ou distribuer aucune chose, pour quelconque cause ou raison que ce soit; ausquelz *Arcevesque, (b) Philippe Des Essars* & *Jean Chanteprime,* noz trois Généraulx dessus nommez, & aux deulx d'iceulx, Nous avons donné & donnons plein pouvoir, &c. *(c) Donné à* Paris, *le cinquième jour de Septembre, l'an de grace mil trois cens quatre-vingtz & dix-sept; & de nostre regne le dix-septiesme.* Ainsi signé. Par le Roy, Monsieur le *Duc* de *Bourgogne,* [d] Vous, l'*Evesque* de *Bayeux,* & le Maistre des Arbalestriers, présens. GONTIER.

[a] *Girard d'Athies.* Voy. cidessus, p. 8. Note *(e).*

[b] *peines.*

[c] *sortiront, proviendront.*

[d] *Le Chancelier de France.* Voy. le 5.e *Vol. de ce Rec.* pag. 653. Note *(c).*

NOTES.

(a) La Copie de ces Lettres m'a été communiquée par M.r *Boulin,* Conseiller de la Cour des Aides de *Paris,* qui les a fait copier sur le Mémorial *F.* de la Chambre des Comptes de *Paris,* où elles étoient au *folio* 42. *recto.* Voyez *la Préface du 7.e Vol. de ce Rec.* p. v. §. iv. & la Note *(a)* de la page 355. de ce septième Volume.

(b) Philippe Des Essars.] Il y a certainement faute ici, ou dans le Registre ou dans la Copie, & au lieu de *Philippe Des Essars,* il doit y avoir *Raoul* d'*Auquetouville.*

(c) On n'a pas cru devoir faire imprimer la suite de ces Lettres, parce qu'elle est copiée mot pour mot sur celles du 28. d'Août 1395. qui sont imprimées ci-dessus, p. 8. La copie de ces Lettres de 1397. confirme la correction faite sur les autres, dans la Note *(f)* de la p. 10.

A la fin dans l'adresse des Lettres de 1397. on lit: *à tous nos autres Officiers, Justiciers & subgiez.* Ces mots *& subgiez* ne sont point dans les Lettres de 1395.

CHARLES VI. à Paris, le 9. de Septembre 1397.

(a) Règlement fait par le Prévôt de Paris en conséquence des Lettres du Roy, pour le métier des Oublieurs de Paris.

A Tous ceuls qui ces présentes Lettres verront. *Jehan Seigneur* de *Foleville*, Chevalier, Conseiller du Roy nostre S. & Garde de la *Prevosté* de *Paris*, Commissaire & Général Refformateur sur le fait de la Policie, gouvernement & Mestiers de la bonne Ville de *Paris*: Salut. Nous avons receues les Lettres du Roy nostre S. à Nous présentées de la partie des Oubloyers du Roy nostredit Seigneur & de la Royne, contenans la forme qui s'ensuit.

CHARLES par la grace de Dieu Roy de France. Au *Prévost* de *Paris* ou à son Lieutenant: Salut. Nous vous envoyons enclose soubz nostre Contre-séel, la Requeste Civile de nostre *(b)* Oubloyer & de cellui de nostre très-chere & très-amée Compaigne la Royne, & voulons & vous mandons que sur le contenu en ladicte Requeste, vous pourvéez auxdiz Oubloyers en la manière qu'il appartendra par raison, & que vous verrez estre expédiant pour le bien & utilité publicque de nostre Ville de *Paris*, tellement que yceulx Oubloyers n'aient cause raisonnable de Nous en plus poursuir. *Donné à* Paris, *le IX.e jour de Septembre, l'an de grace mil CCC IIII.xx & XVII. & le XVII.e de nostre Regne.* Ainsi signé. Par le Roy, à la relacion du Conseil.

J. BUDE.

Par vertu desquelles, & pour pourveoir auxdiz Oubloyers & autres dudit mestier demourans en ladicte Ville de [a] *Meaulx*, sur le contenu en ladicte Requeste Civile de laquelle ès Lettres ci-dessus inserées, est faicte mencion, contenant ceste forme.

a *c'est sans doute une faute de Copiste; & il faut corriger*, Paris.

AU Roy nostre S. Supplient humblement voz Oubloyers & ceulx de la Royne vostre Compaigne, comme plusœurs Ordonnances aient esté faictes sur le fait du mestier de l'Oubloyerie en ladicte Ville de *Paris*, moult longtemps a, & seroit grant neccessité que de nouvel, Ordonnances feussent faictes sur ycellui mestier, pour obvier aux fraudes qui y pourroient estre commises, qu'il vous plaise de vostre begnigne grace octroier voz Lettres aux Ouvriers dudit mestier en ladicte Ville de *Paris*, sur les articles ci-après escripz, soubz vostre noble correccion, afin que ycelles Ordonnances soient mieulx & plus nottablement gardées; & ilz prieront Dieu pour vous & pour vostre noble lignée.

(1) Et premiérement. Que nul ne puisse tenir Ouvrouer ne estre Ovrier en la Ville de *Paris* ne ès Forbours, s'il ne scet faire en un jour ou moins V.c de [b] grant oubliées, III.c de supplicacions, & II.c de *(c)* du mestier, bons & souffisans,

b *Voy. sur les grandes Oublies & les Oublies de supplicacions, la Note (b) de cette page.*

NOTES.

(a) Livre Rouge vieil du Châtelet de *Paris, fol.o 7 vingt 2 recto.* [142.]

Avant ces Lettres, il y a: *Oubloyers.*

(b) Oubloyer.] Les *Oublieurs* qui font des *Oublies* nommées autrefois *Oublayes*, s'appelloient anciennement *Oublayeurs.*

L'*Oublie* est une petite pièce de Pâtisserie faite de pâte légère, & cuite entre deux fers. Il y a de trois sortes d'*Oublies.*

1.o Les grandes *Oublies* ou *Oublies* plates.

2.o Les Oublies de *supplication*, nommées présentement, *Gauffres.*

3.o Les Oublies nommées autrefois d'*E'triers*, & présentement *petits métiers.*

Autrefois les Oubliers marchoient pendant la nuit durant l'hiver. On les faisoit quelquefois entrer dans les maisons; & ils jouoient aux dez contre de l'argent leurs Oublies qu'ils portoient dans une espèce de boîte longue nommée *Coffin* ou Corbillon. [Depuis quelques années on a défendu aux Oublieurs de marcher pendant la nuit.] Voyez le Dictionnaire du Commerce par *Savari*, au mot, *Oublie.*

(c) . . . Il y a dans le Registre *fées* avec un trait d'abrégé sur tout le mot. Je ne sçais ce que ce mot abrégé peut signifier. Dans l'article 1. de l'ancien Règlement qui est plus bas, cette sorte d'Oublies est nommée d'*Estrées.* Voy. la Note *(b)* de cette page.

CHARLES VI.
à Paris, le 9.

& faire sa paste pour ledit ouvrage; & aussi qu'il soit homme de bonne vie [a] renommée, sens estre *(d)* Holier, & senz autre reproche.

(2) Item. Que femme quelle qu'elle soit, n'y puisse faire [b] Pain à chanter ne à célébrer en Esglise; aussi ne puisse porter aval la Ville vendre aucune chose dudit mestier.

(3) Item. Que femme Oubloyere senz mary Oubloyer, ne puet prendre Aprentiz audit mestier de l'Oubloyerie.

(4) [c] *Item.* Nul ne puet jouer aux dez à Argent sec, fors à leurdit mestier, en portant ycellui mestier.

(5) Item. Que chascun d'eulx puisse prendre tant d'Aprentiz & à tel temps comme il leur plaira, & que nul ne puisse [d] fortraire autrui Aprentiz; & aussi que chascun Aprentiz paie v. Sols à la Confrarie Saint Michiel, & v. Sols au Roy, [e] quant il se louera audit mestier; & ne le pourra son Maistre metre en besoingne, *(e)* jusques ad ce que les Maistres dudit mestier aient veu sa Lettre dudit mestier.

(6) Item. Que nul d'eulx ne puisse ou doye acheter *(f)* Aubims de Confrarie ne d'ailleurs, ne faire ouvrage dudit mestier, se ce n'est de bons & loyaulx eufs; & aussi que nul d'eulz ne puisse aler [f] sur Juifs pour faire aucun ouvrage dudit mestier.

(7) Item. Que nul d'eulx ne puisse avoir chascun que une *(g)* Fornaise à pardon; & aussi que nulz d'eulz ne puisse porter que [g] petites Oubléés aval la Ville de *Paris,* de Paste clere; & que nul ne puisse *(h)* racheter son Cofin que d'icelles petites Oubléés; & que quiconques trespassera nul des poins dessus diz, qu'il paie v. Sols Tournois pour vous, & v. Sols Tournois aux [h] Maistres dudit mestier, pour chascune fois qu'il en sera ataint.

Nous en la présence du Procureur du Roy nostre S. ou Chastellet de *Paris,* pour & ou nom dudit Seigneur, mandasmes & feismes venir pardevant Nous oudit Chastelet, le jour de la date de ces présentes, tous les Oubloyers demourans en ladicte Ville de *Paris,* au moins la plus grant & saine partie d'iceulx, si comme ilz disoient, desquelx les noms s'ensuivent; & premierement, *Jehan* de *Cheray, Jehan* de la *Mote, Jehan* le *Cointe,* dit *le Roy des Garguetes, Estienne* de *Saint Denis, Jehan* de [i] *Paris, Colin Milet, Jehan* de la *Mandrouse, Jehan* l'*Apoticaire, Regnault* de *Bievre, Perrin Elyot, Oudin* de la *Frette, Denisot Brissault, Raoulet* le *Batelier, Jehan Fournier, Jehan* le *Fevre, Jehan* de *Moy, Jehan Macars, Jehan Philippe, Adenet Beranger, Jehan* de *Beelloy, Jehan Rely, Jehan* le *Forectiers, Simonnet Foudot, Jehan* l'*Alement, Adam Adeguille, Philippe Thevenin* le *Forectier, Colin Rely, Jehan Boudin* &

a *&c.*
b *Les hosties qui doivent estre consacrées dans le Sacrifice de la Messe.*
c *Voy. ci-dessous l'art. 10. de l'ancien Règlement, & la Note (b) de la page préced.*
d *prendre Aprentif d'un autre.*
e *quand il s'engagera avec un Maître.*
f *chez les Juifs.*
g *Voy. p. précédente Note (b).*
h *Jurés.*
i *Par. Reg.*

NOTES.

(d) Holier.] Ce nom qui ordinairement signifie des gens qui arrachent des *houilles,* des *chardons,* a été aussi donné aux *Goujats,* & a désigné quelquefois des *gens de mauvaise vie, des débauchés.* Voy. le Glossaire de *Du Cange,* au mot, *Hullæ.*

(e) Jusques ad ce que, &c.] Je crois que cela signifie, *jusqu'à ce que les Maistres* & Jurés *ayent veu les Lettres par lesquelles, l'Apprenti s'est engagé avec le Maistre.*

(f) Aubims de Confrarie.] Il y a dans la 2.e Copie de l'ancien Règlement *aubims d'œufs.* Suivant *Nicot* & *Monet,* au mot *Aubin,* il signifie le blanc de l'œuf; mais je ne sçais ce qu'il faut entendre par des *Aubins de Confrairie.* Peut-être les Oublieurs achetoient-ils le blanc des œufs dont on avoit tiré le jaune pour être employez dans les mets que l'on préparoit pour des repas de Confrairie; & ne mettoient-ils que ces blancs sans jaune dans les Oublies qu'ils faisoient.

(g) Fornaise à pardon.] Cet article est expliqué plus clairement dans le 8.e de l'ancien Règlement qui suit. Il y a: *que chascun dudit mestier ne puisse avoir à un* pardon *que une* fournaise; & dans la seconde Copie il y a *Item.* Que chascun dudit mestier ne puisse avoir à un pardon que une fournaise à deux *toises l'une de l'autre;* ce qui peut signifier ou, que chaque Oblieur sera obligé de mettre l'espace de deux toises entre ses fournaises; ou bien, que chaque Oublieur ne pourra avoir qu'une fournaise qui sera éloignée de deux toises de celles des autres Oublieurs. *Pardon* signifie ici un jour d'*indulgences,* auquel le Peuple s'assemble pour gagner ces *pardons* ou *indulgences. Fournaise* est apparemment la même chose que *Four.*

(h) Racheter son Cofin.] Voy. pag. précéd. Note *(b).* Lorsque l'Oublieur après avoir perdu au jeu les Oublies qui étoient dans le *Cofin* ou *Corbillon,* a encore perdu ce *Corbillon,* il ne peut le racheter avec de l'Argent; mais seulement avec du petit métier.

Jehan de *Hannemont*, tous lesquelx & chascun d'eulx, après lecture à eulx faicte tant de l'encien Registre de leurdit mestier, comme des poins & articles spéciffiez & déclerez en la Requeste Civile cy-dessus transcripte, Nous feismes jurer solempnelment aux Sains Euvangiles de Dieu, de dire & depposer vérité; à savoir mon se les poins & articles par eulx advisez sur la policie & gouvernement dudit mestier, en corrigeant leur ancien Registre & en augmentant à icellui, desquelx la teneur s'ensuit;

CHARLES VI. à Paris, le 9. de Septembre 1397.

(1) *Premiérement.* Que nul ne puisse tenir Ouvrouer ne estre Ouvrier en ladicte Ville de *Paris* ne ès Forbours, se il ne scet faire en un jour ou moins V.[c] de grans Oublées, III.[c] des Supplicacions, & II.[c] [a] d'Estrées dudit mestier, bons & souffisans, & faire sa Paste pour ledit ouvrage; & aussi qu'il soit homme de bonne vie & renommée, senz estre Houlier, ne senz avoir esté reprins d'aucun blasme ou repprouche.

a *Voy. ci-dessus*, pag. 149. Note (b).

(2) *Item.* Que femme quelle qu'elle soit, ne puisse faire pain à célébrer en l'Eglise; & aussi ne puisse porter aval la Ville vendre aucune chose dudit mestier.

(3) *Item.* Que femme Oubloïere senz estre liée de mary, ne puist prendre Aprentiz dudit mestier.

(4) *Item.* Que chascun Ouvrier passé Maistre dudit mestier, ne puisse prendre que un Aprentiz à tel temps come il lui plaira.

(5) *Item.* Que nul ne puisse fortraire autruy Aprentiz, & ne se puisse [b] racheter nul Aprentiz.

b *ne puisse donner de l'Argent à son Maître pour se retirer de chez lui.*

(6) *Item.* Que chascun Aprentiz quant il sera loué à son Maistre, païe V. Sols au Roy & V. Sols à la Confrarie dudit mestier, avant ce que son Maistre le mette en besoingne.

(7) *Item.* Que le Maistre sera tenu de faire savoir ledit louage avant qu'il mette l'Apprentiz en œuvre, aux Maistres dudit mestier.

(8) *Item.* Que chascun dudit mestier ne puisse avoir à un pardon que une Fournaise; & aussi ne puisse porter [c] avaut la Ville de *Paris*, que petites Oublées de Paste clere, & autre mestier acoustumé à porter par ladicte Ville.

c appar. pour *aval* qui est plus haut. 2.[e] *Cop.*

(9) *Item.* Que aucun Oubloyer ne puisse ou doye acheter Aubins de Confrarie ne d'ailleurs, ne faire ouvrage d'icellui mestier, se ce n'est de bons & loyaulx œufs; & que aucun dudit mestier ne puist aler ouvrer d'icellui mestier ès Hostelz des Juifs ou Juifves.

(10) *Item.* Que aucun Oubloyer ne puisse jouer aux dez à Argent sec, fors seulement aux Oublées, en portant son mestier.

(11) *Item.* Que nul dudit mestier ne puisse racheter son Coffin que du pareil mestier qu'il jouera.

(12) *Item.* Quiconcques transgressera ou fera contre les articles dessus diz ou aucun d'iceulx, il sera tenu de païer XX. Sols d'Amende au Roy, & V. Sols Tournois aux Maistres dudit mestier, pour chacune foiz qu'il en sera attaint ou repprins.

(13) (i) *Item.* Que pour garder les poins & articles dudit mestier contenuz &

NOTE.

(i) *Item, &c.*] Au mois d'Août 1406. Charles VI. donna de nouvelles Lettres aux Oubiyeurs, dans lesquelles se trouvent inférez tous les articles de cet ancien Règlement: mais ceux qui sont imprimez dans cette Note, furent ajoûtez entre les articles 12. & 13.

Ces Lettres du mois d'Août 1406. seront imprimées à leur rang, avec un renvoi à celles-ci pour ce qu'elles ont de conforme.

(1) *Item.* Et pour ce que ledit mestier de Oublayer ouquel a pluseurs ouvrages & marchandises, est bien [d] dangereux & subtil à apprendre, & que le Maistre ne pourroit bonnement monstrer ledit mestier à plufeurs Apprentiz, & aussi l'Apprentiz ne pourroit bonnement apprendre ledit mestier au moins de cinq ans pour estre passé Maistre, ne gaingner loyaument sa vie; il est ordonné que chascun Ouvrier passé Maistre oudit mestier, ne pourra prendre ne avoir Apprentiz au moins de cinq ans; & qui fera le contraire, il Nous paiera vint Solz d'Amende pour la premiére fois, & quarante Solz pour la seconde, dont les Jurez dudit mestier auront le quart; & s'il persévère en la tierce ou quarte fois, il nous paiera Amende arbitraire, dont lesdiz Jurez auront le quart.

d *difficile.*

(2) *Item.* Aucun dudit mestier ne pourra tenir Ouvrouer d'icellui, s'il n'est filz de Maistre,

CHARLES VI. à Paris, le 9. de Septembre 1397.

declairez en ce présent Regiſtre, ſoient eſleuz chaſcun an pardevant Nous ou noſtre Lieutenant, ou noz ſubceſſeurs *Prevoſtz* de *Paris* ou leurs Lieuxtenans, par la plus ſaine partie des Ouvriers dudit meſtier demourans en ladicte Ville de *Paris,* deux perſonnes ydoines & convenables, leſquelx feront Serement de ce faire bien & loyalment; & après ledit Serement, feront creuz des rapports qu'ilz feront au Receveur de *Paris,* ou au Procureur du Roy en Chaſtellet, contre les meſprennans oudit meſtier, ſenz ce que procès ſe puiſt faire contre les rapports, ſe n'eſtoit que l'en vouliſt contre eulx propoſer hayne cappital, faulſété ou corrupcion deſordenée.

Suite de la Sentence du Prévôt de Paris.

Eſtoient bons, utiles, convenables & prouffictables tant pour le bien & utilité de la choſe publicque de ladicte Ville de *Paris,* comme dudit meſtier d'Oubloyerie, ou non; par touz leſquelx concordablement nul contrediſant, Nous fu teſmoingné & affermé par Serement, yceulx poins & articles eſtre bons & expédians à eſtre tenuz, gardez & obſervez d'oreſennavant par tous ceulx dudit meſtier, tant pour la choſe publicque comme dudit meſtier: Savoir faiſons que ces choſes conſidérées, en la préſence & de l'accort & conſentement dudit Procureur du Roy, par l'oppinion de lui, de autres ſages & des deſſus nommez, nous en corrigeant l'ancien Regiſtre dudit meſtier, & en adjouſtant à ycellui les poins & articles cy-deſſus declerez & adviſez, avons ordonné & ordonnons eſtre tenuz, gardez & obſervez d'oreſenanvant ſenz enffraindre par leſdiz Oubloyers & chaſcun d'eulx, & leurs ſubceſſeurs, ſur les paines deſſus dictes, tous les poins & articles declariez oudit ancien Regiſtre [a] deſrogans à ce préſent Regiſtre & Ordonnance, adnullez & miz au néant, & pour cauſe. En teſmoing de ce, nous avons fait mettre à ces Lettres le Séel de la *Prevoſté* de *Paris. Ce fu fait le Jeudi XVIII.e jour d'Octobre, l'an de grace mil CCC IIII.xx & XVII.*

[a] *contraires.*

Et approuvons les [b] raſures & entreligneuſes cy-deſſus en ces préſentes faictes & reſcriptes en ces motz; *tant d'Aprentiz; & à tel temps; mieulx; fors à leurdit meſtier;* Forcetier; *à ce préſent Regiſtre & Ordonnance; adnullez & mis au néant quant ad préſent.* Fait comme deſſus.

[b] *ratures & interlignes.*

juſques ad ce qu'il ait fait ſon *(k)* Chief-d'euvre, & qu'il ſoit approuvé ſouffiſant par les Maiſtres dudit meſtier, à & ſur peine de vint Solz Pariſis d'Amende, dont les Jurez auront le quart.

(3) Item. Que aucun Apprentis quel qu'il ſoit, ſuppoſé qu'il ſoit quicte de ſon apprentiſſage, ou qu'il ait fait ſon Chief-d'euvre, ne pourra aller ouvrer ailleurs que ès Hoſtelz des Ouvriers dudit meſtier, ou ès Hoſtelz des Bourgois & autres gens notables & honneſtes de ladicte Ville; & s'il eſt trouvé avoir fait ou faiſant le contraire, il nous paiera vint Sols d'Amende, dont les Jurez auront le quart.

(4) Item. Que les Ouvriers dudit meſtier après ce qu'ils auront fait leur Chief-d'euvre, & qu'ils feront paſſez Maiſtres oudit meſtier, feront tenus de tenir Ouvrouer tout ſéparé d'autres meſtiers; & s'ils ſont trouvez faiſant le contraire, ilz nous paieront vint Solz d'Amendes, dont leſdiz Jurez auront le quart.

(5) Item. Aucun Oublayer de ladicte Ville, quel qu'il ſoit, ne pourra [c] ne devra, en alant de nuit crier ſon meſtier aval la Ville, mener avecques lui aucun autre eſtrangier, ſur la paine que deſſus.

[c] *ni.*

(6) Item. Que les Oublayers de ladicte Ville de *Paris* & des Fourbours d'icelle, qui s'entremectent de aller faire gauffres aux pardons des Egliſes eſtans en ladicte Ville & Fourbours, ne pourront faire ycelles gauffres a pardon, qu'ilz ne ſoient diſtans l'un de l'autre de deux toiſes & plus, pour [d] eſchiver aux perilz & inconvéniens qui s'en pourroient enſuir, à & ſur les paines que deſſus.

[d] *éviter.*

(7) Item. Que aucun doréſénavant ne vende, ne expoſe en vente pain à chanter en ladicte Ville & Fourbours de *Paris,* en quelque lieu ycellui pain ait eſté fait, ſoit à *Paris* ou ailleurs, juſques ad ce qu'il ait eſté & ſoit viſité par les Maiſtres dudit meſtier, & ſur ladicte paine à appliquer comme deſſus.

NOTE.

(k) Chief-d'euvre.] Le Chef-d'œuvre, dit *Savary* dans ſon Dictionnaire du Commerce, à ce mot, ſignifie un ouvrage ou expérience particulière, que ceux qui aſpirent à la Maîtriſe de certains états ou profeſſions, ſont obligez de faire en préſence des Maîtres & Gardes des Corps des Marchands, ou des Jurez des Communautés dans leſquelles ils veulent ſe faire recevoir en qualité de Marchands ou de Maîtres.

(a) Lettres

CHARLES VI. à Paris, le 12. de Septembre 1397.

(a) *Lettres qui défendent de prêcher & d'écrire contre la voie de Cession qui avoit été prise en France pour faire cesser le Schisme de l'Eglise.*

CHARLES par la grace de Dieu Roy de France. Au *Séneschal* de *Beaucaire* & de *Nismes,* ou à son Lieutenant: Salut. Nous avons entendeu que [a] jasoit ce que pour mettre paix & union en nostre Mere Sainte Eglise, [b] céder & oster le très-doloreux [c] Scisme qui si longuement a duré & dure en icelle, & par très-grant & meure délibération de Conseil que Nous avons eu avec nos très-chiers & très-amés Oncles & Frere les *Ducs* de *Berri,* de *Bourgogne,* d'*Orliens* & de *Bourbonnois,* & plusieurs autres de nostre Sang & Lignage, & de nostre Grant Conseil, & aussy avecques les Prélats, & plusieurs autres grands, notables & souffisans Clercs de nostre Royaume, lesquelx pour cette cause avons fait venir & assembler en nostre Ville de *Paris,* Nous ayons esleu la voye de Cession [d] del deux Parties, comme la [e] meilleur, plus convenable & propice de toutes autres voyes, & la plus apaisant les cuers & consciences de touts vrais & bons Chrestiens, & que ad ce se accordent avec Nous touts les Cardinaulx du Saint Colliege de Court de *Rome,* estans en *Avignon,* un ou deux exceptés, *(b)* nostre très-chier & très-amé Fils le *Roy* d'*Angleterre,* nostre très-chier & très-amé Frere le *Roy* de *Castille,* nostre très-chier & très-amé Cousin le *Roy* de *Navarre,* & plusieurs autres Roys, Princes & peuples Chrestiens; néanmoins aucuns se sont esforciés & esforcent de jour en jour de preschier, [f] docmatisier, faire Epitres & autres [g] scripteures contraires à ladite voye de Cession ainsy par Nous, comme dit est, avisée & esleue, & pour empeschier icelle, & la maniere & moyens de procéder en icelle; lesquelles choses [h] povoient estre un très-grant retardement & empeschement desdittes paix & union de nostre ditte Mere Sainte Eglise, alongement ou perpétuation dudit Scisme, & aussy cause & occasion d'engendrer une division ou Scisme nouvel, que Dieu ne veuille, entre nos subgiets, dedens nostre dit Royaume, se par Nous n'estoit sur ce pourveu de remede convenable; pourquoy Nous qui de tout nostre cuer desirons l'abregement de ladite [i] cédation dudit Scisme, & paix & union estre mise en nostre ditte Mere Sainte Eglise, vous mandons, commandons & enjoignons expressément, que ces Lettres veues, ez Cités, Villes & lieux notables de vostre Séneschaussie, & ailleurs où besoin sera & vous verrés estre expédient, vous faites publier, crier & deffendre de par Nous, solempnelment, & sur grandes & grosses peines à appliquer à Nous, que nulle personne de quelque estat ou condition qu'elle soit, si osée ne soit ne si hardie, occultement ne en [k] appert, directement ne indirectement, de fait ne de dit, de preschier, docmatiser, faire, ne scripre Epitres ne autres quelconques escripteures, ou choses [l] que puissent donner, faire ou porter aucun préjudice ne empeschement à ladite voye de Cession, ne à la maniere & moyens de procéder ou pratiquer icelle: Et se aucun ou aucuns est ou sont trouvé ou trouvés faisant ou faisans le contraire, punissiés-les par telle maniere que autres y preingnent exemple; & Nous envoyés féablement encloses sous vostre Séel, toutes manieres d'escripteures que vous porrés trouver estre faittes au contraire de ladite voye de Cession & de sa pratique: Mandons & commandons à touts nos Justiciers, Officiers & subgiés, que à vous & à vos Commis & Députtés, ez choses dessus dittes, [m] circunstans & dépendens d'icelles, obéissent & entendent diligemment. *Donné à* Paris, *le XII.e jour de Septembre, l'an de grace mil CCC IIII.xx XVII; & de notre Regne le XVII.* Par le Roy en son Conseil où Messieurs les *Ducs* de *Berri,* de

a *jasoit.*

b Il faut peut-être corr. *séder,* du verbe *sedare,* appaiser.

c *Schisme,* là & plus bas.

d *des.*

e *meilleure.*

f *dogmatiser.*

g *escritures,* qui est plus bas.

h peut-être *pourroient.*

i peut-être *sédation.* Voy. la note marg. *b* de cette page.

k *publiquement.*

l *qui.*

m *circonstances & dépendances.*

NOTES.

(a) Ces Lettres ont été envoyées de *Montpellier,* avec cette Indication: *Sénéchaussée de* Nîmes *en général, Arm.* A, *Liasse 19. des Actes ramassés, N.o 4. fol.o 250.* Voy. la Préface de ce Volume, §. *Schisme.*

(b) Notre ..... Fils.] Richard II. Roy d'*Angleterre,* avoit épousé le 12. de Mars 1395. *Isabelle de France* Fille de Charles VI. Voy. *l'Hist. généal. de la Mais. de Fr.* T. 1. p. 114.

Bourgogne, d'*Orliens* & de *Bourbonnois*, Messieurs *Pierre* de *Navarre*, le Sire de *Lebret*, [a] Vous, & autres, estiez. BARRAU.

a Le Chancelier de France. Voy. *le 5.e Vol. de ce Rec.* pag. 653. Note *(c)*.

CHARLES VI. à Paris, le 6. d'Octobre 1397.

(a) Lettres qui portent que les Gens d'Eglise ne payeront point, même par rapport à leurs biens de patrimoine, l'Aide établie à l'occasion du Mariage d'Isabelle de France, avec le Roy d'Angleterre.

CHARLES par la grace de Dieu Roy de France. A nos amés & féaulx les Généraulx Conseillers sur le fait des Aides ordennées pour la guerre, en nostre pays de *Languedoc:* Salut & dilection. Complains se sont à Nous les Gens d'Eglise & Clergié de nostredit pays de *Languedoc*, disans que jaçoit ce que Nous eussions piéça ordenné quant l'Ayde qui a esté mise [b] sur pour le [c] Mariage de nostre très-chiere & très-amée Fille la Royne d'*Angleterre*, fu ordennée à lever, que d'icelle Aide les Gens de Eglise de nostre Royaume, ne payeroient riens, mais en seroient tenus quittes & paisibles; ce nonobstant, vous vous estes esforciés & esforcés encore de les faire contribuer à laditte Aide, pour occasion des biens qu'ils tiennent non mie à cause de leurs Bénéfices, mais à cause de la succession de leurs parents, & par acquisition par eulx faite, ou autrement; & pour ce [d] se travent piéça pardevers Nous, & obtinrent certaines Lettres adressans à vous, par lesquelles vous estoit par Nous mandé que pour occasion des biens dessusdits, vous ne les contreignissiés à contribuer à laditte Aide, en aucunne maniere, & ou cas que aucun s'opposeroit au contraire, que vous feissiés raison & justice; lesquelles vous ont esté par eulx présentées, & à l'exécution d'icelles, [e] nuil ne s'est opposé ne fait Partie contre eulx, si comme ils dient; & néanmoins n'avés vous voulu les tenir paisibles, mais seulement avés ordonné que l'exécution que on faisoit contre eux, sera tenue en suspens jusques à la Toussaints prochain venant; & toutes fois les Gens de Eglise de nostre Royaume, du pays de *Languedoyl*, n'ont en riens contribué audit Aide, pour occasion de leurs biens [f] patrimonieaux, ne autrement; requerans que sur ce leur veulions pourvoir de remede convenable. Pour ce est-il que Nous qui ne volons auxdittes Gens d'Eglise, estre faites aucunnes nouveautés indues, par vous ne par nos autres Officiers, vous mandons & enjoignons expressément, que pour occasion de leursdits biens, ne autrement, à cause de laditte Aide, vous ne levés ne exigiés aucunne chose desdittes Gens de Eglise, mais les en tenés quittes & paisibles du tout, & se aucunne chose a esté faitte au contraire, ramenés-la ou faites ramener & mettre sans délay au premier & deu estat: car ainsy le voulons & Nous plaist estre fait, & auxdittes Gens de Eglise & Clergié, & à chascun d'eulx, l'avons octroyé & octroyons de grace spécial, se [g] mestier est, par ces présentes, nonobstant quelconques Lettres subreptices empétrées & à empétrer au contraire. *Donné à* Paris, *le VI.e jour d'Octobre, l'an de grace mil CCC IIII.xx & dix-sept; & de nostre Regne le XVIII.e* Par le Roy, à la relation du Grant Conseil ou [h] Vous, le Sire de *Giac*, le *Patriarche* d'*Alexandrie*, & plusieurs autres, estiés. BARRAU.

b *sus.*

c *Voy. ci-dessus*, p. 61.

d Il faut appar. corr. *se trairent*, se présentérent.

e *nul.*

f *patrimoniaux.*

g *besoin.*

h Le Chancelier de France. *Voy. le 5.e Vol. de ce Rec.* pag. 653. Note *(c)*.

NOTE.

(a) Ces Lettres ont été envoyées de *Montpellier*, avec cette Indication: *Sénéchaussée de* Nîmes *en général, Armoire* A. *Liasse 19. des Actes ramassés, N.o* 4. *folio* 237.

CHARLES VI. à Paris, le 13. d'Octobre 1397.

(a) Lettres qui portent que dans la Ville de Nîmes nul ne pourra exercer la Médecine, qu'il ne soit gradué dans cette Faculté, ou qu'il n'ait été approuvé par des gens experts dans cette Science.

CAROLUS *Dei gracia Francorum Rex.* Senescallo Bellicadri, *Vicarioque & Judici* Nemausi, *aut eorum Locatenentibus: Salutem. Querelam dilectorum nostrorum Consulum Villæ* [a] Nemausis, *recepimus, continentem quòd nonnulli alieni, ignoti, artis Medicinæ penitùs ignari, aut saltem in illa minimè approbati, in dicta Villa & ejus suburbiis, plerumque veniunt, & absque justitiæ & expertorum in Medicina, scientia vel licencia, curas infirmorum recipiunt, & medicamenta ordinant, receptas ministrando & Appothecariis tradendo, ac si approbati fuissent: ex quorum imperitia multi non medelam, sed infirmitates sive agravationes senserunt, & plura scandala sequi possent tempore futuro, sicuti jam secuta fuerunt, nisi per Nos super hæc provideretur de nostro remedio condecenti, sicut dicunt, illud humiliter postulando. Quocirca præmissis attentis, vobis & vestrûm cuilibet, prout ad eum pertinuerit, mandamus districtè injungendo, quathenùs si sit ita, circa bonum Reipublicæ salubriter provideatis, neminem arte Medicinæ in dicta Villa & ejus suburbiis, uti, neque* [b] *Appothecarios suas receptas ministrare aut recipere permittendo, nisi per expertos debitè approbatus, aut in Studio generali graduatus fuerit; sed hoc sub certis magnis penis Nobis applicandis, publicè interdicatis; & si aliqui contra vestram prohibitionem presumptivè se ingerant, ipsos taliter puniatis per dictarum penarum exactionem, & aliàs, quòd cæteris transeat in exemplum, & Respublica illesa remaneat: quòd sic fieri volumus, & dictis Consulibus concessimus & concedimus de gracia speciali, per præsentes; Literis subreptitiis ad hæc contrariis impetratis vel impetrandis, nonobstantibus quibuscumqee.* Datum *Parisius,* die tertia decima Octobris, anno Domini millesimo trescentesimo nonagesimo septimo; & Regni nostri decimo octavo. *Per Regem, ad relationem (b) Vestram.* BONFAYE.

a Nemausi.

b appothecariis.

NOTES.

(a) Ces Lettres ont été envoyées de *Montpellier,* avec cette Indication: *Sénéchaussée de* Nîmes *en général, Armoire* A. *Liasse 19. des Actes ramassés, N.° 4. folio 247.*

(b) *Vestram.]* Ce mot désigne le Chancelier de France. Voy. le *5.e Vol. de ce Rec.* p. 653. Note (c).

CHARLES VI. à Paris, le 25. de Novembre 1397.

(c) Mandement qui porte qu'il sera fabriqué de Petits Deniers Parisis, & qui fixe le prix de l'Argent.

CHARLES par la grace de Dieu Roy de France. A noz amez & féaulx les Généraulx Maistres de noz Monnoyes: Salut & dilection. Pour ce que Nous avons entendu que à présent il est neccessité & grant deffault en nostre Peuple, de petite Monnoye noire, tant pour nostre Aumosne, comme autrement; Nous avons ordonné que en nostre Monnoye de *Paris,* soient faictz, ouvrez & monnoyez jusques à la somme de mil Marcs d'Argent, pour faire petiz Deniers Parisis, sur la forme & aussi de la Loy & poix de ceulx qui courent à présent pour ung Denier Parisis la Pièce, à I. Denier XVI. grains de Loy, Argent-le-Roy, & de [d] XV. Sols de poix au Marc de *Paris,* pour délivrer à nostre Aumosnier, & non à autre, pour convertir en nostre Aumosne. Si vous mandons que ladicte somme de mil Marcs d'Argent vous faictes ouvrer & monnoyer à une fois ou à plusieurs, par la maniere que dit est; en donnant aux Changeurs & Marchans pour chacun Marc

d de cent quatre-vingts Pièces au Marc.

NOTE

(c) Registre *E.* de la Cour des Monnoies de *Paris, folio* 6 vingt 15 *recto.* [135.]

CHARLES VI. à Paris, le 25. de Novembre 1397.

d'Argent monnoyé à ladicte Loy, VI. Livres II. Sols VI. Deniers Tournois; & par rapportant ces présentes & reconnoissance sur ce, Nous mandons à noz amez & féaulx Gens de noz Comptes à *Paris*, qu'ilz allouent ledit pris de mil Marcs d'Argent, ès comptes de celui ou ceulx à qui il appartiendra; nonobstant quelzconques Ordonnances, Mandemens ou deffenses à ce contraires. *Donné à* Paris, *le XXV.e jour de Novembre, l'an de grace mil III.c IIII.xx & dix-sept, & le XVIII.e de nostre Regne.*

Ainsi signé. Par le Roy, présent son Confesseur. CANTELEU.

CHARLES VI. à Paris, en Novembre 1397.

(a) Lettres qui portent que les Maîtres & Frères de l'Hôpital de la rue Saint Ouen de Rouen, pourront vendre les fruits provenans des terres appartenantes à cet Hôpital, sans payer aucuns droits.

CHARLES, &c. Savoir faisons à tous présens & avenir, Nous avoir veu les Lettres de feu noble mémoire, nostre très-cher Seigneur & Ayeul le Roy Jean, pour lors *Duc* de *Normandie;* desquelles Lettres la teneur s'ensuit.

JEHAN ainsné Filz du Roy de France, *Duc* de *Normandie, Comte* d'*Anjou*, & du *Maine.* Savoir faisons à tous présens & avenir, que Nous, pour Dieu, & pour amender l'estat de nostre Hospital de la rue Saint Ouen de *Rouen*, voulans emplier & acroistre les biens & graces que nostre très-cher Seigneur & Pere & ses Prédécesseurs ont fait oudit Hospital, octroyons de grace espécial par ces présentes Lettres, aux Maistres & Freres de nostredit Hospital, pour eulx & pour leurs successeurs, que des grains, vins, fruis, & toutes autres revenues creuz en leurs héritaiges, ou appartenans à nostredit Hospital, ilz puissent vendre & faire vendre sanz en paier Coustume ne autre redevance quelle que elle soit, [a] pour faire & cultiver leurs diz héritages, & qu'il leur plaira; retenu toutes voies leur vivre, & pour fournir les fais ordenez & les nécessités deues de nostredit Hospital. Et que ce soit ferme chose & estable à tousjours, Nous avons fait mettre nostre Séel en ces présentes Lettres. *Donné au* Bois *de* Vincennes, *le premier jour de May, l'an de grace mil CCC XXXVIII.*

a cet endroit paroît corrompu.

Suite des Lettres de Charles VI.

Lesquelles Lettres dessus transcriptes, & toutes les choses en ycelles contenues, Nous ayans fermes & aggréables, ycelles & tout ce qui dedens est contenu, loons, gréons, ratiffions & approuvons, & de nostre grace espécial & auctorité Royal, confermons par ces présentes, en tant que lesdiz Maistres & Freres dudit Hospital nommé esdittes Lettres, en ont joy & usé deuement & paisiblement. Si donnons en mandement à noz amez & féaulx les Généraulx-Conseillers à *Paris*, sur le fait des Aides ordonnées pour la guerre, au *Bailli* de *Rouen*, aux Esleuz sur le fait desdiz Aides aians cours oudit Bailliage, & à tous noz autres Justiciers & Officiers, ou à leurs Lieuxtenans, & à chacun d'eulx, si comme à lui appartendra, que de nostre présente grace & confirmacion, facent, seuffrent & laissent lesdiz Maistres & Freres de nostredit Hospital, jouir & user paisiblement, & contre la teneur d'icelle ne les molestent, traveillent ou empeschent en aucune maniere; mais s'aucune chose estoit faite ou attemptée au contraire, que ilz la [b] remeinent ou facent ramener & remettre tantost & sans délay au premier estat & deu. Et pour ce que ce soit ferme chose & estable à tousjours, Nous avons fait mettre nostre Séel à ces présentes Lettres: sauf en autres choses nostre droit, & l'autrui en toutes. *Donné à* Paris, *ou mois de Novembre, l'an de grace mil CCC IIII.xx & XVII; & le XVIII.e de nostre Regne.*

b ramènent.

Par le Roy, à la relacion du Conseil. FRERON.

NOTE.

(a) Trésor des Chartres, Registre 152. Pièce II.c IIII.xx XV. (295.)

CHARLES VI. à Paris, en Novembre 1397.

(a) Lettres qui portent que l'Hôpital de Pontoise sera exempt de toutes sortes d'Impôts.

CHARLES, &c. Savoir faisons à tous présens & avenir, Nous avoir veu les Lettres de feu nostre très-chier Seigneur & Pere dont Dieux ait l'ame, contenans la forme qui s'ensuit.

CHARLES [V.] Régent, à Paris, en Mars 1358.

CHARLES ainsné Filz du Roy de France, Régent-le-Royaume, *Duc de Normendie,* & *Dalphin* de *Viennois.* Sçavoir faisons à tous présens & avenir, que nous considerans comme le Service Divin par nuit & par jour est fait, & les autres grans biens, aumosnes & euvre de charité, qui chacun jour sont & puent estre fais aux povres malades & femmes accouchiées en l'Hospital de *Pontoise,* & que ledit [a] Lospital est fondé, doué & édifié du propre de la Couronne de France, & est le propre lieu & Demaine de nostre très-chier Seigneur & Pere, & de nous, & que ledit lieu & Hospital appartient à nostredit Seigneur & à nous, & non à autres, & eu regart à ce que ainsi comme par maintesfois nous donnons à plusieurs personnes, Eglises & autres lieux qui ne sont pas si nostres sens moyen, comme est ledit Hospital, Amortissement, Noblcces & Libertez, nous povons bien aux nostres propres faire telz graces & semblables. Pour ce est-il que nous, ycellui Hospital de *Pontoise,* la Prieuse, les Freres & Suers, & toutes les appartenances d'icellui, & chacun d'eulx, franchissons, quittons & faisons non redevables à tousjours, par ces présentes, de grace espécial, certaine science & auttorité Royal dont nous usons à présent, en faveur des povres, & pour Dieu, & en aumosne, & sanz paier pour ce finance, de toutes Tailles, Subsides, Impositions, Aydes & exactions quelxconques, qui à cause dudit Hospital ou de ses appartenances leur pourroient estre demandées ou imposées par quelque maniere & pour quelconque cause que ce soit. Si donnons en mandement, & défendons par ces présentes, au Maire de *Pontoise,* & à tous les Justiciers, Officiers & subgez de nostredit Seigneur & de nous, qui à présent sont, & qui pour le temps avenir seront, & à leurs Lieuxtenans, & à chacun d'eux, que les dessusdis Prieuse, Freres & Suers, & [b] appartenants audit Hospital de *Pontoise,* laissent & sueffrent dores en avant joïr & user, & chacun d'eulx, de nostre présente grace, voulenté & octroy, ne contre la teneur de ces présentes ne les empeschent ne sueffrent estre empeschié dores en avant en aucune maniere; nonobstant quelxconques Lettres empétrées ou à empétrer sur quelconque forme de paroles que ce soit, au contraire; lesquelles, s'aucunes en estoient faictes, Nous les rappellons & mettons dès maintenant par ces présentes, du tout au néant. Et que ce soit ferme chose & estable à tousjours, Nous avons fait mettre nostre grant Séel à ces présentes Lettres: sauf en autres choses le droit de nostredit Seigneur & de nous, & en toutes, l'autrui. *Donné au Louvre lez* Paris, *l'an de grace mil CCC cinquante & huit, ou mois de Mars.*

[a] app. *Hospital.*

[b] *apparten.* Reg.

Suite des Lettres de Charles VI.

Lesquelles Lettres dessus transcriptes, & tout le contenu en icelles, Nous ayans fermes & aggréables, avons loé, confermé, ratiffié & approuvé, & icelles de nostre certaine science, grace espécial, en tant qu'ilz en ont deuement usé, loons, confermons, ratiffions & approuvons par ces présentes. Si donnons en mandement par ces mesmes Lettres, à tous les Justiciers [c] Officiers de nostre Royaume, ou à leurs Lieuxtenans, présens & avenir, & à chacun d'eulx, si comme à lui appartiendra, que de nostre présente grace, confirmacion & octroy, facent, seuffrent & laissent lesdiz Prieuse, Freres & Suers dudit Hospital de *Pontoise,* nommez ès Lettres dessus transcriptes & leurs ayans cause, ores & ou temps avenir, joïr & user plenement & paisiblement, sans

[c] suppl. *&.*

NOTE.

(a) Trésor des Chartres, Registre 152. P. II.[c] IIII.[xx] IIII. (284.)

les contraindre ou souffrir estre contrains aucuement, contre la teneur de ces présentes & desdittes Lettres dessus transcriptes. Et que ce soit ferme chose & estable à tousjours, Nous avons fait mettre nostre Séel à ces présentes: sauf en autres choses nostre droit, & l'autrui en toutes. *Donné à* Paris, *ou mois de Novembre, l'an de grace mil CCC IIII.xx & XVII; & le XVIII.e de nostre Regne.* Par le Roy. CANTELEU.

CHARLES VI. à Paris, en Décembre 1397.

(a) Confirmation des Priviléges accordez par plusieurs Dauphins, aux habitans de Beauvoir en Royanois.

SOMMAIRES.

(1) Le Dauphin se réserve la Suzeraineté sur les Fiefs situez dans le Territoire de Beauvoir, & relevans de lui, & les hommages & les Sermens de fidélité. Tous ceux qui auront demeuré un an & un jour dans ce lieu, doivent le Serment de fidélité au Dauphin.

(2) Toutes les maisons de ce lieu sont du Domaine du Dauphin, sans charge de Cens; & il sera seulement payé le treizième denier pour droits de Plaid Seigneurial [& de Lods] & Ventes, lorsqu'elles seront vendues ou échangées.

(3) Le Dauphin continuera de lever dans ce lieu, des droits sur le bled, sur le sel & sur les boucheries.

(4) Le Dauphin y aura le Ban de vin pendant le mois d'Août. Le vin qu'il vendra sera bon & non gâté, & il pourra en vendre le septier un Denier plus cher que le prix commun. Depuis la fin du mois d'Août jusqu'aux vendanges, les habitans ne pourent augmenter le prix du vin.

(5) Le Dauphin conservera le four, le Cens qui lui appartient sur les moulins, & le droit de Garde, le Cens & le Plaid Seigneurial sur les Terres du territoire de Beauvoir, qui relèvent de lui, ou qui en releveront dans la suite.

(6) Les Laboureurs & les gens de journées qui ont des ânes, doivent au Dauphin deux corvées par an, l'une dans le tems des vendanges, & l'autre dans le tems de Noel. Le Dauphin nourrira les ânes & ceux qui les conduiront.

(7) Les habitans de ce lieu seront obligez de servir dans les armées du Dauphin, le premier jour à leurs dépens, les sept jours suivans, à ceux du Dauphin; & ces sept jours expirez, ils serviront à leurs dépens, quelque tems que dure l'expédition militaire.

(8) Le propriétaire de chaque maison de ce lieu doit donner chaque année un pain de six deniers au Pontonnier du pont sur lequel, moyennant cette redevance, il passera sans rien payer.

(9) Le Dauphin aura crédit pendant un mois, pour les denrées qu'il achetera pour la provision de son Hôtel; mais il sera obligé de donner au vendeur un gage qui vaille un tiers plus que la chose vendue.

(10) Le Dauphin conservera dans ce lieu la Justice, & les Amendes.

Fixation des Amendes par rapport à différens délits.

(11) Un habitant qui aura acheté une chose mobiliaire, sans fraude & publiquement, ne sera point obligé de la rendre à celui à qui elle appartient, à moins que celui-ci ne lui remette le prix qui en a été payé. Si cet habitant l'a achetée clandestinement, il sera obligé de la rendre, sans en pouvoir exiger le prix; mais il aura son recours contre celui qui la lui aura vendue.

(12) S'il s'est élevé une querelle sans qu'il y ait eu de sang répandu, & que les Parties s'accordent avant qu'il y ait eu une Plainte en Justice, il ne sera point dû d'Amende au Dauphin.

(13. 14.) Fixation des Amendes par rapport à différentes sortes de mauvais traitemens & de blessures. Lorsque c'est un étranger qui a été maltraité, l'Amende sera moins forte. Ces Amendes ne seront payées au Dauphin, qu'après que celui qui aura été maltraité, aura été payé des dommages & intérêts qui lui auront été adjugez.

(15) Le vin sera crié par le Crieur du Dauphin, avant qu'il soit vendu en détail dans les Cabarets.

(16) Un habitant ne pourra être arrêté prisonnier pour une dette ou pour un délit, & sa maison ne pourra être fermée, s'il offre de donner caution de se présenter en Justice; si ce n'est dans le cas des crimes graves, ou que celui qui est accusé ne se soit rendu suspect en s'enfuiant; & dans ces derniers cas, il ne pourra être conduit en prison que par le Châtelain ou par un Sergent. Il pourra néanmoins être arrêté par quelque personne que ce soit, pourvû qu'on ne le maltraite point.

(17) Lorsqu'un habitant trouve quelqu'un qui achette des vivres pour les revendre, il peut les prendre pour le prix que celui-ci en donne, pourvû que ce soit pour la provision de sa maison.

(18) Ceux qui viendront demeurer dans ce lieu, prêteront Serment de fidélité au Dauphin. Lorsque ces nouveaux habitans y auront demeuré pendant un an & un jour, ils seront obligez de contribuer aux dépenses communes de la Ville; & le Dauphin sera tenu de les défendre.

(19) Si un étranger vient se réfugier dans ce lieu, & ne veut point se disculper du crime

NOTE.

(a) Trésor des Chartres, Registre 152. P. III.e VII. (307.)

dont il est accusé, le Dauphin ne devra point le défendre, mais il doit le faire conduire dans un lieu sûr.

(20) Ceux qui chasseront aux bêtes fauves, en donneront au Dauphin la partie marquée dans l'article; & il se réserve tous les nids des oiseaux de proye.

(21) A l'exception des réserves marquées dans les articles précédens, les habitans seront exempts de toutes sortes d'Impôts, de redevances & de charges. Ils seront obligez de venir à la défense des Châteaux & des Places frontières appartenants au Dauphin.

(22) Les Testamens des habitans seront exécutez. Les biens de ceux qui n'en auront pas fait, passeront à leurs héritiers les plus proches.

CHARLES VI. à Paris, en Décembre 1377.

KAROLUS Dei gracia Francorum Rex, Dalphinus Viennensis. Notum facimus universis presentibus pariterque futuris, Nos Litteras infrascriptas vidisse; formam que sequitur, continentes.

IN nomine Domini. Amen. Nos Johannes Dalphinus Viennensis, *&* Albonii Comes, *Dominusque de* Turre, *considerantes attentè dilecciones & affectus antiquos, quos antecessores nostri & progenitores eorum, erga dilectos fideles nostros homines (b)* Bellivisus *in* Royanis, *& habitatores ejusdem loci, & tocius ejus* [a] *Mandamenti, & erga dictum locum & ejus Mandamentum, longinquis temporibus habuerunt: videntes eciam oculata* [b] *fuere, quòd dictum locum & habitatores ejusdem loci & Mandamenti, dicti predecessores nostri clementer ac benivolè prosequentes, ipsos & dictum locum multis previlegiis munierunt, & eisdem Libertates multiplices contulerunt, prout in Litteris, inde confectis, sigillatis Sigillo illustris Principis Domini* Guidonis *Dalphini Avi nostri recordacionis inclite, pleniùs vidimus contineri, predecessorum nostrorum vestigiis adherentes, & dictorum nostrorum fidelium commodis inhiantes, nolentes quòd nostris temporibus eorum status vel condicio depravetur, sed semper in meliùs reformetur, potissimè contemplacione* [c] *mansionis quam nos &* [d] *Hospicium nostrum ibi facere consuevimus, cupientes Libertates tanquam favorabiles ampliari, servitutes autem tanquam odiosas, restringi; idcircò,* [e] *ex premissis, dictorum fidelium hominum nostrorum* Bellivisus, *Libertates, Immunitates & Privilegia per dictos predecessores nostros concessas eisdem & indulta, volumus pleno jure valere, & eas tenore presencium dictis fidelibus nostris laudamus, ratificamus & confirmamus, & eas ad cautelam & ex habundanti damus & concedimus, & donando denuò renovamus. Porrò, ne videamur Juris nostri penitùs desertores, qui dictos fideles nostros* [f] *in sua Justicia volumus liberaliter conforeri, ea propter jura nostra & usagia universa que in dicto loco & in dictis hominibus habuimus & habemus, & que nobis retinemus & reservamus, hac presenti pagina* [g] *feriatin volumus declarari, & condiciones, modos & formas sub quibus* [h] *eos volumus permanere, que sunt hec.*

(1) [i] *In primus, si quidem retinemus nobis & reservamus homines nostros & eorum homagia,* [k] *feuda, retrofeuda, fidelitates & vassalagia; & est sciendum quòd omnes habitatores* Bellivisus, *& Mandamenti, postquam steterint ibi per annum & diem, (c) cujuscumque sint homines, debent nobis fidelitatem.*

(2) Item. *Omnes domus Burgi* Bellivisus *sunt de nostro Dominio, absque omni Censu & (d) Placito, & absque omni alio usagio, preterquam si vendentur vel permutentur, debemus habere tercium decimum denarium, pro vendicionibus.*

(3) Item. *Retinemus nobis* [l] *Laydam bladi, modo consueto levandam, & Leydam macelli; videlicet, linguas boum & (e) porcorum, & Leydam salis consuetam.*

a Jurisdiction, *dans plusieurs Lettres imprimées dans ce Rec.*
b ce mot est sans doute corrompu.
c Voy. la Note *(b)* de cette page.
d la Maison, les Officiers du Dauphin.
e en conséquence des motifs ci-dessus alléguez.
f ces mots signifient appar. dans les droits qui leur appartiennent.
g feriatim.
h ea.
i In primis.
k c'est-à-dire, le droit de Suzeraineté sur les fiefs. Voy. ci-dessus, p. 53. Note *(i)*.
l Impôt.

NOTES.

(b) Bellivisus in Royanis.] *Beauvoir* dans le *Royanois,* ce lieu fut le séjour le plus ordinaire des derniers Dauphins. Voyez l'histoire du *Dauphiné* par *Valbonnais,* T. 1. pp. 269. & 301.

(c) Cujuscumque sint homines.] Cela peut signifier de quelques personnes qu'ils soient sujets, soit en qualité de Vassaux, de Censiers ou de Serfs.

(d) Placitum.] Le Plaid Seigneurial, sur lequel voyez *le 7.e Vol. de ce Recueil.* page 42. Note *(r)*, & p. 725. Note *(u)*. C'est la même chose que le droit de Lods & Ventes. Le Dauphin ne renonce point au Plaid Seigneurial, mais il en modère la quotité. Cela est plus clairement expliqué dans la suite de ces Lettres.

(e) ..... Il y a là dans le Registre un mot qu'on n'a pu déchiffrer. Il y a d'abord sept jambages sans point, & ensuite *bbes.*

CHARLES VI.
à Paris, en Décembre 1397.

(4) Item. *Retinemus nobis* [a] *Bannum vini, per totum mensem Augusti, & debemus vendere vel vendi facere vinum purum & francum, non* [b] *acetasum, non corruptum; & possumus addere communi precio vini, unum denarium tantùm, pro quolibet sextario; & (f) pro eodem precio debent vendere homines dicti loci, vina sua, & non pro majori precio, usque ad vindemias proximas subsequentes.*

(5) Item. *Retinemus nobis furnum nostrum, & Census molendinorum nostrorum,* [c] *Gardas, Census & Placita possessionum que tenentur à nobis in emphiteosim, vel imposterum tenebuntur.*

(6) Item. *In omnes (g) assanatores & agricultores dicti loci & Mandamenti, habentes & tenentes asinos vel asinas in suo hospicio, retinemus nobis duas* [d] *corcoatas, unam in vindemiis, & aliam in Nativitate Domini vel circa; quibus asinis & eorum ductoribus, providere debemus illis, duobus diebus in victualibus.*

(7) Item. *Retinemus nobis in omnes homines dicti loci & ejus Mandamenti, cujuscumque sint homines, cavalcatas nostras; ita tamen quòd prima die qua se movebunt, debent esse cum suis propriis sumptibus; & primâ die lapsâ, in primis septem diebus sequentibus, si tanto tempore duraverit cavalcata, debent esse ad expensas nostras; & lapsis dictis septem diebus abinde in antea, si cavalcata duret ulteriùs, continuè debent esse & ibi stare cum suis propriis sumptibus & expensis.*

(8) Item. *Pro transitu (h) Portûs dicti loci, debet Dominus cujuslibet hospicii seu albergi, dare singulis annis in Nativitate Domini, unum panem sex denariorum, Pontanerio dicti Portûs, pro se & tota sua familia, & nichil aliud dare* [e] *tenentur pro* [f] *Pontanagio.*

(9) Item. *Retinemus nobis* [g] *credenciam victualium emendorum ad opus nostri vel Hospicii nostri, per unum mensem; ita tamen quòd debemus tradere venditori pignus valens plus debito in tercia parte.*

(10) Item. *Retinemus nobis in dicto loco & Mandamento, merum & mixtum imperium, omnimodam Juridicionem & cohercionem, & omnem Justiciam altam & bassam, & omnia* [h] *banna grossa & minuta; statuentes quòd crimina & delicta infrascripta, quando emergent, punientur per nostram Curiam, secundùm taxationes infrasriptas; videlicet, pro falsa mensura vini, solventur pro banno seu pena, septem Solidi cum dimidio, bone monete antique, & vinum quod est in dolio vel in vase, quod vendetur, sit Domino* [i] *commissum, unacum denariis quos venditor reperietur habere in bursa.*

Item. *Pro falsa mensura bladi, dentur pro pena, septem Solidi cum dimidio.*

Item. *Pro falsa libra, duodecim Solidi cum dimidio.*

Item. *Pro falsa canna seu ulna, viginti quinque Solidi.*

Item. *Pro (i) banno fructuum de die, tres Solidi cum dimidio; de nocte verò, septem Solidi cum dimidio.*

Item. *Pro adulterio, sexaginta Solidi & unus denarius; ita videlicet, si in actu reperiantur, vel nudus cum nuda: aliter autem, non; & tunc, ambo pro dictis sexaginta Solidis & uno Denario, sunt quitti & soluti.*

Item. *Pro offensa sanguinis, sexaginta Solidi; hoc tamen salvo quòd possit & debeat moderari, si dicte* [k] *offense sanguinis levitas hoc exposcat.*

Item. *Furtum vel homicidium committentes, aut letale* [l] *vulgus inferantes, puniantur secundùm legitimas sanciones.*

a Voy. les Tabl. des Mat. des Vol. de ce Rec. au mot *Ban de vin.*
b *corr.* acetosum, aigri.
c le droit de garde & de protection. Voy. le Glossaire de *Du Cange*, au mot *Guarda* 1.
d *ce mot est appar. corrompu, pour* corvatas.
e tenetur.
f droit que l'on paye pour le passage d'un pont. Voy. ci-dessus, p. 109 Note (z).
g Voy. les Tabl. des Mat. des Vol. de ce Rec. au mot *Crédit.*
h Amende. Voy. ci-dessus p. 107. note marg. *f.* & p. 108. Note (*m*).
i confisqué.
k un mauvais traitement qui a été suivi d'effusion de sang.
l vulnus inferentes.

NOTES.

(f) *Pro eodem precio.*] Ces mots font un sens équivoque, & l'on ne sçait s'ils signifient le prix commun, ou le prix auquel le Dauphin a droit de le vendre pendant le mois d'Août.

(g) *Assanatores.*] Suivant le Glossaire de *Du Cange* à ce mot, il signifie un *ouvrier*, un *manœuvre.*

(h) *Portûs.*] Il y a grande apparence que dans cet article il faut lire *Pontis* au lieu de *Portûs.*

(i) *Banno fructuum.*] C'est-à-dire pour le vol des fruits, fait en entrant dans des héritages dans lesquels il avoit été défendu d'entrer par un Ban ou par une Proclamation publique. Voy. la Note (ff) de la page 729. du 7.e Vol. de ce Rec.

(11) Item.

CHARLES VI. à Paris, en Décembre 1397.

(11) Item. *Statuimus quòd si quis habitator dicti loci vel Mandamenti, rem alienam mobilem emerit bonâ fide, palam & publicè, & in loco publico; videlicet, in (k) carreria vel platea, non teneatur dictam rem Domino* [a] *qui erit, restituere, nisi Dominus rei, emptori precium reddat quod pro illa probaverit se solvisse. Si autem emerit clandestinè vel occultè, teneatur emptor rem Domino rei restituere, eciam sine precii restitucione; salvo tamen sibi ementi jure suo contra venditorem.*

(12) Item. *Si briga, rixa, contencio vel querela sine sanguine emergat in loco & Mandamento predictis, & per concordiam amicabiliter soluta fuerit inter Partes, antequam* [b] *querela super hoc proposita fuerit coram nobis vel nostra Curia, per alteram Parcium nos vel nostra Curia nichil inde exigere valeamus.*

(13) Item. *Statuimus quòd si quis de habitatoribus dictorum loci & Mandamenti contra alium de eadem Villa vel Mandamento, cultellum vel ensem, vel alium gladium causa offendendi vel injuriandi extraxerit vel elevaverit, vel projecerit, & illum non percusserit, non tamen per eum steterit, triginta Solidos pro banno solvat. Si verò aliquis de Villa vel Mandamento, contra extraneum hoc fecerit, solvat pro banno seu pena, quindecim Solidos. Si verò de ipso percusserit, siquidem vulnus letale non fecerit, & menbrum abcissum vel inutile factum non fuerit, si ambo sint de Villa, solvat percussor pro banno, sexaginta Solidos. Si verò percussor sit de Villa, & percussus extraneus, solvat percussor pro banno, triginta Solidos. Si verò ex illa percussione, membrum abcissum fuerit vel inutile factum, siquidem ambo sint de Villa, vel alter de Villa & alter extraneus, vel ambo extranei, puniantur secundùm jura; & fiat in omnibus predictis emenda competens & satisfacio dampnum passis, antequam nos ab offensore pro dicta offensa habere possimus aliquid vel levare.*

(14) Item. *Si aliquis de dicto loco vel Mandamento habitator, de pugno vel de palma percusserit aliquem sine sanguinis effusione & membri deformacione vel deterioracione, & super hoc querela deposita fuerit Curie per percussum, antequam concordaverint, solvat percussor de pugno, quinque Solidos, & de palma, septem Solidos cum dimidio; & priùs offenso fiat emenda competens & satisfacio de injuria passa. In omnibus verò criminibus aliis, delictis & excessibus quibuscumque superiùs vel inferiùs non specificatis, puniantur delinquentes per nostram Curiam, prout fuerit racionis.*

(15) Item. *Statuimus quòd vinum in dicto loco proclametur per nostram (l) Cridam seu per nostrum preconem, antequam vendatur ad tabernam ad minutum; & si secùs fecerit, puniatur venditor secundùm jus.*

(16) Item. *Quòd nullus habitator dicti loci vel Mandamenti, capi possit vel detineri pro debito vel delicto,* [c] *quòd nec domus ejus claudi, quamdiu paratus erit ydonee cavere de stando juri ad cognicionem nostre Curie, nisi in criminibus in quibus nec pignora nec fidejussio sufficiunt, & nisi delinquens esset in fuga* [d] *ejus merito suspicaretur, & tunc non possit capi nisi per* Castellanum *vel* [e] *Maynerium nostrum: possit tamen retineri per quemcumque sine corporali lesione, donec nobis vel Curie nostre presentetur.*

(17) Item. *Si aliquis de habitatoribus dicti loci vel Mandamenti, revenditorem invenerit ementem victualia ad revendendum, possit ea capere & habere incontinenti pro eodem* [f] *precio, ad opus provisionis sue & hospicii sui.*

(18) Item. *Si quis extraneus ad dictum locum habitare venerit, nobis teneatur fidelitatem prestare, & (m) ab omnibus teneatur quamdiu voluerit stare juri; & ex quo per unum annum & diem ibidem albergium tenuerit, teneatur ut alii, ad expensas omnes & ad dicti loci usagia, & universitatis* [g] *honera subire, facere & prestare; & nos eciam deinceps debemus eum tanquam nostrum defendere ubicumque.*

a cui.

b plainte en Justice.

c *corr.* nec quòd.

d cet endroit paroît corrompu, mais le sens est clair.

e Sergent. Voy. ci-dessus, p. 110. Note *(cc)*.

f pour le prix qu'en donne celui qui achette ces denrées pour les revendre.

g onera.

NOTES.

(k) Carreria.] Rue. Voy. le Glossaire de *Du Cange* à ce mot.

(l) Cridam.] Suivant le Glossaire de *Du Cange* à ce mot, il signifie une Proclamation, un Cri public. *Nostram Cridam* signifie donc ici une Proclamation faite par l'autorité du Seigneur; à moins qu'on ne veuille dire que *Crida* signifie ici le Crieur.

(m) Ab omnibus teneatur.] Cet endroit paroît corrompu ou tronqué. Il faut peut-être suppléer *ut habitator* ou *Burgensis*.

CHARLES VI. à Paris, en Décembre 1397.

(19) Item. *Si quis extraneus ad dictum locum confugerit, & se nolit defendere de prodicione vel de quolibet alio enormi crimine, si fortè de ipso accusetur vel inculpetur, nos vel nostri non debemus eum defendere vel manutenere, sed solum permittere quòd recedat, & eidem prestare* [a] *Guidagium donec sit in loco tuto.*

(20) Item. *In venacionibus aprorum retinemus nobis caput & (n) umgulas; & de venacionibus ursorum, (o) enchiam, &* [b] *plantas cervorum, & bicharum espaulam.*

Item. *Retinemus nobis (p) Solvoragium animalium* [c] *omnorum hominum extraneorum, sicut est levari consuetum, & omnes nidos* [d] *avium nobilium.*

(21) *Et predictis omnibus seriatim expositis & declaratis, ut supra, nobis & nostris perpetuò reservatis, volumus & ordinamus quòd simul predictis usagiis dicti fideles nostri nunc & in futurum habitantes dictorum Castri & Mandamenti, nobis & nostris perpetuò (q) famulentur; & salvis nobis predictis, volumus, concedimus, precipimus & mandamus quòd ipsi sint franchi, exempti,* [e] *quitii, liberi & immunes ab omnibus (r) Toltis, Talliis,* [1] *Complaintis,* [2] *opera, manopera,* [3] *clausuris,* [4] *Vintenis* [5] *couratis, aliis muneribus,* [6] *Serviciis* [7] *Angariis, Perangariis, prestacionibus* [8] *stabilimentis Castrorum, municionibus, honeribus quibuscumque realibus & personalibus, aliis Leydis, Pedagiis, vectigalibus, excogitatis & excogitandis, quocumque nomine nuncupentur vel nuncupari possent,* [9] *Fenagiis,* [10] *Emeyragiis,* [11] *Pasturis,* [12] *Chavallagiis, Pasqueragiis,* [13] *Polvoragiis* de Somey, de Charre,

a sauf-conduit. Voy. ci-dessus, p. 109. Note *(s)*.
b *appar.* les pieds.
c *Il faut app. corr.* omnium.
d ce sont appar. des oiseaux de proie, dressez pour la chasse.
e quicti.

NOTES.

(n) Umgulas.] corr. *ungulas.* Ce mot qui signifie ordinairement la corne du pied d'un animal, désigne apparemment ici le pied d'un sanglier.

(o) Enchiam] Je n'ai rien trouvé sur ce mot. Il est peut-être synonyme de *Hancha* qui, suivant le Glossaire de *Du Cange* à ce mot, signifie la cuisse, le gigot d'un mouton.

(p) Solvoragium.] Ce mot est douteux, on pourroit lire aussi *solvoragium.* Je n'ai rien trouvé ni sur l'un ni sur l'autre de ces mots, d'où dépend le sens de ce passage.

(q) Famulentur.] Que ces habitans soient soûmis au profit du Dauphin, à l'observation des articles ci-dessus déclarez.

(r) Toltis, &c.] *Tolta,* Impôt. Voy. Note *(c)* de la page 466. du 7.e *Vol. de ce Rec.*

1 *Complainta* signifie aussi un Impôt. Voy. ci-dessus, p. 107. Note *(f)*.

2 *Opera, manopera.* Dans la nouvelle Edition du Glossaire de *Du Cange,* au mot *Operæ,* les Editeurs, après avoir rapporté un passage où se trouvent les mots de *opera* & de *manopera,* conjecturent que le premier désigne le travail des ouvriers, comme des Massons, &c. & le second, celui de leurs Manœuvres.

Je conclus de cette distinction, que je me suis trompé dans la Note *(h)* que j'ai faite sur ces mots *operamanu, opera, corvata,* qui sont ci-dessus, p. 107. article 1. Il faut corriger cette Note par celle-ci.

3 *Clausuris.* Suivant le Glossaire de *Du Cange* à ce mot, col. 680. il signifie quelquefois la Taille qu'on lève sur des habitans, ou le travail qu'on leur fait faire pour la clôture d'un lieu.

4 *Vintenis.* Voy. ci-dessus, p. 107. Note *(g)*.

5 *Couratis* app. pour *corvatis.*

6 *Serviciis.* Redevance dûe à un Seigneur. Voy. le Glossaire de *Du Cange,* au mot *Servitium,* col. 435.

7 *Angariis, Perangariis.* Voy. ci-dessus, p. 107. Note *(i)*.

8 *Stabilimentis.* Il n'y a dans le Registre que *stabilitis* avec une marque d'abréviation. *Stabilimentum, stabilitas,* suivant le Glossaire de *Du Cange,* signifie des garnisons mises dans des forteresses. On les nommoit en françois *establies.* Voy. *ibid.* au mot *stabilita.*

9 *Fenagiis.* Redevances sur les prés. Voy. la Note *(b)*, au mot *Fenatagium,* de la page 722. du 7.e Volume de ce Recueil.

10 *Emeyragiis.* Je n'ai rien trouvé sur ce mot.

11 *Pasturis.* Le droit de faire paître des animaux, soit dans des prés, soit dans des terres vagues & non cultivées; & *Pasqueragium* est la redevance que l'on paye par rapport à la jouissance de ce droit. Voy. le Gloss. de *Du Cange* aux mots *Pastura* 1. & *Pasqueragium.*

12 *Chavallagiis.* Suivant le Glossaire de *Du Cange* à ce mot, il signifie une redevance en orge ou en avoine pour la nourriture des chevaux.

13 *Polvoragiis* de Somey, de Charre. Je n'ai rien trouvé sur le mot *Polvoragium.* Il faut peut-être corriger *Polveragium* qui, suivant le Glossaire de *Du Cange,* est synonyme de *Pulveragium* & de *Pulveraticum,* & ces mots signifient quelquefois un Péage qui se paye sur les chemins. Le Péage dont il s'agit ici se levoit sur les bêtes de somme & sur les voitures: car c'est le sens que je donne aux mots *Somey* & *Charre* que je crois françois. Il paroît par un passage rapporté par *Du Cange,* au mot *operæ,* col. 1351. que *Somey* signifie des bêtes de somme.

[14] *Gelignagiis,* [15] *Bocheyragiis & generaliter omnibus & singulis exactionibus in personis & rebus excogitatis & excogitandis, quecumque sint, & quocumque nomine nuncupentur vel nuncupari possent, nichil nobis vel nostris, in dicto loco, Mandamento & hominibus, penitùs alia retinendo, nisi duntaxat superiùs declarata; & retentis nobis & nostris Censibus, Placitis & vendicionibus super rebus que tenentur à nobis in emphiteosim, pro quibus vendicionibus non possumus nec debemus percipere vel habere nisi tercium decimum Denarium, quando vendentur vel permutabuntur sine aliis laudimiis quibuscumque; retento eciam quòd ipsi, sine fraude, ad sucursum invasionis & insultuum (s) Castrorum nostrorum esponderiarum, cum necesse erit, venire, ut alii, teneantur.*

CHARLES VI. à Paris, en Décembre 1397.

(22) Item. *Volumus insuper & concedimus dictis hominibus & Universitati dictorum loci & Mandamenti, quòd in omnibus eorum bonis ordo juris communis servetur; videlicet, quòd si moriantur condito testamento, vel condita qualibet alia ultima voluntate vel ordinacione, eorum testamenta, ultima voluntas & disposicio, prout facta fuerit, integriter observetur: bona verò & hereditas illorum vel illarum quos & quas ab intestato vel sine aliqua disposicione de bonis suis facta, decedere contigerit, ad proximiores secundùm formam juris communis, liberè devolvantur.*

Promittentes nos dictus Dalphinus, per nos & nostros heredes ac successores, bona fide, per pactum cum stipulacione, & per juramentum ad Sancta Dei Euvangelia per nos manu tacta, prestitum corporaliter, vobis Notariis infrascriptis & vestrûm cuilibet, stipulantibus sollempniter, & recipientibus nomine & ad opus dictorum nostrorum fidelium Belli-visûs *& Mandamenti ejusdem, & tocius universitatis dicti loci, & heredum ac successorum suorum, predictas Libertates, Immunitates, exempciones, franchisias, & ea omnia que circa predicta gesta sunt, grata* [a] *firma habere perpetuò & tenere, & nullo unquam tempore contra predicta vel aliqua de predictis, facere vel venire; sed ea omnia servare, defendere, manutenere, (t) disbrigare ab omnibus, & contra omnes aliqua de predictis infringere attemptantes, vel contrafacere* [b] *venire: mandantes & precipientes tenore presentis publici Instrumenti, nos dictus Dalphinus, universis nostris, modernis & futuris Consiliariis, Baillivis, Judicibus, Castellanis,* [c] *Ministralibus & Officiariis aliis quibuscumque, specialiter Castellanis & Officiariis omnibus* Belli-visûs, *qui nunc sunt & qui pro tempore fuerint, sub vinculis fidelitatis, homagii & Juramentorum quibus nobis astricti sunt, vel nostris erunt astricti, & sub pena indignacionis nostre, quatenùs ipsi & quilibet ipsorum insolidum, ita quòd alter alterum non expectet, predictas omnes libertates, condiciones, modos & formas dictis fidelibus nostris, & ipsos fideles nostros in dictis libertatibus servent, manuteneant, protegant & defendant, in quantum nos dejerare facere, & indignacionem nostram & nostrorum incurrere metuunt &* [d] *formident. Si quis autem temerarius violator predictorum* [e] *existent, vel ea infringere ausu temerario attemptaret, indignacionem nostram & nostrorum se noverit incursurum; & nichilominùs, secundùm qualitatem excessûs, pena gravissima cohercendum; & renunciamus pro nobis & nostris, in hoc facto, per pactum & juramentum, ex certa sciencia, (u) excepcionibus presentibus ita non gestorum & non ritè gestorum, doli mali, metûs, erroris, accioni in factum, & omnibus (x) juris utriusque juris & facti, dilacionibus,*

a *suppl.* &.

b *suppl.* &.

c Bas Officiers. Voy. *Du Cange* au mot *Ministeriales*, col. 777.

d formidant.

e existeret.

NOTES.

14 *Gelignagiis.* Je n'ai pu rien découvrir sur ce mot; mais on trouve dans le Glossaire de *Du Cange,* au mot *Gelina,* qu'il signifie une gerbe. *Gelignagium* peut donc signifier une espèce de champart.

15 *Bocheyragiis.* Ce mot est sans doute le même que *Bocheragia* qui se trouve dans un passage d'une Chartre du Dauphiné rapportée par *Du Cange* à ce mot; mais il n'y est pas expliqué. On y dit seulement qu'il vient de *Boscus,* bois.

(s) Castrorum . . . . . . esponderiarum.] C'est-à-dire des Châteaux qui sont sur les frontières. On trouve dans le Glossaire de *Du Cange, Esponderius Limitaneus;* & dans un passage d'une Chartre qu'il rapporte, on lit *Castra esponderia:* peut-être faut-il corriger ici *esponderiorum.*

(t) Disbrigare.] Suivant le Glossaire de *Du Cange* à ce mot, il signifie délivrer d'empêchemens, de troubles & de procès.

(u) Excepcionibus.] Il n'y a dans le Registre que *excepc. present.* avec des marques d'abréviation, *presentibus* peut signifier ici les exceptions *qui sont ici exprimées.*

(x) Juris.] Je crois qu'au lieu de ce mot, il faut corriger *remediis* qui se trouve dans plusieurs autres formules semblables.

CHARLES VI. à Paris, en Décembre 1397.

[a] *excepcionibus, beneficiis & cautelis,* [b] *quibus de jure vel de facto, facere vel venire possemus contra aliqua de predictis, specialiter* [c] *jura dicenti generalem remunciacionem non valere, nisi precesserit specialis: precipientes vobis Notariis infrascriptis, & vestrûm cuilibet in solidum, ut nomine & ad opus dictorum nostrorum fidelium, predicta omnia stipulemini sollempniter, & recipiatis, ac de aliis omnibus, dictis nostris fidelibus & cuilibet ipsorum petenti, conficiatis & reddatis publica Instrumenta, unum & plura, tot quòd petierit, facti substanciâ observatâ. Acta sunt hec apud* Bellum-videre *predictum, die Jovis in Festo Sancti Vincencii, anno ab Incarnacione Domini millesimo trecentesimo tercio decimo; presentibus testibus Domino* Petro Aynardi, *Domino* Monte, *Domino* Berardo Leobardi, *Militibus; Domino* Johanne de [d] Her. *Canonico* [e] Romanis; *Domino* Johanne Pelliccrii, *Domino* Petro Quine, *Jurisperitis;* Peronedo Mariaysii, *Castellano dicti loci, &* Andreâ Ezupi, *Notario.*

a except. *Reg.*
b *ce mot paroît être là pour* virtute quorum.
c juri.
d Il y a dans le Registre une marque d'abréviation sur la fin de ce nom.
e Romans *en* Dauphiné.

Et ego Johannes *de* Sancto Dyonisio, *auctoritate Imperii Notarius publicus, ipsius Domini* Dalphini *& ejus Curie Juratus, omnibus hiis interfui, & nomine & ad opus dictorum hominum* Belli-visûs *& ejus Mandamenti, ea omnia stipulatus fui sollempniter & recepi, & de hiis omnibus hoc Instrumentum scripsi, signoque meo signavi.*

Ego verò Andreas Ezupi, *Imperiali auctoritate publicus Notarius, dicti Domini* Dalphini, *& ejus Curie Juratus, predictis omnibus interfui, & nomine & ad opus dictorum hominum* Belli-visûs *& ejus Mandamenti, ea omnia superiùs scripta & contenta, stipulatus fui solempniter & recepi, una cum dicto Magistro* Johanne *de* Sancto Dyonisio, *socio meo, & huic presenti publico Instrumento apposui signum meum una cum signo ejusdem Magistri* Johannis.

Nos verò prenominatus Johannes Dalphinus, *asserentes & confitentes predicta omnia fore vera, & sic se in veritate consistere, prout superiùs scripto narrata sunt & contenta, presens publicum Instrumentum Sigillo nostro majori fecimus in nostra presencia sigillari.*

Nos Guido, Dalphinus Viennensis, *&* Albonis Comes, *ac* Vienne *Palatinus, Dominusque de* Turre, *cunctis presentibus & futuris, tenore presencium volumus esse notum quòd Nos attendentes grata nobis & predecessoribus ac progenitoribus nostris impensa servicia, & que incessanter impenduntur per dilectos nostros fideles homines universitatis Castri & Mandamenti* Belli-visûs *in* Royanis, *Libertates omnes & singulas, atque francheisias & immunitates olim datas & concessas dictis hominibus dicte Universitatis, per illustrem Progenitorem nostrum Dominum* Johannem Dalphinum Viennensem, *inclite recordacionis, contentas in quodam Instrumento hîc annexo, & omnia & singula in eo conscripta & contenta, laudamus, ratifficamus, approbamus, confirmamus, & de novo concedimus & donamus hominibus supradictis; & insuper declarando quamdam clausulam facientem mencionem de* Pasqueragiis, *contentam in dicto Instrumento, volumus & concedimus eisdem, quòd ipsi & eorum successores pasquerare possint, & eis liceat causa depascendi immittere & immitti facere omnia animalia* [f] *ovina & armenta que nunc tenent & in futurum tenebunt, ubique per totum Mandamentum predictum, in quibuscumque nostris nemoribus, excepto nostro (y) devesio antiquo: permittentes per nos & successores nostros, per pactum & per juramentum nostrum ad Sancta Dei Evangelia prestitum, dictas Libertates, franchesias & immunitates, ac omnia in dicto Instrumento contenta, & eciam dicta Pasqueria, hominibus dicte Universitatis manutenere & conservare, & nunquam contrafacere vel venire, nec contra fieri permittere perpetuò in futurum: mandantes expressè & precipientes tenore presencium, omnibus nostris modernis & futuris Consiliariis, Baillivis, Judicibus, Castellanis & Officiariis quibuscumque, sub virtute juramentorum & fidelitatum in quibus nobis astricti sunt & esse debent, quatenùs dictas Libertates, franchesias & immunitates, dictis hominibus & eorum posteris manuteneant & defendant, & inviolabiliter observent, & contra* [g] *alia ex eis venire vel facere non presumant, in quantum indignacionem nostram*

f troupeau de gros bétail, comme bœufs, &c.
g *fort.* aliqua.

NOTE.

(y) *Devesio.]* Suivant le Glossaire de *Du Cange* à ce mot, il signifie les endroits dans lesquels il est défendu de mener paître des animaux.

incurrere & nos [a] *degerare facere metuunt &* [b] *formident. Si qui autem ausu temerario contra facere vel venire presumerint, noverint se nostram indignacionem perpetuò incursuros; & nichilominùs secundùm qualitatem excessûs, penâ gravissimâ puniendos.* Datum in dicto loco *Belli-visûs*, cum appensione nostri Sigilli in testimonium premissorum, die vicesimâ primâ mensis Julii, anno Domini millesimo CCC.° XXXIII.° [c] *Expeditum per nos, assistentibus nobis, Dominis* Hugone *de* Breyssiaco, *Domino* Virnulle, Guidone *de* Grolea, *Domino* Neyriaci, Andreâ *de* Molayo, *Militibus, &* Johanne Humberti *Jurisperito, Cancellario nostro.*

CHARLES VI. à Paris, en Décembre 1397.

a dejerare, *là & plus bas.*
b formidant.
c Expedit. *Reg.*

Et (aa) me h. p. Humbertus Dalphinus Viennensis, Vienne & Albonnis Comes, *cunctis presentibus & futuris, tenore presencium volumus esse notum quòd nos attendentes grata nobis & predecessoribus ac progenitoribus nostris impensa servicia, & que incessanter impenduntur per dilectos nostros fideles homines universitatis Castri & Mandamenti* Belli-visûs *in* Royanis, *Libertates omnes & singulas, atque franchesias & immunitates olim datas, concessas & eciam confirmatas dictis hominibus dicte universitatis, per illustrem progenitorem nostrum Dominum* Johannem Dalphinum Viennensem, *inclite recordationis, contentas in quodam Instrumento hîc annexo, & omnia & singula in ipso Instrumento contenta, conscripta, & eciam per memorie recolende Dominum & Germanum nostrum carissimum Dominum* Guidonem Dalphinum Viennensem *confirmata, renovata & approbata, ut in Litteris ipsius Domini & Germani nostri ejus Sigillo impendenti sigillatis, dictoque Instrumento annexis, continetur, laudamus, ratifficamus, approbamus & penitùs confirmamus, ac de novo concedimus ipsis hominibus, pariter & donamus. Insuper clausulam in ipso Instrumento de* Pasqueragiis *mencionem facientem, prout per ipsum Germanum nostrum & Dominum declarata extitit, declaramus & interpretamur, omniaque per ipsum Dominum nostrum Germanum eisdem concessa, pro nobis & nostris prefatis hominibus imperpetuùm duximus concedenda: promittentes per nos & successores nostros, per pactum & juramentum nostrum ad Sancta Dei Euvangelia prestitum, dictas Libertates, franchisias & immunitates, & omnia in dicto Instrumento & in presentibus nostris Litteris contenta, hominibus dicte universitatis, & suis, manutenere & servare, & numquam contra facere vel venire, nec contra fieri permittere perpetuò in futurum: mandantes expressè & precipientes tenore presencium, omnibus nostris modernis & futuris Consiliariis, Baillivis, Judicibus, Castellanis & Officiariis quibuscumque, sub virtute Juramentorum & fidelitatum in quibus nobis astricti sunt & esse debent, quatenùs dictas Libertates, franchesias & immunitates, dictis hominibus & eorum posteris, manuteneant & defendant, & omnia supradicta studeant inviolabiliter observare, & contra* [d] *aliena ex eis venire vel facere non presumant, in quantum indignacionem nostram incurrere & nos degerare facere metuunt & formidant. Si qui autem ausu temerario contrafacere vel venire presumerint, noverint se indignacionem nostram perpetuò incursuros, & nichilominùs secundùm qualitatem excessûs, penâ gravissimâ puniendos. In cujus rei testimonium, presentes Litteras exinde fieri fecimus, & Sigillo nostro pendenti jussimus communiri.* Datum apud *Bellum-videre*, per me *Nicolaum Constan.* [e] Dabba. Militem vice Protonotarii *Dalphinatûs*, die XXIX.° mensis Octobris, anno Domini millesimo CCC.° XXX.° quinto.

d ce mot paroît corrompu. Voy. *ci-dessus*, p. 164. note g. margin.

e Il y a deux marques d'abréviation sur ce mot.

Quas quidem omnes Litteras supradictas, omniaque & singula in eisdem contenta, in quantum ritè, justè & debitè usi sunt & utuntur, ratas & gratas habentes, eas volumus, laudamus, approbamus, de nostrisque auctoritate & speciali gratia, tenore presencium confirmamus; Mandantes Gubernatori, Baillivis, Judicibus, Castellanis & omnibus aliis Justiciariis quibuscumque Dalphinatûs, presentibus & futuris, aut eorum Locatenentibus, & cuilibet prout ad eum pertinuerit, quatenùs dictos habitatores Bellivisûs *& ejus Mandamenti, in suprascriptis Litteris nominatos, omnibus & singulis in ipsis contentis uti & gaudere pacificè faciant & permittant; ipsosque nullatenùs molestent*

Suite des Lettres de Charles VI.

NOTE.

(aa) Et me h. p. Humbertus.] Il semble qu'il devroit y avoir *Et Nos.* Je ne sçais ce que signifient les deux lettres *h.* & *p.* qui suivent.

CHARLES VI. à Paris, en Décembre 1397.

aut molestari permittant in corpore sive bonis; sed quicquid in contrarium factum vel attemptatum fuerit, ad statum pristinum & debitum reducant vel reduci faciant indilatè. Quod ut firmum & stabile permaneat in futurum, Sigillum nostrum presentibus Litteris duximus apponendum: Salvo in aliis jure nostro, & in omnibus quolibet alieno. Datum *Parisius,* mense Decembris, anno Domini millesimo trecentesimo nonagesimo septimo; & Regni nostri decimo octavo.

Per Regem Dalphinum, ad relacionem Consilii. MERCIER.

CHARLES VI. à Paris, en Décembre 1397.

PHILIPPE IV. dit de Valois, au Moncel près le Pont de Saint-Maxence, en Octobre 1340.

CHARLES V. Dauphin, Régent du Royaume, à Clermont en Beauvoisis, en Mai 1358.

CHARLES V. à Paris, en Janvier 1369.

(a) Priviléges accordez à la Ville de Condom.

Sommaires des Lettres de Philippe de Valois.

(1) Le Roy ne pourra demander aux habitans de Condom, de don, d'Aide ni de prêt lorsque ses Fils seront faits Chevaliers, & lorsqu'il donnera des dotes à ses Filles.

(2) Les habitans de Condom ne seront point obligez d'envoyer dans les armées du Roy, de Gens d'armes, de Sergens, ou d'Arbalêtriers, ni de payer de finance, ni de faire de prêts au Roy à l'occasion de ces guerres; cependant lorsqu'on assemblera une armée générale dans l'Agénois, pour la défense du Duché de Guyenne, ils seront obligez d'envoyer pendant le cours d'une guerre, quelque longue qu'elle soit, cent Sergens qui serviront dans ce Duché seulement, à leurs dépens, pendant l'espace de quarante jours.

(3) Ces habitans seront exempts de toute sorte d'Impôts, & des Péages qui appartiennent au Roy.

(4) Ils ne pourront être recherchez par rapport aux contraventions qu'ils auroient faites jusqu'à la date de ces présentes, aux Ordonnances sur le fait des Monnoies & sur toute autre matière.

(5) Ceux de ces habitans qui ne seront point Nobles, pourront acquérir & posséder des Fiefs nobles, sans en demander permission au Roy & à ses Officiers, & sans en payer finance.

(6) Les Consuls seront présens aux Informations qui se feront pour découvrir les auteurs d'un crime commis dans l'étendue de la Jurisdiction de cette Ville, de la même manière que, suivant l'ancien usage, ils doivent être présens aux procès que l'on fait à ceux qui sont prévenus de crime. On ne pourra faire d'Enquête ou de procès à un habitant pour un crime, lorsque les Consuls n'auront point été présens à l'Information faite par rapport à ce crime, quand même il s'agiroit d'une infraction de Sauvegarde, & quand par cette Information cet habitant n'est pas véhémentement suspect d'avoir commis ce crime.

(7) Lorsque les Juges ordinaires de Condom entreront en Charge, ils jureront de conserver les Priviléges & les Coûtumes de cette Ville, ainsi que le Sénéchal [d'Agen] le fait en pareille occasion.

(8) Lorsqu'un habitant dans l'étendue de la Jurisdiction de la Ville, aura commis quelque excès contre une personne qui sera sous la Sauvegarde générale ou spéciale du Roy, il sera jugé par les mêmes Juges qui l'auroient jugé si celui qu'il a maltraité n'avoit point été sous la Sauvegarde du Roy; & ils ne pourront le condamner qu'à la même peine qu'ils lui auroient imposée dans ce dernier cas.

(9) Les Réformateurs ne pourront faire le procès aux Consuls ni aux habitans, pour le fait d'usure & pour les autres crimes. Ils pourront cependant le faire aux Officiers de cette Ville.

(10) Les Consuls & les habitans de Condom, jouiront de tous les Priviléges qui ont été accordez à ceux d'Agen.

(11) Après la mort des Notaires, soit Royaux ou autres, demeurans dans Condom; les Consuls pourront donner leurs Livres [& Registres] à tels autres Notaires qu'ils jugeront à propos, de la même manière qu'ils le feroient si ceux-ci eussent été créez & présentez par eux.

(12) Les habitans de Condom, même les Officiers du Roy, & ceux qui sont à son service, ne pourront être jugez que dans cette Ville, quelque énormes que soient les crimes qu'ils aient commis dans l'étendue de la Jurisdiction de Condom.

(13) Les dettes dûes aux Consuls & à la Communauté de la Ville de Condom, seront exigées comme les dettes fiscales; & les Consuls pourront, sans demander aucune permission, faire faire par leurs Officiers les poursuites & les contraintes nécessaires, à la réserve des prises de corps.

(14) Les Consuls assisteront aux procès criminels faits par les Sénéchaux ou par quelques autres Juges Royaux que ce soit.

(15) Les Consuls auront le tiers des Amendes qui seront décernées.

(16) Le Sénéchal d'Agen, le Juge ordinaire, les Baillis & tous les autres Officiers Royaux, jureront avant que d'entrer en Charge, de conserver les Priviléges & les Coûtumes de la Ville de Condom.

Sommaires des Lettres du Duc d'Anjou, [p. 170.]

(1) Le Duc d'Anjou & le Roy donneront du

NOTE.

(a) Trésor des Chartres, Registre 152. Pièce IIIe XIII. (313.)

CHARLES VI.
à Paris, en Décembre 1397.

ſecours aux habitans de Condom, s'ils ſont attaquez par les Anglois.

(2) Confirmation des Privilèges & des Coûtumes de la Ville de Condom.

(3) Il ſera établi dans Condom un Lieutenant du Sénéchal d'Agen, par lequel il ſera inſtitué. Ce Lieutenant réſidera continuellement dans la Ville, & il y connoîtra des Cauſes d'Appel.

(4) Il ſera établi à Condom une Tréſorerie Royale qui ſera régie par un Tréſorier ou Receveur, même dans le cas où la Ville d'Agen ſe ſoûmettroit à l'obeïſſance du Roy. Ce Tréſorier donnera à ferme les Domaines de Condom & de la Sénéchauſſée d'Agen, & y recevra les revenus du Roy.

(5) Il ſera établi à Condom un Hôtel des Monnoies, & des Officiers & des Ouvriers, pour y fabriquer des Monnoies ſemblables à celles qui le feront ailleurs par les ordres du Roy ou du Duc de Guyenne.

(6) Il y aura dans cette Ville une Cloche pour convoquer les habitans aux aſſemblées de la Communauté.

(7) Les habitans continueront à prêter à leurs Seigneurs les mêmes Sermens qu'ils ont coûtume de leur prêter, ſans qu'il y ſoit rien changé.

(8) Le Pariage fait entre le Duc d'Aquitaine & l'Abbé de Condom, ſera obſervé.

(9) Toutes les promeſſes faites préſentement aux habitans, ſeront exactement obſervées.

KAROLUS, &c. Notum facimus univerſis preſentibus & futuris, Litteras inclite recordacionis Domini Genitoris noſtri, Nobis exhibitas fuiſſe, pro parte dilectorum noſtrorum Conſulum & habitancium Ville Condomii; *quarum tenor dicitur eſſe talis.*

KAROLUS Dei gracia Francorum Rex. Notum facimus univerſis preſentibus & futuris, quòd pro parte dilectorum noſtrorum Conſulum & habitancium Ville noſtre & Civitatis Condomii, *nomine ſuo & Univerſitatis ejuſdem Ville, Nobis exhibite fuerunt Littere noſtre, quarum tenor talis eſt.*

KAROLUS Regis Francie Primogenitus, Regnum Regens, Dux Normannie, *&* Dalphinus Viennenſis. *Notum facimus univerſis tam preſentibus quàm futuris, Nos infraſcriptas Litteras Sigillo inclite recordacionis cariſſimi Domini & Avi noſtri Regis [a] Philippi, in filis ſericeis, & in cera viridi ſigillatas vidiſſe; formam que ſequitur, continentes.*

PHILIPPUS Dei gracia Francorum Rex. Notum facimus univerſis tam preſentibus quàm futuris, quòd Nos congruum reputantes quòd dilecti & fideles noſtri Conſules, Univerſitas, Cives, habitatores & [b] Vicini Civitatis Condomii, Seneſcallie Agenenſis, *qui die nocteque contra inimicos noſtros & rebelles, pro conſervacione ſue fidelitatis [c] & qua Nobis ſunt aſtricti, in armorum continuò [d] exercio laudabili, & continua diligencia noviſſimè certaverunt, & ab ipſorum inimicorum incurſibus ſub noſtre Regie Mageſtatis obediencia, ſuâ virtuoſâ conſtanciâ, laborioſè dictam Civitatem defenſarunt, non tantùm preconiis & laudabilibus teſtimoniis attollantur, ſed eciam proſequantur graciarum & premiorum beneficiis, eorum neceſſitatibus & utilitatibus opportunis, auctoritate noſtrâ Regiâ, ex noſtra certa ſciencia & gracia ſpeciali, ad ipſorum Conſulum & Univerſitatis humilem ſupplicacionem, ut in dicta fidelitate fervenciùs animentur, eiſdem Conſulibus, Univerſitati, Civibus, habitatoribus & vicinis dicte Civitatis, concedimus infraſcripta; videlicet,*

(1) Quòd per Nos, Officiarios ſeu Miniſtros noſtros, occaſione [e] Milicie Filiorum, vel dotis Filiarum, vel alia qualibet racione vel cauſa, Subſidium vel mutuum deinceps nullatenùs [f] exigentur; ymò jus petendi & exigendi dictum [g] donium, Subſidium vel mutuum, ſi quod ex cauſis predictis vel quibuſcumque aliis, Nobis, Succeſſoribus, Miniſtris vel Officiariis noſtris competebat vel [h] compere poterat in futurum, eiſdem remittimus graciosè.

(2) [i] Conſedimus eciam, cum dicta Civitas propter [k] longevum ambitum inibi habitantibus [l] & pluribus pro defenſione indigeat, quòd dicti Conſules, Univerſitas, Cives, habitatores & vicini, per modum exercitûs vel aliter, univerſaliter vel ſingulariter, ad adjuvandum Nos vel Succeſſores noſtros, vel ad mittendum Gentes armorum, Servientes vel Baliſtarios in guerris quas in preſenti habemus vel habebimus in futurum, vel ad

[a] Philippe de Valois.

[b] ce mot eſt quelquefois ſynonyme de *Habitator.* Voy. ci-deſſus, p. 52. Note *(e)*.

[c] conjonction inutile.

[d] exercicio,

[e] lorſque les Fils du Roy ſeront faits Chevaliers.

[f] exigantur.

[g] *corr.* donum comme plus haut.

[h] competere.

[i] concedimus.

[k] *Il faut app. corr.* longum.

[l] cette conjonction eſt peut-être inutile.

CHARLES VI.
à Paris, en Décembre 1397.

finandum pro premissis, nullatenùs teneantur, nec ad hoc compelli possint; quòdque occasione premissorum, graciosè ab eis nichil per modum mutui vel aliter, exigi possit; hoc excepto, quòd pro defensione Ducatûs Acquitanie, *& infra dictum Ducatum, in tota una guerra, quamdiu illa duret, centum Servientes & non plures, suis expensis, per quadraginta dies duntaxat; & tunc cum fiet exercitus generalis in* Agenesio, *& non aliter,* [a] *mitere teneantur.*

(3) Huic gracie adjungentes, ut deinceps & perpetuò omnes & singuli Cives, habitatores & [b] *Vicinii dicte Civitatis, à solucione cujuscumque Leude, vectigalis & pedagii ad nos spectantis in toto Regno nostro, & eciam in* Ducatu Acquitanie, *sint* [c] *quiti, liberi & immunes; quòdque occasione dicte Leude, Pedagii seu vectigalis, ab eisdem nichil exigi possit, in quantum jus nostrum tangit.*

(4) Eisdem graciis (b) annuentes, & si dicti Consules, Universitas, singulares Cives, habitatores vel vicini dicte Civitatis, contra Ordinaciones Regias factas super Moneiis vel cursu Monetarum, vel super aliis quibuscumque, vel contra inhibiciones, statuta, precepta vel injunctiones nostras, predecessorum vel quorumcumque Officiariorum seu Commissariorum nostrorum, usque ad diem presentem, qualitercumque & quociens-cumque fecerint vel commiserint, seu facere omiserint, quòd occasione penarum dictis Ordinacionibus, inhibicionibus, preceptis vel injunctionibus annexarum, ab eisdem, conjunctim vel divisim, nichil possit exigi vel levari, nec pro premissis vel occasione premissorum, quovismodo, per quoscumque Officiarios nostros vel ad eorum instanciam, possint Inqueste vel Cause [d] *subici, nec aliter quomodolibet molestari, quia eisdem Consulibus, Universitati, singularibus Civibus & Vicinis dicte Civitatis, penas predictas, & quodcumque jus, occasione premissorum, nobis quesitum, remittimus; super hiis Procuratoribus & aliis quibuscumque Officiariis nostris, silencium perpetuum harum serie imponentes.*

(5) Insuper, concedimus eisdem Civibus & Vicinis, ut absque Financia aliquali, & nulla alia à nobis seu Officiariis nostris, petita licencia seu obtenta, licet ipsi innobiles existant, in toto nostro Regno Francie, & eciam in toto Ducatu Acquitanie *predicto, (c) Feuda nobilia possint deinceps acquirere, tenere, & jam acquisita perpetuò retinere.*

(6) [e] *Nedum eciam concedimus, auctoritate nostrâ Regiâ qua supra, Consulibus, Universitati, Civibus & Vicinis antedictis, quòd dicti Consules, in quibuscumque Informacionibus que deinceps fient vel fieri contigerit, per quoscumque Officiarios vel Commissarios nostros, in, super vel pro excessibus infra dictam Civitatem, Juridicionem & pertinencias dicte Civitatis, commissis vel deinceps committendis, debeant vocari, admitti, & esse presentes, ad finem fraudis vitande duntaxat, prout in (d) Inquestis dictarum Causarum criminalium, secundùm eorum usus & consuetudines, sunt vocandi; quòdque pro Informacionibus factis super quibuscumque criminibus, eciam fractionem Salve-gardie tangentibus, ipsis Consulibus non vocatis vel admissis, & nisi per dictam Informacionem quis de criminibus appareat vehementer culpabilis vel* [f] *supectus, nullus possit Cause subici vel Inqueste.*

(7) Volumus eciam & concedimus Consulibus, Universitati, Civibus ac Vicinis predictis, quòd Judices ordinarii in partibus Condomii, *in novo suo adventu, antequam aliqua Juridicione utantur, ad servandum Consuetudines, usus, Libertates & Privilegia dicte Civitatis, sicut Senescallus in* [g] *sui novo adventu, secundùm dictas Consuetudines tenetur,* [h] *medio Juramento se astringant.*

a mittere.
b Vicini.
c quitti.
d *corr.* subjici, *là & plus bas.*
e *Il faut app. corr.* necnon, *là & plus bas.*
f suspectus.
g suo.
h *ces mots signifient app.* par le moyen d'un Serment.

NOTES.

(b) Annuentes.] Ce mot paroît corrompu, & il faut peut-être lire *adjungentes* comme il est plus haut; il semble même qu'il manque quelques mots. La conjonction *&* qui est après *annuentes,* paroît inutile.

(c) Feuda nobilia.] Ces mots ont différentes significations qu'on peut voir dans le Glossaire de *Du Cange,* aux mots *Feudum nobile,* col. 448.

(d) Inquestis.] Il paroît par les mots qui sont à la fin de cet article, *Cause subici vel Inqueste,* qu'*Inquesta* signifie les procédures faites contre un homme prévenu d'un crime. Les Informations s'étoient faites auparavant, pour découvrir quel en étoit l'auteur.

(8) Premissis

CHARLES VI. à Paris, en Décembre 1397.

(8) *Premissis eciam adjungentes graciosè, quòd si qui habitatores vel Vicini Civitatis predicte, infra dictam Civitatem seu Juridicionem, aut pertinencias dicte Civitatis, quemcumque alium, eciam in & sub Salva-gardia Regia universaliter vel specialiter susceptum, injurietur in corpore, vel bonis invadat, mutilet & occidat, vel aliter quovismodo offendat, quòd pro premissis, nulla alia pena sic delinquens vel excedens, nec per quoscumque alios Judices vel Officiarios, judicari vel puniri possit vel debeat, quàm illa, & per quos fuisset puniendus, si ille contra quem* [a] *exeditur vel committitur, sub Salva-gardia Regia predicta non fuisset susceptus, & vocatis dictis Consulibus, prout in criminibus ordinariis sunt vocandi; nonobstantibus dictis Salvis-gardiis, quas quoad hoc, auctoritate nostrâ Regiâ rappellamus; ipsis Salvis-gardiis tam Universitati quàm singularibus dicte Civitatis concessis, quoad alios extraneos & non vicinos, in sua debita & consueta prerogativa duraturis.*

(9) *Concedimus eciam Consulibus, Universitati & Civibus memoratis, quòd contra omnes & singulos, Universitatem, Consules, singulares, Cives, habitatores & Vicinos, reformaciones super usuris & quibuscumque aliis excessibus, cessabunt, nisi contra Officiarios dicte Civitatis; Reformatoribus jam missis & deinceps mittendis, reformandi, inquirendi & procedendi contra dictos Consules, Universitatem, Cives & Vicinos, potestatem omnimodam precludentes.*

(10) *Volumus eciam quòd dicti Consules, Universitas, Cives & Vicini, perpetuò gaudeant, gaudere possint & debeant omnibus & singulis Privilegiis, franchisiis & Libertatibus, per Nos seu Predecessores nostros, vel per quoscumque alios Principes, Officiarios, Ministros, seu Locatenentes, quandocumque, qualitercumque, & ex quavis causa, & sub quavis forma verborum, universaliter vel singulariter, Consulibus, Universitati, singularibus, & Vicinis Civitatis* Agenensis, *concessis, perinde ac si dicta Privilegia, franchisias & Libertates sigillatim, & in speciali, prefatis Consulibus, Universitati, Civibus & Vicinis dicte Civitatis* Condomii, *concessa, ac si in presenti pagina inserta fuissent; & quòd eciam dicti Consules* Condomii, *in Cives, Vicinos vel habitatores* Condomii *& pertinenciarum ejusdem, eamdem Jurisdictionem habeant & exerceant, & deinceps exercere possint & valeant, per se & Judices à se deputatos & depputandos, & idem ressortum in quibuscumque Causis civilibus & eciam criminalibus, & emolumentum exinde racione dictarum causarum seu scripturarum super eisdem Causis faciendarum, exinde proveniens, in utilitatem dicte Universitatis convertere, & eisdem appropriare possint & habeant, sicut dicti Consules Civitatis* Agenii *habent & possunt.*

(11) *Insuper concedimus eisdem Consulibus, ut libros* [b] *Natariorum Regiorum, & quorumcumque aliorum in Civitate* Condomii *commorancium, defunctis Notariis, aliis Notariis quibus eis videbitur faciendum, conferre valeant ac donare, ac si dicti Notarii per eosdem creati & presentati fuissent; & quòd deinceps eisdem Consulibus nullum per quemquam impedimentum prestari valeat in premissis.*

(12) *Concedimus eciam quòd nullus Civis, habitator vel* [c] *Vicinis Civitatis predicte,* [d] *quantumque Officiarius noster vel in servicio seu de familia nostra existat, infra dictam Civitatem & ejus Bailliagium delinquens, pro quocumque crimine, quantumcumque* [e] *sepeciali & enormi, extra Civitatem predictam possit abstrahi, sed quòd infra dictam Civitatem, cum convictus & condempnatus, servatis Juris ordine vel Consuetudinibus dicti loci, fuerit, & non aliàs, fiat condigna punicio de eodem.*

(13) [f] *Adicientes Privilegiis & graciis predictis, quòd omnia & singula debita que Universitati & Consulibus de* Condomio *debentur, nomine & ex causa Universitatis predicte, seu deberi contingent in futurum, leventur tanquam fiscalia, & eciam exigantur, & eisdem cohercionibus per eosdem Consules seu eorum Servientes vel Nuncios perpetuò exigi valeant & levari, cujuscumque superioris licenciâ minimè petitâ seu obtentâ; corporis capcione exceptâ.*

(14) *Preterea, eisdem Consulibus nomine Universitatis predicte concedimus quòd in Inquestis que fient per Senescallos, Judices seu eorum Commissarios, seu quosvis alios Officiarios nostros, Consules predicti sint presentes & vocentur, sicut in Inquestis que fiunt per Bajulos dicte Civitatis, sunt presentes & vocantur.*

a exceditur.

b Notariorum.

c Vicinus.

d quantumcumque, *qui est un peu plus bas.*

e speciali.

f adjicientes.

CHARLES VI. à Paris, en Décembre 1397.

(15) *Nedum eciam, quòd ad terciam partem financiarum que recipientur racione excessuum, infra Juridicionem dicte Civitatis, commissorum seu committendorum, nomine Universitatis predicte, admittantur, sicut ad terciam partem condempnacionum penarum arbitrariarum, juxta & secundùm eorum Consuetudines, admittuntur.*

(16) *Concedentes eciam quòd* Senescallus Agenensis, *Judex ordinarius, Bajuli & quivis alii Officiarii nostri, in suo novo adventu, & antequam aliqua Juridicione in dicta Civitate vel ejus pertinenciis, utantur, ad servandum omnia & singula premissa, sicut ad servandum Consuetudines dicte Civitatis, Juramento medio astringantur.*

Quod ut firmum & stabile permaneat in futurum, presentibus Litteris nostrum fecimus apponi Sigillum: salvo in aliis jure nostro, & in omnibus alieno. Datum apud *Moncellum* prope *Pontem Sancte Maxencie,* anno Domini millesimo ccc.^mo^ quadragesimo, mense Octobris.

Suite des Lettres de Charles V. Dauphin & Régent du Royaume.

Nos autem, ad humilem supplicacionem Consulum & habitatorum predictorum, suprascriptas Litteras, & omnia & singula contenta in eis, rata & grata habentes, ea volumus, ratificamus, laudamus, approbamus, de gracia speciali & auctoritate Regia quâ fungimur de presenti, tenore presencium confirmamus; Tholose, Carcassone, Agenensi Senescallis *& Receptoribus, ceterisque Justiciariis dicti Regni, presentibus & futuris, & cuilibet eorumdem, prout ad eum pertinuerit, aut eorum Locatenentibus, dantes hiis presentibus in mandatis, quatenùs Consules, Burgenses seu Cives, habitatoresque & Vicinos predictos, & ipsorum quemlibet, nostrâ presenti graciâ uti, frui pacificè faciant & gaudere, & contra presentis gracie & confirmacionis, ac suprascriptarum Litterarum tenorem, prenominatos, aut ipsorum aliquem, nullatenùs molestent, impediant vel* [a] *inquietant, aut inquietari vel impediri permittant quoquomodo. Quod ut* [b] *firme & stabile perpetuò perseveret, Sigillum nostrum presentibus Litteris duximus apponendum: Salvo in aliis jure dicti Domini nostri & nostro, & in omnibus quolibet alieno.* Datum apud *Claromontem in* [c] *Bello-vicinio,* anno Domini millesimo ccc.^mo^ quinquagesimo octavo, mense Maii.

a inquietent.
b firmum.
c en Beauvoisis.

Suite des Lettres de Charles V.

Nos verò attendentes vere fidelitatis constanciam, quam ipsi Consules & habitantes erga nos habuerunt, Litteras suprascriptas & contenta in eis, laudamus, approbamus ex certa sciencia, auctoritate & potestate nostris, & de gracia speciali, tenore presencium confirmamus: mandantes Senescallo Agenensi, *ceterisque Justiciariis & Officiariis Regni nostri, aut eorum Locatenentibus, presentibus & futuris, & eorum cuilibet, prout ad eum pertinuerit, quatinùs dictos Consules & habitantes ac Universitatem ejusdem Ville, nostrâ presenti graciâ & confirmacione uti pacificè faciant & gaudere, ipsos in contrarium nullatenùs molestantes, nec molestari* [d] *permittantes à quoquam, facta in contrarium, quociens opus fuerit, totaliter revocando. Quod ut perpetue stabilitatis robur obtineat, presentem paginam Sigilli nostri caractere fecimus roborari: nostro in aliis, & alieno in omnibus jure salvo.* Datum *Parisius*, mense Januarii, anno Domini millesimo trecentesimo sexagesimo nono; Regni verò nostri sexto.

d permittentes.

Lettres de Charles V.

KAROLUS Dei gracia Francorum Rex. Notum facimus universis presentibus & futuris, quòd pro parte dilectorum nostrorum Consulum & habitancium Ville nostre & Civitatis Condomii, *nomine suo & Universitatis ejusdem Ville, nobis exhibite fuerunt Littere carissimi Germani nostri & Locumtenentis in* Partibus Occitanis, Ducis Andegavensis; *formam que sequitur, continentes.*

LUDOVICUS Regis Francorum Filius, Domini [e] *nostris Regis Germanus, ejusque Locumtenens in* Partibus Occitanis, Dux Andegavensis *&* Comes Cenomanensis. *Universis presentes Litteras inspecturis: Salutem. Cum dilecti & fideles nostri Consules Civitatis & Ville* Condomii, *vice & nomine Universitatis, ac omnium & singulorum habitatorum ejusdem, confidentes & recognoscentes verâ fide prefatum Dominum nostrum* [f] *Regem suum & tocius* Ducatus Aquitanie *supremum fuisse semper & esse*

e nostri.
f Voy. la Note (a) de la page 190. du 5.e Vol. de ce Rec.

CHARLES VI. à Paris, en Décembre 1397.

Dominum, jusque superioritatis supreme & ultimi Ressorti, ad ipsum Dominum nostrum Regem pertinuisse & pertinere, & [a] *adheruisse appellacioni facte per* Comitem Armaniaci, *& de novo à nonnullis gravaminibus per* Principem Wallie, Ducem Acquitanie, *& ejus Officiarios, sibi illatis, datis & factis, ad eumdem Dominum nostrum Regem tanquam ad suum Superiorem & Supremum Dominum, appellasse, dubitantque & formidant, sicut dicunt, predictum* Ducem Acquitanie, *aut ejus Gentes, seu alios nomine ipsius, occasione recognicionis, Aadherencie & ppellacionis hujusmodi dicte Civitatis, & ejusdem habitatoribus & singularibus personis atque bonis, guerram moveri, ac nonnullas alias injurias, turbaciones & molestias inferri, fieri & donari, propter quod nobis humiliter supplicarunt ut super hiis eisdem providere vellemus, de auxilio & remedio opportuno.*

(1) Nos itaque dicte supplicacioni benignè & favorabiliter inclinati, eisdem Consulibus, vice & nomine dicte Universitatis, habitatoribus, Vicinis & singularibus personis ejusdem, promisimus & tenore presencium promittimus bonâ fide, quòd si causâ vel occasione recognicionis, adherencie & Appellacionis [b] *predictis per dictum* Ducem Acquitanie *seu Regem* Anglie *aut eorum Gentes seu Officiarios quoscumque, dicte Civitati* Condomii, *seu Consulibus, Vicinis aut habitatoribus singularibus ejusdem, sive alicui eorumdem, guerra, controversia, injuria seu molestia aliqua moveatur aut inferatur quoquomodo, Nos eisdem Civitati, dictisque Consulibus, Vicinis & singularibus habitatoribus ejusdem, ac cuilibet eorumdem, per Nos & Officiarios nostros, atque Gentes nostras armorum, in & super premissis, quociens opus fuerit, & super hoc fuerimus requisiti, nostrum dabimus salubre consilium, forte & potens auxilium ac juvamen, viis scilicet atque modis omnibus de quibus videbitur faciendum; nostris eciam & dicti Domini nostri Regis sumptibus propriis & expensis.*

(2) Item. *Promisimus eisdem, quòd nos omnia Privilegia, usus, Libertates, franchisias, Consuetudines & Constitutiones hactenùs per quoscumque dicte Civitati, Consulibus & habitatoribus ejusdem concessa vel obtenta, confirmabimus, & tenore presencium, auctoritate Regiâ quâ fungimur in hac parte, de nostra certa sciencia & gracia speciali ratificamus, approbamus & eciam confirmabimus; esto quòd per Cameram Compotorum* Parisius *Domini nostri Regis, non transierint, & eciam faciemus per prefatum Dominum nostrum Regem confirmari.*

(3) Item. *Promisimus & tenore presencium, auctoritate Regiâ predictâ, & de nostra certa sciencia, promittimus quòd in dicta Civitate* Condomii *ex nunc imposterùm & perpetuò, erit Locumtenens Senescalli, & ibi faciet continuam moram & residenciam, & per Senescallum* Agenensem, *qui nunc est aut pro tempore fuerit, creabitur & instituetur ibidem, & de omnibus Causis tam civilibus quàm criminalibus, & Appellacionum in predicta Civitate emergentibus, & eciam tocius Judicature & Assisiatûs* Condomii, *cognoscet ad plenum, & judicabit, potissimè, cum ipsi Consules & habitatores, sicut dicunt, habeant proprium (e) Assisiatum in Civitate* Condomii, *& quòd ad Civitatem* Agenensem *venire non tenentur.*

(4) Item. *Promisimus, & tenore presencium, auctoritate quâ supra, promittimus quòd in dicta Civitate* Condomii, *ponetur & instituetur, & de presenti instituimus perpetuò Thesaurariam Regiam, que regetur deinceps per Thesaurarium per nos destinandum, qui Thesaurarius sive Receptor Regius, residenciam continuam & perpetuò ibi faciet & remanebit sub nomine* [c] *Thesaurarie; & hoc esto quòd Civitas* Agenensis *ad adherenciam dicte Appellacionis, seu potestatem dicti Domini nostri Regis, venire contingat; &* [d] *hec, qui vice, nomine & auctoritate Regiâ seu nostrâ, emolumenta dicte Civitatis & Senescallie ejusdem, pertinencia ad Dominum nostrum Regem, ibidem assensabit & recipiet, & cetera alia faciet que ad Officium Thesaurarii seu Receptoris* [e] *Regiis pertinent & incumbunt.*

(5) Item. *Promisimus, & tenore presencium, auctoritate quâ supra promittimus quòd in casu quo contingeret dictum Dominum nostrum Regem seu nos, sive eciam*

a adhesisse.

b predictarum.

c *Il faut peut-être corriger* Thesaurarii.

d ou ce mot est inutile, ou il doit se rapporter à *emolumenta*.

e Regii.

NOTE.

(e) Assisiatum.] C'est-à-dire, que le Sénéchal d'*Agen* venoit y tenir ses Assises.

CHARLES VI. à Paris, en Décembre 1397.

Ducem Acquitanie, *Monetas cujuscumque condicionis & forme, in dicto Ducatu facere & fabricare, quòd in dicta Civitate fiet & fabricabitur, talis & similis Moneta, & ibi Magistrum Monete, & Monetarios instituemus.*

(6) Item. *Volumus & eisdem Consulibus concessimus, & tenore presencium, auctoritate Regiâ quâ supra, promittimus quòd ipsi nomine Universitatis ejusdem, habeant seu habere possint* [a] *Campanam magnam & altam, in Domo Communi, vel alibi, prout sibi videbitur expedire; eamque ad congregandum se & eorum Universitatem, aut aliter, prout expediens aut necessarium fuerit, pulsare seu pulsari facere valeant horis congruis, loco & tempore oportunis.*

a Voy. ci-dessous à suite des Lettres de Charles V.

(7) Item. *Cum, sicut asserunt dicti Consules, hactenùs concessum fuerit Consulibus & Universitati Civitatis predicte, quòd advenientibus novis Dominis ad eandem Civitatem, Consules ipsius Universitatis habeant prestare legalitatis Juramentum, juxta formam contentam in dicta concessione, nos eisdem concessimus quòd ipsi ex nunc imposterùm, tale seu simile Juramentum teneantur prestare dictis Dominis, seu alteri eorum, vel eciam Senescallo seu ejus Locumtenenti in dicta Civitate scilicet, & non extra vel alibi, nec eciam aliter quàm in concessione predicta cavetur, neque ad hoc compelli possint.*

(8) Item. *Volumus, & eisdem Consulibus, Vicinis & singularibus habitatoribus ejusdem Civitatis, concessimus, & tenore presencium concedimus, quod* [b] *Pariagium hactenùs inter* Ducem Acquitanie *ex una parte, & Abbatem tunc* Condomii, *ex altera,* [c] *initium, factum & habitum, & omnia & singula in eo contenta, juxta sui tenorem & formam, teneatur & servetur, sine* [d] *infriccione & derogacione quacumque; salvo tamen in hoc jure Regio & superioritatis, ac eciam quolibet alieno.*

b Voy. les Tabl. des Mat. des Vol. de ce Rec. au mot *Pariage.*

c initum.

d infracciones.

(9) Item. *Promisimus eisdem Consulibus, bonâ fide, quòd omnia supradicta, & eciam quecumque alia, hoc anno in quibuscumque Litteris à nobis impetratis contenta, per nos eisdem concessa, donata & promissa, nos adimplebimus cum effectu & nil* [e] *revocavimus, nec aliquid faciemus per que possint revocari in totum vel in parte: quòd si faceremus, ex tunc ut ex nunc & ex nunc ut ex tunc, cassamus & annullamus omnia & singula in contrarium concessa vel imposterùm concedenda, & nullius efficacie esse volumus & jubemus; & de presenti,* Senescallo Agenensi, *& ceteris Officiariis Regiis, tenore presencium, inhibemus ne aliquibus Litteris concessis seu concedendis in contrarium, obediant nec* [f] *pereant ullo modo; quia sic fieri volumus, & dictis Consulibus & Universitati, ac Vicinis & singularibus dicte Civitatis* Condomii, *concedimus de nostra certa sciencia, auctoritate Regia quâ fungimur in hac parte, & de gracia speciali.*

e revocabimus.

f pareant.

In cujus rei testimonium, Sigillum nostrum presentibus Litteris duximus apponendum. Datum *Tholose,* die XIII. mensis Maii, anno Domini millesimo CCC.^{mo} sexagesimo nono.

Suite des Lettres de Charles V.

Nos verò attendentes vere fidelitatis constanciam, quam ipsi Consules & habitantes erga nos habuerunt, Litteras suprascriptas, & omnia puncta atque concessiones in eis [g] *contentis, laudamus, approbamus, ex certa scientia, auctoritate & potestate nostris, & de gracia speciali, tenore presencium confirmamus;* [h] *excepto articulo seu concessione mencionem faciente de tenendo Campanam per dictos Consules & habitantes in eadem Villa; quem articulum seu concessionem ab eisdem Litteris (f) & locum habere volumus & ex causa: mandantes* Senescallo Agenensi, *ceterisque Justiciariis & Officiariis Regni nostri, aut eorum Locatenentibus presentibus & futuris, & eorum cuilibet, prout ad eum pertinuerit, quatenùs dictos Consules & habitantes, ac Universitatem ejusdem Ville, nostrâ presenti graciâ & confirmacione uti pacificè faciant & gaudere; ipsos in contrarium nullatenùs molestantes, nec à quoquam molestari permittentes; facta in contrarium, quociens opus fuerit, totaliter revocando. Quod ut firmum & stabile perpetuò perseveret, presentibus Litteris nostrum fecimus apponi Sigillum: nostro in aliis, & alieno in omnibus jure salvo.* Datum *Parisius,* mense Januarii,

g contenta *ou* contentas.

h Voy. ci-dessus, l'article 6.

NOTE.

(f) Il y a dans le Registre un mot que l'on n'a pu déchiffrer. Il semble qu'il faille corriger *nec* au lieu de *&*, car il paroît que l'intention de Charles V. étoit de révoquer la concession d'une cloche faite par le Duc d'Anjou aux habitans.

anno Domini millesimo ccc.^mo sexagesimo nono; Regni verò nostri sexto.

Quas quidem Litteras & contenta in eis, si & in quantum ritè & legitimè facta fuerunt, ac eisdem pacificè & debitè usi sunt, eas & ea laudamus, aprobamus, tenoreque presencium, de speciali gracia confirmamus; Senescallo Agenensi, *ceterisque Justiciariis & Officiariis, modernis & futuris, aut eorum Locatenentibus, & cuilibet eorumdem, prout ad eum pertinuerit, damus harum serie in mandatis, quatinùs Consules, Cives & habitatores dicte Ville* Condomii, *Privilegiis, Prerogativis & Libertatibus supradictis uti faciant pacificè & gaudere. Et ut premissa robur perpetue firmitatis obtineant, nostrum Litteris presentibus fecimus apponi Sigillum: nostro in aliis, & alieno in omnibus jure salvo.* Datum *Parisius,* mense Decembris, anno Domini millesimo ccc.^mo nonagesimo septimo; & Regni nostri decimo octavo.

Per Regem, ad relacionem Consilii. N. DE VOISINES.

CHARLES VI. à Paris, en Décembre 1397. Suite des Lettres de Charles VI.

(a) Lettres contenant des Priviléges de Condom.

CHARLES VI. à Paris, en Décembre 1397.

CHARLES V. à Paris, le 4. de Janvier 1369. & le 12. de Juillet 1370. Voy. pp. 174. & 175.

KAROLUS, &c. Notum facimus universis presentibus & futuris, Litteras inclite recordacionis Domini Genitoris nostri, Nobis exhibitas fuisse pro parte dictorum nostrorum Consulum & habitancium Ville Condomii, *quarum tenor dicitur esse talis.*

KAROLUS Dei gracia Francorum Rex. Universis presentes Litteras inspecturis: Salutem. Notum facimus quòd visis per Nos [a] *Litteras carissimi Germani & Locumtenentis nostri in* Partibus Occitanis, Ducis Andegavensis, *formam continentes subsequentem.*

LUDOVICUS quondam Regis Francorum Filius, Domini nostri Germanus, ejusque Locumtenens in Partibus Occitanis, Dux Andegavensis *&* Comes Cenomanensis. *Universis presentes Litteras inspecturis: Salutem. Supplicacionem dilectorum & fidelium nostrorum Consulum Civitatis & Universitatis* Condomii, *recepimus, continentem quòd cum ipsi ex speciali privilegio jam dudum eisdem indulto, habeant quòd aliquis Civis,* [b] *Vicinus seu habitator dicte Civitatis, pro criminibus, delictis, excessibus seu forefactis quibuscumque enormibus, aut eciam contractibus in dicta Civitate & Juridictione ac pertinenciis ejusdem commissis, perpetratis seu initis & factis, extra dictam Civitatem minimè abstrahi, vocari, citari seu adjornari valeat neque possit; ymò quòd in dicta Civitate fiat ei complementum Justicie, & in ea & non alibi, prout suis demeritis vel* [c] *contractis condempnetur & puniatur, vel eciam absolvatur; supplicaveruntque Nobis dicti Consules, vice & nomine dicte Universitatis & singularium ejusdem, ut nullus Vicinus seu habitator ejusdem Civitatis* Condomii, *eciam ad instanciam Procuratoris Regii seu Fiscalis, in Causa civili vel criminali, vel civiliter mota pro quocumque crimine commisso in dicta Villa vel infra Jurisdictionem Baillivie ejusdem Ville, quantumcumque enormi,* [d] *possint trahi ad judicium, alibi vocari seu citari, arrestari vel capi* [e] *detineri, quatenùs de nostra benignitate & gracia, predictum privilegium eisdem confirmare vellemus, & dictum privilegium ampliare & extendere contra Procuratorem Regium seu Fiscalem, quòd non possit aliquem trahere seu citari & adjornari extra dictam Civitatem modo premisso. Nos volentes & cupientes dictos Consules & alios quoscumque dicte Civitatis* Condomii *habitatores, in suis Privilegiis & Libertatibus liberaliter* [f] *confruere, & ampliare Privilegium seu Libertatem antedictam, eisdem de nostra certa sciencia, speciali gracia & auctoritate Regia quâ fungimur, eisdem tenore presencium confirmamus & roboramus, & eciam extendimus & ampliamus, quòd ad instanciam Procuratoris Regii seu Fiscalis, nullo modo trahi seu citari possint extra dictam Civitatem, quovismodo, racione vel causâ, dicti Consules, Vicini vel singulares*

[a] Litteris.

[b] Voy. ci-dessus, pag. 52. Note (e).

[c] *fortassè* contractibus *qui est plus haut.*

[d] possit.

[e] *suppl.* &.

[f] *Il faut peut-être corriger* confovere.

NOTE.

(a) Trésor des Chartres, Registre 153. Pièce II. (2.)

CHARLES VI. à Paris, en Décembre 1397.

habitatores dicte Civitatis; quapropter Senescallo Agenensi, *ceterisque Justiciariis & Officiariis Regiis, aut eorum Locatenentibus, precipimus & mandamus ut dictos Consules, Cives, Vicinos & alios habitatores dicte Civitatis, prefato Privilegio, juxta formam & tenorem harum nostrarum Litterarum, uti & gaudere faciant & permittant, omni turbacione & impedimento cessantibus. In cujus rei testimonium, Sigillum nostrum presentibus Litteris duximus apponendum.* Datum *Tholose* die XIII.ª mensis Maii, anno Domini millesimo CCC.° LXIX.°

Suite des Lettres de Charles V.

Nos verò Litteras suprascriptas & contenta in eis, rata & grata habentes, eas & ea laudamus, approbamus & confirmamus ex certa sciencia, auctoritate & potestate nostris, & de gracia speciali: mandantes Senescallo Agenensi, *ceterisque Justiciariis & Officiariis Regni nostri, vel eorum Locatenentibus, & eorum cuilibet, prout ad eum pertinuerit, quatinùs dictos Consules & habitantes ac Vicinos* Condomii, *nostrâ presenti graciâ & confirmacione uti pacificè faciant & gaudere, ipsos in contrarium nullatenùs molestantes aut molestari permittentes à quoquam. In cujus rei testimonium, Sigillum nostrum presentibus Litteris duximus apponendum.* Datum *Parisius,* quartâ die Januarii, anno Domini millesimo CCC.^{mo} LXIX.° Regni verò nostri sexto.

Charles V.

KAROLUS Dei gracia Francorum Rex. Senescallo Agenensi, *ac Judici ordinario dicte Senescallie, ceterisque Justiciariis & Officiariis nostris ejusdem Senescallie, qui nunc sunt & pro tempore* [a] *fuerunt, aut eorum Locatenentibus: Salutem. Dilecti nostri Consules, Burgenses & habitantes Civitatis* Condomii, *Nobis exponi fecerunt quòd plures persone ecclesiastice, domos, prata, vinea, nemora, predia, & alias res & possessiones in dicta Civitate districtuque, Territorio & Juridicione ipsius* [b] *scituatas, per transportum vel aliter tenuerunt atque tenent, & de eis usi fuerunt & gaudent, necnon* [c] *quedem possessiones & alia similia supradicta in dicta Civitate, districtu, Territorio & Juridicione scituata, in manus-mortuas devenerunt, quòd in nostri & dictorum exponencium cedit prejudicium & gravamen, cùm Feoda à quibus extrahuntur seu separantur, ex hoc diminuantur, nec partem seu porcionem Tailliarum pro necessitatibus, usibus, fortificacioneque & reparacione, ac omnibus sumptibus ejusdem Civitatis, fieri solitarum, super premissis exigere & levare non fuerunt nec sunt ausi, quamvis ad hoc contribuerent pro ipsis, detentores ipsorum, antequam occupate fuissent per dictas gentes ecclesiasticas, sicut dicunt, supplicantes sibi super hoc graciosè* [d] *providi. Quocirca vobis & vestrum cuilibet, prout ad eum pertinuerit, mandamus districtè injungendo, quatenùs quicquid in dicta Civitate districtuque, Territorio & Juridicione, per quasvis personas ecclesiasticas acquisitum, seu in manus-mortuas deventum, & ultra annum & diem à quadraginta annis citra occupatum fuisse inveneritis, dum tamen sufficienter admortizatum non* [e] *existant, vocatis evocandis, ad manum nostram ponatis, & dictas personas ecclesiasticas, & quamlibet ipsarum, compellatis seu compelli faciatis per capcionem & detencionem temporalitatis sue, & aliter prout meliùs fieri poterit, ad ponendum eas & ea extra manum suam, ad finem quòd dicti exponentes in & super hiis, Jura, Taillias seu Collectas & Deveria consueta percipere & habere valeant, prout ante. Et in premissis & circa premissa, celeriùs quàm fieri poterit, rejectis involucionibus processuum, dilacionibus, subterfugiis, allegacionibus, opposicionibus & Appellacionibus frivolis, procedatis & procedere faciatis; Litteris per quoscumque, sub quavis verborum forma impetratis vel impetrandis, ad hoc contrariis, nonobstantibus quibuscumque. Quod sic fieri volumus, & eisdem concedimus de gracia speciali.* Datum *Parisius,* XII.ª die Julii, anno Domini millesimo CCC.° septuagesimo; Regni verò nostri septimo.

a fuerint.
b scituat. Reg.
c quedam.
d provideri.
e existat.

[f] *LUDOVICUS Dei gracia Francorum Rex.* Senescallo Agenensi, *ceterisque Justiciariis nostris ejusdem Senescallie, qui* [g] *tunc sunt, & pro tempore* [h] *fuerunt, aut eorum Locatenentibus: Salutem. Ex insinuacione dilectorum nostrorum Consulum Civitatis* Condomii, *ad nostrum pervenerit auditum, quòd cum ipsi & eorum predecessores,*

f Il faut corriger *Karolus*: Charles V.
g nunc.
h fuerint.

nomine dicte Civitatis, [a] *mures, turres,* [b] *barbacanas, fossata, & alia quamplura edificia fieri fecerint pro fortificacione & reparacione ejusdem Civitatis, & custodie facere oporteat, non sine magnis custibus & expensis, & propter hoc, dicti insinuantes, commoda & emolumenta ex dictis turribus & aliis premissis proveniencia, percipere & levare consueverunt, & usibus propriis dicte Civitatis applicare, prout necessitas* [c] *cause* [d] *hoc requirit; nichilominus* [e] Edwardus de Walia, *vel ejus Gentes seu Officiarii, dum* Senescalliam Agenensem *occupabat, in percepcione & exaccione dictorum commodorum & emolumentorum, ipsos insinuantes impediverunt injustè & sine causa, & ob hoc formidant dicti insinuantes, ne hujusmodi impedimenta eisdem prejudicium inferant, vel usurpaciones per ipsos facte, ad consequenciam opponantur contra eos, sicut dicunt, supplicantes ut cum custododierint & custodiant suis sumptibus dictam Civitatem, sibi super hoc provideamus. Quocirca, Nos, hiis attentis, nolentes dictos insinuantes jure suo fraudari, vobis & vestrûm cuilibet, prout ad eum pertinuerit, mandamus, districtè injungendo, quatenùs dictos insinuantes commodis & emolumentis predictis uti & gaudere, ac ipsas turres, muraque, fossata & alia edifficia dicti Fortalicii, assensare & ad locagium tradere permittatis, prout ante faciebant; impedimento predicto nonobstante, quod dictis insinuantibus obesse nolumus: quia sic fieri volumus, & dictis insinuantibus concessimus & concedimus speciali gracia per presentes, Litteris sub quacumque verborum forma impetratis vel impetrandis, ad hoc contrariis, nonobstantibus quibuscumque.* Datum *Parisius,* XII.[a] die Julii, anno Domini millesimo CCC.° septuagesimo; Regni verò nostri septimo.

CHARLES VI. à Paris, en Décembre 1397.

a muros.

b espèce de fortification. Voy. ci-dessus, p. 89. Note (x).

c caus. *Reg.*

d *h.* avec une marque d'abréviation. *Reg.*

e Édouard Prince de Galles, Duc de Guyenne.

KAROLUS Dei gracia Francorum Rex. Senescallo Agenensi, *ceterisque Justiciariis dicte Senescallie, aut eorum Locatenentibus: Salutem. Pro parte dilectorum nostrorum Consulum, Burgensium & habitancium Ville* Condomii, *nobis exhibite fuerunt Littere carissimi* Ducis Andegavensis, *Germani nostri, & Locumtenentis in* Partibus Occitanis, *quarum tenor talis est.*

LUDOVICUS quondam Francorum Filius, Domini nostri Regis Germanus, ejusque Locumtenens in Partibus Occitanis, Dux Andegavensis & Comes Cenomanensis. Senescallo Agenensi, *ceterisque Justiciariis dicte Senescallie, aut eorum Locatenentibus: Salutem. Supplicacionem Consulum Civitatis* Condomii, *nuper percepimus, continentem quòd Statuta & Ordinaciones cum eorum (b) Juratis pro commodo Universitatis dicte Civitatis facere indigent, que facere non sunt ausi nisi de licencia nostra, sicut dicunt. Hinc est quòd nos eorundem supplicacioni annuentes, eisdem supplicantibus concessimus & concedimus per presentes, de gracia speciali & auctoritate Regia (c), quòd dictas Ordinaciones & Statuta facere possint ad utilitatem & commodum dicte Civitatis, dum tamen non sint dicto Domino nostro dampnose, & quòd contra dictarum Ordinacionum & Statutorum violatores & fractores,* [f] *multas & penas imponere, & eas per se ipsos publicare possint; proviso tamen quòd medietas dictarum penarum & multarum, applicabitur dicto Domino nostro, & alia medietas predictis supplicantibus, que per* [g] *Nuncios suos qui nunc sunt vel qui pro tempore futuro erunt, exigi & levari volumus: Mandantes vobis, & vestrûm cuilibet, prout ad eum pertinuerit, quatenùs dictos supplicantes nostrâ presenti graciâ uti & gaudere pacificè faciatis & permittatis, absque aliquali contradicione.* Datum *Tholose,* die VI.[a] Augusti, anno Domini millesimo CCC.° LX.° nono.

f mulctas, là & plus bas.

g Sergens.

Quas quidem Litteras & contenta in eis, rata & grata habentes, eas & ea volumus, laudamus, approbamus, & tenore presencium, auctoritate nostrâ & de gracia speciali confirmamus: Mandantes vobis, & vestrûm cuilibet, prout ad eum pertinuerit, quatenùs

Suite des Lettres de Charles V.

NOTES.

(b) Juratis.] Ce mot signifie les Officiers municipaux de la Ville, qui ont prêté serment, les Conseillers, &c.

(c) Il faut suppléer la formule *quâ fungimur,* qui se trouve dans les Lettres précédentes du Duc d'Anjou, & dans toutes les Lettres des Lieutenans du Roy.

CHARLES VI. à Paris, en Décembre 1397. Suite des Lettres de Charles VI.

dictos Consules, Burgenses & habitantes, nostrâ presenti confirmacione seu graciâ uti pacificè faciatis & gaudere, ipsos in contrarium nullatenùs molestantes, nec à quoquam molestari permittentes, quovismodo. Datum *Parisius,* die XII.^a^ Julii, anno Domini millesimo CCC.° septuagesimo; & Regni nostri septimo.

Quas quidem Litteras & contenta in eis, si & in quantum ritè & legitimè facta fuerunt, ac eisdem pacificè usi sunt, eas & ea volumus, approbamus, tenoreque presencium, de speciali gracia confirmamus: Senescallo Agenensi, *ceterisque Justiciariis dicte Senescallie, vel eorum Locatenentibus, & cuilibet ipsorum, prout ad eum pertinuerit, mandamus quatenùs supradictos Consules, Cives & habitantes de* Condomio, *privilegio, graciâque & concessione in preinsertis Litteris contentis, uti & gaudere faciant pacificè, nil in contrarium faciendo, aut à quoquam fieri permittendo. Et ut premissa robur perpetuò firmitatis obtineant, nostrum Litteris presentibus fecimus apponi Sigillum: nostro in aliis, & alieno in omnibus jure salvo.* Datum *Parisius,* mense Decembris, anno Domini millesimo CCC.° nonagesimo septimo; & Regni nostri XVIII.°

Per Regem, ad relacionem Consilii. N. DE VOISINES.

CHARLES VI. à Paris, en Décembre 1397.

(a) Lettres qui confirment différens Priviléges accordez aux habitans de Condom.

KAROLUS *Dei gracia Francorum Rex. Notum facimus universis presentibus pariter & futuris, Nos Litteras defuncti Patrui nostri* Ducis Andegavensis, Comitis Cenomanensis, *& Locumtenentis Domini Genitoris nostri in* Partibus Occitanis, *vidisse; formam que sequitur, continentes.*

LUDOVICUS *Regis quondam Francorum Filius, Domini nostri Germanus, ejusque Locumtenens in* Partibus Occitanis, Dux Andegavensis, *&* Comes Cenomanensis. *Universis tam presentibus quàm futuris: Salutem. Gravem querelam Consulum* Condomii, *recepimus continentem quòd cum tempore quo erant de obediencia* [a] Principis Walarum, *in Civitate* Condomii, *utebantur & mercabantur moneta & peccunia facta sub nomine & cugno dicti Principis, & adhuc habent uti, cum non habeant habundanciam monete seu alterius peccunie sub cugno dicti Domini Regis Franc. cum qua possent uti seu mercari in* [b] *eodem, cum adhuc non sunt sex menses elapsi* [c] *quòd ipsi sint de obediencia Domini nostri predicti; & nonnulli Officiales dicti Domini nostri, fecerunt certas Proclamaciones in dicta Civitate, in quibus continebatur quòd nullus esset ausus uti illis monetis, & hoc sub certis penis applicandis dicto Domino nostro Regi, quod est impossibile* [d] *gentibus fieri, quia cum sit ibi copia illius monete facte sub nomine dicti* Principis Wallarum, *& non habeant aliquam aliam peccuniam cum qua possent emere victualia, & sic possent gentes perire fame; igitur supplicarunt Nobis dicti Consules, super premissis eis providere de remedio opportuno; nosque eorum supplicacionibus favorabiliter inclinati, eisdem concedimus licentiam & auctoritatem utendi illis monetis dicti Principis, donec & quousque per dictum Dominum nostrum Regem fuerit aliter ordinatum; & si quis ipsorum Consulum, vel aliquis Civis vel singularis dicte Civitatis, inciderit in penis predictis, juxta predictarum Ordinacionum Proclamacionem, eisdem omnem penam tam civilem quàm criminalem, si quam incurrerunt erga dictum Dominum nostrum Regem, vel incurre potuerunt, remittimus & quittamus de nostra certa sciencia, gracia speciali, & auctoritate Regia quâ fungimur in hac parte; ipsosque restituimus ad eorum patriam, res & bona, ac eorum bonam famam. Quocirca* Senescallo Agenensi, *ceterisque Justiciariis & Officiariis, Commissariis, Reformatoribus Regiis, qui nunc sunt vel pro tempore* [e] *fuerunt, precipimus*

[a] Edouard Prince de Galles, Duc de Guyenne.

[b] *corr.* eadem.

[c] Voy. ci-dessus, pag. 170. Note marg. *f.*

[d] aux habitans.

[e] fuerint.

NOTE.

(a) Trésor des Chartres, Registre 153. Pièce 1.

& mandamus,

CHARLES VI. à Paris, en Décembre 1397.

& mandamus, [a] *districtus injungendo, ne dictos Consules, seu aliquos singulares dicti loci, citent* [b] *vexent in corpore seu in bonis, occasione premissorum; Procuratori Regio & aliis quorum interest,* [c] *scilencium perpetuum imponentes.*

Item. *Supplicarunt nobis quòd cum Senescallus & alii Officiales, Capitaneus & Capitanei, dum veniunt in Civitatem* Condomii, *compellunt ipsos Consules & singulares, ad prestandum hospicia, & ut eis provideatur de superlectilibus, ad expensas proprias dicte Civitatis, quod cedit in maximum prejudicium dictorum Consulum & tocius Civitatis; igitur supplicarunt nobis quòd eis provideremus de remedio opportuno; nosque eorum supplicacioni inclinati, eisdem concedimus de nostra certa sciencia & gracia speciali, auctoritateque Regia antedictis, ne deinceps aliquis Senescallus, nec aliquis Judex major,* [d] *ne aliquis Judex ordinarius, nec Procurator, nec aliquis Capitaneus seu Capitanei, sint ausi recipere hospicia seu superlectilia, nec aliqua victualia, nec ipsos Consules compellere ad predicta;* [e] *nisi satisfactione premissorum. Quapropter mandamus* Senescallo, *& aliis Justiciariis & Officiariis Regiis predictis, ne ipsos Consules & singulares in premissis aut* [f] *aliquis premissorum, impediant aut impediri à quoquam permittant; ymò nostrâ presenti graciâ uti & gaudere liberè faciant & permittant; Litteris à nobis in contrarium impetratis seu impetrandis, nonobstantibus quibuscumque. Quod ut firmum & stabile* [g] *perpetuùm perseveret in futurum, presentes Litteras Sigilli nostri magni munimine fecimus roborari: Salvo in aliis jure regio, & in omnibus quolibet alieno.* Datum & actum *Tholose,* anno Domini millesimo CCC.° sexagesimo nono, mense Novembris.

a districcius.
b *suppl.* vel.
c silencium.
d nec.
e sans payer.
f aliquibus.
g *corr.* perpetuò.

LUDOVICUS *quondam Francorum Filius, Domini nostri Regis Germanus, ejusque Locumtenens in tota* Lingua Occitana, Dux Andegavensis *&* Turonensis, *ac* Comes Cenomanensis: *Senescallo & Thesaurario* Agenens. *aut eorum Locatenentibus: Salutem. Ad supplicacionem Consulum Civitatis de* Condomio, *asserencium conquerendo, quòd licet nos, in* [h] *recognicione subjeccionis & fidelitatis quas noviter Domino meo atque nobis liberaliter fecerunt, nonobstante occupacione quam Rex* Anglie *seu* Princeps Galarum, *ejus filius, sub pretextu seu occasione pacis inter ipsos & Dominum genitorem nostrum inhite, de dicta Civitate fecerat, eisdem Consulibus & Universitati dicte Civitatis, inter cetera convenissemus & observari promisissemus per nostras alias Litteras, postmodum per Dominum meum & per ejus Litteras Sigillo magno cere viridis in filis* [i] *cericis sigillatas, confirmatas, articulum qui sequitur, inter cetera in se continentes.*

Item. [k] *Promisimus, &c.*

Nichilominùs vos dicte Thesaurarie (b) Scribaniam Curie Judicis ordinarii Agenensis *de ultra* Garonam, *& alias (c) Assensas que juxta promissionem nostram predictam, in dicta Civitate & non alibi, fieri & arrendari debebant, anno isto* [l] *seu ab uno citra, in Villa vel Civitate* Agenensi *assensavisti, & eciam ad* [m] *inquantum publicum arrendavisti, preter & contra formam & tenorem promissorum per Nos, & contra formam dicti articuli veniendo, & ipsum articulum temerè infringendo; quod nobis displicet in immensum, si sit ita. Quocirca vobis & vestrûm cuilibet mandamus quatenùs omnia & singula predicta per nos predictis Consulibus & Universitati de* Condomio *promissa, & per Dominum meum confirmata, de puncto ad punctum inviolabiliter teneatis & eciam observetis, nichil in contrarium faciendo, nec à quoquam fieri permittendo; dictam verò Assensam dicte Scribanie, & alias per vos seu vestrum alterum factas, & alia quecumque, si que processa, innovata vel attemptata fuerint preter & contra convencionum & promissorum nostrarum predictarum, articulique preinserti*

h Voy. la Note *(a)* de la page 190. du 5.e Vol. de ce Rec.
i sericis.
k Voy. ci-dessus, p. 171. art. 4.
l *ces mots* seu ab uno citra *peuvent signifier;* ou l'année précédente.
m en encant.

NOTES.

(b) Scribaniam.] Suivant le Glossaire de *Du Cange* à ce mot, il signifie un Greffe.

Il faut apparemment après *Scribaniam,* suppléer *&*, & cela signifiera le Greffe de la Trésorerie & celui de la Jurisdiction du Juge ordinaire: mais peut-être cet endroit est-il corrompu.

(c) Assensas.] Suivant le Glossaire de *Du Cange* à ce mot, il est synonyme d'*Accensa*, & signifie un Cens, une redevance.

CHARLES VI. à Paris, en Décembre 1397.

formam, revocetis, & ad statum pristinum & debitum reducatis indilatè, que nos revocamus de nostri certa sciencia, & ad statum pristinum reducimus per presentes; nichilominùs dictas Assensas per vos seu vestrum alterum factas preter & contra formam articuli supradicti, in dicta Civitate Condomii, *& non alibi, iterato (d) venales exponatis, & plus ac ultimo offerenti tradatis, & adhinc in antea in dicta Civitate, in similibus observetis, prout est in talibus Assensiis Regiis fieri consuetum; formâ dicti articuli in omnibus observatâ, dictâ aliâ tradicione seu[a] liberacione in* Agenno *factâ, tanquam invalidâ, in aliquo nonobstante.* Datum *Tholose,* die XII.a mensis Septembris, anno Domini millesimo CCC.o septuagesimo.

a délivrance.

Ludovicus Regis quondam Francorum Filius, Domini mei Regis Germanus, ejusque Locumtenens in Partibus Occitanis, Dux Andegavensis *&* Turonensis, *ac* Comes Cenomanensis. *Universis presentes Litteras inspecturis: Salutem. Consules Civitatis* Condomii *nobis exposuerunt conquerendo, quòd cum ipsi universique & singulares ejusdem Civitatis, habeant plura Privilegia, Libertates & franchisias per nos eisdem aliàs concessa, & per dictum Dominum meum confirmata, nichilominùs Senescallus, Thesaurarius & alii Officiarii* Senescallie Agenensis, *ipsos de die in diem, conjunctim & divisim, opprimunt & vexant contra Privilegia, Libertates & franchesias antedictas, & incessanter infringere nituntur, ac ipsos Consules & singulares opprimere in eorum dampnum non modicum & prejudicium, si est ita, quia parum esset concedere Privilegia, Libertates & franchesias, nisi essent qui ea tuerentur; ob quod nobis humiliter supplicarunt ut super hiis sibi de remedio opportuno providere, & Conservatorem dictorum Privilegiorum concedere dignaremur. Nos igitur considerantes fidelitatem quam ipsi Consules, singulares & Universitas, retrolapsis temporibus ad dictum Dominum meum & nos habuerunt & adhuc habent, ac eciam dampna per ipsos passa & sustenta pro honore dicti Domini mei conservando, volentes eosdem Consules, singulares &[b] Universitates dicte Civitatis, affectu benivolo prosequi, & in eorum Privilegiis, Libertatibus & franchisiis manuteneri & conservari, dilectos nostros* Senescallum *& Vicarium* Tholose, *ac ipsorum quemlibet in solidum, Conservatores premissorum facimus, ac per presentes ordinamus, quandiu dicti Domini mei sive nostre placuerit voluntati. Quocirca eisdem Senescallo & Vicario, ac cuilibet ipsorum, damus harum serie in mandatis, committendo, quatenùs ipsos Consules, singulares & Universitatem, dictis eorum Privilegiis de quibus liquebit, franchesiisque & Libertatibus uti & gaudere pacificè faciant; inhibeantque dictis Senescallo & Thesaurario* Agen. *& aliis quibus pertinuerit, ac ipsorum Locatenentibus, quibus Nos tenore presencium inhibemus ne contra tenorem dictorum Privilegiorum, Libertatum & franchisiarum, aliquid attemptare presumant, ymò ea servent de puncto ad punctum juxta eorum formam & tenorem; & si quid in contrarium factum vel attemptatum fuerit, illud, vocatis evocandis, summariè & de plano absque longo strepitu & figura judicii, ad statum pristinum & debitum reducant seu reduci faciant indilatè; inobedientes seu contravenientes taliter puniendo, quòd ceteris[c] transseat in exemplum: mandantes insuper universis dicti Domini mei subditis, ut dictis Senescallo & Vicario, & ipsorum cuilibet, in premissis & ea tangentibus, pareant efficaciter & intendant, prestentque, si necesse sit, auxilium, consilium & juvamen; quia premissa sic fieri volumus, & dictis Consulibus, singularibus & Universitati concessimus & concedimus per presentes, de nostris certa sciencia, speciali gracia & auctoritate Regia quâ fungimur in hac parte; Litteris subrepticiis in contrarium impetratis vel impetrandis, nonobstantibus quibuscumque. In cujus rei testimonium, Sigillum nostrum novum, magno[d] absenciâ, Litteris presentibus duximus apponendum.* Datum *Tholose,* die sexta mensis Februarii, anno Domini millesimo CCC.o septuagesimo quinto.

b *corr.* Universitatem.

c transeat.

d absente.

Ludovicus Regis quondam Francorum Filius, Domini mei Regis Germanus,

NOTE.

(d) Venales.] On trouve souvent dans ce Recueil, le mot de *vendre,* employé dans la signification de *donner à ferme.*

CHARLES VI. à Paris, en Décembre 1397.

ejusque Locumtenens in Partibus Occitanis, Dux Andegavensis *&* Turonensis, Co- *mesque* Cenomanensis. Senescallo *& Thesaurario* Agenen. *aut eorum Locatenentibus: Salutem. Consules Civitatis* Condomii *nobis significare curarunt, graviter conquerendo, quòd cum inter alia Privilegia aliàs per nos concessa, & per Dominum meum confirmata, mencio in eisdem habeatur quòd Senescallus, Thesaurarius, nec alii cujuscumque condicionis existant, aliquas execuciones vel mandamenta quecumque facere nec fieri facere non debent, nisi per Officiales* Condomii *tantummodò, nichilominùs vos, & quilibet vestrûm, ac alii nonnulli Officiales dicte Senescallie, contra formam & tenorem dictorum Privilegiorum, mittunt de die in diem Servientes, Commissarios & alios Officiales de* Agenno *& de aliis locis, qui ibi venire non possunt sine magnis sumptibus & expensis habitancium dicte Civitatis, quod cedit in eorum maximum prejudicium, dampnum non modicum & gravamen, ac* [a] *contentum nostrarum Litterarum, sicut dicunt, à nobis remedium opportunum humiliter postulantes; ea propter vobis & vestrûm cuilibet tenore presencium inhibemus ne de cetero contra formam & tenorem Privilegiorum predictorum, aliquid attemptetis vel innovetis, attemptari vel innovari per quoscumque quomodolibet permittatis; sed si quid in contrarium factum vel attemptatum fuerit, illud ad statum pristinum & debitum reducatis aut reduci faciatis indilatè; quoniam sic fieri volumus, & dictis supplicantibus concessimus & concedimus per presentes de gracia speciali, si sit opus; Litteris subrepticiis in contrarium impetratis vel impetrandis, nonobstantibus quibuscumque.* Datum *Tholose,* sub nostro novo Sigillo, magno absente, die sexta mensis Februarii, anno Domini millesimo CCC.° LXX.° quinto.

a contemptum.

Ludovicus quondam Francorum Filius, Domini mei Regis Germanus, ejusque Locumtenens in Partibus Occitanis, Dux Andegavensis *&* Turonensis, Comes*que* Cenomanensis. Senescallo Agenensi, *aut ejus Locumtenenti: Salutem. Gravem querelam Consulum Civitatis* Condomii *recepimus, continentem quòd licet ipsi habeant ex privilegiis eisdem aliàs concessis, confirmatis per dictum Dominum meum, quòd nullus habitator* Condomii *trahatur seu trahi debeat pro aliquo crimine seu forefacto, vel contractu in dicta Civitate & ejus pertinenciis facto, extra Civitatem antedictam, sed in dicta Civitate Judicium suscipere debent; nichilominùs vos & alii Officiales dicte Senescallie, contra dicta Privilegia veniendo, trahitis & trahere nitimini sub colore testimonii ferendi, citando in Civitate* Agenni, *ut postea capiantur & detineantur, quamvis vos* [b] *Senescalle predicte Locumtenentem vestrum in hujusmodi Civitate* Condomii *habeatis, per quem, si casus exigat, potestis eos facere examinari super ferendum testimonium antedictum, quod cedit in dictorum querelancium grande prejudicium & gravamen, sicut dicunt, nobis humiliter supplicantes ut sibi super premissis de opportuno remedio providere dignaremur. Ea propter,* [c] *hoc vobis tenore presencium districtè inhibemus ne à cetero eosdem habitantes Civitatis* Condomii, *nec aliquem ipsorum, extra eandem Civitatem trahere presumatis, aut trahi vel vexari à quoquam permittatis sub colore dicti testimonii ferendi, contra formam Privilegiorum suorum predictorum, de quibus liquebit; ymò, si quid in contrarium factum fuerit sive attemptatum, illud ad statum pristinum & debitum reducatis seu facere reduci indilatè; quoniam sic fieri volumus, & dictis Consulibus concessimus & concedimus per presentes de gracia speciali, si sit opus; Litteris subrepticiis in contrarium impetratis vel impetrandis, nonobstantibus quibuscumque.* Datum *Tholose,* sub nostro novo Sigillo, magno absente, die sexta mensis Februarii, anno Domini millesimo CCC.° LXX.° quinto.

b Senescallie.

c ce mot paroît inutile.

Suite des Lettres de Charles VI.

Quas quidem Litteras & contenta in eis, si & in quantum ritè & legitimè facta fuerunt, ac eisdem pacificè usi sunt, eas & ea volumus, approbamus, tenoreque presencium confirmamus: Senescallo Agenensi, *ceterisque Justiciariis dicte Senescallie, vel eorum Locatenentibus, & cuilibet ipsorum, prout ad eum pertinuerit, mandamus quatenùs Privilegiis, graciâque & concessione in preinsertis Litteris contentis, uti & gaudere faciant pacificè, nil in contrarium faciendo aut à quoquam fieri permittendo.*

CHARLES VI. à Paris, en Décembre 1397.

Quod ut firmum & stabile perpetuò perseveret in futurum, nostrum presentibus Litteris fecimus apponi Sigillum: Salvo in aliis jure nostro, & in omnibus quolibet alieno. Datum *Parisius*, mense Decembris, anno Domini millesimo CCC.° nonagesimo septimo; & Regni nostri XVIII.°

Per Regem, ad relacionem Consilii.

Collacio fit cum Litteris originalibus infrascriptis. N. DE VOISINES.

CHARLES VI. à Paris, le 9. de Janvier 1397.

(a) Lettres qui portent que le Prévôt de Paris donnera toutes les semaines deux Audiences pour entendre & juger les Causes de l'Hôtel-Dieu de cette Ville.

KAROLUS Dei gracia Francorum Rex. Preposito Paris. *aut ejus Locumtenenti: Salutem. Illorum quippe qui die* [a] *notuque crebris Oracionibus & Vigiliis insistunt, quique membra Dei pauperes, videlicet quos senectus flebilis arguit, infirmitasque corripit, ac inimica nature fragilis paupertas constituit mendicantes, benignè suscipiunt, & in suis angustiis seu doloribus fetidis misericorditer amplectuntur, jura debent & Cause tractari favorabiliùs & tueri. Quamobrem Nos attendentes pia que cotidiè tribuunt obsequia Dei pauperibus incessanter dilecti nostri Magister, Fratres & Sorores Domûs Dei seu Hospitalis* Par. *eisdem de speciali gracia & auctoritate nostra Regia concessimus & eciam concedimus per presentes, ut ipsi pro Causis & Querelis suis quibuscunque deducendis in Judicio, quas habent vel habere* [b] *contingent in Castelleto nostro coram vobis (b) absque deffectu, habeant bis Audienciam qualibet septimana. Quocirca vobis mandamus firmiter injungendo,* [c] *quam prefatos Magistrum, Fratres & Sorores, presenti nostrâ graciâ uti & gaudere pacificè faciatis ac eciam permittatis, ipsos in contrarium nullatenùs molestando seu impediendo; Usu, Stillo seu Consuetudine dicti Castelleti nostri, Litterisque, Mandatis vel Ordinacionibus contrariis,* [d] *nonobstante quibuscunque.* Datum *Parisius, die* IX. Januarii, anno Domini millesimo trecentesimo nonagesimo septimo; & Regni nostri XVIII.° Ainsi signées. *Per Regem, ad relacionem Consilii.* THIERRI. Et au doz desdictes Lettres estoit escript ce qui s'ensuit: *Publiées en Jugement ou Chastellet de* Paris, *Monf. le Prévôt tenant le Siège, le Mercredi XVI.e jour de Janvier, l'an mil trois cens IIII.xx & XVII.* FRESNES.

a noctu.
b contingent.
c *corr.* quatenùs.
d nonobstantibus.

A Monseigneur le Prévost *de* Paris.

SUPPLIENT humblement les Religieux, Maistre, Freres & Seurs de l'Ostel-Dieu de *Paris*, que comme le Roy nostre Sire par ses Lettres leur ait octroyé que ilz aïent leurs Causes que ilz ont ou Chastellet de *Paris*, contre plusieurs personnes, & pour abregier icelles, & aussi pour la grant neccessité que ilz ont en leurdit Hostel, ilz aïent deux foiz la sepmaine Audience, que il vous plaise dire & commander à vostre Lieutenant, que il face auxdiz Religieux donner deux foiz la sepmaine Audience en leurs dictes Causes, & vous ferez bien & Aumosne, & ils prieront Dieu pour vous. FIAT. *Actum die Mercurii, XVI. Januarii, anno Domini millesimo CCC.° nonagesimo septimo.* FRESNES.

NOTES.

(a) Livre Rouge vieil du Châtelet de *Paris, folio* 7 vingt 1 *recto.* [141.]

Avant ces Lettres il y a: *L'Ostel-Dieu de* Paris, *pour avoir Audience deux fois la sepmaine.*

(b) Absque deffectu.] Je crois que cela signifie que dans les deux jours d'Audience par semaine, accordez à l'Hôtel-Dieu de *Paris*, on ne comprendra point ceux auxquels leurs Parties adverses ne comparoîtront point, & laisseront prendre des Défauts.

(*a*) Lettres qui portent que le Tréforier, les Chanoines & Chapelains de la Sainte Chapelle de Paris, auront deux fois la femaine Audience au Châtelet, pour l'expédition de leurs affaires & de celles de leur Chapitre.

CHARLES VI. à Paris, le 10. de Janvier 1397.

KAROLUS Dei gratia Francorum Rex. Prepofito Parifienfi, *aut ejus Locumtenenti: Salutem. Agere indignè non credimus, ymò fperamus gloriam promereri, fi gloriofiffimi Confefforis Beatiffimi Ludovici* [a] *quodem Francorum Regis, Predeceffors noftri, Sacre Capelle noftri regalis Pallacii* Parifius, *precipui fundatoris, veftigiis inherendo, eamdem Sacram Capellam, & Miniftros Deo inibi famulantes, tam ob reverenciam & honorem Sacrofanctarum Reliquiarum Dominice paffionis Domini noftri Jefu Chrifti, que ibidem honorificè confervantur, quàm divini Servicii quod in ipfa pre cunctis Regni noftri Ecclefiis, per dilectos Capellanos & Oratores noftros affiduos Thefaurarium, Canonicos & Collegium ejufdem, die noctuque pro Nobis, noftrâ prole Regiâ, ac Regni noftri profperitate, folempniter celebratur, fincerâ affectione & quâdam fpeciali prerogativâ favoris profequamur. Hinc eft quòd Nos hac devocione inducti, eofdem noftros Capellanos, ab rerum fecularium occupacionibus, earum profecucionibus & proceffuum prolixorum involucionibus relevare, & eorum Caufas fummariè & de plano cum debita expedicione & celeri deduccione tractari cordialiter affectantes, & prefertim ut talibus rejectis* [b] *prepedicionibus, ipfi liberiùs & devociùs ibidem, prout aftringuntur, Domino & Salvatori noftro valeant famulari, eifdem de gracia fpeciali & auctoritate noftra Regia conceffimus & concedimus per prefentes, ut pro Caufis & Querelis fuis quibufcumque, quas deinceps in noftro Caftelleto* Parifienfi *coram vobis, pro fuorum & noftre Sacre Capelle profecucione Caufarum, & jurium deffenfione, habere contingerit, quovis impedimento ceffante, bis in ebdomada qualibet ad miniùs, Audienciam habeant: Mandantes vobis, firmiter injungendo, quatenùs ipfos Thefaurarium, Canonicos & Collegium, noftrâ prefenti graciâ uti & gaudere pacificè faciatis, non permittentes eos aliquatenùs in contrarium impediri; Ufu, Stillo feu Confuetudine dicti noftri Caftelleti, Litterifque & Ordinacionibus contrariis, nonobftantibus quibufcumque.* Datum *Parifius,* X.ª die Januarii, anno Domini M.° CCC.° nonagefimo feptimo; Regnique noftri XVIII.°

[a] quondam.

[b] empêchemens. *On trouve dans ce fens* Præpedimentum *dans* Plaut.

NOTE.

(*a*) Livre vert vieil fecond du Châtelet de *Paris, folio* 87. *verfo.*

(b) Lettres qui portent que toutes les Obligations pour caufe de Prêts, paffées par des Chrétiens au profit des Juifs, feront retirées, déchirées & brûlées.

CHARLES VI. à Paris, le pénultième de Janvier 1397.

CHARLES par la grace de Dieu Roy de France. Au *Prévoft* de Paris, à noz amez & féaulx Confeilliers en noftre Court de Parlement, Maiftres *Pierre* de l'*Efclar, Robert Maugier & Simon* de *Nanterre,* Commiffaires piéça donnez de par Nous fur le fait des debtes deues aux Juifs, & à tous noz autres Jufticiers & Officiers, ou à leurs Lieuxtenans: Salut & dileccion. Comme par noz Ordenances faictes par la délibéracion de noz très-chiers & très-amez Oncles & Frere les *Ducs* de *Berry,* de *Bourgogne,* d'*Orléans* & de *Bourbon,* & de noz amez & féaulx les Gens de noftre Grant Confeil, contenues en noz [c] Lettres données le XXVIII.° jour de Mars, l'an de grace mil CCC IIII.^{xx} & quinze, Nous euffions voulu & ordené entre autres

[c] *Voy. ci-deffus,* p. 64. *l'art.* 11. *de ces Lettres.*

NOTE.

(*b*) Livre Rouge vieil du Châtelet de *Paris, folio* 7 vingt 15 *recto.* [155.]

Avant ces Lettres, il y a: *Lettre contre les Juifs, afin que toutes leurs Lettres feuffent arfes, & tous Pappiers.*

CHARLES VI. à Paris, le pénultième de Janvier 1397.

choses, que toutes debtes dues aux Juifs, [a] tant de fort comme de usures, feussent quictiées aux debteurs, & dessors les leur quictasmes, & ordenasmes que toutes Exécucions faictes ou commenciées à faire pour quelconques debtes deues ausdiz Juifs par noz subgiez de nostre Royaume, soubz quelconques Obligacions que ce feust, & tous Procès faiz contre iceulx debteurs pour occasion desdictes debtes & des Obligacions sur ce faictes, cessassent du tout; & oultre, que tous emprisonnez pour occasion desdictes debtes, feussent délivrés incontinent, si comme ces choses sont plus à plain spécifiées en la clause de ce faisant mencion, contenue en noz Ordenences dessus dictes; & Nous ayons entendu que encores [b] sont en estre plusieurs Lettres obligatoires par lesquelles plusieurs noz subgiez de nostredit Royaume sont obligiez envers lesdiz Juifs, soubz umbre desqueles nosdiz subgiez, combien que par aventure plusieurs d'eulz aïent païé les sommes contenues en icelles Obligacions ou partie d'icelles, pourroient estre molestez, travaillez ou empeschiez ou temps avenir: Nous voulans à ce estre pourveu à la seurté de noz subgiez dessusdiz, & nosdictes Ordenances dont dessus est faicte mencion, estre tenues & gardées quant à ce, voulons & avons ordené & ordenons par la délibéracion de nostre Conseil, & vous mandons & enjoingnons estroictement & à chacun de vous, si comme à lui appartendra, que toutes les Lettres obligatoires que vous pourrez trouver estre encores en estre, par lesquelles aucuns de noz subgiez de nostredit Royaume sont obligiez ausdiz Juifs ou à aucuns d'eulz, vous despeciez, [c] dessirez & ardez incontinent, par manière que jamais ne soïent ou puissent estre trouvées ne veues, & que lesdiz Juifs ne autre personne quele que elle soit, ne s'en puissent aidier en quelque manière que ce soit; & vous Prévost & autres noz Justiciers & Officiers, faictes crier & publier solemnelment par toutes voz Juridicions, sur certaines grans peines à appliquer à Nous, que toutes personnes soient noz Sergens ou autres, qui ont ou auront devers eulx aucunes des Lettres obligatoires dessus dictes, les apportent tantost & sans délai à chacun de vous en sadicte Juridicion; lesquelles incontinent descirez, despeciez & ardez comme dessus est dit; & se après ladicte Criée & Publicacion, vous trouvez aucun qui ait recelé sachamment ou malicieusement aucunes des Lettres dessus dictes, punissiez les pour ce telement comme au cas appartendta. Car ainsi le voulons Nous estre fait. *Donné à* Paris, *le pénultième jour de Janvier, l'an de grace mil CCC IIII.xx & dix-sept, & le XVIII.e de nostre Regne.* Ainsi signé. Par le Roy, en son Conseil. J. DE SANCTIS. Et au dos estoit escript ce qui s'ensuit. *Publiées en Jugement ou Chastellet de* Paris, *le Lieutenant tenant le Siège, le Mardi V.e jour de Février, l'an mil CCC IIII.xx & dix-sept.* FRESNES.

[a] *tant en principal qu'intérêts.*

[b] *ce mot & les deux suivans signifient,* existent.

[c] *déchirez & brûlez.*

CHARLES VI. à Paris, en Janvier 1397.

(a) Lettres de Naturalité pour Jean Picamilli, Génois.

KAROLUS, &c. Notum facimus universis presentibus & futuris, quòd Nos Regnum nostrum bonis & probis incolis ac mercatoribus qui in illo manere, mercari & negociari valeant sine fraude, cupientes pro bono rei publice populari, auditoque laudabili testimonio quod de dilecto nostro Johanne Picamilli *à Civitate* Januense, *pro nunc in nostris obediencia & subjectione & Dominio existente, oriundo, publico mercatore, de & super commendandis fidelitate, legalitate, probitate, honestisque conversacione ac vita, à pluribus fide dignis perhibetur, atque continua residencia per ipsum facta in Villa nostra* Paris. *per quindecim annos & ultra, mercaturas licitas faciendo, gratuitisque serviciis per ipsum Nobis acthenus impensis, preattentis, dignum &*

NOTE.

(a) Trésor des Chartres, Registre 153. Pièce CI. (101.)

Quoique ces Lettres ne regardent qu'un particulier, on a cru cependant devoir les faire imprimer, parce qu'il y est fait mention d'un Traité entre Charles VI. & la Communauté de Génes, par lequel ce Roy accorda à tous les Génois, le droit de Naturalité dans son Royaume.

à Paris, en Janvier 1397.

congruum arbitramur ut (b) cum eisdem ipse Johannes congruis favoribus, Privilegiis & Libertatibus conformetur; maximè cum dicta Civitas Januensis & habitantes ejusdem, sint, ut supra dictum est, nostri veri & immediati justiciabiles & subditi, ac per Tractatum inter Nos & Ducem ac Communitatem Janue predicte, factum, nostri & Regni nostri Burgenses & stacionarii; hujusmodi siquidem consideramine, nec non pro parte sua Nobis porrecte supplicacionis instancia [a] exitati, volentes ob id sibi graciam facere specialem & ampliorem, ipsum ac posteritatem & prolem suas natas & in futurum descendentes legitimè ab eodem, in Regnicolas, Cives & mansionarios dicti Regni nostri & Ville nostre Paris. ubi per dictos quindecim annos vel quasi, occasione pretactâ personaliter [b] residit, Burgenses auctoritate nostrâ Regiâ & de gracia speciali ex super habundanti fecimus & recepimus, facimus, & tenore presencium retinemus: volentes, eidemque ac predictis ejus posteritati & proli natis & nascituris, harum serie concedentes ut in dicta Villa Parisiensi, & alibi intra Regnum nostrum predictum, ubicumque voluerint, suam possint eligere & facere mancionem, & quòd ex nunc sint & censeantur imperpetuùm Burgenses nostri, ac Regni nostri predicti incole, secundùmque foros, Consuetudines & Privilegia ipsorum Regni & loci, absque contradicione regantur, esto quòd de dicto Regno nostro non fuerint, ut premittitur, oriundi, quòdque tanquam Januenses Ytalicive, seu quicumque alii à Regno nostro extranei, in personis vel bonis suis à cetero nullatenùs pertractentur, quin pociùs ipse Johannes & ejus antedicti posteri, cujuscumque condicionis existant, in quovis loco ipsius Regni nostri, suam fecerint vel elegerint residenciam, sint & censeantur de cetero, cunjunctim & divisim, Burgenses nostri, & ipsius Regni stacionarii, perinde ac si ab inde fuissent originaliter procreati; & quòd universi & singuli Actus & negocia eorumdem, veluti Burgensium nostrorum, & non ut foraneorum, favorabiliter deducantur, ab omnibusque Imposicionibus, Coustumis, Contribucionibus, Exaccionibus & Servitutibus per Januenses, Ytalicos aut alios foranenses, solvi acthenùs consuetis, sint, prout alii Burgenses & regnicole nostri, prorsùs liberi & immunes, ac pro quibuspiam defensionibus, represaliis seu [c] marchis contra Januenses aut alios quoscumque extraneos, sive pro delictis, offensis ac debitis eorumdem, conjunctim vel divisim, concessis vel concedendis, persone vel bona ipsorum Johannis & ejus posterorum prefatorum, molestari, inquietari & arrestari nullatenùs debeant sive possint, nisi defensiones, represalie sive marche hujusmodi concesse forent pro factis propriis eorumdem. Ut autem ipsi [d] incedereque suas mercaturas & negocia per Regnum nostrum securiùs valeant exercere, ipsos & eorum quemlibet, una cum bonis, mercaturis, gentibus, factoribus, famulis & servitoribus eorumdem, in nostris conductu & speciali Salva-gardia, prout sunt alii mercatores dicti Regni nostri, in dictis nostris conductu & Salva-gardia, existentes, ex habundanti suscipimus per presentes. Quocirca dilectis & fidelibus Gentibus Compotorum nostrorum, ac Thesaurariis nostris Parisius, omnibusque & singulis Justiciariis & Officiariis nostris, Portuumque, Poncium & passagiorum dicti Regni nostri Custodibus, & eorum cuilibet, vel Locatenentibus eorumdem, presentibus & futuris, precipiendo mandamus quatenùs omnia & singula in nostris presentibus Litteris contenta, de puncto in punctum teneant & observent, tenerique inviolabiliter faciant & servari, dictum Johannem, prolemque ac posteritatem suas memoratas, nostris hujusmodi concessione & graciâ paciendo & faciendo uti pacificèque gaudere, nil in contrarium attemptari seu fieri permittendo; secùs acta, si que fuerint, ad statum pristinum & debitum reducentes seu facientes indilatè redduci; eidem nec non gentibus, factoribus, famulis & servitoribus suis, si requisiti fuerint, unum vel plures Servientes nostros in Gardiatores, suis sumptibus deputando, qui eos ab omnibus injuriis & violenciis tueantur & deffendant, ac in suis

[a] excitati.

[b] resedit.

[c] Voy. les Tabl. des Mat. des Vol. de ce Rec. au mot *Marque*.

[d] ce mot paroît corrompu, ou la phrase est tronquée.

NOTE.

(b) *Cum eisdem.*] Je ne sçais à quoi peuvent se rapporter ces deux mots. On pourroit conclurre de ce qui est dit un peu plus bas, que le Copiste a passé une phrase qui contenoit l'éloge des habitans de *Génes*, & c'est peut-être à eux que se rapportent ces mots *cum eisdem*. Le mot *conformetur* peut signifier que *Picamelli* deviendra semblable aux autres habitans, par les Priviléges qu'on lui accorde.

CHARLES VI. à Paris, en Janvier 1397.

justis possessionibus manuteneant & conservent; de hiis tamen que cause cognicionem exigunt, penitùs desistentes; Ordinacionibus & deffensionibus in contrarium factis & imposterùm faciendis, subrepticiisque impetracionibus, nonobstantibus quibuscumque. Et ut premissa rata & stabilia perpetuò perseverent, Sigillum nostrum presentibus Litteris appendi fecimus & apponi: Salvo in aliis jure nostro, & in omnibus quolibet alieno. Datum *Parisius,* mense Januarii, anno Domini millesimo trecentesimo nonagesimo septimo; & Regni nostri decimo octavo.

a Le Chancelier de France. Voy. *le 5.e Vol. de ce Rec. pag. 653. Note (c).*

Per Regem, ad magni Consilii relacionem, in quo Dominus Bituricensis Dux, [a] *Vos, Dominus de* Giaco, *& alii plures, eratis.* G. BARREAU.

CHARLES VI. à Paris, le 14. de Mars 1397.

(a) Lettres qui portent que les fruits provenans des terres appartenantes aux Gens du Parlement, & par eux vendus, ne seront point sujets aux droits d'Aides.

CHARLES par la grace de Dieu Roy de France. A noz amez & féaulx les Généraulx-Conseillers sur le fait des Aides ordonnez pour la guerre: Salut & dileccion. Oye avons la supplicacion de noz amez & féaulx Conseillers les Gens de notre Parlement à *Paris,* de la Chambre des Enquestes & des Requestes de nostre Palays, & des Greffiers d'icelles, & aussi de noz Advocaz & Procureur en nostredit Parlement, contenant que comme lesdiz Supplians à cause de leurs Offices, soient tenuz & astrains de entendre & vacquer continuelment ou fait de la Justice de nostre Royaume, ouquel fait & en toutes autres choses où commis les avons, ilz aïent mis & mettent incessamment de jour & de nuit peine & diligence de tout leur povoir, aux petiz gaiges qui d'ancienneté furent sur ce ordenez, ouquel temps la Charge de ladicte Justice, n'étoit pas si grant comme elle est à présent; & il soit ainsi que lesdiz Supplians qui sont de plusieurs Parties de nostre Royaume, aïent chacun en droit soy, un [b] po de héritages, lesquelx ilz font faire & labourer pour leurs vies & sustentacions avoir, & coustent aucunesfoiz plus à labourer, que les fruiz qui y croissent ne valent; & ce nonobstant, à la requête & pourchaz d'aucuns Fermiers tenans Fermes desdiz Aides, ont esté & sont [c] approuchiez & travailliez pardevant les Esleuz & autres Officiers à ce ordonnez & commis, pour les Imposicions, Quatriesmes & autres devoirs, de ce qu'ilz convient que ilz vendent du creu de leursdiz héritages; pour lesquelx traveaulx & empeschemens, ilz ont esté & sont grandement dommaigez, & le bien de nostre Justice & de la chose publique & notre service destourbé & retardé moult souvent, si comme ils dient; requerans que sur ce leur vueillons pourveoir de remede convenable; Nous eu regart & considéracion aux bons, agréables & continuelz services que lesdiz Supplians Nous ont faiz & font de jour en jour en l'exercicion de leurs Offices, & aux petiz gages qu'ilz prennent de Nous à cause d'iceulx, avons auxdiz Supplians & à chacun d'eulx, octroyé, & par ces présentes de grace espécial octroyons que de l'Imposition & du Quatriesme du creu de leursdiz heritages vendu à détail & en gros, sanz [d] marchandise & sanz fraude, ilz soient frans, quittes & exemps d'oresénavant, sans ce que on leur en puisse aucune chose demander. Si vous mandons que de nostre présente grace & octroy, vous faciez, souffrez & laissiez lesdiz Supplians & chacun d'eulx, joïr & user paisiblement, sanz les molester ou empescher, ou souffrir estre molestez ou empeschiez en aucune maniere: Car ainsi Nous plaist-il estre fait par ces présentes; nonobstant quelxconques

b *peu.*

c *adjournez.*

d *pourvû qu'ils ne fassent point de commerce.*

NOTE.

(a) Registre *A.* du Parlement de *Paris, folio* 7 vingt 5. *recto.* [145.]

Avant ces Lettres il y a: *Littera quòd Domini de Parlamento & Grefferii, exempti sunt ab Imposicionibus seu Juvaminibus de vinis ac rebus ceteris in suis crescentibus hereditagiis.*

Ces Lettres avoient déja été imprimées à la page 255. du 5.e Vol. de l'hist. de *Paris,* par le *Père Felibien.*

Ordonnances,

Ordonnances, Mandemens ou défenses, & Lettres subreptices au contraire. *Donné à Paris, le XIIII.e jour de Mars, l'an de grace mil CCC IIII.xx & dix-sept; & le XVIII.e de nostre Regne.* Ainsi signé. Par le Roy, Monf. le *Duc* de *Berry,* [a] Vous, le *Patriarche* d'*Alexandrie,* l'*Evesque* de *Noyon,* & autres présens. DERIAN.

a Le Chancelier de France. *Voy. le 5.e Vol. de ce Rec.* pag. 653. Note *(c).*

CHARLES VI. à Paris, le 14. de Mars 1397.

(a) Lettres qui confirment les Marchands Castillans trafiquans dans le Royaume de France, dans le privilége de ne payer aucuns Impôts.

CHARLES, &c. Savoir faisons à tous présens & avenir, Nous avoir veu noz Lettres contenans la fourme qui s'ensuit.

(b) CHARLES, &c.

Et comme de la partie desdiz Marchans du Royaume de *Castelle,* Nous ait esté exposé que jasoit ce que par vertu desdiz Priviléges, ilz doient estre frans, quictes & exemps de toutes Maletoutes, Coustumes anciennes, & nouvelles Imposicions, XIII.e de vin, V.e de sel, & autres Aides & Subsides quelxconques, & de IIII. Deniers pour Livre, qui se levoient en la Ville de *Haresleu,* & ailleurs, comme ce & autres choses sont plus à plain contenues esdictes Lettres & Priviléges; néantmoins ce non-obstant, aucuns de noz Gens & Officiers contraignent & veullent contraindre, & de fait ont contraint lesdiz exposans à paier l'Imposicion de la première vente des denrées & marchandises qu'ilz ont fait & font venir en nostre Royaume, & aussi du premier achat des marchandises & denrées qu'ilz achatent en nostredit Royaume, pour mener en autres parties d'icelui, dehors ou ailleurs où bon leur semble, & aussi de paier & de leur faire paier ladicte Imposicion foraine de IIII. Deniers pour Livre, des denrées & marchandises [b] qui font partir de nostre Royaume pour mener hors de ycellui, & avec ce, les ont contrains l'année passée à paier l'Imposicion de XII. Deniers pour Livre, des denrées & marchandises par eulx vendues en la Foire du Lendit derniérement passé, & par ainsi leur ont fait & donné, & leur font & donnent noz Gens & Officiers dessus diz, chacun jour, moult d'empeschemens, vexacions & travaulx en plusieurs maniéres, en venant contre leursdiz Priviléges, & iceulx enfraignant, en leur très grant grief, préjudice & dommaige, si comme ilz dient; & pour ce, Nous aient fait humblement supplier que sur ce leur vueillons de gracieux remede pourveoir; mesmement considérées & attendues les grans amours, fraternitez & alliances qui sont entre nostre très-chier & très-amé Frère le Roy de *Castelle* & de *Léon,* & Nous, noz Royaumes & subgiez, & que les Marchans du Royaume de *Portugal,* par vertu d'aucuns Priviléges à eulx par Nous semblablement octroyés, ont esté par long temps, & sont encores de présent frans & quictes par tout nostre Royaume, des Coustumes anciennes, Aides, Subsides & Imposicions quelconques dessus dictes. Pourquoy Nous qui voulons & desirons aux diz Marchans du Royaume de *Castelle,* supplians, estre favourables & gracieux en toutes choses, comme à nos propres subgiez & naturelz de notre Royaume, Nous ausdiz Marchans supplians, eu premièrement sur ce avecques les Gens de nostre Conseil, advis & délibéracion, avons de nostre grace espécial & Royal puissance, considérées & attendues les choses dessus dictes, octroyé, & par ces présentes octroyons de nouvel, se [c] mestier est, que jusques à dix ans prouchainement venant, ilz soient tenuz du tout quictes, paisibles, frans & exemps des Coustumes anciennes, Aides, Subsides, Impositions, espécialment de l'Imposicion foraine de IIII. Deniers pour Livre, des denrées & marchandises par eulx achetées & vendues, & qu'ilz acheteront & vendront doresénavant

b *qu'ilz.* R. du P.

c *besoin.*

NOTES.

(a) Trésor des Chartres, Registre 153. P. CCXLIX. (249.)

Elles sont aussi au *folio* 164. *recto* du Regist. du Parlement de *Paris,* intitulé: *Second Volume des Ordonnances de Louis XI.* coté *F.*

(b) Charles, &c.] Ces Lettres qui sont du mois de Juin 1391. se trouvent à la page 438. du 7.e Vol. de ce Rec.

CHARLES VI. à Paris, le 14. de Mars 1397.

en nostre Royaume & Seignourie, quelque part que ce soit, pour mener hors d'icellui; & aussi de ladicte Imposicion de XII. Deniers pour Livre; mesmement que lesdiz *Portugaloiz* en ont joy & usé paisiblement en nostredit Royaume, comme dit est, & par la fourme & maniere dessus déclairées. Toutesvoyes, n'est pas nostre entencion de muer ou innover aucunement pour ceste présente grace, aucune chose contre lesdiz priviléges octroiez ausdiz supplians dessuidiz, mais voulons qu'ilz demourent en leur force & vertu, & d'iceulx joïssent & usent lesdiz supplians, comme ilz faisoient & faire povoient & devoient par avant ceste présente grace. Si donnons en mandement par ces présentes, à noz amez & féaulx les Généraulx-Conseillers à *Paris*, sur le fait des Aides ordonnez pour la guerre, Gens des Comptes & Trésoriers à *Paris*, Admiral, Vis-amiral, au *Bailliz* de *Rouen* & de *Caux*, au *Viconte* de *Monstier-villiers* & *Prevost* de *Harefleu*, au Cappitaine de *Harefleu*, & à tous autres Commis & depputez à cueillir & recevoir les Maletotes, Coustumes anciennes & nouvelles Imposicions, Aides & Subsides & Impositions foraines dessus dictes, qui sont à présent & pour le temps à venir seront, ou à leurs Lieuxtenans, & à chacun d'eulx, si comme à lui appartiendra, que lesdiz Marchans de *Castelle*, supplians, ilz tiengnent & facent tenir frans, quictes, exemps & paisibles desdictes Maletostes, Coustumes, Imposicions, Aides, Subsides dessus dictes, espécialment de ladicte Imposicion de XII. Deniers pour Livre, & de l'Imposicion foraine de IIII. Deniers pour Livre, pour les denrées & marchandises par eux achetées & vendues en nostre Royaume & Seigneurie, pour traire hors d'icellui, jusques à dix ans prouchains venans, comme dit est, & par la fourme & manière que dessus est dit, sens leur faire ne souffrir estre fait ne donné sur ce empeschement ne destourbier quelconques au contraires; lesquelz, se fais estoient en quelque manière que ce soit, yceulx réparent & amendent, & facent réparer & amender & remettre [a] royalment & de fait, sans aucun délay, au premier estat & deu, veu ces présentes Lettres. Et afin que ce soit ferme chose & estable, Nous avons fait mettre nostre Scel à ces Présentes: Sauf en autres choses nostre droit, & l'autrui en toutes. *Donné à* Paris, *le XIIII.e jour de Mars, l'an de grace mil trois cens IIII.xx & dix-sept; & de nostre regne le XVIII.e*

Par le Roy, présens le *Duc* de *Bourbon*, [b] Vous, le Maistre des Arbalestriers, l'Admiraut de France, le Sire de *Cousan*, *le Begue de Villaines* & plusieurs autres.

T. HOCIE.

a *réalment, réelment.*

b *Le Chancelier de France. Voy. le 5.e Vol. de ce Rec. pag. 653. Note (c).*

CHARLES VI. à Paris, en Mars 1397.

(a) Lettres qui portent qu'il sera établi une Etape de Guesde dans la Ville du Crotoy.

CHARLES, &c. Sçavoir faisons à tous présens & avenir, que comme Nous qui tousjours sommes très-desirans de pourveoir au bien, honneur & prouffit des pays, bonnes Villes & de toute la chose publique de nostre Royaume, eussions des pieça esté avisiez que se Nous constituions & establissions au Port & Havre de nostre Ville *du Crotoy* en *Pontieu*, une *(b)* estapple de *(c)* guedes [c] cauchées & mises en pipes & tonneaux, ce seroit le très-grant honneur & proufit de Nous & de nostredit Royaume, mesmement de nostre païs de *Picardie*, des Marchans, Commune & de tout le peuple d'icelui, & aussi le très-grant bien & proufit de nostredite Ville *du Crotoy*, qui de présent est en très-petit état; & il soit ainsi que pour savoir sur ce la vérité, & aussi veoir l'estat d'icelle Ville *du Crotoy*, & des Port & Havre dessusdiz, Nous eussions envoyez, commis & députez à ce, certains nos Officiers,

c *Je n'ai rien trouvé sur ce mot.*

NOTES.

(a) Trésor des Chartres, Registre 153. Pièce CLXXVI. (176.)

(b) Estapple.] On prononce présentement *Etape*. C'est un magasin ou entrepôt de marchandises, établi dans une Ville de commerce. Voy. le Dictionn. de *Trevoux*, au mot *Estape*.

(c) Guedes.] C'est une drogue propre à teindre en bleu. Voy. la Note *(p)* de la page 256. du *3.e Volume de ce Recueil.*

CHARLES VI. à Paris, en Mars 1397.

lesquelz aient sur ce faite très-grant & bonne Informacion ès bonnes Villes & aus Marchans de nostre païs de *Picardie,* qui se sont entremis & entremettent de fait de marchandise desdictes guedes, & autres personnes sages & expers en ce; & pour ce que ladicte Informacion, laquelle Nous avons fait veoir & visiter par les Gens de nostre Grant Conseil & de noz Comptes, & Trésoriers pour ce assemblez en nostre Chambre desdiz Comptes, a esté trouvé ce que dit est, & que ce sera très-grant honneur & proufit à Nous & à nostredit Royaume, de faire & constituer audit lieu ledit estapple desdictes guedes cauchées & mises en pipes & tonneaux, comme dit est, icelui estapple avons ordené, constitué & establi, & par la teneur de ces présentes, ordonnons, constituons & establissons estre à tousjours mais perpétuelment en nostre Port, Havre & Ville dudit *Crotoy;* c'est assavoir, desdites guedes cauchées & mises en pipe & tonneaux, qui seront traictes & menées par la riviére de *Somme,* & par la Mer, hors de nostredit païs de *Picardie,* & ne pourront les Marchans d'icelui païs de *Picardie,* vendre leursdictes guedes [a] à à aucuns Marchans étrangers, ne transporter hors du païs, autre part ne par autre lieu que audit estapple, sur peine de forfaire & confisquer à Nous icelles guedes; & affin que les Marchands qui [b] vendront audit estapple, soient gracieusement traictiez, Nous avons ordené, voulons & ordonnons que un bon preudome expert & congnoissant en fait de Justice, & aussi ou fait de la marchandise, soit par Nous commis audit lieu, lequel congnoistra seul & pour le tout, sommerement & de plain, sanz long procès ou délay, du fait de la marchandise & des questions & débas qui y pourront mouvoir entre lesdiz Marchans, & aussi les [c] Maronniers & autres, touchans la marchandise; & s'il en est appellé, Nous voulons & ordonnons que l'Appel soit relevé par l'Appellant dedens le tiers jour après, sur peine d'estre décheu dudit Appel, pardevant nostre *Seneschal* de *Pontieu* ou son Lieutenant, lequel en congnoistra & déterminera, & fera les parties procéder de huitaine en huitaine, sanz attendre ses Assises, & en sera déterminé par dedens trois huitaines, pour ce qu'il convient que les Marchans soient briefment expédiez.

Item. Voulons & ordonnons que pour le fait de ladicte marchandise de guedes, soient audit lieu quatre Courretiers seulement, lesquelz auront un Denier de la Livre & non plus, dont l'Oste du marchant acheteur, aura la moitié; & ne pourra nul desdiz Courretiers estre Hostellier ne Marchant, ne demourer avecques Hostes, pour doubte des fraudes qui se pourroient commettre entre eulx.

Item. Auront & prendront les Bouteurs & Deschargeurs, pour leur salaire de deschergier, trainer & mettre en cellier chacun tonnel de guede, vint Deniers, dont lesdiz Deschergeurs auront douze Deniers, & le [e] Trainel, huit Deniers, & autant [d] de peine de rechergier; & aussi voulons & ordenons que audit lieu, ait cinq Traineaux du moins, & que lesdiz Deschergeurs & Traineaux [f] délivrent briefment lesdiz Marchans, sur peine de l'Amende que Nous remettons à l'arbitrage dudit Commis.

Item. Voulons & ordenons que pour [g] l'ostelage de chacun tonnel de guede, par moys l'en prengne huit Deniers & non plus.

Si donnons en mandement par ces mesmes présentes, au *Séneschal* de *Pontieu* & aus *Bailliz* de *Vermendois,* d'*Amiens,* de *Senliz* & de *Tournesis,* & à tous noz autres Justiciers & Officiers, ou à leurs Lieuxtenans, & à chacun d'eulx, si comme à lui appartendra, que ces Lettres & le contenu en icelles, facent solemnelment publier par toutes les Villes & lieux de leurs Seneschaucie, Bailliages & Juridicions, où il appartendra, & icelles tiengnent & gardent, & facent tenir & garder sanz enfraindre en aucune manière. Et affin que ce soit ferme chose & estable à tousjours, Nous avons fait mettre nostre Séel à ces Lettres: Sauf en autres choses nostre droit, & l'autrui en toutes. *Donné à* Paris, *ou mois de Mars, l'an de grace mil CCC IIII.xx & dix-sept; & de nostre Regne le XVIII.e*

Par le Roy, à la relacion du Grant Conseil estant en la Chambre des Comptes,

a particule inutile.

b viendront.

c suivant le Trésor de Borel à ce mot, il signifie Mariniers.

d celui qui traînera.

e pour la peine.

f fassent leurs fonctions.

g loyer du magasin.

a Le Chancelier de France. Voy. le 5.e Vol. de ce Rec. pag. 653. Note (c).

ouquel [a] Vous, le *Patriarche* d'*Alexandrie*, l'*Evesque* de *Bayeux*, le Maistre des Arbalestriers, les Gens des Comptes & Trésoriers, & plusieurs autres, estiez.

H. GUINGANT.

CHARLES VI. à Paris, en Mars 1397.

(a) Lettres qui confirment un Jugement rendu par l'Evêque de Clermont, sur les Priviléges des habitans du lieu nommé *Laudosum*, dont il étoit Seigneur.

Sommaires des articles qui contiennent les prétentions des habitans de *Laudosum*, qui leur furent adjugées par la Sentence de l'Evêque de Clermont. [Voy. p. 192.]

(1) Les habitans ont le droit de faire Corps & Communauté, & d'élire tous les ans des Consuls dans la Maison Commune appellée du Saint-Esprit. Le Châtelain de l'Evêque approuve les nouveaux Consuls, & reçoit leur Serment.

(2) Ces Consuls ont droit de se présenter en Jugement devant les Juges de l'Evêque, & même devant les Juges Royaux, pour y procéder sur les affaires de la Communauté.

(3) Ces Consuls élisent quatre Conseillers qui prêtent Serment entre leurs mains.

(4) Ces Consuls instituent des Crieurs, des Messiers & des Sergens, & les présentent au Châtelain qui les reçoit & qui leur fait prêter Serment.

(5) Ces Consuls ont le droit de faire faire par le Crieur, au nom de l'Evêque, mais sans la permission du Châtelain, toutes les Proclamations nécessaires pour les affaires de la Communauté.

(6) Ils instituent des Gardes des vignes, & les présentent au Châtelain qui leur fait prêter Serment.

(7) Ils choisissent le jour auquel on doit commencer les vendanges, & ils le dénoncent au Châtelain qui doit donner permission de vendanger ce jour-là.

(8) Ces Consuls choisissent dans les cas de nécessité, un Garde du Fort & un Sentinelle pour y veiller la nuit, & ils les présentent au Châtelain qui leur fait prêter Serment.

(9) Voy. sur cet article ci-dessous, p. 193. Note *(p)*.

(10) Les habitans qui n'iront point faire la garde dans le Fort, ne seront point condamnez à l'Amende; ils seront seulement obligez d'envoyer une personne à leur place.

(11) Ces Consuls ont le droit d'avoir les mesures du vin, même pendant le mois d'Août, & ils doivent les donner sans frais à ceux qui veulent vendre du vin. Ceux-ci dans le mois d'Août, doivent donner un septier de vin aux Consuls. Pendant ce mois on ne doit vendre que du vin pur & potable, & on doit en vendre même pour la valeur d'une obole; & ceux qui en vendent pendant le mois d'Août, doivent éclairer par des lumières la maison où ils le débitent.

(12) L'Evêque ne pourra avoir dans ce lieu que deux Sergens & un Bedeau. Fixation de leurs salaires.

(13) Les Consuls ont le droit d'affermer sans la permission du Châtelain, les Tailles qu'ils imposent sur les habitans.

(14) Les Consuls ne payeront point de droits pour les plaintes qui seront faites en Justice, ni pour les Requêtes qui y seront présentées, soit par eux, soit contr'eux, dans les affaires qui regarderont la Communauté, ni même dans leurs affaires particulières, lorsqu'ils seront Consuls. Lorsqu'ils seront sortis de Charge, ils jouiront du même droit par rapport aux affaires qui concerneront l'administration qu'ils ont faite pendant leur Consulat.

(15) Les habitans ont le droit de faire paître leurs animaux dans tous les prés du Territoire de Laudosum, *la veille du Dimanche des Rameaux, & ce Dimanche, le Jeudi, le Vendredi & le Samedi Saint, & le jour de Pâque.*

(16) Les habitans ont le droit de faire paître dans tous les prés du Territoire de Laudosum, *les animaux achetez pour le service de la Confrairie du Saint-Esprit, qui se tient dans ce lieu le jour de la Pentecôte; pourvû qu'ils les distribuent en égale proportion dans les prés des particuliers.*

(17) Les Consuls ont le droit de faire crier publiquement dans le mois de Mars ou d'Avril, la défense de faire entrer des animaux dans les prés dépendans de la Ville.

(18) Les habitans ont le droit d'empêcher les propriétaires des prés qui sont dans le territoire de Laudosum, *d'y couper des regains.*

Ils peuvent faire paître leurs animaux dans les terres invacantes *& non cultivées, & même dans celles qui le sont, pourvû qu'il n'y ait point de grains semez. Droits de fournages qu'ils doivent payer.*

(19) Les habitans ont le droit d'avoir dans leurs maisons, des mesures, pourvû qu'elles soient conformes à celles du marché de Laudosum.

(20) Les habitans ne payeront point d'Amende lorsque leurs animaux auront causé du dommage sur les terres, à moins que les particuliers à qui elles appartiennent, n'en aient fait plainte en Justice.

NOTE.

(a) Trésor des Chartres, Registre 153. Pièce CXLIIII.e [144.e]

CHARLES VI.

à Paris, en Mars 1397.

(21) Les habitans ne seront point obligez de faire le guet, ni de rendre à l'Evêque les services qu'ils lui doivent, lorsque leurs femmes seront en couches.

(22) Les jours de Foires & de Marchés, les habitans peuvent mettre des tables le long de leurs maisons, pour y vendre leurs denrées ou y louer ces tables, pourvû qu'elles n'embarrassent point la voie publique.

(23) Les habitans sont depuis très-long tems en possession de tous les Priviléges ci-dessus exprimez.

KAROLUS, &c. Notum facimus universis tam presentibus quàm futuris, pro parte Consulum & habitancium Ville (b) Laudozi, *Nobis exhibitas fuisse Litteras; formam que sequitur, continentes.*

Nos (c) Henricus *miseracione divinâ* Claromontensis *Episcopus: Notum facimus universis presentes Litteras inspecturis & audituris, quòd in Causa que coram nobis ordinariè ventilata extitit inter discretum virum* Guillelmum *de* Fonte, *Licenciatum in Legibus, Procuratorem nostrum Fiscalem, ex eodem Officio actorem, agentem* [a] *ex una parte; &* Petrum Bernardi, Petrum Bezot, Petrum [b] Riolet *&* Petrum Chambo, *Consules, ac eorum Consiliarios, & omnes habitantes Ville nostre de* Laudoso, *reos, parte ex altera, in eadem Causa, certo per nos assignato termino ad per ipsas Partes in Causa predicta* [c] *dandum de jure earumdem, satisfaciendo huic termino, dictus actor nomine quo supra, pro se personaliter comparens, quosdam in scriptis suos articulos concludentes contra prefatos reos dedit & exhibuit, quorum tenor inferiùs de verbo ad verbum est insertus, contra quem actorem, & dictos suos articulos ac contenta in ipsis, memorati quatuor Consules eciam tunc pro se & aliis reis prenominatis comparentes, in scriptis realiter atque facto dederunt & producerunt quasdam excepciones (d) perhemptorias sive suas deffensiones quarum totalis tenor infra ponitur; quibus hinc inde datis, ac per nos eisdem Partibus prefixo termino ad respondendum utrinque super premissis ab utraque Parte contra aliam earumdem oblatis, & in eodem termino Partibus ipsis legitimè comparentibus, eedem Partes facta alterutrius in predictis suis ex adverso productis contenta negaverunt animo litem contestandi, & litem contestando; deinde dictis Partibus assignato per nos termino ad jurandum hinc inde, & comparentibus prout supra, hujusmodi termino satisfaciendo, priùs per nos admissi juraverunt de calumpnia vitanda, cum omnibus & singulis clausulis & capitulis in & sub calumpnie juramento contentis & expressis, ac veritate dicenda tam super dictis utrinque productis, quam tota predicta Causa: tunc nos, instantibus ipsis Partibus, certum peremptorium terminum (e) comparentie ad predicta hinc inde probandum, assignavimus; nichilominùsque certos fideles nostros Notarios deputavimus ad informacionem super premissis pro utraque Parte faciendam, qui nobis certâ die ad hoc per nos assignatâ, retulerunt se fecisse fideliter & complevisse Informacionem super & de contentis in* [d] *excepcionibus traditis per dictos Consules, quorum attestationes publicavimus, & dicto Procuratore nostro diem certam & perhemptoriam assignavimus ad* [e] *obiciendum; quâ die objectus juris idem Procurator dedit: Proposito verò postea de jure & de facto, & assignato termino dictis Partibus ad proponendum quicquid Partes predicte proponere vellent tam de jure quàm de facto, ipsoque termino per easdem Partes legitimè servato, ac demùm renunciato & concluso in dicta Causa, tam per dictas Partes quàm per nos, prout hec & alia in processu dicte Cause coram nobis facto & habito, seriosiùs continentur, tandem ad nostram diffinitivam Sententiam ex inde ferendam, nobis sedentibus pro Tribunali in domo Episcopali nostra* Claromontensi,

a *Il faut peut-être suppl.* & proponentem *qui est plus bas.*

b *Il y a plus bas* Rayolet.

c *Il y a peut-être ici quelques mots de passez, comme* articulos, defensiones, *&c. qui se lisent plus bas.*

d excepcionibus.

e objiciendum.

NOTES.

(b) *Laudozi.]* Je n'ai pu rien découvrir de certain sur *Laudosum.* Ce que je puis dire de vrai-semblable, c'est que c'est peut-être *Ludesse,* Election de *Clermont.* Voy. le *Diction. universel de la France,* à ce nom.

(c) *Henricus.] Henry de la Tour,* sur lequel voy. *Gall. Christ. 2.e Edit. Tom. 2. col. 290. N.o LXXVII.*

(d) *Perhemptorias.]* Il n'y a dans le Regist. que *perhias* avec une marque d'abréviation. On trouve dans le Glossaire de *Du Cange Perhentorius* pour *peremptorius.*

(e) *Comparentie.]* Il y a dans le Registre *comparente* avec une marque d'abréviation sur le dernier *e.* J'avoue cependant que je n'ai trouvé nulle part le mot *comparentia.*

CHARLES VI. à Paris, en Mars 1397.

die infrascriptâ dictis Partibus ad hoc per nos assignatâ, processimus & procedimus in hunc modum.

In Causa que coram nobis Henrico *miseracione divinâ* Claromontensi *Episcopo, vertitur inter* Guillelmum *de* Fonte, *Licenciatum in Legibus, Procuratorem nostrum Fiscalem, ex eodem Officio actorem, agentem & proponentem, ex una parte; &* Petrum [a] Benardi, Petrum Bezot, Petrum [b] Rayolet, *&* Petrum Chambo, *se dicentes Consules, ac eorum Consiliarios, & omnes alios habitantes nostre Ville* Laudozi, *reos, ex parte altera; Pro parte dicti Procuratoris actoris, contra dictos reos dati fuerunt articuli, formam & tenorem qui sequitur, continentes.*

Intendit probare, & nos Reverendum in Christo Patrem & Dominum Dominum Claromontensem *Episcopum* [c] *in formarii, ex inquisicione, famâ refferente publicâ, venerabilis vir Magister* Guillelmus *de* Fonte, *Procurator vester generalis, procuratorio nomine agens & proponens in hac parte, contra habitantes Ville* Laudozi, *& specialiter contra* Petrum Bernardi, Petrum Bezot, Petrum Rayolet *&* Petrum Chambo, *se dicentes Consules vestre Ville* Laudozi, *vestre* Claromontensis *Diocesis, & quosdam alios habitantes dicte Ville, se dicentes Consiliarios, in Causa inquisicionis* [d] *vertenda coram vobis Reverendo Patre prefato, inter dictum Procuratorem, ex una parte, & dictos habitantes, & dictos se dicentes Consules, & alios se dicentes Consiliarios, ex parte altera, facta & articulos qui sequuntur.*

(1) Et primò. *Quòd dicti habitantes nittuntur eorum auctoritate propriâ eligere Consules, ac dicere quòd habent Corpus & Communitatem contra vos & vestrum Imperium merum & mixtum, in se assumentes hoc Previlegium contra jura, penas contra tales latas incurrendo & in eis incidendo.*

(2) Item. *Dicti se dicentes Consules, sic dicto Officio uti conantur, in Officio predicto publico se ingerendo, nullo super hoc Privillegio habito, ac potestate sibi attributâ ab habente super hoc potestatem.*

(3) Item. *Et quòd dicti rei, Consules se dicentes, nituntur eorum auctoritate propriâ eligere Consiliarios, Preconem, (f) Gasterios, Porterium, Custodem vinearum, Excubias, & alia officia publica, sic Officio Magistratûs in premissis abutendo, penas contra tales latas, totaliter se ingerentes, incurrendo.*

(4) Item. *Nituntur dicti rei eligere Capitaneum in dicto loco, ac occupare claves Fortalicii, sicut premissum est, Officio Magistratûs abutendo.*

(5) Item. *Conantur dicti Consules se dicentes, tenere mensuras vini, & salarium recipere & precipuè mense Augusti, quod* [e] *spectat ad vos ut Dominum justiciarium, sic Officio Magistratûs abutendo.*

(6) Item. *Nituntur dicti rei, mala malis* [f] *accoumulantes,* [g] *assensare Taillias sine voluntate vestra seu Castellani vestri, aut ejus Locumtenentis, contra jus publicum.*

(7) Item. *Nituntur dicti habitantes in pratis vestre Juridicionis, animalia sua depascere diebus Sabbatinis ante ramos* [h] *Palmorum, & ipsâ Dominicâ, ac Jovis, Veneris & Sabbati, Sanctâ, & Dominicâ in Festo Pasche, in prejudicio privatorum, Nobilium & Gencium* [i] *Ecclesiasticorum, ac in terris vacantibus animalia sua tenere.*

(8) Item. *Nituntur dicti habitantes in domibus eorum tenere (g) Quartonem & cuppam, in prejudicium juris habentis Leydam in dicto loco.*

(9) Item. *Nituntur dicti habitantes penetrare murum Fortalicii, faciendo fenestras, hostia & vitrialia in dicto muro, contra rem publicam, & in prejudicium ipsius, penas contra tales latas pro premissis incurrendo.*

(10) Item. *Nituntur dicti rei quasdam allegare Consuetudines, franchesias seu Libertates inracionabiles, & eisdem uti nituntur contra Deum & Justiciam, que occulos Justicie* [k] *leviter offendunt, in contemptum Dei & Justicie.*

[a] *Il y a plus haut* Bernardi.

[b] *Il y a plus haut* Riolet.

[c] *Je crois qu'il faut corriger* informare.

[d] verten. *Reg.*

[e] par le droit de *Ban de vin*, sur lequel voyez les Tables des Mat. des Vol. de ce Rec. à ce mot.

[f] accumulantes.

[g] donner à ferme.

[h] Palmarum.

[i] Ecclesiasticarum.

[k] *Il faut appar. suppl.* non.

NOTES.

(f) Gasterios.] Suivant le Glossaire de *Du Cange* à ce mot, il signifie un *Messier*.

Dans l'article 42 de la Pièce suivante qui regarde aussi *Laudosum, Gasterius* y signifie un Sergent.

(g) Quartonem & Cuppam.] Il est prouvé par un endroit de cette Pièce, qui est ci-dessous, p. 192. que ces mots désignent des mesures à bled.

(11) Item. *Quòd dicti rei fuerint & sunt talia & pejora assueti perpetrare & committere, penas juris in premissis incurrendo & in eis incidendo; quòdque dicti rei predicta sciunt & confessi fuerunt, & quòd fama fuit & est de premissis seu aliquibus premissorum, quòdque dicti rei fuerunt & sunt de premissis & eorum singulis, publicè diffamati apud* [a] *bonas & graves in locis circumvicinis: quare petit idem Procurator, procuratorio nomine dicto, dictos reos declarari eos non potuisse nec posse uti dictis Consulatu* [b] *ne uti predictis superiùs expressatis,* [c] *declarenturque dictos reos abusisse, eosque puniri ac corrigi taliter quòd penâ docente, cognoscant quot & in quantum delinquerunt, offendendo rem publicam, & jura rei publice usurpando, eosque peccunialiter corrigi & puniri, & aliàs, taliter quòd ceteris perpetuis cedat in exemplum, vestrum nobile Officium in premissis implorando in hiis in quibus est & fuerit implorandum.*

Intendimus, inquam, inquirere, famâ sic refferente publicâ, contra dictos reos, eosque punire prout supra; & hos suos articulos petit idem Procurator, per vos Reverendum Patrem admitti, & à Parte adversa facere responderi, quatinùs facti sunt, & quatinùs (h) juris justiciam ministrari, vestrum super premissis benignum officium implorando in hiis in quibus est & fuerit implorandum: Petens idem Procurator expensas jam factas, & de faciendis protestatur in lite prosequenda, non astringens se idem Procurator, procuratorio nomine dicto, ad omnia premissa [d] *prebenda, sed ad ea solum vel eorum alterum, que vel quod eidem sufficient de premissis, ad suum propositum consequendum, salvo eidem Procuratori, procuratorio nomine dicto, juris beneficio addendi,* [e] *diminuandi, mutandi, corrigendi, &c.* Datum die Martis post Festum Beatorum Apostolorum Simonis & Jude, anno Domini millesimo ccc.^mo^ nonagesimo secundo.

Contra quos articulos excipiendo, dicti rei dederunt & exhibuerunt quasdam infrascriptas excepciones sive defensiones; quarum eciam tenor sequitur & est talis.

Excipiendo perhemptorie, & ad suam intencionem perpetuò obtinendam, in causa inquisicionis [f] *vertenti coram vobis Reverendo in Christo Patre & Domino Domino* Henrico *permissione divinâ* Claromontensi *Episcopo, dicunt & proponunt* Petrus Benardi, Petrus Bezot, Petrus Rayolet *&* Petrus Chambo, *Consules, & ut Consules ac nomine Consulatûs, pro se & Consiliariis Ville* Laudozi, *& aliis habitantibus ejusdem Ville, in causa inquisicionis predicta vertente coram vobis Reverendo Patre prefato, inter venerabilem & discretum virum Magistrum* Guillelmum *de* Fonte, *Licenciatum in Legibus, Procuratorem Generalem vestrum, procuratorio nomine agere nitentem seu proponere, ex una parte, & dictos Consules, Consiliarios & habitantes, defensores legitimos, ex parte altera, ad finem seu fines quòd dicti Consules, Consiliarii & habitantes à propositis per dictum Procuratorem absolvantur, eidemque Procuratori suisque futuris successoribus, perpetuum silencium imponatur, eisdemque habitantibus licitum sit eligere Consules, dictique Consules dicto officio utantur una cum juribus pertinentibus ad Consulatum, eisdem Consulibus licitum sit eligere Consiliarios, Preconem seu Precones, Gasterium seu Gasterios, & per eosdem Precones preconizari facere omnia necessaria Consulatui & Communitati, eisdemque Consulibus licitum sit eligere Custodem seu Custodes pro custodiendo vineas, diem seu dies eligere qua seu* [g] *quas incipient vindempmiare, nec non & fortalicio dicte Ville eligere* [h] *Capitaneum, cui non erit licitum (i) deffectus exigere à defficientibus in excubiis; eisdemque Consulibus licitum sit tenere mensuras vini, & mense Augusti exigere unum sextarium vini, à venditore, vinditorque in dicto mense bonum & sanum vinum vendere debeat, & cuicumque eciam, usque ad obolum, & non carius quàm precedenti tempore venderetur; Servientibusque vestris non sit licitum pro* [i] *gagimento, ultra tres Denarios infra fines recipere &* [k] *ex fines, sex; eisdemque Consulibus liceat & licitum sit assensare*

a app. bonos.
b nec.
c declaretur.
d probanda.
e diminuendi.
f vertente.
g quibus.
h Voy. ci-dessous, pag. 193. Note *(p)*.
i saisie.
k *corr.* extra *qui est plus bas, pag.* 203. *art.* 18.

NOTES.

(h) Juris Justiciam.] Il faut apparemment corriger *Justicia;* mais malgré cette correction, la phrase ne sera point encore exacte. Cependant cette formule est encore répétée dans les mêmes termes ci-dessous, p. 195. article 23.

(i) Deffectus.] Amende à laquelle est condamné celui qui est en défaut, qui manque à son devoir. Voy. le Glossaire de *Du Cange* au mot *Deffectus* 2.

CHARLES VI. à Paris, en Mars 1397.

Tailliam seu Taillias suas quas imponent supra dictos habitantes; dictique Consules [a] *fuerit immunes à solucione* [b] *Clamorum exponendorum per eos seu contra eos, coram Castellano dicti loci, seu ejus Locumtenente, tam nomine Consulatûs, quàm privato nomine; eisdemque habitantibus liceat & licitum sit tenere animalia sua in pascuis & pratis dicte Ville, tam Nobilium, Gencium Ecclesiasticarum, quàm aliarum, diebus Sabbatinis in Ramis Palmarum, & ipsâ die Dominicâ, Jovis, Veneris & Sabbati, Sanctâ, ac ipsâ die Dominicâ in Festo Pasche, singulis annis; (k) Bajulisque Confratrie Sancti Spiritûs, que fit anno quolibet in Festo Penthecostes Domini, in dicta Villa* Laudozi, *licitum sit tenere animalia necessaria ad Confratriam in pratis & pascuis dicte Ville, absque emenda seu clamore; eisdemque Consulibus licitum sit sine licencia Justicie, quando eis visum fuerit, per Preconem preconizari mense Marcii aut Aprilis, quòd animalia non intrent in pratis & pascuis dicte Ville, ut dampna inferant; nullique Gencium Ecclesiasticarum, Nobilium aut aliorum, licitum sit facere in dicta Villa & pertinenciis ejusdem, (l)* reviore *sive duas herbas, sed unicam* [c] *tantam vocatam* temporial; *& quòd eisdem habitantibus liceat & licitum sit depascere sua animalia in pascuis & proprietatibus vacantibus, non cultis, (m) & eciam cultis non* [d] *existantibus in agricultura; eisdemque habitantibus liceat & licitum sit dequoquere in furno seu in furnis dicte Ville, unum sextarium farine, pro tribus Obolis; eisdemque habitantibus licitum sit tenere mensuram bladi in domo sua; videlicet* [e] *Quartonem & Cuppam, & eciam omnes insimul, dum tamen sint recte & juste ad dictam mensuram fori* Laudozi; *Consuetudinibusque aliis justis & racionabilibus eisdem liceat uti, & in reliquis jure communi, tanquam existentibus in terra que Jure Scripto regitur. Idemque Procurator à toto suo desiderio repellatur, ipsique defensores admittantur ad facta proponenda, & proposita probanda, absolvanturque ab impeticione ipsius,* [f] *declarenturque dictos deffensores predictis superiùs expressatis justè usos fuisse, & Consuetudine* [g] *inducisse & inducam eos perpetuò uti debere; tueanturque & deffendantur in possessione & saisina predictorum, & circa stilum Curie dicti Castellani dicte Curie* [h] *seculari* [i] *servetur; condempneturque idem Procurator in expensis factis & faciendis in causa inquisicionis hujusmodi, & ad quoscumque alios fines utiles & fructuosos. Dicunt, inquam, &* [k] *proponuntur idem defensores facta & raciones que sequuntur.*

(1) Et primò. *Quòd dicti habitantes fuerunt & sunt in possessione & saisina per tantùm temporis spacium, quod non existit memoria in contrarium, seu quòd sufficit ad bonam possessionem habendam & obtinendam, habendi Corpus & (n) ac Consulatum in dicta Villa* Laudozi, *singulisque annis eligendi Consules in Domo communi, appellatâ Sancti Spiritûs, in quolibet Festo beati Johannis Baptiste, aut Dominica sequenti, seu certa; qui sic electi* [l] *reguntur & gubernant Communitatem predictam, & regere & gubernare consueverunt, exercendo omnia que ad officium Consulatûs pertinent, in qua possessione fuerunt pacificè & quietè & sine cujuscumque contradicione, per quinque, per decem, per viginti, per triginta, per quadraginta, per quinquaginta, per octuaginta, & ultra, per tanta tempora quòd non est memoria, scientibus & videntibus vobis Domino nostro* Claromontensi *Episcopo, Justiciario dicti*

[a] sint.
[b] Plainte ou Requête en Justice.
[c] tantum.
[d] existentibus.
[e] Voy. ci-dessus, pag. 190. Note *(g)*.
[f] declaretur.
[g] ces mots sont apparemment corrompus.
[h] secularis.
[i] serventur.
[k] proponunt.
[l] regunt.

NOTES.

(k) Bajulis.] *Bajulus* signifie en général toute personne qui est chargée de quelque fonction. Ce mot signifie ici ou *les Chefs* ou *les Bedeaux de la Confrairie.*

(l) Reviore.] Ce mot qui est répété plus bas, p. 194. art. 18. & dans la Pièce suivante, signifie certainement le regain; & le regain est la seconde herbe d'un pré, quand il porte deux herbes dans une année. Le regain a quelquefois été appellé *revivre.* Voyez le Glossaire du *Droit François,* aux mots *regain* & *revivre.* Au lieu de *revivre,* on a dit quelquefois *Reviere.* On lit à la page 477 du deuxième Tome du Coustumier général, Paris 1604. *Les prés portans reviere, doivent être clos & fermez.* En Normandie on dit *Revoin.* Voy. le Diction. étymologique de *Ménage,* au mot *Regain.*

Je n'ai rien trouvé sur le mot *temporial.* Il peut signifier la première récolte de l'herbe, qui se fait dans un tems marqué. On a dit quelquefois *tempoire* pour *tems.*

(m) Et eciam cultis.] Cet endroit est plus clairement expliqué ci-dessous, p. 194. art. 18.

(n) Il y a dans le Registre *Exctatem* avec une marque d'abréviation sur la lettre *c.* Il faut appar. lire *Communitatem.* Voy. ci-dessus, p. 190. art.

loci,

CHARLES VI. à Paris, au mois de Mars 1397.

loci, ac ibidem habenti merum & mixtum Imperium, Castellano vestro aut ejus Locumtenenti, ceterisque Officiariis vestris; idemque Castellanus seu ejus Locumtenens, nomine vestro & pro vobis, ab eisdem sic electis Consulibus per dictam Communitatem, recipit Juramentum & recipere consuevit, per Consules prestari consuetum; videlicet, quòd fideles erunt vobis, & jura Communitatis servabunt, & alia Capitula per Consules servari solita; eos sic approbando in dicto Officio Consulatûs, eosque nominastis Consules tam vos quàm vestri predecessores, tam dictos [a] *defensores quàm eorum predecessores qui dicto officio usi fuerunt & eodem* [b] *usi fuerunt in dicta Villa* Laudozi, *& ex titulo legitimo precedente, sed perdito propter guerras que viguerunt, quibus mediantibus locus predictus captus extitit, & multe domus in dicto loco combuste, & capte ac depredate, specialiter ille penes* [c] *quos Previllegia dicte Ville erant seu esse poterant, ac eciam Littere Consulatûs predicti; quòd* [d] *magnifestè deducitur, quia Littere similes super dicto Consulatu,* [e] *reparte sunt & fuerunt in Castro vestro (o)* Vertazionis, *tanquam duplices Litteris antedictis.*

a c'est-à-dire, les Consuls en place, qui étoient Parties & défendeurs dans le procès.

b *Il semble qu'il faudroit corriger ici* utuntur.

c quas.

d manifestè.

e reperte.

(2) Item. *Fuerunt & sunt in possessione dicti Consules, pacifica & quieta, respondere nomine Communitatis, & vocari in Judicio, ac vocare quoscumque debentes eidem Communitati, & se representare tam in Judicio quàm extrà, ut Consules, & nomine Communitatis ipsius, tam coram vobis, quàm aliis Judicibus Regiis, & aliis quibuscumque, & specialiter coram dicto vestro Castellano in dicto loco* Laudozi, *seu ejus Locumtenente.*

(3) Item. *Fuerunt & sunt in possessione pacifica & quieta dicti Consules, quatuor Consiliarios eligendi, qui jurare consueverunt in manibus dictorum Consulum, quòd fideliter suum exercebunt Officium.*

(4) Item. *Fuerunt & sunt in possessione per tempus predictum, eligendi in dicta Villa unum vel plures Precones, unum vel plures Gasterios, & presentandi eosdem sic electos, vestro Castellano seu ejus Locumtenenti, quos recipere debet, & eos facere jurare quòd sua Officia fideliter exercebunt.*

(5) Item. *Fuerunt & sunt in possessione predicta, per tempus predictum, facere proclamari per Preconem, sub nomine vestro & ex parte vestri, omnia necessaria ac eciam utilia Consulatui & Communitati, tociens quociens, sine licencia dicti vestri Castellani aut ejus Locumtenentis, seu cujuscumque alterius Officiarii vestri.*

(6) Item. *Fuerunt & sunt in possessione predicta, per tempus predictum, anno quolibet eligendi unum vel plures Custodem seu Custodes vinearum, ultra dictos Gasterios, & presentandi Custodem vestro Castellano seu ejus Locumtenenti, pro recipiendo Juramentum per tales Custodes prestari solitum.*

(7) Item. *Fuerunt & sunt in possessione predicta, per tempus predictum, eligendi diem qua incipient in dicta Villa vindepmiare, & dictam diem* [f] *nunciari dicto Castellano, & factâ dictâ nunciacione, tenebitur dictus Castellanus seu ejus Locumtenens, dare licenciam vindepmiandi ad diem electam, sine quacumque contradicione.*

f nunciare.

(8) Item. *Fuerunt & sunt dicti Consules, in possessione predicta, & per tempus sufficiens, eligendi Fortalicio unum Custodem & unum Vigilem sive* [g] *Gayta, & eosdem instituendi in dicto Fortalicio, tempore necessitatis, ac presentandi vestro Castellano seu ejus Locumtenenti, pro recipiendo Juramentum solitum & debitum.*

g Gaytam.

(9) (p) Item. *Fuerunt & sunt in possessione predicta, & per tempus predictum, eligendi & presentandi vobis Domino nostro, seu vestro Castellano, Capitaneum pro regendo & gubernando Fortalicium predictum.*

(10) Item. *Fuerunt & sunt in possessione predicta dicti habitantes, non solvendi deffectum à deffiecientibus in excubiis dicti Fortalicii, sed solvendi tantùm unum hominem loco* [h] *deffiecienti in excubiis.*

h deffiecientis.

NOTES.

(o) Vertazionis.] On trouve dans le Diction. universel de la France, *Vertaison* en *Auvergne*, de l'élection de *Clermont*.

(p) Item, &c.] C'est le seul article qui ne fut point accordé aux habitans par la Sentence de l'Évêque. Voyez ci-dessous, page 195. mais ce Privilége leur fut concédé dans la suite, comme on le verra dans la Pièce suivante.

CHARLES VI.
à Paris, au mois de Mars 1397.

(11) Item. *Fuerunt & sunt in possessione predicta dicti Consules, tenendi mensuras vini, tam mense Augusti quàm alio tempore, & tradere cuicumque vinum vendere volenti, sine custu; excepto quòd in mense Augusti, vendens vinum, solvere debet & tenetur dictis Consulibus unum sextarium vini;* [a] *ventitorque vini in dicto mense vendere debet vinum sanum & purum, & tradere cuicumque* [b] *usque ad Obolum, secundùm magis & minus; idemque ventitor tenetur tenere lumen* [c] *acensum in domo ubi vinum vendetur.*

a venditor, là & plus bas.
b c'est-à-dire même jusqu'à la valeur d'une Obole.
c accensum.
d cette conjonction paroît inutile.

(12) Item. *Fuerunt & sunt dicti Consules & habitantes in possessione predicta, & per tempus predictum,* [d] *& quòd in dicta Villa non debent esse nisi duo (q) Clientes pro vobis & nomine vestro, Officium Clientis exercentes, & unus Bedellus; qui Servientes, pro quolibet gagiamento facto infra fines, nisi tres Denarios, & extra, sex, non exigent à Partibus quas gagiabunt, seu ab eis qui eos ponent in opere.*

(13) Item. *Fuerunt & sunt dicti Consules in possessione predicta, per tempus predictum, assenssandi Taillias quas imponent supra dictos habitantes, de consensu & voluntate Consiliariorum, sine licencia vestri, aut Castellani vestri, aut alterius vestri Justiciarii.*

e corr. Clamores qui est plus bas, art. 20.

(14) Item. *Fuerunt & sunt in possessione Consules predicti, non solvendi* [e] *Clamores expositos per eos seu contra ipsos nomine Consulatûs, aut privato nomine, quandiu erunt in Officio Consulatûs, nec eciam post, de facto durante Officio Consulatûs; ymò ab eis sunt totaliter exempti.*

(15) Item. *Fuerunt & sunt dicti Consules & habitantes in possessione predicta, per tempus predictum, animalia sua depascendi in pratis & pascuis dicte Ville, quibuscumque, tam Nobilium quàm aliorum, singulis annis, Sabbato in Ramis Palmarum, aut ejus Dominica, Jovis, Veneris, Sabbati, Sancta, ac Dominica in Festo Pasche sine aliqua contradicione.*

(16) Item. *Fuerunt & sunt in possessione predicta dicti Consules & habitantes, depasci facere animalia empta per Bajulos Confratrie Sancti Spiritûs, que fit anno quolibet in dicta Villa* Laudozi, *in Festo Penthecostes Domini, in pratis & pascuis Gencium Ecclesiasticarum, Nobilium, & aliorum quorumcumque, sine Clamore & emenda, dummodò plus in uno quàm in alio non inhabitant.*

(17) Item. *Fuerunt & sunt in predicta possessione, per tempus predictum, facere preconizari per Preconem, mense Marcii aut Aprilis, quando eis visum est, quòd animalia non intrent in pratis dicte Ville, sine Justicie licencia.*

(18) Item. *Fuerunt & sunt in possessione predicta, & per tempus predictum, repellendi quoscumque Nobiles, Gentes Ecclesiasticas, aut alias quascumque habentes prata in dicta Villa, de faciendo* reviore *sive duas herbas, sed unicam tantùm, ac depascendi animalia in proprietatibus vacantibus non cultis, & eciam cultis, non* [f] *existantibus in agricultura, dummodò ibidem semen seu bladum non existat, aut in furno dicte Ville dequoquendo unum sextarium farine, pro tribus Obolis.*

f existentibus.

(19) Item. *Fuerunt & sunt in possessione predicta singuli habitantes predicti, tenendi, si* [g] *voluerit Cartonem & Cuppam, simul, vel alteram tantùm, dum tamen sint juste ad mensuram Fori dicte Ville.*

g voluerint.

(20) Item. *Fuerunt & sunt habitantes predicti in possessione predicta, non solvendi Clamores sive Emendam pro animalibus in dampno repertis per Gasterium, nisi* [h] *hiis quibus dampna illata erunt, Clamores exponent.*

h hii.

(21) Item. *Fuerunt & sunt in possessione predicta habitantes predicti, non solvendi nec prestandi excubias, aut operas alias debitas, nec ad voluntatem vestram accedere ubi aliter tenerentur, quandiu eorum uxores in* [i] *puerpereo jacent.*

i puerperio.

(22) Item. *Fuerunt & sunt in possessione predicta, diebus Fori & Nundinarum, tabulas sive (r) affixione, in plateis publicis, pro vendendo suas deneriatas tenendis*

NOTES.

(q) Clientes.] Suivant le Glossaire de *Du Cange*, aux mots *Cliens armorum*, *Cliens* a quelquefois signifié un *Sergent*.

(r) Affixione.] Je crois qu'il faut corriger *affixiones* comme il se lit dans l'article 35 de la Pièce suivante. *Affixio* signifie ici une table qui est attachée à la muraille.

Tenendis ..... locatas. Il faut corriger *tenere .... locare*, ainsi qu'on lit dans ce même article.

aut extraneis locatas, subtùs tamen (s) *subgrundia, vel ante sua hospicia; absque tamen prejudicio ytineris & rei publice.*

(23) Item. *Predictis omnibus superiùs expressatis fuerunt & sunt usi per tempus predictum, &* [a] *ad consuetudinem* [b] *introducendam & introductam, retinendam tam in Judicio quàm extra, adeò & in tantum quòd predicta seu aliqua de predictis, in contraditorio Judicio obtinuerunt, scientibus & scire volentibus hiis omnibus quibus pertinebat jus apponendi in predictis & ad predicta, & que predicta idem Procurator scit &* [c] *confessus est, seu aliqua de predictis, fuisse & esse vera, &* [d] *quid fama fuit & est de premissis seu aliquibus premissorum; quare excipiendo dicunt prout supra; & has suas* [e] *excepciones sive defensiones petunt dicti defensores per vos Reverendum Patrem admitti, & à Parte adversa, quatenùs facti sunt, responderi, quatenùs juris justiciam ministrari,* (t) *nobile officium implorando in hiis in quibus est & fuerit implorandum: petentes expensas jam factas propter hoc in lite, & de faciendis* [f] *protestatur in lite hujusmodi prosequenda; se non astringentes dicti defensores ad omnia & singula premissa probanda, sed ad ea solùm vel eorum alterum, que vel quod eisdem sufficient ad eorum intencionem habendam de premissis: Salvo eisdem juris beneficio addendi, diminuendi, mutandi, corrigendi, &c.* Datum die Martis post Festum Beatorum Apostolorum Simonis & Jude, anno Domini millesimo ccc.^mo^ nonagesimo secundo.

Lite verò super hinc inde superiùs datis, legitimè contestata, juratoque de calumpnia & veritate dicenda tam super predictis quàm tota dicta Causa, testibusque productis pro parte dictorum reorum, super dictis eorum excepcionibus, juratis & diligenter examinatis, ac demùm publicatis, objectibusque juris datis verbo pro Parte dicti Procuratoris, terminisque ad proponendum de jure & de facto, ac quicquid ritè, per dictas Partes, servatis; demùm renunciato & concluso in eadem, cumque dies hodierna; videlicet, dies vicesima tercia mensis Decembris esset, dictis presentibus ad audiendum nostram diffinitivam Sententiam ferendam super premissis. Partibus igitur presentibus coram nobis; videlicet, dicto nostro Procuratore, actore, pro se & dictis superiùs nominatis quatuor Consulibus, pro se & aliis reis, & nostram diffinitivam [g] *Santenciam ferri postulantibus; Christi nomine igitur invocato, ut de Dei vultu nostrum procedat Judicium, & oculi nostri videant equitatem; communicato priùs nobis Consilio* (u) *Paritorum ad eandem nostram diffinitivam in dicta Causa ferendam processimus & procedimus in hunc modum; & per hanc nostram diffinitivam Sentenciam quam in scriptis, sedentes pro Tribunali, ferimus, promulgamus, dicimus, pronunciamus & declaramus dictum Procuratorem nostrum suam intencionem in Causa predicta minime probasse, & dictos reos proposita per eos & contenta in dictis suis* [h] *exepcionibus, sufficienter & debitè probavisse; exceptò seu exeptis articulo seu articulis consernentibus Officium Capitanei: Idcircò, manum nostram aliàs in dicto Consulatu & ipsius Privilegiis positam, decernimus amovendam fore & amovemus ad commodum & utilitatem dictorum defensorum, ipsosque defensores tueri & deffendi mandamus in possessione predictorum per eos propositorum, ac in dictis eorum excepcionibus contentorum & expressatorum; prefato Procuratori nostro, suisque futuris successoribus Procuratoribus, perpetuum silencium imponentes super premissis, & mandantes tenore presencium Castellano nostro* Laudozi, *seu ejus Locumtenenti, ceterisque Officiariis nostris & eorum* [i] *successores, quatinùs eosdem Consules ac eorum Consiliarios & habitantes dicte Ville nostre* Laudozi,

CHARLES VI.
à Paris, en Mars 1397.

a *Il faut app. suppl.* sufficiens.
b ces mots doivent signifier une Coûtume qui a dû être introduite & qui est fondée en raison.
c *Il y a dans le Regist.* consenss. *avec une marque d'abréviation.*
d *Il faut appar. corr.* quod.
e excepciones.
f protestantur.
g Sentenciam, *là & plus bas.*
h excepcionibus.
i successoribus.

NOTES.

(s) *Subgrundia.*] Suivant le Glossaire de *Du Cange*, au mot *Subgrundium*, il signifie l'avance d'un toit.

(t) Il y a dans le Registre *v*, suivi de huit jambages sans point. Il doit sans doute y avoir *vestrum* comme il y a plus haut, p. 191.

(u) *Paritorum*] *Pariter*, Regist. avec une marque d'abréviation. Il faut sans doute corriger *peritorum*: car dans les Lettres qui suivent celles-ci & qui regardent aussi les habitans du lieu nommé *Laudosum*, il est dit à la page 207. que les Privilèges qui leur sont accordez, pourront être corrigez, *juxta dictamen & consilium peritorum.*

CHARLES VI. à Paris, en Mars 1397.

uti & gaudere permittant amodò perpetuo Consulatu, & aliis superiùs expressatis in prescriptis excepcionibus; volentibusque ire contra predicta, eisdem defensoribus, si requisiti fuerint, prestent auxilium, consilium & favorem, neutram partem in expensis condempnantes, & ex causa; quamquidem diffinitivam Santentiam per Johannem Fromagerii *Scribam & Notarium nostrum, legi fecimus, post quam ejus lecturam, verbo diximus, & sic prout lecta existit, ferimus. De quibus premissis omnibus & singulis, pecierunt dicti Consules sibi fieri presens publicum Instrumentum, unum vel plura, & tot quot eisdem erunt necessaria seu eciam opportuna. In quorum omnium fidem & testimonium, hiis presentibus Litteris seu presenti publico Instrumento, signo & subscripcione Notariorum publicorum infrascriptorum signato, Sigillum magne Camere nostre duximus apponendum. Lecta, lata, & in scripsis promulgata fuit hujusmodi nostra diffinitiva Santentia, ut premittitur, comparentibus quibus supra, sub anno ab Incarnatione Domini millesimo CCC.mo nonagesimo secundo, & die predicta vicesima tercia mensis Decembris, hora Vesperorum,* [a] *Indicione primâ;* [b] *Pontifficatu verò Sanctissimi in Christo Patris & Domini nostri Domini* Clementis, *divinâ providenciâ Pape septimi, anno quinto decimo; presentibus ibidem venerabilibus & circumspectis viris Dominis* Martino Meschini *Canonico* Claromontensi, Petro Ussamati, Guillelmo Genesii, Johanne Bezot, Hugone Latroza, *Domino* Johanne Laurencii, *Presbitero de* Compdaco, *& pluribus aliis testibus ad premissa vocatis specialiter & rogatis.* [c]

a Indiccione.
b Pontificatûs.

Datum ut supra.

c Voy. ci-dessous, Note *(y)*.

Et quia predicta & subsequencia omnia & singula in presentibus Litteris contenta, capi seu transcribi non poterunt in unica pelle pergameni, propter verborum & facti superhabundanciam, prout cuilibet intuenti apparet & apparere potest, idcirco ea & omnia & singula scribi fecimus & mandavimus in hac presenti pelle pergameni & pecia pellis pergameni, Sigillo Camere nostre sigillatas, quas ad majorem firmitatem de premissis habendam, & (x) sinistro suspicionis tripulum tollendum, fecimus & mandavimus tenaci glutino [d] *conglutinati & conjungi, & in principio & in fine cujuslibet conjuncture seu conglutinature, Sigillum dicte Camere nostre fecimus apponi.*

d conglutinari.

Et ego Johannes Fromagerii, *Clericus* Parisiensis *Diocesis, Apostolica & Imperiali auctoritatibus Notarius, prolacioni & promulgacioni dicte diffinitive Sentencie, ceterisque aliis per prefatum Reverendum Patrem in Christo & dictum Dominum nostrum* Claromontensem *Episcopum gestis, una cum signis & subscripcionibus Notariorum publicorum infrascriptorum, presens interfui, eaque in notam assumpsi, & in hanc publicam formam redegi, ac per alium scribi feci, cum ad ea scribenda vacare non possem, aliis negociis mei Officii multipliciter occupatus; & in premissorum testimonium, has presentes Litteras seu presens publicum Instrumentum, signo meo solito; videlicet, à parte unius conjuncture unius pellis cum* [e] *dimidie pergameni, tenaci conglutineo conjunctis, & hîc in fine, & hac presenti mea subscripcione signavi, una cum signis & subscripcionibus Notariorum publicorum infrascriptorum, ac appensione Sigilli dicti Domini nostri* Claromontensis *Episcopi, & dicte Curie Officialatûs* Claromontensis, *requisitus atque rogatus. Constat de rasuris superiùs factis, in* [f] *dicionibus (y) que sequntur, que predicta omnia approbo, & facta sunt non vicio sed errore.*

e dimidia.
f diccionibus.

Et ego Johannes Lomosset, *de* Claromontense [g], *publicus Apostolicâ auctoritate & Imperiali Notarius, dicte diffinitive Sentencie prolacioni & promulgacioni, ceterisque premissis, dum sic agerentur & fierent, una cum supra & infrascriptis Notariis publicis & testibus predictis, presens interfui; predictaque per alium, aliis occupatus negociis mei Officii racione, fideliter scripta, una cum supra & infrascriptis Notariis publicis,*

g Dioceſi.

NOTES.

(x) Sinistro . . . . tripulum.] Il faut appar. corriger *sinistre . . . . scrupulum.* Il y a à la page 207. *sinistre . . . . . crupullum.*

(y) Que sequntur.] On trouve ensuite dans le Registre, un grand nombre de mots détachez qui, suivant les apparences, avoient été mis entre-ligne dans l'original de ces Lettres, & que le Copiste du Registre a apparemment inférez à leur place. On n'a pas cru devoir faire imprimer ces mots ici.

Il y avoit aussi quelques mots de même nature, ci-dessus, entre les mots *& rogatis* & *Datum ut supra.* Voy. ci-dessus, note mar. *c.*

in hanc formam publicam reddegi de mandato Domini Episcopi prefati, hicque me subcripsi, ac Signo meo [a] *silito signavi in testimonium premissorum, una cum signis & subscripcionibus dictorum Notariorum publicorum, & Sigillorum predictorum appensione, requisitus atque rogatus.*

CHARLES VI. à Paris, en Mars 1397.

Et ego Durandus *de* Germaiso, *Clericus* Claromontensis *Diocesis, publicus Imperiali auctoritate ac Curie* Claromontensis *juratus Notarius, dicte diffinitive Sentencie prolacioni & promulgacioni, ceterisque premissis, dum sic per memoratum Dominum meum Episcopum agerentur & fierent, una cum Notariis suprascriptis, & testibus predictis, presens interfui, predictaque per alium, aliis occupatus negociis mei Officii racione, fideliter scripta, una cum ipsis Notariis publicis, in hanc formam publicam redegi de mandato Domini mei Episcopi prefati, hicque me* [b] *subscrisi ac Signo meo solito signavi, una cum signis & subscripcionibus predictorum Notariorum, ac Sigilli Camere dicti Domini appensione, in testimonium omnium premissorum, requisitus atque rogatus.*

a solito.

b subscripsi.

Suite des Lettres de Charles VI.

Quas quidem Litteras, ac omnia & singula in eisdem contenta, in quantum justè & legitimè facta fuerunt, & in rem transierunt judicatam, rata & grata habentes, eas & ea volumus, laudamus, approbamus, tenoreque presencium, de gracia speciali confirmamus: Baillivio *de* Sancti Petri Monasterio, *ceterisque Justiciariis & Officiariis nostris, vel eorum Locatenentibus, & cuilibet ipsorum, prout ad eum pertinuerit, mandantes quatenùs supradictos Consules & habitantes de* [c] Laudosio, *& eorum successores, nostra presenti gracia & confirmacione uti & gaudere faciant pacificè & quietè; nil in contrarium faciendo, aut à quoquam fieri permittendo. Et ut premissa robur perpetuò firmitatis obtineant, nostrum Litteris presentibus fecimus apponi Sigillum: nostro in aliis, & alieno in omnibus jure salvo.* Datum *Paris.* mense Marcii, anno Domini millesimo CCC.° nonagesimo septimo; & Regni nostri XVIII.°

Per Regem, ad relacionem Consilii. MERCIER.

c Laudoso.

CHARLES VI. à Paris, en Mars 1397.

(a) Lettres qui confirment un Accord fait entre l'Evêque de Clermont, Seigneur du lieu nommé *Laudosum,* & les habitans de ce lieu, touchant leurs droits respectifs.

(b) SOMMAIRES.

(1) Voy. ci-dessus, p. 188. *l'article 1 des Sommaires.*

(2) Les Consuls de Laudosum *ont droit d'élire quatre Conseillers qui prêteront Serment entre leurs mains, en présence de l'Evêque ou de son Châtelain.*

(3 4) Voy. ci-dessus, p. 188. *les articles 4 & 5 des Sommaires.*

(5) Ces Consuls auront le droit d'instituer des Gardes des vignes, & ils les présenteront au Châtelain qui leur fera prêter Serment en la présence des Consuls.

(6) Voy. ci-dessus, p. 188. *l'article 7 des Sommaires.*

(7) Ces Consuls choisiront dans les cas de nécessité, un Portier du Fort, & un sentinelle pour y veiller la nuit, & ils les présenteront au Châtelain qui leur fera prêter Serment en présence des Consuls.

(8) Dans les cas de nécessité, les Consuls choisiront un Capitaine du Fort, qu'ils présenteront à l'Evêque ou à celui qu'il députera à cet effet. Ce Capitaine sera institué par l'un ou par l'autre, s'il le trouve capable de remplir cette place; & en présence des Consuls, il lui fera prêter Serment. Les gages du Capitaine seront payez par ceux qui ont accoûtumé de le faire.

(9) Lorsque l'Evêque & les Consuls jugeront que les cas de nécessité seront cessez, on supprimera le Capitaine, le Portier & le sentinelle; & les clefs du Fort seront remises aux Consuls, ou à celui que l'Evêque en chargera de leur consentement, sans qu'ils soient obligez de lui donner des gages.

(10) Le Capitaine du Fort ne pourra condamner à l'Amende, ni punir les habitans qui

NOTES.

(a) Trésor des Chartres, Registre 153. P. CLXIX. (169.)

(b) Comme il y a dans cette Pièce plusieurs articles conformes à ceux qui se trouvent dans la précédente, on n'a pas cru devoir en faire réimprimer ici les Sommaires, & on s'est contenté de faire des renvois à ceux de la Pièce précédente.

CHARLES VI. à Paris, en Mars 1397.

n'y viendront point faire le guet, si ce n'est dans le cas où leur désobéissance seroit telle qu'elle méritât punition; mais il nommera un homme qui fera le guet à la place & aux dépens du défaillant. Le Capitaine ne prendra point de droits par rapport à la semonce qu'il fera faire aux habitans de venir au guet. [Voy. ci-dessous, p. 203. Note *(l)*.]

(11) Les Consuls ont le droit d'avoir les mesures du vin, même pendant le mois d'Août, & ils doivent en présence d'un des Officiers de Justice de l'Evêque, les donner sans frais à ceux qui veulent vendre du vin. Ceux-ci dans le mois d'Août, doivent donner un septier de vin aux Consuls.

(12) Ceux qui vendront du vin pendant le mois d'Août, ne pourront le vendre plus cher qu'on le vendoit communément pendant le mois précédent, & le prix en sera fixé par les Consuls. On ne doit vendre pendant ce mois que du vin pur & votable, & on doit en vendre même pour la valeur d'une Obole; & ceux qui en vendront pendant ce mois d'Août, doivent pendant la nuit éclairer par des lumières, la maison où ils le débiteront, & doivent en donner à quelqu'heure que ce soit à ceux qui viendront en acheter.

(13) Le Châtelain & les autres Juges, ne pourront juger les procès des habitans que dans les Assises qu'ils tiendront tous les quinze jours. Ils pourront prolonger ce terme, mais non pas le diminuer, si ce n'est dans les cas de nécessité, dans ceux d'une saisie, ou dans ceux des procès entre des étrangers, ou entre des étrangers & des habitans.

(14) Il n'y aura dans cette Ville que deux Sergens & un Bedeau, à moins que les Consuls ne jugent à propos d'en augmenter le nombre.

(15) On ne fera point d'écritures dans les procès, à moins que les deux Parties n'y consentent, ou que l'objet de la contestation n'excède soixante Sols.

(16) Les Parties qui sont en procès, pourront s'accommoder sans la permission du Juge, si ce n'est dans les cas qui regardent le Procureur de la Cour, ou dans ceux où il sera Partie dans le procès.

(17) Lorsque des Parties qui sont en procès, ne comparoîtront point en Justice, le Procureur de la Cour ne pourra obtenir de Défaut contr'eux, mais le Demandeur payera les frais du Défaut. Ce Procureur n'aura point de part aux droits qui se payent lorsqu'on fait une plainte en Justice ou qu'on y présente une Requête, si ce n'est dans les affaires qui concernent son ministère.

(18) Fixation des salaires des Sergens.

(19) Le Procureur de la Cour ne pourra d'office faire assigner un habitant, qu'après une Information; si ce n'est dans les affaires criminelles, lorsqu'il y aura de fortes présomptions.

(20) Lorsqu'il s'agira du payement des émolumens dûs aux Officiers de Justice par rapport aux procès qui ont été jugez, le Greffier de la Cour, ou le Cellérier de l'Evêque, lorsqu'il tient la place du Greffier, ne pourra faire assigner les Parties devant l'Official de Clermont, ni devant un autre Juge Ecclésiastique; mais elles seront poursuivies sans frais, par les Sergens de la Cour, si ce n'est dans les cas où elles feroient rébellion à Justice, & ne pourroient être contraintes au payement.

(21) Voy. ci-dessus, p. 188. *l'article 13 des Sommaires.*

(22) Les Consuls ne payeront point de droits pour les Plaintes qui seront faites en Justice, ni pour les Requêtes qui y seront présentées, soit par eux, soit contr'eux, dans les affaires qui regarderont la Communauté, ni même dans leurs affaires particulières, lorsqu'ils seront Consuls.

(23. 24 25. 26.) Voy. ci-dessus, p. 188. *les articles 16. 17. 18. des Sommaires.*

(27) Les habitans peuvent faire paître leurs animaux dans les terres invacantes *& non cultivées, & même dans celles qui le sont, pourvû qu'il n'y ait point de grains semez.*

(28) Droits de fournage que les habitans doivent payer.

(29) Le Receveur des droits qui se lèvent dans les Foires & dans les Marchés, doit les lever le jour même de ces Foires & de ces Marchés; & s'il ne le fait pas, les Marchands ne seront plus obligez de les payer.

(30) Ceux à qui il est dû des Cens en grain, ne pourront les mesurer dans des mesures plus grandes que celles dont on se sert pour recevoir ces sortes de redevances dûes à l'Evêque.

(31) Voy. ci-dessus, p. 188. *l'article 19. des Sommaires.*

(32) Lorsqu'un Messier aura pris une bête qui faisoit du dommage dans des terres, il n'aura que le salaire qui lui est attribué, si ce n'est dans le cas où celui à qui la terre appartient, aura fait sa plainte en Justice: car alors le Messier aura une partie de l'Amende qui sera décernée.

(33) Fixation des Amendes que payeront ceux qui auront de fausses mesures, & qui auront fait d'autres délits. Les Amendes seront plus fortes lorsque les délinquans seront coûtumiers du fait.

(34. 35.) Voyez ci-dessus, p. 189. *les articles 21. & 22. des Sommaires.*

(36) On ne fera point d'Inventaire en forme, des biens des mineurs, à moins que leurs biens-meubles n'excèdent la somme de vingt-cinq livres.

(37) Les habitans ne pourront percer les murs de Laudosum *& du Fort, pour y faire des fenêtres & d'autres ouvertures, qu'avec la permission de l'Evêque, & en la présence & avec le Conseil des Consuls & d'autres Prudhommes de ce lieu.*

(38. 39. 45.) Corvées que doivent les habitans à l'Evêque.

(40) Lorsque les Bouchers auront tué des animaux, ils pourront en vendre les chairs deux jours après, pourvû que les Consuls aient vérifié qu'elles soient bonnes.

(41) Les habitans qui auront possédé des

CHARLES VI.
à Paris, en Mars 1397.

héritages publiquement, & en vertu d'un titre légitime, pendant dix ans entre présens, & pendant vingt ans entre absens, seront conservez dans la possession & dans la propriété de ces héritages. Ceux qui avec les mêmes conditions, auront possédé des héritages pendant un an & un jour, en seront maintenus en possession, & les Demandeurs se pourvoiront contr'eux en Justice, par rapport à la propriété.

(42) Les Consuls pourront en présence des Sergens de l'Evêque, faire des saisies par rapport aux Tailles imposées sur les habitans.

(43) La Communauté des habitans payera tous les ans à l'Evêque cinquante Livres, par forme d'abonnement de la Taille annuelle que ces habitans lui devoient.

(44) Elle lui payera aussi tous les ans, la somme de trente Livres, moyennant laquelle les habitans seront exempts des droits de fournage.

(46) L'Evêque seul ou ceux seulement à qui il en affermera le droit, pourront vendre du vin pendant le mois d'Août.

(47) Toutes les autres Coûtumes observées dans ce lieu, y seront maintenues. On observera le droit commun dans les cas sur lesquels il n'y a point de coûtume particulière.

KAROLUS, *&c. Notum facimus universis presentibus & futuris, pro parte Consulum & habitancium Ville* [a] Laudozi, *Nobis exhibitas fuisse Litteras, quarum tenor talis est.*

a Voy. ci-dessus, pag. 189. Note (b).

Nos [b] Henricus *miseracione divinâ* Claromontensis *Episcopus. Notum facimus universis presentes Litteras seu presens publicum Instrumentum inspecturis & audituris, quòd cum nuper discencionis suscitata materia ac Lis, Causa, querela, Questio, controversia, peticio seu demanda fuissent, & esse seu esse sperarentur in futurum, inter nos nomine nostri Episcopatûs, ex Parte una, &* Petrum Benardi, Petrum Bezot, Petrum Rayolet *&* Petrum Chambo, *pro nunc Consules, & eorum Consiliarios, omnesque alios habitantes ville nostre* Laudozi, *Parte ex altera, de & super eo; videlicet, quòd nos petebamus nobis solvi & satisfieri per dictos habitantes, racione Taillie nobis annis singulis debite in quolibet Festo Omnium Sanctorum, summam quinquaginta duarum Librarum* [c] *usulis Monete, & plus, quoddam tributum appellatum* Badacge; *videlicet, per quemlibet habitancium predictorum, tenencium boves arabiles in dicta Villa, unum Quartonem bladi, & per illum inibi viventem ex opere instrumenti appellati ligonis, duas* [d] *Cuppas bladi, & eciam per quamlibet mulierem viduam vel aliam viventem ex sua vectura, unam Cuppam bladi; que blada possint esse de omnibus bladis simul mixtis,* [e] *expto milio; Dicebamusque nobis ibidem licere tenere* [f] *vinum ad vendendum mense Augusti, sine eo quod alius de dictis habitantibus, infra pertinencias dicte Ville, posset vendere vinum eodem mense, vel per nos seu alium nomine nostro* [g] *ascensendi, aut ad firmam tradendi posse; & ulterius dicebamus dictos habitantes dicte Ville, habentes boves arabiles, nobis teneri bis in anno facere (c) currum sive appellatum* lo charres; *videlicet; in Festivitatibus Omnium Sanctorum & Nativitatis Domini, portare ligna de Nemore nostro* Deborii, *in Castro nostro (d)* Belli-Regardi, *sine eo quod nos teneremur bubulcia dare nisi quatuor Denarios; & sic dicebamus quemlibet de habitantibus habentibus boves, nobis portare debere dicta ligna de dicto Nemore, ad dictum Castrum nostrum, duas carracas, & hoc quandiu residenciam faceremus in dicto nostro Episcopatu, & non aliter; ulteriusque petebamus dictos habitantes boves habentes arabiles, nobis teneri portare fenum nostrum Prati nostri de* Prac Cros, *ad dictum Castrum nostrum* Belli-Regardi; *necnon dicebamus dictos habitantes equos seu equas habentes, cum clitella sive* bast, *nobis teneri portare avenam nostram quam habemus in dicto loco* Laudosi, *ad dictum Castrum nostrum* Belli-Regardi *solùm, sine eo quod teneremur dare nisi cuilibet conductori equum sive equam, duos Denarios; dicebamusque nos ibidem Pedacgium & (e) Guidacgium habere: Ex adverso verò, dicti habitantes*

b Voy. ci-dessus, pag. 189. Note (c).

c usualis.

d Voy. ci-dessus, pag. 190. Note (g).

e excepto, là & plus bas.

f Voy. ci-dessus, p. 190. note e. marg.

g ascensandi.

NOTES.

(c) Currum.] C'est-à-dire, une Corvée de charrois, laquelle étoit nommée en latin *Currus.* Au lieu de *sive,* il faut peut être corriger *sic,* à moins qu'il ne manque là un mot synonyme de *Currum.*

(d) Belli-Regardi.] On trouve dans le Diction. universel de la France, *Beauregard,* Election de *Clermont;* & dans la Carte de l'*Auvergne* par *Jaillot, Beauregard M.r de l'Evêque* dans le district de cette Election.

(e) Guidacgium.] Droit que l'on paye à celui qui est chargé d'entretenir la sûreté sur les chemins. Voyez le *7.e Vol. de ce Rec.* p. 350. Note *(b).*

CHARLES VI.
à Paris, en Mars 1397.

dicerent se ad predicta minimè teneri, [a] *differentes quòd si unquam hoc introductum fuerat aliqualiter, hoc fuit & est, fuerat & erat nullo titulo precedente, & quòd ex quo nos non docebamus quo titulo predicta petebamus, pro tanto dicebant nos non posse eadem petere; dicebantque ulteriùs, nos pridem ipsis* [b] *racionabili prohibuisse Consulatum & Communitatem exercere in dicta Villa,* [c] *ex eo ipsi habitantes erant in possessione habendi Corpus, Communitatem & Consulatum per tanta tempora quod non stat memoria in contrarium, seu quod sufficit ad bonam possessionem habendam & obtinendam, habendi Corpus, Communitatem & Consulatum; videlicet quatuor Consules eligendi anno quolibet pro regendo & gubernando Communitatem predictam, qui sic electi Consules, nobis seu Castellano nostro aut ejus Locumtenenti,* [d] *presentare debebant pro prestando Juramentum; & qui sic electi Consules, quatuor Consiliarios eligere poterant, necnon Preconem seu Precones,* [e] *Gasterium seu Gasterios, Porterium sive Porterios, Custodem seu Custodes, ac eciam Capitaneum in dicto Fortalicio* Laudosi; *dicebantque ulteriùs, se esse in possessione mensuras vini tenendi, & quòd vendens vinum mense Augusti, ab ipsis recipere debebat mensuras: dicebant namque quòd in dicta Villa non debebant teneri Assisie per aliquem de Justiciariis nostris, nisi de quindecim in quindecim diebus, nec ibidem esse debebant nisi duo* [f] *Clientes & unus Bedellus, (f) nec coram dicto Castellano debebat dari libellus, & quòd Partibus litigantibus, coram dicto Castellano, debebat dari libellus, & quòd Partibus litigantibus coram dicto Castellano, licitum erat concordare absque licencia Justicie, nisi Causa concerneret Procuratorem Curie, aut Procurator noster Cause esset adjunctus; & ulteriùs dicebant dicti habitantes, quòd licitum erat Partibus litigantibus coram dicto Castellano seu ejus Locumtenenti, discedere à Curia, sine eo quod Procurator deffectum peteret seu petere deberet, nec Servientes exhigere debebant pro* [g] *gagiamento, nisi tres Denarios, infra fines, & sex, extra; nec Procurator Curie nostre, trahere poterat in Causam aliquem de dictis habitantibus, nisi Informacione precedente aut violente seu vehementes presumpciones existerent: dicebant namque ulteriùs, ipsos* [h] *usus esse & fuisse pluribus aliis Libertatibus, franchisiis & Consuetudinibus; scilicet, quòd Celerarius noster de Causis dependentibus à dicta Curia seu emolumentis* [i] *ipsius, dictus Celerarius seu Notarius dicte Curie, neminem trahere poterant in Causam coram Officiali* Claromontensi, *aut alio Judice ecclesiastico; & quòd licitum erat Consulibus assensare Taillias suas; & quòd dicti Consules, durante eorum Officio Consulatûs,* [k] *ab solucione* [l] *Clamorum factorum per eos vel contra ipsos, erant exempti; & quòd licebat habitantibus dicte Ville, tenere animalia sua in pratis & pascuis ejusdem Ville, tam Nobilium quàm aliorum, in diebus Sabbati* [m] *Ramis Palmarum, Jovis, Veneris & Sabbati, Sancta, ac* [n] *à Dominica in Festo Pasche Domini; licebatque Bajulis Confratrie Sancti Spiritûs, que fit anno quolibet in Festo Penthecoustes Domini; videlicet, tenere animalia bovina & alia empta ad opus Confratrie, in pratis & pascuis dicte Ville; &* [o] *quot Consules per Preconem dicte Ville, proclamari facere poterant omnia concernencia Communitatem predictam, & comodum ipsius, sine licencia Justicie; nec alicui habitatori dicte Ville, licebat facere* [p] reviore *seu duas herbas; & quòd in* [q] *proprietatibus vaccantibus, licitum erat depascere, & unum sextarium farine pro tribus Obolis, dequoqui facere; & quot Leydarius qui* [r] *Leydam in dicto Loco percipit diebus Fori & Nundinarum, se exponere debebat & exhibere ad levandum Leydam suam: aliter debentes Leydam, solvere non tenebantur; nec cuiquam habitatori nobili vel alii, licebat nec erat licitum* [s] *Senssus suos levare ad majorem Quartam, Quartonem seu Cuppam, quam sit mensura* [t] *senssualis nostra quam habemus in dicto loco; & quòd cuiquam habitatori licebat tenere Quartonem & Cuppam, & Quartonem & Cuppam simul, dum tamen essent recte ad mensuram Fori dicte Ville; nec habitantes tenebantur ad Clamorem sive Emendam pro animalibus in* [u] *dampno reppertis per Gasterium, nisi*

[a] *Il faut peut-être corr.* dicentes.
[b] *Il faut peut-être corriger* irrationabiliter *qui se trouve dans le Glossaire de* Du Cange.
[c] ces mots paroissent corrompus, mais le sens est clair.
[d] presentari.
[e] Voy. ci-dessus, pag. 190. Note *(f)*.
[f] Sergens. Voy. ci-dessus, p. 194. Note *(q)*.
[g] saisie.
[h] *corr.* usos.
[i] ipsarum.
[k] à solucione.
[l] Plainte ou Requête faite en Justice.
[m] *suppl.* in. *Voy. l'art.* 23.
[n] cette particule est inutile.
[o] quòd, *& en plusieurs autres endroits qui sont ci-dessous.*
[p] Voy. ci-dessus, pag. 192. Note *(l)*.
[q] des terres, des héritages. Voy. *Du Cange* à ce mot.
[r] Impôt.
[s] census.
[t] censualis.
[u] Voy. ci-dessus, pag. 194. art. 20.

NOTE.

(f) Nec coram, &c.] Cet endroit paroît corrompu, & il est peut-être tronqué. Voy. ci-dessous l'article 15.

tamen

CHARLES VI.
à Paris, en Mars 1397.

tamen hii quibus dampna essent illata, Clamorem [a] exponeret; Ulteriùsque dicebant dictos habitantes vendentes vel ementes in falsa libra sive in falso marcho propriis, non teneri nisi ad sexaginta Solidos; pro alna verò falsa, ad septem Solidos; pro mensuris bladi falsis, ad septem Solidos; pro mensuris vini [b] falsa, & olei, ad septem Solidos (g) componere, nisi essent (h) consuetudinarii; nec pro (i) arresto brisato, nisi triginta Solidos; nec pro Sigillo brisato, nisi viginti Solidos, nisi essent consuetudinarii; nec habitantes dicte Ville, tenebantur facere excubias aut [c] aliter debita, eorum uxoribus [d] jacentibus; & quot eisdem habitantibus licitum erat tenere tabulas diebus Fori & Nundinarum in plateis communibus dicte Ville; nec de bonis pupillorum vel orphanorum fieri debebat Inventarium solempne, nisi excedent summam, in bonis nobilibus, viginti quinque Librarum; nec cuiquam habitatori dicte Ville, licebat murum dicte Ville sive [e] Fortalicum penetrare, faciendo fenestras aut vitralia, vel alia quoquomodò, nisi probis hominibus pluribus dicte Ville, vocatis & presentibus ac consencientibus; & quot Consulibus dicte Ville, & cuilibet eorum, licitum erat gaigiare pro facto Tailliarum habitancium dicti loci, Serviente tamen nostro semper presente; nec aliquis de habitantibus, convictus coram Castellano nostro seu ejus Locumtenenti, super accione injuriarum verbalium, tenebatur ad Emendam nobis solvendam: Dicebant [f] quot ulteriùs dicti Consules & habitantes, se predictis usos fuisse, & pluribus aliis Privilegiis, Libertatibus & franchisiis; nobis in oppositum dicentibus quot supposito quot usi fuissent de premissis, tales Usus & Consuetudines nobis non poterant prejudicium generare, cumque [g] premissis usibus quos dicebamus abusus, tracti essent in Causam coram nobis, ad instanciam Procuratoris Generalis nostri, & plures raciones hinc inde allegate, tam super juribus nostris superiùs expressatis, & aliis, quàm eciam super predictis superiùs expressis & declaratis per dictos Consules, & pro Parte dicti nostri Procuratoris, contra dictos habitantes certi [h] fuerumt dati articuli, pluresque deffensiones allegate per eosdem Consules & habitantes, & in scriptis; super quibus articulis & defensionibus, Lis hinc inde fuerit contestata, & juratum de calumpnia; deinde certi testes producti, recepti & examinati, ac demum publicati per nos, datisque objectibus juris, & aliis terminis necessariis in eadem Causa observatis; renunciato verò & conclusò, demum per nos processum ad diffinitivam Sentenciam, quia per agitata in eadem Causa, nobis legitimè apparuit aliqua de premissis per dictos Consules & habitantes propositis, fuisse & esse vera: igitur quoad eadem, per dictam nostram diffinitivam [i] Sentenciam, perpetuum imposuimus silencium Procuratori nostro antedicto, prout hec & alia in ipsa nostra diffinitiva Sentencia seriosiùs possint apparere. Quibus premissis consideratis, tandem inter nos pro nobis & dicta nostra Ecclesia, ex una parte, & prenominatos Consules pro se nomine Consulatûs, Communitatis & habitancium predictorum, ex parte altera, maturâ deliberacione interveniente, fuit amicabiliter transactum, compositum, concordatum & ordinatum prout sequitur in hunc modum; videlicet,

(1) Quòd dicta Villa nostra Laudosi, habebit de cetero perpetuis temporibus, Corpus, Communitatem & Consulatum; videlicet, quatuor Consules qui per Communitatem eligentur in Domo Communi vocata Sancti Spiritûs, vel alibi, quolibet anno, in Festo Nativitatis Beati Johannis Baptiste, vel sequenti Dominica, seu circumquaque dictum tempus, prout dictis habitantibus visum fuerit expedire, qui Consules sic electi & instituti, regent & gubernabunt Communitatem predictam, & facient & exercebunt ea omnia que facere & exercere consueverunt, [k] qui sic eciam Consulatum, Corpus &

a exponerent.

b falsis.

c alia.

d étant en couche. Voy. ci-dessus, pag. 194. art. 21. & ci-dessous, p. 205. art. 34.

e *Il y a* Fortalicii *ci-dessous*, p. 205. art. 37.

f *corr.* ulteriùs quòd.

g *suppl.* pro.

h fuerunt.

i Elle est dans la Pièce précédente, p. 195.

k *Il faut peut-être corriger* quia sic eciam habitantes Consulatum, &c.

NOTES.

(g) *Componere.*] Ce mot & celui de *Composition* en françois, qui se trouvent souvent dans les Ordonnances, signifient ordinairement une espèce de Traité & d'accommodement qui se fait entre le Juge & la Partie, en faveur de laquelle est moderée l'Amende qu'elle avoit encourue. Je crois cependant qu'ici *componere* signifie le payement de l'Amende en entier.

(h) *Consuetudinarii.*] Je crois que ce mot qui a différentes acceptions, signifie ici ceux qui sont *Coûtumiers du fait.*

(i) *Arresto brisato.*] C'est-à-dire, l'enlèvement des choses sur lesquelles il y a eu saisie & arrêt. Voy. le Glossaire du *Droit françois*, aux mots *saisine* ou *saisie brisée*, T. 1. p. 190.

CHARLES VI. à Paris, en Mars 1397.

Communitatem habuerunt retroactissimis temporibus, ac quatuor Consules, & eligere consueverunt, sicut dictum est: qui sic electi Consules per dictam Communitatem, nobis seu successoribus nostris, aut nostro Castellano dicte nostre Ville Laudosi, *vel ejus Locumtenenti, presentabuntur pro prestando Juramentum quod sequitur: Jurabunt namque quòd fideles erunt nobis & nostris successoribus (k) canonicè intrantibus, & quòd jura nostra & successorum nostrorum ac Communitatis predicte, servabunt pro posse, & quòd directè vel indirectè, juribus nostris seu successorum nostrorum, non se opponent, neque Causas singularum personarum, tanquam Consules, assument & deffendent contra nos aut Curiam nostram, quoquomodo, in Judicio nec extra, nisi dicte Cause concernerent jura dicti Consulatûs & Communitatis, aut Consuetudines, Libertates seu franchesias Ville predicte.*

(2) Item. *Dicti quatuor Consules, prestito Juramento predicto, eligere poterunt quatuor Consiliarios, qui prestabunt Juramenta in manibus eorundem, nobis presentibus, aut Castellano nostro dicti loci, seu ejus Locumtenente, & jurabunt prout dicti Consules superiùs, & aliter, ut est fieri consuetum.*

(3) Item. *Consules ipsi eligent Preconem seu Precones, & duos Gasterios vel plures, si eis indigeant, quos nobis presentabunt, aut nostro Castellano predicto, seu Locumtenenti suo, pro recipiendo Juramentum quod fideliter dicta eorum Officia exercebunt, & aliter jurabunt ut est fieri consuetum; & qui durabunt quandiu eisdem Consulibus placuerit.*

(4) Item. *Et quòd dictis Consulibus licebit sine licencia nostri & Castellani, vel ejus Locumtenentis, aut alterius Justiciarii dicti loci, facere proclamare per Preconem, omnia que necessaria erunt Consulatui & Communitati eorumdem, ac eciam utilia, tociens quociens indigebunt.*

(5) Item. *Licebit eisdem Consulibus, anno quolibet, eligere unum vel plures Custodem vel Custodes pro custodiendo vineas dicte Ville, ultra dictos Gasterios, quem vel quos presentabunt nobis, aut dicto Castellano seu ejus Locumtenenti, pro prestando Juramentum per tales Custodes prestari solitum, presentibus Consulibus prelibatis.*

(6) Item. *Licebit dictis Consulibus eligere diem qua incipient vindempmiare, quam diem dicto Castellano aut ejus Locumtenenti nunciabunt, & factâ nunciacione, idem Castellanus seu Locumtenens suus, teneatur licenciam dare vindempmiandi ad diem illam electam, sine difficultate quacumque.*

(7) Item. *Fortalicio qui nunc est vel in futurum erit, sive sit tale quale nunc est, sive amplioratur sive minuatur, eligent dicti Consules Porterium seu Porterios, Vigilem seu Vigiles, sive* [a] *Gayta, quos presentabunt dicto Castellano seu ejus Locumtenenti, pro prestando Juramentum per tales prestari solitum, presentibus Consulibus; & instituentur per tempus per quod erunt electi; & predicta fient tempore necessitatis & utilitatis dicte Ville, per illos qui facere consueverunt.*

a Gaytam.

(8) Item. *Tempore necessitatis & utilitatis, Capitaneus in dicto Fortalicio per Consules prefatos presentabitur nobis aut successoribus nostris* Claromontensibus *Episcopis, seu alteri super hoc speciale mandatum habenti; quem Capitaneum nos dictus Episcopus, seu alter speciale mandatum habens, sic presentatum, instituemus vel* [b] *instituent, dum tamen sit sufficiens & ydoneus; & habebunt dicti Consules tempus ad presentandum dictum Capitaneum, advenientibus necessitate & utilitate, unum mensem, quòd si facere & presentare distulerint infra dictum mensem, post lapsum ejusdem mensis, poterimus seu dictus alter super hoc speciale mandatum habens, sine exspectacione quacumque dictum Capitaneum instituere; advenientibus tamen necessitate & utilitate: qui Capitaneus prestabit Juramentum in manibus nostris, aut alterius super hoc specialiter deputati, presentibus dictis Consulibus, per Capitaneos prestari solitum; & durabit talis Capitaneus, per tempus per quod presentabitur & instituetur, expensis illorum qui vadia Capitanei in dicta Villa, solvere de consuetudine debebunt, ac solvetur*

b instituet.

NOTE.

(k) *Canonicè.*] Il y a là & plus bas dans le Registre, *Can.*[ce] avec une marque d'abréviation. Cet endroit peut signifier, *aux Évêques canoniquement élûs.*

CHARLES VI. à Paris, en Mars 1397.

salarium ipsius Capitanei, tale quale extiterit racionabiliter concordatum.

(9) Item. *Defficientibus necessitate & utilitate, cessabunt dicta Officia Porteriorum, Vigilum & Capitanei, prout nobis aut nostris successoribus, ac Consulibus & habitantibus, videbitur expedire; quo casu, claves Fortalicii quod nunc est vel erit in futurum, ponentur in manibus Consulum, vel alterius prout nobis placuerit, de consensu tamen dictorum Consulum, absque vadiis, saltimque ipsi Consules solvere teneantur inviti; quas claves poterimus reassumere, & tradere Capitaneo instituendo, advenientibus necessitate & utilitate, prout dictum est supra in precedenti articulo.*

(10) Item. *Non licebit Capitaneo, levare* [a] *deffectum ab illis qui defficientes erunt in excubiis faciendis in dicto Fortalicio; sed Capitaneus ipse locare debebit loco talis excubie defficientis, aliam excubiam quam solvere tenebitur idem defficiens, moderatè tamen, sine eo quod in alio puniatur, nisi inobediencia sit talis & tanta, quòd aliter sit providendum contra talem; & aliàs fiet ut est fieri consuetum; & (l) compulsionem faciet dictus Capitaneus absque salario.*

(11) Item. *Consules tenere debebunt mensuras vini, & ab eisdem, vinum vendere volens, mensuras easdem recipiet, tam mense Augusti quàm alio tempore, presente aliquo Justiciario dicte Ville; quas tradent absque custu; excepto quod dicto mense Augusti, vendens vinum, solvet dictis Consulibus unum sextarium vini; & aliter super hoc fiet ut est fieri consuetum.*

(12) Item. *Vendens vinum dicto mense Augusti, sive sit nostro nomine, sive sit alius, non vendet cariùs quàm mense precedente in dicta Villa vendebatur communiter, vocatis Consulibus providendo quod erit commune vini forum; nec vendetur vinum nisi sanum & purum, & vendens tenebitur tradere* [b] *usque ad Obolum, cuicumque emere volenti, secundùm magis & minùs; & per dictum totum mensem Augusti, per noctes singulas tenebitur habere lumen accensum, pro tradendo vinum qualicumque hora, omnibus habere & emere volentibus, in domo ubi dictum vinum vendetur, & aliter ut est fieri consuetum.*

(13) Item. *Castellanus seu ejus Locumtenens, aut alter Justiciarius, de Causis habitancium non audient nisi in Assisia assignata, quam tenere debebunt de quindecim in quindecim diebus, vel longiùs, si velint, sed non proximiùs, nisi necessitas hoc exigat, vel in casu* [c] *de Gacgiamenti aut inter forenses causa extiterit, aut inter forensem & habitantem; quas Assisias tenebunt horâ competente.*

(14) Item. *In dicta Villa solùm erunt duo Clientes & unus Bedellus, nisi dicti Consules* [d] *ulteriores habere voluerint, qui gaudebunt privilegio consueto.*

(15) Item. *In Causis que ventilabuntur coram dicto Castellano seu ejus Locumtenenti, non dabitur (m) libellus, nisi excedat summam sexaginta Solidorum, vel nisi hoc procedat de ambarum Parcium consensu.*

(16) Item. *Licebit Partibus litigantibus coram dicto Castellano aut ejus Locumtenente, concordare absque licencia Justicie, dum tamen ipsa Causa non concernat Procuratorem Curie, aut Procurator eidem Cause sit adjunctus.*

(17) Item. *Partibus litigantibus coram dicto Castellano aut ejus Locumtenente, & non comparentibus, Procurator dicte Curie non poterit obtinere deffectum, quia non* [e] *comparent, sed actor qui fecerit Clamorem,* [f] *eam solvere tenebitur; nec Procurator predictus (n) commodum habebit, nisi Causa ipsa concernat Officium.*

(18) Item. *Servientes nostre Curie, pro Gagiamento non exigent nisi tres Denarios infra fines dicte Ville, & sex, extra fines.*

a Voy. ci-dessus, pag. 191. Note (i).

b Voy. ci-dessus, pag. 194. note b. marg.

c *corr.* de Gagiamento.

d un plus grand nombre.

e Il y a sur la fin de ce mot une marque d'abréviation qui paroît inutile.

f eum.

NOTES.

(l) *Compulsionem.*] Je crois que ce mot sur lequel je n'ai rien trouvé, a ici le même sens que *Pulsatio* qui, suivant le Glossaire de *Du Cange* à ce mot, a quelquefois signifié une *citation.* Le Capitaine ne prendra point de droit par rapport à la semonce qu'il fera faire à ceux qui doivent venir au guet.

(m) *Libellus.*] Suivant le Glossaire de *Du Cange*, à ce mot, il signifie quelquefois des écritures faites dans un procès.

(n) *Commodum.*] C'est-à-dire, à ce que je crois, une partie du droit que l'on payoit lorsqu'on présentoit une Requête ou qu'on faisoit une Plainte en Justice.

CHARLES VI. à Paris, en Mars 1397.

(19) Item. *Procurator neminem trahet in Judicium pro Causis concernentibus Officium, nisi Informacione precedente, nisi super facto criminali presumpciones violente aut vehementes existant.*

(20) Item. *De Causis deppendentibus à dicta Curia seu emolumentis* [a] *ipsius*, [b] *Notarius dicte Curie seu Cellerarius noster in dicta Villa substitutus, neminem trahere poterit in Causam coram Officiali* Claromontense, *seu alio Judice Ecclesiastico, sed per Servientes dicte Curie* [c] *compellentur sine custu, nisi in casu quo rebellio esset tam gravis, quòd ob deffectum Justicie, compulsio fieri nequiret; & aliter fiet ut est fieri consuetum.*

(21) Item. *Consulibus dicte Ville licebit assensare Tailliam seu Taillias quascumque quas indicent seu imponent supra habitantes, de consensu & voluntate Consiliariorum, sine licencia & voluntate nostris, aut Castellani nostri seu ejus Locumtenentis, aut alterius Justiciariorum.*

(22) Item. *Consules erunt exempti à solucione Clamorum expositorum per eos, seu contra ipsos nomine dicti eorum Consulatûs, aut privato nomine, quandiu erunt in Officio Consulatûs.*

(23) Item. *Habitantibus dicte Ville licebit tenere animalia sua in pratis & pascuis dicte Ville, tam Nobilium quàm aliorum, Sabbati in Ramis Palmarum, Jovis, Veneris, & Sabbati, Sancta,* [d] *Dominica in Festo Pasche, singulis annis, absque contradicione quacumque, ut facere consueverunt.*

(24) Item. *Bajulis Confratrie Sancti Spiritûs, que fit anno quolibet in Festo Penthecostes in dicto loco, licebit tenere animalia bovina, & alia necessaria ad dictam Confratriam, in pratis & pascuis dicte Ville, sine eo quod emenda vel Clamor fieri aut exigi possint, prout facere consueverunt.*

(25) Item. *Singulis annis licebit dictis Consulibus, quando eis visum fuerit, facere preconizari per Preconem, mense Marcii aut Aprilis, sine licencia Justicie, quòd animalia non intrent in pratis dicte Ville, ut dampna inferant, prout est fieri consuetum.*

(26) Item. *Nulli Gencium Ecclesiasticarum, Nobilium aut aliorum, licebit facere* [e] removere *sive duas herbas in pratis suis, sed solum unam vocatam* temporial, *ut est fieri consuetum.*

(27) Item. *Et quòd habitantibus dicte Ville &* [f] *alii qui ibidem consueverunt & debent depascere, licebit depascere animalia sua in pascuis & proprietatibus vacantibus non cultis,* [g] *& eciam cultis non existentibus in agricultura, & dummodo ibidem non existeret bladum seu semen, ut est fieri consuetum.*

(28) Item. *Licebit omnibus habitantibus & aliis, dequoquere in Furno seu Furnis dicte Ville nostre, unum sextarium farine, pro tribus Obolis, prout est fieri consuetum.*

(29) Item. *Leydarius Leyde, tenebitur levare Leydam diebus Fori & Nundinarum, ab illis qui Leydam debebunt, & casu quo Leyda non fuerit levata, aut Leydarius non se disposuerit ad levandum, venditores & emptores ultra illam* [h] *dictam Leydam solvere non tenebuntur.*

(30) Item. *Nulli Nobilium aut aliorum, licebit levare Census suos ad Quartam, Quartonem seu Cuppam majores quàm sit mensura nostra censualis ibidem existens.*

(31) Item. *Cuiquam habitatori dicte Ville, licebit tenere Quartonem vel Cuppam, ac eciam omnes, si velit, in domo sua, dummodo sint recte & juste ad dictam mensuram Fori dicte Ville.*

(32) Item. *Gasterius, pro animalibus dampnum inferentibus, quando ea capiet in dampno, salarium sive gasterium suum habebit solùm, nisi hii quibus dampna erunt illata, exposuerint Justicie, quo casu Clamor debebitur, &* [i] *emenda pars, si petatur.*

(33) Item. *Qui in libra falsa vel marcho falso proprio vendiderit, &* [k] *convictus fuerit, ad sexaginta Solidos* [l] *componet; pro alna falsa, ad septem Solidos; pro mensura bladi falsa, ad septem Solidos; pro mensura vini & olei, falsa, ad septem Solidos, nisi sint* [m] *consuetudinarii; pro* [n] *arresto brisato, triginta Solidos; pro Sigillo brisato, viginti Solidos, nisi sint consuetudinarii, component.*

(34) Item. *Habitantes dicte Ville, non tenebuntur facere excubias aut operas*

a ipsarum.
b Greffier.
c Voy. p. precédente Note (l).
d *suppl.* &.
e *Il faut corr.* reviore. *Voy. ci-dessus*, p. 192. & Note (l), p. 194. art. 18. & pag. 200.
f *corr.* aliis.
g Voy. ci-dessus, pag. 192. Note (m), & p. 194. art. 18.
h *Je crois qu'il faut suppl.* diem.
i emende.
k convictus.
l Voy. ci-dessus, pag. 201. Note (g).
m Voy. ci-dessus, pag. 201. Note (h).
n Voy. ci-dessus, pag 201. Note (i).

alias debitas, nec ad voluntatem nostram accedere ubi aliter tenerentur, quandiu eorum uxores in [a] *puerpero jacebunt.*

CHARLES VI. à Paris, en Mars 1397.

(35) [b] Item. [c] *Habitantes dicte Ville licebit tenere in diebus Fori & Nundinarum, tabulas sive* [d] *afficciones in plateis publicis, pro vendendo suas denariatas, aut extraneis* [e] *logiare, subtus tamen* [f] *subgrundia vel ante sua hospicia, absque tamen prejudicio itineris vel rei publice.*

(36) Item. *De bonis pupillorum vel orphanorum, non fiet Inventarium solempne, nisi excedat in bonis mobilibus summam viginti quinque Librarum, prout fuit aliter ordinatum.*

(37) Item. *Nulli habitatori dicte Ville licebit murum dicte Ville penetrare, sive Fortalicii, pro faciendo fenestras aut vitrialia, aut aliter quoquomodo, sine voluntate & licencia nostris seu Gencium nostrarum, & presentibus ad hec Consulibus, & de consilio eorumdem, ac aliorum proborum virorum dicte Ville;*

(38) *Et dicti habitatores dicte Ville, habentes boves arabiles, tenebuntur bis in anno solùm; scilicet, in Festivitatibus Omnium Sanctorum & Nativitatis Domini, portare ligna in Castro nostro* Belli-Regardi, *quandiu nos residenciam faciemus in dicto nostro Episcopatu, & non aliter; & nos Episcopus prefatus tenebimur solvere cuilibet bubulco, quatuor Denarios.*

(39) Item. *Tenebuntur dicti habitantes boves habentes, portare fenum quod excrescet in prato nostro de* Prat Cros *solùm, in dicto Castro de* Belli-Regardi, *singulis annis; nec non & habitantes equas habentes, tenebuntur portare* [g] *advenam quam habebimus in dicto loco* Laudosi, *in dicto Castro, & non alibi, requisiti priùs; & nos tenebimur dare cuilibet conductori duos Denarios.*

(40) Item. *Macellariis dicti loci licebit vendere carnes suas quas occident die Sabbati, in die Lune sequenti, aut quas occident die Jovis, in die Sabbati sequenti; dummodo Consulibus presentibus videatur carnes fore venales; & simili modo, per alios dies septimane.*

(41) Item. *Qui proprietatem aliquam in dicto loco non clam vel precario aut vi, titulo legitimo precedente, per decem annos inter presentes, & viginti inter absentes, securus erit in possessione & proprietate. Qui autem possessionem aliquam tenuerit non vi, non clam nec precario, titulo legitimo precedente, per annum & diem, in possessione securus erit, & per viam accionis veniet quis voluerit, in proprietate.*

(42) Item. *Dicti Consules gacgiare poterunt pro facto Tailliarum dicte Ville, Serviente nostro aut* [h] *Gasterio ad hec semper presentibus.*

Dicti verò Consules, Communitas & habitantes predicte Ville (o) mere Laudosi, *nobis aut successoribus nostris futuris Episcopis* Claromontensibus, *tenebuntur facere, solvere, dare & satisfacere ea que sequntur.*

(43) *Et primò, racione & ex causa Taillie nobis annis singulis per eosdem habitantes debite in quolibet Festo Omnium Sanctorum, amodo annuatim & in perpetuum solvent summam quinquaginta Librarum usualis Monete.*

(44) Item. *Racione & ex causa (p) ascense Furnorum nostrorum dicte Ville, qui nunc sunt & in futurum poterunt edificari, solvent ampliùs & satisfacient singulis annis ex nunc perpetuis temporibus, in duobus terminis & solucionibus, summam triginta duarum Librarum dicte Monete.*

(45) Item. *Omnes habitantes dicte Ville, habentes boves arabiles, & illi habentes equos & equas, tenebuntur nobis & futuris successoribus nostris portare & deferre*

[a] puerperio.
[b] Voy. sur cet article, la Note (r) de la p. 194.
[c] habitantibus.
[d] Voy. ci-dessus, pag. 194. Note (r).
[e] *corr.* locare.
[f] Voy. ci-dessus, pag. 195. Note (s).
[g] avenam.
[h] Voy. ci-dessus, page 190. Note (f).

NOTES.

(o) *Mere.]* On trouve dans le Glossaire de *Du Cange*, au mot *merum*, qu'il signifie quelquefois le District, le Territoire d'une Ville. Il faut donc peut-être corriger ici *Ville* & meri *Laudosi*.

(p) *Ascensa.]* Suivant le Glossaire de *Du Cange* à ce mot, il est synonyme d'*accensa*. Ce dernier mot signifie ordinairement un Ascensement, un Bail à ferme: mais il a ici un autre sens, & y signifie un forfait, un abonnement. Les habitans payoient tous les ans pour le droit de Fournage, une certaine somme, moyennant laquelle ils étoient exempts des droits qu'ils auroient dû payer toutes les fois qu'ils auroient fait cuire leur pain à ces Fours.

CHARLES VI.

à Paris, en Mars 1397.

ligna, fenum & avenam, modo & forma ac sub condicione contentis & declaratis in articulis concordatis predictis de hiis mencionem facientibus.

a en vertu du droit seigneurial de Ban de vin.

(46) Item. *Nobis & futuris successoribus nostris licebit, sicut retroactis temporibus licitum fuit, in eadem Villa* Laudosi, [a] *tenere vinum ad vendendum mense Augusti, sine eo quod alius infra pertinencias dicte Ville, possit vendere vinum eodem Mense tantùm, vel per nos seu alium nostro nomine cui voluerimus hoc assensari aut ad firmam tradere.*

(47) Item. *Consuetudines alie racionabiles in dicta Villa hactenùs observate & usitate, in sua vi & virtute remanebunt. In aliis verò supra non specificatis nec in dicta Villa usitatis, Jus commune in omnibus & per omnia observabitur: salvis tamen nobis & eciam futuris successoribus nostris, omnibus aliis juribus tam Pedacgii, (q) Mudacgii, Badacgii, & aliorum redditumm ibidem spectancium & pertinencium eis, modo & forma quibus ab antiquo est haberi & levari consuetum.*

Predicta autem hinc inde concordata & pacificata, semper & illibatè servare ac tenere, tam per successores nostros Episcopos Claromontenses *canonicè intrantes, Castellanumque ac Locumtenentem suum, & eciam Consules memoratos, Juramentis solempniter ac legitimè firmabuntur, quathenùs predicta quemlibet tangent, & hoc tociens quociens eosdem successores nostros in ipsorum jocundo adventu intrare contingerit, aliique prenominati in dictis suis Officiis de novo instituentur: supradicta namque universa & singula, prout superiùs concordata, pacta, transacta & composita sunt, ac pleniùs expressata, & ea tangencia, tenere, servare, attendere, facere, complere, firmiterque & inviolabiliter perpetuò observare, nos pro nobis & nostris ac ipsi Consules & habitantes pro se & suis successoribus, invicem & vicissim, promittimus &* [b] *promittent bonâ fide (r) per nos atque nostros & eorum successores quoscumque, una cum refeccione, ressarcione & plenaria restitucione omnium & singulorum dampnorum, expensarum & interesse, que nos, & quod occasione premissorum fieri contingerit in Judicio vel extra, aut aliter quomodolibet sustineri.*

b promittunt.

Pro quibus omnibus universis & singulis supra & infrascriptis, ac in presenti Contractu contentis, per nos & alios prenominatos, prout quemlibet concernunt, tenendis, servandis, attendendis, complendis, firmiterque & inviolabiliter perpetuò observandis, contraque in aliquo nunquam [c] *dicendis, veniendis aut faciendis, uterque prout premissa omnia, tam in toto quàm in parte, nos & ipsos concernunt, ex nostra & eorum certa sciencia, & proposito deliberato, & absque quacumque juris vel facti excepcione vel contradicione, tacita vel expressa, nos & ipsi, se & successores quoscumque personaliter, & omnia nostri Episcopatûs, ipsique eorum Communitatis bona mobilia & immobilia,* [d] *seseque movencia, presencia & futura, realiter per pactum expressum solempni & valida stipulacione vallatum, obligamus & obligaverunt, ypothecamus & ypothecaverunt, submittendo Juridicioni, cohercioni, viribus, rigoribus, compulsionibus ac (s) meris examinibus quorumcumque Judicum competencium, & Curiarum suarum: volentes hinc inde ex nunc prout ex tunc, ac expressè consensientes quòd solâ ostencione seu exhibicione presentis Contractûs, seu ipsius transcripti, possimus, debeamus, ac possint & debeant cogi, compelli, constringi, viriliterque urgeri ad integram & plenariam observacionem omnium & singulorum supra contentorum & promissorum, prout quemlibet concernunt, per quascumque Censuras ecclesiasticas* [e] *competentes, ad capcionem, distraccionem & festinam vendicionem bonorum omnium mobilium & immobilium seseque*

c *Je crois qu'il faut corriger* dicendum, veniendum aut faciendum.

d *Il faut peut-être corriger là & plus bas* à seque movencia.

e competen. *Reg.*

NOTES.

(q) Mudacgii, Badacgii.] On trouve dans le Gloss. de *Du Cange, Mudagium* synonyme de *Mutagium*, qui est un droit Seigneurial qui se paye dans le cas d'échange d'héritage. Voy. le 7.e *Vol. de ce Rec.* p. 318. Note *(ll)*. Je n'ai rien trouvé sur *Badacgium* qui est appellé ci-dessus, p. 199. *Badacge.* Seroit-ce le droit de Bac? On trouve dans le Glossaire du Droit François *Bagoages*, Maletôtes.

(r) Per nos, &c.] Il paroît qu'il y a quelque chose de tronqué dans cet endroit & dans la suite de cette phrase.

(s) Meris examinibus.] Ce mot *meris* a peut-être rapport ici à ces mots : *merum & mixtum Imperium. Merum Imperium* est l'autorité du Juge qui peut infliger des peines afflictives. Voy. la Note *(z)* de la page 44. du 5.e *Vol. de ce Rec.*

CHARLES VI.

à Paris, en Mars 1397.

movencium predictorum, faciendas per quoscumque Judices competentes, tanquam pro re liquida, clara, manifesta, in Judicio confessata & summaliter judicata, & que nulla Appellacione suspensa, in rem [a] *transire judicatam. Et ad majorem securitatem omnium & singulorum premissorum* [b] *habendi, nos more Prelati, & dicti quatuor Consules dictis nominibus (1) vicini ad invicem, per pactum expressum solempni & valida stipulacione* [c] *vallatim promittimus & promiserunt bonâ fide, juravimusque ponendo manus supra pectus nostrum, ac ipsi juraverunt supra Sancta Dei Euvangelia, premissa omnia & singula transacta & concordata, superiùs expressata, prout quemlibet concernunt, tenere, attendere, facere, complere, firmiterque & inviolabiliter perpetuis temporibus observare, contraque non facere, dicere vel venire de jure vel de facto, directè vel indirectè, clam vel palam, in Judicio, nec extra, aliquâ racione, occasione vel causâ excogitatâ vel in posterum cogitandâ, ullo modo ullisve temporibus in futurum, sub omni juris & facti renunciacione ad hec necessaria, pariterque cautela. Et quia predicta & subsequencia omnia, universa & singula, in presentibus Litteris contenta, capi seu transcribi non poterunt in unica pelle pergameni, propter verborum & facti superhabundanciam, prout cuilibet* [d] *intuendi apparet & apparere potest; idcircò, ea omnia universa & singula scribi fecimus & mandavimus in presentibus duabus pellibus pergameni, & dicte due pelles pergameni, Sigillo Curie nostre sigillate, quas ad majorem firmitatem de premissis habendam, & sinistre suspicionis* [e] *crupullum tollendum, fecimus & mandavimus tenaci glutinio conglutinari & conjungi, ac in principio & in fine cujuslibet* [f] *conjunccione seu conglutinature, Sigillum dicte Camere nostre apponi. In quorum omnium & singulorum premissorum fidem & testimonium, nos dictus* Claromontensis *Episcopus, hiis presentibus Litteris, ad opus nostri & dictorum Consulum, Communitatis & habitancium, duplicatis, Sigillum Camere nostre, ac Sigilla Curiarum nostrarum spiritualitatis & temporalitatis* [g] Claromontensium, *duximus apponenda, una cum signis & subscripcionibus Notariorum publicorum, nostrorumque Juratorum infrascriptorum. Quas quidem Litteras voluimus, & voluerunt dicti Consules unanimes, quòd possint & valeant meliùs dictari, reffici & emendari, si necesse fuerit, semel vel pluries, eciam in Judicio producte vel non producte, juxta dictamen & Consilium peritorum; facti tamen substancia in aliquo non mutata; & quas eciam Litteras volumus & voluerunt dicti Consules, tripplicari & quadruplicari, ac tot & tantas fieri, quot & quante nobis & ipsis* [h] *fuerunt & erunt necessarie & opportune. Acta fuerunt hec in nostra Civitate* Claromontense, *& infra Domum Episcopalem nostram, sub anno ab Incarnacione Domini millesimo trecentesimo nonagesimo secundo, & die Sabbati post Festum Epiphanie Domini, que fuit undecima dies mensis Januarii; hora Vesperorum vel circa, Indictione primâ; Pontificatûs verò sanctissimi in Christo Patris & Domini nostri Domini* Clementis *divinâ providenciâ Pape septimi, anno quinto decimo, ac regnante serenissimo Principe Domino* Karolo, *Dei gracia Rege Francorum; testibus hiis presentibus, venerabilibus & circumspectis viris Dominis & Magistris* Martino Meschini, *Preposito* Laudosi, *Cancellarioque nostro;* Guillelmo de Fonte, *Procuratore nostro Fiscali; nobilibus* Petro Bakargues, Guillelmo *de la* Sepoza, *domicellis;* Guillelmo Genesii, *Jurisperito; Domino* Johanne Bruni, *Presbitero;* Johanne *de* Moli, *Notario* Claromontense, *& pluribus aliis testibus ad premissa vocatis specialiter atque rogatis* [i] *dictorum Consulum.*

Et ego Johannes Fromagerii, *Clericus* Parisiensis, *Dyocesis, Appostolicâ & Imperiali publicus auctoritatibus Notarius, dictique Domini Episcopi* Claromontensis *Secretarius, ac coram eo Scriba, qui* [k] *predictarum Transactioni, Composicioni &* [l] *Accordi, ceterisque premissis omnibus & singulis, dum sic, ut premittitur, agerentur & fierent, una cum prenominatis testibus ac Notariis publicis subscriptis, presens interfui, & ea tam ipsi Notarii quàm ego concorditer in notam assumpsimus, ex qua presentes Litteras* [m] *extrassimus, ac per alium fideliter scribi fecimus, cum ad ea scribenda vacare non possemus, aliis negociis legitimè occupati: & in premissorum testimonium, presentes*

a transiere.
b habendam.
c vallatum.
d intuenti.
e scrupulum.
f conjunccionis.
g Claromon. *Reg.*
h fuerint.
i *Il faut peut-être corriger*, ex parte dictorum Consulum; *& peut-être même* ex parte Episcopi & dictorum Consulum.
k predictorum *ou* predictis.
l accordo.
m extraximus.

NOTE.

(1) Vicini.] Ce mot paroît corrompu, il faut peut-être corriger *uniti*. Il est dit un peu plus bas en parlant de ces Consuls, *unanimes*.

CHARLES VI.
à Paris, en Mars 1397.

Litteras, de mandato memorati Domini mei Episcopi, hîc me subscripsi, Signum meum solitum apponendo tam hîc in fine, quàm in principio conjuncture pellis cum [a] *dimidie pergameni, una cum Sigillis ejusdem Domini mei Episcopi, ac Curiarum suarum spiritualitatis & temporalitatis Civitatis* Claromontensis, *ac eciam signis & subscripcionibus Notariorum publicorum infrascriptorum, requisitus ac rogatus, tam ad opus dictorum Consulum, quàm prefati Domini mei Episcopi. Constat de rasuris superiùs factis in diccionibus que secuntur: (u) . . . . quas approbo.*

a dimidia.

Et Ego Johannes Lomosset *de* Claromonte, *publicus Apostolicâ auctoritate & Imperiali Notarius, Curieque* Claromontensis *juratus, Transaccioni, Composicioni & Accordo predictis, ac promissioni, ceterisque premissis, dum sic agerentur & fierent, una cum supra & infra scriptis Notariis publicis ac testibus predictis, presens interfui, predictaque per alium, aliis occupatus negociis mei Officii racione, fideliter scripta, in hanc formam publicam* [b] *reddigi, una cum dictis supra & infra scriptis Notariis, de Mandato Domini Episcopi prefati,* [c] *hîc me subscripsi, ac Signo meo solito signavi, una cum signis & subscripcionibus supra & infra scriptorum Notariorum publicorum, ac sigillorum predictorum appensione, requisitus atque rogatus, ad opus Domini Episcopi & Consulum predictorum, in testimonium premissorum.*

b redegi.
c *suppl.* &.

Et Ego Durandus *de* Germaiso, *Clericus* Claromontensis *Dyocesis, publicus Imperiali auctoritate ac Curie* Claromontensis *juratus Notarius, Transaccioni, Composicioni, Accordo & promissioni predictis, ceterisque premissis omnibus & singulis, dum sic per dictas Partes agerentur, concederentur & fierent, una cum supra scriptis Notariis publicis ac testibus predictis, presens interfui, predictaque per alium, aliis occupatus negociis mei Officii racione, fideliter scripta, in hanc formam publiacm reddegi una cum dictis Notariis publicis, de mandato memorati Domini Episcopi, hîcque me subscripsi ac Signo meo solito signavi, una cum signis & subscripcionibus supradictorum Notariorum, ac Sigillorum predictorum appensione, in testimonium premissorum, requisitus, atque rogatus.*

Suite des Lettres de Charles VI.

Quas quidem Litteras, ac omnia & singula in eisdem contenta, ratas & gratas habentes, eas & ea volumus, laudamus, approbamus, tenoreque presencium, de speciali gracia confirmamus, in quantùm ritè, justè & debitè usi sunt & utuntur: Baillivo *de* Sancti Petri Monasterio, *ceterisque Justiciariis & Officiariis nostris, vel eorum Locatenentibus, & cuilibet ipsorum, prout ad eum pertinuerit, mandantes quatenùs supradictos Consules & habitantes Ville* Laudosi, *& eorum successores, Libertatibus, Consulatu, Previlegiis, graciaque & concessione, juribus, possessionibus & saisinis, ceterisque omnibus preinsertis Litteris contentis, uti & gaudere faciant pacificè & quietè; nil in contrarium faciendo, aut à quoquam fieri permittendo. Et ut premissa robur perpetuò firmitatis obtineant, nostrum Litteris presentibus fecimus apponi Sigillum: nostro in aliis, & alieno in omnibus jure salvo.* Datum *Parisius*, mense Marcii, anno Domini millesimo trecentesimo nonagesimo septimo; Regni verò nostri, decimo octavo.

Per Regem, ad relacionem Consilii. [d]

d Il n'y a point de signature dans le Registre.

NOTE.

(u) On a retranché ici les renvois, comme on l'a fait dans la Pièce précédente. Voy. ci-dessus, p. 196. Note *(y)*

(a) Lettres

CHARLES VI. à Paris, en Mars 1397.

(a) Lettres confirmatives de celles du Dauphin Jean, qui portent qu'on ne pourra arrêter prisonniers les habitans du Briançonnois, que dans le cas de certains crimes graves qui sont spécifiez.

KAROLUS Dei gracia Francorum Rex. Notum facimus universis presentibus pariterque futuris, Nos vidisse Litteras, formam que sequitur, continentes.

JOHANNES Dalphinus Viennensis *&* Albonii Comes, *Dominusque de* Turre. *Dilectis fidelibus suis* [a] *Baillivuo & Judici nostris* Brianzonesii, *qui nunc sunt & ibi fuerint temporibus profuturis, vel eorum Locatenentibus: Salutem & amorem. Pluribus querelantibus de* Castellania Brianzonesii, *ad nostram noticiam pervenit quòd nostri Officiales in dicta Castellania pro nobis Officiantes (b) . . . . pro verbis & culpis minimis, & sepiùs, pociùs voluntariè quàm culpâ racionabili* [b] *prehemite, gentes capiunt, & captas ducunt ad Castrum nostrum carceratas, & sive sint culpabiles sive non, inde non exeunt donec solverint Gayte seu (c) Mandaciis aut ceteris familiaribus, quinque Solidos; que si vera sunt, remedio indigent oportuno: quare vobis & vestrûm cuilibet, precipiendo nostra* [c] *damus quatinùs à tali capcione desistatis & desisti faciatis, nisi duntaxat in certis casibus; videlicet, in criminibus latrocinorum, omicidiorum, vulnerum, adulterorum, prodicionum, & Lese-Majestatis, & consimilium, & in aliis casibus in quibus non essent (d) fidejussoribus permittendi: in ceteris verò delictis, si ydonee fidejubere poterint de* [d] *pendo juri, capcionem hujusmodi inhibemus, nolentes quòd nisi in prescriptis casibus,* [e] *quòd dictum tributum quinque Solidorum, majoris vel minoris quantitatis, ab ipsis captis exigatur, nisi duntaxat expense victualium & custodum, si eis apponantur vel tradantur: predicta autem illibata servetis & servari faciatis, in quantum indignacionem nostram cupitis* [f] *evitari, (e)* Datum cum appensione Sigilli nostri, die XVII.[a] mensis Septembris, anno Domini millesimo CCC.° sexto decimo. [g] *Expeditum per nos, assistentibus nobis Domino* Petro Aynardi, *Milite, &* Andrea Cuppi, *Consiliariis nostris.*

Quas quidem Litteras supradictas, omniaque & singula in eisdem contenta, in quantum ritè, justè & debitè usi sunt pacificè & quietè, ratas & gratas habentes, eas volumus, laudamus, approbamus, & tenore presencium confirmamus: mandantes Gubernatori nostri Dalphinatûs *predicti, ceterisque Justiciariis & Officiariis, aut eorum Locatenentibus, presentibus & futuris, & cuilibet eorumdem, prout ad eum pertinuerit, quatenùs dictos querelantes, omnibus & singulis in ipsis Litteris contentis uti & gaudere pacificè & quietè faciant & permittant, ipsosque nullathenùs molestent nec molestari* [h] *; sed quicquid in contrarium factum vel attemptatum repererint, ad statum pristinum & debitum reducant aut reduci faciant indilatè. Quod ut firmum & stabile permaneat in futurum, nostrum hiis presentibus fecimus apponi Sigillum: salvo tamen in aliis jure nostro, & in omnibus quolibet alieno.* Datum *Par.* mense Marcii, anno Domini millesimo CCC.° nonagesimo septimo; & Regni nostri XVIII.°

Per Regem, ad relacionem Consilii. MERCIER.

a Baillivo.

b *ce mot paroît corrompu, il faut peut-être corriger* premente.

c *suppl.* Mandata.

d *corr.* stando.

e mot inutile.

f evitare.

g expedit. *Reg.*

h *suppl.* permittant.

NOTES.

(a) Trésor des Chartres, Registre 153. P. CL. (150.)

Ces Lettres & les suivantes ne sont point dans le Recueil des Privilèges du *Briançonnois*, dont on a donné le titre dans la Note (a) de la page 719. du 7.e *Vol. de ce Rec.*

(b) Il y a dans le Registre *quq.* avec deux marques d'abréviation. Ce mot, quelque chose qu'il puisse signifier, paroît inutile.

(c) *Mandaciis.*] Ce mot sur lequel je n'ai rien trouvé, peut signifier des Valets du Geolier.

(d) *Fidejussoribus permittendi.*] Cela peut signifier les cas dans lesquels les délinquans peuvent être remis entre les mains de ceux qui les cautionnent. On pourroit peut-être corriger *fidejussores.*

(e) Il y a dans le Registre *red. lite pertitor* avec des marques d'abréviation sur ces trois mots. Il eût été difficile de deviner ce que cela signifie; mais cette même formule se trouve plus correctement dans les Lettres qui sont imprimées après celles-ci, & qui regardent aussi le *Briançonnois.* On y lit: *Redd. Litt. port.* avec des marques d'abréviation sur ces trois mots, ce qui signifie *reddantur Littere portitori* ou *portitoribus.*

CHARLES VI. à Paris, en Mars 1397.

(a) Lettres confirmatives de celles par lesquelles le Dauphin Humbert confirme les Privilèges des habitans du Briançonnois.

KAROLUS, &c. Dalphinus Viennensis. *Notum facimus universis tam presentibus quàm futuris, nos Litteras infrascriptas vidisse, quarum tenor sequitur & est talis.*

HUMBERTUS Dalphinus Viennensis. *Universis & singulis presentibus & posteris, & Officialibus precipuè cujuscumque sunt & erunt preheminencie, condicionis sive status, has nostras presentes Litteras intuentibus, graciam nostram & salutem; (b) hec que largiffluè speculari. Quoniam que geruntur in tempore, noverca perimit oblivio, fortuna vestitalis & inopinata, vel vestutas, providencia docet solers & instruit per scripturam memorie commendare, denuòque sepiùs iteracione roborari,*[a] *& humanitus*[b] *perhenmetur: Itaque nostra munificencia meritò providere*[c] *pociùs hiis qui nobis & antecessoribus nostris hactenùs & affectu continuo fideliter servierunt. Quamobrem condignè considera tis & attentis serviciis & meritis dilectorum fidelium nostrorum Burgensium de* Brianzono, *olim & retroactis continuè temporibus factis & impensis, & proximis hiis temporibus elapsis, tempore scilicet sedicionum in* Brianzono[d] *concitarum, quas, Deo propicio, nos*[e] *ipse seduvimus, & fecimus ipsa pacifica & tranquilla, non immeritò, periculosis premissis casibus, suis privilegiis yminentibus, benivolenciam nostram impartimur: Cumque nuper cum universitatibus Bailliviatûs* Brianzoni, *super nonnullis Capitulis (c) paciscentes & transigendo convenientes*[f] *ordinantes, disposuerimus de eisdem, inter cetera meminimus eisdem universitatibus & personis singularibus earumdem, roborasse & confirmasse pro nobis & successoribus nostris, omnia Privilegia, Libertates, franchisias, Consuetudines, Usus, Immunitates, & queque alia ab olim à nobis & antecessoribus nostris sibi collata, indulta & concessa, & per ipsos eciam acthenùs usitata; Et attento & considerato, ut Civilis*[g] *dicat Sancio, (d) quòd ea que notabiliter sunt nec specialiter notentur, quasi neglecta videntur vel censentur, faventes favore speciali dictis Burgensibus, pro se & posteritate sua recipientibus, una cum sibi unitis Burgensibus &*[h] *afranchisiis aliis, usque ad hec tempora, & sibi eciam uniendis temporibus profuturis, motu proprio & liberali convenimus sua Privilegia, franchisias, Libertates, Immunitates, & alia à nobis & antecessoribus nostris collata, indulta & concessa roborare, stabilire & confirmare specialiter & expresse, & eciam bonos usus suos, Consuetudines, bonosque mores & diuturnos, & alia queque in favorem suum usitata, confirmare; que quidem omnia & singula, pro nobis & successoribus nostris, universalibus & singularibus, dictis Burgensibus cum dictis unitis & uniendis memoratis, & maturâ deliberacione prehabitâ, & ex certa sciencia, confirmamus, & ratifficando comprobamus, & eciam de novo damus, concedimus & impartimur, & in singulis suis capitulis illibate per quoscumque observari volumus perhenniter & jubemus, & ipsa & ipsorum singula, nunc & semper, in favorem suum interpretari, prioraque nullathenùs*

a *Il faut peut-être corr.* ut.
b perhennentur.
c *suppl.* debet.
d concitatarum.
e ipsi sedavimus. *Cop. de Gr.*
f *suppl.* &.
g dicit.
h *Il faut peut-être corr.* affranchisiatis.

NOTES.

(a) Trésor des Chartres, Registre 153. Pièce CXXVI. (126.)

Il a aussi été envoyé de *Grenoble* une copie de ces Lettres, avec cette Indication: *Embrun, Briançon Baronnis à Gap. triple GGG, fol.° 100.*

Cette Copie est encore plus défectueuse que le Registre. Elle est tronquée en quelques endroits. Il y a plusieurs mots corrompus; & il y en a quelques-uns que le Copiste a laissé en blanc, parce qu'apparemment il n'a pu les lire. Voy. ci-dessus, p. préced. Note *(a)*.

(b) Hec que largiffluè speculari.] Ce membre de phrase & celui qui le suit, sont fort obscurs & peut-être corrompus. Je ne sçais même si ces mots doivent se rapporter à la phrase suivante ou à la précédente.

(c) Paciscentes.] Ce sont apparemment les conventions du 20 de Mai 1343. confirmées par Charles VI. le 25 de Juillet 1381. qui sont imprimées à la page 719. du 7.e *Vol. de ce Rec.*

(d) Quòd ea.] Ce texte de Droit se trouve dans le livre XLVII. du Digeste, §. 26. de la Loi 15. du titre 10. *de injuriis & famosis Libellis;* mais dans ce texte, au lieu de *nec specialiter notentur,* on lit *nisi specialiter notentur.*

CHARLES VI.

à Paris, en Mars 1397.

abrogare, vel eis aliquathenùs derogare, aut taxam de universali contingente, aliter fieri vel acceptari, quàm per modum antiquitùs & acthenùs usitatum, & secundùm eandem taxam ipsos contingentem, sequentes nostras cavalgatas, & faciendo de numero [a] *Clientum de novo ordinatorum, partem pro rata contingentem, ipsos & posteritatem suam pro ea parte quittando, volumus nos & successores nostros pro ea parte* [b] *contemptari, ut* [c] *quitios de residuo numero vel quantitate; contumacia vel mora aliorum, quod absit, sibi nullathenùs noscitura vel in aliquo prejudicium adlatura; & idem intelligimus, solvendo partem suam & ratam, ut premittitur, nobis promisse pecunie, & reddituum vel obvencionum vel aliorum de & pro conventis cum eisdem; pariterque res funccionales tributorum, (e) afitare possint, liberas vel pensionales, cum sic sit acthenùs usitatum; nec eciam escubias, seu (f) cerchiam sic vulgariter nuncupatam facere teneantur aut* [d] *mensionem continuam infra Burgum vel Castellum, nisi si & prout per suos Sindicos temporibus profuturis statutum fuerit vel eciam ordinatum, sed ubicumque residerint & mansionem fecerint, dictis Libertatibus perfruantur, & statuendis & ordinandis memoratis parere & obedire teneantur inconcussè; quòdque eciam nulla persona que Burgensis non fuerit, aut de Universitate* Brianconi *memorata, vendere ad minutum audeat vel presumat, nisi de licencia Sindicorum dicti loci consueta; quòdque eciam, si que bona vel jura feudalia acquisierint vel acquirerint in futurum prefati Burgenses, cum homines nostri sint ligii, ad aliud homagium non* [e] *arceantur ulteriùs faciendum vel prestandum, quàm prestiterint & fecerint secundùm Convenciones sepedictas; quòdque eciam Mercatores & mercaturas vehentes* [f] *exportantes, per Burgum transitum faciant* [g] *proficiscantur, ut intragium & exitum quod nobis pro Pedagio debetur,* [h] *calumpniari nequeat vel furari.* [i] *Adicientes specialiter & expressè pro nobis & successoribus nostris sepedictis, quòd dicti Burgenses,* [k] *quod sibi uniti & uniendi, ubicumque & quocumque contingerit & opus fuerit, omnibus & singulis suis Privilegiis concessis pro custodia & ordinacione nemorum & aliorum quorumcumque, & ceteris aliis suis Privilegiis utantur & fruantur, ut de confirmatis ritè per nos, & ut de novo à nobis concessis & noviter datis & indultis. Que omnia & singula, Nos Dalphinus namque dictus, pro nobis, heredibus & successoribus nostris quibuscumque, universalibus & singularibus, promittimus solemniter observare perpetuò, & cum effectu observari facere & effectualiter* [l] *procurari, sub omni bonorum nostrorum obligacione, pariterque & ypotheca: Mandantes tenore presencium, omnibus & singulis Officialibus prelibatis, & fidelibus nostris aliis, presentibus & futuris, quathenùs & nunc & in futurum, ea omnia & singula supradicta observent & faciant observari, & horum temeratores compescant severiter, in quantum indignacionem nostram & nostrorum, perpetuam incurrere se verentur: predicta enim servari & attendi precipimus prout per nos concessa sunt, & prout in instrumentis publicis inde factis, & eorum Privilegiis contineri videbuntur.* Datum in [m] *Bello-visu in Royanis*, sub anulo secreto nostro, in absencia Domini *Jacobi Brunerii*, Legum Doctoris, Cancellarii nostri, die XXI.ª mensis Junii, anno Domini millesimo CCC.° quadragesimo tercio. *[(g) reddantur Littere*

[a] Ecuyers. Voy. la Note (q) de la page 727. du 7.ᵉ Vol. de ce Rec.

[b] contentari. C. de Gr.

[c] quittos.

[d] mansionem. C. de Gr.

[e] arctantur. C. de Gr. arctentur.

[f] &. C. de Gr.

[g] suppl. &.

[h] afin qu'on ne puisse éviter de payer le Péage.

[i] adjicientes.

[k] & quòd. Cop. de Gr.

[l] procurare. C. de Gr.

[m] Voy. ci-dessus, pag. 159. Note (b).

NOTES.

(e) Afitare.] Cet endroit n'est pas facile à entendre. Commençons d'abord à en expliquer les termes principaux. Suivant le Glossaire de *Du Cange*, aux mots *affictare* & *affictus*, ce dernier qui est fort en usage en *Italie*, signifie ce que doit payer annuellement celui qui a pris un héritage à Cens ou à loyer, & *affictare* signifie donner à Cens ou à loyer.

A l'égard de *funccionales*, *functio* suivant le même Glossaire, signifie quelquefois un tribut, un Impôt. Je crois donc que par *res funccionales tributorum*, il faut entendre les choses qui sont sujettes à des Impôts.

Cela supposé, voici le sens que je donne à cet endroit. Les habitans peuvent donner à Cens ou à loyer, les héritages sujets à certains Impôts, soit que ces héritages soient libres de toutes autres charges, ou qu'ils soient chargez de quelques *pensions*. *Pensio* suivant le même Glossaire, signifie quelquefois une redevance annuelle.

Il y a *affitare* dans la Copie de *Grenoble*.

(f) Cerchiam.] Suivant le Glossaire de *Du Cange*, ce mot qui vient de *circumire*, signifie ceux qui font la *Ronde* dans une Ville.

(g) Reddantur, &c.] Ce qui est ici entre deux crochets, n'est point dans la Cop. de Gr. & l'endroit est corrompu & tronqué dans

CHARLES VI. à Paris, en Mars 1397.

[a] portitori Dominorum fide Revello. G. BONELLI [b] majoris & P. [c] DNE.]

Quas quidem Litteras supradictas, omniaque & singula in eisdem contenta, in quantum ritè & justè usi sunt pacificè & quietè, ratas & gratas habentes, eas laudamus, volumus, approbamus, & tenore presencium confirmamus: Mandantes Gubernatori nostri Dalphinatûs predicti, ceterisque Justiciariis & Officiariis nostris, aut eorum Locatenentibus, presentibus & futuris, & cuilibet eorumdem, prout ad eum pertinuerit, quatenùs dictos Burgenses de Brianzono, *in suprascriptis Litteris nominatos, omnibus & singulis in ipsis Litteris contentis uti & gaudere pacificè faciant & permittant, ipsosque nullathenùs molestent aut molestari permittentes;* [d] *sec quicquid in contrarium factum vel attemptatum reperierint, ad statum pristinum & debitum reducant aut reduci faciant indilatè. Quod ut firmum & stabile permaneat in futurum, nostrum hiis presentibus fecimus apponi Sigillum: Salvo in aliis jure nostro, & in omnibus quolibet alieno.* Datum *Parisius,* mense Marcii, anno Domini millesimo ccc.° nonagesimo septimo; Regni verò nostri decimo octavo.

Per Regem Dalphinum, ad relacionem Consilii. MERCIER.

a port. Reg.
b major. Reg.
c Il y a une marque d'abréviation sur la fin de ce nom.
d sed.

NOTE.

le Registre. On pourroit suppléer avant le mot *Dominorum,* ceux-ci: *in presencia,* ou autres semblables. A l'égard de *fide,* il est sans doute corrompu; & il me paroît certain que la dernière syllabe *de* est une préposition qui doit précéder le mot *Revello.* Ce Seigneur dont le nom de famille étoit *Flote,* se nommoit en latin *Dominus de Revello,* comme on le voit dans la Table des noms propres, qui est à la fin du second Vol. de ce Rec. pp. cxxxiij. & cxl.

M. CCC. XCVIII.

Suivant le Glossaire de *Du Cange,* au mot, *Annus,* cette Année a commencé le 7. d'Avril, & a fini le 29. de Mars suivant.

CHARLES VI. à Paris, le 21. de Mai 1398.

(a) Lettres qui portent que les Procès meus dans la Ville d'Harfleur, concernant des héritages, y seront jugez par le Vicomte de Monstiervillier.

CHARLES, &c. Savoir faisons à tous présens & avenir, que à l'humble supplicacion de noz bien amez les Bourgoiz, manans & habitans de nostre Ville de *Harfleur,* pour le bien de la chose publique de nostredicte Ville, laquelle est notable Ville assise sur port de mer, où affluent & descendent plusieurs marchans & marchandises de divers païs & Royaumes, desquelles marchandises plusieurs de noz Subgez sont sustentez & gouvernez, & nostredit Royaume pourveuz de plusieurs choses néceffaires à icelui, & afin que nostredicte Ville & noz subgez d'icelle, soient plus avant privilégiez & alegiez de plus grans fraiz & despense qu'il convient à iceulx noz subgez souventefoiz faire, parce que en ladicte Ville qui est de la *Viconté* de *Monstiervillier,* ne sont tenuz les plaiz de héritage, ainsi comme en aucunes autres Villes & Siéges de ladicte Viconté, Nous avons octroyé & octroyons de nostre certaine science & grace especial, par ces présentes, ausdiz Supplians, que doresénavant perpétuelment, les plaiz en tant qu'il touche cas de héritage, soient tenuz en ladicte Ville de *Harfleur,* ou lieu où l'on tient & a accoustumé tenir les plaiz touchans cas de meubles, par nostre *Viconte* de *Monstiervillier* & ses Lieutenans, qui sont & seront ou temps avenir, ainsi & par la fourme & manière qu'ilz sont tenus à *Godarville* & *Saint Remaing,* qui sont de ladicte *Viconté* de *Monstiervillier.* Si donnons en mandement à nostre *Bailli* de *Caux,* audit *Viconte* de *Monstiervillier,* & à tous noz autres Justiciers & Officiers, présens & avenir, à leurs Lieuxtenans, & à chacun d'eulx, si

NOTE.

(a) Trésor des Chartres, Registre 153. P. II.e XLIIII. (244.)

comme à lui appartendra, que de nostre présente grace & octroy facent & seuffrent lesdiz Supplians joïr & user paisiblement, en tenant & faisant tenir lesdiz plaiz & Juridicions doresénavant en ladicte Ville de *Harfleur,* oudit lieu, ainsi & par la fourme & manière que dessus est dit, sanz contredit aucun, ne mectre empeschement au contraire en aucune manière. Et pour ce que ce soit ferme chose & estable à tousjours, Nous à ces présentes Lettres avons fait mectre nostre Scel: sauf en autres choses nostre droit, & l'autrui en toutes. *Donné à* Paris, *le XXI.ᵉ jour de May, l'an de grace mil CCC IIII.ˣˣ & XVIII. & le XVIII.ᵉ de nostre Regne.*

CHARLES VI. à Paris, le 21. de Mai 1398.

Par le Roy, à la relacion de son Grant Conseil, ouquel [a] Vous, le Sire de *Giac,* le *Patriarche* d'*Alexandrie,* Mess. *Guillaume Martel,* & plusieurs autres, estiez.

CHARITÉ.

a *Le Chancelier de France. Voy. le 5.ᵉ Vol. de ce Rec.* pag. 653. Note *(c).*

(a) Lettres qui portent que les Marchands de la Ville d'Harfleur, & les Marchands qui y viendront commercer, ne pourront être arrêtez & poursuivis que pour les crimes & délits qu'ils auront commis personnellement.

CHARLES VI. à Paris, le 21. de Mai 1398.

CHARLES, &c. Savoir faisons à tous présens & avenir, que comme nostre Ville de *Harfleur* soit noble Ville assise sur port de mer, où affluent & descendent de jour en jour grant quantité de Marchans estrangers qui y amenent plusieurs & diverses marchandises pour le bien commun de tout nostre Royaume, [b] aient desir & affeccion de icelle plus avant privilégier & décorer de franchises & Libertez, en tele manière que lesdiz Marchans estrangiers & tous autres, soient meuz de venir [c] marchander, séjourner & demourer plus volontiers en ladicte Ville, de tant qu'ilz appercevront icelle estre amplement privilégiée & dotée de plusieurs graces & priviléges, avons en faveur de ladicte Ville, & à la supplicacion & requeste des Bourgoiz & habitans d'icelle, octroyé & octroyons de nostre certaine science & grace espéciale, par ces présentes, à yceulz Bourgois & habitans, que doresénavant aucuns Marchans estrangers ou habitans de ladicte Ville, ou autres personnes quelzconques, ne leurs marchandises estans en ladicte Ville & ès lieux de *(b)* la Crique & de la Fosse de l'*Eure,* où se repose le Navire venant ou Havre de ladicte Ville de *Harfleur,* ne puissent ou doient estre pris, arrestez ou empeschez pour quelconque crime, délit ou malfait qui ait esté fait, commis ne perpétré, tant sur mer comme sur terre, par personne quelconques, se ce ne sont les propres personnes & biens de ceulx mesmes qui auront commis & perpétré lesdiz crimes, déliz ou messaiz. Si donnons en mandement au *Bailli* de *Caux,* & à tous noz autres Justiciers & Officiers, présens & avenir, à leurs Lieuxtenans, & à chacun d'eulx, si comme à lui appartendra, que de nostre présente grace facent, seuffrent & laissent lesdiz habitans & tous autres estans en ladicte Ville & lieux dessudiz, joïr & user paisiblement, sanz les empescher ne souffrir estre empeschez ou temps avenir en aucune manière au contraire; mais s'aucunes personnes Marchans ou autres quelzconques autres que les propres délinquens ou malfaiteurs, estoient ou temps avenir pris, saisiz, arrestez ou empeschez, ou leurs marchandises estans en ladicte Ville ès lieux dessusdiz, pour quelconque cause, crime ou délit que ce soit, si les mectent ou facent mectre sanz délay à pleine délivrance. Et que ce soit ferme chose & estable à tousjours, Nous à ces présentes Lettres, avons fait mettre nostre Scel: sauf en autres choses nostre droit, & l'autrui en toutes. *Donné à* Paris, *le XXI.ᵉ jour de May, l'an de grace mil CCC IIII.ˣˣ XVIII. & le XVIII.ᵉ de nostre Regne.*

b corr. aïans.

c commercer.

Par le Roy, à la relacion de son grant Conseil ouquel [d] Vous, le Sire de *Giac,* le *Patriarche* d'*Alexandrie,* Mess. *Guillaume Martel,* & plusieurs autres, estiez. CHARITÉ.

d Le Chancelier de France. Voy. *le 5.ᵉ Vol. de ce Rec.* pag. 653. Note *(c).*

NOTES.

(a) Trésor des Chartres, Registre 153. P. II.ᵉ XLIII. (243.)

(b) La Crique . . . . de l'Eure.] Voy. sur l'*Eure* la Note *(b)* de la page 424. du *4.ᵉ Vol. de ce Rec.* & sur *la Crique,* ibid. p. 427. Note *(e),* & l'addition sur cette page qui est à la fin de ce quatrième Volume, p. ccxliij.

CHARLES VI. à Paris, en Mai 1398.
PHILIPPE V. dit le Long, à Paris, en Janvier 1320.
CHARLES IV. dit le Bel, à Becoisel, en Août 1326.
PHILIPPE VI. dit de Valois, à Paris, en Décembre 1330.

(a) Lettres de Sauvegarde Royale pour les Doyen & Chapitre de l'Eglise d'Angoulême.

KAROLUS Dei gracia Francorum Rex. Notum facimus universis presentibus & futuris, Nos vidisse Litteras, formam que sequitur, continentes.

PHILIPPUS Dei gracia Francorum Rex. Notum facimus universis tam presentibus quàm futuris, quòd Nos de Registris Cancellarie nostre extrahi fecimus quasdam Litteras, formam que sequitur, continentes.

KAROLUS Dei gracia Francorum & Navarre Rex. Notum facimus universis tam presentibus quàm futuris, Nos infrascriptas vidisse Litteras, formam que sequitur, continentes.

PHILIPPUS Dei gracia Francorum & Navarre Rex. Inter curas & urgentes sollicitudines quibus in regendis subditis nobis [a] *plelibus,* [b] *frequanter distrahimur, & animus noster afficitur,* [c] *& ad hoc precipue nostre mentis aspirat affectus, per que Status ecclesiasticus nostris temporibus sub commisso nobis regimine in transquillitate* [d] *manuteatur & pace, &* [e] *ipsius regimine ecclesiastice, ejusque servitores, sub proteccione Regia à suis releventur pressuris, & per regalem potenciam à noxiis deffendantur, ut eò liberiùs & fervenciùs circa divina vacare valeant, quò habundanciùs circa ea senserint se adjutos. Hàc igitur consideracione commoti, progenitorum nostrorum qui semper Sacrosanctas Dei Ecclesias ab injuriis, violenciis quibuslibet & pressuris, consueverunt deffendere & tueri, vestigiis inherentes, notum facimus universis presentibus & futuris, quòd Nos Decanum & Capitulum* Engolismensis *Ecclesie, ac predictam eorum Ecclesiam, tam in capite quàm in membris, nec non & singulares personas ejusdem Ecclesie, eorumque successores,* una cum possessionibus, bonis, hominibus, subditis & familiis eorumdem, juribus, Juridicionibus spiritualibus & temporalibus, & rebus aliis quibuscumque, tam presentibus quàm futuris, spectantibus quomodolibet ad eosdem, in nostris proteccione &* [f] *specialis Gardia Regia & successorum nostrorum Regum Francie, de speciali gracia suscipimus per presentes in eisdem proteccione & Gardia speciali perpetuò remansuros:* Senescallum Xantonensem *&* Engolismensem, *qui nunc est & qui pro tempore fuerit, eisdem Decano & Capitulo, ac eorum predicte Ecclesie, ejusque singularibus personis, hominibus & familie eorumdem, specialem* [g] *Gardatorem, protectorem & deffensorem, tenore presencium deputantes; cui committimus & mandamus quatinùs predictos Decanum & Capitulum, ac eorum predictam Ecclesiam, ejusque singulares personas, homines & familiam eorumdem, sub dictis proteccione & Gardia speciali, in suis justis possessionibus, juribus, Juridicionibus spiritualibus & temporalibus, bonis, proprietatibus, Libertatibus, franchisiis & saisinis, & rebus aliis quibuscumque spectantibus quomodolibet ad eosdem, presentibus &* [h] *futturis, manuteneat, protegat, & deffendat ab omnibus injuriis, oppressionibus, violenciis, vi armorum, potencia quorumcumque, & novitatibus indebitis quibuscumque; quòdque non permittat eisdem in premissis, aliquas violencias aut pressuras fieri vel inferri (b) , prout de ipsis, vocatis evocandis, sine strepitu & de plano, rejectis quibuscumque* [i] *flivolis opposicionibus, & morosis dilacionibus amputatis, eidem legitimè constiterit, rebus contenciosis ad manum nostram tanquam superiorem positis, & detencio in ea ad* [k] *requestum ipsorum, quousque de juribus parcium sit discussum, ad statum pristinum & debitum reducere, reduci ve facere non* [l] *postpona; unum vel plures eisdem de Servientibus nostris pro premissis,* [m] *sit & quociens opus fuerit, requisitus, in specialem Gardiatorem, suis sumptibus*

a *corr.* plebibus.
b frequenter.
c conjonction inutile.
d manuteneatur.
e *Ce mot & le suivant paroissent corrompus. Il faut peut-être corriger* & persone ecclesiastice.
f speciali.
g Gardiatorem.
h futuris.
i frivolis.
k requestam.
l postponat.
m si.

NOTES.

(a) Trésor des Chartres, Registre 153. Pièce CLXXII. (172.)

(b) Il y a là un mot que l'on n'a pu déchiffrer. Il y a dans le Registre *serisque* avec une marque d'abréviation. Il y a plusieurs autres mots corrompus dans la suite de ces Lettres, & il paroît même qu'il y a quelques endroits tronquez. Toutes les dispositions que l'on entrevoit dans ces Lettres, se trouvent dans presque toutes les autres Lettres de Sauvegarde Royale.

deputet; qui de hiis que cause cognicionem exigunt, seu judicialem requirunt indaginem, se nullathenùs intromittant, ac illos de quibus per Juramentum sunt se [a] *assuerenmt dubitare, ad prestandum eisdem* [b] *Assecuramentum legitimum secundùm patrie consuetudinem, previâ racione compellat: ab omnibus autem Justiciariis & subditis, in premissis & ea tangentibus, dicto Senescallo & deputato vel deputando ab eodem, pareri efficaciter & intendi volumus & mandamus. Quod ut firmum & stabile permaneat in futurum, nostrum presentibus Litteris fecimus apponi Sigillum.* Actum *Paris.* anno Domini millesimo CCC.° vicesimo, mense [c] Jenuarii.

CHARLES VI. à Paris, en Mai 1398.

a ce mot est corrompu.

b Voy. les Tab. des Mat. des Vol. de ce Rec. au mot *Assûrement*.

c Januarii.

Nos autem dilectorum nostrorum Decani & Capituli Ecclesie Engolismensis *predicte, nobis humiliter supplicancium, ut graciam predictam & Gardiam specialem, sibi & Ecclesie sue concessam, ut in prefatis Litteris continentur, confirmare & approbare dignaremur, supplicacionibus in hac parte favorabiliter annuentes, premissa omnia & singula in predictis contenta Litteris, rata habentes & grata, ea volumus, laudamus, approbamus,* [d] *tenore presencium, auctoritate nostrâ Regiâ, de speciali gracia confirmamus: nostro in aliis, & alieno in omnibus jure salvo. Quod ut ratum & firmum perpetuò perseveret, presentibus Litteris nostrum fecimus apponi Sigillum.* Actum apud *Becoisel*, anno Domini millesimo CCC.° vicesimo sexto, mense Augusto.

Suite des Lettres de Charles le Bel.

d *suppl.* &.

Dictis autem Litteris, de Registris predictis, ut supradictum est, sic extractis, Nos dilectorum nostrorum Decani & Capituli Ecclesie Engolismensis *predicte, nobis humiliter supplicancium ut graciam supradictam & Gardiam specialem sibi & Ecclesie sue concessam, ut in prefatis Litteris continetur, confirmare & approbare dignaremur, supplicacionibus in hac parte favorabiliter annuentes, premissa omnia & singula in predictis contenta Litteris, rata habentes & grata, ea volumus, laudamus, approbamus, & tenore presencium, auctoritate nostrâ Regiâ, de speciali gracia confirmamus: nostro in aliis, & alieno in omnibus jure salvo. Quod ut firmum & stabile perpetuò perseveret, presentibus Litteris nostrum fecimus apponi Sigillum.* Actum *Paris.* anno Domini millesimo CCC.mo tricesimo, mense Decembris.

Suite des Lettres de Philippe de Valois.

Quas quidem Litteras suprascriptas, & omnia contenta in eisdem, rata & grata habentes, eas & ea laudamus & approbamus, ratifficamus, & de nostra gracia speciali, auctoritate nostra, tenore presencium confirmamus, & mandantes [e] Senescallio Xantonensi *& Gubernatori de* Rupella, *ceterisque Justiciariis nostris, presentibus & futuris, vel eorum Locatenentibus, & eorum cuilibet, prout ad eum pertinuerit, quatenùs Decanum & Capitulum Ecclesie* Engolismensis *predicte, nostrâ presenti graciâ & confirmacione uti pacificè faciant & gaudere. Quod ut firmum & stabile perpetuò perseveret in futurum, presentibus Litteris nostris, nostrum fecimus apponi Sigillum: nostro in aliis, & alieno, in omnibus jure salvo.* Datum *Paris.* [f] menece Maii, anno Domini millesimo CCC.mo nonagesimo octavo; & Regni nostri XVIII.°

Suite des Lettres de Charles VI.

e Senescallo.

f mense.

Per Regem, ad relacionem Consilii. SAVIGNY.

(a) *Lettres qui permettent à Pierre Vallée Garde de la Monnoye de Troyes, de faire exercer pendant son absence & pendant un tems fixé, sa Charge par une personne qu'il y commettra.*

CHARLES VI. à Paris, le 22. de Juin 1398.

CHARLES par la grace de Dieu Roy de France. A noz amez & féaulx les Généraulx-Maistres de noz Monnoyes: Salut. Pour ce que ainsi que entendu avons, nostre très-chier & très-amé Oncle le *Duc* de *Bourgoigne* envoye présentement à *Roddes*, *Pierre Vallée* l'un des Gardes de nostre Monnoye à *Troyes*, pour faire amener pardeçà le corps de feu nostre amé & féal Chevalier & Chambellan de nostredit Oncle, le Sire de la *Tremoille*, qui durant le voyaige par lui fait de nostre congé & licence, en la Compaignie de nostre très-chier & très amé Cousin le *Duc* de *Nevers*, ès Parties de *Turquie*, à l'encontre des Mescréans, à l'exaulsement de la Foy, est allé

NOTE.

(a) Registre *E.* de la Cour des Monnoies de *Paris*, *folio* 6 vingt 19. *recto.* [139.]

Avant ces Lettres, il y a: *Mandement du Roy pour exercer l'Office de* P. Vallée *en son absence.*

CHARLES VI. à Paris, le 22. de Juin 1398.

de vie à trespassement audit lieu de *Roddes;* Nous ces choses considérées, audit *Vallée* avons octroyé & octroyons par ces présentes, que par personne ydoine & souffisant, & qui à ce soit esprouvée par vous, ledit *Vallée* puisse faire exercer en son nom & à ses périlz, jusques à Pasques prouchainement venant, se plustost n'est retourné dudit voyaige, son Office dessusdit. Si vous mandons que de nostre présente grace vous faictes, souffrez & laissez joyr & user paisiblement sanz empeschement quelzconques lui donner ou souffrir estre fait ou donné au contraire, ledit temps durant; nonobstant Ordonnances, Mandemens ou deffenses quelzconques à ce contraires. *Donné à* Paris, *le XXIIe jour de Juing, l'an de grace mil III.^c IIII.^{xx} & XVIII. & le XVIIIe de nostre Regne.* Par le Roy, à la relacion du Conseil. P. DU PERIER.

Par vertu desquelles Lettres, *Jehan Muteau* Essayeur de ladicte Monnoye, fut ordonné à exercer ledit Office ou nom dudit *Vallée;* [a] parmy ce que avant toute euvre, il fera le Serment pardevant le *Bailli* de *Troyes* ou son Lieutenant, de bien & deuement exercer ledit Office; & sur ce luy furent envoyées Lettres ouvertes séellées des Généraulx-Maistres des Monnoyes, & données le jour dessusdit.

a *moyennant que.*

CHARLES VI. à Paris, le 28. de Juin 1398.

(a) Lettres qui portent que la Monnoye de Sainte-Manehould sera donnée à ferme pour quatre ans, à Adenet Du Mesnil, sous la condition qu'on pourra faire des enchères sur lui pendant un mois, à compter du jour de la première délivrance d'Espèces qu'il aura faite.

CHARLES par la grace de Dieu Roy de France. A noz amez & féaulx les Généraulx-Maistres de noz Monnoyes: Salut & dilection. *Adenet Du Mesnil* Nous a fait exposer, que comme nostre Monnoye de *Saincte-Manehoust* soit à présent ouverte, en laquelle par le temps passé a eu très-petit ouvraige, veu qu'elle est située sur les [b] fins de nostre Royaume, pour ce qu'elle n'a esté baillée [c] par enchiere que pour ung an tant seulement; qui est moult petit de temps pour avoir [d] l'acointance des Changeurs & Marchans dehors nostredit Royaume; & aussi que lesdits Changeurs & Marchans ne se sont osez fier ès Maistres qui y ont esté, pour ce qu'ilz n'avoient prinse ladicte Monnoye que pour ung an seulement; laquelle Monnoye ledit Exposant a offert prandre *(b)* par enchiere qui durera ung moys après la première délivrance, jusques à quatre ans acompliz, & en icelle faire ouvrer la somme de VIII.^c Marcs d'Or, sans y comprandre ne compter les Marcs d'Or que *Jehan de (c) Bitot* ou autres assignez, livreront en ladicte Monnoye durant ledit temps; néantmoins vous avez esté & estes reffusans de lui bailler ladicte Monnoye par la manière que dit est, pour ce qu'il n'a pas esté acoustumé ainsi estre fait sans avoir mandement de Nous, si comme il dit; & pour ce que Nous a requis que sur ce luy vueillons pourveoir de remedde convenable. Pourquoy Nous ces choses considérées, vous mandons & enjoignons estroictement, que ou cas que vous verrez que ce sera nostre prouffilt & l'avancement de l'ouvraige de nostredicte Monnoye, vous baillez icelle Monnoye audit Exposant par la manière que dit est, en prenant de luy bonne & souffisant caucion, ainsi comme acoustumé est de faire en tel cas: Car ainsi le voulons Nous estre fait, & audit Exposant l'avons octroyé & octroyons par ces présentes de grace espécial, se [e] mestier est. *Donné à* Paris, *le XXVIIIe jour de Juing, l'an de grace mil III.^c IIII.^{xx} & XVIII. & le XVIIIe de nostre Regne.* Par le Roy, à la relacion du Conseil. CHALIGAULT.

b *frontières.*
c *à ferme.*
d *la fréquentation.*
e *besoin.*

NOTES.

(a) Registre *E.* de la Cour des Monnoies de *Paris, folio* 6 vingt 19 *recto.* [139.]

Avant ces Lettres, il y a: *Lectre pour bailler la Monnoye de* Saincte Manehoust.

(b) Par enchière.] Je crois que cela signifie, qu'un mois après que *Dumesnil* aura délivré des Espèces par lui fabriquées dans cette Monnoye, l'on pourra encore recevoir des enchères sur le prix pour lequel il l'a prise à ferme.

(c) Bitot, &c.] Bitot & plusieurs autres s'étoient engagez de fournir une certaine quantité de Billon d'Or, dans cette Monnoie.

(a) Lettres

CHARLES VI. à Paris, en Juin 1398. & les 7. d'Août, & 6. de Septembre 1395.

(a) Lettres qui confirment les Statuts faits pour l'Université d'Angers, par des Commissaires du Roy.

Sommaires des Statuts de l'Université d'Angers.

(1) Aux quatre termes marquez dans l'article, le Collége composé des Docteurs Régens & des Procureurs des Nations, élira un Recteur qui ne pourra être choisi qu'entre les Docteurs Régens, qui seront Recteurs à leur tour, suivant l'ordre de leur réception au Doctorat.

(2) Le Recteur élû sera obligé de remplir cette Charge, à moins qu'il n'ait quelqu'excuse légitime qu'il certifiera par Serment au Collége; & si elle est jugée telle, le Docteur qui le suit dans l'ordre de réception, sera fait Recteur.

(3) Le nouveau Recteur prêtera le Serment dont la formule se trouve dans l'article.

Statuts pour les Docteurs Régens.

(4) Tous les Docteurs pourront régenter & faire des leçons, pourvû qu'ils les commencent au jour qui sera désigné dans la suite. Ils feront leurs leçons le matin; excepté ceux qui en feront sur le Decret. *Les seuls Docteurs pourront être Régens.*

(5) Les Docteurs qui voudront régenter, seront obligez de commencer leurs leçons le lendemain de la Fête de Saint Denys. Ils ne pourront les commencer dans un autre tems.

(6) Fixation des différentes vacances pendant lesquelles on ne fera point de leçons. Ces leçons finiront à la Fête de l'Assomption.

(7) Les Professeurs étrangers qui voudront faire des leçons dans l'Université, ne pourront les faire qu'après avoir été examinez par le Recteur & par les Docteurs. Ils seront obligez de les commencer le lendemain de la Saint Denys.

(8) Les Docteurs Régens ne pourront substituer une autre personne pour faire leurs leçons, sans une cause légitime qu'ils seront obligez de certifier par Serment dans l'assemblée du Collége, & dans ce cas même ils ne pouront le faire que pendant deux mois dans l'année.

(9) Les Docteurs Régens en Droit Civil, feront des leçons la première année, sur une partie du vieux Digeste, *& l'année suivante, sur une partie du Code. Ils suivront le même ordre dans les années subséquentes.*

(10) Serment que doivent faire les Docteurs Régens le lendemain de la Fête de Saint Denys.

(11) Les Docteurs Régens ne pourront exiger de leurs Écoliers, que vingt Sols par an; & à l'égard de ceux de ces Écoliers qui seront Nobles ou Prélats, les Régens recevront ce que ceux-ci leur présenteront volontairement.

(12) Chaque Docteur Régent pourra avoir son Bedeau en particulier.

(13) Les Docteurs Régens ne pourront faire de Répétitions *ni de disputes publiques sur une Loi, une Decrétale ou un Canon, sur lesquels un autre Docteur en aura fait la même année.*

(14) Les Docteurs Régens ne pourront s'emparer des Classes qui sont occupées par leurs Confrères.

(15) Nul que les Docteurs Régens, ne pourra assister aux examens qui se feront pour être Licenciés, à moins qu'il n'y soit appellé par le Collége.

(16) Les Docteurs Régens entreront en Classe au son de la cloche qui sera sonnée immédiatement après le dernier coup de matines, pourvû qu'il soit jour; & ils en sortiront au coup de Prime.

(17) Les Docteurs qui feront des leçons sur le Decret, *ne les commenceront que lorsque ceux qui en feront sur le Droit Civil, auront fini les leurs.*

(18) Les Docteurs Régens seront vêtus en faisant leurs leçons, d'un Épitoge, d'une Cape, ou d'un autre habit décent.

(19) Les Docteurs Régens seront obligez de faire des Répétitions *deux ou trois fois l'année, aux tems marquez dans l'article. Elles ne pourront être faites que les Samedis ou les veilles de Fêtes. Le jour que ces* Répétitions *seront faites, nul ne sera tenu de faire de leçon après qu'elles seront finies.*

(20) Lorsqu'un Docteur régentant ordinairement, sera mort, on célébrera aux dépens de l'Université, une Messe pour lui, pour laquelle le Receveur fournira six livres de cire. Le jour des obséques, après les leçons ordinaires, on n'en fera point d'autres.

(21) Le Recteur & les Docteurs ne présenteront point sciemment au Maître-école, des Écoliers indignes, *pour être reçus Bacheliers, & des Bacheliers* indignes, *pour être reçus Licenciés.*

Statuts pour les Licenciés.

(22) Il se fera tous les ans deux examens de ceux qui veulent être Licenciés. Ceux-ci requereront le Recteur & les Docteurs Régens de demander au Maître-école qu'il donne la permission de faire ces examens, & qu'il en indique le lieu.

(23) Le Recteur & les Docteurs assigneront ensuite un jour aux Bacheliers, pour recevoir la Loy & le Canon sur lesquels ils doivent être examinez. Les Bacheliers se présenteront devant eux en Capes, & ils prêteront Serment chacun en

NOTE.

(a) Trésor des Chartres, Registre 153. Pièce IIIe XI. [311.]

CHARLES VI. à Paris, en Juin 1398. & les 7. d'Août & 6 de Septembre 1395.

particulier entre les mains du Recteur, qu'ils ont commencé leurs leçons sur le cinquième Volume, *qu'ils ont expliqué les gloses, & qu'ils ont rempli exactement le tems pendant lequel ils devoient faire ces leçons. On leur donnera ensuite la Loi ou le Canon. Deux jours après ils se trouveront dans la Chambre de l'examen, où en présence du Recteur & des Docteurs le plus ancien Gradué ou un Noble, fera une harangue, après laquelle les Bacheliers prêteront Serment de ne point révéler ce qui se sera passé dans le cours de l'examen. On lira ensuite la Loi sur laquelle les Docteurs interrogeront ceux qui doivent subir l'examen.*

(24) Le Maître-école aura le droit d'assister à ces examens.

(25) Les Bacheliers qui après l'examen auront été jugez dignes d'entrer en Licence, *par les Docteurs & le Maître-école, s'il y a assisté, seront présentez dans l'Eglise de S.t Maurice, à celui-ci qui sera obligé de les recevoir, en leur donnant la* Licence *& sa bénédiction. Il pourra différer cette cérémonie jusqu'à dix jours, afin d'avoir le tems de s'informer des mœurs de ceux qui lui ont été présentez.*

(26) Les Bacheliers avant que d'être admis à la Licence, *payeront vingt-cinq Sols au Receveur de l'Université, & pareille somme au Maître-école, pour les Lettres qu'il leur donnera.*

(27) Les Licenciés jureront de ne se point faire passer Docteurs ailleurs, si ce n'est avec la permission de toute l'Université.

(28) On ne pourra être reçu Docteur que dans l'Eglise de Saint Pierre, si ce n'est avec dispense de toute l'Université.

(29) Si les Licenciés en Droit Civil, veulent étudier en Droit Canon, ils ne seront obligez de prendre des leçons que pendant seize mois, & d'en faire [en qualité de Bacheliers] que pendant douze mois. Les Licenciés en Droit Canon qui voudront étudier en Droit Civil, auront le même privilège.

(30) Celui qui sera reçu Docteur, le sera sous son Docteur, supposé que celui-ci soit en état de l'assister dans cette cérémonie, ou qu'il puisse le faire dans le cours d'un mois après le jour auquel elle auroit dû être faite. S'il ne le peut pas, celui qui doit être reçu Docteur, se fera assister par un autre Docteur Régent, ou par le Maître-école, s'il est Docteur. Celui qui viendra de dehors pour se faire recevoir Docteur à Angers, sera assisté par le Maître-école, ou par un des Docteurs, pourvû qu'il soit actuellement Régent. Avant que d'être reçu, il payera vingt-cinq Sols au Recteur.

Statuts pour les Bacheliers.

(31) Les Bacheliers en Droit Civil, sont obligez de faire à Angers ou dans une autre Etude solemnelle, des leçons pendant quarante mois, & de les pousser jusqu'au cinquième Volume. *Les Licenciés en Droit Civil, qui voudront l'être en Droit Canon, ne seront obligez de faire des leçons que pendant douze mois, & de ne les pousser que jusqu'au* troisième Volume.

(32) Les Bacheliers seront obligez d'expliquer dans leurs leçons, le texte & les gloses.

(33) Les Bacheliers qui auront fait des leçons dans une autre Etude que dans celle d'Angers, seront néanmoins obligez d'en faire encore dans celle-ci pendant trois ou quatre mois.

(34) Les Bacheliers en droit Civil ne pourront expliquer en leurs leçons, le livre qui sera l'objet de celles des Docteurs Régens.

(35) Les Bacheliers dans l'un & l'autre Droit, ne pourront être admis à la Licence, *qu'ils n'aient pris à la fin de chaque année du Recteur & de leurs Docteurs, des Certificats qui contiendront le tems pendant lequel ils auront fait des leçons.*

(36) Nul ne pourra être fait Bachelier, qu'il ne jure qu'il a un Corps de Droit Civil, ou un Corps de Droit Canon.

(37) On ne sera réputé Bachelier qu'après avoir fait un Acte public à la fin de la leçon de son Docteur. Ces Actes ne seront point suivis de repas.

(38) Ces Actes publics n'empêcheront point que les autres Bacheliers ne fassent leurs leçons.

(39) Nul ne pourra être admis à faire des leçons, ni à prendre part aux affaires communes de l'Université, qu'il n'ait fait entre les mains du Recteur & du Procureur de sa Nation, le Serment porté par l'article.

Statuts pour les Ecoliers.

(40) Nul ne sera réputé Ecolier de l'Université d'Angers, s'il n'assiste du moins trois fois la semaine aux leçons d'un Docteur actuellement Régent, & s'il n'a un Docteur propre, *dont il entende ordinairement les leçons.*

(41) Les Ecoliers seront obligez dans le premier mois de leur arrivée, de prêter Serment entre les mains du Procureur de leur Nation, d'observer les Statuts de l'Université. Ce Procureur inscrira leurs noms dans le Registre de sa Nation.

(42) Les Ecoliers pourront choisir librement le Docteur Régent, le Licencié ou le Bachelier, dont ils voudront prendre les leçons.

(43. 44.) Les Ecoliers avant que de pouvoir parvenir au dégré de Bachelier, doivent avoir pris des leçons pendant quarante mois, & avoir commencé le cinquième Volume; *sauf l'exception portée dans les articles 29 & 31.*

(45) Les Ecoliers qui voudront être reçus Bacheliers, présenteront au Collége leurs Certificats d'étude. Le Recteur & les Docteurs Régens leur feront ensuite subir un examen; & après que ces Ecoliers auront payé vingt Sols au Receveur de l'Université, leur Docteur les présentera au Maître-école qui, sans un nouvel examen, sera obligé de leur conférer le degré de Bachelier. Ils lui payeront vingt Sols pour les Lettres de Bachelier qu'il leur donnera.

CHARLES VI.
à Paris, en Juin 1398. & les 7. d'Août & 6. de Septembre 1395.

Statuts concernant en général les Docteurs, les Licenciés, les Bacheliers & les Ecoliers.

(46) Les Docteurs feront le Serment prescrit par l'article, s'ils ne l'ont déja fait en qualité d'Ecoliers, de Bacheliers ou de Licenciés.

(47) Les Membres de l'Université assisteront à tous les Offices des Fêtes de leur Nation, sans se livrer ces jours-là à des repas, à des danses, &c.

(48) Les Licenciés & les Bacheliers ne feront point de leçons les Vigiles des Fêtes, lorsqu'il y aura jeûne, ni les jours auxquels les Docteurs feront des Répétitions, *& les Licenciés soûtiendront des Actes.*

(49) On ne prendra point de congé lorsqu'on fera un Acte public ou quelques autres cérémonies, si ce n'est lorsqu'on recevra un Docteur, ou lorsqu'une Nation célébrera la Fête d'un Saint.

(50) Pendant les vacances qui se trouvent dans le cours de l'année, les Licenciés & les Bacheliers pourront avec la permission du Recteur, faire des Répétitions, *sous la présidence d'un Docteur ou d'un Religieux.*

(51) Pendant les Répétitions *& les autres Actes publics, on ne pourra siffler, ni faire autre chose qui puisse les troubler.*

(52) Tous les Membres de l'Université seront tenus d'assister aux Sermons, aux Assemblées & aux autres cérémonies publiques.

(53) Les Docteurs, les Licenciés, les Bacheliers, & même les Ecoliers, ne pourront faire faire que par le Bedeau principal, les Semonces pour les Répétitions *qu'ils doivent faire, & pour les Actes qu'ils doivent soûtenir.*

(54) Les Docteurs, les Licenciés & les Bacheliers ne pourront donner conseil ou aide aux Parties adverses de leurs Confrères, si ce n'est par la permission du Juge, ou dans les affaires qui les regarderont eux-mêmes ou leurs parens. Les Membres de l'Université ne diront point de paroles injurieuses dans les disputes.

(55) Les Bacheliers auront des Capes, *principalement quand ils feront leurs leçons, depuis le jour auquel ils les commenceront, jusqu'à la Pentecôte. Les Bacheliers qui contreviendront aux Statuts de l'Université, seront privez du droit de faire des leçons publiques.*

(56) Ceux qui feront des leçons publiques n'attaqueront point la réputation des autres.

(57) Les Bacheliers ni les Licenciés ne feront point de leçons sur les parties des volumes qui seront expliquées dans le même tems par les Professeurs.

(58) Ceux qui feront des leçons, les interrompront lorsque les Bedeaux entreront dans les Classes pour y faire des Semonces.

(59) Les Bacheliers & les Licenciés qui feront des leçons, ne les commenceront que huit jours après que les Docteurs Régens auront commencé les leurs, & les finiront un jour avant eux.

(60) On ne comptera aux Licenciés & aux Bacheliers qui sont obligez de faire des leçons pendant un certain tems, que celui auquel ils en auront fait réellement.

Statuts pour l'Université en général.

(61) Les Conclusions se prendront à la pluralité des voix des Nations.

(62) L'Université ne doit prendre parti pour aucun de ses Membres en particulier, si ce n'est lorsqu'il s'agit de son intérêt général.

(63) Nul ne pourra être admis à faire des leçons, qu'on ne lui ait communiqué ces Statuts, & qu'il n'ait fait Serment entre les mains du Procureur de sa Nation, de les observer, à quelque degré qu'il parvienne.

(64) S'il s'émeut quelque querelle entre des Membres de l'Université, le Collége tâchera de les appaiser. Ceux qui ne voudront pas se prêter aux voies de conciliation, seront privez de l'avantage qu'on retire des leçons, s'ils sont Docteurs ou Bacheliers, ou ne pourront parvenir à aucun degré dans l'Université, s'ils sont Ecoliers; & on les dénoncera au Conservateur des Privilèges de l'Université, ou aux autres Juges Royaux, pour être procédé contr'eux par les voies de la Justice; & ils seront exclus du Corps de l'Université.

(65) On ne commettra point de fraude dans la confection du Rôle que l'on dressera pour obtenir des Bénéfices [du Pape], & on n'y enregistrera que ceux qui ont le droit d'y être inscrits: ce Rôle sera signé, & nul ne s'ingérera de le porter au Pape, qu'il n'ait été choisi à cet effet par l'Université.

(66. 67.) Le Collége élira un Bachelier ou un Licencié pour être Receveur de l'Université. Il sera pris à tour de rôle dans les différentes Nations. S'il n'est pas solvable, il donnera une caution. Il rendra ses comptes deux fois l'année: Ce Receveur prêtera le Serment prescrit par l'article. Il aura pour honoraires, six Deniers pour Livre de sa recette.

(68) Chaque Nation aura son Procureur qui sera élû par elle, & qui sera présenté au Recteur & au Collége, entre les mains de qui il prêtera Serment.

(69) Il y aura six Nations dans l'Université. [Voy. dans l'article les noms de ces Nations.]

(70. 71.) Chaque Nation aura son Bedeau qui exécutera les ordres du Procureur de cette Nation. Il prêtera le Serment prescrit par l'article. Ce Bedeau sera élû par chaque Nation, qui le présentera au Recteur & au Collége qui lui feront prêter Serment.

(72) Nul Bedeau ne pourra faire de Semonces dans les Classes, en présence du Bedeau principal, si ce n'est par sa permission.

(73) Celui qui sera reçu Docteur, donnera une robe complète au Bedeau principal, aux Bedeaux particuliers des Docteurs Régens, & à celui de sa Nation.

(74) Tous les Bedeaux se trouveront à toutes les assemblées de l'Université.

CHARLES VI. à Paris, en Juin 1398. & les 7. d'Août & 6. de Septembre 1395.

(75) Le Bedeau attaché à un Docteur Régent, se rendra chez lui tous les jours, & si le Docteur le souhaite, il l'accompagnera lorsqu'il ira faire sa leçon, & lorsqu'il reviendra. Les Bedeaux des Docteurs Régens seront présens aux disputes publiques. Ils seront obligez d'obéir au Recteur, & de prêter Serment entre ses mains.

(76) Les cinq articles suivans tirez des anciens Statuts, continueront d'être observez.

(77) Lorsqu'on ouvrira la Licence, *tous les Bedeaux se trouveront au Palais de l'Evêque d'Angers, pour préparer les places de ceux qui assisteront à la cérémonie, & ils ne se retireront point qu'elle ne soit finie. Le plus jeune des Bedeaux gardera la porte du Palais, & il y restera pendant que les autres iront boire. En conséquence d'une fondation de l'Evêque* Ulgerius, *le Portier du Palais de l'Evêque, doit le jour de cette cérémonie, donner à manger aux Bedeaux dans ce Palais.*

(78) Ce Portier doit fournir les tables & les bancs pour le repas; & pour ses peines, chaque Récipiendaire doit lui payer cinq Sols.

(79) Lorsqu'il s'agit de recevoir un Docteur, tous les Bedeaux doivent assembler les Suppôts de l'Université pour accompagner le récipiendaire lorsqu'il ira inviter l'Evêque, l'Official, les Dignités & les Chanoines de la Cathédrale, d'assister à la cérémonie. Ce cortége ira faire la même invitation dans les Eglises, dans les Abbayes & dans les Couvens nommez dans l'article; & le jour même de la cérémonie, ceux qui ont composé ce cortége, ont droit de prendre un repas dans ces Abbayes. Le plus jeune Bedeau accompagné d'un autre qui ne sera point le Bedeau principal, ira devant le cortége annoncer sa venue.

Les Bedeaux doivent avoir des gans & des coëffes de tous ceux qui commencent des leçons publiques; & le jour qu'elles commencent, ils doivent courir la coëffe en tête.

(80) Tous les Bedeaux accompagneront le principal Bedeau lorsqu'il ira dans les Classes.

(81) Chaque Ecolier doit tous les ans douze Deniers au principal Bedeau qui peut aller faire sa collecte dans les Classes.

(82) Celui qui sera reçu Bachelier doit payer cinq Sols au Bedeau principal, & deux Sols six Deniers aux Bedeaux de chaque Docteur & au Bedeau de sa Nation seulement, & ce dernier doit accompagner le Récipiendaire, avec des gans & une coëffe blanche.

(83) Il y aura un Coffre commun, dans lequel on enfermera les Privilèges, les Statuts & le Sceau de l'Université, & l'argent qui lui appartient. Il y aura à ce Coffre sept serrures, & sept clefs dont chacune sera donnée au Recteur, & à chacun des six Procureurs des Nations. Lorsque le Recteur ou ces Procureurs s'absenteront, le premier pourra confier sa clef au plus ancien Docteur actuellement Régent, & les autres la leur à une personne sûre de sa Nation.

Statuts concernant les Privilèges accordez par les Papes.

(84) On n'accordera point de Citation [devant le Juge qui doit connoître des affaires de l'Université & de celles de ses Membres,] qu'à ceux qui jureront devant le Collége, qu'ils sont véritablement Ecoliers, & qu'ils croient bon le procès qu'ils veulent intenter. La Citation contiendra la cause pour laquelle elle est accordée. Le Recteur y mettra son signet, & elle sera ensuite scellée par l'Exécuteur des Privilèges de l'Université.

(85) Nul ne pourra obtenir de Citation par rapport à une cession qui lui aura été faite, si elle ne l'a été par son père ou par sa mère, ou par une personne telle qu'elle ne pourroit être soupçonnée de l'avoir faite par fraude.

(86) Ceux qui abuseront des Privilèges de l'Université, seront privez de tous ses honneurs.

(87) Les émolumens provenans des Privilèges de l'Université, seront mis entre les mains du Receveur qui payera sur ce fonds le Juge [Conservateur des Privilèges.]

(88) Les nouveaux Ecoliers ne payeront que vingt Sols pour leur joyeux avénement. Les Nobles, les Prélats & ceux qui auront soixante Livres de revenu en Bénéfices, payeront quarante sols. On ne pourra prendre les livres & les autres effets de ces Ecoliers, par rapport à ce droit. Il est défendu de faire des courses & d'autres réjouissances immodérées à l'occasion de ces joyeux avénemens. Les Procureurs de chaque Nation exhorteront les nouveaux Ecoliers qui en feront, de payer ce droit de joyeux avénement. Si ces Ecoliers refusent ou diffèrent de le payer, ils pourront être appellez devant le Recteur qui les y obligera.

(89) Ce droit de joyeux avénement sera employé en dépenses pieuses ou honnêtes.

(90) Pendant le reste de l'année présente, jusqu'aux vacances, on pourra commencer de nouvelles leçons; mais après la Fête de Saint Denys prochainement venant, on ne pourra plus les commencer que le lendemain de cette Fête.

KAROLUS Dei gracia Francorum Rex. Notum facimus universis tam presentibus quàm futuris, Nos infrascriptas Litteras vidisse, formam que sequitur, continentes.

A Tous ceux qui ces présentes Lettres verront. *Henry* de *Marle*, Président en Parlement, & *Jaques Boujon*, Conseillers du Roy nostre Sire, & Commissaires en ceste partie: Salut & dileccion. Comme par vertu de certaines Lettres Royaulx dont la teneur s'ensuit;

CHARLES par la grace de Dieu Roy de France. A noz amez & féaulx Conseillers

Guillaume de *Senz*, Maiſtre *Henry* de *Marle*, Préſidens en noſtre Court de Parlement, *Jehan Blanchet* & *Jaques Boujon :* Salut & dileccion. Noz bien amez l'Univerſité des Eſcoliers de l'Eſtude d'*Angiers*, ou la plus ſaine partie d'iceulx, ont fait bailler par eſcript [a] en certain Roole, à noſtre amé & féal Chancelier, pluſieurs complaintes, griefs, torts & entrepriſes qu'ilz dient à eulx avoir eſté faites par Maiſtre *Briant Prieur*, Maiſtre-eſcole de laditte Eſtude, & autres d'icelle, contre les Status, Ordonnances, promeſſes & uſaige d'icelle Eſtude, & en leur très-grant préjudice & domaige; & ont ſupplié & requis à grant inſtance, que ſur leſdictes complaintes, griefs, tors & entreprinſes, voulſiſſions par aucuns des Gens de noſtre Parlement, faire ſavoir & enquerir la verité, & ycelle ſceue, leur en faire raiſon ſommiairement & de plain, par maniere de refformacion, afin que plutoſt fin y ſoit miſe, & que leſdiz de l'Univerſité ne ſoient occupez en plaidoyer & procez, ne diſtraiz ou empeſchiez d'eſtudier & vaquer à acquerir ſciences & bonnes meurs. Pourquoy Nous, conſidéré ce que dit eſt, voulans & déſirans de noſtre povoir, oſter toutes matieres & occaſions de débas & diviſion entre noz ſubgiez, meſmement en ladicte Univerſité, & toutes autres, pour les perilz & inconvénients qui s'en pevent enſuir, confians de voz ſenz, loyautez & bonnes diligences, vous mandons & commectons aux trois ou aux deux de vous, qui ſur ce ſera requis, par la teneur de ces préſentes, que de & ſur les choſes contenues oudit Roole, & autres qui vous ſeront bailliées de la partie de ladicte Univerſité, ſe [b] meſtier eſt, lequel Nous vous envoyons féablement encloz ſoubz noſtre Contre-féel, vous, à la requeſte deſdiz de l'Univerſité, appellez ceulx qui ſeront à appeller, enquerez diligemment la vérité; & tout ce que vous trouverez eſtre ou avoir eſté fait ou préjudice de ladicte Univerſité, & contre les Status, Ordonnances, promeſſes & uſaiges d'icelle, auſſi contre & ou préjudice de la choſe publique dudit Eſtude, vous le ramenez & remectez en bonne forme & eſtat deu, au prouffit & utilité dudit Eſtude, en procédant ſur ce ſommiairement & de plain, par maniere de refformacion, & autrement par toutes les voies & manieres, & à toute la meilleur diligence que faire ſe pourra, & ſelon la forme & manière que les autres Eſtudes de noſtre Royaume ont acouſtumé d'eſtre gouvernées; & en faiſant aux Parties, ycelles oyes, bonne & briefve expédicion & acompliſſement de Juſtice; & ſe ainſy eſtoit que vous feiſſiez aucunes doubtes ou difficultez parquoy vous ne peuſſiez ordonner ſur les choſes deſſus dictes, vous renvoyez voſtre procès & tout ce que fait aurez, pardevers noz amez & féaulz Gens tenans noſtre Parlement à *Paris*, pour en ordonner ſelon ce qu'ilz verront qu'il ſera à faire de raiſon; auxquelz Nous mandons que aux Parties ſur ce facent bon & brief accompliſſement de Juſtice; & néantmoins, pour ce que ceſte choſe puet prendre long trait, & n'en puet pas eſtre ſitoſt ordonné, vous arreſtez & mettez en noſtre main comme ſouveraine, tout l'argent dont [c] contens eſt, & dont oudit Roole eſt faicte mencion, au prouffit de ceulx à qui il devra appartenir; & avec ce, faites proviſion à ladicte Univerſité ſur ledit argent, de telle ſomme comme vous verrez que de raiſon appartendra à faire, tant pour le proufit & utilité d'icelle & dudit Eſtude, comme auſſi pour la pourſuite de ceſte Cauſe: car ainſy nous plaiſt-il eſtre fait, & auxdiz de l'Univerſité l'avons octroyé & octroyons par ces préſentes, de grace eſpéciale, ſe meſtiers eſt, nonobſtant quelzconques frivoles oppoſitions, Appellacions, ou autres dilacions ou ſubterfuges, & Lettres ſubreptices empétrées ou à empétrer au contraire. De faire les choſes deſſus dictes, circunſtances & deppandances, vous donnons povoir & mandement eſpécial : mandons & commandons à tous noz Juſticiers, Officiers & ſubgiez, que à vous en ce faiſant, obéiſſent & entendent diligemment, & vous donnent conſeil, confort & ayde, ſe meſtier en avez. *Donné à* Paris, *le VII.e jour d'Aouſt, l'an de grace mil CCC IIII.xx & quinze, & de noſtre regne le XV.me* Ainſi ſignées. Par le Roy, à la relacion du Conſeil.

THIERRY.

Item. CHARLES par la grace de Dieu Roy de France. A noz amez & féaulx Maiſtre *Henry* de *Marle*, Préſident, & *Jaques Boujon*, Conſeillers en noſtre Parlement: Salut & dileccion. De la partie de noz bien amez le Maiſtre-école & Docteurs

CHARLES VI. à Paris, en Juin 1398. & les 7. d'Août & 6. de Septembre 1395.

[a] *dans une Requête.*

[b] *beſoin.*

[c] *conteſtation.*

CHARLES VI.
à Paris, en Juin 1398. & les 7. d'Août & 6. de Septembre 1395.

Régens en l'Estude d'*Angiers*, Nous a esté exposé que comme ledit Maistre-escole à cause de sa dignité de Maistre-escolerie, soit Chief & Recteur dudit Estude, & à lui seul & pour le tout compette & appartiengne à faire congrégacions & assemblées, proposer & mectre en délibéracion les faiz touchans ledit Estude, & ce que aura esté délibéré & conclud, mectre ou faire mectre à exécucion, sanz ce que aucuns des Estudians, le puisse ou doye contredire ne empeschier, ne eulx assembler, sinon par l'auctorité & licence dudit Maistre-escole; & n'agaires après la création de nostre Saint Père [a] *Bénédic*, ledit Maistre-escole eust fait assembler les Docteurs & Estudians en ladicte Université, pour traictier de faire *(b)* un Roole audit nostre Saint Père, pour le bien & avancement des povres Estudians, & comme acoustumé est à faire en tel cas; en laquelle assemblée, d'un commun assentement des Docteurs & Estudians oudit Estude, ou de la plus grant & saine partie d'iceulx, eust esté délibéré de faire ledit Roole, & d'estre porté & présenté à nostre Saint Père; & pour ce faire & le poursuir, esleuz deux Docteurs, pris avecques eulx deux Licenciez de ladicte Université; & que pour ce faire & accomplir, certaine somme d'argent seroit levée sur chacun [b] inrotulé oudit Roole, & receue par un appellé Maistre *Robert Cocherel*, Licencié ès Droiz Canon & Civil, commis à ce, lequel ladicte somme ou telle qu'il appartiendroit, bailleroit & délivreroit à ceulx qui ledit Roole porteroient & poursuivroient; & après ce, selon la dicte délibéracion, ledit Roole eust esté fait & composé, & l'argent receu, & les Esleuz ou Commis à le porter, prestz & appareilliez à ce; & que de ce lesdiz Maistre-escole, Docteurs & Estudians en ladicte Université, ou la plus grant & saine partie, feussent d'accord que ledit argent feust baillié & délivré aux porteurs dudit Roole, pour la poursuite d'icellui; néanmoins aucuns singuliers dudit Estude, pour empescher l'expédicion dudit Roole, & le bien publique de ladicte Université & Estudians en icelle, & pour leur singulier prouffit, ou autrement, de leur voulenté, sans licence & autorité dudit Maistre-escole, se sont assemblez, & soubz umbre de certaines [c] noz Lettres, si comme on dit, contre le gré & volenté desdiz Maistre-escole, Docteurs & Estudians en ladicte Université, ou la plus grand & saine partie, ont fait empescher ledit argent & mectre en nostre main, afin qu'il ne feust baillé aux porteurs dudit Roole, pour la poursuite d'icellui, à quoy ledit argent estoit singulièrement ordonné; & pour ce que par le moyen dudit empeschement, estoit retardé & empeschié l'expédicion dudit Roole, en grant préjudice de ladicte Université & Estudians en ycelle, ledit Maistre-escole & aucuns Docteurs & autres dudit Estude, pour le bien de la chose publique dudit Estude, ont presté & baillé leur propre argent à un Docteur & deux Licenciès dudit Estude, qui ledit Roole ont porté, présenté & poursuivy en *Advignon*, pardevers nostre Saint Père, & tant qu'il est expédié bien & convenablement, selon l'exigence du cas; mais obstant l'empeschement & main mise dessusdiz, ledit Maistre *Robert* ne veult baillier ne délivrer ledit argent, pour payer & satisfaire ceulx qui ont presté, & qui ont poursuy l'expédicion dudit Roole à quoy ledit argent estoit singulièrement ordonné, & pourroit ledit argent ainsy demourer empeschié en préjudice desdiz exposans, & ceulx à qui ilz sont tenuz, comme dit est, se par Nous ne leur estoit sur ce pourveu de remede, si comme ilz dient; & pour ce que pour aucunes autres besongnes, vous estes de présent ou briefment devez estre en ladicte Ville d'*Angiers* & Parties par delà, & plus brief pourrez savoir la vérité des choses dessus dictes, Nous vous mandons, & par ces présentes commectons que, appellez ceulx qui seront à appeller, s'il vous appert des choses dessus dictes, & que lesdiz empeschemens & main mise n'aient esté faiz par la plus grant & saine partie des Docteurs & Estudians en ladicte Université, vous yceulx empeschemens & main mise ostez, levez & mectez au néant, & ledit argent mectez à plaine délivrance au prouffit de ceulx qui ont fait ledit Roole,

[a] *Benoist XIII. que la France reconnoissoit pour Pape.*

[b] *compris dans ce Rôle.*

[c] *ce sont les précédentes du 7 d'Août 1395.*

NOTE.

(b) Un Roole.] Il paroît par la suite de cette Pièce, que ce Rôle étoit un Catalogue des Membres de l'Université, qui devoit être présenté au Pape, afin qu'il leur donnât des Bénéfices, ou des Graces expectatives sur des Bénéfices. Voy. ci-dessous l'art. 65.

& à ceux qui leur argent propre ont baillié, & qui ont labouré pour le fait & expédicion dudit Roole, soit satisfait convenablement dudit argent qui est pardevers ledit Maistre *Robert;* & en cas de débat ou contradicion, faites aux Parties bon & brief accomplissement de Justice: Car ainsy Nous plaist-il estre fait, & auxdiz exposans l'avons octroyé & octroyons de grace espécial, par ces présentes, nonobstant quelconques Lettres subreptices empétrées ou à empétrer à ce contraires. *Donné à* Paris, *le VI.e jour de Septembre, l'an de grace mil CCC IIII.xx & quinze; & de nostre regne, le XV.me* Ainsi signées. Par le Roy, à la relacion du Conseil.

R. LIJOTE.

CHARLES VI. à Paris, en Juin 1398. & les 7. d'Août & 6. de Septembre 1395.

Suite du Procès verbal des Commissaires.

Les Parties nommées esdictes Lettres, eussent esté adjournées à la Requeste de l'une contre l'autre, à comparoir pardevant nous en la Ville d'*Angiers,* en [a] l'Hostel des Halles d'icelle Ville, où nous estions logiez, à certain jour auquel ou autre dépendent d'icellui, Maistre *Guillaume Du Gué,* soy portant Procureur de l'Université des Escoliers dudit *Angiers,* dist & proposa plusieurs faiz, causes & raisons, & tendans à plusieurs & diverses fins, à l'encontre desdiz Maistre-escole, *Nicolas Bertran* & *Girou,* & iceulx Maistre-escole, *Nicolas* & *Girou* semblablement distrent & proposèrent plusieurs faiz, causes & raisons au contraire, & tendirent à plusieurs fins; lesquelles Parties oyes, tant en demandant comme en défendant, à tout ce qu'elles vouldrent dire, les eussions appoinctiées à bailler par escript les choses par elles proposées, par manière de mémoire, avecques telles Lettres qu'il leur plairoit, & que sur tout ce qu'elles nous bailleroient, nous leur ferions droit où il pourroit appartenir, ou que nous les appoincterions comme de raison seroit: lesquelles Parties baillèrent depuis leurs Escriptures, & telles Lettres comme bon leur sembla, & en après leurs feismes nostre appoinctement, comme des choses dessus dictes & dudit appoinctement plus à plain puet apparoir par la Sentence interlocutoire sut ce donnée, dont la teneur s'ensuit.

[a] c'est appar. l'Hôtel de Ville. Voy. le 7.e Vol. de ce Rec. p. 22. Note (c).

A Tous ceulx qui ces présentes Lettres verront. *Henry* de *Marle,* Président en Parlement, & *Jaques Boujon,* Conseilliers du Roy nostre Sire, & Commissaires en ceste partie: Salut & dileccion. Comme Maistre *Guillaume Du Gué,* Licencié en Droit Canon & Civil, soy portant Procureur de l'Université des Escoliers de l'Estude d'*Angiers,* eust dit & proposé en demandant, pardevant nous, à l'encontre de Mess. *Briant Prieur,* Maistre-escole de l'Estude d'*Angiers,* soy disant Régent dudit Estude, Mess. *Nicolas Bertran,* Régent en la Faculté de Droit Civil oudit Estude, & Maistre *Thomas Girou,* pour tant que un chacun peut touchier, défendeurs, d'autre part; que oudit Estude a plusieurs Status, Coustumes & Observances qui doivent estre gardées au prouffit & gouvernement dudit Estude, & pour le bien publique & utilité d'icellui, & entre les autres, que aucun Escolier oudit Estude, ne doit estre receu au degré de Bachelier, *(c)* se il n'a oy par le temps de quarante mois deuement & continuelment, & qu'il soit entrez ou *(d)* cinquiesme Volume, & semblablement le Bachelier ne doit estre receu au degré de Licencié, s'il n'a leu par XL mois, & qu'il soit entrez ou cinquiesme Volume. Disoit oultre, que quant aucun Escolier est receu

NOTES.

(c) Se il n'a oy.] Il paroît par la suite de ces Lettres, & principalement par les Statuts qui furent dressez, qu'après que les Ecoliers avoient *oüy,* avoient pris des leçons pendant un certain tems, ils parvenoient au degré de Bachelier, & ensuite à celui de Licencié que pendant le tems qu'ils étoient revêtus de ces titres, ils lisoient, c'est-à-dire, qu'ils faisoient des leçons à des Ecoliers; qu'étant enfin parvenus au grade de Docteur, ils pouvoient faire des leçons ordinaires, & alors ils étoient nommez *Doctores Regentes in actu.*

(d) Cinquiesme Volume.] Dans la suite de ces Lettres, il est parlé plus d'une fois de ce cinquième Volume. On peut supposer que toutes les parties du Droit Civil, ont été quelquefois divisées en cinq Volumes, & qu'on avoit fait une division semblable pour le Droit Canon. Ce qui peut autoriser cette supposition, c'est qu'il y a une édition du Droit Civil, faite en 1527 & en 1528. par *Robert Etienne,* dans laquelle le Digeste est partagé en cinq volumes. Les frontispices des volumes de cette édition, portent *Volumen I. Volumen II.* &c.

CHARLES VI. à Paris, en Juin 1398. & les 7. d'Aoust & 6. de Septembre 1395.

au degré de Bachelier, & Bachelier, au degré de Licencié, il ne soit tenus de paier aucune somme d'argent audit Maistre-escole, mais tant seulement au Doyen dudit Estude, en se rapportant aux Status faiz sur ce; & que nonobstant ce, ledit Maistre-escole, contre la forme & teneur desdiz Status, avoit fait plusieurs Bacheliers qui n'avoient pas oy par temps souffisant; & que pis estoit, en avoit fait plusieurs qui onques n'avoient oy oudit Estude; & semblablement avoit fait plusieurs Licenciez qui n'avoient pas leu oudit Estude, au moins par temps souffisant, & avoit receu & recevoit chacun jour, des nouveaulx Bacheliers & licenciez, grans sommes d'argent, & derrenierement de XLIII. Bacheliers par ledit Maistre-escole Licenciez tant en Droit Canon que Civil, il en avoit receu de chacun III Escus ou plus, & que autrement ilz n'eussent esté Licenciez. Disoit oultre, que par Status & Ordonnances dudit Estude, il y doit avoir un Doyen qui soit le plus ancien Docteur Régent en Droit Civil oudit Estude, & celluy Doyen doit recevoir les prouffis & émolumens qui viennent des Bacheliers, Licenciés & Docteurs créez nouvellement oudit Estude, desquels prouffiz & émolumens, ledit Doyen est tenuz de rendre compte par troiz foiz l'an, & le doient mectre yceulx prouffiz & émolumens en [a] l'Arche commune dudit Estude, & que derrenierement il estoit fait un accord passé par Arrest de Parlement, que il y auroit un Licencié député de par l'Université desdiz Escoliers, pour oyr avecques les Docteurs, les comptes dudit Doyen, & auroit aussi une clef de ladicte Arche commune; mais ce nonobstant, par la faulte & coulpe dudit Maistre-escole, il y avoit deux Doyens oudit Estude; c'est assavoir, Mess. *Guy* de *Clider,* & Mess. *Nicolas Bertran,* qui n'avoient rendu compte, ne ne vouloient rendre, & se ilz avoient rendu aucun compte, ce auroit esté sans avoir appellé ledit Licencié, en grant dommaige dudit Estude, & en venant contre lesdiz Statuz & Arrest. Avec ce, disoit que selon les Ordonnances dudit Estude & l'Arrest dessusdit, ledit Maistre-escole estoit tenu de faire congrégacion général, quand de la Partie desdiz Escoliers en estoit requis, & mesmement quant les faiz en estoient grans & ardus touchans le fait de ladicte Université, à quoy ledit Maistre-escole avoit esté & estoit contredisans & refusant, sur ce sommez & requis par plusieurs & diverses foiz, & que piz estoit, supposé qu'il eust fait aucune congrégacion général, & que la plus grant & saine partie eussent délibéré une chose, toutesvoyes il estoit advenu moult souvent que ledit Maistre-escole concluoit autrement à sa voulenté & plaisir, & aucunesfoiz s'en partoit sanz faire aucune conclusion, en grant préjudice & vitupere desdiz Escoliers. Disoit oultre ledit Procureur, que depuis la création de nostre Saint Père le Pape *Bénédic,* ledit Maistre-escole fit faire congrégacion général, en laquelle il fut conclud & accordé que l'en feroit un Role, & que les absens seroient séparez des présens Estudians oudit Estude, & que sitost que ledit Role seroit compillé par les Notaires qui furent ordonnez à ce faire, que icelluy Roole seroit visité & collacionné en la présence dudit Maistre-escole & des Procureurs des Nations dudit Estude, appellé à ce [b] le Commis de ladicte Université, qui garde la clef de ladicte Arche commune; & que néantmoins ledit Maistre-escole en venant contre lesdiz Accords & Ordonnances, avoit prins ledit Role des mains desdiz Notaires, sanz faire collacion d'icellui, sanz faire aussi des absens aux présens séparacion, & sanz ce que icellui Roole feust tabellionné ne signé des mains desdiz Notaires, & le bailla auxdiz Mess. *Nicolas Bertran,* Maistre *Thomas Girou* & *Alain de la Rue,* jasoit ce que oncques n'eussent estez esleuz pour porter ledit Roole, & de fait, au desceu desdiz Escoliers, & contre leur gré & voulenté, au moins de la plus grant & saine partie, les dessusdis *Nicolas Girou* & *Alain de la Rue,* avoient porté ledit Role, eulx disans Procureurs de l'Université d'*Angiers,* & soubz umbre de ce, ilz avoient très-bien entendu à leur singulier prouffit, maiz il n'apparoist point qu'ilz eussent entendu au bien publique de ladicte Université. Disoit oultre, que en la confeccion mesme dudit Roole, auroit esté faicte grant fraude ou préjudice desdiz Escoliers & de toute l'Estude, en tant que cinq ou six absens estoient mis oudit Roole, pour présens, & que entre les absens & présens, n'avoit esté faicte séparacion deue, & tout par la faulte & coulpe dudit

a *Coffre.*

b *c'est le Licencié député par l'Université, duquel il est parlé un peu plus haut.*

dudit Maistre-escole principalement, comme dit est dessus. Sur lesquelles choses & plusieurs autres proposées par ledit Procureur, ycellui Procureur fist ses conclusions que par nostre Sentence ou Jugement, les abus & exploiz [a] excessis faiz par ledit Maistre-escole, contre les Status & Ordonnances dudit Estude, & contre le bien publique d'icellui, feussent révoquées & adnullées, & feust condempné & contraint en Amende pour lesdiz abuz, & à les réparer par la prinse de son temporel, & par toutes autres voies raisonnables, & feust privé de l'administracion & gouvernement dudit Estude, & que ladicte Estude feust refformée & gouvernée pour le temps avenir, comme sont les autres du Royaume. Feust dit & déclairié [b] pour ledit Procureur en défendant, ou nom que dessus, que lesdiz Mess. *Nicolas* & *Giron*, ne devoient riens avoir du partage dudit Role, mais ce qu'ilz en demandoient, ledit Procureur ou nom que dessus, en feust absolz, & en tant qu'ilz avoient entrepriz à porter ledit Role, feussent privez de toutes Lectures ordinaires & extraordinaires & (c) resquiez dudit Estude perpétuelment, & que à faire ceste poursuite, lesdiz Escoliers estoient bien habiles, & le Procureur bien fondé, & que sur ces choses povions & devions congnoistre. Requeroit oultre provision à lui estre faite pour faire ceste poursuite, de l'argent appartenant à ladicte Université, disant [c] qu'il faisoit bien à recevoir, & non, Partie adverse; & requeroit aussi condempnacion de coustz, [d] mises, intérestz & despenz par lui faiz & à faire en la poursuite de ceste Cause; offrant à prouver de ses faiz [e] à souffire.

Et de la Partie desdiz défendeurs, a esté dit au contraire, que ledit Maistre-escole est homme notable, Docteur en Loys, qui a vesqu tout son temps honnestement sanz reprouche, & en son temps a esté Régent ou Droit Civil oudit Estude, par l'espace de dix ans, & aussi grandement & notablement labouré & fait des faiz notables oudit Estude, que Docteur quelconque de son estat, sanz préjudice d'autrui; a esté Auditeur du Pape par l'espace de dix ans & plus, & pour le bien de sa personne, il a esté pourveu par les [f] Peres, de plusieurs Bénéfices qu'il tient, & entre les autres, lui a esté donné la Maistre-escolerie d'*Angiers*, pour les causes dessus dictes, & pour les considéracions qu'il estoit né & nourry de ladicte Ville, & Docteur dudit Estude; & disoit que ladicte Maistre-escolerie est dignité grant & notable en l'Eglise d'*Angiers*, & que à cause d'icelle, il est Chief & Recteur perpétuel dudit Estude, & à lui compete & appartient seul & pour le tout, tout le gouvernement & administracion dudit Estude, sanz ce que autre que lui y ait que veoir ne que congnoistre; & aussi lui compete & appartient seul & pour le tout, faire congrégacions & assemblées en ladicte Université, touteffoiz que bon lui semble & le cas le requiert, sanz ce que autres les puissent ne doient faire, sinon de son auctorité & licence; ainçoiz par les Status & Ordonnances dudit Estude, est défendu auxdiz Escoliers de faire congrégacions & assemblées, mais il est bien en la faculté dudit Maistre-escole, d'en appeller d'iceulx en tel nombre que bon lui semble. Dist aussi qu'il lui compete seul & pour le tout, mectre en délibéracion les faiz communs touchant ledit Estude, & que à lui & aux Docteurs Régens ordinairement, compette & appartient seul & pour le tout, de appoinctier & conclure de & sur tout ce qui aura esté mis en délibéracion esdictes congrégacions & assemblées. Disoit aussi que à yceulx Maistre-escole & Docteurs Régens, compette & appartient seul & pour le tout, le gouvernement & distribucion de l'argent & chevance dudit Estude, présent au compte, & à mectre en l'Arche commune dudit Estude, un député de par lesdiz Estudians, selon la forme & teneur d'un Accord passé par Arrest de la Court de Parlement. Disoit oultre ledit Maistre-escole, que il & les Docteurs Régens ordinairement en ladicte Université, seul & pour le tout, font Université & Collége sanz les Escoliers: car ilz ont Arche, Séel, profession, & tous signes d'Université, de Corps & de Collége; & aussi eulx sont

CHARLES VI.
à Paris, en Juin 1398. & les 7. d'Août & 6. de Septembre 1395.

[a] corr. *excessifs.*

[b] corr. *par.*

[c] *qu'il avoit bon droit.*

[d] *frais.*

[e] *suffisamment.*

[f] Je crois qu'il faut entendre par ce mot, *les Prélats.*

NOTE.

(c) *Resquiez.*] Ce mot sur lequel je n'ai rien trouvé, signifie apparemment exclus. On disoit anciennement *estre au Requoy*, du latin *Requies*, pour signifier être en son particulier, en tranquillité, &c. Voy. l'Inventaire de *Monet*, au mot *Requoi.*

CHARLES VI. à Paris, en Juin 1398. & les 7. d'Août & 6. de Septembre 1395.

fondez quant à ce, de raiſon commune, & par les Ordonnances & Status dudit Eſtude, & en ont joy & uſé par tel & ſi long-temps qu'il n'eſt mémoire du contraire. Dit oultre ledit Maiſtre-eſcole, que à lui compete ſeul & pour le tout, donner & conférer les degrez de Bachelier & Licencié ès Droiz Canon & Civil, aux Eſtudians & Bacheliers à lui préſentez par *(f)* leurs Doćteurs, & que un Eſtudiant, avant qu'il ſoit receu à eſtre Bachelier, doit jurer par ſon Serment qu'il a oy en l'Eſtude général par quarante mois; & en ce cas eſt creu par ſon Serment, ſanz autre preuve, par les Status & Ordonnances dudit Eſtude; & auſſi par yceulx Status & Ordonnances, quant aucun Bachelier eſt préſenté par ſon Doćteur audit Maiſtre-eſcole, pour avoir le degré de Licencié, icellui Maiſtre-eſcole le remet aux Doćteurs ſinguliérement pour le examiner; & ce fait, icellui Maiſtre-eſcole le puet examiner à la requeſte deſdiz Doćteurs, [a] en privé, & après en publique, au Palais ou autre lieu convenable, tel qu'il plaira audit Maiſtre-eſcole; & s'il eſt trouvé ſouffiſant, ledit Maiſtre-eſcole le puet licencier, [b] mais qu'il ait leu par l'eſpace de quarante mois. Diſt oultre, que par les Status & Ordonnances dudit Eſtude, il puet diſpenſer aucun Bachelier pour eſtre Licencié, de ce qu'il n'aura pas leu tout ſon temps, ou de le non licencier en publique, pour aucunes cauſes raiſonnables, comme pour ce qu'il n'auroit pas langue habile à lire, ou pour doubte d'avoir paour, & pour pluſieurs autres cauſes qui peuvent ſurvenir; & pour ce eſt bien acouſtumé de licencier en privé, ſoit en la chambre dudit Maiſtre-eſcole, ſoubz la cheminée, ou ailleurs, en quelle maniére pluſieurs Clers notables ont eſtez licenciez. Diſt oultre ledit Maiſtre-eſcole, qu'il a acouſtumé avoir d'un chacun Bachelier fait de nouvel, vint Solz Tournois, & d'un Licencié, XXV. Solz Tournois, pour la Lettre & pour le Séel, & que c'eſt tout ce qu'il a pour ſa peine & pour ſon travail, & pour les fraiz qu'il fait à cauſe de ce en ſon hoſtel, & pour ſe tenir en bon eſtat à l'onneur dudit Eſtude, & eſt choſe très-petite au regard des charges qu'il a, & au regard de ce que ès autres Eſtudes eſt acouſtumé en tel cas: avec ce, diſoit que après la création du Pape qui eſt de préſent, ycellui Maiſtre-eſcole fiſt faire congrégacion générale oudit Eſtude, & miſt en délibéracion ſe l'en feroit un Role, & finablement après la délibéracion des Doćteurs, & conſentement des Licenciez, Bacheliers & Eſcoliers, fut conclud par ledit Maiſtre-eſcole avec les Doćteurs, de faire ledit Role, & que chacun préſent paieroit II. Sols VI. Deniers pour faire & compoſer ledit Role, & vint Solz Tournois pour les porteurs dudit Role, & l'abſent payeroit le double; & fuſt eſleu Maiſtre *Robert Cocherel* Licencié en Droit Canon, homme de bien & d'onneur, qui ledit argent bailleroit aux porteurs dudit Role; & auſſi fut déliberé & conclud que ledit Maiſtre-eſcole & Meſſ. *Raoul* de *Caradoc,* porteroient ledit Role, & auroient en leur compaignie Maiſtre *Thomas Girou* & Maiſtre *Alain* de la *Rue,* Licenciez ès Droiz Canon & Civil. Or diſoit ledit Maiſtre-eſcole, que le Prieur d'*Eſtriché* & pluſieurs autres hayneux dudit Maiſtre-eſcole, s'eſtoient aliez enſemble, & de tout leur povoir, par voies exquiſes & deraiſonnables, avoient empeſchié l'expédicion dudit Role, en faiſant aſſemblées particulières en divers lieux, & en faveur d'aucun d'iceulx qui vouloient porter ledit Role; & de fait, pour ce qu'ilz adviſérent que ledit Maiſtre-eſcole & ledit Meſſ. *Raoul,* eſtoient tous preſtz de partir, pour les empeſchier, firent arreſter l'argent par un Sergent Royal & par l'Official d'*Angiers,* & fut deffenſe faićte audit Maiſtre *Robert Cocherel,* qu'il ne baillaſt riens audit Maiſtre-eſcole ne audit Meſſ. *Raoul;* leſquelz furent en ce tellement empeſchiez, qu'ilz délaiſſérent à porter ledit Role, & ſe tarda l'expédicion dudit Roole, par l'eſpace de deux mois & plus, & pour ce ledit Maiſtre-eſcole fiſt aſſembler les Doćteurs & les Procureurs des Nations, pour

a *en particulier.*

b *pourvû qu'il.*

NOTE.

(f) Leurs Doćteurs.] On lit ci-deſſous dans l'article 30. des Statuts, *ſub Doćtore ſuo ſub quo meruit Licenciam obtinere;* ce qui peut ſignifier le Doćteur qui avoit dirigé les Etudes du Bachelier, en lui faiſant des leçons en particulier: car dans l'article 40. on lit que les Ecoliers doivent avoir *proprium Doćtorem,* qui eſt diſtingué du Doćteur Régent, aux leçons duquel ils ſoient aſſidus.

CHARLES VI. à Paris, en Juin 1398. & les 7. d'Août & 6. de Septembre 1395.

savoir que l'en feroit dudit Role, lesquelx furent d'accord que ledit Mess. *Nicolas Bertran* qui est moult notable Clerc, & a longuement régenté oudit Estude, & qui autresfoiz a porté le Role dudit Estude devers le Pape, porteroit ledit Role, & que lesdiz Licenciez *Girou* & *Alain,* lui tendroient compaignie, & leur bailleroient lesdiz Maistre-escole & Docteurs, leur argent pour le bien publique dudit Estude: Dient oultre lesdiz Mess. *Nicolas* & *Girou,* que ledit Role a esté porté par eulx, & présenté au Pape, & signé par le Pape, & ont fait telle poursuite en ce fait, que le prouffit y est tout cler & apparant pour tous ceulx qui sont mis oudit Role, parce qu'ilz ont aussi bonne date & signacion que Role d'autre Estude de ce Royaume; ont aussi obtenu les dispensacions, prérogatives requises oudit Role, & très-notable expédicion, & que raison veult qu'ilz en soient satisfaiz; & toutesvoies nonobstant ces choses, ledit *Prieur* [a] d'*Estrechié,* homme Religieux Profez, sanz l'auctorité ne mandement de l'Université ne de son [b] Souverain, a bailliez articles diffamatoires contre lesdiz Maistre-escole, Mess. *Nicolas* & *Girou,* & a obtenu Lettres subrepticement empétrées, ou nom du Procureur de l'Université des Escoliers, qui n'ont Corps ne Collége, Arche, Séel, ne aucun signe de Université. Disoient oultre iceulx Maistre-escole, Mess. *Nicolas* & *Girou,* que Maistre *Guillaume Du Gué* s'étoit fondé Procureur de l'Université des Escoliers, par deux Procuracions dont la fondacion n'estoit pas recevable, pour ce que la première Procuracion estoit faicte six ans avoit, pour passer un Accord en la Court de Parlement, laquelle auroit sorti son effect: avec ce, la plus grant partie des constituans estoient [c] mors ou absens ou contredisans: ne valoit aussi riens la seconde Procuracion, car estoit une manière de ratiffier la première Procuracion de ceulx qui sont mors, absens ou contredisans, comme dit est: oultre, les Escoliers dudit Estude ne peuvent faire Procuracion par manière d'Université, ne autrement, s'ilz n'avoient licence de eulx assembler, dont ilz n'eurent onques riens, & si n'estoient pas la plus grant ne la plus saine partie. Avec ce, disoient que supposé que la fondacion feust bonne, ne povions nous ne devions congnoistre de ceste Cause, attendu la nature d'icelle, & la qualité des personnes qui sont Clercs & Prestres, Curez & Gens d'Eglise, & que ceste poursuite est pure personnele, & ne touche en riens les Priviléges Royaulx, ne la matière n'est pas privilégiée, dont à nous qui sommes Juges séculiers, appartiengne la congnoissance; & ces choses & plusieurs autres dirent & proposèrent ledit Maistre-escole, *Nicolas* & *Girou,* tant en demandant comme en deffendant, concluans à l'encontre dudit Procureur d'aucuns Estudians, eulx disans l'Université, ou la plus saine partie des Escoliers de l'Estude d'*Angiers,* qu'il feust dit & déclairé le mandement impétré de la Partie desdiz Escoliers, subreptis, & tel que par vertu d'icellui, ne peussions entreprendre aucune Juridicion ne congnoissance, que ilz ne sont pas habiles à faire ceste poursuite, ne souffisament fondez à demener ceste Cause, & que congié de Court & despens soient octroyez auxdiz défendeurs, contre lesdiz demandeurs; & posé qu'ilz feussent habilles & souffisamment fondez, que nous n'en doyons tenir Court ne congnoissance, & ne feussent tenus de procéder; & s'il estoit qu'ilz feussent tenus de procéder pardevant nous, qu'il fust dit par nous, que lesdiz demandeurs ne font à recevoir, & s'ilz faisoient à recevoir, qu'ilz n'eussent cause ne accion, & de leurs demandes & conclusions feussent lesdiz défendeurs absolz, quictes & délivres; & en tant que lesdiz Mess. *Nicolas* & *Girou* sont demandeurs, ont requis & conclud que l'empeschement, arrest & main-mise en l'argent ordonné pour ledit Role, feust osté au profit desdiz Mess. *Nicolas* & *Girou,* & que d'icellui argent leur soit faicte satisfaction raisonnable, & que aucune provision ne feust faite ausdiz demandeurs; mais soit faite ausdiz Maistre-escole, Mess. *Nicolas* & *Girou;* que yceulx Maistre-escole, *Nicolas* & *Girou* faisoient bien à recevoir à tout leur propos, en requerant amendes, dommages, interestz & despens, offrans à prouver de leurs faiz, tant qu'il leur souffira pour venir à leur entencion.

Lesquelles Parties oyes, furent appoinctiées premiérement par nous, à escripre par maniere de mémoire, aux fins par elles plaidoiées, & à bailler à certain jour passé,

a *Il y a plus haut, p. préced. d'Estriché.*

b *Supérieur.*

c *morts.*

CHARLES VI. à Paris, en Juin 1398. & les 7. d'Août & 6. de Septembre 1395.

auquel ycelles Parties baillierent leurs Escriptures, sur lesquelles & sur les Lettres telles qu'ilz les vouldrent baillier, nous les appoinctasmes depuis à leur faire droit où il pourroit cheoir & appartenir, ou à les appoinctier comme de raison feroit [a] à ajour d'huy.

a corr. à aujourd'huy.

Savoir faisons que veues lesdictes Escriptures desdictes Parties, leurs Lettres baillées en Court, & considéré tout ce qui fait à veoir & considérer en ceste partie, nous avons dit & disons que nous ne povons délivrer lesdictes Parties sanz enquerir la vérité des faiz par eulx proposez & contenus à plain en leursdictes escriptures, & que lesdictes Parties bailleront leursdictes escriptures par manière de faiz contraires, à toutes les fins par elles plaidoyées, & l'enqueste faicte & parfaicte & receue pour jugier, nous leur ferons droit ainsy qu'il appartendra, tous despenz réservez en diffinitive; & en oultre, que de présent ne ferons aucune provision d'argent à aucunes d'icelles Parties; mais s'il appartenoit à la faire, nous le réservions à faire en temps & en lieu, quant bon nous sembleroit, par nostre Sentence interlocutoire, & par droit. Ce fut dit & pronuncié par nous en Jugement, en la grant Sale de l'ostel des Hales d'*Angiers*, en la présence desdictes Parties & de plusieurs autres, l'an de grace mil CCC. IIII.[xx] & quinze, le Mercredi X.[e] jour de Novembre. *Ainsi signé.*

R. COCHEREAU.

Et en procédant en oultre, après ladicte interlocutoire, lesdictes Parties baillièrent l'une à l'autre leursdictes Escriptures par articles, & pour yceulx articles accorder, leur assignasmes un certain jour pour procéder à accorder leurs [b] dictes articles, qui escheï le Samedi XIII.[e] jour de Novembre, l'an de grace mil CCC IIII.[xx] & quinze; auquel jour lesdictes Parties eurent plusieurs débas l'une contre l'autre, & pour les accorder ensemble, feismes certaines responses & appoinctemens entre ycelles Parties; desquelles lesdiz Maistre-escole, *Nicolas* & *Girou*, appellèrent en la Court de Parlement, comme de ce puet plus à plain apparoir par le mémorial d'iceulx appoinctemens, dont la teneur s'ensuit.

b corr. ditz.

L'an de grace mil CCC IIII.[xx] & quinze, XIII.[e] jour de Novembre, comparurent pardevant nous *Henry* de *Marle*, Président en Parlement, & *Jaques Boujon*, Conseilliers du Roy nostre Sire, & Commissaires en ceste partie, Maistre *Guillaume Du Gué*, soy portant Procureur de l'Université des Escoliers de l'Estude d'*Angiers*, en demandant & deffendant, d'une part, à l'encontre de Mess. *Briant Prieur* Maistre-escole d'*Angiers*, Mess. *Nicolas Bertran*, Docteur Régent en Droit Civil oudit Estude, & Maistre *Thomas Girou*, défendeurs & demandeurs aussi, d'autre part, pour procéder à accorder leurs articles selon la teneur du mémorial précédent, auquel ces présentes sont [c] ennexées: pourquoy de la partie dudit Procureur qui estoit principal demandeur, furent premièrement débatues les Escriptures desdiz défendeurs, en disant qu'ilz [d] conclurent à injures, & aussi en plusieurs articles escrivoient plus largement qu'ilz n'avoient plaidoyé, desquelz débas ilz furent déboutez, & finablement furent tenues les Escriptures desdiz défendeurs, pour accordées; & ce fait, de la Partie dudit Procureur fut requis audis défendeurs, qu'ilz deissent ce qu'ilz vouldroient contre les articles dudit Procureur, ou qu'ilz feussent tenus pour accordez; & ce fait, aussi leur deismes nous de nostre Office; & lors de la Partie desdiz défendeurs, par la bouche de *Jehan* [e] *Tahureau* Advocat en Court laye, fut dit que le Procureur avoit fait proposer en jugement, que le Role de l'Université d'*Angiers* furtivement avoit esté pris & emporté en *Avignon*, par lesdiz Mess. *Nicolas* & *Girou*, & aussi avoit conclud ledit Procureur en Amende de X.[m] Frans, contre yceulx défendeurs; lesquelles choses estoient pures personnelles; pourquoy iceulx défendeurs avoient esté meuz de décliner nostre Jurisdicion, en requerant deslors que nous leur feissions droit, & maintenant en ses Escriptures il avoit obmis ce mot *furtivement*, & ne concluoit point en l'Amende dessus dicte, & usoit de ces mots de *Sauvegarde enfrainte*, pour mieulx fonder nostre Jurisdiccion, & par la rescripcion desdictes choses, avions esté meuz de retenir la congnoissance de ceste Cause, ou de les appoinctier en faiz contraires, sanz leur faire droit sur leur déclinatoire, en requérant que de ce leur feust fait droit; à quoy ledit Procureur [f] répondi que s'il avoit dit

c corr. annexées.

d corr. concluoient.

e on pourroit aussi lire *Cahureau*.

f corr. répondit.

CHARLES VI. à Paris, en Juin 1398. & les 7. d'Août & 6. de Septembre 1395.

furtivement, ce estoit à entendre clandestinement, & contre le gré & voulenté des Escoliers dudit Estude, & que sauve leur grace, en ses Escriptures il ne parloit point de *Sauvegarde enfrainte*: avec ce, deismes de nostre Office auxdiz défendeurs, que ilz estoient appoinctiez en faiz contraires à toutes leurs fins, pour plusieurs causes & raisons que nous ne devions pas déclairer, se nous ne voulions, en nostre Sentence, & toutesvoies les choses dessusdictes ne nous avoient meuz ne desmeuz, mais avions regart principalement aux abus des Priviléges, Status & Ordonnances dudit Estude, proposez par ledit Procureur, & plusieurs autres causes dont esdictes Escriptures est faite mencion d'une part & d'autre, & que nous leur ferions droit selon la teneur de nostre Sentence interlocutoire; & après ce, ledit *Tahureau* dist ou nom que dessus, qu'ilz avoient mis plusieurs Lettres pardevers nous, avec ses mémoires, & nous requist que nous les lui baillissions pour s'en aidier en son Enqueste, à quoy ledit Procureur s'opposa, & néantmoins nous lui respondismes que nous les lui baillerions voulentiers, sauve tant que ledit Procureur bailleroit contrediz, se bon lui sembloit, contre lesdictes Lettres, & yceulx défendeurs, salvacions au contraire: après ce, ledit *Tahureau* requist que l'argent ordonné pour le Role porter en *Avignon*, fust mis en l'Arche commune de ladicte Université, à quoy nous respondismes que ledit argent estoit arresté de par le Roy nostre Sire, avant que nous venissions, & encores d'abondant, l'avions mis en arrest où il estoit par avant, bien & seurement, comme savoient lesdiz défendeurs, & leur fut tesmoingnié présentement pour en ordonner comme de raison, dont lesdictes Parties en estoient en débat par leurs Escriptures, assavoir ce qu'il devroit estre fait dudit argent; & pour ce que lesdiz défendeurs ne poursuioient à accorder ou discorder les articles de Partie adverse, & faisoient requestes hors ledit appoinctement, nous leur deismes que s'ilz vouloient faire à nous aucunes requestes, qu'ilz les baillassent par escript, & leur assignasmes jour à leur en donner responce au lendemain; & oultre leur deismes qu'ilz montrassent sur chacun article des Escriptures dudit Procureur, ce qu'ilz vouloient contredire, & sur ce incontinent nous leur ferions droit, & que c'estoit ce qu'ilz avoient à faire de présent, ou autrement nous tenrions lesdiz articles dudit Procureur, pour accordez, & procéderions comme de raison; & lors ledit Maistre-escole en personne, se leva & dist: *Messeigneurs, vous me grevez*, & nous lui demandasmes de quoy, & lors il dist: *vous me grevez vrayement: j'en appelle;* & ledit Mess. *Nicolas* dist: *j'en appelle aussi;* & puis ledit Maistre-escole dist audit Maistre *Thomas Girou*, qu'il appellast, & lors icellui Maistre *Thomas* dist: *j'en appelle aussi;* & ce fait, nous demandasmes audit Maistre *Thomas* de quoy il appelloit, lequel n'en voult riens déclairer, & s'en partirent de devant nous, quant ledit Procureur dist que l'en veoit bien comment ilz vouloient delayer que l'en ne sçeust la vérité de ceste Cause, & nous requist que nous procédissions pour eulx à leurs périlz, & lors nous rappellasmes lesdiz Appellans, & leur deismes en substance, que l'appellacion n'avoit point esté trouvée pour soustenir iniquité, mais pour préserver vraye innocence, & que à icelles leurs appellacions comme frivoles, nostre entencion n'estoit point de defférer, mais procéderions oultre selon nostre Commission & puissance, comme de raison, de laquelle response secondement & de rechief ilz appellèrent. En tesmoing de ce, nous avons scellé ces présentes Lettres de noz Seaulx. Ce fut fait l'an & jour dessusdiz. *Ainsi signé.* R. COCHEREAU.

Lesquelz Appellans, après l'introduccion d'icelles appellacions faites en ladicte Court, par l'anticipacion desdiz appellez, proposèrent leur Cause d'appel, & lesdiz appellez défendirent au contraire, en tant que par Arrest fut dit finablement bien avoir esté jugié par nous Commissaires dessusdiz, & mal appellé par lesdiz appellans, & furent condempnez ès despenz desdiz appellez, & la Cause renvoiée pardevant nous, pour procéder en oultre comme de raison, si comme il puet apparoir par l'Arrest & exécutoire d'icellui, dont les teneurs s'ensuivent.

KAROLUS Dei gracia Francorum Rex. Universis presentes Litteras inspecturis: Salutem. Notum facimus quòd in nostra Parlamenti Curia, constitutis Magistris

CHARLES VI. à Paris, en Juin 1398. & les 7. d'Août & 6. de Septembre 1395.

Briando Prioris, *Scolastico* Andegavense, *Juris Civilis Professore, atque* Nicolao Bertrandi *Doctore Juris Canonici & Civilis, &* Thoma Girou *in utroque Jure Licenciato, Appellantibus, prout eorum quemlibet concernere poterat, ex una Parte, & Procuratore dilectorum nostrorum Magistrorum & Studencium Universitatis Studii* Andegavensis, *ex altera, fuit pro Parte dictorum Appellancium, propositum quòd dictus Magister* Briandus *à longis retro temporibus honorabiliter in dicto Studio conversatus, Regens in Jure Civili, deinde propter merita sua Auditor Causarum Palacii Apostolici, per spacium decem annorum & ampliùs extiterat, & ad dictam Scolatriam Ecclesie* Andegavensis, *quia de dicta Villa erat oriundus, promotus, que Dignitas erat & est in Ecclesia predicta, & ad causam ipsius Scolastrie, ipse erat Caput & Rector perpetuus Studii predicti, ad eumque solum & in solidum regimen ejusdem Studii & administracio pertinet, atque facere congregaciones in dicta Universitate, quociens opus est & casus exigunt; quòdque imminente novâ creacione Summi Pontificis nunc existentis, factâ congregacione ex ipsius Scolastici ordinacione, tocius dicte Universitatis & Suppositorum ejusdem super Rotuli ordinacione, ut moris est in ipsius Summi Pontificis adventu jocundo, & tandem concluso quod fieret, solvendo per quemlibet presencium Studencium in dicto Studio, viginti Solidos Turonenses pro illorum salario, qui* [a] *Rotulim defferrent predictum, & duos Solidos cum dimidio, pro ipsius confeccione, & per unum quemlibet absencium, duplum, in manibus Magistri* Roberti Cocherel *Licenciati in Jure Canonico tradendos, ad quem quidem Rotulum defferendum, fuerant electi predictus Magister* Briandus *& Magister* Radulphus de Caradoc, *Juris Civilis Professores: Cumque nonnullis eorum invidis & odiosis magnam fuisse receptam peccunie summam ob causam predictam constitisset, cupiditate moti alios procuraverunt eligi predicti Rotuli portitores, &* [b] *demon in predictos Magistros* Nicolaum Bertrandi *&* Thomam Girou, *& Magistrum* Alanum *de* Rua *convenerant, qui suis sumptibus Rotulum predictum defferentes, illum signari & expediri utiliter cum ceteris necessariis & opportunis fecerant & procuraverant; quibus reversis, nonnulli se dicentes majorem esse & saniorem partem Universitatis predicte, Litteras à nobis sub pretextu refformacionis dicti Studii in pluribus casibus necessarie, in quodam Rotulo dilecto & fideli Cancellario nostro tradito contentis, dilectis & fidelibus magistris* Henrico *de* Marla *in nostro Parlamento Presidenti, &* Jacobo Boujon, *Consiliariis nostris, directas obtinuerant, quarum vigore supradictis Partibus coram eis constitutis, predicti Appellantes tunc super nonnullis eisdem injuriosè impositis defensores, predictos Consiliarios nostros non esse Judices, & quòd de Causa non poterant cognoscere, eorum Jurisdicionem declinando, ex eo quòd nonnulli contra eos fuerant excessus propositi, quorum Jurisdicio ad Judicem secularem minimè pertinebat, cum ipsi persone essent ecclesiastice, & insuper quòd actores contra voluntatem majoris & sanioris partis Universitatis Studii predicti, procedebant, sicque Procurator se gerens pro ipsis nomine dicte Universitatis, prosequi non poterat, fecerant proponi; super quibus, Partibus ipsis auditis, predicti Consiliarii nostri, ad tradendum suas raciones hinc inde per modum memorie, una cum actis & munimentis suis, appunctaverant, & deinde jure minimè facto super conclusionibus predictis, que juris erant, Partes easdem appunctaverant in factis contrariis, diem concordandi articulos suos eisdem Partibus assignando, ac super ipsis ad faciendum Inquestam procedere voluerant; deinde verò, comparentibus Partibus predictis coram eisdem Commissariis, dicti Appellantes, quibus, priusquàm ad dictam Inquestam procederetur faciendam, jus primitùs debebat fieri super declinatoria, & aliis juris conclusionibus per eos propositis, ac eciam quàm plures in scripturis dictorum Studencium proponebantur raciones & facta injuriose, super quibus nulle per eos proposite fuerant deffensiones; proposuerant & insuper pecierant provisionem dictis* [c] *Magistro* Nicolao *&* Thome *fieri pro sumptibus per eos factis, super peccunia pro Rotuli predicti confectione tradita; quibus nonobstantibus, Commissarii supradicti, quòd super eorum Requestis jus vel justiciam non* [d] *fecerant nisi priùs articulis concordatis, eisdem dederant responsum, unde predicti Scolasticus,* Nicolaus *&* Thomas *sencientes se gravatos, appellaverant ad Curiam nostram antedictam: dicebant ulteriùs, quòd predictâ appellacione*

a corr. Rotulum.

b corr. demùm.

c corr. Magistris comme il est plus bas.

d je crois qu'il faut corriger fecerent.

CHARLES VI. à Paris, en Juin 1368. & les 7. d'Août & 6. de Septembre 1395.

nonobstante, Commissarii supradicti ad faciendum Inquestam pro Parte dictorum Studencium, contra dictam appellacionem attemptando, processerant, & eciam quòd quidquid per ipsos factum extiterat, nullius erat valoris, cum Littere nostre predicte non tantùm ipsis, sed & Magistris Guillermo Senonis *Presidenti, &* Johanni Blancheti, *Consiliariis nostris, dirigerentur, habeantque duntaxat potestatem dicte Curie nostre referendi; & insuper dicebant quòd Procurator pro dicto Studio volens occupare, non à majori parte Studencium, sed à quibusdam singularibus minorem partem facientibus, fuerat Procurator constitutus; quapropter congedium & expensas contra ipsos sibi dari & concedi, nec non premissis attentis, quicquid per dictos Commissarios factum fuerat, nullum esse, & si teneret vel valeret, malè per eos factum & ordinatum, & benè per Appellantes supradictos appellatum fuisse, dici & pronunciari petebant. Preterea, dicebant quòd ipsi certas Litteras ex quarum tenore appellacio predicta per nos fuerat adnullata, ac ut dicte Partes in Curia nunc supradicta in eo statu in quo erant ante dicte appellacionis interjectionem,* [a] *procederant, mandabatur, obtinuerant à nobis, quibus obtemperari, & easdem integrari petebant; aliter, prout supra in dicta appellacionis causa, concludendo, nec non quòd in eorum expensis dicti pro Universitate se gerentes, condempnarentur. Ex Parte verò dictorum Magistrorum & Studencium Universitatis Studii predicti, seu Procuratoris eorundem, pro ipsis extitit ex adverso propositum, quòd licet in dicto Studio plura sint ab antiquo pro ipsius Studii bono publico & utilitate, facta & observata Statuta, & inter cetera, quòd nullus Scolaris ad gradum Bachalariatûs, nisi per quadraginta menses debitè & continuè suas Lectiones audivisset, quintum Volumen attingendo, nec eciam ullus Bachalarius ad Licencie gradum, nisi per totidem menses & volumina legisset, debebant admitti; quòdque in Bachalarium, vel de Bachalario ad Licenciam assumptus, nichil dicto Scolastico, & ad plus, nisi viginti Solidos Turonenses, sed Decano ipsius Universitatis, jura consueta solvere tenebantur, secundùm formam Statutorum Universitatis predicte; hiis tamen nonobstantibus, predictus Scolasticus contrarium* [b] *faciendum, plures ad Bachalariatûs gradum receperat, qui tamen tempus audicionis debitum non compleverant, & quòd deteriùs erat, quosdam qui in dicta Universitate nunquam audiverant, & pariter plures ad Licenciam, qui per tempus sufficiens vel nunquam legerant, admiserat, nonnullas ab eis peccuniarum summas indebitè recipiendo; videlicet, à quolibet, tres Scutos vel ampliùs, quos nisi eas solvissent, non erat aliter admissurus: dicebat eciam supradictus Procurator, quòd quamvis secundùm Statuta & Ordinaciones dicti Studii, unum deberent habere Decanum emolumenta ex Bachalariis, Licenciatis & Doctoribus noviter factis & creatis, proveniencia recipientem, & qui de eisdem compotum reddere tenebatur & debebat ceteris Doctoribus, uno tamen Licenciato ex parte Universitatis, ad hoc deputato, presente, qui alteram ex clavibus Arche communis dicte Universitatis habere debebat, nichilominùs, ob culpam vel defectum dicti Scolastici, duo fuerant Decani successivè qui reddere compotum noluerant, & si quod reddiderant, non tamen* [c] *aliquis ex Licenciatis dicte Universitatis, interfuerant, prout juxta tenorem cujusdam Arresti jam dudum inter dictas Partes in nostra supradicta Curia facti & passati, fieri debebat; quòd pluraque alia fecerat & faciebat dictus Scolasticus, tam circa congregaciones faciendas, quàm* (g) *resumpcionem Leccionum in principio ordinarii, annuatim, quàm aliter contra dicte Universitatis Statuta & Ordinaciones antiquitùs observatas. Prereteà, dicebat Procurator predictus, quòd factâ nuper congregacione super Rotulo in creacione nova summi Pontificis nunc presentis, faciendo, conclusoque inter cetera in eadem quòd absentes Studentes separarentur à presentibus, nec non quòd dicto Rotulo compilato, & eo postea visitato atque collacionato in presencia dicti Scolastici & Procuratorum Nacionum dicti Studii, atque Custode clavium Arche communis Universitatis ejusdem, electis ad illum deferendum traderetur, spretis tamen predictis Ordinacionibus, eumdem Rotulum non collacionatum, & in quo nulla presencium ab absentibus erat*

[a] corr. procederent.

[b] faciendo.

[c] aliqui.

NOTE.

(g) *Resumpcionem Leccionum.*] Cela signifie apparemment le commencement du cours ordinaire des leçons & des autres exercices qui se reprennent après les vacances.

CHARLES VI. à Paris, en Juin 1398. & les 7. d'Août & 6. de Septembre 1395.

facta separacio, supra nominatis Magistris Nicolao Bertrandi, Thome Girou *&* Alano de Rua, *quamvis electi non fuissent, tradiderat deferendum; qui nichilominùs suo principaliter singulari, obmisso dicte Universitatis commodo publico, in ipsius maximum detrimentum vacaverant; super quibus, & aliis Universitatem predictam tangentibus Studencium, predicti affectantes provideri, Litteras à nobis, certis ex Consiliariis nostris illuc de Licencia nostra pro tenendis (h) Diebus Carissime Amitte nostre Regine* Jerusalem *&* Sicilie *accedentibus, directas impetraverant, quarum vigore predictis Scolastico ac eciam Magistris* Nicolao Bertrandi *&* Thoma Girou, *ex una parte, ac* [a] *Procuratorem predicte Universitatis, ex altera, coram dilectis & fidelibus Magistris* Henrico *de* Marla, *Presidente in dicta Curia nostra, &* Jacobo Boujon, *Consiliariis nostris, comparentibus, tandem, ipsis auditis super hiis que coram eisdem Commissariis proponere voluerant, iidem Commissarii nostri supradictas Partes ad tradendum raciones suas per modum memorie, ad* [b] *finem per easdem Partes pretensos, & ad audiendum jus, appunctaverant; quibus* [c] *demon visis, una cum Litteris earumdem, quòd Partes, nisi veritate inquisitâ de factis per eas propositis, non poterant expediri, facerentque facta sua ad fines ad quos Partes predicte tenderant, & ea perfecta, facerent jus eisdem, omnibus expensis in diffinitiva reservatis, reservando facere provisionem per utramque Partem petitam, loco & tempore opportunis, fuerat per dictos Commissarios judicatum, ac dies assignata ad tradendum articulos suos per modum factorum contrariorum, & eosdem articulos concordandos ad diem Veneris proximè tunc sequentem, que usque ad diem crastinum fuerat continuata: Quâ die, constitutis dictis Partibus coram Commissariis antedictis, licet Procurator dicte Universitatis, articulos predictorum defensorum pro concordatis tenuisset, iidem tamen defensores articulos dicte Universitatis concordare* [d] *deferentes & recusantes, Litteras suas sibi restitui, & nonnullas alias requestas fecerant, quas tamen, ut eas in Scripis traderent, audituri super eis responsum in crastinum, sed quòd nichilominùs ad concordandum* [e] *articulorum procederent, ipsis per dictos Commissarios dictum fuisset, supradicti defensores aliquam gravaminis causam non allegando, quilibet per se, ad supradictam Curiam nostram appellaverant: Cumque Commissarii supradicti attendentes Litterarum commissionis tenorem, per quas appellaciones diffugiendi causa fiende removebantur, instante & requirente dicte Universitatis Procuratore, ut suis periculis ad faciendum Inquestam procederent, quod dictam facerent Inquestam eorum nonobstantibus appellacionibus, dictis defensoribus respondissent iterato* [f] *nullam gravaminis causam precedentem, appellaverant ad Curiam nostram supradictam. Preterea, proponebat Procurator supradictus, quòd ipse sufficienter in dicta Causa fundatus extiterat, tanquam à majori parte Universitatis predicte constitutus, nec dicti Commissarii an debitè fundati fuissent, jus, nisi veritate inquisitâ utrum major pars Studencium procuracioni consensisset, fecisse non poterant. Constabat insuper eos esse Judices, cum ex eo quia Littere nostre, quamvis quatuor ex Consiliariis nostris dirigerentur, duobus tamen aliis interesse nequeuntibus, erat per ipsas aliis duobus attributa potestas,* [g] *cum eciam, quia predicti Magistri* Nicolaus *&* Thomas, *eos* [h] *par* [i] *Litteras ab eis impetratas, eisdemque Commissariis directas, quarum virtute certas fecerant contra dictos de Universitate, peticiones, approbaverant in Judices, transierat eciam in vim rei judicate appunctamentum predictum, atque dici*

a *corr.* Procuratore.

b *corr.* fines.

c *corr.* demùm.

d *corr.* differentes.

e *corr.* articulos.

f *Je crois qu'il faut corr.* quòd nullâ gravaminis causâ precedente.

g *corr.* cum.

h *corr.* per.

i Ce sont les Lettres du 6. de Septembre 1395. qui sont ci-dessus, p. 221.

NOTE.

(h) Diebus.] Les *Jours,* ordinairement appellez les *Grands Jours,* étoient des Assises solemnelles qui se tenoient une ou plusieurs fois l'année dans quelques Provinces, & dans lesquelles on jugeoit les Appels des Juges subalternes, & quelques autres affaires qui regardoient la Province. Charles V. accorda au *Duc d'Anjou* son Frère, le droit de faire tenir des *Grands Jours* pour son Duché, soit dans une ville qui en fit partie, soit à *Paris.* Voyez le Glossaire de *Du Cange,* au mot *Dies,* à l'article *Magnus Dies,* col. 1486.

La *Reine* de *Jerusalem* & de *Sicile,* qui se nommoit *Marie de Chastillon,* dite de *Blois,* étoit veuve de *Louis I. Roy* de *Sicile* & *Duc d'Anjou.* Lorsque les *Jours,* dont il est ici fait mention, se tinrent en 1395, elle étoit tutrice de *Louis II Roy* de *Sicile* & *Duc d'Anjou,* & de ses autres Enfans. *Louis II* étoit né le 5 d'Octobre 1377. Voy. *l'Histoire Généalogique de la Maison de France,* Tom. 1. p. 429.

assignacio pro dictis articulis concordandis, nec apparebat ex allegatis per ipsos, visis appunctamentis predictis ante appellacionis interposicionem factis, gravamen aliquod eisdem Appellantibus illatum fuisse; quinymò, die lapsâ, ut prefertur, & non illicò, appellaverant, ex quibus ipsos non esse ut Appellantes admittendos, & sy admitterentur, quòd malè per eos fuisset appellatum, & benè per dictos Commissarios factum & appunctatum, dici & pronunciari, nec non quòd in dicte Universitatis expensis condempnarentur, supradicte Procurator Universitatis, petebat, & insuper Litteras per eosdem Appellantes impetratas, ex premissis fore subrepticias, proponebat, potissimè cum gravati non fuissent, & quia unicam prefati Appellantes appellacionem se dicebant emisisse, cum revera sex ex eo per eos apparerent interjecte, quia quilibet eorum, bis & ex diversis Actibus appellaverat, & si subrepticie non essent, saltem quòd eis obtemperari non debebat, ad minùs, nisi per eos refusis expensis & aliter, prout supra, concludendo, petendo nichilominùs provisionem sibi fieri super peccunia dicte Universitatis, in manu Magistri Roberti Cochereau, *sicut premittitur, arrestata, pro hujusmodi lite prosequenda; supradictis Appellantibus in contrarium replicando, sua gravamina proponendo, & se potissimè in eo fore gravatos, quòd super conclusionibus que juris erant, in factis appunctati* [a] *super declinatoria & super minùs sufficienti fundacione, & super eo quod dictos Commissarios non esse Judices proponebant, nec non quòd certas conclusiones petebant (i) reici, ac Litteras suas sibi reddi, se fore gravatos dicentes; & idcircò, statim quòd apparuerat eis gravamen illatum fuisse, & se in factis appunctatos, appellaverant: erant eciam predicti Magistri* Nicolaus & Thomas *in eo potissimè gravati, quia notorium erat eos Rotulum detulisse, & negocium Universitatis utiliter gessisse, & tamen nulla fiebat eis per Commissarios provisio, quam tamen suis laboribus (k) consulando, ex quo in factis appunctati, habere debebant. Apparebat eciam luculenter, Commissarios supradictos attemptasse in eo quod post appellacionis interposicionem, ipsi ad examinandum testes processerant. Proponebat ulteriùs dictus Scolasticus, excessus contra ipsum propositos in presenti appellacionis causa, impertinentes esse, & ex consequenti injuriosos remanere, & esse emendabiles, & potissimè quia propter nonnullorum ex Studentibus discordiam, cum ipse & Magister* Radulphus Caradoc *fuissent ad dictum Rotulum deferendum electi, oportuerat predictos Magistrum* Nicolaum & Thomam *ad ipsius delacionem elegisse; nec reperiretur ipsum aliquid à Bachalariis vel Licenciatis indebitè* [b] *exigisse, & verisimiliter credendum non erat absentes pro presentibus inrotulatos; quinymò, presentes primo ordine & sub rubrica presencium, absentes verò sub absencium titulo fuerant collocati; & supposito quòd predicta fecissent, quod minimè consuebantur, predicti tamen Commissarii qui Judices erant seculares, de hiis contra ipsos qui erant & sunt persone ecclesiastice,* [c] *congnoscere non poterant nec debebant. Si verò quid pro dicto Studio erat reformandum, id non intendebat impedire; nam in eo fuerant expressè gravati quod provisionem per eos petitam non habuerant, presertim cum peccunia racione dicti Rotuli recepta, ad huc remaneret arrestata: dictos autem Commissarios per suas Litteras non approbaverant in Judices, nisi solùm in casu in eisdem Litteris contento, (l) & non quoad ceteros per se fuisse gravatos, & per consequens Litteras per eos impetratas non esse subrepticias, ac quòd eis obtemperaretur, & quòd erant admittendi, & aliter, prout supra, concludebat, provisionem eciam, prout antea, sibi fieri requirendo: Dicto Universitatis Procuratore dupplicando, dicente prefatos Magistros* Nicolaum Bertrandi & Thomam Girou, *non esse admittendos*

CHARLES VI.
à Paris, en Juin 1398. & les 7. d'Août & 6. de Septembre 1395.

a *suppl.* fuissent.

b *corr.* exegisse.

c *corr.* cognoscere.

NOTES.

(i) *Reici.*] On trouve dans le Glossaire de *Du Cange*, *Reicere* pour *Rejicere;* mais j'avoue que je n'entends point cet endroit. Au lieu de *certas* qui est en abrégé, il faudroit peut-être lire *ceteras;* & cela signifieroit qu'ils requéroient qu'on rejetât toutes les autres demandes de leur Partie adverse.

(k) *Consulando.*] Je crois qu'il faut corriger *consulendo;* & cela peut signifier qu'il étoit d'autant plus juste de leur donner une provision, que le procès étant appointé, devoit tirer en longueur.

(l) *Et non quoad ceteros.*] Je crois que cet endroit est tronqué; & on pourroit corriger, *nec non quoad ceteros in quibus se fuisse gravatos asserebant.*

CHARLES VI. à Paris, en Juin 1398. & les 7. d'Août & 6. de Septembre 1395.

Appellantes, ex eo, scilicet, quod Commissarii potestatem non haberent, quia ipsi per Litteras ab ipsis, ut prefertur, impetratas, eos posse cognoscere approbaverant, nec ab eo quod provisionem dicti Commissarii non fecerant eisdem, quòd si Judices non erant, ut proponunt Appellantes, per consequens, nec provisionem facere poterant, & sic frustra ab ipsis eam petebant, nec eam revera Commissarii predicti facere potuissent, cum veritas inquirenda esset an de consensu Scolarium & ceterorum Studencium, Rotulum detulissent, & an utiliter negocium gessissent Universitatis; nam Studentes dictos Magistros Nicolaum *&* Thomam *voluntariè, & non ex Universitatis ordinacione, Rotulum detulisse dicebant; & preterea provisionem eis facere dicti Commissarii, sicut predictum est, non denegaverant, sed expressè reservaverant providere loco & tempore opportunis: dicendo ulteriùs, quòd ad concordandum articulos procederent; per que liquidè constabat appellacionem per eos frivolè fuisse interjectam. In quantum eciam dictum Scolasticum poterat concernere, liquidè patebat ejus appellacionem esse* [b] *frivolem, quia noluerat articulos Studencium concordare, nec eos in aliquo impugnare, sed fecerat requestas, ut prelibatum est: non ergo erat gravatus: si concordaret articulos eorum, ut fecerat Procurator Universitatis suos, sibi* [c] *fuerat responsum, cum à nulla ex requestis suis per eos fuisset repulsus. Litteris autem per eos super adnullacione appellacionum, non erat, ut dicebat sepedictus Procurator, obtemperandum, quia subrepticie erant, ut superiùs est premissum; & saltem, nisi refusis expensis. Cum autem Studentes predicti in hac parte super reformacione Studii, contenderent & contendant, meritò provisionem habere debebant, quam dicti Appellantes qui* [d] *solum erant & sunt tres singuli, res impedire non* [e] *poterat; attento presertim quòd peccunia arrestata erat ipsius Universitatis, & pro Universitatis negocio communi recepta, perque dictos Appellantes non esse admittendos, & quòd nulla fecerant dicti Commissarii attemptata, & aliter, prout supradictus Studii Procurator concludebat pluribus aliis racionibus super hiis allegatis; Procuratore eciam nostro pro nobis, racionibus per Procuratorem Universitatis allegatis, ad quas se refferebat, Litteris per dictos Appellantes non esse obtemperandum, dicente atque concludente. Tandem, Partibus antedictis in omnibus que circa premissa dicere & proponere voluerunt, ad plenum auditis, & in Arresto appunctatis, visis insuper Litteris, Actis & Munimentis Parcium predictarum, ipsisque & earum racionibus hinc inde propositis, ac omnibus considerandis & attendendis, per eandem Curiam nostram diligenter attentis, & que dictam Curiam nostram in hac parte movere poterant & debebant, per Arrestum ejusdem Curie nostre dictum fuit quòd Littere per prefatos Appellantes impetrate, non integrabuntur; & insuper, dictum fuit Commissarios predictos benè fecisse, appunctasse & ordinasse, & eosdem Appellantes malè appellasse, & emendabunt unica emenda duntaxat, ipsosque in expensis hujus appellacionis cause, per idem Arrestum dicta Curia nostra condempnavit & condempnat, earumdem expensarum taxacione memorate Curie reservatâ: per idem eciam Arrestum dictum fuit quòd factum per dictos Commissarios tenebit & valebit quod fuerit racionis; easdem Partes coram dictis Commissariis processuras & facturas quod jus & racio suadebunt, remittendo. In cujus testimonium, presentibus Litteris nostrum jussimus apponi Sigillum.* Datum *Parisius,* in Parlamento nostro, vicesima nona die Marcii, anno Domini millesimo trecentesimo nonagesimo quinto, ante Pascha; & Regni nostri decimo sexto. *Ainsi signées.* Per Arrestum Curie. J. WILLEQUIN.

Item. K*AROLUS Dei gracia Francorum Rex. Primo Parlamenti nostri Hostiario, aut Servienti nostro qui super hoc fuerit requisitus: Salutem. Ad supplicacionem Procuratoris dilectorum nostrorum Magistrorum & Studencium in Universitate Studii* Andegavensis, *tibi committendo mandamus quatinùs viso* [f] *quoddam Arresto inter ipsum, ex unâ parte, & Magistros* Briandum Prioris, *Scolasticum* Andegavensem, Nicolaum Bertrandi *utriusque juris Professorem, &* Thomam Girou *in utroque jure Licenciatum, ex altera, die date presencium prolato, illud juxta sui tenorem & formam, in hiis que execucionem exigunt, execucioni debite demandes: ab omnibus autem Justiciariis & subditis nostris, tibi in hac parte pareri volumus & jubemus.* Datum *Parisius,*

b *corr.* frivolam.

c *Il faut peut-être corr.* fuisset.

d *Il faut peut-être suppl.* cum.

e *corr.* poterant.

f *corr.* quodam.

in Parlamento nostro, VII.ª die Aprilis, anno Domini millesimo CCC.º nonagesimo sexto; & Regni nostri decimo sexto. *Ainsi signées.* Per Curiam. J. WILLEQUIN.

CHARLES VI. à Paris, en Juin 1398. & les 7. d'Août & 6. de Septembre 1395. a *Voy. la Note (o) de la p. 237.*

Par vertu desquelx Arrest & Exécutoire, lesdictes Parties comparurent pardevant Nous en l'Hostel de Révérend Pere en Dieu Monf. l'Abbé de ª *Louroir,* ouquel nous estions logiez en ladicte Ville d'*Angiers,* l'an mil CCC. IIII.ˣˣ & dix-sept, le premier jour d'Avril, avant Pasques; c'est assavoir, ledit Maistre *Guillaume Du Gué,* ou nom que dessus, & lesdiz Maistre-escole, & *Nicolas Bertran,* en personne, & Maistre *Thomas Girou,* par *Jehan Tahureau* son Procureur; & tant fut procédé entre icelles Parties, que de leur consentement, les articles d'une partie & d'autre furent tenuz pour accordez & signez, *concordati;* & ce fait, Nous voulsismes procéder à faire l'Enqueste pour la Partie dudit Maistre *Guillaume Du Gué,* ou nom qu'il procédoit, à sa requeste; & respondirent premièrement lesdiz Maistre-escole, *Nicolas* & *Girou,* aux articles dudit Maistre *Guillaume,* par ledit *Tahureau* leur Procureur. Or est vray que lesdictes Parties estans en tel estat pardevant nous, à la requeste & induccion de plusieurs notables personnes dudit Estude, ycelles Parties traictièrent ensemble pour veoir si elles pourroient trouver accort, & tant finablement traictièrent par nostre plaisir & voulenté, que par le moyen de vénérables personnes Mess. *Regnault Cornillau,* Docteur en Droit Canon & Civil, & Official d'*Angiers,* & Noble homme Maistre *Gieffroy* de *Bresé,* Arcedyacre de *Tours,* esleuz pour la Partie du Procureur de ladicte Université, & Mess. *Jehan Papin,* Docteur en Droit Canon & Civil, & Noble homme Maistre *Guillaume* de la *Haye,* esleuz pour la Partie dudit Maistre-escole, lesdictes Parties furent à accord par la forme & manière qu'il est contenu en une Cédule, laquelle nous fut présentée par ycelles Parties, dont la teneur s'ensuit.

Fiat Rector, & Collegium Doctorum Regencium, & Procuratorum, administracionem habens ad Rectoriam & Collegium pertinentem, ad instar aliarum Universitatum Rectorem & Collegium habencium; salvis Magistro Scolastico juribus licenciandi & bachalariandi, cum emolumentis declarandis; salvo eciam quòd magnus Bedellus qui nunc est, remanebit; & si contingat ipsum cedere vel decedere, predictus Magister Scolasticus modernus, vitâ suâ comite duntaxat, providebit de alio, in presencia Collegii.

Ordinatur eciam ex certis causis, quòd Magister Scolasticus, quicumque fuerit, Doctor tamen, si velit interesse in Scolis ubicumque fuerint, tempore (m) Repeticionum,

NOTE.

(*m*) *Repeticionum.*] Ce substantif & le verbe *repetere* d'où il dérive, se trouvent plus d'une fois dans les articles suivans. Voici sur ces mots une explication curieuse. Je me fais un devoir de marquer que je la dois, ainsi que plusieurs autres éclaircissemens qui sont dans différentes Notes répandues dans ce Recueil, à Monsieur *Rassicod* Avocat au Parlement, sçavant Jurisconsulte, & très-versé dans les antiquités de notre Droit. Je ne pourrois sans donner trop d'étendue à cette Note, rapporter toutes les autorités sur lesquelles il appuie cette explication.

Les *Répétitions* sont des leçons publiques dans lesquelles on se propose d'expliquer une Decrétale ou une Loi en particulier. Il est porté dans l'article 19. de ces Statuts, que les Docteurs Régens étoient obligez de faire des *Répétitions* deux ou trois fois l'année. Pour l'ordinaire, elles ne s'étendoient point au delà d'une seule leçon. Quelquefois cependant des Professeurs en Droit prenoient une Decrétale ou une Loi, pour l'objet d'une longue suite de leçons qu'ils continuoient pendant plus d'une année. Plusieurs Professeurs ont fait imprimer sous le titre de *Répétitions,* celles qu'ils avoient faites en public. La plus connue est celle de *Guillaume Benedicti* ou *Benoît* qui, vers la fin du 15ᵉ siècle, professoit le droit dans l'Université de *Cahors.* Elle est intitulée: *Repetitio Capituli* Raynutius, *de Testamentis.* C'est un in-folio. *Benedicti* avoit fait pendant deux ans cette *Répétition* sur le Capitule *Raynutius* qui est dans les Decrétales, & il y avoit épuisé toute la matière des Testamens.

Il paroît par l'article 53. des Statuts de l'Université d'*Angers,* que les Licenciés, les Bacheliers, & peut-être même les Ecoliers en Droit, faisoient aussi des *Répétitions.* Les Ecoliers en faisoient aussi ailleurs. Monsieur *Rassicod* en a une dans sa Bibliothèque, imprimée en 1519. sous ce titre: *Repetitio* §. *Famosos, Constituti in Lege Capitalium ff. de Pœnis; edita ac publicè disputata per* Jacobum Boullenc, Ebroicensem, *Juris utriusque Prolitam in almo* Aurelianensi *gymnasio. In qua pœnæ homicidii furtique disceptatio,* &c. A l'égard du mot *Prolita* qui se trouve dans le titre de cette *Répétition,* il paroît par deux endroits de la première des trois Préfaces que *Justinien* a mises à la tête du Digeste, que ce mot signifie un Ecolier qui est à la fin de son cours de Droit.

CHARLES VI. à Paris, en Juin 1398. & les 7. d'Août & 6. de Septembre 1395.

aut causa honorandi Bachallarium vel alium actum Scolasticum exercentem, sedeat primus & ante Rectorem, alibi verò, sedebit primus post Rectorem, dum tamen Rector sit, aliter non. Datum die quartâ mensis Aprilis anno Domini CCC.° nonagesimo septimo.

Concordatum ex parte Domini Scolastici, presentibus Domino Johanne Papini, *Magistro* Guillelmo *de* Haya, *Magistro* Alano *de* Vico, *Magistro* Symone Britonis, Jacobo Briencii, Johanne Tahurelli, Yvono Butricularii, Jacobo Gelé, Radulpho *de* Fougeray. *Ainsi signé.* P. SARTILLE, pro publico instrumento, JAC. TOYN. Pro instrumento.

Et Nous veue ladicte Cedule, eue considéracion à ce qui fait à veoir & considérer en ycelles parties, pour la refformacion dudit Estude, bon gouvernement & ordonnance en ycellui doresénavant, & pour éviter toutes rancunes, & les grans frais & mises qui s'en pourroient ensuir en la prosécucion desdiz procès, & pour bien de paix, eu sur ce Conseil & délibéracion avecques les plus saiges & plus notables personnes dudit Estude, attendu l'accort & consentement desdictes Parties requerans estre ainsi fait & passé par nous, avons ordonné & ordonnons par vertu & auctorité du pouvoir & commission que nous avons en ceste partie, que le Recteur soit fait oudit Estude, & Collége des Docteurs Régens & Procureurs, & tout par la forme & manière qu'il est contenu en ladicte Cédule, & à ce faire & accomplir avons condempné & condempnons lesdictes Parties de leur consentement, en réservant à nous la puissance de enquerir & déterminer & décider entre lesdictes Parties, sur tous les autres points contenus ès procez pendans pardevant nous, & les circumstances & deppendances d'iceulx, desquelx par exprès n'est faicte mencion en ladicte Cédule. Ce fut fait en Jugement par nous, à *Angiers*, en l'Ostel dessusdit, l'an mil CCC. IIII.[xx] & dix-sept, le IIII.[e] jour du mois d'Avril, avant Pasques, présens les dessus nommez en ladicte Cédule, Mess. *Jehan de Chaconce, Nicolas Bertran,* Docteurs en Droit Canon & Civil, & Régens oudit Estude, Maistres *Jehan Du Pont, Raoul Clerc, Thibaut Menaye, Gervaise Ave, Hervé Guermont* & *Pierre* de *Beauchayne, Andry Potier, Alain* de la *Cadoyre, Jehan Gourdin, Jehan Jaquelin, Guillaume Doulcin,* Licenciez ès Droiz Canons & Civilz; *Jehan Herison, Gervaise Des Vaulx, Richart Du Breuil, Philippe* de *Ver, Robert* le *Masson, Guillaume Cornillau, Thibaut* de *Cherbée* & *Pierre Tout le monde,* & plusieurs autres, tant Licenciez, Bacheliers, comme Escoliers de ladicte Université.

Item. Et pour déclairer audit Maistre-escole, les prouffis qu'ilz pourroit & devroit avoir de ceulx qui seroient Bacheliers & Licenciés soubz lui, Nous feismes assembler les personnes qui s'ensuivent, pour en savoir par eulx comment ledit Maistre-escole en avoit usé, & pour en avoir leur advis & oppinion; c'est assavoir, Mess. *Jehan* de *Cherbée,* Doyen d'*Angers,* Mess. *Nicolas Bertran,* Docteurs Régens oudit Estude, Mess. *Regnault Cornilleau,* Official d'*Angiers,* Mess. *Jehan Papin,* Docteurs en Droit Canon & Civil; Maistre *Estienne Fillastre,* Licencié en Droit Civil, Juge ordinaire d'*Anjou* & du *Maine,* Maistre *Gieffroy* de *Brezé,* Arcedyacre de *Tours,* Maistres *Guillaume* de la *Haye, Alain* de la *Rue, Alain* de *Suegne,* Licenciés ès Droiz Canons & Civilz; Maistres *Symon* le *Breton, Jehan Du Pont, Guillaume Du Gué, Alain* de la *Cadoire, Raoul* le *Masson, Pierre* de *Beauchayne, Raoul* le *Clerc, Andrieu Potier, Jehan Gourdin,* Licenciés ès Droiz Canons & Civilz, & pour ce que par eulx & par plusieurs autres, nous trouvasmes que depuis long temps il avoit usé de prendre de chacun nouvel Bachelier, XX. Solz Tournois, & de chacun Licencié XXV. Solz Tournois, pour leurs Lettres de Bachelerie & de Licence, nous lui avons déclairié & déclairons que pour chacun nouvel Bachelier, il aura vint Solz Tournois, & de chacun Licencié fait de nouvel, XXV. Solz Tournois, pour leurs Lettres. *Ce fut fait l'an mil CCC. IIII.[xx] & dix-huit; le IX.[e] jour d'Avril, après Pasques.*

Item. Que depuis, de la partie dudit Maistre *Guillaume Du Gué,* Procureur ou nom que dessus, d'une part, & ledit Mess. *Nicolas Bertran,* comparant en personne *Thomas Girou,* par *Jehan Tahureau* son Procureur dessusdit, & Maistre *Alain* de la *Rue* en personne, lequel avoit porté ledit Roole avec lesdiz *Nicolas* & *Girou,* & de nouvel en estoit adjournez pardevant nous, à la requeste dudit Maistre *Guillaume Du Gué,* Procureur ou nom que dessus, d'autre part, fut traictié & accordé ensemble par nostre congié & licence, sur le débat que icelles Parties avoient l'une contre l'autre, tant en demandant comme en deffendant, pour raison du portaige dudit Role, & du salaire que lesdiz *Nicolas* & *Girou* en avoient requis, par la forme & maniere contenue en une Cédule dont la teneur s'ensuit.

CHARLES VI. à Paris, en Juin 1398. & les 7. d'Août & 6. de Septembre 1395.

Auditis sepiùs Partibus ad partem & publicè, & pluribus venerabilibus & notabilibus personis tractantibus de concordia super delacione Rotuli, de qua inter cetera puncta, principalis erat discencio inter ipsas Partes, [a] *condescentibus aliquibus, quòd Nuncii nichil haberent de illa delacione, & sic essent extra processum; aliis autem, quòd satisfietur eis de toto; aliis, de parte duntaxat, & quòd saltim centum viginti quinque Franci vel circa, qui fuerant traditi Nunciis antedictis per nonnullos Doctores & amicos suos, ipsis remanerent:* [b] *demon, hiis volentibus & consencientibus quòd disponeremus ad libitum voluntatis nostre, Nos tendentes pro posse ad abreviacionem litis & concordiam dictarum Parcium, potissimè quòd de negocio principali jam concordatum & ordinatum est, dicimus, viso tractatu predicto, pro bono pacis, quòd nobis videtur esse pro expediente quòd dicte Partes discedant hinc inde ad causam dicte delacionis dicti Rotuli, à processu facto & pendente coram nobis; remanentibus eisdem Nunciis summa centum viginti quinque Francorum antedicta; & ex ordinacione nostra capiemus de pecunia Universitatis, usque ad dictam summam solvendam; predictis Domino* Nicolao Bertrandi, *Magistro* Alano *de* Vico, & Johanne Tahurelli *Procuratore Magistri* Thome Girou, *in hoc expressè consentientibus, ex una parte; &* Guillelmo Du Gué *Procuratore ut supra, ex altera.* Datum die Mercurii, decima mensis Aprilis, post Pascha, anno Domini millesimo CCC.[mo] nonagesimo octavo, *presentibus ad* [c] *hiis venerabilibus viris Dominis* Briencio Prioris, *Scolastico,* Johanne Papini, Radulpho Cornillelli, *utriusque juris* [d] *Doctores, Magistris* Gaufrido *de* Brezeio, Guillelmo *de* Haya, Simone Baconis, Johanne *de* Ponte, Theobaldo Menaye, Radulpho Clerici, Alano Figuli, Alano *de la* Halonide, Gervasio Des Vaulx, Johanne Perier, Radulpho Latonii, Johanne Jonas, Herveyo Guermon, Guillelmo Valeaux, Guillelmo Ribaudi, Johanne Triderii, Petro Rotarii, Roberto Fabri, Johanne *de* Carron, Johanne Sillay, Matheo Bisseul, Johanne Bernardi, *cum pluribus aliis testibus ad hec vocatis specialiter & rogatis.* Ainsi signé. P. SARTYLLE. JAC. TOYN.

a ce mot est corrompu, & il faut appar. corriger contendentibus ou quelqu'autre mot semblable.

b corr. demùm.

c corr. hec.

d Doctore vel Doctoribus.

Et nous Commissaires dessusdiz, veue & considérée ladicte Cédule accordée par lesdictes Parties, pour bien de paix, & les causes, raisons & considéracions dessus touchiées, [e] mettismes lesdictes Parties hors de procès à cause du portaige dudit Role, & condempnasmes & condempnons lesdictes Parties, & de leur consentement, à tenir & accomplir le contenu en ladicte Cédule. *Ce fut fait par nous, l'an mil CCC. IIII.[xx] XVIII. le X.[e] d'Avril après Pasques.*

e mett. *Reg.*

Item. Et pour mettre à exécution ladicte Sentence de faire & ordener Recteur, & Collége de Docteurs Régens & Procureurs des Nacions dudit Estude, nous nous transportasmes en l'Eglise Mons. Saint Pere d'*Angiers,* en laquelle estoit assemblez Révérens Peres en Dieu *(n)* l'*Evesque* de *Mesieres,* de l'Ordre des Freres Prescheurs, l'*Abbé* de *Saint-Aubin,* l'*Abbé* de *Saint-Cierge,* l'*Abbé* de *Saint-Nicolas,* l'*Abbé* de *(o) Lourour* & l'*Abbé* de *Chalochey,* Mess. *Briant Prieur,* Maistre-escole, tous les Docteurs Régens oudit Estude, & généraulment toute l'Estude assemblée, pour veoir faire Docteur, honnorable & discrete personne Maistre *Alain* de la *Rue,* en Droit

NOTES.

(n) L'Evêque de Mesieres.] J'aurois pu proposer sur cet Evêque, differentes conjectures qui me sont venues dans l'esprit, ou qui m'ont été fournies par des personnes habiles que j'ai consultées: mais comme elles ne m'ont pas paru assez bien fondées, & que d'ailleurs elles m'auroient engagé dans de longues discussions, je me contenterai de dire que je n'ai rien trouvé de certain sur cet Evêque, ni sur son Siége Episcopal.

(o) Lourour.] Il y a pag. 235. *Louroir,* & dans la suite de la Pièce *Lorouer.* On nomme présentement cette Abbaye *Loroux,*

CHARLES VI. à Paris, en Juin 1398. & les 7. d'Août & 6. de Septembre 1395.

Civil, & lequel fut fait Docteur en icelle assemblée, moult notablement & solempnelment par ledit Maistre-escole; & ce fait, narracion faicte par nous, du procès & de la Sentence dont dessus est faicte mencion, déclarasmes que nostre entencion estoit de icelle pour lors mettre à exécucion; & de fait, par vertu de nostre Commission & puissance dessus dictes, créasmes & ordonnasmes ledit Mess. *Alain,* Recteur dudit Estude, le instituasmes & establismes réalment & de fait en siége de Recteur, & au dessus de tous les autres Docteurs Régens; & en oultre procédans, icellui Recteur & Docteurs Régens, & les Procureurs des Nacions, lors présens & appellez; c'est assavoir, Maistres *Jehan Du Pont,* Licencié en Decret, de la Nacion d'*Anjou; Jehan Perier,* Licencier en Decret, pour la Nacion de *Normendie; Pasquier Bonnaudin,* Bachelier en Decret, pour la Nation d'*Acquitaine; Symon* de *Mauregart,* Licencié en Loys, pour la Nacion de *France,* ordonnasmes pour Collége, en conduisant l'exécution d'icelle Sentence, & leur donnasmes povoir & auctorité de faire & exercer doresénavant ce qu'il appartient à Office de Recteur & de Collége, & que semblablement font autres Recteurs & Collége d'autres Universités, & à chacun d'iceulx, feismes faire les Seremens qui s'ensuivent.

[Juramentum Rectoris Studii Andegavensis.]

Ego juro quòd Officium Rectorie fideliter exercebo, & deliberata in Congregacione, exequar juxta posse, & quòd per me nemini faciam graciam, nisi secundùm quod per congregacionem Doctorum & Procuratorum fuerit ordinatum, & quòd tempore Rectorie mee, procurabo pro posse, utilitatem & commodum Studii *Andegavensis,* & Privilegia, Statuta & Libertates *Andegavensis* Universitatis servabo.

[Juramentum Doctorum ordinariè actu Regencium.]

Ego juro quòd Rectori Universitatis *Andegavensis* obediam in licitis & honestis, & quòd Privilegia, Statuta & Libertates *Andegavensis* Universitatis servabo. *Item.* Juro quòd per me vel alium, directè vel indirectè, Scolares, ut à me vel ab alio audiant, non requiram nec rogabo, nec Scolarem aliquem visitabo, antequam Scolas meas seu alterius Doctoris sit ingressus, nisi in aliquo gradu generis michi attingat, vel nisi Scolaris mandaverit pro me, sine fraude.

[Juramentum Procuratorum.]

Ego juro obedire Rectori in licitis & honestis, & quòd super propositis in Collegio, vel in Nacione mea, aut in Congregatione generali Universitatis fideliter deliberabo, & fideliter referam deliberata. *Item.* Quòd observabo honorem Nacionis mee, & tocius Universitatis; quòd secreta Nacionis mee & Universitatis nemini revelabo, & quòd Privilegia, Statuta & Libertates *Andegavensis* Universitatis servabo.

[Juramentum Bedelli generalis.]

Ego juro obedire Rectori in licitis & honestis, servare Statuta, honorem & Libertates Studii, & secreta Universitatis nemini revelare.

Lesquelles choses ainsy faictes & accomplies, en l'onneur de la Sainte Trinité, & pour la conservacion de ladicte Université, feismes incontinent célébrer une Messe à haulte voix, du Saint Esperit, en ladicte Eglise; présens lesdiz Prélas & Université dessus nommez. *Ce fut fait l'an mil CCC. IIII.xx XVIII. le Mardi XVI.e jour du mois d'Avril dessusdit.*

Item. Que en procédant en oultre, par vertu de nostre dicte puissance & Commission, afin de donner bon *regimen* & gouvernement oudit Estude d'*Angiers,* avons veuz & visitez les Status piéça faiz & introduiz en ycellui, avecques les Status de l'Estude d'*Orliens*, que nous avons mandé pour ceste cause: avons aussi veuz les Statuz de l'Estude de *Montpellier;* sur tous lesquelx Status, & plusieurs usaiges introduiz oudit Estude d'*Angiers*, avons eu conseil & délibéracion avec les plus notables personnes dudit Estude d'*Angiers*, desquelx les noms sont cy-après escrips; & tant procédé, que plusieurs Status dudit Estude d'*Angiers*, avons corrigiez & amendez, en faisant addicions nouvelles, & ostéez choses superflues, & aucuns faiz de nouvel, & tout redigié par escript en latin, afin que ceulx qui n'entendent la langue françoise, les puissent mieulx entendre, par la forme & manière qui s'ensuit.

CHARLES VI. à Paris, en Juin 1398. & les 7. d'Aoust & 6. de Septembre 1365.

[Sequuntur Statuta Studii Andegavensis.]

(1) In primis. Quòd Rector ejusdem Studii, debet esse Doctor Regens in eodem Studio, nec de alio quàm de Doctore Regente, debet fieri Rector, & quater in anno eligetur; videlicet, ultimâ die legibili ante Nativitatem Johannis Baptiste, die crastinâ Festi Beati Dyonisii, ultimâ die legibili ordinaria ante Nativitatem Domini, & ultimâ die legibili ante Annunciacionem Beate Marie Virginis, de Collegio Doctorum Regencium, per circulum; videlicet, de primo antiquiore Doctore in Doctoratu, & deinceps de secundo, & sic de singulis, per terminos supradictos eligetur per Collegium ipsorum Doctorum Regencium & Procuratorum Nacionum.

(2) Item. *Quòd dictus Doctor in Rectorem sic electus, cessante legitimo impedimento, subire & exercere tenebitur Officium Rectorie, sub pena parjurii & privacionis Regencie. Quòd si talis Doctor excusacionem legitimam pretenderit, quàm Rectori & Collegio, medio Juramento, affirmare tenebitur esse veram, Doctor antiquior inde sequens, ad Rectoris Officium assumetur.*

(3) Item. *Quilibet Rector in sua electione tenebitur facere Juramentum quod sequitur.* Ego juro quòd Officium Rectorie, fideliter exercebo, & deliberata in Congregacione exequar juxta posse, & quòd per me [a] memini faciam graciam, nisi secundùm quod per Congregacionem Doctorum & Procuratorum fuerit ordinatum, & quòd tempore Rectorie mee, procurabo pro posse, utilitatem & commodum Studii *Andegavensis*, & Privilegia, Statuta & Libertates *Andegavensis* Universitatis servabo.

[a] corr. *nemini.*

[Sequuntur Statuta, Doctores actu Regentes singulariter tangencia.]

(4) In primis, statuimus & ordinamus quòd quilibet Doctor de gremio hujusmodi Studii existens, possit & valeat regere & legere in dicto Studio Andegavense, *hora ordinaria, in Jure Canonico vel Civili, secundùm scienciam in qua recepit insignia Doctoratûs, dum tamen inceperit legere cum aliis, à tempore infra declarato, & non admittatur aliquis ad Regenciam, nisi sit Doctor; & de mane legat, exceptis Doctoribus qui Decretá legere voluerint, de cujus hora infra dicetur.*

(5) Item. *Quòd Doctores tam in Jure Canonico quàm Civili, qui volent actu regere, ut prefertur, Lecturam suam aggredi teneantur crastina die non feriata, post Festum Beati Dyonisii; & non admittantur ad lecturam ordinariam in Jure Canonico vel Civili, nisi inceperit in crastina antedicta.*

(6) Item. *Et tenentur dicti Doctores actu Regentes, continuare lecturam suam, usque ad diem precedentem vigiliam Nativitatis Domini, inclusivè; & in crastino post Circumcisionem Domini, suas resumere lecciones, & legere usque ad diem Sabbati ante sacros Cineres, & in crastino sacrorum Cinerum, non feriato, suas resumere lecciones, & legere usque ad diem Veneris ante Ramos Palmarum, inclusivè, & die non feriatâ post* Quasimodo, *suas resumere lecciones, & legere usque ad Festum Assumpcionis Beate Marie Virginis, diebus non feriatis.*

(7) Item. *Quia ad dictum* Andegavense *Studium, Professores, quique veniunt eciam ex longinquis partibus, volentes aggredi lecturam, statuimus quòd antequam legere incipiant, per Rectorem & Doctores* [b] *examinantur diligenter, & si repetant*

[b] corr. *examinentur.*

CHARLES VI.
à Paris, en Juin 1398. & les 7. d'Août & 6. de Septembre 1395.

solempniter, alia examinacione non indigent. Incipere autem non possunt ut reputentur actu Regentes, nisi inceperint die crastinâ Beati Dyonisii supra declaratâ.

(8) Item. *Quòd nullus Doctor actu Regens, possit legere per Substitutum, nisi per duos menses duntaxat, in anno; & adhuc requiritur quòd sit causa probabilis & necessaria, quam affirmare tenebitur per Juramentum suum, in presencia Rectoris & Collegii.*

(9) Item. *Quòd de cetero omnes Doctores actu Regentes in Jure Civili, legant alternis annis Codicem & [a] ff.m vetus; videlicet, in crastino Beati Dyonisii proximè venturo legent ff.m vetus, in qua parte quilibet voluerit; & in crastina die Festi Dyonisii, anni subsequentis, legent librum Codicis, in qua parte quilibet voluerit: Deinde, alio anno sequenti, ff.m vetus; & sic deinceps.*

a ces caractéres signifient *Digestum.*

(10) Item. *Jurabunt dicti Doctores volentes actu regere, in qualibet crastina Festi Beati Dyonisii, per modum qui sequitur.* Ego juro quòd Rectori Universitatis *Andegavensis* obediam in licitis & honestis, & quòd Privilegia, Statuta & Libertates *Andegavensis* Universitatis servabo. *Item.* Juro quòd per me vel alium, directè vel indirectè, Scolares ut à me vel ab alio audiant, non requiram nec rogabo, nec Scolarem aliquem visitabo, antequam Scolas meas seu alterius Doctoris, sit ingressus, nisi in aliquo gradu generis michi attingat, vel nisi Scolaris mandaverit pro me, sine fraude.

(11) Item. *Quòd nullus Doctor actu Regens, possit aut valeat exigere à Scolaribus suis, directè vel per obliquum, pro Collecta sua, seu nomine ipsius, ultra summam XX. Solidorum Turonensium, pro quolibet anno; & contrarium facientes incidant in penam parjurii & infamie; exceptis Nobilibus & Prelatis, à quibus recipiant prout ipsi Nobiles [b] sponte eisdem tradere voluerunt,*

b *Il manque appar.* ici & Prelati.

(12) Item. *Quòd quilibet Doctor actu Regens, potest habere Bedellum proprium, si voluerit, cum moderamine & prerogotivis in tractatu Bedellorum infra descriptis.*

(13) Item. *Quòd nullus Doctor ordinariè Regens, Legem, Decretalem vel Canonem repetat, vel questionem eandem disputet, quam alter Professor repetierit vel disputaverit eo anno.*

(14) Item. *Quòd nullus Doctor ordinariè Regens, alteri subtrahat Scolas suas, vel alterius occupet Scolas, nisi de ejus consensu constiterit evidenter.*

(15) Item. *Quòd nullus Doctor admittatur ad examen licenciandorum, nisi sit actu Regens, seu pro parte Rectoris & Collegii, ex certis & justis causis esset evocatus.*

(16) Item. *Quòd Doctores actu Regentes, debent incipere leccionem suam post pulsacionem Campane Studii, que communiter debet pulsari statim post (p) classum matutinorum; proviso per pulsantem, [c] quòd sit dies; & de hoc habebit preceptum Collegii, non facere fraudem, & debent continuare usque ad pulsacionem Campane Prime.*

c *cela signifie appar.* qu'il soit jour.

(17) Item. *Quòd Doctores legentes Decretum, suam horam habeant in exitu Dominorum actu Regencium; ita quod nullus legens Decretales possit concurrere dicta hora.*

(18) Item. *Doctores actu Regentes in Jure Canonico vel Civili, teneantur legere in (q) Epytogio, Capa, aut alio habitu bene honesto.*

(19) Item. *Quòd nullus Doctor repetat, nisy in vigiliis Festorum, vel in diebus Sabbatinis; & teneantur Doctores actu Regentes, repetere quilibet bis aut ter in anno, sine deffectu quocumque; videlicet, semel, inter Festum Beati Dyonisii & carnis previum, & alia vice, inter carnis previum & Festum Beati Johannis, sub pena amissionis Regencie; postquam repeticionem, nullus illâ die legere tenetur.*

(20) Item. *Quòd si aliqui Doctores ordinariè Regentes, moriantur, habeant unam missam, & VI. Libras cere, pro luminario suo; pro quibus Receptor Universitatis solvere*

NOTES.

(p) Classium matutinorum.] Le dernier coup de Matines. Voy. le Glossaire de *Du Cange*, au mot *Classicum.*

(q) Epytogio, Capa.] Epitogium est l'habillement qui se met sur celui que l'on nomme *Toga*, & celui-ci est une espèce de Tunique ou de Soutane. Voyez le Glossaire de *Du Cange*, au mot *Epitogium.*

Capa, est une sorte d'habillement, une espèce de manteau. Voy. *Ibid.* au mot, *Capa* 1.

tenebitur

tenebitur expensam in hiis convenientem; & non legetur ultra (r) leccionem ordinariam, illâ die quâ fient obsequie illius Doctoris defuncti.

CHARLES VI. à Paris, en Juin 1398. & les 7. d'Août & 6. de Septembre 1395.

(21) Item. Quòd per Rectorem & Doctores, non presententur indigni Scolares ad gradum Bachalarii obtinendum, nec indigni Bachalarii ad Licenciam obtinendum, scienter, Magistro Scolastico, sub pena parjurii, si contrarium fecerint; de quorum presentacione & de modo faciendi, inferiùs dicetur.

[Sequuntur Statuta singularia Licenciatos tangencia.]

(22) Item. Quòd in Universitate Andegavense, fiat bis in anno examen pro licenciandis in utroque Jure; videlicet, circa Festum Purificacionis Beate Marie, & circa Festum Penthecoustes; & antequam licenciandi [a] intrent, examen ipsi debebunt requirere à Rectore & Doctoribus actu Regentibus, quatinùs requirant Scolasticum ut aperiat examen, & concedat eis locum ydoneum pro examine faciendo, quod sic requisitus facere tenebitur.

(23) Item. Quòd dicto examine aperto, Rector & Collegium Doctorum debet licenciandis predictis assignare diem pro Lege & Canone recipiendis; quâ die assignatâ, licenciandi debent venire cum Capis, & jurare in presencia omnium Doctorum, quilibet singulariter, in manu Rectoris, per formam que sequitur; videlicet, quòd sunt in quinto Volumine legendi Jura Canonica vel Civilia, & quòd legerunt cum apparatu; id est, cum glosis ordinariis, & quòd (s) tenuerunt horam, & sine fraude processerunt in modo Lecture sue; quo facto, traditur eis Lex vel Canon, & post modum die secundâ sequenti, ipsis existentibus in Camera examinis, presentibus Rectore & aliis Doctoribus, primus in ordine secundùm quòd fuerit primo graduatus vel Nobilis, faciet [b] harenguem, & postmodum prestabitur Juramentum ibidem à quolibet Licenciato, quòd de secreto examinis, quod tangeret statum seu insufficienciam alicujus, nulli habebunt quovismodo revelare; deinde Lege recitatâ, traduntur argumenta super quibus examinantur secundùm discretionem Doctorum.

(24) Item. Quòd in dicto examine, Magister Scolasticus poterit interesse, si voluerit, & denunciabitur sibi Lex vel Decretalis tradite [c] licenciandi per principalem Bedellum.

(25) Item. Omnibus sic examinatis, fit approbacio per Doctores cum Magistro Scolastico, si voluerit interesse; & approbacione factâ, in crastinum aut sequenti die, dum dicetur magna Missa in Ecclesia Sancti Mauricii, ibi presentabuntur licenciandi approbati per Rectorem & Doctores, Scolastico, qui tenebitur eos sic presentatos recipere, & eis Licenciam & benedictionem honesto modo in Palacio, tempore Penthecostes, & alio tempore, alibi in loco solempni, impartiri, nisi super moribus sibi presentatorum velit deliberare, super quibus habebit decem dies, & si velit, in tantum Licenciam differre.

(26) Item. Quòd quilibet Licenciandus, antequam ad Licenciam admittatur, solvere tenebitur Receptori Universitatis XXV. Solidos Turonenses, & Magistro Scolastico, totidem, pro Littera sue Licencie sibi danda.

(27) Item. Quòd quilibet Licenciatus in isto Studio Andegavense, juret alibi se non facere doctorari, nisi habitâ licenciâ à tota Universitate.

(28) Item. Et quòd nullus doctoretur in hoc Studio, nisi publicè & solemniter in Ecclesia Sancti Petri, ubi consuetum est ab antiquo, nisi à tota Universitate dispensetur.

(29) Item. Si Licenciati in Legibus voluerint Jura Canonica audire, sufficit quòd audiant ea per sexdecim menses antequam ad Lecturam admittantur, & quòd legant per XII.cim menses antequam ad Licenciam admittantur. Idem in [d] Canonistis Licenciatis se transferentibus ad Jura Civilia.

(30) Item. Si aliquem in Legibus vel Decretis doctorari [e] contingerit in futurum,

[a] c'est appar. ce que l'on nomme présentement, entrer en Licence.

[b] corr. harenguam.

[c] corr. licenciandis.

[d] Canonist. Reg.

[e] corr. contigerit, là & plus bas.

NOTES.

(r) *Leccionem ordinariam.*] Je crois que par ces mots il faut entendre les leçons des Docteurs Régens, à la différence de celles que faisoient les Bacheliers & les Licenciés, ainsi qu'on l'a remarqué plus haut.

(s) *Tenuerunt horam.*] Je crois que cela signifie qu'ils ont rempli exactement le tems pendant lequel ils devoient faire des leçons.

CHARLES VI. à Paris, en Juin 1398. & les 7. d'Août & 6. de Septembre 1395.

sub [a] *Doctore suo sub quo meruit Licenciam obtinere, doctoretur, dum tamen ejus copiam habere possit in presenti, aut saltim infra mensem. Sin autem copiam habere non possit, tali modo tunc Doctorem actu Regentem capiat quem voluerit, aut Magistrum Scolasticum, si Doctor fuerit: à foris autem venientes eligant Scolasticum, vel quemcumque Doctorem, actu tamen Regentem in dicto Studio; & antequam doctorentur, viginti quinque Solidos Monete currentis Rectori dicti Studii compellentur* [b].

a Voy. ci-dessus, pag. 226. Note *(f)*.

b *suppl.* solvere.

[Statuta Bachalariorum per se.]

(31) Primò. *Quòd Bachalarii in Jure Civili, teneantur legere in dicto Studio vel alio solempni, per quadraginta menses completos, prout computantur in Kalendario duodecim menses pro anno, & debent facere quòd sint in quinto Volumine legendi: Licenciatis autem sufficit quòd per duodecim menses legerint, & quòd sint in tercio Volumine, ad adipiscendum Licenciam in Jure Canonico.*

(32) Item. *Statuimus & ordinamus quòd Bachalarii legentes in Jure Canonico vel Civili, legant* [c] *testus suos cum glosis ordinariis; aliter, si obmittant glosas, non acquirant tempus pro Licencia obtinenda.*

c *corr.* textus.

(33) Item. *Et licèt alibi legerint dicti Bachalarii per tempus predictum, tenentur tamen in isto Sudio legere per tres vel quatuor menses.*

(34) Item. *Quòd Bachalarii in Jure Civili, non debent legere Librum qui legatur à Doctoribus eodem anno.*

(35) [d] Ita. *Statuitur quòd Bachalarii legentes de cetero, tam in Jure Canonico quàm Civili, habeant quolibet anno in fine Lecture sue, Cedulas continentes tempus ipsorum Lecture, sigillatas sigillo Doctoris sui & Rectoris; aliter ad Licenciam non admittantur; pro quibus Cedulis nichil solvere tenebuntur.*

d *Il faut peut-être corr.* Item.

(36) Item. *Quòd nullus admittatur ad gradum Bachalariatûs, nisi priùs prestiterit Juramentum se corpus Juris Civilis aut Canonici habere.*

(37) Item. *Quòd nullus reputetur Bachalarius in Jure Canonico vel Civili, nisi fecerit in Scolis publicè (t) propositum suum in exitu leccionis Doctoris sui actu Regentis; videlicet, (u) mediâ horâ ordinarii sui, vel quasi; rejectis quibuscumque commessacionibus & potacionibus, sub pena parjurii & carencie temporis Lecture sue, submotâ qâucumque dispensacione.*

(38) Item. *Quòd tale propositum faciendum, ut prefertur, non impediet lecciones aliorum Bachalariorum: contrarium facientes simili penâ puniendi.*

(39) Item. *Quòd nullus admittatur ad Lecturam, nec ad aliquos Actus communes Universitatis, vel alicujus Nacionis, nisi primò Rectori & Procuratori sue Nacionis sit juratus; & jurabit Rectori, quòd obediet in licitis & honestis, & quòd Privilegia, Statuta, & Libertates Universitatis* Andegavensis *servabit, & ejus commodum procurabit, ad quencumque statum ipsum devenire contingerit in futurum.*

[Statuta Scolarium per se.]

(40) Item. *Quòd nullus reputabitur Scolaris, ut gaudeat Previlegiis Universitatis, nisi ter in hebdomada à Doctore* Andegavense *actu Regente, audiverit ad minùs, & nisi eciam habeat* [e] *proprium Doctorem à quo audiat ordinariè leccionem completam, & sine fraude*

e Voy. ci-dessus, pag. 226. Note *(f)*.

(41) Item. *Quòd Scolares infra mensem à tempore ipsius primi adventûs, teneantur jurare Statuta dicti Studii observare, Procuratori sue Nacionis; qui Procurator habebit scribere nomen suum in Libro pro sua Nacione ordinato.*

(42) Item. *Quòd quilibet Scolaris poterit adire & audire quemcumque Doctorem,*

NOTES.

(t) Propositum.] Suivant le Glossaire de *Du Cange*, au mot *Propositum* 1. il signifie quelquefois un Acte public, une Thèse.

(u) Mediâ horâ ordinarii sui.] Cela peut signifier que cet Acte remplira la moitié du tems destiné à la leçon ordinaire que doit faire le Bachelier.

Licenciatum aut Bachalarium quem voluerit, liberè, absque hoc quod debeat in aliquo compelli directè vel per [a] *oblicum; & qui contra fecerit, incidet in penam parjurii & infamie, ipso facto.*

CHARLES VI. à Paris, en Juin 1398. & les 7. d'Août & 6. de Septembre 1395.

(43) Item. *Quòd quilibet Scolaris teneatur in Jure Civili audire per* XL. *menses, computando* XII.cim *menses pro anno, sicut sunt in Kalendario, antequam admittatur ad gradum Bachalariatûs; & una cum hoc, oportet quòd sit in quinto Volumine, & debet audire à Doctore ordinariè actu Regente, verè, non fictè vel interpretativè, ut prefertur.*

(44) Item. *Et idem est de Scolaribus in Jure Canonico quòd tenentur audire per* XL. *menses supra declaratos, & esse in quinto Volumine antequam ad gradum Bachalariatûs accedant, nisi sit Licenciatus in Jure Civili, cui sufficit audire per sexdecim menses, & esse in tercio Volumine, ut supra declaratum est.*

(45) Item. *Quòd illi qui voluerint de cetero venire ad gradum Bachalariatûs, debent se presentare coram Collegio Doctorum & Procuratorum, & ibidem presentare Cedulas suas* [b] *supra declaratas, ad testificandum quòd debitè* [c] *audierit, & hoc facto, Rector & Doctores actu Regentes in Collegio existentes, secundùm discrecionem eorumdem,* [d] *ipsum examinabunt, & demùm solutis primitùs viginti Solidis Turonensibus Receptori Universitatis, & constiterit per cedulam Receptoris, presentabuntur Scolastico per Doctorem suum; quibus sic presentatis, absque alia examinacione tenebitur eis conferre gradum Bachalariatûs; & pro Littera sua Bachalariatûs habebit viginti Solidos Turonenses, & (x) tenebitur solvere Receptori Studii.*

a *corr.* obliquum *comme ci-dessous*, p. 248. art. 88.

b Voy. ci-dessus, pag. précéd. art. 35.

c *corr.* audierint.

d *corr.* ipsos.

[Statuta communiter tangencia Doctores, Bachalarios, Licenciatos & Scolares.]

(46) *Statuitur quòd Doctores, nisi aliter juraverint, Licenciati, Bachalarii & Scolares jurare teneantur quòd secreta que fient in Congregacionibus Studii predicti in quibus intererunt, nullathenùs revelare* [e].

(47) Item. *Quòd in Festis solempnibus cujuslibet Nacionis, cum solempniter celebrabuntur, in primis Vesperis & in Missa de die, & in secundis intererunt Vesperis, absque poracionibus,* [f] *coreis, (y) robis ac* [g] *mimis, quas tollimus & removemus, inhibentes ne fiant per modum Nacionis.*

(48) Item. *Quòd Licenciati & Bachalarii horâ nonâ & Completorii legentes, à Lectura hujusmodi cessabunt* [h] *diebus repetibilibus, nec non vigiliis Festorum quibus indicitur jejunium, & aliis diebus quibus Doctores repetent, seu Licenciati respondebunt horâ nonâ.*

(49) Item. *Quia retroactis temporibus, propter (z) crastinas & vacaciones que fiebant in Studio supradicto, multa mala & scandala obvenerunt, statuimus quòd nulla fiet crastina in dicto Studio in futurum; hoc tamen excepto, si quem in Legibus vel Decretis doctorari contingerit solempniter Professorem, vel eciam si ab aliqua Nacione in honorem alicujus Sancti Festum solempniter celebretur, & tunc fiat sola & unica crastina.*

(50) Item. *Quòd in diebus non legibilibus ordinariè, putà, existentibus circa Natale, carnis previum, Penthecostes, aut aliis, Licenciati & Bachalarii, si velint, habeant respondere sub aliquo Doctore, aut sub aliquo Religioso, aut repetere in Scolis publicè, secundùm ordinacionem Rectoris, de tali questione quam voluerit eligere.*

(51) Item. *Quòd omnes à sibillacionibus* [i] *Repeticionibus, aut aliis factis solempnibus, in contemptum Rectoris vel alterius Doctoris, aut alterius honeste persone, vel ab*

e *suppl.* habebunt *comme dans l'art.* 23. p. 241.

f *corr.* choreis.

g espèce de jeux de Théatre.

h les jours auxquels on fait des *Répétitions.*

i *Je crois qu'il faut suppl.* in.

NOTES.

(x) . . . . . Il y a là dans le Registre un mot que l'on n'a pu déchiffrer. La première lettre est douteuse, & pourroit être *e*, *c* ou *t*, suivie de *md* avec deux marques d'abréviation. Cela peut signifier *eamdem* en suppléant *summam*, ou bien *totidem*, comme il y a ci-dessus, page 241. article 26.

(y) *Robis.*] On pourroit entendre par ce mot, des travestissemens, des mascarades.

(z) *Crastinas*] Il paroît par cet article que *crastina* signifie un Congé que l'on avoit coûtume de prendre lorsqu'on faisoit un Acte public ou quelques autres cérémonies.

CHARLES VI.

à Paris, en Juin 1398. & les 7. d'Août & 6. de Septembre 1395.

impedimentis Actûs, abstineant sub pena carencie unius mensis temporis sui, in audicione vel Lectura.

(52) Item. *Quòd quilibet Doctor vel alius actu Regens, Licenciati, Bachalarii & Scolares, veniant ad Sermones & Congregaciones, & ad alia facta solempnia, dum eis fuerit intimatum, nisi fuerint legitimè impediti.*

(53) Item. *Quòd nullus Doctor, Licenciatus vel Bachalarius, aut eciam Scolaris, ad Repeticionem, disputacionem vel ad quemcumque Actum solempnem, aut ad propositum suum dicendum,* [a] *proclamari se faciat nisi per Bedellum principalem.*

a ne fasse inviter ceux qui doivent assister à ces actes.

(54) Item. *Quòd nullus Doctor contra Doctorem, Bachalarius contra Bachalarium, Licenciatus sive Bachalarius contra Professorem, aut è contra, consilium, auxilium seu patrocinium prestet in quacumque Causa; Causis suis & parentum duntaxat exceptis, & nisi per (aa) distribucionem Consilii, vel auctoritatem* [b] *Judicis; & quòd in disputacionibus & Repeticionibus, unus contra alium ad verba contumeliosa non prorompat,* [c] *se ad invicem audiant se pacificè &* [d] *beginè.*

b Judic. *Reg.*
c *corr.* sed.
d *corr.* benignè.

(55) Item. *Quòd Bachalarii legentes in Jure Canonico vel Civili, Capas defferant potissimè legendo, à tempore quo legere inceperint in principio dicti Studii, usque Festum Penthecostes. Si quis verò Bachalarius hujusmodi Statutorum transgressor fuerit, & aliquam* [e] *fraude ibi commiserit, Lectura hujusmodi sit denudatus & privatus, Lecturaque predicta ipso facto sit irrita, & pro cassa & irrita nunciata.*

e *corr.* fraudem.

(56) Item. *Quòd nullus ordinariè vel extraordinariè legens, alterius fame detrahat quovismodo.*

(57) Item. *Quòd nullus Bachallarius vel Licenciatus intret vel legat ad legem Voluminis, que legetur à Professoribus eo anno.*

(58) Item. *Quòd Doctores & alii legentes, à Lecturis suis cessare debent, donec Bedelli Scolas intrantes, de hiis que preconizare habuerint, fuerint expediti.*

(59) Item. *Quòd omnes Licenciati & Bachallarii qui legere voluerint, incipient lecciones infra octo dies legibiles post leccionem Doctorum, que incipit crastina die Beati Dyonisii, ut prefertur, & eciam imponent finem leccionibus suis per unam diem antequam Doctores finem* [f] *imponent.*

f *corr.* imponant.

(60) Item. *Est* [g] *advertandum per Bachallarios tam in Jure Canonico quàm Civili, eciam & per Licenciatos legentes in jure Canonico, quòd non computabitur eis tempus, nisi à tempore quo inceperint legere & quandiu legerint.*

g *corr.* advertendum.

[Statuta tangentia Collegium vel Universitatem in generali.]

(61) Item. *Statuitur quòd in Universitate* Andegavensi, *semper concludi debet à majori parte Nacionum, & illud quod major pars deliberat, pro Universitate reputatur: facientes contrarium, per privacionem puniuntur.*

(62) Item. *Quòd Universitas non debet prosequi factum singularis persone, nisi manifestè tangat Universitatem.*

(63) Item. *Quòd nullus de cetero admittatur ad Lecturam, nisi viderit copiam horum Statutorum, & juret coram Procuratore Nacionis sue, quòd ipsa observabit, ad* [h] *quamcumque statum ipsum devenire contingerit; & fiet sic, quòd quilibet Procurator capiet per manum Rectoris, copiam predictorum Statutorum, & illi de Nacione videbunt & studebunt.*

h *corr.* quemcumque.

(64) Item. *Quia non nisi pacis tempore benè* [i] *collitur pacis* [k] *actor, propter dissenciones & rixas que inter Bachallarios & Scolares sepius oriuntur, ex quibus consueverunt dampna, obprobria & pericula eminere, ad* [l] *cedendum hujusmodi discordias, ordinavimus & statuimus quòd si contingat brigam vel rixam inter Professores, Bachallarios & Scolares, aut alteros eorumdem, oriri, quòd Rector & Collegium Doctorum, & si opus sit, Procuratores incontinenti provideant, & procurent pro posse, ut concordia,*

i *corr.* colitur.
k *Il faut peut-être corr.* autor: *Dieu auteur de la paix.*
l *corr.* sedandum.

NOTE.

(aa) *Distribucionem Consilii.*] Ces mots signifient peut-être, si ce n'est après avoir pris *Conseil* d'Avocats.

CHARLES VI. à Paris, en Juin 1398. & les 7. d'Aoûst & 6. de Septembre 1395.

inter ipsos habeatur, secundùm eorum discrecionem, quibus [a] *teantur obedire omnes qui dictam rixam aut brigam commiserint, & eorum adherentes, & caveant ne ad arma* [b] *prorumppent contra prohibicionem aut defensionem dictorum Rectoris & Collegii. Si verò contingat, quod absit, aliquos esse contradictores aut rebelles, si Doctores sint aut Bachallarii,* [c] *privati omni comodo Lecture se noverint, ipso facto: si autem Scolares sint, ad honorem aliquem in Studio* Andegavense, *de cetero nullatenùs admittantur, reatum parjurii* [d] *incurrent, & nichilominùs* [e] *denunciantur* [f] *Conservatori Regis, & aliis Judicibus* Andegavensibus *in juris subsidium, & per modum invocacionis brachii secularis, ut provideant manu militari; qui si manum talem apposuerint, non requirentur ex parte Universitatis quomodocumque; & habeantur pro (bb) derelicto, ac si numquam fuissent de ista Universitate.*

(65) Item. *Si contingat per deliberacionem Universitatis, debere fieri Rotulum pro Beneficiis obtinendis, quòd fiat sine fraude, ponendo in eodem qui erunt ponendi, virtute dicte deliberacionis, & non* [g] *aliis, post modum legatur & signetur dictus Rotulus, cum deliberacione Rectoris & Collegii Doctorum & Procuratorum in Collegio; nec ingerant se aliqui ad* [h] *deferandum dictum Rotulum, nisi fuerint electi per Universitatem, & quòd per Collegium predictum sit eis traditus Rotulus ex toto perfectus & ordinatus.*

(66) Item. *Statuimus & ordinamus quòd in Studio predicto, sit unus Receptor pro commodis & emolumentis provenientibus ad Universitatem, recipiendis, qui sit Licenciatus vel Bachallarius non* [i] *exemptus; & sit talis qui de se sit solvendo, vel det pignora vel fidejussores ydoneos* [k] *sufficientes; &* [l] *eligantur per Rectorem & Collegium Doctorum & Procuratorum de qualibet Nacione, de anno in annum, per circulum, sicut de Rectore inter Doctores dictum est; qui tenebitur reddere raciones seu compota sua bis in anno, semel post (cc) Licenciam Purificacionis, & alia vice post Licenciam Penthecostes.*

(67) Item. *Quòd anno finito, & compotis suis redditis, eligetur novus de Nacione subsequenti, ut prefertur, à Doctoribus & Procuratoribus qui tunc erunt in reddicione dictorum compotorum, vel à majori parte eorum presencium, per modum supradictum; & prestabit Juramentum corporaliter de Officio suo fideliter exequendo in omni facto suo, & quòd nulli peccuniam nomine Universitatis receptam, mutuabit nec in alium quoquomodo transferet, nisi de Mandato Rectoris, habito consensu Collegii Doctorum & Procuratorum, vel majoris partis eorumdem; & habebit dictus Receptor pro suis stipendiis, sex Denarios pro Libra.*

(68) Item. *Quelibet Nacio debet habere suum Procuratorem, qui eligetur per suam Nacionem, & per eam presentabitur Rectori & Collegio, & ibidem faciet Juramentum supra declaratum.*

(69) Item. *Et sunt in dicta Universitate sex Naciones, que sic ordinantur & constituuntur, sicut per nos, informacione* [m] *precedenti, reperte sunt, & debitè ordinari potuerunt; videlicet, Nacio* Andegavensis, *prima, in qua Dioceses* Andegavensis *&* Turonensis *continentur, & cetere Provincie que inter alias Naciones non denominantur neque conprehendi consueverunt: Nacio* Britannie, *secunda, prout ipsa se habet: Nacio* Cenomanensis, *tercia, prout Diocesis* Cenomanensis *se habet; & consequenter Nacio* Normanie, *quarta: Nacio* Acquitanie, *quinta, in qua continentur quinque Provincie* Bitturicensis, Burdegalensis, [n] Nerbonensis, Tholozana *&* Auxitanensis; *& sexta erit Nacio* Francie, *que de novo certis de causis, virtute Commissionis nostre, per nos constituta est, que habebit sub se Provincias* Lugdunensem, Senonensem *&* Remensem.

(70) Item. *Ordinamus quòd quelibet Nacio habeat suum Bedellum, qui exequatur Mandata Procuratoris cujuslibet Nacionis, & faciat Congregaciones ad Mandatum Procuratoris Nacionis sue, & juret ut sequitur.* Ego juro obedire Rectori in licitis

a *corr.* teneantur.
b *corr.* prorumpant.
c *corr.* privari.
d *corr.* incurrant.
e *corr.* denuncientur.
f Le Conservateur des Privilèges de l'Université.
g *corr.* alii.
h *corr.* deferendum.
i j'ignore en quoi consistoit cette exemption, & sur quoi elle étoit fondée.
k sufficient. *Reg.*
l *corr.* eligatur.
m *corr.* precedente.
n *corr.* Narbonensis.

NOTES.

(bb) *Derelicto.*] Cet endroit doit s'entendre de ceux qui ont excité des troubles dans l'Université.

(cc) *Licenciam, &c.*] La Purification & la Penthecôte, étoient apparemment les tems auxquels les Bacheliers entroient en Licence.

CHARLES VI.

à Paris, en Juin 1398. & les 7. d'Août & 6. de Septembre 1395.

& honestis, servare Statuta jurari consueta, honorem & Libertates Studii *Andegavensis*, & secreta dicte Universitatis & Nacionis cui servio, nemini revelabo.

(71) Item. *Quòd Bedellus cujuslibet Nacionis, eligetur per Nacionem suam, & postmodum per Nacionem presentabitur Rectori & Collegio; quiquidem Rector faciet eum jurare per modum supradictum.*

(72) Item. *Quòd nullus Bedellus ante Bedellum principalem, in Scolis vel alibi aliquid preconizet, nisi à Bedello principali licenciam habuerit.*

(73) Item. *Statuimus quòd Bedellus principalis, ac Bedelli Doctorum actu Regencium in Jure Canonico vel Civili, habeant à quolibet doctorando, robam integram; videlicet, tunicam & capucium, ac eciam Bedellus illius Nacionis de qua erit Doctorandus.*

(74) Item. *Quòd omnes Bedelli ad omnes Congregaciones, & loca* [a] *ibi contingerit Rectorem & Doctores congregari, personaliter accedant, eisdem reverenciam faciendo.*

a corr. ubi.

(75) Item. *Quilibet Bedellus* [b] *Dominum suum quâlibet die visitet, & cum ipso vadat, dum tamen sibi placuerit, & in introitu leccionum suarum die quâlibet, & regressu: Repeticionibus & disputacionibus accedere non obmittant. Quiquidem Bedelli omnes & singuli, Rectori obedire, & Statuta dicti Studii, ipsaque concernencia jurare & observare specialiter tenebuntur.*

b c'est-à-dire le Régent auquel il est attaché

(76) Item. *Quòd quinque clausule sequentes continentur in Statutis antiquis, quas hic inseri per ordinem volumus, ut valeant, nec aliquid in eis innovamus vel corrigimus, quarum tenor sequitur.*

(77) Item. *In Licenciis* [c] *faciendis, omnes Bedelli in Palacio* Andegavense *congregare se debent, ut ordinentqualiter Domini sedeant ordinatim. Dum in dicto Palacio fuerint aliqui licenciandi, junior Bedellus in ordine Bedellorum, debet custodire ne canes intrent Palacium & tumultum faciant in eodem; & dum alii Bedelli biberint, ibidem remaneat totus solus, & postea ibit potum; & junior Bedellus post ipsum, serviet ad predicta; nec debent dicti Bedelli à dicto Palacio recedere, quousque tota Licencia sit totaliter adimpleta: Quiquidem Bedelli, illâ die, durante tempore Licencie, debent ad unam comestionem recipi in parva aula dicti Palacii; & quisquis sit Claviger seu custos, debet eis de bonis Episcopi* Andegavensis *pro tempore, ministrare panem, vinum, & alia cibaria eisdem necessaria: Que predicta, bone memorie Dominus (dd)* Ulgerius, *quondam* Andegavensis *Episcopus, eisdem contulit & donavit, & predicta fieri voluit perpetuò, & precepit.*

c cela signifie appar. la cérémonie qui se fait pour ouvrir la Licence.

(78) Item. *Dictus Claviger, in dictis Licenciis faciendis, debet administrare in dicto Palacio (ee) fromulas atque mensas; pro quibus omnibus premissis, commessacionibus & aliis faciendis, debet idem Claviger consequi & habere à quolibet Licenciato ibidem, quinque Solidos Monete currentis, ut predicta faciat & preparet diligenter.*

(79) Item. *Si contingat fieri aliquem Doctorem in Jure Canonico vel Civili, debent omnes Bedelli, omnes Doctores & Magistros, ac* [d] *alios Studentes & legentes in Studio sepedicto, apud Sanctum Mauricium, horâ None vigilie dicti (ff) Festi, congregari pro Doctorandum (gg) assaciando, & invitando Dominum Episcopum* Andegavensem, *si sit presens in dicto Palacio vel in Villa, nec non Officialem ejusdem, & (hh) Personas & Canonicos* [e] *Eglesie* Andegavensis; *& postea dicti Doctores, Magistri atque Legentes & Studentes cum dicto Doctorando & Bedellis, debent ire penes Fratres*

d *Il faut corr. ici* alii, *ou plus bas,* congregare.

e *corr.* Ecclesie.

NOTES.

(dd) Ulgerius.] Il fut fait Evêque d'*Angers* en 1125. Voyez *Gall. Christ. 1.ª Edit.* T. 2. p. 132.

(ee) Fromulas,] corr. *formulas.* Suivant le Glossaire de *Du Cange*, au mot *forma* 13. & 14. col. 631. *formula* signifie un banc.

(ff) Festi.] Je crois que par ce mot il faut entendre ici la cérémonie de la réception d'un Docteur. On peut consulter le Glossaire de *Du Cange* au mot *Festum*, col. 429. & 430.

(gg) Assaciando,] corr. *associando.* On trouve dans le Glossaire de *Du Cange*, au mot *associare* 1. qu'il signifie quelquefois *accompagner.*

(hh) Personas.] Espèce de Dignités dans quelques Chapitres. Voyez la Note *(b)* de la page 682. du *7.ᵉ Vol. de ce Rec.*

Predicatores, apud Abbaciam Sancti Nicholai, apud Fratres Sancti Augustini, apud Abbaciam Sanctorum Sergii & Bachi, apud Fratres Minores, apud Sanctum Petrum, apud Abbaciam Sancti Albini, apud Abbaciam Omnium Sanctorum, & apud Prioratum de (ii) Aquaria, pro invitando Abbates & Religiosos, & quoslibet alios cujuslibet loci, ut veniant in crastino, apud Ecclesiam Sancti Petri, eidem Doctorando comitivam faciendo: Quiquidem Doctores, Magistri, Legentes ac Studentes, & alii ipsos associantes, die dicti Festi, in locis infrascriptis, debent & possunt potare; videlicet, apud Sanctum Nicolaum, apud Monasterium Sanctorum Sergii & Bachi, apud Sanctum Albinum, & Monasterium Omnium Sanctorum, & eciam apud Prioratum de Aquaria supradictum; & illâ die dicti Festi supradicti, debent facere circuitum in locis supradictis, & ibidem potare, si voluerint; ad quam potacionem ministrandam, tenentur dicti Religiosi in locis supradictis; & junior Bedellorum Studii supradicti, una cum quodam alio, [a] *excpto Bedello principali, debent ante dictos Doctores & Magistros, Bachallarios, Scolares, & alios, ad predicta loca accedere, dictorum Doctorum & aliorum adventum & accessum nunciare; & debent omnes Bedelli habere* [b] *cirothegas & (kk) cucufas* [c] *à quolibet incipiente, eciam Doctore actu Regente, & eciam licenciando in Studio prelibato; & debent illâ die quâ incipitur, (ll) discurrere cucufati.*

CHARLES VI. à Paris, en Juin 1398. & les 7. d'Août & 6. de Septembre 1395.

a *corr.* excepto.

b *corr. cirothecas.*

c cela signifie appar. celui qui fait l'ouverture de ses leçons.

(80) Item. *Bedelli hujusmodi debent ire per Scolas cum principali Bedello, eidem principali Bedello comitivam faciendo.*

(81) Item. *Principalis Bedellus debet facere & potest suam Collectam per omnes Scolas ordinarias, & quilibet Scolaris debet sibi unum Grossum vel duodecim Denarios Turonenses, semel in anno* [d] *persolvendum.*

d persolvend. *Reg.*

(82) Item. *Bedellus principalis habebit de quolibet Bachallario novo in Jure Canonico vel Civili, quinque Solidos Turonenses; & quilibet Bedellus Doctorum actu Regencium, duos Solidos cum dimidio Turonenses, & Bedellus sue Nacionis duntaxat: propterea eciam tenetur habere* [e] *cirothecos & cucuffam album ad associandum Bachallarium, cum tempus est.*

e *corr.* cirothecas.

(83) Item. *Statuimus* [f] *omni securitate & pace inter omnes quorum potest interesse, quòd sit una Archa que dicatur Archa Universitatis, in qua reponantur Privilegia, Statuta, peccunie & Sigillum dicte Universitatis, & omnia alia que requiruntur esse sub secreto & securo; & in illa Archa, pro causis antedictis, sint septem claves cum serruris; quarum clavium unam habeat Rector penes se, & sex Procuratores dictarum Nacionum, quilibet suam, adeo quod cum ex deliberacione Universitatis vel Collegii Doctorum & Procuratorum, fuerit ordinatum, quòd aperiatur illa Archa pro pecuniis reponendis in ea, aut capiendis de illa, aut pro negociis aliis. Teneantur predicti venire & facere omnes insimul apperturam illius Arche, ac expedicionem negociorum ex dicta Archa agendorum. Si autem contingerit Rectorem se absentare, dimittat clavem suam alteri Doctori antiquiori actu Regenti, & cum similiter Procurator alicujus Nacionis, dimittat clavem suam alicui probo viro de sua Nacione.*

f *Il y a peut-être ici quelque mot de passé, comme* pro, &c.

[Sequuntur Statuta circa Privilegia Papalia.]

(84) Primò. Nulli concedatur (mm) Citacio virtute Privilegiorum, nisi juret in Collegio Doctorum & Procuratorum, quòd est Scolaris sine fraude, & quòd credit

NOTES.

(ii) Aquaria.] J'ai appris d'une personne d'*Angers*, que ce Prieuré se nomme présentement l'*Esviére*, nom corrompu de celui d'*Eguiére*.

(kk) Cucufas.] Suivant le Glossaire de *Du Cange*, au mot *Caphia, Cucufa*, d'où vient le mot françois *coëffe*, signifie ce que l'on met pour couvrir la tête; & anciennement la coëffe étoit également à l'usage des hommes & des femmes, on dit encore présentement la coëffe d'un chapeau.

(ll) Discurrere.] Je ne sçais s'il faut entendre ce mot, des courses qui se faisoient ordinairement les jours de réjouissance, & desquelles il est fait mention ci-dessous dans l'article 88.

(mm) Citacio.] Citation devant le Juge privilégié qui doit connoître des affaires de l'Université & de celles de ses Membres.

CHARLES VI.
à Paris, en Juin 1398. & les 7. d'Août & 6. de Septembre 1395.

habere bonam causam contra illos quos vult facere citari, & tunc prestito hujusmodi Juramento, conceditur Citatio que fieri debebit cum cause expressione, & in [a] *margina illius Citationis, ponatur signetum Rectoris, & tunc sigilletur per Executorem privilegiorum.*

(85) Item. *Quòd nullus faciat aliquem citari virtute cessionum quorumcumque, nisi cessio esset de patre in filium vel matre, vel tali persona de qua constaret evidenter non esse cessionem fraudis.*

(86) Item. *Quòd dictis Privilegiis quoquomodò* [b] *abutantes sint omni honore Studii denudati & privati.*

(87) Item. *Quòd omnia emolumenta que debitè provenient ad causam dictorum Privilegiorum, vel eorum occasione, tradentur Receptori Universitatis, (nn) de qua fit infra mencio, qui ex eis solvet* [c] *Judicem, & alia necessaria, de quibus computabit cum aliis emolumentis Universitatis; & si sit residuum reponetur in Archa.*

(88) Item. *Quòd Scolares de novo venientes, non teneantur pro jocondo adventu suo aut (oo) bejannio, solvere ultra viginti Solidos Turonenses, nec ab eis possit exigi ultra istam summam, directè vel per obliquum: Nobilis verò Prelatus aut Prior notabilis, vel notabiliter Beneficiatus; videlicet, sexaginta Librarum Parisiensium, in* [d] *portatis,* [e] *solvat quadraginta Solidos Turonenses, neque ab eis quomodocumque plus exigatur. Prohibemus autem capciones librorum aut aliorum quorumcumque bonorum dictorum de novo veniencium, in Scolis, vel alibi fieri occasione jocundi adventûs sui sive bejannii. Inhibemus eciam* [f] *discursus & scandala que solita sunt fieri in dicto Studio propter dicta bejannia, sub* [g] *pene privacionis Studii contra illos qui contra fecerint, & resecacione tocius honoris & statûs Universitatis. Per exhortacionem verò seu monicionem Procuratoris Nacionis cujuslibet Scolaris de novo venientis, predicte summe requiri & exigi à dictis Scolaribus de novo venientibus poterunt; qui si destulerint post talem monicionem, coram Rectore poterunt conveniri, & exigi ab eis dicte summe.*

(89) Item. *Quòd exacciones talium bejannorum, convertantur ad pias causas; putà, Festis Nacionum supradeclaratis, aut pro aliis negociis honestis sue Nacionis, non aliter.*

(90) Item. *Sciendum est quòd Statuta seu Ordinaciones quas fecimus supra respectu Doctorum qui non reputantur actu Regencium, nisi incipiant legere & regere in crastina beati Dyonisii, non intelliguntur,* [h] *propter illos (pp) qui velint legere & regere infra dictum Festum in dicto Studio, quia omnibus permitti volumus legere & regere infra dictum Festum, ad augmentacionem dicti Studii; & tunc dicto Festo Dyonisii seu crastina veniente, valebit Statutum predictum, & sic deinceps.*

Item. Que iceulx Status dessusdiz ont esté tenus par nous, justes & raisonnables, pour estre tenuz & gardez oudit Estude perpétuelment & sanz enfraindre: à ce présens à les faire & lire de mot à mot, & corriger & amender, comme dit est dessus, le Recteur, le Maistre-escole, & les Docteurs Régens oudit Estude, Mess. *Regnault Cornilleau,* Docteur ès Droiz Canon & Civil, & Official d'*Angers,* Mess. *Pierre* de *Marcillac* Docteur esdiz Droiz, Maistre *Guillaume Du Gué,* Licencié en Loys, Procureur général de l'Université dessus dicte, *Jehan Du Pont,* Procureur de la Nacion d'*Anjou, Jean Blandeslay,* de la Nacion de *Bretaigne, Jehan* [i] *Belart,* de la Nacion du *Maine, Jehan Perier,* Procureur de la Nacion de *Normandie, Jehan* de la *Chaussée,* de la Nacion d'*Acquitaine, Simon Mauregart,* de la Nacion de *France, Thibaut Manaye, Jehan Gourdin, Raoul* le *Clerc, Pierre* la *Vaire, Guillaume Langloiz Doulcin,* tous Licenciez ès Droiz Canons ou Civilz, & plusieurs autres Escoliers de ladicte

a *corr.* margine.

b *corr.* abutentes.

c c'est appar. le Conservateur des Priviléges de l'Université.

d de revenu. *Voy. le Gloss. de Du Cange à ce mot.*

e *corr.* solvant.

f Voy. ci-dessus, pag. précéd. Note *(ll)*.

g *corr.* pena.

h *il semble qu'il devroit y avoir* de illis.

i Il y a une marque d'abréviation sur ce nom.

NOTES.

(nn) De qua, &c.] Il sembleroit qu'il faudroit corriger *de quo* en le faisant rapporter au Receveur : mais il n'est plus fait mention de ce Receveur dans la suite des Statuts.

(oo) Bejannio.] On peut consulter sur ce droit le Glossaire de *Du Cange* au mot *Beanus.*

(pp) Qui velint.] L'article 5. qui est rappellé ici, porte qu'on ne pourra commencer des leçons que le lendemain de la Saint Denys. Je crois que cet article 90. signifie qu'à l'égard du reste de l'année présente jusqu'aux vacances, on pourra commencer des leçons; mais qu'après la Fête de Saint Denys, on observera l'article 5.

Université

Université d'*Angiers,* l'an mil CCC IIII.[xx] & XVIII. le [a] Venredy XIX.[e] jour d'Avril, & le XX.[e] jour ensuivant.

CHARLES VI. à Paris, en Juin 1398. & les 7. d'Août & 6. de Septembre 1395.

Et ce fait, nous ordenasmes & ordenons que par l'Université dudit Estude, lesdiz Status soient gardez & tenuz pour le bon regime & gouvernement d'icelui, sanz les enfraindre, sur peine de parjure, & autres peines comme elles sont esdiz Status déclarées.

Item. Que le XXI.[e] jour d'Avril, à la requeste desdiz de l'Université, nous leur ordenasmes un Notaire pour escrire leurs Lettres missoires envers le Pape, le Roy nostre Sire, & ailleurs, & autres Lettres touchans l'Université & les Suppos d'icelle; c'est assavoir, Maistre *Pierre Varcilley,* qu'ils nous présentèrent, auquel Nous feismes faire le Serement raisonnable à faire en tel cas.

Item. Que depuis ilz nous nommèrent un Receveur; c'est assavoir, Maistrè *Thibaut Mannaye,* Licencié en Droit Canon & en Droit Civil, lequel nous instituasmes oudit Office, & lui feismes faire le Serement dont dessus est faicte mencion.

Item. Que certain débat survint en nostre présence, entre les *Poitevins* d'une part, & les *Limosins,* d'autre part, pour cause de ce que combien que iceulx feussent d'une Nacion; c'est assavoir, de la Nacion d'*Acquitaine,* toutesvoies ilz estoient en tel débat que chacune Partie faisoit son Procureur, & faisoit ou vouloit faire sa Feste de divers Saints; les *Limosins,* de [b] Saint Marsal, & les *Poitevins,* de Saint Hylaire: finablement, pour oster tous débas, oyes icelles Parties, & eu conseil & délibéracion du Recteur & Docteurs Régens oudit Estude, le Maistre-escole & autres plusieurs, nous leur ordonnasmes par nostre Jugement, que ils n'auroient que un Procureur & une Feste du glorieux corps Saint Monsieur Saint Blaise; de laquelle ordenance & Sentence lesdictes Parties furent contentes.

Item. Que en tout nostre procès dessusdit, & par espécial dès le commencement d'icellui, nous requeismes audit Maistre-escole & ses consors, d'une part, & audit [c] *Du Guey,* Procureur dessusdit, d'autre part, à avoir deux personnes notables dudit Estude, pour estre présens en Jugement pardevant nous, pour faire les Actes, Instrumens, & toutes choses néceessaires en icelui, lesquelles Parties nous nommèrent Maistre *Pierre Sartille,* Licencié en Loys, & Bachelier en Droit Canon, & Maistre *Jacques Touyn,* Licencié en Loys, ausquelz nous feismes faire Serment de bien & loyalment enregistrer tout ce qui seroit fait en nostre présence & pardevant nous, & aussi eulx ont esté à faire toutes les choses dessus dictes, & leur avons requis qu'ilz en feissent prothocolle, & que ilz signassent tous les Accors, Sentences & procès dont dessus est faicte mencion.

Item. Que les choses dessusdictes faites & accomplies en la fourme & manière dessus déclairée, pour ce que nous veismes ladicte Université en bonne disposition & ordenance, & en toute voie de paix, nous appellasmes ledit Maistre-escole, d'une part, & ledit Maistre *Guillaume Du Guey* Procureur dessus nommé, d'autre part, ycelles Parties de leur consentement, par nostre Sentence & Jugement meismes hors de procès, sanz despens & sanz amende de l'une Partie envers l'autre; laquelle Sentence icelles Parties louèrent & approuvèrent; vouldrent & accordèrent l'un envers l'autre, que tout ce procès feust porté en la Court de Parlement, passé par icelle Court, & vaille comme Arrest de Parlement. *Ce fut fait l'an mil CCC IIII.[xx] XVIII. le Dimenche que l'en chante en sainte Eglise,* Misericordia Domini, *XXI.[e] jour d'Avril.*

Cy-après s'ensuivent les teneurs des Procuracions par vertu desquelles Maistre *Guillaume Du Gué* dont dessus est faicte mencion, s'est fondé pardevant nous pour l'Université des Escoliers d'*Angiers,* & après, la Procuracion par vertu de laquelle *Jehan Tahureau* s'est fondez pour Maistre *Thomas Girou.*

SACHENT tous présens & avenir, que comme le III.[e] jour de Novembre, l'an de grace mil CCC IIII.[xx] IX. Révérens Peres en Dieu, *Guillaume Abbé* de *Toussains* d'*Angiers, Girart Abbé* de *Nostre-Dame de* [d] *Lorouer, Guillaume Abbé* de *Saint-George sur*

[a] *corr. Vendredy.*

[b] *S.t Martial.*

[c] *Il est nommé plusieurs fois Du Gué.*

[d] *Voy. ci-dessus, pag. 237. Note (o).*

CHARLES VI. à Paris, en Juin 1368. & les 7. d'Août & 6. de Septembre 1395.

Loire, l'*Abbé* de *Chaloché*, honorables hommes & discrez, Mess. *Gieffroy* (qq) le *Bouteillier*, Docteur ès Droiz Canons & Civilz, Mess. *Guillaume Cornilleau*, Docteur ès Droiz Canons & Civilz, Maistre *André Boissoneau* Licencié en Loys, *Pierre Bonhomme*, Licencié ès Droiz Canons & Civilz, *Pierre* le *Merchier*, esdiz Droiz, *Jehan Du Pont*, en Droit Canon, *Thibaut Menaye*, esdiz Droiz, *Jehan Bougaut*, esdiz Droiz, *Michiel* de *Celhoes*, esdiz Droiz, *Yves Choisel*, esdiz Droiz, *Jehan Prevost*, esdiz Droiz, *Alain* de *Boisguehens*, esdiz Droiz, *Jehan Des Pons*, esdiz Droiz, *Raoul* le *Mercier*, esdiz Droiz, *Robert Cocherel*, en Droit Canon, *Yves Taillecot*, en Loys, *Georges* de *Labocat*, esdiz Droiz, *Jacques Gralon*, esdiz Droiz, *Yves Pierre*, esdiz Droiz, *Guillaume Portais*, esdiz Droiz, *Jehan Goulias*, en Loys, *Jehan Guion*, en Loys, *André* de *Lingue*, en Loys, *Raoul Courroux*, en Loys, *Jehan Marie*, esdiz Droiz, *Michel Levesque*, esdiz Droiz, *Guillaume Haudry*, en Loys, *Simon* le *Breton*, esdiz Droiz, *Ezeciel Du Doulzmesnil*, esdiz Droiz, *Robert Du Coc*, esdiz Droiz, *Jehan Savary*, esdiz Droiz, *Jehan Orri*, esdiz Droiz, *Jehan* le *Bourgoiz*, esdiz Droiz, *Michiel* [a] *Harpillon*, en Loys, *Guillaume Landuchel*, *Guillaume* de *Lespinay*, esdiz Droiz, *Robert Munier*, en Droit Canon, *Jehan Girart*, esdiz Droiz, *Michiel Fougiere*, esdiz Droiz, & Maistre *Guillaume* de la *Haye*, *Gieffroy* de *Brezé*, *Pierre* de *Rohan*, *Bertran Guillote*, *Simon* de *Bonnées*, *Georges Baen*, *Adam* de *Baudubot*, *Raoul Guilloiz*, *Raoul* le *Clerc*, *Pierre* de *Beauchesne*, *Jehan* de la *Fontaine*, *Jehan Hue*, *Jehan Barbe*, *James Menart*, *Alain Estienne*, *Jamet* le *Vel*, *Guillaume Cordier*, *André Potier*, *Alain Pierre*, *Jehan Godin*, *Jacques Toyn*, *Guillaume Boçu*, *Gaudebeuf Barbier*, *Nicolas* de *Pontvien*, *Jaques* le *Clerc*, *Philippes Tiot*, *Julien Houssemaine*, *Jehan Bien-assiz*, *Jehan* de *Launay*, *Michiel Ragot*, *Estienne Dutegre*, *Nicolas* de *Mellay*, *Michiel Vestu*, *Pierre Menart*, *Jehan Chanoine*, *Simon Chevillier*, *Oudin Champaigneul*, *Jehan Estourmy*, *Jehan Do*, *Guillaume Chevallier*, *Jehan* le *Bouteillier*, *Yvon* le *Bouteillier*, *Guillaume* le *Pelletier*, *Guillaume* de *Jumeges*, *Jehan Chenu*, *Pierre Danest*, *Jehan Fromont*, *Pierre* le *Mettaier*, *Michiel Peluel*, *Jehan* de *Calays*, *Pierre* le *Groux*, *Jehan* de *Bouvigné*, *Jehan* le *Frilous*, *Philippes Ygouf*, *Jehan Feron*, *Jehan Martin*, *Geffroy Chevreul*, *Nicolas Boudart*, *Jehan Augier*, *Jehan Genoys*, *Guillaume* le *Machon*, *Raoul* de la *Ville*, *Jehan Jehan*, *Jehan* de *Vailli*, *Jaques Courc*, *Jehan* le *Begue*, *Philippe* le *Begue*, *Jehan* de *Bucy*, *Simon* de *Mauregart*, *Robert Carlier*, [b] *Juroyme* de *Noet*, *Jaques Blanchardin*, *Jehan Pert-ses-chausses*, *Jehan* de *Saint Mersant*, *Jehan Boilleteau*, *Estienne Labbe*, *Nicole Chaume*, *Jehan Potier*, *Jehan Tislet*, tous Bacheliers en Loys; & *Aymery* de *Corous*, *Pierre* le *Vaire*, Prestre, *Jehan* de *Montagner*, Prestre, *Pierre Renouart*, Frère *Girart* de *Parmes*, *Guillaume Bonhomme*, *Estienne Chambart*, Prestre, Frère *Pierre* (rr) de la *Pyhoraye*, *Pierre Assannon*, Frère *Jehan Coquaut*, Frère *Yves Gouin*, Frère *Raoul Paulo*, *Paien Aubert*, Prestre, Frère *Baudouyn Blanchet*, *Robert Goupil*, Prestre, *Maurice Esgage*, *Hues Cordeau*, Prestre, *Pierre Chenneau*, *Raoul Guillonet*, *Françoys* de *Lambiroye*, *Jehan* le *Painteur*, *Estienne Veau*, *Guilleaume* de *Carron*, *Jehan* [c] *Locher*, du *Bellay*, Frère *Jehan Fourtaut*, tous [d] Bachelers en Droit Canon, *Regnaut Demont*, *Jehan Loys Moissart*, *Mahieu* de *Cayeu*, *Jehan* de *Caron*, *Simon Bonnemain*, *Jehan* de *Courcelles*, *Thibaut Lambert*, *Jehan Temmegot*, *Guillaume* le *Maczon*, *Gervaise Aimé*, *Jehan* le *Vaier*, *Robert Seigneur*, *Jehan Perron*, *Guillaume* de la *Chapelle*, *Jehan* de *Fontenay*, *Perrot Orry*, *Robert* le *Mazon*, *Jehan Chevrier*, *Gilet Hues*, *Jehan Martinel*, *Jehan Guillemel*, *Macé Brisaunont*, *Gervaise Du Buant*, *Macé Bonnesel*, *Guillaume Du Fresne*, *Jehan Du Bourc*, *Estienne Veau*, *Jaques Raclet*, *Guillaume Toreau*, *Jehan Rouyrant*, *Nicolas Dolbeau*, *Jehan Dolbeau*, *Thibault Semeire*, *George Du Bois*, *Jehan Garreau*, *Jehan Bernart*, *Jehan* de *Nonvalain*, *Guillaume Adam*, *Guillaume Hurnay*, *Alain* de *Lille*, *Nicolas* de *Cremenaut*, *Rolant* de la *Porte*, *Edouart Ylarry*, *Olivier Ylarry*, *Guillaume*

[a] Il y a pp. 251. & 253. *Barbillon*.

[b] Il est nommé plus bas *Gironne*.

[c] Il y a une marque d'abréviation sur ce nom, & ci-dessous, p. 252. on lit *Lohier*, Frère *Jehan du Bellay*.

[d] corr. *Bacheliers*.

NOTES.

(qq) *Le Bouteiller, &c.*] La plûpart de ces noms sont répétez plus bas; mais quelques-uns sont écrits avec des différences considérables. On en a marqué quelques-unes avec des Notes.

(rr) *De la Pyhoraye* ... *Assannon* ... *Coquaut.*] Au lieu de ces trois noms, il y a plus bas: *De la Capioraye* ... *Essamon* .... *Orcaut.*

Eder, Giles Scedelou, Jehan Puisart, Guillaume Goupil, Jehan le *Clerc, Guillaume Ferragu, Geffroy* de *Launay, Guillaume Boçu, Estienne Baruer, Guillaume Valleaux, Guillaume Berat, Pierre Sohier, Jehan Sohier, Jehan Valleaux, Jehan Surrognier, Guillaume Chevalier, Pierre Bochet, Jehan Hurguet, Pierre Daubilon, Olivier Groussin, Nicolas* de *Pont-le-Voy, Jehan Fromont, Jehan Jouvier, Jehan* le *Tourneurs, Ambroiz* de *Boul, Colas Touches, Colas Tossonneau, Jehan Thebaut, Jehan Boullay, Nicolas Berart, Jehan* de la *Naye, Jehan Goynaut, Thouin* de *Fay, Guillaume Sebille, Estienne* de *Poille, Robert Manuel, Laurens Laillier, Jehan* le *Breton, Jehan Renouart, Robin Estourmy, Guillaume Bernier, Jehan Yrel, Thibaut* de la *Bourdonnaye,* & *Huet* de *Villeblanche,* tous Escoliers lors estans & faisans la plus grant & saine partie des Escoliers estudians en l'Estude & Université d'*Angiers,* eussent fait, constitué, establi & ordené Maistre *Jehan* de *Bethisy, Gilles Labbat, Gervaise Ysembart, Jehan Quemart, Jehan* de *Voiry, Jehan Hemart, Pierre Soulaz, Raoul Drobille* & *Guillaume Du Gué,* leurs Procureurs Génerauls, & [a] certaines [b] messages espéciaulx, & chacun d'eulx pour le tout, en toutes & chacunes leurs Causes, Querelles & négoces, meues & à mouvoir, si comme il apparoît plus à plain par une Procuracion passée & scellée de la Court des Contrats d'*Angiers,* de laquelle la fourme & teneur s'ensuit.

CHARLES VI. à Paris, en Juin 1398. & les 7. d'Août & 6. de Septembre 1395.

a *certains.*
b Il y a plus bas p. 254. *messagers.*

SACHENT tous présens & avenir, que en nostre Court à *Angiers,* en Droit pardevant nous personelment establiz, Révérens Peres en Dieu *Guillaume Abbé* de *Toussains* d'*Angiers, Girart Abbé* de *Nostre-Dame* de *Lorouer, Guillaume Abbé* de *Saint-George-sur-Loire,* & l'*Abbé* de *Chalochés,* honnorables hommes & discrez, Mess. *Geffroy* le *Bouteillier,* [c] ès Droiz Canons & Civilz, Mess. *Regnault Cornilleau,* Docteur ès Droiz Canons & Civilz, Maistre *André Bessonneau,* Licencié en Loys, *Pierre Bonhomme,* Licencié ès Droiz Canons & Civilz, *Pierre* le *Mercier,* esdiz Droiz, *Jehan Du Pont,* en Droit Canon, *Thibaut Menaie,* esdiz Droiz, *Jehan Bougaut,* esdiz Droiz, *Michiel* de *Colhoes,* esdiz Droiz, *Yves Choisel,* esdiz Droiz, *Jehan Prevost,* esdiz Droiz, *Alain* de *Boisguehno,* esdiz Droiz, *Jehan Des Pons,* esdiz Droiz, *Raoul* le *Mercier,* esdiz Droiz, *Robert Cocherel,* en Droit Canon, *Yves Taillecot,* en Loys, *Jehan Hamon,* en Loys, *Georget* des *Abocat,* esdiz Droiz, *Jaques Gralon,* esdiz Droiz, *Yves Pierre,* esdiz Droiz, *Guillaume Portais,* esdiz Droiz, *Jehan Goulyas,* en Loys, *Jehan Guion,* en Loys, *André* de *Lingne,* en Loys, *Raoul Couroux,* en Loys, *Jehan Marie,* esdiz Droiz, *Michiel Levesque,* esdiz Droiz, *Guillaume Hauldry,* en Loys, *Symon* le *Breton,* esdiz Droiz, *Ezechiel Dudoulzmesnil,* esdiz Droiz, *Robert Du Coc,* esdiz Droiz, *Jehan Savary,* esdiz Droiz, *Jehan Orry,* esdiz Droiz, *Jehan* le *Bourgeois,* esdiz Droiz, *Michiel* [d] *Barbillon,* en Loys, *Guillaume Landuchel,* en Loys, *Guillaume* de *Lespinay,* esdiz Droiz, *Robert Minier,* en Droit Canon, *Jehan Giraut,* esdiz Droiz, *Michiel Fougiere,* esdiz Droiz; & Maistre *Guillaume* de la *Haye, Gieffroy* de *Besé, Pierre* de *Rohen, Bertran Guillote, Symon* de *Bonez, Georges* de *Bauten, Adam* de *Baudubot, Raoul Guilloiz, Raoul* le *Clerc, Pierre* de *Beaucesnes, Jehan* de la *Fontaine, Jehan Hue, Jehan Barbe, James Menart, Alain Estienne, Jamet* le *Veil, Guillaume Cordier, André Potier, Alain Pierre, Jehan Gourdin, Jacques Toin, Guillaume Boçu, Gaudebuef Barbier, Jehan Barbier, Nicolas de Pontvieu, Jaques* le *Clerc, Philippe Tyot, Julien Houssemaine, Jehan Bien-assis, Jehan* de *Launoy, Michiel Ragot Estienne* du *Tertre, Nicolas* de *Mellay, Michiel Vestu, Pierre Menart, Jehan Chanoine, Symon* [e] *Spilli, Oudain Champaigneul, Jehan Estourmi, Jehan Doc, Guillaume Chevalier, Jehan* le *Bouteillier, Yvon* le *Bouteillier, Guillaume* le *Peletier, Guillaume* de *Jumeges, Jehan Chenu, Pierre Danesy, Jehan Fromont, Pierre* le *Metayer, Michiel* le *Peilneil, Jehan* de *Calais, Pierre* le *Groux, Jehan* de *Bovigné, Jehan* le *Friloux, Philippe Yngouff, Jehan Feron, Jehan Martin, Geffroy Chevreul, Nicolas Bodart, Jehan Augier, Jehan Genas, Raoul* de la *Ville, Guillaume* le *Maçon, Jehan Jehan, Jehan* de *Vailly, Jaques Coure, Jehan* le *Begue, Philippe* le *Begue, Jehan* de *Bussy, Symon* de *Mauregart, Robert Carelier,* [f] *Gironne* de *Noct, Jaques Blanchardin, Jehan Pert-ses-chausses, Jehan* de *Saint Maressent, Jehan Biloteau, Estienne Labbe, Nicole Chauve,*

c suppl. *Docteur* comme il est plus haut, p. 250.

d Il y a p. précéd. *Harpillon.*

e Il y a une marque d'abréviation sur ce nom, c'est appar. *Symon Chevilier,* dont il est parlé ci-dessus, p. précédente.

f Voy. ci-dessus, p. précéd. note marg. *a.*

CHARLES VI. à Paris, en Juin 1398. & les 7. d'Août & 6. de Septembre 1395.

Jehan Potier, Jehan Tiflet, tous Bacheliers en Loys; & *Aymery* de *Courroux, Pierre* le *Vaire*, Preftre, *Jehan* de *Montaigner*, Preftre, *Pierre Renouart*, Frère *Girart* de *Parmes, Guillaume Bonhomme, Eftienne Chambar*, Preftre, Frère *Pierre* de la [a] *Capioraye, Pierre Effamon*, Frère *Jehan Orcaut*, Frère *Yves Goin*, Frère *Raoul Polo*, *Payen Aubert*, Preftre, Frère *Badouyn Blanchet, Robert Goupil*, Preftre, *Mauriffe Efgage, Hues Cordeau*, Preftre, *Pierre Chaunel, Raoul Guillonnet, Françoiz* de *Lambiroye, Jehan* le *Pafteour, Eftienne Veau, Guillaume* de *Carrelion, Jehan Lohier*, Frère *Jehan Du Bellay*, Frère *Jehan Foucaut*, tous Bacheliers en Droit Canon; *Regnault Demont, Jehan Loys Mainfart, Mahieu* de *Cahieu, Jehan* de *Caron, Symon Bonnemain, Jehan* de *Courcelles, Thibaut Lambert, Jehan Tangrot, Guillaume* le *Maczon, Gervaife Aimé, Jehan* le *Vaier, Robert Seigneur, Jehan Perrou, Guillaume* de la *Chapelle, Jehan* de *Fontenay, Perrot Orry, Robert* le *Maçon, Jehan Chevalier, Gilet Hues, Jehan Martinel, Jehan Guillonel, Macé Brifaumont, Gervaife* de *Buat, Macé Bonneffel, Guillaume Du Frefne, Jehan Du Bourc, Eftienne Veau, Jaques Raclet, Guillaume Toreau, Jehan Roerant, Nicolas Dolebeau, Jehan Dolebeau, Thibaut Semeire, George Dubois, Jehan Garreau, Jehan Bernart, Jehan* de *Nouvalain, Guillaume Adam, Guillaume Hurnay, Alain* de *Lille, Nicolas* de *Cremenaut, Roulant* de la *Porte, Edouart Ylarry, Alain Ylarry, Olivier Ylarry, Guillaume Eder, Gilles Scedelou, Jehan Puifart, Guillaume Goupil, Jehan* le *Clerc, Guillaume Ferragu, Geffroy* de *Launoy, Guillaume Boçu, Eftienne Berrier, Guillaume Valleaus, Guillaume Berart, Pierre Sohier, Jehan Sohier, Jehan Valeaus, Jehan Suroguier, Guillaume Chevalier, Pierre Bochet, Jehan Huignet, Pierre Dambileu, Olivier Grouffin, Nicolas* de *Pontle-Voy, Jehan Fromont, Jehan Joynner, Jehan* le *Tourneurs, Ambraiz Du Boul, Colas Toufches, Colas Teffonnas, Jehan Thébaut, Jehan Boullay, Nicolas Berart, Jehan* de *Lannaye, Jehan Gonnaut, Thomin Du Fay, Guillaume Sebille, Eftienne* de *Poille, Robert Manuel, Lorens Laillier, Jehan* le *Breton, Jehan Renouart, Robinet Eftourmy, Guillaume Bernier, Jehan Hirel, Thibaut* de la *Bourdonnaye*, & *Huet* de la *Ville Blanche*, tous Efcolliers eftudians ou vénérable Eftude d'*Angiers*, pour ce affemblez aujourd'huy en congrégacion, faifans & eulx difans eftre la plus grant & plus faine partie de l'Univerfité des Efcolliers eftudians oudit Eftude, foubzmettant tous lefdiz eftabliz, eulx avec les biens de ladicte Univerfité & d'eulx, préfens & avenir, à la Jurifdiction & ou [b] deftroit de noftredicte Court, quant à ceft fait; lefquelz, pour le proufit, honneur, utilité & pourfuitte des Caufes & du droit de ladicte Univerfité & d'eulx, ont fait, conftitué, eftabli & ordené, & par ces préfentes font, conftituent, ordenent & eftabliffent leurs bien amez Maiftres *Jehan* de *Bethify, Gilles Labbat, Gervaife Yfembart, Jehan* [c] *Quemat, Jehan* de *Wary, Jehan* [d] *Haymamart, Pierre Soulaz, Raoul Drobille* & *Guilaume Dugué*, leurs Procureurs généraulx & certains meffages efpéciaulx, & chacun d'eulx pour le tout, ainfi que la condicion de l'occupant ne foit pas la meilleur, mais que tout ce qui fera fait ou commencié par l'un ou l'un d'eulx, puiffe eftre déterminé & mis à fin par l'autre, en toutes & chacunes leurs Caufes, Querelles & négoces, & celles de ladicte Univerfité, meues & à mouvoir, conjoinctement ou divifeement, contre tous & chacun leurs adverfaires d'eulx & de ladicte Univerfité, en demandant & en deffendant, à tous leurs jours & termes mis & à mettre, affignez & à affigner pardevant tous Juges, Commiffaires & autres de quelque povoir ou auctorité qu'ilz ufent ou foient fondez, tant de Court Laic comme de Court d'Eglife, & tant en Parlement du Roy noftre Sire, comme ailleurs; aufquelz devant diz Procureurs, & à chacun d'eulx pour le tout, lefdiz eftabliffans ont donné & donnent plain povoir, auctorité & mandement efpécial d'eulx préfenter, d'eftre & de demander par eulx & en leurs noms, & de les deffendre tant en Jugement que dehors, d'avouer, de defavouer, d'applegier, de contrepleigier, de garantir & de prendre en garantie, de pacifier, accorder & compromettre, de demander, requerre & recevoir principal & defpens, fe aucuns leur eftoient adjugiez, & la [e] defliance des biens & chofes d'eulx & de ladicte Univerfité, fe ilz eftoient prifes ou faifies, quitter ou plaiger, ou autrement de jurer de verité & de calompnie ès ames

[a] Voy. ci-deffus, pag. 250. Note (rr).

[b] diftrict, *là & plus bas.*

[c] Il y a ci-deffus, p. préced. *Quemart.*

[d] Il y a deffus, p. préced. *Haymart.*

[e] Il faut peut-être corriger *délivrance*, comme il y a ci-deffous, p. 256.

desdiz establissans & d'eulx, & de faire tout autre manière de Serement & de procès [a] qui ordre de droit veult & requiert, d'oïr droiz, Arrestz interlocutoires & Sentences diffinitives, tant pour eulx, ladicte Université, comme contre eulx, conjoinctement & diviséement, d'appeller & de poursuir l'Appel ou Appeaulx, & eulx en délaissier, se [b] mestiers est, & de faire & substituer pour & ès noms desdiz establissans, un ou plusieurs Procureurs, Substitut ou Substituz, qui ait ou aient tout autel & semblable povoir comme eulx, de révoquer eulx, leur povoir ou partie d'icellui, toutesfoiz qu'il leur plaira, & généralment de faire & procurer toutes & chacunes les choses appartenantes & nécessaires à ladicte Université, que Procureurs loyalment establiz peuvent & doivent faire, & que lesdiz establissans, conjoinctement ou diviséement, feroient & faire pourroient, se présens y estoient en leurs propres personnes, combien qu'il y ait chose qui requiere mandement plus espécial: promettans lesdiz establissans par la foy de leurs corps, & sur l'obligacion d'eulx, de leurs biens & de ceulx de ladicte Université, meubles & immeubles, présens & avenir, quelz qu'ils soient, à avoir & tenir ferme, estable & agréable tout ce que par leurs devant diz Procureurs, Substitut ou Substituz, & par chacun d'eulx, sera fait & procuré tant pour eulx, pour ladicte Université, comme contre eulx, & à paier pour eulx & à chacun d'eulx, les [c] jugiez ou jugiez, se mestiers est; & de tout ce que dessus est dit, tenir & accomplir sanz venir encontre, avons jugiez & condempnez lesdiz establissans, par le Jugement de nostredicte Court, à leurs requestes. En tesmoing de ce, nous avons mis & apposez à ces présentes Lettres, les Seaulx establiz aus Contrats de nostredicte Court. *Donné à* Angiers, *le tiers jour de Novembre, l'an de grace mil CCC IIII.xx & IX.* Ainsi signé. M. Boutin.

à Paris, en Juin 1398. & les 7. d'Août & 6. de Septembre 1395.

a *que.*

b *besoin.*

c corr. *jugié* & *jugiez*, comme il y a p. 255.

En nostre Court à *Angiers*, pardevant nous en droit personnelment establiz, Révérens Peres en Dieu *Guillaume* Abbé de *Toussains* d'*Angiers*, Docteur en Decret, & *Pierre* Abbé de *Montfort*, ou Diocèse de *Saint Malou*, honorables hommes & discrez, Maistres *Geffroy* de *Brezé*, *Pierre* de *Rohan*, *Jehan Suhart*, *Laurens Derrepigné*, *Michiel* de *Colhoes*, *Jaques Bouguerreau*, *Jehan Dingrande*, Prestre, *Estienne Fillastre*, *Simon Bourreau*, *Thibaut Menaye*, *Guillaume Du Gué*, *André Potier*, *Alain Desesvignes*, *Pierre Sartille*, *Alain* de la *Cadoyere*, *Jehan Gouenaut*, *Raoul* le *Clerc*, *Pierre Chennau*, *Jehan Feron*, *Jehan Orry*, *Guillaume* de *Lespinay*, *Yves Taillecot*, *Michiel Barbillon*, *Guillaume Portaiz*, *Rolant Bellangier*, *Pierre* la *Vaire*, *Pierre Du Mur*, *Ezeciel Du Doulzmesnil*, *Guillaume Maret*, *Guillaume Toreau*, Frère *Jehan le Poulardier*, *Jehan Du Bourc*, *Guillaume Doulcin*, *Guillaume Du Houx*, *Macé Gilhier*, *Gilles Hues*, *Raoul* le *Mercier*, *Pierre Toquelin*, *Guillaume* de *Malestret*, Prevost de *Chartres*, *Pierres* le *Venier*, *Macé* le *Venier*, *Pierre Lestouer*, *Alain Gauson*, *Jehan Du Bocage*, *Jehan Bachel*, *Jehan* le *Bourgeoys*, *Jehan Gourt* & *Gervaise* le *Mercier*, tous Licenciez tant en Droit Canon comme en Droit Civil, & *Estienne Prevost*, *Paien Aubert*, *Pierres Luillier*, *Raoul Guillonnel*, *Philippe* de *Ver*, *Georget Beauchen*, *Jehan Belart*, *Jehan Voier*, *Jehan Botereau*, *Guillaume Bien-assiz*, *Estienne Du Tertre*, *Normant* de *Corpelle*, *Pierre Garnier*, *Jean* de *Trelieres*, *Aubin Bonhomme*, *Robert* le *Maçon*, *Michiel Dordet*, *Thomas Nicolas*, *Macé Prevosteau*, *Michiel Laufroy*, *Jamet* le *Marié*, *Guillaume Dufour*, *Pierre Jagouz*, *Macé* du *Vau*, *Bernart* de *Villeperul*, *Jehan Fromont*, *Jehan Huet*, *Michiel Du Perroy*, *Pierres Marion*, *Gilles Scédelou*, *Simon Laisné*, *Adam Ferot*, *Pierre Rousseau*, *Jehan Perier*, *Jehan Garnier*, *Jehan Neveu*, *Georget* de *Creuset*, *Raoul Bougaut*, *Jehan* de la *Roche*, *André Gaudin*, *Guillaume Caliden*, *Pierre Giguene*, *Pierre Colin*, *Jehan Jaymier*, *Raoul Guymart*, *Pierre* de *Esurgue*, Mess. *Jehan Orry*, Prestre, *Estienne Chausse*, *Guillaume Chastizel*, *Eliot Cernail*, Frère *Guillaume Fraide*, *Estienne* de *Genestet*, *Estienne Veau*, Frère *Guillaume Comberel*, *Hugues Comberel*, *Jehan Duplex*, *Nicolas Taras*, *Gervaise Anne*, *Guillaume* de *Gournay*, *Jehan Maraye*, *Pierre* de la *Cadoyre*, *Robert Jagu*, *Guillaume Adam*, *Guillaume Lagu*, *Guillaume Goupil*, *Raoul Paulo*, *Olivier Hay*, *Estienne* de *Breneau*, *Giles Mulier*, Frère *Jehan Chaumont*, Prieur d'*Anesse*, *Olivier Morhau*,

CHARLES VI.
à Paris, en Juin 1398. & les 7. d'Août & 6. de Septembre 1395.

Jehan Yvaut, [a] Doyen de *Kemereguigant*, *Jehan Chotart*, *Richart Du Breil*, *Guillaume Mauraillé*, Maistres en Ars & Bacheliers en Loys, *Pierre Pluivier*, *Guillaume Angot*, *Jehan* de la *Naye*, *Jehan* de la *Masure*, *Guillaume* le *Charpentier*, *Hervé* le *Clerc*, *Pregent* le *Barbu*, *Guillaume Baron*, *Robert Chassel*, *Jehan* le *Sellier*, *Guillaume* de *Vahaye*, *Olivier Groussin*, *Raoulet Hernault*, *Alain l'Archer*, *Guillaume Plachier*, *Guillaume Comin*, *Jehan Hamon*, & *Pierre Sauvaguerre*, tous Bacheliers tant en Droit Canon comme en Droit Civil, & *Gervaise Des Vaulx*, *Guillaume Baron*, *Olivier* le *Painteur*, *Jehan Renouleau*, *Philippe* de *Gaudio*, *Martin Bodeau*, *André Gaudinau*, *Thomas Estable*, *Regnaut Loire*, *Guillaume* de *Esvigne*, *Pierre Richier*, *Michiel Chelot*, *Jehan Huillier*, Frère *Jehan* de *Saint Léonart*, *Perrot Tison*, *Amelins Apvrail*, *Estienne* le *Tonnellier*, *Pierre Renart*, *Jehan Trenchant*, *Jehan Hermon*, *Jaques Comberel*, *Guillaume* le *Croncze*, *Raoul* le *Bernier*, *Guillaume Bretel*, *Pierre Sothu*, *Pierre Orry*, *Pierre Bonin*, *Jehan* le *Molinier*, *Jehan Gauteron*, *Guillaume Bolenger*, *Guillaume Estimart*, *Jehan Tudert*, *Nicolas Despaigne*, *Pierre Barre*, *Estienne* le *Texier*, *Jehan Guilloys*, *Jehan Thebaut*, *Jehan* de *Timado*, *Jehan Potier* & *Roger Bacon*, tous Escolliers estudians en ladicte Estude, soubzmettans lesdiz establis, eulx avec les biens de ladicte Université & d'eulx, présens & avenir, quelx qu'ilz soient, à la Juridiccion & ou destroit de nostredicte Court, quant à cest fait, eulx adhérens à ladicte Procuracion dessus incorporée, & en confirmant, louant, ratiffiant & approuvant ladicte Procuracion, & tout le povoir contenu en icelle, ont fait, constitué, establi & ordené, & encores pardevant nous, par la teneur de ces présentes Lettres, font, constituent, establissent, & ordennent les dessus nommez Procureurs, & chacun d'eulx pour le tout, leurs Procureurs généraulx & certains messagers espéciaulx, sanz révoquer les dessus nommez en ladicte Procuracion, ainsi que la condicion de l'occupant ne soit pas la meilleur, mais que tout ce qui sera fait [b] encommencié [c] ou par l'un ou l'un d'eulx, puisse estre poursui, déterminé & mis à fin par l'autre, en toutes & chacunes leurs Causes, Querelles & négoces, & celles de ladicte Université, meues ou à mouvoir, conjoinctement ou diviséement, contre tous & chacun leurs adversaires, d'eulx & de ladicte Université, [d] en demendent, & en défendant, à tous leurs jours & termes mis & à mettre, assignez & à assigner pardevant tous Juges, Commissaires & autres, de quelque povoir & auctorité qu'ilz usent ou soient fondez, tant de Court Laye comme de Court d'Eglise, & tant en Parlement du Roy nostre Sire, comme ailleurs; ausquelz devant diz Procureurs & chacun d'eulx pour le tout, lesdiz establissans ont donné & donnent plain povoir, auctorité & mandement espécial d'eulx présenter, d'estre & demander pour eulx & en leurs noms, & de les deffendre tant en Jugement comme dehors, d'advouer, de désavouer, d'applegier, de contrepleigier, de garantir & prendre en garantie, de pacifier, accorder & compromettre, de demander, requerre & recevoir principal & despens, se aucuns leur estoient adjugiez, & la desliance des biens & chose d'eulx & de ladicte Estude & Université, se ilz estoient priz ou saisiz, quitter, applegier, ou autrement de jurer de verité & de calompnie ès ames desdiz establissans & d'eulx, & de faire tout autre manière de Serement & de procès que ordre de droit veult & requiert, d'oïr droiz, Arrests interlocutoires & Sentences diffinitives, tant pour eulx, ladicte Estude & Université, comme contre eulx, conjointement ou diviséement, d'appeller & de poursuir l'Appel ou Appeaulx, & eulx en délaissier, se mestiers est, & mesmement de poursuir & mettre à fin le contenu en certain Mandement du Roy nostre Sire, avec les despens d'icelui, & certains articles touchans la réformacion & gouvernement de ladicte Université, impétrez de la partie desdiz Escolliers estudians, pardevant les Juges ou Commissaires à qui il appartient; de faire & substituer pour & ou nom desdiz establissans, un ou plusieurs Procureurs, Substitut ou Substitus, qui aient ou aient autel & semblable povoir comme eulx; de révoquer eulx, leur povoir ou partie d'icellui, toutefoiz qu'il leur plaira; & généralment de faire & procurer toutes & chacunes les choses appartenantes & nécessaires à ladicte Université, que Procureurs loyalment establiz pevent & doivent faire, & que lesdiz establissans, conjoinctement ou diviséement, feroient

a Il y a plus bas, p. 255. *Prieur de Kemereguigant*.

b suppl. *ou*.

c *ou* paroît inutile ici. Voy. ci-dessus, p. 252.

d corr. *en demandant*.

à Paris, en Juin 1398. & les 7. d'Août & 6. de Septembre 1395.

&[a] ferre pourroient, se présens estoient en leurs propres personnes, combien qu'il y ait chose qui requiert mandement plus espécial: promettans lesdiz establissans par la foy de leurs corps, & sur l'obligacion d'eulx, de leurs biens & de ceulx de ladicte Université, meubles & immeubles, présens & avenir, quelz qu'ilz soient, à avoir & à tenir ferme, estable & agréable tout ce que par leurs devant diz Procureurs, Substitut ou Substituz, & par chacun d'eulx, sera fait & procuré, tant pour eulx, pour ladicte Université, [b] comme contre eulx, & à paier pour eulx & chacun d'eulx, les jugié ou jugiez, se mestiers est; & de tout ce que dessus est dit, tenir & accomplir sans venir en contre, avons jugez & condempnez par le Jugement de nostre Court, lesdiz establissans, à leurs requestes. En tesmoing de ce, nous avons mis & apposez à ces présentes Lettres, les Seaulx establiz aux Contrats de nostredicte Court. Ce fut donné & passé à *Angiers* [c] desdiz Maistres *Estienne Prevost, Paien Aubert, Pierre Luillier, Raoul Guillonet, Jehan Suhart, Gervaise Des Vaulx, Philippe* de *Ver, Pierre* de *Rohan, Laurens Detrepigné, Michiel* de *Colhces, Geffroy* de *Brezé, Jaques Bougereau*, Mess. *Jehan Dingrande*, Prestre, *Estienne Fillastre, Simon Bourreau, Thibaut Manaye, Guillaume Dugué, André Potier, Alain* de *Esvigne, Georget Bauchen, Jehan Belart, Jehan Voyer, Jehan Votereau, Guillaume Bien-assiz, Estienne Du Tertre, Pierre Sartille, Norment* de *Corpeille, Alain* de la *Cadoyere, Jehan Gonneuau, Pierre Garnier, Jehan* de *Treillieres, Guillaume Baron, Aubin Bonhomme, Olivier* le *Painteur, Raoul* le *Clerc, Robert* le *Maczon, Michiel Dordre, Thomas Nicole, Macé Prevosteau, Pierre Chenneau, Jehan Feron, Michiel Lauffroy, Jamet* le *Marié, Philipot* de *Gaudio, Guillaume Du Four, Martin Bodeau, Jehan Orry, Pierre Jagoux, Macé Du Vau, Bernart* de *Ville-Paoul, Jehan Fromont, Jehan Huet, Michiel Du Perroy, Pierre Marion, Gilles Scedelou, Simon Lainsné, Adam Sarot, Pierre Rousseau, Jehan Perier, Jehan Garnier, Jehan Neveu, Georget* de *Creuset, Raoul Bougaut, Guillaume* de *Lespinay, Yves Taillecot, André Gaudineau, Jehan* de la *Roche, André Gaudin, Guillaume Calidau, Pierre Gignerre, Pierre Colin, Guillaume Abbé* de *Toussains* d'*Angiers, Jehan Joymier, Raoul Guimart, Michiel Barbillon, Thomas Estable, Regnaut Loire, Pierre* de *Esvigne, Guillaume Esvigne, Pierre Ruchier, Guillaume Portaiz, Jehan Orry*, Prestre, *Estienne Chaussé, Rolant Bellangier, Guillaume Chatissel, Michiel Chelot, Pierre* la *Vaire, Jehan Huillier*, Frère *Jehan* de *Saint Léonart, Perrot Tison, Amelins Apvrail, Estienne* le *Tonnellier, Pierre Renouart, Pierre Du Mur*, Prestre, *Jehan Trenchant, Jehan Hermon, Eliot Cernail*, Frère *Guillaume Fraide, Ezéchiel Du Doulzmesnil, Guillaume Maret, Guillaume Toreau, Estienne* de *Genestet, Estienne Veau*, Frère *Guillaume Comberel, Jaques Comberel, Jehan Deplex*, Frère *Jehan* le *Poulardier*, le XXIIII.e jour de Septembre, l'an de grace mil CCC IIII.xx & quinze; & desdiz *Jehan Dubourc, Guillaume Doulcin, Nicolas Taras, Gervaise Anne, Guillaume* de *Gournay* & *Guillaume Lecrousée*, le premier jour du mois d'Octobre ensuivant, l'an dessusdit; & dudit *Jehan Maraye* le III.e jour dudit mois d'Octobre ensuivant, l'an dessusdit; & desdiz *Raoul* le *Mercier, Pierre Toquelin, Guillaume Lagu, Guillaume Goupil* & *Raoul Paulo*, le IIII.e jour dudit mois d'Octobre ensuivant, l'an dessusdit; & desdiz Frère *Raoul* le *Berruer, Pierre* de la *Cadoyer, Robert Jaga*, & *Pierre Abbé* de *Montfort*, le V.e jour dudit mois d'Octobre ensuivant, l'an dessusdit; & desdiz *Guillaume Adam, Guillaume Du Houx, Guillaume Bretel, Macé Gilier* & *Giles Hues*, le VII.e jour dudit mois d'Octobre ensuivant, l'an dessusdit; & desdiz *Olivier Hay, Giles Mulier*, Frère *Jehan Chaumont, Guillaume* de *Malestret*, Prevost de *Chartres, Olivier Monchan, Pierre Sothu*, & *Jehan Yvaut*, [d] Prieur *Kemereguigant*, le XI.e jour dudit mois d'Octobre ensuivant, l'an dessusdit; & desdiz *Jehan Chatart, Richart Du Breil, Guillaume Montaillé, Pierre* le *Venier, Pierre Leslouer, Macé* le *Venier, Pierres* de *Pleingnier* & *Guillaume Augot*, le XV.e jour dudit mois d'Octobre, l'an IIII.xx & XV. dessusdit; & desdiz *Pierres Orry, Pierres Bonin, Adam Gauson, Jehan* de la *Naye, Jehan* de la *Masure, Jehan* le *Moulinier, Jehan Gauteron, Jehan Du Boccage, Guillaume* le *Charpentier, Guillaume Bellenguier, Guillaume Estivart, Jehan Turdet, Hervé* le *Clerc, Jehan Bechel, Pregent* le *Barbu, Nicolas Despaigne, Guillaume Baron, Robert*

[a] corr. *faire.*

[b] *Il y a ici dans le Registre une inexactitude, de laquelle on n'a pas cru qu'il fût necessaire de rendre compte.*

[c] suppl. *en présence.*

[d] Il y a plus haut p. 252. *Doyen* de *Kemereguigant.*

CHARLES VI. à Paris, en Juin 1398, & les 7. d'Août & 6. de Septembre 1395.

Chatel, Jehan le *Sellier, Pierre Barre, Guillaume* de *Vahaye, Olivier Grouffin, Raulet Hernaut, Alain l'Archer, Amelin Reverdy, Guillaume Placier, Estienne le Tixier, Jehan* le *Bourgeoys, Jehan Guilloys, Guillaume Connin, Jehan Gourt, Jehan Hamon, Jehan Thebault, Pierre Sauvagier, Jehan* de *Tinnadot* & *Gervaise* le *Mercier*, le XXI.e jour du mois d'Octobre, l'an dessusdit; & desdiz *Jehan Potier, Estienne* de *Breneau* & *Rogier Bacon*, le XXIII.e jour dudit mois d'Octobre ensuivant, l'an dessusdit mil CCC IIII.xx & XV. *Ainsy signé.* J. DESVAULX.

Item. S'ensuit la procuracion par laquelle *Jehan Tahureau* dont dessus est faicte mencion, s'est porté Procureur dudit Maistre *Thomas Girou.*

SACHENT tous présens & avenir, que en nostre Court du Palays d'*Angiers*, en droit pardevant nous personnelment establi, *Thomas Girou*, soubzmectant soy avec tous & chacuns ses biens présens & avenir, ou povoir & jurisdiccion de nostredicte Court, quant à cest fait, confesse de son bon gré, sanz aucun pourforcement, avoir fait, constitué, establi & ordené, & encores pardevant nous fait, constitue, establist & ordene ses biens amez *Jehan Tahureau*, Maistre *Jehan Orry*, Maistre *Jaques Brient, Pierres Sorbaut, Oudinet Champeigneul, Geffroy Tillon, Jehan Rousselin, Alain* de la *Halourde*, & *Thomin Du Fay*, ses Procureurs généraux, & certains messages espéciaulx, & chacun d'eulx pour le tout, ainsi que la condicion de l'occupant ne soit pas la meilleur; mais tout ce qui sera fait ou commencié par l'un ou l'un d'eulx, puisse estre poursui, déterminé & mis à fin par l'autre, [a] & toutes & chacunes ses Causes, Querelles & négoces, meues ou à mouvoir contre tous & chacun ses adversaires, en demandant & en deffendant, à tous ses jours & termes mis & à mettre, assignez & à assigner pardevant tous Juges, Commissaires, & autres de quelconque povoir & auctorité qu'ilz usent ou soient fondez, tant de Court Laye comme de Court d'Eglise; auxquelz devant diz Procureurs & à chacun d'eulx pour le tout, ledit establissant a donné & donne plain povoir, auctorité & mandement espécial d'eulx présenter, d'estre & demander pour lui & en son nom, & de deffendre en Jugement & dehors, d'advouer, de désavouver, d'appleigier, de contrepleigier, d'opposer, de garantir & de prendre en garantage, de pacifier, accorder & compromettre, de demander, requerre & recevoir principal & despens, se aucuns en estoient adjugiez, & de la délivrance de ses biens & choses, se elles estoient prises ou saisies, [b] quittes ou pleige, ou autrement, de jurer de verité & de [c] calompne en l'ame dudit establissant & d'eulx, & de faire toute autre manière de Serement & de procès que ordre de droit requiert, d'oïr droiz, Arrestz interlocutoires & Sentences diffinitives, tant pour lui comme contre lui, d'appeller & de poursuir l'Appel ou Appeaulx, & d'eulx en délaissier, se mestiers est, & généralment de faire & procurer pour & au nom dudit establissant, toutes & chacunes les choses que Procureurs loyalment establiz pevent & doivent faire, & que ledit establissant feroit & faire pourroit, se présent estoit en sa propre personne, jasoit ce qu'il y ait aucune chose qui requiert mandement plus espécial: Promettant ledit establissant sur l'obligacion de tous & chacuns ses biens présens & avenir, à avoir & tenir ferme, estable & aggréable tout ce que par ses devant diz Procureurs, & par chacun d'eulx, sera fait & procuré tant pour lui comme contre lui, & à paier pour eulx & pour chacun d'eulx, le jugié ou jugiez, se mestiers est; & tout ce que nous avons jugié à tenir, & certiffions à tous par ces présentes Lettres séellées du greigneur Séel establi aux Contracts de nostredicte Court. *Donné à* Angiers, *le XV.e jour de Décembre, l'an de grace mil CCC IIII.xx & dix-sept.* Ainsi signé. N. PORCHERON.

Item. Que les procès dessusdiz nous feismes publier & lire de mot à mot en deux congrégacions qui pour ce furent faictes générales de l'Université d'*Angiers*, ès Escoles [d] meneures; c'est assavoir, le Lundi & le Mardi XXII & XXIII.e jour d'Avril, l'an IIII.xx & XVIII. contre lesquelles publicacions aucun ne fu contredisant ne opposant; mais en la fin d'icelle publicacion, le Recteur d'icelle Université, remercia grandement le Roy nostre Sire de sa bonne justice, en donnant [e] louage à Dieu & à lui,

a corr. en.

b corr. quitter ou pleigier.

c calompnie, comme on le voit ci-dessus, p. 252. & 254.

d mineures.

e louange.

à lui, de la bonne paix & transquilité, & des Status & Ordonnances faictes en ceste partie. Et en tesmoin de ce, nous avons fait mectre noz Séaulx à ce présent procès, & requis lesdiz Notaires & Tabellions, que ilz y meissent leurs [a] sains en tous les lieux là où il appartendroit. Ce fut fait l'an & jours dessusdiz. *Ainsi signé.* P. SARTILLE.

CHARLES VI. à Paris, en Juin 1398. & les 7. d'Août & 6. de Septembre 1395.

a *seings.*

Et ego Petrus Sartille *Clericus* Andegavensis *Diocesis oriundus, publicus Imperiali auctoritate Curieque Episcopali* Andegavensis, *ac per prefatos Dominos Commissarios Regios, Notarius & Scriba juratus, eorumque auctoritate Regiâ, una cum Notario publico infrascripto, in causa & negocio supradictis creatus & deputatus, omnibus & singulis Processibus, Actisque & actitatis per eos & coram ipsis, à Partibus prenominatis, à die prima mensis Aprilis, anni Domini millesimi trecentesimi nonagesimi septimi, Indiccione sextâ, Pontificatûs Sanctissimi in Christo Patris & Domini nostri* Benedicti *celesti providencia Pape, decimi tercii, anno quarto, cum diebus subsequentibus, locisque & presentibus quibus supra, prout in premissis fit mencio, factis, expeditis, concordatis, condempnacionique & execucioni eorumdem, ac premissis omnibus & singulis, dum sic, ut premittitur, coram dictis Dominis Commissariis & per eos fierent & agerentur, una cum Notario & testibus in omnibus premissis tam congregacionibus & aliis, presentibus preannotatis, personaliter interfui, eaque sic fieri, publicari, concordari, condempnari & execucioni demandari vidi & audivi; postmodum, factâ fideli & diligenti collacione de Litteris superiùs insertis, cum originalibus integris, in hanc formam publicam septem menbranas successivè adjunctas & colligatas, cum consignacione brevi per me cum Notario publico infrascripto, per singulas membranas in concolligatura facta continentem, per alium quam à nobis Notariis hîc subscriptis, nobis aliàs legitimè prepeditis, scriptum, redegi, Signoque meo assueto, una cum Signo & subscripcione Notarii publici suprascripti, & dictorum Dominorum Commissariorum appensione Sigillorum, signavi in fidem & testimonium [b] & singulorum premissorum, requisitus & rogatus; rasuram superiùs in tercia linea ultime procuracionis insertam immediatè post talia verba:* ses bien amez, *usque ad tale verbum:* & Jehan Tahureau, *ex certa sciencia sic deletam & factam approbando, nec in dicta rasura aliquid debet [c] scripbi.*

P. SARTILLE.

b suppl. *omnium.*

c corr. *scribi.*

Et ego Jacobus Touyn *Clericus, in Legibus Licenciatus, oriundus de* Vitreyo Redonensis *Diocesis, publicus auctoritate apostolicâ & Imperiali, ac per prefatos Dominos Commissarios, Notarius & Scriba juratus, eorumque auctoritate Regiâ, una cum Notario publico suprascripto in Causa & negocio supradictis creatus & deputatus, omnibus & singulis Processibus, Actibusque & actitatis per eos & coram ipsis à partibus auditis, à die prima mensis Aprilis, anni Domini millesimi CCC.mi nonagesimi septimi, Indiccione, anno & Pontificatu supradictis, cum diebus sequentibus, locisque & presentibus quibus supra, prout in premissis fit mencio, factis, expeditis, concordatis, condempnacionique & execucioni eorumdem, ac premissis omnibus & singulis, dum sic, ut premittitur, coram dictis Commissariis & per eos fierent & agerentur, una cum Notario & testibus, in omnibus premissis tam congregacionibus & aliis, presentibus preannotatis, presens interfui, eaque sic fieri, publicari, concordari, condempnari & execucioni demandari vidi & audivi; postmodum, factâ collacione de Litteris insertis superiùs, cum originalibus, in hanc publicam formam septem menbranas successivè adjunctas, cum signacione brevi per me cum Notario suprascripto, per singulas menbranas in colligatura facta, continentem, per alium quam à Nobis Notariis hîc subscriptis, nobis aliàs occupatis, scriptum, redegi, Signo meo consueto, una cum signo & subscripcione Notarii suprascripti, & dictorum Dominorum Commissariorum appensione Sigillorum, signavi in testimonium veritatis premissorum, requisitus & rogatus; rasuram superiùs in tercia linea ultime procuracionis insertam, in qua nichil debet scribi post talia verba:* ses bien amez, *usque ad verbum,* Jehan Tahureau, *ex certa sciencia deletam approbando.* JAC. TOUYN.

Suite des Lettres de Charles VI.

Quas quidem Litteras, ac omnia & singula in eis contenta, rata [d] grata habentes, eas & ea volumus, laudamus, approbamus, & auctoritate nostrâ, de gracia speciali, tenore presencium confirmamus: mandantes universis Justiciariis & Officiariis nostris,

d suppl. *&.*

CHARLES VI. à Paris, en Juin 1398. & les 7. d'Août & 6. de Septembre 1395.

& eorum cuilibet, prout ad eum pertinuerit, quatinùs dictos de Universitate Andegavense, *in Litteris supraſcriptis nominatos, noſtrâ preſenti graciâ & confirmacione uti & gaudere pacificè faciant & permittant, ipſos in contrarium nullathenùs moleſtando aut moleſtari permittendo à quoquam. Quod ut firmum & ſtabile perpetuò perſeveret, noſtrum preſentibus Litteris fecimus apponi Sigillum: noſtro & alieno in omnibus jure ſalvo.* Datum *Pariſius,* menſe Junii, anno Domini milleſimo CCC.° nonageſimo octavo; Regni verò noſtri octavo decimo.

Per Regem, ad relacionem Conſilii. CHALIGANT.

CHARLES VI. à Paris, le 12. de Juillet 1398.

(a) Lettres portant ordre à ceux qui ont des Forteresses par héritage ou autrement, de les faire mettre en état de défense, & de les bien faire garder.

CHARLES par la grace de Dieu Roy de France. Au *Seneſchal* de *Beaucaire* ou à ſon Lieutenant: Salut. Nous avons entendeu que pluſieurs rompeurs de trieves ſe ſont eſſayés & [a] forciés & eſſayent & efforcent de prendre & embler pluſieurs Forteresses en pluſieurs lieux de noſtre Royaume; & toutes voyes, comme l'en Nous a rapporté, il a en voſtre Seneſchauſſie grant quantité de Forteresses qui ſont très-mal [b] emparées & très-petitement ordenées pour deffence, & qui plus eſt, que l'en ne y a fait guet ne garde de jour ne de nuit, & que les Seigneurs de qui elles ſont, & les Capitaines qui les gardent, ſont très-négligens de les faire réparer & fortifier, & auſſi de les garder & faire garder, ainſy comme il appartient, dont pluſieurs très-grants irréparables domaiges & inconvénients ſe pourroient enſuir à noſtre Royaume, ſe ſur ce n'eſtoit briefment pourveu: pourquoy Nous voulans obvier auxdits inconvénients, vous mandons & comettons que vous faites ou faites faire commandement de par Nous, à touts ceulx de voſtre Séneſchauſſie qui y ont & tiennent Forteresses tant à cauſe de leur héritage comme autrement, ſur quanques ils ſe pevent meſfaire envers Nous, [c] qui les facent emparer & mettre en eſtat de deffence, & auſſy qui les gardent & facent garder très-diligemment de nuit & de jour, & facent faire guet, garde de portes, [d] garytes, & autres choſes néceſſaires ainſy qu'il eſt accouſtumé à faire en tel cas, & par telle manière que par faute d'emparement & de garde, aucun inconvénient ne s'en enſuye, en leur intimant ou faiſant intimer que ſe par deffaut de ce que deſſus eſt dit, aucun domaige ou inconvénient s'en enſuit, ils ſeront punis ſi griefment que ce ſera exemple à tous autres. *Donné à* Paris, *le XII.e jour de Juillet, l'an de grace mil CCC. IIII.xx & XVIII. & de noſtre regne le XVIII.e*

Par le Roy, à la relacion du grant Conſeil. FRERON.

a *efforcez.*
b *fortifiées*
c *qu'ils,* là & plus bas.
d *guérites.*

NOTE.

(a) La Copie de ces Lettres a été envoyée de *Montpellier,* avec cette Indication : *Sénéchauſſée de* Niſmes *en général, Arm.* A. *Liaſſe 19. des Actes ramaſſez, N.° 3. folio 8. verſo.*

CHARLES VI. à Paris, le 27. de Juillet 1398.

(b) Lettres qui portent que le Roy & l'Egliſe & le Peuple de la France & du Dauphiné, ſe ſouſtraient de l'obédience de Benoît XIII.

KAROLUS Dei gracia Rex Francorum. Univerſis Chriſti fidelibus. Salutem in Domino, ac integracionem Sancte Matris Eccleſie totis mentibus anhelare. Rex eternus piâ miſeracione ſemper ſiciens animarum ſalutem, ſuoſque adopcionis filios in

NOTE.

(b) Copié ſur l'original qui eſt au Tréſor des Chartres, Layette *Schiſme,* premier ſac, N.° 4. Le grand Sceau en cire verte y pend encore; & il y a aux deux côtés deux contre-ſceaux auſſi en cire verte, ſemblables à celui qui eſt au revers du grand ſceau. Voyez ci-deſſous, p. 266. Note *(f)* Il y a au dos de cet original *Suſtraccio Francie.*

Ces Lettres ſont auſſi dans le Regiſtre 154. du Tréſor des Chartres, P. 199. & au *folio*

sui corporis caritate connectens, Ecclesiam ipsam supra firmam petram statuit, ac à semitis querencium ambicioso cultu preciosam substanciam, pro vitandis hostis antiqui laqueis, pedes docuit prohibendos, ut quererentur non materiales sed spirituales quidem nummi, & in eisdem filiis inconcisa caritas ac perpetuò in ipsa Ecclesia indissutilis unitas foverentur, in qua non hec, sed abhominacionem desolacionis videntes, compellit Nos sincera fides, consciencia urget, & ipsa pulsat Ecclesia ut accingentes Nos operi, Regum & Principum aliorum fulti auxiliis ad integrandam caulam Domini, ipsâ abhominacione fugatâ, totis conatibus intendamus. Sanè jam novit ferè populus universus erumpnas graves omnibus deflendas Christicolis, lamentabilemque scissuram, quibus post obitum felicis recordacionis Pape Gregorii *undecimi, ipsa Ecclesia Dei premitur ob nimiam ambicionem retinendi ipsius Principatum: duobus enim super eo ambiciosè certantibus, orti sunt errores mortiferi, & diffidencia corda inter eos quos in vera fide Christi caritas propagavit: insurrexere eciam inter plures Principes, Magnates & populos, fremitus guerrarum ingentes, rancores & odia quos solet Ecclesia ipsa sopire: secute sunt non solum exheredaciones, ymò & strages multorum, ac per ipsos errores, prout credendum summeque dolendum est, perdiciones quampluriműm animarum, at si multe, proth dolor, simili subsunt periculo, contendencium ipsorum execranda ambicio satis pandit, quorumquisque sue ambicioni intentus, & dum integrè habere non potest, contentus, ut facta probant, principatu partis obediencie sue, ac retrò ponens quòd ex quo, propter longevam & induratam opinionem partis sibi adversantis, apud illam non potest proficere, pro tanto scandalo, videlicet perdicionis animarum, vitando, tenetur à suo regimine declinare, nedum ad abolendam hujusmodi perdicionis causam, Ecclesie videlicet unitatem procurandam, non vacat, ymò [a] illis modis omnibus obstare studet, ac hujusmodi scissure seu [b] Scismati, eciam hunc & illum promissis & muneribus corrumpendo, perpetuum ministrare fomentum. O crudelis inhumanitas! O crudelitas inhumana! pro contegendo veste molli, altoque statu & delicatis (c) ediis uno fovendo cadavere, nullus eorum curat plurium interitum animarum. Et ubi caritas! ubi pietas! ubi cure pastoralis professio! Violatur certè perperam per eos facta professio in assumpcione cujuslibet, dum ipsius Ecclesie non queritur realiter unitas; sed ècontra Scismatis durabilitas hiis ambiciosis ymò criminosis & dampnatis actibus procuratur: quam ob causam quantis malis Ecclesia*

CHARLES VI. à Paris, le 27. de Juillet 1398.

a illi. *Reg. du Tr. des C. & du P. & G.*
b Schismati, *là & plus bas.*

NOTES.

146. *recto* du Regist. *A.* du Parlement de *Paris,* coté *Ordinaciones antique,* dans lequel ces Lettres paroissent avoir été écrites plus correctement que dans l'original même.

Il a été envoyé de *Grenoble* une Copie de ces Lettres, avec cette Indication: *Liber plurium Litterarum super translatione Dalphinatûs, folio 160.* Cette Copie est plus conforme au Registre du Trésor des Chartres, & à celui du Parlement, qu'à l'original.

Ces Lettres ont déja été imprimées d'après le Registre *A.* du Parlement de *Paris,* à la page 155. de la seconde partie des Preuves des Libertés de l'Eglise Gallicane, édition de 1731. elles y sont imprimées peu correctement. Il y a quelques endroits corrompus, des mots passez, & l'on s'est même donné la liberté d'en ajoûter quelques-uns, & de faire des corrections dans le texte qu'on auroit dû copier scrupuleusement sur le Registre.

M.r *Lenfant* dit dans une note marginale de la page 93. du premier Tome de l'histoire du Concile de *Pise,* que ces Lettres sont imprimées à la page 154 du Tome 6. du Spicilége du P. *Dachery,* & à la p. 1153. du Tome second des Anecdotes du P. *Martenne.* Ces Lettres ne sont point dans ces Recueils, ni aux pages indiquées, ni ailleurs. Il paroît par ce que dit M.r *Lenfant* dans la page suivante, qu'il ne connoissoit point l'Edition des Libertés de l'Eglise Gallicane, donnée par M.r *Dupuy.*

Je ne puis m'empêcher de remarquer que ces Lettres ont été fort mal dressées quant au style; dans une affaire aussi importante, il auroit dû être grave, majestueux & concis, & il est ampoulé & déclamatoire. La plûpart des phrases sont embarrassées, parce qu'elles sont très-longues & coupées par des parenthèses, & elles pèchent quelquefois contre les règles de la grammaire. Enfin quelques expressions sont impropres & peu justes. Il y a même quelques endroits qui sembleroient avoir besoin de corrections: Je n'ai cependant point osé en faire, parceque ces endroits sont écrits d'une manière uniforme dans l'original, dans le Registre du Parlement, & dans la Copie de *Grenoble.*

Voy. la Préface de ce Volume. §. Schisme.

(c) Ediis.] Ce mot sur lequel je n'ai rien trouvé, signifie certainement des alimens. On dit ordinairement *Edilis, Edile, Edulis, Edule, Edulium,* tous mots qui viennent du verbe *Edere.*

CHARLES VI.
à Paris, le 27. de Juillet 1398.

ipsa sit obsita, quot subjaceat discriminibus, hìc texere longum esset: sed ut multa brevitas ipsa prestringat, videtur circa eandem Ecclesiam cum [a] Jeremia *plangendum:* Quòd sederit sola civitas plena populo, & quasi vidua domina Gencium Princeps Provinciarum facta sit sub tributo, ploransque ploraverit jam dudum, nec fuerit diu qui consolaretur eam ex omnibus caris ejus: *Hac eciam ex re fidens improba Paganorum progenies, jam pridem in Christi plebem infremuit, jam patratis Christicolarum plurium, quippe diversarum Nacionum, stragibus, limites sibi vicinos invasit, ubi deleto divino cultu & honore nominis christiani, ha! pessundat & conterit Ecclesiam antedictam, usque adeò quod adjunctis premissis, verè columpna Dei viventis pene videtur nutare, & summi Piscatoris* [b] *sagena cogitur procellis intumescentibus in naufragii profunda demergi, nisi Reges atque Principes Christiani, ut debitam reddant racionem de Imperio suo, Deo, commoveantur juxta debitum, contra ipsius dissipatores Ecclesie unde spiritualiter nati sunt, quam & si ad Reges ipsos & Principes, ut sacris Canonùm docemur eloquiis, debito Christiane religionis, spectat videre temporibus suis paccatam. Nos qui inter ceteros Orthodoxos Reges, vinculo speciali astringimur, velut devotus ipsius Ecclesie filius, more Progenitorum nostrorum, maternis erumpnis,* [c] *gemitibus compassi, continuantes quoque actus recolende memorie Domini Genitoris nostri, qui multa per tempora, apud ceteros christicolas Reges, per solemnes Ambaxiatas crebris repetitas vicibus, ut vellent ad Ecclesie unitatem intendere, summoperè laboravit, ad eosdem Reges, postquam idem Dominus Genitor noster spiritum reddidit almo Patri, ob ipsas easdem causas misimus Ambaxiatas frequentes, ac demùm non quidem, ut singulares, sed cum ipsorum Regum ac Principum auxiliis, consiliis & favoribus, Ecclesie lacerate, tantisque, proth dolor! agitate turbinibus, integracionem corde sincero procurare volentes, requisiti maximè super hoc tam per omnes felicis recordacionis* [d] Clementi, *quàm per certos ejus Adversario obedientes Reges & Principes, quàm eciam per Adversarium ipsum spondentem inter cetera, quòd quamprimùm Nos ad id disponi sentiret, adhiberet & ipse omnimodam diligenciam, nichil de contingentibus omittendo, preterea, & per Regni nostri Prelatos ac predilectam Filiam nostram Universitatem* Parisiensem *pluries incitati, sumpsimus fidei micantem loricam, & accincti gladio divine Legis,* [e] *peltum consciencie carpsimus ad conterendum, talium comitati auxiliis, que malignatus est inimicus in sancta. Itaque tunc, ne tantum obessemus silencio & desidia, quantum verbo & solercia poteramus prodesse,* [f] *exitavimus* Clementem *jam dictum ad sevam* [g] *hujusmodi Scismatis elidendam pestem, & super hoc penes ipsum, quantum fuit possibile, adhibuimus operam diligentem successivè, Sede Apostolicâ per obitum dicti* Clementis *vacante, langorum ipsius Ecclesie & gemituum non obliti, scripsimus Sacro Collegio Cardinalium, ut differrent* [h] *futuram eleccionem Pontificis, quathenùs per hoc, cessione Adversarii levius procuratâ, prefati Scismatis evulsio faciliùs sequi posset; verùm, Cardinales ipsi, priùsquam nostre super hoc eis directe Littere ad ipsorum possent pervenire noticiam, intraverant Conclave, ubi de futuri Pastoris electione, deque Ecclesie unitate quàm meliùs poterant, & tenebantur, tractantes singulariter singuli, ad Sancta Dei Euvangelia, ut inde Nobis debitè patuit, promiserunt & juraverunt pro* [i] *Dei servicio, unitate Ecclesie sue sancte, ac salute animarum omnium fidelium, quòd absque dolo, fraude & machinacione quibuslibet, ad unionem Ecclesie, & finem imponendum Scismati, quantum in eis esset, quantumque pertineret ad eos, laborarent fideliter & eciam diligenter, nec ad eam differendam darent consilium vel favorem directè vel indirectè, publicè vel occultè, quinymò quilibet eorum, eciam si ad Apostolatum assumptus esset, servaret sanè & veraciter hec omnia sine machinacione, excusacione vel dilacione quibuslibet, eciam usque ad cessionem inclusivè per ipsum de Papatu faciendam, si Cardinalibus qui tunc erant vel essent in futurum de tunc existentibus, aut majori parti eorumdem, id expedire videretur pro bono Ecclesie & unitatis predicte, prout hec latiùs per Cedulam factam in ipso Conclavi, subscriptamque propriis manibus ipsorum Cardinalium, clarè patent: inde factâ & subscriptâ per singulos eosdem Cardinales hujusmodi cedula, elegerunt de ipsorum gremio existentem cum eis in eodem Conclavi,* Petrum *tunc Cardinalem vulgariter dictum* de Luna, *post ejus assumpcionem hujusmodi nuncupatum nomine*

a *Lament. Jerem. Cap. 1. v. 1. & 2.* ce ne sont pas précisément les mêmes termes.

b seine, *espèce de filet à prendre du poisson.*

c gemitibusque. *Reg. du Tr. des Ch. & du P.*

d Clément VII.

e sorte de bouclier.

f excitavimus. *Reg. du Tr. des Ch. & du P. & Gr.*

g hujus dolendi. *Reg. du Tr. des Ch. & du P. & Gr.*

h futuri. *Reg. du Tr. des Ch. & Gr.*

i fidei. *Reg. du P.*

Benedictum; *quo ad regendam* Petri *Naviculam sic assumpto, iteravit solemniter, prout verè Nobis nunciatum est, hujusmodi juramentum : subsequenter assumpcione suâ nobis illicò nunciatâ, exultavit cor* [a] *meum in Domino, & gracias innumeras egimus, sperantes quòd per ipsius medium, attulerat Nobis Deus circa prefatam integracionem Ecclesie, desideria cordis nostri: Postmodùm verò, ipse parte suâ, per ejus Ambaxiatores solemnes binâ vice Nobis exponi fecit quod magnum zelum gerebat ad extirpacionem Scismatis & Ecclesie unionem, quodque in* [b] *hoc nichil facere volebat sine consensu, direccione & voluntate nostris, exhortans Nos & deprecans ut in hoc negocio vellemus sine intermissione intendere, siquidem & ad ipsum destinare notabiles & fideles viros, veram & cordialem affeccionem ad Ecclesie unitatem gerentes, plenè de viis & modis utilibus & accommodis per Nos in hac materia deliberatis, instructos, fulcitosque potestate opportunâ, quâ, ulteriùs non recurrendo ad Nos, deliberata possent execucioni mandare, quibus & ipse nudare posset integrè intrinseca sue mentis, ubi nichil apud eos de conceptu ipsius occultare, nichil volebat incognitum remanere, subjungens se advisasse unam viam optimam atque brevem, quâ faciliter unio sequi posset, seque illam aperturam Ambaxiatoribus mittendis per Nos, dum tamen tante auctoritatis essent quòd omnia eis revelare posset ut Nobis, ac nichilominùs Nos certificans quòd non recusaret quamcumque viam sibi possibilem tendentem ad Ecclesie unitatem, ymò deliberatus erat consentire illi, & consideratâ cordiali affeccione nostrâ, illam prosequi toto posse: Nos quoque qui hanc unitatem, teste Deo, menti gerimus pre ceteris desideriis cordis nostri, considerantes hec & ponderantes premaxime, recolentesque requisiciones iteratas per Reges, Principesque & Adversariorum predictos, convocavimus Consilium Prelatorum, Capitulorum, Nobilium, Universitatum, plurium Sacre Pagine & utriusque Juris Doctorum, Religiosorumque devotorum, & aliorum Procerum Regni nostri, intra quos, visis diligenter fideque discussis ac digestis maturè plerisque viis, tandem per opinionem ipsius convocati Consilii, comperimus assumendam tanquam meliorem, certiorem, honestiorem, breviorem & meliùs consciencias Christi fidelium serenantem, ymò solam plenarie Scismatis extirpativam, viam Cessionis amborum Contendencium, per modum qui sequitur practicandam; quòd videlicet, Contendentes predicti, habitâ priùs plenâ & sufficienti securitate, in certo loco securo & congruo ab eis eligendo, convenirent personaliter cum suis Collegiis, & aliis personis de quibus expediens videretur, sub proteccione & potestate illorum Principum & Dominorum de quibus ducerent confidendum, ubi cassatis & anullatis processibus, Sentenciis atque penis spiritualibus & temporalibus latis & promulgatis hinc inde quomodolibet, per utrumque Contendencium & Predecessorum suorum, assumptis ad Cardinalatum omnibus & singulis utrobique, in ipsa dignitate sistentibus, confirmatis; eciam ratificatis & canonizatis ex certa sciencia dispensacionibus, & promocionibus omnium hinc inde ad Prelaturas, Dignitates, Officia & Beneficia quecumque ecclesiastica promotorum, ita quòd non habentes Competitores, simpliciter in Prelaturis & Beneficiis hujusmodi remanerent, habentes verò, qui* [c] *Civitatem, aut Beneficium seu locum principalem Beneficii possiderent, Episcopatus seu Beneficia hujusmodi integrè* [d] *ramanerent eisdem, & aliis partem Diocesis vel Beneficii possidentibus, provideretur de pensione annua usque ad valorem eorum que ante confirmacionem & canonizacionem hujusmodi possidebant, donec essent alibi per Sedem Apostolicam collocati : nichil possidentes autem, si expectarent Sedis provisionem jam dicte : Insuper, & proviso utrique hujusmodi Contendencium, de bono & sufficienti statu, quo post renunciacionem congruè sustentari posset; proviso eciam contra conspiraciones, divisiones, turbaciones, dubia & perplexitates, que post Cessionem utriusque, Sede vacante contingere possent, quantum humanitus esset possibile, ultra (d) constitucionem* Gregorii *decimi editam in* [e] *Consilio* Lugdunensi; *demùm omissâ* [f] *juris Parcium discussione & diffinicione quâcumque, ambo Contendentes jam dicti, in forma debita, sine mora &*

CHARLES VI.
à Paris, le 27. de Juillet 1398.

[a] nostrum. *Reg. du Tr. des C.*

[b] in hiis. *Reg. du Tr. des C.*

[c] Ville Episcopale.

[d] remanerent. *Reg. du Tr. des Ch.*

[e] corr. Concilio.

[f] Jurium. *Reg. du Par.*

NOTE.

(d) Constitucionem.] Le second Concile de *Lyon* se tint en 1274. *Grégoire X.* y fit une constitution sur l'élection des Souverains Pontifes. Elle est à la colomne 705. du 7.e Vol. de la collection des Conciles par le P. *Hardouin.*

CHARLES VI. à Paris, le 27. de Juillet 1398.

dilacione cederent seu renunciarent juri quod habent seu habere in Papatu pretendunt, inde hujusmodi renunciacione factâ, Cardinales hinc inde creati, qui per assumpcionem pretactam facerent unum verum & indubitatum Collegium, intrarent Conclave, & secundùm Juris disposicionem procederent ad futuri electionem Pastoris, qui debitè premissa omnia & singula ratificaret, aprobaret & laudaret ad abundantem cautelam; quam siquidem viam, nisi Nobis melior vel eque bona per ipsum Benedictum *vel alium aperiretur pro unione hujusmodi assequenda, velut meliorem, ac magis, ut pretangitur, accommodam, pleniùsque consciencarum omnium serenativam delegimus, ipsi* Benedicto *consulendam, persuadendamque suppliciter primò, & post, per Nos, racionabilibus mediis, cum aliorum quidem Christianorum Regum & Principum auxilio, consilio & favore, donec habita sit unio, prosequendam. Perinde, consideratis premissis, ut prefertur, Nobis expositis parte suâ, Legatos ad eum quàm plus potuimus sue predicte Nobis misse intencioni aptos & consonos, illustres videlicet regalis prosapie Duces* Johannem Biturie, Philippum Burgundie, *Patruos, &* Ludovicum Aurelianensem *Fratrem nostros, hujus quidem unitatis ac pacis ferventissimos zelatores, cum certorum Prelatorum, multorumque litteratorum virorum notabili Comitivâ, direximus, qui juxta Mandatum nostrum, apertâ sibi priùs eorum adventus causâ, inde petitâ & obtentâ, licet difficulter, exhiberi Cedula Conclavis supratacta, antequam viam aliquam aperirent sibi humiliter supplicarunt ut dignaretur viam quam Nobis se advisasse scripserat, aperire, offerentes parte nostrâ, si via ipsa bona & conveniens foret, nec inveniretur melior, auxilium, consilium & favorem ad prosecucionem illius: ipse verò per diversa temporum intervalla in effectu viam compromissi aperuit, sub hiis verbis:* Factâ & datâ securitate sufficienti, convenient Dominus noster cum suo Collegio, & intrusus cum suis Anticardinalibus, qui ire possent seu vellent, aliàs consentirent, vel darent potestatem consenciendi infrascriptis & aliis de quibus [a] eis & eorum cuilibet videbitur expedire, seu eciam placebit, in loco de quo fuerit concordatum; premissisque appunctatis & ordinatis, Dominus noster pro parte sua, in certo numero, & alter totidem pro parte sua, eligent personas timentes Deum, & bonum zelum ad Ecclesie unionem habentes, que simul convenientes, ac eciam priùs prestito per eas juramento super Sancta Dei Euvangelia, & coram eis duobus & aliis de quibus videbitur, de benè, diligenter & fideliter procedendo in negocio hujusmodi, ad solum Deum & Ecclesiam habentes respectum, amore, odio & timore cessantibus quibuscumque, auditis & examinatis facti & juris utriusque Partis racionibus, eisque rectâ intencione discussis prout qualitas negocii patitur & requirit, declarent quis istorum duorum jus habeat seu eciam remanere debeat in Papatu, cum certa & sufficienti [b] summissione de tenendo & observando quicquid per dictas personas, ut prefertur, electas, vel duas Partes [c] earum, declaratum fuerit seu eciam diffinitum, eciam [d] adhibitis hinc inde provisionibus in premissis necessariis & utilibus seu eciam oportunis. *Perinde post certi temporis tractum, idem* Benedictus *ipse vie fecit addiciones sequentes:* Item ut optata unio in Dei Ecclesia possit haberi, & non valeat per aliquam occasionem differri, si ambiguitas, difficultas seu eciam diversitas aliqua oriretur [e] seu occurreret, predicti electi vel major pars, provideant ad cautelam Ecclesie Romane, de altero istorum duorum, per viam provisionis, &c. quoad serenandas consciencias, tollendas versucias & occasiones hominum perversorum, quoad illum contra quem pronunciatum fuerit, seu eciam per viam provisionis ordinatum, hec pronunciacio seu ordinacio habeat vim renunciacionis spontanee legitimè facte, & perinde quoad eum, censeatur Sedes Apostolica vacare, ac insuper ad cautelam renunciabit ibidem, & illi de quo declaraverint, seu eciam per viam provisionis ordinaverint, quod debeat remanere in Papatu, ut suprà premittitur, jus plenum eciam de novo ad cautelam acquiratur per declaracionem seu ordinacionem vel provisionem hujusmodi, ac si aliàs Sede Apostolicâ verè vacante, canonicè electus [f] fuisset in Papam, & eciam ad cautelam ibidem, & incontinenti per eos ad quos aliàs electio pertineret, ac per dictos deputatos ad pronunciacionem seu provisionem hujusmodi, eligatur in Papam, & de hiis fient Ordinaciones Apostolice, eciam de consensu eorum ad quos pertinet, in forma que

a eisdem. *Reg. du Tr. des Ch. & du P.*

b submissione. *Reg. du P.*

c eorum. *Reg. du P.*

d habitis. *Reg. du P.*

e seu eciam. *Reg. du Tr. des Ch.*

f esset. *Reg. du Tr. des Ch.*

CHARLES VI. à Paris, le 27. de Juillet 1398.

sufficiet secundùm consilium peritorum, & addi posset pro majori securitate premissorum, consensus eorum qui pro Prelatis & Principibus utriusque obediencie, haberent ad hoc potestatem, ut sic eciam quasi vim [a] Consilii generalis habere videretur. *Que si quidem via quam callidè, quam versutè inventa, quantisque sit in ejus aggressu, progressu, & egressu, difficultatibus & erroribus circumsepta, aliàs per certos Ambaxiatores nostros eidem* Benedicto *tale fuit apertum. Insuper & Frater noster carissimus* Rex Castelle, *qui hanc velut inutilem & perniciosam, multis racionibus eciam in scriptis solemniter refutans, improbavit: pridem in responsione per eum Consanguineo nostro carissimo* Regi Arragonum *elegantissimè factâ, liquidò demonstravit; [b] at Nos, si pleniùs ennarrare vellemus, profectò traheremus materiam valdè longam: verùm, ut constet quòd non omnis qui [c] dicit* pax vobis, *quasi columba audiendus est, propterea exprimendo ipsius vie inutilitatem, iniquitatemque, pauca de plurimis hîc duximus non tacenda. Est enim in ejus aggressu ex eo difficilis, quòd uterque Contendencium, locum in quo simul convenire habebunt, nedum optabit, ymò contendet eligi sub obediencie sue, ac Principum sibi favencium & adherencium potestate qui alteri Parti procul dubiò suspecti erunt; verùm, & cum ipsius loci assignacio ex Principum utriusque obediencie consensu dependeat, dificilimum erit in hac via que per discussionem fieret, ipsorum habere assensum. Preterea, cum secundùm viam hujusmodi ejusque praticam, in ipso loco debeat Principum & Prelatorum utriusque obediencie fieri convocacio, quis in convocando, veniendo, moram trahendo, finemque negocii, quippe dispositi ad prolixitatem grandem, expectando, ac eciam sumptus nedum premaximos ymò importabiles ministrando, immensas quis difficulates non videat! reverà tot essent & tante, totque inconveniencia inde emergerent, quòd est quodammodo indicibile, usque adeò quòd nec amoveri nec evitari possent. In ejus vero progressu seu prosecucione, quantis sit onusta dispendiis, quot periculis animarum & corporum, ac rerum dampnis irreparabilibus, brevia hîc de amplissimis tangimus, & pauca de multis. Sunt enim ipsi Contendentes, nulli dubium, in facto contrarii; quamobrem certissimè credendum est quòd ipsorum quilibet eliget personas sibi fidas, conjunctas, propicias, adherentes, affectatas, & in sua opinione consonas atque fixas, & consequenter alteri Parti, eo quòd non attendent raciones & jura, sed pociùs ipsorum affectum, suspectas. Itaque tales utrinque electas, circa hujusmodi contrarietatem facti usquam concordare quis credat! erunt pociùs discordes continuò intencionibus atque votis; sicque causam Dei & Ecclesie, per contrarietates, difficultates & dilaciones protrahent dispendiosa per tempora; ymò, quod absit, hoc gemebundum & lugubre Scisma perpetuò radicabunt, tum maximè, quia discutere habent raciones, facta & jura Parcium, prout qualitas negocii patitur & requirit; & hec quidem discussio varia incidencia emergenciaque, interlocutorias productiones testium & instrumentorum, probaciones & reprobaciones multimodas, alios eciam plerosque articulos interminabiliter continet & includit, tum eciam quia, sicut ex practica hujusmodi vie patet, Compromissarii ex utraque Parte sunt totidem eligendi, ex quo juxta Legem civilem presuminus [d]* quòd res sine exitu ferè futura est; *potissimùm, quia ad hoc una Pars pauciores quam alia non eligeret, ut inde prodiret imparitas numeri in Compromissariis, [e] juxta ipsius Legis consilium oportuna; tum demùm quia sicut habet practica vie hujusmodi, ante agressum execucionis ipsius vie, revocandi sunt processus & Sentencie fulminati hinc inde per Contendentes eosdem, assumendi in Cardinales omnes qui ad hujusmodi titulum seu statum per [f] utrinque Contendencium, sunt assumpti, canonizandi tituli & promociones in utraque obediencia; quibus hujusmodi via ex eo nequam & inepta constat. Quod si dicti Compromissarii non darent bonum exitum, sicut nec presumimus ex predictis, inconveniens esset valde quòd ille qui jus in Papatu non habet, ac sibi adherentes, quorum maliciâ [g] forsan Compromissariis, Notariis, testibusque & aliis subornatis, via ipsa non sortiretur exitum, essent quoad tunc facta, pares verò Pape & adherentibus sibi. Ceterum, si dicti Compromissarii, quod verisimiliter non est credendum, in uno ex ipsis Contendentibus concordarent, certè non propterea res finem haberet effectus necessarii productivum: non enim per hoc quietarentur consciencie plurimorum, qui non immeritò dicerent quòd propter [h] artatam potestatem, prout ex*

a Concilii, là & plus bas.

b ac Nos si pleniùs hîc enumerare. *Reg. du P. & G.*

c dixit. *Reg. du P.*

d ces mots sont tirez de la Loi 17. §. 6. ff. *de recept. qui arbitr.*

e c'est la même Loi qui vient d'être citée.

f utrumque. *Reg. du Tr. des C.*

g forsan. *Reg. du Tr. des C. & du P. & G.* là *& plus bas.*

h arctatam.

CHARLES VI.
à Paris, le 27. de Juillet 1398.

addicionibus ipsius vie patet, eligendi alterum de duobus, neuter debuit ymò nec potuit eligi: non obicerentur eciam scrupuli; quin plerumque diceretur à multis, presertim adherentibus ei contra quem ipsi Compromissarii declararent, Compromissarios ipsos vel testes aut alia & forsam omnia, intervenientibus corrupcionibus aut aliis que humanum pervertere solent judicium, perperam processisse, sicque declaratum seu sentenciatum injustè, quo ipsi adherentes in hujusmodi adherencie opinione tenaciter per [a] longua temporum curricula radicati, se scandalizatos & in consciencia non claros perpetuò reputarent: hoc nempè Scisma qualitatem habet mirabilem, & aliàs inauditam radicacionem, scilicet ab sui origine seu introduccione fortissimam, que sicut diebus sic crevit & robore: Etenim uterque predecessorum principaliter Contendencium, ab eisdem Cardinalibus eodemque Collegio, quamquam diversis modo & vicibus electus pretenditur, uterque Contendencium eorundem opinione firmatâ, se asserit verum Papam: utraque Parcium grandem obedienciam, magnam adherenciam usque nunc habuit atque fixam: sunt & utrinque opiniones & allegaciones solemnes confecte per prudentes & litteratissimos viros, eciam super casu per Cardinales antiquos in exordio Scismatis posito ac in scriptis redacto, quo eciam supposito, adeò sunt solemnium virorum opiniones contrarie, [b] & nusquam per Compromissarios possent ad concordiam plenam reduci. Preterea per ipsas allegaciones & opiniones, quilibet hujusmodi Contendencium, multis habundat sequacibus; & sunt plures neutri obedientes. Fuit insuper hujusmodi Scismatis, & est, proth dolor! longeva in dies protraccio, quâ sepe vetera recentibus obruuntur, sicque rerum gestarum oblivione inductâ, latet aut abducitur veritas, seu in contrarios terminos exhibetur; quo fit, ut cum propter obitum eorum qui factum noverant, viderant & [c] palparent, rei veritas haberi nequeat, & adherentes prefato adversario, vivencium Cardinalium antiquorum testimonium respuant, dicti Compromissarii declarando seu sentenciando, eligendo vel assumendo, errare possent in facto, ne dicamus in jure. Ex iis itaque clare colligitur quòd sicut medicina frustra fit, quâ sanitas non confertur, sic prescripta via, eo quod plenè Scisma non tolleret, consciencias ve pacaret, inutiliter & sine exitu salubri, in plurium animarum perniciem temptaretur. Ad tollendum autem hoc Scisma mortiferum, talis requiritur de necessitate provisio que radicitùs ipsum evellat, dubietatum & scrupulorum abstergat rubiginem cunctorum fidelium plena serenacione quietet: Adque, cum via hujusmodi ejusque addiciones & practica, premissis & aliis quas hîc substitemus, racionibus, plene constent inutiles, iidem Legati viam Compromissi predictam improbantes, refutarunt; Nosque [d] perinde, & Frater noster Rex Castelle, viam eandem cum addicionibus & practica repulimus ex deliberato Consilio peritorum; & postmodum parte nostrâ, dicti Legati aperientes prenominato Benedicto viam cessionis predictam, requisierunt eum suppliciter ut ipsam acceptaret benignè offerentes eidem, habito super hoc ipsius consensu, tractare cum eo & Collegio, de modis [e] exequendis & practitandi ipsam viam, prout meliùs fieri posset; sperantes firmiter quòd per eandem practicam feliciter & faciliter sequi posset unio [f] supratacta. Preterea, electa & approbata via cessionis hujusmodi per omnes & singulos Cardinales, solo Pampilonensi excepto, tam videlicet ante ipsorum Legatorum adventum, quam post, iidem Legati frequenter pluribus intervallatis diebus, quandoque sine ipsis Cardinalibus, & plerumque cum eis, suppliciter & cum humilitate premaxima eandem requisicionem fecerunt, quam eciam per se Cardinales ipsi, ante adventum Legatorum predictorum, & post, prout veraciter sensimus, compassi calamitatibus ipsius Ecclesie, & aliqui eorum vocibus lacrimosis, pluries iterarunt suppliciter & obnixè; & cum idem Benedictus continuò totus ambicioni intentus, viam ipsam admittere recusarit, asserens contra sanxiones Canonicas eam exemplo perniciosam, Dei offensivam, non juridicam, nec aliàs practicatam, sepedicti Legati videntes eum in sua ambicione non modicum induratum, & cupientes unionem predictam eo posse commodiùs procurari, quo circa eam ipsam cauciùs ageretur, requisierunt Cardinales eosdem, ut in quadam Cedula per nostrum Consilium advisata, continente dictam viam, electam fuisse per eos, quodque consulebant supplices ipsi Benedicto ut acceptaret illam, propriis manibus se subscriberent: Cardinales ipsi id grato animo facere voluerunt; sed hoc ad noticiam ejusdem Benedicti perducto mox per certas ejus Litteras

a longa. Reg. du P. & Gr.

b ut nunquam. Reg. du Tr. des Ch. & nunquam. Reg. du P. & Gr.

c palparant. Reg. du Tr. des C. & P. palpaverant. G.

d proinde. Reg. du Tr. des Ch.

e exequendi. Reg. du Tr. des C. & P. & Gr.

f supradicta. Reg. du Tr. des Ch. supra pretacta. Reg. du P.

CHARLES VI. à Paris, le 27. de Juillet 1398.

Litteras monuit, requisivit & ortatus est Cardinales [a] *predictos in virtute sancte obediencie ac fidelitatis, ut sibi in prosecucione vie sue assisterent, inhibens ei nichilominùs in virtute hujusmodi obediencie, ne in dicta Cedula se subscriberent, nec eciam consentirent, protestans contra eos, si contrarium fieret per eosdem, eciam quòd si per eum aliud fieret seu diceretur, id & ea, & quicquid ex eis sequeretur, vel ob ea, reputabat & volebat non valere, & haberi penitùs pro infectis; quasquidem monicionem, inhibicionem & protestacionem, requisitus suppliciter per ipsos Legatos, eciam renuit revocare. Post verò requisiciones alias tam simul quàm particulariter factas, Duces & Cardinales predicti credentes ejusdem* Benedicti *duriciam per supplicaciones humiles sepiùs iteratas frangere, omnes simul flexis genibus, & eorum aliqui lachrimando, supplicarunt quatinùs perdicioni Ecclesie compaciens & periculo animarum, viam predictam, sicut tenebatur, acceptare dignaretur; ipse verò forciùs induratus quàm antè, eam ridigiùs solito acceptare negavit. Postremò, quia idem* Benedictus *requisicionem predictam de acceptanda premissa via cessionis, iteratam per ipsos Legatos suppliciter, fixus in suo ambicioso proposito, nullatenùs admittere voluit, sepedicti Legati videntes luce clariùs quanto ambitu satagebat retinere Papatum, animarum saluti providere non curans, seque propterea non posse de cetero circa premissa proficere apud eum, iter arripuerunt ad Nos, eorum relacionem facturi; quam postquam apulerunt hanc Villam, Nobis fecerunt solemniter & extensè. Successivè idem* Benedictus *ad suam ambicionem hujusmodi palliandam, quosdam per diversa mundi climata mandavit falsidicos, qui non erubuerunt contra veritatem seminare quòd iidem illustres Duces Legati solùm & adeò aperuerant viam cessionis simplicis parte nostrâ, ut illicò cederet, & unus Gallicus eligeretur in Papam, quòd falsissimum probare possint quamplures in facta tunc requisicione presentes: docti namque per Apostolum, Christi vestigiis inheremus, apud quem, sicut non fuit Judei aut Greci distinccio, sic Nos in Sede Apostolica nullius Nacionis hominem preponderari seu anteponi cupimus: bonum enim & gratum habemus quemcunque, sive Affrum, sive* [b] *Arabem, sive Indum, dum tamen verè Orthodoxus rectè inhereat fidei, nec cecus cujusquam rei cupidine, illam maculet, seu trahat quomodolibet in errores: misit eciam ad ejus* [c] *Adversarium, Episcopum (e)* Tirasonensem, *ignorantibus Cardinalibus super quo licet sine ipsorum consilio & assensu, ut sacris Canonibus institutum est, nil tam arduum facere debeat: quid verò fecerit, ignoratur: sed tam idem* Benedictus *contra Adversarium suum predictum, quàm ipse Adversarius contra eum, post* [d] *ejus* Tirasonensis *missionem, ab inchoatis & continuatis olim processibus ferè per biennium destiterunt; ex quo collusio inter eos nimirum vehementer presumitur, & hinc dampnabilis utriusque ambicio. Nos autem cepta feliciter prosequi cupientes, habito per opinionem iterum convocati Consilii Ecclesie Regni nostri, quòd prefatus* Benedictus, *ex quo post dictorum Legatorum adventum, aliud non fecerat quo optata unio sequi posset, parte nostrâ, iterum sed ultimò, ac Adversarius antedictus, prout remanseramus olim cum carissimo Filio nostro* Rege Anglorum *serenissimo, requirendi erant ut acceptarent viam cessionis prescriptam, nostros una cum* Castelle & Anglie Regum *predictorum Nunciis, tam ad prefatum* Benedictum, *quàm ad eundem suum Adversarium, misimus Ambaxiatores solemnes, qui Mandato nostro simul cum Regum jam dictorum nunciis, eundem* Benedictum *requisierunt humiliter & obnixè, ut pro Dei reverencia, proque tam mortifera fugandaque peste, supradictam viam cessionis acceptare, ac sic egroto gregi Domini mederi misericorditer dignaretur: Tandem, via ipsa in presencia ejus de sui Mandato multis subterfugiis improbata, Ambaxiatores & Nuncii predicti reverenter* [e] *summarunt seu requisierunt eundem, illa vice pro omnibus,*

[a] ipsos. *Reg. du Tr. des Ch.*

[b] Arabum. *Reg. du P.*

[c] ad suum Adversarium antedictum, *Reg. du Tr. des C.* Adversarium antedictum, *Reg. du P. & Gr.*

[d] ejusdem. *Reg. du Tr. des Ch. & du P. & Gr.*

[e] summaverunt. *Reg. du P.*

NOTE.

(e) Tirasonensem.] C'est sans doute *Tarazona* Ville Épiscopale du Royaume d'*Aragon*, aux confins de la *Castille vieille* & de la *Navarre*. Voy. le Dictionnaire de *Maty*, au mot *Tarazona*.

Cette Ville est fort ancienne. Son nom se trouve écrit différemment dans les monumens antiques. *Usuard* l'appelle *Tirassona*. Voy. l'Edition des anciens Itinéraires, donnée par *Wesselingius*, p. 443. col. 1. & 2.

On a mal à propos corrigé *Tarasconensem* dans les Preuves des Libertés de l'Eglise Gallicane.

CHARLES VI.
à Paris, le [illegible] de Juillet 1398.

ut infra certum terminum jam elapsum, ipse & Adversarius ejus taliter agere deberent, agerentque & facerent, quòd in Ecclesia sancta Dei esset unicus verus & indubitatus Papa, intimantes nostro & Regum predictorum nomine, significantesque sibi ac toti Christianitati, ex tunc quod casu quo sic actum & ad effectum deductum non foret, nostra & aliorum predictorum Regum firma erat intentio, pro ipso Scismate sopiendo effectualiter providere, querere & procurare omnes vias & modos [a] *quos sine ampliori dispendio ipsa Ecclesia uniretur: procuraremus insuper toto posse, quòd cessarent omnia quibus & per que presuponebatur & poterat verisimiliter presuponi induracionem ipsius pestilentis Scismatis usque tunc fuisse protensam: ipse verò in sua duricia* [b] *perseverans, respondit quòd nonobstantibus omnibus dictis & allegatis per Ambaxiatores ipsos, non erat sibi adeo satisfactum, quòd pro tunc posset acceptare viam cessionis predictam, sed ampliùs deliberaret cum Fratribus suis, & aliis, inde Regibus suum significaret intentum; sicque iidem Ambaxiatores & Nuncii iter ad Adversarium prefatum continuantes, tandem attigerunt urbem ubi Nuncii predicti* Regis Anglie, *apertâ per eos predictâ viâ cessionis, jam dicto Adversario supplicarunt, nostrique &* Regis Castelle, *rogaverunt ut predictam viam cessionis acceptaret, pro assequenda Ecclesie unitate, ad quod ipse, quasi una lingua cum dicto* Benedicto, *(f) respondens, dixit quòd in tam brevi tempore non poterat super tam gravi deliberasse materia, haberet tamen quamprimùm posset, deliberacionem cum Fratribus suis, & aliquibus tam presentibus quàm absentibus, inde intencionem suam Regibus nunciaret: verum quamquam uterque Contendencium ipsorum, ut prescriptum est, dixerit se facturum, ambo tamen suis improbis cupiditatibus irretiti, ad id nedum non curarunt intendere, quynimò, sicut experiencia monstrat, facere contempserunt, quamvis idem Adversarius ex parte Electorum* Imperii *& aliorum plurium Principum sue obediencie, de acceptando viam pacis, fuisset eciam solemniter requisitus. Successivè* Rex Castelle *predictus cupiens magnopere totus ipse Catholicus & devotus Filius Ecclesie, hujusmodi unitatem, direxit ad Nos Litteras ejus, & Nuncios per quos predictam viam Compromissi nobis significans improbasse, tandem* [c] *Subtraccionem totalis obediencie, pro exequenda premissa via cessionis, & hinc unione assequenda, sublatâ morâ, dicto* Benedicto *fieri multis racionibus persuasit; cujus persuasione, necnon* [d] *in premissis aliis non mediocriter ponderatis, verum & signanter in memoriam revocatis requisicionibus incitacionibusque Regum & Principum predictorum, cupientes rem usque tunc diligenter ductam, auxiliante Domino, ad finem votivum perduci, iterato vocavimus modo premisso Consilium Ecclesie Regni nostri, deliberaturum nobiscum de modis aptis & congruis ad execucionem vie cessionis predicte; in quo quidem Consilio, ex Ordinacione nostra premisso recitato processu, & causâ convocacionis apertâ, concludendo quod quisque deliberaret, & Nobis* [e] *confidenter consuleret an pro execucione vie cessionis predicte, totalis an particularis obediencie denegacio aut quis modus alius expediret, Nos volentes coram convocatis materiam aperiri, ut ipsâ apertâ, quisque Nobis salubriùs consulere, & inde conclusio melior sequi posset, certos partem affirmativam, quò videlicet neganda erat obediencia, & alios negativam, ordinavimus seu deputavimus defensuros. Itaque alternatis diebus in Consilio nostro, modo & formâ quibus Audiencie in Curia nostra dantur, presentibus quidem illustribus prefatis necnon* Borbonii *&* Barrensis Ducibus, *ac* [f] Johannis Nivernensis *&* Amedeo Sabaudie Comitibus, *Consanguineis nostris, eciam Prelatis, & aliis, ut premittitur, convocatis, personaliter presentibus, eciam Procuratoribus nonnullorum ex eisdem vocatis, qui impediti legitimè tunc fuerunt absentes, auditis & perceptis plenè omnibus racionibus & motivis per ipsos deputatos apertis, & eis plenè in Consilio predicto discussis, ac tandem per opinionem ejusdem Consilii, comperto inter cetera, quòd excellentes in Ecclesia, sicut asserit* Augustinus, *paci debent vigilanter intendere, ne propter suos honores superbè agendo, Scismata faciant, unitatis compage dirupta, subditi verò ita ipsis obedire, ut*

a quibus. *Reg. du Tr. des Ch.*

b continuò perseverans. *Reg. du P.*

c Subſtraccionem.

d & premissis. *Reg. du Tr. des Ch.*

e fidenter. *Reg. du Tr. des Ch. & du P.* fideliter. *Gr.*

f Johanne. *Reg. du Tr. des Ch. & du P. & Gr.*

NOTE.

(*f*) Vers cet endroit il y a dans l'original un petit sceau en cire verte attaché à chaque côté du parchemin, & vis-à-vis de ces sceaux à la gauche, il y a à la marge *P. Manhac*, & à la droite il y a *J. Hue*.

CHARLES VI.
à Paris, le 27. de Juillet 1398.

semper eis Christum anteponant, ne eorum vanâ auctoritate seducti, se à Christi unitate dirumpant; quòdque illi verè Scismata faciunt, qui contra canonicas Constitutiones aliquid protervè agunt, per id Ecclesiam dividentes, ymò & qui alicujus temporalis commodi, maxime glorie & principatûs sui gracia, falsas ac novas opiniones vel gignunt vel secuntur, veri heretici sunt, & qui scindunt Ecclesiam, eâdem racione Scismatici; quòd insuper Pape eciam [a] unico & indubitato, precipienti, & multo magis notoriè facienti aliquid quo Ecclesie universalis turbacio, subversio vel destruccio sequi verisimiliter timeretur, sub pena seu periculo peccati mortalis, obediendum non est, cum mala futura precaveri debeant, non juvari; cum eciam Petro & ejus successoribus, ad edifficacionem, non ad destruccionem sit collata potestas; Comperto preterea, quòd quia duo Contendentes predicti pluries requisiti supliciter, & juxta Euvangelicam doctrinam sufficienter moniti, refutarunt & refutant pertinaciter acceptare viam quâ ad ipsius unitatem Ecclesie perveniri possit faciliùs & commodiùs, ymò & suis ambicionibus intenti, versique in laqueum tortuosum, & ubique ponentes scandalum, ipsam dampnabiliter fugiunt integrare, satagentes quisque videlicet in sua obediencia retinere Cathedram, que, ut verbis Augustini utamur, eò foret uterque fructuosior, quò gregem, deposita, magis colligeret, quàm retenta dispergat, cum pro pace Christi Episcopi esse debeant vel non esse, cumque non propter eos Episcopi sint, sed propter populum cui Sacramenta ministrant; quia eciam contendentes predicti ad obviandum hujusmodi unitati proventus Ecclesiasticos, sicut premissum est, dissipando, & ad id reddendo Christicolas suis corrupcionibus indispositos, perperam & notoriè Scisma faciunt sive fovent, ac quantum in eis est, causam perpetuacionis prebent, crimen Scismatis incurrentes; quia eciam ex ipsorum obstinacione tam grave & notorium subsistit scandalum, quòd [b] ipsi & eorum quilibet ad hoc obligati pre ceteris, usque nunc tollere non curavit nec curat, ymò id procurantes habet odio, & quando potest, flagellat, sibique faventes promovet, ac scissuram pro posse nutrit, ex quibus subversio & destruccio Ecclesie vehementissimè sequi timetur. Si multi Clerici à communione (g) Anastasii, pro longe minori causa, eciam sine Sentencia & Declaracione, canonicè se abegerunt; [c] si eciam Guido Archiepiscopus Viennensis postmodum factus Calixtus secundus, unà cum Prelatis tunc in Consilio Vienne assistentibus, à Paschalis secundi obediencia recedere tunc decrevit, multò magis, pro vitandis videlicet notorietate scandali, fautoria Scismatis, subversionis Ecclesie, & animarum periculo, ambicioneque & cupidine Contendencium eorumdem, jubemur à Domino per Moysem, ab hujusmodi perversissimorum hominum consorcio separari, ne simul pereamus in peccatis eorum, cum (h) juxta sacrum eloquium, sacrificium eorum sit panis luctus omnes ex eo comedentes contaminans, & digni sunt morte, non solum qui faciunt, sed & qui facientibus quocumque consenciunt. Preterea, ne de cetero habeant unde hujusmodi dolendo Scismati fomenta [d] ministrant, cum presertim illi non debeant aliquid nomine Ecclesie possidere, qui nolunt in pace colere pacis Actorem, ymò utiliùs esurienti panis tollitur, si de cibo securus justitiam negligat, quam frangitur, ut injustitie deditus acquiescat, totalis obediencia est eis & eorum cuilibet deneganda; nec Nos & ceteros Principes Catholicos debent hominum vaniloquia, prout ait Pelagius, in aliquo retardare, dicencium quòd Papam [e] persequimur: erant certè hujusmodi fabulatores rumoris: non enim [f] persequitur nisi qui ad malum cogit: Ille verò qui ea que male aguntur reprimit, & animarum salutem [g] requirit, non persequitur; sed quia malum est Scisma esse, per Nos & Reges ceteros hujusmodi opprimi debere homines, & canonice Scripture auctoritas, & Paternarum Nos regularum veritas docet: Nos itaque qui ut Reges ceteri, à Domino per Prophetam nunc precipuè intelligere jubemur, [h] quando fidei murum sic ubique aries lacerat inimici, premissis omnibus & singulis ac aliis in hac

[a] vero. G.

[b] ipsi & eorum quilibet . . . . . obligatus. Reg. du Tr. des Ch. ipsum, eorum quilibet . . . . . obligatus. Reg. du P. & Gr.

[c] & eciam. Reg. du P.

[d] ministrent. Reg. du Tr. des Ch. & du P.

[e] prosequimur. Reg. du Tr. des Ch. & du P.

[f] prosequitur. Reg. du Tr. des Ch. & du P. là & plus bas.

[g] querit. Reg. du P.

[h] Voy. ci-dessus, la Note (h).

NOTES.

(g) Anastasii.] Le Pape Anastase II. qui a siégé depuis 496 jusqu'en 498. On peut consulter sur le fait rapporté dans ce passage, la col. 1276. du 4.e Vol. des Conciles du Père Labbe.

(h) Juxta sacrum eloquium.] Après avoir consulté la concordance de la Bible, on peut presque assurer que ce passage & un autre qui est plus bas, ne sont point dans l'Ecriture sainte.

CHARLES VI. à Paris, le 27. de Juillet 1398.

parte considerandis, signanter violacione juramenti in introitu Conclavis, ut prefertur, prestiti, quod Deus qui consciencie testis est, sic recipit, sicut Cardinalium cetus cui est prestitum, intellexit, habendo pre occulis solum Deum, debitâ cum maturitate digestis, non valentes tam enormia quibus Ecclesia Dei sic graviter scandalizatur, sine Dei offensa occulis conniventibus pertransire, sed claris Progenitorum nostrorum inherendo vestigiis, cupientes ipsius Ecclesie integrari scissuram, totis insuper conatibus, omnibusque modis (i) post hec ad que peragenda sacre sanxiones Nos instruunt, procurare cum Regum & Principum aliorumque fidelium consilio, auxilio & favore, ac prosequi cum effectu hujusmodi unitatem pro qua habenda hec agimus. In nomine Sancte & individue Trinitatis, Patris & Filii & Spiritûs Sancti. Ex quo dicti Contendentes ob ambiciosam pertinaciam premissorum, ab eorum obediencia repellunt cunctum populum Christianum, & Nos quidem premuniti triumphali vexillo venerabilis sancte Crucis, assistentibus ad hoc Nobis Principibus prosapie nostre, ac pluribus Principibus aliis, eciam Ecclesia Regni nostri & Dalphinatûs, *dicentes cum* Mathathia, [a] propicius sit nobis Deus, *ab obediencia totali ipsius* Benedicti *de cujus Adversario hic mencionem non facimus, cum* [b] *nusquam sibi obediverimus sicut nec obedire volumus nec debemus. Nos Ecclesia, Clerus & Populus Regni nostri ac* Dalphinatûs, *de predictorum vocatorum consilio & assensu, recedimus, nunciamusque auctoritate presencium recessisse, volentes inter cetera, quòd ab inde in antea ipsi* Benedicto, *suisque Collectoribus & aliis Officiariis quibuscumque suis, eciam complicibus, fautoribus & sequacibus, ac Procuratoribus eorumdem, nullus cujuscumque condicionis fuerit, de redditibus, proventibus & emolumentis Ecclesiasticis quomodocumque & ex quacumque causa, solvere & respondere presumat: quod eciam occurrentibus vacacionum casibus, assumatur qui ad Prelaturas, Dignitates & alia Beneficia electiva, per eleccionem, ceteris eciam Beneficiis provideatur per collacionem eorum ad quos hujusmodi eleccio & collacio spectant quomodolibet seu eciam spectabunt, adhibitis ad hoc solemnitatibus & aliis solitis ac eciam opportunis. De Beneficiis verò complicium, fautorum & sequacium predictorum, per Ordinarios provideatur debitè, vel aliàs ea concedantur in Commendam personis ydoneis, alienacione bonorum immobilium & preciosorum mobilium eis singulis interdicta, regenda scilicet & administranda donec aliàs canonicè sit provisum: districtiùs inhibentes universis & singulis subditis nostris ac incolis Regni &* Dalphinatûs *predictorum, tam Ecclesiasticis quàm secularibus, quacumque, eciam Pontificali dignitate vel quovis alio titulo seu nomine censeantur, ne prefato* Benedicto, *ejusque Sequacibus ac Officiariis & Auditoribus seu Justiciariis quibuslibet obedire quomodolibet, aut contra tenorem presencium aliquid attemptare presumant, si penas graves nostrâ & Ecclesie eis auctoritate infligendas cupiunt non subire; & insuper mandamus earumdem presencium auctoritate, universis & singulis Justiciariis & Officialibus nostris infra limites predictos constitutis, ac eorum cuilibet, quatinùs servato tenore presencium, prout ad eorum quemlibet pertinebit* [c] *quecumque hiis deprehenderint ac noverint aliquatenùs contra ire, taliter puniant quod cedat ceteris in exemplum.* Datum *Parisius*, sub nostri Sigilli testimonio hiis appensi, die vicesima septima mensis Julii, anno Domini millesimo trecentesimo nonagesimo octavo; Regni verò nostri, decimo octavo.

Per Regem, presentibus Dominis Bituric, Burgundie *ac* Borbonii Ducibus, *Domino* Petro *de* Navarra, *Constabulario*, [d] *Vobisque, Admiraldo, Magistro Balisteriorum, aliisque nonnullis.* P. MANHAC. J. HUE. *(k)* *Visa.*

[a] 1. Machab. cap. 2. v. 21.

[b] nunquam. *G.*

[c] quemcumque. *Reg. du Tr. des Ch. & du P.*

[d] Le Chancelier de France. Voy. *le 5.e Vol. de ce Rec. pag.* 653. Note *(c)*.

NOTES.

(i) Post.] Ce mot ne fait ici aucun sens. Quoique j'aie dit p. 259. dans la Note *(b)*, que je ne ferois aucune correction sur le texte de cette Pièce, je ne puis cependant m'empêcher de proposer ici une conjecture qui rend la phrase très-intelligible; c'est de prendre ce mot *post* dont je suppose la dernière lettre avoir été corrompue par les Copistes qui ont oublié de mettre une marque d'abréviation, pour *possibilibus*. On trouve plus haut dans ces lettres, p. 261. lig. 18. *viam sibi possibilem*.

(k) Après ces deux signatures il y a dans le Registre *A*. du Parlement: *Lecta fuit & publicata in Parlamento, & postmodum hîc de precepto Curie, registrata, & collacio facta, XIX.e die Augusti M.o CCC. nonagesimo VIII.o*

CHARLES VI.
à Paris, le 27. de Juillet 1398.

(a) Lettres par lesquelles il est ordonné à tous les Justiciers & Officiers, de faire exécuter celles qui ont été données sur la Soustraction de l'obédience de Benoît XIII. & de faire punir ceux qui lui demeureront attachez.

CHARLES par la grace de Dieu Roy de France. Au *Prevost* de *Paris,* & à tous noz autres Justiciers & Officiers, ou à leurs Lieuxtenans: Salut. Comme par très-grant & meure délibéracion des Prélaz & du Clergié pour ce assemblez en nostre Ville de *Paris,* représentans l'Eglise universel de nostre Royaume, des Princes de nostre lignaige, & autres de nostre Conseil, Nous & ladicte Eglise de nostredit Royaume & aussi de nostre *Daulphiné,* Nous soyons du tout départiz de l'obéissance de *Benedic* qui derrenièrement fu eslu en Pape, & ayons voulu & ordonné entre autres choses, que nuls de quelque estat que ilz soient, payent ou respondent audit *Benedic,* à ses Collecteurs ou Officiers, ne à autres ses complices ou adhérens, aucune chose des revenues & esmolumenz qu'il souloit prendre en noz Royaume & *Daulphiné* dessus diz, & aussi que vacans les Prélatures ou autres Bénéfices électifz, l'en pourvoye ausdiz Bénéfices par eleccion, & quant aux autres Bénéfices, que ilz soient conférez par ceulx auxquelz la collacion en appartient, gardées les solemnitez acoustumées; & avec ce, que des Bénéfices des complices & adhérens dudit *Benedic,* l'en pourvoye par les Ordinaires, & soient baillez en commande à personnes ydoines, sanz faire aucune aliénacion des biens immeubles ne des meubles précieux, si comme ces choses & autres pevent plux plainement apparoir par noz [a] Lettres Patentes & solemnés faictes & publiées sur ledit département; Nous desirans lesdictes choses estre mises à exécucion deue, vous mandons & commettons, se [b] mestier est, par la teneur de ces présentes, & à chacun de vous, si comme à lui appertiendra, que lesdictes Ordonnances faites solemnement publier, tenir, garder & acomplir selon leur forme, [c] ès termes & metes de voz Juridicions, en contraignant à ce ceulx qui seront à contraindre, par toutes voyes deues & raisonnables, & toutes les personnes qui les enfraindront ou s'efforceront de venir directement ou indirectement à l'encontre, punissiez & corrigiez ainsi que à faire sera par raison; & en oultre vous informez de ceulx qui après ladicte publicacion, adhéreront ou demourront avec ledit *Benedic* ou en sa Court, & se vous trouvez que aucun d'eulx tiennent Bénéfices ou autres biens temporelz en nostre Royaume, prenez ou faites prendre & mettre [d] royalment & de fait en nostre main lesdiz biens, & yceulz gouverner dessoubz ycelle, jusques à tant que par ceulz qu'il appartiendra, en soit ordonné selon ce que en noz autres Lettres sur ce faictes, est plux à plain contenu, & ce faites en tele manière que les autres y prengnent exemple, & que vous n'en doyez estre reprins de négligence. De ce faire vous donnons povoir & mandement espécial: Mandons & commandons à touz noz Justiciers, Officiers & subgez, que à vous & à chacun de vous, en faisant les choses dessus dictes & dépendences d'icelles, obéissent & entendent diligemment, & vous donnent confort & aide, se mestier est & requis en sont. *Donné à* Paris, *le XXVIII.e jour de Juillet, l'an de grace mil trois cens quatre-vins & dix-huit, & de nostre Regne le XVIII.e*

Par le Roy, présens Mess. les *Ducs* de *Berry,* de *Bourgogne* & de *Bourbon,* le Connestable, [e] Vous, l'Admiral, & plusieurs autres. HUE.

a *elles sont ci-dessus,* p. 258.

b *besoin.*

c *dans les limites.*

d *réellement.*

e *Le Chancelier de France. Voy. le 5.e Vol. de ce Rec.* pag. 653. Note (c).

NOTE.

(a) Copié sur l'original qui est au Trésor des Chart. Layette *Schisme,* premier sac, n.° 10.

Il y a au dos de cet original: *Executoria facta contra infringentes Ordinaciones Regias factas post Substraccionem, & specialiter contra adherentes Domino* Benedicto *ultimò in Papam electo.*

Voy. la Préface de ce Vol. §. *Schisme.*

CHARLES VI.
à Paris, le 27. de Juillet 1398.

(a) Lettres par lesquelles le Roy déclare que n'ayant soustrait lui & son Royaume à l'obédience de Benoît XIII. que pour le bien de l'Eglise, il ne veut point que les revenus & les fruits des Bénéfices puissent être appliquez au profit de lui ni d'aucuns de ses sujets; & que son intention est que les Elections, Postulations & Collations des Bénéfices, se fassent librement.

CHARLES par la grace de Dieu Roy de France. A tous ceulz qui ces présentent Lettres verront: Salut. Savoir faisons que comme par grant & meure délibéracion, par l'advis de ceulz de nostre Sang & Lignaige, des Prélaz & Clergié de nostre Royaume, & de nostre Conseil, Nous & l'Eglise de nostredit Royaume, & tous noz subgez, pour certaines & justes causes qui à ce Nous ont meu, Nous soïons départiz du tout de l'obéissance de *Benedic,* auquel Nous, ladicte Eglise de nostre Royaume, & noz subgez, avons obey comme à Pape depuis qu'il fust esleu à la dignité du Papat, & par ce dorresénavant ledit *Benedic,* ses Chambellain, Collecteurs, Subcollecteurs, Trésoriers, Receveurs ou autres Officiers, ne puissent ou doyent recevoir aucuns fruiz ou émolumens quelxconques en nostredit Royaume, pour occasion des vacans, des Procuracions, des biens meubles demourez du décez d'aucunes personnes d'Eglise, des Dixiesmes ou subvencions, ne autrement, & quant aucune Prélature ou Dignité élective vacquera, les Chapitres, Couvens ou autres ausquelz l'éleccion ou postulacion compete ou appartient, pourront eslire ou postuler justement & canoniquement cellui que bon leur semblera en leurs consciences, en Prélat, ou pour obtenir la Dignité qui vacquera; & quant aux autres Bénéfices qui vaqueront, les Collateurs auxquelz les Collacions appertiennent, les pourront conférer à telles personnes ydoines qu'il leur plaira, si comme par noz [a] Lettres Patentes faictes sur le département de ladicte obéissance totale, ces choses & autres pevent plus plainement apparoir; & il soit ainsi que ou temps avenir, aucuns pourroient doubter que Nous ou aucuns de noz Subgez ou Officiers, voulsissions ou voulsissent appliquier à Nous ou à nostre prouffit ou au leur, aucuns des fruiz, revenues ou émolumenz dessus diz que ledit *Benedic* & aucuns de ses Prédécesseurs & leurs Officiers, ont perceu par aucun temps en nostredit Royaume, & que Nous ou aucuns Seigneurs de nostredit Royaume, ou de noz Officiers, ou autres personnes puissans, par importunité, impressions, menaces, par messaiges ou par Lettres, ou par autres voyes desraisonnables, Nous efforcerions ou s'efforceroient de faire tant que les élections, postulacions ou collacions dessus dictes, fussent faictes de teles & à teles personnes de noz familiers ou serviteurs qu'il Nous plairoit, ou à telz des parens, amis, familiers ou serviteurs de noz diz subgez qu'il leur plairoit, & à autres que à ceulz auxquelz les éleccions, postulacions & collacions appartiendroient, auroient entencion d'en pourveoir, lesquelz choses pourroient estre en grant préjudice des Libertez & franchises des Eglises & des personnes d'icelles; & contre la vray entencion qu'avons eu & devions avoir en Nous départant de l'obéissance dudit *Benedic:* Pourquoy Nous, ces choses considérées, & qui avons procédé à Nous départir de son obéissance, par pure dévocion, & pour avoir paix & union en Saincte Eglise, avons déclairé & déclairons par ces présentes, que des fruiz, revenues & émolumenz dessus diz, ne voulons, ne souffrerons aucune chose quelconque estre prinse, levée ou appliquée au prouffit de Nous ou d'aucuns de noz subgez, de quelque estat ou condicion qu'ils soient, mais le défendons expressément par ces présentes, & voulons que les Gens d'Eglise en

[a] *elles sont ci-dessus, p. 258.*

NOTE.

(a) Copié sur l'original qui est au Trésor des Chartres, Layette *Schisme,* premier sac, n.° 11.

Au dos de cet original est écrit: *Declaracio facta per Regem, quòd Prelati & ceteri Collatores Beneficiorum, liberè dant Beneficia quibuscumque personis sufficientibus voluerint, sine hoc quod Rex exigat aliquas pecunias ab ipsis.*

Voy. la Préface de ce Volume, §. *Schisme*

demeurent quiêtes & paisibles en tant que touche ledit *Benedic*, ses Collecteurs, Receveurs & autres Officiers dessus diz, & sanz préjudice de ceulz ausquelz aucuns desdiz prouffiz ou revenues appertiennent de droit commun, ou autrement par raison; & en oultre, voulons & Nous plaist que lesdictes éleccions, postulacions & collacions des Bénéfices, soient faictes franchement & libéraument par ceux à qui il appertendra, senz impressions, menaces ou autres voyes illicites quelxconques; & s'il avenoit que par importunité des requerans, ou autrement par Lettres ou par messaiges, Nous ou autres de quelque estat qu'ilz soient, feissions ou feissent faire Mandemenz, Requestes ou pourchaz durs ou rigoreux, sentens impressions ou menaces, ou qu'ilz feussent contre les Libertez & franchises dessus dictes, Nous ne voulons à yceulz estre obey. Si donnons en mandement à touz noz Justiciers, Officiers & subgez, que de nostre présente Déclaracion & Ordonnance, facent, seuffrent & laissent joïr & user lesdictes Gens d'Eglise de nostre Royaume, & touz ceulz à qui il appertendra. En tesmoing de ce, Nous avons fait mettre nostre Séel à ces présentes. *Donné à* Paris, *le XXVIIe jour du mois de Juillet, l'an de grace mil trois cens quatre-vins & dix-huit; & de nostre Regne le XVIIIe*

CHARLES VI. à Paris, le 27. de Juillet 1398.

Par le Roy, présens Mess. les *Ducs* de *Berry*, de *Bourgogne* & de *Bourbon*, le Connestable, [a] Vous, l'Amiral, le Maistre des Arbalestriers, & autres. J. HUE.

[a] *Le Chancelier de France. Voy. le 5.e Vol. de ce Rec. pag.* 653. Note *(c)*.

CHARLES VI. à Paris, le 27. de Juillet 1398.

(a) Lettres qui portent qu'il sera fait défenses à tous les Officiers de Benoît XIII. de l'obédience duquel la France s'est soustraite, de faire aucun Acte ni procédure dans les affaires qui regarderont les sujets du Royaume, lesquels pourront se pourvoir devant les Ordinaires.

KAROLUS Dei gracia Francorum Rex. Universis & singulis Senescallis, Bailivis, Gubernatoribus, Preposilis, ceterisque Justiciariis & Officiariis nostris, aut Locatenentibus eorumdem: Salutem. Cum ex certis, justis & racionabilibus causis ad hoc Nos moventibus, & specialiter ut pax & unio assequi & haberi possint in Ecclesia Sancta Dei, per deliberacionem ac consensum Prelatorum & Cleri Regni & Dalphinatûs *nostrorum, Nos, Ecclesia, Clerus & populus eorumdem Regni &* Dalphinatûs, [b] *recesserimus ab obediencia totali* Benedicti *ultimò in Papam electi, districtiùs inhibentes universis & singulis subditis nostris ac incolis ipsorum Regni &* Dalphinatûs *nostrorum, tam Ecclesiasticis quàm secularibus, quâcumque eciam Pontificali dignitate vel quovis alio titulo censeantur, ne prefato* Benedicto, *ejusque Officiariis, Auditoribus seu Justiciariis quibuscumque, obedire presumant, si penas graves nost à & Ecclesie eis auctoritate infligendas cupiunt non subire, prout hec inter cetera, in nostris Litteris super jam dicta recessione confectis, pleniùs continentur, ad nostrumque pervenerit auditum, quòd hiis nonobstantibus, nonnulli se dicentes Commissarios, Conservatores, Auditores seu Judices, Delegatos, Subdelegatos vel Executores à dicto*

[b] les Lettres de soustraction sont ci-dessus, p. 258.

NOTE.

(a) Copié sur l'original qui est au Trésor des Chartres, Layette *Schisme,* premier sac, n.° 8.

Au dos de ces Lettres est écrit: *Inhibicio facta Officiariis Domini* Benedicti, *ne de cetero contra regnicolas in quibuscumque causis motis vel movendis procedant quovismodo, sub certis penis.*

Ces Lettres adressées au Prévôt de *Paris* seulement, & signées P. MANHAC, sont au *fol.°* 163. *verso* du Livre Rouge vieil du Châtelet de *Paris.* Avant ces Lettres, il y a: *Lettres exécutoires de celles que on ne obéisse au Pape* Bénedic.

A la fin de ces Lettres on lit: *& au dos des dictes Lettres estoit escrit ce qui s'ensuit: Publiées en Jugement & ès Auditoires du Chastellet de* Paris, *le Jeudi cinquiesme jour de Septembre, l'an mil CCC IIII.^{xx} & XVIII. Ita est.* FRESNES.

Il a aussi été envoyé de *Montpellier* une Copie de ces Lettres, avec cette indication: *Séneschaussée de* Nismes *en général, Arm.* A. *Liasse 19. des Actes ramassez, n.° 3. folio 29.* Elles ne sont adressées qu'au Sénéchal de *Beaucaire,* & elles sont signées P. MANHAC.

Ces Lettres ont déja été imprimées à la page 162. de la seconde partie *des Preuves des Libertés de l'Eglise Gallicane.*

Voy. la Préface de ce Volume. §. *Schisme.*

CHARLES VI. à Paris, le 27. de Juillet 1398.

Benedicto *seu ejus auctoritate deputatos, ad requestam Parcium seu ex Officio, aut aliàs, in causis Beneficialibus vel excessuum aut aliis, tempore dicte recessionis motis & pendentibus, in quarumquidem aliquibus erat jam litis contestacio facta, & eciam in aliquibus post dictam recessionem inchoatis* [a] *in dicto Regno &* Dalphinatu *nostris, & extrà, tam in* Avinione *quàm alibi, per Citaciones, Monitiones, Censuras ecclesiasticas, & alios varios modos procedere visi sunt & nituntur contra subditos nostros, ipsos multipliciter gravando & vexando sumptibus & expensis, ac contra tenorem Litterarum nostrarum predictarum temerè veniendo, unde non modica scandala & inconveniencia sequi possent, nisi super hiis per Nos provideretur de remedio oportuno: Nos, hiis attentis, volentes dictarum Litterarum nostrarum tenorem inviolabiliter observari, nec non scandalis & inconvenientibus pretactis, ac aliis obviare, vobis & vestrûm cuilibet, ut ad eum pertinuerit, districtè precipiendo mandamus quatinùs omnibus & singulis Commissariis, Conservatoribus, Auditoribus, Judicibus, Delegatis, Subdelegatis vel Executoribus, & aliis Officiariis auctoritate juridicionis aut commissionis dicti* Benedicti *fungentibus, inhibeatis aut inhiberi faciatis sub certis & magnis penis Nobis applicandis, ne de cetero contra subditos nostros aut alios, in quibuscumque causis motis vel movendis, in quovis statu fuerint, pro quacumque materia vel occasione, seu sub quibuspiam formis, in Juridicionibus vestris procedere seu procedi facere ullo modo presumant, ab eisdem tam ab inceptis quàm inchoandis penitùs desistentes: omnibus & singulis subditis nostris inhibendo ne processus hujusmodi motos aut movendos ubique in dictis Regno seu* Dalphinatu *nostris, nec eciam in* Avinione *vel alibi, prosequantur aut prosequi faciant directè vel indirectè, sed ab ipsorum prosecucione cessent totaliter & desistant, coram Ordinariis, si voluerint, super hoc prout racionis fuerit, procedentes: ad hec, si aliquos noveritis contra premissa vel aliquod premissorum venire seu attemptare presumentes, si sint ecclesiastice persone, per capcionem temporalitatis ipsarum, aliasque debitas vias viriliter & debitè compellendo aut faciendo indilatè compelli, atque per suos Ordinariòs penis puniri predictis & aliis prout casus exigencia id requiret: Si verò sint Layci, per capcionem corporum & bonorum, aliàsque debitè contra ipsos procedentes facientesve sic procedi quòd cedat ceteris in exemplum. Et ut nullus super & de premissorum ignorancia se excusare valeat aut tutari, Litteras nostras presentes in vestris Auditoriis faciatis coram vobis solemniter publicari.* Datum *Parisius,* vicesima septima die mensis Julii, anno Domini millesimo tricentesimo nonagesimo octavo; Regni verò nostri, decimo octavo.

Per Regem, presentibus Dominis Biturie, Burgundie *ac* Borbonii Ducibus, *Domino* Petro *de* Navarra, *Constabulario;* [b] *Vobisque, Admiraldo, Magistro Balisteriorum, aliisque nonnullis.* HUE. Pour le Roy.

[a] in dictis. 2.e Copie.

[b] *Le Chancelier de France. Voy. le 5.e Vol. de ce Rec. pag. 653. Note (c).*

CHARLES VI. à Paris, le 27. de Juillet 1398.

(a) Lettres par lesquelles il est ordonné au Sénéchal de Beaucaire, de faire mettre en prison tous ceux qui, dans l'étendue de sa Jurisdiction, porteront des Bulles ou autres Lettres contraires à la Soustraction qui a été faite en France à l'obédience de Benoît XIII, & d'en donner avis au Roy, & de faire arrêter les autres Bulles & Lettres quoiqu'elles n'aient point de rapport à cette Soustraction, sans néanmoins faire mettre en prison ceux qui les porteront.

CHARLES par la grace de Dieu Roy de France. Au *Séneschal* de *Beaucaire* & de *Nismes,* ou à son Lieutenant: Salut. Comme pour miex & plus briement parvenir à l'union de nostre mere sainte Eglise, Nous [c] ayent fait certaine [d] Ordenence

[c] *ayons.*

[d] *elle est ci-dessus,* p. 258.

NOTE.

(a) La Copie de ces Lettres a été envoyée de *Montpellier* avec cette indication: *Sénéchaussée de* Nismes *en général, Armoire* A. *Liasse 19. des Actes ramassez, N.o 3. folio 7 verso.* Voy. la Préface de ce Volume. §. *Schisme.*

dont

dont bientost vous apparra, par nos Lettres Patentes, Nous pour le bien & seurté de la besoigne, voulons & vous mandons estroitement, en commettant; se [a] mestier est, que par touts les Ports, Passaiges, Jurisdictions & [b] Distroits de vostre Séneschaussie, vous fassiés & faciés faire de par Nous la [c] greigneur diligence que estre pourra, que se aucuns de quelque condition qu'ils soient, y estoient trouvés portans Monitions, Procés, Sentences, Bulles, ou autres Lettres Patentes ou closes, préjudiciables, ou que l'en supposast aucunnement estre contraires à nostre ditte Ordennance & à l'exécution d'icelle, ou à aucun de nos subgiés, que iceulx Porteurs, Procés, Monitions, Bulles & Lettres, vous prenés & arrestés, ou faites prendre & arrester incontinent, & les détenés ou faites détenir seurement, & les personnes en prison fermée, jusques à tant que Nous par vous de & sur ce premiérement acertennés, en ayons ordenné; & s'il y avoit autres Lettres ou Bulles non faisans mention dudit fait, si les prenés ou faites prendre, & les Nous envoyés sans délay, & sans arrester ne détenir les porteurs d'icelles; & en ce mettés & faites mettre telle & si bonne & effectuelle diligence, qu'il n'y ait faute, & vous n'en doiés ou puissiés estre repris; car [d] tes-grandement Nous seroit à déplaisance: & Nous mandons à touts [e] nous Justiciers, Officiers & subgiés, que à vous & à [f] vous commis & députtés en ce faisant, [g] obéissant & entandent diligemment, & donnent ayde, confort, conseil & prisons, se mestier est & requis en sont. *Donné à* Paris, *le XXVII.e jour de Juillet, l'an de grace mil CCC IIII.xx dix-huit; & de nostre Regne le XVIII.e*

Par le Roy, Messieurs les *Ducs* de *Berry,* de *Borgogne* & de *Bourbonnois,* Messieurs *Pierre* de *Navarre,* le Connestable, [h] Vous, l'Amiral, le Maistre des Arbalestriers, & plusieurs autres présents.

CHARLES VI. à Paris, le 27. de Juillet 1398.

a *besoin.* b *Districts.* c *meilleure.*

d *app. très.* e *nos.* f *vos.* g *obéissent.*

h Le Chancelier de France. *Voy. le 5.e Vol. de ce Rec. pag.* 653. Note *(c).*

(a) Lettres qui abolissent les Appeaux volages & frivoles dans la Ville de Landouzy en Tiérarche.

CHARLES VI. à Paris, en Juillet 1398.

CHARLES, &c. Savoir faisons à tous présens & avenir, Nous avoir veu les Lettres dont la teneur s'ensuit.

A Tous ceulx qui ces présentes Lettres verront ou orront. *Jehan* le *Riche* Receveur du Demaine du Roy nostre S. ou *Bailliage* de *Vermendoiz,* & *Regnaut* de *Maisons,* Procureur dudit S. oudit Bailliage, Commissaires donnez & députez de par le Roy nostredit S. sur le fait des affranchissemens des Appeaulx volages en la Prévosté & Ressort de *Laon:* Salut. Nous avons receu les Lettres du Roy nostredit S. desquelles la teneur s'ensuit.

CHARLES par la grace de Dieu Roy de France. A noz Receveur & Procureur ou *Bailliage* de *Vermendoiz:* Salut. Plusieurs habitans de la Prévosté & Ressort de *Laon,* Nous ont fait signiffier que les Appeaulx volages dont l'en use oudit Païs, sont moult préjudiciables & dommagables à tout le commun peuple d'iceulx Prévosté & Ressort, & que par iceulx Appeaulx sont continuelment faiz audit peuple moult grans griefs, excès & malices, requerans que sur ce leur vueillons pourveoir de remede gracieux & convenable, & Nous ont offert à donner & assigner sur chacun Feu de chef d'ostel, certaine rente & recompensacion du proufit qui Nous vient desdiz Appeaulx: pourquoy Nous qui tousjours vouldrions obvier à toutes fraudes & malices, & noz subgiez garder & norrir en paix & transquilité à nostre povoir, vous mandons par la teneur de ces Présentes, que vous vous transportez en ladicte Prévosté & Ressort, & tous ceulx qui à rente perpétuelle souffisente vouldront traictier, accorder ou composer à vous en nostre nom, pour estre exemps desdiz Appeaulx, recevez à ladicte Composicion, ainsi comme il vous semblera qu'il soit à faire, pourveu que à

NOTE.

(a) Trésor des Chartres, Registre 153. Pièce III.e IIIIxx. IIII. [384.]

CHARLES VI.
à Paris, en Juillet 1398.

a corr. moins.
b moins.

tout le [a] mois ilz feront tenuz de paier II. Sols Parisis pour chacun Feu, & de la Composition que vous ferez avec eulx de par Nous, leur baillez voz Lettres séellées de vos Seaulx, par lesquelles rapportant, avec obligacions souffisentes de ce, Nous leur ferons bailler noz Lettres confirmatoires des vostres, en fourme deue; & affin que plus briefment & à [b] mains de difficulté puisse estre procédé audit fait, Nous vous donnons povoir & auctorité, & ausditz habitans congié & licence de faire pour ce assemblée de gens en tel nombre comme besoing fera, là où vous toutevoies, ou aucun nostre Officier par vous commis, soit présent & appellé, sanz ce que lesdiz habitans qui par la manière & pour la cause devant dicte feront ainsi assemblez, puissent estre de ce repris ne traictiez à Amende par aucuns noz Officiers ou Seigneurs haulx Justiciers, ne autres: mandons & commandons à tous noz Justiciers & subgiez, que à vous ès choses dessus dictes obéissent & entendent diligemment. *Donné à* Paris, *le XVIII.e jour de Novembre, l'an de grace mil CCC IIII.xx & XV, & de nostre Regne le XVI.e* Et estoient ainsi signées. Par le Conseil étant en la Chambre des Comptes, ouquel les Trésoriers étoient. G. MILERAC.

Ausquelles Lettres Royaulx dessus transcriptes, estoit attaché un Mandement de noz grans & doubtez Seigneurs Nosseigneurs les Gens des Comptes & Trésoriers d'icelui Seigneur à *Paris*, contenant ceste fourme.

Les Gens des Comptes & Trésoriers du Roy nostre S. à *Paris*. Aus Receveur & Procureur du Roy nostredit S. ou *Bailliage* de *Vermendoiz*: Salut. Nous vous mandons & à chacun de vous, si comme à lui appartient, que vous entérinez & acomplissez les Lettres Royaulx cy-attachées soubz l'un de noz Signés, de point en point, selon leur fourme & teneur, en la manière que ledit Seigneur le mande. *Donné à* Paris, *le XXV.e jour de Novembre, l'an mil CCC IIII.xx XV.* Ainsi signées. G. MILERAC.

Suite des Lettres des Commissaires du Roy.

Par vertu desquelles Lettres dessus transcriptes, nous nous sommes transportez en la Ville de *(b) Landouzis* en *Therasche*, en laquelle nous avons oy la complainte des Bourgeois, manans & habitans d'icelle Ville de *Landouzis*, & nous aient dit & signifiez que à cause des Appeaulx volages de ladicte Prevosté, ilz ont euz & soustenuz & soustiennent de jour en jour plusieurs grans griefs, travaux, molestes, empeschemens & dommages, en nous requerant à grant instance, que pour & ou nom du Roy nostre S. les vueillons exempter & affranchir de tous Appeaulx volages & frivoles quelz qu'ilz soient & ou que ilz soient faiz, tant en Jugement comme hors Jugement, & de tous Adjournemens & poursuites qui pour cause des Appeaulx volages ou d'Appeaulx frivoles, se povoient ou souloient faire à l'encontre desdiz Bourgoiz, manans & habitans de ladicte Ville, ou d'aucuns d'iceulx, & que iceulx Appeaulx volages & frivoles vueillons du tout oster, [c] arroguer, abolir, anuller & abattre, en nous offrant pour ce rendre & paier doresénavant chacun an, par eulx & leurs successeurs Bourgoiz de ladicte Ville, exceptés des personnes qui ne sont pas subgettes ausdiz Appeaulx, à nous Receveur dessus nommé pour le Roy nostredit S. & ses Successeurs, ou à noz successeurs Receveurs dudit Bailliage, au jour de la Feste Saint-Martin d'iver, deux Solz Parisis pour chacun Feu de chef d'ostel, sanz ce que ce leur tourne à aucune autre servitute; & nous considérans leur dicte Requeste estre juste & raisonnable, selon l'Ordonnance faicte du Roy nostredit S. surlesdiz Appeaulx volages, avons fait Composicion aus diz habitans, & dès maintenant avons osté & abatu, ostons & abatons du tout en tout à tousjours perpétuelment, lesdiz Appeaulx & Adjournemens volages, & tous autres Appeaulx & Adjournemens frivoles quelz qu'ilz soient faiz, tant en Jugement comme hors Jugement, en ladicte Ville & hors de ladicte Ville, excepté Appeaulx & Adjournemens pour deffaut de droit, ou par faux &

c du latin *abrogare*.

NOTE.

(b) Landouzis.] On trouve dans le Dict. universel de la France *Landouzy-la-Cour* généralité de *Soissons* & Election de *Laon*; & *Landouzy-la-Ville*, de la même généralité & de l'Election de *Guise*. On ne peut déterminer duquel de ces lieux il s'agit ici, parce que suivant ce même Dictionnaire, aux noms *Guise* & *Laon*, une partie de la *Thierasche* est de l'Election de *Laon*, & l'autre de celle de *Guise*.

CHARLES VI. à Paris, en Juillet 1398.

mauvaiz Jugement, & yceulx habitans pour eulx & pour leurs fucceffeurs, afranchiffons & délivrons defdiz Appeaulx volages & frivoles, à tousjours perpétuelment, & de tous Ajournemens qui par raifons d'Appeaulx volages ou pour fait fur l'Appel, fe pourroient ou povoient ou fouloient faire avant noftredit afranchiffement, parmi & foubz les condicions qui enfuivent; c'eft affavoir, que iceulx habitans font & feront tenuz de rendre & païer pour une foiz à nous Receveur deffus nommé pour ledit S. la fomme de vint-cinq Livres Tournois; & avec ce, que tous les habitans de ladicte Ville, & leurs fucceffeurs, excepté les perfonnes qui ne font pas fubgettes aufdiz Appeaulx, feront tenus de rendre & païer au Roy noftre S. pour chacun Feu de chef d'oftel de ladicte Ville, chacun an au jour de Fefte Saint Martin d'iver, en la Ville de *Laon* II. Solz Parifis, lefquelz ilz païeront à nous Receveur de *Vermendoiz* pour le Roy noftredit Seigneur, en cefte préfente année, & doreſénavant à nous ou à ceulx qui de par le Roy ou fes Succeffeurs feront députez à ce recevoir, fanz fervitute que on y puift dire ou propofer à avoir ou demander fur eulx pour cefte redevance; & s'il y avoit aucuns defdiz habitans qui feuffent non païables, les bien païables les feroient païables, en telle manière que le Roy noftredit Seigneur & fes Succeffeurs auront entièrement les II Solz Parifis deffufdiz pour chacun Feu de chef d'oftel en ladicte Ville, & en la manière que dit eft.

Item. Se il avenoit que aucuns des foubzmanans de ladicte Ville, alaffent demourer dehors d'icelle en lieu qui foit fubget aufdiz Appeaulx, ilz ne joyront pas de cefte franchife tant comme il demourront hors de ladicte Ville en lieu fubget aufdiz Appeaulx.

Item. S'il advient que lefdiz habitans de ladicte Ville, appellent aucuns autres fubgez aufdiz Appeaulx volages, qui n'ayent femblable franchife, les appellans pourront pourfuir leurs Appeaulx fe il leur plaift, & ou cas là où il ne les pourfuiront, ceulx qui auront efté appellez les pourront pourfuir, s'il leur plaift, [a] de leur intéreft, pardevant les Gens du Roy, & en feront tenuz d'en refpondre par voye d'Adjournement & non autrement; & fe ilz eftoient condempnez, ilz païeront l'Amende [b] pour la Court demourée tant feulement, & les [c] deffaulx fe en deffaulx fe mettoient après ledit Adjournement fait, & ou cas là où Partie appellée ne feroit demande de fon intéreft, les Gens du Roy ne pourroient lefdiz appellans pourfuir ne traire à Amende pour caufe defdiz Appeaulx ne de la défaute de pourfuir yceulx; & pourront lefdiz habitans tant en commun comme en fingulier, appeller de Appeaulx volages & de plait & querelle, leur Seigneur ou Seigneurs de ladicte Ville, fon Mayeur ou Mayeurs, & Juftice, tant en Jugement comme hors, & fera ledit Seigneur, fon Maieur & Juftice, tenus de venir obéir aufdiz Appeaulx faiz par lefdiz habitans, en la fourme & manière que yceulx habitans le povoient faire paravant, & que lefdiz Seigneur, fondit Majeur & Juftice, y eftoient tenuz avant ceft préfent afranchiffement; mais lefdiz habitans ne pourront eftre appellez; & fe on les appelloit, fi ne feroient eulx tenuz à venir ne obéir aufdiz Appeaulx volages; & n'eft pas noftre entente que s'il y a aucuns Clers habitans en ladicte Ville, qui aient perfonnes laies demourans en leurs hoftelz, que lefdictes perfonnes laies puiffent joïr ne ufer de ladicte franchife, fe ilz ne paient les II Solz Parifis deffus diz, comme les autres habitans de ladicte Ville: réfervé au Roy noftredit Seigneur & à fes Succeffeurs, les Appeaulx de deffaut de droit & de mauvaiz & faulx Jugemens, & les Adjournemens & tous autres cas au Roy appartenans pour caufe de fa Souveraineté, en autres faiz & en autres caufes efquelles lefdiz habitans feront tenus de venir & obéir ainfi comme ilz faifoient avant l'octroy de cefte franchife; & afin que lefdiz habitans de ladicte Ville, ne foient contrains par nous Receveur deffus nommé, ou autres noz fucceffeurs, commis ou députez de par le Roy noftre Sire, à paier chacun an pour plus de Feux qu'il ne aura en ladicte Ville, Nous avons ordonné pour paix & pour ofter toute fraude, que chacun an les Feux de ladicte Ville feront comptez entre la Saint Remy en Octobre, & la Touffains, par nous Receveur deffus nommé, ou noz fucceffeurs, ou autres à ce commis de par ycellui Seigneur, fans prendre defpens ou falaire pour

[a] *pour faire demande de leur intérêt, comme il y a plus bas,*

[b] *pour n'avoir pas pourfuivi leur Appel.*

[c] Il femble qu'il devroit y avoir *deffaillants.*

CHARLES VI.
à Paris, en Juillet 1398.

ce faire, sur ladicte Ville, & par le Maieur & les Eschevins de ladicte Ville, pour savoir justement combien les habitans de ladicte Ville, devront chacun an au Roy nostredit S. & sera [a] la monnoye pour ladicte Ville, levée & payée par le Mayeur d'icelle Ville, ou par ses députez, chacun an, en ladicte Ville de *Laon,* à nous Receveur dessusdit, ou noz successeurs, ou commis à ce, à ladicte Saint Martin d'iver, si comme devant est dit, sans demander ne lever Amende se ilz estoient en deffault de paier au jour dessusdit; & avons accordé ausdiz habitans de ladicte Ville, que les Feux des Clers ne des povres mandians qui pourchassent leur pain communément parmi ladicte Ville, sans fraude & décevance, ne seront pas comptez ne tenus à paier comme les autres. Si donnons en mandement par ces présentes, de par le Roy nostre S. & de par nous, à tous ses Justiciers, Officiers & subgez, présens & avenir, à qui il appartendra, requerons tous autres, que lesdiz Bourgois, manans & habitans de ladicte Ville de *Landouzis,* & leurs successeurs & chacun d'iceulx, seuffrent & laissent joïr & user paisiblement & plainement de l'octroy & franchise dessus dicte, en la manière & soubz les condicions cy-dessus déclairées, sans en ce mettre aucun empeschement. En tesmoing de ce, nous avons séellé ces présentes Lettres de noz propres Seaulx dont nous usons en noz diz Offices, & saingnées de noz Saingz manuelz: sauf en autres choses le droit du Roy nostredit Seigneur, & l'autrui en toutes. *Ce fut fait en l'an de grace nostre Seigneur, mil CCC IIII.xx & quinze, vint trois jours ou mois de Décembre.* Ainsi signé. LE RICHE. R. DE MAISONS.

[a] *la redevance.*

Ausquelles Lettres dessus transcriptes, estoient annexées unes Lettres de aprobacion, dont la teneur est telle.

A TOUS ceulx qui ces Lettres verront, *Gilles* Seigneur *Du Plaissis-Brion,* Chevalier, Chambellan du Roy nostre S. & son *Bailli* de *Vermendoiz:* Salut. Sachent tuit que aujourd'huy sont comparus pardevant nous à *Laon,* honnorables hommes & saiges *Jehan* le *Riche,* Receveur de *Vermendois,* & Maistre *Regnault* de *Maisons,* Procureur du Roy nostre S. oudit Bailliage, & ont recongneus que les Seaulx pendans aux Lettres parmi lesquelles ces présentes sont infixées, sont leurs propres Seaulx desquelx ilz usent; c'est assavoir, le premier Séel, le Séel dudit Receveur, & le second Séel, le Séel dudit Procureur, & que les choses contenues en ycelles Lettres, sont vrayes. En tesmoing de ce, nous avons mis à ces Lettres, le Séel dudit Bailliage. *Ce fut fait en l'an de grace mil CCC IIII.xx & seize, XV jours ou moys d'Avril.* Ainsi signées. E. DE BEELON.

Suite des Lettres de Charles VI.

Lesquelles Lettres dessus transcriptes & tout le contenu en ycelles, nous louons, ratiffions & approuvons, & par la teneur de ces présentes, de grace espécial confermons. Si donnons en mandement par ces présentes, au *Bailli* de *Vermandois,* & à tous noz autres Justiciers & Officiers, ou à leurs Lieuxtenans, présens & avenir, & à chacun d'eulx, si comme à lui appartendra, que lesdiz habitans & chacun d'eulx, de nostre présente grace & confirmacion facent & seuffrent joïr & user sans les molester ou empeschier ne souffrir estre molestez ou empeschiez en aucune manière, & cetera. *Donné à* Paris, *ou mois de Juillet, l'an de grace mil CCC IIII.xx & dix-huit, & le XVIII.e de nostre Regne.*

Par le Roy, à la relacion du Conseil. N. DE VOISINES.

CHARLES VI. à Paris, en Juillet 1398.

(a) Lettres qui confirment un accord fait sur différentes matières, entre le Seigneur de la Ville de Clermont du diocèse de Lodêve, & les Consuls & les habitans de cette Ville.

SOMMAIRES.

(1 p. 278.) Les habitans de Clermont auront un Corps, une Communauté & un Consulat, & ils éliront tous les ans trois Consuls.

(2 p. 279.) Les Consuls de Clermont éliront tous les ans des personnes qui seront chargées du soin des rues & des chemins, & les Ordonnances que ceux-ci feront par rapport à ce sujet, seront exécutées par les Officiers du Seigneur de ce lieu, entre les mains de qui ces personnes prêteront Serment.

(3 p. 279.) Ces Consuls éliront tous les ans des personnes qui seront chargées de faire les estimations des dommages faits par des particuliers dans la Ville de Clermont & dans son territoire. Elles prêteront Serment entre les mains des Officiers du Seigneur, qui seront tenus de s'en rapporter aux estimations qu'elles auront faites.

(4 p. 279.) Lorsqu'il s'élevera des contestations entre le Seigneur de Clermont, d'une part, & les Consuls & habitans, de l'autre, les Parties avant que d'entrer en procès, choisiront chacune une personne pour les accorder amiablement; & si ces personnes ne peuvent y réussir, elles feront le rapport de l'affaire aux Officiers Royaux de Besiers, qui rendront un Jugement.

(5 p. 283.) Le Seigneur de Clermont pourra accorder de nouveaux Priviléges aux habitans de ce lieu.

(6 p. 283.) Les personnes que les Consuls chargeront du soin des rues & des chemins, connoîtront aussi des bornes des héritages & de différentes matières qui concernent les maisons & les bâtimens.

(7 p. 284.) Les personnes chargées par les Consuls de faire l'estimation des dommages causez par des particuliers dans des héritages, connoîtront aussi des dommages que, par négligence ou par fraude, y feront ceux qui en jouissent à titre de ferme, de loyer ou d'usufruit. Le Seigneur réserve à ses Officiers la connoissance de différens délits ou crimes qui peuvent être commis à ce sujet.

Ceux qui seront chargez du soin des rues & des chemins, & de faire les estimations ci dessus marquées, prêteront serment entre les mains des Consuls seulement.

(8 p. 285.) Les Actes des Jugemens rendus par ceux qui seront chargez du soin des rues & des chemins, & de faire l'estimation des dommages, ne seront reçus que par des Notaires du Seigneur de Clermont, qui seront habitans de cette Ville, ou qui y seront domiciliez.

KAROLUS, &c. Notum facimus universis presentibus pariter & futuris, Nos vidisse Litteras, formam que sequitur, continentes.

IN nomine Domini nostri Jesu Christi: Amen. Anno Incarnacionis ejusdem millesimo CCC.° octuagesimo octavo, Illustrissimo Principe Domino Karolo Dei gracia Rege Francorum regnante; scilicet, die sextâ mensis Madii, noverint universi quòd cum dudum inter nobilem & potentem virum Dominum Berengarium Guillelmi, *Militem, Dominum de (b)* Claromonte, *in* Laudovesio, *ex una parte, & tunc Sindicos, Universitatem & singulares dicti loci, ex parte altera, super concessione Consulatûs per bone memorie (c) Philippum quondam Regem Francorum, de voluntate & expresso consensu prefati Domini*[a] Claromontensis, *Scindicis, Universitati & singularibus predictis facta, conventum & concordatum fuerit, & deinde per dictum Dominum nostrum Regem confirmatum, quòd dicti Scindici, Universitas & singulares, ac homines dicti loci de* Claromonte, *qui tunc erant & qui pro tempore essent, & eorum successores, ex tunc in antea haberent & habere possent perpetuò Universitatem & Corpus seu Collegium, ac Consulatum seu Domum communem, & tres Consules annuales qui annis singulis in dicto loco de* Claromonte *nominarentur, eligerentur & crearentur, prout in Instrumento concessionis hujusmodi inferiùs designando continetur, nec non quòd Consules dicti loci seu regentes Consulatum, si qui forent, & eorum successores, eligerent & eligere possent &*

a *Claromon.* Reg. là & dans presque toute la pièce.

NOTES.

(a) Trésor des Chartres, Registre 154. P. VII.xx XIII. (153.)

(b) *Claromonte.*] Clermont dans le Diocèse de *Lodève*. Voyez le Dictionnaire universel de la France à ce nom, colonne 862.

(c) *Philippum.*] Philippe de Valois: car il est dit dans la suite de ces Lettres, que le Commissaire du Roy mit les habitans en possession du Consulat, le 29. de Juillet 1347.

CHARLES VI.
à Paris, en Juillet 1398.

nominare annis singulis, certos homines pro cura habenda de Carreriis & viis tam in dicto Castro quàm ejus terminalibus & territoriis scituatis, quos dicti Consules presentare haberent & tenerentur Domino dicti loci seu ejus Bajulo vel ejus Locumtenenti, pro prestando Juramentum de se benè & fideliter habendo in premissis, quod Juramentum predicti homines sic electi & nominati prestare tenerentur in manibus Domini dicti loci seu ejus Bajuli vel ejus Locumtenentis, antequam uterentur seu uti possent Officio memorato, post cujus [a] *Juramentum recepcionem, Dominus dicti loci seu ejus* [b] *Bajuli vel ejus Locumtenens, vel ejus Curia, ad notificacionem predictorum Carreyriorum ad premissa nominatorum & electorum, eaque* [c] *& de viis seu Carreyriis predictis ordinarent seu ducerent ordinanda, tangencia tamen eorum Officium, exequatur: verumptamen si circa premissa aliqua opposicio fieret per Partem aliquam, verbo vel aliter, cognicio & execucio premissorum non ad ipsos Carreyrerios, sed ad Dominum dicti loci seu ejus Curiales solum & insolidum pertineret, quòdque dicti Consules, & regentes, si qui essent, anno quolibet possent eligere, deputare & habere pro sui arbitrio, certos homines qui (d) Talas committendas in territoriis & terminalibus predictis, extimare haberent, & eorum extimacioni* [d] *starentur & stare deberet per Dominum seu Bajulum dicti loci vel ejus Locumtenentem, qui tunc erat vel pro tempore esset in dicto loco, in cujus manibus Extimatores predicti in principio administracionis sui Officii, jurarent & jurare haberent quòd in suo predicto Officio fideliter benè se haberent, ac eciam quòd super questionibus, controversiis seu debatis civilibus quibuscumque, si que in futurum quomodocumque orirentur, seu in futurum oriri contingeret inter ipsas Partes, super quibus non possent se ad invicem concordare, quòd dictus Dominus* Claromontensis *& ejus successores, deberent & tenerentur eligere tociens quociens premissa contingerent, unum Tractatorem, & Consules seu Regentes predicti, alium Tractatorem eligere & deputare deberent & tenerentur, antequam ipse Partes vel earum altera, ad alterius instanciam essent in Judicio vocate, qui Tractatores tractarent & tractare deberent inter ipsas Partes, infra octo dies tunc proximè continuos & sequentes, de pacificando & sopiendo ac determinando amicabiliter debata & questiones ac controversias predictas, prout hec & alia in quibusdam Capitulis contentis & expressis in quodam publico Instrumento concessionem dicti Consulatûs continentem, in notam recepto, ut in eo legitur, per Magistros* Raynaudum Rosselli *de* Bitterris, *&* Bernardum Chatmarii *de* Carcassona, *publicos auctoritate Regiâ & Curie Domini* Senescalli Carcassone, *Notarios, sub anno ab Incarnacione Domini millesimo CCC.° quadragesimo primo, die primâ mensis Aprilis, continentur: Quorumquidem Capitulorum in dicto Instrumento inter nonnulla alia Capitula contentorum, tenor per ordinem* [e] *subsequntur.*

(1) In primis enim fuit actum & concordatum per modum Composicionis seu Concordii seu amicabilis Composicionis & aliter, [f] eis melioribus modo & forma quibus de jure fieri potest, conventum inter Partes predictas sub & cum protestacionibus suprascriptis, & idem Dominus *Claromontensis* pro se & suis heredibus & successoribus, voluit, consensit & expressim concessit quòd nonobstantibus predictis Arrestis sive Sentenciis & Privilegiis & Litteris Regiis infrascriptis, & aliis inde factis quomodolibet & sequtis, & quibuscumque aliis scripturis, Instrumentis seu munimentis de quo ad hec & alia infrascripta obviare seu prejudiciare quomodolibet possent, quibus omnibus & singulis idem Dominus *Claromontensis* gratis, scienter & consultè, ac per pactum validum, expressum & solempne, sub & cum protestacionibus predictis renunciavit, eaque ex nunc cassa, irrita & nulla esse voluit, quòd Dominus noster Rex concedat quòd homines predicti de *Claromonte,* qui nunc sunt & qui pro tempore fuerint, & eorum successores ex nunc in antea habeant & habere possint perpetuò Universitatem & Corpus seu Collegium ac Consulatum seu Domum communem, & tres Consules annuales, qui annis singulis in dicto loco de *Claromonte* nominabuntur & eligentur & creabuntur, ut inferiùs continetur, & quòd dicti tres

[a] Juramenti. *Voy. p. suiv. art. 2.*
[b] *Il faut app. corriger* Bajulus *comme il y a plus haut.*
[c] *suppl.* in comme *ci-dessous, pag. suivante, art. 2.*
[d] *Il faut corr.* staretur & stari deberet.
[e] subsequitur.
[f] *corr.* &.

NOTE.

(d) Talas.] Suivant le Glossaire de *Du Cange,* au mot *Tala,* il signifie un dommage causé; & on a dit aussi *Tallia* dans ce sens. *Tallia* se trouve en effet plus bas, p. 280.

Consules annuales regant & [a] gubernant, regentque & gubernabunt ut Consules & Officio Consulis fungentes, anno quolibet Consulatum & Universitatem de *Claromonte*, & omnia alia facient & exercebunt que ad Consulatum & Officium Consulum pertinent & pertinere possunt, tam de Jure Scripto quàm ex usu, stilo ac consuetudine Vicarie *Bitterrensis*.

(2) *Item.* Fuit actum & expressum, conventum & concordatum inter Partes predictas, quòd Consules dicti loci, seu regentes Consulatum, si qui fuerint, & eorum successores, eligere possint & nominare annis singulis certos homines pro cura habenda de Carreriis & viis tam in dicto Castro quàm ejus terminalibus & territoriis situatis, quos dicti Consules presentare habeant & tenebuntur Domino dicti loci seu ejus Bajulo vel ejus Locumtenenti, pro prestando Juramentum de se benè & fideliter habendo in premissis: quod Juramentum predicti homines sic electi & nominati prestare tenebuntur in manibus Domini dicti loci, seu ejus Bajuli vel ejus Locumtenentis, antequam utantur seu uti possint Officio memorato; post cujus Juramenti recepcionem, Dominus dicti loci seu ejus Bajulus vel ejus Locumtenens, vel ejus Curia, ad notificacionem predictorum Carrayreriorum ad premissa nominatorum & electorum, eaque in & de viis seu Carreriis predictis ordinaverint seu [b] dixerint ordinanda, tangencia tamen eorum Officium, exequatur: verumptamen si circa premissa aliqua opposicio fieret per Partem aliquam, verbo vel aliter, cognicio & execucio premissorum non ad ipsos Carrayrarios, sed ad Dominum dicti loci seu ejus Curiales solum & insolidum pertinebit.

(3) *Item.* Fuit actum & expressum, conventum & concordatum inter Partes predictas, quòd dicti Consules, & regentes, si qui fuerint, anno quolibet poterint eligere ac deputare & habere pro sui arbitrio, certos homines qui Talas committendas in territoriis & terminalibus predictis extimare habebunt, & eorum extimacioni stabitur & [c] stare debebit per Dominum seu Bajulum dicti loci seu ejus Locumtenentem, qui nunc est vel pro tempore fuerit in dicto loco, in cujus manibus Extimatores predicti in principio administracionis sui Officii, jurabunt & jurare tenebuntur quod in suo predicto Officio fideliter benè se habebunt.

(4) *Item.* Ut pax & concordia juxta ipsarum Parcium votum seu desiderium, meliùs & perfectiùs inter eas valeant perpetuò observari, fuit actum & expressum, conventum & concordatum inter ipsas Partes, gratis, scienter & consultè, & per pactum validum & sollempne, quòd super questionibus, controversiis seu debatis civilibus quibuscumque, si que in futurum quomodocumque orirentur seu oriri contingerit inter ipsas Partes seu inter prenominatum Dominum *Berengarium Guillelmi*, Dominum dicti loci, & heredes ac successores suos Dominos *Claromontenses*, ex una parte, & Consules & Universitatem dicti loci, ex altera, super quibus non possent se adinvicem concordare, quòd dictus Dominus *Berengarius Guillelmi*, & heredes & successores sui, debeant & teneantur eligere tociens quociens premissa contingerint, unum Tractatorem, & Consules seu regentes predicti, alium Tractatorem eligere & deputare debeant & teneantur, antequam ipse Partes vel earum altera, ad alterius instanciam fuerint in Judicium evocate, qui Tractatores tractent & tractare debeant inter ipsas Partes infra octo dies tunc proximè continuos & sequentes, de pacificando & sopiendo, ac terminando amicabiliter debata & questiones ac controversias predictas que inter ipsas tunc orte fuerunt seu mote; & si Tractatores predicti per hunc modum Partes ipsas concordare seu ad pacem & concordiam redducere nequirent, quòd nunc debata, questiones, seu controversie predicte que inter ipsas Partes [d] seu, per ipsos Tractatores refferantur ad Dominos Curiales Regios *Bitterris* Domini Regis, & eorum consilium, qui auditis ipsis Partibus, suisque juribus, racionibus, & probacionibus si que faciende fuerint, simpliciter & de plano & absque strepitu & figura Judicii, debata & questiones seu controversias predictas audient, examinabunt, & de eis cognoscent, easque, prehabito super hiis consilio cum Advocatis & Consiliariis dicte Curie, neutri Parti suspectis, ipsorumque seu majoris & sanioris eorum partis, consilium & mentem ac formam ipsius consilii sequentes, celeriter

[a] *gubernent.*

[b] corr. *duxerint.*

[c] corr. *stari.*

[d] Il faut peut-être corr. *sunt.*

CHARLES VI. à Paris, en Juillet 1398.

terminabunt seu diffinient, exequentur & facient execucioni debitè demandari.

Cumque nunc & de novo debata, questiones & controversie quedam moverentur & orirentur seu moveri & oriri sperarentur inter providos viros Petrum Ronerii, Martinum Pahonis *&* Petrum Cabassini, *Consules nunc dicti loci* Claromontensis, *& Universitatis ejusdem, ex una parte, & nobilem & potentem virum Dominum* Deodatum Guillelmi, *nunc Dominum dicti loci* Claromontensis, *ex parte altera, ex eo & pro eo quia dicti Consules nomine dicte Universitatis, dicebant & asserebant quòd vigore secundi capituli superiùs inserti, de viis & Carreriis mencionem facientis, Carreyrarii seu homines qui per Consules dicti loci eliguntur pro cura habenda de Carrayreriis & viis, juxta tenorem dicti Capituli, possunt cognoscere & ordinare de Carreyreriis & viis, ac eciam de limitacionibus sive terminis prediorum & possessionum in dicto loco & Juridicione scituatorum, ita quòd si aliqua persona dicti loci & ejus Juridicionis, aliquid de possessionibus seu prediis alterius persone vel aliarum personarum ejusdem loci seu Juridicionis ejusdem, occupaverit per evulcionem terminorum aut aliter, quòd dicti* [a] *Carrayrariis possunt cognoscere & ordinare quòd premissa ad statum pristinum & debitum reducantur, nec non & debatis & questionibus que movebantur & moveri poterant inter gentes dicti loci & habitatores ejusdem, in* [b] *parretibus & tectis, fundamentis & aquaversibus hospiciorum in dicto loco & suburbiis ejusdem situatorum, tam ex ruinis parietum, quàm ex occupacionibus & usurpacionibus trabum & fustarum (e) apilamentarum ac aliter, licet premissa Carrerias ac vias non tangant.*

(f) Item. *Dicebant & asserebant quòd vigore dicti primi Capituli superiùs inserti, & alterius articuli eciam superiùs inserti mencionem facientis de Talis, probi viri per Consules* Claromontenses *eligendi ad extimandum Talas, prout in tercio capitulo superiùs inserto continetur, possunt extimare (g) maletengudas, sive cessaciones & falsificaciones operum, que fiunt per quoscumque homines in prediis & possessionibus que & quas tenent conductas vel arrendatas, vel quorum & quarum sunt usufructuarii quocumque titulo, prout alias Talas committendas in territoriis & terminalibus* [c] Claromontensibus: *nam dicte maletengude, & operum cessaciones & falsificaciones vim Talarum obtinebant & sapiebant, ut dicebant Consules memorati nomine predicto, & premissa dicebant & asserebant prenominati Consules per dictos Carrayrerios & Talarum Extimatores debere & posse fieri modo per eosdem Consules supra proxime allegato & asserto, maximè attento tenore primi capituli superiùs inserti; presertim quia in Vicaria* Bitterris, *& in locis ubi sunt Consules, sic de premissis utitur, prout ipsi Consules superiùs asseruerunt,* [d] *& ego eciam quia Carrayrerii & Extimatores Talarum, qui erant pro superiùs nominato Domino* Berengario Guillelmi, *in dicto loco, ante concessionem dicti Consulatûs, cognoscebant, ordinabant & extimabant prout per ipsos Consules extitit superiùs assertum, & ob hoc venerabilis vir Magister* Petrus Vaysse *olim Clericus & Procurator Regius* Senescallie Carcassone, *Commissarius ad hec per Regiam Majestatem deputatus, qui Universitatem & singulares dicti Castri* Claromontensis, *in possessionem dicti Consulatûs posuit & induxit, Carreyrerios & Talarum Extimatores qui tunc pro dicto Domino erant in dicto loco, & qui modo premisso cognoscebant, ordinabant & extimabant, destituit; scilicet,* Petrum Gruzoni, Bernardum Petri *&* Petrum Marcialis *tunc Extimatores* [e] *Talliarum predictarum, &* Remundum *de* Furno, Bernardum Guilaberti, Guillelmum Asseti, *&* Bonotum Bornolis,

[a] Carrayrarii.

[b] parietibus.

[c] Claromon. *Reg.*

[d] *Il faut app. corr.* & ex co.

[e] Voy. ci-dessus, pag. 278. Note *(b)*.

NOTES.

(e) Apilamentarum.] Il n'y a dans le Reg. que *Apilament.* avec une marque d'abréviation. On trouve plus bas *apilamentis;* je n'ai rien trouvé sur ce mot.

(f) Item.] Cet article n'est point tiré comme les quatre précédens, des Lettres de concession du Consulat, mais il contient la suite des prétentions des Consuls.

(g) Maletengudas.] Suivant le Glossaire de *Du Cange,* au mot *Tenere* 1. col. 1053. *tenguda* signifie une teneure, un héritage. Il s'agit dans cet article de ceux qui n'entretenoient pas bien les héritages dont ils étoient usufruitiers ou fermiers [car c'est le sens que je donne aux mots *cessaciones & falsificaciones operum*] & on peut en conclurre que les délits qu'ils commettoient par négligence ou par fraude, s'appelloient *Maletengudæ,* mauvaises teneures.

tunc

CHARLES VI. à Paris, en Juillet 1398.

tunc Carreyrerios dicti loci pro Domino memorato, & alios loco eorum, nomine dicte Universitatis induxit & [a] *possuit; videlicet,* Johannem [b] Pestruchi, [c] Bernardum Boneti *&* Bernardum Guillaberti *Extimatores Tallarum, &* Remundum Malrossii, Berengarium Columbi, Petrum Trapas, Remundum Galliacii *in Carrayrerios, prout de hujusmodi* [d] *distitucione, induccione & posicione fidem faciebant dicti Consules nomine quo supra, per quasdam clausulas contentas in Instrumento possessionis dicti Consulatûs in notam recepto, subscripto ut in eo legitur, & signato per Magistros* Guillelmum Romani, *&* Franciscum Tessorii *Notarios Regios, sub anno Domini millesimo CCC.° quadragesimo septimo, & die vicesima nona mensis Julii; quarum clausularum tenores per ordinem subsequuntur.*

Deinde verò, eâdem die, dictus Dominus Commissarius Subdelegatus sequendo formam Litterarum Regiarum predictarum, ad requisicionem Consulum, [e] distituit *Petrum Guizoni, Bernardum Petri* & *Petrum Marcialis* Extimatores Talarum que committuntur in territorio, & voluit quòd dicti Consules alios nomine eorum instituant in Officio supradicto, & ipsos in possessionem eligendi Extimatores induxit, & incontinenti, dicti Consules de voluntate dicti Domini Commissarii Subdelegati, in signum hujusmodi induccionis & adepte possessionis, [f] eligerunt in Extimatores Talarum que committuntur in territorio dicti loci; videlicet, *Johannem Pestrichi, Berengarium Boneti, Bernardum Guillaberti,* dicti loci, quiquidem electi dictum Officium in se suscipientes, promiserunt dictis Consulibus, se benè & fideliter habituros in Officio eis commisso: Ita facere juraverunt in manus dictorum Consulum, ad Sancta quatuor Dei Euvangelia per ipsorum quemlibet tacta, de quibus dicti Consules pecierunt sibi fieri instrumentum. Acta fuerunt hec in dicto loco de *Claromonte,* in presencia & testimonio *Remundi Balmas, Berengarii Columbi, Berengarii Bomerii,* & plurium aliorum, & mei *Guillelmi Romani* sepedicti & infrascripti Notarii. Postquam, eâdem die, dictus Dominus Commissarius Subdelegatus sequendo formam & tenorem Litterarum Regiarum predictarum, destituit *Remundum* de *Furno, Berengarium Guilaberti,* presentes ibidem, & *Guillelmi Asseri* & *Bonetum Bonioli,* absentes, tanquam presentes, olim Carreyrerios de *Claromonte,* & voluit quòd dicti Consules alios in dicto Officio nomine eorum instituant, prout in talibus est fieri consuetum, ipsos per predicta in possessionem predictorum inducendo, & incontinenti, dicti Consules nomine suo instituerunt in Carrayrerios loci predicti de *Claromonte;* videlicet, *Remundum Malrossii, Berengarium Columbi, Petrum Trapas,* & *Remundum Galhaci,* dicti loci, & eorum quemlibet: Quiquidem prenominati proximè dictum Officium in se suscipientes, in manibus dictorum Consulum promiserunt se benè & fideliter dictum Officium eis commissum exercere, & alia facere que dicti Officii qualitas postulat & requirit, & juraverunt supra Sancta IIII.or Dei Euvangelia per ipsos tacta, de quibus Consules supradicti requisierunt sibi fieri publicum Instrumentum. Acta fuerunt hec in dicto loco, in presencia & testimonio *Remundi Balmas, Berengarii Columbi,* & plurium aliorum, & mei *Guillelmi Romani* Notarii supra & infrascripti.

Qui Carrayrerii & Extimatores, & alii postmodum [g] *à dicta Officia nominati & electi, ex post vidente, presente & audiente, volente & non contradicente dicto Domino* Claromontense, *dictis Officiis Carreyreriorum & Extimatorum usi fuerunt prout per ipsos Consules extitit superiùs declaratum & assertum, & eciam quia olim* [h] *contingit quòd Nobilis* Guido *de* Claromonte *Patruus, & Locumtenens Domini* Claromontensis *predicti, qui nunc est, requisivit Carreyrerios tunc dicti loci* Claromontensis, *quatenùs de quodam debato quod erat inter ipsum Locumtenentem nomine dicti Domini, ex una parte, &* Bernardum Amorani *Barbitonsorem dicti loci, ex altera, pretextu duorum hospiciorum quorum unum est Domini* Claromontensis, *& aliud dicti* Bernardi Amorani, *in Mercato seu super Mercatum bladi* Claromontensis *situatorum, licet dictum debatum Carrerias seu vias non tangeret, cognoscerent & ordinarent de qua requisicione parati erant facere promptam fidem, ut dicebant, & multis aliis causis per ipsos suis loco & tempore declarandis & specificandis,* [i] *ac dicebant dicti Consules nomine quo supra. Dictus autem Dominus* Claromontensis *in contrarium dicebat & asserebat*

a *corr.* posuit.
b *Il y a plus bas* Pestrichi.
c *Il est nommé plus bas,* Berengarium.
d destitucione.
e destituit
f elegerunt, *là & plus bas.*
g ad.
h contigit.
i *Il faut app. corr.* ut.

CHARLES VI.
à Paris, en Juillet 1398.

dictos Carreyrerios & Extimatores non posse nec debere uti de premissis modo quo per dictos Consules superiùs extitit assertum, sed solum & duntaxat juxta mentem, tenorem & textum capitulorum predictorum, Carreyrarii predicti possunt cognoscere [a] de ordinare de Carreriis & viis, & non de aliis superiùs expressis, aut aliis, nec dicti Extimatores, nisi Talas committendas in territoriis & terminalibus predictis, non autem maletengudas ac cessaciones ac falsificaciones operum per dictos Consules superiùs expressas, que clarissimè patent ex serie capitulorum predictorum ut [b] dicebant: demum in mei Notarii & testium subscriptorum presencia existentes & personaliter constitute dicte Partes, nominibus quibus suprà; videlicet, prenominati Consules, ex una parte, & dictus Dominus Claromontensis, ex altera, protestantes tamen primitùs & ante omnia, quòd per aliqua que dicant, faciant, eligant, deputent vel aliter agant, ac per aliqua de supra & infrascriptis, nolunt nec intendunt aliquid facere, dicere, deputare vel aliter agere contra voluntatem & beneplacitum seu in prejudicium dicti Domini Francie Regis vel juris sui, ac metuendissimorum Dominorum in ejus venerabilis Curia Parlamenti Presidencium, aut in prejudicium vel enervacionem Capitulorum in dicto Instrumento concessionis Consulatûs superiùs designato contentorum, sed ipsis capitulis semper in eorum robore, efficacia & virtute duraturis & permansuris: quòd si facerent vel facere viderentur erronee vel aliter, hec & infrascripta omnia & singula volunt pro cassis & nullis & non factis haberi & [c] conseti, sub [d] quia protestacione & ipsa semper salva & illesa remanente, & in quolibet actu pro repetita habita, Partes predicte pacem & concordiam adinvicem quamplurimùm habere desiderantes & affectantes, ut dixerunt, sequentesque formam & mentem ultimi capituli superiùs inserti, quòd incipit, [e] Item ut pax & concordia, &c. gratis & concorditer deputaverunt & eligerunt duos Tractatores; videlicet, dicti Consules, Petrum Trentatoris, Domicellum, dicti loci Claromontensis; & dictus Dominus Claromontensis, nobilem Aymericum de Bociacis, Dominum de Bociacis, ibidem presentes, qui Tractatores tractent & tractare habeant inter ipsas Partes infra octo dies ab hac die incipientes, & proximè continuos, de pacificando, sopiendo & terminando amicabiliter debata, questiones ac controversias predictas, juxta formam, mentem & tenorem capituli predicti; de quibus omnibus premissis, unaquaque dictarum Parcium peciit sibi fieri publicum Instrumentum per me Notarium infrascriptum. Acta fuerunt hec in Claromonte, & in Dormitorio Fratrum Predicatorum Conventûs dicti loci, in presencia & testimonio religiosorum virorum Magistri Bernardi Arnaudi Magistri in Sacra Pagina, Fratris Bernardi Gayzardi, Fratrum dicti Conventûs, Magistrorum [f] Stephanum Ruthene de [g] Brusca, Johannis Barrani, de Claromonte, Notariorum, & mei Pauli Egidii publici Claromontensis Notarii, qui requisitus de predictis notam recepi.

Postquam anno & Regno quibus supra; scilicet, die septima dicti mensis Madii, noverint universi quòd in mei Notarii & testium subscriptorum presencia, existentes & personaliter constitute Partes predicte; videlicet, dicti Consules nomine quo supra, ex una parte, & dictus Dominus Claromontensis, ex parte altera, [h] protestante iteratò in omnibus & per omnia, quòd per aliqua que dicant, [i] facient, pacificent, sopiant vel terminent seu concordent, aut aliter agant, aut per aliqua de supra & infrascriptis, nolunt nec intendunt quicquam facere, dicere, sopire, terminare, pacificare & concordare, aut aliter agere contra voluntatem & beneplacitum seu in prejudicium dicti Domini nostri Francorum Regis, vel juris sui, aut Dominorum in ejus venerabili Parlamenti Curia Presidencium prejudicium, & enervacionem Capitulorum in dicto Instrumento concessionis Consulatûs superiùs designato contentorum, sed ipsis voluntate & beneplacito ejusdem Domini nostri Francorum Regis & dictorum Dominorum Presidencium in ejus venerabili Curia Parlamenti, semper retentis & reservatis, dictisque Capitulis semper in eorum robore, efficacia & virtute duraturis & permansuris; quod si facerent vel facere viderentur erronee vel aliter, hec & supra ac infrascripta omnia & singula pro cassis, nullis & non factis volunt haberi & censeri, & ipsâ protestacione semper salvâ & illesâ remanente, ac in singulis actibus pro repetita habita ipse Partes nominibus quibus supra, viso tenore dicti Instrumenti concessionis Consulatûs & specialiter & expressè viso inter alia [k] quoddam Capitulo in eodem Instrumento contento,

a corr. &.

b dicebat.

c corr. censeri qui est plus bas.

d corr. quâ.

e cet article dont il n'y a que ces premiers mots dans le Regist. est est ci-dessus, p. 279. art. 4.

f corr. Stephani.

g Il y a Brescra ci-dessous, pag. 285.

h corr. protestantes.

i faciant.

k quodam.

mencionem faciente quòd Universitas dicti loci Claromontensis, *possit & sibi liceat ultra ea que in dicto Instrumento concessionis Consulatûs superiùs designata continentur, acquirere, & acquisita perpetuò retinere & habere à dicto Domino* Claromontense, *& ejus heredibus & successoribus, presentibus & futuris, plures alias Libertates seu franquesias, pluraque alia jura & aliter, prout in dicto capitulo continetur, quod tale est.*

CHARLES VI. à Paris, en Juillet 1398.

(5) Item. Fuit actum & expresse conventum & concordatum inter predictas[a], communi consensu earum interveniente, quòd Universitas de *Claromonte* possit & sibi liceat ultrà ea que superiùs sunt descripta, acquirere, & [b] acquisa perpetuò retinere & habere à dicto Domino *Claromontense*, & ejus heredibus & successoribus, presentibus & futuris, plures alias Libertates seu franquesias, pluraque alia jura ad utilitatem & commodum ipsius Universitatis & singulorum de eadem, quandocumque & quocienscumque, ac prout ipsa Universitas seu ejus futuri Consules & dictus Dominus *Claromontensis*, suique heredes & successores, duxerint concordandum, & prout sibi videbitur expedire; retento semper in hiis beneplacito Domini nostri Regis, & jure suo in omnibus reservato.

Visoque Instrumento cujus vigore Universitas Claromontensis *fuit missa & posita in possessione dicti Consulatûs, superiùs designato, per quod constat Carreyrarios & [c] Etimatores Talarum, qui tunc erant in dicto loco* Claromontense *pro Domino dicti loci, superiùs nominatos, fuisse à dictis Officiis per Commissarium supranominatum amotos & destitutos, & loco eorum alios eciam superiùs nominatos, pro dicta Universitate [d] possitos & institutos fuisse, qui expost usi fuerint [e] à dictis eorum Officiis, prout per dictos Consules superiùs extitit declaratum, presente, volente & consenciente & non contradicente tunc Domino dicti loci, & viso quodam alio Instrumento mencionem faciente quòd olim nobilis* Guido de Claromonte, *Patruus & Locumtenens prefati nunc Domini* Claromontensis, *requisivit Carreyrarios qui tunc erant in dicto loco* Claromontense, *quatenùs cognoscerent & pronunciarent [f] quoddam debatum quod erat inter ipsum nobilem* Guidonem *ut Locumtenentem predictum, ex una parte, &* Bernardum Amorani *Barbitonsorem dicti loci, ex altera, pretextu duorum hospiciorum contiguorum in Mercato seu super Mercatum bladi* Claromontensem *situatorum, quorum unum est dicti Domini, & aliud est dicti* Bernardi, *qui Carreyrarii ad ipsius nobilis* Guidonis *requisicionem, de dicto debato cognoverunt & ordinaverunt, licèt dictum debatum vias aliquas seu Carrerias non tangeret, ex quibus est verissimiliter presumendum & dicendum quod de mente & intencione dictarum Parcium; scilicet, Domini* Claromontensis, *& Scindicorum & Universitatis, qui & que erant tempore [g] concessiones dicti Consulatûs, [h] erant ipso tempore & fuit postmodum eorum successorum, & sic est intelligendum & presumendum, & sic & intelligi & presumi debet, ut dixerunt, quòd Carrayrerii & Extimatores Talarum predicti, cognoscerent, ordinarent & extimarent prout superiùs per dictos Consules extitit assertum, & prout infra proximè laciùs declarabitur; habitisque inter ipsas Partes una cum dictis Tractatoribus superiùs nominatis, & [i] ipsis Tractatores, hinc inde intervenientibus pluribus & diversis Tractatibus & colloquiis super premissis, Tandem ipse Partes nominibus quibus supra, pacem & concordiam, ut premissum [k], ad invicem habere affectantes & desiderantes, pacificando, sopiendo & terminando amicabiliter debata, questiones & controversias predictas de & super eisdem, sub & cum protestacionibus, retencionibus & reservacionibus supra & infrascriptis, & ipsis semper salvis, illesis remanentibus, dictisque Tractatoribus hinc inde intervenientibus & tractantibus, se amicabiliter concordarunt ut sequitur.*

(6) Videlicet, quòd amodo, perpetuò & perpetuis temporibus, Carrayrerii qui sunt & qui pro tempore fuerint in dicto loco Claromontense *Universitatis predicte, cognoscant & ordinent, cognoscereque & ordinare possint & [l] valeat de limitacionibus sive terminis prediorum & possessionum infra Juridicionem* Claromontensem *scituatorum, & quòd ea que in & circa limitaciones & terminos hujusmodi indebitè facta fuisse invenerint, ad statum pristinum & debitum reducant seu reduci faciant indilatè, nec non & de omnibus & singulis debatis & questionibus motis & movendis inter gentes & habitatores dicti loci* Claromontensis, *qui nunc sunt & qui pro tempore fuerint in*

a suppl. *Partes.*
b *acquisita.*
c Extimatores.
d positos.
e proposition inutile.
f *suppl.* supra.
g *corr.* concessionis.
h *corr.* erat.
i ipsos.
k *supp.* est.
l *corr.* valeant.

CHARLES VI. à Paris, en Juillet 1398.

hospiciis infra locum predictum & suburbia ejusdem scituatis, tam infra dicta [a] *Officia quàm extra, ac in ipsorum solis, (h) soleriis, parietibus, tectis, stillicidiis, aquaversibus, aquarum discurcibus, vistis, fenestris, parietum aperturis, aygueriis, theatis, laternis,* [b] *apilamentis, gradariis, introitibus, exitibus, tabulariis, & aliis edificiis quibuscumque, quocumque nomine dicantur seu vocentur, dici seu vocari possint, tam à parte Carreyriarum & viarum, quàm alibi ubicumque, ita & quemadmodum* [c] *cognoscant & ordinent, & actenùs cognoscere & ordinare consueverunt de Carreyriis & viis; salva tamen semper &* [d] *reservato dicto Domino* Claromontense *& ejus successoribus, & eorum Curie Curialibus, opposicione, si* [e] *que super premissis foret, juxta formam capituli superiùs inserti, de Carreyriis & viis mencionem facientis.*

(7) Item. *Quòd dicti Extimatores Talarum, qui nunc sunt & pro tempore fuerint in dicto loco pro dicta Universitate predicta, amodò, perpetuò & perpetuis temporibus possint & valeant extimare maletengudas & operum cessaciones & falsificaciones quascumque, quocumque nomine valeant nunc vel in futurum nominari, factas & in futurum faciendas in prediis & possessionibus quibuscumque infra Juridicionem* Claromontensem *scituatis, & tam in illis, quàm per quoscumque arrendate vel locate extiterint, quàm quorum usufructus ad quoscumque pertinuerint, quàm aliis quibuscumque, modo & forma quibus dicti Extimatores extimant & extimare consueverunt Talas que in prediis & possessionibus in dicta Juridicione* Claromontense [f] *comituntur; salvis tamen semper & retentis ac expressim reservatis dicto Domino* Claromontensi *& suis successoribus, omnibus & singulis criminibus in & circa hec commissis & committendis, & totali cognicione,* [g] *puicione & correccione (i) eorumdem, hospiciorum & parietum ac fustarum, tegulorum, & aliorum quorumcumque (k) stramentorum, clausiones & amociones* [h] *discurcium, coathorum, ayguериarum, latrinarum, evulciones* [i] *& terminorum, occupaciones terrarum & prediorum, fracciones poncium, destrucciones & depopulaciones & furta vinearum & stipitum & arborum quorumcumque, ac quorumcumque fructuum; & aliis criminibus & excessibus quibuscumque, quocumque modo dici, intelligi vel nominari possint; de quibusquidem criminibus & excessibus dicti Carreyrerii & Extimatores ac Consules Universitatis & singulares minimè se intromittere debeant sive possint, nec de eisdem aliquam habere cognicionem; quinymò cognicio, correccio & punicio eorumdem, ad dictum Dominum* Claromontensem *& ejus successores, & Curiam suam* Claromontensem, *totaliter & in solidum pertineat & pertinere debeat, pleno jure; salvo jure dictis Consulibus & Universitati super (l) Bannis & Talis, & salvo eciam & retento ac* [k] *expressim reservato dictis Consulibus, Universitati & singularibus dicti loci, quòd dicti Carreyrarii & Extimatores Talarum, qui in futurum fuerint in dicto loco* Claromontense, *in principio eorum Officiorum, jurent & jurare habeant in*

a *je crois qu'il faut corr.* hospicia.

b Voy. ci-dessus, pag. 280. Note. *(e).*

c *corr.* cognoscunt & ordinant.

d *corr.* reservata.

e *corr.* qua.

f committuntur.

g punicione.

h *corr.* discursuum.

i *Cette conjonction paroît inutile.*

k *corr.* expressim.

NOTES.

(h) Soleriis, &c.] Suivant le Glossaire de *Du Cange,* au mot *solarium,* ce mot & *solerium* signifient le premier étage d'une maison.

Aquaversibus. Je n'ai rien trouvé sur ce mot qui est déjà plus haut.

Vistis. Suivant ce même Glossaire, *Vista* signifie une vûe sur l'héritage d'un voisin, & *Aygueria* signifie un Evier.

Je n'ai rien trouvé sur le mot *Theatis.* Suivant le Glossaire de *Du Cange, Laterna* est synonyme de *Lanterna; Gradarium* signifie un escalier, & *Tabularium* une Boutique.

(i) Eorumdem.] Il semble qu'après ce mot il faille suppléer *scilicet.* A l'égard du mot qu'on a laissé en blanc, il y a un *d* suivi de huit jambages sans point, dont les trois derniers sont surmontez d'une marque d'abréviation, & ensuite *ta.* Il faut peut-être lire *diruimenta* du verbe *diruere:* car dans ces Registres un simple jambage lié avec un autre qui le suit, forme quelquefois la lettre *r.*

Clausiones, &c. On trouve dans le Glossaire de *Du Cange* à ce mot, qu'il signifie un lieu clos; mais ce sens ne peut avoir lieu ici. *Clausiones & amociones* signifient peut-être les obstacles mis au cours & à l'écoulement des eaux, &c.

Coathorum. Je n'ai rien trouvé sur ce mot, il faut peut-être corriger *cloacarum,* & ce mot signifie un égout.

(k) Stramentorum.] *Stramentum* qui, suivant le Glossaire de *Du Cange,* au mot *Stramen* 2. signifie de la paille, du chaume, peut désigner ici celles qu'on employe quelquefois pour couvrir des bâtimens.

(l) Bannis.] C'est apparemment la défense d'entrer pendant un certain tems, dans les terres cultivées.

à Paris, en Juillet 1398.

manibus Consulum dicti loci, juxta formam & tenorem nonnullorum aliorum capitulorum in dicto Instrumento concessionis Consulatûs contentorum, correcciones vel addiciones articulorum superiùs insertorum, continencium; quorum Juramentorum [a] *recepcionem ad dictos Consules, & non ad dictum Dominum vel suos, solum & insolidum pertinebit.*

(8) Preterea cum aliquociens contingat, ut dicte Partes asserebant, quòd Notarii qui Instrumenta pronunciacionum que fiunt per Carrayrerios & Talarum Extimatores predictos, recipiunt, postmodum à dicto loco recedunt & se absentant, & dicta Instrumenta seu notas eorumdem secum defferunt, que postmodum per Partes quarum interest, haberi non possunt, & ob hoc memoria rerum gestarum deperit, & [b] *fore plura crimina que circa hec committuntur, celantur,* [c] *coperiuntur, & remanent impunita, quod cedit &* [d] *redundant in maximum dampnum & prejudicium* [e] *quas ipsa Instrumenta tangunt, dictorumque Consulum & Universitatis ac Domini memorati, & justicie lesionem; ea propter ipse Partes nominibus quibus supra premissis, pro posse obviare volentes, ut dixerunt, inter se adinvicem, dictis Tractatoribus tractantibus & intervenientibus prout supra, concordaverunt quòd amodò nullus Notarius* [f] *nota seu Instrumenta pronunciacionum hujusmodi recipiat, nisi sit Notarius dicti Domini* Clarimontis, *habitatorque, incola & domiciliarius dicti loci* Clarimontis.

Que premissa omnia & singula, prout superiùs scripta sunt & notata, ac eciam omnia alia universa & singula in dicto Instrumento concessionis Consulatûs contenta & expressa, dicte Partes nominibus quibus supra, sibi ad invicem & michi Notario infrascripto, ut communi & publice persone, pro dicta Universitate & singularibus ejusdem, ac pro omnibus illis & singulis quorum interest, intererit ac interesse potest seu poterit in futurum, & eorum nomine, solemniter stipulanti & recipienti, laudaverunt, approbaverunt, emologaverunt, ratifficaverunt, [g] *penitùs per imperpetuùm confirmaverunt, promittentes dicte Partes nominibus quibus supra, sibi adinvicem per firmam & validam stipulacionem, & in dicto Notario ut supra stipulante, quòd non fecerunt* [h] *nec faciant, dixerunt neque dicent, neque aliquo alio modo aliquid dici seu fieri consencient, procurabunt vel permittent verbo, opere vel facto, arte, ingenio vel cautelâ aliquâ, quominùs firma & illibata permaneant omnia & singula suprascripta, & renunciaverunt in & super premissis & quolibet premissorum, scienter & expressè, gratisque & ex certa sciencia, ut dixerunt, juris & facti ignorancie, omnique accioni &* [i] *excepcioni doli, & in factum & condicionem indebiti & sine causa, & ex injusta causa, & generali clausule* si qua michi justa causa videbitur, *& omnibus & singulis erroribus, subtilitatibusque & cautelis in hoc negocio forsitam non servatis, & generaliter omni alii Juri Canonico & Civili, quo vel quibus contra predicta vel aliquid predictorum venire possent, nec se nominibus quibus supra, in aliquo juvare, defendere vel tueri, & hec omnia & singula suprascripta, vera esse asseruerunt dicte Partes nominibus quibus supra, & ea se tenere, servare, facere, attendere, complere, & numquam in aliquo contravenire promiserunt sibi adinvicem per firmam & validam stipulacionem, & in dicto Notario ut supra stipulante, sub obligacionibus, penis, renunciacionibus & Juramentis in dicto Instrumento concessionis Consulatûs contentis, ac eciam medio Juramento per ipsas Partes nominibus quibus supra, ad Sancta quatuor Dei Euvangelia prestito corporali; de quibus omnibus premissis, utraque dictarum Parcium pecierunt sibi fieri publicum Instrumentum per me Notarium infrascriptum, quod voluerunt posse dictari, reffici, corrigi & emendari semel & pluries, & tociens quociens necessarium fuerit, ad majorem premissorum firmitatem habendam, consilio & dictamine cujuslibet sapiencium, licet in Judicio productum fuerit semel vel pluries vel non productum; facti tamen substancia in aliquo non mutata. Acta fuerunt hec in* Clarimonte, *presentibus testibus, nobili* Guiberto *de* Luzensone, Stephano Ruthene *de* [k] Bresera, *Magistro* Johanne Barrani, *Notario,* Berengario Textoris, Guillelmo Rouerii, Jacobo Gaucelini, *dicti loci* Clarimontis, *& me* Paulo Egidii *publico* Clarimontis *Notario, qui requisitus de predictis per utramque dictarum Parcium, notam recepi, sed vice mea,* Jacobus Adzunaudi, *Clericus* Montispessulani, Magalonensis *Diocesis, hoc Instrumentum scripsit.*

[a] *corr.* recepcio.
[b] peut-être faut-il *corr.* fortè.
[c] cooperiuntur.
[d] *corr.* redundat.
[e] *Il faut suppl.* personarum.
[f] notas.
[g] *suppl.* &.
[h] facient.
[i] excepcioni.
[k] Il y a *Brusca*, p. 282.

CHARLES VI.

à Paris, en Juillet 1398.

a on a supprimé ici ce qui regarde ces ratures.

Suite des Lettres de Charles VI.

Ego verò Paulus Egidii *Notarius publicus antedictus, hîc me subscripsi, signoque meo solito signavi, & rasuras superiùs* [a] *corrigendo, &c.*

Quas quidem Litteras suprascriptas, ac omnia & singula in eisdem contenta, ratas & gratas habentes, eas & ea volumus, laudamus, approbamus, ratifficamus, & de gracia speciali auctoritateque Regia confirmamus per presentes, in quantum debitè fuerunt facte: dantes tenore presencium in mandatis Senescallo Carcassone, *ceterisquè Justiciariis & Officiariis nostris, vel eorum Locatenentibus, presentibus & futuris, & eorum cuilibet, prout ad eum pertinuerit, quatenùs dictos Consules ac Universitatem & habitantes loci de* Claromonte, *predictis nostris graciâ & confirmacione uti & gaudere pacificè & quietè faciant ac permittant juxta ipsarum Litterarum seriem & tenorem, absque impedimento & contradicione quibuscumque, sed quicquid in contrarium factum vel attemptatum fuerit, ad statum pristinum & debitum reducant seu reduci faciant indilatè. Quod ut firmum & stabile perpetuò perseveret, nostrum presentibus Litteris fecimus apponi Sigillum: Salvo in aliis jure nostro, & in omnibus quolibet alieno.* Datum *Parisius,* mense Julii, anno Domini millesimo CCC.^mo nonagesimo octavo, & Regni nostri XIX.º *Per Regem, ad relacionem Consilii.* R. LIJOTE.

CHARLES VI.

à Paris, en Juillet 1398.

JEAN I. ou selon d'autres JEAN II. à Chartres, le 28. d'Août 1356.

(a) Priviléges accordez aux habitans du lieu nommé *de Favorone.*

SOMMAIRES.

(1) Les Consuls continueront d'être Juges dans les matières criminelles.

(2) Ils sont conservez dans le droit de juger les contestations qui s'éleveront le Samedi, jour auquel se tient le marché, de tenir leur Audience dans ce Marché, & de faire exécuter les Jugemens qu'ils y auront rendus. Ils continueront de connoître de ce qui concerne le guet qui se fait pendant la nuit, les poids & les mesures, la qualité des draps & les autres marchandises; & les Amendes décernées sur ces matières, qui n'excéderont pas cinq Sols, leur appartiendront. Ils sont aussi conservez dans le droit de connoître des Contracts simples, *des goutières, des chemins, & des autres matières semblables.*

(3) Il se tiendra tous les ans deux Foires dans ce lieu.

(4) Il n'est permis de bâtir des édifices en dedans de ce lieu, qu'à deux brassées des murs & des fortifications, & qu'à soixante brassées en dehors.

(5) Si ceux à qui on a concédé des places vuides dans ce lieu, n'y élèvent point de bâtimens dans l'année qui suivra la date de la concession, elles seront concédées à d'autres qui offriront d'y bâtir, & d'en payer le prix aux anciens propriétaires, suivant l'estimation qu'en fera le Juge du Lauraguais, en présence des Consuls.

(6) Ce lieu ne pourra être séparé du Domaine, & ne pourra être transféré qu'à celui à qui le Comté de Toulouse sera transféré.

(7) Les habitans de ce lieu seront sous la Sauvegarde Royale, par rapport aux étrangers, & non par rapport à leurs concitoyens.

KAROLUS, &c. Notum facimus universis tam presentibus quàm futuris, Nos Litteras Avi nostri Regis Johannis cujus anime Deus parcat, vidisse, formam que sequitur, continentes.

JOHANNES Dei gracia Francorum Rex. Ad perpetuam rei memoriam. Inter curas & solicitudines innumeras & immensas quibus noster afficitur animus hiis diebus, Nos nostris fidelibus & subditis guerrarum occasione nostrarum gravatis, dampnificatis & oppressis, ex intimis meritò condolentes, totis desideriis affectamus ut per nostre provisionis & gracie dexteram, à suis possint gravaminibus, dampnis & oppressionibus relevari, futurisque nostrorum insidiosis hostium insultibus preservari. Hinc est quod cum Castrum seu Villa nostra (b) Fauvonis, *Judicature* Lauraguesii, Senescallie Tholose,

NOTES.

(a) Tresor des Chartres, Registre 153. P. IIIe LXXII. (372.)

(b) *Fauvonis.*] Ce nom se trouve encore plus bas dans l'article 4; mais dans la suite de ces Lettres il y a toûjours *de Favorone*, & c'est ainsi qu'il faut lire. Il a été fait mention de ce lieu dans quelques endroits de ce Recueil, mais j'ai déjà marqué que je n'avois pû en découvrir le nom moderne. Voy. la note marg. *d.* de la page 476. du 7.e Vol. de ce Rec.

Nobis immediatè [a] *subjectum, per inimicos nostros anno isto pro majori parte concrematum seu combustum fuerit & destructum, cum domibus & bonis mobilibus, nonnullisque, ut dicitur, Privilegiis & aliis Litteris habitancium ejusdem, aliisque multis modis occasione premissâ dampnificati fuerint & gravati habitatores predicti, & propter hoc dilectus & fidelis Consanguineus noster* Comes Armaniaci, *locum nostrum tenens in* Partibus Occitanis, *volens ipsis subvenire taliter quòd dictum locum sic destructum deserere non haberent, sed domos suas reficerent, ac pro sua & loci ejusdem securitate futura, locum ipsum muris & fortaliciis necessariis vallarent, nonnulla Privilegia, Libertates & gracias concesserit & fecerit Consulibus & Universitati Ville ejusdem, prout in Litteris suis inde factis vidimus pleniùs contineri; pro parteque dictorum habitancium supplicatum nobis extiterit, ut predicta confirmare dignaremur: Nos visis dictis Litteris, & habita super contentis in eis, cum nostro Consilio deliberacione maturâ de predictis, sic ob causas supradictas per prefatum locum nostrum tenentem* [b] *concessis confirmavimus seu concessimus, & tenore presencium confirmamus atque concedimus auctoritate regiâ, de gracia speciali, illa que & prout subsequenter inferiùs continentur.*

CHARLES VI. à Paris, en Juillet 1398.

a subject. . . . concremat. &c. *Reg.*

b *corr.* concessas.

(1) Primò. *Quòd in criminibus sint Judices in eodem loco & ejus Ressorto, si & prout hactenùs temporibus retroactis consueverunt & usi fuerunt, ac tempore predicte destruccionis dicti loci pacificè utebantur.*

(2) Item. *Confirmavimus seu concessimus eis, confirmamus atque concedimus per presentes,* [c] *Privilegis, Usus, Libertates quos habere consueverunt in eodem loco, per tantum tempus de quo in contrarium memoria hominum non existit; scilicet, quòd sint Judices, ut esse consueverunt, de omnibus controversiis, litibus & demandis que inter Partes seu contrahentes oriuntur in die Sabbati quâ Forum seu Mercatum tenetur in dicto loco, & quòd possint, ut consueverunt, tenere Audienciam in dicto Foro, cognitaque judicata execucioni demandare; ac eciam quòd excubie nocturne, (c) Messegaria & emolumentum ejusdem, cognicio ponderis & mesurarum* [d] *carium, minùs sufficiencium,* [e] *pannorumque falsorum & false (d) mescle lane, ac cujuslibet mercature, & emolumentum pene usque ad quinque Solidos Tolosanos, cognicio* [f] *Contractuum simplicium,* [g] *aqueversus, stillicidiorum, carreriarum, exituum & (e)*   *inter vicinos, & (f) passatarum, & plurium similium aliorum, ad ipsos Consules spectent & pertineant, si & prout per ipsos continuè & sine interrupcione extitit usque ad tempus novissime destruccionis predicte, fieri consuetum.*

c *corr.* Privilegia.

d Je n'ai rien trouvé sur ce mot.

e draps qui ne sont pas fabriquez conformément aux Réglemens.

f Voyez sur les Contrats simples, *Balde*, nombre II. sur la Loy *Contractus*. Cod. *de fide instrum.*

g J'ai déjà marqué ci-dessus, p. 284. Note *(h)*, que je n'ai rien trouvé sur ce mot.

(3) Item. *Confirmavimus & concessimus eisdem Nundinas in dicto loco bis in anno, prout aliàs eisdem retroactis temporibus concesse fuerunt; unam videlicet, die Festi Exaltationis Sancte Crucis, mensis Septembris, cum tribus diebus sequentibus, & aliam, die Festi Invencionis Sancte Crucis, mensis Maii, cum tribus diebus sequentibus.*

(4) Item. *Quòd nullus sit ausus infra Castrum seu Villam de* Fauvone *predictum, prope muros seu vallata ipsius per duas (g) brachiatas, nec desuper vallata antiqua seu antiquiora construere vel edificare, nec eciam extra predictas clausuras per spacium sexaginta brachiata.*

NOTES.

(c) Messegaria.] Suivant le Glossaire de *Du Cange* à ce mot, il signifie l'Office d'un Messier ou de quelqu'autre Officier subalterne de Justice, & quelquefois la Banlieue d'un lieu. Ces deux significations peuvent également convenir ici.

(d) Mescle lane.] Je crois qu'il faut corriger *mesclanie*, mot qui, suivant le Glossaire de *Du Cange*, signifie le mélange de différens grains. Ce mélange doit être fait dans une certaine proportion.

Si *Mescle* est un adjectif de *lane*, ces mots pourront signifier différentes sortes de laines mêlées pour en fabriquer des étoffes. Suivant le même Glossaire, *Mescla* signifie mélange, & on dit *mesclatus* pour signifier une étoffe mêlée & fabriquée avec de la laine, du fil, &c.

(e) Il y a là dans le Reg. un mot qu'on n'a pû déchiffrer. Il semble qu'il y ait *muianorum*, il faut peut-être corriger *murorum*.

(f) Passatarum.] Suivant le Glossaire de *Du Cange* au mot *Passata*, il signifie une redevance; mais ce sens ne peut convenir dans cet endroit où il s'agit peut-être d'un droit de passage.

(g) Brachiatas.] Suivant le même Gloss. au mot *Brachiata* 1. & 2. c'est une mesure nommée en françois, *brasse*, *brassée*, qui contient six pieds.

CHARLES VI. à Paris, en Juillet 1398.

(5) Item. [a] *Qui si alui habentes infra clausuras dicti loci, loca sive plateas, in eis edificare noluerint infra annum à die concessionis hujusmodi computandum, dicte non volencium edificare, platee sive loca dari seu tradi possint aliis edificare volentibus in eisdem, certum & justum precium solvendo Dominis hujusmodi platearum sive locorum, juxta extimacionem legitimam Judicis* Lauraguesii, *vocatis Consulibus dicte Ville.*

a corr, quod si aliqui.

(6) Item. *Quòd loca de* Favorone *predicto & ejus ressorto, non possint imperpetuùm à manu nostra Regia vel successorum nostrorum Regum Francie, alienari, vel in alium seu alios quomodolibet transferri, nisi totus* Comitatus Tholosanus *alienaretur, seu in manus alias transferretur, & in illum seu illos, nec alium vel alios, in quem vel quos eundem transferri contingeret Comitatum.*

(7) Item. *Quòd omnes habitatores dicti loci & qui ibi habitare voluerint, sint quantum ad extraneos duntaxat & non tamen quantum ad se ad invicem, in & sub proteccione & Salva Gardia speciali, una cum bonis suis universis, uxoribusque & familiis eorum.*

Premissa autem omnia & singula dictis Consulibus & habitatoribus atque Universitati dicti loci & singulis eorumdem, qui nunc sunt & qui pro tempore fuerint, concessimus atque concedimus per presentes, auctoritate Regiâ, de gracia speciali, sub condicionibus & modificacionibus quibus ipsa per prefatum nostrum Consanguineum & locum nostrum tenentem, concessa eis fuerunt, prout in Litteris suis super hec factis, pleniùs continetur: Dantes tenore presencium in mandatis Senescallis Tholose, Carcassone & Bellicadri, *ac Magistris Portuum & Passagiorum, Castellanis & aliis Justiciariis & Officiariis & subditis nostris & Regni nostri, vel eorum Locatenentibus, modernis pariter & futuris, ac cuilibet eorumdem, prout ad eum poterit pertinere, quatenùs dictos Consules & Universitatem ac singulos dicti loci, tam conjunctim quàm divisim, nostris dictis concessionibus & graciis sibi factis, prout supra continentur, & quâlibet earumdem, gaudere & uti plenariè ac pacificè faciant & permittant juxta formam & tenorem presencium Litterarum, nichil contra tenorem earum attemptando vel à quoquam attemptari permittendo; & si per inadvertenciam vel aliter, aliquid in contrarium factum extiterit, hoc ad statum pristinum & debitum reducant seu reduci faciant indilatè. Quod ut ratum & stabile permaneat in futurum, Sigillum nostrum presentibus Litteris duximus apponendum: nostro in aliis, & alieno in omnibus jure salvo.* Datum *Carnoti,* vicesima octava die mensis Augusti, anno Domini millesimo trecentesimo quinquagesimo sexto.

Suite des Lettres de Charles VI.

Quas quidem Litteras supra transcriptas, ac omnia & singula in eis contenta, ratas & gratas, rata & grata habentes, eas & ea, in quantum Consules, habitatores & Universitas ac singulares dicte Ville nostre de Favorone, *in eisdem Litteris nominati, ritè & justè usi fuerunt & utuntur, volumus, approbamus, ratificamus, & per presentes, auctoritate nostra de gracia speciali confirmamas: mandantes* Senescallis Tholose, Carcassone & Bellicadri, *Magistris Portuum & Passagiorum, Castellanis & aliis* [b] *Substiciariis, Officiariis & subditis nostris & Regni nostri, universis presentibus & futuris, vel eorum Locatenentibus, ac ipsorum cuilibet, prout ad eum pertinuerit, quatenùs prefatos Consules, habitatores, Universitatem & singulares de* Favorone, *nostris presentibus graciâ & confirmacione uti & gaudere pacificè faciant & permittant, nichil in contrarium attemptari faciendo vel permittendo, sed secùs facta seu attemptata, si que sint aut fuerint, ad statum pristinum & debitum reducant seu reduci faciant indilatè. Quod ut firmum & stabile perpetuò perseveret in futurum, Sigillum nostrum presentibus Litteris duximus apponendum: nostro in aliis & alieno in omnibus jure salvo.* Datum *Parisius,* mense Julii, anno Domini millesimo CCC.° nonagesimo octavo & Regni nostri XVIII.°

b corr. Justiciariis.

Per Regem, ad relacionem Consilii. MERCIER.

(a) Lettres

CHARLES VI. à Paris, le 2. d'Août 1398.

(a) Lettres qui portent qu'il sera levé pendant un an une Ayde payable par toutes sortes de personnes, & même par les Gens d'Eglise.

CHARLES par la grace de Dieu Roy de France. A noz amez les Esleuz sur le fait des Aides ordonnez pour la guerre, ès Cité & Diocèse de *Paris*: Salut. Comme pour les grans charges que Nous avons eu à susporter & soustenir ou temps passé, tant pour le fait de noz guerres comme autrement en plusieurs manières, & pour nostre Royaume & noz subgiez d'icellui tenir en bonne paix & transquilité, Nous lesdiz Aides ayons fait lever & avoir cours par long-temps en nostredit Royaume sur Gens de tous estas, tant d'Eglise comme autres, lesquelz ilz ont benignement supportez jusques à ores; & de présent soit encores très-grant besoing & neccessité de trouver & avoir grans finances, tant pour le païement des Gens d'armes estans sur les Frontières de nostredit Royaume pour la garde & deffense d'icellui, comme pour certaines grans afaires que Nous avons à soustenir de présent & qui chascun jour Nous seurviennent, lesqueles Nous ne pourrions bonnement faire ne susporter sanz l'aide de noz subgiez: Savoir vous faisons que Nous par l'advis, délibéracion & conseil de plusieurs de nostre Sang, des Gens de nostre Grant Conseil, & mesmement de l'accord & consentement des Prélaz & autres Gens d'Eglise de nostredit Royaume, qui pour certaines causes ont n'agaires esté assemblez à *Paris* pardevers Nous, avons ordonné & voulons que iceulx Aides soïent mis sus & aïent cours par-tout nostredit Royaume, pour l'année avenir commençant le premier jour d'octobre prouchainement venant; c'est assavoir, l'Imposicion de toutes denrées & marchandises venduës ou eschangées, l'Imposition des vins & autres [a] buvraiges venduz en gros, le quatriesme du vin & autres buvraiges venduz à détail, l'Imposition Foraine & la Gabelle du Sel; & que à iceulx Aides contribuent toutes personnes quelconques, tant Gens d'Eglise comme autres, de quelque estat ou condicion qu'ilz soïent, actendu que à ce se sont consentis lesdiz Prelas & autres [b] d'Eglise, comme dit est. Si vous mandons, commectons & expressément enjoingnons & commandons, que lesdiz Aides vous faictes crier & publier & iceulx mectez sus, en les baillant à Ferme le plus prouffitablement que faire se pourra, ou icelles faictes cueillir & lever par nostre main par la manière dessus dicte; & les Baulx des Fermes & tout ce que fait en aurez, envoïez féablement encloz soubz voz Seaulx pardevers noz amez & féaulx les Généraulx-Conseilliers à *Paris* sur ledit fait, en faisant de ce tele & si bonne diligence que vous n'en doyez estre reprins. *Donné à* Paris, *le second jour d'Aoust, l'an de grace mil CCC IIII.*[xx] *& dix-huit, & le XVIII.*[e] *de nostre Regne.* Ainsi singné. Par le Roy. NEAUVILLE. Et au dos desdictes Lettres estoit escript ce qui s'ensuit.

a breuvages.

b Gens.

Publiées à (b) Saint-Cloy *devant les Esleuz de* Paris, *le Lundi VI.*[e] *jour d'Aoust CCC IIII.*[xx] *& dix-huit.* LUILIER.

Publiées en Jugement ou Chastellet de Paris, *le Lundi XII.*[e] *jour d'Août l'an mil CCC IIII.*[xx] *& dix-huit.* FRESNES.

NOTES.

(a) Livre Rouge vieil du Châtelet de *Paris, folio* 8 vingt *recto.* [160.]

Avant ces Lettres, il y a : *Lettre que toutes personnes contribuent aus Aydes, tant Gens d'Eglise comme autres.*

(b) Saint-Cloy.] Si ce nom n'est pas corrompu, ce peut-être *Saint-Cloud* auprès de *Paris;* mais peut-être faut-il corriger *Saint-E'loy,* Monastère qui étoit autrefois auprès du Palais à *Paris,* où est présentement le Couvent des RR. PP. Barnabites. Voy. l'Histoire de *Paris* par le *P. Felibien,* tom. 1. p. 51. & tom. 2. p. 1349.

CHARLES VI.
à Paris, le 2. d'Août 1398.

(a) Lettres qui portent que le consentement donné par le Clergé de France, de payer pendant trois ans l'Aide qui se levoit, ne pourra porter préjudice aux franchises & Libertez du Clergé, ni aux droits du Roy.

CHARLES par la grace de Dieu Roy de France. A tous ceulz qui ces présentes Lettres verront: Salut. Savoir faisons que comme Nous aions fait exposer aux Prélaz & Gens d'Eglise qui estoient assemblez pardevers Nous, représentans l'Eglise de nostre Royaume, les grans charges, fraiz & missions qu'avons soustenu & à soustenir continuelment pour la défense & gouvernement de nostredit Royaume, & pour l'expédicion des grosses besoignes qui souvent y surviennent, & autrement en plusieurs manières, & que lesdictes charges, fraiz & missions ne pourrions supporter des revenues de nostre Demaine, sanz l'aide de noz Subgez, & que ou temps passé par congié & licence des Papes qui ont esté, les Gens d'Eglise de nostredit Royaume, en la plus grant partie d'icellui, ont contribué aux Aydes qui ont eu cours en ycellui, quant aux Imposicions, Quatriesme & Gabelles, & que à présent, attendu la Déclaracion que Nous & ladicte Eglise de nostredit Royaume, avons faicte nagueres de nous départir de l'obéissance totale de [a] *Benedic*, auquel depuis sa promotion à la dignité du Papat, avons obey comme à Pape, Nous ne devrions ne vouldrions avoir sur ce recours à lui, pourquoy avons prié & requis ausdiz Prélaz & Clergie, qu'ilz Nous voulsissent consentir & accorder que jusques à trois ans prouchainement venans, eulx & les Gens d'Eglise des païs & lieux esquelz lesdiz Aydes ont eu cours ou temps passé, y contribuassent, lesquelz Prélaz & Clergie communaument & comme représentans l'Eglise de nostredit Royaume, comme dit est, par grant & meure déliberacion pour les causes dessus dictes le nous aient ainsi consenti & accordé, pourveu que ce feust sanz préjudice des Libertez & franchises des Eglises & des personnes Ecclésiastiques, & que ce ne feust trait à conséquence ou temps avenir, & aussi que les exécucions qui se feroient pour le paiement d'iceulz Aydes, sur les personnes d'Eglise, feussent faictes de l'auctorité & par personnes d'Eglise, cessant toute contrainte de Justice laye, & ne feussent tenuz de payer à nostre prouffit autres Aydes lesdiz trois ans durans; Nous considérées les choses dessus dictes, & que les provisions sur ce requises par lesdictes Gens d'Eglise, sont raisonnables, avons accepté & acceptons l'octroy & consentement dessus diz desdiz Prélaz & Clergie, par la forme & manière qu'ilz le Nous ont consenti & accordé, & leur avons octroyé & octroyons par ces présentes, que ce soit senz préjudice de leurs Libertez & franchises, & aussi de Nous & de noz droiz, & que ledit octroy ne leur puisse estre trait à conséquence ne à Nous ou temps avenir, & aussi que les exécucions qui seront à faire pour lesdiz Aydes lever sur lesdictes Gens d'Eglise, soient faictes de l'autorité de l'Eglise dessus dicte de nostre Royaume, & par personnes d'Eglise, qui à ce seront nommées par chacun Prélat en sa Diocèse, lesquelz ainsi nommez seront instituez par certains Prélaz à ce députez & ordonnez de par l'Eglise de nostredit Royaume, & prendront de Nous telz gaiges qu'il est acoustumé, cessant toute contrainte de Jurisdiccion temporelle, & que lesdiz trois ans durans, lesdictes Gens d'Eglise ne seront tenus de paier autres Aydes à nostre prouffit. En tesmoing de ce, Nous avons fait mectre nostre Seel à ces Lettres. *Donné à* Paris, *le second jour du moys d'Aoust, l'an de grace mil trois cens quatre-vins & dix-huit, & de nostre Regne le XVIII.*[e]

Par le Roy, à la relacion de son grant Conseil ouquel Mess. les *Ducs* de *Berry*, de *Bourgogne* & de *Bourbon*, [c] Vous, le Sire de *Giac*, & autres, estiez. HUE. Pour le Roy.

a *Benoît XIII. Voy. ci-dessus, p. 258.*

b *Le Chancelier de France. Voy. le 5.e Vol. de ce Rec. pag.* 653. Note *(c)*.

NOTE.

(a) Copié sur l'original qui est au Trésor des Chartres, Layette *Schisme*, premier sac, n.° 12. Il y a au dos de ces Lettres: *Contribucio data per Clerum & Prelates Regni, Domino nostro Regi, usque ad tres annos, absque hoc quod prejudicet Libertatibus & franchisiis Ecclesie.*

CHARLES VI. à Paris, le 8. d'Août 1398.

(a) Lettres qui portent que celles qui ont été données pour la Soustraction à l'Obédience de Benoît XIII. seront publiées par tous les Juges dans leurs Auditoires, & seront exécutées.

CHARLES par la grace de Dieu Roy de France. A tous Seneschaulx, Bailliz, Gouverneurs, Prevostz & autres nos Officiers & Justiciers, ou à leurs Lieuxtenans & à chacun d'eulx: Salut. Comme après ce que Nous, l'Eglise, le Clergie & le peuple de noz Royaume & *Daulphiné,* par la déliberacion de plusieurs de ceulz de nostre Sang & lignaige, de nostre Conseil, & des Arcevesques, Evesques, Abbez, Maistres & Docteurs en Théologie, Decrez & Loys, des Universitez de *Paris,* d'*Orliens,* & autres de nostredit Royaume, & aussi des Messaiges & Procureurs d'aucuns Prélaz absens, & des Chapitres des Eglises Cathedraulz, représentans l'Eglise universale d'iceulz Royaume & *Daulphiné,* assemblez pardevers Nous pour ceste cause, Nous sommes départiz de l'obéissance totale de [a] *Benedic* derrenierement esleu en Pape, principaument pour avoir paix & union en sainte Eglise, si comme par [b] noz Lettres Patentes faictes sur ledit département puet [c] plux à plain aparoir, plusieurs matières aient eslé traittées & discutées entre lesdiz Prélas, Clers, Messaiges & Procureurs, touchant le fait dudit département, présens à ce, pour & de par Nous, plusieurs de nostre lignaige, nostre Chancellier, & autres de nostre grant Conseil, & entre les autres, [d] se considéré ledit département & la teneur de noz dictes Lectres, les graces faictes par ledit *Benedic* à plusieurs expectans, tant celles sur lesquelles procez s'estoient ensuiz, comme les autres, par vertu desquels toutevoies aucun droit n'étoit acquis en la chose, devroient sortir leur effet ou non, & finablement pour obvier aux plaiz, débaz & esclandes qui autrement s'en pourroient ensuir, oyes les opinions d'iceulx de l'Eglise, qui étoient illeuc assemblez, comme dit est, & les causes & raisons qui par eulx furent exposées & alléguées servans à la matière, d'une partie & d'autre, par grant & meure déliberacion, tout considéré, mesmement que se lesdictes graces sortissoient leur effet, les Juges déléguez ou Exécuteurs députez ou à députer sur ycelles, useroient de la Jurisdiction & autorité dudit *Benedic,* & sembleroit que ce fût lui donner obéissance, en venant contre la teneur & entencion de noz Lettres dessus dictes, fu conclud & déclairé que depuis le jour dudit département, aux Juges, Exécuteurs ou autres Députez ou à députer de par ledit *Benedic* sur lesdictes graces, à leurs procez faiz ou à faire, par lesquelz aucun droit n'estoit acquis lors en la chose par provision & collacion, ne sera doreśenavant obey, & que lesdictes graces comme inefficaces & non valables, ne sortiroient aucun effet, laquelle Déclaracion ainsi faicte, incontinent lesdiz Prélaz, Clercs & Procureurs, Nous aient supplié & requis avoir sur ce noz Lettres, afin de faire garder & exécuter ycelle Déclaracion en noz diz Royaume & *Daulphiné:* Nous ces choses considérées, voulans ladicte Déclaracion estre exécutée, tenue & gardée senz enfraindre, à la supplicacion desdictes Genz d'Eglise, vous mandons & à chacun de vous, si comme à lui appartiendra, en commettant, se [e] mestier est, que ycelle Déclaracion faictes publier en voz Auditoires, & ailleurs où il sera mestier & vous semblera estre expédient, en faisant commandement de par Nous, chacun de vous ès [f] metes de sa Jurisdiction, aux Prélaz, Chapitres, Convens, Juges ecclésiastiques & ordinaires, Déléguez, Subdéléguez, Exécuteurs, Notaires publiques, & autres

a *Benoît XIII.*
b *elles sont ci-dessus, p. 258.*
c *corr. plus.*
d *cet endroit paroît défectueux, se paroît être ici pour si.*
e *besoin.*
f *bornes.*

NOTE.

(a) Copié sur l'original qui est au Trésor des Chartres, Layette *Schisme,* premier sac, n.° 9. Au dos de ces Lettres est écrit: *Declaratoria facta ne Officiariis Domini* Benedicti, *à dicta die Substractionis obediatur ipsius, quoquomodo.*

Il a été envoyé de *Montpellier* une Copie de ces Lettres, avec cette Indication: *Sénéchaussée de* Nismes *en général, Arm.* A. *Liasse 19. des Actes ramassez, N.° 3.*

Ces Lettres ont été imprimées à la colonne 1153. du 2.e Vol. du Trésor des Anecdotes du *P. Martene.* Elles sont adressées aux Baillis de *Vermandois* & d'*Amiens.*

Voy. la Préface de ce Volume 5. *Schisme.*

CHARLES VI. à Paris, le 8. d'Août 1398.

qu'il appartiendra, & dont vous serez requis, que à ladicte Déclaracion obeissent, & ycelle tiengnent & gardent selon sa forme & teneur, senz enfraindre, & leur défendez ou faites deffendre de par Nous expressément, que contre ycelle ne viengnent ou attemptent en aucune manière, & à ce les contraignez par prinse de leurs temporelz, & par toutes autres voyes deues & raisonnables; & se aucune chose trouvez estre faicte ou attemptée au contraire, la faites [a] répairer & remettre au premier estat & deu. *Donné à* Paris, *le VIII.e jour du mois d'Aoust, l'an de grace mil trois cens quatre-vins & dix-huit, & de nostre regne le XVIII.me*

Par le Roy, à la relacion de son grant Conseil, ouquel Mess. les *Ducs* de *Bourgogne*, & de *Bourbon*, [b] Vous, l'Amiral, le Maistre des Arbalestriers, & autres, estiez. J. HUE. Pour le Roy.

a *réparer*.

b *Le Chancelier de France. Voy. le 5.e Vol. de ce Rec.* pag. 653. Note *(c)*.

CHARLES VI. à Paris, le 9. d'Août 1398.

(a) Mandement qui porte que les fermes des Monnoies pourront être données à l'avenir pour deux ou trois ans.

CHARLES par la grace de Dieu Roy de France. A noz amez & féaulz les Généraulx-Maistres de noz Monnoyes: Salut & dilleccion. Il est venu à nostre congnoissance que pour ce que ou temps passé l'en [c] a acoustumé bailler noz Monnoyes à Ferme que pour ung an seulement, plusieurs personnes qui ont tenu nosdictes Monnoyes, & autres, reffusent icelles prandre, s'ilz ne les ont à [d] greigneur terme; en quoy Nous pourrions avoir grant dommaige, & nosdictes Monnoyes [e] demourer en chomaige, se sur ce n'estoit par Nous pourveu. Si vous mandons que pour [f] eschever ledit chomaige, vous baillez d'oresénavant noz dictes Monnoyes selon voz Instruccions, jusqu'à deux ou trois ans, ainsi & par la manière qu'il sera à faire pour nostre prouffilt; nonobstant que ou temps passé il n'ait esté acoustumé d'icelles Monnoyes bailler que pour ung an seulement, comme dit est, Ordonnances, Mandemens ou deffenses à ce contraires. *Donné à* Paris, *le IX.e jour d'Août, l'an de grace mil III.c IIII.xx & dix-huit, & de nostre Regne le XVIII.e* Ainsi signé. Par le Roy, à la relacion du Conseil. MERCIER.

c *n'a*.

d *pour un terme meilleur, plus long*.

e *on pourroit cesser d'y travailler*.

f *éviter*.

NOTE.

(a) Regiſtre *E.* de la Cour des Monnoyes de *Paris, fol.o* 7 vingt *recto*. [140.]

Avant ces Lettres, il y a: *Mandement pour bailler les Monnoyes à deux ou à trois ans.*

CHARLES VI. à Paris, le 14. d'Août 1398.

(b) Lettres qui défendent, attendu la crainte d'une stérilité prochaine dans le Royaume, d'en faire sortir des grains.

CHARLES par la grace de Dieu Roy de France. Au *Séneschal* de *Beaucaire*, ou à son Lieutenant: Salut. Il Nous a esté raporté pour vérité, que par infortune de temps tant de pluyes comme de vents, qui a coureu en cet Esté présent par tout nostre Royaume, ou au moings, comme l'en dit, en la plus grand partie d'iceluy, les bleds, avoines & autres grains estans sur terre, ont esté tellement gastés, que il est moult apparent que l'en en cueillera moult petitte quantité, & si petitte que à peines pourra-t-elle souffire pour le gouvernement de nostre peuple de nostredit Royaume; & pour ce, Nous voulans remédier à ce que nostredit peuple n'ait deffaut desdits grains, & aux inconvéniens que par ledit deffaut pourroient avenir, que Dieux ne veuille, vous mendons & enjoignons très-expressément, que vous faites crier publiquement par touts les lieux notables de vostre Séneschaussie, que aucun ne envoye

NOTE.

(b) La Copie de ces Lettres a été envoyée de *Montpellier*, avec cette Indication: *Séneschaussée de* Nismes *en général, Arm.* A. *Liasse 19. des Actes ramassez. N.o 3. folio 11.*

aucuns grains dehors nostredit Royaume, & aussy faites ou faites faire deffence de par Nous, aux Maistre & Gardes des Ports & Passages de vostre Séneschaussie, auxquels Nous deffendons par ces présentes sur quanque ils se pevent mesfaire envers Nous, que ils ne laissent ne souffrent partir aucuns desdits grains hors de nostredit Royaume, pour quelques personnes de quelque authorité qu'elles soient, ne pour quelques mandements, graces ou octroys qu'ils ayent sur ce de Nous, lesquelles graces ou octroys, se aucuns en avons donné, Nous avons révoqué & révocons par ces présentes: toutes voies Nous ne voulons que pour ces présentes, aucun empeschement soit fait aux gens de nostre très-chere & très-amée Tante la Royne de *Jerusalem* & de *Cicile*, en la charge & partement d'une Nef que elle a fait charger de bleds au Port de *Aygues-mortes* ou de [a] *Laucate*, pour envoier à nostre très-cher & très-amé Cousin le Roy de *Jerusalem* & de *Cicile*, son fils, & laquelle est chargée ou presque chargée, comme l'en dit, qu'ils ne la puissent faire [b] partaigier se elle ne l'est, & partir de là où elle est pour ceste fois, pour aller devers ledit Roy de *Cicile*. *Donné à* Paris, *le* XIIII.*e jour d'Aoust, l'an de grace* [c] *M. IIII.*xx *&* XVIII. *&* *le* XVIII.*e de nostre Reigne.* Par le Roy, à la relation de son grant Conseil, ou Messieurs les *Ducs* de *Borgogne* & de *Bourbonnois*, le Sire de *Lebret*, [d] Vous, & plusieurs autres, estiez. J. DE SANCTIS.

CHARLES VI. à Paris, le 14. d'Août 1398.

a Leucate *dans le* Languedoc.

b *Je n'ai rien trouvé sur ce mot qui peut-être signifie* partir.

c *1398.*

d *Le Chancelier de France. Voy. le 5.e Vol. de ce Rec.* pag. 653. Note *(c)*.

(a) Lettres qui portent que dans les Actes dans lesquels on a coûtume de mettre la date du Pontificat du Pape siégeant, on mettra pendant le tems que durera la Soustraction de la France à l'Obédience de Benoît XIII. celle de l'année depuis son élection au Pontificat.

CHARLES VI. à Paris, le 22. d'Août 1398.

KAROLUS Dei gracia Francorum Rex. Universis presentes Litteras inspecturis: Salutem. Cum nuper Nos & universalis Ecclesia Regni nostri, ac eciam Dalphinatûs, *certis de causis racionabilibus, evidentibus atque justis, in aliis* [e] *Litteris nostris Patentibus laciùs & expressiùs declaratis, premaximâ maturitate Consilii precedente, recesserimus ab Obediencia totali & omnimoda* [f] Benedicti *ultimò in Papam electi, sibi quomodolibet prestanda tam in Regno quàm in* Dalphinatu *predictis, ob quam rem nonnulli Notarii Apostolici non immeritò formidantes in Instrumentis publicis, illis uti verbis quibus annus Pontificatûs Pape exprimi solet in eisdem, super hoc Ordinacionem dicte Ecclesie humiliter & instanter postularint: Notum facimus quod habitâ super hoc deliberacione diligenti, predicta Ecclesia voluit & ordinavit quòd stante & durante recessu supradicto, in Instrumentis hujusmodi publicis loco anni Pontificatûs, scribatur per formam subsequentem; videlicet,* ab eleccione Domini *Benedicti* ultimò in Papam electi, anno quarto, *& ita consequenter secundùm annorum mutacionem. Quapropter Nos Ordinacionem predicte Ecclesie volentes execucioni debitè demandari, ad ejusdem Ecclesie instanciam & requestam, universis & singulis Senescallis, Baillivis, Prepositis, Castellanis & aliis Justiciariis & Officiariis nostris ubilibet constitutis, seu eorum Locatenentibus, damus tenore presencium in mandatis, quatinùs eandem Ordinacionem publicari solemniter & observari faciant, non permittentes à quoquam aliquid in contrarium attemptari: quod si secus factum repererint, corrigi & reparari faciant indilatè, culpabiles inde racionabiliter & debitè puniendo taliter quòd ceteris cedere debeat in exemplum. In cujus rei testimonium, presentes Litteras nostri Sigilli jussimus*

e elles sont ci-dessus, p. 258.

f Benoît XIII.

NOTE.

(a) Copié sur l'original qui est au Trésor des Chartres, Layette *Schisme*, premier sac, N.° 7. Il y a au dos de cet original: *Littera per quam Rex vult quod Notarii Apostolici, loco anni Pontificatûs Domini nostri Pape, ponant istam clausulam:* Anno ab eleccione Domini *Benedicti* ultimò in Papam electi.

Ces Lettres ont été imprimées à la colonne 1134. du Trésor des Anecdotes du P. *Martene*.

Voy. la Préface de ce Vol. §. *Schisme*.

appensione muniri. Datum *Parisius*, vicesima secunda die mensis Augusti, anno Domini millesimo trecentesimo nonagesimo octavo, & Regni nostri decimo octavo.

a Le Chancelier de France. Voy. le 5.e Vol. de ce Rec. pag. 653. Note (c).

Per Regem, ad relacionem sui Secrecioris Consilii, in quo Dominus Dux Burgundie, [a] *Vos*, Patriarcha Alexandrie, Bajocensis *&* Attrebatensis Episcopi, *& alii quàm plures, cratis.* J. HUE. Pour le Roy.

CHARLES VI. à Paris, le 17. de Septembre 1398.

(a) Lettres qui portent que les Religieux de l'Ordre de S.t Jean de Jerusalem, seront exempts des droits d'Aide.

CHARLES par la grace de Dieu Roy de France. A nos amez & féaux les Généraux-Conseillers à *Paris*, sur le fait des Aydes ordonnées pour la guerre, & à tous nos autres Justiciers & Officiers, Receveurs, Commis & Députez, ou à commettre & députer, ou à leurs Lieutenans: Salut & dilection. Noz bien amez les Religieux Maître, Prieurs & Freres de l'Ordre de la sainte Maison de l'Hôpital Saint Jean de *Hierusalem*, Nous ont fait humblement exposer que comme de tout temps ils aient esté & soient francs, quittes & exempts de payer les Aydes & Subventions ayant cours en nostre Royaume; & aussi toutes & quantes fois que les Saints Peres ont octroyé aucuns Aydes ou Subsides estre levez sur les Gens d'Eglise, iceux Saints Peres les en ayent tousjours exemptez & affranchis, & aussi les en ayons tousjours fait jouir & user paisiblement, si comme il appert par nos Lettres vérifiées par vous nos Généraux-Conseillers; toutesfois pour ce que n'aguere les Prélats de nostredit Royaume, [b] Nous ont accordé que jusques à trois ans prochainement venans, commençans le premier jour d'Aoust dernier passé, Nous ayons, levions & prenions les Aydes, Subsides & Subventions sur les Gens d'Eglise de nostredit Royaume, de quelque estat ou condition qu'ils soient, lesdits Religieux se doutent que sous ombre de ce, [c] que les Fermiers desdites Aydes, Subsides & Subventions, ne vueillent molester, travailler ou contraindre lesdits Religieux ou aucuns d'eux, à payer lesdictes Aydes, Subsides & Subventions, ou leur donner sur ce aucuns empeschements, si Nous ont fait supplier que sur ce leur voulions pourvoir & impartir nostre grace: Pourquoi, Nous euë considération aux choses dessus dictes, & aux grands frais, missions & dépenses qu'il leur convient faire chacun jour pour la tuition & deffense de la Foy Catholique contre les mécréans, à iceux Religieux avons octroyé & octroyons de nostre grace spéciale, par ces présentes, qu'ils soient quittes & exempts de payer aucunes Aydes ou Subsides ordonnées ou à ordonner en nostredit Royaume, pour le fait de nos guerres, de bleds, vins & autres biens creus en leurs propres héritages venans de leurs propre Religion & domaine, & de leurs nourritures venduës [d] & livrées sans fraude, [e] parmi ce toutesfois qu'ils seront tenus de vendre ou faire vendre en gros où il leur plaira, tous leurs vins venus de leurs propres vignes de Bourgogne, de Beaulne, & *(b)* du haut pays, & non autrement; & quant aux vins de leurs maisons & autres vignobles & territoires, pareillement ils seront tenus de les vendre en gros comme dessus, en tant qu'ils pourront bonnement, sans fraude; & au cas qu'il leur en demeureroit aucuns qu'ils ne pourroient bonnement vendre en gros, comme dit est, ils les pourront vendre & distribuer à détail en leurs maisons des lieux & territoires où ils croîtroient & seront labourez & cueillis, ou en la plus prochaine bonne Ville fermée des lieux où ils seront cueillis, où ils auront maison, & en icelle maison; & si l'on trouvoit aucuns d'iceulx Religieux ou autres pour eux, ou sous ombre d'eux, [f] avoient fait le contraire, Nous voulons nostredit octroi &

b *Voy. ci-dessus*, p. 290.

c *ce mot paroît inutile.*

d *à eux.*

e *moyennant.*

f *corr. avoir.*

NOTES.

(a) Priviléges de l'Ordre de Saint Jean de Jerusalem par d'*Escluseaulx*, in-folio, *Paris* 1700, p. 15.

(b) Du haut pays.] Il faut peut-être entendre par ces mots, *le Bailliage de Châtillon-sur-Seine*, nommé aussi de la *Montagne*, à cause du nombre de celles qui y sont. Voy. le *Dictionnaire universel de la France*, au mot *Châtillon-sur-Seine*.

grace leur estre dessors-en-avant de nulle valeur, & que lesdits vins ainsi vendus contre nostredit octroi, soient confisquez & acquis à Nous. Si vous mandons & étroitement enjoignons, & à chacun de vous, que [a] nostredicte grace & octroy vous faites & souffrez lesdits Religieux & chacun deux, jouir & user paisiblement sans venir aucunement à l'encontre. Et pour ce qu'ils ont & auroient à faire en plusieurs & diverses parties de nostre Royaume, de ces présentes Lettres, si comme ils dient, Nous voulons que au *Vidimus* d'icelles faits sous Sceaux autentiques, foy pleniere soit ajoûtée comme s'ils faisoient prompte foy de ce présent original: Car ainsi Nous plaist-il estre fait, nonobstant Ordonnances, Mandemens ou deffenses [b] ou contraire. *Donné* à Paris, *le dix-septiéme jour de Septembre, l'an de grace mil trois cens quatre-vingts-dix-huit, & de notre regne le dix-neuviéme.*

CHARLES VI. à Paris, le 17. de Septembre 1398.

[a] suppl. *de.*

[b] *au.*

Ainsi signé. Par le Roy, à la relacion du grand Conseil, ouquel Messieurs les *Ducs* de *Bourgogne,* d'*Orléans* & de *Bourbonnois,* [c] Vous & autres, estoient. P. VAILEN.

[c] *Le Chancelier de France. Voy. le 5.e Vol. de ce Rec. pag.* 653. Note *(c).*

Ausquelles Lettres estoit attachée une Cédule ou écrouë de nos sieurs les Généraux, écrite en parchemin sous l'un de leurs Signets en la marge de dessous, à laquelle étoient mis & apposez trois autres de leurs Signets en cire vermeille, si comme il appert; de laquelle la teneur est telle.

Les Généraux-Conseillers sur le fait des Aydes ordonnez pour la guerre, à tous Elus, Receveurs, Commis & Députez, ou à commettre & députer sur le fait desdictes Aydes, & à tous autres à qui il peut & pourra appartenir: Salut. Nous vous mandons de par le Roy nostre Sire, & de par Nous, à chacun de vous en droit soy, que le contenu ès Lettres du Roy nostre Sire, attachées à ces présentes, sous l'un de nos Signets, faisans mention de l'octroi fait par ledit [d] Sieur, aux Religieux Maistre, Prieurs & Freres de l'Ordre de la Sainte Maison de l'Hôpital Saint Jean de *Hierusalem,* de non payer aucunes Aydes, vous accomplissez & entretenez de point en point, pour les causes & par la forme & manière que le Roy nostredit Sieur le mande par ses dernières Lettres. *Donné à* Paris, *le vingt-cinquiéme jour de Septembre, l'an mil trois cens quatre-vingts & dix-huit.* Ainsi signé. H. BONSOLAS.

[d] corr. *Seigneur,* là & plus bas.

(c) Et nous à ce présent transcrit avons mis le Scel de ladicte Prévosté de *Paris,* l'an & le jour ci-dessus premier dits. *Signé* ROICHOIS. Collation est faite, & scellée de cire verte.

NOTE.

(c) L'Editeur n'a point fait imprimer le commencement de l'Acte par lequel le Prévôt de *Paris* vidimoit les Lettres du Roy.

CHARLES VI. à Paris, le 27. de Septembre 1398.

(a) Lettres qui portent qu'on pourra transporter du Languedoc des grains hors du Royaume, attendu qu'il n'y a point de disette dans ce pays, comme il y avoit eu lieu de le craindre.

CHARLES par la grace de Dieu Roy de France. Au *Sénefchal* de *Beaucaire,* ou à son Lieutenant: Salut. Jaçoit ce que pour ce qu'il Nous avoit esté rapporté que par l'infortune de temps tant de pluyes comme de vents qui ont coureu en l'Esté [e] derrein passé, [f] comm l'en disoit, par tout nostre Royeaume, ou au moins en la plus grand partie d'icelui, les bleds, avoines & autres grains estans lors sur terre, auroient esté tellement gastés & domagés, que il estoit moult apparant que l'en en cueilleroit moult petite quantité, & si petitte, que à peines pourroit-elle souffire pour le gouvernement de nostre peuple de nostredit Royaume, Nous pour obvier auxdits inconvénients, vous eussions mandé par nos autres Lettres [g], que faissiés crier par touts les lieux notables de vostre Séneschaussie, que aucun ne menast aucun grains

[e] *dernier.*
[f] *comme.*

[g] *du 14. d'Aoust 1398. elles sont ci-dessus, p.* 292.

NOTE.

(a) La Copie de ces Lettres a été envoyée de *Montpellier,* avec cette Indication: *Sénéchaussée de* Nismes *en général, Arm.* A. *Liasse 19. des Actes ramassez, N.° 3. folio 28. verso.*

CHARLES VI. à Paris, le 27. de Septembre 1398.

dehors nostredit Royaume, & aussi feissiés ou feyssiés faire deffense aux Maistre & Gardes des Ports & Passages de vostre ditte Séneschaussie, sur certaines grands peines, qu'ils ne laissassent ne souffrissent partir aucuns desdits grains hors de nostredit Royaume, pour quelque personne, de quelque authorité que elle feust, ne pour quelques mandements, graces ou auctroys qu'ils eussent de Nous sur ce, lesquelles, se aucun leur en avions donné, Nous révoquons par nosdittes Lettres; néantmoins depuis l'en Nous a raporté que ez [a] mettes de vostre Séneschaussie, ne aussy en celles de *Toulouse* & de *Carcassonne*, n'est point venue l'infortune dont dessus est faitte mention, encores y a, la merci de nostre Seigneur, telle & si grand abondance de bleds & d'autres grains, que se nostre ditte Ordenance se tenoit quant ez dittes Parties, il s'en ensuivroit tel inconvéniant que lesdits bleds se y perdroient, & ne auroient nos subgiés qui y habitent, de quoy pour faire labourer ne dont querir & avoir leurs nécessités, mesmement que les Deniers qu'ils reçoivent de la vendition de leurs grains qu'ils [b] cuillent par chacun an, sont moult grant partie de leurs chevances. Pourquoy Nous, ces choses considérées, voulons, s'il est ainsy, que nostre Ordenance dessus ditte n'aye mie lieu ez dittes metes de vostre ditte Séneschaussie, mais que chacun puisse vendre de ses grains à son plaisir, en la manière accoustumée paravant nostre ditte Ordenance. Si vous mandons que ou cas dessusdit, le faites & souffrés ainsy faire, & faites publier ces Présentes par touts les lieux de vostre Séneschaussie dessus ditte, là où il appartiendra, affin qu'elles puissent venir à la connoissence de chacun: Mandons aussy auxdits Maistre & Gardes des Ports & Passages de vostre ditte Séneschaussie, & à touts [c] nous autres Officiers & subgiés, que nonobstant nostre ditte premiere Ordenence, ils ne mettent en ce aucun empeschement. *Donné à* Paris, *le XXVII.e jour de Septembre, l'an de grace mil CCC. IIII.xx & XVIII. & le XIX.e de nostre Regne.* Par le Roy, à la relation de son grant Conseil, où [d] Vous, le *Patriarche d'Alexandrie*, [e] l'*Archeque* de *Sens*, les *Evesques* de *Bayeus*, de *Noyon*, de *Chartres* & d'*Arras*, & plusieurs autres, estiés. J. DE SANCTIS.

[a] bornes, étendue.

[b] cueillent.

[c] corr. nos.

[d] Le Chancelier de France. Voy. le 5.e Vol. de ce Rec. pag. 653. Note (c).

[e] l'Archevêque.

CHARLES VI. à Paris, en Septembre 1398.

(a) *Lettres qui permettent au Prévôt de Paris, de modérer & même de remettre sans le consentement des Gens des Comptes & des Trésoriers, les Amendes de dix Livres & au dessous, prononcées par lui en matières Civiles, en faveur de ceux qui ont été mis en prison faute du payement de ces Amendes.*

CHARLES par la grace de Dieu Roy de France. Savoir faisons à tous présens & avenir, que comme par l'assercion de nostre amé & féal Chevalier & Conseiller *Jehan Seigneur* de *Foleville*, Garde de par Nous de la *Prevosté* de *Paris*, & autrement par la relacion de plusieurs de nostre Conseil, Nous soyons acertenez que ceste année présente & ès années précédens, plusieurs povres & misérables personnes & autres estans ès Prisons de nostre Chastellet de *Paris*, pour aucunes Amendes civiles esqueles nostredit Prevost ou ses Lieuxtenans les avoient condempnez envers Nous pour aucuns leurs demérites, sont en ycelles Prisons alées misérablement de vie à trespassement, tant pour la povreté, misere & infeccion que elles avoient souffert & de jour en jour souffroient en ycelles Prisons, parce que elles ne Nous povoient faire paiement desdictes sommes qui sont souventeffoys très-petites, comme de cent Sols, soixante, quarante Sols, vint Sols, dix Sols, & aucunes foys au dessoubz, & autreffoys au dessus, comme autrement par la longue pénitance de prison que elles ont souffertes, qui est chose moult piteable, consideré que aux délivrances desdictes personnes ainsi condempnées envers Nous, nostredit Prevost ne ses Lieuxtenans après

NOTE.

(a) Livre Rouge vieil du Châtelet de *Paris*, *folio* 8 vingt *verso*. [160.]

Avant ces Lettres, il y a: *Lettres Royaulx comment le* Prevost *de* Paris, *peut faire graces aux Prisonniers jusques à dix Livres & au dessoubz.*

leurs

leurs Jugemens donnez & enregistrez par noz [a] Clers tant Civilz comme Criminelz dudit Chastellet, n'ont osé procéder ne quitter ou modérer aucunes desdictes Amendes sanz mandement de noz Gens des Comptes & Trésoriers à *Paris*, dont il Nous desplait; mesmement que du temps de feu nostre très cher Seigneur & Pere cui Dieu pardoint, & paravant, le *Prevost* de *Paris* qui pour le temps estoit, & ceulx qui paravant avoient esté *Prevosts* de *Paris*, avoient acoustumé de faire graces aux prisonniers dudit Chastellet qui estoient détenus pour telz Amendes Civiles; c'est assavoir, aucunes foys de modérer leurs dictes Amendes à plus petites, autreffoys de les [b] bouter hors de prison quant ils estoient informez qu'ilz estoient très pouvres gens, autreffoys de les délivrer pour la pénitance de prison qu'ils avoient souffert, & autreffoys en leur [c] muant leurs dictes Amendes pécuniesses en pénitance corporelle, & autrement selon les estas & facultés des personnes & les exigences des cas: Nous ces choses considérées, qui ne voulons nos povres subgez souffrir telz molestes & oppressions pour tels petites Amendes Civiles à Nous appartenans, au *Prevost* de *Paris* présent & avenir, avons donné & par ces Présentes de nostre plaine puissance donnons povoir, licence, auctorité & mandement espécial de faire d'oresenavant à tous prisonniers estans & qui seront oudit Chastellet, condempnez envers Nous en Amendes Civiles, jusques à dix Livres & audessoubz, graces pareilles comme cy-dessus est esclarcy, ou autres teles comme par la délibéracion de nostre Conseil, & présens à ce nostre Procureur & Receveur oudit Chastellet, il verra estre à faire par bonne équité & consience, senz pour ce avoir aucun mandement de noz dictes Gens des Comptes & Trésoriers. Si donnons en mandement par ces présentes à nos dictes Gens des Comptes & Trésoriers à *Paris*, que contre nostre présente Ordonnance ne empeschent lesdis Prevostz présens & avenir, mais de ce les laissent joïr & user paisiblement & sans inquiétacion. Et à ce que ce soit ferme chose & estable à tousjours, Nous avons fait mettre nostre Séel à ces présentes Lettres: Sauf en autres choses nostre droit, & l'autruy en toutes. *Donné à* Paris, *ou mois de Septembre, l'an de grace mil CCC IIII.*[xx] *& dix-huit, & le dix-huitiesme de nostre Regne.* Ainsi signé. Par le Roy, à la relacion du Grant Conseil ouquel [d] Vous, le Patriarche d'*Alixandrie*, l'Evesque de *Bayeulx* & autres, estiez. P. VIVIEN.

CHARLES VI. à Paris, en Septembre 1398.

[a] *Greffiers.*

[b] *mettre.*

[c] *changeant.*

[d] *Le Chancelier de France. Voy. le 5.e Vol. de ce Rec. pag. 653. Note (c).*

Et en la marge desdictes Lettres estoit attachée une Cédule de parchemin, contenant ceste forme:

Nous les Trésoriers du Roy nostre S. à *Paris*, nous consentons en tant qu'il nous touche, que de cy à deux ans prouchainement venans, à compter de la date de ces présentes, le *Prevost* de *Paris* joïsse de l'octroy à lui fait par le Roy nostredit Seigneur, & par ses Lettres en las de soye & cire vert, cy-attachées soubz l'un de noz Signetz. *Donné à* Paris, *le derrenier jour de Septembre, l'an mil CCC IIII.*[xx] *& dix-huit.* Ainsi signée. H. DE GUINGUANT. Collacion faicte aux Originaux.

CHARLES VI. à Paris, le 16. d'Octobre 1398.

(a) Confirmation d'un Règlement fait pour les Tisserands de la Ville de Rouen.

CHARLES, &c. Savoir faisons à tous présens & avenir, Nous avoir veues les Lettres desquelles la teneur s'ensuit.

A Tous ceulx qui ces présentes Lettres verront ou orront, *Jehan* de la *Tuille Bailli* de *Rouen* & de *Gisors*: Salut. Comme plusieurs des Maistres, Ouvriers & Compaignons du mestier de tistre en linge, tenans [e] ouvreurs & demourans en la Ville & Banlieue de *Rouen*, se feussent trais pardevers nous, & nous eussent exposé & donné à entendre que oudit mestier se faisoient & commettoient de jour en jour plusieurs décepcions & faulx ouvrages par aucuns qui dudit mestier s'entremettoient, laquelle

[e] *ouvroirs.*

NOTES.

(a) Trésor des Chartres, Registre 153. Pièce v.e vi. (506)

Il y a dans cette Pièce plusieurs termes sur lesquels je n'ai rien trouvé ni dans le Dict. du Commerce par *Savary*, ni ailleurs.

CHARLES VI.
à Paris, le 16. d'Octobre 1398.

chose estoit & redondoit ou grant vitupere & deshonneur dudit mestier & des preudhommes Tisserans & ouvriers d'icelle, en grant lesion, préjudice & dommaige du commun peuple, & pour ce nous requeroient que sur ledit mestier nous voulsissions faire Ordonnances & Registres convenables, afin que ledit mestier fust gardé & visité en telle manière que ceulx qui y feroient & commettroient faulte ou mauvaistié, feussent pugnis & corrigiez, & leurs tors fais, adrécés & amendez, en disant de par les diz Maistres, ouvriers & compaignons Tisserans en linge,[a] qui sur ce par bon advis & délibéracion, ils avoient regardé & advisié plusieurs points & articles qui estoient convenables & nécessaires à estre gardez pour le bien & honneur dudit mestier, & pour le prouffit & utilité dudit commun peuple, & yceulx poins & articles nous eussent monstrez & bailliez par escript, en nous requerant que iceulx nous voulsissions passer & faire tenir & garder par nostre auctorité & par manière d'Ordonnance & Registre; lesquelx articles nous eussions reçeus & pris pardevers nous, & sur ce eussions appellé le Procureur du Roy nostre S. esdiz Bailliages, & plusieurs autres saiges hommes, avec plusieurs & grant quantité des plus souffisans, expers & notables personnes des Maistres, Ouvriers & Compaignons dudit mestier, dont les noms s'ensuivent; c'est assavoir, *Jehan Pinel, Raoul* le *Chandelier, Ricart aux Buefz, Guillaume* du *Brissoursel, Robin Porquet, Loyc* de *Aureville, Maciot Bannier, Guillaume Ymbert, Frosmont* le *Fevre, Ricart Guillebert, Ricart Taillot, Estienne Nouel, Jehan Blondel, Jehan Girault, Raoul Marc, Jehan* le *Marchant, Guillaume* le *Mire, Jehan Courtaille, Jehan Des Essars, Jehan Du Roual, Colin* le *Vavasseur, Guillaume Adam, Robert Terrien, Jehan Doullon, Jaquet* le *Conte, Michaut Trenchant, Vincent* le *Normant, Michault Du Montihart, Jehan* de *Grigny* & *Rogier Manessier,* tous Tisserans en linge, faisans la plus grant & saine partie des Tisserans en linge de la Ville & Banlieue de *Rouen,* en la présence desquelx nous eussions fait lire & exposer mot à mot lesdiz articles l'un après l'autre, & à grant loisir rendue cause sur chacun article, comme & pourquoy le contenu en ycellui estoit expédient, prouffitable & nécessaire ou préjudiciable & dommagable au commun peuple, & aussi eussions veu & regardé un ancien Registre jà piéça fait sur ledit mestier de tistre en linge, & finablement après plusieurs paroles & altercacions, par bonne & meure délibéracion de Conseil, eussions[b] détrait d'aucuns d'iceulx articles, & en aucuns eussions augmenté; & après ces choses, tout veu & considéré & diligemment examiné, par le conseil & oppinion desdis saiges hommes, & de l'accort & consentement dudit Procureur du Roy & desdiz Maistres, Ouvriers & Compaignons Tisserans en linge, avons fait, dit & ordonné, faisons, disons & ordonnons de nouvel par la teneur de ces Présentes, & si comme faire le povons & devons du droit de nostre Office, pour le bien, honneur & prouffit & utilité dudit mestier & de tout le commun peuple, Registre & Ordonnance sur ycellui mestier, en la forme & manière qui s'ensuit; c'est assavoir,

(1) Que tous ceulx dudit mestier facent bonne euvre & loial, sans aucune faulseté ou[c] barat.

(2) Item. Que dorcsénavant aucun dudit mestier ne pourra ou devra lever[d] ouvreur comme Maistre d'icellui mestier, jusques à ce qu'il aura esté examiné & approuvé souffisant & expert par les Gardes dudit mestier, de savoir bien faire toute œuvre dudit mestier, & par lesdiz Gardes[e] tesmoings a souffisans devant le *Bailli* de *Rouen* ou son Lieutenant, de bien savoir faire toute œuvre dudit mestier, & de bien & loyaument rendre aux bonnes gens de qui il aura reçeu l'œuvre, toute l'œuvre qui lui sera baillée sans aucune fraude, tricherie ou barat, & qu'il ait juré & fait le Serement de bien & loyaument garder les Ordonnances dudit mestier, & tiengne feu & lieu.

(3) Item. Que tous ceulx qui vouldront ouvrer dudit mestier en ladicte Ville & Banllieue de *Rouen,* comme Maistres d'icellui, faire le pourront, pourveu qu'ilz soient de bonne renommée & mainent vie honneste, & qu'ilz aient esté examinez, approuvez & tesmoigniez à souffisans, tiengnent feu & lieu, & aient fait le Serement comme dit est, & ne pourront advoer en leur compaignie aucune concubine pour leur[f] fame espousée, sur peine d'estre[g] déboutez dudit mestier.

a *corr. que.*
b *diminué.*
c *tromperie.*
d *Voy. p. précédente Note marg. (e)*
e Il faut corr. *témoigné à suffisans* comme il y a dans l'article suivant.
f *femme.*
g *privez.*

CHARLES VI.

à Paris, le 16. d'Octobre 1392.

(4) *Item.* Chacun qui levra ledit meftier, paiera au Roy noftre S. vint Souiz pour fa [a] hanfe dudit meftier, & aus Gardes, cinq Soulz pour leur peine & travail d'avoir examiné ledit Maiftre & rapporté à juftice fa fouffifance; excepté les filz de Maiftre qui ne paieront que demie [b] hanlfe au Roy, & deux Solx fix Deniers aux Gardes.

(5) *Item.* Que aucun demourant en ladicte Ville & Banlieue de *Rouen*, ou dehors, ne pourra ou devra ouvrer dudit meftier en la dicte Ville & Banlieue, jufques à ce qu'il aura fait le Serement devant Juftice, de faire bonne euvre loyal & de garder cefte préfente Ordonnance; & ne pourra ou devra aucun Maiftre dudit meftier, mettre en œuvre Aprentif ou Ouvrier, jufques à ce qu'il aura fait ledit Serement, fur peine de dix Solz d'Amende au Roy noftre S. & deux Solz VI. Deniers aux Gardes, que paiera le Maiftre qui aura mis en œuvre ledit Apprentif ou Ouvrier.

a *Voy. le 7.e Vol. de ce Rec.* p. 117. Note *(c)*

b corr. *hanfe* comme ci-deffus.

(6) *Item.* Que dorefenavant aucun ne pourra ou devra lichier fors de blanc eftaim fans fain & aux lames qui font du [c] Boujon ordonné oudit meftier, & pourra avoir fa lame refachon jufques à la moitié de ce qu'il vouldra fans coulleur, & qui fera dorefenavant trouvé faifant le contraire, paiera pour chacune fois qu'il fera trouvé, dix Solz d'Amende dont le Roy aura les deux pars, & les Gardes dudit meftier le tiers, & fe aucun prent œuvre à faire & fait monter fon œuvre à fa lame, il pourra parfaire fon œuvre en mettant à fa lame amendement par le congié des Gardes.

c *Voy. les Tables des mat. des Vol. de ce Rec. au mot Boujon & Boujonneurs.*

d fupp. *efté.*

(7) *Item.* Nul ne pourra ou devra ouvrer dudit meftier, de nuit, mais feulement de la lueur du jour, fur peine de dix Solz d'Amende pour chacune fois qu'il y fera trouvé, dont le Roy noftre S. aura les deux pars, & les Gardes dudit meftier, le tiers.

(8) *Item.* Se aucun Maiftre dudit meftier eft trouvé faifant ou avoir fait toilles ou *(b)* doubliers trop eftrois à mefurer au Boujon de *Rouen*, il l'amendera de dix Solz Tournois pour chacune fois quil y fera trouvé, dont le Roy noftre S. aura les deux pars, & les Gardes dudit meftier, le tiers; & fe ledit ouvrage eftoit trouvé faifant ou avoir [d] fait par un Ouvrier ou Apprentis dudit meftier, fans le congié du Maiftre, l'Ouvrier ou Apprentis paiera ladicte Amende de dix Solz, dont le Roy aura les deux pars, & les Gardes le tiers.

(9) *Item.* Que nul Maiftre dudit meftier ne pourra ou devra avoir que un Apprentis, lequel Apprentis fera tenus fervir d'icellui meftier, trois ans avant quil puiffe avoir acquis ledit meftier, ne lever ycellui meftier comme Maiftre d'icellui; fauf qu'il pourra bien avoir un filz de Maiftre avec ledit Apprentis, pour ouvrer dudit meftier, & le fervir bien & deuement.

(10) *Item.* Se un Apprentis fe départ du fervice de fon Maiftre avant les trois ans accomplis, ledit Maiftre pourra prendre un autre Aprentis ou cas que le premier Aprentis vouldra renoncier au meftier.

(11) *Item.* Se aucun enfant filz de Maiftre demouroit orfelin, & il vouloit aprendre ledit meftier, lui eftant en aage fouffifant de ycellui apprendre, ceulx dudit meftier lui feront tenus faire aprendre ledit meftier à leurs defpens.

(12) *Item.* Se aucun eft trouvé ou repris d'avoir porté en gage ou vendu fil cheannes de fil de [e] toilles, touailles, doubliers ou autres chofes appartenantes audit meftier, [f] qu'il lui aient été baillées à faire, il fera banny d'ouvrer dudit meftier en ladicte Ville & Banlieue, an & jour; & au furplus à l'Ordonnance de Juftice; & fe aprez l'an & le jour paffé, il [g] vint requerre à Juftice & aux Gardes dudit meftier, qu'il foit receu à ouvrer dudit meftier, il y fera receu & renouvellera fon ferement, & paiera pleine hanfe au Roy & aux Gardes dudit meftier, comme s'il venift comme Maiftre de nouvel audit meftier.

e *Voy. ci-deffus* Note *(b)*

f *qui.*

g corr. *vient.*

(13) *Item.* Aucun dudit meftier ne pourra ou devra entreprendre à faire aucune

NOTE.

(b) *Doubliers.*] Suiv. le Tréfor de *Borel* aux mots *Doublieres* & *Touaillons*, ils fignifient des Serviettes; peut-être *Toilles* avoit-il la même fignification. On lit ci-deffous dans l'art. 12.... *de Toilles, Touailles, Doubliers.*

CHARLES VI.
à Paris, le 16. d'Octobre 1398.

œuvre dudit mestier, s'il ne l'a [a] oudie ou fait *(c)* ourdir, se ce n'est par le congié & licence de Justice, des Gardes dudit mestier, ou de celui qui l'aura ourdie, sur paine de dix Solz Tournois d'Amende, dont le Roy nostre S. aura les deux pars, & les Gardes le tiers.

a corr. *ourdie.*

(14) Item. Nul dudit mestier ne pourra ne devra ouvrer dudit mestier, au Samedi après None, au Dimenche, au cinq Festes de Nostre-Dame, aux jours de Festes d'Appostres, de Toussains, de Pasques, de l'Ascencion, de la Pentecouste, aux vegilles des Festes dessus dictes, ne à autre Feste solempnel, sur peine de cinq Solz Tournois d'Amende au Roy nostre S. & deux Solz six Deniers aux Gardes dudit mestier, pour chacune fois qu'il y sera trouvé, dont les diz Gardes seront creuz par leurs rappors & relacion.

(15) Item. Tous ceulx dudit mestier seront tenus de user d'un pois & d'une aulne ordonnée sur le fait dudit mestier, sur peine de dix Solz Tournois d'Amende, dont le Roy nostre S. aura les deux pars, & les Gardes dudit mestier, le tiers.

(16) Item. Nul dudit mestier ne pourra ou devra mettre en œuvre aucun ouvrier alloué d'autruy, jusques à ce qu'il aura acomply son service ou louage, se ce n'est du consentement ou octroy d'icellui qui aura alloué ledit ouvrier, sur peine de dix Solz Tournois d'Amende, les deux pars au Roy nostre S. & le tiers aux Gardes dudit mestier.

(17) Item. Pour le bien & utilité de la chose publique, & avoir congnoissance des choses dessus dictes, seront esleuz par le Conseil des gens dudit mestier, quatre Preudes hommes, bons & loiaulx, Maistres dudit mestier, au terme de Nouel, lesquelz seront commis de par le Roy, & jurez devant Justice qu'ilz feront tenir & garder les Ordonnances dessus dictes & déclairées, par la maniere que dit est, & [b] le rapporteront à nous & à noz successeurs *Bailliz* de *Rouen,* toutes les amendes, mauvaistiez, faulx ouvrages, offenses & mesprentures que ilz trouveront être faictes, ou avoir esté commises en ycellui mestier, pour en ordener si comme il appartendra; & auront iceulx Gardes toute la visitacion & pouvoir de garder & visiter sur tout l'ouvrage dudit mestier, & sur les circonstances & deppendances d'icellui, par toute la Ville, Banlieue & *Viconté* de *Rouen,* tant en lieux exemps que non exemps; & seront tenus yceulx Gardes visiter une fois la sepmaine au [c] mains, à tel jour ou jours comme il leur plaira & comme bon leur semblera, & le plus sagement & secrettement que faire se pourra, & seront creuz iceulx quatre Jurez, les trois ou les deux ensemble, par leurs seremens, de ce qu'ilz rapporteront devant nous & noz successeurs *Bailliz* de *Rouen,* des choses touchans ledit mestier & les articles dessus dis; & tout l'ouvrage qui par lesdiz Jurez & Gardes sera trouvé mauvais, sera traittié à Amende selon ceste presente Ordonnance; & tous ceulx dudit mestier sur qui le mauvais ouvrage sera trouvé, paieront dix Solz d'Amende au Roy nostre S. & deux Solz six Deniers Tournois, aux Jurez & Gardes dudit mestier.

b *Cet article paroît inutile.*

c *moins.*

Toutes lesquelles Ordonnances dessus dictes & devisées, & chacune d'icelles, nous voulons & ordonnons être faites, tenues, enterinées & gardées de point en point sans enfraindre, sur lesdictes paines; & quiconque fera le contraire, il enchérra en ycelles paines par tant de fois comme il lui avendra, lesquelles peines desincontinant & pour lors nous déclairons commises, & ycelles voulons & ordonnons estre exécutées, levées & exploitées sur les transgresseurs & faiseurs à l'encontre de ceste présente Ordonnance, sans ce que nul en soit espargnié. En tesmoing desquelles choses, Nous avons seellées ces Lettres du grant Séel aux Causes desdis Bailliages, *l'an de grace mil CCC IIII.xx & dix-huit, le jeudi XXX.e jour du mois de May.*

Suite des Lettres de Charles VI.

Lesquelles Lettres dessus transcriptes, & tout le contenu en ycelles, Nous avons fermes, estables & aggréables, & ycelles louons, approuvons, ratiffions, & par ces

NOTE.

(c) *Ourdir.]* Suivant le Dict. du Commerce par *Savary,* ce mot signifie préparer les fils de la chaîne d'une étoffe, afin de la tisser. Par conséquent le mot *entreprendre,* ne doit signifier ici qu'achever un ouvrage qui étoit déjà commencé par un autre.

présentes de grace espécial confermons. Si donnons en mandement à nostre *Bailli* de *Rouen*, & à tous nos autres Justiciers présens & avenir, ou à leurs Lieuxtenans, & à chacun d'eulx, si comme à lui appartendra, que lesdis articles & Ordonnances dessus transcriptes, ilz facent tenir & garder de point en point sans enfraindre en aucune manière. Et pour ce que ce soit ferme chose & estable à tousjours, Nous avons fait mettre nostre Séel à ces présentes Lettres: Sauf en autres choses nostre droit, & l'autruy en toutes. *Donné à* Paris, *le XVI.ᵉ jour du mois d'Octobre, l'an de grace mil CCC IIII.ˣˣ & dix-huit, & le XIX.ᵉ de nostre Regne.*

CHARLES VI. à Paris, le 16. d'Octobre 1398.

Par le Roy, à la relacion du Conseil. CHALIGANT.

CHARLES VI. à Paris, le 23. d'Octobre 1398.

(a) *Lettres qui permettent aux Chaussetiers de Paris, de vendre des Chausses garnies d'Aiguillettes & de Lanières.*

A TOUS ceulx qui ces Lettres verront. *Jehan Seigneur* de *Foleville*, Chevalier, Conseiller du Roy nostre S. & Garde de la *Prévosté* de *Paris* : Salut. Savoir faisons, Nous avoir receuës les Lettres du Roy nostre S. obtenuës & impétrées de la partie de *Girart Megret, Jehan Hardou, Geuffrin Hervieu, Olivier Fouques, Estienne le Goux, Eliot Burgevin*, & plusieurs autres Chaussetiers de la Ville de *Paris*, leurs Consors en ceste partie, [a] porteurs & requerans l'entérinement d'icelles, desqueles la teneur est tele.

[a] *présentans ces Lettres.*

CHARLES par la grace de Dieu Roy de France & de Navarre. Au Prévost de *Paris* ou à son Lieutenant: Salut. *Girart Megret, Jehan Hardou, Geuffrin Hervieu, Olivier Fouques, Estienne le Goux, Eliot Burgevin*, tous Chaussetiers, & plusieurs autres Chaussetiers de la Ville de *Paris*, Consors en ceste partie, Nous ont fait exposer en complaignant, que comme du temps de présent & depuis pour [b] de temps en ça, il soit accoustumé par pleusieurs de peuple de garnir Chausses *(b)* pour attacher à [c] Aiguillettes ou Lanières, & les porte on communément, ce que anciennement on [d] ne souloit pas faire; mais souffisoit faire Chausses sens garniture, pour ce que en les atachoit à un nouet *(c)* pardevant; & pour ce soit à présent expédient que lesdis Chaussetiers pour l'avencement [e] des personnes, les facent & vendent toutes garnies & prestes d'atacher, ainsi que il est de présent accoustumé; car se ainsi n'estoit, à ceulx qui vouldroient achetter Chausses, convendroit longuement demourer pour attendre que garnies fussent; néantmoins à [f] l'istigacion d'aucuns Ouvriers anciens vendans Chausses en ladicte Ville de *Paris*, qui riens ne [g] scevent de nouvel ouvrage, vous avez défendu que aucun Chaussetier ne vende Chausses garnies, soubz occasion de ce que on dit qu'il n'est pas contenu ès [h] Registres anciens; & puet bien estre qu'il n'y est pas contenu, car [i] adonc on n'en usoit point; mais néantmoins puis que de présent ce est venu à plaisance de peuple & à commun usaige, il est expédient que fait soit, & le puet chascun faire qui le scet & mieux le scevent faire que autres gens, & ne répugne pas à la coustume ancienne; car on n'en usoit point, comme dit est; & puet l'en ordener personnes qui congnoissent se en ce à aucune faulseté [k] comme sur les Draps, si comme lesdis supplians dient, requerans sur ce nostre provision: Pourquoy Nous ces choses considerées, & qui voulons à un chascun [l] gaigner sa vie licitement, Nous mandons & enjoingnons que se appellez nostre Procureur

[b] *peu.*

[c] *avec.*

[d] *on n'avoit pas accoûtumé.*

[e] *avancement pour épargner de la peine.*

[f] *l'instigation.*

[g] *sçavent.*

[h] *Registres dans lesquels sont écrits les Statuts des métiers.*

[i] *alors.*

[k] *Si les Chausses sont de bonne étoffe & bien faites.*

[l] *supp. laisser.*

NOTES.

(a) Livre Rouge vieil du Châtelet de *Paris, folio* 8 vingt-un *recto.* [161.]

Avant ces Lettres, il y a: *Lettre pour les Chaussetiers.*

(b) *Chausses.*] *Bas.* Anciennement ils n'étoient pas faits de laine, de soie ou de fil tricotés, mais d'étoffe; & il y a encore des Religieux qui portent des Chausses d'étoffe. Voyez le Dict. du Commerce de *Savary*, au mot, *Bas.*

(c) *Nouet.*] Les Chausses étoient attachées au *haut de Chausses* ou *Culotte*, auquel il y avoit un nœud ou un espèce de bouton.

CHARLES VI. à Paris, le 23. d'Octobre 1398.

ou Chastellet de *Paris,* & autres qui pour ce seront à appeller, il vous appert que ce soit le prouffit de la chose publique de faire vendre lesdictes Chausses ainsi garnies comme dit est, vous lesdis Exposans & chacun d'eulx faictes, souffrez & laissez faire & vendre les dictes Chausses toutes garnies & autres en notre dicte Ville de *Paris;* & en cas de débat ou opposition, faictes entre les Parties, icelles oyes, bon & brief acomplissement de Justice, & par tele manière que lesdiz [a] n'ayent cause d'en retourner plaintifs pardevers Nous en nostre Court. Car ainsi Nous plaist-il estre fait; & leur avons octroyé & [b] octroyé de grace espécial par ces présentes; nonobstans quelzconques Ordennances empetrées ou à empetrer à ce contraires. *Donné à* Paris, *le XXIII.e jour d'Octobre, l'an de grace mil CCC IIII.xx & dix-huit, & de nostre Regne le XIX.e* Ainsi signées. Par le Roy, à vostre Relacion. J. DE CRESPY.

a supp. *exposans.*
b *octroyons.*

Veuës lesqueles Lettres Royaux dessus transcriptes, nous pour les causes & considéracions contenuës & déclerées en icelles, & en la présence du Procureur du Roy nostre S. ou Chastellet de *Paris,* pour ce présent en Jugement pardevant Nous, qui lui eu Conseil & délibéracion sur le contenu esdictes Lettres, aux Advocas du Roy nostre S. en ycelui Chastellet, ne [c] volt contredire ou empescher l'entérinement desdictes Lettres; & après ce aussi que lecture [d] ot esté faicte d'icelles Lettres en la Court & Auditoire dudit Chastellet, en la présence de plusieurs tant Advocas comme Procureurs, & autres assistans en icelle Court du Chastellet, par l'oppinion [e] d'iceulx, deismes & disons que icelles Lettres seront enterinées; & en icelles enterinant ordenasmes & ordenons que les dessus nommez Chaussetiers & leurs Consors, expers & souffisans audit mestier, pour le temps présent & jusques à ce que autrement en soit ordené, pourront faire & vendre Chausses toutes garnies & autres, en la Ville de *Paris,* selon ce que le Roy nostre S. leur a octroyé par ses dictes Lectres; nonobstans les anciennes Ordenances à ce contraires. En tesmoing de ce Nous avons fait mettre à ces Lettres le Séel de la *Prévosté* de *Paris.* Ce fu fait en Jugement oudit *Chastellet,* en la présence dudit Procureur d'une part, & des Chaussetiers dessus nommez d'autre part, *le Mardi V.e jour de Novembre, l'an de grace mil CCC IIII.xx & dix-huit.*

c *voulut.*
d *eut.*
e *du Procureur & des Avocats du Roy du Châtelet.*

CHARLES VI. à Paris, le 18. de Novembre 1398.

(a) Lettres qui portent que les Terres qui avoient été assignées à feue la Reine Blanche, seconde femme de Philippe de Valois, pour son Douaire, seront reunies aux Bailliages & Recettes dont elles avoient été séparées.

CHARLES par la grace de Dieu Roy de France. A nos amez & féaulz les Gens tenans nostre présent Parlement, & de noz Comptez, à Paris: Salut & dileccion. Comme à feuë nostre très-chiere Dame & Mere la *(b)* Royne Blanche, que Dieux absoille, eussent esté pieça baillées en assiete pour son Doüaire, par noz Prédécesseurs, plusieurs Terres tant à *Pontoise,* à *Gournay* & ou *Bailliage de Gisors,* comme ailleurs, en nostre Païs de *Normendie;* en toutes lesquelles Terres, vivant nostredicte Dame & Mere, elle avoit ordené un Bailli qui toutes icelles Terres gouvernoit quant au fait de Justice; & de présent Nous avons ordené un Bailli en nostre *Bailliaige* de *Gisors,* ouquel a eu & acoustumé avoir Bailliage d'ancienneté; & avons voulu & voulons que audit Bailliage & à la Jurisdiction d'icellui, appartiengnent & ressortissent seulement les Terres qui anciennement par avant que ladicte assiete feust

NOTES.

(a) Registre *A.* du Parlement de *Paris, folio* 7 vingt 10 *verso.* [150.]

Avant ces Lettres, il y a: *Littera super reduccione Ressorti Terrarum quas tenebat in Douario defuncta* Regina Blancha, *ad sedes antiquas.*

(b) Royne Blanche.] Cette Reine *Blanche* qui n'étoit point Mère de Charles VI. est *Blanche* de *Navarre,* seconde femme de Philippe de Valois, morte le 5 d'Octobre 1398. *Voy. l'Hist. Généal. de la Maison de France,* t. 1. p. 105.

faicte dudit Doüaire à nostredicte Dame & Mere, y souloient appartenir & ressortir, & non autres; & aussi aïons ordené & ordenons par ces présentes, que toutes les autres Terres que tenoit icelle nostre Dame & Mere à cause de sondit Doüaire, retournent à leurs Siéges & Ressorts ordinaires, & les Receptes d'icelles soient remises & rajointes aux Receptes & Viscomtez auxquelz & auxquelles elles le estoient anciennement avant ladicte assiete faicte, comme dessus est dit; Nous voulons & vous mandons que ainsi le faictes & faites faire & enregistrer ceste nostre volenté & Ordonnance en noz Chambres tant de nostredit Parlement, comme de nozdis Comptes, ainsi comme il appartient. *Donné à* Paris, *le XVIII.e jour de Novembre, l'an de grace mil CCC IIII.xx & dix-huit, & le XIX.e de nostre Regne.* Ainsi signé. Par le Roy, à la relacion de son Grant Conseil, où M.rs les *Ducs* de *Bourgogne*, d'*Orleans* & de *Bourbon*, le *Comte* de *Nevers*,[a] Vous, le *Patriarche* d'*Alexandrie*, les *Evesques* de *Baïeux*, de *Noyon*, de *Meaulx* & d'*Arras*, & plusieurs autres estiez. J. DE SANCTIS.

CHARLES VI. à Paris, le 18. de Novembre 1398.

Collacio facta est cum Litteris Originalibus.

a Le Chancelier de France. *Voy. le 5.e Vol. de ce Rec.* pag. 653. Note *(c)*.

(a) Règlement pour les Arrimeurs de la Vicomté de l'Eau de Rouen.

CHARLES VI. à Paris, en Novembre 1398.

CHARLES &c. Savoir faisons à tous présens & avenir, Nous avoir veu les Lettres dont la teneur s'ensuit.

A Tous ceulx qui ces Lettres verront & orront. *Jehan Tanel*[b] *Vicomte* de *l'Eaue* de *Rouen*: Salut. Comme ou temps passé les ouvriers du mestier & ouvrage de *(b)* arrimer vins en l'eau de *Sayne*, alans par la mer, se soient entremis de faire ledit labour & ouvrage, sans de ce avoir congié ou licence de nous ou de nostre Lieutenant, ne fait Serement devant nous de faire & exercer ledit mestier, & aussi se ilz estoient souffisans de savoir faire ledit mestier, laquelle chose a esté soufferte par ygnorance, comme une chose mise en obli & non venue à nostre congnoissance, & pour ce que à cause & pour raison dudit labour & ouvrage qui a esté fait par aucuns eulx disans ouvriers dudit mestier, qui de ce faire n'étoient pas souffisans ne ydoines, & que Justice n'y a pas eu regart, plusieurs inconvéniens, pertes & dommaiges en sont venus à plusieurs marchans,[c] marinaulx &[d] vasseaux, qui bonnement ne pourroient estre[e] restorez, si comme il nous a esté tesmoingné par nostre Lieutenant avoir lui esté tesmoingné par plusieurs marchans & mariniers de mer, & aussi que plusieurs[f] de dessus dis marchans & marinaulx s'en sont complains à nous, disans que il estoit néccessité de y mettre restrincion & pourveance de justice, pour[g] referer la malice ou male entreprise des diz ouvriers; Surquoy nous inclinans à refrener la malice d'iceulx ouvriers, & obvier aux pertes, dommaiges, préjudices & inconvéniens qui auxdiz marchans, marineaulx & vesseaulx, pourroient pour le temps avenir ensuir, pour cause de leur dit mestier & labour, & pour l'utilité, pourveance & proffit du bien commun & de la chose publique, avons par nostre dit Lieutenant illec fait enquerir à plusieurs marchans, marineaulx & autres personnes notables,[h] que bon seroit à faire sur ledit cas, & après icelle inquisicion par tesmoings sur ce oys & examinez par nostredit Lieutenant, avons fait certains articles cy-après déclairiez, qui par lui ont esté monstrées aux Procureurs &[i] Conseulx du Roy nostre S. avecques l'examen desdis tesmoings, & eu sur ce leur advis & délibéracion, & à plusieurs autres Conseillers, si comme il nous a esté relaté par nostredit Lieutenant, & par lesquelz

b Voyez sur cette Vicomté la Note *(c)* de la p. 216. du 5.e Vol. de ce Rec.

c *mariniers.*

d *corr. vesseaulx*, qui est plus bas.

e *reparez.*

f *des.*

g Il faut corr. *refrener*, qui est un peu plus bas.

h supp. *ce.*

i *Conseils*; *Conseillers.*

NOTES.

(a) Trésor des Chartres, Registre 153. Pièce v.e XXII. [522.]

(b) Arrimer.] Ceux qui exercent ce métier, sont nommez *Arrimeurs* dans la suite de cette pièce. Suivant le Dictionnaire du Commerce par *Savary*, au mot *Arrumeur*, les *Arrumeurs* ou *Arrimeurs* sont des Officiers établis sur les Ports de mer, pour avoir soin de placer & de ranger les Marchandises dans les Vaisseaux, & sur-tout celles qui sont en tonneaux.

CHARLES VI.
à Paris, en Novembre 1398.

Conseilliers & Procureurs, il avoit esté trouvé que il estoit bon & nécessité de mettre pourveance sur le fait dudit mestier, si comme dit sera cy-aprez : & tout veu, sa relacion, lesdis tesmoings & articles, feismes venir en jugement devant nous plusieurs ouvriers dudit mestier, dont les noms ensuivent ; C'est assavoir, *Raoul* le *Bouchier, Colin Banche, Cardin Jaquet, Jehan Langlois, Guillaume* le *Conte, Robin Lotis, Guillaume Ferabras, Philipot Yon, Jehan Goupil, Robin Turpin, Jehan* le *Forestier, Jehan Lestevenon, Adenet Bauche, Robin* le *Roy, Jehan Pitas, Jehan* le *Jumel, Guillaume Cossete, Jean* d'*Arques,* dit *Hennin,* & *Jehan Valen,* dit *Legras,* ausquelx nous feismes lire lesdis articles qui ensuivent.

(1) Premierement. Que aucun ne s'entremette d'estre oudit mestier ne faire ledit labour, se il ne sçet arrimer convenablement au prouffit du marchant & vaissel où ledit labour sera fait, tant ou fons d'icellui, que autrement, jusques à la *(c)* parcharge, & que en icellui *(d)* ne cueille vent parquoy aucun inconvénient se puisse ensuir oudit vessel, parquoy il ait péril en ce qui dedens seroit.

(2) (e) Item. Que il face recueillir deuement de terre bort-abort lesdis vins, soit en tonneaulx, queues, poinçons ou quaques, au prouffit & rim où il doivent être, & sans ce quil y ait aucun empirement ne dommaige ès denrées.

(3) Item. Que iceulx vins soient si arrimés en fons, que ladicte parcharge ne soit pas si hault que l'en ne puisse avoir son alée de dans icellui, ainsi que mestier & nécessité sera, ne que par la faulte de l'aller & venir oudit vessel, inconvénient ne s'en ensuie ès choses dessus déclairiées.

(4) Item. Que à faire ledit arrimage & labour en chascun vessel, soit un des compaignons maistre de *(f)* bergue, qui le feront par la manière que dit est, & tellement que l'en puisse convenablement & profitablement & sans inconvénient tendre le *(g)* tref, se [a] mestier en est, & le vent est bon.

a *besoin.*

(5) Item. Que nul aprentis dudit mestier ne puisse labourer oudit mestier, se il n'a un des maistres de la bergue dont il sera aprentis, sur peine d'amende [b] au regart de Justice.

b *qui sera décernée par le Juge.*

(6) Item. Que aucun ne face ou s'entremette de faire ledit mestier & ouvrage, se il n'a servi deux ans avec [c] eulx qui seurent faire, [d] outant de temps que il le sache ou puisse faire, jouxte ce que dit est, & de faire Serement de bien & loyaument exercer ledit labour, & que se faulte avoit eu aucunes des choses dessus dictes, que ce soit refait aux despens du défaillant ; & feront ordonnez par le commun dudit mestier, devant le *Viconte* de *l'Eaue* de *Rouen,* ou son Lieutenant, trois ou quatre ouvriers comme Gardes, qui ce visiteront, & rapporteront les faultes qui y seront faictes, & feront Serement de ce tenir & garder ; & seront lesdiz Gardes changiez chacun an au Noel.

c corr. *ceux.*
d *autant.*

(7) Item. Et quant aucun aprentis fera ledit Serement de faire & aprendre ledit mestier, il paiera au Roy nostre S. trente Solz, & diz Solz aux Maistres & Gardes

NOTES.

(c) Parcharge.] Il paroît par cet endroit & par l'article 3. que par le mot *Parcharge,* il faut entendre les tonneaux qui sont placez & rangez les derniers, & qui par conséquent sont au dessus de tous les autres qu'ils chargent par leur poids.

(d) Ne cueille vent.] Cela peut signifier que les tonneaux soient rangez de façon qu'ils se touchent de plus près qu'il sera possible, afin que le vent n'y puisse pas pénétrer avec assez de force pour les déranger.

(e) Item. Je n'ai rien trouvé sur le mot *Rim* qui se trouve dans cet article, que je n'entends point. Comme il paroît par la suite de ces Lettres, que les tonneaux n'étoient point portez immédiatement du bord de l'eau dans les Vaisseaux, & qu'ils étoient d'abord chargez dans des bateaux ou barques nommées Bergues, qui les portoient aux Vaisseaux qui ne pouvoient approcher du bord ; cet article signifie peut-être que les Arrimeurs auront attention de faire passer les tonneaux du bord de l'eau dans ces barques, sans qu'ils soient endommagez.

(f) Bergue.] Je n'ai rien trouvé sur ce mot, si ce n'est que dans le Dict. de *Trévoux* au mot *Berge,* il y est dit qu'il signifie un petit bateau fait à peu près comme une barque. *Voyez la Note précédente.*

(g) Tref.] Suivant le Trésor de *Borel,* à ce mot, il signifie une Tente ; & on lit dans le Dict. de *Trévoux,* au mot *Tref,* qu'il a signifié d'abord une Voile, & ensuite une Tente.

jurez

jurez dudit meſtier; & les filz de maiſtre, la moitié; c'eſt aſſavoir, quinze Solz au Roy, & v. Solz auſdiz Gardes.

CHARLES VI. à Paris, en Novembre 1398.

(8) *Item.* Et que en chacune Bergue aura quatre ouvriers qui feront tenus de bailler caucion de ſoixante Livres Tournois, afin que ſe aucune choſe [a] a fait en leur labour qui par leur faulte ſoit perdu, que ce puiſſe eſtre reſtitué deuement ſelon raiſon, & en paier Amende ſelon le cas.

(9) *Item.* Que nulle Bergue deſdis ouvriers ne puiſſe avoir à une fois & durant leſdis deux ans, ſelon ce que dit eſt, que deux aprentis, ſur peine de vint Sols d'Amende; c'eſt aſſavoir, dix Solz au Roy, & dix Solz auxdiz Gardes.

(10) *Item.* Que nul ne ſoit tenu ou receu à faire ledit ouvrage, ſe il n'eſt trouvé ſouffiſant & ydoine de ſavoir faire ledit meſtier & ouvrage bien & deuement, ſelon ce qu'il appartient, tant au prouffit des marchans, comme au prouffit des veſſeaulx.

(11) *Item.* Quant un aprentis aura ſervi le temps deſſuſdit, & il vouldra eſtre juré comme maiſtre, il fauldra que il ſoit par ces dis Gardes trouvé ſouffiſant devant ledit Viconte ou ſon Lieutenant, avant que il puiſſe joïr dudit meſtier comme maiſtre.

(12) *Item.* Que tous de preſent qui ſauront faire ledit ouvrage, ce ſceu ſouffiſament par gens en ce congnoiſſans, comme dit eſt, feront ordonnez à faire ledit ouvrage, ſans ce que il porte préjudice pour le temps avenir que ces apprentis ne ſoient tenus à ſervir le temps deſſus dit.

(13) *Item.* Et ſe leſdis maiſtres & ouvriers font aſſemblées ou Taquehen entre eulx, pour faire taux ou pris plus grant ou [b] excercif qu'il n'appartient de leurdit labour ou ouvrage de vins, & il eſt trouvé contre eulx, Juſtice y pourra mettre tauxacion, ou le faire faire raiſonnablement par gens en ce congnoiſſans, & en prendre Amende ſelon raiſon, & à la voulenté de Juſtice.

(14) *Item.* Se aucun eſtoit inſtitué oudit meſtier par ygnorance ou autrement, cuidant qu'il fuſt ſouffiſant, & il ne l'eſtoit, touteſfois qu'il vendroict à congnoiſſance de Juſtice, il ſeroit oſté.

(15) *Item.* Que touteſfois que ouvrage y ſera à faire, ceulx qui l'aront aloué à faire, la ſeront tenus à faire diligemment ſans intervalle, ſur peine [c] des deſdommagier Partie, à l'ordonnance de Juſtice.

(16) *Item.* Et ſitoſt que aucuns deſdis ouvriers auront loué à charger un veſſel, [d] mais que il ſoit preſt de chargier, il n'en pourra pas prendre un autre à labourer, pour laiſſier le labour d'icellui premier aloué, ſur peine d'Amende & [e] des deſdommagier Partie.

(17) *Item.* Et ſe aucun deſdis ouvriers eſt trouvé faiſant ou alant contre leſdis articles & Ordonnances, il ſera tenu paier au Roy noſtre S. dix Solz, & aux Gardes, dix Solz.

Et la dicte Lettre faicte, leurs demandaſmes ſe ilz vouloient garder & tenir pour le temps avenir yceulx articles, leſquelx nous diſtrent & reſpondirent que voulentiers aroient advis ſur ce, & que il nous pleuſt de leur baillier iceux articles pour les [f] veir à part, pour ſavoir que ilz en feroient, & tantoſt nous en reſpondroient leur voulenté; laquelle choſe nous leur acordaſmes: Savoir faiſons que pardevant Nous Viconte deſſuſdit, le Mercredy penultieſme jour d'Octobre, l'an de grace mil CCC IIII.^{xx} & dix-huit, les deſſus nommez ouvriers retournez en jugement, de leur advis & conſeil, nous diſtrent tous à un accord, que ilz avoient veues & viſitées bien & diligemment les articles dont deſſus eſt faicte mencion, & leur ſembloient bonnes & avenantes, & vouloient ycelles tenir & garder de point en point, ſelon ce que ilz contenoient; & pour ce après leur accort ainſi fait & de leur voulenté non contrains à ce, leur commandaſmes de par le Roy noſtre S. que ſanz enfraindre ilz tiennent & gardent doreſenavant les dis articles, ſur les peines & Amendes dedans ycelles contenues, ſans venir encontre en aucune manière; & leſquelles choſes deſſus dictes nous leur baillaſmes par Ordonnance pour le temps préſent & avenir, à quoy ilz ſe accorderent ſemblablement, & nous en requiſtrent ces Lettres que nous leur accordaſmes pour leur valoir en temps & en lieu, ce que raiſon ſera. En teſmoing de ce,

a Cet endroit eſt peut-être corrompu, mais le ſens eſt clair.

b Il faut app. corr. exceſſif.

c corr. de.

d pourvû que.

e de

f voir.

CHARLES VI. à Paris, en Novembre 1398. *Suite des Lettres de Charles VI.*

Nous avons mis à ces Lettres le grant Séel aux Causes de ladicte Viconté, qui furent faictes & passées en l'an & ou jour dessus dis.

Nous adcertes les Lettres dessus transcriptes & tout le contenu en icelles, aians fermes & aggréables, ycelles loons, greons, ratiffions & approuvons, & de nostre autorité roial & grace espécial par la teneur de ces présentes confermons. Si donnons en mandement au *Viconte* de *l'Eau* de *Rouen,* & à tous nos autres Justiciers, présens & avenir, ou à leurs Lieuxtenans, & à chacun d'eulz, si comme à lui appartendra, que de nostre présente grace & confirmacion facent, seuffrent & laissent les ouvriers du mestier & ouvrage de arrimer vins en l'eau de *Saine,* nommez ès dictes Lettres, joïr & user paisiblement, & contre la teneur d'icelles ne les contraingnent, molestent ou empeschent, ne facent ou seuffrent estre contrains, molestez ou empeschiez en aucune manière; mais tout empeschement qui mis leur seroit, mettent ou facent mettre tantost & sans délay à plaine délivrance. Et que ce soit ferme chose & estable à tousjours, Nous avons fait mettre nostre Séel à ces présentes: Sauf en autres choses nostre droit, & l'autruy en toutes. *Donné à* Paris, *ou mois de Novembre, l'an de grace mil CCC IIII.*[xx] *& dix-huit, le XIX.*[e] *de nostre Regne.*

Par le Roy, à la relacion du Conseil. R. LE FEVRE.

CHARLES VI. à Paris, en Novembre 1398.

(a) Lettres qui portent que celles par lesquelles la France a été soustraite de l'Obédience de Benoît XIII. ne porteront point de préjudice aux Exemptions & aux autres Priviléges de l'Ordre de Cîteaux.

KAROLUS, &c. Universis & singulis presentes Litteras inspecturis: Salutem. Regalis solii celsitudo rerum statum ac temporum disposicionem cum Domino incessanter prospectans, nonnunquam aliqua ordinat atque jubet que postmodum secundum rerum presertim de novo emergencium exigenciam, [a] *per ipsarum direccione felici & justa, dilucidat & declarat. Dudum siquidem sacro sancte Matris Ecclesie scissuram corde lamentabili recensentes, & cupientes toto mentis affectu scissuram ipsam breviter & feliciter integrari, Nos, Ecclesia, Clerus & populi Regni nostri &* Dalphinatûs, *pluribus justis & racionabilibus causis moti, à totali obediencia* [b] Benedicti *ultimò in Papam electi, recessimus, & nunciavimus per nostras patentes* [c] *Litteras recessisse, Nosque ac Ecclesia Regni* [d] *ad* Dalphinatûs *jam dictorum,* [e] *volumus inter cetera quod ex tunc* [f] *occurrientibus vacacionum casibus (b) assumantur qui ad Prelaturas, Dignitates & alia Beneficia electiva, per eleccionem, ceteris eciam Beneficiis provideatur per collacionem eorum ad quos hujusmodi eleccio & collacio spectant quomodolibet seu eciam spectabunt, adhibitis ad hoc solemnitatibus & aliis solitis ac eciam opportunis, prout hec & alia in pretactis nostris super hec confectis Litteris plenius continentur. Cum itaque, sicut oblata Nobis nuper pro parte tocius Ordinis Cisterciencis peticio continebat, nonnulli in singula membra ipsius Ordinis à primeva ipsius fundacione penitùs exempti, nostram hujusmodi voluntatem latiùs interpretari quàm deceat, ipsâque abuti satagentes in Ordinem & membra hujusmodi, licet confirmacionum jus habeant, ipsum jus confirmacionum & visitacionum usurpare conentur: Nos nolentes per nostram voluntatem predictam, in alicujus prejudicium & contra debitum juris, alicui quodvis novum jus quomodocumque acquiri, sed* [g] *tummodo singulis quibuscumque conservari antiqum, presenti declaramus Edicto nostre intencionis fuisse & esse, quòd circa Prelaturas & alia pretacta Beneficia, qui eleccionum, qui vero collacionum, & qui confirmacionum*

a Il faut peut-être corriger *pro.*
b Benoît XIII.
c elles sont ci-dessus p. 258.
d *corr.* ac.
e *corr.* voluimus.
f occurrentibus.
g *corr.* tantummodo.

NOTES.

(a) Trésor des Chartres, Registre 153. P. v.[c] LX. (560.) Voy. la Préface de ce Vol. 5. *Schisme.*

(b) Assumantur.] corr. *Assumatur,* ainsi qu'on lit ci-dessus vers le milieu de la p. 268.

jus habüerint sive habent de consuetudine vel de jure, eo duntaxat prout ad eorum singulos ab antiquo pertinet, utantur liberè, nec manus injustè ad insueta [a] *extendant, quodque per nostram voluntatem antedictam, dicto Cisterciensi Ordini circa* [b] *exepciones aut alias quascumque libertates & jurisdicciones, nullum prejudicium generetur; Mandantes tenore presencium universis & singulis ad quos spectaverit, quatenus prefatum Ordinem in capite vel in membris, contra presentis nostri Edicti tenorem nullatenus molestent, aut in eorum prejudicium quicquam attemptare presumant seu inquietari permittant à quoquam; quinymo revocent & ad statum pristinum reducant quicquid in contrarium repererint factum seu eciam attemptatum. Quòd ut perpetuo firmum & stabile perseveret, Litteris presentibus nostrum fecimus apponi sigillum: nostro in aliis, & alieno in omnibus jure salvo.* Datum *Parisius*, mense Novembris, anno Domini millesimo ccc.° nonagesimo octavo; & Regni nostri XIX.°

CHARLES VI. à Paris, en Novembre 1398.

a *corr.* extendantur.

b exempciones.

Per Regem, ad relacionem sui Superioris Consilii, in quo Domini Duces Burgundie *&* Aurelianensis, [c] *Vos,* Patriarcha Alexandrie, *Dominus* Almauricus, *de* Ordeomonte, *& quam plures alii, eratis.* FLOURY.

c *Le Chancelier de France. Voy. le 5.e Vol. de ce Rec. pag. 153. Note (c)*

(a) Confirmation de la Sauvegarde Royale accordée au Collége de Saint Nicolas du Louvre à Paris.

CHARLES VI. à Paris, le 13 de Décembre 1398.

KAROLUS Dei gracia Francorum Rex. Universis presentes Litteras inspecturis: Salutem. Racioni congruum arbitramur, si inter curas & solicitudines quas frequenter habemus in regendis nostris subditis, ad hoc precipuè nostre mentis aspiret affectus, per que Status Ecclesiasticus nostris temporibus sub commisso Nobis regimine in pacis transquillitate manuteneri valeat & defendi, & Regni nostri Ecclesie ac Persone Ecclesiastice que die ac nocte Divinis insistunt obsequiis, sub nostre proteccionis Clipeo à suis releventur pressuris, ut eò libenciùs & liberaliùs circa Divina vacare valeant, quò habundanciùs & uberiùs per Regalem potenciam senserint se adjutas. Hinc est quòd Nos ad supplicacionem dilectorum nostrorum Magistri & Scolarium Collegii (b) Beati Nicolay de Lupara Par. *in nostra salva proteccione & speciali Gardia ac nostrorum Predecessorum ab antiquo existencium, ipsos Magistrum & Scolares supplicantes, ex habundanti una cum familia & rebus & bonis suis universis, spiritualibus & mundanis, in Regno nostro existentibus, in eisdem nostra salva proteccione & speciali Gardia suscipimus per presentes; eisdemque in Gardiatores speciales deputamus* Egidium Raprousт, [d] Johannes *de* Maulo, Nicolaum Brulefer, Symonem Doullet, Hennequinum *de* Cresesques, Bisuntinum Clementis, Martinum Cinq Sols *&* Jaquetum Picardi, *aliter de* Marivaux, *Servientes nostros; quibus & eorum cuilibet tenore presencium committimus & mandamus, quatenùs ipsos supplicantes suosque familiares in suis justis possessionibus, usibus, juribus, franchisiis, Libertatibus, immunitatibus & saisinis, in quibus ipsos esse suosque predecessores fuisse ab antiquo invenerint, manuteneant & conservent, & ab omnibus injuriis, violenciis, oppressionibus, vi armorum, potencia Laycorum, gravaminibus, molestacionibus ac inquietacionibus & novitatibus indebitis quibuscumque preservent ac eciam tueantur; quas* [e] *sic factas esse in prejudicium dicte Salvegardie nostre & dictorum supplicancium repererint, ad statum pristinum reduci, Nobisque & Parti emendam propter hoc condignam prestari per illum vel illos ad quos pertinuerit, faciant indilatè; & dictam Salvamgardiam nostram in Locis & personis ubi & quibus expedierit, si & dùm fuerint requisiti, notifficari &*

d Johannem.

e si.

NOTES.

(a) Livre Rouge vieil du Châtelet de *Paris, folio* 8 vingt 4. *recto* [164.]

Avant ces Lettres, il y a: *Garde pour les Maistre & Escoliers de S. Nicolas du Louvre.*

(b) Beati Nicolay de Lupara Par.] Ce Collége fut fondé en 1217. dans l'enclos de l'ancien Louvre, & l'Eglise Collégiale qui a succedé à ce Collége, subsiste encore aujourd'hui assez près du Château du Louvre. *Voy. l'Hist. de Paris par* D. Felibien, t. 1. p. 211. n.° XXVIII. Ce Chapitre a été depuis peu uni à un autre.

CHARLES VI.

à Paris, le 13. de Décembre 1398.

publicari, atque [a] *Penuncellos nostros seu Baculos Regios in Terris, domibus & possessionibus ipsorum supplicancium, in terra que Jure scripto regitur situatis, & alibi in casu eminentis periculi dumtaxat, apponi faciant, ne quis se valeat de* [b] *ignorencia excusare: inhibenbo ex parte nostra omnibus & singulis de quibus fuerint requisiti, sub certis & magnis penis Nobis applicandis, ne dictis supplicantibus &* [c] *familiaribus in corporibus sive bonis forefacere presumant quoquomodo; & si in casu novitatis debatum oriatur inter dictos supplicantes & quosvis alios racione bonorum dicti Collegii, quod dictum debatum & rem contenciosam ad manum nostram tanquam superiorem ponant, & per ipsam, recredenciam illi ex Partibus cui de jure fuerit facienda, per Judices ad quos pertinuerit, fieri faciant, & Partes debatum facientes, ac eciam dicte Salvegardie nostre infractores & contemptores, aut qui in ejus prejudicium & contemptum predictis Gardiatoribus aut eorum alteri Gardiatoris Officium exercendo, injuriam fecerint vel offensam, sive qui eis aut eorum alteri inobedientes fuerint vel rebelles quoquomodo, adjornent seu adjornet coram* Preposito Par. *Conservatore previllegiorum Magistris & Scolaribus Universitatis* Par. *concessorum, certifficando dictum Prepositum de adjornamento, & aliis que in premissis fecerint competenter, ut super hoc facere valeat, Partibus ipsis auditis, justicie complementum; cui Preposito mandamus & ex causis predictis committimus, quatinùs Partibus auditis faciat justicie complementum; & insuper debita legalia recognita vel probata per testes, Litteras, Instrumenta aut alia legitima* [d] *que à justiciabilibus & subditis nostris dicto Collegio deberi noverint, eisdem aut eorum certo mandato persolvi faciant, debitores ipsos ad hoc per capcionem, vendicionem & explectacionem bonorum suorum & corporum detencionem, si necesse fuerit & ad hoc sint obligati, debitè compellendo; & si aliquis debitorum in contrarium se opponat, manu nostrâ munitâ usque ad summas debitas de quibus apparebit per Litteras Sigillo Regio sigillatas, opponentibus diem seu dies assignent* [e] *competentes, coram dicto Preposito super dicta opposicione debitè processuris, & eum certifficent de premissis ad dictos dies competentes. Si vero dicti supplicantes vel aliquis eorum, ab aliquo vel aliquibus* [f] *assecuramentum habere voluerint, volumus quòd dicti Gardiatores & eorum quilibet adjornent, si opus fuerit, illos à quibus assecuramentum habere voluerint, coram dicto* Preposito Par. *ad certos dies, daturos assecuramentum predictum juxta Patrie consuetudinem, prout fuerit racionabiliter faciendum; & generaliter faciant & facere possint dicti Gardiatores & eorum quilibet, omnia & singula* [g] *quoad Gardiatores Officium* [h] *pertinuerit & possunt racionabiliter pertinere: Omnibus Justiciariis nostris & eciam subdictis dantes tenore presencium in mandatis, ut prefatis Gardiatoribus & eorum cuilibet, in predictis & ea tangentibus pareant & intendant, prestentque auxilium, consilium & favorem, si opus fuerit & super hoc fuerint requisiti: Nolumus tamen quod* [i] *idem Gardiatores seu eorum aliquis, de hiis que cause cognicionem exigunt se ullathenus intromittant, presentibus quoad debita, post annum minimè valituris. In cujus rei testimonium, nostrum presentibus Litteris fecimus apponi Sigillum.* Datum *Parisius,* XIII die mensis Decembris, anno Domini millesimo CCC.° nonagesimo octavo, & Regni nostri decimo nono. Ainsi signé. *Per Regem, ad relacionem Consilii.* PHILIPPUS.

Et au dos desdictes Lettres estoit escript ce qui s'ensuit : *Publiées en Jugement ou Chastellet de* Paris, *le Mercredi XVIII.*e *jour de Décembre, l'an de grace mil CCC IIII.*xx *& XVIII. par moy,* FRESNES.

[a] *Voy. les Tabl. des Mat. des Vol. de ce Rec. au mot,* Pennonceaux.

[b] ignorancia.

[c] famil. *Regist.*

[d] documenta *dans presque toutes les Lettres de Sauvegarde.*

[e] competent. *Reg.*

[f] *Voy. les Tabl. des Mat. des Vol. de ce Rec. au mot,* asseurement.

[g] que.. Gardiatoris.

[h] pertinuerint.

[i] iidem.

CHARLES VI.

à Paris, le 24. de Décembre 1398.

(a) Lettres qui portent que l'on pourra mettre dans la suite des Prisonniers dans le Petit Châtelet à Paris.

CHARLES par la grace de Dieu Roy de France. A tous ceuls qui ces présentes Lettres verront : Salut. Sçavoir faisons que Nous informez par la relacion de nostre amé & féal Chevalier & Conseillier, *Jean Seigneur* de *Foleville,* Garde de par Nous de la *Prévosté* de *Paris,* & de nostre Procureur ou Chastellet de *Paris,* que pluseurs Prises notables de Larrons, [a] Murdriers, Robeurs, *(b)* Resveurs de nuye, & autres Malfaicteurs, sont délaissiéez, au moins ne pevent être faictes tant ès Parties de oultre Petit Pont, comme de la Cité & autres Lieux de nostre bonne Ville de *Paris,* pour ce que noz Sergens & Officiers tant à cheval & du Guet, comme de la Douzaine & à Verge, à *Paris,* ne pevent si promptement, si hastivement, ne si brief recouvrer de prisons, comme souvent en feust [b] mestier pour bien de Justice, tant pour les rebellions & [c] requeusses qui leur ont esté faictes & sont souventesfoiz par pluseurs Malfaicteurs Gens de petit estat, & autres; & aussy est avenu & très-souvent advient que pluseurs crimes capitalx, déliz & autres cas criminelz, ne pevent être [d] attains, parce que en nostredit Chastellet, tant pour la multitude des Prisonniers & crimineulx qui y sont, dont souventesfoiz l'en y met trois, quatre, cinq, six, huit ou dix, aucune foiz plus, l'autre foiz moins, pour un mesme cas criminel, n'a pas assez Prisons secrettes où l'en puist mettre séparéement & diviséement les uns des autres, ou qu'ilz ne soient *(c)* frigez par les autres criminelz ou autres, estans paravant eulx esdictes Prisons; dont pluseurs inconvéniens s'en sont ensuis, & mains mauvais cas demourez impugnis & non averez, & pourroient encores faire, se pourveu n'y estoit de nostre remède, si comme noz diz Conseillier & Procureur dient. Nous voulans obvier aux inconveniens dessus touchiez, qui par faulte de ce que dit est, se pourroient ensuir, considerans ce que dit est; & mesmement que nostre Chastellet de *Paris* est souventesfoiz si plain & si garny de Prisonniers, que l'en ne scet où les logier seurement ne secrettement, & espécialment les crimineulx; & que en nostre Petit Chastellet estant sur le Petit Pont à *Paris,* lequel fait division entre la Cité de *Paris,* & les Manans & Habitans oultre ledit Petit Pont, a pluseurs & diverses Prisons, les unes fortes, convenables, seures & compétanment aërées, où créature humaine sanz péril de mort ou *(d)* mehaing, peut estre, & souffrir pénitence de prison; & trois [e] Chartres basses & non aërées, esquelles homme mortel par faulte d'aer, ne pourroit vivre longuement, si comme par noz Maçons Jurez & autres en ce expers, qui ledit lieu ont visité, a esté rapporté, & à Nous tesmoigné par noz diz Prévost & Procureur; esquelles convenables & licites prisons, n'ont été ou temps passé, ne encores ne sont aucuns Prisonniers amenez; avons voulu & ordonné, voulons & ordonnons par ces présentes, pour bien de Justice, que tous malfaicteurs ou autres prisonniers, dont nostredit Chastellet sera trop [f] encombré, ou qui ne pourront être gardez secrettement pour la multitude des autres Prisonniers, ou qui de nuit ou de jour seront [g] appréhendez par nostredit Prévost de *Paris,* ses Lieuxtenans,

a *Meurtriers.*

b *besoin.*

c *recousses.* Voy. le 6.e Vol. de ce Rec. pag. 592. Note (h)

d *prouvez.*

e *Cachots.*

f *embarrassé.* Voy. *Borel.* pag. 150.

g *arrêtez.*

NOTES.

(a) Livre Rouge vieil du Châtelet de Paris, *folio* 8 vingt II. *verso.* [171.]

Avant ces Lettres, il y a : *Lettres que on puist mectre Prisonniers ou Petit Chastellet.*

(b) Resveurs de nuye.] Ce sont sont peut-être ceux que l'on nomme présentement *Somnambules,* qui étant endormis, se lèvent, agissent & parlent comme s'ils étoient éveillez. Il y a apparence qu'il y avoit des gens qui, sous prétexte d'être *Somnambules,* couroient les rues pendant la nuit, & s'introduisoient dans les maisons pour y voler, &c.

(c) Frigez] ou peut-être *Forgez.* On pourroit soupçonner que c'est un terme d'*Argot,* c'est-à-dire, de la langue ou jargon que parlent entr'eux les Mendians, les Vagabons, les Voleurs, &c. Il paroît que *frigez* ou *forgez,* signifie, instruire de ce qu'il faut dire ou taire, *emboucher.*

(d) Mehaing.] Mehaigné, suivant *Borel,* p. 331. signifie, meurtri, estropié. *Mehaing* doit être pris ici pour maladie.

CHARLES VI. à Paris, le 24. de Décembre 1398.

le Chevalier du Guet, ses Lieuxtenans & autres noz Sergens & Officiers, présens & advenir, selon ce que le cas le requerra, & que nostredit Prévost présent & advenir verra être expédient & bon à faire pour le bien & utilité de la chose publique, puissent être menez par noz diz Officiers, & envoïez prisonniers en garde ès Prisons de nostredit Petit Chastellet, par noz diz Prévost & Chevalier du Guet ou leurs Lieuxtenans, présens & advenir; & que en icellui Petit Chastellet, nostredit Prévost ou ses Lieuxtenans, présens & advenir, puissent [a] connoistre des cas desdiz Prisonniers, ou yceulx envoïer [b] querre par noz Sergens & Officiers, pour d'icellui Petit Chastellet estre amenez pardevant lui oudit Chastellet ancien, pour faire leurs Procès, ou autrement en ordonner comme pour bien de Justice il verra être expédient, par la délibéracion de nostre Conseil estant en ycellui Chastellet; & par ces mesmes présentes Nous mandons, commandons & estroictement enjoingnons à la Garde qui de par Nous est ou sera par nostredit Prévost préposée à la garde des Prisons dudit Petit Chastellet, présent & advenir, que doresenavant à toutes heures il reçoive en garde en nos Prisons illec toutes manières de prisonniers qui illec seront menez, & leur administre vivres en prenant *(e)* Geolage acoustumé, & obéisse en tous cas touchant le fait desdiz Prisonniers, à nostredit Prévost présent & advenir, ses Lieuxtenans & Commis, sans contredit ou empeschemens aucuns, & tout en la fourme & manière qu'il est acoustumé à faire en nostredit Chastellet ancien. En tesmoing de ce, Nous avons fait mettre nostre Séel à ces présentes. *Donné à* Paris, *le XXIIII.e jour de Décembre, l'an de grace mil CCC IIII.xx & dix-huit, & le XIX.e de nostre Regne.*

a *faire les Interrogatoires, &c.*
b *chercher.*

Collacion faicte à l'Original. Ainsi singné. Es Requestes par [c] vous tenuës du commandement du Roy, le *Patriarche* d'*Alexandrie*, les Evesques de *Noyon*, de *Chartres* & d'*Arras*, Mess. *Almaury* d'*Orgemont*, & plusieurs autres, présens.

c *Le Chancelier de France. Voy. le 5.e Vol. de ce Rec.* pag. 653. Note *(c)*.

MERCIER. BLANCHET.

NOTE.

(e) Geolage.] Droit qu'on paye aux Geoliers pour l'entrée & la sortie des prisons, & pour les gîtes & nourritures des Prisonniers. Voy. le Gloss. de *Du Cange*, au mot, *Geolagium;* & le Dict. de *Trévoux*, au mot, *Geôlage*.

CHARLES VI. à Paris, en Décembre 1398.
LOUIS IX. à Chartres, en Janvier 1269.

(a) Lettre de Sauvegarde Royale pour l'Abbaye de Cerisy.

KAROLUS &c. Notum fieri volumus universis presentibus & futuris, Nos inclite recordacionis Ludovici Regis quondam Francorum, predecessoris nostri, Litteras vidisse, formam que sequitur, continentes.

LUDOVICUS Dei gracia Francorum Rex. Universis presentes Litteras inspecturis: Salutem. Notum facimus quòd nos Litteras inclite recordacionis Richardi *quondam illustris Regis* Anglie, *vidimus in hec verba.*

RICHARDUS Dei gracia Rex Anglie, Dux Normanie, Aquitanie, Comes Andegavie. *Archiepiscopis, Episcopis, Abbatibus, Comitibus, Baronibus, Justiciariis, Vice-Comitibus, Senescallis, Prepositis, & omnibus Baillivis, & fidelibus suis tocius terre sue: Salutem. Suscepimus in manum & custodiam & proteccionem & deffensionem nostram Abbaciam de (b)* Ceresi, *& omnia que ad ipsam pertinent; & ideo precipimus vobis quòd custodiatis, manuteneatis & deffendatis ipsam, & omnes res & possessiones ejusdem Abbacie, & quicquid ad ipsam Abbaciam pertinet, sicut res nostras dominicas & proprias; & si quis super hoc prefate Abbacie in aliquo forisfacere presumpserit, id & sine dilacione emendari faciatis; & precipimus quòd omnes Libertates & liberas*

NOTES.

(a) Tres. des Chart. Regist. 154. Pièce V. [5.]

(b) Ceresi.] C'est sans doute l'Abbaye de *Cerisy*, Ordre de Saint Benoît, Diocèse de *Bayeux*. Voy. *Gall. Christ.* 1.re Edit. t. 4. p. 241. col. 1.

consuetudines habeat dicta Abbacia de Ceresi, *quas habere debet & solet tempore Domini Regis Patris nostri, & aliorum Predecessorum nostrorum; & prohibemus ne de aliquo tenementorum suorum* [a] *ponatur in placitum, nisi coram nobis sive coram capitali justicia nostra. Teste meipso apud* Turon. *XV*[a]. *die Junii. (c)*

CHARLES VI. à Paris, en Décembre 1398.

In cujus rei testimonium, presentibus Litteris nostrum fecimus apponi Sigillum. Actum *Carnoti,* anno Domini millesimo ducentesimo sexagesimo nono, mense Januario.

a ne soit jugé par d'autres Juges.

Quas quidem Litteras suprascriptas, omniaque & singula contenta in eisdem, quatenus Abbas & conventus dicte Abbacie de Ceresi, *eisdem & contentis in ipsis debitè usi sunt, ratas & gratas habentes, sive rata atque grata, eas & ea volumus, laudamus, approbamus, & de gracia speciali tenore presencium confirmamus. Quod ut firmum & stabile perpetuò perseveret, nostrum presentibus Litteris fecimus apponi Sigillum: nostro in aliis & alieno in omnibus jure salvo.* Datum *Parisius,* mense Decembris, anno Domini m.° ccc.° nonagesimo octavo; & Regni nostri decimo nono.

Suite des Lettres de Saint Louis. Suite des Lettres de Charles VI.

Per Regem, ad relacionem Consilii. FRERON.

NOTE.

(c) La date de l'année de ces Lettres n'y est point. *Richard* Ier Roi *d'Angleterre,* qui les a données, a régné depuis 1189 jusque vers la fin de 1199, suivant *Rapin Thoiras* dans son *Hist.* d'*Angleterre.*

CHARLES VI. à Paris, le 2. de Janvier 1398.

(a) Lettres qui portent que les Fermes du Domaine seront adjugées, lorsqu'elles seront considérables, dans les Auditoires des Baillis, Sénéchaux ou Vicomtes, en présence des Procureurs du Roy ou de leurs Substituts; qu'à l'égard de celles qui sont moins fortes, elles seront adjugées dans les lieux principaux des Châtellenies, en présence du Receveur ou Vicomte, & du Procureur du Roy s'il y en a, & que l'estimation des Grains, des Chapons & autres redevances semblables, seront faites par des personnes intelligentes, en présence des Baillis & des Sénéchaux.

CHARLES par la grace de Dieu Roy de France. A tous ceulz qui ces présentes Lettres verront: SALUT. Comme Nous ayons entendu que és temps passez, plusieurs grans fraudes ont esté faites & commises és Baux des Fermes muables des Receptes ordinaires de nostre Demaine, en nostre grant dommaige & préjudice, parce que en plusieurs lieux icelles Fermes estoient baillées és maisons & hostelz privez de nos Receveurs dudit Demaine, en délaissant la forme & manière que anciennement se faisoit & se doit faire de raison; c'est assavoir, és Siéges & Auditoires de noz Bailliages, Sénéschauciées & Vicomtez: SÇAVOIR FAISONS que Nous voulans [b] eschiver les fraudes dessusdites, & afin que les bons usages & manière anciennement accoustumées és Baux de nosdites Fermes muables, soient gardez sans enfraindre, eue sur ce délibération de nostre Conseil, avons ordené & ordenons par ces Présentes, que doresenavant par tout nostre Royaume, mesmement en la *Languedoyl,* toutes les Fermes notables de nostredit Demaine, soient solennellement criées & publiées és lieux accoustumez d'ancienneté, & délivrez aux plus offrans & derreniers enchérisseurs, és Siéges & Auditoires ordinaires des Bailliages, Vicomtez & Sénéschauciées, dont les Fermes seront, & non ailleurs, tant de la Recepte de *Paris,* comme d'autres, & que nos Procureurs d'iceulx Bailliages, Vicomtez & Sénéschauciées, soient à ce appellez, & présens en leurs personnes, se il n'ont [c] essoyne souffisant; ouquel cas leurs Substituz seront à ce présens; & quant aux menues & petites Fermes de nostredit Demaine, elles seront criées & baillées & délivrées és lieux principaux de chacune

b *éviter.*

c *excuse.*

NOTE.

(a) Ces Lettres qui étoient au fol. 58. v.° du Mémorial *F.* de la Chambre des Comptes de *Paris,* ont été tirées du Recueil cité dans la Note *(b)* de la p. 26. du 7e. Vol. de ce Recueil.

CHARLES VI. à Paris, le 2. de Janvier 1398.

Chastellenie, en la présence de nostre Receveur ou Vicomte, & de nostre Procureur au lieu, si aucun en y a; & des Baux & délivrances de toutes lesdites Fermes quelsconques de nostredit Demaine, chascun Receveur ou Vicomte sera tenu apporter sur chacun de ses comptes, toutesfoiz que lesdites Fermes seront baillées de nouvel, le Livre ou Rolle original dudit Bail & de toutes les enchières d'icelles Fermes, deuement certifié par le Bailly, Séneschal ou Vicomte, ou par leurs Lieuxtenans, soubz le Scel du Bailliage, Séneschauciée ou Vicomté, & soubz le saing manuel du Clerc dudit Bailliage, Séneschauciée ou Vicomté; & en outre, voulons & ordenons que doresenavant les apprétiations des Grains à Nous deuz esdites Receptes, & aussi des Chapons & autres choses qui ne sont pas en argent, & les semblables, dont noz dites Receptes sont chargiées, soient faites, appellez gens à ce cognoissans, par lesdis Bailliz, Séneschaux ou Lieuxtenans, & certifiées par leurs Lettres Patentes, lesquelles lesdiz Receveurs apporteront à chacun terme sur leurs comptes, comme dessus. SI DONNONS EN MANDEMENT par ces mêmes Présentes, à noz amez & feaulx Genz de noz Comptes & Tréforiers à *Paris*, & à tous noz autres Justiciers & Officiers, ou à leurs Lieuxtenans, [a] à chacun d'eulx, si comme à lui appartiendra, que nostre présente Ordenance tiegnent & gardent, & facent tenir & garder sanz enfraindre comment que ce soit. En tesmoing de ce, Nous avons fait mettre nostre Scel à ces Lettres. *Donné à* Paris, *le second jour de Janvier, l'an de grace mil trois cens quatre-vingt & dix-huit; & de nostre Regne le dix-neufvième.* Par le Roy, à la relacion du Conseil estant en la Chambre de ses Comptes. H. GUINGANT.

a *suppl.* &.

CHARLES VI. à Paris, le 8. de Janvier 1398.

(a) Lettres & Instructions adressées à Pierre Hardy, au sujet des fraudes qui se commettent à Rouen, *par rapport au payement de l'Imposition Foraine.*

CHARLES par la grace de Dieu Roy de France. A *Pierre Hardy* Bourgoys de *Rouen:* Salut. Nous avons entendu que plusieurs Marchans menans vin & autres marchandises, tant par la *Viconté* & Diocèse de *Paris* ou d'ailleurs, comme aval la rivière de *Seine,* jusques à *Rouen;* dequoy lesdits Marchans baillent caution au Receveur pour Nous de l'Imposition Foraine à *Paris,* ont plusieurs foys donné, & de jour en jour donnent à entendre que lesdictes denrées sont ou seront descendues audit lieu de *Rouen,* pour les despenser & vendre, en faisant faire *(b)* rescription audit Fermier, pour recouvrer ladicte caution; & néanmoins depuis ils les ont fait & font recharger audit lieu de *Rouen,* & mettre en vaisseaulx, pour mener en *Flandres* ou ailleurs où les Aides ordonnées pour le fait de la guerre, n'ont cours; parquoy le fait & vallcur de ladicte Imposition Foraine, a esté & est fraudé & moult diminué, & pourroit encores plus estre, se pourveu n'y estoit. Pourquoy & pour pourveoir à ce, Nous de l'Ordonnance de noz amez & feaulx les Généraux Conseilliers sur le fait des Aides, informez & confians de ta loyaulté, souffisance & dilligence, te avons fait, ordonné & establi, & par ces présentes faisons, ordonnons & establissons de par Nous, Commissaire Général audit lieu de *Rouen,* à toi prandre garde desdictes fraudes qui y ont esté & seront ou pourroient être commises ou fait de ladicte Imposition Foraine ainsi cuillie & levée à *Paris,* comme dit est, & pour arrester ou faire arrester toutes les denrées & marchandises qui seront tenues à Nous à cause de ladicte Imposition, à ce que nostre droit en soit paié; & généralement à faire en ceste matière, tout ce que au cas appartiendra, selon la teneur de l'Ordonnance & Instruction sur ce plus à plain faicte le jour de la dacte de ces Présentes,

NOTES.

(a) Premier Reg. de la Cour des Aides de *Paris, fol.* 75. *v.°*

Voy. sur ce Reg. la Note *(a)* de la p. 201. du 4.e Vol. de ce Rec.

Les Lettres du Roy ne sont point dans *Fontanon.* On y trouve seulement à la p. 449. du 2.d Vol. les Instructions qui y sont même dans une forme différente.

(b) Rescription.] L'Acte par lequel le Fermier rend l'Acte de Caution qui lui avoit été donnée par un Marchand.

par

par nosdits Généraulx Conseilliers; laquelle te sera baillée close & scellée soubz nostre Contreséel; & de ce faire & exercer ladicte Commission à tels gaiges & salleres qui pour ce seront tauxez par Nous ou nosdits Généraulx Conseilliers, te donnons povoir, auctorité & mandement especial; & par ces mêmes Lettres, Nous donnons en mandement aux Esleuz audit lieu de *Rouen,* sur le fait des Aides, que ladicte Ordonnance & Instruction, ensemble la teneur de ces Présentes, ilz facent lire & publier partout où il est acoustumé & qu'ilz verront qu'il appartiendra, afin que aucun n'en puist prétendre cause d'ignorance. Mandons aussi à tous noz Justiciers & Subjects, que à toy & à tes Commis & Députez en ce faisant, obéissent & entendent dilligemment, & à toy & à tes Commis prestent & donnent conseil, confort, aide & prisons, se [a] mestier est & requis en sont. *Donné à* Paris, *le huitième jour de Janvier, l'an mil CCC IIII.xx & dix-huit; & de nostre Regne le dix-neufiesme.*

CHARLES VI. à Paris, le 8. de Janvier 1398.

a besoin.

S'ensuyvent les Instructions envoyées audit *Pierre Hardy,* en ensuyvant la Commission précédente à lui adressant, *oudit an III.c IIII.xx dix-huit.*

C'EST l'Ordonnance & Provision faite par les Généraulx Conseilliers sur le fait des Aides ordonnées pour la guerre, à *Pierre Hardy* Bourgois de *Rouen,* ordonné Commissaire Général, à soy prandre garde à *Rouen,* aux fraudes qui pourroient estre commises & faictes au Roy nostre S. sur le fait de son Imposition Foraine qui est cuillie & levée à *Paris;* lesquelles fraudes sont commises, si comme l'en dit, par plusieurs Marchans menans & passans vins & autres marchandises, tant par la *Viconté* & & Diocèse de *Paris,* & d'ailleurs, comme aval la rivière de *Seine,* jusques à *Rouen;* & dequoy lesdits Marchans baillent caution au Receveur de ladicte Imposition Foraine à *Paris,* & donnent à entendre que lesdictes denrées & marchandises sont & soient descendues audit lieu de *Rouen* pour les y despenser ou vendre, en faisant faire Rescription audit Receveur de *Paris,* pour recouvrer la caution qu'ilz ont pour ce baillée; & depuis les font recharger & mettre en vaisseaulx, pour mener en *Flandres* ou ailleurs où lesdictes Aides ont cours.

(1) Premièrement. Que les personnes que ledit Commis aura ordonnées soubz luy, auront povoir & puissance d'arrester toutes les denrées & marchandises qui seront tenues au Roy nostredit Seigneur en ladicte Imposicion, par la manière que le contient l'Instruction sur ce faicte; & que de ce qui aura été arresté, ne soit fait délivrance, jusques à ce qu'il apaire du congé & descharge dudit Commis.

(2) Item. Que les débatz & Procès qui naistront à cause de leurs denrées & marchandises qui seront arrestées par ledit Commissaire ou sesdiz Commis, par la dénonciation dudit Commissaire, soient donnés pardevant les Esleuz à *Rouen,* ou ailleurs où il appartiendra, par le Procureur du Roy nostredit Seigneur, & aulx despens d'icellui Seigneur.

(3) Item. Que tous ceulx qui devront ladicte Imposicion de leurs denrées & marchandises qu'ilz feront transporter hors du Royaume, & ès lieux où lesdictes Aides n'ont cours, soient tenuz de payer la somme qu'ilz pourroient devoir au Receveur [b] ordonné; c'est asscavoir, à *Pierre Beaucorps* Contrerolleur du Grenier à *Rouen.*

b à ce. F.

(4) Item. Est ordonné que ledit Commis puisse prandre sallaire pour faire les Rescriptions; c'est assçavoir XII. Deniers [c], pour Rescription.

c Tournois. F.

(5) Item. Que tous ceulx qui maintiendront qu'ilz ont entencion d'envoyer leurs denrées ou Royaume, & ès lieux où lesdictes Aides [d] n'ont cours, soient tenuz de bailler bonne & seure caucion audit Commis, de rapporter certificacion ou Rescription des lieux où lesdictes denrées seront menées, dedans certain temps raisonnable qui sur ce leur sera ordonné par ledit Commis; & que icellui terme passé, ilz soient contrainctz à paier ce qu'ilz devront de ladicte Imposicion, tout ainsi que si leursdictes denrées étoient menées hors du Royaume [e].

d *ont cours.* F. c'est la bonne leçon.

e *ou ès lieux où lesdites Aides n'ont cours.* F.

(6) Item. Se aucunes denrées sont trouvées être menées sans acquict, depuis ceste Ordonnance & le cry ou publicacion d'icelle, ceux à qui seront lesdictes denrées, qu'ilz en soient pugniz d'Amende arbitraire, par lesdiz Généraulx, ou par lesdiz Esleuz.

CHARLES VI. à Paris, le 8. de Janvier 1398.

(7) *Item.* Que ledit Commis ne soit aucunement approuché [a] ne contrainct du paiment du Procureur du Roy, ne d'autre, à faire Amende, de ce que nonobstant ladicte Commission, il tient à présent des Fermes du Roy, comme Quatriesmes, dont les Tiercemens ou Doublemens sont passez, & aussi des Imposicions; que pour ceste présente année seullement, il les puisse tenir.

(8) *Item.* Il est ordonné que ledit Commis, ses gens, & tous ceulx qui de par lui seront à ce faire commis, soient en la Sauvegarde du Roy, & qu'elle soit publyée se mestier est. *Donné à Paris, le huitiesme jour de Janvier, l'an mil* III.^c IIII.^xx *& dix-huit.*

a *ne contraint du Procureur du Roy.* F. & c'est ainsi qu'il faut lire.

Additions auxdictes Instructions.

(9) *Item.* Est ordonné que ladicte Imposicion sera de XII. Deniers pour livre, ainsi comme ès autres lieux hors [b] du pays, [c] & que l'argent en soit baillé au Commis à *Paris,* à recevoir l'Imposicion Foraine, en prenant Quictance de lui & de son Contrerolleur.

(10) *Item.* Est ordonné que en l'Instruction du Receveur de *Rouen,* de l'Imposicion Foraine, que la recepte qu'il en fera ou aura faicte, il le signifie & face assçavoir au Commis sur ce ordonné; & desquelles denrées, combien d'argent [d] & de quelles sommes il aura receu.

(11) *Item.* Et avec ce que des caucions qui auront été faictes devers le Receveur de *Paris,* desquelles les Marchans vouldront avoir Rescription à *Rouen,* pour recouvrer la caucion qu'ilz auront baillée à *Paris,* iceulx Marchans soient tenuz de la prandre dudit Commis & dudit Receveur, & non d'autres, afin d'avoir la vraye congnoissance des denrées & marchandises par eulx amenées audit lieu, & auront pour chacune Rescription, chacun XII. Deniers [e] Parisis.

(12) *Item.* Ledit Receveur aura pour chascune Quictance, quatre Deniers Parisis.

b *de Paris.* F. cette leçon est préférable.

c L'article finit ainsi dans F. *& que l'argent en soit baillé au Receveur Général desdits Aides.*

d *& de quelles personnes.* F.

e *Tournois.* F.

CHARLES VI. à Paris, le 9. de Janvier 1398.

(a) *Lettres qui commettent Pierre Beaucorps pour recevoir l'Imposition Foraine à Rouen.*

CHARLES par la grace de Dieu Roy de France. A *Pierre Beaucorps:* Salut. Comme pour obvier & pourveoir à l'encontre des frauldes faictes, & qui de jour en jour pourroient estre faictes en nostre préjudice & dommaige, & diminucion du fait & valleur de l'Imposicion Foraine de six Deniers pour livre, qui se liève & paie à *Paris,* des denrées traictes & menées hors de nostre Royaume, ou en icellui, ès lieux où les Aides pour le fait de la guerre n'ont aucun cours; & par espécial, en ce que aucunes denrées, comme vins & autres, depuis quelles ont esté menées jusques à *Rouen,* & que l'en a d'icelles [f] Rescription adressant au Commis à *Paris,* à recevoir ladicte Imposicion, par vertu de laquelle il rend l'obligacion & caucion qu'il en avoit prinse, sont rechargées, & par la rivière de *Seine* par charroy ou mer, ou autrement, sont depuis menées hors, & n'en avons aucun droit de Imposicion Foraine, si comme entendu avons: Nous par l'advis & Ordonnance de noz amez & féaulx les Généraulx Conseilliers à *Paris* sur ledit fait des Aides, [g] avons ordonné *Pierre Hardy* Commissaire Général audit lieu de *Rouen,* auquel Nous avons donné povoir de arrester & faire arrester toutes denrées, & certain autre povoir plus à plain contenu & déclairé en l'Instruction & Ordonnance de Nous sur ce faicte, à lui baillée soubz nostre Contreseel, en laquelle est entre les autres choses contenu que tu recevras pour Nous le droit de ladicte Imposicion; c'est assçavoir, de toutes lesdictes denrées dont l'en aura à *Paris* baillé caucion, [h] icelle recouvrée comme dit est, & depuis seront chargées pour mener hors, ainsi que dessus est touché & plus

f *Voy. ci-dessus,* p. 312. Note *(b)*

g *Voy. les Lettres précédentes.*

h *icelle recouvrée;* c'est-à-dire, *retrouvée à Rouen.*

NOTE.

(a) 1.er Registre de la Cour des Aides de *Paris, fol.* 78. *recto.*

Voyez sur ce Reg. la Note *(a)* de la page 201. du 4.e Vol. de ce Rec.

CHARLES VI. à Paris, le 9. de Janvier 1398.

à plain devisé en ladicte Ordonnance & Instruction dont il te apperra ; & aussi faiz la Recepte desdictes confiscacions, forfaictures & Amendes ; & les deniers que tu en recevras, baille ou envoye seurement à *Paris* au Receveur illec de ladicte Imposicion ; & en baillant le Contrerolle de ladicte Recepte, soubz le Seel & Seing manuel dudit Commis, tu en seras deschargé, & sera aloué en tes Comptes, ce que ainsi auras paié, par nos amez & féaulx Gens de noz Comptes à *Paris,* sans aucun contredict ; & en faisant déclaracion des droiz, proffitz ou sallaires que tu auras & prendras des Lettres que tu feras à cause de ladicte Recepte, il Nous plaist, voulons & ordonnons que de chascune Quictance que tu en bailleras sous ton Séel & Signet, tu aies & preignes IIII. Deniers Parisis ; & de chascune certification ou Rescription qui sera baillée par toy & ledit Commis, tu en aies ton droit de XII. Deniers Tournois, & ledit Commis, autres XII. Deniers Tournois. Voulons aussi & ordonnons, que la Recepte que tu feras ou auras faicte des choses dessusdictes, tu signifie & face assçavoir audit Commis, [a] desquelles denrées, combien tu en auras receu, & de quelles personnes, afin que plus justement il en puisse sçavoir l'estat, & faire son Contrerolle. *Donné à* Paris, *le neufiesme jour de Janvier, l'an de grace mil* III.[c] IIII.[xx] *& dix-huit.*

a *de quelles.*

CHARLES VI. à Paris, le 13. de Février 1398.

(a) Lettres qui portent que les Gens du Parlement seront exempts de l'Aide ou Taille imposée pour le secours de la Chrétienté, pour la délivrance des Chrétiens qui étoient prisonniers en Turquie, & pour la poursuite de l'union de l'Eglise.

CHARLES par la grace de Dieu Roy de France. A noz amez & féaulz Conseillers l'*Evesque* de *Noyon,* & *Almaury* d'*Orgemont,* Chevalier, commis de par Nous sur le fait ou Gouvernement de l'Aide ou Taille mise sus pour le secours de la Christianté, & la délivrance des *(b)* Prisonniers Christiens qui étoient en *Turquie:* Salut & dileccion. Savoir vous faisons que pour aucunes causes & considéracions qui à ce Nous ont meu & meuvent, il Nous plaist & voulons de grace espécial, par ces Présentes, que noz amez & féaulz Conseillers les Gens de la Grant Chambre de nostre Parlement, les Maistres des Requestes de nostre Hostel, les Gens de la Chambre des Enquestes d'icellui nostre Parlement, & aussi les Gens tenans les Requestres en nostre Palays à *Paris,* & leurs Greffiers & Huissiers, soient & demeurent frans, quittes & exemps à tousjours envers Nous de ladicte Taille ; c'est assavoir, chacun de la somme à quoy il avoit eslé assiz & imposez. Si vous mandons & commandons bien expresséement, que les dessusdis & chascun d'eulz, vous faites, seuffrez & laissiez joïr & user plainement & paisiblement de nostre présente grace & octroy, en la manière que dit est, sans les molester ou empescher en aucune manière au contraire ; & s'aucuns de leurs biens ou d'aucuns d'eulz, sont ou ont été pour ce prins, saisis, levez ou arrestez, leur faictes rendre & restituer, & mettre, ces Lettres veuës, à plaine délivrance ; & par rapportant ces Lettres ou *Vidimus* d'icelles, fait soubz Séel Royal, pour une foiz seulement, Nous voulons & Nous plaist que nostre amé & féal Trésorier *François* d'*Aunoy,* Receveur Général de ladicte Taille, & les Receveurs Particuliers d'icelle, & chacun d'eulz, & tous autres à qui ce puet ou pourroit touchier, en soient & demeurent quittes & deschargez envers Nous partout où il appartendra ; nonobstant quelxconques Ordenances, Mandemens ou deffenses faiz de bouche ou

NOTES.

(a) Registre *A.* du Parlement de *Paris, fol.* 7 viegt 11 *recto* [151.]

Au commencement de la marge intérieure de ces Lettres, il y a : *Littera per quam apparet quod Consiliarii & ceteri Officiarii Reg. in suo Parlamento, fuerunt exempti à Taillia pro facto* Ungarie.

(b) Prisonniers Christiens.] Ce sont sans doute ceux qui avoient été pris à la Bataille de *Nicopolis,* sur laquelle voy. ci-dessus, p. 120. Note *(b)*

CHARLES VI. à Paris, le 13. de Février 1398.

autrement au contraire. *Donné à* Paris, *le XIII.e jour de Février, l'an de grace mil CCC IIII.xx & XVIII; & de nostre Regne le XIX.e* Ainsi signé. Par le Roy, l'*Evesque* de *Noyon*, l'Admiral, Mess. *Almarry* d'*Orgemont*, & autres, présens. *FERRON.*

DE par l'*Evesque* de *Noyon*, & *Almaurry* d'*Orgemont*, Chevalier, Conseillers du Roy nostre S. commis de par ledit Seigneur à la garde & gouvernement des deniers de l'Aide levé pour le secours de la Christianté, & la poursuite de l'union de Sainte Eglise. *Guillaume* le *Presse* Receveur Particulier dudit Aide, en la Ville & Diocèse de *Paris*, accomplissez le contenu ès Lettres du Roy nostre S. auxquelles ces présentes sont atachées soubz un de noz Signez, faisant mencion des Conseillers du Roy nostredit Seigneur, en la Chambre de son Parlement, des Maistres des Requestes de son Hostel, des Gens des Enquestes d'icellui Parlement, des Gens tenans les Requestes en son Palays à *Paris*, & de leurs Greffiers & Huissiers, en les tenant francs, quictes & exemps dudit Aide; c'est assavoir, chascun de la somme à quoy il a été assiz & imposé, pour les causes contenuës èsdictes Lettres; & tout par la forme & manière que le Roy nostre S. le mande par icelles. *Donné à* Paris, *le XVII.e jour de Février, l'an mil CCC IIII.xx & XVIII.* R. LIJOTE.

CHARLES VI. à Paris, le 25. de Février 1398.

(a) *Lettres par lesquelles le Roy permet à la Communauté des faiseurs de Bourses de la Ville de Paris, d'y établir une Confrairie en l'honneur de Saint Brieu.*

CHARLES, &c. Savoir faisons à tous présens & avenir, Nous avoir receu l'umble supplicacion de plusieurs bonnes gens faiseurs de Bourses, nez de la nacion du païs de *Bretaigne*, & d'ailleurs, demourans en nostre ville de *Paris*, contenant que comme ilz aient puis n'agaires eu & encores ont voulenté & dévocion à Saint *(b) Brieuc des Vaux*, ilz en l'onneur & remembrance de Dieu & de la benoite Vierge Marie, & d'icellui Saint, se assembleroient voulentiers une fois l'an, en l'une des Eglises de nostre dicte Ville, par manière de Confrarie, pour faire célébrer Messes, comme plusieurs autres ont accoustumé de faire, & y faire les Ordonnances qui s'ensuivent; c'est assavoir, que quant aucun vouldra soy mettre en ladicte Confrarie, il paiera douze Deniers Parisis pour son entrée, & d'illecques en avant par chacun an, douze Deniers au jour de la feste dudit Saint.

Item. Quant aucuns des Freres ou Seurs de ladicte Confrarie, yront de vie à trespassement, ils seront tenus délaissier à ycelle Confrarie, une livre de cire ou la value.

Item. Se aucun ou aucune se vouloit partir ou mectre hors d'icelle, il sera tenu de payer pour son yssue, une livre de cire ou la value.

Item. Lesdis Freres & Suers seront tenus de faire célébrer une Messe dudit Saint, chacune sepmaine, à jour qu'ilz vouldront eslire, & en telle Eglise de nostre dicte Ville, que bon leur semblera.

Item. Ilz seront tenus de faire célébrer une Messe le jour de la feste d'icellui Saint, aux despens de ladicte Confrarie; & quant aucun ou aucune des Freres ou Suers sera alé de vie à trespassement, lesdits Confréres seront tenus de faire chanter le jour des obséques dudit deffunt, une Messe de [a] *Requien*, aux despens d'icelle. [b] Nous leur voullons donner congie & licence d'eulx assembler toutes & quantes fois que bon leur semblera, pour les causes dessus dictes. Pourquoi Nous ces choses

a corr. *Requiem.*

b Il semble qu'il faille corriger ici, *si nous leur voulions.*

NOTES.

(a) Tresor des Chartres, Regiftre 154. P. VIII.xx VII. (167.)

(b) Saint Brieuc.] Ce nom est douteux, & il faut convenir que du premier coup d'œil on lit *Bueut;* mais il me paroît certain qu'il faut lire *Brieuc* : car Saint Brieux Apôtre de la *Bretagne*, est encore aujourd'hui le Patron de la Communauté des Boursiers de *Paris*. Voy. le Dictionnaire du Commerce par *Savary*, au mot, *Boursier.*

considérées, approuvans & louans le bon propos desdits supplians, à iceulx avons donné & donnons de grace especial par ces présentes, congié & licence d'eulx assembler toutes & quantes fois, & en icelle Esglise de nostre dicte ville que bon leur semblera, pour le fait de ladicte Confrarie. Si donnons en mandement au *Prévost* de *Paris*, & à tous noz autres Justiciers & Officiers, que cesdits Supplians de nostre présente grace & octroy facent, seuffrent & laissent joïr & user paisiblement, sans pour ce les molester ou empescher aucunement au contraire. Et pour [a] ce que que ce soit ferme chose & estable à tousjours, Nous avons fait mettre nostre Séel à ces présentes : Sauf en autres choses nostre droit, & l'autruy en toutes. *Donné à* Paris, *le* XXV.*e* *jour de Février, l'an de grace mil* CCC IIII.*xx* *& dix-huit; & le* XIX.*e* *de nostre Regne.*

CHARLES VI. à Paris, le 25. de Février 1398.

a mots inutiles.

Par le Roy, à la relacion du Conseil. PROPHETE.

CHARLES VI. à Paris, le 5. de Mars 1398.

(a) *Lettres qui portent que les Habitans de Chevilly & de Lay près Paris, seront exempts de Prises.*

CHARLES, &c. Savoir faisons à tous présens & avenir, que oye l'humble supplicacion des mannans & habitans des villes de *(b) Civilly* & *Lay*, à deux lieues près de *Paris*, contenant que les terres & héritages des dictes villes & terrouer d'icelles, sont si grandement chargez de plusieurs rentes & charges anciennes que les Doyen & Chapitre de l'Eglise de *Paris* y prennent à cause de leur fundacion & autrement, que à grant peine pevent lesdiz habitans paier icelles charges; & néantmoins par les Prinses que plusieurs des Officiers de nostre Hostel & d'autres ont fait ou temps passé & font de jour en jour sur yceulx habitans, ilz sont telement grevez & dommagez & diminuez de leurs chevances, que bonnement ilz ne pourroient dors-en-avant paier les rentes & charges dessusdictes, & par ce sont en avanture qu'il leur conviengne delaissier lesdictes terres & héritages & le païs, se par Nous ne leur est sur lesdictes Prises pourveu de nostre grace : Nous eu regart & considéracion à ce, & affin que lesdiz habitans ne soient doresenavant grevez desdictes Prises, mais puissent paier les rentes qu'ilz doivent ausdiz Doyen & Chappitre, & aussi en l'honneur & faveur de ladicte Eglise à laquelle nous avons singulière & especial affeccion, à yceulx habitans avons octroyé & octroyons de grace especial & de nostre auctorité royal, par la teneur de ces présentes, que [b] parmi la composicion par eulx faite avec nostre amé & féal Conseiller & Grant Maistre de nostre Hostel *(c) Guy* Sire de *Cousans*, de douze chartées de [c] feurres bonnes & convenables, que lesdiz habitans seront tenus de rendre conduictes chacun an, à leurs coux, fraiz & missions en nostre Hostel, quant requis en seront, eulx & chacun d'eulx avecques tous leurs biens quelzconques quelz qu'ilz soient, demourant frans, quittes, paisibles & exemps de toutes Prinses de leurs voitures, chevaux, charrettes, [d] coutes, coussins, draps de lit, couvertures, tables, trettaux, nappes, [e] touailles, oreilliers, cuevrechiefs, blez, avoines, fuerres, fourrages, vins, [f] roisins, poulaille, oisons, buefs, moutons, cochons, agneaux, & autres choses quelconques, ainsi & par la manière que octroyé l'avons aux habitans de *Vittry, Yvry*, le *Bourc la Royne*, & plusieurs autres villes, en cas semblable; & défendons expressément à tous les Maistres de nostre Hostel, à tous noz Fourriers, Chevaucheurs, [g] Portechappes, Aides & Soubzaides de Fourrerie, au Crieur des [h] Bans de nostre ville de *Paris*, à l'Exécuteur de nostre haute Justice, & à tous noz autres Officiers quelconques ilz soient, & aussi aus Maistres d'Ostel & autres Officiers de nostre très-chière & très amée compaigne la Royne, de nostre

b *moyennant.*

c *pailles, fourrages.*

d *lits de plumes.* Voy. le 6 Vol. de ce Rec. p. 67. Note *(e)* marg.

e *serviettes.* Voy. ci-dessus, p. 299. Note *(b)*

f *raisins.*

g *Voy. le 6.e Vol. de ce Rec.* p. 78. Note *(b)*

h *Proclamations publiques.*

NOTES.

(a) Trésor des Chartres, Registre 154. P. IIII.xx XVIII. (98.)

(b) Civilly.] Ce lieu se nomme présentement *Chevilly.*

(c) Guy Sire de Cousans.] Guy Damas IV du nom, Seigneur de *Cousan* ou *Cosan*, en *Forès*, &c. Voy. *l'Hist. Généal. de la Maison de France*, Tom. 8. p. 316.

CHARLES VI.
à Paris, le 5. de Mars 1398.

très-chier & ainsné filz *Charles Dalphin* de *Viennois*, & de noz autres Enfans, de noz très-chers & très-amez Oncles & Frere les *Ducs* de *Berry*, de *Bourgongne*, d'*Orleans* & de *Bourbon*, & de noz amez & féaulx Connestable & Mareschaux de France, & à tous autres tant de nostre Sang comme autres Officiers, de quelconque estat ou condicion qu'ilz soient, qui ont acoustumé user de Prinses, & à chacun d'eulx, si comme à lui appartiendra, qu'ilz ne facent ou seuffrent doresenavant faire aucunes Prises des choses dessusdictes ou autres, sur lesdiz habitans ou aucun d'eulx, mais d'icelles cessent entièrement & du tout, & mettent à pleine délivrance tantost & sanz délay tout ce qu'ilz auroient pris, levé ou emporté desdiz habitans en leurs hostelz, maisons & granches, ne ailleurs, sur eulx ou aucun d'eulx, esdictes villes, pour la cause dessusdicte; & en empliant nostredicte grace, voulons que lesdiz Preneurs & Officiers puissent être contrains à cesser de faire lesdictes Prinses, & de rendre & restablir ce qu'ils auroient pris, levé ou emporté, par nostre *Prévost* de *Paris*, ou son Lieutenant, qui est à présent ou sera pour le temps à venir, que sur ce puissent punir civilement lesdiz Preneurs, par tele manière que ce soit exemple aux autres. Si donnons en mandement ausdiz Prévost & Lieutenant, & à chacun d'eulx, en commettant, se [a] mestiers est, que sur ce ilz procèdent sommairement & de plain, & aux choses dessusdictes acomplir, tenir & garder sanz enfraindre, contraingnent par voye deue [b] & tous les désobéissans & autres qui auroient fait ou feroient le contraire: Mandons aussi & commandons à tous noz autres Justiciers & Officiers, que ausdiz Prévost & Lieutenant, & à chacun d'eulx, & à leurs depputez & commis en ceste partie, obéissent & entendent diligemment; & d'abondant grace Nous plaist & voulons que au *Vidimus* de ces présentes, fait soubz le Séel de nostre Chastellet de *Paris*, plaine foy soit adjoustée comme à l'original. Et que ce soit ferme chose & estable à tousjours, Nous avons fait mettre nostre Séel à ces Lettres: Sauf en autres choses nostre droit, & l'autrui en toutes. *Donné à* Paris, *le V.e jour de Mars, l'an de grace mil CCC IIII.xx & XVIII; & de nostre Regne le XIX.e*

a *besoin.*
b *mot inutile.*

Par le Roy, à la relacion de Mess. les *Ducs* de *Berry*, de *Bourgongne*, d'*Orleans* & de *Bourbonnois*, le Grant Maistre d'Ostel, & le Sire de *Boissay*, présens.

NEAUVILLE.

CHARLES VI.
à Paris, le 26. de Mars 1398.

(a) *Ordonnance sur la nouvelle Aide accordée par les Trois Etats des Comtez d'Artois, de Boulenois & de Saint Pol.*

CHARLES, &c. Savoir faisons à tous présens & avenir, que comme noz bien amez les bourgois & habitans des bonnes villes fermées & plat-païs des *Comtez* d'*Artois*, de *Boulenois* & de *Saint Pol*, & des villes enclavées en icelles, pour le grand desir, affeccion & voulenté qu'ilz ont à Nous & au bien publique de nostre Royaume, & pour aidier à soupporter les grans frais, charges, missions & despens que de jour en jour Nous convient faire & soustenir pour le fait de noz guerres, Nous aient nouvellement octroyé d'un commun assentement, que pour un an tant seulement commençant le premier jour de ce présent mois de Mars, tele & semblable ayde comme en l'année passée ilz ont fait & payée; laquelle Aide les Bourgois & habitans dessus dis payeront à quatre termes; c'est assavoir, de trois mois en trois [c], à commancier le premier terme & payement, à la fin du mois de May prouchainement venant, le second, en la fin du mois d'Aoust, le tiers en la fin du mois de Novembre, & le quart & derrenier paiement, en la fin de Février après ensuivant: *(b)* Nous considéré, &c.

c *supp. mois.*

NOTES.

(a) Trésor des Chartres, Registre 154. P. IX.xx (180.)

(b) Nous considéré, &c.] La suite de ces Lettres est conforme à celles du 22 de mai 1384. qui sont à la p. 75 du 7.e Vol. de ce Rec. à la différence qu'au lieu de ces mots, *depuis ledit premier jour dudit mois de juin*, qui sont à la ligne 39 de la p. 76. il y a ceux-ci, *depuis le premier jour de ce présent mois de mars.*

Et pour ce que ce soit ferme chose & estable à tousjours, &c. Sauf &c. *Donné à* Paris, *le XXVI.[e] jour dudit mois de Mars, l'an de grace mil CCC IIII.[xx] & dix-huit; & de nostre Regne le XIX.[e]*

Par le Roy, à la relacion du Conseil. J. GEHE.

M. CCC. XCIX.

Suivant le Glossaire de *Du Cange*, au mot, *Annus*, cette Année a commencé le 30 de Mars, & a fini le 17 d'Avril.

CHARLES VI.

à Paris, le 5. d'Avril après Pâques 1399.

(a) Lettres qui portent que tous les Corps & Communautés Ecclésiastiques & Séculiers, & toutes personnes se prétendant exemptes & privilégiées, seront obligez de faire réparer & entretenir le Pavé qui est autour des Edifices qui leur appartiennent.

CHARLES par la grace de Dieu Roy de France. Au *Prévost* de *Paris*, Commissaire & Général Réformateur sur le fait de la Police de nostre bonne Ville & mestiers de *Paris*: Salut. De la partie de nostre Procureur Général pour Nous, Nous a esté exposé en complaignant, que jà soit ce que de raison, par Ordonnances Royaulx, & autrement par Usaige très-ancien, un chacun manant & habitant & aïant maison en nostredicte Ville de *Paris*, de quelconque estat que il soit, Noble ou non Noble, & tant personne d'Eglise comme autre, soit tenu de tenir net & bon le [a] pavement de devant son Hostel, & avecques ce faire faire, soustenir & réparer à ses frais & despens, les Chaussées & pavemens estans & acoustumez être devant son [b] huis & Mancion, excepté en l'ancienne [c] Croisée de *Paris*, en laquelle Nous sommes tenus de faire faire icelles Chaussées; néanmoins les Religieux, Prieur & Couvent de Saint Martin des Champs à *Paris*, soubz umbre de ce que il est [d] débat en nostre Court de Parlement entre nostredit Procureur d'une part, & eulx d'autre part, pour raison des Chaussées que ilz sont tenus de faire faire & soustenir à leurs despens, audevant & [e] selon les murs de leur Hostel & Eglise à *Paris*; mesmement ès lieux ou d'ancienneté a acoustumé d'avoir Chaussée; ouquel Procès les Parties très-long temps a, ont esté & sont appointées en faiz contraires & en Enquestes, sans ce que depuis ait été aucunement procédé en ycellui; prétendans yceulx Religieux eulx estre francs, quictes & exemps de devoir faire ou faire faire ycelles Chaussées; & aussi les Religieux de l'Ospital du Temple [f], noz très-chiers & très-amez *(b)* Cousin & Tante le Roy & la Royne de [g] Cecile, & plusieurs Gens d'Eglise, Escoliers & autres, [h] tout soubz umbre d'aucunes Justices qu'ilz se dient avoir à *Paris*, comme autrement indeuement, sont aussi reffusans & plus que de raison delayans & en demeure de vouloir faire ou faire faire au long des murs & audevant de leurs Hostelz, Domicilles &

a *pavé.*

b *sa porte & maison.*

c *Voy. le 7.e Vol. de ce Rec.* p. 244. Note (c)

d *Procès.*

e *le long des murs.*

f *Appartenant à l'Ordre Militaire, nommé anciennement de S. Jean de Jerusalem, & depuis, de* Malthe.

g *Sicile.*

h *tant.* 2.e cop.

NOTES.

(a) Livre Rouge vieil du Châtelet de *Paris, folio* 8 vingt 8. *verso*. [168.]

Avant ces Lettres, il y a : *Les Chaussées.*

Ces Lettres ont été imprimées d'après ce Regist. dans le 4.e Vol. du Traité de la Police, p. 172.

On trouve au fol. 206. de ce Registre, ces mêmes Lettres dattées du xx.[e] janvier 1402. mais avec quelques additions que l'on fera imprimer dans les Notes suivantes.

Avant cette seconde Copie, il y a : *Ordonnance que chascun est tenu de tenir le pavement de devant son hostel bon & net.*

(b) Cousin & Tante le Roy & la Royne de Cecile.] Louis II. Duc d'Anjou, Roi de *Naples* & de *Sicile*, Fils de *Louis I.* qui portoit les mêmes Titres, & qui étoit Frère de Charles V. & Oncle de Charles VI. C'est apparemment *Marie* de *Chastillon*, dite de *Blois*, Veuve de *Louis I.* & qui mourut en 1404. à qui Charles VI. donne ici le titre de sa Tante. Voy. *l'Hist. Généal. de la Maison de France.* T. 1. p. 229.

CHARLES VI. à Paris, le 5. d'Avril après Pâques 1399.

Églises, les Chaussées d'ancienneté acoustumées y estre faictes; *(c)* par faulte desquelx pavemens ainsy estre faiz, nostredicte Ville demeure très [a] orde par le moïen des ordures, [b] fiens, boës, gravoys, infeccions, corrupcions & autres putrefaccions très préjudiciables au Créautures humaines, qui tant des [c] Boucheries desdictes Églises comme autrement, sont & demeurent conglutinées & assemblées pardevant & ou circuite des murs d'icelles Églises, & au devant desdiz Hostelz, Églises & Maisons. Pourquoy requise sur ce nostre provision, voulans obvier aux inconvéniens dessusdiz, à la turpitude & dedécoracion qui par ce moïen se pourroient ensuir ou préjudice de la chose publique en nostredicte Ville, vous mandons & commandons & estroictement enjoingnons en commettant, que aux diz Religieux tant de Saint Martin comme du Temple & autres quelxconques, & aussi à nozdiz Cousin & [d] Tante, ou à leurs Gens & Procureurs, & à tous autres dont de par nostredit Procureur vous serez requis, vous tantost & sanz délay, ces Lettres veuës, faictes commandement de par Nous a & sur certaines & grosses paines à appliquer à Nous, que incontinent & sanz demeure ilz facent faire les Chaussées & pavement de audevant & autour de leurs Maisons, Églises, Murs & Clostures, *(d)* en les contraingnant à ce par la prise & explectacion de leur temporel, & autrement par toutes voïes deuës & raisonnables; & en cas de délay, refus, contredit ou opposition, lesdictes Chaussées & pavemens refaiz & réparez par manière de provision, nonobstans lesdiz procès & appointemens, & autres Procès [e] qui pour ce estoient encommancées ou meuz, sanz préjudice toutes voïes d'iceulx en diffinitive, par nostre main comme Souveraine, des deniers des fruis des temporelz d'iceulx opposans, refusans & délayans, se ilz sont Gens d'Église, Escoliers ou autres personnes privillégiéez, & des autres, des deniers de leurs biens, lesquelx Nous voulons pour ce estre pris, vendus & exploitez, donnez ou faictes donner & assigner jour certain & compettent pardevant vous ou Chastellet de nostredicte Ville de *Paris,* pour dire les causes de leurs oppositions, reffus ou délay, respondre sur ce à nostredit Procureur, & faire en oultre selon raison, en faisant aux Parties bon & brief acomplissement de Justice; & quant à noz diz Cousin & Tante, & autres s'aucuns en y avoit, qui fussent privillégiez de non plaider par devant vous, adjournez les ou faictes adjourner à certain & compettent jour en nostre présent Parlement, nonobstant qu'il séiée, & que les Parties *(e)* ne soient du Païs dont on plaidera lors, pour procéder & aler avant en leurs Causes d'oppositions, reffus & délays, respondre à nostre Procureur Général, & faire en oultre selon raison; & néanmoins faictes cependant par nostre main comme Souveraine, par manière de provision, à leurs propres fraiz & despens, [f] ce faire & tenir en estat & nettement lesdictes Chaussées & pavemens, en les contraignant à ce par la manière dessus devisée, nonobstans leurs dictes opposicions, sanz préjudice d'icelles en diffinitive, & quelzconques Appellacions & Lettres subreptices, impétrées ou à impétrer au contraire, en certiffiant sur [g] nostre Court de Parlement souffisamment. *(f) Donné à* Paris, *le V.e jour d'Avril, après*

a *sale.*
b *excrémens, boues.*
c *Boucheries adossées à ces Églises, ou appartenantes à elles.*
d *Il y a dans la 2.e cop.* ante, *qui signifie la même chose que* Tante.
e *se pour ce.* 2.e cop.
f *faire refaire.* 2.e cop.
g *ce.* 2.e cop.

NOTES.

(c) Après ces mots, y estre faictes, *on lit dans la 2.e copie de ces Lettres:*

Et aussy sont plusieurs autres gens de petit estat & autres, refusans de faire paver, & contribuer qu'il esconvient au pavé nécessairement faire devant leurs hostelz & édifices, esquelz n'ot oncques pavement; & mesmement les manans & habitans près, au devant & autour de nostre Consiergerie de Saint Pol, jusque à la Bastide & Chastel de Saint Antoine; par faute, &c.

(d) Après ces mots, & clostures, *on lit dans la 2.e copie:*

Et aussi les Chaussées que vous veirés estre à faire de nouvel en nostre dicte Ville de *Paris,* en quelque lieu que ce soit; supposé ores que oncques n'y ait eu chaucée; en les contraignant, &c.

(e) Ne soient du Païs.] Quoique les Parties ne soient point du Païs dont on plaidera les Causes, lorsque l'assignation sera donnée. Par un ancien usage qui s'observe encore aujourd'huy, il y a pour les différentes Provinces qui ressortissent au Parlement de *Paris,* un temps fixe pendant lequel on plaide à la Grand'Chambre les Appels des Sentences rendues dans ces Provinces, suivant le Rôle qui en est publié. *Voy. le 3.e Vol. de ce Rec.* p. 652. Note *(d)*

(f) Ces Letres finissent ainsi dans la seconde Copie:

Donné à Paris, *le XX.e jour de Janvier, l'an de grace mil quatre cens & deux, & de nostre Pâques,*

Pasques, l'an de grace mil CCC IIII.^xx & dix-neuf, & le XIXe de nostre Regne, soubz nostre Seel ordonné en l'absence du grant. Ainsi signées. Es Requestes du Roy, de son commandement par [a] Vous expédiées, présens plusieurs du Grant Conseil. T. HOCIE. BLANCHET. Collation faicte.

a Le Chancelier de France. Voy. le 5.e Vol. de ce Rec. pag. 653. Note (c).

NOTE.

regne le XXIIIe Et estoient ainsi signées. Par le Roy, à la relacion du Conseil. J. HUE.

CHARLES VI. à Paris, le 15. d'Avril 1399. après Pâques.

(a) Ordonnance sur la nouvelle Aide accordée par les trois Etats des Comtés d'Artois, de Boulenois & de Saint Pol.

CHARLES, &c. Savoir faisons à tous présens & avenir, que come noz bien amez les Bourgois & habitans des bonnes villes fermées & plat-païs des *Contez d'Artoys*, de *Boulenoiz* & de *Saint Pol*, & des villes enclavées en icelles, pour le grant desir, affeccion & volonté qu'ilz ont à Nous & au bien publique de nostre Royaume, & pour aidier à supporter les grans frais, charges, missions & despens que de jour en jour Nous convient faire & soustenir pour le fait de noz Guerres, Nous aient nouvellement octroyé d'un commun assentement, que pour un an tant seulement commençant le premier jour de Mars derrenièrement passé, tele & semblable Aide comme en l'année précédente ilz avoient fait & paié; laquelle Aide les Bourgoiz & habitans dessusdiz, paieront à quatre termes; c'est assavoir, de trois mois en trois mois, à commencier le premier terme & paiement en la fin du mois de May prouchainement venant, le second en la fin du mois d'Aoust, le tiers en la fin du mois de Novembre, & le quart & derrenier paiement, en la fin de Février prouchain après ensuivant. *(b)* Nous considérans, &c.

Et pour ce que ce soit ferme chose & estable à tousjours, Nous avons fait mettre nostre Séel à ces Lettres; sauf en autres choses nostre droit, & l'autruy en toutes. *Donné à* Paris, *le XVe jour d'Avril, l'an de grace mil CCC IIII.^xx XIX. après Pâques, & le XIXe de nostre regne.* Autresfoiz ainsy par moy signé. Par le Roy en son Conseil, où étoient Monsr le *Duc de Berry*, [b] Vous, le Sire d'*Omont*, & plusieurs autres. MAULOUE. Et rescripte de ceste datte par vostre commandement. FRERON. Et renouvellée de ceste datte par vostre commandement; & renouvellée d'icelle datte par vostre commandement; & renouvellée de ceste datte par vostre commandement; & renouvellée par vostre commandement. R. LE FEVRE.

b Le Chancelier de France. Voy. le 5.e Vol. de ce Rec. pag. 653. Note (c).

NOTES.

(a) Trésor des Chartres, Registre 154. Pièce VIII.^xx XV. (175.)

(b) Nous considérans. &c.] La suite de ces Lettres est conforme à celles du 22. de Mai 1384. qui sont à la page 75 du 7.e Volume de ce Rec. à la différence qu'au lieu de ces mots: *depuis ledit premier jour dudit mois de Juin*, qui sont à la ligne 39 de la p. 76. il y a ceux-ci, *depuis ledit premier jour du mois de Mars.*

CHARLES VI. à Paris, le 19. d'Avril 1399.

(a) Lettres qui confirment celles du Duc d'Orléans, par lesquelles il suspend pendant un an ou à sa volonté, l'exécution du droit de Prises *qu'il a sur ses Sujets.*

CHARLES par la grace de Dieu Roy de France. Aux *Prévost* de *Paris* & *Séneschal* de *Pontieu*, & aux *Baillis* de *Vermendois*, *d'Amiens*, de *Tournesis* & de *Senlis*, & à tous noz autres Justiciers & Officiers ou à leurs Lieuxtenans: Salut. Nous avons veu les Lettres de nostre très-chier & très-amé Frère le *Duc d'Orliens*, contenant la fourme qui ensuit.

NOTE.

(a) Livre Rouge vieil du Châtelet de *Paris*, *folio* 8 vingt 6. *recto*. [166.]

Avant ces Lettres, il y a: *Rapel de Prises.*

CHARLES VI.

à Paris, le 19. d'Avril 1399.

LOYS Filz de Roy [a] France, *Duc d'Orliens, Conte* de *Valoiz*, de *Bloiz & de Beaumont.* A tous ceulx qui ces présentes Lettres verront: Salut. Savoir faisons que pour considéracion des grans griefs & oppressions, dommaiges, charges, vexacions, peines & travaulz que pour le fait & occasion des *Prises* faites ou temps passé sur les subgiez du Royaume, pour le fait & despense de nostre Hostel & de celui de nostre très-chère & très-amée Compaigne la Duchesse, lesdiz Subgiez ont souffert & soustenu, souffroient & soustenoient, voulans & desirans de tout nostre cuer yceulz Subgiez relever desdiz griefs & oppressions, dommaiges, charges, peines, vexacions & travaux, Nous de nostre certaine science & propre mouvement avons ordené & ordenons par ces présentes, que doresenavant quelconques *Prises* ne soient faictes pour nostredit Hostel & celui de nostredicte Compaigne; [b] ce sçavoir de Blez, Avoines ne autres grains, de Vins, de [c] Chars grosses ne Voillailles, de Poissons de caué doulce, de Fruis & [d] Feurres, de Buches & Charbon, de Liz, [e] Coustes & Coissins, Tables, Tresteaux, de Chevaux, Charretes, Harnois ou [f] Charroz, ne autres choses quelconques, mesmement jusques à un an prouchainement venant, à compter de la datte de ces présentes, ou jusques à nostre rappel & voulenté; pourveu toutes voyes que se pour aucunes neccessitez ou affaires qui seurvenir pourroient à Nous ou à nostredicte Compaigne, il Nous convenoit chevauchier & aler de païs en autres, parquoy feust besoing de faire hastivement *Prises* pour Nous ou nostredicte Compaigne d'aucunes des choses dessusdictes, Nous voulons & ordenons ou cas dessusdit tout ce qui seroit pris pour Nous & nostre fait & celui de nostre Compaigne, estre promptement payé sur les lieux en deniers comptans, à autel & semblable pris & feur, comme il se feroit se les choses estoient venduës entre gens communs; & pour ce avons rappellé & rappellons & mettons du tout au néant par ces mesmes présentes, toutes Lettres de *Prises* quelconques sur ce faictes & obtenues de Nous & de nostre Court, soubz quelconques formes de paroles qu'elles soient, tant par Bouchers [g] Poulailliers, ausquelx avons fait expressément [h] marchande pour estre servis ceste présente année [i] sans icelles *Prises*, comme par Fourriers, Chevaucheurs, [k] Portechappes, Varlés & Aides de Fourrière de nostredit Hostel & de celui de nostre Compaigne, & autres personnes quelconques, réservé ainsi que les Chevaucheurs qui par Nous & nostredicte Compaigne seront hastivement envoyez en aucuns voyages, pourront prendre Chevaux par auctorité de Justice & pris raisonnable, ainsi que contenu est ès Lettres par Nous à eulz sur ce octroyés, & non autrement. Sy donnons en mandement par la teneur de ces Lettres au Gouverneur d'*Orliens*, à noz *Bailliz* de *Bloiz*, de *Valoiz* & de *Champaigne*, & à tous noz autres Justiciers & Officiers, ou à leurs Lieuxtenans, & à chascun d'eulz en droit soy, que nostre présente Ordenance facent crier & publier solennelment ès Lieux & Places acoustumés à faire Cris [l] ès termes de leurs Offices & Juridicions, afin que aucun n'en puisse prétendre ygnorance, & ycelle tiennent & gardent & facent tenir & garder sanz enfraindre comment qu'il soit, en punissant les délinquans & transgresseurs s'aucuns y enchéent, si que ce soit bon example aux autres, & que Nous n'en doyons oïr complainte. En tesmoing de ce, Nous avons fait mettre nostre Scel à ces Lettres. *Donné à* Paris, *le XI.ᵉ Jour d'Avril, l'an de grace mil CCC IIII.ˣˣ & dix-neuf.*

Et pour ce que nostredit Frère Nous a très-instamment requis, que afin que aucun n'en puisse prétendre aucune ygnorance, voulsissions ycelles Lettres mander estre publiées solennelment partout nostre Royaume, & les faire tenir, garder, enteriner & acomplir sans enfraindre selon leur fourme & teneur, & les transgresseurs & délinquans s'aucuns y enchéent, faire pugnir selon l'exigence des cas; vous mandons & enjoingnons expressément, & à chascun de vous endroit soy, que par tous les lieux de vos Prévosté, Séneschaucie, Bailliages & Juridicions acoustumez à faire Criz & Publicacions, faictes tantost & sans délay lesdictes Lettres lire & publier solennelment, si que aucun n'en puisse ou doye avoir ne prétendre aucune ygnorance, en punissant les délinquans & transgresseurs s'aucuns y enchéent, telement que ce

[a] supp. de.

[b] c'est asçavoir.

[c] chairs.

[d] paille.

[e] Voy. le 6.ᵉ Vol. de ce Rec. p. 67. Note (e)

[f] appar. Charrois.

[g] supp. &.

[h] Marché, traité pour faire des fournitures.

[i] sans qu'ils puissent être fait de Prises.

[k] Voy. le 6.ᵉ Vol. de ce Rec. p. 78. Note (b)

[l] dans l'étendue.

soit bon example à tous autres. *Donné à* Paris, *le XIX.ᵉ Jour d'Avril, l'an de grace mil CCC IIII.ˣˣ & dix-neuf, & de nostre Regne le XIX.ᵉ* Ainsy signées en la marge dessoubz. Par le Roy, à la relacion du Conseil. H GUINGUANT. Collation est faicte aus Lettres Originaulz dessus transcriptes. Publié en Jugement ou Chastellet de *Paris*, le Samedy XXVI jours d'Avril, l'an mil CCC IIII.ˣˣ & XIX. Publié suffisamment ès Lieux à *Paris* acoustumés à faire Criz en tel cas, par JAQUET PREVOST Crieur pour le Roy nostre Sire, l'an & jour dessusdiz.

CHARLES VI. à Paris, le 5. de May 1399.

(a) Règlement pour la vente des Marchandises qui seront amenées aux Foires du Lendit.

SOMMAIRES.

(1) Il est défendu aux Marchands d'aller ou d'envoyer au devant des marchandises que l'on amène à la Foire du Lendit, & de les acheter avant qu'elles y soient arrivées.

(2) Aucuns Marchands ne pourront vendre ou faire vendre dans cette Foire, les Marchandises qu'ils y auront achetées.

(3) Aussi-tôt que les Marchands auront acheté des Marchandises dans cette Foire, ils seront obligez de les faire transporter dans leurs Maisons, ou dans leurs Loges s'ils en ont; & ils ne pourront les revendre dans la Foire, ni les y faire revendre par quelque personne que ce soit.

(4) Aucun Marchand ne pourra vendre dans cette Foire, que les Marchandises qui lui appartiendront.

(5) Tous les Marchands feront écrire sur le devant de leurs Loges, le nom du pays & de la ville dont ils sont.

(6) Pendant que la Foire tiendra, les Marchands ne pourront en faire sortir les Marchandises qui y auront été amenées, que lorsqu'elles auront été vendues.

(7) Les dénonciateurs des contraventions commises contre ce Règlement, auront le quart des Marchandises qui seront confisquées en conséquence de ces contraventions.

CHARLES par la grace de Dieu Roy de France. A tous ceulx qui ces présentes Lettres verront : Salut. Comme de si grant ancienneté que mémoire d'omme n'est du contraire, la Foire du [a] Lendit entre les autres Foires ayans cours en Christienté, ait esté recommandée en grant excellence & noblesse, tant pour la très-grant multitude du Peuple Christian, & de la très-grant habondance [b] de denrées qui communément & par chacun an, ladicte Foire séant & paravant, affluênt & sont amenées & conduites en seurté en ycelle, de plusieurs & diverses Contrées, Régions & Pays, comme pour la bonne Justice & policie qui en ycelle Foire ont acoustumé estre faictes & administrées à tous [c] indiféraument, [d] tant privez comme estranges ; & de nouvel par la [e] clameur de pleuseurs de noz Subgez & autres, soit venu à nostre congnoissance que en ycelle Foire depuis certain temps en ça, ont esté faictes & commises plusieurs fraudes & mauvestiez sur la vente des denrées amenées en ycelle ; & mesmement des denrées de Drapperie, Pelleterie, Tapisserie, de Toilles, de [f] Féronnerie,

a *Voy. les Tabl. des mat. des Vol. de ce Rec.* au mot, *Lendit.*
b *des.* 2.ᵉ cop.
c *indiféramment.* 2.ᵉ cop.
d *tant François qu'Etrangers.*
e *plainte.*
f *Ouvrage de fer.*

NOTES.

(a) Livre Rouge vieil du Châtelet de *Paris, folio* 8 vingt 7. *recto.* [167.]

Au *fol.* 8 vingt 9. *verso.* [169.] du même Registre, il y a une 2.ᵉ copie de ces Lettres, de la même date; mais l'article II. ne s'y trouve point; & les articles III, IV & V, qui dans l'impression ont été renfermez entre deux crochets, ne sont que dans cette 2.ᵉ Copie, laquelle finit ainsi.

Donné à Paris, *le V.ᵉ jour de May, l'an de grace mil CCC. IIII.ˣˣ & XIX. & le XIX.ᵉ de nostre Regne.*

Et en la marge des dictes Lettres, estoit escript ce qui s'ensuit: Autreffoiz ainsy signées de ceste datte, Par le Roy, à la relacion de son Grand Conseil, ouquel Vous, le *Patriarche* d'*Alexandrie*, l'*Evesque* de *Noyon*, l'Amiral, Messire *Guillaume Martel*, Messire *Almaury* d'*Orgemont*, Messire *Guillaume* de *Neillac*, Messire *Robert* de *Boissay*, Maistre *Pierre Blanchet*, Maistre *Jehan* de *Boissay*, le *Prevost* de *Paris*, & autres, estiez. NEAUVILLE.

Et rescriptes selon vostre correccion.

FRERON.

Et pareillement estoit escript au doz des dictes Lettres, ce qui s'ensuit.

Publiées ou Chastellet & ès Halles de *Paris*, en plusieurs Lieux, le Samedi VII.ᵉ Jour de Juing, l'an mil CCC IIII.ˣˣ & dix-neuf. *Item.* Publiées ou Champ du Lendit & en la ville de *Saint Denis*, ès Lieux acoustumez, le Lundi X.ᵉ Jour de Juing, l'an mil CCC IIII.ˣˣ & dix-neuf.

Collacion faicte.

CHARLES VI.

à Paris, le 5. de May 1399.

(b) Dinanderie, Lingerie, de Cuirs, de Parchemin & d'autres; en ce que les (c) Marchands publiques desdictes denrées, tant de nostre Ville de *Paris* comme d'ailleurs, souventesfoiz sont coustumiers de aler ou envoyer leurs facteurs & varlez audevant des denrées dessus déclairées, avant que elles soient descenduës en ycelle Foire, [a] autrefoiz sitost que elles sont descenduës en ycelle, & avant & après que elles soient desliées, [b] achattent en gros le total ou une grant partie d'icelles denrées & marchandises, des Marchans Forains qui les ont amenées & les amainent en ycelle Foire, & ce fait, les font revendre en [c] ladicte Foire par yceulx mesmes de qui les ont achettées, leurs Varlez & Serviteurs ou autres; lesquelles choses sont faictes souventesfoiz par lesdiz Marchans grossiers de *Paris* & d'ailleurs par manière de (d) Monopole, en très-grant diminucion de noz droiz & Aides, en très-grant denigracion de la fameuse renommée & excellence d'icelle Foire, & ou grant préjudice & dommage de nostre Peuple, & des autres [d] Populaires qui en entencion de [e] garnir eulx & leurs mainages des denrées dessus dictes, & de [f] en avoir compettent marchié, viennent ou envoyent en ladicte Foire en laquelle ilz treuvent par les moyens dessusdiz, aussi grant [g] charté des [h] denrées dessusdictes, comme ailleurs; si comme de ce Nous sommes [i] souffisaument informez: Savoir faisons que pour obvier aux fraudes & malices dessusdictes, & que par noz Ordonnances anciennes toutes manières de [k] Regrateries sont défendues en toutes les Foires & Marchiez publiques de nostre Royaume, Nous par la délibéracion de nostre Grant Conseil, eu sur ce mur advis & délibéracion de & sur ce que dit est, avons fait pour le bien publique l'Ordonnance qui s'ensuit.

a *quelquefois.*
b *achettent.* 2.e cop.
c *ycelle.* 2.e cop.
d *le Peuple des autres Nations.*
e *pourveoir.*
f *de les achetter à un prix raisonnable.*
g *chierté.* 2.e cop.
h *choses.* 2.e cop.
i *souffisaunment.* 2.e cop.
k *reventes de marchandises.*

(1) *Premièrement.* C'est assavoir, que Nous défendons à tous Marchans publiques de *Paris* & d'ailleurs, de quelque estat & condicion que ilz soient, que d'oresenavant [l] ils ne voisent ne envoyent en [m] appert ne clandestinement, audevant des denrées & marchandises que l'en [n] amenra, & qui seront ordonnées estre conduites ou envoyées pour vendre en ladicte Foire du Lendit, pour ycelles (e) barquignier, [o] enerrer ne achetter, soubz quelque fourme de parole que ce soit, [p] à & [q] sur paine de forfaire lesdictes denrées ou la valeur, & d'amende arbitraire envers Nous.

(2) *Item.* [r] Aussi nous défendons à tous Marchans tant forains comme de *Paris,* que les denrées que ilz auront achettées en ycelle Foire, ilz ne vendent ne facent vendre par eulx ne par autres, en ycelle, à & sur la paine que dessus.

[(3) *Item.* Nous voulons & ordonnons que tous Marchans tant Forains comme de *Paris,* qui auront acheté & acheteront aucunes denrées en ladicte Foire du Lendit, d'aucuns Forains, liévent ou facent lever & prendre incontinent les denrées par eulx ainsy achetées, & les mainent ou facent mener en leurs hostelz ou en leurs Loges oudit Lendit, se aucunes en ont ilec, par eulx ou leurs Gens, sanz ce que ils les vendent ne facent vendre par lesdiz Forains, leurs Gens & Serviteurs, ne en leurs Loges, à & sur la paine que dessus.

l *ils n'aillent.*
m *ouvertement.*
n *amenera.*
o *donner des arrhes & une partie du prix de la marchandise qu'on achette.*
p *à & sur la peine.* 2.e cop.
q *sous peine de confiscation des marchandises, ou du payement de la valeur.*
r *Cet article n'est point dans la seconde copie, dans laquelle l'article III suit immédiatement le premier.*

(4) *Item.* Et aussi Nous deffendons à tous Marchans tant Forains comme de *Paris,* que ilz ne vendent ne facent vendre en ladicte Foire du Lendit aucunes denrées & Marchandises, se elles ne sont à eulx & non à autres.

(5) *Item.* Aussi Nous ordonnons que tous Marchans tant Forains comme de *Paris,* mettent ou facent mettre par escript devant leurs Loges le Pays & les Villes dont ilz sont, sur la paine que dessus.]

NOTES.

(b) *Dinanderie.*] Cette marchandise se nomme ordinairement *Chauderonnerie.* Elle a pris le nom de *Dinanderie* de la ville de *Dinant,* ville du païs de *Liége,* qui s'est rendue riche & fameuse par la grande quantité de *Chauderonnerie* qui s'y manufacture. Voyez le Dict. du Commerce par *Savary,* au mot, *Dinanderie.*

(c) *Marchands publiques.*] Je crois qu'il faut entendre par ces mots, les Marchands qui font ordinairement le commerce, soit en gros, soit en détail; à la différence des Particuliers qui achettent des Marchandises pour leur usage.

(d) *Monopole.*] On fait la *Monopole,* lorsqu'on achette à un prix raisonnable toutes ou la plus grande partie des marchandises d'une certaine espèce, pour les revendre très-cher. Voyez le Glossaire de *Du Cange,* au mot, *Monopolium.*

(e) *Barquignier.*] *Barguigner.* 2.e cop. Ce mot signifie *marchander,* disputer avec un Marchand sur le prix de la marchandise qu'on veut lui acheter. Voy. le Glossaire de *Du Cange,* au mot, *Barcaniare,* & *Brodeau* sur la Coutume de *Paris,* T. 1. p. 9. Edit. de 1669.

CHARLES VI. à Paris, le 5. de May 1399.

(6) *Item.* En oultre avons ordonné & ordonnons par ces présentes, que tous Marchans quelzconques qui auront amené ou fait amener en ladicte Foire du Lendit aucunes denrées, ne pourront ycelles denrées transporter ne faire mener hors d'icelle Foire, se elles ne sont venduës en ycelle; ycelle Foire séant & jusques à ce que elle soit [a] faillie.

(7) *Item.* Et pour plus obvier aux fraudes & inconvéniens qui sur ce pourroient intervenir, & afin que [b] la vérité des délinquens en soit plustost sçuë, & chascun soit plus astraint de tenir ceste présente Ordonnance, Nous avons oultre ordonné que celui ou ceulx qui dénonceront & mettront à clarté aucunes des fraudes dessus dictes sur aucuns desdiz Marchans, auront & prendront pour leur paine & salaire la quarte partie des denrées par eulx dénoncées & mises à clarté, qui ainsi seront forfaictes & à Nous conquises.

Si donnons en mandement par ces présentes au *Prévost* de *Paris,* ou à son Lieutenant, présent & avenir, que nostre présente Constitucion & Ordonnance il tiengne, garde, entérine & acomplisse, & face tenir, observer, entériner & acomplir de point en point à tousjours senz enfraindre, en la mettant & faisant mettre si deuëment & convenablement à exécucion & effect, que en sa coulpe ou négligence n'y ait faulte ou délay; & afin que par tout nostre Royaume ce soit chose notoire, & que aucun n'en puist prétendre ignorance, face ycelle nostre Ordonnance & Constitucion crier & publier à *Paris,* à *Saint Denis,* en ladicte Foire du Lendit, & partout ailleurs où il appartendra, & qu'il verra estre bon & expédient pour la chose publique. En tesmoing de ce, Nous avons fait mettre nostre Scel à ces Lettres. *Donné à* Paris, *le V.e jour de May, l'an de grace mil CCC IIII.xx & dix-neuf, & de nostre Regne le XIX.me* Ainsi signé en la marge dessoubz.

Par le Roy, à la relacion de son Grant Conseil, ouquel [c] Vous, le Patriarche d'*Alexandrie,* l'Evesque de *Noyon,* l'Amiral, Mess. *Guillaume Martel,* Mess. *Almaury* d'*Orgemont,* Mess. *Guillaume* de [d] *Neilhac,* Mess. *Robert* de *Boissay,* Maistre *Pierre Blanchet,* Maistre *Jehan* de *Boissay,* le *Prévost* de *Paris,* & autres estiez.

NEAUVILLE.

Collation est faicte aux Lettres Originaulx dessus transcriptes. Publié en Jugement ou Chastellet de *Paris,* le Samedi X.e Jour de May, l'an mil CCC IIII.xx XIX.

Collation faicte à l'Original par moy. G. BOUART.

a *finie.*

b *la vérité des délits commis.*

c *Le Chancelier de France. Voy. le 5.e Vol. de ce Rec. pag. 653. Note (c).*

d Neillac. 2.e cop.

CHARLES VI. à Paris, le 7. de May 1399.

(a) Lettres qui portent qu'en conséquence de la Soustraction de la France à l'Obédience de Benoît XIII. on pourvoira par Election aux Bénéfices électifs, & que les Ordinaires conféreront ceux qui sont de leur Collation, sans avoir égard aux graces expectatives données par Clement VII & Benoît XIII. & les autres souverains Pontifes leurs Prédécesseurs.

KAROLUS Dei gracia Francorum Rex. Dilectis & fidelibus Gentibus nostrum presens & que futura tenebunt Parisius *Parlamenta, ceterisque Justiciariis nostris, aut eorum Locatenentibus : Salutem & dileccionem. Pro parte Archiepiscoporum, Episcoporum & ceterorum Prelatorum & Capitulorum, ac aliorum virorum Ecclesiasticorum nuper* Parisius *in Concilio Ecclesie Gallicane, per Litteras nostras congregato, pro nonnullis arduis tangentibus sedacionem hujusmodi pestiferi Scismatis nunc, proth*

NOTE.

(a) Registre *A.* du Parlement de *Paris,* coté *Ordinaciones antique. fol.* VII.xx XII. *rect.* [152.]

Avant ces Lettres, il y a : *Declaracio super Substraccione & facto Ecclesie.*

Voy. la Préface de ce Vol. 5. *Schisme.*

On sent en lisant le Decret de l'Eglise Gallicane inséré dans ces Lettres, qu'il a été dressé par celui qui a rédigé l'Ordonnance de la Soustraction à l'Obédience de Benoît XIII. Voy. ci-dessus, p. 259, la fin de la Note (b) qui commence à la page précédente.

CHARLES VI. à Paris, le 7. de May 1399.

dolor! in Ecclesia Dei vigentis, deliberandis & expediendis, inter cetera fuit nobis expositum quòd cùm aliàs in alio ipsius Ecclesie Gallicane Concilio, eciam pro pace & unione Ecclesie procuranda, Parisius *per nostras eciam Litteras congregato, inter cetera deliberatum & ordinatum extitisset, quòd à die quâ conclusio denegacionis Obediencie totalis* [a] Benedicto *ultimò in Papam electo faciende, per nos, Ecclesiam Regni &* Dalphinatûs *nostrorum, recepta fuerat & publicata, in antea Prelati & alii ad quos in Regno &* Dalphinatu *nostris de jure vel consuetudine spectat Beneficiorum vacancium Collacio, Beneficia predicta, cùm casus vacacionum occurrerent, conferrent, quibuscumque graciis expectativis, precipuè per dictum* Benedictum, *quibuscumque personis factis, per quas tamen ante denegacionem Obediencie non fuerat alicui jus quesitum in re, prout in* [b] *Litteris nostris super Ordinacione predicta, ad requestam & supplicacionem Prelatorum predictorum confectis laciùs noscitur contineri, postquam in Concilio predicto nuper & ultimò, ut predicitur,* Parisius *congregato, propter aliqua dubia in pluribus locis tam in Regno quam in* Dalphinatu *predictis emergencia, certa fuerit facta Declaracio, prout in Instrumento publico super hoc confecto, cujus tenor sequitur in hec verba, asserunt contineri.*

In nomine Domini, amen. Per hoc presens publicum Instrumentum, Universis & singulis notum fiat quòd anno ejusdem Domini millesimo trecentesimo nonagesimo octavo, Indiccione septimâ, [c] *more Gallicano, mensis Marcij, die xiiij.ª, ab electione Domini* Benedicti *ultimò in Papam electi anno quinto, in nostrûm Notariorum publicorum & testium infrascriptorum ad hoc vocatorum presencia, in Concilio Dominorum Prelatorum, de Mandato & Ordinacione Serenissimi & Christianissimi Principis Domini nostri Francorum Regis, ad diem vicesimam Mensis Februarii ultimò preteriti, continuatam usque ad dictam mensis Marcij diem xiiij.am, pro unione Sancte Matris Ecclesie prosequenda, convocato, in eoque convocatis & convenientibus Dominis Archiepiscopis, Episcopis, Abbatibus, necnon Procuratoribus & Nunciis nonnullorum Prelatorum absencium, & Capitulorum, Ecclesiarum, tam Metropolitanarum quàm Cathedralium, Ecclesiam representantibus Gallicanam, post nonnullas deliberaciones inter ipsos habitas in hiis super quibus convocati fuerant & accersiti, à nonnullis recitabatur quòd cùm aliàs in alio dictorum dominorum Prelatorum* [d] *Cleri Regni &* Dalphinatûs *Concilio super prosecucione dicte unionis, mense Julii, anno presenti,* Parisius, *celebrato, assereretur in Litteris Regiis* [e] *Subtraccionis totalis Obediencie dicto Domino* Benedicto *ultimò in Papam electo facte, talis clausula contineri; videlicet, quòd eciam occurrentibus vacacionum casibus, assumantur qui ad Prelaturas dignitates & alia Beneficia electiva, per eleccionem, ceteris eciam Beneficiis provideatur per Collacionem eorum per quos hujusmodi Collacio & eleccio spectant quomodolibet seu eciam spectabunt; & inter cetera in dicto aliàs celebrato Concilio, maturis super hoc deliberacionibus prehabitis, discussis & repetitis, fuisset deliberatum & conclusum quòd habentes gracias expectativas per quas nundum fuerat eis jus in re quesitum post conclusionem dicte denegacionis Obediencie, per Ecclesiam Regni &* Dalphinatûs, *& per Regem acceptam, nec uterentur dictis graciis, nec eciam ipsorum executoribus obediretur à die videlicet predicte conclusionis* Parisius *solemniter in Regis Palacio per organum Domini Cancellarii Francie, ex parte dicti Domini nostri Regis publicate, ymo quòd Ordinarii & illi ad quos Beneficiorum Regni &* Dalphinatûs *spectabat collacio, à die predicta in antea Beneficia tunc vacancia vel vacatura liberè conferrent; occasione cujus multa insurrexerant dubia inter plures qui tunc gracias habebant expectativas à felici memorie Domino* Clemente *Papa VII.º aut alio summo Pontifice, in Ecclesiis que adepti fuerant dignitates,* [f] *Personatus vel Officia sub expectacione Prebende, quas gracias volebant & dicebant eciam quo-ad dictarum assecucionem Prebendarum, de jure suum debere sortiri effectum, asserentes quòd ne dicte gracie per dictum Dominum* Benedictum *ultimò in Papam electum, aliqualiter fuerant revocate, erantque nonnulli alii eciam à Domino* Clemente *predicto gracias expectativas habentes, quas idem Dominus* Benedictus *expressè per Bullam suam reservaverat, ut dicebant; Ordinarii verò & illi quibus Beneficia tunc vacancia vel que post modum vacaverant, contulerant virtute Ordinacionis*

a Benoît XIII.

b elles sont ci-dessus, p. 258.

c c'est-à-dire, l'année commençant à Pâques, suivant l'usage de la France.

d *supp.* &.

e *corr.* Substraccionis, *là & plus bas.*

f dignitez dans quelques Chapitres. *Voyez la Note (b) de la p. 682. du 6.e Vol. de ce Rec.*

CHARLES VI. à Paris, le 7. de May 1399.

Ecclesie de qua supra est mencio facta, & que pleniùs in Litteris Regiis super hoc confectis continetur, gracias sepedictas nullius debere esse efficacie vel effectûs, ex adverso asserebant: hinc erat quòd quamplures pluribus in locis inter multos coram diversis judicibus erant lites mote, & verisimiliter moveri in futurum sperate inter plures, quòd erat in Ordinariorum aliorumque ad quos Beneficiorum Collacio seu quevis eorum alia disposicio dignoscitur pertinere, & eciam illorum quibus per predictos Ordinarios & Collatores à tempore dicti recessûs ab Obediencia totali, de Beneficiis Ecclesiasticis provisum extitit, disturbium, impedimentum ac magnum & grave prejudicium, quòdque videbatur Substractionis predicte conclusioni ac Mandatis Regiis & Ordinacioni dicte Ecclesie Gallicane contraire: Hinc fuit quòd in dicto presenti [a] Consilio per quamplures supplicabatur quatenus per ipsum Concilium quid super hiis fieri deberet, remedium apponendo opportunum, litium amfractus evitando & materiam dubietatis tollendo, declararetur: Supplicacione verò sic facta [b] per prius inter ipsos Dominos Prelatos & alios in dicto Concilio existentes, maturâ super hoc deliberacione prehabitâ, oppinionibusque singulorum requisitis & recollectis, fuit per ipsum Concilium dictum & declaratum [c] & de mente seu intencione alterius Concilii fuisse, attentis impedimentis que per hujusmodi gracias expectativas ab olim summis Pontificibus, & à bone memorie Domino Clemente predicto indifferentur concessas, qui longo tempore regimini Ecclesie, saltem Regni Francie, prefuerat, sicut omnibus satis erat notum, dicti Prelati & alii Collatores, in Beneficiis conferendis, quorum aliàs de jure communi ad ipsos spectat Collacio, hactenùs habuerant, precipuè sic quòd à vigenti annis citra quo tempore duravit istud lamentabile Scisma, cui procul dubio tales gracie magnum dederunt fomentum, notabilibus Clericis quamvis indigentibus, qui Ecclesie sciunt, volunt & possunt fructuosè servire, nullomodo potuerunt de Beneficiis Ecclesiasticis providere, & quòd in quantùm concernit illos qui Dignitates, Personatus vel Officia obtinent in Ecclesiis in quibus auctoritate ipsius Domini Clementis, aut alterius cujuscumque, ut jam suprà tactum est, Prebendas expectant, Dominus Benedictus, licet forsan formaliter eorum gracias non revocasset, ipsos tamen omnibus suâ auctoritate expectantibus, in assecucione dictarum Prebendarum aut aliorum Beneficiorum postposuit, quo obstante, si Ordinacio predicta que generaliter de gracias expectativas habentibus loquitur, & que ad duos fines principaliter facta noscitur extitisse; videlicet, primò, ut Ecclesia Gallicana in libertate quam à sua fundacione secundùm sacros Canones habere consuevit, ab illo [d] tunc in futurum remaneret, & secundo, attentâ conclusione denegacionis Obediencie, & quòd post ejus recepcionem, executoribus saltem Benedicti obediri non poterat nec debebat, que conclusio, si facta non fuisset, gracie expectative dicti Domini Clementis & aliorum predecessorum suorum, fuissent propter multitudinem expectancium auctoritate ipsius Benedicti, qui omnes ipsis preferebantur, inutiles & sine fructu, nec fuit Ordinacio predicta facta ut per eam gracie predicte majoris essent efficacie quam ante erant, una cum racionibus multis tunc ibidem notabiliter allegatis, quòd à die dicte conclusionis denegacionis Obediencie, auctoritate Regiâ in Aula Palacii Regii, ut predicitur, publicate, nulli tales expectantes, cujuscumque statûs, condicionis, dignitatis aut preeminencie existant sive presulgeant, quâcumque auctoritate & formâ quâvis sive Clementis sive Benedicti vel alterius cujuscumque summi Pontificis, hactenus regnantis, ad Prebendas seu alia Beneficia, virtute quarumcumque graciarum predictarum, assequendas in toto Regno & Dalphinatu admitti debebant, nec imposterum admitterentur, ymo illi quibus Archiepiscopi, Episcopi, Prelati, Capitula & alii ad quos de jure vel consuetudine Beneficiorum spectat Collacio, jam Beneficia contulerant post Ordinacionem predictam, vel in futurum conferrent, expectantibus predictis, cujuscumque statûs, condicionis, gradûs, dignitatis aut preeminencie existant, penitùs & omninò exclusis, Beneficia sic sibi per Ordinarios aut alios, ut predicitur, collata aut conferenda haberent & retinerent ac pacificè possiderent, non obstante quâcumque litis pendenciâ seu contradicione aliquali; de quibus omnibus & singulis, quamplurimi Domini Archiepiscopi, Episcopi, Abbates & alie plures notabiles persone, tam pro Capitulis Ecclesiarum, quam aliis, ad dictum

[a] Concilio.

[b] *Il faut peut-être corr.* per plures.

[c] Ce mot paroît inutile.

[d] *Il semble qu'il faut supp.* tempore.

CHARLES VI. à Paris, le 7. de May 1399.

Concilium misse, à nobis Notariis publicis infrascriptis, pro & nomine omnium & singulorum quorum interest aut in futurum poterit interesse, pecierunt unum vel plura Instrumenta sibi per nos fieri & tradi. Acta fuerunt hec Parisius, *in Regali Palacio; videlicet in Aula posteriori super* [a] *ortum ejusdem, anno, Indiccione, mense, die, & ab eleccione predictis presentibus venerabilibus viris Dominis & Magistris* Tristando *de* Bosco, Johanne *de* Boissoy, *Conciliariis & Magistris Requestarum Hospicii Domini nostri Regis;* Hugone Lenvoisie, *Sacre Theologie Professore, Decano* Rothomagensi; Guillelmo *de* Pictavense, *Licenciato in Legibus, &* Petro Nodet, *Decano* Nivernense; Herveo Nicolai, *Licenciato in utroque,* [b] Corosopitensis; Petro *de* Chissiaco, *Magistro in artibus, Bachalario in Theologia, & Canonico* Senonense; Johanne *de* Monsterolio, *Secretario Domini nostri Regis, Preposito Sancti Petri* [c] Insulensis; Johanne Valentis, *&* Johanne *de* Hersonval, *Magistris in artibus,* Eduensis *&* Trecensis *Diocesum, cum pluribus aliis testibus ad premissa vocatis specialiter & rogatis.*

a *corr.* hortum.

b Quimper.

c Lille en Flandre.

Suite des Lettres de Charles VI.

Cumque Ordinaciones alias per Prelatos Regni & Dalphinatûs, *in Conciliis pro unione Ecclesie ad nutum nostrum congregatos, factas, mandaverimus per nostras alias Litteras, ad ipsorum Prelatorum instanciam & requestam, in Regno &* Dalphinatu *nostris predictis, sicut decuit, inviolabiliter observari; supplicarunt eciam Prelati predicti, quòd Declaracionem & Ordinacionem supradictas, ubique in Regno &* Dalphinatu *nostris eciam observari inviolabiliter mandaremus: Nos igitur omnia supradicta racionabiliter attendentes, Declaracionemque predictam, in quantum nos tangit, laudantes & approbantes, vobis & vestrûm cuilibet, prout ad eum spectaverit, districtè precipiendo mandamus, vobis Justiciariis, si sit opus, committendo, quatenus omnibus viis & remediis racionabilibus predictam Declaracionem & Ordinacionem execucioni demandetis &* [d] *demendari faciatis; quoscumque contrafacientes, viros Ecclesiasticos per capcionem temporalitatis & aliter debitè, ceteros verò, sicut meliùs videbitur expedire, ad observacionem Declaracionis & Ordinacionis predicte viriliter compellendo: quoniam sic fieri volumus, & predictis Prelatis hoc cum instantia à Nobis requirentibus, concessimus de gracia speciali, si sit opus; non obstantibus quibuscumque Litteris subrepticiis in contrarium impetratis sive impetrandis.* Datum *Parisius,* die septimâ Maij, anno Domini millesimo trecentesimo nonagesimo nono; & Regni nostri XIX.°

d *corr.* demandari.

Per Regem, ad relacionem magni Consilii, in quo Domini Duces Bituricensis, Aurelianensis, Bourbonesii, [e] *Vos & quamplures, eratis.* L. BLANCHET.

e Le Chancelier de France. Voy. le 5.e Vol. de ce Rec. pag. 653. Note (c).

CHARLES VI. à Paris, en May 1399.

(a) *Lettres par lesquelles les Habitans du Pouget en Aumeladois, sont confirmez dans le droit de faire Corps & Commune, & d'avoir des Consuls & des Conseillers.*

CHARLES, &c. Savoir faisons à tous présens & avenir, Nous avoir esté humblement exposé de la partie des Sindicz & habitans de la ville du *Pouget* en la Baronnie & *Viconté* [f] d'*Omeladez*, à Nous avoir esté humblement exposé que comme icelle ville du *Pouget* soit une des villes & lieux plus notables, & l'un des chiefs de ladicte Baronnie, bien fortifiée de murs & de fossez, assez compétemment peuplée selon les autres lieux d'environ, & d'ancienneté, mesmement du temps de feu le Roy *Jacques* de [g] *Maillorgues,* qui pour lors estoit Seigneur de *Montpeslier* & desdis lieu & Baronnie d'*Omeladez*, eust [h] est acoustumé de avoir en ycelle ville du *Pouget*, Consuls, Consulat & Conseilliers; c'est assçavoir, trois Consulz, lesquelx estoient esleuz chacun an le jour de Pasques les grans, par les habitans d'icelle ville, &

f Aumeladois. Voyez le 5.e Vol. de ce Rec. p. 544. Note (b).

g Majorque.

h corr. esté.

NOTE.

(a) Trésor des Chartres, Registre 154. Pièce ij.c LXII. [262.]

présentez

présentez au [a] Baille dudit lieu ou à son Lieutenant, & puis iceulx Consulz [b] esliroient & ordonnoient les Conseilliers, & ainsi en eussent joy & usé très-longuement, & jusques à ce que après la mort & décès dudit feu *Roy* de *Maillorgues*, yceulx habitans en ont esté troublez & empeschez par feu *Arnault* de *Roquefueil*, qui pour lors estoit grant & puissant au païs, & tenoit & occupoit de fait ledit lieu du *Pouget*, par octroy à lui fait, si comme il disoit, par ledit feu *Roy* de *Maillorgues*, & qui ne vouloit ne a voulu souffrir qu'ilz aient eu Consulz ne Consulat, mais tant seulement Scindics en ycelle ville; pour ce leur ait convenu souventesfois avoir & empétrer à grans coux & despens, tant de Nous comme de nostre Court de Parlement, & celle du Gouverneur de *Montpellier*, soubz laquelle ledit lieu & *Baronnie* d'*Omelladez* sont assiz, plusieurs impétracions & remèdes de Justice; & de jour en jour leur convient faire, pour eulx assembler, faire & constituer Scindics & Procureurs pour démener & deffendre leurs causes & les droiz & Libertez de ladicte ville, & autrement en plusieurs manières, qui est & a esté en leur très-grant préjudice & dommaige, & porroit estre plus, se par Nous ne leur estoit sur ce impartie nostre grace & gracieuse provision de laquelle nous ont fait humblement supplier: Pour ce est-il que Nous ces choses considérées, & que plusieurs autres lieux & villes d'environ, ont Consuls, Consulat & Conseilliers, & que ladicte ville a esté ou temps passé & puet encores ou temps avenir estre mieulx & plus prouffitablement gouvernée ayant Consuls, Consulat & Conseilliers, comme ilz souloient avoir ou temps passé, que autrement, si comme de tout ce Nous avons esté & sommes souffisament informez par Informacion sur ce faite par le Gouverneur dudit *Montpellier* ou son Lieutenant, & pour certaines autres justes causes & considéracions ad ce Nous mouvans, à iceulx Scindics & habitans avons donné & octroyé, donnons & octroyons de nostre grace espéciale, plaine puissance & auctorité Royale, par ces présentes, Corps, Commune, Consuls, Consulat, [c] Arche, Séel & Conseilliers pareillement [d] qui ont ceulx de *Clermont emprès Lodève*, & plusieurs autres lieux d'environ, & que doresénavant ilz aient & puissent avoir en ycelle ville du *Pouget*, Corps, Commune, Consuls, Consulat, Arche & Séel; c'est assavoir, trois Consuls & les Conseilliers acoustumez, lesquelx soient esleuz, ordonnez & présentez chacun an ledit jour de Pasque, en la fourme & manière qu'ilz avoient acoustumé ou temps dudit feu *Roy* de *Maillorgues*; & pour ce temps qui est entre cy & ledit jour de Pasques prouchainement venant, incontinent que ces présentes Lettres seront portées & exhibées au païs par de-là, ou après, toutes & quantes fois que bon leur semblera; lesquelx Consuls & Conseilliers jureront ès mains dudit *Baille* du *Pouget*, ou de nostredit Gouverneur de *Montpellier*, ou autre député par lui quant à ce, ou de leurs Lieuxtenans, ou d'aucun d'eulx, qu'ilz seront bons & loyaulx à Nous, à leur dicte Université, & à la chose publique, & autrement en la fourme & manière qu'il est acoustumé de faire en tel cas. Si donnons en mandement ausdiz Gouverneur de *Montpellier* & *Baille* du *Pouget*, & à tous noz autres Justiciers & Officiers, présens & avenir, ou à leurs Lieuxtenans, & à chacun d'eulx, si comme à lui appartendra, que de nostre présente grace & octroy ilz facent, seuffrent & laissent lesdiz supplians joïr & user paisiblement, cessant tout empeschement, &c. Et pour ce, &c. Sauf en autres choses, &c. *Donné à* Paris, *ou Mois de May, l'an de grace mil CCC IIII.xx & XIX, & le XIX.e de nostre regne.*

Par le Roy, à la relacion du Conseil. DOMINIQUE.

CHARLES VI.
à Paris, au mois de May 1399.

[a] *Bailli.*
[b] corr. *eslisoient.*
[c] *Coffre.*
[d] corr. *que.*

CHARLES VI.
à Paris, le 18. de Juin 1399.

(a) Ordonnance qui porte que par rapport aux Jugemens rendus dans les païs qui sont régis par le Droit écrit, on ne recevra point au Parlement les Appels de ceux qui en appelleront tant pour eux que pour ceux qui adhéreront à ces Appels, à moins que les noms de ceux-ci ne soient présentez, qu'il ne soit prouvé qu'ils ont fait leur adhésion dans le terme de dix jours depuis la Sentence rendue, & qu'on n'établisse les moyens sur lesquels ils fondent cette adhésion.

KAROLUS Dei gracia Francorum Rex. Ad perpetuam rei memoriam. Regie Nos excitat Sollicitudo Majestatis, ut eorum versuciis per Justicie regulas occurramus, qui solutis racionis habenis, jurgia suscitare, suisque maliciis sub Juris velamine, simplices personas litibus involvere satagunt, quibus occulatâ fide cernimus plerumque subditorum nostrorum quamplurimos, quod molestè gerimus, ad mendicitatis inopiam devenire. Exposito siquidem Nobis, quòd nonnulli subditi nostri Appellacionis remedio, quod unicuique ad sui Juris tutelam, & ut per id releventur opressi, noscitur institutum, abutentes, frequenter à nostris Judicibus tam Ordinariis quam Commissariis, in Patria que Jure Scripto regitur, appellant pro se suisque adherentibus & sibi volentibus adherere, Adjornamentaque cum inhibicionibus assuetis à Nobis seu Curia nostra impetrant, adherencium aut sibi volencium adherere personas penitùs ignorantes; cumque factis Adjornamentorum suorum impetracionibus, ad suas Partes redierint, plures antea causarum Appellacionis ignaros, ad sibi adherendum inducunt, qui tamen infra decem dies, quod est tempus introductum [a] *à Jure,* [b] *Appellacionibus ipsis minimè adheserant, quamvis à Nobis vel nostra Cancellaria, Appellantibus ipsis inhibitorie Littere concedi non consueverint neque concedantur, donec de tali constet per Instrumentum gravamine, quod legitimum, si probatum esset, deberet reputari, unde meritò sequitur, ut tales abherere volentes, nisi de ipsius eciam adhesionis causa legitima constaret, de Appellacionis sic interjecte beneficio se tueri de Jure & racione non possent nec deberent; ex quorum tamen adherere volencium admissis adhesionibus, Locis in pluribus vise sunt inter subditos nostros dissensiones atque divisiones oriri quamplurime, diversis exquisite machinacionibus, majoresque verisimiliter, attenta temporum ad litigia pronitate, timeantur, nisi per Nos super hoc de remedio celeriter provideatur oportuno. Notum facimus universis presentibus pariter & futuris, quòd Nos premissa debita cum* [c] *medictacione recensentes, quieti subditorum nostrorum & fraudibus predictis, quantum Nobis est possibile, providere, periculisque inde provenire valentibus occurrere cupientes, maturâ super hoc nostri Consilii deliberacione prehabitâ, presentis nostre Constitucionis paginâ statuimus & ordinamus, ut nullus Subditorum nostrorum in Patria Jure Scripto regi & gubernari solita, ad appellandum pro adherentibus aut adherere volentibus admittatur de cetero, nec ei per Cancellariam nostram inhibitorie Littere concedantur, nisi prius constiterit Appellacioni sic interposite adherentes vel adherere volentes, infra decem dies adhesisse, & eciam de adherencium nominibus & de ipsius adhesionis causa legitima debite per Instrumentum dicte Cancellarie nostre, sicut in causa Appellacionis consuetum est fieri, licuerit; volentes ut amodo contra formam predictam, adherentes seu volentes adherere, Appellacionis facie seu Litterarum nostrarum inhibitoriarum pretextu,* [d] *Appellacionis obtentarum presidio non gaudeant quovis modo, hujusmodi adhesiones contra tenorem presentis Ordinacionis nostre factas, nullius esse momenti decernentes: Insuper ordinantes ut in facientes contrarium, Appellacione pretensâ nonobstante, prout Justicia suadebit taliter procedatur, quòd de cetero talia moliri non*

a Nouv. 23. chap. 1.

b appibus. Reg. *avec deux abrégés.*

c *corr.* meditacione.

d Je crois qu'il faut *corr.* appellacionum.

NOTE.

(a) Registre *A.* du Parlement de *Paris, folio* 7 vingt 14 *verso.* [154.]

Avant ces Lettres, il y a : *Littera quòd nullus de Patria Juris Scripti, admittatur de cetero ad appellandum pro adherentibus aut adherere volentibus.*

assuescant: Et ne quis ipsius valeat ignoranciam pretendere, eam in nostra Parlamenti Curia, & in aliis Patrie predicte Senescalliarum Locis insignibus, jussimus publicari. Quod ut firmum & stabile perpetuò permaneat, presentes Litteras Sigilli nostri munimine fecimus roborari. Datum & Actum *Parisius,* in Parlamento nostro, anno Domini millesimo CCC.° nonagesimo nono; Regni vero nostri XIX.° XVIII.ª die mensis Junii. Sic Signat. *Per Regem, ad relacionem Consilii in Curia Parlamenti existentis.*

J. WILLEQUIN.

CHARLES VI. à Paris, en Juin 1399.

(a) Lettres qui portent que le Duc d'Orleans, la Duchesse son Epouse & leurs enfans mâles, tiendront en Pairie & de la même manière qu'il tient son Appanage, le Comté de Blois & les autres Terres qu'il a acquises dans le Royaume.

CHARLES par la grace de Dieu Roy de France. Savoir faisons à tous présens & avenir, que Nous considérans les grans, notables & continuës services, & les bons plaisirs que nous a faiz dès les temps de nostre enfance en maintes manières, & fait encores de jour en jour, nostre très chier & très-amé Frere *Loys Duc* d'*Orliens, Comte* de *Valoys,* de *Bloys* & de *Beaumont,* la vraye & fervant amour & obéïssance que tousjours avons trouvé en lui, voulans pour ce estendre & essargir envers lui nostre grace & libéralité, & afin que il puisse plus honorablement & paisiblement tenir, possider & gouverner ses Subgiez, Terres & Pays, lui avons octroyé & octroyons de nostre certaine science & grace espécial, plaine puissance & auctorité Royal, que il & nostre très-chiere & très-amée Suer la *Duchesse* d'*Orliens* sa femme, & tous leurs enfans procréez & à procréer en mariage, tiennent, possident & gouvernent en Parrie de France, facent tenir, possider & gouverner d'oresénavant perpétuelement toutes les Contez, Terres, Chasteaulx, Chastellenies, Baronnies, Justices, Juridicions & Seignories, Boys, Eauës, Cens, Rentes, Hommes & Femmes, & autres possessions quelxconques, ensemble leurs appartenances & appendences quelxconques, acquises par nostredit Frere de tout le temps passé jusques à ores; c'est assçavoir, la *Conté,* Seignorie & appartenances de *Bloys* & de *Dunoys,* les Terres & acquests par lui faiz à *Chasteaudun* & à *Bonneval,* & les Terres & Chastellenies de *Fere* en *Tardenois,* & de *Gandelus,* & la Vidamé de *Chaalons,* & généraulment toutes les autres Seignories, Terres & possessions qu'il a acquises ou temps passé, tant en la *Duché* d'*Orliens,* ès *Contés* de *Valoys* & de *Beaumont,* ou Païs de *Champaigne,* de *Brie* & de *Normendie,* comme autre part en nostre Royaulme, ainsi & par la manière qu'il tient & posside son Appanage par Nous à lui baillé & assigné à cause de la succession de feu nostre très-chier Seigneur & Pere le Roy Charles dont Dieux ait l'ame, & que nosdiz Frere & Suer, & leurs [a] diz Enfans procréez & à procréer, comme dit est, leurs Gens & Officiers, présens & avenir, joïssent & usent d'oresénavant de tous priviléges, noblesces, prééminences, Libertés, prérogatives & franchises dont les Pers de France, leurs Gens & Officiers, usent & joïssent & ont acoustumé joïr & user, tant en cas de Jugemens, d'Appeaulx, d'Ajournemens, comme en autres cas quelxconques, nonobstant que yceulx autres cas ne soient esclaircis ou exprimez aucunement en ces présentes, & nonobstant que d'ancienneté lesdictes Terres & possessions acquises par nostredit Frere, comme dit est, ne soient tenuës en Parrie de France. Si donnons en mandement par ces mêmes présentes,

[a] *dits*, T. des C.

NOTE.

(a) Registre *A.* du Parlement de *Paris, fol.* 7 vingt 13 [153] *verso.*

Avant ces Lettres, il y a: *Littera quòd Dominus* Dux Aurelian. *tenet in Parria Comitatum Blesensem, & ceteras Terras per eum hucusque acquisitas, ac sub Ressorto Parlamenti, prout & quemadmodum possidet suum Appanagium.*

Ces Lettres sont aussi au Registre 154. du Trésor des Chartres, Pièce 297.

CHARLES VI. à Paris, en Juin 1399.

à nos amez & féaulx les Gens tenans à présent & qui pour le temps avenir tendront nostre Parlement à *Paris*, noz [a] Eschiquiers de *Normendie* & [b] Jours de *Troyes* ou de *Champaigne*, & à tous les autres Justiciers & Officiers de nostre Royaume, ou à leurs Lieuxtenans, présens & avenir, & à chascun d'eulx, si comme à lui appartendra, que de nostre présente grace & octroy ilz facent, seuffrent & laissent à tousjours mais nozdix Frere & Suer & leurs Enfans, leurs Gens & Officiers, & chascun d'eulx, joüir & user plainement & paisiblement sans les molester, travaillier ou empescher, ne souffrir estre traveilliez, molestés ou empeschés en aucune manière au contraire; mais se contre la teneur de nostre dicte grace, aucune chose estoit faicte, attemptée ou innovée ès temps avenir, la rappellent & ramenent sans délay, ou facent mettre & ramener au premier estat & deu. Et pour ce que aucun ne puisse prétendre ou alléguer ignorance, ne soy excuser ou temps avenir, de nostre présente grace & des choses contenuës en ycelle, Nous voulons & mandons à nozdictes Gens de Parlement, & de nosdiz Eschiquier & Jours de *Troyes*, & à tous autres Justiciers, ou à leurs Lieuxtenans, & à chascun d'eulx, que nostre présente grace ilz publient & facent publier en nosdiz Parlement, Eschiquier & Jours de *Troyes*, ès Assises & Plaiz de nosdiz Bailliz & autres Justiciers, & ailleurs ou [c] mestier sera, & sur ce baillent Lettres souffisantes aux Gens de nostredit Frere; & en oultre, pour ce que dure chose seroit & [d] sumptueuse à nosdiz Frere & Suer & à leurs Enfans, de faire porter l'Original de nostredicte grace par tous les Lieux ou eulz ou aucun d'eulz en auront mestier, Nous voulons, en ampliant nostredicte grace, que au Transcript d'icelles fait sous le Séel de nostre Chastellet de *Paris*, & collacionné avec l'Original en la Court de nostre Parlement ou de nosdiz Eschiquier ou Jours de *Troyes*, plaine foy soit adjoustée en tous Lieux & en toutes Cours, comme audit Original; nonobstant Us & Coustume, Stile & Ordenance faictes ou à faire au contraire. Et que ce soit ferme chose & estable à tousjours, Nous avons fait mettre nostre Séel à ces présentes: Sauf en autres choses nostre droit, & l'autrui en toutes. *Donné à* Paris, *ou mois de Juing, l'an de grace mil CCC IIII.*[xx] *& XIX. & de nostre Regne le XIX.*[e]

Ainsi signé. Par le Roy, en son Conseil ouquel Monf. le *Duc* de *Berry*, Mess. *Pierre* de *Navarre*, Mess. *Jacques* de *Bourbon*, [e] Vous, les *Contes* de *Saint Pol* & de *Tancarville*, le *Patriarche* d'*Alexandrie*, les *Evesques* de *Noyon*, & de *Chartres*, le Maistre des Arbalestiers, & plusieurs autres, estiez. J. BERTAUT.

Collatio facta est.

a *Voy. la* Note *(d) de la* p. 329. *du 3.*e *Vol. de ce Rec.*
b *Voy. la* Note *(c) de la* p. 220. *du 4.*e *Vol. de ce Rec.*
c *besoin.*
d *Couteuse.*
e *Le Chancelier de France. Voy. le 5.*e *Vol. de ce Rec.* pag. 653. Note *(c).*

CHARLES VI. à Paris, le 29. de Juillet 1399.

(a) Règlement pour la Draperie de Provins.

CHARLES &c. Savoir faisons à tous présens & avenir, que comme noz bien amez les marchans & autres habitans de tous estas de nostre ville de *Provins*, Nous aient exposé que ou temps passé ladicte ville ait esté fondée sur le labour de drapperie de laine, du nombre de dix-sept villes jadiz fréquentans les Foires de *Champaigne* & de *Brie*, en laquelle [f] souloit avoir trois mille & deux cens mestiers à tistre draps de laine, comme par informacion a esté trouvée, ou de présent n'a que trente ou environ, parce que plusieurs marchans dudit lieu détailleurs de draps & faiseurs de [g] chauses, y amenent chacun pour si grant quantité de draps [h] estranges, que depuis qu'ilz en ont vendu audit lieu de *Provins*, ilz les mainent ou font mener par balles & fardeaux, par eulx ou leurs serviteurs, aus Foires & marchiez d'environ ladicte ville de *Provins*, par lequel fait les habitans d'environ ledit lieu, ne viennent [i] ne conversent pour acheter ne marchander nulz des draps de la façon de ladicte ville, ne autres choses à eulx nécessaires, dont ladicte ville est moult [k] dépopulée, & aussi [l] toux

f *avoit acoustumé.*
g *chausses.*
h *estrangers.*
i *supp.* &
k *dépeuplée.*
l *tous.*

NOTE.

(a) Trésor des Chartres, Registre 154. Pièce IIII.c LXVI. [466.]

ou la plus grant partie desdiz habitans, qui ont acoustumé de vivre du labour de ladicte drapperie, sont par ledit fait si povres qu'ilz n'ont dont ilz puissent être sustentez; & parce qu'ilz ne treuvent à qui vendre leurs draps qui sont bien & loyaument fais selon la loy de ladicte ville, se sont plusieurs desjà départis, & sont en adventure de départir, dont ladicte ville pourroit cheoir en destruccion; & pour remédier à ce & aux inconvéniens [a] qu'ilz s'en pourroient ensuir, & affin que ladicte ville se puisse repeupler, yceulx exposans, avec nostre Procureur & aucuns autres noz Officiers, ont advisé deux articles qu'ilz sont nécessaires à estre gardez & observez ou fait de ladicte drapperie, pour le bien, prouffit & utilité d'icelle, de ladicte ville & du pais d'environ, si comme ilz dient; desquelx articles la teneur s'ensuit.

CHARLES VI. à Paris, le 29. de Juillet 1399.

a *qui*. là & plus bas.

(1) *Premièrement*. Que nulz marchans de draps demourans audit lieu, appellez détailleurs & faisans chausses, ne autres, de quelque estat ou condicion qu'il soit, ne soit si hardi que d'orcsénavant sur certaines paines qui ci après sont déclairées, à appliquier moitié à Nous, & l'autre moitié à la drapperie dudit *Prouvins*, [b] ne voist acheter ne admener pour revendre en ladicte ville ne autre part, nulles escarlattes ne autres draps quelz qu'ilz soient, se ilz ne sont faiz & drappez en ladicte ville de *Prouvins*, & selon la Loi & Ordonnance d'icelle; excepté toutesvoies draps des villes de *Malines*, [c] *Bruissèlles, Monstievillier*, (b) *Lyere* & *Douay*, desquelx draps & des draps de la drapperie de ladicte ville, & non d'autres, ilz usent & détaillent en leurs hostelz & ailleurs en détaillerie & chausseterie, & autrement en la revente d'iceulx, au mieux qu'ilz pourront à leur prouffit, sanz fraude.

b *n'aille*.

c *Bruxelles*.

(2) *Item*. Que nulz des dessus nommez demourans en ladicte ville, marchans ne chaussetiers, ne puissent aucuns draps ne chausses mener ne faire mener hors d'icelle ville, pour les vendre ne faire vendre par les villaiges ou marchiez d'illec environ, si ne sont de la Loy, & fais en la dicte ville de *Prouvins*, ou des cinq villes dessus dictes, affin que les bonnes gens qui vendront en ladicte ville, puissent mieulx trouver à qui acheter, & qu'ilz ne soient [d] tenus ou fraudez.

Lesquelx deux articles lesdiz exposans Nous aient n'agaire requis que [e] pour Instruccion ou Ordonnance de & sur le fait de ladicte drapperie, pour les causes dessus dictes, Nous leur vouississions octroier & accorder; & pour ce, Nous qui premièrement avons voulu savoir quel prouffit ou dommaige Nous ou autres pourrions avoir à leur octroier & accorder lesdiz articles, leur octroiasmes noz Lettres adreçantes à Nostre *Bailli* de *Meaulx* ou à son Lieutenant, faisant narracion des choses dessus dictes, par lesquelles Nous lui avons mandé & commis que appellé avec lui nostre Procureur, de noz Gens & Officiers, & des Bourgois, manans & habitans de ladicte ville de *Prouvins* & des villes voisines, en tel nombre que bon lui sembleroit, il se informast bien & diligemment quel prouffit ou dommage Nous ou autres pourrions avoir à leur octroier ce que dit est, & l'Informacion & tout ce que trouvé en auroit, il renvoiast au plustost que faire se pourroit, close & seellée soubz son Séel, par devers nostre amé & féal Chancellier, afin que icelle veue, il y peust pourveoir de tel remède comme il appartiendroit par raison. Par vertu desquelles Noz Lettres, nostredit Bailli, appellez avec lui nostredit Procureur, & plusieurs de noz Conseilliers & Officiers en sondit Bailliage, a fait adjourner pardevant lui à certain jour n'agaire passé, audit lieu de *Prouvins*, plusieurs des Bourgois & habitans d'icelle ville, tant Gens d'église, aucuns noz Officiers, comme autres, & aussi des habitans de plusieurs villez voisines environ ladicte ville de *Prouvins*, & sur ce fait certaine Informacion, laquelle nostredit Bailli avec son advis a n'agaire renvoiée pardevers nostredit Chancellier qui ycelle a depuis fait veoir & visiter par grant & meure déliberacion, par aucuns de nostre Grant Conseil & autres, & finablement ycelle veue, & [f] considérée tout ce qui fait à veoir & à considérer pour le bien & utilité de la drapperie de nostredicte ville de *Prouvins*, des villes voisines, & de la chose publique, &

d Ce mot dans lequel il y a quatre jambages sans points, paroît corrompu, & il faut peut-être corriger *déceus*.

e Il faut peut-être corr. *par*.

f *considéré*.

NOTE.

(b) *Lyère*.] On trouve dans le Dictionnaire de la Martiniere, *Lire* ou *Lière*, ville des Païs-bas Autrichiens & dans le *Brabant*, au quartier d'*Anvers*, à deux lieues de *Malines*.

CHARLES VI. à Paris, le 29 de Juillet 1399.

afin que ladicte ville se puisse repeupler, ausdiz exposans avons octroié & acordé, & par ces présentes de grace espécial octroions & accordons que lesdiz deux articles dessus desclairez soient doresénavant à tousjours perpétuellement tenuz, gardez & observez sans enfraindre, ou fait & mestier de la drapperie de ladicte ville de *Prouvins,* & dès maintenant par manière d'Instruccion & Ordonnance de & sur ledit mestier & drapperie, les y ordonnons; & en oultre, voulons, & ausdiz exposans avons octroié & octroions par ces mêmes présentes, pour ce que par ladicte Informacion est apparu qu'il est nécessité que les quatre Maistres ordenez sur ledit mestier de drapperie de nostredite ville de *Prouvins,* puissent visiter toutesfois qu'il leur plaira, tous les draps des marchans drappiers, chaucetiers & autres, & aians draps & chauces à vendre, quelque part qu'ilz les pourront faire ne trouver, & d'avoir sur ce leur serement toutesfois que [a] mestier en sera & il plaira ausdiz quatre Maistres ou au deux d'iceulx, tant en ladicte ville de *Prouvins* comme ès Foires & marchiez où il ont accoustumé d'aler, là où il yront doresénavant & feront porter leursdiz draps & chausses; & ou cas que lesdiz quatre Maistres ou les deux d'iceulx en faisant ladicte visitacion, trouveront aucuns draps ou pièces de draps ne chausses, autres que de la façon de ladicte ville & des cinq villes déclairées ès dis deux articles, ilz seront acquis & confisquez, & si paiera le drappier ou chaucetier où ilz seront trouvez, pour chacun drap ou chausses ou pièce de drap de quelque longueur que elle soit, soixante Solz Tournois d'amende, dont la moitié desdiz draps, chausses ou pièces de drap & amende, seront moitié à Nous, & l'autre moitié au prouffit de ladicte drapperie, pour le soustenement des fontaines & des autres [b] chausses dont ladicte drapperie est chargiée. Si donnons en mandement par ces présentes, à nostre dit *Bailli* de *Meaulx,* & à tous noz autres Justiciers & Officiers, présens & avenir, ou à leurs Lieuxtenans, & à chacun d'eulx, si comme à lui appartendra, que l'Ordenance dessus déclairée ilz facent tenir & garder sans enfraindre en aucune manière, & icelle crier & publier solempnelment par tout où il apartendra, afin que aucun ne la puisse [c] ynorer, & ausdiz quatre Maistres ou aux deux d'iceulx, facent obeir & bailler en faisant ladicte visitacion par la manière que dit est, conseil, confort & aide toutesfois que requis en seront; & s'aucune chose estoit faicte, attemptée ou innovée contre ceste présente Ordonnance & Instruccion, qu'ilz le facent réparer & mettre sans délai à estat deu. Et pour ce que ce soit ferme chose & estable à tousjours, Nous avons fait mettre nostre Séel à ces présentes: Sauf en autres choses nostre droit, & l'autruy en toutes. *Donné à* Paris, *le XXIX.e jour de Juillet, l'an de grace mil CCC IIII.xx & dix-neuf, & le XIX.e de nostre Regne.*

[a] *besoin.*
[b] *choses.*
[c] *ignorer.*

Par le Roy, à la relacion du Conseil. CHALIGANT.

CHARLES VI. à Paris, au mois de Juillet 1399.

(a) Règlement pour les Draps qui se fabriqueront & vendront dans la ville d'Abbeville.

CHARLES, &c. A tous ceulx qui ces présentes verront & orront: Salut. Savoir faisons à tous présens & avenir, que noz bien amez les Maire, Eschevins, Bourgois & habitans de nostre ville d'*Abbeville* en *Pontieu,* Nous ont fait humblement exposer comment ladicte ville est assise en un *(b)* reculet de Mer, & en ycelle a plusieurs enseignes de mestiers; & entre les autres, l'enseigne de la drapperie dont la plus grant & saine partie de tout le commun Bourgois & habitans d'icelle,

NOTES.

(a) Trésor des Chartres, Registre 154. Pièce III.e XII. (312)

Il y a dans ces Lettres quelques termes concernant la fabrique & la teinture des draps, sur lesquels je n'ai rien trouvé dans le Dictionnaire du Commerce de *Savary,* ni ailleurs.

(b) Reculet de Mer.] Abbeville est située sur la *Somme* & à cinq lieues de la Mer. Voy. *le Dict. universel de la France.*

se vivent & entremectent, laquelle drapperie plusieurs marchans estrangiers ont acoustumé de acheter & mener en [a] estranges pais, & aussi les marchans de ladicte ville font mener & conduire leurs draps pour vendre en plusieurs bonnes villes, Festes & Foires de nostre Royaume, & pour icelle drapperie deuement faire & entretenir, lesdiz Maire & Eschevins lesquelx ont, si comme ilz dient, en ladicte Ville & Banlieue toute Justice & Seignorie, haute, moyenne & basse, & qui par [b] leur Loy pevent faire Bans, Edits & Estatuts, lesquelx Lettres ont été confermez & approuvez par Nous & noz prédécesseurs Roys de France, eussent faits certains Edis & Estatus sur le fait de ladicte drapperie, & les aient accoustumé de faire publier & notiffier chacun an au son de leurs cloches, & iceulx commandé à tenir sur peine de perdre le mestier an & jour, & la marchandise qui seroit [c] faussement faicte, & de ce aient joy & usé de tout temps; & pour ce que il estoit & est venu à leur congnoissance que ladicte drapperie a esté aucunement blasmée, & n'a pas esté si souffisemment faicte qu'elle deust, & que aucuns y commectoient & commectent fraude de jour en jour, en alant contre lesdis Edis & Estatuts, & par ce se diminuoit ladicte drapperie, & n'estoit mais si [d] recueillie en fait de marchandise comme elle [e] souloit, aient de nouvel lesdis Maire & Eschevins, pour le bien & utilité de la chose publique & de la [f] policité de ladicte ville, appellez à ce les bonnes gens de ladicte ville, en ce congnoissans, mis & rédigié leurs dis Edis & Estatus par escript, & en iceulx fait aucunes augmentations & adjointemens, qui sont très-prouffitables à ladicte ensengne de drapperie, lesquelx ont esté veus par noz Gens & Officiers de *Pontieu*, & d'abondant les aient lesdis Maire & Eschevins envoyez en plusieurs de noz bonnes villes fermées, là où pareillement drapperie se fait, lesquelx Edis & Estatus eulx ont approuvé & approuvent pour bons, loiaulx & prouffitables, en Nous humblement suppliant que iceulx Edis & Estatus desquelx la teneur s'ensuit.

Comme plusieurs grans fraudes aient esté & soient de présent trouvées ou fait de la drapperie d'*Abbeville*, pour lesquelx icelle drapperie soit diffamée en plusieurs villes & pais, pourquoy les marchans qui ou temps passé les souloient achetter, l'ont délaissié & délaissent, qui est retardement du bien & prouffit de toute la ville & de tous les Subgiez d'icelle, advisé est par aucuns cognoissans le bien, prouffit & [g] adimendrissement d'icelle ville & drapperie, la provision qui ensuit.

(1) Premierement. Que tous marchans *(c)* Pareurs, Tixerans, & autres faisans draps, [h] soit tenus de faire [i] eswarder les draps qu'ilz feront, & iceulx sceller bas & hault, [k] ainçois qu'ilz les puissent exposer en vente à quelque personne, sur l'amende de soixante Solz Parisis, & de perdre le mestier an & jour.

(2) Item. Que tous les dessus nommez & chacun en droit lui, ayans leurs *(d)* caynes prestes pour mestre sur le mestier, soient tenus de dire & nommer au Tixerant qui montera leur drap ou draps, le nom du Pareur qui celui drap ou draps devra parer, par quoy ledit drap ou draps [l] mis jus du mestier, le Tixerant le baille de sa personne audit Pareur, & que icellui Pareur pare d'icellui drap ou draps bien & souffisamment, & le face [m] merchier ainçois que il le baille ou rende à cellui à qui le drap sera; & qui sera trouvé faisant le contraire, tant le Tixerant comme le Pareur, il sera encouru en l'amende devant dicte, & à perdre le mestier an & jour; & se la personne qui [n] aroit fait monter ledit drap, l'emportoit outre le gré & voulenté du Tixerant ou du Pareur, ainçois qu'il feust parez & merchez, celui ainsi faisant seroit encouru en lx. Solz Parisis d'amende, & en grant punicion de prison.

(3) Item. Se il est trouvé que un drap soit mal tissu, le maistre [o] Pareur [p] l'amende, mais se c'est par la faulte de son varlet, le maistre pourra s'il [q] cuide que bon soit, poursuir son intérest sur son varlet.

CHARLES VI. à Paris, au mois de Juillet 1399.

[a] *estrangers.*
[b] *par l'établissement de leur Commune.*
[c] *faite en contravention aux Règlemens.*
[d] *recherchée.*
[e] *avoit accoustumé.*
[f] *police.*
[g] *Cela doit signifier le dommage que la ville reçoit, &c.*
[h] *soient.*
[i] *Visiter.* Voy. le 4.e Vol. de ce Rec. page 210. Note *(n)*
[k] *avant.*
[l] *osté de dessus le mestier.*
[m] *marquer avant que.*
[n] *auroit.*
[o] Il semble qu'il faut corriger *Tixerant.*
[p] *paye l'amende.*
[q] *croit.*

NOTES.

(c) Pareurs.] Ce mot est synonyme de *foulons*. Voyez le Dictionnaire du Commerce par *Savary*, au mot, *Foulon*.

(d) Caynes.] Ce mot signifie sans doute *chaînes*. Voyez sur la chaîne d'un drap, le 3.e Vol. de ce Rec. p. 412. Note *(g)*

CHARLES VI. à Paris, au mois de Juillet 1399.

(4) *Item.* Que tous Tixerans en personne viengnent (*e*) anser, & apportent ou facent apporter avec eulx tous les draps qu'ilz aront tissu, & que à eulx soie ou soient baillié ou bailliées lesdis draps ou drap par les Gardes du mestier, & non à autres, & que ledit Tixerant soit tenus de faire Serement aus Gardes, que il ait tissu ledit drap ou draps, & que il le portera [a] sans arrest au Pareur qui ledit drap devra parer, sans le mettre ou transporter en autruy main, & sur l'amende & punicion dessus dit.

a *sans retard.*

(5) *Item.* Et semblablement sera tenu le Pareur de apporter ou faire apporter le drap ou draps qu'il aura paré à [b] l'Eswart & non autre, & de ce sera tenu à faire Serement lequel drap ou draps ledit Pareur ne baillera ou mettra hors de sa main, jusques à ce qu'il ait esté merchiez, ou emporte tel condempnacion que au cas [c]; & se il est trouvé que le drap soit (*f*) enffondré de mal menez par le Pareur, ledit Pareur rendra le dommaige avec l'amende; & aussi le rendra le Tixerant pour le avoir mal tissu, avec l'amende comme par dessus est dit.

b *Voy. le 6.e Vol. de ce Rec.* p. 564. Note (*c*)

c supp. *appartient.*

(6) *Item.* Que aucun de quelque estat ou condicion qu'il soit, soit Pareur, Tixerant, Marchant ou autre, ne soient si hardi de vendre drap ou draps (*g*) escrus [d] en appert ou accouvert, à quelconque personne que ce soit, sur peine de perdre le drap, lx. Solz d'amende, le mestier an & jour, tant le vendant comme l'achetant.

d *en public ou en secret.*

(7) *Item.* Que un Papier ou Registre soit fait ouquel soient mis & enregistrez tous les Pareurs de la ville d'*Abbeville,* parans draps à eulx & à autruy, tous lesquelx Pareurs seront tenus de comparoir une fois l'an par devant certains commis & députez à ce faire, ausquelx chacun Pareur de sa personne sera tenus de dire & déclairer lequel il aime mieulx pour l'année avenir, ou faire (*h*) drapperie marchande, ou drapperie retraicte, & ne pourra faire ne faire faire les deux ensemble, mais que seulement l'un des deux, lequel qu'il lui plaira, & la déclaracion faicte par ledit Pareur de l'une des deulx, lesdis Commis enregistreront celle qu'il vouldra faire pour ledit an; & s'il est trouvé qu'il face ou face faire en sa maison ou ailleurs, autre oudit an, ce que trouvé sera oudit Registre, il perdra le mestier an & jour, & si payera LX. Solz d'amende.

(8) *Item.* Et que aucun marchant faisant draps, ne soit si hardi de retraire, retondre & esvanquier le (*i*) mantel desdis draps, que il ne soit d'aussi souffisante

NOTES.

(*e*) *Anser.*] Je ne sçais ce que signifie ici ce mot, car il ne paroît pas qu'il ait de rapport aux hanses & sociétés de Commerçans, sur lesquelles voy. le 7.e Vol. de ce Rec. p. 117. Note (*c*) Peut-être *Anser* signifie-t-il ici se présenter au lieu où se tiennent les assemblées de la Hanse, & où sont les Gardes du métier.

(*f*) *Enffondré.*] Ce terme est apparemment synonyme de *effondré;* & on dit qu'un drap est effondré, lorsqu'il a été lainé trop à sec & trop à fond, ou qu'il a été extraordinairement tiré sur la rame. Voyez le Dictionnaire du Commerce par *Savary,* au mot, *Drap.* Peut-être aussi qu'*enfondré,* signifie ici *crevé,* par la faute du Pareur.

(*g*) *Escrus.*] On appelle étoffes écrues, celles qui n'ont point été mouillées. Voyez *ibid.* au mot *Escru.*

(*h*) *Drapperie Marchande, ou Drapperie retraicte.*] On lit dans l'article 15. *draps parez ou retraiz,* dans l'article 12. *tant escrus comme parez,* & dans l'article 16. *tant au regard de l'escruerie comme des draps parez.* Si dans l'article 15. la particule *ou,* est disjonctive, comme il y a lieu de le croire, *parez* & *marchands* paroîtront synonymes; & on pourroit conclurre des articles 12. & 16. que les *draps escrus* sont les mêmes que les *draps retraits.* Les *draps parez* sont certainement ceux qui ont passé par les mains des foulons. Voy. sur les draps escrus la note précédente; mais je n'ay rien trouvé dans le Dict. de *Savary,* ni sur les *draps retraiz,* ni sur les *draps marchands,* dans le sens que ces mots doivent avoir dans ces Lettres; car en général les draps marchands sont ceux qui sont fabriquez conformément aux règlemens, & ce sont les seuls qu'il soit permis de vendre. Dans l'article 11. les draps marchands signifient des draps fins, & sont opposez à des draps grossiers, & peut-être ces derniers sont-ils ceux qui sont nommez retraiz dans les articles citez dans cette note. Il est parlé dans l'article 8. de *retraire* les draps.

(*i*) *Mantel.*] On appelle le manteau d'un drap, le bout de la pièce du côté du chef qui en fait comme l'enveloppe & la couverture, & qui est arrêté avec du fil ou de la menue ficelle par quelques points d'aiguille. Voyez le Dict. de *Savary,* au mot, *Manteau.*

monstre

monstre ou [a] coups du drap, que il sera en la monstre, sur l'amende & punicion avant dicte.

CHARLES VI. à Paris, au mois de Juillet 1399.

(9) Item. Que aucun Tainturiers demourant en ladicte Ville & Banlieue, ne soient si hardiz qu'ilz teindent aucun drap [b] en drap, se n'est en rouge, en jaune ou en [c] brunette, selon le contenu de l'anchien *(k)* Eswart de ce faisant mencion; & quiconque sera trouvé faisant le contraire, il perdra ledit drap ou draps, & le mestier an & jour, avec LX. Solz d'amende; & toutes autres manières de draps se teindront en laines; & que tous les draps soient bien tains parquoy ilz tiengnent leur couleur, & que nulz ne taingne de [d] same, de [e] broust de Noiz, de [f] foieille & racine de [g] gaug. ne d'escorce [h] d'ammaux, & que nulz ne maistrie de canelz sur l'amende dessus dicte.

(10) Item. Que toutes personnes vendans draps marchans, facent aulner ses draps avant qu'il les délivre à l'acheteur, & que les courretiers les aulnent, nonobstant que les parties tant le courretier comme le marchant vendant ou achetant, en soient d'accord, sur l'amende & peines dessusdictes.

(11) Item. Que de toutes grosses laines dont on ne pourroit faire drap marchant passant à l'Eswart, soient faiz gros draps tissus en laine à trois [i] piez, comme on souloit faire anciennement, que l'on nommoit petits draps à rond cordel, & soient lesdiz draps, blancs, rouges ou messez, ou autres couleurs, selon ledit Eswart.

(12) Item. Soit fait commandement aus aulneurs & aus Gardes [k] de haut, que ilz viengnent plus tempre qu'ilz n'ont acoustumé, aulner & eswarder les draps des bonnes gens, tant escruz comme parez, & qu'ilz les délivrent prestement; & avec ce, que l'un d'iceulx aulneurs & Eswardeurs ait un Papier ou quel il escrira tous les draps, à qui ilz seront, selon le rapport & serement des Tixerans & Pareurs qui les apporteront à l'aulne & audit Eswart; & seront tenuz d'escrire les noms de ceulx à qui lesdis draps seront, par quoy on puist savoir celui plus plainement, & avoir congnoissance de celui ou ceulx qui yroient ou feroient le contraire de ce que dit est.

(13) Item. Soit commandé & deffendu que aucun Pareur ne soit si hardi de mettre drap en *(l)* poulie en plus grant largeur qu'il ne doit avoir selon le [l] ficel de l'Esquevinage, & que il ne le tire en plus grant longueur que de XV. aulnes ou environ, se ce ne sont pas draps passans du nombre de *(m)* XX.[c] sur l'amande de LX. Solz, & perdre le mestier an & jour.

(14) Item. Que aucun Pareur sur l'amende & punicion avant dicte, ne soit si hardi de jamais mettre en poulie drap ou draps depuis qu'il aura ou auront esté *(n)* ferez & merchez, & soient ordonnés certaines personnes qui souventeffoiz yront par les poulies, pour savoir s'il trouveront aucun faisant le contraire de cest présent article & du précédent.

(15) Item. Soit défendu ausdiz Pareurs & à tous autres marchans de draps parez ou retraiz, que aucun ne soit si hardi de bouffeter ses draps, soient marchans ou retraiz, se ce ne sont fins draps passans [m] où il a graine, & sur l'amende & punicion avant dicte.

(16) Item. Et pour faire & entériner les choses dessus dictes loyalment & diligemment, soient prins bonnes & loyaulx personnes, sans aucune faveur, tant au regart de [n] l'escruerie comme des draps parez, lesquelz estroictement seront sermentez de faire bien & loyalment leur devoir, selon ce que chargié & commandé leur sera, ne auront regart ou faveur à aucun, & ne souffriront que aucun de quelque estat

a Il faut apparemment corriger *corps.*

b Il faut peut-être corriger *ou draps.*

c *en gris.*

d *Il y a dans le Reg. trois jambages sans point.*

e *Voyez le 3.e Vol. de ce Rec.* p. 417. Note *(u)*

f *feuille.*

g *Il y a une marque d'abréviation sur la dernière lettre de ce mot.*

h *Il y a dans le Reg. trois jambages sans point, & une marque d'abréviation sur le premier* a.

i Ce mot est peut-être ici synonyme de celui *marches*, sur lequel voyez le 3.e Vol. de ce Rec. p. 512. Note *(f)*

k Je n'ai rien trouvé sur ce mot, ni sur celui de *tenpre. Plus tempre,* signifie peut-être *plus souvent.*

l *mesure.*

m *C'est-à-dire, teint en écarlate. Voyez le 3.e Vol. de ce Rec.* p. 585. Note *(k)*

n *C'est-à-dire, des draps qui n'ont point encore été mouillez.* Voy. ci-dessus p. 336. Note *(g)*

NOTES.

(k) Eswart.] Ce mot doit signifier ici l'ancien Règlement.

(l) Poulie.] Au lieu de cette machine qui servoit à étendre les Draps en longueur & en largeur, on se sert présentement d'une autre machine nommée *Rame.* Voy. sur la Rame le Dictionnaire du Commerce par *Savary,* à ce mot.

(m) XX.[c]] C'est à-dire, deux mille fils de chaînes. Voy. le 3.e Vol. de ce Rec. p. 512. Note *(f)*

(n) Ferez.] Ferrer une pièce d'étoffe, c'est y apposer un plomb de visite, & le marquer avec un coin d'acier. Voy. *ibid.* au mot *Ferrer.*

CHARLES VI. à Paris, au mois de Juillet 1399.

ou condicion qu'il soit, soit présent à regarder ses draps, & ne séelleront aucuns draps qui ne soient dignes de porter le fer de la Ville, sur peine de perdre le mestier, de grant punicion de prison, & d'estre *(o)* resequiez de leur serement; & se aucun pour leur voulonté inraisonnable leur disoit opprobre ou villenie pour ladicte cause, ilz seront tenuz de le dire prestement au Majeur, parquoy punicion en soit prise.

(17) Item. Soit défendu à tous manières de gens, tant Tixerans comme Pareurs, gaignans argent [a] à autrui journée, que il ne soit si hardi [b] de faire aucun labour en la journée que aucun d'iceulx servira autrui, comme de fouler ou laver ou autrement, mais [c] voit & retourne à son service aux heures qui sont ordonnées au son de la cloche de Moberge, sanz faire plus longue demeure, sur l'amende & grant punicion de prison.

Et semble aux dessus nommez commis sur [d] ceste, par nostre Ordonnance, que se les choses contenues en ce présent Roole, sont bien tenues, maintenues & bien estroictement gardées, comme contenu est en ycelui, [e] & que on aura & fera très-bonne drapperie en ladicte Ville d'*Abbeville,* & meilleur qu'elle ne fut oncques de nul temps; adjousté encores avec ce que dit est dessus, ce qui s'ensuit, tant pour le bien & prouffit de ladicte Ville, des habitans d'icelle, comme pour rejetter & forbannir de ladicte Ville toute faulse & mauvaise drapperie, comme on fait en plusieurs bonnes Villes du Royaume de France; c'est assavoir,

(18) Que il soit édité & publié que aucun marchans de quelque Ville ou païs qu'il soit, demourant au dehors de la dicte Ville & Banlieue d'*Abbeville,* voulant exposer en vente en icelle, draps en gros ou à détail, de quelque ville ou païs qu'ilz soient, faiz au dehors de ladicte Ville & Banllieue d'*Abbeville,* ne soit si hardi de deslier ou monstrer aucunement yceulx draps à quelque personne que ce soit, jusques à ce qu'ilz aient esté veuz & advisiez & regardez par les Eswars de ladicte Ville d'*Abbeville;* & se aucun est trouvé faisant le contraire, il perdra ledit drap ou draps, en la volonté des Majeur & Eschevins d'*Abbeville,* paiera LX. Solz d'amende, & si sera punis de prison.

(19) Item. Semblablement soit édité & publié que aucuns draps faiz au dehors de ladicte Ville & Banlieue d'*Abbeville,* qui ne seront ferez & marquez de plons & marque de *(p)* Ville de Loy, & eswardez comme dit est, ne soient souffers estre venduz en la ditte Ville d'*Abbeville;* & se aucun est trouvé vendant telz draps, il les perdra, paiera LX. Sols & sera puniz de prison.

(20) Item. Soient venduz en ladicte Ville d'*Abbeville,* en la [f] Hallette, tous draps nommez petits draps faiz de grosses laines, & autres draps qui par l'Eswart de ladicte Ville seront [g] coppez ou *(q)* deslitelez [h] & y soit faicte par les Eswars aucune congnoissance de fer estrange, ou autrement, parquoy on n'y vende drap qui ne soit de la façon de la Ville, [i] du nombre, & mere laine.

[k] Nous leur veuillons loer, gréer, confermer & approuver, afin qu'ilz soient doresenavant tenuz & gardez sanz enfraindre. Nous ces choses considérées, & aussi considérant le rapport de nostre *Séneschal* de *Pontieu,* & de nostre *Bailli* de *Cressy,* qui ont veu les diz Ediz & Status lesquelx aussi ont esté veuz par nostre Chancellier, & par aucuns de nostre grant Conseil, à bonne & meure délibéracion, yceulz Ediz & Estatuz dessus escriz, de nostre grace espécial, pleine puissance & auctorité Royal, loons, gréons, approuvons & confermons, & yceulz voulons estre tenuz & gardez

a *en travaillant pour un autre qui le paye.*
b *de faire aucun travail pour son compte, ou pour un autre que celui auquel il s'est engagé pour la journée.*
c *voist : aille.*
d *ce.*
e *conjonction inutile*
f appar. *petite halle.*
g *coupez.*
h *Il semble qu'il y ait là quelque chose de tronqué: car la fin de cet article ne paroît point avoir de rapport à ce qui précède, & y semble même contraire.*
i *le nombre des fils de la chaîne.* Voy. ci-dessus, p. précéd. Note (m)
k *Ceci est la suite d'une phrase qui est au commencement de ces Lettres, & qui précède les articles.*

NOTES.

(o) Resequiez de leur Serement.] Resequiez vient sans doute du participe latin *Resecatus,* coupé ; ainsi ces mots, *Resequiez de leur Serment,* paroissent signifier que les Gardes qui contreviendront aux dispositions de cet article du Règlement, seront privez de leurs Offices de Gardes, pour lequel ils avoient prêté serment.

(p) Ville de Loy.] Ville dans laquelle il y a Commune. Voyez les Tables des Mat. des Vol. de ce Rec. à ces mots.

(q) Deslitelez.] C'est-à-dire, apparemment qu'on en ôtera les lisières pour marquer que ces draps ne sont pas loyaux & marchands. On lit à la p. 517 du 3.e Vol. de ce Rec. article 26, que dans les cas marquez on en *ôtera les lisières comme de draps diffamez.*

dorefenavant fanz enfraindre, de noftre dicte grace, par ces préfentes. Et pour ce que ce foit ferme chofe & eftable à tousjours, Nous avons fait mettre noftre Séel à ces préfentes: Sauf en autres chofes noftre droit, & l'autrui en toutes. *Donné à* Paris, *ou mois de Juillet, l'an de grace, mil CCC IIII.^{xx} & dix-neuf; & de noftre regne le XIXe*

Par le Roy, à la relacion du Confeil. P. VIVIEN.

CHARLES VI. à Paris, au mois de Juillet 1399.

(a) Règlemens pour les Tailleurs de la Ville de Rouen.

CHARLES, &c. Savoir faifons à tous préfens & avenir, Nous avoir veu certaines Lettres defquelles la teneur s'enfuit.

A Tous ceulx qui ces Lettres verront ou orront. *Hue Sire* de *Doncquerres,* Chevalier, Chambellan du Roy noftre S. & fon *Bailli* de *Rouen:* Salut. Comme en l'an mil CCC IIII.^{xx} & VII. par feu noble homme Monf. *Richart* de *Houdetot,* jadiz Chevalier, lors *Bailli* de *Rouen* & de *Gifors,* euffent efté faiz certains articles par manière de [a] Regiftres ou Ordenance, à la requefte ou inftance de plufieurs du meftier de Tailleurs & Coufturiers de robes ou doublès en la ville de *Rouen,* & pour le bien & utilité dudit meftier & de la chofe publique, à quoy fe feuffent confentuz & accordez [b] la greigneur partie des Maiftres, compaignons & ouvriers d'icelui meftier, & à icelle tenir fermement euffent juré & fait ferement de non venir encontre; de laquelle Ordenance la teneur s'enfuit.

A Tous ceulx qui ces préfentes Lettres verront ou orront. *Richart* de *Houdetot,* Chevalier, *Bailli* de *Rouen* & de *Gifors:* Salut. Comme plufieurs des Maiftres & compaignons Tailleurs & Coufturiers de robes & de doublès, tenans [c] ouvrers en la ville de *Rouen,* fe feuffent trais pardevers nous, & nous euffent expofé & donné à entendre que oudit meftier fe fefoient & commettoient de jour en jour plufieurs déceptions & [d] faulfes ouvrages, par aucuns qui dudit meftier s'entremettent, laquelle chofe eftoit & redondoit ou grant vitupere & deshonneur dudit meftier & des preud'ommes Tailleurs & ouvriers d'icelui, & ou grant léfion, préjudice & dommage du peuple, & pour ce nous requeroient & fupplioient que fur ledit meftier nous voulfiffions faire Ordenance & Regiftres convenables & raifonnables, feuft à l'Ordenance des Coufturiers & Tailleurs de *Paris,* ou autrement raifonnablement, afin que ledit meftier feuft gardé & vifité en tele manière que ceulx qui [e] yftroient & commettroient faulfeté & mauvaiftié, feuffent punis & corrigez, & leurs [f] torfoiz corrigez & amendez, & pour ce euffent envoié querir le double des Ordenances [g] depuis ledit meftier, foubz le Scellé dudit Chaftellet, & retenu devers Nous ce que lefdiz Maiftres & Compaignons vouloient dire, & fur ce [h] euffent appellé le Procureur & Confeilz du Roy noftre S. oudit Bailliage, & plufieurs autres fages hommes en Droit & Couftume, & grant quantité des plus fuffifans, expers & notables dudit meftier, en la préfence defquelz nous euffions fait lire & expofer lefdictes Ordenances de *Paris,* & ce que lefdis ouvriers Tailleurs requeroient à [i] grant loifir, & rendre caufe & raifon fur chacun article, comment & pourquoy le contenu en icelui eftoit expédient, prouffitable & néceffaires ou préjudiciables, [k] & dommage & peuple; & finablement après plufieurs oppinions, debas & altercacions eues en icelles pardevant nous, par bonne & meure délibéracion de Confeil, euffions caffé aucunes des articles, baillé des autres, fouftrait en aucunes, ou [l] mué; & après ces chofes, tout veu & confidéré & diligemment examiné, par le confeil & oppinion defdiz Sages, & de l'acord dudit Procureur, & defdiz Maiftres & compaignons Tailleurs de robes, avons

a *Règlemens,* ainfi nommez parce qu'ils étoient infcrits dans des Regiftres publics.
b *la plus grande.*
c *ouvroirs: boutiques.*
d *ouvrages faits contre les Règlemens du meftier.*
e *fortiroient; c'eft-à-dire, s'écarteroient des Règlemens.*
f Il faut corr. *tors faits,* comme il y a plus bas p. 341.
g Cet endroit paroît corrompu, & eft peut-être tronqué. On pourroit corriger *de Paris fur ledit meftier.* Il y a plus bas, *les dictes Ordenances de Paris.*
h corr. *euffions,* là & plus bas.
i Ce mot, s'il n'eft pas corrompu, eft ici fynonyme d'*inftance.*
k Il faut peut-être corr. *& dommageable au peuple.*
l *changé.*

NOTE.

(a) Tref. des Chart. Regift. 154. Pièce CCCC XV. [415.]

CHARLES VI. à Paris, au mois de Juillet 1399.

fait, dit & ordonné, faisons, disons & ordenons par la teneur de ces présentes, si comme faire le povons & devons du droit de nostre Office, pour le bien, honneur, prouffit & utilité dudit mestier & de tout le commun peuple, Ordonnances sur en la manière qui s'ensuit.

(1) C'est assavoir, que pour garder & visiter ledit mestier, aura IIII souffisans preud'ommes d'icelui mestier, qui par Nous & noz successeurs *Bailliz* de *Rouen*, seront députez, ordenez & instituez Maistres jurez à la garde & visitacion dudit mestier, au tesmoingnage & relacion d'iceulx dudit mestier, qui feront [a] pardevant nous & noz successeurs, que bien & loyalment garderont & visiteront ledit mestier, [b] les poins & les articles d'icelui cy-après déclarez & [c] divisez; & auront yceulx Maistres toute la visitacion sur tout l'ouvrage dudit mestier, & sur les circonstances & deppendances d'icelui; & seront tenuz iceulx Maistres par leurs seremens, de nous rapporter & à noz successeurs, toutes les amendes, forfaitures & mesprentures que ilz trouveront estre commises & faictes en icelui Mestier.

(2) Item. Que nul demourant en la ville de *Rouen,* ne puist lever, establir ne tailler [d] garnemens, jusques à ce qu'il aura esté par lesdis Maistres examinez & approuvé souffisemment de tailler & lever ouvroir, se ce n'estoit robes ou garnemens pour Seigneurs qui ont leurs Tailleurs, ou garnemens pour enfans; car autrement aucuns par convoitise de gagner, ou par [e] nom, s'en pourroient entreprendre besongnes qui gasteroient & destruiroient les draps des bonnes gens, ne de ce ne pourroient faire restitucion, & redonderoit ou vitupere & deshonneur dudit mestier & des bons ouvriers d'icelui, & ou grant dommage du peuple; & qui fera le contraire, ilz payera cinq Solz d'amende au Roy, & trois Solz à la Confrarie dudit mestier, tant pour soustenir les pauvres d'icelui mestier, comme pour la peine & travail que lesdiz Maistres auront à garder & visiter ledit mestier.

(3) Item. Que nul d'icelui mestier ne puist ouvrer au Samedi puis chandelles allumées, au Dimanche, aus cinq Festes Nostre-Dame, à Feste d'Apostre, aus jours de Toussains, de Noël, de Pasques, de l'Ascension & de Pentecouste, ne ne facent besongne pour achever ne autrement, [f] exepté la besongne de noz Seigneurs & de noz Dames [g] les royaulx, & robes [h] de corps & de nopces, & se ce n'estoit qu'il convenist par nécessité eslargir ou estrecier un garnement qui paravant fu fait & parfait; & qui fera le contraire, il paiera VI. Solz d'amende au Roy, & quatre Solz à la Confrarie s'il est Maistre; & s'il est [i] varlet, il paiera deux Solz au Roy, & douze deniers à la Confrarie; & s'il avenoit que aucun maintenist que ledit ouvrage feust pour noz Seigneurs ou noz Dames les royaulx, ou pour noces ou pour corps, & l'en trouvoit le contraire, il paieroit double amende.

(4) Item. Que nulz varlez ne puisse aler ouvrer hors d'avecques leurs maistres, jusques à ce qu'ilz aient acompli leur terme, & achevé la besongne que ilz auront encommenciée.

(5) Item. Que nul ouvrier dudit mestier ne puisse ne ne doive [k] fortraire ne mettre en euvre les varlez & apprentiz des Maistres, sans licence d'iceulx à qui ilz seront, jusques à ce qu'ilz aient parfait leur service, & achevé leur euvre, en peine de cinq Solz, dont le Roy aura trois Solz, & la Confrarie deux Solz.

(6) Item. [l] Que fera doublet pour vendre, [m] qui soit estoffe de soye ou de fil & d'estoffes neuves; & qui fera le contraire, le doublet sera [n] despesché, & paiera trois Solz au Roy, & deux Solz à la Confrarie.

(7) Item. Que nul ne mecte laine & estouppes en doublet qu'il face pour vendre; & qui fera le contraire, le doublet sera [o] ars, & payera cinq Solz d'amende au Roy, & quatre Solz à la Confrarie.

(8) Item. Que chacun dudit mestier puisse tailler & faire doublet [p] à qui l'en le commandera, de teles estoffes comme l'en lui baillera.

(9) Item. Que nul ne puisse mettre hors de sa main les garnemens ou ouvrages qui lui seront baillés, pour emprunter argent à quelque personne, sur peine d'amende à l'ordenance de Justice.

a supp. *serment.*
b supp. *&.*
c *devisez.*
d *habits, vêtements.*
e *Je ne sçai ce que cela peut signifier.*
f *excepté.*
g *Princes & Princesses du Sang.*
h Cela signifie peut-être *de deuil.*
i *Compaignon.*
k *l'engager à quitter son maître.*
l corr. *Qui.*
m *qu'il.*
n *dépecé, mis en pièces & en morceaux.*
o *brûlé.*
p *pour celui qui lui commandera.*

CHARLES VI. à Paris, au mois de Juillet 1399.

(10) Item. Que tous compaignons, ouvriers dudit meſtier, qui vouldroient venir ouvrer en ladicte Ville, trouvez ſouffiſans par leſdiz Jurez, ſeront receuz à y beſongner & y ouvrer ſelon leſdictes Ordenances.

Toutes leſquelles choſes deſſuſdictes & chacunes d'icelles, Nous voulons & ordenons eſtre tenuz, faictes, entérinées & gardées de point en point ſanz enfraindre, ſur leſdictes peines; & quiconques fera le contraire, il encherra à icelles peines par tant de foiz comme il lui avendra; leſquelles peines dès maintenant pour lors Nous déclarons commiſes, & celles voulons & ordonnons eſtre exécutées, levées & exploictiées ſur les tranſgreſſeurs & faiſans en l'encontre de ceſte préſente Ordenance, ſanz ce que nul en ſoit eſpargné; & pour ceſte année préſente & juſques à Noël prouchain, furent Jurez, Gardes & Viſiteurs dudit meſtier, *Robert Columbel, Jehan* de *Veules, Garnot Ogier,* & *Henries* l'*Alemant, Guillaume Choignet,* ouvriers dudit meſtier, qui jurerent par leurs ſeremens faire & acomplir, viſiter & garder à leur povoir ledit meſtier en ladicte Ville & Banlieue de *Rouen,* en la manière que deſſus eſt dit. Si donnons en mandement à tous noz Subgez, requerons tous autres, que ladicte Ordenance facent tenir & garder ſanz enfraindre, ſelon la fourme & teneur, & au contraire ne [a] voiſent ou facent aler en quelque manière que ce ſoit, & avec ce, donnons en mandement aus Sergens ou Soubz Sergens à mace de *Rouen,* que ladicte Ordenance [b] face crier & publier par les lieux acouſtumez à faire cris à *Rouen,* ſe [c] meſtiers eſt. Donné en teſmoing de ce, ſoubz le grant Séel aus Cauſes dudit Bailliage. *Ce fu fait l'an de grace mil CCC IIII.*^{xx} *& ſept, le Jeudi V.*^{e} *jour de Mars.* Et eſtoient ainſi ſignées. G. ANGO.

Et pour ce que depuis icelle Ordenance deſſus tranſcripte, c'eſtoient faittes & commiſes de jour en jour, [d] faiſoient & commettoient & pourroient doreſenavant faire pluſieurs fraudes, malices, décepcions & faulx ouvrages par aucuns dudit meſtier, par aucunes ſubtilitez & cautelles que eulx avoient adviſiées & adviſoient de jour en jour, dont leſdictes Ordenances ne font aucunes mencion, & auſſi pour le bien & utilité dudit meſtier & de la choſe publique, & pour refraindre la mal volonté & entrepriſe d'iceulx délinquans, & que de ce feuſſent punis & corrigiez, Nous euſt eſté requis par grant inſtance par aucuns & plus grant partie dudit meſtier, que ſur ce voulſiſſions pourveoir de remède convenable, en tele manière que ceulx qui y feroient faulſeté, décepcion & mauvaiſtié, feuſſent punis & corrigez, & leurs tors faiz corrigez, punis & amendez, & Nous euſſent baillé par articles les choſes qui y eſtoient [e] convenables à mettre & adjouſter par manière de addicion ou augmentacion; & ſur ce [f] euſſent eu advis, conſeil & délibéracion par pluſieurs foiz au Procureur & Conſeulz du Roy oudit Bailliage, & à pluſieurs autres ſages hommes & grant quantité de pluſieurs ſouffiſans, expers & ſciens dudit meſtier, en la préſence deſquelx nous euſſent fait brief expoſer & diligemment & à grant délibéracion ycelles articles & addicions l'un après l'autre, & icelles fait concepvoir & entendre auſdiz aſſiſtans au mieulx que faire ſe povoit, & rendre cauſe & raiſon ſur chacune d'iceulx articles, comme & pourquoy le contenu en icelles articles eſtoient expédient & prouffitables & néceſſaire ou préjudiciable & [g] dommaigne au bien dudit meſtier & de la choſe publique; après leſquelx oppinions euz, oiz & entenduz, par bonne & meure délibéracion de conſeil, & de l'accord & conſentement de *Nicolas* le *Conte* Procureur du Roy oudit Bailliage, & par les Conſeulx d'icelui Seigneur, nous voulans mettre correction & addicion ès Ordenances des meſtiers qui touchent & pevent toucher & redonder le bien publique, & affin de refraindre le malice & iniquité d'aucuns faux ouvriers ou délinquans qui par convoitiſe ou autrement vouldroient ou s'entremettroient faire aucune mauvaiſtiés, tricheries & faulſetez déceptives ès ouvrages deſdiz meſtiers, avons ordené & ordenons par ces préſentes, comme du droit de noſtre Office à faire le povons, & pour le bien & utilité dudit meſtier de taillands & de tout le commun peuple, par manière de augmentacion & addicion eſdictes Ordenances, pour ce que en icelles n'eſtoit faite aucune mencion des articles qui s'enſuivent.

a *aillent.*

b *corr. facent,* comme il y a plus bas.

c *beſoin.*

Suite des Lettres de Doncquerres Bailli de Rouen.

d ſupp. *ſe.*

e *conven.* Regiſt.

f *euſſions,* là & plus bas.

g *dommageable.*

CHARLES VI. à Paris, au mois de Juillet 1399.

(1) C'est assavoir, que chacun ouvrier dudit mestier, qui requerra à estre juré & passé comme maistre, & vouldra lever Maistrie en ladicte Ville & Banlieue, il paiera pour [a] hanse vingt Solz au Roy; sauf que se il est filz de Maistre, il ne paiera que dix Solz.

(2) *Item.* Pour aidier à soustenir la Confrarie des Maistres dudit mestier, aidier à vivre les povres frères d'icelle Confrarie, enterrer les trespassez, & oster des Sentences d'excommeniement les frères qui y seront, il paiera à la Confrarie vint Solz Tournois; & s'il est filz de Maistre, il ne paiera que dix Solz.

(3) *Item.* Aus III. Gardes dudit mestier, [b] pour supporter à leurs journées quant ilz ameneront au *Bailli* de *Rouen*, ledit nouvel Maistre pour faire serement de Maistre, & aussi pour [c] leur droicture, ledit nouvel Maistre leur paiera vint Solz; sauf comme dessus que s'il est filz de Maistre, il ne paiera que dix Solz.

(4) *Item.* Pour ce que par l'Ordenance dessus dicte, le tiers des amendes dudit mestier, est à ladicte Confrarie, & les vint Solz dessusdiz de hansse, pour aidier à soustenir & garder les franchises & droiz d'icelui mestier, soustenir aucunes affaires ou Procès, en oster empeschemens se mis y estoient, que doresenavant l'en mecte le Prévost & Eschevin d'icelle Confrarie, pourveu qu'ilz soient Jurez Maistres, à estre Gardes dudit mestier, avecques deux des autres Maistres, pour savoir qui devra lesdictes amendes & hansses, affin que lesdiz Prévost & Eschevins les recouvrent, pourchassent & facent paier à ladicte Confrarie; & s'il leur fault faire aucunes [d] mises pour le bien dudit mestier, en cueillant lesdictes amendes, ou autrement à juste cause, que ilz puissent prendre des deniers [e] yssus d'icelles amendes, mis en ladicte Confrarie, pour paier icelles mises; [f] parmi ce que en la fin de leur année que ilz auront servi, ilz en rendront compte aux frères d'icelle Confrarie.

(5) *Item.* Quant aucun ouvrier dudit mestier, sera trouvé habile pour estre Maistre, & il requerra à estre juré, lesdiz Gardes seront tenuz de le amener devant le *Bailli* de *Rouen*, ou son Lieutenant, faire le serement de garder les Ordenances dudit mestier.

(6) *Item.* que se aucun ouvrier dudit mestier veult lever Maistrie en ladicte Ville & Banlieue, [g] possé que [h] aillours & autrefoiz il ait tenu Maistrie, se il n'a esté passé comme Maistre en icelle Ville, & paié les hansses dessusdictes, il sera briement examiné par lesdiz Gardes, & s'il est trouvé souffisant, il sera par lesdiz Gardes amené au *Bailli* de *Rouen*, ou à son Lieutenant, faire le serement de garder lesdictes Ordenances, & après pourra lever Maistrie en icelle Ville & Banlieue, par paiant pour hansse vint Solz au Roy, vint Solz à la Confrarie, & vint aus Gardes, comme dit est.

(7) *Item.* Chacun Maistre dudit mestier ne pourra avoir que un aprentiz, & servira trois ans pour aprendre le mestier; & ainçoiz qu'ilz soient mis en euvre, ou au moins dedens huit jours après ce qu'ilz seront venuz chex leurs Maistres, leurs diz Maistres & lesdiz Gardes ou deux d'iceulx, les adjourneront devant ledit *Bailli* de *Rouen*, ou son Lieutenant, faire le serement de garder lesdictes Ordenances, & que loyalment ilz feront leurs diz mestiers lesdiz III. ans; & se le Maistre veult [i] mestre de ses filz à son mestier, ce nonobstant, il pourra avoir un aprentiz [k] estrange.

(8) *Item.* Se aucun ouvrier dudit mestier se loue à un Maistre d'icelui mestier, ou prent euvre à faire, & après se part [l] ains que son service soit fait, ou que l'euvre qu'il aura emprise, soit parfaite, ledit ouvrier l'amendera d'autant que il devoit avoir de chacun garnement que il aura laissié à parfaire; & celui qui sera loué, du tiers de ce qu'il devoit gaigner pour un an, & au dessouz, [m] à l'équipolent, & [n] n'ovrera plus en ladicte Ville & Banlieue, tant qu'il ait parfait son dit service, s'il n'y a faulte de son Maître de lui drécier l'euvre ou faire ce qu'il lui appartient, laquelle faulte ledit ouvrier sera tenu de le dénoncier à Justice ou aus Gardes, ainçois qu'il parte.

(9) *Item.* Que nul ouvrier, s'il n'est Maistre, & il n'a paié ses hansses, ne puisse tailler aucuns garnemens, se le Maistre que il servira ne lui commande; & s'il fait

a *Voy. le 7e. Vol. de ce Rec. p. 117. Note (c)*

b *pour les dédommager de la perte du tems qu'ils employeront, &c.*

c *les droits à eux attribuez.*

d *dépenses.*

e *provenus.*

f *moyenant que.*

g *posé, supposé.*

h *que ailleurs.*

i *mettre.*

k *estranger.*

l *avant.*

m *à proportion.*

n *ne travaillera plus.*

le contraire, il paiera pour chacun garnement que il aura taillé, dix Solz d'amende, dont le Roy aura les deux pars, & la Confrarie le tiers.

CHARLES VI. à Paris, au mois de Juillet 1399.

(10) Item. Lesdiz Gardes seront tenuz apporter par escript ou par bouche, chacun mois, devers ledit Bailli ou son Lieutenant, toutes les amendes & mal-façons qu'ilz auront trouvé le temps dudit mois durant, sanz en *(b)* concheler aucun, sur peine d'amende arbitraire à la volonté de Justice.

Lesquelles articles & Ordenances, avec les Ordenances cy-dessus transcriptes, nous voulons & ordenons estres tenues, faictes, entérinées & gardées de point en point sanz enfraindre, sur lesdictes peines; & quiconque fera le contraire, il encherra en icelles peines par tant de fois comme il advendra; lesquelles peines dès maintenant pour lors Nous déclarons commises, & icelles voulons & ordenons estre exécutées, levées & exploitées sur les transgresseurs ou faiseurs à l'encontre de ceste présente Ordenance, sanz ce que nul en soit espargné: Présens à icelles Ordenances faire, *Henries* l'*Alemant, Jehan Quichante,* dit *Bar-sur-Aube, Jehan Barnart, Giraudon* de la *Goutiere, Pierre Huet, Richart Guillaume, Jacquet Lespect, Gautier* le *Maçon, Hennequin Blesque, Colin Clarisse, Guillaume* de *Saint-Pol, Jehan Poulain, Guillaume Warnier, Drouet Du Jardin, Michiel Brion, Jehan* de la *Motte, Jehan* le *Conte, Guillaume Thuel, Denis* le *Carpentier, Martin Deslesques, Jehan* le *Couturier, Jehan Porée, Jehan Billebaut, Rommain* le *Cornu, Thomas Columbel, Jehan* le *Flament, Jehan* le *Roux, Colin Du Quesne, Guillaume Bouchart, Colin Acheaume, Guillaume Denier, Laurens Savalle, Guillaume Lestournel, Cardin Hamel, Guillaume* le *Roux, Aubin Botel, Garnot Ogier, Guerart Gontier, Hennequin Plaques, Guillaume* le *Flamens, Michiel* le *Caron, Jouen* le *Grant, Guillaume Foubert* & *Pierre Savoie,* tous Cousturiers Tailleurs de Robes, Maistres & tenans ouvroir dudit mestier à *Rouen,* lesquelz se consentirent & accorderent ausdictes Ordenances & articles, & icelles jurerent tenir, garder & acomplir fermement doresenavant en la manière que dessus est dit. Si donnons en mandement à tous les subgez dudit Bailliage, & requerons tous autres, que ladicte Ordenance facent tenir & garder sanz l'enfraindre, selon ladicte fourme & teneur, & au contraire ne voisent ou facent aler en quelque manière que ce soit; & oultre donnons en mandement au Sergent à mace de *Rouen,* & à tous les autres Sergens & Soubz-Sergens dudit Bailliage, sur ce requis, que ladicte Ordenance facent crier & publier par les lieux acoustumez à faire criz à *Rouen,* se mestier est. En tesmoing de ce, Nous avons séellé ces présentes du grant Séel aux Causes dudit Bailliage, l'an de grace mil CCC IIII.[xx] & XIX, le premier jour d'Avril après Pasques.

Lesquelles Lettres dessus transcriptes, & tout le contenu en icelles, en tant quelles auroient esté deuement faictes, aians agréables, icelles louons, gréons, ratiffions & approuvons, & par la teneur de ces présentes confermons, & par ces présentes Lettres donnons en mandement audit *Bailli* de *Rouen,* & à tous noz autres Justiciers, présens & avenir, ou à leurs Lieuxtenans, & à chacun d'eulx, si comme à lui appartiendra, que les Ordenances dont ès dictes Lettres dessus transcriptes est faicte mencion, facent tenir & garder sanz enfraindre. Et pour ce que ce soit ferme chose, Nous avons fait mectre nostre Séel à ces présentes: Sauf en autres choses nostre droit, & l'autrui en toutes. *Donné à* Paris, *ou mois de Juillet, l'an de grace mil CCC IIII.[xx] & XIX, & de nostre regne le XIXe.*

Suite des Lettres de Charles VI.

Par le Roy, à la relacion du Conseil. P. DE LA MOTTE.

NOTE.

(b) Concheler.] Celer, cacher; on trouve dans ce sens *Concelare* dans le Glossaire de *Du Cange.*

CHARLES VI. à Paris, au mois de Juillet 1399.

(a) Lettres de Sauvegarde Royale pour les Jacobins de la ville de Montpellier.

KAROLUS, &c. Universis presentibus & futuris: Salutem. Racioni congruum arbitramur si inter curas & sollicitudines quas frequenter habemus in regendis a supp. &. *nostris subditis,* [a] *noster pulsatur animus, ad hec precipuè aspiremus ut Status Ecclesiasticus nostris temporibus sub commisso Nobis regimine in pacis transquillitate manuteneri valeat & tueri, & Regni nostri Ecclesie, Conventus, Collegia, Mandicantes & alie persone Ecclesiastice que de die noctuque Divinis insistunt obsequiis, sub nostre proteccionis clipeo à suis releventur pressuris, ac per regalem potenciam à noxiis defendantur, ut eò libenciùs circa Divina vacare valeant, quò liberaliùs & habundanciùs per eandem potenciam senserint se adjutas. Hinc est quòd Nos ad supplicacionem dilectorum nostrorum Prioris & Conventus Fratrum Predicatorum extra muros* Montispessulani, *in nostra Salva gardia ab antiquo existencium, ipsos Priorem, Conventum & Fratres ac eorum Ecclesiam, una cum eorumdem Servitoribus, familiis, domibus, maneriis, ortis, jardinis, possessionibus, & fontibus, de vineis & aliis locis per spacium quarte partis leuce vel circa, per certos conductus venientibus & procedentibus, necnon ipsis conductibus, & aliis rebus, juribus & bonis suis universis, tam Ecclesiasticis quam* b consistant. *mundanis, ubicumque* [b] *cunsistant, ex habundanti & de novo in & super eisdem nostris necnon successorum nostrorum Francie Regum manutencione, proteccione & speciali Salva gardia suscipimus & ponimus per presentes; Gubernatorem & Judicem (b) parvi Sigilli nostri* Montispessulani, *& eorum Locatenentes, presentes & posteros, ac ipsorum quemlibet, perpetuos & speciales Gardiatores eisdem tenore presencium deputantes, quibus & eorum cuilibet, harum serie committendo mandamus quatinùs jam dictos Priorem, Conventum, Fratres & eorum Ecclesiam, una cum servitoribus, familiis, domibus, maneriis, ortis, jardinis, possessionibus, fontibusque & conductibus ex dictis vineis, & aliis locis ad eorum domum venientibus, ac aliis rebus, juribus & bonis suis predictis, tueantur, & defendant, sive tueri & defendi faciant ab omnibus injuriis, violenciis, gravaminibus, molestacionibus, oppressionibus, vi armorum, potenciâ Laicorum, ac inquietacionibus & novitatibus indebitis quibuscumque, ipsosque in suis justis possessionibus, saisinis, juribus, usibus, franchisiis, Libertatibus & immunitatibus in quibus ipsos & eorum singulos, suosque predecessores fuisse pacificè ab antiquo invenerint, sub predictis nostris proteccione, tuicione & Salva-gardia speciali manuteneant & conservent, non permittentes in personis eorum, familiis, servitoribus, rebus, domibus, possessionibus, fontibusque & conductibus, ac bonis suis predictis, aliquas fieri vel inferri injurias aut indebitas novitates; quinymo, si quas repererint esse vel fuisse factas in nostre presentis Salvegardie, ac dictorum Prioris, Conventûs, Fratrum, & eorum* c supp. &. *Ecclesie servitorum, familie, maneriorum, ortorum, jardinorum, foncium* [c] *conductuum ex dictis vineis & aliis locis procedencium & veniencium, seu alterius ipsorum prejudicium, ad statum pristinum & debitum reducant, seu per Judicem vel Judices competentes indilatè reduci, ac Nobis & Parti emendam propter hoc condignam fieri & prestari faciant & procurent; hujusmodi Salvamgardiam nostram in* Montepessulano, *ac personis & locis, ubi & de quibus expediens & opportunum extiterit, notificando & publicando, seu notificari & publicari solenniter faciendo, necnon in signum ejusdem,* d Voy. les Tables des mat. des Vol. de ce Rec. au mot, Pennonceaux, & au mot Affurément, duquel il est parlé plus bas. [d] *pennuncellos nostros in & super jam dictis Conventu, Ecclesia, domibus, maneriis, possessionibus, fontibusque & conductibus, ac bonis & rebus ipsorum in terra que jure*

NOTES.

(a) Trésor des Chartres, Regiſtre 154. P. CCC IIII.[xx] (380.)

(b) *Parvi Sigilli, &c.]* Le petit Scel de *Montpellier* est une Juriſdiction qui a le privilége d'attirer à ſoi, à l'excluſion de tous autres Juges, la connoiſſance de l'exécution des Contrats dans leſquels les Parties contractantes ſe ſont ſoûmiſes à cette Juriſdiction. Voyez la Diſſertation ſur le petit Sceau de *Montpellier*, qui eſt à la p. 566. de l'Hiſt. Civile de cette Ville, par d'*Aigrefeuille*.

scripto

scripto regitur situatis, & alibi, in casu eminentis periculi, apponant seu faciant apponi, ne quis exinde valeat se sub ignorancie pallio excusare: inhibendo preterea seu inhiberi faciendo nostrâ & dictorum Successorum nostrorum ex parte, omnibus & singulis de quibus fuerint requisiti, sub certis magnis penis Nobis applicandis, ne sepedictis Priori, Conventui, Fratribus, eorumdem Ecclesie, servitoribus, familie, domibus, possessionibus, fontibusque & conductibus, ac rebus & bonis quibuscumque, forefaciant vel presumant forefacere quovismodo; & si in casu novitatis, inter ipsos Priorem, Conventum & Fratres, aut eorum familias & servitores, bonorum Conventûs & Fratrum predictorum racione, & aliquos eorum adversarios, oriatur opposicio seu debatum, hujusmodi debatum & rem contenciosam ad manum nostram & dictorum Successorum nostrorum, tanquam superiorem ponant seu poni faciant, & per eandem manum per Judicem seu Judices competentes recredenciam fieri ubi & prout fuerit facienda; Partes hujusmodi debatum facientes, ac eciam dicte nostre Salvegardie infractores & contemptores, aut qui in contemptum ejusdem predictis Gardiatoribus, seu eorum alteri Gardiatoris Officium exercendo, injuriam fecerint vel offensam, sive qui eis vel eorum alteri super hoc inobedientes fuerint aut rebelles, coram Judicibus ad quos hujusmodi cognicio pertinere debebit, adjornando seu adjornari faciendo, processuros super hoc ut fuerit racionis; & si quis ex dictis Conventu, Fratribus seu Ecclesia, eorumque servitoribus & familiis, ab aliquo vel aliquibus assecuramentum requirere voluerit, ipsum vel ipsos adjornent seu adjornari faciant coram Judicibus, ad quos pertinuerit, daturos assecuramentum eisdem bonum & legitimum juxta patrie consuetudinem, ac prout fuerit racionabiliter faciendum, ac generaliter faciant & facere possint Gardiatores predicti, vel eorum Locatenentes, presentes & futuri, & quilibet eorumdem, omnia & singula que ad Gardiatoris Officium spectant, ac [a] *possint & debent quomodolibet pertinere; & Nos damus his presentibus in mandatis omnibus & singulis Justiciariis, Officiariis & subditis nostri Regni, quatenus prefatis Gardiatoribus, & cuilibet eorumdem, atque deputandis & committendis super hoc ab eisdem, vel eorum altero, intendant in hac parte & pareant diligenter, prestentque auxilium, consilium & favorem, si eguerint & de hoc fuerint requisiti. Et ut hec omnia perpetua fruantur valida firmitate, nostrum his presentibus jussimus apponi Sigillum: nostro in ceteris, & alieno in omnibus jure salvo.* Datum *Parisius*, mense Julii, anno Domini M.° CCC.° nonagesimo nono, & Regni nostri XIX°.

CHARLES VI. à Paris, au mois de Juillet 1399.

[a] possunt.

Per Regem, ad relacionem Consilii. J. BERTAUT.

CHARLES VI. à Paris, le 5. d'Août 1399.

(a) Lettres par lesquelles le Roy institue quatre Généraux des finances, & règle leurs fonctions & le pouvoir & l'autorité qu'il leur donne.

CHARLES par la grace de Dieu Roy de France. A tous ceulx qui ces Lettres verront: Salut. Comme Nous ayons n'agueres deschargié noz amez & féaulx Conseillers *Jehan Chanteprime* & *Guillaume Barbery*, du fait & Gouvernement que ilz avoient avec noz amez & féaulx Conseillers *(b)* l'*Arcevesque* de *Sens* & *Jacques Courau*, de toutes les finances des Aides de noz guerres, & pour ce soit nécessité de y ordonner & commettre autres avecques yceulx *Arcevesque* & *Jacques Courau*; savoir faisons que Nous confians à plain des grans sens, loyautez & bonnes diligences de noz amez & féaulx Trésoriers de noz guerres, *Guillaume* d'*Orgemont*, Escuyer, & *Arnoul Bouchier*, yceulx ensemble, & avecques noz diz Conseillers l'*Arcevesque* de *Sens* & *Jacques Courau*, avons ordonné & commis, & par ces présentes

NOTES.

(a) Ces Lettres qui étoient au fol. 64 du Mémorial *F.* de la Chambre des Comptes de *Paris*, m'ont été communiquées par M. *Boulin* Conseiller de la Cour des Aides. Voyez la Préface du 7.e Vol. de ce Rec. pag. v. §. IV. & la p. 355. de ce 7.e Vol.

(b) L'Arcevesque de Sens.] Il se nommoit *Guillaume* de *Dormans*. Voy. *Gallia Christiana*, *I.re Édit.* T. 1. p. 645. col. 2. n.° 89. & le 7.e Vol. de ce Rec. p. 404. Note *(b)* & p. 465. Note *(g)*

CHARLES VI.

à Paris, le 5. d'Août 1399.

a Il faut app. suppl. *les circonstances & dépendances*, comme il y a plus bas. *Voy. ci-dessus*, p. 8. Note marg. *(c)*

b *sortiront, proviendront.*

c *des Aides.*

ordonnons & commectons noz Généraulx Conseillers sur le fait desdiz Aides & [a] d'iceulx, & généraulment de toutes les finances qui en [b] ysteront tant des debtes & arrérages des années & temps passez depuis l'an quatre-vingt & deux derrenièrement passé, & des exploiz & amendes qui y sont escheuës & escherront, comme du temps présent & avenir, leur avons baillé & par ces présentes baillons seulz & pour le tout, & aux deux d'iceulx, la charge & administration & gouvernement, sanz ce que noz Genz des Comptes & Trésoriers, noz Généraulx Conseillers sur le fait de la Justice [c], ne autres quelzconques, pour quelconque auttorité ou commission qu'ilz aient, se puissent ou doient entremettre d'en faire lever, payer ou distribuer aucune chose, pour quelconque cause ou raison que ce soit; ausquelz *Arcevesque, Jacques Courau, Guillaume* d'*Orgemont* & *Arnoul Bouchier* noz quatre Généraulx Conseillers dessus nommez, & aus deux d'iceulx, Nous avons donné & donnons plain povoir, auttorité & mandement espécial de gouverner & maintenir le fait desdiz Aides, & les circonstances & deppendences d'iceulx, tant sur la Justice comme autrement, au mieulx qu'ilz pouront, selon ce que contenu est ès Ordonnances & Instruccions sur ce faites. *(c)* Et sur ce que plusieurs poins & articles contenus en icelles, aucuns pourroient faire aucunes doubtes pour les divers entendemens, obscurtez & malices qu'ilz y pourroient commettre & qui y pourroient survenir, Nous voulons que noz diz Généraulx, par l'advis & délibéracion de trois ou deux des Gens de nostre Grant Conseil, ou de plus grant nombre, se bon leur semble, les voient & visittent, & ycelles corrigent, augmentent, croissent, diminuent ou eslargissent, & leur donnent tel & si vray entendement comme ilz verront qu'il sera à faire pour le prouffit & augmentation desdiz Aides, & tout ce qui sera par eux sur ce fait, soit tenu & gardé sans enfraindre en aucune manière: Voulons aussy, & à noz diz Généraulx Conseillers avons donné & donnons povoir, auttorité & mandement espécial, d'aller & chevauchier ensemble & chacun par soy, veoir & visiter l'état & gouvernement desdiz Aides par tous les lieux, Villes & Diocèses où bon leur semblera, & toutes fois qu'il leur plaira, & aussy de y commettre & envoyer tant & telz Commissaires & Visiteurs comme ilz verront que besoin & nécessité sera; en faisant laquelle visitation, noz diz Généraulx Conseillers, & chacun d'eulx, eulx estans hors de *Paris*, pourront faire payer voyages, messageries & autres frais & missions raisonnables, & de ce bailler leurs Lettres, lesquelles Nous voulons estre valables comme se elles estoient faites par eux quatre, les trois ou deux d'iceulx, comme dit est; de ordonner, commettre & establir touz Esleuz, Receveurs, Grenetiers, Contrerolleurs, Sergens, Commissaires, & autres Officiers, les destituer & démettre de leurs Offices, s'ilz ne leur semblent estre prouffitables, & mettre autres en leurs lieux; de veoir & visiter toutesfoiz qu'il leur plaira, les Estas du Receveur Général, des Trésoriers des Guerres, & de tous autres qui se seront entremis de Recepte du fait desdiz Aides, tant à cause de leurs Offices comme autrement, & à ce les contraindre & faire contraindre par toutes voyes & manières dûes & raisonnables; de diminuer ou croistre le nombre des diz Officiers par-tout où bon leur semblera; & toutesfois qu'il escherra aucuns desdiz Offices vaccans par mort, privation ou autrement, noz diz quatre Généraulx, les trois ou les deux d'iceulx, & non autres, y ordonneront & commettront autres de par Nous, sanz ce que noz Généraulx sur le fait de la Justice, ou autres, s'en entremettent en aucune manière; de faire recevoir par nostre main toutes les fermes qui ne leur sembleront estre souffisament bailliées; de faire venir [d] ens les deniers desdiz Aides, & pour ce faire, faire faire toutes manières de contraintes & exécutions qui y seront nécessaires; de faire apporter tous yceulx deniers à *Paris*, pardevers le Receveur Général, ou autre part où besoin & nécessité sera & bon leur semblera; de expédier & vériffier toutes les Lettres & mandemens tant des debtes, gaiges, pensions

d *dans les coffres du Roy.*

NOTE.

(c) Et sur ce que.] Il y a *Et pour ce que sur plusieurs poincts*, &c. dans des Lettres semblables du 28 août 1395. qui sont ci-dessus p. 8.

CHARLES VI. à Paris, le 5. d'Août 1399.

& voyages, comme de dons, & autres quelzconques, & touz les deniers d'iceulx Aides, faire payer & distribuer par le Receveur Général ou par autres, fanz ce que noz Généraulx sur le fait de la Justice, ne autres quelzconques, s'en puissent entremettre, comme dessus est dit; de tauxer & ordonner ausdiz Visiteurs, Esleuz, Receveurs, Grenetiers, & autres Commissaires, Gaiges, Voyages, & Salaires raisonnables; de donner respiz, termes & dellays à ceulx qui aucune chose Nous devront du fait desdiz Aides, & des deppendances; de commander & faire signer par chacun de nos Notaires à ce ordonnez, c'est assavoir, Maistre *Dreue Porcher, Jehan Gehe, Hugues Bonsolas, Nicaise Bougis* & *Robert Lijore,* en toutes choses touchant ledit fait des Aides, & par noz autres Notaires ordonnez en la Chambre d'iceulx Aides, en ce qui touche fait de Justice, toutes Lettres & Mandemens soubz nostre Grant Sel, ou soubz leurs Signets & Lettres closes soubz le Séel de nostre Sécret, tant & telles comme il leur plaira. Voulons aussy & ordonnons que noz diz Conseillers semblablement comme ont noz Généraulx sur la Justice, aient la punition & correction de tous lesdiz Esleuz, Receveurs, Grenetiers, Contrerolleurs, Sergens, Commissaires, Officiers, & autres quelzconques, de cas touchant le fait desdiz Aides, & les circonstances & deppendances d'iceulx, sans ce que aucuns [a] Subgez, soient les Gens de nostre Parlement, Réformateurs, des Requestes de nostre Palais à *Paris,* ou autres quelzconques, se ce ne sont noz autres Généraulx Conseillers sur le fait de la Justice, s'en entremettent ou entrepreignent aucune connoissance, mais expressément leur deffendons que par voyes directes ou obliques n'en connoissent; & s'aucuns d'eulx s'efforcent d'en cognoistre, & de donner pour ce aucuns Jugemens ou Sentences allencontre de noz diz Officiers ou commis sur ledit fait, Nous tout ce qu'ilz feront doresnavant, réputons pour nul, & dès maintenant pour lors le mettons du tout au néant; & aussi se aucuns Juges, Officiers des pays, tant nostres comme autres, ou autres personnes, faisoient ou entreprenoient au contraire, voulons que nosdiz Généraulx les en [b] puessent punir, & traire à amende telle qu'ilz verront qu'il appartendra. Voulons aussy & ordonnons que tous gaiges, salaires & despens de noz diz Notaires, Esleuz, Receveurs, Grenetiers, Contrerolleurs, Clers, Procureurs, Visiteurs, & autres Commissaires quelzconques, tauxez ou à tauxer pour les choses touchant le fait desdiz Aides, & les circonstances & deppendances d'iceulx, & touz respiz, dilacions, Compositions faites ou à faire, [c] en toutes les Lettres, Mandemenz faitz par leur commandement ou par les deux d'iceulx, vaillent, tiennent & ayent leur plain effet, & soient passées en nostre Chambre des Comptes à *Paris,* & par-tout ailleurs où il appartendra, comme se en nostre propre personne les avionz faiz, commandez & ordonnez, fanz ce que par les Gens de nostredit Parlement, de nostre Chambre des Comptes, Réformateurs, Commissaires ou autres Juges, ou Officiers quelzconques, présens & advenir, aucune chose puist estre faitte ou ditte au contraire en quelque manière que ce soit; laquelle chose, se faite estoit, Nous dès maintenant pour lors réputons pour nulle, & la mettons au néant; & aussy avons ordonné & voulons que nos dittes Gens des Comptes ne passent ès comptes d'aucuns Receveurs ou Grenetiers, aucunes descharges dudit Receveur Général, ne aussy audit Receveur Général aucunes Lettres, se en chacune d'icelles ne sont les trois signés de nozdiz Généraulx Conseillers ou les deux d'iceulx; & en outre, que aucuns Comptes ne soient cloz en nostre ditte Chambre, sans la présence & consentement de noz diz Conseillers, des deux ou de l'un d'eulx; & avec ce, que tout ce qui par noz diz Conseillers ou les deux d'iceulx, sera dit, ordonné, sentencié, jugié & appointié, vaille & tiegne tout ainssy comme ce qui est fait & jugié par Arrest de nostre Parlement, sans ce que aucunement en puisse estre appellé ne réclamé, soit en nostredit Parlement, ne devant quelzconques autres Juges ou Commissaires; & supposé que par inadvertance ou autrement, aucune chose feust mal à point faite par eulx, Nous voulons que premièrement sur ce faite foy, ce qui mal à point aura esté fait, soit par noz diz Conseillers & non par autres, appellez avec eulx aucuns de nostre Conseil, jusques au nombre de six, cinq, quatre,

[a] Il y a *Juges* dans les Lettres du 28 Août 1395. *Voy. ci-dessus,* p. 9.

[b] *puissent.*

[c] Il faut corr. *&c.* comme il y a dans les Lettres du 28 Août 1395. *Voyez ci-dessus,* p. 10.

CHARLES VI. à Paris, le 5. d'Août 1399.

trois ou deux, corrigé & réparé, si comme leur semblera estre à faire de raison. Si donnons en mandement par ces présentes, à noz dittes Gens de nostre Parlement & de nostre ditte Chambre des Comptes, à tous Reffonmateurs, Commissaires, & à tous noz autres Justiciers, Officiers & Subgez quelzconques, présens & advenir, & à chacun d'iceulx, que tout ce qui par nosdiz Généraulx Conseillers, desquelz, c'est assavoir, *Guillaume* d'*Orgemont* & *Arnoul Bouchier,* Nous avons aujourd'huy reçeu le serment accoustumé estre fait en tel cas, ou les deux d'iceulx en la manière que dit est, sera fait, ordonné, jugié & sentencié, ilz tiengnent & facent tenir ferme & stable sanz enfraindre ou venir ou attempter aucune chose au contraire, en toutes choses touchans lesdiz Aides, & les circonstances & deppendances d'iceulx, & à eulx & à chacun d'eulx, & à leurs Commis & depputez sur ce, obéissent & entendent diligemment, & à noz dittes Gens de noz Comptes, que tous gaiges, salaires, despens de Notaires, Esleuz, Receveurs, Clers, Officiers, Commis, ou aultres, qui par noz diz Généraulx Conseillers seront tauxez & ordonnez, & deniers payez par leur commandement & ordonnance, ilz allouent ès comptes de tous ceulx à qui il appartiendra, sanz contredit ou difficulté aucune; & toutes les choses dessusdittes & [a] à chacune d'icelles gardent, tiengnent & accomplissent sanz enfraindre ores ne ou temps advenir en aucune manière, nonobstant us, stille & ordonnances faites ou à faire, & Lettres quelzconques données & à donner au contraire; & voulons que au *Vidimus* [b] au transcript de ces présentes, fait soubz le Séel de nostre Chastelet de *Paris,* collationné en la Chambre desdiz Aides, foy soit adjoustée comme à l'original. En tesmoing de ce, Nous avons fait mettre nostre Scel à ces présentes Lettres. *Donné à* Paris, *le cinquième jour d'Aoust, l'an de grace mil trois cens quatre-vingt-dix-neuf; & de nostre règne le dix-neufvième.* Ainsi signé. Par le Roy, Monsieur le *Duc* d'*Orléans,* le Sire de *Bacqueville,* le *Vidame* de *Laonnois,* & autres, présens. J. BERTAULT.

[a] *préposition inutile.*

[b] corr. *ou.*

CHARLES VI. à Paris, au mois de Septembre 1399.

PHILIPPE VI. dit de Valois, à Paris, le 25. de Juillet 1345.

(a) Confirmation du Réglement fait de la Jurisdiction du (Petit) Sceau de Montpellier.

SOMMAIRES.

(1) Avant que le Juge ou le Garde du Sceau de Montpellier ordonne une exécution contre un débiteur, & des Sergens pour la faire, il faut que le créancier présente à l'un de ces deux Juges une Requête contenant ce qui lui est dû, & la preuve de sa créance, soit par Titre passé sous le Sceau de Montpellier, ou par témoins.

(2) Les Sergens chargez de faire exécuter les Lettres exécutoires données par la Cour de ce Sceau, doivent les présenter aux Juges dans la Jurisdiction desquels demeure le débiteur, où sont situez les biens qu'il a obligez, & les requerir de mettre ces Lettres à exécution.

(3) Ces derniers Juges doivent ensuite arrêter le débiteur, & le renvoyer aux Juges du Sceau, sous la main desquels ils mettront les biens de ce débiteur, qu'ils auront saisis.

(4) Si le débiteur, ou quelqu'autre personne prétendant avoir droit sur les biens de celui-ci qu'on veut saisir, s'oppose à la saisie, le Juge qui doit la faire, ne la fera point, & à son défaut, les Sergens chargez des Lettres exécutoires, doivent assigner ces opposans à brief jour pour comparoître devant la Cour du Sceau, & y soûtenir leur opposition. Dans ce cas les Sergens ne doivent point être payez de leurs salaires par le débiteur, mais par le créancier.

(5) Le seul Juge du Sceau doit connoître de ces oppositions & de leurs dépendances.

(6) Si les Juges qui doivent exécuter les Lettres exécutoires de la Cour du Sceau, refusent ou négligent de le faire, l'exécution dans le Royaume se fera par les Sergens chargez de ces Lettres; & ces Juges désobéissans ou rebelles, & ceux qui mettront empêchement à ces exécutions, seront punis, & condamnez aux dommages & intérêts, & aux dépens.

NOTE.

(a) Trésor des Chartres, Registre 154. Pièce VII.^c^ IX. (709.)

La Cour du Sceau de *Montpellier* est sans doute celle que l'on nomme ordinairement la Cour du Petit Sceau de *Montpellier,* & sur laquelle voy. ci-dessus, p. 344. Note *(b)*.

Je n'ai rien trouvé ni dans le corps de l'Histoire de *Montpellier,* ni dans la Dissertation citée dans cette Note *(b)* qui pût servir à éclaircir ces Lettres, desquelles il n'y est pas même fait mention.

(7) On saisira d'abord les biens que possède le débiteur, & après la discussion qui en sera faite par les Juges chargez de l'exécution des Lettres exécutoires, on saisira ceux qu'il possédoit lorsqu'il a contracté sous le Sceau de Montpellier, & qu'il a aliénez depuis, en commençant par ceux qu'il a aliénez les derniers ; à moins que le détempteur de ces biens ne s'engage à prouver qu'ils ont été aliénez avant l'obligation.

(8) On procédera ensuite à la vente des biens.

(9) Le Juge du Sceau a seul le droit de maintenir en possession les acquereurs de ces biens vendus.

(10) Si un débiteur qui s'est soûmis à la contrainte par corps, veut s'opposer à la demande qui est faite contre lui, il doit être constitué prisonnier avant que son opposition soit reçue, à moins qu'il ne donne caution de se représenter, & qu'il ne paye les dépens auxquels il sera condamné si son opposition n'est point admise. Si le débiteur n'a point donné de caution avant le jour auquel sera rendu le Jugement, son opposition ne sera point admise.

(11) Détail des différentes exceptions que le débiteur peut seul proposer contre la demande du créancier.

(12) Celui contre lequel on produit des témoins, peut fournir des reproches contr'eux.

(13) Le Juge du Sceau n'est point obligé dans les procès qui sont portez devant lui, de suivre les formalités & les procédures ordinaires.

(14) Les Appels des Jugemens du Juge du Sceau de Montpellier, seront portez devant le Sénéchal de Beaucaire & de Nîmes. Si celui-ci confirme le Jugement, on ne pourra plus appeller; mais s'il infirme le Jugement, la Partie qu'il aura condamnée, pourra appeller à la Majesté du Roy, *du jugement duquel on ne pourra point appeller, quand même il auroit été rendu par un Commissaire délégué par lui.*

(15) Le Juge du Sceau pourra décerner des Marques *& des représailles contre les Juges qui sont hors du Royaume, qui refuseront ou négligeront d'exécuter ses Jugemens, & contre leurs Justiciables qui ne voudront pas s'y soûmettre, ou qui mettront des empêchemens à leur exécution.*

(16) Le Juge du Sceau peut seul connoître des oppositions formées à la vente par lui ordonnée des biens d'un débiteur. Si la dette en vertu de laquelle la vente des biens a été ordonnée, & la dette qui a donné lieu à l'opposition, sont payables en argent comptant, on commencera par vendre les biens, & le Juge décidera ensuite lequel des deux créanciers doit être payé le premier, & il lui fera délivrer les deniers provenus de la vente. Ces biens pourront n'être pas vendus, si le Juge voit évidemment qu'il est de l'avantage des Parties de les abandonner aux créanciers, suivant l'estimation qui en aura été faite par deux personnes non suspectes aux Parties.

Une femme qui a épousé un homme qui avant son mariage auroit contracté une Obligation sous le Sceau de Montpellier, sera préférée par rapport à ses conventions matrimoniales, aux créanciers de son mari, quoiqu'antérieurs au Contrat de mariage.

(17) Les créanciers qui s'opposeront à la vente des biens, ne pourront être payez qu'ils n'aient fait serment que leur créance est vraie & légitime. Ils doivent aussi faire un transport de leurs créances à celui qui achetera les biens sur le prix desquels ils seront payez, ou ils s'engageront envers cet acheteur à lui restituer ce qu'ils auront reçu, s'il se trouve un créancier qui ait sur ces biens des droits antérieurs aux leurs.

(18) Lorsque des biens auront été vendus, si on allégue qu'ils l'ont été au dessous de leur valeur, & que le Juge reconnoisse qu'en effet ils ont été vendus au dessous de la moitié du juste prix, il annullera la vente. Si on ne trouve point d'acheteur qui veuille donner la valeur de ces biens, le Juge pourra fixer au débiteur un terme pendant lequel il pourra racheter ces biens, ou trouver un autre acheteur qui en donne un prix plus fort ; mais ce terme passé, si le débiteur n'a point trouvé de nouvel acquereur, ou n'a point retiré ces biens, ils seront livrez au premier acheteur. Dans le cas où la première vente seroit annullée, & qu'il ne s'en fist point une seconde, il ne sera point dû de lods & ventes. S'il se fait une seconde vente, il ne sera dû qu'un seul droit de lods & ventes pour la première qui a été annullée, & pour la seconde.

(19) On ne recevra point d'appel fondé sur ce qu'on n'a point admis des exceptions qui ne sont point du nombre de celles qui seules sont admises dans la Jurisdiction du Sceau ; on ne recevra pas non plus d'appel, sur le fondement qu'on a refusé un second délai pour faire une preuve.

(20) Si les opposans à une vente ne comparoissent point au jour qui leur a été assigné, on procédera à la vente ; & si ils forment une seconde opposition, elle ne sera point admise, à moins qu'ils ne payent les dépens des procédures faites à l'occasion de la première.

(21) Le Juge ou le Garde du Sceau, & les Commissaires députez par eux, peuvent par rapport aux affaires attribuées à leur Jurisdiction, recevoir des Requêtes dans tous les lieux du Royaume, donner des Lettres exécutoires, & nommer des Sergens pour les mettre à exécution ; & ils doivent renvoyer à leur Cour à Montpellier, ceux qui s'opposeront aux Requêtes qui leur auront été présentées, & aux exécutions qu'ils auront ordonnées ; les Baillis, les Sénéchaux & les autres Juges du Royaume, doivent leur obéir & exécuter leurs Jugemens ; & les droits dûs par rapport aux procédures faites par les Baillis & par les autres Juges, appartiendront au Roy, à qui appartiennent tous les droits dûs par rapport aux procédures qui se font dans la Cour du Sceau de Montpellier. Si les Baillis & les autres Juges refusent d'exécuter les Jugemens rendus par le Juge ou le Garde du Sceau, ou par les députés nommez par eux, les exécutions se feront par des Sergens nommez par le Juge du Sceau. Ces Sergens pourront citer devant lui les Juges & les autres personnes

CHARLES VI. à Paris, au mois de Septembre 1399.

PHILIPPE VI. dit de Valois, à Paris, le 25. de Juillet 1345.

CHARLES VI. à Paris, au mois de Septembre 1399.

PHILIPPE VI. dit de Valois, à Paris, le 25. de Juillet 1345.

qui mettront des empêchemens aux exécutions qu'ils voudront faire, & ce Juge les punira suivant l'exigence des cas.

(22) Si un créancier néglige pendant trois jours de payer six deniers par jour pour la nourriture de son débiteur qui lui a fait cession de biens, & qui est constitué prisonnier, ce débiteur sera mis hors de prison, sans pouvoir y être retenu pour ce qu'il doit au Roy par rapport à la demande qui a été intentée contre lui; à moins qu'il ne paroisse évidemment qu'il y a une collusion frauduleuse entre le créancier & le débiteur.

Le Juge du Sceau est le seul qui dans ce cas puisse faire mettre le débiteur hors de prison.

(23) Le Juge du Sceau est le seul Juge des oppositions formées contre ses Jugemens, & des empêchemens qu'on met à leur exécution.

(24) Nul Juge ne peut, sans la permission du Juge ou du Garde du Sceau, donner main-levée des saisies faites en exécution des Jugemens de la Jurisdiction du Sceau de Montpellier.

(25) Lorsqu'un Sergent envoyé hors du Royaume pour faire mettre à exécution par les Juges, des Lettres exécutoires de la Jurisdiction du Sceau, n'osera faire les réquisitions nécessaires, par la crainte qu'il aura de ces Juges, ou par la puissance des Parties contre qui l'exécution devroit être faite, il en dressera un procès verbal, qui contiendra un adjournement aux Juges pour comparoître devant celui du Sceau, à l'effet d'entendre le Jugement qui sera rendu sur l'inexécution des Lettres exécutoires, & sur les Marques *qui seront accordées.*

KAROLUS, &c. Notum facimus universis tam presentibus quam futuris, Nos infrascriptas vidisse Litteras; formam que sequitur, continentes.

PHILIPPUS Dei gracia Francorum Rex. Universis presentes Litteras inspecturis: Salutem. Notum facimus Nos infrascriptas vidisse Litteras, formam que sequitur continentes.

Anno Dominice Incarnacionis M.° CCC.° quadragesimo quarto, & die prima Mensis Augusti, Domino Philippo Dei gracia Francorum Rege regnante, noverint universi & singuli, presentes pariter & futuri, quòd convocatis & electis ad Concilium per venerabilem & discretum virum Dominum Geraldum Andrée, *Clericum regium, Judicem Sigilli* Montispessulani, *& eciam congregatis insimul in Capitulo Ecclesie Fratrum Minorum de* Montepessulano, *prudentibus viris Domino* Matheo Ulegerii, *Legum Doctore,* Stephano Bocas, *Licenciato in Legibus,* Poncio Berengarii, *Judice Ordinario Curie* [a] *Regie* Montispessulani, Egidio Morini, *Custode dicti Sigilli,* Gerardo Lombardi *&* Bernardo Cabrespini, *Clericis Regis, ac* Johanne *de* Regordana, Guillelmo Holanic, Poncio Lemosini, Jacobo *de* Fabrica, Petro *de* Pradis, Stephano Bastide, Petro Bertrandi *&* Bernardo Navascii, *Juris peritis, nec non Magistris,* Petro *de* Varanicis, Johanne Calreti, Petro Fresqueti, Johanne Ferrarii, Petro Raynaudi, Johanne *de* Lantilla, *&* Guillelmo Auberti, Johanne Morgoni, Vicencio Molini, Privato Picardi, Raymundo Vianesii, Guillelmo Villareti *&* Poncio Revelli, *Notariis Regiis, ac* Johanne [b] Biterris, *Procuratore in Curia dicti Sigilli, super stilo & rigore ipsius Sigilli, ac approbacione & observancia ejusdem, prefatus Dominus Judex dictum stilum & ejus rigorem palam & publicè coram prenominatis omnibus legi & explanari fecit per me Notarium infrascriptum, cujus tenor talis est.*

Universis & singulis presentes Litteras inspecturis, Nos Geraldus Andree, *Clericus Regis, Judex Sigilli Regii* Montispessulani, *harum serie facimus manifestum, quòd usus, stilus & rigor dicti Sigilli diucius observatus, talis est:*

(1) Et primo, est sciendum quòd de stilo dicti Sigilli, est quòd antequam Custos seu Judex ipsius Sigilli, ad aliquam execucionem procedant, debet coram eis aut altero ipsorum, vel Locatenentibus eorumdem, seu Notariis ipsius Sigilli Curie, exponi [c] *Clamor de aliqua certa re seu quantitate, ita quòd tunc de debito constet per Instrumentum, cujus vigore exponetur dictus Clamor, vel eciam* [d] *notas & Litteras tam publicas quàm privatas, sub viribus dicti Sigilli confectas, aut per testes; quo Clamore exposito, conceduntur Littere executorie &* [e] *Servientes.*

(2) Item. *Servientes qui Litteras ipsas portant, & in execucione hujusmodi facienda deputantur, Litteras ipsas Justiciariis sub quorum Juridicione* [f] *reus est, seu ejus bona obligata, antequam ad alia procedant, presentare debent, ipsosque requirere ut execucionem faciant contra reum & ejus bona, juxta Litterarum executoriarum quas Servientes presentant, continenciam & tenorem.*

a *Reg.* Registre, là & plus bas.

b *Nom mis en abregé & douteux.*

c Requête ou demande en Justice.

d Minute des Actes passez pardevant Notaires. *Voyez ci-dessus*, p. 58. Note *(g)*

e des Sergens pour mettre ces Lettres à exécution.

f le Débiteur.

CHARLES VI. à Paris, au mois de Septembre 1399.

PHILIPPE VI. dit de Valois, à Paris, le 25. de Juillet 1345.

(3) Item. *Quòd dicti Justiciarii, ipsis Litteris eisdem presentatis, absque aliis Litteris* [a] *eorum Senescalli seu Vicarii annexatis, seu alio mandato* [b] *superioris ipsorum Justiciariorum incontinenti execucionem juxta ipsarum Litterarum continenciam, in persona & bonis rei contra quem fuit expositus Clamor, ipsi facere debent, & personam rei capere ac captam dictis Custodi & Judici, seu eorum alteri, vel Locatenentibus eorumdem remittere, & bona predicta ad manum Curie ponere, quâcumque opposicione nonobstante.*

(4) Item. *Si reus, vel aliquis alius dicens se habere jus in bonis in quibus fiet execucio, se opponat, excepciones infrascriptas aut alteram earum, aut jus pocioritatis allegando, ab execucione hujusmodi, quantum ad bona, cessare debet, manu Curie pro Clamore,* [c] *decima & expensis remanente munitâ, & tali se opponenti, certa dies brevis secundùm distanciam loci, per Ordinarium,* [d] *in ejus deffectum vel negligenciam, per Servientes, ad se opponendum, coram Judice aut ejus Locumtenente, assignatur per Justiciarium & Servientes; & casu predicto, dicti Servientes à reo nullum salarium recipere debent, sed creditor qui eos miserit, eisdem satisfacere debet juxta Ordinaciones regias aliàs super his factas.*

(5) Item. *Nullus Justiciarius, nisi duntaxat Judex dicti Sigilli, aut ejus Locumtenens, super aliqua opposicione que fiat adversùs execuciones Clamorum, viribus dicti Sigilli* [e] *expositorum, seu dependenciis ex eisdem, cognicionem habet aliqualem.*

(6) Item. *Si Justiciarii requisiti facere execucionem talium Clamorum & aliorum emergencium in Curia ipsius Sigilli, recusaverint, aut in eis perficiendis negligentes fuerint vel remissi, dicte execuciones per Servientes Curie dicti Sigilli, sine Litteris & Servientibus hujusmodi Justiciariorum defectivorum, fient & complebuntur infra Regnum Francie, dictorum Dominorum* [f] *Custodi vel Judici vel eorum Locatenencium, aut alterius ipsorum, mandato; necnon talis Justiciarius, & alii quicumque rebelles, aut impedimentum prestantes in ipsis execucionibus perficiendis, per dictos Custodes seu Judicem, aut eorum seu alterius ipsorum Locatenentes, juxta Litteras Regias super his concessas, puniuntur, & in expensis & dampnis propter hoc passis condempnantur.*

(7) Item. *Quòd execucio primò in bonis propriis, mobilibus & immobilibus, ac omnibus juribus & accionibus rei contra quem fuit expositus clamor, fit & fieri debet, & ipsis discussis, super qua discucione statur relacioni Justiciariorum quibus Littere executorie diriguntur, & deinde in bonis, per reum post obligacionem vigore cujus fuerit expositus Clamor, ultimò alienatis, ut circuitus evitetur, fit & completur execucio supradicta, nisi bona tenens contra quem fit execucio, probare vellet contrarium.*

(8) Item. *Bona mobilia incontinenti capta, venduntur & distrahuntur, & immobilia eciam* [g] *incantantur per tempus consuetum, & loco ubi dicta bona sunt sita, juxta consuetudinem antiquam ipsius loci.*

(9) Item. *Solus Judex dicti Sigilli, aut ejus Locumtenens, emptorem bonorum pro dictis execucionibus venditorum, in possessionem ipsorum bonorum venditorum, tenet, servat & custodit, & servare & custodire facit, omnesque impedimentum prestantes, punit juxta Litterarum regiarum tenorem, prout est fieri consuetum, & post vendicionem ipsorum bonorum venditorum* [h] *quorumcumque.*

(10) Item. *Si aliquis reus in Curia dicti Sigilli, adversus Clamorem contra eum expositum se opponat, priusquam ad opposicionem admittatur, si obligatus fuerit* (b) *in persona sub viribus dicti Sigilli idem reus in carcere dicti Sigilli intruditur, nisi sufficientem caucionem det pro representando personam ipsius in Curia dicti Sigilli, coram dicto Judice vel ejus Locumtenente, tociens quociens esset requisitus, vel solvendo Clamoris decimam, & expensas, si idem reus succumberet in causa opposicionis sue, quam caucionem eciam, si obmissa fuerit, quociensçumque idem reus* (c) *ante sentenciam*

a Ce mot paroît inutile.

b Superior... Justic. *Reg.*

c Voyez sur ce mot ci-dessus, p. 39. Note *(n)*

d *Il faut appar. suppl.* &.

e expos... dependen... *Reg.*

f Custodis & Judicis.

g sont exposez à l'encan.

h *quocunque avec une marque d'abréviation sur le premier u. Reg.* Il semble que la fin de cet article soit tronquée.

NOTES.

(b) *In persona.]* Je crois qu'il s'agit ici de ceux qui se sont soûmis à la contrainte par corps.

(c) *Ante Sentenciam.]* Il y a dans le Reg. *en*, avec une marque d'abréviation, c'est peut-être *ante*, & *s* & trois jambages sans points suivis de *am*, ce qui peut faire *suiam*, qui sera un abrégé de *sentenciam*. Si on a deviné juste, le sens sera que lorsque le débiteur n'aura point donné de caution en formant son opposition,

CHARLES VI. à Paris, au mois de Septembre 1399.

PHILIPPE VI. dit de Valois, à Paris, le 25. de Juillet 1345.

dare debet, aliter fiet execucio contra eum, suâ [a] execucione habitâ pro non factâ.

(11) Item. *Quòd (d) fundato judicio in personis comparencium, & factâ fide legitimâ per creditorem, de obligacione vigore cujus fuerit expositus Clamor, eo casu quo reus negaret se obligatum, idem reus adversus Clamorem predictum excepcionem solucionis, pacti de non petendo, seu [b] respectûs, aut falsitatis Instrumenti, dumtaxat potest proponere, omnibus aliis resecatis excepcionibus nullitatis ipsius obligacionis ipso jure, que nullitas eciam admittitur, si expressè proponatur causa ipsius nullitatis; ad quas excepciones probandas, una dilacio dumtaxat juxta loci distanciam assignatur, & ipsâ lapsâ, si per reum nil probatum fuerit, execucio fit, opposicione non obstante, & reus ipse ad nullam aliam dilacionem [c] petendi ad probandum admittitur, nisi ostenditur incontinenti legitimè quòd per ipsum non stetisset quominus infra dilacionem priùs sibi datam probasset, quo casu alia dilacio eidem potest assignari, ulteriùs minimè auditurus.*

(12) Item. *Pars contra quam sunt testes producti, dicere potest & [d] obicere contra dicta & personas testium predictorum; ad quod faciendum, unica dilacio assignatur dumtaxat, [e] ut est juris.*

(13) Item. *Judex dicti Sigilli, seu ejus Locumtenens, in processu suo ordinem judiciarium servare non tenetur; immò Senteneiam seu cognicionem, omni juris solempnitate obmissâ seu ordine, proferre potest & consuevit, prout sibi justum & equum videbitur, quamquam Partibus non fuerit dies ad Sentenciam assignata, dum tamen ipsa dies ad faciendum quod fuerit racionis, fuerit assignata; & eam recitare per se vel per [f] Notarium potest.*

(14) Item. *Quòd qui ab ordinacione, cognicione seu Sentencia, aut quocumque alio gravamine ad Audiencia dicti Judicis aut ipsius Locumtenentis, appellatur per obligatum ab Sigillum, appellacio ipsa ad Dominum* Senescallum Bellicadri *&* Nemausi *devolvitur, à quo per illum qui primò appellaverat, non est licitum ampliùs appellare: Si verò appellans primò coram dicto Domino* Senescallo, *Senteneiam per se rapportet alteram quam primam cognicionem per se habuerat, ad Regis Majestatem potest appellare, & ulteriùs nulla pars admittitur ad appellandum, quamquam ultima cognicio seu Sentencia data fuerit per Commissarium à Majestate Regia deputatum, confirmatoria alterutrius dictarum Sentenciarum.*

(15) Item. *Dictus Judex dicti Sigilli, vel ejus Locumtenens, racione defectuum, negligenciarum, rebellionum & inobedienciarum que fiunt per Justiciarios de extra Regnum Francie constitutos, contra ipsos Justiciarios negligentes, defectuosos, inobedientes, impedimentum prestantes, & eorum subditos ac bona eorum, [g] marchas seu represalias concedere potest, & aliter procedere juxta stilum & usum predictum, & Litterarum regiarum super hoc concessarum continenciam & tenorem.*

(16) Item. *Si fiant opposiciones adversùs dictas execuciones, per aliquos jus se habere pretendentes in bonis in quibus fiet execucio, Judex dicti Sigilli, & nullus alius, dumtaxat de his cognoscet & cognoscere consuevit; & si utrumque debitum sit*

a *Il me paroît certain qu'il faut corr.* opposicione, *comme dans l'article suivant.*

b Lettres d'Etat ou de répit.

c *corr.* petendam.

d objicere.

e Voy. au Code Liv. 3. tit. XI. *de Dilationibus*, Loy première.

f Ce mot signifie peut-être ici *Greffier.*

g *Voy. les Tabl. des Mat. des Vol. de ce Rec. au mot,* Marque.

NOTES.

& que dans le cours de la procédure faite sur cette opposition, il n'en aura point fourni avant le jour auquel sera rendue la Sentence, elle déclarera l'opposition nulle, & ordonnera la vente des biens.

Il semble que cette disposition ne doit avoir lieu qu'à l'égard de ceux qui n'ont pû être arrêtez prisonniers.

(d) Fundato Judicio.] Par ces mots on peut entendre ce que les Jurisconsultes Romains nomment *litis contestatio*, & ce qui s'appelle dans notre procédure, *contestation en cause*; c'est à-dire, par rapport au cas de l'article, lorsqu'il y a un Réglement sur les demandes & les défenses des Parties. Un passage des Coûtumes de *Beauvoisis* par *Beaumanoir* [ch. 1.er p. 11.] peut confirmer le sens que je donne aux mots *fundato Judicio. Quand li Bailly*, y est-il dit, *a les parolles receues & elles sont apuiées en Jugement, il doit* [pour juger] *appeller à son Conseilg, &c.* La suite du passage fait voir que par ce mot *parolles*, il faut entendre la Requête du demandeur, & les défenses de la Partie adverse. *Le Bailly est tenu en la présence des hommes* [de fiefs Jugeants] *a penre les parolles de chaux qui plaident, & doit demender as Parties se il vuelent oïr droit selonc les raisons que il ont dites.*

Ces mots *fundato Judicio*, pourroient aussi signifier l'*affaire étant instruite contradictoirement & en état d'être jugée.*

pecuniarium,

CHARLES VI.
à Paris, au mois de Septembre 1399.

pecuniarium, fit execucio & vendicio bonorum, & post fit cognicio (e) de prenotatis, quo cognito, pecunia juxta cognicionem dicti Judicis seu ejus Locumtenentis, expedietur, levatis primitùs expensis processûs prioritatis hujusmodi & execucionis, nisi Judex seu Locumtenens cognoverit evidenter (f) Partes creditorum expedire bona debere tradi ad [a] *extimam proborum virorum neutri Parti suspectorum, pro sumptibus evitandis. Si (g) id sit ibi* [b] *debitum dotale & donacio propter nupcias, que donacio fuerit promissa, & matrimonium extet, traduntur* [c] *jure pignoris uxoris de bonis* [d] *viris usque ad quantitatem dotis & donacionis propter nupcias promisse, secundùm ejus prioritatem, & quòd* [e] *in se dicte donacionis promisse fit execucio.*

a Ce mot est sans doute synonyme *d'extimacio.*
b debit. Reg.
c Jur. *Reg.*
d *Je crois qu'il faut corr.* viri.
e *Je ne sçai ce que signifient les mots* in se.

(17) Item. *Quòd priusquam satisfaciat creditoribus hujusmodi se opponentibus, ipsi creditores jurant sub pena falsi & dupli Domino Regi applicanda, quantùm eis revera debetur, & deinde factâ cessione per dictos creditores opponentes, de juribus & accionibus eorum emptoribus bonorum, vel factâ per dictos creditores opponentes dicto emptori obligacione de restituendo id quod recipient, si contingeret alium pocius jus habere reperiri, solvitur eisdem creditoribus juxta ipsorum prioritatem, & cognicionis dicti Judicis vel ejus Locumtenentis tenorem.*

(18) Item. *Quòd cum aliqua execucio facta fuerit, & ejus pretextu res aliqua vendita fuerit, si opponatur quòd minus justo precio facta fuerit, factâ informacione super valorem dicte rei, si ipsi Judici videatur minus dimidii justi precii, vendicio retractatur, & potest dictus Judex facere quòd, nisi justum precium inveniatur,* [f] *quòd assignetur tempus debitori ad redimendum, vel habendum alium emptorem precium legitimum offerentem, & nisi infra dictum tempus invenerit, quòd cedat debitor emptori primo pro precio sibi livrato; & ubi ex causa predicta retractabitur vendicio & reiterabitur ejus distraccio, quòd solum unum Laudimium debetur; cum verò dicta vendicio retractatur ex eo quia in ea intervenit decepcio ultra dimidium justi precii, tunc occasione dicte vendicionis, nullum debetur nec datur Laudimium Domino à quo tenetur res predicta, nec per consequens occasione ipsius retractacionis.*

f *ce second* quòd *est inutile.*

(19) Item. *Nulla appellacio que aliquociens interponitur eo quòd non admittitur quis ad excepciones que aliquando proponuntur,* [g] *ultra supradictas excepciones, probandas, consuevit admitti,* [h] *nisi eciam illa que interponitur à denegacione assignacionis secunde ad probandum.*

g Voy. ci-dessus, pag. 352. article 11.
h *Il semble qu'il faille corr.* nec.

(20) Item. [i] *Quòd assignacio per dictos Justiciarios modo superiùs expressato, opponentibus ad comparendum in Curia dicti Sigilli, nisi compareant die assignacionis hujusmodi, fit execucio, ipsâ opposicione non obstante; & si deinde iterum se opponat, non admittitur nisi priùs satisfacto in expensis priùs factis.*

i *Il semble qu'il devroit y avoir ici,* quòd si data fuerit assignatio.

(21) Item. *Quòd dicti Custos seu Judex, & eorum quilibet in solidum, & Commissarii ab ipsis seu eorum altero* [k]*, in quocumque loco seu villa Regni Francie, possunt & consueverunt de Stilo & usu dicti Sigilli, recipere Clamores ad vires dicti Sigilli, & concedere Litteras executorias, & Servientes* [l] *requisitores pro dictis execucionibus faciendis; & Partes se opponentes Clamoribus & execucionibus, remittere debent & causam opposicionis apud* Montempessulanum *in Curia dicti Sigilli; & quòd dicti Senescalli, Baillivi & Prepositi, ceterique Justiciarii totius Regni Francie, habent, debent & consueverunt eisdem obedire, & Litteras executorias Sigillis propriis* [m] *dictorum*

k *supp.* deputati.
l c'est-à-dire, ceux qui requièrent l'exécution des Lettres.
m *Il paroît qu'il faut supp.* sigillatas.

NOTES.

(e) De prenotatis.] Il faut peut-être corriger *de prioritate,* qui est plus bas; c'est-à-dire, que le Juge décidera lequel des deux créanciers doit être préféré sur les biens.

(f) Partes creditorum.] Il y a dans le Reg. un *p* barré en *per* ou *par,* suivi de *tes,* & *creditor* avec une marque d'abréviation. *Partes creditorum* doit signifier ici, les Parties au procès qui sont créancières; mais cette expression est fort singulière, & d'ailleurs il faut corriger *Partibus.*

(g) Id.] Ce mot paroît inutile, à moins qu'on ne veuille dire que *id* est ici un relatif de *opposicio,* & que cela signifie, si l'opposition est fondée sur une créance provenante d'une convention matrimoniale.

Cette disposition singulière est fondée sur la Loy *Assiduis* qui est au Code L. 8. tit. 18. Loy 12. M. *Bretonnier* aux pp. 134. & 135. de son Recueil Alphabétique, édition de 1742. a remarqué qu'en France cette Loy n'est observée que dans le Ressort du Parlement de *Toulouse.*

CHARLES VI. à Paris, au mois de Septembre 1399.

Custodis & Judicis, seu Commissariorum ab eis seu eorum altero deputatorum, super dictis Clamoribus recipiendis, & execucionibus faciendis, (h) salvo emolumento dicti Sigilli, dicto Domino nostro Regi, execucioni demandare requisiti per eosdem seu alterum eorumdem; & quòd [a] *sic requisiti facere & exequi recusaverint, Servientes dicti Sigilli, seu executores ad premissa* [b] *per ipsos Custodem seu Judicem, seu deputatos ab eisdem, seu altero eorumdem, mandato ipsorum* [c] *Custodi vel Judici seu deputatorum ab eisdem, seu altero eorumdem in defectu dictorum Senescalli, Baillivi, Prepositi, seu Locatenencium eorumdem, possunt & consueverunt facere & complere execuciones* [d] *predictis juxta stilum & rigorem dicti Sigilli; qui Servientes seu executores, si* [e] *impediti fuerint per aliquem Senescallum, Baillivum, Prepositum, Judicem, Justiciarium, seu eorum Locatenentes, in predictis execucionibus impediti, perturbati seu eciam injuriati fuerint, seu per alias privatas personas quascumque, citant & citare consueverunt dictos impedientes, turbatores, defectuosos, & impedimentum prestantes quoquomodo in execucionibus predictis perficiendis, coram dicto Judice, seu ejus Locumtenente responsuros super predictis, & alias* [f] *facturis quod fuerit racionis; & quòd ipse Judex seu ejus Locumtenens, ipsos punit & punire potest, & consuevit, juxta demerita eorumdem, ad faciendum dicto Domino nostro Regi & Parti condigne emendari.*

a corr. si.
b supp. deputati.
c Custodis vel Judicis.
d predictas.
e Ces deux mots qui sont plus bas, sont inutiles ici.
f facturos.

(22) Item. *Quòd factâ cessione in Curia dicti Sigilli, & alibi,* [g] *non creditori per debitorem arrestatum vigore obligacionis & Clamoris per creditorem suum, expositi coram dicto Judice seu ejus Locumtenente, si creditor defecerit in providendo dicto debitori in dicto carcere per tres dies continuos; scilicet, de sex Denariis pro qualibet die, de quo defectu, solus Judex Sigilli habet cognoscere, & nullus alius, dictus debitor per Judicem seu ejus Locumtenentem, nedum quantùm tangit creditorem cui cessionem fecerit, relaxatur ab arresto, sed eciam pro* [h] *decima Regis, quantumcumque non fecerit cessionem Domino Regi, seu Custodi Sigilli, pro decima predicta, nisi de evidenti fraude & collusione super dicta decima, inter creditorem & debitorem, dicto Judici appareat.*

g Cette négation paroît inutile.
h Voy. ci-dessus, p. 39. Note (n)

(23) Item. *Quòd de rebellionibus, defectibus, inobedientiis, (i) recussionibus, fraccionibus,* [i] *arrestatoribus, injuriis, violenciis & aliis excessibus quibuscumque seu offensis factis seu perpetratis & illatis seu eciam inferendis tam per Senescallos, Baillivos, ceterosque Justiciarios, seu privatos quoscumque, circa execuciones dicti Sigilli, & adversùs & contra Commissarios, Servientes, executores dicti Sigilli, quoquomodo fiant, punicio, correccio & totalis cognicio ad Judicem dicti Sigilli seu ejus Locumtenentem, tanquam ad competentem Judicem unicum, solum, immediatum & insolidum, & ad nullum alium, pertinet, necnon cognicio omnium opposicionum que fiunt adversùs executores dicti Sigillli, quocumque modo fiant, directè seu per obliquum, per modum prioritatis vel aliter, & omnium emergencium & dependencium ex eisdem, & nullus alius preter ipsum Judicem seu ejus Locumtenentem, cognoscere potest nec debet, sed Partes opponentes, per Justiciarios sub quorum Juridicionibus sunt seu degunt vel reperiuntur dicti opponentes, sive res obligate situate sunt in eorum Juridicionibus, sive non, dicto Judici Curie dicti Sigilli, tanquam Judici competenti, remittuntur & remitti debent & consueverunt pro debita Justicia juxta vires & stilum dicti Sigilli, Partibus ministranda, cum Senescalli, Baillivi, Prepositi, ceterique Justiciarii requisiti per Custodem & Judicem seu eorum Locatenentes, ut faciant execuciones, meri,* [k] *executoris sunt, non habentes aliquam cognicionem in premissis, sed dumtaxat exequendi vel remittendi modo & forma supradictis, juxta tenorem Litterarum Regiarum.*

i *Il faut peut-être corr.* arrestacionibus.
k executores.

NOTES.

(h) *Salve, &c.]* C'est-à-dire, apparemment que les droits dûs par rapport aux procédures qui seront faites par les Baillis & autres Juges, en exécution des Jugemens de la Cour du Petit Sceau, n'appartiendront point à ces Baillis, mais au Roy, à qui appartiennent tous les droits dûs par rapport aux procédures qui se font dans cette Cour.

(i) *Recussionibus.] Recussiones,* en françois, *Recousses:* c'est l'enlèvement fait avec violence des personnes & des choses qui sont dans la main de la Justice. Voyez le Glossaire de *Du Cange,* au mot, *Recussa.*

CHARLES VI. à Paris, au mois de Septembre 1399.

PHILIPPE VI. dit de Valois, à Paris, le 25. de Juillet 1345.

(24) Item. *Quòd nullus Justiciarius bona mobilia vel immobilia capta seu capienda vigore dictarum execucionum seu dependencium ex eisdem, potest sine dicti Sigilli* [a] *Custode vel Judice, seu Locumtenente eorumdem, permissu seu mandato speciali, relaxare, seu manum Curie in eis appositam amovere.*

(25) Item. *Quòd quando extra Regnum Francie contingit per Servientem Curie dicti Sigilli, aliquas Litteras executorias vel alias presentare, & propter metum Curialium de extra Regnum, quibus fiunt requisiciones & presentaciones, vel propter potenciam & timorem Partis contra quam fieri requiritur execucio, commode de requisicionibus & responsionibus non* [b] *possunt haberi justicia, tunc prohibetur (k) illa recipere & conficere, statur super his relacioni Servientis seu* [c] *alteri cujuslibet ydonei, per quam relacionem, si facta fuerit adjornacio seu intimacio Curialibus ipsis quòd veniant visuri judicare eorum defectum & marcham concedi per dictum Judicem,* [d] *ad ipsam marcham concedendam & judicandum defectum & condempnacionem & taxacionem expensarum.*

In cujus rei testimonium, nos Judex predictus dictum Sigillum duximus his appendi; & deinde lecto & explanato dicto stilo in presencia dictorum Dominorum Judicum & Consiliariorum, ipsi dixerunt & affirmaverunt predicta que dicta sunt, esse stilum & rigorem dicti Sigilli diuciùs observatum: de quibus dictus Dominus Judex peciit sibi fieri publicum Instrumentum per me Notarium infrascriptum. Hec acta fuerunt in dicto loco; ad que fuerunt testes Petrus Begonis *Juris peritus &* Simon *de* Angufanis, *Clericus, habitatores* Montispessulani.

Et ego Hugo *de* Aulanesio, *publicus auctoritate Regiâ Notarius, qui requisitus predicta in notam recepi, vice cujus & mandato, Ego* Guillelmus Duranti, *Clericus Juratus & Substitutus ejusdem Notarii, hoc Instrumentum de dicta ejus nota non Cancellata sumpsi, scripsi fideliter & extraxi.*

Ego verò Hugo *de* Aulanesio *Notarius Regius predictus, hîc me subscripsi & signavi in testimonium* [e] *verò quòd dictus* Hugo *de* Aulanesio *qui presens sumpsit & sua signa signavit Instrumentum, sit Notarius Domini nostri Regis Francorum publicus, quòdque Instrumentis & aliis scripturis per ipsum publicè confectis, suoque signo signatis, in Judicio & extra, plena fides adhibeatur.*

Nos Poncius Berengarius, *Clericus Regius, & Judex Ordinarius Curie Regis* Montispessulani, *Locumque tenens Domini Judicis Sigilli Regis* Montispessulani, *ipsum fecimus hic appendi, die* XVI.ᵃ *Augusti, anno Domini* M.° CCC.° XLIIII.°

a *corr.* Custodis vel Judicis seu Locumtenentis eorumdem.

b Il y a dans le Reg. *pnt* avec une marque d'abréviation. Il faut appar. corr. *potest.*

c *corr.* alterius.

d Il y a apparence qu'il manque là un membre de phrase.

e Il y a encore ici quelque chose de tronqué, & le Copiste a appar. passé le nom de celui qui certifie que *Hugo de Aulanesio* est véritablement Notaire.

Suite des Lettres de Philippe de Valois.

Quas quidem Litteras, & omnia & singula in eis contenta, rata habentes & grata, ea volumus, laudamus & approbamus, ac de speciali gracia & plenitudine potestatis nostre Regie, tenore presencium confirmamus: Salvo jure nostro in aliis, & in omnibus quolibet alieno: Mandantes Senescallo Bellicadri, *Custodi & Judici Sigilli nostri Regii* Montispessulani, *ceterisque Justiciariis nostris, vel eorum Locatenentibus, & cuilibet eorumdem, ut omnia & singula contenta in dictis Litteris, teneant & observent, & contra tenorem ipsarum Litterarum nil faciant,* [f] *immittant quomodolibet vel attemptent; attemptata, si que sint, ad statum pristinum & debitum celeriter reducendo. In quorum testimonium, Sigillum nostrum novum, majori absente, presentibus duximus apponendum.* Datum *Parisius,* XXV. die Julii, anno Domini M.° CCC.° XLV.°

f Il faut appar. corr. *committant* ou *innovent*, qui est dans la confirmation de Charles VI.

Suite des Lettres de Charles VI.

Quas quidem Litteras, omniaque & singula in eis contenta, in quantum dicti Officiarii nostri ritè & justè usi sunt & utuntur, rata habentes & grata, eas & ea, ad requestam Procuratoris nostri, volumus, laudamus & approbamus, ac de speciali gracia & plenitudine potestatis nostre Regie, tenore presencium confirmamus: Mandantes Custodi & Judici dicti Sigilli nostri Montispessulani, *ceterisque Justiciariis & Officiariis nostris, aut eorum Locatenentibus, presentibus & futuris, & eorum cuilibet,*

NOTE.

(k) Il y a dans le Reg. *Not* avec une marque d'abréviation. Je ne puis deviner quel est ce mot qui doit être un pluriel neutre.

CHARLES VI. à Paris, au mois de Septembre 1399.

prout ad eum pertinuerit, quatenus omnia & singula contenta in dictis Litteris superiùs insertis, & prout superiùs est declaratum, teneant & observent, tenerique & inviolabiliter observari faciant, & contra tenorem ipsarum Litterarum nil faciant, innovent quomodolibet vel attemptent; attemptata vel innovata, si que sint, ad statum pristinum & debitum celeriter reducendo, presentesque nostras Litteras, & contenta in eisdem, per Villas & loca insignia Regni nostri, solempniter publicari faciendo. Quod ut firmum & stabile permaneat in futurum, Sigillum nostrum in absencia magni ordinatum, presentibus Litteris duximus apponendum: Salvo in aliis jure nostro, & in omnibus quolibet alieno. Datum *Parisius*, mense Septembris, anno Domini M.° CCC.° nonagesimo nono, & Regni nostri XIX.°

Per Consilium. SAVIGNY.

CHARLES VI. à Rouen, le 22. d'Octobre 1399.

(a) Lettres qui portent que les habitans des Villes situées sur les frontières du Royaume, seront contraints à y faire le Guet, & que les Capitaines de ces Villes y feront leur résidence.

CHARLES par la grace de Dieu Roy de France. A tous ceulx qui ces présentes Lettres verront: Salut. Savoir faisons que Nous ayans nostre regard à la seurté de nostre Royaume & de noz Subgiez, & considérans que pour ladicte seurté est expédient & neccessité que les Villes, Chasteaulx & autres Forteresses assises ès Frontières de nostredit Royaume & près d'icelles, soient bien gardées de jour & de nuit, afin que par faulte de garde, aucun inconvénient ne s'en ensuie; eüe sur ce délibéracion & avis en nostre Conseil où estoient noz très-chiers & très-amez Oncles & Frere, & plusieurs autres de nostre Sanc & de nostredit Conseil, avons ordonné & ordonnons que ez Citez, Villes, Chasteaulx & Forteresses qui sont assises oultre la Rivière de *Loire*, & aussi en icelles qui sont assises sur la Mer & à six lieues près, en nostre Païs de *Normandie*, & semblablement en celles de nostre Païs de *Picardie* oultre la Rivière de *Somme*, & en toutes les autres qui sont en Frontière de nostre Royaume, en toutes les [a] Marches de l'*Empire*, & pareillement ès Villes & Chasteaulx où sont Passages de grosses Rivières, soient faiz diligenment Guet & Garde de jour & de nuit, par les habitans des Lieux qui autreffoiz les y ont acoustumé faire ou temps passé paravant les [b] Trieuves derrenièrement prises entre Nous d'une part, & le Roy d'*Angleterre*, d'autre; ausquelx habitans Nous mandons par ces présentes, qu'ilz les y facent sans aucun contredit, par la manière que dit est; & [c] se ilz en sont refusans ou délayans, Nous voulons & ordonnons qu'ilz y soient contrains par les Capitaines desdictes Cités, Villes, Chasteaulx & Forteresses, ou leurs Lieuxtenans, en la manière qu'ilz le estoient paravant lesdictes Trieuves; ausquelx Capitaines ou à leursdiz Lieuxtenans, Nous donnons povoir & auctorité par ces mesmes Lettres, de les y contraindre par la manière dessusdicte, & à ce les commectons, se [d] mestier est; & ausquelx Capitaines semblablement Nous mandons & enjoingnons très-expressément, que ilz facent continuelle résidence en leurs personnes sur les Lieux à eulx commis; & ou cas qu'ilz ne la y feront, Nous deffendons expressément à tous ceulx qui sont commis & ordonnés à paier leurs gaiges, qu'ilz ne leur en paient aucuns, sur paine d'estre recouvré sur eulx ce qu'ilz leur auroient paié contre nostre présente Ordonnance. Si mandons, &, se mestier est, commettons à tous noz Séneschaux, Baillis, Prévostz & autres noz Officiers [e] ès mettes des Jurisdicions desquelx les Citez, Villes, Chasteaulx & Forteresses des Païs dont dessus est faicte mencion, sont assises, ou à leurs Lieuxtenans, & à chascun d'eulx, si comme à lui appar-

a *Frontières.*

b *Tréves.*

c *s'ils refusent ou diffèrent de le faire.*

d *besoin.*

e *dans l'étendue.*

NOTE.

(a) Registre *A*. du Parlement de *Paris*, *fol.* 280. *verso*.

Avant ces Lettres, il y a: *Ordinatio de Guetis faciendis, pro guerris imminentibus.*

tendra, que nostre Ordonnance dessus exprimée facent crier & publier par tous les lieux notables de leursdictes Juridicions, où l'en a acoustumé faire telles Criées & publicacions, & à icelle nostre Ordonnance tenir & garder, & faire tenir & garder sans enfraindre, contraingnent ou facent contraindre sans aucun [a] déport tous ceulx qui de la enfraindre se efforceroient, ou seroient refusans de la acomplir en quelque manière que ce soit. En tesmoing de ce, Nous avons fait mettre à ces Lettres nostre Séel. *Donné à* Roüen, *le XXII.e jour d'Octobre, l'an de grace mil III.c IIII.xx & XIX. & de nostre Règne le XX.me.* Par le Roy, à la relacion du Grant Conseil, ouquel Mess.rs les *Ducs* de *Berry,* de *Bourgoingne,* d'*Orleans* & de *Bourbon,* [b] Vous, le *Conte* de *Tancarville,* & plusieurs autres, estiés. J. BERTAUT.

CHARLES VI. à Rouen, le 22. d'Octobre 1399.

a *faveur.*

b *Le Chancelier de France. Voy. le 5.e Vol. de ce Rec. pag. 653. Note (c).*

Collatio facta est cum Originali.

CHARLES VI. à Paris, le 15. de Novembre 1399.

(a) Mandement par lequel il est permis aux Généraux Maîtres des Monnoies, d'augmenter le prix de l'argent selon qu'ils le jugeront à propos.

CHARLES par la grace de Dieu Roy de France. A noz amez & féaulx les Généraulx Maistres de noz Monnoyes: Salut & dilection. Comme Nous ayons entendu que par deffault de Billon d'Argent l'en fait peu d'Ouvraige à présent ès Monnoyes d'Argent de nostre Royaume, dont aucunes [c] sont sur le point de chomer, en quoy Nous aurions grant dommaige s'il n'y estoit pourvû; & il soit ainsi que en nostre Ville de *Paris,* & ailleurs en nostre Royaume, soit grant quantité d'Argent blanc; lequel Argent en donnant aucune porcion du prouffilt que Nous prenons oudit Ouvraige, se pourroit bien ouvrer en noz Monnoyes, & convertir en Blancs de dix deniers Tournois que Nous faisons faire à présent; Nous pour considéracion de ce que dit est, & pour [d] eschever le chomaige de nosdictes Monnoyes, & aussi affin que ledit Argent blanc soit mis & converty en l'ouvraige desdiz Blancs, vous mandons que aux Changeurs & Marchans qui livreront ledit Argent ès Monnoyes de nostre Royaume, oultre & pardessus le pris de VI. Livres V. Sols Tournois que nous donnons à présent en Marc d'Argent, vous faictes payer tel avantaige du prouffilt que Nous y prenons comme bon vous semblera, & selon ce que les Maistres Particuliers ont de leur *(b)* brassaige, jusques à ce que par Nous en soit autrement ordonné, ou que vous verrez qu'il sera expédient à faire de raison; pourveu toutes voës que ledit Argent blanc soit à X. deniers de Loy & audessus; lequel avantaige par vous ainsi ordonné, Nous voulons & mandons estre alloüé par noz amez & féaulx Gens de noz Comptes à *Paris,* ès Comptes de celui ou ceulx qui payé l'auront, en rapportant certifficacion des Gardes desdictes Monnoyes; nonobstant Ordonnances & Mandemens à ce contraires. *Donné à* Paris, *le XV.e jour de Novembre, l'an de grace mil III.c IIII.xx & XIX. & de nostre Regne le XX.e* Soubz nostre Séel ordonné en l'absence du Grant. Ainsi Signé. Par le Conseil estant en la Chambre des Comptes; ouquel les Trésoriers estoient. G. MILLERAC.

c *on est sur le point de cesser d'y travailler.*

d *éviter.*

NOTES.

(a) Registre *E.* de la Cour des Monnoyes de *Paris, fol.o* 7 vingt *verso.* [140.]

Avant ces Lettres, il y a: *Lectre du Roy pour donner avantaige en Marc d'argent à dix deniers de Loy & au dessus.*

(b) Brassaige.] Ce sont les frais de fabrication, qui se prennent sur la Monnoie. Voyez au mot *Brassage,* l'explication des termes concernant les monnoies, qui est au commencement du Traité des Monnoies de *Boizard.*

CHARLES VI. à Rouen, le 19. du mois de Novembre 1399.

(a) Confirmation du Réglement fait pour le Métier de faire des Cornets, à Rouen.

CHARLES, &c. Savoir faisons à tous présens & avenir, Nous avoir reçeu les Lettres de nostre amé & féal Chevalier & Chambellan *Hue* Sirre de *Donquerre*, & *Bailli* de *Rouen*, contenantes la forme qui s'ensuit.

A Tous ceulz qui ces présentes Lettres verront & orront. *Hue* Sire de *Doncquerre*, Chevalier & Chambellan du Roy, & son *Bailli* de *Rouen*: Salut. Comme pour ce que pluseurs fraudes & mauvaiz ouvraiges se faisoient & ont esté faiz ou temps passé ou mestier de *(b)* Correterie à *Rouen*, parquoy moult de décepcions en venoient de jour en jour aux gens habitans en la marchandise d'iceulx cores, comme [a] denonché & dit nous eust esté par les Maistres & ouvriers d'icelluy, qui instaument nous eussent requis Ordonnances y estre faictes; & pour ce que nous avons moult cher telz faulx ouvrages estre condempnez & défenduz, eussent esté à nous bailliées par forme d'Ordonnance, plusieurs articles par lesdiz Maistres & ouvriers, que nous eussions veuz & visetez à longue & meure délibéracion; savoir faisons que pour le bien & utilité dudit mestier & de la chose publique, avons fait & mis Ordonnances sur le fait & gouvernement dudit mestier, qui telles sont; c'est assavoir,

a dénoncé.

(1) Que nul ne porra ou devra ou porra faire corez trouez oultre, ne corez fenduz oultre par la bouche; & tous ceulx qui ce feront, l'amenderont de dix Solz à Justice.

(2) Item. Que nul Maistre dudit mestier ne puisse vendre ne faire cores percez enfons oultre, ne qui soient [b] estoupez de cire ou d'autre chose que de corne, sur peine de dix Solz d'amende.

b bouchez.

(3) Item. Que nul ne puisse faire cores dequoy le [c] coret n'ait bouche roonde, ou que se elle n'estoit roonde, que le [d] couvelsque cueuvre toute la bouche du coret.

c Je crois que par ce mot il faut entendre l'ouverture du cornet que l'on fermoit avec avec un bouchon.

d couvercle.

(4) Item. Que nul Maistre dudit mestier ne puisse avoir aprentiz se ledit Maistre n'euvre de *(c)* sa corne.

(5) Item. Que nul Maistre dudit mestier ne puisse prendre aprentiz à moins de six ans de service, & que nul Maistre dudit mestier ne puisse avoir que un aprentiz, tant que l'autre aura fait son service.

(6) Item. Que nul Maistre ne puisse mettre son apprentiz en euvre dudit mestier, jusques à tant qu'il ait fait Serement devant Justice, de faire bonne euvre & loyale, présens les Gardes dudit mestier, qui pour le temps seront; & où il sera trouvé deffaillant, ledit Maistre paiera l'amende dessus dicte.

(7) Item. Que nul ne puisse [e] faire ne faire faire dudit mestier, se il n'est dudit mestier, ou se il n'a apris l'espace de six ans, ou se il n'a appris en la ville de *(d)* Lay, dont il sera tenu enseignier à Justice, aux Gardes & aux compaignons dudit mestier.

e travailler ni faire travailler.

NOTES.

(a) Trésor des Chartres, Registre 154. P. v.e XLII. (542.)

(b) Correterie.] J'avois cru d'abord qu'il s'agissoit ici du métier de faire des Cors ou des Cornets, instrumens dont se servent les Chasseurs & ceux qui gardent les bestiaux; mais comme dans le troisième article il est parlé de Couvercle, & que ces instrumens n'en ont point, il m'a paru par cette raison & par quelques autres, qu'il pouvoit s'agir ici du métier de faire des Cornets de corne destinez à mettre de l'encre. J'avoue cependant que je n'ay pû me former une idée bien claire de plusieurs choses qui sont dites dans les trois premiers articles.

(c) Sa Corne.] C'est-à-dire, apparemment, s'il ne travaille pour son compte, & non pour celui d'un autre Maître, & avec des matériaux qui lui appartiennent.

(d) Lay.] Il faut sans doute corr. *Loy*. En général, les villes de Loy sont celles où il y a Corps & Communes, & il y en a plusieurs exemples dans ce Recueil; mais je crois qu'ici il faut entendre par *Villes de Loy*, celles où il y a des Corps de Métier.

(8) *Item.* Que nul ne puisse ouvrer à Samedy après None, ne aux Vegilles de la Mere Dieu, ne à la veille du [a] Sacrement, ne à la veille de la Toussaints, ne à la veille Saint Jehan Baptiste, ne à la veille de Noel, depuis que Nonne sera sonnée; & tous ceulx qui seront trouvez défaillans, paieront l'amende dessus dicte.

(9) *Item.* Que nul ne puisse lever ledit mestier comme Maistre, jusques à tant qu'il ait fait Serement devant Justice, qu'il ait bien & loyaulment servi son maistre l'espace de six ans; & tous ceulx qui seront trouvez deffaillans, paieront l'amende dessusdicte.

(10) *Item.* Que tous ceulx qui auront fait le service dudit mestier de faire cores, paieront vingt Solz de [b] hanse en ladicte Ville, excepté les enfans de Maistre, qui paieront demie-hanse.

(11) *Item.* Que nul ne puisse vendre corez en la Hale de *Rouen*, fors ceulx dudit mestier, lesquelx seront tenuz vendre tous ensemble en une table qui à ce sera ordonnée; & que tous ceulx qui autrement vouldront faire ne aler à l'encontre, paieront l'amende dessusdicte, toutesfoiz qu'ilz seront trouvez faisant le contraire.

(12) *Item.* Qu'il ait oudit mestier deux Maistres pour estre Gardes dudit mestier, desquelz deux Gardes il en y aura un qui se renouvellera à Noël, & l'autre demourra jusques à tant qu'il y ait *(d)* un viez & un nouvel; & feront Serement de garder & viseter ledit mestier bien & deuement, selon ceste présente Ordonnance.

(13) *Item.* Que les Gardes dudit mestier puissent aler viseter ledit mestier, par tous les lieux où ilz sauront qu'il y aura corez en ladicte Ville & Banlieuve, à tele heure comme il leur plaira, & appellent avec eulx un des Sergens de ladicte Ville, se il leur plaist, lequel Sergent sera paié de son salaire sur les malfaiteurs, [c] au regard de Justice.

(14) *Item.* Que nul ne puisse ouvrer dudit mestier, fors que de lueur de jour, sur peine de l'amende dessus dicte.

Toutes lesquelles Ordonnances nous voulons estre tenues & gardées entièrement, sur les peines devant dictes. Et à ycelles faire & passer se consentirent & accordèrent *Tassin Qui-ne-glenne, Guillaume* le *Seneschal, Robert* le *Cauchois, Ricart Qui-ne-glenne, Guillaume Bachelier, Jehan* de *Guenteuille, Denys* de *Romesy, Jehan* le *Bon* & *Jehan Qui-ne-glenne,* tous ouvriers dudit mestier, qui distrent que c'estoit le bien & prouffit dudit mestier. En tesmoing de ce, Nous avons mis à ces présentes le grant Séel aux Causes dudit Bailliage, le XIX.e jour de Novembre, l'an mil CCC IIII.xx & dix-neuf.

Lesquelles Lettres dessus transcriptes, & tout le contenu en ycelles, Nous ayans fermes & aggréables, ycelles louons, ratiffions, approuvons, & de nostre grace espéciale, plaine puissance & auctorité Royal, confermons par ces présentes. Si donnons en mandement aux *Bailli* & *Vicomte* de *Rouen,* & à tous noz autres Justiciers & Officiers, présens & avenir, ou à leurs Lieuxtenans, & à chacun d'eulx, si comme à lui appartendra, que de nostre présente grace & confirmacion facent, seuffrent & laissent lesdits Maistres joyr & user paisiblement, & l'Ordonnance contenue esdictes Lettres, gardent & facent garder selon le contenu d'icelles; sanz enfraindre aucunement, sur les peines & amendes en ycelles déclairées. Et que ce soit ferme chose & estable à tousjours, Nous avons fait mettre nostre Séel à ces présentes: Sauf en autres choses nostre droit, & l'autruy en toutes. *Donné à* Rouen, *le XIX.e jour du mois de Novembre, l'an de grace mil CCC IIII.xx & dix-neuf, & le XX.eme de nostre regne.*

Par le Roy, à la relacion du Conseil. DERIAN.

CHARLES VI. à Rouen, le 19. du mois de Novembre 1399.

a *de la Féte-Dieu.*

b *Corps de métier. Voy. les Tabl. des Mat. des Vol. de ce Rec.* au mot, *Hanse.*

c *par un Jugement.*

Suite des Lettres de Charles VI.

NOTE.

(d) Un viez.] C'est-à-dire, qu'au jour de Noël prochain un des Gardes sortira de place, & on en élira un autre, & qu'au jour de Noël suivant, & ainsi d'année en année, le plus ancien des deux Gardes sortira de place, & le dernier reçu y restera, & deviendra alors le vieux, l'ancien.

CHARLES VI. à Paris, le 7. de Janvier 1399.

(a) Lettres de Sauvegarde Royale pour l'Eglise & le Chapitre de Dol.

KAROLUS Dei gracia Francorum Rex. Racioni congruum arbitramur, si inter curas & sollicitudines quas frequenter habemus in regendis nostris subditis, ad hec precipuè nostre mentis aspiret affectus, per que Status Ecclesiasticus nostris temporibus sub commisso nobis regimine in pacis tranquillitate manuteneri valeat & tueri, & Regni nostri Ecclesie, personeque Ecclesiastice que de die nocteque divinis insistunt Officiis, sub nostre proteccionis clipeo à suis releventur pressuris, & à noxiis defendantur, ut eò libenciùs circa Divina vacare studeant, quò liberaliùs per regalem potenciam senserint se adjutas. Notum facimus Universis presentibus & futuris, quòd Nos Ecclesiam Dolensem *in* Britania, *ac dilectos nostros Capitulum, Canonicos, Dignitatesque, singulares Cappellanos, & personas ipsius Ecclesie, in nostra & predecessorum nostrorum Salva & speciali gardia, eciam*[a] *de jure communi ab olim existentes, una cum familiaribus, Officiariis, Juridicionibus, rebus, decimis, possessionibus,*[b] *hominibus de corpore & bonis suis omnibus, tam conjunctim quam divisim, ubilibet in Regno nostro consistentibus, ad eorum supplicacionem, ut ab omnibus invasionibus & oppressionibus indebitis sub nostre proteccionis clipeo defendi valeant in futurum, in & sub dictis proteccione, Salva & speciali gardia nostris, ad suorum jurium conservacionem duntaxat, ex habundanti suscipimus & ponimus per presentes; eisdem conjunctim & divisim,* Baillivum Constantini, *ac* Vicecomitem *nostros* Abrincensem, *modernos & futuros, qui propinquiores Judices nostri Parcium predictarum esse dicuntur, in Gardiatores deputamus speciales, quibus & cuilibet eorumdem, vel Locatenentibus ipsorum, committimus & mandamus quatenus*[c] *prefatos Ecclesiam, Capitulum, Canonicos, Dignitates, singularesque Cappellanos, & personas, ac familiares, Officiarios, homines de corpore, & decimas ejusdem Ecclesie* Dolensis, *conjunctim & divisim, in suis justis possessionibus, juribus, usibus, franchisiis, Libertatibus & saisinis in quibus ipsos & eorum quemlibet esse, suosque predecessores fuisse pacificè ab antiquo invenerint, manuteneant & conservent; ipsosque conjunctim & divisim, ab omnibus injuriis, violenciis, gravaminibus, oppressionibus, molestacionibus, vi armorum, potencia Laïcorum, ac inquietacionibus & novitatibus indebitis quibuscumque, defendant seu defendi faciant, nec permittant contra ipsos supplicantes, conjunctim & divisim, aliquas fieri vel inferri injurias aut indebitas novitates; quas, si factas esse vel fuisse in dicte Salvegardie nostre & ipsorum supplicancium prejudicium repererint, ad statum pristinum & debitum reducant seu reduci faciant indilatè, ac Nobis & dictis supplicantibus propter hoc emendam condignam prestari faciendo; eisdemque personis de quibus*[d] *assecuramentum habere requisierint, legitimum juxta patrie consuetudinem prestari, & in signum hujusmodi Salvegardie nostre, penuncellos seu Baculos nostros in & super Ecclesia, domibus, rebus, bonis, decimis, & possessionibus dictorum Ecclesie, Capituli, Canonicorum, singulorumque Cappellanorum, & personarum, familiariorum, ac hominum predictorum ipsius Ecclesie* Dolensis, *conjunctim & divisim, in casu eminentis periculi, apponi faciant; inhibendo seu inhiberi faciendo omnibus personis de quibus fuerint requisiti, sub certis & magnis penis Nobis applicandis, ne ipsis Ecclesie, ac dictis supplicantibus, eorumque familiaribus, Officiariis ac hominibus de corpore, in personis, rebus sive bonis suis aliqualiter fore facere presumant; & si in casu novitatis, inter dictos supplicantes aut aliquem eorum, & quemcumque alium, debatum oriatur, debato ipso & rebus contenciosis ad manum nostram tanquam superiorem positis, locisque deablatis, si que sint vel fuerint, realiter & de facto ressaisitis, & recredenciâ factâ per eos, ubi fuerit facienda, exhibeant, Partibus auditis, super debato hujusmodi celeris justicie complementum, & cetera omnia & singula faciant & exerceant circa premissa & ea tangencia, que ad Gardiatorum Officium pertinent, possuntque & debent quomodolibet pertinere; & quoad*

a Par le Droit commun les Eglises Cathédrales sont sous la Sauvegarde Royale.

b espèce de Serfs.

c *prefat.* avec une marque d'abréviation. Reg.

d *Voy. les Tabl. des mat. des Vol. de ce Rec. au mot,* asseurément, *& à celui de* pennonceaux, *duquel il est parlé un peu plus bas.*

NOTE.

(a) Trésor des Chartres, Registre 154. Pièce V.^c LXXVII. [577.]

premissa

CHARLES VI. à Paris, le 7. de Janvier 1399.

premissa omnia & singula exequenda, dictis supplicantibus, conjunctim & divisim, unum vel plures Servientes nostros ydoneos ex parte nostra deputent, ipsorum supplicancium sumptibus; qui tamen de his que cause cognicionem exigunt, se nullathenus intromittant; omnibus & singulis Justiciariis, Officiariis & subditis nostris, tenore presencium precipientes & mandantes quathenus dictis Gardiatoribus & eorum cuilibet, ac per ipsos aut eorum alterum deputandis, in premissis & eorum dependenciis pareant efficaciter & intendant, sibique prestent consilium, auxilium & favorem, si opus sit & super hec fuerint requisiti. Quòd ut firmum & stabile permaneat in futurum, nostrum presentibus Litteris fecimus apponi Sigillum. Datum *Parisius,* VII. die Januarii, anno Domini M.° CCC.° nonagesimo nono, & regni nostri XX^mo^.

Per Regem, ad relacionem Consilii. FRERON.

CHARLES VI. à Paris, le 27. de Janvier 1399.

(a) Lettres qui confirment l'union de l'Abbaye du Mont-Nôtre-Dame lez Provins, Ordre de Cîteaux, à l'Abbaye de Prully du même Ordre, ordonnée par le Chapitre général de cet Ordre.

KAROLUS, &c. Notum facimus universis tam presentibus quam futuris, Nos Litteras vidisse, formam, que sequitur, continentes.

Nos Fratres (b) Jacobus, Cistercii; Stephanus, Firmitatis; Johannes, Pontigniaci; Stephanus, [a] Claravallis, & Johannes, Morimundi, Cabilonensis, Autissiodorensis & Lingonensis *Diocesum, Monasteriorum Cisterciensis Ordinis, Abbates,* [b] *ceterisque Abbates, Diffinitores dicti Cisterciensis Ordinis Capituli generalis, notum facimus universis presentes Litteras inspecturis, quòd anno presenti, in nostro dicti Cisterciensis Ordinis Capitulo generali* Cistercii *celebrato, facta fuit & est quedam diffinicio cujus tenor sequitur in hec verba.*

(c) Quoniam observare discrecio debet in numero Religiosorum in Monasteriis ponendorum, ut videlicet tot simul & non plures [c] cohabitant, qui vivere possint ordinate, ne, vel excusante paucitate, vivant irregulariter, vel pro multitudine cohabitancium, necessitatibus eorum illicita querere compellantur, sed dum querunt plura [d] exterior. cura crescit per diversas regiones Ecclesie Beneficia [e] sparguuntur, & pro regendis ipsis, Fratres necessario sparsi, [f] subsecuntur soli, inter seculares habitant, & nolentes pati fraudem, judicio contendere parati: qui verò per *(d)* cellulas, duo vel tres, vel eciam quatuor, [g] quinque simul habitant, claustrali non [h] coartuntur lege, sed pro libito plerumque suo vivunt, & inter gentes commixti, discunt eorum vitam & opera, & ut seculares, diversis serviunt [i] stultilibus viciorum, ac religionis statuta &

a *Claravallis.*

b corr. ceterique.

c *cohabitent.*

d *Il y a une marque d'abréviation à la fin de ce mot.*

e *sparguntur.*

f *fort. subsequenter.*

g supp. *vel.*

h *coarctuntur.*

i mot corrompu, qui dérive peut-être de *stultus.*

NOTES.

(a) Trésor des Chartres, Registre 154. Pièce VII.^c^ XXVIII. (728.)

(b) Jacobus, &c.] Cet Abbé *de Cîteaux* se nommoit *de Floigniaco. Vid. Gall. Christ. 2.e Édit.* T. 4. col. 1001. n° XXXVII.

Stephanus Firmitatis, l'Abbaye de *la Ferté sur Grosne,* première fille de l'Abbaye de *Cîteaux,* Diocèse de *Châlons sur Saône.* L'Abbé *E'tienne* se nommoit *de Cheza. Vid. ibid.* col. 1019. & 1025. n° XXIX.

Johannes Pontigniaci, l'Abbaye de *Pontigny,* seconde fille de *Cîteaux,* Diocèse d'*Auxerre. Vid. Gall. Christ. 1.e Édit.* T. 4. p. 740. col. 2. Le nom de famille de l'Abbé *Jean* n'y est point. On n'y trouve même aucune date d'année dans son article; mais il y est dit que *Pierre,* successeur de *Jean,* mourut en 1400.

Stephanus, Claravallis, Clairvaux, troisième fille de *Cîteaux,* Diocèse de *Langres.* L'Abbé *E'tienne* se nommoit *de Foissiaco,* al. *de Foiniaco. Vid. Gall. Christ. 2.e Édit.* T. 4. col. 796. & col. 809. n° XXXV.

Johannes Morimundi, l'Abbaye de *Morimond,* quatrième fille de *Cîteaux,* Diocèse de *Langres.* L'Abbé *Jean* se nommoit *de Martigniaco,* & fut élû Abbé de *Clairvaux* en 1402. *Vid. ibid.* col. 809. n° XXXVI. col. 814. & col. 820. n° XXXVI.

(c) Quoniam, &c.] Ce Statut est défiguré par un grand nombre de fautes; mais on ne laisse pas d'en entrevoir le sens.

(d) Cellulas.] Suivant le Glossaire de *Du Cange,* au mot *Cella,* il signifie une petite maison Religieuse. Je crois que *Cellula,* est ici un diminutif de ce mot, & qu'il a la même signification.

CHARLES VI. à Paris, le 27 de Janvier 1399.

Ordinis formam, & [a] obſcenaciones devotas nedum non ſervantes, pene penitus obliviſcuntur: propter quod antiqui noſtri Sancti Patres ſalubriter, ymo neceſſario, propter obſervanciam Sancti regule Benedicti, ſecundùm quam regulam nos omnes ſolemniter vovimus & promiſimus converſari, ſtatuerunt in diffinicionibus per eos editis, ut ad novam Abbaciam minus quam duodecim Monachi cum Abbate tercio decimo, non mitterentur, ipſo loco prius domibus, libris & aliis neceſſariis ſic aptato quod ibi [b] competentur vivere poſſent, & regulam obſervare; quodque minora Monaſteria tam Monachorum quam Monialium, in quibus non poſſent congruè ſuſtentari duodecim Monachi vel Moniales, ibidem aſſiduè reſidentes ut per omnia poſſent communia ſtatuta Ordinis obſervare, Patres Abbates conjungerent aliis Monaſteriis & unirent.

a obſervaciones.

b competenter.

Cum igitur Monaſterium Monialium (e) de Monte-Noſtre-Domine, *propè* Provinum, *Dioceſis* Senonenſis, *noſtri Ciſtercienſis Ordinis, immediatè Monaſterio (f)* Pruliacenſi *ſubjectum, ſit adeò tenuiter reddituatum, ac bonis temporalibus inſufficienter dotatum, quòd nullathenus aut vix in eodem poſſit dictus numerus Monialium, cum perſonis eis propter ſua ſpiritualia temporaliaque negocia procuranda neceſſariis, ad ſuam vitam tranſigendam ſufficienter (g) procuratori ſeu commodo ſuſtentari, generale Capitulum propter hoc & alia plura ipſum ad hoc merito inducencia, multùm juſtè unit, incorporat & annectit dictum Monaſterium de* Monte-Noſtre-Domine, *prefato Monaſterio* Prulliacenſi *noſtri Ciſtercienſis Ordinis, Dioceſis* Senonenſis, *ſatis eidem propinquo, pro grangia vel cellario faciendis Abbati dicti Monaſterii* Prulliacenſis: *committendo precipiens & injungens idem Capitulum (h) catinus Abbatiſſam, Moniales & ceteras perſonas regulares que nunc ſunt dicti Monaſterii de* Monte Noſtre-Domine, [c] *emittat auctoritate dicti Capituli, extra dictum Monaſterium, ad alia ſingula Monaſteria Monialium dicti noſtri Ordinis, que potentia ſint ad ſibi neceſſaria, ſicut ceteris ſuis Monialibus, miniſtranda, & in eiſdem ſingulis Monaſteriis faciat eas recipi, regulariter, quamdiu vixerint in humanis, commorandas; poſſeſſionemque dicti Monaſterii de* Monte-Noſtre-Domine, *veram, manualem & realem reddituum, proventuum, fructuum & emolumentorum bonorum & hereditagiorum, poſſeſſionum, rerum & pertinenciarum, mobilium & immobilium ejuſdem accipiat, & intret pro ſe & ſuo Conventu ac Monaſterio* Prulliacenſe, *per* [d] *cenſuram Ordinis, invocato ad premiſſa & infraſcripta, ſi opus ſit, auxilio brachii ſecularis; ita tamen quod ipſe Abbas & Conventus dicti Monaſterii* Prulliacenſis, *& ſui ſucceſſores, jugiter & omni tempore teneant in dicto Monaſterio de* Monte-Noſtre-Domine, *expulſis inde perpetuo Monialibus & aliis mulieribus, & ſuſtentent in ſibi neceſſariis, & ad hec facienda ſint obligati & aſtricti, tot Sacerdotes, quod ibidem propter* [e] *reverenciam divini cultûs, & inhumatorum ſeu ſepultorum corporum humanorum, & ſalutem animarum ipſorum, qualibet die una miſſa ad minus indiffectibiliter celebretur; & nichilominus committit idem Capitulum Abbatibus de (i)* Bello-Prato, *Sacre Theologie Profeſſore, &* de Joyaco, *& eorum cuilibet, ac univerſis & ſingulis Abbatibus dicti noſtri Ordinis, quatinus, ſi neceſſe fuerit,*

c mot douteux.

d le decret.

e reverenciam.

NOTES.

(e) De Monte-Noſtre-Domine.] L'Abbaye de *Nôtre-Dame les Provins*, dite les Filles-Dieu. *Vid. Gall. Chriſt. 1.re Edit.* T. 4. pag. 668.

Si ce qui y eſt dit dans l'article de cette Abbaye, eſt exact, il en faut conclurre que l'union ordonnée en 1399. n'eut point lieu.

(f) Pruliacenſi.] *Prully.* Voy. *Gall. Chriſt. 1.re Edit.* T. 4. p. 765. col. 1.

(g) Procuratori.] Il faut apparemment corriger *procurari*. On trouve dans le Gloſſaire de *Du Cange*, au mot *procurare*, qu'il ſignifie *ſuppeditare, providere*.

(h) Catinus.] Il faut peut-être corriger *quathinus;* mais il ſemble qu'il manque ici le nom de celui que le Chapitre commet pour faire la tranſlation des Religieuſes: c'eſt apparemment l'Abbé de *Prully*.

(i) Bello-Prato.] Il y a dans l'Ordre de Cîteaux, deux Abbayes nommées *Bellumpratum, Beaupré*, l'une fille de l'Abbaye de *Morimond*, Diocèſe de *Tulles*, & l'autre fille de l'Abbaye d'*Orcamp*, Diocèſe de *Beauvais*. Il n'y a rien dans cette Pièce qui déſigne de laquelle de ces deux Abbayes il s'agit ici. *V. Gall. Chriſt. 1.re Edit.* T. 4. pp. 145. & 146.

De Joyaco L'Abbaye de *Jouy*, cinquième fille de l'Abbaye de *Pontigny*, Diocèſe de *Sens*. *Vid. ibid.* p. 541.

& ad hoc ex parte dictorum Abbatis & Conventûs Prulliacensis *fuerunt requisiti, ad dictum Monasterium de* Monte-Nostre-Domine, *& ipsius pertinencias, personaliter se transferant, & execucioni debitè presentem diffinicionem demandent; precipitque districtè ac injungit, sub penis excommunicacionis & incarceracionis perpetuè, prefatis Abbatisse* [a] *Monialibus que pro nunc sunt in dicto Monasterio de* Monte-Nostre-Domine, *quod dicto Abbati* Prulliacensi, *ceterisque Commissariis Abbatibus, si qui ad hoc fuerint evocati, pareant humiliter & devotè, nullam rebellionem vel contradicionem in hiis que concernunt presens nostrum Statutum, vel ipsum contingencia, emergencia seu deppendencia, per se ipsas vel alias quascumque personas, ullathenus inferendo; ita tamen quòd dicti Abbas & Conventus Monasterii* Prulliacensis *tenebuntur in festo Sancti Remigii, in capite Octobris, postquam pacificam & integram possessionem dicti Monasterii de* Monte-Nostre-Domine, *ejusque pertinenciarum habuerint seu fuerint assecuti, solvere & reddere* Parisius, *ad expensas suas, centum solidos Turonenses* [b] *Domui Sancti Bernardi* Parisiensis, *pro reparacione & sustentacione Domorum & Studii memorati, & singulis annis in perpetuum, & de eo faciant dicte Domui Sancti Bernardi & ejus Gubernatoribus, sine mora post adeptam possessionem, Litteras obligatorias patentes, & alias competentes. In quorum omnium & singulorum premissorum robur & testimonium, Nos Abbates & Diffinitores supradicti, signum nostrum consuetum duximus presentibus Litteris apponendum. Datum* Cistercii, *tempore dicti nostri Capituli Generalis; videlicet die* XV[a] *mensis Septembris, anno Domini* M.° CCC.° *nonagesimo nono.*

CHARLES VI. à Paris, le 27 de Janvier 1399.

a *supp.* &.

b le Collége des Bernardins à *Paris*, rue des Bernardins.

Quas quidem Litteras superius insertas, dictamque unionem, & omnia & singula in quantum ritè facta fuerunt, rata & grata habentes, ipsas laudamus, ratifficamus & approbamus, ac tenore presencium de gracia speciali confirmamus: Mandantes omnibus & singulis Justiciariis, Officiariis & Subditis nostris, & eorum cuilibet, prout ad eum pertinuerit, presentibus & futuris, quatenus nostra presenti laudacione, ratifficacione & approbacione, Abbatem predictum Prullyacensem *uti & gaudere pacificè & quietè perpetuis faciant temporibus & permittant, nil in contrarium attemptando. Quod ut firmum & stabile perpetuis maneat temporibus, nostrum Litteris presentibus fecimus apponi Sigillum: Salvo in omnibus jure nostro, & eciam quolibet alieno.* Datum *Parisius,* die XXVII[a] Januarii, anno Domini M.° CCC.° nonagesimo nono, & Regni nostri XX[mo].

Suite des Lettres de Charles VI.

Per Regem, ad relacionem sui magni Consilii, in quo [c] *Vos, Dominus* Robertus Cordigeri, *& nonnulli alii, eratis.* GONTIER.

c Le Chancelier de France. *Voy. le 5.e Vol. de ce Rec.* pag. 653. Note *(c)*.

CHARLES VI. à Paris, le 27 de Février 1399.

(a) Lettres qui défendent à tous les Sujets du Roy, d'aller en Pélerinage à Rome.

CHARLES par la grace de Dieu Roy de France. Au *Prévost* de *Paris,* ou à son Lieutenant: Salut. Par grant advis & déliberacion euz en nostre Conseil, ouquel ont esté noz très-chiers & très-amés Oncles & Frere les *Ducs* de *Berry,* de *Bourgogne,* d'*Orleans* & de *Bourbon,* plusieurs autres de nostre Sang & de nostredit Conseil, Nous avons ordené & ordenons pour certaines grans causes justes & raisonnables, touchant le grant bien & utilité publiques de nostre Royaume & de noz Subgiez d'icellui, & aussy le grant bien & avencement de l'union de nostre Mere Sainte Eglise, que aucun de noz diz Subgiez de quelque estat ou condicion qu'il soit, ne se parte de nostredit Royaume pour aler en Pélerinage à *Romme;* & pour ce défendons à tous noz diz Subgiez quelz qu'il soyent, sur peine d'encourir nostre

NOTE.

(a) Livre Rouge vieil du Châtelet de *Paris, folio* 7 vingt 17. *recto.* [157.]

Avant ces Lettres, il y a: *La Défense que l'en ne alast à* Romme.

CHARLES VI. à Paris, le 27. de Février 1399.

indignacion, qu'ilz ne aillent oudit voyage; mais ceulx qui sont meuz & en chemin pour y aler, s'en retournent incontinent, sceuë nostredicte Ordonnance. Si vous mandons & enjoingnons estroictement, que incontinant, veuës ces Lettres, vous faictes crier & publier solempnelment noz Ordenance & défense dessus dictes, en nostre Ville de *Paris,* en tous les Lieux d'icelle où l'en a accoustumé faire Criz solempnelz, & ès autres Lieux notables de vostre Prévosté, afin que aucun n'ait cause de sur ce prétendre ignorance; & ceulx que vous trouverez [a] ès mettez de vostre Jurisdicion avoir fait ou faire le contraire, punissiez telement que ce soit exemple à tous autres; nonobstant quelzconques Licences octroyées par noz Lettres ou autrement, à quelzconques personnes de quelque auctorité ou estat que elles soyent, pour aler oudit voyage; lesqueles Nous avons révoquées & révocons par ces présentes. *Donné à* Paris, *le* XXVII.e *jour de Février, l'an de grace mil* CCC IIII.xx *& dix-neuf; & le* XX.e *de nostre Regne.* Ainsy signées. Par le Roy, à la relacion de son Grant Conseil, ouquel Mess. les *Ducs* de *Berry,* de *Bourgoigne,* d'*Orleans* & de *Bourbon,* [b] Vous, les *Contes* de *Saint Pol* & de *Tancarville,* & plusieurs autres dudit Grant Conseil, estoient. J. DE SANCTIS. Et au dos desdictes Lettres estoit escript: Publiée en Jugement ou Chastellet de *Paris,* le Samedi XXVIII.e Jour de Février, l'an mil CCC IIII.xx & XIX. BESON Lieutenant tenant le Siége; & criée ce mesme jour ès Carrefours & Lieux acoustumez à faire criz en la Ville de *Paris.*

Collation faicte aux Lettres Originaulx cy-dessus transcriptes, par moy. CHARA.

a *dans l'étendue.*

b Le Chancelier de France. Voy. *le 5.e Vol. de ce Rec.* pag. 653. Note *(c).*

CHARLES VI. à Paris, le 9. de Mars 1399.

(a) Lettres qui défendent de marcher le visage couvert, en sorte que l'on ne puisse être connu.

CHARLES par la grace de Dieu Roy de France. Au *Prévost* de *Paris,* ou à son Lieutenant : Salut. Comme Nous ayons entendu que plusieurs de noz Subgez Nobles & autres, aïent de nouvel [c] prins à chevauchier les Visages *(b)* embrunchez de leurs Chapperons, tellement que l'en ne les peut congnoistre ne veoir leurs visaiges à descouvert, exceptez les yeulx seulement; & soubz umbre de ce, aucuns malfaicteurs ont entrepris à chevauchier en cette manière, par lesquelz ont esté & sont faiz plusieurs [d] murdres & Roberies, excès & maléfices, desquelz ne peut estre fait punicion, pour ce que l'en ne peut d'eulx avoir congnoissance [e] pour l'estat couvert que ilz portent, qui sont faiz de mal exemple, en grant esclande & lésion de Justice, & plus pourroit estre, se sur ce n'estoit par Nous pourveu de remède. Pourquoy Nous ces choses considérées, voulans telz voyes malicieuses restraindre, & noz Subgez demourer en bonne paix & transquillité, vous mandons, & pour ce que autresfoiz par noz Ordenances Royaulx, a esté deffendu que nul ne portast [f] faux visages ne embrunchiez, & que [g] interposeement, par personnes incongneuës, aucun ne batist ou injuriast, ne feist batre ne injurier autres personnes, commettons que diligenment & secrettement vous vous informés ou faictes informer des excès & maléfices ainsi faiz & perpétrez par Gens portant l'estat dessusdit; & tous ceulx que vous en trouverés coulpables, punissiez les telement soit criminelment ou autrement, comme vous verrez en vostre conscience au cas appartenir, & que ce soit exemple à tous autres; & avecques ce, pour fuir & éviter telz inconvéniens, faites crier & publier par tous les Lieux de vostre Prévosté accoustumez à ce faire, que sur peine de grant amende, nul ne soit si hardy de chevauchier ne aler à pié d'oreśénavant ainsy ambrunchiez ou couvert le visage, que

c *entrepris de marcher, monter sur des Chevaux.*

d *meurtres.*

e *parce qu'ils ont le visage couvert.*

f *masques.*

g *ne se servissent de personnes inconnues.*

NOTES.

(*a*) Livre Rouge vieil du Châtelet de *Paris, folio* 8 vingt 11. *recto.* [171.]

Avant ces Lettres, il y a : *Lettres des Embrunchiez.*

(b) Embrunchez de leurs Chapperons] Couverts de leurs Chapperons, qui étoient un habillement de tête alors en usage. Voy. *Borel,* p. 147. au mot *embruncher,* il le dérive d'*Imbrex, Tuile [creuse.]*

chascun ne puist veoir ou congnoistre les personnes à qui l'en pourroit en tel cas [a] avoir à besongnier; & tous ceulx que vous trouverés après le Cry ainsy fait attempter au contraire, punissiez comme dessus, telement que ce soit exemple à tous autres; & vous gardez que en ces choses n'ait aucun deffault: car de ce faire vous donnons povoir & Commission; mandons à tous à qui il appartendra, que à vous en ce faisant & à voz Commis obéissent & entendent diligemment; & ce avons octroyé & octroyons par ces présentes, nonobstans quelzconques Lettres à ce contraires. *Donné à* Paris, *le IX.e jour de Mars, l'an de grace mil CCC IIII.xx & dix-neuf, & le XX.e de nostre regne.* Ainsi signé. Par le Roy, à la relacion du Conseil Lay. MERCIÉR. Et au dos desdictes Lettres estoit escript ce qui s'ensuit: Publiées souffisaument ès Lieux acoustumez à faire Crys à *Paris*, en tel cas, par *Jaquet Prévost* Crieur du Roy nostre S. *Et fait le Mardi IX.e jour de Mars, l'an IIII.xx & dix-neuf.* Collation faicte à l'Original.

CHARLES VI. à Paris, le 9. de Mars 1399.

a *avoir à faire.*

CHARLES VI. à Paris, le dernier de Mars 1399.

(*a*) Lettres qui portent que les Habitans d'Aix-la-Chapelle, ne payeront dans le Royaume de France, que les Péages & les autres Impôts de ce genre, auxquels les Régnicoles sont sujets.

CHARLES V. au Bois de Vincennes, en Mars 1368.

KAROLUS, &c. Notum facimus universis presentibus pariter & futuris, Nos Litteras Carissimi Domini & Genitoris nostri, cujus anime Deus parcat, vidisse, formam que sequitur, continentes.

KAROLUS Dei gracia Francorum Rex. Ad perpetuam Rei memoriam. Regalem excellenciam decet loca Sanctorum omnium, illa presertim in quibus Sancta ipsorum corpora, & potissime illorum qui dignitate regali prefulgebant dum viverent, requiescunt, venerari pre ceteris, & habitantes in eis speciali prerogativa prosequi favoribus graciosis. Hinc est quod Nos attendentes quod Rex Regum cuncta sui disposicione gubernans, Ecclesiam & villam de Aquis, Leodiensis *Diocesis, dignatus fuit taliter & in tantum honorare, quod ibidem corpus beati* Karoli Magni *qui dudum Regni Francie, cujus nunc moderamini, disponente Domino, presidemus, gubernaculis prefuit, & fidei zelator serventissimus (b) Terram Sanctam ad Christi injurias ulciscendas personaliter adivit, potentiaque virtutis Altissimi roboratus, Terram ipsam à* Sarracenis *perfidis liberavit, tantaque & tot alia,* [b] *dun in humanis ageret, miraculosè peregit, quod finaliter felici commercio, terrena in celestia commutavit inhumatum vel sepultum extitit & requiescit, & propter hoc in honorem sancti ipsius, volentes villam ipsam, concivesque & habitantes in ea, perpetuis & specialibus dotare privilegiis & ditare, eisdem concivibus seu habitatoribus dicte ville, presentibus & futuris, Regiâ auctoritate, de nostre plenitudine potestatis, ex certaque sciencia & gracia speciali, concessimus atque concedimus per presentes, quòd ipsi predicte ville concives & habitantes, moderni pariter & futuri, ac quilibet eorumdem, cujuscumque status aut condicionis fuerint vel existant, cum bonis & rebus suis, per totum Regnum, potestatemque & Dominium nostrum, eundo & redeundo, ab omni exactione seu requisicione Theolonei, Pedagii, (c) Carradie, Vectigalis,* [c] *Navigi, aliisque exaccionibus & requisicionibus quibuslibet & quocumque nomine censeantur vel vocentur, perpetuis temporibus sint exempti, liberique totaliter & immunes, ac si essent & prout sunt Regnicole &* [d] *fuditi nostri Regni & Dominii prefati. Damus igitur tenore presencium in mandatis universis & singulis Justiciariis, aliisque Officiariis & subditis nostris Regni & Dominii predicti, qui ad premissa levanda deputati*

b corr. *dum.*

c *Navigii*, là & plus bas.

d *subditi.*

NOTES.

(*a*) Trésor des Chartres, Registre 154. P. VIIc X. (710.)

(*b*) *Terram Sanctam.*] Ce voyage de *Charlemagne* dans la Terre Sainte, est une fable. Il a fait à la vérité la guerre contre les *Sarrasins*, mais ce fut en *Espagne*.

(*c*) *Carradie.*] Ce mot que je n'ai point trouvé dans le Glossaire de *Du Cange*, signifie apparemment un droit qui se levoit sur les chariots, sur les voitures.

CHARLES VI. à Paris, le dernier de Mars 1399.

sunt & erunt in futurum, quatenus dictos concives & habitantes presfate ville Aquensis, *modernos pariter & futuros, ac quemlibet eorumdem, predictis exempcione & Libertate gaudere & uti plenariè, liberè & pacificè sine contradiccione, cessantibus omnibus impedimentis, perpetuò faciant & permittant. Quod ut firmum & stabile perpetuò perseveret, presentes Litteras nostro magno Sigillo fecimus sigillari: Salvo jure nostro in aliis, & quolibet alieno.* Datum *apud Nemus* Vicennarum, *anno Domini* M.° CCC° LXVIII.° *& regni nostri quinto, mense Marcii.*

Suite des Lettres de Charles VI.

Nos autem easdem Litteras suprainsertas & omnia & singula in eis contenta, prout & in quantum concives & habitatores ville de Aquis, Leodiencis *Diocesis, in ipsis Litteris nominati, ipsis hactenus debitè usi sunt, ratas & gratas, rataque & grata habentes, eas & ea volumus, approbamus, & tenore presencium confirmamus, Mandantes omnibus Justiciariis, Officiariisque & aliis subditis nostris, ad exaccionem Theolonei, Pedagii, Carradie, Vectigalis, Navigi, & aliarum redibenciarum quarumcumque deputatis vel deputandis, presentibus & futuris, vel eorum Locatenentibus, & eorum cuilibet, ut ad eum pertinuerit, quatenus dictos concives & habitatores dictè ville de* Aquis, *modernos & futuros, donis & graciis in presfatis Litteris contentis & declaratis, prout eisdem debitè usi sunt hactenus, ut prefertur, uti & gaudere de cetero faciant & permittant: Quicquid in contrarium factum fuerit revocando & ad statum pristinum & debitum reducendo. Quod ut firmum & stabile permaneat in futurum, &c. nostro in aliis, &c.* Datum *Parisius,* die ultima Marcii, anno Domini M.° CCC° nonagesimo nono, & Regni nostri XX°.

Per Regem, ad relacionem Consilii. G. FORTEMENT.

CHARLES VI. à Paris, en Mars 1399.

(a) Confirmation des Statuts faits pour les Couvreurs de la Ville de Rouen.

CHARLES &c. Savoir faisons à tous présens & avenir, Nous avoir veu certaines Lettres de nostre amé & féal Chevalier & Chambellan *Hue* Sire de *Donquerre,* à présent nostre *Bailli* de *Rouen,* esquelles sont contenus certains poins & articles sur le mestier de couvrir de tuille, d'ardoise & *(b)* d'estende, de ladicte Ville de *Rouen;* lesquelx poins & articles, à la requeste de plusieurs dudit mestier, ont esté accordez à tenir doresénavant par la délibéracion de nostre Procureur & de nostre Conseil audit lieu; desquelles Lettres la teneur s'ensuit.

A TOUS ceulx qui ces Lettres verront ou orront. *Hue Sire* de *Donquerre,* Chevalier, Chambellan du Roy nostre S. & son *Bailli* de *Rouen:* Salut. Comme plusieurs des Maistres & ouvriers du mestier de couvrir de [a] tieule, d'ardoise & d'esterde, de la Ville de *Rouen,* soient n'agaires venus devers Nous, donnans à entendre que oudit mestier se faisoient & commettoient de jour en jour plusieurs mauvaistiez & [b] faulx ouvrages, qui estoit chose vituperable, & ou grant préjudice dudit mestier & de la chose publique, & Nous aient requis sur ce Ordonnance selon aucuns articles que ilz Nous ont bailliés, pour doresénavant estre tenues & gardées sans enfraindre. Savoir faisons que aujourd'huy furent présens pardevant Nous *Thomas* le *Viautre, Oudin Languedor, Guieffroy Boutechouque, Thomas Des Hommes, Colin* de la *Haye, Pierre Leureux, Marciot Dubois, Mahieu Herpin, Colin Poulain, Rogier Herpin, Henry* le *Rebours, Rogerin Gondart, Guillaume Gueroult, Michaut Guarin, Johachim* le *Carpentier, Guillot Languedor, Guieffin Des Loges* & *Heliot Brunel,* tous Maistres & Ouvriers dudit mestier, lesquelx Nous présenterent articles pour leur estre baillées par manière d'Ordenance, qui telles sont.

a *tuile.*

b *ouvrages faits en contravention des Réglemens.*

(1) Premièrement. Pour garder & visiter ledit mestier, aura quatre souffisans

NOTES.

(a) Tresor des Chartres, Registre 154. P. VIe L. (650.)

(b) Estende.] Il faut corriger *Esterde,* qui se trouve deux fois dans la suite de ces Lettres. *Esterde* est appar. la même chose que *Estere,* qui signifie une natte de jonc. Voyez le Dict. du Commerce par *Savary,* au mot *Estere.*

personnes d'icellui mestier, qui seront mis & députez, ordenez & instituez Maistres Jurés à la garde & visitation dudit mestier, au tesmoignage & relacion d'iceulx d'icellui mestier, par le *Bailli* de *Rouen,* ou son Lieutenant, qui jureront devant ledit Bailli ou son dit Lieutenant, que bien & loyaument garderont & visiteront ledit mestier, les poins & articles d'icelui cy-après déclairez & devisez ; & auront yceulx Gardes toute la visitation sur tout l'ouvrage dudit mestier, & sur les circonstances & deppendances d'icellui, & seront tenus yceulx Gardes sur leur serement, de rapporter devant ledit *Bailli,* toutes les [a] hansses, demie-hanses, amendes [b] forfaictures que ilz trouveront estre commises & faictes en icellui mestier; lesquelx Gardes [c] se remueront chacun an le Lundi après Pasques, & en demourra deux vieulx pour adviser les autres.

CHARLES VI. à Paris, en Mars 1399.

(2) *Item.* Nul Maistre dudit mestier ne pourra avoir que un aprentiz à la fois, lequel aprentis sera tenu servir pour apprendre ledit mestier, trois ans accomplis ; & à l'entrée de son dit service, sera [d] mené en la présence desdis Gardes, devant le *Bailli* de *Rouen,* de faire serement [e] bien deuement & loyalment faire son service ledit temps durant; & en la fin d'icellui temps acompli, [f] sera tenu comme Maistre & tesmoingnage devant lesdis Officiers par le Maistre qu'il aura servi, & par lesdis Gardes; & se aucun vouloit [g] lever ou faire son mestier de soy, sans estre en estrange service, après ce qu'il aura fait le service dessusdit en la dicte Ville, ou en [h] Ville de Loy, approuvé souffisamment, il le pourra faire par paiant dix Solz au Roy nostredit S. & cinq Solz ausdiz Gardes pour les paines, [i] mises & travaulx qu'ilz soustendront à garder ledit mestier ; excepté les filz de Maistres qui ne paieront que cinq Soubz pour le Roy, & deux Sobz six deniers ausdis Gardes.

(3) *Item.* Que nul ne puisse ouvrer dudit mestier en ladicte Ville, se il n'a fait le serement dessusdit en ladicte Ville, ou en Ville de Loy, ailleurs où ledit mestier est gardé & visité, payé les droictures dessus déclairées, dont il apperra deuement, sur peine de dix Solz Tournois d'amende à appliquier au Roy nostredit Seigneur, que celui ou ceulx paieront qui sera ou seront trouvez faisant le contraire, & par tant de fois que ilz y seront trouvez, par tant de fois l'amenderont.

(4) *Item.* Se aucun dudit mestier est trouvé coulpable d'avoir fait aucun faulx ouvrage, comme d'avoir fait faulx [k] doubliers, trop cler laté, fait faulses [l] liasons, mis goutières [m] & à mauvaise pente ou préjudice d'autrui, & autres semblables malefaçons oudit mestier, il sera appellé devant le *Bailli* de *Rouen*, en la présence desdis Gardes, & amendera la faulte, de dix Solz Tournois, à appliquier au Roy, & v. Solz ausdis Gardes; & sera ladicte malefaçon réparée & amendée aux despens d'icellui ou ceulx qui auront fait ladicte faulte.

(5) *Item.* Que lesdis Gardes auront la visitacion de toute l'ardoise, tieulle & esterde qui sera amenée en la Ville de *Rouen,* par eaue & par terre, pour ce que c'est leur mestier d'en ouvrer, & que en ce sont & doivent estre mieulx congnoissans que autres, & aussi que ladicte tieulle soit de moule & grandeur que elle doit estre ; & se ilz en treuvent de faulse, mauvaise ou autre que elle ne doit estre, ilz l'arresteront sur celui ou ceulx sur qui elle sera trouvée, & la rapporteront devant ledit Bailli, pour la faire rompre & despecier par pièces, & ycelles pièces faire vendre au prouffit du Roy pour faire astres, *(c)* couvertures, ou ce qu'il plaira à ceulx qui les acheteront, sans couvertures faire; duquel prouffit le Roy aura les deux pars, & lesdis Gardes, le tiers, pour les peines & travaulx qu'ilz auront en ce faisant.

(6) *Item.* Que nul dudit mestier ne puisse ouvrer d'icellui au Samedi puis [n] None Nostre-Dame, au Dimenche, aux cinq Festes Nostre-Dame, aux Festes d'Apostres, aux jours de Toussains, les veilles de Noël, de Pasques, de Penthecouste ; jusques à None Nostre-Dame, les jours telz que le commun [o] festent, ne au jour de

a *Droit qui se paye dans un corps de métier. Voyez les Tables des Mat. des Vol. de ce Rec.* au mot *Hanse.*

b supp. *&c.*

c *seront changez.*

d ce mot qui est peut-être corrompu, doit signifier ici *tenu,* ou quelqu'autre mot semblable. Voyez la note marg. *(f)* suivante.

e supp. *de.*

f cet endroit paroît corrompu, & il semble entre autre chose qu'il faille corriger *mené* au lieu de *tenu.* Voyez la note marg. *(d)* ci-dessus.

g c'est-à-dire, *se faire recevoir Maitre sans travailler comme compagnon sous un Maitre.*

h *Voy. ci-dessus* p. 338. Note *(p)*

i *dépenses.*

k *Je n'ai rien pû trouver sur ce mot.*

l *liaisons.*

m *cette conjonction paroît inutile.*

n *None sonnée à Nostre-Dame, qui est l'Eglise Cathédrale.*

o *fête.*

NOTE.

(c) Couvertures.] Ce mot ne paroît point avoir de sens ici : Peut-être faut-il corriger *contremur;* car ainsi qu'il est dit dans l'article CLXXXIX. de la Coûtume de *Paris,* les contremurs des astres & cheminées se font de Tuileaux, (de tuiles cassées.)

CHARLES VI. à Paris, en Mars 1399.

l'Affenfcion, fur peine de dix Solz Tournoiz d'amende à appliquier au Roy noftre Seigneur, & cinq Solz aufdis Gardes, que ceulx qui feront trouvez faifant le contraire, paieront par tant de fois que ilz y feront trouvez.

Tous lefquelx deffufdiz ouvriers nous diftrent, jurèrent & affermèrent les dictes Ordonnances eftre faictes juftement & loyalment, & au prouffit du Roy noftre dit Seigneur, & de la chofe publique, & ycelles [a] promift doreſénavant tenir & garder fans enfraindre aucunement, fur les paines commifes & déclairées qui y font; & pour ce, veu leur dicte dépoficion, & eu fur ce regart, confeil & advis au Procureur & Confeil du Roy, Nous leur vueillons bailler lefdis articles par fourme d'Ordenance, & avons ordené & ordenons, & avec ce déclairons que les tranfgreffeurs ou faifant le contraire, foient pugnis, & paient amende ou amendes telles comme defclairées eft cy-deffus, & par tant de fois que ilz feront trouvez faifans ou avoir fait le contraire. En tefmoing de ce, Nous avons mis à ces préfentes le grant Séel aux Caufes dudit Bailliage, l'an de grace mil CCC IIII.^{xx} & dix-neuf, le Mercredi IIIe jour de Mars.

[a] *promiftrent, promirent.*

Suite des Lettres de Charles VI.

Et Nous les dictes Lettres & Ordonnances contenues en icelles, voulans eftre tenues & gardées entant que juftement font faictes, & du gré, voulenté & confentement de ceulx dudit meftier qui à préfent font, ou de la plus grant & faine partie d'iceulx, & pour le prouffit de Nous & de la chofe publique, fi comme ès dictes Lettres deffus tranfcriptes eft contenu, ycelles voulons, louons, gréons, ratiffions & confermons de noftre grace efpécial par la teneur de ces préfentes. Si donnons en mandement audit *Bailli* de *Rouen,* qui à préfent eft, & à celui qui pour le temps avenir fera, & à tous nos autres Jufticiers préfens & avenir, & à leurs Lieuxtenans, & à chacun d'eulx, pour tant comme il lui appartiendra, que lefdictes Ordonnances facent tenir dors-en-avant à tousjours, felon la fourme & teneur des Lettres deffus tranfcriptes, & de noftre préfente confirmacion, fans fouffrir aucune chofe eftre faicte au contraire. Et que ce foit ferme chofe & eftable à tousjours, Nous avons fait mettre noftre Séel à ces Lettres: Sauf en autres chofes noftre droit, & l'autruy en toutes. *Donné à* Paris, *ou mois de Mars, l'an de grace, mil CCC IIII.^{xx} & XIX. & le XXe de noftre regne.*

Par le Roy, à la relacion du Confeil. J. GILET.

CHARLES VI. à Paris, en Avril 1400.

M. CCCC.

Suivant le Gloffaire de *Du Cange,* au mot, *Annus,* cette Année a commencé le 18 d'Avril, & a fini le 2 d'Avril fuivant.

(a) Confirmation du Règlement fait pour les Tonneliers de Paris.

CHARLES, &c. Savoir faifons à tous préfens & avenir, Nous avoir veu les Lettres des Tonneliers de *Paris,* de & fur la réformacion dudit meftier, par eulx faicte, données foubz le Séel de noftre Chaftellet de *Paris,* defquelles la teneur eft telle.

A TOUS ceulx qui ces Lettres verront. *Jehan* Seigneur de *Foleville,* Chevalier, Confeiller du Roy noftre S. & Garde de la *Prévofté* de *Paris:* Salut. Savoir faifons nous, l'an de grace mil trois cens quatre-vins & dix-huit, le Vendredi XXVIe jour de Décembre, en la préfence & par l'advis, confeil & délibéracion des Advocats & Procureurs du Roy noftredit Seigneur, & autres Confeilliers au Chaftellet de *Paris,* & de *Jehan Regnault, Jehan Puel, Jehan Bertier, Martin Grenon, Boin Jean, Jehan Berte, Jehan Vilequart, Jehan Chauteau, Robin Du Moulin, Jehan Lyon, Thomas Aulet, Girart Fortin, Mayet Quotantin, Guyot Roucignol, Fremin Perrin, Gautier le Mercier, Raoulet Du Fortel, Mayet* le *Tonnelier, Guillemin Guitaffe, Jehan Ferrant,*

NOTE.

(a) Trefor des Chartres, Regiftre 155. Pièce 1.

Jehan Ferrant,

Jehan Ferrant, Jehan du Pré le jeune, *Pierre Ravenel, Jehan Galent, Jehan Bouyn, Pierre Rousseau, Richart Potier, Jehan Panier, Colin Dinant, Jehan* le *Charron, Jehan Dupré, Jehan Gaucher* & *Colin* le *Clerc,* faisans & représentans la plus grant & saine partie des Tonnelliers de la Ville de *Paris,* de & sur la réformacion dudit mestier, pour le bien & utilité de la chose publique, en corrigant & augmentant les anciens Registres dudit mestier, avoir fait de nouvel de & sur icellui, [a] & pour tous autres Registres, Status & Ordennances précédens, en ce qui seroit répugnant [b] au contraire au contenu en ces présentes, & au surplus lesdiz premiers Registres & Status demourans en leur force & vertu, les Ordonnances qui s'ensuient.

CHARLES VI. à Paris, en Avril 1400.

a *au lieu & place des anciens Registres... [Règlemens copiez dans les Registres] en ce qui seroit, &c.*

b app. ou.

c boutique.

(1) Premièrement. Quiconques vouldra estre Tonnelier & tenir [c] ouvroir de Tonnelier à *Paris,* estre & faire le pourra, pourveu que avant toute œuvre il soit expérimenté, approuvé & tesmoingné estre souffisant à ce, par les Jurez dudit mestier; & que premièrement il ait fait un chief-d'euvre dudit mestier, ordonné par les Jurés d'icellui mestier, tel que ilz l'ordonneront à faire, & que ledit chief-d'euvre soit souffisant; & paiera pour l'entrée dudit mestier, au Roy nostre S. vint Solz Parisis, à la Confrarie dudit mestier, dix Solz Parisis, & aux Jurés pour les examiner & certiffier de leur examen, dix Solz Parisis.

(2) Item. Que nulz [d] Varlés Tonneliers estrangiers ne puissent ouvrer dudit mestier à *Paris,* ne pranre aucune besongne, pour [e] eschever plusieurs inconvéniens qui s'en pevent ensuir à Bourgois & autres, de besongnes mal faites, se ce n'est que iceulz estrangiers soient passez ouvriers par les Jurez, sur peine de quarante Solz d'amende, à appliquier; c'est assavoir, la moitié au Roy nostre Sire, & l'autre moitié à la Confrarie & Jurez dudit mestier; & ou cas que lesdis varlés seront trouvez souffisans & approuvez par lesdiz Jurez, ilz pourront ouvrer à *Paris,* en payant ausdis Jurés pour leur peine, journée & [f] cédule de certifficacion de l'examen, dix Solz Parisis.

d *Compagnons.*

e *éviter.*

f *acte.*

(3) Item. Que nul ne puisse louer varlet ne aprentiz d'aucun Maistre, jusques à ce qu'il ait fait son service à son [g] mestier, sur peine de quarante Solz Parisis, à appliquier la moitié au Roy, l'autre moitié à ladicte Confrarie & Jurez dudit mestier; & celui qui louera ledit varlet, s'il sçet que il n'ait pas acompli son service à son dit Maistre, paiera pareillement quarante Solz, à appliquier les deux pars au Roy nostre S. & le tiers à la dicte Confrarie & Jurés.

g corr. *Maître,* comme il y a plus bas.

(4) Item. Que nul ne puist vendre [h] osier fendu, de quelque pais qu'il soit, nécessaire audit mestier, qui ne soit bon, loyal, net & marchant, sans ce que il soit pourry, *(b)* heudri, ne fardé de pire osier dedens les moles que par dehors, sur paine de [i] ardre ledit osier, & douze Deniers d'amende pour chascun moole de tel osier, moitié au Roy, & l'autre moitié aux Jurés dudit mestier, pour leur paine.

h *L'osier dont se servent les Tonneliers, est fendu en trois.* Voyez le Dict. du Commerce par *Savary,* au mot, *Osier.*

i *brûler.*

(5) Item. Que chascun moole d'osier creu dedens quatre lieues près de *Paris,* ait & contiengne trois cens quartiers faiz de cent osiers rons, bons & loyaulx & marchans; & se le mole est de [k] mendre compte, les denrées seront aquises au prouffit du Roy & desdiz Jurez.

k *moindre.*

(6) Item. Que de tous autres pays oultre quatre lieues de *Paris,* l'en puist apporter & vendre à *Paris,* mole d'osier de la grandeur dont l'en les a accoustumez à faire ès pays dont ilz vendront.

(7) Item. Que tous cerceaulx à tonneaulx, queues, cuves & cuviers, ou autres vaissaulx quelzconques, soient bons & loyaulx, tous [l] fournis sans mesconte, non pourris ne heudris, & que il n'y ait [m] serceaulx rompus, & ne soient les quarterons ne douzaines fardez de serceaulx d'autre nature que ceulx qui apparront par dehors, sur paine d'estre ars, & de paier pour chascun quarteron ou douzaine, douze Deniers, moitié au Roy, & moitié aux Jurez dudit mestier pour leur paine.

l *c'est-à-dire, qu'il y ait le nombre suffisant de cerceaux.*

m *cerceaulx,* là & plus bas en plusieurs endroits.

(8) Item. Que tous serceaulx à cuves à fouler vin, qui sont vendus par douzaines

NOTE.

(b) Heudry.] C'est-à-dire, gâté & à demi-pourri, pour avoir été froissé ou trop pressé. *Mole* est synonyme de botte. Voyez le Dict. du Commerce par *Savary,* aux mots *Heudry* & *Molle.*

CHARLES VI. à Paris, en Avril 1400.

& fixaines, foient bons, loyaulx & marchans, fans eftre pourris, heudris, rompus ne fardez, fur paine d'eftre ars, & de paier pour chacune douzaine, cinq Solz, & pour la fixaine, deux Solz fix Deniers, moitié comme deffus.

(9) Item. Que nul ne puift mettre en tonneaulx, queues, cuves, cuviers, feaulx, ne autres vaiffeaulx neufs quelzconques dudit meftier, douves ne autre *(c)* merrien neuf où il ait *(d)* ober, ou que ledit merrien foit vermolu ne [a] pertuifuié, maiz foit de bon & fouffifant merrien, & les fons *(e)* enjablés & entailliez, & bien fouffifanment; & toutesfoiz que aucune faulte fera trouvée en yceulx vaiffeaulx comme en feaulx, petites cuvettes, & autres vaiffeaulx, qui d'eulx ne feroient vendus plus de fix Deniers ou de deux Solz Parifis; c'eft affavoir, que il aura auber, bois vermoulu, ou faulte d'ouvrage, ceulz qui auront fait yceulx vaiffeaulx, paieront XII. Deniers Parifis, & feront yceulx vaiffeaulx ars ou donnez pour Dieu, par l'ordenance de nous *Prévoft* de *Paris,* ou noz fucceffeurs; & pareillement toutes autres pièces d'euvre où feront trouvées aucunes des faultes deffus déclarées, & qui ne feroient & pourroient eftre vendus plus hault de deux Solz Parifis, comme dift eft; & paiera l'ouvrier XII. Deniers Parifis, à appliquer comme deffus; & quant aus autres pièces d'euvre & ouvrages efquelles feront trouvées aucunes des faultes deffus dictes; lefquelz ouvrages feroient & pourroient [b] IIII. Solz & audeffus jufques à IIII. Livres, celui qui les aura faiz, paiera pour chafcune pièce defdiz ouvrages, V. Solz Parifis d'amende, à appliquer comme deffus, & ne fera point l'euvre arfe, mais fera [c] amendée aus fraiz de l'ouvrier.

[a] *pertruifé, troué.*

[b] fupp. *être vendus,* comme il y a plus haut.

[c] *raccommodée.*

(10) Item. Et pareillement toutesfoiz que aucunes defdictes faultes fera trouvée ès cuves à fouler vin, & autres vaiffeaulx qui vaudroient & pourroient valoir IIII. Livres Parifis & audeffus, celui qui aura fait ladicte faulte, fera tenu payer XX. Solz Parifis d'amende, à appliquer comme deffus, & ne fera point ledit ouvrage ars, mais amendé aux frais de l'ouvrier, comme dit eft.

(11) Item. Que nul Tonnelier ne puift mettre en euvre ofier, ferceaulx ne merrien qui ne foient bons, loyaulx, & [d] merchans en telz comme cy-deffus font devifez, fur peine de V. Solz Parifis d'amende, moitié au Roy, & moitié aus diz Jurez, & de reftituer à partie fon intéreft.

[d] *marchans.*

(12) Item. Que l'en puift faire tout euvre dudit meftier de merrien neuf & viel enfemble, pourveu que les merriens foient bons & loyaulx, comme deffus eft dit.

(13) Item. Que aucun Tonnelier ne autre ne puift aler au devant des denrées quelzconques dudit meftier, venans à *Paris* pour vendre, ne yceulx acheter en chemin [e] en couvert ne en appert, fur peine de autant d'amende comme les denrées vauldroient, dont les [f] accufeurs auront le quart.

[e] *en fecret ni publiquement.*

[f] *dénonciateurs.*

(14) Item. Que tout l'ofier fendu, ferceaux & autre merrien appartenant audit meftier, feront venduz en Gréve ou en la place Maubert, & non ailleurs, fe ce n'eft au jour de Fefte que l'en a acouftumé de vendre fur [g] grant Pont, fur peine de V. Solz d'amende, moitié au Roy, moitié aus Jurez.

[g] *aujourd'hui le Pont au Change.*

(15) Item. Pour ledit meftier garder & vifiter diligemment, au prouffit du Roy noftre S. & du commun peuple, aura quatre Jurez qui à ce feront eftabliz & ordonnez par nous ou noz fucceffeurs *Prévoft* de *Paris,* lefquels auront povoir de vifiter ledit meftier & lefdictes denrées, en la Ville, Prévofté & Vicomté de *Paris,* & ou reffort d'icelle, & de rapporter à nous, au Procureur du Roy, ou au Receveur de *Paris,* toutes les

NOTES.

(c) Merrien.] On appelle Mairrain, le bois qu'emploient quelquefois les Menuifiers, & toûjours les Tonneliers. Voyez le Dict. du Commerce par *Savary,* au mot, *Mairrain.*

(d) Ober.] C'eft fans doute la même chofe que *Auber* qui fe trouve un peu plus bas dans ce même article; & je crois que ces deux mots fignifient la même chofe que *Aubier.* L'aubier eft cette partie molle & blancheâtre qui fe rencontre autour de l'arbre entre l'écorce & le bois vif. Voyez *ibid.* au mot *Aubier.*

(e) Enjablés.] Enjabler, en terme de Tonnelier, c'eft enfoncer les futailles, y mettre les fonds, en arrêtant les douves d'enfonçures dans la rainure qui règne intérieurement tout autour du jable. Voy. *ibid.* au mot *Enjabler.*

mesprentures & amendes qui y escherront; & seront yceulx Jurez francs & quittes du guet, comme anciennement ont esté; & avecques ce, auront pour leur peine & salaire, la moitié des amendes & faultes qu'ilz trouveront hors de la Banlieue de *Paris,* lesquelles ilz rapporteront à Justice, toutesfoiz que ilz yront faire visitacion hors de ladicte Ville, & rapporteront lesdictes faultes.

CHARLES VI. à Paris, en Avril 1400.

Lesquelles Ordonnances & constitucions nous avons ordonné & ordonnons estre tenues & gardées doresénavant en la manière que cy-dessus sont déclarées, & sur les peines cy-dessus mises : Sauf à nous de yceulx Statuz & Ordonnances [a] muer & corrigier, & à yceulx adjouster & diminuer toutesfoiz que nous verrons ce estre expédient pour la chose publique. En tesmoing de ce, nous avons fait mettre à ces Lettres le Séel de la Prévosté de *Paris.* Ce fu fait en Jugement oudit Chastellet, le Vendredi XXVI.e jour de Décembre, l'an de grace M. CCC. IIII.xx & XVIII. dessusdiz.

a changer.

Lesquelles Lettres dessus transcriptes, Nous avons loé, approuvé, ratiffié & conferné, & par ces présentes de grace espécial & auctorité Royal, louons, approuvons, ratiffions & confermons si & entant comme elles ont esté deuement faites. Si donnons en mandement au *Prévost* de *Paris,* & à tous noz autres Justiciers, ou à leurs Lieuxtenans, présens & avenir, & à chacun d'eulx, si comme à luy appartendra, que lesdits Tonneliers & leurs successeurs oudit mestier, en facent, seuffrent & laissent joïr & user paisiblement & plainement senz les molester, traveiller ne empescher indeuement au contraire en aucune manière. Et que ce soit ferme chose & estable à tousjours, Nous avons fait mettre nostre Séel à ces présentes Lettres : Sauf en autres choses nostre droit, & l'autruy en toutes. *Donné à* Paris, *ou mois d'Avril, l'an de grace mil CCCC. & le XX.e de nostre regne.*

Suite des Lettres de Charles VI.

Par le Roy, à la relacion du Conseil. SAVIGNY.

CHARLES VI. à Paris, en Avril après Pâques 1400.

(a) Lettres qui portent que les Habitans d'Evreux ne payeront point les Impositions qui se lèvent pour la Chasse des Loups.

CHARLES, &c. Savoir faisons à tous présens & avenir, Nous avoir veu les Lettres dont la teneur est telle.

A TOUS ceulx qui ces présentes Lettres verront ou orront. *Nicolas* de *Mailloc,* Lieutenant général de noble homme Monf. *Jehan* de *Garencieres,* Chevalier, Maistre & Enquesteur pour le Roy nostre S. des Eaues & Forestz ès terres que souloit tenir le *(b) Roy* de *Navarre* en *France* & en *Normandie,* & Commissaire en ceste partie de mon très-cher & redoubté Seigneur Monf. *Guillaume, Conte* de *Tancarville, Viconte* de *Meleun,* Connestable & Chambellan héréditai de *Normandie,* Conseiller du Roy, Souvrain Maistre & Général Réformateur des Eaues & Forestz de tout le Royaume, ycelui Monf. le *Conte,* Commissaire du Roy en ceste partie : Salut. Comme le dernier jour de Juillet dernier passé, de la partie des Bourgoiz, manans & habitans ès fourbours de la Ville, Cité & Bourgoisie d'*Evreux,* nous eussent esté présentées les Lettres du Roy nostredit S. & de mondit S. le *Conte,* Commissaire comme dit est, requerans l'effect & accomplissement d'icelles, desquelles la teneur s'ensuit.

CHARLES par la grace de Dieu Roy de France. A nostre amé & féal Cousin & Conseiller le *Conte* de *Tancarville,* Souvrain Maistre & général Réformateur des

NOTES.

(a) Trésor des Chartres, Registre 154. P. VII.e LII. (752.)

(b) Roy de *Navarre.] Charles II.* dit le *Mauvais,* fameux par les troubles qu'il excita en France sous les règnes des Roys Jean, Charles V & Charles VI. Il étoit mort en 1386, & quelques années auparavant Charles V avoit fait saisir toutes les terres qu'il possédoit en France. Charles VI vers 1400 les rendit en partie à ses enfans, & pour le reste il leur donna l'équivalent en échange. *Le Comté d'Evreux* fut dans ce dernier cas.

CHARLES VI. à Paris, en Avril après Pâques 1400.

Eaues & Foreftz de noftre Royaume, & au *Bailli* d'*Evreux*, ou à fon Lieutenant: Salut & dileccion. Oye la complainte des Bourgoiz, manans & habitans ès forbours de noftre Ville & Cité & Bourgoifie d'*Evreux*, contenante que jà foit ce que eulx foient grans nombre de gens, & comme tous gens de meftier, foulons, drappiers, Tifferans, (c) Hofcelains, & d'autres meftiers, & foient yceulx fourbours bien peuplez de gens & de maifons, & telement que aucun péril n'y eft advenu pour le faict des Loups, ains s'en foient tousjours bien gardez, & font puiffans d'eulx en deffendre, parquoy on ne puiffe ou doye fur eulx lever ou exiger aucune chofe pour prife des Loups ou Louves, qui foit faicte ou pais d'environ; néantmoins aucuns dudit païs, qui fe dient avoir Lettres de Nous, fe font efforciez & efforcent de lever fur chacun des dis habitans, certaine fomme de deniers pour chacun Lou ou Louve pris à deux lieues entour ladicte Ville, à tort & contre raifon, & ou préjudice defdiz fupplians qui en ce ne font riens tenuz, & qui ont plufieurs charges à fupporter, tant pour la fortificacion & garde de ladicte Ville, comme autrement en diverfes manières, fi comme ilz dient, requerans que fur ce leur vueillons pourveoir. Nous qui ne voulons noz Subgez par teles voyes eftre indeuement opprimez, vous mandons & commettons que ou cas deffufdit, vous ne faites ou fouffrez lefdiz fupplians eftre contrains à paier pour ce que dit eft aucune chofe, mais les en tenez & faites tenir ores & ou temps avenir, quittes & paifibles, en leur mettant & faifant mettre leurs biens qui pour ce font ou feroient pris ou empefchez, au délivre; & en cas d'oppoficion, vous noftre Coufin, faites aus Parties, ycelles oyes, bon & brief accompliffement de Juftice: Car ainfi Nous plaift-il eftre fait, & aufdiz complaignans l'avons octroyé & octroyons de grace efpécial par ces préfentes, nonobftant Ordenances, allégacions frivoles, & Lettres furreptices empétrées ou à empétrer à ce contraires. *Donné à* Paris, *le XVIIe jour de Juing, l'an de grace mil CCC IIII.^xx & dix-neuf, & de noftre regne le XIXe.* Par le Roy, à [a] voftre relacion. Ainfi figné. J. BUDE.

[a] *Le Chancelier de France.* Voy. *le 5.e Vol. de ce Rec.* page 653. Note *(c)*.

Item. La teneur des Lettres de mondit S. le *Conte* de *Tancarville.*

GUILLAUME *Conte* de *Tancarville, Viconte* de *Meleun,* Conneftable & Chambellan hérédital de *Normandie,* Confeiller du Roy, Souvrain Maiftre & Général Réformateur des Eaues & Foreftz de tout fon Royaume. Aus Maiftres des Eaues & Foreftz du Roy, & terres que fouloit tenir le *Roy* de *Navarre* ès parties de *Normandie,* ou à leurs Lieuxtenans: Salut. Savoir faifons que de la partie des Bourgoiz, manans & habitans en la Ville & forbours d'*Evreux,* nous ont efté préfentées les Lettres du Roy données à *Paris,* le XVIIe jour de ce préfent mois de Juing, ainfi figné. Par le Roy, à voftre relacion. J. BUDE. Faifant mencion comme il veut que lefdiz manans & habitans foient & demeurent frans & quittes fanz paier aucune finance pour fait de prifes de Loups ou de Louves pris environ ladicte Ville & forbours, pour confidéracions du contenu efdictes Lettres, nous vous mandons & commettons que lefdiz manans & habitans vous faites tenir quittes & paifibles, jouxte le contenu efdictes Lettres, fans [b] le contraindre ne fouffrir eftre contrains à en paier aucune chofe, en leurs faifant rendre leurs biens pour ce pris, & contraignant ceulx qui yceulx biens aroient ou ont fait prendre, de les leur rendre; & ou cas qu'ilz s'oppoferont au contraire, affignez jour aus Parties pardevant nous ou noftre Lieutenant Général, pour [c] ce procéder & aller avant ainfi qu'il appartendra, en certiffiant deuement dudit adjournement, & de tout ce que fait fera en cefte partie à fin deue. *Donné à* Paris, *le Jeudi XIXe jour de Juing, l'an mil CCC IIII.^xx & XIX.* Par Monf. le *Conte,* Souvrain Maiftre. Ainfi figné. BOILEAUE.

[b] *les.*

[c] fupp. *fur.*

Suite des Lettres de Nicolas de Mailloc.

Par vertu defquelles [d], & pour icelles accomplir, nous euffions fait favoir à Monf.

[d] fupp. *Lettres.*

NOTE.

(c) *Hofcelains.*] Je n'ai rien trouvé fur ce mot, qui doit fignifier une efpèce d'ouvrier. Suivant le Gloffaire de *Du Cange,* au mot *Hoftolenfes,* il fignifie un étranger, un voyageur; mais cette fignification ne paroît point avoir de rapport avec le mot *Hofcelains.*

Jehan de *Garancieres,* Chevalier, Seigneur de *Croisy,* à *Robert Rioule,* Escuier, Verdier de la Forest d'*Evreux,* & à *Denisot* [a] de *Noyers,* Escuier, lesquelx avoient pris ou fait prendre les biens desdiz manans & habitans, pour les contraindre de paier deniers & finance des Loups & Louves pris à deux lieues près de la dicte Ville & forbours, comme plus à plain est faite mencion ès dictes Lettres transcriptes, qu'ilz y feussent à certain jour piéçà passé pardevant nous, pour veoir les dictes Lettres dessus transcriptes, entériner & accomplir, & sur le contenu répondre & procéder, se [b] mestiers estoit, ainsi qu'il appartiendra, [c] ou intimacion que se ilz ne comparoient, nous, nonobstant leur absence, procéderions à l'entérinement & accomplissement des dictes Lettres, ainsi qu'il appartendroit de raison. Et pour ce que aucun d'iceulx n'estoit comparu audit jour, nous, pour procéder à l'entérinement & accomplissement d'icelles Lettres, eussions donné & assigné jour ausdiz bourgois, manans & habitans, à estre & comparoir pardevant nous, au samedi second jour du mois d'Aoust derrenier passé, & ès autres jours ensuivant, qui par nous leur seroient assignez, se mestier estoit, pour faire informacion, oïr & recevoir les tesmoins que iceulx nous vouldroient produire, & autres telz comme nous verrions estre convenables à oïr & examiner sur les faiz contenuz ès dictes Lettres transcriptes, les circonstances & deppendances; auquel jour de Samedi, nous eussions fait venir par devant nous, nobles personnes Mons. *Guillaume* de *Hallenullier,* Chevalier, Seigneur d'*Avrilly,* Messire *Charles* de *Gamville,* Seigneur de Gamville, *Guillaume Du Buisson,* Escuier, Advocat & Conseiller du Roy nostre S. audit lieu d'*Evreux,* & Sergent fieffé du Roy en la Forest d'*Evreux, Jehan* de la *Heuse,* Escuier, Verdier fieffé du Roy ès bois nommez les Bois le Roy [d] joux *Evreux, Guillaume* de *Houssemaigne,* Escuyer, *Jehan Dusay,* Escuier, & depuis à plusieurs journées par Nous assignées, aient fait venir pardevant Nous, nobles personnes Messire *Giles* de *Berlestes,* Chevalier, Seigneur de *Saint-Andrieu* en la *Marche,* Messire *Thiebaut* de *Corveil,* Chevalier, Seigneur de *Champdollent, Robert Du Bois Geucelin,* Escuier, Seigneur du *Bois Geucelin, Jehan* de *Guichenville,* Escuier, Seigneur de *Guichenville, Robert* de *Fouille,* Escuier, Seigneur de *Fouille, Perres Des Essars,* Escuier, Seigneur de *Angerville* sur *Yton, Jehan* de *Gaillon,* Escuier, Seigneur de *Tourneville, Jehan Beude,* Escuier, Seigneur de *Pleintreaux, Simon* de *Gauville,* Escuier, *Estienne Chartain,* Escuier, *Guillaume Brodon,* Escuier, *Jehan Brodon,* Escuier, Sergent fieffé pour le Roy en la Forest d'*Evreux, Jehan* de la *Rue,* Sergent fieffé pour le Roy en ladicte Forest, *Jehan* le *Roy,* Sergent en ladicte Forest d'*Evreux, Guillaume Lournier,* Soubz-Sergent ès Bois le Roy, *Jehan Hellet,* Sergent en la Baronnie de *Saint-Andrieu, Guillot* d'*Orliens, Jehan Cadot, Richart Christian, Perrin Pesteil, Chardin Boucher,* & plusieurs autres personnes, tant nobles que non nobles, demourans, [e] parochiens & residens auprès & environ de la dicte cité, Ville, forbours & bourgoisie d'*Evreux,* lesquelz nous aions fait jurer de dire & rapporter vérité sur ce; & après ledit serement, yceulx oys & examinez l'un après l'autre, & l'un en l'absence de l'autre, & leurs diz & depposicions rédigez & mis en escript, & depuis ce aions icelles Lettres transcriptes monstré à Maistre *Giles* le *Courroitié,* Procureur du Roy sur le fait desdictes Eaues & Forestz, & aussi lui relaté ladicte Informacion, & aussi aions fait venir derechef personnelment pardevant nous, ledit Mons. *Jehan* de *Garencieres, Robert Rioule* & *Denisot* [f] de *Noyés,* ès noms que dessus, pour savoir se aucunement ilz voudroient débattre, contredire ou empêcher le contenu esdictes Lettres transcriptes, & on leur feroit sur ce raison & justice, lesquelz nous aient dit que contre l'entérinement, effect & accomplissement des dictes Lettres, ilz ne se vouloient aucunement opposer, & quant à eulx ne mettroient nul débat que ilz n'eussent leur effect, & que nous ne procédissions à l'entérinement d'icelles. Savoir faisons que nous deuement informez du contenu esdictes Lettres transcriptes, & des circonstances d'icelles, par la depposicion desdiz tesmoins, veu & considéré aussi l'estat, force & situacion desdiz forbours, oy sur ce l'advis & délibéracion dudit Procureur & du Conseil du Roy, & de plusieurs autres sages, avecques le nostre qui s'i accorde, nous, par vertu dudit

CHARLES VI. à Paris, en Avril après Pâques 1400.

[a] il y a plus bas *de Noyés.*

[b] *besoin.*

[c] *avec.*

[d] *auprès d'Evreux.*

[e] Il n'y a dans le Reg. qu'un *p.* coupé, *roch* & une marque d'abréviation sur la fin de ce mot.

[f] il y a plus haut *de Noyers.*

CHARLES VI. à Paris, en Avril après Pâques 1400.

povoir & commission à nous donnée du Roy nostredit S. & dudit Monf. le *Conte*, Commissaire, comme dit est, en entérinant & accomplissant le contenu esdictes Lettres dessus transcriptes, avons dit, déclairé & prononcié, disons, déclairons & prononcions, & a droit, par la teneur de ces présentes, les diz Bourgoiz, manans & habitans esdiz fourbours de ladicte Ville & Cité d'*Evreux*, estre & devoir demourer quittes & paisibles pour le temps avenir, de paier aucun argent ou finance pour aucune prise de Loups ou de Louves pris auprès & environ de ladicte Ville & fourbours d'*Evreux*, comment que ce soit, & que les [a] namps & biens des Bourgois, manans & habitans desdiz fourbours, qui pour ce estoient pris, leur seroient & seront renduz & à plain délivrez, comme non tenuz à ce, le tout jouxte la fourme & teneur desdictes Lettres transcriptes. Si donnons en mandement & commission, se mestiers est, au premier Sergent ou Soubz-Sergent desdictes Eaues & Forestz, ou autre premier Sergent ou Soubz-Sergent Royal à qui il appartendra, ou qui sur ce sera requis, que nostre présente Sentence mettent à exécucion deue en ce qui requiert exécucion, & d'icelle facent, laissent & seuffrent lesdiz Bourgoiz, manans & habitans desdiz fourbours d'*Evreux*, joïr & user plainement & paisiblement sanz les molester au contraire, en contraignant à ce par toutes voyes deues, tous ceulx qui pour ce seront à contraindre. En tesmoing desquelles choses, nous avons scellé ces présentes de nostre propre Séel duquel nous usons oudit Office, & à [b] greigneur congnoissance y avons fait mettre le Séel aus Causes de la *Viconté* d'*Evreux*, pour le Roy nostre S. *Ce fut fait le Jeudi absolu, XV.e jour d'Avril avant Pasques, l'an M. CCC. IIII.xx & dix-neuf.*

[a] effets pris pour nantissement.

[b] plus grande.

Suite des Lettres de Charles VI.

Lesquelles Lettres dessus transcriptes & tout le contenu en icelles, Nous aians fermes & aggréables, ycelles louons, approuvons, & entant qu'elles sont deuement & justement faittes & passées en choses jugée, confermons de nostre auctorité Royal & grace espécial par ces présentes. Si donnons en mandement à tous noz Justiciers & Officiers, présens & avenir, ou à leurs Lieuxtenans, & à chacun d'iceulx, si comme à lui appartendra, que les Bourgois, manans & habitans ès fourbours de la Ville, Cité & Bourgoisie d'*Evreux*, nommez ès dictes Lettres, & leurs successeurs, & chacun d'eulx, facent & laissent user & joïr plainement & paisiblement & à tousjours de nostre présente confirmacion & du contenu ès dictes Lettres, sans les traveiller, molester ou empescher ores ou ès temps avenir, en aucune manière au contraire. Et que ce soit ferme chose & estable à tousjours, Nous avons fait mettre nostre Séel à ces présentes : Sauf en autres choses nostre droit, & l'autrui. *Donné à* Paris, *ou mois d'Avril après Pasques, l'an de grace mil quatre cens, & de nostre règne le XX.e*

Par le Roy, à la relacion du Conseil. J. BERTAUT.

CHARLES VI. à Paris, en Avril, après Pâques 1400.

PHILIPPE de Valois, à Saint Germain en Laye, le 6. d'Avril 1342.

(a) Privilèges accordez à la Ville de Puy-Mirol en Agénois.

SOMMAIRES.

(1) Les habitans de Puy-Mirol y seront jugez par leur Seigneur & par les Consuls, & ne pourront être jugez dans une autre Jurisdiction.

(2) Les Consuls de Puy-Mirol pourront élire trois Sergens. Ces Sergens pourront porter des armes comme les Sergens Royaux, mettre à exécution les Jugemens rendus par les Consuls, & faire payer ce qui est dû à la Ville.

(3) Les habitans & leurs marchandises seront exempts dans tout le Royaume, de Péage & des Droits d'entrée & de sortie.

KAROLUS Dei gracia Francorum Rex. Notum facimus universis tam presentibus quam futuris, Nos nonnullas Litteras inclite recordacionis carissimorum Avi & Genitoris nostrorum, quorum anime eternâ felicitate letentur, in cera viridi & pendulo sericeo sigillatas, vidisse, quarum tenores de verbo ad verbum consequenter inferius inscribuntur.

NOTE.

(a) Trésor des Chartres, Registre 155. Pièce CIII. [103.]

CHARLES VI. à Paris, en Avril, après Pâques 1400.

JOHANNES Primogenitus & Locumtenens Domini nostri Francorum Regis, Dux Normannie & Acquittanie, Comes Pictavensis, Andegavensis & Cenomanensis. *Notum facimus universis presentibus & futuris, nos Litteras dilecti & fidelis Consiliarii nostri* Episcopi Belvacensis, *vidisse, formam que sequitur, continentes.*

PHILIPPE de Valois, à Saint-Germain en Laye, le 6. d'Avril 1342.

[a] *Johannes permissione divinâ* Belvacensis Episcopus, *Locumtenens Domini nostri Francorum Regis in* [b] Partibus Occitanis & Xanctonensis, *universis presentes Litteras inspecturis: Salutem & presentibus dare fidem. Grata considerantes servicia, fidelitate & Obediencià, per Consules & Universitatem ac* [c] *habitentes* Grandis Castri *dicti* [d] Podii Mirolii, *Domino nostro Regi predicto impensa in guerris* Vasconie, *volentesque ipsos prosequi graciosè, ad supplicacionem per dictos Consules nobis factam, auctoritate nobis attributâ per dictum Dominum nostrum Regem cujus potestatis tenor inferiùs continetur, dictis Consulibus & Universitati predicti loci &* [e] *Honoris ejusdem, concessimus & tenore presencium concedimus de nostra certa sciencia & de gracia speciali, atque damus previlegia, Libertates & franchesias per articulos infrascriptos.*

(1) Primo. *Videlicet quòd cùm Dominus noster Rex eisdem concesserit previlegium, suis mediantibus Litteris, quòd nullus pro aliquo casu abstrahatur nec remittatur extra dictum locum* Grandi-Castri, *sed quòd in dicto loco sibi fiat judicium & justicia per Dominum & Consules dicti Castri, quod nos dictum articulum de nostra speciali gracia* [f] *ampliendo declaramus, & per presentes eisdem concedimus quòd nullus abstrahatur extra dictum locum pro aliquo casu civili sive criminali, usu, statuto, consuetudine, aut Jure scripto in contrarium observatis non obstantibus quibuscumque.*

(2) Item. *Donamus & concedimus eisdem, ex previlegio speciali, quòd Servientes Consulum dicti loci, usque ad numerum trium in universo, per Consules dicti loci eligendos, pro judicatis habitis in eorum Curia & debitis ville, possint & valeant pignorare; & arma portare de precepto & voluntate Consulum dicti loci, sicut in dicto loco Servientes Regii facere consueverunt, & alias facere pro predictis,* [g] *exequciones.*

(3) Item. *Quòd gentes habitentes in dicto loco & Honore ejusdem, cum eorum mercaturis, sint quicti, franchi & liberi à quibuscumque Pedagiis, Introytibus & Exitibus in toto Regno Francie, per terram & aquam.*

Quos quidem articulos & ipsorum quemlibet, dictis Consulibus & universitati ejusdem loci & Honoris, concedimus de gracia speciali in recompensacionem gratuitorum serviciorum per eosdem dicto Domino nostro Francie Regi impensorum, quamdiu Regie placuerit voluntati, non obstantibus donis sive graciis per Dominum nostrum Regem seu per nos vel Locumtenentes & Capitaneos alios Regios sibi factis quibuscumque. Que premissa tanti roboris & efficacie haberi volumus, ac si per Dominum nostrum Regem confirmata extitissent, & per Cameram Compotorum Parisius [h] *tranussent & fuissent expedita: Mandantes* Senescallis Tolose, Carcassone, Agenensi, Petragoricensi, Caturcensi, Ruthenensi & Bigorre, *ceterisque justiciariis Regis, presentes Litteras recepturis, aut eorum Locatenentibus, quatenus dictos Consules & Universitates, ac habitentes dicti loci* Podii Mirolii *& ejus Honoris, hâc nostrâ presenti graciâ & privilegiis & Libertatibus ac franchisiis in eadem contentis, & eorum quolibet, uti & gaudere liberè & pacificè faciant & permictant. In quorum premissorum omnium fidem & testimonium, nostrum hiis presentibus facimus apponi Sigillum in pendenti: Salvo in aliis jure Regio, & in omnibus alieno.* Datum *Caturci,* Decembri, anno Domini M.° CCC.° quadragesimo secundo.

Tenor verò potestatis nostre sequitur, & talis est.

PHILIPPE par la grace de Dieu Roys de France. A tous ceulx qui ces Lettres verront: Salut. Savoir faisons que Nous confians du [i] scenz, discrecion & loyaulté de nostre amé & féal Conseiller *Jehan Evesque* de *Beauvez*, lequel Nous avons fait & faisons par la teneur de ces présentes, nostre Lieutenant espécial & Général en *Gascongne, Agenois, Bourdelois & Xainctonge*, & toutes les autres *Parties* de la *Languedoc*, auquel nostre Lieutenant Nous avons donné & donnons plain povoir & auctorité de mettre [k] estables de gens d'armes, de cheval & de pié, en nos Chasteaux,

[a] Jean de Marigny. *Voy. Gall. Christ. 1.e Edit.* T. 2. p. 399. n° 66.

[b] *Languedoc.*

[c] habitantes, *là & en plusieurs autres endroits.*

[d] *Voy. la Note* (a) *de la* p. 311. *du 5.e Vol. de ce Rec.*

[e] Jurisdiction; *dans plusieurs Lettres de ce Rec.*

[f] ampliando.

[g] execuciones.

[h] transissent.

[i] *sens.*

[k] *garnisons.* Voy. le Glossaire de *Du Cange*, au mot, *Stabilita.*

CHARLES VI. à Paris, en Avril, après Pâques 1400.

PHILIPPE de Valois, à Saint-Germain en Laye, le 6. d'Avril 1342.

Villes & autres lieux, & de noz Subgez, ainsi comme il verra que besoing sera, & de assembler Gens d'armes pour la défencion de nostre Royaume, tant & quant il li plaira, toutesfois & quantes foiz que il verra qu'il sera [a] mestier; & de rappeller bannis & [b] remettre mors, & tous autres crimes faiz & commis quelx que ilz soient, encore que ilz eussent commis crime de léze-Majesté; de faire Nobles, & faire & donner nobilitations, & octroyer amortissemens; & de donner toutes manières de prévilèges à [c] communes & singulières personnes, de nouvel, & les donnez, [d] confermes; & de octroyer Consulas, & de donner Lettres de respit de non paier debtes, à nobles & autres personnes, en la manière que il verra que il sera à faire; & de créer & faire *(b)* Clers d'onneur, & de mestre & oster ou remuer de lieu en autre, Séneschaulx, Viguiers & Juges, Baillis, Chastellains, à gages & senz gages, & toutes autres manières d'Officiers, & mettre en yceulx des nouveaulx; de donner de nostre [e] patremoine & Demoine, & transporter & assigner de noz deniers là où il verra qu'il sera à faire, à vie ou à perpétuité; & néantmoins toutes autres choses faire & ordonner, quelles que elles puissent estre, de faire ou faire comme Nous ferions ou pourrions faire, se présens y estions, combien que en ces présentes ne soient [f] esclarcées & que ilz feussent [g] gregneurs que cy ne sont exprimées, & que icelles requeissent mandement espécial, nul cas pardevers Nous retenu quelque y soit; & volons que tout ce qui par nostre Lieutenant aura esté fait sur les choses dessusdictes, ou octroyé, ou icelles touchans & despendans, qu'il vaillent & tiengnent fermement en la manière qu'il l'aura octroyé, sanz ce que par Nous ou noz successeurs Roys de France, soit [h] rappellé: [i] quar icelles & chascune d'icelles qui par lui auront esté octroyées ou faictes, comme dit est, dès maintenant pour lors & lors pour dès maintenant, ycelles avons fermes & agréables par Nous & noz successeurs, & desjà les ratiffions, & volons avoir tout aussi & plénière & efficace vertu, comme se ycelles estoient par Nous ou par noz successeurs en nostre plain Conseil confermées de grace espécial & de certaine science, & passées par nostre Chambre des Comptes, & avec ce, que il soit mis & [k] exequté selonc ce que par lui sera ordené ou commandé, sanz ce qu'il passent par nostre dicte Chambre des Comptes, & aient autant de force & de vertu comme se ilz estoient passées par nostre dicte Chambre des Comptes; non contrestant quelconques Ordenences faites sur quelconque forme de parole que la dicte Ordenance soit faicte ou comprise, ou à faire; ne stile de nostre Parlement & de nostre dicte Chambre des Comptes, coustume ou usage quelz que ilz soient à ce contraires non contrestans, lesquelles de nostre plain povoir, auctorité Royal & certaine science, Nous ne volons pas que ilz aient lieu en ceste partie; & toutes les choses dessusdictes & chascune d'icelles, promectons par Nous & par noz successeurs en bonne foy garder, tenir & non venir encontre en quelque manière que ce soit. Si donnons en mandement à touz Capitaines, Réformateurs, Séneschaulx, Maistres des Monnoyes, Trésoriers, Receveurs, & à tous noz autres Officiers & Subgets, qui à présent sont ou pour le temps avenir seront, desdictes Parties de la *Languedoc,* requerans tous noz autres amis lesquelx ne sont noz Subgets, que à nostre dit Lieutenant comme à Nous, ès choses dessusdictes & ycelles touchans & deppendans, obéissent & entendent diligemment & en effect. En tesmoing de laquelle chose, Nous avons fait mettre nostre Séel à ces présentes Lettres. *Donné à* Saint-Germain en Laye, *le VIe jour d'Avril, l'an de grace mil CCC quarente & deux.*

a besoin.
b donner des Lettres de rémission pour des meurtres.
c Corps & Communautés.
d confirmer.
e Patrimoine & Domaine.
f éclaircies, déclarées.
g plus grands, plus étendus.
h révoqué.
i car.
k exécuté.

Suite des Lettres de Jean, Duc de Normandie.

Nos autem omnia & singula in suprascriptis contenta Litteris, grata habentes, eadem omnia & singula volumus, laudamus, ratifficamus, approbamus, & ex certa sciencia & gracia speciali, auctoritate Regia nobis attributa, confirmans. Quod ut firmum & stabile perpetuò maneat, nostri secreti in absencia magni, presentibus hiis fecimus apponi Sigillum: Salvo in aliis jure Regio, & in omnibus quolibet alieno.

NOTE.

(b) Clers d'onneur.] Je n'ai pû rien trouver sur les Clercs d'honneur; mais il y a grande apparence qu'il faut corriger *Chevaliers d'honneur.* Voyez sur ce titre le Gloss. de *Du Cange,* aux mots, *Milites honorarii.* col. 750.

Datum

CHARLES VI. à Paris, en Avril, après Pâques 1400.

PHILIPPE de Valois, à Saint Germain en Laye, le 6. d'Avril 1342. a Aiguillon. Suite des Lettres de Charles VI.

Datum in Tentis nostris ante * Aculeonem, *anno Domini M.° CCC.° quadragesimo sexto, mense Augusti. Per Dominum Ducem, ad relacionem Consilii.* J. DAILLY.

(c) Item. KAROLUS, *&c.*

Quas quidem Litteras & singulas earumdem, necnon privilegia, franchisias, Libertates, ceteraque omnia & singula in eis contenta, si & in quantum Consules, universitates, singulares & habitatores Grandis-Castri *dicti* Podii Mirolii, *ac Honoris ejusdem, nominati in ipsis Litteris, quos tangit, & eorum singuli, eisdem ritè, rectè ac debitè usi sunt & potiti, Nos ratas & gratas, sive rata & grata habentes, eas & ea ex nostre potestatis plenitudine, auctoritate Regiâ & speciali graciâ, laudamus, approbamus, ratifficamus & confirmamus harum serie Litterarum, per quas dilectis & fidelibus Gentibus Compotorum nostrorum, & Thesaurariis* Parisius, Senescallis *insuper* Tholose *&* Agennensi, *& ceteris Justiciariis nostris, aut eorum Locatenentibus, presentibus & futuris, & eorum cuilibet, prout pertinuerit ad eumdem, injungendo, quatinus Consules, singulares, universitates & habitatores superiùs nominatos, eorumque successores, presentes & posteros, ac singulos eorumdem, nostrâ presenti graciâ & confirmacione, necnon privilegiis, franchisiis, Libertatibus & immunitatibus supratactis, sub forma, condicione & modo preinsertis, uti & gaudere pacificè perpetuis temporibus faciant ac eciam paciantur, non sinendo eisdem eorumve successoribus antedictis, impedimentum, contradicionem aut perturbacionem aliquas pro nunc vel in futurum, super hiis fieri aliqualiter vel inferri; Quinymo, si que secùs acta fuerint aut repererint, ad statum pristinum & debitum reducant sive faciant indilatè reduci. Et ut hec stabilitate fruantur perpetuâ, has presentes fecimus nostri Sigilli appensione muniri: nostro in reliquis, & alieno in omnibus jure salvo.* Datum *Parisius,* mense Aprilis post Pascha, anno Domini millesimo quadringentesimo; Regni vero nostri, vicesimo.

Per Regem, ad relacionem Consilii. VIVIEN.

NOTE.

(c) Item. *Karolus, &c.]* Ces Lettres qui sont du mois de Juin 1370. sont imprimées à la page 310. du 5.e Vol. de ce Rec. Ce Registre 155. confirme les corrections marginales, & on y trouve les additions & corrections suivantes.

P. 311.	L. 36.	*cujuslibet ipsorum.* . . . . Corr.	*cujuslibet ipsorum* festorum.
P. 312.	L. 1.	*Socol.*	Sosel.
	L. 13.	*pignoracionis (Pignor. Reg.)*	pignoris.
	L. 17.	*computandos;* . . . . *de debitis.*	*computandos;* demptis tamen *de debitis.*
	L. 20.	*in scripto (Script. Reg.) nisi peticio sumam.* . .	*in* scriptis, *nisi peticio* summam.
P. 313.	L. 23.	*procedente.*	precedente.
	L. 33.	*permoveret.*	promoveret.
P. 314.	L. 41.	*supra ratranscriptas.*	supra transcriptas.

CHARLES VI. à Paris, le 28. de Mai 1400.

(a) Lettres qui portent que les Droits qui se lèvent sur les Chaussées de la Ville de Paris, seront réduits à leur ancienne taxe.

CHARLES par la grace de Dieu Roy de France. A tous ceuls qui ces présentes Lettres verront : Salut. Savoir faisons que Nous avons fait extraire de certain ancien Registre estant en la Chambre de noz Comptes, dont le pareil est en nostre Chastellet de *Paris,* les Ordenances piéçà faictes sur le fait des Chaucées de nostre Ville de *Paris,* ainsi qu'il s'ensuit.

(b) Nous avons traictié en la partie devant ceste, des Mestiers de *Paris,* de leurs

NOTES.

(a) Livre Rouge vieil du Châtelet de *Paris, folio* IXxx. I. *recto.* [181.]

Avant ces Lettres, il y a : *Chaussée.*

(b) Ce qui suit ne paroît point être une Ordonnance en forme, mais le fragment d'un Ouvrage fait par un particulier, sur différentes matières qui concernoient la ville de *Paris.* Charles VI a donné à ce fragment le Sceau de l'autorité publique, en l'insérant dans ses Lettres.

CHARLES VI.
à Paris, le 28. Mai 1400.

Ordenances, des [a] entrepréſures que l'en y fait, & des amendes de chaſcun Meſtier: Or voulons en ceſte ſeconde partie traictier des Chaucées, des[b] coulins, des *(c)* travers, des conduits, des rivages, des *(d)* halages, des [c] pors, des *(e)* bocages, des rouages, & de toutes les autres choſes qui [d] accouſtume ou à *(f)* droicture appartient dedens la Ville & dedans la [e] Banluye de *Paris.* Nous traicterons premièrement des Chaucées de *Paris.*

a *entrepriſes.*
b *Je n'ai pû rien trouver ſur ce mot.*
c *ports.*
d corr. à *Coûtume.*
e *Banlieue.*

Chauciée eſt une couſtume aſſiſe & eſtablie anciennement ſur chars, ſur charrettes, ſur [f] ſommiers chargez, auſquelx *(g)* li chauciés prendre leur chauciés à l'un plus & à l'autre mains; leſqueles chauciées ſont prinſes & demandées, ſi comme il eſt contenu cy-deſſoubz, pour raiſon de faire [g] appareiller les chauciées, les chemins, les pons & les paſſaiges dedens la Banlieue de *Paris.*

f *chevaux & autres bêtes qui portent des fardeaux.*
g *entretenir, réparer.*

(1) Nulle charrette pour [h] avoir nul que elle meine, quelz que li avoirs ſoit, ne doit paier que deux deniers de chauciée: li chars, quatre deniers.

h aucun avoir, *meubles, bagages, &c.*

(2) Nulz chevaulz qui porte à doz, ne doit paier que maille de chauciée: Chevaulx qui porte à *(h)* tourſe, ne doit riens, ſe la marchandiſe n'eſt dedens la ſelle; & ſe eſt dedens la ſelle, elle doit maille de chaucée.

(3) *Item.* Poullaille à cheval ne à ſommiers, ne à charette, ne doivent rien de chauciée.

(4) [i] Oefz en charrette, doivent un denier de chauciée: ſe la charette [k] ne mainne autre choſe, la charrette doit deux deniers: à ſommier ne à cheval, néant.

i *œufs.*
k *cette négation paroît inutile.*

(5) Fruis deçà la mer; c'eſt aſſavoir, li fruit qui croiſſent ou Royaume, la charrette doit un denier de chauciée; à ſommier, ne doit néant, ſe il n'y a chaſtaignes ou [l] nois.

l *noix.*

(6) Homs qui vient à *Paris* au marché, & apporte ſa marchandiſe, il ne doit riens de chauciée, [m] du remanent de ſa marchandiſe, s'il n'y a autre marchandiſe avec: car il eſt quittes pour une chaucée paiant, alant & venant ce jour, [n] pour qui veille fiancier que tout ſoit ſien.

m *du reſtant.*
n *pourvû qu'il veuille certifier, &c.*

(7) Blez en Char doit deux deniers de chauciée: en charrette, un denier: à cheval, maille.

(8) [o] Fains & herbe en char, doit deux deniers: en charrette, un denier: à ſommier, maille.

o *foins.*

(9) [p] Courtillage; c'eſt aſſavoir, toutes manières de porées, pois nouveaulx, fevez nouvelles en coſſe vert, qui viennent à *Paris* pour vendre, ne doivent paier que une foiz la ſepmaine la chaucié; c'eſt aſſavoir, en char, deux deniers: en charrette, un denier: à cheval, maille.

p Ce mot vient du mot *Courtil,* qui ſignifie un *Jardin,* un *Clos.*

(10) Fromaiges & oefz en char, doivent deux deniers de chauciée: en charrette, un denier. Fromages ſur ſommier, doivent maille de chaucée: oefz ſur ſommier, ne doivent rien.

(11) Laine lavée qui vient en char, doit quatre deniers de chauciée: en charrette, deux deniers: à cheval, un denier. Laine qui n'eſt pas lavée qui vient en char, doit deux deniers de chauciée: en charrette, un denier: à cheval, maille. [q] Agnelin lavé [r] ſont de la couſtume de la laine lavée, & li agnelin [ſ] deſlavé, ſont de la couſtume de laine deſlavée.

(12) Homs qui porte à col & [t] trenne allégrement, de charrette, ne doit paier que un denier de chauciée, ſe il veut fiancier que il ait entrepris à porter à ſon col.

q *Voyez le 7.e Vol. de ce Rec.* p. 626. Note *(b)*
r *payent les mêmes droits.*
ſ *non lavé.*
t *traîne.*

NOTES.

(c) Travers... Rouages, &c.] J'ai déjà marqué plus d'une fois que le travers & le rouage ſont des droits qui ſe lèvent ſur les marchandiſes qui paſſent par les chemins.

(d) Halages.] Voy. la Table des Mat. du 2.e Vol. de ce Rec. au mot, *Hallagé.*

(e) Bocages.] Je n'ai point trouvé de ſignification de ce mot qui pût avoir rapport au ſens qu'il doit avoir ici.

(f) Droicture.] Ce mot ſignifie quelquefois *Seigneurie.* Voyez le Gloſſ. du *Droit François,* au mot, *Droiture.*

(g) Li chauciés prendre.] Cet endroit paroît corrompu. On pourroit corriger, *li chauciers prennent;* c'eſt-à-dire, *ceux qui lèvent les droits de chauſſée.*

(h) Tourſe.] Ce mot ſignifie apparemment la même choſe que *Trouſſe;* c'eſt-à-dire, ce que l'on met ſur la croupe du cheval.

CHARLES VI.

à Paris, le 28. Mai 1400.

(13) Homs qui vient à *Paris* au marché, & amaine son blé, & paie sa chaucée, il n'en doit plus en tout le jour, [a] neys se il remenoit sel ou fer, pour que il veille fiancier que ce soit à son user.

(14) Toute manière de [b] fust sur char, ne doivent paier que deux deniers de chaucée : sur charrette, un denier : à cheval, c'est-à-dire, de tout [c] merrien, cerceaulx, ne doivent rien, [d] ce il n'a cent ou plus; & se il y a cent ou plus, il doivent la chauciée devant dicte.

(15) Toute manière de [e] légun [f] neys pois de *Vermendoys,* en char, ne doivent paier que deux deniers de chauchée : en charrette, un denier : à cheval, maille.

(16) Toute manière de tainture en char, doit quatre deniers de chaucée : en charrette, deux deniers : à cheval, maille, *(i)* neys ce c'estoit mollée.

(17) Nulle pierre ne doit néant de chaucée, se ce ne sont [g] molles qui doyvent deux deniers, ou mortiers ouvrez, desquellez la charretée de douze ou de plus, doit deux deniers de chaucée, & de moins de douze, maille : le sommier, maille, s'il ne veut fiancier que ce soit à son user.

(18) Terre à Potier, ne nulle autre manière de terre ou [h] croye, ne doivent riens de chauciée.

(19) *(k)* Cendre clavelée en char, doit quatre deniers de chaucée : en charrette, deux deniers : à sommier, maille : car ce est une manière de tainture. Cendre morte que on porte en char, la charrette doit un denier, & la [i] charrée, deux : à sommier, ne doit néant de chaucée.

(20) Tous avoirs qui passe parmi la Ville de *Paris,* sont quitte pour une [k] chauchée, [l] jà tant ne séjournera dedens la Ville, pour qui veille fiancer que il mainne celui mesme avoir *(l)* par le meisme marché fait au commencement : car s'il le menoit par nouvel convenance, il devroit nouvel chauciée.

(21) Nulz Bourgoiz de *Paris* ne doit néant de chaucée, se ce n'est de [m] moust, dequoy la charretée doit chacun jour que elle mainne [n] moult, un denier sans plus, jusques à la Saint-Martin d'iver : se la charrette est à homme qui ne soit résident à *Paris, (m)* jà tant de fois n'yra le jour; & se la charrette & le vin est de *Paris,* il ne doit riens de chaucée.

(22) La charrée [o] de bourres, doit deux deniers de chaucée : la charretée un denier : ly sommiers, maille : à col, néant.

(23) La charrée de draps, doit quatre deniers de chaucée : la charretée, deux deniers, & le sommier, maille : [p] autre tant doivent de chaucée, cuir, chanvre, lin, fer, plomb, & tout autre métail; & toute manière *(n)* d'avoir de pois, comme font drap.

(24) Eschalas, *(o)* bran, [q] fuerre, tuille, ne doivent point de chaucée.

(25) Chevalier, Escuier, Prestre, Clerc, ne nulle manière de gent [r] de Religion, ne doivent riens de chaucée, de chose que il mainnent ne amainnent,

a *neys* doit signifier ici, *quand même.*

b *bois.*

c *Voy. ci-dessus* p. 370. Note *(c)*

d *se.*

e app. *légumes.*

f cela doit signifier : *même les pois de Vermandois.*

g app. *meules.*

h *craye.*

i *la charge d'un char.*

k *chaucée,* là & plus bas.

l *pourvû qu'il ne séjourne point.*

m vin nouveau, du latin *mustum.*

n corr. *moust,* comme plus haut.

o *ce mot est douteux.*

p *autant.*

q *paille : fourrage.*

r *d'Eglise.*

NOTES.

(i) Neys ce c'estoit mollée.] *Quand même ce seroit mollée.* Ce mot est sans doute le même que *moulée,* qui, suivant le Dict. du Commerce par *Savary,* à ce mot, est une espèce de terre ou de ciment qui se trouve dans les auges des Couteliers & Taillandiers. Les Teinturiers se servent quelquefois de la moulée.

(k) Cendre clavelée.] C'est apparemment la même chose que la *Cendre gravelée,* qui, suivant le Dictionnaire du Commerce par *Savary,* est la lie de vin séchée & calcinée. Les Teinturiers s'en servent. Je n'ai rien trouvé dans ce Dict. sur la *Cendre morte,* dont il est parlé à la fin de cet article.

(l) Par le meisme marché.] C'est-à-dire, qu'il certifie qu'avant de se mettre en route, il a fait marché pour mener ce bagage à *Paris,* pour delà le conduire plus loin.

(m) Jà tant de fois, &c.] Cet endroit qui est peut-être corrompu, doit signifier que la charrette payera autant de fois le droit de chaussée, qu'elle fera de voyages.

(n) D'avoir de pois.] Il faut corriger *poids.* On appelle les marchandises d'avoir de poids, celles qui se vendent au poids. Voy. le 4.e Vol. de ce Rec. p. 428. Note *(i)*, & le 6.e p. 196. Note *(b)*.

(o) Bran.] Ce mot a autrefois signifié & signifie encore en quelques provinces du Royaume, du *son.* Voyez le Dict. Etymologique de *Ménage,* au mot *Bran.*

CHARLES VI. à Paris, le 28. Mai 1400.

pour que il veillent fiancier que ce soit à leur user, & que il soit creu en leurs possessions ou en leurs propriétez, ou que il viennent de leurs bestes.

(26) Homs [a] qui se remue de Ville à autre, & amainne [b] son hernois à *Paris*, il ne doit paier que un denier de chauciée, neys se il y avoit [c] coustes, pour qu'il veille fiancier qu'il n'y ait marchandise.

(27) Charretier qui achatent tonneaux [d] vuys à *Paris*, pour emplir, doivent de chacune charretée, un denier de chauchée; & [e] se il revient de *Paris* arrières, & ramainne ces mêmes tonneaux, & les ait rempliz, il est quitte pour un autre denier de chaucée de chascune charretée, [f] pour qu'il trespasse la Ville de *Paris;* & se il demeure en la Ville de *Paris*, il est quittes par le premier denier de chauciée qu'il aura baillé.

(28) [g] Troussel à espousée qui va hors de la Ville de *Paris*, ne doit point de chaucée, se il est chargez dedens la Ville de *Paris;* ains se il venoit de dehors la Ville, & alast hors, que l'en appelle trespasser, lors devroit la charrée, deux deniers: à charrette, un denier: à sommier, maille.

(29) Homs qui vient à *Paris*, & achate cuir ou robes pour son user, & les met en une charrette ou sur un cheval, il ne doit point de chaucée.

(30) Toutes menues voitures qui suivent les marchiez de *Paris*, doivent un denier de chaucée tant seulement à la journée, soit Foires ou Marchés, aillent ou viennent.

(31) [h] Vins francoys que l'on amainne à *Paris* pour vendre après la Saint Martin d'yver, la charée doit deux deniers de chaucée, la charrette, un denier.

Toutes ces choses devant dictes, dont cil qui garde la chaucée, [i] jurer à garder & à tenir bien & loyaument en la manière dessus divisée, & se il encontre ces choses fait, & il [k] délaye le marchant à son tort, il lui doit rendre ses dommaiges, & le doit amender au Roy au tauxement du *Prévost* de *Paris*.

Suite des Lettres de Charles VI.

Et pour ce que, si comme entendu avons, les fermiers des chaucées de nostre dicte Ville de *Paris*, qui ont esté depuis certain temps en ça, en transgressant les dictes Ordonnances, & ou très-grant grief, dommaige & préjudice de nostre peuple, ont levé, exigé & extorqué indeuement & très-excessivement sur nostre dit peuple & plus assez que le double du contenu ès dictes Ordenances; mesmement les Fermiers qui à présent tiennent les dictes chaucées, soubz umbre de ce qu'ilz dient que par nostre Receveur de *Paris*, ladicte ferme leur a esté baillée à la cueillir & lever à la manière acoustumée, Nous qui voulons nostredit peuple estre préservé & gardé de teles extorcions & exaccions indeues, & les dictes Ordenances estre tenues & gardées sans enfraindre, & aussi les délinquans & transgresseurs estre pugnis selon l'exigence des cas, avons par bon advis & meure délibéracion de nostre Conseil, ordené & ordenons par ces Présentes, que lesdiz Fermiers qui à présent tiengnent les dictes chauciées en nostre dicte Ville de *Paris*, seront présentement deschargiez desdictes Fermes, en Nous paiant [l] pour rate du temps qu'il ont ycelles tenues, au feur & [m] pris qu'il les tiennent, jusques au jour de la publicacion de ces Lettres; & que tout de nouvel les dictes fermes soient criées & baillées à les cueillir & lever selon la forme & teneur des Ordénances dessus transcriptes, & non autrement. Si donnons en mandement, & commettons, se [n] mestiers est, à noz *Prévostz* & Receveurs de *Paris*, ou à leurs Lieuxtenans, & à chacun d'eulx, que noz présentes Lettres & les dessus dictes Ordenances facent publier en nostredit Chastellet de *Paris*, & par tous les autres lieux de nostre dicte Ville & Banlieue de *Paris*, accoustumés à faire criz, à ce que aucun n'en puisse ou doye prétendre ygnorance, & ycelles Ordenances tiengnent & gardent, & facent tenir & garder sans transgresser ou enfraindre comment que ce soit: & se aucuns les transgressent ou enfraignent, qu'il les en corrigent & punissent en tele manière que tous y doyent prendre bon exemple, & comme contenu est plus à plain & déclairé esdictes Ordenances. En tesmoing de ce, Nous avons fait mectre nostre Scel à ces présentes. *Donné à* Paris, *le XXVIII.e jour de May, l'an de grace mil quatre cens, & de nostre regne le XX.e* Ainsi signées. Par le Conseil estant en la Chambre des Comptes à *Paris*. H. GUINGANT.

a *qui quitte un lieu pour aller demeurer dans un autre.*
b *ses meubles.*
c *lits de plumes*, dans plusieurs pièces de ce Rec.
d *vuides.*
e *c'est-à-dire, s'il revient à* Paris *d'un lieu qui soit hors de cette Ville.*
f *lorsqu'il traverse* Paris *pour aller plus loin.*
g *Trousseau.*
h *Voy. le 3.e Vol. de ce Rec.* p. 298. Note *(c)*.
i supp. *doit.*
k *retarde.*
l *à proportion du latin* pro rata.
m *prix.*
n *besoin.*

CHARLES VI. à Paris, le 28. Mai 1400.

Et au doz desdictes Lettres, estoit escript ce qui s'ensuit: Publiées en Jugement ou Chastellet de *Paris,* le Samedi XXIX.e jour de May, l'an mil quatre cens. FRESNES.

Item. Publiées ce jour, présens le Crieur Juré du Roy en la Ville de *Paris,* ès lieux, places & carrefours accoustumez à faire criz & publications en la Ville de *Paris,* & aussi aux quatre Portes principaulx d'icelle Ville; c'est assavoir, les Portes Saint-Denis, Saint-Honoré, Saint-Anthoine, & Saint-Jacques. J. CHOART.

Collacion faicte.

CHARLES VI. à Paris, le 28. de Mai 1400.

(a) Règlement pour le Pavé de Paris.

CHARLES par la grace de Dieu Roy de France. A tous ceuls qui ces Lettres verront: Salut. Comme de toute ancienneté tous les deniers venans & issans de la Ferme & émolument des Chaucées de nostre Ville de *Paris,* doïent estre tournez & convertiz en la réfeccion & réparacion des Chaucées de nostre dicte Ville & Banlieuë de *Paris,* & non ailleurs; lesqueles Chaucées doivent estre faictes bien & loyaument par bons & souffisans Ouvriers, & ycelles veuës & visitées à bonne diligence par un Maistre Visiteur bon, expert & congnoissant oudit fait; & Nous ayons entendu que de très-longtemps plusieurs fraudes, malices & mauvaistiez ont esté faictes & commises ou fait des dictes Chaucées, & encores se font & commettent chascun jour ou très-grant grief, dommaige & préjudice de Nous & de tout le Peuple de nostredicte Ville & Banlieuë de *Paris,* en ce que en autres Usaiges que ou fait & Ouvrage des dictes Chaucées, plusieurs des deniers de ladicte Ferme ont esté tournez & convertiz, & aussi que ledit Ouvrage des dictes Chaucées a esté & est fait de Carreaux sur leur plat, qui doivent estre mis en euvre sur *(b)* leur champ, pour plus longuement durer, & les aucuns fenduz en deux, avecques les autres qualitez d'icelles Chaucées qui ne sont pas telz qu'ilz deussent estre, par la faulte dudit Visiteur, & de bonne, vraye & deuë visitacion; & par ce aussi que l'en a accoustumé de bailler la Ferme d'icelles Chaucées à ycellui Visiteur, lequel l'en a permiz & souffert emploïer par sa main & à sa relacion seulement, ès Ouvrages des dictes Chaucées, les deniers de ladicte Ferme, dont plusieurs inconvénians, dommaiges & grans intérestz se sont ensuiz ès temps passez; Savoir faisons que Nous voulans à ce pourveoir, & obvier à telz fraudes, malices & inconvéniens, & aussi [a] eschever le grief & dommaige de Nous & de noz Subgez de ladicte Ville & Banlieue de *Paris,* avons par bon advis & meure délibéracion de nostre Conseil, ordené & ordenons par ces présentes, que d'orsénavant tous les deniers qui vendront & ystront du prouffit & émolument de la Ferme des dictes Chaucées, sera vrayement & entièrement tourné, converty & employé par la main de nostre Receveur de *Paris,* qui est à présent & sera pour le temps avenir, en la réparacion & réfeccion des Chaucées de nostre dicte Ville & Banlieue de *Paris,* ainsi qu'il doit estre fait, & non autre part, sur peine de recouvrer sur nostredit Receveur ou autres qui lesdiz deniers ou partie d'iceux tourneroient ou feroient autre part tourner, & aussi de Amende arbitraire tele que au cas appartendra.

[a] *éviter.*

Item. Que ladicte Ferme ne sera d'oresenavant baillée à cellui qui est ou sera ordené Maistre & Visiteur des dictes Chaucées, & qu'il n'en sera [b] participant ne compaignon en aucune manière; & *(c)* ouquel Office Nous voulons & ordenons

[b] *associé.*

NOTES.

(a) Livre Rouge vieil du Châtelet de *Paris, folio* 9 vingt 2. *verso.* [182.]

Avant ces Lettres, il y a: *Chaussées.*

Ces Lettres ont déjà été imprimées à la page 173. du 4.e Tome du Traité de la Police.

(b) Sur leur champ.] L'on trouve dans le 4.e Vol. du *Traité de la Police,* Liv. 6. Tit. 6. Chap. 3. p. 179. col. 1. que le pavé doit être posé debout & de champ.

Ainsi le pavé est mis sur le plat, lorsqu'il est couché sur un de ses côtez.

(c) Et ouquel Office.] Il semble qu'il y ait là une transposition, & qu'il faille lire: *& ouquel Office de Maistre & Visiteur Nous voulons & ordonnons estre pourveu.*

CHARLES VI.
à Paris, le 28. de Mai 1400.

eſtre pourveu de Maiſtre & Viſiteur, ſe fait n'a eſté, par bonne & vraye éleccion de bonne & ſouffiſant perſonne experte & connoiſſant ou fait deſdictes Chaucées, ſans quelconques faveur.

Item. Que bonne & vraye viſitacion ſoit faicte par ledit Maître & Viſiteur d'icelles Chaucées, tant en qualité de l'Euvre que en quantité de Toiſes; & que à faire ladicte Viſitacion, ſoyent préſens & appellez, ſe [a] meſtier en eſt, de noz Gens & Officiers, ou autres bonnes & ſouffiſans perſonnes, à l'Ordenance de noz *Prévoſt* & Receveur de *Paris,* ainſi que fait a eſté d'ancienneté; & ſe on y treuve faulte, quele ſoit réparée & amendée aux frais & couſtemens de celluy ou ceulx qui aura ou auront fait ledit Ouvrage moins ſouffiſamment; & auſſi qu'ilz ſoyent pugnis de la [b] faculté ainſi qu'il appartendra. Si donnons en mandement & commettons ſe meſtier eſt, à noz *Prévoſt* & Receveur de *Paris,* ou à leurs Lieuxtenans, & à chaſcun d'eulx en droit ſoy, que noz préſentes Lettres & Ordenances facent publier ſolempnelment en noſtre Chaſtellet de *Paris,* & par-tout ailleurs où meſtier ſera, & icelles tiengnent & gardent & facent tenir & garder ſans enfraindre comment que ce ſoit; & ſe aucuns ont eſté ou ſont trouvez faiſans le contraire, qu'ilz les en puniſſent telement que ce ſoit & tourne à bon exemple aux autres. En teſmoing de ce, Nous avons fait mettre noſtre Séel à ces préſentes. *Donné à* Paris, *le* XXVIII.*e jour de May, l'an de grace mil quatre cens, & de noſtre Regne le* XX*e*. Ainſi ſignées. Par le Conſeil eſtant en la Chambre des Comptes à *Paris.* H. GUINGUANT. *Et eſtoit eſcript au dos des dictes Lettres, ce qui s'enſuit:* Publiées en Jugement ou Chaſtellet de *Paris,* le Samedi XXIX.e jour de May, l'an mil quatre cens. FRESNES.

Item. Publiées ſouffiſamment le jour deſſuſdit, préſent le Crieur Juré du Roy, en la Ville de *Paris,* ès Lieux, Places & Carrefours accouſtumez à faire Criz & Publications en la Ville de *Paris.* J. CHOART.

Collation faicte.

a *beſoin.*
b appar. *faute.*

CHARLES VI.
à Paris, le 30. de Mai 1400.

(a) Lettres qui portent que le Prieuré de Coucy qui, comme Membre de l'Abbaye de Cluny, eſt ſous la Sauvegarde Royale, & qui reſſortiſſoit à la Prévôté de Château-Thierry avant que le Roy l'eût donnée au Duc d'Orléans ſon frère, reſſortira dans la ſuite à celle de Fiſmes.

KAROLUS, &c. Cum Eccleſia Cluniacenſis, *ac omnia & ſingula,* [c] *menbra ipſius, ubicumque conſiſtant in Regno noſtro, cum pertinenciis eorumdem, racione Corone Francie, ſint in Salvagardia ſpeciali & de immediato Reſſorto Regio, nec de predictis Gardia & immediato Reſſorto poſſint aliqualiter amoveri in toto vel in parte, & potiſſime Prioratus Sancti Petri de* [d] Couciaco *& ejus pertinencie, menbrum dicte Eccleſie* Cluniacenſis, *prout per Arreſtum* [e] *Curi noſtre Parlamenti prolatum poteſt apparere, & hactenus tempore quo Caſtrum & Caſtellania* [f] Caſtrithiodorici *erant de Domanio Regio, dictus Prioratus de* Couciaco *cum ſuis menbris & pertinenciis, conſueverint ad Caſtrum predictum &* Prepoſituram Caſtrithiodorici *reſſortire; deinde verò nos dictum* Caſtrumthiodoricum *cum ſuis juribus & pertinenciis, de manu & Domanio Regiis amoverimus, ac illud cum dictis ſuis juribus & pertinenciis, cariſſimo Fratri noſtro* Ludovico Duci Aurelianenſi *(b) tradiderimus ſeu in eum tranſtulerimus, notum facimus univerſis tam preſentibus quam futuris, quòd intencionis noſtre non eſt* [g] *necque fuit quòd per tranſlacionem ſeu tradicionem de dicto* Caſtrothiodorico *cum ſuis juribus & pertinenciis, dicto Fratri noſtro, ſicut premittitur, per Nos factam,*

c *corr.* membra, *là & plus bas.*
d *Coucy.*
e Curie.
f Château-*Thierry.*
g neque.

NOTES.

(a) Tréſor des Chartres, Regiſtre 155. P. LV. (55.)

(b) Tradiderimus.] Les Lettres de ce don qui ſont du mois de Mai de cette année, ſans date de jour, ſuivent immédiatement celles-ci, quoiqu'elles leur ſoient antérieures, parce que, ſuivant la méthode qui a été obſervée dans ce Recueil, on les a placées à la fin du mois, après les Lettres qui ont des dates de jour.

Gardia vel Ressortum dicti Prioratûs de Couciaco, *aut alicujus de menbris vel pertinenciis ipsius, eidem Fratri nostro cum dicto* Castrothiodorico *vel ejus pertinenciis, traderetur, sed indesinenter sub & in nostro & successorum nostrorum* [a] *Regium Francie Domanio teneatur: Unde cum deinceps dictus Prioratus aut aliquod de menbris vel pertinenciis omnibus ipsius, apud ipsum dictum* Castrumthiodericum *non debeat ressortire, Nos eumdem Prioratum cum subditis, hominibus ac menbris & pertinenciis omnibus ipsius, à Ressorto de dicto* Castrothiodorico *penitus amoventes, volumus* [b] *ordinamus casu predicto esse de cetero sub & Ressorto* Prepositure *nostre de* [c] Fimis, *modo & forma quibus antea apud sepedictum* Castrumthiodoricum *consueverant ressortire, eidemque loco &* Prepositure *de* Fimis, *ad causam Ressorti supponimus auctoritate Regiâ per presentes: Mandantes nostris* Baillivo *de* Vitriaco, Prepositoque *de* Fimis, *aut eorum Locatenentibus, presentibus & futuris, & eorum cuilibet, si opus fuerit comittendo, quatenus Religiosos Priorem & Conventum dicte Ecclesie de* Couciaco, *ac eorum subditos, tam in capite quàm in menbris, cum pertinenciis & bonis suis omnibus, faciant apud dictum locum de* Fimis, *coram dicto* Preposito *de* Fimis *de cetero ressortire, & ipsos vel ipsorum aliquem, per dictum Fratrem nostrum vel ejus Gentes, causâ Gardie vel Ressorti alteriusve Juridicionis, in Territorio dictorum Religiosorum, in personis vel bonis vexari vel molestari deinceps non permittant, sed in contrarium facta vel attemptata, si que sint, ad statum pristinum & debitum celeriter reducant, non obstante quod dictum locum de* Castrothiodorico *cum suis pertinenciis, dicto Fratri tradiderimus & in eum transtulerimus, & quòd tempore tradicionis, dictus locus de* Couciaco *sub Ressorto nostro apud dictum* Castrumthiodoricum *ressortiret, quòdque Gardia & Ressortum dicti loci de* Couciaco, *appreciata fuerint in tradicione predicta, non obstantibus eciam Litteris nostris super dicta tradicione confectis, aut aliis in contrarium concessis vel eciam concedendis quibuscumque. Quod ut firmum & stabile perpetuo perseveret, nostrum presentibus fecimus apponi sigillum: Salvo in aliis jure nostro, & in omnibus quolibet alieno.* Datum *Parisius,* die penultima Maii, anno Domini millesimo [d] quatringentesimo, & Regni nostri xx°.

Per Regem, ad relacionem magni Consilii in Camera Compotorum Regis, Parisius *existentis, quo* [e] *Vos,* Episcopi Noviomensis, Meldensis, *Thesaurarii Francie, necnon & plures alii, intereratis.* THIERRY.

CHARLES VI. à Paris, le 30. de Mai 1400.

[a] Regum.

[b] *supp.* &.

[c] *Fismes.*

[d] *quadringentesimo.*

[e] Le Chancelier de France. *Voyez le 5.e Vol. de ce Rec. page 653. Note (c).*

CHARLES VI. à Paris, en Mai 1400.

(a) Lettres par lesquelles le Roy donne au Duc d'Orléans son Frère, la Ville de Château-Thierry, pour la tenir en Pairie & de la même manière qu'il tient les Terres de son Apanage.

CHARLES, &c. Savoir faisons à tous présens & avenir, que comme Nous eussions ordonné & accordé de donner, céder & transporter, le premier jour de l'an prouchainement venant, à nostre très-cher & très-amé Frère le *Duc d'Orléans,* les Ville, Chastel & Chastellenie de *Chasteau-Thierry,* avecques toutes les appartenances & appendances quelzconques, & nostredit Frère pour sa seurté, Nous ait requis que de ce lui voulsissions octroyer noz Lettres, afin que ledit terme venu, il peust joïr de nostre dit don desdiz Ville, Chastel & Chastellenie, avecques leurs appartenances & appendances; Nous considérans l'affinité & prouchaineté que Nous avons de lignage à nostredit Frère, les grans, notables, loyaulx & proffitables services qu'il Nous a fais ou temps passé en plusieurs & maintes manières, fait de jour en jour, & espérons qu'il Nous fera ou temps avenir, & pour plusieurs grandes & justes causes & considéracions qui Nous ont meu & meuvent, à icelluy nostredit Frère

NOTE.

(a) Registre *A.* du Parlement de *Paris, folio* VIII^xx 1. *recto.* [161.]

Avant ces Lettres, il y a: *Littera Doni facti per Regem de Villa &* Castellania *de* Chasteau-Thierry *Duci* Aurelianensi.

Ces Lettres sont aussi au Trésor des Chartres Reg. 155. Pièce 99.

CHARLES VI. à Paris, en Mai 1400.

dès maintenant comme pour lors, avons donné, cédé & transporté, & par la teneur de ces présentes donnons, cédons & transportons de nostre certaine science, grace espécial, plaine puissance & auctorité Royal, lesdis Ville, Chastel & Chastellenie de *Chasteau-Thierry*, ensemble les appartenances & appendences quelxconques, tout en la forme & manière que Nous les tenons de présent : sauf & réservé à Nous la foy & hommaige, le Ressort, la Souveraineté & les droits Royaulx, les terres des Eglises Cathédraux, de fondacion Royal, & d'autres privilégiées qui ne pevent estre séparées de la Couronne de France, s'aucunes en y a, lequel hommaige il nous a fait & l'avons reçeu ; & que nostre dit Frère les tiengne en Parrie & en teles semblables noblesces & prérogatives comme il tient ses autres terres qu'il a eues de Nous à cause de son Appanage, pour en joïr, user, possider & exploitier par lui & ses hoirs mâles descendans de son corps en loyal mariage, perpétuelment & à tousjours ; & s'il avenoit que nostre dit Frère alast de vie à trespassement sans hoir maale de son corps procréés en loyal mariage, ou la ligne directe des hoirs maales descendans de lui, [a] fausist, que lesdis Ville, Chastel & Chastellenie, appartenances & appendances quelxconques, retournassent à Nous ou à nos successeurs & à la Couronne de France ; & avec ce, avons voulu & accordé pour l'amour & faveur de nostre dit Frère, que dès maintenant il puist avoir pour lui, pour nostre très-chière & très-amée Suer sa femme, & ses enfans, l'abitacion desdis Chastel & Chastellenie, & en prendre les prouffis & revenues d'iceulx Chastel, Chastellenie, appartenances & appendances quelxconques, par sa main, & y commettre Gens & Officiers à son plaisir, jusques audit terme du premier jour de l'an, & dudit terme en avant, il puisse joïr & user desdis Ville, Chastel, Chastellenie, & des revenues, appartenances & appendances quelxconques, selon nostre présent don & octroy, comme de leur propre héritage. Si donnons en mandement à noz amez & féaulx Gens de noz Comptes [b] & Trésoriers à *Paris*, qui à présent sont & qui pour le temps avenir seront, & à tous autres à qui il appartendra, que de noz présens grace, don & transport facent nostre dit Frère & ses dis hoirs descendans de son corps en loyal mariage, comme dit est, joïr & user paisiblement, perpétuelment & à tousjours, & desdis Ville, Chastel, Chastellenie, appartenances & appendances quelxconques, lui baillent & délivrent dès maintenant la saisine & possession, ou facent bailler & délivrer, ou à ses Gens pour lui, pour en joïr doresénavant selon nostre présent don & octroy, nonobstant quelxconques Ordonnances faites ou à faire de non aliéner aucune chose de nostre Demaine, autres Ordonnances, mandemens ou deffences au contraire. Et que ce soit ferme chose & estable à tousjours, Nous avons fait mettre nostre Séel à ces présentes : Sauf en autres choses nostre droit, & l'autruy en toutes. *Donné à* Paris, *ou mois de May, l'an de grace mil CCCC. & le XX.e de nostre Regne.* Ainsi signé.

Par le Roy, en son Conseil, Mess. les *Ducs* de *Berry*, de *Bourgoingne* & de *Bourbonnois*, [c] Vous, & plusieurs autres, présens. DERIAN.

a manquât.

b Ces mots, & *Trésoriers*, ne sont point dans T. C.

d *Le Chancelier de France. Voy. le 5.e Vol. de ce Rec.* p. 653. Note *(c)*.

CHARLES VI. à Paris, au mois de Mai 1400.

(a) Statuts pour les Tailleurs de la Ville de Troyes.

CHARLES, &c. Savoir faisons à tous présens & avenir, Nous avoir veues les Lettres de *Nicolas Vigier*, Lieutenant de nostre amé & féal Chevalier *Loys* Seigneur de *Thignonville*, *Bailly* de *Troyes*, contenant la forme qui s'ensuit.

A TOUS ceulx qui ces Lettres verront. *Nicolas Vigier*, Lieutenant de Noble homme *Loys* de *Thignonville*, Chevalier, *Bailli* de *Troyes* : Salut. Savoir faisons que le jour de la date de ces présentes, se sont comparus par devant Nous, en présence

NOTE.

(a) Trésor des Chartres, Registre 156. P. VII.xx VI. (146.)

Il y a dans ces Lettres des noms d'habillemens, & des termes du métier de Tailleur, sur lesquels on n'a pû rien trouver.

des

CHARLES VI. à Paris, en Mai 1400.

des Advocas & Procureur du Roy nostre S. oudit Bailliage, [a] plureurs personnes tous Cousturiers, *(b)* Gipponniers & Pourpointiers, demourans en ladicte Ville & fourbours de *Troyes*, cy-dessoubz nommez, disans que pour ce que ou temps passé en icelle Ville & fourbours n'avoient euz aucuns Visiteurs ou Maistres Jurez, ne aucunes Ordonnances ou Règles ou fait desdiz mestiers, plusieurs faultes y avoient esté & estoient faictes & commises en plusieurs manières; & pour remédier ad ce, s'estoient assemblez par nostre congié & licence, & avoient advisié ensemble les points & Ordonnances cy-après incorporées, estre expédiens & nécessaires, licites & raisonnables pour le fait des diz mestiers, le prouffit de la dicte Ville & du bien commun, lesquelles Ordonnances ilz apportèrent & exhibèrent par escript, contenant ceste forme.

[a] *plusieurs.*

Ordonnances nécessaires & raisonnables ou fait des mestiers des Cousturiers, Pourpointiers ou Gipponniers de la Ville & fourbours de *Troyes*, pour éviter à plusieurs faultes & fraudes qui ou temps passé y ont esté faictes & commises, & que l'en y pourroit commettre ou temps avenir, & aussi pour le bien & honneur desdis mestiers & des Ouvriers d'iceulx, par l'advis & conseil de *Humbert* le *Cousturier, Jehan Belon, Pierre* de *Meaulx, Jehan* de la *Croix-Blanche, Jehan Petit, Thomas* d'*Aubeterre, Pierre* le *Gros, Jehan Maron, Guiot Thicornel, Maché* de *Couloingne, Jehan Potel, Jehan* de *Saint Lye, Thevenin* le *Camus, Jehan Menissier, Jehan* de *Voix, Linart Vincent, Felisot* de *Mery, Colot Domon, Joachim Thomas, Colin Cheste, Laurent* le *Camus, Odinot Billier, Jaquinot Biaugile, Colin* filz au maistre *Symonnet* le *Renoillier, Hennequin* de *Louvain, Jehan* de *Beaulne, Jaquinot* d'*Aubeterre, Jehan Monnot, Estienne Raoulet, Jehan* de *Ruffy, Colinet Pelé, Nicolas* de *Montagon, Perrin Domon, Girart Moris, Monnot Fyot, Jehan Machier, Perrin Cossote, Jehan Gauchier, Jehan* le *Sourt, Hennequin* de *Fournay, Thevenin Maron,* de *Bourgongne, Perrin Alixandre, Gilot Nyart, Lynart Dubois, Hebert* le *Cousturier, Pierre* de *Nerbonne, Nicolas Milot, Perrinot Perreau,* tous Cousturiers, Gipponniers demourans en la dicte Ville & fourbours, faisans la plus grant & saine partie des ouvriers Cousturiers & Gipponniers d'icelle Ville & fourbours, si comme ilz disoient, pour ce assemblez par congié & licence du Lieutenant de Monf. le *Bailli* de *Troyes*.

(1) Et Premiers. D'oresénavant aura oudit mestier, IIII personnes pour avoir la visitacion des ouvrages dudit mestier, lesquelx iceulx ouvriers, leurs successeurs, ou la plus grant & saine partie d'eulx, esliront chacun an le Dimenche après la feste de la Décolacion Saint Jehan-Baptiste, lequel jour ilz ont accoustumé de faire leur Confrarie & Feste, & seront appellez Maistres dudit mestier, & iceulx esleuz présenteront ledit jour ou le lendemain, à Monf. le *Bailli* de *Troyes*, ou à son Lieutenant, lequel les fera jurer à leur rapport, de bien & loyaument faire ladicte visitacion, & exercer le fait d'icelle maistrise: Pour laquelle éleccion & mutacion faire, se pourront chacun an ledit jour assembler, appellé & présent avec eulx ung Sergent Royal lequel ledit Monf. le Bailli ou son Lieutenant leur baillera chacun an, & non autrement.

(2) Item. Se aucun dudit mestier des or en avant veult [b] lever son dit mestier en la dicte Ville & fourbours de *Troyes*, de taille & cousture, il sera tenu avant ce, à aller pardevers lesdis IIII Maistres, & en pranre congié, lesquelx il donront sans contredit, pourveu que il soit ouvrier souffisant d'icelle taille, autrement non, pour ce qu'il gasteroit les ouvrages que il tailleroit; & aussi que il sera tenus de paier à son entrée & pour sa bienvenue, quarante Solz Tournois; c'est assavoir, vint Solz Tournois pour convertir en leur Confrarie, & en la Messe que iceulx Ouvriers ont accoustumé de faire dire & célébrer chacun Lundi en l'Eglise Saint Esperit de *Troyes*, & vint Solz Tournois pour lesdis IIII Maistres, pour leur droit & peine d'iceulx esprouver: toutesvoies les enfans desdis ouvriers demourans en ladicte Ville & fourbours, & [c] net illec, n'en seront tenus de paier aucune chose, se il ne leur plaist.

[b] *se faire passer maître*, comme dans plusieurs autres Lettres semblables.

[c] *nez*, comme il y a plus bas art. 4.

(3) Item. Se il avenoit que aucun dudit mestier feist d'oresénavant aucune ouvrage

NOTE.

(b) Gipponniers.] Gipon signifioit autrefois un pourpoint, ancien habillement d'homme. Voyez le Trésor de *Borel*, au mot, *Gipon*.

CHARLES VI. à Paris, en Mai 1400.

de taille & cousture, pour deffuir & estre exemps de ce que dit est, & non lever mestier & [a] ouvroir apparant, lesdiz Maistres pourront aler pranre tous les ouvrages que ilz feront, les veoir & visiter se ilz seroient bien fais & suffisans, & si paiera icellui ouvrier dix Sols Tournois d'amende, moitié au Roy nostre S. & moitié à la dicte Confrarie & Maistres, ou cas qu'ilz n'auront esté esprouvé & passé ouvriers par lesdiz Maistres; & si li pourront lesdis Maistres deffendre dès-lors en avant l'ouvrer jusques à ce que il soit esprouvé par eulx; & se il transgressoit ladicte deffense, il en seroit pugnis de double amende à appliquier comme dessus.

(4) *Item.* Pourront prandre & avoir les dis ouvriers passez souffisans par les dis Maistres, & non autres, apprentiz, ung ou plusieurs, telz & tant que bon leur semblera, pourveu que à son entrée il sera tenus de paier avant toute œuvre, cinq Solz Tournois pour mectre & emploier ou fait de ladicte Confrarie & Messe; excepté toutesvoyes les enfans des ouvriers dudit mestier, demourant en ladicte Ville, & nez en icelle, lesquelx en sont & seront exemps sans en paier aucune chose, se il ne leur plaist.

(5) *Item.* Pour ce que oudit mestier a présentement en la dicte Ville & fourbours, aucuns ouvriers tenans ouvroirs, qui se messent dudit mestier de taille & cousture, lesquelx ne sont mie ydoynes ne souffisans, espéciaulment quant à ladicte taille, mais en ont & pevent chascun jour gaster plusieurs [b] garnemens & ouvraiges, ou préjudice & en grant décepcion du peuple, si comme l'en dit, que iceux Maistres en enquerront & sauront la vérité; & s'aucuns en treuvent telz que dit est, ilz leur pourront deffendre de tenir ouvroir dudit mestier de taille & cousture, jusques à ce qu'ilz soient passez ouvriers; & se depuis lors le font, ilz paieront pour chacune fois que ilz y seront trouvez, admende de vint Solz Tournois, par moitié au Roy, à la dicte Confrarie & Maistres; & s'aucuns garnemens avoient fais pour autruy, qui feussent pour le fait de la taille ou autrement par leur fait & coulpe, gastez, & ceulx à qui ilz seroient s'en plaignoient, iceulx Maistres les pourront prendre & visiter, & la faulte qu'ilz y trouveront, iceulx ouvriers seront tenus de rendre au [c] taux d'iceulx Maistres, ensemble intérestz & dommaiges raisonnables.

(6) *Item.* Les dis ouvriers aiens ouvroir dudit mestier de taille & cousture, chacun an le jour de leur dicte Feste, se pourront assembler, & avecques eulx leurs [d] varlés, se bon semble ausdiz varlés, & prendre [e] au *(c)* Bastonnier de la dicte Confrarie, ou ailleurs où ledit Bastonnier ordonnera, ung cierge de cire, les trois pesans une livre, pour chascun desquelx chascun des dis ouvriers aians ouvroir, paiera deux Solz six Deniers, dont seront paiez lesdis cierges, & le pardessus & proffit seront converti ou fait & augmentacion de la dicte Confrarie & Messe; & quant ausdiz varlés, ilz ne seront point contrains à prendre lesdiz cierges, se il ne leur plaist; & iceulx cierges porteront humblement & dévotement avec ledit Bastonnier à la dicte Eglise de Saint Esperit, ou ailleurs où ilz auront dévocion de faire leur dicte Confrarie, & faire dire leur dicte Messe, & de eulx tenir illec, jusques à ce que ledit Service soit fait & célébré; & se ilz n'y povoient estre pour aucunes [f] loyaulx essoinnes, ilz seront tenus d'y envoyer leurs femmes ou autres pour eulx, à peine de cinq Solz Tournois d'amende sur chacun, à appliquier par moitié au Roy, & à la dicte Confrarie, [g] à Messe, pourveu que ad ce soit présens & appellez aucun Sergent Royal lequel ledit Mons. le Bailli ou son Lieutenant leur depputera; à laquelle Messe seront participans le Roy nostre S. & ceux qui prandront lesdis cierges, & non autres.

(7) *Item.* Seront tenus lesdis ouvriers de faire bon & loyal ouvrage dudit mestier, tant en taille comme en cousture, & loyaument emploier le drap & autres

[a] *boutique.*
[b] *habits.*
[c] *suivant la taxation, l'estimation.*
[d] *compagnons.*
[e] *de la main du bâtonnier.*
[f] *légitimes excuses.*
[g] *pour faire célébrer la Messe.*

NOTE.

(c) *Bastonnier.*] Suivant le Glossaire de *Du Cange*, au mot *Bastonnerius*, il signifie un Bedeau. On appelle aussi Bâtonnier d'une Confrairie, celui qui porte dans les cérémonies pendant un tems marqué, le bâton d'une Confrairie, de laquelle il est ordinairement le chef. C'est apparemment dans ce dernier sens que le mot de *Bâtonnier* doit se prendre ici.

CHARLES VI. à Paris, en Mai 1400.

(d) estouffes qui baillées leur seront; & ou cas qu'ilz feroient le contraire, ilz seroient tenus de réparer & amender l'ouvrage à leurs despens, se faire se peut, & si seront tenus de rendre l'intérest & dommaige à cellui ou ceulx à qui seroient iceulx ouvrages, au taux & jugement desdiz quatre Maistres Jurez, lesquelx leur pourront deffendre l'ouvrer dudit mestier, jusques à ce qu'ilz auront réparé & admendé ledit ouvrage, & [a] rendrez lesdis intérestz & dommaiges; & si seront tenus de paier amende pour chascun desdiz cas, laquelle sera de vint Solz Tournois, à appliquier par moitié au Roy & ausdiz Maistres.

(8) *Item.* Que lesdiz ouvriers ne mettront d'oresénavant coton viez, ou autres viez (e) estouffes, en gippons neufz pour vendre, se ce n'est ung [b] contre envers ou ung contre endroit, ou (f) bourres ou escroes de soie ou de cendalx, bonnes & souffisans; & qui fera le contraire, il paiera dix Solz Tournois, à appliquier par moitié au Roy & ausdiz Maistres oudit mestier, & proffit de ladicte Confrarie; & si seront donné icellui ouvrage [c] pour Dieu par lesdiz Maistres, ou bon leur sembleroit en leur consiences.

(9) *Item.* Tous [d] jaques de fustaines fais à une fois, seront garnis de deux paires de toille, l'une neufve & l'autre viez, lesquelles seront le contre-endroit & le contre envers, & y seront mises deux [e] lievres d'estouffes du moins, ou plus, qu'il vouldra, pourveu qu'elles soient bonnes & souffisans, comme d'estoupes & de retailles neufves, ou coton viez ou neuf, bon & souffisant; & seront iceulx ouvriers tenus de dire & déclarer aux acheteurs, & leur déclarer avant la vendue, les matières & la quantité dont seront garnis & fais iceulx jaques; & qui autrement le fera, l'euvre sera descousue par lesdiz Maistres, ou leur commandement, & les estouffes [f] restablies à l'ouvrier lequel amendera ledit ouvrage, & si sera tenus d'amende pour chascune fois & pour chacun desdis cas, de dix Solz Tournois à appliquier par moitié comme dessus; & se il ne le vuelt [g] amender, il sera baillé à ung autre pour l'admender à ses despens.

(10) *Item.* Deffendu est que d'oresénavant aucuns desdis ouvriers ne mette ou face mettre toile (g) calendrée ne boucassinée en euvre pour vendre, se elles ne sont neufves sur l'endroit; & qui autrement le fera, il paiera pareille amende de vint Solz Tournois, à appliquier comme dessus.

(11) *Item.* Que aucun desdiz ouvriers ne soit si hardi de faire ou faire faire pour vendre en la dicte Ville & fourbours de *Troyes*, jaques où il ait bourre ne laine, se la bourre n'est de soye, soubz paine de les [h] ardoir devant la maison d'icellui qui les auroit fais, & d'amende de dix Solz Tournois, à appliquier par moitié au Roy & ausdis Maistres & Confrarie.

(12) *Item.* Seront tenus lesdis ouvriers de faire tous jacques de bonnes estouffes, & loyaument; c'est assavoir, jaques fais à deux fois, fais de soye, seront fais de cinq toilles: ceux de [i] bougarassin, de IIII toilles, & ceulx de fustaines de trois toilles, dont l'une sera neufve, en chascune desquelx seront mises & couchées quatre livres d'estouffes du moins, ou plus qui vouldra, telle comme dit est; ès jaques fais à une fois, toutesvoyes ilz n'y devront mettre aucunes estouffes de bourre, se elles ne sont de soye; & si pourront faire lesdis jaques de fustaines à trois livres d'estouffes, & si

a rendu.

b cela doit signifier apparemment l'envers & l'endroit.

c aux pauvres.

d sorte d'ancien habillement d'homme.

e corr. livres.

f rendues.

g raccommoder.

h brûler.

i c'est apparemment la même chose que le bougran. Voyez le Dict. du Commerce par *Savary*, au mot *Bougranée*.

NOTES.

(d) *Estouffes.*] Ce mot signifie sans doute ici étoffes. Dans la suite de ces Lettres il est pris dans un autre sens. Voy. la Note suivante.

(e) *Estouffes.*] Par ce mot il faut entendre estouppes, qui se trouve même dans l'article suivant. Suivant le Dictionnaire du Commerce par *Savary*, l'estouppe est la bourre du chanvre & du lin. On employe quelquefois les estouppes à faire du gros linge. Il est parlé dans ces Lettres d'estouffes de soie, ce qui est apparemment la même chose que la bourre de la soie, sur laquelle voyez la Note suivante. Voy. aussi la Note précédente.

(f) *Bourres.*] La bourre de soie est de la soie de rebut & imparfaite. Voyez le Dict. du Commerce par *Savary*, au mot, *Bourre*.

(g) *Calendrée.*] Mise à la calendre; c'est-à-dire, passée par une machine pour les polir, les unir & leur donner du lustre. Voyez le Dict. du Commerce par *Savary*, au mot, *Calandre*.

La Toile boucassinée est une toile mise en boucassin; c'est-à-dire, gommée, calendrée & mise en différentes couleurs. C'est une espèce de bougran. Voyez *ibid.* au mot *Boucassin*.

CHARLES VI. à Paris, en Mai 1400.

feront tous lesdis jaques poins à part sur le baston, bien & souffisamment; & qui autrement le [a] fere, l'euvre sera descousue, & rendue les estouffes à l'ouvrier, & paiera XX Sols d'admende pour chascune fois, à appliquier comme dessus.

(13) *Item.* Qui vouldra faire ouvrage trait de laine, faire le pourra, mais qu'elle soit fillée & mis l'enseigne au colet du garnement; & qui fera le contraire, il paiera dix Solz Tournois à appliquier comme dessus.

(14) *Item.* Lesdits ouvriers seront tenus de faire tous gippons & jaquettes, & tous autres ouvraiges desdiz mestiers, bons & loyaulx, & eulx payer de leurs salaires raisonnablement; & si seront tenus de faire les envers desdits gippons pour vendre, doublés de deux toiles neufves ou viez [b] du faux du corps, en aval, pourveu qu'elles soient bonnes & souffisantes; & aussi de garnir iceux gippons tous de coton neuf, retailles de toille, de fustaine ou boucacin neufs, ou tous de bourre neufve, sans y mettre bourre ou coton viez, ne l'un avec l'autre; & au vendre seront tenus de dire aux Marchans de quoi seront iceulx gippons garnis, de bourre ou de coton, viez ou neuf, sur peine de dix Solz Tournois d'amende sur chacun, & pour chascune fois & cas qu'ils y mesprendront, à appliquier comme dessus, & reprandre l'ouvrage, en rendant l'argent à l'acheteur, & ses intéreſtz, s'aucuns en y avoit.

(15) *Item.* Pourront faire lesdits [c] ouvriers passez tous ouvrages bons & loyaulx pour autruy, & non mie pour vendre, telz que ilz leur seront requis, non obstant les choses dessus dictes, & sans pour raison de ce payer aucune amende; & avec ce, pourront tous les ouvriers & ouvrières dudit mestier, aler ouvrer ès hostelz & pour les manans & habitans en ladicte Ville & ès fourbours, (h) & ailleurs, non ouvriers dudit mestier, tailler & faire ouvrages telz qu'il plaira à ceulx qui les mettront en euvre pour eulx, & non pour autres; posé que iceulx ouvriers soient passez par lesdits Maistres ou non, sans répréhension aucune.

(16) *Item.* Se pour les choses dessus dictes deuement exécuter, aucuns refus [d] ou désobéissance, en seront punis d'admende pour chascune fois, au prouffit du Roy, selon la qualité du meffait, par ledit Monſ. le *Bailli* ou le *Prévost* de *Troies,* ou leurs Lieuxtenans, ou autres Officiers à qui il appartendroit.

(17) *Item.* Seront tenus lesdis ouvriers tenant ouvroirs, & qui des-or-en-avant tenront ouvroir en la dicte Ville & fourbours, d'estre aux honneurs l'un de l'autre; c'est assavoir, ou cas que aucun d'iceulx ouvriers tenant ouvroirs, se marieroit, chascun ouvrier tenant ouvroir illec, seront tenus de estre avec lui le jour de ses nôces à aler à l'Eglise; & aussi ou cas que aucun chief d'ostel desdits ouvriers yront de vie à trespassement, seront tenus pareillement d'estre à mettre à terre le corps, & d'estre à l'Eglise tant que le service se mettra à faire, à peine de dix Deniers Tournois d'admende, sur chacun qui y fauldroit, lesquelx seront mis en la boîte pour convertir en l'augmentacion de la dicte Confrarie & Messe; & se lesdis ouvriers n'y povoient estre, ils y envoyeroient leurs femmes, sur pareille pene, pourveu toutes voyes que cellui à qui il appartendra desdictes nôces ou mortailles, le fera deuement sçavoir ausdiz ouvriers; & ou cas que aucuns desdiz ouvriers mesprendroit trop souvent à son sceu ès choses devant dictes ou aucunes d'icelles, il en seroit plus griefment pugnis que cy-dessus n'est contenu.

(18) *Item.* Lesdis Maistres seront tenus de bailler par escript, ou rapporter de bouche au *Prévost* de *Troyes,* ou à son Lieutenant, lesdictes amendes; c'est assavoir, la porcion qui en competra au Roy, & la cause d'icelle, pour le faire lever au prouffit dudit Seigneur, par le rapport d'iceux quatre Maistres, sanz autre preuve, à peine de dix Solz d'amende sur chascun, à appliquier audit Seigneur.

(19) Et se en aucuns desdiz articles avoit aucune [e] obculté [f] tuchans lesdiz ouvraiges, lesdiz Maistres le rapporteront audit Monſ. le *Bailli,* au *Prévost* de *Troyes,* ou leurs Lieuxtenans, & en auront yceulx Maistres l'interprétation ou déclaracion, & si seront

[a] *fera.*
[b] *de la ceinture en bas.*
[c] *reçus ouvriers.*
[d] *supp. font.*
[e] *obscurité.*
[f] *touchant.*

NOTE.

(h) Et ailleurs, &c.] Je crois que cela signifie que ceux mêmes qui ne seront point reçus ouvriers, pourront aller travailler hors la ville & les fauxbourgs.

tous lesdiz prouffiz & amendes exécutoires au rapport d'iceulx Maistres, comme debtes congneues, & la porcion appartenante ou ordonnée pour le prouffit d'icelle Messe & Confrarie, mis en une boîte ferment à trois clefz, laquelle boîte l'un desdiz Maistres gardera, lequel qu'ilz esliront, & les autres trois Maistres garderont chascun une desdictes clefs; lequel prouffit sera emploié & converti comme dessus, & non ailleurs, par la main dudit Bastonnier & autres, par le conseil & advis desdis ouvriers, ou de la plus grant & saine partie, lesquelx Bastonnier & Maistres en seront tenus de rendre compte & reliqua où il appartendra, & toutesfois que ilz en seront requis.

CHARLES VI. à Paris, en Mai 1400.

Lesquelles Ordonnances & choses devant dictes considérées, à requeste & du consentement, & par grant & meure délibéracion de conseil ouquel estoient lesdiz Advocas & Procureur du Roy, nous en faveur des dessus nommez ouvriers, desdiz Service divin & Confrarie, & pour le bien commun ou fait d'iceulx mestiers, avons mises & mettons sus, & promis ausdiz ouvriers cy dessus nommez & autres demourans en ladicte Ville & fourbours de *Troyes,* & à leurs successeurs, icelles tenir & en joïr & user d'oresénavant par la manière que cy-dessus est escript ; lesquelx ouvriers dessus nommez ont promis chascun en droit soy, pour eulx & leurs diz compaignons & successeurs, ycelles Ordonnances & autres choses cy-devant escriptes, tenir, entériner & accomplir, voulu & consenti estre contrains, s'il est [a] mestiers, à ce faire de point en point sans aucun deffault & sans venir contre aucunement ores ne ou temps avenir. Si donnons en mandement par ces meismes Lettres, au *Prévost* de *Troyes,* qui ores est, à ses successeurs dudit office, ou à leurs Lieuxtenans, & à tous autres à qui il appartient, que lesdiz Maistres & ouvriers, & leurs successeurs, facent, seuffrent & laissent joïr & user des Ordonnances, poins & Status dessusdiz, & en ce [b] sçussent les gardent & deffendent de tort, force, griefz, violences & autres oppressions & molestacions indeues, & leur prestent & baillent à leurs despens, conseil, confort & ayde, se mestiers est & requis en sont, sans leur donner ne souffrir estre donné sur ce aucun empêchement indeu. En tesmoing de ce, Nous avons scellées ces Lettres du Scel dudit Bailliage, qui furent faictes & données à *Troyes,* le XIXe jour du mois de Septembre, l'an mil CCC IIII[xx] & XIX.

a *besoin.*

b *ce mot est ou corrompu, ou inutile.* Il faut peut-être corr. *faisant.*

Nous ces choses considérées, & en faveur dudit divin Service, toutes & chacune les choses & singulières cy-dessus escriptes & contenues ès dictes Lettres, entant que elles sont justement faictes, loons, approuvons, & de nostre auctorité Royal confermons : Mandons par ces présentes à nostre dit *Bailli* & *Prévost* de *Troyes,* à leurs successeurs esdiz Offices, & à tous noz autres Justiciers, présens & avenir, & à chascun d'eulx en droit soy, ou à leurs Lieuxtenans, que les choses dessus dictes & chascune d'icelles, par la manière que cy-dessus sont exprimées, facent perpétuelment tenir, garder & entériner & acomplir par les Maistres & ouvriers desdis mestiers, qui sont & seront en ladicte Ville & fourbours, sans leur donner ne souffrir estre donné aucun empeschement par quelque manière, ainçois les laissent, facent & seuffrent de nostre dicte grace, octroy & confirmacion, joïr & user à plain, paisiblement & perpétuelment : Sauf en autres choses nostre droit, & l'autruy en toutes. Et pour ce que ce soit ferme chose & estable à tousjours, Nous avons fait mettre nostre Séel à ces présentes Lettres. *Donné à* Paris, *ou mois de May, l'an de grace mil CCCC. & de nostre Regne le XXIe.*

Suite des Lettres de Charles VI.

Par le Roy, à la relacion du Conseil. JA. REMON.

CHARLES VI. à Paris, en Mai 1400.

(a) Règlement sur différentes matières entre les habitans de Pisançon, de Beaumont, &c. & ceux de Romans.

CHARLES V. à Paris, le 12. de Juin 1366.

SOMMAIRES.

(1) Lorsque les Châtelains & les autres Officiers de Pisançon, de Beaumont, &c. feront faire des Proclamations par rapport aux réparations des chemins, & que ces réparations intéresseront les habitans de Romans, ils feront avertir le Juge & les Officiers de cette ville, qui députeront deux ou trois personnes pour assister avec celles qui seront envoyées de Pisançon, &c. à la visite de ces chemins : elles donneront leur avis sur les réparations qui doivent être faites, & rendront compte aux habitans de Romans, des résolutions qui auront été prises.

(2) Lorsque les Châtelains de Pisançon, &c. y feront faire des Proclamations qui pourront intéresser les habitans de Romans, ils requerront les Officiers de cette ville, d'y faire faire de semblables Proclamations.

(3) Il sera permis aux Officiers de Romans de fixer le tems des Vendanges.

(4) Les habitans de Pisançon, &c. ne pourront envoyer leurs animaux paître dans les Vignes de ceux de Romans.

KAROLUS Dei gracia Francorum Rex, Dalphinus Viennensis. Notum fieri volumus universis presentibus & futuris, Nos vidisse Litteras Carissimi Domini Genitoris nostri Karoli Francorum Regis, Dalphini Viennensis, formam que sequitur, continentes.

KAROLUS Dei gracia Francorum Rex & Dalphinus Viennensis. Universis presentes Litteras inspecturis: Salutem. Gravi querimonia ex parte dilectorum nostrorum Burgensium [a] *incolarum ville nostre (b) de* Romanis, *nobis facta* [b] *dedicimus quòd Castellani & alii nostri Officiarii & alii nostri subditi Castrorum & Castellaniarum nostrarum (c)* Pisenciani, Pamini *&* Bellimontis, *circum circa & prope dictam villam de* Romanis *existentes, de die in diem eosdem fatigare & dampnificare vexacionibus, penis, laboribus, expensis, & aliter non verentur, in hiis videlicet, quòd preconizari in locis dictarum nostrarum* [c] *Castellianum faciunt ipsis conquerentibus ignorantibus, quòd itinera reparentur per quemlibet hereditagia habentem in ipsis, in quantum tangeret eundem; eciam tempore vindemiali, ne quis absque eorum licencia vindemiare audeat, penas* [d] *formidales super hoc imponendo; &* [e] *alterius animalia sua grossa & alia in vineis ipsis vindemiatis per modum pasqueragii immittunt, que vinee ex eo dampnificantur, destruuntur & multimodè (d) excupantur; & cum talia contra jus & bonum publicum procedant, vel sint in predictorum conquerencium prejudicium non modicum & jacturam, Nobis super hoc eisdem providere de remedio opportuno supplicarunt. Ea propter eorum supplicacioni tanquam juri consone favorabiliter inclinati.*

(1) Ordinamus & volumus, & graciâ speciali, ex deliberato animo concedimus eisdem, quòd de cetero, quocienscumque dicta itinera fuerint reparanda, Castellani & alii Officiarii nostri dictarum Castellaniarum, si & in quantum dictos supplicantes tangat, requirere debeant Judicem vel alios Officiarios ville predicte de Romanis,

a *supp.* &. b didicimus. c Castellaniarum. d formidabiles. e *Il faut peut-être corr.* ulterius.

NOTES.

(a) Trésor des Chartres, Registre 155. P. ciiij. (104.)

(b) De Romanis.] Romans. Cette ville est située dans le *Dauphiné* au bord de l'*Isere*, à trois lieues du *Rhône*. Elle est du diocèse de *Vienne*. Voyez le Dict. universel de la France, au mot *Romans*. Voyez aussi sur cette ville la page 270. du 3.e Vol. de ce Rec. Note *(c)*.

(c) Pisenciani, &c.] C'est apparemment la même chose que *Pisancenum, Pisançon* dans le Comté de *Vienne* & d'*Albon*. Voyez sur *Pisancenum*, la page VIII. col. 2. de la Table des noms de lieux du *Dauphiné*, qui est à la tête de l'Hist. de cette Province, par M. de *Valbonais*.

Bellimontis. C'est apparemment *Beaumont* dans le même Comté. Voyez *ibid.* col. 1.

Je n'ai rien trouvé dans cette Table sur le lieu nommé *Pamini*.

(d) Excupantur.] On trouve dans le Glossaire de *Du Cange*, au mot *Excupator*, qu'il signifie celui qui ôte des ordures avec un balai. *Excupare* se prend ici dans un sens un peu différent : car ces animaux n'ôtoient point des choses inutiles & mal-propres, mais ils détruisoient ou endommageoient des choses utiles, le sarment. On dit dans le stile familier, en parlant d'une chose ruinée, qu'elle est balayée.

quòd mittant duos vel tres probos dicti loci, qui simul intersint cum aliis de dictis Castellanis, ad videndum que & qualia itinera fuerint reparanda, & ad notificandum predicta illis de Romanis quos tanget, quorum proborum dicto & Ordinacioni dicta itinera debeant reparari.

CHARLES VI. à Paris, en Mai 1400.

(2) Item. Et quando dicti Castellani & alii Officiarii nostri dictarum Castellaniarum vel eorum [a] alteri, suas preconizaciones facient, si casus in aliquo tangat aliquos vel aliquem dicte ville de Romanis, requirant Officiarios [b] dictos ville de Romanis, qui in eadem villa fieri faciant similes preconizaciones, ne ipsi easdem [c] veleant ignorare, cum vox Preconis alibi in nostris predictis Castellaniis facta paucis innotescat, & preconizaciones factas in predictis nostris Castellaniis possent probabiliter ignorare.

CHARLES V. à Paris, le 12 de Juin 1366.

(3) Item. Volumus & concedimus [d] eisdem supplicantibus, quòd quocienscumque ipsis placuerit vindemiali tempore suas vineas vindemiare, veleant liberè & impunè, sublatis impedimento & inhibicione quibuscumque.

(4) Item. Cum Pasqueragium predictum sit contra jus & bonum publicum, inhibemus Castellanis, ceterisque Officiariis & subditis nostris, sub pena graviori quam erga nos incurrere possent, ne in vineas predictorum supplicancium, animalia sua quecumque mittant vel inducant causâ pasquerandi, tempore aliquali:

a mot abregé & douteux.
b Il faut peut-être corr. dicte.
c valeant, & plus bas.
d eidem supplican. Reg. il faut appar. lire eisdem supplicantibus.

Mandantes & precipientes dictis nostris Gubernatori Dalphinali & Judici Viennensi & Valentinensi, Castellanis dictarum Castellaniarum, ceterisque Officiariis nostris, modernis & futuris, & eorum Locatenentibus, quatenus dictos supplicantes & eorum quemlibet, nostra presenti graciâ uti & gaudere faciant & permittant, & nichil facere in contrarium audeant vel presumant; & si quid in contrarium factum fuerit, id ad statum pristinum & debitum reducant & reduci faciant indilatè; Ordinacionibus, mandatis, inhibicionibus & Litteris in contrarium impetratis vel eciam impetrandis, non obstantibus quibuscumque. In cujus rei testimonium, Sigillum nostrum presentibus apponi fecimus & appendi. Datum Parisius, die XII.a mensis Junii, anno Domini millesimo CCC.o sexagesimo sexto, & regni nostri tertio.

Suite des Lettres de Charles VI.

Quas quidem Litteras supra scriptas, omniaque & singula contenta in eisdem, in quantum dicti Burgenses, incole & habitatores ville predicte de Romanis, eisdem & contentis in ipsis debitè usi sunt, ratas & gratas habentes, sive rata & grata, eas & ea volumus, laudamus, approbamus, & tenore presencium de gracia speciali confirmamus: Gubernatori nostri Dalphinatûs, qui nunc est & pro tempore fuerit, precipiendo mandantes quatinus dictos Burgenses, incolas & habitatores nostris presentibus graciâ & confirmacione uti & gaudere pacificè faciant & permittant. Quod ut firmum & stabile perpetuò perseveret, nostrum presentibus Litteris fecimus apponi Sigillum: [e] Nostrum in aliis, & alieno in omnibus jure salvo. Datum Parisius, mense Maii, anno Domini M.o quadringentesimo, & Regni nostri vicesimo.

e corr. nostro.

Per Regem Dalphinum, ad relacionem Consilii. FRERON.

CHARLES VI. à Paris, en Juin 1400.

(a) Lettres qui portent que le Sceau établi à la Bastide de Beauvoir, aura les mêmes privilèges que le Petit Sceau de Montpellier.

KAROLUS, &c. Notum facimus universis tam presentibus quàm futuris, Nos Litteras inclitè recordacionis defuncti Domini Johannis Avi nostri, pro tunc Locumtenentis, & ex post Francorum Regis, cujus anima requiescat in Celis, vidisse, formam que sequitur, continentes.

JOHANNES primogenitus & Locumtenens Regis Francorum, Dux Normannie, Comes Pictavensis, Andegavensis & Cenomanensis. Notum facimus universis tam

NOTE.

(a) Trésor des Chartres, Registre 155. Pièce VI^xx XI. [131.]

CHARLES VI. à Paris, en Juin 1400.

presentibus quàm futuris, Nos infrascriptas Litteras vidisse, formam que sequitur continentes.

a Jean de Marigny. Voyez ci-dessus, pag. 375. Note (a)
b Languedoc.
c Xantonen. Reg.
d Voy. ci-dessus p. 344. Note (b) & 348. Note (a)
e Plaintes ou Requêtes présentées en Justice.

[a] Johannes *miseracione divinâ* Episcopus Belvacensis, *Locumtenens Domini nostri Francorum Regis in* [b] Partibus Occitanis *&* [c] Xanctonensibus, *omnibus & singulis Senescallis, Judicibus, Vicariis, Preposìtis, Castellanis, Bajulis, & aliis Justiciariis & Subditis dicti Domini nostri Regis, vel eorum Locatenentibus: Salutem. Cum Nos in (b)* Bastita Belvacensi *per Nos noviter instituta in* Senescallia Tolosana, *ut meliùs edificetur, & habundanciùs populetur, pro Regia & Reipublice utilitate, Sigillum super Contractibus sub ejus viribus inhiendis, execucioni demandandis, institui & fieri concesserimus, sub similibus viribus quibus utitur communiter sub* [d] *Sigillo parvo* Montispessulani, *volumus, vobisque & vestrum cuilibet districtè precipimus & mandamus quatinus execuciones* [e] *clamorum ad vires dicti Sigilli in dicta Bastita instituti, si & cùm expositi fuerint, faciatis & compleatis diligenter, tociens quociens super hoc fueritis requisiti per Custodem regentemve seu Judicem dicti Sigilli; alioquin quod idem Custos, Regens sive Judex hoc faciant vestris sumptibus & expensis, vosque & quoscumque alios sibi rebelles super hoc vel inobedientes puniat, dictoque Domino nostro Regi & Parti condignè faciat emendari, Justiciarios & alios extra dictum Regnum Francie constitutos ad hoc compellendo per capcionem personarum & expletacionem bonorum eorumdem, si & que infra dictum regnum poterunt reperiri. Datum* Tholose, *die prima Junii, anno Domini M.° XL.° secundo.*

Suite des Lettres de Jean, Duc de Normandie, & Lieutenant du Roy.

Nos autem contenta in dictis Litteris, rata & grata habentes, ea laudamus, volumus, ratifficamus, approbamus, & ex plenitudine Regie potestatis nobis attribute, de gracia speciali tenore presencium confirmamus. Volumus autem quòd presentes eamdem roboris habeant firmitatem, ac si per Cameram Compotorum Parisius *transivissent. Quod ut firmum & stabile permaneat in futurum, presentibus Litteris Sigillum nostri secreti, in absencia magni, fecimus apponi. Datum* Caturci, *anno Domini M.° CCC.° XL.° quarto, mense Septembris.*

Suite des Lettres de Charles VI.

Quas quidem Litteras suprascriptas, ratas habentes & gratas, eas & omnia & singula in eisdem contenta, prout acthenus pacificè usi sunt & debitè, laudamus, approbamus, ratifficamus, & de speciali gracia consideracione premissorum, confirmamus per presentes. Quod ut firmum & stabile perpetuò permaneat, nostrum presentibus Litteris fecimus apponi Sigillum: nostro & alieno in omnibus jure Salvo. Datum *Parisius,* mense Junii, anno Domini millesimo CCCC^mo^, & regni nostri vicesimo.

f *Il y a un grand nombre de Lettres Royaux de ce tems, signées* Freron, *& c'est peut-être ainsi qu'il faut corriger.*

Per Regem, ad relacionem Consilii. [f] FERRON.

NOTE.

(b) *Bastita Belvacensi.]* J'ai appris de Dom *Vaissette,* Religieux Bénédictin de la Congrégation de Saint Maur, que la *Bastide* de *Beauvais,* se nommoit aujourd'hui par corruption, la *Bastide* de *Beauvoir,* & que c'est une petite ville qui est du Diocèse de *Saint-Papoul,* & de la Sénéchaussée de *Toulouse.*

CHARLES VI. à Paris, en Juillet 1400.

PHILIPPE VI. dit de Valois, à Paris, le 14. de Juillet 1329.

(a) Lettres de Sauvegarde Royale pour le Chapitre de Saint Junien.

KAROLUS, *&c. Notum fieri volumus universis presentibus & futuris, Nos vidisse Litteras, formam que sequitur, continentes.*

PHILIPPUS *Dei gracia Francorum Rex. Notum facimus universis tam presentibus quàm futuris, quòd Nos Predecessorum nostrorum vestigiis inherentes, Ecclesias & personas Ecclesiasticas sinceris affectibus amplectentes, ad eorum offensas propulsandas libenter manum extendimus, ut in pacis transquillitate liberiùs Deo à quo proveniunt*

NOTE.

(a) Trésor des Chartres, Registre 155. Pièce IIII^xx^ I. (81.)

omnia,

omnia, valeant famulari. Ea propter, Prepositum & (b) Capitulum Ecclesie Sancti Juniani, & eorum successores, cum familiis, Ecclesiis, Prioratibus, Domibus, Mansis, Territoriis, rebus, bonis, Consuetudinibus, Dominiis, Libertatibus, Justiciis, possessionibus ac juribus universis & pertinenciis aliis quibuscumque, cujuscumque condicionis, & in quibuscumque consistant, aut quocumque nomine censeantur, ad ipsos Prepositum & Capitulum, tam conjunctim quàm divisim, quoquomodo spectantibus, in Diocesi Lemovicense, aut alibi ubicumque existentibus, sub nostra manu, proteccione & Salva speciali gardia suscipimus & perpetuò retinemus: Senescallos Lemovicenses & Petragoricenses, qui nunc sunt & qui pro tempore fuerint, [a] eorum quemlibet, Gardiatores, defensores ac conservatores tenore presencium deputamus; [b] eisdem quibus & eorum cuilibet, damus presentibus in mandaris ut prefatos Prepositum & Capitulum, cum eorum familiis, Ecclesiis, bonis, rebus, & aliis juribus supradictis, & pertinenciis eorumdem, in quibus ipsos, conjunctim vel divisim, esse & eorum predecessores fuisse ab antiquo repererint, tam in capite quàm in membris, sub predicte nostre Proteccionis & Gardie specialis munimine, manuteneant, & [c] defendent ab omnibus violenciis, injuriis, & suorum adversariorum impulsibus, gravaminibus & offensis, quas si factas vel illatas fuisse invenerint, ad statum pristinum illicò sine difficultate reducant; & si inter ipsos & [d] quovis adversarios debatum oriri contingat, ipsum ad manum Regiam, ut superiorem, ponant, deinde recredenciam faciant prout fuerit faciendum, & super eo exhibeant celeris justicie complementum, & inhibeant sub certa [e] pene ne in prejudicium dictorum Prepositi & Capituli aliquid attemptetur; dictique Gardiatores [f] penuncellos Regios per unum vel duos Servientes nostros concedant, si & quando requisiti fuerint per dictos Prepositum & Capitulum, eorum tamen sumptibus & expensis, ad conservandum & gardiandum ipsos & dicta jura eorum, & predictam Salvam gardiam faciant in suis Assisis & Senescalliis publicè nunciari. Damus autem per presentes [g] omnibus nostris subditis, quatenus dictis Senescallis & eorum cuilibet, in premissis & ea tangentibus efficaciter pareant & intendant. Quod autem [h] ratum & stabile [i] permaneant in futurum, presentibus Litteris nostrum fecimus apponi Sigillum. Actum Parisius, xiiij.ª die Julii, anno Domini millesimo CCC° [k] vicesimono.

CHARLES VI. à Paris, en Juillet 1400.

PHILIPPE VI. dit de Valois, à Paris, le 14. de Juillet 1329.

a *supp.* &.
b *corr.* eisdemque.
c defendant.
d *corr.* quosvis.
e pena.
f Voyez les Tables des Mat. des Vol. de ce Rec. *au mot*, pennonceaux.
g *supp.* in mandatis.
h *supp.* ut.
i *corr.* permaneat.
k *app.* vicesimo nono.

Suite des Lettres de Charles VI.

Quas quidem Litteras supradictas, omniaque & singula in eis contenta, ratas & gratas habentes, sive rata atque grata, eas & ea volumus, laudamus, approbamus, & tenore presencium de speciali gracia confirmamus, dictosque Prepositum & Capitulum Ecclesie Sancti Juniani, & eorum successores, cum familiis, Ecclesiis, Domibus, Mansis, Territoriis, rebus, bonis, Consuetudinibus, Dominiis, Libertatibus, Justiciis, possessionibus ac juribus & pertinenciis suis predictis, tam conjunctim quàm divisim, in Diocesi Lemovicense predicta, & alibi ubicumque in Regno nostro existentibus, de novo & exhabundanti in nostra Salva & speciali gardia & proteccione suscipimus & eciam perpetuò retinemus; eisdemque Senescallos predictos Lemovicenses & Petragoricenses, qui nunc sunt & qui pro tempore fuerint, & eorum quemlibet, in eorum [l] & cujuslibet ipsorum, Gardiatores, defensores ac conservatores tenore presencium deputamus, quibus & eorum cuilibet, damus hiis presentibus in mandatis ut predictos Prepositum & Capitulum cum eorum familiis, Ecclesiis, bonis, rebus, & aliis juribus supradictis, & pertinenciis eorumdem, in nostra Salva & speciali gardia supradicta manuteneant & conservent, ipsosque defendant ab omnibus violenciis, injuriis, molestacionibus & gravaminibus, suorumque adversariorum impulsibus & offensis, quas si factas esse vel fuisse invenerint, ad statum pristinum & debitum [m] ilicò sine difficultate reducant; & si inter ipsos Prepositum & Capitulum & alios supranominatos debatum oriri contingat, ipsum ad manum Regiam, ut superiorem, ponant, recredenciamque fieri faciant prout fuerit racionabiliter facienda, exhibendo inter Partes celeris Justicie complementum,

l *supp.* Senescallis.
m illicò.

NOTE.

(b) *Capitulum Ecclesie Sancti Juniani.*] C'est sans doute le Chapitre qui est dans la ville de *Saint-Junien*, située dans la *Marche*. Elle est du Diocèse de *Limoges*. Voyez le Dict. univ. de la France, aux mots, *Saint-Junien*.

CHARLES VI. à Paris, en Juillet 1400.

PHILIPPE VI. dit de Valois, à Paris, le 14. de Juillet 1329.

inhibendoque sub certis penis, ne in dictorum Prepositi & Capituli prejudicium aliquid attemptent, Penuncellosque Regios per unum vel duos Servientes nostros concedant, si & quando fuerint per dictum Prepositum & Capitulum requisiti, eorum tamen sumptibus & expensis, ad conservandum & gardiandum ipsos & jura eorum predicta, ac predictam Salvam gardiam faciant, ut est dictum, in suis Assisiis & Senescalliis publicè nunciari: omnibus subditis nostris precipiendo mandantes quatenus dictis Gardiatoribus & eorum cuilibet, in premissis & ea tangentibus efficaciter pareant & intendant. Quod ut firmum & stabile perpetuò perseveret, nostrum presentibus Litteris jussimus apponi Sigillum: nostro in aliis, & alieno in omnibus jure salvo. Datum *Parisius,* mense Julii, anno Domini millesimo quadringentesimo, & regni nostri xx°.

Per Regem, ad relacionem Consilii. FRERON.

CHARLES VI. à Paris, le 12. d'Août 1400.

(a) Lettres qui confirment celles du 14 de Mars 1397, qui portent que les fruits provenant des terres appartenantes aux Gens du Parlement, & par eux vendus, ne seront point sujets aux droits d'Aides.

CHARLES par la grace de Dieu Roy de France. A nos amez & féaulx les Généraulx Conseillers à *Paris* sur le fait des Aides ordonnez pour la guerre: Salut & dileccion. Noz amez & féaulx Conseillers les Gens de nostre Parlement à *Paris,* de la Chambre des Enquestes & des Requestes de nostre Palais, & les Greffiers d'icelles, & aussi noz Advocaz & Procureurs en nostredit Parlement, Nous ont exposé en complaignant, disans que jà soit ce que par noz autres [a] Lettres patentes données à *Paris* le XIIII jour de Mars l'an mil CCC IIII^{xx} & XVII. & pour les causes contenues en ycelles, leur eussions octroyé que de l'Imposition & du IIIIe du creu de leurs héritaiges, vendu à détail & en gros [b] sans marchandise & sans fraude, ilz fussent frans & quictez, sans ce que on leur en peust aucune chose demander; néantmoins aucuns Fermiers desdiz Aides, se sont éforciez & chascun jour s'efforcent de les molester & empescher contre la teneur de nosdictes autres Lettres; qui est en leur grant grief, préjudice & domaige, si comme ilz dient; requerans par Nous à eulx sur ce estre pourveu de remède convenable. Pourquoy Nous inclinans à leur suplication, vous mandons & enjoignons expressément, que les dictes Gens de nostredit Parlement & autres dessus diz, & chascun d'eulx, faciez tenir quittez & paisibles de l'Imposition & IIIIe dessusdiz, tout selon la forme & teneur de nos dictes autres Lettres, sans pour ce les empescher, faire ne souffrir estre empeschiez en aucune manière; & s'aucune chose estoit fait ou innové au contraire, faictez le retourner au premier estat & deu: Car ainsi le voulons & Nous plaist estre fait, & ausdictes Gens de nostredit Parlement & autres dessusdiz, l'avons octroyé & octroyons de grace espécial par ces présentes; nonobstant quelxconques Ordonnances, Mandemens ou défenses & Lettres subreptices au contraire. *Donné à* Paris, *le XIIe jour d'Août, l'an de grace mil CCCC; & de nostre Regne le XXme.*

[a] *Elles sont ci-dessus, p. 184.*

[b] *pourvû qu'ils ne fassent point de commerce.*

Ainsi signé. Par le Roy, à la relacion du Grant Conseil. BARRAU.

DE par les Généraulx Conseillers sur le fait des Aides ordennez pour la guerre. Esleuz sur ledit fait à Paris. *Veu le contenu ès Lettres du Roy nostre S. & en une Copie d'unes autres Lettres d'icellui Seigneur, cy-attachéez soubz l'un de noz Signez, Nous vous mandons que au Bail des Fermes de ceste présente année, vous exemptez les Seigneurs de Parlement, de la Chambre des Enquestes & des Requestes du Palays*

NOTE.

(a) Registre *A.* du Parlement de *Paris, fol.* 7 vingt 16 [156] *verso.*

Avant ces Lettres, il y a: *Littere per quas Domini de Parlamento, una cum Graffariis & Advocatis ac Procuratore Reg.. exempti sunt ab Imposicionibus seu Juvaminibus, pro vinis & ceteris in suis hereditagiis crescentibus.*

Royal à Paris, *& les Greffiers d'icelles, & aussi les Advocaz & Procureurs du Roy nostredit Seigneur en sondit Parlement, de païer IIIIe du vin creu en leurs héritaiges, qu'ilz feront vendre à détail à* Paris, *ès hostelz où ilz demeurent, par la forme & manière que en l'année darrenièrement passée vous fu par noz autres Lettres mandé; & gardés qu'il n'y ait faulte.* Donné à *Paris,* le XXIIIIe jour d'Aoust, l'an mil quatre cens.

CHARLES VI. à Paris, le 12. d'Août 1400.

Coll. Ainsi signé. J. JEHE.

Reddite fuerunt presentes Littere, una cum verificacione, Magistro Dionisio de Paciaco, *ut eas traderet Electis.*

CHARLES VI. à Paris, le 23. d'Octobre 1400.

(a) *Lettres qui portent que les Receveurs & Vicomtes donneront Caution avant que d'être reçus.*

CHARLES par la grace de Dieu Roy de France. A noz amez & féaulx Gens de nos Comptes & Trésoriers à *Paris:* Salut & dilection. Comme depuis certain temps en çà, par les importunitez de requérans, & souventesfoiz d'aucuns qui sont entour Nous, & autres, plusieurs Clers, serviteurs & autres personnes, les aucuns Clers [a] soluz, & les autres [b] non privilégiez, ayans petite chevance & faculté de biens, ayent impetré & s'efforcent de jour en jour impétrer de Nous les Offices de noz Receptes & Vicomtez ordinaires du fait de nostre Demaine, qui anciennement se bailloient à bonnes & notables personnes [c] reseanz, par Election, par laquelle chose Nous avons jà eu & souffert grant dommage & intérest, & pourrions plus avoir ou temps advenir, se provision & remède n'y estoit miz, si comme de ce avons esté & sommes souffisament informez. Nous pour obvier aucunement & pourveoir à ce que dit est, eu sur ce délibération avec vous & plusieurs autres de nostre Conseil, avons ordonné & ordonnons par ces Présentes, que désormaiz les Receveurs & Vicomtes ordinaires de nostre Royaume, seront tenuz de baillier plesges & cautions bons & exploitables, avant qu'il soient à plein receuz ne instituez esdis Offices, & aussi ceulx qui sont déjà esdits Offices, se fait ne l'ont, des sommes & par la forme & manière que contenu est & déclairé en un Rolle sur ce fait, que Nous vous envoyons scellé de nostre Contre-scel. Si vous mandons & enjoignons expressément & à chacun de vous, si comme à luy appartiendra, que nostredite Ordonnance & la Déclaration contenue oudit Rolle, vous gardez & accomplissiez sanz enfraindre, en y contraignant par voye deue noz Receveurs & Vicomtes qui n'auroient baillié plesges & cautions, à le faire, selonc le contenu dudit Rolle, si que par vous n'y ait deffaut: Car ainsi Nous plaist-il estre fait, non obstant quelconques Ordonnances anciennes & Lettres subreptices à ce contraires. *Donné à* Paris, *le vingt-troisième jour d'Octobre, l'an de grace mil quatre cent; & de nostre Regne le vingt-unième.*

a *non mariez.* Voy. le Gloss. de *Du Cange,* au mot, *Solutus.* 1.

b *étant mariez, & ne jouissant point des privilèges des Clercs.*

c *résidans dans l'étendue des Elections.*

Ainsi signées. Par le Roy, à la relacion du Grant Conseil. FRERON.

NOTE.

(a) Ces Lettres qui étoient au fol. 84 du Mémorial *F.* de la Chambre des Comptes de *Paris,* ont été tirées du Recueil cité dans la note *(b)* de la page 26 du 7e. Volume de ce Recueil.

CHARLES VI. à Paris, le 3. de Novembre 1400.

(a) Lettres qui défendent de plaider au Parlement par Procureur, sans en avoir obtenu permission par des Lettres de Chancellerie; & de se servir d'Arrêt du Parlement, qu'il ne soit scellé du Grand Sceau.

CHARLES par la grace de Dieu Roy de France. A noz amez & féaulx Conseilliers les Gens qui tendront nostre prouchain Parlement à *Paris*, & les autres Parlemens à venir: Salut & dilection. Comme par Ordonnances Royaulx, & aussi par le stile & usage [a] notoirerement gardez en nostre Court dudit Parlement, aucun ne puist ou doïe estre receuz à plaidier par [b] Procureur en icelle Court, mesmement en demandant, se il n'a sur ce grace de Nous, & qu'il en ait & preigne Lettre scellée de nostre Grant Séel, dont l'en païe six Solz Parisis pour Nous, pour le droit de nostre Audience [c]; néanmoins, si comme entendu avons, plusieurs Parties plaidoïans en demandant en ladicte Court, ne prennent ou lievent aucunes telles Lettres de grace, & s'en passent, par ce que les Procureurs qui sont chargiez des Causes, n'en demandent aucunes les uns aux autres; & toutevoïes il est vraysemblablement à présumer que lesdiz Procureurs demandent & prennent chacun endroit soy de son Maistre & Client quand il est demandeur, six Solz Parisis pour le Séel de la grace qui lui est nécessaire à sa Cause, & ledit argent reticnnent par ceste manière lesdiz Procureurs qui ainsi le font; & oultre & avec ce, iceulx Procureurs ou plusieurs d'iceulx, prennent & lièvent souvent Lettres de ladicte Court, comme Arrests, *(b)* Accors, Appointemens & autres Lettres qui sont signées des Greffiers ou Notaires à ce ordonnez; & combien que à telles Lettres seulement ainsi signées, ne doïe estre plaine foy adjoustée, se elles ne sont séellées de nostredit Grant Séel, néanmoins lesdiz Procureurs s'en aident esdictes Causes, & y procèdent par vertu d'icelles, ainsi & pareillement comme se séellées estoient, parce que les diz Procureurs le consentent ainsi, ou que il ne [d] obicent ou débatent le contraire; lesquelles choses sont contre raison, en nostre grant préjudice & dommage & du droit de nostre Audience; & si n'en est en riens nostre Peuple deschargié ou relevé; mais tourne toute ladicte exaccion faicte par la manière que dit est, seulement au prouffit desdiz Procureurs, si comme il Nous a été deuement rapporté & tesmoingnié. Pourquoy Nous voulans à ce estre pourveu, vous mandons que à tous lesdiz Procureurs généralement & particulièrement, vous faites ou faites faire inhibicion & défense de par Nous, & à telles & si grans peines que vous verrez au cas appartenir, que d'oresénavant ilz ne facent les choses dessusdictes ou aucunes d'icelles; mais faites iceulx Procureurs solennelment jurer que ilz garderont en ce & en tous autres cas, nostre droit & cellui de nostredicte Audience: & afin que aucun ne le puist ignorer, faites ces présentes Lettres lire & publier, & ledit Sérement faire par lesdiz Procureurs, en nostredicte Court, lendemain de la Saint Martin d'yver prouchainement venant, & ès autres jours ou années, que lesdiz Procureurs feront leurs Séremens acoustumez; & si vous trouvez que après ce, eulx ou aucun d'eulx facent le contraire, si les en punissiez telement que ce soit exemple à tous autres, & comme vous verrez que le cas le requerra, ou autrement pourvéez sur les choses dessus touchées, comme vous verrez qu'il sera à faire pour nostre droit y garder: Car ainsi Nous plaist-il & voulons estre fait par ces présentes *Donné à* Paris, *le IIIe jour de Novembre, l'an de grace mil CCCC; & de nostre Regne le XXIe.*

Ainsi signées. Par le Roy, à la relacion du Conseil. R. LIJOTE.

Lecta ac in Curia publicata XII Novembris M.° CCCC°. LESPOISSE.

[a] *notoirement.*

[b] *Procur.* Reg.

[c] *de la Chancellerie.*

[d] *objectent.*

NOTES.

(a) Registre *A.* du Parlement de *Paris, fol.* 7. vingt 17. *recto.* [157.]

(b) Accors.] Anciennement les *Accords* & Transactions entre les parties, étoient presque toûjours homologuez par des Arrêts du Parlement.

CHARLES VI. à Paris, le 28. de Novembre 1400.

(a) Lettres qui portent que les anciennes Ordonnances faites sur la vente des marchandises apportées à Paris, seront de nouveau publiées & exécutées.

CHARLES par la grace de Dieu Roy de France. Au *Prévost* de *Paris*, ou à son Lieutenant: Salut. Comme pour obvier à plusieurs grans fraudes qui se sont ou temps passé commises, & se pevent commectre de jour en jour, ou préjudice de Nous & de la chose publique de nostre Royaume, & par espécial de nostre bonne Ville de *Paris*, & des personnes demourans & affluans en icelle, certaines Ordonnances aient esté & soient piéçà faictes & [a] édites par noz Prédécesseurs & Nous, sur toutes Marchandises & Denrées amenées & descendues en nostre dicte Ville, comme draps de laine, merceries, peleterie & autres, lesquelles Ordonnances [b] ou doivent estre chascun an publiées en nostre dicte Ville par les lieux acoustumez à faire criz, & commandé de par Nous que chascun les tiengne, sur les peines sur ce introduictes, qui sont ou doivent être déclairées [c] à faire ladicte publication; non obstant lesquelles choses, plusieurs Marchans estrangiers & autres n'ont cessé [d] ne cessent de faire & commectre lesdictes fraudes, ne n'ont tenu, [e] ne tiennent nos dictes Ordonnances, mais malicieusement & [f] couvertement ont fait & font chascun jour par convoitise contre icelles; car plusieurs d'iceulx marchans, les denrées & marchandises qu'ils doivent amener & descendre ès places ordonées à ce en ladicte Ville, descendent ès faulxbourgs, en hostelleries & autres lieux près d'icelles villes, & les vendent illec [g] recelécment; & entre les autres choses, les draps de layne qui par nos dictes Ordonnances doivent estre descenduz ès halles de *Paris*, les descendent communément en hostelleries & ès *(b)* presses de la dicte Ville, & autres lieux des faulxbourgs & Villes d'environ, où ilz les vendent recelécment, ou partie d'iceux, ou autrement en font à leur voulenté, sans estre veuz ne visitez comme faire se doit, par quoy les faultes ne sont veues ne apparceues, ou très-grant préjudice & dommaige de Nous & de la chose publicque, & par espécial de nostre dicte Ville de *Paris*, & du peuple affluant en icelle, pour ce principalement que ilz n'ont esté ou [h] son pugniz des dictes peines, si comme on dit. Pour quoy Nous desirans lesdictes Ordonnances estre tenues & gardées, & pour [i] eschever toutes fraudes & inconvéniens, avons par meure délibération [k] ordonné grant Conseil ordonné, & ordonnons par ces présentes, que icelles noz Ordonnances soient de nouvel & sans aucun délay criées & publiées par tous les lieux en nostre dicte Ville accoustumez à faire criz, & fait exprès commandement de par Nous, que chascun tiengne & garde icelles sans enfraindre, sur les peines sur ce introduictes, qui à la dicte publication seront exprimées, & que tous ceulx qui ont fait & feront au contraire, dont on pourra être informez, soient pugniz & exécutez des dictes peines sans aucun délay; & pour ce que la vérité en puisse mieulx estre sceue, nous avons ordonné & ordonnons par ces présentes Lettres, que les dénonciateurs desdictes fraudes & transgressions, aient pour leurs peines & travaulx, la tierce partie des admendes & confiscations qui en venront; laquelle tierce partie nous voulons & mandons estre alouée ès Comptes des Receveurs à qui il appartendra, sans contredict, [l] par rapportant quittance souffisaument de ce que paié en sera. Si vous mandons & commectons, se [m] mestier est, & expressément enjoingnons, que noz présentes Lectres vous mectez ou faictes mectre à exécution de point en point, & nos dictes ordonnances tenir & garder sans enfraindre, en pugnissant les transgresseurs si diligenment que par vous n'y ait aucun deffaut: Mandons à tous noz Justiciers, Officiers & Subjetz, en ce faisant vous obéir & à [n] vous commis &

a *publiées.*
b supp. *sont.*
c *en faisant.*
d supp. *&.*
e supp. *&.*
f *en secret.*
g *en secret.*
h *sont.*
i *éviter.*
k ce mot a peut-être été écrit au lieu *de notre.*
l *en.*
m *besoin.*
n *vos.*

NOTES.

(a) Livre vert neuf du Châtelet de *Paris*, *folio* 12. *verso*.

Avant ces Lettres, il y a: *Des Denrées & Marchandises qui doivent descendre ès places.*

(b) Presses.] Je n'entends point ce mot; cet endroit est peut-être corrompu, & on pourroit le corriger par celui qui est un peu plus haut, où il est dit, *descendent ès faulxbourgs, en hostelleries, & autres lieux près d'icelles villes.*

deppuctez, & entendre diligenment. *Donné à* Paris, *le XXVIII.e jour de Novembre, l'an de grace mil quatre cens ; & de nostre Regne le XXIme.*

CHARLES VI.
à Paris, au mois de Novembre 1400.

(a) Lettres de Sauvegarde Royale pour le Couvent des Célestins de la Ville d'Avignon.

KAROLUS, &c. Notum facimus universis presentibus pariterque futuris, quòd Nos racioni congruum arbitrantes si Predecessorum nostrorum vestigiis inherendo, ad hec nostre mentis aspiret affectus quod persone Ecclesiastice, & specialiter persone Religiose que de die & de nocte circa divinum vacant Officium, & Omnipotenti altissimo continuè famulantur, nostris temporibus sub commisso nobis regimine pacis & transquillitate gaudeant, ac per regalem potenciam à noxiis defendantur, ut eò libenciùs circa Divina vacare valeant, quò liberaliùs per eandem potentiam senserint se adjutas. Hinc est quòd Nos ad supplicacionem dilectorum nostrorum Religiosorum Prioris & Conventûs Monasterii Sancti Petri Celestini, Ordinis Sancti Benedicti, secundùm instituta ejusdem Sancti Petri vivencium, per Nos noviter in villa Avinionense *& in loco seu platea ubi sacrum corpus beate memorie* Petri *de* Lucembourch, *quondam Cardinalis jacet, fundatorum, in quo loco Nos devocione maximâ moti primum lapidem per precarissimos Avunculos & Fratrem nostros* Duces Bicturicensem, Burgundie *&* Aurelianensem [a] *Duces poni & situari fecimus, in nostra Salva & speciali Gardia existencium, ipsos Religiosos tam in capite quam in membris, granchias, terras, prata, vineas, piscaturas, nemora, molendina & possessiones quascumque quas habent & possident in presenti vel amodò possidebunt, familiaresque homines & gentes ipsorum, & quaslibet singulares personas ejusdem Monasterii seu Conventûs, & membrorum suorum, in & sub nostra successorumque nostrorum Regum Francie proteccione, Salva & speciali Gardia, de speciali gracia suscipimus & ponimus per presentes, in eisdem proteccione & speciali Salva gardia permansuros ; earumdem tenore mandantes & eciam committentes* Senescallo Bellicadri *&* Nemausi, *necnon Vicariis Curie communis* [b] Villenove, Ruppis Maure *&* Sancti Michaëlis, *Judicibusque locorum predictorum, qui nunc sunt vel pro tempore fuerint, & eorum cuilibet, seu Locatenentibus ipsorum, quos ex nunc Gardiatores & Judices dictorum Religiosorum in omnibus & singulis Causis suis motis & movendis, tam agendo quàm defendendo, contra quoscumque suos adversarios, tam de Senescallia & Vicariatibus predictis, quàm extra, à quatuordecim leucis distantes à Villa seu loco ubi dicti Senescallus, Vicarii & Judices, & quilibet ipsorum, tenet seu tenebit sedem suam, ex omni parte computandis, commorantes, Ordinacionibus contrariis non obstantibus quibuscumque, constituimus & ordinamus speciales, quatenùs ipsos Religiosos in suis & Ecclesie sue ac Monasterii sui sive Prioratûs justis possessionibus, juribus, usibus, franchisiis, Libertatibus & saisinis, presentibus & futuris, manuteneant & conservent, eosdemque Monasterium suum sive Prioratum predictos, & quaslibet singulares personas, res, possessiones & bona quecumque eorumdem, ab omnibus violenciis, oppressionibus, gravaminibus, molestiis, vi armorum, potenciâ Laycorum, ac inquietacionibus & novitatibus indebitis quibuscumque tueantur & defendant, nec permittant contra ipsos Religiosos, eorumque familiam, res & bona, aliquas fieri vel inferri indebitas novitates ; sed si factas invenerint, ad statum pristinum & debitum reduci, ac nobis & Religiosis predictis emendam condignam propter hoc prestari faciant indilatè, (b) assecuramentumque ipsis & cuilibet eorumdem à personis de quibus dubitaverint, juxta patrie consuetudinem dari faciant & prestari, Curiamque & cognicionem hominum & subditorum suorum requirant & faciant eis reddi, & hujusmodi*

a mot inutile.

b *Villeneuve, Roquemaure & Saint-Michel d'Euzet.* Voyez le 7e. Vol. de ce Rec. pag. 381. Note *(b)*.

NOTES.

(a) Trésor des Chartres, Registre 155. P. IIIIc XVII. (417.)

(b) Assecuramentum.] Voyez les Tables des Mat. des Vol. de ce Rec. au mot, *asseurement*, & à celui de *pennonceaux* qui est plus bas. Voy. aussi sur les *asseuremens*, le Glossaire du *Droit François*, à ce mot.

specialem Gardiam nostram in locis & personis de quibus expedire viderint, publicari & intimari, Penuncellosque nostros seu Baculos Regios in signum hujusmodi Salve gardie nostre, in granchiis, Domibus, possessionibus & bonis suis, in terra que Jure Scripto regitur, situatis, si requisiti fuerint, apponant seu apponi faciant, ne quis possit in contrarium ignoranciam allegare, ac violatores hujusmodi nostrarum proteccionis & Salve gardie, sic & Justiciâ mediante, puniant quod cedat aliis in exemplum. Et si super aliquibus rebus contenciosis oriatur debatum in casu novitatis, inter dictos Religiosos & alios quoscumque, cujuscumque statûs & condicionis extiterint, illud ad manum nostram, tanquam superiorem, ponant, & per dictam manum nostram faciant seu fieri faciant, ubi & prout fuerit debitè faciendum, recredenciam, necnon solvi faciant predictis Religiosis redditus suos ac debita sua bona & legalia recognita vel probata, de quibus nulla Questio refferatur, compellendo debitores ipsorum ad solucionem hujusmodi debitorum per capcionem, vendicionem & explectacionem bonorum suorum, corporumque detencionem, si ad hec obligati existant, adjornandoque seu eciam adjornari faciendo coram se ad certos & competentes dies, omnes illos qui super dictis debatis & debitis Questionem retulerint, super hujusmodi Questionibus debitè processuros; que debata, tam in casu novitatis quàm super ipsis debitis, coram ipsis Gardiatoribus agitari & fine debito terminari volumus & mandamus, ipsos & eorum quemlibet, ad hec & omnia alia que circa hec necessaria fuerint & eciam opportuna, perpetuò committentes. Et ut premissa exequi diligenciùs valeant & compleri, volumus quòd ad omnia ea & singula exequenda, tociens quociens opus fuerit, unam vel duas ad hec sufficientes personas, suis sumptibus, deputent, quas & quamlibet earumdem, ex nostra speciali gracia volumus in premissis & quolibet premissorum, habere Servienciam nostrorum potestatem, absque eo quod ipse persone de hiis que cause cognicionem exigunt, se aliquatenus intromittant: Mandantes insuper omnibus Justiciariis & subditis nostris quatenus Gardiatoribus predictis & cuilibet ipsorum, ac omnibus & singulis ab ipsis & eorum altero deputandis, in exequendis predictis omnibus & singulis, pareant efficaciter & intendant. Quod ut firmum & stabile perpetuò perseveret, nostrum presentibus Litteris jussimus apponi Sigillum: nostro in aliis, & alieno in omnibus jure Salvo. Datum *Parisius*, mense Novembris, anno Domini millesimo quatercentesimo; regni verò nostri, vicesimo primo.

Per Regem, ad relacionem magni Consilii. NEAUVILLE.

CHARLES VI. à Paris, au mois de Novembre 1400.

(a) Confirmation des Statuts des Barbiers du Bourg de Carcassonne.

CHARLES VI. à Paris, le 9. Décembre 1400.

KAROLUS, *&c. Notum facimus universis tam presentibus quam futuris, Nos Litteras dilecti & fidelis Militis nostri* Petri *de* Mornayo, Senescalli Carcassone & Biterris, *pro parte Barbitonsorum Burgi* Carcassone, *nobis exhibitas vidisse, formam que sequitur, continentes.*

PETRUS *de* Mornayo, *Miles, Dominus de* Feritate Naberti, Senescallus Carcassone & Biterris *Domini nostri Francie Regis, Vicario & Judici Ordinario* Carcassone, *vel eorum Locatenentibus: Salutem.* Petrus *de* Mayraco & Arnauldus Senhoreti, *Barbitonssores Burgi* Carcassone, *pro se &* [a] *coram Barbitonssoribus dicti Burgi, presentibus & futuris, nobis exposuerunt graviter conquerendo, quòd licèt ab antiquo ipsi signifficantes & predecessores sui Barbitonsores dicti Burgi, pro tuicione & conservacione rei publice & honoris dicti artifficii, & ad evitandum deffectus irreparabiles qui fieri &* [b] *comiti possunt in & circa dictum Officium, certa privilegia, franchisias, Libertates & Ordinaciones à predecessoribus nostris* [c] *obtinussent & impetrassent, compares ac comparia, consimiles & consimilia illis quibus Barbitonssores ville* Parisius &

[a] *cor.* Reg. *avec une marque d'abréviation.*

[b] committi.

[c] obtinuissent.

NOTE.

(a) Trésor des Chartres, Registre 155. Pièce III[c] XXV. [325.]

CHARLES VI. à Paris, le 9. Décembre 1400.

diversorum aliorum locorum notabilium Regni Francie utuntur, quibus privillegiis, usibus, Libertatibus & franchisiis iidem exponentes & alii artifficiales dicti artifficii, temporibus retrolapsis usi fuerunt in dicto Burgo Carcassone, *saltim usque ad adventum* [a] Principis Galarum *inimici nostri Regis, qui cum suo magno gencium armorum exercitu, dictum Burgum occupavit, igneque concremari & consumi fecit, in cujus concremacione &* [b] *dicipacione conquerentes ipsi predicti eorum privilegia, Libertates & Ordinaciones amiserunt, & eis expost* [c] *carerunt & carent de presenti, nec eas ac ea ineffabiliter observant, quin ymo, quod pejus est, non nulli artificiales dicte artis* [d] *Barbitonssore, palam & publicè dicto artifficio in dicto Burgo utentes, dictorum Privilegiorum, Ordinacionum & Consuetudinum dicte artis, propter longum lapsum temporis, quasi sunt omnino facti* [e] *ignares, neque mirum, non tamen sine conquerencium ipsorum & eorum artifficii predicti infamia, & tam ipsorum quam Reipublice maximo periculo, & pro futuro tempore procul dubio, ex premissis* [f] *excandalum pullulabit, nisi per Nos super premissis de remedio provideatur opportuno, illud remedium à nobis humiliter super hoc implorando, & benignè nobis supplicantes ut ressayziendo eosdem in dictis eorum primis franchisiis, privillegiis, Ordinacionibus & statutis, vel eis consimilibus, Ordinaciones, statuta, privilegia & Libertates infrascriptas, per ipsos supplicantes, majore & saniore parte aliorum Barbitonssorum dicti Burgi* Carcassone *convocata & consenciente, facta, edita & ordinata pro conservacione honoris dicti artifficii & utilitate reipublice, & ad vitandum fraudes & pericula* [g] *imparabilis que ex deffectu ipsorum possent atque possunt subsequi, dum tamen ipse & ipsa ordinaciones & privilegia Domino nostro Regi & nobis placerent, ipsis supplicantibus, nominibus predictis & eorum artifficio predicto per imperpetuum concedere dignaremur; quasquidem Ordinaciones ac privilegia per modum articulorum nobis tradiderunt sub hac forma.*

a le Prince de Galles, fils d'Edouard III. Roy d'Angleterre.
b dissipacione.
c caruerunt.
d Barbitonsorie.
e ignari.
f exscandalum. *exclandre vient de ce mot.*
g imparabiles.

SUPPLICANT *humielment les Barbiers del Borc de* Carcassonne, *que cum al temps passat les dits Supplians o lors predecessors Barbiers del dit Borc, par le proficit, tuicio & utilitat de la causa publica tocau lor mestier, aguessan grant temps a obstengus certains previlleges, franques, libertats & ordenansses del Roy nostre S. semblans en substancia en alquelhas que en los Barbiers de* Paris *& de gran res d'autras bonas villas del Rialme de Franssa, mais quant lodit Borc de* Carcassonne *fot par les* Anglois *& ennemis del Roy nostredit Seigneur pres, cremat, pilhat & robat, lesdis Supplicans aian perduts los dits previleges, libertats & ordenanssas, ses las quals lodit supplican no po don bonnament in segura farny exercir lodit mestier de Barbarria, que noy a venguessen gran res de inconveniens & de damgmages imparables, requiero & supplican que lor soian a antreiaz les deioz escrips, los quals sont semblans oquays à les premiers, los quals son estran à l'onor de Dieu & de la Verges Maria, & à profficit & utilitat de la causa publica.*

(a) SUPPLIENT humblement les Barbiers du bourg de *Carcassonne*, que comme au tems passé lesdits supplians ou leurs prédécesseurs Barbiers dudit Bourg, pour le profit, tuition & utilité de la cause publique touchant leur métier, eussent obtenu il y a long-tems, certains priviléges, franchises, libertés & ordonnances du Roy nostre Sire, semblables en substance à celles que les Barbiers de *Paris* & de plusieurs autres bonnes villes de France, avoient obtenues; mais quand ledit bourg de *Carcassonne* fut pris, brûlé, pillé & dérobé par les *Anglois* ennemis du Roy notredit Seigneur, les supplians ayant perdu lesdits priviléges, libertés & Ordonnances, sans lesquels lesdits supplians ne peuvent bonnement en sûreté faire ni exercer ledit métier de Barberie, sans qu'il en arrivât de grands inconvéniens & des dommages irréparables, requièrent & supplient qu'on leur octroye les ci-dessous écrits, lesquels sont à peu près semblables au premier, lesquels sont dressez à l'honneur de Dieu & de la Vierge Marie, & au profit & utilité de la chose publique.

NOTE.

(a) Le Révérend Pere *Vaissette* Bénédictin, a eu la bonté de faire la traduction que l'on a jugé à propos de faire imprimer à côté du texte, qui n'auroit peut-être pas été intelligible pour tous les lecteurs.

Premièrement.

CHARLES VI. à Paris, le 9. Décembre 1400.

Premièrement. *Lor donna congiet & licencia, que apelhac lo Procuraire del Roy Général de* Carcassone, *o son Substituet, els se puestan ajustar, chascun an un jorni, par elegir des pros hommes sufficiens en lor mestier, par esser Jurats aquelh an: les quales Jurats ayssi elegies juraran en las mas del dit Procuraire real, o de son Substituit al dit Borc, de be e loyaument gardar & conservar lo profficit del Roy nostre S. & sa honor, & gouvernar lor dit mestier de Barbairia, & las circonstancias & deppendences dalquelh, & esquivar les inconvéniens à tot lor poder.*

(2) Item. *Que daisi avant de gun varlet Barbier, ny homine ny femma, de quuilha condicion que sian, no puestan ni deiam levar ny tenir* [a] *obrador de barbairia al dit Borc de* Carcassonne, *entro que sia estat examinat be e diligenment par lors dits Jurats, present lodit Procuraire Real, o son Substitut, si sera sufficient, o no; & aisso, sur la pena de X. L. T, donadors & applicadors, la mitat al Roy nostre S. ou à son* [b] *Clavari de* Carcassonne, *& l'autrat maitat, als dits Jurats, par al quelha maitat tournat & convertit en la almonia & caritat communa que hom fa chascun an aldit Borc en pa cuit, lo jour de la Assencio de nostre S.*

(3) Item. *Daisi avant de gun Barbier ny Barbieria, varlet ne varlets, ne ose sangnar do guna persona, qui na que sia, si no es en bona Luna, o doutas seria en cas de necessitat, coma par cazutas, froissimmes de menbres o de cors, o par quinencias, o semblans malancias, o par cossellh o mandement de Mecge o de Phisicia ad aysso sufficient; & que deguno auze tenir devant son hostal ny enviro à quels jours en les quas la Luna no sera bona par sengnar, esculdelhas ne autras ensengnas pour sangnar, & aisso suo la pena de X. S. T. donadors & applicadors par quascuna vegada que lo contrari se fera, la maitat al Roy nostre S. & l'autra maitat al dit mestier, pour convertir en la dicta caritat, coma dessus est dit.*

(4) Item. *Que degun Barbier ne*

(1) Qu'on leur donne congé & permission, appellé le Procureur général de *Carcassonne*, ou son Substitut, de pouvoir s'assembler un jour tous les ans, pour élire les prud'hommes suffisans à leur métier, pour être Jurés pendant l'année: lesquels Jurés ainsi élûs, jureront entre les mains dudit Procureur du Roy, ou de son Substitut audit Bourg, de bien & loyalement garder les profits du Roy notre S. & son honneur, & de gouverner ledit métier de Barberie, & les circonstances & dépendances d'icelle, & d'éviter les inconvéniens de tout leur pouvoir.

(2) *Item.* Que dorénavant aucun garçon Barbier, ni homme ni femme, de quelque condition qu'ils soient, ne puissent ni doivent lever ni tenir boutique de Barberie audit Bourg de *Carcassonne*, avant d'avoir été examiné bien & diligemment par lesdits Jurés, présent ledit Procureur du Roy, ou son Substitut, pour sçavoir s'ils seront capable ou non, & ceci sur peine de dix Livres tournois, payables & applicables la moitié au Roy notre S. ou à son Clavaire de *Carcassonne*, & l'autre moitié auxdits Jurés, pour cette dernière moitié être tournée & convertie en aumône & charité commune qu'on fait tous les ans audit Bourg, en pain cuit le jour de l'Ascencion de N. Seigneur.

(3) *Item.* Que d'ici en avant aucun Barbier ni Barbière, garçon ou garçons, n'entreprennent de saigner aucune personne quelle qu'elle soit, sinon (b) en bonne Lune, ou bien en cas de nécessité, comme pour chûtes, froissemens de membres ou de corps, ou pour esquinancie, ou pour semblables maladies, ou par le conseil & mandement de Médecins ou de Physiciens assez capables; & qu'aucun n'ose tenir devant sa maison ni aux environs pour saigner aux jours auxquels la Lune ne seroit pas bonne, des écuelles ou autres ustensiles pour saigner, sous peine de dix Sols tournois payables & applicables chaque fois que le contraire se fera, la moitié au Roy notre S. & l'autre moitié audit métier, pour être converti en ladite charité, comme dessus est dit.

(4) *Item.* Qu'aucun Barbier ni Barbière

[a] ouvroir, boutique.

[b] *Voyez sur les* Clavaires, *les Tables des mat. des Vol. de ce Rec.*

NOTE.

(b) *En bonne Lune.*] C'étoit autrefois un préjugé dans la Médecine, qu'il y avoit certains jours de la Lune dans lesquels il étoit dangereux de saigner. L'Ecole de *Salerne* en fait mention.

CHARLES VI. à Paris, le 9. Décembre 1400.

Barbiera demourant aldit Borc de Carcassonne, *no auzo ouvrar del dit mestier en dissapte après soleil colt am lun ny en las quatre vigilias de Nostra Dona, ne en vegillias d'Apostols, ne en vegilia de festa de junada, aprez soleil colt am lun, coma dessus est dit, si doutas no era en Cappelha novelh, que l'en devra degues cantar messa novelha, o religions que novelhem entres religion, o homme que l'en devra degues sposar molher à Officier real; & aisso sur la pena de X. S. T. denadors & applicadors par quascuna vegada fazen le contrari, coma dessus est dit.*

(5) Item. *Que degun Barbier ne Barbaiera demourant al dit Borc de* Carcassonne, *ne ose ouvrar del dit mestier en jour de Dimenche, ne en jour de Festas, mandadas, par colie, par Samta Mayre* [a] *glierra, si doutas no era per sanguias o par adobamentz de plagas, o par nayssiduras de enffermetats sobtessas, & aisso sur la pena de X. S. T. denadors & applicadors par cascuna vegada le contrari fazen, coma dessus est dit.*

a glieza.

(6) Item. *Que siguem las coustumas de* Tholosa *& de granre d'autres bos locs del Royaulme de Franssa, tot Barbier que comiensara de tenir e elevara obrador de Barbaira al dit Borc, pagaira par sa benentrada XL. S. T. la maitat pagadors al Rey nostre S. & l'autra maitat à la dicta almonia o caritat, coma dessus.*

(7) Item. *Que tout Varlet apprendedis que nouvelhament se mettra aldit mestier pour le apprendre, pigara par sa nouvelha entrada, X. S. T, los quals se convertiron tots al fait de la dicta caritat.*

(8) Item. *Que en toutas las examinacions que se faran par los dits Jurats dels dits Barbiers, sera appelhat & present lo Procuraire Réal Général de* Carcassonne, *o son Substituit.*

(9) Item. *Que cascun Barbier demourant al dit Borc de* Carcassonne, *sera tengut de portar o far porter le jour de la Assencion de Nostre S. lo pa loqual aura entencion de donnar, al loc ont la abuoyna commina de tot la mestier se advistera.*

demeurant audit Bourg de *Carcassonne,* n'entreprennent de travailler audit métier les Samedis après le soleil couché, avec de la lumière, ni aux quatre Vigiles de Notre Dame, ni aux Vigiles des Apôtres, ni en la Vigile d'une Fête qui oblige de jeûner, après le soleil couché, comme est dit ci-dessus, si ce n'est dans le cas d'une Chapelle nouvelle, que l'on doit chanter Messe nouvelle, ou bien qu'on voulût entrer en religion, ou que quelqu'un donnât sa fille en mariage à un Officier royal; & ceci sous peine de dix Sols Tournois payables & applicables pour chaque fois qu'on fera le contraire, comme dessus est dit.

(5) *Item.* Qu'aucun Barbier ni Barbière demeurant audit Bourg de *Carcassonne,* n'entreprennent de travailler dudit métier les jours de Dimanches, ni les jours de Fêtes ordonnées d'être chommées par la Sainte Mère Eglise, à moins que ce ne soit pour saigner ou pour panser des playes, ou à cause de quelque maladie nouvellement survenue; & ceci sous peine de dix Sols Tournois payables & applicables chaque fois que le contraire arrivera, comme dessus est dit.

(6) *Item.* Que suivant les Coûtumes de *Toulouse,* & d'un grand nombre d'autres bonnes villes du Royaume de France, tout Barbier qui commencera de tenir & de lever boutique de Barberie audit Bourg, payera pour sa bonne entrée quarante Sols Tournois, payables la moitié au Roy notre S. & l'autre moitié à ladite aumône & charité, comme dessus.

(7) *Item.* Que tout garçon apprentif qui nouvellement se mettra audit métier pour l'apprendre, payera pour sa nouvelle entrée dix Sols Tournois, lesquels seront entièrement convertis au fait de ladite charité.

(8) *Item.* Que dans tous les examens que lesdits Jurés feront desdits Barbiers, le Procureur général du Roy de *Carcassonne,* ou son Substitut, sera appellé & présent.

(9) *Item.* Que chaque Barbier demeurant audit Bourg de *Carcassonne,* sera tenu de porter ou faire porter le jour de l'Ascension de Notre Seigneur, dans le lieu où la Communauté dudit métier aura jugé à propos de s'assembler, le pain qu'il aura intention de donner.

CHARLES VI. à Paris, le 9. Décembre 1400.

(10) Item. Que commina tot les autres mestiers del dit Borc, la major partida, aian cascun una Bagniera, en la qual à partrait alcun souha & ensenhas de entre- rat ad els puescan far una Bagniera en la qual sia figurada la Verges Sancta Katharina en la roda dels razors, semenada de flors de lis am lors ensenhas, e dequelha faita que sia pueslant usar & la portar pacificaument e quieta en la congregacion & compahia de las autres, & en la forma & manieira que fan los autres mestiers deldit Borc de Carcassonna.

(11) Item. Que los dis Jurats par fair far certana luminaria que fan far chascun an, tant par lacs messas que els fan cantar en la glieza de Monseigneur Saint Miquel, & en la Capelha de Madona Sancta Katherina, quant autrement, & aissi meteys per far far lor dicta Banniera quant mestier sera, e per les autres communas neccessitas tochan lor dit mestier, elz puescan en pausar endir e levar sur els & sur les autres Barbiers del dit Borc, una atropas talhas quant mestier y faran, appelhats les Barbiers del dit Borc, & de lor consentement, ho de la major & plus sana partida ; de las quals talhas, & de lor gouvernement, acquels Jurats en la fi de lor an, sien tenguts de rendre compte & de restituir ce que doira an als autres Barbiers del dit Borc, ou la major & à la plus sana partida, dasquels ou ad alquels locals aprop els seran elegits Jurats l'an siguent.

(12) Item. Que degun Barbier demourant al dit Borc de Carcassonne, *ne auze levar ne tenir doas botigats ou obradors par si ne par autres ; & aisso sur la pena de X. L. T. donadors & applicadors, la meitat al Roy nostre S. & l'autra meitat convertidoira en la ditta almonia o caritat communa.*

(13) Item. Que pusque un varlet aura estat logat aub un Barbier del dit Borc, negun autre Barbier ny varlet del dit mestier, ne l'aia à soustraire ny à far partir de son dit Maistre, durant le temps de son cologni, par far demoura ab un autre Barbier, ni alcun Barbier Maistre no done à gazanhar à un varlet, s'il se part de son Maistre devant que aia complit son temps,

(10) Item. Que comme tous les autres métiers dudit Bourg ou la plus grande partie, ont chacun une Bannière dans laquelle sont représentées les enseignes qui le regarde, ils puissent faire une Bannière dans laquelle l'image de la Vierge Sainte Catherine soit représentée dans la roue de rasoirs, semée de fleurs de lis ; avec leurs enseignes, & quand elle sera faite, qu'ils puissent en user & la porter paisiblement & sans trouble dans l'assemblée & compagnie des autres, à la forme & manière que font les autres métiers dudit Bourg de *Carcassonne.*

(11) Item. Que lesdits Jurés pour faire faire certains luminaires qu'ils font faire tous les ans, tant pour les Messes qu'ils font chanter dans l'église de Monseigneur Saint Michel, & en la chapelle de Madame Sainte Catherine, que autrement, & aussi pour faire faire leurdite Bannière quand il sera nécessaire, & pour les autres communes nécessités touchant leurdit métier, ils puissent imposer, induire & lever sur eux & sur les autres Barbiers dudit Bourg, une certaine taille quand il sera nécessaire, appellez les Barbiers dudit Bourg, & de leur consentement, ou de la plus grande & la plus saine partie ; de laquelle taille & de son administration, les Jurés à la fin de leur année, soient tenus de rendre compte & de restituer ce qui conviendra aux autres Barbiers dudit Bourg, ou la plus grande & la plus saine partie, desquels ou auxquels après eux seront élûs Jurés l'année suivante.

(12) Item. Qu'aucun Barbier demeurant audit Bourg de *Carcassonne,* n'entreprenne de lever ou tenir deux boutiques ou ouvroirs par lui-même ou par autre ; & ceci sous peine de dix Livres Tournois payables & applicables, la moitié au Roy notre Seigneur, & l'autre moitié qui sera convertie en ladite aumône ou charité commune.

(13) Item. Qu'après qu'un garçon aura été logé avec un Barbier dudit Bourg, aucun autre Barbier ni garçon dudit métier, ne l'ait à soustraire ni à le faire déloger de chez sondit Maître, durant le temps de son obligation, pour demeurer avec un autre Barbier, ni qu'aucun Maître Barbier ne donne à gagner à un garçon s'il quitte son Maître avant qu'il ait

CHARLES VI. à Paris, le 9. Décembre 1400.

ou doucas s'en feria partit am voluntat & licencia del dit son Maistre ; & aisso sur la pena de XX. S. T. donadors & applicadors coma dessus, la maitat al Roy nostre S. & l'autra meitat convertidoira à la dita communa caritat o almonia.

accompli son temps, [a] ou au cas qu'il l'ait quitté de la volonté & permission de sondit Maître ; & ceci sous peine de vingt sols Tournois payables & applicables comme dessus, la moitié au Roy notre S. & l'autre moité sera appliquée en ladite charité commune ou aumône.

a Cette traduction est conforme au texte; mais il semble que le sens de cet endroit devroit être, *si ce n'est dans le cas.*

Nos vero supplicacioni predicte, tanquam Juri divino & humano consone, Dominoque nostro Regi & reipublice utili & commodiose, favorabiliter inclinati, ipsas Ordinaciones, privilegia & statuta superiùs declaratas que summè commodum Regis & Reipublice tangunt, ratas & gratas habentes, nomine Regio, eas & ea in quantum possumus & ad nos pertinet, laudamus, volumus & confirmamus, eaque & eas ipsis supplicantibus nominibus quibus supra, concessimus & concedimus per presentes, licenciam & auctoritatem eisdem per presentes concedendo dictas Ordinaciones & contenta omnia universa & singula in eisdem faciendi, tenendi & observandi ac exequendi juxta earum seriem, formam atque tenorem, liberè & impugnè ; & nichillominus ex uberiori gracia, eisdem supplicantibus concessimus & concedimus per presentes, quòd illi qui erunt jurati dictorum Barbitonssorum, possint & valeant habere & tenere quandam Techam pro tenendo & custodiendo eorum banneriam, privilegiaque & alia ad dictam artem barberie pertinencia & necessaria ; quequidem Theca claudi possit & valeat cum una vel duabus clavibus per dictos Juratos tenendis & custodiendis, ad eorum voluntatem & eleccionem, & hoc liberè & impugnè. Idcirco, ad prenominatorum supplicancium instanciam, vobis & vestrûm cuilibet, prout ad quemlibet vestrûm pertinere noveritis, precipimus & mandamus quatenus dictas Ordinaciones supra insertas, & contenta omnia in eisdem, in & per Burgum Carcassone, *voce tubarum, ut moris est, precedente, proclamari & publicari faciatis, ad finem ne aliquis de eisdem causam ignorancie valeat pretendere, & à contrafacientibus sive aliquid in contrarium actemptantibus, penas in ipsis Ordinacionibus* [b] *declaratis exhibi & levari, si & cum requisiti fueritis, faciatis, exsolvique & applicari juxta formam & tenorem earumdem, & prout supperiùs est in eisdem expressum : inhibentes vobis & vestrûm cuilibet, necnon quibuscumque aliis Justiciariis & Officiariis in dicta nostra Senescallia constitutis, presentibus & futuris, ne dictos supplicantes ac alios dicte artis barberie, presentes ac futuros, in predictis minime impediant seu perturbent, impedirive ac perturbari à quoquam faciant seu permittant, sed eis uti & gaudere pacificè & quietè, libereque & impunè paciantur, & de proclamacionibus hujusmodi & aliis que fient in premissis & circa premissa, recipi & fieri volumus pro jure regio & ad conservacionem juris supplicancium predictorum & eorum artificii predicti, unum vel* [c] *pluria publicum seu publica Instrumenta* [d] *& ex tâ. In cujus rei testimonium, presentibus Litteris Sigillum ordinarium nostre predicte Senescallie, in cera rubea & impendenti, duximus apponendum. Actum & datum* Carcassone, *die quinta mensis Decembris, anno Domini millesimo trecentesimo nonagesimo secundo.* BOER.

b declaratas.

c plura.

d On ne sçait ce que ces mots peuvent signifier ici. Ils y sont peut-être mis pour *&c.*

Suite des Lettres de Charles VI.

Quas quidem Litteras superiùs scriptas, necnon Ordinaciones & privillegia, ac omnia & singula in eisdem contenta, si & in quantum ritè & justè acta fuerint, & dicti Barbitonsores in ipsis Litteris nominati rite ac debite [e] *uisi sunt & potiti, Nos ratas & gratas, sive rata & grata habentes, eas & ea ex nostre potestatis plenitudine, auctoritateque Regia & speciali gracia laudamus, ratifficamus, approbamus, & tenore presencium de gracia speciali confirmamus : Mandantes harum serie Litterarum dicto* Senescallo Carcassone, *ceterisque Justiciariis & Officiariis nostris, presentibus & futuris, vel eorum Locatenentibus, & cuilibet eorumdem, prout ad eum pertinuerit, quatinus dictos Barbitonsores in preinsertis Litteris nominatos nostra presenti graciâ & confirmacione uti & gaudere pacificè faciant & permittant, nec quicquam in contrarium fieri vel attemptari permittant ; secus facta vel attemptata, si que sint vel*

e usi sunt.

fuerint, ad statum pristinum & debitum celeriter [a] *reducentes seu facientes sine mora reduci. Quod ut firmum & stabile permaneat in futurum, Sigillum nostrum presentibus Litteris jussimus apponendum: Salvo jure nostro in aliis, & in omnibus quolibet alieno.* Datum *Parisius,* nona die mensis Decembris, anno Domini M.° CCCC^mo. & regni nostri vicesimo primo.

a Reducen... : facien... *Reg.*

Per Regem, ad relacionem Consilii. FRERON.

CHARLES VI.
à Paris, le 21 de Décembre 1400.

(a) Lettres qui portent que le Duc d'Orléans tiendra en Pairie, Coucy & les Terres qui en dépendent, de la même manière qu'il tient le Duché d'Orléans.

CHARLES, &c. Savoir faisons à tous présens & avenir, que Nous considérans la prochaineté de lignage en quoy nous attient nostre très-chier & très-amé Frere *Loys* Duc d'*Orléans,* & les grans, continuelz, notables & aggréables services & plesirs qu'il Nous a fais ou temps passé, & se efforce Nous faire chascun jour, & pour ce voulans Nous monstrer à lui en toutes choses gracieux & favorables, & lui donner & octroyer toutes prérogatives d'onneur, ainsi comme raison est, à icellui nostre Frere avons octroyé & octroyons de nostre certaine science & grace espécial, par ces présentes, que il & ses hoirs descendans de son corps, tiegnent de Nous d'oresénavant en Parrie, les Seignourie & Baronnie de *Coucy,* & les ville, Chastel & Chastellenie dudit lieu, ausquelx appartiennent les villes & lieux de *Foulembray* & de *Saint-Aubin,* les ville, Chastel & Chastellenie de la *Fere sur Oise,* le Chastel de *Chasteler,* le lieu de *Saint-Lambert des Eaues,* les ville, Chastel & Chastellenie de *Marle,* & les Chasteaux de *Acy* & *Gercy,* avecques toutes leurs autres appartenances & appendances, lesquelles nostre dit Frere a acquis de nouvel, & pour lesquelles il Nous a fait les foy, hommage & autres devoirs à ce appartenans, & joïssent & usent ès Seignourie & Baronnie & autres lieux dessusdiz, & en leurs dictes appartenances, de tout droit de Parrie & comme Per de France, ainsi & en la fourme & manière comme nostredit Frere en use & a acoustumé user par nostre octroy en sa Duché d'*Orléans,* & ès autres terres qu'il tient de Nous en Parrie. Si donnons en mandement à nos amez & féaulx les Gens tenans & qui tendront d'oresénavant nostre Parlement à *Paris,* au *Bailli* de *Vermendoiz,* & à tous noz autres Justiciers & Officiers, présens & avenir, ou à leurs Lieuxtenans, & à chascun d'eulx, si comme à lui appartendra, que nostredit Frere & ses diz hoirs facent, seuffrent & leissent joïr & user paisiblement de nostre présent octroy, sans empeschement aucun, non obstans quelconques E'diz, usaiges, coustumes & observances de nostre Court de nostredit Parlement & de nostre Royaume, & quelconques Ordenances faictes ou à faire à ce contraires. Et que ce soit ferme chose & estable à tousjours, Nous avons fait mettre à ces Lettres nostre Séel : Sauf en autres choses nostre droit, & l'autruy en toutes. *Donné à* Paris, *le XXIe jour de Décembre, l'an de grace mil CCCC; & de nostre regne le XXIe.*

Par le Roy en son Conseil où Monseigneur le *Duc* de *Bourgogne,* le Connestable, [b] Vous, l'Admiral, Maistre *Jean* de *Boissay,* & plusieurs autres, estiez.

J. DE SANCTIS.

b Le Chancelier de France. Voy. *le 5.e Vol. de ce Rec.* pag. 653. Note *(c)*.

NOTE.

(a) Trésor des Chartres, Registre 155. Pièce III.^c XLVII. (347.)

CHARLES VI.
à Paris, le 25 de Décembre 1400.
& à Melun, le 24 de Novembre 1390.

(a) Exemption de Prises pour Choisy [Soizy] & Saint-Germain sur Ecole.

CHARLES, &c. Savoir faisons à tous présens & avenir, Nous avoir veues noz autres Lettres saines & entières, séellées de nostre grant Séel, desquelles la teneur s'ensuit.

a provisions. b app. fourrerie. c supp. à. d d'avoines. e feurs: paille. Feurres: fourrage. f lits de plumes. g escabels, bancs. h serviettes. i œufs. k poules, poulets, pigeons. l oyes. m cochons. n vaches. o brebis. p lait.

CHARLES par la grace de Dieu Roy de France. A touz Maistres de [a] garnisons, Fouriers, Chevaucheurs, Preneurs, *(b)* Pourtechappes, Bouchers, Poullaillers, Varlés, Aidez & Soubzaidez d'Escuirie & de [b] Forriere, & à touz Noz autres Commis & Depputez ou [c] commettre à faire *Prises* pour les garnison, pourveances, despenses ou service de nostre Hostel, des Hostelz de nostre très-chière & très-amée Compaigne la Royne, de noz très-chiers & amez Onclez & Frere les *Ducs* de *Berry*, de *Bourgoigne*, de *Touraine* & de *Bourbon*, & de leurs Compaignez, & de tous autres Seigneurs & Dames usans de droit de *Prise*, auxquelx ces Lettres seront montrées: Salut. Pour considéracion de ce que les pouvres manans & habitans de la Ville & Paroisse de *(c) Choisy* & de *Saint-Germain sur Escole*, moult révéremment & liement de leur petit povoir, receurent n'agaires nostre dicte Compaigne à son premier & joyeux advénement en ycelle, & selon leurs petitez facultez, lui firent grans dons & présens de vins, [d] d'avaines, & d'autres choses, Nous à la requeste de nostre dicte Compaigne, voulens pour ce faire aux diz habitans aucune grace, considérans que par les Prises qui souvent sont faictes en ladicte Ville, yceulx habitans sont & ont esté ou temps passé moult grevez & domaigez, vous mandons & commandons, & à chacun de vous, si comme à lui appartendra, défendons si expressément comme Nous povons, que pour les garnisons, pourvéances, despence ou service des Hostelz dessusdiz, pour quelxconque besoing ou nécessité qui soit en yceulx, vous ou aucun de vous ne prenez, saisissiez, levez, arrestez ou empeschiez en ladicte Ville & Paroisse, ne sur aucun des habitans d'icelle, aucuns blez, vins, [e] feurs, aveines, feurres, chevaux, hernois, voitures, [f] coutez, coissins, couvertures, draps à lit, [g] fourmes, tables, tresteaux, nappes, [h] touaillez, [i] œfs, fromages, chappons, [k] gelines, poucins, pigons, [l] oes, oisons, [m] coichons, aigneaux, beufs, [n] vaiches, moutons, [o] berbiz, [p] lais, verjus, vinaigres, fruis, ne autre chose quelle qu'elle soit; mais s'aucune des choses dessus dictes ou autres quelxconques appartenans aux diz habitans ou aucun d'eulx, avez prise, levée ou arrestée en ladicte Ville ou dehors, rendez-la & mettez au délivre tantost ces Lettres veues, sans aucun refus ou délay, & sans autre mandement demander ou attendre de noz Maistres de nostredit Hostel, ou d'autres, faichans de certain, s'il vient à nostre cognoissance que vous ou aucun de vous faictes

NOTES.

(a) Tresor des Chartres, Registre 155. P. III.e XLV. (345.)

(b) Pourtechappes.] J'ai dit dans la note *(b)* de la p. 78 du 6.e Vol. de ce Rec. d'après le Glossaire de *Du Cange*, que les Porte-chapes du Roy, étoient ceux que l'on nommoit aujourd'hui Porte-manteau: mais j'ai trouvé depuis à la p. 490. col. 2. du 3.e Vol. du Traité de la Police par M. *de la Marre*, une autre interprétation du mot *Porte-chape*, qui convient beaucoup mieux aux Lettres d'exemption de *Prises*, dans lesquelles ce mot se trouve. Il y est dit qu'*Henri IV en 1599 forma à Paris une Communauté de Maîtres Queux, Cuisiniers & Porte-chapes, &c.* L'auteur ajoûte que les Porte-chapes sont ainsi nommez, *de ce que le plus souvent ils préparent en leurs maisons les viandes & les ragoûts qui leur sont commandez, & que pour les conserver chauds jusqu'aux lieux où ils doivent les servir, ils les couvrent d'une espèce de chapiteau creux & profond de fer blanc, qu'ils nomment Chape.*

(c) Choisy.] Il y a grande apparence qu'il s'agit ici de *Soizy sur Ecole*, dans le *Gâtinois*, Diocèse de *Sens*, & Election de *Melun*, sur lequel voyez le Dict. universel de la France à ce mot: car ce lieu étoit apparemment voisin de *Saint-Germain sur Ecol*, qui est dans la même Province, du même Diocèse & de la même Election. Voyez *ibid.* au mot, *Saint-Germain sur Ecol.* col. 340.

Le voisinage de *Soizy* & de *Saint-Germain*, de la ville de *Melun* où ces Lettres ont été données, peut appuyer ma conjecture.

le contraire, il Nous en desplaira grandement, & vous en ferons punir telement que ce sera exemple à touz autres; & mandons par ces mesmes Lettres ausdiz Maistres de nostre Hostel, & à chascun d'eulx, que tout ce qui seroit par vous arrêté, levé ou empeschié sur lesdiz habitans ou aucun d'eulx, il leur mettent ou facent mettre à pleine délivrance incontinent que requis en seront, & que de tout le domaige & intéreſt que les diz habitans ou aucun d'eulx auroient eu par ladicte prise, il facent faire restitucion & satisfaccion entière, aus frais & cousts de cellui qui ladicte Prise aura faicte: car ainsi Nous plaist-il & le voulons estre fait, & ausdis habitans pour consideracion des choses dessus dictes, l'avons octroyé & octroyons de grace espécial par ces présentes, non obstant quelxconques Lettres de commission ou autres, données de Nous ou de notre Court, à ce contraire. Donné à *Meleun,* le XXIIII.e jour de Novembre, l'an de grace mil CCC IIII vingt & X, & le XI.e de nostre regne.

CHARLES VI. à Paris, le 25. de Décembre 1400. & à Melun, le 24 de Novembre 1390.

Lesquelles Lettres dessus transcriptes, & tout le contenu en ycelles, Nous avons fermes, estables & aggréables, & ycelles loons, gréons, approuvons, ratiffions, & par ces présentes de grace espécial & de nostre auctorité royal confermons. Si donnons en mandement par ces meismes présentes, à tous Maistres de Garnisons, Fourriers, Chevaucheurs, Portechappes, Bouchers, Poullaillers, Aides & Soubzaides d'Escuyrie & de Fouriere, & à tous autres commis & députez ou à commectre à faire *Prises* pour les garnisons, pourvéances ou service de nostre Hostel, des Hostelz de nostre très-chière & très-amée Compaigne la Royne, & de noz très-chiers & amez Oncles & Frere les *Ducs* de *Berry,* de *Bourgogne,* d'*Orléans,* de *Bourbonn.* & de leurs Compaignes, & de tous autres Seigneurs & Dames usans de droit de *Prise,* & aussi à tous noz autres Justiciers, Officiers & Subgiez, présens & avenir, ou à leurs Lieuxtenants, & à chascun d'eulx, si comme à lui appartendra, que les manans & habitans de la ville & Parroisse de *Choisy* & de *Saint-Germain sur Escole,* cy-dessus nommez, & leurs successeurs, ilz facent, seuffrent & laissent joïr & user paisiblement & perpétuelment de noz dictes Lettres cy-dessus transcriptes, & de ceste présente confirmacion, sans les molester, ne empescher ne souffrir estre molestez, ne empeschiez comment que ce soit ores ne pour le temps avenir en aucune manière; mais se aucune chose estoit faitte, attemptée ou innovée contre la teneur de noz dictes Lettres cy-dessus transcriptes, ilz le facent tantost & sans délay remettre au premier estat & deu. Et pour ce que ce soit ferme chose & estable à tousjours, Nous avons fait mettre nostre Séel à ces présentes Lettres : Sauf en autres choses nostre droit, & l'autruy en toutes. *Donnée à* Paris, *le XXV.e jour de Décembre, l'an de grace mil CCCC, & de nostre regne le XXI.e*

Suite des premières Lettres de Charles VI.

Es requestes par [b] Vous tenues de l'Ordonnance du Roy, le Connestable, les *Evesques* de *Noyon,* de *Meaulx* & d'*Arras,* le Président & autres du grant Conseil, présens. CHALIGANT.

[b] Le Chancelier de France. *Voyez le 5.e Vol. de ce Rec. page 653. Note (c).*

CHARLES VI. à Paris, en Décembre 1400.

(a) Confirmation des Priviléges accordez par Thibaut III. Comte de Troyes, à quatre lieux appartenans au Prieuré de Condes.

SOMMAIRES.

(1) Ceux qui viendront s'établir dans les lieux nommez dans les Lettres, payeront douze deniers pour avoir le droit d'y demeurer, & le Prévôt du Comte de Champagne leur donnera un sauf-conduit pour quinze jours.

(2) Les habitans payeront douze deniers pour chaque animal tirant à une voiture. Le Prieur de Condes aura les deux tiers de cette redevance, & le Comte l'autre tiers.

(3) Les gages de Bataille seront entre les mains du Prieur, jusqu'à ce que les Champions aient prêté les grands sermens, après lesquels le

NOTE.

(a) Trésor des Chartres, Registre 155. P. III.e X. (310.)

CHARLES VI. à Paris, en Décembre 1400.

duel dépendra du Prévôt du Comte.

(4) Les deux tiers de la Justice appartiendront au Prieur, & l'autre tiers au Comte, qui néanmoins connoîtra seul du vol, du meurtre & de la fausse mesure.

(5) Les habitans iront aux expéditions militaires.

(6) Ceux qui voudront sortir de ces lieux, auront un sauf-conduit de quinze jours pour emporter leurs meubles. Ils pourront louer ou vendre leurs immeubles à ceux qui demeurent dans le territoire de ces lieux.

(7) Les amendes seront conformes à celles qui sont fixées par la Coûtume de Chaumont.

(8) Le Comte ni ses successeurs ne pourront mettre ces lieux hors de leurs mains.

KAROLUS, &c. Notum facimus universis tam presentibus quam futuris, Nos vidisse Litteras sanas & integras, formam que sequitur, continentes.

a *Thibaut III.* *EGO* [a] Theobaldus Trecensis Comes *Palatinus, Notum facio presentibus & futuris, quod Ego concessi Ecclesie (b) Sancti Remigii, scilicet in* Juncheriaco *domo,* Hermant, Trie *&* Bomarchis.

b *supp.* quod. *(1)* [b] *Quilibet homo ad aliquam dictarum villarum de foris adveniens, duodecim denarios remanencie dabit; pro quibus, quindecim dies salvi conductus à Preposito meo habebit.*

(2) Omnes homines qui modo sunt in nominatis Villis, & qui in futurum advenient, pro quolibet animali ad carrugam trahente, duodecim denarios tantum persolvet. Ex hoc redditu Prior de Condis *duas partes habebit, & ego terciam.*

c *corr.* illa. *(3) Vadia Duelli in manu Prioris dabuntur, & tenebit* [c] *illud usque ad (c) Majora Sacramenta: exinde Duellum in manu Prepositi mei erit.*

(4) Due partes justicie Prioris erunt, & tercia mea. Furtum vero meum erit, & forefactum hominis occisi, quod dicitur multrum, & falsa mensura.

d *supp.* Villarum. *(5) Homines dictarum* [d] *in expedicionibus & equitatibus ibunt.*

(6) Si quis homo ad alium locum se transferre voluerit, XV[cim] *dies conductus ad transferenda mobilia sua habebit: Domum vero suam & terram extra Dominium (d) transferre non poterit, sed infra Dominium, ubicumque voluerit, & vendere licebit.*

(7) Forefacta omnia, scilicet (e) Clamor sanguis, bellorum emendaciones ad consuetudinem Calvi-Montis *diriguntur.*

(8) Concessi eciam quod nec ego nec heredes mei hanc libertatem de manu nostra aliquomodo alienare poterimus.

Ut autem hec firma & rata permaneant, presentes Litteras Sigillo meo confirmavi anno Incarnacionis [e] *Domino millesimo* [f] *centesimo nonagesimo octavo.*

e *corr.* Domini.
f C.° N.° octavo. *Reg.*

Suite des Lettres de Charles VI.

Quas quidem Litteras, ac omnia & singula in eis contenta, ratas & gratas habentes, eas & ea volumus, laudamus, approbamus, & auctoritate nostra de gracia speciali tenore presencium, in quantum usi sunt & fuerunt debitè, confirmamus: Mandantes

NOTES.

(b) Sancti Remigii.] Une personne habile qui est sur les lieux desquels il est parlé dans ces Lettres, a eu la bonté de m'envoyer les éclaircissemens suivans.

Prior de Condis. C'est le Prieuré de *Condes,* dans l'Election de *Chaumont* en *Bassigny:* Ce Prieuré est appellé dans le commencement des Lettres, *Ecclesia Sancti Remigii,* non qu'il soit dédié à ce Saint: car il est sous l'invocation de *Saint Gengoul,* mais c'est parce que ce Prieuré dépendoit anciennement de l'Abbaye de *Saint Remy* de *Reims.*

Juncheriaco. Jonchery.

Hermant le Harmand, annexe de *Jonchery,*

Trie, Treix.

Ces trois lieux sont de l'Election de *Chaumont.*

Bomarchis est inconnu.

(c) Majora Sacramenta.] J'ai déjà parlé ci-dessus, page 126. Note *(h)* du serment qui se prêtoit par les Champions avant que de commencer le duel. Il y a dans le texte sur lequel j'ai fait cette note, *Maugra Sacramenta,* & j'ai dit que je n'avois rien trouvé sur ce premier mot. Peut-être faut-il corriger *Majora Sacramenta,* comme dans ces Lettres; & par ces mots on pourroit entendre un serment prêté sur le Corps de Notre Seigneur, sur les Evangiles, &c.

(d) Transferre.] Cela peut signifier qu'il ne pourra louer, c'est-à-dire; qu'il ne pourra vendre sa maison & ses héritages, qu'à des personnes qui demeureront dans ces villes.

(e) Clamor.] Plainte ou Requête faite en Justice. Il faut peut-être corriger *Clamor sanguinis,* ce qui signifie une plainte faite en Justice par rapport à une blessure reçue.

Baillivo

Baillivo Calvimontis, *ceterisque Justiciariis & Officiariis nostris, & eorum cuilibet, prout ad eum pertinuerit, quatenus homines predictos nostrâ presenti graciâ & confirmacione uti & gaudere pacificè faciant & permittant, nil in contrarium nullathenus molestantes aut molestari* [a] *permittantes à quoquam. Quod ut firmum & estabile perpetuò perseveret, nostrum presentibus fecimus apponi Sigillum : nostro & alieno in omnibus jure Salvo.* Datum *Parisius,* mense Decembris, anno Domini millesimo quadringentesimo, & regni nostri vicesimo primo. a permittentes.

Per Regem, ad relacionem Consilii. CHALIGANT.

CHARLES VI. à Paris, le 7 de Janvier 1400.

(a) Ordonnance sur le nombre, les fonctions & les gages des Officiers de Justice & des Finances.

SOMMAIRES.

(1) Il y aura trois Généraux des Finances des Aides ; outre leurs gages, le Roy, s'il est content de leurs services, fera à chacun d'eux à la fin de l'année, un don de deux mille Livres.

Ces trois Généraux auront quatre Clercs, lesquels auront des gages, sans don.

Il y aura un Receveur général des Finances des Aides, qui, outre ses gages, aura à la fin de l'année un don de mille Livres. Ce Receveur aura un Contrôleur qui aura des gages, sans don.

(2) Pour le fait de la Justice des Aides dans le Languedoïl, il y aura à Paris trois Conseillers, outre l'Archevêque de Besançon qui sera Président, lequel aura des gages & des pensions. Les trois Conseillers auront chacun quatre cens Livres de gages, sans don ; ces trois Conseillers pourront vacquer à leurs fonctions en l'absence de l'Archevêque de Besançon, & alors l'Evêque de Saint Flour présidera. Lorsque ces Conseillers auront besoin de conseil dans des affaires importantes, ils pourront appeller avec eux des Conseillers du Parlement ; ces Conseillers auront un Greffier qui aura des gages, sans don.

(3) Il n'y aura point de Généraux sur le fait des Aides dans le Languedoc & dans la Guyenne ; & deux Conseillers y rendront la Justice sur le fait des Aides. Ils connoîtront des appels des Jugemens rendus par les Elûs, & des autres Officiers, sur le fait des Aides de ces pays. Ils veilleront à ce que les Fermes soient adjugées à des personnes solvables : ils auront soin de faire venir les finances dans les coffres du Roy, & les comptes des Receveurs particuliers des Aides seront rendus devant eux. Ils auront chacun cinq cens Livres de gages, sans don. Ils auront un Greffier qui aura les gages ordinaires, sans don.

(4) Il y aura dans le Languedoc & dans la Guyenne, un Receveur général des Finances, auquel les Receveurs particuliers remettront leurs Recettes. Il rendra ses comptes à la Chambre des Comptes. Il ne pourra faire aucuns payemens qu'en vertu de l'état de dépense qui lui sera envoyé par les Généraux des Finances, & par le Receveur général des Aides, étant à Paris. Le Receveur général du Languedoc, aura cinq cens Livres de gages, sans don.

L'état de dépense pour la guerre qui se fera dans le Languedoc & dans la Guyenne, & les assignations des payemens qui doivent se faire à cet égard, seront arrêtez dès le commencement de l'année, par les trois Généraux des Finances, & par le Receveur général des Aides, étant à Paris, & en conséquence le Receveur général de Languedoc fera les payemens.

(5) Il y aura à Paris trois Elûs sur le fait des Finances des Aides, & un Elû sur le fait des Décimes levées sur le Clergé. Ils auront les gages ordinaires, sans don.

(6) Il n'y aura que deux Elûs au plus, & un Elû pour les Décimes qui se lèvent sur le Clergé, & un Receveur dans les autres villes du royaume, & dans les lieux où il y a des Siéges d'Elûs établis. Ils auront les gages ordinaires, sans don. Pour remplir les places d'Elûs & de Receveurs, on prendra par l'ordonnance des Généraux des Aides, & par le conseil des Gens des Comptes, de bons Bourgeois, riches & preud'hommes, *des lieux où doivent être établis ces Elûs & ces Receveurs. Les Grenetiers & les Contrôleurs seront choisis de la même manière. Tous ceux qui seront pourvûs de ces Offices, résideront dans les lieux où ils doivent les exercer.*

Les Généraux des Aides, par le conseil des Gens des Comptes, si cela est nécessaire, pourront diminuer le nombre des Elûs, des Receveurs, des Grenetiers & des Contrôleurs. Ces Généraux, par l'avis des Gens des Comptes, pourront priver de ces Offices ceux qui ne sont point en état de les remplir, & en nommer d'autres à leur place. Tous ces Officiers auront des provisions du Roy, passées *par les Généraux des Aides, & scellées du grand Sceau.*

NOTE.

(a) Registre *A.* du Parlement de *Paris, folio* 7^{xx} 18. *recto.* [158.]

Avant ces Lettres, il y a : *Ordinaciones Officiariorum Regiorum.*

Ces Lettres sont aussi dans le Livre Rouge vieil du Châtelet de *Paris, folio* 9^{xx}. iij. *verso.*

CHARLES VI.
à Paris, le 7 de Janvier 1400.

Afin de réprimer les abus commis par les Fermiers & par les Sergens des Aides, les Instructions faites à ce sujet seront vûes par les Généraux des Aides, & observées exactement.

Les Généraux des Aides, par le conseil des Gens des Comptes, réformeront les abus qui se commettent par les Receveurs & les Grenetiers, par rapport aux voyages qu'ils sont obligez de faire, & au transport de l'argent.

On examinera dans la Chambre des Comptes, s'il est expédient de donner à ferme les Offices de Greffiers des Eslûs, & le Roy y pourvoira sur le rapport qui lui sera fait de cette affaire.

(7) Les Généraux des Aides ne partageront plus comme ont fait leurs prédécesseurs, le Royaume en différens départemens, desquels chacun d'eux soit chargé dans son particulier. Ils ne pourront recevoir sur leurs quittances particulières, des deniers des Receveurs généraux & particuliers, mais tous les deniers seront remis au Receveur général à Paris, qui les distribuera par l'ordonnance de ces Généraux.

(8) Le Receveur général à Paris ne pourra donner de quittances aux Receveurs particuliers & aux Grenetiers, qu'en recevant d'eux les sommes portées par ces quittances, si ce n'est dans le cas des assignations données par les Généraux des Finances, en conséquence des Mandemens du Roy; & dans ces cas il gardera pour sa décharge ces Mandemens, & les quittances de ceux en faveur de qui ces assignations auront été faites.

(9) Les Généraux des Finances & leurs Greffiers ne pourront prendre de dons ou de pensions que du Roy.

(10) Pour remédier aux inconvéniens qui sont survenus à l'occasion des décharges données par le Roy, aux Trésoriers, aux Receveurs, & aux autres Officiers qui s'entremettent des Finances, tant du Domaine que des Aides, par lesquelles il reconnoissoit avoir reçu d'eux des sommes considérables, desquelles quelquefois il n'avoit point de connoissance, ou qui ne tournoient point à son profit, il ne donnera plus de semblables décharges; mais lorsque le Roy aura besoin d'une somme d'argent, il adressera ses Lettres aux Généraux des Finances, qui la feront payer par le Receveur général à celui qui gardera les coffres du Roy. Celui-ci lui en donnera quittance, & il comptera à la Chambre des Comptes de l'argent qu'il aura reçu, en rapportant des Rôles ou Etats signez de la main du Roy, & scellez de son Sceau secret, ou les quittances de ceux à qui le Roy aura ordonné qu'il donnât quelque somme.

(11) Le Roy ne donnera plus de Robes qu'à ceux à qui on en donnoit sous le regne de Charles V. son Père, & qu'aux Chevaliers & aux Ecuyers auxquels il a coutume d'en donner le premier jour de Mai.

(12) Les Requêtes pour demander au Roy des dons ou des graces, ne lui seront plus présentées en particulier, ou lorsqu'il ira au Conseil; mais le vendredi il tiendra un Conseil pour recevoir ces Requêtes, qui seront remises par écrit entre les mains des Maîtres des Requêtes, qui en feront le rapport en sa présence, & en l'absence de ceux qui les auront présentées; & le Roy commandera à ses Secrétaires qui seront présens au Conseil, d'expédier les Lettres des dons ou des graces qu'il jugera à propos d'accorder.

(13) Il n'y aura plus que deux Trésoriers pour le gouvernement de toutes les Finances qui proviendront en quelque manière que ce soit, du Domaine de tout le Royaume. Ils auront les gages ordinaires, sans don. Ils connoîtront de tout ce qui concerne le Trésor du Roy à Paris; & il n'y aura plus de Trésoriers sur la Justice: mais s'il survient quelques difficultez dans la Chambre du Trésor, les Trésoriers appelleront des Gens du Parlement & de la Chambre des Comptes, pour leur donner conseil sur ces difficultez.

(14) Le Roy défend aux Gens des Comptes & aux Trésoriers, de faire payer sur le Trésor & sur les revenus du Domaine, aucuns dons, à quelque personne que ce soit, & quelques mandemens qu'ils reçoivent de lui; mais il leur ordonne de faire réparer, avant toute autre dépense, les Châteaux, les forteresses & les autres bâtimens.

Toutes les expéditions des choses nouvelles qui se feront par le Trésor, seront faites dans la Chambre des Comptes, en plein Bureau, en présence des Conseillers de cette Chambre.

(15) Les Gens des Comptes & les Trésoriers éliront les Receveurs & les Vicomtes des Recettes & Vicomtez du Domaine; & ils choisiront des personnes domiciliées, & qui seront, si cela est possible, du pays où seront leurs Recettes & Vicomtez, afin qu'elles soient contentes des gages ordinaires, sans don.

(16) Le Roy voulant diminuer le nombre excessif des Officiers des Eaux & Forêts, nomme par l'avis de son Conseil, présent le Comte de Tancarville Souverain Maître & Général Réformateur des Eaux & Forêts, un [Maître des Eaux & Forêts] pour le Languedoc; deux pour la Picardie & la Normandie; deux pour le pays de France, la Champagne, la Brie & la Touraine, & un pour la Saintonge.

(17) Il n'y aura plus que quatre Généraux Maîtres des Monnoies, qui seront choisis par le Conseil en la Chambre des Comptes, entre les plus anciens & les plus suffisans de ceux qui le sont présentement.

(18) Lorsqu'il vacquera des Offices de Présidens ou d'autres Gens du Parlement, ceux qui doivent remplir ces places, seront élus en présence du Chancelier. Entre ceux qu'on élira, il y en aura quelquefois de nobles, & on en élira, si cela est possible, de tous les pays du Royaume, à cause de la diversité des Coûtumes.

(19) Le nombre ancien des Conseillers en la Chambre des Comptes ne sera point augmenté. Ils auront les gages ordinaires, sans don. Cette Chambre sera composée du Président Prélat, du Bouteiller de France qui doit y être par le droit de son Office, de quatre Clercs & de quatre Laïs. Tous les Conseillers qui y sont présentement,

& ceux qui leur sont substituez, y resteront cependant, & auront des gages, mais lorsqu'ils mourront, leurs Offices ne seront point remplis. Jehan de Chanteprime Garde du Trésor des Chartres, demeurera dans la Chambre des Comptes, pour y exercer son Office.

Le nombre ancien des Clercs d'en bas [Auditeurs des Comptes] ne sera point augmenté. Les Conseillers & les Clercs n'auront que leurs gages anciens, sans don. Ils ne pourront recevoir de dons & de pensions de quelque personne que ce soit, que du Roy.

(20) Pour remplir les Offices vacans de Sénéchaux & de Baillis, on élira des personnes notables, sages, *qui aient de l'expérience dans l'administration de la Justice, & qui soient dans l'intention de demeurer dans les lieux où ils devront exercer leurs Offices. S'il y a actuellement des Baillis & des Sénéchaux qui n'aient pas les qualitez requises pour ces Offices, il y sera pourvû par le Chancelier & par le Parlement, auxquels le Roy en donne le pouvoir. Les Baillis & les Sénéchaux auront les gages ordinaires, sans don: Le Roy pourra leur en faire à la fin de l'année, lorsqu'il sera content de leurs services, mais ces dons ne seront point assignez sur le produit des Actes judiciaires.*

(21) Les Maîtres des Requêtes seront réduits au nombre ancien; c'est à sçavoir, quatre Clercs & quatre Laïs.

(22) Il y aura dix Secrétaires du Roy qui seront à son Conseil, & qui auront les gages de Secrétaires, & non d'autres gages. Six d'entr'eux signeront sur les Finances. *Ces dix Secrétaires du Roy ne signeront que les Lettres qu'il leur commandera. Ceux qui signeront sur les Finances, ne signeront les Lettres qui les concerneront, que lorsqu'elles seront passées, & qu'elles leur seront commandées par le Roy assis dans son Conseil, & de manière que ce commandement soit entendu par ceux qui y assistent. Il n'y aura au Parlement & dans les autres Cours supérieures, que deux Secrétaires, l'un pour le Civil, & l'autre pour le Criminel.*

(23) Le nombre de ceux qui composeront le Grand Conseil du Roy, sera fixé par lui.

(24) Les Conseillers du Roy, de quelque état qu'ils soient, n'auront qu'un gage ou pension.

CHARLES VI. à Paris, le 7 de Janvier 1400.

CHARLES par la grace de Dieu Roy de France. A touz ceulx qui ces Lettres verront: Salut. Savoir faisons que pour ce qu'il est venu à nostre congnoissance, que pour la multitude d'Officiers qui par importunité de requerans ou autrement, ont esté de par Nous ordonnez ou temps passé ès Offices publiques de nostre Royaume, tant sur le fait de noz Finances sans lesquelles les grans faiz de nostredit Royaume, qui chascun jour surviennent, ne pourroient estre conduiz ne soustenuz; lesquelles Finances pour les grans gaiges desdiz Officiers, & les dons & autres proufiz que ilz obtiennent souvent de Nous soubz umbre de leurs Offices, sont moult chargées; comme sur le fait de la Justice de nostredit Royaume, sans laquelle il ne puet estre gouverné ne soustenu; & mesmement que plusieurs desdiz Officiers sont moins souffisans à gouverner les Offices à eulx commis, plusieurs grans inconvéniens se sont ensuiz & ensuivent chascun jour à la grant charge de Nous & de nostre Peuple, ou grant détriment de ladicte Justice, & aussi en grant diminucion de noz dictes Finances, & plus encores s'en pourroient ensuir, se par Nous ne estoit sur ce briefment remédié; Nous qui de tout nostre cuer désirons en mieulx réformer les choses que Nous congnoissons avoir esté moins deuement ordenées ou temps passé, afin que elles soient réduictes à tele modéracion que d'oresénavant les diz inconvéniens cessent, & que les faiz de la chose publique de nostredit Royaume, soient remis en bon estat au bien de Nous, de nostre Peuple & de la chose publique dessusdicte, avons fait pour ce assambler par plusieurs foiz nostre Grant Conseil, tant en nostre présence comme à part, où ont esté noz très-chers & très-amez Oncles & Frères les *Ducs* de *Berry*, de *Bourgoingne*, d'*Orléans* & de *Bourbon*, plusieurs autres de nostre Sang & Lignage, & plusieurs notables personnes de nostredit Conseil, par l'advis & délibéracion desquelx Nous avons fait, délibéré & ordonné, faisons, délibérons & ordonnons ce qui s'ensuit.

(1) Premièrement. Que d'oresénavant pour le gouvernement de toutes les Finances des Aides de tout nostredit Royaume, tant de *Languedoil* comme de *Languedoc*, seront ordenez trois Généraulx tant seulement, qui seront esleuz sages, Preudeshommes, diligens & expers en ce fait; lesquelx auront leurs gages ordinaires; & en oultre, auront de Don de Nous par chacun an, pour soustenir leur estat, deux mille Francs pour chacun d'eulx, & non plus; lequel Don leur sera fait par Nous en la fin de l'an qu'ilz auront servi oudit Office, se il Nous samble que ilz le aïent bien déservi; lesquelx trois Généraulx Conseillers Nous avons déjà esleuz, commis

CHARLES VI.
à Paris, le 7 de Janvier 1400.

a Voy. ci-dessus, p. 345. Note (b).

b quant à présent.

c Du Drac. Reg. des Ch.

d dans les coffres du Roy.
e écouteront, entendront.

& ordonnez pour le présent oudit Office; c'est assavoir, noz amez & féaulx Conseillers [a] l'*Arcevesque* de *Sens, Thiebaut* de *Mezeray, & Jehan Deshayes,* dit *Piquet;* & auront lesdiz trois Généraulx pour faire les Escriptures touchans le fait dont ilz sont chargiez, leurs quatre Clercs acoustumez; c'est assavoir, Maistre *Jehan Gehe,* Maistre *Dreue Porchier,* Maistre *Nicaise Bougis,* & Maistre *Hugue Bonsoulaz*; lesquelx auront leurs gages ordinaires sans aucuns dons; pour toutes lesquelles Finances desdiz Aides de tout nostredit Royaume recevoir & mettre ensamble, & les garder & distribuer par l'Ordonnance desdiz trois Généraulx, il y aura un Receveur Général aux gages acoustumez; c'est assavoir, [b] quant à ores, nostre bien amé *Alixandre* le *Boursier,* qui par avant avoit esté par Nous ordonné oudit Office; & oultre aura ledit Receveur Général par chacun an, don de Nous de mil Frans, & non plus, pour soustenir son estat & les charges qui surviennent oudit Office; pour laquelle Recepte il aura un Contrerouleur; c'est assavoir, quant à présent, *Jehan* de *Laigny,* qui paravant l'estoit; lequel aura ses gages acoustumez, sans aucun don.

(2) Item. Pour tout le fait de la Justice de noz Pays de *Languedoil,* aura à *Paris* trois Conseillers, sages hommes & expers en fait de Justice, & non plus, oultre & avecques nostre amé & féal Conseillier *(b)* l'*Arcevesque* de *Besançon,* lequel piéçà avons retenu de nostre Grant Conseil, & aussi Président sur le fait de ladicte Justice desdiz Aides; lequel aura & prandra ses gages & pension, ainsi comme paravant les prenoit; & seront les trois Conseillers dessusdiz, noz amez & féaulx Conseillers *(c)* l'*Evesque* de *Saint Flour,* Maistre *Jehan* [c] *du Dur, & Nicolas* de *Mauregart;* chascun desquelx trois aura par chascun an, pour toutes choses quatre cens Frans de gages, sans aucuns dons; & exerceront lesdiz trois Conseillers ledit Office en l'absence dudit Archevesque, se il n'y est, lequel Nous ne voulons estre astraint de y estre, fors quant il y pourra vacquer & à son plaisir, & quant il ne y sera, ledit *Evesque* de *Saint Flour* usera d'Office de Président; & lesquelx pour avoir conseil, se ilz en ont besoin pour aucuns grans cas, se ilz surviennent, pourront appeller avecques eulx de noz Conseillers de nostre Court de Parlement; & auront nozdiz trois Conseillers tant seulement un Greffier pour enregistrer les Plaidoyeries, & faire les Escriptures appartenans à leur Auditoire; lequel Nous avons nommé quant à ores, nostre amé & féal Clerc Notaire, Maistre *Robert Lijote*; & aura ses gaiges ordinaires sans dons.

(3) Item. En tous noz Pays de *Languedoc* & *Duchié* de *Guienne,* n'aura plus aucuns Généraulx sur le fait des Aides; mais pour exercer la Justice sur ledit fait en nozdiz Pays, seront tant seulement deux Conseillers, saiges hommes, notables & expers, & non plus; lesquelx ont esté advisez en nostre Conseil; c'est assavoir, noz amez & féaulx Conseillers, Maistre *Pierre* le *Fevre* & *Hervé* de *Neauville;* lesquelz jugeront des Appellations qui seront faictes des Esleuz & autres Officiers sur le fait desdiz Aides esdiz Pays, & se prandront garde des Fermes, à ce que elles soient deuement baillées, & feront venir [d] ens les Finances, & [e] orront par-delà les Comptes des Receveurs Particuliers d'iceulx Aides de noz diz Pays; & aura chascun d'eulx de gages par chascun an, cinq cens Frans, sans aucuns dons; lesquelx deux Conseillers auront un Greffier pour faire les Escriptures appartenans à leur Office; & y ordonnons à ce Maistre *Jehan* l'*Admiral* qui autrefoiz l'a exercé; lequel aura les gaiges ordinaires acoustumez pour ledit Greffier, sans aucuns dons.

(4) Item. Pour assambler, mettre ensamble & recevoir des Receveurs Particuliers desdiz Aides de noz diz Pays de *Languedoc* & *Duchié* de *Guyenne,* les Finances d'iceulx Aides, il y aura un seul Receveur Général par-delà; & y avons ordonné quant à ores, *Jehan* de la *Barre* qui paravant y estoit; lequel rendra compte en nostre

NOTES.

(b) Arcevesque de Besançon.] Girard d'Athies. *Voy. Gall. Christ. 1re Edit.* T. 1. p. 131. col. 2. n° 79. & ci-dessus p. 8. Note *(e).*

(c) L'Evesque de Saint Flour.] Hugues de *Manhac* ou de *Maignac,* fut Evêque de *Saint Flour* depuis 1399 jusqu'en 1403. *Voy. Gall. Christ. 2e Edit.* T. 2. col. 426. n° IX.

Chambre des Comptes à *Paris*, ainsi comme il a esté acoustumé; & lequel Receveur Général n'aura aucune puissance de bailler aucune chose des deniers desdiz Aides, fors par l'Ordonnance desdiz trois Généraulx de *Languedoil*, & par *(d)* descharge dudit Receveur, qui seront à *Paris*, afin que aucune chose n'en puist estre distribuée sans le sceu & Ordonnance desdiz trois Généraulx & dudit Receveur Général, qui seront à *Paris*, comme dit est; lequel Receveur général de *Languedoc* aura pour ses gaiges & pour soustenir son estat, cinq cens Frans par chascun an, sans aucuns dons; & afin que ou fait de la Guerre de noz diz Pays de *Languedoc* & *Duchié* de *Guienne*, n'ait aucun empeschement, Nous voulons & ordonnons qu'il y soit pourveu dès le commancement de l'année, par tele manière que les assignations nécessaires pour ledit fait, soïent faictes dès ledit commancement de l'année par lesdiz trois Généraulx de *Languedoil*; & les descharges baillées par ledit Receveur Général desdiz Aides à *Paris*, audit Receveur Général desdiz Aides en *Languedoc*, qui paiera ledit fait de la guerre selon lesdictes descharges dudit Receveur général de *Paris*; & seront lesdictes assignacions & descharges faites par lesdiz trois Généraulx & Receveur Général de *Languedoyl*, si seurement & par tele manière qu'il ne convendra plus pour ce retourner pardevers eulz.

CHARLES VI. à Paris, le 7 de Janvier 1400.

(5) Item. Il n'aura à *Paris* sur le fait desdiz Aides, que trois Esleuz, & un [a] sur le fait du Clergié; lesquelx auront les gages acoustumez sanz aucuns dons; & avons ordené que Maistre *Berault Brisson*, *Jehan Fale* & *Simon Spifanne*, qui ont esté paravant oudit Office, y demeurent encores; & aussi celluy qui y est pour ledit Clergié.

[a] *sur le fait des Décimes levées sur le Clergé.*

(6) Item. En chacune des autres bonnes Villes de nostredit Royaume, & autres lieux où il a acoustumé avoir Siége de Esleuz, ne aura d'oresenavant que deux Esleuz au plus, avecques cellui du Clergié, ès lieux où ledit Esleu sur le Clergié a acoustumé de estre, & encores-moins, se faire se puet, selon l'advis desdiz trois Généraulx, & un Receveur seulement; lesquelx auront leurs gaiges acoustumez par chacun an, sans aucuns dons; & afin que le fait desdictes Eleccions & Receptes, soit mieulx & plus seurement gouverné, lesdiz Esleuz & Receveurs seront prins & faiz de bons Bourgois, riches hommes & preudeshommes, des lieux où ilz seront faiz Esleuz & Receveurs, par l'Ordonnance desdiz trois Généraulx, & par le conseil de noz Gens de nostredicte Chambre des Comptes; & samblablement sera fait des [b] Grenetiers & Contrerouleurs; & seront tenuz lesdiz Esleuz, Receveurs, Grenetiers & Contrerouleurs, faire résidence continuele en leurs personnes sur leurs Offices, sur peine d'en estre privez.

[b] *Voy. les Tabl. des Mat. des Vol. de ce Rec. au mot,* Grenetiers.

Et pour ce que en aucuns lieux a trop de Esleuz, de Receveurs & de Grenetiers, comme l'en dit, lesdiz trois Généraulx y pourverront en leur loyaulté & selon leur discrecion, de tele [c] restrinccion comme il appartendra; sur quoy ilz pourront, se il est besoing, avoir le conseil & advis de noz Gens de nostre Chambre des Comptes dessusdicte; & se il y a aucuns Esleuz, Receveurs, Grenetiers ou Contrerouleurs qui ne soïent mie souffisans, Nous voulons que tôt & hastivement y soit pourveu d'autres par lesdiz trois Généraulx, par l'advis & conseil de noz dictes Gens de nostredicte Chambre des Comptes; & auront ceulx qui seront ordonnez demourer esdiz Offices, ou qui y seront mis de nouvel, nos Lettres sur ce, passées par lesdiz trois Généraulx, & scellées de nostre Grant Séel.

[c] *diminution d'Officiers.*

Et pour ce que, comme l'en dit, plusieurs inconvéniens surviennent souvent ou fait desdiz Aides, par les malices des Fermiers & Sergens sur ledit fait, Nous

NOTE.

(d) Descharge.] Voici de quelle manière j'entends cette opération de Finance. Les Généraux des Finances qui étoient à *Paris*, envoyoient au Receveur général des Aides du *Languedoc*, un Etat de dépense, & le Receveur général des Aides à *Paris*, y joignoit un mandement pour le faire exécuter. En conséquence de cet Etat & de ce Mandement, le Receveur général des Aides du *Languedoc* faisoit des payemens, & en retiroit des quittances. Cet Etat, ce Mandement & ces Quittances lui servoient de décharge à l'égard du Receveur général des Finances, qui étoit à *Paris*.

CHARLES VI. à Paris, le 7 de Janvier 1400.

voulons que les Instruccions faictes sur ycellui fait, soïent veues par lesdiz trois Généraulx, & gardées selon leur forme & teneur.

Et pour aussi ce que l'en dit que lesdiz Receveurs & Grenetiers comptent aucunes foiz & souvent trop de journées pour voyages, pour portages de deniers, & autrement, en quoy ilz excèdent grandement, comme il Nous a esté rapporté, Nous voulons que lesdiz trois Généraulx, par le conseil & avis dessusdit, y pourvoïent de bon & hastif remède.

Et en oultre, pour ce que aucuns dient qu'il seroit expédient pour Nous en ladicte chose publique de nostredit Royaume, que les Offices des (e) Clergies des Esleuz, & aussi les Offices des Greffes de leurs Auditoires, feussent baillées à Ferme à nostre proufit, Nous voulons que ceste chose soit debatue en nostredicte Chambre des Comptes, pour savoir se ce sera bon que ce soit fait ou non; & ce qui sera advisé, Nous soit rapporté, & Nous y pourverrons si comme il appartendra.

(7) *Item.* Avons ordonné & voulons & Nous samble chose très-proufitable, que lesdiz trois Généraulx ne [a] partent point les Pays de nostre Royaume, en en prenant chacun une Contrée soubz son Gouvernement, ainsi comme par leurs prédécesseurs oudit Office, a esté fait ou temps passé, laquelle chose Nous leur défendons très-estroictement; & aussi leur défendons comme dessus, qu'ilz ne [b] recevent aucune chose des Receveurs tant Général comme Particuliers, par leurs Lettres privées, sur peine de estre recouvré sur eulx ce qu'ilz en auroient receu; mais tous les deniers desdiz Aides soïent apportez & baillez audit Receveur Général à *Paris,* pour les distribuer là où il appartendra par l'Ordonnance desdiz trois Généraulx; & défendons aussi très-estroictement auxdiz Receveurs Général & Particuliers, qu'ilz ne baillent aucuns Deniers de leursdictes Receptes auxdiz Généraulx soubz leursdictes Lettres privées ne autrement, fors par la manière dessus [c] divisée, sur peine d'estre pour ce griefment pugniz, se ilz font le contraire, & d'estre recouvré sur eulx ce que autrement en auroient baillé.

a *partagent, divisent en différens départemens.*

b *reçoivent,* là & plus bas.

c *devisées : dites.*

(8) *Item.* Défendons très-expressément audit Receveur Général de *Paris,* qui est & sera pour le temps, qu'il ne liève ou baille aucunes descharges sur aucuns Receveurs Particuliers, ne sur aucuns Grenetiers, pour quelque cause que ce soit, se il ne reçoit présentement les deniers que se monteront lesdictes descharges, ou se ce n'est pour assignacion faicte par lesdiz Généraulx par vertu de noz Lettres de Mandement, lesquelles il prandra devers lui promptement & avant toute euvre pour sa descharge, avec quictance de cellui pour qui ladicte assignacion sera faicte; & ou cas qu'il fera le contraire, il sera griefment puni, & si sera recouvré sur lui, ce que autrement en aura baillé.

(9) *Item.* Avons ordonné & voulons que lesdiz trois Généraulx, ne leurs quatre Clers dessusdiz, ne preignent publiquement ne [d] ocultement aucuns dons [e] corrompables, ou Pensions de quelque Seigneur ou personne que ce soit, excepté de Nous; & ce leur défendons très-expressément sur le serement qu'ilz ont à Nous, & sur les autres paines à ce acoustumées.

d *en secret.*

e *capables de les corrompre.*

(10) *Item.* Afin qu'il soit obvié & pourveu aux inconvéniens qui sont survenuz, comme l'en dit, par les descharges que Nous avons commandées ou temps passé, par lesquelles Nous avons confessé aucunesfoiz avoir receu de plusieurs noz Trésoriers, Receveurs & autres Gens qui se entremectent de noz Finances, tant de nostre Demaine comme desdiz Aides, plusieurs grans sommes des deniers qui ont esté baillées soubz umbre d'icelles descharges, lesquelles ne sont mie venues à nostre congnoissance ne aucunesfoiz à nostre proufit, Nous avons ordonné & ordonnons que d'oresénavant Nous n'en commanderons aucunes; mais quant Nous voudrons avoir aucuns deniers pour faire nostre plaisir, Nous commanderons noz Lettres

NOTE.

(e) *Clergies.*] Ce mot signifie ordinairement un Greffe. Il paroît par cet article, que les Elûs avoient deux Greffiers; l'un pour les affaires contentieuses dont ils étoient Juges, & l'autre pour les opérations de Finance dont ils étoient chargez.

adreçans auxdiz Généraulx, de tele somme, comme il Nous plaira, & ilz la feront bailler par ledit Receveur Général de *Paris,* à cellui *(f)* qui gardera noz Coffres, lequel [a] en baillera sa Lettre de recongnoissance audit Receveur Général, & en rendra compte en nostre Chambre des Comptes, & s'en acquictera par [b] Roule signé de nostre main, & séellé de nostre Séel secret, quant à ce qui en sera [c] despendu pour Nous & pour nostre fait ou de nostre plaisir, & par quictance de ceulx à qui aucune chose en sera baillée par nostre Ordonnance, par cellui qui gardera noz Coffres dessusdiz.

CHARLES VI. à Paris, le 7 de Janvier 1400.

a *présentera pour acquit & décharge.*
b *Rôle, Etat.*
c *dépensé.*

(11) Item. Pour ce que de nouvel plusieurs noz Conseillers, Officiers & autres personnes ont acoustumé de Nous demander [d] Robes chacun an, qui n'agaires n'avoit mie esté acoustumé, Nous avons ordené que d'oresénavant Nous n'en donnerons aucunes; excepté seulement celles qui ont esté acoustumées de estre données d'ancienneté par noz prédécesseurs Roys, ou aumoins du temps de feue nostre très-cher Seigneur & Père que Dieux absoille; & aussi excepté les Robes que Nous avons acoustumé à donner chascun an à noz Chevaliers & Escuïers, le premier jour de May; & défendons aux diz Généraulx, & aussi à noz amez & féaulx Trésoriers, que contre nostre présente Ordonnance, ilz ne vérifient aucunes Lettres, supposé que par inadvertence en octroyons aucunes.

d *Voy. les Tabl. des Mat. des Vol. de ce Rec.* au mot, *Robes.*

(12) Item. Avons ordonné & voulons, que d'oresénavant aucunes personnes quelles que elles soïent, ne Nous facent aucunes Requestes pour dons, pour graces ne autrement, [e] à part, ne quant Nous alons en nostre Conseil; car pour cause desdictes Requestes, Nous avons esté souvent moult empeschiez ou temps passé, & sommes chascun jour, ès grans faiz & besongnes de nostre Royaume, & ce défendons très-expressément à tous; mais afin que lesdictes Requestes se puissent faire plus [f] ordonnéement, & sans Nous donner de si grant empeschement, Nous avons ordonné que chascun jour de Vendredi par chascune sepmaine, Nous [g] tendrons ou ferons tenir Conseil pour oïr lesdictes Requestes, & ceulx qui en vouldront aucunes faire ou bailler pour quelque cause que ce soit, les baillent par escript à noz amez & féaulx Conseillers les Maîtres des Requestes de nostre Hostel, qui les [h] feront en nostredit Conseil en Audience de Nous & de ceulx qui y seront, quant Nous serons assis en nostre Conseil dessusdit, & en l'absence de ceulx pour qui lesdictes Requestes seront faictes; & de ce que la octroyerons, seront faictes noz Lettres par noz Secrétaires à ce ordonnez, qui seront présens oudit Conseil ausquelx Nous les commanderons; & défendons très-expressément à nostre amé & féal Chancelier, que s'il avient que par importunité de requerans ou autrement, Nous octroyons aucuns dons autrement que en la manière dessusdicte, il n'en séelle aucunes Lettres; & aussi auxdiz Généraulx, & à nozdiz Trésoriers, qu'ilz n'en mettent aucunes à exécution.

e *en particulier.*
f *avec plus d'ordre.*
g *tiendrons.*
h *cela doit signifier qui les rapporteront.*

(13) Item. Avons ordonné & voulons que pour le gouvernement de toutes noz Finances venans en quelque manière que ce soit de nostre Demaine de tout nostre Royaume, tant des Parties de *Languedoyl* comme de celles de *Languedoc,* Nous aurons seulement deux Trésoriers ainsi comme anciennement souloit estre; & avons ordonné que noz amez & féaulx *Mille Baillet* & Maistre *Guy Crestien,* qui paravant estoient oudit Office, y demeurent; & auront lesdiz deux Trésoriers leurs gaiges ordinaires, sans aucuns dons; & auront la cognoissance de toutes choses appartenans à nostre Trésor à *Paris;* & n'y aura plus aucuns Trésoriers sur la Justice; & se il survient aucunes doubtes en la Chambre de nostredit Trésor, nozdiz Trésoriers pourront avoir recours à noz Gens de noz dictes Chambres de Parlement & des Comptes, & appeller de noz Conseillers de nozdictes Chambres, pour les conseiller en ce que ilz auront à faire.

(14) Item. Défendons très-expressément à nozdictes Gens des Comptes, & à

NOTE.

(f) Qui gardera noz Coffres.] Ceux qui gardoient les Coffres du Roy, étoient nommez Argentiers. Voyez le Glossaire de *Du Cange,* au mot, *Argentarius.*

CHARLES VI.

à Paris, le 7 de Janvier 1400.

nozdiz Trésoriers, qu'ilz ne seuffrent ou facent païer sur nostredit Trésor, ou sur les revenues appartenans à nostre Demaine, aucuns dons à quelque personne que ce soit, pour quelques mandemens qu'ilz en aïent de Nous; mais facent avant toute euvre, que nos Chasteaulx, Forteresses & autres Edifices, soïent bien & deuement réparez; & voulons que toutes Expédicions de choses nouvelles qui se feront par nostredit Trésor, soïent faictes à plein [a] Burel en nostredicte Chambre des Comptes, présens à ce nozdiz Conseillers de nostredicte Chambre.

a Bureau.

(15) Item. Que les Receveurs & Vicomtes des Receptes & Vicomtés de nostredit Demaine, soïent prins & esleuz de bonnes personnes souffisans & bien [b] resseans; & que, se faire se peut, ilz soïent prins des Païs où seront leurs Receptes & Vicomtez, afin qu'ilz doïent estre mieulx contens de leurs gaiges ordinaires, sans aucuns dons; & soïent esleuz & advisiez par nozdictes Gens des Comptes & par nozdiz Trésoriers.

b résidans, domiciliez.

(16) Item. Pour ce que le nombre de noz Officiers sur le fait des Eaues & Forests de nostre Royaume, dont nostre amé & féal Cousin & Conseiller le *Conte* de *Tancarville* est Souverain, Maistre & Général Réformateur, est, comme l'en dit, excessif, Nous par l'advis & délibéracion de nostre Conseil, ledit Conte présent, avons ordonné que en tout nostre Pays de *Languedoc,* nostre amé & féal Chevalier *Aloradas* de *Rouville;* en noz Pays de *Picardie* & de *Normandie,* noz amez & féaulx Chevaliers, *Hector* de *Chartres, Jehan* de *Garencieres* & *Jehan* de *Cuise;* en noz Pays de *France,* de *Champaigne,* de *Brie* & de *Touraine,* noz amez & féaulx Chevaliers, *François* de *l'Ospital* & *Thiebaut* de la *Granche;* & en nostre Pays de *Xanctonge,* nostre amé *Pierre Espeçart* Escuïer, & non autres, exercent lesdiz Offices aux gaiges acoustumez.

(17) Item. Avons ordonné & ordonnons que sur le fait de noz Monnoies, ait seulement quatre Généraulx Maistres, ainsi comme d'ancienneté a esté fait, & que les quatre plus anciens & souffisans & mieulx cognoissans oudit fait, de ceulx qui y sont de présent, qui seront advisez par nostre Conseil en nostredicte Chambre des Comptes, y demeurent jusques audit nombre, & non plus.

c Il y a là à la marge du Rec. *Hic de Parlamento.*

[c] *(18) Item.* Que d'oresénavant quant les Lieux de Présidens & des autres Gens de nostre Parlement vacqueront, ceulx qui y seront mis, soïent prins & mis par Eleccion, & que lors nostredit Chancellier aille en sa personne en nostre Court de nostredit Parlement, en la présence duquel y soit faicte ladicte Eleccion, & y soïent prinses bonnes personnes, sages, lettrées, expertes & notables [d] selon les Lieux où ilz seront mis, afin qu'il y soit pourveu de teles personnes comme il appartient à tel Siége, & sans aucune faveur ou accepcion de personnes; & aussi que entre les autres, l'en y mette de nobles personnes qui seront à ce souffisans; & samblablement, que l'en y en mette, se faire se puet, de tous les Pays de nostre Royaume, pour ce que les Coustumes des Lieux sont diverses, afin que de chascun Pays ait Gens en nostredicte Court, qui cognoissent les Coustumes des Lieux, & y soïent expers.

d *à proportion de l'importance des Charges auxquelles ils seront élevez.*

e Il y a là à la marge du Reg. *De Camera Compotorum.*

[e] *(19) Item.* Que le nombre ancien de noz Conseillers en nostredicte Chambre des Comptes, y demeure, & non plus, & aux gages acoustumez, sans dons, c'est assavoir, le Président Prélat, le Grant Boutillier de France qui du droit de son Office y doit être, & les quatre Clers & les quatre Lays; & pour ce que nostre amé & féal Conseiller *(g)* l'*Evesque* de *Bayeux,* piéçà par Nous ordonné Président en nostredicte Chambre, est moult ancien & moult débilité de sa veue, Nous voulons qu'il y demeure & preigne ses gaiges sa vie durant, ainsi comme par nos Lettres le lui avons octroyé; & samblablement voulons que noz amez & féaulx Conseillers, Maistre *Regnault* de *Coulons,* Maistre *Jehan Crete,* & ceulx qui sont substituez en leurs lieux, usent de la grace que sur ce avons octroyée; & aussi Nous plaist que noz amez & féaulx Conseillers, *Mahieu* de *Linieres, Jehan* d'*Estouteville, Philippe Giffart,*

NOTE.

(g) L'Evesque de Bayeux.] Il se nommoit *Nicolas Du Bosc. Voyez Gall. Christ.* 1[a] *Edit.* T. 2. p. 340. col. 2. n° 44.

Michiel

CHARLES VI. à Paris, le 7 de Janvier 1400.

Michiel Du Sablon & *Ernoul Bouchier*, y demeurent aux gages acoustumez; par tele manière toutesvoyes, que quant aucun d'eulx ira de vie à trespassement, leurs Lieux ne soient point impétrables; & voulons que se par importunité de requerans ou par inadvertance, Nous en octroyons aucuns, nostre octroy quant à ce, soit de nul effect. Aussi voulons que nostre amé & féal Conseiller *Jehan Chanteprime*, Garde de nostre Trésor de noz Chartres, demeure en nostredicte Chambre, & y exerce son Office à ses gaiges acoustumez; & quant au nombre de noz [a] Clercs d'embas de nostredicte Chambre, Nous voulons qu'il demeure comme il a été d'ancienneté, sans aucune creue, nonobstans quelxconques noz Lettres octroyées ou à octroyer au contraire: Et voulons aussi que tous nozdiz Conseillers & Clercs, soient contens de leursdiz gaiges & anciens droiz ordinaires, sanz aucuns dons, comme dit est; & leur défendons très-expressément & sur les peines à ce acoustumées, qu'ilz ne preignent ne recevent aucuns dons corrompables ou Pensions de quelque Seigneur ou personne que ce soit, fors de Nous.

[a] *nommez présentement Auditeurs des Comptes.*

[b] *(20) Item.* Que quant les Siéges des Séneschaucies & Bailliages de nostre Royaume, vacqueront, il y soit pourveu de personnes notables, sages, expertes & congnoissans en fait de Justice, selon les Lieux & Pays où ilz seront assis; lesquelles personnes soient prinses par bonne éleccion sans faveur ou accepcion de personnes, & qui veulent demourer & faire résidence sur leurs Offices en leurs personnes; & se aucuns autres [c] en y a de présent, il y soit tost pourveu par nostredit Chancellier & nostredicte Court de Parlement, auxquelx Nous en donnons plain povoir & auctorité par ces présentes; lesquelx Séneschaux & Baillifs soient contens de leurs gaiges ordinaires sans dons; & se il Nous plaist aucune chose donner à aucuns d'eulz selon ce qu'ilz auront bien servi, ce sera au bout de l'an, & n'en seront point assignez sur leurs [d] Exploiz.

[b] Il y a en cet endroit à la marg. du Reg. *De Eleccione Ballivorum & Senescallorum.*

[c] *qui n'ayant pas les qualitez marquées ci-dessus.*

[d] *sur le profit des Actes judiciaires par eux faits.*

[e] *(21) Item.* Quant à noz amez & féaulx les Maistres des Requestes de nostre Hostel, Nous voulons qu'ilz soient réduiz & ramenez au nombre ancien; c'est assavoir, de quatre Clers & quatre Lays, & que ceulx qui y sont dudit nombre ancien, y demeurent, & prennent les gaiges appartenans audit Office, & le exercent, & non autres.

[e] Il y a en cet endroit à la marg. du Reg. *De Magistris Requestarum Hospicii Regis.*

[f] *(22) Item.* Que pour estre à noz Conseilz, soient dix de noz Secrétaires qui aïent les gaiges de Secrétaires, & non autres; c'est assavoir, Maistre *Loys Blanchet*, Maistre *Thiebaut Hocie*, Maistre *Pierre Manhac*, Maistre *Gontier Col*, Maistre *Jehan* de *Sains*, Maistre *Jehan Bertaut*, Maistre *Jehan* de *Monstereul*, Maistre *Guillaume* de *Neauville*, Maistre *Martin Derian* & Maistre *Guillaume* de *Victry*, dont les six & non plus, signeront sur noz Finances; c'est assavoir, lesdiz Maistre *Loys Blanchet*, Maistre *Pierre Manhac*, Maistre *Gontier Col*, Maistre *Jehan* de *Sains*, Maistre *Guillaume* de *Neauville* & Maistre *Jehan Bertaut*, à tous lesquelx Nous défendons très-estroittement qu'ilz ne signent aucunes Lettres, se par Nous ne leur sont expressément commandées; & à ceulx qui signeront sur lesdictes Finances, qu'ilz n'en signent aucunes touchans lesdictes Finances, se elles ne sont passées & à eulx expressément commandées par Nous estans assis en nostre Conseil, & *(h)* aloye de noz Conseilliers qui y seront, & par la manière que dessus est exprimé; & voulons que à chacun de noz *(i)* Conseilz, ne demeure que deux de noz diz Secrétaires; c'est assavoir, un Civil & un Criminel.

[f] Il y a en cet endroit à la marge du Reg *De Secretariis Consiliorum.*

[g] *(23) Item.* Quant au nombre des Gens de nostre Grant Conseil, il sera par Nous réduit & ramené à nombre competent, tel comme Nous adviserons.

[g] Il y a en cet endroit à la marge du Reg. *De numero Consiliariorum.*

(24) Item. Avons ordonné & voulons que aucuns de noz Conseillers, de quelque estat que ilz soient, ne preignent sur Nous pour estre à nostre Conseil, que uns gaiges ou pension; & défendons à tous noz Officiers à qui il appartient & appartendra, que ilz ne paient à chascun de nozdiz Conseillers pour la cause dessusdicte,

NOTES.

(h) Aloye.] Il y a à *l'oye* dans le Regist. du Chastelet; & cela signifie appar. de telle sorte que l'ordre du Roy soit entendu par ceux qui sont présens à son Conseil.

(i) Conseilz.] Par ce mot *Conseilz*, il faut entendre le Parlement & les autres Cours supérieures.

CHARLES VI. à Paris, le 7 de Janvier 1400.

que seulement uns gaiges ou pension, pour quelques Lettres ou Mandemens qu'ilz aïent de Nous sur ce; & se autrement le font, Nous voulons que ce qu'ilz auront païé contre ceste nostre défense, soit recouvré sur eulx, & que ceulx qui les prandront, les restituent.

Et pour ce que ces Ordonnances, lesquelles Nous avons faictes par grant & meure délibéracion de nostredit Conseil, pour le bien de Nous, de nostredit Royaume & de la chose publique d'icellui, comme dessus est dit, soient tenues & gardées selon leur fourme & teneur, [a] Nous qui les voulons tenir & tendrons sans enfraindre, avons fait jurer solennelment en noz mains, noz très-chers & très-amez Oncles & Frère, les *Ducs* de *Bourgoingne, d'Orléans* & de *Bourbon*, les autres de nostre Sang estans lors en nostredit Conseil, noz amez & féaulx Connestable, Chancellier, Admiral, Grant Maistre de nostre Hostel, & autres Gens de nostredit Conseil lors présens, [b] que en tant comme en eulx est & sera, ilz les tendront, ne ne Nous feront aucunes Requestes au contraire; ainçois se aucunes Nous en sont faictes par autres, ils les empescheront entant comme ilz pourront licitement; & aussi avons ordonné & voulons que quant nostre très-chier & très-amé Oncle le *Duc* de *Berry* sera venu pardeça, il jure samblablement comme nozdiz Oncle & Frère; [c] & voulons aussi & mandons que nozdictes Gens de nostre Parlement & des Comptes, nozdiz Trésoriers, & tous autres Gens de nostredit Conseil, qui ne ont fait ledit serement, le facent sitost qu'ilz en seront requis; & mandons & enjoingnons très-estroictement à nostredit Chancellier, que se par inadvertence, par importunité de requerans ou autrement, Nous octroyons aucunes Lettres qui aucunement dérogue

nt à noz Ordonnances dessusdictes, ou à [d] aucunes des Articles d'icelles, il ne les séelle point: Mandons aussi & enjoignons très-expressément à noz amez & féaulx lesdictes Gens de nostredit Parlement & de nostredicte Chambre des Comptes, Trésoriers à *Paris*, auxdiz Généraulx Conseillers, & à tous noz autres Justiciers & Officiers, présens & avenir, & à chascun d'eulx en droit soy, qu'ilz tiengnent & gardent de point en point noz présentes Ordonnances, sanz les enfraindre en quelque manière que ce soit; lesquelles Ordonnances Nous voulons & mandons estre publiées par-tout où il appartendra, afin que chascun à qui il appartient, en puist avoir congnoissance. En tesmoing de ce, Nous avons fait mettre à ces Lettres nostre Séel. *Donné à* Paris, *le VII.e jour de Janvier, l'an de grace mil CCCC. & le XXI.me de nostre Regne.* Ainsi signé. Par le Roy, en son Conseil. J. DE SANCTIS. *(k)*

Lecta & publicata in Parlamento, xj.a die Januarii, M.o CCCC.o & Collatio facta.
N. DE BAYE.

[a] *Il y a à la marge du Reg. un petit sommaire qu'on n'a pû lire.*

[b] *en tant que comme.* Reg. du C.

[c] Il y a en cet endroit à la marge du Reg. *De Parlamento.*

[d] *aucuns.* Reg. du C.

NOTE.

(k) Le Registre du Châtelet finit ainsi: *Collacion faicte au transcript faict & pris en la Court de Parlement;* au dessoubz duquel Transcript estoit escript ce qui s'ensuit: *Lecta & publicata in Parlamento, xj.a die Januarij M.o CCCC.o & Collatio facta. Et après ce que l'original a aussi esté leu & publié en la Court & Auditoire du Chastellet de* Paris, *le XII.e jour de Janvier, l'an mil quatre cens.* CHOART.

CHARLES VI. à Paris, le 14 de Janvier 1400.

(a) Lettres par lesquelles le Roy donne à Louis Dauphin son fils aîné, le Duché de Guyenne, lequel sera réuni au Domaine, lorsque le Dauphin montera sur le Thrône, & dans le cas où il mourroit avant son Pere, quand même il laisseroit des Enfans.

CHARLES par la grace de Dieu Roy de France. Savoir faisons à touz présens & avenir, que Nous qui selon raison & droit de nature, avons & devons avoir très-singulière amour & dilection à nostre très-chier & très-amé ainsné Filz

NOTE.

(a) Régistre *A.* du Parlement de *Paris, folio* 9 vingt 3. *verso.* [183.]

Avant ces Lettres, il y a: *Littera quod Ducatus Aquitanie sit Annexa Corone post obitum* Ludovici *primi Filii Regis.*

Loys Dalphin de *Viennois*, considérans que après ce qu'il aura pleu à Dieu Nous prandre de ce monde & mettre à sa part, il doit Nous succéder ou Royaume, & que au plaisir de nostre Seigneur, *(b)* il vendra tost en aage ouquel il aura & devra ᵃ avoir & tenir Estat, & lequel Nous lui voulons ordonner tel comme à nostre Filz ainsné appartient; à ycellui nostre Filz ainsné, de nostre certaine science, plaine puissance, auctorité Royal & grace espécial, par grant & meure délibéracion de nostre Conseil, avons donné, cédé, baillié, transporté & délaissé, donnons, cédons, baillons, transportons & délaissons dès maintenant nostre *Duchié* de *Guienne*, avecques toutes les Citez, Villes, Chasteaulx, Chastelleries, Forteresses, Maisons, Fours, Moulins, Estangs, Rivières, Pors de Mer, & autres Pors se aucuns en y a, & généralment tous autres Lieux, Edifices, Terres, Vignes, Prez, Pasturages, Champs, Forestz, Boys, Garennes, & autres héritages & possessions, Vassaulx, Hommes, Hommaiges, Fiefs, Arrière-Fiefs, Cens, Rentes, Revenues, servitutes, devoirs, émolumens & prouffiz, haultes, moyennes & basses Justices, & Jurisdicions *(c)* Meres, Mixtes & Imperes, Collacions, Présentacions & Droits de Patronnaiges de Bénéfices d'Eglises, Drois, Usaiges, Libertez, Franchises, & autres appartenances & appendences quelxconques dudit *Duchié* de *Guienne*, en quelxconques choses & Lieux qu'ilz soient, & par quelque manière que ilz puissent estre dis & nommez, à les tenir, avoir & possider par nostredit ainsné Filz en Parrie & comme Per de France, tant comme Nous vivrons, & par ainsi que après nostre décès, ycelluy Duchié & appartenances soient & demeurent ᵇ réauniz & remis au Demaine de la Couronne, ainsi & par la forme & manière qu'elle est à présent, sans ce que nostredit ainsné Filz en puisse aucune chose aliéner en quelque manière; pourveu aussi que s'il avenoit que Nous vivant, nostredit ainsné Filz eust enfans en mariage, & que Nous le survesquissions, incontinent après son décès, lesdis *Duchié* de *Guienne* & ses appartenances quelxconques, Nous revenissent & fussent réauniz & remis audit Demaine & à la Couronne de France; & saufs & réservez à Nous les foy & hommage Liges, les Souverainetez & Ressors, & autres droits Royaux appartenans à Nous & à nostredicte Couronne oudit Duchié & ès Citez, Villes, Chasteaux & Chastelleries, appartenances & appendances d'icellui, avecques les Gardes des Eglises Cathédraux & autres de fondacion Royal, de ᶜ Pariage, & toutes autres quelxconques telement privilégiées, que elles ne puissent ou doivent estre séparées de nostredicte Couronne. Si donnons en mandement par ces présentes, à noz amez & féaulx Conseilliers les Gens tenans à présent & qui tendront ou tems avenir nostre Parlement, les Gens de noz Comptes & Trésoriers à *Paris*, & à tous noz autres Justiciers, Officiers & Subgiez, présens & avenir, ou à leurs Lieuxtenans, & à chacun d'eulx, si comme à lui appartendra, que nostredit ainsné Filz, ou ses Gens & Procureurs pour lui, & lequel par ces mesmes présentes auctorisons à ce faire, non contrestant son jeune aage, mettent ou facent mettre en possession & saisine dudit *Duchié* de *Guienne* & de ses appartenances & appendences, & par les Hommes, Vassaux & Subgiez d'icellui Duchié, lui facent faire & prester les foy & hommaiges, seremens & obéissances, & autres devoirs en quoy ilz lui sont, seront & pourront estre tenus à ceste cause; ausquelx Nous mandons & enjoignons très-expressément, qu'ilz les lui facent, & desquelx en les lui faisant, Nous les en quittons & deschargons par ces présentes, pour tant que à eulx & chacun d'eulx puet touchier; jà soit ce que aucuns d'eulx puissent dire ou prétendre que par privilége ou autrement, ilz ne puissent ou doivent estre séparez ne mis hors de nostre main ne de nozdiz Demaine & Coronne; & d'icellui Duchié & de toutes ses appartenances & appendences, facent, seuffrent & laissent joïr & user paisiblement nostredit ainsné Filz, sans le en ce empeschier, ne faire ou souffrir estre en ce empeschié contre la teneur de noz présens

CHARLES VI.
à Paris, le 14 de Janvier 1400.

ᵃ *avoir une maison, des Officiers, &c.*

ᵇ *réunis*, là & plus bas.

ᶜ *Voy. les Tabl. des Mat. des Vol. de ce Rec.* au mot, *Pariage.*

NOTES.

(b) Il vendra tost en aage.] Le Dauphin *Louis* étoit né le 22 de Janvier 1396. Voyez la page 113 du premier Volume de l'Histoire Généalogique de la Maison de France.

(c) Meres, &c.] C'est la traduction de ces mots latins *Merum & Mixtum Imperium*, sur lesquels voyez ci-dessus, p. 206. Note *(f)*

CHARLES VI. à Paris, le 14 de Janvier 1400.

Don, Bail & octroy dessusdiz, nonobstant quelxconques priviléges octroyez audit Duchié, & aux Citez, bonnes Villes & Chasteaulx, Nobles, Bourgois, Manans & Habitans d'icellui Duchié, & quelxconques Ordonnances, Mandemens ou défenses faictes ou à faire à ce contraires. Et pour ce que ce soit ferme chose & estable à tousjours, Nous avons fait mettre nostre Séel à ces présentes Lettres : Sauf en autres choses nostre droit, & l'autrui en toutes. *Donné à* Paris, *le XIIII.e jour de Janvier, l'an de grace mil quatre cens, & de nostre Regne le XXI.e* Signé. Par le Roy, Mess. *Pierre* de *Navarre*, Mess. *Jaques* de *Bourbon*, le *Sire* de *Chasteillon*, le *Besgue* de *Villaines*, le Maistre des Arbalestriers, Mess. *Hervé* le *Coch*, & plusieurs autres, présens. R. TOSTE. *(d)*

NOTE.

(d) Après ces Lettres, on trouve de suite dans le Registre du Parlement, fol. 184. v.o des Lettres du 12 de Juillet 1401, par lesquelles Charles VI donne le *Duché* de *Berry* à *Jean* son second fils, & après ces Lettres, au fol. 185. v.o d'autres Lettres de la même date, par lesquelles il lui donne le *Duché* de *Touraine* en apanage. Ces deux Lettres seront placées à leur rang dans la suite de ce Vol.

Après la dernière, on lit dans le Registre : *Tres Littere immediatè precedentes, lecte fuerunt & publicate in Curia, die XXIX.a Januarij, anno Domini M.o CCCC.o quarto.* BAYE.

CHARLES VI. à Paris, le 5 de Février 1400.

PHILIPPE VI. dit de Valois, à Carcassonne, le 2 de Février 1335, & à Paris le 23 Décembre 1341. JEAN I. ou, selon d'autres, JEAN II. à Paris, le 6 d'Octobre 1352.

(a) Lettres qui portent que lorsque les Sergens de la Garnison de Carcassonne, mourront, & qu'ils auront des fils, des frères ou des neveux, ceux-ci rempliront leurs places, s'ils sont habiles à tirer de l'arbaleste.

KAROLUS, &c. Notum facimus universis tam presentibus quàm futuris, Litteras felicis recordacionis Domini Avi nostri Regis Johannis, cujus anima in pace requiescat Nos vidisse, tenorem qui sequitur, continentes.

JOHANNES *Dei gracia Francorum Rex. Universis presentes Litteras inspecturis: Salutem. Litteras inclitè recordacionis Domini & genitoris nostri Carissimi vidimus, tenorem qui sequitur, continentes.*

PHILIPPE par la grace de Dieu Roy de France. A tous ceulx qui ces Lettres verront : Salut. Savoir faisons Nous avoir veu les Lettres cy-dessoubz transcriptes, séellées du Séel de nostre amé & féal Conseiller l'*Evesque* de *Beauvès*, contenant la fourme qui s'ensuit.

[a] Johannes *miseracione divinâ* Belvacensis Episcopus, *Locumtenens Domini nostri Francie Regis in* [b] Partibus Occitanis & Xainctonensis, *universis presentes Litteras inspecturis : Salutem. Notum facimus quòd Nos visis Litteris Regis hujus tenoris.*

a Jean de Marigny. *Voyez ci-dessus*, pag. 375. Note marg. *(a)*
b *Languedoc.*

PHILIPPE par la grace de Dieu Roy de France. Au *Sénéschal* de *Carcassonne*, ou à son Lieutenant : Salut. Noz *(b)* Sergens de la garnison de la cité de *Carcassonne*, Nous ont fait une supplicacion, qui est tele que comme il conviengne & soit nécessité que les Sergens de ladicte garnison soient bons Arbalestriers, bien tendans & bien [c] traians à l'Arbalestre, & il aviengne aucunefoiz que quant aucun Office de Sergenterie vacque par la mort d'aucuns des Sergens de ladicte garnison, aucuns s'efforcent de le empêtrer, qui ne sont pas bons Arbalestriers, ne ne sçevent riens ou peu d'Arbalestre, que afin que tous les Sergens qui y sont & seront doresénavant, soient bons Arbalestriers, Nous leur voulsissions octroyer de grace que quant aucun Office de Sergenterie y vacquera par la mort d'aucuns des Sergens de ladicte garnison, & celui qui par mort vacquera, aura filz, frère ou nepveu, bon Arbalestrier, bien

c *tirans.*

NOTES.

(a) Trésor des Chartres, Registre 155. P. III.c IIIIxx viij. (388.)

(b) Sergens.] Voyez la Note *(b)* de la pag. 421 du 5.e Vol. de ce Rec. sur ces Sergens, & sur leur Connétable, duquel il sera parlé dans la suite de ces Lettres.

tendant, bien traiant à l'Arbaleſtre, & bien ſouffiſant à avoir ledit Office, ycelui filz, frère ou nepveu ſoit mis & inſtitué oudit Office ou lieu du mort, & Nous à leur dicte ſupplicacion enclinans, & pour ce que les filz, frères & nepveuz deſdiz Sergens, ſoient plus volontiers d'apprendre à tendre & traire à l'Arbaleſtre, ce leur avons octroyé & octroyons de grace eſpécial par ces Lettres. Si vous mandons que doreſénavant tant comme il Nous plaira, quant aucun deſdiz Offices de Sergenterie eſcherra ou vacquera, & celui par qui mort il vacquera, aura filz, frère ou nepveu, bon Arbaleſtrier, bien tendent & traiant Arbaleſtre, & bien ſouffiſant audit Office, comme dit eſt, ycelui filz, frère ou nepveu inſtituez ou lieu du mort audit Office de par Nous ; & s'aucun autre empétroit de Nous ycellui Office vacquant, [a] teu de ceſte grace, ne lui recevez pas, mais Nous reſcrivez *(c)* que pour cauſe de ceſte grace, vous le laiſſiez à recevoir. *Donné à* Carcaſſonne, *le ij.e jour de Février, l'an de grace mil CCC. trente & cinq.*

CHARLES VI. à Paris, le 5 de Février 1400.

PHILIPPE VI. dit de Valois, à Carcaſſonne, le 2 de Février 1335, & à Paris le 23 Décembre 1341.

JEAN I. ou, ſelon d'autres, JEAN II. à Paris, le 6. d'Octobre 1352.

Ad ipſorum Serviencium dicte garniſionis humilem ſupplicacionem, attentis diuturnis & nocturnis laboribus circa cuſtodiam dicte civitatis per eos impenſis, & que habent impendere inceſſanter, eiſdem, eorumque filiis qui Officium patris defuncti obtinebunt, profuturis temporibus, auctoritate Regia nobis in hac parte commiſſa, [b] *en certa ſciencia & de gracia ſpeciali, graciam per Dominum Regem eiſdem ſuprafactam ampliando, conceſſimus & concedimus per preſentes, quòd filii hujuſmodi, licet perfecte etatis non exiſtentes, ſuccedant & inſtituantur in Officio, quilibet poſt mortem patris ejuſdem, & donec ad perfectam etatem pervenerint, & ſufficienter edocti* [c] *in arbaleſtria, ut juxta mentem Litterarum predictarum* [d] *conveniunt fuerint, poſſint & valeant Officia ſua facere deſervire per ydoneum ſubſtitutum ; eorum tamen periculo : Mandantes Seneſcallo &* [e] *Conſtabulario ac* Prepoſito *civitatis* Carcaſſone, *qui nunc ſunt & qui pro tempore fuerint, quatinus eoſdem Servientes & filios dicta noſtrâ preſenti graciâ uti & gaudere faciant pacificè & permittant, nec ipſos contra tenorem ejuſdem impediant quoquomodo. In cujus rei teſtimonium preſentibus Litteris noſtrum fecimus apponi Sigillum.* Datum *Carcaſſone,* die iij.a Auguſti, anno Domini milleſimo CCC.o quadrageſimo primo.

a cela ſignifie appar. *ſans avoir égard à cette grace.*

Suite des Lettres de l'Evêque de Beauvais.

b *corr.* ex.

c *ſupp.* ſint.

d ce mot qui doit regir *fuerint,* paroît corrompu.

e Voy. ci-deſſus, p. 420. Note *(b)*.

Nous adcertes toutes les choſes contenues ès Lettres cy-deſſus tranſcriptes, & chaſcunes d'icelles, aians agréables, ycelles louons, ratiffions & approuvons, & de noſtre grace eſpécial par la teneur de ces préſentes confermons. En teſmoin de ce, Nous avons fait mettre noſtre Séel à ces préſentes Lettres. *Donné à* Paris, *le XXIII.e jour de Décembre, l'an de grace mil CCC. quarante & un.*

Suite des premières Lettres de Philippe de Valois.

[f] *Nous autem premiſſa omnia & ſingula in preſcriptis Litteris contenta, grata habentes, ea ad ſupplicacionem Serviencium noſtrorum dicte garniſionis, volumus, laudamus, ratifficamus, approbamus, & de ſpeciali gracia confirmamus : Seneſcallo & Conſtabulario* Carcaſſone, *modernis & qui pro tempore fuerint, mandantes quatenus premiſſa omnia teneant & obſervent inviolabiliter & eciam exequantur. In cujus rei teſtimonium, preſentibus Litteris noſtrum fecimus apponi Sigillum.* Datum *Pariſius,* die VI.a Octobris, anno Domini milleſimo CCC.o quinquageſimo ſecundo.

f *corr.* Nos.

Suite des Lettres du Roy Jean.

Quas quidem Litteras ſuperius tranſcriptas, ac omnia & ſingula in eiſdem contenta, ratas & gratas, ſive rata & grata, habentes, eas & ea volumus, laudamus, ratifficamus, approbamus, & tenore preſencium de gracia ſpeciali, ad ſupplicacionem Serviencium noſtrorum dicte garniſionis civitatis Carcaſſonne *pretacte, confirmamus : Mandantes harum ſerie* Seneſcallo *& Conſtabulario* Carcaſſone, *ceteriſque Juſticiariis & Officiariis noſtris, preſentibus & futuris, vel eorum Locatenentibus, & eorum cuilibet, prout ad eum pertinuerit, quatenus pretactos Servientes noſtros dicte garniſionis, qui nunc ſunt*

Suite des Lettres de Charles VI.

NOTE.

(c) Que pour cauſe.] C'eſt-à-dire, qu'à cauſe de la grace accordée aux fils, frères, &c. de ces Sergens, le Sénéchal refuſe de recevoir celui nommé par le Roy.

& futuris temporibus erunt, & eorum quemlibet, preinsertis Litteris, omnibusque & singulis in eisdem contentis, & nostrâ presenti confirmacione uti & gaudere pacificè [a] *& plenariam pacificè faciant & permittant, eaque exequantur & inviolabiliter observent. Quod ut firmum & stabile perpetuò perseveret, nostrum hiis presentibus jussimus apponi Sigillum: Salvo in aliis jure nostro, & in omnibus quolibet alieno.* Actum & datum *Parisius,* die v.ª Februarii, anno Domini millesimo CCCC.° & Regni nostri XXI°.

a cet endroit paroît corrompu ou tronqué.

Per Regem, ad relacionem magni Consilii. G. BARRAU.

CHARLES VI. à Paris, le 16 de Février 1400.

(a) Lettres qui prolongent pour deux ans la Société qui avoit été faite pour un pareil terme, entre les Officiers du Roy & ceux de la Reine de Sicile (Comtesse de Provence) par rapport à la vente du Sel qui se faisoit dans le Languedoc & la Provence, & qui se transportoit par le Rhône dans les terres de l'Empire [la Provence & le Dauphiné.]

CHARLES par la grace de Dieu Roy de France. A tous ceux qui ces présentes Lettres verront : Salut. Comme nos amés & féaux les Généraux Conseillers qui n'agueres étoient sur le fait des Aydes ordonnées pour la guerre en notre pays de *Languedoc* & *Duchié* de *Guyenne,* pour Nous & en notre Nom, par vertu du pouvoir à eux donné & commis de par Nous, eussent fait certain accord & compagnie avec notre très-chière & très-amée tante la *Royne* de *Jerusalem* & de *Sicile* [b], ses Gens & Officiers, sur le fait des Gabelles ayant cours en notre Royaume & ou pays de *Provence,* jusques à deux ans commanceants le premier jour de janvier l'an mil trois cent quatre-vingt-dix-huit, sur certaines conditions & modiffications contenues & déclarées ez Lettres de ladite compagnie sur ce faites, desquelles la teneur s'ensuit.

b elle étoit aussi Comtesse de Provence.

Les Généraux Conseillers du Roy notre Sire, sur le fait des Aides ordonnées pour la guerre, ez pays de *Languedoc* & *Duchié* de *Guyenne.* Sçavoir faisons que pour obvier aux fraudes, cautelles & malices qui sous ombre & couleur de la Gabelle pour le pays de *Provence* nouvellement & jusques au terme de deux ans octroyée à Madame la *Royne* de *Jerusalem* & de *Sicile,* commettre & perpétrer se pourroient par aucuns, tant ez Salines du Roy notredit Seigneur, comme ceux de madite Dame, qui sont confrontants & voisins, & par espécial en amenant le Sel d'iceux Salins contre-mont la rivière du *Rosne,* comme à *Tarascon, Avignon, (b) Pont de Sorgue,* [c] *Ourange,* & en plusieurs autres lieux de *(c)* l'*Empire,* pour extirper aussi tous debats, déaccords & discensions qui à cause de ce, & *(d)* pour en occuper la punition & connoissance, se pourroient [d] de legier ensuir entre le Roy notredit Sire & ladite Madame, ou les Officiers d'un côté & d'autre, & afin que tranquillité, amour, paix & confédération soit entr'eux corroborée & nourrie, nous aprés aucuns traitties concernants & regardants cette matière, faits entre ladite Madame, aucuns de sesdits Officiers à ce destinés, & nous, avec aucuns autres Officiers du Roy notredit Seigneur, & eue sur ce par plusieurs & diverses intervalles, comme la qualité du cas le

c *Orange.*

d *facilement.*

NOTES.

(a) La Copie de ces Lettres qui sont dans le dépôt de la Chambre des Comptes de *Grenoble,* a été envoyée avec cette indication : *I.ᵉ Gñalia. fol,* 168.

(b) Pont de Sorgue.] La *Sorgue* est une rivière qui se jette dans le *Rhône ;* & *Avignon* est situé au confluent de ces deux rivières. Voyez le Dict. univ. de la *France,* au mot, *Avignon.*

(c) Empire.] J'ai déjà remarqué plus d'une fois que l'on appelloit autrefois, & que l'on nomme même encore quelquefois aujourd'hui, la *Provence* & le *Dauphiné, terres de l'Empire.*

(d) Pour en occuper.] Cela peut signifier, pour prévenir les contestations qui pourroient s'élever entre les Officiers du Roy & ceux de la *Reine* de *Sicile,* lorsqu'il s'agiroit de décider si la connoissance & le jugement de ces fraudes appartiendroient aux premiers ou aux autres.

CHARLES VI. à Paris, le 16 de Février 1400.

requiert, grande & meure délibération de conseil avec ses Visiteurs des Gabelles, aucuns Grenetiers & Marchands experts & connoissans en ce, avons pour & ou nom dudit Seigneur, & du pouvoir & autorité par lui à nous attribuée, sauf & réservée sa volonté sur ce, fait & accordé, faisons & accordons par ces présentes, [a] compagnie sur le fait des Gabelles avec ladite Madame, en la forme & manière, & sous les rétentions, conditions & convenances qui s'ensuivent.

a *société.*

(1) Et premièrement. Est accordé & ordonné par les dessusdits, & de leur consentement, comme dit est, que de tout le Sel qui est ou sera porté doresénavant ez lieux & greniers de *Tarascon, (e) Lappordier* & *Saint-Esperit,* pour vendre & dépenser en l'*Empire,* se leveront pour le droit de ladite Gabelle, seize francs par muid gros, à la mesure de *(f) Peccais,* de [b] la *Vernede* ou de la mer, qui contient soixante mesures appellées quintals, & ce seront toutes les mesures desdites Salines pareilles, & le Sel sera mesuré pareillement en l'une desdites Salines comme en l'autre, & pour ainsi se levera oudit lieu de *Saint-Esperit,* du Sel que on y achetera & prandra pour porter & dépenser oudit *Empire,* quatre gros pour quintal, un Franc compté pour quinze gros.

b *Voyez ci-dessus la* Note *(e).*

(2) Item. Semblablement du Sel qui se vendra audit lieu de *Tarascon,* se leveront pour quintal de Sel, quatre gros de ladite monnoye, & seront les mesures desdits greniers de *Tarascon, Lappordier* & *Saint-Esperit,* toutes pareilles; & toutes voyes du Sel qui sera vendu & mené pour la dépense des habitans d'icelle ville de *Tarascon* & sa limitation, le Roy ne prendra aucun proffit, mais sera de madite Dame la Royne, & en récompensation de ce que madite Dame la Royne prendra & aura du droit de la Gabelle du Sel qui ainsi sera vendu oudit *Tarascon* pour les habitans d'iceluy lieu & sa limitation, & aussy s'il avenoit que le Sel de la *Vernede* ou de la mer, ou d'aucune autre Saline entre deux icelles Salines, sera amené ou extendu en aucune manière en la *Provence,* Madame la Royne sera tenue de récompenser d'autant au grenier de *Saint-Esperit,* sur le droit qu'elle y prendra à cause du Sel qui sera porté en l'*Empire,* ou que en récompensation dudit fait de *Tarascon,* madite Dame n'y prenne rien du Sel qui se vendra oudit grenier de *Saint-Esperit,* pour passer par dessus le *Pont Saint-Esperit* en l'*Empire.*

(3) Item. Que tout le Sel qui doresénavant se prendra, tant ez Salines d'*Aiguemorte,* de *Peccais* & de *(g) Muevaux,* comme esdites Salines de la *Vernede* ou de la mer, ou autres Salines étant entre deux, pour dépenser oudit *Empire,* sera porté ou déchargé esdits greniers de *Tarascon, Lappordier* & de *Saint-Esperit,* en iceluy que le Marchand à qui sera ledit Sel, aimera le plus, & les Marchands qui voudront aller décharger leur Sel en *Avignon,* seront tenus de soy obliger envers le Grenetier de *Tarascon,* & de donner souffisans cautions de luy payer le droit de ladite Gabelle; & du Sel qui sera porté à *Lappordier* ou au *Pont Saint-Esperit,* pour porter audit *Empire,* les Marchands de qui sera ledit Sel, seront tenus de soy obliger & se obligeront & donneront souffisans cautions de porter & décharger ledit Sel ezdits greniers, & d'en certifier par lettres des Officiers d'iceux greniers, lesdits Officiers de *Tarascon,* dedans un mois; & pour supporter lesdits Marchands, & afin qu'ils ayent cause de mieux exercer la marchandise dudit Sel, l'on donrra à tous Marchands qui porteront par eau en bateaux, terme de quatre mois de payer le droit de ladite Gabelle; & s'il avenoit que par fortune ou maleaventure, leur Sel se perdît dedans la rivière du *Rosne,* en faisans leur voyage, ils ne payeront point de Gabelle du Sel

NOTES.

(e) Lappordier.] Dom *Vaissete* Religieux Bénédictin, qui m'a indiqué la position de quelques lieux nommez dans ces Lettres, ne connoît ni *Lappordier,* ni la *Vernede,* duquel il est aussi parlé dans ce premier article.

(f) Peccais.] Dans le bas Languedoc, Diocèse de *Nîmes,* lieu connu par les Salines qui en sont proches. Voyez le Dict. univ. de la *France,* à ce mot.

(g) Muevaux.] Dom *Vaissete* croit qu'il faut corriger *Mirevaux,* lieu situé dans le Diocèse de *Montpellier,* sur l'étang de *Maguelonne.* Il croit que *Mirebal* dont il est parlé dans l'article 12. est le même lieu que *Mirevaux.*

CHARLES VI. à Paris, le 16 de Février 1400.

ainsi perdu, comm'ainsy ait été toûjours accoûtumé de faire aux Marchands portant Sel dudit grenier de *Saint-Esperit* en amont.

(4) Item. Se aucun Sel se part du grenier de *Beaucaire,* pour porter en *Avignon,* ou ailleurs oudit *Empire,* l'on en levera semblablement quatre gros pour quintal.

(5) Item. Que chacun desdits greniers ara Grenetiers & Controlleurs [a] fermentés aux Officiers de chacun desdits Seigneurs, de exercer bien & loyalment leurs Offices; & sera tenu chacun desdits Grenetiers de bailler caution jusques à la somme de mille Livres tournois, & chacun desdits Controlleurs, jusques à la somme de trois cent Livres tournois; & le Grenetier de *Beaucaire* recevra de mois en mois du Grenetier de *Tarascon,* l'émolument & revenue qui en pourra parvenir & appartenir à la part du Roy, & de ce sera tenu & chargé le Grenetier de *Beaucaire* de rendre compte par le controlle dudit Controlleur qui sera ordonné audit *Tarascon;* & y sera le Controlleur de part le Roy, & le Grenetier de part Madame; & à l'*Appordier* & *Pont Esperit,* les Grenetiers qui y seront pour le Roy, y demourront, & ladite Dame y en aura Controlleurs, en tant qu'il touche le fait de l'*Empire.*

a *qui presteront serment.*

(6) Item. Aura ezdits greniers Mesureurs nécessaires à mesurer ledit Sel qui sera receu & vendu, & seront éleus & institués ezdits Offices, du commun consentement des Officiers desdits Seigneurs, & feront le serment comme dessus est dit.

(7) Item. Aura ez Salins de la mer & de la *Vernede,* & autres Salins entre deux, Gardes & Mesureurs comme a ez Salins de *Peccais,* d'*Ayguemorte* & du *Mueraux,* & rendront lesdits Gardes compte de tout le Sel qui se chargera esdits Salins, & en certifieront par leurs lettres lesdits Grenetiers, lesquels seront tenus de certiffier par leurs lettres lesdits Gardes, de la réception du Sel; & en outre, seront tenus lesdits Gardes d'être esdits Salins ou temps & saison que ledit Sel se fera, & de la quantité que y sera faite, seront tenus de certifier les Visiteurs.

(8) Item. Lesdits Gardes & Mesureurs, tant des Salins de *Peccais,* comme des autres Sallins dessusdits, seront élûs & institués communément par lesdits Seigneurs, ou ceux qui à ce auront puissance d'eux, & feront le serment comme dessus, & seront tenus lesdits Gardes, [b] chacun d'eux, de bailler caution jusques à la somme de trois cens Livres, de bien & loyalment exercer leurs Offices.

b supp. *&*.

(9) Item. Esdits Salins ne sera pris ne chargé Sel pour porter par terre audit *Empire.*

(10) Item. Que nul Sel des Salins de *(h) Berre* & *(i)* d'*Ierres,* ne soit point traitté ne jetté dudit Comté de *Provence,* pour aller ez parties où le Sel desdits Salins de la *Vernede* ou de la mer a accoustumé d'avoir cours & délivrance; & afin que les Officiers du Roy en puissent être plus sûrs, les Officiers de madite Dame la Royne seront tenus de faire serment de lever semblable Gabelle pour & sur le Sel desdits Salins d'*Ierres* & de *Berre,* ou proffit de madite Dame, comme dessus est ordonné être levé des autres Salins de la *Vernede* & de la mer; & pour ce mieux sçavoir, le Visiteur qui sera ordonné par le Roy, sera tenu & aura puissance à ce de Madame ou de ses Officiers, de voir & visiter le fait de ladite Gabelle, & de sçavoir la certaineté; & les autres greniers étant en *Provence,* se gouverneront en la forme & manière que en cet article est contenu.

(11) Item. Que nuls *(k)* Salignons ne soient faits pour être portés [c] ez mettes où ledit Sel de la *Vernede* ou de la mer ont accoûtumé avoir cours, sans payer Gabelle, à raison de trois gros pour quintal.

c *dans les endroits.*

(12) Item. Tout le Sel qui est ou sera doresénavant ez Salins de *Pecais* & de *Mirebal* & d'*Ayguemortes,* de la *Vernede* & de la mer, incontinent & tantost qu'il

NOTES.

(h) Berre,] Ville de *Provence,* Diocèse d'*Arles,* située sur un grand étang d'eau salée. Voy. le Dict. univ. de la *France,* au mot, *Berre.*

(i) Ierres.] Hieres, Ville de *Provence,* Diocèse de *Toulon.* On fait d'assez beau Sel dans son territoire. Voyez *ibid.* au mot *Hieres.*

(k) Salignons.] Ce sont des pains de Sel blanc qui se font avec l'eau des fontaines salées, qu'on fait évaporer sur le feu. Voyez le Dictionnaire du Commerce par *Savary,* au mot *Salignon.*

sera

sera fait & assemblé, se doye [a] partir entre [b] le Seigneur duquel ils se tiendront; c'est asçavoir, que le Seigneur doye prendre sa part, & le [c] Salinier la sienne, afin que chacun puisse approfiter & vendre sa part, & le porter ezdits greniers pour le fournissement d'iceux.

CHARLES VI. à Paris, le 16. de Février 1400.

(13) *Item.* Seront ordonnés deux Visiteurs pour gouverner le fait de ladite Gabelle, & seront institués communément comme dessus, & prêteront le serment auxdits Seigneurs, de bien & loyalment exercer leursdits Offices; auxquels Visiteurs & autres Officiers comme eux, dont est faite mention dessus, seront ordonnés & taxés gages qui leur seront payés de l'émolument qui [d] istra du fait desdites Gabelles; & auront lesdits Visiteurs toute puissance de gouverner le fait desdites Gabelles, excepté que de la distribution de l'argent qui appartiendra au Roy, [e] ne s'en empêcheront; & sans enfraindre, l'Ordonnance du Roy sur le fait de ses Gabelles, sera tenue & gardée en ce point qu'elle est, en ce que touche & regarde le Grenier du *Pont Saint-Esperit.*

(14) *Item.* Que toute personne qui sera trouvée commettant fraude ou fait de ladite Gabelle, rebelle, contredisant ou venant contre les Ordonnances & institutions sur ce faites, sera tenu de répondre sur ce pardevant lesdits Visiteurs qui le pourront punir selon le cas.

(15) *Item.* De tout l'émolument qui istra & parviendra du fait de ladite Gabelle, le Roy aura la moitié, & madite Dame la Royne l'autre moitié, & se partira ledit émolument de mois en mois.

(16) *Item.* Que par la manière dessusdite sera levée ladite Gabelle durant le terme de deux ans commanceants le premier jour de Janvier prochain venant, & que passé lesdits deux ans, tout doive retourner au premier état, & que chacun des Seigneurs dessusdits doye & puisse user de son Sel & de son droit, sans ce que pour cetuy fait, soit rien préjudicié, & tout en la forme & manière que de présent usent.

(17) *Item.* Madite Dame promet de non impétrer ne faire impétrer ou obtenir du Roy, en quelque manière que ce soit, par Lettres faisant mention de ce présent accord, ne autrement, aucun don ou rémission du droit que le Roy pourroit avoir à cause de l'accord dessusdit; & ou cas qu'elle l'impétreroit, soit par elle ou par autres, & que le Roy nonobstant ladite promission & convenances dessusdites, luy en feroit aucun don & rémission, que icelles soient de nul effect, & ne s'en puist aider ladite Madame en aucune manière que ce soit, supposé que ce procédât de la certaine science du Roy; & ou cas que ce seroit fait le contraire, dez maintenant elle y renonce comme pour lors, & sur ladite compagnie & tout ce que dit est, la volonté du Roy est réservée; & si ledit Seigneur ne le vouloit consentir, dont ladite Madame en sera certifiée dedans Pâques prochain venant, ladite compagnie cessera du tout.

Sy donnons en mandement de par le Roy notredit Seigneur & de par nous, aux Visiteurs desdites Gabelles, & à tous les Justiciers & Officiers dudit Seigneur, & autres, ez pays dessusdits, que ledit accord & compagnie selon sa forme & teneur, & en ce que toucher & regarder en peut ou pourra le Roy notredit Seigneur, ils tiennent & gardent, & fassent tenir & garder de point en point selon sa forme & teneur, sans faire ou innover, souffrir être fait ou innové chose au contraire; laquelle, se faite étoit, [f] remenent & mettent tantost & sans aucun délai au premier état & dû. En témoin de ce, nous avons mis nos Sceaux à ces présentes données à *Beziers*, le vingt-neuvième jour de Décembre, l'an mil trois [g] quatre-vingt-dix-huict.

Suite des Lettres de Charles VI.

Et il soit ainsy que le terme de ladite compagnie soit finie & expirée dez le premier jour de Janvier dernier passé, Nous, ayant ladite compagnie agréable, icelle pour certaines & justes causes qui à ce Nous ont meu & meuvent, avons accordé & prolongé, & par ces présentes accordons & prolongeons avec notredite Tante & notre très-cher & très-amé Cousin le Roy desdits Royaumes de *Jerusalem* & de *Sicile*, jusques à deux autres ans avenir, à compter du premier jour de janvier dessusdit, sous les conditions & modifications contenues & déclarées ez Lettres dessus transcrites,

[a] *partager.*
[b] *le Seigneur des lieux où se fait le Sel.*
[c] *c'est apparemment celui qui fait faire le Sel par des ouvriers.*
[d] *sortira, proviendra.*
[e] *ne s'en mêleront.*
[f] *ramenent.*
[g] *supp. cens.*

CHARLES VI. à Paris, le 16 de Février 1400.

& par la forme & manière que fait a été les deux ans précédants. Si donnons en mandement par ces présentes, à nos amez & feaux les Généraux Conseillers qui à présent sont & seront pour le temps avenir, par tout nostre Royaume sur le fait desdits Aydes, aux Visiteurs des Gabelles, & à tous nos Justiciers & Officiers & Sujets de notredit pays de *Languedoc*, & à chacun d'eux, que lesdits accord & compagnie en ce que Nous peut & pourra toucher, tiennent & gardent, & facent tenir & garder sans enfraindre, ne venir encontre en aucune manière; & se aucune chose étoit faite au contraire, remenent & remettent au premier état & dû. En témoin de ce, nous avons fait mettre notre Scel à ces Lettres données à *Paris*, le seizième jour de Février, l'an de grace mil quatre cent, & de notre regne le vingt-unième. Ainsi signé. Par le Roy, à la relation des Généraux Conseillers sur le fait des Aides ordonnées pour la guerre. BOUGIS.

CHARLES VI. à Paris, le 18. de Mars 1400.

(a) Lettres qui portent que les Religieux du Couvent des Célestins d'Avignon, feront exempts de Péages & d'autres droits, par rapport aux denrées & marchandises à leur usage, qu'ils feront venir de France.

KAROLUS Dei gracia Francorum Rex. Notum facimus universis presentibus & futuris, quòd Nos ad Ecclesiam & Monasterium Fratrum Ordinis Celestinorum, de novo in Civitate Avinionense, *in loco videlicet ubi corpus defuncti Consanguinei nostri* Petri *quondam Cardinalis* Luxemburgensis *inhumatum existit, ad cujus preces, ut piè credendum est, omnipotens Deus cotidiè quam plura miracula ibidem operatur, fundari inceptam, in cujus prima fundacione, devocione moti primum lapidem situari fecimus, affeccionem gerentes specialem, dilectis nostris Religiosis dicti Monasterii, modernis & futuris, concessimus & concedimus de nostra certa sciencia, auctoritate Regia & gracia speciali, per presentes, ut ipsi & eorum in dicto Monasterio successores, lapides & ligna, & alias materies quascumque ad edificandum Monasterium & Ecclesiam* [a] *predicta necessarias, eciam & blada, vina, legumina & alia grana, ligna ad edificandum & combustibilia, fructus, pannos, fena, paleas, & quecumque alia bona ad dictum Monasterium, ipsosque Religiosos & eorum familiares, necnon ad ipsorum Religiosorum & familiarium suorum victus necessaria, condecencia & oportuna, eciam si ea in eorum possessionibus excreverint, vel de denariis, aut rebus & aliis bonis suis empta fuerint; fraude tamen, dolo & maliciâ quibuscumque in hoc nullatenus intervenientibus, sed cessantibus penitùs & remotis, de Regno nostro extrahi, & ad ipsum Monasterium duci ac aportari, ac eciam eorum animalia cum pastoribus & servitoribus quibuscumque, de extra dictum Regnum infra ipsum, & de infra illud extra ipsum conduci & transferri facere valeant perpetuis temporibus, pacificè & quietè absque eo quod pro premissis vel aliquo premissorum, Nobis seu successoribus nostris Regibus Francie, Pedagium,* [b] *Revam,* [c] *Leudam, Coustumam, Gabellam aut aliam quamcumque subvencionem vel redibenciam qualemcumque impositas aut imponendas quovismodo, solvere teneantur, eciam si propter hoc Nos vel dicti successores nostri financiam aliquam semel vel pluries habere debeamus; quamquidem financiam, que, ut premittitur, pro premissis aut aliquibus ipsorum, Nobis aut dictis successoribus vel quibusvis Officiariis sive firmariis nostris deberetur, Nos dictis Religiosis, ut oracionum devotarum quas assiduè die noctuque fundunt ad Dominum, efficiamur participes, remittimus perpetuo & donamus de nostra certa sciencia & gracia supradictis: Universis Senescallis, Judicibus, Vicariis, Receptoribus, Collectoribus, Pedagiariis, portuum & passagiorum Custodibus, Reveriis, Leuderiis & Coustumeriis, ceterisque Justiciariis & Officiariis nostris, presentibus & futuris, & eorum cuilibet, prout ad eum pertinuerit, dantes presentibus in mandatis, quatenus Religiosos predictos, eorumque in dicto Monasterio successores, nostrâ presenti*

[a] predict. *Reg.*

[b] Droit de Rêve. *Voy. les Tabl. des Mat. des Vol. de ce Rec. au mot* Rêve.

[c] sorte d'impôts.

NOTE.

(a) Trésor des Chartres, Registre 156. Pièce IXxx XIIII. (194.)

gracià uti & gaudere perpetuò faciant & permittant absque inquietacione aut impedimento quibuscumque, nec aliquid contra tenorem presentis nostre gracie attemptent seu attemptari paciantur à quoquam: Quinymo facta & attemptata in contrarium, si que fuerint, ad statum pristinum & debitum reducant aut reduci faciant indilatè; donis aut aliis graciis per Nos eisdem religiosis aliàs factis, que in presentibus haberi volumus pro expressis, ordinacionibusque, mandatis & inhibicionibus contrariis nonobstantibus quibuscumque. Quod ut perpetue firmitatis robur obtineat, nostrum presentibus Litteris fecimus apponi Sigillum: nostro in aliis, & alieno in omnibus jure salvo. Datum *Parisius,* die XVIII.ª Marcij, anno Domini millesimo CCCC.° & regni nostri XXI°.

CHARLES VI. à Paris, le 18 de Mars 1400.

Per Regem, in suo Consilio, in quo Domini Biturie, Burgundie, Aurelianensis *&* Borbonii *Duces,* Episcopus Noviomensis, *& plures, alii, eratis.* J. DE SANCTIS.

CHARLES VI. à Paris, en Mars 1400.

PHILIPPE VI. dit de Valois, à Saint Germain en Laye, en Avril 1342.

(a) Lettres qui portent que tous les Procès concernant l'Abbaye de Saint-Denys & ses Membres, mûs dans l'étendue de la Prévôté & Vicomté de Paris & dans le Bailliage de Senlis, seront jugez en premier ressort au Parlement.

KAROLUS, &c. Notum facimus universis presentibus pariterque futuris, Nos Litteras recolende memorie Philippi quondam Regis Francorum, predecessoris nostri, in cera viridi & [a] *pandulo serico Sigillatas, vidisse, formam que sequitur, continentes.*

a pendulo.

PHILIPPUS Dei gracia Francorum Rex. Universis presentibus & futuris. Etsi cunctis Ecclesiis infra Regni nostri gubernacula constitutis, ex reverencia divine Majestatis cujus solâ clemenciâ dominamur, dignis favoribus & honoribus attolendis, regalis liberalitas exuberansque munificencia debeantur, manet tamen in nostri pectoris armario recondita prerogative majoris affeccio erga Ecclesiam nostram beati Dionisii *in* Francia, *nostri specialis patroni, nostrorum Progenitorum substanciis temporalibus educatam, specialibusque privilegiis & honoribus decoratam, piis Nos eorum conformando moribus, presidiis regalibus exhibenda, ut in eadem in Ecclesia in qua, cùm Nos Deus ab hac luce migrare jusserit, sepeliri juxta nostros Predecessores optamus, Religiosi fratres divinis obsequiis mancipati, semotis inquietacionibus, in pacis pulcritudine sedentes, pacis Actorem pro Nobis & statu prospero Regni nostri cò liberiùs & devociùs intercedant, quò regalis prerogative graciâ uberiùs pocientur. Notum igitur fieri volumus, quòd Nos de nostra liberalitate, speciali gracia, certa sciencia, auctoritate Regia & plenitudine potestatis, volumus, & ad preces carissime Consortis nostre Regine que apud nos super hoc pluries intercessit, concedimus per presentes, ut omnes & singule Cause, lites & negocia Monasterii* Beati Dionisii *predicti, personarum, rerum, reddituum, bonorum, locorum seu membrorum eidem Monasterio subjectorum, mote & mota ad presens, pro personis, rebus, possessionibus, bonis & juribus, vel quibuscumque causis aliis, & que in antea movende sunt aut moveri sperande quomodolibet in futurum, agendo, defendendo, supplicando, requirendo, querimoniam faciendo agentibus, supplicantibus, requirentibus, querimoniam facientibus respondendo aut aliter quovismodo, in* Prepositura *& Vice-comitatu* Parisiense *& tota* Baillivia Silvanectense, *coram nobis vel in Parlamento nostro, & non alibi, nisi de dictorum Religiosorum expressa processerit voluntate, audiantur, cognoscantur, terminentur seu aliter quomodolibet deducantur; eximentes & liberantes, seu exempta & libera decernentes dictum Monasterium, loca, Prioratus & membra, personas, res & bona eorumdem, presencia & futura, infra dictos Prepositu-ram, Vicecomitatum & Bailliviam, seu eorum alterum constituta, à Juridicione,*

NOTE.

(a) Trésor des Chartres, Registre 156. Pièce XXV. [25.]

CHARLES VI. à Paris, en Mars 1400.

PHILIPPE VI. dit de Valois, à Saint Germain en Laye, en Avril 1342.

cohercione & subjeccione omnimoda Prepositi *nostri* Parisiensis *&* Baillivi *nostri* Silvanectensis, *& eorum cujuslibet, qui sunt & qui pro tempore fuerint, & quorumcumque Judicum* [a] *Officiariorum nostrorum, presencium & futurorum, infra predictos limites judicancium seu presidencium, & Servientum deputatorum pro Nobis seu successoribus nostris quomodolibet in futurum. Si autem in contrarium attemptent predicti Judices aut Officiarii nostri, Nos attemptata hujusmodi volumus eo ipso irrita fieri & penitùs non teneri. Et si contingerit quod dicti Religiosi per se vel per alium seu alios, coram dictis* Preposito *&* Baillivo *pro tempore ipsorum vel alterius, eorum Locatenentibus, in presenti vel in futurum, seu eorum altero, de & super premissis seu occasione ipsorum aut alicujus eorumdem, comparuerint, processerint seu litigaverint, aut voluerint seu consenserint litigare, Nolumus quòd per hoc in aliis Causis, litibus, seu negociis suis, presentibus vel futuris, sibi vel eorum alicui prejudicium aliquod generetur, seu quod presenti indulto aliqualiter derogetur: Mandantes districtè & injungentes* Preposito Parisiensi *&* Baillivo *nostris* Silvanectensi, *qui nunc sunt & qui pro tempore fuerint, ac eorum Locatenentibus, cetcrisque Justiciariis & Officiariis nostris, presentibus & futuris, ut predictam concessionem nostram diligenter observent & faciant à suis subdictis observari: inhibentes eisdem ne contra concessionem nostram hujusmodi, in toto vel in parte, dictos Religiosos seu gentes suas, ipsorum nomine & pro ipsis, aliqualiter impediant, inquietent, perturbent quomodolibet vel molestent: Decernentes irritum & inane nulliusque esse efficacie vel valoris, ac omni carere robore firmitatis, quicquid contra premissa vel aliqua premissorum, in toto vel in parte, contigerit quomodolibet attemptari. Quod ut firmum & stabile perpetuò perseveret, presentem Cartam Sigilli nostri fecimus munimine roborari. Actum apud* Sanctum Germanum in Laya, *anno Domini millesimo tricentesimo quadragesimo secundo, mense Aprilis.*

a *supp.* &.

Suite des Lettres de Charles VI.

Quas siquidem Litteras & omnia & singula in eis contenta, Nos [b] *factas & gratas habentes, eas laudamus, approbamus, auctoritateque nostrâ Regiâ & graciâ speciali, tenore presencium confirmamus: Ceterum, quod, prout pro parte dilectorum nostrorum Abbatis & Conventûs Ecclesie seu Monasteri* Sancti Dionisii, *de quibus in Litteris preinsertis fit mencio, Nobis humiliter expositum extitit, aliqui Officiarii nostri super facto Aquarum & Forestarum, eosdem Religiosos in Juridicione rippariarum ac Nemorum quos in dictis* Prepositura, *Vicecomitatu* Parisiense *&* Bailliagio Silvanectense *possident, impedire nisi sunt & nituntur, Curiamque & Justiciam de eisdem ac eorum subditis tenendo & exercendo, ressortumque ac superioritatem* [c] *eis applicando* [d] *appropiando, contra privilegia supradicta & justiciam veniendo, quod in eorumdem exponencium & subditorum suorum magnum cedit prejudicium & gravamen, prout dicunt, nostrum graciosum remedium super hoc humiliter implorando, volumus, & eisdem exponentibus, ex uberiori nostra gracia, auctoritateque nostra Regia, & potestatis plenitudine, concessimus & concedimus per presentes, ut omnes & singule Cause, lites & negocia, mote & movende, seu mota & movenda causâ & occasione Aquarum, Nemorum seu Forestarum ad eosdem Religiosos pertinencium in Prepositura Vicecomitatu & Bailliagio predictis, coram Nobis seu in dicto Parlamento nostro, & non alibi, nisi de ipsorum exponencium expressa processerit voluntate, audiantur, cognoscantur,* [e] *terminantur seu aliter quomodolibet deducantur; eosdemque exponentes eorumque subditos aut successores eorumdem, presentes & posteros, ab omnimoda juridicione, cohercione* [f] *Officiariorum nostrorum super facto aquarum & forestarum eximentes & liberantes seu exemptos & liberos decernentes & declarantes: Quocirca dilectis & fidelibus Consiliariis nostris nostrum presens Parlamentum tenentibus, & qui futura tenebunt Parlamenta, ac dilecto & fideli Consanguineo nostro* Comiti *de* Tancarvilla *Superiori Magistro ac Generali Reffor matori Aquarum ac Forestarum Regni nostri, ceterisque Magistris Aquarum & Forestarum nostrarum, necnon* Preposito Parisiensi *ac* Baillivo *nostris* Silvactensi, *ceterisque Justiciariis & Officiariis nostris, aut eorum Locatenentibus, presentibus & futuris, & eorum cuilibet, prout pertinuerit ad eumdem, presencium tenore mandamus quatenus Abbatem & Conventum predictos, necnon quascumque personas locorum seu membrorum Monasterio predicto subjectorum in Prepositura, Vicecomitatu & Bailliagio*

b *corr.* ratas.

c *pour* sibi.

d *supp.* &.

e terminentur.

f *Il faut peut-être supp.* & subjeccione, *comme il est plus haut.*

predictis, eorumdemque successores, presentes & posteros, nostrâ presenti concessione & graciâ, necnon omnibus & singulis in Litteris predictis contentis & expressatis, uti & gaudere pacificè perpetuis temporibus faciant & eciam paciantur secundùm Litterarum predictarum seriem & tenorem, ac eciam presentis indulti seu concessionis formam, non sinendo eisdem Abbati & Conventui, ac personis locorum seu menbrorum eisdem subjectorum, dictis eorumque successoribus, impedimentum, contradicionem aut perturbacionem aliquas pro nunc vel imposterum super hiis fieri aliqualiter vel inferri; quinymo, si que secus acta repererint, ad statum pristinum & debitum reducant sive faciant indilatè reduci: inhibentes eisdem Consanguineo nostro Comiti de Tancarvilla, ceterisque Magistris Aquarum & Forestarum predictarum, aut successoribus eorumdem, presentibus & futuris, & eorum cuilibet, prout pertinuerit ad eumdem, ne contra hujusmodi concessionem nostram, in toto vel in parte, dictos Religiosos seu gentes suas & pro ipsis, aliqualiter impediant, inquietent, [a] perturbant seu molestant quomodolibet in futurum: decernentes irritum ac inane nulliusque esse efficacie seu valoris, ac omni carere robore firmitatis, quicquid contra premissa vel aliqua premissorum, in toto vel in parte, contingerit quomodolibet attemptari; non obstantibus quibuscumque Litteris, Ordinacionibus, constitucionibus, exempcionibus, restrinccionibus, constitutis in contrarium ordinatis & ordinandis. Et ut hec omnia stabilitate fruantur perpetua, has presentes fecimus Sigilli nostri appensione muniri: nostro in reliquis, & alieno in omnibus jure salvo. Datum apud Locum predictum *Sancti Dionisii*, mense Marcii, anno Domini millesimo quatercentesimo; regni vero nostri, vicesimo primo.

CHARLES VI. à Paris, en Mars 1400.
PHILIPPE VI. dit de Valois, à Saint Germain en Laye, en Avril 1342.

a perturbent seu molestent.

Per Regem. Dominis Ducibus Biturie, Burgundie, Aurelianensi & Borbonii, *pluribusque aliis de Consilio, presentibus.* NEAUVILLE.

CHARLES VI. à Paris, en Mars 1400.

(a) Exemption de Prises *pour la Ville de Chelles.*

CHARLES, &c. Savoir faisons à tous présens & avenir, que oye l'umble supplicacion à Nous faicte de la partie des manans & habitans de la Ville & Parroisse de *Chiele (b) Sainte Bauteur*, contenante que oultre les grans charges qu'ilz ont soustenu ou temps passé, tant pour occasion des guerres & pour les passaiges des gens d'armes qui sont passez par ladicte Ville & se y sont logiez par plusieurs foiz, comme pour paier les Aides, Tailles & autres Subvencions, que pour le fait desdictes guerres leur a convenu paier oudit temps passé, encores ont ilz esté & sont chacun jour moult traveilliez pour les Prinses que l'en a fait & fait sur eulx pour les provisions de nostre Hostel, & des Hostelz de nostre très-chière & très-amée Compaigne, de noz Enfans, & des autres de nostre Sang & lignage, dont il est advenu aucune fois que pour cause des dictes oppressions, aucuns d'eulx ont esté ramenez à tele indigence & povreté, que moult de fois grant partie d'eulx s'en sont alez demourer hors de la dicte Ville, comme tous [b] desers; & les autres qui y sont demourez avecques leurs femmes & enfans, ont esté & sont telement diminuez de leur petit estat & chevance, que à grant peine ont ilz eu ne ont à présent de quoy vivre, si comme ilz dient, en Nous requérant humblement que Nous vueillons avoir pitié d'eulx, & sur ce leur pourveoir de nostre grace: Nous pour considéracion des choses dessusdictes, & oy sur ce le rapport de noz amez & féaulz les Maistres de nostre dit Hostel, & de celui de nostre dicte Compaigne, & aussi de noz Fourriers, qui Nous ont rapporté que réservé nostre bon plaisir, ilz ont composez avecques lesdiz supplians, que [c] parmi ce qu'ilz amenront doresénavant par chascun an en nostre Ville de *Paris*, ou ailleurs à quatres lieues prez de ladicte Ville de *Chiele*, au

b *ruinez.*

c *moyennant qu'ils.*

NOTES.

(a) Trésor des Chartres, Registre 156. P. XXXII. (32.)

(b) Sainte Bauteur.] Nommée quelquefois *Sainte Baudour*, & plus communément *Sainte Batilde*, femme de Clovis II. *Sainte Batilde* a fondé l'Abbaye de *Chelles*.

CHARLES VI. à Paris, en Mars 1400.

plus loing, là où il sera ordonné par lesdis Maistres d'Ostel, trente charrettes de [a] feurre, ilz soient quictes à tousjours eulx & leurs successeurs habitans en ladicte Ville, de toutes autres Prinses, Nous avons aggréable ladicte conposicion, & la voulons, approvons & confermons, & à iceulx manans & habitans de ladicte Ville de *Chiele*, pour eulx & leurs diz successeurs perpétuelment ou temps avenir, avons octroié & octroions de nostre certaine science, grace espécial & de nostre plaine puissance & auctorité royal, que parmi paiant & rendant chacun an en nostre dicte Ville de *Paris*, ou ailleurs à quatre lieues prez de ladicte Ville de *Chiele*, au plus loing, là où il sera ordonné par iceulx Maistres d'Ostel, lesdictes trente charretées de feure seulement, bonnes & souffisans, franchement, à leurs propres coux & despens, à une fois ou plusieurs; c'est assavoir, seize pour nostre Hostel, pour l'Ostel de nostre dicte Compaigne, huit, & pour l'Hostel de nostre très-cher & très-amé ainsné Filz le *Duc* de *Guienne Dalphin* de *Viennois*, six charretées, lesdiz supplians & leurs diz successeurs habitans & demourans en ladicte Ville, soient & demeurent frans & exemps, & à tousjours mais quittes & paisibles de toutes Prinses, tant de blez, avoines & autres grains, vins, foings, feurres, chevaulx, charios, charrettes, harnois, voitures, liz, [b] coustes, [c] coissins, couvertures, draps de lit, napes, [d] touailles, tables, [e] fourmes, tretaux, beufs, vaches, moutons, veaux, pourceaux, aigneaux, chevreaulx, chapons, gelines, poucins, [f] pigons, oes, oeissons, comme d'autres choses quelconques appartenantes audiz habitans, estans tant en ladicte Ville de *Chiele*, comme celles qu'ilz menront ou feront mener de la dicte Ville dehors, ou amener de dehors la dicte Ville en icelle, jusques à l'espace de quatres lieues de la Ville dessusdicte, & environ icelle, sans ce que par les Chevaucheurs, Fourriers, Preneurs, & autres Officiers de Nous, de nostre dicte Compaigne, de noz diz Enfans, de noz très-chers & très-amez Oncles & Frere les *Ducz* de *Berry*, de *Bourgogne*, d'*Orléans* & de *Bourbon*, & autres de nostre Sang & lignage, ne pour quelconques noz Lieuxtenans ou autres noz Officiers usans de *Prinse* en nostre Royaume, y puissent estre faictes aucunes *Prinses* ores ne pour le temps avenir; mais se aucunes estoient faictes sur lesdiz habitans ou aucuns d'eulx, en la dicte Ville ou dehors, jusques à quatres lieues prez & environ icelle, contre nostre présent octroy, & par lesdiz habitans n'estoit obéy à ceulx qui feroient lesdictes Prinses, Nous ne voulons que lesdis Maistres desdis Hostelz, ne noz autres Justiciers & Officiers quelxconques à qui ce pourroit appartenir, & à qui aucune [g] clameur en feroit faicte, contraingnent lesdis habitans à faire pour ce aucune amende à Nous ne à autres; & ce leur défendons expressément. Si donnons en mandement au *Prévost* de *Paris*, aux diz Maistres des Hostelz de Nous & de nostre dicte Compaigne, de nostredit filz le *Duc* de *Guienne* & *Dalphin* de *Viennois*, de noz autres Enfans, de noz diz Oncles & Frere, de tous autres de nostre Sang & lignage, de noz Connestable, Mareschaux, & autres noz Officiers, usans de droit de Prinse, qui sont à présent & seront pour le temps avenir, ou à leurs Lieuxtenans & à chascun d'eulx, si comme à lui appartendra, que les dis habitans & leurs successeurs habitans en la dicte Ville, présens & avenir, facent, seuffrent & leissent joïr & user paisiblement de nostre présente grace & octroy, & qu'ilz ne les molestent, traveillent ou contraignent, ne ne facent, seuffrent ou lessent eulx ou aucun d'eulx, estre molestez, traveillez ou contrains au contraire en aucune manière, en corps ne en biens, ores ne ou temps avenir; & Nous par ces mesmes présentes deffendons à tous Fourriers, Chevaucheurs, Preneurs, & à tous autres commis & à commettre à faire lesdictes *Prinses*, qui à présent sont & qui pour le temps avenir seront, que eulx ou aucun d'eulx ne facent ou sueffrent faire aucune chose contre nostre présente grace & octroy, sur peine de encourir nostre indignacion, & de estre punis très-griefment se ilz font ou attemptent aucunement encontre. Et pour ce que chascun desdiz habitans ne pourroit avoir l'original de ces présentes, toutes fois qu'il en pourroit avoir besoing, Nous de nostre plus ample grace, leur avons octroié & octroions comme dessus, que au *Vidimus* d'icelles fait soubz le Seel de nostre Chastellet de *Paris*, soit adjouxté pleine foy comme audit original,

[a] *paille, fourrage.*
[b] *lits de plumes.*
[c] *coussins.*
[d] *serviettes.*
[e] *formes, escabeaux.*
[f] *pigeons, oyes, oysons.*
[g] *Plainte.*

parmi ce que d'icellui original lesdis habitans seront tenus de faire foy & le monstrer se aucun débat se mouvoit pour & sur les choses dessus dictes. Et afin que ce soit ferme chose, &c. Sauf, &c. *Donné à* Paris, *ou mois de Mars, l'an de grace mil CCCC. & le XXI*[e] *de nostre regne.*

Par le Roy, en son Conseil, où [a] Vous, le *Vidame* de *Lannois,* Messire *Robert* de *Boissay* & autres, estiez. J. DE SANCTIS.

a Le Chancelier de France. *Voyez le 5.*[e] *Vol. de ce Rec.* page 653. Note *(c).*

(a) Lettres par lesquelles le Roy ordonne à l'Archevêque de Vienne, de se trouver, ou d'envoyer deux ou un Prélat, & deux autres personnes notables de sa Province, à la Conférence que le Roy devoit tenir à Metz avec les Princes d'Allemagne, sur les affaires de l'Eglise.

CHARLES VI. à Paris, le 2. d'Avril [1400.]

NOBILI & potenti viro Domino, &c.

A Notre très-chier & très-amé l'Archevesque de *Vienne.* De par le Roy. Très-chier & bien amé. Il est vray que pour le bien de la paix & union de l'Eglise, Nous avons entreprins & accordé une [b] Journée avec les Princes & Prélats d'*Alemaigne,* pour estre à *Mets* à la Feste de Saint Jehan-Baptiste prouchain venant; & pour ce est nécessité que vous y viengnés, ou envoyés deux Evesques ou un, & deux autres notables personnes, pour toute vostre Province, & au despens d'ycelle. Si le vous signifions de bonne heure, afin qu'il n'y ait point de faute, sur quanques vous amés le bien de la paix, & union de l'Eglise; & faictes qu'il soient par deça de bonne heure, afin que on puisse avoir délibération ensemble sur ce que on aura à besoigner en la ditte Journée. *Donné à* Paris, *le (b) deuxième jour d'Avril.* R. TESTE.

b *Conférence.*

Exindeque pro tam salubri negotio, admodumque pro dicta pace & unione Eclesie, &c. Datum Vienne, *in domo Archiepiscopali, die quinta Maii, anno Domini millesimo quadringentesimo primo. Per D.D. Vicarium.* J. BROERII.

NOTES.

(a) La copie de ces Lettres a été envoyée de *Montpellier,* telle qu'on la fait imprimer, avec cette indication : *Sénéchaussée de* Beaucaire & Nismes *en général, Armoire* A. *liasse 19. des Actes ramassez, nº 5. fol. 70. verso.*

Voy. la Préface de ce Volume 5. *Schisme.*

(b) Deuxième jour d'Avril.] La date des Lettres de l'*Archevêque* de *Vienne,* prouve que celles du Roy ont été données en 1400. Le 2 d'avril étoit le dernier jour de cette année.

M. CCCCI.

Suivant le Glossaire de *Du Cange,* au mot, *Annus,* cette Année a commencé le 3 d'Avril, & a fini le 25 de Mars suivant.

(a) Lettres qui portent que l'Ordonnance faite sur la Soustraction à l'Obédience de Benoît XIII. sera de nouveau publiée, & que ceux qui n'y obéiront pas, seront sévèrement punis.

CHARLES VI. au Monastère de Saint Victor [de Paris] le 22 d'Avril 1401.

A Tous ceulx qui ces présentes Lettres verront. *Guillaume* Seigneur de [c] *Tiquenville,* Chevalier, Conseiller, & Chambellan du Roy notre Sire, & Garde de la *Prévosté* de *Paris:* Salut. Sçavoir faisons que l'an de grace mil quatre cens & un, le samedi huit

c Tignonville.

NOTES.

(a) La copie de ces Lettres qui ne paroît pas fort exacte, a été envoyée de *Montpellier* avec cette indication : *Sénéchaussée de* Beaucaire & Nismes *en général, Armoire* A. *liasse 19. des Actes ramassez, nº 5. fol. 106.*

Voyez la Préface de ce Vol. 5. *Schisme.*

CHARLES VI.

au Monastère de Saint Victor [de Paris] le 22 d'Avril 1401.

jours d'octobre, veismes unes Lettres scellées du Scel du Roy notre Seigneur, contenant la forme qui s'ensuit.

KAROLUS Dei gracia Francorum Rex. Senescallo *&* *Judicibus Majori & Criminum* Bellicadri, *vel eorum Loca-tenentibus : Salutem. Exigit (b) P..... sorum temeritas illis penam gravem infligere, qui prohibitionibus non contenti ea que salubriter, maximè pro bono pacis & unionis Ecclesie ordinata sunt, infringere moliuntur, ut quos* [a] *Sancxio* [b] *tecta à malo non revocat, penarum exageratio ad rectitudinem faciat pervenire : Cumque per nostras* [c] *Ordinaciones & Patentes Litteras alias universis & singulis subditis nostris, ac incolis Regni &* Dalphinatûs *nostrorum, tam Ecclesiasticis quam secularibus, quâcumque etiam pontificali dignitate seu quovis alio titulo seu nomine censerentur, ne* Benedicto *ejusque sequacibus, Officiariis, Auditoribus, seu Justiciariis quibuslibet presumerent quomodolibet obedire, aut contra Ordinationes nostras super substractione quam nos, & Ecclesia Regni &* Dalphinatûs *nostrorum predictorum, de Prelatorum eorumdem Regni &* Dalphinatûs, *Principumque Prosapie nostre, & aliorum de Consilio nostro Procerum, eidem* Benedicto *fecimus provida deliberatione,* [d] *sanxitas attemptare, seu quomodolibet contraire, si penas graves nostra & Ecclesie eis auctoritate* [e] *infligendo cuperent non subire, districtiùs inhibuerimus, ac insuper mandaverimus universis & singulis Justiciariis, & Officiariis nostris infra limites Regni &* Dalphinatûs *predictorum institutis, & eorum cuilibet, prout ad eos pertinuerit, quatenus Ordinationes nostras predictas observari facerent, contraque venientes taliter punirent, quòd ceteris cederet in exemplum. Et licèt prefate Ordinationes nostre in vestris Senescallia & Juridictionibus publicate & notorie existant, nihilominus, ut relatione multorum didicimus, nonnulli tam Ecclesiastici, quam seculares sub vestris predictis Juridictionibus degentes, prefato* Benedicto, *suisque Officiariis obedire, Ordinationesque nostras predictas temerè violare presumunt, & contra ipsas venire non formidant, in nostri Ecclesieque predicte & Ordinationum nostrarum vilipendium maximum & contemptum, de quo nobis plurimum displicet, si sit ita. Quapropter vobis, & vestrum cuilibet committendo mandamus & districtè precipimus, quatenus Litteras nostras predictas aliàs vobis directas, per vestras Jurisdictiones de novo solemniter publicetis seu publicari faciatis ; & ulteriùs, de predictis transgressoribus & Ordinationum nostrarum violatoribus vos diligenter & secretè informetis, & quos culpabiles reperieritis, juxta casuum exigenciam acriter puniatis, & taliter quòd ceteri eorum exemplo perterriti similia facere pertimescant.* Datum *in Monasterio Sancti Victoris* [f], *die vicesima secunda Aprilis, anno Domini millesimo quatercentesimo primo ; regni vero nostri, vicesimo primo.* Ainsi signé. *Per Regem, ad relacionem magni Consilii, in quo Domini* Duces Biturie, Burgondie *&* Borbonesii, *Domini de* Thureyo *& Salutiarum Cardinales, ac Dominus de* Giaco, Patriarcha Alexandrinus, Archiepiscopus Auxitanus, Tovatensis *&* Pictaviensis *Episcopi, & plures alii, erant.* FRERON.

[a] peut-être Sanctio.
[b] ce mot paroît corrompu.
[c] Elles sont ci-dessus p. 258.
[d] sancitas.
[e] infligendas.
[f] de Paris.

Et nous à ce présent transcript, avons mis le Scel de la *Prévosté* de *Paris,* l'an & le jour dessus premiers dits. Collation faite. DE HARDOUIN.

NOTE.

(b) P..... sorum.] Ce mot se trouve ainsi dans la copie. Il faut peut-être lire *Perversorum.*

Lettres

CHARLES VI. à Paris, le 30 d'Avril 1401.

(a) *Lettres qui portent que les Statuts faits dans le Chapitre général de l'Ordre des Carmes, seront observez.*

A Notre chier & bien amé le Général de l'Ordre des Religieux Nostre-Dame [a] du Carme.

a des Carmes.

DE PAR LE ROY.

CHIER & bien amé. Jàsoit ce que en vostre Chapitre & Congrégation général de vostre Ordre, par vous à la feste de la Penthecouste dernier passé, tenu & célébré à *Chalon sur la Sosne,* vous & vostre Chapitre ayés fait certaines Ordonnances & Estatuts touchant l'onneur & bien public de vostre Religion; & aussi pour certaines justes causes, ayez desmis aucuns de vos Religieux de leurs Offices & gouvernements, séant votre dit Chapitre; néantmoins yceulx desmis, ou aucuns d'eulx, se sont déjà [b] traits, & pourroient traire tant devers Nous, que aucuns de nostre Sang & Lignée, & par leur subreptis donné à entendre, ont obtenu & pourroient obtenir de Nous & d'autres, Lettres de prière à vous adreçant pour leur restituer & conserver leurs dits Offices & Gouvernemens; par quoy vos dits Estatuts & Ordonnances faites bien & deuement selon Dieu & conscience, seroient empeschés ou préjudice & dommage du bien & commun proufit, coumme par le Procureur général de votre dit Ordre Nous a esté plus à plain exposé par sa complainte: Nous qui de tout notre cuer desirons l'onneur & bien commun de vostre Religion, en faveur des divines prières qui y sont faites dont Nous sommes participans, voulons, Nous plaît & vous mandons expressément que tous & chacuns les Estatuts, Ordonnances, destitutions d'Offices ou Gouvernemens, & autres délibérations quelquonques de votre Ordre, faites en la Congrégation dudit Chapitre général, vous gardés, accomplissés, entérinés & observés sans enfraindre, selon ce & par la manière que entre vous ont été dispossées & délibérées, [c] néantmoins quant aux Offices des Provinciaulx; & se par importunité ou inadvertance, Nous ou autres vous aient rescript ou escriprons toutes autres Lettres ou prières avant ou après cestes, ny veuillés aucunement obtempérer ne obéir, nonobstant quelconques Lettres de Nous ou d'autres au contraire de cestes perpétrées, que Nous ne voulons sortir aucun effet en ceste partie. *Donné à* Paris, *le trentième jour d'Avril, l'an de grace mil quatre cens & un.* CHARLES. LENGLOIS.

b retirez, présentez.

c ce mot paroît corrompu, & présente un sens directement contraire à ce qui est porté par ces Lettres.

NOTE.

(a) La copie de ces Lettres a été envoyée de *Montpellier* avec cette indication: *Sénéchaussée de* Beaucaire *&* Nismes *en général, Armoire* A. *liasse 19 des Actes ramassez. n° 5. fol. 81. verso.*

CHARLES VI. à Paris, en Avril 1401.

LOUIS IX. à Saint-Germain en Laye, en Juillet 1231.

PHILIPPE III. dit le Hardy, à Paris, le 3. de Décembre 1271.

(a) Lettres de Sauvegarde Royale pour l'Eglise de Prémontré.

KAROLUS, &c. Notum facimus universis tam presentibus quam futuris, Nos vidisse Litteras, formam que sequitur, continentes.

[d] *PHILIPPUS Dei gracia Francorum Rex. Baillivis & Prepositis suis omnibus ad quos presentes Littere pervenerint: Salutem. Noveritis quòd Nos Litteras inclite recordacionis Ludovici quondam Regis Francie, Karissimi progenitoris nostri, vidimus in hec verba.*

[e] *LUDOVICUS Dei gracia Francorum Rex. Amicis & fidelibus suis Baillivis & Prepositis suis omnibus ad quos iste Littere pervenerint: Salutem. Noverit universitas*

NOTE.

(a) Trésor des Chartres, Registre 156. Pièce LXXIIII. (74.)

d Philippe le Hardy.

e Saint Louis.

CHARLES VI. à Paris, en Avril 1401.
LOUIS IX. à Saint-Germain en Laye, en Juillet 1231.
PHILIPPE III. dit le Hardy, à Paris, le 3. de Décembre 1271.
Suite des Lettres de Philippe le Hardy.
Suite des Lettres de Charles VI.
a espèce de Serfs.

vestra Nos Ecclesiam Premonstratensem *affectuosiùs diligere, & eam ad nostram specialiùs spectare custodiam, unde vobis mandamus, & sub obtentu gracie nostre requirimus quatenus ejus res sicut nostras proprias custodiatis, & cum ab aliquo eam inhabitancium requisiti fueritis, jus ipsius ad posse vestrum manuteneatis. Actum apud* Sanctum-Germanum in Laya, *anno Domini millesimo CC.° tricesimo primo, mense Julii.*

Unde vobis omnibus precipiendo mandamus quatenus res predicte Ecclesie custodiatis & manuteneatis, prout in suprascriptis Litteris continetur. Actum Parisius, *(b) die Mercurii post Festum Beati Andree Apostoli, anno Domini millesimo ducentesimo septuagesimo primo.*

Quas quidem Litteras, ac omnia & singula in eis contenta, ratas & gratas habentes, eas & ea volumus, laudamus, approbamus, & auctoritate nostra de gracia speciali tenore presencium confirmamus, & de nostra ampliori gracia, Ecclesiam Premonstratensem *supradictam, tam in capite quam in membris, una cum ejus familiaribus, domibus, rebus, grangiis, possessionibus, redditibus,* [a] *hominibus de corpore, si quos habet, ac bonis universis dicte Ecclesie in regno nostro existentibus, in nostris speciali proteccione & Salvagardia exhabundanti suscipimus & ponimus per presentes: Mandantes universis Justiciariis & Officiariis nostris, presentibus & futuris, vel eorum Locatenentibus, & eorum cuilibet, prout ad eum pertinuerit, quatenus res predicte Ecclesie custodiant & manuteneant, prout in supradictis Litteris pleniùs continetur, & Religiosos predicte Ecclesie, nostrâ presenti graciâ & confirmacione uti & gaudere pacificè faciant & permittant, ipsos in contrarium nullathenus molestando aut molestari permittendo à quoquam. Quod ut firmum & stabile perpetuò perseveret, nostrum presentibus Litteris fecimus apponi Sigillum: nostro in aliis, & alieno in omnibus jure Salvo.* Datum *Parisius,* mense Aprilis, anno Domini millesimo CCCC.° primo, & regni nostri XXI°.

Per Regem, ad relacionem Consilii. CHALIGAUT.

NOTE.

(b) Die Mercurii, &c.] La Fête de Saint André étant venue le Dimanche en 1271, le Mercredi après cette Fête, fut le 3 de Décembre. Voyez les Tables qui sont dans le Gloss. de *Du Cange,* au mot *Annus,* pag. 511.

CHARLES VI. à Paris, le 9. de Mai 1401.

(a) Lettres par lesquelles le Roy établit le Duc de Berry son Frère, son Lieutenant dans le Languedoc, avec un pouvoir très-ample.

KAROLUS Dei gracia Francorum Rex. Universis presentes Litteras inspecturis: Salutem. Omne Regnum terrenum Justiciâ decet & Miliciâ premuniri, ne deficientibus eisdem, deficiat, corruat, tendat seu perveniat ad ruinam; & quia Nos totis nostri cordis visceribus nostrorum transquillitatem subjectorum non immeritò desideramus, quorum maximè Popularium tribulaciones imminent undequaque, de Justicia Divina que de Celo prospicit, & Celesti Milicia firmiter confisi, proponimus & speramus pacem ab eo qui in altis habitat impetrare, & terrena pace nostri Regni Solium & Partes universas, tam Justiciâ quam Miliciâ, quarum altera alterius auxilio indiget & corroboratur, devotis nostrorum Fidelium suffragiis & principaliter potencia supernorum invocatis, intendimus propalare, malos & perversos, mediante Justiciâ, corrigere & punire, & inimicos nostros in Regno nostro de presenti pullulantes ab eodem solercia & Milicia propulsare: Nos igitur qui nostris aliis arduis negociis obstantibus, de presenti nequimus ad [b] Partes Occitanas *personaliter declinare, de magnitudine, audacia, valitudine, potencia, magnanimitate, diligencia & fidelitate ac precellenti regimine*

b Languedoc.

NOTE.

(a) Registre *A.* du Parlement de *Paris, fol.* 8 vingt 1. *verso.* [161]
Avant ces Lettres, il y a: *Locumtenencia Domini* Ducis Bituricensis *in* Lingua Occitana.

precariſſimi & fidelis Patrui noſtri Johannis Ducis Bitturicenſis *&* Alvernie, Comi- CHARLES
tiſque Pictavenſis, Stamparum, Bolonie *&* Alvernie, *qui dictas Partes noſcitur* VI.
(b) aliàs ſemel & ſecundò laudabiliter gubernaſſe, omnimodè confidentis, predictiſque à Paris, le 9
attentis, & cum matura deliberacione precariſſimorum & fidelium Patruorum noſtro- de Mai 1401.
rum Philippi *&* Ludovici Burgundie *&* [a] Borbonnii Ducum, *ac plurium aliorum* a Borbonn. *Reg.*
Magni Conſilii noſtri, penſatis, de bono regimine Parcium predictarum, totis viribus providere cupientes, ipſum prefatum Patruum noſtrum ad regendum & gubernandum vice & loco noſtris, Ducatum Aquitanie ; *videlicet, in quantum ſe extendit ultra Ripariam* Dordonie, *& non citra,* Comitatum Tholoſe *cum ſuis pertinenciis, Terras, Provincias &* Partes *univerſas* Occitanas, *una cum* [b] *Patriis* Bitturicenſibus, Alvernie b *corr.* Patruis:
& Pictavenſibus, *ac Juribus & Reſſortis univerſis earumdem, elegimus, ordinavimus & deputavimus,* [c] *elegimus, ordinamus & deputamus noſtrâ Regali auctoritate, & ad* c eligimus.
dictum Regimen & alia exinde dependentia, & Terrarum ſuarum; videlicet Bitturicenſis, Alvernie *&* Pictavenſis, *ac predictarum Patriarum Locumtenentem noſtrum, cum totali poteſtate & Juris plenitudine ſuper facto Juſticie & Milicie, ac* [d] *aliis fa-* d al. *Reg.*
cimus, conſtituimus & creamus, cui plenariam damus auctoritatem & poteſtatem ac omnimodam diſpoſicionem, (c) Seneſcallos, Baillivos, &c. Datum *Pariſius,* die nona Maii, anno Domini milleſimo quadringenteſimo primo, & regni noſtri XXI°. *Et erant preſcripte Littere ſic ſignate. Per Regem, in ſuo magno Conſilio in quo Dominus* Dux Burgundie, *Dominus* Comes Nivernenſis, *Dominus* Dux Borbonn. *Dominus* Petrus *de* Navarra, *Dominus* Jacobus *de* Borbonio, [e] *Vos,* Patriarcha Alexandrinus, e Le Chancelier de France. Voy. le 5.e Vol. de ce Rec. pag. 653. Note *(c)*.
Archiepiſcopus [f] Auxitanenſis, *Epiſcopi* Belvacenſis, Pictavenſis, Atrebatenſis *&* Tornacenſis, *Mareſcallus* Boucicaudi, *Magnus Magiſter Hoſpicii, ac plures alii de dicto magno Conſilio, erant.* G. BARRAU. f Auxitan. *Reg.*

Lecta fuit & publicata Littera ſupraſcripta in Camera Parlamenti, XVI.ª *Maii* M.° CCCCI°. *& Collacio facta cum Originali reddito Magiſtro* GUILLELMO BARRAU.

NOTES.

(b) Aliàs ſemel, &c.] On rendra compte dans la Préface de ce Vol. des raiſons qui déterminèrent Charles VI. à ôter le Gouvernement de la *Guyenne* au *Duc* de *Berry* ſon Oncle, & de celles qui l'engagèrent à le lui rendre.

(c) Seneſcallos, Baillivos, &c.] On n'a pas fait imprimer la ſuite de ces Lettres, parce qu'elles ſont entièrement conformes à d'autres Lettres de Lieutenances données au *Duc* de *Berry* le 19 de Novembre 1380, & qui ſont imprimées à la page 529 du 6.e Volume de ce Recueil.

Le Regiſtre *A.* du Parlement fournit les corrections ſuivantes, qui ſont à faire dans le texte des Lettres de 1380.

P. 530.	L. 5.	*Solum.*	*corr.* Solium.
	L. 9.	*pupulantes.*	pullulantes.
	L. 24.	*parte.* L. 26. *partem.*	poteſtate.... poteſtatem.
	L. 31.	*tranſmutandi.*	tranſmittendi.
P. 531.	L. 5.	*tranſlat.* & *transferandi.*	Les Lettres de 1401. confirment la correction faite dans la note *(g)*.
	L. 33.	*& jure adventus noſtri predicti.*	Ces mots ne ſont point & ne doivent point être dans les Lettres de 1401.

CHARLES VI. à Paris, le 13. de Mai 1401.

(a) Ordonnance ſur la nouvelle Aide accordée par les trois Etats des Comtés d'Artois, de Boulenois & de Saint-Pol.

CHARLES, &c. Savoir faiſons à tous préſens & avenir, que comme noz bien amez les Bourgois & habitans des bonnes Villes fermées & plat-pays des *Contez* d'*Artoys,* de *Boulenoiz* & de *Saint Pol,* & des enclavées en ycelles, pour le grant deſir, affeccion & voulenté qu'ilz ont à Nous & au bien publique de noſtre Royaume, & pour aidier à ſubporter les grans fraiz, charges, miſſions & deſpens que de jour en jour Nous convient faire & ſouſtenir pour le fait de noz guerres, Nous ayent nouvellement octroyé d'un commun aſſentement, que pour un an tant ſeulement commençant le premier jour du mois de Mars derrenièrement paſſé, tele & ſemblable

NOTE.

(a) Tréſor des Chartres, Regiſtre 156. Pièce IIIIxx III. [83.]

CHARLES VI. à Paris, le 13 de Mai 1401.

Ayde comme en l'année précédente ilz avoient fait & paié ; laquelle Aide les Bourgois & habitans dessusdiz paieront à quatre termes ; c'est assavoir, de trois mois en trois mois, à commencier le premier terme & paiement en la fin de cest présent mois de May, le second en la fin du moys d'Aoust, le tiers en la fin du mois de Novembre, & le quart & derrenier paiement, en la fin du mois de Février prouchainement venant. *(b)* Nous considérans, &c.

Si donnons en mandement à noz amez & féaulx Genz les Généraulx Conseillers sur le fait des Aides ordenez pour la guerre, aux *Bailliz* de *Vermendoiz*, d'*Amiens* & de *Senliz*, à tous Esleuz, Receveurs & autres Justiciers, Commissaires ou Officiers depputez & à députer sur le fait desdiz Aides, & à chascun d'euix, si comme à lui appartendra, que lesdiz Bourgois & habitans & chascun d'euiz, de nostre présente grace & octroy, & de toutes les choses cy-dedens déclairées, ledit an durant laissent & facent joyr & user paisiblement, & contre la teneur d'icelles ne les contraingnent, molestent ou traveillent en aucune manière ; mais se aucune chose estoit pris du leur ou fait au contraire, si le facent tantost & sanz délay rendre & mettre au délivre ; & en empliant nostredicte grace, voulons que à la copie de ces présentes faicte soubz Séel Royal, foy soit plainement adjoustée comme à l'original. Et pour ce que ce soit ferme chose & estable à tousjours, Nous avons fait mettre nostre Séel à ces Lettres : Sauf en autres choses nostre droit, & l'autrui en toutes. *Donné à* Paris, *le XIII.e jour dudit mois de May, l'an de grace mil quatre cens & un, & de nostre regne le XXI.e*

Autreffois par moi ainsi signées. Par le Roy, en son Conseil, où estoient Mons. le *Duc* de *Berry*, [a] Vous, le Sire d'*Omont*, & plusieurs autres ; & renouvelées de vostre commandement. MAULOUE.

a Le Chancelier de France. *Voyez le 5.e Vol. de ce Rec.* page 653. Note *(c)*.

NOTE.

(b) Nous considérans, &c.] La suite de ces Lettres est conforme à celles du 22 de mai 1384. qui sont imprimées à la p. 75 du 7.e Vol. de ce Rec. à la différence qu'au lieu de ces mots, *depuis ledit premier jour dudit mois de juin*, qui sont à la ligne 39 de la p. 76. il y a ceux-ci, *depuis ledit premier jour du mois de mars.*

CHARLES VI. à Paris, le 19 de Mai 1401.

(a) Lettres de Sauvegarde Royale pour l'Abbaye de Saint Antoine à Paris.

KAROLUS Dei gracia Francorum Rex. Notum facimus universis tam presentibus quam futuris, quòd Nos qui ex Regalis debito Dignitatis, universos & singulos Regni nostri Subditos, presertim Religiosas & alias Ecclesiasticas personas, que nostro die nocteque famulantur Altissimo Creatori, ab omnibus injuriis, oppressionibus & violenciis tenemur protegere & tueri, dignum & justum censentes ut dilectas nostras Abbatissam, Conventum & Sorores Monasterii [b] *Sancti Anthonii juxta* Par. *speciali prosequamur prerogativa favoris, sicque nedum ab injuriis, oppressionibus & violenciis que eisdem & suis familiaribus in personis inferri possent, sed & à vexacionibus & sumptibus indebitis, quos in percepcione reddituum & usu possessionum earumdem possent eciam forsitan sustinere, per nostri provisionem & specialem graciam preserventur, ut occupacionibus aliis cessantibus & egestate repulsâ, Divinis continuare sine intermissione valeant obsequiis, & tantò devociùs ad hoc vacent, quantò favorabiliùs per Majestatem Regiam senserint se protectas. Ea propter dictas Abbatissam & Sorores ac Monasterium predictum, una cum omnibus membris suis, Domibus, Grangiis, Piscaturis, Pedagiis, Nemoribus, Pratis, Vineis, Juribus, Usibus & possessionibus quibuscunque, quos possident de presenti vel amodo possidebunt, ac familiaribus suis, singularibusque personis ejusdem Monasterii & Membrorum suorum, ac omnibus suis* [c] *in*

b Cette Abbaye est dans le fauxbourg Saint Antoine.

c *supp.* bonis.

NOTE.

(a) Livre Rouge vieil du Châtelet de *Paris, folio* 9 vingt 10. *recto* [190.]

Avant ces Lettres, il y a : *Garde pour les Religieuses de Saint Anthoine lez Paris.*

Ces Lettres sont aussi dans le Trésor des Chart. Reg. 156. P. 112. *bis.*

CHARLES VI. à Paris, le 19. de Mai 1401.

quocunque loco Regni nostri existentibus, sub nostra Successorumque nostrorum Regum Francie proteccione & Salva gardia speciali suscepimus per presentes, in & sub proteccione & Salva gardia speciali nostris perpetuò [a] permansurum: Mandantes ac eciam committentes Preposito nostro Parisiensi qui nunc est & pro tempore fuerit, vel ejus Locumtenenti, quem ex nunc Gardiatorem dictarum Religiosarum, & Judicem suum in omnibus Causis suis & singulis motis & movendis, tam agendo quam defendendo, contra quoscunque adversarios suos, Ordinacionibus & Litteris contrariis impetratis vel impetrandis non obstantibus quibuscunque, constituimus & committimus specialem, solum & in solidum, quatinus dictas Religiosas in suis & Ecclesie sue justis possessionibus, franchisiis, Libertatibus, Juribus, Usibus, Jurisdicionibus, Saisinis, presentibus & futuris, manuteneat & conservet; ipsasque Religiosas & Monasterium suum predictas, familiaresque & singulas personas predicti Monasterii, nec non res, possessiones & bona quecunque earum, ab omnibus injuriis, violenciis, oppressionibus, gravaminibus, molestiis, vi armorum, potencia Laycorum, inquietacionibus & novitatibus indebitis quibuscunque, tueatur & deffendat, nec permittat contra ipsas Religiosas earumque familiam, res & bona, aliquas fieri vel inferri indebitas novitates; sed si factas invenerit, ad statum pristinum & debitum reduci, ac nobis & dictis Religiosis Emendam condignam propter hoc prestari faciat indilatè; & de personis de quibus [b] assecuramentum habere voluerint, juxta Patrie Consuetudinem eisdem bonum & legitimum dari faciat & prestari, & hujusmodi Salvam Gardiam nostram specialem, ne quis possit ex hoc ignoranciam allegare, in Assisiis suis & Locis aliis ubi & prout expedierit, publicari faciat; inhibendo ex parte nostra Regia, omnibus & singulis personis de quibus ex parte dictarum Religiosarum requisitus fuerit, sub certis & magnis penis Nobis, si contra fecerint, applicandis, ne dictis Religiosis vel earum familiaribus, seu quibusvis personis dicti Monasterii sui, aliqualiter forefacere presumant; ac violatores hujusmodi nostrarum proteccionis & Salvegardie, si qui sint vel fuerint, mediante Justiciâ puniat taliter quod cedat aliis in exemplum; & si super aliquibus rebus contenciosis oriatur debatum in casu novitatis, inter ipsas Religiosas & alios quoscunque cujuscunque condicionis aut statûs extiterint, illud ad manum nostram tanquam superiorem ponat vel poni faciat, & per ipsam manum faciat seu fieri faciat recredenciam ubi & prout fuerit faciendum; nec non persolvi faciat dictis Religiosis redditus suos & debita sua bona & Legalia omnia & singula recognita vel probata, de quibus nulla [c] Questio refferetur, compellendo vel compelli faciendo debitores ipsos ad solucionem hujusmodi debitorum debitè faciendam; & si ad hoc aliquis se opponat, manu nostra quoad debita de quibus per [d] Litteras Regias apparebit, sufficienter munita, adjornet vel adjornari faciat opponentes, omnesque illos & illas qui, [e] super dictis debitis coram ipso Preposito super hujusmodi questionibus debitè processuros; que debita tam in casu novitatis quam supradictis debitis, coram ipso Preposito vel ejus Locuntenenti agitari & fine debito terminari volumus & mandamus; ipsum atque successores suos, & quemlibet eorumdem, ad predicta & omnia que circa hec necessaria fuerint vel eciam oportuna perpetuò committentes; & ut premissa exequi diligenciùs valeant & compleri, volumus ut ad ea omnia & singula alia que circa hec necessaria fuerint vel eciam oportuna, diligenciùs exequenda, unum aut plures Servientes Regios & nostros ydoneos, suis sumptibus deputet & committat si super hec fuerit requisitus; qui tamen de hiis que cause cognicionem exigunt, se nullatenùs intromittant. Quod ut firmum & stabile perpetuò perseveret, Litteris presentibus nostrum fecimus apponi Sigillum: salvo in aliis jure nostro, & in omnibus alieno. Datum *Parisius*, die XIX Maii, anno Domini millesimo CCCC.mo primo, & Regni nostri XXI°. *(b)*

a permansur. *Reg.*

b Voyez les Tables des Mat. des Vol. de ce Rec. *au mot*, assurement.

c Contestation.

d Lettres passées sous un Scel Royal.

e Je croi qu'il manque là un membre de phrase.

NOTE.

(b) Après ces mots, il y a dans le Reg. des Chart. *Per Regem, ad relacionem Consilii.* FRERON.

CHARLES VI. à Paris, le 21 de Mai 1401. & le 22 de Juin 1392.

(*a*) Lettres qui portent qu'en exécution d'autres Lettres par lesquelles il est ordonné que les Gens d'Eglise, les Monetaires, &c. & autres personnes privilégiées, contribueront aux Impôts publics par rapport aux biens qui y étoient sujets avant l'acquisition qu'ils en ont faite, les Habitans de Saint Marzal contribueront aux Impôts par rapport aux biens à eux appartenans qui sont dans le cas ci-dessus marqué.

KAROLUS Dei gracia Francorum Rex. Senescallo Bellicadri, *vel ejus Locumtenenti : Salutem. Requestam pro parte Procuratoris nostri vestre Senescallie, Bajuli & habitantium Loci (b)* Sancti Martialis, *Diocesis* Nemausensis, *in hac parte Consortum, nobis exhibitam recepimus, continentem quòd cum virtute quarumdam aliarum nostrarum Litterarum, quarum tenor dicitur esse talis.*

KAROLUS Dei gracia Francorum Rex. Senescallo Bellicadri & [a] Nemausis, *ceterisque Justiciariis nostris, aut eorum Loca-tenentibus : Salutem. Procurator noster dicte Senescallie, Nobis significare curavit, quòd nonnulli Nobiles, Clerici, Presbiteri, Religiosi, & alii, Monetarii & alie persone privilegiate, quamplurima feuda, bona, possessiones, hereditagia rustica & urbana, retroactis temporibus acquisiverunt à nonnullis rusticis & urbanis, titulo successionis, legati, emptionis, vel alia causa, que consueverunt contribuere cum aliis plebeis, in nostris Talliis, Collectis,* [b] *muneribus & subsidiis realibus & personalibus, qui se eximere conantur & nituntur, & solvere contradicunt pro dictis bonis sic, ut premittitur, acquisitis, in nostris subventionibus, Collectis & Subsidiis impositis & imponendis pro deffensione Regni nostri, occasione & pretextu suorum privilegiorum, quod cedit in nostrûm plebeyorum prejudicium, ac maximum gravamen : Quocirca volentes nostre indempnitati & dictorum nostrorum plebeyorum super hoc providere, vobis & vestrûm cuilibet districtè precipimus & mandamus committendo in sua Jurisdictione, si sit opus, quatenus compellatis seu compelli faciatis viriliter dictas personas superiùs nominatas, & alias quascumque privilegiatas, cujuscumque conditionis existant seu estatûs, per captionem bonorum predictorum pro quibus aliàs contribuere cum aliis nostris plebeyis in nostris subventionibus & subsidiis consueverunt, & festinam distractionem eorumdem, una cum arreragiis debitis occasione premissorum,* [c] *exeptis, Appellationibus frivolis & privilegiis nonobstantibus quibuscumque, prout in debitis Regiis est fieri consuetum :* [d] *Quam sic fieri volumus & ex causa. Datum* Parisius, *die vicesima secunda Junii, anno Domini millesimo trecentesimo nonagesimo secundo, & regni nostri, nono. Sic signate. Per Consilium* Parisius *existens. (c)* J. DE COISSI.

[a] Nemausi.

[b] Il faut peut-être corr. *oneribus* qui est répété plus d'une fois dans la suite de ces Lettres.

[c] ce mot paroît corrompu.

[d] Quia.

Et aliarum vestri Senescalli executoriarum dictarum nostrarum Litterarum, pro Talliis & focagiis nostris, & aliis oneribus in dicto Loco Sancti Martialis *occurrentibus, ac arreragiis ex causa hujusmodi debitis, ac pro rebus, terris & possessionibus pro quibus* Johannes Copertoris & Martialis Magistri, *habitatores Loci* Sancti Martialis, *cum aliis plebeis dicti Loci, in Talliis, Focagiis & oneribus dicti Loci contribuerunt & contribuere consueverunt, quedam bona dictorum* Johannis & Martialis, *ad manum Justicie dicti Loci* Sancti Martialis, *per dictum Bajulum fuerunt capta, & saysita, & in & super eis executio fieri incohata; nichilominus prefati* Johannes & Martialis *cupientes se eximere à solutione dictorum Talliarum, Focagiorum & onerum, sub pretextu quarundam Litterarum à Magistro* Bernardo

NOTES.

(*a*) La copie de ces Lettres a été envoyée de *Montpellier*, avec cette indication : *Sénéchaussée de* Beaucaire & Nismes *en général, Armoire* A. *liasse 19. des Actes ramassez, n° 5. fol. 116. verso.*

(*b*) *Sancti Martialis.*] J'ai appris de Dom *Vaissete* Religieux Bénédictin, que ce lieu se nomme présentement *Saint Marzal*, qu'il est de la Viguerie de *Vigan*, qu'il dependoit autrefois de l'Evêché de *Nîmes*, & qu'il est aujourd'hui de celui d'*Alais*.

(*c*) *J. de Coissi.*] Il faut app. corriger *Ceissi*. *J. de Ceissi* étoit Secrétaire du Roy en 1392. Voy. la Table des noms des personnes du 7.e Vol. de ce Rec. p. cclvij. col. 2.

Englesii, *in Legibus Bacallario, & Johanne de* Vaubaon, *se dicentibus* [a] *Locatenentibus dilectorum nostrorum* Philipi Giffardi *&* Egidii Vileti, *generalium Magistrorum & Commissariorum nostrorum Monetarum in* [b] Patria Occitana, *obtentarum; in quibus Litteris asseritur prefatos* Johannem *&* Martialem *noviter fore factos Monetarios Sacratissimi Imperii, eisdem Bajulo & habitantibus fecerunt sub magnis penis inhiberi ne pro aliqua Causa civili vel criminali, de dictis* Johanne *seu* Martiali *se intromittant quoquomodo,* [c] *exeptis tribus casibus; videlicet, omicidio, raptu & latrocinio; & quia nonobstante hujusmodi inhibitione, prefati* Johannes *&* Martialis, *ut predicitur, pro dictis Focagiis, Talliis nostris & oneribus, ac eorum arreragiis compelluntur, prefati Locatenentes se dicentes, ipsos Bajulum & habitantes, coram se in Causam trahunt, in processibus involvunt, & aliàs diversimodè opprimunt laboribus & expensis indebitè & injustè,* [d] *ac ipsorum conquerentium reique publice dicti Loci, juriumque nostrorum grande dampnum & prejudicium, sicut dicunt; supplicantes supra premissis per Nos provideri de remedio opportuno. Quocirca vobis precipimus & mandamus, committendo, si sit opus, quatenus vocatis evocandis, prefatos* Johannem Copertoris, *&* Martialem Magistri *ad solvendum & contribuendum in Talliis, Focagiis & oneribus dicti Loci, pro dictis terris, possessionibus & bonis, pro quibus ab antiquo cum aliis habitatoribus dicti Loci, solvere & contribuere tenentur & consueverunt, una cum arreragiis occasione hujusmodi debitis, viriliter & debitè compellatis seu compellere faciatis: Et insuper, prefatis Loca-tenentes se dicentibus dictorum Magistrorum & Monetariorum Monetarum nostrarum, & aliis de quibus expedierit, districtè inhibeatis seu inhiberi faciatis ne ipsi dictos supplicantes seu eorum alterum, occasione premissorum in processibus involvant, aut fatigent seu molestent laboribus & expensis, vosque id fieri non permittatis; sed facta & attemptata in contrarium, si que sint vel fuerint, revocetis & ad statum pristinum & debitum reducatis seu reduci faciatis indilatè quos expedierit, ad hoc viriliter & debitè compellendo, ministrantes, Partibus auditis, inter ipsas in casu oppositionis bonum & breve Justicie complementum:* [e] *Quam sic fieri volumus, & dictis supplicantibus concessimus & concedimus de gracia speciali, per presentes; predictis Litteris & inhibitione per prefatos Locumtenentes factis, & aliis subreptitiis ad hoc contrariis, nonobstantibus quibuscumque.* Datum *Parisius,* die vicesima prima Maii, anno Domini millesimo quatercentesimo primo, & Regni nostri, vicesimo primo. *Per Regem, ad relationem Consilii.* MERCIER.

CHARLES VI. à Paris, le 21 de Mai 1401. & le 22. de Juin 1392.

a *corr.* Locatenentes.
b Languedoc.
c exceptis.
d *corr.* ad.
e Quia.

CHARLES VI. [sans date] Voy. la Note *(a)* Mai 1401.

(a) Lettres qui portent que dans Veynes en Dauphiné, on ne pourra apporter avant la Fête de la Saint Jean-Baptiste, du Vin crû hors du Territoire de ce lieu, si ce n'est dans le cas où l'on n'y trouveroit plus de Vin du crû, ou qu'il ne fût pas potable.

KAROLUS Dei gracia Francorum Rex & Dalphinus Viennensis. Notum facimus universis tam presentibus quàm futuris, Nos Litteras defuncti Jacobi *de* Montemauro, *condam militis, Consiliarii & Cambellani nostri, ac dicti nostri Dalphinatûs Gubernatoris, vidisse, formam que sequitur, continentes.*

[f] JACOBUS *de* Montemauro, *Cambellanus & Consiliarius Regius, Gubernator* Dalphinatûs. *Notum serie presencium fieri volumus universis, quòd receptâ supplicacione*

f Voy. ci-dessus, p. 57. Note (d).

NOTE.

(a) Trésor des Chart. Registre 156. sans cote.

La fin de ces Lettres ne se trouve point dans le Registre, où après les derniers mots on a laissé près d'une page en blanc. Au commencement, au milieu & vers la fin de ces Lettres, il y a à la marge, *Vacat.*

On a placé cette Pièce à la fin du mois de Mai 1401, parce qu'elle se trouve dans le Reg. entre des Lettres du 9. de Mai 1401. cotées 155. & des Lettres du mois de Juin de la même année, cotées 156.

CHARLES VI.

[sans date] Voy. la Note (a) Mai 1401.

pro parte hominum Universitatis loci de (b) Veineto Dalphinalium, tam mediatè quàm immediatè subjectorum, nobis oblatâ; cujus supplicacionis tenor noscitur esse talis.

Excellencie Dalphinali significant & exponunt humiliter supplicando [a] *Ur...* Jacobus *de* Vileta *condominus de* Veyneto, *&* Petrus d'Arrani, *dicti loci, nominibus suis propriis, &* [b] *Procuratorum nominibus universitatis dicti loci de* Veyneto, *fidem facientes de procuracione predicta, Instrumento publico facto & signato manu* Guigonis *de* Valba, *Notarii publici, sub anno & die in eodem contentis, quod cum cultura & cura vinearum dicti loci, que omnes tenentur de feudo vel retro-feudo Dalphinali, à multis possessoribus vinearum predictarum fuisset deserta in tantum quòd plures facte fuerunt erme & infertiles, pro eo quia certi Tabernarii, pauci tamen, in dicto loco apportant vina extranea venalia, meliora de Provincia & aliundè, & sic vina dicti loci vendi non poterant, nec eciam servari communiter ultra Festum Beati Johannis, cum sint vina alba & debilia, propter quod dictus Dominus noster Dalphinus, & alii nobiles ipsius Domini ligii & fideles, plures census tam vini quam argenti & bladi perdiderunt, & erant in via magis de die in diem perdendi, nisi provisio adhiberetur per quam possessores vinearum dicti loci, vina sua propria in dictis vineis crescencia vendere possent tempore hyemali & alio oportuno quo, ut supra, servari possunt: Ea propter, & quia temporibus precedentibus quasi singulis annis oportebat obtinere Litteras judiciales super vinis extraneis ibidem non apportandis nec vendendis, non sine magno sumptu, volentes pro utilitate Domini nostri Dalphini & subditorum suorum dicti loci, perpetuam facere provisionem, si & in quantum possent, & de vestra bona procederet voluntate, & ut vinee inculte restaurentur, dudum de anno Domini millesimo trecentesimo nonagesimo secundo, & die duodecima mensis Decembris, vocatis hominibus dicti loci de* Veyneto, *mandato Domini Judicis* [c] Vapincesii, *& in unum congregatis coram Domino Judice,* [d] *Castellano & Notario Dalphinalibus de inibi, & de ipsorum Officialium Dalphinalium consensu, ipsi homines facientes meliorem & saniorem partem universitatis dicti loci, statuerunt quòd ab inde in antea, per quempiam vina extranea in dicto loco non vendantur nec bibantur, durantibus vinis competentibus crescentibus in territorio dicti loci, & sub pena sexaginta Solidorum applicandorum Domino cujus esset homo contrarium faciens, & quòd vina predicta extranea essent Domino nostro Dalphino confiscata, & aliter statuerunt prout laciùs in Instrumento inde facto & signato manu* Guigonis *de* Balba, *Notarii Curie dicti loci, sub anno & die predictis, quod eciam exhibent, pleniùs continetur; salvo & retento in omnibus jure & beneplacito Domini nostri Dalphini seu ejus Gubernatoris: Unde, cum dicta universitas temporibus retroactis à paucis annis citra (c) Clauduram Castri & Fortalicii dicti loci fecerunt suo sumptu, necnon ipsas habitaciones que per (d) Provinciales fuerunt incendio combuste, multaque alia onera tam propter guerras quàm frequentes transitus gencium armorum, habuerunt & habent supportare, nec habeant unde habere pecunias nisi de predictis vineis suis & paucis bladis, supplicatur ut supra, quatenus pro bono & utilitate Domini nostri Dalphini & dicte universitatis, dictum statutum,* [e] *attendentes quod (e)* Vapinci, Serri, Corvi *& aliis circumvicinis simile vel quasi est statutum, dignemini cum decreti interposicione approbare, laudare & confirmare, & de novo facere & ordinare quod vindemia seu vina extranea non ponantur ibidem quovismodo vinis dicti loci*

a Il y a dans le Reg. *Ur.* avec une marque d'abréviation, on ne sçait ce que peuvent signifier ces caractères.

b *Procurator.* avec une marque d'abréviation. *Reg.*

c *Gapençois.*

d Castel. *Reg.*

e *atten.* avec une marque d'abréviation. *Reg.*

NOTES.

(b) Veineto.] C'est apparemment *Veynes, Venetum* dans le *Gapençois*. Voy. p. x. col. 2. de la Table des noms de lieux du *Dauphiné*, laquelle est à la tête de l'Histoire de cette Province, par M. de *Valbonnais.*

(c) Clauduram.] Ce mot est synonyme de *Clausura*, de même que, suivant le Glossaire de *Du Cange*, au mot *Clausum*, *Claudicium* l'est de *Clausum.*

(d) Provinciales.] Suivant le Glossaire de *Du Cange*, au mot *Provincialis*, il signifie quelquefois un habitant d'un pays, & ce mot a été aussi donné aux *Provençaux*. Ces deux sens peuvent également convenir ici: car le *Gapençois* confine à la *Provence.*

(e) Vapinci.] *Gap.* Voy. p. x. col. 2. de la Table citée ci-dessus, Note *(b)*.

Serri, *Serrum*, *Serres.* Dans le *Gapençois. Ibid.* p. XI. col. 1.

Corvi. On trouve *ibid.* p. VII. col. 2. *Corvum. Cop:* mais ce lieu est dans le *Graisivodan*, qui, à la vérité, confine au *Gapençois.*

durantibus,

CHARLES VI.

[sans date] Voy. la Note (a) Mai 1401.

Suite des Lettres du Gouverneur du Dauphiné.

durantibus, & aliter statuere ad utilitatem Domini nostri Dalphini & suorum subditorum predictorum, prout vestre placuerit voluntati, Litteras, si placet, super premissis concedendo opportunas.

Visisque certis Informacionibus, mandato & commissione nostris super his[a] *sumptis per Judicem majorem* Vapincesii Comitatûs, *vocato Procuratore Dalphinali dicte Judicature, & Procuratoribus universitatis loci predicti de* Veyneto, *per quas nobis apparuit quòd si statutum petitum concedatur, commodum erit Domino nostro Dalphino & Reipublice loci de* Veyneto, *quod Dominus noster Dalphinus majorem Censum vinorum recipere solebat in dicto loco, ut in suis (f) Recognicionibus antiquis continetur, quod faciat de presenti propter desamparacionem vinearum deperitarum deffectu*[b] *cultruamenti, & si statutum concederetur, vina meliùs venderentur, & per consequens vinee meliùs cultrarentur & meliores efficerentur, ac majori*[c] *petro venderentur, unde dictus Dominus noster & sui vassalli de* Veyneto, *majora Laudimia in futurum reportarent, vineeque augmentarentur, & jus dicti Domini nostri eciam augmentaretur tam in*[d] *Censibus vinorum quàm aliter, pluribusque aliis causis in dictis Informacionibus expressis, viso eciam Instrumento (g) Procuratorio & potestatis per dictam universitatem date nominatis in dicta supplicacione, super dicto statuto petendo, in qua major & sanior pars hominum dicte universitatis interfuit, facto manu dicti* Guigonis *de* Balba, *Notarii publici, sub anno Domini millesimo CCC.*[mo] [e] *nanagesimo quarto, & die quindecima mensis Marcii. Et super hiis omnibus habitâ maturâ Consilii Dalphinalis deliberacione, presertim attento quod in locis* Serri, Vapinci, Corvi, *de (h)* Asperis, *& certis aliis locis circumvicinis, est statutum consimile, ut per dictas Informaciones nobis innotuit; consideratâ eciam in hac parte utilitate & comodo Dalphinali ac Reipublice loci predicti, vice, auctoritate & nomine Dalphinali concedimus dictis hominibus universitatis de* Veyneto, *statuimusque & statutum facimus & ordinamus super vinis vendendis & adducendis in loco* Veyneti *predicto, prout inferiùs particulariter declaratur, perpetuò valiturum.*

(1) Et primo, statuimus, ordinamus & dictis hominibus universitatis Veyneti *concedimus vice & nomine quibus supra, quòd vina extranea non vendantur per aliquam personam, cujuscumque statûs existat, in loco de* Veyneto, *à vindemiis usque ad*[f] *Bestum Beati Johannis Baptiste proximè sequens, juxta quod tempus vendantur duntaxat vina propria dicti loci; hoc salvo quod si ante dictum Festum vina excreta in dicto loco defficerent vel*[g] *nom reperirentur venalia & competencia, quod à tempore quo dicta vina propria dicti loci deficerent, vina extranea quecumque ibidem apportari possint & vendi, eciam ante Festum Beati Johannis predictum.*

(2) Item. *Quod omnes de dicto loco habentes vineas de presenti extra Territorium* Veyneti, *contiguas eidem Territorio, possint adducere ad dictum locum* Veyneti, *pro provisione suorum Hospiciorum, vina excreta in dictis vineis suis, seu vindemiam, dum tamen ipsa vina non vendant qualitercumque ante dictum Festum Beati Johannis; & lapso dicto festo, dicta vina extranea vendi possint & adduci per quoscumque in dicto loco, usque ad vindemias sequentes; & sic de anno in annum deinceps observetur.*

(3) Item. *Quod lapso dicto Festo Beati Johannis, vel ante, si ante defficerent vina dicti loci competencia, ut dictum est, quilibet possit ibidem apportare, vendere seu apportari & vendi facere quecumque vina extranea ubicumque excreta usque ad vindemias sequentes; & sic de anno in annum perpetuò observetur.*

(4) Item. *Quod si aliquis habens vineas extra Territorium* Veyneti, *in Territoriis contiguis, ut supra, sub pretextu vindemie seu vini dictarum vinearum.*[h]

a sumpt. *Reg.*

b Il faut appar. corr. *culturamenti*, qui est synonyme de *Culturæ*.

c *corr.* precio.

d Cen. *avec une marque d'abréviation. Reg.*

e *corr.* nonagesimo.

f *corr.* Festum.

g *corr.* non.

h Voy. ci-dessus p. 439. Note (a).

NOTES.

(f) Recognicionibus.] Actes de déclarations & de reconnoissances des droits seigneuriaux, fournis à un Seigneur.

(g) Procuratorio & Potestatis.] Il n'y a dans le Reg. que *Procurator. & Potestat.* On trouve quelquefois dans nos anciens Jurisconsultes, *Instrumentum Procuratorium.*

(h) De Asperis.] Castrum de *Asperis: Apres,* dans le *Gapençois*, p. XI. col. 1. de la Table citée ci-dessus, p. 440. Note *(b)*.

CHARLES VI. à Paris, le 14. de Juin 1401.

(a) Lettres qui portent que le Maître, les Frères & les Sœurs de l'Hôtel-Dieu de Paris, auront Audience deux fois la semaine, pour les affaires qu'ils ont au Châtelet de cette Ville.

KAROLUS Dei gracia Francorum Rex. Preposito Parisiensi *vel ejus Locumtenenti: Salutem. Illorum quippe qui die noctuque crebris oracionibus in vigiliis insistunt, quique membra Dei, pauperes videlicet, quos senectus flebilis arguit infirmitasque corripit, ac inimica nature fragilis paupertas constituit, mendicantes benignè suscipiunt, & in suis angustiis seu doloribus fetidis misericorditer amplectuntur, Jura debent & Cause tractari favorabiliùs & tueri. Quamobrem nos attendentes pia que cotidiè tribuunt obsequia Dei pauperibus incessanter dilecti* [a] *nostri Magistri, Frater & Sorores Domus Dei seu Hospitalis* Par. *eisdem de gracia speciali & auctoritate nostra Regia concessimus & eciam concedimus per presentes, ut ipsi pro Causis & querellis suis quibuscunque deducendis in Judicio, quas habent vel habere contingeret in Castelleto nostro coram vobis, absque deffectu habeant bis Audienciam qualibet septimanâ. Quocirca vobis mandamus firmiter injungendo, quatenus prefatos Magistrum, Fratres & Sorores presenti nostra gracia uti & gaudere pacificè faciatis & eciam permittatis, ipsos in contrarium nullatenus molestando seu impediendo; usu, stilo seu Consuetudine dicti Castelleti nostri, Litterisque, Mandatis vel Ordinacionibus contrariis, non obstantibus quibuscunque.* Datum *Parisius,* die XIIII Junii, anno Domini millesimo quadragentesimo primo; Regni vero nostri vicesimo, primo.

a *corr.* Magister, Fratres, &c. *comme il y a plus bas.*

NOTE.

(a) Livre Rouge vieil du Châtelet de *Paris, folio* IX^{xx}. XI. *recto.* [191.]

Avant ces Lettres, il y a : *Privilége pour L'ostel-Dieu de* Paris, *d'avoir Audience deux foiz la sepmaine.*

CHARLES VI. à Paris, le 17 de Juin 1401.

PHILIPPE III. dit le Hardy, à Saint-Germain en Laye, en Septembre 1284.

(a) Lettres qui portent que l'Abbaye de Moyssac est sous la Sauvegarde Royale, & que ce qui appartient au Roy dans la Ville de ce nom, sera inséparablement uni au Domaine de la Couronne.

KAROLUS, &c. Notum facimus universis tam presentibus quàm futuris, Nos Litteras inclite memorie Regis Philippi Proavi & Predecessoris nostri, vidisse, quarum tenor talis est.

PHILIPPUS Dei gracia Francorum Rex. Notum facimus universis tam presentibus quàm futuris, quòd Nos affeccionem specialem quam ad Monasterium Sancti Petri *(b)* Moysiacensis *habemus, pro remedio anime nostre & animarum Antecessorum nostrorum, Abbati & Conventui dicti Monasterii, pro nobis & successoribus nostris, ex Regia liberalitate concedimus quòd Gardam predicti Monasterii, personarum & bonorum ejusdem, ac ea que habemus in villa* Moysiaci *& pertinenciis, extra manum Regiam de cetero non ponemus. Quod ut ratum & stabile permaneat in futurum, presentibus Litteris nostrum apponi fecimus Sigillum. Actum apud* Sanctum Germanum in Laya, *anno Domini M°. ducentesimo* [b] *octagesimo quarto, mense Septembri.*

b octogesimo.

Quasquidem Litteras, & omnia & singula in eisdem contenta, ratas habentes atque gratas, eas & ea laudamus, ratifficamus & approbamus, & de nostris auctoritate Regia & gracia speciali confirmamus per presentes, decernentes irritum & inane quidquid factum fuit in contrarium. Quocirca Senescallis *nostris* Agennensi & Caturcensi, *ceterisque*

NOTES.

(a) Trésor des Chartres, Registre 156. P. VI^{xx} VIII. (128.)

(b) Moysiacensis.] L'Abbaye de *Moyssac,* Ordre de Saint Benoît, Diocèse de *Cahors. Vid. Gall. Christ. 2ª Edit.* T. 1. p. 157. & 158.

Justiciariis & Officiariis nostris, presentibus & futuris, & eorum cuilibet, prout ad eum pertinuerit, mandamus quatenus omnia que contra tenorem preinsertarum Litterarum facta fuisse reperierint, ad statum pristinum & debitum reducant aut reduci faciant indilatè. Et ut premissa perpetue stabilitatis robur obtineant, nostrum presentibus jussimus apponi Sigillum : nostro in aliis & alieno in omnibus jure salvo. Datum *Parisius*, XVII[a] die Junii, anno Domini millesimo quadringentesimo primo, & regni nostri XXI[mo].

Per Regem, ad relacionem Consilii. FRERON.

CHARLES VI. à Paris, le 21 de Juin 1401.

(a) *Commission donnée au Prévôt de Paris, pour faire le Procès à tous les Voleurs, Assassins, Faux-monnoyeurs & autres Malfaicteurs répandus dans le Royaume, en quelque Jurisdiction qu'ils se trouvent ; & pour les faire arrêter, constituer prisonniers & punir dans tous les lieux où il le jugera à propos.*

CHARLES par la grace de Dieu, Roy de France. A tous ceulx qui ces présentes Lettres verront : Salut. Comme nous ayons entendu par la clameur de plusieurs noz Subgiez, que en plusieurs & diverses parties de nostre Royaume, tant ès [a] fins & mettes de la *Prévosté* de *Paris*, des *Bailliages* de *Vermandoiz*, d'*Amiens*, de *Senz*, de *Rouen*, de *Senliz*, de *Meaulx*, de *Meleun*, de *Chartres*, de *Mante*, comme ès partie de *Normandie*, de *Picardie*, & aillieurs oudit Royaume, soient, [b] repairent, [c] voisent, viengnent & conversent plusieurs larrons, [d] murdriers, espieurs de chemins, ravisseurs de femmes, violeurs d'Églises, [e] bateurs à loyer, [f] cabuseurs, joueurs de faulx dez, trompeurs, faulx-monnoyers & autres malfaicteurs, leurs associez, [g] recepteurs & complices, lesquelz de jour en jour font, commettent & perpètrent plusieurs murdres, larrecins, homicides, ravissemens de femmes, violacions d'Églises, mutilacions & [h] navreures énormes, cabuseries & autres grans crimes, maléfices & déliz, dont & pour lesquelz punicion capital ou autre, par bonne Justice se doit ensuir en leurs personnes ; & se transportent malicieusement de jour en jour, de lieu en autre, en plusieurs & diverses Jurisdiccions esquelles le *Prévost* de *Paris* à cause de son Office, ne pourroit faire prise ne prendre punicion d'iceulx malfaicteurs, sens préjudice de noz autres Officiers ou Haulx Justiciers, se sur ce n'avoit povoir & mandement de Nous : Savoir faisons, que Nous non voulans telz crimineux demeurer impuniz de leurs maléfices, eue considéracion aux choses dessus dictes, desirans sur toutes choses bonne Justice estre faicte par-tout nostre dit Royaume, acertenez de la prudence & affectueuse voulente que a à bonne Justice faire nostre amé & féal Chevalier, Conseillier & Chambellan *Guillaume* de *Tignonville Prévost* de *Paris* pour Nous, ycellui avons commis, ordené & estably, & par ces présentes commettons, ordenons & establissons Refformateur, Juge & Commissaire espécial en ceste partie, & lui donnons plain povoir, auctorité & espécial mandement de prendre & faire prendre par-tout nostre dit Royaume yceulx malfaicteurs, en quelque lieu & Jurisdiction que trouvez pourront estre, hors lieu Saint, & de yceulx mettre & faire mettre ès prisons plus prouchaines des lieux où ils auront esté & seront prins, pour estre amenez prisonniers en nostre Chastellet de *Paris* ou aillieurs, là où il & ses commis verront estre expédient ; de enquerir & savoir par lui & sesdiz commis, de leurs vies, estaz & [i] gouvernemens ; & se par leurs confessions ou autrement deuement, ilz les treuvent coulpables ou crimineux, de les punir & faire exécuter selon leurs démérites, en telz lieux & Justices comme

a *territoires.*

b *demeurent.*
c *aillent.*
d *meurtriers.*
e *gens qui reçoivent de l'argent pour maltraiter quelqu'un.*
f Selon Borel, p. 68. *Cabasser* signifie *tromper.* *Cabuseurs* doit sans doute être pris dans le même sens.
g *receleurs.*
h *blessures.*

i *conduite.*

NOTE.

(a) Livre Rouge vieil du Châtelet de *Paris, folio* 9[xx] XI. *recto.* [191.]

Avant ces Lettres, il y a : *Commission général pour le Prevost de Paris, sur le fait criminel.*

CHARLES VI. à Paris, le 21 de Juin 1401.

bon leur semblera, oudit Royaume; & se aucun d'iceulx malfaicteurs se met à deffense, ou se constitue rebelle ou désobéissant contre lui ou ses diz commis & députez, que il face tant que à Nous soit obéy & que la force en soit à Nous. Si donnons en mandement, en commandant à tous les Justiciers, Officiers & Subgiez de nostre dit Royaume, que à nostre dit Prévost, sesdiz Commis & à ses mandemens & commissions en ceste partie, & chascun d'eulx, obéissent & entendent diligemment, & leur prestent conseil, confort, aide & prisons, se [a] mestier en ont & requis en sont. En tesmoing de ce, Nous avons fait mettre nostre Séel à ces Lettres. *Donné à* Paris, *le XXI.e jour de Juing, l'an de grace mil quatre cens & ung, & de nostre regne le XXI.e*. Ainsi signé en marge. Par le Roy, à la relacion du Conseil des Lays.

a *besoin.*

J. DE CRESPY.

Et publiées en Jugement & ès Auditoires du Chastellet de *Paris,* le mardi XXI.e jour de Juing, l'an mil quatre cens & ung.

Collacion faicte à l'original, lequel a esté baillé à Maistre *Pierre Le Guyant* Greffier Criminel de la *Prévosté* de *Paris,* le mardi XXVI.e jour de Juillet, l'an de grace mil quatre cens & ung.

CHARLES VI. à Paris, le 22 de Juin 1401.

(a) Lettres qui portent que les Châtelains du Dauphiné remettront dans les termes fixez, au Receveur général de ce pays, les revenus appartenans au Roy dans leurs Châtellenies, pour être employez aux dépenses de l'Hôtel du Roy, & à d'autres usages, suivant ses ordres.

CAROLUS Dei gracia Francorum Rex Dalphinus Viennensis. Dilecto fideli Consiliario nostro Gauffrido Le Mengre *dicto* Bouciquaut, *Militi, Gubernatori dicti nostri* Dalphinatûs: *Salutem. Nos certis ducti considerationibus, vobis mandamus quatenus visis præsentibus, præcipiatis & mandetis injungi cuilibet Consiliariorum nostrorum dicti* Dalphinatûs, *quibus Nos per præsentes præcipimus & injungimus sub pœna privationis eorum Officii, & centum marcharum argenti, pro quolibet contrarium faciente incurrenda, ut redditus & emolumenta suarum Castellaniarum, seu pecunias pro ipsis Nobis debitas portent de cætero & realiter solvant Receptori nostro generali ipsius* Dalphinatûs, *quolibet anno integraliter terminis consuetis, & sine mora, pro convertendo in solutione expensarum Hospicii nostri, & aliis usibus per Nos ad hoc ordinatis; contra facientes per privationem Officiorum suorum & declarationem pœnarum prædictarum compescendo; nonobstantibus quibuscumque Litteris per eos impetratis vel impetrandis in contrarium, de præsentibus non facientibus expressam mentionem.* Datum *Parisius,* die vigesima secunda Junii, anno Domini millemo quadringentesimo primo, & regni nostri, vigesimo primo. *Per Regem Dalphinum, ad relacionem sui magni Consilii in Camera Compotorum existentis, in quo Dominus* Jacobus *de* Borbone, [b] *Vos, Episcopi* Noviomensis, Magalonensis, Tornacensis, Carnotensis, *& plures alii, erantis.*

MILERAS.

b Le Chancelier de France. Voyez *le 5.e Vol. de ce Rec.* pag. 653. Note *(c)*.

NOTE.

(a) La copie de ces Lettres qui sont dans le Dépôt de la Chambre des Comptes de *Grenoble*, a été envoyée avec cette indication: *Caisse du Dauphiné*.

CHARLES VI. à Paris, en Juin 1401.

(a) Confirmation des Lettres qui commettent le Prévôt de Paris pour Juge & Gardien du Prieuré de Poiſſy, qui eſt ſous la Sauvegarde Royale.

KAROLUS Dei gracia Francorum Rex. Notum facimus univerſis preſentibus & futuris, quòd viſis per Nos Litteris cariſſimi Domini Genitoris noſtri cujus anime Deus parcat, cera viridi cum filis ſiriceis ſigillatis, formam continentibus que talis eſt.

(b) KAROLUS, &c.

Nos ad ſupplicacionem cariſſime Amitte noſtre Sororis (c) Marie de Borbonio *Prioriſſe, Religioſarumque Sororum Conventûs, Monaſterii ſive Domûs noſtre* Piſſiacenſis, *Ordinis Predicatorum, in Litteris ſupraſcriptis nominatarum, Litteras ipſas & omnia in eis contenta ratas & gratas, ac rata & grata habentes, eaſque & ea tenore preſencium de gracia ſpeciali confirmantes, dicti Domini Genitoris noſtri veſtigiis inherendo,* Prepoſitum Pariſienſem *qui nunc eſt, & illos qui in futurum erunt* Prepoſiti Pariſienſes, *ſeu Locatenentes ipſorum, in perpetuos Judices & Gardiatores ipſarum ſupplicancium ordinavimus & deputavimus, & eciam harum ſerie auctoritate Regiâ perpetuò deputamus, dicto Prepoſito moderno & hiis qui pro tempore fuerint, vel eorum Locatenentibus, cognicionem & deciſionem omnium & ſingularum Cauſarum ad dictum Monaſterium agendo & defendendo ſpectancium Gardiamque dictarum Religioſarum, ac hominum & gencium ſeu familiarium earumdem perpetuò committentes ; eiſdem Religioſis concedendo quòd coram alio vel aliis Judice vel Judicibus ſecularibus quibuſcunque & quacunque auctoritate fungentibus,* [a] *in poſſint in Cauſam trahi ſeu ad Judicium conveniri de cetero quoviſmodo ſeu quacunque de cauſa ; volentes & ordinantes quòd predictus Prepoſitus modernus, & alii ſucceſſores ipſius in dicto Officio Prepoſiti, ſeu Locatenentes ipſorum, poſſint quoſcunque Servientes vel Officiarios tam noſtros quàm ſucceſſorum noſtrorum Regum Francie, tot & tales quot & quales eis bonum videbitur, committere, ſi & quociens ſuper hoc fuerint requiſiti, qui prefatas Religioſas & ſuos Procuratores pro ipſis, in ſuis juſtis poſſeſſionibus, juribus, uſibus, franchiſiis, Libertatibus & ſaiſinis, in quibus eas eſſe earumque predeceſſores fuiſſe pacificè ab antiquo repererint, manuteneant & conſervent, & ab omnibus injuriis, violenciis, gravaminibus, oppreſſionibus, vi armorum, potencia Laïcorum, ac inquietacionibus & novitatibus indebitis quibuſcunque tueantur & defendant ſeu tueri faciant & defendi ; & ſi inter ipſas Religioſas ſeu earum Procuratores pro ipſis, & alios*

[a] *Il faut corr.* non, *comme dans les Lettres de Mai 1368.* non *eſt auſſi dans T. C.*

NOTES.

(a) Livre Rouge vieil du Châtelet de *Paris, fol.* 9. vingt 12. *recto.* [192.]

Avant ces Lettres, il y a : *Garde pour les Religieuſes de* Poiſſy.

Ces Lettres ſont auſſi au Tréſor des Chartres Reg. 156. Pièce VIII^{xx} XII. [172.]

Ce Regiſtre fournit auſſi quelques corrections dans les Lettres du mois de Mai 1368.

Pag. 115.	Ligne 38.	*deputatis.*	*corr.*	deputato.
P. 116.	L. 11.	*diciſionem.*		deciſionem.
	L. 27.	*dictum Prepoſitum.*		dict. Propoſit.

(b) Karolus, &c.] Ces Lettres qui ſont du mois de Mai 1368, ſe trouvent à la pag. 115 du 5e Vol. de ce Rec.

Le Regiſtre du Châtelet fournit les *variantes* & les corrections ſuivantes.

Pag. 115.	Ligne 11.	*deputatis.*	*corr.*	deputato.
	L. 12.	*manutenere, deffendere.*		manutenere & deffendere.
P. 116.	L. 1.	*poterint.*		poterunt.
	L. 11.	*diciſionem.*		deciſionem.

(c) Marie de Borbonio.] Marie de Bourbon, Fille de Pierre I. *Duc* de *Bourbon*, & Sœur puînée de *Jeanne* de *Bourbon*, Femme de Charles V. & Mère de Charles VI. Voyez l'Hiſt. Généal. de la maiſon de France. Tom. 1. pp. 299. & 300.

CHARLES VI. à Paris, en Juin 1401.

quoscunque in casu novitatis oriatur debatum, debato & rebus contenciosis ad manum nostram tanquam superiorem positis, Locisque deablatis realiter & de facto ressaisitis, factaque recredencia ubi & prout fuerit facienda, diem coram dictis Prepositis Partibus assignent, pro procedendo in casu novitatis hujusmodi, ut fuerit racionis; qui quidem Servientes vel Officiarii eisdem Religiosis vel Procuratoribus suis pro ipsis, faciant omnia & singula debita sua bona & legalia persolvi, debitores earumdem ad dictam solucionem faciendam compellendo, ut fuerit racionis; & in casu opposicionis opponentes coram ipso Preposito [a] *adjournent, aliaque universa & singula faciant & facere possint que ad Officium Gardiatoris possunt & poterunt quomodolibet pertinere; dictusque Prepositus seu ejus successores, non permittat aut permittant predictas Religiosas vel Procuratores aut Gentes earum pro ipsis, racione bonorum ad dictum Monasterium spectancium coram quocunque Judice Seculari nisi coram se, in Causam vel Causas trahi; ymò pro parte nostra inhibeant vel inhiberi faciant omnibus Justiciariis de quibus ex parte dictarum Religiosarum vel* [b] *Procuratorum earumdem fuerint requisiti, quibus per presentes inhibemus ne de Causis, vel negociis earumdem cognoscant vel se quomodolibet intromittant: Mandantes harum tenore* Preposito Parisiensi *moderno & futuro, vel ejus Locumtenenti, quatenus premissa omnia & singula diligenter exequatur juxta preinsertarum & nostrarum presencium continenciam Litterarum, omnibusque aliis Justiciariis, Officiariis & subditis Regni nostri, & cuilibet eorumdem, quatenus* Preposito Parisiensi *qui nunc est, & aliis* Prepositis Parisiensibus *successoribus ipsius, eorumque Locatenentibus, in premissis & premissorum singulis eaque quomodolibet tangentibus nec non Gardiatoribus per ipsum Prepositum successoresque suos* Prepositos Parisienses, *vel eorum Locatenentes, sepedictis Religiosis deputatis & deputandis, in omnibus ad dictum Gardiatoris Officium spectantibus, pareant efficaciter & intendant; salvo & reservato prefatis Religiosis, quòd Causas suas in nostro Parlamento prosequi valeant dum eis placuerit, juxta dictarum dicti Domini Genitoris* [c] *ceterorumque Predecessorum nostrorum Litterarum seriem & tenorem, quibus harum concessione nolumus derogari aut aliquod prejudicium generari. Quod ut firmum & stabile perpetuò perseveret, nostrum presentibus Litteris fecimus apponi Sigillum: nostro in aliis, & in omnibus alieno jure salvo.* Datum *Parisius*, mense Junii, anno Domini millesimo cccc^{mo} primo, & regni nostri vicesimo primo.

En la marge desquelles Lettres estoit escript ce qui s'ensuit: *Per Regem, ad relacionem Consilii.* J. DE SANCTIS. *Collatio facta est de presentibus cum Litteris originalibus supra insertis, per me.* J. DE SANCTIS. *Visa.* [d] *Contentor.* FRERON. Et au dos d'icelles Lettres estoit escript. *Registrata.*

Collation faicte aux Lettres dessus transcriptes.

[a] adjornent. *T. C.*

[b] Procurator. *Reg.*

[c] nostri. *T. C.*

[d] *Voyez le 5.e Vol. de ce Rec. p. 22. Note (h).*

CHARLES VI. à Paris, le 2 de Juillet 1401.

(a) Lettres qui, en révoquant celles du 11 de Septembre 1389, portent qu'il sera fabriqué dans le Dauphiné des Monnoies Dalphinales, au nom & aux armes du Roy comme Dauphin; & que le produit de cette fabrication sera employé à la réparation des Edifices Domaniaux.

GAUFFRIDUS LE MENGRE *dictus* BOUCIQUAUT, *Cambellanus & Consilliarius Regius, Gubernator* Dalphinatûs. *Dilecto nostro Judici Majori* Graisivaudani, *aut ejus Locumtenenti: Salutem. Noveritis nos recepisse Litteras Domini nostri Regis Dalphini, formam quæ sequitur, continentes.*

CHARLES par la grace de Dieu Roy de France, Dalphin de Viennois. A notre amé & féal Chevalier, Chambellan & Consellier, *Gioffroy le Mengre*, dit

NOTE.

(a) La copie de ces Lettres qui sont dans le Dépôt de la Chambre des Comptes de *Greneble*, a été envoyée avec cette indication: *Cartularium Graisivodani*, fol. 25.

Il a été envoyé de *Grenoble* une autre copie de Lettres de Charles VI. seulement avec cette indication: *Caisse du Dauphiné.*

Boucicquaut, Gouverneur de notre *Dalphiné*, ou à son Lieutenant : Salut & dilection. Nous avons entendu & sommes souffisamment infourmés que jaçoit ce que par la derrenière *(b)* Ordonnance qui se fit sur le fait des Monnoyes de nostre Royaume & *Dalphiné*, Nous eussions ordonné que deslors en avant en notredit *Dalphiné*, se fissent toutes telles Monnoyes d'or & d'argent & semblables en fourme, poids, cours & Loy, & fussent entièrement gouvernées comme celles de nostredit Royaume, sans aucune différence, icelle Ordonnance ne se peut raisonnablement soutenir, considéré les pays voisins [a] marchissans à notredit *Dalphiné*, & que ce ne fut ou préjudice & contre les libertés & franchises octroyées par nos prédécesseurs Dalphins, aux habitans dudit pays, & par Nous confermées & jurées, contre lesquelles Nous ne voldrions en aucune manière enfraindre, mais les voulons garder & maintenir. Pour ce est-il que Nous par la délibération de notre Grand Conseil, avons aujourd'huy ordonné & par ces présentes ordonnons pour le bien & utilité de Nous, & pour complaire au peuple d'iceluy pays, que [b] en outres les Monnoyes d'or & d'argent qui se font en icelles, semblables à celles qui se font en notre Royaume, Vous, appellés les Gens de notre Conseil de par-delà, faites faire & ouvrer par toutes les Monnoyes dudit pays, Monnoye Dalphinal, au nom & armes de Nous comme Dalphin, telle & si convenable comme Vous aviserés & trouverés être prouffitable pour Nous & pour les habitans de notredit *Dalphiné*, en ôtant & deffendant de par Nous réaument & de fait le cours à toutes autres Monnoyes [c] étranges, ou les mettant à tel cours comme bon vous semblera, & que elles se puissent fondre comme billon d'argent, & convertir en nosdites Monnoyes Royaux & Dalphinaux. Voulons aussi & ordonnons que pour ce que Nous avons entendu que nos Châteaux & Forteresses dudit pays, [d] cheent en ruine par deffaut de réparation, que tout le prouffit d'icelles Monnoyes, tant d'or comme d'argent, Royaux & Dalphinaux, premièrement les gages ordinaires des Officiers d'iceles payés, soit receu par le Receveur général de notredit pays, & par lui distribué par le mandement de vous Gouverneur, pour tourner & convertir en la réparation desdits Châteaux & Forteresses; c'est asçavoir, premièrement ez lieux où il sera trouvé plus nécessaire, & non autre part, non obstant que jà piéça nous eussions *(c)* ordonné que iceluy prouffit fut apporté par-deça, pour convertir en autre usage: Car ainsy l'avons nous octroyé & voulons être fait, nonobstant quelconques autres Ordonnances sur ce faites ou à faire à ce contraires. *Donné à* Paris, *le second jour de Juillet, l'an de grace mil quatre cent & un, & de notre regne, le vingt-unième.* Ainsi signées. Par le Roy Dalphin, Monsieur le Connestable, le Sire d'*Omont*, Messire *Robert* de *Bressay*, & autres présents. NEAUVILLE.

CHARLES VI.

à Paris, le 2 de Juillet 1401.

[a] *confinants.*

[b] *dans la suite.*

[c] *étrangères.*

[d] *tombent.*

In executionem quarum, per expertos in talibus examinari fecimus monetas de Sabaudia, *quæ de præsenti habent cursum in* Dalphinatu ; *videlicet, de pondere & liga ipsarum, cujus* [e] *examine auditâ veridicâ relatione, & habitâ super hoc deliberatione maturâ cum consilio* Dalphinali, *& pluribus Mercatoribus patriæ* Dalphinatûs, *pro utilitate reipublicæ ordinavimus & per præsentes ordinamus quòd dictæ monetæ de* Sabaudia *capiantur & habeant cursum in* Dalphinatu *prædicto abinde & donec aliud fuerit ordinatum; videlicet Grossus, pro duodecim solidis; dimidius Grossus, pro duodecim denariis, & quartus, pro sex denariis monetæ currentis tantùm ; & insuper ex prædicta deliberatione ordinavimus cudi & operari in Monetis* Dalphinalibus, *novos Grossos & Liardos de quibus vobis certam summam mittimus, qui Grossi habeant cursum quilibet pro duobus solidis sex denariis, & prædicti Liardi, pro sex denariis monetæ currentis. Idcirco mandamus vobis quatenus predictas Ordinationes nostras publicari faciatis voce* [f] *præconia, more & locis solitis,*

Suite des Lettres du Gouverneur.

[e] *corr.* examinis.

[f] *fort.* præconis.

NOTES.

(b) Ordonnance.] Elle est du 11 de Septembre 1389, & se trouve à la page 297 du 7.e Vol. de ce Rec. Voy. *ibid.* p. 298, d'autres Lettres de même date.

(c) Ordonné.] L'ordre qui est ici révoqué, est peut-être celui qui fut donné par les Lettres du 22 de Juin 1401. qui sont ci-dessus, p. 444.

CHARLES VI. à Paris, le 2 de Juillet 1401.

ut nullus de prædictis Ordinationibus ignorantiam pretendere valeat, & prædictæ moneræ Dalphinales *novæ recipiantur ad rationem prædictam, ut prædictæ monetæ de* Sabaudia, *ut supradictum, & quod pro majori præcio quam superiùs declaratur, non capiantur, & hoc sub pœna pro quolibet & qualibet vice contrarium faciente, decem marcharum argenti fini, fisci* [a] *Errario applicanda: nolumus tamen quòd prædictæ Litteræ executioni demandentur, nisi priùs lapso festo Beatæ Mariæ Magdalenæ proximo, & ex causa. Datum in Palacio* Costæ Sancti Andreæ, *die quinta Martii, millesimo quatercentesimo quarto.* Par Monsieur le Gouverneur ou Conseil, ouquel étoient Messieurs *Guillaume Gelmon, Jaques* de *Sainct Germain,* Avocat Fiscal, *Siffrey* de *Toulon,* les Auditeurs des Comptes du *Dalphiné,* les Baillifs de *Briançonnois* & de *Graisivaudan,* & des *(d)* Baronies, & les Juges de *Viennois* & de la terre de [b] *la Tatour.*

GUIFFRIDUS.

[a] erario.

[b] *Il faut app. corr.* la Tour.

NOTE.

(c) Baronies.] Les Baronnies de *Meuillon* & de *Montalban,* sur lesquelles voyez l'Hist. du *Dauphiné* par M. de *Valbonnais.* T. 2. page 332. Note *(a).*

CHARLES VI. à Paris, le 7 de Juillet 1401.

(a) Lettres par lesquelles Charles VI. donne le Comté de Dreux au Duc d'Orléans son Frère, sous la condition du retour de ce Comté à la Couronne, dans le cas où la postérité masculine & légitime du Duc viendroit à manquer.

CHARLES, &c. [c] Se nostre libéralité Royal a accoustumé se monstrer gracieuse tant [d] exhibicion de faveurs, de grace & de dons, comme en avancement de estas & honneurs à ceulx qui se monstrent prests & affectueux de Nous complaire, raison & amour naturelle Nous [e] estraignent trop plus fort à Nous rendre encores plus favorables à nostre très-cher & très-amé Frère *Loys* Duc d'*Orléans,* lequel est demouré seul en ce monde avec Nous du mariage de feu nostre très-chier Seigneur & Père, & de feue nostre très-chiere Dame & Mère, que Dieux absoille, & à le extoller & exaucier en honneurs, faveurs & accroissemens de son estat, plus que autres quelxconques mesmement: car de tous temps aprez sa nativité, depuis qu'il ot congnoissance, le avons trouvé très-humble & obéissant à tous noz commandemens & plaisirs, & a mis & mect chascun jour de plus en plus son entente à faire toutes choses qu'il scet estre à Nous & à nostre Royaume honnorables & prouffitables; & pour ce, savoir faisons à tous présens & avenir, que Nous aians en nostre mémoire la bonne voulenté de nostredit Frère envers Nous, & pour ceste considéracion aians aussi nostre grant affeccion à accroistre son dit estat, affin qu'il ait mieulx dequoy Nous povoir faire les services par lui accoustumez, à icellui nostre Frère avons donné & octroié, donnons & octroions de nostre certaine science & grace espécial par ces présentes, en remunéracion de partie desdis services, & comme à cellui qui bien l'a déservi, la *Conté* de *Dreux,* avecques les Chastel & Ville de *Dreux,* & toutes les autres Villes, Chasteaux, Chastellenies, Maisons, Manoirs, Fours, Moulins, Granches, Coulombiers, & autres Edifices, Terres, Vignes, Prez, Pasturages, Rivières, Estangs, Forests, Bois, Garennes, & autres possessions & héritaiges, Hommes, Hommaiges, Fiez, Arrièreffiez, Cens, Rentes, Revenues, servitutes, devoirs, proffis, émolumens, Juridicions, & Justices haultes, moiennes & basses, Mere & Mixte *(b)* Impetre, Collacions, Présentacions & Droits de Patronnages d'Esglises & de Bénéfices, Drois, Usaiges, Franchises, & autres quelxconques appartenances & appendances queles & en quelque lieu que elles soient & puissent estre de ladicte *Conté* de *Dreulx,* à les avoir, tenir & possider, & à en joïr & user perpétuelment & héritablement par notredit Frère & par ses hoirs masles & descendans de son corps, procréez en

[c] *Si.*

[d] supp. *par.*

[e] *astraignent: obligent.*

NOTES.

(a) Trésor des Chartres, Registre 156. P. 11.e XII. (212.) *fol. 127. recto.*

(b) Impetre.] Corr. Impere: *Imperium.* Voyez la Note *(z)* de la page 44. du 5.e Vol. de ce Rec.

loyal

loyal mariage, & leurs successeurs hoirs masles descendans en directe ligne de hoirs masles & par loyal mariage; [a] parmi ce que se la dicte ligne de hoir masle défaut, incontinent ledit cas advenu, ladicte Conté avecques ses appartenances dessus déclarées, retourneront à Nous & à noz successeurs Rois & à la Couronne de France; & saufs & réservez à Nous & à noz diz successeurs Roys & à la dicte Couronne de France, les Foy & Hommaige lige, les Souverainetez & Ressort, & autres droits Royaulx en ladicte Conté & ès Villes, Chasteaux, appartenances & appendances d'icelle, avecques la Garde des Eglises estans de fondacion Royal, en [b] Pariage, ou telement privilégiées que elles ne pevent ou doivent estre séparées de nostre dicte Couronne, se aucunes en y a. Si donnons en mandement par ces présentes à noz amez & féaulx Gens tenans & qui tendront nostre Parlement, & les Gens de noz Comptes, & nos Trésoriers, à *Paris*, & à tous noz autres Justiciers & Officiers, présens & avenir, ou à leurs Lieuxtenans, & à chascun d'eulx, si comme à lui appartendra, que nostredit Frère, lesdiz hoirs, successeurs & aians cause de lui, facent, seuffrent & laissent joïr & user paisiblement & à tousjours de ladicte *Conté* de *Dreux*, & de toutes ses appartenances & appendances dessus [c] divisées, sans leur mettre ne souffrir estre mis en ce par qui ne comment que ce soit, destourbier ne empeschement aucun: Mandons aussi & commectons à nostre *Bailli* de *Chartres* ou à son Lieutenant, que nostredit Frère ou ses Gens & Procureurs ou Procureur pour lui, mecte ou facent mectre royalment & de fait en possession & saisine de ladicte *Conté* de *Dreux* & de ses dictes appartenances, & par les Vassaulx & Subgiez d'icelle, lui face faire & prester les Fois & Hommaiges, seremens, obéissances & autres devoirs en quoy ilz lui sont, seront & pourront estre tenus à ceste cause, nonobstant que la dicte *Conté* de *Dreux* avant cest présent don & octroy, ait esté & soit du Demaine de nostre dicte Couronne, & à icellui adjointe & [d] aünie, lesquelz en faveur de nostredit Frère, Nous avons mis hors de nostre dit Demaine, & nonobstans aussi quelconques autres dons de terres [e] possessions, de Deniers & d'autres choses quelconques par Nous autreffois fais à nostre dit Frère, lesquelx Nous voulons avoir pour exprimez en ces présentes, les Ordenances par Nous plusieurs fois & derrenièrement faictes de non donner ou [f] liéner aucune chose de nostredit Demaine, & quelxconques autres Ordonnances, Mandemens & défenses contraires. Et que ce soit ferme chose & estable à tousjours, Nous avons fait mettre à ces Lettres nostre Séel: Sauf en autres choses nostre droit, & l'autruy en toutes. *Donné à* Paris, *le VIIe jour de Juillet, l'an de grace mil CCCC & un, & le XXIe. de nostre Regne.*

CHARLES VI.
à Paris, le 7 de Juillet 1401.

a à condition que.

b Voy. les Tabl. des Mat. des Vol. de ce Rec. au mot, Pariage.

c devisées.

d unie.

e supp. &.

f aliéner.

Par le Roy, en son Conseil, où Monseigneur le *Duc* de *Berry*, le *Conte* de *Mortaing*, le Connestable, l'*Evesque* de *Noyon*, Messire *Jaque* de *Bourbon*, le Sire de *Giac*, & plusieurs autres dudit Conseil, estoient. J. DE SANCTIS.

CHARLES VI.
à Paris, le 11 de Juillet 1401.

(a) Lettres qui portent que les Créanciers d'un mari n'ont aucun droit sur les biens dotaux & paraphernaux de sa femme, lorsqu'elle ne s'est point obligée à ses dettes.

KAROLUS Dei gracia Francorum Rex. Senescallo Bellicadri, *nec non Vicario & Judici (b)* Usetici, *ceterisque Justiciariis & Officiariis nostris, vel eorum Locatenentibus: Salutem. Auditâ supplicatione pro parte* Marguarite *uxoris* Baudeti Sontani, *Nobis exhibitâ, continente, quod cùm de ratione & Jure scripto quo illa*

NOTES.

(a) La copie de ces Lettres a été envoyée de *Montpellier*, avec cette indication: *Sénéchaussée de* Beaucaire *&* Nismes *en général, Armoire* A. *liasse 19e. des Actes ramassez, n° 5. fol. 84. verso.*

(b) Usetici.] L'*Usege* ou l'*Uzegais*, pays dont la Ville d'*Uzès* est la capitale. Voyez le Dict. univ. de la France, au mot *Uzès*.

CHARLES VI. à Paris, le 11 de Juillet 1401.

Patria gubernatur, bona dotalia & (c) parafernalia alicujus mulieris, pro debitis sui viri minimè obligata seu ypothecata, capi, vendi, aut distrahi non debeant quoquomodo, fructibus ipsarum rerum dotalium quos maritus suos facit, dumtaxat [a] exeptis; nichilominus vos seu alter vestrûm, bona dotalia, mobilia vel immobilia, ipsius supplicantis, pro debitis propriis sui viri, pro quibus ipsa bona dotalia vel parafernalia minimè obligata vel ypotecata existunt, ad requestam creditorum sui viri predicti, capitis & alienatis, seu capi facere, alienare & distrahere nitimini, & (d) jactatis indebitè & injustè, ac in ipsius supplicantis grande dampnum & prejudicium, sicut dicit, nostrum remedium super hoc implorando. Hinc est quòd attento quòd magnus favor debetur mulieribus in earum dotibus conservandis, & ne in ipsarum rerum dotalium alienatione remaneant indotate, vobis & vestrûm cuilibet, prout ad eum pertinuerit, districtè precipimus & mandamus, quatenus bona dotalia vel parafernalia, mobilia vel immobilia, dicte supplicantis, pro debitis viri sui minimè ypotecata vel obligata, ad requestam creditorum ipsius viri minimè capiatis, vendatis seu distrahatis, capere, vendere aut distrahere faciatis vel permittatis; quinymo facta in contrarium, si que sint vel fuerint, revocetis, & ad statum pristinum & debitum reducatis seu reduci faciatis indilatè, ministrantes in casu oppositionis, Partibus auditis, summariè & de plano & sine strepitu judicii & figura, bonum & breve Justicie complementum: [b] quam sic fieri volumus, & dicte supplicanti concessimus, & concedimus de gracia speciali per presentes; Litteris subreptitiis ad hoc contrariis non obstantibus quibuscumque. Datum, *Parisius*, die undecima Julii, anno Domini millesimo quadringentesimo primo, & regni nostri, vicesimo primo.

Per Regem, ad relationem Consilii. FRERON.

[a] exceptis.

[b] quia.

NOTES.

(c) Parafernalia.] Les biens paraphernaux sont tous les biens que peut avoir une femme mariée, autres que ceux qui ont été donnez en dot au mari; & ces biens sont comme une espèce de pécule qu'elle se réserve, distinguée de la dot qui passe à son mari. *Voy. L. 9. §. 3. ff. de Jur. dot. & L. 31. §. 1. ff. de donat.*

(d) Jactatis.] Ce mot peut signifier ici que les Juges faisoient perdre à la femme des biens qui lui appartenoient. Le mot *Jactare* est pris dans ce sens dans la *L. 25. l. 22. Tit. 3. ff. de Probationibus.* On lit dans cette Loy, *pecunias jactet & indebitas effundat.*

CHARLES VI. à Paris, le 12 de Juillet 1401.

(a) Lettres par lesquelles Charles VI. donne le Duché de Touraine en apanage à Jean son second Fils, sous la condition que ce Duché retournera à la Couronne dans le cas où la postérité masculine & légitime de ce Duc, viendroit à manquer.

CHARLES par la grace de Dieu Roy de France. Savoir faisons à tous présens & advenir, que Nous considérans que à Noz Enffans que Dieu Nous a donnez, Nous sommes tenus par droit de nature pourveoir de Seignories, Terres & revenus telles que ilz en puissent avoir & tenir leurs Estas telz comme à Enffans de Roy de France appartient, & pour ce voulans, tant comme il plaist à nostre Seigneur Nous tenir en ceste vie mortelle, pourveoir à nostre très-chier & très-amé Fils second né [c] *Jehan* de *France,* de appanage convenable pour lui & son Estat, à icellui nostre Filz, pour lui & ses hoirs masles descendans de son corps en loyal mariage, & pour les hoirs masles procreez & descendans d'iceulx hoirs masles, en loial mariage & [d] directe ligne, avons donné, baillié, cédé & transporté, donnons, baillons, cédons & transportons pour sondit appanage, notre *Duchié* de *Touraine,* avecques la Cité de *Tours,* & toutes les Villes, Chasteaulx, Chastellenies, Maisons, Manoirs, Hostelz, Fours, Moulins, Granges, Coulombiers, & autres Edifices,

[c] *Voy. ci-dessous, p. 452. Note (b).*

[d] *& en directe. R. P.*

NOTE.

(a) Tresor des Chartres, Registre 157. P. XXXIII. (33.) Ces Lettres sont aussi dans le Registre *A.* du Parlement de *Paris, fol.* 9 vingt 5. *verso* [185.]

CHARLES VI. à Paris, le 12 de Juillet 1401.

Terres, Vignes, Prez, Pasturages, Champs, Forests, Bois, Garennes & autres possessions & héritaiges, Vassaulx, Hommes, Hommaiges, Fiefs, Arrièrefiefs, Cens, Rentes, Revenus, servitutes, devoirs, émolumens & prouffis, Juridicions, & Justices haultes, moiennes & basses, Mères & Mixtes [a] Imperes, Collacions, Présentacions, [b] Droits de Patronnages de Bénéfices d'Eglise, Droiz, Usaiges, Libertez, Franchises, & autres quelzconques appartenances & appendences de nostredit *Duchié* de *Touraine*, en quelzconques choses & lieux qu'ilz soient, & par quelque manière que ilz soient nommez & dits, exceptez toutesvoyes les Chastel & Chastellenies de [c] *Lodun* & ses appartenances, lesquelz tient à présent nostre très-chier & très-amé Cousin *Loys Roy* de *Jerusalem* & de *Scicile*, par don & octroy Royal, & soubz certaine forme [d] & condicions, & reservez & saufs aussi à Nous & à noz successeurs Rois de France & à la Couronne, les Fois & Hommaiges liges, les Souveraineté & Ressort, & autres droits Royaulx, oudit *Duchié* de *Touraine*, & ès Villes, Chastiaux, Chastellenies, appartenances & appendences d'icellui, avecques les Gardes de l'Eglise Cathédral de *Tours*, & des autres Eglises estans de fondacion Royal, de [e] Pariage, & tellement privilégiées que elles ne pevent ou doivent estre séparées de nostredicte Couronne, à les avoir, tenir & possider par ledit *Jehan* nostre second Filz & sesdis hoirs masles, & les hoirs masles d'iceulx descendans par directe ligne, & procréez en loial mariage, en Parrie & comme Pers de France, & à telles & semblables noblesses, prérogatives, franchises & libertez comme les autres Pers de France tiennent leurs Parries, & comme ilz joïssent & usent ou ont accoustumé joïr & user à cause de leurs dittes Parries, & à en joïr & user par eulx comme de leur propre héritaige perpétuelment & héréditablement par la manière dessus devisée, sauves les excepcion & réservacions dessusdictes; & aussi [f] parmi ce que se il advenoit que nostredit Filz ou sesdis hoirs masles alassent de vie à trespassement sans hoirs masles descendans par ligne directe masculine de nostredit Filz, & procréez en loial mariage, & que la lingne directe masculine de nostredit Filz deffaillist ou temps advenir, ledit *Duchié* de *Touraine* avecques toutes les Villes, Chasteaulx, Chastellenies, appartenances & appendances d'icellui, reviendront & retourneront de plain droit à Nous & à noz successeurs Rois de France, & à la dicte Couronne, & avecques ce que Nous porrons avoir & aurons ou dit Duchié ung Bailli pour les Terres & Subgez exemps, qui sera dit & appellé le Bailli des Exempcions, & tendra son Siége & sa Jurisdiccion à *Tours* ès lieux exemps, & aussi à *Chinon*. Sy donnons en mandement à noz amez & féaulx Gens tenans & qui tendront nostre Parlement, & les Gens de noz Comptes & Trésoriers à *Paris*, & à tous noz autres Justiciers & Officiers, présens & advenir, ou à leurs Lieuxtenans, & à chascun d'eulx, si comme à lui appartendra, que nostre dit Filz ou son Procureur ou Procureurs pour lui, mettent ou facent mettre en possession & saisine dudit *Duchié* de *Touraine*, & de ses appartenances & appendences dessus devisées, & par les Vassaulx & Subgés d'iceulx, lui facent faire & prester les Fois & Hommaiges, seremens, obéissances & autres devoirs en quoy ilz lui sont, seront & porront estre tenus à ceste cause, desquelz en les lui faisant, Nous les avons quittez & deschargiez, quittons & deschargons, & chascun d'eulx pour tant comme à lui puet [g] touchier, supposé que par privilége ou autrement, les aucuns d'eulx ne puissent ou doient estre séparez ne mis hors de noz dis Demaine & Couronne, & d'icellui *Duchié* de *Touraine* & de ses appartenances & appendences dessus devisées, facent, sueffrent & laissent nostredit Filz & ses dis hoirs masles, & les hoirs masles de ses dis hoirs, & leurs Gens & Officiers, joïr & user paisiblement & à tousjours par la manière dessus exprimée, sans faire ne souffrir que ils y soient troublez ou empeschiez aucunement contre la teneur de ces présentes, nonobstant que ledit *Duchié* de *Touraine* & ses dictes appartenances, aient esté & feussent avant ce présent don, bail & transport, ou doient estre du Demaine de nostre Royaume & de nostre dicte Couronne, & à iceulx adjoins & [h] aünis, & quelxconques privilléges par Nous & nos prédécesseurs octroiez audit Duchié, aux bonnes Villes & Chasteaulx d'icellui, & aux manans & habitans en iceulx, supposé que par

a du latin *Imperium*. Voyez le 5e. Vol. de ce Rec. p. 44. Note (z).

b & c. R. P.

c *Loudun.*

d *manière & condicions, & aussi saufz & réservez.* R. P.

e *Voy. les Tabl. des Mat. des Vol. de ce Rec.* au mot, *Pariage.*

f *sous la condition.*

g *appartenir.* R. P.

h *unis.*

CHARLES VI. à Paris, le 12 de Juillet 1401.

iceulx priviléges ilz ne peussent estre mis hors ne séparez de noz Demaines & Couronne dessusdis, lesquelz Nous ne voulons avoir lieu quant à noz présens don, bail, cession & transport des Duchié & ses appartenances dessusdis, & lesquelz pour cause d'iceulx don, bail, cession & transport, Nous en faveur de nostredit Filz, avons séparez & mis hors de nostre Demaine dessusdit; & non obstans aussi noz Ordonnances faittes de non donner ou aliéner aucune chose de nostredit Demaine, & quelzconques autres mandemens & deffenses contraires, desquelz Duchié & ses appartenances dessus devisées, Nous voulons nostre dit Filz estre content, & les lui avons donnez & assignez pour son appanage, & pour tout le droit que il & ses dis hoirs & successeurs porront demander ou temps advenir par droit de succession, de hoirrie, de appanage, ou par autre raison quelzconques, se toutesvoyes il ne Nous plaist ou temps advenir lui amplier son dit appanage, & [a] lui ordonner & baillier plus grant que c'estui. Et que ce soit ferme chose & estable à tousjours, Nous avons fait mettre à ces Lettres nostre Séel: Sauf en autres choses nostre droit, & l'autruy en toutes. *Donné à* Paris, *le XII.e jour de Juillet, l'an de grace mil quatre cens & ung, & le XXI.e de nostre regne.*

[a] *le lui.* R. P.

Par le Roy, en son Conseil, ouquel Monf. le *Duc* de *Berry*, le *Vidame* de [b] *Lannois* & plusieurs autres, estoient. G. DE BRUYERES. [c]

[b] *Laonnois.* R. P.
[c] *Voyez ci-dessus* p. 420. Note *(d)*.

CHARLES VI. à Paris, le 12 de Juillet 1401.

(a) Lettres qui portent qu'en cas que Jean Duc de Berry meurre sans enfans mâles, Jean Duc de Touraine, second fils de Charles VI. aura en accroissement d'apanage, le Duché de Berry & le Comté de Poitiers, sous la condition de réversion de ce Duché & de ce Comté à la Couronne, dans le cas où la posterité masculine & légitime du Duc de Touraine, viendroit à manquer.

CHARLES par la grace de Dieu Roy de France. Savoir faisons à tous présens & avenir, que comme tant selon la forme des Donacions que feu nostre très-chier Seigneur & Ayeul le Roy Jehan, & feu nostre très-chier Seigneur & Père, les ames desquelz Dieu par sa grace vueille avoir en son Saint Paradiz, firent à nostre très-chier & très-amé Oncle *Jehan Duc* de *Berry* & *Comte* de *Poitou*, des *Duchié* de *Berry* & *Conté* de *Poitou*, yceulx Duchie & Conté aveccques toutes leurs apartenances & appendences quelles que elles soient, doyent retourner entièrement ainsi comme elles lui furent baillées, à Nous, à nostre Demaine & à la Couronne de France, ou cas que nostredit Oncle ne auroit hoir masle procréé de son corps en loyal mariage, ou que la ligne directe de hoirs masles descendans de son corps, comme dit est, défaudroit; & sitost que elle seroit deffaillie, comme aussi nostredit Oncle en se conformant ausdictes condicions, ait voulu & Nous ait accordé que sitost que il plaira à Dieu qu'il soit alé de vie à trespassement, ou cas qu'il ne aura hoir masle descendant de son corps en loyal mariage, sesdiz *Duchié* de *Berry* & *Conté* de *Poitou* retournent entièrement à Nous, à nostredit Demaine & à nostre dicte Couronne; comme aussi à nostre très-chier & très-amé Filz second *(b) Jehan Duc* de *Touraine,* Nous ne ayons encores pourveu pour son appanage, fors que du *Duchié* de *Touraine* qui est moult petite chose selon l'estat de nostredit Filz, & pour ce lui vuillions accroistre sondit appanage, & le pourveoir plus grandement, &

NOTES.

(a) Registre *A.* du Parlement de *Paris, folio* 9 vingt 4. *verso.* [184.]

Ces Lettres sont aussi dans le Reg. 157. du Trésor des Chart. p. 34.

(b) Jehan.] Il devint Fils aîné de Charles VI. par la mort de *Louis* I.er Fils de ce Roy. En conséquence de ces Lettres il recueillit le *Duché* de *Berry* & le *Comté* de *Poitiers* après la mort de son grand Oncle, arrivée le 15 de Juin 1416; mais il n'en jouit pas long-tems: car il mourut le 5. d'Avril [avant Pâques] de la même année, ou, suivant *Monstrelet,* le 4. de ce mois, Dimanche des Rameaux. Voy. l'Hist. Généal. de la Maison de France. T. 1. pp. 106. & 114.

telement qu'il en puist avoir & tenir sondit estat tel comme à Filz de Roy de France appartient, à ycellui Jehan nostre second Filz, en accroissement de sondit appanage, avons donné, cédé, octroyé & transporté, donnons, cédons, octroyons & transportons de nostre certaine science & grace especial, dès maintenant pour lors, par ces présentes, pour lui & ses hoirs masles descendans de son corps en loyal mariage, & pour les hoirs masles procréez & descendans d'iceulx hoirs masles en loyal mariage & par directe ligne, les *Duché* de *Berry* & *Conté* de *Poitou*, avec les Citez de *Bourges* & de *Poictiers*, & toutes les Citez, Villes, Chasteaux, Chastellenies, Maisons, Manoirs, Hostels, Fours, Moulins, Granges, Coulombiers, & autres Edifices, Terres, Vignes, Prez, Pasturages, Champs, Forestz, Bois, Garennes, & autres possessions & héritages, Vassaulx, Hommes, Hommages, Fiefs, Arrièrefiefs, Cens, Rentes, revenues, émolumens, prouffiz, servitutes, devoirs, Jurisdictions & Justices haultes, moyennes & basses, Meres & Mixtes [a] Imperes, Collacions, Présentacions & Drois de Patronnages de Bénéfices d'Eglise, Droiz, Usaiges, Libertez, Franchises, & autres quelxconques appartenances & appendences desdiz *Duchié* de *Berry* & *Conté* de *Poitou*, en quelxconques choses & lieux qu'ilz soient, & par quelque manière qu'ilz soient nommez & diz; sauf & réservez à Nous & à noz successeurs Roys & à la Couronne de France, les Fois, Hommaiges liges, les Souverainetez & Ressors, & autres Drois Royaulx, esdiz *Duché* de *Berry* & *Conté* de *Poitou*, & ès Villes, Chasteaulx, Chastellenies, appartenances & appendences d'iceulx, avecques la Garde des Eglises Cathédraux de *Bourges* & de *Poictiers*, de [b] *Maillezès* & [c] *Luczon*, & des autres Eglises estans de fondacion Royal ou de [d] Pariage, & telement privilégiées que elles ne pevent ne doivent estre séparées de nostredicte Couronne, à avoir, tenir & possider par ledit Jehan nostre second Filz, & sesdiz hoirs masles & les hoirs masles d'iceulx descendans par ligne directe & procréez en loyal mariage, tantost après le trespassement de nostredit Oncle, les *Duchié* de *Berry* & *Conté* de *Poitou* dessusdiz, avecques les Villes, Chasteaulx, Chastellenies & autres appartenances & appendences d'iceulx, en Parrie & comme Pers de France, & à telles & semblables noblesses, prérogatives, Libertez & franchises comme les autres Pers de France tiennent leurs Parries, & comme ilz joïssent & usent ou ont acoustumé joïr & user de leurs dictes Parries, & à en joïr & user par nostre dit Filz & sesdiz hoirs masles dessus [e] divisiez, sitost que nostredit Oncle sera alé de vie à trespassement, comme dit est, perpétuelment & héréditablement, comme de leur propre héritage; sauves les réservacions dessusdictes; & aussi [f] parmi ce que se il avenoit que nostredit Filz ou ses diz hoirs masles alassent de vie à trespassement sans hoirs masles descendans par ligne directe masculine de nostredit Filz, & procréez en loyal mariage, & que ladicte ligne directe masculine de nostredit Filz défaillist ou temps avenir, lesdiz *Duché* de *Berry* & *Conté* de *Poitou*, avecques toutes les Villes, Chasteaulx, Chastellenies, appartenances & appendences d'iceulx, revendront & retourneront de plain droit à Nous & à noz successeurs Roys, & à ladicte Couronne de France; & [g] avecques que Nous pourrons avoir & aurons *(c)* noz Bailliz acoustumez pour les Terres & Subgiez exemps, qui tiendront leurs Siéges & Jurisdicions ès lieux exemps desditz Duchié & Conté, où ilz ont acoustumé estre tenus d'ancienneté. Si donnons en mandement à noz amez & féaulx Gens tenans & qui tendront nostre Parlement, & les Gens de noz Comptes & Tréforiers à *Paris*, & à tous noz autres Justiciers & Officiers qui seront pour lors & ou temps après avenir, ou à leurs Lieuxtenans, & à chascun d'eulx, si comme à lui appartendra, que nostredit Filz ou ses Procureurs ou Procureur pour lui, mettent ou facent mettre tantost après ce qu'il aura pleu à Dieu que nostredit Oncle soit alé de vie à très passement, en possession & saisine desdiz *Duché* de *Berry* & *Conté* de *Poitou*, & de leurs appartenances & appendences dessus divisées, & par les Vassaulx & Subgiez d'iceulx, lui facent faire & prester les Fois & Hommages,

CHARLES VI.
à Paris, le 12. de Juillet 1401.

a du latin *Imperium*. Voyez le 5.e Vol. de ce Rec. p. 44. Note *(z)*.

b *Evêché transféré depuis à la Rochelle.*

c *Luzçon*. T. C. *Luçon*.

d *Voy. les Tabl. des Mat. des Vol. de ce Rec.* au mot, *Pariage*.

e *devisez*, là & plus bas.

f *à condition*.

g *avecques ce*. T. C.

NOTE.

(c) Noz Bailliz.] Ils étoient appellez Baillis des Exemptions. Voy. les Tables des Mat. des Vol. de ce Rec. aux mots, *Exemptions*. *(Baillis des)*

CHARLES VI. à Paris, le 12. de Juillet 1401.

seremens, obéïssances & autres devoirs en quoy ilz lui seront & pourront estre tenus à ceste cause; desquelx en les lui faisant, Nous, dès maintenant pour lors les avons quittiez & deschargiez & quittons & deschargons, & chascun d'eulx, comme à lui peut appartenir, supposé que par privilége ou autrement, les aucuns d'eulx ne puissent ou doyent estre séparez ne mis hors de nosdiz Demaine & Couronne, & d'iceulx *Duché* de *Berry* & *Conté* de *Poitou*, & de leurs appartenances & appendences dessusdictes, facent, seuffrent & laissent nostredit Filz, & sesdiz hoirs masles, & les hoirs masles descendans en directe ligne & par loyal mariage de sesdiz hoirs masles, & leurs Gens & Officiers, joïr & user paisiblement & à tousjours par la manière dessus exprimée, sans faire ne souffrir qu'ilz y soient troublez ou empeschiez aucunement contre la teneur de ces présentes; nonobstant que lesdiz *Duchié* de *Berry* & *Conté* de *Poitou* aient esté autreffoiz & fussent avant qu'ilz fussent baillez à nostredit Oncle, & doyent estre après sa mort, du Demaine de nostredit Royaume & de nostredicte Couronne, & à iceulx adjoins & [a] aduniz, & quelxconques privilèges par Nous & noz prédécesseurs Roys de France octroyez auxdiz Duchié & Conté, aux bonnes Villes & Chasteaulx, & aux manans & habitans d'iceulx, supposé que par yceulx priviléges ne puissent estre mis hors ne séparez de noz Demaine & Couronne dessusdiz; lesquelx Nous ne voulons avoir lieu, quant à noz don, bail, cession & transport des Duché, Conté & leurs appartenances dessusdictes, & lesquelx pour cause d'iceulx don, bail, cession & transport, Nous en faveur de nostredit Filz, avons séparez & mis hors dès maintenant pour lors de nostre Demaine dessusdit; & nonobstant aussi noz Ordenances faictes de non donner ou aliéner aucune chose de nostredit Demaine, & quelxconques autres mandemens & défenses contraires; lesquelx *Duché* de *Berry* & *Conté* de *Poitou* Nous avons donnez & assignez à nostredit Filz, & voulons qu'il en soit content, avecques ledit *Duchié* de *Touraine*, pour son appanage, & pour tout le droit que il & sesdiz hoirs & successeurs pourroient demander par droit de succession, de hoirrie, de appanage, ou pour autre raison quelxconques, se toutes voyes il ne Nous plaist ou temps advenir lui amplier sondit appanage, & le lui ordener & baillier plus grant que cestui. Et que ce soit ferme chose & estable à tousjours, Nous avons fait mettre à ces Lettres nostre Séel: Sauf en autres choses nostre droit, & l'autruy en toutes. *Domné à* Paris, *le XIIe jour de Juillet, l'an de grace mil IIII^c & un, & le XXIe. de nostre regne.* Signées Par le Roy, en son Conseil, ouquel Monf. le *Duc* de *Berry*, le *Vidame* de *Laonnois*, & plusieurs autres, estoient. G. DE BRUYERES. [b]

[a] *unis.*

[b] *Voyez ci-dessus* p. 420. Note *(d)*.

CHARLES VI. à Paris, le 12 de Juillet 1401.

(a) Lettres qui portent que les Célestins de la Province de France, auront pour leurs affaires, audience deux fois la semaine au Châtelet de Paris.

CHARLES par la grace de Dieu Roy de France. Au Prévost de *Paris* ou à son Lieutenant: Salut. Comme entre les autres considéracions & bons desirs espirituels que nos prédécesseurs Roys de France ont eu & gardé en leurs temps, & que Nous & autres Princes Catholiques devons avoir, & en ce les ensuir en nostre tems, à l'augmentation, conservacion, protection & deffense du Service divin, & à ce que les Ministres de Dieu à ce députez, le puissent en plus grant paix & tranquilité exercer & célébrer à la gloire & louenge de Dieu, & au prouffit & salut du bien publique & des ames de nos diz prédécesseurs, à la bonne prospérité du gouvernement de nostre Royaume & de Nous, par la miséricorde & grace de Dieu par qui Nous & autres Princes regnons en terre, & par l'intercession & prière des Saints qui sont en gloire, & des dévotes prières des Religieux & autres Ministres de Saincte Eglise, Nous aians considéracion entre les autres, à ce que les Religieux

NOTE.

(a) Livre vert vieil second du Châtelet de *Paris, folio* 17. *recto.*

Céleftins de la Province de France, dont les aucuns ont été fondez par noftre très-cher Seigneur & Père dont Dieu ait l'ame, & nos autres prédéceffeurs, & les aucuns de nouvelle & petite fondacion, dont ils ont plus grant [a] meftier de trouver & avoir bonne expédicion & briefve en termes & faict de Juftice, à la confervacion & pourfuite de leur droit, & ad ce que en plus grant paix & tranfquilité ils puiffent mieulx continuer leurs Offices & Services qu'ils font à Dieu de jour & de nuyt, & eftre par ce moins empefchiez & diftraits d'icelluy, & continuellement perfévérer ès jeûnes, pénitences & oraifons qu'ilz font, auxdiz Religieux de ladicte Province, pour confidéracion de ce que dit eft, ayons ottroyé & ottroyons par ces préfentes, de grace efpécial, que en toutes les Caufes & procez qu'ilz ont & auront ou temps advenir en l'Auditoire du Chaftellet de *Paris,* tant réeles que perfonnelles, & tant en demandant que en deffendant, ilz aient oudit Chaftellet, ou leur Procureur ou Confeil pour eulx, fans empefchement ou contredit aucun, par chacune fepmaine, deux fois audience à plein, nonobftant us, ftile, obfervance, Lettres & impétracions, Ordonnances ou Mandemens quelconques faites ou à faire au contraire. Si vous mandons & eftroictement enjoingnons que de noftre dicte grace & octroy vous les faittes & fouffrez joïr & ufer paifiblement, & icelle gardez & faittes garder en ces termes par la forme & manière que dit eft, fans faire ou fouffrir eftre fait au contraire par quelque maniere : Car ainfi nous plaift-il eftre fait pour confidéracion des chofes deffus dictes. *Donné à* Paris, *le XIIe jour de Juillet, l'an de grace mil CCCC. & ung, & de noftre regne le XXIe.*

CHARLES VI. à Paris, le 12. de Juillet 1401.

a befoin.

CHARLES VI. à Paris, le 13. de Juillet 1401.

(a) Lettres qui portent que tous les Eccléfiaftiques de la Province de Narbonne, exempts & non exempts, contribueront à l'Impofition qui y a été ordonnée pour fubvenir aux dépenfes qui font à faire par rapport au Schifme de l'Eglife.

KAROLUS Dei gracia Francorum Rex. Senefcallo Bellicadri *&* [b] Nemaufis, *vel ejus Locum-tenenti : Salutem. Requeftam pro parte dilecti & fidelis Confiliarii noftri* (b) *Epifcopi* Magalonenfis, *& Abbatis* Sancti Policarpi, *ac Sacrifte Ecclefie* Magalonenfis, *in hac parte Conforturn, nobis exhibitam recepimus, continentem quòd cùm ipfi Litteris noftris obtemperando, per dilectum & fidelem Confiliarium noftrum* Archiepifcopum Narbonenfem, *ac ceteros Prelatos Provincie* Narbonenfis, *ad nos & villam noftram* Parifienfem *fuerint miffi, & venerint pro intereffendo* [c] *Diete que* Metis *ordinata teneri fuerat pro facto unionis noftre Sancte Matris Ecclefie, inter nos & Prelatos Regni noftri, ac etiam Principes & Prelatos* Alamannie, *fuerintque pro Expenfis & vadiis dictorum fupplicancium, octo Franci prefato Epifcopo* Magalonenfi, *cuilibetque dictorum Abbatis & Sacrifte, duo Franci pro die qualibet qua in facto predicto vacarent, taxati per prefatos Archiepifcopum & Prelatos Provincie* Narbonenfis, *feu eorum Vicarios, pro quibus folvendis quedam Tallia fuerit indicta fupra Clero dicte Provincie; dictique* Magalonenfis Epifcopus, *Abbas & Sacrifta pro fumptibus & expenfis dilectorum & fidelium Confiliariorum noftrorum* [d] Patriarche Alexandrini, *Archiepifcopi* [e] Auxitani, *ac ceterorum Magiftrorum & Doctorum qui pro nobis & Ecclefia Regni noftri in dicta Dieta comparere deftinati fuerunt, fummam ducentorum Francorum, & pro nomine dicte Provincie*

b Nemaufi.

c Voyez la Préface de ce Vol. §. Schifme.

d Voy. ci-deffus, p. 136. Note (c).

e Auch.

NOTES.

(a) La copie de ces Lettres a été envoyée de *Montpellier*, avec cette indication : *Sénéchauffée de* Beaucaire *&* Nifmes *en général, Armoire* A. *liaffe* 19. *des Actes ramaffez, n°* 5. *fol.* 84.

(b) *Epifcopi Magalonenfis.*] L'Evêché de *Maguelonne* a été transféré depuis à *Montpellier.* Cet Evêque de *Maguelonne* fe nommoit *Jean* de *Lovier.* Vid. *Gall. Chrift.* 2e *Edit.* T. 6. col. 795. n° XLIV.

L'Abbaye de Saint Policarpe eft dans le Diocèfe de *Narbonne.* Cet Abbé fe nommoit *Antoine Guitardi.* Vid. *ibid.* col. 190. n° XIX.

L'Archevêque de *Narbonne* fe nommoit *François* de *Conzié.* Vid. *ibid.* colonne 95. n° XLVIII.

CHARLES VI. à Paris, le 13. de Juillet 1401.

Narbonensis, *secundùm nostram & Consilii nostri ordinationem mutuaverint, & ob hoc dicta vadia & etiam summa prefata mutuata per personas Ecclesiasticas dicte Provincie, meritò solvi debeant, formidant tamen dicti supplicantes plures dictarum personarum, presertim exemptarum, quotas ipsis de dicta Tallia impositas & imponendas, pretextu exemptionis ipsorum, minimè solvere velle, per quod solutio dictorum vadiorum prefatis supplicantibus, ac etiam dictorum ducentorum Francorum impediri posset vel differri, quod in dictorum supplicancium grande prejudicium redundare posset & gravamen, nisi per Nos & potentiam Brachii nostri secularis cujus auxilium requirunt in juris subsidium, eis provideretur de remedio condecenti. Quocirca premissis consideratis, & attento quòd factum hujusmodi dictas gentes Ecclesiasticas specialiter tangit, propter quod ipsarum gentium & personarum Ecclesiasticarum expensis dicta prosecutio fieri debet, vobis districtè precipimus, & committendo mandamus quatenus omnes & singulas personas Ecclesiasticas dicte Provincie, exemptas & non exemptas, ad solvendum & deliberandum personis super hoc ordinatis vel ordinandis, quotam seu portionem cuilibet pro vadiis & expensis dictorum exponentium, per dictam Talliam taxatam & impositam, necnon pro dicto mutuo ducentorum Francorum taxandam & imponendam, & per captionem & explectationem temporalitatis earumdem, & aliis modis & viis melioribus quibus fieri poterit, viriliter & de facto compellatis seu compelli faciatis : sic enim fieri volumus attentâ materiâ de qua agitur; & ab omnibus Justiciariis & Officiariis & subditis nostris, vobis & deputandis à vobis in hac parte, pareri volumus efficaciter & intendi; oppositionibus, Appellationibus ac Litteris ad hæc contrariis nonobstantibus quibuscumque.* Datum *Parisius,* die decima tertia Julii, anno Domini millesimo quadringentesimo primo, & regni nostri, vicesimo primo.

Per Regem, ad relacionem Consilii. R. COSTE.

CHARLES VI. à Paris, le 14 de Juillet 1401.

(a) Lettres qui portent que la Ville de Chaville sera distraite du Ressort de la Prévôté de Château-Fort, & ressortira immédiatement pardevant le Prévôt de Paris.

CHARLES par la grace de Dieu Roy de France. Savoir faisons à tous présens & avenir, que oye l'umble supplicacion de noz bien amez les Maistre, Prieure, Freres & Suers de l'Ostel-Dieu de *Paris,* & de nostre amé Varlet de Chambre *Jehan Lasne,* Seigneur de la Ville de *(b) Chaville* en la *Prévosté* de *(c) Chasteaufort,* contenant comme ou temps passé ladicte Ville de *Chaville* qui est ou trespas & ou grant chemin à passer & rapasser & venir de *Normandie* & de *Bretaigne* à *Paris,* ait esté anciennement bonne Ville, bien habitée & peuplée de quatrevins à cent Feux ou environ, & ou les trespassans trouvoient moult bien leurs vivres & neccessitez, & estoient bien logiez; néantmoins pour le présent ilz ne y sont demourez que sept Feux ou environ, & s'en sont alez, partiz & fouys hors d'icelle Ville, tous les autres habitans, tant pour le fait des guerres & mortalitez qui ont esté ou Pays, comme pour pluseurs vexations, adjournemens, travaulx & autres plusieurs grans dommages, que leur ont faiz & font chascun jour noz [a] Prévostz Fermiers qui ont esté en nostre Ville, Chastellenie & *Prévosté* dudit *Chasteaufort,* en les faisant adjourner

[a] *Voyez les Tables des mat. des Vol. de ce Rec.* aux mots, *Prévôtez à fermes.*

NOTES.

(a) Livre rouge vieil du Châtelet de *Paris, fol.* 9 vingt 13. *verso* [193.]

Avant ces Lettres, il y a : *Pour l'Ostel-Dieu de* Paris *&* Jehan Lasne *Seigneurs de* Chaville, *que eulx à cause de leur dicte Ville, leurs hommes & subgiez ne soient d'oresénavant tenuz de sortir la Juridicion de* Chasteaufort; *ainçois sortissent la Juridicion de la* Prévosté *de* Paris.

(b) Chaville.] Maison Royale, dont le Parc tient à celui de *Meudon.* Voyez le Dict. univ. de la *France,* au mot, *Chaville.*

(c) Chateaufort.] Bourgade à deux lieues de *Versailles.*

& citer

& citer ſenz cauſe, en leur faiſant continuer par pluſeurs foiz leurs *(d)* Journées & autres, ſenz ſavoir ne vouloir ouvrir la manière, ne leur dire la cauſe pourquoy ilz les avoient & ont fait & ſont ainſi adjourner & citer; parquoy il leur a convenu & convient, ſoit tort ou droit, [a] finer & compoſer à noſdiz Prévoſtz, pour [b] eſchever les peines, vexations & travaulx que ilz leur ont donné & donnent chaſcun jour, comme dit eſt, qui eſt choſe de très mauvaiz exemple, & ou très-grant grief, préjudice, dommage & [c] deshéritement deſdiz ſupplians & de leurs Hommes, [d] Hoſtes & Subgiez d'icelle Ville de *Chaville,* & auſſi de toute la choſe publique, & plus pourroit eſtre, ſe par Nous ne leur eſtoit ſur ce pourvû de remède convenable, ſi comme ilz dient, requerans que conſidéré que ladicte Ville de *Chaville* eſt de la *Viconté* de *Paris,* & à l'un des boux plus près de *Paris* que dudit *Chaſteaufort,* & que pardevant le Prévoſt de *Paris* qui en eſt [e] Bailly, & y ſont leſdits Habitans reſſortiſſans par Appel [f], pourront avoir meilleur droit & plus briève Juſtice & expédicion ſenz travail ne vexation, que pardevant ledit *Prévoſt* de *Chaſteaufort,* Nous leur veuillions ſur ce gracieuſement pourveoir. Nous inclinans à leur ſupplicacion, ces choſes conſidérées, & en faveur dudit Hoſtel-Dieu où les Povres ſont chaſcun jour receuz, [g] repeuz & ſouſtenuz; & auſſi pour conſidéracion des bons & agréables ſervices que noſtredit Varlet de Chambre Nous a faiz en ſondit Office & autrement, & pour certaines & juſtes cauſes qui ad ce Nous ont meu & meuvent, à yceulx ſupplians avons octroyé & octroyons par ces préſentes, de grace eſpécial & certaine ſcience, que eulx à cauſe de leurdicte Terre de *Chaville,* leurs Hommes, Hoſtes & Subgez ilec, ne ſoient d'oreſenavant tenuz de reſſortir pardevant ledit Prévoſt de *Chaſteaufort,* qui eſt à préſent, ne ceulx qui d'oreſenavant y ſeront; mais les avons exemptez & exemptons de la Juriſdicion de la dicte *Prévoſté* de *Chaſteaufort,* & voulons que d'oreſenavant ilz reſſortiſſent ſenz aucun moyen en noſtre Chaſtellet de *Paris* pardevant le *Prévoſt* de *Paris* & ſes ſucceſſeurs Prévoſtz. Si donnons en mandement par ces préſentes audit *Prévoſt* de *Paris* qui eſt à préſent, & à ſes ſucceſſeurs *Prévoſtz* de *Paris,* ou à leurs Lieuxtenans, que de noſtre préſente grace, octroy & exempcion, facent, ſeuffrent & laiſſent leſdiz ſupplians, leurs Hommes, Hoſtes & Subgiez dudit *Chaville,* joyr & uſer paiſiblement, en contraignant à ce faire & ſouffrir eſtre fait ledit *Prévoſt* de *Chaſteaufort* & autres à qui il appartendra, auſquelz par ces meſmes préſentes deffendons que contre la teneur d'icelles ilz ne moleſtent, traveillent ou empeſchent, ne facent ou ſueffrent moleſter, traveillier ou empeſchier leſdiz ſupplians en aucune manière; car ainſi l'avons Nous octroyé & voulu & ordené eſtre fait, nonobſtant quelconques Lettres par nous octroyées ou à octroyer au contraire. Et pour ce que ce ſoit ferme choſe & eſtable à touſjours, Nous avons fait mettre à ces préſentes noſtre Séel: Sauf en autres choſes noſtre droit, & l'autruy en toutes. *Donné à* Paris, *le XIIIIe jour de Juillet, l'an de grace mil quatre cens & un, & de noſtre regne le XXIe.* Ainſi ſigné. Par le Roy, Meſſ. *Jaques* de *Bourbon,* Meſſ. *Jehan* de *Chambrilhac* & autres, préſens. NEAUVILLE.

CHARLES VI. à Paris, le 14 de Juillet 1401.

a *financer. Voy. les Tables des Mat. des Vol. de ce Rec. au mot, Compoſition.*

b *éviter.*

c *ruine.*

d *Voy. les Tabl. des Mat. des Vol. de ce Rec. au mot, Hoſtes.*

e *Juge ſupérieur du Prévôt de* Chaſteaufort.

f *du Prévôt de* Chaſteaufort.

g *nourris & ſecourus.*

Collation faicte à l'original.

NOTE.

(d) Journées & autres, &c.] Il faut peut-être corriger *Journées à autres;* & cela ſignifieroit, que les Prévôts, après avoir fait aſſigner les habitans à un certain jour pour comparoître devant eux, renvoyoient pluſieurs fois la cauſe à un autre jour, ſans leur dire la cauſe pour laquelle ils avoient été adjournez, & leur donner les moyens de ſortir d'affaire.

CHARLES VI. à Paris, le 18 de Juillet 1401.

PHILIPPE VI. dit de Valois, au Bois de Vincennes, en Novembre 1347.

(a) Lettres qui, en confirmant celles par lesquelles Philippe de Valois avoit ordonné que le Comte de Beaufort jouiroit, par rapport à la Terre d'Alais & autres qui lui avoient été vendues par le Dauphin Humbert II. des priviléges accordez au Dauphin par rapport à ces Terres, portent que le Maréchal de Boucicaut à qui elles appartiennent, jouira des mêmes priviléges.

CHARLES par la grace de Dieu Roy de France. Scavoir faisons à tous présents & à venir, Nous avoir veu les Lettres de bonne mémoire notre Besaiol que Dieu absoille, le Roy Philippe, desquelles la teneur s'ensuit.

PHILIPPE par la grace de Dieu Roi de France. Scavoir faisons à tous présents & à venir, que comme ou *(b)* transport que Nous pour certaines causes promeismes à faire & feismes depuis [a] en notre amé & féal Cousin *Humbert Dalphin* de *Vienne*, des Villes, Vigueries, Baronnies, & Chastelenies *(c)* d'*Alest*, d'*Anduse*, d'*Andusenque*, de *Portes*, & d'aucunes autres choses, *(d)* & aussi depuis eussions octroyées à nostre dit Cousin, certains privilèges, franchises & Libertez pour luy & pour ses Subgiets; c'est-à-scavoir, que le dit *Dalphin*, ses hoirs & successeurs, ayent & doient avoir les premières Appellations & Juges d'Appeaulx, & les exécutions d'icelles, en toutes

[a] corr. à.

NOTES.

(a) La copie de ces Lettres a été envoyée de *Montpellier*, avec cette indication: *Sénéchaussée de* Beaucaire *&* Nîmes *en général, Armoire* A. *liasse 19*. *des Actes ramassez*, n° 5. fol. 92.

Ces Lettres sont aussi au Trésor des Chartres, Reg. 156. P. VIII^xx I. [161.]

(b) Transport.] Le Don que le *Dauphin Humbert II.* fit de ses Etats à la Maison de France, donna lieu à plusieurs Actes, dont les derniers confirmèrent, changèrent ou modifièrent les précédens. Le premier est du 23 d'Avril 1343, & le dernier du 30 de Mars 1349. Il n'est pas nécessaire d'expliquer ici tout ce que contiennent ces Actes, & celui de 1349 ne peut avoir de rapport à nos Lettres de 1347 qui lui sont antérieures.

Dans l'Acte du 23 d'avril 1343, il est dit entr'autres choses, que pour récompense du don que le *Dauphin* faisoit de ses Etats, Philippe de Valois donnera au *Dauphin à héritage*, deux mille Livres de rente en biens-fonds qui lui seront cédez, à la place de deux mille Livres de rente *à héritage* qu'il avoit droit de prendre sur le Trésor du Roy. [Voyez la p. 454. col. 2. du 2e Vol. de l'Histoire du *Dauphiné* par *Valbonnais*.] Pour exécuter cette clause, le 7. de Juin 1344, *Jean Duc* de *Normandie*, fils aîné de Philippe de Valois, céda au *Dauphin*, au nom de ce Roy, *Alais*, & les autres lieux nommez dans nos Lettres de 1347. [Voyez *ibid.* page 485.] Le *Dauphin* ne les garda pas long-tems: car il paroît par une Lettre de *Clément VI.* à Philippe de Valois, de laquelle M. *Baluze* n'a pas fait imprimer la date, mais qu'il place sous cette même année 1344, que le *Dauphin* avoit déjà vendu ces terres au *Comte* de *Beaufort*, frère de ce Pape. Cette Lettre est à la col. 678. du 2e Vol. du Livre intitulé: *Vitæ Paparum Avenion.* a Baluzio.

(c) Alest, &c.] Cette Ville se nommoit anciennement en latin *Alestum*, & elle s'appelle présentement *Alais*. Elle est située dans le *Bas Languedoc*. Voyez le Dict. univ. de la *France*, au mot *Alais*.

Dom *Vaissete* Religieux Bénédictin de la Congrégation de Saint Maur, m'a marqué qu'*Alais* & *Anduse* qui n'en est éloigné que de deux lieues, sont de la *Sénéchaussée* de *Beaucaire*, qu'il ne connoît point *Andusenque* duquel il est parlé dans la suite de ces Lettres, & que ce lieu a apparemment été détruit dans les guerres de Religion.

A l'égard du lieu nommé *Portes*, que l'on appelle aussi *Portes-Bertrand*, c'est une Baronnie située dans le Diocèse d'*Uzès* & dans la *Sénéchaussée* de *Beaucaire*. Voyez l'Histoire du *Languedoc* par Dom *Vaissete*. t. 4. p. 233. & 469. Ce sçavant Bénédictin m'apprend que la Baronnie de *Portes* dépend de celle d'*Alais*.

(d) Et aussi depuis.] Cela n'est point exact: car le droit des premières Appellations fut accordé au *Dauphin* par l'Acte même du 7. de Juin 1344. par lequel *Alais*, &c. lui fut cédé. Dans cet Acte, le *Duc* de *Normandie* réserve pour le Roy les secondes Appellations; d'où il s'ensuit que le *Dauphin* avoit les premières. Voyez l'Hist. du *Dauphiné* par *Valbonnais*, t. 2. pag. 486. Le droit des premières Appellations sur toutes les autres Terres que le *Dauphin* possédoit dans le Royaume, lui avoit été accordé par l'Acte du 23. d'Avril 1343. Voyez *ibid.* p. 452.

les propriétez, Fiefs & Arrière-fiefs que il a ou auroit en notre Royaume; & avec ce, *(e)* aions voulu que le dit *Dalphin* & ses successeurs se puissent aidier en tems de guerres & autres tems convenables & [a] nécessités, de ses gens qui sont & seront en ses Terres, Fiefs & Arrière-fiefs de notre dit Royaume, & les traire hors de notre dit Royaume pour les dittes causes, nonobstant deffense contraire, se Nous n'en avions à faire pour guerre ou pour autre cause raisonnable; *(f)* & avec ce, avons vouleu & octroyé audit *Dalphin*, que [b] Marque quelle que elle soit du [c] petit Scel de *Montpellier* ou d'autres, des Foires ou *(g)* Statut de notre Royaume, ou pour quelconque cause ou obligation que ce soit, ne se peust donner contre ledit *Dalphin*, ne contre ses hoirs & successeurs, ne contre les hommes & subgets dudit *Dalphiné*, & Terres dessus dittes, jusques à tant que ledit *Dalphin* ou ses Lieutenans ou Juges compétants deuement requis, seroient en défault de en faire raison & Justice; & que nuls hommes ou subgiets du dit *Dalphiné* & Terres dessus dittes, pour choses qui seroient assises hors de notre Royaume, ou [d] Contraint, ou meffait hors d'ycelui Royaume fait, ne puissent être trais ne convenus en aucune Court de notre Royaume, se n'estoit en cas où *(h)* remission se devroit faire pour raison tant seulement, & avec ce, en élargissant les dis privilèges, à Requeste dudit *Dalphin*, aions voulu que nulle Marque ne soit donnée contre le dit *Dalphin*, ses hoirs ou successeurs, ne contre ses hommes & subgiets du dit *Dalphiné* & Terres, se il, ou son Lieutenant principal, ou son Juge ordinaire de la Viguerie à laquelle seroit subgiet celui contre qui la Requeste se devroit faire, ne estoient en défault de faire raison & Justice, souffisamment requis tout avant, & que de la Requeste & de la response du dit *Dalphin* ou de son Lieutenant ou Juge dessusdits, il apparust par instrument publique ou témoins dignes de foi, & ayons voulu, mandé & commandé estroitement les dittes choses estre tenues, gardées & entérinées de point en point; les autres choses contenues ès articles dont ces déclarations font mention, demourans en leur plaine force & vertu; *(i)* & avecques ce, avons voulu & octroié de notre grace especial au dit *Dalphin*, pour lui, ses hoirs & successeurs, que en ses Terres, Fiefs & Arrière-fiefs qu'il a & auront en la *Sénéchaussie* de *Beaucaire*, ès *Baillages* de [e] *Viverois*, de *(k) Roussillon* & de *Velay*, quatre de nos Sergens de la ditte Sénéchaussie, qui seront nommez & eslus par le Séneschal de *Beaucaire*, présent & avenir, puissent, & non autres de la ditte Sénéchaussie, doresenavant Sergenter & faire Office de Sergent ès cas de Ressort & de Souveraineté, & en autres cas à Nous appartenants, toutes fois que [f] mestier en sera, & en ses Terres, Fiefs & Arrière-fiefs qu'il a & auront; ou *(l) Balliage* d'*Auvergne*, deux Sergens tant seulement, par cette

CHARLES VI. à Paris, le 18 de Juillet 1401.

a *nécessaires.* T. C.

b *Voy. les Tabl. des Mat. des Vol. de ce Rec, au mot, Marque.*

c *Voy. ci-dessus, p. 344. Note (b). & 348. Note (a).*

d *Contraut.* T. *des Contrats.*

e *Vivarais.*

f *besoin.*

NOTES.

(e) Ayons voulu.] Ce privilége fut accordé au *Dauphin* par l'Acte du 23. d'Avril 1343. Voyez l'Histoire du *Dauphiné* par *V.* t. 2. p. 454. col. 2.

(f) Et avec ce, avons vouleu.] Ce privilége & les deux suivans sont contenus dans l'Acte du 23. d'Avril 1343, & confirmez par celui du mois de Juillet suivant. Voyez l'Histoire du *Dauphiné* par *V.* t. 2. p. 453. & 460.

(g) Statut.] Ce mot peut signifier ici des Coûtumes & des Priviléges accordez à certains lieux. Il y a un Recueil in 4.° intitulé *Statuta Delphinalia*, & plusieurs Recueils qui ont pour titre, *Statuta Provinciæ*, Statuts de *Provence*, &c.

(h) Rémission.] C'est-à-dire, dans le cas où le délinquant seroit obligé d'impétrer des Lettres de Rémission.

(i) Et avecques ce.] Ce privilége fut accordé au *Dauphin* par l'Acte du mois de Juillet 1343. Il n'y est point parlé du *Bailliage* de *Roussillon*. Voyez l'Hist. du *Dauphiné* par *V.* t. 2. p. 460.

(k) Roussillon.] Il n'y a dans le T. C. que *Rouss.* avec une marque d'abréviation. C'est appar. *Roussillon*, Ville du *Dauphiné*, du Diocèse de *Valence*, & située sur le *Rhône* entre cette Ville & *Vienne*. Voyez le Dict. univ. de la *France*, au mot *Roussillon*.

Il y avoit peut-être dès 1347. un Bailliage royal établi à *Roussillon*, quoique cependant les donations faites par le Dauphin *Humbert* de ses Etats à la Maison de France, antérieures à cette année, ne fussent que conditionnelles, & en cas que le *Dauphin* mourût sans enfans mâles.

(l) Balliage d'Auvergne.] On pourroit conclurre de cet endroit & de la suite des Lettres, que le Dauphin vendit au *Comte* de *Beaufort*, non seulement *Alais* & les autres Terres que Philippe de Valois lui céda, mais encore celles qu'il possédoit dans les *Bailliages* d'*Auvergne* & de *Mâcon*.

CHARLES VI.

à Paris, le 18 de Juillet 1401.

même manière, & quatre ou *Balliage* de *Mascon*; tous autres Sergens des dittes Sénéchaussies & Balliages, forclos & [a] destitus, quant à faire Office de Sergent, sur & ès Terres, propriétés, Fiefs & Arrière-fiefs que le dit *Dalphin* & ses successeurs Dalphins de *Vienne* auront ès dittes Sénéchaussies & Balliages; & depuis, les dittes Villes, Baronnies, Vigueries & Chatelenies d'*Alest*, d'*Anduse*, d'*Andusenque*, de *Portes*, de *(m) Soustanton* & autres, soient pour certaine cause [b] devenues à notre amé & féal le *(n) Comte* de *Beaufort* frère de notre Saint Pere le Pape, Nous, pour contemplation de notre dit Saint Pere, & pour les bons, loyaux, agréables & proufitables services que ledit Comte nous a faits & à notre très-chier & amé fils *Jehan Duc* de *Normandie*, & fait de jour en jour à l'onneur & proufit de Nous & de la Couronne de France, tous les priviléges dessus dits & chacun d'iceulx, avons octroyés & octroyons par ces présentes Lettres au dit Comte pour luy, ses hoirs, successeurs ou ayans cause de luy, & pour ses subgiets & habitants de ses Terres en notre Royaume & dehors, pour tant qu'il les touchent & les peuvent toucher; & que il & ses hoirs, successeurs ou ayans cause de luy, en joissent & usent de touts & chacun d'iceulx; non contrestant tous droits ou octrois autres, ou d'autres priviléges que nous ayons faits ou octroyés au dit Comte, ou toutes autres choses qui pourroient être dites ou alléguées au contraire des choses dessus dittes ou d'aucunes d'icelles; lesquelles choses ou autres quelles que elles soient, jasoit ce que elles ne soient cy nommées par exprès, & que elles le dûssent estre de droit ou selon leur nature, nous tenons pour exprimés & suppléons le deffaut s'aucun en y avoit de droit ou de Coustume, & en tant que notre dit octroi pourroient [c] apetitier & amenuisier, Nous les ostons du tout, cassons, irritons & annullons, & voulons pour Nous & pour nos successeurs, que non contrestant icelles ou aucune d'icelles, notre présent octroi vaille, tiengne, & soit gardé [d] en tout & par-tout de point en point, à tousjours mais, sans enfraindre par nos amés & féaulx les Gens qui tendront les Parlements, par les Gardes & Maistres des Foires de *Champaigne* & de *Brie*, par les Gardes & Juges du Petit Scel de *Montpellier*, & par tous nos autres Justiciers & Subgiets, chacun pour tant que à chacun appartiendra: Lesquelles choses Nous, pour la Cause dessusditte, & pour autres justes Causes qui à ce Nous ont esmus, avons voulues & octroyées, voulons & octroyons de certaine science, grace especial, de notre plain pouvoir & auttorité Royal. Et que ce soit ferme chose & estable à tousjours, Nous avons fait mettre notre Scel à ces présentes Lettres: Sauf en autres choses notre droit, & l'autruy en toutes. *Donné au* Bois de Vincennes, *l'an de grace mil trois cens quarante-sept, ou mois de Novembre.*

a *destituez à cet égard de leurs fonctions ordinaires.*

b *Voy. ci-dessus* p. 458. Note *(b)*.

c *diminuer.*

d *& tenu.* T. C.

Suite des Lettres de Charles VI.

Et il soit ainsi que depuis, les Villes, Baronnies, Vigueries, Terres & Chastelenies d'*Alest*, d'*Anduse*, d'*Andusenque*, & autres, avecques leurs appartenances & appendances, & desquels mention est à plain faite ès Lettres de notre dit prédécesseur dessus transcrites, par certains moyens soient avenues à notre amé & féal Conseiller *Jehan Le Meingre* dit *Bouciquaut*, Maréchal de France, & à notre chière & amée Cousine *(o) Anthoinete* de *Turenne* sa femme, & leur appartiengne à

NOTES.

(m) Soustanton.] Il y a très-grande apparence que ce lieu est celui qui est nommé *Sextatio* & *Sextantio* dans l'Itinéraire d'*Antonin*, & *Sostantio* dans le Voyage de *Bourdeaux* à *Hierusalem*. Voyez sur ce lieu *Vetera Romanor. Itineraria. edita* a Wesselingio. *Amst. 1735.* in-4°. p. 388. *&* 389.

Catel aux pp. 289 & 290 de son Hist. du *Languedoc*, dit que ce lieu se nomme présentement *Sustantion*, & que c'est un village distant de *Montpellier* d'un quart de lieue. *Sustantion* a été chef-lieu d'un Comté, sur lequel voyez *ibid.* & le Livre de M. de *Marca*, intitulé, *De Concordia Sacerdotii & Imperii.* Liv. 2. chap. 3. §. 3. p. 102. de l'édit. de *Paris* 1704.

(n) Comte de Beaufort.] Guillaume Rogier II. du nom, frère de *Clément VI.* Voyez sur ce Comte, la Note *(b)* de la p. 35. du 6.e Vol. de ce Rec. Il y est dit que *Guillaume III.* son fils acquit la *Vicomté* de *Turenne*. Voyez la Note suivante.

(o) Anthoinete de Turenne.] Le Maréchal de *Boucicaut* eut pour femme *Antoinette* de *Beaufort*, fille de *Raymond-Louis Comte* de *Beaufort*, *Vicomte* de *Turenne*, lequel étoit fils de *Guillaume III.* & petit-fils de *Guillaume II.* desquels il est parlé dans la Note précédente. Voyez l'Hist. Généal. de la Maison de *France*. T. 6. p. 754.

certain & juste titre, Nous, à la supplication des dits conjoints, & pour contemplation de notre dit Conseiller, & aussi pour les bons, loyaulx & agréables services qu'il Nous a faits, les Lettres dessus transcrites & tout le contenu en icelles, de notre plaine puissance, povoir, autorité Royal & grace especial, louons, gréons, ratifions, & par ces présentes avons confermé & confermons, & iceulx luy avons octroyé & octroyons de nouvel, se mestier est : Et oultre, voulons pour Nous & pour nos successeurs, que notre présent octroy & confirmation vaillent & tiengnent, & soyent tenus & gardés en tout & par-tout de point en point, à tousjours mais sans enfraindre, par nos amés & féaulx les Gens tenants notre Parlement, & qui nos autres subséquens Parlements tendront, par les Maîtres & Gardes des Foires de *Champaigne* & de *Brie*, par les Gardes & Juges du Petit Scel de *Montpellier*, par le *Sénéchal* de *Beaucaire*, & par tous nos autres Justiciers, Officiers & Subjets, & leurs Lieuxtenans, si comme à chacun d'eulx appartiendra. Et que ce soit ferme chose & estable à tousjours, Nous avons fait mettre notre Scel à ces présentes Lettres : Sauf en autres choses notre droit, & l'autruy en toutes. *Donné à* Paris, *le dix-huittième jour de Juillet, l'an de grace mil quatre cens un, & de notre regne, le vingt-unième.* Par le Roy, en son Conseil, le *Roy* de *Secile*, Messeigneurs les *Ducs* de *Berry* & d'*Orléans*, le Connestable, [a] Vous, le Grand Maistre d'Ostel, & autres, présents. NEAUVILLE.

(p) Collation est faite aux Lettres dessus transcrites. *Visa.*

CHARLES VI. à Paris, le 18 de Juillet 1401.

[a] Le Chancelier de France. *Voyez le 5.e Vol. de ce Rec.* page 653. Note *(c)*.

NOTE.

(p) Ces mots ne sont point dans le Registre du Trésor des Chartres.

CHARLES VI. à Paris, le 19 de Juillet 1401.

(a) Mandement qui ordonne qu'il sera fabriqué de petits Deniers Parisis, & qui fixe le prix de l'Argent.

CHARLES par la grace de Dieu Roy de France. A noz amez & féaulx les Généraulx-Maistres de noz Monnoyes : Salut & dilection. Pour ce que Nous avons entendu que à présent il est très-grant necessité entre nostre Peuple, de petite Monnoye noire, tant pour faire aumosne comme autrement, Nous avons ordonné que en nostre Monnoye à *Paris,* soient faictz, ouvrez & monnoyez jusques à la somme de mil Marcs d'Argent, pour faire petiz Deniers Parisis, sur la forme & aussi de la Loy & poix de ceulx qui courent à présent pour ung Denier Parisis la pièce, à I Denier XVI. grains de Loy, Argent-le-Roy, & [b] de XV. Sols de poix au Marc de *Paris,* pour délivrer à nostre amé & féal Aumosnier, & non à autre, pour convertir à nostre Aumosne. Si vous mandons que ladicte somme de mil Marcs d'Argent ou environ, vous faictes ouvrer & monnoyer à une fois ou à plusieurs, par la manière que dit est, en donnant aux Changeurs & Marchans pour chacun Marc d'Argent monnoyé à ladicte Loy, VI. Livres IIII. Sols Tournois ; & par rapportant ces présentes & recongnoissance sur ce, Nous mandons à noz amez & féaulx Gens de noz Comptes à *Paris,* que ilz passent & allouent ledit pris ès comptes de celuy ou ceulx à qui il apartiendra, nonobstant Ordonnances, Mandemens ou deffenses à ce contraires. *Donné à* Paris, *le XIX.e jour de Juillet, l'an de grace mil IIII.c & ung, & de nostre Regne le XXI.e* Ainsi signé. Par le Roy. PROPHETE.

[b] *de cent quatre-vingt pièces au marc.*

Nonobstant que ou Mandement du Roy soit contenu & mandé que l'en donne pour Marc d'Argent VI. Livres IIII. Sols Tournois, toutesvoes les Généraulx-Maistres des Monnoyes n'ont ordonné estre mis en l'Exécutoire que VI. Livres II. Sols VI. Deniers Tournois. *Fait le XXVII.e jour de Juillet, l'an mil IIII.c & ung.*

NOTE.

(a) Registre *E.* de la Cour des Monnoyes de *Paris, fol.o* vingt-3 *recto.* [143.]

Avant ces Lettres, il y a : *Mandement pour ouvrer en la Monnoye de* Paris, *pour l'Aumosne, mil Marcs d'Argent à VI. Livres II. Sols VI. Deniers Tournois le Marc.*

Nonobstant que par le Mandement du Roy cy-dessus escript, soit mandé que l'en donne en Marc d'Argent, VI. Livres IIII. Sols Tournois, toutesvoes les Généraulx-Maistres n'ont ordoné estre mis en l'Exécutoire dudit Mandement, que VI. Livres II. Sols VI. Deniers Tournois, comme il a esté acoustumé.

CHARLES VI. à Paris, en Juillet 1401.

(a) Lettres de Sauvegarde Royale pour les Habitans de la Ville de Rouvroy sur Meuse, située dans l'Empire, & Sujets sans moyen de l'Evêque de Verdun.

CHARLES, &c. Savoir faisons à tous présens & à venir, que de par noz amez les Bourgois, manans & habitans de la ville de *(b) Rouvroy* sur *Meuse*, subgiez & justiciables sans moyen de l'Evesque de *Verdum*, par certains leurs Procureurs & messaiges à Nous n'agaires par eulx envoyez, Nous a esté exposé en suppliant, que comme la dicte Ville & terrouoir d'icelle, soient situez & assiz en l'*Empire*, hors de nostre Royaume, à quatre lieues près ou environ, & non subgecte de Nous, mais subgecte dudit Evesque, comme dit est, & que pour estre gardez & deffendus des griefz, forces, violences, oppressions, molestacions & inquiétacions indeues qui faictes leur sont chascun jour sans cause raisonnable, & pourroient encore plus estre faictes ou temps avenir par leurs hayneux & malveillans, ou préjudice desdiz exposans & dudit Evesque, ycellui Evesque leur Seigneur qui à ce n'a peu & ne pourroit nullement remédier, leur ait octroyé pour lui & ses successeurs Evesques de *Verdum*, que iceulx exposans puissent & leur [a] loyse eulx mectre & faire mectre & tenir à tousjours, eulx, leurs postéritez & successeurs, & leurs biens présens & avenir, habitans en ladicte Ville, en & soubz nostre proteccion & sauvegarde espécial, à héritaige & à tousjours, ou autrement, & de Nous pour ce paier telz devoirs & redevances que sur ce vouldrions ordonner, & qu'ilz pourroient bonnement supporter, si comme par les Lettres dudit Evesque sur ce faictes, desquelles la teneur s'ensuit,

[a] *soit licite.*

A TOUS ceulx qui ces présentes Lettres verront & orront. *Liebaulz* de *Cusance*, par la grace de Dieu *Evesque* de [b] *Verdum*: Salut en nostre Seigneur. Savoir faisons que afin que les habitans de nostre ville de *Rouvroy* sus *Meuse*, noz hommes & subgiez à cause de nostre Eveschié de *Verdum*, soient gardez & deffenduz de plusieurs tors, griefz, violences & inquiétacions indeues qui leur sont faictes de jour en jour, & se pourroient faire en temps avenir, à tort & sans cause, ou préjudice & dommaige de Nous & de noz diz hommes, [c] ens quelles choses ne povons remédier de Nous meismes, Nous considérans que encontre ce ne puet l'en mieulx estre deffenduz ne soustenus, que par très-excellant & très-puissant Prince nostre S. le Roy de France, avons pour Nous & pour noz successeurs Evesques de *Verdum*, donné & donnons ausdis habitans de nostre dicte Ville de *Rouvroy*, congié, licence & auctorité, & expressément consentons que eulx, pour eulx, pour leur postéritez & ligniés, présens & avenir, demourans en ladicte Ville, vaillent & puissent [d] penre, recevoir & eulx mectre en la saulve espéciale garde & proteccion du Roy nostre dit Seigneur, en héritaige ou autrement à son bon plaisir, & que à ce soient & puissent être receuz par icellui Seigneur, paiant pour ce à lui ou à ses Commis, redevance ou *(c)* Bourgoisie, en tel cas souffisante, pourveu que par la dicte garde ne deppendance d'icelle, le

[b] *Verdun*, là & plus bas.

[c] *dans lesquelles choses.*

[d] *prendre.*

NOTES.

(a) Trésor des Chartres, Registre 156. P. II.e XXIII. (223.)

(b) Rouvroy.] Voyez sur ces Lettres de Sauvegarde la p. 360 de l'Histoire de *Verdun* [par M. *Roussel.*] Il est parlé *ibid.* dans la Note *(c)* de la p. 232. de *Rouveroy* ou *Rouveret*, situé sur la *Meuse*, dans le Marquisat d'*Hatton-le-Châtel*, au dessous de *Saint-Michiel.* Il y a apparence que c'est le même lieu que *Rouvroy*: du moins dans la Table des Mat. au mot *Rouvroy*, renvoie-t-on à cette p. 232. dans laquelle il n'est parlé que de *Rouveroy*.

(c) Bourgoisie.] C'est-à-dire, apparemment une redevance semblable à celle que des Bourgeois paient à leur Seigneur.

Roy nostredit Seigneur ne ses Officiers n'entrepreignent aucune juridicion, congnoissance ne Seignourie en ladicte Ville, ne sus les habitans d'icelle, & que par icelle les Droits, Juridicion & Seignourie de Nous & de noz successeurs, ne soient aucunement amenriz ne empeschiez, & aussi que lesdiz habitans ne s'en puissent aucunement aidier ne eulx faire reclamer contre Nous ne noz successeurs; & en cas qu'ilz le feroient, [a] la leur chose fut acquise à Nous & à noz diz successeurs, selonc [b] le point de leur Chartre disant que se aucun des habitans de ladicte Ville se faisoit reclamer par autre Seigneur contre Nous ou noz Sergens, la sienne chose Nous seroit acquise. *Donné soubz nostre Séel, l'an de grace nostre Seigneur mil CCCC & un, le XVIII[e] jour de Juillet.*

CHARLES VI. à Paris, en Juillet 1401.

a leurs biens.

b *l'article de leurs priviléges.*

Puet plus à plain apparoir; & il soit ainsi que lesdiz exposans pour les causes dessusdictes, & pour plusieurs autres qui à ce les ont meuz & meuvent, ayent grant desir, voulenté & affeccion pour vivre plus seurement & en paix par nostre moyen & soubz nostre proteccion, de estre & demourer à tousjours, eulx, leurs ligniés & successeurs manans & habitans en ladicte ville & terrouoir de *Rouvroy*, en & soubz la proteccion & sauvegarde espécial de Nous & de nozdiz successeurs Roys de France, & mesmement que ledit Evesque de *Verdum* leur Seigneur est en nostre dicte proteccion & [c] sauvegarde, & aussi sont les habitans de plusieurs autres Villes voisines dehors nostredit Royaume, d'environ ycelle Ville de *Rouvroy*, avec leurs familles, terres, drois, choses & biens quelxconques, [d] parmi Nous paiant chascun an, pour chascun feu estant en ycelles Villes voisines, douze Deniers Parisis seulement, que il Nous pleust ladicte Ville de *Rouvroy*, les bourgois, manans & habitans en ycelle, avecques leurs biens, fiefs, terres, femmes, familles, drois, possessions & autres choses quelxconques, recevoir, prenre & avoir à tousjours en nostre dicte proteccion & sauvegarde espécial & de noz diz successeurs Roys de France, contre leurs hayneux & ceulx qui leur pourroient mal vouloir, en nous paiant la redevance de douze Deniers Parisis pour feu, chascun an, comme font les habitans des dictes Villes, leurs voisins dont dessus est faicte mencion: Pour ce est-il que Nous considérans les choses dessus dictes, la grande & singulière affeccion & bonne amour que lesdits exposans & leurs prédécesseurs ont eu de tout temps à noz prédécesseurs Roys de France, à Nous & à nostre Royaume, & encores ont de présent, & sont prestz de Nous faire service à leur povoir, se [e] mestier avions d'eulx, & que de tout temps passez ilz se sont maintenus & gouvernez courtoisement & paisiblement avec noz subgez leurs voisins, & les ont aidiez, conseilliez & confortez quant mestier en ont eu, de leur povoir, & pour plusieurs autres causes & considéracions qui à ce Nous ont meu & meuvent, ladicte Ville de *Rouvroy*, les Bourgois, manans & habitans d'icelle où il a de quatre-vins à cent feux ou environ, avecques leurs biens, fiez, terres, drois, possessions, femmes, familles, marchandises & autres choses quelxconques, avons prins & mis, & par ces présentes de nostre certaine science & grace espécial, prenons & mettons en & soubz nostredicte proteccion & sauvegarde espécial, & de nozdiz successeurs Roys de France, à la conservacion de leurs drois tant seulement, & les promectons garder & deffendre, garderons & deffendrons à leurs despens par Nous, noz Gens & Officiers, comme les subgez de nostre dit Royaume, contre & envers tous ceulx qui aucuns tors, griefz, oppressions, molestacions, inquiétacions, forces ou autres nouveletez indeues leur vouldroient faire, & leur baillons & députons en gardiens pour la dicte Ville, terrouoir, eulx & leur biens garder, soustenir & deffendre pour Nous & en nostre nom, nostre *Bailli* de *Vitry*, & nostre *(d) Prévost* de *Passavant*, qui à présent sont & pour le temps avenir seront, leurs Lieuxtenans, & à chascun d'eulx, ausquelx Gardiens, leurs Lieuxtenans & à chascun d'eulx, Nous mandons & commettons par ces présentes, que ladicte Ville,

Suite des Lettres de Charles VI.

c *Les Lettres de Sauvegarde qui sont du 10 de Juin 1396. sont ci-dessus, p. 78.*

d *moyennant qu'il nous payent.*

e *besoin.*

NOTE.

(d) Prévost de Passavant.] Prévôté royale ressortissante au *Bailliage* de *Vitry*. Voyez le Dictionnaire universel de la *France*, au mot *Passavant.*

CHARLES VI.
à Paris, au mois de Juillet 1401.

terrouoir, Bourgois, manans & habitans de *Rouvroy,* & chascun d'eulx, ilz maintiengnent & gardent en toutes leurs justes possessions, drois, usaiges, Coustumes, franchises & Libertez esquelles ilz les trouveront estre, & leurs prédécesseurs avoir esté paisiblement & d'ancienneté, & les gardent & deffendent de toutes injures, violences, griefz, oppressions, molestacions, de force d'armes, de puissance de Lais, & de toutes autres inquiétacions & nouvelletez indeues, & que ceste nostre présente sauvegarde facent signifier & publier ès lieux & aux personnes où il appartendra, & dont ilz seront requis par lesdis Bourgois, manans & habitans, ou l'un d'eulx; & en signe d'icelle nostre sauvegarde, mettent & facent mettre en cas d'éminent péril, noz [a] pennonceaulx & bastons Royaulx en & sur les manoirs, maisons, granches, terres, possessions, marchandises & autres biens quelxconques desdiz Bourgois, manans & habitans, & de chascun d'eulx, & deffendent ou facent deffendre à tous noz subgez dont ilz seront requis, sur certaines & grans peines à Nous à appliquier, & requièrent & facent requérir noz bien-vueillans, amis, aliez, & à tous autres qui ne sont ou seroient noz subgez, dont semblablement ilz seront requis par lesdiz Bourgois, manans & habitans, que à ladicte Ville ne aux Bourgois, manans & habitans d'icelle, ne à aucun d'eulx, ne à leurs familles, drois, choses, possessions, héritaiges & autres choses & biens quelxconques, ne meffacent ou facent meffaire en aucune manière; & se aucuns de nozdiz subgez ou autres, [b] non obstans non subgiez, avoient attempté ou innové aucune chose contre ne ou préjudice des dis Bourgois, manans & habitans ou d'aucun d'eulx, & de nostre présente sauvegarde, yceulx Gardiens, leurs Lieuxtenans & chascun d'eux, contraingnent & facent contraindre, moyennant Justice, noz diz subgeez à réparer lesdiz attemptas & innovacions indeues par eulx fais & perpétrez, & ceulx qui ne seroient noz subgez, requièrent de par Nous que à la réparation des attemptas par eulx fais procèdent deuement & diligemment; & se après la sommation & requeste à eulx sur ce deuement faicte, ilz estoient sur ce négligens ou plus que raison reffusans ou délayans, yceulx Gardiens & chascun d'eux, les contraingnent à ce par toutes les meilleurs voies & manières que faire se pourra bonnement, & à main armée, se mestier est, & comme il est accoustumé à faire au pais en tel cas, se par lesdiz Bourgois, manans & habitans en sont requis; & avecques ce, facent iceulx Gardiens & chascun d'eulx, joïr & user paisiblement lesdiz Bourgois, manans & habitans de ladicte Ville de *Rouvroy,* de toutes leurs debtes, drois, biens, [c] Chastelz & possessions quelxconques ainsi que raison [d] donrra, & que à bons Gardiens appartient. Si donnons en mandement par ces présentes, à tous noz Justiciers, Officiers & Subgiez, présens & avenir, & à chascun d'eulx, si comme à lui appartendra, requerons tous autres que auxdiz Gardiens, à leurs Lieuxtenans, commis ou députez, & à chascun d'eulx, en faisant les choses dessus dictes & leurs deppendances, obéissent & entendent diligemment, & leur donnent & baillent conseil, confort, ayde & faveur, se mestier en ont & de par eulx en sont requis. Pour raison de laquelle Garde, lesdiz Bourgois, manans & habitans de ladicte Ville de *Rouvroy,* paieront à Nous & à noz diz successeurs Roys de France, ou à nostre Receveur de *Vitry,* pour Nous, ou à son certain commandement, doresénavant chascun an perpétuelment & à tousjours, au jour de Noel, pour chascun feu estant en icelle Ville & terrouoir, douze Deniers Parisis seulement, ainsi que dit est dessus, & commenceront le premier paiement le jour de Noel prouchainement venant. Pour laquelle nostre présente sauvegarde, Nous voulons & Nous plaist, que ledit Evesque de *Verdun,* ladicte Ville de *Rouvroy,* & les Bourgois, manans & habitans dessusdiz, & chascun d'eulx, soient & demeurent en autelz & pareilz droiz, Libertez, franchises, & autres immunitez quelxconques comme ilz sont de présent & ont esté anciennement, & sans ce que sur eulx ne aucun d'eulx. Nous, noz Gens & Officiers, ne les Gens & Officiers de nozdiz successeurs Roys de France, ne aucun d'eulx, ayent que veoir ou congnoistre en fait justiciaire, soubz umbre de ceste nostre présente Garde, contre les drois & usaiges d'eulx ne d'aucuns d'eulx, en quelque manière que ce soit. Et afin que noz présente Garde,

[a] *Voy. les Tabl. des Mat. des Vol. de ce Rec.* au mot, *pennonceaux.*

[b] *quoiqu'ils ne soient pas nos sujets.*

[c] *Châtels, biens meubles.* Voyez ci-dessus, p. 80. Note *(c).*

[d] *donnera, ordonnera.*

Garde, promesses & autres choses dessus dictes, soient fermes & estables à tousjours, Nous avons fait mectre nostre Séel à ces présentes Lettres : Sauf en autres choses nostre droit, & l'autruy en toutes. *Donné à* Paris, *où mois de Juillet, l'an de grace mil CCCC & un, & le XXI.e de nostre regne.*

Par le Roy. CANTELEU.

CHARLES VI. à Paris, le 8. d'Août 1401.

(a) Lettres confirmatives de celles de Charles V. qui portent que les affaires de l'Eglise de Chartres seront portées *sans moyen* au Parlement de Paris.

KAROLUS, &c. Notum facimus universis presentes Litteras inspecturis, Nos Litteras carissimi Domini Genitoris nostri, cujus animam possideat Paradisus, vidisse, formam que sequitur, continentes.

(b) KAROLUS, &c.

Nos igitur dicti Domini Genitoris nostri vestigiis inherendo, ad Ecclesiam Carnotensem, *de qua in Litteris suprascriptis fit mencio, ob reverenciam Dei & Domini nostri Jesu Christi, ac beatissime & gloriosissime Virginis Marie matris sue, in cujus honore ipsa Ecclesia est fundata, devocionem gerentes specialem, Litteras ipsas ac omnia & singula in eis contenta, prout & quemadmodum dilecti nostri Decanus & Capitulum Ecclesie* Carnotensis *supradicte, eisdem hactenus usi sunt, ratas & gratas, ac rata & grata habentes, eas & ea volumus, laudamus, approbamus, & tenore presencium ad supplicacionem ipsorum Decani & Capituli, de gracia speciali confirmamus: Mandantes dilectis & fidelibus nostris Gentibus nostrum presens tenentibus & qui futura tenebunt* Parisius *Parlamenta, nec non* Preposito Parisiensi, Baillivis Pissiaci *&* Carnotensi, *ceterisque Justiciariis & Officiariis nostris, presentibus & futuris, vel eorum Locatenentibus, & eorum cuilibet, prout ad eum pertinuerit, quatenus dictos Decanum & Capitulum prefate Ecclesie* Carnotensis, *eorumque successores in dicta Ecclesia, ceterosque in ipsis Litteris nominatos, graciâ in eisdem Litteris contentâ, nostrâque presenti confirmacione uti & gaudere faciant & permittant perpetuis temporibus pacificé & quieté; nil in contrarium attemptando, sed attemptata, si que fuerint, ad statum pristinum & debitum reducant aut reduci faciant indilaté. Quod ut perpetue firmitatis robur obtineat, nostrum presentibus Litteris fecimus apponi Sigillum: nostro in aliis, & alieno in omnibus jure salvo.* Datum *Parisius,* die octava Augusti, anno Domini millesimo CCCC.° primo, & regni nostri XXI°.

Per Regem, ad relacionem Consilii. J. DE SANCTIS.

NOTES.

(a) Trésor des Chartres, Registre 156. P. IIc XXXII. (232.)

(b) Karolus, &c.) Ces Lettres qui sont du 27 de juillet 1367, sont imprimées à la page 24 du 5.e Vol. de ce Rec. Elles y sont vidimées dans un Arrêt du Parlement qui en ordonne l'enregistrement. Dans le Registre *A.* du Parlement d'où ces Lettres de 1367 ont été tirées, il y a après la date de l'Arrêt, des Lettres closes de Charles V. qui ne sont point dans le Registre 156 du Trésor des Chartres.

CHARLES VI. à Paris, le 12. d'Août 1401.

(a) Lettres qui confirment en faveur des Monnoyers qui demeurent à Sommières, tous les Priviléges accordez aux Monnoyers.

CHARLES par la grace de Dieu Roy de France. Au Recteur de *Montpellier,* ou au Viguier de *Sommieres,* ou à leurs Lieutenans : Salut. La supplication de nos ouvriers & Monoyeurs de notre Monoye de *Montpellier,* du Serement de France & de l'Empire, demourans & habitans en la Ville du dit *Sommieres,* consors en cette partie, avons receu, contenant que jà soit que ils ne soyent tenus de respondre ailleurs que pardevant leur Juge, se n'est en certains cas, ne aucun ne les puisse ne doyve traîner, ne faire convenir ailleurs, ne pardevant aucun autre Juge, par priviléges à eulx donnés par nos Prédécesseurs, & par Nous confermés ; & aussi par iceulx priviléges, les dits supliants doivent demourer francs & quittes de payer Tailles, Subsides, & de faire garde, & de touts autres Imposts ; & avec ce, leur aient esté par Nous & nos Prédécesseurs, donnez plusieurs autres priviléges, franchises & Libertés, sans lesquels ils ne pourroient vaquer ne servir en nos dittes Monoyes ; néantmoins aucuns de nos Officiers & autres, s'efforcent de les traînier pardevant le Sénéchal de *Beaucaire,* & ailleurs que pardevant leurs Juges, & de fait les y ont fait convenir, ou les aucuns d'eulx, & leur font payer Tailles, Imposts, & avec ce, leur font & donnent plusieurs autres grans empeschemens, en venant contre la teneur de nos dits priviléges, & en les troublant, empeschant & molestant contre leurs dittes franchises & Libertés ; lesquelles choses sont & ont été en leur grant grief, préjudice & domaige, & plus feroit, se par Nous ne leur estoit sur ce pourveu de notre grace & remède, si comme ils dient, en Nous humblement suppliant que sur ce leur vuilions pourvoir. Pourquoi Nous voulans les priviléges par Nous & nos Prédécesseurs donnés & octroyés aux dessusdits suppliants, estre gardés & leur valoir, vous mandons, & pour ce que vous estes nos plus prouchains Juges, & que les dittes Parties sont demourantes en la ditte Ville de *Sommieres,* & ouvrans au dit *Montpellier,* & [a] mieulx de Conseil en icelle Ville, que ailleurs au dit païs, commettons que à la Requette des dits supplians, vous faites ou faites faire commendement de par Nous, à tous ceulx à qui il appartiendra & dont vous serés requis, que ils ne traînent ne facent convenir ailleurs iceulx suppliants ne les aucuns d'eulx, que par devant leur dit Juge, ne ne les molestent ne empeschent en aucune manière contre la teneur de nos dits priviléges, & de nos Prédécesseurs, & les faites, souffrés & laissez joïr & user plainement & paisiblement, en les maintenant & gardant en leurs anciennes franchises, Libertés & saisines, tout selon le contenu & teneur d'iceulx priviléges, en contraignant à ce, & à cesser doresénavant de tous troubles & empeschemens, tous ceulx qui seront à contraindre, en faisant aux Parties, icelles oyes sur ce, bon & brief accomplissement de Justice. Mandons & commandons à tous nos Justiciers, Officiers & Subgets, que à vous & à vos Commis & députez à ce, en ce faisant, obéissent & entendent diligemment : car ainsi Nous plaît-il estre fait, & aux dits suppliants l'avons octroyé, & octroyons de grace espécial, par ces présentes, nonobstant quelsconques Lettres subreptices empétrées ou à empétrer au contraire. *Donné à* Paris, *le douzième jour d'Aoust, l'an de grace mil quatre cens & un, & de nostre Regne le vingt-unième.*

Par le Roy, [b] à votre relation. DOMINIQUE.

[a] Il y a *fu... ront* dans la copie envoyée de *Montpellier.* Il faut apparemment lire *fineront :* trouveront.

[b] à la relation du Chancelier de France. *Voyez le 5.e Volume de ce Rec. page 653. Note (c).*

NOTE.

(a) La copie de ces Lettres a été envoyée de *Montpellier,* avec cette indication : *Sénéchaussée de* Beaucaire *&* Nismes *en général, Armoire* A. *liasse 19. des Actes ramassez, n.° 5. fol. 113.*

(a) Lettres par lesquelles le Roy mande au Sénéchal de Beaucaire, de faire publier dans sa Sénéchaussée, le jour qui a été fixé pour plaider au Parlement sur les Appels des Sentences rendues par ce Sénéchal.

CHARLES VI. à Paris, le 20 d'Août 1401.

KAROLUS Dei gracia Francorum Rex. Senescallo Bellicadri, *aut ejus Locumtenenti: Salutem. Cum nos (b) dies vestre Senescallie nostri proxime futuri Parlamenti, ad diem Martis post festum Sancti Barnabe, decimam teriiam instantis mensis Junii, fecerimus assignari & per presentes assignemus; Mandamus vobis quatenus hujusmodi assignationem in Assisis & aliis locis publicis dicte vestre Senescallie, solemniter & debitè, visis presentibus, publicari faciatis, taliter quòd subditi ejusdem Senescallie, ob vestri defectum seu negligentiam, se super hoc nullatenus valeant excusare.* Datum *Parisius,* vicesima die Augusti, anno Domini millesimo quadringentesimo primo, & Regni nostri vicesimo primo. *Per Regem, ad relationem Consilii.* N. DE BAYE.

NOTES.

(a) La copie de ces Lettres a été envoyée de *Montpellier,* avec cette indication : *Sénéchaussée de* Beaucaire & Nismes *en général, Armoire* A. *liasse 19. des Actes ramassez, n.° 5. fol. 115.*

(b) Dies vestre.] C'est-à-dire, le jour auquel doivent être plaidées au Parlement les Appels des Sentences rendues par le *Sénéchal* de *Beaucaire.* Voyez ci-dessus page 320. Note *(e).*

à Carcassonne, le 5. d'Octobre 1401.

(a) Lettres du Conseil établi pour le Gouvernement du Languedoc & de la Guyenne, par le Duc de Berry Lieutenant du Roy dans ces Provinces, par lesquelles il mande au Sénéchal de Beaucaire, de lui envoyer les noms des Notaires & des Sergens qui sont dans sa Sénéchaussée, les Provisions de leurs Offices, & la date du tems depuis lequel ils les exercent.

LES Gens du Conseil de Monseigneur le *Duc* de *Berry* & d'*Auvergne*, *Comte* de *Poitou*, d'*Estampes*, de *Boulongne* & d'*Auvergne*, Lieutenant du Roy notre Sire ès païs du *Languedoc* & *Duchié* de *Guiene*, par lui ordonnés sur le gouvernement des dits païs de *Languedoc* & de *Guienne*. Au *Sénéchal* de *Beaucaire* ou à son Lieutenant: Salut. Il est venu à notre connoissance par le rapport de plusieurs gens d'Eglise, Nobles & communs, que en votre Sénéchaussie, & ès Siéges * supposts d'icelle, a trop grand & excessif nombre de Notaires & de Sergens, par lesquelx le peuple est grandement opprimé, tant par oultraigeuses exactions de salaires, comme par accumulation des Escriptures, & autrement: Pourquoi nous voulans pourvoir au bien de la chose publique, & au relievement & descharge des Subjets du Roy notre dit Seigneur, vous mandons & commettons par ces présentes, que vous fassiés, ou par les Juges supposts de votre ditte Sénéchaussie, faites faire commendement de par le Roy & de par mon dit Seigneur le Duc, à tous les Notaires & Sergens Royaulx d'icelle Sénéchaucie, de quelque autorité qu'ils usent, que sur peine de privation de leurs Offices, ils & chacun d'eulx apportent ou envoient devers vous, dedens certain temps que vous leur assignerés, leurs noms & surnoms, les Lettres & Tiltres que ils ont sur leurs dits Offices de Notaire & de

* a ressortissant à elle.

NOTE.

(a) La copie de ces Lettres a été envoyée de *Montpellier,* avec cette indication : *Sénéchaussée de* Beaucaire & Nismes *en général, Armoire* A. *liasse 19.e des Actes ramassez, n° 5. fol. 102.*

Comme nos Rois donnoient à ceux qu'ils faisoient leurs Lieutenans dans tout le Royaume, ou dans quelques Provinces, un pouvoir très-étendu & presque égal au leur, on a cru devoir insérer dans ce Recueil, & on l'a déjà fait en différentes occasions, quelques Lettres de ces Lieutenans, quoiqu'elles ne soient pas émanées directement de l'autorité royale.

à Carcassonne, le 5. d'Octobre 1401.

Sergenterie, & avecques ce, vous baillent au vray le temps qu'ils ont exercé leurs Offices; & ce faites par cry publique, ou autrement ainsi que vous verrés estre plus expédient; & tout ce que par eulx vous sera apporté ou envoié, renvoyés par devers nous dedens la Feste de Saint Martin d'iver prouchain venant, afin que par nous y soit pourvû, comme il appartiendra par raison. De ce faire vous donnons povoir: Mandons à tous les Justiciers & Subgiets du Roy notre dit Seigneur, que à vous & à vos Commis & députez en ceste partie, obéissent & entendent diligement. *Donné à* Carcassonne, *sous nos signets, le cinquième jour d'Octobre, l'an mil quatre cens & un.* P. DE LA ROSE.

CHARLES VI. à Paris, le 8 d'Octobre 1401.

(a) Lettres qui nomment Charles d'Albret, Cousin germain du Roy, pour présider dans la Languedoil, aux Généraux Conseillers sur le fait des Aides.

CHARLES par la grace de Dieu, Roy de France. A tous ceulx qui ces présentes Lettres verront: Salut. Comme pour pourveoir à ce que pour le bon gouvernement, & à la conservacion des Finances venans du fait des Aides ordonnées pour la guerre, en nostre Royaulme, un saige homme de grant estat soit ordonné au gouvernement desdictes Aides, qui ait auctorité & prééminence avecques & pardessus noz amez & féaulx les Généraulx-Conseillers ordonnez sur ledict fait, & qui [a] entend dilligemment audict gouvernement, & à ce que les deniers d'iceulx Aides, soient convertiz là où il appartient, & puisse résister à ceulx qui par importunité obtiennent aucuneffois de Nous, dons non convenables ne appartenans à l'estat de leurs personnes, & réprimer les folles parolles d'aucuns qui, pour ce que l'en ne leur veult acomplir leurs vouloirs sur les dons & assignacions que faitz ou faictes leur avons, ont acoustumé parler & respondre durement, & moins révéraument & deuement, à nosdicts Généraulx-Conseillers; laquelle chose Nous a moult despleu & desplaist, & non sans cause; Nous avons eu sur ce advis & délibéracion de nostre Conseil, où estoient noz très-chers & très-amez Oncles & Frère, les *Ducs* de *Berry*, d'*Orléans* & de *Bourbon*, & plusieurs autres de nostre Conseil dessusdicts; & considérez les grans sens, prudence, loyaulté & dilligence que Nous sçavons par expérience estre en la personne de nostre très-cher & amé *(b)* Cousin *Charles* Sire [b] d'*Elebret*, & l'estat de grandeur de luy qui est nostre Cousin Germain, ait esté advisé qu'il sçaura & pourra bien estre & présider oudict fait, & pourveoir aulx inconvéniens dont dessus est faicte mencion: Sçavoir faisons que ces choses attendues & considérées, Nous par le conseil & délibéracion de nosdicts Oncles & Frère, & des autres dessusdicts, à ce avons ordonné & commis, ordonnons & commectons nostredict Cousin *Charles* Sire d'*Elebret*, à estre & entendre audict fait & gouvernement desdictes Aides, en tous noz pais de *Languedoil*, avec lesdicts Généraulx par Nous ordonnez sur ledict fait, & oultre & pardessus eulx, tant comme il Nous plaira; & lui avons donné & donnons povoir, auctorité & mandement espécial, de présider oudict fait des dictes Aides, & de congnoistre avec nosdicts autres Généraulx-Conseillers, de tout ledict fait d'iceulx Aides, de toutes les Finances qui en [c] ystront, du gouvernement & distribucion d'icelles, & de tous les faiz & circonstances qui en deppendent, en quelque manière que ce soit, sans ce que iceulx noz Généraulx-Conseillers qui ores sont & seront pour le temps advenir, s'en puissent ou doivent

[a] *entende.*

[b] *De Lebret:* d'Albret.

[c] *sortiront, proviendront.*

NOTES.

(a) Premier Reg. de la Cour des Aides de *Paris, fol.* 166. *v.°*

Voyez sur ce Registre la Note *(a)* de la p. 201. du 4.e Vol. de ce Recueil.

(b) Cousin.] *Charles* d'*Albret* étoit fils de *Marguerite* de *Bourbon*, sœur puînée de *Jeanne* de *Bourbon*, femme de *Charles V*; & par conséquent *Charles VI.* & *Charles* d'*Albret*, étoient cousins germains. Voyez le 1.er Vol. de l'Hist. Généal. de la maison de *France*, pp. 299. & 300.

entremectre, ne en aucune chose ordonner ou distribuer, sans nostredict Cousin & sans son Ordonnance, sceu & consentement; de veoir & visiter par luy ou ses Commis & députez, l'estat & gouvernement desdictes Aides & des Officiers d'iceulx, par tous les lieux, Villes & Diocèses de nostredict païs de *Languedoy;* de pourveoir avec iceulx Généraulx, à tous Officiers de Elleuz, Receveurs, Grenetiers, Contrerolleurs, Sergens, Commissaires, & autres Officiers sur le fait desdictes Aides, en noz pays dessusdicts, touteffois qu'ilz vacqueront; de [a] le destituer, oster & desmettre de leurs Offices, toutes fois qu'il semblera à lui & ausdicts autres Généraulx-Conseillers, estre expédient & convenable; de veoir & visiter touteffois qu'il luy plaira, avec les dessusdicts, les Estatz du Receveur Général desdictes Aides en nosdicts pays, des Trésoriers des guerres, & de tous autres qui se entremettent & sont entremis & entremettront en noz pays dessusdicts, des Receptes du fait desdictes Aides, & à ce & à rendre compte les contraindre ou faire contraindre par toutes voies & manières acoustumées; & générallement de faire en touttes choses touchans le fait & gouvernement desdictes Aides, tout ce que nosdicts autres Généraulx pevent faire par vertu du povoir à eulx par Nous donné par noz autres Lettres que [b] ilz devers eulx, duquel Nous voulons qu'il s'aide touteffois qu'il luy plaira; & voulons que tout ce que par nostredict Cousin, avec quatre ou trois de nosdicts Généraulx-Conseillers, sera fait en tout ce que touche le fait de nosdictes Aides, & les circonstances & deppendances d'icelles, tienne & vaille & ait force & vigueur, comme se tous y estoient; & deffendons à nosdicts Généraulx-Conseillers, que sans nostredict Cousin, ilz ne besongnent, ne concluent en aucuns faìs touchans lesdictes Aides; & voulons que ce que autrement sera fait par eulx, ne soit d'aucune valleur; & mandons à noz amez & féaulx Gens de noz Comptes à *Paris,* que dores en avant ilz ne passent ès Comptes d'aucuns Receveurs ou Grenetiers, aucunes descharges du Receveur Général; ne aussi audict Receveur Général, aucunes Lettres, se en chascune d'icelles Lettres, n'est le Signet de nostredict Cousin avec ceulx desdicts Généraulx, ou de quatre ou trois d'iceulx: Mandons aussi à noz amez & féaulx les Gens de nostre Parlement, & de nostre Chambre desdicts Comptes, & à tous Ressormateurs & Commissaires ordonnez & à ordonner, & à tous noz autres Justiciers, Officiers & Subjectz, présens & advenir, & à chascun d'eulx, si comme à luy appartiendra, que tout ce que par nostredict [c] Conseil & lesdicts autres Généraulx-Conseillers, ou quatre ou trois d'iceulx avec luy, sera fait, ordonné, jugé & sentencié, ou fait desdictes Aides & en leurs circonstances & deppendances, ilz tiennent & facent tenir ferme & estable sans enfraindre, & sans venir ou actempter en aucune manière au contraire. En tesmoing de ce, Nous avons fait mectre à ces Lettres nostre Séel. *Donné à* Paris, *le VIIIme jour d'Octobre, l'an de grace mil IIII.^c^ & ung, & le XXIIe de nostre regne.* Ainsi signé. Par le Roy en son Conseil, où Messieurs les *Ducs* de *Berry,* d'*Orléans,* de *Bourbon,* le Connestable, [d] Vous, le *Conte* de *Tancarville,* les *Evesques* de *Noyon* & de *Chartres,* & plusieurs autres du Conseil, estoient. J. DE SAINCTES. Au doz desquelles Lettres estoit escript ce qui s'ensuit: *Lecta ad Burelum in Camera Compotorum Domini Regis* Parisius, *XXIX.^a^ Octobris, anno millesimo CCCC.^o^ & 1°.* G. MILART. *Et aussi estoit escript:* Collacion fut faicte à l'Original, & icellui leu & publié en la Chambre des Aides ordonnées pour la guerre, du commandement de noz Seigneurs les Généraulx estans illec, *le cinquième jour de Novembre, l'an mil CCCC^e^ & ung, par moy,* FLEURY; *&* *moy,* LE JOTE.

CHARLES VI.
à Paris, le 8 d'Octobre 1401.

a *les.*

b *ilz ont.*

c appar. *Cousin* ou *Conseiller.*

d Le Chanceller de France. Voy. *le 5.e Vol. de ce Rec.* pag. 653. Note *(c).*

CHARLES VI. à Paris, le 11 d'Octobre 1401.

(a) Lettres qui portent qu'il n'y aura que les provisions destinées pour les Cardinaux qui sont à Avignon, ou pour les domestiques que pendant leur absence de cette Ville, ils y ont laissez dans leurs Maisons, qui soient exemptes de Péage & autres droits, sans que ces Cardinaux ou leurs domestiques puissent les vendre ou les faire vendre.

CHARLES par la grace de Dieu Roy de France. Au *Sénéchal* de *Beaucaire* ou à son Lieutenant: Salut. Notre Procureur en votre Sénéchaucie Nous a exposé que par le temps que [a] *Benedic,* dernier eslu en Pape, *(b)* tenoit l'obéissance, & que les Cardinaux demeuroient & se tenoient continuellement en *Avignon,* Nous, à la Requeste desdits Cardinaux ou d'aucuns d'iceulx, leur octroyames, si comme l'en dit, par plusieurs nos Lettres, que ils peussent faire passer & mener de nostre Royaume en la ditte Ville d'*Avignon,* par nos Ports & passages de la ditte Sénéchaucie, les Vins, Blez, Foins, Avoines, Buches, & autres choses nécessaires pour leurs vivres & provisions avoir en ycelle Ville, sans en payer à Nous ou à aucuns pour Nous, aucune [b] Rêve, Imposition, [c] Payage, ou autre Charge ou Redevance; & combien que depuis la Substraction en ça, lesdits Cardinaux ou pleusieurs d'iceulx qui nos dittes Lettres ont obtenues, ne se feroient point tenus ne fait résidence en la ditte Ville d'*Avignon,* pourquoi ils ne dussent & ne doient joïr ne user d'icelles Lettres, toutes voyes soubs umbre des dittes Lettres, & en abusant d'icelles, [d] & retenent les droits de notre Demaine & des dits Rêve & Payage, yceulx Cardinaulx ou aucun d'eulx qui n'ont pas fait, ne font résidence en la ditte Ville d'*Avignon,* & par nos dits Ports & passages, plusieurs & grands quantités de Vins, Blez, Foins, Avoines, Buches, & autres vivres, & encores le font & continuent de jour en jour, & tout pour occasion de leurs dittes provisions, sans en vouloir payer à Nous, ou nos Commis à ce, les dits Rêve & Payage, & autres droits à Nous appartenans, combien que ils ne se tinssent point, ne ne tienent, comme dit est, en icelle Ville, & yceulx vins, Blez, Foins, Avoines, Buches & autres choses, ou grand partie d'iceulx, les dits Marchans ont vendu & vendent ou font vendre aux habitans d'*Avignon,* & des dits vins ont fait & [e] font taverne en icelle Ville, publique, qui est contre l'entendement & teneur de nos dittes Lettres, ou très-grant préjudice & domaige, fraude & amoindrissement de nos dits droits & Domaine, & feroit encore plus, se par Nous n'y estoit briévement pourvû. Pourquoi Nous voulans obvier de notre povoir, aux abus & fraudes dessus dittes, vous mandons, [f] & pour cause de nos dittes Lettres, & que ce touche nostre Demaine, commectons, se [g] mestier est, que doresénavant vous ne laissés, ne permettés passer ou mener par nos dits Ports & passages, aucuns Vins, Buches, & autres biens des dits Cardinaux, ou d'aucun d'iceulx, par eulx ne par autre, [h] subs umbre de leurs dittes provisions & vivres, ne autrement, si non pour les vivres de serviteurs ou familiers commensaulx & domestiques des dits Cardinaulx absens, qui sont ordonnés pour la garde de leurs Hostels en *Avignon,* seulement, ou que les dits Cardinaulx ayent fait & facent résidence en icelle Ville, sans en payer à Nous ou à nos Commis, la ditte Rêve & autres droits à Nous appartenans, ainsi & par la manière qu'ils faisoient ou souloient faire avant ycelles Lettres, pourveu que yceulx Cardinaux résidents & absents ne vendront ou [i] fairont vendre à taverne, destail ne autrement, par Marchands ne autres, aucuns des dits biens, ne n'en fairont, ou fairont faire fait de marchandise; & avecques ce, vous informés bien & diligement de & sur ceulx qui par ceste manière ont mené

a *Benoît XIII.*

b *Voy. les Tabl. des Mat. des Vol. de ce Rec,* au mot, *Rêve.*

c *Péage.*

d *Il y a quelque chose de tronqué ou de corrompu dans cet endroit & dans la suite: mais le sens est clair.*

e *vendent au cabaret.*

f *cela peut signifier : & à cause des Lettres ci-devant données.*

g *besoin.*

h *sous.*

i *feront.*

NOTES.

(a) La copie de ces Lettres a été envoyée de *Montpellier,* avec cette indication : *Sénéchaussée de* Beaucaire & Nismes *en général, Armoire A. liasse 19.e des Actes ramassez, n.o 5. folio 122.*

(b) Tenoit l'obéissance.] Etoit reconnu en France comme Pape. Voyez la Préface de ce Vol. 5. *Schisme.*

CHARLES VI.

à Paris, le 11. d'Octobre 1401.

ou vendu, ou fait mener & vendre en la ditte Ville d'*Avignon*, à taverne, détail ou autrement, les dits Blez, Vins, Foins, Avoines, Buches, & autres provisions des dits Cardinaulx, depuis la ditte Substraction, & que les dits Cardinaulx se sont absentés, & ont demouré hors d'icelle Ville, & [a] paravant; & ceulx que vous en trouverés coulpables ou souspeçonnés, adjournés les ou faites adjourner à certain ou compétant jour, pardevant vous, pour respondre sur ce à notre dit Procureur, procéder & aller avant en oultre selon raison, en faisant aux Parties, ycelles oyes, sommairement & de plain, bon & brief accomplissement de Justice. Mandons & commandons à tous nos Justiciers, Officiers & Subjets, que à vous & à vos Commis & députez, en ce faisant, obéissent & entendent diligemment: Car ainsi Nous plaît-il estre fait, & audit exposant l'avons octroyé & octroyons de grace espécial par ces présentes, nonobstant les dittes Lettres & quelxconques autres subreptices à ce contraires. *Donné à* Paris, *le onsième jour d'Octobre, l'an de grace mil quatre cens & un, & de notre regne le vingt-deuxième.*

Par le Roy, à la relacion du Conseil. C. FORTANT.

a auparavant.

à Paris, le 12 d'Octobre 1401.

(a) Lettres du Duc de Berry, Lieutenant du Roy dans le Languedoc & dans la Guyenne, qui portent que dans ces Provinces, les Juges feront eux-mêmes les Informations & les Enquêtes, ou commettront à cet effet des Notaires [Greffiers] de leurs Jurisdictions, capables de les faire.

JEHAN Fils de Roy de France, *Duc* de *Berry* & d'*Auvergne*, *Comte* de *Poitou*, d'*Estampes*, de *Boulogne* & d'*Auvergne*, & Lieutenant de Monseigneur le Roy ès païs du *Languedoc* & *Duchié* de *Guienne*. Aux *Sénéchaulx* de *Toulouse*, *Carcassonne* & de *Beaucaire*, & autres Justiciers & Officiers de mon dit Seigneur & de nous ès dits païs de *Languedoc* & *Duchié* de *Guienne*, ou à leurs Lieux tenans: Salut. Les [b] Capitouliers & Consuls des Villes & lieux des trois Sénéchaucies dessus dittes, nous ont fait exposer en complaignant, que combien que aucune Information sur aucuns cas, par espécial touchant crime & délits, ne doye estre faite fors par les Juges, [c] gens Experts, souffisans & proudoumes, néantmoins aucuns des Juges & autres Justiciers & Officiers ordinaires ès dits païs, permettent & laissent faire Informations & Enquestes, & examiner tesmoins ès choses criminelles, par [d] Notaires non souffisans, & à ce faire les commettent de jour en jour, pour laquelle chose [e] mains vaillans hommes & innocens ont esté grevés & difamés sans cause, en leur très-grant grief, préjudice & domaige, & de la chose publique, & plus seroit, se par nous n'y estoit pourvû. Pourquoi nous considéré ce que dit est, & qui ne voulons telles choses estre passées soubs dissimulation, vous mandons, & de l'autorité Royal dont nous usons en ceste partie, commettons par ces présentes, & à chacun de vous, si comme à luy appartendra, que vous faites commendement de par nous, à tous les dits Juges, que doresénavant ils facent les dittes Informations & Enquestes, & vous-même, en tant qu'il vous touche, les faites, ou icelles commettés, & commettent à faire aux Notaires anciens, preudomes & plus souffisans des dittes Cours, sans aucune faveur, en telle manière que nul ne puist estre doresénavant opprimé ne condempné sans cause, & que Justice soit accomplie, si comme à luy appartiendra: Car ainsi nous plaît-il estre fait, nonobstant quelxconques Lettres subreptices empétrées ou à empétrer, & Ordonnances, Mandemens ou deffenses à ce contraires. *Donné à* Paris, *en notre Hostel de Néelle, le douzième jour d'Octobre, l'an de grace mil quatre cens & un.*

Par Monseigneur le Duc Lieutenant, à la relation du Conseil. P. FRERE.

b *nommez ordinairement Capitouls.*

c Il semble qu'il faille supp. *ou.*

d *Les Notaires faisoient autrefois les Informations & les Enquêtes.*

e *plusieurs.*

NOTE.

(a) La copie de ces Lettres a été envoyée de *Montpellier*, avec cette indication: *Sénéchaussée de* Beaucaire *&* Nismes, *en général, Armoire* A. *liasse 19.e des Actes ramassez, n.o 5. fol. 121. verso.*

Voyez ci-dessus p. 467. Note *(a)*.

à Paris, le 12 d'Octobre 1401.

(a) Lettres du Duc de Berry, Lieutenant du Roy dans le Languedoc, qui portent que le Grand-Maître de la Maison du Roy, ses Pannetiers, Echansons & autres Officiers, n'y leveront aucuns droits sur ceux qui vendent du Pain, du Vin, de la Viande, &c.

JEHAN Fils de Roy de France, *Duc* de *Berri* & d'*Auvergne*, *Comte* de *Poitou*, d'*Estampes*, de *Boulongne* & d'*Auvergne*, & Lieutenant de Monseigneur le Roy ou pays de *Languedoc* & *Duché* de *Guienne*. Aux *Sénéchaulx* de *Toulouse*, *Carcassonne* & de *Beaucaire*, & autres Justiciers & Officiers de mondit Seigneur & de nous, ès dits païs de *Languedoc* & *Duchié* de *Guienne*, ou à leurs Lieuxtenans: Salut. Reçu avons l'umble supplication des [a] Capitouliers & Consuls des Villes & lieux des trois Sénéchaussées dessus dittes, contenant que jà soit ce que les gens qui vendent Pain, Vin, Boucherie & autres marchandises ès dits païs, ne soient tenus de payer pour ce aux Maîtres d'Ostel, Pannetiers, Eschansons, ou autres Officiers demourans ou service & en l'Ostel de mon dit Seigneur, aucune chose, néantmoins depuis aucun temps, plusieurs soy disans Commissaires de mon dit Seigneur, ou du grand Maître de son Hostel, des Pannetiers, Eschansons, ou autres Officiers dessus dits, se sont efforciés & efforcent de jour en jour, & de fait ont prins, levé & exigié d'aucuns vendeurs de Pain, Vin, Boucherie, Hosteliers, femmes, & autres gens, plusieurs sommes de deniers induement & sans aucune cause, laquelle chose est ou très-grand grief, préjudice & dommaige des dits supplians, du peuple des dits païs, & de la chose publique, & plus feroit, se par nous ne leur estoit sur ce pourvû de remède convenable, si comme ils dient, en nous humblement requèrent iceluy. Pourquoi nous considéré ce que dit est, voulans obvier de notre povoir à telles & semblables extorsions, vous mandons, & à chacun de vous, si comme à lui appartiendra, & de l'autorité Royal dont nous usons en ceste partie, commettons, que doresénavant ou dit cas vous n'obéissés ne souffrés estre obéy à tels Commissaires, ne leur permettés faire ne lever les dittes exactions en aucune manière; ainçois se vous trouvés aucunes avoir esté faites au contraire, ramenés les ou faites ramener au premier estat & deu: Car ainsi nous plaît-il estre fait, nonobstant quelxconques Lettres subreptices empétrées ou à empétrer, & Ordonnances, Mandemens ou deffenses à ce contraires. *Donné à* Paris, *en notre Hostel de Néelle, le dousième jour d'Octobre, l'an de grace mil quatre cens & un.* Par Monseigneur le Duc & Lieutenant, *(b)* Vous & plusieurs autres présents. C. MORISET.

[a] nommez ordinairement *Capitouls*.

NOTES.

(a) La copie de ces Lettres a été envoyée de *Montpellier*, avec cette indication : *Sénéchaussée de* Beaucaire *&* Nismes, *en général*, *Armoire* A. *liasse 19.e des Actes ramassez, n.o 5. folio 121. verso.* Voyez ci-dessus p. 467. Note *(a)*.

(b) Vous.] Dans les Lettres Royaux, le mot *Vous* désigne le Chancelier de France. Ce mot désigne ici apparemment celui du *Duc de Berry*, qui avoit droit d'en avoir un par rapport à son Appanage.

Lettr

(a) Lettres du Conseil établi pour le gouvernement du Languedoc & de la Guyenne, par le Duc de Berry Lieutenant du Roy dans ces Provinces, qui portent que ceux qui ont obtenu des permissions de faire sortir du Bled hors du Languedoc, ne pourront s'en servir qu'elles n'aient été vûes & expédiées par ce Conseil.

à Carcassonne, le 13 d'Octobre 1401.

LES Gens du Conseil de Monseigneur le *Duc* de *Berry* & d'*Auvergne*, *Comte* de *Poitou*, d'*Estampes*, de *Boulongne* & d'*Auvergne*, Lieutenant du Roy notre Sire ès païs du *Languedoc* & *Duchié* de *Guienne*, par lui ordonnés sur le gouvernement desdits païs de *Languedoc* & de *Guienne*. Aux *Sénéschal* & Maistre des Ports de la *Sénéchaucie* de *Beaucaire*, & à tous Chastellains, Gardes de Ports & de Passages, & autres Justiciers de la ditte Sénéchaucie, ou à leurs Lieux-tenants : Salut. Comme le Roy notre dit Seigneur pour le évident prouffit de son Royaume & de la chose publique d'icellui, ait fait deffendre publiquement en tous les païs de son dit Royaume, & par espécial [a] en ce païs, en son païs de *Languedoc*, que aucuns Blez ne soient transportés ne mis hors du dit Royaume, néantmoins aucuns Marchans & autres gens [b] forains, & demourans ou dit Royaume, tendans à leur proufit singulier, par importunité ou autrement, teu l'estat dudit païs, & les inconvénients qui s'en pourroient ensuir, se dient avoir obtenu du Roy & de mon dit Seigneur le Duc, Lettres par lesquelles leur est octroyé congié & licence de traire & mettre hors dudit Royaume, par les Ports & Destroits de la ditte Sénéchaucie, certaines quantités de Blez ; laquelle chose, se ainsi estoit faite, seroit moult dommageable & préjudiciable au Roy & à mon dit Seigneur le Duc & aux habitans dudit païs, se provision convenable n'y estoit mise par nous. Pourquoi nous qui par le Roy & mon dit Seigneur le Duc, sommes envoyez ou païs d'avant dit, pour le gouvernement d'icellui, voulans pourvoir au bien & proufit de la chose publique, vous défendons de par le Roy & de par mon dit Seigneur le Duc, & à chacun de vous, sur quanques vous vous povés meffaire envers eulx, que par quelques Lettres ou mandemens [c] que vous soient présentées, par quelconques personnes impétrées sur la traite du Blé, vous ne souffrés aucuns Blez estre mis hors du Royaume, par aucun de vos Destroits, se premièrement icelles Lettres, & mandemens ne sont par nous veues & expédiées, & vous gardés bien que en ce n'ait aucun deffault : Car nous vous en punirions telement que ce seroit exemple à tous autres. *Donné à* Carcassonne, *soubs nos Signets, le treizième jour d'Octobre, l'an mil quatre cens & un.*

P. DE LA ROZE.

a Ces mots, *en ce païs*, paroissent inutiles.

b *de païs étrangers.*

c corr. *qui.*

NOTE.

(a) La copie de ces Lettres a été envoyée de *Montpellier*, avec cette indication : *Sénéchaussée de* Beaucaire *&* Nismes *en général, Armoire* A. *liasse* 19'. *des Actes ramassez, n.° 5. fol.* 104. *verso.*

Voyez ci-dessus, page 467. Note (a).

CHARLES VI. à Paris, au mois d'Octobre 1401.

(a) Lettres accordées aux habitans de Narbonne, qui confirment celles par lesquelles Philippe le Long avoit confirmé les Priviléges des Peuples du Languedoc.

PHILIPPE V. dit le Long, à Bourges, le 7 d'Avril 1317.

KAROLUS Dei gracia Francorum Rex. Notum facimus tam presentibus quàm futuris, Nos Litteras inclite memorie Domini Philippi quondam Francorum [c] *Navarre Regis, Proavy nostri, anima cujus in pace requiescat, pro parte habitancium*

c *supp.* &.

NOTE.

(a) Trésor des Chartres, Registre 156. P. II[c]. IIII[xx] I. (281.)

CHARLES VI. à Paris, au mois d'Octobre 1401.

PHILIPPE V. dit le Long, à Bourges, le 7 d'Avril 1317.

Ville & Burgi Narbone, *in hac parte consortum, Nobis presentatas vidisse, formam que sequitur, continentes.*

(b) PHILIPPUS *Dei gracia Francorum & Navarre Rex. Universis Senescallis, Vigueriis, Judicibus, aliisque nostris Officiariis & Ministris, ad quos presentes Littere pervenerint: Salutem. Cum Nos pro habenda deliberacione faciendi provisionem super bono statu Regni nostri & incolarum ejusdem, Procuratores nonnullarum bonarum Villarum & locorum* [a] *insignum dicti regni* [b] Lingue *specialiter* Occitane, *nuper apud* [c] Bituricum *fecerimus ad nostram presenciam convocare, ipsisque ibidem presentibus coram Nobis, & pluribus deliberacionibus habitis, Nobis ex parte ipsorum fuerit inter cetera requisitum ac eciam supplicatum quòd Nos in dicto regno nostro facere teneri justiciam & servari vellemus, ipsosque & alium populum nostro subjectum regimini manutenere & servare in transquillitate & pace, modo & forma quibus tempore Beatissimi Ludovici Proavi nostri factum extitit & servatum; super quibus sic eis fecimus in nostra presencia responderi quòd hoc fuerat & adhuc erat & erit deinceps, auxiliante* Domino, [d] *nostro voluntatis intentus, & sic semper cura pervigili facere disponimus toto posse: verum, cum Procuratores prefati asserentes quòd vos seu predecessores vestri, usus, antiquasque & approbatas Consuetudines, Libertates, franchisias, Juridiciones & privilegia eorum* [e] *retroactus* [f] *infregeratis temporibus, & adhuc infringere, & multas novitates inferre contra justiciam, Ordinaciones ac Statuta dicti Proavi nostri, necnon carissimorum dominorum Avi, Genitoris & Germani nostrorum, super hoc editas & concessas eisdem minimè cessabatis, Nobis humiliter supplicarunt ut super hoc indempnitati ipsorum ac paci providere salubriter de benignitate Regia dignaremur. Nos itaque fidelitatis ipsorum constanciam ac devocionis intime puritatem, quibus per exhibicionem operis promptitudine fructuosa se nobis reddiderunt acceptos, infra nostra precordia revolventes, & considerantes quod illud nobis debeant observare fidelitatis debitum quod predecessoribus nostris Francorum Regibus hactenus servaverunt, sicut eciam Procuratores predicti pro se, Villis & locis aliis quorum nomine tanquam Procuratores comparuerant coram Nobis, obtulerunt Nobis, ac juramento per eos quo supra nomine super hoc prestito, promiserunt prosequi volentes eosdem propter hoc speciali prerogativa favoris, volumus & mandamus quòd usus, antique & approbate Consuetudines, Libertates & franchisie eorumdem, nec non Ordinaciones predicte, Statuta, privilegia sibi concessa, vel alia acquisita legitimè & debitè à tempore dicti Proavi nostri citra racionabilia tamen, & de quibus usi pacificè fuerunt deinceps, eisdem inviolabiliter observentur; & si quid super eis contra justiciam factum à quoquam vel attemptatum fuerit, illud* [g] *statum volumus ad pristinum & debitum statum de plano reduci, & illatas novitates indebitas revocari, quas ex nunc tenore presencium eciam revocamus, ipsosque manuteneri & deffendi in suis Juribus, usibus, franchisiis, Libertatibus, juridicionibus, privilegiis predictis, & possessionibus legitimis eorumdem, tractarique favorabiliter & benignè. Quocirca vobis & cuilibet vestrûm, precipimus & mandamus, districcius injungentes, quatenus ad requisicionem habitatorum Ville &* [h] *Burge* Narbone, *vel* [i] *Procuratorum ipsarum pro se & aliis locis* Senescallie Carcassone, *quorum nomine prestitum extitit juramentum predictum, necnon aliarum Villarum & locorum qui vobis nostro nomine & pro nobis prestare voluerint & prestiterint illud,* [k] *id. predicta omnia & singula, prout superiùs sunt expressa, teneatis & compleatis, & exequamini diligenter ac inviolabiliter observetis, tenerique, compleri, exequi & observari firmiter faciatis, scituri quòd si ad Nos occasione predictorum vel aliquorum ex eis, per culpam vestram vel negligenciam aut deffectum, recursus ulterior habeatur, vos inde taliter puniemus, preter nostre indignacionis offensam, quòd cedet ad* [l] *laudam bonorum malorumque opproborum*

a insignium. 1.er *Vol.*
b Languedoc.
c Bitur. *Reg.* Bituric. 1.er *Vol.*
d nostre. 1.er *Vol.*
e retroactis. 1.er *Vol.*
f infringeratis.
g statim. 1.er *Vol.*
h Burgi.
i Procurat. *Reg.*
k ce mot qui est abregé, paroît inutile, & n'est point dans le 1.er Vol.
l laudem... opprobrium. 1.er *Vol.*

NOTE.

(b) Ces Lettres sont déjà à la page 644 du premier Volume de ce Recueil. On a cru cependant devoir les faire réimprimer ici d'après le Registre 156 du Trésor des Chartres, parce qu'elles y sont plus amples en quelques endroits. Le premier Volume a servi à corriger plusieurs fautes qui sont dans ce Registre qui réciproquement pourra servir à rectifier celles qui se trouvent dans le premier Volume.

atque penam. In cujus rei testimonium, presentibus Litteris nostrum fecimus apponi Sigillum Actum *Bitur.* septima die Aprilis, anno Domini M.° CCC.° septimo decimo.

CHARLES VI. à Paris, au mois d'Octobre 1401.

PHILIPPE V. dit le Long, à Bourges, le 7 d'Avril 1317.

Suite des Lettres de Charles VI. a Senescallis.

Quasquidem Litteras superiùs transcriptas, & omnia in eisdem contenta, laudamus, approbamus, ac tenore presencium de nostra speciali gracia confirmamus : dantes tenore presencium in mandatis [a] Senescallibus Bellicadri *&* Carcassone, *nec non Rectori, Gubernatori & Judici* Montispessulani, *ac Vicario & Judici* Narbone, *ceterisque Justiciariis nostris, presentibus & futuris, & cuilibet eorumdem, aut eorum Locatenentibus, quatenus predictos habitantes & singulares Ville & Burgi* Narbone, *in eorum Franchisiis, Libertatibus & saisinis in quibus sunt & ab antiquo fuerunt, & de quibus laciùs in predictis Litteris superiùs transcriptis est facta mencio, & de quibus eis liquebit, manuteneant & conservent, ac uti pacificè faciant & gaudere absque difficultate quacumque ; & si quid factum sive attemptatum aut innovatum fuerit in contrarium, ad statum pristinum & debitum reducant seu reduci faciant indilatè ; contradictores quoscumque viâ debitâ compellendo. Quod ut firmum & stabile perpetuò perseveret in futurum, presentibus Litteris nostrum fecimus apponi Sigillum : salvo in hiis jure nostro, & quolibet alieno.* Datum *Parisius,* in mense Octobris, anno Domini M.° CCCC.° primo, & regni nostri XXII°.

Per Regem, ad relacionem Consilii. G. FORTEMENT.

CHARLES VI. à Paris, en Octobre 1401.

CHARLES IV. dit le Bel, à Paris, en Mai 1322.

(a) Priviléges accordez à la Ville de Saint-Rome sur le Tarn, dans le Rouergue.

SOMMAIRES.

(1) Les Habitans de Saint-Rome feront un Corps d'Université, & auront le droit d'avoir des Consuls, une Maison, un Trésor, & un Sceau commun, & un Sergent. Ils pourront s'assembler pour les affaires communes. Les habitans éliront les quatre premiers Consuls qui seront instituez ; mais dans la suite, les Consuls qui sortiront de Charge, éliront ceux qui devront leur succéder. Les Consuls seront en Charge pendant un an. Ils prêteront serment entre les mains du Juge ou Bailli Royal de ce lieu. Les Consuls en Charge éliront un certain nombre de Conseillers qui leur prêteront serment.

(2) Les Consuls pourront pour les dépenses communes, lever des Tailles sur les habitans. Leur Sergent pourra saisir les effets de ceux qui ne les payeront pas, & le Bailli les contraindra à le faire, lorsqu'il en sera requis par les Consuls. Les Consuls seront chargez du soin des rues & des chemins, &c. Ils auront avec le Bailli, & même en son absence, lorsqu'il aura été dûement appellé, l'inspection sur les poids, sur les mesures, sur la viande, le poisson & le pain qui se vendront ; & le Bailli punira ceux qui seront trouvez en faute à cet egard. Les Consuls pourront établir deux Foires, qui se tiendront tous les ans dans l'étendue de la Jurisdiction Royale, & un Marché qui se tiendra toutes les semaines. Les droits qui s'y leveront suivant la taxe qui en sera faite par le Sénéchal du Rouergue, appartiendront au Roy. Les Consuls pourront faire construire un Four. Ils en recevront les émolumens qui seront fixez par le Sénéchal de Rouergue, & les rendront au Roy. Les jours auxquels se tiendront ces Foires & ce Marché, ne seront reconnus fixez qu'après que le Juge Majeur & le Sénéchal de Rouergue auront jugez après une information faite, que cette fixation ne pourra porter aucun préjudice au Roy ni aux voisins.

KAROLUS Dei gracia Francorum Rex. Notum facimus universis presentibus & futuris, quòd auditâ humili supplicacione dilectorum nostrorum Consulum & habitatorum loci (b) Sancti Romani *de* Tarno, Senescallie Ruthenensis, *Nobis immediatè justiciabilium & subditorum, visisque Litteris inclite recordacionis Karoli quondam Francorum & Navarre Regis, Predecessoris nostri, tenorem qui sequitur, continentes.*

KAROLUS Dei gracia Francorum & Navarre Rex. Notum facimus universis tam presentibus quàm futuris, Nos infrascriptas vidisse Litteras, formam que sequitur, continentes.

NOTES.

(a) Tresor des Chartres, Registre 156. P. III[c] XII. (312.)

(b) Sancti Romani de Tarno.] *Saint-Rome de Tarn,* dans le *Rouergue.* Voyez le Dict. univ. de la *France,* au mot, *Saint-Rome.*

CHARLES VI. à Paris, en Octobre 1401.

CHARLES IV. dit le Bel, à Paris, en Mai 1322.

Noverint universi presentes pariter & futuri, quòd anno Domini millesimo trecentesimo vicesimo, die Festi Beati Luce Evangeliste, nos Guido Caprarii, *miles & Senes*callus Bellicadri, *& tunc* Senescallus Ruthenensis *pro Domino Rege, existentes apud* Sanctum Romanum de Tarno, *dicte Senescallie, una cum discretis viris Magistris* Hugone Raterii *judice (c)* Amiliani *&* Ruppistes. *&* Geraldo Fabri *Procuratore Regio dicte* Senescallie Ruthenensis, *cupientes ut ex debito nostri Officii tenebamur, subjectorum commoda cura pervigili, absque lesione tamen juris Regii & cujuslibet alieni, procurare prehabitis colloquio & tractatu cum* Raymondo Seguiny, Gailhardo Folgueni, Bernardo Almeraci, Guillermo Folgueni, Hugone Fabri, Berengario Catil, Petro Seguini, Deodato Seguini, Raymondo Seguini *juniore,* Guillermo Clerso, Petro Othi, Petro Forverii, Deodato Martini, *hominibus (d) Regiis & habitatoribus dicti loci, de consilio, voluntate & assensu dictorum Judicum & Procuratoris* [a] *Regii, ac eciam subsequentis venerabilis & discreti viri Domini* Dalmacii *de* Arla, *Legum Doctoris, Clerici Domini Regis, Judicis Majoris dicte Senescalie, prefatis hominibus pro se & suis successoribus, ac eciam hominibus aliis* [b] *hominibus Regiis duntaxat in dicto loco habitantibus, & eisdem adherere volentibus, retenta tamen Domini Regis voluntate, jure Regio & quolibet alieno semper salvis duximus concedendum.*

a Reg. *R.*

b ce mot répété paroît inutile.

(1) Quod prenominati homines imposterum Corpus universitatis, Consulatum, Domum, Archam, Sigillum & Nuncium specialem communes habeant & valeant obtinere, ita quòd ad sonum campane Ecclesie dicti loci, vel ad mandatum dicti Nuncii eis submonitum [c] *sed ad invicem congregare, liciteque tractare & facere que eorum communitati videbuntur expedire, dictusque Consulatus regi habeat & gubernari per quatuor Consules annuales, prima vice per dictos homines seu majorem partem eorumdem eligendos, & annis subsequentibus, in fine anni administracionis eorumdem, per alios quatuor Consules qui fuerunt anno illo; illi quatuor prosequenti anno eligantur: Dicti verò Consules, antequam administracionem dicti Consulatûs incohent aliqualem, Judici vel Bajulo Regio dicti loci, prestabunt Sacramentum quòd fideles Domino nostro Regi erunt, & jura Domini nostri Regis, Consulatûs, Universitatis eorumdem fideliter &* [d] *sollicitent, conservabunt, & pro posse Domino nostro Regi & Universitati predicte utilia licitè procurabunt; quo prestito juramento, certos ex dicta Universitate poterunt in Consiliarios suos eligere, & ab eis exigere juramentum quòd bonum & legale Consilium eis dabunt, cum per eos fuerint requisiti.*

c se.

d *Il faut corr.* sollicité.

(2) Item. *Poterunt dicti Consules, quociens opus erit, pro necessitatibus & utilitatibus Universitatis eorumdem, indicere & levare & exigere Tallias, & eorum Nuncius pro ipsis indictis poterit pignora capere, & ad domum Consulatûs deportare. Si verò aliquis resistere voluerit in premissis, tunc Bajulus Regius resistentes debite compellat ad solvendum, quociens per dictos Consules fuerit requisitus: Necnon eciam prefati Consules provideant vias, Quarrerias, (e) Stalana, (f) Stabularia, & ad statum debitum juste reducant quociens opus erit, & eciam provideant & corrigant una cum Bajulo Regio, seu ipso ad hoc vocato & interesse recusante, mensuras bladi, vini, olei*

NOTES.

(c) Amiliani.] Il n'y a dans le Reg. que *Amili* avec une marque d'abréviation, ou, pour parler plus exactement, un *a* suivi de quatre jambages sans point. Il y a grande apparence qu'il faut lire *Amiliani, Milhaud* dans le *Rouergue.*

Je n'ai pû rien découvrir sur *Ruppistes.* qui est dans le Reg. avec une marque d'abréviation à la fin de ce nom.

(d) Regiis.] Cela signifie apparemment soûmis immédiatement à la Justice Royale. Voy. le commencement des Lettres de Charles VI.

(e) Stalana.] Je n'ai rien trouvé sur ce mot qui est très-douteux: car on pourroit lire aussi *scalaria. Scalarium,* suivant le Glossaire de *Du Cange* à ce mot, signifie un degré, un escalier; & on a vû ci-dessus page 284, article 6. que les Officiers nommez *Carrairerii* avoient inspection, entr'autres choses, sur les escaliers, *Gradariis.* Voyez *ibid.* Note *(h).*

(f) Stabularia.] Des étables. On voit à la page 480, article 17. du 2.e Volume de ce Recueil, que les Consuls de *Guiole* avoient le droit de connoître *de stabulis bescalinis:* il faut apparemment corriger *bestalinis.* D'un autre côté on lit à l'endroit du 8.e Volume de ce Recueil, cité dans la Note précédente, que les *Carrairerii* avoient inspection sur les *tabulariis;* ce qui a été interprété par le mot *Boutiques.*

CHARLES VI. à Paris, en Octobre 1401.

CHARLES IV. dit le Bel, à Paris, en Mai 1322.

& salis, pondera & (g) alnaria, & alias mensuras rerum venalium, & quòd carnes & pisces qui vendentur in dicta villa, sint legales & sufficientes, & quòd Pistrices faciant panem legaliter & debitè, [a] juxta forum bladi, & carnes & pisces quos insufficientes ad vendendum pro usu hominis invenerint, & panem quem invenient minoris quàm deberet quantitatis, possint pauperibus elargiri; & nichilominus Bajulus seu alii Curiales Regii, prout ad eos pertinuerit, punient debitè delinquentes in premissis, si & prout & fuerit racionis, juxta antiquam Consuetudinem in patria observatam: nec non eciam quòd in dicto loco possint facere duas Nundinas infra Juridicionem Regiam, anno quolibet, & unum Mercatum die Mercurii in qualibet septimana, (h) emolumentum (i) Leaudarum & aliorum [b] juirium occurrencium per Gentes Regias levandum & exigendum, & Domino Regi applicandum; & furnum construere, emolumentum ipsius recipere, sub [c] anuo censu, cùm constructum fuerit, per Senescallum moderatè imponendo & Domino Regi dando; dum tamen per informacionem faciendam per Senescallum & Judicem majorem Senescallie Ruthenensis, reperiatur Nundinas & Mercatum sub certis diebus posse fieri absque prejudicio [d] Juris Regii & circumvicinorum: Nostre tamen intencionis existit quòd predicta dictis hominibus concessa fient & exerceantur infra Juridicionem Regiam absque prejudicio juris seu Juridicionis Regis, sed eciam cujuslibet aliene.

a à proportion du prix du bled au marché.

b *corr.* jurium.

c *corr.* annuo.

d Jur. Reg. *Registre.*

Promisimus quòd Nos pro posse procurare [e] predicta omnia & singula per Dominum Regem nostrum confirmare; pro quibus eisdem hominibus concessis, cum confirmacio predictarum Regia fuerit subsequta, prefati homines promiserunt se nobis nomine Regis recipientibus, & bona sua obligaverunt, dare & solvere quingentas Libras Turonenses, de quibus trecente [f] debebant converti in empcione (k) reddituum Juridicionis & proprietatum venalium, & feodo Regio existencium, quos & quas Johannes Cusac & Falca ejus uxor habebant in dicto loco Sancti Romani; [g] acto quod postquam dictus Dominus Rex predicta pro dicto precio trecentarum Librarum [h] acquisivit, in suo patrimonio Regio debeant perpetuò remanere, & quoquo titulo de manu sua & suorum successorum in Regno, non extrahantur; cetereque ducente Libre eidem Domino nostro Regi & ejus Thesaurario Ruthenensi persolvantur. In quorum fidem & testimonium, nos prefati Guido nunc Senescallus Bellicadri & Nemausi, & Dalmacius de Arca, legum Doctor, Clericus Domini Regis, & Judex major Senescallie Ruthenensis, Sigilla nostra propria duximus presentibus apponenda. Datum Parisius, die VIII. Maii, anno Domini millesimo CCC.° XX.° secundo.

e *Il semble qu'il faille suppléer* faciemus, *& corriger plus bas* confirmari.

f debebunt.

g sous la condition.

h acquisiverit.

Suite des Lettres de Charles le Bel.

Nos autem premissa omnia & singula in suprascriptis Litteris contenta, rata & grata habentes, eadem volumus, laudamus, approbamus, & auctoritate nostra Regia tenore presencium confirmamus: salvo in omnibus jure nostro, & quolibet alieno. Quod ut firmum & stabile permaneat in futurum, presentibus Litteris nostrum fecimus apponi Sigillum. Actum Parisius, anno Domini millesimo CCC.° vicesimo secundo, mense Maii. Sic signat. *Per Cameram Compotorum.* GYEM. *Facta est collacio. Reddatur in dicta Camera vel Thesaurariis.*

Suite des Lettres de Charles VI.

Nos predictas Litteras, & omnia & singula in eisdem contenta, ratas habentes atque grata, eas & ea laudamus, approbamus, ratifficamus, & de nostris auctoritate Regia & gracia speciali confirmamus, & dictis supplicantibus concedimus de novo, si sit opus, per presentes; nec non ex uberiori gracia concedimus eisdem, quòd amodo

NOTES.

(g) *Alnaria.*] Ce mot est sans doute synonyme de *Alna; aune*, qui se trouve dans le Glossaire de *Du Cange.*

(h) *Emolumentum, &c.*] Ce membre de phrase paroît corrompu, mais le sens est clair. Les droits qui se leveront dans ces Foires & dans ce Marché, appartiendront au Roy.

(i) *Leaudarum.*] Ce mot est sans doute synonyme du mot *Leuda* & d'autres semblables, qui signifient les droits qui se lèvent sur les marchandises.

(k) *Reddituum, &c.*] Cela signifie, à ce que je crois, les profits de Justice que le Roy avoit aliénez à des particuliers & qui les tenoient de lui en fief. Par ces mots *proprietatum venalium*, on peut entendre les lods & ventes dûs à cause de la vente des héritages, & que le Roy avoit aussi aliénez.

CHARLES VI. à Paris, en Octobre 1401.

CHARLES IV. dit le Bel, à Paris, en Mai 1322.

ipsi supplicantes possint & valeant anno quolibet, vocatis eorum tamen Consiliariis seu majore vel saniore parte eorumdem, eligere & creare eorum Consules ab hinc in antea ibidem creandos, Dominica prima post festum Penthecostes, licet consuetum fuisset eos eligere & creare propinquiori Dominica festi Beati Vincencii, mense Januarii. Quocirca Senescallo Ruthenensi, *ceterisque Justiciariis, Officiariis nostris, aut eorum Locatenentibus, presentibus & futuris, & eorum cuilibet, prout ad eum pertinuerit, mandamus, districtè injungentes, quatenus prefatos supplicantes nostris presentibus confirmacione, graciâ, & concessione uti & gaudere pacificè faciant & permittant, ipsos in contrarium nullathenus molestantes seu à quoquam molestari permittentes. Et ut premissa perpetue stabilitatis robur obtineant, nostrum presentibus fecimus apponi Sigillum: nostro in aliis, & alieno in omnibus jure salvo.* Datum *Parisius,* in mense Octobris, anno Domini millesimo quadringentesimo primo, & Regni nostri XXII°.

Per Regem. Dominis Petro *de* Navarra, Jacobo *de* Borbonio, *Domino d'*Osmont, *& pluribus aliis de Consilio, presentibus.* J. DE SCEPEAUX.

A Toulouse, le 17 de Novembre 1401.

(a) Lettres du Conseil établi pour le gouvernement du Languedoc & de la Guyenne, par le Duc de Berry Lieutenant du Roy dans ces Provinces, portant que les Notaires & les Sergens du Vélay ne sont point compris dans celles du 5 d'Octobre précédent, par lesquelles il est ordonné aux Notaires & aux Sergens de la Sénéchaussée de Beaucaire, de rapporter au Sénéchal les Provisions de leurs Offices.

LES Gens du Conseil de Monseigneur le *Duc* de *Berri* & d'*Auvergne, Comte* de *Poitou,* d'*Estampes,* de *Boulogne* & d'*Auvergne,* Lieutenant du Roy notre Sire ès païs de *Languedoc* & *Duchié* de *Guyenne,* par lui ordonnés sur le fait de la Justice es dits païs de *Languedoc* & de *Guyenne.* Au *Sénéchal* de *Beaucaire,* ou à son Lieutenant: Salut. Exposé nous a été de la partie des Notaires Apostoliques, Impériaux & Jurés de la Court espirituelle de l'Evesque du *Puy,* & des Barons du païs du *Velay,* demourans en la Ville du *Puy,* & ou dit païs de *Velay,* disans que pour occasion de nos autres [a] Lettres adressans à vous, par lesquelles vous a été mandé que vous feissiés apporter devers vous, les noms & surnoms, Lettres & Titres des Notaires & Sergens Royaux de votre Sénéchaucie, de quelque autorité qu'ils usent, & icelles nous renvoyassiés dedens certain jour par nous assigné, vous iceulx exposans avés contraint à vous bailler, & apporter leurs noms & surnoms, les Lettres & Tiltres de leurs dits Offices, jasoit ce que en nos dittes autres Lettres ils ne soyent compris, ne de eulx icelles nos Lettres facent mention, veu la teneur d'icelles, qui est en leur vexation & domage, si comme ils dient, requerant sur ce notre provision: Pourquoy, nous en déclarant sur ce notre volonté & entention, laquelle n'a été ne n'est que les dits exposants soient compris en nos dittes autres Lettres, vous mandons & commandons que de toute compulsion & contrainte faite & encommencée contre les dits exposants ou aucuns d'eulx pour la cause devant ditte, vous cessés & désistés, sans leur donner doresénavant aucun empeschement. *Donné à* Toulouse, *soubs nos Signets, le dix-septième jour de Novembre, l'an mil quatre cens & un.* P. DE LA ROZE.

[a] *du 5 d'Octobre 1401.* Voyez ci-dessus p. 467.

NOTE.

(a) La copie de ces Lettres a été envoyée de *Montpellier,* avec cette indication : *Sénéchaussée de* Beaucaire *&* Nismes *en général, Armoire* A. *liasse 19*ᵉ. *des Actes ramassez, n° 5. fol. 112.*

Voyez ci-dessus p. 467. Note *(a)*.

A Paris, le 18 de Novembre 1401.

(a) Lettres du Duc de Berry Lieutenant du Roy dans le Languedoc, portant que conformément aux Statuts de l'Ordre de Saint Jean de Jérusalem, les Fruits du Prieuré de Saint-Gilles, en cas de mort de celui qui en est présentement Prieur, ne seront point réservez à son successeur, mais appartiendront au Couvent de Rhodes, de cet Ordre.

JEHAN Fils de Roy de France, *Duc* de *Berry* & d'*Auvergne*, *Comte* de *Poitou*, d'*Estampes*, de *Boulongne & d'Auvergne*, Lieutenant de Monseigneur le Roy en nos pays de *Berry*, d'*Auvergne* & de *Poitou*, & en ses païs de *Languedoc* & *Duchié* de *Guienne*. Aux *Sénéchaulx* de *Beaucaire*, de *Toulouse* & de *Carcassonne*, & à tous les autres Justiciers & Officiers de mon dit Seigneur & des notres, ou à leurs Lieuxtenans : Salut. Nos bien amés les Religieux, [a] Maistres, Prieur & Freres de l'Ordre de l'Ospital *Saint Jehan* de *Iherusalem*, nous ont fait exposer que selon les Ordonnances & Constitutions de leur dit Ordre, les *(b)* mortuaires & vaccans des Prieurés, Chastelainies & Commenderies du dit Hospital, appartiennent au commun trésor du Convent de *(c) Rodes*, pour la sustentation de ceulx qui par delà demourent à la deffension de la Foi Catholique; & toutes fois qu'ils vacquent, ont accoûtumé estre pour le dit Convent reçus & administrés par le Trésorier de la ditte Religion, & autres par ycellui Convent commis & ordonnez, sans ce que ceulx à qui tels Prieurés & Commenderies vacans sont de nouvel conférées, en puissent demander aucune chose du temps de la vacation. Et pour ce que le *(d)* Prieur de *Saint Giles* du dit Ordre, est si griévement malade que l'en espere plus la mort que la vie, ils se doubtent que les mortuaires & vaccans d'icelui Prieuré, s'il alloit de vie à trespassement, se pourroient perdre ou [b] emplever, se par nous ne leur estoit sur ce pourvû de convenable remède, ainsi qu'ils dient, implorants très-humblement ycellui. Pourquoi nous, ces choses considérées, & pour certaines autres causes & considérations à ce nous mouvans, vous mandons, en commettant, se [c] mestier est, & à chacun de vous, si comme à luy appartiendra, que le dit Prieur alé de vie à trespassement, vous, ou dit cas, les dits Religieux ou leurs Commis & députés à ce, faites, laissés & souffrés joïr & uzer des dits mortuaires & vaccans du dit Prieuré, s'il vacque à présent, ou quant il vacquera, & iceulx tenir, posséder & exploicter plainement & paisiblement selon les Ordonnances & Constitutions dessus dittes, en leur baillant & délivrant, ou faisant bailler & délivrer les Châteaux, Forteresses & Villes du dit Prieuré, & les y [d] maintiennent & gardent paisiblement, durant le temps de la vaccation d'icelui, sans les travailler, molester ou empescher, ou souffrir estre molestés ou empeschés aucunement au contraire, nonobstans Ordonnances, Mandement & deffenses & impétrations subreptices à ce contraires. *Donné à* Paris, *le dix-huitième jour de Novembre, l'an de grace mil quatre cens & un.* Par Monseigneur le Duc & Lieutenant, à la relation du Conseil. P. FRERE.

a corr. *Maître.*

b *Je n'ai rien trouvé sur ce mot.*

c *besoin.*

d corr. *maintenant & gardant.*

NOTES.

(a) La Copie de ces Lettres a été envoyée de *Montpellier*, avec cette indication : *Sénéchaussée de* Beaucaire *&* Nîmes *en général, Armoire* A. *liasse 19ᵉ. des Actes ramassez, n.° 5. folio 131.*

Voyez ci-dessus page 467. Note *(a)*.

(b) Mortuaires, &c.] Les revenus échûs depuis la mort d'un Titulaire jusqu'à la nomination de son successeur.

(c) Rodes.] Le Grand-Maître de l'Ordre de Jerusalem résidoit alors à *Rodes*, d'où un de ses successeurs a passé à *Malthe*.

(d) Prieur de Saint-Giles.] Le Grand-Prieur de la Langue de *Provence* porte le titre de Grand-Prieur de *Saint-Gilles*, parce que son Prieuré est situé dans la Ville de ce nom, qui est en *Languedoc*, vers les bords du *Rhône*. Voy. le Martyrologe des Chevaliers de Malthe. t. 2. page 292. & le Dictionnaire de la *Martiniere*, au mot, *Saint-Gilles*.

CHARLES VI. à Paris, le 23. de Novembre 1401.

(a) Lettres de Sauvegarde Royale pour le Prieuré de Saint Ladre [Saint Lazare] à Paris.

CHARLES, par la grace de Dieu Roy de France. A tous ceulx qui ces Lettres verront : Salut. Savoir faisons que Nous desirans de tout nostre cuer les personnes de Religion qui sont ordonnées à servir Nostre Seigneur Jesus-Crist en nostre Royaume, estre maintenuz & gardez avec tous leurs biens & famille en paix & en transquilité, pourquoy ilz puissent mieulx & plus dévotement vacquier & entendre au Service de Dieu auquel ilz sont donnez ; à la supplicacion de noz bien amez les Religieux, Prieur, Freres & Seurs de [a] Saint Ladre de *Paris,* qui sont de tous temps en la Sauvegarde Royal, yceulx d'abondant avons prins & mis, prenons & mettons de grace espécial, avecques tous leurs biens quelz & où qu'ilz soient assis en nostre Royaume, que ilz ont à présent & que ilz acquerront loyalment ou temps advenir, & tous leurs familliers, serviteurs, Religieux, en & soubz nostre protection & Sauvegarde espécial & de noz successeurs Roys de France, pour y estre & demourer perpétuelment ; & leur avons commis, donné & depputé, commettons, donnons & depputons de nostre dicte grace nostre *Prévost* de *Paris,* présent & advenir, leur Juge en toutes leurs Causes meues & à mouvoir contre quelzconques personnes, en demandant & en deffendant ; par ainsi toutesvoyes que pour ce ilz ne puissent aucun faire convenir pardevant ledit Prévost ou son Lieutenant, plus loing de la Ville de *Paris* que de douze lieues ; & aussi voulons & commettons ledit Prévost estre leur Gardien espécial pour yceulx Religieux, leur Esglise en chief & en membres, leurs familliers, leurs gens & possessions, Granges, Terres, Prez, Bois, Vignes, Justices, cens, rentes & revenues queles que elles soient, & à eulx appartenans en quelque manière que ce soit, maintenir & garder par lui & par autres en leurs justes possessions, franchises, Libertez, droits, Coustumes, usages, prévilleiges & saisines, & pour yceulx deffendre de par Nous de toutes injures, violences, griefs, oppressions, inquiétacions, molestacions, de force d'armes, de puissance de Laiz, & de toutes nouvelletez indues queles que elles soient ; & s'il y a débat en cas de nouvelleté entre les Parties sur les choses contencieuses, de mettre ycellui débat en nostre main comme souveraine, & à faire par ycelle nostre main récréance là & si comme il appartendra, pour faire paier ausdiz Religieux ou à leur certain commandement tous leurs cens, rentes, disme & revenues, & leurs debtes bonnes & loyaulx, congnues ou prouvées par Lettres, tesmoings, [b] Instrumens ou autres loyaulx enseignemens, que il lui apperra estre deues ausdix Religieux de quelzconques personnes demourans à *Paris* ou environ jusques à douze lieues, en contraignant yceulx debteurs par la prinse, vendue & explectacion de leurs biens & détencion de leurs corps, se obligiez y estoient ; se aucun de leurs debteurs se vouloit opposer au contraire, nostre main souffisaument garnie, là & si comme il appartendra deuement, pour faire adjourner pardevant soy ou son Lieutenant en nostre Chastellet de *Paris,* lesdiz opposans & toutes autres personnes tant en demandant comme en deffendant, pour aler avant par lui tant sur lesdictes opposicions, débas ou [c] questions, comme sur lesdictes debtes, si comme il sera à faire de raison, & pour faire sur les choses dessusdictes, les parties oyes, bon & brief acomplissement de Justice ; & voulons que nostredicte grace il face publier par tous les lieux où il verra qu'il appartiengne, à la Requeste desdiz Religieux ou de leurs Gens ; & en signe de nostredicte Sauvegarde espécial, face mettre noz [d] Pennonceaulx Royaulx ès Maisons, Granges & possessions & autres biens desdiz Supplians, là où [e] mestier en sera, adfin que nul ne se puisse excuser de ignorance ;

a *Saint Lazare. Voyez ci-dessus, p. 146. Note (d).*

b *Actes.*

c *contestations.*

d *Voyez les Tables des mat. des Vol. de ce Rec. à ce mot.*

e *besoin.*

NOTE.

(a) Livre rouge vieil du Châtelet de *Paris, fol.* 9 vingt 14. *verso* [194.] Avant ces Lettres, il y a : *Garde pour Saint Ladre de* Paris.

ignorance; & intime & deffende à toutes les personnes dont il sera requis de par lesdiz Religieux, que à eulx, à leurs familliers, à leurs Gens, à leur Eglise en chief & en membres, à leurs terres, Cens, rentes, revenues, & autres biens quelzconques où qu'ilz soient, présens & advenir, ilz ne meffacent ou facent meffaire en aucune manière, sur certaines peines à appliquer à Nous; & pour faire & acomplir plus diligemment les choses dessusdictes de point en point & chascune d'ycelles, Nous mandons & commettons audit *Prévost* de *Paris*, présent & advenir, ou à son Lieutenant, que il toutesfoiz que mestier en sera, depute ou commecte ausdiz Religieux deux ou trois personnes convenables, à leurs despens; lesquelx & chascun d'eulx, Nous voulons de nostre grace dessusdicte que ilz aïent quant à faire & exécuter les choses dessusdictes & chascune d'ycelles, tout povoir d'Office de Sergent: Toutesvoyes Nous ne voulons pas que ilz s'entremectent en aucune manière de chose qui requière congnoissance de Cause; & Nous donnons en mandement à tous noz Justiciers & Subgez, que audit *Prévost* de *Paris*, présent & advenir, ou son Lieutenant, & audit Sergent ou Sergens depputez de par lui quant aux choses dessusdictes & celles qui en deppendent, obéissent & entendent diligemment. En tesmoing de ce, Nous avons fait mettre nostre Séel à ces Lettres. *Donné à* Paris, *le* XXIIIe *jour de Novembre, l'an de grace mil quatre cens & un, & le* XXIIe. *de nostre regne.* Ainsi signé en marge. Par le Roy, à la relacion du Conseil. FRERON. *Et au dos desquelles Lettres estoit escript ce qui s'ensuit:* Publié en Jugement ou Chastellet de *Paris*, le Samedi XXVIe jour de Novembre, l'an mil CCCC. & ung. FRESNES.

CHARLES VI. à Paris, le 23. de Novembre 1401.

Collation faicte à l'Original rendu au Prieur de Saint Ladre de *Paris*, le Samedi XXVIe jour de Novembre, l'an mil CCCC & ung.

CHARLES VI. à Paris, le 23 de Décembre 1401.

(a) Lettres qui portent que les Vendeurs de Vin de la Ville de Paris pourront contraindre ceux à qui ils en auront vendu, à leur en payer le prix, par prise de corps ou saisie de leurs biens, sans que ces Acheteurs puissent, par rapport à ces dettes, faire abandonnement & cession de biens.

CHARLES par la grace de Dieu Roy de France. Savoir faisons à tous présens & avenir, que oye l'umble supplicacion des Vendeurs de vins de nostre bonne Ville de *Paris*, contenant que ja soit ce que à cause de leurs Offices de Vendage,

NOTES.

(a) Livre Rouge vieil du Châtelet de *Paris, folio* 9 vingt 15. *verso* [195.]

Avant ces Lettres, il y a: *Le Privilége des Vendeurs de Vins de* Paris.

Ces Lettres sont aussi au Trésor des Chart. Reg. 156. Pièce 333.

Au folio 208. verso de ce Registre du Châtelet, l'on trouve ces mêmes Lettres datées du mois de Septembre 1403, avec un préambule nouveau & quelques différences. On les a marquées à la marge des Lettres de 1401, & l'on se contentera de faire imprimer ici le préambule & la fin de celles de 1403.

CHARLES VI. à Paris, en Septembre 1403.

(b) CHARLES par la grace de Dieu Roy de France. Savoir faisons à tous présens & avenir, Nous avoir receue l'umble supplicacion de noz bien amez les Bourgois & Marchans de vins de nostre Ville de *Paris*, contenant que comme lesdiz Bourgois & Marchans, de bonne foy ayent vendu & vendent de jour en jour leurs vins à plusuers personnes, à païer sanz jour & sanz terme, sanz recevoir argent comptant, & sanz en avoir d'eulx gaige, obligacion ne autre seurté; ausquelx acheteurs ilz délivrent & font délivrer leursdiz vins, espérans d'en estre païez & contentez; néantmoins plusuers personnes, &c. *Donné à* Paris, *ou moys de Septembre, l'an de grace mil* CCCC. *& trois, & de nostre Regne le* XXIIIIe. Ainsi signées. Par le Roy, à la relacion du Grant Conseil. CHALIGANT. *Visa.* [a] CONTENTOR. FRERON. *Au doz desquelles Lettres estoit escript ce qui s'ensuit:* Publiéez en Jugement ou Chastellet de *Paris*, le Mercredi VIIe jour de Novembre CCCC^e^ & trois. FRESNES. *Item.* En l'Ostel du Roy en Grève, à *Paris*, ledit jour. BONNESCHE.

a Voyez le 5.e Vol. de ce Rec. p. 22. Note (h).

Collation faicte aux Lettres Originaulx dessus transcriptes, Scellées en Las de Soye & cire vert, par moy. CHOART. G. DE SURGY.

NOTE.

(b) Livre Rouge vieil du Châtelet de *Paris, fol.* 208. *v.*°

Avant ces Lettres, il y a: *Privillége pour les Marchans de vins à* Paris.

Ces Lettres avoient déjà été imprimées à la p. 133. du Rec. des Ordonnances de Louis XIV. concernant la Jurisdiction des Prévôt des Marchands & Echevins de la Ville de Paris. *Paris,* 1676. *in-folio.*

CHARLES VI. à Paris, le 23. de Décembre 1401.

ilz soient tenuz & astrains de [a] délivrer les Marchans pour lesquelz ilz font leurs ventes, & yceulx contenter & païer tantost & sanz délay, après ce que leurs dictes ventes sont parfaites; & à ce faire & accomplir soient contrains par prinse de corps & de biens, & leurs [b] pleiges aussi, jusques aux sommes dont ilz les ont plegiez; néantmoins plusieurs personnes eulx disans Marchans ou Taverniers, [[c] Marchandes ou Tavernières,] sont venuz & viennent de jour en jour aux Bateaux en Grève, & ès lieux où l'en vent les Vins, tant en celiers comme ailleurs, pour les Marchans Forains & pour ceulx de *Paris,* qui ont acoustumé exercer le fait de la marchandise de vins, & cautement & frauduleusement ont prins & acheté, prennent & achetent d'iceulx Vendeurs grant quantité de vins, affermans que ilz les veulent mener en certains lieux, Tavernes & rues où ilz se dient avoir leur demeure, pour les vendre à détail en taverne ou autrement; & pour mieulx coulourer leur frauduleuse entencion, se nomment [d] Seigneurs propriétaires desdiz lieux & Tavernes; lesquelz vins ainsi prins & achetez desdiz [[e] Vendeurs,] aucuns d'iceulx [[f] eulx disans Marchans,] ont mené à *(c)* l'Estape ès Halles de nostredicte Ville, ou lieu accoustumé à vendre vin en gros ou ailleurs, & là les ont venduz à tel pris comme bon leur a semblé, ou en ont fait à leur plaisir, & les ont appliquez [g] à leur singulier prouffit, sanz en faire aucune [h] satisfacion [[i] aux Vendeurs] dessusdiz; les autres ont [k] latité & mucié leurs biens, & transporté frauduleusement ès mains d'autruy, pour [l] délaïer le païement des diz vins; & aucuns des autres se sont absentez & absentent chascun jour, & telement en ont disposé & disposent, que yceulx [[m] Vendeurs] par teles fraudes & cauteles ont esté moult dommagez & intéressez; & aucuns d'eulx par ce sont telement décheus de leurs [n] chevances, que ilz sont en voye d'estre du tout [o] désers & destruis; laquele chose est de très-mauvais exemple, & pourroit tourner à la destruccion de tous lesdiz [[p] Vendeurs & Marchans] ou temps avenir, se par Nous ne leur estoit sur ce pourveu de remède convenable, si comme ilz dient, requerans humblement ycellui. Nous voulans obvier à teles fraudes & malices, & pourveoir à la chose publique & au bon gouvernement de nostre dicte Ville de *Paris,* & en faveur de [q] la marchandise, avons ordené & ordenons, & [[r] aux Vendeurs] dessusdiz avons octroyé & octroyons de grace espécial par ces présentes, que ilz puissent contraindre & faire contraindre tous ceulx à qui ilz vendront d'ores en avant & ont vendu ou temps passé lesdiz vins, tant [s] des Marchans Forains comme [t] des Marchans [u] d'icelle Ville de *Paris* [[x] qui ont acoustumé eulx entremettre de Marchandise de vin,] à païer ce que ilz en doivent & devront, en la forme & manière que ont accoustumé faire les Vendeurs de Poisson de Mer ès Halles de *Paris,* des debtes à eulx deues à cause des Poissons qu'ilz vendent pour les Marchans de Mer; c'est assavoir, que yceulx [[y] Vendeurs] les puissent contraindre & faire contraindre par prinse de corps & de biens à ce faire; sanz ce toutesvoyes que les diz debteurs à cause d'icelles debtes, soient receuz à [z] abandonnement en aucune manière. Si donnons en mandement à nostre *Prévost* de *Paris,* à nostre amé *Maistre Jehan* [aa] *Ailgembourse* Garde de la Prévosté des Marchans de nostre dicte Ville de *Paris,* & à tous noz autres Justiciers & Officiers présens & advenir, ou à leurs Lieuxtenans, & à chascun d'eulx, si comme à lui appartendra, que de nostre présente grace & octroy facent, sueffrent & lessent [[bb] lesdiz Vendeurs] joïr & user paisiblement & à plein [cc], en faisant tenir & garder nostre Ordonnance dessusdicte de point en point selon sa forme & teneur, par tous ceuls à qui il appartendra, & en la faisant publier & enregistrer ès Livres des [dd] Ordenanaces de nostre [ee] Chastellet, [& du [ff] Parlouer aux Bourgoiz] de nostre dicte Ville de *Paris,* & ailleurs où il sera à faire. Et que ce soit ferme chose & estable à tousjours, Nous avons fait mettre à ces Lettres nostre Séel: Sauf en autres

a *expédier.*
b *Cautions.*
c *ce qui est entre deux crochets n'est pas dans la 2.e copie.*
d *aucunes fois Seigneurs.* 2.e cop.
e *Bourgois & Marchands.* 2.e cop.
f *n'est pas dans la 2.e copie.*
g *& l'argent d'iceulx à leur.* 2.e cop.
h *payement.*
i *aux Bourgois & Marchands.* 2.e cop.
k *latiter* & *mucier,* signifient, *cacher.*
l *différer.*
m *Bourgois & Marchans.* 2.e cop.
n *biens.*
o *ruinez.*
p *Bourgois & Marchans.* 2.e cop.
q *du Commerce.*
r *auxdiz Bourgeois & Marchans.* 2.e cop.
s *à.* 2.e cop.
t *aux.* 2.e cop.
u *ou Taverniers.* 2.e cop.
x *n'est pas dans la 2.e cop.*
y *Bourgois & Marchans.* 2.e cop.
z *cession de biens.*
aa *Aillembourse.* 2.e cop.
bb *n'est pas dans la 2.e cop.*
cc *les diz Bourgois & Marchans, & chacun d'eulx.* 2.e cop.
dd *Ordonnances.*
ee *Chastelet de Paris & de la Prévosté des Marchans.* 2.e cop.
ff *Voy. les Tabl. des Mat. des Vol. de ce Rec.* aux mots, *Parloir aux Bourgeois.*

NOTE.

(c) l'Estape.] C'est une place destinée pour y décharger & y exposer en vente les vins amenez à *Paris* par terre. Elle étoit autrefois située aux Halles. Charles VI. par ses Lettres du mois d'Octobre 1413. la transféra des Halles en la Place de Grève, où elle est encore aujourd'hui. Voyez le *Traité de la Police,* t. 3. Liv. 5. Chap. 4. §. 1. p. 548.

choses nostre droit, & l'autrui en toutes. *Donné à* Paris, *le XXIII*[e] *jour de Décembre, l'an de grace mil CCCC. & ung, & le XXII*[e] *de nostre Regne.*

CHARLES VI. à Paris, le 23 de Décembre 1401.

Ainsi signées en marge. Es Requestes par [a] Vous tenues du commandement du Roy, le [b] Patriache d'*Alexandrie,* l'Arcevesque d'*Aux,* les Evesques de *Noyon,* d'*Amiens* & de *Tournay,* & plusieurs autres, présens. G. FORTEMENT.

Au dos desqueles estoit escript ce qui s'ensuit : Publié en Jugement ou Chastellet de *Paris,* le Lieutenant tenant le Siége, *le Samedi XIIII.*[e] *jour de Janvier, l'an mil CCCC. & ung.* FRESNES.

Collation faicte à l'Original rendu à *Jehan Ligier* Vendeur de vins, qui icellui avoit baillié à la Court, *le Jeudi XIX*[e] *jour de Janvier, l'an mil CCCC. & ung.*

a Le Chancelier de France. Voyez *le 5.*[e] *Vol. de ce Rec. pag.* 653. Note *(c).*

b *Patriarche.*

CHARLES VI. à Paris, le 21 de Février 1401.

(a) Lettres par lesquelles Charles VI. évoque à lui une contestation mûe par rapport à la Jurisdiction, entre le Parlement & la Chambre des Comptes.

CHARLES par la grace de Dieu Roy de France. A noz amez & féaulx Gens de nostre Parlement. Salut & dilection. Nous avons entendu que soubz umbre de certaine appellation que se dit avoir faite à vous Maistre *Jehan Daigny,* Contrerolleur de nostre Chambre aux Deniers, de noz amez & féaulx Gens de nos Comptes, touchant le fait de nostredite Chambre, & Maistre *Emery Tesson,* Clerc d'icelle Chambre, vous, non obstant certain appointement fait par nos très-chiers & très-amez Oncles & Frere, en la présence de nostre Grant Conseil, par lequel appointement avoit esté ordonné que l'adjornement en cas d'appel par vous sur ce commandé au [c] pourchaz & requeste dudit *Daigny,* ne seroit point scellé, & que la chose seurserroit en estat jusques nosdites Gens des Comptes eussent esté sur ce oyz par Nous ou nosdiz Oncles & Frere, en nostre Grant Conseil, vous avez ledit adjornement fait faire de vive voix & senz noz Lettres ; mais qui plus est, non contrestant certain autre appointement [d] arrière & derechef sur ce fait par nosdiz Oncles & Frere en nostredit Grant Conseil, que plus avant n'y feust procédé jusques à certain jour qui encore est à venir, pendant lequel noz dites Gens des Comptes devoient & doivent estre oïz, vous avez de fait oïz lesdits *Daigny* & *Tesson* en ladite besoigne, & sur ce fait tel appointement que bon vous a semblé; laquelle chose est moult estrange, considéré ce qui est dit, & Nous en desplaist fortement, s'il est ainsi. Pour ce est-il que Nous volans en nostre propre Personne cognoistre de cette besoigne, mesmement qu'elle touche & regarde très-fort le fait, estat & honneur de nostredite Chambre, & pour certaines causes & considerations qui à ce Nous meuvent, l'avons [e] advoquée & advoquons à Nous en quelque point ou estat qu'elle soit, & vous en deffendons & interdisons la Court & congnoissance. Mandons aussi & très-expressément deffendons par ces mesmes Présentes, à nosdits Gens des Comptes, & pour certaines causes, que cette matière ne soit par eulx ouverte ne poursuye comment que ce soit, autre part que pardevant Nous. *Donné à* Paris, *le vingt-uniéme jour de Février, l'an de grace mil quatre cens un, & de nostre Regne le vingt-deuxième.* Ainsi signées. Par le Roy, Mess. *Jacques* de *Bourbon,* le *Begue* de *Villaine,* le Sire de *Hugueville,* Messire *Colart* de *Calleville* & autres, présens. G. [f] DESCEPAUX. *Et au dos desdites Lettres estoit escript :* Les pareilles Lettres furent présentées de par le Roy & de son exprès commandement, en la Court de Parlement, par Maistre *Garnier Descepaux* Notaire & Secrétaire dudit Seigneur, ainsi qu'il a [g] relaté en la Chambre des Comptes, *le Jeudy vingt-troisième jour de Février, l'an mil quatre cent un.* Sic est. GUINGANT.

Collation est faite aux Lettres originaulx dessus transcriptes.

c *poursuite.*

d *ce mot qui signifie ordinairement* auparavant, *doit signifier ici,* depuis peu.

e *évoquée.*

f *corr. De Sceepeaux.* Voyez cidessus p. 478. à la fin des Lettres du mois d'Octobre 1401.

g *rapporté.*

NOTE.

(a) Ces Lettres qui étoient au *fol.* 104. *verso* du Mémorial *F.* de la Chambre des Comptes de *Paris,* ont été tirées du Recueil cité ci-dessus p. 26. Note *(b).*

CHARLES VI. à Paris, le dernier de Février 1401.

(a) *Ordonnance par laquelle Charles VI. après avoir déclaré qu'il ne fera plus aucun don des choses appartenantes au Domaine, révoque ceux qu'il avoit faits jusqu'alors, à l'exception de ceux qui y sont spécifiez.*

CHARLES par la grace de Dieu Roy de France. Le principal regart & considération de nostre pensée, est & doit estre après acquerir l'amour de nostre S. vaquer & entendre au bon gouvernement de nostre Royaume, & à garder & conserver en bon estat les droiz de nostre Couronne & de nostre Demaine, sans les diminuer ne souffrir estre diminuez aucunement; car tant comme noz diz droiz & Demaine demourront entiers & seront bien gardez & soustenuz, Nous pourrons tant mieulx supporter les grans charges qui chascun jour Nous surviennent pour soustenir les grans faiz de nostredit Royaume, & préserver noz subgez de griefves exaccions, & les gouverner & garder en bonne Justice & en transquilité paisible; & pour ce Nous recordans & aians en nostre mémoire les glorieux & notables faiz de plusieurs noz prédécesseurs Roys de France, qui ont acreu, tenu & gardé ensemble en leurs temps les diz droiz de nostre Couronne & le Demaine de nostredit Royaume, sans les diminuer ne départir, ne souffrir estre diminuez ne départiz, fors quant il est avenu que ilz en ont baillié par appanage aucune partie à aucuns de leurs hoirs masles, quant le cas y est escheu; & mesmement que feux noz très-cher Seigneurs Ayeul & Pere que Dieux absoille, pour ce qu'ilz trouverent que paravant leur temps, par aucuns leurs Predécesseurs avoit esté ledit Demaine aucunement autrement que dessus est dit, diminué, aliéné & départi, révocquèrent & adnullèrent chascun en son temps, tous dons & aliénations qui avoient esté faiz & faites par avant jusques alors, de quelconques terres, rentes & revenues, Justices & Seignouries, & autres choses appartenans audit Demaine; lesqueles révocation & adnullation ilz firent mettre à exécution & effect, & fu [a] reaüni ledit Demaine, & ainsi a demouré par aucun temps: Considerans aussi que quant noz Prédécesseurs ont esté sacrez & enoincts en Roys, & aussi Nous quant Nous le feusmes, ilz ont juré & aussi jurasmes Nous moult solennelment, présens à ce les Pers, plusieurs Prélaz & autres Princes de nostredit Royaume, garder lesdiz droiz de nostredicte Couronne, & aussi ledit Demaine entier, & non le aliéner ne départir en aucune manière, & readmender, readjoindre & reaünir ce qui en seroit aliéné, & que depuis que Nous receusmes ledit Sacre, Nous qui lors estions de moult jeune aage, & qui encore ne avions mie considération à si grans faiz, avons donné par inadvertence & par importunité de requerans, aucunes Seignouries, Terres, possessions, Justices, rentes, revenues, & autres choses qui estoient dudit Demaine, à plusieurs personnes, les aucunes ou aucuns à héritaige à tousjours perpétuelment, & les autres à vie ou à voulenté, dont, comme Nous Nous sommes apparceuz & apparcevons de présent, lesdiz droiz de nostredicte Couronne & nostredit Demaine sont moult grandement diminuez & appéticiez, & encores le pourroient plus estre ou temps avenir, à la grant charge de nostre ame, & au grant dommage de Nous & de nostredit Royaume, se par Nous ne estoit sur ce pourveu de brief remède: Savoir faisons à tous présens & avenir, que Nous qui desirons ensuir, comme raison est, les bonnes Ordenances de nozdiz Prédécesseurs, & espécialement de nozdiz Seigneurs Ayeul & Pere, lesqueles ont esté par eulx faictes à la conservacion des droiz & Demaines dessusdiz, & qui voulons garder nostredit Serement lequel Nous feisines à nostredit Sacre si solennelment comme dessus est exprimé, eue sur ces choses grant & meure délibération, tant avecques noz très-chiers & très-amez Oncles & Frere, les *Ducs* de *Berry*, de

[a] réuni.

NOTE.

(a) Regiftre *A.* du Parlement de *Paris, folio* 8 vingt 3. [163.] *verso.*

Avant ces Lettres, il y a: *Revocatio Donationum super Domanio Reg. factarum, jurata teneri.*

CHARLES VI.

à Paris, le dernier de Février 1401.

Bourgongne, d'*Orléans* & de *Bourbon*, & autres de nostre Sang, comme avecques pluseurs autres notables persones de nostre Conseil, par l'avis & détermination desquelx Nous avons trouvé & sceu que considéré nostredit Serement, telx dons ne telles aliénations ne pevent, ne doivent de raison sortir aucun effect, ne ne les povons ne devons aucunement tolerer, sauve nostre conscience; & pour ce voulans à ce pourveoir au bien de Nous, de noz successeurs & de nostredit Royaume, & à la descharge de nostredicte ame qui pour la transgression de nostredit Serement, pourroit encourir, que Dieu ne vuille, grant charge envers nostre S. avons ordené & ordenons par la délibération des dessusdiz, que d'oresénavant pour quelconque cause que ce soit, ne à quelque personne de quelque auctorité ou prééminence que elle use, Nous ne ferons aucuns dons à vie, à héritage ne à voulenté, de quelconques Terres, Seignouries, possessions, rentes, revenues, Justices, ne d'autres choses queles que elles soient, appartenans à Nous & à nostre Demaine, tant de nostre Royaume, en quelque partie qu'il se extende, comme de nostre *Dalphiné* de *Viennois*, & d'ailleurs en quelque lieu que ce soit, & tant à nostre dit Demaine que Nous tenons de présent, comme à cellui qui Nous puet & pourra escheoir & avenir par dons faiz ou à faire à Nous, par achaz ou acquisitions par Nous fais ou faites ou à faire, ou par Successions, Forfaictures ou Confiscacions avenues ou avenir en quelque manière que ce soit ou puist estre; & se par inadvertence ou par importunité de requerans ou autrement, il avenoit que Nous en feissions aucunes ou aucuns, Nous ne voulons qu'ilz aïent aucun effect, & dès maintenant pour lors les décernons estre de nulle valeur; & encores par l'advis & délibération [a] dessusdiz, avons révoqué & révocons de nostre certaine science, par ces présentes, tous dons par Nous faiz ou temps passé, à vie, à héritage ou à voulenté, à quelques personnes que ce soit & de quelque estat que elles soient, de quelconques Terres, Seignouries, possessions, rentes, revenues, Justices & autres choses appartenans à Nous & à nostredit Demaine, tant de nostredit Royaume, en quelque partie qu'il se extende, comme de nostredit *Dalphiné*, & d'ailleurs en quelque lieu que ce soit, auquel nostre Demaine Nous voulons & ordenons comme dessus, que tout ce qui en a esté, comment que ce soit, donné & aliéné, soit reaüni & réadjoint tout ainsi comme se lesdiz dons ne eussent oncques esté faiz, & ainsi comme paravant lesdiz dons y estoient adjoints & aüniz : Toutevoïes nostre entencion n'est mie quant à présent, de ce que Nous en avons baillié, donné & assigné jusques à ores à nostre très-chière & très-amée Compaigne la Royne, à noz très-chiers & très-amez Enfans, à nozdiz Oncles & Frere, & à leurs Enfans; ne aussi le Don des Conté, Chastel, Ville & Chastellenie de *Mortaing*, fait par Nous pour certaines causes & par certaine forme & manière contenues en noz Lettres sur ce faictes, à nostre très-chier & très-amé Cousin *Pierre* de *Navarre*, avec les Terres, revenues & autres appartenances d'icelle Conté, jusques à la valeur de trois mille Livres Tournois de Terre [b] & assises en bonne & convenable assiete, qui se doit faire par noz amez & féaulx Gens de noz Comptes à *Paris*, au plus près des diz Chastel & Ville de *Mortaing*, que faire se pourra bonnement, si comme en nozdictes Lettres sur ce faites, est plus à plain contenu, [c] chieent ne soient comprises en ces présentes Ordenance & Révocation; & aussi ne entendons mie que en icelle Ordenance & Révocation, soient compris gages ou rentes à vie ou à voulenté, que prennent par nostre octroy aucuns noz Officiers par les mains du Changeur de nostre Trésor, ou de noz Vicontes & Receveurs. Et pour ce que, comme Nous a exposé nostredit Frere le *Duc* d'*Orléans*, il a eu trop petites parties de Terres pour son Appanage, eu regart à ce que Nous ne avons plus Frere que lui, & aux Appanages qui ont esté bailliez tant à feu nostre Oncle le *Duc* d'*Orléans* qui fu seul Frere de feu nostre très-chier Seigneur & Ayeul le Roy Jehan que Dieux absoille, comme à feu nostre Oncle le *Roy* de *Sicile Duc* d'*Anjou*, & à nozdiz Oncles de *Berry* & de *Bourgongne*, Nous avons ordené que par nostre Conseil soient veues & avisées les Terres & Seigneuries qui lui ont esté baillées pour sondit Appanage, & aussi que nostredit Conseil

a supp. des

b *Il y a là dans le Reg. un mot qu'on n'a pû lire, parce qu'il est presqu'entièrement effacé. Il semble qu'il y ait* tournées.

c *tombent.*

CHARLES VI.
à Paris, le dernier de Février 1401.

voïe & avise les Appanages de nozdiz Oncles, & tost Nous rapportent ce qu'ilz en auront trouvé; & ou cas que nostredit Frere ne aura eu aussi grant Appanage comme a eu l'un de noz Oncles dessus diz, Nous lui assignerons & parferons & ferons assigner & parfaire ce qui en défaudra, telement qu'il en devra estre content. Et afin que cestes noz Ordenance & révocation faites par tele & si grant délibération, comme dessus est déclairié, lesquelles Nous voulons & décernons valoir & avoir force & vigueur de Loy perpétuelle, soient plus fermement tenues, *(b)* Nous avons juré & jurons aux Saintes Euvangiles de Dieu par Nous touchiées, les tenir & garder, & non faire en encontre; & semblablement en nostre présence, par nostre commandement, nozdiz Oncles & Frere, les autres de nostre Sang, noz amez & féaulx Connestable & Chancellier, & les Gens de nostre Grant Conseil, de nostre Parlement & de nostre Chambre des Comptes, & noz Trésoriers, à *Paris*, estans à présent en moult grant nombre devers Nous, les ont jurées tenir & garder, & les aidier à tenir & faire tenir & garder sans faire ne souffrir estre fait aucune chose au contraire. Si donnons en mandement par ces mesmes Lettres à nostredit Chancellier, à nozdictes Gens de Parlement & de nostredicte Chambre des Comptes, & nozdiz Trésoriers, à tous noz Séneschaulx & Bailliz, & à tous noz autres Justiciers & Officiers, ou à leurs Lieuxtenans, & à chascun d'eulx, que icelles noz présentes Ordenance & Révocation, lesquelles Nous voulons & décernons avoir force & vigueur de Loy perpétuelle, comme dit est, ilz facent crier & publier solennelment par tous les lieux de nostredit Royaume où l'en a acoustumé faire criz notables, & & la jurer par ceux à qui il appartendra, & la mettent & facent mettre chascun en droit soy diligemment à exécution. Et afin que ces choses aïent force de perpétuelle fermeté, Nous avons fait mettre à ces Lettres nostre Séel. *Donné à* Paris, *le* [a] *derrain jour de Février, l'an de grace mil IIII^c & un, & de nostre Regne le XXIIe.* Ainsi signé. Par le Roy, en son Grant Conseil, ouquel Messrs les *Ducs* de *Berry*, de *Bourgogne*, d'*Orléans* & de *Bourbon*, & plusieurs autres dudit Conseil, estoient.

J. DE SANCTIS.

[a] dernier.

Et au doz estoit escript: *Lecta & publicata in Curia, XVII.^a Aprilis, anno Domini m.^o CCCC.^o II°.* N. DE BAYE.

Collatio facta est cum Originali.

NOTE.

(b) Nous, &c.] Vis-à-vis de ces mots, il y a à la marge du Reg. *Juramentum prefatum per Regem & Dominos de Regio Sanguine, & Consiliarios tam magni Consilii quam Parlamenti & Camere Compotorum & Thesauri, de tenendo hanc Revocationem, Ordinatum.*

CHARLES VI.
à Paris, en Février 1401.

(a) Lettres qui permettent aux Habitans d'Yseaux, de lever sur eux un Impôt pour être employé aux clôtures de ce lieu.

KAROLUS Dei gracia Francorum Rex & Dalphinus Viennensis. Notum facimus universis tam presentibus quàm futuris, Nos infrascriptas vidisse Litteras, formam que sequitur, continentes.

HUMBERTUS Dalphinus Viennensis, Vienne & Albonis Comes *atque Palatinus. Notum facimus universis presentibus pariter & futuris, tenore nostrarum presencium Litterarum, quòd nos dilectorum nostrorum fidelium Universitatis hominum de (b)* Ysellis, *pensatis meritis, attendentes ipsos homines & eorum predecessores ab*

NOTES.

(a) Trésor des Chartres, Registre 156. P. III.^c LXXIII. (373.)

(b) Ysellis.] *Yzeaux* dans le *Comté* de *Vienne* & d'*Albon*. Voyez la page VIII. col. 1. de la Table des noms de lieux du *Dauphiné*, qui est au commencement du premier Volume de l'Hist. de cette Province, par M. de *Valbonnais*.

CHARLES VI. à Paris, en Février 1401.

olim pretextu guerrarum nostrarum & genitorum nostrorum, labores multiplices & maxima gravamina tollerasse, qui continuò ad augendum & conservandum statum honorificum Dalphinatûs, *suas* [a] *probabiliter extenderunt habenas, ex quibus tenemur apud eos nostre potestatis brachium exhibere : idcirco nos pro nobis & nostris heredibus & successoribus, eisdem Universitati & hominibus nobis devotè supplicantibus, & eorum successoribus, ex certa nostra sciencia concedimus quòd ipsi deinceps possint & valeant impunè & auctoritate propriâ levare & exigere ibidem (c) Commune & (d) Vintenum eodem modo quo fideles homines nostri Universitatis (e)* Sancti Stephani de Sanc-Juerz *levant & levare consueverunt eadem pro clausuris, vintenis & aliis* [b] *honeribus dicte Ville faciendis & supportandis : salvo tamen jure alieno atque nostro : Mandantes & precipientes expressè pro nobis & (f) nostris, Castellanis nostris de* Ysellis, *moderno & futuris, & eorum Locatenentibus, quatenus predicta per nos dicte Universitati data & concessa, eisdem custodiant & observent, & omnes debentes solvere Vintenum & Commune, vel in ipsis participare, cogant* [c] *viribus Prethorum ab solvendum & contribuendum in eisdem, nullo inde alio à nobis vel ad alio expectato mandato : presentibus tamen Litteris usque ad nostrum beneplacitum & non ultra efficaciter valituris : Quas propterea dictis hominibus nostris, nostro roboratas Sigillo, in hujus rei testimonium duximus concedendas. Datum* Balnis *in* Viennesio *per* Amblardum *de* Bellomonte, *Juris Civilis Professorem, Prothonotarium* Dalphinatûs, *die tercio mensis Septembris, anno Domini millesimo* CCCXXX° *sexto. Reddite Litteras Portitori.*

a *Il faut app. supp.* mentis, *ou quelqu'autre mot semblable.*

b oneribus.

c Voyez la Table des Mat. du 5e Vol. de ce Rec. *aux mots,* Præturæ viribus.

Suite des Lettres de Charles VI.

Quasquidem Litteras & omnia & singula in eis contenta, in quantum de ipsis habitantes universitatis hominum de Ysellis, *de quibus fit mencio in eisdem Litteris, debitè usi fuerunt, laudamus, approbamus, & tenore presencium de speciali gracia confirmamus : Mandantes Gubernatori nostri* Dalphinatûs, *ceterisque Justiciariis & Officiariis nostris* Dalphinatûs *predicti, presentibus & futuris, vel eorum Locatenentibus, & eorum cuilibet, prout ad eum pertinuerit, quatenus dictos habitantes de* Ysellis, *nostra presenti graciâ uti & gaudere pacificè faciant & permittant, ipsos in contrarium nullathenus molestando aut impediri vel molestari à quoquam permittendo; sed quidquid in contrarium factum fuerit, ad statum pristinum & debitum reducant aut reduci faciant indilatè. Quod ut firmum & stabile perseveret in futurum, Sigillum predicti nostri* Dalphinatûs, *his presentibus est appensum : nostro in aliis, & alieno in omnibus jure salvo.* Datum *Parisius*, mense Februarii, anno Domini millesimo CCCC^mo primo, & regni nostri XXII°.

Per Regem Dalphinum, ad relacionem Consilii. MAULONE.

NOTES.

(c) Commune.] Il paroît par le Glossaire de *Du Cange*, à ce mot, qu'il signifie une Imposition qui se lève pour l'utilité commune.

(d) Vintenum.] Impôt qui se lève pour la clôture des Villes. Voyez ci-dessus page 107. Note *(g)*.

(e) Sancti Stephani.] C'est apparemment *Saint Etienne* de *Geoirs* dans le *Comté* de *Vienne* & d'*Albon*. Voyez p. VIII. col. 1. de la Table citée ci-dessus page précédente Note *(b)*.

(f) Nostris.] Il paroît qu'il manque là les mots *heredibus & successoribus*, qui sont un peu plus haut ligne 4. de cette page.

CHARLES VI. à Paris, le 10 de Mars 1401.

PHILIPPE VI. dit de Valois, à Saint Germain en Laye, en Avril 1331. & à Paris, en Février 1333.

(a) Lettres qui ordonnent l'exécution de celles par lesquelles Philippe de Valois avoit exempté des droits d'Aides, les Marchandises & les Vivres qui entreroient dans Tournay, ou qui en sortiroient.

CHARLES par la grace de Dieu Roy de France. Savoir faisons à tous présens & avenir, Nous avoir reçeue l'umble supplicacion de noz bien amez les Prévostz, Jurez, Eschevins, [d] Esgardeurs, Bourgoiz, Habitans & Communaulté de

d *Voy. les Tabl. des Mat. des Vol. de ce Rec. à ce mot.*

NOTE.

(a) Trésor des Chartres, Registre 157. Pièce VIII^xx XVII. [177.]

CHARLES VI. à Paris, le 10 de Mars 1401.

PHILIPPE VI. dit de Valois, à Saint Germain en Laye, en Avril 1331. & à Paris, en Février 1333.

nostre Ville de *Tournay*, contenante comme pour considéracion de la scituacion de nostredicte Ville qui est assise ès confins de nostre Royaume, [a] confrotant à l'*Empire*, sur les [b] marches de *Braibant*, *Hainau*, [c] *Campresiz*, *Liege*, & autres païs [d] estranges, peuplée & habitée de gens de diverses nations, [e] alimentée, soustenue & gouvernée principalement par le fait de marchandise, & le plus par lesdiz païs estrangiers; & aussi que pour les grans, notables & agréables services que lesdiz supplians & leurs prédécesseurs ont tousjours faiz à noz prédécesseurs Roys de France & à Nous, yceulx noz prédécesseurs ayent singulièrement & affectueusement lesdiz supplians & nostre dicte Ville pourveue & privilégiée de plusieurs beaux droiz, prérogatives, priviléges & Libertez, plus largement que nulle autre Ville de nostre Royaume; & yceulx priviléges noz Prédécesseurs ont tenuz & gardez entiers à ladicte Ville, & aussi ont par Nous esté confermez, il soit ainsi que entre les autres priviléges & franchises à eulx octroyez, comme dit est, feu nostre très-chier Seigneur & Besayeul le Roy Phelippe dont Diex ait l'ame, eust en son vivant donné, octroyé & accordé pour lui, ses hoirs & successeurs à tousjours perpétuelment, aus prédécesseurs desdiz supplians & à nostre dicte Ville, unes Lettres de franchise & privilége séellées de son grant Séel en las de soye & cire vert, desquelles la teneur s'ensuit.

a *confrontant*, étant sur les frontières.
b *frontières*.
c *Cambresis*.
d *étrangers*.
e *tirant des vivres*.

PHILIPPE par la grace de Dieu Roy de France. Savoir faisons à tous présens & avenir, Nous avoir veue noz autres Lettres séellées en cire vert & en las de soye, contenant la fourme qui s'ensuit.

PHILIPPE par la grace de Dieu Roy de France. Savoir faisons à tous présens & avenir, que comme par noz prédécesseurs Roys de France, ait piéçà esté ordené & establi que de tous vivres & de toutes marchandises qui seroient traites, menées, *(b)* menées & transportées hors de nostre Royaume, par quelconques [f] mettes & fins d'iceli, ly trayant, menant, portant & transportant ycelles marchandises & vivres, seroient tenuz de rendre & paier à noz diz prédécesseurs & à leurs hoirs ou successeurs, ou aus Députez de par eulx à ce, certaines Imposicions & redevances; c'est assavoir, quatre Deniers pour chascune Livre de la [g] vaulue des marchandises & vivres dessusdiz, dix Solz de chascun tonnel de vin, & aucunes autres redevances en diverses estimacions de diverses choses, pour lesquelles Imposicions & redevances lever, cueillir & recevoir, Nous eussions député & establi certaines personnes en la Ville de *Tournay* & ès appartenances d'icelle, de laquelle chose les Gouverneurs, Bourgoiz & Habitans d'icelle Ville, se réputoient & tenoient moult pour grevez & oppressez, & pour ce se soient [h] trays pardevers Nous, & Nous aient requis & supplié humblement que lesdictes Imposicions & redevances voulsissions du tout adnuller & abatre quant à leur dicte Ville & aus appartenans d'icelle, & faire du tout cesser [i] & souffrir d'estre illecques reçeues & levées; mesmement comme il doyent par aucuns priviléges de noz diz prédécesseurs à eulx octroyez, estre frans & quittes de toutes Coustumes & de toutes Imposicions, si comme ilz disoient, requerans que sur ce leur voulsissions pourveoir de remède convenable: Nous adecertes considérans la bonne affeccion & volonté que lesdiz Gouverneurs, Bourgoiz & Habitans ont tousjours eu & ont encores à la Couronne de France, & les bons & agréables services qu'il ont faiz à noz diz prédécesseurs & à Nous, & espérons qu'il doient tousjours faire, à yceulx Gouverneurs, Bourgois & Habitans, & à leurs hoirs & successeurs avons octroyé & octroyons pour Nous, noz hoirs & successeurs, perpétuelment, par la teneur de ces présentes Lettres, de certaine science & d'espécial grace, franchise & Liberté, que d'oresénavant à tousjours mais, toutes marchandises, vivres & denrées de queles condicions queles soient, prinses, faites, vendues ou achetées en ladicte Ville de *Tournay*,

f *frontières*.
g *valeur*.
h *retirez, présentez*.
i il semble qu'il devroit y avoir, *&* *ne souffrir*.

NOTE.

(b) Menées.] Mot répété inutilement, à la place duquel il devroit y avoir *portées*, comme on le lit dans plusieurs endroits de ces Lettres, lesquels sont semblables à celui-ci.

ou ès

ou ès appartenances d'icelle, par quelconque personne & de quelconques païs ou nation que ce soit, puissent estre traittes, menées, portées & transportées hors de nostre dit Royaume, tant par la [a] rivière courant par leur dicte Ville, comme par tous autres lieux prouchains d'icelle Ville, par lesquelx Marchans estranges ou forains ont acoustumé de la dicte Ville & de ses appartenances, traire, porter & mener vivres & marchandises hors dudit Royaume, franchement & quictement desdictes Imposicions ou d'autres semblables, sanz ce que li trayant, menant, portant ou transportans, soient tenus de paier à Nous ne noz successeurs, ou autre en nostre nom, aucunes choses d'icelles Imposicions ou d'autres semblables, ne que ycelles Imposi-tions ou autres semblables y puissent estre mises ou assises ou temps présent ou avenir; lesquelles Imposicions & redevances, quant à leur dicte Ville & aus appartenances d'icelle, & aus marchandises prinses, faittes, vendues ou achetées ès dictes Villes & appartenances, comme dit est, Nous ostons, abatons & adnullons par ces Lettres, de nostre povoir & auttorité royal, du tout en tout, & promettons en bonne foy pour Nous, noz hoirs & successeurs, lesdictes grace, franchise, privilége & Liberté faire à tousjours mais tenir & garder fermement, sanz yceulx [b] amenuisier, corrompre ou venir encontre en aucune manière; & en récompensacion du proufit qui desdictes Impositions & redevances povoient venir à Nous, noz hoirs & successeurs, lesdiz Gouverneurs, Bourgoiz & Habitans de ladicte Ville, Nous ont donné quinze mille Livres Tournois à une foiz, de laquelle somme ilz Nous ont souffisemment assignez à paier à certains termes, & voulons & est nostre entente que pour cause de cest dit don, aucun empeschement ne soit engendré aus priviléges de la Ville dessusdicte. Et que ce soit ferme chose & vallable au temps avenir, Nous avons fait mettre nostre Séel à ces Lettres. *Ce fut fait à* Saint-Germain en Laye, *l'an de grace mil CCC trente & un, ou mois d'Avril.*

CHARLES VI. à Paris, le 10 de Mars 1401.

PHILIPPE VI. dit de Valois, à Saint-Germain en Laye, en Avril 1331. & à Paris, en Février 1333.

a *l'Escaut.*

b *diminuer.*

Nous adecertes toutes lesdictes choses par Nous octroyées aus Gouverneurs, Bourgois & Habitans de ladicte Ville de *Tournay,* si comme elles sont contenues ès dictes Lettres, & toutes les autres choses & chascune d'icelles contenues en ycelles Lettres, ayans fermes & agréables, ycelles voulons, loons, gréons, ratefions, approuvons, & de nostre Royal auttorité, de certaine science, par la teneur de ces présentes Lettres confermons, & ausdiz Gouverneurs, Bourgois & habitans, & à leur hoirs & successeurs, avons ottroyé & ottroyons pour Nous, noz hoirs & successeurs, perpétuelment, par la teneur de ces présentes Lettres, de certaine science & d'espécial grace, franchise, privilége & Liberté, que doresénavant à tousjours mais, toutes marchandises, vivres & denrées de queles condicions que elles soient, prinses, faites, vendues ou achetées en ladicte Ville de *Tournay* ou ès appartenances d'icelle, par quelconque personne, & de quelconque pays ou nacion que ce soit, puissent estre traittes, menées, portées & transportées hors de nostre dit Royaume, tant par la rivière courant par ladicte Ville, comme par tous autres lieux prouchains d'icelle Ville, par lesquelz Marchans estrangiers ou forains ont acoustumé de ladicte Ville & [c] ses appartenances, traire, porter & mener vivres & marchandises hors dudit Royaume, franchement & quittement desdictes Imposicions ou d'autres semblables, *(c)* [ne que icelles Imposicions ou autres semblables,] sans ce que li trayant, menant, portant ou transportant, soient tenuz de paier à Nous, noz successeurs, ou autres en nostre nom, aucune chose d'icelles Imposicions ou d'autres semblables, ne que ycelles Imposicions ou autres semblables y puissent estre mises ou assises ou temps présent ou avenir, lesquelles Imposicions & redevances, quant à leur dicte Ville & aus appartenances d'icelle, & aus marchandises prinses, faites, vendues ou achetées esdictes Villes & appartenances, comme dit est, Nous ostons, abatons & adnullons par ces Lettres, de nostre povoir & auttorité Royal, de tout en tout, & promettons en bonne foy,

Suite des premières Lettres de Philippe de Valois.

c *supp.* de.

NOTE.

(c) Ne que icelles.] Les mots qui sont entre deux crochets paroissent inutiles, & ne se trouvent point en cet endroit dans le dispositif des Lettres précédentes, qui est copié ici.

CHARLES VI. à Paris, le 10 de Mars 1401.

PHILIPPE VI. dit de Valois, à Saint Germain en Laye, en Avril 1231. & à Paris, en Février 1333.

pour Nous, noz hoirs & successeurs, les dictes grace, franchise, privilége & Liberté faire à tousjours mais tenir & garder fermement, sanz yceulx admenuisier, corrompre ou venir encontre en aucune manière. Et ja soit ce que lesdiz Gouverneurs, Bourgoiz & Habitans Nous eussent donné quinze mille Livres Tournois à une foiz, en récompensacion du proufit qui desdictes Imposicions & redevances povoient venir à Nous, noz hoirs & successeurs, lesquelles quinze mille Livres ilz Nous devoient paier à certains termes, si comme esdictes Lettres est contenu, toutevoye Nous pour certaines causes, de grace espécial & de certaine science, leur avons remis & quitté, remettons & quittons par ces Letttres, cinq mille Livres Tournois desdictes quinze mille Livres; & ainsi parmi la somme de dix mille Livres Tournois que ilz Nous en ont paiez à nostre Trésor à *Paris,* dont ilz ont [a] cédules d'iceli Trésor, pour cause dudit don & offre, Nous les quittons & ladicte Ville dudit don & offre desdictes quinze mille Livres, & de tous arrérages [b] deulx par eulx ou aucun d'eulx, pour cause des dictes Imposicions & redevances, & de toutes Composicions & Obligacions faites sur ce ou temps passé. Et pour ce que ce soit ferme chose & vallable à tousjours mais, Nous avons fait mettre nostre Séel à ces présentes Lettres: Sauf en autres choses nostre droit, & en toutes l'autruy. *Donné à* Paris, *l'an de grace mil CCC trente-troys, ou mois de Février.*

a *quittances.*
b *deus.*

Suite des Lettres de Charles VI.

Desquelles franchises & priviléges dont dessus est faitte mencion, lesdiz supplians & leurs prédécesseurs ont tousjours depuis ledit tems mil trois cens trente & un, joy, usé & possidé pleinement & paisiblement sanz débat ne contredit quelconques, & jusques environ l'an mil CCC quatre-vins & douze, que soubz umbre de certaines Instruccions mises sus & ordenées par nostre Conseil en la Chambre de noz Comptes à *Paris,* certain Commis a esté par Nous establi en ladicte Ville, qui prent & lieve en ycelle lesdictes Imposicions de quatre Deniers pour Livre, & dix Sols pour tonnel de vin, des Marchans qui [c] trayant & meinent denrées, vivres & marchandises hors de ladicte Ville & du Royaume, & ne pevent partir aucunes des denrées hors de ladicte Ville, qui n'ayent certiffication ou [d] bulette dudit Commis, laquelle chose est directement en venant contre la teneur des franchises & priviléges dont ès Lettres dessus transcriptes est faitte mencion, & ou très-grant grief, lésion & destruccion du bien, proufit & utilité de ladicte Ville & du fait de la marchandise d'icelle, qui par les inconvéniens dessusdiz, l'en y dit grandement estre adommagié & [e] assorby, & par ce nostre dicte Ville est en voie de y avoir grant dommaige, & d'estre & venir en dépopulacion, se par Nous n'y est pourveu de noz remède ou grace, sy comme dient lesdiz supplians implorans humblement iceulx remède ou grace. Pour ce est-il que Nous ces choses considérées, & qui desirons de tout nostre cuer lesdiz supplians relever de toute oppression, & les tenir en toutes leurs franchises & préviléges, considéré les grans & notables services qu'ilz Nous ont fait en noz guerres & autrement font chascun jour, & espérons que encores facent ou temps avenir, & pour la grant affeccion & amour que lesdiz supplians & leurs prédécesseurs ont tousjours eu à Nous & à noz prédécesseurs Roys de France; attendu aussi la charge qu'ilz ont de l'ayde de six mille Livres Tournois qu'ilz Nous font chascun an, & aussi que pour ladicte franchise de quatre Deniers pour Livre, & dix Sols pour tonnel de vin avoir, les prédécesseurs desdiz supplians en paierent une fois à nostredit Besayeul, dix mille Livres, si comme esdictes Lettres dessus transcriptes est faite mencion, avec plusieurs autres causes & considéracions à ce Nous mouvans, inclinans favorablement à leur supplicacion, Nous ayans icelles Lettres dessus transcriptes, & tout le contenu en icelles, agréables, icelles voulons, loons, gréons, ratefions & approuvons, & par la teneur de ces présentes, de nostre certaine science & grace espécial confermons, en octroyant ausdiz supplians que des franchises, priviléges & Libertez dont en icelles Lettres est faitte mencion, ilz joyssent & usent plainement selon la teneur dudit octroy à eulx sur ce fait, & par la manière que contenu est esdictes Lettres de nostredit Besayeul, dessus transcriptes, & que tout ce qui auroit & a esté fait contre ne

c *trayent.*
d *bulletin, petit billet.*
e ce mot peut signifier *épuisée.*

ou préjudice d'iceulx franchises, priviléges & Libertez, & du contenu des dictes Lettres dessus transcriptes, par quelque voye que ce soit, soit osté & mis au néant, & tout remis & ramené au premier estat & deu ; pourveu toutesvoie que ce ne tourne ou puist tourner contre ne ou préjudice de l'ayde des six mille Livres Tournois dessusdiz que iceulx supplians Nous font & paient chascun an, comme dit est. Sy donnons en mandement à noz amez & féaulx Conseillers les Gens des Comptes & Trésoriers à *Paris*, au *Bailly* de *Tournay* & de *Tournaisis*, au Receveur & commis de par Nous audit lieu, & à tous noz autres Justiciers & Officiers, ou à leurs Lieuxtenans, présens & avenir, & à chascun d'eulx, si comme à lui appartendra, que lesdiz supplians de nostre présente confirmacion & grace facent, seuffrent & [a] leissent joïr & user plainement & paisiblement, sans les empeschier ne souffrir estre empeschiez ne molestez ores ne ou temps avenir au contraire ; mais tout ce qui auroit esté fait au contraire, ilz réparent & mettent ou facent réparer & mettre à estat deu : car ainsi le voulons Nous estre fait, non obstant les dictes instruccions & quelxconques Ordonnances, Mandemens ou deffenses à ce contraires. Et pour ce que ce soit ferme chose & estable à tousjours, Nous avons fait mettre nostre Séel à ces présentes Lettres : Sauf en autres choses nostre droit, & l'autruy en toutes. *Donné à* Paris, *le disiesme jour du mois de Mars, l'an de grace mil CCCC & un, & le XXIIe. de nostre regne.*

Autreffois ainsi signées. Par le Roy, en son Grant Conseil, où Messeigneurs les *Ducs* de *Berry* & de *Bourgogne*, les *Contes* de *Nevers* & de *Clermont*, le Sire de *Cousans*, & autres, estoient. P. FERRON. Et rescripte selon [b] vostre correccion. P. DE SAULX.

CHARLES VI. à Paris, le 10 de Mars 1401.

PHILIPPE VI. dit de Valois, à Saint Germain en Laye, en Avril 1331. & à Paris, en Février 1333.

[a] *laissent.*

[b] du Chancelier de France. *Voyez le 5.e Vol. de ce Rec.* page 653. Note *(c)*.

(a) Lettres par lesquelles le Roy donne pouvoir au Chancelier de France de donner des Lettres de grace & de rémission.

CHARLES VI. à Paris, le 13 de Mars 1401.

CHARLES par la grace de Dieu Roy de France. A noz amez & féaulx Conseillers les Gens tenans nostre présent Parlement, & qui tendront ceulx avenir, & les Requestes de nostre Palais à *Paris ;* au *Prévost* de *Paris,* & à tous noz autres Justiciers ou à leurs Lieuxtenans : Salut & dileccion. Nous par noz autres *(b)* Lettres, & pour certaines justes causes en ycelles contenues, avons mandé & commis à nostre amé & féal Chancelier *Arnault* de *Corbie,* Chevalier, entre autres choses, que pour & ou lieu de Nous, toutesfoiz, & présens telz de nostre Grant Conseil, & autres qui pour ce seront néceffaires, en tel nombre qu'il lui plaira & bon lui semblera, il tiengne Requestes générales, & en ycelles donne & face graces & rémissions de tous cas tant criminelz comme autres quelxconques, à toutes manières de personnes que il lui semblera bon & expédient, & faire & octroyer toutes autres graces & besongnes qui ont acoustumé estre faictes & octroyées en Requestes générales. Si vous mandons & à chacun de vous, si comme à lui appartendra, que toutes les graces & rémissions & autres choses quelxconques que nostredit Chancelier aura faictes & passées en la manière dessusdicte esdictes Requestes générales, vous vérifiez, expédiez & entérinez, tout ainsi & par la fourme & manière que se Nous mesmes en nostre personne & en nostre Conseil, l'avions fait : Car ainsi Nous plaist-il estre fait, nonobstant quelxconques Ordonnances, Mandemens ou défenses à ce contraires. *Donné à* Paris, *le XIIIe jour de Mars, l'an de grace mil CCCC & un, & de nostre Regne le XXIIe.* Ainsi signé. Par le Roy, Mess. *Pierre de Navarre,* Mess. *Jaques* de *Bourbon*, l'*Evesque* d'*Aucerre,* l'Aumosnier, & autres, présens. P. FERRON.

Et à tergo scriptum erat : Lecta in Curia, IIII.a die Aprilis M.o CCCC II.o post Pascha. Collacio facta est. BAYE.

NOTES.

(a) Registre *A.* du Parlement de *Paris, fol.* 8 vingt 3. *verso.* [163]

Avant ces Lettres, il y a : *De potestate Cancellarii hic nominati, quoad sigillandas gratias.*

Ces Lettres avoient déjà été imprimées à la p. 34 du 1.er Vol. de l'Hist. de la Chancellerie, par *Tessereau.*

(b) Lettres.] Ces Lettres ne se sont point conservées, ou du moins ne sont point dans ce Recueil.

CHARLES VI. à Paris, le 22 de Mars 1401.

(a) Lettres qui portent que toutes les marchandises & denrées achetées par les Frères de l'Hôpital de Saint Jean de Jerusalem [de l'Ordre de Malthe,] seront exemptes de droits d'Aides & d'autres Impositions.

CHARLES par la grace de Dieu Roy de France. A noz amez & féaux les Généraux Conseillers sur le fait des Aydes ordonnées pour la guerre, & à tous nos autres Justiciers & Officiers, ou à leurs Lieuxtenans : Salut & dilection. L'humble supplication de nos bien amez les Religieux Maîtres & Freres de [a] l'Hôpital Saint Jean de Hiérusalem, avons receuë, contenant que jaçoit que de tout temps ils aient été & soient francs, quittes & exempts de toutes Tailles, Aydes & Impositions & autres subventions quelconques, de ce qu'ils acheptent & vendent, tant par priviléges que par grace à eux donnée & octroyée par Nous & nos prédécesseurs Rois de France, en récompensation des grans frais, mises & despenses qu'il leur a convenu & convient faire chacun jour pour la défense de la Foy Catholique contre les mécroïans, néanmoins les Fermiers & Sergens qui cueillent & levent les Impositions, Aydes & Subvencions en nôtre Royaume, se sont efforcez & efforcent de jour en jour de contraindre ceux qui acheptent desdits Religieux, à payer telles Impositions ou Aydes que lesdits Religieux payeroient, si à ce ilz étoient contribuables; qui est ôter, du tout par voie oblique, à iceux Religieux & à la Religion, le profit, priviléges & Libertez à eux octroyez par Nous & nos prédécesseurs, & les contraindre en effet à payer les Deniers, Impositions ou Aydes : Car pour ce les bonnes gens & marchands ne veulent plus rien achepter d'iceulx Religieux, parquoi les responsions dûes au Maître & Couvent de *Rhodes,* qui chacun jour exposent leurs corps pour la défense de la Foy Catholique, ne pourroient être payez par les singuliers Freres qui les doivent, si par Nous ne leur étoit sur ce pourveu de nôtre gracieux & convenable remède, ainsi qu'ils dient, implorans humblement icelui. Pourquoi, Nous eu égard aux choses dessusdictes, & en faveur de ladite Religion, voulons & vous mandons & enjoignons expressément, & à chacun de vous, si comme à lui appartiendra, que iceux Religieux, & ceux qui d'eux achepteront ou vendront, vous tenez & faites tenir quittes, francs & exempts de toutes Tailles, Aydes ou Impositions, & autres subsides quelconques, ainsi & par la forme & manière qu'ils ont été & accoûtumé être le temps passé, sans leur mettre, ne souffrir être mis aucun empêchement ou détourbier au contraire : Car ainsi Nous plaît-il estre fait, & ausdits supplians l'avons octroyé & octroyons de grace espécial par ces présentes, nonobstant quelconques Ordonnances, Mandemens & défenses, & Lettres subreptices impétrées ou à impétrer à ce contraires. *Donné à* Paris, *le vingt-deuxième jour de Mars, l'an de grace mil quatre cens un, & de notre Regne le vingt-deuxième.* Ainsi signé. Es Requêtes par [b] Vous tenues du commandement du Roy, esquelles les *Evêques* de *Noyon,* de *Tournay* & de *Saint-Flour,* Messire *Jean* de [c] *Pompancourt* & autres, étoient. NEAUVILLE. J. DE BOISSAY.

a *Cet Ordre porte présentement le nom de l'Ordre de Malthe. Le Grand-Maître résidoit alors dans l'Isle de* Rhodes.

b Le Chancelier de France. *Voy. le 5e. Vol. de ce Rec.* p. 653. Note *(c)*.

c Il faut appar. corr. *Poupaincourt,* comme il y a ci-dessous, page 494. ligne 11.

NOTE.

(a) Recueil des Priviléges de l'Ordre de Saint Jean de Jerusalem, par *d'Escluseaux,* pag. 11.

M. CCCCII.

Suivant le Glossaire de *Du Cange,* au mot, *Annus,* cette Année a commencé le 26 de Mars, & a fini le 14 d'Avril.

CHARLES VI. à Paris, en Mars 1402.

(a) *Lettres qui fixent le tems pendant lequel doivent travailler les Ouvriers qui se louent dans la Ville de la Charité sur Loire.*

CHARLES, &c. Savoir faisons à tous présens & avenir, que oye la complainte des Gens d'Église, nobles, bourgoiz & habitans de la Ville de la *Charité sur Loire,* & du païs d'environ, disans que selon raison & bonne policie, tous ouvriers de bras & laboureurs de vignes, soient tenuz depuis qu'ilz sont priz, retenuz ou allouez pour ouvrer à journée, de eulx tenir à l'euvre où ilz sont mis, y [a] laboureur & gaigner leurs journées bien & loyalment en toutes [b] fassons, sans ficcion & sanz eulx partir ne laissier à ouvrer jusques à heure competent & raisonnable; c'est assavoir, jusques à souleil couchant, & ainsi l'avons Nous ordené estre fait en nostre Ville de *Sens* [c], pour l'abuz qui par les ouvriers & laboureurs y estoit sur ce fait; néantmoins tous ou la plus grant partie desdiz ouvriers de bras & de vignes, demourans & repairans en ladicte Ville & ou païs d'environ, en espécial ès lieux fondez en vignoble, en abusant, fraudant & decevant les bonnes gens [d] ausquelz ilz euvrent, ont laissié & délaissent souvent & comme continuellement leurs ouvrages, & s'en sont partiz & partent à heure non deue ne raisonnable, & si long espasse de temps avant souleil couchié, qu'ilz pevent aler & sont alez & vont souvent après qu'ilz sont ainsi partiz desdiz ouvrages, ouvrer en leurs vignes ou en celles qu'ilz ont pris à faire & labourer à leur [e] taiches, & y besongnent & exploitent & pevent besongner & exploitter autant d'ouvrage comme ilz ont fait tout le jour pour ceulx pour qui ilz ont ouvré à journée; & qui plus est, en ouvrant à journée, ilz se faignent & espargnent sanz faire leur devoir, & prennent plus longues heures & repos qu'ilz ne deussent & qu'ilz ne leur appartient, afin qu'ilz soient plus [f] frez & moins travaillez pour labourer ès lieux où ilz vont aprez leurdit département de leurs journées; & ces choses qui sont abus déraisonnables, contre Dieu & Justice & le bien & utilité de la chose publique, veulent yceulx laboureurs & ouvriers, [g] tenir à conséquence, & autrement ne veulent faire leur devoir, & par teles voies ont esté lesdiz supplians & la chose publique moult grevez ou temps passé, & seroient encores plus ou temps avenir, [h] ne sur ce n'estoit briément pourveu: Nous qui voulons telz abuz abatre & faire du tout cesser, & nostre peuple estre maintenu & gouverné raisonnablement & en bons & loyaulx usages, avons ordéné & ordonnons par la teneur de ces présentes, que doresénavant tous ouvriers & laboureurs de bras, hommes & femmes, toutesfoiz qu'ilz vouldront gaigner à journée en ladicte Ville de la *Charité,* & ès lieux d'environ, seront tenuz de venir ès lieux & places ordonnées & acoustumées en la dicte Ville & ès lieux voisins, & y estre avant souleil levant, & après ce qu'ilz auront esté louez, yront ouvrer & labourer là où leurs Maistres ou Maistresses pour la journée leur ordeneront, & en leurs ouvrages se tendront & ouvreront continuelment, en gaignant bien & loyalment leur salaire pour la journée, jusques à souleil couchant, sans aler ouvrer autrepart, & sanz revenir à la Ville, ne [i] yssir ne partir de la besongne, mais ilz prendront leur récréation pour boire & pour leur mengier & pour leur repos, à heures deues & raisonnables, sanz trop long séjour, sur peine de soixante Solz Tournois d'amende en quoy encourra & encherra envers Justice, chascun desdiz ouvriers & laboureurs, hommes & femmes, pour chascune foiz qu'il

a *labourer.*
b *façons.*
c *par Lettres du mois de Juillet 1383. qui sont à la pag. 27 du 7.e Vol. de ce Rec.*
d *pour lesquels ils travaillent.*
e *tâche.*
f *frais.*
g *Voyez la Note (c) de la p. 27 du 7.e Vol. de ce Rec.*
h *corr. si sur ce.*
i *sortir.*

NOTE.

(a) Trésor des Chartres, Registre 157. Pièce VI^xx V. (125.)

CHARLES VI. à Paris, en Mars 1402.

deffaudra ou fera le contraire de ceste présente Ordenance, laquelle Nous voulons & mandons estre solennelment criée & publiée en ladicte Ville & ès diz lieuz d'environ, ès lieux acoustumez à faire cris, & ailleurs où bon semblera par la Justice desdiz lieux, & ycelle estre perpétuelment tenue & gardée sanz enfraindre, & les enfraingnans ycelle, ou ceulx qui s'efforceront de faire & venir au contraire, estre puniz de la peine dessus devisée. Et que ce soit ferme chose & estable à tousjours, Nous avons fait mettre nostre Séel à ces présentes Lettres: Sauf en autre chose nostre droit, & l'autruy en toutes. *Donné à* Paris, *ou mois de Mars, l'an mil CCCC & deux, & le XXIIe de nostre regne, après Pasques.*

Es Requestes par [a] Vous tenues, du commandement du Roy, esquelles les *Evesques* de *Noyon*, de *Saint Flour*, Mess. *Jehan* de *Poupaincourt*, & plusieurs autres, estiez. LE BEGUE.

[a] Le Chancelier de France. Voy. *le 5.e Vol. de ce Rec.* pag. 653. Note *(c)*.

CHARLES VI. à Paris, le 18 d'Avril 1402.

(a) Lettres par lesquelles le Roy nomme le Duc d'Orléans son Frère, Président des Généraux-Conseillers sur le fait des finances provenant des Aides établies dans le Languedoil pour la Guerre.

CHARLES par la grace de Dieu, Roy de France. A tous ceulx qui ces présentes Lettres verront: Salut. Comme pour pourveoir au bon gouvernement & distribucion des deniers des Aides aïans cours pour le fait de la guerre, en nostre Royaume en la *Languedoyl*, & aussi des autres Aides & Finances qui pour ledit fait & les autres affaires & besongnes de nostredit Royaume, y ont esté mises sus, imposées, cueillies & levées, & qui le pourroient estre ou temps avenir, à quoy n'a peu bonnement estre pourveu, pour les grans oppressions qui ont esté sur ce faictes, & pourroient encores survenir aux personnes & Officiers qui desdictes Aides & Finances ont eu & auroient le gouvernement, & ayent esté ycelles Aides & Finances assignées & emploïées [b] ainçois qu'elles fussent escheuës & receuës, & telement que par défaut d'icelles, les grosses besongnes & affaires touchans le bien, honneur & prouffit de Nous & de nostredit Royaume, en sont demourées & demeurent souvent à faire du tout, ou au moins très-grandement délayées & retardées ou très-grant deshonneur & dommage de Nous & de nostredit Royaume, soit neccessité & besoing que l'un de nostre Sang bien prouchain, sage & de grant auctorité & prééminence, y soit oultre & pardessus noz amez & féaulx les Généraulx-Conseilliers sur le fait desdiz Aides, & pardessus tous autres commis & à commettre sur toutes noz dictes Finances, & lequel entende diligemment audit gouvernement, & à ce que lesdiz Aides & Finances soient converties là où il appartient, & non ailleurs, & puisse résister à ceulx qui par importunité obtiennent aucunesfois de Nous dons non convenables ne appartenans à l'estat de leurs personnes, & réprimer les paroles d'aucuns qui pour ce que l'en ne leur veult acomplir leurs vouloirs sur les dons ou assignacions que faiz ou faictes leur avons, ont acoustumé de parler & respondre durement & moins deuement à nozdiz Généraulx-Conseillers & autres Commis; laquelle chose Nous a moult despleu & desplaist, & non sanz cause: Savoir faisons que Nous considérans les choses dessusdictes, & les très-grans sens, loyaulté & vraye amour que Nous savons nostre très-chier & très-amé Frere le *Duc* d'*Orléans* avoir envers Nous, & pour certaines causes & considéracions qui à ce Nous ont meu & meuvent, icellui nostre Frere avons ordonné, commis & estably, ordonnons, commettons & establissons par ces présentes, à estre & entendre audit fait & gouvernement desdiz Aides & de toutes autres

[b] avant.

NOTE.

(a) Registre *A.* du Parlement de *Paris, folio* 8 vingt 4. *verso.* [164.]

Avant ces Lettres, il y a: *Qualiter Dux* Aurelianensis *Frater Domini Regis, deputatus est ad intendendum Financiis Regiis super Generales.*

Ces Lettres se trouvent aussi au folio 158 du premier Registre de la Cour des Aides de *Paris,* sur lequel voyez la Note *[a]* de la page 201. du 4.e Vol de ce Rec.

Voy. la Préface de ce Volume.

Finances dessusdictes, en tous noz diz païs de *Languedoyl*, oultre & pardessus noz diz Généraulx, & tous autres qui par Nous sont & seront commis sur le fait desdiz Aides & Finances, tant comme il Nous plaira ; & lui avons donné & donnons povoir, auctorité & mandement espécial de présider ou fait desdiz Aides & Finances, & de cognoistre oultre & pardessus nozdiz Généraulx, & tous autres quelxconques commis & à commettre sur lesdiz Aides & Finances, de tout ledit fait d'icelles Aides & Finances, & de toutes les circonstances & deppendences en quelque manière que ce soit, sans ce que yceulx noz Généraulx-Conseillers, ou autres commis & à commettre sur lesdiz Aides & Finances, qui ores sont & seront pour le temps avenir, s'en puissent ou doïent entremettre, ne aucune chose ordonner ne distribuer sans nostredit Frere & sans son Ordonnance, sçeu ou consentement ; de pourveoir à tous les Offices des Esleuz, Receveurs, Grenetiers, Contreroleurs, Sergens, Commissaires & autres Officiers sur le fait desdiz Aides & Finances en noz païs dessusdiz, toutes & quantesfoiz qu'ilz vaqueront, les destituer, oster & desmettre de leurs Offices, se il lui semble estre expédiant, convenable & raisonnable ; de veoir & visiter les Estas du Receveur Général desdis Aides, des Trésoriers des Guerres, Receveurs Particuliers, Grenetiers, & tous autres qui s'entremettent & se sont entremis & entremettront en noz diz païs de *Languedoil,* des Receptes de noz diz Aides & de toutes autres Finances dessusdictes, & à ce, & à rendre compte sur ce, les contraindre ou faire contraindre par toutes voyes & manières acoustumées, & généralment de faire en toutes choses touchans le fait & gouvernement desdiz Aides & autres Finances, tout ce que nozdiz Généraulx-Conseillers, ou autres Commis ou à commettre sur lesdiz Aides & Finances, pevent & ont peu faire par vertu du povoir par Nous à eulx donné par noz dictes autres Lettres, duquel Nous voulons qu'ilz s'aident & en usent soubz & avec nostredit Frere ; & voulons que tout ce qui par nostredit Frere, appellez avec lui de noz diz Généraulx-Conseillers, au regart desdiz Aides & au regart desdictes autres Finances, de ceulx qui y ont esté ou seront commis, telx & en tel nombre que bon lui semblera, sera fait, traictié & besongné en ceste partie, & en toutes les circonstances & deppendences, tiengne & vaille, & ait force & vigueur, comme se tous y estoient ; & défendons à tous noldiz Généraulx-Conseillers, & autres Commis & à commettre sur lesdiz Aides & autres Finances dessusdictes, que sans nostredit Frere ilz ne besongnent, ne concluent en aucuns faiz touchans lesdiz Aides & Finances ; mais tout ce qui autrement seroit fait par eulx ou aucuns d'eulx, voulons estre nul & de nul effet & valeur. Si donnons en mandement par ces présentes, à noz amez & féaulx Gens de noz Comptes à *Paris,* que d'oresenavant ilz ne passent ne aloënt ès Comptes desdiz Receveur Géral & Trésoriers des Guerres, ne d'aucuns autres Receveurs ou Grenetiers, aucunes Lettres, Mandemens ou descharges touchans lesdiz Aides & autres Finances, & se en aucunes d'icelles Lettres [a], Mandemens & descharges, n'est le Signet de nostredit Frere avec ceulx des Généraulx ou Commis, ou d'un d'iceulx du moins : Mandons aussi à noz amez & féaulx Gens tenans & qui pour le temps avenir tendront nostre Parlement à *Paris,* & à tous Réformateurs & Commissaires ordonnez & à ordonner, & autres Justiciers & Officiers, ou à leurs Lieuxtenans, présens & avenir, & à chacun d'eulx, si comme à lui appartendra, que tout ce qui par nostredit Frere & lesdiz Généraulx-Conseillers & autres dessusdiz avecques lui, sera fait, comme dit est, ordonné, jugié & sentencié ou fait desdiz Aides & Finances, & en leurs circonstances & deppendences, ilz tiengnent & gardent & facent tenir & garder ferme & estable selon la forme & teneur de noz Instruccions & Ordonnances faites sur le fait desdiz Aides, sans faire ou innover quelxconques choses au contraire. En tesmoing de ce, Nous avons fait mettre nostre Séel à ces présentes. *Donné à* Paris, *le XVIII.*[e] *jour d'Avril, l'an de grace mil quatre cens & deux, & de nostre Regne le XXII*[e]. *Sic Sign...* Par le Roy, en son Conseil, où Mons. le *Duc* de *Berry,* le *Comte* du *Perche,* Mess. *Jaques* de *Bourbon,* le Connestable, [b] Vous, l'*Arcevesque* de *Sens,* l'*Evesque* de *Noyon*, le Grant Maistre d'Ostel, l'Admiral, & plusieurs autres du Grant Conseil, estiez. P. FERRON.

CHARLES VI. à Paris, le 18 d'Avril 1402.

a *Voy. ci-dessous les Lettres du 24*[e] *jour de Juin suivant.*

b Le Chancelier de France. *Voy. le 5.*[e] *Volume de ce Rec.* page 653. Note (y).

CHARLES VI. à Paris, le 18. d'Avril 1402.

Et erat in margine inferiori, Sigillata de mandato Regis expresso.

Et à tergo. Lecta in Camera Compotorum Par. ad Burellum, XIX.ª *Aprilis* MCCCCII.º *post Pascha.* BRAY.

Item. *Lecta ac in Curia publicata,* XX.ª *die Aprilis, anno Domini* MCCCCII.º

N. DE BAYE.

Item. Ces présentes Lettres furent leuës & publiées en la Chambre des Aides ordonnez pour la Guerre, à *Paris,* le XXI.ᵉ jour d'Avril, l'an mil quatre cens & deux, après Pasques. JA. GOBIN.

Collatio facta est. BAYE.

CHARLES VI. à Paris, le 20 d'Avril 1402.

(a) Lettres qui portent qu'aussi-tôt que le Prévôt de Paris aura adjugé au Roy les fruits casuels du Domaine échûs dans sa Jurisdiction, il les fera délivrer au Receveur de Paris, nonobstant Lettres de Don ou autres Lettres, auxquelles il lui est défendu d'obéir.

CHARLES par la grace de Dieu Roy de France. Au *Prévost* de *Paris,* ou à son Lieutenant : Salut. Nostre Procureur Général pour Nous Nous a par plusieurs foiz exposé, que par [a] Ordonnances Royaulx très-anciennes par Nous confermées & jurées, Nous ne povons, au moins ne devons aucune chose détraire, abdiquer ou aliéner, qui soit du Demaine de nostre Couronne, ne faire aucuns Dons sur les fruits & revenues d'icellui, mesmement à gens ou à personnes de petit estat & [b] immérites; & aussi aucun ne se doit ingérer à Nous demander ou requerir aucune chose sur ce, excepté noz Officiers accoustumez estre satiffaiz de leurs paines & travaulx sur ycellui; & que néantmoins plusieurs personnes de divers Estas obtiennent très-souvent de Nous noz Lettres de Dons que Nous leur avons fait & faisons [c] légièrement, & plus par importunité que autrement, sur les revenuës de nostredit Demaine, comme Forfaictures, Amendes, confiscacions, [d] Espaves, *(b)* Aubaines, successions de Bastars, qui souventesfoiz Nous eschéent en la Court & Auditoire de nostredit Chastellet de *Paris,* & autrement, Nous pour lors non advertiz de nozdiz Serement & Ordenances; laquele chose redonde ou grant péril de nostre ame, que Dieux ne veille, & en nostre très-grant dommage & diminucion de nostre Recepte ordinaire à *Paris,* si comme nostredit Procureur dit, requerant sur ce nostre provision. Pour ce est-il que Nous [e] recors de nostredit Serement & desdictes Ordenances, lesqueles Nous voulons avoir & sortir leur plain effect, vous mandons, commandons & estroictement enjoingnons, que d'oresenavant sitost que aucune Amende, Forfaiture, Aubaine, Espave ou confiscation, sera par vous ou vostre Lieutenant à Nous adjugée & declerée, vous ycelle ou ycelles faictes incontinent bailler & délivrer à noz Trésoriers ou Receveurs à *Paris,* pour ycelles estre tournées, appliquées & converties à nostre prouffit & Demaine, nonobstant quelzconques Lettres de Dons, Mandemens ou Assignacions que Nous ayons faiz ou facions sur ce à quelque personne que ce soit, & soubz quelque fourme de paroles que ycelles Lettres ou Mandemens soient; ausquelx Mandemens ou Lettres Nous ne voulons estre par vous obéi; ainçois le vous deffendons expressément sur peine d'en avoir recours contre vous. *Donné à* Paris, *le* XX.ᵉ *jour d'Avril, l'an de grace mil quatre cens & deux, & de nostre Regne le* XXII.ᵉ Ainsi signé en marge. Par le Roy, en son Grant Conseil, où Mess. les *Ducs* de *Berry* & d'*Orléans,* [f] Vous, le *Conte* de *Tancarville,* le Grant-Maistre d'Ostel & autres, estoient. P. FERRON.

[a] *Voy. les Tabl. des Mat. des Vol. de ce Rec.* au mot, *Domaine.*

[b] *qui n'ont pas mérité ces Dons.*

[c] *facilement.*

[d] *Voy. les Tabl. des Mat. des Vol. de ce Rec.* au mot, *Espaves.*

[e] *Nous ressouvenant.*

[f] Le Chancelier de France. *Voy. le* 5.ᵉ *Vol. de ce Rec.* p. 653. Note *(c).*

NOTES.

(a) Livre Rouge vieil du Châtelet de *Paris, fol.* 9. vingt 17. *verso.* [197.]

Avant ces Lettres, il y a : *Que le Roy ne face aucuns Dons sur son Demaine, sinon pour emplöiet ou païement de ses vrays Officiers.*

(b) Aubaines, &c.] Voyez la Préface du 1.ᵉʳ Vol. de ce Rec. p. XV. §. du *Droit d'Aubaine,* & p. XVII. §. du *Droit de Bâtardise.*

Exemption

CHARLES VI.

à Paris, le 24 d'Avril 1402.

(a) Exemption de Prises pour la Ville de Saint Marcel-lès-Paris.

CHARLES, &c. Savoir faisons à tous présens & avenir, que oye l'umble supplicacion à Nous faitte de la partie des manans & habitans en la Ville de [a] *Saint Marcel lez Paris,* contenante que oultre les grans charges que ilz ont soustenu ou temps passé, tant pour le fait & occasion des guerres, comme pour paier les Aides, Tailles, & autres Subvencions que pour le fait desdictes guerres, leur a convenu paier oudit temps passé, encores ont-il esté & sont chascun jour moult travaillez pour les *Prises* que l'on a fait & fait sur eulx pour les provisions de nostre Hostel & des Hostelz de nostre très-chere & très-amée Compaigne la Royne, de noz Enfans, & des autres de nostre Sanc & Lignage, dont il est advenu aucunefoiz que pour cause des dictes oppressions, aucuns d'eulx ont esté ramenez à tele indigence & povreté, que moult de foiz grant partie d'eulx s'en sont alez demourer hors de ladicte Ville, comme tous [b] desers, & les autres qui y sont demourez avecques leurs femmes & enfans, ont esté & sont telement diminuez de leur petit estat & chevance, que à grant peine ont il eu ne ont à présent dequoy vivre, si comme ilz dient, en Nous requerant humblement que Nous vueillons avoir pitié d'eulx, & sur ce leur pourveoir de nostre grace, Nous pour considéracion des choses dessusdictes, & eu sur ce le rapport de nostre amé & féal Conseiller & Grant-Maistre de nostre Hostel le *(b) Vidame* de *Laonnoiz,* qui Nous a rapporté que pour Nous & nostre dicte Compaigne, à nostre bon plaisir, il a composé avecques lesdiz supplians, que [c] parmi ce qu'ilz amenront dorésenavant par chascun an, ou feront amener à leurs despens à nostre Ville de *Paris* & à deux lieues environ, pour Nous, pour nostre dicte Compaigne & pour nostre très-cher & très-amez Filz le *Dalphin* de *Viennois,* seize chartées de [d] feure de segle, bonnes & suffisans, & teles que ont acoustumé bailler les autres Villes *(c)* composées à Nous, en tele saison & à tant de foiz que requis en seront de par Nous, ilz seront quittes à tousjours pour eulx & leurs successeurs manans & habitans en ladicte Ville de *Saint Marcel,* de toutes autres prises, avons aggréable ladicte composicion, & la voulons, approuvons & confirmons, & à yceulx supplians pour eulx & pour leursdiz successeurs perpétuelment ou temps avenir, avons octroyé & octroyons de nostre certaine science & grace especial, & de nostre pleine puissance & auctorité Royal, par ces présentes, que parmi paiant & rendant chascun an à une ou plusieurs foiz en nostre dicte Ville de *Paris,* & à deux lieues environ, comme dit est, par lesdiz supplians & leurs diz successeurs, ainsi comme requis en seront, & en la saison qui leur sera ordéné, lesdictes seize chartées de feurre, bonnes & suffisantes, franchement à leurs propres coux & despens, lesdiz supplians & leursdiz successeurs mannans & habitans en ladicte Ville de *Saint Marcel,* soient & demeurent frans & exemps à tousjours mais, quittes & paisibles de toutes Prinses, tant de blez, avoines & autres grains, vins & foings, feurres, chevaux, charios, charrettes, harnoiz, voitures, liz, [e] coustes, coussins, couvertures, draps de lit, nappes, [f] touailles, tables, [g] fourmes, tretcaux, buefs, vaches, moutons, veaux, pourceaux, aigneaux, chevaux, chappons, gelines, poucins, pijons,

[a] *c'est aujourd'hui le faux-bourg Saint Marceau.*

[b] *ruinez.*

[c] *moyennant qu'ils ameneront.*

[d] *paille de seigle.*

[e] *lits de plumes.*

[f] *serviettes.*

[g] *escabeaux.*

NOTES.

(a) Trésor des Chartres, Registre 157. Piece C IX. [109.]

(b) Vidame de Laonnoiz.] Il se nommoit *Jean* de *Montagu.* Voyez l'Hist. Généal. de la Maison de *France.* t. 8. p. 344. C. Il est dit plus haut dans la même page, B. que *Louis Duc* de *Baviere,* frere d'*Isabelle,* femme de *Charles VI.* a été Souverain-Maître de l'Hôtel du Roi pendant les années 1402, 1403, 1404 & 1405, & *ibid.* p. 345. C. qu'au mois de Mai 1401, le Roi donna à *Jean* de *Montagu* l'Hôtel de Chantelou, & que deux ans après [1403] il le pourvût de la Charge de Souverain-Grand-Maître de son Hôtel. Ces Lettres prouvent que *Montagu* étoit revêtu de cette Charge le 24 d'Avril 1402. D'ailleurs comment concilier ce fait, & même celui qui est dans l'Hist. Généalogique, avec ce qui y est dit plus haut sur *Louis* de *Baviere!*

(c) Composée à Nous.] Qui ont fait des Compositions ou Accords pour l'exemption du droit de *Prises* auquel elles étoient sujettes.

CHARLES VI. à Paris, le 24 d'Avril 1402.

[a] oues, oisons, comme d'autres quelconques appartenans ausdiz supplians estans en ladicte Ville de *Saint Marcel,* comme celles que ilz menront ou feront mener de ladicte Ville de *Saint Marcel* dehors, ou de dehors ladicte Ville, en ycelle, jusques à six lieues environ à la ronde, sans ce que par les Chevaucheurs, Fourriers, Preneurs & autres Officiers de Nous, de nostre dicte Compaigne, de noz Enfans, de noz très-chers & très-amez Oncles & Frere les *Ducs* de *Berry* & de *Bourgogne, d'Orléans* & de *Bourbon,* & autres de nostre Sanc & Lignage, ne pour quelxconques noz Lieuxtenans ou autres noz Officiers usans de Prise en nostre Royaume, y puissent estre faittes aucunes Prises ores ne pour le temps avenir; mais s'aucunes estoient faittes sur lesdiz supplians ou aucuns d'eulx, en ladicte Ville, ou dehors jusques aus dictes six lieues, contre nostre présent octroy, & par les diz supplians n'estoit obéi à ceulx qui feroient lesdictes Prises, Nous ne voulons que les Maistres d'Ostelz de Nous, de nostre dicte Compaigne & des dessusdiz, ne noz autres Justiciers & Officiers quelconques à qui ce pourroit appartenir, & à qui aucune [b] Clameur en seroit faitte, contraignent lesdiz supplians à faire pour ce aucune amende à Nous ne à autres, & ce leur deffendons très-expresssément. Si donnons en mandement au *Prévost* de *Paris,* ausdiz Maistres des Hostelz de Nous, de nostredicte Compaigne, de nostredit Filz le Dalphin, & de noz autres Enfans, de nozdiz Oncles & Frere, de tous autres de nostre Sanc & Lignage, de noz Connestable, Mareschaux, & autres noz Officiers usans de droit de Prinse, qui sont à présent & seront pour le temps avenir, ou à leurs Lieuxtenans & à chascun d'eulx, si comme à lui appartendra, que lesdiz supplians manans & habitans en ladicte Ville de *Saint Marcel,* & leurs successeurs, présens & avenir, facent, seuffrent & laissent joïr & user paisiblement de nostre présente grace & octroy, & qu'ilz ne les molestent, travaillent ou empeschent, ne facent, seuffrent ou laissent eulx ou aucuns d'eulx estre molestez, travaillez ou contrains au contraire, en aucune manière, en corps ou en biens, ores ne ou temps avenir; & Nous par ces mesmes présentes défendons à tous Fourriers, Chevaucheurs, Preneurs, & à tous autres Commis & à commettre à faire lesdictes Prises, qui à présent sont & qui pour le temps avenir seront, que eulx ou aucun d'eulx ne facent ou seuffrent faire aucune chose contre nostre présente grace & octroy, sur peine de encourir nostre indignacion, & d'estre puni très-griévement, se ilz font ou attemptent encontre; & pour ce que chascun desdiz supplians ne pourroit avoir l'original de ces présentes toutesfois qu'il en pourroit avoir besoing, Nous de nostre plus ample grace leur avons octroyé & octroyons comme dessus, que au *Vidimus* d'icelui original, fait soubz le Séel de nostre Chastellet de *Paris,* soit adjoustée pleine foy comme audit original, parmi ce que d'icelui original les diz supplians & leurs successeurs seront tenuz de faire foy & le monstrer, s'aucun débat se mouvoit pour & sur les choses dessusdictes. Et afin que ce soit ferme chose & estable à tousjours, Nous avons fait mettre à ces Lettres nostre Séel: Sauf en autres choses nostre droit, & l'autrui en toutes. *Donné à* Paris, *le XXIIII.e jour d'Avril, l'an de grace mil CCCC & deux, & le XXII.e de nostre Regne.*

Par le Roy. NEAUVILLE.

[a] *oyes.*

[b] *Plainte.*

CHARLES VI. à Paris, le 27. d'Avril 1402.

(a) Lettres par lesquelles Charles VI ordonne aux Conseillers Généraux sur le fait des Aides, de vérifier & d'expédier celles par lesquelles il avoit exempté les Religieux de l'Hôpital de Saint Jean de Jérusalem, [de l'Ordre de Malthe] des droits d'Aides.

CHARLES par la grace de Dieu Roy de France. A nôtre très-cher & très-amé Frere le *Duc* d'*Orléans,* souverain Gouverneur de toutes les Finances venans des Aides ordonnées & à ordonner pour le fait de la guerre. A nôtre très-

NOTE.

(a) Recueil des Priviléges de l'Ordre de Saint Jean de Jérusalem, par d'*Escluseaux,* page 12.

CHARLES VI.

à Paris, le 27 d'Avril 1402.

cher & amé Cousin *Charles* Sire de *Lebret*, & nos amez & féaux les autres Généraux-Conseillers sur ledit fait : Salut & dilection. Comme par nos autres [a] Lettres Patentes, & pour les causes contenues en icelles, données le vingt-deuxième jour de Mars dernier passé, Nous ayons mandé à vous Généraux, ou à vos prédécesseurs en icelui Office, que noz bien amez les Religieux Maître & Freres de [b] l'Hôpital Saint Jean de Hiérusalem, & ceux qui d'eux achepteront aucunes denrées, ou leur vendront, vous tenez ou faites tenir quittes, francs & exempts de toutes Tailles, Aydes, Imposicions & autres Subsides quelconques, ainsi & par la forme & manière qu'ils ont été & accoûtumé être le temps passé, sans leur mettre ne souffrir être mis aucun empêchement ou détourbier au contraire ; & depuis par nos autres [c] Lettres données le treizième jour de ce présent mois d'Avril, & pour les causes contenuës en icelles, Nous ayons derechef voulu & ordonné que au *Vidimus* de nos dernières autres Lettres, collationné sous Scel Royal, foy soit ajoûtée aussi grande comme à l'Original ; pourvû toutesfois qu'ils doivent faire prompte foy en la cause meuë ou qui naîtra sur ce entr'eux & leurs Parties adverses, si comme toutes les choses dessusdictes sont plus à plein contenuës en nosdittes Lettres, lesquelles ne sont encore vérifiées ne expédiées, si comme disent lesdits Religieux, requerans sur ce nôtre Provision : Nous ce considéré, & voulans nosdittes Lettres sortir leur plein effet pour les causes qui y sont contenuës & pour certaines autres à ce Nous mouvans, vous mandons & enjoignons que icelles nos dernières Lettres vous vérifiez & expédiez, & du contenu en icelles faites, souffrez & laissez lesdits Religieux joüir & user plainement & paisiblement, selon leur forme & teneur, sans leur donner ou souffrir être donné détourbier ou empêchement aucun : Car ainsi Nous plaît-il être fait; nonobstant quelconques Ordonnances, Mandemens ou défenses à ce contraires. *Donné à* Paris, *le vingt-septième jour d'Avril, l'an de grace mil quatre cens & deux, & de nostre Regne le vingt-deuxième.* Ainsi signé. Par le Roy, à la relation du Grant Conseil. P. FERRON.

[a] *Elles sont ci-dessus p. 492.*

[b] *nommé présentement l'Ordre de Malthe.*

[c] *On n'a pas cru devoir faire imprimer ces Lettres qui sont à la page 11. du Recueil cité page précédente Note (a), parce qu'elles portent seulement que foi sera ajoûtée comme aux originaux, aux copies collationnées des Lettres accordées à l'Ordre de Saint Jean de Jérusalem.*

Ausquelles Lettres dessus transcrites étoit attachée une cédule ou écrouë en parchemin, sous l'un des signets de nos Sieurs les Généraux, & en la marge de dessous de laquelle étoient plaquez en cire vermeille, si comme il apparoît, trois autres de leurs signets; de laquelle la teneur est telle.

DE par le *Duc* d'*Orléans*, souverain Gouverneur de toutes les Finances venans des Aydes ordonnées ou à ordonner pour la guerre. Le Seigneur de *Lebret*, & les autres Généraux-Conseillers sur ledit fait, à tous Receveurs, Fermiers, & autres Commis & députez ou à députer, à cueillir, lever & recevoir lesdits Aydes, Nous vous envoyons les Lettres du Roy, attachées à ces présentes sous l'un de nos Signets, faisans mention de certain octroy & grace faites par le Roy nôtredit Seigneur au Grand Prieur de France, de l'Ordre de l'Hôpital Saint Jean de Hiérusalem, que les Religieux dudit Ordre soient quittes & exempts desdits Aydes: Si les accomplissez chacun en droit soy selon leur teneur, par la forme & manière que ledit Seigneur le mande ; pourvû que en ce n'ait aucune mauvaistié ou fraude commise : Et en icelui cas, du consentement desdits Prieur & Religieux, les biens soient forfaits & acquis au Roy, & ceux qui commettront ladite fraude ou mauvaistié, s'il sont personnes Laïcs, en soient grandement punis, & les autres en soient aussi punis par leur [d] Souverain. Et est à sçavoir que l'octroi & grace dessusdits [e] ne s'étendent, fors quant aux biens creus & venans des propres rentes & héritages, & des nourritures appartenans auxdits Religieux, & non plus. *Donné à* Paris, *le dix-neufvième jour de May, l'an mil quatre cens & deux.* Ainsi signé. H. BONSOLAS.

[d] *Supérieur.*

[e] Il faut appar. corr. *ne s'entendent.*

Et Nous à ce présent transcript avons mis le Scel de la *Prévosté* de *Paris*. Ce fut fait l'an & le Samedi dessus premiers dits. Ainsi signé. BARBON, en seing. Et sur le repli. Collation est faite, & scellée à double queuë de cire verte.

CHARLES VI.
à Paris, le 28 d'Avril 1402.

(a) Lettres de Sauvegarde Royale pour l'Eglise Cathédrale de Châlons sur Marne.

KAROLUS Dei gracia Francorum Rex. Universis presentes Litteras inspecturis: Salutem. Inter curas & sollicitudines quas frequenter habemus in regendis nostris subditis, ad hoc nostre mentis aspirat affectus, per quod Status Ecclesiasticus nostris temporibus sub Nobis commisso regimine in pacis transquillitate manuteneri valeat & tueri, ac persone Ecclesiastice que de die & de nocte Divinis insistunt obsequiis, sub nostre protectionis clipeo à suis releventur pressuris, & à noxiis defendantur, ut eò fervenciùs circa Divina vacare valeant, quò liberaliùs per regalem potenciam senserint se adjutas. Notum igitur facimus quòd cùm dilecti nostri Decanus & Capitulum, nec non Canonici, Vicarii, Capellani & Clerici Ecclesie Cathalaunensis, *& eorum familia &* [a] *homines de corpore, & eciam ipsa* Cathalaunensis *Ecclesia, tam in capite quàm in membris, in nostra Salva Gardia speciali, tam conjunctim quàm divisim, existant, & Episcopatus* Cathalaunensis *situetur in Partibus* Campanie *& in Fronteriis Ducatûs* [b] Lothoringie, *in quibus plures depredatores & predones qui nobis & Regno nostro cotidiè pro suis viribus forefacere nituntur, existant, & in quibus Partibus dicti Decanus & Capitulum & alii superiùs nominati, tam conjunctim quàm divisim, plures Villas, domos, Habitaciones, Campos, Prata & alia plura bona tam mobilia quàm immobilia, Jura, Jurisdiciones, & alios redditus habere dicuntur, & nonnullis eorum malivolis, odiosis & emulis, tam in Partibus* Lothoringie, *quàm in aliis Partibus commorantibus, qui sine causa racionabili Decano & Capitulo predictis & aliis superiùs nominatis, tam conjunctim quàm divisim, dampna inferre minati fuerint, & ea quibus sub umbra guerrarum* [c] *qui in Regno nostro longo tempore viguerunt, prefati Decanus & Capitulum & alii superiùs nominati, tam conjunctim quàm divisim, de facto dampnificari & pregràvari non immeritò perhorrescunt, & habent quamplurimum dubitare, Nos ex habundanti, ipsos Decanum & Capitulum & ipsam Ecclesiam* Cathalanensem, *tam in capite quàm in membris, ac eciam Canonicos, Vicarios, Capellanos & Clericos dicte* Cathalaunensis *Ecclesie, ac eorum singulos, necnon familiares eorum, tam proprios quàm communes, ac eciam homines eorum de corpore, ac bona eorum tam mobilia quàm immobilia, ac possessiones, Jurisdiciones & Jura eorum quecunque, tam conjunctim quàm divisim, in & sub proteccione, tuicione & speciali Salva Gardia nostris predictis suscipimus & ponimus per presentes, & eisdem Decano & Capitulo & aliis omnibus superiùs nominatis, & eorum singulis, tam conjunctim quàm divisim, in Gardiatores* Colardum *de* Grangia, Symonem Douchie, Stephanum [d] Colini, Thericum Revelart, Stephanum Donne, Colessonnum Flamingi, Jacobum *de* Sapignicuria, Oudinetum *de* Roseriis, Henricum *le* Caillat, Johannem [e] Blondeneti, Guidonem Fourquenet, Johannem Jaqueti, Jaquetum *de* Verand, Theodoricum Alleaumet, Johannem Picardi, Johannem *le* Suriat, Johannem *le* Batre, Colinetum Bailleti, Johannem *de* Waissy, *Servientes nostros, & eorum quemlibet in solidum, tam conjunctim quàm divisim, deputavimus & deputamus speciales, quibus & eorum cuilibet, committimus & mandamus ut dictos Decanum & Capitulum, ac Ecclesiam* Cathalaunensem, *tam in capite quàm in membris ejusdem, & omnes alios & singulos superiùs nominatos, tam conjunctim quàm divisim, in suis justis possessionibus & saisinis, franchisiis, Libertatibus, usibus, & omnibus Juribus & Jurisdicionibus quibuscunque, in quibus ipsos Decanum & Capitulum & ipsam Ecclesiam* Cathalaunensem, *tam in capite quàm in membris, omnesque superiùs nominatos, esse suosque predecessores fuisse pacificè, tam conjunctim quàm divisim, invenerint ab antiquo, manuteneant & conservent ex parte*

[a] Espèce de Serfs.

[b] Lotharingie.

[c] que.

[d] *Il y a dans ce mot quatre jambages sans point.*

[e] Il y a *Blondeleti* dans la 2e. copie.

NOTE.

(a) Registre *A.* du Parlement de *Paris, fol.* 9 vingt 14. *verso.* [194.]

Ces Lettres sont aussi dans ce même Reg. *fol.* 202. *verso.*

Avant ces Lettres, il y a : *Gardia pro Ecclesia Cathalaunensi.*

nostra, ipsos Decanum & Capitulum, & ipsam Ecclesiam Cathalaunensem, *Canonicos, Vicarios, Capellanos & Clericos, ac familiares eorum tam proprios quàm communes, ac homines eorum de corpore, bona eorum tam mobilia quàm immobilia, res, possessiones, Jurisdiciones & Jura eorum quecunque, tam conjunctim quàm divisim, defendant ab omnibus injuriis, violenciis, gravaminibus, oppressionibus, molestiis & indebitis novitatibus quibuscunque, vi armorum & potencia Laycorum*[a] *quoruncunque, quas si factas esse vel fuisse invenerint in ipsorum Decani & Capituli ac* Cathalaunensis *Ecclesie, ejusque membrorum, & omnium aliorum & singulorum superiùs nominatorum, tam conjunctim quàm divisim, ac in dicte Salve Gardie nostre contemptum & prejudicium, quovismodo, eas ad Statum pristinum & debitum reduci, & Nobis emendam propter hoc condignam prestari faciant, & eciam dictis Decano & Capitulo ac* Cathalanensi *Ecclesie & omnibus aliis & singulis superiùs nominatis, tam conjunctim quàm divisim. Si verò dicti Decanus & Capitulum aut alii superiùs nominati, seu alter eorumdem, tam conjunctim quàm divisim, ab aliquo vel aliquibus*[b] *assecuramentum habere voluerint, volumus quòd dicti Gardiatores seu alter eorumdem, illum vel illos qui illud dare recusaverint, coram Judicibus ad quos pertinebit, ad certam & competentem diem seu dies adjornent, dictum assecuramentum bonum & legitimum juxta Patrie consuetudinem daturos secundùm quod Justicia suadebit, Pennuncellosque nostros seu Baculos Regios in signum hujusmodi Salve Gardie nostre, supra res, possessiones eorumdem Decani & Capituli ac Ecclesie* Cathalaunensis, *& omnium superiùs nominatorum, tam conjunctim quàm divisim, in Regno nostro situatas, in casu eminentis periculi ponant, istamque Salvam Gardiam nostram ubi, quando & quibus expedierit, publicent & significent tociens & quociens fuerint requisiti, dictosque Decanum & Capitulum, necnon omnes & singulas personas superiùs nominatas, tam conjunctim quàm divisim, in suis justis possessionibus manutenєant & conservent, ut est dictum; & si in casu novitatis oriatur debatum inter eosdem aut eorum aliquos, conjunctim sive divisim, & eorum adversarios, Partibus supra loca vocatis, & expleto in casu novitatis facto secundùm quod casus exegerit, debato hujusmodi & re contentiosâ ad manum nostram tanquam superiorem positis, Locoque seu Locis deablatis, si que fuerint, ressaisito seu ressaisitis realiter & de facto, ipsos opponentes & debatum facientes, ad instantiam seu requestam supradictorum Decani & Capituli, ac omnium & singulorum superiùs nominatorum, conjunctim sive divisim, adjornent coram nostris propinquioribus Judicibus, seu Judicibus ad quos cognicio pertinebit, ad certos & competentes dies; quibus Judicibus nostris propinquioribus, quoad casus novitatis, committimus, aliisque Judicibus & eorum cuilibet mandamus ut summariè & de plano, & absque longis figura & strepitu Judicii, super premissis brevis Justicie faciant complementum; Litteris surreptitiis impetratis vel impetrandis non obstantibus quibuscunque; dictique Gardiatores de hiis que fecerint in premissis, dictos Judices certificent competenter, faciantque iidem Gardiatores & eorum quilibet, in premissis & dependenciis ex eisdem, omnia & singula que ad Gardiatoris Officium spectare noscuntur: que dictis Decano & Capitulo Ecclesie* Cathalaunensis, *& ejus membris omnibus & singulis superiùs nominatis, tam conjunctim quàm divisim, concessimus & concedimus de nostra speciali gracia; quibus Gardiatoribus & eorum cuilibet in solidum, ab omnibus Justiciariis & subditis nostris in premissis & ea tangentibus pareri volumus & jubemus. Nolumus tamen quòd de hiis que cause cognicionem exigunt, iidem Gardiatores se ullatenùs intromittant. In cujus rei testimonium, Sigillum nostrum hiis presentibus Litteris duximus apponendum.* Datum *Parisius,* die XXVIII.[e] Aprilis, anno Domini millesimo quadringentesimo secundo, & Regni nostri vicesimo secundo. *Sic Sign. Per Regem, ad relacionem Consilii.* BUNO.

[c] *Collacio facta est.* BAYE.

CHARLES VI.
à Paris, le 28. d'Avril 1402.

a quorumcumque.

b *Voy. les Tabl. des Mat. des Vol. de ce Rec. au mot* asseurement, *& à celui de* Pennonceaux, *duquel il est parlé plus bas.*

c ces mots ne sont pas dans la 2.e copie.

CHARLES VI. à Paris, en Avril 1402.

(a) *Lettres qui portent que le Parlement, le Prévôt de Paris & les autres Juges de cette Ville, n'obéiront point aux ordres verbaux du Roy à eux intimez par ses Officiers, portant que des Prisonniers étant dans les Prisons de Paris, soit en matière Criminelle ou Civile, seront élargis; ou que ces Juges ne pourront connoître des Procès de ces Prisonniers, ou qu'ils en suspendront le Jugement, à moins que l'on ne présente à ces Juges des Lettres Patentes du Roy; appellez & entendus le Procureur général, & les Parties qui ont intérêt dans ces Procès.*

a *Savoir.* b *pardonne.* c *facilement.*

CHARLES par la grace de Dieu Roy de France. [a] Savor faisons à tous présens & advenir, que Nous acertenez tant par la relacion de nostre amé & féal Chevalier, Conseillier & Chambellan, *Guillaume Seigneur* de *Tignonville, Prévost* de *Paris* pour Nous, de nostre Procureur Général & autres de nostre Conseil, comme autrement, que combien que de raison, & par Ordonnances Royaulx, de tous temps, en espécial des temps de feux de très nobles & excellens mémoires noz Bésayeul, Ayeul & Pere, ausquelz Dieu [b] pardoint, gardées, observées & usitées, s'il est ainsi que aucun malfaicteur ou autre, Informacion précèdent, ou autrement à Requeste de Partie, ou par l'Ordonnance ou commandement de nostre Court souveraine de Parlement, de nostredit *Prévost* de *Paris*, ou d'aucun ses Lieuxtenans, soit prins & emprisonné ès Prisons de nostre Chastellet de *Paris*, ou ailleurs à *Paris*, pour cas criminel ou civil, ycellui ainsy emprisonné ne puet & ne doit de raison estre prins de fait esdictes Prisons par aucuns noz Chambellans, Secrétaires, Huissiers, Sergens d'armes, ou autres noz Officiers ou autres, quelque commandement de bouche que Nous ayons fait ou facions sur ce par importunité, par prières ou autrement; combien aussi que à quelques commandemens ou deffenses de bouche, qui tant sur ce que dit est, (b) comme de nostredicte Court, nostredit Prévost, ses Lieuxtenans, ou autres Justiciers à *Paris*, tiennent en suspens, différent ou délayent à temps ou autrement, à faire Justice & raison ausdiz crimineulx, ou autres emprisonnez par la manière que dit est, leur soient faiz de par Nous ou autres, par nozdiz Chambellans, Secrétaires, Huissiers ou Sergens d'armes, ne autres noz Officiers ou Officiers d'autres, nostredicte Court, nostredit Prévost, ses Lieuxtenans ou autres Officiers, ne aucun d'eulx, ne soient tenuz de y incliner, obéir ne entendre, sanz avoir sur ce noz Lettres Patentes faisans mencion des cas desdiz emprisonnemens, & sanz sur ce appeller & oïr nostredit Procureur, & Partie, se elle y a son intérest ou que la chose lui touche; néantmoins il est très-souvent advenu & de jour en jour advient que nozdiz Chambellans, Secrétaires, Huissiers & Sergens d'armes, & chascun d'eulx, soubz umbre d'aucuns commandemens de bouche qui [c] légièrement, plus par impression & importunité, Requestes & prières des amis des Parties ainsi emprisonnées, que autrement, leur sont de Nous faiz, non advertiz des natures & mérites des cas de leurs emprisonnemens, se transportent esdictes Prisons de nostredit Chastellet & ailleurs, & en ycelles de fait, sanz appeller ne oïr à ce nostredit Procureur, ou Partie ausquelz les cas touchent & qui y ont intérest, prennent lesdiz crimineux ou autres ainsi emprisonnez esdictes Prisons, & les

NOTES.

(a) Livre rouge vieil du Châtelet de *Paris*, *fol.* 9 vingt 16. *verso* [196.]

Avant ces Lettres, il y a: *Que on n'obéisse point aus commandemens ne autres Exploix que vouldroient faire les Chambellans, Huissiers, Sergens d'armes ou autres Officiers, sans Lettres Patentes.*

(b) *Comme de nostredicte Court.*] Je crois qu'il manque là quelques mots, & que le sens de cette phrase qui est longue & embrouillée, est, que le Parlement & les autres Juges ne sont point obligez d'obéir aux ordres verbaux du Roy, portant que les prisonniers seront mis hors des Prisons, ou que le Jugement de leur Procès sera suspendu & sursis.

enmainent où il leur plaist ; & oultre plus est advenu & advient que supposé que les Procès de plusieurs [a] Murdriers, Larrons, [b] bateurs à loyer, Violeurs de femmes & d'Eglises, & autres crimineux, soient commenciez, & aucunesfoiz faiz, parfaiz & acompliz, & qu'il ne reste que à faire les exécucions d'iceulx, les dessus nommez Officiers ou les aucuns d'eulx, sous couleur de telz commandemens de bouche comme dessus est dit, vont faire deffenses de par Nous à nostredicte Court, nostredit Prévost, ses Lieuxtenans, & autres Officiers & Justiciers à *Paris*, aucunesfoiz, que des cas de leurs emprisonnemens [c] ne congnoissance ne s'entremettent en aucune manière, dont inconveniens irréparables se sont ensuiz, & de jour en jour se ensuient par la manière qui s'ensuit ; premièrement, équité n'est point gardée, iniquité est commise, le droit des Parties est [d] tolu, péry & adnulé, les déliz demeurent impuniz, Justice n'est point accomplie, [e] hardement, voye & occasion de mal faire & plus délinquer que devant, est ouverte ausdiz malfaicteurs, & Justice demeure du tout [f] déludée, en grant esclande & lésion d'icelle & de la chose publique : Nous pour obvier ausdiz inconvéniens, & autres plusieurs qui par le moyen de ce que dit est, se pourroient ensuir ou préjudice de Justice & de noz Subgez, par la délibéracion de nostre Conseil, & de nostre plaine puissance & auctorité Royal, avons voulu, décleré & ordenné, voulons, déclerons & ordonnons, que se d'oresénavant aucun nostre Chambellan, Secrétaire, Huissier ou Sergent d'armes, ou autre Officier de Nous ou d'autres, se transporte de nostre commandement, ou du commandement d'autre quel qu'il soit, à lui fait de bouche, ès Prisons de nostredit Chastellet, ou en aucunes autres Prisons estans en nostredicte Ville, adfin de prendre de fait & mettre hors, délivrer ou eslargir de par Nous ou autres, aucun prisonnier détenu en aucune desdictes Prisons pour quelque cas que ce soit, criminel ou civil, ou que sur ce face ou s'efforce faire aucuns commandemens de par Nous, adfin de la délivrance ou eslargissement dudit Prisonnier, ou aucunes deffenses & interdicions de plus congnoistre des cas desdiz Prisonniers, ou adfin d'empescher à faire raison & Justice d'icellui Prisonnier, à nostredicte Court, à nostredit Prévost, ses Lieuxtenans ou l'un d'eulx, ou autres noz Officiers ou Justiciers à *Paris*, que à luy ne soit aucunement obéy, s'il ne fait prompte foy de noz Lettres Patentes passées en nostre Grant Conseil, faisans mencion du cas, & que nostre Procureur & Partie se la chose leur touche ou l'un d'eulx, soient ad ce présens, appellez & oyz ; ainçois voulons, déclerons & ordonnons, que se aucun d'eulx s'efforce de faire ou perséverer au contraire de ceste présente nostre Ordonnance ; c'est assavoir, de vouloir prendre de fait en nozdictes Prisons dudit Chastellet, aucun Prisonnier soubz umbre de telz manières de commandemens de bouche de Nous ou d'autres à lui faiz par la manière que dit est, que il soit détenu & arresté Prisonnier ès Prisons esqueles il se efforcera de exploictier de fait par la manière dessus touchée, pour ilec estre puniz selon l'exigence du cas : Donnans en mandement par ces présentes à noz amez & féaulx Conseilliers les Gens tenans & qui tendront nostredit Parlement, à nostredit Prévost présent & advenir, & à ses Lieuxtenans & à chascun d'eulx, que ceste présente nostre Constitucion, vouloir & Ordenance, ilz tiengnent & facent tenir, entériner & acomplir de point en point, selon sa forme & teneur, sanz ycelle enfraindre en aucune manière ; & ces présentes facent lire & publier en leurs Siéges & Auditoires, & partout où ilz verront estre bon & expédiant pour le bien de Justice & de la chose publique. Et que ce soit ferme chose & estable, Nous avons fait mettre nostre Séel à ces présentes. *Donné à* Paris, *ou mois d'Avril, l'an de grace mil quatre cens & deux, & de nostre Regne le XXII*[me]. Ainsi signé en marge. Par le Roy en son Grant Conseil, où Messrs les *Ducs* de *Berry* & d'*Orléans*, [g] Vous, le *Conte* de *Tancarville*, le Grant Maistre d'Ostel & autres, estoient. P. FERRON. *Visa.*

Et au dos d'icelles Lettres estoit escript ce qui s'ensuit : Publiées en Jugement ou Chastellet de *Paris*, le mardi II.[e] jour de May, l'an mil CCCC & deux. FRESNES.

CHARLES VI. à Paris, en Avril 1402.

a *meurtriers.*

b Je crois que cela signifie, *gens qui reçoivent de l'argent pour faire des insultes ou des violences.*

c *n'aient connoissance*, ou *ne connoissent.*

d *ôté.*

e *hardiesse.*

f *éludée.*

g Le Chancelier de France. *Voy. le* 5.e *Vol. de ce Rec.* p. 653. Note (c).

CHARLES VI. à Paris, en Avril 1402.

(a) Confirmation des Statuts du métier des Gainiers de la Ville de Rouen.

CHARLES, &c. Savoir faisons à tous présens & avenir, Nous avoir veues les Lettres desquelles la teneur s'ensuit:

A Tous ceulx qui ces présentes Lettres verront ou orront. *Hue* Sire de *Donqueurre*, Chevalier, Chambellan du Roy nostre S. & son *Bailli* de *Rouen*: Salut. Comme piéça du temps & *(b)* lors que Maire avoit en la Ville de *Rouen*, eust esté faicte certaine Ordonnance que les Maistres ouvriers de faire gaines & fourreaulx *(c)* à table, en la Ville & Banlieue de *Rouen*, sur le fait dudit mestier, lesquelles Ordonnances contenoient plusieurs poins & articles, qui furent lors gardées & tenues tant que Maire y ot; & pour ce que depuis le Corps & Commune d'icelle Ville, soit venue en la main du Roy nostre S. & baillée à gouverner à ses Officiers; est assavoir en Bailliaige & Viconté, pour ycelle gouverner ainsi qu'elle estoit audevant que Corps & Commune y eust, pendant lequel temps qu'elle vint en la main du Roy nostredit S. ycelle Ordonnance n'a eu aucun lieu en aucuns poins, pour ce qu'elle n'estoit faite ne confirmée soubz Séel Royal: Surquoy & sur plusieurs autres mestiers en ladicte Ville, le Roy nostredit S. Nous a mandé par ses Lettres, que sur yceulx & pour le gouverner ainsi qu'il appartendroit, leur feisson faire & adviser Ordonnance bonne, deue & convenable, soit celle qui lors leur fu faicte & advisée, ou telle que par yceulx ouvriers sera de nouvel faicte & advisée pour le bien, prouffit & utilité dudit mestier & de la chose publique; & pour ce faire, ayons donné congié & licence à *Pierre* de *Verville*, *Ricart Mart*, *Ricart Callonel*, *Gueffinet Dugombert*, *Ricart* le *Sergent*, *Henry Audis*, *Jehan Veusse*, *Pierre Miquel*, *Jehan Cocart*, *Pierre* le *Maistre*, *Estienne* de la *Rue*, *Vincent* le *Rat*, *Colin* de *Brebant*, *Guillebert Cavellier*, *Jehan Aussoult*, *Guillaume Pairon*, *Guillaume Gaillart*, *Jehan* du *Bosc*, *Vincent* du *Moustier*, *Guillaume* de *Saint Lo*, & *Guillaume* le *Sergent*, tous Maistres & Ouvriers dudit mestier, de eulx assembler pour adviser sur ce comme il appartendra: Savoir faisons que aujourd'hui furent présens pardevant nous tous les dessus nommez, lesquelx jurèrent & affirmèrent par leurs sermens avoir fait Ordonnance sur leurdit mestier, tant des clauses qui étoient en leur dicte Ordonnance au temps desdiz Maires, comme autres, pour ce que leurdit mestier se distribue en ouvraige de plusieurs façons & [a] materes, qu'ilz ne faisoient lorsque les dictes Ordonnances furent faictes, en la manière qui ensuit.

a *matières.*

(1) Premièrement. Que nul dudit mestier ne pourra faire fourreaulx, estuiz ne escriptoires, qui ne soient bons & loyaulx; c'est assavoir, les fourreaulx à tables, de troix cuirs; les escriptoires & tous autres estuiz, de quatre cuirs; les gaines & escriptoires percées & chevillées du long, bien & loyalment, bien cousus & bien collez, ainsi qu'il est accoustumé; & si ne pourra nul dudit mestier faire gaine d'un *(d)* cuir sangle, grénetée ne pommetée, ne ouvrée de fer; & qui sera trouvé faisant ou avoir fait le contraire, il l'amendera de vingt Solz Tournoiz; c'est assavoir, quinze Solz à Justice, & cinq Solz aux Gardes.

(2) Item. Que nul dudit mestier ne sera tenu faire fourreaulx, escriptoires ne

NOTES.

(a) Trésor des Chartres, Registre 156. P. IIII^c XXXV. (435.)

(b) Lors que Maire avoit, &c.] Charles VI supprima la Mairie de *Rouen* en 1382, pour punir les habitans de cette Ville d'une sédition qu'ils y avoient excitée. Cette Mairie n'a été rétablie qu'en 1695. Voyez l'Hist. de la Ville de *Rouen in-4.°* imprimée dans cette Ville en 1731. t. 1. 2.e Partie, page 105.

On a dit un mot de cette sédition de *Rouen* à la p. XXVI de la Préface du 6.e Vol. du Rec. des Ordonnances.

(c) A Table.] C'est-à-dire, apparemment des gaines pour mettre les couverts de tables, cuilliers, fourchettes, couteaux.

(d) Cuir sangle.] Je n'ai rien trouvé sur ces sortes de cuirs, dans le Dictionnaire du Commerce par *Savary*, ni au mot *Cuir*, ni ailleurs.

gaine

gaine de cuir de truye, de cuir de mouton, de cuir de [a] quien, ne de cuir de *(e)* besenne quelle qu'elle soit; & qui sera trouvé faisant ou avoir fait le contraire, il paiera l'amende dessus dicte; & si seront lesdiz fourreaulx, escriptoires & gaines [b] ars devant l'Ostel d'icellui ou ceulx qui le feront, à leurs despens.

CHARLES VI. à Paris, en Avril 1402.

(3) Item. Que nul ne pourra ouvrer dudit mestier en ladicte Ville & Banlieue, s'il ne monstre deuement par Lettres ou autrement, qu'il a apprins ledit mestier en [c] Ville de Loy, & avoir fait son service bien & deuement au gré de son maistre; & ou cas que aucun dudit mestier le mectroit en besoingne sans avoir fait son devoir de monstrer Lettres comme il auroit aprins son dit mestier, ainsi que dit est, il l'amenderoit de l'amende dessusdicte.

a *chien.*
b *brûlez.*
c *Voyez ci-dessus p. 338. Note (p).*

(4) Item. Que nul maistre dudit mestier ne pourra avoir que un aprentis à la fois, lequel sera tenu servir sondit maistre l'espace de six ans, ainsi que ou cas qu'il ne plairoit audit aprentis servir sondit maistre ledit temps durant, & il s'en aloit, sondit maistre ne pourroit avoir autre apprentis, si ledit varlet n'avoit renoncié audit mestier; lequel apprentiz après ladicte renonciacion par lui faicte, ne pourra jamais retourner audit mestier.

(5) Item. Que chacun aprentis qui entrera audit mestier, sera tenu paier pour bien venue aux Gardes d'icellui mestier, quinze Solz Tournois, & le maistre qui le prendra, v. Solz Tournois; & si sera ledit apprentis serment devant Justice de bien & loyaulment garder les Ordonnances dudit mestier, lesquelles lui seront leues.

(6) Item. Que aucune fille de maistre dudit mestier, ou cas que elle soit mariée à autre que dudit mestier, ne ouvrera ne devra ne ne pourra ouvrer d'icellui mestier, le temps durant de son mariage; & ou cas qu'elle demourroit vesve d'icellui mary, elle en pourra user [d] singulièrement; & se elle a enfans de sondit mary qui ne soit dudit mestier, comme dit est, il n'en pourroit ne devroit user.

d *personnellement.*

(7) Item. Que nulle femme vesve qui ait esté femme de maistre, ne pourra user dudit mestier, [e] fors que sa vesveté durant; & s'aucun apprentis estoit juré à servir certain terme durant son dit feu mary, pour apprendre sondit mestier, elle le pourra tenir le temps qu'il aura encores à servir.

e *que pendant sa viduité.*

(8) Item. Que aucune personne dudit mestier ne pourra faire *(f)* reppareil sur vielle euvre dudit mestier, qui ait esté portée, sur l'amende & forfaicture dessus dicte.

(9) Item. Que nul dudit mestier ne pourra ouvrer d'icellui & des appartenances, que à la clarté & lueur de jour, à jour de Feste festable, ne de nuit, en son hostel ne dehors, ne autrement aux Vegilles de Festes solempnelles, après Nonne sonnée; c'est assavoir, de Noel, du Saint Sacrement, Saint Jean-Baptiste, Toussains, & aux autres Festes des Appostres & de Nostre-Dame.

(10) Item. Tous les maistres & ouvriers dudit mestier entreront en euvre depuis le mi-Mars jusques au my-Septembre, à cinq heures du matin, & [f] lairont euvre à six heures de Vespres; & depuis la my-Septembre jusques au my-Mars, entreront en euvre à VII. heures du matin, & lairont œuvre à cinq heures de Vespres; & qui sera trouvé ouvrant ou avoir ouvré avant ou après lesdictes heures, encherra en l'amende dessusdicte, à appliquier comme dit est.

f *laisseront.*

(11) Item. Que nul dudit mestier ne pourra sécher ne faire sécher gaines, fourreaulx, escriptoires, ne autres choses appartenantes à ycellui mestier, sur feu ne sur four, en son hostel ne dehors, mais que à la clarté & lueur du jour ouvrable seulement, sanz y besongner de nuit ne à jour de Feste, sur la peine dessus déclerée, pour plusieurs fraudes & malices qui s'en pourroient ensuir.

(12) Item. Que nul dudit mestier ne pourra [g] lever son mestier en ladicte Ville

g *ouvrir boutique.*

NOTES.

(e) Besenne.] On dit présentement *Basanne:* c'est la peau de Bélier, &c. Voyez le Dictionnaire du Commerce par *Savary,* au mot *Basanne.*

(f) Reppareil sur vieille euvre.] Cela peut signifier qu'on ne pourra mettre une couverture neuve sur une vieille gaine ou autres ouvrages de ce métier.

CHARLES VI.
à Paris, en Avril 1402.

& Banlieue, s'il ne paie quarante Solz Tournois pour [a] hanse au Roy nostre S. excepté que le filz de maistre qui vouldroit lever sondit mestier, ne paiera que demie hanse.

(13) Item. Que nul femme de [b] varlet servant, ne pourra ouvrer ne besongner en ouvraige de faire gaines, ailleurs que en l'ostel du maistre ou maistresse à qui la besongne sera, sur ladicte amende; & le maistre ou maîtresse qui baillié lui auroient à faire lesdictes gaines hors de leur dit hostel, ilz encherroient en ladicte amende; & pevent & pourront lesdictes femmes faire fourreaulx à tables, & escriptoires, ailleurs que en l'ostel dudit maistre ou maistresse, se il leur plaist; lequel ouvraige sera visité par les Gardes dudit mestier, premièrement & [c] ainçois que l'en le puisse mettre en fourme, affin [d] d'eschever la fraude qui y pourroit estre faicte; & ou cas que les maris d'icelles femmes ouvreront en leurs maisons, elles pourroient ouvrer de tout ledit mestier avec eulx, sans contredit & sanz enchéoir en amende.

(14) Item. Que nul dudit mestier ne pourra recevoir ne mectre en besongne varlet d'autruy, gaignant, en [e] secret ne en appert, qui ait laissié son maistre par [f] tençon ou autrement, jusques à ce que lesdiz maistres & varlet soient d'accord sur l'amende dessusdicte.

(15) Item. Que nul dudit mestier ne pourra avoir ne tenir apprentiz avec soy, se n'est en sa besoingne & de ses estoffes; & qui sera trouvé faisant ou avoir fait le contraire des poins & articles dessusdiz ou d'aucuns d'iceulx, il l'amendera de vint Solz Tournois, dont le Roy aura quinze, & les Gardes cinq.

(16) Item. Aura oudit mestier quatre Gardes qui se changeront chascun an au Noel, lesquelx seront esleuz par les [g] Gardent [h] qui se partiront, & feront serment de bien & loyaument garder ceste présente Ordenance.

Lesquelles Ordenances tous les dessus nommez jurèrent par leurs sermens estre le bien & honneur dudit mestier & prouffit du bien publique, & le promistrent tenir & garder fermement à tousjours sans enfraindre; & pour eulx & pour tout le commun présent & avenir dudit mestier, [i] olrent agréables. Si donnons en mandement à tous ceulx qui dudit mestier s'entremettront, que selon ladicte Ordonnance ilz œuvrent dudit mestier d'oresénavant, & ycelle Ordonnance tiengnent & gardent en tous ses poings & articles, sur les paines & amendes dessus déclerées, esquelles dès maintenant pour lors, nous déclairons les transgresseurs estre encheuz & encouruz pour chascune foiz qu'il y encherront. En tesmoing de ce, Nous avons miz à ces Lettres le Grant Séel aux Causes dudit Bailliage, qui furent faites & données à *Rouen*, le second jour d'Avril, l'an de grace mil CCCC. & deux, après Pasques communians.

Suite des Lettres de Charles VI.

Lesquelles Lettres dessus transcriptes, & toutes les choses contenues en ycelles, entant que bien & deuement ont esté faictes, Nous loons, gréons & ratiffions, & par ces présentes de grace espécial, se [k] mestier est, confermons. Si donnons en mandement au *Bailly* de *Rouen*, & à tous noz autres Justiciers & Officiers, présens & avenir, ou à leurs Lieuxtenans, & à chascun d'eulx, si comme à lui appartendra, que de nostre présente grace & confirmacion facent, seuffrent & laissent lesdiz *Pierre* de *Verville*, *Ricart Mart*, *Ricart Callonel*, *Guieffinet Dagombert*, *Richart* le *Sergent*, *Henry Audis*, *Jehan Veusse*, *Pierre Miquel*, *Jehan Cocart*, *Pierre* le *Maistre*, *Estienne* de la *Ruë*, *Vincent* le *Rat*, *Colin* de *Brebant*, *Guillebert Cavellier*, *Jehan Ausoult*, *Guillaume Pairon*, *Guillaume Gaillart*, *Jehan* du *Bosc*, *Vincent* du *Moustier*, *Guillaume* de *Saint Lo*, & *Guillaume* le *Sergent*, desquels mencion est faite ès dites Lettres dessus transcriptes, joïr & user paisiblement & sanz aucun destourbier ou empeschement au contraire. Et pour ce que ce soit chose ferme & estable à tousjours, Nous avons fait mettre nostre Séel à ces présentes: Sauf en autres choses nostre droit, & l'autruy en toutes. *Donné à* Paris, *ou mois d'Avril, l'an de grace mil* CCCC. *& deux, & le* XXII.*e de nostre Regne.*

Par le Roy, à la relacion du Conseil. MAULOUE.

---

a *Voy. ci-dessus page 365. Note marg. (d).*
b *compagnon.*
c *avant.*
d *éviter.*
e *secrétement ni publiquement.*
f *querelle.*
g *corr. Gardes.*
h *qui sortiront de Charge.*
i *eurent.*
k *besoin.*

CHARLES VI. à Paris, en Avril 1402.

(a) Confirmation des Statuts du Métier des Tondeurs de Draps de la Ville de Rouen.

CHARLES, &c. Savoir faisons à tous présens & avenir, Nous avoir veues les Lettres desquelles la teneur s'ensuit.

A Tous ceulx qui ces Lettres verront ou orront. *Hue* Sire de *Doncquerre*, Chevalier, Chambellan du Roy nostre S. & son *Bailli* de *Rouen* : Salut. Comme jà piéça certaines Ordonnances eussent été faictes & composées sur le fait du mestier & ouvraige de tondre Draps en la Ville & Banlieue de *Rouen*, par les Maires & [a] Pers d'icelle Ville, qui pour le temps estoient, & depuis confermées par honnorable homme & saige *Guy Chrestien* jadix *Bailly* de ladicte Ville de *Rouen*, & soubz umbre desquelles Ordonnances eussent esté & feussent de jour en jour plusieurs fraudes & mauvaistiez faictes & commises ou [b] comptent & vitupere d'icellui mestier, & ou grant dommaige & préjudice de tout le bien commun, si comme toutes ces choses nous eussent été rapportées & tesmoignées vrayes par la [c] greigneur & plus saine partie du commuu & habitans d'icellui mestier; c'est assavoir, de *Vinnet* de *Saint Denis*, *Raoul* de la *Legue*, *Robert* le *Plastrier*, *Jehan Nepveu*, *Robin Ducloz*, *Cardinet* le *Fevre*, *Joachim* le *Fevre*, *Guillaume Trubert*, *Jaquet Du Homme*, *Pierre Peurel*, *Jehan Raoul*, *Jehan Prentout*, *Pierre* de *Loncpain*, *Pierre Boulenguel*, *Colin Chire*, *Vinet* de *Boudeville*, *Jehan* le *Tailleur*, *Geffinet* [d] le *Bouchi*, *Mahiet* de *Perreville*, *Robert Julien*, *Ricart Martin*, *Guillemin Pennier*, *Guillaume* le *Senne*, *Mahiet Toutain*, *Pierre Raoul*, *Guillaume Balencher*, [e] *Thevenin* le *Petit*, *Pierre* [f] *Thibaut*, *Xandret* [g] *Du Tout*, *Geffinet Guerard*, *Guillaume Bergaut*, *Guillaume* le *Mareschal*, *Jehan* le *Vaillant*, *Lorens* de la *Vastine*, *Guillaume* le *Senne* le jeune, *Lorens* le *Duc*, [h] *Thevenin* le *Metteer*, *Pierre Lommet*, *Oudet* de *Certot*, *Michaut Millon*, *Ricart* de *Linet*, *Jehan Golain*, *Jaquet* le *Tailleur*, & plusieurs autres, tous maistres & ouvriers de tondre draps en ladicte Ville & Banlieue, lesquelx nous eussent requiz que pour bien & évident prouffit dudit mestier, du Roy nostre S. & de toute la chose publique, & aussy que en aucuns articles contenus en ycelle Ordonnance, avoit trop excessives [i] paines & amendes pour le Roy nostre S. qui estoit ou grant dommaige & préjudice d'icellui mestier, nous ycelle Ordonnance voulsissions corriger & [k] muer tout de nouvel, ainsi que nous verrions qu'il feroit de raison : Savoir faisons que aujourd'ui nous lesdiz Articles & Ordonnances feismes apporter pardevant nous, & lire en la présence des dessus nommez; & après ce que nous les [l] osmes veues & advisées, & sur-tout eu advis & déliberacion aux [m] Conseulx & Procureurs du Roy nostre S. à leur requeste & relacion, & pour le prouffit du Roy nostredit S. avons ycelles confirmées, corrigées, muées, renouvellées & accordées à ycellui commun, tant comme il plaira à Justice, par la forme & manière qui ensuit; c'est assavoir,

(1) Que d'oresénavant nul ouvrier dudit mestier ne tondra fors de la lueur du jour tant seulement, se n'est en cas de nécessité, comme de mort ou de mariaige; ouquel cas il conviendra avoir le congié de Justice, appellé à ce un ou deux des Gardes dudit mestier; & qui sera trouvé faisant ou avoir fait le contraire, il l'amendera de vint Solz Tournois; c'est assavoir, quinze Solz au Roy, & cinq Solz aux Gardes.

(2) *Item*. Que les Drappiers pourront faire ou faire faire leurs [n] plis à toutes heures de la lueur du jour, & non autrement, sur la peine & amende dessus déclairée, [o] qui sera trouvé faisant ou avoir fait le contraire.

(3) *Item*. Que nul ne tondra à jour de Feste festable, à Vegille de Nostre-Dame,

[a] *Voy. les Tabl. des Mat. des Vol. de ce Rec*, au mot, *Pers*.

[b] *mépris & blâme*.

[c] *plus grande*.

[d] *Il y a plus bas* le Boucher.

[e] *Il y a plus bas* Thomas.

[f] *Il y a plus bas* Thibout.

[g] *Il y a plus bas* Du Tot.

[h] *Il y a plus bas* Thomas le Mercier.

[i] *peines*, là & plus bas.

[k] *changer*.

[l] *eusmes*.

[m] *Conseils*.

[n] *c'est-à-dire appliquer les draps*.

[o] *contre celui qui*.

NOTE.

(a) Trésor des Chartres, Registre 156. P. IIIIc XXXVI. (436.)

CHARLES VI. à Paris, en Avril 1402.

à Vegille d'Appostres, ne à Vegille de Feste solempnelle, & accoustumées à fester oudit mestier, après Nonne sonnée, se n'est en cas de nécessité, comme dessus est déclairée, ouquel cas il convendra avoir le congié de Justice & desdiz Gardes, comme dit est; & qui sera trouvé faisant ou avoir fait le contraire, il l'amendera de vint Solz Tournois, quinze Solz au Roy, & cinq Solz aux Gardes.

(4) *Item.* Que nul ne pourra [a] lever ouvrouer de tondre en ladicte Ville, se il n'est souffisant de ce faire, & ammené devant Justice pour faire le serment, & s'il n'a aprins ledit mestier en ladicte Ville & Banlieue, ou autre [b] ville de Loy, dont il sera tenu enseigner deuement par Lettres, Instrumens, ou autres enseignemens, devant Justice, lesdiz Gardes à ce oyes & appellez, sur la peine de cent Solz Tournois à appliquier au Roy nostredit S.

a ouvroir, boutique.

b Voyez ci-dessus p. 338. Note (p).

(5) *Item.* Que nul maistre d'icellui mestier ne pourra avoir varlet apprentis, se ycellui maistre n'est souffisant de lui monstrer & aprendre ledit mestier, & se ledit varlet n'est demourant à ses despens continuelment & en son hostel, par l'espace de deux ans; & s'il avenoit que aucun apprentiz dudit mestier se départist de sondit maistre [c] ains sondit service [d] escheué, sanz avoir renoncé audit mestier, sondit maistre ne pourra avoir apprentiz jusques à ce que ledit terme de deux ans soit passé, sur ladite peine de cent Solz.

c avant.
d achevé.

(6) *Item.* Que chascun apprentis dudit mestier sera mené par les Gardes d'icellui mestier, faire serment devant Justice, de garder les Ordonnances dudit mestier, & paiera douze Deniers Tournois à Justice; & après les deux ans de service acomplis, il sera ramené par lesdiz Gardes renouveller son serment comme ouvrier d'icellui mestier, & paiera semblablement douze Deniers Tournois à Justice.

(7) *Item.* Que nul maistre qui ait apprentiz, ne se pourra louer à la place.

(8) *Item.* Que l'en tondra les draps également aussi-bien ou [e] feste comme en lisière, afin [f] d'eschever toutes fraudes, & que les marchans ne soient déceuz; & qui sera trouvé faisant ou avoir fait le contraire, il l'amendera de vint Solz Tournois; c'est assavoir, quinze Solz au Roy, & cinq Solz aux Gardes.

e corr. faîte, & voyez la Note (b) de la page 286 du 7.e Vol. de ce Rec.
f éviter.

(9) *Item.* Que nul ne pourra (b) en aissier draps tondus à l'endroit, sur peine de soixante Solz; c'est assavoir, cinquante Solz au Roy, & dix Solz aux Gardes, affin d'eschever toutes fraudes, & que l'en puist mieulx congnoistre quel le drap sera.

(10) *Item.* Que nul dudit mestier ne pourra avoir que un apprentiz & un (c) alloué tant seulement; lequel apprentiz servira deux ans ainsi & par la manière que dessus est dit.

(11) *Item.* Que nul ne tondra draps, s'il n'est (d) moullez & retraiz; & pour ce que promptement l'en ne connoist pas se draps quant l'en les veut faire tondre, sont assez retraiz, lesdiz tondeurs seront tenuz à enquerir par serment à ceulx qui leur apporteront yceulx draps, se ilz sont souffisemment moullez & retraiz, & se ilz leur afferment, ils les pourront bien tondre, & se ilz ne l'affermoient, ilz ne le devroient pas tondre; & qui sera trouvé faisant ou avoir fait le contraire, le drap sera [g] forfait & acquiz au Roy nostredit S. & si paiera le tondeur qui ainsi l'aura tondu, soixante Solz Tournois d'amende; c'est assavoir, cinquante Solz au Roy, & dix Solz aux Gardes.

g confisqué.

NOTES.

(b) *En aissier.]* Je n'ai rien trouvé dans le Dict. du Commerce par *Savary,* sur *en aissier* ou *enaissier,* qui peut signifier mettre entre deux ais, deux planches.

(c) *Alloué.]* Suivant ce même Dict. à ce mot, il signifie un compagnon qui s'engage à travailler chez un maître pendant un certain tems.

(d) *Moullez & retraiz.]* Je n'ai rien trouvé dans ce Dict. sur le mot *Moullez.* On y voit seulement que les Lanneurs des mains desquels les draps passent entre celles des Tondeurs, les mouillent pour y faire leur opération, ainsi *moullez* peut être ici pour *mouillez.* A l'égard de celui de *retrait,* j'ai déjà fait une assez longue note ci-dessus page 336. Note (h), de laquelle il résulte que je n'ai pû découvrir certainement ce qu'il signifie. J'ai trouvé depuis que l'article 67 de la Coûtume de *Tours,* porte qu'on ne doit point vendre de draps à l'aune qu'ils n'aient été mouillez & retraits, & que *Du Moulin* a fait sur cet article cette apostille : *à ce qu'ils ne se puissent plus restraindre,* [c'est-à-dire, rétrécir.]

CHARLES VI. à Paris, en Avril 1402.

(12) Item. Que les quatre Gardes qui seront ordonnez chascun an à visiter ledit mestier en ladicte Ville & Banlieue, seront tenus visiter bien & loyalment tous les draps tondus en ladicte Ville & Banlieue, affin que l'en n'y puisse commettre ne perpétrer fraude, mauvaistié ne décepcion.

(13) Item. Que tous ceulx dudit mestier, présens & avenir, jureront devant Justice à garder ceste présente Ordonnance, maintenir & soustenir à leurs propres coux & despens, en tous les poins qu'elle contient.

Lesquelles Ordonnances dessus transcriptes, & toutes les choses contenues en ycelles, tous les dessus nommez pour eulx & pour tout le commun dudit mestier, eurent agréables, & ou nom que dessus les promistrent garder, tenir, maintenir & soustenir, & contribuer chascun de soy aux fraiz, mises & despens qu'il a convenu ou temps passé & convendra faire ou temps avenir, à cause de ce tant en procez, escriptures, que en toutes autres choses, par les foiz & seremens de leurs corps, & sur les peines contenues en ycelles ; & pour ce donnasmes en mandement à tous ceulx dudit mestier, & à tous autres qui dudit mestier s'entremettent, que selon ladicte Ordonnance ilz œuvrent dudit mestier doresénavant, & ycelle Ordonnance tiengnent & gardent en tous ses poins & articles, sur les paines & amendes dessus déclairées, esquelles dès maintenant pour lors nous voulons & déclairons les transgresseurs estre encheuz & encoureuz pour chascune foiz qu'ilz y escherront ; & desdictes paines & amendes exécucion estre faicte sur yceulx transgresseurs, comme pour les propres debtes du Roy nostre S. En tesmoing de ce, nous avons mis à ces présentes Lettres, le grant Seel aux Causes dudit Bailliage, qui furent faictes & données le pénultième jour de Mars, l'an de grace mil quatre cens & deux, après Pasques communiaux.

Lesquelles Lettres dessus transcriptes & toutes les choses contenues en ycelles, en tant que bien & deuement ont esté faictes, Nous loons, gréons & ratiffions, & par ces présentes de grace espécial, se [a] mestier est, confermons. Si donnons en mandement oudit *Bailli* de *Rouen*, & à tous noz autres Justiciers & Officiers, présens & avenir, ou à leurs Lieuxtenans, & à chascun d'eulx, si comme à lui appartendra, que de nostre présente grace & confirmacion facent, seuffrent & laissent lesdiz *Vinnet* de *Saint Denis*, *Raoul* de la *Legue*, *Robert* le *Plastrier*, [b] *Joachim Nepveu*, *Robin Duclos*, *Cardinet* le *Fevre*, *Joachim* le *Fevre*, *Guillaume Trubert*, *Jaquet Du Homme*, *Pierre Peurel*, *Jehang Raoul*, *Jehan Prentout*, *Pierre* de *Lonpain*, *Pierre Boulenguel*, *Colin Chive*, *Vinet* de *Voudeville*, *Jehan* le *Tailleur*, *Geffinet* [c] le *Bouchier*, *Mahiet de Perreville*, *Robert Julien*, *Ricart Martin*, *Guillemin Pennier*, *Guillaume* le *Senne*, *Mahiet Toutain*, *Pierre Raoul*, *Guillaume Balencher*, *Thomas* le *Petit*, *Pierre* [d] *Thibout*, *Xandret* [e] *Du Tot*, *Geffroy Guerard*, *Guillaume Bergant*, *Guillaume* le *Mareschal*, *Jehan* le *Vaillant*, *Lorent* [f] de la *Vlastine*, *Guillaume* le *Senne* le jeune, *Lorens* le *Duc*, *Thomas* [g] le *Mercier*, *Pierre Lomet*, *Oudet* de *Certot*, *Michaut Millon*, *Ricart Delinet*, *Jehan Golain*, *Jaquet* le *Tailleur*, & plusieurs autres desquelx mencion est faicte ès dictes Lettres dessus transcriptes, joïr & user paisiblement & sanz aucun destourbier ou empeschement au contraire. Et pour ce que ce soit ferme chose & estable à tousjours, Nous avons fait mettre nostre Séel à ces présentes : Sauf en autres choses nostre droit, & l'autruy en toutes. *Donné à* Paris, *ou mois d'Avril, l'an de grace mil CCCC & deux, & le XXII.e de nostre regne.*

Suite des Lettres de Charles VI.

a *besoin.*

b *Il y a plus haut,* Jean.

c *Il y a plus haut* le Bouchi.

d *Il y a plus haut* Tibaut.

e *Il y a plus haut* Du Tout.

f *Il y a plus haut*, de la Vastine.

g *Il y a plus haut* Thevenin le Metteer.

Par le Roy, à la relacion du Conseil. MAULONE.

CHARLES VI. à Paris, le 3 de Mai 1402.

(a) Exemption de Prises pour toutes les Maisons & Edifices appartenans à l'Ordre des Célestins.

CHARLES, &c. Savoir faisons à tous présens & avenir, que Nous aians regart & considéracion à la grant & singulière dévocion, amour & affeccion que noz Prédécesseurs & Nous avons tousjours eue & que Nous avons encores envers noz bien amez les Religieux & toute la Religion de l'Ordre Saint Benoist, appellez Célestins, & aux bonnes & dévotes prières que incessanment ilz font, esquelles noz diz [a] Prédeccesseurs & Nous sommes comprins & participans, tant par ce que noz diz Prédecceurs & Nous avons fondé & aidié à fonder & édifier plusieurs des Monastères, Eglises & lieux dudit Ordre, comme autrement, desirans pour ce de toute nostre affeccion relever, garder & deffendre lesdiz Religieux de oppressions, pertes & dommaiges, à iceulx Religieux & chascun d'eulz, de quelconque Eglise ou Monastère que ilz soient, estans en nostre Royaume, avons octroié & octroions par ces présentes de nostre grace espécial, certaine science & auctorité Royal, pour eulx & leurs successeurs à tousjours mais, que en leurs Maisons, Hostelz, Granches, Manoirs, Moulins, Pressouoirs, ou autres habitacions, ne de leurs Fermiers, [b] Monniers, [c] Closiers, ou autres personnes qui y demeurent & demouront, aucunes prinses ne soient faictes par quelconque personne, pour quelconque cause ou nécessité que ce puist estre; & que en icelles Maisons, Hostelz, Granches & Manoirs ilz puissent mettre & avoir, & semblablement faire mettre & porter sur leurs charios, charrettes, chevaulx & autres voitures, choses & besongnes, tant par eaue comme par terre, noz [d] Penonceaulx armoyez de noz armes & de noz Successeurs, toutesfois qu'il leur plaira ou que besoing en sera; & avecques ce, voulons & leur avons octroyé & octroyons de nostre dicte grace & auctorité, [e] par eulx & leurs diz successeurs à tousjours mais perpétuelment, que nulz Cappitaines, Gens d'armes, Archiers, Arbalestriers, *(b)* Braconniers, Veneurs, Gardes ou Varlès de chiens, ne autres quelxconques, ne se logent ou puissent logier en aucuns de leursdiz Hostelz, Maisons, Manoirs, Granches ou habitacions, ou de leursdiz Fermiers, Monniers, Closiers ou autres personnes qui demeurent ou demouront en leurs dictes Maisons, Hostelz, Granches, Manoirs, Moulins, Pressouoirs, & autres habitacions. Si donnons en mandement par ces mesmes Lettres, [f] & à tous lesdiz Cappitaines, Gens d'armes, Archiers, Arbalestriers, Braconniers, Veneurs, Gardes ou Varlès de chiens, & autres dessusdiz, & à tous Fourriers, Chevaucheurs, Preneurs, ou autres commis & establiz ou à commettre & establir ou temps avenir, à faire les [g] Garnisons & pourveances des Hostelz de Nous, de nostre très-chière & très-amée Compaigne la Royne, de nostre très-chier & très-amé aisné Filz le *Dalphin* de *Viennois,* & autres noz Enfans, & de noz très-chiers & très-amez Oncles & Frere les *Ducs* de *Berry,* de *Bourgogne,* d'*Orléans* & de *Bourbonnois,* & de toutes autres [h] ayens droit de prinse en nostre dit Royaume, présens & avenir, que esdiz Hostelz, Maisons, Granches, Manoirs, Moulins, Pressouoirs, ou autres habitacions desdiz Religieux ou de leursdiz Fermiers, Monniers, Closiers, ou autres personnes qui demeurent & demouront esdiz Hostelz, Maisons, Granches, Manoirs, Moulins,

a Il faut lire *Prédécesseurs*, là & dans la suite de la Pièce.

b *Meûniers*, là & dans la suite de cette Pièce.

c *Ce mot est encore en usage en plusieurs Provinces, pour signifier ceux qui prennent des terres à ferme.*

d *Voy. les Tabl. des Mat. des Vol. de ce Rec.* au mot *Pennonceaux.*

e corr. *pour.*

f *ce mot paroît inutile, ou il en manque quelques-uns.*

g *provisions.*

h *ayans.*

NOTES.

(a) Trésor des Chartres, Registre 159. P. VII^xx V. (145.)

(b) Braconniers.] Il paroît par ce passage, que le mot *Braconnier* qui, suivant le Dict. Etymologique de *Menage*, vient de celui de *Braque*, espèce de chien de chasse, signifioit anciennement un chasseur en général: présentement il ne signifie plus qu'un homme qui fait métier de chasser sans droit & sans permission. Il y a dans notre langue un grand nombre de mots dont l'usage a restreint de la même manière l'acception & la signification. Le mot *Veneurs* qui suit, en est encore une preuve. Il vient du mot latin *Venari*, chasser; & cependant il ne signifie aujourd'hui que celui qui chasse avec des chiens courans, & principalement à la bête fauve.

Preſſouoirs, & autres habitacions, [a] ne ſe logent ne ne facent ou ſeuffrent logier ne mettre leurs gens, varlès, chevaulx, chiens, ou autres, & ne y preingnent ou arreſtent, ne facent ou ſeuffrent prendre, ſaiſir, arreſter, ou autrement empeſchier, ne en quelconques autres lieux que ce ſoient, aucuns blez, avoines, grains, vins, foins, [b] fuerres, chevaulx, charrettes, charios, ſacs, *(c)* bennes, buefs, vaches, veaulx, brebis, moutons, aigneaulx, chevreaulx, pourceaux, cochons, ne autres beſtail, *(d)* lucs, [c] brochès, carpes, breſmes, ne autres poiſſons quelxconques, [d] oues, oiſons, chapons, gelines, poucins, ne autre volaille, [e] couſtes, couſſins, draps de lit, couvertures, tables, treſteaulx, bancs, ou autres choſes quelxconques, pour la néceſſité ou proviſion deſdits Hoſtelz, ne d'aucuns d'iceulx, ou autrement, pour quelconque beſoing, néceſſité ou proviſion que ce ſoit; ſaichans que ſe eulx ou aucuns d'eulx ſont trouvez faiſans le contraire, Nous, ce venu à noſtre congnoiſſance, les en ferons punir par telle manière que ce ſera exemple à tous autres; & voulons que ſemblablement ilz en ſoient puniz par noz diz Succeſſeurs ou de leur commandement, & auſſi par noſtre *Prévoſt* de *Paris,* préſent & avenir, ou ſon Lieutenant, qui eſt Juge commis & député de par Nous auſdiz Religieux en toutes leurs Cauſes perſonnelles: & encore de plus grant grace, avons auſdiz Religieux octroié & octroions que tous leurs diz Fermiers, Monniers, Cloſiers, ou autres perſonnes qui demeurent & demouront en leurs diz Hoſtelz, Maiſons, Granches, Manoirs, Moulins, Preſſouoirs, & autres habitacions, ſe puiſſent auſſi bien aidier de ces préſentes Lettres ou du *vidimus* d'icelles, fait ſoubz ſéel Royal ou autentique, comme feroient ou pourroient faire leſdiz Religieux; & avecques ce, voulons & leur avons octroié & octroions de noſtre dicte grace, que en tous lieux où ilz en auront à faire, foy ſoit adjouſtée au *vidimus* de ces préſentes, fait ſoubz ſéel Royal ou autentique, telle comme à l'original; & en oultre, voulons, commandons & ordonnons à plus grant ſeureté & confirmacion des choſes deſſus dictes, que les Maiſtres de noſtre Hoſtel & de ceulx de noſtre Compaigne & Enfans, & de noz ſucceſſeurs deſſuſdiz, facent lire & publier *(e)* en nos comptes ces préſentes ou le *vidimus* d'icelles, toutesfois que leſdiz Religieux les en requerront, & auſſi que au moins doreſénavant facent une fois en l'an exprès commandement de par Nous, à tous leſdiz Fourriers, Chevaucheurs, Preneurs, ou autres commis & eſtablis ſur le fait des prinſes, proviſions & garniſons deſdiz Hoſtelz & de chaſcun d'iceulx, que ilz ne prengnent, arreſtent ou autrement empeſchent aucunes des choſes deſſuſdictes ſur leſdiz Religieux, leurs Fermiers, Cenſiers, Cloſiers, Grangiers, Monniers, gens, varlès & ſerviteurs deſſuſdiz, pour quelconque cauſe ou néceſſité que ce ſoit: Donnons auſſi en mandement & eſtroictement enjoingnons par ces meſmes preſentes, auſdiz Maiſtres deſdiz Hoſtelz, & à tous les autres Juſticiers & Officiers de Nous & de noſtredit Royaume, préſens & avenir, ou à leurs Lieuxtenans, & à chaſcun d'eulx, ſi comme à lui appartendra, que le contenu en ces préſentes ilz entérinent & accompliſſent & facent entériner & accomplir de point en point, ſelon leur forme & teneur; & s'aucuns des biens deſdiz Religieux, de leurſdiz Fermiers, Cloſiers, Monniers & gens, ilz treuvent eſtre prins, arreſtez ou autrement

CHARLES VI.
à Paris, le 3 de Mai 1402.

a corr. *qu'ils ne ſe logent.*
b *paille, fourrages.*
c *brochets.*
d *oyes.*
e *lits de plumes.*

NOTES.

(c) Bennes.] Il paroît par l'Inventaire de *Monet*, au mot *Banne*, que celui de *Benne* lui eſt ſynonyme. Entre les différentes ſignifications du mot *Banne*, voici celle qui convient le mieux ici. Il ſignifie quelquefois une grande toile ou une couverture d'étoffe que l'on met ſur les bateaux ou ſur les voitures, pour garantir les perſonnes & les marchandiſes qui y ſont, du ſoleil & de la pluie. Voyez le Dictionnaire de *Trevoux*, au mot *Banne*.

(d) Lucs.. Breſmes.] Suivant l'Inventaire de *Monet*, *Lus*, *Lucs* eſt un brochet: mais ce poiſſon étant nommé tout de ſuite, peut-être faut-il lire, *Lucs brochès*, ſans virgule. La Brême reſſemble aſſez à la Carpe. Voyez le Dictionnaire de *Trevoux*, au mot *Brême*.

(e) En noz Comptes.] Je ne puis croire qu'il s'agiſſe ici de la Chambre des Comptes, & je conjecture que par ces mots *noz Comptes*, il faut entendre le Bureau que tiennent encore aujourd'hui les Maîtres d'Hôtel du Roy, où ſe règle ce qui concerne la dépenſe de ſa table, & où apparemment on en rend par bref état un compte qui eſt rendu enſuite avec plus de formalités à la Chambre des Comptes.

CHARLES VI. à Paris, le 3 de Mai 1402.

empeschiez par quelxconques Fourriers, Chevaucheurs, Preneurs, ou autres Officiers desdiz Hostelz, ou aucune autre chose estre faicte ou attemptée par quelxconques personnes que ce soient, au contraire des choses dessusdictes & de chascune d'icelles, si les mettent ou facent mettre, ces Lettres veues ou le *vidimus* d'icelles, fait soubz Séel Royal ou autentique, auquel en ce cas Nous voulons foy estre adjoustée, comme dit est, à pleine délivrance & au premier estat & deu, tantost & sans délay; & en oultre, de plus ample grace, Nous plaist, voulons & ordonnons que se aucuns de noz dictes gens ou Officiers, ou autres dessusdiz, se vuellent efforcier ou efforcent en aucune manière ou temps advenir, de faire prinses des biens estans ès Hostelz, Maisons, Manoirs & lieux desdiz Religieux ne de leurs diz Fermiers, Grangiers ou autres dessus diz, ne de ceulx que l'en [a] menroit de lieu en autre, que celui ou ceulx sur qui on vouldroit faire telles prinses ou aucunes d'icelles, ou qui se vouldroient logier ou leurs chevaulx, chiens ou autres choses, n'y soient tenus de obéir, & que pour cause & occasion de désobéissance, ilz ne aucuns d'eulx puissent estre [b] suivis & approchiez ne trais en Cause pardevant quelxconques des Gens de nostre dit Hostel, de nostre dicte Compaignie, de noz diz Enfans, ou autres personnes de nostre Lignage, de noz diz successeurs, ne de noz autres Officiers, ne contrains à Nous ne à eulx en faire [c] admende par quelconque voye ou manière que ce soit : Car ce & tout le contenu en ces présentes, avons octroyé & octroyons ausdiz Religieux, pour considéracion de ce que dit est, & pour tousjours de mieulx en mieulx estre en leurs continuelles prières. Et pour ce que ce soit ferme chose & estable à tousjours, Nous avons fait mettre nostre Séel à ces présentes Lettres : Sauf en autres choses nostre droit, & l'autruy en toutes. *Donné à* Paris, *le III.e jour de May, l'an de grace mil CCCC & deux, & de nostre Regne le XXII.e*

[a] *meneroit.*
[b] *poursuivis.*
[c] *amende.*

Par le Roy en son Conseil, où Mess. les *Ducs* de *Berry*, de *Bourgogne*, d'*Orléans* & de *Bourbonnois*, & plusieurs autres, estoient. FERRON.

CHARLES VI. à Paris, le 5 de Mai 1402.

(a) Ordonnance sur la nouvelle Aide accordée par les trois Etats des Comtés d'Artois, de Boulenois & de Saint Pol.

CHARLES, &c. Savoir faisons à tous présens & avenir, que comme noz biens amez les Bourgoiz & habitans des bonnes Villes fermées & plat-pais des *Contez* d'*Artoys*, de *Boulegnoiz* & de *Saint Pol*, & des Villes enclavées en ycelles, pour le grant desir, affeccion & volonté qu'ilz ont à Nous & au bien publique de nostre Royaume, & pour aidier à supporter les grans fraiz, charges, missions & despens que de jour en jour Nous convient faire & soustenir pour le fait de noz guerres, Nous aient nouvellement octroyé d'un commun assentement, que pour un an tant seulement commençant le premier jour du mois de Mars dernièrement passé, tele & semblable Aide comme en l'année précédente ilz avoient fait & paié; laquelle Aide les Bourgoiz & habitans dessusdiz payeront à quatre termes; c'est assavoir, de trois moys en trois moys, à commencer le premier terme & payement en la fin de ce présent moys de May, le second en la fin du mois d'Aoust, le tiers en la fin du mois de Novembre, & le quart & derrenier payement, en la fin du mois de Février prouchainement venant : *(b)* Nous considérans, &c.

NOTES.

(a) Trésor des Chartres, Registre 157. P. VI^xx XV. (135.)

(b) Nous considérans, &c.] La suite de ces Lettres est conforme à celles du 22 de mai 1384. qui sont imprimées à la p. 75 du 7.e Vol. de ce Rec. à la différence qu'au lieu de ces mots, *depuis ledit premier jour dudit mois de juing*, qui sont à la ligne 39 de la p. 76. il y a ceux-ci, *depuis ledit premier jour du mois de mars.*

Cette Pièce du Registre 157 sert à corriger une faute qui est à la ligne 50 de la page 76 du 7.e Vol. où on lit : *que le dit octroy à eulx par nous fait :* Il faut corr. *que le dit octroy par eulx à nous fait.*

Si

Si donnons en mandement à nostre très-chier & très-amé Frere le *Duc* d'*Orléans* souverain Gouverneur de toutes noz finances venans des Aides ordonnées & à ordonner pour le fait de la guerre, à nostre très-chier & amé cousin le Sire *de Lebret*, & à noz amez & féaulx les autres Généraulx-Conseillers sur le fait desdiz Aides, aux *Baillis* de *Vermendois*, d'*Amiens* & de *Senlis*, à tous Esleus, Receveurs & autres Justiciers, Commissaires ou Officiers députez & à députer sur le fait desdiz Aides, & à chascun d'eulx, si comme à lui appartendra, que lesdiz Bourgoiz & habitans & chascun d'eulx, de nostre présente grace & octroy, & de toutes les choses cy dedens déclairées, ledit an durant laissent & facent joïr & user paisiblement, & contre la teneur d'icelles ne les contraingnent, travaillent ou molestent en aucune manière; mais se aucune chose estoit pris du leur, ou fait au contraire, si le facent tantost & sans délay rendre & mettre au délivre: & en ampliant nostre dicte grace, voulons que à la coppie de ces présentes, faicte soubz Séel Royal, foy soit plenement adjoustée comme à l'original. Et pour ce que ce soit ferme chose & estable à tousjours, Nous avons fait mettre nostre Séel à ces Lettres: Sauf en autres choses nostre droit, & l'autrui en toutes. *Donné à* Paris, *le V.ᵉ jour de May, l'an de grace mil quatre cens & deux, & le XXII.ᵉ de nostre regne.*

CHARLES VI. à Paris, le 5 de Mai 1402.

Par le Roy, en son Conseil, où Monf. le *Duc* de *Berry*, [a] Vous, l'*Evesque* de *Noyon*, & Maistre *Jehan* de *Boissay*, estoient. DERIAN.

a Le Chancelier de France. Voyez *le 5.ᵉ Vol. de ce Rec.* pag. 653. Note *(c)*.

(a) Lettres qui règlent l'usage qui sera fait des deniers communs du métier des Foulons & des Lanneurs de la Ville de Lormoye.

CHARLES VI. à Paris, en Mai 1402.

CHARLES, &c. Savoir faisons à tous présens & avenir, Nous avoir esté exposé de la partie des Maistres Foulons & Lanneurs de la Ville de *(b) Lormoye*, que comme tous yceulx Foulons & Lanneurs soient tenuz de paier chascun an seize Deniers Parisis pour ij Messes qui sont chantées en l'Eglise de Saint Jehan de *Lourmoye*, l'une du Saint Esperit, le Lundi, & l'autre de *Requiem*, le Vendredi, par chascune sepmaine de l'an, & ne pevent aler en besongne jusques à ce que lesdictes Messes soient chantées aux jours dessus nommez, & chascun d'iceulx qui n'est à ladicte Messe, est tenuz de payer XII Deniers Parisis; & aussi tous ceulx qui viennent de dehors faire leur mestier en ladicte Ville, sont tenuz, doivent & paient chascun pour une foiz, six Solz Parisis, pour leur bien-venue, & quant ilz veullent ouvrer & prendre tâche desdiz Maistres, ilz doivent & paient chascun pour une foiz, quinze Solz Parisis; & tous ceulx tant venuz de dehors comme de ladicte Ville, pourveu qu'il ait servi trois ans [b] en bonne aprise, chascun d'iceulx doit & paie pour lever & tenir [c] ouvrouer de son mestier, cent Solz Parisis; & avec ce, quant il advient que aucun d'iceulx dudit mestier, va de vie à trespassement en la dicte Ville, ilz sont tous tenuz de aler & estre à la Messe, & lui faire & tenir compaignie jusques à son enterrement, & [d] convoier aus torches dudit mestier, sur peine de paier par chascun des défaillans, douze Deniers Parisis; & se aucun dudit mestier se marie dehors la Ville, il doit dix Solz Parisis, & s'il se marie en ladicte Ville, il ne doit que cinq Solz Parisis; & fault que à la Messe d'icellui qui se marie, tous les dessusdiz soient, ou senon, sont tenuz de paier chascun XII. Deniers Parisis; & y a ordenée une certaine personne de par ledit mestier, qui va faire les semonces d'ostel en ostel, tant pour faire compagnie audit trespassé, comme pour estre à la Messe dudit marié; & avec ce, sont tenuz tous les dessus nommez d'estre la veille de Sainte Croix en Septembre, aux Vespres & à la Messe pour acompaigner leur

b *en bon apprentissage.*
c *boutique.*

d *aller au convoi avec des torches, ou accompagner ceux qui les portent.*

NOTES.

(a) Trésor des Chartres, Registre 157. Pièce IIIIˣˣ XIX. (99.)

(b) Lormoye.] Elle est nommée plus bas *Lourmoye*. C'est apparemment *Lormoye* dans la *Beauce*. Diocèse & Election de *Chartres*. Voyez le Dictionnaire universel de la *France*, à ce mot.

CHARLES VI. à Paris, en Mai 1402.

Baston & Confrarie, sur peine de paier par chascun des défaillans demie livre de cire; & si doivent tous les apprentiz qui aprennent ledit mestier en ladicte Ville, quant ilz sont quittes de leurs services, chascun cinq Sols Parisis; & aussi doit chascun maistre dudit mestier qui oncques mais ne tint aprentiz, cinq Solz Parisis: Tous lesquelz deniers ou partie d'iceulx, ainsi deuz & redevables audit mestier pour les droiz & ordenances dessus dictes, lesdiz ouvriers eussent acoustumé mettre & convertir en vins & viandes pour boire & pour mangier, & mener vie dissolue & deshonnête, dont pour ycelles causes plusieurs grans maulx, [a] bateures & inconveniens s'étoient ensuivis, jusques à ce que à la prière & supplicacion & requeste des diz ouvriers, *Guillaume Mauterne* lors notre *Bailli* de *Mante*, de *Nogent le Roy*, d'*Anet*, de *Breval* & de *Montchauvet*, & ses prédécesseurs noz Bailliz dudit lieu, vouldrent, ordenerent & leur octroyerent par leurs Lettres, pour le proufit du bien commun, & pour [b] muer mauvaises coustumes & ordenances en bonnes euvres, que lesdiz deniers deuz audit mestier de fouler & de lanner, pour cause des droiz & ordenances dessus dictes, feroient mises & converties par les mains des gouverneurs dudit mestier, en Messes, en [c] vestemens & torches, au proufit de l'Eglise, en défendant tous autres despens qui en souloient estre faiz ou temps passé; lesquelles Lettres lesdiz exposans ont perdues pour le temps des guerres, par quoy ilz se doubtent que aucuns d'iceulx ou temps avenir ne feussent ressusans de paier les choses dessusdictes quant le cas y escherroit, s'ilz savoient que leurs dictes Lettres feussent perdues, [d] & qu'ilz n'en peussent enseigner; ce qu'ilz ne pourroient faire que par la voix des anciens, si comme ilz dient, supplians humblement que sur ce leur veuillons donner noz Lettres pour tenir & garder ycelles choses, pour les avoir en perpétuelle fermeté. Pourquoy, Nous attendu toutes ces choses, & inclinans à la supplicacion desdiz supplians, voulons & leur avons octroyé & octroyons de nostre auttorité Royal & grace espécial par ces présentes, de tenir ycelles ordenances dessus déclarées de point en point, sans [e] lui enfraindre en aucune manière, en ycelles confermant de nostre dicte grace, se [f] mestier est. Si donnons en mandement par ces présentes, au *Bailli* de *Mante* & desdiz autres lieux, & à tous noz autres Justiciers, présens & avenir, ou à leurs Lieuxtenans, & à chascun d'eulx, si comme à lui appartendra, que d'icelles Ordenances ainsi déclarées facent & seuffrent yceulx exposans joïr & user paisiblement, & contre la teneur d'icelles ne les contraignent ne molestent, ne facent ou seuffrent estre contrains ou molestez en corps ne en biens, ores ne pour le temps avenir, en aucune manière. Et pour ce que ce soit chose ferme & estable à tousjours, Nous avons fait mettre nostre Séel à ces présentes: Sauf en autres choses nostre droit, & l'autrui en toutes. *Donné à* Paris, *ou moys de May, l'an de grace mil CCCC & deux, & de nostre regne le XXII*[e].

Par le Roy, à la relacion du Conseil, J. BUDE.

a *batteries.*
b *changer.*
c appar. *ornemens.*
d *& qu'ils ne pûssent en donner des preuves.*
e *les.*
f *besoin.*

CHARLES VI. à Paris, en Mai 1402.

(a) Confirmation des Lettres d'affranchissement accordées aux Habitans de Chaumont sur Yonne & de Ville-blevin.

SOMMAIRES.

(1) Les Habitans des lieux nommez dans les Lettres, seront quittes à perpétuité de toutes servitudes de corps, à condition que chacun d'eux payera au Seigneur tous les ans douze Deniers, par rapport à la liberté qui leur a été accordée.

(2) Ces habitans payeront cette redevance, quand même ils ne demeureroient plus dans la Terre de leur Seigneur.

(3) Ces habitans pourront marier leurs fils & leurs filles dans les lieux & aux personnes qu'ils jugeront à propos: mais ces fils & ces filles seront toûjours sujets au payement de la redevance annuelle.

(4) Ceux qui ne la payeront point au jour

NOTE.

(a) Trésor des Chartres, Registre 157. Pièce XLIIII. [44.]

CHARLES VI.

à Paris, en Mai 1402.

marqué, seront condamnez à une amende de cinq Sols.

(5) Ces habitans pourront faire leurs fils Clercs, sans la permission de leur Seigneur : mais si ceux-ci se marient ou quittent l'habit Clerical, ils payeront la redevance annuelle.

(6) Diminution des Amendes & des droits de Justice.

(7) Dans le cas d'un duel, les ôtages de celui qui aura été vaincu, payeront une amende de cent Sols.

(8) Lorsqu'un habitant trouvera des animaux dans les bois du Seigneur, il les conduira à son Prévôt.

Amendes qui doivent être payées dans differens cas, par rapport à des animaux qui sont entrez dans des bois.

(9) Ces habitans éliront les Messiers qui prêteront serment au Prévôt du Seigneur. S'ils ne veulent point élire de Messiers, ils jureront de garder eux-mêmes les biens de la terre.

Si des dommages causez dans des terres ne sont pas assez considérables pour donner lieu à une condamnation d'amende, l'affaire ne sera point portée devant le Prévôt : mais les Messiers porteront à celui qui a souffert le dommage, ce qu'ils auront saisi sur celui qui l'a fait, & le premier leur payera leurs salaires.

(10) Ces habitans ne seront obligez de suivre leur Seigneur dans ses expéditions militaires, que pendant un jour. S'il les retient plus long-tems, il sera obligé de les nourrir.

(11) Ces habitans seront obligez de se fournir d'armes.

(12) Ces habitans pourront faire paître leurs animaux dans les bois du Seigneur, lorsque ces bois auront cinq ans.

(13) Ces habitans ne pourront être détenus en prison, s'ils donnent caution de se représenter en Justice.

(14) Si quelqu'un de ces habitans est mis en prison par rapport à une dette ou à un délit de son Seigneur, celui-ci sera obligé de l'indemniser de tout le dommage qu'il aura souffert à ce sujet. Le Seigneur accordera sa protection à ceux de ces habitans qui seront mis en prison pour leurs dettes & pour leurs délits propres.

KAROLUS, &c. Notum facimus universis tam presentibus quàm futuris, Nos vidisse Litteras formam que sequitur, continentes.

Nos Theobaldus *Dei gracia Rex* Navarre, Campanie *ac* Brie-Comes *Palatinus. Notum facimus universis presentes Litteras inspecturis, tales Litteras infrascriptas non viciatas, non corruptas vidisse, & de verbo ad verbum legisse, sub hac forma.*

Omnibus presentes Litteras inspecturis. Magister Odo *Officialis Curie* Senonensis: *Salutem in Domino. Notum facimus Nos Litteras inferiùs annotatas vidisse, in hec verba.*

Omnibus presentes Litteras inspecturis. Magister Petrus *Officialis Curie* Senonensis: *Salutem in Domino. Notum facimus quòd coram (b) Mandato nostro; videlicet, coram Magistro* Adam *de* Gressio, *Clerico Jurato Curie* Senonensis *ad hoc audiendum à nobis loco nostri specialiter destinato, constituti Nobilis mulier* Helvisis *Domina* [a] Calvimontis, *&* Petrus *de* Barris, *miles, filius ejus, recognoverunt*

a Voy. ci-dessous Note *(d)*.

(1) Quòd ipsi quittaverant imperpetuum omnes homines suos ab omni servitute corporis, & à qualibet alia exaccione; videlicet, Taillie, *(c) Ablacionis, Roge & Corveie; ita videlicet quòd quilibet dictorum hominum tenebitur reddere annuatim ubicumque eat vel maneat, duodecim Denarios* Turonenses, *ratione dicte libertatis, ipsis & heredibus suis vel eorum mandato, in crastino Omnium Sanctorum; videlicet, homines de (d)* Villa Manesche *cum pertinenciis usque ad* Senonas; *scilicet, de*

NOTES.

(b) Mandato.] On trouve dans le Glossaire de *Du Cange*, au mot *Mandatum* 3. qu'il signifie quelquefois une personne chargée d'une commission, un Lieutenant, &c.

(c) Ablacionis, Roge, &c.] Suivant le Glossaire de *Du Cange*, aux mots *Ablata, Ablatio*, & à celui *Roga* 4. ils signifient des espèces d'Impôts.

(d) Villa-Manesche.] M. l'Abbé *Fenel* de l'Académie Royale des Inscriptions & Belles Lettres, Chanoine de l'Eglise de *Sens*, & qui travaille à l'Histoire de cette ville, m'a fait le plaisir de me communiquer les noms modernes des lieux suivans.

De *Villa-Manesche*, Ville-Manoche.
De *Pontibus*, Pont sur Yonne.
De *Gisiaco*, Gizy.
De *Capella*, La Chapelle.
De *Campigniaco*, Champigny.
De *Villanova-Guiardi*, Villeneuve la Guiart.
De *Villa Blovain*, Ville-blevin.
Moretum, Moret.
De *Calvo-monte*, Chaumont sur Yonne, à cinq lieues de *Sens*.
De *Dyante*, Dyant.

On a mandé de *Sens* à M. l'Abbé *Fenel*,

CHARLES VI. à Paris, en Mai 1402.

Pontibus *& de* Gisiaco *apud* Villam Manesche, *& homines de* Capella, *de* Campigniaco, *de* Villanova-Guiardi, *& de* Villa Blovain *usque ad* Moretum, *tam citra* [a] Yonem *quàm ultra commorantes, & homines de* Calvo-monte *cùm pertinenciis apud* Calvum-montem, *ac homines de* Dyante *apud* Dyantem.

a l'Yonne.

(2) Preterea homines singuli dictorum hominum, qui erunt extra (e) avoeriam, tutelam seu curacionem, sive sint cubantes in terra dictorum Helvisis, Petri, *& heredum suorum, sive extra, tenebuntur reddere dictos duodecim Denarios Turonenses, racione dicte libertatis, ad dictum diem, in locis predictis.*

(3) Poterunt eciam dicti homines maritare filios suos & filias suas, ubicumque & cum quibuscunque voluerint: veruntamen ubicumque ibunt vel manebunt, tenebuntur reddere, ut dictum est, dictos duodecim Denarios Turonenses, pro dicta libertate, ipsis seu heredibus eorum, aut mandato suo.

(4) Si verò ad dictum terminum, dictos duodecim Denarios non redderent, quilibet ipsorum deficiens in solucione, ut dictum est, facienda, teneretur reddere quinque Solidos Turonenses pro emenda.

(5) Si autem facere voluerint de filiis suis Clericos, poterunt hoc facere sine licencia dictorum Helvisis *&* Petri, *seu heredum suorum; ita tamen quòd si Clericus ad maritagium recurreret, vel Clericalem habitum deposuerit, tenebitur similiter ad solucionem dictorum duodecim Denariorum ad terminum supradictum.*

(6) Concesserunt eciam dictis hominibus suis, quòd forefacta sexaginta Solidorum, venient ad quinque Solidos Turonenses, & forefacta quinque Solidorum, ad duodecim Denarios Turonenses; & (f) clamor Prepositi, ad quatuor Denarios Turonenses.

(7) Si verò de (g) legitimis hominibus duellum factum fuerit, obsides devicti centum & duodecim Solidos Turonenses persolvent.

(8) Si autem aliquis equos vel animalia dictorum hominum, in nemoribus dictorum Helvisis, Petri, *& heredum suorum,* [b] *invenerint, non debet ea ducere nisi ad Prepositum ipsorum; & si aliquod animal à tauris fugatum vel a muscis coactum intraverit boscum suum, nichil ideò debebit emendare ille cujus animal fuerit, si custos ejusdem animalis poterit jurare quòd custode invito illud intrasset: Sed si aliquo custodiente scienter illud inventum fuerit, quatuor Denarios Turonenses pro illo debebit, & pro unaquaque ove, unum Denarium Turonensem. Si verò plura fuerint animalia ibi inventa, quatuor Denarios Turonenses reddet ille cujus eadem erunt animalia pro unoquoque animali.*

b *corr.* invenerit.

(9) Dicti quoque homines communi assensu eligent (h) Messores ad custodiendum

NOTES.

que tous les lieux nommez dans cette Pièce, à l'exception de *Villeneuve la Guiart*, de *Chaumont sur Yonne* & de *Diant*, sont du *Bailliage* de *Sens*; que *Villeneuve la Guiart* & *Diant*, sont de celui de *Moret*, & que *Chaumont sur Yonne* est de celui de *Provins*. Il est a remarquer que les Lettres de confirmation de Charles VI ne sont point adressées au *Bailli* de *Sens*, mais à celui de *Meaux*, d'où l'on peut conclurre que le lieu ou les lieux aux habitans desquels cette confirmation fut accordée, relevoient alors du *Bailliage* de *Meaux*.

(e) Extra avoeriam.] Cet article sert d'explication à ces mots, *ubicumque eat vel maneat*, qui se lisent dans le précédent. Un Serf ne pouvoit abandonner la terre que son Maître lui avoit donnée à cultiver; mais lorsqu'il avoit été affranchi, il avoit la liberté d'aller demeurer où il le jugeoit à propos, & même hors de la Terre de son ancien Maître. Le mot *avoeria* paroît désigner ici la protection que les Seigneurs donnent à leurs Sujets.

A l'égard des mots *sive cubantes in terra..... sive extra*, on appelloit hommes couchans & levans, ceux qui demeuroient dans la terre d'un Seigneur duquel ils étoient sujets. Voyez le Glossaire de *Du Cange*, aux mots *Cubantes* & *Levantes*. Cette clause signifie donc que ces affranchis payeront la redevance, soit qu'ils demeurent dans la Terre de leur ancien Maître, soit qu'ils aient transféré leur habitation ailleurs.

(f) Clamor.] Le Droit que l'on payoit à un Juge lorsqu'on lui présentoit une requête. Il en est parlé dans un grand nombre de Lettres imprimées dans ce Recueil.

(g) Legitimis hominibus.] Je crois qu'il faut entendre par ces mots, ceux à qui il étoit permis de se battre en duel: car ces combats n'étoient pas permis à toutes sortes de personnes, ni dans tous les cas. Voyez le Glossaire de *Du Cange*, au mot *Duellum*, col. 1673.

(h) Messores.] Messier, celui qui est chargé de garder les biens de la terre. Voyez le Gloss. de *Du Cange*, ou mot *Messor*.

fructus & exitus suos, ac bona ipsorum: qui Messores dicte Helvisi *&* Petro, *& heredibus suis, seu Preposito ipsorum, jurabunt quòd dictorum fructus, exitus & bona fideliter conservabunt, & quòd omnia forefacta de quibus debebit emenda haberi, dicto Preposito revelabunt, & capciones ei adducent. Si verò non placuerit eis eligere Messores nec habere, ipsi jurabunt eisdem* Helvisi, Petro *& heredibus suis, seu Preposito ipsorum, quòd alter alterius fructus & bona fideliter servabit, & forefacta suo Preposito revelabit, & capciones ei adducet, sicut est predictum. Si verò contigerit quòd (i) forefactum ad Prepositum devenerit, Prepositus faciet illi cujus forefactum fuerit dampnum suum restaurare, & si forefactum ad Prepositum non pertineat, Messores ad illum cujus dampnum fuerit, (k) gagia reportabunt, & ille, Messoribus (l) messariam suam reddet; videlicet, unum Denarium Turonensem pro messaria.*

CHARLES VI. à Paris, en Mai 1402.

(10) Nullus dictorum hominum in expedicionem vel equitacionem seu [a] *citacionemve tenebitur, quin ad domum suam, si velit, reddeat ipsâ die: Si autem ampliùs* [b] *pernotare vel ampliùs moram facere quiquam contigerit, ipsi* Helvisis, Petrus *& heredes eorum tenebuntur ipsum racionabiliter (m) procurare.*

(11) Quilibet dictorum hominum tenebitur habere armaturam secundùm possibilitatem suam.

(12) Dicti homines pascua in nemoribus dictorum Helvisis, Petri *& heredum suorum, habebunt post (n) quintum folium, ad oves, animalia & equos suos.*

(13) Nullus dictorum hominum (o) legitimus seu fidelis captus tenebitur, si plegium veniendi ad jus dare [c] *poterint.*

(14) Si quis dictorum hominum, debito seu forefacto ipsorum Helvisis, Petri, *seu heredum suorum, detentus fuerit, ille pro cujus debito seu forefacto detentus fuerit, cum suis sumptibus tenebitur eum servare* [d] *indempnem. Si quis dictorum hominum detentus fuerit pro suo debito vel forefacto, dicti* Helvisis *&* Petrus, *ac heredes ipsorum tenebuntur eum* [e] *liberare cum sumptibus ejus qui debuerit debitum seu commiserit forefactum.*

Ipsi eciam Helvisis *&* Petrus, *& heredes sui tenentur & juramento sollempniter prestito, promiserunt se servaturos inviolabiliter omnia & singula supradicta, heredesque & successores suos ad ea omnia imperpetuum observanda obligarunt & esse voluerunt obligatos. Voluerunt eciam quòd quociens alter ipsorum heredum suorum, unus post alium successerit, & eciam Prepositi & heredum suorum, quociens mutabuntur, jurent se fideliter servaturos omnes dictas Consuetudines cum omnibus & singulis prenotatis. Nobilis si quidem mulier* Aalidis *uxor dicti* Petri *de* Barris, *&* Guillelmus *ac* Guido *liberi eorum, coram dicto* [f] *Mandato nostro predicta omnia & singula concesserunt spontanei, & juramento sollempniter prestito, promiserunt se ea omnia firmiter & fideliter servaturos, ita quòd dicti liberi renunciaverunt excepcioni minoris etatis, beneficio restitucionis in integrum & excepcioni que posset* [g] *obici pro eo quòd tunc*

a la citation pour se trouver à une expédition militaire.

b *app.* pernoctare.

c *corr.* poterit

d cela peut signifier de lui accorder leur protection pour faire juger le procès qui lui est fait.

e ce mot peut signifier ici le faire sortir de prison.

f Voy. ci-dessus p. 515. Note *(b)*.

g objici.

NOTES.

(i) Forefactum ad Prepositum.] On peut conclurre des mots suivans de cet l'article *& quòd omnia forefacta de quibus debebit emenda haberi,* que tous les dommages causez dans des terres, ne donnoient pas lieu à des condamnations d'amendes. Lorsque ces dommages étoient légers, on se contentoit de dédommager celui qui les avoit soufferts ; & dans ce cas l'affaire n'étoit point portée devant le Prévôt, mais c'étoit le Messier qui faisoit faire ce dédommagement.

(k) Gagia.] C'est-à-dire, les effets appartenans à celui qui a fait le dommage, que le Messier a saisis, & qui servent à dédommager celui qui l'a souffert.

(l) Messariam.] Suivant le Glossaire de *Du Cange*, au mot *Messaria*, il signifie le salaire qui est dû au Messier, & qui se prend en partie sur les personnes qu'il trouve en faute.

(m) Procurare.] Suivant le Glossaire de *Du Cange* à ce mot, col. 881. il signifie quelquefois fournir les vivres & les autres choses nécessaires.

(n) Quintum folium.] C'est-à-dire, lorsque les arbres auront déjà porté cinq fois des feuilles. On lit dans l'article IIII. du chapitre 14. de la Coûtume de *Laudunois.... coupera les bois taillis accoûtumez d'être coupez, pourvû qu'ils aient quatre feuilles & quatre mois de mai passez.*

(o) Legitimus seu fidelis.] Il seroit difficile de fixer avec précision ce que signifie ici le mot *legitimus;* mais il paroît ici synonyme de *fidelis* qui, suivant le Glossaire de *Du Cange* à ce mot, signifie quelquefois un sujet.

CHARLES VI. à Paris, en Mai 1402.

temporis essent in avoeria seu tutela prefata : quoque Aalidis *renunciavit expressè excepcioni si que posset in posterùm ei competere racione dotis, hereditatis, conquestûs, sive pro eo quod non habebat pro hoc commutacionem alteriùs rei : Promiserunt eciam & tenentur dicti* Helvisis & Petrus, *cum sumptibus suis perquirere & dare dictis hominibus Litteras Domini Regis* Navarre, *Sigillo ipsius sigillatas, continentes quòd ibidem Dominus Rex gratas habet & acceptas convenciones has, quantum ad ea que movent de feodo ejusdem Domini Regis, seque supposuerunt quantum ad predicta, sepedicti* Helvisis & Petrus, Aalidis, Guillelmus & Guido *Juridicioni Curie* Senonensis. *In cujus rei testimonium, presentibus Litteris, ad peticionem ipsorum* Helvisis, Petri, Aalidis, Guillelmi & Guidonis, *Sigillum Curie* Senonensis *duximus apponendum. Actum apud* Calvum-montem, *coram dicto Mandato nostro, anno Domini millesimo ducentesimo quadragesimo septimo, mense Marcio, Dominica qua cantatur* Letare Jerusalem.

Quod autem in dictis Litteris vidimus contineri, de verbo ad verbum transcribi fecimus, & sigillo Curie Senonensis *sigillari.* Datum anno Domini millesimo ducentesimo quinquagesimo septimo, mense Augusto.

Suite des Lettres du Roy de Navarre.

Nos verò libertatem concessam de (p) Calvo-monte *& de pertinenciis ejusdem Ville, necnon & de* Villablovain *& de pertinenciis ejusdem ville, volumus, laudamus & approbamus, & in testimonium premissorum, presentibus Litteris Sigillum nostrum duximus apponendum.* Datum per Nos *Trecis,* die Mercurii ante Resurreccionem Domini, anno Domini millesimo ducentesimo sexagesimo nono.

Suite des Lettres de Charles VI.

Quasquidem Litteras, ac omnia & singula in eis contenta, ratas & gratas habentes, eas & ea volumus, laudamus, approbamus, & tenore presencium de speciali gracia, in quantum homines ville de Calvo-monte *& de pertinenciis ejusdem, & de* Villa-Blovain *& de pertinenciis ejusdem ville, de quibus in ipsis Litteris fit mencio, usi sunt debitè, confirmamus : Mandantes* Baillivo *nostro* Meldensi, *ceterisque Justiciariis & Officiariis, presentibus & futuris, vel eorum Locatenentibus, & eorum cuilibet, prout ad eum pertinuerit, quatenus dictos homines nostra presenti graciâ & confirmacione uti & gaudere pacificè faciant & permittant, ipsos in contrarium nullatenus molestando seu molestari permittendo. Quod ut firmum & stabile permaneat in futurum, Sigillum nostrum presentibus Litteris duximus apponendum : Salvo in aliis jure nostro, & in omnibus quolibet alieno.* Datum *Parisius,* mense Maii, anno Domini millesimo CCCC° secundo, & regni nostri XXII°.

Per Regem ad relacionem Consilii. MAULONE.

NOTE.

(p) Calvo-monte.] Il paroît par cet endroit que de tous les lieux dont les habitans avoient été affranchis, il n'y avoit que *Chaumont* & *Ville blevin* qui relevassent du *Roy* de *Navarre Comte* de *Champagne.*

CHARLES VI. à Paris, le 24 de Juin 1402.

(a) Lettres par lesquelles le Roy nomme le Duc de Bourgogne son Oncle, Président des Généraux-Conseillers sur le fait des Finances provenant des Aides établies dans le Languedoil pour la guerre.

CHARLES par la grace de Dieu Roy de France. A tous ceulx qui ces présentes Lettres verront : Salut. Comme n'agaires pour pourveoir au bon gouvernement & distribucion des deniers des Aydes ayans cours pour le fait de la guerre en nostre Royaume, en la *Languedoil,* &c.

NOTE.

(a) Registre *A.* du Parlement de *Paris, folio* 8 vingt 5. *verso.* [165.]

Ces Lettres pour la substance en général, & pour la plus grande partie des clauses qu'elles renferment, ont été copiées mot à mot sur celles qui avoient été accordées le 18 d'avril

Ou très-grant deshonneur & dommage de Nous & de nostredit Royaume, & à ce que lesdits Aides & Finances soient converties là où il appartient, & non ailleurs, & que l'en puist résister à ceulx qui par importunité obtiennent, &c.

CHARLES VI. à Paris, le 24. de Juin 1402.

Ont acoustumé de parler & respondre durement & [a] meins deuëment à nos amez & féaulx les Généraulx-Conseilliers & autres Commis sur le fait desdits Aides & Finances; laquelle chose Nous a moult despleu & desplaist, & non sans cause, Nous ayons commis, ordonné & establi nostre très-chier & très-amé Frere le [b] *Duc d'Orléans*, à estre & entendre au fait & gouvernement desdiz Aides & de toutes les autres Finances dessusdictes, en tous noz diz Païs de la *Languedoil*, oultre & pardessus noz diz Généraulx, & tous autres qui par Nous sont & seront commis sur le fait desdiz Aides & Finances, tant qu'il Nous plaira; Savoir faisons que afin que les choses dessus dictes, leurs circonstances & deppendences soient plus seurement & plus notablement faictes, tenuës & acomplies, ainsi que Nous le voulons & desirons, acertenez des très-grans sens, loyaulté & vraye amour que Nous savons nostre très-chier & très-amé Oncle le *Duc* de *Bourgogne* avoir envers Nous, & aussi du grant [c] expériment qu'il a des besoignes de nostredit Royaume, & pour certaines autres causes & considéracions qui à ce Nous ont meu & meuvent, ycellui nostre Oncle avons ordonné, commis & estabii, ordonnons, commettons & establissons par ces présentes, à estre & entendre audit fait & gouvernement desdiz Aides, &c. *(b)*

[a] moins.

[b] *Voy. ci-dessus, p. 494. les Lettres du 18 d'avril précédent.*

[c] *expérience.*

Sans faire ou innover quelxconques choses au contraire; nonobstant les Lettres dudit povoir par Nous octroyé à nostredit Frere, & quelxconques Ordonnances, Mandemens ou défenses à ce contraires. En tesmoing de ce, Nous avons fait mettre nostre Séel à ces présentes Lettres. *Donné à Paris, le* XXIIII.*e jour de Juing, l'an de grace mil* CCCC *& deux, & de nostre Regne le* XXII*e*. Ainsi signé. Par le Roy.

P. CANTELEU.

Et estoit escript au dos: *Lecta ad Burellum in Camera Compotorum Domini Regis* Par. *primâ die Julii, anno Domini* M. CCCC. II*o*. G. MILLERAC.

Item. *Lecta in Camera Juvaminum pro facto guerre ordinatorum, die & anno supradictis.* JA. GOBIN.

Item. Publiées en Jugement au Chastellet de *Paris,* le Samedi premier jour de Juillet, l'an M. CCCC & II. FRESNES.

Item. *Lecta, ac in Curia, tercia die Julii, anno Domini millesimo* CCCC II.*o publicata.* DE BAYE.

Collatio facta est.

NOTES.

précédent au *Duc* d'*Orléans* Frère du Roy, & qui sont ci-dessus page 494. Il y a cependant quelques clauses de celles-ci qui ont dû être nécessairement retranchées dans les dernières, où il se trouve aussi quelques additions qui y étoient nécessaires. Pour ne point faire imprimer deux fois la même chose, on a pris le parti de ne donner ici que les clauses des Lettres du 24 de juin, qui sont différentes dans celles du 18 d'avril précédent.

Voyez la Préface de ce Volume.

(b) La fin de ces Lettres jusqu'à une ligne ou deux avant la date, est entièrement conforme à celle des Lettres du 18 d'avril précédent. Il faut seulement y substituer à ces mots *Notre Frere,* qui se lisent dans les premières, ceux-ci, *Notre Oncle,* qui sont dans ces dernières.

CHARLES VI. à Paris, en Juin 1402.

(a) Lettres qui portent que les Officiers du Roy demeurans dans le Château du Louvre à Paris, continueront d'être exempts de Tailles, Aides & autres Subsides.

CHARLES, &c. Savoir faisons à tous présens & avenir, à Nous avoir esté exposé de la partie de noz Officiers & serviteurs demourans en noz Chastel & *(b)* bassecourt du Louvre à *Paris,* que jasoit ce que eulx & leurs prédécesseur demourans en yceulx Chastel & bassecourt, aient de tel & si long temps qu'il n'est mémoire du contraire, & mesmement du temps de feu nostre très-cher Seigneur & Pere que Dieu absoille, & du nostre aussi jusques à présent, esté quittes & exemps de toutes Tailles & Imposicions, Quatriėmes & d'autres Subvencions quelconques & de ce aient joy & usé paisiblement sanz aucunement avoir esté contrains au contraire; néantmoins les Fermiers du IIIIe du vin de nostre dicte Ville de *Paris,* & autres, se sont n'agueires efforciez & efforcent de vouloir faire paier ausdiz supplians le IIIIe & autres Subsides aians cours en nostre dicte Ville, qui seroit en leur très grant grief, préjudice & dommage, si comme ilz dient, en nous humblement suppliant que sur ce leur vueillons pourveoir de noz remède & grace: Nous inclinans à leurs supplicacions, pour considéracion des choses dessusdictes & certaines autres à ce Nous mouvans, voulons & ordonnons, & à yceulx supplians, à leurs successeurs & à chascun d'eulx qui pour le temps advenir seront demourans en nozdiz Chastel & bassecourt, avons octroyé & octroyons par ces présentes de nostre grace espécial, pleine puissance & auctorité Royal, que doresénavant ilz soient quittes & exemps de toutes Tailles, Imposicions, IIIImes & autres Aides quelconques qui ont & auront cours pour le fait de noz guerres, par la fourme & manière qu'ilz ont esté le temps passé, sanz ce qu'ilz soient ou puissent estre tenuz d'en paier aucune chose ne y contribuer en quelque manière que ce soit, & de ce les en exemptons, & chascun d'eulx, du tout par ces présentes. Si donnons en mandement à noz amez & féaulx les Généraulx-Conseillers sur le fait desdiz Aides, & aux Esleuz à *Paris* sur iceluy fait, & à chascun d'eulx, si comme à lui appartendra, que de nostres présentes grace & ordenance facent, seuffrent & laissent noz diz Officiers & serviteurs & chascun d'eulx, résidens à présent & qui ou temps avenir résideront en noz diz Chastel & bassecourt, joïr & user plainement & paisiblement, sanz les contraindre, faire ou souffrir estre contrains ou molestez en aucune manière au contraire; ainçois, s'aucuns de leurs biens estoient pour ce pris, saisiz, levez, arrestez, empeschez ou mis en nostre main, leur mettent ou facent mettre tantost & sanz délay à pleine délivrance, & les mettent ou facent mettre hors de tous procès ou autres empeschemens, s'auçuns leur en estoient faiz pour cause de ce, & imposons sur ce silence perpétuel à noz diz Fermiers, à nostre Procureur & à tous autres. Et afin que ce soit ferme chose & estable à tousjours, Nous avons fait mettre nostre Séel à ces présentes. *Donné à* Paris, *ou mois de Juing, l'an de grace mil CCCC & deux, & le XXIIe de nostre regne.*

Par le Roy, Mons. le *Duc* de *Bourgongne,* Mess. *Pierre* de *Navarre,* & autres, présens. GAUCHIER.

NOTES.

(a) Trésor des Chartres, Registre 157. Pièce VIII^xx XV. [175.]

(b) Bassecourt.] On appelloit anciennement haute-cour, la cour du Maître & du Château, à la différence de la basse-cour qui est la cour de la cour, ou la seconde cour où sont les écuries, les granges, &c. Voyez le Dictionnaire Etymologique de *Menage,* au mot *Basse-cour.*

Reglement

CHARLES VI.
à Paris, en Septembre 1402.

(a) Réglement général pour les Eaux & Forêts.

SOMMAIRES.

(2) Les Maîtres des Eaux & Forêts les visiteront une fois l'an, ils dresseront des Procès verbaux des malversations qu'ils trouveront y avoir été faites, & ils puniront ceux qui les auront commises, & ils donneront à ceux à qui il appartiendra, le rôle des amendes qu'ils auront décernées.

(5) Les Verdiers, Gruyers, Gardes ou Maîtres Sergens, résideront dans les lieux de leurs départemens; & ne se chargeront d'autres fonctions que de celles qui regardent les Forêts. Ils visiteront les Forêts tous les quinze jours au moins, & ils rendront compte aux Maîtres, des Eaux & Forêts, de l'état où ils les auront trouvées, & de la conduite des Sergens des Forêts.

Ces Sergens seront tous les jours dans les lieux de leurs départemens; & ils rendront compte aux Maîtres des Eaux & Forêts, & aux autres Officiers, des malversations qui y auront été faites. Les Officiers des Forêts seront dispensez de faire leurs fonctions en personnes, s'ils sont Officiers du Roy, & qu'ils aient Lettres de lui qui leur permettent de les faire exercer par d'autres à leurs périls.

(47) Les Usagers ne pourront plus couper les arbres qu'on nomme d'entrée; c'est-à dire, qui commencent à se sécher. Cependant si des personnes prétendantes avoir droit d'usage, s'en servent sans avoir exhibé leurs titres aux Maîtres des Eaux & Forêts, ceux-ci auront la connoissance des procès qui s'éleveront à ce sujet, en cas qu'ils ne regardent pas la propriété du Domaine du Roy.

(49) Les Vicomtes, les Prévôts & autres Juges Royaux, auront la Jurisdiction sur les bois appartenans à des particuliers, situez dans l'étendue

NOTE.

(a) J'ai tiré cette Ordonnance que je n'ai trouvée dans aucun Registre public, du *fol.* 14. *recto* du Livre intitulé: *Le Grand Coûtumier de France*, &c. édition de *Galliot Du Pré, Paris,* 1516. in-4°. Il y a apparence que c'est dans cette édition que cette Ordonnance a été imprimée pour la première fois, du moins ne se trouve-t-elle point dans celle donnée par le même Libraire en 1514.

Il paroît que l'Editeur l'a fait imprimer sur deux copies collationnées sur deux originaux, ou sur une copie collationnée sur ces deux originaux, dont l'un étoit un cahier en parchemin qui étoit dans la Chambre des Comptes de *Bourges*: mais ou ces copies n'étoient pas fidelles, ou l'Editeur ne les a pas fait imprimer avec exactitude.

Charondas le Caron a donné en 1598 une nouvelle édition du *Grand Coûtumier de France,* dans laquelle cette Ordonnance se trouve à la page 46. Elle y est encore moins correcte que dans l'édition de 1516, dont le *Caron* a cependant corrigé quelques endroits.

Cette Ordonnance se trouve aussi à la page 34 d'un Recueil donné par *Rousseau*, & duquel j'ai rendu compte dans la dernière note *(a)* de la page 222 du sixième Volume de ce Recueil. *Rousseau* paroît avoir suivi l'Edition du *Grand Coûtumier*: mais il y a ajoûté de nouvelles fautes; & d'ailleurs il se donne quelquefois la liberté de faire des changemens dans le texte, comme je l'ai déjà remarqué dans la note que je viens de citer. On en trouvera de nouvelles preuves dans quelques-unes de celles que je ferai sur cette Ordonnance de 1402.

Saint-Yon dans une Table Chronologique que j'ai déjà citée dans cette même note *(a)*, dit que cette Ordonnance étoit au folio 176 du Mémorial *E* de la Chambre des Comptes de *Paris*; & dans la Chambre des Comptes de *Bourges*.

On trouve dans les Volumes précédens de ce Recueil, deux grandes Ordonnances sur les Eaux & Forêts, l'une donnée à *Melun* au mois de juillet 1376, & confirmée par des Lettres du mois de septembre suivant. Elle contient cinquante deux articles, & elle est imprimée à la page 222 du 6.e Volume de ce Recueil. La deuxième qui contient cinquante articles, & qui est à la page 770 du 7.e Volume, a été donnée à *Vernon* le premier de mars 1388. J'ai dit *[ibid.* note *(a)]* que celle ci répete presque tous les articles de celle de 1376, & j'ai marqué les différences qui sont entr'elles.

Cinquante articles ou environ de l'Ordonnance de 1402 sont tirez de celles de 1376 & 1388. Les autres ont été ajoûtez.

Je me servirai par rapport à l'Ordonnance de 1402, de la méthode dont j'ai fait usage sur celle de 1388; c'est-à-dire, que j'indiquerai à la marge des articles de l'Ordonnance de 1402, ceux de ces deux premières Ordonnances auxquelles ils sont conformes, afin qu'on puisse en consulter le texte qui est plus correct, parce qu'il a été copié sur des Registres publics. On pourra aussi avoir recours aux notes que j'ai faites sur ces articles, aux sommaires que j'en ai donnez, & aux notes de *Saint-Yon*, que j'ai indiquées à la marge. Ces notes peuvent être utiles, & l'on peut voir dans la dernière note *(a)* de la page 222 du 6.e Volume, le jugement que j'en ai porté, & ce que j'ai dit de la méthode que *Saint-Yon* a suivie.

On trouvera aussi à la marge des articles ajoûtez dans l'Ordonnance de 1402, des renvois à ceux de l'ouvrage de cet Auteur qui y ont rapport.

CHARLES VI. à Paris, en Septembre 1402.

de leurs Ressorts. Ils y recevront les droits qui appartiennent au Roy, & ils en rendront compte. Cependant les Maîtres des Eaux & Forêts en connoîtront lorsqu'ils seront sur les lieux, ou qu'ils pourront le faire sans causer d'incommodité aux parties.

(50) Dans les Forêts où le Roy a accoûtumé de faire des dons de bois, les Maîtres des Eaux & Forêts désigneront aux Verdiers & aux Maîtres Sergens, une certaine quantité d'arpens dans l'étendue desquels ces dons doivent être exécutez, en spécifiant combien il y a d'arpens de bon bois *combien il y en a de* moyen, *& combien il y en a de* moindre. *Tous les ans les Verdiers & Maîtres Sergens rendront compte aux Maîtres des Eaux & Forêts de la manière dont ils auront exécuté ces dons, & les Maîtres des Eaux & Forêts apporteront ces comptes à la Chambre des Comptes.*

Noms de différentes Forêts dans lesquelles le Roy ne fera plus de dons de bois.

(51) Les Verdiers & Maîtres Sergens feront serment d'empêcher que ceux à qui le Roy donnera du bois, ne le donnent, ne le vendent ou ne l'échangent.

(52) Si ceux à qui le Roy a fait un don de bois, ne le prennent dans l'année qui suivra le don, il sera nul.

(53) Les Marchands qui acheteront les bois des Forêts du Roy, jureront de ne point acheter les bois qui auront été donnez par le Roy, & de dénoncer ceux qui les acheteront.

(54) Ceux à qui le Roy accordera des usages ou des dons de bois, ne pourront s'en servir que conformément aux Lettres qui leur en auront été accordées.

(55) On ne pourra mener des bêtes dans les Taillis, que lorsqu'ils seront en état de se défendre.

(56) Dans les cas où il ne s'agira que d'une amende pécuniaire, on s'en rapportera aux sermens des Sergens sur les prises qu'il feront, si ce n'est lorsqu'il y aura eu des querelles & des menaces entre les Sergens & ceux qu'ils prétendront avoir trouvez en faute.

(57) Les Sergens des Forêts ne répondront sur les cas qui regarderont les Forêts, devant d'autres Juges que devant les Maîtres des Eaux & Forêts, les Gruyers ou les Maîtres Sergens.

(58) Les Verdiers, les Maîtres Sergens ou les Châtelains, s'ils ne demeurent dans les Hôtels du Roy ou de ses Enfans, ne pourront avoir de Lieutenans, si ce n'est à l'effet de recevoir l'argent de leur recette.

(59) Ceux qui, suivant l'article précédent, peuvent avoir des Lieuxtenans, répondront de leurs faits.

(60) Les Verdiers, Châtelains & Maîtres Sergens, rendront compte deux fois l'année devant les Maîtres des Eaux & Forêts, de ce qui concerne leurs fonctions. Les Maîtres des Eaux & Forêts envoyeront aux Sénéchaux, Receveurs ou Vicomtes, les comptes de leurs Recettes, lesquels doivent être inserez dans ceux des Sénéchaux & des Baillis. Les Maîtres des Eaux & Forêts seront présens lorsque les Baillis & Sénéchaux rendront compte de ce qui concerne les Eaux & Forêts.

(61) Les Maîtres des Eaux & Forêts n'auront point d'égard aux Lettres de dons de bois, si elles ne sont passées par la Chambre des Comptes.

(62) Ceux à qui le Roy aura donné permission de chasser à toutes bêtes dans ses Forêts, ne pourront la céder à personne, & nul n'y pourra chasser qu'avec eux ou avec leurs gens, & pour eux & en leur nom.

(63) Le nombre des Sergens des Forêts sera diminué, & les gages de ceux qui resteront, seront réduits à l'ancienne taxe.

(64) Ceux qui acheteront les Forêts du Roy, ne payeront que douze deniers pour chaque quittance qu'on leur donnera.

(65) Les principaux Marchands qui auront acheté les Forêts du Roy, pourront faire transporter les bois où ils jugeront à propos, sans payer de péage ni autres droits semblables.

(66) Les amendes auxquelles seront condamnez ceux qui, sans en avoir le droit, envoyeront leurs animaux paître dans les Forêts du Roy, seront partagées entre lui & les Fermiers des Fenages.

(67) Les Verdiers, les Maîtres Sergens & autres Sergens des Forêts, ne pourront faire de commerce dans l'étendue de leur district.

(68) Les Baillis, les Sénéchaux, les Receveurs, les Prévôts, les Vicomtes, & les autres Officiers, ne pourront s'entremettre de ce qui concerne les Eaux & Forêts & les Garennes.

(69) Les Verdiers, les Châtelains ou les Maîtres Sergens des Forêts, ne pourront faire de ventes que par le commandement des Maîtres des Eaux & Forêts. Ils n'auront connoissance de cause que dans le cas où il y aura lieu de condamner à une amende de soixante sols ou au dessous. S'ils ne décernent qu'une amende de soixante sols dans un cas où elle auroit dû être plus forte, les Maîtres des Eaux & Forêts pourront casser leur Jugement, & décerner une amende plus considérable. Les appels des Jugemens rendus par les Verdiers, Châtelains ou Maîtres Sergens, seront portez devant les Maîtres des Eaux & Forêts.

(70) Ceux qui auront acheté les Forêts du Roy, pourront se pourvoir par rapport aux payemens des bois qu'ils auront vendus, ou pardevant les Maîtres des Eaux & Forêts, ou pardevant les autres Juges des lieux.

(71) Lorsque le Roy donnera dans la suite permission à quelqu'un de prendre du bois dans ses Forêts, pour bâtir ou pour brûler, ou d'y envoyer paître ses animaux, il n'y aura que le donataire & ses héritiers qui puissent jouir de ce don. A l'égard de ces sortes de dons faits avant cette Ordonnance, les personnes à qui les donataires les transporteront dans la suite, ne pourront prendre plus de bois, ni envoyer plus d'animaux paître dans les Forêts, que n'auroient pû faire les donataires; & le Roy pourvoiera sur ces sortes de

transports qui se trouveront avoir déjà été faits.

(75) Les Maîtres des Eaux & Forêts visiteront les Etangs, les feront repeupler, en vendront le poisson dans les tems convenables, & en remettront le prix au Vicomte ou au Receveur.

(76) Les Ordonnances anciennes seront observées dans les points auxquels il n'est point dérogé par celle ci.

CHARLES VI. à Paris, en Septembre 1402.

CHARLES par la grace de Dieu Roy de France. Sçavoir faisons à tous présens & advenir, que comme après que Nous eusmes nouvellement prins le Gouvernement de nostre Royaume; c'est assavoir, ou mois de Mars l'an mil trois cens quatre-vingtz & huit, Nous estans en la Ville de *Vernon*, eussions par délibération de plusieurs de nostre Sang & de nostre Conseil, fait certaines [a] Ordonnances & Instructions sur le fait & gouvernement ou fait des Eauës & Forestz qui lors estoient moult foulées, destruictes & diminuées en valeur, par le deffault & négligence d'aucuns noz Officiers sur le fait desdictes Eauës & Forestz, & autrement; & depuis pour ce que sur aucuns articles desdictes Ordonnances, plusieurs personnes vouloient faire & bailler diverses interprétations & entendement contre notre intention & le vray entendement d'iceulx, Nous ayons fait par noz Lettres patentes soubz nostre grand Séel, certaines Déclarations sur ce, lesquelles Nous avons voulu & commandé estre tenues & gardées par nostre très-cher & aymé Cousin le *Comte* de *Tancarville* Souverain-Maistre & Général Réformateur de nosdictes Eauës & Forestz, & par noz autres Officiers ou fait d'icelles Eauës & Forestz, & tant pour cause desdictes Déclarations, comme pour ce que en l'ung des articles desdictes Ordonnances derrenières, est contenu que Nous voulons que les Ordonnances anciennes des Eauës, Boys & Forestz, là où il n'est par lesdictes Ordonnances derrenières dérogué aucunement ou déclairé, soient & demeurent en leur vertu; & aussi que par nostre dit Cousin & autres de nostre Conseil, Nous a esté exposé que il est expédient de mettre modération en plusieurs autres articles desdictes Ordonnances derrenières, & faire aucunes additions à icelles, pour le bien de Nous & de Justice, & que grant vexation seroit à nostre Cousin & à noz autres Officiers d'icelles Eauës & Forestz, se lesdictes corrections n'estoient faictes; & aussi pareillement, se [b] les cas relatifz aux anciennes Ordonnances & ausdictes modérations, il convenoit tousjours avoir recours aux Ordonnances anciennes & aux Déclarations, modérations & additions dessusdictes; & que les Ordonnances de nosdictes Eauës & Forestz fussent dispersez & contenuës en tant de diverses escriptures, Nous pour [c] eschever & obvier aux inconvéniens qui des choses dessusdictes se pourroient ensuir, se provision n'y estoit mise, avons fait veoir, visiter & examiner diligemment lesdictes Ordonnances anciennes & nouvelles, avecques les Déclarations dessusdictes, & les articles desdictes Ordonnances nouvelles, sur lesquelz il convient mettre correction ou addition; & tout ce veu & diligemment examiné à grant & meure délibération de Conseil, avons voulu, [d] déclairer & ordonner, voulons, déclairons & ordonnons que selon la forme & teneur des Ordonnances & Instruccions qui ci-après seront déclairez par articles, soit fait, ordonné, gouverné, traicté & besongné par nostre dit Cousin & autres Officiers d'icelles Eauës & Forestz d'oresnavant, ainsi & par la manière qui s'ensuit, & non autrement.

(1) [e] Et premierement, que ainsi que fait avons des Maistres desdictes Eauës & Forestz, le nombre des Verdiers, Forestiers, Gruiers, Sergens & autres Officiers d'icelles Eauës & Forestz, tant à gaiges comme sans gaiges, soit [f] retraint & remis au nombre certain & ordonnance ancienne, & que de chacun d'eulx soit sçeu par lesdicts Maistres des Eauës & Forestz, & à Nous & à nostre Conseil rapporté l'espérience, souffisance & gouvernement, & aussi le nombre d'iceulx Officiers, afin de y pourvoir comme il semblera estre à faire.

(2) Item. [g] Que lesdits Maistres des Eauës & Forestz, [h] appellent avecques eux telles personnes & en tel nombre comme bon leur semblera, visiteront chacun an une fois bien & deument lesdictes Forestz de Garde en Garde, & feront escripre les malefaçons que ils troveront, & corrigeront les malfaicteurs selon l'exigence des cas, & bailleront les amendes & exploictz qui de ce [i] ystront, à qui il appartiendra,

[a] *c'est l'ordonnance du premier de mars 1388, sur laquelle voyez la Note (a).*

[b] Il faut *cort*. ès, comme il y a dans *Charondas le Caron*.

[c] *éviter.*

[d] Il y a *déclaré & ordonné* dans C. & c'est ainsi qu'il doit y avoir.

[e] *Ord. de 1388.* t. 7. page 771. art. 1.

[f] *retiré, réduit.*

[g] *Ord. de 1376.* tome 6. pag. 227. art. 3. *Ord. de 1388.* t. 7. page 771. art. 2.

[h] Il y a *appellez* dans l'Ord. de 1376.

[i] *sortiront, proviendront.*

CHARLES VI. à Paris, en Septembre 1402.

comme il eſt plus à plain déclairé cy-après en ces préſentes Ordonnances.

(3) *Item.* [a] Aucuns Sergens à qui Nous avons donné l'Office de Sergenterie, ſoit à gaiges ou ſans gaiges, ne uſera de ſa [b] couſtume, ſuppoſé qu'il ſoit couſtumier, en la Foreſt dont il ſera Sergent, en ſa Garde ou autre, tant comme il ſera en l'Office, s'il n'en a congé exprez ou licence des Maiſtres des Eauës & Foreſtz, qui ſur ce luy pourront faire ordonnance, délivrance ou proviſion, comme ilz verront eſtre convenable.

(4) *Item.* [c] Les Maiſtres de noz Eauës & Foreſtz viſiteront & vendront les paſnages, appellé avecques eulx par exprès au jour du bail, le Viconte ou Recepveur à qui en appartient la Recepte, & autres qui feront à appeller, lequel Viconte ou Recepveur, ou ſon Lieutenant ou cas qu'ils n'y pourront eſtre en perſonne, aura vingt Solz, ſon Clerc [d] cing Solz, les Verdier, Gruier, Garde ou Maiſtre Sergent, chacun dix Solz ; & les Sergens qui y ſeront [e] prins, douze deniers chacun : Et avecques ce, pourront prendre en deſpence pour plus légiérement marchander avecques les Marchans, quarante Solz & au deſſoubz, & non plus ; leſquelz quarante Solz ſeront prins des deniers que l'en mettra ou chappel en la manière accouſtumée.

(5) [f] *Item.* Que chacun deſdiz Verdiers, Gruiers, Gardes ou Maiſtres Sergens, viſitent chacune quinzaine à tous le moins, toutes les Gardes de la Foreſt dont ilz ſont Verdiers, Gruiers, Gardes ou Maiſtres Sergens, & voient l'eſtat & [g] le port des Sergens, & les meffaiz qui y feront, & les raportent par eſcript aux Maiſtres ſans délay, & face chacun Verdier, Garde, Gruier ou Maiſtre Sergent, ſans ſoy occuper en autre beſongne, [h] ſi n'eſt à Nous, & qu'il ayt noz Lettres de faire déſervir ſon Office à ſes périlz, par perſonne ſuffiſant, à l'advis de noſtre Conſeil, réſidence en ſa Verderie, Gruyrie ou Maiſtre-Sergenterie, ou l'en y pourvoira d'autres ; & les Sergens ſoient chacun jour en leurs Gardes pour ſçavoir & raporter aux Maiſtres Sergens, Gruiers, Gardes ou Maiſtres, ce que l'en y aura meffait ; & s'ilz ſont négligens, on y pourvoira d'autres, & ſeront pugniz ſelon leurs démérites.

(6) *Item.* [i] Et pour ce que l'en a trouvé que Nous avons euz pluſieurs grans dommaiges par le fait & coulpe des Verdiers, Gruiers, Gardes ou Maiſtres Sergens ; [k] que ad ce mieulx s'en gardent, & que l'en puiſſe ſur eulx recouvrer le dommaige, s'il y advient par eulx, ilz ſeront tenus doreſenavant de bailler & bailleront en noſtre dicte Chambre des Comptes, chacun bons pleiges [l] & reſpondront pour eulx juſques à la ſomme de deux cens Livres Tournois.

(7) [m] *Item.* Des faultes & meffaiz qui ſeront trouvez en tous cas touchant les Eauës & Foreſtz, qui leur appartiendra, cognoiſtront les Maiſtres, Verdiers, Gruiers, Gardes, Maiſtres Sergens, tant comme à eulx touche, en lieux notables & publicques, convenables à tenir Juriſdiction au plus aiſié des Parties, à ce que l'en puiſſe veoir leurs faitz, & eulx pour Nous & les Parties avoir Conſeil, ſe meſtier eſt, & ne donneront plus adjournemens généraulx n'y aſſignations quelque part qu'ilz ſoient ; mais diront le lieu certain qui ſoit tel que dit eſt ; & ſi ne pourront avoir cognoiſſance de quelsconques actions ou déliċtz, fors des cas touchant noſdictes Eauës & Foreſtz ; & de tous autres, cognoiſtront les Juges ordinaires, ſoit des demourans ès Foreſtz & ou [n] ram d'icelles, ou autre part, ou cas que la couſtume de la Foreſt ne porteroit le contraire.

(8) *Item.* [o] Que les Maiſtres, Verdiers, Gruiers, Gardes ou Maiſtres Sergens, ſeront contens de leurs gaiges qui leur ſont ordonnez, ſans prendre aucuns droitz en fourfaiċtures ne amendes : car choſe raiſonnable n'eſt pas qu'ilz jugent de leur Cauſe.

(9) *Item.* [p] Quant aux gaiges ou penſions des Maiſtres qui ſoloient eſtre paiez en diverſes manières ſelon ce qu'ilz chevauchoient, & prenoient un jour plus que autre, leſditz gaiges leur ſeront tauxez & ordonnez par délibération, à quatre cens Livres Tournois par an, pour tout, & par ainſi ſeront tenus vacquer & entendre continuellement ou fait de leurs Offices ; & prendront leurſditz gaiges par les mains du Recepveur ou Viconte, ung ou pluſieurs, du païs où ilz ſeront établiz auquel

[a] *t. 6. p. 232. art. 32. t. 7. p. 776. art. 31.*

[b] *c'eſt-à-dire, de ſon uſage.* S.

[c] *t. 6. p. 234. art. 43. t. 7. p. 777. art. 42.*

[d] Il y a *cinq* dans C. & R.

[e] Il y a *préſens* dans C.

[f] *t. 6. p. 227. art. 5. & t. 7. p. 771. art. 4.*

[g] *le déportement, la conduite.*

[h] *s'il n'eſt notre Officier.*

[i] *t. 6. p. 227. art. 6. t. 7. p. 772. art. 5.*

[k] *à ce que mieux s'en gardent.* Ord. de 1376.

[l] *& reſpondant.* Ord. de 1376. *& qui reſpondront* dans C.

[m] *t. 6. p. 227. art. 7. t. 7. p. 772. art. 6.*

[n] Il y a mieux *rain* dans l'Ord. de 1376.

[o] *t. 6. p. 227. art. 9. t. 7. p. 772. art. 8.*

[p] *t. 6. p. 227. art. 4. & p. 228. art. 10. t. 7. p. 771. art. 3. & 772. art. 9.*

ou ausquelz il sera mandé par l'exécutoire de leurs Lettres; & par les comptes desdicts Vicontes ou Recepveurs, pourra il apparoir de leur diligence; & à iceulx [a] bailler leurs exploictz soubz leur seaux, & aussi leur escripront toutes les ventes & délivrances qu'ilz feront.

CHARLES VI. à Paris, en Septembre 1402.

(10) *Item.* [b] Que chacun desdicts Maistres pourra prendre par an cent moules de bûches, & non plus, non pas par sa main, ne sur vente nouvelle que luy ne ses compaignons ensemble, ne partie, facent ne puissent faire, ne en vente de bois pour ce; ainçois leur feront livrez par un Marchant de bois ou plusieurs, & telz comme ilz voudront eslire, auquel Marchant par Lettres de réception des Maistres, les Vicontes ou Recepveurs rabatront sur ce qu'ilz devront pour leur marché, desditz cent moules de bûches, au pris que bûche vauldra aux termes sur les lieux de l'arrivage, lieu plus commun; & seront tenus de faire quittance aux Marchans; par laquelle quittance raportant aux Vicontes ou Recepveurs, lesditz Marchans en seront deschargez.

(11) *Item.* [c] Des Lettres des ventes & délivrances que les Maistres feront, ne prendront pour séel & escripture de la plus grant vente, que dix Solz Tournois ou païs de Tournois, & dix Solz Parisis, ou païs de Parisis; & des autres au dessoubz, à la vallue; ne pour ce ne feront paier aux Marchans pour vin, que la somme de quarante Solz Tournois ou pays de Tournois, comme dessus; & si plus en estoit paié, si n'en rendra plus l'enchérisseur, se il y vient; & en seront les Maistres & Marchans puniz.

(12) *Item.* [d] Des forfaictures que les Sergens prendront & rapporteront, ilz seront contens des proufitz qui d'ancienneté y furent introduitz; c'est assavoir, que d'un [e] charon auront la charrette & le harnois, & de ce qui sera porté à somme, auront la somme & le bastz *(b)* appellé autrement harnois; & Nous aurons les chevaulx & autres bestes; & les Sergens, des personnes mal-faisans auront les menus droitz accoustumez; c'est assavoir, les ferremens; & toutes les amendes & autres proufitz seront à Nous; lequel proufit ausditz Sergens leur est laissé, à ce qu'ilz soient plus diligens de prendre garde que l'en ne meffacе, & pour ce qu'ilz facent de tous exploictz rapport sans rien receller, ne prendre à part exploictz, amendes, ne autres avantaiges sur Nous ne sur noz Eauës & Forestz, ne sur noz Subgectz; & sans en riens donner ne distribuer que par les ventes qui se feront à proufit de Nous, se ilz n'en ont de Nous mandemens espécial passé par notre Chambre des Comptes, & sur peine d'estre privez d'Office, & de leurs corps & biens estre à nostre voulenté: Et est à entendre que toutes les forfaictures, chevaulx à bastz, charrettes & autres choses en quoy les preneurs doivent prendre portion, les Maistres, Verdiers, Gruiers ou Maistres Sergens feront faire le prix en deux parties; c'est assavoir, ce qui peut appartenir au preneur, d'une part, & ce qui peult appartenir à Nous, à une autre part, pour prendre le choix pour Nous à qui d'ancien [f] usufaige l'eslection est deuë; & bailleront par escript aux Vicomtes ou Recepveurs, les noms des priseurs, & tout le fait comme dessus.

(13) *Item.* [g] Que lesdicts Maistres & Verdiers, Gruiers, Gardes ou Maistres Sergens, au fur que les forfaictures escherront, les seront tenus de rendre aux Vicontes ou Recepveurs, & bailler par Cédulle, les choses, la Cause, les personnes & le temps; & semblablement leurs amendes, tantost après le [h] temps, & tous leurs exploictz & les exploictz des Sergens, & leurs rapportz, sans riens receler, ne estre excusez pour dire qu'ilz l'eussent oublié.

(14) *Item.* [i] Que quant les ventes se doyvent faire en noz Forestz, les Maistres en auront collacion avec les Verdiers, Gruiers, Gardes & Maistres Sergens, & aucuns des Sergens plus souffisans avecques, [k] ce il est mestier, des marchés de chacune Forest, pour adviser quantes & où elles seront plus proufitables à faire, sans retourner à l'erreur passé de faire à voulenté tant de multiplication de ventes ne si

[a] Il y a mieux *bailleront* dans l'Ord. de 1376.

[b] *t. 6. p. 228. art. 11. t. 7. p. 772. art. 10.*

[c] *t. 6. p. 228. art. 12. t. 7. p. 772. art. 11.*

[d] *t. 6. p. 228. art. 13. t. 7. p. 773. art. 12.*

[e] Il y a *charroy* dans l'Ordon. de 1376. & dans C.

[f] *usage.* Ord. de 1376.

[g] *t. 6. p. 229. art. 14. t. 7. p. 773. art. 13.*

[h] *taux.* Ordonnance de 1376.

[i] *t. 6. p. 229. art. 15. t. 7. p. 773. art. 14.*

[k] *s'il est mestier des Marchans de chacune Forest.* Ord. de 1376.

NOTE.

(b) Appellé.] Il y a *aplait* dans l'article 13. de l'Ordonnance de 1376. Voyez sur ce mot la Note *(o)*.

CHARLES VI. à Paris, en Septembre 1402.

grans, mais ventes de vingt ou trente arpens, ainsi qu'ilz escherront en siége, sans faire aucun remplaige; & auront demy an de vuydange oultre le derrenier paiement de la vente qui sera de trois ans, sans passer, s'il n'y a bonne cause de les mettre à plus longtemps; & asseureront bien les Marchans qu'il n'y aura autres ventes durant leurs temps, ne empeschement qui les destourbe, & leur sera tenu en vérité & en bonne foy; & seront tenus les Marchans bailler bons & suffisans pleiges de paier & accomplir leurs marchez & convenances, par devers les Recepveurs & Vicontes des lieux; & sera mis en convenant en chacun marché des ventes qui se feront des Forestz, que les Marchans feront clore leurs ventes, à ce que les bestes n'y puissent entrer, & que la venue en soit sauvée; c'est assavoir, ès Forestz où il sera plus proufitable pour Nous, à la discrétion des Maistres.

a t. 6. p. 230. art. 16. t. 7. p. 773. art. 15.

(15) Item. [a] Que le Maistre qui ordonnera la vente, voye en sa personne la place pour advisier les lieux où elle sera mieulx & plus proufitablement, & en estre certain en sa conscience.

b t. 6. p. 230. art. 17. t. 7. p. 773. art. 16.

(16) Item. [b] De tous marchez & ventes, les Lettres s'adresseront aux Vicontes & Recepveurs des lieux, & leur seront présentées par les Marchans; c'est assavoir, les Lettres des ventes ordinaires, dedans ung moys; & des aultres marchez, dedans quinze jours après la date, sur peine d'une enchere, si deffault y estoit; & les Vicontes ou Recepveurs en manderont faire les criées, en prendront les pleiges & recepveront les encheres; & les pleiges prins, manderont aux Verdiers, Gruiers, Gardes ou Maistres Sergens, faire les délivrances du marché & délivrer martel, prendre fermens accoustumez des Marchans; mais des petiz marchez dont les encheres passeront à trois plaitz, le Verdier, Gruier, Garde ou Maistre Sergent en pourra recevoir les encheres & prendre les pleiges, parce qu'il renvoiera au Viconte ou Recepveur le nom [c] du Marchant, les encheres & en derrenier à qui il sera demeuré, le pris, [d] les noms les pleiges, l'estat du marché; & le Viconte ou Recepveur les enregistrera pardevers luy, & en recepvera les deniers, fera compte comme des ordinaires: & toutesvoies pourront lesdicts Maistres en tout cas recepvoir les encheres, les rescripvant tantost aux Vicontes ou Recepveurs.

c *du Marchand premier*, Ordonnance de 1376.
d *les noms des pleges*. Id.

e t. 6. p. 230. art. 19. t. 7. p. 774. art. 17.

(17) Item. [e] Que lesditz Maistres n'auront puissance de exécuter Lettres ou Mandemens, de donner termes, respitz, alongnemens, ne aultres graces, se ilz ne leur appert qu'elles aient été présentées & passées par nostre Chambre des Comptes & Trésoriers.

f t. 6. p. 230. art. 20. t. 7. p. 774. art. 18.

(18) Item. [f] Pour quelconques graces ou mandemens, soient ores passées en nostredicte Chambre & par noz Trésoriers, pour don en bois ou en deniers, comment que ce soit, novelle vente ordinaire ou extraordinaire ne se fera; mais le bois sera prins en la vente ordinaire de la Forest où le don sera faict, sur le Marchant, pour le pris que vauldra le bois à son port ou en sa vente; & ce luy sera rabatu sur ce qu'il devra au premier terme advenir, & aux aultres termes ensuivans, se tant monte le don; ausquelz termes il paiera le donatoire; & semblablement sera fait & déduit en deniers de ce qui sera donné en deniers.

g t. 6. p. 230. art. 18. t. 7. p. 774. art. 19.

(19) Item. [g] Si esdictes Forestz [h] est aucuns caables, coupeaulx, tronches, branches, ou aucuns demourans, ilz seront vendus par les Maistres ou par les Verdiers, Gruiers, Gardes ou Maistres Sergens, au proufit de Nous, par Garde, non par tous ensemble; & ne seront pas les encheres passées à trois plaitz; mais d'un chacun marché [i] sera mis enchere au premier jour du premier paiement; sauf ce que le premier marché ne monte plus de vingt Livres Tournois, [k] ce qu'il n'y cheist que ung seul paiement, ils seront passez à encheres de trois plaitz, & seront vendus par compte & par marque, non pas par places; & le compte mis en escript & raporté au Viconte ou Recepveur par le Verdier, Gruier, Garde ou Maistre Sergent.

h Il y a dans l'Ord. de 1376. & dans C. *eschéent*.
i Il y a dans l'Ord. de 1376. *sera mis l'enchere*.
k Il y a dans C. *& qu'il*.

l t. 6. p. 231. art. 21. t. 7. p. 774. art. 20.

(20) Item. [l] Et pour ce que ou temps passé les Maistres en faisant & vendant ventes des bois, ont par inadvertance oublié à faire retenue des [m] bayneaulx ou estalions pour le repeuple de Forestz; & depuis grand temps après en ordonnèrent faire retenue, & en estoit fait pris excessif, & puis restitution en bois à grant marché, ou grant

m il y a *Baiviaux, Baiveaux* dans l'Ordon. de 1376.

dommaige de Nous, est ordonné que doresnavant en toutes ventes qui seront faictes, sera entenduë la rétention des bayneaulx & estallons [a] de dix ou huit arpens; & ce seront tenus les Maistres de mettre par escript, pourquoy les Marchans ne puissent trouver excusation; & s'il n'y estoit mise, si sera il ainsi entendu, & si en seront les Marchans reprins de négligence : Et si par adventure lesdicts Maistres oublient ou délaissent à faire ceste retenue, ou la cire ou [b] greffe ou autres choses accoustumez ou ordonnez, ce sera en leur périlz, & en seront avecques les Marchans chargez de restitution, & iceux, d'amende & de pugnition sans excusation.

(21) *Item* [c] Que soubz ombre de caable ou aultrement, l'on ne face vente des chesnes ne d'aultres arbres en estant, sur lesquelz aultres arbres abatuz par caable ou aultrement, seroyent encrouez; mais soient ou marché du caable, les entiers laissez & exceptez, se les Marchans ne les pevent abatre sans celuy en estant copper : & après l'en verra mieulx qu'il en sera à faire & ordonner à nostre proufit.

(22) *Item.* [d] Pour ce que moult de fois on a veu que aulcuns coustumiers ou acheteurs qui ung arbre ou plusieurs avoyent à prendre en noz Forestz, le faisoyent abbatre, tellement qu'il s'encroüoit sur [e] ung aultre pour eulx & plus dommageables à Nous que le premier, & tel que icelluy ne cheist en coustume ne en vente, & puis par tel pris avoient celuy en estant, en fraulde & grant dommaige pour Nous, par la convoitise des Marchans ou coustumiers, ou par la malice des abateurs, lesquelz selon leur industrie fairoyent l'arbre chéoir de quelque costé qu'ilz vouldroyent, sans encroüer sur aultre, ordonné est que chascun se garde d'oresnavant d'abatre ou faire abatre si follement son arbre qu'il s'encroüe sur aultre arbre à Nous appartenant, tellement qu'il ne puisse estre osté sans le nostre arbre : car s'il le fait, il perdra [f] le sien, & sera à Nous acquis.

(23) *Item.* [g] Que les remessances de noz [h] Eauës & Forestz ne seront vendues tant que le Maistre des Eauës qui sera pour Nous en ses parties, les ait veuës, & qu'il ait rapporté qu'il n'en ait plus mestier, ou que toute l'euvre soit accomplie, & tant de temps passé, que espérance ne soit que l'en les doye employer.

(24) *Item.* [i] Pour ce que ou temps derrenièrement passé, en chascune Forest, l'en faisoit plus de ventes ordinaires & extraordinaires que les Forestz ne doyvent, & que ung Marchant en tenoit plusieurs que il délivreroient par ung seul martel, dont moult de frauldes sont ensuiz, ordonné est que ung chascun marché se délivre par ung seul martel propre qui sera baillé au Marchant ès plez ou assises, & jurera que d'iceluy martel ne marquera fors le boys de sa vente; & après le serment, s'il est trouvé qu'il ou celuy à qui il aura baillé son martel, en marque aultre boys fors celuy de sa vente, ou mesure frauldulleusement, il forfera sa vente entièrement en l'estat où elle sera, ou en fera en amende vouluntaire, selon ce que l'en verra l'estat de la chose, aux choix des Maistres.

(25) *Item.* [k] Aulcun Marchant pour pleiges qu'il ait baillez, ne pour martel qu'il ait receu, ne pourra entrer à exploicter sa vente, se avant toute euvre elle n'est martelée & marquée par dehors par le mesureur, ou d'autre martel que les Maistres y auront ordonné, sur peine de forfaiture ou amende voluntaire, lequel il plaira eslire aux Maistres.

(26) *Item.* [l] Tous Marchans, quant le terme de coppe & vuidange de leur marché sera failli, apporteront devers les Verdiers, Gruiers, Gardes, ou Maistres Sergens, sans délay, les marteaulx dont ilz auront délivré leurs ventes; & les Verdiers, Gruiers, Gardes ou Maistres Sergens les receveront d'eulx, & leur en bailleront Lettres, se requis en sont; & iceulx receuz despeceront, ou en ordonneront par telle manière que l'en n'en puisse jamais user.

(27) *Item.* [m] Ainsi qu'il est dict du bois à édifier, il est entendu du bois pour chauffaige des cheminées des Chasteaux, quant Nous leur manderons, en ayant esgard aux édiffices qui y sont, au nombre des cheminées, & que l'en ne baille pas bois en estant, se bonnement on peult finer d'aulcuns cables ou arbres abbatus ou secz.

CHARLES VI.
à Paris, en Septembre 1402.

[a] *de dix ou huit en l'arpent.* Ord. de 1376.

[b] Il y a aussi *graisse* dans *Rousseau*, mais il y a *Greffe* dans l'Ord. de 1376. & dans C. & je crois que c'est la bonne leçon.

[c] *t. 6. p. 231. art. 22. t. 7. p. 775. art. 21.*

[d] *t. 6. p. 231. art. 23. t. 7. p. 775. art. 22.*

[e] Il y a *sur un autre meilleur pour eux* dans l'Ord. de 1376. & dans C.

[f] Il y a *le sien arbre* dans l'Ord. de 1376. & dans C.

[g] *t. 6. p. 231. art. 24. t. 7. p. 775. art. 23.*

[h] *œuvres.* Ordon. de 1376.

[i] *t. 6. p. 231. art. 25. t. 7. p. 775. art. 24.*

[k] *t. 6. p. 232. art. 26. t. 7. p. 775. art. 25.*

[l] *t. 6. p. 232. art. 27. t. 7. p. 775. art. 26.*

[m] *t. 6. p. 232. art. 28. t. 7. p. 775. art. 27.*

CHARLES VI.
à Paris, en Septembre 1402.

(28) *Item.* [a] Quant au chauffaige des Verdiers, Gruiers, Gardes ou Maistres Sergens, ilz n'auront rien, s'il n'est avant advisé par l'ung des Maistres, ou par le Viconte ou Receveur, lequel l'en leur en pourra bailler selon leur mesnaige, ainsi comme par livrée, ou esgard convenables du bois versé ou sec, s'il y en a qui souffise, sinon des remanans des [b] appeaulx ou branches qui ne pourront estre employez en édifices, & sans excès ou oultrage; ne en aultre usaige ne le pourront point convertir, ne à eux appliquer, ne eulx aider d'usaige contraire; lequel s'il y estoit ou avoit esté estably, est osté du tout.

(29) *Item.* [c] Quant aux usagiers qui ont droit & coustume de prendre bois ès Forestz pour ardoir ou pour édifier, ou pour leurs autres usaiges, & avoir pasturaiges ou telles choses semblables, [d] Nous ne voulons à aulcuns donner sans cause empeschement, ne aussi pour mal usaige nostre Demaine estre péry, soyent les Maistres diligens de veoir leurs tiltres & enquerir de leurs possessions, la manière de user de l'estat de la Forest & que elle peult souffrir; & ceux qui auront à oultrage abusé, ne soyent pas laissez jouyr, & les autres soyent soufferts par attrempance mise, se il convient, selon la possibilité des Forestz & la qualité des personnes.

(30) *Item.* [e] Semblablement, les Maistres, sur les peines de devant, ne pourront donner congié ou licence à ung homme usaiger ou coustumier, de ardoir ne user de boys ou pasturages autre part que ou lieu pour raison duquel il prent & perçoit ledit usaige & coustume.

(31) *Item.* [f] Pour obvier aux fraukles, d'aulcuns charpentiers ou ouvriers de [g] neuf vaisseaulx à vin, de charpenterie, de tonneaulx ou aultre merrien, ouvrans de leurs mestiers, ne [h] treuvent hastelliers d'oresnavant ès termes ne au ram des Forestz, si ce n'est dedans les ventes ordinaires.

(32) *Item.* [i] Que se les coustumiers abbatent bois de leur coustume, ou qui leur aura esté livré, ne font bien & souffisamment la couppe prouffitable pour la revenue, ilz la feront réparer, & si l'amenderont selon la qualité du fait.

(33) *Item.* [k] Comme l'en dit que les Maistres, Verdiers, Gruiers, Gardes & Maistres Sergens qui ont esté, se soyent eslargis par fol hardement, simplesse ou aultrement, de restituer arréraiges aux usaigiers qui riens n'en aveyent, en eschauffaiges & en choses semblables qui sont annuelz, temporelz & momentanez, deffendu est que plus de tel cas fait ne soit, ne usaige transmué de lieu en aultre, pour quelque cause, sans l'exprez commandement de Nous passé ou de nostredicte Chambre.

(34) *Item.* [l] Que les Maistres des Forestz ne aultres ne puissent establir Sergens, ne donner Sergenterie des Eaues & Forestz à gaiges ou sans gaiges; ne le Sergent ne soit si hardi d'en user, se il ne l'a par nostre grace & octroy, ou s'il n'y a évident & souffisante cause; ouquel cas lesdicts Maistres y pourront establir Sergens à temps & par provision.

(35) *Item.* [m] Pour ce que ou temps passé les Maistres, Verdiers ou Gruiers, Gardes ou Maistres Sergens, ont accoustumé quant il estoit plait ou débat devant eulx d'aulcunes forfaictures ou amendes, à user de compositions, & de y prendre prouffit singulier, contre Justice, & en nostre préjudice [n] & noz Subgetz, les Maistres d'oresénavant n'en useront plus, & ne seront arbitres de nostre droict; mais seront tenus de oyr Parties, & justement juger selon vérité & la nature du cas, & à ung chascun faire raison & droicture, & ne prendront pour Nous, fors ce qu'il appartient; & aussi n'en feront don ou grace, mais à Nous s'en [o] entendront comme à Nous seul appartiengne faire du nostre à nostre voulenté: Et semblablement les Verdiers, Gruiers, Gardes ou Maistres Sergens, des cas qui regardent leurs Offices.

(36) *Item.* [p] Ne pourront lesdicts Maistres donner aulcuns eslongnemens de vidanges pour quelque cause que ce soit ou puist estre; & qui besoing en aura, si en ait recours à Nous ou à la Chambre de noz Comptes, & lors en facent les Maistres ce que mandé leur sera.

(37) *Item.* [q] Pour ce que de jour en jour [r] estoument du bois tant pour nostre navire, comme pour noz Chasteaulx & édifices, & que ou temps passé ce qui en a esté

a *t. 6. p. 232. art. 29. t. 7. p. 775. art. 28.*

b Il y a *couppiaux* dans l'Ord. de 1376. & *couppeaux* dans C.

c *t. 6. p. 232. art. 30. t. 7. p. 776. art. 29.*

d *comme nous vueillons.* Ord. de 1376. & dans C. *comme nous ne voulons.*

e *t. 6. p. 232. art. 31. t. 7. p. 776. art. 30.*

f *t. 6. p. 232. art. 33. t. 7. p. 776. art. 32.*

g *nefz.* Ordonnance de 1376.

h Il y a *tiennent* dans l'Ordon. de 1376. & dans C.

i *t. 6. p. 233. art. 34. t. 7. p. 776. art. 33.*

k *t. 6. p. 235. art. 33. t. 7. p. 776. art. 34.*

l *t. 6. p. 233. art. 36. t. 7. p. 776. art. 35.*

m *t. 6. p. 233. art. 37. t. 7. p. 776. art. 36.*

n Il y a dans l'Ord. de 1376. *& de noz subjets.*

o *attendront.* Ord. de 1376.

p *t. 6. p. 233. art. 38. t. 7. p. 777. art. 38.*

q *t. 6. p. 233. art. 39. t. 7. p. 776. art. 37.*

r *il convient.* Ord. de 1376.

CHARLES VI. à Paris, en Septembre 1402.

esté prins & employé esdiltz Chasteaulx, navires & édifices, a esté prins & coppé sans mesure ou ordonnance, endommaigent les Forestz, en grant lésion & destruction d'icelles, ordonné est que quant il conviendra ouvrer, ceulx qui seront chargez des œuvres, n'en pourront riens prendre, tant que lesditz Maistres ou l'un d'eulx avecques les Vicontes ou Receveurs des lieux, ou leurs Lieutenans, & les Verdiers, Gruiers, Gardes ou Maistres Sergens, soyent appellez; lesquelz par bonne délibération avecques les ouvriers, adviseront combien de bois & quel il fauldra livrer pour Chastel, navire ou édifice, ou lieu plus aisé & moins dommalgeable, & [a] escripront la place & les chesnes ou aultres arbres, selon ce que besoing sera; & se une place ne souffist, l'en nombrera les arbres, & seront martellez du martel du Verdier, Gruier, Garde ou Maistre Sergent, ou oultres qu'ilz adviseront pour le mieulx; lesquels arbres ainsi marquez, ou place pour ce livrez, seront justement prisez, & depuis le Viconte ou Receveur avec le Maistre des Eauës & Forestz, les feront coupper & prendre, & non aultres, jusques à tant qu'ilz soyent employez par nouvelle délivrance, se il est mestier, aultres places ou arbres soyent délivrez, marquez & signez; & des places & arbres ainsi marquez & prins, les Vicontez ou Receveurs renvoyeront les Lettres aux Verdiers, Gruiers, Gardes ou Maistres Sergens, en quelle garde ilz seront prins, pour valoir en leur excusation quant l'en visitera les Forestz; & aussi de réception, celuy qui sera chargé des œuvres, sera tenu de bailler les Lettres, en gardant [b] toutes les poinctes dessusdictes & aultre qui sont contenus en l'Ordonnance faicte en espécial pour cause desdictz œuvres.

(38) *Item.* [c] Comme tousjours ait esté mise différence entre les coustumiers, entendans la signification des parolles, de mort bois à bois mort, en prenant bois mort pour celui qui est sec, soit abatu ou en estant, ou en entendant le mort bois de certain bois vert en estant, affin que plus n'en soit débatu, l'en déclaire que ainsi doit-il estre entendu ce que dit est, & le mort bois tel & non aultre comme il est dit & déclairé en la Chartre des *Normans* qui en fut faicte par le Roy Loys, l'an mil trois cens & treze, l'interprétation & nomination dudict mort bois, & aussi sera interprété & prins ès cas qui s'en offrent & offreront, espécialement quant au pays de *Normandie.*

(39) *Item.* [d] Que la [e] forme de la Maistrise de *Rommaire,* pour ce qu'elle ne fait que empescher & donner occasion de meffaire, comme on a trouvé, & mesmement ou dernier Fermier, est abatuë, & ne sera plus baillé le terme failly de celui qui la tient à présent; lequel terme durant il en usera & payera, & deslors en avant les amendes dont ledit Fermier a la moitié, & les autres droictz viendront à l'ordinaire, & les recepvera le Viconte.

(40) *Item.* [f] Ce qui fut deu des dismes pour causes de noz bois, sera prins d'oresnavant sur le pris des ventes, & payé en deniers aux termes qui seront ordonnez aux Marchans, à chascun terme par portion, par la main du Receveur ou Viconte, non pas en bois ne en aultre manière.

(41) *Item.* [g] Les Maistres desdictes Eauës & Forestz, pour ce qu'ilz ne puissent ignorer que ilz ne doyvent rendre raison de l'estat desdictes Eauës & Forestz, & des faiz & provision que chascun en droit soy y aura faiz, & par ceulx; [h] y seront tenus de venir en nostre Chambre des Comptes à *Paris,* une fois en l'an à tout le moins, tant pour ce qui leur touche, comme pour ce que sur les comptes des Vicontes & Receveurs qui s'en seront entremis, les Gens de nos Comptes, où mestier sera, puissent avoir leur relation & advis avecques eux; & lors apporteront leurs protocolles des ventes qui seront faictes ès Forestz où ilz seront establis; & aussi des amendes & exploictz faiz & baillez par lesdicts Maistres, qui seront venus à leur congnoissance, que riens n'en soit recellé.

(42) *Item.* [i] Se par grace ou aultre manière, estoit souffert que Verdiers, Gruiers, Gardes ou Maistres Sergens, ou autres Officiers, eussent Lieutenans, ilz seront chargez de tous leurs faiz & de leursditz Lieutenans, comme se en personne ilz l'avoyent fait: comme par aultres Ordonnances a esté ainsi fait, encores est-il ainsi ordonné.

a *escriront.* Ord. de 1376.

b Il y a *tous les poincts dessusdicts* dans l'Ordon. de 1376. & dans C.

c *t. 6. p. 234. art. 40. t. 7. p. 777. art. 39.*

d *t. 6. p. 234. art. 41. t. 7. p. 777. art. 40.*

e *ferme de la Maistrise de Roimare.* Ordon. de 1376.

f *t. 6. p. 234. art. 42. t. 7. p. 777. art. 41.*

g *t. 6. p. 234. art. 44. t. 7. p. 778. art. 43.*

h *ils seront tenus.* Ordon. de 1376.

i *t. 6. p. 234. art. 45. t. 7. p. 778. art. 44.*

CHARLES VI. à Paris, en Septembre 1402.

(43) Item. [a] Lesditz Maistres ne aulcun d'eulx, ne pourront vendre ne bailler aulcune vente des Forestz, à aulcun de son lignaige, n'y à Gentilhomme ou aultre Officier, Advocat, ne à Clerc bénéficié.

(44) Item. [b] Comme par fol hardiment ou par simplesse des usagiers, ou aultres causes des Officiers qui se sont entremis pour Nous, aulcuns Coustumiers soubz umbre de leur coustume de prendre en noz Forestz & abatre chesnes en estant, qu'ilz nomment d'entrée; c'est assavoir, sitost comme en la racine ou autre part en bas ilz pevent mettre la congnie & embatre à sec, pour rendre dix Solz de la chartée [c] de chesne; par semblable manière six Solz d'autre bois qu'ilz veulent nommer mort bois, comme Tremble, Boul, Fresne, Erable & leurs semblables, pour cinq Solz; le faiz d'ung cheval pour deux Solz; le faiz d'ung homme pour douze Deniers, & pourtant est quitte de tel meffait, sans ce qu'ilz en ayent Tiltre, Ordonnance, [d] Regime ou Enseignement ne grace, que de voulenté. Pour ce que c'est évident dommaige, & que l'en a sçeu que aulcuneffoys par malice, [e] & au détriment, pour leurs arbres faire seicher en aulcunes de leurs parties, aulcun maulvais a par le pié de l'arbre féru de la congnie emprès terre, sur partie de la racine, & icelle couverte pour le mortifier en iceluy endroit, & moult d'aultres frauldes se font & pourroyent ensuir, & aulcuneffois est le dommaige de l'arbre greigneur que l'amende, & pour moult d'aultres cas, ordonné est que doresnavant nulz ne s'entremectent d'abatre telz arbres nommez d'entrée, quelz qui soyent; & se aulcun le fait, il soit tenu de rendre le dommaige à Nous & en amende convenable selon le meffait & la coustume; & se les arbres sont trouvez estre [f] emprez par violence, soyent appliquez à nostre proufit, non pas des usagiers, ausquelz il sera deffendu que plus n'en usent.

(45) Item. [g] Pour ce que en *Normandie* & plusieurs aultres lieux, sont plusieurs Forestz & bois, buissons en aultre fons & Demaine, esquelz Nous avons Tiers & Dangier, Grurie & aultres droiz, & y pevent les Maistres, Verdiers, Gruiers, Gardes ou Maistres Sergens de noz Forestz, faire prinses & exploitz, se male façon treuvent, & aussi sans licence & auctorité de Nous ou de noz gens ordonnez sur le fait de noz Forestz, n'en pevent les demeniers riens vendre, ordonné est que touteffois que prinses & exploictz y seront faitz de noz gens, ilz seront tenuz de les apporter au Viconte ou Receveur Royal du lieu, pour estre enregistrez devers luy, & par voye semblable seront les ventes raportées à iceluy Viconte ou Recepveur, pour en recevoir le Tiers & Danger, Gruries & aultres droiz, & les rendre en compte ainsi qu'ordonné est, dont lesditz Maistres, Verdiers, Gruiers, Gardes ou Maistres Sergens [h] rendront autant par Registre de tous leurs aultres exploitz.

(46) Item. [i] Que ce lesditz demeniers veulent vendre lesditz bois à Tiers & Danger tenuz de Nous, comme communément ilz ayent accoustumé de sçavoir quels pris ilz en pevent avoir, & combien ilz ayent nécessité, où s'ilz veullent vendre, ils seront tenus déclairer & bailler par escript aux Maistres, quel bois ilz veullent vendre, quel pris, quelle quantité, les bournes, places & coustez, le temps de couppe & de vuidange, à ce que les Maistres voyent le lieu & la gettée, & en sachent respondre; lesquelz Maistres seront chargez des lieux visiter & de y pourveoir à nostre prouffit, & que nous ne soyons fraudez.

(47) Item. [k] Et pour ce que ou temps passé, les Maistres qui ont eu la charge & tout le gouvernement desdictes Eauës & Forestz, se sont entremis de tenir juridition de nostre héritaige & Demaine, en l'absence de nostre Conseil & de nostre Procureur ordinaire, dont par imperice ou aultre coulpe moult de dommaiges se sont ensuis, les Maistres d'oresnavant ne congnoistront d'aulcunes questions qui touche propriété, ne le droit de la chose, mais seront meuës & déterminez devant les Bailliz, Prévostz Royaulx des lieux [l] ou leurs assises ordinaires, nostre Procureur & Conseil appellez en ce qui est en *Normandie;* & de ce qui sera en aultre pays, en Parlement; & ce soit fait par le Conseil desditz Maistres. [[m] Toutes voyes ou cas que aulcunes personnes nobles, ou autres eulx disans avoir droict d'usaige quel qu'il soit en noz bois & Forestz, auroyent fait ou feroyent coupper, prendre &

[a] *t. 6. p. 235. art. 46. t. 7. p. 778. art. 45.*

[b] *t. 6. p. 235. art. 47. t. 7. p. 778. art. 46.*

[c] Il y a *hestre* dans l'Ordon. de 1376.

[d] Il y a *Registre* dans l'Ordon. de 1376. & dans C.

[e] Il y a *clandestinement* dans C.

[f] Il y a *empirez* dans C.

[g] *t. 6. p. 235. art. 48.*

[h] *retendront.* Ordon. de 1376.

[i] *t. 6. p. 236. art. 51.*

[k] *t. 6. p. 227. art. 8. t. 7. p. 772. art. 7.*

[l] *en leurs assises.* Ord. de 1376.

[m] *ce qui est entre deux crochets n'est pont dans les Ordon. de 1376. & de 1388.*

CHARLES VI.
à Paris, en Septembre 1402.

emporter desdits bois ou Forestz pour leur usaige, pour édifier & ardoir, ou pour vendre, & mis ou faire mettre en iceulx lieux bestaulx, sans monstrer ausdits Maistres leurs tiltres ou priviléges sur ce, mesmement depuis que les [a] dictz Forestz ont esté & seront closes & deffendues; & aussi auroyent fait ou feroyent quelconques aultres dommaiges ou maléfices touchans lesdits bois ou Forestz, iceulx Maistres auront de telles Causes la congnoissance, pugnition & correction, mesmement de ce qui seroit advenu depuis que lesdictes Forestz auroyent esté & seront closes, & qui ne touchera point la propriété de nostre héritaige, supposé ores que les [b] dictz personnes ou malfaicteurs dient ou veullent maintenir lesdits usages, couppes de bois, & aultres choses à eulx appartenir, à cause de leurs héritages.]

(48) *Item.* [c] Comme ès Ordonnances faictes à *(b) Vernon* sur le faict de noz Eaues & Forestz, comme dict est dessus, fust & [d] seront contenu que nul demenier de bois où Nous prenons Tiers & Danger, ou aultres droiz, ne puissent vendre de cesdits bois sans en avoir congié de Nous, se le marché ne monte si petit pris qui ne excède dix Livres Tournois en pays de Tournois, & Parisiz en païs de Parisiz, ou quel cas de si petit pris, il souffiroit avoir congé desdits Maistres, & audessus non, selon lesdictes Ordonnances, Nous voulons & Nous plaist pour certaines & justes causes, que lesdits Maistres le facent ainsi qu'il est accoustumé d'ancienneté.

(49) *Item.* [e] Pour ce que lesdits bois & [f] buissons sont en divers lieux, & aucuns loingtains des Forestz Royaulx & en diverses Vicontez, donc pour causes des prinses ou exploitz, sur quoy aucunes questions naistroient, & pourroient les subgectz estre travaillez de lieu en autre, ordonné est qu'en tel cas les Vicontes, Prévostz ou autre Juge Royal en quel Viconté ou Prévosté la Forest sera, ou son Lieutenant, en ait la congnoissance, & y prendra proufit, se il y est, pour Nous, & le rendra à Nous, & audit Viconte & Recepveur, seront ceux [g] qu'ilz feront lesdits exploitz, tenus de faire rapport, mesmement que ainsi le fait l'en dès l'an mil trois cens soixante. [[h] Toutesvois nostre intention n'est pas que lesdits Maistres soient pour ce exclus d'en congnoistre; mais en cognoistront sur les lieux, ou au moins en lieux convenables à tenir Jurisdition au plus aisié des Parties, & où elles pourront mieulx [i] finer de conseil, & est très-grant nécessité & besoing qu'il y pourveoient à bonne diligence: car Nous avons entendu que plusieurs tresfonciers qui ont bois à Tiers & Danger en nostre païs de *Normandie,* & lesquelz en pevent prendre pour leur usaige, pour édifier & ardoir, & non plus, ont partie de leursdits bois Fieffez baillez à cens & à rente, ou donné à plusieurs leurs voisins, & vendus sans congié ou licence desdits Maistres, & sans ce que Nous en ayons [k] en nostre droit, & ainsi sont les bois usez & exploictez, en nostre très-grant préjudice & dommaige.]

(50) *Item.* [l] Les Maistres des Forestz feront faire livrée ès Forests où Nous donnons continuellement bois, d'une quantité d'arpens, telle comme ilz verront que bon sera à faire, selon la quantité & estat de la Forest où noz dons seront livrez; & pour ce les Verdiers ou Maistres Sergens des Forestz feront aucunefois ou ont fait ou temps passé moult de fraudes esdits dons, en délivrant aucuns bois de greigneur valuë que ilz ne devoient, pour [m] lan grandz dons & remunérations qu'ilz en avoient, & autres bois de moindre valuë qu'ilz ne deussent, combien que Nous feussions plus tenus par moult de justes causes à eulx que à autres, ordonné est que quant les livrées seront faictes en la manière dessusdicte, ès lieux des Forestz où il sera advis aux Maistres d'icelles que nostre moindre dommaige & des Marchands des Forestz y pourra estre, lesdits Maistres ou celluy d'eulx qui fera faire ladicte livrée, *(c)* par le regard des bonnes gens qui se recongnoissent en ce, regardera en icelle livrée selon le nombre des arpens qui sera contenu, quantz arpens il y aura du greigneur pris,

a *dictes.*

b *dictes.*

c *t. 6. p. 235. art. 50.*

d *soit.*

e *t. 6. p. 235. art. 49.*

f *buissons à tiers & dangier, sont:* Ord. de 1376.

g *qui feront:* Ord. de 1376.

h *ce qui est renfermé ici entre deux crochets, ne se trouve point dans l'Ordon. de 1376, & l'article en général n'est point dans celle de 1388.*

i *trouver.*

k *eu* dans C.

l *S. p. 344. art. 1. & 345. art. 2.* *On peut voir comment Saint-Yon a rédigé cet article qui ne paroît pas clair, & dont le texte est peut-être corrompu.*

m *les* dans C.

NOTES.

(b) Vernon.] La disposition de cet article ne se trouve point dans l'Ordonnance donnée à *Vernon* le premier de mars 1388, mais elle est dans l'article 50. de celle qui fut donnée à *Melun* en juillet 1376.

(c) Par le regard, &c.] Saint-Yon a ainsi rédigé cette clause *au dire de gens à ce connoissans.*

CHARLES VI. à Paris, en Septembre 1402.

quantz du moyen, & quant du moindre, & les fera layer & mesurer, & ainsi les bailleront lesditz Maistres des Forestz, ou celluy d'eulx qui ladicte livrée fera faire, par compte de nombre, par pris, aux Verdiers & aux Maistres Sergens desdictes Forestz, où les autres livrées seront faictes en la manière dessusdicte; & seront tenus lesditz Verdiers ou Sergens de rendre compte desdictes livrées chacun an en leurs Gardes, ausditz Maistres des Forestz, comment & à qui, & par quel commandement, où il aura livré & despendu ladicte livrée, avant que autre livrée nouvelle soit faicte en ladicte Forest; & seront tenus lesditz Maistres & chacun par soy, qu'ilz recepvront lesditz comptes desditz Verdiers ou Sergens, apporter ou bailler lesditz comptes en la Chambre des Comptes à *Paris*: Et pour ce que les *(d)* Forestz de *Vernon*, d'*Andely*, du *Traict*, de la *Haye*, d'*Arqueu*, de *Sainct Germain en Laye*, de *Quernelle*, de *Hallate* & de *Ubasaies*, sont si petites & si foulées que ilz n'y pevent dons souffrir, il est ordonné que [a] n'en n'y fera nulz dons.

a *l'on n'y fera*, dans C.

(51) Item. [b] Les Verdiers ou Maistres Sergens des Forestz, qui ores sont, seront tenus jurer aux Maistres des Forestz, que ilz ne souffreront que nuls de iceulx à qui Nous donnons bois, comme dict est, en puissent vendre, donner, ne permuter aucune chose du bois qui lui sera donné, ne [c] converty que à tel usaige, comme Nous luy avons donné, si comme dessus est dit; & se lesditz Verdiers ou Maistres Sergens le seuffrent à faire, ilz seront à amende voluntaire, & si [d] perdront leurs services; & quand il adviendra que Nous donnerons aucune Verderie ou Maistre Sergenterie à aucuns Sergens, icelluy jurera devant celluy qui rendra les Lettres, en propre personne, qu'il tiendra les Ordonnances devant dictes de point en point, en la manière & à la peine dessusdicte.

b S. *p. 346. art. 7.*

c Il y a *convertir* dans C.

d *seront privez de leurs emplois.*

(52) Item. [e] Est ordonné que si Nous donnons bois à aucun, si comme dict est, & celluy à qui il sera donné, ne le prent & liève dedans l'an, sa Lettre qu'il aura de don, sera de nulle valleur, & Nous demourera le bois.

e S. *p. 346. art. 8.*

(53) Item. [f] Ordonné est que les Maistres des Forestz qui ores sont & pour le temps advenir seront, feront jurer les Marchans qui tienent & tiendront les ventes des Forestz, que ilz ne acheteront ne feront acheter de nully, quelconque bois [g] qu'il soit donné de Nous; & se aucunes gens l'achetoient, ilz le feront tantost sçavoir aux Maistres des Forestz; & se ainsi est que ilz ne le facent en la manière dessusdicte, ilz seront en amende voluntaire.

f S. *p. 347. art. 9.*

g *qui.*

(54) Item. [h] Ordonné est que se Nous donnons au temps advenir aucuns dons en noz Forestz, soit d'usaiges ou autres choses, à vie ou à propre héritaige, que ilz n'en pourront faire aucune chose que en la forme & la manière qu'il sera contenu en leurs Lettres, & sur peine de perdre leurs usaiges, ou ils seront en amende condamnez.

h S. *p. 347. art. 10.*

(55) Item. [i] Ordonné est que nulle beste ne ira en taillis, jusques à temps que le bois se pourra deffendre des bestes, pource que une beste qui ne vaudra pas soixante Solz ou quatre Livres, y peut faire dommaige de cent Livres ou de plus, en une année.

i S. *p. 405. art. 1.*

(56) Item. [k] Ordonné est, que chacun Sergent sera creu par son serment des prinses qu'il fera où il n'escherra que amende [l] pécunaire: car il convient que les Sergens quièrent les malfaicteurs [m] le plus coyement qu'ilz pevent; & s'ils alloient querre tesmoing, les malfaicteurs s'en pourroient aller avant qu'ilz revinssent, ne ne

k S. *p. 140. art. 58.*

l Il y a dans C. *pécuniaire.*

m *le plus secrétement.*

NOTE.

(d) Forests de Vernon, &c.] Quelques-uns des noms suivans sont écrits différemment dans notre article, dans *Saint-Yon*, dans *Charondas* & dans *Rousseau*.

Du Traict. Il y a *Dutruc* dans *C.* & dans *S.* & dans *R.* il y a d'*Andely du Trait de la Haye* d'*Arqueu*, sans virgule.

D'Arqueu. Il y a dans *C.* & dans *S.* d'*Arques*, & c'est apparemment la bonne leçon. Il y a une forêt de ce nom dans le païs de *Caux*. Voyez le Dictionnaire universel de la *France*, au mot *Arques*.

De *Quernelle*. C'est app. la forêt de *Carnelle* auprès de *Beaumont sur Oyse*. Il y a *Quernelle* dans *C*.

De *Hallatte*. Cette forêt est auprès de *Senlis*.

De *Vbasayes*. Il y a dans *C. Vuasmes*, & dans *S. Vismes*, pevent pas tousjours mener tesmoingz pour tesmoigner leurs prinses ; se ainsi n'est que il [a] y ait menasses entre le Sergent & celluy qui sera prins, telle que les Maistres des Forestz voyent que les Sergens les facent pour grever celluy.

CHARLES VI. à Paris, en Septembre 1402.

(57) *Item.* [b] Ordonné est que les Sergens des Forestz ne respondront devant nul Juge, pour le cas des Forestz, se n'est devant les Maistres des Forestz, les Gruiers ou Maistres Sergens : car se on les faisoit semondre hors, entant comme ilz demouroient, pourroit l'en dommaiger les Forestz, en bois ou en bestes.

(58) *Item.* [c] Aucuns Verdiers, Maistres Sergens ou Chastellains, ne pourront dorcsénavant avoir Lieutenans, se ce n'est pour recepvoir l'argent de leur recepte ou de leurs faitz, qui sera à Nous deu pour cause desdictes Forestz ; & se ilz font le contraire, lesditz Maistres les pourront pugnir & oster, selon ce qu'ilz verront qu'il sera à faire de raison ; excepté toutesvoies ceulx qui seront demourans en noz Hostelz, & ceulx de noz Enfans.

(59) *Item.* [d] Que lesditz Officiers qui sont en nosditz Hostelz & ceulx de noz Enfans, seront tenus de respondre du fait de leurs Lieutenans, & se il y avoit aucune [e] mesprison, tout ainsi comme se eulx-mesmes avoient fait le mesfait en leurs propres personnes.

(60) *Item.* [f] Les Verdiers, Chastellains & Maistres Sergens, seront tenus rendre compte de leurs faitz des Forestz, deux foys l'an, par devant lesditz Maistres ; c'est assavoir, en *Normandie,* cincq sepmaines ou ung mois avant Pasques, & cincq sepmaines ou ung mois avant la Sainct Michel ; & aux autres païs, semblablement avant l'Ascension, & avant la Toussainctz ; & lesdicts Maistres d'envoyer par devers les Séneschaulx, Recepveurs ou Vicontes, pour le temps que dessus dit est, les ventes nouvelles qu'ilz auront faictes, les receptes, panaiges, herbaiges & exploitz des Forestz ordinaires qu'ils ont accoustumez de (e) rendre par comptes des Séneschaulx ou Baillifz, affin que avant les termes des comptes, les Baillifz & Recepveurs les puissent mettre en leurs comptes ; & seront lesditz Maistres aux comptes, quand les Baillifz & Recepveurs rendront compte du faict des Eauës & Forestz, affin qu'ilz rendent bien tout ce qu'ilz doivent rendre.

(61) *Item.* [g] Que les dessusditz Maistres ne accomplissent ne délivrent aucun bois de don à héritaige, à vie, à voulenté, ne à une fois, si les Lettres ne sont passées par la Chambre des Comptes.

(62) *Item.* [h] Pour ce que Nous avons donné à aucunes personnes la chasse d'aucunes de noz Forestz, pour chasser à toutes bestes, lesquelles personnes ont donné & donnent à autres leurs dictes chasses en icelle, ordonné est, que nul n'y pourra chasser, se ceulx à qui elles sont données n'y sont ou leurs gens, & que ce soit pour eulx & en leurs noms.

(63) *Item.* [i] S'il advenoit aucuns Sergens [k] instituez oultre l'Ordonnance des Forestz où ils sont establis, ou qu'ilz prennent plus grans gaiges qu'ilz ne souloient avoir, ou qu'il y eust plus [l] Sergens qu'il ne seroit de nécessité, Nous voulons qu'ilz soient ostez, & les gaiges ramenez aux gaiges anciens.

(64) *Item.* [m] Pour ce que noz Marchans des Forestz ne soient grevez, Nous voulons que quant ilz iront devant les Clercs des Baillifz, Vicontes ou Recepveurs, qu'ilz ne paient pour Lettre de quictance ou cédulle de chacun payement, que douze Deniers.

(65) *Item.* [n] Les principaulx Marchans de noz Forestz, pourront faire mener & charier leurs ventes de bois, sans en paier Péage ne Travers, par tout païs.

(66) *Item.* [o] Combien que les Marchans qui prennent [p] paissons & panaiges de nosdictes Forestz, aient accoustumé avoir toutes les forfaictures & amendes qui eschéent pour ceste cause, Nous voulons que doresnavant Nous ayons la moictié,

[a] cela peut signifier qu'il y ait eu entr'eux des querelles qui aient été suivies de menaces.
[b] S. p. 144. art. 67.
[c] S. p. 92. art. 30.
[d] S. p. 92. art. 31.
[e] méprise : faute.
[f] S. p. 66. art. 35.
[g] S. p. 346. art. 6.
[h] S. p. 257. art. 39.
[i] S. p. 196. art. 14.
[k] supp. être.
[l] supp. de.
[m] S. p. 317. art. 67.
[n] S. p. 220. art. 30.
[o] S. p. 383. art. 2.
[p] à ferme.

NOTE.

(e) *Rendre par comptes.*] Les articles des comptes que rendoient les Maîtres & les autres Officiers des Forêts, étoient inférez dans les comptes que rendoient anciennement les Baillis & Sénéchaux, de la recette & de la dépense générale de leur district.

CHARLES VI.

à Paris, en Septembre 1402.

& ledict Marchant l'autre, affin que nul ne s'en puisse exempter d'oresnavant soubz umbre de ce.

(67) *Item.* [a] Que aucun Verdier, Maistre Sergent ne aultre Sergent de Forestz, ne puissent [b] marchander ès pointz n'y ès mettes de leurs Offices, ne en leurs Gardes.

(68) *Item.* [c] Que aucuns Baillifz, Séneschaulx, Recepveurs, Prévosts, Vicontes ou autres Officiers quelconques, ne s'entremettent d'oresnavant du fait des Forestz, Fleuves, Rivières ne Garennes, ne de chose qui en dépende; mais si aucune chose en ont commencé, qu'ilz renvoient la cause en l'estat qu'elle est, par devers les Maistres de noz Forestz, commis aux païs dont ilz seront, pour en juger & déterminer selon ce que raison donnera.

a S. p. 95. art. 38. & p. 143. art. 65.

b commercer.

c S. p. 76. art. 61.

(69) *Item* [d] Aulcuns Verdiers, Chastellains ou Maistres Sergens des Forestz, ne pourront faire d'oresnavant aulcune vente, si ce n'est du commandement desdits Maistres qui sont ordonnez ès lieux là où ils seront, & n'auront congnoissance des Causes, fors des prinses qui y seront faictes par eulx & par les Sergens qui seront dessoubz eulx, jusques à la valeur de soixante Solz seullement; & se aulcun se veult doloir desdits Chastellains, Verdiers, ou Maistres Sergens, ou aultres simples Sergens, du fait desditz Forestz, il en pourra appeller devant les Maistres desditz lieux, qui en feront raison; & s'il avenoit aulcun cas qui semblast que l'amende montast plus de soixante Solz, & que les ditz Chastellains, Verdiers ou Maistres Sergens ne voulsissent avoir mis qu'à soixante Solz, les Maistres desditz lieux vendront pour enquerre & visiter se ilz pourront mettre icelles amendes au néant, & retauxer à plus grande somme pour nostre prouffit, selon ce que le cas le requerra [e].

d Voyez S. p. 98. art. 45. mais son article n'a aucun rapport à celui-ci.

e Il y a de plus dans C. & par raison ce que bon leur semblera.

(70) *Item.* [f] Les Marchans des bois & Forestz se pourront bien faire payer de ce que leur sera deu acause desditz bois, par lesditz Maistres ou par quelconques aultres Justiciers que bon leur semblera, où seront lesditz bois.

f S. p. 76. art. 60.

(71) *Item.* [g] Pour ce que ou temps passé noz predécesseurs Roys de France & Nous, avons eu & pourront avoir le temps advenir, plaisir de faire avantaige à aucuns de noz serviteurs, [h] Veneurs, Archiers desdictes Forestz, ou aultres personnes ayans maisons près d'icelles Forestz, en lieux de petite *(f)* essence & de petiz édifices, Nous ou nozditz prédécesseurs avons donné ou pourront donner ou temps advenir pour icelles maisons, franchises de édifier & ardoir des bois d'icelles Forestz, & leurs pasturages pour leurs bestes, & franc pasnage pour leurs porcs, lesquelz donataires ou leurs hoirs ou aulcun d'eulx, ont vendu icelles maisons aux grans Seigneurs & grans riches hommes de nostre Royaulme, avecques icelles droictures, lesquelz Seigneurs & riches hommes ont faict de grans & nobles édiffices en iceulx lieux, qui anciennement & ou temps desditz dons, estoient de petite essence & de petit coustement à tenir, & aussi ont mis & mettent chascun jour moult grans & excessifz nombre de bestaulx en nosdictes Forestz, *(g)* & se trouvent souvent esdicts lieux pour l'aisement du bois qui leur convient pour leur chauffaige, dont ilz prennent en trop plus grande quantité sans comparaison que ne peussent faire lesditz donataires ou leurs héritiers, se ilz tenissent encores lesdictes maisons, dont nosdictes Forestz ont esté & pourroyent estre encores plus ou temps advenir dommaigées & foullées par le fait & occasion des transportz ainsi faiz desdictes maisons & franchises, lesquelz transportz ne sont pas à souffrir pour les causes dessusdictes, & mesmement que lesditz dons ne furent pas faitz en celle intention, ordonné est, que ceulx à qui telz dons ont esté faitz, ne les pourront d'oresénavant transporter en autres personnes que en leurs hoirs, & au moins en personnes qui en puissent

g S. p. 373. art. 9.

h Il y a dans C. Veneurs, Archers, Officiers desdictes Forests.

NOTES.

(f) Essence.] Ce mot se trouve aussi dans *Rousseau*, mais dans *Charondas* il y a *accense*. Je crois qu'*Essence* est la bonne leçon, & qu'il signifie une chose de petite valeur. Dans l'article 18 de l'Ordonnance de l'Amirauté, du 7 de Décembre 1400, qui sera imprimée dans le Supplément de ce Vol. on lit: *S'il n'estoit prisonnier de si grand prix & les preneurs de si petite essence*, &c.

(g) Et se trouvent, &c.] Et se déterminent à habiter long-tems dans ces lieux, à cause de l'avantage qu'ils y ont d'avoir du bois qui ne leur coûte rien.

plus largement uſer que iceulx tranſporteurs feiſſent ſe ilz les teniſſent, & voulons & ordonnons que ceulx à qui leſditz tranſportz ſeroient faitz de dons jà faitz deſdictes franchiſes, ſoient contens de prendre bois pour édifier & ardoir eſdictes maiſons, en telle quantité comme peuſſent faire leſditz donnataires, eu regard à leur eſtat & à leurs édifices, & ſemblablement des beſtaulx mettre en noſdictes Foreſtz, comme peuſſent faire leſditz donataires & leurs hoirs, & que autrement ne ſoit ſouffert à uſer par leſditz Maiſtres de noz Eauës & Foreſtz doreſénavant : Et en oultre avons ordonné & ordonnons que ſe Nous avons fait ou faiſons doreſnavant aucuns dons de telles ou pareilles franchiſes à aucunes perſonnes, pour quelconque cauſe, ne ſoubz quelque forme de langaige que ce ſoit, que leſditz dons ſoient entendus pour ceulx à qui Nous avons fait leſditz dons & pour leurs hoirs ſeullement, & que autrement ne leur en ſoit ſouffert uſer; & entant comme touche le tranſport [a] qui au temps paſſé deſdictes franchiſes par leſditz donataires ou leurs hoirs, Nous y aurons advis & délibération, affin d'y pourvoir & ordonner au plûtoſt que Nous [b] pourront bonnement.

CHARLES VI.
à Paris, en Septembre 1402.

a Il y a dans C. *qui ont eſté faicts au temps paſſé.*
b Il y a dans C. *pourrons.*

(h) (72) Item. Comme les Fleuves & Rivières grandes & petites de noſtre Royaume, par malice & par engins pourpenſez des peſcheurs, ſoient aujourd'huy comme ſans fruict, & par eulx [c] ſoient empeſchez à croiſtre en leur droict eſtat, & ſoient de nulle valeur quant ilz ſont prins par eulx, & ne profitent pas à en uſer en leurs mains, ainçois monſtrent [d] qui ſont plus chers qu'il n'eſt accouſtumé, laquelle choſe tourne en grant dommaige tant des riches comme des pauvres de noſtre Royaume, & à Nous appartient de noſtre droict Royal, curer & penſer du bon eſtat & commun prouffit de noſtre Royaume, il Nous plaiſt & voulons que leſditz Maiſtres de noſdictes Foreſtz & Eauës prennent ou facent par leurs députez prendre garde ſaigement ſur tous ceulx où ilz trouveront tous les fillez cy-deſſoubz nommez & déclairez, & iceulx facent bruſler & ardoir, les peſcheurs & autres appellez, pour veoir la vengeance, par manière que les peſcheurs ne facent doreſnavant telz engins; & ſe autres engins ſont trouvez en l'hoſtel des peſcheurs ou avecques eulx, qu'ilz ſoient plus dommaigeables pourpenſez ou à pourpenſer par leur malice, qu'ilz ſoyent pugniz & ars comme les autres devant ditz; & ceulx qui en [e] ouvreront ou qui les feront, à eſtre contrainctz à paier à Nous ſoixante Solz, ou autre telle amende comme leſditz Maiſtres regarderont & verront appartenir ſelon les meffaitz, & les poiſſons qui ſeront prins, forfaitz & regettez en l'eauë s'ilz ſont vifz, & ſe ilz ſont mors, qu'ilz ſoient donné aux pauvres. Et pour ce que leſditz engins leſquelz Nous voulons eſtre quis & encerchez de jour & de nuyt, les noms ſont meſcongneus de pluſieurs & en beaucoup de lieux, Nous les avons cy fait eſcripre & nommer: c'eſt aſſavoir, le Bats-Robouoir, le Ciffre, Garins, Valais, Amondes, le Puiſouir, la Trouble à bois, la Boureſche, la Chace, le Marchepié, le Clinquet, le Rouable, Samiers, Faiſines, Fagos, Naſſes-pellées, Jonchées, Lingnes du long à menus ameçons; & que l'en ne batte aux arches ne aux gros herbes, & que Vraye à chaſſe ne queure, & que on n'y adjoingne Boucet eſpiz. Deſquelz engins Nous deffendons perpétuellement à peſcher; & auſſi que on ne peſche de nuyt dequelzconques engins en deux mois; c'eſt aſſavoir, de my-Mars juſques en my-May: car les poiſſons frayent en iceluy temps, & laiſſent leur fraye, & les peſcheurs de nuyt les chaſſent & détruiſent toute leur fraye; & que nul ne ſoit ſi hardy de aller à fraye de dars, ne qu'il preigne gardons ne dars durant ledit temps; & par-tout le pourra peſcher de tous bons engins, excepté ou temps deſſuſdit; & tous autres engins qui ſeront faictz, deſquelz ilz pourront peſcher, Nous voulons eſtre faitz à noſtre moule, à la largeur d'ung gros Tournois chaſcune maille, & pourront eſtre faitz plus larges

c Il y a dans C. *ſoient les poiſſons empeſchez.*
d Il y a *qu'ils* dans C.
e Il y a dans C. *auront.*

NOTE.

(h) Cet article & les trois ſuivans ſont conformes aux articles 47, 48, 49 & 50 de l'Ordonnance du premier de mars 1388. [Voyez pp. 778 & 779 du 7.e Volume de ce Rec.] Il y a cependant d'aſſez grandes différences dans les noms de *Retz* & *Engins* qui ne ſe trouvent point auſſi écrits de la même manière dans *C.* dans *S.* & dans *R.*

CHARLES VI.
à Paris, en Septembre 1402.

à prendre les gros poissons; & de la Saint Remy jusques à Pasques, à la largeur d'ung Parisis; & que Nasses ne queurent par rivières, [a] que celle ne sont telles que on y puisse bouter ses dois jusques au gros de la main; & ne pourront prendre Barbel, Carpe, Tanche ne Bresme, si chacun ne vault quatre Deniers, le Lussel, s'il ne vault huyt Deniers, ne Anguille, se chacune ne vault ung Denier, ne autre Poisson de [b] Laire, ne d'autre rivière Royal, se il n'a plain [c] dour, & que avecques ce, y peyre chef & queuë du moins.

(73) Item. [d] Quant aux Quidiaulx, les chausses seront du moule d'ung Parisis de plat, & y pourront adjoindre Boussel d'osier, du moule que entre deux verges l'en puisse par-tout bouter le petit doy, tant comme l'ongle se porte; & les Faisines dont l'en peschera de la Saint Remy jusques à Pasques, seront faictes du moule *(i)* d'ung gros Tournois de plat; & de tous autres filez dont l'en peut pescher selon les Ordonnances dessusdictes, semblablement, sauf la Trouble le fil autre que celle à bois, de quoy en tous temps on pourra pescher, mais qu'il soit du moule d'un denier Parisis de plat, réservé le temps de fraye.

(74) Item. Des Jonchez l'en pourra pescher en tous temps, excepté le temps de fraye: Et quant est aux Chaussez dequoy l'en peut pescher par les Ordonnances, elles seront faites telles que on y puisse bouter ses quatre doys, en passant les quatre premières joinctes sans force.

(75) Item. [e] Les Maistres des Forestz visiteront les Estangs des lieux où ilz seront ordonnez, & iceulx feront mettre en estat de peupler & mettre de lieu en autre: & les feront pescher & vendre les poissons en lieu, en temps & en saison; & les deniers des poissons vendus, délivreront & bailleront au Viconte ou Recepveur en quelle recepte lesdits Estangs seront assis.

(76) Item. Et noz présentes Ordonnances voulons estre criées & publiées ès lieux solennelz & accoustumez à faire criz, affin que aucuns n'en puissent avoir ne prendre dès-lors en avant aucune cause d'ignorance. Toutes-voyes nostre intention est, que si ès Ordonnances anciennes a aucuns articles qui ne soient en ces présentes contenus, & à quoy ne soit dérogué par icelles, que ce demeure en sa force & vertu, & que on en puisse user & s'en ayder deuëment & raisonnablement quant le cas le requerroit.

Ordonnons & mandons à nostre très-cher & amé Cousin le *Comte de Tancarville,* Souverain-Maistre & Général Réformateur de nosdictes Eauës & Forestz, à noz amez & féaulx Gens de noz Comptez & Trésoriers à *Paris,* & aux Maistres de noz Eauës, Bois & Forestz dessusditz, & à tous noz autres Justiciers & Officiers, ou à leurs Lieutenans & à chacun d'eulx, si comme à luy appartiendra, que nosdictes Ordonnances tiennent, gardent, accomplissent & facent tenir, garder & accomplir de point en point, selon leur forme & teneur, sans aucune chose faire ou souffrir estre fait au contraire: Et affin que ce soit chose ferme & estable, Nous avons fait mettre nostre Séel à ces présentes: Sauf en autres choses nostre droit, & l'autruy en toutes. *Donné à* Paris, *au mois de Septembre, l'an de grace mil quatre cens & deux, & de nostre regne le XXII*e. Par le Roy, en son Conseil. [f] J. DE SANCTIO.

Collation faicte aux Ordonnances Royaulx par la Court de l'Eschiquier.

CHALIGANT.

Collation faicte à *Bourges,* en la Chambre des Comptes, ou mois de Febvrier, l'an mil quatre cens vingt & deux, à certain caier de parchemin. Collationné par Maistres *Milles Chaligant,* aux originaulx, si comme il est par luy certifié soubz son seing manuel.

a Il y a dans C. *si elles ne sont.*
b Il y a dans C. *Loire.*
c *Ce mot signifie une mesure de dix-sept à dix-huit pouces.* Voyez le Traité de la Police par *Delamare,* T. 3. p. 836.
d *t. 7. p. 779. art. 48.*
e S. *p. 238. art. 53. & p. 239. art. 55.*
f Il faut sans doute corr. *J. de Sanctis,* nom qui se trouve à la fin de plusieurs Lettres données dans le même tems.

NOTE.

(i) D'ung gros Tournois.] Il y a dans C. *d'un Parisis de plat aisément, & depuis Pasques jusques à la S. Remy, du moule d'un gros Tournois de plat, & de tous, &c.* Cet endroit & quelques autres prouvent que le *Caron* en faisant imprimer cette Ordonnance, n'a pas suivi l'Edition du *Grand Coûtumier* de 1516.

Lettres

CHARLES VI. à Paris, en Septembre 1402.

CHARLES V. à Paris, en Juillet 1368.

(a) Lettres qui confirment l'Arrêt du Parlement par lequel a été créée la Viguerie de Narbonne, distraite de celle de Beziers.

SOMMAIRES.
[pour la page 543.]

(1) La Justice se rendra au nom du Roy dans la Viguerie de Narbonne, comme elle se rend dans celle de Beziers, à l'instar de laquelle elle a été créée; & il y aura un Viguier & un Juge instituez par le Roy, qui connoîtront en premier Ressort des affaires civiles & criminelles qui sont de la compétence des Juges Royaux. Le Sénéchal de Carcassonne ne pourra prendre connoissance de ces affaires, qu'en cas d'Appel. Il jugera ces Appels dans les Assises qu'il tiendra à Narbonne de deux mois en deux mois, sans pouvoir faire de procédures hors de cette Ville contre les Officiers de la Viguerie & ceux qui demeureront dans son District, ni les faire mettre en prison hors de Narbonne, si ce n'est dans le cas où s'agissant d'un crime grave, le délinquant auroit un si grand crédit dans cette Ville, qu'on ne pourroit avec sûreté lui faire son procès & le garder en prison dans Narbonne, ou dans le cas où le Roy auroit donné des ordres exprès.

(2) Les poursuites qui se feront dans la Viguerie de Narbonne contre les débiteurs, ne seront faites que par un seul Sergent qui soit de l'ancien nombre de ceux de cette Viguerie, & on ne mettra plus de Commissaires & de Mangeurs en garnison dans leurs maisons, si ce n'est dans le cas où ces débiteurs feroient rébellion au Sergent.

(3) Le Viguier de Narbonne, appellé le Procureur du Roy, ordonnera seul de la réparation des chemins qui sont dans son District, sans pouvoir à ce sujet rien exiger des habitans. Si le Viguier néglige ces réparations, le Sénéchal de Carcassonne y pourvoira.

(4) Les Maîtres des Eaux & Forêts, & ceux des Ports & Passages, ne pourront faire de procédure contre les habitans de la Viguerie de Narbonne, que dans cette Ville, & l'Appel de leurs Jugemens sera porté devant le Sénéchal de Carcassonne, dans ses Assises à Narbonne.

KAROLUS Dei gracia Francorum [a]. *Notum facimus universis presentibus & futuris, Noz vidisse Litteras Domini Karoli Genitoris nostri, quarum tenor dicitur esse talis.*

a *supp.* Rex.

KAROLUS Dei gracia Francorum Rex. Notum facimus universis presentibus & futuris, quòd cùm pridem post certam litem super disjunccione Vicarie Narbone *à Vicaria* Biterrensi, *motam & agitatam in nostra Parlamenti Curia, inter Universitatem & Consules nostros* Narbonenses, *ex una parte, & dilectos nostros Archiepiscopum & Vicecomitem* Narbone, *& Consules* Biterrenses, *ex altera, Partibus hinc inde auditis, traditisque per ipsas & visis articulis ac pluribus Cartis & Litteris per nostram Curiam supradictam, diligenti & maturâ deliberacione Consilii prehabitâ, & per ipsius Arrestum inter cetera dictum & pronunciatum fuerit quòd Nos constitueremus sedem Regiam in dicta Villa* Narbone, *in certa domo in civitate dicte Ville situata, Nobis per dictos Consules oblata & recepta, instituerem usque ibidem Officialem seu Officiales nomine nostro & pro Nobis, cognituros & judicaturos de Causis Superioritatis & Ressorti, ac eciam aliis Causis pertinentibus ad Nos, habiturosque cognicionem ac juridicionem nostran in Villa* Narbone, *ac in aliis locis, Castris & Villis dicte nostre Sedi Regie constituende, per Nos adjudicandis seu assignandis pro Districtu ac Ressorto, eo videlicet modo atque forma quibus de dictis Causis hactenus cognoscebatur & judicabatur, cognoscique & judicari debebat &* [b] *consuaverat in Sede nostra* Biterrensi *per Officiales nostros* Biterris, [c] *exintes videlicet à dicta Sede & Ressorto seu Districtu* Bitterensi, *prefatam Villam* Narbonnensem, *aliaque loca, Villas atque Castra dicte Sedi Regie* Narbonnensi, *ut premittitur, assignanda, ac habitatores in eisdem, prout hec & alia laciùs* [d] *continetur in Litteris nostris* [e] *extractus à Regestris Curie nostre, de dicto Arresto factis, vim originalis habentibus, quas vidimus, & earum tenor sequitur & est talis.*

b *corr.* consueverat.
c *corr.* eximentes.
d *corr.* continentur.
e *corr.* extractis.

[f] *KAROLUS Dei gracia Francorum Rex. Uuniversis presentes Litteras inspecturis: Salutem. Notum facimus quòd Nos de Registris Curie nostre Parlamenti, extrahi fecimus quoddam Arrestum in Parlamento quod incipit die Lune in crastino Festi Beati*

f C'est un Arrêt du Parlement.

NOTE.

(a) Trésor des Chartres, Registre 157. P. IIe I. (201.)

CHARLES VI. à Paris, en Septembre 1402.

CHARLES V. à Paris, en Juillet 1368.

Martini yemalis, anno Domini millesimo CCC^mo quadragesimo septimo ; videlicet (b) die decima sexta Aprilis, anno predicto, inter Partes infrascriptas [a] *& prolatum, cujus tenor talis est.*

(c) Lite motâ in Curia nostra inter Universitatem & Consules Narbone, *ex una parte, & dilectos nostros (d) Archiepiscopum & Vicecomitem* Narbone, *ac Consules* Biterrenses, *quathenus quemlibet ipsorum tangere poterat, seu eorum Procuratores, ex altera parte, super eo quod prefati Universitas & Consules proponebant quòd (e) dudum Nos existentes in* Narbona, *preffatis Universitati & Consulibus, ad eorum supplicacionem mediantibusque certis Tractatibus & financia, ac dicto Vicecomite* [b] *auditis,* [c] *consenseramus inter cetera, quod in dicta Villa* Narbone *per Nos constitueretur Sedes & Curia Regia superior, de qua concessione propter occupaciones guerrarum & Curie nostre, dicti Consules &* [d] *Universitatis non potuerant tunc Litteram habere seu obtinere, nec ejusdem concessionis prosequi negocium, fatigati expensis quas pro guerris nostris sustinere habuerant, ut dicebant ; quodque post modum hiidem Consules & Universitas ad finem quod dicta concessio per Nos facta exequeretur &* [e] *revocaretur, sub certis formis, condicionibus & retencionibus, certam requestam* [f] Senescallo *nostro* Carcassone *fecerant, super qua & ejus circonstanciis, certa Informacio per Magistrum* Raymondum Fulcaudi, *tunc Procuratorem nostrum in* Senescallia Carcassone, *de mandato nostro facta fuerat, & demum certis Commissariis per Nos super dicto negocio deputatis remissa, coram quibus seu aliquibus eorum, Partibus vocatis & comparentibus, certoque processu super hoc habito, dictum negocium cum Partibus de mandato nostro fuerat Curie nostre predicte remissum : Dicebant eciam preffati Universitas & Consules quòd dicta Villa* Narbone *erat & est locus antiquior & insignior, major & populosior quàm alia loca Vicarie* Biterrensis *&* Senescallie Carcassone, *eratque & est Civitas Metropolitana & caput nedum unius Provincie, sed plurium Provinciarum, propter quod secundùm Jus scriptum quo regitur* Senescallia Carcassone, *decebat, ut dicebant, ibi constitui Forum seu locum Judicii : erat eciam & ab antiquo fuerat caput Ducatûs cujus Nos & Predecessores nostri eramus & fueramus Duces in locum* Comitis Tholozani *qui fuerat* Dux Narbone, Comes Tholoze *&* Marchio Provincie : *erat eciam civitas* [g] *limitane per terram & per mare, propinquior & vicinior finibus & limitibus Regni nostri à parte* Yspanie *&* Cathalonie, *quàm Villa* Biterrensis

[a] cette conjonction paroît inutile.
[b] audito. R. P.
[c] concesseramus. R. P.
[d] Universitas. R. P.
[e] renovaretur. R. P.
[f] Le Sénéchal de *Carcassonne* l'étoit aussi de *Beziers*.
[g] limitanea. R. P.

NOTES.

(b) Die decima sexta Aprilis, anno predicto (1347.)] Cette date se trouve encore plus bas p. 543. Note *(n)* marginale. Si l'on s'en tenoit à l'indication du jour de Pâques de l'année 1348, qui se trouve dans le Glossaire de *Du Cange*, au mot *Annus*, où on lit que ce jour tomba au 20 de Mars, la date de l'année de cet Arrêt seroit fautive : car en supposant que l'année 1348 a commencé le 20 de Mars, un Arrêt donné depuis la Saint Martin 1347 & le 16 d'Avril, auroit été rendu en 1348 après Pâques, & non en 1347 avant Pâques : mais il est certain par le fol. 69. rect. du Registre du Parlement de *Paris* indiqué ci-dessous, Note *(c)*, & par d'autres preuves qu'il feroit trop long d'expliquer, qu'en 1348 le jour de Pâques tomba non au 20 Mars, mais au 20 d'Avril, d'où il suit que cet Arrêt du 16 Avril a été rendu le mercredi de la semaine Sainte de l'année 1347. Je remarquerai par occasion que dans ce Glossaire, les indications des Pâques pour les deux années suivantes 1349 & 1350, sont aussi fautives : car il paroît par les fol. 304 recto, & 350 recto de ce même Registre du Parlement, qu'en 1349 le jour de Pâques tomba au 12 & non au 11 d'Avril, & qu'en 1350 il tomba non au 28 d'Avril, mais au 28 de Mars. Voyez, par rapport aux jours de Pâques de ces deux dernières années, ce qui en a été dit dans les *Emendanda* sur le premier Vol. du Glossaire de *Du Cange*.

(c) Lite motâ.] Cet Arrêt se trouve au *fol.* 163. *verso*, Pièce XLI. du Registre du Parlement, coté XI. & intitulé sur le dos : *Lettres & Arrests commençans en Janvier 1347, finissant en Juillet 1350*. Ce Registre a fourni un assez grand nombre de corrections & de variantes, qui sont ici insérées dans des Notes.

(d) Archiepiscopum.] Il se nommoit *Pierre de la Jugie*. Vid. *Gall. Christ.* 2.e *Edit.* T. 6. col. 91. art. 46.

(e) Dudum.] En parcourant dans la Table Chronologique des Ordonnances, qui est à la fin du 2.e Vol.^e de ce Rec. les noms des lieux desquels sont datées les Lettres données par Philippe de Valois avant 1347, je n'en ai trouvé qu'un situé dans le *Languedoc*. Ce Prince donna des Lettres à *Beziers* en Février 1335, on peut présumer que vers ce tems-là il alla à *Narbonne*.

& quicumque alius locus insignis Senescallie Carcassone, *propter quod decens erat & expediens Nobis & securitati Regni nostri, habere ibidem Sedem seu Curiam Regiam, cùm Vicario & Judice, ut dicti Consules & Universitas asserebant. Dicebant eciam quòd* [a] *secundùm jura civilia antiqua quibus regitur* Senescallia Carcassone, *antiquitùs dicta Villa* Narbone *habuerat & habebat Pretorem sicut* Hispania *& alie Provincie, & quòd eciam tempore recolende memorie Karoli magni Predecessoris nostri, dicta Villa* Narbone *erat urbs Regia, erantque ibi (f) duos Reges, unus Judeus & alius Sarracenus. Proponebant insuper quòd Consulatus* Narbone *cum omnibus Juribus, Libertatibus, franchisiis, usibus & Consuetudinibus suis, tenebatur & tenetur, olimque teneri consueverat sub Sacramento fidelitatis in solidum & immediatè à Nobis & Predecessoribus nostris ut Ducibus* Narbone, *& quòd Consules* Narbone *annis singulis post eleccionem & creacionem de se factas, jurabant & ab antiquo jurare consueverant in manibus Bajuli Regii* Narbone, *sub certa forma; habebamusque & habueramus Noz & Predecessores nostri, ab antiquo in Consulibus, Universitate ac hominibus Ville* Narbone, *juramentum fidelitatis contra omnes qui vivere & mori possunt, & specialiter contra Vicecomitem* Narbone, *in casu in quo esset rebellis Corone Francie; quodque Nos & Curiales nostri* Bitterenses *tenebamus ac possidere seu quasi* [b] *consuaveramus cognicionem, examinacionem, diffinicionem & execucionem de Causis civilibus & criminalibus emergentibus in dicta Villa* Narbone *& ejus Territorio seu Districtu; videlicet, in pluribus & diversis casibus ad Nos & Juridicionem nostram pertinentibus, quos dicti Consules & Universitas singulariter allegabant, & quòd eciam habebamus in dicta Villa* Narbone, *Bajulum & Servientes, aliosque* [c] *Officiarios aut Locatenentes Judicis* [d] *Majori* Carcassone, *& Magistri seu Visitatoris generalis Portuum & Passagiorum Regni nostri, cognoscentes & judicantes nomine nostro & pro Nobis, de Causis spectantibus ad cognicionem & Juridicionem nostram* [e] *à execucioni demandantes, prout* [f] *à uniuscujusque Officium pertinebat:* [g] *adicentes eciam quòd Nos & Predecessores nostri habebamus & tenebamus, ac à pluribus annis habueramus & tenueramus in dicta Villa* Narbone, *certam domum vocatam de* Malapaga, *in qua de mandato Curialium nostrorum,* [h] *frequanter arrestabantur & includebantur, inclusique detinebantur debitores obligati ad vires* [i] *parvi & magni Sigillorum regiorum* Montispessulani *&* Carcassone, *solvere recusantes, & eciam homines de* Narbona *suspecti seu delati de criminibus seu excessibus quorum cognicio pertinebat ad Nos seu Curiales nostros predictos, in qua eciam Domo dicti Officiales nostri cognoscebant processusque faciebant super Causis & negociis ad Juridicionem & cognicionem nostram,* [k] *premittitur, conspectantibus; eratque pro* [l] *tribunal erectum palam & nomine nostro in Domo supradicta. Asserebant preterea dicti Consules & Universitas, quòd in concessione Requeste sue predicte, apparebat evidens nostra & tocius Patrie* [m] *hac habitancium in* [n] *eadam, utilitas tum circa custodiam & securitatem Patrie & limitum predictorum Regni nostri, ac conservacionem dignitatis & honoris Ducalis ad Nos, ut premittitur, pertinentis, cùm eciam quantùm ad augmentacionem cultûs Justicie, propter faciliorem & celeriorem expedicionem Causarum & negociorum expedicionem in dicta Sede Regia constituenda, in* Narbona, *& eciam in reliqua parte Vicarie* Bitterrensis; *& quòd quamplures de* Narbona *& locis circumvicinis propter suam paupertatem & Sedis* Bitterrensis *longinquitatem, viarumque & fluminum discrimina, ac prolixam expedicionem negociorum & Causarum in Sede* Bitterrensi, *sumptuumque* [o] *multiplitatem, & quia vagabantur & avocabantur à negociis suis, malebant cedere juri suo quàm illud prosequi in dicta Curia* Bitterrensi; *quodque deffectus justicie nottorius in* Narbona, *videlicet, in Officialibus Dominorum temporalium, per dicte Requeste concessionem* [p] *supplentur, comodaque fiscalia multipliciter augerentur, cùm Judex & Vicarius* Biterrensis *non sufficerent, ut dicebant, ad investiganda commoda predicta fiscalia, nec ad expediendas*

CHARLES VI. à Paris, en Septembre 1402.

CHARLES V. à Paris, en Juillet 1368.

[a] Il n'y a dans le Reg. que *s.* avec un point, mais le sens demande qu'on lise *secundùm.* Cependant il y a *si* dans R. P.

[b] consueveramus. R. P.

[c] Officiales. R. P.

[d] Majori nostri. R. P.

[e] ac. R. P.

[f] ad. R. P.

[g] *corr.* adjicientes.

[h] frequenter. R. P.

[i] Voyez sur le Petit Sceau de *Montpellier*, ci-dessus page 344. Note *(b)*, & pag. 348. Note *(a)*.

[k] *supp.* ut. comme dans R. P.

[l] *supp.* hiis.

[m] ac. R. P.

[n] eadem. R. P.

[o] multiplicitatem. R. P.

[p] supplerentur. R. P.

NOTE.

(f) *Duos Reges.*] Il y a *duo* dans R. P. Cette fable qui se lit dans un de nos vieux Romans intitulé: *Philomela*, a paru si méprisable à Dom *Vaissette*, qu'il n'a pas daigné en faire mention dans son Histoire du *Languedoc*, même pour la réfuter.

CHARLES VI. à Paris, en Septembre 1402.

CHARLES V. à Paris, en Juillet 1368.

a &. R. P.
b forsan. R. P.

& judicandas Inquestas, Causas & negocia populi dicte Vicarie in qua asserebant esse quinque civitates, aliaque plurima loca insignia [a] *quadraginta millia focorum vel circa, populumque longe magis litigiosum quàm in residua parte* Senescallie *predicte* Carcassone, *non continente numerum focorum ampliorem, in qua non sufficiunt, ut dicebant, quatuordecim vel quindecim Judices ad justiciam populo ministrandam, & quòd antiquitùs ad regimen populi dicte Vicarie* Biterrensis, [b] *forsam sufficerent unus Vicarius & unus Judex populo, cùm & per consequens litigiis multiplicatis, pertinebat ad Nos solum & in solidum, & ad nostrum nobile Officium, providere & subvenire gravaminibus & molestacionibus subditorum nostrorum, potissimè circa defectum Justicie, constituereque & creare Officiales novos pro exhibenda subditis nostris Justicia in locis ad hoc convenientibus, dictorumque Officialium & Judicum nostrorum multiplicare numerum, si & quando hoc exigit populi & litigiorum multiplicacio, fueratque semper per Nos & Predecessores nostros sic fieri consuetum, ut dicti de* Narbona *dicebant: Quare petebant prefati Universitas & Consules* Narbone *pronunciari que requisita & supplicata per eos* [c] *cum essent Deo grata & accepta, eisque concedi deberent tanquam justa & utilia ac eciam necessaria Nobis, Corone nostre,* [d] *successorum nostris perpetuò totique reipublice tocius Regni nostri, & specialiter* Lingue Occitane *& Provincie* Narbonensis, *& quòd Nos jure nostro ac de nostra ordinata potestate ea possemus concedere, non obstantibus opposicionibus prefate Partis adverse; quòdque per viam supplicacionis predictam, prefati Consules & Universitas recipi deberent & admitti: protestantes se non intendere aliquid dicere concludendo contra Partem, sed extra judicii figuram, & ad nostrum nobile Officium verba sua dirigendo dumtaxat: Offerentes eciam Nobis inter cetera, ad dictam Sedem constituendam, Domum Consulatûs, quam* Narbone *in Civitate & in franco allodio tenere se dicebant, plures alias raciones ad fines predictos allegando: Prefatis Archiepiscopo & Vicecomite* Narbone, *ac Consulibus* Biterrensibus *ex adverso proponentibus & dicentibus supradictos de* Narbona *audiri non debere nec admitti per viam predictam Supplicacionis seu Requeste, ad requisita per eos & petita, potissimè cùm illa peterent & requirerent ad eorum utilitatem singularem, contra jus commune & statum antiqum Vicarie* Biterrensis, *& Ressorti ejusdem* [e] *ad ducentis annis & ampliùs existentis &* [f] *ramenentis unius & indivise: proponentibus eciam quòd dudum per mortem ejusdem qui tunc temporis erat* Comes Tholoze, Dux Narbone *&* Vicecomes Biterrensis, *hiidem Comitatus, Ducatus & Vicecomitatus per successionem obvenerant ad duos filios Domini supradicti, ad quorum unum per divisionem & partagium inter eos factum, obvenerat Comitatus* Tholoze, *ad alterum verò Vicecomitatus* Bitterrensis *usque ad certos limites in circuitu, infra quos limites erat Villa predicta* Narbone *ac eciam* Carcassone, *& quòd ex tunc dicta Villa* Biterrensis *erat & semper fuerat excellentior & principalior Villa tocius Vicecomitatûs predicti* Biterrensis; *quòdque propter nobilitatem & principalitatem dicte Ville, prefatus filius vocabatur Vicecomes* Biterrensis *& Dominus* Carcassone, *in quorum personis filiorum defecerat seu cessaverat ex tunc nomen ducis* Narbone, *& quòd ex tunc dictâ divisione factâ, Vicecomes* Narbone, *aliique Barones* [g] *hac Prelati habentes Justiciam infra dictum Vicecomitatum* Biterrensem, *fecerant Sacramenta fidelitatis & homagia dicto Vicecomiti, racione Vicecomitatûs predicti, omnesque dicti Prelati, Barones, Nobiles, Consules, Universitates & Ville infra dictum Vicecomitatum & ejus limites existentes, & specialiter Domini temporales, Consulesque & habitatores* Narbone, *comparebant tunc temporis & respondebant in dicta Villa* Bitterrensi, *tanquam in loco principali & capitali Vicecomitatûs predicti, regebanturque in omnibus casibus Superioritatis & Ressorti, per Officiales ibidem existentes* [h] *per Vicecomite predicto, fueratque postmodum semper & continuè, ut premittitur, observatum quousque ad Predecessores nostros obvenerat dictus Vice-comitatus* Biterrensis. *Dicebant eciam prefati Archiepiscopus, Vicecomes & Consules, quòd postmodum per (g)* Simonem Comitem Montefortis, *à quo Nos & Predecessores nostri Causam*

c ce mot n'est point dans R. P.
d successoribus. R. P.
e à. R. P.
f remanentis. R. P.
g ac. R. P.
h pro. R. P.

NOTE.

(g) Simonem Comitem Montefortis.] On peut consulter le Traité des Droits du Roy, par *Dupuy*, p. 852 & suiv. sur les droits qu'avoit

habebamus, attentis [a] consideratis premissis, ac eciam quòd dicta Villa Biterris & plures Ville circumvicine erant & sunt in limitibus & fronteriis Regni nostri, & in maris litoribus seu riparia situate, [b] quòdque de Consilio & assensu Prelatorum, Baronum, Nobilium, Communitatum, aliorumque subjectorum & habitancium in partibus illis Congregatorum specialiter super tractatu commoditatis & incommoditatis Patrie, fuerat pro communi utilitate, securitate & deffensione ejusdem patrie, ordinatum & concessum quòd dictus Vicecomitatus Biterrensis esset perpetuò futuris temporibus [c] Vicaria Biterrensi, & quòd dicta Villa Biterris tanquam principalior, excellencior, notabilior & commodiùs situata, esset superior atque caput dicte Vicarie; quòdque omnia loca & Ville dicti Vicecomitatûs, que solebant ibidem [d] ressortire, & tempore quo ibi erat & fuerat Vicecomes, essent perpetuò in futurum de Ressorto dicte Ville, instituerenturque unus Judex & unus Vicarius qui in dicta Villa Biterrensi, de omnibus Causis emergentibus in dicta Vicaria ad Noz pertinentibus, cognoscerent, & eorum quibus omnes Prelati, Barones, Nobiles, Communitates, aliique subjecti & habitantes in dicta Vicaria, [e] & in omnibus casibus Ressorti ad Nos pertinentibus, responderent, absque eo eciam quòd dicta Vicaria separari posset seu dividi modo quolibet in futurum: Quequidem concessiones & Ordinaciones post modum per Beatum Ludovicum Predecessorem nostrum, habitâ super hoc maturâ deliberacione cum dictis Prelatis, Baronibus [f] Comitatibus & ceteris dicte Vicarie subjectis, tanquam Regi, Regno & communi populo necessarie & utiles, fuerant confirmate, & quòd à dictis temporibus citra, habitantes in Villis & locis predictis, & specialiter dicti Archiepiscopus, Vicecomes, aliique condomini Narbone, eorumque Officiales temporales, Consulesque Narbone, eorum [g] Ministra ac cetera subjecti & habitatores Narbone continuè ressortiti fuerant coram Vicario & Judice Biterrensi, hiidemque Judex & Vicarius usi fuerant & explectaverant dictis superioritate & Ressorto juxta tenorem Ordinacionum predictarum, fueratque semper & continuè, ut premittitur, usitatum & observatum, licet pluriès ac diversis vicibus & temporibus, plures tam Senescalli nostri Carcassone quàm aliqui alii Officiales nostri, ac nonnulli alii procurassent & nisi fuissent dictam Vicariam dividere, novasque [h] Vicaris Sedes & Ressorta Vicariorum & Judicum pro Nobis statuere, seu per Nos & Predecessores nostros statui procurare: Que omnia in contrarium & prejudicium dictarum Ordinacionum attemptata sive facta, tam per Noz quàm Predecessores nostros, ad querelam & requestam habitancium in dicta Vicaria Biterrensi, & pro tocius utilitate patrie fuerant penitùs revocata, prefatas Ordinaciones & observaciones tanquam necessarias & utiles confirmando. Proponebant insuper quòd Nos, mediante certâ financiâ, concesseramus Biterrensibus predictis certa privilegia continencia inter cetera, quòd Vicaria & Ressortum Biterrensis essent & remanerent indivisa perpetuò, secundùm prefatum modum & formam antiquitùs, ut premittitur, observatos: quequidem privilegia per Prelatos, Barones, Nobilesque & communitates, ac ceteros dicte Vicarie subjectos, tanquam eis & toti Vicarie in pluribus eorumdem privilegiorum Capitulis utilia & honorabilia, fuerant laudata & approbata, solverantque omnes dicti subjecti porcionem eos contingentem sumptuum & expensarum factarum in prosecucione & financia impetracionis privilegiorum predictorum, exceptis duntaxat prefatis Consulibus Narbone, porcionem suam indebitè solvere recusantibus, licèt eisdem privilegiis pluriès se juvissent, ac eis de die in diem uterentur. Proponebant preterea prefati Archiepiscopus, Vicecomes & Consules Biterrenses, plures causas, facta & raciones per que & quas probare & declarare multipliciter nitebantur pluribus viis, consideracionibus atque modis, quòd dicte Vicarie Biterrensis [i] diviso, Sedisque Regie constitucio in Narbona, esset Nobis & toti Patrie predicte sumptuosa multipliciter & dampnosa, nostreque Juridicioni prejudicialis, & quòd utilitas & honor [k] nostre, communisque ac publica [l] utilitas omnium habitancium in dicta Vicaria, quòd remaneret,

CHARLES VI.
à Paris, en Septembre 1402.

CHARLES V.
à Paris, en Juillet 1368.

a *supp.* &. *comme dans* R. P.
b ces mots ne sont point dans R. P.
c *supp.* de.
d ressortire & respondere tempore. R. P.
e & *n'est point dans* R. P.
f Communitatibus. R. P.
g Ministri ac ceteri. R. P.
h *Il y a une marque d'abréviation sur ce mot, & on lit* Vicarias *dans* R. P.
i diviso. R. P.
k noster. R. P.
l utilitas erat omnium. R. P.

NOTE.

sur *Toulouse*, *Narbonne*, *Beziers*, &c. *Simon* Comte de *Montfort*, ce fameux Chef de la Croisade contre les *Albigeois*, sous Philippe Auguste, sur la cession que fit de ses droits à Louis le Hutin, *Amaury* fils de *Simon*, & sur le Traité conclu sous le règne de Saint Louis, par lequel ces villes furent réunies à la Couronne.

CHARLES VI. à Paris, en Septembre 1402.

CHARLES V. à Paris, en Juillet 1368.

ut predicitur, indivisa ; quodque id cedebat ad transquillitatem, securitatemque Patrie & habitancium predictorum, facilioremque convocacionem & congregacionem fidelium & subdictorum nostrorum, ac prompciorem & expediciorem expulcionem & exterminacionem quorumcumque inimicorum nostrorum & Patrie, qui nonnunquam & frequenter diversis temporibus preteritis, per terram & mare in aliquibus locis dicte Vicarie & prope Biterris descendentes in armata multitudine, patriamque, ut predicitur, in periculosis fronteriis sitam depredari nictentes, viriliter & [a] potanter repulsi fuerant propter videlicet dicte Vicarie Biterrensis indivise virtutem faciliùs & comodiùs congregatam ; quòdque dicta Villa Biterrensis erat fertilior & opulencior de tota patria, omnibusque & singulis consideratis [b] conveniencior que ad Sedis & Judicis Regii exigenciam, populique ob hoc confluentis commoditatem erant principaliter attendenda ; & quòd dicta Villa Narbone non erat ad hoc conveniens, potissimè cum tempore pluviarum & yemis, propter excessivas inundaciones aquarum in circuitu, frequenter fit inaccessibilis, interdumque per spacium sex dierum & ampliùs, gentes nisi [c] in maximo periculo, non possunt intrare nec exire. [d] Adiciebant eciam prefati consortes quòd de jure & racione, ac per Ordinaciones nostras & predecessorum nostrorum, non licebat nec licet Nobis constituere Curiam seu Sedem Regiam, nec Officiales instituere in terra & Juridicione subditorum nostrorum seu vassallorum habencium omnimodam Juridicionem, potissimè in terris Prelatorum & Ecclesiasticarum personarum, cùm hoc esset in prejudicium & diminucionem Feudorum & Juridicionis eorumdem, quodque in dicta Villa Narbone nec in ejus Territorio seu Districtu, nullum habebamus Domanium nec Juridicionem ordinariam, sed dumtaxat in casu superioritatis & Ressorti, que eciam consueverat, ut predicitur, exerceri in nostra Curia Biterrensi ; Juridicioque dicte Ville Narbone, alta & bassa, pertinebat ad [e] dictum Archiepiscopum, Vicecomitem, aliosque Condominos temporales dicte Ville ; & quòd de dicta Domo de Malapaga, & eciam de Domo predicta Consulatûs, ac de Contrasigillo Sigilli nostri Carcassone & de Bajulo Narbone, lites in Curia nostra pendebant inter Procuratorem nostrum pro Nobis, ex una parte, & predictos Archiepiscopum & Vicecomitem, ex altera, & erant Partes super hiis (h) in arrestum, quibus litibus pendentibus & in earum prejudicium, nichil per Nos debebat attemptari vel innovari, ut dicebant ; & quòd posito quòd Nobis placeret in prejudicium dictorum Archiepiscopi & Vicecomitis, dictam Sedem Regiam constituere in Narbona, non tamen debebamus concedere Districtum seu Ressortum villarum & locorum [f] Ville Biterrensis, per Consules Narbone petitos & requisitos, preter ac contra voluntatem ac in dampnum multiplex & prejudicium Prelatorum, Baronum, Nobilium, Collegiorum, Communitatum, ac ceterorum habitancium in eisdem Villis & locis : dicentes eciam nullam fidem [g] adhibendem predictis informacionibus factis per dictum Magistrum Raymondum Fulcaudi, quem ut suspectum in dicto negocio, dicebant se sufficienter recusasse : Quare petebant prefati Archiepiscopus & Vicecomes Narbone ac Consules Biterrenses, pronunciari prefatos de Narbona audiri ad premissa non debere nec admitti [h] par viam supplicacionis nec imploracionis officii, ex quo nolebant se facere Partem, & quòd Requesta eorum rejecta [i] concederetur (i) licencia & expense dictis Archiepiscopo & Vicecomiti Narbonensibus, ac Consulibus Biterris ; & in casu in quo prefati de Narbona admitterentur, quòd eorum Requesta non (k) fieret non [k] concederetur seu

[a] potenter. R. P.

[b] On pourroit corriger ainsi cet endroit qui paroît corrompu ou tronqué : conveniencior *ad ea* que ad Sedis.

[c] in *n'est pas dans* R. P.

[d] adjiciebant. R. P.

[e] dictos. R. P.

[f] Vicarie. R. P.

[g] adhibendam. R. P.

[h] per. R. P.

[i] concederentur. R. P.

[k] nec. R. P.

NOTES.

(h) In arrestum.] Ces mêmes mots se trouvent en françois dans l'art. 7. des Lettres du mois de mars 1356. p. 129 du 3.e Vol. de ce Rec. *dont les Parties sont & seront en Arrest*, y est-il dit. J'ai dit dans la Note *(p)* que ces mots signifioient, *dont les procès seront en estat d'être jugez*, parce que la disposition contenue dans cet article, conduit à cette interprétation.

(i) Licencia.] Je crois que ce mot signifie ici la même chose que celui de *Congé* dans notre Pratique, & qui est un Acte par lequel on décharge le défendeur, lorsque celui qui a formé une demande contre lui ne comparoît point. L'Archevêque de *Narbonne* & ses Consorts demandoient congé, parce que leurs adversaires ne vouloient point se rendre Parties dans un Procès en forme.

(k) Fieret.] Ce mot, s'il n'est pas corrompu, peut signifier qu'on n'ait aucun égard à leur Requête.

CHARLES VI. à Paris, en Septembre 1402.

CHARLES V. à Paris, en Juillet 1368.

confirmaretur, quodque à dicta Requesta tanquam Nobis & reipublice prejudiciabili & dampnosa, repellerentur & excluderentur, remaneretque dicta Vicaria Biterrensis *perpetuò eo modo quo semper fuerat, integra & unica; & quòd predicta informacio* [a] *par dictum* Raymundum Fulcaudi *facta, non admitteretur, sed* [b] *reiceretur, nec aliqua fides adhiberetur eidem, condempnarenturque prefati de* Narbona, *in dampnis & interesse dictorum consortum, & in expensis factis & faciendis in prosecucione dicte Cause, pluribus aliis factis & racionibus ad dictos fines allegatis: Quibus factis & racionibus hinc inde propositis, ac per modum Memorie & in scriptis Curie nostre traditis per dictas Partes, una cum pluribus Litteris, Cartis & Instrumentis, postmodumque nuper (l) in presencia nostra & nostri Consilii litigato, iterum super premissis inter dictos Consules* Narbone *& Procuratorem nostrum pro Nobis & jure nostro, ex una parte, & prefatos consortes, ex altera parte,* [c] *usque post ea & diligenter consideratis per Nos & nostrum Consilium factis & racionibus predictis propositis, una cum prefatis Litteris, Cartis & Instrumentis, ac aliis omnibus attentis que Nos & nostrum Consilium* [d] *novere poterant & debebant, hujusmodique negocio maturè & ad plenum in presencia nostra discusso & consulto, per Arrestum in presencia nostra pronunciatum fuisset quòd usque ad quindenam Festi Nativitatis Domini ultimo preteriti, Curia nostra se informaret & perquireret utrum & inter quas personas & qua de causa lites pendentes* [e] *erant in eadem Curia super Domibus supradictis Consulatûs & de* Malapaga, *& quòd nichilominus, si dicte Partes de hoc vellent eamdem Curiam advisare seu informare, Curia* [f] *recipiet Informacionem seu advisum usque ad terminum supradictum dumtaxat; & si interim dictas Causas vel lites in Arresto existere* [g] *repiret, Arresta faceret & proferret, quo termino elapso, dicta Curia nostra ordinaret ulteriùs seu judicaret super dicta Causa juxta dictam consultationem in presencia nostra habitam, quod esset racionis. Factâ igitur juxta tenorem dicti Arresti, de & super premissis per Curiam nostram diligenti perquiscicione, receptoque per eamdem adviso quod dicte Partes super hoc dicere seu tradere voluerunt, nichilque reperto per quod posset eidem Curie sufficienter apparere de premissis, per Arrestum dicte Curie nostre dictum fuit prefatos Universitatem & Consules de* Narbona, *per dictam viam Supplicacionis & Requeste audiri debere & admitti, ipsosque eadem Curia nostra admisit, non obstantibus propositis ex adverso: Dictum eciam fuit ac ordinatum quòd nos admitteremus & reciperemus oblacionem predictam per dictos Consules & Universitatem de* Narbona *Nobis factam, ipsamque eadem Curia nostra admisit & recepit, & quòd Nos constituemus Sedem Regiam in dicta Villa* Narbone *in Domo predicta Nobis, ut predicitur, oblata & per Nos recepta, instituemusque ibidem Officialem seu Officiales nomine nostro & pro Nobis* [h] *cognitores & judicaturos de Causis Superioritatis & Ressorti, ac* [i] *eciem aliis Causis pertinentibus ad Nos & cognicionem ac Juridicionem nostram in Villa* Narbone *ac in aliis locis, castris & Villis dicte Sedi Regie constituende per Nos adjudicandis seu assignandis pro Districtu ac Ressorto, eo videlicet modo atque forma quibus de dictis Causis acthenus cognoscebatur & judicabatur, cognoscique & judicari debebat & consueverat in Sede* Biterrensi *per Officiales nostros* Biterrenses, *eximentes videlicet à dicta Sede & Ressorto seu Districtu* Biterrensi, *prefatam Villam* Narbone, *aliaque loca, villas atque castra* [k] *dicti Sedi Regie* Narbone, *ut premittitur, assignanda,* [l] *hac habitatores in eisdem;* [m] *adiciendis videlicet per Nos seu Curiam nostram plenioribus Declaracionibus, modifficacionibus atque condicionibus circa predicte Sedis Regie constitucionem & regimen, ac Officialium instituendorum creacionem, circumstancias & deppendencias premissorum, prout Nobis pro utiliori subditorum nostrorum regimine, videbitur expedire.* [n]

In cujus extractûs testimonium, nostrum presentibus Litteris fecimus apponi Sigillum. Datum *Parisius,* in Parlamento nostro, die XI. Januarii, anno Domini millesimo trecentesimo sexagesimo quarto.

a per. R. P.
b *corr.* rejiceretur.
c visisque. R. P.
d movere. R. P.
e erant *n'est point dans* R. P.
f reciperet. R. P.
g reperiret. R. P.
h cognituros. R. P.
i eciam. R. P.
k dicte. R. P.
l ac. R. P.
m adjiciendis.
n *après ces mots il y a dans R. P.* die XVIa Aprilis, anno XLVII.

NOTE.

(l) *In presencia nostra.*] On pourroit conclurre de cet endroit, que Philippe de Valois étoit au Parlement lorsque l'Arrêt interlocutoire dont il est parlé un peu plus bas fut rendu.

CHARLES VI. à Paris, en Septembre 1402.

CHARLES V. à Paris, en Juillet 1368. Suite des Lettres de Charles V.

(1) *Nos ad dictorum Consulum Ville* Narbone *supplicacionem, viso & considerato dicto Arresto, & ut in eodem contenta perfici habeant ac eciam adimpleri, volumus, statuimus ac eciam ordinamus quòd, quemadmodum & prout in dicta Vicaria* Biterrensi, *ad instar, modum & formam cujus est per Arrestum suprascriptum, dicta Vicaria* Narbonensis *de novo, ut premittitur, instituta & creata, regulanda ac eciam gubernanda, est ab olim ordinatum & concessum, ac acthenus observatum, Vicaria nostra* Narbonensis *predicta que est à dicta Vicaria* Biterrensi, *ut prefertur, penitùs separata & disjuncta, ex nunc in posterum per unum Vicarium & unum Judicem dumtaxat per Nos vel Predecessores nostros pridem institutos, seu per Nos & Successores nostros instituendos ibidem, nostro nomine & pro Nobis gubernetur; quiquidem Vicarius & Judex soli quarumcumque Causarum*[a] *in casuum civilium & criminalium & aliorum omnium in dicta Villa seu Vicaria* Narbone *emergencium, de quibus tamen Causis & Casibus civilibus & criminalibus & aliis omnibus ad nos debet & potest cognicio pertinere de consuetudine vel de jure, necnon & in omnibus Casibus*[b] *primii Ressorti ad Nos pertinentibus, que in dicta Villa vel Vicaria emergent, primam cognicionem habebunt & de premissis cognoscent, judicabunt & diffinient in Villa* Narbonensi *predicta; Salvo quod dicti Vicarius & Judex in locis dicte Vicarie* Narbonensis *consuetis, infra eandem Vicariam Juridicionem suam, prout consueverunt, valeant exercere, nec*[c] *potuerunt de Causis seu Casibus predictis Senescallus vel alii Curiales* Carcassone, *vel eorum Commissarii, cognoscere seu aliqualiter se intromittere nisi per viam Appellacionis aut deffectûs Justicie Vicarii & Judicis predictorum, in quibus Casibus appellacionis vel deffectûs Justicie, predictis, dictus Senescallus & alii tenebuntur & debebunt de eis & eorum quolibet, in dicta Villa* Narbone *& non alibi, cognoscere, examinare, & diffinire; videlicet in Assisiis quas tenere sex vicibus in anno, de duobus in duobus mensibus, sicut in Villa* Biterrensi *consuevit, tenebuntur, de dictisque Causis tam civilibus quàm criminalibus, in dicta Villa* Narbonensi, *ut predictum est, examinabunt & diffinient, nec pro facto injurioso seu alio quocumque, poterunt dictus Senescallus seu aliquis alius Officialis, quicumque sit dicte Senescallie, prefatos Vicarium & Judicem seu alios quoscumque Curiales, Officiales, Advocatos, Notarios seu Servientes aut homines habitatores & subjectos dictarum Ville & Vicarie* Narbonensis *extra eandem*[d] *Ville* Narbone *extrahere, citari vel ordinari inquirere, seu aliàs eosdem aliqualiter detinere, sed infra dictam Villam* Narbone *cognoscent, examinabunt, inquirent & diffinient de eisdem, & ipsos in eadem, cum casus exigerit & ad ipsos*[e] *pertinebunt, captos facient detineri, nisi excessus sit tantus & talis, & delinquens tantum in Villa favorem habeat, quòd securè non possit ibi cognosci, nec (m) Pars detineri, aut super hoc à nobis mandatum habeat speciale.*

(2) Item. *Cum dicti Consules nostri* Narbone, *Nobis conquesti fuerint quòd pro compellendo subditos Ville & Vicarie nostre* Narbone, *ad solvendum debita Regia vel alia, mittuntur interdum alii Servientes quàm de dicta Vicaria, & qui non sunt de numero & ordinacione Servientum Vicarie predicte* Narbone, *& quandoque plures mittuntur*[f] *Comestores, Commissarii vel Servientes, aut alii*[g] *in municionem in domibus dictorum debitorum, qui ex hoc multipliciter agravantur, & possent in futurum gravari quampluriinùm, nisi per Nos super hoc provideatur eisdem, volumus, statuimus ac eciam ordinamus ut pro debitis nostris regiis, aut aliis quibuscumque debitis per subditos nostros habitatores Ville & Vicarie nostre* Narbone, *ipsi imposterum nullathenus compellentur nisi per unum Servientem nostrum dicte Ville* Narbone, *qui sit de numero & ordinacione nostris antiquis, ultra quos, si qui sint vel fuerint, ipsos volumus abinde amoveri, quodque pro hujusmodi compulcionibus faciendis, deinceps Comestores, Commissarios, Servientes aut alios*[h] *per garnisione in domibus vel super bonis debitorum predictorum, nullathenus poni vel mitti volumus, ymo expressè prohibemus, nisi tamen contra illos qui manifestè rebellionem contra dictos Servientes nostros fecerint in exactione vel*

[a] corr. &c.

[b] primi.

[c] corr. poterunt.

[d] corr. Villam.

[e] corr. pertinebit.

[f] Voyez sur ces *Comestores*, nommez en françois *Mangeurs*, les Tables des Mat. des 2.e & 3.e Vol. de ce Rec. au mot *Mangeurs.*

[g] *On dit en françois*, en garnison.

[h] corr. pro.

NOTE.

(m) *Pars.*] Il y a dans le Reg. un *P* coupé en *par* ou en *per*, suivi d'une *S*. S'il faut lire *Pars*, ce mot signifiera la Partie à laquelle on fait le procès, celui qui est nommé un peu plus haut le délinquant.

compulcione

compulcione debitorum presatorum; dictaque debita nostra vel alia, nullathenus alibi quàm in dicta Villa Narbone, in posterum exigi quomodolibet, volumus & jubemus, sed hoc prohibemus expresse.

CHARLES VI. à Paris, en Septembre 1402.

CHARLES V. à Paris, en Juillet 1368.

(3) Item. Cum conquererentur [a] & nobis dicti Consules Narbone, quòd pro reparacionibus itinerum dicte Vicarie Narbonensis, sepè contigit nonnullos Commissarios à Nobis sive nostris Locatenentibus in partibus illis, seu Senescallo nostro Carcassone, aut aliis Curialibus nostris deputari vel ordinari, qui magnas sportulas sive stipendia ab habitatoribus Villarum & locorum in quibus sunt dicta itinera reparanda, exigunt & recipiunt, quamquam super dictorum itinerum reparacione, foret per locorum Ordinarios providendum, propter quod subditi nostri dicte Vicarie opprimuntur, & talibus sportulis atque stipendiis onerantur, volumus, statuimus ac eciam ordinamus quòd hujusmodi itinerum reparaciones in dicta Villa [b] ex Vicaria Narbone, per Vicarium nostrum Narbone, vocatis secum Procuratore nostro & aliquibus probis viris, deinceps fiant absque sportularum vel stipendiorum exaccione quacumque, & non per [c] aliquam alium ullomodo, nisi deffectus notabilis appareat, quo casu provideat Senescallus: Et si qui per importunitatem vel aliter à Nobis vel [d] nostrum in illis partibus Locumtenente, [e] alio quocumque, commissiones super hoc impetraverint vel impetrarent, eisdem non pareri volumus & jubemus, & ex nunc ipsorum commissiones revocamus & annullamus; quòd si in contrarium attemptare presumpserint, ipsos puniri volumus taliter quod ceteris transeat in exemplum.

(4) Item. Cum conquererentur Nobis dicti Consules nostri Narbone, super eo quod Magistri Aquarum & Forestarum, Portuumque & passagiorum nostrorum dicte Senescallie, qui fuerunt & nunc sunt, subditos dictarum Ville & Vicarie Narbone, non solum extra loca dicte Vicarie, ymo interdum ad loca [f] confina dicte Senescallie Carcassone, in quibus consilium reperiri non potest, adjornari fecerunt, traxerunt & aliter indebitè inquietarunt & molestarunt, quarum vexacionum, molestacionum & inquietacionum vigore, dicti nostri subditi ad [g] componendum cum dictis Magistris pro hiis in quibus nullathenus delinquerunt, quandoque fuerunt inducti & compulsi pro suis dictis vexacionibus redimendis, & interdum cum non habebant unde componere vel jus suum [h] aut nostram Curiam prosequi, seu Superiores Magistros pro remedio super hoc obtinendo, compellebantur [i] credere juri suo, unde nos dictos subditos nostros dicte Ville & Vicarie nostre Narbonensis, taliter vexari & dampnificari nolentes, volumus, statuimus ac eciam ordinamus quòd pro factis tangentibus subditos nostros predictarum Ville & Vicarie nostre Narbonensis, vel factis aut commissis in dictis Villa & Vicaria, de quibus dicti Magistri Forestarum & Aquarum, Portuumque & passagiorum Regni nostri, vel ipsorum Locatenentes seu Commissarii quicumque habent cognoscere, vel de quibus ad ipsos spectat cognicio vel juridicio, ipsi Magistri vel eorum alter, nullatenus dictos subditos nostros Ville & Vicarie predictarum, trahant imposterum vel trahere seu adjornare valeant aut facere adjornari vel coram ipsis vel eorum aliquo convenire, nisi duntaxat infra dictam Villam Narbone seu Vicariam, ubi possit haberi consilium & copia peritorum, & cum ab eis seu eorum altero, subditos dictarum Ville & Vicarie Narbone appellare quomodolibet contingerit, Senescallus Carcassone in Assisiis predictis infra Villam Narbone seu Vicariam, & non alibi, dictas appellacionum Causas & alias [k] audit, cognoscat & diffiniat, & in hiis & in aliis sit Judex superior dictis Magistris & eorum cuilibet, sicut est de Officialibus aliis dicte Vicarie Narbone & Senescallie Carcassone.

Que siquidem omnia & singula suprascripta, que modo & forma superius annotatis in Vicaria Biterrensi ab olim per bone memorie [l] Carissimi Domini & Avum nostrum instituta, facta & creata, [m] & ea dicta Biterrensi Vicaria per dictum Arrestum, ut premittitur, separata & diffinita, in eadem Vicaria nostra Narbonensi inviolabiliter observari deinceps perpetuis temporibus volumus & jubemus, absque innovacione seu infraccione quacumque: Mandantes Senescallo Carcassone, Vicarioque & Judici nostris Narbonensibus vel eorum Locatenentibus, presentibus pariter & futuris, & cuilibet eorumdem, quatinus omnia & singula premissa de puncto in punctum teneant & [n] observant, tenerique

a app. eciam.
b corr. &.
c corr. aliquem.
d corr. nostro.
e Il faut supp. vel.
f app. confinia.
g Voyez les Tables des Mat. des Vol. de ce Rec. au mot Composition.
h corr. ad.
i Il faut app. corr. cedere, comme il y a plus haut.
k corr. audiat.
l corr. Carissimum Dominum.
m corr. & à dicta.
n observent.

CHARLES VI. à Paris, en Septembre 1402.

CHARLES V. à Paris, en Juillet 1368.

& observari faciant & [a] *procurant absque infraccione quacumque : & si que nunc vel aliàs facta in contrarium repererint, revocent &* [b] *annullant, & ad statum pristinum & debitum reducant, revocarique, annullari & ad statum pristinum reduci faciant indilatè : decernentes nichilominus ex nunc, nullum, irritum & inane, quicquid contra premissa vel aliqua premissorum, imposterum contingerit attemptari, sed ea premissa omnia & singula volumus pro Nobis & Successoribus nostris, perpetuò & inviolabiliter observari, & in robore integraliter remanere ; Litteris tacitò de premissis in contrarium impetratis vel impetrandis, ordinacionibusque, statutis vel Edictis ante dicti Arresti prolacionem* [c] *factas, non obstantibus quibuscumque : Statuendo & concedendo Vicarium nostrum* Narbone, *qui nunc est & pro tempore fuerit, seu ejus Locumtenentem, in Commissarium & conservatorem premissorum, qui quoscumque ad observanciam omnium & singulorum premissorum, per mulctarum & penarum indicciones, & aliis juris remediis, prout sibi videbitur, potestatem habeat compellendi. Que ut perpetuè roboris stabilitate* [d] *fruentur, Litteras presentes Sigilli nostri fecimus appencione muniri : Salvo in aliis jure nostro, ac in omnibus alieno. Actum & datum* Parisius, *anno Domini millesimo trecentesimo sexagesimo octavo, regni vero nostri quinto, mense Julii. Per Consilium in quo* [e] *Vos & plures alii, eratis, de precepto facto per Regem in suis Requestis.* DE MONTAGU.

Collacio facta est cum Litteris suprascriptis. DE MONTAGU. [f] *Contentor,* DE MONTAGU. CHALEMART. *Visa.*

Suite des Lettres de Charles VI.

Quasquidem Litteras superius insertas, & contenta in eisdem, ad supplicacionem & requestam dilectorum nostrorum Consulum & habitancium Ville & Vicarie Narbone, *in eisdem nominatorum & contentorum in eisdem Litteris, si & quatinus usi fuerint, laudamus, ratifficamus, confirmamus & approbamus, & valere volumus perpetui roboris firmitatem : Mandantes tenore presencium* Senescallis Carcassone & Tholose, *Vicariis & Judicibus nostris* Tholose & Carcassone, Biterris & Narbone, *Gubernatori, Rectori,* [g] Bajulo Montispessulani, *ceterisque Justiciariis & Officiariis nostris, aut eorum Locatenentibus, & eorum cuilibet, prout ad eum pertinuerit, quatinus prefatos supplicantes, de* [h] *contenta in preinsertis Litteris, & eorum singulis, uti pacificè faciant & gaudere ; facta in contrarium revocando, annullando, & ea ad statum pristinum & debitum reducendo seu reduci indilatè faciendo. Quod ut stabile & firmum perpetuò remaneat, presentibus Litteris Sigillum nostrum in cera viridi cum filis sericis impendenti duximus apponendum.* Datum *Parisius,* mense Septembris, anno Domini millesimo quadringentesimo secundo, & regni nostri XXII°.

Per Regem, ad relacionem Consilii. R. LE FEVRE.

[a] procurent.
[b] *corr.* annullent.
[c] *corr.* factis.
[d] fruantur.
[e] Le Chancelier de France. Voy. *le 5.e Vol. de ce Rec.* pag. 653. Note *(c)*.
[f] *Voyez le 5.e Vol. de ce Rec.* p. 22. Note *(h)*.
[g] *supp.* &.
[h] contentis.

CHARLES VI. à Paris, en Octobre 1402.

(a) Lettres qui règlent les Droits d'Amortissemens.

CHARLES par la grace de Dieu Roy de France. Sçavoir faisons à tous présens & avenir, que pour ce que souventes foiz est advenu & advient de jour en jour, que plusieurs personnes, tant d'Eglise comme Séculières, de nostre Royaume, pour la dévocion qu'ils ont à Dieu & à sainte Eglise, se sont efforciez & efforcent impétrer de Nous Lettres de Admortissemens de Rentes, Terres ou autres Possessions, pour les donner & transporter à aucunes Eglises, afin d'y fonder & faire célébrer Messes & autres Services divins, Oraisons & Œuvres charitables, pour le remède & salut des ames de eulx & de leurs parens, amis & bienfaicteurs, & que à la suplication de aucunes d'icelles personnes, Nous avons passé & accordé plusieurs

NOTE.

(a) Ces Lettres qui étoient au fol. 120. du Mémorial *F.* de la Chambre des Comptes de *Paris,* ont été tirées du Recueil cité dans la Note *(b)* de la page 26 du 7.e Volume de ce Rec.

Ces Lettres peuvent donner lieu à des difficultés qu'il n'auroit pas été possible d'examiner dans une note sans lui donner trop d'étendue, & j'en renvoye la discussion à la Préface. §. *Amortissement.*

Lettres de telz Admortissemens, les aucunes libéralement & simplement, sans en payer finance, & les autres parmy payant finance modérée, sur laquelle modération [a] qui faire se soule & doit par noz amez & féaulx Gens de noz Comptes & Trésoriers à *Paris,* avec les parties, sont entrevenus & entreviennent souvent plusieurs débas, dangiers & difficultez; & néantmoins avons plusieurs fois ou temps passé, par importunitez de requérans ou autrement, icelle finance modérée, donnée & remise du tout en tout, dont nostre Demaine a esté [b] forment grevé & dommagié, & pourroit estre plus ou temps avenir, se pourveu n'y estoit de bon & convenable remède: Nous, ces choses deuement considérées, voulans & desirans oster les difficultez qui [c] chent à faire lesdites modérations, obvier aux dommages & inconvéniens dessusdiz, & pourveoir à iceulx pour le temps advenir, eue sur ce grant advis & meure délibération de Conseil, avons ordonné & ordonnons par la teneur de ces Présentes, de nostre certaine science & autorité Royale, que doresenavant toutes personnes de quelque estat ou condition qu'elles soient, qui vouldront empétrer & obtenir, empétreront & obtenront de Nous Lettres d'Amortissement d'aucunes Rentes, Terres ou Possessions, seront tenues de Nous baillier & bailleront réalment & de fait avant la vérification & entérinement de leurs dites Lettres, au prouffit & accroissement de nostre Demaine, la tierce partie d'autant comme vauldront & monteront les Terres, Rentes ou Possessions que nous leur aurons admorties ou admortirons, comme dit est, laquelle tierce partie en Terres, Rentes ou Possessions assises soubz Nous & en nostre Terre & Justice sanz moyen, sera appliquée & ajoûtée à nostredit Demaine, sanz ce que Nous en [d] faisons don, quittance ne rémission quelconques; lequel, ou cas que par inadvertance ou autrement Nous ferions, Nous voulons estre nul & de nul effect, & n'y voulons aucunement estre obtempéré ne obéy, & dès maintenant pour lors le révoquons & mettons du tout au néant par la teneur de ces Présentes. *Si* donnons en mandement à nostre amé & féal Chancelier, à noz amez & féaulx les Gens de noz diz Comptes & Trésoriers à *Paris,* & à tous noz autres Justiciers & Officiers, présens & avenir, à leurs Lieuxtenans & à chacun d'eulx, si comme à luy appartiendra, que ceste présente Ordenance selon sa fourme & teneur tiengnent, gardent & accomplissent, facent tenir, garder & accomplir inviolablement & à toûjours, sans faire ne souffrir estre fait jamais aucune chose au contraire; laquelle se faicte estoit, Nous voulons & décernons estre de nulle valeur & efficace. Voulons en oultre que ces Présentes soient enregistrées en noz dites Chambres des Comptes & Trésor, & notifiées à noz autres Officiers qu'il appartiendra, telement que aucuns d'eulx n'en puissent ou doient prétendre ignorance. Et afin que ce soit ferme chose & estable à toûjours, Nous avons fait mettre nostre Scel à ces Lettres en forme de Chartre & Ordenance perpétuelle: Sauf en autres choses nostre droit & l'autruy en toutes. Ce fut fait à *Paris,* l'an de grace mil quatre cent & deux, & le vingt-troisième de nostre Regne, ou mois d'Octobre. Ainsi signées. Par le Roy, en son Conseil ouquel Monsieur le *Duc* de *Bourbonnois,* Mess. *P. de Navarre,* le Connestable, [e] *Vous,* les *Arcevesques* de *Bezançon* & d'*Aux,* les *Evesques* de *Noyon* & de *Meaux,* l'Amiral, le Grant Maistre d'Hostel, & plusieurs autres, estoient. J. HUE.

CHARLES VI. à Paris, en Octobre 1402.

[a] *qui a accoûtumée d'être faite.*

[b] *fortement.*

[c] *tombent, arrivent.*

[d] *corr. fassions.*

[e] Le Chancelier de France. *Voy. le 5e Vol. de ce Rec.* p. 653. Note *(c).*

CHARLES VI. à Paris, en Novembre 1402.

(a) *Lettres qui abolissent les Appeaux volages & frivoles dans la Ville de Cerny, de la Prévôté de Laon.*

CHARLES, &c. Savoir faisons à tous présens & avenir, que comme plusieurs des Justiciers du *Bailliage* de *Vermendoiz,* eussent ja piéça fait exposer à nostre très cher Seigneur & Pere dont Diex ait l'ame, que de jour en jours plusieurs personnes, &c. [f]

[f] *Voyez ci-dessus* p. 57. Note *(b).*

NOTE.

(a) Trésor des Chartres, Registre 157. Pièce 231.

CHARLES VI. à Paris, en Novembre 1402.

Et combien que de la dicte Ordenance & Déclaracion ainsi faicte par nostredit Seigneur, aient esté faictes Lettres, & que par icelles ait esté mandé au *Bailli* de *Vermendoiz*, & à tous noz autres Justiciers & Officiers, que icelle Déclaracion & Ordenance tenissent & gardassent & feissent tenir & garder sans enfraindre en aucune manière, néantmoins elle n'a point été tenue ne gardée, ne n'est encores à présent en la Court de noz bien amez les Maire & Jurez de la Commune de *Cerny en Laonnois*, située ès termes de la *Prévosté* de *Laon* & *Bailliage* de *Vermendoiz*, tant parce que ladicte Ordenance dont mencion est faicte cy-dessus, dont noz Lettres furent données à noz *Prévoz* de *Laon*, n'est pas venue à la cognoissance desdiz Maire & Jurez lesquelz sont renouvellez chascun an, comme pour ladicte mutacion, on a délaissié par inadvertance ou autrement à en prendre Lettres de nostredit S. ou de Nous, pour ladicte Ordenance & Déclaracion faire publier & faire mettre à exécucion; qui est ou très-grant dommage, grief & préjudice de Nous, de la chose publique & desdiz Maire & Jurez, si comme il est apparu par noz dictes autres Lettres sur ce données & octroyées ou mois de May mil CCC IIII^{xx} & XVI. desquelles ilz dient faire souffisamment apparoir, en Nous requérant que sur ce vueillons donner noz Lettres de ladicte Ordenance & Déclaracion: Nous considérées les choses dessus dictes, ladicte Ordenance qui fu faicte générale pour tous ceulx de ladicte *Prévôté* de *Laon*, par la fourme & manière qu'elle [a] apparra estre dessus déclarée, voulons estre valable, tenue & gardée sanz contredit à tous ceulx qui appelleront desdiz Maire & Jurez audit *Bailli* de *Vermendoiz*. Si donnons en mandement par ces présentes au *Bailli* de *Vermendoiz*, au *Prévost* de *Laon*, & à tous noz autres Justiciers & Officiers, ou à leurs Lieuxtenans, qui ores sont & qui ou temps avenir seront, & à chascun d'eulx, si comme à lui appartendra, que nostre présente Ordenance & Déclaracion tiengnent & gardent, accomplissent & fassent tenir & garder & accomplir de point en point, selon leur fourme & teneur, de tous ceulx à qui il appartendra, sans enfraindre, sans innovacion ou empeschemens quelconques, non obstant usage, stile, Coustume de païs ou commune observance quelconques à ce contraires. Et pour ce que ce soit ferme chose & estable à tousjours, Nous avons fait mettre nostre Séel à ces présentes: Sauf nostre droit en autres choses, & l'autruy en toutes. *Donné à* Paris, *ou moys de Novembre, l'an de grace mil CCCC & deux, & de nostre regne le XXIIIe.*

[a] *appra*, avec une marque d'abréviation. *Reg.*

Par le Roy, à la relacion du Conseil, J. FERRON.

CHARLES VI. à Paris, en Décembre 1402.

(a) Réglement pour la Communauté des Tailleurs de Paris.

CHARLES par la grace de Dieu Roy de France. Savoir faisons à tous présens & advenir, Nous avoir receuë l'umble supplicacion des Jurez & Gardes du mestier de la Confrarie des Tailleurs de Robes de nostre bonne Ville de *Paris*, contenant que comme [b] dès si long-temps qu'il n'est mémoire du contraire, oudit mestier ait eu pour le bien & augmentation d'icellui & de la chose publique, certaines Ordonnances & Statuz, selon lesquelz les Maistres & [c] Varlez dudit mestier ont acoustumé d'ouvrer; & par espécial ou temps de feu *Jehan Bernier* Chevalier,

[b] *de.* T. C.

[c] *Compagnons.*

NOTE.

(a) Livre jaune petit du Châtelet de *Paris, folio* 27. *verso.*

Avant ces Lettres, il y a dans le Registre: *Ordonnances nouvelles du mestier de Tailleurs de Robbes.*

Ces Lettres sont aussi au Trésor des Chart. Reg. 157. Pièce 322. *fol.* 254. *recto.* Elles sont presqu'entièrement conformes à la 2.e copie tirée du Registre du Châtelet.

Ces Lettres sont aussi au *fol.* 9. *recto* du premier Livre des Bannières du Châtelet de *Paris.*

Louis XI. par ses Lettres du mois de Juin 1467, confirma les Lettres de Charles VI. & y fit quelques changemens. Les Lettres de Louis XI seront imprimées à leur rang dans la suite de ce Recueil.

Ces Lettres de Louis XI sont dans le même Registre vidimées dans des Lettres du mois d'Août 1484. *folio* 86. *recto.*

Garde de la *Prévosté* de *Paris*, eussent esté faiz certains Statuz & Ordonnances, lesquelz furent approuvez & confermez par feu nostre très-cher Seigneur & Pere dont Dieux ait l'ame, si comme il Nous est apparu par ses Lettres Séellées en [a] de soye & cire vert, desquelles la teneur est telle.

CHARLES VI. à Paris, en Décembre 1402.

a *latz*. T. C.

CHARLES par la grace de Dieu Roy de France. Savoir faisons à tous présens & advenir, que Nous avons veu les Lettres desquelles la teneur s'ensuit.

A Tous ceulx qui ces Lettres verront. *Jehan Bernier* Chevalier le Roy nostre Sire, Garde de la *Prévosté* de *Paris* : Salut. Comme plusieurs des Maistres & Compaignons Tailleurs & Cousturiers de Robes & de *(b)* doublés, tenans ouvrouers en la Ville de *Paris*, se feussent traiz pardevers Nous, & Nous eussent exposé & donné à entendre, que oudit mestier se faisoient & [b] commençoient de jour en jour plusieurs décepcions & faulx ouvrages par aucuns qui dudit mestier [c] s'entremectent, laquelle chose estoit & redondoit en grant vitupere & deshonneur dudit mestier, & des Preudhommes, Tailleurs & Ouvriers d'icellui, & en grant lésion, préjudice & dommage du commun Peuple; & pour ce Nous requéroient & supplioient que sur ledit mestier Nous voulsissions faire Ordonnance & [d] Registre convenables & raisonnables, afin que ledit mestier fust gardé & visité en telle manière que ceulx qui y feroient & commettroient faulte ou mauvaistié, fussent pugniz & corrigez, & leurs [e] forffaiz [f] adrecez & admendez, en disant de par lesdis Maistres & Compaignons Tailleurs de Robes, que sur ce par bon advis & délibéracion, ils avoient regardé & advisié plusieurs poins & articles qui estoient convenables & nécessaires à estre gardez pour le [g] ben & honneur dudit mestier, & pour le prouffit & utilité dudit commun Peuple; & iceulx poins & articles Nous eussent monstrez & baillez par escript, en Nous requérant & suppliant [h] iceulx [i] voulsissions passer & faire tenir & garder par nostre auctorité, & par manière d'Ordonnance & Registre; lesquelz articles Nous eussions receuz & prins pardevers Nous, & sur ce eussions appellé le Procureur du Roy nostre Sire, & plusieurs autres saiges hommes en Droit & en Coustume, avec plusieurs & grant quantité des plus souffisans, expers & notables personnes dudit mestier, en la présence desquelz Nous eussions fait lire & exposer mot à mot lesdis articles l'un après l'autre, & à grant loisir rendre cause & raison sur chascun article, comment & pourquoy le contenu en icellui estoit expédient, prouffitable & nécessaire, ou préjudiciable & dommagable au commun Peuple; & aussi eussions veu & regardé à grant diligence les anciens Registres ja piéça faitz sur ledit mestier de [k] Tailleur; & finablement après plusieurs assemblées [l] & plusieurs assemblées altercacions eues en icelles pardevant Nous, par bonne & meure délibéracion de Conseil, eussions cassé tout à plain aucuns desdis articles, & d'aucuns eussions [m] détrait, & en aucuns eussions augmenté; & après ces choses, tout veu & considéré & diligemment examiné, par le conseil & oppinion desdis saiges hommes, & de l'accord & consentement dudit Procureur du Roi, & desdis Maistres & Compaignons Tailleurs de Robes, avons fait, dit & ordonné, faisons, disons & ordonnons de nouvel par la teneur de ces présentes Lettres, & si comme faire le povons, & devons [n] de droit, [o] de nostre Office, pour le bien, honneur, prouffit & utilité dudit mestier & de tout se commum Peuple, Registre & Ordonnance sur icellui mestier, en la forme & manière qui s'ensuit;

(1) C'est assavoir, pour garder & visiter ledit mestier, aura quatre souffisans personnes d'icellui mestier, qui par Nous & noz successeurs *Prévostz* de *Paris*, seront ordonnez, députez & instituez Maistres Jurez à la garde & visitacion dudit mestier, au tesmoignage & relacion de ceulx d'icellui mestier; lesquelz Maistres jureront pardevant Nous que bien & loyalment garderont & visiteront ledit mestier, les poins & les articles d'icellui cy-après escriptz & [p] divisez; & auront iceulx Maistres toute

b *connettoient*. 2.e cop. & T. C.

c *s'entremectoient*. 2.e cop. & T. C. & B.

d *Réglement inséré dans les Registres*.

e *torfaiz*. 2.e cop. & T. C. & B.

f *redressez*, *corrigez*.

g *bien*. 2.e cop. & T. C.

h *que*. 2.e cop. T. C. & B.

i *nous*. 2.e cop. & T. C.

k *taillerie*. 2.e cop. & T. C.

l *& plusieurs débatz & altercacions*. 2.e cop. & T. C & B.

m *retranché*.

n *du*. T. C. & B.

o *& de*. 2.e cop.

p *devisez*.

NOTE.

(b) Doublés.] Je crois que le doublet étoit une espèce de pourpoint; l'on trouve dans *Froissart* liv. 4. p. *m.* 178. *(en pur mon doublet.)*

CHARLES VI. à Paris, en Décembre 1402.

la visitacion sur tout l'ouvrage dudit mestier, & sur les circonstances & deppendences d'icellui ; & seront tenuz iceulx Maistres sur leurs seremens, de Nous rapporter & à noz successeurs toutes les admendes, forfaitures & mesprentures qu'ilz trouveront estre commises & faictes en icellui mestier.

(2) [a] *Item.* Que nulz demourans en la Ville de *Paris,* ne puissent lever [b] establye ne tailler [c] garnement, jusques à ce qu'il aura esté par lesdis Maistres examiné & approuvé souffisant de tailler & lever Ouvroir, se ce ne sont Robes ou garnemens pour Seigneurs qui ont leurs Tailleurs, ou garnemens pour enfans; car autrement aucuns pour convoitise de gaigner ou par [d] non sens, pourroient entreprendre besongnes qu'ilz gasteroient, & destruiroient les draps [e] de bonnes gens, ne de ce [f] pourroient faire restitucion, & ce redonderoit ou vitupere & dès-honneur dudit mestier, des bons ouvriers d'icellui, & ou dommaige du Peuple; & qui fera le contraire, il paiera cinq Solz d'amende au Roy, & trois Solz à la Confrarie dudit mestier, tant pour soustenir les povres d'icellui mestier, comme pour la peine & traveil que lesdis Maistres auront à garder & visiter ledit mestier.

a *p.* 551. *art.* 1.
b *Table sur laquelle les Tailleurs travaillent.* Voyez les Dict. de *Nicot* & de *Trévoux,* à ce mot.
c *habit.*
d *faute de sens.*
e *des.* T. C. & B.
f *ne.* T. C.

(3) [g] (c) *Item.* Que nulz d'icellui mestier ne puisse ouvrer au Samedi puis chandelles alumées, au Dymenche, aux cinq Festes [h] d'Apostre, aux jours de Toussains, de Noel, de Pasques, de l'Ascension & de Penthecoste, ne ne face besongne pour achever, ne autrement; excepté les besongnes de Nosseigneurs & de noz Dames les [i] Royaulx, & *(d)* Robes de corps ou de nopces; ou se ce n'estoit qu'il convenist par neccessitez eslargir ou [k] estercir ung garnement qui paravant fust fait & parfait; & qui fera le contraire, il païera six Solz d'amende au Roy, & quatre Solz à la Confrarie, se il est Maistre; & s'il est Varlet, il païera deux Solz au Roy, & douze Deniers à la Confrairie; & s'il advenoit que aucun maintenist que ledit ouvrage fust pour Nosseigneurs ou pour noz Dames les Royaulx, ou pour nopces ou pour corps, & l'en trouvoit le contraire, il païera [l] doble amende.

g *p.* 552. *art.* 2.
h *de Nostre-Dame & Feste.* 2.e cop. T. C. & B.
i *Princes du Sang.*
k *estrecir.* 2.e cop. *estrecier.* T. C. & B.
l *double.* 2.e cop. T. C. & B.

(4) [m] *Item.* Que nulz Varletz ne puissent aler [n] ouvrouer hors d'avec leur Maistre, jusques à ce qu'ilz aïent [o] acomply & achevé leur [p] terme, & la besongne qu'ilz auront encommancée.

(5) [q] *Item.* Que nulz Ouvriers dudit mestier ne puisse ne ne doye [r] fortraire ne mectre en euvre les Varletz ou Apprentilz des Maistres, sans la licence de ceulx à qui ilz seront, jusques à ce qu'ilz aïent parfait leur service & achevé leur euvre, à peine de cinq Solz, dont le Roy aura les trois, & la Confrairie les deux.

m *p.* 552. *art.* 3.
n *ouvrer.* T. C. & B. *travailler.*
o *accompli leur terme, & achevé la besongne.* T. C.
p *le temps pour lequel ils se sont engagez avec leurs Maistres.*
q *p.* 552. *art.* 3.
r *tirer, faire sortir de chez les Maistres.*

(6) [s] *Item.* Que quiconques sera Tailleur de Robes à *Paris,* & il [t] mestaille Robe ou ung garnement par mal ordonner le drap [u] au tailler, ou par l'ignorance de sa taille, le meffait & dommaige sera veu & regardé par lesdis Maistres; & s'ilz rapportent par leurs seremens que la Robe ou garnemens soit [x] empiré par mestailler ou par la coulpe du Tailleur, le Tailleur rendra le dommaige à celui à qui la Robe ou le garnement sera; & sy païera cinq Solz d'amende, dont les trois seront au Roy, & les deux à ladicte Confrairie.

s *p.* 552. *art.* 4.
t *taille mal.*
u *en taillant.*
x *gasté.*

(7) *Item.* Qui fera doublet pour vendre, qu'il soit tout *(f)* estouffé de soye ou de fil & d'estoffes menuës; & qui fera le contraire, le doublet sera [y] despécié, & païera trois Solz au Roy, & deux Solz à ladicte Confrairie.

y *mis en pièces.*

(8) *Item.* Que nulz ne mectent layne ne *(f)* estouppes en doublet qu'il face

NOTES.

(c) Item.] Il y a à la marge du Registre: *de non besongner au Samedy, puis chandelles alumées.*

(d) Robes de corps.] Habits de deuil pour aller à un enterrement. Voy. le 5.e Vol. de ce Rec. p. 510. Note *(i)*, & 596. Note *(d)*.

(e) Estouffé.... d'estoffes menuës.] Estoffé. 2.e cop. On a dit autrefois *estouffé* pour garni. Dans le Roman intitulé, *Voyage du Chevalier errant,* par *Cartheny,* on trouve fol. 40. verso. *Couronne Impériale... enrichie & estouffée de Pierres précieuses.... Tables précieuses d'Yvoire & de Cedre estouffées d'or & de Pierreries.*

Estoffes menuës peut être l'espèce de fourrure appellée *menu-ver* employée souvent dans les anciens habillemens, sur laquelle voyez *Borel* au mot, *menuvoir,* p. 514.

Estoffes menues n'est peut-être aussi qu'une étoffe fine & légère.

(f) Estouppes.] Je ne sçai si ce mot signifioit alors ce qu'il signifie aujourd'hui, c'est-à-dire, la bourre du Chanvre, de la Filasse, du Lin.

pour vendre ; & qui fera le contraire, le doublet sera [a] ars, & païera [b] sil Solz d'amende au Roy, & quatre Solz à la Confrarie.

(9) *Item.* Que chascun dudit mestier [c] puisse tailler & faire doublet, [d] à qui l'en commendera, de telles estoffes comme l'en lui baillera.

Toutes lesquelles choses dessusdictes & divisées, & chascune d'icelles, Nous voulons & ordonnons estre faictes, tenuës, entérinées & gardées de point en point sans enfraindre, sur lesdittes peines ; & quiconques fera le contraire, il encherra en icelles peines par tant de fois comme il lui avendra ; lesquelles peines dès-maintenant pour lors Nous déclarons commises, & icelles voulons & ordonnons estre exécutées, levées & exploictées sur les transgresseurs & faiseurs à l'encontre de ceste présente Ordonnance, sans ce [e] qu'il en soit espargné. Si donnons en mandement à tous noz Subjetz, requérons tous autres, que nostredite Ordonnance tiennent & facent tenir sans enfraindre selon sa forme & teneur, ne au contraire ne aillent [f] ou facent aler en quelque manière que ce soit. En tesmoing de ce, nous avons fait mectre à ces Lettres le Séel de la *Prévosté* de *Paris*. Ce fu fait le premier jour du mois de Décembre, l'an de grace mil trois cens soixante-six.

a *brûlé.*
b *six.* 2.e cop. & T. C.
c *le.* 2.e cop. & T. C.
d *pour celui qui le lui commandera.*
e *que nul en.* T. C.
f *ne.* T. C.

Suite des Lettres de Charles V.

Lesquelles Lettres & toutes les choses contenuës en icelles, Nous de [g] nostre grace & auctorité Royal loons, voulons, agréons, approuvons, & par la teneur de ces présentes confermons : [h] Donnans en mandement à nostre *Prévost* de *Paris* qui est à présent, & à noz *Prévostz* de *Paris* qui pour le temps advenir seront, & à tous noz Justiciers & Officiers, & à tous les Justiciers de nostre Royaulme, ou à leurs Lieuxtenans, & à chascun d'eulx, si comme à lui appartendra, que les Ordonnance, poins & articles cy-dessus contenuz & exprimés, facent tenir, garder, entériner & acomplir par ceulx à qui il appartendra, sans les enfraindre en aucune manière. Et que ce soit ferme chose & estable à tousjours, Nous avons fait mectre nostre Séel à ces présentes : Sauf en autres choses nostre droit, & l'autruy en toutes. Ce fu fait & donné à *Paris,* l'an de grace mil CCC LXVI. & de nostre Regne le tiers, ou mois de Janvier.

g *grace espécial.* T. C.
h *donnons.* T. C.

Suite des Lettres de Charles VI.

Toutes voïes depuis le temps desdictes Ordonnances & Statuz, soubz umbre de ce que ès Articles & Ordonnances cy dessus escriptes & déclarées, a en aucuns poins petites peines sur ceulx qui y [i] mesprennent, les ouvriers dudit mestier ont fait & font encores de jour en jour plusieurs ouvrages indeuëment, sanz [k] garder yceulx Statuz & Ordonnances ; & aussi les Gardes dudit mestier qui ont délaissé & délaissent à faire leurs besongnes, pour vaquer à faire les visitacions qu'il convient faire souvent sur les Ouvriers d'icellui mestier, ont eu & ont trop petit salaire par [l] lesdites Ordonnances & Statuz dessus déclerez, parquoy ilz ne sont mie si [m] inclins, curieux ne diligens de vaquer ne travailler à la Garde dudit mestier, comme ilz seroient s'ilz avoient salaire competant pour leur peine & traveil, ainsi qu'ilz dient, en Nous suppliant humblement que pour le bien & honneur dudit mestier, & pour le bien & prouffit de la chose publique, Nous leur vueillons sur ce pourveoir, & augmenter les peines contenuës en aucuns des articles dessusdis : Pourquoy Nous eu regart aux choses dessusdites, & pour certaines autres considéracions Nous mouvans, voulons & Nous plaist, & ausdis supplians avons octroyé & octroyons par ces présentes, de nostre auctorité Royal, pleine puissance & grace espécial, que ès Ordonnances & Statuz dessus dites, soit augmenté & adjousté ce qui s'ensuit.

(1) C'est assavoir, quant au [n] premier article faisant mencion que nul ne puisse tailler ou lever Ouvrouer ne Establie à *Paris,* s'il n'est approuvé souffisant, &c. & qui fera le contraire, payera cinq Solz d'amende à Nous, & trois Solz à la Confrarie, tant pour soustenir les povres dudit mestier, comme pour le travail des maistres & Gardes d'icelluy ; Voulons & ordonnons que attendu & considéré [o] l'estat dudit mestier, & que parce que les délinquans sont moins souffisans ouvriers, [p] & tourne contre & au préjudice de la chose publique, ladite peine soit augmentée ;

i *contreviennent.*
k *y garder.* 2.e cop.
l *les ordonnances.* T. C.
m *enclins.*
n *c'est l'article 2. suivant la division par article que j'ai suivie.*
o *le fait.* T. C.
p *ce.* 2.e cop.

CHARLES VI. à Paris, en Décembre 1402.

c'est assavoir, que chascun délinquant soit tenu de payer huit Solz à Nous, quatre Solz à la Confrairie, & quatre Solz pour la peine & travail des Gardes & Jurez dudit mestier, pour chascune fois qu'il sera de ce deuëment reprins, & pour chascun garnement qu'il aura taillé.

(2) Quant au [a] second article faisant mencion que nul Maistre ou Varlet ne puisse ouvrer au Samedi après chandelles alumées, au Dimenche & autres Festes, &c. sur peine de six Solz d'amende envers Nous, & quatre Solz à la Confrairie, s'il est Maistre; & s'il est Varlet, deux Solz à Nous, & douze Deniers à la Confrairie; voulons & ordonnons que ladite peine soit augmentée; c'est assavoir, que s'aucun Maistre dudit mestier est trouvé ouvrant comme dessus est dit, il paiera à Nous quatre Solz Parisis d'amende; à ladite Confrairie quatre Solz, & aux Maistres [b] dudit mestier deux Solz pour leur peine & travail; & s'aucun Varlet est trouvé pareillement ouvrant par la manière dessusdite, il payera semblablement d'amende à Nous, douze Deniers Parisis; à la Confrairie douze Deniers, & ausdis Jurez & Gardes douze Deniers Parisis; car par ce lesdis Jurez seront plus enclins, curieux & [c] songneux de faire visitacion, parquoy on trouvera plus d'amendes où Nous [d] perdrons plus grant prouffit pour la grant multitude des amendes qui seront & pourront être trouvées quant la visitacion se fera continuellement aux jours ordonnez à ce.

(3) Voulons & leur octroyons derechief de nosdites auctorité, puissance & grace, que en tant que touche les [e] IIIe & IIIIe articles faisans mencion des apprentiz & varletz dudit mestier, qu'ilz ne puissent servir autres Maistres pour laisser les leur, ne faire autre besongne sans parfaire celle qu'ilz auront commencée, sur peine de cinq Solz Parisis d'amende, dont à Nous appartient les trois Solz, & à ladite Confrairie deux Solz, que icelle peine soit augmentée ainsi; c'est assavoir, que se le Varlet laisse son Maistre pour aler servir autre, il paye dix Solz Parisis, & le Maistre qui le fortraira, semblable admende; & se le Varlet laisse à parfaire la besongne qu'il aura encommancée, qu'il paye dix Solz Parisis aussi; lesquelles amendes Nous voulons ainsi estre converties; c'est assavoir, à Nous cinq Solz Parisis, & à ladite Confrairie, trois Solz, & ausdis Jurez & Gardes, deux Solz.

(4) [f] Nous plaist en oultre & leur octroyons comme dessus, que quant au [g] cinquième article faisant mention que s'aucun Maistre dudit mestier mesaille aucun habit ou garnement par sa coulpe, deffaulte & ignorance, rende le dommaige, & paye cinq Solz Parisis d'amende; c'est assavoir, trois Solz à Nous, deux Solz à ladite Confrairie; qu'il soit tenu payer dix Solz Parisis d'amende; c'est assavoir, à Nous cinq Solz, & à ladite Confrairie cinq Solz.

(5) Voulons aussi d'abondant, & de nostre plus ample grace, auctorité & puissance leur octroyons, que toutes & quantes fois que par lesdis Jurez & Gardes d'icellui mestier, présens & avenir, sera fait, passé & créé aucun Maistre d'icellui mestier, que chascun Maistre passé Nous paye [h] dix Solz Parisis, avec tel don voluntaire qu'il vouldra faire à ladite Confrairie, selon [i] la puissance & faculté, pour aider à continuer le divin Service, & autres choses de ladicte Confrairie; desquelz diz Solz Parisis, nostre Receveur du Demayne à *Paris*, ou son Commis en nostre Chastellet de *Paris*, baillera audit Maistre passé quictance souffisant, ou cas qu'il lui apperra par la Lettre de passement d'iceulx Jurez & Gardes, de sa souffisance; & que lesdiz Jurez [k] soient contens & satisfaiz du don qu'il aura fait à ladite Confrairie [l].

(6) Et avec ce, que aucun Maistre ou Varlet ne puisse achever aucune besongne ou ouvrage dudit mestier qui seroit commancée par autre, sinon par le congé & consentement desdits Gardes & Jurez; & qui fera le contraire, Nous voulons qu'il l'admende de seize Solz Parisis; c'est assavoir, huit Solz Parisis à Nous, quatre Solz à ladite Confrairie, & quatre Solz ausdis Jurez & Gardes pour peine & travail de leur visitacion.

Toutes lesquelles choses dessus dictes & chascune d'icelles, Nous par ces mêmes présentes

a *Voy. p. 550. art. 3.*

b *& Jurez*, 2.e cop. T. C. & B.

c *soigneux*.

d *prendrons*. 2.e cop. T. C. & B.

e *Voy. p. 550. les art. 4. & 5.*

f Il y a à la marge du Reg. *de nonfaire mestaille en aucun abbit.*

g *Voy. p. 550. art. 6.*

h Il y a à la marge du Reg. *M.e Cousturier* X. s. par.

i *sa*. 2.e cop. T. C. & B.

k *& Gardes seroient*. 2.e cop.

l *selon sa puissance & faculté*. 2.e cop.

présentes voulons, Nous plaist, & de nostre dicte auctorité Royal, plaine puissance & grace espécial octroyons ausdis Jurez & Gardes, présens & advenir, estre du tout en tout tenuës, gardées & observées sans enfraindre, [a] tout ainsi & par la forme & manière que cy-dessus est dit, spécifié, déclaré, augmenté & ordonné. Si donnons en mandement à nostre *Prévost* de *Paris* qui à présent est, & à noz *Prévostz* de *Paris* qui pour le temps advenir seront, à tous noz autres Justiciers & Officiers, & à tous les [b] Justiciers de nostre Royaulme, ou à leurs Lieuxtenans, & à chascun d'eulx, si comme à lui appartendra, que les Ordonnances, poins & articles cy-dessus contenus, exprimez & augmentez, facent tenir, garder, entretenir & acomplir par ceulx à qui il appartendra, sans les enfraindre en aucune manière. Et que ce soit ferme chose & estable à tousjours, Nous avons fait mectre nostre Séel à ces présentes: Sauf en autres choses nostre droit, & l'autruy en toutes. *Donné à* Paris, *ou mois de Décembre, l'an de grace mil CCCC & deux, & de nostre regne le* XXIII[e]. Ainsi escript & signé sur le reploy. Par le Roy, le Sire d'*Omont*, Mess. *Guillaume* [c] *Martel*, Maistre *Jehan* de *Boissay* & autres, présens. NEAUVILLE. *Visa.* [d] CONTENTOR. [e] FERRON.

CHARLES VI. à Paris, en Décembre 1402.

a *tout advisé.* T. C.
b *autres Justiciers.* 2.e cop.
c *Marcel* 2.e cop.
d *Voyez le 5.e Vol. de ce Rec. p. 22. Note (h).*
e *Freron.* 2.e cop.

(a) Lettres de Sauvegarde Royale pour l'Hôpital du Saint-Esprit à Paris.

CHARLES VI. à Paris, en Décembre 1402.

KAROLUS Dei gracia Francorum Rex. Quoniam licet cunctorum Nobis subditorum transquillitati ac Paci, uti astricti cernimur, mentaliter intendere Nos delectet, ardenciori tamen vigilanciâ & sollicitudine acuratiori [f] *exitamur in intimis, ad pauperum & orphanorum Regni nostri, ac eorum insistentium Regimini sive cure,* [g] *profectus, necessitudinesque, subsidia & defensamina operetenus anhelare, cùm nostro subesse tutamini precipuè censeantur; in sic peragendo, minimè desperantes caritativè insistere* [h] *factioni Spiritûs Sancti duci spiramine, ac Divine Clemencie,* [i] *aienti, sibi fore impensum, quod suis senserit minimis erogatum, opido complacere sub* [k] *retributorio famulatu. Notum itaque fieri* [l] *volmus presentibus ac posteritati future, quod Nobis pro parte dilectorum nostrorum Magistrorum, Gubernatorum ac* [m] *Fatrum (b) Hospitalis Pauperum & Orphanorum Sancti Spiritûs* Parisiensis, *in nostra salva & speciali Gardia existencium à jamdiu, supplicacioni porrecte favorabiliter inclinantes, eosdem presentes & posteros, tam in capite quàm in membris, & eorum singulares personas, una cum suis Officiariis, familiaribus & servitoribus sexus utriusque, nec non Domibus, habitacionibus, terris, vineis & aliis quibuslibet bonis & possessionibus, quas possident in presenti & amodo possidebunt, in & sub nostra successorumque nostrorum Francie Regum proteccione Salvaque & speciali Gardia, ad suorum conservacionem jurium, de novo & ex* [n] *abundanti, ex nostris auctoritate Regia, potestatis plenitudine ac gracia speciali, ponimus & suscipimus per presentes, in & sub eisdem proteccione & Gardia* [o] *perpetim* [p] *ramansuros: Harum eciam tenore mandantes & committentes expressè* Preposito Parisiensi *qui nunc est & fuerit temporibus afuturis, aut ejus Locumtenenti, quem ex nunc Gardiatorem supplicancium jam dictorum, suumque Judicem specialem solum & in solidum deputamus, ordinamus & committimus in omnibus & singulis Causis suis motis & movendis, tam agendo quàm deffendendo, contra quosvis ipsorum adversarios, in nostris* Parisiens. *civitate, Vicecomitatu &* Prepositura, *quatenus supplicantes prefatos & singulares eorum, in suis ac dictorum Hospitalis & membrorum justis ac pacificis Libertatibus,* [q] *franchiis, juribus, usibus, possessionibus & saisinis, presentibus & futuris manuteneat & conservet,*

f excitamur.
g profits, biens.
h *mot douteux, cela doit signifier* faire des œuvres de charité.
i qui dit.
k en méritant d'être récompensé.
l volumus. T. C.
m Fratrum. T. C.
n habundanti. T. C.
o in perpetuum.
p remansuros. T. C.
q Franchisiis. T. C.

NOTES.

(a) Livre Rouge vieil du Châtelet, *folio* 204. *verso.*

Avant ces Lettres il y a : *Garde pour S.t Esperit en Greve.*

Ces Lettres sont aussi au Trésor des Chartres, Reg. 157. P. 310. Ce Registre confirme quelques corrections qu'on a faites à la marge de ces Lettres.

(b) *Hospitalis.*] L'Hôpital du Saint-Esprit fut fondé dans la Place de Grève en 1362. Il a été reuni à l'Hôpital général en 1680. Voyez l'Hist. de *Paris* par Dom *Felibien*, Vol. 1.er p. 648. n.o XLVIII.

CHARLES VI. à Paris, en Décembre 1402.

& ab omnibus injuriis, violenciis, oppressionibus, gravaminibus, molestiis, vi armorum, potencia Laïcorum, & ceteris inquietacionibus ac indebitis novitatibus, tueatur & preservet, minimè permittendo adversus sepedictos supplicantes, seu alterum ex eisdem, ipsorumve Officiarios, familiares & servitores prelibatos, nec non res, possessiones & bona, aliquas fieri vel inferri indebitas novitates; quin pocius si quas in eorum & presentis Salve Gardie prejudicium factas invenerit, ad pristinum & debitum statum reducat, seu faciat mediante Justiciâ [a] *immorosè reduci; Nobis insuper & sepedictis supplicantibus condignam propter hoc* [b] *Emandam, atque de personis de quibus* [c] *assecuramentum habere* [d] *voluerint, juxta Patrie consuetudinem legitimum dari & prestari, ac Penuncellos Regios in hujuscemodi Salve Gardie signum, in & super Domibus, rebus & possessionibus suis predictis in casu periculi eminentis affigi, Salvam-Gardiam ipsam nichilominus in locis & personis ubi & prout expedierit, intimari & publicari debitè faciendo, ne quis exinde possit se sub ignorancie velamine excusare; nec non presentis Salve Gardie violatores, & alios quos sibi Gardiatoris hujusmodi ac Judicis Officium exercendo, inobedientes repererit aut rebelles, Justicie debito requirente, adeo puniendo quòd aliis cedere valeat in exemplum. Si vero occasione rerum suarum predictarum aut alterius ex eisdem, opposicionem seu debatum in novitatis casu suboriri contingat, debato & rebus contenciosis istius modi ad manum nostram tanquam superiorem positis, resaisitisque locis deablatis, & facta recredencia ubi & sicut fuerit facienda, inter Partes auditas bonum & breve ministret Justicie complementum; ulteriùsque faciat, exequatur & compleat omnia & singula alia que circa premissa neccessaria fuerint & eciam opportuna; Ordinacionibus, Edictis, Usibus & Statutis localibus generalibusve ad hec contrariis non obstantibus quibuscunque. Quamobrem universis ac singulis Justiciariis & Officiariis nostris presentibus & futuris, aut eorum Locatenentibus, & utrique ipsorum, prout ad ipsum spectare poterit, damus hiis presentibus in mandatis, quatinùs sepiùs dicto Preposito* Parisiensi, *aut ejus Locumtenenti, presenti & futuro, in & super premissis & deppendentibus ex eisdem, intendant & pareant cum* [e] *effecto, eidem si egeat,* [f] *probendo auxilium, consilium & favorem. Et ut hec omnia* [g] *perpeti stabilitate vallentur, nostrum hiis presentibus fecimus apponi Sigillum : nostro in reliquis ac alieno in omnibus jure salvo.* Datum *Parisius,* mense Decembris, anno Domini millesimo quadringentesimo secundo, & XXIII[e]. Regni nostri. Ainsi signé. *Per Regem, presentibus Dominis de* Praellis *&* *de* Hangesto, *Archidiacono (c) Parvi Caleti, aliisque nonnullis.* P. MANHAC. *Visa.* [h] CONTENTOR. P. LIJOTE. Et au doz d'icelles Lettres estoit escript ce qui s'ensuit : *Lecte & publicate fuerunt presentes Littere in Judicio & Pretorio Castelleti* Parisiensis, *die Mercurii XXIIII. Januarii, anno Domini millesimo quadringentesimo secundo.* FRESNES.

a sine mora.
b Emendam. T. C.
c *Voy. les Tabl. des Mat. des Vol. de ce Rec. au mot* asseurement, *&* Pennonceaux.
d voluerit. T. C.
e effectu. T. C.
f prebendo. T. C.
g perpetua.
h *Voyez le 5.e Vol. de ce Rec.* p. 22. Note *(h).*

Collation faicte.

N O T E.

(c) Parvi Caleti.] Le dernier Archidiaconé de l'Église de *Rouen* porte le nom du *Petit-Caux.* Voyez la page 101. du nouveau Pouillé du Diocèse de *Rouen,* imprimé dans cette ville en 1738. in-4°.

Voyez aussi la notice des Gaules de *Valois,* au mot *Caletum.* p. 115. col. 2.

CHARLES VI. à Paris, en Décembre 1402.

(a) *Lettres par lesquelles il est permis aux Confrères de la Confrairie de la Passion établie à Paris, d'y représenter publiquement les Pièces de Théâtre appellées Mystères.*

CHARLES, &c. Savoir faisons à tous présens & avenir, Nous avoir receu l'umble supplicacion de noz bien amez & Confrères les Maistres & Gouverneurs de la Confrarie de la Passion & Résurreccion nostre Seigneur, fondée en l'Eglise de la Trinité à *Paris,* contenant comme pour le fait d'aucuns [a] Misterres tant de Sainćts comme de Sainćtes, & mesmement du Misterre de la Passion, qu'ilz derrenièrement ont commanciée, & prest pour faire devant Nous, comme autrefoiz avoient fait, & lesquelz ilz n'ont peu bonnement continuer pour ce que Nous n'y avons peu estre lors présens; ouquel fait & Misterre ladićte Confrarie a moult frayé & despendu du sien, & aussi ont les Confrères un chascun proportionnablement; disans en oultre, que se ilz jouoient publiquement & [b] en commun, que ce seroit le proufit d'icelle Confrarie, [c] que faire ne [d] povoient bonnement sans nostre congié & licence, requérans sur ce nostre gracieuse provision. Nous qui voulons & désirons le bien, proufit & utilité de ladićte Confrarie, & les droiz & revenues d'icelle estre par Nous accreuz & augmentez de graces & priviléges, afin que un chascun par dévocion se puisse & doye adjoindre & mettre en leur compaignie, à yceulx Maistres, Gouverneurs & Confrères d'icelle Confrarie de la Passion nostredićt Seigneur, avons donné & oćtroyé, donnons & oćtroyons de grace espécial, plaine puissance & aućtorité Royal, ceste foiz pour toutes & à tousjours perpétuelment, par la teneur de ces présentes Lettres, aućtorité, congié & licence de faire & jouer quelque Misterre que ce soit, soit de ladićte Passion & Résurreccion, ou autre quelconque tant de Sainćts comme de Sainćtes, que ilz vouldront eslire & mettre sus, toutes & quantefoiz qu'il leur plaira, soit devant Nous, devant nostre commun ou ailleurs tant en *(b)* recors comme autrement, & de eulx convoquer & communiquer & assembler en quelxconques lieu & place licite à ce faire, qu'ilz porront trouver, tant en nostre Ville de *Paris,* comme en la Prévosté & Viconté ou Banlieue d'icelle, présens à ce troiz, deux ou l'un d'eulx qu'ilz vouldront eslire de noz Officiers, sanz pour ce commettre offense aucune envers Nous & Justice; & lesquelz Maistres, Gouverneurs & Confrères dessusdiz, & un chascun d'eulx, durant les jours esquelx ledit Misterre qu'ilz joueront se fera, soit devant Nous ou ailleurs, tant en recors comme autrement, ainsi & par la manière que dit est, puissent aler, venir, passer & repasser paisiblement, vestuz, abilliez & ordonnez un chascun d'eulx, en tel estat que le cas le désire & comme il appartendra selon l'ordenance dudit Misterre, sans destourbier ou empeschement; & à gregneur confirmacion & seurté, Nous iceulx Confrères, Gouverneurs & Maistres, de nostre plus habundant grace, avons mis en nostre protećtion & sauvegarde durant le [e] recours d'iceulx jeux, & tant comme ilz joueront seulement, sanz pour ce leur meffaire ne à aucun d'iceulx à ceste occasion ne autrement comment que ce soit au contraire. Si donnons en mandement au *Prévost* de *Paris,* & à tous noz autres Justiciers & Officiers, présens & avenir, ou à leurs Lieuxtenans, & à chascun d'eulx, si comme à lui appartendra, que lesdiz Maistres, Gouverneurs & Confrères, & un chascun d'eulx, facent,

a *Pièces de Théâtre.*

b *c'est-à-dire, devant le peuple,* devant nostre commun, *dit le Roy un peu plus bas.*

c supp. ce.

d *pourroient.* 2.e cop.

e *recors.* 2.e cop.

NOTES.

(a) Trésor des Chartres, Registre 157. P. IIc LXVII. (267.) *fol.* 165. *recto.*

Ces Lettres sont aussi au fol. 77. du 2.e Vol du Reg. des Bannières du Châtelet de *Paris.*

Elles avoient déjà été imprimées à la page 685. du 5.e Vol. de l'Histoire de *Paris,* par le P. *Felibien,* & à la page 45. du 1er Vol. de l'Histoire du *Théâtre François,* par Mrs *Parfait.*

(b) Recors.] Il y a un peu plus bas *recours,* mais toûjours *Recors* dans le Reg. des Bannières. Je n'entends point ce mot. Peut être vient-il du latin *Recordari,* & signifie-t-il, *en récitant de mémoire & par cœur.*

CHARLES VI.
à Paris, en Décembre 1402.

seuffrent & laissent joïr & user plainement & paisiblement de nostre présente grace, congié, licence, don & octroy dessusdiz, sans les molester, faire ne souffrir empeschier ores ne pour le temps avenir, comment que ce soit au contraire. Et pour ce que ce soit ferme chose & estable à tousjours, Nous avons fait mettre nostre Séel à ces Lettres : Sauf en autres choses nostre droit, & l'autruy en toutes. *Ce fu fait & donné à* Paris, *en nostre Hostel lès Saint Pol, ou moys de Décembre, l'an de grace mil IIII[c] & deux, & de nostre regne le XXIII[e].* Par le Roy, Mess. *Jaques* de *Bourbon*, *l'Admirault*, [a] le *Begiée* de *Villaines*, & plusieurs autres, présens.

P. MONTYON. [b]

Signé [c] PORQION. *Visa.* Et séellées en latz de soye de cire vert. *Au doz desquelles Lettres estoit escrit :* Le Lundi XII.[e] jour de Mars, l'an CCCCII. *Jehan Aubery*, *Jehan Dupin* & [d] *Pierre* d'*Oisemont*, Maistres de la Confrairie nommée au blanc, présentèrent ces Lettres à Maistre *Robert* de *Thuilleres*, Lieutenant de Monsieur le Prévost, lequel leues icelles Lettres, octroya que lesditz Maistres, leurs Confrères & autres, se peussent assembler pour le faict de la Confrairie & le fait des jeux, sellon ce que le Roy nostre Sire le veult par icelles Lettres ; & pour estre présens avec eulx en ceste présente année, commist *Jehan* le *Pillent* Sergent de la douzaine, *Jehan* de *Savenal* Sergent à Verge, l'un d'eulx ou le premier autre Sergent de la douzaine ou à verge dudit Chastellet. *Ita est.* PISEGMENT.

Collacion faicte aux originaulx rendus à *Geuffroy Longuejoe* Maistre & autres Maistres de la dicte Confrairie. CORBIE. [e]

a *le Begue de Villaines.* 2e cop. & c'est ainsi qu'il doit y avoir.

b *Ces Lettres finissent ainsi dans le Livre des Bannières.*

c corr. *P. Montyon.*

d *mot très-douteux.*

e *Il y a encore ici un mot qu'on n'a pû déchiffrer.*

CHARLES VI.
à Paris, le 20 de Janvier 1402.

(a) Lettres qui portent que tous les Corps & Communautés Ecclésiastiques & Séculières, & toutes personnes se prétendant exempts & privilégiés, seront obligez de faire réparer & entretenir le Pavé qui est autour des Edifices qui leur appartiennent.

NOTE.

(a) Voyez ci-dessus la Note *(a)* de la page 319.

CHARLES VI.
à Paris, en Janvier 1402.

(a) Abolition des Appeaux frivoles dans les Terres appartenantes à l'Abbaye de Saint Denys en France, situées dans le Bailliage de Vermandois.

CHARLES, &c. Savoir faisons à tous présens & avenir, que comme plusieurs des Justiciers du *Bailliage* de *Vermendois*, eussent ja piéça fait exposer à nostre très-cher Seigneur & Pere dont Dieu ait l'ame, que de jour en jour plusieurs personnes tant leurs Justiciers que autres, &c. [f]

f *Voyez la Note (b) de la p.* 57 *de ce Volume.*

Et combien que de la dicte Ordonnance & Déclaracion ainsi faicte par nostredit Seigneur, aient esté faictes Lettres, & que par icelles ait esté mandé au *Bailli* de *Vermendoiz* & à tous noz autres Justiciers & Officiers, que icelle Déclaration & Ordenance tenissent & gardassent, & feissent tenir & garder sanz enfraindre en aucune manière, néantmoins elle n'a point esté tenue ne gardée, ne n'est encores à présent ès Cours de plusieurs Terres, Justices & Juridicions temporelles que noz bien amez les Religieux Abbé & Couvent de *Saint Denys en France* ont ou *Bailliage* de *Vermendoiz*, tant par ce que la dicte Ordenance dont mencion est faicte cy-dessus, & dont noz Lettres furent données à noz *Prévostz* de *Laon*, n'est pas venue à la congnoissance desdiz Religieux ne de leurs gens & Officiers, comme par ce que on a délaissé par inadvertance ou autrement, à en prandre Lettres de nostre dit Seigneur ou de Nous, pour la dicte Ordenance & Déclaracion faire publier &

NOTE.

(a) Trésor des Chartres, Registre 157. Pièce 296. *fol.* 181. *recto.*

faire mettre à exécucion, qui est ou très grant dommaige, grief & préjudice de Nous, de la chose publique & desdiz Religieuz, si comme il est apparu par nosdictes Lettres sur ce données & octroyées ou moys de May l'an mil IIIᶜ IIIIˣˣ XVI. desquelles ilz dient faire souffisamment apparoir, en Nous requérant que sur ce vueillons donner noz Lettres de ladicte Ordenance & Déclaracion; Nous considérans les choses dessus dictes, ladicte Ordonnance qui fu faicte généralle pour tous ceulx de la *Prévosté* de *Laon*, par la forme & manierre qu'elle apperra estre dessus déclairée, voulons estre valable, tenue & gardée sans contredit à tous ceulx qui appelleront desdiz Religieux ou de leurs Gens & Officiers esdictes Terres, Justices & Jurisdiccions temporelles qu'ilz ont oudit *Bailliage* de *Vermendoiz*. Si donnons en mendement par ces présentes au *Bailli* de *Vermendoiz*, au *Prévost* de *Laon*, & à tous noz autres Justiciers & Officiers, ou à leurs Lieuxtenans, présens & avenir, & à chascun d'eulx, si comme à lui appartendra, que nostre présente Ordenance & Déclaracion tiengnent, gardent & accomplissent, & facent tenir, garder & acomplir de point en point selon sa forme & teneur, de tous à qui il appartendra, sanz enfraindre & sanz innovacions ou empeschemens quelxconques, non obstant usaige, stile, Coustume de païs ou commune observance quelxconques à ce contraires. Et pour ce que ce soit chose ferme & estable à tousjours, Nous avons fait mettre nostre Séel à ces présentes: Sauf en autres choses nostre droit, & l'autruy en toutes. *Donné à* Paris, *ou moys de Janvier, l'an de grace mil CCCC & deux, & le XXIIIᵉ de nostre regne.*

CHARLES VI. à Paris, en Janvier 1402.

Par le Roy, à la relacion du Conseil. MAULOUE.

CHARLES VI. à Paris, en Janvier 1402.

(a) Confirmation des Statuts de la Communauté des Cordonniers-Savetiers du Bourg de Carcassonne.

KAROLUS Dei gracia Francorum Rex. Notum facimus universis tam presentibus quàm futuris, Nos vidisse Litteras, formam que sequitur, continentes.

PETRUS *de* Mornayo *dictus* Gaubiet, *Miles*, Senescallus Carcassone *&* Biterris, *Domini nostri Francie Regis. Notum facimus universis tam presentibus quàm futuris, nobis pro parte* Jacobi Grichaudi, Petri Falgosii, Raymundi Gamelli *(b) Suprapositorum anni presentis, artis seu ministerii (c) Sabateriorum Burgi* Carcassone, *necnon* Hugonis Jordani, Deodati *de la* Clavayria, Petri *de* Rivallibus, Johannis Baudrini, Guillelmi *de* Calmo, Johannis Tolzane, Egidii Garcie, Jacobi Bodini, Stephani Sevrini, Guillelmi Laudayraci, Johannis *de* Noguerio, Bernardi *de* Soyssaco, Petri Servientis, Simonis Corberie, Stassii Furnerii, Petri Bellihominis, Johannis Terci, Bernardi Silholeti, Bernardi *de* Podio, Johannis Portoni, Johannis Lamencii, Raymundi Malagoda, Petri *de* Soma, Johannis Eguiserii, Durandi Boneti, Poncii Rogerii, Bernardi Furnerii, Bernardi Marcurola, *Magistrorum operariorum, & operatoria Sabaterie in Burgo* Carcassone *tenencium, & aliorum plurium dicti ministerii, faciencium & representancium majorem & saniorem partem aliorum Magistrorum operatoria dicti ministerii in dicto Burgo tenencium, fuisse supplicatum ut certa Privilegia & Ordinaciones inter ipsos & per ipsos superiùs nominatos Sutores communiter & concorditer ad Dei laudem & honorem & ad comodum & utilitatem Domini nostri Regis & reipublice, ac honorem dicti ministerii, & ut*

NOTES.

(a) Trésor des Chartres, Registre 157. Pièce IIIᶜ XX. (320.)

(b) *Suprapositorum.*] Ce mot se trouve à la page 114. du 2.ᵉ Volume de ce Recueil, dans des Lettres qui regardent les Parmentiers de *Carcassonne*. Il signifie le Garde d'un corps de métier. Voyez le Glossaire de *Du Cange*, au mot *Suprapositus*.

(c) *Sabateriorum.*] Ils sont nommez dans la suite de ces Lettres, *Sutores*, *Semellatores*; suivant le Glossaire de *Du Cange*, aux mots *Sabbaterius* & *Semellator*, ils signifient également les Cordonniers & les Savetiers.

CHARLES VI.
à Paris, en Janvier 1402.

legalitas in eodem ministerio in dicto Burgo observetur, & fraus [a] *detirpetur ac in futurum evitetur, condita noviter & ordinata, que Privilegia & Ordinaciones nobis in scriptis tradiderunt, & quorum tenores inferiùs sunt inserti, eisdem Suprapositis & aliis* [b] *Ministeyralibus dicti ministerii superiùs nominatis, qui nunc sunt & illis qui pro tempore in dicto Burgo erunt, concedere dignaremur. Nos autem, receptis dictis Ordinacionibus sic nobis ex parte qua supra presentatis, unà cum certis aliis antiquis Privilegiis ipsorum Sabbateriorum, ipsisque ad plenum per Consilium nostrum, presentibus & vocatis Advocato & Procuratore Regiis dicte nostre Senescallie, & pluribus aliis de Consilio Regio & nostre Curie, eciam vocatis & presentibus, visis & diligenter consideratis, dictique Advocati & Procuratoris Regiorum, & aliorum de Consilio Regio nostre Curie predicte; habitâ deliberacione diligenti & maturâ, visâque & cognitâ in hac parte evidenti utilitate & comodo Regiis & reipublice, eisdem Suprapositis & aliis superiùs nominatis Sutoribus dicti Burgi, qui nunc sunt & illis qui pro tempore erunt, salvâ & retentâ in omnibus & per omnia voluntate & beneplacito Domini nostri Regis, & cujuscumque alterius nostris superioris, Privilegia & Ordinaciones concessimus, & per presentes concedimus infrascripta.*

(1) Primo. *Quòd quolibet anno, die Ascencionis Domini vel aliâ die qua novi Suprapositi dicti ministerii eligentur, quilibet quatuor Suprapositorum antiquorum anni videlicet tunc proxime finiti, eliget duos probos viros Magistros dicti ministerii, tales quales sibi placuerit: quiquidem octo probi viri Magistri dicti ministerii sic electi, eligent & eligere habeant modernos quatuor* [c] *Supraperpositos dicti ministerii, pro illo anno tunc proximè sequenti tales quales eis placuerit & videbitur* [d] *experiri, Magistros tamen (d) tailliabiles & qui stabiles Burgi predicti* [e], *irâ, rancore, odio & favore inordinatis cessantibus quibuscumque: casu vero quo omnes octo probi viri electores dictorum modernorum Suprapositorum, non possent sese adinvicem congregare, vel super eleccionem dictorum quatuor modernorum Suprapositorum concordare, quod major pars dictorum octo electorum* [f] *hujusmodi possit facere; videlicet modernos Suprapositos eligere; & valeat tantum illa eleccio, ac si per omnes octo concorditer facta esset.*

(2) Item. *Quòd eo casu quo in numero dictorum octo proborum electorum, esset unus vel essent duo, tres vel quatuor sufficientes & ydonei eligi in Suprapositos dicte artis, quod alii restantes de dicto numero octo, possint & valeant dictum socium & dictos socios suos de dicto numero in Suprapositos modernos eligere, valeat ac valebit tantùm illa eleccio in casu predicto, prout valeret si per totum numerum VIII^to vel per majorem partem eorumdem, facta extitisset.*

(3) Item. *Quòd dicti quatuor moderni Suprapositi sic electi, presentabuntur quolibet anno, antequam dicto* [g] *utatur Suprapositure officio, prout eciam acthenus presentari consueverunt, per eorum predecessores Suprapositos ministerii antedicti anni tunc proximi finiti, Curie Regie Burgi* Carcassone; *in qua Curia, & coram altero Dominorum Curialium ejusdem, ad hoc potestatem* [h] *habentem, jurabunt dicti moderni Suprapositi, ad sancta Dei quatuor Euvangelia, de se benè & fideliter habendo in Officio Suprapositure antedicto, utilia Domini nostri Regis & dicti ministerii procurando, & inutilia pro viribus evitando, bonasque & veras relaciones faciendo, & in fine sui temporis bonum & verum compotum de (e) rectis habitis, levatis & administratis, & expensis pro facto dicti Officii, coram successoribus Suprapositis reddendo, & reliqua restituendo; ad que tenebuntur in pace, & sine contradicione quacumque, & de exercendo & faciendo alia omnia universa & singula que ad dictum suprapositure Officium legitimè pertinent & pertinebunt, & que boni, veri & legitimi Suprapositi faciunt, facereque possunt & debent, & prout est legitimè fieri consuetum.*

(4) Item. *Quòd pro eo quia longo tempore preterito, omnes probi homines dicti Burgi, Magistri & operatoria tenentes dicti ministerii, desiderabiliter affectaverunt &*

a Je ne sçai si on a jamais dit *detirpari.* Il faut peut-être corriger *extirpetur.*
b *corr.* Ministerialibus.
c *corr.* suprapositos.
d *corr.* expedire.
e *supp.* erunt.
f hoi, *sans marque d'abréviation.* Reg.
g *corr.* utantur.
h habente.

NOTES.

(d) *Tailliabiles.*] C'est-à-dire, payant sa cote-part des Tailles qui se lèvent pour les dépenses communes de la Ville, & par conséquent étant Bourgeois.

(e) *Rectis.*] Ce mot qui est ici le participe du verbe *regere*, signifie les choses par eux gérées.

CHARLES VI. à Paris, en Janvier 1402.

affectant habere & perpetuò manutenere unam Capellam in altera Ecclesiarum parrochialium, vel in alia Ecclesia Fratrum Religiosorum (f) Paupertatis dicti Burgi, petitâ priùs & obtentâ super hoc licenciâ Domini nostri Regis seu Domini Senescalli Carcassone, in qua Capella unus bonus & devotus presbiter conductus & appensionatus per Suprapositos, & expensis dicti ministerii, celebret & celebrare habeat Missas & alia divina Officia ad honorem, laudem & reverenciam Domini nostri Jesu Christi & Beate Virginis Marie ejus gloriosissime Matris, & pro salute animarum vivorum & defunctorum presencium & futurorum dicti ministerii, & omnium aliorum fidelium Christianorum, quod tam pro tractando specialiter super ista materia, quam pro congregando Sanctam Karitatem communem quolibet anno fieri & dari consuetam in dicto Burgo, die Assencionis Domini, quam pro reparacione & gubernacione Vexilli sive Banerie dicti ministerii Sabbaterii dicti Burgi, quam pro sancto (g) luminari quod faciunt & facere consueverunt, & sunt intencionis & boni propositi faciendi & [a] manutendi perpetuis temporibus cum Dei adjutorio, quam pro diversis aliis negociis & necessitatibus dictum ministerium tangentibus, & que de die in diem evenerunt & possunt verisimiliter evenire, dicti Suprapositi qui nunc sunt dicti Sabbaterie ministerii, & illi qui erunt pro tempore, vocatis cum eis aliis probis viris Magistris dicti Ministerii, possint & valeant semel & pluriès, ac tociens quociens eis placuerit & videbitur faciendum, cum licencia tamen duorum Vicarii & Judicis ordinarii dicti Burgi, seu alterius eorumdem, seu alterius de Locatenentibus suis aut alterius superioris, sese adinvicem congregare, & de eorum causis & negociis tractare & concordare, imponereque & inducere super omnes dicti ministerii Burgi predicti, tam Magistros quam alios operarios & famulos dicti ministerii, & supra quemlibet ipsorum, in casu tamen urgentis necessitatis, justas & racionabiles (h) Indiciones tales & quales & per tantas vices quibus dictis Suprapositis placuerit & videbitur faciendum & necessarium pro supportacione solùm & dumtaxat dictorum negociorum; proviso tamen quod in qualibet dictarum Indicionum, vocentur & consenciant omnes Magistri dicti ministerii, seu major & sanior pars eorumdem. Si vero pro aliis causis & negociis levibus licitis & honestis, ubi non esset Indicio nec tractaretur de magno negocio, dicti Suprapositi cum aliquibus de Magistris dicti ministerii, talibus qualibus dictis Suprapositis placuerit & videbitur faciendum, volebant interdum semel vel pluriès congregare, quòd hoc facere eis liceat sine licencia Curie & alterius persone cujuscumque, liberè & impunè.

a corr. manutenendi.

(5) Item. Quòd quando tales Congregaciones & Consilia fient per & inter dictos Suprapositos dicte artis seu ministerii, quod ante eleccionem & fundacionem dicte Capelle, dicte tales Congregaciones fiant in loco bono & honesto & nemini suspecto, ad noticiam tamen & (i) dictorum Suprapositorum: post eleccionem vero & fundacionem dicte Capelle, tales Congregaciones & Consilia fient infra eamdem Capellam, vel saltim infra Ecclesiam in qua dicta Capella fundabitur, & alibi non, nisi procederet de mandato superioris.

(6) Item. Quòd quando tales Congregaciones per dictos Suprapositos fieri voluerint pro Causis & negociis supradictis seu aliquo eorumdem vel alio quocumque negocio dictum ministerium tangente, teneantur dicti Suprapositi vocare cum eisdem, de aliis probis viris dicti ministerii tailliabilibus & (k) quistabilibus

NOTES.

(f) *Paupertatis.*] Ce mot désigne apparemment ici des Religieux mendians, soit en général, soit ceux d'un Ordre particulier.

(g) *Luminari.*] Il est souvent parlé de ce luminaire dans la suite de ces Lettres, & il paroît que par ce mot il ne faut pas seulement entendre la dépense qui se faisoit pour le luminaire, mais encore d'autres dépenses communes de cette Communauté. On trouve dans le Glossaire de *Du Cange*, que le mot *luminaria* signifie quelquefois les biens d'une Fabrique.

(h) *Indiciones.*] Suivant le Glossaire de *Du Cange*, au mot *Inditio*, il est synonyme de *Indictio*, Impôt.

(i) Il y a dans le Reg. *obconem* avec une marque d'abréviation. Je ne sçai ce que ce mot peut signifier. Il faut peut-être corriger *opconem*, abréviation de *opcionem*.

(k) *Quistabilibus.*] Ce mot est dérivé de *quista*, qui, suivant le Glossaire de *Du Cange*, signifie Impôt. *Quistabilibus* est synonyme de *Tailliabilibus*, sur lequel voyez ci-dessus page précédente Note (d).

CHARLES VI.
à Paris, en Janvier 1402.

dicti Burgi; videlicet, illos & quantos dictis Suprapositis placuerit, & juxta qualitatem negocii tractandi, videbitur faciendum juxta modum predictum. Si tamen negocium illud tractandum erat ponderosum, & tale quod maturo indigeret Consilio, tunc vocetur & vocabitur ac eciam habebitur voluntas & consensus majoris & sanioris partis Magistrorum dicti ministerii, habitancium dicti Burgi; qui Magistri sic per dictos Suprapositos ad talia vocati teneantur & tenebuntur venire in loco & in locis licitis & honestis quibus per dictos Suprapositos pro dictis eorum negociis tractandis vocabuntur, sine deffectu quocumque: alioquin omnis deffìciens & omnes defficientes ad dicta Consilia venire, incidet & incident pro qualibet vice qua sic vocati venire recusaverint, in penam quinque Solidorum Turonensium, de bonis cujuslibet dictorum defficiencium [a] *levandum & exhigendum, dandamque & applicandam pro medietate, Dominio nostro Regi, & pro alia medietate, convertendam sancto luminari predicti ministerii Sabbaterie predicte, nisi tamen tales sic defficientes justas haberent excusaciones ex quibus debeant excusari & à pena predicta relevari, ad noticiam Suprapositorum predictorum.*

(7) Item. *Quòd, ad finem quod in obragio sive operibus dicti ministerii, quod & que in dicto Burgo cotidiè fuerit & in futurum fieri contingeret, fraus occulta per aliquem seu aliquos non fiat seu committatur, nullus Magister nec alter operarius dicte artis Sabbaterie,* [b] *habitaoe Burgi* Carcassone, *in aliquo obragio sive opere novo dicti ministerii facto vel faciendo, vendito, seu pro vendendo facto, sive sint Sotulares, Stivales,* [c] *Patisses, vel aliud quodcumque obragium sive opus novum, qualecumque sit, non sit ausus ponere seu immiscere de duobus coriis, quasi dicamus corium mutonis immiscere cum corio* [d] *vaque seu de cordoa, nec e converso, nisi esset tamen (1) horle vel vengueta, & hoc sub pena duorum Solidorum Turonensium, pro quolibet pari sotularium vel alterius cujuscumque obragii sive operis ita de diversis coriis* [e] *mesclati, dandorum & applicandorum Domino nostro Regi pro medietate, & pro alia medietate, convertendorum in facto dicti luminaris, & confiscacione dicti obragii sive operis, Domino nostro Regi facienda, & tociens quociens dicti Suprapositi scire poterunt vel ad eorum noticiam perveniet talia obragia sive opera diversis coriis mesclata & fraudulosa per aliquem seu aliquos fieri vel teneri, quod dicti Suprapositi qui nunc sunt & illi qui pro tempore erunt, per se ipsos sine licencia alterius cujuscumque superioris, possint & valeant & eis liceat de facto tale obragium sive opus capere, & illud signare cum uno ferro, ut deinde melius cognoscatur ad finem quod dictum obragium sive opus abscondi, transmutari nec bajulari possit: quo sic signato, & in presencia testium fide dignorum numerato, tradetur & restituetur dictum obragium per dictos Suprapositos, illi seu illis cujus seu quorum erit, ac penes quem vel quos repertum fuerit, ut inde tales tale obragium habentes, illud possint & valeant infra eorum operatorium vel alibi ubi eis placuerit, vendere & de ipso disponere ad eorum voluntatem; solvendo tamen primitùs & ante omnia penam supradictam, modo & forma supra declaratis.*

(8) Item. *Quòd nullus magister nec alter quicumque ministerii predicti, cujuscumque statûs vel condicionis existat, à cetero sit ausus infra Burgum* Carcassone *nec infra jurisdiccionem ejusdem, in vigiliis Festorum jejunatorum per Sanctam Matrem Ecclesiam mandatorum, neque in diebus Sabbatinis, operari dicto Sabbaterie ministerio, infra domum nec extra, clàm, palàm, occultè vel manifestè,* [f] *cum lumine, & hoc sub pena quinque Solidorum Turonensium Domino nostro Regi dandorum & applicandorum pro medietate, & pro alia medietate, convertendorum in facto luminaris predicti, solvendorumque per illos & quemlibet illorum & pro qualibet vice qua reperientur in talibus diebus cum lumine operari, seu probari poterit operasse, & quando ad noticiam dictorum Suprapositorum tales deffectus pervenient, ipsi iidem Suprapositi qui nunc sunt & illi qui erunt pro tempore, de facto & incontinenti, absque expectacione alterius mandati seu licencie Curie vel*

a *corr.* levandam & exhigendam.

b *corr.* habitator.

c Je n'ai rien trouvé sur ce mot.

d *corr.* vacce.

e meslé. *Voyez le Gloss. de* Du Cange, *au mot* mesclatus.

f c'est-à-dire, qu'ils ne pourront point travailler après la fin du jour.

NOTE.

(1) Horle.] Je n'ai rien trouvé sur ce mot, ni sur celui de *Vengueta*. Le premier a peut-être quelque rapport avec celui de *orlis*, qui, suivant le Glossaire de *Du Cange*, signifie un ourlet, un bord, une bordure.

alterius

alterius superioris, attento quòd tales Sutores ac operarii sic cum lumine in diebus prohibitis operantes, & dictas penas incurrentes, in modica temporis distancia, forte antequam licencia fuisset ab Officiariis Regiis ad hoc potestatem habentibus petita ac obtenta, possent eorum opus perfecisse vel ab eo destitisse, & dictum obragium sive opus abscondisse, bajulasse vel transportasse, unde ex post esset multùm difficile deffectum hujusmodi probare, unde Dominus noster Rex eciam amitteret & amittere posset jus sibi competens contra tales delinquentes, in penis supra ordinatis, possint & valeant, & eis sit licitum & permissum intrare domos, hospicia, [a] botigias & operatoria ubi tales deffectus fierent vel fieri ac comitti dicerentur, vocatis tamen cum eis testibus fide dignis, [b] gatgiareque & pignorare delinquentes, taleque obragium sive opus capere semel & pluries, ac tociens quociens talia ad eorum noticiam pervenire poterint, ut inde ad exhaccionem dictarum penarum, pro utilitate Regis & dicti ministerii, procedi valeat; amiciciâ & inimiciciâ, rancore & odio cessantibus quibuscumque.

CHARLES VI. à Paris, en Janvier 1402.

a Boutiques. V. le Gloss. de Du Cange, au mot Botiga.

b gagiare.

(9) Item. Quòd si contingebat quòd aliquis vel aliqui propter malivolenciam seu rancorem vel aliter quomodocumque, contra veritatem denunciabat Suprapositis predictis seu eorum alicui, aliquem seu aliquos dicti ministerii, talia opera cum lumine in vigiliis seu Sabbatinis predictis fecisse vel facere, quod ille talis denuncians falsam denunciacionem faciens, incidat & incurrat penam predictam quinque Solidorum Turonensium, quam solvisset seu solvere debuisset ille contra quem facta fuit denunciacio, si culpabilis fuisset repertus, dandam & applicandam Domino nostro Regi pro medietate, & pro alia medietate, luminari sancto antedicto; & si [c] forsam talis falsus revelans non haberet de quo solvere dictam penam, punietur per detencionem & incarceracionem carceris, tam diu ad noticiam & voluntatem Officiariorum Reg. Curie Regie dicti Burgi, quousque pena corporalis sufficere debeat, & suppleat deffectum pene pecuniarie antedicte.

c corr. forsan.

(10) Item. Quòd nullus dicti ministerii Sabbaterie, habitator dicti Burgi, cujuscumque statûs aut condicionis existat, in die Dominico, nec in alia die Festi solempnis jejunari per Sanctam Matrem Ecclesiam mandati, teneat nec tenere audeat portas, sui operatorii sive botigie Sabbaterie omninò apertas: unam tamen portam sive (m) ventelham porte, videlicet majorem sui operatorii sive botigie, quilibet poterit in talibus diebus tenere apertam liberè & impunè, alio hostio sive portâ scilicet majori clausâ remanente; & hoc sub pena quinque Solidorum Turonensium, danda & applicanda Domino nostro Regi pro medietate, & pro alia medietate, convertenda luminari antedicto exigendaque & levanda de bonis illius & illorum & cujuslibet illorum qui contrarium facerent, sine remissione & misericordia quacumque. Habebunt autem potestatem Suprapositi qui nunc sunt & illi qui erunt pro tempore Suprapositi dicti ministerii, quando videbunt, aut scient per denunciacionem vel aliter, tales deffectus, pignorandi & pignora capiendi in presencia tamen testium fide dignorum, racione pene predicte, ab illo & ab illis & à domo seu domibus illius & illorum qui tales deffectus commiserint, absque licencia & expectacione licencie alicujus alterius superioris, liberèque & impunè pignora vendendi seu vendi faciendi in inquantum Regio (n) publico dicti Burgi; attento maximè quòd si oporteret dictos Suprapositos licenciam obtinere tales delinquentes pignorandi, in [d] prossequcione cujus licencie, mora & distancia temporis interveniret, quâ distanciâ pendente, dicti delinquentes avisati vel aliter possent eorum portas claudere & in statu debito reducere. Si autem die Lune que est dies forensis in Burgo Carcassone, tale Festum vel talia Festa veniebant,

d corr. prosecucione.

NOTES.

(m) *Ventelham.*] Ce mot sur lequel je n'ai rien trouvé, doit apparemment être interprété par celui de *ventail*, qui, suivant le Dictionnaire de *Trévoux*, signifie la partie mobile qui sert à fermer une porte ou une croisée. On le nomme aussi *battant*.

(n) *Publico.*] Il n'y a dans le Reg. ici & dans l'article suivant, que *Puco*. Cet endroit paroît corrompu ou plûtôt tronqué, & on pourroit peut-être corriger *à Precone Regio publico*. Cependant comme on trouve encore vers la fin de l'article suivant, *in inquantum publico*, ce mot *inquantum* est peut-être indéclinable.

CHARLES VI.
à Paris, en Janvier 1402.

semel aut pluriès, [a] *tosciensque quosciens illa dies Lune forensis interveniat, permissum erit utrique apperire & apperta tenere totaliter pro libito voluntatis eorum operatoria & botigias Sabbaterie predicte, liberè & sine pena.*

(11) Item. *Quòd dum & quando contingerit, prout &* [b] *sepussimè contingit aliquem hominem & mulierem dicti ministerii Sabbaterie caput hospicii facientem, mori & debere sepeliri, quod nullus alter de dicto ministerio operatorium vel botigiam tenens, cujusvis statûs vel condicionis existat, sit ausus aliquas mercaturas Sabbaterie extra operatorium suum seu botigiam suam venalia exponere, usquequo corpus seu cadaver illius seu illorum dicti ministerii sic mortui vel mortuorum, fuerit Ecclesiastice sepulture traditum. Si autem contingebat aliquem vel aliquos dictorum Burgi & ministerii antequam sibi denunciatum fuisset illum seu illos fuisse mortuos, posuisse obragium suum Sabbaterie venale, vel aliter extra operatorium suum sive botigiam suam, quod incontinenti cùm sciverit & sibi denunciatum fuerit talem vel tales suos pares ministrales ab hoc* [c] *secculo migrasse & sepeliendos esse, totum suum obragium sic patenter & extra dictum operatorium venale expositum plicare & abinde amovere, & infra dictum operatorium reducere, & ita inclusum tenere habeat, donec & quousque corpus illius deffuncti seu illorum deffunctorum fuerit Ecclesiastice sepulture traditum, & hoc sub pena quinque Solidorum Turonensium Domino nostro Regi* [d] *dandam & applicandam pro medietate, convertendaque pro alia medietate, luminari sancto antedicto, exigendaque & levanda de bonis illorum & cujuslibet illorum, & per tantas vices quibus contrarium fieri contingerit; & erit licitum &* [e] *promissum Suprapositis dicti ministerii, qui nunc sunt & illis qui erunt pro tempore, liberè & impunè & absque licencia alicujus superioris, & tales defficientes remissos & contra facientes pignorare seu pignorari facere pro pena supradicta, & dicta pignora vendi facere in inquantum publico dicti Burgi, tosciens quosciens & tantis vicibus quibus premissa occurrerint in terminis supradictis.*

(12) Item. *Quòd si contingebat quòd aliquis dicti Burgi & ministerii antedicti, infirmaretur, & vellet recipere, velut verus Christianùs, Corpus Jesu Christi, omnes dicti ministerii & Burgi predicti, ad hoc tamen invitati seu (o) azemprati, teneantur ire &* [f] *associare benè & honestè ad honorem Dei & Beate Virginis Marie ejus Matris, & ad honorem dicti ministerii; & ut quisque ministerii predicti in bonis operibus circa adjutorium luminaris (p) sancti predicti, meliùs & cordialiùs habundet, ab Ecclesia Parrochiali cujus erit Parrochianus dictus infirmus, usque ad domum ejusdem infirmi, & revertendo de domo dicti infirmi, usque ad eamdem Ecclesiam, presbiterum portantem (q) Custodiam & Corpus Jesu Christi; & si Altissimo permittente talem infirmum mori contingebat in eodem Burgo seu ejus juridicione, omnes alii dicti ministerii ad hoc invitati seu azemprati teneantur venire & interesse in sepultura dicti deffuncti, & ejus Corpus honestè & debitè associare, & illud non dimittere quousque traditum fuerit Ecclesiastice sepulture, & quòd invitans seu azemprans tam pro Sancta Communione quàm pro sepultura talis infirmi & subsequenter mortui, refferre &* [g] *relevare habeat Suprapositis dicti ministerii, quos & quales invitavit seu azempravit: casu verò quòd dicti invitati seu azemprati ad predicta seu eorum aliqua, hic venire seu interesse recusarent, quod tales defficientes & quilibet ipsorum defficiencium, incidat in penam duodecim Denariorum Turonensium, per tot & quantas vices quibus defficiet in premissis, dandam & applicandam quibus supra, nisi tamen justa excusacio obstaret & excusaret defficientes à deffectu & pena predictis, ad cognicionem dictorum Suprapositorum: in casu verò quòd ille seu illi qui facerent ademprivum sive invitacionem gencium dicti ministerii, pro communione seu sepultura talis infirmi seu mortui,*

[a] tociensque quociens, *là & plus bas.*
[b] *corr.* sepissimè.
[c] *corr.* seculo.
[d] *corr.* danda & applicanda.
[e] *corr.* permissum.
[f] accompagner. *Voyez le Glossaire de* Du Cange, *à ce mot.*
[g] *corr.* revelare, *qui est plus bas.*

NOTES.

(o) *Azemprati.*] On lit dans la suite de cet article, *ademprivum seu invitationem:* On trouve dans le Glossaire de *Du Cange,* au mot *ademprum,* celui *ademprivum,* mais dans un sens différent de celui que ce mot a ici.

(p) *Sancti luminaris.*] Il faut apparemment sous-entendre que chaque ouvrier accompagnoit le Saint Sacrement avec un cierge qui restoit à la Communauté.

(q) *Custodiam.*] Ce mot signifie ici la *Custode,* le vase dans lequel le Saint Viatique est conservé & porté aux malades. Voyez le Glossaire de *Du Cange,* au mot *Custodia 6.*

non revelabat seu revelabant, ac nominabant dictis Suprapositis omnes illos quos invitaverit seu azempraverit, & defficientes fuerint [a] ac venire, & in premissis interesse noluerint, quòd eo casu ille invitans & revelare obmittens, incidat & incurrat & solvere teneatur dictam penam duodecim Denariorum Turonensium, applicandam & convertendam prout supra: Si autem debatum oriebatur inter invitatorem & illum qui diceretur [b] invitatum, quasi dicamus quòd invitans dicat Gayum invitasse, & Gayus asserat non fuisse invitatum, tunc stetur eo casu juramento dicti Gayy [c] invitanti pretensi quod juramentum recipient dicti Suprapositi; & si pretensus invitatus asserat medio juramento non fuisse invitatum, quittus sit à pena.

CHARLES VI. à Paris, en Janvier 1402.

a *Il manque peut-être ici le mot* associare *qui est dans la page précéd. art. 11.*
b *corr.* invitatus.
c *corr.* invitati.

(13) Item. Quòd à cetero, si & dum contingerit aliquem vel aliquos Magistros, operarios, discipulos seu famulos dicti ministerii, in Burgo Carcassone commorantes, in infirmitate vel sanitate constitutos, Testamentum vel Codicillum condere, facere seu ordinare, presente aut presentibus uno vel pluribus de aliis habitatoribus dicti Burgi & ministerii antedicti, quòd dictus presens vel dicti presentes in confeccione dicti Testamenti seu Codicilli, teneantur in Domino [d] exortare illum Testatorem seu Codicillatorem, ut habeat in memoria sanctum luminare ministerii supradicti, quòdque ibi scilicet dicto luminari leget amore Dei quod sibi placuerit & in devocionem habebit.

d *corr.* exhortari.

(14) Item. Quòd si contingebat & quoscienscumque contingerit aliquem seu aliquos Magistros seu operarios dicti ministerii operatorium Sabbaterie tenentes in Burgo Carcassone, seu filium vel filios eorundem, seu alterius ipsorum, venire ad paupertatem vel ad infirmitatem, ita quòd non haberent de quo vivere, nec possent laborare pro vita sua sustentanda Suprapositi qui nunc sunt, & illi qui erunt pro tempore, cum deliberacione tamen & voluntate aliquorum aliorum Magistrorum dicti ministerii & Burgi predicti, tales & quales ipsi Suprapositi ad hoc vocare voluerint, providebunt & providere tenebuntur de elemosinis & emolumentis ad dictum luminare provenientibus, tali & talibus pauperibus & infirmis ministerii antedicti, benè & sufficienter juxta statum persone dicti pauperis seu infirmi, & secundùm facultatem dicti luminaris, & hoc tantùm quantùm talis vel tales pauperes seu infirmi in dicta inopia seu infirmitate permanebunt; & omne id quod dicti Suprapositi pro talibus vel similibus de emolumento dicti luminaris expenderint, teneantur dicti Suprapositi in scriptis sine morosa dilacione ponere & redigere pro reddendo compotum & racionem, loco & tempore, eorum successoribus Suprapositis dicti ministerii, vel alibi ubi debebunt; proviso tamen quòd si Deo permittente, tales pauperes post tractum temporis ad pinguiorem veniebant fortunam, & haberent competenter de quo reddere & restituere id quod eis traditum fuerit de emolumentis dicti luminaris, in miseria & paupertate predictis, quòd dicti tales sic ab infirmitate & paupertate liberati, ad pinguiorem fortunam deventi, hoc reddere & restituere ac reducere teneantur luminari ante dicto paulativè juxta suum posse, in pace & sine contradiccione quacumque.

(15) Item. Quòd si & dum ac tosciens quosciens contingerit aliquem vel aliquos dicti ministerii, seu liberos hominis ac hominum dicti ministerii Burgi Carcassone, mori in dicto Burgo seu in terminalibus ejusdem, qui esset vel essent ita pauperes quòd non haberent bona ex quibus possent sepeliri seu Ecclesiastice sepulture tradi, eo casu Suprapositi dicti ministerii qui nunc sunt, & illi qui erunt pro tempore, cum consilio tamen & voluntate aliquorum aliorum dicti ministerii & Burgi predicti, per eos eligendorum, teneantur tales sic deffunctos Ecclesiastice sepulture tradi facere expensis dicti luminaris, benè & honorabiliter ad honorem Domini nostri Jesu Christi & ejus gloriosissime Matris Virginis Marie, & ad honorem toscius ministerii antedicti, secundùm statum dicti mortui & facultatem dicti luminaris, (r) sine questu seu accaptamento

NOTE.

(r) *Sine questu seu accaptamento.*] Suivant le Glossaire de *Du Cange, questus* est synonyme de *quæsta;* & ce mot signifie quelquefois une quête faite pour les pauvres & pour autres bonnes œuvres. On trouve aussi dans ce Gloss. *accaptamentum,* mais dans un sens qui ne peut convenir ici. Il paroît par l'article suivant, que ces mots *sine questu & accaptamento,* signifient qu'on ne pourra faire de quête pour subvenir aux frais de l'enterrement.

CHARLES VI. à Paris, en Janvier 1402.

pro tali mortuo faciendo quovismodo; & omnes tales expensas dicti Suprapositi in scriptis ponere tenebuntur indilatè, & de ipsis loco & tempore & ubi debebunt, compotum reddere legitimum & racionem.

(16) Item. *Pari modo, casu quo contingeret seu contingat quandoque & quoscienscumque unum vel plures de mancipiis ac famulis dicti ministerii habitatorum dicti Burgi, accidentali casu vel aliter, venire ad paupertatem, miseriam seu infirmitatem, ita quòd non haberet unde vivere nec posset lucrari victum suum, quòd dicti Suprapositi qui nunc sunt & illi qui erunt pro tempore, cum voluntate tamen, consilio & deliberacione illorum dicti ministerii, quos eis placuerit & voluerint vocare, providere habeant talem famulum & tales famulos sic egenos vel infirmantes, de helemosinis & proventibus dicti luminaris, in sua infirmitate & in sua paupertate, benè & condecenter; ipsumque & ipsos talem & tales famulos, si mori contingat infra dictum Burgum seu infra terminalia ejusdem, sepeliri facere sine questu & helemosina* [a] *pettenda pro sepultura illius deffuncti, juxta statum persone sue & facultatem dicti luminaris; de quibus expensis in talibus & similibus positis, dicti Suprapositi compotum & racionem per scripturam & aliàs legitimè reddere tenebuntur illi & illis cui seu quibus pertinebit, loco & tempore opportunis. Si verò talis sic egrotans in miseria seu paupertate, moriebatur in illo statu, & non starent bona ipsius de quibus posset sepeliri, quòd dicti Suprapositi in casu predicto, sine (s) acciptu quocumque, debeant & teneantur tamen mortuum facere sepeliri, & Ecclesiastice sepulture tradi de bonis & emolumentis dicti luminaris, benè & honorabiliter, juxta statum mortui & facultates dicti luminaris. Si vero contingebat talem infirmum seu pauperem convalescere, & ad pinquiorem fortunam revenire, quod dictus talis sic convalescens teneatur reddere & repponere in dicto luminari, omne id quod sibi traditum fuerit in sua miseria & paupertate predictis per Suprapositos & de bonis luminaris predicti, paulativè prout cicius poterit.*

a corr. petenda.

(17) Item. *Quòd (t) Grolerii dicti Burgi non sunt ac erunt comprehensi in privilegiis hujusmodi, attento quòd ad hoc vocati se adherere noluerunt cum dictis Sabbateriis, ymo totaliter ab eis separatos esse voluerunt.*

(18) Item. *Quòd nullus Sutor nec alter (u) forataneus, quicumque sit, sit ausus obragium quodcumque Sabbaterie in Burgo* Carcassone *portare pro vendendo, nisi illud obragium sit bonum & sufficiens atque mercabile juxta mores dicti Burgi; & si contingebat insufficiens & minus mercabile obragium sive opus in dicto Burgo pro vendendo per aliquem seu aliquos apportari, illud capietur & signabitur per dictos Suprapositos dicti ministerii & Sabbaterie Burgi predicti, cum uno ferro, ad demonstrandum quod illud obragium non est sufficiens; quo sic signato, illud postmodum restituetur per dictos Suprapositos illi seu illis cujus seu quorum erit, pro illud vendendo ubi voluerit seu voluerint: verumptamen pro deffectu & insufficiencia dicti obragii sive operis, ille cujus erit, solvere tenebitur pro quolibet pari Sotularium insufficiensium magnorum, sive vendantur, sive non vendantur, penam; videlicet, duorum Solidorum Turonensium, & pro quolibet pari parvorum Sotularium insufficiensium, penam sex Denariorum Turonensium dandorum & applicandorum Domino nostro Regi, pro medietate, & pro alia medietate luminari antedicto. Tenebuntur autem Suprapositi qui nunc sunt & illi qui erunt pro tempore, describere verum numerum Sotularium ex quibus dicte pene levabuntur, ad finem ut veritas in talibus factis reperiatur.*

(19) Item. *Quòd ad finem quod ementes Sotulares, vel aliud obragium Sabbaterie quodcumque, in empcione ipsorum nullathenus deffraudentur, nullus dicti ministerii Sabbaterie dicti Burgi, sit ausus vendere extraneis seu privatis Sotulares aut aliud obragium Sabbaterie quodcumque, nisi pro tali quale erit; scilicet, si est de corio*

NOTES.

(s) Acciptu.] Ce mot est sans doute synonyme de *accaptamento,* sur lequel voyez ci-dessus page précédente Note *(r).*

(t) Grolerii.] Je n'ai rien trouvé sur ce mot, ni dans le Glossaire de *Du Cange,* ni dans l'Histoire de *Carcassonne,* par le Pere *Bouges.*

(u) Forataneus.] On trouve dans le Gloss. de *Du Cange, Foratanus,* synonyme de *Foraneus.*

CHARLES VI. à Paris, en Janvier 1402.

mutonis, vendatur pro corio mutonis: si autem est de cordoa, si est de vacca, vendatur pro vacca, & non unum pro [a] *reliquo, nec è contra; & hoc sub pena duorum Solidorum Turonensium Domino nostro Regi danda & applicanda pro mediate, & pro alia medietate, convertenda luminari antedicto, per illum seu illos qui contrarium facerent, & tociens quociens contrarium fieri contingat. Si verò inter emptorem & venditorem talis obragii Sabbaterie, super modo dicte vendicionis debatum moveretur, ut dicamus quòd emptor asserat venditorem sibi vendidisse unum par Sotularium de mutone pro cordoa, licèt revera fuit de mutone, & venditor hoc neget, eo casu & defficientibus testibus, venditor credatur suo juramento tantùm quantùm tangit penam supradictam solum & dumtaxat; & si suo juramento appareat fraudem in dicta vendicione minimè commisisse, tunc cessabit dicta pena; & prestabitur dictum juramentum in casu predicto coram Suprapositis predictis seu altero eorumdem, non tamen per modum alicujus juridicionis dictis Suprapositis presentibus vel futuris tribuende.*

(20) Item. *Ad finem quòd ad fundacionem Capelle quam dictum ministerium* [b] *Sabbaterii Burgi* Carcassone, *habet in devocione construere, meliùs &* [c] *sciciùs procedi valeat, & ad finem ut salarium Presbiteri qui, Domino concedente, in dicta Cappella* [d] *selebrabit, expensis, & ad peticionem dicti ministerii satisfieri valeat, & ad finem quòd sanctum luminare quod per dictum ministerium fit, & quod cum Dei adjutorio continuabitur & augmentabitur, melius fieri & augmentari valeat, & ad finem eciam ut helemosine & bona opera per dictum ministerium ex* [e] *molumentis & proventibus dicti luminaris fieri consueta, & que habet in devocione amplius faciendi & continuandi, meliùs & largiùs fieri & sustineri valeant, & ad finem quòd Dominus noster Rex per concessionem presencium privilegiorum, utilitatem in penis predictis & ad causam penarum predictarum, consequi valeat, nemo dicti ministerii cujuscumque statûs vel condicionis existat, sive sit Burgi* Carcassone *predicti, sive aliunde, nisi tamen esset filius Sutoris habitatoris dicti Burgi, sit ausus operatorium Sabbaterie per se in dicto Burgo levare, nisi prius solverit ad laudem & honorem Dei & ad utilitatem Regis & dicti ministerii, & pro sustentacione dicti luminaris predicti, pro sua bona intrata, viginti Solidos Turonenses; medietas quorum Domino nostro Regi applicabitur, alia verò medietas luminari convertetur supradicto.*

(21) Item. *Quòd nullus homo Sutor dicti Burgi* Carcassone, *sit ausus conducere nec tenere aliquod Mancipium (x) addicens, nisi primitùs & ante omnia dictum Mancipium sic addicens seu addicere volens,* [f] *dictum ministerium solvat pro sua bona intrata, vel suus Magister pro eodem, decem Solidos Turonenses, pro medietate applicandos Domino nostro Regi, & pro alia medietate dicto sancto luminari, dum tamen talis addicens non sit filius Sutoris habitatoris dicti Burgi; & in illo casu, nulla* [g] *pena ab illo levetur.*

(22) Item. *Pro eo quia tempore preterito, multe fraudes fuerunt commisse, possuntque committi & committuntur per aliquos de die in diem, in ministerio & in obragiis sive dicti ministerii Sabbaterii, & pro eo eciàm quia aliqui dicti ministerii operantur interdum &* [h] *cepiissimè dicta arte* [i] *Sabbatayrie, diebus Sabbatinis & in aliis diebus Festivis & in vigiliis Festorum jejunatorum, cum lumine, contra bonos mores antiquos dicti Burgi, & hoc clam & occultè, in maximum dampnum reipublice, potissimè illorum qui tales mercaturas fraudulenter emunt, & in opprobriosum scandalum & diffamacionem dicti ministerii, ex quibus fraudibus & deffectibus, si scirentur & reperirentur, scirique & reperiri possent, Dominus noster Rex grossas haberet emendas seu penas ordinatas, ideo Supprapositi qui nunc sunt dicti ministerii Sabbaterie Burgi* Carcassone, *& alii qui pro tempore erunt, rancore, odio, amore, timore, invidiâ & malâ voluntate cessantibus quibuscumque, possint & debeant ac eciam teneantur de*

[a] ce mot est apparemment ici synonyme d'*alio*.

[b] *corr.* Sabbaterie, *là & plus bas.*

[c] citiùs.

[d] *corr.* celebrabit.

[e] *corr.* emolumentis.

[f] *Il devoit y avoir* dicto ministerio.

[g] ce mot n'est point ici pris dans son sens propre.

[h] *corr.* cepissimè.

[i] *corr.* Sabbaterie.

NOTE.

(x) *Addicens.*] Ce mot a ici la même signification que *addiscens*, ainsi qu'il paroît par l'article 28, où on lit *addicens... Ministerium... Sabbaterie. Addicens* signifie donc un apprentif qui commence à apprendre le métier. Dans plusieurs articles de ces Statuts, *mancipium* est pris pour un compagnon qui par conséquent est sorti d'apprentissage : *mancipium addicens*, signifiera l'apprentif.

CHARLES VI. à Paris, en Janvier 1402.

die & de nocte, omnibusque horis & vicibus quibus eis placuerit, & quibus sentire & cognoscere poterint tales fraudes, per se ipsos, omnes insimul aut unus, duo vel tres ipsorum, vocatis secum testibus notis & fide dignis, sine licencia Curie nec alterius cujuscumque Superioris, attento quòd in modica hora tales operarii [a] violentes Festa & vigilias Festorum [b] & sollempnium, possent dicta opera illicita dimittere, & eorum obracgium sive opus metu pene vel aliter, occultare vel bajulare, intrare infra domos & hospicia omnium Sabbateriorum dicti Burgi, & apperire (y) caxias, armaria & alia scrutinia [c] pattencia & occulta, ubicumque repperiantur, videreque & inspicere & visitare benè, diligenter & legitimè omnia obracgia sive opera dicti ministerii intùs & extra, cujuslibet dictorum Sabbateriorum Burgi predicti; & si [d] forsam reperiatur seu reperiri possit obracgium sive opus aliquod dicti ministerii, insufficiens & tale ex quo Dominus noster Rex & dictum ministerium assequi possint emendam, illud obracgium dicti Suprapositi & quilibet ipsorum, possint & debeant capere, retinere & extra domum & [e] posse illius cujus erit, ad finem ut pene debite meliùs & faciliùs possint levari, & fraudes cessent & extirpentur: in casu verò quo aliquis vel aliqui illorum, in domo seu operatorio cujus per dictos Suprapositos seu aliquem ipsorum, fieret seu fieri vellet tale scrutinium, esset rebellis, inobediens, recusans seu dilatans aperire incontinenti & [f] hostendere dictis Suprapositis eorum domos, operatoria, botigias, cameras, (z) penora, caxias, armaria, & alia stugia in quibus dicti Suprapositi seu eorum alter, eorum scrutinium pro premissis facere vellent seu proponerent, quilibet talium inobediencium incidat in penam eo ipso quo facta erit inhobediencia seu contradiccio; videlicet, viginti Solidorum Turonensium Domino nostro Regi dandorum & applicandorum pro medietate, & pro alia medietate, convertendorum luminari antedicto, & de bonis talium inhobediencium & cujuslibet ipsorum, levandorum & exhigendorum, tosciens quosciens contrarium fecerit: & ultra hoc, dicti Suprapositi & quisque ipsorum, potestatem & auctoritatem [g] apperiendi seu apperiri faciendi per vim, nisi aliter apperiri possit, vel quod tales inhobedientes [h] gratis apperire nollent; & si deffectus in eorum obracgiis sive operibus inveniatur, solvent dicti tales quorum erunt dicta obracgia sic deffectuosa, penas ordinatas, prout supra, ultra aliam penam viginti Solidorum Turonensium commissam, racione inhobediencie & rebellionis predicte: que pena viginti Solidorum, posito quòd alter deffectus in dicto obracgio non reperiretur, exhigetur, solvetur & applicabitur prout supra.

(23) Item. Quòd quicumque tenens operatorium dicti ministerii in dicto Burgo, faciens obracgium Sabbaterie novum, solvet & solvere tenebitur qualibet die Sabbati, ab honorem Dei & pro sustentacione dicti luminaris, duos Denarios Turonenses, & in casu quo aliquis vel aliqui predictorum ad solvendum modo predicto dictos duos Denarios renuentes fuerint seu contradicentes quovismodo, quisque talium recusancium, incurret & solvet penam duodecin Denariorum Turonensium dandorum & applicandorum Domino nostro Regi pro medietate, & pro alia medietate, convertendorum in facto luminaris predicti, tosciens quosciens & pro tantas septimanas quibus contradicentes fuerint ad solvendum duos Denarios Turonenses predicto luminari.

(24) Item. Quòd si quis Magistrorum dicte artis Sabbaterie, aliquod conduxerit Mancipium certo tempore, & dictum tale mancipium Magistrum suum antequam tempus (aa) collogii sui perpetraverit & compleverit dimitteret, sive ab ipso recederet absque tamen congedio, quòd nullus alter Magister dicte artis Sabbaterie, sit ausus id recipiendi nec receptandi, nec [i] ad opera dicte artis causâ lucrandi, tradendi, donec &

[a] *corr.* violantes.

[b] conjonction inutile.

[c] patencia.

[d] *corr.* forsan.

[e] de la puissance, des mains.

[f] *corr.* ostendere.

[g] *supp.* habeant.

[h] de bon gré.

[i] *il semble qu'au lieu de* ad, *il devroit y avoir* illi.

NOTES.

(y) *Caxias,... Scrutinia.*] On trouve dans le Gloss. de *Du Cange*, *Caxa*, Caisse: & *Scrutinium*, diminutif de *Scrinium*, Cassette, petit Coffre.

(z) *Penora...stugia.*] Suivant le Gloss. de *Du Cange*, au mot *Penus*, il signifie un cellier, on n'y trouve point *stugia*. Peut-être faut-il corriger *stagia*, qui signifie proprement des étages, & qui peut être pris pour des chambres.

(aa) *Collogii.*] Ce mot qui ne se trouve point dans le Gloss. de *Du Cange*, dans le sens qu'il doit avoir ici, y signifie l'engagement qui a été contracté entre le maître & le compagnon.

quousque dictum tale Mancipium compleverit tempus cum dicto suo Magistro, quod debebat sive deberet complere vel aliter, quo eidem debebat servire, nisi tamen dictum tale Mancipium haberet justam causam & excusationem eundem Magistrum suum dimittendi & ab eodem recedendi, vel aliter cum eodem Magistro suo concordaverit, & quod Suprapositi dicte artis Sabbaterie, teneantur illud denunciare illi Magistro dicte artis, qui dicto Mancipio traderet opera ad lucrandum, & si expost, postquam dicto Magistro notifficatum fuerit illi tali Mancipio (bb) non erit neque sit ausus tradere ad lucrandum, & casu quo dictus talis Magister dicte artis, predicto tali Mancipio ad lucrandum in dicta arte Sabbaterie tradiderit sive traderet, quòd dictus talis Magister solvet & solvat nomine & ex causa [a] pena quinque Solidorum Turonensium pro medietate applicandorum dicto Domino nostro Regi, & pro alia medietate dicto benedicto luminari, & hoc solvendum tociens quociens & tantis vicibus quibus contrarium faciet seu fieri continget.

CHARLES VI. à Paris, en Janvier 1402.

a corr. penam.

(25) Item. Quòd in die Assencionis Domini, in quolibet anno, [b] panis karitatis communis exeat seu adportetur à domo illius qui tenebit Vexillum sive Baneriam dicti ministerii Sabbaterie, sine debato & contradicione quibuscumque.

b Voy. ci-dessus p. 559. l'art. 4.

(26) Item. Quòd Suprapositi dicte artis, qui nunc sunt & eorum perpetuo in dicto officio successores, teneantur quilibet (cc) in fine sue annate, sive in fine sui temporis Suprapositure, tradere legitimè & sine fraude [c] Clavario Regio Burgi Carcassone, nomine Regio, integraliter & sine dilacione, totam quotam penarum levatarum ex causis superiùs declaratis, nominaque illorum, & causas propter quas dicte pene fuerunt commisse & levate, & eciam restas penarum debitarum, si alique restant ad solvendum, & nomina debitorum, & casus pro quibus debentur; & quòd dicti Suprapositi quilibet in suo tempore, teneant & tenere habeant unum librum in quo tales deffectus & tales pene levate & levande describantur & registrentur, ad finem ut veritas & legalitas in causis supradictis reperiatur & fideliter observetur.

c Receveur du Roy. Voyez ci-dessus page 47 Note (qq).

(27) Item. Quòd Suprapositi dicti ministerii, presentes pariterque futuri, quilibet in fine sue [d] annette, reddent & reddere tenebuntur eorum successoribus modernis Suprapositis artis seu ministerii predicti, compotum & legitimam racionem de omnibus, universis & singulis per ipsos, eorum durante tempore, [e] rectis, tentis, gubernatis, receptis, solutis, expensis aut aliter quomodolibet ministratis, tam ad causam Capelle & luminaris predictorum, quàm aliàs quovismodo, restituentque & restituere tenebuntur indilatè & sine debato & contradiccione, ea omnia in quibus per finem eorum compoti teneri reperientur; & hoc infra unum mensem à die finis & exitûs eorum Suprapositure officii inantea computandum; proviso tamen quod in reddicione eorum compotorum, semper erunt presentes quatuor moderni Suprapositi eorum in dicto officio successores, necnon & octo alii probi homines Magistri dicti ministerii Burgi predicti, boni & sufficientes eligendi per novos Suprapositos [f] & illius annate, una cum majori & saniori parte omnium aliorum Sabbateriorum dicti Burgi; & reddentur dicta compota postquam dicta Capella que cum Dei adjutorio per dictum ministerium fundari debet, [g] infra eamdem Cappellam, seu saltim in Ecclesia in qua dicta Cappella fundabitur; & interim ante fundacionem dicte Cappelle in aliquo bono, ydoneo & honesto loco per dictos modernos Suprapositos, cum voluntate & beneplacito aliorum octo proborum Auditorum dictorum compotorum, eligendo. In casu vero quo dicti Suprapositi eorum compota reddiderint & reliqua non restituerint infra dictum mensem à fine eorum officii inantea computandum, tales sic defficientes & eorum quilibet, incurrent & solvent de eorum proprio, penam viginti Solidorum Turonensium dandorum & applicandorum pro medietate dicto Domino nostro Regi, & pro alia medietate, sancto luminari antedicto.

d corr. annate.

e Voy. ci-dessus p. 558. Note (e).

f cette conjonction paroît inutile.

g Il faut supp. fundata fuerit.

(28) Item. Quòd quilibet famulus dicti ministerii, commorans in Burgo Carcassone,

NOTES.

(bb) Non erit.] Il paroît qu'il y a quelque chose de corrompu dans ce membre de phrase, de laquelle néanmoins le sens est clair. Il faut peut-être ajoûter quod après notificatum fuerit.

(cc) In fine sue annate.] Suivant le Gloss. de Du Cange, au mot annata 2. il est quelquefois synonyme d'annus. Ces mots signifient ici la fin de l'année pendant laquelle le Garde du métier a été en charge.

CHARLES VI. à Paris, en Janvier 1402.

sive sit conductus, sive operetur ad (dd) costuras, solvat & solvere teneatur qualibet septimana, scilicet, qualibet die Sabbati, tantùm quantùm in dicto Burgo morabitur, pro sustentacione dicti sancti luminaris, ad Dei laudem & honorem, unum Denarium Turonensem. Si autem aliquis vel aliqui dictorum famulorum, dictum Denarium modo predicto solvere recusarent seu contradicerent, eo casu dicti Suprapositi vel alter ipsorum, hoc notifficabit Magistro cum quo dictus famulus moram trahet seu cum quo morabitur sive operabitur, & possint dicti Suprapositi & quilibet ipsorum, casu predicto, deffendere & prohibere Magistro illius mancipii sic recusantis solvere dictum Denarium ad causam dicti luminaris, ut premissum est, solvere ordinatum, & eciam omnibus aliis Magistris dicte artis Sabbaterie dicti Burgi, tenentibus talia mancipia, dictum Denarium solvere recusancia, quod ex illa hora nec amplius sint ausi nec presumant tradere opera, causâ lucri dicte artis, nec ad lucrandum in ipsa arte, tali vel talibus mancipio vel mancipiis sic recusanti vel recusantibus solvere dictum Denarium Turonensem, neque ipsum permittant operari in eorum operatorio seu operatoriis, nisi tamen dictus talis Magister vellet solvere & solveret de facto pro dicto Mancipio sive (ee) mangone, dictum Denarium qualibet septimanâ; videlicet, qualibet die Sabbati; & si ex post facta prohibicione & inhibicione, dictus talis sive pretensus Magister sive tales Magistri traderent ad operandum sive lucrandum in dicta arte Sabbaterie, dicto sive dictis talibus Mancipio sive Mancipiis, in eorum operatoriis, quod ipse talis Magister sive Magistri sic inobedientes & non parentes dicte inhibicioni [a] prohibicioni dictorum Suprapositorum, quilibet ipsorum solvet penam quinque Solidorum Turonensium, quorum medietas applicabitur Domino nostro Regi, & alia medietas predicto sancto luminari; & hoc tociens quociens & tantis vicibus quibus contrarium facerent vel eciam mandatis dictorum Suprapositorum causis supradictis annuentes sive parentes aut inobedientes non fuissent; & casu quo aliquod Mancipium dicte artis Sabbaterie, se excusaret de non solvendo dictum Denarium qualibet die Sabbati, dicendo quòd ipse non est (ff) collocatus, ymo est addicens dictum ministerium predicte artis Sabbaterie, quòd illo casu Magister dicte artis cum quo dictus talis famulus morabitur, teneatur solvere penam decem Solidorum Turonensium supra impositam & ordinatam, ac contentam in vicesimo primo articulo faciente mencionem quòd nullus Sutor sive Sabbaterius sit ausus tenere neque collocare aliquem famulum addicentem ministerium dicte artis Sabbaterie, nisi tamen dictus talis famulus sic addicens, esset filius alicujus Semellatoris sive Sabbaterii habitatorum dicti Burgi Carcassone; *nisi tamen eciam quòd dictus talis famulus sive suus Magister primitùs pro sua intrata addicionis sui ministerii, solverit dictos decem Solidos Turonenses, pro medietate applicandos dicto Domino nostro Regi, & pro alia medietate, dicto sancto luminari, vel aliter, appareret quòd dictus famulus sic addicens, solvisset dictos decem Solidos Turonenses in inicio sue bone intrate, juxta & secundùm formam dicti vicesimi primi articuli.*

(29) Item. *Quòd quolibet anno, die eleccionis novorum Suprapositorum, & post eleccionem ipsorum, dicti novi Suprapositi, una cum aliis proceribus dicti ministerii, sive major vel sanior pars ipsorum, teneantur eligere incontinenti factâ dictâ eleccione, quatuor (gg) Mancipia dicti ministerii sive artis dicte Sabbaterie, bona & sufficiencia &*

[a] *supp.* &.

NOTES.

(dd) Costuras.] Je crois que ce mot signifie ici les coûtures d'un soulier, & que le sens de cet endroit est : soit que le garçon ou compagnon doive pour une certaine somme convenue, travailler pendant un certain tems pour son maître, soit que celui-ci lui paye une somme pour chaque paire de souliers.

(ee) Mangone.] Ce mot a été aussi quelquefois pris pour un valet, un laquais. Voyez le Glossaire de *Du Cange*, au mot *Mango 6*.

(ff) Collocatus.] Je crois que ce participe est dérivé du verbe *Locare*, en tant qu'il signifie louer quelqu'un pour faire un ouvrage: *non est collocatus, ymo est addicens*, c'est-à-dire, il n'est qu'apprentif, & n'est point encore compagnon & en état d'être loué pour travailler pour les Maîtres. Voyez ci-dessus p. 565. Note *(x)*.

(gg) Mancipia.] J'ai dit dans la Note *(x)* de la page 565. que le mot *Mancipia* signifioit également les apprentifs & les compagnons du métier. Ce mot paroît avoir dans cet article une troisième signification, & désigner ceux qui se mêloient du détail des affaires de la Communauté, soit qu'ils fussent de son Corps, soit qu'ils en fussent seulement les Agens.

habitancia

habitancia dicti Burgi Carcassone; *videlicet, illa de quibus eisdem videbitur; que quidem quatuor Mancipia in omnibus negociis tangentibus dictum ministerium Sabbaterie, sive Cappellam & sanctum luminare, sive curam vel provisionem pauperum vel infirmorum, sive cadavera pauperum dicti ministerii sepelienda, quam alia negocia sive causas tangencia sive tangentes dictum ministerium, habeant ire & laborare, vel saltim unus ipsorum, parciendo sive dividendo inter se per septimanas,* [a] *insimul cum dictis Suprapositis, & quod dicta Mancipia & eorum quodlibet, omnia & cetera negocia bona & honesta tangencia dictum ministerium, que dicti Suprapositi, per eamdem mandabunt sive precipient fieri, tam eundo per Villam cum eisdem Suprapositis, pro levando & recipiendo argentum sive pecuniam dicti luminaris, quàm pro tenendo benè, justè & sanctè ornatam & accensam dictam Cappellam & dictum luminare, quàm eciam pro faciendo alia negocia tangencia dictam artem sive ministerium dicte Sabbaterie, facere teneantur; & si casu fortuito erant alique cause sive negocia que debeantur & possint fieri sine presencia dictorum Suprapositorum & cujuslibet ipsorum, quòd dicta talia Mancipia &* [b] *quolibet ipsorum, possint & valeant facere procurare supradictas causas & negocia, ad mandatum tamen & ordinacionem dictorum Suprapositorum, & non aliter, sive aliàs; &* [c] *nichilominus quod illa quatuor Mancipia quolibet anno sint presencia cum dictis Suprapositis, vel saltim sint vocati, si volunt esse presentes in reddicione compotorum dictorum Suprapositorum, ultra dictos octo homines sive Proceres sic electos per ministerium sive Magistros dicte artis Sabbaterie, in audicione & reddicione dictorum compotorum; & jurabunt illa dicta quatuor Mancipia de se benè & legaliter habere & portare ac facere mandatum dictorum Suprapositorum ad honorem &* [d] *proffiguum dicti Domini nostri Regis & dicti ministerii Sabbaterie.*

a septimanam.

b *corr.* quodlibet.

c mot douteux.

d proficuum.

(30) Item. *Quòd Suprapositi antiqui habeant & teneantur representare Suprapositos modernos sive novos sic per eosdem antiquos in Suprapositos modernos electos, pro prestando juramentum in Curia Regia dicti Burgi* Carcassone, *prout & quemadmodum ab antiquo est fieri consuetum; & prestito dicto juramento per dictos novos Suprapositos, ipsi novi Suprapositi habeant & teneantur presentare dicte Curie Regie, dicta quatuor Mancipia sic per eosdem, ut premissum est, electa pro exequendo negocia contenta in vicesimo nono articulo precedente;* [e] *[ista presencia privillegia] que quidem quatuor Mancipia modo pretacto electa & presentata, jurabunt & jurare tenebuntur in dicta Curia Regia Burgi* Carcassone, *de se benè faciendo, habendo & exequendo causas & mandata contenta in dicto vicesimo nono articulo, & omnes alias causas, res & negocia, que tales boni & legales homines in talibus vel similibus causis ordinari possint & debeant facere.*

e les trois mots que l'on a renfermez entre deux crochets, paroissent entièrement inutiles.

(31) Item. *Quòd ad finem quòd nullus sive nulli, sive sint noti sive sint extranei, dicti ministerii sive artis dicte Sabbaterie, ignoret sive ignorent neque habeant causam ignorandi causas & Ordinaciones & omnia alia contenta in presentibus privilegiis, quòd quolibet anno, una vice dumtaxat, fiat congregatio omnium hominum sive Magistrorum dicte Sabbaterie, habitancium dicti Burgi* Carcassone, *& in presencia omnium illorum vel saltim illorum qui adesse voluerint, dicta presencia privilegia legentur & eciam explicabuntur de verbo ad verbum in* [f] *Romancio sive Romana lingua, ad finem quod quilibet dicte artis Sabbaterie, caveat se de contrarium faciendo, & procuret & intendet servare causas & Ordinaciones in presentibus privilegiis contentas, ceteraque cuncta in presentibus specifficata & declarata, & ad finem quòd contrarium facientes sive delinquentes, non habeant causam ignorancie sive excusaciones, neque tales contrarium facientes debeant esse excusati.*

f l'ancienne langue françoise. *Voy. ci-dessus* pag. 40. Note (*q*).

(32) Item. *Fiet & tenebitur una (gg) Broscia cum qua & in qua ponetur & includetur emolumentum dicte luminarie: que Broscia claudetur cum duabus clavibus, unam quarum tenebit alter de modernis Suprapositis, aliam verò clavem dicte Broscie tenebit unus dictorum quatuor famulorum qui intererit in recolleccione Sabbatina dicti sancti luminaris.*

(33) Item. *Erit & tenebitur una* [g] *Caxia sive Theca bona & sufficiens, infra quam*

g *Voyez ci-dessus* p. 566. Note (*y*).

NOTE.

(*gg*) *Broscia.*] Ce mot, que je n'ai point trouvé dans le Gloss. de *Du Cange*, doit signifier un coffre, une caisse.

CHARLES VI. à Paris, en Janvier 1402.

teneduntur & custodientur libri, Littere, Instrumenta, & alia munimenta factum dicti ministerii tangencia, necnon & pecunie recolligende ex questu dicti luminaris, & ex penis levandis & exhigendis à personis dicti ministerii dictas penas incurrentibus, causis & pro deffectibus superius declaratis; que Theca claudetur cum tribus clavibus, unam quarum tenebit unus de Suprapositis antiquis anni tunc proximi finiti, per modernos Suprapositos eligendus; aliam vero clavem tenebit alter modernorum Suprapositorum per antiquos, eorum predecessores Suprapositos dicti ministerii eligendus: terciam vero clavem Thece predicte tenebit alter dictorum quatuor famulorum dicti ministerii per modernos Suprapositos eligendus, ita quòd nisi omnibus tribus dictas claves tenentibus presentibus, dicta Theca non poterit apperiri, nec liceat alicui dictorum trium dictas claves tenencium, dictas claves seu earum alteram, in aliam manum ponere seu transmutare quovismodo, ad finem ne fraus committi valeat in premissis; & remanebit dicta Theca in domo & in posse alterius dictorum Suprapositorum per antiquos Suprapositos eligendi; proviso tamen & expressè prohibito quòd [a] inquam ille in posse cujus dicta Theca permanebit, aliquam de clavibus ejusdem teneat seu custodiat quovismodo.

a *corr.* nunquam.

Suite des Lettres du Sénéchal de Carcassonne.

Quas Ordinaciones & privilegia de puncto ad punctum juxta seriem eorumdem teneri, observari, custodiri & compleri per Suprapositos & alios Sabbaterios qui nunc sunt dicti Burgi, & illos qui erunt pro tempore, & quemlibet ipsorum, absque infraccione aliquali volumus, precipimusque & mandamus cum effectu: Mandantes insuper & inhibentes presencium tenore, Vicario Judici ordinario Carcassone, *ceterisque Justiciariis & Officiariis Regiis nobis subditis, & eorum cuilibet, vel Locatenentibus eorumdem, ne dictos Suprapositos & alios ministrales ministerii Sabbaterie predicti, presentes atque futuros, in premissis impediant seu perturbent quovismodo, impediri seu perturbari à quoquam faciant seu permittant; quinymo ipsos Suprapositos & illos dicti ministerii, presentes atque futuros, dictis privilegiis & Ordinacionibus uti & gaudere faciant & permittant juxta formam eorumdem, paciffìcè & quietè; & nichilominus, ne quis premissorum cause ignoranciam valeat pretendere, dictis privilegiis & Ordinacionibus quas Nos serie presencium publicamus sono duarum Tubarum precedente, per loca consueta dicti Burgi, tociens quociens fuerit opportunum, & per dictos Suprapositos qui nunc sunt vel erunt pro tempore requiretur, eorum tamen expensis, volumus & precipimus solempniter proclamari, & de proclamacionibus hujusmodi recipi Instrumentum. Quod ut firmum & stabile perpetuò perseveret, Sigillum ordinarium nostre predicte Senescallie, presentibus Litteris duximus apponendum inpendenti: Salvo jure Regio in omnibus, & quolibet alieno. Actum & datum* Carcassone, *die octava Augusti, anno Domini millesimo quadringentesimo secundo.* [b] *J. T. Sic per Dominum Senescallum* Carcassone.

D. MORIBUS.

b Il y a une marque d'abréviation sur cette lettre.

Suite des Lettres de Charles VI.

Quas si quidem Litteras suprascriptas, ratas habentes & gratas, eas & omnia & singula in eisdem contenta, laudamus, approbamus, ratifficamus, ac ea in quantum ritè & justè facta sunt, de gracia speciali, consideracione premissorum confirmamus & corroboramus, predicta omnia & singula eisdem Suprapositis Sabbaterie & Semellatoribus, ac universitati & singularibus artis & artifficii Sabbaterie seu Semellatorie antedicte Burgi Carcassone, *presentibus & futuris, de novo concedimus & donamus per presentes: Mandantes* Senescallo Carcassone, *ceterisque Justiciariis & Officiariis nostris, qui nunc sunt & pro tempore fuerint, aut eorum Locatenentibus, & cuilibet eorumdem, prout ad eum pertinuerit, quatenus ipsos Suprapositos, Sabbaterios & Semellatores, ac universitatem & singulares prelibate artis & artifficii Sabbaterie aut Semellatorie antefati Burgi, modernos & posteros, nostris presentibus graciâ, concessione, corroboracione, dono, approbacione & confirmacione juxta presencium ac Litterarum dicti* Senescalli *nostri* Carcassone *suprascriptarum series & tenores, uti & gaudere faciant & permittant absque impedimento seu contradicione quibuscumque, ipsos* [c] *eorum successores Suprapositos & Sabbaterios vel Semellatores, ac universitatem & singulares artis aut artifficii sepedicte Sabbaterie seu Semellatorie, aut eorum quemlibet, contra premissa aut aliqua premissorum nullathenus molestando seu perturbando, ymo attemptata si que fuerint, ad statum pristinum & debitum reducendo seu*

c *supp.* &.

reduci faciendo indilatè; Ordinacionibus, Mandatis, deffencionibus, concessionibus aliis quibuscumque factis seu faciendis, ac Litteris, in contrarium impetratis & impetrandis, non obstantibus quibuscumque. Quod ut firmum & stabile perpetuò perseveret, nostrum presentibus Litteris fecimus apponi Sigillum: Salvo in omnibus jure nostro pariter & quolibet alieno. Datum & actum *Parisius*, mense Januarii, anno Domini millesimo quadringentesimo secundo, & Regni nostri XXIII°.

Per Regem, ad relacionem Consilii. J. HUE.

CHARLES VI. à Paris, en Janvier 1402.

CHARLES VI. à Paris, le 2 de Mars 1402.

(a) Lettres de Sauvegarde Royale pour les Doyen & Chapitre de l'Eglise de Meaux.

KAROLUS Dei gracia Francorum Rex. Universis presentes Litteras inspecturis: Salutem. Racioni congruum arbitramur, quòd ad hec precipuè nostre mentis aspiret affectus, per que persone Ecclesiastice que de die & de nocte Divinis insistunt obsequiis, nostris temporibus sub nostre protectionis clipeo in pacis transquillitate manuteneri valeant & tueri. Cum igitur dilecti nostri Decanus & Capitulum Meldensis *Ecclesie sint ab antiquo in Speciali Gardia Regia, racione Corone Francie, sint eciam & fuerint cum omnibus eorum Villis & Justiciis* [a] *ac hominibus de corpore vel servilis condicionis de* Vicecomitatu *&* *Ressorto* Prepositure Parisiensis, *racione dicte Corone Francie, & non de* Comitatu Campanie, *quamvis plures eorum Ville & homines de corpore in eodem Comitatu situentur & commorentur: Notum facimus quòd Nos ex habundanti & de speciali gracia, dictos Decanum & Capitulum ac eorum Ecclesiam, tam in capite quàm in membris, eorumque Officiarios & familiares, servitores & homines de corpore, necnon ipsorum omnia bona, in nostris protectione, Salva & speciali Gardia suscipimus & ponimus per presentes, & eisdem in Gardiatorem deputamus specialem Prepositum nostrum* Parisiensem *qui nunc est & qui pro tempore futuro erit, cui committimus & mandamus quatenus prefatos Decanum & Capitulum, eorumque familiares, Officiarios, servitores & homines de corpore, defendat ab omnibus injuriis, violenciis, gravaminibus, oppressionibus, molestacionibus & novitatibus indebitis quibuscumque, & in suis justis possessionibus, juribus, usibus, franchisiis, Libertatibus & saisinis, in quibus ipsos esse suosque predecessores fuisse pacificè ab antiquo invenerit, manuteneat & conservet, non permittens eosdem, suosque Officiarios, familiares, Servitores & homines de corpore, in dicte nostre Salve Gardie prejudicium quomodolibet molestari; inhibendo ex parte nostra omnibus oppressoribus eorumdem, quòd à predictis injuriis, violenciis, gravaminibus, oppressionibus & novitatibus indebitis totaliter abstineant &* [b] *desistent: Dantes dicto Preposito* Parisiensi *nostro presenti & futuro, tenore presencium potestatem dandi & concedendi dictis Decano & Capitulo, unum vel plures Servientes nostros ydoneos, & ipsos ex parte nostra deputandi pro premissis debitè exequendis; & qui rem litigiosam seu contenciosam, si que* [c] *in casu novitatis fuerit seu evenerit inter ipsos Decanum & Capitulum,* [d] *Adversarios suos racione bonorum suorum quorumcunque, ad manum nostram tanquam superiorem ponant, & Gentes Carissimi Germani nostri* Comitis Valesii, *nec non Officiarios & Justiciarios nostros* Comitatus Campanie, *super opposicionibus que in casu novitatis coram ipsis Servientibus facte extiterint, ac super injuriis & violenciis predictis, adjornent coram Gentibus nostris in Parlamento nostro* Parisiensi *ad certam & competentem diem ordinariam vel extraordinariam, non obstante quòd dictum Parlamentum nostrum tunc sedeat, processuros super hoc cum dictis Decano & Capitulo, ut fuerit racionis; & qui alios adversarios dictorum Decani & Capituli, super opposicionibus que in dicto casu novitatis coram ipsis Servientibus facte extiterint, nec non super injuriis & violenciis predictis,*

[a] espèce de Serfs.

[b] desistant.

[c] *Je crois qu'il faut suppléer* questio, *ou quelqu'autre mot semblable.*

[d] &c.

NOTE.

(a) Livre Rouge vieil du Châtelet de Paris, folio 207. recto.

Avant ces Lettres il y a: *Garde Royal pour les Doyen & Chappitre de Meaulx.*

CHARLES VI. à Paris, le 2 de Mars 1402.

adjornent coram dicto Preposito Parisiensi, *processuros super hoc cum dictis Decano & Capitulo, ut fuerit racionis; de quibus adjornamentis in nostro Parlamento faciendis, si & dum facta fuerint, nostram Curiam dicti Parlamenti certificet competenter dictus noster Prepositus* Parisiensis *ad relacionem dictorum Servientum, vel alteriùs eorum ad hoc per ipsum deputandum: Mandantes dicto Preposito* Parisiensi *qui nunc est & qui pro tempore fuerit, committendo, si sit opus, quatenus super premissis exhibeat Partibus coram ipso adjornatis bonum & breve Justicie complementum. Que sic fieri volumus, & prefatis Decano & Capitulo concedimus de gracia speciali per presentes, si sit opus. Dantes eciam omnibus Justiciariis & subditis nostris tenore presencium in mandatis, ut predictis nostris Preposito & Servientibus, & eorum cuilibet, quoad premissa & ea tangencia pareant efficaciter & intendant. In cujus rei testimonium, Sigillum nostrum presentibus Litteris duximus apponendum.* Datum *Parisius,* secunda die Marcii, anno Domini millesimo quadringentesimo secundo, & Regni nostri vicesimo tercio. Ainsi signé. *Per Regem, ad Relacionem Consilii.* FRERON.

Et au dos desdictes Lettres estoit escript ce qui s'ensuit: Publiées en Jugement ou Chastellet de *Paris,* le Lundi v^e^ jour de Mars, l'an mil CCCC & deux. FRESNES.

Collation faicte aux Lettres devant insérées, par moy CHARA.

CHARLES VI. à Paris, le 3 de Mars 1402.

(a) Lettres par lesquelles le Roy accorde aux Habitans d'Auxerre pendant deux ans, un octroi sur le Sel, dont le produit sera employé aux réparations du Pont de cette Ville.

A Touz ceuls qui verront ces présentes Lettres. *Jehan Fribole* le jeune, Licencié en Loys, & *Guillaume Mariote,* Gardes du Séel de la *Prévosté* d'*Aucerre:* Salut. Savoir faisons que *Jehan Chachere* Clerc Tabellion commun Juré du Roy nostre S. en la Court de ladicte Prévosté, Nous a certiffié & rappourté que le quatriesme jour du mois de Juillet l'an de grace M. CCCCX. il a veu, leu, & diligemment cy-après transcript de mot à mot, deux paires de Lettres faynes & entières en Séaulx & en escriptures, les unes données du Roy nostre S. séellées de son grant Séel en cire blanche & en queuë [a] doble, & les autres de Nosseigneurs les *Ducs* de *Berry,* de *Bourgoigne* & d'*Orléans,* souverains Gouverneurs de toutes les finances venans des Aides ordonnées & à ordonner pour le fait de la guerre, en Laingue doyl, [b] ataichées soubz leurs signez auxdictes Lettres Réaux, si comme les dictes Lettres le tesmoignent, desquelles les teneurs s'ensuigvent: & premiers, des dictes Lettres Réaux.

a *double.*

b *atachées,* là & plus bas.

CHARLES par la grace de Dieu Roy de France. A touz ceulx qui ces présentes Lettres verront: Salut. Noz bien amez les Bourgois, Manans & Habitans de nostre Ville d'*Aucerre,* Nous ont fait exposer que ja piéça Nous par noz autres Lettres, & pour les causes dont mencion y estoit faicte, leur octroyasmes que sur chascun *(b)* Brunel de Sel qui [c] lours estoit vendu en nostre Grenier à Sel establi en ladicte Ville, il peussent avoir & prandre de l'acheteur, douze Deniers Paresis, pour tourner & convertir ès réparacions, fortifficacion, & emparement de ladicte Ville, & [d] nom aillours, lequel ottroy est ja piéça failli & expiré; & pourtant que le Pont dessus la Rivière d'*Yonne* en ladicte Ville d'*Aucerre,* est à présent en

c *lors.*

d *corr. non ailleurs.*

NOTES.

(a) Cop. sur l'original envoyé d'*Aucerre,* auquel pend encore un reste de Sceau semé de Fleurs de lys sans nombre.

Au dos il y a: *Vidimus pour les Habitans d'*Aucerre *de XII den. P. qui preignent sur chascun Bruneaul de Sel vendu ou Grenier d'*Aucerre, *pour deux ans commençans le troiziesme jour de Mars M. CCCC II. & finissent le IIIe jour de Mars M. CCCC IIII.*

(b) Brunel.] *Du Cange* dans son Glossaire, au mot *Brunellus,* dit qu'il signifie une mesure de Sel, & il en rapporte un exemple tiré d'un Cartulaire d'*Auxerre.*

telle désolacion & ruyne, que se briefvement n'y est remédié, il sera en adventure de cheoir de touz poins; qui seroit ou très-grant dommaige de la chose publique: considéré mesmement que tous les vins qui viennent de *Bourgoigne* en nostre Ville de *Paris*, & ailleurs en nostre Royaume, passent pardessoubz ycellui Pont, & que en ladicte Ville a Marchié chascune sepmaine une foiz, & deux Foires notables l'an, & y affluënt plusieurs Marchans estraingiers du païs d'*Auvergne*, de *Bourbonnois* & de *Foreslz*, qui y amainent maintes denrées, ausquelz il convient dessus & dessoubz ledit Pont passer; ce qui ne pourroient faire, se il estoit du tout cheu & despécié, yceulx exposans nous ont fait requérir que pour la reffection dudit Pont, leur vueillions ottroier semblablement lesdiz XII Deniers Parisis à prendre & avoir sur chascun Brunel de Sel de l'acheteur, comme dit est: Pourquoy Nous, ces choses considérées, volans obvier aux inconvéniens qui par deffault dudit Pont pourroient ensuir à nostre dicte Ville d'*Aucerre* & au païs d'environ, & pour certaines autres considéracions & causes Nous mouvans en ceste partie, auxdiz Bourgois, Manans & Habitans, avons ottroié & ottroions de grace espécial par ces présentes, que jusques & durant deux ans, à compter de la date de cestes, ilz puissent avoir & prandre, & faire cuillir & lever de & sur chascun Brunel de Sel qui durant ledit temps sera vendu en nostredit Grenier, de l'acheteur, les douze Deniers Paresis dessusdiz, pour yceulx tourner & convertir ès reffection & emparement dudit Pont, & non ailleurs, pourveu que ad ce se consente la plus grant & sayne partie desdiz Habitans, que noz Aides de la guerre n'en soient empeschiez, délaiez, diminuez, ou retardez en aucune maniere, & que celui ou ceulx qui recevra ou recevront lesdiz douze Deniers, en soit ou soient tenuz rendre compte bon & loyal, ou & quant mestier sera. Si donnons en mandement au Grenetier de nostredit Grenier d'*Aucerre*, que les diz exposans face & laisse joïr & user paisiblement de nostre présente grace & ottroy, sanz les molester ou empeschier en aucune manière au contraire, durant ledit temps. En tesmoing de ce, Nous avons à ces Lettres fait mettre nostre Séel. *Donné à* Paris, *le tiers jour de Mars, l'an de grace M. CCCC II. & de nostre Regne le XXIII*[e]. Ainsi sign. en la marge dessoubz. Par le Roy, à la relacion du Conseil.

J. DE CRESPY.

CHARLES VI. à Paris, le 3 de Mars 1402.

Item. S'ensuit la teneur des dictes Lettres attachées aux dictes Lettres Réaux.

DE par les *Ducs* de *Berry*, de *Bourgoigne* & d'*Orléans*, Souverains Gouverneurs de toutes les finances venans des Aides ordonnées & à ordonner pour le fait de la guerre en *Laingue doyl.* Grenetier du Grenier à Sel establi à *Aucerre*, acomplissez le contenu ès Lettres de Monf. le Roy ataichées à ces présentes soubz noz signez, faisans mencion de certain Aide ottroié par le Roy mondit Seigneur aux Bourgois, Manans & Habitans de ladicte Ville d'*Aucerre*, en les faisant, souffrant & [a] laissent joïr & user dudit Aide, pour les causes, & tout pour la forme & manière que mondit Seigneur le Roy le mande par sesdictes Lettres, pourveu toutes voies que le fait desdiz Aides n'en soit aucunement diminué ou empeschié, & que yceux Bourgois, Manans & Habitans, ou cellui ou ceulx qui recevront ledit Aide, en seront tenuz de en rendre compte pardevant Nous ou nos Commis sur ce, toutesfoiz que mestier sera. *Donné à* Paris, *le VI*[e] *jour de Mars, l'an M. CCCC.* Ainsi sign. DROCO.

En tesmoing de ce, Nous à la relacion dud. Juré, avons séellé ce présent Transcript ou *Vidimus*, du Séel de ladicte Prévosté, présens [b] affere collacion des Lettres Originaulx dessus transcriptes, *Guillelmin Musart* & *Jehan Riote.* Donné l'an & jour premiers diz & escripz. J. CHACHERE.

a corr. *laissant.*

b corr. *à faire.*

CHARLES VI.
à Paris, le 24 de Mars 1402.

(a) Lettres par lesquelles le Roy nomme des Commissaires sur le fait de la Police & de la Justice dans la Ville de Paris, & leur donne le pouvoir de faire le procès civilement aux personnes qui ont fait des Contrats usuraires.

CHARLES par la grace de Dieu Roy de France. A tous ceulx qui ces présentes Lettres verront : Salut. Comme en ceste nostre Ville de *Paris* qui est la plus principal Ville de nostre Royaume, & en laquelle noz Prédécesseurs Roys ont acoustumé de très-long & ancien temps faire leur résidence, & si y est le [a] Siége Souverain de la Justice de nostredit Royaume, ne doie estre aucune tache de répréhension ; mais à la bonne Police & au bon gouvernement d'icelle, toutes les autres Citez & Villes de nostre Royaume dessusdit, doient prandre bon exemple ; & il soit venu à nostre congnoissance que en ycelle Ville, par la malice & convoitise [b] subtives d'aucunes perverses personnes, tant de nostredit Royaume comme des estranges Nacions, & par leurs Facteurs & Courretiers, ont esté faiz ou temps passé & sont faiz chacun jour moult de Contractz dampnables & illicites, si que quant il avient que aucunes grans personnes de nostredit Royaume, ou autres, ont à faire de Finance, & ilz se [c] traient devers lesdiz Courretiers, ilz font faire secrétement les empruns, & souventesfoiz sanz ce que ceulx qui empruntent, sachent de qui lesdiz empruns sont faiz, ilz paient pour ce moult grans & excessives Finances, & ne sçevent à qui le proufit en vient ; & [d] que plus est, plusieurs meuz de grant convoitise, voulans couvrir leur malice, afin qu'ilz ne soient mie réputez publiquement pour usuriers, baillent secrétement leurs Finances à ceulx qui font les Contractz dessusdiz, pour en avoir proufit ; lesquelles choses sont desplaisans à Dieu, & de très-mauvais exemple, & redondent en grant dommage de Nous, de nostredit Royaume & de noz Subgiez : car par teles manières & par [e] le malice de telz Marchans estrangiers, se vuident les Finances de nostre Royaume dessusdit, & sont portées en estranges Nacions, dont Nous avons moult grant desplaisir, & non sanz cause ; & pour ce, voulans comme à Nous appartient, à ce pourveoir, afin qu'il soit obvié à telz dommages & inconvéniens, en révocant quant à ce par ces présentes, tous autres Commissaires autresfoiz par Nous donnez, & en eulx défendant que plus ne s'en entremettent, faisons savoir à touz, que Nous confians à plain des sens, loyaultez, proudommies, circunspeccions & diligences de noz amez & féaulx Maistres *Henry* de *Marle* Président en nostre Parlement à *Paris*, *Beaugieux (b)* d'*Arly* Sire de *Piquigny* & Vidame d'*Amiens*, *Guillaume* le *Bouteiller*, *Hector* de *Chartres*, noz Chevaliers & Chambellans, *Jehan Davi* Docteur en Loys, Maistre des Requestes de nostre Hostel, & Maistre *Jehan Du Drac* Général sur le fait de la Justice des Finances des Aides de nostredit Royaume, noz Conseillers, iceulx & cinq, quatre ou trois d'eulx, avons ordonné & commis, ordonnons & commettons à enquerir & faire enquerir, & savoir la vérité des choses dessusdictes & des circonstances & dépendances d'icelles, tant sur empruns, faiz de Change, vendicions frauduleuses & déceptives de toutes manières de denrées & marchandises, comme généralment sur tout ce qui peut toucher & regarder la Policie & bon gouvernement, utilité & proufit de la chose publique, de la Justice & de la Ville de *Paris* ; & leur avons donné & donnons povoir, auctorité & mandement espécial, & à cinq, quatre ou trois d'eulx, de eulx informer somièrement des Contracts & cas dessus touchiez, des personnes qui les ont faiz & font, de la manière comment ilz ont esté & sont

[a] *le Parlement.*
[b] *subtiles.*
[c] *ils se tirent, ils s'adressent.*
[d] corr. *qui.*
[e] corr. *la.*

NOTES.

(a) Registre *A.* du Parlement de *Paris, fol.* VIII^xx VI. *verso.* [166.]
Avant ces Lettres il y a : *Commissio super facto Policie Ville* Par.

(b) Arly.] Je crois qu'il faut corr. d'*Ailly*. Maison illustre de *Picardie*, où elle a longtems possédé la Terre de *Picquigny*.

faiz, & des personnes qui ont baillé, comme dit est, leurs deniers pour les prester & en avoir proufit; & pour plustot savoir la vérité de ces choses, de prandre, arrester & mettre en nostre main les Papiers & Registres de tous lesdiz Courretiers & Marchans; de congnoistre de par Nous, desdiz faiz par manière de réformacion, & de arrester & punir par prinse & détencion de biens & des personnes, se le cas le requiert, tous les coulpables & chargiez des faiz & cas dessus touchiez, ou d'aucuns d'iceulx, sans toutesvoyes procéder criminelment contre leursdites personnes, sanz avoir autre Mandement de Nous; de faire faire [a] Inventoire de leursdiz biens, de commettre à la garde d'iceulx, personnes seures qui en puissent respondre; de commettre à ce fait tant de noz Conseillers de nostre Parlement, des Examinateurs de nostre Chastellet de *Paris,* & de noz autres Officiers, Sergens & autres personnes, comme à ce verront estre neccessaires; de leur tauxer & ordonner, & faire paier pour ce gages & salaires compétens; de condempner ceulx qu'il trouveront coulpables, à teles amendes comme ilz verront estre à faire; lesquelles condempnacions, & tout ce qui en cette partie sera par eulx fait, Nous volons estre valable comme Arrest de nostre Parlement, [b] sanz ce que on en puist appeller ne reclamer; & généralment de faire en ces choses & en toutes leurs circonstances & dépendences, tout ce que ilz verront estre à ce expédient & nécessaire; & mandons & enjoignons à touz noz Justiciers, Officiers & Subgiez, que à noz diz Commissaires, & à cinq, quatre ou trois d'eulx, & à leurs Commis & Députez ès choses dessusdictes, & en toutes leurs dictes circonstances & dépendences, obéissent & entendent diligemment. Et pour ce que par aventure aucuns desdiz coulpables, par eulx ou leurs amis, se efforceroient de impétrer de Nous ou de noz très-chiers & très-amez Oncles & Frere, ou d'autres, aucunes Lettres de grace, de prières ou de recommendacion, Nous ne voulons, ainçois défendons aux dessusdiz très-expressément, que pour ce ne diférent aucunement les Procès, Explois ou exécutions par eulx encommencées ou faictes, ne ne y obtemperent en quelque manière que ce soit. En tesmoing de ce, Nous avons fait mettre nostre Séel à ces présentes Lectres. *Donné à* Paris, *le XXIIIIe jour de Mars, l'an de grace mil CCCC & deux, & de nostre Regne le XXIIIe.* Ainsi signé. Par le Roy, à la relacion de son Grant Conseil, où Mess. les *Ducs* de *Berry,* de *Bourgongne* & d'*Orleans,* & plusieurs autres dudit Conseil, estiez. J. DE SANCTIS.

CHARLES VI. à Paris, le 24 de Mars 1402.

a *Inventaire.*

b Il y a à la marge du Regist. *Non appelletur à Decreto Reformatorum.*

Collacio facta est.

CHARLES VI. à Paris, le dernier de Mars 1402.

(a) Confirmation des Priviléges de l'Université de Paris.

CHARLES par la grace de Dieu Roy de France. A nos amez & féaux les Gens qui tiennent & tiendront nôtre Parlement à *Paris,* & à tous Nos Séneschaux, Baillifs, Prévosts, Vicomtes, Gardes de Ports & de Passages, Receveurs & autres nos Officiers, de quelque estat qu'ils soient, ausquels ces Lettres seront montrées, ou à leurs Lieutenans: [c] Salut & bénédiction. Nos amez le Recteur & les Députez de par nôtre très-chere & amée fille l'Université de l'Estude de *Paris,* Nous ont fait exposer en complaignant, que jaçoit que ladite Université & les Maistres, Docteurs, Bacheliers, Escholiers & Supposts d'icelle, soient en nostre Sauvegarde & protection, & qu'ils aient plusieurs Libertez, franchises & priviléges à eux octroyez tant par Nous que par nos Prédécesseurs; desquels priviléges, libertez & franchises ils ont joüy d'ancienneté, & pour raison desquels ladite Université a esté multipliée & augmentée de moult grand nombre de Supposts, par lesquels Nous & nos Prédécesseurs avons esté conseillez & servis, & nôtre Royaume & plusieurs autres Païs & Nation

c La formule ordinaire est: *Salut & dilection.*

NOTE.

(a) Recueil des Privilèges de l'Université de *Paris.* (*Paris,* in-4.°) 1674. p. 13. Il y a dans ce Rec. à la fin de cette Pièce: *Ces Lettres sont dans les Archives de l'Université, cotées A. 5. BB.*

CHARLES VI. à Paris, le dernier de Mars 1402.

honorez & enluminez de ſciences & de bonnes doctrines, néantmoins depuis peu de temps en ça, aucuns des Suppoſts de ladite Univerſité ont eſté moult [a] genez, troublez & empéchez en leurs dits priviléges, libertez & franchiſes, tant par aucuns de vous comme par autres, parquoy iceux Suppoſts ont eſté diſtraits de leur Etude, & le pourroient par ce plus eſtre au temps avenir, au grand dommage & préjudice de Nous & de la choſe publique de noſtredit Royaume, & en grand diminution dudit Etude, ſe par Nous n'eſtoit à ce remédié, ſi comme ils dient, ſupplians que gracieuſement leur vueillions ſur ce pourvoir. Pourquoy Nous conſidérans l'affection que nos Prédéceſſeurs ont eu de tout temps paſſé à ladite Univerſité, en quoy Nous les avons toûjours voulu & voulons enſuir, & que aucunement ne voudrions la diminution d'icelle avenir en nos temps, ne que pour les occaſions deſſuſdites, leſdits Suppoſts de l'Univerſité deſſuſdits ſe diſtraiſiſſent de ladite Etude, ne que auſſi les autres des étranges Nations délaiſſaſſent par ce à y venir ainſi comme ils ont accouſtumé ès temps paſſez, euë conſidération aux choſes deſſuſdictes, voulons & vous mandons & eſtroitement enjoignons, & à chaçun de vous, ſi comme à luy appartiendra, que les Maiſtres, Docteurs, Bacheliers, Eſcholiers & vrais Suppoſts de ladite Univerſité, & ceux qui ſont & doivent eſtre compris au Corps & Collége d'icelle, vous [b] faitez, ſouffrez & laiſſiez jouir paiſiblement de leurs priviléges, libertez & franchiſes deſſuſdictes, ſans les empeſcher ne faire ne ſouffrir eſtre empeſchez par aucuns nos Subjets au contraire, par telle manière que ils n'ayent cauſe d'en venir doreſnavant plaindre par devers Nous : Car ainſi le voulons Nous eſtre fait, & à nôtre chere fille l'Univerſité, & aux Suppoſts d'icelle qui ſont & feront pour le temps advenir, l'avons octroyé & octroyons de grace ſpeciale, ſe meſtier eſt, par ces préſentes, nonobſtant quelconques Ordonnances, Mandemens ou Défenſes & Lettres ſubreptices empétrées ou à empétrer au contraire. *Donné à* Paris, *le dernier jour de Mars, l'an de grace 1402, & le 23 de nôtre regne.*

Par le Roy, à la relacion de ſon Grand Conſeil où Meſſieurs les *Ducs* de *Berry*, de *Bourgogne* & *d'Orléans*, le Conneſtable, [c] Vous, le Grand Maiſtre d'Hoſtel & autres, eſtiez. DE SANCTIS.

[a] Il faut peut-être corr. *grevez*.

[b] corr. *faites*.

[c] Le Chancelier de France. *Voy. le 5.e Vol. de ce Rec.* p. 653. Note *(c)*.

CHARLES VI. à Paris, en Mars 1402.

PHILIPPE Auguſte au Pont de l'Arche, & à Saint-Germain en Laye en 1219. [Voy. la Note *(a)*].

(a) Confirmation des Priviléges accordez à l'Hôtel-Dieu de Goneſſe.

KAROLUS, &c. Notum facimus univerſis tam preſentibus quàm futuris, Nos vidiſſe Litteras, formam que ſequitur, continentes.

IN nomine ſancte & individue Trinitatis. Amen. Philippus Dei gracia Francorum Rex. Noverint univerſi preſentes pariter & futuri, quòd Nos Domum Dei de Goneſſia, *fundatam per manum dilecti & fidelis noſtri* Petri *de* Tilleio, *cum omni (b) propriſio ejuſdem Domûs, pro ſalute anime noſtre & Anteceſſorum noſtrorum, ab omni ſeculari poteſtate, & Domino, tanquam elemoſinam, in perpetuum, liberam eſſe concedimus & immunem : volentes ut proteccione Regiâ,* [d] *& perpetua gaudeat libertate.* [[e] *Ea autem*

[d] *Il y a dans la 2.e copie :* Eccleſiaſtica gaudeat in perpetuum libertate.

[e] Ce qui eſt inſéré ici entre deux crochets, n'eſt point dans la 2.e copie.

NOTES.

(a) Tréſor des Chartres, Regiſtre 157. P. IIIc IIIIxx XIIII. (394.) *fol.* 237.

Les Lettres de Philippe Auguſte & de Charles VI. ſont répetées dans ce Regiſtre Pièce 395. mais celles de Philippe Auguſte qui ſont données à *Saint-Germain en Laye,* ſont moins amples que celles données au *Pont de l'Arche.* [Voyez la Note marg. *(d).*] Dans les Lettres de Philippe Auguſte, données à *Saint-Germain en Laye,* outre le Monogramme de ce Prince, qui eſt placé comme dans les autres Lettres, il y a deux eſpèces de Paraphes, un après le mot *Buticularii,* & l'autre comme dans la première, après le mot *Camerarii.* Voici le Monogramme & les deux Paraphes.

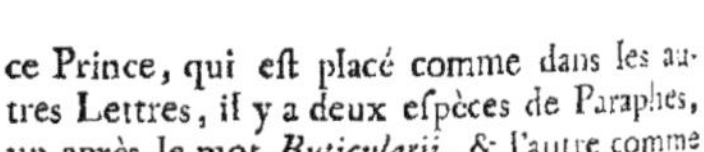

(b) Propriſio.] Pourpris. Terrein entouré de murs ou de haies. Voyez le Gloſſaire de *Du Cange,* au mot *Porpriſum.*

qui

CHARLES VI. à Paris, en Mars 1402.

PHILIPPE Auguste au Pont de l'Arche, & à Saint-Germain en Laye en 1219.

que predicte Domui intuitu karitatis ab eodem Petro, *sicut in Carta ejusdem* Petri *continetur, & ab aliis sunt racionabiliter collata & deinceps conferenda, tam in redditibus quàm in vineis & terris arabilibus, concedimus, salvis Nobis redditibus nostris & Justiciâ nostrâ, salvo jure alieno; ita eciam quòd in terris illis non* [a] *peterit Villa edificari, nec ibidem poterunt* [b] *hospites poni.] Quod ut perpetue stabilitatis robur obtineat, presentem Cartam Sigilli nostri auctoritate & Regii nominis karactere inferiùs annotato, confirmamus. Actum apud* Pontem Archi, *anno Dominice Incarnacionis millesimo* CC. *nono decimo, regni verò nostri, quadragesimo, astantibus in Palacio nostro, quorum nomina supposita sunt & signa. Dapifero nullo. Signum* GUIDONIS *Buticularii. Signum* BARTHOLOMEI. *Camerarii.* [c]  MATHEI CONSTABULARII.

Data vacante  *Cancellariâ.*

Quasquidem Litteras suprascriptas ac omnia & singula in eis contenta, rata & grata habentes, eas & ea volumus, laudamus, approbamus, & auctoritate nostra de gracia speciali tenore presencium, in quantum usi sunt & fuerunt debitè, confirmamus: Mandantes dilectis & fidelibus Consiliariis nostris super facto Juvaminum pro guerra ordinatis, Preposito Parisiensi, *ceterisque Justiciariis & Officiariis nostris, & cuilibet eorum, prout ad eum pertinuerit, quatenùs dictam Domum Dei de* Gonessia, *cum* [d] *porprisio ejusdem Domûs, nostrâ presenti graciâ & confirmacione uti & gaudere pacificè faciant & permittant, nil in contrarium nullathenùs molestando aut molestari permittendo à quoquam. Quod ut firmum & stabile perpetuò perseveret, nostrum presentibus Litteris fecimus apponi Sigillum: nostro & alieno in omnibus jure salvo.* Datum *Parisius,* mense Marcii, anno Domini M.° quadringentesimo secundo, & Regni nostri vicesimo tercio.

Per Regem, ad relacionem Consilii. CHALIGAUT.

a poterit.

b Voyez les Tables des Mat. des Vol. de ce Rec. *au mot* hôtes.

c Il y a apparence que c'est-là une espèce de paraphe du Camerier.

d proprisio. 2.*e* cop.

M. CCCCIII.

Suivant le Glossaire de *Du Cange,* au mot, *Annus,* cette Année a commencé le 15 d'Avril, & a fini le 29 de Mars.

CHARLES VI. à Paris, le 26 d'Avril 1403.

(a) Lettres qui portent que lorsque le Roy sera absent, ou qu'il sera tellement occupé qu'il ne pourra vacquer aux affaires du Gouvernement, elles seront décidées à la pluralité des voix, dans un Conseil composé de la Reine, des Princes du Sang, des Connétable & Chancelier de France, & des Gens de son Conseil.

CHARLES par la grace de Dieu Roy de France. A tous ceulx qui ces présentes Lettres verront: Salut. Savoir faisons que Nous qui toute nostre entente avons & devons avoir à ce que nostre Royaume & la chose publique d'icellui, soient gouvernez au gré & plaisir de Dieu, & au bien & proffit de noz Subgiez,

NOTE.

(a) Copié sur l'original qui est au Trésor des Chartres, Layette intitulée: *Régences & majoritez des Rois, n° 13.*

Au dos de l'original, il y a: *Ordenance faite que ou cas que le Roy nostre S. seroit absent ou occupé en aucune maniere, ma Dame la Royne, Nos Seigneurs les* Ducs *de* Berry, *de* Bourgogne, d'Orléans *& de* Bourbon, *appellez avec eulx Mons. le Connestable, Mons. le Chancelier, & autres du Conseil, telz qui leur plaira, pourront entendre & expédier ou nom du Roy sur les grans affaires & besongnes qui pourroient survenir, sanz ce qui les puissent mettre à exécucion sanz la présence de nostredit Seigneur. Registrata.*

Cette Ordonnance avoit déjà été imprimée à la page 210. du Traité de la Majorité des Rois de France, par *Du Puy.*

CHARLES VI.
à Paris, le 26 d'Avril 1403.

& que aux grans faiz & besoingnes qui souvent y sourviennent, soit sitost & si diligemment pourveu, que pour attente ou prolixité de provision, aucuns inconvéniens ne s'enensuivent; & considérans qu'il pourroit advenir aucunes fois que par les [a] grans occupacions qui nous sourviennent & peuvent sourvenir, ou pour nostre absence, ne pourroit estre pourveu aux grans affaires qui y pouroient sourvenir en nostredit Royaume, sitost comme besoing seroit, dont grans dommages se pourroient ensuir à Nous, à nostredit Royaume, & à ladicte chose publique d'icellui, se par Nous n'estoit sur ce mise provision; & qui de nostre très-chière & très-amée Compaigne la Royne, & de noz très-chiers & très-amés Oncles & Frere, les *Ducs* de *Berry*, de *Bourgoigne, d'Orléans* & de *Bourbon*, avons toute confiance; eue seur ce meure délibéracion, voulons & avons ordonné & ordonnons de nostre certaine science, par ces Presentes, que doresenavant, quant il advendra que Nous soions absens, ou telement occupez que Nous ne pourrons vacquier ne entendre à l'expédicion des grans besoignes touchans Nous & nostre dit Royaume, qui sourvendront, nostre dicte Compaigne, & avecques elle, noz diz Oncles & Frere, & ceulx de nostre Sang & Lignage qui seront en nostre Court, appellez à ce nostre très chier & amé Cousin *Charles* Sire *Delebret* Connestable de France, nostre amé & féal Chancellier, & de ceulx de nostre Conseil, comme dessus, telz & en tel nombre comme il sera expédient, vacquent & entendent pour Nous & en nostre nom, touteffoiz que besoing sera, à l'expédicion des dictes besoingnes, au bien, honneur & proffit de Nous, de nostredit Royaume, & y preignent telz appoinctement & conclusions, comme par la plus grant & saine partie des voix de nostre dicte Compaigne, de noz diz Oncles & Frere, & des dessusdiz de nostre Lignage & Conseil, qui à ce seront appellez, sera advisé; & pour ce que noz diz Oncles & Frere ne pourroient par adventure estre tousjours présens ensemble devers nostre dicte Compaigne, quant les besoingnes sourviendront, Nous voulons, & à nostre dicte Compaigne, à noz diz Oncles & Frere, & à ceulx de nostre Lignage & Conseil qui lors y seront présens, avons donné & donnons povoir, auctorité & mandement espécial, de faire ce que dessus est dit, comme se tous y [b] estions, voulons que ce qui sera ainsi fait par eulx, par la manière toutesvoies dessus [c] diviseé, ait force & vigueur, comme se par Nous estoit fait, & comme se Nous y estions en nostre personne; sanz ce toutes-voyes que aucuns appoinctemens prins sur lesdiz grans faiz, soient mis à exécucion, sans le Nous faire premièrement savoir, & sanz nostre vouloir & consentement, & que les diz appoinctemens soient passez par noz Lettres séellées de nostre grant Séel. Toutes-voyes quant Nous seront présens, & pourrons & vouldrons à ce vacquier & entendre, Nous voulons que aucune chose ne soit faicte par les dessusdiz, touchans lesdiz grans faiz & besoingnes de Nous & de nostre dit Royaume, sanz nostre présence; mais en ordonnerons à nostre plaisir. Si donnons en mandement à nostre dicte Compaigne, à noz diz Oncles & Frere, ceulx de nostre Lignage, aux diz Connestable & Chancellier, & ceulx de nostredit Conseil, que les choses dessus dictes acomplissent & facent acomplir comme dessus est divisé; & à tous noz Justiciers & Officiers, présens & avenir, & à chacun d'eulx, si comme à lui appartendra, que tout ce que ainsi sera fait ès choses dessus dictes, ilz acomplissent, tiengnent & gardent, & facent tenir & garder sanz enfraindre, & à eulx obéissent & entendent diligemment. En tesmoing de ce, Nous avons fait mectre nostre Séel à ces Présentes. *Donné à* Paris, *le XXVIe jour d'Avril, l'an de grace mil CCCC & trois; & de nostre Regne le XXIIIe.*

Par le Roy, Messeigneurs les *Ducs* de *Berry* & de *Bourgoingne*, présens. DERIAN. Double.

[a] *Voyez la Préface, §. Mémoire historique & critique, &c.*

[b] *estient: étoient.*

[c] *devisée*, là & plus bas.

CHARLES VI. à Paris, le 26 d'Avril 1403.

(a) Lettres par lesquelles Charles VI. ordonne que la Reine son Epouse, les Princes du Sang, les Prélats, Barons & ses autres Sujets, prêteront serment de n'obéir qu'à lui seul & aux Officiers par lui nommez, & de reconnoître pour Roy après sa mort, son Fils aîné.

CHARLES par la grace de Dieu Roy de France. A tous ceulx qui ces présentes Lettres verront : Salut. Savoir faisons que Nous par grant & meure délibéracion, & pour le bien, seurté, utilité & prouffit de Nous, de nostre Royaume & de tous noz Subgiez ; lesquelx Nous avons desiré & desirons tousjours de tout nostre cuer tenir & gouverner en bonne paix & transquillité soubz Nous, & obvier à tous debaz & discencions qui aucunement se pourroient mouvoir entre eulx ou temps avenir en quelque manière que ce feust ; & aussi afin que chacun soit tenu & astrainct de Nous porter & tenir foy & loyauté, comme par raison naturelle le sont tenus de faire, avons voulu & ordonné, voulons & ordonnons par ces présentes, que nostre très-chiere & très-amée Compaigne la Royne, noz très-chiers & très-amez Oncles & Frere les *Ducs* de *Berry*, de *Bourgongne*, d'*Orléans* & de [a] *Bourbomois*, & tous autres de nostre Sang & Lignage, & les autres Gens de nostre Conseil, Nous facent solennel Serement de Nous estre bons, vrais & loyaulx Subgés & obéissans envers tous & contre tous qui pourroient vivre & mourir, comme à leur droit Souverain & naturel Seigneur, tant comme Nous vivrons, & Nous obéiront ainsi qu'ilz ont fait ou temps passé, & que doivent faire vrays & loyaulx Subgiez envers leur droit, Souverain & naturel Seigneur ; & avecques ce, avons voulu & ordonné que tous Prélaz, Contes, Barons, Chevaliers, Escuiers, Bourgois des bonnes Villes, & autres Gens [b] d'Estat de nostredit Royaume, feront le Serement dessusdit pour Nous, ès mains de nostre très-chier & amé Cousin *Charles* Sire *De Le Bret*, Connestable de France, & de nostre amé & féal [c] Chancellier, appellez avecques eulx des plus notables Gens de nostre Conseil, telz & en tel nombre que bon leur semblera ; lesquelx Nous y avons ordonné & commis, ordonnons & commettons par ces présentes, de par Nous, & ne obéiront à quelconque autre personne, pour quelconque cause ou occasion que ce soit, comme à Souverain Seigneur, fors à Nous & à noz Commis & députez ; & aussi avons voulu & ordonné par les mêmes Lettres, voulons & ordonnons que nostredicte Compaigne, noz diz Oncles & Frere, & autres de nostre Sang & Lignage, feront le Serement dessusdit en notre présence, ensemble ceulx de nostre Conseil, & les autres dessusdiz, Prélaz, Contes, Barons, Chevaliers, Escuiers, Bourgois des bonnes Villes, & autres Gens d'Estat de nostredit Royaume, ès mains de noz diz Connestable & Chancellier, appellez avecques eulx, comme dit est, des plus notables Gens de nostredit Conseil, de tenir pour leur Roy, Souverain & naturel Seigneur après Nous, nostre très-chier & très-amé aisné Filz le *Duc* de *Guienne*, *Dalphin* de *Viennois*, qui à présent est, ou autre nostre aisné Filz qui pour lors sera, & non autres. En tesmoing de ce, Nous avons fait mettre nostre Séel à ces Lettres. *Donné à* Paris, *le XXVI. jour d'Avril, l'an de grace mil IIII[c] & trois, & le XXIII[e] de nostre Regne.*

Signé. Par le Roy, Messrs les *Ducs* de *Berry* & de *Bourgogne*, présens.

DERIEN.

Collacio facta fuit in Parlamento, cum Litteris Originalibus suprascriptis publicatis,

[a] *Bourbonn.* R.

[b] ce mot signifie peut-être, *de quelque considération.*

[c] *Voy. ci-dessous page suivante* Note *(b)*.

NOTE.

(a) Registre *A.* du Parlement de *Paris*, *folio* 8 vingt 10. *recto.* [170.]

Avant ces Lettres, il y a : *Ordinacio quod subditi Reg. obedient ei quamdiu vixerit, & post ejus mortem, suo Primogenito, & nulli alteri, tanquam superiori Domino.* [Ces trois derniers mots sont douteux & presque effacez.]

Juramento solenniter per quam plures Dominorum Magni Consilii & Parlamenti prestito, XI.ª die Maii, anno M.° CCCC.° III°. BAYE. *(b)*

NOTE.

(b) Après ces Lettres se trouve dans le Registre le serment que prestèrent les Gens du Parlement.

KAROLUS *Dei gracia Francorum Rex. Universis presentes Litteras inspecturis: Salutem. Cùm Nos nostros carissimum Consanguineum* Karolum *Dominum de* Lebreto *Constabularium, ac dilectum & fidelem* Arnaldum *de* Corbeya, *Cancellarium, ad nostram Parlamenti Curiam ire destinassemus, ibidemque legi atque publicari, & secundùm ipsarum formam & seriem, eosdem executari facere jussissemus certas nostras Litteras, quarum tenor sequitur de verbo ad verbum.*

a Ce sont les Lettres du 26 d'Avril, qui sont ci-dessus p. 579.

[a]CHARLES, &c. *Ut in precedenti Littera.*

b Voy. ci-dessus p. 136. Note (c).
c Auch.
d Mauger. *Reg.* avec une marque d'abréviation.
e Mercator. *Reg.* avec une marque d'abréviation.

Notum facimus quod die date presencium, in predicta Curia nostra personaliter constitutis atque congregatis Constabulario & Cancellario, necnon dilectis ac fidelibus Petro Boscheti, Henrico *de* Marla, *in eadem Curia Presidentibus,* [b] Patriarcha Alexandrino, Archiepiscopis [c] Auxitano & Senonensi, Episcopis Parisiensi, Pictavensi *ac* Sancti-Flori, Abbate Sancti Dionisii, *Prioribus Sancti Martini de Campis & de (a)* Vota, *Magistris* Tristanno *de* Bosco, Guillermo Chanteprime, Petro Lesclat, Johanne David, Johanne *de* Sanclo Verano, Roberto Wagueti, Nicolao *de* Ordeomonte, Johanne Garitelli, Roberto *de* Acquigneyo, Guillelmo *de* Gaudiaco, Johanne *de* Vitriaco, Galtero Poncii, Jacobo *de* Ruillyaco, Jacobo Bouju, Johanne *de* Longolio, Petro Fabri, Roberto [d] Maugerii, Johanne Dailly, Odardo Genciani, Philippo *de* Puteo, Odardo Bailleti, Bertrando Quintini, Petro *de* Ogero, Johanne Charreton, Johanne Maugin, Hugone Grimaut, Petro Droüart, Johanne Accart, Herberto Scriptoris, Guillelmo *de* Marla, Reginaldo Rabay, Adam *de* Baudribouft, Nicolao Fraillon, Gaillardo Perinsaxonis, Dionisio *de* Passiaco, Johanne Boyerii, Andrea [e] Mercatoris, Theobaldo Thiessardi, Johanne Luillier, Guillelmo *de* Gy, Jacobo *de* Gardo, Quintino *de* Moy, Germano Paillardi, Simone Gudini, Philippo *le* Besgue, Guillelmo *de* Alneo, Nicolao *de* Biencuria, Johanne Porcherii, Hectore *de* Carnoto, *Milite,* Stephano d'Aventois, *Milite, ac* Arnulpho Carnificis, *Consiliariis; vocatisque & in ipsa Curia & accersitis* Petro Cervi *Generali Procuratore,* Johanne Piri, *(b)* Johanne Jouvenel, *(c) Advocatis;* Ludovico Blancheti, *Primo Secretario,* Johanne *de* Cessieres, *Criminali,* Nicholao *de* Lespoisse, *Presentacionum, Grapphariis ac Notariis nostris;* Petro *de* Ve, Johanne *de* Milliaco, Johanne Cuignot, Nicholao *de* Savignyaco, Guillelmo Cousinot, Johanne *de* Havencuria, Andrea Cotin, Johanne *de* Ramais, Guillelmo Intrant, Johanne *de* Marchia, Egidio *de* Grigny, Bernardo Capelli, Bertholomeo *le* Viete, Petro Graculi, Henrico *de* Toisyaco, Johanne Coleti, Guillelmo Claustri, Guillelmo *de* Biaiz, Johanne *de* Aufrevilla, Jacobo *de* Furno, Johanne *de* Seillons, Johanne Viviani, Johanne Belardi, Johanne *de* Alneto, Johanne Audriguelli, Thoma *le* Vasseur, Petro Lagode, Johanne *le* Besgue, Johanne *de* Latigniaco, Petro Huë, Petro *le* Choüat, Maraali Saubuti, Girardo Rabatier & Juliano Huë, *in eadem Curia Generalibus Advocatis, necnon* Johanne Fauvelli, Radulpho *de* Gargiis, Nicolao Romani, Johanne Maignier, Jacobo *de* Buymont, Petro Belle, Petro Noe, *in supradicta nostra Curia Hostiariis; ac dilecto ac fideli nostro clerico, Prethonotario ejusdemque nostre Curie Graphario,* Nicholao de Baya; *ac in ipsorum presencia fuerunt lecte & in dicta nostra Curia publicate suprascripte Littere, quarum tenorem, eisdem lectis &, ut dictum est, publicatis, omnes & singuli, tam Consiliarii, Procurator Generalis, Advocati, Grapharii & Notarii nostri, quàm Advocati & Hostiarii supradicti, tactis Sacro Sanctis signo Crucis & Euvangeliis, tenere & inviolabiliter observare juraverunt & promiserunt. In Cujus, &c.* Datum & actum *Parisius,* in Parlamento nostro, XI.ª die Maii, anno Domini millesimo CCCC.° tercio, & Regni nostri XXIII°.

Collacio facta fuit in Parlamento, die XXIIII.ª Julii, anno Domini M.° CCCC.° tercio. BAYE.

NOTES.

(a) Vota.] On trouve dans le Dict. univ. de la *France,* le Prieuré de *Voute* dans le *Bas Languedoc,* Diocèse *du Puy,* & le Prieuré de *la Vouste,* de la Congrégation de Cluny, Diocèse de *Saint-Flour.* Peut-être le Prieur de *la Vouste* avoit-il accompagné l'Evêque de *Saint-Flour* qui est nommé un peu plus haut.

(b) Johanne Jouvenel.] Il est dit à la page 402. du 6.ᵉ Vol. de l'Hist. Généal. de la Maison de *France,* qu'il fut fait Avocat du Roy au Parlement en 1404. mais on voit par cet Arrêt qu'il l'étoit en 1403. & par la p. 91. du premier Volume de la Bibliothèque de *Bouchel,* qu'il l'étoit dès 1400. Il fut pere de *Jean Jouvenel,* dit *des Ursins,* qui fut aussi Avocat du Roy, & qui mourut Archevêque de *Reims.* C'est l'Auteur de l'Histoire de Charles VI. Voyez *ibid.* & T. 2. p. 46.

(c) Advocati.] J'aurois pû soupçonner qu'après ce mot il auroit fallu suppléer *Regii,* si je n'avois remarqué que dans le Procès fait au Parlement le 2 de Mars 1386, à *Charles,* dit le Mauvais, *Roy* de *Navarre,* sont rapportées les Conclusions prises par *Moulins* Avocat. Ces deux passages prouvent que sous le règne de Charles VI. les Avocats du Roy au Parlement, étoient quelquefois nommez *Avocats,* sans qu'on y ajoutât *du Roy.* Ce Procès du *Roy* de *Navarre* est imprimé à la page 435 du Ceremonial François, par *Godefroy,* & à la page 628. d'un Recueil de Pièces concernant les Pairs de France, par *M. Lancelot,* de l'Académie des Belles Lettres.

CHARLES VI. à Paris, en Avril 1403.

(a) Ordonnance de Charles VI. qui porte qu'après sa mort, son Fils aîné, quand même il seroit mineur, sera appellé Roy de France, & usera de tous les droits de la Royauté, sans qu'aucune personne puisse avoir la Régence du Royaume; qui règle la manière dont le Royaume sera gouverné dans le cas de la minorité de son Fils aîné, & quels seront ceux qui auront la garde & le gouvernement de tous ses Enfans pendant leur minorité.

CHARLES par la grace de Dieu Roy de France. La disposicion & introduccion de droit divin & naturel démontre que les Peres doivent labourer & traveiller à ce que leurs enfans, après leur décès, usent paisiblement de leur succession, & pourveoir à leur seurté telement que en ce après eulx ilz ne soient ou puissent estre perturbez, molestez ou empeschiez: & pour ce, sçavoir faisons à tous présens & avenir, que Nous à qui Dieu par sa grace a donné lignée, laquelle à son plaisir espérons succéder à nostre Royaume quant il lui aura pleu Nous appeller devers lui, & voulans ensuir & mectre à effect ladicte introduccion, considérans que sitost qu'il plaist à Dieu envoier sur terre au Roy qui est pour le temps, hoir masle premier nez, droit de nature le baille héritier dudit Royaume, & sitost que son Pere est alé de vie à trespassement, supposé que ledit premier né soit mendre d'ans en quelque minorité qu'il soit, il est & doit estre réputé pour Roy, & doit estre ledit Royaume gouverné par lui & en son nom par les plus prouchains de son Sang, & par les sages hommes de son Conseil: & pour ce, voulans pourveoir à la seurté de nostre très-cher & très-amé *(b)* ainsné Filz que Nous avons de présent, ou de cellui qui sera pour le temps nostre ainsné Filz, & devra par droit de ainsnéesse succéder après Nous à la Couronne de France, afin que sitost qu'il aura pleu à Dieu Nous prendre de ce monde & appeller à lui, nostredit ainsné Filz, supposé qu'il soit mendre d'ans, en quelque minorité qu'il soit, puist user plainement de son droit dessus déclairié qui lors par nostre décès lui sera acquis & advenu à ladicte Couronne; euz sur ce grant advis & meure délibéracion, avons ordonné & décerné, ordonnons & décernons de nostre certaine science, plaine puissance & auctorité Royal, que nostre dit ainsné Filz qui est à présent, ou cellui qui le sera pour le temps, en quelque petit aage qu'il soit ou puisse estre, soit après Nous incontinent sanz aucune dilacion appellé Roy de France, succède à nostre Royaume, & soit couronné Roy le plustost que faire se pourra, & use de tous droiz de Roy, sanz ce que aucun autre tant soit prouchain de nostre Sang entrepreigne le Bail, Régence ou Gouvernement de nostredit Royaume, & sanz ce qu'il puist estre donné à nostre dit ainsné Filz en son droit qui lui est deu par droit de nature, aucun empeschement soubz umbre de Régence ou Gouvernement de nostredit Royaume, ne autrement pour quelque raison que ce soit ou puist estre; & pour ce que à Nous comme à Pere appartient disposer & ordonner de la Garde & Gouvernement de noz Enfans après Nous, & que Nous avons toute confiance de nostre très-chiere & très-amée Compaigne la Royne, de noz très-chiers & très-amez Oncles & Frere les *Ducs* de *Berry*, de *Bourgoigne*, d'*Orlians* & de *Bourbonnois*, Nous de noz certaine science, plaine puissance & auctorité Royal dessus dictes, avons ordonné & ordonnons que s'il advient que nostre dit ainsné Filz & nozdiz autres Enfans demeurent après Nous mendres d'ans, en quelque

NOTES.

(a) Copié sur l'original qui est au Trésor des Chartres, Layette, *Régence & Majorité*. n° 12.

Cette Ordonnance avoit déjà été imprimée sur le même original, à la p. 205. du *Traité de la Majorité des Rois de France*, par *du Puy*.

(b) Ainsné Filz.] Le Fils aîné de Charles VI. qui vivoit lorsque cette Ordonnance fut faite, se nommoit Louis; mais il mourut avant son Pere, le 18 de Décembre 1415. Voyez le premier Vol. de l'Hist. Généal. de la Maison de France, p. 113.

CHARLES VI. à Paris, en Avril 1403.

minorité que lors soient, nostredicte Compaigne ait & lui appartiengne la Garde, nourrissement & gouvernement d'eulx, & dès maintenant pour lors les lui baillons; & voulons aussi & ordonnons que quant le cas escherra, icelle nostre Compaigne, appellez par elle & avecques elle noz diz Oncles & Frere, & autres prouchains de nostre Sang & Lignage, qui pour lors seront, & aussi les Gens de nostre Conseil que Nous aurons au jour de nostre trespas, gouverne au nom de nostredit ainsné Filz, s'il advient qu'il demeure soubz aagé, & en quelque minorité qu'il soit lors, comme dit est, tous les faiz de ce Royaume ou nom de lui & comme Roy, & lui obéissent nostre dicte Compaigne, noz diz Oncles & Frere & autres de nostre Sang & Lignage, & lesdits Gens de nostre Conseil, & non à autre quelconque, & aussi lui facent obéir en toutes choses par tous les Justiciers, Officiers & Subgiez dudit Royaume, comme à leur Roy & Seigneur, jusques à ce qu'il soit & deviengne en aage convenable de gouverner en sa personne, ainsi comme faire se doit, & que toutes les délibérations & conclusions qui seront lors faictes & prinses ès besongnes dudit Royaume, en quelque manière que ce soit, soient advisées, prinses & conclúses selon les voix & oppinions de la plus grant & saine partie, de nostre dicte Compaigne, de nozdiz Oncles & Frere, & des autres de nostre Sang & Lignage, & de ceulx dudit Conseil qui lors seront [a] présens & appellez pour les conseiller, sanz avoir regard à la Grandeur, auctorité & estas des personnes, mais seulement à ce qui sera dit & advisié pour le bien, utilité & prouffit desdictes besongnes: Et mandons à tous noz féaux & Subgiez de quelque prééminence ou auctorité qu'ilz usent, & les requerons sur la foy & loyauté en quoy ilz Nous sont tenuz, à ladicte Couronne de France & à nostre dit ainsné Filz, que sitost que le cas escherra, ilz obéissent après Nous à icellui nostre ainsné Filz comme à leur Roy droicturier & Souverain Seigneur, & non à autre personne de quelque auctorité que elle soit ou vueille user, & lui facent & prestent les foy, hommages & Seremens ainsi comme ilz lui seront tenuz comme à leur Roy & Souverain Seigneur: Et encores pour plus avant pourveoir audit gouvernement de nostre dit ainsné Filz & de noz autres Enfans, Nous voulons & ordonnons de noz dictes certaine science, plaine puissance & auctorité Royal, que s'il advenoit, que Dieux ne vueille, que après Nous nostre dicte Compaigne alast de vie à trespassement ainçois que icellui nostre ainsné Filz feust en aage convenable de gouverner en sa personne, ou lui survenist aucun accident de maladie ou aucun autre empeschement par quoy ne peust entendre ou vacquer audit gouvernement de nostredit ainsné Filz, de noz autres Enfans & des faiz & besongnes dudit Royaume, nozdiz Oncles & Frere de *Berry*, de *Bourgoingne*, d'*Orléans* & de *Bourbonnois*, les plus prouchains de nostre Sang & Lignage, noz Connestable & Chancellier, & ceux de nostre dit Conseil qui pour lors seront, aient en icellui cas la Garde & gouvernement de nostredit ainsné Filz & de noz autres Enfans, & ès faiz & besongnes dudit Royaume, lesquelx Garde & gouvernement Nous oudit cas leur baillons dès maintenant pour lors, & gouvernent ou nom de nostredit Filz & pour lui & en son nom tous les faiz & besongnes de ce dit Royaume, & lui obéissent & facent obéir par tous noz Subgiez comme à leur Roy & Seigneur, tout ainsi & par la forme & manière que à nostredicte Compaigne l'avons dessus ordonné: Et ou cas que aucuns de noz diz Oncles & Frere yroient de vie à trespassement, Nous voulons & ordonnons que ceulx qui survivront, aient la Garde & gouvernement de nostredit ainsné Filz & de noz diz autres Enfans, & faiz & besongnes de ce Royaume, par la manière dessus dicte, jusques à ce que icellui nostre ainsné Filz soit en aage convenable de gouverner en sa personne, comme dit est; & toutes les choses dessus devisées & déclairiées voulons & décernons avoir & sortir plain effect, sanz ce que aucun y puisse ou doye faire aucune mutacion contre la teneur de ces présentes, nonobstant quelxconques Loix, Constitucions, Edits, Ordonnances, establissemens, Chartres, Lettres faictes soubz quelconque forme de paroles que ce soit par feu nostre très-chier Seigneur & Pere que Dieux absoille, par Nous ou par aucuns de noz Prédécesseurs, sur le fait du

[a] Il y a dans l'original *pns* avec une marque d'abréviation. M. *du Puy* a lû *pris*.

gouvernement de nostredit ainsné Filz & des autres ainsnez Filz des Roys de France, & de ceux qui doivent succéder à la Couronne de France, & autres quelxconques, par lesquelles peut estre aucunement dérogué à nostre présente Ordonnance, lesquelles Lettres Nous voulons estre de nul effect & valeur, & icelles Nous voulons avoir pour exprimées en ces présentes, & par ces mesmes présentes les révoquons, cassons & adnullons & mettons du tout au néant: Et oultre, s'il advenoit, que Dieux ne vueille, que par inadvertence, importunité ou autrement, Nous octroississons ou commandissions aucunes Lettres qui peussent estre aucunement dérogatives à cestes, ou feissions aucune chose au contraire, Nous voulons & décernons dès maintenant pour lors estre nulles & de nul effect, & qu'ilz n'aient force ou vigueur contre ceste présente nostre Ordonnance. Si donnons en mandement à noz amez & féaulx Conseillers les Gens de nostre Parlement, les Gens de noz Comptes & Trésoriers à *Paris*, & à tous noz Justiciers, Officiers & Subgiez, présens & avenir, & à chascun d'eulx, si comme à lui appartendra, que contre nostre dicte présente Ordonnance ne viengnent, facent ou seuffrent venir au contraire, mais la gardent & tiengnent & facent tenir & garder de point en point sanz l'enfraindre. Et pour ce que ce soit ferme chose & estable à tousjours, Nous avons fait mettre nostre Séel à ces présentes. *Donné à* Paris, *ou mois d'Avril, l'an de grace mil quatre cens & trois, & le* XXIIIe. *de nostre regne.*

CHARLES VI. à Paris, en Avril 1403.

Sur le reply il y a:

Par le Roy, Messeigneurs les *Ducs* de *Berry* & de *Bourgoingne* présens. DÉRIAN.
Double. *Visa.*

Et au dos il y a:

Ordenance faite que le premier Filz du Roy après son trespas, soit appellé Roy, & succède au Royaume en quelque aage que il soit: Et ou cas que le Roy nostre Sire trespasseroit avant qu'il fust en aage, la Royne avec Nosseigneurs les Ducs, appellez avec eulx ceulz de nostre Grant Conseil, ou nom de lui gouverneront & ordonneront ès grans affaires qui survendront en ce Royaume. *L'an mil CCCC & troiz, ou mois d'Avril.*

R.ta *(Registrata.)*

CHARLES VI. à Paris, en Avril 1403.

(a) Priviléges accordez à plusieurs personnes auxquelles il est permis de demeurer pendant vingt ans dans la Ville de Rouen, pour y faire le commerce & pour y prêter de l'argent.

SOMMAIRES.

(19) Le Roy n'accordera pendant les vingt ans à aucun autre étranger, des Priviléges pour s'établir dans la Ville de Rouen, & il ne permettra à aucune autre personne chrétienne étrangére, de demeurer en cette Ville pour y prêter de l'argent à profit, pendant ce tems.

(24) Ces Marchands pourront céder à d'autres Marchands les Priviléges & franchises qui leur sont accordez.

CHARLES par la grace de Dieu Roy de France. Savoir faisons que pour certaines considéracions & causes regardans & touchans le prouffit commun de Nous & de nostre Royaume, qui à ce Nous ont meu & meuvent, & par Déclaration de nostre Conseil, Nous de nostre auctorité Royal, certaine science & grace

NOTE.

(a) Trésor des Chartres, Registre 158. P. cii. (102.)

Au mois de Décembre 1392. Charles VI. accorda pour quinze ans des Priviléges à des Lombards qui devoient s'établir dans la Ville de *Troyes*. Les Lettres sont à la page 787. du 7.e Volume de ce Recueil. Ces Priviléges accordez pendant vingt ans aux Lombards qui devoient s'établir dans la Ville de *Rouen*, sont presqu'entiérement semblables à ces premiers, & l'on s'est servi ici de la même méthode dont on a fait usage en donnant les Lettres de 1392. Voyez la Note *(a)* de la page 787. du 7.e Volume.

CHARLES VI.
à Paris, en Avril 1403.

efpécial, avons octroyé & octroyons par ces préfentes à *Blaife, Antoine, Guillaume, Michiel* & *George* diz *Madées* freres, Marchans Lombars, pour eulx & leurs compaignons, facteurs, leurs hoirs, fucceffeurs & d'eulx aians caufe, que ilz puiffent venir & demourer en noftre Ville, Cité & Reffort de *Rouen*, du jour de la datte de ces préfentes jufques à vint ans enfuivans & entrefuians & accomplis, foubz certaines manières, condicions & modificacions contenues & déclairées, & que durant ycellui temps ilz ayent, joyffent & ufent à plain des prévilèges, immunitez, franchifes & libertez qui cy-après s'enfuivent:

(1) Premierement, &c. [[a] T. 6. p. 478. art. 1.]

(2) Item. &c. [T. 7. p. 787. art. 2.]

(3) Item. &c. [T. 7. p. 787. art. 3.]

(4) Item. [[b] T. 7. p. 788. art. 4.]

(5) Item. &c. [T. 6. p. 479. art. 4.]

(6) Item. [*Ibid.* art. 5. *Notre article finit ainfi:* & que nonobftans ce, ilz foient payez de ce qui leur fera deu fur les diz gaiges.]

(7) Item. [T. 7. p. 788. art. 7.]

(8) Item. [T. 6. p. 479. art. 7.]

(9) Item. S'il advenoit que en ladicte Ville de *Rouen* & Reffort d'icelle, les maifons, &c. [T. 6. p. 479. art. 8. & T. 7. p. 788. art. 9.]

(10) Item. [T. 6. p. 479. art. 11.]

(11) Item. [*Ibid.* art. 12.]

(12) Item. [T. 7. p. 788. art. 12.]

(13) Item. &c. [*Ibid.* art. 13.]

(14) Item. [*Ibid.* art. 14.]

(15) Item. [T. 7. p. 788. art. 15.]

(16) Item. [T. 7. art. 16. *Ces mots,* tant de principal comme profit, *ne font dans notre article.*]

(17) Item. [T. 7. art. 17.]

(18) Item. [T. 7. art. 18. *Il y a* Prévoz *dans cet article, &* Preneurs *dans le nôtre, & c'eft ainfi qu'il doit y avoir.*]

(19) Item. Que durant lefdiz vingt ans, Nous ne octroyerons à aucun autre [c] dehors noftredit Royaume, les libertez & franchifes que Nous avons octroyées aux deffus nommez Lombars, pour demourer en ladicte Ville de *Rouen* & ou Reffort d'icelle, & ne foufferront perfonnes quelconques cheftiennes eftrangéres, de quelconque eftat qu'ilz foient, demourer en ladicte Ville, qui preftent argent à prouffit aucun, durant les xx ans deffus diz.

(20) Item. [T. 7. art. 20.]

(21) Item. [*Ibid.* art. 21.]

(22) Item. [*Ibid.* art. 22.]

(23) Item. [*Ibid.* art. 23.]

(24) Item. Que durant les vint ans deffufdiz, lefdiz Marchans, leurs compaignons, leurs hoirs & fucceffeurs, puiffent toutes les foiz qui leur plaira, vendre, donner & tranfporter à autres Chreftiens, les franchifes & libertez par Nous à eulx octroyées, & mettre en lieu d'eulx telz Marchans Chreftiens comme bon leur femblera; & que yceulx mis & fubroguez en lieu des deffufdiz Marchans & compaignons, puiffent ledit temps durant, demourer en ladicte Ville & Reffort d'icelle, & joïr & ufer paifiblement des dons, octroiz, franchifes & libertez deffufdictes, & tout auffi comme les deffus diz Marchans faifoient & povoient faire devant ledit tranfport; fanz ce que nul d'eulx foient tenuz de paier aucune chofe à Nous ne à autre pour Nous, pour caufe dudit tranfport.

(25) Item. &c. [T. 6. art. 24.]

(26) Item. &c. [T. 6. art. 25.]

(27) Item. &c. [T. 7. art. 26.]

(28) Item. [T. 7. art. 27.] Pour ce que ces préfentes Lettres originaulx pourroient

a *Voy. ibid.* p. 477. *le fommaire de cet article, &* p. 787. *du 7.e Vol. les fommaires des autres articles auxquels on renvoyera.*

b Dans ce dernier article, il y a: *amende corporelle, pécunielle,* & dans celui-ci il y a: *amende corporelle, criminelle.*

c *de dehors.*

CHARLES VI. à Paris, en Avril 1403.

pourroient estre perdues par périlz de chemins ou autrement, Nous voulons & octroyons que au *vidimus* fait soubz Séel Royal, foy soit adjoustée comme à l'original, en tous cas, sanz mettre contredit ou empeschement au contraire.

(29) *Item. &c.* [T. 7. art. 28.]

(30) Pour toutes lesquelles choses, &c. [T. 7. art. 29. *Au lieu de ces mots:* la Notre Dame que on dit Chandeleur, *il y a,* la Nostre Dame de Mi-Aoust.]

Si donnons en mandement, commandons & estroitement enjoingnons à noz amez & féaulx Gens tenans nostre Parlement & qui le tendront ou temps avenir, & à noz Conseillers sur le fait de nostre Demaine, & Trésoriers à *Paris,* aux *Bailli* & *Viconte* de *Rouen,* & à tous noz autres Justiciers & Officiers de nostre Royaume, & à leurs Lieuxtenans, présens & avenir, & à chascun d'eulx, si comme à lui appartendra, que lesdiz Lombars, leurs compaignons & facteurs & serviteurs, alans, venans & séjournans pour eulx, soustiennent en leurs bons droitz, en leur faisant bon & brief accomplissement de Justice, sanz les mettre en long Procez, & que ilz les gardent & deffendent de toutes violences & oppressions indeues, & que ilz les facent & laissent joïr & user paisiblement de tous les priviléges, immunitez, franchises & libertez dessus diz, & de chascune d'icelles, & de leurs circonstances & deppendances, sanz les empescher, molester ou traveiller ès choses dessus dictes ou en aucunes d'icelles, en corps ou en biens, ou autrement comment que ce soit; maiz se aucune chose estoit faite au contraire, si le rappellent & remettent ou facent rappeller ou remettre au premier estat & deu, tantost & sanz délay, en contraignant les faiseurs ou attempteurs au contraire, à Nous faire pour ce amende comme il appartendra à faire de raison. Et que ce soit ferme chose & estable à tousjours, Nous avons fait mettre nostre Séel à ces présentes: Sauf en autres choses nostre droit, & l'autruy en touttes. *Donné à* Paris, *ou mois d'Avril, l'an de grace mil CCCC & trois, & de nostre Regne le XXIIIe.*

Par le Roy, Mons. le *Duc* de *Berry,* Mess. *Jaques* de *Bourbon,* & autres, présens.

PROPHETE.

CHARLES VI. à Paris, le 6 de Mai 1403.

(a) Lettres qui permettent au Duc d'Orléans d'établir des Grands Jours pour son Comté de Vertus, dans une des Villes qui lui appartiennent dans la Champagne & la Brie.

CHARLES par la grace de Dieu Roy de France. A tous ceulx qui ces présentes Lettres verront: Salut. Comme la *Conté* de *Vertuz* en *Champagne,* par le Traittié du mariage qui piéça fut fait & parfait entre nostre très-chier & très-amé Frere le *Duc* d'*Orléans,* & nostre très-chière & très-amée Suer la Duchesse sa femme, & par certains Tiltres & moiens, soit venuë & eschuë à nozdiz Frere & Suer après le décès de feu nostre Oncle le *Duc* de *Milan* Pere de ladicte Duchesse, & la tiegne nostredit Frere de Nous noblement, nuement & en Parrie, comme faisoit nostredit Oncle en son vivant; & pour ce que par nostre octroy icellui nostre Frere puet faire tenir ses [a] Grans Jours en ses *Duchié* d'*Orléans* & *Contez* de *Valois* & de *Beaumont,* en ses Terres de *Champagne,* de *Brie,* de *Normandie* & d'ailleurs; ausquelx Grans Jours ressortissent & doivent ressortir de plain droit les Appellans des Baillis desdictes Terres & Pays, & de-là directement en nostre Parlement, & non ailleurs, & que en ladicte *Conté* de *Vertuz,* nostredit Oncle n'avoit aucuns Grans Jours, mais venoit & ressortissoit son Gouverneur ou *Bailli* de *Vertuz,* en

[a] *Voyez sur les Grands jours, la Note (g) de la p. 435. du 5.e Vol. de ce Rec.*

NOTE.

(a) Regiſtre *A.* du Parlement de *Paris, fol.* 8 vingt 15. *verso.* [175]

A la marge extérieure de ces Lettres & au commencement, on lit: *Quòd racione* Comitatûs Virtuti, *Magni dies possint teneri per* Ducem Aurelian. *& suos heredes masculos; & quòd ab eis ad Parlamentum appelletur.*

CHARLES VI. à Paris, le 6 de Mai 1403.

noſtre Parlement, ou aux Grans Jours de *Troyes;* noſtredit Frere Nous a humblement ſupplié & requis que conſidéré que il a Grans Jours en ſeſdiĉtes Terres de *Champagne* & de *Brie,* entre & environ leſquelles ladiĉte *Conté* de *Vertuz* eſt ſituée & aſſiſe, & affin que tous ſes Subgez dudit Païs ſoient d'un Reſſort, Nous lui veillons oĉtroier que pour ſadite *Conté* de *Vertuz* & appartenances d'icelle, il puiſſe faire tenir ſes Grans Jours en quelque Ville qu'il lui plaira de ſeſdiĉtes Terres de *Champagne* & de *Brie.* Pour ce eſt il que Nous inclinans à la requeſte de noſtredit Frere, & pour l'amour & affeĉtion fraternelle que Nous avons à lui & lui à Nous, & à ce qu'il puiſſe mieulx adminiſtrer Juſtice à ſes Subgez de ladiĉte *Conté* de *Vertuz,* à noſtredit Frere avons donné & oĉtroié, & par ces préſentes de grace eſpécial, plaine puiſſance & auĉtorité Royal, donnons & oĉtroions qu'il & ſes hoirs maſles, aient & tiengnent & puiſſent tenir & avoir ou faire tenir par leurs Gens & Conſeilliers, Grans Jours pour ladiĉte *Conté* de *Vertuz,* en quelque Ville qu'il leur plaira deſdiĉtes Terres de *Champagne* & de *Brie,* tout ainſi & par la manière que par noſtredit oĉtroy, icellui noſtre Frere les a acouſtumé faire tenir en ſes Duchié & Contez deſſuſdiĉtes, & que le Reſſort du Bailli ou Gouverneur de ladiĉte Conté, ſoit direĉtement auxdiz Grans Jours, & deſdiz Grans Jours, en noſtre Parlement, & non ailleurs. Si donnons en mandement à noz amez & féaulx Conſeillers les Gens tenans & qui tendront noz Parlemens, & Gens de noz Comptes à *Paris,* & à tous noz autres Juſticiers & Officiers, & à chaſcun d'eulx, ſi comme à lui appartendra, que de noſtre préſente grace & oĉtroy facent, ſueffrent & laiſſent noſtredit Frere & ſes ſucceſſeurs en la manière que dit eſt, joïr & uſer plainement & paiſiblement, ſans leur faire ou donner ou ſouffrir eſtre fait ou donné aucun empeſchement au contraire; nonobſtans quelxconques Ordenances, Mandemens ou défenſes faiĉtes ſur l'aliénation de noſtre Demaine, & Lettres quelxconques à ce contraires. En teſmoing de ce, Nous avons fait mettre noſtre Séel à ces préſentes. *Donné à* Paris, *le VI.e jour de May, l'an de grace mil quatre cens & trois, & le XXIII.e de noſtre Regne.* Ainſi ſignée. Par le Roy, l'*Eveſque* d'*Aucerre,* le *Sire d'Ivry,* Maiſtre *Jehan* du *Boiſſay* & autres, préſens. P. FERRON.

Leĉta & in Curia publicata, XXI.a die Januarii, anno Domini M.o CCCC.o III.o BAYE. *Collacio facta eſt.*

CHARLES VI. à Paris, le 15 de Mai 1403.

(a) *Lettres par leſquelles Charles VI. donne pouvoir à la Reine ſon Epouſe, de s'oppoſer aux dons par lui faits de ſon Domaine, à l'effet de les faire annuller.*

CHARLES par la grace de Dieu Roy de France. A tous ceulx qui ces préſentes Lettres verront : Salut. Comme par grant & meure délibéracion de noſtre Conſeil, ouquel eſtoient noz très-chers & très-amez Oncles & Frere les *Ducs* de *Berry,* de *Bourgoigne,* d'*Orléans* & de *Bourbonnois,* & pluſeurs autres prochains de noſtre Sang & Lignage, & avec eulz pluſeurs Gens de noſtre Grant Conſeil, Nous euſſions fait [a] certaines Ordonnances de non donner ou aliéner aucune choſe de noſtre Demaine, fuſt à vie, à héritage ou à volenté, parquoy les rentes, revenuës & autres droiz appartenans à noſtredit Demaine, en feuſſent aucunement diminuez ou apéticiez; & ſe par inadvertance, importunité de requerans, ou autrement, Nous en euſſions fait aucunes ou faiſions ou temps avenir, Nous voulons eſtre révoquez, & que ilz feuſſent de nul effeĉt & valeur; & avecques ce, révoquaſmes tous dons par Nous faiz ou temps paſſé, feuſt à vie, à héritage ou

[a] *Voy. ci-deſſus p. 484. les Lettres du dernier de Février 1401.*

NOTE.

(a) Regiſtre *A.* du Parlement de *Paris, folio* 8 vingt 17. *recto.* [177.]

Avant ces Lettres il y a : *Ordinatio quòd Regina ſe poſſit opponere univerſis Donis per Regem faciendis ſuper Domanio Reg.*

CHARLES VI.

à Paris, le 15 de Mai 1403.

à voulenté, à quelzconques personnes que ce feust, & de quelque estat qu'ilz feussent, excepté ce que Nous avions donné, baillié & assigné à nostre très-chiere & très amée Compaigne la Royne, à noz Enfans, à noz diz Oncles & Frere, & à leurs Enfans; & aussi le don que Nous avions fait à nostre très-cher & amé Cousin *Pierre* de *Navarre,* de la *Conté,* Chastel, Ville & Chastellenie de *Mortaing,* & aussi excepté aucuns qui par noz autres Lettres en avons excepté, & gaiges ou rentes à vie ou à volenté, que prennent par nostre octroy aucuns noz Officiers, par la main du Changeur de nostre Trésor, ou de noz Vicontes & Receveurs, si comme ces choses & autres contenuës en noz Lettres d'Ordenance sur ce faictes, pevent plus plainement apparoir: Savoir faisons que Nous voulans tousjours croistre & augmenter à nostre povoir les rentes, revenuës & droiz appartenans à nostredit Demaine, sanz aucunement les aliéner ou diminuer, & confians à plain de la très-grande & très-parfecte & singulière amour & affeccion que Nous avons à nostredicte Compaigne, & qu'elle a [a] Nous, & aussi que à lui compéte & appartient garder le bien, prouffit de Nous & de nostre Royaume, & de noz Enfans, plus que à nul autre, avons voulu & ordonné, voulons & ordonnons par ces présentes, de nostre certaine science, plaine puissance & auctorité Royal, & lui avons donné & donnons par ces mèmes Lettres, povoir de soy opposer & contredire à tous dons [b] aliénacions que faire pourrions ou temps avenir, de nostredit Demaine, à quelzconques personnes de quelconque auctorité ou prééminence qu'ilz feussent & qu'ilz usent, fust à vie, à héritage ou à volenté, & que ce que fait en aurions, feust de nul effect & valeur; & aussi que se aucunes Requestes Nous estoient aucunement faictes par importunité de requerans ou autrement, qui seroient en nostre préjudice, & contre le bien de Nous & de nozdiz Royaume & Demaine, par quelque personne que ce feust, tant Nous soit prouchain de Lignage, ou autres de quelque estat ou auctorité qu'ilz feussent, que nostredicte Compaigne semblablement s'i puisse opposer, & Nous en adviser, afin que nous n'en facions ou passions aucunes; & se faictes & passées les avions par inadvertance, qu'elles soient révoquées & adnullées, & de ce débatre & empescher par toutes bonnes voies & manières, contre tous ceulz de quelque auctorité ou prééminence qu'ilz feussent, qui par importunité les vouldroient obtenir; & ce lui commandons par ces Lettres & très-expressément, & sur quanque elle Nous doubte courroucier, & veult & désire le bien & honneur de Nous, de noz diz Enfans & siens, & de noz Royaume & Demaine dessusdiz. Si donnons en mandement à nostre amé & féal Chancellier qui est de présent, ou pour le temps avenir sera, sur la foy & loyaulté en quoy il Nous est & sera tenu, & sur le Serement qu'il Nous a fait & fera, que d'oresenavant il ne séelle aucunes Lettres contre ne ou préjudice de noz Ordennances dessusdictes, ne contre la teneur de ces présentes, sans le Nous faire premièrement savoir ou à nostredicte Compaigne, noz Oncles & Frere, & ceulz de nostre Sang & Conseil qui lors seront devers Nous, & que la matière soit débatuë en nostre présence, & en nostre absence, en la présence d'icelle nostre Compaigne & des autres dessus diz, & que celui ou ceulz à qui la chose touchera, en soient absens, & que nostredicte Compaigne, ou ceulz qu'elle vouldra commettre à ce, pour dire & débatre ce qu'elle vouldra au contraire de telz dons, soient oyz; & voulons & est nostre entencion, que ycelle nostre Compaigne, ou ceulz qu'elle y vouldra commettre, oyz ès choses dessusdictes en la présence des dessus nommez, que la conclusion en soit par Nous prinse par les opinions de la plus grant & saine partie d'iceulz, & non autrement: & pareillement défendons à noz amez & féaulx Gens de noz Comptes & Trésoriers à *Paris,* présens & avenir, que supposé que aucune Lettres en feussent séellées contre ces présentes, ilz n'en passent ou vérifient aucunes, pour quelzconques mandemens que ilz aïent de Nous, soit de bouche ou autrement, sans le Nous faire assavoir ou à nostredicte Compaigne, Oncles & Frere, & autres dessusdiz, comme dit est; & en oultre mandons, commandons & enjoignons expressément à noz diz Oncles & Frere, & à tous autres de nostre Sang & Lignage, à noz Connestable, Chan-

[a] supp. à.

[b] supp. &.

CHARLES VI. à Paris, le 15 de Mai 1403.

cellier, présens & avenir, les Gens de nostre Grant Conseil, les Gens de nostre Parlement & de nostredicte Chambre des Comptes, & Trésoriers, & à touz noz Justiciers, Officiers & Subgez, sur la foy & loyauté qu'ilz ont à Nous & Nous sont tenuz, que en ce donnent à nostredicte Compaigne conseil, confort & aide, sitost que par elle ou de par elle ilz en seront requis. En tesmoing de ce, Nous avons fait mettre nostre Séel à ces présentes. *Donné à* Paris, *le XV.e jour de May, l'an de grace mil IIII.c & trois, & de nostre regne, le XXIII.e* Ainsi signé. Par le Roy. DERIAN.

Lecta & publicata in Curia, V.a die Junii, anno Domini millesimo CCCC.o quarto. BAYE.

CHARLES VI. à Paris, le 19 de Mai 1403.

(a) Lettres de Provision pour Jean Taperel [ou Caperel] créé Général Conseiller sur le fait des finances des Aides.

CHARLES par la grace de Dieu Roy de France. A tous ceulx qui ces Lettres verront : Salut. Comme n'aguerres pour la très-grant confiance que Nous avons en nos très-chiers & très-amez Oncles & Frere les *Ducs* de *Berry*, de *Bourgoigne* & d'*Orléans*, & pour la vraye amour que Nous sçavons qu'ilz ont à Nous, & la très-grant affection qu'ils ont au bien de Nous & de nostre Royaume, Nous leur eussions commis le Gouvernement de toutes nos Finances venans & à venir du fait des Aydes ordennez ou à ordenner pour le fait de la guerre, en noz pays de *Languedoil*; & toutes voyes, pour ce que tousjours avons besoing de leur conseil en noz grans [a] frais & besoignes qui chacun jour Nous surviennent, dont principallement les chargeons, & esquels Nous les occupons continuellement; Nous, tant de nostre

a *faiz*. C. des A.

NOTE.

(a) Ces Lettres qui étoient au fol. 140. du Mémorial *F.* de la Chambre des Comptes de *Paris*, ont été copiées sur l'édition qui en a été faite en feuille volante à l'Imprimerie Royale en 1726. Des Lettres à peu près semblables à celles-ci, se trouvent au fol. 160. recto du premier Reg. de la Cour des Aides de *Paris*. Voy. sur ce Reg. la Note *(a)* de la p. 201. du 4.e Vol. de ce Rec.

Dans ce Registre ces Lettres sont datées du 19 de Mars 1403. A la marge à côté de cette date, on lit la Note suivante, qui est d'une écriture très-moderne.

« Cette Ordonnance est datée du 19.e jour » de Mai dans le Mémorial *F.* de la Chambre » des Comptes, où elle est moins ample que » celle-ci; & c'est la véritable date qu'on doit » lui donner, & non pas celle du 19 Mars, » ainsi qu'elle est ici mise: ce qui se prouve » par l'enregistrement qui fut fait de cette Or- » donnance en la Chambre de la Justice des » Aides, & dont il est fait mention dans les » Registres des Plaidoiries, à l'article du ven- » dredi premier Juin 1403. en ces termes: » *Ledit jour fut leu & publié en Jugement le* » *povoir de* Jehan Piquet, *de novel ordonné Géné-* » *ral Conseiller du Roy sur la Finance des Aides,* » *en la Compagnie de Monsr de* Bezançon, » Jehan Capparel, *&* Thibault *de* Maiseray: » ce qui n'auroit pû se faire si cette Ordon- » nance avoit été donnée au mois de Mars qui » fut le dernier mois de l'année 1403, attendu » que le jour de Pâques qui commençoit l'an- » née, arriva le 15 Avril 1403. »

Il est dit dans cette Note, que les Lettres tirées du Mémorial de la Chambre des Comptes, sont moins amples que celles qui sont dans le Registre de la Cour des Aides; mais il me paroît qu'on ne peut pas dire que ces deux Lettres, quoiqu'elles regardent le même fait, soient les mêmes.

Charles VI. ne donna peut-être point de Lettres en 1403 pour la création de quatre Généraux Conseillers sur le fait des finances des Aides; mais il est du moins certain qu'il donna des Lettres de Provision à chacun de ces quatre Généraux en particulier, & qu'elles n'étoient point entièrement semblables: mais il est à présumer qu'elles étoient de même date. Les Provisions de *Jean Caperel* étoient dans le Mémorial de la Chambre des Comptes; & celles de l'*Archevêque* de *Besançon*, sont celles qui se trouvent dans le Reg. de la Cour des Aides. Il paroît par cette Note du Reg. de cette Cour, que *Jean Picquet* avoit eu aussi des Provisions en particulier, qui y furent enregistrées le premier de Juin 1403; & il y a grande apparence qu'on en donna aussi à *Thibault* de *Mezeray*. Il n'y a que celles données à l'*Archevêque* de *Besançon* & à *Caperel* qui se soient conservées.

On mettra ici dans des Notes les endroits des Provisions de l'*Archevêque* de *Besançon*, qui ne regardent que ce Prélat, & qui ne sont point dans celles de *Jean Caperel*. Ces endroits sont les seules différences qui se trouvent entre ces deux Lettres.

Les Provisions de *Caperel* ont déjà été imprimées à la p. 70. du Rec. concernant les Trésoriers de France, donné par *Fournival*. *Caperel* y est nommé *Taperel*.

CHARLES VI.
à Paris, le 19 de Mai 1403.

vouloir comme du leur, & à leur Requeste, les ayons deschargiez dudit Gouvernement; & pour ce est nécessité que Nous pourveons tost audit Gouvernement de nosdites Finances: Sçavoir faisons que Nous, qui durant ledit Gouvernement de noz diz Oncles & Frere, & paravant iceluy, & par la délibération d'iceulx nos Oncles & Frere, de plusieurs autres de nostre Sang, & de plusieurs notables personnes de nostre Conseil, avions advisé que il estoit expédient que Nous ordenissions aucunes notables personnes prodomes, dilligens & expers où fait dessus dit, pour entendre audit Gouvernement desdittes Finances, & ez autres choses touchant iceluy fait; & pour ce aussy qu'il sembloit à Nous & à nostredit Conseil, que paravant ces temps, avoit eu sur ledit faict des Aydes trop grant nombre de Généraulx Conseillers, & que par ce les Finances d'iceulx estoient trop chargiées, Nous eussions ordené faire venir devers aucuns de noz dis Oncles & Frere, & de nostredit Conseil, plusieurs personnes notables, tant de nostredit Sang & de nostre grant Conseil, comme autres noz Officiers de nostre Parlement, de nostre Chambre des Comptes, Trésoriers, & autres en ce cognoissans, pour avoir leur advis, & enquerir & savoir d'eulx en leur foy & loyaultez que ilz ont à Nous, quel nombre de gens seroit expédient & nécessaire pour estre ordenez Généraulx sur ledit fait desdits Aydes, & pour nommer par eulx, ceulx qui leur sembleroient estre à ce plus expers & profitables; lesquelz sur ce examinez par leurs Serremens fais aux Sainctes Evangiles de Dieu par eulx touchées, ayent dit qu'il leur sembloit qu'il souffisoit & devoit souffire que Nous ordenissions seulement trois hommes bons, notables & expers ou dit fait; & pour la plus grant partie d'assez des voix desdites personnes ainsy examinées, ayent esté nommez bons & souffisans & expers à ce, nostre amé & féal Conseiller *(b)* l'*Arcevesque* de *Besançon* *(c)* Premier Président en la Chambre de la Justice desdits Aydes, *Jehan Taperel* & *Jehan Des Hayes* dit *Piquet*, qui autrefois ont esté nos Généraulx Conseilliers sur icelluy; & semblablement Nous ont dit & affermé noz diz Oncles & Frere, qu'il souffisoit dudit nombre, & que les dessus nommez sont souffisans & expers pour gouverner le fait dessus dit; & pour ce, Nous eue considéracion à ce, & aussy aux sens, loyaulté, discrétion & diligence que par expérience avons congneu estre en *(d)* la personne dudit *Jehan* [a] *Taperel*, icelluy duquel Nous avons fait recevoir en nostre présence le Serrement en tel cas accoustumé, avons ordené, retenu & institué, ordenons, retenons & instituons par ces présentes,

[a] *Capperel.* C. des A.

NOTES.

(b) L'Arcevesque de *Besançon.*] Il se nommoit *Girard* d'*Athies*. Voyez *Gall. Christ.* 1re *Edit.* T. 1. p. 131. col. 2. n° 79.

(c) Premier Président.] La même personne qui a écrit la Note rapportée ci-dessus p. précéd. Note *(a)*, a écrit ce qui suit, à la marge du Reg. de la Cour des Aides, vis-à-vis de cet endroit.

« Il est à observer que l'*Archevêque* de *Besançon* est qualifié Premier Président, dans la même Ordonnance qui se trouve dans le Mémorial *F.* de la Chambre des Comptes, fol. 140. ce qui est une faute, puisque dans les Lettres originales qui sont au Greffe de la Cour des Aides, à moitié pourries & presque toutes effacées, on n'y trouve point en cet endroit qui reste bien conservé, le mot *Premier* avant celui de *Président*; en quoi cette copie est plus fidelle que le Mémorial de la Chambre des Comptes. »

Ces Lettres originales que j'ai vûes, sont les Provisions de l'*Archevêque* de *Besançon*, copiées dans le Reg. de la Cour des Aides.

(d) En la personne dudit Jehan Taperel, &c.] Voici un des deux endroits annoncez ci-dessus, pag. précéd. Note *(a)*, le second sera ci-dessous page 592. Note *(f)*. au lieu de ces mots: *En la personne dudit Jehan Taperel, &c.* il y a dans le Reg. de la C. des A. « En la personne de nostredict Conseiller l'*Arcevesque* de *Besançon*; lequel, combien que par plusieurs fois Nous le avons requis & fait requerir de prandre & accepter l'administracion & gouvernement desdictes Finances, & qu'il s'en soit moult fort excusé, allégant la fiebleté de sa personne, la malladie que longuement a souffert, & dont il se disoit souvent estre occupé & empesché, & plusieurs autres causes; néantmoins pour obéir à l'exprès commandement que fait lui en avons, il s'est consenty & Nous a accordé prandre & accepter ladicte charge: icelluy nostre Conseil *Arcevesque* de *Besançon*, duquel Nous avons fait recevoir le Serment en tel cas accoustumé, avons ordonné, retenu, institué, ordonnons, retenons & instituons par ces présentes, nostre Général Conseiller sur ledict fait, & avec luy & en sa compaignie, lesdictz *Jehan Deshays* dit *Picquet* & *Jehan Capperel*; & aussi avec eulx, pour certaines causes, &c. »

CHARLES VI. à Paris, le 19 de Mai 1403.

nostre Général Conseiller sur ce dict faict, en la compaignie dudit *Arcevesque* & dudit *Jehan Des Hayes* dit *Picquet;* & aussi avecques eulx, pour certaines causes, y avons ordenez de nostre propre mouvement, nostre amé & féal Conseiller *Thiebault* de *Meseray;* & audit *Jehan Taperel* avons donné & donnons pouvoir, auctorité & mandement spécial, avecques lesdits *Arcevesque, Jehan Des Hayes* dit *Picquet,* & *Thiebault* de *Mezeray,* & à trois ou deux d'eulx, de gouverner & exercer le faict d'iceulx Aydes, tant des Finances comme de la Justice, & tant en général comme en particulier; de cognoistre de tout ledit fait desdits Aydes & de toutes les Finances qui en [a] ysteront, & tant du principal d'iceulx comme des arréraiges & debtes qui en sont & seront deuz, & des explois & Amendes qui s'en ensuivront, & en sont escheuës & escherront, tant du passé comme du temps avenir, sans ce que d'en faire lever, payer ne distribuer aucune chose, noz amez & féaulx Gens de noz Comptes & Trésoriers, nox Généraulx Conseillers sur le fait de la Justice desdits Aydes, ne autres quelz conques, pour quelque auctorité ou Commissions qu'ilz ayent, se puissent ou doient entremettre en quelque manière que ce soit; de gouverner & maintenir le fait desdits Aydes, & les circonstances & deppendances d'iceulx; de faire garder & tenir tous les poins & articles contenus ez Ordonnances faites sur le fait des Aydes dessusdiz; & pour ce que sur plusieurs poins & articles contenus en noz Instructions & Ordenances faictes sur le fait des Aydes, pourroient escheoir ou subvenir aucunes doubtes pour les obscurtez, divers entendemens ou malices d'aucuns, Nous avons ordené & voulons que nosdiz Généraulx Conseilliers, ensemble ou trois ou deux d'eulx, par l'avis & déliberation de trois ou deux pour le moins de nostre Conseil, ou de plus grant nombre, se bon leur semble, les voyent & visitent, & icelles corrigent, augmentent, croissent, diminuent & eslargissent, & leur donnent tel & si vray entendement comme ilz verront qu'il sera expédiant & à faire de raison, pour le profit & augmentacion desdits Aydes; & que tout ce qui sera par eulx sur ce fait, soit tenu & gardé sans enfraindre en quelque manière que ce soit. Voulons aussy, & à nosdiz Généraulx Conseillers, & à chacun d'eulx, avons donné & donnons pouvoir, auctorité & mandement espécial, de aller & chevaucher ensemble & chacun par soy, toutesfois qu'il sera besoing & qu'il leur plaira, par tous les Lieux, Villes & Diocèzes de nostredit Royaume, en *Languedoyl,* où bon leur semblera, pour veoir & visiter tant le gouvernement & estat desdiz Aydes, comme les estas des Receveurs Général & Particuliers, Trésoriers des Guerres, Grenetiers, Commis, & tous autres qui se sont entremis & entremettent d'aucune chose recevoir du fait desdiz Aydes & des deppendances; & aussy de y commettre & envoyer tant & telz Commissaires & Visiteurs, comme ilz verront que besoing sera; & voulons que, en faisant ladite visitacion, nosdiz Conseilliers & chacun d'eulx, puissent faire payer voyages, [b] messageries & autres despences raisonnables, & de ce baillier leurs Lettres, lesquelles Nous voulons estre valables, & les sommes passées & alloées ez comptes de celuy ou ceulx qui payé les auront; de ordener, comectre, establir Esleuz, Receveurs, Grenetiers, Contreroulleurs, Sergens, Commissaires & autres Officiers sur ledit fait; de les destituer & démettre de leurs Offices, se ilz voyent qu'ilz ne soient profitables, & mettre autres en leurs lieux; de diminuer ou croistre le nombre desdiz Officiers, par tout où ilz verront estre expédient pour le bien dudit fait; de pourveoir ausdits Offices toutesfois qu'ilz vacqueront par mort, par privacion ou autrement, de personnes souffisans & [c] y données pour les exercer; de passer sur tout ce que dit est, Lettres qui seront scellées de nostre grant Scel, sanz ce que nosdiz Généraulx Conseillers sur le fait de ladite Justice, ou autres quelz conques, s'en entremectent en aucune manière; de faire recevoir [d] par nostre main toutes les Fermes desdits Aydes qui ne leur sembleront estre [e] souffisament bailliées; *(e)* de faire venir à eux tous les Deniers desdits

[a] *sortiront, proviendront.*

[b] *Messagers.* C. des A.

[c] *ydoines.* C. des A.

[d] *au proffit du Roy: par Régie.*

[e] *affermées à assez haut prix.*

NOTE.

(e) De faire venir à eux.] Il y a dans le Reg. de la Cour des Aides: *de faire venir ens,* & c'est la bonne leçon. Cette expression, qui se trouve dans plusieurs Ordonnances, signifie, *faire venir dans les coffres du Roy.*

CHARLES VI. à Paris, le 19 de Mai 1403.

Aydes, & de, pour ce, faire & faire faire toutes manières de contrainctes & exécucions qui y feront nécessaires; de faire apporter tous yceulx Deniers à *Paris*, par devers ledit Receveur Général desdits Aydes; de expédier & vérifier toutes manières de Lettres & Mandemens, tant de debtes, gaiges, pensions & voyages, comme de dons par Nous fais & à faire, & autres choses quelz conques touchant le fait desdits Aydes; & tous les Deniers d'iceulx Aydes faire payer & distribuer par ledit Receveur Général, sanz ce que autres quelz conques s'en puissent entremettre, comme dessus est dit; de commander & faire signer par chacun de nos Notaires à ce ordenez ou à ordener, toutes Lettres & Mandemens soubz nostre grant Scel ou souz leurs signez, & Lettres closes soubz le Scel de nostre secret, ou contre-Scel de nostre Chancellerie, tant & telles comme il leur plaira, touchant le fait & gouvernement desdits Aydes; de punir & faire punir tous Esleuz, Receveurs, Grenetiers, Contreroulleurs, Sergens, Commissaires & autres Officiers quelz conques ordenez sur le fait desdits Aydes, de tous cas touchans lesdits Aydes, & les circonstances & deppendances d'iceulx, sanz ce que aucuns Juges, soient les Gens de nostre Parlement, des Requestes de nostre Hostel, & de nostre Palais à *Paris*, Réformateurs, Commissaires, ou autres personnes quelconques, s'en entremectent ou entrepreignent aucune congnoissance; ausquelz Nous deffendons très-expressément que par voyes directes ou obliques n'en congnoissent; & se aucuns d'eulx se efforcent d'en congnoistre, & de donner pour ce aucuns Jugemens ou Sentences, Nous, dès maintenant pour lors, réputons pour nul tout ce qui seroit par eulx fait, & [a] les mettons du tout au néant; & aussi se aucuns Juges ou Officiers, de quelque auctorité qu'ilz usent en nostredit Royaume, entreprenoient au contraire, Nous voulons que noz diz Généraulx les en puissent poursuir, punir & traire à Amende telle qu'ilz verront au cas appartenir. Voulons aussy & ordenons que tous gages, salaires, voyages & despenses de nosdiz Notaires, desdiz Esleuz, Receveurs Général & Particuliers, Grenetiers, Contrerolleurs, Clercs, Procureurs, Visiteurs, & autres Commissaires quelconques, taxez ou à taxer par eulx pour les choses touchans le fait desdits Aydes, & les circonstances & deppendances d'iceulx, & tous respis, dilacions, [b] composítions faictes ou à faire, & toutes les Lettres & Mandemens faits par leurs Commandemens, ou par les trois ou deux d'iceulx, vaillent, tiengnent & ayent leur plein effect, & soient passées en nostre Chambre des Comptes à *Paris*, & partout ailleurs où il appartiendra, comme se en nostre propre personne les avions fais, commandez & ordenez; sanz ce que par les Gens de nostredit Parlement, de nostredite Chambre des Comptes, Réformateurs, Commissaires ou autres Juges, ou Officiers quelz conques, présens ou à venir, aucune chose puist estre dicte ou faicte au contraire en quelque manière que ce soit. Voulons en oultre, & avons ordenez & ordenons, que nosdittes Gens des Comptes ne passent ez comptes d'aucuns Receveurs, Grenetiers ou autres, aucunes décharges dudit Receveur Général, ne aussy audit Receveur Général aucunes Lectres, se en chacune d'icelles ne sont les signez de nosdiz Conseillers, ou de trois ou deux d'iceulx; & avec ce, que aucuns comptes ne soient cloz en nostredicte Chambre des Comptes, sans la présence ou consentement de nosdiz Conseillers, ou de trois ou deux, ou [c] à moins de l'un d'iceulx; & que tout ce qui par nosdiz Conseilliers, ou les trois ou deux d'iceulx, sera dit, ordené, sentencié, jugié & appoinctié ez choses touchant le fait desdits Aydes, vaille tout ainsy comme ce qui est fait & jugié par Arrest de nostredit Parlement, sans ce que aucunement en puist estre appellé ne réclamé, soit en nostredit Parlement, ne pardevant quelconques autres Juges ou Commissaires; & supposé que par inadvertance ou autrement, aucune chose feust moins deuëment jugiée ou faite par eulx, Nous voulons que premièrement sur ce faicte foy, ce qui seroit ainsy jugié ou fait, soit corrigié & réparé par nosdiz Conseilliers, & non par aultres, appellez avec eulx des Gens de nostre Conseil, jusques au nombre de six, cinq, quatre, trois, ou deux pour le moins, ainsy qu'il leur semblera estre à faire de raison; & généralement puissent faire nozdiz Généraulx Conseillers, en toutes choses &

a *le.* C. des A.

b *Voy. les Tabl. des Mat. des Vol. de ce Rec.* au mot, *Composition.*

c *au moins.* C. des A.

CHARLES VI. à Paris, le 19 de Mai 1403.

autres touchans & regardans ledit fait & les deppendances d'icelluy, tout ce que [a] audit Office peut & doit appartenir, tout ainsy & par la manière que par leurs Prédécesseurs oudit Office, a esté fait & accoustumé de faire ou temps passé. Toutes-voyes nostre entencion est, & voulons & commandons très-expressément à noz diz Généraulx Conseillers, que par quatre fois par chascun an; c'est assavoir, en Mars, en Juing, en Septembre & en Décembre, ilz apportent devers Nous, au vray & bien à plein, l'estat desdites Finances desdits Aydes, pour estre pleinement veuz par Nous, par noz diz Oncles & Frere, se ilz sont lors présens, ou au moins par ceulx qui lors y seront, *(f)* ou par autres que à ce ordenerons. Si donnons en mandement par ces présentes à nosdits Gens de nostredit Parlement & de nostredite Chambre des Comptes, ausdiz Trésoriers, à tous Refformateurs, Commissaires, & à tous noz autres Justiciers, Officiers & Subgiez quelconques, présens & à venir, & à chacun d'eulx, si comme à luy appartendra, que toutes les choses dessusdittes & chacune d'icelles, tiengnent, gardent & accomplissent sans enfraindre ores ne ou temps advenir, en aucune manière; nonobstant Us, Stile & Ordonnances faictes, & Lettres quelconques données au contraire; & voulons que au *vidimus* ou transcript de ces Présentes, faict sous Scel Royal, collacionné en la Chambre desdits Aydes par deux de noz Notaires dessusdiz, pleine foy soit adjoûtée comme à ce présent original. En tesmoing de ce, Nous avons fait mectre à ces Lectres nostre Scel.

[a] *audict fait.* C. des A.

NOTE.

(f) Ou par autres que à ce ordenerons.] Après ces mots, il y a dans le Reg. de la C. des A. « Et pour ce que pour la mémoire & expérience que Nous avons eue & avons des bons & loyaulx » services que Nous a faitz longuement nostredict Conseiller l'*Arcevesque* de *Besançon,* Nous le » voulons estre & demourer en nostre service en estat seur; avons ordonné & ordonnons de » nostre certaine science & grace espécial, [b] par ces Présentes luy avons octroié & octroyons, » que jaçoit ce que Nous l'avons ordonné par la manière dessusdicte, nostre Général Conseiller » sur le fait desdictes Aides & des Finances venans d'iceulx, & que par nostre commandement » auquel il n'a osé désobéir, il ait accepté ledict Office; néantmoins il demeure & soit tousjours » nostre Général Conseiller & Président en ladicte Chambre de la Justice desdictes Aides, & y » aille & préside touteffois qu'il lui plaira, ainsi & par la manière qu'il faisoit paravant ce que » Nous luy aions baillé la charge & gouvernement desdictes Finances; nonobstant icelle charge, » & que de nouvel aions ordonné Président aussi en ladicte Chambre nostre amé & féal Conseiller » *(a)* l'*Arcevesque* de *Sens;* & aussi que nonobstant & sans préjudice des gaiges & pension à vie, » que prent de Nous ledict *Arcevesque* de *Besançon,* à cause de nostre Conseiller de nostre grant » & estroit Conseil, il ait & preigne les gaiges de mil livres Tournois, par chacun an, à cause » de sondit Office de Président en ladicte Chambre, luy absent ou présent, ainsi qu'il faisoit & » a acoustumé de faire paravant la [c] dacte de ces Présentes, & que contenu est en noz *(b)* autres » Lettres sur ce faictes & données le XXIIIIme jour de Mars, l'an de grace mil III^c IIII^xx dix-huit: » lesquelles noz Lettres Nous voulons estre & demourer en leur force & vertu, en tous leurs » poins & articles dedans contenuz: Voulons aussi, & à nostredict Conseiller l'*Arcevesque* de » *Besançon,* de nostre certaine science & grace espécial, avons octroié & octroyons, que s'il » advenoit que par feblesse ou autrement, il ne voulsist cy-après exercer ledict Office de Général Conseiller sur le fait desdictes Finances, il, sans aucune difficulté, empeschement ou contredict, & sans ce qu'il lui en convienne avoir, demander ou impétrer autres nouvelles Lettres » de Nous ou d'autres quelzconques, demeure & soit en sondict Office de Président, & jouïsse » des honneurs, droictz, prérogatives, prééminences & autres Libertez qui y appartiennent, & soit » payé desdictes gaiges de mil livres Tournois par an, à cause d'icellui Office, ainsi qu'il a esté paié » par cy-devant; & tout selon la forme & teneur de nosdictes autres Lettres; & [d] parmy ce, du » consentement de nostredict Conseiller, il ne prandra de Nous aucuns gaiges ou droiz nouveaulx, à cause dudict Office de Général Conseiller sur le fait desdictes Finances; mais est » & sera content de prandre & avoir lesdicts gaiges & droitz de Président, par la forme & manière contenues & déclairées en icelles noz autres Lettres. Si donnons, &c. »

[b] *&.*

[c] *datte.*

[d] *moyennant.*

NOTES.

(a) L'Arcevesque de Sens.] Il se nommoit *Guillaume de Dormans.* Voyez *Gall. Christ.* 1re *Edit.* T. 1. p. 645. col. 2. n° 89.

(b) Autres Lettres.] Ces Lettres du 24 de Mars 1398, qui auroient servi à expliquer cet endroit, ne se sont point conservées. Pour l'entendre, il faut se rappeller qu'alors il y avoit des Généraux-Conseillers sur le fait de la Justice des Aides, & des Généraux-Conseillers sur le fait de la finance des Aides. *Charles VI.* voulut que l'*Archevêque* de *Besançon* fût en même tems Président de la Chambre de la Justice des Aides, & Général-Conseiller sur le fait des finances des Aides; & comme il étoit aussi Conseiller du Conseil du Roy, *Charles VI.* lui donne par cette clause, le privilége de *compatibilité* pour ces trois Charges; & fixe les gages qu'il prendroit.

Donné

Donné à Paris, [a] *le dix-neufvième jour de May, l'an de grace mil quatre cent & trois, & le vingt-troisième de nostre Regne.* Ainsy signé. Par le Roy en son Conseil, où Messieurs les *Ducs* de *Berry*, de *Bourgoigne*, d'*Orléans* & de *Bourbon*, (g) Vous, le *Comte* de *Tancarville*, & plusieurs autres, estoient. J. DE SANCTIS.

CHARLES VI. à Paris, le 19 de Mai 1403.

a Il y a dans C. des A. *le XIX.e jour de Mars.* Voy. ci-dessus, p. 588. Note (a).

NOTE.

(g) *Vous.*] Le Chancelier de France. *Voy.* le 5.e Vol. de ce Rec. p. 653. Note (c). Au lieu du mot *Vous*, il y a *le Connétable* dans le Reg. de la Cour des Aides.

CHARLES VI. à Paris, le pénultième de Mai 1403.

(a) Lettres qui portent que le Roy, l'Eglise & le Peuple de la France & du Dauphiné, se remettent sous l'Obédience du Pape Benoît XIII.

KAROLUS Dei gracia Francorum Rex. Summus omnium bonorum dispositor & creator qui sua miseracione Nos ad Regni fastigium sublimare dignatus est, cujusque imperio cuncta creata subjecta sunt, sicuti sibi placitum est, de hiis que inter mortales

NOTE.

(a) Copié sur l'original qui est au Trésor des Chart. Layette, Schisme. 1.er Sac. n.° 26.

Au dos de ces Lettres est écrit : *Littera restitutionis Obediencie fiende Domino nostro Pape* Benedicto, *facta mense Maii, anno Domini M.° quadringentesimo tercio, michi tradita ad reponendum in Thesauro.*

Ces Lettres se trouvent au fol. 178. verso du Reg. *A.* du Parlement de *Paris*, & il en a été envoyé une copie de *Montpellier*, avec cette indication : *Sénéchaussée de* Toulouse *en général, Armoire* C. *n.° 8. Continuation des Titres particuliers. n.° 3. fol. ante primum.*

Ces Lettres ont déjà été imprimées dans les Preuves des Libertés de l'Eglise Gallicane, P.tie 2. p. 170 de l'Edition de 1731.

Il y a grande apparence que ces Lettres ont été dressées par la même personne qui fut chargée de dresser celles de la Soustraction à l'Obédience de *Benoît XIII.* du 27 de Juillet 1398, & qui sont ci-dessus p. 258. Quoi qu'il en soit, on peut appliquer au style de celles de 1403, ce qu'on a cru devoir remarquer sur celui des Lettres de 1398. Voyez *ibid.* Note (b) vers la fin.

Voyez aussi la Préface de ce Vol. §. *Schisme.*

Dans les Preuves des Libertés de l'Eglise Gallicane, *ibid.* p. 169, on trouve un fragment d'un vieil MS. Latin, qui porte que le 28 de Mai 1403, Charles VI. *præsentibus duobus Cardinalibus, videlicet* Prænestino *qui* Pictaviensis *dicitur, &* Saluciarum, *pro se & subditis Regni, reddidit Obedientiam plenariam Domino Benedicto*, & que le 30 du même mois, le Roy accompagné des Princes du Sang & d'un grand nombre de Prélats & autres Ecclésiastiques, partit de l'Hôtel de Saint Paul pour aller à l'Eglise Cathédrale de *Paris*, où *Pierre* d'*Ailly* Evêque de *Cambray*, annonça au peuple, que le Roy avoit pris le parti de se remettre sous l'Obédience de *Benoît XIII.*

Charles VI. fit expédier des Lettres sur l'Obédience qu'il avoit prêtée à ce Pape, le 28 de Mai : Elles m'ont été envoyées de *Grenoble* avec cette indication : *Liber plurium Litterarum super translatione* Dalphinatûs, *fol. 184. verso*. J'ai cru devoir faire imprimer ces Lettres dans une Note. On ne peut pas douter qu'elles n'ayent été rédigées par la même personne qui a dressé celles du 30 de Mai 1403, car c'est le même style. Au reste il paroît par une Note, [Voyez ci dessous, page suiv. Note (a)] que celui qui a écrit la copie envoyée de *Grenoble*, a mis à la marge, que l'original même est très-défectueux, & l'on peut soupçonner qu'il y a ajoûté quelques nouvelles fautes. Quoi qu'il en soit, le texte de ces Lettres est tellement défiguré en plusieurs endroits, qu'on n'a pas cru devoir entreprendre de le *restituer*.

Ces Lettres pourront servir à rectifier quelques inexactitudes qui se trouvent dans le fragment historique.

Lettres qui portent que le Roy, l'Eglise & le Peuple de la France & du Dauphiné, se remettent sous l'Obédience du Pape Benoît XIII.

CHARLES VI. à Paris, le 28 de Mai 1403.

CAROLUS Dei gracia Francorum Rex. Universis Christi fidelibus, tam præsentibus quàm futuris. Notum facere duximus quàm benigno quàm paterno quàmque filiali animo Ecclesiæ Sacro-sanctæ, heu! nunc supra nimium desolatæ ac laceratæ, causam agitavimus, ut noster hic labor animo tam sincero suscipiatur, quàm integra mente depromptus est, & non malignis interpretibus, ut plerumque fieri solet, in sinistram partem trahatur. Cum enim Nos vigilantissimo mentis intuitu, pestem hanc schismaticam in ejus [b] *Ecclesiis medio, firmissimis, proh dolor! radicibus herescere cerneremus, justissimo mærore acerbissimoque dolore vehementer angebamur, ita ut nos serventissima caritate flagrantes, impulsi sumus ei manus adjutrices pro virili portione ocyus præbere, id tamen animo gerentes,*

b *Il faut app. corr.* Ecclesiæ.

CHARLES VI. à Paris, le pénultième de Mai 1403.

CHARLES VI. à Paris, le 28 de Mai 1403.

agitantur ordinat, ita quod que per sapienciam hujus mundi concluduntur, interdum mutari disponit, hominum quoque mentes ad hec aptat, ut prudencie virtutem insequentes, teste Deo, ut funditùs schismate sublato, pax desideratissima gressus ad nos celeraret, nec remorati fuimus occurrentium difficultatum [a] *molæ aut operum asperitate, aut impensarum copiâ. Inter cæteros verò labores, convocavimus sæpè numero Principes, Prelatos, atque Clerum totius Regni nostri, arbitrati eorum consultationibus viam optimam inveniri posse, quâ memoratam unionem quæreremus : at verò, ut brevitatis graciâ multa obmittamus, ad ultimum Consilium quinquenio jam ferè exacto* Parisius *celebratum libet accedere, in quo deliberatum est Domino nostro Papæ* Benedicto decimo tercio *sibi jam exhibitæ Obedienciæ Substractionem, veluti praticam idoneam viæ cessionis, ad quod astruendum multæ persuasiones in medium afferebantur (a) que causam etsi tunc rationi consentaneæ videbantur, nunc tamen rebus, circonstanciisque variatis, ob id nullius efficaciæ vigoris se putandæ sunt, quod cessant penitùs causæ quibus vel radicibus nitebantur : nam prædictus Dominus noster Papa* Benedictus, *prout Nobis publicis Instrumentis & aliàs legitimè aperuit, illam viam cessionis longè uberius quàm initio petita ab eo fuisset* [b] *intruso, videlicet cedente atque causantibus aliis Ecclesiæ unioni, pro futuro acceptavit : qua in re parte sua causam cessare necesse est, propter quam ab eo discessum fuerat, nec minus etiam cessavit parte intrusi ac eorum qui sibi adhærerent : nam ille sibi oblatam cessionis viam pertinaci animo recusavit : ii verò quos exinde spes fuerat ab eo sese quàmprimum substracturos, nedum non substraxerunt, sed ut certissimè novimus, magis atque magis in sua duricie erroreque obfirmati perstant, confortantur atque roborantur : cessavit denique parte Regum aliorum ac Principum obedienciæ nostræ, quos aliquando speratum est Nobis non dissimiliter ad pacem progredi : qui autem nullatenus substraxerunt, aut si subtraxerint, jam certè restituerunt, uti serenissimi Principes frater noster Carissimus* Rex Castellæ, *atque consanguineus* Rex Siciliæ, *& quod maximè faciendum arbitramur, Sacrum Collegium Cardinalium, quod ea res proximè respicit, post plurimas cum Domino nostro Papa conventiones collocationesque animi libra ponderans* [c] *accutata diligencia, & eciam per eum oblatam, & ad pacem perquirendam ferventissimum ardorem dispositionemque gratissimam pro faciliori unionis assecutione restituenda censuit. Nos quoque, ut in restitutionem consensum præberemus, magnâ instanciâ, jugi prece, ingenti etiam affectu obsecravit. Audivimus insuper subditos nostros penes omnes unanimi animo, hujus subtraxionis finem petere, ut jam naturæ voce quæri videatur : nam consensus omnis vox naturæ dicendus est : id ipsum volunt, ymo consulunt celebriores moderatioresque viri Universitatis nostræ* Parisius, *consulunt cæteræ quoque Universitates Regni nostri*, Tholosana, Anrelianensis, Montispessulani, Andegavensis : *consulunt litteratissimi probissimique viri religiosi ordinum Cluniacensis, Cistercienses, cæterorumque omnium, iis rationibus aliis quæ in numero copioso, quas nunc enarrare brevitas non sinit. Planè constat subtractionem sæpedictam dudum pro* [d] *cedandi schismatis oportuno remedio quæsitam & executioni mandatam, in perniciem potiùs pacis vertendam, & pergrave nocumentum, si longiori tempore perseveret. Quamobrem Nos Deum tantummodo præ occulis habentes, ac Ecclesiæ suæ maturam reintegrationem, volentesque conservare castum amorem & integrum qui semper inter Sedem Apostolicam & nostros Progenitores Christianissimos inde præ cæteris exaltatos atque sublimatos extitit, simul obviare incommodis, periculis ac scandalis quæ jam caput erigere cernimus, placare consciencias fidelis populi nobis subditi, cæteris Regibus ac Principibus obedienciæ nostræ, quo faciliùs ad unionem universalis Ecclesiæ invicem uniti pergamus reuniri, ex nostra certa sciencia volumus & ordinamus universos & singulos subditos nostros, cujuscumque statûs, conditionis autoritatisve fuerint, adhærere & obedire sæpedicto Domino nostro Papæ* Benedicto, *& eos qui obedienciam ei subtraxerint, ad obedienciam reduci, subtractionem olim factam penitùs revocantes, annullantes & cassantes, subdentes Nos, sicuti decet verum & integrum Ecclesiæ Sacro-sanctæ filium, obedienciæ prædicti Domini nostri Papæ* Benedicti, *forma & modo ac circonstanciis eisdem quibus antea* Clementi *ultimo fuit obeditum, volentes omninò subditos nostros pari via proficisci. Idcirco districtè præcipimus expressèque mandamus per præsentes, singulis quibuscumque Regni nostri accolis, cujuscumque conditionis existant, ut eadem forma dictas reductionem, restitutionem & Ordinationem firmiter teneant, neque quovismodo rumpere aut infringere temerario conatu præsumant, aut præsentibus Litteris contraire, etiamsi per inadvertanciam aut aliàs à Nobis adversæ contrariæve Litteræ processerint, emanaverint seu obtentæ fuerint, quas ex nunc & pro tunc revocamus, annullamus & interiminus, nullum effectum sortiri volumus : Mandantes insuper omnibus Justiciariis, Officiariisque nostris, & eorum unicuique quorum sua interest, ut has præsentes passim promulgari ac publicari faciant locis omnibus Regni nostri famosis & reputatis, adeo ut nullus nostrum in hac re propositum queat ignorare. Quod ut perpetuò constans, stabile, fixum, firmumque permaneat, Sigillum nostrum secretum imprimi jussimus, quas non minorem ob id effectum consequi volumus, quam si Sigillum nostrum magnum eis esset appensum.* Datum, *&c.*

Et afin que tout le monde sache & connoisse nostre vraye conscience & entention, *(b)* en

[a] *corr.* mole.

[b] *Je crois qu'il faut corr.* intrusi. *Voyez ci-dessous, p. suiv. Note (c).*

[c] *corr.* accurata.

[d] *corr.* sedandi.

NOTES.

(a) Que causam.] Dans la copie qui a été envoyée, il y a sur ces mots la note suivante : *on croit qu'il y a faute : néanmoins conforme à la copie ;* & un peu plus bas sur ces mots *se putandæ*, il y a *idem*.

(b) En ensuivant.] Charles V. s'étoit soûmis à l'Obédience de *Clement VII.* Prédécesseur de *Benoît XIII.* & avoit regardé comme des Antipapes, *Urbain VI.* & ses successeurs.

prout rerum ac temporum varietas exigit, sic se temporibus acomodent. Sanè satis & meritò meminimus, nostreque mentis acies continua lugubrique meditacione revolvit que & quanta, quàm dura quàmque nefanda pestis hujus virulenti scismatis, proth dolor! nunc & ab inveteratis diebus in Ecclesia Sancta Dei discrimina parturiit, quot eciam per illud periculorum (b) laberintis, orthodoxorum anime subacte sunt, pro cujus extirpacione ferventi desiderio caritateque succensi, quibuscumque modis & viis possibilibus, nullis parcendo laboribus aut expensis, pluribus congregacionibus, frequentatisque consultacionibus Prelatorum, Magnatum, Cleri & Procerum Regni Dalphinatûs*que nostrorum super hoc habitis, necnon Ambaxiatis sollempnibus quamplurimis apud Reges multos & Principes Christianitatis ob hoc factis totis nisibus curavimus laborare, & tandem usque ad hoc deventum est quòd dictis Prelatis & Clero dicti Regni &* Dalphinatûs *nostrorum, in hac nostra civitate* Parisiensi *quinquennio ferè jam exacto congregatis, conclusum est summo Pontifici Pape* Benedicto XIII°. *obedienciam sibi jam exhibitam debere substrahi, quia viam cessionis non acceperat sibi oblatam, sub illa spe quòd per hoc unio ipsius Ecclesie velociùs sequeretur: Quâquidem conclusione ad effectum deductâ, etsi ad eam inducendam multe cause & raciones apparerent, tamen fructus optatus ac exindè speratus minimè secutus est, (c) Intrususque cujus pertinacia propter hoc substractionem suorum sequacium flecti credebatur, nedum in aliquo depressus est, sed in sua duricia pertinaciùs, ut asseritur, perseverat, dictique sui sequaces non modo se à sua obediencia minimè substraxerunt, verum in sua obstinacione magis ac magis cotidiè roborantur. Quamobrem hiis in interiori nostra meditacione pensatis, fructum illum à dicta substractione speratum subsequi non videntes, attendentes eciam quòd prout ad nostras aures per Instrumenta publica & Carissimorum amicorum nostrorum (d)* Penestrini *&* Saluciarum *Cardinalium aliorumque fide dignorum relatus, jam devenit, prefatus summus Pontifex viam cessionis ab eo requisitam acceptavit, ad finem*

CHARLES VI. à Paris, le pénultième de Mai 1403.

ensuivant notre très-cher Seigneur & Pere que Dieu ait l'ame, avons déterminé & ordonné le contenu en l'écriture cy-dessus écrite, & Nous déterminons être vray obéissant à notre S.t Pere le Pape *Benedict treizième,* & luy rendons vraye obéissance tant en *Langue de ouil* comme en *Languedoc,* & en notre *Dauphiné,* telle comme il avoit avant la Subtraction, & comme vray Vicaire de Dieu, & révoquons & annullons ladite Subtraction, & promettons en bonne foy & en parole de Roy, de tenir vrayement ladite obéissance, & non venir au contraire, ne de la révoquer aucunement. En témoin de ce, Nous avons cecy écrit de notre main, & voulons que telle foy & obéissance soit donnée à ces présentes, comme si elles fussent scellées de de notre grand Scel, & annullons & révoquons toutes choses que Nous avons peu faire encontre, ou feirons ou temps avenir.

CHARLES VI. à Paris, le 28 de Mai 1403.

Cette écriture écrite de la main du Roy, a été leüe en la présence dudit Seigneur, en sa Chapelle en son Hôtel de S.t Paul, le vingt-huictième jour de May, l'an mille quatre cent & trois. Et après la lecture d'icelle, le Roy dit qu'il le avoit agréable & le approuva, & dit qu'il vouloit obéir au Pape *Benedic,* comme ses prédécesseurs ont obéi aux S.ts Peres ez temps passés, en disant que le Pape voulsit tenir ce qu'il avoit envoyé par un Instrument baillé par Messieurs les Cardinaux de *Penestre* & de *Saluces;* & après jura sur la Croix par luy touchée, tenir ce qu'il a écrit, présents Monsieur le *Duc d'Orléans,* lesdits *Cardinaux,* les *Archevêques* d'*Aux* & de *Tours,* les *Evêques* de *Rodez* & de *Cambray,* de *Conserans,* de *Lodeve,* d'*Usez,* [a] d'*Aix* en Gascogne, de *Nantes,* de [b] *Salant,* d'*Angiers,* les *Abbés* de *Moyssac,* de la *Connesse,* & plusieurs autres en très-grant nombre.

[a] *de Dax.*
[b] *nom corrompu.*

NOTES.

(b) Laberintis.] Ce mot se trouve aussi dans le Reg. du Parlement. Dans la copie envoyée de *Montpellier,* il y a *labeuntis:* mais l'on sent bien que c'est une faute de Copiste qui a lû *un* pour *rin.* Il faut peut-être corriger *labyrinthum,* mais ce mot est masculin, & il auroit fallu mettre *illum* au lieu de *illud;* ou peut-être faut-il rapporter *illud,* au mot *schisma* qui est un peu plus haut.

(c) Intrusus.] Le Pape *Boniface IX.* que l'on regardoit comme *intrus* en France, où l'on se soumit à l'Obédience de *Clement VII* & de *Benoît XIII* son successeur.

(d) Penestrini.] Ce nom est ainsi écrit dans le Registre du Parlement, dans la copie envoyée de *Montpellier,* & dans les Lettres qui sont dans la note *(a)* de la p. 593. Il est cependant certain qu'il devroit y avoir *Prænestini.* Ce Cardinal étoit Evêque de *Palestrine* ville de la Campagne de *Rome,* nommée en latin, *Præneste.* Ce Cardinal est nommé *Prænestinus* dans un fragment imprimé p. 593. Note *(a).*

CHARLES VI.
à Paris, le pénultième de Mai 1403.

quòd per hoc vera unio in Christi Ecclesia subsequatur: Quamquidem viam cessionis Intrusus super hoc pluries cum instancia maxima requisitus, acceptare pertinaciter recusavit, quodque Sacrum Collegium Sancte Romane Ecclesie Cardinalium, quos inter ceteros, intrinseca rei hujus penetracio mentalis acuratiùs pungere videtur, precedentibus maturis consultisque deliberacionibus, prout tantorum virorum discrecionum interest & opus est tanto facto, inter ipsum summum Pontificem & eos agitatis & conclusis, à substractione per eos dudum facta omnimodè desistentes, prefato summo Pontifici suam plenam obedienciam restituere decreverunt, firmissimè confidentes, ut asserunt, quòd per hoc ad dictam unionem citiùs poterit deveniri. Quapropter premissis permotus & meritò, noster animus quem semper ad ea que dicte unioni proficua viderentur, promptissimum habuimus & habemus, vestigia Progenitorum nostrorum (e) iimitantes, qui numquam in factis universalis Ecclesie defuisse leguntur, sed semper in hiis ahesisse veritati: Notum facimus universis presentibus & futuris, quòd Nos in Domino cujus causa agitur, spem ponentes quòd per restitucionem obediencie per Nos dicto summo Pontifici faciendam, amena pacis Ecclesie Sancte Dei solacia Nobis ceterisque Principibus hujus obediencie invicem in vera fidei caritate unitis, poterunt faciliùs & citiùs procurari, de consilio & assensu Carissimorum Patruorum nostrorum Ducum Biturie *&* Burgondie, *Germanique nostri* Ducis Aurelianensis, *& avunculi nostri* Ducis Borbonii, *de consilio preterea Prelatorum, Universitatum* Parisiensis, Aurelianensis, Tholosane, Andegavensis *&* Montispessulani, *Procerum ac Nobilium plurimorum Regni nostri, super hoc ex intencione à Nobis evocatorum, in ipsius Dei nomine, quem solum habemus pre oculis, ipsam substractionem in dictis Regno &* Dalphinatu *nostris de cetero cessare & nullius roboris in futurum esse decernentes, veram obedienciam prefato summo Pontifici* Benedicto Pape XIII°. *pro Nobis, toto Regno &* Dalphinatu *predictis, subditisque nostris quibuscumque & cujuscumque status & condicionis existant, de nostra certa sciencia, maturaque deliberacione habita cum predictis, restituimus, eidemque summo Pontifici tanquam Pape & vero Vicario Domini nostri Jesu Christi, deinceps per ipsos subditos nostros* [a] *obedire volumus, declaramus, sanccimus, precipimus & mandamus, sicuti anteactis temporibus summis Pontificibus Sancte Romane Ecclesie per eosdem extitit obeditum: districtiùs inhibentes cunctis subditis nostris jam dictis, quatinùs Sanccionem & Declaracionem nostras presentes nullatenus infringere, nec eis ausu temerario* [b] *contrarie presumant: Quod si quid aliqui ipsorum contra premissa facere presumpserint, indignacionem nostram cum gravi animadversione se senserint incursuros. Mandamus insuper & expressiùs injungimus universis Justiciariis nostris, & eorum cuilibet, prout ad eum pertinuerit, quatinùs restitucionem hujusmodi & omnia suprascripta in cunctis locis famosis & notabilibus juridicionum suarum, ut ad omnium noticiam deducantur, faciant solenniter ac eciam celeriter publicari, & quos contra facere reppererint, graviter sic puniant quòd ceteris cedat in exemplum. Quod ut perpetue soliditatis robur obtineat, nostrum presentibus fecimus apponi Sigillum.* Datum *Parisius,* die penultima Maii, anno Domini millesimo quadringentesimo tercio, & Regni nostri vicesimo tercio.

Per Regem, Dominis Ducibus Bitturie, Burgundie, Aurelianensi *&* Borbonensi, [c] *Vobisque, & quàm pluribus aliis de magno Consilio, presentibus.* FERRON.

Visa.

a *Il y a* obediri *dans les deux autres copies.*

b *Il y a* contraire *dans les deux autres copies.*

c Le Chancelier de France. *Voy. le* 5e *Vol. de ce Rec.* p. 653. Note *(c).*

NOTE.

(e) Iimitantes.... adhesisse.] Il y a *imitantes,* & un peu plus bas, *adhesisse* dans les deux autres copies.

CHARLES VI. à Paris, en Mai 1403.

(a) Confirmation des Statuts des Chandeliers de la Ville de Rouen.

CHARLES, &c. Savoir faisons à tous présens & avenir, Nous avoir veues les Lettres desquelles la teneur s'ensuit:

A Tous ceulx qui ces présentes Lettres verront ou orront. *Guillaume* le *Diacre*, Viconte de *Rouen:* Salut. Comme d'ancienneté & ou temps que [a] Maire avoit en la Ville de *Rouen*, eust esté par le Maire qui pour lors estoit, & autres saiges hommes de ladicte Ville, [b] Constitucion & Ordonnance sur l'estat du mestier de faire chandelle de [c] cieu en ladicte Ville, selon laquelle les gens d'icellui mestier eussent ouvré & besongné puis long temps a, & sanz ce que depuis ledit temps qui est dès l'an mil CCCLX. comme apparu nous est par la dicte ancienne Ordonnance de laquelle la teneur s'ensuit.

a *Voyez la Note (e) de la p.* 118. *du* 7.e *Vol. de ce Rec.*
b supp. *fait.*
c *suif.*

A Tous ceulx qui ces Lettres verront ou orront. *Guillaume Le Grand*, Maire de *Rouen :* Salut. Nous avons veu une Ordonnance ou Establie du mestier des Candelliers de cieu, piéça faite ou temps de la Mairerie de Sire *Thomas Vaguet*, dont la teneur s'ensuit.

(b) Comme il eut esté accordé & establi ou temps de la Mairie de *Thomas Vaguet* qui fut l'an de grace mil deux cens IIII^xx & XI. le Mecredi Feste Saint Clément, si comme il appert ès [d] Roelles de sa Mairie, par l'acort du Maire, des [e] Pers, & du commun des Candelliers de *Rouen*, que lesdiz Candelliers feront bonne candelle & loyal, & que eulx ne mettront en leur candelles point de [f] sain ne de [g] burre ne de (c) flamme ne de cieu de (d) mesguerchier, ne ne feront point de candelle fourrée qui ne soit ainsi bonne dedens comme dehors ; & d'abondant le commun desdiz Candelliers eussent requiz que avec ladicte Establie, feust adjousté que nul dudit mestier ne puisse avoir aprentiz à mains de quatre ans, & que chascun ne puisse avoir que un aprentiz, & que nul dudit mestier n'en puist plus avoir jusques à tant qu'il eust acompli son service ; laquelle Requeste nous Maire par le conseil de noz Pers leur avons ottroié ; & à ce garder, furent establiz Gardes *Robert Berengier, Jehan Hardel, Guillaume Hubert* & *Guillaume Lourens*, qui jurerent sur Sains, que bien & loyaument garderont, & prendront la faulce oeuvre, & tous ceulx qui encontre yront, ilz apporteront & feront savoir à Justice. Fait le Samedi après la Saint Gille, l'an de grace mil CCC & XI.

d *Roolles :* Registres.
e *Voy. les Tabl. des Mat. des Vol. de ce Rec.* aux mots *Pairs* & *Pers.*
f *graisse de porc.*
g app. *beurre.*

Suite des Lettres de Le Grand Maire de Rouen.

Et pour ce que l'en faisoit oudit mestier plusieurs fraudes & baraz, de quoy plusieurs gens de ladicte Ville & dehors povoient estre déceuz, les Gardes & plusieurs Gens dudit mestier feussent venuz pardevers nous, & nous eussent requiz par plusieurs foiz à grant instance, que nous voulsissions adjouster à ladicte Ordonnance certaines choses que ilz nous baillerent par escript : Savoir faisons que nous pour eschever aux fraudes & malices que l'en pust faire oudit mestier, & pour le bien & prouffit commun, par le conseil & accort de plusieurs des Pers de ladicte Ville,

NOTES.

(a) Trésor des Chartres, Registre 158. Pièce LIX. [59.]

(b) *Comme il eust esté, &c.*] Ces Lettres ne sont point de *Vaguet*, mais elles doivent être d'un autre Maire de *Rouen*, qui n'est point nommé, & qui en 1311. vit les Lettres de *Vaguet* données en 1291, & y a ajoûté de nouveaux articles.

(c) *Flamme.*] On trouve plus bas dans ces Lettres *Flaime*. C'est apparemment ce que l'on nomme présentement *flambart*, qui, suivant le Dict. du Commerce de *Savary* à ce mot, *est une espèce de graisse ou suif que les Chaircuitiers tirent des viandes de porc qu'ils font cuire, & qui se trouve sur le bouillon lorsqu'il est refroidi.* C'est apparemment aussi la signification du mot *flambeaux* qui, à la page 363. du second Vol. de ce Rec. se trouve dans l'art. 143. de l'Ordonnance du pénultième de Janvier 1350.

(d) *Mesguerchier.*] Il y a plus bas *Mesveicher*. Je n'ai pû rien trouver ni sur l'un ni sur l'autre de ces mots : peut-être signifient-ils *mauvaise chair.*

CHARLES VI. à Paris, en Mai 1403.

dont les noms ensuivent; c'est assavoir, Sire *Jaques* le *Lieur*, Capitaine de ladicte Ville, *Robert* le *Maistre*, *Lorens* le *Treffillier*, *Robert Rillie*, *Guillaume Du Bust*, *Nicole Du Roelle*, *Guillaume Osber*, & plusieurs autres, avons adjousté à ladicte Ordonnance ce qui s'ensuit.

(1) Premièrement. Que tous ceulx qui feront candelle en ladicte Ville, mettent en la meche deux filz de couton & un fil de linge en la mendre, & la plus grosse sera à meche [a] à la value; [b] en la chandelle qui sera faitte au contraire, sera prinse par les Gardes, & apportée à Justice comme forfaite [c] ou amande telle comme le Maire verra qu'il appartendra.

a *à proportion.* b corr. *&c.* c *avec.*

(2) Item. Se les Gardes treuvent aucun qui poise deux livres & au dessoubz à poiz qui ne soit bon, juste & loyal, tant le menu pois comme la livre entière, lesdictes Gardes seront tenuz de prendre le pois que eulx trouveront autres que bons, & les apporteront au Maire pour en faire telle pugnicion comme au cas appartendra.

(3) Item. Que tous les Maistres dudit mestier seront tenuz de faire bonne candelle & loyal, sanz y mettre cieu d'*Espaingne*.

(4) Item. Que nul ne pourra lever ledit mestier en ladicte Ville, devant que il aura fait & acompli le service des quatre ans dessusdiz, en ladicte Ville ou en [d] Ville de Loy, dont il sera tenu de enseignier deuement, se il ne plaist au Maire & à son Conseil à en faire grace à aucun pour certaine cause; & seront tenuz ceulx qui vouldront lever mestier en ladicte Ville, quant ilz auront fait & acompli ledit service, [e] tenuz faire le Serement de faire bonne euvre & loyal, selon ceste présente Ordonnance, & enroellé ès Roelles de la Ville, en la présence des Gardes ou de deux d'iceulx; & paiera doresénavant chascun qui vouldra lever ledit mestier en ladicte Ville, vint Solz de [f] hance à ycelle Ville, excepté les filz de Maistre qui ne paiera que demie hance.

d *Voy. les Tabl. des Mat. des Vol. de ce Rec.* aux mots *Loy. (Ville de)*.

e *mot répété & inutile.*

f *Voy. les Tabl. des Mat. des Vol. de ce Rec.* au mot, *Hanse.*

(5) Item. Tous les varlez apprentiz dudit mestier, seront tenuz faire Serement devant le Clerc de la Ville, dedens huit jours après ce que ilz seront allouez, de faire & servir leurs Maistres bien & loyalment; & ne pourra nul homme dehors vendre candelle en la dicte Ville, fors au pois de la Viconté, en la manière anciennement acoustumé; & seront tenuz tous ceulx qui vouldront ouvrer dudit mestier, de jurer & garder ceste présente Ordonnance bien & loyaument; & y ara quatre Gardes qui chascun an se remueront à Noel; & durera ceste Ordonnance tant comme il Nous plaira, ou au Maire & Pers qui pour le temps seront, lesquels la pourront croistre ou amenuiser pour le bien & prouffit commun, toutesfois qu'il leur plaira.

En tesmoing de ce, Nous avons miz à ces Lettres, le Séel de ladicte Mairie, qui furent faites le second jour de Mars l'an de grace mil CCC LX.

Suite des Lettres de Le Diacre Vicomte de Rouen.

Aucune adicion, [g] correpcion ou augmentacion n'ait esté mise en ycelle, ja soit ce que depuis ycellui temps, la manière d'ouvrer en ycellui mestier, & plusieurs choses touchans ycellui, soient changées & muées, & la manière du gouvernement autre qu'il n'estoit pour le temps que ycelle Ordonnance dessus transcripte fut faicte, & pour ce que moult de fraudes, inconvéniens & dommaiges povoient avenir & avenoient de jour en jour contre le bien de la chose publique, par les faulces oeuvres que l'en faisoit oudit mestier, qui estoit chose moult préjudiciable au commun & habitans de ladicte Ville, parceque bonnement nul ne nulle ne se pourroient gouverner sans avoir de l'ouvraige d'icellui mestier de Chandellerie, qui est nécessaire, universel & prouffitable pour le bien publique, se feussent traiz pardevers nous les Gardes & plusieurs autres gens d'icellui mestier, lesquelz pour ce que la congnoissance, corepcion & pugnicion d'icellui nous appartient à cause de nostredit Office, nous eussent dit & monstré par plusieurs & bonnes voyes, que ladicte ancienne Ordonnance [h] failoit a augmenter en plusieurs poins & articles, & si estoit nécessaire chose que plusieurs articles dont ycelle Ordonnance

g *correction*, là & plus bas.

h *étoit dans le cas d'être augmentée, &c.*

ne faisoit aucune mencion, y feussent comprins, miz & adjoustez pour le bien de la chose publique, & que préjudiciable chose feroit se pourveu n'y estoit : Pour laquelle chose nous eussions dit, commandé & enjoint auxdiz Gardes & autres genz dudit mestier, que briefment apportassent pardevers nous par articles, les choses que ilz regardoient estre nécessaires & prouffitables pour le bien dudit mestier & de la chose publique, afin que ycelles nous veissons, & que sur ce eussions advis & délibéracion, lesquels Gardes nous eussent yceulx articles baillé, & yceulx eussons veuz à grant diligence en leur présence & absence, par grant & meure délibéracion de Conseil de plusieurs saiges hommes, & sur yceulx articles a aucun d'iceulx miz corepcion selon nostre avis par ledit Conseil, pour le bien, utilité & prouffit dudit mestier & de la chose publique : Savoir faisons que pour éviter aux fraudes, baraz, décepcions & faulx ouvraiges qui oudit mestier se povoient faire de jour en jour contre le bien commun, & afin que doresenavant ceulx qui en ce feront fraude, soient pugniz selon raison, nous eu sur ce advis & délibéracion à plusieurs saiges & notables personnes, & par le consentement & adviz des gens de la Communaulté d'icellui mestier, qui pour ce ont esté présenz & appellez pardevant nous par plusieurs foiz & à plusieurs journées, desquelles personnes les noms ensuient ; c'est assavoir, *Colin* de *Caumont*, *Colin* d'*Amoye*, *Jehan Dumoustier*, *Guillaume Chaudone*, *Raoul* le *Vasseur*, *Jehan Peinel*, *Pierres Raoul*, *Pierres* de *Gravenchon*, *Sandret Martin*, *Symon* le *Petit*, *Guot Hapin*, *Guillaume* de *Caumont*, *Robin Clarel*, *Jehan Gieffroy*, *Guillaume* le *Cordouennier*, *Regnault Cochon*, *Jehan Le Sire*, *Geffin* Le *Petit*, *Raoul Oursel*, *Guillaume Morin*, *Pierre Laudigoiz*, *Michiel Preudomme*, *Jehan Mireßent*, *Pierres Riviere & Jehan Ridel*, avons fait déclaracion d'aucuns des articles de ladicte ancienne Ordonnance, & d'abondant y avons adjousté pour le gouvernement d'icellui mestier, les articles qui ensuivent.

CHARLES VI. à Paris, en Mai 1403.

(1) Premièrement. Que tous Chandelliers de la Ville & Banlieue de *Rouen*, feront bonne chandelle juste & loyal, & que nul ne mettra en sa chandelle point de saing, de burre, de flaime, de cieu de mesveicher ne de cieu d'*Espaigne*, ne de cieu corrompu, ne ne feront point de chandelle fourrée qui ne soit ainsi bonne dedens comme dehors, sur peine de forfaiture, & sera la chandelle fondue & le cieu vendu au prouffit du Roy, dont le Roy aura les deux pars, & les Gardes, le tiers.

(2) Item. L'en mettra en la dicte chandelle deux fiz de couthon, & deux filz linges en la mendre chandelle, & la plus grosse sera amechée à la value ; & la chandelle que l'en trouvera estre faite au contraire, sera prinse par les Gardes, & apportée à Justice comme forfaite, laquelle sera fondue par lesdiz Gardes, & en sera le cieu vendu comme dit est.

(3) Item. Que nul se il n'est dudit mestier, & se il n'a servi le terme de quatre ans acompliz, & faites toutes les solempnitez que l'en a acoustumé oudit mestier, ne puisse faire ne faire faire ladicte chandelle, ne tenir en son hôtel *(e)* moule ne outilz à faire ladicte chandelle de cieu, ne [a] prendre candelle à [b] broque, ne mettre à estal ou fenestre pour vendre en la dicte Ville & Banlieue, sur peine de forfaire ladicte chandelle, & de XX Solz d'amende au Roy nostre S. pour chascune foiz que l'en trouvera aucun faisant le contraire ; & les pourront yceulx Gardes prendre & apporter à Justice ; sauf que s'aucun Espicier ou autre *(f)* Essopier veult acheter ladicte chandelle de cieu au pois du Roy de la Vicomté de [c] l'Eaue, ou la faire faire aux Chandelliers de ladicte Ville, pour vendre, faire le pourront par tenant ou mettant ycelle chandelle à leur estal en petiz boissielles, de la forme acoustumée

a corr. *pendre suspendre.*
b *broche.*
c *Voy. la Note (c) de la p. 216. du 5.e Vol. de ce Rec.*

NOTES.

(e) Moule.] C'est app. la cuve nommée abyme, dans laquelle est le suif fondu & préparé pour faire la chandelle. Voyez le Dict. de *Savary*, au mot *Chandelle*. S'il faut prendre le mot *Moulle* dans le sens qui se présente naturellement, l'invention de la chandelle moullée sera plus ancienne que ne le dit cet Auteur.

(f) Essopier.] Ce mot est apparemment synonyme d'*Eschoppier*, qui doit signifier des Marchands qui vendent des denrées de peu de valeur, dans des Echoppes ou petites Boutiques.

seulement, pourveu qu'elle soit bonne & loyal, sur la dicte peine.

CHARLES VI. à Paris, en Mai 1403.

(4) *Item.* Se lesdictes Gardes treuvent aucun qui poise deux livres & au dessoubz à poiz qui ne soit bon, juste & loyal, tant le menu poiz comme la livre entière, lesdiz Gardes pourront prendre lesdiz poiz que ilz trouveront autres que bons, & les apporteront à Justice, & feront lesdiz poiz despéciez, & celui sur qui y seront trouvez, sera amende selon meffait, au taux & regart de Justice, & selon le rapport des Gardes.

(5) *Item.* Chascun aprentiz qui vouldra aprendre ledit mestier, sera tenu faire le Serement devant le Vicomte de *Rouen,* ou son Lieutenant, comme acoustumé a esté, de faire bonne oeuvre & loyal, & de bien & loyalment servir son Maistre le temps des quatre ans acompliz; & ne le pourra le Maistre tenir que huit jours que ledit apprentiz ne face ledit Serement; & qui fera le contraire, le Maistre l'amendera de diz Solz Tournoiz d'amende, dont le Roy aura les deux pars, & les Gardes, le tiers.

(6) *Item.* Que nul ne pourra lever ledit mestier en ladicte Ville & Banlieue, devant ce que il aura fait & accompli ledit service de IIII ans entiers en ladicte Ville & Banlieue; & quant il levera son dit mestier, il sera tenu paier au Roy nostre S. XX. Solz Tournoiz pour hanse, & cinq Solz Tournoiz aux Gardes; & renouveller sondit Serement devant ledit Vicomte ou son Lieutenant, en la présence desdiz Gardes, excepté les filz de Maistre, qui ne feront point de service, & si ne payeront que demie hanse, & deux Solz six Deniers pour les Gardes.

(7) *Item.* Et ne pourra nul homme dehors vendre chandelle en ladicte Ville & Banlieue, fors en l'Ostel de la Vicomté de l'Eaue, & qui sera pesée au poiz d'icelle Viconté, comme l'en a acoustumé faire anciennement; & se il est fait le contraire, icelle chandelle sera forfaite & vendue au prouffit du Roy, se elle est bonne, & se elle est trouvée mauvaise par le rapport desdiz Gardes, elle sera fondue par yceulx Gardes aux despens d'icellui sur qui elle sera trouvée, & le sieu vendu au prouffit du Roy; & si l'amendera cellui sur qui elle sera trouvée, de X. Solz Tournoiz d'amende au Roy nostre S.

a app. *balance.*

(8) *Item.* Que nul ne pourra peser chandelle, se ce n'est en [a] bellance *(g)* perchié entre banq & langue; & cellui sur qui l'en trouvera bellance au contraire qui seront perchiez parmy banq, ou qui ne revendront à juste poiz, elles seront portées à Justice par lesdiz Gardes, & dépéciées en la présence desdiz Gardes; & si paiera cellui sur qui elles sont trouvées, diz Solz Tournois d'amende au Roy nostre S. & cinq Solz aux Gardes.

b *avant sa femme.*

(9) *Item.* Et s'aucun Maistre dudit mestier aloit de vie à trespassement, [b] ainçoiz que sa femme, ladicte femme pourra ouvrer dudit mestier tant comme elle se tendra de marier, se elle ne se marie à homme qui soit de la franchise dudit mestier; & se sondit mary avoit eu aprentiz deux ans audevant de son trespassement, qui continuellement eust esté oudit mestier, elle le pourra tenir jusques à ce qu'il ait fait sondit service & apriz ledit mestier, se tant ycelle femme se tenoit de marier; & se elle se marie à un homme qui ne soit dudit mestier, ains que ledit aprentiz ait fait son dit service, elle ne le pourra plus tenir après, mais sera forclose & déboutée dudit mestier, & n'en pourra plus faire; & se elle est trouvée faisant le contraire, elle l'amendera de XL. Solz Tournoiz, & seront les denrées appartenantes audit mestier que elle fera depuis, & qu'elle exposera en vente, forfaites & vendues par lesdiz Gardes, au prouffit du Roy; & parfera ledit apprentiz son service avec un autre ouvrier dudit mestier; & se ledit aprentiz n'a demouré le terme de deux ans avec son dit Maistre ains son trespassement, ladicte femme ne le pourra tenir, comme dit est.

(10) *Item.* Et ne pourra nul dudit mestier avoir que un alloué & un aprentiz;

NOTE.

(g) Perchié, &c.] Il n'y a dans le Dict. du Commerce de *Savary,* au mot *balances,* où il parle en particulier de celles des Chandeliers, rien qui puisse faire entendre cet endroit.

lequel

lequel aprentiz sera tenu servir quatre ans, comme dit est; & se il avenoit que par ignorance ou autrement, ledit aprentiz s'en alast d'avec sondit Maistre sanz congié de Justice ne des Gardes, sondit Maistre le sera tenu attendre tout ledit terme de quatre ans durant, sanz avoir autre aprentiz; & se ledit aprentiz revenoit ains ledit terme de quatre ans passé, sondit Maistre le sera tenu recevoir & lui aprendre sondit mestier, pourveu qu'il se submette à [a] restorer sondit Maistre de tant de temps comme il aura deffailli, & sy rendra à sondit Maistre le dommaige qu'il aura eu par son partement, au regart desdiz Gardes; & se il ne retournoit dedans le terme de quatre ans, sondit Maistre pourra avoir un autre, [b] sanz préjudice, & si sera ledit varlet débouté & forcloz dudit mestier, & ne pourra plus ouvrer d'icellui, se il ne recommence à servir tout de nouvel, & faire nouvel Serement.

CHARLES VI. à Paris, en Mai 1403.

a *remplacer le tems de son absence.*

b *sans encourir aucune peine.*

(11) Item. Et se il avenoit que aucun eust en son hostel varlet ou chamberriere qui ne feust dudit Serement, & à qui l'en feist ouvrer dudit mestier, en quelque manière que ce soit, le Maistre paiera x. Solz au Roy, & cinq Solz aux Gardes pour amende, chascune foiz que trouvé y sera.

(12) Item. Et pour garder & visiter ycellui mestier, il y aura quatre Gardes dont l'en ostera chascun an deux, au terme de Noel, & y en mettra l'en deux nouveaulx qui seront choisiz & esleuz par les Gardes & compaignons ouvriers dudit mestier, lesquelz nouveaulx feront Serement devant ladicte Justice de bien & loyaument garder l'Ordonnance dudit mestier, & aporteront à Justice toutes les faultes que ilz trouveront oudit mestier: Tous lesquelx Gardes pourront aler visiter partout ladicte Ville & Banlieue, savoir se ilz trouveront aucune faulte ou mauvaise euvre, & seront creuz iceulx Gardes par leurs Seremens des faultes que ilz trouveront oudit mestier & qu'ilz rapporteront à Justice, & pourront iceulx Gardes porter leurs pois & balances avec eulx pour visiter les pois, ballances, & chandelles dudit mestier; & se il avenoit que aucun Garde dudit mestier fust sommé par ses compaignons Gardes avec lui d'aler en la visitacion dudit mestier en ladicte Ville & Banlieue, & il en estoit reffusant ou délayant, il l'amendera de v. Solz, dont le Roy aura les deux pars, & les Gardes le tiers, se il ne monstre excusacion deue & raisonnable.

(13) Item. Que nul dudit mestier ne pourra crier chandelle par ladicte Ville, se ce n'est après le premier [c] hurt de None Nostre Dame, sur peine de II. Solz VI. Deniers Tournois d'amende, les deux pars au Roy, & le tiers aux Gardes; & si ne pourra nul dudit mestier vendre chandelle, se ce n'est en son hostel, ou en la criant par la Ville, comme dit est, & en la manière acoustumée, sur peine de xx. Solz d'amende au Roy, & v. Solz aux Gardes.

c *coup.*

(14) Item. Que nul ne pourra fondre cieu ou *(h)* creton, se ce n'est à blanc, excepté depuis l'euvre de [d] cerrefeu, jusques à [e] l'Esquelle à la Mere Dieu; & qui fera le contraire, il l'amendera de v. Solz au Roy.

d nommé plus communément *Couvre-feu.*

e *Cloche.* Voy. la Note *(e)* de la page 358. du 7.e Vol. de ce Rec.

(15) Item. Et se il avenoit qu'il passast aucun [f] varlet estrange par ladicte Ville, qui fust dudit mestier, qui demandast à gaignier, l'en le pourra mettre en besongne VIII. jours & non plus, se ce n'est par le congié des Gardes, & ne le pourront ceulx dudit mestier plus avant tenir en besongne, se il ne enseigne deuement à qui & où il a apprins ledit mestier en Ville de [g] Lay; & qui en ce mesprendra, il l'amendera de xx. Solz au Roy, & v. Solz aux Gardes.

f *Compagnon.*

g corr. *Loy.*

(16) Item. Et ne pourra nul ouvrer dudit mestier, jusques à ce qu'il ait acompli toutes les solempnitez & devoirs appartenans audit mestier, comme il est acoustumé à faire.

(17) Item. Et pour ce que aucuns dudit mestier se pourront [h] retraire & tapir soubz aucunes Jurisdictions ou Justices qui sont dedens ladicte Ville & Banlieue,

h *retirer & cacher.*

NOTE.

(h) Creton.] Voici ce que l'on trouve sur ce mot dans *Savary,* à celui *suif: Quand le suif est fondu pour la première fois, ce qui reste dans le fond de la chaudière, se nomme les cretons du suif.* Je n'ai rien trouvé qui serve à expliquer ces mots *à blanc.*

CHARLES VI. à Paris, en Mai 1403.

lesdictes Gardes pourront par l'auctorité des Officiers du Roy, aller visiter lesdiz ouvriers par toutes ycelles Jurisdiccions, en portant les choses que eulx trouveront estre faulses ou mauvaises, à la Justice à qui la congnoissance en appartient.

Tous lesquelx articles dessus devisées & desclairées, nous à la requeste des gens & ouvriers dudit mestier, avons adjousté & adjoustons à ycelles Ordonnances, & aussy avons ordonné que tous ceulx qui à l'encontre feront ou yront aucunement, seront pugniz selon les peines & amendes commises & déclairées cy-dessus, présens ad ce faire les Gens dudit mestier cy-dessus nommez, & plusieurs autres qui tous jurerent acordablement que c'estoit le proufit de la chose publique, & ycelle promistrent & jurerent tenir & garder dorésénavant sanz aler encontre, sur les peines qui y appartiennent. En tesmoing de ce, nous avons miz à ces présentes le grant Séel aux Causes de ladicte Viconté. Ce fu fait l'an de grace mil quatre cens & trois, le XXVIIIe jour d'Avril.

Suite des Lettres de Charles VI.

Lesquelles Lettres & Ordonnances dessus transcriptes, & tout le contenu en ycelles, Nous avons fermes, estables & agréables, & ycelles louons, approuvons, ratiffions, & par ces présentes de grace espécial entant que bien & deuement ont esté faittes, & qu'il en ont joy & usé, confermons. Si donnons en mandement par ces présentes aux *Bailli* & *Vicomte* de *Rouen,* & à tous noz autres Justiciers, présens & avenir, ou à leurs Lieuxtenans & à chascun d'eulx, si comme à lui appartendra, que desdictes Ordonnances dessus transcriptes ilz facent, seuffrent & laissent joïr & user paisiblement les Chandelliers de suif de nostre dicte Ville & Banlieue de *Rouen,* & leurs successeurs, & ycelles facent par eulx tenir & garder à tousjours sanz enfraindre, de point en point, selon leur forme & teneur. Et pour ce que ce soit ferme chose & estable à tousjours, Nous avons fait mettre nostre Séel à ces présentes: Sauf en autres choses nostre droit, & l'autruy en toutes. *Donné à Paris, ou mois de May, l'an de grace mil CCCC & trois, & de nostre Regne le XXIIIe.*

Par le Roy, à la relacion du Conseil. CHALIGAUT.

CHARLES VI. à Paris, en Mai 1403.

(a) *Lettres qui portent que toutes les affaires de l'Abbaye de Moncel seront portées devant le Bailli de Senlis.*

CHARLES, &c. Savoir faisons à tous présens & avenir, Nous avoir veu les Lettres de feu nostre Besayeul le Roy Philippe dont Dieux ait l'ame, séellées en las de soie & cire vert, contenans la fourme qui s'ensuit.

(b) PHILIPPE, &c.

Lesquelles Lettres & le contenu en icelles, Nous aians fermes & agréables, icelles loons, ratifions, approuvons, & de nostre auctorité Royal, plaine puissance & grace espécial, entant que icelles Religieuses en ont deuement & paisiblement joy & usé, confermons par ces présentes ; & avecques ce, attendu & considéré que les Religieuses cy-dessus nommées sont de fondacion Royal, & que sans grans frais, missions & despens, elles ne pourroient plaidier ne poursuir leurs autres Causes ailleurs que pardevant nostre *Bailli* de *Senliz,* leur Juge commis & député en toutes leurs Causes meues & à mouvoir, en demandant & en deffendant, pour causes des héritaiges, possessions & tenemens à elles appartenans, & lesquelles nostredit feu Besayeul leur bailla pour leur fondacion, comme ès Lettres dessus transcriptes est

NOTES.

(a) Trésor des Chartres, Registre 157. P. III[c] IIII[xx] V. (385.) *fol.* 290.

(b) Philippe, &c.] Ces Lettres qui sont du mois de Mars 1343, se trouvent à la p. 323. du IV.[e] Vol. de ce Rec. Au lieu de *tenemens* qui est à la 7.[e] ligne de ces Lettres, il y a *tene-mens* dans ce Reg.

plus à plain contenu, [a] voulans & Nous plaist de nostre plus ample grace, & aux dictes Religieuses avons octroié & octroions de nostre certaine science, par ces mesmes Lettres, que toutes leurs autres Causes meues & à mouvoir pour elles ou contre elles, en demandant & en deffendant, soient démenées par noz diz Procureur & Advocat par devant nostredit *Bailli* de *Senliz*, ou son Lieutenant au siége de *Senliz*, lequel Bailli Nous par ces mesmes Lettres leur commettons & députons leur Juge, ainsi & par la forme & manière que par lesdictes Lettres cy-dessus transcriptes, leur est commis & député ès Causes touchans les possessions & héritaiges à elles appartenans, & qui par nostredit Besayeul leur furent bailliés à leur dicte fondacion. Si donnons en mandement audit Balli, en commettant, & à tous noz autres Justiciers & Officiers & Subgiez, ou à leurs Lieuxtenans, présens & avenir, & à chascun d'eulx, si comme à lui appartendra, que de nostre présente grace, confirmacion & octroy facent, seuffrent & laissent lesdictes Religieuses joïr & user pleinement & paisiblement, sans leur mettre ne souffrir estre mis ores ne pour le temps avenir, aucun empeschement au contraire. Et affin que ce soit ferme chose & estable à tousjours, Nous avons fait mettre nostre Séel à ces présentes, au *vidimus* desquelles fait soubz Séel Royal, voulons foy estre adjoustée comme à l'original : Sauf en autres choses nostre droit, & l'autruy en toutes. *Donné à* Paris, *ou mois de May, l'an de grace mil CCCC & trois, & de nostre Regne le XXIIIe.*

CHARLES VI. à Paris, en Mai 1403.

a corr. *voulons.*

Par le Roy, Mess. *Jaques* de *Bourbon*, Mess. *Jean (c) Dam* & autres, présens.

NEAUVILLE.

NOTE.

(c) Dam.] Ce nom est très-incertain, parce que les trois jambages sans point qui le terminent, peuvent se combiner en plusieurs manières, & faire aussi *Dain, Dani, Davi*, &c.

(a) Lettres confirmatives de celles de l'Empereur Charles IV. qui portent que les Habitans de la Ville de Grenoble seront sous sa Sauvegarde, & que leurs Marchandises ne seront sujettes à aucun Impôt dans les terres de l'Empire.

CHARLES VI. à Paris, en Juin 1403.

KAROLUS Dei gracia Francorum Rex, Dalphinus Viennensis. Notum facimus universis tam presentibus quàm futuris, Nos vidisse Litteras, formam que sequitur, continentes.

RADULPHUS Dominus [b] *de* Louppeys, *Gubernator* Dalphinatûs *pro serenissimo Principe Domino Karolo Dei gracia Francorum Rege, & Dalphino Viennensi,* [c] *Conservator ad infrascripta, una cum dicto Domino nostro Dalphino, & Reverendo in Christo Patre Domino* Episcopo Gracionopolitano, *specialiter deputatus. Universis & singulis Principibus Ecclesiasticis & Secularibus, Ducibus, Comitibus, Baronibus, (b) Bannaretis, Militibus, Nobilibus, Burgensibus, (c) Potestatibus & Receptoribus quorumcumque Pedagiorum, Vectigalium, Tributorum, & quarumlibet aliarum exaccionum civitatum & locorum, universitatibus & singularibus personis earumdem, ac omnibus & singulis aliis sacri Romani (d) Imperii fidelibus, sibique mediatè vel immediatè subjectis, quibus presentes* [d] *Litteres presentate fuerint, vel ad quorum noticiam pervenerint : Salutem, &* [e] *madatis nostros, ymo veriùs sacre Imperialis celsitudinis, firmiter obedire. Litteras serenissimi Principis Domini* Karoli quarti *divinâ*

b De Loupy. *Voyez la pag.* 84. Note *(b) du* 5.[e] *Vol. de ce Rec.*

c Voy. ci-dessous, p. 605. la fin des Lettres de l'Empereur Charles IV.

d *corr.* Littere.

e *corr.* mandatis nostris.

NOTES.

(a) Trésor des Chartres, Registre 157. Pièce III[c] IIII[xx] VII. (387.) *fol.* 291.

(b) Bannaretis.] Suivant le Glossaire de *Du Cange*, au mot *Bannarati*, on l'a dit quelquefois pour *Bannereti*.

(c) Potestatibus.] Suivant ce Gloss. au mot *Potestas*, il signifie quelquefois un Magistrat, un Officier public.

(d) Imperii.] On a déjà remarqué plus d'une fois, que le *Dauphiné* se nommoit anciennement Terres de l'*Empire*. Voyez la Note *(c)* de la p. 29. du 4.e Vol. de ce Rec.

CHARLES VI. à Paris, en Juin 1403.

a *corr.* signatas.

favente clemenciâ Imperatoris Romani, semper Augusti, & Boemie *Regis, suo signo, ut in eis legebatur,* [a] *signatis, ejusque Bulla aurea impendenti in filis siriceis bullatas, Nos cum humili & devota, sicut decet, reverencia recepisse noveritis, formam que sequitur, continentes.*

In nomine sancte & individue Trinitatis, feliciter: Amen.

KAROLUS quartus *divinâ favente clemenciâ Romanorum Imperator, semper Augustus, &* Boemie *Rex, ad perpetuam rei memoriam. Notum fieri volumus tenore presencium universis, quòd benignâ habitâ consideracione ad grata & accepta obsequia quibus universitas & singulares persone civitatis* Gracionopolitane, *nostri & Sacri Romani Imperii fideles & dilecti, complacere nostre celsitudini studuerunt actenus, & Majestatem nostram multipliciter honorarunt, ipsos cives & incolas ac habitatores civitatis predicte, utriusque sexus, cum omnibus & singulis ipsorum bonis, rebus, mercaturis & mercanciis quibuscumque, eundo, stando & redeundo per dictum nostrum Sacrum Imperium, ab omnibus Pedagiis, Vectigalibus, Gabellis, (e) Ventenis, Pontenagiis, Imposicionibus,* [b] *Revis, Tributis, & quibuslibet aliis exaccionibus novis & antiquis, extraordinariis, deliberato animo & ex certa nostra sciencia, ac de plenitudine* [c] *peratorie Majestatis & potestatis, ubique per totum nostrum Imperium eximimus, & presentibus liberamus, & liberos esse volumus, quittos penitùs & immunes, recipientes dictos cives, incolas, habitatores & suos heredes perpetuò in nostram Salvam gardiam & Sacri Imperii proteccionem specialem: Mandantes & precipientes expressè universis & singulis Principibus Ecclesiasticis, & Secularibus, Ducibus, Comitibus, Baronibus, Bannaretis, Militibus, Nobilibus, Burgensibus, Potestatibus & Receptoribus quorumcumque Pedagiorum & Vectigalium, Tributorum & quarumlibet aliarum exaccionum, civitatum & locorum, universitatibus & singularibus personis earumdem ; ac omnibus aliis quibus presentes Littere fuerint exhibite, nostri & Sacri Imperii fidelibus dilectis, mediatè vel immediatè subjectis, quatenus cives, incolas & habitatores dicte nostre civitatis* Gracionopolitane, *cum bonis, familiaribus, rebus, mercaturis & mercanciis per terram vel per aquam transeuntibus, perpetuò dictâ nostrâ presenti graciâ uti & gaudere pacificè faciant & permittant, ipsos in nullo impediant vel perturbent, sed ipsos pociùs manuteneant, foveant &* [d] *conservant ; nichil ab ipsis & eorum bonis, rebus, mercaturis vel mercanciis, racione Thelonei, Pedagii, Vectigalis, Gabelle, Imposicionis, Reve, Leude & aliarum quarumcumque exaccionum, quibuscumque nominibus, vel vocabulis nominari poterint, petentes vel exigentes, petant vel exigant, aut peti vel exigi quomodolibet permittentes aut permittant, sicut nostram & Sacri Imperii graciam diligunt observare ; non obstantibus quibuscumque Pedagiis, Vectigalibus, Imposicionibus, Gabellis, Leydis, Revis, Pontenagiis, vel aliis exaccionibus quibuscumque per nos aut predecessores nostros concessis, si forsitan in contrarium apparerent, que & quas ex deliberato animo & ex certa nostra sciencia ac de plenitudine* [e] *Imperatoris potestatis & Majestatis, quoad graciam presentem, dictis civibus, incolis & habitatoribus dicte civitatis* Gracionopolitane *factam, nolumus aliqualiter permanere, quominus dicta presens gracia suum sorciatur effectum : inhibentes tenore presencium universis & omnibus Principibus Ecclesiasticis & Secularibus, Comitibus, Vicecomitibus, Militibus, Burgensibus civitatum & locorum, Potestatibus & omnibus universis & singulis Pedagiorum, Vectigalium, Imposicionum, Gabellarum, Revarum, Leydarum, Pontenagiorum, Tributorum, & aliarum quarumlibet exaccionum Levatoribus & exactoribus, ne contra presentem graciam, libertatem, privilegium, exempcionem, franchesiam, immunitatem, per se vel per alium veniant, faciant nec facere vel venire permittant quoquomodo, sub pena mille marcharum auri fini, per eos tociens committenda, quociens contra contenta in nostra presenti gracia ventum vel factum fuerit per eosdem.*

b *Voy. les Tabl. des Mat. des Vol. de ce Rec,* au mot, *Rêve.*

c *corr.* Imperatorie.

d conservent.

e *corr.* Imperatorie.

NOTE.

(e) Ventenis.] Dans le Gloss. de *Du Cange,* au mot *Vintenum*, on trouve un passage où *Vingtemium* est joint à *Pedagium*. C'est un impôt qui consiste dans la vingtième partie du prix d'une marchandise.

CHARLES VI. à Paris, en Juin 1402.

Conservatores autem hujus privilegii, gracie, libertatis, franchesie & immunitatis facimus, constituimus, creamus, videlicet, illustrem Dalphinum Viennensem *aut ejus Locumtenentem seu Gubernatorem* Dalphinatûs, *& venerabilem* Episcopum Gracionopolitanum, *qui nunc sunt vel pro tempore fuerint, quibus & eorum cuilibet, damus plenam & liberam potestatem quoscumque Pedagia vel Vectigalia tenentes, vel quascumque exacciones alias exigentes compellendi ad observanciam hujusmodi gracie, franchesie, Libertatis, privilegii & immunitatis; dictamque penam mille marcarum auri exigendi & levandi contra non observantes graciam antedictam, & ipsos puniendi &* [a] *multandi, prout eis & eorum cuilibet videbitur faciendum. Nulli ergo omnino hominum liceat hanc nostre exempcionis, concessionis & gracie paginam infringere, seu & quovis ausu temerario contraire. Si quis autem hoc attemptare presumpserit, gravem nostre majestatis offensam, & penam mille marcharum, ut premittitur, se noverit irremissibiliter incursurum, quarum medietatem Imperiali Erario Camere nostre, residuam verò partem injuriam passorum usibus decernimus applicari. Signum serenissimi Principis & Domini nostri* Karoli quarti *Romanorum Imperatoris invictissimi & gloriosissimi,* Boemie *Regis. Testes hujus rei sunt venerabiles* Bertoldus Eistentensis, *Sacre Imperialis Aule Cancellarius,* Thedricus [b] Bormaciensis *&* Lampertus Spirensis *Ecclesiarum Antistites illustres,* Rupertus *junior, Comes Palatinus* Reny, *Sacri Romani Imperii Archidapifer &* Bavarie Dux, *(f)* Barium Stetinensis, Henricus *&* Rupertus Lignitm. Volbo Opuliensis *&* Piznusbans Teschinensis *Duces* spectabiles, Burchardus Magdoburgensis, *Burggravius, Imperialis Curie Magister,* Johannes Langrevius *de* Leuchcemberg, Fridericus *Senior de* Lunigen *&* Henricus *de* Sirazping *Comites, & alii quam plures Barones & Nobiles Sacri Imperii fideles, presencium sub Bulla aurea Typario nostre majestatis impressa, testimonio Litterarum. Datum in* Sels, *anno Domini millesimo trecentesimo sexagesimo quinto, Indiccione tercia,* III[a] *Nones Julii, Regnorum nostrorum anno decimo nono, Imperii verò undecimo.*

a *corr.* mulctandi.

b Vorms.

Et ego [c] Bercaldus *Dei & Apostolice Sedis graciâ* Eystentensis *Episcopus, Sacre Imperialis Aule Cancellarius, vice reverendi in Christo Patris Domini* Gerlati [d] Magintinensis *Archiepiscopi, Sacri Romani Imperii per Germaniam Archicancellarii, recognovi.*

c *Il y a plus haut* Bartoldus.

d *corr.* Maguntinensis.

Suite des Lettres du Gouverneur du Dauphiné.

Quarum auctoritate nobis in hac parte commissâ, vobis & vestrum cuilibet, sub pena mille marcharum auri, & alia in ipsis Litteris expressa, districtè precipiendo mandamus quatenus universos & singulos cives, incolas & habitatores civitatis Gracionopolitane, *utriusque sexus, cum omnibus & singulis ipsorum bonis, rebus, mercaturis ac mercanciis quibuscumque, ire, stare & redire ubique locorum Sacri Imperii, ab omnibus Pedagiis, Vectigalibus, Gabellis, Vintenis, Pontanagiis, Imposicionibus, Revis, Tributis, & quibuscumque aliis exaccionibus novis & antiquis ac eciam extraordinariis, liberos, francos & immunes, ac aliter uti & gaudere predictâ Imperiali largitudine, prout in ea continetur, liberè permittatis, ipsosque tanquam veros (g) Garderios, & in speciali proteccione Cesaree celsitudinis existentes, à quibuscumque injuriis, violenciis & oppressionibus indebitis protegatis, scituri si secus vos vel aliquis vestrum, quod absit, feceritis, ad exaccionem pene in dictis Litteris Imperialis* [e] *redicte contra rebelles & inobedientes, cum quanta vi & potencia poterimus juxta dictarum Litterarum Imperialium formam & seriem procedemus.* Datum *Gracionopoli,* die XXVII[a] mensis Julii, anno Domini millesimo CCC[o] sexagesimo quinto. *Reddite Litteras portitori.*

e *Il faut peut-être corr.* indicte.

Suite des Lettres de Charles VI.

Quasquidem Litteras suprascriptas, ac omnia & singula in eisdem contenta, ratas & gratas seu rata & grata habentes, in quantum dicti cives & habitantes debitè usi

NOTES.

(f) Barium.] Les jambages sans point qui se trouvent dans ce nom & dans quelques-uns des suivans, avec des abréviations, les rendent incertains.

(g) Garderios.] Ce mot qui signifie ordinairement celui qui garde, signifie aussi quelquefois celui qui est sous la garde, sous la protection des autres. Voyez le Gloss. de *Du Cange,* dans l'art. de *Warda,* col. 1755. au mot *Garderii.*

CHARLES VI. à Paris, en Juin 1403.

sunt, eas & ea volumus, laudamus, approbamus, & de gracia speciali confirmamus per presentes: Quarum serie mandamus Gubernatori predicti nostri Dalphinatûs, *ceterisque Justiciariis & Officiariis* Dalphinalibus, *presentibus & futuris, vel eorum Locatenentibus, & eorum cuilibet, prout ad eum pertinuerit, quatenus cives, incolas & habitatores civitatis* Gracionopolitane *in predictis Litteris nominatos, nostrâ presenti graciâ & confirmacione uti & gaudere pacificè faciant & permittant, ipsos in contrarium nullathenus molestando aut molestari permittendo. Quod ut firmum & stabile permaneat in futurum, Sigillum nostrum predicti* Dalphinatûs *presentibus fecimus apponi: nostro & alieno in omnibus jure salvo.* Datum *Parisius,* mense Junii, anno Domini millesimo CCCC° tercio, & regni nostri XXIII°.

Per Regem Dalphinum, ad relacionem Consilii. FRERON.

CHARLES VI. à Paris, le 4 de Juillet 1403.

(a) Ordonnance sur la nouvelle Aide accordée au Roy par les trois Etats des Comtés d'Artois, de Boulenois & de Saint Pol.

CHARLES, &c. Savoir faisons à tous présens & avenir, que comme noz bien amez les Bourgois & Habitans des bonnes Villes fermées & plat-pays des *Contez* d'*Artoys,* de *Boulenois* & de *Saint Pol,* & des Villes enclavées en icelles, pour le grant desir, affeccion & voulenté qu'ilz ont à Nous & au bien publique de nostre Royaume, & pour aidier à supporter les grans fraiz, charges, missions & despens que de jour en jour Nous convient faire & soustenir pour le fait de noz guerres, Nous aient nouvelement octroyé d'un commun assentement que pour un an tant seulement, commençant le premier jour du moys de Mars derrenièrement passé, tele & semblable Aide comme en l'année précédente ilz avoient fait & paié, laquelle Aide les Bourgois & Habitans dessusdiz paieront à quatre termes; c'est assavoir, de trois mois en trois mois, dont le premier terme de payement eschey en la fin du moys de May derrenièrement passé, le second escherra en la fin du mois d'Aoust, le tiers en la fin du moys de Novembre, & le quart & derrenier payement en la fin du moys de Février prouchainement venant: Nous considérans, &c. *(b)*

Donné à Paris, *le IIII.e jour de Juillet, l'an de grace mil CCCC & trois; & le XXIII.e de nostre Regne.*

Par le Roy en son Conseil, Monf. le *Duc* de *Berry,* le *Conte* de la *Marche,* [a] Vous, Mess. *Robert* de *Boissay* & autres, estiez. FERRON.

a Le Chancelier de France. Voy. *le 5.e Vol. de ce Rec. pag.* 653. Note *(c).*

NOTES.

(a) Trésor des Chartres, Registre 158. P. XLV. (45.)

(b) La suite de ces Lettres est conforme à celles du 22 de mai 1384. qui sont imprimées à la page 75 du 7.e Volume de ce Rec. à la différence qu'au lieu de ces mots: *depuis ledit premier jour dudit moys de juing,* qui sont à la ligne 39 de la page 76. il y a ceux-ci: *depuis ledit premier jour du mois de mars.*

CHARLES VI. à Paris, en Juillet 1403.

(a) Confirmation des Statuts des Tissutiers de la Ville de Rouen.

CHARLES, &c. Savoir faisons à tous présens & avenir, Nous avoir veu les Lettres de nostre Vicomte de *Rouen,* desquelles la teneur s'ensuit.

A TOUS ceulx qui ces Lettres verront ou orront. *Guillaume* le *Diacre,* Viconte de *Rouen:* Salut. Comme dès l'an mil deux cens quatrevins & dix, par le Maire qui lors estoit en la Ville de *Rouen,* eust esté faicte Ordonnance ou mestier de

NOTE.

(a) Trésor des Chartres, Registre 158. P. XLVI. (46.)

CHARLES VI. à Paris, en Juillet 1403.

Tissus de fil & de soie en ladicte Ville & Banlieue de *Rouen*, qui sont fais *(b)* en fermes & en tavelles, & depuis par plusieurs autres Maires de ladicte Ville, ladicte Ordonnance pour le bien, prouffit & utilité dudit mestier & de la chose publique, ait esté creue & augmentée, & icelle approuvée, comme par Lettre sur ce faite dont il Nous est apparu, ces choses & autres peuvent plus à plain apparoir; & il soit ainsi que plusieurs des Maistres, Maistresses & Ouvriers dudit mestier en ladicte Ville & Banlieue, soient tournez devers nous, disans combien que des articles contenues & déclairées en leur dicte Ordonnance, & autres articles qui en icelle Ordonnance n'estoient pas contenues, eulx & leurs prédécesseurs Maistres & Maistresses d'icellui mestier, aient esté en bonne saisine & possession, & icelles tenues & gardées depuis le temps dessus desclairé, si estoit-il chose nécessaire & convenable pour le bien, prouffit & utilité dudit mestier, du bien commun & de la chose publique, & que aucunes mauvaistiés ou fraudes ne fussent faictes dores-en-avant oudit mestier, & que se aucuns estoient de ce attains, ilz fussent punis comme il appartient; & aussi affin que leur dicte Ordonnance fust à plain desclairée, de faire articles nouvelles par manière d'Ordonnance oudit mestier, pour ce que les articles contenues en leur dicte aucienne Ordonnance, estoient trop obscures & peu desclairées, affin que ilz fussent plus à plain entendues & fortiffiées, & leur dicte Ordonnance augmentée, qui par le Procureur du Roy, nous & autres Gens de Justice, & par les Maistres, Maistresses & Ouvrières dudit mestier, fussent veues & visitées, requerans que nous leur voulsissions donner congié & licence de ce faire à la fin dessusdicte, laquelle chose nous leur eussions accordée; Savoir faisons que aujourduy vindrent & comparurent pardevant Nous *Taffin Turquetil*, *Robert* le *Pellé*, *Marion Viset*, *Jehanne Conel*, *Regnaude Deffroissers*, à présent Gardes dudit mestier, *Simon Pain*, *Pierrez Massis*, *Jehan Perier*, *Guillaume Lonnel*, *Pierre* le *Terrier*, *Estienne* le *Roy*, *Robert* le *Boulengier*, *Robert Fronblanc*, *Robert* le *Petit*, *Adeneste Machon*, *Valentine Herpin*, *Ansseaume Marc*, *Guillemette Chopillart*, *Robine Marc*, *Jehan Auvray*, *Jehanne Lambert*, *Alizon* la *Fremailliere*, *Perrette Touche*, *Perrette Auvray*, *Alipes Ales*, *Jehanne Dubuisson*, *Katherine* la *Maistresse*, *Jehanne* de *Saint Ligier*, *Maaline* de *Rouves*, *Jehanne Seguin*, *Alizon* la *Flameng*, *Raoulette* la *Trencle*, *Jehanne Durant*, *Jehanne Baudouin*, *Marguet* la *Rouge*, *Jehanne Luilliere*, *Cardine Doleure*, *Agnès Cornedieu*, *Colette Vinet*, *Colette* la *Havepiere*, *Olive Colas*, *Colette* la *Tainturiere*, *Eudeline Gueroult*, *Cardine* du *Moustier*, *Perrette Nostreamie*, *Jaquette Despinay*, *Hamelat Du Boschebert*, *Jehanne Parmuit*, *Jaqueline Fouques*, *Thiphaine Nostreamie*, *Guillemette* de *Vilmenil*, *Robin Melin*, *Jehanne* la *Peurelle*, *Perrette Tassel*, *Jehanne Beneet*, *Marion Haquet*, *Affirecte Bellongne*, *Jehanne* de la *Pierre*, *Helaire Engrenier*, *Maaline Viset*, *Jehanne Benart*, *Philote Bernart*, la femme *Jehan* de *Bellangues*, *Marguerite Pillée*, *Jaquette* de *Pimont*, *Jehanne Dauteguy*, *Robine* la *Tendre*, *Philotte* la *Monniere*, *Ysabelot* la *Cauchoise*, *Michelette Guedon*, *Eudelot Maugier*, *Philotte Beongendre*, *Burette Guiffart*, *Gollette Guereanne*, *Jaquette Morel*, *Jehanne Verdier*, *Guillote Yon*, *Guillemette Mannorry*, *Jehannette Lonnourée*, *Perrette* la *Petite*, *Robine* la *Mesgre*, *Emmelot des Marectes*, *Perrette Houel*, *Marion Duchief*, *Guieffine Bertin*, *Katherine Trasbonel*, *Jehanne Lanamie*, *Guillemette Rosse*, *Marion* la *Paigesse*, *Guillote Grenet*, *Jehanne* de *Boes*, *Symonnette Machon*, *Jehanne Hellot*, *Robine* la *Royne*, *Vassire Guieffroy*, *Jehanne Bourdon*, *Jehanne Rillie*, *Jehanne Franque*, *Jehanne Des Haies*, *Thomasse Despinay*, *Laurenche Michiel* lainsnée, *Laurence Michiel* la jeune, *Laurence Hebert*, *Emmelot Thommas*, *Agnès Regnoult*, *Agnès* la *Ferée*, *Jehanne Des Mares*, *Jehanne Anssel*, *Robine Du Monsel*, *Jehanne* la *Gentille*, *Jehanne Gibot*, *Cardine* la *Caronne*, *Jehanne Vigier*, *Perrette Auber*, *Ysabel* la *Cliquetiere*, *Jehanne Bigot*, *Jehanne* de *Putot*, *Jehanne* la *Selliere*, *Jehanne* la *Mendre*, *Jehanne* la *Longue*, *Jehanne Adam*, *Chirette* de *Saint Gire*, *Michelette Qui-ne-rit*,

NOTE.

(b) En fermes.] Je n'ai rien trouvé sur ce mot à l'article des Tissutiers dans le Dict. du Commerce par *Savary*, que l'on peut consulter sur la *Tavelle*, à ce mot & à celui de *Tissutier*.

CHARLES VI. à Paris, en Juillet 1403.

Jehanne Harel, Gilette Martin, Henriette Lamy, Jehanne la *Royne, Thomasse* la *Caveliere, Colette Deslesques, Raouline Hebert, Jehanne Audierne, Colette Camguet, Colette Latelliere, Laurence Fannel, Jehanne Guibout, Jehanne* la *Royne, Jehanne Bacheler, Philotte Martin, Rogiere Lavillaine, Colette Mifray, Jehanne Cousin, Guilleete Evrart, Jehanne Du Plesseys, Ysabelot Du Plesseys, Emnelot Mahieu, Emnelot Lonnel, Mazette Martin, Colette Yves, Emmeline Loir, Jouenne Sabot* & *Jeanne* la *Taneliere* Maistres & Maistresses & Ouvriers d'icellui mestier, lesquelx tant pour eulx que pour tous les autres Maistres, Maistresses & Ouvriers dudit mestier, & pour tout le commun d'icellui mestier, confesserent que ilz estoient assemblés ensemble par plusieurs fois pour faire lesdiz articles & ordonnances, & eulx tous d'un mesme accort, consentement & voulenté, & de l'accord de plusieurs autres Maistres, Maistresses & Ouvriers dudit mestier, qui à ce avoient esté présens & appellés, avoient fait articles par manière d'ordonnance pour ledit mestier, que ilz monstroient, requerans que lesdictes articles nous voulsissions veoir & faire veoir & visiter, & avoir sur ce advis, & icelles articles leur baillier pour ordonnance oudit mestier, pour le temps avenir, considerée leur dicte ordonnance ancienne dont ilz avoient esté & sont en bonne saisine & possession, & jurèrent & affermèrent par leurs Seremens que lesdis articles ilz avoient fais bien & loyaument pour le bien & prouffit dudit mestier & de la chose publique; desquelx articles la teneur est tele.

(1) Premièrement. Que nul ne nulle ne mectront bon or avecques or de *Luques*, ne laton avec or soudé ne en couronne, ne ouvreront sur parchemin ne sur ruben ne sur balaine, ne ne mectront point plataine d'argent avecques or de *Luques*.

(2) Item. Que nul ne nulle ne puisse faire ne lever ledit mestier s'il n'a apris ycellui mestier en ladicte Ville & Banlieue de *Rouen*, & fait le service de quatre ans, selon ce que ce & autres choses sont cy-après desclairées, ou s'il n'a apris ledit mestier en Ville de [a] Lay, dont l'en fera enseignement deu.

(3) Item. Que nul ne nulle ne se entremecte de faire ne de faire faire tissus, ne de les ourdir, se il n'est dudit mestier, comme dessus, en paine de dix Solz d'amende au Roy pour chascune fois, & deux Sols VI. Deniers aux Gardes dudit mestier.

(4) Item. Les Ouvriers, Maistres & Maistresses dudit mestier, pourront faire & faire faire tissus de fil & de soie de tel longueur comme il leur plaira.

(5) Item. Que nul ne nulle dudit mestier ne mecte en tissus, soit à homme ou à femme, fil, s'il n'est taint de bonne tainture & loyalle, sans [b] moulée ne autre faulse tainture; & qui sera trouvé faisant le contraire, il payera au Roy dix Solz d'amende pour chascune foyz, & si sera le fil ou tissus ouvré, forfait, & si payera deux Solz VI. Deniers aux Gardes dudit mestier.

(6) Item. Que les Maistres & Maistresses dudit mestier, n'aront point aprentiche à mains de quatre ans de service, & ne pourra ladicte Maistresse tenir aprentisse, se n'est à son pain, à son pot, en son hostel, & sur son oeuvre & fil propre, & couchante & levante en l'ostel de ladicte Maistresse; & que ilz ne facent tissus amoins de douze tavelles, en paine de dix Solz d'amende, moitié au Roy, & moitié aux Gardes; & ne pourra nulles Maistresses dudit mestier entreprendre de aprendre nulle personne de quelque estat que elle soit, icellui mestier, en l'ostel de nulli, à pain, ne pot d'autrui, fors à cellui de la Maistresse, ne d'aultre, [c] s'il ne du sien, & que ladicte apprentisse ne couche & liève en l'ostel de ladicte Maistresse, sur peine de perdre ledit mestier.

(7) Item. Que nul Maistre ne Maistresse d'icellui mestier, ne pourra prendre, avoir, tenir ne aprendre que une aprentisse seulement à la fois, jusques à ce que elle ait fait le service de quatre ans, ou qu'elle ait renoncié audit mestier; ouquel cas ladicte Maistresse pourra prendre & avoir une autre aprentisse, selon ce que dit est: sauf que elle pourra bien avoir fille ou filles de Maistre ou Maistresse, avec ladicte aprentisse.

(8) Item. Que nul ne nulle puisse avoir aprentisse, s'il n'a la franchisse dudit mestier

[a] corr. *Loy.* Voyez les Tables des Mat. des Vol. de ce Rec. à ce mot.

[b] *Voyez la Note (b) de la* p. 357 *du 7.e Volume de ce Rec.*

[c] *app. si ce n'est du sien.*

mestier comme Maistre ou Maistresse, selon ce que dessus est dit.

(9) *Item.* Les aprentisses dudit mestier seront tenues paier V. Solz Tournois d'entrée aux Gardes dudit mestier, & quant ladicte aprentisse sera quicte, la Maistresse sera tenue avec les Gardes de tourner vers le Viconte de *Rouen,* ou son Lieutenant, pour la faire jurer comme Maistresse; & quant elle sera jurée comme Maistresse, elle sera tenue paier deux Solz VI. Deniers aux Gardes dudit mestier, & dix Solz Tournois au Roy, pour la [a] Hanse; & les filles de Maistre & Maistresse, ne paieront que demie-Hanse.

CHARLES VI. à Paris, en Juillet 1403.

[a] *Voyez les Tables des mat. des Vol. de ce Rec. à ce mot.*

(10) *Item.* Que nul ne nulle ne face ne ne face faire tissus de soye, qui se vende à pois, qui ne soit tout de soie bonne & loyale, pour ce que ce est chose décevable au peuple de y mettre autre chose, sur peine de ardre iceulx tissus, & de dix Solz d'amende; les deux pars au Roy, & le tiers ausdiz Gardes.

(11) *Item.* Pour garder ledit mestier, il y ara deux hommes & quatre femmes jurez & establiz par ledit Viconte ou son Lieutenant, pour garder & visiter ledit mestier, qui se remueront chascun an au terme de Noel, & à ycellui terme de Noel, demoura un des deux hommes & deux desdictes quatre femmes, pour conseiller ceulx qui après vendront pour estre Gardes dudit mestier, & feront Serement devant Justice; lesquelx Gardes nouveaulx seront esleus par les Gardes, [b] au conseil d'aucuns dudit mestier; & se aucun ou aucune dudit mestier, qui ainsi seront esleuz ou jurez, estoient refusans ou délaians de aidier à faire la dicte visitacion avec les autres ou partie d'iceulx, le contredisant ou délaiant, s'il n'avoit raisonnable & juste excusacion, paiera pour chascune fois du reffus ou délay, cinq Solz d'amende; moitié au Roy, & moitié ausdis Gardes.

[b] *avec le conseil.*

(12) *Item.* Que nul ou nulle dudit mestier ne ouvre fors de lueur de jour, jusques à jour faillant, sur peine de cinq Solz d'amende; moitié au Roy, & moitié ausdiz Gardes, & de faire nouvel Serement.

(13) *Item.* Les Gardes dudit mestier aront povoir de prendre & de arrester les faulses euvres, [c] atout Sergent & sans Sergent, où ilz trouveront la faulte, & la porter à ladicte Justice, pour icelle estre punie selon ce que dessus est dit; lesquelx Gardes seront creus par leurs Seremens de ce que eulx ou deulx ou trois d'iceulx, ou cas que il n'y aroit hayne apparante, rapporteront avoir trouvé sur le fait de la visitacion dudit mestier.

[c] *avec Sergent.*

(14) *Item.* Et se aucune Maistresse estoit mise [d] en Religion, elle pourra bien ouvrer dudit mestier, sans avoir aprentisse; & s'il estoit trouvé qu'elle eust aprentisse, elle l'amendera de vint Solz; moitié à Justice, & moitié aux Gardes, & sur peine de perdre la franchise dudit mestier.

[d] *dans un Couvent.*

(15) *Item.* Nul ne nulle dudit mestier ne pourra bailler euvre à faire hors de la dicte Ville & Banlieue de *Rouen,* pour revendre en ladicte Ville, se n'est à personne qui soit du Serement dudit mestier en ladicte Ville, ou qui ait apris ledit mestier en Ville de Lay; & se aucun Marchant de dehors apporte tissus à vendre en ladicte Ville, se les Gardes les treuvent, ilz les visiteront, affin que s'il y a fraude ou mauvaistié, de les condempner, & se ilz sont bons & marchans, ilz leur seront délivrez.

(16) *Item.* Nul ne nulle ne pourront ouvrer ne faire ledit mestier, devant que eulx aient fait le Serement de faire bonne euvre & loyal, & à garder ceste ordonnance.

(17) *Item.* Que nul Maistre ou Maistresse dudit mestier ne puissent mettre aprentis ou apprentisse en oeuvre, jusques à tant que ilz aient fait Serement devant ledit Viconte ou son Lieutenant, de faire bonne oeuvre & loial dudit mestier.

(18) *Item.* Que nul Maistre ne Maistresse ne puissent avoir aprentis ou aprentisse dudit mestier, se ilz ne leur (c) somment tout entièrement aprendre ou faire aprendre icellui mestier tant de taindre comme d'ourdir, par personne qui soit Maistresse & du Serement dudit mestier.

NOTE.

(c) *Somment.*] Je ne sçai ce que signifie ici ce mot, au milieu duquel il y a trois jambages sans point avec une abréviation. Il semble qu'il devroit y avoir, *si ils ne leur promettent; s'ils ne s'engagent.*

CHARLES VI. à Paris, en Juillet 1403.

(19) *Item.* Que nul ne nulle dudit meftier ne puiffe ouvrer d'icellui meftier aux Samedis puis que Nonne du jour fera fonnée ès Parroiffes où ilz demeurent, & auffi à toutes les Vegilles des Feftes de Dieu & de Noftre Dame, & as Feftes folempnelles, d'Apoftres & autres que comunes gens ont accouftumé de fefter; & qui fera trouvé faifant le contraire des chofes deffus dictes ou d'aucunes d'icelle, il paiera cinq Solz d'amènde, moitié au Roy, & moitié aux Gardes, pour chafcune fois qu'il y fera trouvé ce faifant.

(20) Et fe aucun homme eftoit marié à femme qui feuft Maiftreffe dudit [a] maiftier, & [b] eulx les franchifes d'icellui, & ladicte femme aloit de vie à trefpaffement avant fon mary, ycellui mary tant comme il fe tendra de marier, pourra faire ouvrer dudit meftier, & avoir les franchifes d'icellui durant le temps de fa vefveté: fauf que il ne pourra avoir & tenir aprentiffe; & fe en temps que ladicte femme yroit de vie à trefpaffement, elle avoit aprentiffe qui n'euft pas encorres parfait ledit fervice de quatre ans, icellui homme ne pourra plus tenir ladicte aprentiffe, mais elle parfera fondit fervice de quatre ans chiex un autre Maiftre ou Maiftreffe dudit meftier, ainfi comme il lui fera pourveu par les Gardes d'icelui meftier, & fera tenue ladicte aprentiffe de defdommager fondit premier Maiftre [c] au regart defdits Gardes; & qui fera trouvé faifant le contraire, il paiera dix Solz d'amende, les deux pars au Roy, & le tiers aux Gardes. *Item.* Et par femblable, fe aucun homme qui fuft Maiftre dudit meftier, & euft les franchifes d'icellui, eftoit marié à femme qui ne fuft pas dudit meftier, & ledit homme aloit de vie à trefpaffement avant fadicte femme, icelle femme tant comme elle fe tendra de marier, pourra feullement ouvrer & faire ouvrer dudit meftier, & avoir les franchifes d'icellui, durant fa vefveté; fauf que elle ne pourra tenir ne avoir aprentiffe, & fe en temps que le dit homme yroit de vie à trefpaffement, ilz avoient aprentiffe, icelle aprentiffe parfera fon dit fervice chiex & avec ladicte femme, fanz ce que elle puiffe plus avoir ne tenir autre aprentiffe; & qui fera trouvé faifant le contraire, il paiera dix Solz d'amende; c'eft affavoir, les deux pars au Roy, & le tiers aux Gardes.

[a] *a meftier.*
[b] *corr. euft, comme dans la fuite de cet article.*
[c] *au jugement.*

(21) *Item.* Les enffans des Maiftres ou Maiftreffes dudit meftier, foient hommes ou femmes, nez & procréez en mariage, & ceulx qui de eulx yftront en mariage, aront les franchifes & libertez dudit meftier.

Et pour ce après ce que Nous avons veu lefdiz articles, & eu fur ce confeil & advis au Procureur du Roy noftre S. & autres gens de Juftice, & à plufeurs faiges, veu ladicte ancienne Ordonnance, & que d'icelle ilz avoient été en poffeffion & faifine, & tenue & gardée, avons accordé aufdiz Maiftres, Maiftreffes & Ouvrières dudit meftier, leur dicte Requefte, & les articles par eulx faiz cy-deffus tranfcrips leur avons bailliez & accordez pour Ordonnance oudit meftier, pour le temps avenir, pour eftre tenuz & gardez en icellui meftier; lefquelx Maiftres, Maiftreffes & Ouvrières dudit meftier, tant pour eulx que pour tous les autres Maiftres, Maiftreffes & Ouvrières dudit meftier, & pour tout le commun d'icellui, & pour leurs fucceffeurs pour le temps avenir, promiftrent & jurèrent tenir & garder & faire garder & tenir iceulx articles par eulx faiz & bailliez, comme dit eft, pour Ordonnance oudit meftier, pour le temps avenir, fanz icelles enfraindre ne aler encontre, & vouldrent, confentirent & accordèrent ou nom que deffus, que iceulx articles & Ordonnances leur fuffent baillés & confirmés par le Roy noftre Sire, pour Ordonnances oudit meftier, defquelles chofes lefdiz Maiftres, Maiftreffes & Ouvrières dudit meftier, nous requiftrent ces Lettres que Nous leur avons octroyé, lefquelles en tefmoing de ce, Nous avons féellées du grant Séel aux Caufes de ladicte Viconté, qui furent paffées le VIe jour du mois de Juillet, l'an de grace mil CCCC. & trois.

Suite des Lettres de Charles VI.

Lefquelles Lettres & Ordonnances deffus tranfcriptes, & tout le contenu en icelles, Nous avons fermes, eftables & aggréables, & icelles louons, ratiffions & aprouvons, & par ces préfentes de grace efpécial, entant que bien & deuement ont efté faittes, confermons. Si donnons en mandement par ces préfentes, au Viconte de *Rouen* qui aprésent est & sera pour le temps avenir, & à tous noz autres Justiciers & Officiers, présens & avenir, ou à leurs Lieuxtenans, & à chascun d'eulx, si comme à lui appartendra, que de nostre présente grace & confirmacion facent, seuffrent & laissent iceulx Maistres, Maistresses & Ouvrières dudit mestier de ladicte Ville & Banlieue de *Rouen*, & leurs successeurs, joïr & user plainement & paisiblement, sanz les molester ou souffrir estre molestez ores ne pour le temps avenir en aucune manière au contraire. Et pour ce que ce soit ferme chose & estable à tousjours, Nous avons fait mettre nostre Séel à ces présentes Lettres : Sauf en autres choses nostre droit, & l'autruy en toutes. *Donné à* Paris, *ou mois de Juillet, l'an de grace mil IIII^c & III, & de nostre Regne le XXIIIe.*

CHARLES VI. à Paris, en Juillet 1403.

Par le Roy, à la relacion du Conseil, CHALIGAUT.

CHARLES VI. à Paris, en Juillet 1403.

(a) Lettres de Sauvegarde Royale pour le Chapitre de Charlemesnil.

KAROLUS, *&c. Agere credimus non indignè, si curam sollicitam adhibemus ut Regni nostri Ecclesie & persone Ecclesiastice que circa Divinum vacant Servicium, & Omnipotenti Altissimo continuè famulantur, sub commisso Nobis regimine pacis transquillitate gaudeant, ac per regalem potenciam à noxiis defendantur, ut eò libenciùs circa Divina vacare valeant, quò liberaliùs & ulteriùs per eandem potenciam senserint se adjutas. Notum igitur facimus universis presentibus & futuris, quod Nos ad supplicacionem dilectorum nostrorum Thesaurarii, Cantoris, Canonicorum & Clericorum ceterarumque personarum Ecclesiasticarum Ecclesie beate Katherine situate prope Castrum dictum de (b)* Charlemesnil, *Diocesis* Rothomagensis, *per dilectum & fidelem Consiliarium nostrum* Johannem Destouteville, *Domicellum,* [a] *fundator. in Salva Gardia Regia ut cetere Regni nostri persone Ecclesiastice existencium, ipsos ex habundanti una cum eorum bonis, terris, possessionibus, redditibus, & aliis suis juribus in Regno nostro existentibus, eorumque familiaribus &* [b] *hominibus de corpore, si quos habent, in nostris proteccione & Salva Gardia speciali ponimus & suscipimus per presentes, & eisdem in Gardiatores deputamus speciales* Baillivos Rothomagenses *&* Caletenses, *qui nunc sunt & pro tempore fuerint, seu eorum Locatenentes, & eorum quemlibet, quibus & cuilibet ipsorum committimus & mandamus quatenus dictos Thesaurarium, Cantorem, Canonicos, Clericos ceterasque personas Ecclesiasticas, necnon familiares & homines dicte Ecclesie de* Charlemesnil, *in suis justis possessionibus, juribus, usibus, franchisiis, libertatibus & saisinis in quibus ipsos esse suosque predecessores fuisse pacificè ab antiquo invenerint, manuteneant & conservent, & ab omnibus injuriis, violenciis, gravaminibus, oppressionibus, molestiis, vi armorum, potentia laïcorum ac inquietacionibus & novitatibus indebitis quibuscumque, tueantur & defendant, non permittentes eisdem seu eorum alicui, fieri vel inferri aliquas injurias aut indebitas novitates, quas si factas esse vel fuisse in prejudicium dicte Salve gardie nostre ipsorumque supplicancium invenerint, ad statum pristinum & debitum reducant seu reduci, & nobis ac Parti condigne propter hoc emendari faciant indilatè; & in signum hujusmodi Salve gardie nostre* [c] *Penuncellos seu Baculos nostros Regios in locis, domibus, possessionibus dictorum supplicancium in terra que Jure scripto regitur & alibi, in casu eminentis periculi apponant seu faciant apponi, ne quis se valeat de ignorancia excusare : inhibendo ex parte nostra omnibus & singulis personis de quibus ipsi seu eorum alter fuerint requisiti vel fuerit requisitus, sub certis magnis penis nobis & Parti applicandis, ne eisdem Thesaurario, Cantori, Canonicis, Clericis, personisque Ecclesiasticis predictis, ac ipsorum familiaribus & hominibus seu eorum alteri, in corporibus sive bonis aliqualiter forefacere presumant. Si verò super premissis aut*

a *Il faut peut-être corr.* fundate.

b espèce de Serfs.

c Voyez les Tables des Mat. des Vol. de ce Recueil, *au mot* Pennonceaux.

NOTES.

(a) Trésor des Chartres, Registre 158. P. XV. (15.)

(b) Charlemesnil.] Bourg dans le Païs de *Caux*, à deux lieues de *Dieppe*. Voyez le Dict. univ. de la *France*, au mot *Charlemesnil.*

CHARLES VI. à Paris, en Juillet 1403.

aliquo premissorum, in casu novitatis oriatur opposicio vel debatum, inter dictos Thesaurarium, Cantorem, Canonicos & Clericos, seu eorum familiares & quoscumque alios, racione bonorum dicte Ecclesie, debato ipso & rebus contenciosis ad manum nostram tanquam superiorem positis, locisque deablatis, si que sint, realiter & de facto ante omnia ressaisitis, opponentes seu debatum facientes ad certam & competentem diem seu dies coram ipsis, si propinquiores Judices nostri rerum contenciosarum existant, alioquin coram aliis propinquioribus nostris Judicibus rerum contenciosarum, ad quos premissorum in casu prevencionis cognicio pertinebit, adjornent seu faciant adjornari super dictis opposicionibus processuros, & ulteriùs facturos ut fuerit racionis, quibus mandamus, & quia casuum novitatis in casu prevencionis cognicio ad nos seu Officiarios nostros noscitur pertinere, committimus quatenus inter Partes, ipsis auditis, exhibeant [a] *ceteris justicie complementum; & insuper, si dicti supplicantes eorumque familiares & homines de corpore aut eorum alter, ab aliquo vel aliquibus* [b] *assecuramentum exigere voluerint, volumus quod dicti Baillivi eorumve Locatenentes & quilibet ipsorum, dictum faciant dari assecuramentum bonum & legitimum juxta Patrie Consuetudinem, prout fuerit racionabiliter faciendum; faciantque dicti Gardiatores & eorum quilibet, omnia & singula que ad Gardiatoris officium pertinent & possunt quomodolibet pertinere, deputentque loco sui, unum vel plures Servientes nostros ydoneos in predictorum Thesaurarii, Cantoris, Canonicorum, Clericorum & personarum Ecclesiasticarum Gardiatores, qui tamen de hiis que cause cognicionem exigunt, se nullathenus intromittant: Omnibus Justiciariis & subditis nostris dantes tenore presencium in mandatis ut prefatis Gardiatoribus & eorum cuilibet, ac deputandis aliis Gardiatoribus ab ipsis, in predictis & ea tangentibus pareant efficaciter & intendant, prestentque auxilium, consilium & favorem, si opus sit & super hoc fuerint requisiti. Quod ut firmum & stabile perpetuò perseveret, nostrum presentibus fecimus apponi Sigillum: nostro in aliis & alieno in omnibus jure salvo.* Datum *Parisius,* mense Julii, anno Domini millesimo CCCC° tercio, & Regni nostri XXIII°.

Per Regem, in suo Consilio in quo [c] *Vos,* Episcopus Noviomensis, *Dominus* Robertus *de* Boissay, *& plures alii de Consilio, erant.* DERIAN.

a *corr.* celeris.

b Voy les Tabl. des Mat. des Vol. de ce Rec. *au mot* assûrément.

c Le Chancelier de France. *Voy. le 5.e Vol. de ce Rec.* p. 653. Note *(c)*.

CHARLES VI. à Paris, en Juillet 1403.

(a) Confirmation des Priviléges accordez à la Ville de Caylus-de-Bonnette.

KAROLUS, &c. Notum facimus universis tam presentibus quàm futuris, Nos Litteras inclite recordacionis Carissimi Domini & Genitoris nostri vidisse, formam que sequitur, continentes.

(b) KAROLUS, &c.

NOTES.

(a) Trésor des Chartres, Registre 158. Pièce XL. (40.)

(b) Karolus, &c.] Ces Lettres qui sont du mois d'Avril après Pâques 1370. sont imprimées à la p. 285. du 5.e Vol. de ce Recueil.

Dans le Registre 158. il y a dans le préambule de ces Lettres, quelques mots différens de ceux qui se lisent dans le Registre 100. sur lesquelles elles ont été imprimées: ces variantes ne rendent pas le texte plus clair. Voy. la Note *(b)* de la p. 285. du 5.e Vol. de ce Rec. mais ce Reg. 158. fournit les *variantes,* les additions & les corrections suivantes.

P. 285.		Lig. 1.	*Karolus, &c.*	corr.	*Karolus* Dei gracia Francorum Rex.
			Notum, &c.		*Notum* facimus universis tam presentibus quàm futuris.
		Lig. 7.	*Notum facimus, &c.*		*Notum facimus* universis tam presentibus quàm futuris.
	Art. (1)	Lig. 3.	*Universitatum.*		Universitatis.
		12.	*suscipimus per presentes.* . . .		suscepimus *& suscipimus per presentes.*
P. 286.	Art. (6)	Lig. 5.	*in Thesauro Caturcensi.*		*in* Thesauraria *Caturcensi.*
		8.	*& eciam de Compoto.*		*& eciam de* Compotis.
P. 287.	Art. (7)	Lig. 2.	*incantum & bannum predictos.*		*incantum & bannum* predictum.
	Art. (9)	Lig. 6.	*aliquas personas.*		*aliquas* alias *personas.*
	Art. (10)	Lig. 1.	*Predicta auctoritate, omnia.* . .		*Predicta* autem *omnia.*
P. 287.	Art. (10)		*Quod ut firmum, &c.*		*Quod ut firmum* & stabile perpetuo perseveret, nostrum
		Lig. 18.	*Salvo, &c.*		presentibus Litteris fecimus apponi Sigillum: *Salvo in* aliis jure nostro, & in omnibus quolibet alieno.

Quasquidem Litteras superiùs insertas, ac omnia & singulà in eisdem contenta, ratas habentes atque grata, eas & ea volumus, laudamus, approbamus, ratifficamus, ac ex nostra gracia speciali, auctoritateque Regia, in quantum dicti Consules, habitatores, universitas & singulares hactenus usi sint debitè, tenore presencium confirmamus. Quo circa Senescallo *& Thesaurario* [a] Caturcensibus, *ceterisque Justiciariis & Officiariis nostris, aut eorum Locatenentibus presentibus & futuris, & cuilibet eorumdem, prout ad eum pertinuerit, damus tenore presencium in mandatis quatinus dictos Consules, habitatores, universitatem, & singulares, & quemlibet eorumdem, modernos & posteros, nostris presentibus confirmacione & graciâ uti pacificè faciant & gaudere; & si quid in contrarium factum vel attemptatum fuerit, id ad statum pristinum & debitum redducant vel reduci faciant, visis presentibus, indilatè. Quod ut firmum & stabile* [b] *perameat in futurum, nostrum presentibus Litteris fecimus apponi Sigillum: nostro in omnibus, & alieno quolibet jure salvo.* Datum *Parisius,* mense Julii, anno Domini millesimo quadringentesimo tercio, & regni nostri vicesimo tercio.

Per Regem, ad relacionem Consilii. CHARITÉ.

CHARLES VI. à Paris, en Juillet 1403.

a Caturcen. *Reg.*

b corr. *permaneat.*

CHARLES VI. à Paris, le 18 de Septembre 1403.

(a) Lettres par lesquelles le Roy permet à Dominique Honneste, d'affiner or & argent dans la Ville de Paris.

CHARLES par la grace de Dieu Roy de France. A noz amez & féaulx les Générauls-Maistres de noz Monnoyes: Salut & dilection. *Dominique Honeste* du Pays de *Gennes,* Nous a fait donner à entendre, disant qu'il est habile & expert de deppartir tant Argent comme Or, & ycelui affiner; qui est chose nécessaire & prouffitable estre faicte, & par espécial en la Ville de *Paris,* pour la quantité des Marchans qui y fréquentent & habitent; laquelle chose il ne peult faire ne exercer en ladicte Ville, se sur ce il n'a congé & licence de Nous, si comme il dit, en Nous suppliant de nostre grace & provision. Si vous mandons que s'il est ainsi, vous souffrez & laissez faire ledit départissement & affinaige audit *Dominique,* en la manière qu'il appartient & qu'il est acoustumé à faire selon voz Instruccions: Car ainsi luy avons Nous octroyé & octroyons de grace espécial, se mestier est; nonobstant quelzconques Lettres subreptices à ce contraires. *Donné à* Paris, *le XVIII*[e] *jour de Septembre, l'an de grace mil IIII*[c] *& trois, & de nostre Regne le XXIIII*[e].

Ainsi signé. Par le Roy, à la relacion du Conseil. J. BUDE.

NOTE.

(a) Registre *E.* de la Cour des Monnoyes de *Paris, fol.*° 7 vingt 4. *verso.* [144.]

CHARLES VI. à Paris, en Septembre 1403.

(a) Lettres par lesquelles Charles VI. supprime le droit nommé Hellebic, qui se levoit sur le Poisson de mer qui se vendoit à Paris, moyennant l'offre que faisoient les Marchands qui l'y amenoient, de faire construire aux Halles pour le dépôt de cette Marchandise, un bâtiment que le Roy se charge d'entretenir dans la suite.

CHARLES, &c. Savoir faisons à tous présens & avenir, à Nous avoir esté exposé de la partie des Esleuz & Marchands de la marchandise de Poissons de mer, fréquentans la Ville de *Paris,* que comme jà piéça aucuns Marchans d'icelle marchandise prédécesseurs desdiz exposans, pour obvier & pourveoir aux empeschemens, griefz & destourbier qui leur avoient esté & estoient faiz chascun jour en

NOTE.

(a) Trésor des Chart. Registre 158. Pièce IX[xx]. (180.)

CHARLES VI. à Paris, en Septembre 1403.

admenant lesdiz Poissons à *Paris,* & pour faire certaines poursuites & pourchas par devers noz prédécesseurs Roys de France, pour adnuller & abatre les Tribus & exaccions que faisoient & s'efforçoient de faire les Vendeurs & plusieurs Estalliers estans ès Halles de *Paris,* sur le prix & valeur des penniers des Poissons de mer qui estoient amenez, descenduz & venduz ès dictes Halles, eussent donné ou baillié, si comme l'en dit, à aucuns Lombars, Marchans ou Bourgois de *Paris,* & autres qui lors s'estoient entremis de faire lesdiz pourchas & poursuites par devers noz diz Prédécesseurs, certain Tribut ou Impost sur leurs denrées, appellé *(b)* Hellebic, à prendre en la manière qui ensuit; c'est assavoir, sur chascun pennier de Poisson de mer, Harens & *(c)* Selerins par eulx amenez par terre, descenduz & vendus esdictes Halles, deux Deniers Parisis; sur chascun millier de Harens amenez par charroy en *(d)* mande à sommier ou en *(e)* mezes, quatre Deniers Parisis; sur chascun chariot de Harenc morné, & Maquerel admenez en *(f)* benne, deux Solz Parisis; & sur la charrette, douze Deniers; & sur chascun baril de Harens, caques & *(g)* Hambours de Poissons salez admenez par terre, quatre Deniers, dont furent & sont [a] exeptés Moulles & Saumons, [b] Oistres, *(h)* Suites, *(i)* Troutes, *(k)* Hanons, & aussi les denrées admenées par eaue, qui ne doivent riens, lesquelx Lombars, Marchans & autres dessusdiz, à ceste cause eussent reçeu ledit tribut Hellebic ou exaction par aucun temps, & icellui advoué à tenir de Nous ou de noz diz Prédécesseurs, si comme l'en dit, lequel Hallebic & exaccion par succession ou autrement, feust depuis escheuz & venu ès mains de deffuncte *Nicole Des Essars,* & des héritiers de feu *Martin Des Essars,* jadiz nostre Conseiller, & depuis ce lesdiz exposans pour eulx relever & deschargier de ladicte exaccion, & en demourer frans & quictes, dès longtemps a; c'est assavoir, dès l'an mil CCC LXXV. ou environ, aient racheté la porcion dudit tribut ou exaccion que l'en dit Hellebic, appartenant à ladicte *Nicole Des Essars* ou ses ayans cause, & aussi acheté & acquité plusieurs rentes & charges de plusieurs personnes qui se disoient icelles avoir sur icellui Hellebic, depuis lequel temps lesdiz exposans eussent esté & feussent demourez quictes & paisibles dudit tribut ou Hellebic & desdictes charges par eulx acquitées jusques à l'an mil

[a] corr. *exceptés.* [b] *huirres,* du latin *Ostrea.*

NOTES.

(b) Hellebic.] Voyez sur ce droit qui a aussi été nommé *Hallebic,* la Note *(b)* de la p. 586. du 2.e Vol. de ce Rec.

(c) Selerins.] On trouve dans le Dict. de *Trévoux* au mot *Celerin,* que c'est un petit poisson de mer qui est une espèce de Sardine.

(d) Mande.] *Nicot* dit dans son Trésor de la Langue françoise, au mot *Manne,* que ce mot & ceux de *Mande* & de *Banne* sont synonymes, & signifient un pannier.

(e) Mezes.] Je n'ai rien trouvé qui peut me donner une idée claire de la signification de ce mot. Il paroît seulement que c'étoit une espèce de vaisseau, tel qu'il fut, dans lequel on transportoit par terre le poisson de mer. On lit dans l'article V d'un Réglement pour la vente de ce poisson, de l'an 1320 : *Quiconques amaine Harenc dans la Ville de Paris, en Maises ou en Tonniaux, &c.* Voyez page 576. du 2.e Vol. de ce Rec. & la Note *(*)*. Dans l'article VI. de ce même Réglement, il est porté que la *Maise* doit contenir un millier & vingt Harengs saurs, ou huit cens & seize Harengs blancs. La *Maise* est appellée *Messe* dans l'article XII. d'un autre Réglement sur le même sujet. Voyez *ibid.* page 580. On trouve aussi *Mesa* dans le Glossaire de *Du Cange,* qui rapporte un passage qui n'explique pas clairement ce que c'est.

(f) Benne.] Voyez ci-dessus Note *(d),* & la Note *(c)* de la page 575. du 2.e Volume de ce Rec.

(g) Hambours.] Dans le Dict. Anglois de *Cotgrave,* au mot *Hambour,* il le traduit dans cette langue par celui de *Firkin,* & il explique ce mot par ceux-ci, *Barillet, Hambour, Hambourg, Fillets, Barrot.* L'Hambourg contient neuf galons, [espèce de mesure.]

(h) Suites.] Suivant le Dict. de *Trévoux,* au mot *Suite,* il s'est dit autrefois pour une *Alose.*

(i) Troutes.] C'est sans doute les Truites dont celles qui naissent dans les rivières, descendent dans la mer dans le mois de Mai, & remontent dans ces rivivières en Juillet, Août, &c. Voyez la p. 606 du 2.e Vol. de la Nouvelle Maison Rustique, Edit. de 1732 Dans une Ordonnance du pénultième de Janvier 1350. qui est à la p. 350. du 2.e Vol de ce Rec. les Truites sont mises au nombre des Poissons de mer.

(k) Hanons.] Ce poisson est aussi mis au nombre de ceux de mer dans l'article XV des Lettres du Roy Jean, du 3 de Mai 1351. Voyez p. 424. du 2.e Vol. de ce Rec.

CHARLES VI. à Paris, en Septembre 1403.

ccc quatrevins & deux que après nostre retour de Flandres, il Nous pleust de leur baillier & ordonner un Escuier à estre Procureur de leur Communaulté, lequel fut négligent & en demeure de Nous payer le *(l)* quint denier, & faire les devoirs à Nous deus ès dictes charges, tribut ou exaccion ainsi par eulx acquestées sur eulx mesmes, & adoncques la porcion dudit tribut ou exaccion ainsi par eulx rachetée fu mise en nostre main, tant pour défault d'iceulx devoirs non paiez, comme pour deffault de *(m)* homme, & aussi pour ce que iceulx Marchans [a] qui ont Communaulté ne autres communes semblables, ne peuvent tenir telles acquisicions sans nostre exprès congié ou licence, & depuis a esté tousjours receue par nostre Receveur de *Paris,* & encores est; & pour ce que par aucuns ou temps passé, pour le vouloir tenir seurement, en fut fait foy & hommaige à Nous & à aucuns de noz Prédécesseurs, si comme l'en dit, lesdiz exposans n'ont esté & ne sont encores deschargiez de la porcion dudit Tribut ou Hellebic par eulx rachetté, comme dessus est dit, & pour ce iceulx exposans aient n'agaires ces choses exposées à noz amez & féaulx Conseillers les Gens de noz Comptes & Trésoriers à *Paris,* & à autres de nostre Conseil, & leur aient monstré les Lettres & Tiltres desdiz achaz par eulx faiz, pour eulx informer de leur droit, affin que la porcion dudit Hellebic ainsi par eulx rachetté leur feust restituée, ou que elle feust du tout abolie & mise au néant, & que ilz en feussent & demourassent quictes, délivrés & deschargiez à tousjours: sur lesquelles choses noz dictes Gens des Comptes & Trésoriers, avec plusieurs autres de nostre Grant Conseil, ayent eu plusieurs foiz advis & délibéracion, & sur ce aient donné plusieurs délais auxdiz exposans, sans leur faire aucune expédicion finale, en la poursuite de ceste chose aient grandement fraié & despendu du leur lesdiz exposans qui pour le grant desir & affeccion que ilz ont à ce que ledit Hellebic leur fût restitué ou mis au néant, pour affranchir ou deschargier de tant la marchandise desdiz Harens & Poissons de mer, laquelle en ce & en plusieurs autres manières a esté & est moult grandement chargiée & opprimée, Nous ont offert de faire édifier pour une fois aux despens d'icelle marchandise, le lieu & Halle que l'en dit la Garde aux Poissons esdictes Halles, qui est chose de grant nécessité, & pourroit couster à mectre en estat, la somme de quatorze cens cinquante & deux livres Parisis pour ceste fois, selon [b] la devise sur ce faicte, veue & advisée par noz dictes Gens des Comptes & Trésoriers, & par les Maistres de [c] noz euvres à *Paris,* pourveu toutesvoies que ledit édifice fait ceste fois en pris & valeur dessusdiz, ilz ne soient tenuz dès-lors en avant de le soustenir & maintenir aucunement, en Nous suppliant humblement sur ce eslargir nostre grace; & pour savoir quel [d] pourfit ou dommaige Nous pourrions avoir de octroyer auxdiz exposans leur requeste dessusdicte, noz dictes Gens des Comptes ou les aucuns d'iceulx, appellez avecques eulx les Receveur & Voyer de *Paris,* & les Maistres de noz euvres aient esté sur le lieu & place de ladicte Halle ou Garde aux Poissons de mer, & aient veu & examiné diligemment la devise de l'édifice offert à faire par lesdiz exposans, & quel bien & proffit pourroit advenir à Nous & à la chose publique par le moyen dudit édifice quant il seroit fait, & par la cessacion dudit Hellebic, & combien Nous pooit valoir le proufit que Nous prenions en icellui, & sur ce aient eu advis & délibéracion à pluseurs personnes notables & expers en teles choses, & de tout ce aient fait relacion & rapport en la Chambre de noz diz Comptes, en présence de nostre Chancellier & de plusieurs de nostre Grant Conseil, par plusieurs fois, Nous adcertes, pour considéracioin des choses dessusdictes, actendu que ledit édiffice sera au grant bien & décoracion de toute nostre Ville de *Paris* & de la chose publique

a Il semble qu'il devroit y avoir, *qui n'ont communauté: qui ne sont point autorisez par le Roy à faire un corps;* & qu'il ne faut pas prendre à la rigueur le mot *Communaulté* qui est à la seconde ligne de cette page.

b *le devis.*

c *Bâtimens royaux.*

d *profit.*

NOTES.

(l) Quint denier.] Comme le droit d'Hellebic étoit tenu en Fief du Roy, ainsi qu'il est dit un peu plus haut, les marchands de poisson de mer ayant remboursé les particuliers qui possédoient une partie de ce droit, & l'ayant réuni à eux, ils devoient au Roy des droits seigneuriaux par rapport à ce changement de propriété.

(m) Homme.] Homme vivant & mourant qui représentoit la société de ces Marchands.

CHARLES VI.
à Paris, en Septembre 1403.

d'icelle, & à nostre très-grant proufit ou temps avenir, voulans & desirans les Marchans de nostre Royaume, & mesmement lesdiz exposans desquelx par le moyen de leur dicte marchandise Nous avons très-grans prouffis & revenues annuelment, tant à cause de nostre Demaine comme des Aides, & autrement, auxdiz exposans, de nostre plaine puissance, auctorité Royal & grace espécial, par ces présentes, avons octroyé & octroyons que moyennant ce que ilz feront édifier ceste fois ladicte Halle que l'en dit la Garde aux Poissons de mer, du haut, long & [a] ley, & du pris & valeur contenuz en la devise pour ce baillée en la Chambre de noz diz Comptes, à leurs propres cousts & despens, jusques à la somme de quatorze cens cinquante & deux livres Parisis dessus dictes, eulx, leurs Gens, Voicturiers & tous autres de pareil estat, & leurs Poissons, Harens & autres denrées de mer quelxconques, [b] frez & salez, soient & demeurent doresenavant francs, quictes & exemps dudit Tribut Hellebic & exaccion que Nous prenions & levions sur eulx & leurs marchandises, pour la cause & occasion dessusdictes, lesquelz Nous avons adnullé, [c] abali, & adnullons & abolissons & mettons du tout au néant entant que à Nous est, en leur quictant perpétuelment & à tousjours la foy & hommaige, se aucuns Nous en sont pour ce deuz, & les [d] lelevant, franchissant & exemptant de toute la charge, servitude ou oppression dont ilz estoient chargiez ou asservis envers Nous par ledit Hellebic ou exaccion : Voulons aussi & leur octroyons & accordons de nostre dicte grace espécial, par ces présentes, que après ce que ladicte Halle ou Garde sera faicte & édifiée, ilz puissent mectre & descendre lesdiz Harens & autres Poissons quelxconques en la Halle & Garde basse, franchement sans quelxconques exaccion ou redevance aucune, ainsi que ilz ont accoustumé & fait ou temps passé, & comme ilz [e] sont de présent, & que ès loaiges des chambres & greniers qui seront édifiez audessus par la devise dessus dicte, ilz puissent devant tous autres mectre, se bon leur semble, leurs denrées & Poissons de mer, en paiant loaige ou pris raisonnable tel comme autres en vouldroient donner ; & ainsi leur avons octroié & octroions de nostre dicte grace, que pour cause dudit édiffice que de présent ilz feront faire en ladicte Garde, aucun préjudice & conséquence ne leur soit fait, imputé ne [f] oblicié au temps avenir, & ne feront tenus de le faire que pour ceste fois tant seulement, & après Nous le ferons, [g] retendrons & réparerons quant mestier sera, à nos despens, comme il appartient. Si donnons en mandement à noz dictes Gens des Comptes & Trésoriers à *Paris*, aux *Prévost* & Receveur de *Paris*, & à tous noz autres Justiciers & Officiers, présens & avenir, ou à leurs Lieuxtenans, & à chascun d'eulx, si comme à lui appartendra, que de nostre dicte grace & octroy, & des choses dessus dictes & chascune d'icelles, facent, seuffrent & laissent lesdiz Esleuz, Marchans, Voituriers & leurs Gens, joïr & user plainement & paisiblement sans les contraindre, molester ne empescher aucunement au contraire. Et pour ce que ce soit ferme chose & estable à tousjours, Nous avons fait mectre nostre Séel à ces Lettres : Sauf en autres choses nostre droit, & l'autruy en toutes. *Donné à* Paris, *ou mois de Septembre, l'an de grace mil CCCC & trois, & le XXIIIe de nostre Regne.*

Par le Roy, à la relacion du Grant Conseil, où [h] Vous, l'*Evesque* de *Noyon*, Messire *Henry* de *Marle*, & autres, estiez. DERIAN.

[a] *lez*, *largeur*.
[b] *frais*.
[c] corr. *aboli*.
[d] corr. *relevant*.
[e] corr. *sont*.
[f] *objicié*, *objecté*.
[g] peut-être faut-il corr. *maintiendrons*, qui est plus haut.
[h] Le Chancelier de France. *Voy. le* 5e *Vol. de ce Rec.* p. 653. Note *(c)*.

Lettres

CHARLES VI. à Paris, en Septembre 1403.

(a) Lettres qui portent que les Bourgeois, Marchands & Vendeurs de Vin de la Ville de Paris, pourront contraindre ceux à qui ils en auront vendu, à leur en payer le prix, par prise de corps ou saisie de leurs biens, sans que ces Acheteurs puissent, par rapport à ces dettes, faire abandonnement & cession de biens.

CHARLES, &c. Savoir faisons à tous présens & avenir, Nous avoir reçeu l'umble supplicacion de noz bien amez les Bourgoiz, Marchans & Vendeurs de Vins Jurez de nostre bonne Ville de *Paris,* contenant que ja soit ce que [b] droit commun lesdiz *(b)* Bourgoiz Marchans puissent & leur [c] loise vendre de leurs Vins & autres denrées, à quelque personne que il leur plaist, & aussi lesdiz Vendeurs Jurez à cause de leurs Offices de vendaige, soient tenuz & astrains de délivrer les Marchans tant forains que autres pour lesquelz ilz font leurs ventes, & yceulx contenter & paier tantost & sanz délay après ce que leurs dictes ventes sont faites, & à ce faire & acomplir soient contrains par prinse de corps & de biens, & leurs [d] pleiges aussy, jusques aux sommes dont ilz les ont plégez, *(c)* néantmoins, &c. *Donné à* Paris, *ou mois de Septembre, l'an de grace mil CCCC & trois, & de nostre Regne le XXIIII[e].*

a supp. de.
b soit permis.
c cautions.

Par le Roy, à la relacion du Grant Conseil. CHALIGAUT.

NOTES.

(a) Trésor des Chartres, Registre 158. Pièce LXXV. [75.]

(b) Bourgoiz.] Il faut peut être corriger *Bourgoiz & Marchans,* comme il y a dans des Lettres du mois de Septembre de cette année, qui sont imprimées ci-dessus dans la Note *(a)* de la page 481.

(c) Néantmoins, &c.] La suite de ces Lettres est conforme à celles du même mois de Septembre 1403. citées dans la Note précédente. Voyez ce qui est dit de ces Lettres dans la Note *(a)* de la page 481.

CHARLES VI. à Paris, en Septembre 1403.

(a) Lettres qui portent que les Vendeurs de Vin de la Ville de Paris, pourront contraindre ceux à qui ils en auront vendu, à leur en payer le prix, par prise de corps ou saisie de leurs biens, sans que ces Acheteurs puissent, par rapport à ces dettes, faire abandonnement & cession de biens.

NOTE.

(a) Trésor des Chartres, Registre 158. Pièce LXXIV. [74.]

Voyez ci-dessus, page 481. Note *(a).*

CHARLES VI. à Paris, le 13 de Novembre 1403.

(a) Lettres par lesquelles le Roy mande aux Présidens du Parlement, de choisir un certain nombre de Conseillers de cette Cour, avec lesquels ils diminueront celui des Procureurs.

KAROLUS Dei gracia Francorum Rex. Dilectis & fidelibus Consiliariis nostris Presidentibus in Curia nostri Parlamenti Par. *Salutem & dileccionem. Quia nuper ad aures nostre Regie Majestatis, quorumdam fide dignorum relatione pervenit quòd licèt prefata Curia nostra suprema sit & Capitalis, Fons eciam & origo Justicie tocius Regni nostri, in eaque ventilentur assiduè, discuciantur & terminentur majores & graviores Cause tam nostre quàm Parium Francie, Principum, Ducum & Comitum*

NOTE.

(a) Registre *A.* du Parlement de *Paris, folio* 8 vingt 14. *verso.* [174.]

Avant ces Lettres il y a : *Commissio super resecacione Procuratorum Parlamenti.*

Ces Lettres avoient déjà été imprimées dans le Traité des Offices de *Joly.* T. 1. Additions. p. 142.

CHARLES VI. à Paris, le 13 de Novembre 1403.

a preeminere.

b corr. habiturorum.

c q. avec une marque d'abréviation. Reg.

Prosapie nostre, Prelatorum, Baronum & Optimatum dicti Regni, presertim Appellacionum Cause provenientes à Judicibus & Auditoriis Subalternis, tanquam ad extremum refugium ibidem morituræ deferantur, & ob hoc non solùm de remotis finibus dicti Regni, verum de longinquis & exteris Nationibus nostre Ditioni non subjectis, sit in ea continuus & cotidianus concursus hominum de suis Causis & negociis ob famosam & sinceram exhibitionem Justicie, refulgenciamque & excellenciam sani consilii quibus solent Advocati & Procuratores dictam Curiam frequentantes [a] *preminere, consilium & remedium* [b] *habituri, quâ de re pre ceteris Curiis & Auditoriis dicti Regni, adeò debeat eadem Curia Advocatis & Procuratoribus fidelibus, sapientibus & honestis, Litteratis, exercitatis & expertis in factis Justicie, potissimè Ordinacionum Regiarum atque stili dicte Curie non ignaris, esse non immeritò premunita,* [c] *quòd ipsorum (b) minore non reperiatur solennior in aliqua Baillivorum aut Senescallorum seu cujuslibet alterius Subditorum Curiarum dicti Regni. Nichilominus à paucis annis citra, se impudenter ingerere non expavit quorumdam juvenum & ineruditorum Scribencium vix in Litterarum primordiis imbutorum, stilum & Ordinaciones dicte Curie prorsus ignorancium excessiva multitudo, quorum aliqui, proth pudor! sacerdotes existunt, eciam curam animarum habentes quas negligunt, alii causa studii, ut pretendunt, quamvis revera pociùs abutendo gaudere privilegiis Scolarium moliantur, alii propter suorum aut aliorum negociorum prosecucionem apud Nos & Curiam nostram, vel ut Divitum & Potentum adhereant serviciis,* Parisius *accesserunt, quique per importunitatem petencium, ex inadvertencia vel aliter, ad Officium Procuratoris & Juramentum prestandum in dicta Curia, licet in quantumlibet inferiori minimè forent ydonei hujusmodi Officium exercere, sunt admissi, quorum pretextu metui se faciunt à simplicibus, ipsis multas vexaciones inferentes, trahentesque pauperes subditos nostros* Parisius *virtute privilegiorum suorum, coram Gentibus nostris Requestarum, aliisque Judicibus Ecclesiasticis & Secularibus, de remotis Partibus Regni nostri, quòdque deteriùs reputamus, eorum ambiciosâ temeritate faciente & honestatis pudore postposito, prevenire non verentur personas in ingressu Palacii, ut plurimùm simplices, que putant eos periciores & exercitatiores esse, quam potuissent in suis locis reperire, ipsasque suis blandiciis palpantes alliciunt, ut onus & lucrum prosecucionis negociorum suorum reportent: unde fit quòd in Litteris, impetracionibus & scripturis talium, persepe nec in serie congruitas vel ordo debitus, nec in effectu sive sensu, sentencia seu condependencia reperitur, impertinentes conclusiones adaptant, que nullatenus facto & intencioni Cliencium sunt conformes: alii verò callidioris ingenii, verba capciosa, ambigua & obscura eisdem scripturis satagunt immiscere, propter que frequenter contingit, dùm hujusmodi Littere ad Cancellariam deferuntur, quòd earum quedam tanquam indecentes penitùs & ineptè lacerantur, alie verò corriguntur, & eò ampliùs in prejudicium Parcium & Pauperum differuntur, quo pretacti temerarii Causas correctionum hujusmodi minimè capientes, deteriorem in secundis Litteris priore committunt errorem, ex quibus subditi nostri temporis & expensarum multa subeunt incommoda, turbantur Judices in dictando sentencias, ob confusam & inordinatam deductionem processuum, & pereunt fortassis plurime juste Cause: Que omnia cedunt in diminucionem honoris & prerogative Curie nostre prelibate, nec non dampnum & prejudicium non modicum provectiorum & peritiorum Advocatorum & Procuratorum ejusdem Curie, se nequaquam ingerere presumencium, ad quorum manus, si prosecuciones negociorum & Causarum pretensarum pervenirent, per eorum industriam eas utique dirigerent tutiùs & salubriùs pertractarent; & si non occurratur in futurum, ampliora formidanda sunt inconveniencia secutura: nam, ut intelleximus, propter inordinatam multitudinem hujusmodi, refugiunt & recusant quamplurimi viri notabiles variis Scienciarum titulis insigniti, industriosi & experti, dare se Procuratoris Officio, qui tamen aliter ad illud non mediocriter aspirarent,*

NOTE.

(b) *Minore.*] Cette phrase paroît corrompue & tronquée. A la place de *minore*, Joly a laissé en blanc un espace qui pourroit contenir trois ou quatre mots. On pourroit corriger *munere* ou *numero*, & peut-être même *numerus*.

totisque viribus anhelarent assumi. Nos igitur premissis inconvenientibus obviare, honorique Curie memorate consulere cupientes, ipsamque secundum ipsius celebritatem & honorificenciam viris eminentibus, qui Consuetudines & observancias ejusdem didiscerint & noverint, remanere semper ornatam, per quos stilus ipsius elegans & preclarus, per Sapientes transacti temporis Lima diligencioris examinis ordinatus, in suorum terminorum limpida & solita perspicuitate successu temporis conservetur, nec per tales errores, ineptitudines aut defectus, seu eciam per obscuras & involutas sentencias aut fraudulentas astucias quomodolibet corrumpatur, vobis & vestrum singulis, harum serie districtè precipiendo mandamus, quantùm expressiùs possumus, injungentes quatenùs assumptis vobiscum nonnullis è Consiliariis nostris Curie prelibate, tot & talibus sicut negocii qualitas exiget, & vestris videbitur providenciis expedire, super premissis omnibus & singulis per resecationem aut reductionem dictorum juvenum Procuratorum & Clericorum scriptitancium ad numerum pauciorem, ipsorum suspensionem aut exercicii hujusmodi totalem interdictionem, vel aliter, prout vestris circunspectionibus meliùs videbitur faciendum, de tam congruo, celeri & oportuno remedio providere studeatis, quòd adhibita per vos provisio redundet in honorem prefate Curie, cedat ad bonum Justicie & nostrorum omnium utilitatem subditorum, quòdque propter defectum provisionis hujusmodi, nulle Nobis ulteriùs undecunque querimonie deferantur, sed pociùs mereamini de studiosa diligencia & sollicitudine pervigili rationabiliter commendari. Datum *Parisius,* XIII.ª die Novembris, anno Domini millesimo quadringentesimo tercio; Regni vero nostri, XXIIII^to. *Sign. Per Regem, ad relationem sui Superioris Consilii.* J. HUE.

CHARLES VI. à Paris, le 13 de Novembre 1403.

Lecta & in Curia publicata fuit Littera suprascripta, die X.ª *Januarii anno Domini* M.º CCCC.º *tercio.* BAYE.

CHARLES VI. à Paris, le dernier de Novembre 1403.

(a) Lettres par lesquelles Charles VI. pourvoit Mathieu Du Bosc de l'Office de Trésorier sur le fait de la Justice, à la place de Thomas Daunoy, pour le posséder conjointement avec celui de Conseiller aux Enquêtes du Parlement, dont il étoit déjà revêtu.

CHARLES par la grace de Dieu Roy de France. A tous ceux qui ces présentes Lettres verront : Salut. Savoir faisons que Nous confiants à plein des grands sens, loyauté, proud'homie & bonne diligence que par expérience de faict avons trouvez en la personne de nostre amé & féal Conseiller en la Chambre des Enquestes de nostre Parlement, Maistre *Matthieu Du Bosc,* Licencié ès Loix & en Droit Canon, iceluy avons aujourd'huy ordonné, constitué & estably, & par ces présentes ordonnons, constituons & establissons nostre Trésorier en & sur le fait de la Justice, pour & au lieu de nostre amé & féal Conseiller Maistre *Thomas Daunoy* qui ledict Office de Trésorier tenoit & occupoit, & lequel Maistre *Thomas* avons retenu par nos autres Lettres nostre Conseiller & Maistre de nostre Chambre des Comptes, aux gaiges de quatre cens Livres Parisis par an pour tous gaiges, comprins en iceux quatre cens Livres Parisis & déduicts les gaiges qu'il prend & a accoustumé de prendre à cause de sondict Office des Enquestes du Parlement, à iceluy Office de Trésorier avoir, tenir & exercer par ledit Maistre *Matthieu Du Bosc,* avec sondict Office des Enquestes, aux gaiges dessusdits, & autres droicts, libertez & franchises qui ausdits Offices appartiennent, ainsi & par la forme & manière que le tenoit & exerçoit ledit Maistre *Thomas Daunoy.* Si donnons en mandement à nostre amé & féal Chancelier & à noz amez & féaux Genz de nosdicts Comptes à *Paris,* que receu dudit Maistre *Matthieu* le Serment en tel cas

NOTE.

(a) Ces Lettres sont à la page 74. du *Tome VIII.* Livre intitulé : Recueil des Titres des Tres. de France, par *Fournival.*

CHARLES VI. à Paris, le dernier de Novembre 1403.

accoustumé, iceluy mettent & instituent ou facent mettre & instituer en possession & saisine dudict Office de Trésorier, & des Offices dessusdicts, avec lesdicts gaiges, par la manière dessusdicte, le facent & laissent jouir & user paisiblement & à luy estre obéy en toutes choses touchant lesdictes Offices : Mandons aussi par ces mesmes présentes à nos amez & féaux Trésoriers sur le faict de la Finance, que par le Changeur de nostre Trésor, qui à présent est & qui pour le temps advenir sera, lesdicts gaiges de quatre cens Livres Parisis facent payer, bailler & délivrer audit Maistre *Matthieu* ou à son certain commandement, par la manière susdéclarée, aux termes & en la manière accoustumée ; lesquelz ainsi à luy payez comme dict est, Nous voulons que rapportant pour la première fois seulement *vidimus* de ces présentes soubz Séel Royal, avec reconnoissance sur ce dudit Maistre *Matthieu*, estre allouez ès comptes, & rabatus de la recepte dudict Changeur & de tous autres qu'il appartiendra, par nos dessusdicts Gens des Comptes, ausquels par ces mesmes présentes Nous mandons que ainsi le facent, nonobstant sondit Office des Enquestes, & quelconques restrinctions, Ordonnances, Mandemens ou deffenses à ce contraires. En tesmoing de ce, Nous avons faict mettre nostre Séel à ces présentes. *Donné à* Paris, *le dernier jour de Novembre, l'an de grace 1403. & le vingt-quatriesme de nostre Regne.* Signé. Par le Roy, le Grand Maistre d'Ostel, le Sire de *Garentieres*, Messire *François Daubichecourt* & autres, présens. NEAUVILLE.

Sigillata de expresso mandato Regis.

Et au dos est escript : *Præstitit solitum Juramentum.* NEAUVILLE.

Item Magister Matthæus *in albo præsentium nominatus, solitum præstitit Juramentum in Camera Computorum, die quinta Januarii millesimo quadragentesimo tertio.* Y. MARTEL.

CHARLES VI. à Paris, le 19 de Décembre 1403.

(a) *Réglement concernant la vente des Bestiaux à pied fourché, dans le marché de Paris.*

CHARLES par la grace de Dieu Roy de France. A tous ceuls qui ces Lettres verront : Salut. Comme pour obvier à plusieurs fraudes, mauvaistiez & décepcions que l'en souloit commettre au temps passé, & que l'en commet encores de jour en jour ou préjudice de Nous & de la chose publique, & mesmement du pueple de nostre bonne Ville de *Paris*, ou fait des denrées & marchandises de bestail à pied fourché, accoustumées estre admenées pour vendre ou marché de nostredicte Ville, ad ce ordonné, nostre Prévost & autres nos Conseillers au Chastellet de *Paris*, despiéça eussent & ayent avisé ensemble, présens & appellez ad ce le [a] Maistre des Bouchiers de la grant Boucherie de nostredicte Ville, & plusieurs autres Bouchiers d'icelle, ensemble plusieurs autres Marchans forains fréquentans ledit marchié, que il estoit nécessité pour le bien & utilité de Nous [b] de la chose publique, de sur ce faire aucunes bonnes Ordonnances par eulx délibérées, en la manière qui s'ensuit.

[a] *Voyez la Note (e) de la p. 591. du 5.e Vol. de ce Rec.*
[b] supp. *&*.

(1) Premièrement. Que tout le bestail à pié fourchié qui sera doresenavant amené à *Paris* pour vendre, sera mené ou marchié de *Paris*, sans riens en retenir ès estables ne ailleurs, & ne pourra estre vendu ailleurs que oudit marchié, sur paine d'amende voluntaire.

(2) Item. Nul ne pourra aussi d'oresenavant aler audevant des denrées pour les achetter, depuis qu'elles seront meues à venir ou marché de *Paris*, & par espécial depuis les lieux cy-après déclerez ; c'est assçavoir, depuis *Longjumel*, *(b) Soisy*,

NOTES.

(*a*) Livre Rouge vieil du Châtelet de *Paris, folio* CCIX. (209.) *recto*.

Ces Lettres ont déjà été imprimées dans le Recueil de *Fontanon*, Tome 1.er page 1158. Voyez le Traité de la Police, par M. *De la Mare*, T. 2. page 526. & les Lettres du dernier de Janvier 1392, qui sont à la page 527. du 7.e Vol. de ce Rec.

(b) Soisy.] On trouve dans le Dict. univ. de la *France*, plusieurs lieux de ce nom, situez aux environs de *Paris*. Il y en a un nommé *Soisy-sous-Montmorency*. *Neausle* est apparemment *Neauphle* près de *Montfort-l'Amaury*. Voyez *ibid.*

Neaufle, Montmorency & *Louvres,* & par ſemblable manière, que les Marchans qui feront venir ledit beſtail pour vendre à *Paris,* ne le pourront vendre ne faire vendre depuis que le beſtail ſera parti des lieux cy-deſſus déclerez pour venir à *Paris,* maiz le feront venir tout en plain marché à *Paris,* ſur la paine que deſſus.

CHARLES VI. à Paris, le 19 de Décembre 1403.

(3) *Item.* Tous Marchans & vendeurs de beſtail pour les Marchans forains ou marché de *Paris,* qui auront amené ou ameneront beſtail à *Paris* pour vendre, ſeront tenus de mener ou faire mener ledit beſtail oudit marchié, dedens les heures qui s'enſuivent ; c'eſt aſſavoir, depuis Paſques juſques à la ſaint Remi, dedens neuf heures de matin, & depuis ladite ſainct Remi juſques à Kareſme-prenant, dedens onze heures du matin, ſur paine de forfaire les denrées, ou d'autre amende voluntaire ſelon l'exigence du cas & à l'arbitraige du Juge.

(4) *Item.* Que nul Marchant fréquentant le marchié de *Paris,* ne puet ou pourra achetter aucun beſtail oudit marchié pour le revendre en icelui, ſur la paine que deſſus.

(5) *Item.* Aucun ne pourra eſtre vendeur de beſtail pour les Marchans forains ou marché de *Paris,* ne ledit Office exercer, s'il n'eſt premièrement [a] apleigé deuëment ès mains du *Prévoſt* de *Paris,* de la ſomme de quatre cens Livres Pariſis, & inſtitué oudit Office par ledit Prévoſt ; & s'aucuns ſont trouvez pour le temps avenir faiſans le contraire, ils ſeront par ledit Prévoſt privez de leurs Offices, ou autrement punis ſelon l'Ordonnance & diſcrécion dudit Prévoſt.

[a] *cautionné.*

(6) *Item.* Nul Marchant ne ſera ou pourra eſtre contraint à prendre ne avoir vendeur pour vendre ſes denrées, s'il ne lui plaiſt, maiz pourra vendre ſes denrées en perſonne, s'il cuide que bon ſoit.

(7) *Item.* Nul vendeur ou Marchant ne vendra oudit marchié Pourceaulx, les uns nourris de grain & les autres nourris de [b] ſoinc, en un trouppel, ne meſlera enſemble, maiz en feront deux trouppeaulx & les ſepareront les uns des autres, & ſeront tenus leſdiz Marchans & vendeurs en vendant leſdiz Pourceaulx, dire & expoſer par exprès aux acheteurs d'iceulx, leſquelz ſont nourriz de grain, & leſquels de ſoinc, à ce que le peuple ne ſoit déceu, ſur paine d'amende voluntaire.

[b] *ſon.* Fontanon.

(8) *Item.* Tous vendeurs de beſtail pour les Marchans forains ou marchié de *Paris,* ſeront à heure de Prime en icelui marchié, à ce que par eulx ſoit faite aux Marchans forains briefve expédition de leur beſtail, ſur paine de cent Sols Pariſis d'amende, ou autre amende à la diſcrécion du Juge.

(9) *Item.* Aucun ne puet ou pourra d'oreſenavant eſtre tueur ou langoyeur de Pourceaulx, ne icellui ou yceulx meſtiers ou Offices exercer, s'il n'eſt mis, inſtitué, & à ce reçeu par le Maiſtre des Bouchiers, qui premièrement & paravant l'inſtitucion ſe informera de la ſuffiſance, & ſemblablement ne pourra exercer ledit meſtier, ſe il n'eſt apleigé pardevers ledit Maiſtre, de gens ſuffiſans qui l'apleigeront des faultes qui pourroient eſtre faictes ou temps à venir par lui en exerçant icelui meſtier, ainſi que d'ancienneté eſt accouſtumé de faire ; & ſe aucun eſt trouvé faiſant le contraire, il l'amendera au Roy d'amende arbitraire, de laquelle amende ledit Maiſtre aura la moitié.

(10) *Item.* Et qu'aucun ne puet ou pourra eſtre tueur & langoieur enſemble, ſur paine d'amende arbitraire, dont ledit Maiſtre aura la moitié.

Savoir faiſons, que Nous les Ordonnances deſſus tranſcriptes, & tous les poins & articles cy-deſſus ſpécifiez, ayans agréables, yceulx & ycelles loons, gréons, ratifſions & approuvons, voulans icelles eſtre tenues, obſervées & gardées de point en point ſelon leur forme & teneur. Si donnons en mandement par ces préſentes à noſtredit *Prévoſt* de *Paris* ou à ſon Lieutenant, préſent & à venir, que ces préſentes Ordonnances & tous les poins & articles en icelles contenus, face tenir, garder & obſerver ſans enffraindre, ſur les paines deſſus déclerées, & icelles publier par-tout où il appartendra, en puniſſant les infracteurs d'icelles, ſelon l'exigence des cas & comme cy-deſſus eſt contenu. En teſmoing de ce, Nous avons fait mettre noſtre

CHARLES VI. à Paris, le 19 de Décembre 1403.

Séel à ces présentes. *Données à* Paris, *le* XIX*e jour de Décembre, l'an de grace mil quatre cens & trois, & de nostre Regne le* XXIIII*e*.

Ainsy signé en marge. Par le Roy, à la relation du Conseil. MERCIER.

Au dos desquelles Lettres estoit escript ce qui s'ensuit:

Publié en Jugement ou Chastellet de *Paris*, & ou marchié dit le lieu, la Place aux Pourceaulx, le Mercredi XIX.e jour de Décembre, l'an mil quatre cens & trois.

Collacion faitte aux Lettres Originaulx dessus inférées, par moy. CHOART.

CHARLES VI. à Paris, le 29 de Décembre 1403.

(a) Lettres qui portent que ceux qui ont été pourvûs par les Ordinaires de Bénéfices pendant la Soustraction à l'Obédience de Benoît XIII. y seront conservez, quand même ces Bénéfices auroient été réservez au Pape, sans être obligez de lui payer aucuns droits, qu'il ne pourra non plus exiger pour le temps passé, de ceux qui ont été nommez à des Bénéfices, depuis la restitution *à son Obédience.*

CHARLES par la grace de Dieu Roy de France. A tous ceulx qui ces présentes Lettres verront : Salut. Savoir faisons que comme à très-grant & meure délibéracion, & par le conseil des Seigneurs de nostre Sanc & Lignaige, des Gens de nostre Grant Conseil, des Prélaz, Chapitres, Universitez & Clergie de nostre Royaume, pour le bien & avancement de l'union de Sainte Eglise, & autres causes justes & raisonnables qui à ce Nous meuvent, Nous & l'Eglise de nostre Royaume & du *Daulphiné*, Nous feussions piéça substraiz de l'obéissance de nostre Saint Pere le

NOTES.

(a) Copié sur l'original qui est au Trésor des Chart. Layette, Schisme. 1er Sac. n° 27.

Au dos de cet Original est écrit ce qui suit: *Ordinacio facta, videlicet, quòd Beneficia quecumque sint, que collata fuerunt tempore Substraccionis facte Domino Pape* Benedicto, *quietè remaneant & pacificè personis possidentibus ea, nonobstante restitucione Obediencie sibi facte, michi tradita ad reponendum in Thesauro.*

Ces Lettres sont aussi au fol. 173. recto du Reg. *A.* du Parlement de *Paris*.

Il en a été envoyé une copie de *Montpellier*, avec cette indication : *Sénéchaussée de* Toulouse, *Armoire* C. *8.e Continuation des Titres particuliers. n° 3. fol. 62.*

Ces Lettres ont déjà été imprimées à la page 171. de la 2.e partie des Preuves des Libertés de l'Eglise Gallicane, Edition de 1731.

Voyez la Préface de ce Vol. §. *Schisme.*

On trouve à la page 159. du Tome 6. du Spicilége du Pere d'*Achery*, in-4.° & à la page 799. du 1.er Vol. de l'Edition de ce Rec. faite en 1723. des Lettres de Charles VI. sur le Schisme. Elles n'ont point de date d'année, & l'Editeur à mis à la marge 1398 : mais il auroit pû s'appercevoir que ces Lettres ne pouvoient être de cette année, puisqu'il y est fait mention de la restitution à l'Obédience de *Benoît XIII.* qui ne fut faite que dans le mois de Mai 1403. En effet ces Lettres sont une traduction de la dernière partie, tronquée même en quelques endroits, des Lettres françoises du 29 de Décembre 1403. & la date du 19 de Décembre mise à la fin des Lettres latines, est fausse.

On a cru devoir faire imprimer ces Lettres latines dans une Note.

CAROLUS, &c. Cum ad nostram notitiam pervenerit, quòd Dominus noster Sanctus Pater, per importunitatem quorumdam supplicancium, vel aliàs, conetur impedire Archiepiscopos, Episcopos, Abbates, Priores, Canonicos, & alias personas Ecclesiasticas, vel aliquas illarum, quæ in Prælaturis & Dignitatibus investitæ & promotæ fuerant durante Substractione, & intendit deponere dictos Beneficiatos à Prælaturis & Beneficiis per viam privationis, translationis, suspensionis, vel aliàs, & alios investire sub umbra reservationum, vel aliàs. Ultrà, quia ipse misit jam Collectores & Commissarios per Provincias & Diocæses Regni nostri ac etiam Dalphinatûs, *qui nomine suo vel Papalis Cameræ, de facto cogunt Ecclesiasticas personas, tam Prælatos quàm alios, per Monitiones, Excommunicationes, vel aliàs indebitè, ad solvendum ingentes & excessivas summas Denariorum* [a] *proventibus debitis vacancium vel servitiorum temporis* [b] *retracti à* XL. *annis citra, & etiam pro veteribus debitis Procurationum & decimarum, quas petit à dicto tempore ; & specialiter conatur exigere servitia Prælaturarum, Dignitatum & Beneficiorum aliorum collatorum per Ordinarios, durante Substractione, veniendo contra formam & tenorem Litterarum nostrarum Substractionis & restitutæ Obedientiæ, & etiam contra promissiones & securitates per Nos declaratas, quando restituimus ipsi Obedientiam: Quæ*

a *supp.* de.
b *corr.* retroacti.

Pape [a] *Benedic*, & eussions ordonné que au Pape, à ses Collecteurs, Procureurs & Officiers quelzconques, de quelque estat qu'ilz feussent, ne seroit rien paié des finances, prouffiz, émolumens & Charges quelz qu'ilz feussent, qu'ilz souloient prendre & lever par avant, & que quant les Prélatures, Dignitez & Bénéfices électis seroient vaquans, il y seroit pourveu par ceulx ausquelx l'éleccion en appartendroit de droit & de coustume, & que les autres Bénéfices seroient conférez par les Ordinaires ausquelx les Collacions en appartenoient, si comme il appert plus à plain par [b] noz Lettres faites & publiées sur ladicte Substraccion, & depuis pour plusieurs causes & raisons qui sont survenues, & principalement en espérance de avancier le fait de l'union de l'Eglise, Nous, pour nozdiz Royaume & *Daulphiné*, ayons rendu l'obéïssance à nostredit Saint Pere pour le temps lors avenir, & en faisant ladicte restitucion, pour tenir les Eglises & personnes Ecclésiastiques en paix & transquillité, fu nostre entencion & ordonnasmes entre autres provisions & seuretez, que tout ce qui avoit esté fait durant le temps de ladicte Substraccion, tant de promocions comme de provisions de Bénéfices, & autrement, selon la teneur de noz dictes Lettres, demourast en sa force & vertu, nonobstant quelzconques réservacions de Court de *Rome*, qui peussent estre au contraire, & ainsi le feismes publier [c] en plain Sermon en l'Eglise Nostre-Dame de *Paris*, le jour que ladicte restitucion d'obéïssance fu publiée ; & il soit ainsi qu'il soit venu à nostre congnoissance que nostredit Saint Pere, par importunité de requérans ou autrement, s'efforce ou veult efforcier de empescher les Arcevesques, Evesques, Abbez, Prieurs, Chanoines & autres personnes d'Eglise, ou aucunes d'icelles, ès Prélatures, Dignitez & Bénéfices ausquelx ils ont esté promeuz, & qui leur ont esté conférez par les Ordinaires durant le temps de ladicte Substraccion, par vertu de noz dictes Lettres & Ordonnances, & entend à débouter lesdiz Prélaz, Bénéficiez & personnes d'Eglise, ou aucuns d'eulx, de leurs Prélatures, Dignitez & Bénéfices, par voyes de privacions, de translacions, de suspencions ou autrement, & les conférer à autres personnes à son plaisir, soubz umbre desdictes réservacions ou autrement ; & en oultre il a envoyé Collecteurs & Commissaires par les Provinces & Diocèses de nozdiz Royaume & *Daulphiné*, lesquelx pour & ou nom de lui ou de sa Chambre, veulent contraindre & ont commencié à contraindre les personnes d'Eglise, tant Prélaz comme autres, par Monicions, Excommunicacions & autrement indeuement, à paier très-grans & excessives sommes de deniers pour les restes des *(b)* Vacquans ou *(c)* Services du temps passé, depuis quarante ans ou plus, & aussi pour les restes des *(d)* Procuracions & Dixiesmes qu'il demande pour le temps dessusdit, & par espécial veulent exiger les Services ou Vacquans des Prélatures, Dignitez & autres Bénéfices qui ont vacqué

CHARLES VI.
à Paris, le 29 de Décembre 1403.

a *Benoît XIII.*

b *Voy. ci-dessus* p. 258. *l'Ordonnance du 27 de Juillet 1398.*

c *Voy. ci-dessus* p. 593. Note *(a)*.

omnia, si permitterentur, esset contra rationem, contra honorem nostrum, & illorum qui sunt de Genere nostro, contra honorem Consilii nostri, Cleri etiam Regni nostri & Delphinatûs, *& omnium qui consenserunt dictæ Substractioni, & possent inde sequi odia & divisiones inter nostros subditos, Clericos & Seculares ; & etiam per tales exactiones de novo adinventas, evacuarentur financiæ dicti Regni &* Delphinatûs, *& Ecclesiasticæ personæ ad talem paupertatem & confusionem devenirent per tales Sententias & Excommunicationes, quòd Divinum Servicium necessariò cessaret, & impediretur omnino factum unionis Ecclesiæ, & plura inconvenientia alia sequi possent. Ideò his attentis, & quia Nos sumus Custodes & Protectores dictarum Ecclesiarum, volentes obviare inconvenientibus tactis, & servare volentes Ecclesias in suis Libertatibus antiquis, habitâ super his deliberatione maturâ, ordinavimus & decrevimus quæ sequuntur.*

Et primò, quòd omnes qui promoti fuerunt ad Prælaturas, Dignitates, & quibus Beneficia collata

NOTES.

(b) Vacquans.] C'est la même chose que les Annates, les revenus d'une année des Bénéfices qui sont devenus vaquans. Les Papes prétendoient que ces revenus leur appartenoient. Voyez le Glossaire de *Du Cange*, au mot *Vacancia 2.*

(c) Services.] Voyez dans le même Gloss. aux mots *Servitium Cameræ Papæ*, col. 436. les différens droits que les Papes exigeoient des Ecclésiastiques, sous le nom de *Servitia.*

(d) Procuracions.] Droits que les Papes exigeoient des Ecclésiastiques de France, lorsqu'ils y venoient. Voyez le Glossaire de *Du Cange*, au mot *Procurationes*, col. 885.

CHARLES VI. à Paris, le 29 de Décembre 1403.

& ont esté conférez par les Ordinaires, comme dit est, le temps de ladicte Substraccion durant, en venant directement contre la forme & teneur de nosdictes Lettres de Substraccion & d'obéissance, & aussy contre leurs provisions & seuretez par Nous ordonnées & déclairées quant Nous avons rendu ladicte obéissance à nostredit Saint Pere, qui seroit contre toute raison & contre l'onneur de Nous, de ceulx de nostre *(e)* Lingnaige & de nostre Conseil, du Clergie de nosdiz Royaume & *Daulphiné*, & de tous ceulx qui ont esté consentans de la dicte substraccion, & seroit semer débaz, divisions & haines entre noz Subgez, tant Clercs comme Lays, & aussy par telles exaccions seroient vuidées les finances de nosdiz Royaume & *Daulphiné*, & les personnes d'Eglise mises à telle povreté & confusion par Sentences d'excomuniement & autrement, qu'il fauldroit que le divin Service cessât, & seroit du tout empeschié le fait dessusdit de l'union de l'Eglise, & s'en pourroit ensuir plusieurs autres inconvéniens. Pourquoy Nous, ces choses considérées, & que Nous sommes Gardien, Deffenseur & Protecteur des Eglises de nozdiz Royaume & *Daulphiné*, voulans obvier aux inconvéniens dessusdiz, & garder les Libertez, droiz & franchises des Eglises, comme tenus y sommes, par grant & meure délibéracion avons ordonné & ordonnons par ces présentes, que tous ceulx qui ont esté promeuz à Prélatures ou autres Dignitez, & ausquelz aucuns Bénéfices ont esté conférez par les Ordinaires, comme dit est, ladicte Substraccion durant, supposé que lesdictes Prélatures, Dignitez ou Bénéfices feussent paravant réservez à Court de *Rome*, demeurent paisiblement en possession & saisine de leurs Prélatures, Dignitez & Bénéfices, & qu'ils en joyssent sanz empeschement quelconques, & qu'ilz ne soient contrains à payer au Pape ou à ses Collecteurs ou Commis, ou autres quelxconques, aucune finance pour occasion de Vacquans, des Services, de Procuracions, Dixiesmes, ou autres redevances de quelconque temps que ce soit; & en oultre, que toutes autres gens d'Eglise, de quelzconques estat qu'ilz soient, qui ont esté promeuz à Prélatures, Dignitez ou autres Bénéfices quelzconques, avant le temps de ladicte Substraccion, & aussy ceulx qui ont esté promeuz depuis le temps que avons rendu l'obéissance à nostredit Saint Pere, ne soient tenuz de payer aucuns arrérages pour Vacquans, Services, Procuracions, Dixiesmes ou autres charges quelxconques, aux Collecteurs, Commis ou autres Officiers de Court de *Rome*, de tous les temps précédans ladicte restitucion d'obéissance, & qu'ilz en demeurent quittes & paisibles; & se ès poins dessusdiz ou aucun d'iceulx, le Pape, son Chambellan, ses Commissaires, Juges déléguez, ses Collecteurs ou autres Officiers quelxconques de Court de *Rome*, du Pape ou d'autres, vouloient faire le contraire, Nous ne voulons que aucunement y soit obéy en nosdiz Royaume & *Daulphiné*, & commandons & deffendons estroittement à tous Arcevesques, Evesques, Abbez, Prieurs, Chapitres, Couvens & autres personnes Ecclésiastiques ayans Dignité ou autres Bénéfices, qu'ilz n'obéissent en aucune manière à ceulx qui vouldroient aucune chose attempter, déroguer ou préjudicier à noz présentes Ordonnances. Si donnons en mandement à noz amez

sunt per Ordinarios, ut dictum est, durante Substractione, supposito quòd reservatæ vel reservata fuissent in Curia Romana, pacificè remaneant in suis possessionibus, & illis gaudeant sine prejudicio quocumque, nec cogantur solvere Papæ Collectoribus vel Commissariis suis qualemcumque financiam occasione Vacantium, Servitiorum, & decimarum à quocumque tempore debitarum.

Iterum, quòd omnes viri Ecclesiastici cujuscumque Status sint, qui assumpti fuerunt ad Prælaturas & Dignitates ante Substractionem, vel post restitutam Obedienciam, non solvent arreragia de supradictis exactionibus, Collectoribus aut Serviteribus Papæ.

Dantes etiam in mandatis Senescallis nostris, Balivis & Rectoribus urbium Regni, quòd si ad hoc deinceps cogerentur, mox remedium apponant per detentionem bonorum cogencium, & de facto.

Datum *Parisius*, decima nona die Decembris.

NOTE.

(e) Lingnaige.] Le Duc d'Orléans frère de Charles VI. qui avoit été le principal Promoteur de la restitution à l'Obédience de Benoît XIII. avoit fait au nom de ce Pape plusieurs promesses au Clergé de France. Elles sont contenues dans un Acte qui est imprimé à la page 170. de la 2.e partie des Preuves des Libertés de l'Eglise Gallicane.

& féaulx

& féaulx Conseilliers les Gens tenans & qui tendront nostre Parlement, à tous noz Séneschaulx, Bailliz, Prévostz, & autres Justiciers & Officiers, ou à leurs Lieuxtenants, que noz présentes Ordonnances facent tenir & garder entièrement, en contraignant ad ce tous ceulx qui pour ce feront à contraindre, par la prinse & détencion de leur temporel, & par toutes autres voyes deues & raisonnables, & tout ce qui attempté ou innové a ou auroit esté fait au contraire, qu'ilz le repparent, rameinent & remettent chacun d'eulx en droit soy, tantost & sans délay, au premier estat & deu. En tesmoing de ce, Nous avons fait mettre nostre Séel à ces présentes Lettres. *Donné à* Paris, *le XXIX.e jour de Décembre, l'an de grace mil quatre cens & trois, & de nostre Regne le XXIIII.e*

CHARLES VI. à Paris, le 29 de Décembre 1403.

Par le Roy, à la relacion du Grant Conseil, ouquel le *Roy* de *Secille*, Mess. les *Ducs* de *Berry*, de *Bourgogne*, de *Bourbonn.* & de *Bretaigne*, les *Contes* de *Rethel* & de *Clermont*, le Connestable, Mess. *Jaques* de *Bourbon*, le *Conte* de *Tancarville*, & plusieurs autres, estoient. R. COSTE.

CHARLES VI. à Paris, le dernier de Décembre 1403.

(a) Lettres par lesquelles le Roy prend pendant dix ans l'Eglise de Toul sous sa Sauvegarde.

KAROLUS Dei gratia Francorum Rex. Universis presentes Litteras inspecturis: Salutem. Cum [a] *aliàs predecessorum nostrorum Regum Francie temporibus, prout per eorum Litteras satis constat, Ecclesia* Tullensis, *Decanusque & Capitulum ejusdem, necnon omnia membra, persone,* [b] *familie & bona sua, homines eorum & bona ipsorum, in & sub speciali Gardia & proteccione ipsorum predecessorum nostrorum, de decennio in decennium per dictos predecessores nostros suscepti fuerint, mediantibus duodecim parvis Turonensibus quos unusquisque homo & unaquaque mulier, caput hospicii, moram faciens in certis villis Ecclesie, Decano & Capitulo predictis pertinentibus, in dictis predecessorum nostrorum Litteris declaratis, solvebat & solvere consuevit racione dicte Gardie, quolibet anno, dictis predecessoribus nostris seu eorum mandato, in festo Nativitatis Beati Johannis Baptiste, Nosque modo premisso, Ecclesiam, Decanum & Capitulum supradictos, necnon omnia membra, personas, familias, & bona sua, homines eorum & bona ipsorum, una cum nonnullis villis & locis ad Ecclesiam, Decanum & Capitulum predictos spectantibus, per* [c] *nostras Litteras, in quibus Littere carissimorum Avi & Progenitoris nostrorum quorum animas possideat Paradisus, eisdem Decano & Capitulo pro consimili Gardia concesse, inserte sunt, pro decem annis datam dictarum nostrarum Litterarum secuturis & nundum finitis, in & sub nostris speciali Gardia & proteccione suscepimus, prout ex earum inspectione liquidè constare dicitur: Prefati quoque Decanus & Capitulum Nobis de novo exponi fecerunt quòd licèt in Gardiis predecessorum nostrorum supradictis contineatur expressè quòd ipsam Ecclesiam* Tullensem, *Decanumque & Capitulum ipsius, cum omnibus membris, personis, familiis, bonis eorum, hominibus suis & bonis ipsorum, in sua Gardia susceperint, & Nos similem Gardiam eis concesserimus durante decennio nundum finito, ut prefertur, quia tamen in eisdem Litteris exprimuntur alique certe ville & certa loca; scilicet, non omnes ad dictos Ecclesiam, Decanum & Capitulum spectantes, nonnulli ipsorum emuli eos gravare & dampnificare nitentes in aliis eorum villis & locis, utpote in villis & (b) locis de* Vodio, Waconno, Vrchiis, Boenia magna, Neves, Tronceyo, Pangneyo, Dompnomartino ad furnos, Trondis, Longort,

[a] al. avec une *marque d'abréviation.* Reg.

[b] famil. *Reg. là & plus bas.*

[c] Il n'y a point dans ce Rec. de Lettres de Sauvegarde royale pour l'Eglise de Toul, antérieures à celles-ci.

NOTES.

(a) Trésor des Chartres, Registre 157. Pièce 1.

(b) Locis de Vodio, &c.] En consultant les Tables du Livre intitulé : *Pouillié Ecclésiastique & Civil du Diocèse de Toul, [par le P. Benoît de Toul, Capucin.] Toul, 1711. 2. Vol.* in-12. on trouvera les noms modernes de quelques-uns de ces lieux; & si ces Tables avoient été faites avec plus d'exactitude, il y a apparence qu'on auroit trouvé facilement presque tous ces noms dans cet ouvrage.

CHARLES VI. à Paris, le dernier de Décembre 1403.

Manilleto, Luceyo, Langneyo, Francarvilla, Villeyo Sancti Stephani, Dompnomartino ante Tullum, Vruffes, Vichereyo, Tranconvilla, Aroffiis, Tremons *Superius*, Tremons *in medio*, Tremons *inferius*, Soncourt, Buesvesaing, Maconcuria, Auboncuria, Pluevesain, le Montel, Grimonvillari, Aquosa, Beligneyo, *&* Brancuria, *& in dictarum villarum pertinenciis & adjacenciis, necnon in aliis villis ac terris & hominibus Ecclesie, Decani & Capituli predictorum, plura dampna sepiùs inferre moliuntur : Quapropter Nobis humiliter supplicarunt quatenus ad majorem eorum villarumque & subditorum suorum predictorum securitatem, Nos Gardiam nostram laciùs declarare dignaremur. Notum facimus quòd Nos, more Predecessorum nostrorum, Ecclesiam, Decanum & Capitulum sepedictos, eorumque subditos sub nostra proteccione securos esse & manere cupientes, volumus & tenore presencium declaramus intencionis nostre esse quòd in & sub generalitate in Litteris predecessorum nostrorum & nostris, de quibus supra fit mencio, contenta, ville superiùs declarate, & alie terre & ville, necnon homines, subditi & subdite Ecclesie & Decani & Capituli memoratorum, bonaque ipsorum, in & sub nostra proteccione & salva Gardia, durante tempore decennii in dictis nostris Litteris expressi, sint & maneant, denuoque prefatam Ecclesiam nec non Decanum & Capitulum ejusdem, ac villas, terras & homines in aliis & presentibus Litteris nostris expressatos, & eis subditos, cum omnibus membris, personis, familiis & bonis ipsorum, hominibus suis & bonis eorumdem, in & sub dictis nostris speciali Gardia & proteccione, usque ad decem annos continuos à data presencium computandos, suscipimus per presentes, mediantibus duodecim parvis Turonensibus quos unusquisque homo & unaquaque mulier, hospicii caput, agens in villis in dictis predecessorum nostrorum & nostris aliis ac presentibus Litteris declaratis & in aliis villis Ecclesie & Decani & Capituli predictorum moram faciens & presenti Gardiâ uti & gaudere volens, solvet quolibet anno Nobis seu mandato nostro, in festo Beati Johannis Baptiste : dantes tenore presencium in mandatis* Baillivo Calvimontis, *omnibusque Justiciariis nostris presentibus & futuris, quatenus dictam Ecclesiam* Tullensem, *Decanumque & Capitulum ejusdem, membra, personas, familias & bona ipsorum, homines suos & eorum bona, ab omnibus injuriis & violenciis custodiant & deffendant quociens opus fuerit, & dicti Decanus & Capitulum eos requisierint, ad sumptus & expensas Ecclesie supradicte : volentes nichilominus quòd Justiciarii nostri predicti seu ab eis super hoc deputati sumptus & expensas propter hoc non possint petere nisi ad hoc fuerint aut venerint ad requisicionem dictorum Decani & Capituli aut Procuratoris eorundem; quòdque dictis decem annis elapsis, racione dicte Gardie nichil ulteriùs reclamare possimus in premissis, ipsaque Gardia, finito dicto decennio, eciam sopiatur. In cujus rei testimonium, nostrum presentibus Litteris fecimus apponi Sigillum.* Datum *Parisius,* die ultima Decembris, anno Domini millesimo CCCC^mo tertio, & Regni nostri XXIIII^to. *Sic signat. In requestis per* [a] *Vos de mandato Regis tentis, presentibus* Patriarcha Alexandrino, *ac* Noviomensi, Tornacensi, Carnotensi, Meldensi, *&* Sancti Flori *Episcopis, & pluribus aliis.* J DE SANCTIS.

[a] Le Chancelier de France. Voy. *le 5.e Vol. de ce Rec.* pag. 653. Note *(c)*.

CHARLES VI. à Paris, le 28 de Janvier 1403.

(a) Lettres par lesquelles le Roy révoque le pouvoir qu'il avoit donné à des Commissaires sur le fait de la Police & de la Justice dans la Ville de Paris.

CHARLES par la grace de Dieu Roy de France. A tous ceulx qui ces Lettres verront : Salut. Savoir faisons que pour certaines causes qui à ce Nous ont meu & meuvent, Nous par grant & meure délibéracion de nostre Conseil où estoient noz très-chiers & très-amez Oncles les *Ducs* de *Berry*, de *Bourgogne*, & plusieurs autres de nostredit Conseil, Nous avons révoqué, & par ces présentes de nostre

NOTE.

(a) Registre *A.* du Parlement de *Paris, folio* 8 vingt 15. *recto.* [175.] Avant ces Lettres il y a : *Revocatio Commissariorum ad Polliciam* Parisius *ordinatorum.*

certaine science révoquons la [a] puissance par Nous commise à noz amez & féaulx Conseilliers ordenez sur le fait de la Policie de nostre Ville de *Paris,* avecques tous les povoirs de tous autres Commissaires commis & députez sur ledit fait & sur les dépendances d'icellui, tant par Nous comme par nozdiz Conseillers, & toutes Informacions & tous Procès encommanciez pardevant eulx, qui ne ont esté jugiez paravant la date de ces présentes, en quelque estat qu'ilz soient, avons adnullé & aboli, adnullons, abolissons & mettons du tout à néant. Si donnons en mandement par ces mesmes Lettres à nozdiz Conseillers & à tous lesdiz Commissaires & députez, que ilz cessent de plus exercer leursdictes Commissions; ausquelx Nous défendons expresséement que plus ne s'en entremettent: Mandons aussi à noz amez & féaulx Gens tenans nostre présent Parlement, au *Prévost* de *Paris,* & à tous noz autres Justiciers, que ceste nostre révocacion facent publier par-tout où il appartendra. En tesmoing de ce, Nous avons fait mettre à ces Lettres nostre Séel. *Donné à* Paris, *le XXVIII.e jour de Janvier, l'an de grace mil quatre cens & trois, & le XXIIII.e de nostre Regne.* Ainsi signée. Par le Roy, en son Conseil, où Mess. les *Ducs* de *Berry,* de *Bourgogne,* le *Conte* de *Tancarville,* & plusieurs autres, estiez. J. DE SANCTIS.

Lecta in Curia, & publicata ad Fenestram, XXX.a die Januarii CCCC.o III.o BAYE. *Collatio facta est cum Originali.*

CHARLES VI. à Paris, le 28 de Janvier 1403.

[a] Voy. ci-dessus p. 574. les Lettres du 24. de Mars 1402.

CHARLES VI. à Paris, en Janvier 1403.

(a) Lettres de Sauvegarde Royale pour l'Abbaye de Saint-Maur des Fossés.

KAROLUS Dei gracia Francorum Rex. Dignum & justum conspicimus, ut Nos qui Divina dispositione solium Regie Majestatis conscendimus, illi cujus munere precellimus, salutaribus Predecessorum nostrorum vestigiis inherentes, jugi studio sollicitudinis nitamur devotè servire ac bonis operibus complacere, & inde suam sanctam Ecclesiam, personas, loca & bona ipsius, ab inquietacione seu incursu & oppressione malignantium quorumlibet virili resistentia defensare, ut ipsa in pacis pulcritudine sedeat, Ministrique sui in quiete viventes & pace, Sponsum ejus Dominum nostrum Jesum Christum glorificent, eique devociùs serviant, & tantò ad id uberiores & se promptiores exhibeant, quantò ampliùs potencie nostre dextera senserint se adjutos. Notum igitur fieri volumus presentibus & posteritati future, quòd Nobis pro parte dilectorum nostrorum Abbatis & Conventus Monasterii Beati Mauri de Fossatis *ex fondacione Regia, & ab antiquissimis temporibus in salva & speciali Gardia Predecessorum nostrorum Regum Francie, tam in capite quàm in membris, existentium, à jamdiu supplicacioni Celsitudini nostre cum humilitate debita porrecte, favorabiliùs inclinantes, eosdem presentes & posteros, tam in capite quàm in membris, & eorum singulares personas & bona quecumque, una cum suis Officiariis, familiaribus,* [b] *hominibus de corpore, & servitoribus, nec non domibus, habitacionibus, terris, vineis, dominacionibus, & aliis quibuscumque bonis & possessionibus quas possident presentialiter & amodò possidebunt, in & sub nostris successorumque nostrorum Regum Francie protectione salvaque & speciali Gardia, ad suorum conservacionem Jurium, de novo & ex habundanti, ex nostris auctoritate Regiaque potestatis plenitudine ac gracia speciali suscipimus & ponimus per presentes, in & sub eisdem perpetim remansuros: harum serie mandantes & expressè committentes* Preposito *nostro* Parisiensi *qui nunc est & fuerit temporibus affuturis, aut ejus Locumtenenti, quem ex nunc Gardiatorem jamdictorum supplicancium eorumque Monasterii & membrorum suorum suumque Judicem*

[b] espèce de Serfs.

NOTE.

(a) Livre rouge vieil du Châtelet de *Paris, fol.* 214. *verso.*

Avant ces Lettres il y a: *Garde pour les Religieux* de Saint Mor des Fossez.

Ces Lettres sont aussi au Trésor des Chart. Reg. 158. P. 233.

CHARLES VI.
à Paris, en Janvier 1403.

a en quelques endroits que ces procès soient mûs.

b Voy. les Tabl. des Mat. des Vol. de ce Rec. au mot asseurément *& à celui de* Pennonceaux *qui est un peu plus bas.*

c Voyez le 5.e Vol. de ce Rec. p. 22. Note *(h)*.

specialem solum & quorumcunque in solidum, in omnibus & singulis Causis suis motis & movendis, tam agendo quàm defendendo, [a] *undecunque claruerint in Regno nostro contra quosvis eorum adversarios deputamus, ordinamus & expressè committimus, quatenus ipsos Religiosos & singulares eorum, Monasteriumque suum & ejus membra quecunque, in suis justis possessionibus, Usibus, Juribus, franchisiis, Libertatibus & saisinis presentibus & futuris manuteneat & conservet, & ab omnibus injuriis, violenciis, oppressionibus, gravaminibus, molestiis, vi armorum, potencia Laïcorum, & ceteris inquietacionibus ac indebitis novitatibus tueatur & preservet, non permittendo adversus ipsos Religiosos aut eorum alterum, ipsorumve Officiarios, homines de corpore, familiares & servitores, necnon res, possessiones & bona sua, aliquas fieri aut inferri indebitas novitates; quin ymmo ipsas si quas invenerit in ipsorum & presentis nostre salve Gardie prejudicium factas, ad statum pristinum & debitum reducat, seu Justiciâ mediante, reduci faciat immorosè Nobis proinde & jamdictis supplicantibus Emendam condignam; atque de personis de quibus* [b] *assecuramentum habere voluerint, juxta Patrie Consuetudinem legitimum dari & prestari; ac Penuncellos Regios in hujusmodi salve Gardie signum, in & super Domibus, Grangiis, rebus & possessionibus suis predictis, in casu eminentis periculi affigi; Salvamgardiam ipsam nichilominus in locis & personis ubi expedierit, intimari & publicari debitè faciendo, ne quis ex hoc de ignorancia se possit conniventibus oculis aut alio quovis exquisito colore excusare; necnon presentis Salvegardie violatores, & alios quos sibi Gardiatoris hujusmodi ac Judicis officium exercendo, inobedientes repererit aut rebelles, (b) Justicie debitè requirendo, adeo puniendo quòd aliis cedere valeat in exemplum. Si verò occasione rerum, bonorum ac Jurium suorum quorumcunque, aut alteriùs ex eisdem, opposicio seu debatum in casu novitatis suboriri contingat, debato ipso & rebus contenciosis hujusmodi ad manum nostram tanquam superiorem positis, ressaisitisque Locis deablatis & factâ recredenciâ, si & ubi fuerit facienda, inter Partes, hiis auditis Justicie complementum ministret; ulteriùsque faciat, exequatur & compleat omnia & singula alia que circa premissa necessaria fuerint seu eciam opportuna; Ordinacionibus, Editis, Usibus, & Statutis localibus aut generalibus ad hoc contrariis, nonobstantibus quibuscunque; eisdem Religiosis ac eorum Monasterio & bonis suis quibuscunque, tam in capite quàm in membris, si opus sit, unum aut plures ex Servientibus nostris, in Gardiatores suos pro premissis absque cognicione Cause exequendis, committendo: Mandantes universis & singulis Justiciariis & Officiariis nostris presentibus & futuris, aut eorum Locatenentibus, & unicuique ipsorum, prout ad eum pertinuerit, quatenùs sepedicto Preposito* Parisiensi *aut ejus Locumtenenti, presenti & futuro, necnon deputandis ab ipso, in & super premissis & dependentibus ex eisdem, intendant & pareant cum effectu. Quod ut firmum & stabile perpetuò perseveret, nostrum presentibus Litteris duximus apponi Sigillum: nostro in aliis & alieno in omnibus jure salvo.* Datum *Parisius,* mense Januarii, anno Domini millesimo quadringentesimo tercio, & Regni nostri XXIIII^to^.

Sic signatum. Per Regem, ad relacionem Consilii. R. CAMUS. *Visa* [c] CONTENTOR. R. LIJOTE.

Au dos desqueles Lettres de Garde, estoit escript ce qui s'ensuit : *Publicate fuerunt presentes Littere in Judicio & Curia Castelleti Regii* Paris. *die Mercurii XXX^a^ mensis Januarii, anno Domini millesimo CCCC.^mo^ tercio.* FRESNES.

Item. Publiées ès Assises de *Tournant,* tenuës le Dimenche XXVIe jour d'Octobre mil CCCC & quatre, par Nous Guillaume *Seigneur* de *Tignonville, Prévost* de *Paris* & *Bailly* dudit lieu. *Ita est.* P. LE GUIANT.

Item. Publiées pareillement en l'Assise de *Torcy* tenuë par Nous Guillaume *Seigneur* de *Tignonville Prévost* de *Paris,* & *Bailli* dudit lieu, le Mardi XXVIIIe jour d'Octobre CCCC & quatre. *Ita est.* P. LE GUIANT.

Collation faicte aux Lettres Originaulx dessus inserées, par moy. CHARA.

NOTE.

(b) Justicie debite requirendo.] Je crois que cette phrase qui est singulière, signifie, *les faisant adjourner,* pour comparoître en Justice.

CHARLES VI. à Paris, en Janvier 1403.

(a) Confirmation des Statuts de la Communauté de la Ville de Pontoise.

KAROLUS, &c. Notum facimus universis presentibus pariter & futuris, Nos quasdam Litteras infrascriptas dilecti nostri Majoris, Prepositi & Viarii Ville Pontisare, *vidisse, formam que sequitur, continentes.*

A Tous ceulx qui ces Lettres verront, *Symon Paine,* Maire, Prévost & Voier de la Ville & Commune de *Pontoise:* Salut. Savoir faisons que pardevant nous en Jugement, le Jeudi sixiesme jour de Décembre, l'an de grace mil CCCC & trois, vindrent & furent pour ce présens en leurs personnes, *Gautier Le Maire, Pierres* le *Barbier, Jehan Carré, Jehan Charron* l'aisné dit *Garnison, Guillaume* le *Chars, Oudin Brongnet, Denis* de la *Planche, Guillaume Du Moulin, Jehan* de *Lisle* dit *Hellebic, Jehan Charron* le jeune, *Noel Martin, Jaques Galeran, Jehan* de *Chars* & *Jehan Regnart,* tous Bouchiers demourans à *Pontoise,* faisans la plus grant, notable & saine partie des Bouchiers de ladicte Ville de *Pontoise,* tous lesquelx ensemble & d'un commun accord nous affermèrent en consience & pour vérité, que ilz savoient certainement de leurs anciens prédécesseurs Bouchiers de ladicte Ville de *Pontoise,* que les Coustumes, poins, Ordonnances & Usaiges dont on avoit d'ancienneté & de très-long-temps usé & accoustumé de user sur le fait du [a] maistier de ladicte Boucherie de *Pontoise,* estoient & sont telz comme cy-après s'ensuit: c'est assavoir,

(1) Que toutes [b] bestes aumailles gouteuzes, mortes de [c] loup ou (b) sy courant, ne doivent estre vendues en ladicte Boucherie.

(2) *Item.* Se il y a quelques Vaches qui requière le Toreau, ou qui y ait esté de nouvel, ou qui ait de nouvel véellé, il esconvient qu'elle soit (c) résidiée de trois sepmaines & trois jours [d] avant qu'elle soit disiré de vendre.

(3) *Item.* Le (d) Tor coullu ne doit estre vendu en ladicte Ville de *Pontoise,* depuis Pasques jusques à la Saint Remi; mais depuis la Saint Remi, le puet estre se il advient que on en tue.

(4) *Item.* Le Veau ne doit estre vendu en ladicte Boucherie, se il ne a XVII jours frans, & si ne doit estre [e] plus hault de une nuit en sa pel; & n'en doit on oster quelque membre jusques à ce que la pel en soit toute hors.

(5) *Item.* Porc ne doit estre vendu en ladicte Boucherie, pour tant qu'il soit venu & nourri de chiez Barbier, [f] Huillier, Mareschal, ne de maladerie.

(6) *Item.* Une Truie qui est en [g] ruit ou qui a [h] nouveau cochonné, il esconvient qu'elle soit résidiée de trois sepmaines & trois jours avant qu'elle soit disiré de vendre.

(7) *Item.* Que tout Mouton, Brebis bon & loyal (e) ayant loy, peut estre vendu.

(8) *Item.* Tous Boucqs & Chèvres, se ilz ne sont de lait, ne se doivent vendre.

(9) *Item.* Que toutes les bestes devant dictes ne doivent estre (f) piquées,

a *mestier.*

b *bestes à laine.*

c *espèce de maladie, sur laquelle voy. le Gloss. de* Du Cange, *au mot* Lupus. 1.

d cela doit signifier *avant qu'on puisse la tuer pour en vendre la chair.*

e *plus long-tems qu'une nuit.*

f *Voy. la Note (b) de la* p. 640. *du 3.e Vol. de ce Rec.*

g *rut.*

h supp. *de.*

NOTES.

(a) Trésor des Chartres, Registre 158. P. IIc III. (203.)

(b) *Sy courant.*] Je n'entends point ce que signifient ces mots. Il faut peut-être corriger *Fy courant.* Le *Fy* est une maladie à laquelle le bétail est sujet, & sur laquelle voyez le Dict. du Commerce de *Savary,* à ce mot. Le *Fy courant* peut être le *Fi épidémique.*

(c) *Résidiée.*] On trouve dans le Gloss. de *Du Cange,* que *Residere* a signifié *négliger,* & ce sens convient assez bien ici.

(d) *Tor coullu.*] Je crois que cela signifie un Taureau qui n'a point été rendu inhabile à la génération. Lorsqu'il est tué, sa chair se corrompt promptement, & principalement en été.

(e) *Ayant Loy.*] Cela peut signifier conformément aux Loix faites à ce sujet.

(f) *Piquées.*] Dans l'énumération des instrumens propres aux Bouchers, que *Savary* à ce mot, fait dans son Dict. du Commerce, il comprend une broche de fer pour préparer le Bœuf à être soufflé; & au mot *Broche,* il s'explique plus amplement sur l'usage de cet instrument, qui sert à faire des ouvertures entre la peau & la chair, &c. Cette opération est apparemment celle qui est désignée ici par le mot *piquées.*

CHARLES VI. à Paris, en Janvier 1403.

soufflées ne fardées; c'est assavoir, que on n'y doit mettre aucun parement que de leur gresse mesme, comme de leur [a] raignon & de leur coulle & *(g)* iller, & de telle gresse comme ilz ont entour eulx, réservé la *(h)* telle, la resche & le millieu que on n'y doit point mettre, & aussi que on puest bien piquier au boullon pour mieulx lever l'épaule de une beste aumaille, & non ailleurs.

a rognon.

(10) Item. Toutes les bestes dessus desclairées admenées en chariot, charrete ou autre *(i)* instrument, ne [b] dosivent estre vendues plustost que les Jurez Bouchiers les aient veuës mangier, & revisitées, réservé Veaulx & Moutons.

b doisvent.

(11) Item. On ne doit tuer char en ladicte Ville de *Pontoise,* à jour de Feste annuel, ne au Dimenche, que il ne soit heure de nuyt; & se aucune deffaulte de char y avoit, & que il en esconvenist tuer, on en [c] droit prendre congié aux Jurez de ladicte Boucherie; & qui fait le contraire, il commet amende, & si doit retarder de vendre icelle char tuée à iceulx jours, de une journée franche.

c corr. doit.

(12) Item. Nul ne doit mettre sur le feu *(k)* cieu cler pour fondre, qu'il ne soit [d] Soleil rescouce.

d Soleil couché.

(13) Item. La gresse noire aussi, qu'il ne soit *(l)* une lieue de nuyt.

(14) Item. La gresse pour mengier, à toutes heures.

(15) Item. Se aucuns Taverniers, Boulengiers ou autres, veullent faire tuer char pour vendre en leurs hostelz à gens, faire ne le pevent se les Jurez Bouchiers ne visitent en vie la beste.

(16) Item. Nul ne doit estre reçeu à lever son mestier en ladicte Boucherie, plustost & jusques à ce qu'il ait servy comme aprentiz quatre ans.

(17) Item. Nul ne doit lever son mestier sans le congié du Maire de *Pontoize,* & des Jurez Bouchiers, & sans paier son [e] paast acoustumé.

e Voyez le 6.e Vol. de ce Rec. p. 595. Note *(z)*.

(18) Item. On ne doit geter [f] bouiaux, sang ne trippes enmy la ruë de la boucherie.

f boyaux.

(19) Item. On ne doit vendre char à ladicte boucherie, se elle n'est tuée à la dicte boucherie.

(20) Item. Quiconques fait le contraire des choses dessus dictes, il commet amende du taux de dix Solz Parisis, moitié à la Ville de *Pontoise,* & moitié aux Jurez; réservé les chars mauvaises qui doivent estre getées en la rivière d'*Oise.*

(21) Item. Qui désobéit aux Jurez, il commet amende de soixante Solz Parisis; & doit avoir oudit mestier quatre Bouchiers faiz Jurez par le Maire, & renouvellez chascun an, pour visiter les choses dessus dictes, & pour tenir le mestier en Loy & en Ordonnance.

Disoient encores les dessus nommez Bouchiers, que en ensuivant en ce cas leurs diz prédécesseurs Bouchiers, ilz avoient & ont accoustumé de user de tout leur temps jusques à présent ou fait de ladicte Boucherie, des poins & Ordonnances dessusdictes, & avoient intencion de faire doresénavant, se il plaisoit à Justice, en nous requerant comme au Juge dudit lieu, que ce nous voulsissions permettre & consentir, mesmement que ce estoit & est le bien commun & de la chose publique, si comme ilz disoient: Savoir faisons que veu & oy le propos desdiz Bouchiers dont il y a de noz [g] Pers Jurez, confians de leur bien, loyaulté & serement, voulant endroit de nous [h] attenir ledit mestier & les personnes, en nature, paix & transquillité, à nostre povoir, desirant le bien de la chose publique, & [i] eschever aux fraudes & inconvéniens, eu sur ce délibéracion à plusieurs saiges anciens qui scevent lesdiz usaiges estre vraies, nous entant que faire le povons, avons agréable lesdictes

g Voy. les Tabl. des Mat. des Vol. de ce Rec. au mot, Pers.

h tenir.

i éviter.

NOTES.

(g) Iller.] Ce mot vient peut-être d'*Ilia,* qui en latin signifie les entrailles.

(h) Telle, Resche... Boullon.] Je n'ai rien trouvé sur la signification de ces trois mots.

(i) Instrument.] Ce mot doit signifier ici une voiture.

(k) Cieu cler.] Cieu, Suif. Je n'ai rien trouvé dans le Dict. du Commerce de *Savary,* ni sur le suif clair, ni sur la graisse noire, de laquelle il est parlé dans l'article suivant.

(l) Une Lieue.] Ces mots peuvent signifier une heure, pendant laquelle on peut faire ordinairement une lieue.

Couſtumes, Uſaiges, poins, articles & Ordonnances, loons, gréons & acquieſſons icelles en droit de nous, y preſtons conſentement, & leur donnons congié & licence de en uſer licitement & raiſonnablement, moiennant que ilz ont promis & juré que ce eſt le bien commun, & de tenir icelle Ordonnance, entériner & accomplir chaſcun endroit ſoy, ſans enfraindre, aux peines avant dictes, & auſſi que ilz feront diligence de icelles faire aprouver par le Roy noſtre S. auquel nous ſupplions avecques eulx, que il lui plaiſt ce faire à ce que ce ſoit choſe perpétuele. En teſmoing de ce, nous avons mis à ces Lettres le Séel de ladicte Commune de *Pontoiſe,* l'an & le jour de Jeudi deſſuſdiz.

CHARLES VI. à Paris, en Janvier 1403.

Suite des Lettres de Charles VI.

Quaſquidem Litteras ſupraſcriptas, ac omnia & ſingula in eiſdem contenta, ratas & gratas habentes, eas & ea volumus, laudamus, aprobamus, ratifficamus, ac eciam tenore preſencium, in quantum ritè & juſtè facta, & de ipſis carnifices prelibati uſi pacificè fuerunt, de noſtra ſpeciali gracia, auctoritateque Regia confirmamus: Dantes ſerie preſencium in mandatis Baillivo Silvanetenſi, *ceteriſque Juſticiariis noſtris vel eorum Locatenentibus, preſentibus & futuris, & eorum cuilibet, prout ad eum pertinuerit, quatinus dictos carnifices noſtrâ preſenti graciâ & confirmacione uti & gaudere pacificè faciant & permittant, nil in contrarium fieri permittentes. Quod ut firmum & ſtabile perpetuò perſeveret, preſentibus Litteris noſtrum fecimus apponi Sigillum: noſtro & alieno in omnibus jure ſalvo.* Datum *Pariſius,* menſe Januarii, anno Domini M.° CCCC.° tercio, & Regni noſtri XXIIII°.

Per Regem, ad relacionem Conſilii. MAULONE.

CHARLES VI. à Paris, le 6 de Février 1403.

(a) Lettres par leſquelles Charles VI. exempte les Huiſſiers du Parlement de payer les droits d'Aides, par rapport aux fruits crûs dans leurs héritages.

CHARLES par la grace de Dieu Roy de France. A noz amez & féaux les Généraux Conſeillers ſur le faict de nos Aydes ordonnez pour la guerre : Salut & dilection. De la partie de nos bien amez les Huiſſiers de noſtre Cour de Parlement, Nous a eſté humblement expoſé que comme ils ſoient abſtrainctS de Nous ſervir & & Nous ſervent continuellement de leurs perſonnes, à cauſe de leurs Offices, tant ſur le fait de la Juſtice de noſtredit Parlement, comme autre part où il plaiſt à Nous & à noſtre Cour les envoyer & commettre, à cauſe duquel & pour eux honneſtement gouverner en leurs Offices, il leur faille avoir & tenir en leurs hoſtels Chevaux, & faire de grandes deſpenſes, & leurs corps expoſer en moult de péril, jaçoit que de Nous ilz ayent petits gages, deſquels ils ne pourroient vivre ny leur eſtat ſouſtenir, s'ils n'avoient aucun profit & émolument; & pour ce Nous [a] ayant humblement ſupplié, comme ils ſoient membres & ſuppôts de noſtre Cour dudit Parlement, & de bonne équité doivent jouyr de telles franchiſes & priviléges comme nos amez & féaux Conſeillers dudit Parlement, Greffiers, *(b)* Procureur & Advocats, Nous par contemplation d'eux, & autres juſtes cauſes qui à ce Nous ont meu, [b] ayons par nos autres Lettres affranchis du tout de toutes Impoſitions, du Quatrieſme [c] decret venans en leurs héritages, quand ils le vendent en gros ou détail [d] ſans marchandiſe & ſans fraude, Nous à iceux expoſans voulons octroyer pareille grace, meſmement que ce peu de vignes & héritages qu'ils ont, ou aucun d'eux poſſèdent, leurs ſont de grands frais en labourage, & faut qu'ils les facent labourer par mains eſtrangères pour les occupations qu'ils ont au ſervice de Nous & d'icelle Cour, ſi comme ils diſent:

a peut-être: *ayent.*

b app. *ayans.*

c peut-être *de vin;* cependant dans le Mandement adreſſé à l'Eſlû, il y a *du creu de leurs héritages.*

d *ſans faire le commerce.*

NOTES.

(a) Ces Lettres ſont à la page 148. du 1.er Vol. du Livre intitulé : *Les Offices de France,* par *Joly.*

(b) Procureur.) Je crois que par ces mots il faut entendre le Procureur & les Avocats du Roy. Voyez ci-deſſus p. 580. Note *(c).*

CHARLES VI. à Paris, le 6 de Février 1403.

Pourquoy ces choses considerées, & pour contemplation d'iceux exposans, & des bons & agréables services qu'ils Nous ont fait & font en leurs Offices, afin que tousjours ils soient tenus de perséverer & de mieux en mieux, à iceux exposans avons octroyé & octroyons de nostre grace spéciale & authorité Royal, que l'Imposition, Quatriesme & autres Aydes ordonnées & à ordonner pour le fait de nostre dicte guerre, des fruits croissans en leurs vignes & autres héritages, lesquels ils vendront ou pourront vendre en gros ou en détail, sans marchandise & sans fraude, ils soient & demeurent francs, quittes & exempts d'oresnavant, sans que l'on leur en puisse rien demander. Si vous mandons que de nostre présente grace & octroy vous faictes & souffrez d'oresnavant iceux exposans jouyr & user, sans les souffrir par quelsconques Fermiers, Receveurs ou Collecteurs desdictes Aydes, ou autrement, pour occasion de ces choses, estre travaillez, poursuivis, molestez ny empeschez au contraire : Car ainsi nous plaist-il être fait de nostreditte grace, nonobstant quelsconques mandemens, Ordonnances ou défenses & Lettres à ce contraires. *Donné à* Paris, *le sixiesme jour de Février, l'an de grace mil quatre cens trois; & de nostre Regne le vingt-quatriesme.* Signé. Par le Roy en son Conseil, où le Roi de *Sicille*, Messieurs les *Ducs* de *Berry*, de *Bourgongne*, le Grand Maistre d'Hostel, & autres, [a] estans. J. TENO.

[a] corr. *estoient.*

Mandement des Généraux des Aydes à l'Esleu de Paris, *de faire jouyr les Huissiers dudit Parlement de l'effect des susdictes Lettres.*

DE par les Généraux sur le faict des Aydes ordonnés pour la guerre. Esleu sur ledit fait à *Paris*, veu le contenu des *Vidimus*, & Lettres Royaux ausquelles ces présentes sont attachées sous l'un de nos signets, nous vous mandons que vous exemptiez les Huissiers du Parlement de payer Quatriesme & Imposition du creu de leurs héritages, tant par la forme & manière qu'accoustumé avez d'exempter les Seigneurs dudit Parlement, de la Chambre des Enquestes & des Requestes du Palais à *Paris*, & les Greffiers d'icelle, & gardez qu'en ce n'y ait faute. *Donné à* Paris, *le vingt-uniesme jour de Janvier, l'an mil quatre cents quatre.* Ainsi signé [b] J. GEHEN. Et sur le reply est escrit : *Collatio facta est cum originalibus Litteris suprascriptis.* Signé CLEMENT.

[b] Il faut peut-être corr. *J. Gehe.* Il y avoit dans ce tems-là un Secrétaire du Roy de ce nom. Voyez les Tables des noms des personnes.

CHARLES VI. à Paris, en Février 1403.

(a) Lettres de Sauvegarde Royale pour la grande Confrairie aux Prêtres & aux Bourgeois, establie à Paris.

KAROLUS Dei gracia Francorum Rex. Notum facimus universis presentibus & futuris, quòd Nos ad supplicacionem dilectorum nostrorum Abbatis, Decani, Prepositi & Confratrum (b) Magne Confratrie Beate Marie ad Presbiteros & Burgenses Parisius *fundate & ordinate; considerantes eciam ac favorabiliter attendentes, quòd Nos carissimique Patruus ac Consanguineus nostri,* Dux Burgundie *&* Comes Nivernensis *ejus Filius primogenitus, nec non quàmplures Consiliarii nostri ex Magno Consilio nostro existentes, ac alii Officiarii nostri, & potentes viri tam Ecclesiastici quàm seculares, ex dicta Confratria Confratres sumus, ipsos Abbatem, Decanum, Prepositum, Confratres & Sorores dicte Magne Confratrie, singulosque ipsius Confratrie, Clericos & servitores, presentes & futuros, cum eorum familiis & servitoribus, bonis eciam, rebus, possessionibus, domibusque & maneriis, redditibus, deveriis & juribus universis, ad dictam Confratriam pertinentibus nunc, & que in futurum spectabunt & pertinebunt,*

NOTES.

(a) Livre Rouge vieil du Châtelet, *folio* 11 vingt. *recto.* [220.]

Avant ces Lettres il y a : *La Confrarie aux Bourgois.*

Ces Lettres sont aussi dans le Reg. 158. du Trésor des Chartres, page 267.

(b) Magne Confratrie.] Voyez sur cette grande Confrairie qui fut établie en 1168. dans l'Eglise paroissiale de la Magdeleine à *Paris*, & qui subsiste encore, l'Histoire de *Paris*, par *D. Felibien.* Vol. 1. p. 206. n° XX. *ad suam*

CHARLES VI.

à Paris, en Février 1403.

ad suam bonorum Juriumque predictorum conservacionem & securitatem, in salva & speciali Gardia nostra suscipimus & ponimus per presentes, pro Nobis & Successoribus nostris, in ipsa Salvagardia perpetuis temporibus permansuros: Mandantes committendo dilectis & fidelibus Gentibus Requestarum Palacii nostri Parisius, *presentibus & futuris, quatinùs de omnibus Causis, Questionibusque & querellis realibus & personalibus, motis & movendis, dictos Abbatem, Decanum, Prepositum, Confratres & Sorores ejusdem Confratrie, agendo & defendendo, racione tamen seu occasione bonorum dicte Confratrie, presencium & futurorum quorumcumque in Villa, Prepositura &* Viceco mitatu Parisiensi *situatorum ac existencium, & eciam contra personas in dictis Villa, Prepositura & Vicecomitatu commorantes dumtaxat, tangentibus, cognoscant & eas fine debito terminent Justiciâ mediante, & quociens & quando pro parte dictorum Abbatis, Decani, Prepositi & Confratrum dicte Confratrie, fuerint super hoc requisiti, & absque expectacione dierum Ordinariorum in quibus dicte Gentes tenent suam Jurisdicionem, ipsos Abbatem, Decanum, Prepositum, Confratres, Sorores, Clericos & servitores ipsius Confratrie, sub proteccione & Salvagardia supradictis manuteneant & conservent ab omnibus injuriis, gravaminibus, vi armorum, potencia Laïcorum, & quibuscunque indebitis novitatibus & pressuris, oppressionibusque & jacturis, nec permictant eisdem vel alteri eorumdem in personis, familiaribus, bonis, rebus, Juribus vel Juridicionibus dicte Confratrie, aliquas violencias seu injurias aut indebitas novitates à quocunque seu quibuscunque in dicte specialis Gardie vel ipsorum sic susceptorum aut alterius eorumdem prejudicium fieri vel inferri; sed quicquid contra hujusmodi Salvamgardiam invenerint attemptatum, ad statum pristinum & debitum revocari studeant & faciant reduci, Nobis Successoribusque nostris & dictis sic susceptis emendari; eisdem de personis in dictis Villa, Prepositura &* Vicecomitatu Parisiensi *commorantibus, de quibus* [a] *assecuramentum habere voluerint, juxta Patrie Consuetudinem fieri faciant & prestari; ac Penuncellos seu Baculos Regios in signum dicte Salvegardie, in & super rebus & possessionibus ac Juribus dicte Confratrie apponi & remotos renovari; istamque Salvamgardiam & omnia in presentibus contenta, cum super hoc fuerint requisiti, ubicunque expediens fuerit, publicari faciant indilatè, inhibendo & inhiberi faciendo omnibus & singulis nostris Subditis de quibus fuerint requisiti, sub certis penis debitis Nobis & dictis Successoribus nostris applicandis, ne predictis Confratrie vel sic susceptis, aut alteri eorumdem, in capite vel in membris, in bonis & Juribus ipsius Confratrie vel personis eorumdem & cujuslibet ipsorum, forefacere audeant vel presumant; & ad premissa omnia & singula diligenciùs exequenda, quociens opus fuerit, unum vel plures de Servientibus nostris in Gardiatores speciales, ipsorum tamen sic susceptorum sumptibus & expensis, studeant deputare, qui Gardiatores, si quod impedimentum indebite novitatis ipsis sic susceptis in bonis, rebus & possessionibus ipsius Confratrie appositum repererint vel illatum, & opposicio vel debatum super hoc oriatur, ipsum debatum & rem contenciosam ad manum nostram tamquam superiorem ponant, de illaque recredenciam faciendo, ubi fuerit facienda,* [b] *locaque deablatis primitùs & ante omnia faciant ressaisiri; opponentes ac Partes hujusmodi debatum facientes in dictis Villa, Prepositura &* Vicecomitatu Parisiensi *commorantes, racione eciam bonorum dicte Confratrie ibidem situatorum, ut dictum est, coram dictis Gentibus, & alios alibi commorantes, coram Judicibus ad quos cognicio pertinebit, ad certam & competentem diem* [c] *adjornant, Causam seu Causas suarum opposicionum dicturos & allegaturos, ac ulteriùs super hoc processuros ut fuerit racionis. Volumus insuper,* [d] *& de ampliori mandato super hoc obtinendo,* [e] *dictis Confratrie, Abbati, Decano, Preposito & Confratribus ejusdem, de debitis sibi & eorum cuilibet ad Causam ejusdem Confratrie debitis de quibus competenter liquebit, summariè & de plano, sine strepitu & figura Judicii satisfactionem condignam fieri faciant indilatè, debitores eorum ad hec per bonorum suorum capcionem, vendicionem & explectacionem, corporumque detencionem, si ad hoc fuerint obligati, & aliter viriliter & debitè compellendo; & in casu oppositionis, manu nostrâ de debitis in Litteris confectis sub sigillis Regiis contentis, sufficienter munitâ, opponentes in dictis Villa, Prepositura &* Vicecomitatu Parisiensi *commorantes,*

a *Voy. les Tabl. des Mat. des Vol. de ce Rec. aux mots* assûrement *&* Pennonceaux.

b locisque.

c adjornent.

d *je n'entends point cet endroit, qui auroit un bon sens si on substituoit* sine, *au mot* de.

e quod.

CHARLES VI. à Paris, en Février 1403.

a adjornent. *b* & ipsi. *c* commorantes. *T. des Ch.*

ad certam & competentem diem coram Gentibus supradictis, & alios alibi commorantes, coram Judicibus ad quos hujusmodi cognicio pertinere debuerit, [a] *adjornant, in & super opposicione hujusmodi processuros prout Justicia suadebit;* [b] *ipsi Gardiatores quid inde fecerint, sub suis Sigillis dictis Gentibus Requestarum, aliisque Judicibus supradictis vel eorum Locatenentibus, rescribere non postponant; Quibus Gentibus quantum ad dictos debitores in dictis Villa, Prepositura &* Vicecomitatu Parisiensi [c] *commorantibus, ex Causis predictis committimus, ac aliis Judicibus vel eorum Locatenentibus mandamus, quatenùs Partibus ipsis super hoc auditis, exhibeant celeris Justicie complementum; & insuper faciant ipsi Gardiatores per dictas Gentes nostras in hac parte deputandi, omnia & singula alia que ad specialis Gardiatoris Officium pertinere noscuntur. Nolumus tamen quòd Gardiatores hujusmodi de hiis que Cause cognicionem requirunt, se aliqualiter intromittant. Quod ut firmum & stabile maneat in futurum, nostrum presentibus Litteris fecimus apponi Sigillum : nostro in aliis & quolibet alieno in omnibus jure salvo.* Datum *Parisius,* mense Februarii, anno Domini millesimo quadringentesimo tercio, & Regni nostri XXIIII[to]. *Sic Signatum. Per Regem in suo magno Consilio, in quo* Rex Secillie, *Domini* Duces Bitturie *&* Burgundie, *ac Magister* Johannes de Boissayo, *& plures alii, erant.* P. FERRON. [d] *Visa* [e] CONTENTOR. *Gratis.* LIJOTE. Collation faicte.

d ce qui suit n'est point dans le T. des Ch. *e Voyez le 5.e Vol. de ce Rec.* p. 22. Note *(h).*

CHARLES VI. à Paris, en Février 1403.

(a) Lettres qui confirment les Habitans de Château *Galazanitarum* dit *de Monciis,* [app. Galargues] dans le droit de créer des Consuls, & dans leurs autres Priviléges.

CHARLES IV. dit le Bel, à Paris, en Décembre 1327.

PHILIPPE de Valois, à Paris, en Juin 1328.

g Il faut app. corr. testium.

KAROLUS Dei gracia Francorum Rex. Notum facimus universis tam presentibus quàm futuris, nos vidisse Litteras, tenorem qui sequitur, continentes.

PHILIPPUS Dei gracia Francorum Rex. Notum facimus universis tam presentibus quàm futuris, nos vidisse Litteras Carissimi Domini nostri Regis Karoli, tenorem qui sequitur, continentes.

KAROLUS Dei gracia Francie & Navarre Rex. Notum facimus universis tam presentibus quàm futuris, quòd tam ex fide dignorum [g] *testimon. relatu, quàm ex plurimorum publicorum Instrumentorum tenore, audito & cognito homines universitatis (b) Castri* Galazanitarum, *dicti* de Monciis, *esse dictamque universitatem & homines ac eorum predecessores fuisse per decem, viginti, triginta annorum spacium & ampliùs, in possessione pacifica eligendi, creandi & constituendi in dicto Castro Consules, electosque & creatos & constitutos hujusmodi habendi ibidem: qui siquidem Consules prestabant & prestare consueverant retroactis temporibus in manibus Dominorum dicti Castri seu eorum vel alterius eorumdem Vicarii, & maximè eo tempore quo Progenitores nostri in dicto Castro & ejus Juridicione partem habebant, ac posteà, juramentum in talibus usitatum, faciendique fieri per Condominos seu Vicarium eorum, seu requirendi pro utilitate & necessitate publica dicti Castri & habitancium in eodem, preconizaciones in ipso Castro ad ipsorum Consulum peticionem & Requestam, & non aliter; exercendique ibidem & habendi alia ad Officium Consulatûs competencia, ac quàmplures alias libertates; quòdque à tanto tempore citra, quidam Condomini dicti Castri; videlicet,* Vierna *quondam uxor* Retini Calemelli, *Militis,*

NOTES.

(a) Trésor des Chartres, Registre 158. Pièce II[c] LIIII. (254)

(b) Castri Galazanitarum.] Il y a plus d'une preuve dans la suite de ces Lettres, que ce lieu étoit de la *Sénéchaussée* de *Beaucaire* & de *Nîmes.* Il y a donc grande apparence que c'est le même lieu nommé de *Galazanicis,* & présentement *Galargues,* duquel il est parlé dans plusieurs endroits de ce Recueil, où il est dit qu'il est de la *Sénéchaussée* de *Beaucaire* & de *Nîmes.* Il y a le *Grand* & le *Petit Galargues.* Voyez la Note *(dd)* de la page 589. du 5.e Vol. de ce Rec. Un de ces deux lieux portoit appar. le surnom *de Monciis.*

tutorio nomine Johannis *ipsorum conjugum filii & heredis dicti Militis, nec non &* Emengardus *de* Melgorio, *tam per se quàm per Procuratorem nostrum* Senescallie Bellicadri, *ipsis Consulibus & hominibus super possessionibus & usibus predictis questionem moverunt & moveri procurarunt, eis multa, ut in possessionibus predictis perturbarent & molestarent, imponendo, & contra eos inquiri & inhiberi ne Consulatu uterentur, procurando : super quibus hinc inde diverse Littere à nostra Curia fuerant impetrate, & pretextu earum, ipsos Consules & homines in diversis processibus involvendo, ac expensis & laboribus quàmplurimis aggravando,* Petro *de* Agautico *altero Condomino* [a] *non favente : attento eciam quòd ipsi homines & universitas* [b] *pace & transquillitate remanere volentes, Consulatumque & Consules in dicto Castro cum Libertatibus & usibus ibidem usitatis, de nostre beneplacito voluntatis & auctoritatis regie, sublato omnis dubitacionis scrupulo, de cetero in futurum & imperpetuum obtinere, Nobis humiliter supplicari fecerunt ut Nos auctoritate regia, eisdem hominibus & Consulibus, Consulatum predictum eorum, cum omnibus & singulis Juribus & usibus eisdem confirmaremus, & omnibus tamen processibus contra ipsos* [c] *inchoactis super predictis penitùs* [d] *annullantis ad plenum, potestatem Consulatum habendi, Consulatûsque Officium exercendi in dicto Castro, & eciam utendi possessionibus & usibus antedictis, domumque acquirendi in dicto Castro in nostris Feudis & Retrofeudis, Allodiis & Censivis, absque coaccione ponendi extra manum suam, in qua domo se possint, cum opus fuerit, convenire ad facienda & exercenda ad Consulatûs Officium opportuna, & omnia & singula utilia & necessaria eisdem & dicte universitati facere, concedere dignaremur, Nobis propter hoc, & ad evitandas lites predictas,* [e] *pro financiis predictorum, mille libras Turonenses nichilominus offerentes. Nos autem qui semper nostrorum pacem & transquillitatem Subditorum affectamus, oblacionem predictam de mandato nostro dilectis & fidelibus Gentibus nostris Compotorum nostrorum* Paris. *nomine seu loco nostri factam solucionemque exinde sequtam, ratas habentes & gratas, ac supplicacioni predicte inclinantes seu* [f] *annuantes, processus predictos annullantes, & omnia & singula eis imposita revocantes omninò, & ex causa & ex certa sciencia, ipsosque Consules & homines à predictis eisdem impositis absolventes, si indigeant, concedimus, confirmamus & corroboramus, ac per nostram auctoritatem Regiam in omnem eventum largimur eisdem suisque successoribus, auctoritate nostrâ regiâ & ex certa sciencia & cum cause cognicione, habendi & exercendi auctoritate predictâ Consulatum in dicto Castro, sub titulo Carte seu concessionis nostre presentis, cum omnibus & singulis ad hec necessariis, eligendique per Consules qui nunc sunt & qui pro tempore fuerint de Consiliariorum suorum seu majoris & sanioris partis eorumdem Consilio, Consules dum opus fuerit, quos duxerint eligendos: qui creati & electi in manibus Dominorum dicti Castri vel alterius eorundem, seu eorum Vicarii vel alterius eorum, prestent debitum ac solitum juramentum, quòd si recipere recusaverint vel requisiti distulerint, in manibus Consulum antiquorum vel nostrorum Curialium publicè istud prestent; qui sic jurati, creati & instituti franchisiis, usibus & Libertatibus utantur & gaudeant, quibus hactenus usi sunt ac eciam quibus uti possunt & debent Consules seu corpus legitimum & Collegium approbatum de jure vel consuetudine patrie; quem Consulatum & ejus totale regimen & jura omnia & singula à Nobis solum & in solidum teneri volumus, & quòd ipsi semper advoent se tenere; Domumque prefatam acquirendi eciam concedimus modo & formâ quibus supra, & omnia & singula, prout Nobis supplicari fecerunt, ex nunc imperpetuum à Nobis seu successoribus nostris Francie Regibus possidenda, plenariam & liberam potestatem* [g] *ipsos homines, Consules & universitatem & singulos ex ea, in & sub nostris proteccione & Salvagardia speciali, una cum omnibus & singulis bonis suis, suscipimus per presentes & perpetuò retinemus, ac Consulatum predictum cum omnibus & singulis Libertatibus & franchisiis ipsorum hominum, Consulum & universitatis & singulorum ex ea, confirmamus, volumus & laudamus. Que omnia & singula supra per Nos concessa & confirmata, ut roboris firmitatem obtineant perpetuò in futurum, nostrum presentibus Litteris fecimus apponit Sigillum : Salvo in aliis jure nostro; & in omnibus alieno.* Actum *Parisius,* anno Domini M^mo^ CCC^mo^ vicesimo septimo, mense Decembris.

CHARLES VI. à Paris, en Février 1403.

CHARLES IV. dit le Bel, à Paris, en Décembre 1327.

PHILIPPE de Valois, à Paris, en Juin 1328.

[a] ne se joignant point dans le Procès aux autres Coseigneurs.

[b] *supp.* in.

[c] *corr.* inchoatis.

[d] *corr.* annullantis.

[e] *cela peut signifier,* de payer finance par rapport aux graces qu'ils demandent.

[f] *corr.* annuentes.

[g] *supp.* damus, &c.

Suite des Lettres de Philippe de Valois.

Quas Litteras volumus in suo robore permanere, & omnia contenta in eis rata habentes & grata, ea volumus, laudamus, approbamus, & tenore presencium auctoritate nostrâ Regiâ & ex certa sciencia confirmamus. Quod ut firmum & stabile permaneat in futurum, nostrum presentibus hiis fecimus apponi Sigillum. Datum *Par.* anno Domini millesimo trecentesimo vicesimo octavo, mense Junii.

Suite des Lettres de Charles VI.

Quasquidem Litteras superiùs insertas, & omnia & singula in eisdem contenta, ratas habentes atque gratas, eas & ea volumus, laudamus, approbamus & ratifficamus, ac ex nostra gracia speciali auctoritateque Regia, in quantum homines, Universitas & singulares Castri Galazanitarum, *dicti* de Monciis, *in preinsertis Litteris nominati hactenùs usi sunt debitè, tenore presencium confirmamus. Quod ut firmum & stabile permaneat in futurum, nostrum presentibus Litteris fecimus apponi Sigillum : Salvo in aliis jure nostro, & in omnibus quolibet alieno.* Datum *Parisius,* mense Februarii, anno Domini Mmo CCCCo tercio & Regni nostri vicesimo quarto.

Per Regem ad relacionem Consilii. R. CAMUS.

CHARLES VI. à Paris, le 4 de Mars 1403.

(a) Lettres qui portent que le Comté de Joigny ressortira devant le Bailly de Troyes, à son Siége de Troyes.

CHARLES par la grace de Dieu Roy de France. A tous ceulx qui ces présentes Lettres verront : Salut. Comme à cause de nostre Conté de *Champaigne,* Nous aions sept *Contes* en ladicte Conté, qui sont appellez Pers d'icelle Conté, desquelz Pers le *Conte* de *Joigny* est le Doyen & premier Assistant [a] emprès le *Conte* de *Champaigne* quant il tient son Estat & Grans Jours ; & à cause de ladicte *Conté* de *Joigny,* a ressorti ycellui *Conte* de *Joigny* & ses Subgiez ou temps passé, & doit ressortir pardevant le Bailli de *Troyes,* à son Siége de *Troyes,* comme en Bailliage, & en a joy & usé lui & ses Subgiez, [b] sinon par aucuns temps durans lesquelx ledit Conte & ses Subgiez ont esté contrains à ressortir au Siége & Auditoire du *Prévost* de *Saint Florentin;* Nous considéré ce que dit est, & pour certaines autres causes à ce Nous mouvans, par l'advis & délibération de nostre Conseil, avons ordonné & ordonnons par ces présentes, que le Ressort de ladicte *Conté* de *Joigny* soit & sera d'oresénavant à *Troyes,* au Siége & Auditoire de nostre Bailli de *Troyes,* par devant ycellui Bailli ou son Lieutenant, & non autre part ; nonobstans quelxconques débas, Procès, Sentences ou appoinctemens donnez sur ce, discontinuacions dudit Ressort, & quelxconques Lettres, concessions & Octrois autresfoiz faiz ou obtenuz au contraire. Si donnons en mandement à noz amez & féaulx Conseilliers les Gens tenans nostre présent Parlement & qui tendront ceulx avenir, les Gens de nos Comptes, & à tous noz autres Justiciers & Officiers, ou à leurs Lieutenans, & à chacun d'eulx, si comme à lui appartendra, que nostre présente Ordonnance mettent à effect & exécucion deuë, & la facent publier en nostredicte Court de Parlement, audit lieu de *Troyes* & de *Saint Florentin,* en ladicte *Conté* de *Joigny,* & ailleurs où il appartendra, en contraignant tous ceulx qui feront à contraindre, à la garder & non venir à l'encontre. En tesmoing de ce, Nous avons fait mettre nostre Séel à ces Lettres. *Donné à* Paris, *le IIII.e jour de Mars, l'an de grace mil IIIIc & trois, & de nostre Regne le XXIIIIe.* Signé. Par le Roy, à la relation du Grant Conseil. J. BUDE.

Lecta, ac in Curia, tercia Aprilis, anno Domini M. CCCC IIIIto. publicata.

Collacio facta fuit dicta die, cum Originali. BAYE.

a *auprès.*

b *Voy. à la page 293. du 6.e Vol. de ce Rec. les Lettres du 14 d'Août 1377.*

NOTE.

(a) Registre *A.* du Parlement de *Paris,* *fol.* 8 vingt 16. *recto.* [176] Avant ces Lettres il y a : *Littera Ressorti* Comitatus de Joigny *coram* Baillivo Trecensi.

* SUPPLE'MENT

Pour les vingt-trois premières années du Regne de Charles VI.

* Quelques-unes des Pièces qui composent ce Supplément, ont été trouvées dans des Registres du Trésor des Chartres, où elles sont déplacées : car les autres Pièces contenues dans ces Registres, sont postérieures de quelques années à celles-ci. Par exemple, les Lettres du 13 d'Avril 1393, qui sont dans ce Supplément, se trouvent dans le Registre 153, qui comprend celles qui ont été expédiées pendant les années 1397 & 1398; & les Lettres du 18 de Novembre 1395, sont dans le Registre 150, qui contient les Pièces de l'an 1396. Différentes raisons ont empêché que quelques autres Pièces n'aient été mises à leur place. Les Pièces de ce Supplément seront rangées dans leur ordre, dans la Table Chronologique des Ordonnances, qui sera à la fin de ce Volume.

CHARLES VI. à Abbeville, le 13 d'Avril après Pâques 1393.

(a) *Lettres qui donnent droit aux Propriétaires des Maisons de la Ville d'Amiens, chargées de Cens ou Rentes, de racheter ces Cens ou Rentes dans le terme de six mois, des personnes auxquelles ceux à qui ils appartenoient, les auront vendus.*

CHARLES, &c. Savoir faisons à tous présens & avenir, à Nous avoir esté exposé de la partie de noz bien amez les Majeur & Eschevins de nostre bonne Ville d'*Amiens*, pour eulx & pour toute la Communauté de ladicte Ville & de la Banlieue d'icelle, que en ladicte Ville & Banlieue d'icelle sont assis & situez grant quantité de édifices, maisons & autres héritaiges appartenans à plusieurs propriétaires d'iceulx lieux, qui sont chargez de très-grans Cens ou Rentes envers plusieurs & diverses personnes, desquelx Cens ou Rentes les Seigneurs propriétaires desdictes maisons, édifices ou héritaiges, deschargeroient voulentiers par rachetant yceulx Cens ou Rentes par juste pris : car par ce lesdictes maisons & héritaiges demouroient entiers & sans ruine, & ja soit ce que il aviengne de jour en jour, ou au moins bien souvent, que plusieurs de ceulx ausquelx lesdis Cens ou Rentes sont deus sur lesdictes maisons & héritaiges, vendent lesdis Cens ou Rentes à autres personnes que aux propriétaires d'iceulx héritaiges & maisons, pour certains pris, & que iceulx propriétaires pour descharger leurs dictes maisons d'iceulx Cens, les voulsissent bien ravoir & racheter ou reprendre pour le pris que ilz sont vendus, & que ce ne feust point grief ou dommaige aux vendeurs, néantmoins yceulx propriétaires ª n'en pevent finer, & par ce demeurent leurs dictes maisons chargées d'iceulx Cens ou Rentes, parquoy est advenu & advient souvent que lesdis propriétaires laissent leurs dictes maisons tourner à ruine sans ycelles retenir ne réparer, & puis quant elles sont toutes destruites ou si diminuées que elles sont inutilles & de pou ou néant de valeur, yceulx propriétaires renoncent & déguerpissent auxdictes maisons & héritaiges, au proufit des Censiers, parquoy nostre dicte Ville en plusieurs lieux & parties est & encores sera ou temps avenir difformée de très-grans ruines, se par Nous n'y est gracieusement pourveu, si comme il dient : Nous ces choses considérées, &

ª *ne peuvent réussir dans leur dessein.*

NOTE.

(a) Trésor des Chart. Registre 153. Pièce XXXI. (31.)

[Ce Registre contient les Lettres de 1397 & de 1398, & celles que l'on donne ici qui sont de 1393, auroient dû être insérées dans les Reg. précédens.]

CHARLES VI. à Abbeville, le 13 d'Avril après Pâques 1393.

pour le bien, proufit & utilité de ladicte Ville & de toute la chose publique, avons ordené & ordenons, & auxdis exposans octroyons par ces présentes de grace espécial & par délibéracion de nostre Conseil, que touteffoiz que désormais aucun qui auroit ou prendroit, a ou prent Cens ou Rente sur aucune des maisons ou héritaiges de ladicte Ville, [a] venderont ou vendera sesdis Cens ou Rentes à quelque personne & pour quelque pris que ce soit, à autres que aux propriétaires du lieu sur lequel lesdis Cens ou Rentes sont & seront deus, que ycellui propriétaire puist avoir & reprendre [b] y Cens ou Rentes pour le pris que il auront esté vendus, dedens demi-an ensuiant, & que en ce cas les acheteurs d'iceux Cens ou Rentes, seront tenus de les rendre, bailler & délivrer auxdiz propriétaires par prenant & retenant d'eulx [c] le droit pris de ladicte vente, & par eulx remboursant de tous leurs frais raisonnables. Si donnons en mandement par ces présentes au *Bailli d'Amiens*, qui à présent est & sera pour le temps avenir, ou à son Lieutenant, en commettant, se mestier est, que nostre dicte Ordenance il tiengne & garde & face tenir & garder perpétuelment & à tousjours sans enfraindre en aucune manière, & les dis exposans en face, seuffre & laisse joïr & user paisiblement, en contraingnant à ce toutesfois que le cas y escherra, tous ceulx qui à contraindre feront, par toutes voies & manières deues. Et que ce soit ferme chose & estable à tousjours, [d] nostre avons fait mettre nostre Séel à ces présentes : Sauf en autres choses nostre droit, & l'autruy en toutes. *Donné à* Abbeville, *l'an de grace mil CCC IIII.*^xx *& treize, & de nostre Regne le XIII.*^e *ou moys d'Avril après Pasques.*

a vendront ou vendra.

b app. yceux.

c le vray prix.

d corr. Nous.

Par le Roy, à la relacion de son Grant Conseil, où [e] Vous, l'*Evesque* de *Lengres*, Maistre *Oudart* de *Moulins*, & autres, estiez. MAULOUE.

e Le Chancelier de France. *Voy. le 5.*^e *Vol. de ce Rec. p. 653. Note (c).*

CHARLES VI. à Paris, le 18 de Novembre 1395.

(a) Lettres qui permettent aux Receveurs & Procureurs du Roy du Bailliage de Vermandois, d'abolir les Appeaux volages dans la Prévôté de Laon, moyennant une redevance annuelle que ceux qui voudront en être exempts, s'obligeront de payer.

CHARLES par la grace de Dieu Roy de France. A noz Receveurs & Procureurs ou Bailliage de Vermendoiz : Salut. Plusieurs Habitans de la *Prévosté* & Ressort de *Laon* Nous ont fait signifier que les Appeaulx volages dont l'en use oudit païs, sont moult préjudiciables & dommagables à tout le commun peuple d'iceulx Prévosté & Ressort, & que par iceulx Appeaulx sont continuelment faitz audit peuple moult grans griefs, excès, fraudes & maléfices, requerans que sur ce leur vueillions pourveoir de remède convenable, & Nous ont offert à donner & assigner sur chacun feu de chief d'ostel, certaine rente & récompensacion du proufit qui Nous vient desdiz Appeaulx : Pourquoy Nous qui tousjours vouldrions obvier à toutes fraudes & maléfices, & noz Subgez norrir & garder en paix & transquilité à nostre povoir, vous mandons & commettons par la teneur de ces Présentes, que vous vous transportez en ladite Prévosté & Ressort, & tous ceulx qui a rente perpétuelle souffisante vouldront traittier, accorder ou composer à vous en nostre nom, pour estre exemps desdiz Appeaulx, recevez à ladicte composicion, ainsi qu'il vous semblera qu'il soit à faire, pourveu que à tout le moins ilz soient tenuz de paier deux Solz Parisis pour chacun feu ; & de la composicion que vous ferez avecques eulx de par Nous, leur baillez voz Lettres scellées de vos Séaulx, par lesquelles rapportant avecques obligacion souffisante de ce, Nous leur ferons bailler noz Lettres confirmatoires des vostres, en fourme deue ; & afin que plus briefment & à moins de difficulté puisse estre procédé oudit fait, Nous vous donnons povoir & auctorité,

NOTE.

(a) Trésor des Chart. Reg. 150. qui contient les Pièces de 1396. Pièce vidimée dans la P. XIII.^xx VI. (266.)

& auſdiz Habitans congié & licence de faire pour ce aſſemblée de gens en tel nombre comme beſoing ſera, là où vous toutevoies ou aucun noſtre Officier par vous commis, ſoit préſent & appellé, ſanz ce que leſdiz Habitans qui par la manière & pour la cauſe devant dicte ſeront ainſi aſſemblez, puiſſent être de ce repris ne traictiez à amende par aucuns nos Officiers ou Subgez, Seigneurs Haulx-Juſticiers ne autres: Mandons & commandons à tous noz Officiers, Juſticiers & Subgez, que à vous ès choſes deſſuſdictes obéiſſent & entendent diligemment. *Donné à* Paris, *le XVIIIe jour de Novembre, l'an de grace mil CCC IIII^xx & quinze, & de noſtre Regne le XVIe.* Ainſi ſigné. Par le Conſeil, eſtant en la Chambre des Comptes, ouquel les Tréſoriers eſtoient. G. MYLERAT.

CHARLES VI. à Paris, le 18 de Novembre 1395.

CHARLES VI. à Paris, le 11 de Mai 1398.

(a) Ordonnance ſur la nouvelle Aide accordée par les trois Etats des Comtés d'Artois, de Boulenois & de Saint-Pol.

CHARLES par la grace de Dieu Roy de France. Savoir faiſons à tous préſens & avenir, que comme noz bien amez les Bourgois & Habitans des bonnes Villes fermées & plat-païs des *Contez* d'*Artois,* & de *Boulennois* & de *Saint-Pol,* & des Villes enclavées en ycelles, pour le grant deſir, affeccion & voulenté que ilz ont à Nous & au bien public de noſtre Royaume, & pour aidier à ſupporter les grans frais, charges, miſſions & deſpens que de jour en jour Nous convient faire & ſouſtenir pour le fait de noz guerres, Nous aient nouvellement octroyé d'un commun aſſentement que pour un an tant ſeulement commençant le premier jour de Mars derrenièrement paſſé, tele & ſemblable Ayde comme en l'année paſſée ilz ont fait & paié; laquelle Aide les Bourgois & Habitans deſſuſdiz paieront à quatre termes; c'eſt aſſavoir, de trois mois en trois mois, à commencier le premier terme & paiement en la fin de ce préſent moys de May, le ſecond en la fin du mois d'Aouſt, le tiers en la fin du mois de Novembre, & le quart & derrenier paiement en la fin de Février aprez en ſuiant: *(b)* Nous conſidérans, &c.

Et pour ce que ce ſoit ferme choſe & eſtable à touſjours, Nous avons fait mettre noſtre Séel à ces Lettres: Sauf en autres choſes noſtre droit, & l'autruy en toutes. *Ce fu fait à* Paris, *le XIe jour de May, l'an de grace mil CCC IIII^xx & XVIII, & le XVIIIe de noſtre* ^a

Par le Roy, à la relacion du Conſeil eſtant en la Chambre des Aides ordennées pour la guerre. J. GEHE. *(c)*

a ſupp. *Regne.*

NOTES.

(a) Tréſor des Chart. Regiſtre 154. Pièce II^c LII. (252.)

(b) Nous conſidérans, &c.] La ſuite de ces Lettres eſt conforme à celles du 22 de mai 1384. qui ſont imprimées à la page 75 du 7.e Vol. de ce Rec. à la différence qu'au lieu de ces mots: *depuis ledit premier jour dudit mois de juing,* qui ſont à la ligne 39 de la page 76. il y a ceux-ci: *depuis ledit premier jour dudit mois de mars.*

(c) Les mêmes Lettres ſe trouvent encore dans le Reg. 153. Pièce 260. mais avec une date différente.

CHARLES, &c.

Et pour ce que ce ſoit ferme choſe & eſtable à touſjours, Nous avons fait mettre noſtre Séel à ces Lettres: Sauf en autres choſes noſtre droit, & l'autruy en toutes. *Donné à* Paris, *le XXIIIIe jour de May, l'an de grace mil CCC IIII^xx & dix-huit, & le XVIIIe de noſtre Regne.*

CHARLES VI. à Paris, le 24. de Mai 1398.

Autresfoiz ainſy par moy ſign. Par le Roy en ſon Conſeil, où eſtoient Monſ. le *Duc* de *Berry,* ^b Vous, le Sire d'*Omont,* & pluſieurs autres. MAULOUE. Et reſcriptes de ceſte date par votre commandement. FRERON. Et renouvellé de ceſte date par voſtre commandement, & renouvellé d'icelle date par votre commandement, & renouvellé par votre commandement. R. LE FEVRE.

b Le Chancelier de France. *Voy. le 5e Vol. de ce Rec.* p. 653. Note *(c).*

CHARLES VI. à Paris, le 26 de Mai 1400.

(a) Ordonnance sur la nouvelle Aide accordée par les trois Etats des Comtés d'Artois, de Boulenois & de Saint-Pol.

CHARLES, &c. Savoir faisons à tous présens & avenir, que comme noz bien amez les Bourgois & Habitans de bonnes Villes fermées & plat-païs des *Contez* d'*Artoys*, de *Boulenois* & de *Saint-Pol*, & des Villes enclavées en ycelles, pour le grant desir, affeccion & voulenté qu'ilz ont à Nous & au bien publique de nostre Royaume, & pour aidier à subporter les grans frais, charges, missions & despens que de jour en jour Nous convient faire & soubstenir pour le fait de noz guerres, Nous aient nouvelement octroyé d'un commun assentement, que pour un an tant seulement, commençant le premier jour du moys de Mars derrenièrement passé, tele & semblable Aide comme en l'année précédente ilz avoient fait & paié, laquelle Ayde les Bourgois & Habitans dessusdiz paieront à quatre termes; c'est assavoir, de trois mois en trois mois, à commencier le premier terme & payement en la fin de cest présent moys de May, le second en la fin du mois d'Aoust, le tiers en la fin du moys de Novembre, & le quart & derrenier payement en la fin de Février prouchains venant: Nous considérans, &c. *(b)*

Et pour ce que ce soit ferme chose & estable à tousjours, Nous avons fait mettre nostre Séel à ces Lettres: Sauf en autres choses nostre droit, & l'autruy en toutes. *Donné à* Paris, *le XXVI.e jour dudit moys de May, l'an de grace mil & quatre cens, & de nostre Regne le XX.e*

Autreffois par moy ainsi signées. Par le Roy en son Conseil, où estoient Monf. le *Duc* de *Berry*, [a] Vous, le Sire d'*Omont*, & plusieurs autres, & renouvelées de vostre commandement. MAULOUE.

[a] Le Chancelier de France. Voyez *le 5.e Vol. de ce Rec.* pag. 653. Note *(c)*.

NOTES.

(a) Trésor des Chartres, Reg. 155. Pièce XLIII. (43.)

(b) La suite de ces Lettres est conforme à celles du 22 de mai 1384. qui sont imprimées à la page 75 du 7.e Volume de ce Rec. à la différence qu'au lieu de ces mots: *depuis ledit premier jour dudit moys de juing,* qui sont à la ligne 39 de la page 76. il y a ceux-ci: *depuis ledit premier jour du mois de mars.*

CHARLES VI. à Paris, le 7 de Décembre 1400.

(a) Ordonnance portant Réglement sur le fait de l'Amirauté.

CHARLES, &c. Pour ce qu'avons esté advertis par la griefve & piteuse complainte de plusieurs notables Marchans tant de nostre Royaume comme de noz Alliez, que irréparables maux, meurdres & pilleries & cruels maléfices se font & sont faicts chacun jour sur la mer, tant & principalement par aucuns qui soubs ombre de nostre grace, ont mis & mettent sus navires de guerre, & les amplient & fournissent de gens de petite valeur, qui pour eux enrichir, sont la plus part d'iceux abandonnez à tout mal, & [b] de leger enclins de commettre lesdicts meurdres & larrecins sur nosdits Subjects; & en ce faisant, sont soustenus & portez, ou au moins favorisez & receus par ceux qui ainsi les ont mis sus, pour le profit qu'ils y attendent, mesmement par aucuns [c] legers Lieutenans particuliers de nostre Admiral de France, par faveurs & dons à eux faits par lesdits preneurs, & pour faire bon le dixièsme de nostredit Admiral; Sçavoir faisons que Nous qui de tout nostre cœur & affection

[b] *facilement.*

[c] Il y a plus bas dans l'art. 13. *gens de légère façon.*

NOTE.

(a) Cette Ordonnance a été tirée du Rec. de *Fontanon,* où elle est imprimée à la page 10 du 3.e Vol. Elle y est défigurée par un très-grand nombre de fautes, & si je ne l'ai pas fait imprimer à son rang, c'est que j'espérois en recouvrer une copie plus exacte: mais les recherches que j'ai faites au Greffe du Siége de l'Amirauté à *Paris,* & dans d'autres dépôts, ont été infructueuses. J'ai corrigé quelques-unes de ces fautes dans des notes marginales.

CHARLES VI. à Paris, le 7 de Décembre 1400.

affection désirons nosdicts Subjects estre préservez de maux, oppression & dommages, & iceux estre gouvernez, maintenus & gardez en bonne paix & justice, pour pourvoir, mettre ordre & donner entendement vray à la seureté & conduite de nostredite guerre de la mer, à fin que les cas qui y adviendront puissent estre d'oresnavant traictez, & lesdits maux refraints & laissez, avons à cestes fins par grande & meure délibération eue [a] seurté avec les Gens de nostre Conseil [b] de Chefs d'offices de nostre guerre, & plusieurs sages & vaillans gens, aussi les opinions d'aucuns qui ont hanté ladite mer, pour ce faits venir devers Nous, avons fait & estably les institutions & Ordonnances cy-après déclarées qui aujourd'huy ont esté leuës devant Nous en nostre Conseil, lesquelles Nous voulons estre entretenuës & gardées sans enfraindre par la manière qui s'ensuit.

(1) *Et premièrement.* Pour corriger la mauvaise volonté de ceux qui par dampnable convoitise désordonnée, par suggestion d'ennemy, pourroyent estre [c] traittez de commettre [d] seurté contre nos Sujets & ceux de nos Alliez, meurdres & larrecins, ainsi que l'on dit que fait a esté par cy-devant, nostredit Admiral & ses Lieutenans en chacune contrée de nostre Royaume, [e] s'informeroient diligemment des cas advenus, & les personnes qu'ils trouveront coulpables de tels meffais, les puniront & en feront justice sans aucun [f] déport ou délay, telle qu'elle soit exemple à tous autres.

(2) *Item.* Et pour plus estroittement continuer la seureté [g] advenir de nos Marchands fréquentans la mer, par bonne justice, & garder que lesdits [h] maléfices n'adviennent d'oresnavant, avant commis, quand aucune armée ou entreprinse se fera sur ladite mer par les gens qui sont ou seront à nos gages, nostre Admiral fera jurer les Chefs de chacun Navire, qu'ils le gouverneront bien & à droit, sans porter dommage à nos Sujets, amis & Alliez, ou bien-vueillans, & respondront pour ledit voyage des gens de leur charge; & ainsi jurera le Maistre & Patron, & ses quatre Compagnons de quartier aussi semblablement, & respondront pareillement de leurs gens, attendu que les faits de la mer ne sont point semblables à ceux de la terre, & que quant aucun y meffait, ses Compagnons le peuvent sçavoir, & après son meffait ne se peuvent absenter tant qu'il soit tourné à terre.

(3) *Item.* Se aucun de quelque estat qu'il soit, mettoit sus aucun Navire à ses propres despens, pour porter guerre à nos ennemis, ce sera par le congé & consentement de nostredit Admiral ou son Lieutenant, lequel a ou aura au droict de sondit Office, la congnoissance, Jurisdiction, correction & punition de tous les faits de ladite mer & des dépendances, criminellement & civilement, & regardera que ce soit Navire suffisant & propre, & qu'il soit convenablement pourveu de gens de guerre, harnois & artillerie, & tout ce qui est nécessaire pour ladite guerre; & ce qui y défaudra, luy mettra ou fera mettre à prix raisonnable, à fin [i] qu'incontinent n'en advienne ainsi que l'on dit que n'aguéres est advenu de plusieurs Navires qui honteusement ont esté prins, par ce qu'ils estoyent emplis de gens de néant, sans habillemens, & que sans Chef & sans ordre s'estoyent mis esdits Navires en intention de piller sur Marchands, & non pas pour destruire le fait de guerre de nos ennemis, lesquelles choses sont à nostre grand préjudice & dommage, [k] ou reboutement c'est l'ayde & descroissement de l'honneur de nostredite guerre, des Nobles & vaillans qui en icelle, quand ils y sont, desirent & s'efforçent acquerir honneur & renommée; & quand nostre Admiral trouvera que lesdits Mariniers soyent en suffisant estat pour bien faire leur devoir, jurera le Maistre & ses quatre Compagnons de quartier, d'eux gouverner par la manière dessusdite, & leur chargera ainsi le faire, & leur déclarera qu'ils respondront de tous leurs gens, pour le voyage à faire; que s'ils meffont en la mer, lesdits Maistres & quatre Compagnons les puissent prendre à leur arrivement à terre, & les livrer à iceluy; ausquelles personnes il chargera d'obéyr audit Maistre & quatre Quarteniers, sur peine de griefve punition, lequel Maistre [l] aura des affaires de son voyage ausdits quatre Compagnons; & se par la désobéissance d'aucun, advenoit aucun inconvénient ou perte, nostredit Admiral ou

[a] *corr. sur ce.*
[b] *corr. & Chefs.*
[c] app. *tentez.*
[d] *ce mot est corrompu & paroît d'ailleurs inutile.*
[e] *s'informeront.*
[f] *faveur.*
[g] peut-être *à l'advenir.*
[h] il faut apparemment corriger *maléfices avant commis n'adviennent.*
[i] app. *inconvénient.*
[k] *cet endroit paroît corrompu.*
[l] *autre endroit qui paroît corrompu.*

CHARLES VI.
à Paris, le 7 de Décembre 1400.

son Lieutenant fera punir les délinquans selon le cas, & restituer la partie (b) jusques à son vaillant, se tant se monte icelle perte.

(4) *Item.* De toutes les prinses qui d'oresnavant se feront sur la mer, par quelques gens que ce soyent tenant nostre partie, ou soubz ombre & couleur de nos guerres, leurs prisonniers en seront amenez ou apportez à terre devers nostre Admiral ou son Lieutenant, lequel tantost & incontinent les examinera, avant que nulle chose se descende, pour sçavoir le pays dont ils sont, & à qui appartiennent les biens, s'aucuns biens y avoit, pour garder justice, & faire restituer ceux qui sans cause auroyent esté dommagez, si le cas estoit trouvé tel.

(5) *Item.* Pource que les gens qui ont expérience au faict de la guerre, diront que souventesfois advient que les aucuns quand ils se verroyent les plus foibles, & ils ont loisir de ce faire, sauvent leurs corps dedans leur petit batel, & abandonnent leurs Navires & les biens d'iceux, & par ce moyen ne pourroyent estre amenez les prisonniers devers nostredit Admiral, ainsi que l'avons ordonné par l'article précédent, & aussi en icelle partie, seroit ledit article pour [a] déclaré, Nous voulons & déclarons que tout ainsi peuvent faire Marchands de nostre obéyssance ou des pays de nos Alliez, abandonnant leurs Navires pour eux sauver, tant pour doute que ce ne fussent ennemis, que pour la crainte des piteux & inhumains maux qui ont esté commis.

[a] *cet endroit paroît corrompu.*

(6) *Item.* Que d'oresnavant s'aucune telle prinse se fait, ledit Admiral ou son Lieutenant s'informera deuëment & le plus véritablement que faire se pourra, aux preneurs & à chacun à part, de la manière de la prinse, du pays ou coste où elle aura esté faite, verra & fera veoir les marchandises & les [b] nefs par les gens cognoissans à ce, & par bonne & meure délibération regardera par la conscience ou contention, les dispositions d'iceux preneurs ainsi faite en secret, ou par la veuë desdites prinses, s'il y a vraye apparence qu'elles fussent de nos ennemis, auquel cas icelles seront délivrées aux preneurs, en prenant leurs noms pour en avoir recouvre sur eux, s'aucune poursuite en estoit faite, avec inventaire des biens; & s'il y a mieux & plus evidente présumption par aucuns des moyens dessusdits, qu'il y eust quelque faute, & que lesdites prinses fussent des contrées de nostre Royaume ou des pays de nos Alliez, icelles prinses en ce cas seront par nostredit Admiral mises en seure garde, aux despens de la chose, ou desdits preneurs, si le cas le requiert, jusques à temps compétent, dedans lequel sera fait diligence d'en sçavoir la vérité; & si lesdits preneurs estoient solvables, & qu'avec ce ils baillassent bonne & seure caution desdites prinses, icelles deuëment appréciées & inventoriées, se pourront bailler à iceux preneurs, s'il n'y a trop grande suspection.

[b] *Vaisseaux, Bâtimens.*

(7) *Item.* Et si aucuns desdicts preneurs en leur voyage en espécial, avoient commis faute telle qu'ils fussent attaints d'avoir enfondré aucuns Navires, ou noyez les corps des prisonniers, ou iceux prisonniers descendus à terre en aucune loingtaine coste, pour celer le larrecin & meffaict, voulons que sans quelque délay, faveur ou déport, nostredit Admiral en face faire punition & justice selon le cas.

(8) *Item.* Lesdits preneurs empeschans aucuns Marchans, Navire ou marchandise, sans cause raisonnable, ou qu'ils ne soyent nos adversaires, nostredit Admiral fera deuëment restituer le dommage, & ne permettra plus l'usage qu'ont à ce contre raison tenuë iceux preneurs, en quoy ils ont faict & donné de grands dommages à aucuns de nos Alliez, par feinte ou fausse couleur qu'ils mettoyent de non cognoistre s'ils estoyent nos adversaires, ou non; qui est chose bien damnable, contre raison & justice, que homme soubs telle couleur deust porter dommage ou destourbier.

(9) *Item.* Pource qu'il est voix & publique renommée que quant aucune prinse est maintenant faicte sur nos ennemis, les preneurs sont si accoustumez de faire & user de leurs volontez & à leur proffit, qu'ils ne gardent en rien l'usage que l'on dict anciennement en ce estre ordonné, mais sans traicté de Justice, souvent inobédiens,

NOTE.

(b) *Jusques à son vaillant.*] C'est-à-dire, que tous les biens du délinquant, s'il est nécessaire, seront affectez aux dommages & intérets qu'il sera condamné de payer.

pillent & rompent coffres, & prennent ce qu'ils peuvent, en quoy nostredit Admiral & les Seigneurs & gens d'autre estat, qui ont mis sus les Navires à grands despens, sont excessivement fraudez, & si advient par faute de Justice, souvent de grandes questions, noyses entre les preneurs, qui sans craincte, & par cy-devant, chacun de sa volonté, sans en estre punis, en ont ainsi usé.

(10) Item. Et quant une prinse estoit trouvée appartenir à nos Subjects & estoit par Justice restituée, on ne pouvoit trouver les biens ne sçavoir qui les avoit euz, Nous avons ordonné que d'oresnavant l'usage ancien sera en ceste partie estroittement gardé sans enfraindre; c'est à sçavoir, que s'il y a aucun qui rompe coffre, balle ou pippe, ou autre marchandise, que nostredit Admiral ne soit présent en sa personne, [a] pour luy, il [b] forfera sa part du butin, & si sera par iceluy Admiral puni selon le meffaict.

(11) Item. Si nostredit Admiral, ou aucuns de ses Lieutenans n'estoient en personne aux entreprises qui se feront sur ladite mer, pour tenir ordre à Justice entre ceux de ladite entreprise, les Maistres, Chefs, Capitaines ou Patrons, avant leur partement, feront Serment ainsi que dessus est dit, qu'à leur pouvoir ils défendront nos Subjets, sans leur porter dommage; & toutes les prinses qu'ils feront, les ameneront à terre, & en donneront cognoissance certaine audit Admiral, & luy délivreront ceux qui [c] pour le voyage auront commis quelque meffait contre nosdites Ordonnances, ou autrement.

(12) Item. De toutes les prinses qui se feront par ladite mer, [d] les vendus butins & départemens en seront faits devant nostredit Admiral ou son Lieutenant, qui fera retenir par devers luy d'iceux biens, ject & compte, pour y avoir recours, pour ceux qui en auront besoin, & pouvoir cognoistre le fait & estat d'icelles prinses.

(13) Item. Pour ce que l'on dit souventesfois estre advenu que nostredit Admiral a commis sous luy en aucuns Ports, ou ès armées & entreprises qui se sont faites par ladite mer, gens de légère façon, qui pour complaire aux preneurs, par corruptions de dons, ou par la convoitise du dixiesme dudit Admiral plusgrand, ont aucunesfois déclaré les choses estre [e] de prinse, qui ne l'estoient pas, & ne sçavoient les dommagez ou recourir, sinon pardevers Nous, qui leur estoit grant dommage & inconvénient; lesquelles fautes n'eussent point advenu, se lesdits Commis eussent esté gens notables, biens prudens & de bonne vie; d'oresnavant lesdits Lieutenans dudit Admiral seront par luy establis tels que dessus est dit, gens de bonne vie, sages & bien nommez, & jureront solemnellement qu'ils feront les jugemens sans faveur; & si pourra estre appellé de leurdit Jugement ou Sentence.

(14) Item. S'il advenoit matière de grand prix en aucuns lieux, où les Lieutenans particuliers de nostredit Admiral veissent qu'ils ne peussent pas bien estre obéys ou recouvrer du Conseil pour faire leur jugement, pourront renvoyer icelles matières, s'ils voyent que bon soit, avec les Parties adjournées devant nostredit Admiral ou son Lieutenant, à son Siége à la Table de marbre de nostre Palais Royal à *Paris*.

(15) Item. Pource que nostredit Admiral prétend avoir plusieurs droicts, libertez & proffits à cause de sondit Office, outre son dixiesme & proffits communs de la guerre, tant à nos armées que autrement, qui semblent estre excessifs & peu fondez en raison, selon ce que les [f] .... par escript, & dont il a requis avoir la jouissance, Nous avons ordonné & ordonnons que jusques à ce qu'autrement en sera ordonné, ledit Admiral jouyra de sondit Office, en prenant seulement ses dixiesmes de gages de guerres faites par la mer, & icelle avec sa Cour, Justice & Jurisdiction, & les amendes de sadite Cour; excepté celles qui seront employées à la Table de marbre au Siége de nostredit Admiral, esquelles l'on dit qu'il y a la moitié, & l'autre moitié Nous appartient.

(16) Item. A ce que nostredit Admiral prétend avoir le reste des victuailles & artilleries de nos Navires, de ceux de nos Subjects, le voyage fait & l'entreprinse achevée, Nous n'entendons qu'il se doive ainsi faire, & si fait avoit esté, il est vraysemblable à croire que ce auroit esté par entreprise & contre raison, & pour ce Nous avons déclaré qu'il ne sera plus ainsi, & n'y prendra nostredit Admiral aucun profit.

a supp. ou quelqu'un.
b sera privé.
c pendant.
d app. les ventes & partages du butin.
e de bonne prise.
f cela est ainsi dans Fontanon.

CHARLES VI. à Paris, le 7 de Décembre 1400.

(17) *Item.* Au regard des victuailles, Poudres, Canons, [a] Pavois & autre artillerie qui seroient gaignez sur nos ennemis, que les Navires qu'aucuns Seigneurs, Bourgeois, Marchands, ou autres de nostre Royaume auroient mis sus à leurs propres despens, n'entendons pas que nostredit Admiral le doive avoir à son profit, mais seulement son dixiesme de valeur d'icelles; ou s'il en prenoit aucune partie qui luy fust nécessaire pour nostre guerre ou pour ses Navires, les pourra prendre par prix en le payant, son dixiesme rabatu.

a *Boucliers.*

(18) *Item.* A ce que ledit Admiral dit avoir droict sur les prisonniers prins sur la mer & par ladite mer, lesquels droicts leur adviendront souvent, [b] qu'en demeurera la part moindre ceux qui les auront prins, d'oresnavant nostredit Admiral ne se pourra ayder de chose qui en ait esté usé, mais déclarons que sur lesdits prisonniers il ne pourra demander que son dixiesme avec le droict de son sauf-conduict, n'y avoir la garde d'iceulx, sinon entant que monteroit le faict & portion de son dixiesme, s'il n'estoit prisonnier de si grand prix, & les preneurs de si petite essence, qu'il ne fust pas bon les laisser en leurs mains; excepté que si aucun sans congé ou consentement dudit Admiral [c] en personne de par luy, mettoit quelques prisonniers [d] à finance, il (par privilége de son Office) pourra prendre lesdits prisonniers en sa main, en payant ladicte finance, & sur le prix rabatu son droict de dixiesme.

b *endroit corrompu.*

c app. corr. *ou.*

d *à rançon.*

(19) *Item.* Que quant aux autres droicts & profits que nostredit Admiral requeroit avoir & luy estre délivrez, dont il n'est pas apparu comme ils furent créez, & qu'il n'y a point apparence que oncques fussent ainsi accordez, mais est vray semblable à croire qu'ils ayent esté faits & escrits à poste par quelque personne, pour l'avantage audit Admiral, Nous avons déclaré qu'il n'en jouyra pas d'oresnavant, s'il n'en appert deuëment.

(20) *Item.* Et au regard des armées & entreprinses qui se feront par ladicte mer, nostredit Admiral demeurera en icelles armées Chef, ainsi qu'il appartient à sondit Office, & comme nostre Lieutenant général ès choses touchantes & dépendantes du fait de ladite guerre par la mer, aura toute cognoissance & Jurisdiction luy & ses Lieutenans, & en sera obéy par tous les lieux, Places & Villes de nostre Royaume, & en icelles pourra tenir & faire tenir toute sa Jurisdiction, prendre prisons & faire justice, si besoin est, pour ce que nul autre n'en cognoist, ne doit cognoistre.

(21) *Item.* S'il advenoit aucun cas, [e] armées ou entreprinses où nostre Admiral ou son Lieutenant seroient en personne, & il venoit à cognoissance avant leur retour à terre, en fera faire justice sans délayer selon le meffait, si le cas le requiert.

e supp. *ès.*

(22) *Item.* Toutes lesquelles choses & chacunes d'icelles, voulons d'oresnavant estre tenuës & gardées sans enfraindre, & sans aller ne venir au contraire, & icelles estre publiées par-tout où il appartiendra.

En tesmoing de ce, Nous avons fait mettre nostre Séel à ces présentes. *Donné* à Paris, *le septiesme jour de Décembre, l'an de grace mil quatre cens, & le [f] dixiesme de nostre Regne.*

f Il faut corr. *vingt-uniéme.*

TABLE

TABLE DES ANNÉES DE JESUS-CHRIST, DES LETTRES DOMINICALES, DES PASQUES, ET DES INDICTIONS,

Tirée du Glossaire de Du Cange, au mot, Annus.

Années.	Lettres Dominicales.	Pasques.	Indictions.
1395	C	A. 11.	3.
1396	B A	A. 2.	4.
1397	G	A. 22.	5.
1398	F	A. 7	6.
1399	E	M. 30.	7.
1400	D C	A. 18.	8.
1401	B	A. 3.	9.
1402	A	M. 26.	10.
1403	G	A. 15.	11.

* TABLE CHRONOLOGIQUE DES ORDONNANCES CONTENUES DANS CE HUITIÈME VOLUME,

Et de quelques autres qui se trouvent hors de leur rang, dans les précédens.

CHARLES LE CHAUVE.

PHILIPPE I.

LOUIS VI. DIT LE GROS.

LOUIS VII. DIT LE JEUNE.

NOTE.

* Il est très-important de lire sur l'usage de cette Table, l'Avertissement qui est à la fin du troisième Volume, p. ij. & celui qui est avant la Table Chronologique du 5.e Volume.

LOUIS VIII.

LOUIS IX. DIT SAINT LOUIS.

Privilèges

PHILIPPE III. DIT LE HARDI.

PHILIPPE IV. DIT LE BEL.

LOUIS X. DIT LE HUTIN.

Confirmation

PHILIPPE V. DIT LE LONG.

CHARLES IV. DIT LE BEL.

PHILIPPE VI. DIT DE VALOIS.

Confirmation

* JEAN I.er OU SELON D'AUTRES, JEAN II.

* Voyez l'Avertissement qui est avant la Table du 5.e Volume de ce Rec. p. ij.

CHARLES V.

Lettres

CHARLES VI.

Confirmation

CHARLES VI.

M. CCC. XCV.

1395.

M. CCCC. I.

M. CCCC. II.

*TABLE DES MATIERES.

Le chiffre Arabe marque la page ; & le chiffre Romain, l'article de la page.

* On n'a pas fait de distinction dans cette Table, de l'i simple, à l'y grec.

& en cette qualité cet Evêque donna des Priviléges aux habitans de Puy-mirol en Agenois, par ses Lettres du mois de Décembre 1342. 375.

AIDES (Cour des) le 28. d'Août 1395. Charles VI. donna des Lettres dont voici la substance. Le Roy ayant déchargé Jean le Flament & Jacques Hémon, du gouvernement qu'ils avoient conjointement avec Girard d'Athies Archevêque de Besançon, des finances des aides de la guerre, il nomma à leur place Philippe des Essars Maître de son Hôtel, & Jean Chanteprime Trésorier des guerres, à qui il donna le titre de Conseillers généraux sur le fait des aides de la guerre. Il les chargea du gouvernement de toutes les finances de ces aides, tant de celles qui étoient dûes depuis 1382. que de celles qui se levoient alors, & qui se leveroient dans la suite, sans que les Gens des Comptes, les Trésoriers & les Généraux-Conseillers sur le fait de la Justice des aides, pûssent s'en entremettre. Il chargea ces trois Généraux ou deux d'entre eux, de gouverner le fait de ses finances, tant sur la Justice comme autrement, suivant les Ordonnances & les Instructions faites à ce sujet. Il leur donna pouvoir conjointement avec deux ou trois personnes de son Grand-Conseil, de corriger, d'augmenter ou de diminuer ces Ordonnances & ces Instructions. Il les chargea d'aller dans les Provinces ensemble ou séparément, visiter l'état & le gouvernement des aides, ou d'y envoyer en leur place, tels Visiteurs ou Commissaires qu'ils jugeroient à propos. Lorsque ces Généraux seront hors de Paris, pour faire ces visites, ils se feront payer raisonnablement les frais de leurs voyages & messageries, par leurs Lettres [particulières] qui auront la même force que si elles étoient signées par eux trois ou deux d'entre eux. Il leur donna pouvoir d'établir des Elûs, des Receveurs, des Grenetiers, des Contrôleurs, des Sergens & des Commissaires, des Clercs, des Procureurs, & Visiteurs sur le fait des aides ; de les destituer & de les remplacer, d'en diminuer ou d'en augmenter le nombre, & de remplir les places vacantes par mort ou autrement, sans que les Généraux sur le fait de la Justice ou autres, pûssent s'en entremettre ; de taxer à ces Officiers leurs gages, & leurs frais de voyages & autres dépenses. Ces trois Généraux auront un pouvoir semblable à celui qu'ont les Généraux-Conseillers sur le fait de la Justice, pour punir & corriger ces Elûs, Grenetiers &c. par rapport à leurs fonctions, sans que les Gens du Parlement, les Réformateurs, les Gens des Requêtes du Palais & autres Juges, puissent s'en entremettre. Si quelques-uns de ces derniers entreprennent d'en connoître, ces Généraux pourront les en punir & les condamner en une amende. Il leur donne le pouvoir de voir, quand ils le jugeront à propos, les états du Receveur général des aides, des Trésoriers des guerres, & de tous ceux qui auront fait des recettes des aides ; de faire régir au nom du Roy les fermes des aides, lorsqu'ils le trouveront avantageux ; de faire venir les deniers des aides, dans les coffres du Roy, entre les mains du Receveur général des aides, ou autre part où bon leur semblera ; d'expédier & de vérifier les Lettres & Mandemens pour le payement des dettes, gages, pensions, dons, &c. & de faire distribuer tous les deniers des aides par le Receveur général ou par autres, sans que les Généraux Conseillers sur le fait de la Justice, puissent s'en entremettre ; de donner termes & délais à ceux qui devront des droits d'aides ; de commander & de faire signer par les Notaires du Roy [qui sont nommez] & par ceux de ces Notaires ordonnez dans la Chambre des aides, pour ce qui concerne le fait de la Justice, toutes les Lettres nécessaires sur le fait des aides, soit sous le grand Scel ou sous leurs seings, & des Lettres closes sous le Scel secret du Roy ; le Roy ordonna que les gages & salaires taxez par les Généraux à ses Notaires auxquels ils auroient commandez des Lettres, aux Elûs, Grenetiers, &c. & toutes les Lettres & Mandemens qu'ils auroient donnez par rapport au fait des aides, seroient passées à la Chambre des Comptes comme si ces taxations de gages, & ces Lettres avoient été faites par le Roy même, & sans que les gens du Parlement, de la Chambre des Comptes, les Réformateurs ou aucuns autres, pûssent en empêcher l'exécution. La Chambre des Comptes ne passera dans les comptes des Receveurs & Grenetiers, aucunes décharges du Receveur général des aides, & dans les comptes de celui-ci, aucunes Lettres, si elles ne sont signées par ces trois Généraux ou par deux d'entre eux. Aucuns comptes [concernant les aides] ne pourront être clos dans cette Chambre, qu'en la présence ou du consentement de ces Généraux, ou du moins d'un d'entre eux. Tout ce qui aura été ordonné & jugé par ces Généraux, aura la même force que les Arrêts du Parlement, sans qu'on puisse en appeller devant le Parlement ou devant quelqu'autre Juge que ce soit ; & si ces Généraux ont fait quelques Ordonnances ou rendus quelques Jugemens qui soient répréhensibles, ils seront corrigez & *réparez* par eux-mêmes, & non par autres, appellez six ou au moins deux personnes du Conseil du Roy. Ces Lettres sont adressées aux gens du Parlement, & de la Chambre des Comptes, & à tous Réformateurs, &c. Il est dit à la fin que ces Généraux ont prêté entre les mains du Roy, le serment accoûtumé être fait en tel cas. 8. Philippe des Essars qui avoit rendu de grands services à Charles VI. dans différens emplois qu'il avoit exercez, & spécialement dans la charge de Général Conseiller sur le fait des aides ordonnez pour le fait de la guerre, ne pouvant plus à cause de son grand âge, soûtenir le travail que cette charge demandoit, ce Prince l'en déchargea par ses Lettres du 5. de Septembre 1397. & nomma en sa place Raoul d'Auquetouville, Ecuyer, pour administrer conjointement avec l'Archevêque de Besançon, & Jean Chanteprime Généraux Conseillers sur le fait des aides, toutes les finances provenant des aides, tant de ce qui est dû des arrérages des années précédentes depuis 1382. que de ce qui sera dû dans la suite, sans que les gens des Comptes, les Trésoriers à Paris, & les Généraux Conseillers sur le fait de la Justice [des aides,] puissent s'entremettre de l'administration de ces finances; & il donna à ces trois Généraux-Conseillers, le même pouvoir qui est porté dans les Lettres du 28. d'Août 1395. 148. Le 5. d'Août 1399. Charles VI. donna des Lettres qui portent qu'ayant déchargé Jean Chanteprime & Guillaume Barbery du gouvernement des aides ordonnées pour la guerre, qu'ils exerçoient avec l'Archevêque de Sens & Jacques Courau, il nomme à leur place Guillaume d'Orgemont & Arnoul Bouchier Trésoriers des guerres, & il leur donne à peu près le même pouvoir qu'il avoit donné aux Généraux-Conseillers sur le fait des aides, établis par ses Lettres du 28. d'Août 1395. p. 345. Dans une Ordonnance du 7. de Janvier 1400. il est dit qu'il y aura trois Généraux des finances des aides, tant en Languedoc qu'en Languedoil. Outre leurs gages, le Roy, s'il est content de leurs services, fera à chacun d'eux à la fin de l'année, un don de deux mille livres. Ces trois Généraux auront quatre Clercs, lesquels auront des gages, sans don. Il y aura un Receveur général des finances des aides, qui, outre ses gages, aura à la fin de l'année, un don de mille livres. Ce Receveur aura un Contrôleur qui aura ses gages, sans don. Les trois Généraux sont l'Archevêque de Sens, Thibaut de Mezeray & Jean Deshayes dit Piquet. [Les autres Officiers sont aussi nommez.]411. I. Pour le fait de la Justice dans le Languedoil, il y aura à Paris trois Conseillers, outre Girard d'Athies Archevêque de Besançon, qui sera Président, lequel aura des gages & des pensions. Ces trois Conseillers sont Hugues de Manhac ou de Maignac, Evêque de Saint-Flour, Jean du Drac & Nicolas de Mauregart, qui auront chacun quatre cens livres de gages, sans don. Ces trois Conseillers pourront vacquer à leurs fonctions en l'absence de l'Archevêque de Besançon, & alors l'Evêque de Saint-Flour présidera. Lorsque ces Conseillers auront besoin de conseil dans des affaires importantes, ils pourront appeller avec eux des Conseillers du Parlement. Ces Conseillers auront un Greffier qui aura des gages, sans don. 412. II. Les Généraux des aides ne partageront plus, comme ont fait leurs prédécesseurs, le Royaume en différens Départemens, desquels chacun d'eux soit chargé en son particulier. Ils ne pourront recevoir sur leurs quittances particulières, des deniers des Receveurs généraux & particuliers, mais tous les deniers seront remis au Receveur général à Paris, qui les distribuera par l'ordonnance de ces Généraux. 414. VII. Charles VI. par ses Lettres du 8. d'Octobre 1401. établit pour le tems qu'il lui plaira, Charles d'Albret son Cousin-germain, pour avoir autorité & prééminence par-dessus les Généraux-Conseillers sur le fait des aides dans la Languedoil, & pour les présider, afin de résister à ceux qui par importunité obtiennent du Roy des dons non convenables ni appartenans à l'état de leurs personnes. Il défendit aux Généraux-Conseillers de rien ordonner & statuer sans l'ordonnance, sceu & consentement du Seigneur d'Albret. 468. Charles VI. considérant le mauvais gouvernement des aides, dont le produit étoit assigné & employé avant qu'il fût reçu, établit par ses Lettres du 18. d'Avril 1402. pour le tems qu'il lui plaira, le Duc d'Orléans son Frère, sur le gouvernement des aides ordonnées pour la guerre dans la Languedoil & sur les autres aides & finances qui pour ce fait & pour les autres besoins du Royaume, ont été ordonnées ou qui le pourroient être dans la suite, & il lui donna autorité & prééminence par-dessus les Généraux-Conseillers sur le fait des aides, &c. [Le reste des Lettres est semblable à celles du 8. d'Octobre 1401.] 494. Charles VI. par ses Lettres du 24. de Juin 1402. nomma à la place du Duc d'Orléans son Frère, le Duc de Bourgogne son Oncle, Président des Généraux-Conseillers sur le fait des aides de la guerre. 518. Lettres du 6. de Mars 1402. des Ducs de Berry, de Bourgogne & d'Orléans, Souverains Gouverneurs de toutes les finances venant des aides ordonnées pour le fait de la guerre en Languedoil. 572. [Voy. l'*errata* sur cette page.] Le 24. de Mars 1402. Jean du Drac, étoit Général sur le fait de la justice des finances des aides du royaume. 574. Charles VI. ayant nommé quatre Généraux-Conseillers sur le fait des finances des aides de la guerre en Languedoil, donna à chacun en particulier des provisions datées du 19. de Mai 1403. voici ce qu'elles portent. Quelque tems auparavant, Charles VI. avoit chargé les Ducs de Berry, de Bourgogne & d'Orléans, du gouvernement de la finance de ces aides; mais comme il avoit continuellement besoin de leur conseil pour les affaires générales du Royaume, ces Princes le prièrent de les décharger de celui des finances. Charles VI. prit donc la résolution d'en charger d'autres personnes; & comme auparavant il y avoit eu un trop grand nombre d'Officiers chargez de ce gouvernement, il fit assembler devant ces Ducs, des Princes du sang & plusieurs gens de son Conseil, du Parlement, de la Chambre des Comptes & des Trésoriers, pour les consulter sur le nombre des personnes qu'il seroit à propos de charger du gouvernement de la finance des aides, & sur les charges de Généraux-Conseillers sur ce fait. Il fut conclu dans cette assemblée qu'il suffiroit de choisir trois personnes pour les charger de ce gouvernement, & la pluralité des voix tomba sur (Girard d'Athies) Archevêque de Besançon, premier Président en la Chambre de la Justice des Aides, Jean Taperel & Jean Deshayes dit Piquet, qui avoient déja été Généraux Conseillers sur le fait des finances des aides. Les Ducs de Berry, de Bourgogne & d'Orléans furent du même avis sur ces deux points; mais le Roy de son propre mouvement ajoûta Thibaut de Mezeray aux trois qui avoient été choisis. Il donna à Taperel des Lettres de Provision, le 19 de Mai 1403. [Le pouvoir qu'il donne par ces Lettres à lui & aux trois autres, est semblable à celui porté dans les Lettres de Provision accordées précédemment aux Généraux-Conseillers sur le fait de la finance des aides, à l'exception de la clause suivante qui est ajoûtée dans celle-ci:] quatre fois l'an, aux mois

nommer d'autres à leur place. Tous ces Officiers auront des pensions du Roy, *passées* par les Généraux des aides, & scellées du grand Sceau. Afin de réprimer les abus commis par les Fermiers & par les Sergens des aides, les Instructions faites à ce sujet, feront vûes par les Généraux des aides, & observées exactement. Les Généraux des aides, par le Conseil des Gens des Comptes, reformeront les abus qui se commettent par les Receveurs & les Grénetiers, par rapport aux voyages qu'ils sont obligez de faire, & au transport de l'argent. On examinera dans la Chambre des Comptes, s'il est expédient de donner à ferme les Offices de Greffiers des Elûs, & le Roy y pourvoira sur le rapport qui lui sera fait de cette affaire. 413. VI.

Aides. Pour remédier aux inconvéniens qui sont survenus à l'occasion des décharges données par le Roy, aux Tréforiers, aux Receveurs & aux autres Officiers qui s'entremettent des finances, tant du Domaine que des aides, par lesquelles il reconnoissoit avoir reçu d'eux des sommes considérables, desquelles quelquefois il n'avoit point de connoissance, ou qui ne tournoient point à son profit, il ne donnera plus de semblables décharges; mais lorsqu'il aura besoin d'une somme d'argent, il adressera ses Lettres aux Généraux des finances, qui la feront payer par le Receveur général à celui qui gardera ses Coffres. [app. l'Argentier.] Celui-ci lui en donnera quittance, & il comptera à la Chambre des Comptes de l'argent qu'il aura reçu, en rapportant des Rôles ou Etats signez de la main du Roy, & scellez de son Sceau secret, ou les quittances de ceux à qui le Roy aura ordonné qu'il donnât quelque somme. 414. X. Le Receveur général des aides à Paris, ne pourra donner de quittances aux Receveurs & aux Grénetiers, qu'en recevant d'eux les sommes portées par ces quittances, si ce n'est dans le cas des assignations données par les Généraux des aides, en conséquence des Mandemens du Roy. 414. VIII. Il y aura dans le Languedoc & dans la Guyenne, un Receveur général des finances des aides, auquel les Receveurs particuliers remettront leurs recettes. Il rendra ses comptes à la Chambre des Comptes. Il ne pourra faire aucuns payemens qu'en vertu de l'état de dépense qui lui sera envoyé par les Généraux des finances, & par le Receveur général des aides étant à Paris. Le Receveur général du Languedoc & de la Guyenne, aura cinq cens livres de gages, sans dons. L'état de dépense pour la guerre qui se fera dans le Languedoc & dans la Guyenne, & les assignations des payemens qui doivent se faire à cet égard, feront arrêtez dès le commencement de l'année, par les trois Généraux des finances, & par le Receveur général des aides étant à Paris, & en conséquence le Receveur général du Languedoc & de la Guyenne fera les payemens. 412. IV.

Aides. Hardy nommé par le Roy Commissaire général au sujet de l'Imposition foraine à Rouen, pourra continuer pendant un an d'être Fermier de cette Imposition & des droits d'aide, sans pouvoir être condamné à l'amende à ce sujet. 314. Voy. *Imposition foraine.* 312.

Aide. Charles VI. ordonne par ses Lettres du 28. de Mars 1395. que le Quatrième qui se leve sur le vin & sur les autres liqueurs qui se vendent en détail dans le Royaume, sera modéré au Huitiéme. 62. II.

Aides. Le 2. d'Août 1398. Charles VI. adressa des Lettres aux Elûs sur le fait des aides de la guerre au Diocèse de Paris. Elles portent que pour soûtenir les dépenses de la guerre & les autres du Gouvernement, il a été établi depuis long tems une aide qui a été payée par toutes sortes de personnes, & même par les Gens d'Eglise, & que comme présentement on a besoin de sommes très considérables que l'on ne peut trouver sans le secours du peuple, il ordonne & veut que pendant un an à commencer du premier Octobre prochain, il soit établi une aide ou imposition à laquelle le Clergé à consenti; c'est à sçavoir, sur toutes les marchandises qui seront vendues ou échangées, sur les vins & autres breuvages vendus en gros & en détail, sur l'Imposition foraine & la gabelle du sel. Il ordonne aux Elûs de faire lever cette aide par forme de régie, ou de la donner à ferme; & en ce cas d'envoyer les Baux aux Généraux Conseillers sur le fait des aides à Paris. Ces Lettres furent publiées en présence des Elûs, à Saint-Cloy. (*Saint-Cloud ou Saint-Eloy.*) 289. Charles VI. ayant fait exposer aux Prélats & Gens d'Eglise de son Royaume, qui étoient assemblez à Paris, qu'il étoit obligé de faire pour la défense & le gouvernement de son Royaume, des dépenses très considérables, auxquelles il ne pourroit subvenir par les revenus de son Domaine, sans l'aide de ses sujets; que dans les tems passez les Gens d'Eglise ont par la permission du Pape, contribuez aux aides qui ont eu cours; que présentement la France s'étant soustraite à l'obédience de Benoît XIII. il ne pouvoit & ne devoit avoir recours à lui, qu'ainsi il les prioit & requéroit de consentir que pendant trois ans les Gens d'Eglise payassent les aides qui étoient alors établies, le Clergé consentit à payer ces aides pendant trois ans, pourvû que ce fut sans préjudice des Libertés & franchises des Eglises & des Personnes Ecclésiastiques, & pourvû que les exécutions qui se feroient sur le Clergé par rapport aux aides, fussent faites par des Ecclésiastiques sans l'entremise de la Justice Séculière. Charles VI. accepta l'octroi du Clergé par ses Lettres du 2. d'Août 1398. dans lesquelles il est dit que cet octroi ne pourra porter préjudice aux Libertés & franchises des Eglises, ni aussi aux droits du Roy, à l'égard duquel & de l'Eglise il ne pourra être tiré à conséquence à l'avenir, & que les exécutions par rapport à ces aides, feront faites par des Ecclésiastiques qui seront nommez à cet effet par chaque Evêque dans son Diocèse, & instituez par des Prélats à ce députez par l'Eglise du Royaume. Le Roy se chargea de donner des gages aux Ecclésiastiques nommez pour faire les exécutions sur les aides. 290. Aide ou Taille établies en 1398. pour le secours de la Chrétienté & pour la délivrance des Prisonniers Chrétiens en Turquie. 315. [Voy. sur cette aide plus bas dans la suite de cet article *Aides*.

Docteurs Régens en l'Etude d'Angers, lui ont représenté que le Maître-Ecole, à cause de sa dignité de Maître-Ecolerie, est chef & Recteur de l'Etude d'Angers, que lui seul a le droit de convoquer ses assemblées, d'y proposer les choses qui concernent cette Etude, & de faire exécuter ce qui y a été couché, sans que les Etudians y puissent former opposition, ni s'assembler sans sa permission ; qu'après l'élection de Benoît XIII. il fit assembler les Docteurs & Etudians de l'Université, afin de faire, suivant l'usage, un Rôle pour [demander des Bénéfices à] ce Pape ; qu'il fut conclu dans cette assemblée de faire un Rôle ; que pour le présenter au Pape on élut deux Docteurs & deux Licenciés ; qu'il fut arrêté que ceux qui y seroient compris, payeroient pour les frais du voyage une certaine somme qui seroit remise à Maître Robert Cocherel Licencié, qui donneroit ces deniers aux Députez ; que ce Rôle ayant été dressé, & l'argent reçû, & les Députez prêt à partir, plusieurs particuliers de cette Etude se sont assemblez sans la permission de lui Maître-Ecole, sous le prétexte de Lettres obtenues du Roy, & ont fait saisir l'argent destiné pour les Députez ; que pour ne point retarder leur voyage, le Maître-Ecole, & des Docteurs ont prêté de l'argent à un Docteur & deux Licenciés qui ont porté le Rôle à Avignon, & en ont obtenu du Pape l'expédition ; [il est dit à la p. 237. que cette somme montoit à cent vingt-cinq livres ou environ ;] que Cocherel à cause de la saisie faite entre ses mains, ne veut point rendre l'argent qu'il a reçu à ceux qui en ont prêté pour les frais du voyage. Sur ces représentations, le Roy commet de Marle & Boujon, qui étoient alors ou qui devoient être à Angers par rapport à d'autres affaires, pour s'enquerir de la vérité des faits avancez par le Maître-Ecole, & pour donner main-levée de la saisie, en cas qu'ils jugeassent qu'elle n'a pas été valablement faite, leur enjoignant en cas d'opposition, de faire bonne justice aux Parties. En vertu de ces deux Lettres, les Commissaires du Roy firent ajourner les Parties [qui y sont nommées] à comparoître à certain jour pardevant eux en l'Hôtel des Halles [l'Hôtel-de-Ville] d'Angers, où ils étoient logez ; & ces Parties ayant comparu nommérent à la réquisition des Commissaires chacun une personne de l'Université pour servir de Greffier, & rédiger & signer les Actes qui seroient faits dans le cours du Procès. Ce même jour Guillaume Du Gué Licencié, se disant Procureur des Ecoliers de l'Université, proposa plusieurs faits contre le Maître-Ecole, Nicolas Bertran Régent en Droit civil, & Girou; & ceux-ci en proposérent de contraires a ceux avancez par Du Gué : les Commissaires les appointerent à l'effet de mettre ces faits par écrit ; & sur cette production, ils rendirent le 10. de Novembre 1395. une Sentence d'appointement, dans laquelle est inseré le contenu de ces mémoires. Du Gué disoit dans le sien, que par les Statuts de l'Etude, les Ecoliers ne devoient être reçu Bacheliers, si ils n'avoient écouté [les leçons] continuellement pendant quarante mois, & s'ils n'étoient entrez au 5ᵉ. Volume ; [Voy. la note *(d)* de la p. 223.] que les Bacheliers ne pouvoient être reçus Licenciez, qu'après avoir lû [Voy. *ibid.* note *(e)*] le même nombre de mois, & entré dans le meme volume ; que les Bacheliers & les Licenciez qui étoient reçûs, ne devoient point donner d'argent au Maître-Ecole, mais, seulement au Doyen de l'Etude ; que cependant le Maître-Ecole Prieur en avoit reçu des Bacheliers qui n'avoient point pris les leçons pendant le tems marqué, ou même n'en avoient jamais pris ; qu'il avoit aussi reçu des Licenciez qui n'avoient point lû pendant le tems prescrit ; qu'il exigeoit de l'argent des Récipiendaires, & que depuis peu quarante-trois personnes qu'il avoit reçûes, lui avoient payé chacune trois écus ou plus. Du Gué ajoûtoit que, suivant les Statuts, il devoit y avoir dans l'Etude un Doyen qui étoit le plus ancien Docteur-Régent en Droit civil ; que ce Doyen devoit recevoir l'argent qui étoit payé par ceux qui étoient reçus Bacheliers, Licenciez ou Docteurs ; qu'il en devoit rendre compte trois fois l'an, & que cet argent étoit ensuite mis dans la Caisse de l'Etude ; que par un accord *passé* & confirmé par le Parlement, il avoit été réglé qu'un Licencié nommé par l'Université des Ecoliers, assisteroit avec les Docteurs, au compte du Doyen, & qu'il auroit une clef de la Caisse : que cependant par la faute du Maître-Ecole, il y avoit deux Doyens [ils sont nommez] qui ne vouloient point rendre compte, ou que du moins s'ils l'avoient rendu, ils n'y avoient point appellé le Licencié. Il soûtenoit que par les Statuts & l'accord ci-dessus mentionné, le Maître-Ecole étoit tenu de tenir des assemblées quand il en étoit requis par les Ecoliers ; que cependant il avoit refusé d'indiquer des assemblées après en avoir été requis, & que quelquefois dans les assemblées, il concluoit autrement qu'il n'avoit été déliberé, & quelquefois même se retiroit sans avoir conclu. Il ajoûtoit qu'après l'Election de Benoît XIII. il avoit été resolu dans une assemblée, qu'on feroit un Rôle, que les présens y seroient distinguez des absens, que lorsque ce Rôle auroit été signé par des Notaires, il seroit collationné en présence du Maître-Ecole & des Procureurs des Nations, & du [Licencié] commis par l'Université des Ecoliers ; que cependant dans ce Rôle, les présens ne furent point distinguez des absens ; que même cinq ou six absens furent mis au nombre des présens ; & que sans qu'il eût été signé par les Notaires ni collationné, le Maître-Ecole l'avoit remis à Bertran, à Girou & à de la Rue, quoiqu'ils n'eussent point été Elûs pour le porter ; que ceux-ci l'avoient présenté au Pape, & avoient eu beaucoup plus d'égard à leur intérêt particulier, qu'à celui de l'Université, & que par conséquent ils devoient être privez des Bénéfices accordez par le Pape en vertu de ce Rôle. Le Mémoire de l'Ecolâtre contenoit, qu'il étoit né à Angers, qu'il y avoit été élevé, qu'il étoit Docteur en Loys, qu'il avoit été Régent en Droit Civil audit Etude pendant dix ans, qu'il avoit été Auditeur du Pape pendant un même nombre d'années, qu'il avoit été pourvû de plusieurs Bénéfices, & entre autre de la Maître-Ecolerie d'Angers, qui est une Dignité ; qu'en cette qualité il est Chef & Recteur de cette Etude, dont il a seul le gouvernement & l'administration ; que lui seul a le droit de convoquer les assemblées de l'Université ; que par les Statuts il est défendu aux Ecoliers de s'assembler, mais que le Maître-Ecole a la faculté d'appeller aux assemblées ceux d'entre eux qu'il juge à propos ; que c'est au Maître-Ecole à proposer dans ces assemblées les matières sur lesquelles on doit délibérer, & à lui & aux Docteurs-Régens ordinairement, de faire les Conclusions sur ce qui a été délibéré ; que les comptes des revenus de l'Etude, doivent être rendus en présence du Maître-Ecole & des Docteurs-Régens, présent un Député nommé par les Etudians ; que c'est au Maître-Ecole & aux Docteurs-Régens à faire mettre l'argent dans la Caisse, & qu'à eux seuls appartient le gouvernement de cet argent. Il ajoûtoit que le Maître-Ecole & les Docteurs-Régens ordinairement, sont seuls Université & Collége sans les Ecoliers ; & que de toute ancienneté ils ont Caisse, Sceau, *profession*, & toutes les autres marques d'Université & de Collége ; qu'au Maître-Ecole appartient seul le droit de donner les degrés de Bachelier & de Licencié en droit Canon & Civil, aux Etudians & Bacheliers à lui présentez par leurs Docteurs ; que les Etudians avant d'être reçus Bacheliers, doivent jurer qu'ils ont pris des leçons pendant quarante mois, & qu'ils en sont crus par leurs sermens sans autre preuve ; que lorsqu'un Bachelier se présente pour être reçu Licencié, le Maître-Ecole le remet aux Docteurs pour être examiné ; que le Maître-Ecole le peut ensuite examiner à la requête des Docteurs, en public ou en particulier, au Palais, ou en tel autre lieu qu'il juge à propos ; & que s'il se trouve suffisant, il peut le recevoir Licencié, pourvû qu'il ait lû pendant quarante mois ; que lorsqu'un Bachelier n'a pas lû tout le tems prescrit, le Maître-Ecole peut lui en donner dispense ; qu'il peut même le recevoir Licencié en particulier, soit dans sa chambre, sous la cheminée ou ailleurs, lorsqu'il a de bonnes raisons de le faire ; qu'il a coûtume de prendre pour scel & l'expédition des Lettres, vingt sols de chaque Bachelier qui est reçu, & vingt-cinq sols de chaque Licencié ; que ce sont là tous les droits qu'il a pour ses peines & dépenses ; qu'après l'Election de Benoît XIII. lui Maître-Ecole convoqua une assemblée générale dans laquelle il fut conclu par la délibération des Docteurs & par le consentement des Licenciez, Bacheliers & Ecoliers, qu'on feroit un Rôle, que les présens qui y seroient compris, payeroient deux sols six deniers, & les absens, le double, pour la façon du Rôle & pour les dépenses de ceux qui le porteroient au Pape ; que Cocherel fut élû pour recevoir cet argent & le donner ensuite à ceux qui porteroient le Rôle ; qu'il fut aussi arrêté que le Maître-Ecole & Caradoc accompagnez de Girou & de la Rue, iroient porter ce Rôle ; que le Prieur d'Estriché & plusieurs autres en haine du Maître-Ecole, avoient empêché l'expédition de ce Rôle, qu'à cet effet ils avoient fait des assemblées particulières en différens lieux, afin de faire nommer d'autres personnes pour le porter ; & que lorsque le Maître-Ecole & Caradoc étoient prêts de partir, le Prieur d'Estriché & ses adhérens firent saisir par un Sergent Royal & par l'Official d'Angers, l'argent destiné pour les frais de leur voyage ; que cette saisie empêcha pendant deux mois le Maître-Ecole & Caradoc de porter le Rôle ; que le Maître-Ecole ayant fait assembler les Docteurs & les Procureurs des quatre Nations, pour délibérer sur ce qu'il y auroit à faire à ce sujet, il fut arrêté que le Rôle seroit porté par Bertran qui en avoit déja porté en Cour de Rome, & qu'il seroit accompagné de Girou & de la Rue, & que le Maître-Ecole & les Docteurs leur fourniroient de l'argent pour les frais de leur voyage : que ce Rôle a été porté par eux au Pape qui l'a signé, qu'il est très-avantageux à l'Université qui a eu aussi bonne *date & signation* qu'aucune autre Université de ce Royaume ; que cependant le Prieur d'Estriché qui est un Religieux, a donné à ce sujet des articles diffamatoires contre le Maître-Ecole & Girou, & qu'il a impétré des Lettres subreptices [du 7. d'Août 1395.] au nom du Procureur de l'Université des Ecoliers qui n'ont ni Corps ni Collége. Le Maître-Ecole & Girou disoient encore que Du Gué, qui se disoit Procureur de l'Université des Ecoliers, se fondoit sur deux (*) Procurations qui n'étoient pas valables, parce que la première avoit été passée il y a six ans, pour consentir à un accord fait en Parlement ; que d'ailleurs plusieurs de ceux qui l'avoient constitué Procureur, étoient présentement morts, absens ou contredisans ; & que la seconde Procuration n'étoit pas plus valable, parce que ce n'étoit qu'une ratification de la première qui avoit été signée par ceux qui, comme on vient de le marquer, présentement étoient morts, absens ou contredisans ; que d'ailleurs les Ecoliers n'étoient point en droit de constituer un Procureur, parce qu'ils ne pouvoient s'assembler sans la permission de l'Ecolâtre qui ne la leur avoit pas accordée. Le Maître-Ecole ajoûtoit que quand même ces Procurations seroient valables, les Commissaires du Roy, Juges Séculiers, ne pouvoient pas connoître de cette affaire, parce qu'elle étoit pure personnelle entre des Clercs, des Prêtres, des Curés & des Gens d'Eglise, & qu'elle ne regardoit point les Priviléges Royaux de l'Université, & n'étoit point privilégiée. Sur ces mémoires, les Commissaires appointèrent les

(*) On trouve à la fin de cette Pièce, p. 249. & suiv. les deux Procurations dont il est fait ici mention. Par la première datée du 3. de Novembre 1389. plusieurs Docteurs Licenciez, Bacheliers & Ecoliers de la vénérable Etude d'Angers, [qui sont tous nommez] tenant une assemblée, constituent plusieurs Procureurs entre lesquels est Guillaume Du Gué, chacun d'eux pour le tout, pour toutes les affaires & Procès d'eux & de l'Université, meus & à mouvoir. Par la seconde Procuration en date du 23. d'Octobre 1395. plusieurs Docteurs, Licenciez, Bacheliers & Ecoliers de l'Université, [ils sont nommez] en adhérant à la première Procuration & en la confirmant, constituent pour leurs Procureurs les mêmes personnes nommées dans la première, chacun d'eux pour le tout, pour toutes les affaires & Procès d'eux & de l'Université, meus & à mouvoir.

Parties

Parties pour leur faire droit, & le 10. de Novembre 1395. ils rendirent une Sentence qui porte qu'il seroit fait une Enquête sur les faits contraires proposez par les Parties. Le 13. du même mois, elles comparurent devant ces Commissaires pour procéder à accorder les [faits &] articles par eux proposez, & Du Gué réquit ses Parties adverses de dire ce qu'ils voudroient contre les faits qu'il avoit avancez, ou qu'ils fussent tenus pour accordez. Les Parties adverses après plusieurs allégations, déclarèrent qu'ils appelloient au Parlement, des Sentences interlocutoires rendues par les Commissaires, & se retirèrent. Sur cet appel le 29. de Mars 1395. fut rendu un Arrêt du Parlement [qui est en forme dans les Lettres. Les moyens des Parties ci-dessus alléguez, y sont répétez.] Cet Arrêt rendu conformément aux Conclusions du Procureur général, porte que les Appellans avoient mal appellez, & l'affaire fut renvoyée devant les Commissaires. En exécution de cet Arrêt, le premier d'Avril 1397. les Parties comparurent devant les Commissaires en l'Hôtel de l'Abbé du Louroir, où ils étoient logez, & là du consentement des Parties, les articles qu'elles avoient proposez, furent tenus pour accordez & furent signez, & les Commissaires se préparant à procéder à l'Enquête, les Parties par l'entremise de plusieurs personnes [qui sont nommées], s'accordèrent entre elles de la manière contenue dans une Cédule qui fut présentée aux Commissaires. Cette Cédule datée du 4. d'Avril, contient les articles suivans: 1° Il sera fait un Recteur qui avec le Collége des Docteurs Régens & des Procureurs (des Nations), aura l'administration des choses qui concernent la Rectorie & Collége, ainsi que cela s'observe dans les autres Universités qui ont Collége & Recteur; réservé au Maître-Ecole le droit de faire des Bacheliers & des Licenciez, & de prendre sur eux les droits qui seront réglez. Le grand Bedeau qui est présentement en place, y restera, & s'il se démet de son Office ou qu'il meure, le Maître-Ecole pour lors vivant, en nommera un en présence du Collége. 2° Lorsque les Maîtres-Ecole, pourvû qu'ils soient Docteurs, assisteront dans les Ecoles quelque part qu'elles se tiennent, à des leçons publiques, ils auront la préséance sur le Recteur; mais dans les autres occasions, ils siégeront après le Recteur. Cette Cédule fut confirmée le même jour par les Commissaires; & le 9. d'Avril ces Commissaires après avoir fait une Enquête sur les droits que le Maître-Ecole étoit en usage de prendre des Bacheliers & des Licenciez qu'il recevoit, ils le confirmèrent dans la possession où il étoit de prendre vingt-sols des premiers, & vingt-cinq sols des seconds. Le 10. d'Avril Du Gué & ceux qui avoient porté le Rôle à Avignon, convinrent ensemble que ceux-ci garderoient les 125. livres qui leur avoient été avancées pour les frais de leur voyage, & que cette somme seroit prise sur les deniers communs de l'Université. Les Commissaires confirmèrent cet accord. Le 16. du même mois, les Commissaires pour procéder à l'exécution de la Cedule ci-dessus mentionnée, se transportèrent dans l'Eglise de Saint-Pierre d'Angers, où se tint une assemblée générale de l'Université, dans laquelle de la Rue fut reçu Docteur en Droit Civil, par le Maître-Ecole; & ensuite les Commissaires en vertu de leur Commission, le créèrent Recteur de l'Etude, & ordonnèrent pour Collége le Recteur, les Docteurs Régens, & les Procureurs des Nations d'Anjou, de Normandie, d'Acquitaine & de France, [ces Procureurs sont nommez] & leur donnèrent le pouvoir & l'autorité de faire & d'exercer ce qui appartient à Office de Recteur & de Collége, & ils leur firent faire les sermens dont les formules sont rapportées. L'Assemblée finit par la célébration d'une Messe du Saint-Esprit. Les Commissaires travaillerent ensuite à faire de nouveaux Statuts pour l'Université. Ils examinèrent ceux des Universités d'Orléans & de Montpellier, & les anciens de celle d'Angers, & en retranchant quelques articles, en en corrigeant d'autres & en en ajoûtant plusieurs, ils dressèrent de nouveaux Statuts compris en 90. articles. [Voy. les Sommaires.] Ces Statuts furent lûs dans une Assemblée de l'Université les 19. & 20. d'Avril 1398. & les Commissaires ordonnèrent qu'ils seroient exécutez. Le 21. ils instituèrent pour Notaire Pierre Varcilley, qui leur fut présenté par l'Université, & dont l'Office devoit être d'écrire au nom de l'Université, les Lettres qui la concerneroient; ils instituèrent aussi pour Receveur de l'Université, Thibaut Mannaye qu'elle leur présenta. Il y avoit des contestations entre les Limousins & les Poitevins. Quoiqu'ils ne composassent qu'une seule Nation qui est celle d'Acquitaine, ils nommoient cependant chacun un Procureur, & avoient pris pour Patron un Saint différent; les Limousins, Saint Martial, & les Poitevins Saint Hylaire. Les Commissaires ordonnèrent qu'ils n'auroient plus qu'un seul Procureur, & qu'ils auroient Saint Blaise pour Patron. Le même jour 21. d'Avril, les Commissaires ordonnèrent du consentement des Parties, que les Jugemens qui avoient été rendus dans le procès qu'elles avoient eu entre elles, seroient portez au Parlement, afin qu'ils fussent passez par cette Cour, & qu'ils valussent comme Arrêts du Parlement. Les Statuts réglez par les Commissaires, furent encore lûs les 22. & 23. d'Avril 1398. dans deux Assemblées générales de l'Université, tenues dans les Ecoles mineures. Charles VI. confirma ce qui avoit été fait par les Commissaires, par ses Lettres du mois de Juin 1398. p. 217.

Angers. Lorsqu'il s'agit de recevoir un Docteur dans l'Université d'Angers, tous les Bedeaux doivent assembler les Suppôts de l'Université pour accompagner le Récipiendaire lorsqu'il ira inviter l'Evêque, l'Official, les Dignités & les Chanoines de la Cathédrale, d'assister à la cérémonie. Ce cortège ira faire la même invitation dans les Eglises, dans les Abbayes & dans les Convens nommez dans l'article; & le jour même de la cérémonie, ceux qui ont composé ce cortège ont droit de prendre un repas dans ces Abbayes. Le plus jeune Bedeau accompagné d'un

immeubles

de la Conciergerie du Roy à Saint-Paul, jusqu'à la Bastille & Château Saint-Antoine, furent obligez en 1399. de faire mettre du pavé autour de leurs maisons & héritages, où il n'y en avoit point eu auparavant. 320. note (c) Voy. *Pavé & Chaussées de Paris.*

CONCUBINE. Les Tisserands en linge de la ville de Rouen, qui auront chez eux des Concubines qu'ils feront passer pour leurs femmes, perdront la Maitrise. 298. III.

CONDES. (le Prieuré de) En 1188. Thibaut Comte de Troyes, donna des Lettres de Priviléges aux habitans de Jonchery, du Harmand, de Trie & de *Bomarchis,* qui appartenoient au Prieuré de Condes, nommé dans les Lettres l'Eglise de Saint Remi, parce que ce Prieuré dépendoit autrefois de l'Abbaye de Saint Remi de Reims. Charles VI. confirma les Lettres du Comte de Troyes, par celles du mois de Décembre 1400. adressées au Bailli de Chaumont. 407.

CONDOM. Le Pariage fait entre le Duc d'Aquitaine & l'Abbé de Condom, sera observé. 172. VIII.

Condom. Philippe de Valois, en considération des services que les Consuls & les habitans de Condom, de la Sénéchaussée d'Agen, lui avoient rendus dans les guerres qu'il avoit eues à soûtenir contre des ennemis & des rebelles, & des peines qu'ils avoient prises pour la défense de leur Ville, leur accorda des Priviléges par ses Lettres du mois d'Octobre 1340. Charles V. étant Régent du Royaume, confirma ces Lettres par celles du mois de Mai 1358. adressées aux Sénéchaux & aux Receveurs de Toulouse, de Carcassonne & d'Agen, & étant Roy, par celles du mois de Janvier 1369. adressées au Sénéchal d'Agen. Le 13. de Mai 1369. le Duc d'Anjou Lieutenant du Roy dans le Languedoc, donna des Lettres adressées au Sénéchal d'Agen, qui portent qu'en considération de ce que les Consuls & les habitans de Condom ont reconnu que le Roy est & a toûjours été Souverain de la Guyenne, & que le Ressort & la Souveraineté lui appartiennent & lui ont toûjours appartenus, de ce qu'ils ont adhéré à l'appel interjeté au Roy par le Comte d'Armagnac, des griefs que lui a faits le Prince de Galles, il leur promet au nom du Roy, du secours contre ce Prince, en cas qu'il les attaque, confirme leurs anciens Priviléges, & leur en accorde de nouveaux. Charles V. confirma ces Lettres par celles du mois de Janvier 1369. adressées au Sénéchal d'Agen; toutes ces différentes Lettres furent confirmées par celles de Charles VI. du mois de Décembre 1397. adressées au même Sénéchal. 166. Le Duc d'Anjou Lieutenant du Roy dans le Languedoc, confirma par ses Lettres du 13. de Mai 1369. adressées au Sénéchal d'Agen, les Consuls & les habitans de Condom dans le Privilége de ne pouvoir être arrêtez prisonniers ni jugez hors du Bailliage de cette Ville, même à la requête du Procureur du Roy ou fiscal, en conséquence des crimes & délits qu'ils y auroient commis, & des Contrats qu'ils y auroient passez. Charles V confirma les Lettres du Duc d'Anjou par celles du 4. de Janvier 1369. adressées au Sénéchal d'Agen. Les Consuls & les habitans de Condom ayant représenté à Charles V. que les Gens d'Eglise & de main-morte avoient acquis plusieurs héritages dans l'étendue de leur territoire & Jurisdiction, ce qui causoit du préjudice au public, parce que les fiefs dont ces biens acquis étoient séparez, en étoient diminuez, & parce que ces Gens d'Eglise ne contribuoient point aux dépenses communes auxquelles étoient sujets ceux de qui ils avoient acheté ces héritages, Charles V. par ses Lettres du 12. de Juillet 1370. ordonna au Sénéchal d'Agen & au Juge ordinaire de cette Sénéchaussée, de mettre dans la main du Roy tous les héritages acquis par les Gens d'Eglise outre un an & un jour depuis quarante ans, & pour lesquels ils n'auroient pas payé les droits d'Amortissemens, & de les obliger même par la saisie de leur Temporel, à les mettre hors de leurs mains. Les Consuls & les habitans de Condom ayant représenté à Charles V. qu'ils avoient fait faire des fossez, des murs, des tours & d'autres ouvrages pour la fortification de leur Ville, qu'ils les gardoient à leurs dépens, & qu'ils étoient en possession de louer & d'affermer au profit commun de la Ville, les fossez & les bâtimens qui étoient dans ces fortifications, qu'Edouard Prince de Galles les avoit privez de ce Privilége dans le tems qu'il étoit Maître de la Sénéchaussée d'Agen, Charles V. les rétablit dans la possession de leurs anciens droits à cet égard, par ses Lettres du 12. de Juillet 1370. Le Duc d'Anjou Lieutenant du Roy dans le Languedoc, par ses Lettres du 6. d'Août 1369. adressées au Sénéchal d'Agen, accorda aux Consuls & aux habitans de Condom, la permission qu'ils lui avoient demandée de faire des Statuts pour l'utilité commune de la Ville, en leur imposant la condition que ces Statuts ne seroient point contraires aux droits du Roy, & que les amendes qui seroient décernées contre ceux qui violeroient ces Statuts, seroient partagées également entre le Roy & la Ville. Charles V. confirma les Lettres du Duc d'Anjou par celles du 12. de Juillet 1370. adressées au Sénéchal d'Agen. Toutes ces différentes Lettres furent confirmées par celles de Charles VI. du mois de Décembre 1397. adressées au même Sénéchal. 173.

Condom. Les Consuls & habitans de Condom ayant représenté au Duc d'Anjou Lieutenant du Roy dans le Languedoc, que du tems qu'ils étoient sous la domination du Prince de Galles Duc de Guyenne, il y avoit dans leur Ville une grande abondance de Monnoye du coin de ce Prince, & que comme il n'y avoit point encore six mois qu'ils étoient sous la domination de Charles V. il n'y avoit point encore dans leur Ville une assez grande quantité de Monnoye du coin de ce Prince, pour suffire au besoin journalier, & que cependant les Officiers du Roy avoient fait publier dans leur Ville, des défenses de se servir de la Monnoye du Prince de Galles; le Duc d'Anjou par ses Lettres du mois de Novembre 1369. adressées au Sénéchal d'Agen, permit à ces habitans de s'en servir, jusqu'à ce qu'il en eût été ordonné autrement par le Roy. Ces mêmes habitans ayant encore représenté au Duc d'Anjou, que lorsque les Sénéchaux, les Capitaines & les autres Officiers

D

DAUPHIN.

des Recettes & Vicomtés ordinaires du Domaine, étoient données à des gens peu riches, il adressa ses Lettres du 23. d'Octobre 1400. aux Gens des Comptes & aux Trésoriers à Paris, portant qu'ayant eu délibération avec eux & les Gens de son Conseil, il a ordonné que ceux qui sont & qui seront dans la suite pourvûs de ces Offices, donneront caution, conformément au Rôle qu'il a fait dresser à cet effet. 395. Charles VI. étant informé qu'il se commettoit plusieurs abus dans les adjudications des Fermes des Recettes ordinaires du Domaine, parce qu'elles se faisoient dans les maisons des Receveurs du Domaine, quoique, suivant l'ancien usage, elles dûssent se faire dans les Auditoires des Bailliages, Sénéchaussées & Vicomtés, il ordonna par ses Lettres du 2. de Janvier 1398. adressées aux Gens des Comptes & aux Trésoriers à Paris, que dans la suite ces Fermes seroient adjugées, lorsqu'elles seroient considérables, dans les Auditoires des Baillis, Sénéchaux ou Vicomtes, en présence des Procureurs du Roy ou de leurs Substituts; qu'à l'égard de celles qui seroient moins fortes, elles seroient adjugées dans les lieux principaux des Châtellenies, en présence du Receveur ou Vicomte, & du Procureur du Roy, s'il y en avoit, & que l'estimation des grains, des chapons & autres redevances semblables, seroient faites par des personnes intelligentes, en présence des Baillis & des Sénéchaux; lesquelles estimations les Receveurs seroient tenus d'insérer dans leurs comptes. Il ordonna encore que l'Acte original de l'adjudication des Fermes, certifié par le Bailli, Sénéchal ou Vicomte, seroit présenté par le Receveur ou Vicomte, lorsqu'il rendroit son compte. 311.

Domaine. Charles VI. faisant attention qu'un de ses principaux devoirs, étoit de conserver les droits de sa Couronne & de son Domaine, parce que quand ils demeureront en entier, il sera plus en état de soûtenir les dépenses nécessaires pour le gouvernement du Royaume, sans que le peuple soit chargé d'Impôts; se ressouvenant que ses Prédécesseurs, & particulièrement le Roy Jean & Charles V. ont eu un grand soin de conserver leur Domaine sans le diminuer, sinon lorsqu'ils donnoient des Apanages à leurs fils; que même ces deux Rois ont révoqué toutes les aliénations qui en avoient été faites par leurs Prédécesseurs; considérant que ses Prédécesseurs & lui avoient juré à leur Sacre, de ne point aliéner les droits de la Couronne & du Domaine, & d'y réunir ce qui en auroit été séparé; que cependant depuis son Sacre, & dans un temps auquel il étoit encore très-jeune, il a fait par inadvertance & par importunité de requérans, plusieurs dons de choses appartenantes à son Domaine, soit à héritage & perpétuellement, soit à vie ou à sa volonté, il fit le dernier de Février 1401. une Ordonnance qui porte qu'il ne fera, à quelque personne & pour quelque cause que ce soit, aucun don du Domaine de sa Couronne & de celui du Dauphiné, tant du Domaine qu'il tient présentement, que de celui qui pourra lui échéoir dans la suite par dons à lui faits, par acquisitions, par successions, & par forfaictures ou confiscations, déclarant que les dons qu'il en pourroit faire dans la suite, doivent être réputez de nulle valeur, & révoquant ceux qu'il en avoit déjà faits, lesquels seront réunis au Domaine. Il excepta de cette révocation les dons qu'il avoit faits à la Reine son Epouse, à leurs Enfans, à ses Oncles, à son Frère & à leurs Enfans, & celui qu'il avoit fait du Comté de Mortain à Pierre de Navarre. Il en exempta aussi les gages & rentes à vie ou à volonté, qui par son octroi étoient payez à ses Officiers par le Changeur de son Trésor, par les Vicomtes & par les Receveurs. Et sur ce que le Duc d'Orléans, qui est son seul Frère, lui avoit représenté que son Apanage étoit moins considérable que ceux qui avoient été donnez au Duc d'Orléans qui étoit seul Frère du Roy Jean, & au Roy de Sicile Duc d'Anjou, & aux Ducs de Berry & de Bourgogne Frères de Charles V. il ordonna que par son Conseil il seroit fait un état de la valeur des Apanages qui avoient été donnez à son Frère & aux Princes ci-dessus nommez, pour lui en être fait rapport, afin qu'il augmentât celui de son Frère, s'il se trouvoit moins considérable que ceux qui avoient été donnez à ces Princes. Charles VI. fit serment d'observer inviolablement cette Ordonnance, & ses Oncles, son Frère, les autres Princes du Sang, le Connétable, le Chancelier, les Gens du Grand Conseil, ceux du Parlement & de la Chambre des Comptes, & les Trésoriers à Paris, qui tous étoient en grand nombre en la présence du Roy, firent aussi serment de faire observer cette Ordonnance. 484. 586. Le Procureur Général ayant représenté à Charles VI. que quoique, suivant les anciennes Ordonnances & les Sermens faits par les Rois de France à leur Sacre, ils ne pûssent aliéner le Domaine, ni faire des dons sur les revenus qui en proviennent, si ce n'est pour la récompense du travail des Officiers Royaux, cependant plusieurs personnes avoient obtenu de lui des dons sur les Revenus Casuels du Domaine de Paris, tels que sont les forfaitures, les amendes, les confiscations, les aubaines & successions de Bâtards, Charles VI. par ses Lettres du 20. d'Avril 1402. adressées au Prévôt de Paris, lui ordonna qu'aussi-tôt qu'il auroit adjugé au Roy des Amendes, forfaitures & autres Revenus du Domaine, il les fit délivrer aux Trésoriers & Receveurs du Roy à Paris, sans avoir égard aux Lettres de dons que le Roy en auroit pû faire, auxquelles il lui défend d'obéir. 496. Charles VI. en confirmant ses Lettres du dernier de Février 1401. contre l'aliénation des biens du Domaine, donna par celles du 15. de Mai 1403. pouvoir à la Reine sa Femme, de s'opposer par elle ou par ceux qu'Elle voudroit commettre, aux dons & aliénations des choses Domaniales qu'il pourroit faire dans la suite, & ordonna que celles qu'il auroit faites seroient révoquées, annullées, de nul effet & valeur. Il lui donna encore pouvoir de s'opposer aux Requêtes & demandes qui lui seroient faites, quand elles seroient préjudiciables au bien du Royaume & à l'intérêt du Domaine, & de l'en avertir,

F

recevoir

Duchesse

I

L

LANGRES.

Voici quels étoient les moyens de l'Archevêque & du Vicomte de Narbonne, & des Consuls de Béziers. Narbonne dépend de la Viguerie de Béziers depuis plus de deux cens ans. Un Seigneur qui étoit en même temps Comte de Toulouse, Duc de Narbonne & Vicomte de Béziers, ayant laissé deux fils, l'un desquels eut pour son partage ce Vicomté, avec un territoire dans lequel étoient comprises les Villes de Narbonne & de Carcassonne, & pris le titre de Vicomte de Béziers & Seigneur de Carcassonne, ce qui abolit celui de Duc de Narbonne. Depuis ce temps-là Béziers devint la Ville principale du Comté de ce nom, & les Vicomtes de Narbonne & les autres Prélats & Barons qui avoient des Justices dans ce Vicomté, prêtèrent serment de fidélité & firent hommage au Vicomte de Béziers, & la Justice Supérieure & de Ressort y fut rendue par le Viguier de Béziers ou par ses Officiers résidans à Narbonne & dans d'autres lieux, & cela a été ainsi observé jusqu'au temps auquel la Vicomté de Béziers est venue au Roy de France, comme étant aux droits de Simon de Montfort. Il fut alors établi que tout le pays qui composoit la Vicomté de Béziers, ressortiroit à perpétuité devant le Juge & le Viguier de cette Ville, & ne pourroit jamais être séparée de leur Jurisdiction ; ce qui fut confirmé par Saint Louis. En conséquence de ces Réglemens, l'Archevêque & le Vicomte de Narbonne, & les autres Coseigneurs & les Consuls de cette Ville, ont ressorti devant le Viguier de Béziers. Plusieurs tentatives qui ont été faites pour diviser cette Viguerie, n'ont pas réussi, & les anciens établissemens ont été confirmez. Ceux de Béziers & de sa Viguerie, ont même payé finance pour en obtenir la confirmation, & les Consuls de Narbonne ont été les seuls qui ont refusé de contribuer à cette finance & aux autres dépenses qui ont été faites à ce sujet. La division de la Viguerie de Béziers pourroit être dangereuse dans les cas où les ennemis viendroient par terre ou par mer attaquer cette Ville & les environs. Béziers est la Ville la plus riche de tout le pays, & celle où il est plus convenable où soit établi un Siège de Justice supérieure. Il seroit incommode d'en établir un dans Narbonne, parce que pendant l'hyver & dans les temps de pluies, les environs sont tellement inondez, qu'il est quelquefois impossible pendant six jours & plus d'entrer dans cette Ville & d'en sortir. Il n'est pas permis au Roy d'établir des Sièges Royaux dans les Terres de ses Vassaux qui ont droit de Justice, & principalement dans celles des Ecclésiastiques. Dans Narbonne & dans son territoire, le Roy n'a point de Domaine ni de Justice ordinaire, si ce n'est dans le cas de Ressort, & la Justice haute & basse y appartient à l'Archevêque, au Vicomte & aux autres Coseigneurs de cette Ville. Il y a au Parlement plusieurs Procès pendans entre le Procureur du Roy, d'une part, & l'Archevêque & le Vicomte de Narbonne, au sujet du Contre-scel du Sceau de Carcassonne, du Bailli Royal de Narbonne, & de la maison nommée *de Malapaga*, & de celle du Consulat. Si le Roy néanmoins juge à propos d'établir un Viguier à Narbonne, du moins ne doit-il point lui accorder le Ressort de plusieurs lieux de la Viguerie de Béziers, comme le demandent les Consuls de Narbonne. On ne doit point avoir égard à l'Information faite par Raimond *Fulcaudi* qui est suspect, & qui a été récusé. Sur ces moyens il fut rendu un Arrêt en présence du Roy & de son Conseil, qui portoit que dans un terme qui fut fixé, les Parties feroient juger les Procès pendans au Parlement touchant les maisons *de Malapaga* & du Consulat de Narbonne, & que si à l'échéance de ce terme, ces Procès n'étoient pas jugez, le Parlement rendroit un Arrêt sur l'établissement d'un Viguier dans cette Ville. Ces Procès n'ayant point été jugez dans le terme préfix, le Parlement rendit le 13. d'Avril 1347. un Arrêt qui porte que Narbonne & un certain nombre de lieux qui seront marquez, seront démembrez de la Viguerie de Béziers, & qu'il sera établi à Narbonne un Viguier & des Officiers qui, dans les cas de Ressort & dans ceux qui appartiennent au Roy, y rendront la Justice de la même manière qu'elle étoit rendue à Béziers, & qu'ils tiendront leur Siège dans la maison qui avoit été offerte par les Consuls de Narbonne. Charles V. par ses Lettres du mois de Juillet 1368. ordonna que, conformément à l'Arrêt du Parlement, la Justice Royale & de Ressort seroit exercée à Narbonne par un Viguier & un Juge, sur la Jurisdiction desquels il fit un Réglement. [Voy. *les Sommaires.*] Charles VI. confirma les Lettres de Charles V. par celles du mois de Septembre 1402. adressées aux Sénéchaux de Carcassonne & de Toulouse, aux Viguiers & Juges de Toulouse, de Carcassonne, de Béziers & de Narbonne, & au Gouverneur, Recteur & Bailli de Montpellier. 537.

NATURALITÉ (Lettres de) accordées par les Lettres de Charles VI. du mois de Janvier 1397. à Jean *Picamilli* Marchand Génois, qui avoit fait le commerce à Paris pendant quinze ans & plus, en vertu desquelles il sera réputé Bourgeois du Roy & habitant du Royaume, & jouira de tous les Privilèges accordez aux autres habitans. Il est dit dans ces Lettres que la ville de Génes est présentement sous l'obéissance de Charles VI. & que par le Traité passé entre ce Prince, & le Duc & la Communauté de Génes, il a été convenu que les Génois jouiroient en France, des Privilèges des Bourgeois & des Régnicoles. Les Lettres sont adressées aux Gens des Comptes, aux Trésoriers à Paris, & aux Gardes des Ports & Passages du Royaume de France. 182.

NAVARRE. Philippe de Valois dans des Lettres du mois de Mars 1327. prend le titre de Régent des Royaumes de France & de Navarre. 41.

Navarre. (Roy de) Officiers du Roy des Eaux & Forêts dans les terres que le Roy de Navarre Charles II. dit le Mauvais, avoit possédées en France & en Normandie. 371. Voy. *Evreux.*

NEUVILLE. (La) Les Terres de Guerenes & de la Neuville, appartenantes à l'Abbaye de Ferrières en Gâtinois, qui ressortissoient anciennement devant le Bailli d'Orléans en l'Auditoire

dans

PISANÇON.

Q

R

S

Schisme (Le Grand) Charles VI. ordonna la Soustraction de son Royaume à l'Obédience de Benoît XIII. par ses Lettres du 27. de Juillet 1398. dont voici le précis. Les Canons apprennent qu'il est du devoir des Rois & des Princes Chrétiens qui sont obligez de rendre compte à Dieu de leur administration, de procurer la pacification des troubles de l'Eglise. Ils doivent donc donner présentement tous leurs soins pour faire cesser le Schisme cruel qui l'afflige depuis la mort de Gregoire XI. Le Roy de France comme *dévot* fils de l'Eglise, est dans une obligation particulière d'y travailler, à l'exemple de ses Prédécesseurs Dès que Charles VI. fut monté sur le Trône, voulant suivre l'exemple de Charles V. son Père qui avoit envoyé plusieurs Ambassadeurs aux Princes Chrétiens, pour les exhorter à procurer l'union de l'Eglise, il leur en envoya plusieurs fois de nouveaux pour la même fin : Charles VI. en avoit été requis non seulement par les Rois & les Princes qui suivoient le parti du défunt Pape Clément VII. mais encore par ceux qui étoient attachez à son adversaire, & même par celui-ci qui promit d'employer toute la diligence possible pour terminer cette affaire, dès qu'il sçauroit que Charles VI. seroit dans la disposition d'y travailler. Ce Prince y étoit d'ailleurs excité par les Prélats de son Royaume, & par sa chère fille l'Université de Paris. Il fit donc exhorter plusieurs fois Clément VII. à finir le Schisme : Ce Pape étant mort, il écrivit au Sacré Collége des Cardinaux, pour les prier de ne point procéder à l'élection d'un nouveau Pape, afin qu'on eût le temps d'engager l'adversaire de Clément VII. à terminer le Schisme, par la cession qu'il feroit du Pontificat ; mais avant qu'ils eussent reçu sa Lettre, ils étoient entrez dans le Conclave. Ils y prêtèrent serment sur les Evangiles, de travailler de tout leur pouvoir à terminer le Schisme ; & chacun d'eux en particulier jura que s'il étoit élû Pape, il entreroit dans les mêmes vûes, même en faisant cession du Pontificat, si les Cardinaux qui étoient présens, & ceux qui seroient créez dans la suite, le jugeoient nécessaire. Ce serment fut rédigé par écrit, & signé par tous les Cardinaux. Ils élurent ensuite pour Pape le Cardinal de Lune qui étoit présent, qui prit le nom de Benoît [XIII.] & qui réitéra le serment qu'il avoit fait avant son élection qu'il fit annoncer à Charles VI. il le fit ensuite assurer par différens Ambassadeurs qu'il lui envoya par deux fois, qu'il étoit plein de zèle pour l'union de l'Eglise, & qu'il n'y vouloit travailler que par ses conseils & par son consentement, en le priant de lui envoyer des Ambassadeurs à cet effet, & de les munir de pouvoirs assez amples pour la terminer, sans être obligé de demander de nouveaux ordres : il lui fit encore dire qu'il avoit trouvé un moyen bon & court pour faire cesser le Schisme, & qu'il le communiqueroit à ses Ambassadeurs, pourvû qu'ils fussent d'une assez grande considération pour leur découvrir ses plus secrettes pensées, comme il le feroit au Roy même ; enfin il le fit assurer qu'il ne rejetteroit aucun moyen possible pour rétablir l'union dans l'Eglise. Sur ces promesses, Charles VI. excité d'ailleurs par les instances des autres Rois & Princes, & même par ceux qui suivoient le parti de l'adversaire de Benoît, fit assembler un Concile où il appella les Prélats, les Chapitres, les Nobles, les Universités, des Docteurs en Théologie & dans l'un & l'autre Droit, des Religieux & des Seigneurs du Royaume, & on y discuta tous les moyens qui pourroient faire finir le Schisme. Enfin Charles VI. comprit par l'avis du Conseil, que la voie la meilleure, la plus certaine, la plus convenable, la plus courte, & même la seule pour terminer le Schisme, étoit que les deux Contendans au Pontificat, en fissent cession, sous les conditions suivantes. Les deux Contendans se rendront avec leurs Cardinaux dans un lieu sûr qu'ils choisiront, sous la protection des Princes & des Seigneurs en qui ils voudront prendre confiance ; toutes les procédures faites par les deux Contendans & leurs Prédécesseurs, & les Sentences rendues par eux, y seront cassées & annullées. Tous ceux qui ont été créez Cardinaux dans les deux Partis, seront conservez dans cette dignité. On confirmera les dispenses & les graces qui ont été accordées de part & d'autre, & les nominations de ceux qui ont été promûs à des Prélatures, des Dignités ou des Bénéfices : ceux d'entr'eux qui n'ont point de Compétiteurs, jouiront de leurs Prélatures ou Bénéfices. Lorsqu'il y aura des contestations par rapport à des Prélatures & à des Bénéfices, ceux qui seront en possession de la Ville à l'Evêché de laquelle ils ont droit, ou du lieu principal du Bénéfice dont ils ont été pourvûs, conserveront ces Evêchés & ces Bénéfices ; & ceux qui ne sont en possession que d'une partie de ces Evêchés & de ces Bénéfices, auront une pension égale au revenu de la partie qu'ils possèdent, jusqu'à ce qu'ils aient été pourvûs d'un autre Bénéfice. Ceux qui ne posséderont aucune partie du Bénéfice, n'y pourront prétendre aucun droit. On procurera aux deux Contendans des revenus suffisans pour soûtenir leur état après leur renonciation au Pontificat. On prendra toutes les mesures possibles pour pacifier les troubles qui pourroient s'élever pendant la vacance du Saint Siège, & sans entrer dans la discussion des droits des deux Prétendans, ils renonceront à ceux qu'ils ont sur le Pontificat. Les Cardinaux des deux Partis, réunis dans un même Collége, procéderont ensuite à l'élection du Pape, qui ratifiera & confirmera tous les Réglemens précédens. Charles VI. s'arrêta à cette voie de cession dont il résolut de poursuivre l'exécution, disposé néanmoins à adopter celles qui lui seroient proposées par Benoît, si elles étoient ou meilleures ou aussi bonnes. Il lui envoya ensuite les Ducs de Berry & de Bourgogne ses Oncles, & le Duc d'Orléans son Frère, accompagnez de Prélats & d'un grand nombre de gens sçavans, pour lui faire part du parti qu'il avoit pris. Ces Ambassadeurs s'étant rendus auprès du Pape, demandèrent d'abord, & obtinrent difficilement qu'on leur communiquât l'Acte du serment fait dans le Conclave où Benoît avoit été élû. Avant de lui de lui communiquer le parti qu'avoit pris Charles VI. ils le prièrent de leur faire part du moyen qu'il avoit mandé à ce Prince qu'il avoit trouvé pour finir le Schisme, offrant de sa part son secours pour le faire exécuter, s'il étoit trouvé convenable. Enfin après plusieurs délais, Benoît lui fit part de ce moyen qui consistoit dans un Compromis qui devoit s'exécuter de la manière suivante. Le Pape avec ses Cardinaux, & l'*Intrus* avec ses Anti-cardinaux, se rendront dans un lieu sûr dont ils conviendront. Le Pape & l'*Intrus* y nommeront chacun un certain nombre de personnes qui s'assembleront pour décider lequel des deux Contendans a droit au Pontificat & doit rester Pape. Les deux Contendans se soûmettront à exécuter ce qui aura été décidé par ces personnes. Quelque-temps après Benoît ajoûta les articles suivans à ceux-ci. Si ces personnes trouvent des difficultez dans cette affaire, ou si elles sont partagées de sentimens, elles nommeront un des deux Contendans pour être Pape par provision. Le choix de ces personnes tiendra lieu de la renonciation de celui qu'ils n'auront pas choisi, & il la fera par provision. Celui qu'elles auront choisi restera Pape, & acquerra un nouveau droit par provision, comme s'il avoit été élû canoniquement, le Siège étant vacant; & ceux qui ont droit d'élire un Pape, & les personnes députées par le Compromis, éliront Pape celui qu'elles auront nommez. On pourroit encore convenir que les Députés des Prélats & des Princes qui sont dans les deux Obédiences, donneroient leur consentement au choix qui aura été fait, en sorte que ce choix auroit en quelque façon la force d'un Concile général. Les Ambassadeurs de Charles VI. représentèrent à Benoît les inconvéniens de la proposition captieuse qu'il faisoit. Le Roy de Castille la réfuta par un Ecrit solemnel en forme de réponse, qu'il adressa au Roy d'Arragon. Les inconvéniens prévûs par les Rois de France & de Castille, sont en très-grand nombre. Chacun des Contendans voudra que la Conférence se tienne dans un lieu soûmis à son Obédience, & situé dans les Etats d'un Prince de son Parti, & ce lieu sera suspect à son adversaire. Le voyage que toutes les Parties intéressées feront pour se rendre au lieu de la Conférence, & le long séjour qu'elles feront obligées d'y faire, entraîneront de grandes difficultez & des dépenses très-considérables. Les Arbitres choisis par les deux Contendans, seront sans doute très-attachez à leur parti, & par conséquent suspects à l'autre. Ils ne pourront jamais s'accorder sur les faits & sur le droit, & les Sentences interlocutoires qu'ils rendront, & la discussion des témoins & des Titres, demanderont un temps infini qui prolongera le Schisme. Chacun des Contendans ayant nommé un nombre égal d'Arbitres qui seront toûjours favorables à celui qui les aura choisis, le partage égal des voix empêchera qu'on puisse parvenir à une décision. Si elle ne se fait point, celui des deux Contendans qui n'a point de droit au Pontificat, sera néanmoins regardé comme vrai Pape par ceux qui lui sont attachez. Si contre toute apparence, les Arbitres décident en faveur d'un des deux Contendans, les Partisans de l'autre pourront prétendre que ces Arbitres n'avoient pas un pouvoir assez étendu pour faire un Pape, & refuseront de se soûmettre à un Jugement qu'ils regarderont comme injuste. Il y a d'ailleurs un grand nombre de personnes qui ne reconnoissent ni l'un ni l'autre des Contendans. Enfin ce Schisme durant depuis très-long temps, la mémoire des faits qui y ont donné lieu, s'est effacée, & les témoins qui auroient pû en rendre témoignage, sont morts; en sorte que les Arbitres seroient en danger de se tromper dans les faits, & peut-être même dans le droit. Ces raisons empêchèrent les Rois de France & de Castille, d'accepter la voie du Compromis indiquée par Benoît, & leurs Ambassadeurs lui proposèrent la voie de la cession. Elle étoit approuvée par tous les Cardinaux, excepté par celui de Pampelune, même avant l'arrivée des Ambassadeurs de France; & ceux-ci & les Cardinaux firent plusieurs fois à Benoît de très-vives instances de l'accepter; & quelques Cardinaux l'en supplièrent les larmes aux yeux; mais Benoît la rejeta. Les Ambassadeurs de France le voyant inflexible, requirent les Cardinaux de souscrire l'Acte qui avoit été dressé dans le Conseil du Roy, & par lequel la voie de cession avoit été indiquée, & de déclarer qu'ils l'approuvoient, & qu'ils l'avoient conseillée à Benoît. Les Cardinaux étoient déterminé à le faire, mais Benoît ayant été averti de la réquisition faite aux Cardinaux, leur écrivit des Lettres par lesquelles il leur défendoit, sous peine de désobéïssance, de souscrire cet Acte; déclarant nul tout ce qu'eux & lui-même pourroient faire en faveur de la voie de cession. Les Ambassadeurs le requirent, mais en vain, de révoquer ces défenses. Ces Ambassadeurs & les Cardinaux firent un dernier effort pour fléchir la dureté de Benoît; & s'étant mis à genoux, & quelques-uns fondans en larmes, le supplièrent d'accepter la voie de cession; mais Benoît la rejeta avec encore plus de dureté qu'il n'avoit fait jusqu'alors. Les Ambassadeurs ayant perdu toute espérance, revinrent à Paris, où ils rendirent compte au Roy de ce qu'ils avoient fait. Benoît pour pallier son refus, envoya des personnes dans différens endroits du monde, pour y répandre, contre la vérité, que Charles VI. lui avoit fait proposer de renoncer sur le champ au Pontificat, afin qu'on élût un François à sa place. Benoît envoya aussi à son adversaire, l'Evêque de Tarazona, à l'insçû des Cardinaux, sans le conseil & consentement desquels un Pape ne doit rien faire. On ignore les propositions qu'il lui fit faire; mais pendant les deux années suivantes, les deux Contendans cessèrent de faire des procédures l'un contre l'autre; ce qui donna lieu de soupçonner qu'il y avoit de la collusion entr'eux. Charles VI. ayant encore assemblé le Concile de l'Eglise de son Royaume, envoya par son avis, à Benoît & à son adversaire, des Ambassadeurs qui, se joignant avec ceux de Castille & d'Angleterre, devoient le requérir de nouveau, mais pour la dernière fois, d'accepter la voie de

Royaume & le Dauphiné, à l'Obédience de Benoît XIII. & s'est soûmis de nouveau à cette Obédience, voulant que lui & ses Sujets obéissent à Benoît XIII. comme à un Pape & à un vrai Vicaire de Jésus-Christ. 593. Charles VI. donna des Lettres dont la date manque, qui portent que les raisons qui l'ont déterminé à se soustraire à l'Obédience de Benoît XIII. ont cessé, ce Pape ayant enfin accepté la voie de cession au Pontificat, qu'on lui avoit demandée avec de plus grandes instances qu'auparavant, & l'*Intrus* (Boniface IX.) avoit rejeté avec obstination cette voie de cession qu'on lui avoit proposée, & ceux de son parti que l'on avoit espéré devoir se soustraire à son Obédience, non seulement ne l'ayant pas fait, mais y demeurans attachez encore plus étroitement ; que plusieurs Rois & Princes ne se sont point soustraits à l'Obédience de Benoît XIII. que quelques-uns de ceux qui s'en étoient soustraits, & entr'autres les Rois de Castille & de Sicile, y sont rentrez ; que le Sacré Collége des Cardinaux, après plusieurs conférences tenues avec Benoît XIII. est aussi rentré sous son Obédience, qu'il a été prié avec grande instance par ce Collége, de suivre son exemple ; que son peuple souhaite ardemment la fin de la Soustraction, que les personnes les plus célèbres & les plus modérées de l'Université de Paris, & les Universitez de Toulouse, d'Orléans, de Montpellier & d'Angers, les Religieux les plus sçavans des Ordres de Cluny & de Cîteaux, & des autres Ordres, lui conseillent de faire cesser cette Soustraction qui, bien loin d'avoir rendu la paix à l'Eglise, comme on l'avoit espéré, lui causeroit de plus grands maux si elle duroit plus long-temps ; que par toutes ces raisons, il révoque, annulle & casse la Soustraction qu'il a faite à l'Obédience de Benoît XIII. ordonnant à tous ses Sujets de lui obéir, voulant que les Lettres que dans la suite il pourroit donner contraires à celles-ci, n'aient aucun effet, les révoquans & annullans dès-à-présent. Charles VI. écrivit de sa main & signa un Acte qui porte que son intention est d'observer ce qui est contenu dans les Lettres précédentes, & le 28. de Mai cet écrit ayant été lû devant lui dans la Chapelle de son Hôtel de Saint Paul, il le confirma, & dit qu'il vouloit l'observer en *disant* [à condition] que Benoît XIII. observât ce qui étoit contenu dans un Acte qu'il lui avoit envoyé par les Cardinaux de Preneste & de Saluces. Charles VI. prêta ensuite serment d'exécuter ce qui étoit porté dans son Ecrit, en présence du Duc d'Orléans, de ces deux Cardinaux, de plusieurs Archevêques, Evêques & Abbez. Le 30. Mai suivant, Charles VI. partit de l'Hôtel de Saint Paul, accompagné des Princes du Sang & d'un grand nombre de Prélats & autres Ecclésiastiques, & alla à Notre-Dame, où Pierre d'Ailly Evêque de Cambray, annonça au peuple que le Roy avoit pris le parti de se remettre sous l'Obédience de Benoît XIII. p. 593. note *(a)*. Charles VI. dans ses Lettres du 29. de Décembre 1403. après avoir rappellé ce qui est contenu dans celles du 27. de Juillet 1398. sur la Soustraction de la France & du Dauphiné à l'Obédience de Benoît XIII. & dans celles du mois de Mai 1403. sur la restitution de ces pays à son Obédience, ajoûte que nonobstant la disposition des Lettres de Soustraction & de restitution à l'Obédience, le Pape veut empêcher les Prélats & autres Ecclésiastiques de la France, de jouir des Dignités & Bénéfices dont ils ont été pourvûs pendant le temps qu'a duré la Soustraction à l'Obédience, & veut les conférer à d'autres personnes, sous prétexte de réservation ou autrement ; que d'ailleurs il a envoyé des Collecteurs & Commissaires en France & dans le Dauphiné, qui contraignent les Ecclésiastiques, même par voie d'excommunication, à payer d'excessives sommes de deniers pour les arrérages des Vacans ou Services, des Procurations & Dixiemes [décimes] du temps passé depuis quarante ans, & même veulent exiger ces droits par rapport aux Bénéfices auxquels il a été pourvû par les Ordinaires pendant le temps de la Soustraction ; que ces entreprises étant contraires à la disposition des Lettres ci-dessus spécifiées, & qu'étant tenus de garder les Libertés, Droits & franchises des Eglises de son Royaume, en qualité de Gardien, Défenseur & Protecteur de ces Eglises, il ordonne que tous ceux qui ont été promûs à des Prélatures & à des Bénéfices pendant le temps de la Soustraction, en restent en possession, quand même ces Bénéfices auroient été auparavant réservez à la Cour de Rome, sans pouvoir être contraints à payer au Pape ou à ses Commis aucune finance, par rapport aux Vacans, Services, Procurations & Dixièmes : Il ajoûte que ceux même qui ont été pourvûs de Bénéfices avant la Soustraction à l'Obédience, & depuis la restitution faite à cette Obédience, ne seront tenus de payer aucuns arrérages par rapport à ces Vacans, Services, &c. Les Lettres sont adressées au Parlement de Paris. 622.

Scolasticus. Maître-Ecole de l'Université d'Angers. Voy. *Maître-Ecole.*

SECRÉTAIRES du Roy. Il y en aura dix qui seront à son Conseil, & qui auront les gages de Secrétaires, & non d'autres gages [ils sont nommez.] Six d'entr'eux *signeront sur les Finances.* [Ils sont nommez.] Ces dix Secrétaires du Roy ne signeront que les Lettres qu'il leur commandera. Ceux qui signeront sur les finances, ne signeront les Lettres qui les concerneront, que lorsqu'elles seront passées, & qu'elles leur seront commandées par le Roy assis dans son Conseil, & de maniere que ce commandement soit entendu par ceux qui y assistent. Il n'y aura au Parlement & dans les autres Cours Supérieures, que deux Secrétaires, l'un pour le Civil, & l'autre pour le Criminel. 417. XXII.

Secrétaire du Roy. Le 3. d'Octobre 1396. Jean *de Monsterolio,* Secrétaire du Roy, & Hugues *Forresterii,* Secrétaire Delphinal, étoient Notaires publics. 140. Le 23. de Février 1401. Garnier de Scepeaux étoit Notaire & Secrétaire du Roy. 483.

Secrétaires du Roy. Le Roy commandera à ses Secrétaires qui assisteront à son Conseil, d'expedier les

l'Ordonnance

V

* TABLE DES NOMS

Des Provinces, des Duchés, des Comtés, des Bailliages, des Sénéchaussées, des Vicomtés, des Prévôtés, des Villes & des autres lieux dont il est parlé dans ce Volume.

A

* On a jugé à propos de ne pas faire de distinction dans cette Table entre les *i* & les *y;* & les mots où cette dernière lettre se trouvera, seront rangez comme s'ils étoient écrits par un *i.*

* Voyez la Note de la page ccviij de la Table des noms de lieux du quatrième Volume de ce Recueil.

Comtés.

D

N

O

Prévôtés.

Valle-Franciſci.

Vicomtés.

Acy.	Melun.
Avranches.	Monstiervilliers.
Bayeux.	Paris.
Bésiers.	Rouen.
Evreux.	Turenne.
Lautrec.	

X

* TABLE DES NOMS

Des Personnes dont il est parlé dans ce Volume.

* On a jugé à propos de ne pas faire de distinction dans cette Table entre les *i* & les *y*; & les mots où cette dernière lettre se trouvera, seront rangés comme s'ils étoient écrits par un *i*.

L'on a cru aussi devoir insérer dans cette Table, quelques prénoms ou noms de baptême, lorsqu'ils ont paru singuliers, ou lorsque dans la suite ils sont devenus des noms de famille.

Dreus

E

F

G

Ysabel

Mautaillé

N

O

P

Peluel.

Q

S

En

V

ADDITIONS ET CORRECTIONS

Pour le huitième Volume du Recueil des Ordonnances, & pour les Volumes précédens.

VOLUME PREMIER.

PRÉFACE, page xxv. ligne 9. on lit : *par Arrêt de l'année entre M.r le Procureur général.* Cet Arrêt est du 1.er de Juin 1707.

Page 107. à la fin de la Note *(a)*. Ajoutez : *Voy. sur la nature & la forme des Etablissemens de S.t Louis, des remarques très-judicieuses, dans l'ouvrage intitulé :* l'Esprit des Loix, T. 2. liv. 28. ch. 37. 38. & 39. p. 364. & suiv. de la 1.re Édit. de Geneve in 4.o

Page 401. art. 29. Charles du Moulin a fait imprimer cet article 29. de la manière suivante, qui est plus correcte & plus ample : *Senescallus ad requisitionem Consulum locorum quorumcumque, defendat ipsos Consules & Universitates, & singulos à novâ impositione servitutis facienda per Prelatos & alias personas ecclesiasticas, à novâ exactione decimarum & primitiarum, & praestationis passatae, prout de jure fuerit, & hactenus est consuetum fieri.* Molinæi opera, To. 2. p. 521. col. 1. Parif. 1681.

Page 527. Note *(b)* lig. 37. de la 2.e col. sur le mot *Chingi*. Ce lieu se nomme présentement Chaingi, paroisse du Vignoble d'Orléans, à deux lieues de cette ville, sur la droite du chemin qui conduit à Meung sur Loire. Mercure de Fr. Décembre 1747. 1.er Vol. p. 12.

Page 644. lign. 10. de la marge, *1316.* corr. *1317.*

Page 822. dans la Table Chronologique, lign. 29. de la marge *1314.* corr. *1214.*

Ibid. après la ligne 3. ajoutez le titre suivant* : *Confirmation du Traité fait entre l'Evêque de Laon & ses sujets, touchant la Taille ... page 14. Note (n)*

* *A Paris en 1185.*

Page 839. dans la Table Chronologique, lig. 27. *pag. 645.* corr. *pag. 644.*

VOLUME SECOND.

On a imprimé dans le Supplément de ce 2.e Vol. p. 575. & suiv. des Règlemens sur les Harengers, sur les Poissonniers de mer & sur les Poissonniers d'eau douce ; & sur l'autorité de M.r de la Marre [Voy. ibid. *Note (a).] on a regardé ces Règlemens comme des Ordonnances émanées de S.t Louis ; mais en examinant avec attention les Registres d'où elles ont été tirées, & qui sont cités* ibid. *on reconnoît que ces Règlemens n'ont point été donnés par ce Prince, & qu'ils font partie du Règlement général que sous son regne Etienne Boileau fit pour tous les métiers de Paris.*

Page iv. de la Table Chronologique, lig. 1. de la marge ; *à Paris, en Avril 1328.* corr. *à Paris, le 15. d'Avril 1328.*

VOLUME TROISIEME.

Page 115. Note *(b)* lig. 4. *& de Pierre II.* corr. *étoit fille de Pierre II.*

Page 129. Note marg. *(p)*. Supprimez cette Note & substituez celle-ci à la place : *par forclusion.* Voy. *Speculum juris durandi lib. 2. part. 1. tit. de Citatione* §. *3. de peremptorio millendo.*

Page 298. Note *(c)*. J'ai dit dans cette Note que je croyois que le vin François étoit celui que l'on recueilloit dans l'isle de France ; mais peut-être cette qualification de vin François doit-elle avoir plus d'étendue, & il y a apparence qu'avant François I. elle n'étoit pas bien déterminée ; puisque ce Prince crut être obligé de la fixer d'une manière précise dans l'article premier de son Ordonnance du mois d'Août 1527. *Toutes manières de vin* (y est-il dit) *qui seront creuz au-dessus du pont de Sens, tant ceux du pays de l'Auxerrois, comme ceux du pays de Beaulne & d'ailleurs en icelles parties, & qui viendront par la rivière d'Yonne, seront appellez vins de Bourgogne .... Et pareillement toutes manieres de vins qui seront creuz au-dessous dudit pont de Sens en venant aval l'eau, & aussi les vins des creuz de Seine, la Vieille Marne & d'ailleurs ès parties d'environ, & pareillement du creu d'environ Paris, & au-dessous en allant aval l'eau & de la rivière d'Oyse, & des parties d'environ, seront appellez vins François.* Cette Ordonnance est au fol. 125. v.o du livre intitulé : *Les Ordonnances Royaux sur le faict & jurisdiction de la Prévosté des Marchans & Eschevinage de la ville de Paris. Paris 1556. in 4.o*

Page 314. ligne 14. sur les mots *Grange de Soissy* : M.r Joly de Fleury, ancien Procureur général au Parlement, a eu la bonté de me communiquer la Note suivante sur ce lieu.

Dans une instance pendante au Parlement entre les Religieux de Châalis & M.r le Couturier Seigneur de Mauregard, ces Religieux ont produit l'original en forme très-authentique d'une Chartre de Louis VII. de l'an 1152. par laquelle ce Prince leur donne *totum quod habebamus in plana terra sive in bosco apud Soisiacum, sub eo quidem tenore, ut nobis inde census annuatim persolvatur in festo sancti Remigii, viginti scilicet solidi monetæ Proveniensis.*

C'est-là le titre constitutif du Cens de vingt sols de Provins, qui ne valoient que seize sols parisis, dont jouissoit le Concierge du Palais. L'Abbaye de Châalis jouit encore de cette Grange, & paye au Roy le Cens porté par la Chartre.

Soisy se nomme présentement Soissy aux Bœufs, & est situé en la paroisse de Vemars, Prévôté de Gonnesse dans la Vicomté de Paris.

Page iij. de la Table Chronologique, ligne 21. *Langres*, corr. *Laon.*

VOLUME QUATRIEME.

Page 36. Voy. à la p. 85. Note *(b)* du 8.e Vol. de ce Rec. les *variantes*, & les corrections sur les Lettres du mois de Janvier 1350.

Page 62. Note *(b)*. *Ajoutez à cette Note :* c'est peut-être S.t Florentin en Champagne, diocèse de Sens. Voy. le Dict. Univ. de la Fr. à ce mot.

Page 94. & 95. Voy. à la p. 86 Note *(c)* du 8.e Vol. de ce Rec. les corrections sur les Lettres du mois de Novembre 1350. & des 11. & 18. du mois d'Août 1351.

Page 323. Voy. à la p. 602. Note *(b)* du 8.e Vol. de ce Rec. la correction faite sur les Lettres du mois de Mars 1343.

Page 341. Note *(b)*. Supprimez cette Note, & y substituez celle-ci : *C'est Dizy gros Village situé dans le diocèse de Laon, à sept lieues de cette ville & à deux de Moncornet en Thiérache. Il est de l'Election de Laon & du Doyenné de Marle. L'Abbé & les Religieux de Cuissy, ordre de Prémontré, du même diocèse de Laon, sont Seigneurs de Dizy.*

Page 569. Voy. à la p. 141. Note *(b)* du 8.e Vol. de ce Rec. les *variantes* & les corrections sur les Lettres du mois de Mai 1365.

Page 646. Voy. à la p. 100. Note *(b)* du 8.e Vol. de ce

Rec. les *variantes* & les corrections sur les Lettres du mois de Juin 1366.

Page 696. lig. 1. du titre. *La ville du Pont de l'Arche*, corr. *la ville d'Arques.*

Ibid. Note *(b). Supprimez la Note, & y substituez celle-ci:* La ville nommée aujourd'hui Arques dans le pays de Caux.

P. iij. de la Table Chronologique, lig. 7. *Langres*, corr. *Laon.*

Page xxviij. de cette même Table. On y a indiqué une Pièce du mois de Novembre 1364. portant confirmation & augmentation des privilèges de Montreuil près Vincennes, parmi celles du mois de Mars de cette année. Elle doit être placée à la page précédente, après l'exemption de prises pour les habitans de ce même lieu, & qui a été donnée dans le même mois de Novembre.

Page xxxiij. de cette même Table, ligne 22. *la ville du Pont de l'Arche*, corr. *la ville d'Arques.*

Page xliv. dans la Table des matières, col. 1. après l'art. *Arpenteurs*, mettez *Arques dans le pays de Caux*: & substituez en cet endroit l'article qui est plus bas, p. clx. col. 1. aux mots *Pont de l'Arche*; les lettres ne regardant point cette ville, mais celle d'Arques.

Page clx. col. 1. lig. 2. ôtez l'article *Pont de l'Arche*; les Lettres ne regardant point cette ville, mais celle d'Arques dans le pays de Caux.

Page ccviij. col 2. lig. 2. au lieu des mots: *Pont de l'Arche*, corr. *Arques dans le pays de Caux.*

Ibid. col. 2. à la fin de la ligne 23. ajoutez *Archis (Villa de).*

Page ccxviij. dans la Table des mat. col. 2. ôtez l'article *Pont de l'Arche.*

VOLUME CINQUIE'ME.

Page 107. Note *(a). Ajoutez à la fin de cette Note:* Quoique les raisons alléguées dans cette Note pour prouver que la date de 1278. est fautive, paroissent assez fortes, je crois cependant que cette date est vraie, & en voici les preuves. En 1278. Robert II. Duc de Bourgogne, étoit Chambrier [Voy. le I. Vol. de l'Hist. Généal. de la M. de France, p. 547.] Jean de Brienne étoit Bouteiller, [V. *Ibid.* T. 8. p. 517.] & Humbert de Beaujeu étoit Connétable. [V. *Ibid.* T. 6. p. 89.]

Page 115. Voy. à la p. 445. les Notes *(a)* & *(b)* du 8.e Vol. de Rec. les *variantes* & les corrections sur les Lettres du mois de Mai 1368.

Page 130. Mr Godefroy, Directeur de la Chambre des Comptes de Lille, m'a fait le plaisir de me communiquer les Notes suivantes sur l'Ordonnance du 5. de Septembre 1368. portant rétablissement de la Commune de Douay, p. 131. Note *(a).* Il s'agit dans l'endroit de l'art. 2. sur lequel cette Note est faite, de St Amé Evêque de Sens, sous le regne de Thierry, Roy de France. Il y a à Douay, sous l'invocation de ce Saint, une Eglise dans laquelle est un Chapitre de 24 Chanoines & une Paroisse.

Ibid. Note *(e). Six personnes.* Supprimez la Note & y substituez celle-ci. *On nommoit ces six personnes, les six hommes. Leurs fonctions étoient de veiller aux ouvrages publics de la ville, conformément aux articles 4. & 15. de cette Ordonnance. Ils furent abolis vers 1690. & leurs fonctions furent attribuées aux Echevins.*

Page 132. lig. 4. de l'art. 14. sur les mots, *tours d'Echevinage*, mettez cette Note: *Ce qu'on nomme à Douay le Conseil de l'Echevinage.*

Page 134. Note *(c) Paiseurs.* Ajoutez à la fin de cette Note: *Il y a des Paiseurs dans presque toutes les villes de Flandres. Leurs fonctions sont de faire la paix entre ceux qui se sont battus & blessés, & de condamner à l'amende au profit du Châtelain & de la Ville, suivant un Tarif qui est fort connu en Flandres. Il y a une Ordonnance des Echevins de Lille, du 9. de Juillet 1344. qui règle les fonctions des Paiseurs. Lorsqu'on rompoit la paix faite par les Paiseurs, il y avoit peine de bannissement de 10. ans & de 10. jours.*

Ibid. Note *(d).* Ajoutez à cette Note ce qui suit: *Il faut lire* Truilbes, *& ce mot signifie* Treves.

Page 150. lig. 5. de la Note *(b).* Supprimez le reste de cette Note, à commencer à ces mots: *en 1155.* & substituez-y ce qui suit: *en 1154. & mourut en 1189. Voy. ibid. & l'hist. d'Angleterre par Thoyras, T. 2. p. 173. & 235.*

Page 285. Voy. à la p. 612. la Note *(b)* du 8.e Vol. de ce Rec. les *variantes* & les corrections sur les Lettres du mois d'Avril après Pâques 1370.

Page 310. Voy. à la p. 377. Note *(b)* du 8.e Vol. de ce Rec. les *variantes* & les corrections sur les Lettres du mois de Juin 1370.

Page iv. de la Table Chronologique, lig. 13. *Langres*, corr. *Laon.*

VOLUME SIXIE'ME.

Page 323. Voy. à la p. 116. la Note *(b)* du 8.e Vol. de ce Rec. les *variantes* & les corrections sur les Lettres du mois d'Avril 1377.

Page 500. Voy. à la p. 146. la Note *(b)* du 8.e Vol. de ce Rec. les *variantes* & les corrections sur les Lettres du mois d'Avril 1370.

Page 529. Voy. à la p. 435. la Note *(c)* du 8.e Vol. de ce Rec. les *variantes* & les corrections sur les Lettres du mois de Novembre 1380.

Page iij. de la Table Chronologique, lig. 14. *Langres*, corr. *Laon.*

VOLUME SEPTIE'ME.

Page 25. Note *(c)* sur le mot *Modiationem.* Supprimez la Note, & mettez celle-ci à la place: *Suivant le Glossaire de Ducange, au mot* Modiatio, *il signifie un impôt.*

Page 235. Note *(b). Supprimez cette Note, & y substituez celle-ci:* Berron est le village de Baron dans le diocèse de Senlis. Un de mes amis m'a assuré que ce lieu dont il est souvent fait mention dans le Cartulaire de l'Abbaye de Châalis, y est toujours nommé en latin *Berro.*

Page 281. Note *(a). Ajoutez à la fin de cette Note:* Ce Règlement est aussi au fol. 25. v.° du Reg. du Châtelet de Paris, intitulé: *Doux Sire*, qui est actuellement à la Bibliothèque du Roy, n.° {9350. / *A.* 39.}

Page 361. Note *(b). Ajoutez à la fin de cette Note:* M.[rs] les Procureurs Généraux du Parlement de Paris, ont toûjours soutenu que Neuf-Château n'a jamais relevé du Comté de Champagne.

Page 432. *Ajoutez à la fin de la Note (aa) ce qui suit:* Le mot qu'on a laissé en blanc & qu'on n'a pu dechiffrer, est peut-être *inferiùs*, qui fait un bon sens.

Page 505. Note marg. *(k). Effacez cette Note & y substituez celle-ci:* Suivant le Glossaire de Ducange, au mot *Buccellarii*, il signifie des soldats, & il peut servir à expliquer le mot suivant *Yssantarii* qui signifie peut-être des soldats à pied, de l'Infanterie.

Page 512. *Ajoutez à la fin de la Note (c).* Le nom qui est effacé, est certainement *Bourbon*, qui se lit dans ces mêmes Lettres imprimées à la p. 381. col. 2. du 4.e Tome du Traité de la Police.

Page 526. Note *(f). Ajoutez à cette Note:* Suivant Nicot, au mot *Meison*, il est quelquefois synonyme de Ferme.

Page 550. Note *(f). Ajoutez à cette Note:* Le Glossaire de Ducange, au mot *Argentarius*, dit qu'Etienne de la Fontaine étoit Argentier de Philippe de Valois.

Page 576. lign. 18. *Levatorum.* Je crois qu'il faut corr. *Levatores.*

Levatores. Peut-être y avoit-il dans le Reg. *Levator*, avec une marque d'abréviation.

Page 597. Note *(n)*. *Ajoutez à la fin de cette Note:* Peut-être faut-il corriger *Belvacensi*; mais il n'y a point de preuve dans ce Recueil, que l'Evêque de Beauvais ait assisté au Conseil du Roy vers ce tems-là.

Page 602. Note marg. *(i)*. *Ajoutez à la fin de cette Note:* On m'a assuré qu'il y avoit auprès de Poix, un lieu nommé le Plessis lès Poix. *Si cela est vrai, c'est le lieu dont il s'agit ici.* Suivant le Gloss. de Ducange, au mot *Plaicitum*, il se traduit en françois par Plessis.

Page 602. Note *(cc)*. *Ajoutez à cette Note:* Une personne habile croit qu'il faut lire *Domini Harenarum*, parce qu'auprès de Poix il y a un lieu nommé *Airennes* ou *Arennes*.

Page 621. Sur la Chartre de Commune de la Ville de Beauvais. Antoine Loysel dans ses Mémoires sur la Ville de Beauvais, p. 164. témoigne que cette Chartre de Commune lui est suspecte.

Page 623. Note *(i)*. *Ajoutez à cette Note:* M.r de la Marre, T. 2. du Traité de la Police, p. 187. dit que du mot *Junior*, vient celui de *Joindre* ou *Gindre*, nom que les Maîtres Boulangers donnent encore aujourd'hui à leurs maîtres-garçons.

Page 663. Note *(q)*. *Ajoutez à la fin de cette Note:* On pourroit peut-être corriger *Cloacarum*.

Page 689. Note *(b)*. *Ajoutez après la lign. 12. de la seconde colonne de cette Note:* Dans toutes les Cartes Géographiques de la Picardie, Bernarville se trouve placé environ à une lieue de Dommart.

Page 704. Note marg. *(b)*. *Supprimez cette Note & substituez-y celle-ci:* On trouve dans les Cartes Géographiques de Picardie, Cheret & Parfonderue, situés au midi de la Ville de Laon, près Bruieres.

Page 705. Note *(a)*. *Ajoutez à la fin de cette Note:* Cette Ordonnance se trouve aussi au fol. 1. R.° du Reg. du Châtelet de Paris, intitulé: *Doux Sire*, qui est présentement à la Bibliothèque du Roy, N.° {9350. A. 39.

Page iij. de la Table Chronologique, lig. 28. *Langres*, corr. *Laon*.

Page cclxviij. dans la Table des noms de personnes, à la fin de l'art. *Mercier*, ajoutez: *Voy. Novient (le Seigneur de)*.

Page cclxx. dans la même Table, à la fin de l'article *Novient (le Seigneur de)* Ajoutez: *Voy. Mercier*.

VOLUME HUITIEME.

Page 107. Note *(h)* Voy. sur cette Note la fin de la Note *(r)* de la p. 162. de ce Vol.

Page 126. Note *(h)* Voy. sur cette Note, la Note *(c)* de la p. 408. de ce Vol.

Page 336. Note marg. *(c) en gris*, corr. *en brun*.

Page 337. *Supprimez la Note marg. (k) & substituez-y celle-ci.* Les Gardes de haut étoient peut-être les Gardes de la Halle d'en haut: car il pouvoit en avoir une à Abbeville, comme il y en avoit une à Paris, de laquelle il est fait mention dans un Règlement pour les Drapiers de cette Ville, article 16. de la p. 585. du 3.e Vol. de ce Recueil.

Nicot, au mot *Tempre*, l'explique par le mot latin, *cito* *Tempre* peut venir du latin *tempore*.

Page 365. Note *(c)*. *Supprimez cette Note & substituez à sa place celle-ci:* Suivant le Glossaire de Ducange, au mot *Carradium*, il signifie l'impôt qu'on lève sur les marchandises transportées dans des charrettes.

Page 376. Note *(b)*. Il est dit dans cette Note qu'au lieu de *Clercs d'honneur*, il y a grande apparence qu'il faut lire *Chevaliers d'honneur*; mais il faut s'en tenir à la première leçon: car dans la pièce 104. du Reg. 161. du trésor des Chartres, on lit: *Magister Johannes Alierii de Tensano, Clericus honoris dicti Domini nostri Regis*.

Page 494. Voy. sur les Lettres du 18. d'Avril 1402. imprimées à cette page, la Note *(a)* de la p. 518. de ce 8.e Vol.

ERRATA

Pour le huitième Volume des Ordonnances.

PAGE 8. après les Tables des Monnoyes, lesquelles sont au commencement de ce Vol. lign. 3. *& celles des pages de ces Tables où ces espèces se trouvent*, corr. *& celle des pages de ce Volume, dans lesquelles il est fait mention de ces espèces.*

P. 8. ligne 2. de la Note *(e)* *2.a Edit.* lisez, *1.a Edit.*

P. 9. lig. 33. *qui y seront nécessaires de faire; apporter tous iceux deniers*, lisez, *qui y seront nécessaires; de faire apporter tous iceux deniers.*

P. 29. lig. 42. *alias*, corr. *aliàs*.

P. 34. lig. 8. de la Note *(d) précédent*, lisez, *précède*.

P. 38. lig. 24. *Ermengando*, lisez, *Ermengaudo*.

P. 41. lig. 4. de la Note *(t) 1227.* lisez, *1327.*

P. 50. lig. 4. du sommaire 28. *pour la clôture de la ville*, lisez, *pour les dépenses & pour la clôture de la ville.*

P. 60. lig. 10. *cemquerendo*, lisez *conquerendo*.

P. 67. ligne 4. de la Note *(g)* de la page précédente, après les mots *Receveur général*, ôtez le point & la virgule.

P. 89. ligne 3. de la Note *(u) Officiers du Roy*, lisez, *Officiers du Comte.*

P. 94. lig. 10. de la Note *(qq) dont il est parlé*, lisez, *dont il est souvent parlé.*

P. 107. lig. 11. *opera corvata*, lisez, *opera, corvata.*

P. 126. lig. 23. *vuluerimus*, lisez, *voluerimus.*

P. 161. Note marg. *(d)*, supprimez la Note, & mettez en place *cujus.*

P. 198. lig. 17. de la 2.e col. *les articles 16. 17. 18. des sommaires*, lisez, *les articles 15. 16. 17. 18. des sommaires.*

P. 201. ligne 10. *bonis nobilibus.* On eût dû mettre en Note marg. *corr. bonis mobilibus*, comme il y a dans l'art. 36. qui est ci-dessous p. 205.

P. 208. lig. 23. *publiacm*, lisez, *publicam.*

P. 250. lig. 12. *Micihel*, lisez, *Michiel.*

P. 265. lig. 2. *inhibens ei*, lisez, *inhibens eis.*

Ibid. lig. 13. *ridigiùs*, lisez, *rigidiùs.*

P. 273. lig. 2. du Titre de la pièce *Tierarche*, lisez, *Tierache.*

P. 280. lig. 3. de la Note marg. *(e), Note (b)*, lisez, *Note (d).*

P. 301. lig. 19. *& de Navarre:* Il eût fallu mettre en Note marg. *Voy. ci-dessus p. 8. Note (d).*

P. 304. lig. 32. *en aucuues*, lisez, *en aucunes.*

P. 308. lig. 35. *tangentibas*, lisez, *tangentibus*.

P. 313. lig. 27. *ont cours*, on eût dû mettre en Note: *Il paroît par toute la suite de la pièce qu'il faut corr.* n'ont cours.

P. 315, lig. 23. *l'Evêque de Noyon.* Il eût fallu dire dans une Note qu'il se nommoit Philippe de Moulins. Voy. Gall. Christ. 1.e Edit. T. 3. p. 323. col. 1. n.° 8.

P. 321. dans le titre des Lettres du 19. d'Avril 1399. *ses sujets*, lisez, *les sujets du Royaume*.

P. 327. lig. 18. *indifferentur*, lisez, *indifferenter*.

P. 331. lig. 2. du titre des Lettres, *enfans mâles, tiendront*, lisez, *enfans, tiendront*.

P. 358. lig. 3. de la Note *(d) Corps & Communes*, lisez, *Corps & Commune*.

P. 372. lig. 31. & *terres*, lisez, *ès terres*.

P. 386. lig. 6. *dessendre*, lisez, *deffendre*.

P. 392. lig. 20. *M.° XL.° secundo*, lisez, *M.° CCC.° XL.° secundo*.

P. 395. lig. 19. *par Election*, corr. *par élection*. [choix]

P. 399. lig. 23. *servienciam*, lisez, *serviencium*.

P. 408. lig. 3. *Notnm*, lisez, *Notum*.

P. 432. lig. 24. *finisque officiariis*, lisez, *suisque officiariis*.

P. 435. lig. 10. supprimez la lettrine *(b)* & la Note marg. *(b)*.

P. 447. lig. 14. supprimez la lettrine *(b)* & la Note marg. *(b)*.

Ibid. lig. 43. *duodecim solidis*, on eût dû mettre en Note corr. *duo solidis*.

P. 456. lig. 31. *Seigneur de la Ville*, lisez, *Seigneurs de la Ville*.

P. 459. lig. 34. *mestier en sera*, après ces mots, mettez un point & une virgule.

Ibid. lig. 35. *a & auront*; ôtez le point & la virgule, & ne mettez qu'une virgule.

P. 467. lig. 8. *assisis*, lisez *assisiis*.

P. 487. lig. 15. *ad alio*, lisez, *ab alio*.

P. 527. lig. 37. *fera*, lisez, *sera*.

P. 528. lig. 30. *aveyent*, lisez, *avoyent*.

Ibid. lig. 2. de la Note marg. *(k) art.* 33. lisez, *art. 35*.

P. 548. à la marge des Lettres de Décembre 1402. ajoutez, *Charles V. à Paris, en Janvier 1366*.

P. 560. lig. 12. *Dominio*, lisez, *Domino*.

P. 563. lig. 22. après le mot *sustentanda*, mettez une virgule.

P. 565. lig. 3. *mediate*, lisez, *medietate*.

P. 573. lig. 43. *M. CCCC.* lisez, *M. CCCCII.*

P. 580. lig. 1. de la Note *(b)* en lignes longues, *page 402.* lisez, *page 403*.

P. 588. Note *(a)* lig. 29. *Capparel*, lisez, *Capperel*.

P. 595. Note marg. *(b)*, après ces mots, *nom corrompu*, ajoutez, *p. e. Sarlat*.

P. 601. lig. 38. *l'euvre*, lisez, *l'eure*. [l'heure]

P. 605. à la marge lig. 4. *en Juin 1402.* lisez, *en Juin 1403*.

Ibid. Note marg. *(d) Manguntinensis*, lisez, *Moguntinensis*.

P. iij. de la Table Chronologique, lig. 29. *Langres*, corr. *Laon*.

www.ingramcontent.com/pod-product-compliance
Ingram Content Group UK Ltd.
Pitfield, Milton Keynes, MK11 3LW, UK
UKHW020129290926
15471UKWH00003B/366

9 782012 76061